弘文堂

編集代表
木下昌彦

編集
片桐直人　西貝小名都
村山健太郎　御幸聖樹
横大道聡　山田哲史

精読憲法判例
［人権編］

はしがき

　日本国憲法が施行されて70年を超える月日が経過した。その間、日本国憲法の解釈、適用を論じた最高裁判決は膨大な数にのぼり、全体として複雑な判例法体系を形成している。現在も日々増加するそれらの憲法判例を読み解き、その射程を明らかにする能力は、法曹実務家にとって不可欠なものであり、その能力の涵養は、法科大学院教育が担うべき重要な社会的使命である。

　その要請に応えるべく、これまで多くのケースブックが出版され、教材として用いられてきた。ただ、主としてアメリカのロースクールで使用されているケースブックをモデルとした従来のケースブックは、日本の法科大学院を取り巻く状況が大きく変化する中で、法曹養成の現場の実情に適合するものでは必ずしもなくなってきている。本書は、そのような問題意識から、次のような三つの方針を軸に、改めて日本における法曹養成の実情に沿った法科大学院教材を模索したものである。

　第1に、最高裁の判決理由については、少数意見も含め、原則としてその「全文」を掲載することにした。これは判決理由のすべての部分が本来的に重要な要素を含んでいるという観点のほか、法曹実務家になれば、加工されていない判例を読む必要があるという観点に基づくものである。第2に、多数意見については、原則としてパラグラフごとに解説を付した。これは、最高裁の判決理由それ自体が黙示的判断を含む極めて難解なものとなっているという現実に対応したものである。また、そこでは実務上の要請もふまえ、できるだけ調査官解説の内容に触れるようにしている。第3に、判決を読むにあたって、学習の指針となるような設問を設けた。それらの設問は、まずは判決それ自体を理解してほしいという観点から、学説上の難問を問うというよりも、端的に事案と判決内容を問うものが主となっており、ヒントも明示することにした。

　以上のような方針のもと結実した本書は、法科大学院の現場を越え、予備試験受験生や意欲ある学部生の学習、さらには、法曹実務家や研究者の手がかりとしても利用していただけるものと考えている。ただ、いうまでもなく本書は、なお実験的な試みであり、現時点で示した姿が完成形ではない。本書が多くの読者の支持を得られたならば、今後も、改善を加え、掲載判例も追加していきたいと考えている。読者の方々には、本書の方向性、改善点について忌憚のないご意見を頂ければ幸いである。

＊　＊　＊

　当初、本書は未熟な一人の法科大学院教員の些細な思いつきにすぎないものであった。それが、このように650頁を超える大著として結実できたのは、複数回に及ぶ会合によって骨組みを与えてくださった編者の方々、そしてその編者の方々とともに玉稿をお寄せくださった執筆者の方々の一方ならぬご協力に恵まれたからにほかならない。また、慶應義塾大学大学院法学研究科後期博士課程の山本健人さんと吉川智志さんからは本書の完成にはなくてはならなかった数多くの貴重なご助言を頂くことができた。さらに何より、本書の企画にとって一番の幸運であったのは、その萌芽から結実まで様々なアイデアとご尽力をくださった弘文堂編集部の登健太郎さんの熱意と、法科大学院が縮小する中で実験的企画に踏み出すという開拓心溢れる弘文堂の精神に巡りあえたことである。これら本書に関わられたすべての方々に、記してここに感謝の意を表したい。

2018年1月

編者を代表して
木下昌彦

目次

はしがき　i

本書の「取扱説明書」　iv

第1章　プライバシーの権利　1

1　京都府学連事件
（最大判昭和44年12月24日刑集23巻12号1625頁）────2

2　前科照会事件
（最三小判昭和56年4月14日民集35巻3号620頁）────7

3　住基ネット事件
（最一小判平成20年3月6日民集62巻3号665頁）────12

第2章　法の下の平等(1)　21

4　尊属殺人事件
（最大判昭和48年4月4日刑集27巻3号265頁）────23

5　サラリーマン税金事件
（最大判昭和60年3月27日民集39巻2号247頁）────36

6　東京都管理職事件
（最大判平成17年1月26日民集59巻1号128頁）────43

第3章　法の下の平等(2)　57

7　国籍法事件
（最大判平成20年6月4日民集62巻6号1367頁）────58

8　非嫡出子相続分規定事件
（最大決平成25年9月4日民集67巻6号1320頁）────73

9　再婚禁止期間事件
（最大判平成27年12月16日民集69巻8号2427頁）────83

10　夫婦同氏事件
（最大判平成27年12月16日民集69巻8号2586頁）────98

第4章　思想・良心の自由　111

11　謝罪広告事件
（最大判昭和31年7月4日民集10巻7号785頁）────112

12　君が代起立斉唱事件　付:君が代ピアノ伴奏事件
（最二小判平成23年5月30日民集65巻4号1780頁）────120

第5章　信教の自由　137

13　加持祈祷事件
（最大判昭和38年5月15日刑集17巻4号302頁）────138

14　オウム真理教解散命令事件
（最一小決平成8年1月30日民集50巻1号199頁）────142

15　神戸高専剣道実技履修拒否事件
（最二小判平成8年3月8日民集50巻3号469頁）────146

第6章　政教分離　153

16　津地鎮祭事件
（最大判昭和52年7月13日民集31巻4号533頁）────155

17　愛媛玉串料事件
（最大判平成9年4月2日民集51巻4号1673頁）────167

18　空知太神社事件
（最大判平成22年1月20日民集64巻1号1頁）────190

第7章　学問の自由・教育の自由　207

19　東大ポポロ事件
（最大判昭和38年5月22日刑集17巻4号370頁）────208

20　旭川学力テスト事件
（最大判昭和51年5月21日刑集30巻5号615頁）────215

第8章　表現の自由(1)：憲法判断の基本枠組み　233

21　猿払事件
（最大判昭和49年11月6日刑集28巻9号393頁）────235

22　よど号ハイジャック記事抹消事件
（最大判昭和58年6月22日民集37巻5号793頁）────250

23　堀越事件
（最二小判平成24年12月7日刑集66巻12号1337頁）────255

24　世田谷事件
（最二小判平成24年12月7日刑集66巻12号1722頁）────269

25　インターネット異性紹介事業届出制度事件
（最一小判平成26年1月16日民集68巻1号1頁）────273

第9章　表現の自由(2)：検閲と事前抑制　277

26　札幌税関検査事件
（最大判昭和59年12月12日民集38巻12号1308頁）────278

27　『北方ジャーナル』事件
（最大判昭和61年6月11日民集40巻4号872頁）────290

第10章　表現の自由(3)：規制の明確性と広汎性　303

28　徳島市公安条例事件
（最大判昭和50年9月10日刑集29巻8号489頁）────304

29　広島市暴走族追放条例事件
（最三小判平成19年9月18日刑集61巻6号601頁）────319

第11章　表現の自由(4)：内容規制　331

30　渋谷暴動事件
（最二小判平成2年9月28日刑集44巻6号463頁）────333

31　ビニール本事件
（最三小判昭和58年3月8日刑集37巻2号15頁）────337

32　『夕刊和歌山時事』事件
（最大判昭和44年6月25日刑集23巻7号975頁）────343

第12章　表現の自由(5)：内容中立規制　347

33　大阪市屋外広告物条例事件
（最大判昭和43年12月18日刑集22巻13号1549頁）────349

34　大分県屋外広告物条例事件
（最三小判昭和62年3月3日刑集41巻2号15頁）────352

35　戸別訪問禁止事件①
（最二小判昭和56年6月15日刑集35巻4号205頁）────358

36　戸別訪問禁止事件②
（最三小判昭和56年7月21日刑集35巻5号568頁）────362

37　吉祥寺駅構内ビラ配布事件
（最三小判昭和59年12月18日刑集38巻12号3026頁）────369

38　防衛庁立川宿舎ビラ投函事件
（最二小判平成20年4月11日刑集62巻5号1217頁）────374

39　岐阜県青少年保護育成条例事件
（最三小判平成元年9月19日刑集43巻8号785頁）────380

第13章　表現の自由(6)：集会の自由　*389*

40　皇居外苑使用不許可事件
　　（最大判昭和28年12月23日民集7巻13号1561頁）――― *391*

41　新潟県公安条例事件
　　（最大判昭和29年11月24日刑集8巻11号1866頁）――― *397*

42　東京都公安条例事件
　　（最大判昭和35年7月20日刑集14巻9号1243頁）――― *403*

43　泉佐野市民会館使用不許可事件
　　（最三小判平成7年3月7日民集49巻3号687頁）――― *415*

44　呉市教研集会事件
　　（最三小判平成18年2月7日民集60巻2号401頁）――― *425*

第14章　表現の自由(7)：取材・報道の自由　*433*

45　博多駅事件
　　（最大決昭和44年11月26日刑集23巻11号1490頁）――― *434*

46　レペタ事件
　　（最大判平成元年3月8日民集43巻2号89頁）――― *438*

47　NHK記者証言拒否事件
　　（最三小決平成18年10月3日民集60巻8号2647頁）――― *446*

第15章　居住・移転の自由　*451*

48　帆足計事件
　　（最大判昭和33年9月10日民集12巻13号1969頁）――― *452*

49　西宮市営住宅事件
　　（最二小判平成27年3月27日民集69巻2号419頁）――― *456*

第16章　職業選択の自由　*461*

50　小売市場事件
　　（最大判昭和47年11月22日刑集26巻9号586頁）――― *463*

51　薬事法事件
　　（最大判昭和50年4月30日民集29巻4号572頁）――― *468*

52　酒類販売業免許制事件
　　（最三小判平成4年12月15日民集46巻9号2829頁）――― *478*

第17章　財産権　*487*

53　奈良県ため池条例事件
　　（最大判昭和38年6月26日刑集17巻5号521頁）――― *489*

54　国有農地売払特措法事件
　　（最大判昭和53年7月12日民集32巻5号946頁）――― *493*

55　森林法共有林事件
　　（最大判昭和62年4月22日民集41巻3号408頁）――― *502*

56　証券取引法164条事件
　　（最大判平成14年2月13日民集56巻2号331頁）――― *513*

第18章　適正手続の保障　*517*

57　第三者所有物没収事件
　　（最大判昭和37年11月28日刑集16巻11号1593頁）――― *518*

58　川崎民商事件
　　（最大判昭和47年11月22日刑集26巻9号554頁）――― *526*

59　成田新法事件
　　（最大判平成4年7月1日民集46巻5号437頁）――― *531*

第19章　生存権　*539*

60　堀木事件
　　（最大判昭和57年7月7日民集36巻7号1235頁）――― *540*

61　老齢加算廃止事件
　　（最三小判平成24年2月28日民集66巻3号1240頁）――― *546*

第20章　選挙権　*555*

62　在宅投票制度廃止事件
　　（最一小判昭和60年11月21日民集39巻7号1512頁）――― *557*

63　在外日本人選挙権事件
　　（最大判平成17年9月14日民集59巻7号2087頁）――― *562*

64　精神的原因による投票困難者事件
　　（最一小判平成18年7月13日判タ1222号135頁）――― *580*

第21章　労働基本権・国家賠償請求権　*587*

65　全農林警職法事件
　　（最大判昭和48年4月25日刑集27巻4号547頁）――― *588*

66　郵便法事件
　　（最大判平成14年9月11日民集56巻7号1439頁）――― *609*

第22章　人権の享有主体と私人間効力　*617*

67　マクリーン事件
　　（最大判昭和53年10月4日民集32巻7号1223頁）――― *619*

68　八幡製鉄事件
　　（最大判昭和45年6月24日民集24巻6号625頁）――― *626*

69　三菱樹脂事件
　　（最大判昭和48年12月12日民集27巻11号1536頁）――― *631*

70　入会資格事件
　　（最二小判平成18年3月17日民集60巻3号773頁）――― *640*

第23章　個人と団体　*647*

71　三井美唄炭鉱労組事件
　　（最大判昭和43年12月4日刑集22巻13号1425頁）――― *648*

72　国労広島地本事件
　　（最三小判昭和50年11月28日民集29巻10号1698頁）――― *654*

73　南九州税理士会事件
　　（最三小判平成8年3月19日民集50巻3号615頁）――― *662*

収録判例一覧　*669*

■ 本書の「取扱説明書」

1. 本書の基本的構成

本書は、憲法の人権分野に関わる73の最高裁判例を収録しています。収録された各判例は、当該事案における主要論点を指標として、23の章に分けて配置されています。

それぞれの章の最初の「とびら」には、当該章に掲載された判例を読むうえで必要な学説上の基本的知識と判例の展開の状況を記載しています。各判例を読む前に、学説と判例はどこが違うのか、各判例は全体の流れの中でどのように位置づけられるものなのかという点を、ここでまずつかんでください。

各判例については、判決理由のほか、判例を「精読」するうえで手助けとなる情報を盛り込んであります。以下で、それらを各パーツごとに説明しておきます。

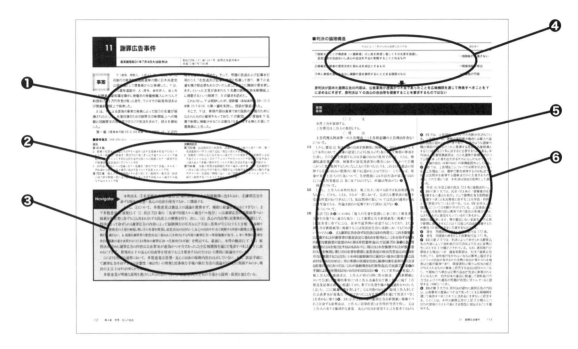

❶【事案】 判決の前提となった事実関係の概要と上告（抗告）に至るまでの訴訟経緯について簡単に整理しています。事実関係や訴訟経緯については、最高裁の判決理由の中でより詳しい内容が記載されている場合もあります。

❷【参考条文】 民集・刑集（判例集や法令の略語については後掲「凡例」参照）に参照条文として引用された条文、あるいは判決理由中で言及のある条文を中心に、事件当時のものを掲載しています。ただし、民法や刑法、行訴法など、基本科目で学習する法令の条文については省略していることもありますので、手許の法令集で確認をしてください。

❸【Navigator】 これから判決を読み進めるうえで手がかりになるものとして、(i)判決の主要論点や先例としての意義、(ii)判決の基本的な論理の流れ、(iii)判決を読む際の注意点等を記載しています。

❹【判決（決定）の論理構造】 判決の論理構造や問題となった法令の仕組みを図式化して整理しています。

❺【判決】／【決定】 多数意見（法廷意見）については、民集や刑集に記載された主文、判決（決定）理由を原則としてすべて、省略することなく掲載しています。当事者名も民集・刑集に記載されたものに従っています。ただし、網掛けは、学習上最低限覚えておく必要のある重要な記述として、読者の便宜のため各執筆者が加えたものです。また、各パラグラフにはパラグラフ番号を付しており、【解説】や【Questions】において【2】や【5】と表記されているものは、このパラグラフ番号を指しています。

❻【解説】 多数意見については、原則として、判決理由中の各パラグラフ右側の側注で解説を付しています。ただ、当該パラグラフに重要な内容が多く盛り込まれているような場合やパラグラフそれ自体が長文にわたる場合には、「【3】の前半」、「【3】の第1文」などのように、パラグラフを分割したうえで解説を行っている場合があります。また、解説における記述の典拠は、調査官解説であれば「判解① 345頁」、調査官解説以外の判例批評であれば「判批① 234頁」、その他の論文等については、「文献① 123頁」などとして記載してあります。それぞれが指示する文献は最後の【参考文献】で確認してください。各解説は、基本的には調査官解説の内容をベースとして記述されていますが、紙幅の関係上、調査官解説において重要な記述のすべてを記載できているわけではありません。また、判例の各説示の内容については、学説上も様々な解釈があり、調査官解説を典拠としたものも含め、ここで記載された内容はその一つにすぎないということにも注意してください。

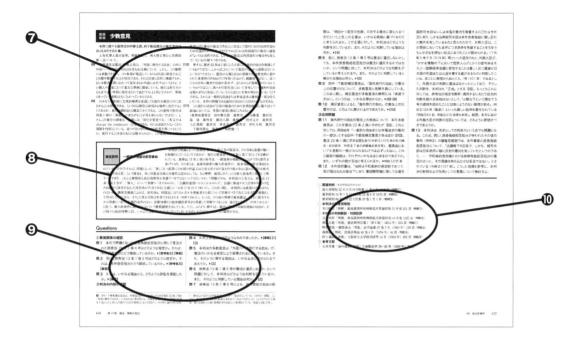

❼【少数意見】 各裁判官が付した少数意見（補足意見・意見・反対意見）についても、民集や刑集に記載された内容を基本的に省略することなく全文を掲載してあります。少数意見の解説（脚注）については、多数意見とは異なり、原則として各意見の冒頭に簡潔なものを付することにとどめています。ただし、後の判例の展開に影響を与えたもの等、学習上特に重要と思われる少数意見については、多数意見と同様の体裁により、各パラグラフ右側の側注で解説を付しています。

❽【補足説明】 解説では説明し尽くすことのできなかった理論的事項、法制度の仕組み、判例の射程等について補足説明を行っています。発展的学習の手がかりにしてください。

❾【Questions】 ①事実関係の確認、②判決（決定）の内容の確認、③応用問題から構成されています。①事実関係の確認では、判決を読み進めるうえで重要な事実・法令の仕組み・当事者の主張内容等を確認する設問を掲載しています。また、②判決（決定）の内容の確認では、【判決】におけるパラグラフごとに、当該パラグラフ中での重要な記述内容を確認する設問となっています。これらはいずれも、本書内に解答がある問題が中心であり、それぞれのヒントを記載してあります。たとえば、「▶【5】」とあるのは、【判決】や【決定】のパラグラフ【5】に当該設問の解答が書かれていることを示しています。他方で、③応用問題については、当該判決を読むだけでは解答を得ることができない判例の射程、多数意見と少数意見の対立点など、発展的問題を提示してあります。これらについてもヒントとなる関連判例や論文を記してありますので、それらの文献に各自あたることで、解答を考えてみてください。

❿【参考文献】 判決を読むうえで参考になる関連判例、調査官解説、調査官解説以外の判例批評、その他の文献を掲載しています。【解説】等で「判例①」「判解②」「判批③」「文献④」などと略称が用いられているものが何かについては、ここで確認してください。なお、芦部信喜（高橋和之補訂）『憲法［第6版］』（岩波書店、2015年）など、より基本的な文献の略称については、後掲の「凡例」を確認してください。

II. 本書の基本的読み方

憲法に関する法書としての知識や技能を獲得するための経路は、概ね、(1) 憲法上の基礎的な概念や考え方の修得、(2) 憲法判例の読解と理解、(3) 具体的事案における憲法判断を論証する能力の養成、の三つの段階に分けることができるでしょう。そこで本書は、主として、第2段階である(2) 憲法判例の読解と理解を効果的に実現できるよう企画されたものです。そのことを前提に、以下では、本書の基本的読み方について概説をしておきます。

■本書を読む前に

まず、本書を通じた学習をより効果的に進めるために、次のような知識をあらかじめ修得しておいてください。

① 憲法についての基本的知識　　本書は、(1) 憲法上の基礎的な概念や考え方の修得という第1段階の学習をすでに終えている読者を想定しています。そのため、これから憲法を学習しようとする法学部生や法科大学院未修コースの学生の方は、芦部信喜（高橋和之補訂）『憲法［第6版］』（岩波書店、2015年）・佐藤幸治『日本国憲法論』（成文堂、2011年）などの教科書や、ジュリスト別冊『憲法判例百選［第6版］』（有斐閣、2013年）などの判例解説書を通じて、まずは、憲法に関する基本的知識を修得するようにしてください。

② 憲法以外の基本科目についての基本的知識　　憲法判例の多くは、民事事件・刑事事件・行政事件として展開した紛争の中で憲法上の争点が浮上し、その結果、最高

裁で憲法判断がなされるという経緯をたどっています。最高裁の判断も、民法、刑法、民訴法などの諸法の知識や仕組みを前提として書かれています。そのため、本書に収録された憲法判例を読むにあたっては、憲法のみならず、少なくとも、法科大学院1年次で学習するような基本科目についての基本的知識も前提となることに留意しておいてください。

③ **判例の読み方についての基本的知識**　最高裁における判決理由というのは、そもそも特殊な文書です。そのため、そこに書かれた内容を理解するためには、「論旨」などの判決理由で用いられる概念の意味、「判例」と「傍論」の区別、「補足意見」と「意見」の違いなど、基本科目の授業では必ずしも教わらない知識も必要になります。たとえば、中野次雄編『判例とその読み方〔三訂版〕』（有斐閣、2009年）や池田真朗編『判例学習のA to Z』（有斐閣、2011年）などの書籍を通じて、判例に関する基本的知識を修得しておくとよいでしょう。

■ **本書の読み進め方**

憲法判例の「精読」に初めて取り組むという方は、次のような手順で本書を読み進めていくことをおすすめします。

① **ステップ1**　まず、【Navigator】【判決の論理構造】で、当該判例がもつ先例としての意義や判決全体の論証の流れを把握してください。判決における個々の「部分」を読む場合にも、その「部分」が「全体」の論理構造の中でどこに位置づけられたものであるかをあらかじめ把握しておくことが肝要です。また、後述するように、判決の論証構造は、自身で法的文章を書く際の手がかりにもなります。

② **ステップ2**　その次に、【Questions】にある「①事実関係の確認」の設問を手がかりに、【事案】および【参考条文】、そして〈判決理由に記載された事実関係部分〉を読んでください。判例が前提とした具体的事実は、当該判例の射程を判断するうえで不可欠な考慮要素となります。また、当該事件は、民事訴訟、刑事訴訟、行政訴訟のいずれで争われたものであるのか、訴訟物や訴因は何か、何法の何条の憲法適合性が問題となったのか、上告をしたのは原告か被告か等にも注意して事実関係を把握するようにしてください。

③ **ステップ3**　そのうえで、【Questions】の「②判決（決定）の内容の確認」の解答を探しながら、1パラグラフずつ判例を読み進めてください。【解説】も判決内容の意味や意義を理解するための手助けになります。本書は各設問にヒントを付けてありますが、たとえば、法科大学院での予習などでは、判決理由を自分でパラフレーズしたり、要約したりすることで学習効果が上がります。余裕のある学生は、【解説】における引用も手がかりに、調査官解説も手許に置きながら読み進めるとよいでしょう。なお、本書は少数意見も掲載していますが、まずは、多数意見を読み込むことを心がけてください。

■ **本書のその先へ**

本書に掲載された憲法判例を「精読」した後は、いよいよ第3段階の学習である（3）具体的事案における憲法判断を論証する能力の養成へと向かうことになります。ただ、その段階の学習においても改めて憲法判例をかえりみる必要があり、次のように本書の限界をふまえたうえで他の文献とともに本書を活用してください。

① **憲法における論証能力の構築に向けて**　司法試験に合格し、法曹実務家として専門的仕事ができるようになるためには、判例をただ理解するだけでなく、法的問題の解決のあり方について自ら論証する能力、いわば判決を書く能力を身に付けなければなりません。本書だけではその能力の養成には不充分であり、たとえば、宍戸常寿編『憲法演習ノート』（弘文堂、2015年）などの演習教材を用いて実際に法的文章を書く訓練が必要となります。もっとも、憲法判例それ自体が法的論証についての一つの模範例であり、各判例がどのような論理展開を経て結論に至っているかを改めて学習することは、そのまま憲法における論証能力を磨く手立てとなるでしょう。たとえば、判決それ自体には書かれていないけれども、調査官解説が判決の前提になったものとして指摘する審査基準や考慮要素を明示的に補うことによって自分で判決を書き直してみるという作業も、一つの演習のあり方として有用です。

② **憲法判例の射程の把握に向けて**　実務においては、更地から論証を構築するというよりも、むしろ、すでに存在する判例をふまえ、本件にはどの判例が適用され、適用されないかという論証を展開することが不可欠となります。ただ、「表現行為に対する事前抑制は、……厳格かつ明確な要件のもとにおいてのみ許容されうる」などの判例が提示する法命題を法令の条文と同じように理解しようとしたのでは、判例の射程を誤る可能性があります。判例が提示する法命題は常に当該判例における具体的事案を前提としており、法令と同じ意味で一般的に妥当する命題として提示されているとは限りません。前記の法命題の場合、「表現行為に対する事前抑制」というのはあくまで当該事案である「名誉権を保護するための事前抑制」のことを指し、「著作権を保護するための事前抑制」には当該命題は適用されないということも論理的に排除されていません。このような判例の射程を意識した論証を行うにあたっては、判決における特定の説示だけでなく、判決文全体や判決の前提となった事実への理解が必要であり、そのような観点から本書を改めて読み直してみることも論証能力の向上に資するでしょう。なお、判例の射程の学習については、たとえば、本書の執筆者の多くが関わった横大道聡編『憲法判例の射程』（弘文堂、2017年）が役に立つでしょう。

③ **リーガル・リサーチ能力の向上に向けて**　一つの最高裁判決に至るまでに当事者が主張した事実や法的主張は膨大なものです。また、本書に収録された判例と関連する判例・裁判例も数多く存在します。本書は判決文の全部を掲載したものではありますが、実際には、判決を理解するうえで必要となる資料のほんの一部を掲載したにすぎません。判決理由や本書の【解説】、あるいは【Questions】の「③応用問題」などを通じて疑問が生じた場合には、本書の【参考文献】に挙げられた文献等にアクセスすることを通じて、その疑問に対する答えを探し、考えてみてください。特に、法科大学院に在籍されている方は豊富な資料やリーガル・リサーチの専門家である教員に容易にアクセスできる環境にあります。その環境を最大限活用してリサーチを行った経験は、司法試験に直接関係がなくとも、法曹実務家として法的論証を実行する際に必ず活きてくることになります。なお、リーガル・リサーチの基本については、いしかわまりこほか『リーガル・リサーチ〔第5版〕』（日本評論社、2016年）が参考になります。

凡例

※主要な法令、判例集その他文献、および雑誌等の略語については、下記に示すほか、慣例にならっています。

●法令

憲法	日本国憲法
行訴法	行政事件訴訟法
刑訴法	刑事訴訟法
公選法	公職選挙法
国公法	国家公務員法
地公法	地方公務員法
地自法	地方自治法
破防法	破壊活動防止法
民訴法	民事訴訟法
労基法	労働基準法
労組法	労働組合法

●判例集

下刑集	下級裁判所刑事裁判例集
家月	家庭裁判月報
下民集	下級裁判所民事裁判例集
行集	行政事件裁判例集
金判	金融・商事判例
刑月	刑事裁判月報
刑集	最高裁判所刑事判例集
高刑集	高等裁判所刑事判例集
高民集	高等裁判所民事判例集
裁時	裁判所時報
集刑	最高裁判所裁判集刑事
集民	最高裁判所裁判集民事
訟月	訟務月報
判時	判例時報
判自	判例地方自治
判特	高等裁判所刑事判決特報
民集	最高裁判所民事判例集
労民集	労働関係民事裁判例集

●文献

芦部[6版]	芦部信喜(高橋和之補訂)『憲法[第6版]』(岩波書店、2015年)
駒村	駒村圭吾『憲法訴訟の現代的転回』(日本評論社、2013年)
小山[3版]	小山剛『憲法上の権利の作法[第3版]』(尚学社、2016年)
佐藤	佐藤幸治『日本国憲法論』(成文堂、2011年)
宍戸[2版]	宍戸常寿『憲法 解釈論の応用と展開[第2版]』(日本評論社、2014年)
渋谷[3版]	渋谷秀樹『憲法[第3版]』(有斐閣、2017年)
射程	横大道聡編『憲法判例の射程』(弘文堂、2017年)
高橋[4版]	高橋和之『立憲主義と日本国憲法[第4版]』(有斐閣、2017年)
辻村[5版]	辻村みよ子『憲法[第5版]』(日本評論社、2016年)
読本[2版]	安西文雄=巻美矢紀=宍戸常寿『憲法学読本[第2版]』(有斐閣、2014年)
野中ほかⅠ・Ⅱ[5版]	野中俊彦=中村睦男=高橋和之=高見勝利『憲法Ⅰ・Ⅱ[第5版]』(有斐閣、2012年)
長谷部[6版]	長谷部恭男『憲法[第6版]』(新世社、2014年)
長谷部編・注釈(2)	長谷部恭男編『注釈日本国憲法(2)―国民の権利及び義務 10条-24条』(有斐閣、2016年)
論点教室	曽我部真裕ほか編『憲法論点教室』(日本評論社、2012年)
論点探究[2版]	小山剛=駒村圭吾編『論点探究 憲法[第2版]』(弘文堂、2013年)
百選[6版]	ジュリスト別冊『憲法判例百選[第6版]』(有斐閣、2013年)
百選[初版]	ジュリスト276号の2『憲法判例百選』(有斐閣、1962年)

●雑誌その他

最判解刑	最高裁判所判例解説刑事篇
最判解民	最高裁判所判例解説民事篇
重判解	重要判例解説(ジュリスト臨時増刊)
ジュリ	ジュリスト
セレクト	判例セレクト
法教	法学教室
法セミ	法学セミナー
民商	民商法雑誌
リマークス	私法判例リマークス
論ジュリ	論究ジュリスト

第1章　プライバシーの権利

1　学説の状況

「プライバシーの権利」は、1890（明治23）年に、ワレンとブランダイスが、ハーバード・ローレビューに寄稿した、"The Right to Privacy"というタイトルの論文から生まれた。この論文は、写真技術の向上などを背景としたイエロージャーナリズム（扇動的ジャーナリズム）の流行によって、その意に反して私生活を不特定多数者の好奇の目にさらされる者が急増したために、人格権保護の観点から、他者から離れて「ひとりで放っておいてもらう権利（right to be let alone）」が重要であることを主張するものであった。私生活をみだりに公開されない権利として定式化された同権利は、日本でも、ようやく昭和30年代半ばから学界で活発に論じられ、昭和39年の『宴のあと』事件判決（後述）において、不法行為法上保護される人格権の一内容として承認されるに至る。

その後、情報技術（盗聴器やコンピュータ・データベース）を用いた監視が社会的に一般化してくると、私生活をみだりに公開されない（不特定多数者の視線にさらされない）というだけでは人格的自律が保護されないのではないかとの疑問が呈示され、自己情報を自ら積極的にコントロールすることが必要であると認識されるようになった。日本では、佐藤幸治が、フリードの学説の影響を受け、1970年代以降、「自己情報コントロール権」としてプライバシー権を捉えるべきとの見解を精力的に主張し（佐藤幸治『現代国家と人権』（有斐閣、2008年）259頁以下）、学界において通説化していった。しかし、この見解は、道徳的自律の存在として生きるうえで必要な人間関係の構築のために、本来親密な相手にしか開示しないような情報（プライバシー固有情報）を誰に見せ、誰に見せないかを自ら決定すること（佐藤幸治『憲法［第3版］』（青林書院、1995年）435-454頁）に主眼を置いたものであったため、氏名や住所などの単純情報（プライバシー外延情報）の保護や、コンピュータネットワークのシステム構造の堅牢性などを具体的に要求するものではなかった。

近年は、情報技術の高度化によって情報の連結可能性・検索可能性・解析可能性が飛躍的に高まっていることから、ドイツの情報自己決定権論などをベースに、単純情報のコントロールをも正面から肯定すべきとする見解（小山剛「単純個人情報の憲法上の保護」論ジュリ1号（2012年）118頁）や、今や我々のプライバシーはシステム構造の堅牢性やアーキテクチャの良し悪しに強く依存しているとの認識から（プライバシー・バイ・デザインの考え方とも共通する観点である）、プライバシー権概念とシステム構造のあり方とを関係づけようとする見解等が現れている（山本龍彦『プライバシーの権利を考える』（信山社、2017年））。

2　判例の展開

プライバシー権のリーディング・ケースとされているのは、昭和39年の『宴のあと』事件判決（東京地判昭39・9・28下民集15-9-2317）である。同判決は、プライバシー権を、私生活をみだりに公開されない権利と定義し、不法行為法上保護される人格権として認めた。もっとも同判決は、この権利の基礎付けにあたり、個人の尊厳や幸福追求に言及しており、「プライバシー権が〔憲法〕13条に根拠を置くものであること〔を〕示唆」した判決として理解されている（判プラ［補正版］143頁〔曽我部真裕〕）。不特定多数者に私生活を公開・暴露されない権利は、ワレンとブランダイスの議論に直結する最も古典的なプライバシー権概念といえるが、現代においてその意義を失っているわけではない。こうした考えは、たとえば、時間の経過とともに私的な性格を増す前科情報（最判平6・2・8民集48-2-149［ノンフィクション『逆転』事件］参照）を、ネットでの検索結果として表示・公表され続けない利益として、近年でも援用されている（最決平29・1・31判時2328-10。この本決定では「忘れられる権利」という言葉は使われなかった）。

上述のように、伝統的なプライバシー権は、典型的には、私生活を「不特定多数者」に「公開」されることから個人を保護するものである。この点、私生活に関わるような個人情報を「特定者」（第三者）に「開示」（提供）されることからも個人は保護されるのかが問題となる。犯罪人名簿を保管する市が、弁護士会からの前科照会に「漫然と」応じ、前科情報を開示したことが公権力の違法な行使にあたるとした昭和56年の**前科照会事件判決**〔本書2事件〕は、実質的に、前科情報をみだりに特定者（第三者）に開示（提供）されない自由を認めたものと考えられる。そうすると、この時点ですでに、最高裁は、学説のいう自己情報コントロール権の考えをある程度は汲んでいたことになろう。警備目的で、大学が警察に対して要人の講演会に参加する学生の氏名・住所等を開示したことがプライバシー侵害として不法行為を構成するとした江沢民事件判決（最判平15・9・12民集57-8-973）では、氏名・住所等の単純個人情報についても、「本人が、自己が欲しない他者にはみだりにこれを開示されたくないと考えることは自然で」、「そのことへの期待は保護されるべき」と述べられており、同判決では「もう完全に」自己情報コントロール権の発想が出ているなどと指摘された（座談会「プライバシーをめぐる今日的状況とプライバシー理論の現在」法時78巻4号（2006年）15頁〔山野目章夫発言〕）。ただ、前科照会事件判決がセンシティヴ性の強い前科情報の取扱いに「格別の慎重さ」を求めたのに対し、本判決が単純個人情報の取扱いについて、単に「慎重に取り扱われる必要がある」とだけ述べていたことは、最高裁がなお情報の「性質」を重視する立場をとっていることを端的に表している。憲法13条を根拠に、「個人に関する情報をみだりに第三者に開示又は公表されない自由」を認めた平成20年の**住基ネット事件判決**〔本書3事件〕も、住基ネットで取り扱う本人確認情報の秘匿性の低さを強調し、結果的にもその合憲性を認めている（ただし同判決が、漏えい等の具体的危険があるかという観点から、住基ネットのシステム構造の堅牢性までを審査した点は注目に値する）。

判例は、対公権力との関係では、一定の個人情報をみだりに取得されない自由までをも認める傾向がある。警察官による容ぼう等の写真撮影の合憲性を扱った昭和44年の**京都府学連事件判決**〔本書1事件〕は、憲法13条を「国民の私生活上の自由」を保障した規定と解したうえで、そこから「みだりに容ぼう等を撮影されない自由」を導出した（ただし、最判平17・11・10民集59-9-2428［和歌山毒カレー事件］では、この自由を私人による写真撮影に対しても拡張させた）。ほかにも、公権力との関係で、「みだりに指紋押なつを強制されない自由」を認めた指紋押捺制度事件判決（最判平7・12・15刑集49-10-842）がある。

1 京都府学連事件

最高裁昭和44年12月24日大法廷判決

昭和40年(あ)第1187号：公務執行妨害、傷害被告事件
刑集23巻12号1625頁

事案

当時A大学の学生であった被告人は、昭和37年6月21日に行われた京都府学生自治会連合主催のデモ行進（「大学管理制度改悪反対」、「憲法改悪反対」などを主張するものであった）に参加し、先頭集団であるA大学の学生集団の先頭列外で、隊列を誘導していた。本件デモ行進については、公安条例に基づき、京都府公安委員会により「行進隊列は4列縦隊とする」との許可条件が、道交法77条に基づき、京都府中立売警察署長により「車道の東側端を進行する」という許可条件が付されていたが、被告人は、許可条件を詳しく知らなかった。

被告人は、行進の途中、交差点付近に停車していた数台の自動車を避けるため、通常よりも膨らんで交差点を左折させるべく隊列を誘導したところ、待機中の機動隊より、京都府公安委員会が許可したルートから逸脱して行進を行うものとみなされ、規制を受けた。その際、デモ隊と機動隊が衝突し、現場は混乱状態に陥り、デモ隊は、4列ないし5列目くらいまで7名ないし8名くらいの縦隊で、かつ、道路のほぼ中央あたりを行進する状態となり、公安条例および道交法に基づく上記許可条件に外形的に違反する状況が生じた。そこで、許可条件違反等の違法状況の視察・採証の職務に従事していた京都府警のB巡査（秋月潔：私服で勤務）は、この状況を現認して、許可条件違反の事実があるものと判断し、状況および違反者の確認のため、歩道上から集団の先頭部分の行進状況を写真撮影した。これに対し被告人は、「どこのカメラマンか」と難詰抗議し、Bがこれを無視する挙動に出たところから憤慨し、デモ行進に使用していた旗竿の根元でBの下顎部を一突きし、Bに全治約1週間の傷害を与えた。これにより、被告人は、傷害および公務執行妨害罪で起訴された。

第一審（京都地判昭39・7・4刑集23-12-1655）は、本件写真撮影は任意捜査の範囲を超えており、適法な公務執行にはあたらないとする被告人側の主張を退け、被告人を懲役1月（執行猶予1年）に処し、第二審（大阪高判昭40・4・27刑集23-12-1660）も、(a)本件写真撮影は、違反者等に物理的な力を加えたり特別な受忍義務を負わせることなく行われたもので刑訴法上の強制処分とはいえないから、任意捜査として令状を要しない、(b)肖像権が認められるとしても、現に犯罪が行われている場合には現行犯処分に準じて許容されるとして、控訴を棄却したため、被告人が上告した。

■参考条文（事件当時のもの）

集会、集団行進及び集団示威運動に関する条例（昭和29年京都市条例第10号）

第2条 道路その他屋外の公共の場所で集会（以下屋外集会という。）もしくは集団行進を行おうとするとき又は場所のいかんを問わず集団示威運動を行おうとするときは公安委員会の許可を受けなければならない。但し、次の各号の一に該当する場合はこの限りでない。
(1) 学生、生徒その他の遠足、修学旅行、体育、競技
(2) 通常の冠婚、葬祭等慣例による行事
(3) 前各号に掲げるものの外公安委員会が指示するもの

第6条 公安委員会は、第4条の規定による許可申請があったときは、屋外集会、集団行進又は集団示威運動の実施が公衆の生命、身体、自由又は財産に対して直接の危険を及ぼすと明らかに認められる場合の外はこれを許可しなければならない。但し、次の各号に関し必要な条件をつけることができる。
(1) 官公庁の事務の妨害防止に関すること。
(2) じゅう器、きょう器その他の危険物携帯の制限等危険防止に関すること。
(3) 交通秩序の維持に関すること。
(4) 屋外集会、集団行進又は集団示威運動の秩序保持に関すること。
(5) 夜間の静ひつ保持に関すること。
(6) 公衆の生命、身体、自由又は財産に対して直接の危険を防止するためやむを得ない場合の進路、場所又は日時の変更に関すること。
2 公安委員会は、前項の許可をしたときは、申請書の1通にその旨を記入し、特別の事由のない限り屋外集会、集団行進又は集団示威運動を行う日時の24時間前までに、主催者又は連絡責任者に交付しなければならない。
3 公安委員会は、前2項の規定にかかわらず公衆の生命、身体、自由又は財産に対して直接の危険を防止するため緊急の必要があると明らかに認められるに至つたときは、その許可を取消し又は条件を変更することができる。
4 公安委員会は、第1項の規定により不許可にしようとするときは原則として24時間前までに主催者の出頭を求め予め意見を聞くものとする。但し、出頭に応じない場合はこの限りでない。
5 公安委員会は、前項の規定により不許可にしたとき、又は第3項の規定により許可を取り消したときは、その旨を詳細な理由をつけてすみやかに市議会に報告しなければならない。

警察法

第2条〔第1項〕警察は、個人の生命、身体及び財産の保護に任じ、犯罪の予防、鎮圧及び捜査、被疑者の逮捕、交通の取締その他公共の安全と秩序の維持に当ることをもってその責務とする。

刑事訴訟法

第218条
2 身体の拘束を受けている被疑者の指紋若しくは足型を採取し、身長若しくは体重を測定し、又は写真を撮影するには、被疑者を裸にしない限り、前項の令状によることを要しない。

第220条 検察官、検察事務官又は司法警察職員は、第199条の規定により被疑者を逮捕する場合又は現行犯人を逮捕する場合において必要があるときは、左の処分をすることができる。第210条の規定により被疑者を逮捕する場合において必要があるときも、同様である。
(1) 人の住居又は人の看守する邸宅、建造物若しくは船舶内に入り被疑者の捜索をすること。
(2) 逮捕の現場で差押、捜索又は検証をすること。
2 前項後段の場合において逮捕状が得られなかったときは、差押物は、直ちにこれを還付しなければならない。
3 第1項の処分をするには、令状は、これを必要としない。
4 第1項第2号及び前項の規定は、検察事務官又は司法警察職員が勾引状又は勾留状を執行する場合にこれを準用する。被疑者に対して発せられた勾引状又は勾留状を執行する場合には、第1項第1号の規定をも準用する。

Navigator

昭和30年ころから、違法な行為にも発展しうるような行動的な政治的デモ活動や組合活動を、警察官が撮影して写真に収めるという事例が増え、こうした撮影行為が憲法上制限されるべきではないかという議論が活発化した。しかし、周知のとおり、憲法上、警察官による写真撮影を制限するような明文の規定はない。したがって、この論議は、憲法13条が、憲法に列挙されない権利・自由の根拠になるかという「新しい人権」論とも密接に関連していた。

本判決は、こうした議論に終止符を打つものであった。本判決は、憲法13条が、憲法に列挙されない権利・自由の根拠になることを認めたうえ、同条が、「国民の私生活上の自由」を一般的に保障しており、そこから、「みだりに容ぼう等を撮影されない自由」が導出されると述べたのである。これによって、警察による容ぼう等の写真撮影に憲法上の制限が設けられたことになるが、もちろん、この自由も絶対的なものではない。本判決が、この自由の限界をどこに引いたのか、いいかえれば、いかなる場合に、警察による撮影行為は許容されると考えたのか、注意深く読み取ってほしい。

■判決の論理構造

基本的枠組み	憲法13条の保障内容	①憲法13条は、国民の「私生活上の自由」が警察権等の国家権力の行使に対しても保護されるべきことを規定している。 ②憲法13条が保護する「私生活上の自由」には、何人もその承諾なしにみだりにその容ぼう・姿態を撮影されない自由が含まれる(肖像権)	普遍的判断
	みだりに容ぼう等を撮影されない自由の限界	①国家権力の行使から無制限に保護されるわけでなく、公共の福祉のため必要のある場合には相当の制限を受ける ②警察官が犯罪捜査の必要上写真を撮影する際、その対象の中に犯人のみならず第三者である個人の容ぼう等が含まれても、これが許容される場合がありうる	
警察官による無令状の写真撮影が許可される基準		①現に犯罪が行われもしくは行われたのち間がないと認められる場合であって、②しかも証拠保全の必要性および緊急性があり、③かつその撮影が一般的に許容される限度を超えない相当な方法をもって行われるような場合には、憲法13条・35条に違反しない。	事例判断

判 決

○ 主 文

本件上告を棄却する。
当審における訴訟費用は被告人の負担とする。

○ 理 由

被告人本人の上告趣意二のうち、および弁護人青柳孝夫の上告趣意第一点のうち、昭和29年京都市条例第10号集会、集団行進及び集団示威運動に関する条例(以下「本条例」という。)が、憲法21条に違反するという主張について。

[1] 本条例が、道路その他屋外の公共の場所で、集会もしくは集団行進を行なおうとするときまたは場所のいかんを問わず集団示威運動を行なおうとするときは、公安委員会の許可を受けなければならないと定め、これらの集団行動(以下単に「集団行動」という。)を事前に規制しようとするものであることは所論のとおりである。しかしながら、本条例を検討すると、同条例は、集団行動について、公安委員会の許可を必要としているが(2条)、公安委員会は、集団行動の実施が「公衆の生命、身体、自由又は財産に対して直接の危険を及ぼすと明らかに認められる場合の外はこれを許可しなければならない。」と定め(6条)、許可を義務づけており、不許可の場合を厳格に制限しているのである。そして、このような内容をもつ公安に関する条例が憲法21条の規定に違反するものでないことは、これとほとんど同じ内容をもつ昭和25年東京都条例第44号集会、集団行進及び集団示威運動に関する条例についてした当裁判所の大法廷判決(昭和35年(あ)第112号同年7月20日判決、刑集14巻9号1243頁)の明らかにするところであり、これを変更する必要は認められないから、所論は理由がない❶。

同弁護人の上告趣意第一点のうち、本条例が憲法31条に違反するとの主張について。

❶ [1]では、本件条例が集団行動の自由を制限するもので憲法21条に違反するという上告趣意に対する判断が述べられている。上告趣意では、本件条例は違憲無効であることから、本件条例に基づき京都府公安委員会が本件デモ行進に付した許可条件も無効であり、仮に許可条件に違反する行為があったとしてもそれは犯罪を構成せず何ら捜査の対象とはなりえないから、本件警察官の捜査行為(写真撮影行為)は適法な職務行為とはならないとの主張が展開されていた(刑集23巻12号1638-1639頁)。本件条例については、本判決以前、京都地裁でこれを違憲とする判決が相次いで出ており、世人の注目を集めていたが(判解①485頁)、本判決は、本件条例とほとんど同じ内容をもつ東京都公安条例を合憲とした東京都公安条例事件判決(本書42事件)を引用し、「これを変更する必要は認められない」としてあっさりと論旨を退けている。

【2】　所論は、本条例は、許可を与える際必要な条件をつけることができると定め（6条）、この条件に違反し、または違反しようとする場合には、警察本部長が、その主催者、指導者もしくは参加者に対し警告を発し、その行動を制止することができ（8条）、更に、条件違反の場合には、主催者、指導者等を処罰することができる旨定めている（9条）が、このように、右条件の内容の解釈および条件違反の判定をすべて警察に委ねている点で、適法手続を定めた憲法31条に違反し、また、条件を取締当局に都合のよいように定めることを許している点でも、白地刑法を禁止した同条に違反する旨主張する❷。

【3】　しかし、本条例6条1項但書は、公安委員会の付しうる条件の範囲を定めており、これに基づいて具体的に条件が定められ、これが主催者または連絡責任者に通告され（6条2項、同条例施行規則5条）、この具体化された条件に違反した行為が、警告、制止および処罰の対象となるのであつて、所論のように取締当局がほしいままに条件を定めることを許しているものではなく、犯罪の構成要件が規定されていないとかまたは不明確であるとかいうことはできない。そうすると、所論違憲の主張は、その前提を欠くことになり、適法な上告理由とならない❸。

　　被告人本人の上告趣意三の（4）について。

【4】　所論は、本人の意思に反し、かつ裁判官の令状もなくされた本件警察官の写真撮影行為を適法とした原判決の判断は、肖像権すなわち承諾なしに自己の写真を撮影されない権利を保障した憲法13条に違反し、また令状主義を規定した同法35条にも違反すると主張する❹。

【5】　ところで、憲法13条は、「すべて国民は、個人として尊重される。生命、自由及び幸福追求に対する国民の権利については、公共の福祉に反しない限り、立法その他の国政の上で、最大の尊重を必要とする。」と規定しているのであつて、これは、国民の私生活上の自由が、警察権等の国家権力の行使に対しても保護されるべきことを規定しているものということができる。そして、個人の私生活上の自由の一つとして、何人も、その承諾なしに、みだりにその容ぼう・姿態（以下「容ぼう等」という。）を撮影されない自由を有するものというべきである。これを肖像権と称するかどうかは別として、少なくとも、警察官が、正当な理由もないのに、個人の容ぼう等を撮影することは、憲法13条の趣旨に反し、許されないものといわなければならない❺。しかしながら、個人の有する右自由も、国家権力の行使から無制限に保護されるわけでなく、公共の福祉のため必要のある場合には相当の制限を受けることは同条の規定に照らして明らかである。そして、犯罪を捜査することは、公共の福祉のため警察に与えられた国家作用の一つであり、警察にはこれを遂行すべき責務があるのであるから（警察法2条1項参照）、警察官が犯罪捜査の必要上写真を撮影する際、その対象の中に犯人のみならず第三者である個人の容ぼう等が含まれても、これが許容される場合がありうるものといわなければならない❻。

【6】　そこで、その許容される限度について考察すると、身体の拘束を受けている被疑者の写真撮影を規定した刑訴法218条2項のような場合のほか、次のような場合には、撮影される本人の同意がなく、また裁判官の令状がなくても、警察官による個人の容ぼう等の撮影が許容されるものと解すべきである。すなわち、現に犯罪が行なわれもしくは行なわれたのち間がないと認められる場合であつて、しかも証拠保全の必要性および緊急性があり、かつその撮影が一般的に許容される限度をこえない相当方法をもつて行なわれるときである。このような場合に行なわれる警察官による写真撮影は、その対象の中に、犯人の容ぼう等のほか、犯人の身辺または被写体とされた物件の近くにいたためこれを除外できない状況にある第三者である個人の容ぼう等を含むことになつても、憲法13条、35条に違反しないものと解すべきである❼。

【7】　これを本件についてみると、原判決およびその維持した第一審判決の認定するところによれば、昭和37年6月21日に行なわれた本件京都府学生自治会連合主催の集団行進集団示威運動においては、被告人の属する立命館大学学生集団はその先頭集団となり、被告人はその列外最先頭に立つて行進していたが、右集団は京都市中京区木屋町通御池下る約30メートルの地点において、先頭より4列ないし5列目位まで7名ないし8名位の縦隊で道路のほぼ中央あたりを行進していたこと、そして、この状況は、京都府公安委員会が付した「行進隊列は4列縦隊とする」という許可条件および

❷　【2】では、本件条例は、犯罪構成要件が「白地」で、罪となる行為の具体的内容が行政機関の決定等に委ねられている、いわゆる「白地刑法」であり、罪刑法定主義を規定する憲法31条に違反するという上告趣旨がまとめられている。白地刑法の例としては、国公法102条1項の「公務員の政治活動の制限」規定がある。

❸　【3】では、【2】の論旨が退けられている。公安委員会の付しうる条件の範囲を定める本条例6条1項柱書ただし書や、デモ主催者等への通告制度の存在などから、「所論のように取締当局がほしいままに条件を定めることを許しているものではなく、犯罪の構成要件が規定されていないとかまたは不明確であるとかいうことはできない」というのがその理由である。

❹　【4】では、本件撮影が憲法13条・35条に違反するとの上告趣旨がまとめられている。本件では、35条の令状主義違反も主張されていた点に注意されたい。

❺　【5】では、憲法13条の保障内容とその限界が論じられている。この段落の説示は、次の【6】の説示と異なり、今日でも依然として重要な先例的意義を有している。まず、【5】の前半では、本件において憲法13条からいかなる「自由」が導出されるのかが説明されている。本判決は、まず、①憲法13条を、国民の私生活上の自由が警察権等の国家権力の行使に対しても保護されるべきことを規定したものと説く。そのうえで、②こうした「個人の私生活上の自由の一つとして、何人も、その承諾なしに、みだりにその容ぼう・姿態……を撮影されない自由を有する」と述べた。〈憲法13条→国民の私生活上の自由→事案ごとに導出される具体的自由〉という論理形式は、他の判例にもみられる（たとえば判例②および住基ネット事件判決（本書3事件））。

本判決のいう「みだりに容ぼう等を撮影されない自由」は、「警察権等の公権力」（犯罪捜査だけでなく、行政警察活動も含みうる（判解②307頁））によってなされる写真撮影を念頭に置いたものであって、報道機関や一般私人が撮影する場合までを射程に入れたものではない。前者の文脈において、撮影された写真の「公表」ではなく、撮影行為自体が問題とされるのは、「警察官に行動を看視され写真まで撮影されるようになるとこれを軽視できない」とともに、「捜査官の場合には、もともと公表の目的で撮影するのではないから、公表された段階で肖像権を主張すればよいといっても無意味であり、むしろ撮影行為自体が問題とされなければならない」からであると説明される（判解①492頁）。しかし、写真週刊誌のカメラマンが刑事事件の法廷において被疑者の容ぼう等を撮影した行為を不法行為法上違法とした判例③は、私人による撮影についても、法律上保護されるべき人格的利益であることになるとし、上記自由とした。

❻　【5】の後半では、上記自由の制限可能性に関する一般論が展開されている。本判決は、この自由も公共の福祉による制限を受けるとしたうえ、捜査活動を、「公共の福祉のため警察に与えられた国家作用の一つ」と位置づけ、捜査活動のために撮影が許容される場合がありうる旨を適示している。ここでは、写真に第三者の容ぼう等が写り込むことの問題もあわせて指摘されていることも重要である。なお、刑訴法は、捜査を任意捜査と強制捜査に分け、前者を原則とし、後者については特別の規定に基づくことを求めているが（刑訴法197条1項）、本判決も含め、これまで判例は容ぼう等の撮影一般が強制処分か任意処分かについては明言していない（判解②298-299頁）。ただ、刑訴学説の多くは、「公道上」での容ぼう等の撮影を任意捜査の一つとして考えており、近年の重要判例である判例④も、任意捜査との理解に沿った判断をしているものと推察できる（判解②301-302頁、判批②21頁）。

❼　【6】では、無令状の捜査活動としての容ぼう等の撮影が許容される基準が述べられている。それによれば、①現行犯性、②証拠保全の必要性・緊急性、③手段の相当性が認められる場合に、その撮影は憲法13条、

京都府中立売警察署長が道路交通法77条に基づいて付した「車道の東側端を進行する」という条件に外形的に違反する状況であつたこと、そこで、許可条件違反等の違法状況の視察、採証の職務に従事していた京都府山科警察署勤務の巡査秋月潔は、この状況を現認して、許可条件違反の事実ありと判断し、違法な行進の状態および違反者を確認するため、木屋町通の東側歩道上から前記被告人の属する集団の先頭部分の行進状況を撮影したというのであり、その方法も、行進者に特別な受忍義務を負わせるようなものではなかつたというのである❼。

【8】 右事実によれば、秋月巡査の右写真撮影は、現に犯罪が行われていると認められる場合になされたものであつて、しかも多数の者が参加し刻々と状況が変化する集団行動の性質からいつて、証拠保全の必要性および緊急性が認められ、その方法も一般的に許容される限度をこえない相当なものであつたと認められるから、たとえそれが被告人ら集団行進者の同意もなく、その意思に反して行われたとしても、適法な職務執行行為であつたといわなければならない。

【9】 そうすると、これを刑法95条1項によつて保護されるべき職務行為にあたるとした第一審判決およびこれを是認した原判決の判断には、所論のように、憲法13条、35条に違反する点は認められないから、論旨は理由がない。

【10】 被告人本人のその余の上告趣意は、憲法違反をいう点もあるが、実質はすべて単なる法令違反、事実誤認の主張であつて、刑訴法405条の上告理由にあたらない。

【11】 同弁護人のその余の上告趣意は、事実誤認、単なる法令違反の主張であつて、同条の上告理由にあたらない。

【12】 よつて、同法408条、181条1項本文により、裁判官全員一致の意見で主文のとおり判決する。

（裁判長裁判官　石田和外　裁判官　入江俊郎　裁判官　草鹿浅之介　裁判官　長部謹吾　裁判官　城戸芳彦　裁判官　田中二郎　裁判官　松田二郎　裁判官　岩田誠　裁判官　下村三郎　裁判官　色川幸太郎　裁判官　大隅健一郎　裁判官　松本正雄　裁判官　飯村義美　裁判官　村上朝一　裁判官　関根小郷）

35条に違反しない。本判決が示した厳格な基準の背後には、公道上での写真撮影は任意捜査に属するとしてもなお令状主義（憲法35条）の精神が及びうるとの思考があったものと推察でき、本判決が、公道上のデモ行進については肖像権はあらかじめ放棄されているとの見解や憲法35条の令状主義の精神は及ばないとの見解を拒絶したことは明らかである（判解①492-494頁）。ただ、本判決が、「次のような場合には」として基準を提示するにあたって特に限定の趣旨を示していないことから、本判決の撮影が許容される要件についての判断は、あくまで「事例としての判断にとどまる」ものと理解される（判解②307頁）。判例④も、本判決について「警察官による人の容ぼう等の撮影が、現に犯罪が行われ又は行われた後間がないと認められる場合のほかは許されないという趣旨まで判示したものではない」と判断するに至っており、今日の判例・裁判例は、現行犯性を必ずしも要件としない比較衡量基準によって広く写真撮影を許容する傾向にある。このことは、本判決の示した基準が、捜査実務に照らして厳しすぎたことを意味しているのかもしれない。なお、判解②309頁、319頁は、本判決の事案は、被撮影者が捜査という本来の目的以外の用途に用いられる危険を感じる「公安」事件であったこと、当時は、撮影自体がそれほど一般的ではなかったことを挙げ、意図しないうちに自己の容ぼう等が撮影されることのもつ意味が本判決の文脈と現代の一般的文脈とは異なりうることを示唆している。

❽ 【7】と【8】では、【6】で提示された基準をふまえた具体的検討がなされており、結論として、捜査官の本件撮影は、適法な職務執行行為にあたるとされている。ここでは、デモ隊が許可条件に「外形的」に違反している状況があったことを基礎にして、現行犯性が肯定されている。なお、公安条例違反により処罰対象となるのは主催者等だけであるが、判解①494頁は、許可条件に違反して隊列を乱したという状況を証拠保全するためには、刑事責任のない一般参加者も含めて撮影することが必要になるとしている。

補足説明　憲法上の権利侵害と刑訴法上の強制処分

憲法上の権利侵害と刑訴法上の強制処分は異なる。刑訴法上の強制処分とは、「個人の意思を制圧して憲法の保障する重要な法的利益を侵害するもの」（傍点引用者）などと定義されており（判例⑤）、単なる（重要とはいえない）憲法上の権利侵害は刑訴法上の「強制処分」とはならない。本判決の【6】でみたように、確かに本判決は、憲法13条が保障する「みだりに容ぼう等を撮影されない自由」の制限を厳格な基準で審査すべきとしたが、写真撮影に実際に令状を求めることも、具体的な法律上の根拠を求めることもなかった。このために、本判決は、憲法13条の「私生活上の自由」類型は重要憲法上の自由ではなく、これを侵害しただけでは「強制処分」にあたらないとのイメージを作り上げてしまったように思われる。最近のGPS捜査違法判決（判例⑤）が、GPS捜査を「強制処分」というために、憲法35条の領域プライバシー権の侵害をいわなければならなかったのも、憲法13条の私生活上の自由に、〈軽い自由〉とのイメージが付着していたからだろう。

なお、憲法41条に根拠づけられる法律の留保論は、一般に、権利侵害に――単なる権利侵害であっても――法律の根拠を要求する考えとして理解されており、刑訴法にいう「強制処分」の閾値を超えなければ法律の根拠は必要ない、とは考えられていない。法律の留保論を前提にすれば、写真撮影が憲法上の権利を侵害するものである限り、それには法律の根拠が必要になると解されよう。この点、本判決の【5】で言及される警察法2条1項がこの「根拠」として十分かは改めて検討されなければならない（この論点については、文献①参照）。

Questions

①事実関係の確認

問1 本件被告人は、本件で問題となったデモ行進において、どこで、何をしていたか。本件デモ行進にはいかなる法令・条例に基づきどのような許可条件が付されていたか。▶【事案】【7】

問2 本件において、デモ隊と機動隊が衝突したことにより、どのような状況が生じたか。▶【事案】【7】

問3 Bが本件写真撮影を行ったのはなぜか。▶【事案】【7】

問4 本件被告人は、Bに対しいかなる行為を行ったか。また、その行為は、いかなる犯罪に該当するとして起訴されたか。▶【事案】

問5　本件被告人は、Bの職務行為の適法性を争うにあたっていかなる主張をしたか。▶【事案】【1】【2】【4】

②判決の内容の確認

問6　本判決は、本件条例の憲法21条適合性について、どの判例を引用し、いかなる結論を示しているか。▶【1】

問7　本判決は、本条例の憲法31条適合性について、どのような判断をしているか。▶【3】

問8　憲法13条は単なる訓示的・理念的規定であって、憲法に列挙されない権利・自由の根拠にはならないとする見解がある。本判決は、こうした見解を採用したものといえるか。▶【5】

問9　本判決は、憲法13条からどのような自由が導出されると考えたか。▶【5】

問10　本判決は、捜査官がいかなる行為をすることが、憲法13条の趣旨に反し許されないとしているか。▶【5】

問11　本判決は、みだりに容ぼう等を撮影されない自由を絶対的なものとみているか。▶【5】

問12　本判決は、犯罪捜査をいかなる国家作用と捉えているか。本判決は、写真撮影の際の第三者の映り込みについて何と述べているか。▶【5】

問13　警察官による個人の容ぼう等の無令状の撮影が許容される条件として本判決が提示したものは何か。また、この条件がみたされる場合には、憲法の何条に違反しないと述べているか。▶【6】

問14　本判決は、本件事実におけるいかなる事情を基礎にして、現行犯性、証拠保全の必要性・緊急性、方法の相当性を肯定しているか。▶【7】【8】

問15　仮にBが、本件被告人に1メートルぐらいまで近接し、連続して数十枚の写真を撮影した場合、問13の条件をみたすといえるか。▶【6】

③応用問題

問16　日雇労働者が多く居住するA地区は、他の地域よりも犯罪発生率が高く、集団による暴行・放火・投石等の集団不法行為事案も多発していた。そこでY県警察は、犯罪予防を目的として、同地区に15台のテレビカメラを設置し、警察署等でモニタリングしていた（録画はしていない）。このカメラのうち1台は、労働運動の拠点となっているB解放会館付近に設置されている。同地区に居住・勤務するXらは、プライバシー権侵害を理由に、Yに対し各カメラの撤去を請求した。Xらの請求は認められるか。▶【5】、判例⑥

問17　問16のYが、モニタリング機材に録画機能を付け、カメラで撮影された画像を長期にわたり保存することにした場合はどうか。▶判例⑦

問18　問16のYが、問17の機材に、さらに顔認証機能を追加し、被撮影者を識別したうえでその行動をコンピュータ上で検索できるようにした場合はどうか。▶判例⑤

○ 関連判例（本書所収以外のもの）
　最判昭和38年11月15日集刑149号109頁［三重県公安条例事件］（判例①）
　最判平成7年12月15日刑集49巻10号842頁［指紋押捺制度事件］（判例②）
　最判平成17年11月10日民集59巻9号2428頁［和歌山毒カレー事件］（判例③）
　最決平成20年4月15日刑集62巻5号1398頁（判例④）
　最大判平成29年3月15日裁時1672号1頁［GPS捜査違法判決］（判例⑤）
　大阪地判平成6年4月27日判時1515号116頁［釜ヶ崎監視カメラ事件］（判例⑥）
　東京高判平成21年1月29日判タ1295号193頁［Nシステム事件］（判例⑦）

○ 本判決の調査官解説
　海老原震一「判解」最高裁判所判例解説刑事篇昭和44年度479頁（判解①）
　鹿野伸二「判解」最高裁判所判例解説刑事篇平成20年度289頁［判例④の調査官解説］（判解②）
　増森珠美「判解」最高裁判所判例解説民事篇平成20年度141頁［住基ネット事件判決〔本書3事件〕の調査官解説］（判解③）

○ その他の判例解説・判例批評
　實原隆志「判批」憲法判例百選Ⅰ［第6版］（2013年）40頁
　酒巻匡「判批」刑事訴訟法判例百選［第9版］（2011年）20頁［判例④の判批］（判批②）

○ 参考文献
　山本龍彦「京都府学連事件判決というパラダイム」法学セミナー689号（2012年）46頁
　山田哲史「強制処分法定主義の憲法的意義」公法研究77号（2015年）225頁（文献①）

2 前科照会事件

最高裁昭和56年4月14日第三小法廷判決　昭和52年(オ)第323号：損害賠償等請求事件　民集35巻3号620頁

事案

A自動車教習所は、技術指導員であるX（原告、控訴人、被上告人）を解雇したが、その効力が中央労働委員会および京都地裁で争われることとなった。

A代理人のB弁護士は、この係争中に、犯罪人名簿を作成・保管する本籍市町村（政令指定都市の区を含む）からXの前科情報を獲得すべく、弁護士法23条の2に基づき、まずは所属する京都弁護士会に対しXの「前科及び犯罪経歴について」照会申出を行い、昭和46年5月19日、これを受けた同弁護士会が、照会を必要とする事由として「中央労働委員会、京都地方裁判所に提出するため」とのみ記載した照会申出書を添付し、Y（京都市：被告、被控訴人、上告人）に照会した。同年6月4日、Y市中京区の区役所長は、この照会に応じ、Xの前科につき、道路交通法違反11犯、業務上過失傷害1犯、暴行1犯がある旨の回答・報告をした。これによりXの前科を知ったAの関係者が、中央労働委員会や京都地裁の構内等で、事件関係者や傍聴人らの前でXの前科を摘示し、また経歴詐称を理由にXを予備的解雇したために、Xが、中京区役所長による本件前科回答はプライバシーの権利を違法に侵害するとして、Yに対し損害賠償の請求と謝罪文の交付を求めた。

第一審（京都地判昭50・9・25民集35-3-637）は、「権威ある弁護士会からの法律に基づく照会である以上、……忍らざる限りそれに応ずるのが当然」とし、本件回答に違法性はないとしたが、第二審（大阪高判昭51・12・21民集35-3-647）は、弁護士の守秘義務は依頼者には及ばず、依頼者が秘密を漏えい・濫用することを有効に防止する制度上の保障がないために、弁護士会への本件前科回答は違法であるとし、Xの請求を一部認容した。そこでYが上告した。

■参考条文（事件当時のもの）

国家賠償法
第1条　〔第1項〕国又は公共団体の公権力の行使に当る公務員が、その職務を行うについて、故意又は過失によって違法に他人に損害を加えたときは、国又は公共団体が、これを賠償する責に任ずる。

弁護士法
第23条の2　弁護士は、受任している事件について、所属弁護士会に対し、公務所又は公私の団体に照会して必要な事項の報告を求めることを申し出ることができる。申出があつた場合において、当該弁護士会は、その申出が適当でないと認めるときは、これを拒絶することができる。
2　弁護士会は、前項の規定による申出に基き、公務所又は公私の団体に照会して必要な事項の報告を求めることができる。

Navigator

わが国におけるプライバシー権のリーディング・ケースは、昭和39年の『宴のあと』事件判決（判例①）である。モデル小説による不特定多数者への私生活の公開（暴露）を扱った同判決は、プライバシー権を「私生活をみだりに公開されない権利」と定義した。本件は、『宴のあと』事件と異なり、市町村長が、弁護士会という特定者（特定の第三者）に対して、個人の前科情報を開示（報告）したことが争われたもので、そもそも、このような前科情報の開示行為（公開行為ではない）に対してもプライバシー上の保護が及ぶかが問題となった。本判決は、前科等をみだりに第三者に開示されないこと（本判決は「公開されない」という言葉を使うが、事案の概要からみてミスリーディングであろう）を、「法律上の保護に値する利益」として認め、弁護士法に基づく照会があった場合でも、市町村長は、照会の申出がなされたという事実だけをもって、漫然と前科情報を弁護士会に開示してはならないとした。

判決を読み進めるうえで、①多数意見および伊藤補足意見は、前科情報をどのような性質の個人情報と捉えたのか（そのセンシティブ性、要配慮性）、②多数意見は、市町村長がこうした情報を取り扱うにあたり、どの程度の慎重さを求めたのか、③多数意見と環反対意見を分けたポイントはどこにあったのか（開示対象者である「弁護士会」の性格などに注意されたい）をよく見定めてほしい。

判決

○主文

本件上告を棄却する。
上告費用は上告人の負担とする。

○理由

上告代理人納富義光の上告理由第一点について

[1] 前科及び犯罪経歴（以下「前科等」という。）は人の名誉、信用に直接にかかわる事項であり、前科等のある者もこれをみだりに公開されないという

❶【1】では、Yの上告理由第一点に対する本判決の応答が示されている。Yの上告理由第一点は、弁護士法23条の2の照会制度の公益的性格を強調するもので、弁護士会の照会に応ずるために犯罪人名簿を使用すべきでないとした原審の判断は法令の解釈適用を誤っていると主張していた（判解①254頁）。まず、【1】の第1文では、①前科情報の性質が述べられたうえで、②それが法律上保護される情報であるか、③前科情報

2　前科照会事件　7

法律上の保護に値する利益を有するのであつて、市区町村長が、本来選挙資格の調査のために作成保管する犯罪人名簿に記載されている前科等をみだりに漏えいしてはならないことはいうまでもないところである❶。前科等の有無が訴訟等の重要な争点となつていて、市区町村長に照会して回答を得るのでなければ他に立証方法がないような場合には、裁判所から前科等の照会を受けた市区町村長は、これに応じて前科等につき回答をすることができるのであり、同様な場合に弁護士法23条の2に基づく照会に応じて報告することも許されないわけのものではないが、その取扱いには格別の慎重さが要求されるものといわなければならない❷。本件において、原審の適法に確定したところによれば、京都弁護士会が訴外猪野愈弁護士の申出により京都市伏見区役所に照会し、同市中京区長に回付された被上告人の前科等の照会文書には、照会を必要とする事由としては、右照会文書に添付されていた猪野弁護士の照会申出書に「中央労働委員会、京都地方裁判所に提出するため」とあつたにすぎないというのであり、このような場合に、市区町村長が漫然と弁護士会の照会に応じ、犯罪の種類、軽重を問わず、前科等のすべてを報告することは、公権力の違法な行使にあたると解するのが相当である❸。原審の適法に確定した事実関係のもとにおいて、中京区長の本件報告を過失による公権力の違法な行使にあたるとした原審の判断は、結論において正当として是認することができる❹。原判決に所論の違法はなく、論旨は採用することができない。

同第二点について

[2] 原審の適法に確定した事実関係のもとにおいては、中京区長が本件報告をしたことと、本件照会の申出をした猪野弁護士の依頼者である訴外株式会社ニュードライバー教習所の幹部らが中央労働委員会及び京都地方裁判所の構内等で、関係事件の審理終了後等に、事件関係者や傍聴のため集つていた者らの前で、被上告人の前科を摘示して公表したこととの間には相当因果関係があるとした原審の判断は、正当として是認することができ、その過程に所論の違法はない。論旨は、採用することができない❺。

[3] よつて、民訴法401条、95条、89条に従い、裁判官伊藤正己の補足意見、裁判官環昌一の反対意見があるほか、裁判官全員一致の意見で、主文のとおり判決する。

について市区町村長はいかなる義務を負うかが述べられている。①につき、本判決は、前科情報が「人の名誉、信用に直接かかわる」ことを認め、そのセンシティブ性・要配慮性を示唆している。後に掲げる伊藤補足意見は、この点を特に強調している。②につき、本判決は、このような前科情報の性質をふまえて、「これをみだりに公開されないこと」を、法律上の保護に値する利益と述べた。そして、③につき、市区町村長は、前科等を「みだりに」漏えいしてはならないとした。なお、ここでいう「公開」とは、厳密には「開示」（第三者提供）である。住基ネット事件判決［本書3事件］は、公開場面と開示場面の両方を意識して、個人情報を「みだりに第三者に開示又は公表されない自由」との表現を用いている。

❷ 【1】の第2文では、弁護士会の照会制度に基づく前科等の照会に対し、市町村長が応じることができる場合が示されている。原審は、弁護士会の照会と裁判所等の照会との間に明確な差異を設けていたが、本判決は、両照会に差異を設けることなく、照会に対して市町村長が応じることが許されるのは、「前科等の有無が訴訟等の重要な争点となつていて、市区町村長に照会して回答を得るのでなければ他に立証方法がないような場合」に限られるとした（判解①258-259頁）。この条件は非常に厳格なものであり、本判決が、前科情報の性質をふまえ、その取扱いに「格別の慎重さ」を要求していることがよくわかる。なお、江沢民事件判決（最判平15・9・12民集57-8-973）は、氏名、住所等の単純な個人識別情報もプライバシーの保護対象になるとし、それらは「慎重に取り扱われる必要がある」と述べたが、「格別」という言葉は使われなかった。その背景には、単純な個人識別情報と前科情報との質上の違いがある。

❸ 【1】の第3文では、【1】の第2文で示された基準に従い、中京区長による本件報告の適法性が論じられている。本判決は、照会を必要とする事由が、中央労働委員会等に提出するためとあるにすぎない場合に、「漫然と」照会に応じ、「犯罪の軽重を問わず」、「前科等のすべて」を報告することは、公権力の違法な行使にあたるとした。判解①259頁は、「この判決の立場からすれば、市町村長は、弁護士会からの前科照会に応じてよい場合があるとはいっても、これに応じるためには、具体的にどの前科等の有無が訴訟等においてどのような意味をもつ争点となっているのか、当該訴訟にとってその立証が不可欠のものなのか、他に立証方法はないのか等を審査しなければならない義務を負うことになり、これらの点が当該弁護士会ないし照会の申出をした弁護士によって十分明白にされない限り、報告に応じるべきではないということになる」と述べている。

❹ 【1】の第4文では、本件報告に関する中京区長の過失の有無が検討されており、本判決はこれを肯定している。本判決が過失を肯定するにあたっては、「弁護士会の前科照会には応じるべきでないとの自治省行政課長の通達」があったことなどが考慮されたものと考えられる（判解①259頁）。

❺ [2]では、本件報告と名誉毀損との因果関係を認めた原審の判断は違法であるとするYの上告理由第二点（判解①254頁）に対する応答が示されている。本判決は、原審と同様、本件報告と名誉毀損との間の因果関係を肯定している。

少数意見

裁判官伊藤正己の補足意見は、次のとおりである❻。

[4] 他人に知られたくない個人の情報は、それがたとえ真実に合致するものであつても、その者のプライバシーとして法律上の保護を受け、これをみだりに公開することは許されず、違法に他人のプライバシーを侵害することは不法行為を構成するものといわなければならない。このことは、私人による公開であつても、国や地方公共団体による公開であつても変わるところはない。国又は地方公共団体においては、行政上の要請など公益上の必要性から個人の情報を収集保管す

ることがますます増大しているのであるが、それと同時に、収集された情報がみだりに公開されてプライバシーが侵害されたりすることのないように情報の管理を厳にする必要も高まっているといつてよい。近時、国又は地方公共団体の保管する情報について、それを広く公開することに対する要求もつよまつてきている。しかし、このことも個人のプライバシーの重要性を減退せしめるものではなく、個人の秘密に属する情報を保管する機関には、プライバシーを侵害しないよう格別に慎重な配慮が求められるのである❼。

[5] 本件で問題とされた前科等は、個人のプライバシーのうちでも最も他人に知られたくないものの一つであり、それに関する情報への接近をきわめて困難なものとし、その秘密の保護がはかられているのもそのためである。もとより前科等も完全に秘匿されるものではなく、それを公開する必要の生ずることもありうるが、公開が許されるためには、裁判のために公開される場合であつても、その公開が公正な裁判の実現のために必須のものであり、他に代わるべき立証手段がないときなどのように、プライバシーに優越する利益が存在するのでなければならず、その場合でも必要最小限の範囲に限つて公開しうるにとどまるのである。このように考えると、人の前科等の情報を保管する機関には、その秘密の保持につきとくに厳格な注意義務が課せられていると解すべきである❽。本件の場合、京都弁護士会長の照会に応じて被上告人の前科等を報告した中京区長の過失の有無について反対意見の指摘するような事情が認められるとしても、同区長が前述のようなきびしい守秘義務を負つていることと、それに加えて、昭和22年地方自治法の施行に際して市町村の機能から犯罪人名簿の保管が除外されたが、その後も実際上市町村役場に犯罪人名簿が作成保管されているのは、公職選挙法の定めるところにより選挙権及び被選挙権の調査をする必要があることによるものであること（このことは、原判決の確定するところである。）を考慮すれば、同区長が前科等の情報を保管する者としての義務に忠実であつたとはいえず、同区長に対し過失の責めを問うことが酷に過ぎるとはいえないものと考える。

裁判官環昌一の反対意見は、次のとおりである。

[6] 前科等は人の名誉、信用にかかわるものであるから、前科等のある者がこれをみだりに公開されないという法律上の保護に値する利益を有することは、多数意見の判示するとおりである❾。しかしながら、現行法制のもとにおいては、右のような者に関して生ずる法律関係について前科等の存在がなお法律上直接影響を及ぼすものとされる場合が少なくないのであり、刑事関係において量刑上の資料等として考慮され、あるいは法令によつて定められている人の資格における欠格事由の一つとして考慮される場合等がこれに当たる。このような場合にそなえて国又は公共団体が人の前科等の存否の認定に誤りがないようにするための正確な資料を整備保管しておく必要があるが、同時にこの事務を管掌する公務員の一般的義務として該当者の前科等に関する前述の利益を守るため右の資料等に基づく証明行為等を行うについて限度を超えることがないようにすべきこともまた当然である。

[7] ところで、原判決の認定するところ及び記録によれば、右にのべた資料の一つと認められるいわゆる犯罪人名簿は、もともと大正6年4月12日の内務省訓令1号により市区町村長が作成保管すべきものとされてきたが、戦後においては昭和21年11月12日内務省発地第279号による同省地方局長の都道府県知事あて通達によつて選挙資格の調査等の資料として引きつづき作成保管され、同22年地方自治法が施行されてのちも明文上の根拠規定のないまま従来どおり継続して作成保管され今日にいたつていること、右昭和21年の内務省地方局長通達によれば、犯罪人名簿は選挙資格の調査のために調製保存されるものであるから警察、検事局、裁判所等の照会に対するものは格別これを身元証明等のために絶対使用してはならない旨指示されていること、さらに昭和22年8月14日内務省発地第160号による同省地方局長の都道府県知事あて通達によれば、右の警察、検事局、裁判所等の中には獣医師免許等の免許処分や当時における弁護士の登録等に関しては関係主務大臣、都道府県知事、市町村長をも含むものである旨指示されていることが明らかである。以上の経緯に徴すると、犯罪人名簿に関する照会に対しその保管者である市区町村長の行う回答等の事務は、広く公務員に認められている守秘義務によつて護られた官公署の内部における相互の共助的事務として慣行的に行われているものとみるべきものである。したがつて、官公署以外の者からする照会等に対してはもとより官公署からの照会等に対してであつても、前述した前科等の存否が法律上の効果に直接影響を及ぼすような場合のほかは前記のような名簿等の保護の見地から市町村長としてこれに応ずべきものではないといわなければならない。前記各通達が身元証明等のために前科名簿を使用することを禁ずる旨をのべているのは右の趣旨に出たものと解せられる❿。

[8] そこでこれを本件について考えてみる。

[9] 本件は、前記各通達のあつたのちに制定施行された弁護士法23条の2の規定に基づき、所属の弁護士から申出を受けた弁護士会が照会を必要とする事由として「中央労働委員会、京都地方裁判所に提出するため」と記載された文書をもつてした被上告人の前科等の存否についての照会に対する回答に関する事案であるが、このような経緯や右文書の記載は、中央労働委員会及び京都地方裁判所において被上告人に関する労働関係事案の審理が現に進行中であり、右事案に対する法律判断に被上告人の前科等の存否が直接影響をもつような事情にあることを推認させるものということができる。

[10] そして、右弁護士法23条の2の規定が弁護士会に公務所に照会して必要な事項の報告を求めることができる権限を与えている関係において、弁護士会を一個の官公署の性格をもつものとする法意に出たものと解するのが相当である。このことは弁護士会は所属弁護士に対する独立した監督権、懲戒権を与えられ（弁護士法31条1項、56条2項）、前記所属の弁護士よりの照会の申出についても独自の判断に基づいてこれを拒絶することが認められており（同法23条の2第1項）、また、弁護士にはその職務上知り得た秘密を保持する権利義務のあることが明定されている（同法23条、なお刑法134条1項参照）ことにかんがみ実質的にも首肯することができるのである（なお記録によれば地方自治庁においても昭和24年12月19日弁護士法による弁護士登録の場合の資格審査について弁護士会の照会に応じて差し支えないと通達していることをうかがうことができる。）。右にのべたところに加えて雇傭契約その他の労働関係

---

❻ 伊藤裁判官は、後に、自身の補足意見について、「これまで最高裁の判例にはあらわれなかったプライバシーの侵害を明示したもの」とし、多数意見を一層明確化したものと位置づけている（文献①228-229頁）。

❼ [4] では、「国又は地方公共団体においては、行政上の要請など公益上の必要性から個人の情報を収集保管することがますます増大している」が、同時に「収集された情報がみだりに公開されてプライバシーが侵害されたりすることのないように情報の管理を厳にする必要も高まっている」と述べられ、マイナンバー制を導入した現代の電子政府にも通じる一般的な説示がなされている。

❽ [5] では、前科情報を「個人のプライバシーのうちでも最も他人に知られたくないものの一つ」と位置づけ、その公開・開示の違法性（違憲性）は、いわゆる厳格審査基準によって審査されるべきことを示唆している。具体的には、「公開が公正な裁判の実現のために必須のものであり、他に代わるべき立証手段がない」ような場合でないとの公開が許容されないとしており、これは、報道機関に対する取材フィルム提出命令の許容性が、公正な刑事裁判実現の必要性と、取材の自由が妨げられる程度等の比較衡量によって決められるべきとした博多駅事件判決〔本書45事件〕と、その思考様式を異にしているように思われる。それだけ前科情報の秘匿性や、その背景にある憲法原理を重要視しているということだろう。前科情報の秘匿性を基礎づける憲法原理については、ノンフィクション『逆転』事件判決（判例②）が、「新しく形成されている社会生活の平穏を害されその更生を妨げられない利益」との関係で、詳しく論じている。

❾ この点は、基本的に多数意見と異ならない。

❿ [7] では、前科照会に対する市町村長の回答は、「広く公務員に認められている守秘義務によって護られた官公署の内部における相互の共助的事務として慣行的に行われているもの」と説明され、その回答の相手先が、基本的には、守秘義務を負った公務員ないし官公署を想定していることが示唆されている。もっとも、反対意見が、たとえ回答先が官公署である場合であっても、回答は特定の目的に限定されなければならないとしている点は、多数意見と大きく変わらない。

についての民事法上の判断に当事者の前科等の存否が直接影響を及ぼすことはありえないとするような見解が判例等により一般に承認されているとみることもできないことを併せ考えると、上告人京都市の中京区長は、照会者たる京都弁護士会を裁判所等に準ずる官公署とみたうえ、本件照会が身元証明等を求める場合に当らないばかりでなく、前記のような事情のもとで本件回答書が中央労働委員会及び裁判所に提出されることによつてその内容がみだりに公開されるおそれのないものであるとの判断に立つて前記官公署間における共助的事務の処理と同様に取扱い回答をしたものと思われるのであるが、このような取り扱いをしたことは、他に特段の事情の存することが認められない限り、弁護士法23条の2の規定に関する一個の解釈として十分成り立ちうる見解に立脚したものとして被上告人の名誉等の保護に対する配慮に特に欠けるところがあつたものというべきではないから、同区長に対し少なくとも過失の責めを問うことは酷に過ぎ相当でない。この点に関して原判決は昭和36年1月31日自治省自治丁行発7号による同省行政課長の愛知県総務部長あての回答の存在や原審証人岸昌の証言により認められる事実、甲第11、12号証の記載を援用して以上のべたところと反対の結論をみちびいているのであるが、記録にあらわれたところによつてみる限り、これらの資料によつて未だ右特段の事情の存することが十分に明らかになつているとは思われない。そうすると、以上のべたところと結論を異にし上告人の中京区長の過失をたやすく肯定した原判決はその余の点についての判断をまつでもなく破棄を免れず、論旨は理由がある。よつて、本件は更に審理を尽くさせるためこれを原審に差し戻すのが相当である。**⓫**

(裁判長裁判官　寺田治郎　裁判官　環　昌一　裁判官　横井大三　裁判官　伊藤正己)

補足説明　人生をやり直す利益？

弁護士会から書面で照会の申出があれば、多くの人が条件反射的に回答してしまうかもしれない。積極的な報告「義務」があると考える人も少なくないだろう。おそらく、本件において弁護士会に前科情報を提供した者も、このような「感覚」から、本件開示行為に及んでしまったのだと思われる。本判決は、前科情報のセンシティブ性から、こうした安直な運用を諫め、前科情報について「格別」に慎重な取扱いを求めた。ノンフィクション『逆転』事件判決の説示からみると、わが国の最高裁は、一度犯罪に手を染めた者も、人生をやり直す利益（「更生を妨げられない利益」）をもつことを重視して、前科情報をプライバシー上特に保護しているようにみえる。こうした観点から、「忘れられる権利（right to be forgotten）」の是非を検討してほしい（判例③）。なお、平成27年に改正された個人情報保護法は、前科情報（犯罪の経歴）を「要配慮個人情報」に含めたうえ、これに特段の保護を与えている（2条3項）。

Questions

①事実関係の確認

問1　本件弁護士が、Xの前科情報を得たいと考えた理由は何か。▶【事案】

問2　本件の照会手続はどのようなものであったか。弁護士法上の照会制度を確認しながら正確に述べなさい。▶【事案】

問3　犯罪人名簿の作成保管に明確な法律上の根拠はあるか。▶環反対意見（【7】）

②判決の内容の確認

問4　多数意見は、前科情報の性質をどのように捉えたか。▶【1】～【3】

問5　多数意見は、どのような場合に、市町村長が弁護士会による前科照会に回答できると考えたか。▶【1】

問6　多数意見が、本件の回答が「漫然」となされたものであると評価した理由は何か。▶【1】

問7　環反対意見が、法律上の保護に値する利益について多数意見と同様の見解を抱きつつも、本件のYの対応において「Xの名誉等の保護に対する配慮に特に欠けるところがあつたものというべきではないから、Yに対し少なくとも過失の責めを問うことは酷に過ぎ相当でない」と結論づけた理由とは何か。▶【10】

③応用問題

問8　本件のような事案で、仮にAによる解雇が、Xが暴行罪による罰金刑と窃盗罪による起訴猶予処分を秘匿したという経歴詐称等を理由にしたものであったとする。また、地方労働委員会は、これらの経歴詐称については証明がなされていないとして、Aによる解雇を不当労働行為と認め、救済命令を発したとする。こうした事実を前提に、弁護士会は、本件解雇の効力を争う裁判を控えていたB弁護士の申出を受け、照会文書において当該裁判のために使用されることを明示したうえで、上記暴行罪および窃盗罪に関する前科の有無に限ってYに照会を行い、Yも、これらに限定した回答を行った場合、本判決と同様の結論となっていたであろうか。▶【1】（❸）

○ **関連判例**（本書所収以外のもの）

東京地判昭和39年9月28日下民集15巻9号2317頁［『宴のあと』事件］（判例①）
最判平成6年2月8日民集48巻2号149頁［ノンフィクション『逆転』事件］（判例②）
最決平成29年1月31日判時2328号10頁［グーグル検索結果削除請求事件］（判例③）

⓫　環反対意見は【10】で、多数意見と同様、前科情報が、その性質上、みだりに第三者に開示・公開されてはならない情報であることを認めている。しかし、環反対意見は、弁護士法が弁護士会に照会権限を与えていることや、弁護士に守秘義務を課していることなどを理由に、弁護士会の「官公署」的な性格を強調し、市町村長が、こうした信頼に足る相手方に、中央労働委員会、京都地裁で用いられることを予測して前科情報を開示したことは、「みだりに」または「漫然と」なされた開示とまではいえないと考えたのである。

○ **本判決の調査官解説**
平田浩「判解」最高裁判所判例解説民事篇昭和 56 年度 252 頁（判解①）
○ **その他の判例解説・判例批評**
竹中勲「判批」憲法判例百選 I［第 6 版］（2013 年）42 頁
山本龍彦「判批」憲法判例研究会編『判例プラクティス 憲法［増補版］』（信山社、2014 年）48 頁
○ **参考文献**
山本龍彦『プライバシーの権利を考える』（信山社、2017 年）3 頁
伊藤正己『裁判官と学者の間』（有斐閣、1993 年）（**文献①**）

3 住基ネット事件

最高裁平成20年3月6日第一小法廷判決　平成19年(オ)第403号・平成19年(受)第454号：損害賠償請求事件
民集62巻3号665頁

事案

かつて住民基本台帳（以下「台帳」という）の情報は、これを保有する当該市町村においてのみ利用されていたが、平成11年8月18日の住民基本台帳法（以下「住基法」という）改正により、①氏名・生年月日・性別・住所の4情報に、②住民票コード（無作為に作成された10桁の数字および1桁の検査数字を組み合わせた数列）および③転入・出生等の変更情報を加えた本人確認情報を、市町村・都道府県・国の機関等で共有してその確認ができるネットワークシステム（以下「住基ネット」という）が構築された。

Xら（原告、控訴人、被上告人）は、この住基ネットにより憲法13条の保障するプライバシー権その他の人格権が違法に侵害されたなどと主張して、台帳を保管するY（守口市：被告人、被控訴人、上告人）に対し、国家賠償法1条に基づく損害賠償（慰謝料）の請求を行った。第一審（大阪地判平16・2・27民集62-3-760）がこの請求を棄却したため、Xらは控訴したが、控訴審において、新たに上記権利に基づく妨害排除請求（侵害状態の除去請求）として住民基本台帳からの住民票コードの削除および上記権利に基づく妨害予防請求として住基ネットを使用して本人確認情報をA（大阪府知事）に通知することの差止めを追加請求した。第二審（大阪高判平18・11・30民集62-3-777）は、「自己のプライバシー情報の取扱いについて自己決定する利益（自己情報コントロール権）」を憲法上保障されているプライバシー権の重要な一内容とし、本人確認情報をこの対象に含めたうえで、その収集・保有・利用等には、①正当な行政目的と、②その実現手段の合理性が求められるところ、行政機関に保有されている個人情報が住民票コードをもってデータマッチングや名寄せされて利用される具体的危険のある住基ネットは②の合理性を欠くとして、上記権利の侵害を肯定し、住民票コードの削除請求を認容した（国家賠償請求については棄却）。そこでYが上告した。

Yは、上告理由として、(a) 自己情報コントロール権は、内容が未だ不明確で、実体法上の権利とは認めがたいこと、(b) 住基法や関連法令、さらに住基ネットの制度上の仕組みに照らせば、データマッチングや名寄せが行われる具体的危険は認められないことを挙げた。

■参考条文（事件当時のもの）

住民基本台帳法

第6条〔第1項〕市町村長は、個人を単位とする住民票を世帯ごとに編成して、住民基本台帳を作成しなければならない。

第7条　住民票には、次に掲げる事項について記載（前条第3項の規定により磁気ディスクをもって調製する住民票にあっては、記録。以下同じ。）をする。
(1) 氏名
(2) 出生の年月日
(3) 男女の別
(7) 住所及び一の市町村の区域内において新たに住所を変更した者については、その住所を定めた年月日
(13) 住民票コード（番号、記号その他の符号であつて総務省令で定めるものをいう。以下同じ。）

第30条の2　市町村長は、次項に規定する場合を除き、住民票の記載をする場合には、当該記載に係る者につき直近に住民票の記載をした市町村長が当該住民票に直近に記載した住民票コードを記載するものとする。
2　市町村長は、新たにその市町村の住民基本台帳に記録されるべき者につき住民票の記載をする場合において、その者がいずれの市町村においても住民基本台帳に記録されたことがない者であるときは、その者に係る住民票に第30条の7第1項の規定により都道府県知事から指定された住民票コードのうちから選択するいずれか一の住民票コードを記載するものとする。この場合において、市町村長は、当該記載に係る者以外の者に係る住民票に記載した住民票コードと異なる住民票コードを選択して記載するものとする。

第30条の5〔第1項〕市町村長は、住民票の記載、消除又は第7条第1号から第3号まで、第7号及び第13号に掲げる事項（同条第7号に掲げる事項については、住所とする。以下この項において同じ。）の全部若しくは一部についての記載の修正を行つた場合には、当該住民票の記載等に係る本人確認情報（住民票に記載されている同条第1号から第3号まで、第7号及び第13号に掲げる事項（住民票の消除を行つた場合には、当該住民票に記載されていたこれらの事項）並びに住民票の記載等に関する事項で政令で定めるものをいう。以下同じ。）を都道府県知事に通知するものとする。

住民基本台帳法施行令

第30条の5　法第30条の5第1項に規定する住民票の記載等に関する事項で政令で定めるものは、次の各号に掲げる場合の区分に応じ、当該各号に定める事項とする。
(1) 住民票の記載を行つた場合　住民票の記載を行つた旨並びに転入その他の総務省令で定める記載の事由及びその事由が生じた年月日
(2) 住民票の消除を行つた場合　住民票の消除を行つた旨並びに転出その他の総務省令で定める消除の事由及びその事由が生じた年月日（法第24条の規定による届出に基づき住民票の消除を行つた場合にあつては、転出の予定年月日）
(3) 法第7条第1号から第3号まで及び第7号に掲げる事項（同号に掲げる事項については、住所とする。）の全部又は一部についての記載の修正を行つた場合　住民票の記載の修正を行つた旨並びに転居その他の総務省令で定める修正の事由及びその事由が生じた年月日
(4) 法第7条第13号に掲げる事項についての記載の修正を行つた場合　住民票の記載の修正を行つた旨、総務省令で定める修正の事由及びその事由が生じた年月日並びに当該住民票の記載の修正前に記載されていた住民票コード（当該住民票に住民票コードが記載されていなかつた場合にあつては、その旨）

住民基本台帳法施行規則

第1条　住民基本台帳法（昭和42年法律第81号。以下「法」という。）第7条第13号に規定する住民票コードは、次に掲げる数字をその順序により組み合わせて定めるものとする。
(1) 無作為に作成された10けたの数字
(2) 1けたの検査数字（住民票コードを電子計算機に入力するときの誤りを検出することを目的として、総務大臣が定める算式により算出される数字をいう。）

第14条　法第30条の7第1項の規定による住民票コードの指定は、都道府県知事（法第30条の10第1項の指定により指定情報処理機関に行わせることとした場合にあつては、指定情報処理機関。以下同じ。）が当該都道府県の区域内の市町村の人口等を勘案し、法第30条の7第2項の規定により調整を図つた住民票コードのうちから無作為に抽出することにより行うものとする。

Navigator　本件では、公権力による個別的で具体的なプライバシー権侵害行為（撮影行為や、前科情報開示行為）の合憲性が争われたというよりも、公権力による高度IT技術を用いた情報ネットワークシステムの構築という、マクロ的で包括的な行為（システム構築）の合憲性が争われた。このとき、①国民はどのような権利・自由をもって対抗していくべきなのだろうか。また、②裁判所はどのような観点からその合憲性を審査すべきなのだろうか。

　本判決は、①に関して、憲法13条が保障する「国民の私生活上の自由」から、「個人に関する情報をみだりに第三者に開示又は公表されない自由」を引き出した。憲法13条によって保障されるプライバシー権には、自己情報の保管・管理のあり方を自ら決定する権利、すなわち、自己情報コントロール権も含まれるとする見解が学説上有力に主張されており、本件の第二審もこの見解を取り入れた判断を行った。これに対して、本判決は、自己情報コントロール権を正面から認めることをせず、憲法13条で保障された「国民の私生活上の自由」として「個人に関する情報をみだりに第三者に開示又は公表されない自由」を認めたのである。②に関しては、具体的な判断枠組みは示さなかったものの、(a) 法令の根拠（形式的理由）、(b) 目的（実質的理由）の有無に加え、(c) 個人情報がみだりに第三者に開示等される「具体的な危険」があるかどうかを、システム構造の堅牢性という観点から審査している。(c) はこれまでの判例にはみられない審査方法であり、本判決の重要なポイントとなっている。判決をよく読んで、この審査の内容と位置づけを検討してほしい。

■判決の論理構造

憲法13条の保障内容	・国民の「私生活上の自由」が公権力の行使に対しても保護されるべきことを規定している ・個人の「私生活上の自由」の一つとして、何人も、「個人に関する情報をみだりに第三者に開示または公表されない自由」を有する	
住基ネットは「個人に関する情報をみだりに第三者に開示または公表されない自由」を侵害するか		
本人確認情報の秘匿性の程度	個人の内面に関わるような秘匿性の高い情報とはいえない	
住基ネットによる本人確認情報の管理、利用等の範囲	法令等の根拠に基づき、住民サービスの向上および行政事務の効率化という正当な行政目的の範囲内で行われている	
本人確認情報が第三者に開示または公表される具体的危険の有無	・住基ネットのシステム上の欠陥等により外部から不当にアクセスされるなどして容易に漏えいする具体的危険はない ・本人確認情報の目的外利用・漏えいは、懲戒処分・刑罰により禁止されている ・本人確認情報の適切な取扱いを担保するための制度的措置を講じている	→**具体的危険性はない**
住基ネットにより住民のプライバシー情報がデータマッチングされ、行政機関に保有される具体的危険性の有無	・データマッチング、データマッチングを目的とした情報収集行為、データマッチングを可能とさせる行為は、刑罰をもって禁止されている ・個人情報を一元的に管理することのできる機関・主体は存在しない	→**具体的危険性はない**

行政機関が住基ネットにより住民の本人確認情報を管理、利用等する行為は、個人に関する情報をみだりに第三者に開示または公表するものということはできず、当該個人がこれに同意していないとしても、憲法13条により保障された上記の自由を侵害するものではない

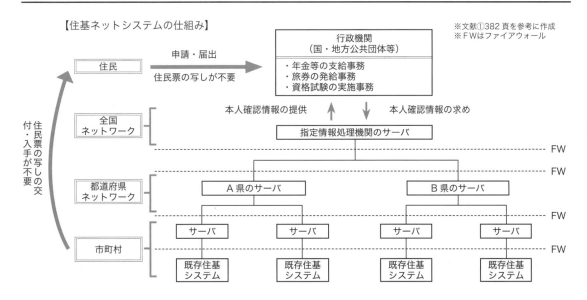

※文献①382頁を参考に作成
※FWはファイアウォール

■ 判　決

○ 主　文

原判決中、上告人敗訴部分を破棄する。

前項の部分につき、被上告人らの控訴をいずれも棄却する。

控訴費用及び上告費用は被上告人らの負担とする。

○ 理　由

上告代理人大竹たかしほかの上告理由及び上告受理申立て理由について

[1]　1　本件は、被上告人らが、行政機関が住民基本台帳ネットワークシステム（以下「住基ネット」という。）により被上告人らの個人情報を収集、管理又は利用（以下、併せて「管理、利用等」という。）することは、憲法13条の保障する被上告人らのプライバシー権その他の人格権を違法に侵害するものであるなどと主張して、被上告人らの住民基本台帳を保管する上告人に対し、上記の人格権に基づく妨害排除請求として、住民基本台帳からの被上告人らの住民票コードの削除を求める事案である❶。

[2]　2　原審の適法に確定した事実関係の概要等は、次のとおりである。

[3]　(1)　住民基本台帳法（以下「住基法」という。）は、平成11年法律第133号により改正され、住基ネットが導入された。住基ネットの概要は、次のとおりである❷。

ア　目的

[4]　従前、各市町村の保有する住民基本台帳の情報は当該市町村内においてのみ利用されていたが、住基ネットは、市町村長に住民票コードを記載事項とする住民票を編成した住民基本台帳の作成を義務付け、住民基本台帳に記録された個人情報のうち、氏名、住所など特定の本人確認情報を市町村、都道府県及び国の機関等で共有してその確認ができる仕組みを構築することにより、住民基本台帳のネットワーク化を図り、住民基本台帳に関する事務の広域化による住民サービスの向上と行政事務の効率化を図ることを目的とするものである（住基法6条、7条13号、30条の5～30条の8等）❸。

イ　住民票コード

[5]　市町村長は、個人を単位とする住民票を世帯ごとに編成して、住民基本台帳を作成しなければならず（住基法6条1項）、その住民票には住民票コードを記載しなければならない（同法7条13号）。都道府県知事は、総務省令で定めるところにより、あらかじめ他の都道府県知事と協議して重複しないよう調整を図った上、当該都道府県の区域内の市町村の市町村長ごとに、当該市町村長が住民票に記載することのできる住民票コードを指定し、これを当該市町村長に通知する（同法30条の7第1項、2項）。上記総務省令に当たる同法施行規則においては、住民票コードの指定は、都道府県知事が、無作為に作成された10けたの数字及び1けたの検査数字を組み合わせて定めた数列のうちから無作為に抽出することにより行うものとされている（同法施行規則1条、14条）❹。

[6]　市町村長は、いずれの市町村においても住民基本台帳に記録されたことがない者について新たに住民票の記載をする場合は、都道府県知事から指定された上記の住民票コードのうちから一を選択して住民票に記載し（同法30条の2第2項）、いずれかの市町村において住民基本台帳に記録された者について住民票の記載をする場合は、直近に住民票の記載をした市町村長が記載した住民票コードを記載する（同条1項）。

ウ　本人確認情報

[7]　住基ネットによって管理、利用等される個人情報である本人確認情報は、住民票の記載事項（住基法7条）のうち、①氏名（1号）、②生年月日（2号）、③性別（3号）、④住所（7号）（以上①～④を併せて、以下「4情報」という。）に、住民票コード（13号）及び住民票の記載に関する事項で政令で定めるもの（以下「変更情報」という。）を加えたものである（同法30条の5第1項）。変更情報とは、具体的には、異動事由（「転入」、「出生」、「転出」、「死亡」等）、異動年月日及び異動前の本人確認情報である（同法施行令30条の5）❺。

❶　[1]では、Xらが求める請求の内容とそれを基礎づける法的主張が示されている。【事案】にあるように、原審はXらの住民票コード削除請求を認容したが、国家賠償法に基づく損害賠償請求は棄却していた。この棄却部分については、Xらから上告および上告受理申立てがされたが、上告棄却兼不受理決定によって確定したため、結局、上告審での本件の争点は、人格権に基づく妨害排除請求権としての住民票コードの住民基本台帳からの削除請求に絞られることとなった。

❷　[3]から[24]では、平成11年8月18日の住基法の改正により導入された住基ネットの概要が説明されている。

❸　[4]では、住基ネットの目的が述べられている。住民基本台帳は、住民全体の住民票を世帯ごとに編成した公簿であり、市町村によって作成される（住基法6条）。従前、住民基本台帳は、市町村内部でのみ利用されるものであったため、他の市町村は、住民でない者の住民票記載事項は当然には知りえず、たとえば、住民が転入手続を行う場合には、住民自ら転出証明書の交付を転出地の市町村から受けたうえで、それを転入地の市町村に添付して伝達する必要があった（文献①323頁）。そこで、住民基本台帳のネットワーク化を図り、そこに記載された一定の情報を、市町村・都道府県・国が共有することで、市町村の区域を越えた住民基本台帳に関する事務処理を可能にしようとしたのが住基ネットである（判解①142頁）。本判決は、そのような住基ネットの目的を、住民サービスの向上と行政事務の効率化と位置づけている。

❹　[5]と[6]では、住民票コードの詳細な説明がなされている。住基ネットシステムによりコンピュータ上での事務処理を適切に行うためには、それぞれの住民に係る本人確認情報等に対して簡易、迅速、確実にアクセスできることが不可欠であるが、そのための「キー」（符号）として用いられるのが住民票コードである（文献①387-388頁）。住民票コードは、過去から将来にわたって全国の他の住民に係る住民票コードと重複しない唯一無二のものとされ、無作為に作成された10桁の数字と検査数字の合計11個の数字の羅列によって構成される（文献①388頁）。住民票コードの住民票への記載は、まず、都道府県知事が、他の都道府県と重複を回避するための調整を行ったうえで（住基法30条の7第2項）、市町村長に「一定数の」住民票コードを指定し、市町村長は、その中から一つの住民票コードを選択して、それを住民票に記載するという手続となる（住基法30条の2）。なお、[6]の記述にある「いずれの市町村においても住民基本台帳に記録されたことがない者」（住基法30条の2第2項）とは、出生したばかりの者のほか、たとえば、海外において出生し初めて帰国した日本人住民や初めて住民基本台帳に記録される外国人住民等が想定される（文献①390頁）。

❺　[7]では、住基ネットによって管理、利用等される「本人確認情報」の内容が述べられている。【事案】にも記したように、本人確認情報は、①氏名・生年月日・性別・住所の4情報、②住民票コード、③転入・出生、転出、死亡等の異動事由に関する変更情報によって構成される（住基法30条の5第1項、住基法施行令30条の5）。この本人確認情報が、住基ネットによって共有される情報となる。

エ　住基ネットの仕組み

[8]　市町村には、既存の住民基本台帳電算処理システム（以下「既存住基システム」という。）のほか、既存住基システムと住基ネットを接続し、その市町村の住民の本人確認情報を記録、管理するシステムであるコミュニケーションサーバが設置され、本人確認情報は、既存住基システムから上記サーバに伝達されて保存される❻。

[9]　都道府県には、区域内の全市町村のコミュニケーションサーバから送信された本人確認情報を記録、管理するシステムである都道府県サーバが設置されている。都道府県知事は、総務大臣の指定する者（以下「指定情報処理機関」という。）に本人確認情報処理事務を行わせることができ（住基法30条の10第1項柱書き）、指定情報処理機関には、全都道府県の都道府県サーバから送信された本人確認情報を記録、管理する全国サーバが設置されている。都道府県知事から指定情報処理機関に送信された本人確認情報は、全国サーバに保存される（同法30条の11）。

オ　本人確認情報の管理、利用等

[10]　(ア)　市町村長は、住民票の記載、消除又は4情報及び住民票コードの記載の修正を行った場合、本人確認情報を都道府県知事に通知する（住基法30条の5第1項）。都道府県知事は、通知された本人確認情報を磁気ディスクに記録し、これを原則として5年間保存しなければならない（同法30条の5第3項、同法施行令30条の6）❼。

[11]　(イ)　市町村長は、条例で定めるところにより、他の市町村の市町村長その他の執行機関から事務処理に関し求めがあったときは、本人確認情報を提供する（同法30条の6）。

[12]　(ウ)　都道府県知事は、同法別表に掲げる国の機関等、区域内の市町村の市町村長その他の執行機関又は他の都道府県の執行機関等から、法令又は条例によって規定された一定の事務の処理に関し求めがあったときは、政令又は条例で定めるところにより、本人確認情報を提供する（同法30条の7第3項～6項）❽。

[13]　(エ)　都道府県知事は、統計資料の作成など法令に規定する一定の事務を遂行する場合には、本人確認情報を利用することができる（同法30条の8第1項）。

[14]　(オ)　同法別表の改正等により、住基ネットの利用による本人確認情報の提供及び利用が可能な行政事務は、平成17年4月1日現在で275事務となっている。現行法上、これらの行政事務において取り扱われる個人情報を一元的に管理することができる機関又は主体は存在しない。また、指定情報処理機関は、行政機関等に対してその求めに応じ本人確認情報を提供することが予定されているが（同法30条の10）、指定情報処理機関には行政機関等からその保有する他の個人情報を収集する権限は付与されていないから、指定情報処理機関がこれらの個人情報を本人確認情報と結合することはできない❾。

カ　本人確認情報の目的外利用

[15]　(ア)　住基法別表に規定する事務等を行うため法令等の規定に基づき本人確認情報の提供を受けた市町村その他の受領者（同法30条の33）は、当該事務処理の遂行に必要な範囲内で、受領した本人確認情報を利用し、又は提供するものとされ、当該事務の処理以外の目的のための利用又は提供は禁止されている（同法30条の34）❿。

[16]　(イ)　行政機関は、特定された利用目的の達成に必要な範囲を超えて個人情報を保有してはならず（行政機関の保有する個人情報の保護に関する法律〔以下「行政個人情報保護法」という。〕3条2項）、行政機関の長は、法令に基づく場合を除き、保有個人情報を目的外に利用し、又は提供してはならないとされている（同法8条1項）。

[17]　(ウ)　本人確認情報を保有する行政機関が、上記(ア)で許される範囲を超えて、住民票コードをマスターキーとして用いて本人確認情報を他の個人情報と結合すること（以下「データマッチング」という。）は、住基法30条の34に規定する職務上の義務に違反する行為に当たり、懲戒処分の対象となる（国家公務員法82条、地方公務員法29条）⓫。

[18]　行政機関の職員が、データマッチングなど上記(ア)の範囲を超える利用のために個人の秘密に属する事項が記録された文書等を収集した場合には、

❻　[8]と[9]では、住基ネットの仕組みが説明されている。住基ネットでは、まず、市町村が管理する既存住基システムと同じく市町村が設置するコミュニケーションサーバ（市町村CS）が接続され、本人確認情報が、既存住基システムから市町村CSに伝達され、保存される。市町村CSに保存された本人確認情報は、都道府県が設置する都道府県サーバに送信され、記録される。そして、都道府県サーバに記録された本人確認情報は、指定情報処理機関が管理する全国サーバに保存されるという仕組みが構築されている。これらのサーバは、いずれも専用交換装置を介して専用回線で接続しており、また、全国サーバは、国機関等のサーバとも専用回線で接続している（判解①143頁）。なお、既存住基システムと市町村CSの間、市町村CSと都道府県サーバの間、都道府県サーバと全国サーバの間、全国サーバと国の機関との間には、指定情報処理機関が監視するファイアウォールが設置されている（判解①143頁）。

❼　[10]から[14]では、住基法における本人確認情報の管理、利用等のあり方が概説されている。そこでは、法令や条例の根拠に基づき、その範囲内で、本人確認情報が管理・利用されていることが強調されている。まず、[10]と[11]では、市町村長による本人確認情報の管理・利用が説明されている。[10]で指摘されている住基法30条の5第1項は、市町村CSから都道府県サーバへの本人確認情報の送信の法的根拠になるもので、原審では、Xらは同条に基づく守口市長から大阪府知事への通知の差止めを請求していた。

❽　[12]と[13]では、都道府県知事による本人確認情報の提供と利用のあり方が説明されている。本人確認情報の提供と利用は、いずれも法令あるいは条例の規定に基づき実施されることが示されている。

❾　[14]では、現行法上、本人確認情報の提供・利用が可能な行政事務において取り扱われる個人情報を一元的に管理しうる機関が存在しないことが説明されており、さらに全国サーバをもつ指定情報処理機関は、本人確認情報を行政機関等に提供することになるが、一方で、行政機関から個人情報を収集する権限（情報収集権）を付与されていないために、個人情報と本人確認情報を結合（データマッチング）することができない旨も述べられている。この点は、後の[38]の説示と関連している。

❿　[15]と[16]では、本人確認情報の目的外利用が、住基法および行政機関個人情報保護法で禁止されていることが述べられている。このような法律における禁止規定の存在に関する記述は、後述する[38]の判断につながっている。

⓫　[17]から[21]では、正当な目的外の利用または提供が単に禁止されるだけでなく、国公法等による制裁の対象となっていることが説明されている。このような制裁規定の存在に関する記述は、後の[37]の判断につながっている。まず、[17]から[19]では、それぞれ、目的の範囲外での、データマッチング[17]、名寄せ[18]、漏えい[19]が、国公法・地公法等の法規に基づく懲戒処分・刑事罰の対象となっていることが示されている。特に、[19]では、指定情報処理機関の役員および職員も制裁の対象となることが示されている。また、[20]では、市町村の職員等による本人確認情報等に関する秘密の漏えいに対しては、さらに住基法42条自体が特別に罰則を定めていることが示されているが、同規定の趣旨は、「プライバシーの保護の観点を重視する立場からすると、秘密保持義務によって保護される法益は重要なものであるため、通常の地方公務員法上の守秘義務違反に対する罰則（1年以下の懲役又は3万円以下の罰金）よりも加重した罰則（2年以下の懲役又は100万円以下の罰金）を課すこととした」と説明されている（文献①725頁）。

「その職権を濫用して、専らその職務の用以外の用に供する目的で」行ったとき（行政個人情報保護法55条）に当たり、刑罰の対象となる。

【19】 指定情報処理機関の役員及び職員（住基法30条の17第3項）、本人確認情報の提供を受けた市町村、都道府県又は国の機関等の職員が、その知り得た本人確認情報に関する秘密を他の機関等に漏えいした場合には、公務員の守秘義務違反に該当し、刑罰の対象となる（国家公務員法109条12号、100条1項、2項及び地方公務員法60条2号、34条1項、2項）。

【20】 本人確認情報の電子計算機処理等に関する事務に従事する市町村の職員等（住基法30条の31第1項、2項）が、その事務に関して知り得た本人確認情報に関する秘密等を漏えいする行為は、住基法42条に規定する刑罰の対象となる。

【21】 また、行政機関の職員等が、正当な理由がないのに、個人の秘密に属する事項が記録された個人情報ファイルを第三者に提供する行為も、刑罰の対象となる（行政個人情報保護法53条）。

　キ　監視機関
【22】 住基法は、都道府県に本人確認情報の保護に関する審議会を設置し（同法30条の9第1項、2項）、また、指定情報処理機関に本人確認情報保護委員会を設置すること（同法30条の15第1項、2項）を定め、上記審議会又は委員会において、それぞれ当該都道府県又は指定情報処理機関における本人確認情報の保護に関する事項を調査審議させることとしている❶❷。

　ク　住基カード
【23】 住民基本台帳に記録されている者は、当該市町村の市町村長に対し、自己に係る氏名及び住民票コードその他政令で定める事項が記録された住民基本台帳カード（以下「住基カード」という。）の交付を求めることができる（住基法30条の44第1項）❶❸。

【24】 市町村長その他の市町村の執行機関は、住基カードを、条例の定めるところにより、条例に規定する目的のために利用することができる（同法30条の44第8項）。

【25】 （2） 住基ネットの導入により、住民にとっては、① 一定の要件のもとで住基カードを添えて転入届を行う場合、従来必要とされていた転出証明書の添付が不要となり転出地の市役所等に出向く必要がなくなること（住基法24条の2第1項）、② 全国のどの市町村でも住民票の写しを入手できるようになること（同法12条の2第1項）、③ 婚姻届及び離婚届の提出、旅券の交付申請、戸籍抄本の交付請求、所得税の確定申告など一定の場合に、従来必要とされていた住民票の写しの提出が不要となること（行政手続等における情報通信の技術の利用に関する法律3条、関係行政機関が所管する法令に係る行政手続等における情報通信の技術の利用に関する法律施行規則4条1項、7項）などの利点がある❶❹。

【26】 他方、市町村にとっては、市町村間の通信を郵送に代えて電気通信回線を通じて行うことにより事務の効率化を図ることができるほか、上記①～③に対応して、住民票の交付事務等に伴う負担の軽減及び行政経費の削減を図ることができるなどの利点がある❶❺。

【27】 （3） 本人確認情報の漏えい防止等の安全確保の措置として、技術的側面では、住基ネットシステムの構成機器等について相当厳重なセキュリティ対策が講じられ、人的側面でも、人事管理、研修及び教育等種々の制度や運用基準が定められて実施されており、現時点において、住基ネットのセキュリティが不備なため本人確認情報に不当にアクセスされるなどして本人確認情報が漏えいする具体的な危険はない❶❻。

【28】 3　原審は、次のとおり判断して、被上告人らの上告人に対する住民票コードの削除請求を認容した。

【29】 （1） 自己の私的事柄に関する情報の取扱いについて自ら決定する利益（自己情報コントロール権）は、人格権の一内容であるプライバシーの権利として、憲法13条によって保障されていると解すべきである。一般的には秘匿の必要性の高くない4情報や数字の羅列にすぎない住民票コードについても、その取扱い方によっては、情報主体たる個人の合理的期待に反してその私生活上の自由を脅かす危険を生ずることがあるから、本人確認情報は、

---

❶❷【22】では、住基法上、都道府県には本人確認情報の保護に関する審議会が、指定情報処理機関には本人確認情報保護委員会が設置されることなどが説明されている。【22】に付された小見出しから、本判決がこれらを「監視機関」とみなしていることがわかる。この評価は、後の【37】の判断につながっている。

❶❸【23】と【24】では、住基カードの説明がなされている。住基ネットの構築により、国の機関等への本人確認情報の提供が行われることになり、同システムを活用して住民の情報の正確性を確認することが可能となったが、住基カードは、これに加えて、実際に窓口に現れて申請等の任にあたっている者が申請等をする者本人であることを確認するための仕組みを構築するために導入されたものである（文献①592頁）。住基カードは、住民の求めに応じて、市町村長が交付するものであり、出生年月日、性別、住所等のほか、ICチップ（半導体集積回路）が組み込まれている。なお、住基カードの発行は、平成28年1月からのマイナンバーカードの発行に伴い、平成27年12月に終了している。

❶❹【25】と【26】では、住基ネット導入の利点が、住民にとっての利点と市町村にとっての利点に分けて述べられている。まず、【25】では住民にとっての利点が述べられており、①転入時に転出証明書の添付が不要になること、②全国のどの市町村でも住民票の写しを入手できるようになること（住民票の広域交付）、③婚姻届や旅券の交付申請等の行政手続の際に、住民票の写しの提出が不要になることが挙げられている。

❶❺【26】では、市町村にとっての利点が述べられており、市町村間の通信が郵送から電気通信回線を通じて行えるようになること、住民票の交付事務に伴う負担軽減と行政経費削減が図れることが挙げられている。

❶❻【27】では、技術的観点からも人的観点からも、漏えい防止等の安全確保措置が講じられており、住基ネットにおいて本人確認情報が漏えいする具体的な危険はないと述べられている。この認定は、後の【37】の判断につながっている。

いずれもプライバシーに係る情報として法的保護の対象となり、自己情報コントロール権の対象となる❶⓱。

[30]　(2)　本人確認情報の管理、利用等は、正当な行政目的の実現のために必要であり、かつ、その実現手段として合理的である場合には、自己情報コントロール権の内在的制約又は公共の福祉による制約により、原則として自己情報コントロール権を侵害するものではないが、本人確認情報の漏えいや目的外利用などにより住民のプライバシーないし私生活上の平穏が侵害される具体的な危険がある場合には、上記の実現手段としての合理性がなく、自己情報コントロール権を侵害するものというべきである❶⓲。

[31]　(3)　現行法上、データマッチングは、本人確認情報の目的外利用に当たり、罰則をもって禁止される。しかし、行政個人情報保護法は、行政機関の裁量により利用目的を変更して個人情報を保有することを許容しており（同法3条3項）、この場合には本人確認情報の目的外利用を制限する住基法30条の34に違反することにはならない。また、行政機関は、法令に定める事務等の遂行に必要な限度で、かつ、相当の理由のあるときは、利用目的以外の目的のために保有個人情報を利用し又は提供することができるから（行政個人情報保護法8条2項2号、3号）、住基法による目的外利用の制限は実効性を欠く。さらに、住民が住基カードを使って行政サービスを受けた場合、その記録が行政機関のコンピュータに残り、それらを住民票コードで名寄せすることが可能である❶⓳。

[32]　これらのことを考慮すれば、行政機関において、個々の住民の多くのプライバシー情報が住民票コードを付されて集積され、それがデータマッチングされ、本人の予期しないときに予期しない範囲で行政機関に保有され、利用される具体的な危険が生じているということができる。したがって、住基ネットは、その行政目的実現手段として合理性を有しないから、その運用に同意しない被上告人らに対して住基ネットを運用することは、被上告人らのプライバシー権ないし自己情報コントロール権を侵害するものである❷⓿。

[33]　(4)　被上告人らに対する住基ネットの運用は、制度自体の欠陥により被上告人らの人格権を違法に侵害するものであって、その人格的自律を脅かす程度も相当大きいと評価でき、それが続く場合には被上告人らに回復し難い損害をもたらす危険がある。このような場合には、権利を侵害されている者は侵害行為の差止めを求めることができると解するのが相当であるところ、大阪府知事に対する通知の差止めは、行政機関の行為であるが、事実行為であり、民事訴訟において差止めを求めることができると解される。そして、住民票コードの削除請求は、実質は差止めを実効あるものとするための原状回復行為であるから、差止請求と同様に許されるものと解される❷⓫。

[34]　4　しかしながら、原審の上記判断は是認することができない。その理由は次のとおりである。

[35]　(1)　憲法13条は、国民の私生活上の自由が公権力の行使に対しても保護されるべきことを規定しているものであり、個人の私生活上の自由の一つとして、何人も、個人に関する情報をみだりに第三者に開示又は公表されない自由を有するものと解される（最高裁昭和40年(あ)第1187号同44年12月24日大法廷判決・刑集23巻12号1625頁参照）❷⓬。

[36]　そこで、住基ネットが被上告人らの上記自由を侵害するものであるか否かについて検討するに、住基ネットによって管理、利用等される本人確認情報は、氏名、生年月日、性別及び住所から成る4情報に、住民票コード及び変更情報を加えたものにすぎない。このうち4情報は、人が社会生活を営む上で一定の範囲の他者には当然開示されることが予定されている個人識別情報であり、変更情報も、転入、転出等の異動事由、異動年月日及び異動前の本人確認情報にとどまるもので、これらはいずれも、個人の内面に関わるような秘匿性の高い情報とはいえない。これらの情報は、住基ネットが導入される以前から、住民票の記載事項として、住民基本台帳を保管する各市町村において管理、利用等されるとともに、法令に基づき必要に応じて他の行政機関等に提供され、その事務処理に利用されてきたものである。そして、住民票コードは、住基ネットによる本人確認情報の管理、利用等を目的として、都道府県知事が無作為に指定した数列の中から市町村長が一を選んで各人に割り当てたものであるから、上記目的に利用される限りにおいては、その秘匿性の程度は本人確認情報と異なるものではない❷⓭。

❶⓱　[29]では、原審が、学説上有力な自己情報コントロール権説を採用していたことが確認されている（本判決は同説を採用していない。❷⓬参照）。また、原審が、その取り扱い方によっては、個人の私生活上の自由を脅かす危険を生ずるということを理由に、一般に秘匿性を低く見積もられる4情報や住民票コードも、プライバシー上の保護対象になると解していたことが述べられている。同様の論理は、すでに判例①において展開されていた。

❶⓲　[30]では、原審の採用した違憲審査の基準が示されている。かかる基準によれば、本人確認情報の管理、利用等は、①正当な行政目的の実現のために必要であり、かつ、②その実現手段として合理的である場合には、原則として自己情報コントロール権を侵害しない。また、本人確認情報の漏えいや目的外利用などにより住民のプライバシーが侵害される具体的な危険がある場合には、②の手段的合理性を欠くものと評価される。

❶⓳　[31]では、原審が、データマッチングは目的外利用として罰則で禁止されているものの、行政機関個人情報保護法が一定の場合に利用目的の変更や目的外利用等を認めていることから、住基法の規定にかかわらず、住基ネットにおいて起こりうると判断していたことが述べられている。このように行政機関個人情報保護法が住基法に優先するとの原審の法解釈は、後の[38]で否定されることになる。

❷⓿　[32]では、原審が、データマッチングの具体的危険から、住基ネットの手段的合理性を否定したこと、それゆえに住基ネットは自己情報コントロール権を侵害するものと判断していたことが述べられている。

❷⓫　[33]では、原審が、住民票コードの削除請求を認容したことが述べられている。原審は、被上告人らに対する住基ネットの運用は、「制度自体の欠陥」によって人格権を侵害するものであり、その程度も相当大きく、Xらに回復困難な損害をもたらすことから、各自での運用を差し止めることができるとし、具体的には、民事訴訟における差止めとして、本人確認情報の都道府県知事に対する通知の差止めと権利侵害状態の停止を実効あるものとするための原状回復行為として住民基本台帳上の住民票コードの削除を請求できるとした。

❷⓬　[35]では、憲法13条がどのような自由を保障しているかが述べられている。そこでは、京都府学連事件判決（本書1事件）が引用され、憲法13条が、公権力の行使に対し「国民の私生活上の自由」が保護されるべきことを定める規定であることが確認されている。本判決は、かかる「自由」の一つとして、個人情報をみだりに第三者に開示・公表されない自由が保障されるとした。非公開・非開示の自由を認めてきた従来の判例との連続性を意識したもので、原審のように自己情報コントロール権を正面から承認したものではない（判解①163頁）。

❷⓭　[36]では、本人確認情報を構成する①4情報、②変更情報、③住民票コードそれぞれの性質が述べられている。本判決は、①につき、その秘匿性の低さと、台帳制度のもとで「以前から」管理等されてきたという既得性を指摘した。②についても、それが身分関係に変動があったことを推知させるもので、秘匿性は高いとの見解を採用せず、①と同様、「個人の内面に関わるような秘匿性の高い情報とはいえない」と述べた。さらに③についても、それが他の個人情報を検索・名寄せするマスターキーとして使用されうることから、その秘匿性を高く見積もる見解を採用せず、「［本人確認情報の管理等の］目的に利用される限りにおいては、その秘匿性の程度は本人確認情報と異なるものではない」と述べた。

【37】　また、前記確定事実によれば、住基ネットによる本人確認情報の管理、利用等は、法令等の根拠に基づき、住民サービスの向上及び行政事務の効率化という正当な行政目的の範囲内で行われているものということができる。住基ネットのシステム上の欠陥等により外部から不当にアクセスされるなどして本人確認情報が容易に漏えいする具体的な危険はないこと、受領者による本人確認情報の目的外利用又は本人確認情報に関する秘密の漏えい等は、懲戒処分又は刑罰をもって禁止されていること、住基法は、都道府県に本人確認情報の保護に関する審議会を、指定情報処理機関に本人確認情報保護委員会を設置することとして、本人確認情報の適切な取扱いを担保するための制度的措置を講じていることなどに照らせば、住基ネットにシステム技術上又は法制度上の不備があり、そのために本人確認情報が法令等の根拠に基づかずに又は正当な行政目的の範囲を逸脱して第三者に開示又は公表される具体的な危険が生じているということもできない❷。

【38】　なお、原審は、①　行政個人情報保護法によれば、行政機関の裁量により利用目的を変更して個人情報を保有することが許容されているし、行政機関は、法令に定める事務等の遂行に必要な限度で、かつ、相当の理由のあるときは、利用目的以外の目的のために保有個人情報を利用し又は提供することができるから、行政機関が同法の規定に基づき利用目的以外の目的のために保有個人情報を利用し又は提供する場合には、本人確認情報の目的外利用を制限する住基法30条の34に違反することにならないので、同法による目的外利用の制限は実効性がないこと、②　住民が住基カードを用いて行政サービスを受けた場合、行政機関のコンピュータに残った記録を住民票コードで名寄せすることが可能であることなどを根拠として、住基ネットにより、個々の住民の多くのプライバシー情報が住民票コードを付されてデータマッチングされ、本人の予期しないときに予期しない範囲で行政機関に保有され、利用される具体的な危険が生じていると判示する。しかし、上記①については、行政個人情報保護法は、行政機関における個人情報一般についてその取扱いに関する基本的事項を定めるものであるのに対し、住基法30条の34等の本人確認情報の保護規定は、個人情報のうち住基ネットにより管理、利用等される本人確認情報につきその保護措置を講ずるために特に設けられた規定であるから、本人確認情報については、住基法中の保護規定が行政個人情報保護法の規定に優先して適用されると解すべきであって、住基法による目的外利用の禁止に実効性がないとの原審の判断は、その前提を誤るものである。また、上記②については、システム上、住基カード内に記録された住民票コード等の本人確認情報が行政サービスを提供した行政機関のコンピュータに残る仕組みになっているというような事情はうかがわれない。上記のとおり、データマッチングは本人確認情報の目的外利用に当たり、それ自体が懲戒処分の対象となるほか、データマッチングを行う目的で個人の秘密に属する事項が記録された文書等を収集する行為は刑罰の対象となり、さらに、秘密に属する個人情報を保有する行政機関の職員等が、正当な理由なくこれを他の行政機関等に提供してデータマッチングを可能にするような行為も刑罰をもって禁止されていること、現行法上、本人確認情報の提供が認められている行政事務において取り扱われる個人情報を一元的に管理することができる機関又は主体は存在しないことなどにも照らせば、住基ネットの運用によって原審がいうような具体的な危険が生じているということはできない❷。

【39】　(2)　そうすると、行政機関が住基ネットにより住民である被上告人らの本人確認情報を管理、利用等する行為は、個人に関する情報をみだりに第三者に開示又は公表するものということはできず、当該個人がこれに同意していないとしても、憲法13条により保障された上記の自由を侵害するものではないと解するのが相当である。また、以上に述べたところからすれば、住基ネットにより被上告人らの本人確認情報が管理、利用等されることによって、自己のプライバシーに関わる情報の取扱いについて自己決定する権利ないし利益が違法に侵害されたとする被上告人らの主張にも理由がないものというべきである。以上は、前記大法廷判決の趣旨に徴して明らかである❷。

【40】　以上と異なる見解に立って、被上告人らの住民票コード削除請求を認容した原審の判断には、憲法解釈の誤り及び結論に影響を及ぼすことが明らかな法令解釈の誤りがある。論旨は理由があり、原判決は破棄を免れない。

❷【37】では、住基ネットが【35】で示された自由を侵害するか否かが検討されている。そこでは具体的な審査基準が設定されることなく、以下の二つの観点から検討がなされた。
　①住基ネットによる本人確認情報の利用等が、(a)法令等によって、(b)正当な行政目的の範囲内に限定されているか。(a)は法令の根拠（形式的理由）を求めるもの、(b)は本人確認情報の秘匿性の低さをふまえて、「正当」といえる程度の「目的」（実質的理由）を求めるものと考えることができる。
　②住基ネットの「構造」の脆弱性から、①で示された「正当な」範囲を超えてみだりに本人確認情報等が開示等される具体的危険があるか（「構造審査」と呼ばれる。文献②）。本判決は、(a)システムの安全性、(b)懲戒・刑罰による漏えい等の厳格な禁止、(c)監視機関等、適切な運用を担保するための制度的措置の存在から、かかる「危険」を否定した。こうした判断（形式的理由＋実質的理由＋堅牢な構造）が、上記自由を侵害しないとの結論に結びついている。

❷【38】では、データマッチング等の具体的危険を認めた原審の判断（【31】【32】）が否定されている。理由として、①行政機関個人情報保護法と住基法は一般法と特別法の関係にあり、住基ネットにおける個人情報のやり取りには住基法の厳格なルールが適用されること、②本人確認情報の目的外利用や、データマッチングを目的とした秘密情報等の収集・提供は懲戒処分または刑罰の対象となること、③現行法上、個人情報を一元的に管理できる機関等は存在していないこと、④システム上、住基カード内に記録された本人確認情報が行政サービスを提供した行政機関のコンピュータに残る仕組みになっているという事情がうかがわれないこと、が挙げられている。

❷【39】と【40】では、本判決の結論が述べられている。本判決は、行政機関は、住基ネットにより、憲法13条で保障された自由を「侵害」するものではなく、また、自己のプライバシーに関わる情報の取扱いについて自己決定する権利・利益が違法に侵害されたとするXらの主張にも理由がないとした。もっとも、判解①164頁は、本判決は、「個人識別情報等の個人情報一般について、その管理、利用等に同意するか否かを自ら決定する権利（同意権）を広く肯定する見解は採用しなかった」としつつも、「自己のプライバシーに関わる秘匿性の高い情報の取扱いについて、一定の場合に何らかの方法でこれを『コントロール』する権利等を肯定する余地を完全に否定したものではない」と解説している。

そして、以上説示したところによれば、被上告人らの上記請求には理由がなく、これを棄却した第1審の判断は相当であるから、被上告人らの控訴をいずれも棄却すべきである。

[41] よって、裁判官全員一致の意見で、主文のとおり判決する。
（裁判長裁判官　涌井紀夫　裁判官　横尾和子　裁判官　甲斐中辰夫　裁判官　泉　德治　裁判官　才口千晴）

補足説明　データマッチングとプロファイリング

住基ネット事件における論点の一つは、「データマッチング」の具体的危険性であった（[38] 参照）。原審のいう「データマッチング」が具体的に何を意味するのかは必ずしも明らかではないが、さしあたり、住民票コードから、それに紐づけられた複数の個人情報を名寄せし、突き合わせることを意味すると考えてよかろう。そこで懸念されているのは、断片的な個人情報が大量に集積され、突き合わせられることにより、本人があずかり知らないところで、その人の「個人像」が形成され、それが独り歩きして当人の評価の基礎とされることだろう。

現在は、人工知能（Artificial Intelligence: AI）を用いたプロファイリング技術が飛躍的に発展してきており、「データマッチング」がもつ意味も変わりつつある。複数の——それ自体はセンシティブでない——断片的個人情報を突き合わせ、AIに分析させることにより、その人の精神状態、健康状態、政治的信条といった詳細なセンシティブ情報が、かなり正確に推知できるようになってきているからである。それは、人間の想像力や直感を必要とするような従来型の「個人像」予測とは異なる。政府が専断的に「AIプロファイリング」を行うことを防ぐためにも、マイナンバー制度などの情報ネットワークシステムの運用においては、その利用に明確な法律上の根拠を求めるとともに、目的を超えた「データマッチング」の具体的な危険を抑え込む堅牢な「構造」が要求されるように思われる（文献③）。

Questions

①事実関係の確認

問1　住民基本台帳とは何か。住民基本台帳はどのような機関によって保有されているか。住民基本台帳は、従前、どの範囲で利用されていたか。▶[4]

問2　住基ネットは、何を目的として、どの法律の改正により、いつ導入されたものか。▶[3] [4]

問3　住民票コードとは何か。市町村への住民票コードの指定は、誰がどのような手続で行うか。住民票に住民票コードを記載するのは誰か。▶[5]

問4　本人確認情報とは何か。どのような情報が本人確認情報に含まれるか。▶[7]

問5　市町村コミュニケーションサーバ（市町村CS）は、何と何とを接続するために設置されるものか。市町村CSには、どこから何が伝達され、保存されるか。▶[8]

問6　都道府県サーバは、どこから送信された何を記録、管理するために設置されるものか。▶[9]

問7　指定情報処理機関は何の事務を行う機関か。全国サーバは、どこに設置されており、どこから送信された何を保存しているか。▶[9]

問8　都道府県、市町村が、本人確認情報を利用し、提供できる法的根拠とは何か。▶[10]～[13]

問9　平成17年現在において、住基ネットの利用による本人確認情報の提供および利用が可能な行政事務はどの程度存在したか。現行法上、個人情報を一元的に管理する機関等は存在しているか。▶[14]

問10　指定情報処理機関は、誰に何を提供することが予定されているか。指定情報処理機関は、行政機関等から個人情報を収集する権限、個人情報と本人確認情報を結合させる権限を有しているか。▶[14]

問11　住基法は、本人確認情報を受領した市町村長や行政機関の長が当該情報を目的外で利用・提供することに関して、いかなる規定を置いているか。▶[15] [16]

問12　本人確認情報を保有する行政機関が、目的外でデータマッチング・名寄せ・漏えいをする行為に対しては、どの法律によりどのような制裁が規定されているか。▶[17]～[21]

問13　住基法により、監視機関としてどのようなものが設置されているか。▶[22]

問14　住基カードとは何か。どのような手続により交付されるものか。▶[23] [24]

問15　住基ネットの導入により、住民と市町村にはそれぞれどのような利点があるか。▶[25] [26]

問16　本人確認情報の漏えい防止のため、技術的側面・人的側面から、どのような安全確保措置が設けられているか。▶[27]

問17　Xらは、誰を被告として、何の権利が侵害されたとして、どのような訴訟を提起したか。これに対し、第一審はどのような判決を行ったか。▶【事案】

問18　Xらは、原審において、どのような請求を追加したか。▶【事案】

問19　原審は、何が憲法13条によって保護されるとしたか。▶[29]

問20　原審は、本人確認情報について、いかなる理由により、何の対象になるとしたか。▶[29]

問21　原審は、いかなる場合に、自己情報コントロール権に対する侵害があるとしたか。▶[30]

問22　原審は、住基法による目的外利用の制限の実効性に

ついて、いかなる理由に基づき、どのような認定をしていたか。▶【31】

問23　原審は、プライバシー情報が目的外でデータマッチングされ、保有されることの具体的危険性について、どのような認定をしていたか。▶【32】

問24　原審は、いかなる理由により、住民票コードの削除請求が認められるとしたか。Y は上告理由においてどのような主張をしたか。▶【33】

②判決の内容の確認

問25　本判決は、憲法 13 条からどのような自由を導出したか。また、その自由を導出するにあたって、いかなる判例を引用しているか。▶【35】

問24　本判決は、氏名、生年月日、性別および住所からなる 4 情報の秘匿性について、いかなる理由に基づき、どのような評価をしているか。また、住民票コードの秘匿性について、どのような評価をしているか。▶【36】

問25　本判決は、住基ネットによる本人確認情報の管理、利用等は、何に基づき、どの範囲で行われているとしているか。▶【37】

問26　本判決は、住基ネットにおいて本人確認情報がシステム技術上の欠陥等により漏えいする具体的危険性についてどのような評価をしているか。▶【37】

問27　本判決は、本人確認情報の適切な取扱いを担保するための制度的措置としてどのようなものを指摘しているか。▶【37】

問28　本判決は、原審の論拠を二つの内容から構成されたものとして整理しているが、それぞれどのように整理されているか。▶【38】

問29　本判決は、本人確認情報の目的外利用に対する住基法の制限には実効性がないとする原審の判断に対してどのように答えているか。また本判決は、本人確認情報について、住基法の規定と行政機関個人情報保護法の規定との関係について何と述べているか。▶【38】

問30　本判決は、本人確認情報が、行政サービスを提供した行政機関のコンピュータに残ってしまうという原審の判断についてどのように答えているか。また本判決は、住基ネットにおいて目的外のデータマッチング、名寄せ、漏えいの具体的危険性があるとした原審の判断に対し、どのような理由に基づき、どのような判断をしているか。▶【38】

問31　本判決は、住基ネットにより憲法 13 条によって保障された住民の自由が侵害されるかという問題について何と結論づけているか。また、その結論は、個人の同意の有無との関係をどう位置づけているか。▶【39】

問32　本判決は、自己のプライバシーに関わる情報の取扱いについて自己決定する権利ないし利益が違法に侵害されたとする原告らの主張に対して何と答えているか。▶【39】

③応用問題

問33　平成 25 年 5 月に成立した「行政手続における特定の個人を識別するための番号の利用等に関する法律」（以下「番号法」という）は、国民一人ひとりに 12 桁の「個人番号」を付し、国の機関や地方公共団体等が分散して保有している個人情報と関連づけて（番号法上、①個人番号と②このような個人情報によって構成される情報は「特定個人情報」と呼ばれる）、国の機関や地方公共団体等の間での情報連携を促進しようとするものである。具体的には、国民の利便性の向上、行政の効率化、公平・公正な社会の実現（国民の所得状況や行政サービスの受給状況が把握しやすくなり、税や社会保障の負担を不当に免れることや、給付を不正に受給することの防止につながる）が目的として掲げられる。番号法上、特定個人情報は、税金、社会保険、災害対策などの行政手続で、番号法の別表に掲げられた事項のために利用、提供等される。また、番号法は、行政機関個人情報保護法などの法律よりも、個人情報等に対する不正行為の罰則を強化し、監視機関として個人情報保護委員会を設置した。この番号制（マイナンバー制）に含まれる憲法上の問題について論じなさい。▶【35】～【39】

○ **関連判例**（本書所収以外のもの）
最判平成 7 年 12 月 15 日刑集 49 巻 10 号 842 頁［指紋押捺制度事件］（判例①）

○ **本判決の調査官解説**
増森珠美「判解」最高裁判所判例解説民事篇平成 20 年度 141 頁（判解①）

○ **その他の判例解説・判例批評**
山﨑友也「判批」平成 20 年度重要判例解説（2008 年）11 頁
山本龍彦「判批」憲法判例百選Ⅰ［第 6 版］（2013 年）46 頁
中岡小名都「判批」自治研究 87 巻 9 号（2011 年）131 頁

○ **参考文献**
小山剛「単純個人情報の憲法上の保護」論究ジュリスト 1 号（2012 年）118 頁
市町村自治研究会編『全訂 住民基本台帳法逐条解説』（日本加除出版、2014 年）（文献①）
山本龍彦「番号制度の憲法問題―住基ネット判決から考える」法学教室 397 号（2013 年）49 頁（文献②）
山本龍彦「ビッグデータ社会とプロファイリング」論究ジュリスト 18 号（2016 年）34 頁（文献③）

第2章 法の下の平等(1)

1 学説の状況

憲法 14 条 1 項は一般的に法の下の平等について定める。この平等とは何かについては、法内容平等（立法者拘束）説が、相対的平等論（合理的区別論）をもたらし、結果として、それを批判する学説から審査の厳格化が提唱されてきたという連関が重要である。

憲法 14 条 1 項が（1 項後段の列挙事由を除いて）法律の適用における平等のみを要請すると考えるのであればともかく、立法者をも拘束すると考えるのであれば、絶対的な平等を要求するのは不可能である。そこで、法律による人に対する取扱いが合理的な区別であることを要請するにとどまると考えられた。こうして、最大判昭 39・5・27 民集 18-4-676 は、1 項後段の列挙事由を例示であるとして、相対的平等を要求する姿勢を明確にした。

しかし、憲法 14 条 1 項への適合性を審査する裁判所にとってみると、合理的な区別かどうかを判断することは、法律の仕組みを問い直すことにもつながりうる、荷の重い作業である。したがって、審査をするにしても、深く踏み込みづらい。前掲最大判昭 39・5・27 が、「事柄の性質に即応して合理的に認められる差別的取扱をすることは、なんら右各法条の否定するところではない」と始めから及び腰なのはそのためである。

そこで、これに対して、学説は、主にアメリカの判例や学説に学びつつ、一つは区別の事由、もう一つは区別によって被る不利益に注目して、裁判所が厳格に審査するべき場面を特定して示そうとしてきた。1 項後段の列挙事由は、原則として不合理であり、歴史的にも差別が繰り返されてきたものであることに注意を求めた特別な意味があるとするのが前者の例、精神的自由やそれに関連する選挙権などの場合には二重の基準の理論に基づいて慎重な審査を要求するのが後者の例であり、それらの場合には、厳格審査ないし中間審査（厳格な合理性の基準）が妥当すると説かれた。すなわち、やむにやまれぬ利益を達成するために是非とも必要な手段でなければならないとか、重要な目的と実質的関連性がなければならないとされたのである。

他方で、恣意禁止から比例原則へと平等の審査の内容を変化させたドイツ法にも由来する関心事として（本章で扱う各判例の【参考文献】で引くもの以外の判例分析として、渡辺康行「平等原則のドグマーティク」立教法学 82 号（2011 年）1 頁も参照）、厳格に審査するかどうかはともかく、区別の合理性を問うとは何を審査することなのかも問われてきた。後述するように平等の丁寧な審査は目的・手段審査に類似しているが、この手法は一見テクニカルに見えて、裁判所が実質的に何を審査しているのかを必ずしも明らかにするものではない。あるときは、区別の目的とその目的と区別との関連性が審査され、またあるときは、区別による不利益の程度との関連性が審査される。この点について、後者であれば個々の権利・自由の制約を問題にするべきであるという見解は説得的であり、比例原則には尽きない平等に固有の問題は前者にあろう。いかに軽い不利益であっても一定の事由によって区別することで、その者の地位を格下げして、自尊心を傷つけていないかが、平等に固有の問題であり、憲法 14 条 1 項後段の列挙事由を厳格に審査するのはこの問題をあぶり出すためであるとされるのも、こうした平等の審査の二層性に関連している（この自尊心の層を探究してきた論者による判例の整理として、安西文雄「『法の下の平等』に関わる判例理論」戸松秀典 = 野坂泰司編『憲法訴訟の現状分析』（有斐閣、2012 年）187 頁以下がある）。また、人格的な価値に違いがあるという「差別」こそが平等の問題であるという指摘は古くからなされてきたものでもあった。

ただし、自由に関する目的・手段審査においても目的審査と手段審査が連動していることが普通であるとすると、以上の理解が、いかほど平等に固有の審査の存在を示唆するのかは微妙である。むしろ平等の審査に人権論の、人権論らしい部分が典型的に現われていることを意味しているともいえよう。

2 判例の展開

前掲最大判昭 39・5・27 以降の判例は、以上の点に注目してあえて分類すれば、二つに分けられる。第 1 に、同昭和 39 年最大判、**東京都管理職事件判決**〔本書 6 事件〕の場合には、2 段階に分けることなく、合理的区別かどうかを直接に論じている。2 段階に分かれないのはこれらの判例の考え方が詰められたものではないからでは必ずしもなく、つまるところ、平等の審査は区別を正当化しうるかどうかを問うものであろうと考えられている。

最近では、地方公務員災害補償法 32 条が定める遺族補償年金の受給について、職員の夫については年齢要件を課していることは憲法 14 条 1 項に違反しないとされた（最判平 29・3・21 判時 2341-65）。遺族補償年金が「憲法 25 条の趣旨を実現するために設けられた社会保障の性格を有する制度」、つまり事実としてニーズのあるところに給付する仕組みであることを前提に、男女間の労働力人口の割合の違い、平均的な賃金額等の違いなどの「妻の置かれている社会的状況」を考慮することが全体として不合理とはいえないとされたといえる。

この第 1 群の派生型として、区別の目的と区別との合理的関連性を審査する判例がある。認知だけでなく父母の婚姻を届出による日本国籍取得の要件とする当時の国籍法 3 条 1 項の規定を違憲とした国籍法事件判決〔本書 7 事件〕がその例である。最高裁は、日本人父の非嫡出子のうち、父母が婚姻しているかどうかで区別をすることの目的の合理性と、区別と目的との合理的関連性を審査した。しかも、その際最高裁は、日本国籍が「重要な法的地位」であることと嫡出子かどうかが「子にとっては自らの意思や努力によっては変えることのできない父母の身分行為に係る事柄」であるという 2 点を考慮して、合理性を「慎重に検討することが必要である」とする。具体的には、日本国民との法律上の親子関係に加えて日本との密接な結びつきがある場合に届出取得を認める区別の目的については合理的であるが、現在では、準正要件はその目的との間に合理的関連性を失っているというのである。上記の 2 点のうち、実質的には力点が前者に置かれているきらいもあり、そうだとすると後述の第 2 群と大差はないものの、嫡出の有無で区別することそのものの合理性という問題の所在に言及した判決としても注目された。

第 2 群の判例は、区別の目的を審査するとともに、手段審査として、不利益の程度に絞って目的との合理的関連性を検討するものである。その典型例は、尊属殺を犯した者を死刑ま

たは無期懲役に処した当時の刑法200条について法定刑が「あまりにも厳しい」として違憲とした**尊属殺人事件判決**〔本書4事件〕や、女性についてのみ6か月の再婚禁止期間を定める当時の民法733条1項の規定のうち100日超過部分を違憲とした再婚禁止期間事件判決〔本書9事件〕である。

給与所得者に必要経費の実額控除を認めず概算控除のみを認める所得税法の定めを合憲とした**サラリーマン税金事件判決**〔本書5事件〕は、租税負担の公平な配分と確実・的確かつ効率的な徴収という目的との関連で事業所得者等と給与所得者との区別の合理性を審査しているが、問題を給与所得控除が必要経費の控除として量的に十分かどうかという不利益の程度の問題に還元した一面もある。

第1群と第2群の判例は、すでに述べた平等の審査の二層性に概ね対応している。そして、尊属殺人事件判決が違憲と判断したのは平等ではなく罪刑均衡の問題ではないかとする意見が存在した（田中意見、下田反対意見）ように、判例上も、不利益の程度は平等の審査を通して主題化するべきことかどうかは争われている。

もっとも、すでに述べたように、この第2群の、第1群との違いは、突き詰めて考えると、相対的なものにとどまるともいえる。尊属殺人事件判決が尊属殺に対する極端に重い法定刑は、親族間の自然的情愛の維持と、卑属に対する尊属の責任負担に対する報償という普遍的倫理の維持という立法目的の観点のみからは「十分納得すべき説明がつきかねる」とするのも、封建的な家制度の重視という不当な目的によらなければ説明しえないことを含意しており（岡原補足意見も参照）、目的審査が結論に影響したといえる。再婚禁止期間事件判決が100日超過部分を違憲としたのも、再婚禁止期間の目的を父性推定の重複回避に厳密に限定したためであると思われる。そして、これらの目的審査は、つまるところ、いかなる理由であれば人を区別してよいかという平等に固有の問題、ひいては人権の問題を論じるものといえよう。そうだとすると、第2群の判例の問題は、突き詰めれば、第1群のそれと遠いところにあるわけではないように思われる。

4　尊属殺人事件

最高裁昭和48年4月4日大法廷判決　　昭和45年（あ）第1310号：尊属殺人被告事件
刑集27巻3号265頁

事案

被告人は、満14歳になったばかりのころより実父に姦淫され、夫婦同様の生活を強いられ5人の子を出産するに至った。25歳のころ、生計の一助のために、印刷所で働き出し、その約4年後、職場の若者と恋仲になり相互に結婚を望む関係となったが、その意図を父に告げると、外出を禁じられ暴力を振るわれたので、こうした窮境から脱出するために、父の首を締めつけ、窒息死するに至らしめた。そこで、被告人は、刑法200条（尊属殺人罪）で起訴された。第一審判決（宇都宮地判昭44・5・29刑集27-3-318）は、刑法200条を憲法14条違反としたうえで、被告人の行為に刑法199条と同36条2項（過剰防衛）を適用して、刑を免除した。第二審判決（東京高判昭45・5・12刑集27-3-327）は、正当防衛も過剰防衛も認めず、また、刑法200条が憲法14条に違反しておらず第一審判決の法令解釈、適用に誤りがあるとして、同判決を破棄し、そこで、被告人を懲役3年6か月とした。そこで、被告人が上告。上告趣意は、第二審判決が本件に刑法200条を適用したことは憲法の解釈を誤っているなどというものであった。この刑法200条については、最大判昭25・10・25刑集4-10-2126が合憲判決を下していた。詳しくは【解説】の❷を参照。

■参考条文（事件当時のもの）
刑法
第199条　人ヲ殺シタル者ハ死刑又ハ無期若クハ三年以上ノ懲役ニ処ス
第200条　自己又ハ配偶者ノ直系尊属ヲ殺シタル者ハ死刑又ハ無期懲役ニ処ス

Navigator

かつての刑法200条は、自らのまたは配偶者の直系尊属を殺害した者について刑を加重していた。本判決はそれを憲法14条1項違反としたのであるが、そこでは、①何と何の差別的な取扱いが問題になっているか、②その差別的な取扱いの合理性をいかなる枠組みで判断し、いかなる結論を導いているか、が論点となっている。同じ争点について過去に合憲判決が出されていたこともあり、本判決は、まず推定された合憲性が自明ではないと揺さぶりをかける必要があった（【3】）。そのうえで、刑法200条の立法目的を検討して、それを合理的なものと構成しつつも（【4】〜【6】）、刑罰加重の程度が行き過ぎているとして違憲判決を下した（【7】〜【12】）。

憲法判例史上は、石田和外裁判長のもとで反動化したといわれる最高裁による大法廷判決であり、裁判所内部で、また外部との間で激しいイデオロギー的対立が存在する中で下された判決としても知られる（全農林警職法事件〔本書65事件〕も参照）。現在からみて大事なのは、その中で比較衡量、立法事実という道具立てが定着したことである。比較衡量論と立法事実論は、リベラルから反動へというイデオロギー的に異なる最高裁のいずれにも認められることでこそ判例に深く根を下ろせたといえよう。学説は概ねリベラル派を支援する道具を提供したが、保守的な最高裁も、合憲性の推定が覆滅する場合がありうると考えており、その場合には利益を衡量しつつ立法事実を調べたのだから、現在からみると対立点は見えにくくなっている。教科書に載っている、二重の基準論による比較衡量論への批判は、何を目指した取り組みであったと考えるべきであろうか。

■判決の論理構造

①何と何の差別的な取扱いが問題になっているか		刑法199条のほかに同200条を置いて特定身分の者に刑を加重することを差別的取扱いとして、その合理性を審査している
②その差別的な取扱いの合理性をいかなる枠組みで判断し、いかなる結論を導いているか	いかなる枠組みで判断したか	区別そのものの合理性と区別（不利益な取扱い）の程度の合理性を審査
		↕
		後者は憲法14条の問題ではないとする田中意見、下田意見
	いかなる結論を導いたか	区別そのものが不合理ではないものの、区別の程度が行き過ぎているとした多数意見
		↕
		区別そのものが不合理であるとする田中意見、下村意見、色川意見、大隅意見 （この対立には立法目的の捉え方が影響している）

判　決

○ 主　文

原判決を破棄する。
被告人を懲役 2 年 6 月に処する。
この裁判確定の日から 3 年間右刑の執行を猶予する。

○ 理　由

弁護人大貫大八の上告趣意中違憲をいう点について

[1]　所論は、刑法 200 条は憲法 14 条に違反して無効であるから、被告人の本件所為に対し刑法 200 条を適用した原判決は、憲法の解釈を誤ったものであるというのである。

[2]　よって案ずるに、憲法 14 条 1 項は、国民に対し法の下の平等を保障した規定であつて、同項後段列挙の事項は例示的なものであること、およびこの平等の要請は、事柄の性質に即応した合理的な根拠に基づくものでないかぎり、差別的な取扱いをすることを禁止する趣旨と解すべきことは、当裁判所大法廷判決（昭和 37 年(オ)第 1472 号同 39 年 5 月 27 日・民集 18 巻 4 号 676 頁）の示すとおりである。そして、刑法 200 条は、自己または配偶者の直系尊属を殺した者は死刑または無期懲役に処する旨を規定しており、被害者と加害者との間における特別な身分関係の存在に基づき、同法 199 条の定める普通殺人の所為と同じ類型の行為に対してその刑を加重した、いわゆる加重的身分犯の規定であつて（最高裁昭和 30 年(あ)第 3263 号同 31 年 5 月 24 日第一小法廷判決・刑集 10 巻 5 号 734 頁）、このように刑法 199 条のほかに同法 200 条をおくことは、憲法 14 条 1 項の意味における差別的取扱いにあたるというべきである。そこで、刑法 200 条が憲法の右条項に違反するかどうかが問題となるのであるが、それは右のような差別的取扱いが合理的な根拠に基づくものであるかどうかによつて決められるわけである❶。

[3]　当裁判所は、昭和 25 年 10 月以来、刑法 200 条が憲法 13 条、14 条 1 項、24 条 2 項等に違反するという主張に対し、その然らざる旨の判断を示している。もつとも、最初に刑法 200 条が憲法 14 条に違反しないと判示した大法廷判決（昭和 24 年(れ)第 2105 号同 25 年 10 月 25 日・刑集 4 巻 10 号 2126 頁）も、法定刑が厳に過ぎる憾みがないではない旨を括弧書において判示していたほか、情状特に憫諒すべきものがあつたと推測される事案において、合憲性に触れることなく別の理由で同条の適用を排除した事例も存しないわけではない（最高裁昭和 28 年(あ)第 1126 号同 32 年 2 月 20 日大法廷判決・刑集 11 巻 2 号 824 頁、同 36 年(あ)第 2486 号同 38 年 12 月 24 日第三小法廷判決・刑集 17 巻 12 号 2537 頁）❷。また、現行刑法は、明治 40 年、大日本帝国憲法のもとで、第 23 回帝国議会の協賛により制定されたものであつて、昭和 22 年、日本国憲法のもとにおける第 1 回国会において、憲法の理念に適合するようにその一部が改正された際にも、刑法 200 条はその改正から除外され、以来今日まで同条に関し格別の立法上の措置は講ぜられていないのであるが、そもそも同条設置の思想的背景には、中国古法制に淵源しわが国の律令制度や徳川幕府の法制にも見られる尊属殺重罰の思想が存在すると解されるほか、特に同条が配偶者の尊属に対する罪をも包含している点は、日本国憲法により廃止された「家」の制度と深い関連を有していたものと認められるのである❸。さらに、諸外国の立法例を見るに、右の中国古法制のほかローマ古法制などにも親殺し厳罰の思想があつたもののごとくであるが、近代にいたつてかかる思想はしだいにその影をひそめ、尊属殺重罰の規定を当初から有しない国も少なくない。そして、かつて尊属殺重罰規定を有した諸国においても近時しだいにこれを廃止または緩和しつつあり、また、単に尊属殺のみを重く罰することをせず、卑属、配偶者等の殺害とあわせて近親殺なる加重要件をもつ犯罪類型として規定する方策の講ぜられている例も少なからず見受けられる現状である。最近発表されたわが国における「改正刑法草案」にも、尊属殺重罰の規定はおかれていない❹。

[4]　このような点にかんがみ、当裁判所は、所論刑法 200 条の憲法適合性につきあらためて検討することとし、まず同条の立法目的につき、これが憲法 14 条 1 項の許容する合理性を有するか否かを判断すると、次のように考えられる❺。

❶【2】では、憲法 14 条 1 項につき「事柄に即応した合理的な根拠」がない場合に違憲となるという解釈（合理的区別論）が示される。本判決は、刑法 199 条のほかに 200 条を置いて特定身分の者に刑を加重することに差別的取扱いの存在を認め、その合理的根拠の有無が問題になるとする。

❷【3】では、まず過去の合憲判決が紹介される。引用された昭和 25 年最大判は、尊属傷害致死罪を定める刑法 205 条 2 項の合憲性をいう同年同月の最大判昭 25・10・11 刑集 4-10-2037 の趣旨を徴する形で、合憲の結論を導いている。その判旨は「目的違憲」論を退けるものなので、本判決により変更されることになるのは、尊属殺人に対する刑が「厳に失するの憾みがないではないが、……所詮は、立法の当否の問題に帰するもの」とするくだりである（文献④92 頁）。

続いて、とはいえ、刑法 200 条の合憲性は自明ではないとして、3 点の事実が回顧される。調査官によれば、法律に対する合憲性の推定が揺るがされていることを示し、刑法 200 条の憲法適合性の再検討につなげる（【4】も参照）ためのものである。逆にいえば、「法律が適式に制定されている限り、その内容の憲法適合性は一応推定され」るというのである（判解①140 頁。これに関連する「立法裁量」の有無に関する各裁判官の意見については【少数意見】の⓲を参照）。

その 1 点目、【3】の最初では、先行判決が、事案限りの処理を通して実質的には憲法問題に対応してきたことを回顧する。たとえば、最大判昭 32・2・20 刑集 11-2-824 は、刑法 200 条にいう「配偶者ノ直系尊属」を「現に存する配偶者の直系尊属」と解し、姻族関係の終了の意思表示（民法 728 条 2 項）をせずに、亡夫の父母を殺害しようとした被告人の行為に刑法 199 条を適用した。そもそも姻族には尊属・卑属の区別がないという指摘もあるが、ここで注目するべきは、法令違憲説の真野裁判官が限定解釈を当然視する意見を書き、法令合憲説の斎藤裁判官が激しく批判する反対意見を執筆したことである。このように事案の処理の背後に、憲法問題の発生可能性の認識があったとすれば、法律の合憲性に対する疑いを回避する解釈が採用されたともいえるからである。本格的な初めての違憲判決である本判決が出る前提には、こうした実務上の蓄積を通して、刑法 200 条が違憲とされてもやむをえないとする感覚が共有されていたという事情がある。

❸　続いて 2 点目、【3】の中程では、刑法 200 条が「家」制度と関連していることが指摘される。明治 40 年第 23 回帝国議会提出「刑法改正案」理由書は、「子孫其祖父母父母を謀殺故殺したる者は死刑に処す」と定めた「現行法第 362 条第 1 項を補修えるものにして更に配偶者の直系尊属に対して犯したる場合に之を適用するは我邦の家族制度に於て特殊の必要存すれはなり」と立法趣旨を説明する（内田ほか編・日本立法資料全集 26 刑法(6)〔明治 40 年〕352 頁）。❺を参照。

❹　3 点目、【3】の最後では、外国の刑法や日本の最近（判決当時）の改正刑法草案（法制審議会刑事法特別部会・改正刑法草案 附同説明書 215 頁を参照）では尊属殺重罰規定がないことが指摘される。

❺【4】と【5】では、刑法 200 条の立法目的が検討される。その目的は尊属に対する尊重報恩という基本的道義を守るためということになるところ、なぜ尊属を尊重す

[5] 刑法200条の立法目的は、尊属を卑属またはその配偶者が殺害することをもって一般に高度の社会的道義的非難に値するものとし、かかる所為を通常の殺人の場合より厳重に処罰し、もって特に強くこれを禁圧しようとするにあるものと解される。ところで、およそ、親族は、婚姻と血縁とを主たる基盤とし、互いに自然的な敬愛と親密の情によつて結ばれていると同時に、その間おのずから長幼の別や責任の分担に伴う一定の秩序が存し、通常、卑属は父母、祖父母等の直系尊属により養育されて成人するのみならず、尊属は、社会的にも卑属の所為につき法律上、道義上の責任を負うのであつて、尊属に対する尊重報恩は、社会生活上の基本的道義というべく、このような自然的情愛ないし普遍的倫理の維持は、刑法上の保護に値するものといわなければならない。しかるに、自己または配偶者の直系尊属を殺害するがごとき行為はかかる結合の破壊であつて、それ自体人倫の大本に反し、かかる行為をあえてした者の背倫理性は特に重い非難に値するということができる。

[6] このような点を考えれば、尊属の殺害は通常の殺人に比して一般に高度の社会的道義的非難を受けて然るべきであるとして、このことをその処罰に反映させても、あながち不合理であるとはいえない。そこで、被害者が尊属であることを犯情のひとつとして具体的事件の量刑上重視することは許されるものであるのみならず、さらに進んでこのことを類型化し、法律上、刑の加重要件とする規定を設けても、かかる差別的取扱いをもってただちに合理的な根拠を欠くものと断ずることはできず、したがってまた、憲法14条1項に違反するということもできないものと解する❻。

[7] さて、右のとおり、普通殺のほかに尊属殺という特別の罪を設け、その刑を加重すること自体はただちに違憲であるとはいえないのであるが、しかしながら、刑罰加重の程度いかんによつては、かかる差別の合理性を否定すべき場合がないとはいえない。すなわち、加重の程度が極端であつて、前示のごとき立法目的達成の手段として甚だしく均衡を失し、これを正当化しうべき根拠を見出せないときは、その差別は著しく不合理なものといわなければならず、かかる規定は憲法14条1項に違反して無効であるとしなければならない❼。

[8] この観点から刑法200条をみるに、同条の法定刑は死刑および無期懲役刑のみであり、普通殺人罪に関する同法199条の法定刑が、死刑、無期懲役刑のほか3年以上の有期懲役刑となつているのとの比較して、刑種選択の範囲が極めて重い刑に限られていることは明らかである。もっとも、現行刑法にはいくつかの減軽規定が存し、これによって法定刑を修正しうるのであるが、現行法上許される2回の減軽を加えても、尊属殺につき有罪とされた卑属に対して刑を言い渡すべきときには、処断刑の下限は懲役3年6月を下ることがなく、その結果として、いかに酌量すべき情状があろうとも法律上刑の執行を猶予することはできないのであり、普通殺の場合とは著しい対照をなすものといわなければならない❽。

[9] もとより、卑属が、責むべきところのない尊属を故なく殺害するがごときは厳重に処罰すべく、いささかも仮借すべきではないが、かかる場合でも普通殺人罪の規定の適用によつてその目的を達することは不可能ではない。その反面、尊属でありながら卑属に対して非道の行為に出で、ついには卑属をして尊属を殺害する事態に立ち至らしめる事例も見られ、かかる場合、卑属の行為は必ずしも現行法の定める尊属殺の重刑をもって臨むほどの峻厳な非難には値しないものということができる❾。

[10] 量刑の実状をみても、尊属殺の罪のみにより法定刑を科せられる事例はほとんどなく、その大部分が減軽を加えられており、なかでも現行法上許される2回の減軽を加えられる例が少なくないのみか、その処断刑の下限である懲役3年6月の刑の宣告される場合も決して稀ではない。このことは、卑属の背倫理性が必ずしも常に大であるとはいえないことを示すとともに、尊属殺の法定刑が極端に重きに失していることをも窺わせるものである。

[11] このようにみてくると、尊属殺の法定刑は、それが死刑または無期懲役刑に限られている点(現行刑法上、これは外患誘致罪を除いて最も重いものである。)においてあまりにも厳しいものというべく、上記のごとき立法目的、すなわち、尊属に対する敬愛や報恩という自然的情愛ないし普遍的倫理の維持尊重の観点のみをもってしては、これにつき十分納得すべき説明がつきかねるところであり、合理的根拠に基づく差別的取扱いとして正当化することはとうていできない❿。

るのかと重ねて問うならば、①親族間の自然的情愛と②卑属に対する尊属の責任負担に対する報償の二つの理由があるという。立法目的への評価だけでなく、何を立法目的とするか自体についても、各裁判官の意見は分かれている(大隅意見などを参照)。

多数意見は、刑法200条の定めが日本の家制度に特殊なものとして制定されたことを認識しつつも(❸を参照)、その合憲性を審査する場面では、とりわけ①を通して普遍的道徳との接続を強調する恰好となる。ここには矛盾があるようにもみえるが、後者の場面では、立法当時の事実そのものというよりも、法律の合理性を支える事実という意味での「立法事実」が論じられていると考えられる。

なお、本文での「人倫の大本」という表現にその残滓がみられるが、合憲説から、戦前世代が戦後民主主義の行き過ぎを懸念するトーンが感じ取られるのは、初期の判例からの傾向である。たとえば、前掲最大判昭25・10・11の多数意見に加えて、反対意見に反論する斎藤補足意見を参照。

❻ [6]では、[5]を受けて立法目的が合理的とされ、尊属殺であることを考慮した量刑の定め方、立法による刑の加重が可能とされる。前掲最大判昭25・10・11は、尊属傷害致死罪を定めた刑法205条2項が「目的違憲」ならば、尊属殺であることを量刑上考慮することも違憲となるはずであると述べていた。その意味では、過去の判例を踏襲している。ただし、法令違憲の判決が、これこれの量刑はよい、これこれの立法ならばよいと述べるのは裁判所としては冗舌に過ぎるとする批判もある(判解②57頁)。

❼ [7]では、法律上の刑の加重要件について、区別そのものが合理的であっても、区別(不利益な取扱い)の程度が憲法14条違反でありうることが述べられる(文献②571頁)。すなわち、①加重の程度が極端であり、②立法目的達成手段として甚だしく均衡を失し、③これを正当化できる根拠が見出せない場合に違憲となる。なお、下田反対意見([90])は、これを「手段違憲」論と呼ぶ。最判昭49・9・26刑集28-6-329が尊属傷害致死罪を定めた刑法205条2項を合憲としたのは、この「手段違憲」論の帰結である。

田中意見([35])、下田反対意見([77])は、合憲・違憲の結論を異にしているものの、「手段違憲」かどうかは罪刑均衡の問題であると考える点では共通している。立法裁量に委ねられると考えるにせよ、憲法36条違反の可能性を残すにせよ、同14条の問題ではないというのである。これに対しては、岡原補足意見([19]~[21])が応接している。

❽ [8]では、[7]の枠組みが刑法200条にあてはめられる。法律上の減軽と酌量減軽を組み合わせても執行猶予が付けられないことから普通殺と比べて著しく刑が重くなっているというのである。

❾ [9]と[10]では、尊属殺には重刑に処すべき事案もないとはいえないが過去の例をみてもわずかであることから、やはり一般に刑法200条の法定刑が重すぎることが補足される。

❿ [11]では、刑法200条の立法目的では区別(不利益な取扱い)の程度が極端であることを説明しえないことが述べられる。❼を参照。

【12】　以上のしだいで、刑法200条は、尊属殺の法定刑を死刑または無期懲役刑のみに限つている点において、その立法目的達成のため必要な限度を遥かに超え、普通殺に関する刑法199条の法定刑に比し著しく不合理な差別的取扱いをするものと認められ、憲法14条1項に違反して無効であるとしなければならず、したがつて、尊属殺にも刑法199条を適用するのほかはない。この見解に反する当審従来の判例はこれを変更する❶。

【13】　そこで、これと見解を異にし、刑法200条は憲法に違反しないとして、被告人の本件所為に同条を適用している原判決は、憲法の解釈を誤つたものにほかならず、かつ、この誤りが判決に影響を及ぼすことは明らかであるから、所論は結局理由がある。

　　　その余の上告趣意について

【14】　所論は、単なる法令違反、事実誤認の主張であつて、適法な上告理由にあたらない。

【15】　よつて、刑訴法405条1号後段、410条1項本文により原判決を破棄し、同法413条但書により被告事件についてさらに判決することとする❷。

【16】　原判決の確定した事実に法律を適用すると、被告人の所為は刑法199条に該当するので、所定刑中有期懲役刑を選択し、右は心神耗弱の状態における行為であるから同法39条2項、68条3号により法律上の減軽をし、その刑範囲内で被告人を懲役2年6月に処し、なお、被告人は少女のころに実父から破倫の行為を受け、以後本件にいたるまで十余年間これと夫婦同様の生活を強いられ、その間数人の子までできるという悲惨な境遇にあつたにもかかわらず、本件以外になんらの非行も見られないこと、本件発生の直前、たまたま正常な結婚の機会にめぐりあつたのに、実父がこれを嫌い、あくまでも被告人を自己の支配下に置き醜行を継続しようとしたのが本件の縁由であること、このため実父から旬日余にわたつて脅迫虐待を受け、懊悩煩悶の極にあつたところ、いわれのない実父の暴言に触発され、忌まわしい境遇から逃れようとしてついに本件にいたつたこと、犯行後ただちに自首したほか再犯のおそれが考えられないことなど、諸般の情状にかんがみ、同法25条1項1号によりこの裁判確定の日から3年間右刑の執行を猶予し、第一審および原審における訴訟費用は刑訴法181条1項但書を適用して被告人に負担させないこととして主文のとおり判決する。

【17】　この判決は、裁判官岡原昌男の補足意見、裁判官田中二郎、同下村三郎、同色川幸太郎、同大隅健一郎、同小川信雄、同坂本吉勝の各意見および裁判官下田武三の反対意見があるほか、裁判官全員一致の意見によるものである。

❶　【12】では、刑法200条が違憲とされ、その限りで判例を変更すると宣言される。判例変更について、調査官は、本判決が旧判例の議論を蒸し返したのではなく、より深められた構成によって結論を改めたのであり、ただの「陣取り」の偶然による変更ではない、「理論の発展の成果」「判例の進化」であると自己評価している（判解①148-149頁）。好ましい方向に進む判例変更とそうでないものがあるという理解であろう。

❷　【15】と【16】では、刑法200条が違憲とされた結果として、被告人の行為に同199条が適用され、全体として自判の判決となっている。

少数意見

裁判官岡原昌男の補足意見は次のとおりである❸。

【18】　一、本判決の多数意見は、刑法200条が普通殺のほかに尊属殺という特別の罪を設け、その刑を加重すること自体はただちに違憲とはいえないけれども、その加重の程度があまりにも厳しい点において同条は憲法14条1項に違反するというのであるが、これに対し、㈠刑法200条が尊属殺という特別の罪を設けていることがそもそも違憲であるとする意見、および㈡刑法200条は、尊属殺という罪を設けている点においても、刑の加重の程度においても、なんら憲法14条1項に違反するものではないとする反対意見も付されているので、わたくしは、多数意見に加わる者のひとりとして、これらの点につき若干の所信を述べておきたい。

【19】　二、右㈠の見解は、要するに、刑法200条は、(1)親子のほか、夫婦、兄弟姉妹その他の親族の結合のうち、卑属の尊属に対する関係のみを取りあげている点、および(2)日本国憲法の基本理念に背馳する特異な身分制道徳の維持存続を目的とすると認められる点において、憲法14条1項の許容する合理的差別を設けるものとはいえないとするのである。

【20】　しかし、まず(1)についていえば、本件で当裁判所のなすべきことは、本件具体的争訟における憲法上の論点、すなわち現行の実定法たる刑法200条の合憲性についての判断であつて、親族間の殺人につきいかなる立法をすることがもっとも適切妥当であるかの考察ではない。多数意見は、このことを当然の前提とし、あえて同条の立法政策としての当否に触れることなく、同条の合憲性のみを検討したうえ、同条の設ける差別は、憲法上、それ自体としてまつたく正当化できないものとはいえないとするにとどめたのである。(1)の点を、実定法の合憲性が争われている本件憲法訴訟における判断の理由に加えること

❸　岡原補足意見は、各個別意見の攻撃から多数意見を守ろうとすることで、多様な争点の所在を明らかにしている。【21】では❼で述べたような田中意見からの批判に応えて、区別（不利益的取扱い）の程度でも憲法14条の問題として主題化しうると主張する。法定刑の極端な区別（極端に重い法定刑）が封建的な家制度の重視によってしか正当化しえないというのである。調査官は多数意見にも同じ発想をみている（判解①144-146頁、148頁。❹も参照）。この見解のヒントとなろう指摘は、本判決以前から存在した（文献⑤91-92頁。ただし、判批②56頁もふまえると、法定刑の違いが

わずかならばよいということまでは含意しなかったかもしれない）。

この岡原裁判官の説明の弱点は、封建的な道徳の維持よりも普遍的な道徳の維持のための刑罰の場合こそ法定刑が軽いはずであるという奇妙な帰結に至りかねないことである（判批①）。おそらく、この岡原裁判官の説明の前提には、日本国が、歴史的な事実として、普遍的な道徳よりも封建的な道徳を維持することを重視し、そのための法定刑を重くしがちであったという認識があるのであろう。

【22】から【26】については❺を参照。

は適切でないものと考える。

【21】　つぎに、(2)で説かれる諸点は、いずれも正当であり、わたくしも、刑法200条が、往時の「家」の制度におけるがごとき尊属卑属間の権威服従関係を極めて重視する思想を背景とし、これに基づく家族間の倫理および社会的秩序の維持存続をはかるものたる性格を有することを認めるにやぶさかでない。しかしながら、わたくしは、刑法200条のかかる性格は、尊属殺なる罪を設け、その刑を加重するところに示されているのではなく、その法定刑が極端に重い刑のみに限られている点に露呈されていると考えるのであり、多数意見が、尊属殺の法定刑は「尊属に対する敬愛や報恩という自然的情愛ないし普遍的倫理の維持尊重の観点のみをもつてしてはこれにつき十分納得すべき説明がつきかねる」としているのもまた同様の見地に立つて言外にこの理を示すものにほかならないと解する。換言すれば、(2)を論ずる各意見の趣旨にはいずれも賛同を惜しまないけれども、これをもつて刑法200条が尊属殺を設けること自体の違憲性の根拠とすることは当らず、同条の法定刑の不合理性の根拠として取り扱うべきものと考えるのである。

【22】　三、さらに、(二)の反対意見は、主として、刑法200条の法定刑は極端に重いものと解すべきか否かの点で多数意見と見解を異にするのであるが、その論述のうち、立法の沿革および裁判所の憲法判断のあり方等についての言及に関して一言したい。

【23】　同意見の指摘する立法の沿革は歴史的事実として明らかなところである。また、国の立法権は国権の最高機関たる国会に属すること（憲法41条）、および国会議員は憲法を尊重し擁護する義務を負う（憲法99条）から、立法府たる国会は法律の制定にあたり憲法に適合するようその内容を定めているはずであり、旧憲法下において制定された法律中、今日まで改廃されていない規定についても、立法府は暗黙のうちにこれらが日本国憲法に適合すると判断しているものと考えて然るべきことも右意見が説くとおりである。そして、裁判所は、具体的争訟において特定の法規の合憲性が争われた場合に、これにつき審査をする権限を有するのであるが、当該法規の内容の当否が立法政策の当否の問題であるにとどまると認められるかぎり、かかる法規を違憲とすることが許されないこともちろんである。さらに法規の内容の当否が立法政策当否の範囲にとどまるか否かを判断するにあたつては、裁判所は前記のような憲法適合性についての立法府の判断を尊重することが三権分立制度の下における違憲立法審査権行使のあり方として望ましいということができよう。

【24】　しかし、ことがらによつては、憲法上の効力が争われる特定の法規の内容が、立法の沿革、運用の実情、社会の通念、諸外国法制のすう勢その他諸般の状況にかんがみ、かなりの程度に問題を有し、その当否が必ずしも立法政策当否の範囲にとどまらないのではないかとの疑問を抱かせる場合がないとはいえない。さらにまた、たとえば刑法のように社会生活上の強行規範として価値観と密接な関係を有する基本法規にあつては、時代の進運、社会情勢の変化等に伴い、当初なんら問題がないと考えられた規定が現在においては憲法上の問題を包蔵するにいたつているのではないかと疑われることもありうるところである。このような場合、裁判所は、もはや前記謙抑の立場に終始することを許されず、憲法により付託されている違憲立法審査の権限を行使し、当該規定の憲法適合性に立ち入つて検討を加えるべく、その結果、もし当該規定の不合理性が憲法の特定の条項の許容する限度を超え、立法府の裁量の範囲を逸脱しているものと認めたならば、当該規定の違憲を宣明する責務を有するのである。

【25】　本判決の多数意見が、刑法200条の合憲性に関する当裁判所の先例のほか、同条の立法の沿革、諸外国立法例、近時の立法傾向等に触れ、これらの点にかんがみ、同条の憲法適合性につきあらためて考察する旨を述べたのち、はじめて実質的な判断に入つ

ているのは、右のような見地に立つて、専断恣意を排除しつつ慎重な検討が加えられたことを示すものにほかならない。また、多数意見が、同条を違憲とするにあたり、その法定刑につき「十分納得すべき説明がつきかねる」としているのは、説明できないゆえんを説明する煩を避けたもので、ことがらの性質上やむをえないところであるのみならず、その言外に含蓄するところは前述のごとくであつて、その判断は十分な根拠を有するものと解すべく、決して軽々に違憲の判断がなされたものではないのである。

【26】　反対意見が多数意見と結論を異にしたことは、立脚点の相違に基づき、やむをえないとしても、多数意見をもつて慎重を欠く判断であるかのごとくいう点には、必ずしも承服しがたいものがある。

　　裁判官田中二郎の意見は、次のとおりである❶。

【27】　私は、本判決が、尊属殺人に関する刑法200条を違憲無効であるとして、同条を適用した原判決を破棄し、普通殺人に関する刑法199条を適用して被告人を懲役2年6月に処し、3年間刑の執行を猶予した、その結論には賛成であるが、多数意見が刑法200条を違憲無効であるとした理由には同調することができない。すなわち、多数意見は、要するに、刑法200条において普通殺人と区別して尊属殺人に関する特別の罪を定め、その刑を加重すること自体は、ただちに違憲とはいえないとし、ただ、その刑の加重の程度があまりにも厳しい点において、同条は、憲法14条1項に違反するというのである。これに対して、私は、普通殺人と区別して尊属殺人に関する規定を設け、尊属殺人なるがゆえに差別的取扱いを認めること自体が、法の下の平等を定めた憲法14条1項に違反するものと解すべきであると考える。したがつて、私のこの考え方からすれば、本件には直接の関係はないが、尊属殺人に関する刑法200条の規定のみならず、尊属傷害致死に関する刑法205条2項、尊属遺棄に関する刑法218条2項および尊属の逮捕監禁に関する刑法220条2項の各規定も、被害者が直系尊属なるがゆえに特に加重規定を設け差別的取扱いを認めたものとして、いずれも違憲無効の規定と解すべきであるということとなり、ここにも差異を生ずる。ただ、ここでは、尊属殺人に関する刑法200条を違憲無効と解すべき理由のみについて、私の考えるところを述べることとする。それは、次のとおりである。

【28】　一　日本国憲法13条の冒頭に、「すべて国民は、個人として尊重される」べきことを規定しているが、これは、個人の尊厳を尊重することをもつて基本とし、すべての個人について人格価値の平等を保障することが民主主義の根本理念であり、民主主義のよつて立つ基礎であるという基本的な考え方を示したものであつて、同14条1項に、「すべて国民は、法の下に平等であつて、人種、信条、性別、社会的身分又は門地により、政治的、経済的又は社会的関係において、差別されない」と規定しているのも、右の基本的な考え方に立ち、これと同一の趣旨を示したものと解すべきである。右の条項には、人種、信条、性別などが列記されているが、多数意見も認めているように、これらの列記は、単にその主要なものの例示的列記にすぎず、したがつて、これらの列記事項に直接該当するか否かにかかわらず、個人の尊厳と人格価値の平等の尊重・保障という民主主義の根本理念に照らして不合理とみられる差別的取扱いは、すべて右条項の趣旨に違反するものとして、その効力を否定すべきものと考えるのである。

【29】　近代国家の憲法がひとしく右の意味での法の下の平等を尊重・確保すべきものとしたのは、封建時代の権威と隷従の関係を打破し、人間の個人としての尊厳と平等を回復し、個人がそれぞれ個人の尊厳の自覚のもとに平等の立場において相協力して、平和な社会・国家を形成すべきことを期待したものにほかならない。日本国憲法の精神もここにあるものと解すべきであろう。

【30】　もつとも、私も、一切の差別的取扱いが絶対に許されないなどと考

---

❶　田中意見（【32】～【35】）は、多数意見に抗していわゆる「目的違憲」論を主張したというだけでなく、「手段違憲」論が成り立たないことを主張した（❼を参照）。本章とびらで述べたように、平等が区別（不利益な取扱い）の程度を問うものではないとすれば、本判決の多数意見は憲法14条論の範型とするにふさわしくない疑いがあるとされる（文献③113頁）。【40】から【44】については⓰を参照。

えているわけではない。差別的取扱いが合理的な理由に基づくものとして許容されることがあることは、すでに幾多の最高裁判所の判決の承認するところである。問題は、何がそこでいう合理的な差別的取扱いであるのか、その「合理的な差別」と「合理的でない差別」とを区別すべき基準をどこに求めるべきかの点にある。そして、この点について、私は、さきに述べたように、憲法の基調をなす民主主義の根本理念に鑑み、個人の尊厳と人格価値の平等を尊重すべきものとする憲法の根本精神に照らし、これと矛盾抵触しない限度での差別的取扱いのみが許容されるものと考えるのである。したがつて、本件においては、尊属殺人に関し、普通殺人と区別して特別の規定を設けることが、右の基準に照らし、果たして「合理的な差別」といえるかどうかについて、検討する必要があるわけである。

【31】 二 ところで、多数意見は、(1)尊属殺人について、普通殺人と区別して特別の規定を設けることには合理的根拠があるから、憲法14条1項には違反しないとし、ただ、(2)刑法200条の定める法定刑があまりにも厳しすぎる点において、憲法14条1項に違反するというのである。しかし、右の(1)の見解は果たして正当といい得るであろうか、これはすこぶる問題である。また、かりに、(1)の見解が是認され得るとした場合において、(2)の見解が果たして十分の説得力を有するものといい得るであろうか。この点についても、いささか疑いを抱かざるを得ないのである。順次、私の疑問とするところを述べることとする。

【32】 (1) 刑法200条の尊属殺人に関する規定が設けられるに至つた思想的背景には、封建時代の尊属殺人重罰の思想があるものと解されるのみならず、同条が卑属たる本人のほか、配偶者の尊属殺人をも同列に規定している点からみても、同条は、わが国において旧憲法時代に特に重視されたいわゆる「家族制度」との深い関連をもっていることを示している。ところが、日本国憲法は、封建制度の遺制を排除し、家族生活における個人の尊厳と両性の本質的平等を確立することを根本の建前とし（憲法24条参照）、この見地に立つて、民法の改正により、「家」、「戸主」、「家督相続」等の制度を廃止するなど、憲法の趣旨を体して所要の改正を加えることになつたのである。この憲法の趣旨に徴すれば、尊属がただ尊属なるがゆえに特別の保護を受けるべきであるとか、本人のほか配偶者を含めて卑属の尊属殺人はその背徳性が著しく、特に強い道義的非難に値いするとかの理由によつて、尊属殺人に関する特別の規定を設けることは、一種の身分制道徳の見地に立つものというべきであり、前叙の旧家族制度的倫理観に立脚するものであつて、個人の尊厳と人格価値の平等を基本的な立脚点とする民主主義の理念と牴触するものとの疑いが極めて濃厚であるといわなければならない。諸外国の立法例において、尊属殺人重罰の規定が次第に影をひそめ、これに関する規定を有していたものも、これを廃止ないし緩和する傾向にあるのも、右の民主主義の根本理念の滲透・徹底に即応したものということができる。最近のわが国の改正刑法草案がこの種の規定を設けていないのも、この流れにそつたものにほかならない。

【33】 私も、直系尊属と卑属とが自然的情愛と親密の情によつて結ばれ、子が親を尊敬し尊重することが、子として当然守るべき基本的道徳であることを決して否定するものではなく、このような人情の自然に基づく心情の発露としての自然的・人間的情愛（それは、多数意見のいうような「受けた恩義」に対する「報償」といつたものではない。）が親子を結ぶ絆としていよいよ強められることを強く期待するものであるが、それは、まさしく、個人の尊厳と人格価値の平等の原理の上に立つて、個人の自覚に基づき自発的に遵守されるべき道徳であつて、決して、法律をもつて強制されたり、特に厳しい刑罰を科することによつて遵守させようとしたりすべきものではない。尊属殺人の規定が存するがゆえに「孝」の徳行が守られ、この規定が存しないがゆえに「孝」の徳行がすたれるというような考え方は、とうてい、納得することができない。尊属殺人に関する規定は、上述の見地からいつて、単に立法政策の当否の問題に止まるものではなく、憲法を貫く民主主義の根本理念に牴触し、直接には憲法14条1項に違反するものといわなければならないのである。

【34】 (2) 右に述べたように、私は、尊属殺人に関し、普通殺人と区別して特別の規定を設けること自体が憲法14条1項に牴触するものと考えるのであるが、かりに、多数意見が説示しているように、このこと自体が憲法14条1項に牴触するものではないという考え方に立つべきものとすれば、尊属殺人に対して、どのような刑罰をもつて臨むべきかは、むしろ、立法政策の問題だと考える方が筋が通り、説得力を有するのではないかと思う。

【35】 多数意見は、「尊属の殺害は通常の殺人に比して一般に高度の社会的道義の非難を受けて然るべきであるとして、このことをその処罰に反映させても、あながち不合理であるとはいえない」としながら、「尊属殺の法定刑は、それが死刑または無期懲役刑に限られている点においてあまりにも厳しいものというべく、（中略）尊属に対する敬愛や報恩という自然的情愛ないし普遍的倫理の維持尊重の観点のみをもつてしては、これにつき十分納得すべき説明がつきかねるところであり、合理的根拠に基づく差別的取扱いとして正当化することはとうていできない」というのである。しかし、もし、尊属殺害が通常の殺人に比して一般に高度の社会的道義の非難を受けて然るべきであるとしてこれを処罰に反映させても不合理ではないという観点に立つとすれば、尊属殺害について通常の殺人に比して厳しい法定刑を定めるのは当然の帰結であつて、処断刑3年半にまで減軽することができる現行の法定刑が厳しきに失し、その点においてただちに違憲であるというのでは、論理の一貫性を欠くのみならず、それは、法定刑の均衡という立法政策の当否の問題であつて、刑法200条の定める法定刑が苛酷にすぎるかどうかは、憲法14条1項の定める法の下の平等の見地からではなく、むしろ憲法36条の定める残虐刑に該当するかどうかの観点から、合憲か違憲かの判断が加えられて然るべき問題であると考えるのである。

【36】 三 日本国憲法の制定に伴つて行なわれた刑法の改正に際し、「忠孝」という徳目を基盤とする規定のうち、「忠」に関する規定を削除しながら、「孝」に関する規定を存置したのは、憲法の根本理念および憲法14条1項の正しい理解を欠いたためであると考えざるを得ない。そして、昭和25年10月11日の最高裁判所大法廷判決（刑集4巻10号2037頁）が、尊属傷害致死に関する刑法205条2項は憲法14条に違反しない旨の判断を示した（その趣旨は刑法200条にもそのままあてはまるものと解される。）のも、私には、とうてい、理解することができない。ところで、右に述べたような最高裁判所の指導的判決のもとで、刑法200条が実際上どのように運用されてきたかということも、右の規定の存在意義を反省するうえに若干の参考となるであろう。

【37】 そこで、尊属殺人事件についての第一審判決の科刑の実情をみるに、統計の示すところによれば、昭和27年から昭和44年に至る18年間の尊属殺人事件総数621件のうち、死刑の言渡がされたものは僅かに5件（0.81%）、無期懲役刑の言渡がされたものは61件（9.82%）にすぎず、大多数は減軽措置により15年以下の懲役刑の言渡がされており、なかでも、5年以下の懲役刑の言渡がされたものが164件（26.4%）に達し、最高の率を示している。このことは、多数意見が、尊属殺人は一般殺人に比して一般に高度の社会的道義的非難を受けて然るべきであるとしているのにかかわらず、現実には、本件の場合ほど極端な例にしても、やむにやまれぬ事情のもとに行なわれた犯行として強い社会的道義的非難を加えることの妥当でない事例が少なくないことを示している。のみならず、刑法200条の存在が具体的事案に即した量刑を著しく困難にし、裁判官を苦慮させ、時には、あえて、同条の違憲無効を断ぜざるを得ない破目に陥らせているのが実情である。最高裁判所自体も、昭和32年2月20日の大法廷判決（刑集11巻2号824頁）において、冷遇に苦しめられ、亡夫の父母等を殺害しようとした未亡人に刑法200条を適用した原判決を破棄し、同条の「配偶者の直系尊属」とは現に生存する配偶者のそれを指すものとし、刑法200条の適用を否定せざるを得なかつたのである。その結論は妥当として支持すべきものであろうが、同条の解釈としては問題のあるところで、右の結論を引

き出すためには、根本に立ち帰つて、刑法200条そのものの合憲性について検討を加えるべきではなかつたかと思う。たしかに、尊属殺人のなかには、天人ともに許さない悪逆非道なものがあり、極刑をもつて臨まざるを得ないような事案もあるであろう。しかし、それは、必ずしも尊属殺人なるがゆえをもつて特別の取扱いをすることを根拠づけ又はこれを合理化するものではなく、同様の事案は普通殺人についても、しばしば、みられるのであるから、その処罰には普通殺人に関する法定刑で事足りるのであつて、改正刑法草案が尊属殺人に関する規定を廃止しているのも、こういう見地に立つものにほかならない。

【38】 四 多数意見が尊属殺人について合理的な程度の加重規定を設けることは違憲でないとの判断を示したのは、それを違憲であるとする判断を示すことの社会的影響について深く憂慮したためではないかと想像されるが、殺人は、尊属殺人であろうと普通殺人であろうと、最も強い道義的非難に値いする犯罪であることはいうまでもないところであつて、尊属殺人に関する規定が違憲無効であるとする判断が示されたからといつて、この基本的な道徳が軽視されたとか、反道徳的な行為に対する非難が緩和されたとかと、受けとられるとは思わない。それは、むしろ、国民の一般常識又は道徳観を軽視した結果であつて、杞憂にすぎないといつてよいであろう。

【39】 五 最後に、下田裁判官の反対意見について、一言附け加えておきたい。

【40】 下田裁判官の反対意見は、その結論および理由の骨子ともに、私の賛成しがたいところであるが、そのことは、すでに述べたところから明らかであるから、ここに重ねて述べることを省略し、ここでは、下田裁判官のとられる裁判所の違憲審査権に関する考え方についてのみ私の意見を述べることとする。

【41】 右の点に関する下田裁判官の意見は、国民多数の意見を代表する立法府が制定した実定法規はこれを尊重することが「憲法の根本原則たる三権分立の趣旨にそう」ものであり、裁判所がたやすくかかる事項に立ち入ることは、「司法の謙抑の原則にもとる」こととなるおそれがあるという考え方を基礎とするもので、刑法200条についても、昭和22年に刑法の一部改正が行なわれた際、ことさらにその改正から除外されたのであつて、右は、「当時立法府が本条をもつて憲法に適合するものと判断したことによると認むべきである」とされ、その後種々の論議が重ねられたにかかわらず、「今日なお同条についての立法上の措置を実現していないことは、立法府が、現時点において、同条の合憲性はもとより、立法政策当否の観点からも、なお同条の存置を是認しているものと解すべきである」とし、「かかる経緯をも考慮するときは、司法の謙抑と立法府の判断の尊重の必要は、刑法200条の場合において一段と大であるといわなければならない」とされ、さらに、立法論としても、「将来いかなる時期にいかなる内容の尊属殺処罰規定を制定あるいは改廃すべきかの判断は、あげて立法府の裁量に委ねるのを相当と考えるものである」と述べておられる。

【42】 私も、事柄の性質によつては、立法府に相当広範な裁量権が認められる場合があること、そして、その裁量権の範囲内においては、立法政策の問題として、裁判所としても、これを尊重することを要し、これに介入することができないものとすべき場合が少なくないことを認めるに吝かではないし、裁判所が安易にそのような事項に立ち入つてその当否を判断すべきでないことも、下田裁判官の主張されるとおりであると思う。また、立法府が制定した法律の規定は、可能な限り、憲法の精神に即し、これと調和し得るよう合理的に解釈されるべきであつて、その字句の表現のみに捉われて軽々に違憲無効の判断を下すべきでないことも、かねて私の主張してきたところであり、当裁判所の判例のとる基本的な態度でもあるのである。

【43】 ところが、下田裁判官の意見は、「憲法の根本原則たる三権分立の趣旨」と「司法の謙抑の原則」をふりかざし、立法府の裁量的判断に委ねられるべき範囲を不当に拡張し、しかも、立法府が合憲と判断した以上、これに対する裁判所の介入は、もはや許されるべきでないかのごとき口吻を示されている。その真意のほどは必ずしも明らかではないが、本件について下田裁判官の主張されるところに限つてみても、私には、とうてい、賛成することができないのである。

【44】 およそ立法府として（行政府についても同様のことがいえる。）、その行為が違憲であることを意識しながら、あえてこれを強行するというようなことは、ナチ政権下の違憲立法のごとき、いわば革命的行為をあえてしようとするような場合は別として、わが国においては、通常、あり得ないことであり、また、あつてはならないことである。しかし、現実には、立法府の主観においては合憲であるとの判断のもとにされた立法についても、これを客観的にみた場合に、果たして合憲といえるかどうかが問題となる場合もあり得るのであつて、その場合の合憲か違憲かの審理判断を裁判所の重要な権限として認めようとするのが裁判所の違憲立法審査制の本来の狙いなのである。したがつて、裁判所の違憲立法審査権が明文で認められている現行憲法のもとでは、立法府自体が合憲であると判断したということは、裁判所の違憲立法審査権の行使を否定しこれを拒否する理由となし得るものでないことはいうまでもない。殊に、現在のように、基本的人権の尊重確保の要請と公共の福祉の実現の要請とをどのように調整すべきかの問題について、政治的・思想的な価値観の対立に基づき、重点の置きどころを異にし、利害の対立もからんで、見解の著しい差異が見られる時代においては、国会の多数の意見に従つて制定された法律であるとのゆえのみをもつてただちに常に合憲であると断定するわけにはいかないのである。もちろん、法律には、一応、「合憲性の推定」は与えられてよいが、それが果たして合憲であるかどうかは、まさに裁判所の審理判断を通して決せられるべき問題にほかならない。したがつて、司法の謙抑の原則のみを強調し、裁判所の違憲立法審査権の行使を否定したり、これを極度に制限しようとしたりする態度は、わが現行憲法の定める三権分立制の真の意義の誤解に基づき、裁判所に与えられた最も重要な権能である違憲立法審査権を自ら放棄するにも等しいものであつて、憲法の正しい解釈とはいいがたく、とうてい賛成することができないのである。

【45】 裁判官小川信雄、同坂本吉勝は、裁判官田中二郎の右意見に同調する。

裁判官下村三郎の意見は、次のとおりである❻。

【46】 わたくしは、本判決が、原判決を破棄し、刑法199条を適用して、被告人を懲役2年6月に処し、3年間刑の執行を猶予した結論には賛成であるが、多数意見が原判決を破棄すべきものとした事由には同調し難いものがあるので、次にその理由を述べる。

【47】 憲法は、その14条1項において、国民に対し法の下の平等を保障することを宣明した。これは、国民が、それぞれ平等の立場において、相互に敬愛し、扶助し、協力して平和な国家の建設に貢献すべきことを期待したものであるということができる。そして、その趣旨に従つて、民法においては、家、家督相続、戸主等の制度が廃止されるなど、各法律にも所要の改正が加えられたが、刑法200条のような規定もなお残存しており、その存置を支持する者も多く、当裁判所も、従来、尊属殺人と普通殺人とを各別に規定し、尊属殺人につき刑を加重していることは、身分による差別的取扱ではあるが、合理的な根拠に基づくものとして憲法14条1項に違反するとはいえないと判断して来たのである。しかし、その後の時世の推移、国民思想の変遷、尊属殺人事件の実情等に鑑みれば、尊属卑属間の相互敬愛、扶助、協力等の関係の保持は、これを自然の情愛の発露、道義、慣行等に委せるのが相当であり、尊属殺人について特別の処罰規定を存置し、尊属殺人の発生を遏止しようとする必要は最早なくなり、かような規定を存置することが却つて妥当な量刑をする妨げとなる場合もあるに至つたといわなければならない。かように解すれば、普通殺人に対し特に尊属殺人に対する処罰規定を存置し、その刑

---

❻ 下村意見は、時間の経過により、刑法200条の合憲性を支える事実が失われたとする。

を加重することは、その合理的な根拠を失なうこととなり、刑法200条は憲法14条1項に違反し無効なものというべきである。したがつて、刑法200条は憲法に違反しないとして被告人の本件所為に対し刑法200条を適用している原判決は、憲法14条1項の解釈を誤つたものにほかならず、かつ、その誤りが判決に影響を及ぼすことは明らかであるから、これを破棄すべきものとすべきであると考える。

裁判官色川幸太郎の意見は次のとおりである❶

【48】　一、多数意見は、これを要約すると、刑法200条が、尊属殺人を普通殺人と区別して規定しているのは、一般的にいうと、身分による差別的取扱いであるが、しかし、尊属殺人は背倫理性が顕著であるから、かかる所為を禁圧する目的で特別の罪を設けてその刑を加重することは、憲法上許される合理的な差別であり、ただちには違憲とはいえない、もつとも右法条は、加重の程度が極端であつて、右のごとき立法目的達成の手段としては甚だしく均衡を失するが故に、憲法14条1項に違反する、と説示している。右のうち、刑法200条が身分による差別的取扱いの規定であるとする点、および、これが憲法14条1項に違反するとの結論には私も賛成であるが、尊属殺人につき普通殺人と異なる特別の罪を規定することが、憲法上許容された範囲の合理的差別であるという見解には、同調することができないのである。

【49】　二、右に見るごとく、多数意見は尊属殺人が普通殺人に比して、それ自体、特に重い非難に値するものであるとなし、その一点に、右両者の間の差別的取扱いの合理性を見出そうとしているのであり、その論理はおよそ次のように展開されている。

　(1)　尊属と卑属（以下概括して親と子と略称する。）は婚姻と血縁とを主たる基盤とした親族である。
　(2)　親族は自然の敬愛と親密の情で結ばれている結合である。
　(3)　その結合には長幼の別や責任の分担に伴う秩序が存する。
　(4)　親は子を養育成長せしめ、また子の行為につき法律上、道義上の責任を負う。
　(5)　親に対する尊属報恩は社会生活上の基本的道義であり普遍的倫理である。
　(6)　前記情愛と右の倫理は刑法上の保護に値する。
　(7)　尊属殺人は前記結合の破壊であり人倫の大本に反する。
　(8)　尊属殺人はこのように高度の社会的道義的非難を受けるものであるゆえ、これを量刑の情状とすることは不合理ではなく、そうである以上、一歩進めて類型化し、これを法律上の加重要件とすることは当然許される。

以上である。

【50】　三、これを要するに、多数意見は、子の親に対する殺人をもつて、普通殺人とは比ぶべくもない背倫理性ありとする所以を、その行為が、自然的愛情を紐帯とし一定の秩序のある親族結合の破壊であり、かつ親に対する忘恩の所業であるという2点に求めたわけである。しかし、「婚姻と血縁とを主たる基盤とし互いに自然的な親密の情によつて結ばれている」親族は、ひとり親子だけではない。夫婦しかり、兄弟姉妹またしかりなのである。夫婦はもともと他人同志が結ばれたものではあるが、その間の自然的情愛は血のつながる親子に比してはたして劣るといえるであろうか。いわんや夫婦とその一方の親との関係とでは、いずれが強く結ばれているかいうまでもあるまい。しかも夫婦関係は親子関係と並んで否むしろ一層強い意味合をもつて、社会の根源的な基礎構造を形成しているのである（のみならず、子が成人し独立したのちには、後者の関係はほとんど分解し、社会の基礎構造たる実質を失うのが常であろう。過去10年間におけるいわゆる核家族の激増ぶりは欧米をも凌ぐものがあるといわれている。それは、良いか悪いか、好ましいか、好ましくないかの問題を超えた、現代社会の必然的傾向なのである。）。多数意見は、親族の間柄における「長幼の別や責任の分担に伴う一定の秩序」を強調する。しかしこれもまた、親と子の関係だけに特有のものではない。夫婦には夫婦の間よりも明らかな「責任の分担」が存在し、また、兄弟姉妹にはいうまでもなく長幼の別がある。それらの親族関係には「一定の秩序」が厳存するのである。だから、その間に殺人行為があつたならば、それが「かかる結合の破壊」であること、もとよりいうをまたない筈であるのに、これについて普通殺人とは別異な罪が特に定められているわけではない。それのみか、親子間においても、子が被害者の場合には同様なのである。近時頻発している親の子に対する殺人などは、まさに、自然の情愛に基づく結合の破壊であり、また、その大部分は許し難い非人間的な犯罪であるけれども、わが国には従来この種の殺人について加重規定のなかつたのはもちろん、かかる立法への要請さえ絶えて聞かないところである。以上のように考えてくると、多数意見の指摘する、背倫理性が特に重いとする所以は、これを主として上告後段の理由、すなわち親に対する忘恩の所業であるとするところに求めるほかないであろう。

【51】　四、この点につき、多数意見は、私の理解するところでは、親は子を育て、その上、子の「所為につき法律上、道義上の責任を負う」のであるから、子は、これに対し「報恩」の念を持つ義務があり、この恩に酬ゆる意味で親を尊重することが「社会生活上の基本的道義」であり「普遍的倫理」だとしているごとくである。しかし、はたしてそういう考え方がそのまま承認され得るものであろうか。

【52】　(イ)　まず、親が子の所為につき社会的に責任を負う、という意味を検討してみたい。こと、法律上の責任に関するかぎり、仮に誤りでないとしても、その立言は、甚だしく不正確である。いうまでもなく刑法は責任原則で貫かれている。なに人も、自己の行為によつてのみ、刑罰を科せられるにとどまり、他人の行為で罰せられるごときことはあり得ないのである。行政刑法においてはなるほど両罰規定があるけれども、その本質は監督上の不作為責任の追究であり、純然たる他人の行為による刑事責任ではない。いわゆる両罰が科せられるのは使用者その他監督者なるが故であつて、親なるが故の責任を問う規定は存在しないのである。罪九族に及んだのは、遠い昔の話であり、近代刑法のおよそ想像もできないところに属する。もつとも、民事上は、不法行為法の分野においてのみではあるが、親の監督責任を認める場合（民法714条）もないわけではない。しかしそれは、子が未成年であり、かつ行為の責任を弁識できないときで、しかもその親が監督上の義務を怠つたというきわめて例外の場合に限られているのである。被害者の救済という見地からは問題の存するところであるかも知れないが、それはそれとして、民事上でもまた、自己責任が原則だということができよう。

【53】　道義上の責任について説くところは、一応もつともなようであるが、しかし道義上の責任を負うべきか否かは子の所為の態様にもよるし、また、各人の責任観念のいかんに左右される、きわめて個性的な、結局は各人の考えによるものである。万人にひとしく適用されるような社会的な倫理規範はないのであるし、責任を強く感じないからといつて一概に非難はできないものがあろう。むしろ、子の所業につき親を厳しく糾弾したのは実は近代以前に見られた社会事象であつて、個人の独立と人格の尊厳を基調とする現代の道理の感覚からすれば、その風潮は、抑制こそ望ましく、決して助長鼓吹さるべきものではないのである。

【54】　(ロ)　多数意見は、親による養育とそれに対する「報恩」を説いている。たしかに親が子を一人前に育てあげることには並並ならぬ労苦を伴うものであり、時としては自己犠牲さえも敢えていとわないのが親のあり方である。子が親の庇護と養育の努力に感謝の念をいだくのはまことに自然ではあるが、これを「恩」であると名づけ、子が親の「恩」に酬ゆることこそ社会生活上の「基本的道義」「普遍的倫理」であり、一旦これに背く場合には、社会的にはもとより法律的にも重い非難が加えられてしかるべきだとすることは（多数意見の説示はきわめて簡潔であるが、敷衍すれば上述のとおりであろう。）。まさしく、旧来の孝の観念から、いささかも脱却していないこと

❶　色川意見については、❶を参照。

を示すものにほかならない。そしてまた、多数意見は、その強調する右の徳目が旧来の孝と異なるものであるとはいつていないのであるから、右のごとく措定して、以下、議論を進めることは、当然許されると考える。

【55】　ところで、孝はいうまでもなく儒教において最も重しとされた道徳である。古代儒教の説いた孝は、やや変容を受けたものの、「忠」とならんで徳川時代の武家社会を支配するゆるぎなき根幹の道徳となり、さらに、徳川末期には、心学の普及などに伴い、農工商の庶民にもある程度浸潤するところがあつた。もつとも結局においては、一部富裕な階級を除き、一般町民や農民を完全に把握するにはいたらず、孝の観念を基調とする家族制度も庶民層の間においてはついに確立しなかつたといわれている。ところが明治初頭、政府の重要な教化政策としてとりあげられ、国民に対し、あらゆる方をもつて徹底せしめられた結果、封建的な孝という徳目は、あたかも万古不易の普遍的倫理であるかのごとく考えられるにいたつたのである。だが、それは錯覚にしかすぎず、要するに、歴史的な一定時期の、特殊な家族制度を背景としてつちかわれ、そしてまた逆に、かかる家族制度の精神的支柱を形成していたものであり、決して、古今東西を通じて変るところなき自然法道徳ではないというべきである。

【56】　刑法二〇〇条の立法趣旨が、封建的時代からの伝承にかかる家族制度の維持、強化にあつたことは、配偶者の直系尊属に対して犯された場合をも尊属殺人とする最初の提案、すなわち明治三四年刑法改正案につき、その趣旨を明らかにした公的な「参考書」（法典調査会編）と称する文献や、その後現行法となつた明治四〇年改正案に関する政府の刑法改正理由書中に歴然として見ることができ、またその当時における指導的な刑法体系書の明らかに指摘するところであつた。かくのごとき家族制度が、すでに、憲法の趣旨に背馳するものとして否定された今日、孝をもつて刑法の基礎観念としようとするものであるならば、時代錯誤と評せられてもやむを得ないのではあるまいか。

【57】　(ハ)　憲法との関連においては、なお、いうべきことがある。儒教にいう孝は、子に独立の存在を認めていない。そこにおける親と子の間は、相互に独立した人格対人格の関係とはおよそ対蹠的な、権威と服従の支配する世界にほかならず、尊卑の別（現行民法が折角の改正にもかかわらず、尊属卑属の称呼を踏襲したことには批判の余地があるであろう。）は永久に存在し、越ゆべからざるその間の身分的秩序の厳守が絶対的な要請とされている。一言でつくせば、孝は親に対する子の隷従の道徳なのである。親の恩は山よりも高く海よりも深しとし、これに無定量、無限定の奉仕の誠をささげ、親を絶対者として尊重服従し、己をむなしくし力をつくして親に仕える、それが儒教における孝であつて、そのきわみは親、親たらずとも子、子たらざるべからずという孝となる。これは中国廿四孝の説話に余すところなく描かれているところである。現代の常識に反した、このような盲目的な絶対服従を内容とする孝が、個人の尊厳と平等を基底とする民主主義的倫理と相いれないものであることは多言を要しないところであろう。そしてこの後者の倫理こそが、憲法の基調をなすものであると考えたとき、多数意見の立脚地そのものに根本的な疑いを感ぜざるを得ない。

【58】　かくいうからといつて、私は、親を重んじこれを大事にすることが、子にとつて守るべき重要な道徳であることを毛頭否定するものではない。しかしながら、もともと道徳は、独立した人格の、自発にかかる内面的な要請ないし決定によつて遵守せられてこそ、はじめて高い精神的価値をもつものであるから、法律をもつて道徳を強制せんとするのは道徳の真価を損うことなしとしないのである。もつとも、法律を通じての道徳の高揚も、策としてと已むを得ない場合があり、一概に両分野を峻別することのみ主張するわけではない。ただ、仮にその必要があるとしても、道徳的価値を保護法益とする立法にあたつて、何よりも留意されなければならないことは、その道徳が憲法の精神に適合するか否かを慎重に吟味する必要性である。

当該道徳が、憲法の建前とする個人の尊厳と人間の平等の原理に背反するものであるときは、その立法はもとより許されないところというべきである。孝の道徳はなるほど日本の、ある意味では、美わしい伝統であるかも知れない。然し自然の愛情と相互扶助を基調とする近代的な親子関係（これが憲法の予定する親子関係であろう。）にまで昇華していない、廃除された筈の古い家族制度と結びついたままの道徳を、ひたすら温存し、保護し、強化しようとする法律（刑法二〇〇条がその一つであるが）は、憲法によつて否定されなければならない運命にあると考えるのである。

【59】　(ニ)　なお、ついでながら親の「恩」について一言しておきたい。恩を受けたからそれ故に反対給付として忠勤を励むというギブアンドテークの関係は、洋の東西を問わず、封建時代における主君と武士との関係に見受けられるのであるが、子が親を敬愛しこれを大事にしなければならないという感情ないし道徳感は、それとは質を異にした、人間の情として自然に流れ出てくるところのものではないであろうか（儒教にしても古代のそれの教える孝は、給付、反対給付の関係ではないように思われる。）。本当の孝は恩を受けたからそれに酬ゆるという、水臭いものであつてはなるまい。第一、親が子のために心を砕くのも、親としては、恩を売つて他日の反対給付を受けようという底意のあつてのことでは、まず、ないのである。それは報償を期待することのない、子を思う惻隠たる自然の人情の発露なのである。法律の面からいつても、親の子に対する「監護及び教育」は、親の権利であるとともに義務であり（民法八二〇条）、子を一人前の社会人に育てあげることは親の職分にほかならず、それなればこそ、養育の費用も、子に特別な財産がある場合を除いては、当然親の負担に帰するのである。「子供の育成及び教育は、両親の自然の権利であり、かつ何よりも両親に課せられている義務である」（ドイツ連邦共和国基本法六条二項）。それであるから、これを恩と考えるべきものとなし、親に対する「報恩」を子の至高の義務であると断じて、ここに刑法二〇〇条の主たる存在理由を求めようとするのは、現行法の建前にも合わず、所詮は無理というものであろう。

【60】　五、　多数意見は、量刑に際して被害者が親であることを重視するのは当然であるし、そうである以上、これを類型化し、法律上、刑の加重要件とする規定を設けても合理性を欠く差別の取扱いにはならないと説く。しかし被害者が親であるという、ただそれだけのことをもつて、量刑上不利に扱うことは、結局違憲のそしりを免れることはできない。理由としては、上述したところをすべて援用すれば足りると考える。

【61】　親に格別咎むべきところがないにかかわらず、子が放縦無頼の極、これを殺害するにいたつたような場合には、それこそ社会の健全な情緒的感覚をさかなでするものであつて、その際、裁判所においてこれを情状重しとするに何の躊躇もあり得ないであろう。しかしこれは親殺しであるという一事のみに依拠した判断ではない。量刑における情状の勘酌は、極めて具体的、特殊的でなければならないのであり、この場合、その特別な背景が考慮されたにすぎないと考えるべきである。過去における尊属殺人事件の量刑の実際を見ても、多数意見のいうとおり、他の犯罪と併合罪の関係になつたときは格別、「尊属殺の罪のみにより法定刑を科せられる事例はほとんどなく、その大部分が減軽を加えられており、なかでも現行法上許される二回の減軽を加えられる例が少なくないのみか、その処断刑の下限である懲役三年六月の刑を宣告される場合も決して稀ではない」のであるから、被害者が親であるというだけで、従来、重い刑が科せられたわけではない。多数意見の前述の見解は、過去の実例に徴したとき、説いてつくさざるものあるを感ずる。

【62】　六　以上、私は、多数意見に同調し難いとする、私なりのいくつかの理由を率直に披瀝した。しかし、本判決の有する劃期的な意義はこれを評価するに吝かではないのであつて、私は、多数意見が、当審の多年に亘つて固持した見解を一擲し、刑法二〇〇条をもつて違憲であるとしたその勇断には深く敬意を表したいと考える。ただ、百尺竿頭さらに一歩をすすめ、親であり子であることの故に、刑法上差別

して扱うこと自体、憲法に副わぬ立法である、とまで踏みきらなかつたところに、なお遺憾の念を禁じ得ないものがあるのである（刑法200条は合憲であるという下田裁判官の反対意見については特に言及しなかつたが、上述した私見は、移してもつてその批判になるであろう。下田裁判官の意見は、差別の合理性を主張する点においても、裁判所の謙抑を説く点においても、あまりに憲法の原点を離れ去つた感があり、これには到底賛成することができない。）。

裁判官大隅健一郎の意見は、次のとおりである❶。

[63] 私は、刑法200条の規定が憲法14条1項に違反して無効であるとする本判決の結論には賛成であるが、その理由には同調しがたいので、その点について意見を述べる。

[64] (一) 多数意見によると、普通殺人に関する刑法199条のほかに尊属殺人についてその刑を加重する同法200条をおくことは、憲法14条1項の意味における差別的取扱にあたるが、憲法の右条項は、事柄の性質に即応した合理的な根拠に基づくものでないかぎり、差別的な取扱をすることを禁止する趣旨と解すべきであるから、刑法200条が憲法の右条項に違反するかどうかは、その差別的取扱いが合理的な根拠に基づくものであるかどうかによつて決せられるところ、尊属殺人は背倫理性がとくに強いから、右のような差別的取扱いをすることが、ただちに合理的根拠を欠くものとはいえない、しかし、刑法200条は、尊属殺人の法定刑を死刑および無期懲役に限つている点において、その立法目的達成のために必要な限度を遙かに超え、普通殺人の法定刑に比し著しく不合理な差別的取扱いをするものであつて、憲法14条1項に違反する、というのである。

[65] 私は、このうち、刑法200条の規定をおくことが憲法14条1項の意味における差別的取扱いにあたるとする点、憲法14条1項のもとでも合理的根拠に基づく差別は許されるとする点には異論はないが、尊属殺人につきその刑を加重する刑法200条の規定をおくこと自体が憲法上許された合理的差別であるとする点には、賛成することができない。

[66] (二) 多数意見が、尊属殺人という特別の罪を設け、その刑を加重すること自体がただちに不合理な差別的取扱いにあたらないとする理由は、(1)親族は、婚姻と血縁とを主たる基盤とし、互いに自然的な敬愛と親密の情によつて結ばれていると同時に、その間おのずから長幼の別や責任の分担に伴う一定の秩序が存し、(2)通常、卑属は、父母、祖父母等の直系尊属に養育されて成人するのみならず、尊属は、社会的にも卑属の所為につき法律上、道義上責任を負うのであつて、尊属に対する尊重報恩は、社会生活上の基本的道義というべく、自己または配偶者の直系尊属を殺害するがごとき行為はかかる結合の破壊であり、高度の社会的道義の非難を受けるべきもので、尊属に対する尊重報恩のような自然の情愛ないし普遍の倫理の維持は、刑法上の保護に値するものである、というにある。

[67] このうち、(1)において述べているところは、直系の尊属と卑属との間においてのみ存する関係ではなくして、夫婦や兄弟姉妹等の間にもひとしく認められる関係であつて、それが尊属殺人についてのみ特別の差別的取扱いをすることの合理的根拠となりえないことは、ほとんどいうをまたないであろう。したがつて、多数意見が尊属殺人につき特別の差別的取扱いをすることを不合理でないとする理由は、(2)において述べるところに帰するものといわなければならない。

[68] (三) おもうに、刑法200条設置の思想的背景には、中国古法制に淵源しわが国の律令制度や徳川幕府の法制に見られる尊属殺重罰の思想があるものと解されるほか、とくに同条が配偶者の尊属に対する罪をも包含している点は、日本国憲法により廃止された「家」の制度と深い関連を有するものと認められ、また、諸外国の立法例

をみても、近代においては親殺し重罰の思想はしだいにその影をひそめ、尊属殺重罰の規定を初めから有しない国が少なくないのみならず、かつてこれを有した国においても近時しだいにこれを廃止しまたは緩和しつつあるのが現状であることは、本判決の述べているとおりである。すでに、このことが、刑法200条の規定の根底にある尊属殺重罰の思想ないし多数意見がその合理的根拠として述べる尊属に対する尊重報恩なる道徳観念が、必ずしも普遍性を有するものではなく、特定の歴史的社会的状況のもとに存立するものであることを窺わしめるに足りるのである。そして、刑法200条は、被害者が加害者またはその配偶者の直系尊属であるということのみにより、尊属殺人を普通殺人に比してとくに重く罰しようとするものであるから、直系尊属は、直系尊属であるということだけで、常に無条件に尊重されるべきものとしているのであつて、一種の身分制道徳の見地に立つものといえる。すなわち、それは、主として尊属卑属間における権威服従ないし尊卑の身分的秩序を重んずる戸主中心の旧家族制度的道徳観念を背景とし、これに基づく家族間の倫理および社会の秩序の維持をはかることを目的とするものと考えられる。その意味で、それは、国民に対し法の下における平等を保障する憲法14条1項の精神にもとるものであり、この憲法の理念に基づいて行なわれた昭和22年法律第124号による刑法の一部改正に際し、当然削除さるべき規定であつたといわなければならない。

[69] もとより、直系尊属と卑属とは、通常、互いに自然的敬愛と親密の情によつて結ばれており（この自然的情愛は普遍的なものであるが、多数意見のように、これと同意見のいわゆる尊属に対する尊重報恩の倫理とを同視することは、妥当でない。）、かつ、子が親を重んじ大切にすることは子の守るべき道徳であるが、しかし、それは個人の尊厳と人格の平等の原則の上に立つて自覚された強いられない道徳であるべきであり（それは、多数意見のいうように受けた恩義に対する報償的なものではなく、人情の自然に基づく心情の発露であると思う。）、当事者の自発的の遵守にまつべきものであつて、法律をもつて強制すべき性質のものではない。もちろん、道徳的規範が法律的規範の内容となりえないものでないことはいうまでもないが、子の親に対する右のごとき道徳は、法律をもつて強制するに適しないばかりでなく、これを強制することは、尊属は尊属であるがゆえにとくにこれを重んずべきものとし、法律をもつて合理的理由のない一種の身分的差別を設けるものであつて、すでに述べたとおり、憲法14条1項の精神と相容れないものといわなければならないのである。

[70] 以上のようにして、私は、尊属殺なる特別の罪を認め、その刑を加重する刑法200条の規定を設けること自体が憲法14条1項に違反する不合理な差別的取扱いにあたると解するものであつて、その法定刑が不当に重いかどうかを問題とするまでもないと考えるのである。

[71] (四) なお、上述のように、私は、尊属に対する卑属の殺害行為についてのみその刑を加重する刑法200条の規定は憲法14条1項に違反するものと解するが、このような一方的なものでなく、夫婦相互間ならびに親子等の直系親族相互間の殺害行為（配偶者殺し、親殺し、子殺し等）につき近親殺というべき特別の罪を設け、その刑を加重することは、その加重の程度が合理的な範囲を超えないかぎり、必ずしも右の憲法の条項に反するものではないと考えることを附言しておきたい。もつとも、そのような規定を設けることの要否ないし適否については私は消極的意見であるが、それは法律政策の問題である。

裁判官下田武三の反対意見は、次のとおりである❶。

[72] わたくしは、憲法14条1項の規定する法の下における平等の原則を生んだ歴史的背景にかんがみ、そもそも尊属・卑属のごとき親族

---

❶ 大隅意見は、立法目的の捉え方が興味深い。多数意見の [5] では、立法目的として、①親族間の自然的情愛と②卑属に対する尊属の責任負担に対する報償の二つの理由が挙げられていた。下田意見の [82]～[85] も同様である。これに対して、大隅意見と、色川意見 [50]～[59] は、①だけなら重罰の根拠にならないとして、②を重視したうえで、②は、つまるところ、普遍性のない身分制道徳であるという。田中意見 [31]～[35] が、封建的な家制度のもとでの倫理観を維持することを立法目的と見立てて攻撃するのも、これと同趣旨ではないかと思われる。

❶ 下田反対意見（[72]～[77]）は、合憲説の立場に立って、多数意見と「目的違憲」論に立つ意見を攻撃したが、田中意見とは「手段違憲」が平等の問題ではないという重要な点で同じ土俵に立っている（❼を参照）。

[78] から [81]、[87] から [90] では、合憲性の推定を認めて、立法府の判断を尊重するべしと批判する。これに抗する形で、田中意見（[40]～[44]）が合憲性が推定される領域を限定する見解を示し、岡原補足意見（[22]～[26]）は両者の中間の立場をとっているかにみえる。一般的に合憲性の推定が認められるにしても、場合に応じて、立法事実の有無は審査されるべきだというのである。[87] から [90] については、❼も参照。

的の身分関係は、同条にいう社会的身分には該当しないものであり、したがつて、これに基づいて刑法上の差別を設けることの当否は、もともと同条項の関知するところではないと考えるものである。しかし、本判決の多数意見は、尊属・卑属の身分関係に基づく刑法上の差別も同条項の意味における差別的取扱いにあたるとの前提に立つて、尊属殺に関する刑法200条の規定の合憲性につき判断を加えているので、いまわたくしも、右の点についての詳論はしばらくおき、かりに多数意見の右の前提に立つこととしても、なおかつ、安易に同条の合憲性を否定した同意見の結論に賛成することができないのであつて、以下にその理由を述べることとする。

【73】　一、まず、多数意見に従つて、刑法199条の普通殺の規定のほかに、尊属殺に関する刑法200条をおくことが、憲法14条1項の意味における差別的取扱いにあたると解した場合、同意見がかかる取扱いをもつてあながち合理的な根拠を欠くものと断ずることはできないとし、したがつて尊属殺に関する刑法200条は、このゆえをもつてしてはただちに違憲であるとはいえないとする点は、相当と思料されるのであるが、多数意見がさらに進んで、同条はその法定刑が極端に重きに失するから、もはや合理的な根拠に基づく差別的取扱いとしてこれを正当化することができないとし、このゆえをもつて同条は憲法14条1項に違反して無効であるとする結論に対しては、わたくしは、とうてい同調することができないのである。

【74】　すなわち右の点に関する多数意見の骨子は、尊属殺に対し刑法200条が定める刑は死刑および無期懲役刑のみであつて、普通殺に対する同法199条の法定刑に比し、刑の選択の範囲が極めて限られており、その結果、尊属殺をおかした卑属に科しうる刑の範囲もおのずから限定されることとなり、とくにいかなる場合にも執行猶予を付することができないこととなるなど、量刑上著しい不便が存することを強調し、かかる法定刑の設定については、「十分納得すべき説明がつきかねる」というにあるものと解される。

【75】　しかしながら、そもそも法定刑をいかに定めるかは、本来、立法府の裁量に属する事項であつて、かりにある規定と他の規定との間に法定刑の不均衡が存するごとく見えることがあつたとしても、それは原則として立法政策当否の問題たるにとどまり、ただちに憲法上の問題を生ずるものでないことは、つとに当裁判所昭和23年(れ)第1033号同年12月15日大法廷判決・刑集2巻13号1783頁の示すとおりである。

【76】　そして、多数意見も説くとおり、尊属の殺害は、それ自体人倫の大本に反し、かかる行為をあえてした者の背倫理性は、高度の社会的道義的非難に値するものであつて、刑法200条は、かかる所為は通常の殺人の場合より厳重に処罰し、もつて強くこれを禁圧しようとするものにほかならないから、その法定刑がとくに厳しいことはむしろ理の当然としなければならない。

【77】　もつとも、多数意見も、尊属殺の場合に法定刑が加重されること自体を問題とするものではなく、ただ、加重の程度が極端に過ぎるとするものであるが、極端であるか否かは要するに価値判断にかかるものであり、抽象的にこれを論ずることは、専断、恣意を導入するおそれがある。けだし、かかる価値判断に際しては、国民多数の意見を代表する立法府が、法律的観点のみでなく、国民の道徳・感情、歴史・伝統、風俗・習慣等各般の見地から、多くの資料に基づき十分な討議を経て到達した結論ともいうべき実定法規を尊重することこそ、憲法の根本原則たる三権分立の趣旨にそうものというべく、裁判所がたやすくかかる事項に立ち入ることは、司法の謙抑の原則にもとることとなるおそれがあり、十分慎重な態度をもつて処する要があるものとしなければならない。

【78】　二、いま刑法における尊属殺の規定の沿革をかえりみるに、現行刑法はいわゆる旧刑法(明治13年太政官布告第36号)を改正したものであるが、その改正の一重要眼目は、一般に法定刑の範囲を広げ、裁判官の裁量によつて妥当な刑を科する余地を拡大するにあつたのであり、この趣旨にそい、現行法の200条は、旧法362条1項が尊属殺の刑を死刑のみに限り、かつまた、

の365条が、右の罪については宥恕・不論罪すなわち刑の減免等に関する規定の適用を一切禁じていたのをあらため、尊属殺の法定刑に新たに無期懲役刑を加え、かつ、減免規定等の適用をも可能としたものであつて、旧法に比し著しく刑を緩和したあとが認められるのである。しかも、当時の帝国議会議事録によれば、一部議員からは、孝道奨励のため法定刑を依然死刑のみに限定すべき旨の強硬な主張があり、長時間の討議の末、ようやくこの主張を斥けて現行法の成立となつたことを知りうるのである。刑法200条の法定刑は極端に重いとする多数意見が必ずしもあたらないことは、このような沿革に徴しても明らかであり、したがつてまた、同条をこの理由をもつてただちに違憲とするその結論も、前提を欠くに帰するのではあるまいか。

【79】　さらに、多数意見も指摘するとおり、昭和22年、第1回国会において、刑法の規定を新憲法の理念に適合せしめるため、その一部改正が行なわれた際にも、同法200条は、ことさらにその改正から除外されたのであつて、右は当時立法府が本条をもつて憲法に適合するものと判断したことによるものと認むべきである。爾来わずかに四半世紀を経過したに過ぎないのであるが、その間多数意見の指摘するとおり、同条のもとにおける量刑上の困難が論議され、さらに同条の違憲論すら公にされ、最近には同条の削除を含む改正刑法草案も発表されるに至つたのは事実であるが(もつとも右草案はいまだ試案の域を出ないものである。)、今日なお同条についての立法上の措置が実現していないことは、立法府が、現時点において、同条の合憲性はもとより、立法政策当否の観点からも、なお同条の存置を是認しているものと解すべきである。かかる経緯をも考慮するときは、司法の謙抑と立法府の判断の尊重の必要は、刑法200条の場合において一段と大であるといわなければならない。

【80】　しかるに、多数意見のこの点に関する判示は極めて簡単であり、「尊属殺の法定刑は、尊属に対する敬愛や報恩という自然的情愛ないし普遍的倫理の維持尊重の観点のみをもつてしては説明がつきかねる」とするのであつて、これのみでは恣意を排除した客観性のある結論とはいいがたいように思われる。

【81】　もつとも、多数意見の指摘するように、尊属殺重罰規定が時代とともに緩和せられつつある内外の立法傾向については、わたくしも決して眼を閉じようとするものでなく、かつ、将来の立法論としてなら、わたくしにも意見がないわけではないが(現行刑法200条に、同条の法定刑の下限たる無期懲役刑と普通殺に関する同法199条の下限たる3年の懲役刑との間に位置する中間的な有期懲役刑を追加設定し、現行法の尊属殺重罰を多少緩和するとともに、あわせて科刑上の困難を解決することは、立法論としては十分考慮に値するところであろう。)、もとより裁判官としては立法論をいう立場にはなく、将来いかなる時期にいかなる内容の尊属殺処罰規定を制定あるいは改廃すべきかの判断は、あげて立法府の裁量に委ねるのを相当と考えるものである。刑事法の基本法規たる刑法の重要規定につき、前述のごとき沿革のあることをも顧慮することなく、前回の改正よりさして長い年月も過ぎない現在、何故裁判所が突如として違憲の判断を下さなければならないかの理由を解するに苦しまざるをえないのである。

【82】　三、なお、本判決には、尊属殺を重く罰する刑法200条の立法目的自体を違憲とする意見も付されているので、この点につき一言したい。これは同時に同条の法定刑につき「十分納得すべき説明」が可能であることの論証ともなるものと考える。

【83】　そもそも親子の関係は、人智を超えた至高精妙な大自然の恵みにより発生し、人類の存続と文明伝承の基盤をなすものであり、最も尊ぶべき人間関係のひとつであつて、その間における自然の情愛とたくまざる秩序とは、人類の歴史とともに古く、古今東西の別の存しないところのものである(そして、そのことは、擬制的な親子関係たる養親子関係、ひいては配偶者の尊属との関係についても、程度の差こそあれ、本質的には同様である。)。かかる自然発生的な、情愛にみち秩序のある人間関係が尊属・卑属の関係であり、これを、往昔の奴隷制や貴

族・平民の別、あるいは士農工商四民の制度のごとき、憲法14条1項の規定とは明らかに両立しえない、不合理な人為的社会的身分の差別と同一に論ずることは、とうてい できないといわなければならない。

【84】　そこで、多数意見もいうように、かかる自然の情愛ないし普遍的倫理の維持尊重の観点に立つて、尊属に対する敬愛尊恩を重視すべきものとし、この点に立脚して、立法上の配慮を施すことはなんら失当とするところではなく、その具体化として現行の刑法200条程度の法定刑を規定することは、同条の立法目的実現の手段として決して不合理なものとは考えられないのである。

【85】　そして、このような尊属に対する敬愛・尊重が、人類の歴史とともに始まつた自然発生的なものであり、かつ合理的で普遍性を有するものである以上、刑法200条の規定をもつて、歴史上の一時期における存在に過ぎない封建道徳をいまさら鼓吹助長するための手段であるかのごとく論難するのあたらないことは多言を要せず、また右規定は、もとより親不孝なる刑事法上の特別の行為類型を設けて、その違反を処罰しようとするものではないから、「孝道」を法的に強制するものとして非難するのあたらないことも言をまたない。なお、刑法200条の立法にあたつて、当初、旧家族制度との関連が考慮されていたことは歴史的な事実と見られるところ、同条が家族制度と一体不離の関係をなすものでないことはもちろんであり、とくにかかる制度の廃止された新憲法下の今日において、同制度との関連より生ずべき弊害なるものを、強いて憂える必要もありえないところである。さらにまた、親族関係のうち卑属の尊属に対する関係のみを取り出して特別規定の設けられていることを問題とする見解もあるが、同じく近親であつても、夫婦相互間、兄弟姉妹間等における親愛、緊密の情は、卑属の尊属に対する報恩、尊敬の念とは性質を異にするものであつて、たやすくこれを同一視して論ずることができないものであることはいうまでもなく、また本件で争われているのは、尊属殺を定めた刑法200条の合憲性であるから、これが合理的な差別というか否かの点を問えば足りるのであつて、他に尊属殺と同様に強く非難さるべき行為類型が存するか否かは、本件の論点とは直接の関係がないものといわなければならない。

【86】　四、なお多数意見は、刑法200条のもとにおける科刑上の困難を強調するのであるが、たしかに現実の事案についての具体的判断を任務とする裁判とは異なり、立法は将来の事象についての予測に立脚するものであるから、特殊例外の事案について、立法府の策定した実定法規をもつてしては、適切な量刑に困難を感ずることがありうることは否定しえないところであり、本件のごときもまさにその例外的事例ということができるのであつて、被告人のおかれた悲惨な境遇を深く憐れむ点において、わたくしもまた決して人後に落ちるものではない。しかしながら、情状の酌量は法律の許容する範囲内で行なうことが裁判官の職責であり、その範囲内でいかに工夫をこらしてもなお妥当な結果に導きえない場合が生じたとすれば、これに対しては、現行法制のもとにおいては、恩赦、仮釈放等、行政当局の適切な措置にまつほかはないのであつて、多数意見のごとく、憐憫に値する被告人の所為であり、かつ、科刑上も難点の存するがゆえに、ただちにさかのぼつてその処罰規定自体を違憲、無効と断ずることによりこれに対処せんとするがごときは、事理において本末転倒の嫌いがあるものといわざるをえないのである。

【87】　五、最後に、田中裁判官は、その意見のうちに、違憲立法審査権に関するわたくしの見解に触れておられるので、この点につき、さらに補足することとしたい。わたくしは、ある法律の規定を「立法府が合憲と判断した以上、これに対する裁判所の介入は、もはや許さるべきでない」とするものでもなく、また「国会の多数の意見に従つて制定された法律であることのゆえのみをもつてただちに常に合憲と断定する」ものでもない。いうまでもなく、憲法は、最高裁判所に対し、一切の法令および処分の憲法に適合するか否かを決定する最終的権限を与えており（憲法81条）、この点において、司法は立法および行政に対し優位に立つものとされているところ、わたくしは、司法がこのような優位に立つものであるがゆえに、またそのゆえにこそ、裁判所としては、この権限の行使にあたり、慎重の上にも慎重を期さなければならないと考えるものである。とくに道徳的規範と密接な関係を有する刑法の規定について、違憲審査を行なうに際しては、裁判所の判断のいかんは、ただに当該事案の当事者の利益にかかわるのみでなく、広く世道人心に深刻な影響を及ぼす可能性があるだけに、最も慎重を期する要があるものと考えるのである。

【88】　現今尊属殺の問題のほか、たとえば死刑の存廃、安楽死幇助の可否等刑法上の諸問題をめぐつて、内外に多くの論議が行なわれており、なかには戦後の思想的混乱に乗じて行き過ぎの議論の行なわれるのを見るのであるが、かかる時代に、刑法の関連法規について、裁判所が違憲立法審査権を行使するにあたつては、もとより時流に動かされることなく、よろしく長期的視野に立つて、これら法規の背後に流れる人類普遍の道徳原理に深く思いをいたし、周到かつ慎重な判断を下すべきことが要請されるものといわなければならない。また、これらの問題についての判断は、国民感情、伝統、風俗、習慣等を十分考慮に入れ、さらに宗教、医学、心理学その他各般の分野にわたる見解と資料を参酌して綜合的に行なうことを必要とするものであるから、広く国民各層、各界の意見を代表し、反映する立場にある立法府の判断は、裁判所としても十分これを尊重することが、三権分立の根本趣旨に適合するものといわなければならない。

【89】　さらに、立法上の措置がまつたく予見されていない時期においてならばともかく、現在のように、法制審議会を中心として、刑法改正案作成の作業が進捗中であり、これに基づき、さして遠からざる将来に、政府原案が作成され、国会提出の運びとなることが予想され、しかもその場合、これを受けた立法府における討議の帰趨は、いまだまつたく予見することができない時期において、にわかに裁判所が、立法府の検討に予断を与え、あるいは立法の先取りをなすものとも見られるおそれのある判断を下すことは、はたして司法の謙抑の原則に反することなきやを深く憂えざるをえないのである。

【90】　以上の次第により、結論として、わたくしは、尊属殺に関する刑法200条の立法目的が憲法に違反するとされる各裁判官の意見（目的違憲説）にも、また立法目的は合憲であるとされながら、その目的達成の手段としての刑の加重方法が違憲であるとされる多数意見（手段違憲説）のいずれにも同調することができないものであつて、同条の規定は、その立法目的においても、その目的達成の手段においても、ともに十分の合理的根拠を有するものであつて、なんら憲法違反のかどはないと考えるものである。よつて本件上告趣意中違憲をいう点は理由がないものと思料し、その余はいずれも適法な上告理由にあたらないのであるから、本件上告は、これを棄却すべきものと考える。
（裁判長裁判官　石田和外　裁判官　田中二郎　裁判官　岩田誠　裁判官　下村三郎　裁判官　色川幸太郎　裁判官　大隅健一郎　裁判官　村上朝一　裁判官　関根小郷　裁判官　藤林益三　裁判官　岡原昌男　裁判官　小川信雄　裁判官　下田武三　裁判官　岸盛一　裁判官　天野武一　裁判官　坂本吉勝）

昭和40年代以降の比較衡量論と立法事実論

【5】以降にみられる立法事実論は、判例史上、全逓東京中郵事件（最大判昭41・10・26刑集20-8-901）以降の比較衡量論の台頭と表裏一体の関係に立つ（芦部・憲法学II人権総論200-212頁）。同時期には、『悪徳の栄え』事件判決（最大判昭44・10・15刑集23-10-1239）、京都府学連事件判決〔本書1事件〕、監獄内喫煙禁止事件判決（最大判昭45・9・16民集24-10-1410）、薬事法事件〔本書51事件〕なども出された。このように、立法事実論が、裁判

所が合憲性の推定を緩和し、審査においても抽象的な公共の福祉論に対抗する道を開いたのは、同時代の日本の特徴である（文献①）。本判決は石田和外裁判長のもとで出され、全農林警職法事件判決〔本書 65 事件〕と同様に、最高裁内部での激しいイデオロギー的対立の存在をうかがわせるが、両判決での多数派の（反動的とされる）裁判官の間でも、一般的には法律の合憲性の推定が認められるとしても、立法事実を審査する場面が残ることは認められていた。その後の比較衡量論・立法事実論の定着ぶりは、とりわけ、昭和 58 年のよど号ハイジャック記事抹消事件判決〔本書 22 事件〕への明示的言及からみてとれる（比較的古い例として、平成 4 年の成田新法事件判決〔本書 59 事件〕など、最近の例として、平成 24 年の堀越事件判決〔本書 23 事件〕など）。この審査手法の問題は、反動的だとか政治部門に対して腰砕けだとかいうことよりも、裁判所が自らにフリーハンドを残すことにある。

Questions

①事実関係の確認

問 1 被告人はいかなる行為がいかなる法律に定められたいかなる犯罪の構成要件に該当するとして起訴されたか。▶【事案】

問 2 過去に最高裁は、刑法 200 条の合憲性についていかなる判断を下してきたか。▶【3】

問 3 刑法 200 条が戦前の「家」制度と関連があるとされるのは、どの点においてか。▶【3】

問 4 本判決のように石田和外裁判長（昭和 44 年 1 月 11 日～同 48 年 5 月 19 日）の率いる最高裁が下した（あるいは準備した）憲法判例には、どのようなものがあるか。▶【補足説明】

②判決の内容の確認

問 5 多数意見は、憲法 14 条 1 項の趣旨をどう理解し、本件のどこに差別的取扱いを見出したか。▶【2】

問 6 多数意見がすでに合憲とされていた刑法 200 条の合憲性を再考したのはなぜか。▶【3】【4】

問 7 本判決の多数意見は、刑法 200 条の立法目的がどこにあると考えているか。それは法的に保護に値するものか。▶【5】

問 8 本判決によれば、被害者が尊属であることを量刑において考慮すれば、直ちに憲法 14 条 1 項違反といえるか。法律上、刑の加重要件とする場合はどうか。▶【6】

問 9 では、本判決は、いかなる場合に法律による刑の加重が憲法 14 条 1 項に違反するというのか。▶【7】

問 10 本判決によれば、刑法 200 条はいかなる点で法定刑が厳しすぎるといえるのか。▶【8】～【11】

問 11 本件のように重刑を科すのはふさわしくない尊属殺の事案が生じた場合には、適用違憲にすれば済んだのではないだろうか。▶【9】【10】

問 12 以上の判断の結果、本判決は従来の判例のどこを変更したといえるのか。▶【3】【12】

問 13 大隅意見が、刑法 200 条の立法目的を自然的情愛の保護に置かないのはなぜか。他方で、尊属に対する尊重報恩の倫理の保護が憲法 14 条 1 項の精神に相容れないというのはなぜか。▶【68】【69】

問 14 大隅意見が、近親殺重罰規定ならば合憲とする余地があるというのはなぜか。▶【71】

問 15 田中意見は、法定刑が厳しすぎることを憲法 14 条 1 項違反とする見解になぜ批判をしているか。この批判に対して、岡原補足意見は、いかに応答しているか。▶【21】【35】

③応用問題

問 16 本判決の多数意見が刑法 200 条が戦前日本の「家」制度に関連していることを認めながら、その立法目的が「自然的情愛ないし普遍的倫理の維持」にあるというのは、矛盾していないか。検討せよ。▶【5】

問 17 憲法 14 条論の起案にあたり本判決をモデルとするのはふさわしくないとする指摘があるのはなぜだろうか。その指摘についてあなたはどのように思うか。▶田中意見【35】

問 18 よど号ハイジャック記事抹消事件判決〔本書 22 事件〕を引用する判決を調べて、本判決や同時期の諸判例が採用した比較衡量論が広がっていることの帰結を考えなさい。▶【補足説明】

○ **関連判例**（本書所収以外のもの）
　最大判昭和 25 年 10 月 11 日刑集 4 巻 10 号 2037 頁
　最判昭和 49 年 9 月 26 日刑集 28 巻 6 号 329 頁

○ **本判決の調査官解説**
　田尾勇「判解」最高裁判所判例解説刑事篇昭和 48 年度 109 頁（判解①）

○ **その他の判例解説・判例批評**
　淺野博宣「判批」憲法判例研究会編『判例プラクティス 憲法［増補版］』（信山社、2012 年）61 頁（判批①）
　平野龍一「判批」法律時報 45 巻 6 号（1973 年）55 頁（判批②）

○ **参考文献**
　淺野博宣「立法事実論の可能性」高橋和之先生古稀記念『現代立憲主義の諸相（上）』（有斐閣、2013 年）419 頁（文献①）
　井上典之「平等保障の裁判的実現㈠—平等審査の方法とその権利保護」神戸法学雑誌 45 巻 3 号（1995 年）533 頁（文献②）
　宍戸常寿『憲法 解釈論の応用と展開［第 2 版］』（日本評論社、2014 年）（文献③）
　野坂泰司『憲法基本判例を読み直す』（有斐閣、2011 年）（文献④）
　平野龍一「尊属傷害の規定は憲法に違反する」警察研究 25 巻 3 号（1954 年）83 頁（文献⑤）

5 サラリーマン税金事件

最高裁昭和60年3月27日大法廷判決　　昭和55年(行ツ)第15号：所得税決定処分取消請求事件
民集39巻2号247頁

事案

同志社大学商学部教授（文学、スペイン語担当）の原告は、昭和39年度分所得税の確定申告をしなかったところ、税務署長より所得税の決定および無申告加算税賦課決定を受けたので、その取消しを求めて出訴した。第一審判決（京都地判昭49・5・30民集39-2-272）は請求を棄却し、原告の控訴を受けた第二審判決（大阪高判昭54・11・7民集39-2-310）も、その控訴を棄却した。上告理由は、第二審判決が、給与所得における必要経費観念の存否などいくつかの点で所得税法の解釈を誤っているというものであった。

Navigator

①給与所得者に必要経費の実額控除を認めず概算控除のみを認める所得税法の定めが憲法14条1項に違反するか、②事業所得等と給与所得との捕捉率に不均衡が存在するために、給与所得に関する所得税法の定めが憲法14条1項に違反するといえるか、③事業所得に各種の租税優遇措置が存在することから、給与所得に関する所得税法の定めが憲法14条1項に違反するといえるか、が論点である。①について、本判決は、給与所得控除の趣旨を必要経費の控除にみたうえで（【6】第3文・第4文）、その合理性を検討している。本判決は合理的区別論に立つものであるが（【8】）、租税立法について広範な立法裁量を認めており（【9】）、区別の目的とその目的との関連での制度の合理性を審査することで（【11】【12】）、合憲の結論を導いている。平等原則の判決としてみた場合には、必要経費の控除の量的な多寡に論点が収斂していくさまが面白いところであろう。租税に関する立法裁量については、伊藤補足意見は、立法裁量が狭く解される可能性を示していることでも知られており、多数意見も読み直しながら、それを活用する余地があるかどうかを考えることもできよう。

判　決

○　主　文

本件上告を棄却する。
上告費用は上告人らの負担とする。

○　理　由

上告代理人山田近之助の上告理由について

[1]　一　所論は、要するに、本件課税処分の根拠をなす昭和40年法律第33号による改正前の所得税法（昭和22年法律第27号。以下「旧所得税法」という。）中の給与所得に係る課税関係規定（以下「本件課税規定」という。）は、次のとおり、事業所得者等の他の所得者に比べて給与所得者に対し著しく不公平な所得税の負担を課し、給与所得者を差別的に扱っているから、憲法14条1項の規定に違反し無効であるとの前提に立って、本件課税規定を合憲と判断した原判決を非難するものである。❶

[2]　1　旧所得税法は、事業所得等の金額の計算について、事業所得者等がその年中の収入金額を得るために実際に要した金額による必要経費の実額控除を認めているにもかかわらず、給与所得の金額の計算については、給与所得者がその年中の収入金額を得るために実際に要した金額による必要経費の実額控除を認めず、右金額を著しく下回る額の給与所得控除を認めるにとどまるものである。

[3]　2　旧所得税法は、事業所得等の申告納税方式に係る所得の捕捉率に比し給与所得の捕捉率が極めて高くなるという仕組みになっており、給与所得者に対し所得税負担の不当なしわ寄せを行うものである。

[4]　3　旧所得税法は、合理的な理由のない各種の租税優遇措置が講じられている事業所得者等に比べて、給与所得者に対し過重な所得税の負担を課するものである。

[5]　二　まず、給与所得に係る必要経費の控除の点について判断する。❷

[6]　1　旧所得税法は、所得税の課税対象である所得をその性質に応じて

❶【1】から【4】では、上告人の主張が3点にまとめられている。【Navigator】で挙げた①～③に相当する。

❷【5】以降では、上告人の第一の主張についての判断が述べられる。

10種類に分類した上、不動産所得、事業所得、山林所得及び雑所得の金額の計算については、それぞれその年中の総収入金額から必要経費を控除すること、右の必要経費は当該総収入金額を得るために必要な経費であり、家事上の経費、これに関連する経費（当該経費の主たる部分が右の総収入金額を得るために必要であり、かつ、その必要である部分が明瞭に区分できる場合における当該部分に相当する経費等を除く。以下同じ。）等は必要経費に算入しないことを定めている。また、旧所得税法は、配当所得、譲渡所得及び一時所得の金額の計算についても、「その元本を取得するために要した負債の利子」、「その資産の取得価額、設備費、改良費及び譲渡に関する経費」又は「その収入を得るために支出した金額」を控除することを定めている❸。一方、旧所得税法は、給与所得の金額はその年中の収入金額から同法所定の金額（収入金額が41万7500円以下である場合には1万7500円と当該収入金額から1万7500円を控除した金額の10分の2に相当する金額との合計額、収入金額が41万7500円を超え71万7500円以下である場合には9万7500円と当該収入金額から41万7500円を控除した金額の10分の1に相当する金額との合計額、収入金額が71万7500円を超え81万7500円以下である場合には12万7500円と当該収入金額から71万7500円を控除した金額の10分の0.75に相当する金額との合計額、収入金額が81万7500円を超える場合には13万5000円）を控除した金額とすることを定めている（この控除を以下「給与所得控除」という。）。ところで、給与所得についても収入金額を得るための必要経費の存在を観念し得るところ、当時の税制調査会の答申及び立法の経過に照らせば、右の給与所得控除には、給与所得者の勤務に伴う必要経費を概算的に控除するとの趣旨が含まれていることが明らかであるから、旧所得税法は、事業所得等に係る必要経費については、事業所得者等が実際に要した金額による実額控除を認めているのに対し、給与所得については、必要経費の実額控除を認めず、代わりに同法所定額による概算控除を認めるものであり、必要経費の控除について事業所得者等と給与所得者とを区別するものであるということができる❹。

[7]　2　そこで、右の区別が憲法14条1項の規定に違反するかどうかについて検討する❺。

[8]　(一)　憲法14条1項は、すべて国民は法の下に平等であつて、人種、信条、性別、社会的身分又は門地により、政治的、経済的又は社会的関係において差別されない旨を明定している。この平等の保障は、憲法の最も基本的な原理の一つであつて、課税権の行使を含む国のすべての統治行動に及ぶものである。しかしながら、国民各自には具体的に多くの事実上の差異が存するのであつて、これらの差異を無視して均一の取扱いをすることは、かえつて国民の間に不均衡をもたらすものであり、もとより憲法14条1項の規定の趣旨とするところではない。すなわち、憲法の右規定は、国民に対し絶対的な平等を保障したものではなく、合理的理由なくして差別することを禁止する趣旨であつて、国民各自の事実上の差異に相応して法の取扱いを区別することは、その区別が合理性を有する限り、何ら右規定に違反するものではないのである（最高裁昭和25年(あ)第292号同年10月11日大法廷判決・刑集4巻10号2037頁、同昭和37年(オ)第1472号同39年5月27日大法廷判決・民集18巻4号676頁等参照）❻。

[9]　(二)　ところで、租税は、国家が、その課税権に基づき、特別の給付に対する反対給付としてでなく、その経費に充てるための資金を調達する目的をもつて、一定の要件に該当するすべての者に課する金銭給付であるが、およそ民主主義国家にあつては、国家の維持及び活動に必要な経費は、主権者たる国民が共同の費用として代表者を通じて定めるところにより自ら負担すべきものであり、我が国の憲法も、かかる見地の下に、国民がその総意を反映する租税立法に基づいて納税の義務を負うことを定め（30条）、新たに租税を課し又は現行の租税を変更するには、法律又は法律の定める条件によることを必要としている（84条）❼。それゆえ、課税要件及び租税の賦課徴収の手続は、法律で明確に定めることが必要であるが、憲法自体は、その内容について特に定めることをせず、これを法律の定めるところにゆだねているのである。思うに、租税は、今日では、国家の財政需要を充足するという本来の機能に加え、所得の再分配、資源の適正配分、景気の調整等の諸

❸　[6]の第1文と第2文では、事業所得等について必要経費の控除が認められることが述べられる。

❹　[6]の第3文と第4文では、給与所得については法定額の控除（給与所得控除）が認められることが述べられたうえで、その趣旨を必要経費の控除に求め、そのために、事業所得等との間で必要経費の実額控除か概算控除かの区別が生じているとされる。給与所得控除の趣旨については、「当時の税制調査会の答申」に言及がある。判解①87-88頁は、昭和35年12月、同40年12月の税制調査会答申が、(1)必要経費の概算控除、(2)源泉徴収による金利差の調整、(3)給与所得の担税力の弱さ、(4)給与所得の把握されやすさを挙げていることを指摘する。もっとも、(1)に力点を置き、(2)～(4)を劣後させる（[12]を参照）本判決の引用の仕方は、税制調査会答申の趣旨に完全に合致しているのか、疑問も残らないではないとされる。

❺　[7]以降では、[6]の第3文と第4文で述べた区別の合憲性が論じられる。

❻　[8]では、憲法14条1項から合理的区別論が導かれ、国による課税権の行使にもそれが及ぶとされる。そこで引かれたのは、刑法205条旧2項の合憲性に関する最大判と、高齢を基準とした待命処分の合憲性に関する最大判である。

❼　[9]の最初では、国家の経費のための資金の調達先との給付・反対給付関係が否定されたうえで権力的に徴収されることが租税の特徴とされ、憲法の解釈として、どこからいかほど調達するかの決定は議会に委ねられているとする租税法律主義が導かれる。
このうち、租税の定義については、金子・租税法［初版］（文献③の初版）7頁の影響がみられる。旭川国民健康保険条例事件判決（最大判平18・3・1民集60-2-587）もこの定義を継承し、「国又は地方公共団体が、課税権に基づき、その経費に充てるための資金を調達する目的をもって、特別の給付に対する反対給付としてでなく、一定の要件に該当するすべての者に課する金銭給付は、その形式のいかんにかかわらず、憲法84条に規定する租税に当たる」とする（同判決では、国民健康保険の保険料に反対給付性（「けん連性」）が残っていることから84

機能をも有しており、国民の租税負担を定めるについて、財政・経済・社会政策等の国政全般からの総合的な政策判断を必要とするばかりでなく、課税要件等を定めるについて、極めて専門技術的な判断を必要とすることも明らかである。したがつて、租税法の定立については、国家財政、社会経済、国民所得、国民生活等の実態についての正確な資料を基礎とする立法府の政策的、技術的な判断にゆだねるほかなく、裁判所は、基本的にはその裁量的判断を尊重せざるを得ないものというべきである❽。そうであるとすれば、租税法の分野における所得の性質の違い等を理由とする取扱いの区別は、その立法目的が正当なものであり、かつ、当該立法において具体的に採用された区別の態様が右目的との関連で著しく不合理であることが明らかでない限り、その合理性を否定することができず、これを憲法 14 条 1 項の規定に違反するものということはできないものと解するのが相当である❾。

【10】　(三)　給与所得者は、事業所得者等と異なり、自己の計算と危険とにおいて業務を遂行するものではなく、使用者の定めるところに従つて役務を提供し、提供した役務の対価として使用者から受ける給付をもつてその収入とするものであるところ、右の給付の額はあらかじめ定めるところによりおおむね一定額に確定しており、職場における勤務上必要な施設、器具、備品等に係る費用のたぐいは使用者において負担するのが通例であり、給与所得者が勤務に関連して費用の支出をする場合であつても、各自の性格その他の主観的事情を反映して支出形態、金額を異にし、収入金額との関連性が間接的かつ不明確とならざるを得ず、必要経費と家事上の経費又はこれに関連する経費との明瞭な区分が困難であるのが一般である。その上、給与所得者はその数が膨大であるため、各自の申告に基づき必要経費の額を個別的に認定して実額控除を行うこと、あるいは概算控除と選択的に右の実額控除を行うことは、技術的及び量的に相当の困難を招来し、ひいて租税徴収費用の増加を免れず、税務執行上少なからざる混乱を生ずることが懸念される。また、各自の主観的事情や立証技術の巧拙によつてかえつて租税負担の不公平をもたらすおそれもなしとしない❿。

【11】　旧所得税法が給与所得に係る必要経費につき実額控除を排し、代わりに概算控除の制度を設けた目的は、給与所得者と事業所得者等との租税負担の均衡に配意しつつ、右のような弊害を防止することにあることが明らかなところ、租税負担を国民の間に公平に配分するとともに、租税の徴収を確実・的確かつ効率的に実現することは、租税法の基本原則であるから、右の目的は正当性を有するものというべきである⓫。

【12】　(四)　そして、右目的との関連において、旧所得税法が具体的に採用する前記の給与所得控除の制度が合理性を有するかどうかは、結局のところ、給与所得控除の額が給与所得に係る必要経費の額との対比において相当性を有するかどうかにかかるものということができる。もっとも、前記の税制調査会の答申及び立法の経過によると、右の給与所得控除は、前記のとおり給与所得に係る必要経費を概算的に控除しようとするものではあるが、なおその外に、(1)給与所得は本人の死亡等によつてその発生が途絶えるため資産所得や事業所得に比べて担税力に乏しいことを調整する、(2)給与所得は源泉徴収の方法で所得税が徴収されるため他の所得に比べて相対的により正確に捕捉されやすいことを調整する、(3)給与所得においては申告納税の場合に比べ平均して約 5 か月早期に所得税を納付することになるからその間の金利を調整する、との趣旨を含むものであるというのである。しかし、このような調整は、前記の税制調査会の答申及び立法の経過によつても、それがどの程度のものであるか明らかでないばかりでなく、所詮、立法政策の問題であつて、所得税の性格又は憲法 14 条 1 項の規定から何らかの調整を行うことが当然に要求されるものではない。したがつて、憲法 14 条 1 項の規定の適用上、事業所得等に係る必要経費につき実額控除が認められていることとの対比において、給与所得に係る必要経費の控除のあり方が均衡のとれたものであるか否かを判断するについては、給与所得控除を専ら給与所得に係る必要経費の控除ととらえて事を論ずるのが相当である。しかるところ、給与所得者の職務上必要な諸設備、備品等に係る経費は使用者が負担するのが通例であり、また、職務に関し必要な旅行や通勤の費用に充てるための金銭給付、職務の性質上欠くことのできない現物給付などがおおむね非課税所得として扱われていることを考慮すれば、本件訴訟における全資料に徴して

条の直接適用が避けられた)。

　租税法律主義については、最大判昭 30・3・23 民集 9-3-336 も「民主政治の下では国民は国会におけるその代表者を通じて、自ら国費を負担することが根本原則であつて、国民はその総意を反映する租税立法に基いて自主的に納税の義務を負うものとされ(憲法 30 条参照)その反面においてあらたに租税を課し又は現行の租税を変更するには法律又は法律の定める条件によることが必要とされているのである(憲法 84 条)」と述べていた。

❽　【9】の中程では、租税法律主義の裏面として、憲法が租税の内容については法律に委ねていることが指摘され、実際にも、租税の機能として、国家活動の財源調達という本来的なものに加えて、所得の再分配、資源の最適配分、景気の調整などの付随的なものがあるので、専門技術的判断が必要であり、裁判所は租税立法に政策的、技術的な裁量を認めざるをえるとされる。

　このように政策的・技術的性格から広い立法裁量を導いた例として、憲法 22 条 1 項に関する判旨ではあるものの、小売市場事件判決〔本書 50 事件〕が意識されたと思われる。もっとも、本判決のいう「専門技術的」性格は、政策的事項についての判断に必然的に伴う範囲での技術性を超えて、租税に関する知識がないと複雑な課税要件を組み立てえないという意味での技術性も指すのであろう。その意味で、緩やかな審査基準が求められる領域として、小売市場事件のいう「社会経済」的な規制以外に、新たなものを用意したといえる。最判平元・12・14 刑集 43-13-841、酒類販売免許制事件〔本書 52 事件〕は、これを明示的に受け継ぐものである(この点、免許制は課税要件のような意味で技術的といえないのではないかという批判もある)。

　もっとも、こうした技術的な立法裁量には批判がある。行政にも技術的な裁量を認めた例があるが(たとえば、第一次家永訴訟判決(最判平 5・3・16 民集 47-5-3483))、そこで認められたのは、専門的な作用・機能だからではなく、通常の行政組織以外の専門集団(教科用図書検定調査審議会)が関与するからと考えられている(文献⑥142-143 頁)。それとパラレルに考えると、立法対象が専門的だから裁量をという論の運びには説得力がない。本判決が税制調査会答申の挙げる目的の一つだけを優先させたとすれば(【12】も参照)、矛盾した態度ともいえ、なおさら恣意的である。しかし、最高裁は、本判決を引かない場合であれ、租税立法についてのこうした裁量を、現在までのところ、認め続けている(遡及的な租税立法の合憲性に関する最判平 23・9・22 民集 65-6-2756 など)。

❾　【9】の最後で示された審査基準は、緩やかなものとされる。すなわち、①租税法分野における所得の性質の違い等を理由とする区別について、②立法目的が正当であり、③区別の態様が著しく不合理でなければ、憲法 14 条 1 項違反にならない、という。その射程の限定の仕方については、伊藤補足意見(【20】)を参照。

❿　【10】では、必要経費を明確に認定したり実額控除を行ったりすることの難しさが指摘される。ただし、それらは徴収者の便宜に由来するところが多く、給与所得者についても必要経費が存在しうること自体は前提としていると思われる。

⓫　【11】では、区別の目的が、租税負担の公平な配分と確実・的確かつ効率的な徴収に求められ、正当なものとされる。

⓬　【12】では、給与所得控除の仕組みが、区別の目的に十分に仕えているものかどうかが審査され、合理的関連性が肯定される。手段審査の形をとっているものの、尊属殺人事件判決〔本書 4 事件〕の多数意見が問うたよ

も、給与所得者において自ら負担する必要経費の額が一般に旧所得税法所定の前記給与所得控除の額を明らかに上回るものと認めることは困難であつて、右給与所得控除の額は給与所得に係る必要経費の額との対比において相当性を欠くことが明らかであるということはできないものとせざるを得ない⓬。

【13】　（五）　以上のとおりであるから、旧所得税法が必要経費の控除について事業所得者等と給与所得者との間に設けた前記の区別は、合理的なものであり、憲法14条1項の規定に違反するものではないというべきである⓭。

【14】　三　次に、所論は事業所得等の捕捉率が給与所得の捕捉率を下回っていることを指摘するが、その趣旨は、捕捉率の著しい較差が恒常的に存する以上、それは単に徴税技術の巧拙等の事実上の問題であるにとどまらず、制度自体の欠陥を意味するものとして、本件課税規定を違憲ならしめるものである、というのである⓮。

【15】　事業所得等の捕捉率が相当長期間にわたり給与所得の捕捉率を下回っていることは、本件記録上の資料から認められないではなく、租税公平主義の見地からその是正のための努力が必要であるといわなければならない。しかしながら、このような所得の捕捉の不均衡の問題は、原則には、税務行政の適正な執行により是正されるべき性質のものであつて、捕捉率の較差が正義衡平の観念に反する程に著しく、かつ、それが長年にわたり恒常的に存在して租税法制自体に基因していると認められるような場合であれば格別（本件記録上の資料からかかる事情の存在を認めることはできない。）、そうでない限り、租税法制そのものを違憲ならしめるものとはいえないから、捕捉率の較差の存在をもつて本件課税規定が憲法14条1項の規定に違反するということはできない⓯。

【16】　四　また、所論は合理的理由のない租税優遇措置の存在をいうが、仮に所論の租税優遇措置が合理性を欠くものであるとしても、そのことは、当該措置自体の有効性に影響を与えるものにすぎず、本件課税規定を違憲無効ならしめるものということはできない⓰。

【17】　五　以上のとおり、本件課税規定は憲法14条1項の規定に違反しないから、原審の判断は結論において是認することができる。論旨は、憲法32条違反をいう部分を含め、判決の結論に影響を及ぼさない点について原判決を非難するものであつて、いずれも採用することができない。

【18】　よつて、行政事件訴訟法7条、民訴法396条、384条、95条、89条、93条に従い、裁判官木下忠良、同伊藤正己、同谷口正孝、同木戸口久治、同島谷六郎、同長島敦の各補足意見があるほか、裁判官全員一致の意見で、主文のとおり判決する。

⓬　うな区別（不利益な取扱い）の程度の合理性（同判決【解説】の❼を参照）を直接に問うものではないと指摘されることもあるが（文献②130頁）、事業所得者等と給与所得者との区別自体の合理性を、必要経費の控除が量的に十分かという問題に還元したようにもみえる（文献⑤47頁）。これは、給与取得控除の趣旨を必要経費控除に求めたことの帰結でもあろう。

⓭　【13】では、以上をまとめて、上告人の第一の主張に対する判断の結論が述べられる。

⓮　【14】以降では、上告人の第二の主張についての判断が示される。捕捉率の較差は、当時、「クロヨン（9・6・4）」、「トーゴーサン（10・5・3）」と呼ばれて話題になっていた。

⓯　【15】では、原則として捕捉率の較差だけでは租税立法を違憲とはできないとされる。ただし、事実上の不公正であっても、恒常的な不公正が法律の仕組みに由来すると評価しうる例外的な場合には、法令違憲となりうることも示唆されている（判解①95頁も同旨）。当時、「税務行政の担当者及び租税の専門家は裁判所のこの問題に対する深い憂慮と警告とを読みとるべきであろう」と評され（判批②7頁）、文字どおり受け止めると「画期的な判決」（判批①30頁）だと驚かれたゆえんである。

ただ、事実上の制約が憲法問題となりうることが珍しいとまではいえない。憲法14条1項に関する最近の判例でも、夫婦同氏事件判決〔本書10事件〕は、夫の氏の選択が「本件規定の在り方自体から生じた結果であるとい」える場合には14条違反が生じる余地を認めるようである。

⓰　【16】では、上告人の第三の主張については、法令が可分的であるとして憲法問題に立ち入らないとされる。なぜ可分的かについて、調査官は、一部の者に対する不正な軽減措置が他の者に対する租税負担を増大させると抽象的にはいえるとしても、日本の所得税法は、あらかじめ一定の所得税収入総額を予定してその分担を所得の種類別に定めることをしていないので、租税優遇措置と本件課税規定との関係は極めて希薄であると説明する（判解①96頁）。

■ 少数意見

裁判官伊藤正己の補足意見は、次のとおりである。

【19】　私も、法廷意見と同様に、給与所得に係る必要経費について、実額控除を認めず、概算控除を設けるにとどまる本件課税規定は、給与所得者を事業所得者等と区別するものではあるが、それ自体としては憲法14条1項の規定に違反するものではないと解する。そして、そのように解する理由についてもまた、法廷意見の説示するところに全く異論はない。しかし、本件は、租税についての国民の公平かつ平等な負担という租税法と憲法との関係にかかわるものであることにかんがみ、次の2点について補足的に意見を述べておくこととしたい。

【20】　一　法廷意見の説くように、租税法は、特に強い合憲性の推定を受け、基本的には、その定立について立法府の広範な裁量にゆだねられており、裁判所は、立法府の判断を尊重することになるのであるが、そこには例外的な場合のあることを看過してはならない。租税法の分野にあつても、例えば性別のような憲法14条1項後段所定の事由に基づいて差別が行われるときには、合憲性の推定は排除され、裁判所は厳格な基準によつてその差別が合理的であるかどうかを審査すべきであり、平等原則に反すると判断されることが少なくないと考えられる。性別のような事由による差別の禁止は、民主制の下での本質的な要求であり、租税法もまたそれを無視することを許されないのである。しかし、本件は、右のような事由に基づく差別ではなく、所得の性質の違い等を理由とする取扱いの区別であるから、厳格な基準による審査を必要とする場合でないことは明らかである⓱。

【21】　二　本件課税規定それ自体は憲法14条1項の規定に違反するものではないが、本件課税規定に基づく具体的な課税処分が常に憲法の右規定に適合するとまではいえない。特定の給与所得者について、その給与所得に係る必要経費（いかなる経費が必要経費に

⓱　伊藤補足意見は【20】で、憲法14条1項後段列挙事由にあたる場合には、厳格な審査基準によるべきであるとする（❾を参照）。調査官は、多数意見の前提にも、（比較衡量論の枠内ではあるが）同じ思考を読み取る（判解①91頁）。確かに、多数意見が「所得の性質の違い等を理由とする」（❾の最後）区別の場合というのが射程を意識的に絞る趣旨であれば、伊藤補足意見は順接的である（判批②5頁）。その後の14条に関連する判例の流れを考えると、これだけで、学説のいう「審査基準を後段列挙事由につき厳しくする」という考え方に立ったと読むのは難しいが、本判決を租税立法についての判例とみて射程を狭くしようする場合には、注目に値する。また、文献①70-72頁は、担当調査官を務めた泉裁判官が本判決について報告を準備するうえで二重の基準論に触れたことが、最高裁裁判官となった後の個別意見執筆の基礎になったとする。

当たるかについては議論の余地があり得ようが、法廷意見もいうように、給与所得についても収入金額を得るための必要経費の存在を観念し得る。）の額がその者の給与所得控除の額を著しく超過するという事情がみられる場合には、右給与所得者に対し本件課税規定を適用して右超過額を課税の対象とすることは、明らかに合理性を欠くものであり、本件課税規定は、かかる場合に、当該給与所得者に適用される限度において、憲法14条1項の規定に違反するものといわざるを得ないと考える（なお、必要経費の額が給与所得控除の額を著しく超過するような場合には、当該所得が真に旧所得税法の予定する給与所得に当たるかどうかについて、慎重な検討を要することは、いうまでもない。）。⓲

【22】 この点を本件についてみるに、本件における必要経費の額が本件課税規定による給与所得控除の額を著しく超過するものと認められないことは、原判決の説示に照らして明らかであるから、本件課税規定を適用して本件課税処分をしたことに憲法14条1項違反があるということはできない。

【23】 裁判官木下忠良、同長島敦は、裁判官伊藤正己の補足意見第二項に同調する。

裁判官谷口正孝の補足意見は、次のとおりである⓳。

【24】 給与所得者について必要経費の実額控除を認めず旧所得税法所定の給与所得控除しか認めないことは、事業所得者等について必要経費の実額控除を認めていることとの対比において均衡を欠き、憲法14条1項に違反するという上告人らの主張を排斥する法廷意見を補足して伊藤裁判官の敷衍して説示されているところには、私もまた、同じ考えを持つ者として同調する。しかし、それは同条項違反の有無を論ずる場面に限定してのことである。すなわち、そこでは、給与所得者が給与を得るについての必要経費の額が前記給与所得控除の額を著しく超える場合について、事業所得者等の必要経費の実額控除を認める制度と比較しての差別取扱いが論じられており、そのような場合については、旧所得税法の適用上憲法14条1項違反の問題を生ずるとしたわけである。ところが、給与所得者の必要経費の額が右の給与所得控除の額を超過することが明らかであるが、その程度が著しいとまではいえない場合については明言されていない。私は、その場合については、もとより同条項違反の問題は生じないものと考える。そのことは、同条項について法廷意見の展開している合理的差別容認の考え方の系列の中に十分包摂し得るところであるからである。

【25】 しかし、給与所得者について給与所得控除の額を超える必要経費が存する場合には、その超過が明らかである限り、その程度が著しい場合であると否とを問わず、当該超過部分については実質上所得がないことになるのではないかが改めて問われてよい。なるほど、給与所得を得るについての必要経費の額をいかなる基準により算定するかについては多分に政策的考慮の働くことは認めざるを得ないであろう。だが、このような政策的考慮を認めるにせよ、給与所得者について必要経費の存することは否定し難いところであり、しかも、その中には所得を得るために不可避的に支出しなければならない経費であって、政策的考慮を容れる余地のないものがあることも承認せざるを得ない。法廷意見もまたこのことを前提としているものと思われる。してみると、給与所得者について給与所得控除の額を明らかに超えて必要経費の存する場合を想定し、これに論及する必要があることは当然である。もっとも、この場合にも給与所得として計上されるべきものが存する以上、その所得者に対し名目上の給与額に応じて課税する

ことも立法府の裁量の問題として処理すれば足りるという見解もあろう。しかし、私はこのような見解は到底採用し得ないものと考える。けだし、前述のごとく必要経費の額が給与所得控除の額を明らかに超える場合は、その超過部分については、もはや所得の観念を容れないものと考えるべきであって、所得の存しないところに対し所得税を課する結果となるのであり、およそ所得税賦課の基本理念に反することになるからである。

【26】 そして、所得と観念し得ないものを対象として所得税を賦課徴収することは、それがいかに法律の規定をもつて定められ租税法律主義の形式をとるにせよ、そして、憲法14条1項の規定に違反するところがないにせよ、違憲の疑いを免れないものと考える。

【27】 もつとも、本件において具体的に支出された必要経費の額が給与所得控除の額を超過するものと認められないことは、記録上明らかであるから、この問題は争点として取り上げるべきことではない。

裁判官木戸口久治の補足意見は、次のとおりである⓴。

【28】 旧所得税法中の給与所得に係る課税関係規定自体が憲法14条1項の規定に違反するものでないことは、法廷意見において説示するとおりであつて、私もこれに賛成するものである。

【29】 しかし、給与所得に係る課税関係規定が法的評価において憲法14条1項の規定に違反するものでないとしても、一般に、給与所得者が、事業所得者等よりも重い租税負担を課せられているという不公平感を抱いていることも、否定し得ないところである。

【30】 本件記録上の資料によると、本件係争年度である昭和39年度において、所得の種類別の所得者数に対する納税者数の割合は、給与所得者（1年を通じて勤務した民間給与所得者）にあつては79.3パーセント、農業所得者（専業農家及び第一種兼業農家）にあつては7.2パーセント、農業以外の事業所得者にあつては24.9パーセントであり、また、国民所得に対する課税所得の割合は、給与所得にあつては76.3パーセント、農業所得にあつては6.9パーセント、農業以外の事業所得にあつては27.0パーセントであり、これらの係数は、本件係争年度の前後数年においても大幅な変化のないことが認められる。さらに、近年における所得の種類別の所得者数に対する納税者数の割合が、給与所得者（前に同じ）にあつては約90パーセントに達しているのに対し、農業所得者（前に同じ）にあつては約15パーセント、農業以外の事業所得者にあつては約40パーセントにとどまつていることは、周知のところである。このような納税者割合、課税所得割合の較差のある程度の部分が実質的な所得の差に基づいていることは否定できないとしても、その少なからぬ部分は、源泉徴収及び申告納税という徴税方式の違いを主因とする所得捕捉の不均衡や、各種の租税優遇措置によるものと考えられるのであつて、右に述べた較差から、事業所得者の租税負担が給与所得者のそれよりもかなり低くなつており、しかもそれが特定年度における特異な現象ではなく、相当長期にわたつて継続しているものということができ、この点が給与所得者に対し租税負担の不公平感を抱かせる原因となつているものと考えられる。

【31】 憲法14条1項の命ずる租税公平主義は、租税法の制定及びその執行につき、合理的理由なくして、特定の者を不利益に取り扱うことを禁止するのみでなく、特定の者に対し特別の利益を与えることをも禁止するものである。右に指摘したように事業所得の捕捉率が低いということは、それだけ、事業所得者が租税負担を不当に免れていることを意味するのであり、また、各種の租税優遇措置も、それが当該立法目的に照らして合理性を欠くに至つたときは、事業所得者に不

⓲ 【21】と【22】は、適用違憲の可能性を説いている。多数意見の【11】からわかるように、本判決は給与所得についても必要経費を観念している。そのため、ある特定の給与所得者について、その必要経費の額が概算控除の額を超過する場合がありうることになる。こうした場合、旧所得税法の規定は、その者に適用される限度において違憲となる余地が生じる。伊藤補足意見（【21】【22】）、谷口補足意見、島谷補足意見は、著しく超過する場合につき、こうした適用違憲を主張するものである。こうした処理は、原告側の鑑定書でも示唆されていた（文献④61頁）。

⓳ 谷口補足意見は、伊藤補足意見の適用違憲を支持したうえで、加えて、必要経費が給与所得控除を（著しくはないが）明らかに超過している場合について補足する。

その場合には、憲法14条1項違反の問題は生じないが、所得のないところに所得税を課しており違憲の疑いがあるとする。

昭和62年の所得税法改正では、特定支出とされた必要経費について実額控除の余地を認めた（57条の2）。平成24年の改正でその範囲は拡大された。こうした立法的な手当ては、適用違憲論が成り立ちうる場合の一部を類型化して立法に取り込み、一種の選択的な実額控除を認めつつ、多数意見（【10】）もいうような困難を考慮して限定的な範囲にとどめたものということができる。

⓴ 木戸口補足意見は、多数意見の【15】で指摘された所得捕捉の不均衡と【16】で検討された租税優遇措置について、是正の必要性に注意を促している。

当な利益を与えることとなる。このような所得の捕捉漏れや不合理な租税優遇措置による事業所得者と給与所得者との実質的な租税負担の較差が恒常的となり、かつ、それが著しい程度に達したときは、かかる事態は憲法14条1項違反の問題となり得るものと考える。右の較差が実際にどの程度に達しているかは必ずしも明らかであるとはいえないが、先に述べたように、事業所得者の租税負担が給与所得者のそれよりもかなり低くなっていることは現実であり、租税負担について給与所得者層の持つ不公平感は無視し得ないものとなっているのが実状であって、その是正に向けての早急かつ積極的な努力が払われなければならないものと考える。

【32】 以上、給与所得課税に対する幅広い不公平感の存在が亡Aの提起した本件訴訟の背景をなしているものと思われることにかんがみ、補足的に意見を述べた次第である。

裁判官島谷六郎の補足意見は、次のとおりである㉑。

【33】 上告人らは、旧所得税法が事業所得者等に必要経費の実額控除を認めながら、給与所得者にこれを認めないのは不公平である、と主張する。

【34】 給与所得者に認められた給与所得控除には必要経費を概算的に控除する趣旨が含まれていることは、法廷意見の説示するとおりであり、本件の場合には、具体的に支出された必要経費の実額が旧所得税法所定の給与所得控除の額を超えるものと認められないことが、原判決の説示に徴して明らかである。

【35】 しかしながら、一般論としては、給与所得者の必要経費の実額が給与所得控除の額を超える場合の存する可能性がないとはいえず、超過の程度が著しいときは、給与所得に係る課税関係規定の適用違憲の問題が生ずることになると考えられるのであって、私は、この点において、伊藤裁判官の補足意見第二項に同調するものである。

【36】 また、右の超過の程度が著しいとはいえないときであっても、超過額の存する限り所得のないところに課税が行われる結果となり、それが直ちに違憲の問題を生ぜしめるものではないとしても、純所得課税という所得税の基本原則に照らし、安易に看過し得ないものとなるといわなければならない。

【37】 したがって、右のような課税が行われることがないよう、給与所得者にも必要経費の実額控除を認め、概算控除と実額控除とのいずれかを任意に選び得るという選択制の採用の問題をも含めて、給与所得控除制度についての幅広い検討が期待されるところである。

（裁判長裁判官 寺田治郎 裁判官 木下忠良 裁判官 塩野宜慶 裁判官 伊藤正己 裁判官 谷口正孝 裁判官 大橋進 裁判官 木戸口久治 裁判官 牧圭次 裁判官 和田誠一 裁判官 安岡満彦 裁判官 角田禮次郎 裁判官 矢口洪一 裁判官 島谷六郎 裁判官 長島敦）

Questions

①事実関係の確認

問1 原告は何を求めて訴訟を提起したか。▶【事案】

問2 給与所得控除とは何か。原告は、その給与所得控除について、給与所得者と事業所得者とでいかなる違いがあると主張したか。▶【2】【6】

問3 事業所得の捕捉率に比べて給与所得の捕捉率が高くなるのはなぜか。▶【3】

問4 租税優遇措置（租税特別措置）は、租税にいかなる機能があるから設けられているといえるだろうか。▶【4】【9】

問5 当時の税制調査会は、給与所得控除の趣旨をいかなる趣旨ものだと考えてきたか。▶【6】【12】

②判決の内容の確認

問6 本判決によれば、国による課税権の行使は、憲法14条1項によって規律されるか。▶【8】

問7 本判決は、租税にいかなる機能があると考えているか。▶【9】

問8 本判決では、どのような判断枠組みが用いられているか。▶【9】

問9 本判決が、租税立法の定立について立法裁量が尊重されるべきであると考えるのはなぜか。▶【9】

問10 本判決は給与所得控除が必要経費の控除にあたると考えている。それでも、本判決が、給与所得については必要経費の実額控除を行わないことに合理性があるというのはなぜか。▶【6】【10】【11】

問11 本判決が、給与所得控除の制度が立法目的との関連で合理性を有するかどうかの問題を、給与所得控除が必要経費に相当する額を控除しているかどうかの問題として論じているのはなぜか。▶【12】

問12 本判決は、所得の捕捉率の不平等が理由となって法令が憲法14条1項違反になりうる場合として、いかなる場合を挙げているか。▶【15】

問13 本判決が租税優遇措置の合理性について判断しなかったのはなぜか。▶【16】

③応用問題

問14 仮に原告の給与所得について、必要経費の額を大幅に超過していたと仮定して、適用違憲を主張する議論を起案しなさい。▶伊藤補足意見（【21】【22】）

問15 多数意見についても、伊藤補足意見のように、租税立法の合憲性の審査を厳格に行う場合がありうると考えていたと指摘されることがある。その根拠を多数意見の文章から見つけることができるだろうか。あなたはこうした本判決の読み方についてどのように思うか。▶【9】、伊藤補足意見（【20】）

問16 事業所得者が、課税処分の取消訴訟において、①給与所得者が実額以上の給与所得控除を概算で受けているのは不平等である、②類似事業者の所得については有利な控除が認められていることが不平等である、と主張した場合、裁判所はいかに判断するべきであろうか。▶【12】【16】

○ **関連判例**（本書所収以外のもの）
最判平成23年9月22日民集65巻6号2756頁
○ **本判決の調査官解説**
泉徳治「判解」最高裁判所判例解説民事篇昭和60年度74頁（判解①）

㉑ 島谷補足意見は、伊藤補足意見（【21】【22】）、谷口補足意見の適用違憲論に同調ないし実質的に支持している。

○ **その他の判例解説・判例批評**
碓井光明「判批」ジュリスト837号（1985年）24頁〔**判批①**〕
金子宏「判批」判例評論332号（1986年）2頁〔**判批②**〕
○ **参考文献**
泉德治『一歩前へ出る司法——泉德治元最高裁判事に聞く』（日本評論社、2017年）〔**文献①**〕
井上典之「平等保障の裁判的実現㈡——平等審査の方法とその権利保護」神戸法学雑誌46巻1号（1996年）693頁〔**文献②**〕
金子宏『租税法［第22版］』（弘文堂、2017年）〔**文献③**〕
北野弘久『サラリーマン税金訴訟——納税者の権利の昂まりのために［増補版］』（税務経理協会、1990年）〔**文献④**〕
木村草太『平等なき平等条項論——equal protection 条項と憲法14条1項』（東京大学出版会、2008年）〔**文献⑤**〕
塩野宏『行政法Ⅰ［第6版］』（有斐閣、2015年）〔**文献⑥**〕

6 東京都管理職事件

最高裁平成17年1月26日大法廷判決　平成10年(行ツ)第93号：管理職選考受験資格確認等請求事件
民集59巻1号128頁

事案

　在日韓国人で東京都に保健婦として採用された原告は、東京都人事委員会の実施した管理職選考を受験しようとしたが、日本の国籍を有しないことを理由に受験が認められなかった。そのため、国家賠償法1条1項に基づき、慰謝料の支払等を請求した（【判決】の【3】以降も参照）。第一審判決は、公権力の行使あるいは公の意思の形成に参画することによって直接的にまたは間接的に国の統治作用に関わる職責を有する公務員に就任することは外国人には憲法上保障されておらず、ただ、法律によって就任を認めることが憲法上禁じられていないにすぎないという考え方に立つ。その考え方を、原告が上記の管理職に就任することにあてはめるなどした帰結として、第一審判決は慰謝料請求を棄却（東京地判平8・5・16民集59-1-184）。原告の控訴に対して、第二審判決は判旨3（【判決】の【10】〜【15】）で要約されているように、控訴を一部認容（東京高判平9・11・26高民集50-3-459）。被告・被控訴人が上告。上告理由は、第二審判決に、外国人の公務就任についての憲法解釈を誤った違法があるなどというものであった。なお、次年度、次々年度の管理職選考を受験する資格の確認の訴えについては、両判決で不適法とされた。

■参考条文（事件当時のもの）

労働基準法
第3条　使用者は、労働者の国籍、信条又は社会的身分を理由として、賃金、労働時間その他の労働条件について、差別的取扱をしてはならない。
第112条　この法律及びこの法律に基いて発する命令は、国、都道府県、市町村その他これに準ずべきものについても適用あるものとする。

地方公務員法
第13条　すべて国民は、この法律の適用について、平等に取り扱われなければならない、人種、信条、性別、社会的身分若しくは門地によって、又は第16条第5号に規定する場合を除く外、政治的意見若しくは政治的所属関係によって差別されてはならない。
第17条〔第1項〕職員の職に欠員を生じた場合においては、任命権者は、採用、昇任、降任又は転任のいずれか一の方法により、職員を任命することができる。
第19条〔第1項〕競争試験は、人事委員会の定める受験の資格を有するすべての国民に対して平等の条件で公開されなければならない。試験機関に属する者その他職員は、受験を阻害し、又は受験に不当な影響を与える目的をもって特別若しくは秘密の情報を提供してはならない。
第58条
3　労働基準法第2条、第24条第1項、第32条の3から第32条の5まで、第38条の2第2項から第5項まで、第39条第5項、第75条から第93条まで及び102条の規定……は、職員に関して適用しない。……

Navigator

　①外国人の中に憲法上の権利の保障について特別に取り扱うべき類型を認めるか、②地方公務員の管理職への昇任において、いかなる憲法上の権利が、いかにして保障されるか、③②の憲法論の具体的検討において、管理職の任用制度を構築する地方公共団体の裁量はいかに位置づけられるか、が論点である。本判決は、まず、労基法3条と憲法14条から在留外国人の勤務条件についての合理的区別の要請を導き、管理職への昇任にもその要請があてはまることを確認する（【17】【18】）。そのうえで、日本国籍保有者が「公権力行使等地方公務員」に就任することが想定されているとしたうえで、管理職制度の構築に関する地方公共団体の裁量を強調して（【19】【20】）、本件にあてはめて区別の合理性を肯定している（【21】【22】）。そのため、②については、本判決は、外国人の公務就任権の問題に直接には答えていないことになっている。また、①については、泉反対意見が描くような原告が特別永住者となった経緯に思いをめぐらせてみたい【補足説明】。日本人と結婚しただけなのに、紙切れ一枚で国籍を失ってしまったことの不条理を考えると、法律論としての賛否は別としても、そもそも日本人とは何なのか、書生的な憲法論でしか拾えないものがあるのではないかと考える機会になるのではなかろうか。

■判決の論理構造

①外国人の中に憲法上の権利の保障について特別に取り扱うべき類型を認めるか		特別扱いに消極的な多数意見・藤田補足意見 ⇕ とりわけ積極的な泉反対意見
②地方公務員の管理職への昇任において、いかなる憲法上の権利が、いかにして保障されるか	採用後は採用時と保障のされ方が異なるか	異なるとして採用後に平等原則の保障を及ぼす多数意見 ⇕ その不合理をいう金谷意見・上田意見／さほど区別をしない泉反対意見
	いかなる憲法上の権利が保障されるか	労基法 3 条を通して平等原則の保障を論じる多数意見 ⇕ 職業の自由の保障も検討に加える泉反対意見
③②の憲法論の具体的検討において、管理職の任用制度を構築する地方公共団体の裁量はいかに位置づけられるか		特定の昇任制度（一体的な管理職制度）を構築する裁量的判断の当・不当を浅く審査するにとどまる多数意見 ⇕ 昇任制度構築の裁量の範囲内でのみ平等原則が保障されるとする金谷意見・上田意見 ⇕ 昇任制度構築の裁量について①をふまえて深い審査を行う泉反対意見

判　決

○　主　　文

1　原判決のうち上告人敗訴部分を破棄する。
2　前項の部分につき被上告人の控訴を棄却する。
3　控訴費用及び上告費用は被上告人の負担とする。

○　理　　由

上告代理人金岡昭ほかの上告理由について

[1]　**1**　本件は、上告人に保健婦として採用された被上告人が、平成 6 年度及び同 7 年度に東京都人事委員会の実施した管理職選考を受験しようとしたが、日本の国籍を有しないことを理由に受験が認められなかったため、国家賠償法 1 条 1 項に基づき、上告人に対し、慰謝料の支払等を請求する事案である。

[2]　**2**　原審の適法に確定した事実関係等の概要は、次のとおりである❶。

[3]　(1)　被上告人は、昭和 25 年に岩手県で出生した大韓民国籍の外国人であり、日本国との平和条約に基づき日本の国籍を離脱した者等の出入国管理に関する特例法に定める特別永住者である❷。

[4]　(2)　上告人は、昭和 61 年、保健婦の採用につき日本の国籍を有することを要件としないこととした。被上告人は、同 63 年 4 月、上告人に保健婦として採用された。

[5]　(3)　後記の平成 6 年度及び同 7 年度の管理職選考が実施された当時、上告人における管理職としては、東京都知事の権限に属する事務に係る事案の決定権限を有する職員（本庁の局長、部長及び課長並びに本庁以外の機関における上級の一定の職員）のほか、直接には事案の決定権限を有しないが、事案の決定過程に関与する職員（本庁の次長、技監、理事（局長級）、参事（部長級）、副参事（課長級）等及び本庁以外の機関の一定の職員）があり、さらに、企画や専門分野の研究を行うなどの職務を行い、事案の決定権限を有せず、事案の決定過程にかかわる蓋然性も少ない管理職も若干存在していた。上告人においては、管理職に昇任した職員に終始特定の職種の職務内容だけを担当させるという任用管理は行われておらず、例えば、医化学の分野で管理職選考に合格した職員であっても、管理職に任用されると、その職員は、その後の昇任に伴い、そのまま従来の医化学の分野にだけ従事するものとは限らず、担当がその他の分野の仕事に及ぶことがあり、いずれの分野においても管理的な職務に就くこと

　[2] から [9] は、原審の認定した事実を要約している。

　特別永住者については、【補足説明】参照。

　[5] では、東京都の管理職制度が説明される。ポイントは、管理職に昇任した職員に特定の職種の職務内容だけを担当させるように管理されていなかったことである。

[6]　(4)　東京都人事委員会が実施する管理職選考は、東京都知事、東京都議会議長、東京都の公営企業管理者、代表監査委員、教育委員会、選挙管理委員会、海区漁業調整委員会及び人事委員会が任命権を有する職員に対する課長級の職への第1次選考としてされるものである。管理職選考には、A、B及びCの選考種別とそれぞれについての事務系及び技術系の選考種別とがあり、被上告人が受験しようとした選考種別Aの技術系は土木、建築、機械、電気、生物及び医化学に区分される。管理職選考に合格した者は、任用候補者名簿に登載され、その数年後、最終的な任用選考を経て管理職に任用される❹。

[7]　(5)　東京都人事委員会の平成6年度管理職選考実施要綱は、上記(4)の職員に対する課長級の職への第1次選考について受験資格を定めており、明文の定めは置いていなかったものの、受験者が日本の国籍を有することを前提としていた❺。

[8]　(6)　被上告人は、上記要綱に基づいて実施される管理職選考の選考種別Aの技術系の選考区分医化学を受験することとし、平成6年3月10日、所属していた東京都八王子保健所の副所長に申込書を提出しようとしたが、同副所長は、被上告人が日本の国籍を有しないことを理由に、申込書の受領を拒絶した。被上告人は、国籍の点以外は上記要綱が定める受験資格を備えていたが、上記のとおり申込書の受領を拒絶されたため、同年5月に実施された筆記考査を受けることができなかった❻。

[9]　(7)　東京都人事委員会の平成7年度管理職選考実施要綱には、日本の国籍を有することが受験資格であることが明記されるに至った。被上告人は、日本の国籍を有しないために同管理職選考を受けることができなかった❼。

[10]　3　原審は、上記事実関係等の下において、上告人の職員が被上告人に平成6年度及び同7年度の管理職選考を受験させなかったことは、被上告人が日本の国籍を有しないことを理由に被上告人から管理職選考の受験の機会を奪い、課長級の管理職への昇任のみちを閉ざすものであり、違法な措置であるとして、被上告人の慰謝料請求を一部認容した❽。

[11]　原審の上記判断の理由の概要は、次のとおりである。

[12]　(1)　日本の国籍を有しない者は、憲法上、国又は地方公共団体の公務員に就任する権利を保障されているということはできない。

[13]　(2)　地方公務員の中でも、管理職は、地方公共団体の公権力を行使し、又は公の意思の形成に参画するなど地方公共団体の行う統治作用にかかわる蓋然性の高い職であるから、地方公務員に採用された外国人が、日本の国籍を有する者と同様、当然に管理職に任用される権利を保障されているとすることは、国民主権の原理に照らして問題がある。しかしながら、管理職の職務は広範多岐に及び、地方公共団体の行う統治作用、特に公の意思の形成へのかかわり方、その程度は様々なものがあり得るのであり、公権力を行使することなく、また、公の意思の形成に参画する蓋然性が少なく、地方公共団体の行う統治作用にかかわる程度の弱い管理職も存在する。したがって、職務の内容、権限と統治作用とのかかわり方、その程度によって、外国人を任用することが許されない管理職とそれが許される管理職とを分別して考える必要がある。そして、後者の管理職については、我が国に在住する外国人をこれに任用することは、国民主権の原理に反するものではない。

[14]　(3)　上告人の管理職には、企画や専門分野の研究を行うなどの職務を行い、事案の決定権限を有せず、事案の決定過程にかかわる蓋然性も少ない管理職も若干存在している。このように、管理職に在る者が事案の決定過程に関与するといっても、そのかかわり方、その程度は様々であるから、上告人の管理職について一律に外国人の任用（昇任）を認めないとするのは相当でなく、その職務の内容、権限と事案の決定とのかかわり方、その程度によって、外国人を任用することが許されない管理職とそれが許される管理職とを区別して任用管理を行う必要がある。そして、後者の管理職への任用については、我が国に在住する外国人にも憲法22条1項、14条1項の各規定による保障が及ぶものというべきである。

[15]　(4)　上告人の職員が課長級の職に昇任するためには、管理職選考を受験する必要があるところ、課長級の管理職の中にも外国籍の職員に昇任を許しても差し支えのないものも存在するというべきであるから、外国籍の職員から

❹　[6]では、管理職選考の仕組みの説明がなされている。

❺　[7]では、本件で問題となった平成6年の選考実施要綱が確認されている。明文の国籍要件の定めがなかったにもかかわらず日本国籍を要求していたことは、本来はそれ自体好ましくないことであろう。

❻　[8]では、平成6年の選考の受験ができなかった経緯が確認される。

❼　[9]では、平成7年の実施要綱について確認される。平成6年との違いは国籍要件が明記されたことである。

❽　[10]から[15]では、原審判決が略述される。原審判決の一番のポイントは、管理職のうち、公権力を行使せず、公の意思形成に参画する蓋然性が少ない者については必ずしも国籍を必要とせず（[13]）、他方で、管理職への任用については憲法22条1項および14条1項による保障が及ぶとした（[14]）点にある。

管理職選考の受験の機会を奪うことは、外国籍の職員の課長級の管理職への昇任のみちを閉ざすものであり、憲法22条1項、14条1項に違反する違法な措置である。被上告人は、上告人の職員の違法な措置のために平成6年度及び同7年度の管理職選考を受験することができなかった。被上告人がこれにより被った精神的損害を慰謝するには各20万円が相当である。

[16]　4　しかしながら、前記事実関係等の下で被上告人の慰謝料請求を認容すべきものとした原審の判断は、是認することができない。その理由は、次のとおりである。

[17]　(1)　地方公務員法は、一般職の地方公務員(以下「職員」という。)に本邦に在留する外国人(以下「在留外国人」という。)を任命することができるかどうかについて明文の規定を置いていないが(同法19条1項❾参照)、普通地方公共団体が、法による制限の下で、条例、人事委員会規則等の定めるところにより職員に在留外国人を任命することを禁止するものではない。普通地方公共団体は、職員に採用した在留外国人について、国籍を理由として、給与、勤務時間その他の勤務条件につき差別的取扱いをしてはならないものとされており(労働基準法3条、112条、地方公務員法58条3項)、地方公務員法24条6項に基づく給与に関する条例で定められる昇格(給料表の上位の職務の級への変更)等も上記の勤務条件に含まれるものというべきである。しかし、上記の定めは、普通地方公共団体が職員に採用した在留外国人の処遇につき合理的な理由に基づいて日本国民と異なる取扱いをすることまで許されないとするものではない。また、そのような取扱いは、合理的な理由に基づくものである限り、憲法14条1項に違反するものでもない❿。

[18]　管理職への昇任は、昇格等を伴うのが通例であるから、在留外国人を職員に採用するに当たって管理職への昇任を前提としない条件の下でのみ就任を認めることとする場合には、そのように取り扱うことにつき合理的な理由が存在することが必要である⓫。

[19]　(2)　地方公務員のうち、住民の権利義務を直接形成し、その範囲を確定するなどの公権力の行使に当たる行為を行い、若しくは普通地方公共団体の重要な施策に関する決定を行い、又はこれらに参画することを職務とするもの(以下「公権力行使等地方公務員」という。)については、次のように解するのが相当である。すなわち、公権力行使等地方公務員の職務の遂行は、住民の権利義務や法的地位の内容を定め、あるいはこれらに事実上大きな影響を及ぼすなど、住民の生活に直接間接に重大なかかわりを有するものである。それゆえ、国民主権の原理に基づき、国及び普通地方公共団体による統治の在り方については日本国の統治者としての国民が最終的な責任を負うべきものであること(憲法1条、15条1項参照)に照らし、原則として日本の国籍を有する者が公権力行使等地方公務員に就任することが想定されているとみるべきであり、我が国以外の国家に帰属し、その国家との間でその国民としての権利義務を有する外国人が公権力行使等地方公務員に就任することは、本来我が国の法体系の想定するところではないものというべきである⓬。

[20]　そして、普通地方公共団体が、公務員制度を構築するに当たって、公権力行使等地方公務員の職とこれに昇任するのに必要な職務経験を積むために経るべき職とを包含する一体的な管理職の任用制度を構築して人事の適正な運用を図ることも、その判断により行うことができるものというべきである。そうすると、普通地方公共団体が上記のような管理職の任用制度を構築した上で、日本国民である職員に限って管理職に昇任することができることとする措置を執ることは、合理的な理由に基づいて日本国民である職員と在留外国人である職員とを区別するものであり、上記の措置は、労働基準法3条にも、憲法14条1項にも違反するものではないと解するのが相当である⓭。そして、この理は、前記の特別永住者についても異なるものではない⓮。

[21]　(3)　これを本件についてみると、前記事実関係等によれば、昭和63年4月に上告人に保健婦として採用された被上告人は、東京都人事委員会の実施する平成6年度及び同7年度の管理職選考(選考種別Aの技術系の選考区分医化学)を受験しようとしたが、東京都人事委員会が上記各年度の管理職選考において日本の国籍を有しない者には受験資格を認

❾　地公法19条1項のうち、採用試験の平等と公開を定める前段は、平成26年法律第34号による改正で、18条の2に移された。

❿　[17]では、昇格などの勤務条件についての外国人の差別的取扱いの禁止が労基法3条の要請であり、それが、憲法14条の要請と同様に、合理的区別論によって解釈されるとされる。地方公務員の採用の次元と昇格(勤務条件)の次元は異なり、後者については、法律上、国籍を理由とした差別的取扱いが禁止されているというのである。調査官はこの点に注意を促している(判解②29頁)。判解①87頁の表現でいえば、「本判決が在留外国人の公務就任権の有無につき判断したものでない」というのである。

会社の場合、労基法が憲法27条2項に基づき労働条件の法定を行っているところ、その3条が憲法14条の平等原則を盛り込んで規律している。これに対して、募集・採用の場面では法的な保護が低くなり、会社の採用の自由が強調される。このように採用を境に保護の度合いが高まる理由は、判例上、労基法3条が「当該労働者の既得の地位と利益を重視」するためと説明される(三菱樹脂事件判決〔本書69事件〕)。地方公共団体による職員の採用についても、本判決は、採用の前後で保護の度合いが変わる点では同じように考えている。

以上のことからすると、採用の前後で保護の仕方が変わると考えたのは、グローバル化がもたらす正負の影響が定まらないうちは外国人の公務就任権や職業の自由に関する難しい憲法問題を回避したという一面もあろうが、少なくとも形式的には、会社の場合と同様に考えた帰結であろう。こうした処理に対して、上記の憲法問題に正面から取り組むべきであるとする批判も多い(たとえば、判批②13頁)。もっとも、「労働者の既得の地位と利益」を保護するために法律上の仕組みが採用の前後で扱いを変えている領域に、憲法22条1項により「自由」に職業を選べるはずだという理屈で合憲性の審査を及ぼしてよいかどうかについては、一考を要する。

⓫　[18]では、管理職への昇任が通常、昇格を伴うことから、[17]でみた勤務条件における平等原則が及ぶとされる。

⓬　[19]では、「国民主権の原理」に基づき、「公権力行使等地方公務員」への就任には原則として日本国籍の保有が「想定」されていることが指摘される。これについては、以下の3点に留意が必要である。

第1に、「公権力行使等地方公務員」は、ただ公権力の行使や地方公共団体の意思形成に携わるだけでなく、住民の生活に重大なかかわりを有する職務を行う者に限られる(藤田補足意見([28]～[30])を参照)。

第2に、この「想定」から、国や地方公共団体が「公権力行使等地方公務員」への就任を認めることが違法になるかどうかは、「原則として」という以上は微妙であるし、そもそも眼前の事件の解決とは関係がない。

第3に、いかなる内容の「国民主権の原理」からこの「想定」が導かれるか。一方で、統治機関の地位に就く者が究極的には国民であり、その職務遂行の正統性の淵源が国民にあるとの意味であれば、「すべての公務員の選任は、終局的には国民の意思に懸かるべきものであって」(滝井補足意見([54]))、国民が望む限りは、外国人にその公務への就任を認めることになるはずである。他方で、公務への就任も選挙と同様に政治過程への参加の機会だからこそ国民に留保されるべきであるとの趣旨であるとすると、それを絶対的な要請とまでは考えにくい(最判平7・2・28民集49-2-639を参照)。

調査官は、多数意見の背景に、「我が国の地方公務員制度及び組織法上負う義務とその者が帰属する国家に対して負う義務とが衝突する事態」が生じるのを避けると必要があるとの考慮をみる(判解①76頁)。しかし、

めていなかったため、いずれも受験することができなかったというのである。そして、当時、上告人においては、管理職に昇任した職員に終始特定の職種の職務内容だけを担当させるという任用管理を行っておらず、管理職に昇任すれば、いずれは公権力行使等地方公務員に就任することのあることが当然の前提とされていたということができるから、上告人は、公権力行使等地方公務員の職に当たる管理職のほか、これに関連する職を包含する一体的な管理職の任用制度を設けているということができる❶。

【22】　そうすると、上告人において、上記の管理職の任用制度を適正に運営するために必要があると判断して、職員が管理職に昇任するための資格要件として当該職員が日本の国籍を有する職員であることを定めたとしても、合理的な理由に基づいて日本の国籍を有する職員と在留外国人である職員とを区別するものであり、上記の措置は、労働基準法3条にも、憲法14条1項にも違反するものではない。原審がいうように、上告人の管理職のうち、企画や専門分野の研究を行うなどの職務を行うにとどまり、公権力行使等地方公務員には当たらないものも若干存在していたとしても、上記判断を左右するものではない。また、被上告人のその余の違憲の主張はその前提を欠く。以上と異なる原審の前記判断には、判決に影響を及ぼすことが明らかな法令の違反がある。この趣旨をいう論旨は理由があり、原判決のうち上告人の敗訴部分は破棄を免れない。そして、被上告人の慰謝料請求を棄却すべきものとした第1審判決は正当であるから、上記部分についての被上告人の控訴を棄却すべきである❶。

【23】　5　よって、裁判官滝井繁男、同泉徳治の各反対意見があるほか、裁判官全員一致の意見で、主文のとおり判決する。なお、裁判官藤田宙靖の補足意見、裁判官金谷利廣、同上田豊三の各意見がある。

一般的には国民主権の原理の含意が利益相反の回避に限定されるとも考えにくい（たとえば、利益相反が生じないように手当をすれば外国人が当該公務員に就任してよいという結論が国民主権から素直に導かれるとは考えにくい）。その意味で、本判決は、利益相反の回避と、民主的政治過程の国民による独占という二つの理由づけを区別せずに用いたと批判されている（文献③130頁以下）。

❸【20】は、「公権力行使等地方公務員」の職とそうでない職とを包含する一体的な管理職制度（仕組み）を構築するかどうかというマクロの次元（判解①82頁のいう「地方公共団体の行政組織権」行使にかかる問題）に視点を移すことで、実質的には平等原則の審査を浅くしている。藤田補足意見【28】～【30】は、この推論を補強している。これに対して、滝井反対意見【65】～【71】、泉反対意見【90】～【93】は、この推論が必然ではないとして、具体的な論証を求めている。

❹【20】の最後の一文では、特別永住者について異なる取扱いとしないことが述べられる。藤田補足意見【26】がこうした取扱いを正当化するのに対して、滝井反対意見【74】【75】、泉反対意見【81】～【93】は反対する。

❺【21】では、東京都が【20】にいう一体的な管理職制度を設けていることが指摘される。

❻【22】では、【21】までの検討を受けて、東京都が管理職への昇任に日本国籍を要求することが正当化される。

少数意見

裁判官藤田宙靖の補足意見は、次のとおりである❼。

【24】　私は、多数意見に賛成するものであるが、本件被上告人が、日本国との平和条約に基づき日本の国籍を離脱した者等の出入国管理に関する特例法（以下「入管特例法」という。）に定める特別永住者であること等にかんがみ、多数意見に若干の補足をしておくこととしたい。

【25】　被上告人が、日本国で出生・成育し、日本社会で何の問題も無く生活を営んで来た者であり、また、我が国での永住を法律上認められている者であることを考慮するならば、本人が日本国籍を有しないとの一事をもって、地方公務員の管理職に就任する機会をおよそ与えないという措置が、果たしてそれ自体妥当と言えるかどうかには、確かに、疑問が抱かれないではない。しかし私は、最終的には、それは、各地方公共団体が採る人事政策の当不当の問題であって、本件において上告人が執った措置が、このことを理由として、我が国現行法上当然に違法と判断されるべきものとまでは言えないのではないかと考える。その理由は、以下のとおりである。

【26】　1　入管特例法の定める特別永住者の制度は、それ自体としてはあくまでも、現行出入国管理制度の例外を設け、一定範囲の外国籍の者に、出入国管理及び難民認定法（以下「入管法」という。）2条の2に定める在留資格を持たずして本邦に在留（永住）することのできる地位を付与する制度であるにとどまり、これらの者の本邦内における就労の可能性についても、上記の結果、法定の各在留資格に伴う制限（入管法19条及び同法別表第1参照）が及ばないこととなるものであるにすぎない。したがって例えば、特別永住者が、法務大臣の就労許可無くして一般に「収入を伴う事業を運営する活動又は報酬を受ける活動」（同法19条）を行うことができるのも、

上記の結果生じる法的効果であるにすぎず、法律上、特別永住者に、他の外国籍の者と異なる、日本人に準じた何らかの特別な法的資格が与えられるからではない。また、現行法上の諸規定を見ると、許可制等の採られている事業ないし職業に関しては、各個の業法において、日本国籍を有することが許可等を受けるための資格要件とされることがあるが（公証人法12条1項1号、水先法5条1号、鉱業法17条本文、電波法5条1項1号、放送法52条の13第1項5号イ、等々）、これらの規定で、特別永住者を他の外国人と区別し、日本国民と同様に扱うこととしたものは無い。他方、日本の国籍を有しない者の国家公務員試験受験資格を否定する人事院規則（人事院規則8－18）において、日本郵政公社職員への採用に関しては、特別永住者もまた郵政一般職採用試験を受験することができることとされるが、このことについては、特に明文の規定が置かれている（同規則8条1項3号括弧書）。以上に照らして見るならば、我が国現行法上、地方公務員への就任につき、特別永住者がそれ以外の外国籍の者から区別され、特に優遇さるべきものとされていると考えるべき根拠は無く、そのような明文の規定が無い限り、事は、外国籍の者一般の就任可能性の問題として考察されるべきものと考える。

【27】　2　ところで、外国籍の者の公務員就任可能性について、原審は、日本国憲法上、外国人には、公務員に就任する権利は保障されていない、との出発点に立ちながらも、憲法上の国民主権の原理に抵触しない範囲の職については、憲法22条、14条等により、外国籍の者もまた、日本国民と同様、当然にこれに就任する権利を、憲法上保障される、との考え方を採るものであるように見受けられる。しかし、例えば、①外国人に公務員への就任資格（以下「公務

---

❼　藤田補足意見は、多数意見の重要な前提について補足しており、極めて重要である。【26】は、【20】の最後の一文で特別永住者に対して異なる取扱いをしないことの理由を述べる。【27】は、本件では外国人の公務就任権が直接に問われていないことに注意を喚起する。【28】から【30】は、「公権力行使等地方公務員」の概念が従来の行政実務にみられた「当然の法理」よりも狭いこと、一体的な管理職制度における人事の流動性への配慮から管理職に日本国籍を要求することが行政組織権の濫用とまではいえないことを述べる。

就任権」という。）が憲法上保障されていることを否定する理由として理論的に考え得るのは、必ずしも、原審のいう国民主権の原理のみに限られるわけではない（例えば、一定の職域について外国人の就労を禁じるのは、それ自体一国の主権に属する権能であろう。）こと、また、②「憲法上、外国人には、公務員の一定の職に就任することが禁じられている」ということは、必ずしも、理論的に当然に「こうした禁止の対象外の職については、外国人もまた、就任する権利を憲法上当然に有する」ということと同義ではないこと、更に、③職業選択の自由、平等原則等は、いずれも自由権としての性格を有するものであって、本来、もともと有している権利や自由をそれに対する制限から守るという機能を果たすにとどまり、もともと有していない権利を積極的に生み出すようなものではないこと、等にかんがみると、原審の上記の考え方には、幾つかの論理的飛躍があるように思われ、我が国憲法上、そもそも外国人に（一定範囲での）公務就任権が保障されているか否か、という問題は、それ自体としては、なお重大な問題として残されていると言わなければならない。しかしいずれにせよ、本件は、外国籍の者が新規に地方公務員として就任しようとするケースではなく、既に正規の職員として採用され勤務してきた外国人が管理職への昇任の機会を求めるケースであって、このような場合に、労働基準法3条の規定の適用が排除されると考える合理的な理由の無いことは、多数意見の言うとおりであるから、上記の問題の帰すうは、必ずしも、本件の解決に直接の影響を及ぼすものではない。

【28】　3　そこで、進んで、本件の場合に、労働基準法の同条の規定の存在にもかかわらず、外国籍の者を管理職に昇任させないとすることにつき、合理的な理由が認められるかどうかについて考える。記録を参照すると、上告人がこのような措置を執ったのは、「地方公務員の職のうち公権力の行使又は地方公共団体の意思の形成に携わるものについては、日本の国籍を有しない者を任用することができない」といういわゆる「公務員に関する当然の法理」に沿った判断をしたためであることがうかがわれる（参照、昭和48年5月28日自治公一第28号大阪府総務部長宛公務員第一課長回答）。しかし、一般に、「公権力の行使」あるいは「地方公共団体の意思の形成」という概念は、その外延のあまりにも広い概念であって、文字どおりにこの要件を満たす職のすべてに就任することが許されないというのでは、外国籍の者が地方公務員となる可能性は、皆無と言わないまでも少なくとも極めて少ないこととなり、また、そのことに合理的な理由があるとも考えられない。その意味においては、職務の内容、権限と統治作用とのかかわり方、その程度によって、外国人を任用することが許されない管理職とそれが許される管理職とを分別して考える必要があるとする原審の説示にも、その限りにおいて傾聴に値するものがあることを否定できないし、また、多数意見の用いる「公権力行使等地方公務員」の概念も、この点についての周到な注意を払った上で定義されたものであることが、改めて確認されるべきである。

【29】　ただ、その具体的な範囲をどう取るかは別として、いずれにせよ、少なくとも地方公共団体の枢要な意思決定にかかわる一定の職について、外国籍の者を就任させないこととしても、必ずしも違憲又は違法とはならないことについては、我が国において広く了解が存するところであり、私もまた、そのこと自体に対し異を唱えるものではない。そして、本件の場合、上告人東京都は、一たび管理職に昇任させると、その職員に終始特定の職種の職務内容だけを担当させるという任用管理をするのではなく、したがってまた、外国人の任用が許されないとされる職務を担当させることになる可能性もあった、というのである。この点につき、原審は、管理職に在る者が事案の決定過程に関与すると言っても、そのかかわり方及びかかわりの程度は様々であるから、上告人東京都の管理職について一律に在留外国人の任用を認めないのは相当ではなく、上記の基準により、在留外国人を任用することが許されない管理職とそれが許される管理職とを区別して任用管理を行う必要がある、という。もとより、そのような任用管理を行うことは、人事政策として考え得る選択肢の一つではあろうが、他方でしかし、外国籍の者についてのみ常にそのような特別の人事的配慮をしなければならないとすれば、全体としての人事の流動性を著しく損なう結果となる可能性があるということもまた、否定することができない。こういったことを考慮して、上告人東京都が、一般的に管理職への就任資格として日本国籍を要求したことは、それが人事政策として最適のものであったか否かはさておくとして、なお、その行政組織権及び人事管理権の行使として許される範囲内にとどまるものであった、ということができよう。

【30】　もっともこの点、専ら、本件における被上告人の立場についてのみ考えるならば、本件において、被上告人を管理職に昇任させることが、現実に全体としての人事の流動性を著しく損なう結果となるおそれが大きかったか否かについては、原審において必ずしも十分な認定がなされているとは言い難く、したがって、この点について審理を尽くさせるために、原判決を破棄して本件を差し戻す、という選択をすることも、考えられないではない。しかし、いうまでも無く、在留外国人に管理職就任の道を制度として開くかどうかは、独り被上告人との関係のみでなく、在留外国人一般の問題として考えなければならないことであって（例えば、将来において被上告人と同様の希望を持つ在留外国人が多数出て来た場合には、そのすべてについて同様の扱いをしなければならないことになる）、こういったことをも考慮するならば、上告人東京都が、本件当時において外国籍の者一般につき管理職選考の受験を拒否したことが、直ちに、法的に許された人事政策の範囲を超えることになるとは、必ずしも言えず、また、少なくともそこに過失を認めることはできないのではないか、と考える。

裁判官金谷利廣の意見は、次のとおりである。❽

【31】　私は、原判決が上告人において被上告人に対し平成6年度及び同7年度の管理職選考を受験させなかった措置は憲法に違反する違法な措置であると判断したことについて、これを是認できないとする多数意見の結論には賛成するが、その理由付けの一部には同調できない。

【32】　1　憲法は、我が国の公務員に就任できる地位（以下「公務員就任権」という。）について、これを一般的に保障する規定を置いてはいないが、日本国民の公務員就任については、憲法が当然の前提とするものとして、あるいは、国民主権の原理、14条等を根拠として、解釈上これを認めることができると考える。

【33】　しかし、公務員（地方公務員を含む。）制度をどのように構築するかは国の統治作用に重大な関係を有すること、公務員の種類は多種多様で、その中には、外国人が就任することが国民主権の原理からして憲法上許容されないと解されるもの（ただし、その範囲をどう考えるかは議論が分かれる難しい問題である。）や外国人の就任が不相当なものが少なくないこと、また、外国人にも就任を認めるのが妥当であるか否かは当該具体的職種の職務内容、人事運用の実態等により左右されること、さらには、これまでの内外の法制の歴史等にかんがみると、日本国民に対し解釈上認められる憲法上の公務員就任権の保障は、その権利の性質上、外国人に対しては及ばないものと解するのが相当である（国の基本法である憲法において公務員の職種を区別してその一部については外国人の公務員就任権を保障していると解することは、明文の規定がない以上、妥当であるとは思われない。）。憲法は、外国人に対しては、公務員就任権を保障するものではなく、憲法上の制限の範囲内において、外国人が公務員に就任することができることとするかどうかの決定を立法府の裁量にゆだねているものというべきである。

【34】　2　そこで、地方公務員に関する法制をみると、地方公務員法は、外国人を一般の地方公務員に就任させることができるかどうかについて規定を置いていないし、その就任を禁止する規定も置いていないか

---

❽ 金谷意見は、上田意見とともに、多数意見の【17】に関して、昇任の仕組み形成に関しても地方公共団体の裁量を広く認め、労基法3条はその次元に限っては制約原理として働かないとする。両意見に対しては、会社にも同様の裁量が認められるはずで、既存の判例に沿わないという疑問が向けられている（判批①99-100頁）。

ら、地方公共団体は、外国人を当該地方公共団体の職員に採用できることとするか否かについて、裁量により決めることができるものといわなければならない。すなわち、我が国の現行法制上、外国人に地方公務員となり得るみちを開くか否かは、当該地方公共団体の条例、人事委員会規則等の定めるところにゆだねられているのである。

【35】　そして、地方公共団体のこの裁量権は、オール・オア・ナッシングの裁量のみが認められるものではなく、一定の職種のみに限って外国人に公務員となる機会を与えることはもちろん、職務の内容と責任を考慮し昇任の上限を定めてその限度内で採用の機会を与えること、さらには、一定の職種のみに限り、かつ、一定の昇任の上限を定めてその限度内で採用の機会を与えることも許されると解されるのであって、その判断については、裁量権を逸脱し、あるいは濫用したと評価される場合を除き、違法の問題を生じることはないと解される（この点に関する詳細については、上田裁判官の意見を援用する。）。

【36】　労働基準法112条により地方公務員にも適用があるものとされる同法3条との関係についていうと、外国人に地方公務員に就任する門戸を開くか否かについては地方公共団体の判断にゆだねられていると考える私のような見解によると、外国人に対し一定の職種の地方公務員に就任するみちを全く開放しないこととしても、原則として違法の問題が生じないのに、その一部開放である昇任限度を定めた開放措置については裁量に関し制約が伴うこととなるのは、甚だ不合理であり、また、それでは外国人に対する公務員となるみちの門戸開放を不必要に慎重にさせるおそれもあると思われる。したがって、労働基準法3条は、門戸を開く裁量については適用がなく、開かれた門戸に係るその枠の中での運用において適用されるにとどまるものと解することになる。

【37】　3　本件においては、多数意見の4(3)の第1段に記述されているのと同様の理由により、上告人（東京都）において職員が管理職に昇任するための資格要件として当該職員が日本の国籍を有する職員であることを定めていたことが、裁量権の逸脱・濫用として違法性を帯びることはなく、したがって、上告人が被上告人に対し平成6年度及び同7年度の管理職選考を受験させなかった措置に違法はないと考える次第である。

【38】　4　なお、付言すると、公務員の職種の中には外国人が就任しても支障がないと認められるものがあり、国際化が進展する現代において、定住外国人に対しそれらの公務員となるみちの門戸を相当な範囲で開放してゆくことは、時代の流れに沿うものということができるし、また、被上告人のような特別永住者がその一層の門戸開放を強く主張すること自体については、よく理解できる。しかし、この問題は、私の見解からすると、基本的には、政治的ないしは政策的な選択の当否のレベルで議論されるべきことであって、違憲、違法の問題が生ずる事柄ではないということである。

裁判官上田豊三の意見は、次のとおりである❶。

【39】　私は、上告人が被上告人に対し平成6年度及び同7年度の管理職選考を受験させなかった措置に違法はなく、これが違法であるとして被上告人の慰謝料請求を認容すべきものとした原審の判断は是認することができないとする多数意見に賛成するものであるが、その理由を異にする。

【40】　1　憲法は、在留外国人につき我が国の公務員に就任することができる地位を保障するものではなく、在留外国人が公務員に就任することができることとするかどうかの決定を立法府の裁量にゆだねているものと解するのが相当である。

【41】　ところで、地方公務員法は、在留外国人の地方公務員への就任につき、これを就任させなければならないとする規定も、逆にこれを就任させてはならないとする規定も置いていない。したがって、同法は、この問題につき、それぞれの地方公共団体が条例ないし人事委員会規則等において定め得るという立場（すなわち、当該地方公共団体の裁量にゆだねるという立場）に立っているものと解されるのである。

【42】　2　それぞれの地方公共団体は、在留外国人の地方公務員への就任の問題を定めるに当たり、ある職種について在留外国人の就任を認めるかどうかという裁量（便宜「横軸の裁量」という。）を有するのみならず、職務の内容と責任に応じた級についてどの程度・レベルのものにまでの就任（昇任）を認めるかどうかについての裁量（便宜「縦軸の裁量」という。）をも有するものと解すべきである。換言すれば、在留外国人の地方公務員への就任の問題をどのような制度として（横軸・縦軸の両面において）構築するかは、それぞれの地方公共団体の裁量にゆだねられていると解されるのである（民間事業の経営者がどのような種類の、またどのような規模の事業を経営するかは、その経営者の自由な選択にゆだねられており、たとえ在留外国人を雇用する予定であったとしても、その選択は労働基準法3条により制約されるものではなく、その事業に雇用された在留外国人は、その経営者の選択した事業の種類・規模の範囲において同条による保護を主張することができるにすぎない。すなわち、同条は、経営者による事業の種類・規模の選択に当たっては制約原理としては働かないのであり、同様に、地方公共団体が在留外国人の地方公務員制度を構築するに当たっても、同条は制約原理として働かないものと解すべきである。）。

【43】　3　この地方公共団体の裁量にも限界があり、裁量権を逸脱したり、濫用したと評価される場合には、違法性を帯びることになる。縦軸の裁量における限界については、私は、現在、次のように理解すべきものと考えている。すなわち、当該地方公共団体が縦軸の裁量として行使したところが、地方公務員法を中心とする地方公務員制度全体から見ておよそ許容することができないと思われる場合には、裁量の限界を超えていると解することになる。例えば、地方公務員のうち、地方公共団体の公権力の行使に当たる行為若しくは地方公共団体の重要な施策に関する決定を行い、又はこれに関与する者について、解釈上、その就任に日本国籍を有することを必要とするものがあるとされる場合に、地方公共団体がそのような地方公務員にも在留外国人の就任を認めることとしたとき（すなわち、在留外国人への門戸を開放しすぎた場合、換言すれば縦軸の裁量の行使が広すぎた場合）には、裁量の限界を超えていると解することになる。また、逆に、例えば、在留外国人については、その給与を特段の事情もないのに初任給程度に限定することとし、そのような級に相当する職務を専ら行うものと位置付けて地方公務員への就任を認めることとしたような場合（すなわち、門戸の開放が極端に狭い場合、換言すれば縦軸の裁量の行使があまりにも狭すぎる場合）には、在留外国人を蔑視し、在留外国人に苦痛のみを与える制度として、あるいは在留外国人の労働力を搾取する制度として構築したものとして地方公務員制度上のいわば公序良俗に反し、裁量の限界を超えていると解することになろう。

【44】　そして、在留外国人の地方公務員への採用につき当該地方公共団体の構築した制度が裁量の限界を超えていないと判断される場合には、在留外国人に対しその制度上許容される範囲を超えた取扱いをしなくても、違法の問題は起きないことになる。なお、その構築した制度の範囲内においては、労働基準法3条や地方公務員法13条の平等取扱いの原則の精神に基づき、在留外国人同士あるいは在留外国人と日本人との間において平等取扱い等の要請が働くことになる。

【45】　4　本件においては、上告人は保健婦（当時）について在留外国人の就任を認めることとしたが、課長級以上の管理職についてはこれを認めないこととしたというものであるところ、その制度は、上記に述べたような縦軸の裁量の限界を超えているものではなく、その裁量の範囲内にあるものとして、違法性を帯びることはないというべきである。

【46】　したがって、上告人が被上告人に対し平成6年度及び同7年度の管理職選考を受験させなかった措置に違法はないと解すべきである。

---

❶　上田意見は、金谷意見と似た議論を行っている。

裁判官滝井繁男の反対意見は、次のとおりである。❷⓪

【47】　1　私も、外国籍を有する者が我が国の公務員に就任するについては、国民主権の原理から一定の制約があるほか、一定の職に就任するにつき日本国籍を有することを要件と定めることも、法律においてこれを許容し、かつ、合理的理由がある限り、認めるものである。しかしながら、上告人のように、多数の者が多様な仕事をしている地方公共団体において、その管理職に就く者が、その職務の性質にかかわらず、すべて日本国籍を有しなければならないものとすることには、その合理的根拠を見いだすことはできない。したがって、上告人が管理職選考において日本国籍を有することを受験資格とした措置は、在留外国人である職員に対し国籍のみによって昇任のみちを閉ざしたものであり、憲法14条に由来し、国籍を理由として差別することを禁じた労働基準法3条の規定に反する違法なものであると考える。以下、その理由を述べる。

【48】　2⑴　国民主権の原理の下では、統治に参加することができるのはその国に帰属する者だけであって、参政権を保障されているのはその国民だけである。そして、国民は統治の担い手となる者を自由に選び得るのであるが、国の主体性の維持及び独立の見地から、統治権の重要な担い手になる者については外国人を排除すべきものとされているのである。

【49】　⑵　憲法15条1項は、公務員を選定し、及びこれを罷免することは、国民固有の権利であると定めているが、これは、国民主権の原理に基づいたものであって、権利の性質上この規定による保障は我が国に在留する外国人には及ばないものと解されているのである。

【50】　⑶　憲法93条2項は、地方公共団体の長、その議会の議員及び法律の定める公務員についてもその地方公共団体の住民が直接選挙すると規定しているが、ここで権利を保障されているのも日本国民に限られている。

【51】　我が国実定法も、これに基づいて公務員の選定に関する規定を置いており、地方公共団体についていえば、地方公共団体の議会の議員及び長の選挙権、被選挙権を国民に限定する（地方自治法11条、18条、19条）ほか、国民にのみ、議会解散請求権、議会の議員、長、副知事若しくは助役、出納長若しくは収入役、選挙管理委員若しくは監査委員又は公安委員会委員並びに教育委員会委員の解職請求権などを認めているのである（同法13条）。

【52】　しかしながら、我が国憲法は、住民の日常生活に密接な関連を有する公共的事務についてはその地方の住民の意思に基づいて、地方公共団体で処理することを保障していることから、我が国に在留する外国人のうち、その居住する区域の地方公共団体と特段に緊密な関係を持つ者については、その意思をその地方公共団体の公共的事務の処理に反映させるため、法律によって、地方公共団体の長、その議員等に対する選挙権を付与することを禁止しているものではないのである（最高裁平成5年（行ツ）第163号同7年2月28日第三小法廷判決・民集49巻2号639頁参照）。

【53】　すなわち、我が国実定法は、一定の公務員に関する選挙権及び被選挙権については日本国民に限定してこれを付与しているが、そうであるからといって、参政権の側面を持つ権利のすべてについて、国民主権の原理からの帰結として当然に、その保障が日本国民に限られることになるというものではないのである。

【54】　⑷　本件で問題になっているのは、選挙権、被選挙権のように、その憲法上の保障が日本国民に限られることが国民主権の原理から帰結される権利ではなく、ある公務に就くことができるかどうかの資格である。すべての公務員の選任は、終局的には国民の意思に懸かるべきものであって、その意味でその選任に参政権的な側面があるとしても、すべての公務員に就任するについてその職務の性質を問うことなく、国民主権の原理の当然の帰結として日本国籍が求められているというものではないのである。

【55】　私は、地方行政においては、国民による統治の根本へのかかわり方が国政とは異なることを考えれば、国民主権の見地からの当然の帰結として日本国籍を有する者でなければならないものとされるのは、地方行政機関については、その首長など地方公共団体における機関責任者に限られるのであって、その余の公務員への就任については、憲法上の制約はなく、立法によって制限し得るにしろ、立法を待つことなく性質上当然のこととして日本国籍を有する者に制限されると解すべき根拠はないものと考える。

【56】　⑸　多数意見は、そのいうところの公権力行使等地方公務員は、その職務の遂行が住民の生活に直接間接に重大なかかわりを有するものであるから、国民主権の原理に基づき、その統治の在り方について日本国の統治者としての国民が最終的な責任を負うべきものであることに照らし、原則として日本国籍を有しない者がこれに就任することは本来我が国の法体系の想定するところではないというのである。

【57】　しかしながら、我が国の地方公共団体にはその意思決定機関として議会が置かれている一方で、執行機関は、地方公共団体の事務を自らの判断と責任において誠実に管理し、執行する義務を負うとされているところ（地方自治法138条の2）、法規定上、その名において執行する権限を有するのは、知事、市町村長等の長又は行政委員会だけであって、副知事、助役、その他の補助職員は長を補助するにとどまるものである（同法161条以下）。

【58】　もっとも、長は、実際の事務をしばしば補助機関に委任したり、代理させたりしており（地方自治法152条、153条）、また、一つの行政決定は、補助機関の検討を経て最終的に行政庁の名で表示されるというのが通例であるから、地方公共団体の行政運営、組織運営にかかわる重要な事項が実務的には補助機関において行われているとみるべきことは事実である。しかしながら、これらの者は長の指揮監督の下でその職務を行うものであって（同法154条）、その職務を遂行するに当たって、法令、条例、地方公共団体の規則及び地方公共団体の機関の定める規程に従い、かつ、上司の職務上の命令に忠実に従わなければならないものである（地方公務員法32条）。すなわち、これらの者は、法規定上、地方公共団体の長がその判断と責任において行う事務の執行を補助するものとしてその任に当たっているのである。したがって、その関与する仕事が重要なものであっても、主権の行使との関係でみる限りは、補助機関の地位は、長のそれとは質的に異なるものである。憲法93条2項が、地方公共団体の長に限り、住民の公選によることを保障し、その余の公務員については公選によることにするかどうかを立法政策にゆだねているのも、その性質の相違によるものである。その職務の住民生活へのかかわり方に重要性があるからといって、補助機関への就任について、長への就任と同じく日本国籍を要求することを国民主権の原理から当然に法体系が想定しているとまでいうことはできないと考える。

【59】　3　このように、外国人が地方公共団体の長の補助機関に就任するについては、国民主権の原理に基づく制約はない。昇格等を伴う補助機関に昇任することができる資格は労働基準法3条にいう労働条件に当たるから、既に職員に採用された者は、同条の適用により上記の資格を有する。職員に採用された外国人についても、これと別異に解する理由はない。

【60】　しかしながら、国民主権の原理に基づく制約がない職であっても、そのすべてについて外国人が当然にその職に就任することができる資格を認めなければならないというわけではない。一定の職について日本の国籍を有する者だけが就任することができるとすることも、法律においてこれを許容し、かつ、合理的理由がある限り、許される。すなわち、執行機関は地方公共団体の事務を誠実に管理し、執行すべきところ、それが適切に行われることについては、住民の理解と支持を得ることが必要であって、公務における外国人の影響の排除を求める住民の一般的規範意識や公務員観からみて、法律によって、ある

---

❷⓪　滝井反対意見の特徴は、就任に日本国籍が要求されるのは地方公共団体では長に限られるとする点（【54】【55】）、一体的な管理職任用制度の運用という目的によってすべての管理職への昇任に日本国籍を要求することに合理性がないとした点（【65】～【71】。泉反対意見も参照）にある。

種の職に就任するについては日本国籍を有することを要件と定めることはできると解される。

[61] のみならず、ある職にどのような人材を配するかは、その仕事の内容と職員の資質を勘案し、個別具体的に検討し決定されるべきものであって、その判断は法律に反しない限り、使用者の広い裁量にゆだねられているところである。したがって、地方公共団体がある種の公務、例えば、高度な判断や広範な裁量を伴うもの、あるいは直接住民に対して命令し強制するものについて、住民の理解と信頼という観点から日本国籍を有する者のみを充てることとすることには合理性を認め得るのであって、そのような措置を執ることは地方公務員法が許容していると解されるから、そのような措置を執ったことをもって合理的理由に基づかない差別ということはできない。

[62] 4(1) しかしながら、上告人は、管理職の職務の内容等を考慮して一定の職への就任につき資格を制限したというのではなく、すべての管理職から一律に外国人を排除することとしていたのである。本件で問題となるのは、そのような上告人の措置に合理性があるかどうかである。

[63] 職員の昇任における不平等な取扱いもそのことに合理的な理由があれば差別となるものではないが、その合理性は使用者において明らかにすべきところ、本件において上告人はそれを明らかにしているとはいえない。なぜならば、仮に地方公共団体の長の補助職員の中に法体系上日本国籍を有することを要件とすることが想定される職のあることを是認し得るとしても、そのことからすべての管理職を日本国籍を有する者でなければならないとすることにまで合理性があるとし、管理職選考において一律に外国人である職員を排除することもできると解するのは相当でなく、ほかに、上記の措置を執らなければ任用制度の適正な運用ができないことなどは明らかにされていないからである。

[64] (2) 一般に管理職というとき、それは、部下を掌握し管理する地位にある者をいい、部長、課長などの組織上の名称を付されていることが多いが、部下の管理監督を行わない者も、処遇の均衡上管理職と同じ扱いを受けていることがある（そのほかに、重要な行政上の決定を行い又はそれに参画する地位にある職員及び他の職員に対し監督的地位に立つ職員を、職員団体の組織等に制約を受ける管理職員とするという制度も採られている。）。このような管理職は、各地方公共団体が具体的な任用制度を構築するに当たり、民主的効率的な公務員制度や人事行政を実現することなどの見地から設けられたものであって、ある職の就任から外国籍の者を排除する必要があるかどうかについて基準となるべき主権の行使への関与の度合いの高いものを選び出して定めたというようなものではない。

[65] (3) 多数意見は、公権力行使等地方公務員の職を公務員の中での上級公務員として位置付けた上で、これに昇任するのに必要な職務経験を積むために経るべきものとして下位の管理職を設けるなどして、その一体的な管理職任用制度を構築し、人事の適正な運用を図ることも地方公共団体はその判断ですることができ、そのためにすべての管理職に昇任することのできる者を日本国籍を有する職員に限定しても、そのことによって国籍を理由とする不当な差別をしたことにはならず、労働基準法3条に違反したことにはならないというのである。

[66] 確かに管理職に就いた者に特定の職種の職務だけを担当させるという任用管理をしないことは、それなりの合理性を持つものと考えられる。しかしながら、ここで問題とされるべきことは、管理職に昇任すれば、公権力行使等地方公務員に就くことがあり得ることを理由に、すべての管理職の資格として日本国籍を要件とすることの当否である。

[67] 住民の権利義務を形成するなどの公権力の行使に当たる行為を行い、若しくは地方公共団体の重要な施策に関する決定を行い、又はこれらに参画する地方公務員という限定は、それだけでは必ずしもその範囲を明確にし得ないものであり、際限なく広がる可能性を持つものであるが、私は、その中で国民主権の原理に基づいて日本国籍を有する者のみが就任することが想定されているものとして説明し得る職は、仮にそれを肯定するとしても、高度な判断や広範な裁量を伴うものの、あるいは直接住民に対して命令し強制するものなどに限られるのであり（3の末尾を参照）、その数がそれほど多数になることはないと考える。

[68] 今日、地方公共団体の扱う職務は私企業のそれと差異のみられない給付行政的なものに拡大し、本来的には非権力的行政といわれるものが多くみられるようになってきており、職務全般における権力性は減少しているため、公務員職の概念にも変容がみられるのであって、今日の国民の規範意識に照らせば、国民主権の見地から、その能力を度外視して外国人であるというだけの理由で排除しなければならないと考えられる職は限られたものであると考える。したがって、相当数ある管理職の中には日本国籍を有する者に限って就任を認め得るものがあるとしても、そのために管理職の選考に当たって、すべて日本国籍を有する者に限定しなければその一体的な任用管理ができないとは到底考えられないのである。

[69] (4) 上告人の職員の中で、多数意見のいう公権力行使等地方公務員の数がどれだけのものになるのか必ずしも明らかではない。しかしながら、原判決の認定するところによれば、上告人の平成9年4月1日現在の一般管理職（警視庁及び消防庁を除く。）の総数は2500に及ぶというのであって、その中には、相当数の公権力行使等地方公務員以外のものが含まれていると思われるのである。しかるに、上告人は、課長級の職は、事案の決定権限を有するか、その決定過程に関与するものであり、公の意思形成に参画するものであるとし、そのことを理由に管理職選考において日本国籍を要求することは合理性があると主張するのみで、管理職全体の中で上級の管理職と位置付けられ、日本国籍を要件とすることが法体系上想定されていると考え得る管理職がどの程度いるのかについて明らかにしていないのである。

[70] しかしながら、そのような管理職の数が相当数に及ぶこと、そして、終始特定の職務だけを担当させるという任用管理をしていないため、下位の管理職にも日本国籍を有することを要件としなければ一体的な任用制度の運用ができないことを明らかにすればともかく、そうでなければ、あらゆる管理職について日本国籍を有することを選考の受験資格とすることの合理性を明らかにしたものということはできない。

[71] 結局、上告人は、管理職選考に当たって一律に日本国籍を要件とすることが不合理な差別ではなく、違法でないといえるだけの合理性を明らかにしておらず、上告人の執った措置は外国人である職員に対し違法な差別をするものといわざるを得ないのである。

[72] (5) また、管理職に就くことの適否は、職員本人の資質、能力等によって決められるべきところ、上告人においては、管理職選考に合格し、任用候補者名簿に登録された後、最終的な選考を経て管理職に任用されるのは数年後のことであるというのであって、その間に合格した職員が管理職としての資質等を備えているかどうかについては十分観察し、吟味する機会があるのである。

[73] したがって、本件で問題となった管理職選考は、管理職に昇任する候補者の選考の段階ともいうべきものであって、管理職としての適性の有無を判定するという見地からみても、日本国籍を有しないことを理由に一律に排除するまでの必要性は認められないのである。

[74] (6) 今日、人間の経済文化活動はその活動領域を国境を越えて広げてきており、一般的にいって、国民と外国人との観念的な差異を意識することは減少しつつあるといってよい。特に地方公共団体では、外国籍を有する者もその社会の一員として責務を果たしている以上、国民と同等の扱いを求め得るということ（地方自治法10条参照）に対する理解は広がりつつあって、公務員としての適性は、国籍のいかんではなく、住民全体の奉仕者として公共の利益のために職務を遂行しているかどうかなどのことこそが重要性を持つということが、改めて認識されるようになってきているのである。そして、管理職選考に合格した職員がそのような観点からみて管理職としての適性を備えているかどうかの判定は、管理職選考に合格された後の勤務の実績等をみた上ですることもできることであって、国籍もその一つの判断の材料になることがあり得るにしろ、外国籍であることをこのような管理職選

考の段階で絶対的障害しなければならない理由はないのである。

[75]　付言するに、記録によれば、被上告人は日本人を母とし、日本で生まれ、我が国の教育を受けて育ってきた者であるが、父が朝鮮籍であったことから、日本国との平和条約の発効に伴い、本人の意思には関係なく日本国籍を失ったものである。我が国の場合、被上告人のように、この平和条約によって日本国籍を失うことになったものの、永らく我が国社会の構成員であり、これからもそのような生活を続けようとしている特別永住者たる外国人の数が在留外国人の多数を占めているところ、本件のような国籍条項は、そのような立場にある特別永住者に対し、その資質等によってではなく、国籍のみによって昇任のみちを閉ざすこととなって、格別に過酷な意味をもたらしていることにも留意しなければならない。このような見地からも、我が国においては、多様な外国人を一律にその国籍のみを理由として管理職から排除することの合理性が問われなければならないものと考えるのである。

[76]　(7)　以上のとおりであるから、日本国籍を有しないというだけで管理職選考の受験の機会を与えず、一切の管理職への昇任のみちを閉ざすというのは、人事の適正な運用を図るというその目的の正当性は是認し得るにしろ、それを達成する手段としては実質的関連性を欠き、合理的な理由に基づくものとはいえないと考えるのである。

[77]　5　したがって、上告人が、日本国籍を有しないことのみを理由として被上告人に管理職選考の受験の機会を与えなかったのは、国籍による労働者の違法な差別といわざるを得ない。また、このような差別が憲法14条に由来する労働基準法3条に違反するものであることからすれば、国家賠償法1条1項の過失の存在も肯定することができるので、被上告人の請求を認容した原判決は結論において正当であり、本件上告は棄却すべきものと考える。

裁判官泉德治の反対意見は、次のとおりである㉑。

[78]　1　被上告人は、昭和25年に岩手県で出生した特別永住者であり、日本の法律に従い昭和61年に看護婦免許、昭和63年に保健婦免許をそれぞれ受け、同年4月に東京都日野保健所の保健婦として採用され、平成5年4月から東京都八王子保健所西保健相談所に4級職主任の保健婦として勤務していた（なお、記録によると、被上告人の母は、日本人であったが、昭和10年に日本において朝鮮人と婚姻し、内地戸籍から除籍されて朝鮮戸籍に入籍し、日本国との平和条約の発効に伴い日本国籍を喪失した。また、被上告人は、日本において、義務教育を受け、高等学校、専門学校を卒業している。）。

[79]　2　被上告人は、東京都人事委員会により、日本国籍を有しないことを理由として、平成6年度及び平成7年度の管理職選考（以下「本件管理職選考」という。）の受験を拒否された。管理職選考の受験資格として日本国籍を有することが必要であることを定めた東京都条例や東京都人事委員会規則はない。東京都人事委員会は、平成6年度管理職選考実施要綱では、日本国籍の要件について触れられていなかったが、平成7年度管理職選考実施要綱で、初めて、受験資格として日本国籍を有することが必要であることを定めた㉒。

[80]　3　国家は、国際慣習法上、外国人を自国内に受け入れる義務を負うものではなく、特別の条約がない限り、外国人を自国内に受け入れるかどうか、また、これを受け入れる場合にいかなる条件を付するかを、自由に決定することができるものとされている（最高裁昭和29年(あ)第3594号同32年6月19日大法廷判決・刑集11巻6号1663頁、最高裁昭和50年(行ツ)第120号同53年10月4日大法廷判決・民集32巻7号1223頁参照）。国は、国家主権の一部として上記のような自由裁量権を有するのであり、地方公共団体にはかかる裁量権がないから、地方公共団体は、国が日本における在留を認めた外国人について、当該地方公共団体内における活動を自由に制限できるものではない。

[81]　4　そこで、まず、特別永住者が地方公務員（選挙で選ばれる職を除く。以下同じ。）となり得るか否かに関連して、国が法令においてどのような定めをしているかを見ることとする。

[82]　(1)　国は、日本国との平和条約に基づき日本の国籍を離脱した者等の出入国管理に関する特例法3条において、特別永住者に対し日本で永住することができる地位を与えている。特別永住者は、出入国管理及び難民認定法2条の2第1項の「他の法律に特別の規定がある場合」に該当する者として、同法の在留資格を有することなく日本で永住することができ、日本における就労活動その他の活動について同法による制限を受けない。そして、地方公務員法等の他の法律も、特別永住者が地方公務員となることを制限してはいない。

[83]　(2)　憲法3章の諸規定による基本的人権の保障は、権利の性質上日本国民のみをその対象としていると解されるものを除き、我が国に在留する外国人に対しても等しく及ぶと解すべきである（最高裁昭和50年(行ツ)第120号同53年10月4日大法廷判決・民集32巻7号1223頁参照）。そして、憲法14条1項が保障する法の下の平等原則は、外国人にも及ぶ（最高裁昭和37年(あ)第927号同39年11月18日大法廷判決・刑集18巻9号579頁参照）。また、憲法22条1項が保障する職業選択の自由も、特別永住者に及ぶと解すべきである。

[84]　5　上記のように、国家主権を有する国が、法律で、特別永住者に対し永住権を与えつつ、特別永住者が地方公務員になることを制限しておらず、一方、憲法に規定する平等原則及び職業選択の自由が特別永住者にも及ぶことを考えれば、特別永住者は、地方公務員となることにつき、日本国民と平等に扱われるべきであるということが、一応肯定されるのである㉓。

[85]　6　そこで、次に、地方公共団体において、特別永住者が地方公務員となることを、一定の範囲で制限することが許されるかどうかを検討する。

[86]　(1)　憲法14条1項は、絶対的な平等を保障したものではなく、合理的な理由なくして差別することを禁止する趣旨であって、各人の事実上の差異に相応して法的取扱いを区別することは、その区別が合理性を有する限り、何ら上記規定に違反するものではない（最高裁昭和55年(行ツ)第15号同60年3月27日大法廷判決・民集39巻2号247頁参照）。また、憲法22条1項は、「公共の福祉に反しない限り」という留保の下に職業選択の自由を認めたものであって、合理的な理由が存すれば、特定の職業に就くことについて、一定の条件を満たした者に対してのみこれを認めるということも許される（最高裁昭和43年(行ツ)第120号同50年4月30日大法廷判決・民集29巻4号572頁参照）。

[87]　(2)　憲法前文及び1条は、主権が国民に存することを宣言し、国政は国民の厳粛な信託によるものであって、その権威は国民に由来し、その権力は国民の代表者がこれを行使することを明らかにしている。国民は、この国民主権の下で、憲法15条1項により、公務員を選定し、及びこれを罷免することを、国民固有の権利として保障されているのである。そして、国民主権は、国家権力である立法権・行政権・司法権を包含する統治権の行使の主体が国民であること、すなわち、統治権を行使する主体が、統治権の行使の客体である国民と同じ自国民であること（これを便宜上「自己統治の原理」と呼ぶこととする。）を、その内容として含んでいる。

[88]　地方公共団体における自治事務の処理・執行は、法律の定める範囲内で行われるものであるが、その範囲内において、上記の自己統治の原理が、自治事務の処理・執行についても及ぶ。そして、自己統治の原理は、憲法の定める国民主権から導かれるものであるから、地方公共団体が、自己統治の原理に従い自治事務を処理・執行するという目的のため、特別永住者が一定範囲の地方公務員と

㉑　泉反対意見は、多数意見とは異なる前提から構成した例として重要である。
㉒　泉裁判官は、国籍要件を条例どころか要綱にも記載しないことの問題点を意識しつつも、「条例で規定することになれば、少数者の権利の制限に走りやすくなり、その制限が固定化しやすい」として憲法との関係に問題を絞ったという（文献①264頁）。
㉓　泉反対意見は、本件を勤務条件の平等の問題と考える多数意見と異なり、本件を職業の自由への制約と構成している。

なることを制限する場合には、正当な目的によるものということができ、その制限が目的達成のため必要かつ合理的な範囲にとどまる限り、上記制限の合憲性を肯定することができると解される。

【89】　ただし、国が法律により特別永住者に対し永住権を認めるとともに、その活動を特に制限してはいないこと、地方公共団体は特別永住者の活動を自由に制限する権限を有しないこと、地方公共団体は法律の範囲内で自治事務を処理・執行する立場にあることを考慮すれば、地方公共団体が、自己統治の原理から特別永住者の就任を制限できるのは、自己統治の過程に密接に関係する職員、換言すれば、広範な公共政策の形成・執行・審査に直接関与し自己統治の核心に触れる機能を遂行する職員、及び警察官や消防職員のように住民に対し直接公権力を行使する職員への就任の制限に限られるというべきである。自己統治の過程に密接に関係する職員以外の職員への就任の制限を、自己統治の原理でもって合理化することはできない。

【90】　(3)　また、地方公共団体は、自治事務を適正に処理・執行するという目的のために、特別永住者が一定範囲の地方公務員となることを制限する必要があるというのであれば、当該地方公務員が自己統治の過程に密接に関係する職員でなくても、合理的な制限として許される場合もあり得ると考えられる。

【91】　ただし、特別永住者は、本来、憲法が保障する法の下の平等原則及び職業選択の自由を享受するものであり、かつ、地方公務員となることを法律で特に制限されてはいないのである。そして、職業選択の自由は、単に経済活動の自由を意味するにとどまらず、職業を通じて自己の能力を発揮し、自己実現を図るという人格権的側面を有しているのである。

【92】　その上、特別永住者は、その住所を有する地方公共団体の自治の担い手の一人である。すなわち、憲法8章の地方自治に関する規定は、法律の定めるところによりという限定は付しているものの、住民の日常生活に密接に関連する地方公共団体の事務は、国が関与することなく、当該地方公共団体において、その地方の住民の意思に基づいて処理するという地方自治の制度を定め、「住民」を地方自治の担い手として位置付けている。これを受けて、地方自治法10条は、「市町村の区域内に住所を有する者は、当該市町村及びこれを包括する都道府県の住民とする。住民は、法律の定めるところにより、その属する普通地方公共団体の役務の提供をひとしく受ける権利を有し、その負担を分任する義務を負う。」と規定し、「住民」が地方自治の運営の主体であることを定めている。そして、この住民には、日本国民だけでなく、日本国民でない者も含まれる。もっとも、同法は、地方公共団体の議会の議員及び長の選挙権・被選挙権（11条、18条、19条）、条例制定改廃請求権（12条）、事務監査請求権（12条）、議会解散請求権（13条）、議会の議員、長、副知事若しくは助役、出納長若しくは収入役、選挙管理委員若しくは監査委員又は公安委員会若しくは教育委員会の委員の解職請求権（13条）など、地方参政権の中核となる権利については、日本国民たる住民に限定しているが、原則的には、日本国民でない者をも含めた住民一般を地方自治運営の主体として位置付け、これに住民監査請求権（242条）、住民訴訟提起権（242条の2）なども付与している。特別永住者は、上記のような制限はあるものの、当該地方公共団体の住民の一人として、その自治事務に参加する権利を有しているものということができる。当該地方公共団体の住民ということでは、特別永住者も、他の在留資格を持って在留する外国人住民も、変わるところがないといえるかも知れないが、当該地方公共団体との結び付きという点では、特別永住者の方がはるかに強いものを持っており、特別永住者が通常は生涯にわたり所属することとなる共同社会の中で自己実現の機会を求めたいとする意思は十分に尊

重されるべく、特別永住者の権利を制限するについては、より厳格な合理性が要求される。

【93】　以上のような、特別永住者の法的地位、職業選択の自由の人格権的側面、特別永住者の住民としての権利等を考慮すれば、自治事務を適正に処理・執行するという目的のために、特別永住者が自己統治の過程に密接に関係する職員以外の職員となることを制限する場合には、その制限に厳格な合理性が要求されるというべきである。換言すると、具体的に採用される制限の目的が自治事務の処理・執行の上で重要なものであり、かつ、この目的と手段たる当該制限との間に実質的な関連性が存することが要求され、その存在を地方公共団体の方で論証したときに限り、当該制限の合理性を肯定すべきである[24]。

【94】　7　以上の観点から、東京都人事委員会が特別永住者である被上告人に対し本件管理職選考の受験を拒否した行為が許容されるものかどうかを検討する。

【95】　(1)　本件管理職選考は、「課長級の職」への第一次選考である。課長級の職には、自己統治の過程に密接に関係する職員が含まれていることは明らかで、自己統治の原理に従い自治事務を処理・執行するという目的の下に、特別永住者が上記職員となることを制限しても、それは合理的制限として許容される。

【96】　しかし、本件管理職選考は、知事、公営企業管理者、議会議長、代表監査委員、教育委員会、選挙管理委員会、海区漁業調整委員会又は人事委員会に任命権がある職員の課長級の職への第一次選考であって、選考対象の範囲が極めて広く、「課長級の職」がすべて自己統治の過程に密接に関係する職員であると当然にいうことはできない。

【97】　上告人は、課長級の職は、事案の決定権限を有するか、事案の決定権限は有しないが事案の決定に参画することにより、すべて事案の決定過程に関与しているものであり、公の意思の形成に参画しているものである、と主張する。しかし、事案の決定あるいは公の意思の形成といっても、その内容・性質は各種・各様であって、地方公共団体の課長級の職員が行うこれらの行為のすべてが、広範な公共政策の形成・執行・審査に直接関与し自己統治の核心に触れる機能を遂行するものと評価することは困難である。

【98】　もともと、課長級の職員も、地方公務員の一員として、政治的行為をすることを禁じられているとともに、その職務を遂行するに当たって、法令、条例、地方公共団体の規則及び地方公共団体の機関の定める規程に従い、かつ、上司の職務上の命令に忠実に従わなければならない義務を負っていることに留意すべきである（地方公務員法32条及び36条参照）。

【99】　また、原審は、上告人の管理職の中には、計画の企画や専門分野の研究を行うなどのスタッフとしての職務を行い、事案の決定権限を有せず、事案の決定過程にかかわる蓋然性も少ない管理職も若干存在していることを指摘している。

【100】　そして、上告人の東京都組織規程（昭和27年東京都規則第164号）によると、知事及び出納長の権限に属する事務を処理するための機関だけでも、8条で掲げる「本庁」の局・室・課のほか、31条及び別表3で掲げる「本庁行政機関」、34条及び別表4で掲げる「地方行政機関」（その一つである保健所だけでも8箇所存在する。）及び37条で掲げる「附属機関」があり、上告人は、多数の機関で広範な事務を処理している。

【101】　さらに、上告人は、職員の給与に関する条例（昭和26年東京都条例第75号）5条所定の医療職給料表（三）が適用される保健師、助産師、看護師、准看護師の採用については、国籍要件を付していないが、初任給、昇格及び昇給等に関する規則（昭和48年東京都人事委員会規則第3号）3条及び別表第1チ「医

---

[24]　泉反対意見は、多数意見の【20】の最後の一文と異なり、本件が（外国人一般ではなく）特別永住者に対して差別的な職業の自由を制約する場合であることを重視しており、それゆえに、厳格な合理性の基準によって審査している。「自己統治」の必要から制約する場合であっても、特別永住者が生涯にわたり所属することになる共同社会の中で「自己実現」の機会を求めようとすることは、できる限り尊重されるべきだからである。特別永住者の法的地位に対する敏感さに関連して、泉判事の幼年期の体験や人事局時代の金敬得氏（本件で原告側の代理人となった）の司法修習生採用問題の経験などについては、文献③3-4頁、56-59頁を参照。

療職給料表（三）級別標準職務表」は、7級の標準的な職務として本庁の課長の職務等、8級の標準的な職務として本庁の統括課長の職務等を掲げており、医療職給料表（三）の適用職員が課長級の職員となることを予定している。

【102】 以上のような状況からすれば、課長級の職には、自己統治の過程に密接に関係する職員以外の職員が相当数含まれていることがうかがわれるのである。

【103】 そうすると、自己統治の原理に従い自治事務を処理・執行するという目的を達成する手段として、特別永住者に対し「課長級の職」への第一次選考である本件管理職選考の受験を拒否するということは、上記目的達成のための必要かつ合理的範囲を超えるもので、過度に広範な制限といわざるを得ず、その合理性を否定せざるを得ない。

【104】 （2） 次に、上告人は、本件管理職選考に合格した者は候補者名簿に登載し、数年後に最終的な選考を経て管理職に任用するところ、最終的な選考に合格した者については、職種ごとの任用管理は行っておらず、他の職種の管理職に就かせることもあるとともに、まず出先課長に任用し、次に本庁副参事へ、更に本庁課長へと昇任させる等の任用を行っており、また、同一人を特定の職に退職まで在籍させるということは行っていないから、退職までの昇任過程において必然的に事案決定権限を有する職に就かせることになるので、特別永住者に対し本件管理職選考の受験そのものを拒否することが許される旨主張する㉓。

【105】 事案決定権限を行使することがそのまま自己統治の過程に密接に関係することにならないことは、前述のとおりである。上告人の上記主張は、上告人の昇任管理ないし人事管理の下では、本件管理職選考に合格した者はいずれ自己統治の過程に密接に関係する職に就かせることになるから、この昇任管理ないし人事管理政策の遂行のため、特別永住者に対して本件管理職選考の受験そのものを拒否し、「課長級の職」の中で自己統治の過程に密接に関係する職員以外の職員となることも制限することが許されるべきであるとの主張を含むものと解して、その是非を検討することにする。かかる場合の制限が正当化されるためには、前述のとおり、具体的に採用される制限の目的（すなわち、上告人の昇任管理ないし人事管理政策を実施すること。）が自治事務を処理・執行する上において重要なものであり、かつ、この目的と手段たる当該制限（すなわち、特別永住者に対し本件管理職選考の受験を拒否し、「課長級の職」の中の自己統治の過程に密接に関係する職員以外の職員となることを制限すること。）との間に実質的な関連性が存することが必要である。

【106】 上告人の上記昇任管理ないし人事管理政策を実施するためという目的は、自治事務を適正に処理・執行する上において合理性を有するものであって、一応の正当性を肯定することができるが、特別永住者に対し法の下の平等取扱い及び職業選択の自由の面で不利益を与えることを正当化するほど、自治事務を処理・執行する上で重要性を有する目的とはいい難い。

【107】 また、4級の職員が第一次選考である本件管理職選考に合格しても、直ちに課長級の職に就くわけではなく、更に選考を経て5級及び6級の職をそれぞれ数年間は経験しなければならないのであり、上告人が多数の機関を擁し、多数の課長級の職を設けていることを考えれば、特別永住者に本件管理職選考の受験を認め、将来において課長級の職に昇任させた上、自己統治の過程に密接に関係する職員以外の職員に任用しても、上告人の昇任管理ないし人事管理政策の実施にさほど支障が生ずるものとは考えられず、特別永住者に対し本件管理職選考の受験自体を拒否し、自己統治の過程に密接に関係する職員以外の職員になることを制限するという手段が、上告人の昇任管理ないし人事管理政策の実施という目的と実質的な関連性を有するとはいい難い。

【108】 したがって、上記の制限をもって合理的なものということはできない。

【109】 8 以上のとおり、特別永住者である被上告人に対する本件管理職選考の受験拒否は、憲法が規定する法の下の平等及び職業選択の自由の原則に違反するものであることを考えると、国家賠償法1条1項の過失の存在も、これを肯定することができるものというべきである。

【110】 9 したがって、以上と同旨の原審の判断は正当であり、本件上告は棄却すべきものと考える。
（裁判長裁判官　町田　顯　裁判官　福田　博　裁判官　金谷利廣　裁判官　北川弘治　裁判官　梶谷玄　裁判官　濱田邦夫　裁判官　横尾和子　裁判官　上田豊三　裁判官　滝井繁男　裁判官　藤田宙靖　裁判官　甲斐中辰夫　裁判官　泉徳治　裁判官　島田仁郎　裁判官　才口千晴　裁判官　津野　修）

補足説明　特別永住者

日本国との平和条約に基づき日本の国籍を離脱した者等の出入国管理に関する特例法3条から5条までに該当する者は、出入国管理及び難民認定法2条の2第1項のいう「他の法律に特別の規定がある場合」にあたり、同法の定める在留資格がなくとも、日本に在留することができる。これが特別永住者と呼ばれる。朝鮮半島や台湾出身者で戦前から日本に在留する者やその子孫については、サンフランシスコ平和条約発効後に、入管法制において特例が設けられていた。かつては1965（昭和40）年の日韓法的地位協定に基づく者のみが永住資格をもち、在日朝鮮人や中国人については扱いが異なるなどの問題があったが、平成3年以降、上記の特例法により地位が安定化した。

泉反対意見が注意を喚起するところによれば、本件の原告の母はもともと日本人であったが、昭和10年に朝鮮人と婚姻したため、内地戸籍から朝鮮戸籍に入れられた。昭和25年に出生している原告ももともと日本人であったが、平和条約の発効に伴う昭和27年4月19日の法務省民事局長通達により、日本国籍を喪失したのである。こうした経緯を考えると、特別永住者について、多数意見のように、歴史的経緯も生活実態も無視して外国人であるというだけで一律に著しく異なる取扱いをするのは不合理に思えるが、それでもあえて上記の取扱いがなされているのは、国籍の有無は伝統的にはスイッチをオン・オフにするように決まると考えられてきたからであろう。その前提には、必然的に導かれるわけではないにせよ、国籍が地位に関係するという見方があると思われる。地位は、権利の得喪のようになだらかに変化するのではなく、ある段階から別の段階まで一足飛びに変化する。そうだとすると、地位の数は限られており、個々の事情を反映させるのには限界があるというわけである。しかし、事情を無視して外国人という地位を押しつければ、当然に差別が生じる。本件の根にあるものも、在日差別でなければ何であろうか。いわゆる権利性質説であるとか、外国人にも、生活実態や日本で生活する理由などに応じて「類型を著しく異にするものがある」（芦部［6版］92頁）とする教科書の指摘は、文字どおり受け止めると、地位の多元化・機能化、権利への実質的な接近につながると思われる。

㉓ 【104】から【108】では、一体的な管理職任用制度の運用を理由とした制約が手段として過剰であると述べている点で注目される。「管理職」と言えばいかにも権力を行使するような感じを与えるが、要するに「七級職（課長級の職）」で〔あ〕。……同一級にとどまっていれば、俸給額が頭打ちとなるため、給与面での処遇を図るということにも考慮が払われているのである」（文献①263頁）。

Questions

①事実関係の確認

問1 原告(被上告人)は、何を求めていかなる訴訟を起こしたのか。▶【1】

問2 特別永住者とは何か。原告はいかなる経緯で特別永住者となったのか。▶【3】【補足説明】

問3 上告人(東京都)においては、「管理職に昇任した職員に終始特定の職種の職務内容だけを担当させるという任用管理が行われておら」なかったとのことであるが、その具体的な姿を想像したうえで、こうした人事政策の利点と欠点を考えなさい。▶【5】

②判決の内容の確認

問4 本判決によれば、地方公務員の勤務条件について、労基法3条は適用されるか。それと憲法14条1項とはいかなる関係に立つか。労基法3条や憲法14条1項が適用されるとして、どのような判断枠組みが採用されているか。▶【17】

問5 本判決が、地方公務員の管理職への昇任に対しても、労基法3条の保護が及ぶというのはなぜか。▶【18】

問6 本判決のいう「公権力行使等地方公務員」とは何か。▶【19】、藤田補足意見(【28】)

問7 本判決は、「公権力行使等地方公務員」に日本国籍を有する者が就任することを「想定」しているが、その理由は何か。▶【19】

問8 本判決のいう「一体的な管理職の任用制度」とは何か。▶【20】

問9 本判決はなぜ「一体的な管理職の任用制度」のもとで日本国民に限って管理職に昇任することができることとする措置をとることが合理的な区別であるというのか。▶【20】

問10 本判決は特別永住者については一般の外国人(日本国籍を有しない者)とは異なるものとして扱っているか。▶【20】

③応用問題

問11 本判決が区別の目的とその目的と区別との合理的関連性を問うような枠組みで審査をしなかったのはなぜだろうか。▶本章とびら②

問12 本判決が公務就任権の問題について直接の判断を下さなかったのはなぜだろうか。▶【17】

問13 被上告人が特別永住者であることを重視した立論はいかにして可能であろうか。▶泉反対意見(【78】~【110】)

問14 無国籍者が公権力行使等地方公務員に就任することは可能か。日本国籍と他国籍を有する二重国籍者の場合はどうか。▶【19】

○ **関連判例**(本書所収以外のもの)
最判平成7年2月28日民集49巻2号639頁

○ **本判決の調査官解説**
高世三郎「判解」最高裁判所判例解説民事篇平成17年度60頁(判解①)
高世三郎「判解」ジュリスト1288号(2005年)26頁(判解②)

○ **その他の判例解説・判例批評**
片桐直人「判批」法学論叢159巻6号(2006年)90頁(判批①)
近藤敦「判批」憲法判例百選Ⅰ[第6版](2013年)12頁(判批②)

○ **参考文献**
泉徳治『私の最高裁判所論―憲法の求める司法の役割』(日本評論社、2013年)(文献①)
泉徳治『一歩前へ出る司法―泉徳治元最高裁判事に聞く』(日本評論社、2017年)(文献②)
山本隆司『判例から探究する行政法』(有斐閣、2012年)(文献③)

第 3 章 法の下の平等(2)

1 学説の状況

　国籍法事件判決（後述）以降、これを契機として学説の状況が大きく変わったということはない。ただ、判例とも呼応しながら、新たに議論の深化がみられる。主なものとして、①積極的是正措置論、②間接差別論、③「差別」禁止論があり、これらには、社会構造上に起因する差別問題（高橋正明「憲法上の平等原則の解釈について㊀〜㊂完」法学論叢 178 巻 1 号（2015 年）85 頁以下・2 号（2015 年）105 頁以下・5 号（2016 年）95 頁以下など参照）に取り組むものとしての共通性も見出すことができる。

　①は、少なくとも表面上は将来的な政策論という印象があるが、アメリカの議論などを受けて、審査基準論の設定のあり方など日本でも検討が深められている（概略として、たとえば、辻村［5 版］158 頁、162-163 頁参照）。

　②は、男女雇用機会均等法によって労働法において一部実定法化されていることもあり、議論が進められている。ただし、それ自体は差別を含まない中立的な制度や基準であっても、特定の集団の構成員に不利な効果や影響をもたらすものといった大まかな定義については一致がみられても、形式的には区別を設けていないがゆえに、その判断方法については困難を抱えることとなって、差別的効果はどのように判断されるのか、たとえば、統計上の不均衡の提示で足りるのか、また効果に加えて、差別的意図を要求するのか、諸外国の判例や学説においても揺らぎがあるようで（夫婦同氏事件判決（後述）にも言及する白水隆「間接差別の認定」浅倉むつ子＝西原博史編『平等権と社会的排除』（成文堂、2017 年）67 頁以下などを参照）、わが国における研究も未だ発展途上にある。

　③について、最大判昭 39・5・27 民集 18-4-676 以来の判例が、基本的に何らかの区別の存在により憲法 14 条 1 項の議論の俎上に載せ、区別の合理性を問うことについて、比例原則との差異がなく、14 条 1 項固有の存在意義を失わせるものと批判する見解がある。この見解は、14 条 1 項固有の保障内容として、個人の尊厳を傷つけ、スティグマを押しつけることの禁止、個人の側からみれば、そのようなことをされない権利というものを見出す（的確かつ簡潔な説明として、宍戸［2 版］108-109 頁を参照）。

　さらに、厳密には 14 条 1 項の問題ではないが、家族関係における平等問題が諸判決において焦点となったこともあり、多分に判例の後追いの感があるが、憲法 24 条をめぐる議論も活性化しつつある。また、24 条に関連して、アメリカにおいて同性婚を認めないことが合衆国憲法違反であるとされたことで、わが国でも同性婚をめぐる議論が活発化している。

2 判例の展開

　本章で扱う判決（決定を含む）四つのうち三つが、全体でも 10 件にとどまる法令違憲判決であり、最高裁における司法審査の積極化を象徴している。そして、この活性化に伴う、違憲判断の「後始末」の問題を扱っている点も注目される。**国籍法事件判決**〔本書 7 事件〕では、司法による立法との反対意見もある中、多数意見は原告への国籍付与を認め、従来と比較すればかなり大胆な判断を行う。また、**非嫡出子相続分規定事件決定**〔本書 8 事件〕も、「違憲判断の事実上の拘束力の遡及効の否定」という、ある意味アクロバットな議論を展開し、当該事件の当事者や将来の権利救済と、過去の事案に関する法の安定性の確保のバランスをとる。

　ただし、一方で、違憲審査の活性化が判例の従来の学説への接近を意味するわけではない。国籍法事件判決は、「自らの意思や努力によっては変えることのできない」事柄による区別を「慎重に検討する」ことを要求した。学説では憲法 14 条 1 項後段特別意味付与説が採用されたとみる向きもあったが、非嫡出子相続分規定事件決定では、総合考慮の枠組みが採用されるとともに、当該事件の調査官解説も前者の見立てを否定している。非嫡出子相続分規定事件決定や**夫婦同氏事件判決**〔本書 10 事件〕の千葉補足意見は、堀越事件判決〔本書 23 事件〕の同補足意見と併せて、近時の最高裁における違憲審査基準論理解を知るうえで重要な素材であるが、これが最高裁全体にどこまで共有されているかは、疑問も残る（泉徳治ほか『一歩前へ出る司法』（日本評論社、2017 年）258 頁以下〔泉発言〕を参照）。もっとも、非嫡出子相続分規定事件決定でも、個人の尊重（憲法 13 条）や個人の尊厳（同 24 条）への言及が多くみられ、14 条 1 項によるスティグマ付与の禁止という議論への、最高裁の注目、あるいは積極的な接近を見出すことができる。ここには国籍法事件判決との連続性も認められる。国籍法事件判決は、区別の対象となる地位や権利の重要性にも着目しており、**再婚禁止期間事件判決**〔本書 9 事件〕で、問題となっている権利の性質が論じられたことと相まって、権利の重要性への着目の判例における定着もうかがわせる。

　近時の学説への注目、配慮という面では、夫婦同氏事件判決が、間接差別であるとか実質的平等の問題にも考慮を行った点も重要である。ただし、これらの概念についての最高裁による積極的・明確な定義が提示されたわけではない。これらの観点の考慮が 14 条 1 項の趣旨に沿うという、その意味するところが不明瞭な言明にとどめ、形式的な区別を生じさせていないことを理由に 14 条 1 項違反をあっさりと否定している点からは、同項違反の問題は、第一義的には直接・形式的な差別に限定されるとも評価可能だろう。

　加えて、従来は学説上も憲法 13 条、14 条の家族法における特別規定と位置づけられ、独自の意義が見出されなかった同 24 条について、再婚禁止期間事件判決、夫婦同氏事件判決が詳しく述べたことも注目される。再婚禁止期間事件判決では 24 条の問題は平等審査に取り込まれているものの、とりわけ夫婦同氏事件判決では、24 条固有の領域が示されたことが重要である。具体的には、まず、24 条 1 項がある種の婚姻の自由を保障しているとしつつ、その内容を細分化して考える立場を採用する。また、2 項を中心として、24 条全体が立法裁量を認めつつも、立法に憲法上の指針を与えるものであることが示された。ただし、判例は、あまりに立法裁量を重視しているという鋭い批判（高橋和之「判批」世界 879 号（2016 年）148 頁）もある。24 条を通じた立法裁量統制においては、憲法上の保護には至らない権利や人格的利益が考慮されうるとしたことも注目に値するが、その具体的なありようは必ずしも明確ではない。

7 国籍法事件

最高裁平成20年6月4日大法廷判決　平成18年（行ツ）第135号：退去強制令書発付処分取消等請求事件
民集62巻6号1367頁

事案

平成9年にフィリピン国籍を有する女性Aの子として出生した原告X（原告、被控訴人、上告人）は、生後日本人である男性Bによって認知されたが、AとBとの間に法律上の婚姻関係はなかった。平成15年にAは、XがBから認知を受けたことを理由にして、法務大臣あてに国籍取得届を提出したが、国籍取得要件をみたしていないとする通知を受けた。これに対して、Xは国（被告、控訴人、被上告人）を被告として日本国籍を有することを確認する訴えを提起した。

第一審（東京地判平17・4・13判時1890-27）は、国籍法3条1項（当時）は、憲法14条1項に違反するとし、「父母の婚姻」という文言を合憲的解釈し、内縁関係も含む趣旨であると解しつつ、子が「嫡出子」としての身分を取得した場合にのみ国籍取得を認める旨の定めをしている点において一部無効であるとし、原告の請求を認容した。

第二審（東京高判平18・2・28家月58-6-47）は、Xの主張は、裁判所による立法作用を求めることになり許されないなどとして、原判決取消し、請求棄却とした。これに対して、Xが上告した。

■参考条文（事件当時のもの）

国籍法
第3条　〔第1項〕父母の婚姻及びその認知により嫡出子たる身分を取得した子で20歳未満のもの（日本国民であった者を除く。）は、認知をした父又は母が子の出生の時に日本国民であった場合において、その父又は母が現に日本国民であるとき、又はその死亡の時に日本国民であったときは、法務大臣に届け出ることによって、日本の国籍を取得することができる。

Navigator

本判決は、国籍法の旧3条1項（本件規定）の一部を違憲無効とした、8例目の法令違憲判決として注目を集めた重要判決である。本判決は、立法目的自体には合理的な根拠があるとしつつ、立法当初はその目的との間に合理的な関連性を有した本件区別は、原告が平成15年に国籍取得届を提出した時点ではその合理的関連性を失ったとしたのであった。また、本件規定は、日本人父の生後認知子に国籍取得にあたって「準正」という不必要な要件を課したものであるとして、その部分を違憲無効とすることにより、原告に日本国籍取得が認められるとした。

平等審査における基本的な枠組みについては、前章でみた先行判決における枠組みを承継しているとされるが果たしてどうか。他方で、本人によってはどうすることもできない事柄に基づく国籍取得要件の別異取扱いについて慎重に検討する必要を指摘するなど、審査基準論との関係で従来の判例の立場を離れ学説に接近したのか、そもそも審査基準論を前提に論じることが可能かといった議論を呼んでいるが、どう考えるべきか。加えて、「救済」をめぐる問題についても、大きな議論を呼んだ。実際、違憲性判断については多数意見を支持した裁判官の中にもこれを否定し、反対意見に回る者もいた。裁判所による立法作用となるか否かの判断、立法作用を裁判所が行使することの可否についてどのように考えるべきか。さらに、同じく非嫡出子に対する相続分区別を違憲とした、非嫡出子相続分規定事件決定〔本書8事件〕などとよく対比して異同を確認しておこう。

■判決の論理構造

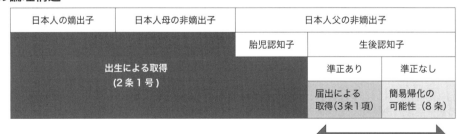

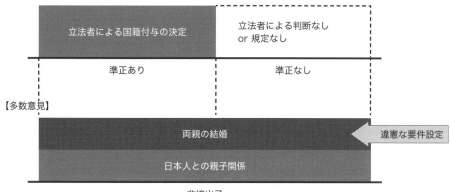

判　決

○ 主　文

原判決を破棄する。

被上告人の控訴を棄却する。

控訴費用及び上告費用は被上告人の負担とする。

○ 理　由

上告代理人山口元一の上告理由第1ないし第3について❶

1 事案の概要

[1] 本件は、法律上の婚姻関係にない日本国民である父とフィリピン共和国国籍を有する母との間に本邦において出生した上告人が、出生後父から認知されたことを理由として平成15年に法務大臣あてに国籍取得届を提出したところ、国籍取得の条件を備えておらず、日本国籍を取得していないものとされたことから、被上告人に対し、日本国籍を有することの確認を求めている事案である❷。

2 国籍法2条1号、3条について

[2] 国籍法2条1号は、子は出生の時に父又は母が日本国民であるときに日本国民とする旨を規定して、日本国籍の生来的取得について、いわゆる父母両系血統主義によることを定めている。したがって、子が出生の時に日本国民である父又は母との間に法律上の親子関係を有するときは、生来的に日本国籍を取得することになる❸。

[3] 国籍法3条1項は、「父母の婚姻及びその認知により嫡出子たる身分を取得した子で20歳未満のもの（日本国民であった者を除く。）は、認知をした父又は母が子の出生の時に日本国民であった場合において、その父又は母が現に日本国民であるとき、又はその死亡の時に日本国民であったときは、法務大臣に届け出ることによって、日本の国籍を取得することができる。」と規定し、同条2項は、「前項の規定による届出をした者は、その届出の時に日本の国籍を取得する。」と規定している。同条1項は、父又は母が認知をした場合について規定しているが、日本国民である母の非嫡出子は、出生により母との間に法律上の親子関係が生ずると解され、また、日本国民である父が胎児認知した子は、出生時に父との間に法律上の親子関係が生ずることとなり、それぞれ同法2条1号により生来的に日本国籍を取得することから、同法3条1項は、実際上は、法律上の婚姻関係にない日本国民である父と日本国民でない母との間に出生した子で、父から胎児認知を受けていないものに限り適用されることになる❹。

3 原判決等

[4] 上告人は、国籍法2条1号に基づく日本国籍の取得を主張するほか、日本国民である父の非嫡出子について、父母の婚姻により嫡出子たる身分を取得した者のみが法務大臣に届け出ることにより日本国籍を取得することができるとした同法3条1項が憲法14条1項に違反するとして、上告人

❶ 上告理由は、一部違憲判決自体が可能な判断手法であること、準正を付加的要件と解釈すべきことを述べて原判決を批判する「第1」、憲法14条についての違憲審査の基準について述べ、重要な権利に関わる国籍得喪の要件設定に関する立法裁量は広汎ではないと主張する「第2」、立法資料にも言及しつつ準正要件の合理性について否定する「第3」からなる。

❷ [1]では、本件の事案を簡潔にまとめている。なお、最高裁大法廷は、本判決と同日に、いずれも日本国籍を有する父とフィリピン国籍を有する母との間に出生した後に認知のあった子9名が日本国籍を有することの確認を請求した別件についてもほぼ同内容の判決（集民228-101）を言い渡している（判解①282頁）。

❸ [2]では、国籍法2条1号の内容を確認し、国籍法において父母両系血統主義が基本原則として採用されていることを確認し、出生時に日本国民である父または母との間に法律上の親子関係があれば、生来的な国籍取得ができることを確認している。昭和59年の国籍法改正以前における父系血統主義の採用や、改正の経緯については、判解①283-284頁を参照。

❹ [3]では、事件・判決当時の国籍法3条の規定内容を確認したうえで、日本人母の非嫡出子や日本人父が胎児認知をした子については、国籍法2条1号により生来的に国籍を取得できること、同法3条1項は実際上、日本人父と日本人でない母との間に生まれた生後認知子にのみ適用される規定であることが確認されている。これに関連して、民法784条は認知の効力を出生時にさかのぼって生じるものと規定するが、判例（最判平9・10・17民集51-9-3925）は、国籍の浮動性の防止と出生時における国籍付与の画一的処理の要請を理由に、国籍法2条1項の適用について、遡及効を否定する。また、これによって生じる胎児認知子と生後認知子の差異について合憲であるというのが判例（最判平14・11・22集民208-495）である。なお、この平成14年最判の梶谷・滝井補足意見では、国籍法3条1項の違憲性が示唆されていた。さらに、民法779条は父または母による認知について規定するが、最判昭37・4・27民集16-7-1247は、母子関係は分娩の事実により当然に発生し、原則として認知を不要とする。

が法務大臣あてに国籍取得届を提出したことにより日本国籍を取得した旨を主張した❺

[5] これに対し、原判決❻は、国籍法2条1号に基づく日本国籍の取得を否定した上、同法3条1項に関する上記主張につき、仮に同項の規定が憲法14条1項に違反し、無効であったとしても、そのことから、出生後に日本国民である父から認知を受けたにとどまる子が日本国籍を取得する制度が創設されるわけではなく、上告人が当然に日本国籍を取得することにはならないし、また、国籍法については、法律上の文言を厳密に解釈することが要請され、立法者の意思に反するような類推解釈ないし拡張解釈は許されず、そのような解釈の名の下に同法に定めのない国籍取得の要件を創設することは、裁判所が立法作用を行うものとして許されないから、上告人が同法3条1項の類推解釈ないし拡張解釈によって日本国籍を取得したということもできないと判断して、上告人の請求を棄却した❼。

4 国籍法3条1項による国籍取得の区別の憲法適合性について

[6] 所論は、上記のとおり、国籍法3条1項の規定が憲法14条1項に違反する旨をいうが、その趣旨は、国籍法3条1項の規定が、日本国民である父の非嫡出子について、母の婚姻により嫡出子たる身分を取得した者に限り日本国籍の取得を認めていることによって、同じく日本国民である父から認知された子でありながら父母が法律上の婚姻をしていない非嫡出子は、その余の同項所定の要件を満たしても日本国籍を取得することができないという区別(以下「本件区別」という。)が生じており、このことが憲法14条1項に違反する旨をいうものと解される。所論は、その上で、国籍法3条1項の規定のうち本件区別を生じさせた部分のみが違憲無効であるとし、上告人には同項のその余の規定に基づいて日本国籍の取得が認められるべきであるというものである。そこで、以下、これらの点について検討を加えることとする❽。

[7] (1) 憲法14条1項は、法の下の平等を定めており、この規定は、事柄の性質に即応した合理的な根拠に基づくものでない限り、法的な差別的取扱いを禁止する趣旨であると解すべきことは、当裁判所の判例とするところである(最高裁昭和37年(オ)第1472号同39年5月27日大法廷判決・民集18巻4号676頁❾、最高裁昭和45年(あ)第1310号同48年4月4日大法廷判決・刑集27巻3号265頁❿等)⓫。

[8] 憲法10条は、「日本国民たる要件は、法律でこれを定める。」と規定し、これを受けて、国籍法は、日本国籍の得喪に関する要件を規定している。憲法10条の規定は、国籍は国家の構成員としての資格であり、国籍の得喪に関する要件を定めるに当たってはそれぞれの国の歴史的事情、伝統、政治的、社会的及び経済的環境等、種々の要因を考慮する必要があることから、これをどのように定めるかについて、立法府の裁量判断にゆだねる趣旨のものであると解される。しかしながら、このようにして定められた日本国籍の取得に関する法律の要件によって生じた区別が、合理的理由のない差別的取扱いとなるときは、憲法14条1項違反の問題を生ずることはいうまでもない。すなわち、立法府に与えられた上記のような裁量権を考慮しても、なおそのような区別をすることの立法目的に合理的な根拠が認められない場合、又はその具体的な区別と上記の立法目的との間に合理的関連性が認められない場合には、当該区別は、合理的な理由のない差別として、同項に違反するものと解されることになる⓬。

[9] 日本国籍は、我が国の構成員としての資格であるとともに、我が国において基本的人権の保障、公的資格の付与、公的給付等を受ける上で意味を持つ重要な法的地位でもある。一方、父母の婚姻により嫡出子たる身分を取得するか否かということは、子にとっては自らの意思や努力によっては変えることのできない父母の身分行為に係る事柄である。したがって、このような事柄をもって日本国籍取得の要件に関して区別を生じさせることに合理的な理由があるか否かについては、慎重に検討することが必要である⓭。

[10] (2) ア 国籍法3条の規定する届出による国籍取得の制度は、法律上の婚姻関係にない日本国民である父と日本国民でない母との間に出生した子について、父母の婚姻及びその認知により嫡出子たる身分を取得すること(以下「準正」という。)のほか同条1項の定める一定の要件を満たした場合に限り、法務大臣への届出によって日本国籍の取得を認めるものであり、日本国民である父と日本国民でない母との間に出生した嫡出子が生来的に日

❺ 【4】では、上告人(原告)の主張が整理されている。

❻ 東京高判平18・2・28家月58-6-47。第一審は、東京地判平17・4・13判時1890-27。なお前述の別件の原審は、東京高判平19・2・27LEX/DB28141365。第一審は、東京地判平18・3・29判時1932-51。

❼ 【5】では、国籍法3条1項の違憲無効が原告への国籍付与に結びつかないことを理由に請求を棄却した原審判決が要約されている。この点は、【25】以降の「救済」の論点に関連する。昭和59年改正前の父系血統主義の違憲性が争われた事件でも、東京高判昭57・6・23行集33-6-1367が、同様の論理展開で違憲の主張を退けている。

❽ 【6】は、本件において問題となる区別(本件区別)を、「同じく日本国民である父から認知された子でありながら父母が法律上の婚姻をしていない非嫡出子は、その余の同項〔国籍法旧3条1項〕所定の要件を満たしても日本国籍を取得することができないという区別」と特定した。そのうえで、原告の主張を、国籍法旧3条1項のうち、この区別を生じさせている部分の違憲をいうものであると整理し、以降の検討の対象を明確化している。

❾ 町職員待命事件判決。憲法14条1項が絶対的平等を求めたものではなく、「事柄の性質に即応して合理的と認められる差別的取扱いをすることは、なんら」同条同項に違反しないとした。

❿ 尊属殺人事件判決〔本書4事件〕。

⓫ 【7】は、憲法14条1項適合性をめぐる審査枠組みについて、従来の判例の立場を踏襲する旨述べている。

⓬ 【8】では、まず国籍取得の要件設定における立法裁量が原則として認められている(判例①294頁)。なお、学説では、立法裁量的に恩恵として国籍が与えられるとみるべきではなく、日本との一定の結びつきがあれば、憲法上の権利として国籍を得る権利が認められるべきだという見解もある(文献①49-50頁)。

他方で、多数意見は、上記のような立法裁量は憲法14条1項違反の問題から自由であるわけではないことについても明示している。平等原則違反の審査枠組みについては、立法目的(区別する目的)の合理的根拠の有無と、当該区別と立法目的との間の合理的関連性を審査するというものが採用され、調査官解説は、最大決平7・7・5民集49-7-1789(非嫡出子相続分規定事件決定〔本書8事件〕も参照)等と軌を一にするものだと指摘する(判例①295頁)。なお、この「合理的関連性」が、学説の審査基準論にいう「合理的関連性の基準」の「合理的関連性」がいうように、論証の密度にも関わるものかは判然としない。

⓭ 【9】は、国籍の意義について「重要な法的地位」と位置づけた(国籍が基本権保障や公的資格の付与、公的給付等においていかなる意味をもつかについては、後掲の田原補足意見(【59】以下)が詳しく論じている。さらに参照、判例①293-294頁)うえで、本件においては、父母の婚姻により嫡出子たる身分を取得するか否かという、「子にとっては、自らの意思や努力によっては変えることのできない」事柄により国籍付与に差異が生じることが問題となっているため、合理性の判断にあたって、「慎重に検討すること」を求めている。このような判示には、通説とされる、憲法14条1項後段列挙事由特別意味付与説との親近性がうかがわれる(文献①55頁)。ただし、後掲の泉補足意見(【33】)のように後段列挙事由への該当性が正面から論じられているわけではない。また、「慎重な検討」という表現の意味するところも必ずしも明らかではなく、同じ

本国籍を取得することとの均衡を図ることによって、同法の基本的な原則である血統主義を補完するものとして、昭和59年法律第45号による国籍法の改正において新たに設けられたものである❶。

[11]　そして、国籍法3条1項は、日本国民である父が日本国民でない母との間の子を出生後に認知しただけでは日本国籍の取得を認めず、準正のあった場合に限り日本国籍を取得させることとしており、これによって本件区別が生じている。このような規定が設けられた主な理由は、日本国民である父が出生後に認知した子については、父母の婚姻により嫡出子の身分を取得することによって、日本国民である父との生活の一体化が生じ、家族生活を通じた我が国社会との密接な結び付きが生ずることから、日本国籍の取得を認めることが相当であるという点にあるものと解される。また、上記国籍法改正の当時には、父母両系血統主義を採用する国には、自国民である父の子について認知だけでなく準正のあった場合に限り自国籍の取得を認める国が多かったことも、本件区別が合理的なものとして設けられた理由であると解される❶。

[12]　イ　日本国民を血統上の親として出生した子であっても、日本国籍を生来的に取得しなかった場合には、その後の生活を通じて外国国籍である外国との密接な結び付きを生じさせている可能性があるから、国籍法3条1項は、同法の基本的な原則である血統主義を基調としつつ、日本国民との法律上の親子関係の存在に加え我が国との密接な結び付きの指標となる一定の要件を設けて、これらを満たす場合に限り出生後における日本国籍の取得を認めることとしたものと解される。このような目的を達成するため準正その他の要件が設けられ、これにより本件区別が生じたのであるが、本件区別を生じさせた上記の立法目的自体には、合理的な根拠があるというべきである❶。

[13]　また、国籍法3条1項の規定が設けられた当時の社会通念や社会的状況の下においては、日本国民である父と日本国民でない母との間の子について、父母が法律上の婚姻をしたことをもって日本国民である父との家族生活を通じた我が国との密接な結び付きの存在を示すものとみることには相応の理由があったものとみられ、当時の諸外国における前記のような国籍法制の傾向にかんがみても、同項の規定が認知に加えて準正を日本国籍取得の要件としたことには、上記の立法目的との間に一定の合理的関連性があったものということができる❶。

[14]　ウ　しかしながら、その後、我が国における社会的、経済的環境等の変化に伴って、夫婦共同生活の在り方を含む家族生活や親子関係に関する意識も一様ではなくなってきており、今日では、出生数に占める非嫡出子の割合が増加するなど、家族生活や親子関係の実態も変化し多様化してきている。このような社会通念及び社会的状況の変化に加えて、近年、我が国の国際化の進展に伴い国際的交流が増大することにより、日本国民である父と日本国民でない母との間に出生する子が増加しているところ、両親の一方のみが日本国民である場合には、同居の有無など家族生活の実態においても、法律上の婚姻やそれを背景とした親子関係の在り方についての認識においても、両親が日本国民である場合と比べてより複雑多様な面があり、その子と我が国との結び付きの強弱を両親が法律上の婚姻をしているか否かをもって直ちに測ることはできない。これらのことを考慮すれば、日本国民である父が日本国民でない母と法律上の婚姻をしたことをもって、初めて子に日本国籍を与えるに足りるだけの我が国との密接な結び付きが認められるものとすることは、今日では必ずしも家族生活等の実態に適合するものということはできない❶。

[15]　また、諸外国においては、非嫡出子に対する法的な差別的取扱いを解消する方向にあることがうかがわれ、我が国が批准した市民的及び政治的権利に関する国際規約及び児童の権利に関する条約にも、児童が出生によっていかなる差別も受けないとする趣旨の規定が存する。さらに、国籍法3条1項の規定が設けられた後、自国民である父の非嫡出子について準正を国籍取得の要件としていた多くの国において、今日までに、認知等により自国民との父子関係の成立が認められた場合にはそれだけで自国籍の取得を認める旨の法改正が行われている❶。

[16]　以上のような我が国を取り巻く国内的、国際的な社会的環境等の変化に照らしてみると、準正を出生後における届出による日本国籍取得の要件としておくことについて、前記の立法目的との間に合理的関連性を見いだすことがもはや難しくなっているというべきである❷。

く泉補足意見のように実質的関連性の要求を明記していない。さらに、わが国の判例が基本的には違憲審査基準論を採用していないとする、堀越事件判決〔本書23事件〕の千葉補足意見を参照。加えて、非嫡出子相続分規定事件〔本書8事件〕の調査官解説は、判解①293頁以下（従来の判例が後段列挙事由特別意味付与説を採用しておらず、本判決が従来の判例の立場を踏襲するものであると評価している。もっとも、慎重な判断を求めた部分を「注目されるところ」とはしている）も引用しながら、本判決が「審査基準としては、『合理性の基準』に相当する趣旨の基準を採用したものと解する方が素直である」としている（判解④369頁）。この点に関連して、蟻川恒正は、平等審査において、「合理的関連性」の基準は厳格な審査の基準といえ、問題となっている権利や地位の重大性と自己の努力によってはどうすることもできない事由を根拠とした区別であることの2点をみたした場合にのみ認められるという（文献⑤107-108頁）。

❶　[10]では、国籍法3条が、国籍法の「基本的な原則である血統主義を補完する」性質をもつものであることが指摘されている。なお、ここで触れられる昭和59年の国籍法改正は、女子差別撤廃条約批准に伴う国内法整備の一環として行われたもので、父が日本人である場合に生来的に日本国籍を付与する従来の父系血統主義を、父母のいずれかが日本人であれば、子に生来的に日本国籍を付与する父母両系血統主義へと転換することを主たる内容としている。以上の点について、判解①283-284頁も参照。

❶　[11]では、日本人父の生後認知子について、父母の婚姻による準正によって、わが国社会との密接な結びつきが生じ、国籍取得を認めるに足る状況が認められるために、準正を要件としたという、立法目的を認定したうえで、改正当時の諸外国の立法例にも、そのような仕組みの採用の根拠を求めている。この点に関する立法当時の認識、外国の立法例について、判解①284-286頁が立案担当者の概説書や解説書を引用して説明している。

❶　[12]は、[11]で特定した立法目的自体には合理的根拠が存在するとしている。

❶　[13]は、国籍法旧3条1項制定当時に、立法目的と準正を要件と設定したこととの間に合理的関連性が存在したとしている。もっとも、制定当時から、同条同項の合理性について、立案にも関与した国際私法学者から疑問が投げかけられていた。

❶　[14]では、婚姻や親子関係をめぐる社会通念、社会的状況の変遷が指摘され、「日本国民である父が日本国民でない母と法律上の婚姻をしたことをもって、初めて子に日本国籍を与えるに足りるだけの我が国との密接な結び付きが認められるものとすることは、今日では必ずしも家族生活等の実態に適合」しないと結論づけられている。しかし、統計資料を具体的に示した、後掲の横尾ほか反対意見があり（[92]）、多数意見より説得的ではないかとする指摘もみられる。参照、文献②89頁注20。

❶　[15]では、諸外国における非嫡出子への法的差別の解消の動き、わが国が批准している二つの条約に児童の出生による差別を禁じる規定が存在することへの言及がなされ、さらに、[11]で立法目的の確認をした際に諸外国の立法状況に触れていたことに対応して、その後の諸外国における立法の変化を指摘する。諸外国における法改正については、判解①292頁、317頁注30を参照。なお、ここでの国際条約への言及について国際法適合的解釈（非嫡出子相続分規定事件〔本書8事件〕の【補足説明】参照）であるという見解が有力である。ただし、判解①297頁は、「あくまで内外の社会的環境等に関する一つの事情として考慮されているもの」と解している。また、自由権規約委員会や児童の権利委員会による懸念の表明については、判解①293頁を参照。

❷　[16]では、[14]と[15]で触れた社会的環境等の変化に照らして、立法目的と区別との間の合理的関連性を

【17】　エ　一方、国籍法は、前記のとおり、父母両系血統主義を採用し、日本国民である父又は母との法律上の親子関係があることをもって我が国との密接な結び付きがあるものとして日本国籍を付与するという立場に立って、出生の時に父又は母のいずれかが日本国民であるときには子が日本国籍を取得するものとしている（2条1号）。その結果、日本国民である父又は母の嫡出子として出生した子はもとより、日本国民である父から胎児認知された非嫡出子及び日本国民である母の非嫡出子も、生来的に日本国籍を取得することとなるところ、同じく日本国民を血統上の親として出生し、法律上の親子関係を生じた子であるにもかかわらず、日本国民である父から出生後に認知された子のうち準正により嫡出子たる身分を取得しないものに限っては、生来的に日本国籍を取得しないのみならず、同法3条1項所定の届出により日本国籍を取得することもできないことになる。このような区別の結果、日本国民である父から出生後に認知されたにとどまる非嫡出子のみが、日本国籍の取得について著しい差別的取扱いを受けているものといわざるを得ない❷1。

【18】　日本国籍の取得が、前記のとおり、我が国において基本的人権の保障等を受ける上で重大な意味を持つものであるにかんがみれば、以上のような差別的取扱いによって子の被る不利益は看過し難いものというべきであり、このような差別的取扱いについては、前記の立法目的との間に合理的関連性を見いだし難いといわざるを得ない。とりわけ、日本国民である父から胎児認知された子と出生後に認知された子との間においては、日本国民である父との家族生活を通じた我が国社会との結び付きの程度に一般的な差異が存するとは考え難く、日本国籍の取得に関して上記の区別を設けることの合理性を我が国社会との結び付きの程度という観点から説明することは困難である。また、父母両系血統主義を採用する国籍法の下で、日本国民である母の非嫡出子が出生により日本国籍を取得するにもかかわらず、日本国民である父から出生後に認知されたにとどまる非嫡出子が届出による日本国籍の取得すら認められないことには、両性の平等という観点からみてその基本的立場に沿わないところがあるというべきである❷2。

【19】　オ　上記ウ、エで説示した事情を併せ考慮するならば、国籍法が、同じく日本国民との間に法律上の親子関係を生じた子であるにもかかわらず、上記のような非嫡出子についてのみ、父母の婚姻という、子にはどうすることもできない父母の身分行為が行われない限り、生来的にも届出によっても日本国籍の取得を認めないとしている点は、今日においては、立法府に与えられた裁量権を考慮しても、我が国との密接な結び付きを有する者に限り日本国籍を付与するという立法目的との合理的関連性の認められる範囲を著しく超える手段を採用しているものというほかなく、その結果、不合理な差別を生じさせているものといわざるを得ない❷3。

【20】　カ　確かに、日本国民である父と日本国民でない母との間に出生し、父から出生後に認知された子についても、国籍法8条1号所定の簡易帰化により日本国籍を取得するみちが開かれている。しかしながら、帰化は法務大臣の裁量行為であり、同号所定の条件を満たす者であっても当然に日本国籍を取得するわけではないから、これを届出による日本国籍の取得に代わるものとみることにより、本件区別が前記立法目的との間の合理的関連性を欠くものでないということはできない❷4。

【21】　なお、日本国民である父の認知によって準正を待たずに日本国籍の取得を認めた場合に、国籍取得のための仮装認知がされるおそれがあるから、このような仮装行為による国籍取得を防止する必要があるということも、本件区別が設けられた理由の一つであると解される。しかし、そのようなおそれがあるとしても、父母の婚姻により子が嫡出子たる身分を取得することを日本国籍取得の要件とすることが、仮装行為による国籍取得の防止の要請との間において必ずしも合理的関連性を有するものとはいい難く、上記オの結論を覆す理由とすることは困難である❷5。

【22】　（3）　以上によれば、本件区別については、これを生じさせた立法目的自体に合理的な根拠は認められるものの、立法目的との間における合理的関連性は、我が国の内外における社会的環境の変化等によって失われており、今日において、国籍法3条1項の規定は、日本国籍の取得につき合理性を欠いた過剰な要件を課すものとなっているというべきである。しかも、本件区別については、前記(2)エで説示した他の区別も存在しており、日本国民で

❷1　【17】では、日本人父から胎児認知された子や日本人母の非嫡出子といった、状況の類似する範疇との比較を通じて、日本人父から生後認知を受けたにとどまる非嫡出子のみが、国籍取得について別異取扱いを受けていることを、差別的取扱いの著しさとともに指摘している。

❷2　【18】では、まず、審査の慎重性を求める際の言及に対応する形で、国籍付与要件のもつ重大性を再度指摘している。とりわけ日本人父の胎児認知子との対比（後掲の田原補足意見は、日本人父の胎児認知子と生後認知子との間の区別に合理性がないことを特に重視している（【68】【69】）し、最判平14・11・22集民203-495の亀山補足意見は合理性に疑問を呈している）を通じて、立法目的と区別との間の合理的関連性の不存在を指摘している。もっとも、判解①297頁は、多数意見は【17】において、日本人父の生後認知子と胎児認知子との間の区別の違憲性には言及しておらず、あくまで、本件区別（日本人父の生後認知子のうち、準正のあった子となかった子との間での区別）をより不合理なものとしている要素として言及したのだという点を強調する。さらに、日本人母の非嫡出子との比較で大きな差異が生じることも、両性の本質的平等にそぐわないとして、合理的関連性の欠如を補足する。ただし、後者については、最高裁の判例に端を発する区別であるということもでき、それが両性の平等にそぐわないのであれば、そもそもの最高裁判例も見直すべきなのではないかという疑問が生じうる。なお、本件区別を含めた、日本国民の子による国籍の取得に関する区別については、判解①287頁がまとめている。

❷3　【19】は、【14】から【18】における検討をまとめて、本件区別を判決時点において、「立法目的との合理的関連性の認められる範囲を著しく超える手段を採用し」た、不合理な差別であると結論づけている。

❷4　【20】は、国籍法8条1号により、日本人の子で日本に居住する者については帰化の要件が緩和されているものの、それでは出生に基づく届出による国籍取得に代替するものではないとしている。なお、この点については、後掲の横尾ほか反対意見が反論している（【97】）。

❷5　【21】は、仮装認知の危険性も合理的関連性を裏付けるものではないという。なお、本判決後の法改正において、仮装認知の危険性が問題視され、当該改正によって新設された国籍法20条において、虚偽の届出について罰則が設けられた（判解①314頁注12）。

❷6　【22】では、【20】や【21】での検討をふまえて、【19】で一旦提示した本件区別が不合理な差別に該当するという結論が覆されるものではないことを確認している（判解①296頁）。

る父から出生後に認知されたにとどまる非嫡出子に対して、日本国籍の取得において著しく不利益な差別的取扱いを生じさせているといわざるを得ず、国籍取得の要件を定めるに当たって立法府に与えられた裁量権を考慮しても、この結果について、上記の立法目的との間において合理的関連性があるものということはもはやできない㉖。

【23】　そうすると、本件区別は、遅くとも上告人が法務大臣あてに国籍取得届を提出した当時には、立法府に与えられた裁量権を考慮してもなおその立法目的との間において合理的関連性を欠くものとなっていたと解される㉗。

【24】　したがって、上記時点において、本件区別は合理的な理由のない差別となっていたといわざるを得ず、国籍法3条1項の規定が本件区別を生じさせていることは、憲法14条1項に違反するものであったというべきである㉘。

5 本件区別による違憲の状態を前提として上告人に日本国籍の取得を認めることの可否

【25】　(1)　以上のとおり、国籍法3条1項の規定が本件区別を生じさせていることは、遅くとも上記時点以降において憲法14条1項に違反するといわざるを得ないが、国籍法3条1項が日本国籍の取得について過剰な要件を課したことにより本件区別が生じたからといって、本件区別による違憲の状態を解消するために同項の規定自体を全部無効として、準正のあった子（以下「準正子」という。）の届出による日本国籍の取得をもすべて否定することは、血統主義を補完するために出生後の国籍取得の制度を設けた同法の趣旨を没却するものであり、立法者の合理的意思として想定し難いものであって、採り得ない解釈であるといわざるを得ない。そうすると、準正子について届出による日本国籍の取得を認める同項の存在を前提として、本件区別により不合理な差別的取扱いを受けている者の救済を図り、本件区別による違憲の状態を是正する必要があることになる㉙。

【26】　(2)　このような見地に立って是正の方法を検討すると、憲法14条1項に基づく平等取扱いの要請と国籍法の採用した基本的な原則である父母両系血統主義とを踏まえれば、日本国民である父と日本国民でない母との間に出生し、父から出生後に認知されたにとどまる子についても、血統主義を基調として出生後における日本国籍の取得を認めた同法3条1項の規定の趣旨・内容を等しく及ぼすほかはない。すなわち、このような子についても、父母の婚姻により嫡出子たる身分を取得したことという部分を除いた同項所定の要件が満たされる場合に、届出により日本国籍を取得することが認められるものとすることによって、同項及び同法の合憲的で合理的な解釈が可能となるものということができ、この解釈は、本件区別による不合理な差別的取扱いを受けている者に対して直接的な救済のみちを開くという観点からも、相当性を有するものというべきである㉚。

【27】　そして、上記の解釈は、本件区別に係る違憲の瑕疵を是正するため、国籍法3条1項につき、同項を全体として無効とすることなく、過剰な要件を設けることにより本件区別を生じさせている部分のみを除いて合理的に解釈したものであって、その結果も、準正子と同様の要件による日本国籍の取得を認めるにとどまるものである。この解釈は、日本国民との法律上の親子関係の存在という血統主義の要請を満たすとともに、父が現に日本国民であることなど我が国との密接な結び付きの指標となる一定の要件を満たす場合に出生後における日本国籍の取得を認めるものとして、同項の規定の趣旨及び目的に沿うものであり、この解釈をもって、裁判所が法律にない新たな国籍取得の要件を創設するものであって国会の本来的な機能である立法作用を行うものとして許されないと評価することは、国籍取得の要件に関する他の立法上の合理的な選択肢の存在の可能性を考慮したとしても、当を得ないものというべきである㉛。

【28】　したがって、日本国民である父と日本国民でない母との間に出生し、父から出生後に認知された子は、父母の婚姻により嫡出子たる身分を取得したという部分を除いた国籍法3条1項所定の要件が満たされるときは、同項に基づいて日本国籍を取得することが認められるというべきである㉜。

【29】　(3)　原審の適法に確定した事実によれば、上告人は、上記の解釈の下で国籍法3条1項の規定する日本国籍取得の要件をいずれも満たしていることが認められる。そうすると、上告人は、法務大臣あての国籍取得届を提出したことによって、同項の規定により日本国籍を取得したものと解するのが相

㉗　【23】では、原告による国籍取得届の提出時（平成15年2月4日である。民集62-6-1453・1479（本件第一審判決の抜粋）を参照）には、本件区別が立法目的との関係で合理的関連性を欠くものとなっていたことを確認している。いつから違憲になっていたかは明示しないが、これは事案の解決に必要な限り憲法判断を行うという見地からこのような判断にとどめたとされる（判解①299頁）。

㉘　【24】は、ここまでのまとめとして、原告による国籍取得届の提出時において、国籍法3条1項（当時）の規定が本件区別を生じさせていることが憲法14条1項に違反するものであったと結論づけている。

㉙　【25】は、まず、国籍法旧3条1項が日本人父の生後認知子の届出による国籍取得要件として準正を要求していることを、本来であれば日本人との法律上の親子関係が認められれば国籍の取得が認められるべきところ、それに付加的に求められる、「過剰な条件」であると解している。そして、国籍法旧3条1項が憲法14条1項に反する本件区別を生じさせているからといって、旧3条1項による国籍付与の可能性を取り去ってしまうことは立法者の意思に反するとして、上記「過剰な条件」の部分のみを取り除くべきだとする。

この点、今井補足意見（【48】以下）は、積極的な立法裁量権の行使があったことを論証しようと試みている。他方、横尾ほかの3裁判官（【102】【103】）と、甲斐中・堀籠裁判官（【109】～【111】）の二つの反対意見や藤田裁判官の意見（【79】）は、準正を欠く生後認知子の国籍取得については立法の不作為ないし欠如が生じているとする（判解①304頁）。なお、判解①304-305頁は、権利利益の付与に関する立法上の区別が憲法14条1項に違反する場合に、これを立法不作為とみるか、積極的な立法裁量の行使の結果とみるかは、一律明確な基準を示すことはできないとしつつ、児童扶養手当法施行令に関する最判平14・1・31民集56-1-246が参考になるとし、判解③176頁以下を引用しながら、総合衡量であることに示唆しつつ、規定の仕方、立法趣旨、立法経過や立法者意思、さらには救済の必要性など一定の考慮要素を提示しようと努めている。

㉚　【26】では、【25】で示した基本的な立場をふまえて、憲法14条1項の要請と国籍法上の基本的な原則である父母両系血統主義に鑑み、準正を欠く日本人父の生後認知子にも国籍の取得を認めるという解釈を採用するのが妥当としている（判解①306-308頁）。藤田意見も考慮要素は多数意見に似るが、立法不作為を前提とする拡張解釈（「合憲拡張解釈」？）の許容性という問いの立て方をしている点が異なる（判解①307頁、309頁）。

㉛　【27】では、まず、【26】で示された「解釈」が、いわゆる一部違憲ないし部分違憲の手法を採用したものであることが確認されている。一部違憲には、意味上の一部違憲と文言上の一部違憲の2種類があるとされるが、特定の文言を取り除くという形で違憲の部分を特定できないという点では、意味上の一部違憲ということになる（文献③70頁以下）し、条文の特定の箇所について違憲の瑕疵があることを指摘しているという点では、文言上の一部違憲ということ（文献④205-206頁）もできなくはない。なお、宍戸常寿は、区別に大きな意味はない可能性も示唆する（同206頁）。この【27】では、加えて上記「解釈」が、立法作用を害するものではなく（ここには、立法作用への介入であるとする反対意見への対応関係がみられる）、司法作用の適切な範囲内であることが強調されている。

㉜　【28】では、日本人父の生後認知子について、準正を要求する部分を取り除いた国籍法旧3条1項の要件

当である㉝。

6　結論

【30】　以上のとおり、上告人は、国籍法3条1項の規定により日本国籍を取得したものと認められるところ、これと異なる見解の下に上告人の請求を棄却した原審の判断は、憲法14条1項及び81条並びに国籍法の解釈を誤ったものである。論旨はこの趣旨をいうものとして理由があり、その余の論旨について判断するまでもなく、原判決は破棄を免れない。そして、以上説示したところによれば、上告人の請求には理由があり、これを認容した第1審判決は結論において是認することができるから、被上告人の控訴を棄却すべきである㉞。

【31】　よって、裁判官横尾和子、同津野修、同古田佑紀の反対意見、裁判官甲斐中辰夫、同堀籠幸男の反対意見があるほか、裁判官全員一致の意見で、主文のとおり判決する。なお、裁判官泉徳治、同今井功、同那須弘平、同涌井紀夫、同田原睦夫、同近藤崇晴の各補足意見、裁判官藤田宙靖の意見がある㉟。

が認められる場合には、日本国籍の取得が認められるとしている。

❸ 【29】では、原審認定の事実に照らして、原告に日本国籍の取得が認められるとしている。

❹ 【30】は、これまでの検討をまとめ、結論を述べている。

❺ 【31】は、ここまでの判決理由づけを締めくくっている。

◆ 少数意見

裁判官泉徳治の補足意見は、次のとおりである ❻。

【32】　1　国籍法3条1項は、日本国民の子のうち同法2条の適用対象とならないものに対する日本国籍の付与について、「父母の婚姻」を要件とすることにより、父に生後認知され「父母の婚姻」がない非嫡出子を付与の対象から排除している。これは、日本国籍の付与に関し、非嫡出子であるという社会的身分と、日本国民である親が父であるという親の性別により、父に生後認知された非嫡出子を差別するものである。

【33】　この差別は、差別の対象となる権益が日本国籍という基本的な法的地位であり、差別の理由が憲法14条1項に差別禁止事由として掲げられている社会的身分及び性別であるから、それが同項に違反しないというためには、強度の正当化事由が必要であって、国籍法3条1項の立法目的が国にとり重要なものであり、この立法目的と、「父母の婚姻」により嫡出子たる身分を取得することを要求するという手段との間に、事実上の実質的関連性が存することが必要である。

【34】　2　国籍法3条1項の立法目的は、父母両系血統主義に基づき、日本国民の子で同法2条の適用対象とならないものに対し、日本社会との密接な結合関係を有することを条件として、日本国籍を付与しようとすることにあり、この立法目的自体は正当なものということができる。

【35】　3　国籍法3条1項は、上記の立法目的を実現する手段として、「父母の婚姻及びその認知により嫡出子たる身分を取得した子」に限って日本国籍を付与することを規定し、父に生後認知された非嫡出子を付与の対象から排除している。

【36】　しかし、「父母の婚姻」は、子や日本国民である父の1人の意思では実現することができない要件であり、日本国民を父に持ちながら自己又は父の意思のみでは日本国籍を取得することができない子を作り出すものである。一方、日本国民である父に生後認知された非嫡出子は、「父母の婚姻」により嫡出子たる身分を取得していなくても、父との間で法律上の親子関係を有し、互いに扶養の義務を負う関係にあって、日本社会との結合関係を現に有するものである。上記非嫡出子の日本社会との結合関係の密接さは、国籍法2条の適用対象となっている日本国民である母の非嫡出子や日本国民である父に胎児認知された非嫡出子のそれと、それ程変わるものではない。また、父母が内縁関係にあり、あるいは事実上父の監護を受けている場合においては、父に生後認知された非嫡出子の日本社会との結合関係が嫡出子のそれに実質的に劣るものということは困難である。そして、上記非嫡出子は、父の認知を契機として、日本社会との結合関係を発展させる可能性を潜在的に有しているのである。家族関係が多様化しつつある現在の日本において、上記非嫡出子の日本社会との結合関係が、「父母の婚姻」がない限り希薄であるとするのは、型にはまった画一的な見方といわざるを得ない。

【37】　したがって、前記の立法目的と、日本国民である父に生後認知された子のうち「父母の婚姻」により嫡出子たる身分を取得したものに限って日本国籍を付与することとした手段との間には、事実上の実質的関連性があるとはいい難い。

【38】　結局、国籍法3条1項が日本国籍の付与につき非嫡出子という社会的身分及び親の性別により設けた差別は、強度の正当化事由を有するものということはできず、憲法14条1項の規定に違反するといわざるを得ない。

【39】　4　そして、上告人に対しては、国籍法3条1項から「父母の婚姻」の部分を除いたその余の規定の適用により、日本国籍が付与されるべきであると考える。

【40】　国籍法3条1項の主旨は日本国民の子で同法2条の適用対象とならないものに対し日本国籍を付与することにあり、「父母の婚姻」はそのための一条件にすぎないから、その部分が違憲であるとしても、上記主旨はできる限り生かすのが、立法意思に沿うものというべきである。また、上記のような国籍法3条1項の適用は、「すべての児童は、国籍を取得する権利を有する」ことを規定した市民的及び政治的権利に関する国際規約24条3項や児童の権利に関する条約7条1項の趣旨にも適合するものである。

【41】　ただし、上記のような国籍法3条1項の適用は、国会の立法意思として、「父母の婚姻」の部分を除いたままでは同項を存続させないであろうというがい然性が明白である場合には、許されないと解される。国籍法3条1項から「父母の婚姻」の部分を除くことに代わる選択肢として、まず、同条全体を廃止することが考えられるが、この選択肢は、日本国民である父に生後認知された非嫡出子を現行法以上に差別するものであり、すべての児童が出生や父母の性別により差別されないことを規定した市民的及び政治的権利に関する国際規約24条及び児童の権利に関する条約2条を遵守すべき日本の国会が、この選択肢を採用することは考えられない。次に、国籍法2条の適用対象となっている日本国民である母の非嫡出子及び胎児認知された非嫡出子についても、「父母の婚姻」という要件を新たに課するという選択肢が考えられるが、この選択肢は、非嫡出子一般をその出生により不当に差別するもので、憲法の平等原則に違反するから、国会がこの選択肢を採用することも考えられない。さらに、「日本で生まれたこと」、「一定期間以上日本に住所を有すること」、「日本

---

❻　泉補足意見は、違憲審査のあり方について、多数意見以上に学説に接近したアプローチを採用するもの（【33】参照）である。この点について、文献⑥203-204頁も参照。また、この補足意見では、事情の変化について触れていないが、泉裁判官自身は、国籍法は当初から違憲であったと考えている点について、同208頁を参照。加えて❽も参照。

国民と生計を一にすること」など、日本社会との密接な結合関係を証するための新たな要件を課するという選択肢が考えられるが、この選択肢は、基本的に法律上の親子関係により日本社会との結合関係を判断するという国籍法の血統主義とは別の観点から要件を付加するもので、国会がこの選択肢を採用するがい然性が高いということもできない。結局、国会の立法意思として、「父母の婚姻」の部分を除いては国籍法3条1項をそのまま存続させないであろうというがい然性が明白であるということはできず、「父母の婚姻」の部分を除いて同項を適用し、日本国民である父が生後認知した非嫡出子に日本国籍を付与する方が、立法意思にかなうものと解される。

【42】　もとより、国会が、将来において、国籍法3条1項を憲法に適合する方法で改正することは、その立法裁量に属するところであるが、それまでの間は、「父母の婚姻」の部分を除いて同項を適用すべきである。

【43】　また、「父母の婚姻」の部分を除いて国籍法3条1項の規定を適用することは、憲法の平等原則の下で同項を解釈し適用するものであって、司法が新たな立法を行うものではなく、司法の役割として当然に許されるところである。

【44】　5　多数意見は、前記差別について、立法目的と手段との間の関連性の点から違憲と解するものであって、基本的な判断の枠組みを共通にするものであり、また、国籍法3条1項の上告人に対する適用についても、前記4と同じ趣旨を述べるものであるから、多数意見に同調する。

裁判官今井功の補足意見は、次のとおりである❸[37]。

【45】　私は、多数意見に同調するものであるが、判示5の点（本件上告人に日本国籍の取得を認めることの可否）についての反対意見にかんがみ、法律の規定の一部が違憲である場合の司法救済の在り方について、私の意見を補足して述べておきたい。

【46】　1　反対意見は、日本国民である父から出生後認知された者のうち、準正子に届出による日本国籍（以下単に「国籍」という。）の取得を認め、そうでない者（以下「非準正子」という。）についてはこれを認める立法をしていないこと（立法不存在ないし立法不作為）が憲法14条1項に違反するとしても、非準正子にも国籍取得を認めることは、国籍法の定めていない国籍付与要件を判決によって創設するもので、司法権の範囲を逸脱し、許されないとするものである。

【47】　2　裁判所に違憲立法審査権が与えられた趣旨は、違憲の法律を無効とすることによって、国民の権利利益を擁護すること、すなわち、違憲の法律によりその権利利益を侵害されている者の救済を図ることにある。無効とされる法律の規定が、国民に刑罰を科し、あるいは国民の権利利益をはく奪するものである場合には、基本的に、その規定の効力がないものとして、これを適用しないというだけであるから、特段の問題はない。

【48】　問題となるのは、本件のようにその法律の規定が国民に権利利益を与える場合である。この場合には、その規定全体を無効とすると、権利利益を与える根拠がなくなって、問題となっている権利利益を与えられないことになる。このように解釈すべき場合もあろう。しかし、国民に権利利益を与える規定が、権利利益を与える要件として、A、Bの二つの要件を定め、この両要件を満たす者に限り、権利利益を与える（反対解釈によりA要件のみを満たす者には権利利益を与えない。）と定めている場合において、権利利益を与える要件としてA要件の外にB要件を要求することが平等原則に反し、違憲であると判断されたときに、A要件のみを備える者にも当該権利利益を与えることができるのか、ここでの問題である。このような場合には、その法律全体の仕組み、当該規定が違憲とされた理由、結果の妥当性等を考慮して、B要件の定めのみが無効である（すなわちB要件の定めがないもの）とし、その結果、A要件のみを満たした者についても、その規定の定める権利利益を与えることになると解することも、法律の合憲的な解釈として十分可能であると考える。

【49】　3　国籍法は、父母両系血統主義を採用し、その上に立って、国籍の取得の方法として、①出生による当然の取得（2条）、②届出による取得（3条）及び③帰化による取得（4条から9条まで）の三つの方法を定めている。

【50】　そして、2条による当然の取得については、出生の時に法律上の父又は母が日本国民であるという要件を備える子は、当然に国籍を取得することを規定している。次に、3条の届出による取得については、2条の補完規定として、血統上の父は日本国民であるが、非嫡出子として出生し、その後父から認知された子について、準正子に限り国籍取得が認められるとし、非準正子には国籍取得を認めていない。さらに、4条から9条までにおいては、2条及び3条により国籍取得の認められない者について帰化（法務大臣の許可）により国籍取得を認めることとしている。

【51】　このような国籍法の定める国籍取得の仕組みを見ると、同法は、法的な意味での日本国民の血統が認められる場合、すなわち法律上の父又は母が日本国民である場合には、国籍取得を認めることを大原則とし、2条はこの原則を無条件に貫き、3条においては、これに父母の婚姻により嫡出子たる身分を取得したことという要件（以下「準正要件」という。）を付加しているということができる。このような国籍法の仕組みからすれば、3条は、血統主義の原則を認めつつ、準正要件を備えない者を除外した規定といわざるを得ない。この点について、反対意見は、3条1項は出生後に日本国民である父から認知された子のうち準正子のみに届出による国籍取得を認めたにすぎず、非準正子の国籍取得については単にこれを認める規定を設けていないという立法不作為の状態が存在するにすぎない旨いうが、国会が同項の規定を設けて準正子のみに届出による国籍取得を認めることとしたことにより、反面において、非準正子にはこれを認めないこととする積極的な立法裁量権を行使したことは明らかである。そして、3条1項が準正子と非準正子とを差別していることが平等原則に反し違憲であるとした場合には、非準正子も、準正子と同様に、国籍取得を認められるべきであるとすることも、上記2のように法律の合憲的な解釈として十分成り立ち得る。

【52】　このように考えれば、多数意見は、裁判所が違憲立法審査権を行使して国籍法3条1項を憲法に適合するように解釈した結果、非準正子についても準正子と同様に同届により国籍取得を認められるべきであるとするものであって、同法の定める要件を超えて新たな立法をしたとの非難は当たらない。現行国籍法の下における準正子と非準正子との間の平等原則に違反する差別状態を裁判所が解釈によって解消するには、準正子に与えられた効果を否定するか、非準正子に準正子と同様の効果を与えるしかない。前者の解釈が、その結果の妥当性は別として、立法権を侵害するものではないことには異論はないであろう。これと同様に、後者の解釈を採ることも許容されるというべきである。

【53】　私は、以上のような理由により、国籍法3条1項を憲法に適合するように解釈した結果、同項は、日本国民である父から出生後に認知された子は、届出により国籍を取得することができることを認めたものと解するのが相当であり、このように解しても立法権を侵害するものではないと考える。

【54】　4　反対意見によれば、同じく日本国民である父から認知された子であるにもかかわらず、準正子は国籍を取得できるのに、非準正子は司法救済を求めたとしても国籍を取得できないという平等原則に反する違憲の状態が依然として続くことになる。

【55】　反対意見は、違憲の状態が続くことになっても、立法がない限り、やむを得ないとするものと考えられる。反対意見がそのように解する理由は、憲法10条が「日本国民たる要件は、法律でこれを定める。」と規定し、いかなる者に国籍を与えるかは国会が立法によって定める

---

[37]　今井補足意見は、救済手段についての多数意見の考え方を敷衍したものであるとされる（判解①303頁、判解②97頁）。

事柄であり、国籍法が非準正子に国籍取得を認める規定を設けていない以上、準正子と非準正子との差別が平等原則に反し違憲であっても、非準正子について国籍取得を認めることは、裁判所が新たな立法をすることになり、許されないというものと理解される。

[56]　しかし、どのような要件があれば国籍を与えるかについて国会がその裁量により立法を行うことが原則であることは当然であるけれども、国会がその裁量権を行使して行った立法の合憲性について審査を行うのは裁判所の責務である。国籍法3条1項は、国会がその裁量権を行使して行った立法であり、これに対して、裁判所は、同項の規定が準正子と非準正子との間に合理的でない差別を生じさせており、平等原則に反し違憲と判断したのである。この場合に、違憲の法律により本来ならば与えられるべき保護を受けることができない者に対し、その保護を与えることは、裁判所の責務であって、立法権を侵害するものではなく、司法権の範囲を超えるものとはいえない。

[57]　5　非準正子についても国籍を付与するということになれば、国会において、国籍付与の要件として、準正要件に代えて例えば日本国内における一定期間の居住等の他の要件を定めることもできたのに、その裁量権を奪うことになるとする議論もあり得ないではない。そうであっても、裁判所がそのような要件を定めていない国籍法3条1項の合憲的解釈として、非準正子について国籍取得を認めたからといって、今後、国会がその裁量権を行使して、日本国民を父とする生後認知子の国籍取得につき、準正要件に代えて、憲法に適合する要件を定める新たな立法をすることが何ら妨げられるものでないことは、いうまでもないところであり、上記のような解釈を採ることが国会の立法裁量権を奪うことになるものではない。

[58]　裁判官那須弘平、同涌井紀夫は、裁判官今井功の補足意見に同調する。

裁判官田原睦夫の補足意見は、次のとおりである。㊳

[59]　私は、多数意見に賛成するものであるが、国籍の取得と教育を受ける権利等との関係及び胎児認知を受けた者と生後に認知を受けた者との区別の問題に関し、以下のとおり補足意見を述べる。

[60]　1　国籍は、国家の構成員たることを意味するものであり、日本国籍を有する者は、我が国に居住する自由を有するとともに、憲法の保障する基本的人権を享受し、職業を自由に選択し、参政権を行使し、また、法律が国民に認めた各種の権利を行使することができる。

[61]　出生又は認知と届出により日本国籍を取得し得るか否かは、国民に認められたそれらの権利を当然に取得し、行使することができるか否かにかかわるものであり、その対象者の人権に直接かかわる事柄である。

[62]　認知と届出による国籍の取得は、20歳未満の者において認められており（国籍法3条1項）、また、実際にその取得の可否が問題となる対象者のほとんどは、本件同様、未就学児又は学齢児童・生徒である。したがって、それら対象者においては、国籍の取得により認められる参政権や職業選択の自由よりも、教育を受ける権利や社会保障を受ける権利の行使の可否がより重要である。

[63]　憲法26条は、1項で国民の教育を受ける権利を定め、2項でその裏面として保護者にその子女に対して普通教育を受けさせる義務を定めるとともに、義務教育はこれを無償とする、と定める。そして、この憲法の規定を受けて教育基本法は、国民に、その保護する子に普通教育を受けさせる義務を定め、国又は地方公共団体の設置する学校における義務教育については、授業料を徴収しない、と規定する（旧教育基本法4条、教育基本法5条1項、4項）。また、学校教育法は、保護者に、その子女に対する小学校、中学校への就学義務を定める（平成19年法律第96号による改正前の学校教育法22条、39条、同改正後の学校教育法16条、17条）。そして、学校教育法施行令は、この就学義務を履行させるための事務として、市町村の教育委員会は、当該市町村の住民基本台帳に基づいて、当該市町村の区域内に住所を有する学齢児童及び学齢生徒について学齢簿を編製し、就学予定者の保護者に対し、翌学年の初めから2月前までに小学校又は中学校の入学期日を通知しなければならない（学校教育法施行令1条、5条）等、様々な規定を設けている。これらの規定は、子女の保護者の義務の視点から定められているが、それは、憲法26条1項の定める当該子女の教育を受ける権利を具現化したものであり、当該子女は、無償で義務教育を受ける権利を有しているのである。ところが、日本国民以外の子女に対しては、それらの規定は適用されず、運用上、市町村の教育委員会が就学を希望する外国人に対し、その就学を許可するとの取扱いがなされているにすぎない。

[64]　また、社会保障の関係では、生活保護法の適用に関して、日本国民は、要保護者たり得る（生活保護法2条）が、外国人は同法の適用を受けることができず、行政実務において生活保護に準じて運用されているにすぎないのである。

[65]　このように、現行法上、本件上告人のような子女においては、日本国籍を取得することができるか否かにより、教育や社会保障の側面において、その権利を享受できるか否かという点で、大きな差異が存するのである。

[66]　2　そこで、日本国民である父と日本国民でない母との間で出生し、出生後父から認知をされた子（以下「生後認知子」という。）の国籍取得につき、その父と母が婚姻をして、当該生後認知子が準正子となった場合にのみ認め、それ以外の場合に認めない国籍法3条1項の規定の生後認知子と準正子との取扱いの区別、また、日本国民たる父が胎児認知した場合に当該胎児認知子は当然に国籍を取得する（国籍法2条1号）ことと生後認知子との区別の合理性が、憲法14条1項に適合するか否かの観点から問題となる。

[67]　多数意見は、国籍法3条1項が生後認知子のうち準正子と非準正子を区別することが憲法14条1項に違反するものとし、国籍法3条1項のうち「父母の婚姻により嫡出子たる身分を取得した」という部分を除いた同項所定の要件が満たされるときは日本国籍を取得することが認められるとするが、その点については全く異論はない。

[68]　それとともに、私は、生後認知子における準正子と非準正子との区別の問題と並んで、生後認知子と胎児認知子間の区別の問題も、憲法14条1項との関係で同様に重要であると考える。

[69]　準正子となるか否かは、子の全く与り知らないところで定まるところ、その点においては、胎児認知子と生後認知子との関係についても同様である。しかし、準正の場合は、父母が婚姻するという法的な手続が経られている。ところが、胎児認知子と生後認知子との間では、父の認知時期が胎児時か出生後かという時期の違いがあるのみである。そして、多数意見4(2)エで指摘するとおり、胎児認知子と生後認知子との間においては、日本国民である父の家族生活を通じた我が国社会との結び付きの程度に一般的な差異が存するとは考え難く、日本国籍の取得に関して上記の区別を設けることの合理性を我が国社会との結び付きの程度という観点から説明することは困難である。かかる点からすれば、胎児認知子に当然に日本国籍の取得を認め、生後認知子には準正子となる以外に日本国籍の取得を認めない国籍法の定めは、憲法14条1項に違反するという結論が導かれ得る。

[70]　そして、国籍法3条1項自体を無効と解した上で、生後認知子については、民法の定める認知の遡及効（民法784条）が国籍の取得の場合にも及ぶと解することができるならば、生後認知子は、国籍法2条1号により出生時にさかのぼって国籍を取得することとなり、胎児認知子と生後認知子との区別を解消することができることとなる。しかし、このように認知の遡及効が国籍の取得にまで及ぶと解した場合には、認知前に既に我が国以外の国籍を取得していた生後認知子の意思と無関係に認知により当然に国籍を認めることの是非

㊳　田原補足意見は、国籍の有無による差異について、教育や社会保障との関係において詳述している。また、日本人父の胎児認知子と生後認知子との別異取扱いが不合理であることを強調している。

や二重国籍の問題が生じ、さらには遡及的に国籍を認めることに伴い様々な分野において法的問題等が生じるのであって、それらの諸点は、一義的な解決は困難であり、別途法律によって解決を図らざるを得ない事柄である。このように多くの法的な諸問題を生じるような解釈は、国籍法の解釈の枠を超えるものといわざるを得ないのであって、その点からしてかかる見解を採ることはできない。

【71】　そうすると、多数意見のとおり国籍法3条1項を限定的に解釈し、20歳未満の生後認知子は、法務大臣に届け出ることによって日本国籍を取得することができると解することが、同法の全体の体系とも整合し、また、上告人及び上告人と同様にその要件に該当する者の個別救済を図る上で、至当な解釈であると考える。

【72】　なお、かかる結論を採る場合、胎児認知子は出生により当然に日本国籍を取得するのに対し、生後認知子が日本国籍を取得するには法務大臣への届出を要するという点において区別が存することになるが、生後認知子の場合、上記の二重国籍の問題等もあり、その国籍の取得を生後認知子（その親権者）の意思にゆだねて届出要件を課すという区別を設けることは、立法の合理的裁量の範囲内であって、憲法14条1項の問題が生じることはないものというべきである。

裁判官近藤崇晴の補足意見は、次のとおりである❸。

【73】　多数意見は、国籍法3条1項が本件区別を生じさせていることの違憲を宣言するにとどまらず、上告人が日本国籍を取得したものとして、上告人が日本国籍を有することを確認した第1審判決を支持し、これに対する控訴を棄却するものである。このように、国籍法3条1項の定める要件のうち父母の婚姻により嫡出子たる身分を取得したという部分（準正要件）を除いた他の要件のみをもって国籍の取得を認めることについては、立法府が準正要件に代えて他の合理的な要件を選択する機会を奪うこととなり、立法府に与えられた立法政策上の裁量権を不当に制約するものであって許されないとの批判があり得る。私は、この点に関する今井裁判官の補足意見に全面的に賛同するとともに、多数意見の一員として、更に補足的に意見を述べておきたい。

【74】　多数意見は、国籍法3条1項の定める要件のうち準正要件を除いた他の要件のみをもって国籍の取得を認めるのであるが、これはあくまでも現行の国籍法を憲法に適合するように解釈した結果なのであって、国籍法を改正することによって他の要件を付加することが憲法に違反するということを意味するものではない。立法政策上の判断によって準正要件に代わる他の要件を付加することは、それが憲法に適合している限り許されることは当然である。

【75】　多数意見が説示するように、父母両系血統主義を基調としつつも、日本国民との法律上の親子関係の存在に加え、我が国との密接な結び付きの指標となる一定の要件を設けて、これらを満たす場合に限り出生後における日本国籍の取得を認めることとするという立法目的自体には、合理的な根拠がある。ただ、その目的を達成するために準正を要件とすることは、もはや立法目的との間に合理的関連性を見いだすことができないとしたのである。したがって、国籍法を改正することによって我が国との密接な結び付きの指標となるべき他の要件を設けることは、それが立法目的との間に合理的関連性を有するのであれば、立法政策上の裁量権の行使として許されることになる。例えば、日本国民である父が出生後に認知したことに加えて、出生地が本邦内であること、あるいは本邦内において一定期間居住していることを国籍取得の要件とすることは、諸外国の立法例にも見られるところであり、政策上の当否の点は別として、将来に向けての選択肢にはなり得るところであろう。

【76】　また、認知と届出のみを要件とすると、生物学上の父ではない日本国民によって日本国籍の取得を目的とする仮装認知（偽装認知）が

されるおそれがあるとして、これが準正要件を設ける理由の一つとされることがあるが、そのようなおそれがあるとしても、これを防止する要請と準正要件を設けることとの間に合理的関連性があるといい難いことは、多数意見の説示するとおりである。しかし、例えば、仮装認知を防止するために、父として子を認知しようとする者とその子との間に生物学上の父子関係が存することが科学的に証明されることを国籍取得の要件として付加することは、これも政策上の当否の点は別として、将来に向けての選択肢になり得ないものではないであろう。

【77】　このように、本判決の後に、立法府が立法政策上の裁量権を行使して、憲法に適合する範囲内で国籍法を改正し、準正要件に代わる新たな要件を設けることはあり得るところである。このような法改正が行われた場合には、その新たな要件を充足するかどうかにかかわらず非準正子である上告人が日本国籍を取得しているものとされた本件と、その新たな要件の充足を要求される法改正後の非準正子との間に差異を生ずることになる。しかし、準正要件を除外した国籍法3条1項のその余の要件のみによっても、同項及び同法の合憲的で合理的な解釈が可能であることは多数意見の説示するとおりであるから、準正要件に代わる新たな要件を設けるという立法裁量権が行使されたかどうかによってそのような差異を生ずることは、異とするに足りないというべきである。

裁判官藤田宙靖の意見は、次のとおりである❹。

【78】　1　私は、現行国籍法の下、日本国民である父と日本国民でない母との間に生まれた子の間で、同法3条1項が定める「父母の婚姻」という要件（準正要件）を満たすか否かの違いにより、日本国籍の取得に関し、憲法上是認し得ない差別が生じる結果となっていること、この差別は、国籍法の解釈に当たり同法3条1項の文言に厳格にとらわれることなく、同項は上記の準正要件を満たさない者（非準正子）についても適用さるべきものと合理的に解釈することによって解消することが可能であり、また本件においては、当裁判所としてそのような道を選択すべきであること等の点において、多数意見と結論を同じくするものであるが、現行法3条1項が何を定めており、上記のような合理的解釈とは正確にどのようなことを意味するのかという点の理解に関して、多数意見との間に考え方の違いがあることを否定できないので、その点につき意見を述べることとしたい。

【79】　2　現行国籍法の基本構造を見ると、子の国籍の取得については出生時において父又は母が日本国民であることを大原則とし（2条）、日本国籍を有しない者が日本国籍を取得するのは帰化によるとを原則とするが（4条）、同法3条1項に定める一定の要件を満たした者については、特に届出という手続によって国籍を取得することができることとされているものというべきである。したがって、同項が準正要件を定めているのは、準正子でありかつ同項の定めるその他の要件を満たす者についてはこれを特に国籍取得の上で優遇する趣旨なのであって、殊更に非準正子を排除しようという趣旨ではない。言い換えれば、非準正子が届出という手続によって国籍を取得できないこととなっているのは、同項があるからではなく、同法2条及び4条の必然的結果というべきなのであって、同法3条1項の準正要件があるために憲法上看過し得ない差別が生じているのも、いわば、同項の反射の効果にすぎないというべきである。それ故また、同項に準正要件が置かれていることによって違憲の結果が生じているのは、多数意見がいうように同条が「過剰な」要件を設けているからではなく、むしろいわば「不十分な」要件しか置いていないからというべきなのであって、同項の合理的解釈によって違憲状態を解消しようとするならば、それは「過剰な」部分を除くことによってではなく、「不十分な」部分を補充することによってでなければならないのである。同項の立法趣旨、そして本件における違憲状態が何によって生じているかについ

---

❸　近藤補足意見は、救済手法としての国籍付与について、今井補足意見に同調しつつ、さらに自身の見解を補足している。
❹　藤田意見は、救済の部分に関わる個別意見である。具体的には、国籍付与を基礎づける規定が欠如している場合であるとしたうえで、規定の欠如を裁判所が補充することは必ずしも排除されないとして、それが許される場合についてその基準などを提示

している。調査官解説は、この意見を、「不合理な法的取扱の区別が立法不作為に過ぎないものと解される場合であっても、違憲立法審査権の行使として、授権的、権利創設的規定の適用範囲を拡大させて権利利益の救済をすることのできる枠組みを示したものとして、注目すべき」だという（判解①307頁）。

ての、上記に述べた考え方に関する限り、私は、多数意見よりはむしろ反対意見と共通する立場にあるものといわなければならない。

[80]　3　問題は、本件における違憲状態を解消するために、上記に見たような国籍法3条1項の拡張解釈を行うことが許されるか否かであって、この点に関し、このような立法府の不作為による違憲状態の解消は専ら新たな立法に委ねるべきであり、解釈によってこれを行うのは司法権の限界を超えるものであるという甲斐中裁判官、堀籠裁判官の反対意見には、十分傾聴に値するものがあると言わなければならない。それにもかかわらず、本件において私があえて拡張解釈の道を選択するのは、次のような理由による。

[81]　一般に、立法府が違憲な不作為状態を続けているとき、その解消は第一次的に立法府の手に委ねられるべきであって、とりわけ本件におけるように、問題が、その性質上本来立法府の広範な裁量に委ねられるべき国籍取得の要件と手続に関するものであり、かつ、問題となる違憲が法の下の平等原則違反であるような場合には、司法権がその不作為に介入し得る余地は極めて限られているということ自体は否定できない。しかし、立法府が既に一定の立法政策に立った判断を下しており、また、その判断が示している基本的な方向に沿って考えるならば、未だ具体的な立法がされていない部分においても合理的な選択の余地は極めて限られていると考えられる場合において、著しく不合理な差別を受けている者を個別的な訴訟の範囲内で救済するために、立法府が既に示している基本的判断に抵触しない範囲で、司法権が現行法の合理的拡張解釈により違憲状態の解消を目指すことは、全く許されないことではないと考える。これを本件の具体的事情に照らして敷衍するならば、以下のとおりである。

[82]　先に見たとおり、立法府は、既に、国籍法3条1項を置くことによって、出生時において日本国籍を得られなかった者であっても、日本国民である父親による生後認知を受けておりかつ父母が婚姻した者については、届出による国籍取得を認めることとしている。このこと自体は、何ら違憲問題を生じるものではなく、同項自体の効力については、全く問題が存在しないのであるから（因みに、多数意見は、同項が「過剰な」要件を設けていると考えることから、本件における違憲状態を理由に同項全体が違憲となる理論的可能性があるかのようにいうが、同項が設けられた趣旨についての上記の私の考え方からすれば、同項自体が違憲となる理論的可能性はおよそあり得ない。）、法解釈としては、この条文の存在（立法者の判断）を前提としこれを活かす方向で考えるべきことは、当然である。他方で、立法府は、日本国民である父親による生後認知を受けているが非準正子である者についても、国籍取得につき、単純に一般の外国人と同様の手続を要求するのではなく、より簡易な手続によって日本国籍を取得する可能性を認めている（同法8条）。これらの規定の基盤に、少なくとも、日本国民の子である者の日本国籍取得については、国家の安全・秩序維持等の国家公益の見地からして問題がないと考えられる限り優遇措置を認めようとする政策判断が存在することは、否定し得ないところであろう。そして、多数意見も指摘するとおり、現行法上準正子と非準正子との間に設けられている上記のような手続上の優遇度の違いは、基本的に、前者には我が国との密接な結び付きが認められるのに対し、後者についてはそうは言えないから、との国家公益上の理由によるものと考えられるが、この理由には合理性がなく、したがってこの理由による区別は違憲であるというのが、ここでの出発点なのである。そうであるとすれば、同法3条1項の存在を前提とする以上、現に生じている違憲状態を解消するためには、非準正子についても準正子と同様の扱いとすることが、ごく自然な方法であるということができよう。そして、このような解決が現行国籍法の立法者意思に決定的に反するとみるだけの理由は存在しない。もっとも、立法政策としては、なお、非準正子の中でも特に我が国に一定期間居住している者に限りそれを認める（いわゆる「居住要件」の付加）といったような選択の余地がある、という反論が考えられるが、しかし、我が国との密接な結び付きという理由から準正子とそうでない者とを区別すること自体に合理性がない、という前提に立つ以上、何故に非準正子にのみ居住要件が必要なのか、という問題が再度生じることとなり、その合理的説明は困難であるように思われる。このような状況の下で、現に生じている違憲状態を解消するために、同項の対象には日本国民である父親による生後認知を受けた非準正子も含まれるという拡張解釈をすることが、立法者の合理的意思に抵触することになるとは、到底考えられない。

[83]　他方で、本件上告人についてみると、日本国籍を取得すること自体が憲法上直接に保障されているとは言えないものの、多数意見が述べるように、日本国籍は、我が国において基本的人権の保障、公的資格の付与、公的給付等を受ける上で極めて重要な意味を持つ法的地位であり、その意味において、基本権享受の重要な前提を成すものということができる。そして、上告人が等しく日本国民の子でありながら、届出によってこうした法的地位を得ることができないでいるのは、ひとえに、国籍の取得の有無に関し現行法が行っている出生時を基準とする線引き及び父母の婚姻の有無による線引き、父母のいずれが日本国民であるかによって事実上生じる線引き等、本人の意思や努力の如何に関わりなく存在する様々な線引きが交錯する中で、その谷間に落ち込む結果となっているが故なのである。仮にこれらの線引きが、その一つ一つを取ってみた場合にはそれなりに立法政策上の合理性を持つものであったとしても、その交錯の上に上記のような境遇に置かれている者が個別的な訴訟事件を通して救済を求めている場合に、先に見たように、考え得る立法府の合理的意思をも忖度しつつ、法解釈の方法として一般的にはその可能性を否定されていない現行法規の拡張解釈という手法によってこれに応えることは、むしろ司法の責務というべきであって、立法権を簒奪する越権行為であるというには当たらないものと考える。なお、いうまでもないことながら、国籍法3条1項についての本件におけるこのような解釈が一般的な法規範として定着することに、国家公益上の見地から著しい不都合が存するというのであれば、立法府としては、当裁判所が行う違憲判断に抵触しない範囲内で、これを修正する立法に直ちに着手することが可能なのであって、立法府と司法府との間での権能及び責務の合理的配分については、こういった総合的な視野の下に考察されるべきものと考える。

裁判官横尾和子、同津野修、同古田佑紀の反対意見は、次のとおりである❶。

[84]　私たちは、以下の理由により、国籍法が、出生後に認知を受けた子の国籍取得について、準正子に届出による取得を認め、非準正子は帰化によることとしていることは、立法政策の選択の範囲にとどまり、憲法14条1項に違反するものではなく、上告人の請求を棄却した原審の判断は結論において正当であるから、上告を棄却すべきものと考える。

[85]　1　国籍の付与は、国家共同体の構成員の資格を定めるものであり、多数意見の摘示する諸事情など国家共同体との結び付きを考慮して決せられるものであって、国家共同体の最も基本的な作用であり、基本的な主権作用の一つといえる。このことからすれば、国籍付与の条件をどう定めるかは、明確な基準により、出生時において、一律、かつ、可能な限り単一に取得されるべきことなどの要請を害しない範囲で、広い立法裁量にゆだねられているというべきである。

[86]　国籍が基本的人権の保障等を受ける上で重要な法的地位であるとしても、特定の国の国籍付与を権利として請求することは認められないのが原則であって、それによって上記裁量が左右されるものとはいえない。また、無国籍となるような場合は格別、いずれの国の保障を受けるか、例えば我が国の保障を受けるか、それとも他国の保障を受けるかということは、各国の主権にかかわることであり、法的な利益・不

---

❶　横尾ほか反対意見は、そもそも国籍法旧3条1項が違憲ではないという立場をとる。多数意見との対比について、⓲を参照。

利益も、それぞれの国籍に応じて、居住国あるいは事柄によって相違し、時には反対にもなり得る相対的なものであることも考慮すべきである。

【87】　なお、いわゆる多重国籍は、国籍が出生時に一律に付与されることから不可避的に生じる事態であって、やむを得ないものとして例外的に容認されているものにとどまる。

【88】　国籍法は、血統主義を基調としながらも、出生時において、血統のみならず、法的にも日本国民の子である者に対して、一律に国籍を付与する一方で、日本国民の血統に属する子が出生後に法的に日本国民の子となった場合には、出生後の生活状況が様々であることから、日本国民の子であることを超えた我が国社会との結び付きの有無、程度を具体的に考慮して国籍を付与するかどうかを決することとしていると解される。

【89】　このような国籍法の体系から見れば、同法3条1項の規定は、国籍の当然取得の効果を認める面では同法2条の特別規定である一方、出生後の国籍取得という面では帰化の特別規定としての性質を持つものといえる。

【90】　2　多数意見は、出生後の国籍取得を我が国との具体的な結び付きを考慮して認めることには合理性があり、かつ、国籍法3条1項の立法当時は、準正子となることをもって密接な結び付きを認める指標とすることに合理性があったとしながら、その後における家族生活や親子関係に関する意識の変化、非嫡出子の増加などの実態の変化、日本国民と外国人との間に生まれる子の増加、諸外国における法制の変化等の国際的動向などを理由として、立法目的との関連において準正子となったことを結び付きを認める指標とする合理性が失われたとする。

【91】　しかしながら、家族生活や親子関係に関するある程度の意識の変化があることは事実としても、それがどのような内容、程度のものか、国民一般の意識として大きな変化があったかは、具体的に明らかとはいえない。

【92】　実態の変化についても、家族の生活状況に顕著な変化があるとは思われないし、また、統計によれば、非嫡出子の出生数は、国籍法3条1項立法の翌年である昭和60年において1万4168人（1.0％）、平成15年において2万1634人（1.9％）であり、日本国民を父とし、外国人を母とする子の出生数は、統計の得られる昭和62年において5538人、平成15年において1万2690人であり、増加はしているものの、その程度はわずかである。

【93】　このように、約20年の間における非嫡出子の増加が上記の程度であることは、多数意見の指摘と異なり、少なくとも、子を含む場合の家族関係の在り方については、国民一般の意識に大きな変化がないことの証左と見ることも十分可能である。

【94】　確かに、諸外国においては、西欧諸国を中心として、非準正子についても国籍取得を認める立法例が多くなったことは事実である。しかし、これらの諸国においては、その歴史的、地理的状況から国際結婚が多いようにうかがえ、かつ、欧州連合（EU）などの地域的な統合が推進、拡大されているなどの事情がある。また、非嫡出子の数も、30％を超える国が多数に上り、少ない国でも10％を超えているようにうかがわれるなど、我が国とは様々な面で社会の状況に大きな違いがある。なお、国籍法3条1項立法当時、これらの国の法制が立法政策としての相当性については参考とされたものの、憲法適合性を考える上で参考とされたようにはうかがえない。このようなことからすれば、これらの諸国の動向を直ちに我が国における憲法適合性の判断の考慮事情とすることは相当でないと考える。

【95】　また、多数意見は、日本国民が母である非嫡出子の場合、あるいは胎児認知を受けた場合との差も指摘する。

【96】　しかし、これらの場合は、出生時において法的に日本国民の子であることが確定しているのであって、その後の生活状況の相違が影響する余地がない一方、国籍は、出生時において、一律に付与される必要があることからすれば、これらの子にも国籍を付与することに合理性がある。実質的に見ても、非嫡出子は出生時において母の親権に服すること、胎児認知は任意認知に限られることなど、これらの場合は、強弱の違いはあっても、親と子の関係に関し、既に出生の時点で血統を超えた我が国社会との結び付きを認めることができる要素があるといえる。また、母が日本国民である場合との差は、出生時における子との種々のかかわり合いに関する父と母の違いから生じるもので、これを男女間における差別ととらえることは相当とは思われない。

【97】　3　一方、国籍法3条1項は、婚姻と出生の前後関係が異なる場合における国籍取得の均衡を図るとともに、親と生活関係を共にする未成年の嫡出子は親と同一の国籍に属することが望ましいという観点も考慮して立法されたものであり、その意味で出生時を基準とする血統主義を補完する措置とされるものであって、血統主義の徹底、拡充を図ることを目的とするものではない。そして、準正により父が子について親権者となり、監護、養育の権利、義務を有することになるなど、法律上もその関係が強固になること、届出のみにより国籍を付与する場合、その要件はできるだけ明確かつ一律であることが適当であること、届出による国籍取得は、外国籍からの離脱が条件とされていないこと、非準正子の場合は、我が国との結び付きの有無、程度が様々であるから、これを個別、具体的に判断する帰化制度によることが合理的で国籍法の体系に沿うものであるところ、帰化の条件が大幅に緩和されていることなどからすれば、認知を受けた場合全般ではなく、準正があった場合をもって届出により国籍取得を認めることとすることには十分合理性が認められるのであって、これらの点が多数意見指摘の事情によって変化したとはいえない。

【98】　なお、多数意見は、帰化について、認知を受けた子に関しては帰化の条件が緩和されているとしても、帰化が法務大臣の裁量によるものであって、準正子と非準正子との差を合理的なものとするものではないとする。しかし、類型的に我が国社会との結び付きを認めることが困難な非準正子については、帰化によることが合理的なことは前記のとおりであるし、また、裁量行為であっても、国家機関として行うものである以上、制度の趣旨を踏まえた合理的なものでなければならず、司法による審査の対象ともなり得るものであり、その運用について考慮すべき点があるとしても、多数意見は、国籍法の体系及び簡易帰化の制度を余りにも軽視するものといわざるを得ない。

【99】　以上からすれば、非準正子についても我が国との密接な結び付きを認めることが相当な場合を類型化して国籍取得を認めるなど、届出による国籍取得を認める範囲について考慮する余地があるとしても、国籍法が、準正子に届出による国籍の取得を認め、非準正子は帰化によることとしていることは、立法政策の選択の範囲にとどまり、憲法14条1項に違反するものではないと考える。

【100】　もとより、私たちも、これらの子についても、必要に応じて、適切な保護等が与えられるべきことを否定するものではない。しかし、そのことと国籍をどのような条件で付与するかは、異なる問題である。

【101】　4　なお、仮に非準正子に届出による国籍の取得を認めないことが違憲であるとしても、上告を棄却すべきものと考える。その理由は、甲斐中裁判官、堀籠裁判官の反対意見とおおむね同旨であるが、以下の点を付加して述べておきたい。

【102】　両裁判官指摘のとおり、非準正子が届出により国籍を取得することができないのは、これを認める規定がないからであって、国籍法3条1項の有無にかかわるものではない。同項は、認知を受けたことが前提となるものではあるが、その主体は嫡出子の身分を取得した子であり、その範囲を準正によりこれを取得した場合としているものである。

【103】　多数意見は、国籍法が血統主義を基調とするもので、同項に関し、上記の前提があることを踏まえ、準正子に係る部分を除くことによって、認知を受けた子全般に同項の効果を及ぼそうとするもののようにうかがえる。しかし、準正子に係る部分を取り除けば、同項はおよそ意味不明の規定になるのであって、それは、単に文理上の問題ではなく、同項が専ら嫡出子の身分を取得した者についての規定であることからの帰結である。認知を受けたことが前提になるからといって、準正子に係る部分を取り除けば、同項の主体が認知を受けた子全般に拡大するということにはいかにも無理がある。また、そのような拡大をすることは、条文の用語や趣旨の解釈の域を越えて国籍を付与す

るものであることは明らかであり、どのように説明しようとも、国籍法が現に定めていない国籍付与を認めるものであって、実質的には立法措置であるといわざるを得ない。

【104】　また、多数意見のような見解により国籍の取得を認めることは、長年にわたり、外国人として、外国で日本社会とは無縁に生活しているような場合でも、認知を受けた未成年者であれば、届出さえすれば国籍の取得を認めることとなるなど、我が国社会との密接な結び付きが認められないような場合にも、届出による国籍の取得を認めることとなる。届出の時に認知をした親が日本国民であることを要するとしても、親が日本国籍を失っている場合はまれであり、そのことをもって、日本国民の子であるということを超えて我が国との密接な結び付きがあるとするのは困難であって、実質は、日本国籍の取得を求める意思（15歳未満の場合は法定代理人の意思）のみで密接な結び付きを認めるものといわざるを得ない。

【105】　このようなことは、国籍法3条1項の立法目的を大きく超えることとなるばかりでなく、出生後の国籍取得について我が国社会との密接な結び付きが認められることを考慮すべきものとしている国籍法の体系ともそごするものである。

【106】　なお、国籍付与の在り方は、出入国管理や在留管理等に関しても、様々な面で大きな影響を及ぼすものであり、そのような点も含めた政策上の検討が必要な問題であることも考慮されるべきである。

【107】　仮に多数意見のような見解が許されるとすれば、創設的権利・利益付与規定について、条文の規定や法律の性質、体系のいかんにかかわらず、また、立法の趣旨、目的を超えて、裁判において、法律が対象としていない者に、広く権利、利益を付与することが可能となることになる。

【108】　私たちは、本件のような場合についても、違憲立法審査権が及ぶことを否定するものではない。しかしながら、上記の諸点を考慮すれば、本件について、裁判により国籍を認めることは、司法権の限界との関係で問題があると考える。

裁判官甲斐中辰夫、同堀籠幸男の反対意見は、次のとおりである㊷。

【109】　私たちは、本件上告を棄却すべきものと考えるが、その理由は次のとおりである。

【110】　**1**　国籍法は、憲法10条の規定を受け、どのような要件を満たす場合に、日本国籍を付与するかということを定めた創設的・授権的法律であり、国籍法の規定がなければ、どのような者が日本国民であるか定まらないのである。国籍法が日本国籍を付与するものとして規定している要件に該当しない場合は、日本国籍の取得との関係では、白紙の状態が存在するにすぎない。すなわち、日本国籍を付与する旨の規定を満たさない場合には、国籍法の規定との関係では、立法の不存在ないし立法不作為の状態が存在するにすぎないのである。このことは、国会が政策的見地から、国民に対し、一定の権利・利益を付与することとしている創設的・授権的な行政関係の法律の場合も、同様である。

【111】　**2**　国籍法2条1号によれば、日本国民たる父が胎児認知した子は、生来的に日本国籍を取得することとなる。また、同法は、3条1項において、父が日本国民である準正子は届出により日本国籍を取得する旨定める。しかし、出生後認知された者であって準正子に当たらない者（非準正子）については、同法は、届出により日本国籍を付与する旨の規定を置いていないのであるから、非準正子の届出による国籍取得との関係では、立法不存在ないし立法不作為の状態が存在するにすぎないというべきである。

【112】　**3**　国籍法が、準正子に対し、届出により国籍を付与するとしながら、立法不存在ないし立法不作為により非準正子に対し届出による国籍付与のみちを閉じているという区別（以下「本件区別」という。）は、3条1項が制定された当時においては合理的な根拠があり、憲法14条1項に違反するものではないが、遅くとも、上告人が法務大臣あて国籍取得届を提出した当時には、合理的な理由のない差別となっており、本件区別は同項に違反するものであったと考える。その理由は、多数意見が4で述べるところと同様である。しかしながら、違憲となるのは、非準正子に届出により国籍を付与するという規定が存在しないという立法不作為の状態なのである。多数意見は、国籍法3条1項の規定自体が違憲であるとするものであるが、同規定は、準正子に届出により国籍を付与する旨の創設的・授権的規定であって、何ら憲法に違反するところはないと考える。多数意見は、同項の規定について、非準正子に対して日本国籍を届出によって付与しない趣旨を含む規定であり、その部分が違憲無効であるとしているものと解されるが、そのような解釈は、国籍法の創設的・授権的性質に反するものである上、結局は準正子を出生後認知された子と読み替えることとなるもので、法解釈としては限界を超えているといわざるを得ない。

【113】　もっとも、特別規定や制限規定が違憲の場合には、その部分を無効として一般規定を適用することにより権利を付与することは法解釈として許されるといえよう。しかしながら、本件は、そのような場合に当たらないことは明らかである。国籍法は、多数意見が述べるように、原則として血統主義を採っているといえるが、徹底した血統主義を法定していると解することはできないのであるから、3条1項の規定について、出生後認知された子に対し届出による日本国籍を付与することを一般的に認めた上で、非準正子に対し、その取得を制限した規定と解することはできない。

【114】　したがって、国籍法3条1項の規定の解釈から非準正子に届出による日本国籍の取得を認めることはできない。

【115】　**4**　以上のとおりであって、本件において憲法14条1項に違反することとなるのは、国籍法3条1項の規定自体ではなく、非準正子に届出により国籍を付与するという法が存在しないという立法不作為の状態であり、このことから、届出により国籍を取得するという法的地位が上告人に発生しないことは明らかであるから、上告人の請求を棄却した原判決は相当であり、本件上告は棄却すべきものと考える。

【116】　なお、藤田裁判官は、非準正子に対し届出による国籍付与をしないという立法不作為が違憲であるとしており、この点で私たちと同一の立場に立つものである。しかし、さらに、国籍法3条1項の拡張解釈により権利付与を認めるべきであるとして、上告人の請求を認容すべきものとしており、この見解は、傾聴に値すると考えるが、同項についてそのような解釈を採ることには直ちに賛成することはできない。

【117】　**5**　多数意見は、「本件区別により不合理な差別的取扱を受けている者の救済を図り、本件区別による違憲状態を是正する必要がある」との前提に立っており、このような前提に立つのであれば、多数意見のような結論とならざるを得ないであろう。しかし、このような前提に立つこと自体が相当ではない。なぜなら、司法の使命は、中立の立場から客観的に法を解釈し適用することであり、本件における司法判断は、「本件区別により不合理な差別的取扱を受けている者の救済を図り、本件区別による違憲の状態を是正することが国籍法3条1項の解釈・適用により可能か」との観点から行うべきものであるからである。

【118】　**6**　日本国民たる要件は、法律により創設的・授権的に定められるものである。本件で問題となっている非準正子の届出による国籍取得については立法不存在の状態にあるから、これが違憲状態にあるとして、それを是正するためには、法の解釈・適用により行うことが可能でなければ、国会の立法措置により行うことが憲法の原則である（憲法10条、41条、99条）。また、立法上複数の合理的な選択肢がある場合、そのどれを選択するかは、国会の権限と責任において決められるべきであるが、本件においては、非準正子の届出による国籍取得の要件について、多数意見のような解釈により示された要件以外に「他の立法上の合理的な選択肢の存在の可能性」がある

㊷　甲斐中ほか反対意見は、国籍法旧3条1項の違憲性を認めつつ、原告に対する国籍付与を否定した。

のであるから、その意味においても違憲状態の解消は国会にゆだねるべきであると考える。

[119] **7** そうすると、多数意見は、国籍法3条1項の規定自体が違憲であるとの同法の性質に反した法解釈に基づき、相当性を欠く前提を立てた上、上告人の請求を認容するものであり、結局、法律にない新たな国籍取得の要件を創設するものであって、実質的に司法による立法に等しいといわざるを得ず、賛成することはできない。

（裁判長裁判官　島田仁郎　裁判官　横尾和子　裁判官　藤田宙靖　裁判官　甲斐中辰夫　裁判官　泉徳治　裁判官　才口千晴　裁判官　津野修　裁判官　今井功　裁判官　中川了滋　裁判官　堀籠幸男　裁判官　古田佑紀　裁判官　那須弘平　裁判官　涌井紀夫　裁判官　田原睦夫　裁判官　近藤崇晴）

補足説明　国籍とは何か

国籍とは、ある国家の構成員である資格のことをいう。国籍の機能としては、外交的保護権の行使の指標などとして働く国際法上の機能と個人の権利義務に関する取扱いの区別基準や国際私法上の準拠法決定のための連結点としての機能という、国内法的機能を有するとされる。一般国際法上、国籍の得喪に関する条件の決定は国内管轄事項であるとされ、条約による制限を自ら設けない限りは、国際法の制約を受けない。たとえば、出生に基づく生来的国籍取得について、国籍保持者の子にこれを認める血統主義と、出生地が自国内であればこれを認める出生地主義の大きく二つの立場が採用されている。このように国籍取得要件が各国で統一されていないことから、出生によって複数国の国籍を取得する者（重国籍者）や、いずれの国の国籍も取得できない者（無国籍者）が生じることになる。20世紀初頭から、国籍唯一の原則が強力に主張され、現在においてもわが国では重要な原則として維持されており、国籍留保制度（国籍法12条）や国籍選択制度（同法14条以下）が設けられ、重国籍の解消が図られている（前者の国籍留保制度については、平等条項違反が争われたが、判例①がこれを合憲としている）。世界人権宣言15条において無国籍の否定を念頭に置いて「国籍を持つ権利」が謳われていることなどから、国際的には、重国籍の排除よりも無国籍の防止に重きが置かれるようになっているとの指摘もあり、諸外国の立法をみると、重国籍を許容する国も増加している。しかし、日本のように国籍唯一の原則を重視する国もなお多く、わが国の国籍法制が国籍唯一の原則を採用していること自体が不適切とはいいがたい。

現行の国籍法における、日本国籍の取得原因は、出生、認知、帰化、再取得の四つに分けられる。このうち、出生による生来的取得について、わが国は原則として両親のいずれかが日本国籍を有している場合に国籍を付与する、父母両系血統主義を採用しつつ（国籍法2条1号・2号）、無国籍者防止の観点から補充的に、日本において出生したことを理由に国籍を付与する生地主義が採用されている（同条3号）。

Questions

①事実関係の確認
問1　本判決の訴訟類型は何か。▶【1】
問2　本件において、原告が国籍取得届を提出したのはいつか。▶【1】
問3　本件規定が制定されたのはいつか。▶【10】

②判決の内容の確認
問4　本判決によれば、国籍法2条1号はどのような規定か。▶【2】
問5　本判決によれば、本件規定はどのような規定内容をもつものであったか。▶【3】
問6　本判決の上告人（原告）の主張はどのようなものであったか。▶【4】
問7　本判決の原審判決はどのようなものであったか。▶【5】
問8　本判決は、どのような区別の違憲性を問題としているか（「本件区別」の設定）。▶【6】
問9　本判決は、憲法14条1項の規範内容をどのように理解しているか。▶【7】
問10　本判決は、国籍の得喪の要件を定める点について立法者に裁量を認めているか。また、仮に認めているなら、その裁量に限界はあるか。▶【8】
問11　本判決は、本件区別の平等原則適合性審査のあり方についてどのように考えているか。また、その理由は何か。▶【9】
問12　本判決は、国籍法3条の国籍取得制度の趣旨をどのように理解しているか。▶【10】
問13　本判決は、本件規定の立法目的をどのように理解しているか。▶【11】
問14　本判決は、問13の立法目的に合理的な根拠があると考えているか。▶【12】
問15　本判決は、本件規定制定当時に立法目的と本件区別との間に合理的関連性があったと理解しているか。▶【13】
問16　本判決は、判決時においても準正をもって、日本国籍を与えるに足りるだけのわが国との密接な結びつきが認められるとすることが適切であると考えているか。▶【14】
問17　本判決は、諸外国の現在の立法動向や国際条約についてどのような言及をしているか。▶【15】
問18　本判決は、日本人母の非嫡出子や日本人父の胎児認知子と、日本人父の生後認知子との区別についてどのような言及をし、どう評価しているか。▶【17】～【19】
問19　本判決は、日本人父の生後認知子にも簡易帰化の可能性が開かれていることについてどのように評価をしているか。▶【20】
問20　本判決は、仮装認知のおそれについてどのような評価をしているか。▶【21】
問21　本判決は、いつの時点での本件規定の違憲性を認めたか。▶【22】～【24】
問22　本判決は、本件規定が日本国籍の取得についてどのような意義をもつものであると評価しているか。▶【25】
問23　本判決は、本件規定の全部を違憲無効とすべきだと考えているか。▶【25】
問24　本判決は、原告に裁判所が国籍取得を認めるべきことをどのように基礎づけているか。▶【26】

問25 本判決は、国籍取得を認めることが立法作用を行うものではないかとの指摘に対してどう対応しているか。▶【27】

③応用問題

問26 本判決では、国籍が重要な法的地位であることが「慎重に検討すること」を要求する根拠に挙げられているが、区別を設けている対象が国籍得喪の要件であるというだけで慎重な検討を要求する理由となるか。▶判例①

問27 本判決を受けて、立法府にはどのような立法を行う余地が残されていたと考えられるか。▶文献①70頁以下

問28 非嫡出子という地位の意義についての理解は、非嫡出子相続分規定事件決定〔本書8事件〕などにどのように影響を与えているか。▶判解④369-370頁、判解⑤662頁

問29 立法事実の変遷を指摘した最高裁の判決・決定は本判決のほかにどのようなものがあるか。それらの判決・決定と本判決の間にはどのような異同があるか。▶文献⑦

○ **関連判例**（本書所収以外のもの）
最判平成27年3月10日民集69巻2号265頁（**判例①**）

○ **本判決の調査官解説**
森英明「判解」最高裁判所判例解説民事篇平成20年度267頁（**判解①**）
森英明「判解」ジュリスト1366号（2008年）92頁（**判解②**）

○ **その他の判例解説・判例批評**
竹田光広「判解」最高裁判所判例解説民事篇平成14年度176頁以下（**判解③**）
伊藤正晴「判解」最高裁判所判例解説民事篇平成25年度356頁（**判解④**）
加本牧子「判解」最高裁判所判例解説民事篇平成27年度〔下〕642頁（**判解⑤**）

○ **参考文献**
高橋和之ほか「鼎談 国籍法違憲判決をめぐって」ジュリスト1366号（2008年）44頁（**文献①**）
佐野寛「国籍法違憲判決と国籍法の課題」ジュリスト1366号（2008年）85頁（**文献②**）
長谷部恭男「国籍法違憲判決の思考様式」同『憲法の境界』（羽鳥書店、2009年）（**文献③**）
宍戸常寿「司法審査」辻村みよ子＝長谷部恭男編『憲法理論の再創造』（日本評論社、2011年）（**文献④**）
蟻川恒正「婚外子法定相続分最高裁違憲決定を読む」法学教室397号（2013年）102頁（**文献⑤**）
泉德治ほか『一歩前へ出る司法——泉德治元最高裁判事に聞く』（日本評論社、2017年）（**文献⑥**）
山田哲史「立法事実の変化の検討の仕方と救済の観点」横大道聡編『憲法判例の射程［第2版］』（弘文堂、2020年）394頁（**文献⑦**）

8 非嫡出子相続分規定事件

最高裁平成25年9月4日大法廷決定　平成24年(ク)第984号・平成24年(ク)第985号：遺産分割審判に対する抗告棄却決定に対する特別抗告事件　民集67巻6号1320頁

事案

平成13年7月被相続人Aが死亡し、本件相続が開始した。その後、遺産分割が確定する前に、平成16年にAの法律上の妻Bが死亡した。

AとBとの間には、X_1・X_2・Dの3人の嫡出子がいたが、そのうちDは、Aの死亡に先立って、平成12年に死亡していた。Dには、2人の子、X_3とX_4がおり、本件相続の代襲相続人となっている。

他方、Bとの婚姻中、AはCとも男女関係にあり、非嫡出子たる、Y_1とY_2を設けた。

X_1〜X_4（申立人、相手方、相手方）が申立人となり、Y_1・Y_2を相手方として遺産分割の審判を申し立てた。

審判において、Y_1・Y_2（相手方、抗告人、抗告人）は民法900条4号ただし書が憲法14条1項に反し、違憲無効であると主張したが、原々審東京家審平24・3・26民集67-6-1345は、同様の事実に関する平成7年大法廷決定（判例①）の判示をほぼそのまま引用し、違憲の主張を退け、民法900条所定の法定相続分を前提として遺産分割について判断した。

抗告審（東京高決平24・6・22民集67-6-1352）も、原々審の判断に「平成7年7月5日大法廷決定〔判例①〕後の社会情勢、家族生活や親子関係の実態、本邦を取り巻く国際的環境等の変化等を総合考慮しても、本件相続開始時（平成13年7月▲▲日）に上記規定が違憲であったと認めることはできない」との説示を付加したものの、原々審の合憲判断を維持した。

この原決定に対して、Y_1・Y_2が憲法14条1項違反等を理由に特別抗告をした。

■参考条文（事件当時のもの）

民法
第900条　同順位の相続人が数人あるときは、その相続分は、次の各号の定めるところによる。
(4)　子、直系尊属又は兄弟姉妹が数人あるときは、各自の相続分は、相等しいものとする。ただし、嫡出でない子の相続分は、嫡出である子の相続分の2分の1とし、父母の一方のみを同じくする兄弟姉妹の相続分は、父母の双方を同じくする兄弟姉妹の相続分の2分の1とする。

Navigator

嫡出子と非嫡出子の間で法定相続分に区別を設けていた民法900条4号旧ただし書の規定が違憲とされた決定であり、9件目の最高裁の法令違憲判断に数えられる。もっとも、平成7年には同規定を合憲とした最高裁決定が出されていたが（判例①）、その後の小法廷による合憲判断を含めて、本決定は、判例を変更するものではないとしている。六つにわたる事情を挙げて、それらを総合的にみた場合、社会状況の変化により、本件相続開始時点で違憲となっていたというのである。本決定を理解するためには、平成7年決定との異同をふまえたうえで、何が結論を分けたのかを読み取ることが重要となる。また、本決定については、その審査基準ないし枠組みが不明確であるとの批判もあり、思考枠組みを丁寧に読み取り、分析を加えることも必須である。さらには、本決定は違憲判断の効力をめぐる問題についても一石を投じる判断を示しており、注目される。

■決定の論理構造

平成7年大法廷決定	← 社会状況の変化 →	平成13年7月（本件相続開始時）
＝ 合憲（これは維持）		＝ 違憲

① 諸外国の状況
② わが国が批准した条約
③ わが国の法制の変化
④ 本件規定改正の動き
⑤ わが国における嫡出子・非嫡出子をめぐる状況
⑥ 従前の最高裁の合憲判断に付された個別意見の指摘

■決 定

○ 主　文
原決定を破棄する。
本件を東京高等裁判所に差し戻す。
○ 理　由

抗告人Y₁の抗告理由第1及び抗告人Y₂の代理人小田原昌行、同鹿田昌、同柳生由紀子の抗告理由3(2)について

1 事案の概要等

【1】 本件は、平成13年7月▲▲日に死亡したAの遺産につき、Aの嫡出である子（その代襲相続人を含む。）である相手方らが、Aの嫡出でない子である抗告人らに対し、遺産の分割の審判を申し立てた事件である❶。

【2】 原審は、民法900条4号ただし書の規定のうち嫡出でない子の相続分を嫡出子の相続分の2分の1とする部分（以下、この部分を「本件規定」という。）は憲法14条1項に違反しないと判断し、本件規定を適用して算出された相手方ら及び抗告人らの法定相続分を前提に、Aの遺産の分割をすべきものとした❷。

【3】 論旨は、本件規定は憲法14条1項に違反し無効であるというものである❸。

2 憲法14条1項適合性の判断基準について

【4】 憲法14条1項は、法の下の平等を定めており、この規定が、事柄の性質に応じた合理的な根拠に基づくものでない限り、法的な差別的取扱いを禁止する趣旨のものであると解すべきことは、当裁判所の判例とするところである（最高裁昭和37年（オ）第1472号同39年5月27日大法廷判決・民集18巻4号676頁❹、最高裁昭和45年（あ）第1310号同48年4月4日大法廷判決・刑集27巻3号265頁❺等）❻。

【5】 相続制度は、被相続人の財産を誰に、どのように承継させるかを定めるものであるが、相続制度を定めるに当たっては、それぞれの国の伝統、社会事情、国民感情なども考慮されなければならない。さらに、現在の相続制度は、家族というものをどのように考えるかということと密接に関係しているのであって、その国における婚姻ないし親子関係に対する規律、国民の意識等を離れてこれを定めることはできない。これらを総合的に考慮した上で、相続制度をどのように定めるかは、立法府の合理的な裁量判断に委ねられているものというべきである❼。この事件で問われているのは、このようにして定められた相続制度全体のうち、本件規定により嫡出子と嫡出でない子との間で生ずる法定相続分に関する区別が、合理的理由のない差別的取扱いに当たるか否かということであり、立法府に与えられた上記のような裁量権を考慮しても、そのような区別をすることに合理的な根拠が認められない場合には、当該区別は、憲法14条1項に違反するものと解するのが相当である❽。

3 本件規定の憲法14条1項適合性について

【6】 （1） 憲法24条1項は、「婚姻は、両性の合意のみに基いて成立し、夫婦が同等の権利を有することを基本として、相互の協力により、維持されなければならない。」と定め、同条2項は、「配偶者の選択、財産権、相続、住居の選定、離婚並びに婚姻及び家族に関するその他の事項に関しては、法律は、個人の尊厳と両性の本質的平等に立脚して、制定されなければならない。」と定めている。これを受けて、民法739条1項は、「婚姻は、戸籍法（中略）の定めるところにより届け出ることによって、その効力を生ずる。」と定め、いわゆる事実婚主義を排して法律婚主義を採用している。一方、相続制度については、昭和22年法律第222号による民法の一部改正（以下「昭和22年民法改正」という。）により、「家」制度を支えてきた家督相続が廃止され、配偶者及び子が相続人となることを基本とする現在の相続制度が導入されたが、家族の死亡によって開始する遺産相続に関し嫡出でない子の法定相続分を嫡出子のそれの2分の1とする規定（昭和22年民法改正前の民法1004条ただし書）は、本件規定として現行民法にも引き継がれた❾。

【7】 （2） 最高裁平成3年（ク）第143号同7年7月5日大法廷決定・民集49巻7号1789頁❿（以下「平成7年大法廷決定」という。）は、本件規定を含む法定相続分の定めが、法定相続分のとおりに相続が行われなければならないことを定めたものではなく、遺言による相続分の指定等がない場合などにおいて補充的に機能する規定であることをも考慮事情とした上、前記2と同旨の判断基準の下で、嫡出でない子の法定相続分を嫡出子のそれの2分の1と定めた本件規定につき、「民法が法律婚主義を採用している以上、法定相続分は婚姻関係にある配偶者とその子を優遇してこれを定めるが、他方、非嫡出子にも一定の法定相続分を認めてその保護を図っ

❶【1】では、本件の事案が簡潔に示されている。本決定は、本件事案の相続開始時点での本件規定の合憲性を判断したものであり、本件における相続開始時が、平成13年7月であったことに留意しておく必要がある。なお、本件は、遺産分割審判に係る特別抗告事件であるが、家事事件手続法ではなく、旧家審判法が適用される事案であった（判解①356-357頁、391頁以下）。

❷【2】は、原審の結論を提示している。原審は、判例①の説示をそのまま引用した原々審の判示に、判例①の後の社会情勢、家族生活や親子関係の実態、本邦を取り巻く国際的環境等の変化等を総合考慮しても、本件相続開始時に本件規定が違憲であったと認めることはできない旨の説示を加え、本件規定を合憲としていた（判解①357頁）。

❸【3】では、Yらの抗告理由が端的にまとめられている。なお、本件では大法廷で口頭弁論が行われたが、非公開である家事審判事件に係る特別抗告審において公開法廷での口頭弁論を行うことの可否については議論がある（判解①392頁注4、判解③673頁以下）。

❹ 町職員待命事件判決。憲法14条1項が絶対的平等を求めたものではなく、「事柄の性質に即応して合理的と認められる差別的取扱いをすることは、なんら」同条同項に違反しないとした。

❺ 尊属殺人事件判決〔本書4事件〕。

❻【4】では、従来の判例の平等原則の判断枠組みを確認している（判解①367-368頁）。

❼ 文末の「〜というほかない」（判例①）が、「〜というべきである」となっているほかは、このパラグラフのここまでの表現は、判例①と同じである。

❽【5】では、法定相続分の区別の合憲性判断に適用される判断基準の導出が論じられている。ここでは、まず、相続制度の設計について立法府の裁量が広いことが確認されている（判解①370頁）。判例①は、この説示に加え、法定相続分規定は、遺言等がない場合に補充的に機能する規定であったことを指摘して、「立法理由に合理的な根拠があり、かつ、その区別が右立法理由との関連で著しく不合理なものでな」い場合には、合理的理由のない差別とはいえないとの判断基準を示していた。しかし、本決定では、法定相続分の補充性に関する説示を行うことなく、「区別をすることに合理的な根拠が認められない場合には、当該区別は、憲法14条1項に違反する」との判断基準が示されている。国籍法事件判決〔本書7事件〕など、多くの判例は、①立法目的に合理的な根拠が認められるか否か、②具体的な区別と上記立法目的との間に合理的関連性があるか否かという2点から判断する判断基準を示しているが、本決定は、「端的に区別の合理性の有無を検討する」という判断基準を用いている（判解①367-370頁）。なお、判例①は、「合理性の基準」を採用したという理解が一般的であり、判解③670頁もその旨指摘している。さらに、判例①の中島ほか反対意見は、厳格な合理性の基準の採用を明示する。他方で、本決定はいわゆる違憲審査基準の設定にあたる部分を欠いている（[7]も参照）。この点、判解①は、最高裁判例が従来3段階の審査基準のうちどれかを採用するかということに意を用いておらず（370頁）、本決定もこれを変更するものではない旨（376頁）を強調する。他方、蟻川恒正は、判例①が採用する「著しい不合理」の基準と国籍法事件判決が採用する「合理的関連性」の基準（蟻川はこれが「合理性の基準」に相当するという一方、平等の場面では、問題となっている権利や地位の重大性と自己の努力によってはどうすることもできない事由を根拠とした区別であることの2点から実質的に認められる、厳格な基準であると位置づける）の中間に位置する基準を本決定が採用しているという（文献①110頁）。この問題については、再婚禁止期間事件判決〔本書9事件〕の千葉補足意見も参照。

❾【6】では、民法における法律婚主義の採用と家制度の廃止についての説明がなされている。ここでは、民法

たものである」とし、その定めが立法府に与えられた合理的な裁量判断の限界を超えたものということはできないのであって、憲法 14 条 1 項に反するものとはいえないと判断した❶。

[8] しかし、法律婚主義の下においても、嫡出子と嫡出でない子の法定相続分をどのように定めるかということについては、前記 2 で説示した事柄を総合的に考慮して決せられるべきものであり、また、これらの事柄は時代と共に変遷するものでもあるから、その定めの合理性については、個人の尊厳と法の下の平等を定める憲法に照らして不断に検討され、吟味されなければならない⓬。

[9] (3) 前記 2 で説示した事柄のうち重要と思われる事実について、昭和 22 年民法改正以降の変遷等の概要をみると、次のとおりである⓭。

[10] ア 昭和 22 年民法改正の経緯をみると、その背景には、「家」制度を支えてきた家督相続は廃止されたものの、相続財産は嫡出の子孫に承継させたいとする気風や、法律婚を正当な婚姻とし、これを尊重し、保護する反面、法律婚以外の男女関係、あるいはその中で生まれた子に対する差別的な国民の意識が作用していたことがうかがわれる。また、この改正法案の国会審議においては、本件規定の憲法 14 条 1 項適合性の根拠として、嫡出でない子には相続分を認めないなど嫡出子と嫡出でない子の相続分に差異を設けていた当時の諸外国の立法例の存在が繰り返し挙げられており、現行民法に本件規定を設けるに当たり、上記諸外国の立法例が影響を与えていたことが認められる⓮。

[11] しかし、昭和 22 年民法改正以降、我が国においては、社会、経済状況の変動に伴い、婚姻や家族の実態が変化し、その在り方に対する国民の意識の変化も指摘されている。すなわち、地域や職業の種類によって差異のあるところであるが、要約すれば、戦後の経済の急速な発展の中で、職業生活を支える最小単位として、夫婦と一定年齢までの子どもを中心とする形態の家族が増加するとともに、高齢化の進展に伴って生存配偶者の生活の保障の必要性が高まり、子孫の生活手段としての意義が大きかった相続財産の持つ意味にも大きな変化が生じた。昭和 55 年法律第 51 号による民法の一部改正により配偶者の法定相続分が引上げられるなどしたのは、このような変化を受けたものである。さらに、昭和 50 年代前半頃までは減少傾向にあった嫡出でない子の出生数は、その後現在に至るまで増加傾向が続いているほか、平成期に入った後においては、いわゆる晩婚化、非婚化、少子化が進み、これに伴って中高年の未婚の子どもがその親と同居する世帯や単独世帯が増加しているとともに、離婚件数、特に未成年の子を持つ夫婦の離婚件数及び再婚件数も増加するなどしている。これらのことから、婚姻、家族の形態が著しく多様化しており、これに伴い、婚姻、家族の在り方に対する国民の意識の多様化が大きく進んでいることが指摘されている⓯。

[12] イ 前記アのとおり本件規定の立法に影響を与えた諸外国の状況も、大きく変化してきている。すなわち、諸外国、特に欧米諸国においては、かつては、宗教上の理由から嫡出でない子に対する差別の意識が強く、昭和 22 年民法改正当時は、多くの国が嫡出でない子の相続分を制限する傾向にあり、そのことが本件規定の立法に影響を与えたところである。しかし、1960 年代後半（昭和 40 年代前半）以降、これらの国の多くで、子の権利の保護の観点から嫡出子と嫡出でない子との平等化が進み、相続に関する差別を廃止する立法がされ、平成 7 年大法廷決定時点でこの差別が残されていた主要国のうち、ドイツにおいては 1998 年（平成 10 年）の「非嫡出子の相続法上の平等化に関する法律」により、フランスにおいては 2001 年（平成 13 年）の「生存配偶者及び姦生子の権利並びに相続法の諸規定の現代化に関する法律」により、嫡出子と嫡出でない子の相続分に関する差別がそれぞれ撤廃されるに至っている。現在、我が国以外で嫡出子と嫡出でない子の相続分に差異を設けている国は、欧米諸国にはなく、世界的にも限られた状況にある⓰。

[13] ウ 我が国は、昭和 54 年に「市民的及び政治的権利に関する国際規約」（昭和 54 年条約第 7 号）を、平成 6 年に「児童の権利に関する条約」（平成 6 年条約第 2 号）をそれぞれ批准した。これらの条約には、児童が出生によっていかなる差別も受けない旨の規定が設けられている。また、国際連合の関連組織として、前者の条約に基づき自由権規約委員会が、後者の条約に基づき児童の権利委員会が設置されており、これらの委員会

の法律婚主義が憲法 24 条 1 項の規定を受けたものであることが示されている。なお、本決定においては、❽で述べたとおり、判断基準に目的審査が明示されておらず、また、判示の中で、本件規定の立法理由や立法目的について一切触れていない。これについては、調査官解説が、本決定は、「本件規定の立法理由には法律婚の尊重があり、それに合理性があることについては、当然の前提にしていると解され」るという（判解①376 頁）。なお、昭和 22 年の民法改正時における国会審議については、判解①371-372 頁を参照。なお、のちの【10】においては、民法改正時の政府委員の認識が国民意識等の変化、変遷の出発点として言及されている。

❿ 判例①。

⓫ 【7】では、本件規定が、判例①において合憲とされたものである旨の説明がなされている。ここで引用されているように判例①は、本件規定の立法理由として、法律婚の尊重と嫡出でない子の保護の 2 点を挙げていた。これに対し、調査官解説は「本件規定が嫡出でない子の『保護』の意味をもつといえるのは、嫡出でない子には相続権を与えないという考えもあることを当然の前提にした、法律婚の尊重と表裏の考え方によるものにほかならず、嫡出でない子の保護という立法理由は、独立した意味を持たないと解される」として批判的見解を示す（判解②92 頁）。

⓬ 【8】では、法律婚主義の採用が本件規定の合憲判断に直結するものではないこと（これを法律婚主義の論理的帰結とした判例と対比せよ）、しかも時代による変遷がありうることを指摘し、不断の検討、吟味を要求している。ここでは、「個人の尊厳」への言及がみられるが、本決定では、「個人の尊厳」のほか、「個人の尊重」への言及が多く、違憲判断を導くポイントとなっている。この点について、文献②19 頁[高橋発言]などを参照。直接は、憲法 24 条が引かれていることが理由となっていると思われるが、本決定が個人の尊厳とその裏返しとしてのスティグマの付与を重視しているとみる余地がある。文献①113-114 頁は、最高裁が審査密度の向上に用いなかったと解しつつ、その多用がもたらす危険性にも言及する。

なお、いわゆる遺族補償年金訴訟の第一審判決（大阪地判平 25・11・25 判時 2216-122）には、不断の検討、吟味を求める判旨を意識した記述がみられる。もっとも、「区別の理由は性別という、憲法の定める個人の尊厳原理と直結する憲法 14 条 1 項後段に列挙される事由によるものであって」という一節を伴っており、後段列挙事由の特別意味付与説との親和性もあり、「不断の検討、吟味」というものが、ある種の審査密度の上昇を意味しているという理解が強く表れている（文献③288 頁も参照）。

⓭ 【9】以下では、本決定が【5】で提示した、相続制度設定における考慮要素のうち重要と思われる事実についてその変遷が指摘されている。

⓮ 【10】では、昭和 22 年民法改正当時の国民意識と外国の立法例の状況が指摘されている。ここでは、当時、法律婚以外の男女関係、あるいはその中で生まれた子に対する差別的な国民の意識が存在しており、それが立法に作用した旨明示されている点が重要である。❾も参照。

⓯ 【11】では、昭和 22 年民法改正以降の国民の意識の変化が論じられている。ここでは、晩婚化、非婚化、少子化が進展し、離婚・再婚の件数も増加するなどして、婚姻、家族の形態が著しく多様化した結果、婚姻、家族のあり方に対する国民の意識も多様化したことが指摘されている。もっとも、国籍法事件判決〔本書 7 事件〕と同様、判解①372 頁等の白書への言及はともかく本決定自体は具体的統計資料などを挙げていない。

⓰ 【12】では、先に昭和 22 年民法改正において諸外国の立法が参考にされたことが指摘されていたことに対応させて、同改正後の諸外国における立法の変遷につ

は、上記各条約の履行状況等につき、締約国に対し、意見の表明、勧告等をすることができるものとされている❶⓻。

【14】　我が国の嫡出でない子に関する上記各条約の履行状況等については、平成5年に自由権規約委員会が、包括的に嫡出でない子に関する差別的規定の削除を勧告し、その後、上記各委員会が、具体的に本件規定を含む国籍、戸籍及び相続における差別的規定を問題にして、懸念の表明、法改正の勧告等を繰り返してきた。最近でも、平成22年に、児童の権利委員会が、本件規定の存在を懸念する旨の見解を改めて示している❶⓼。

【15】　エ　前記イ及びウのような世界的な状況の推移の中で、我が国における嫡出子と嫡出でない子の区別に関わる法制等も変化してきた。すなわち、住民票における世帯主との続柄の記載をめぐり、昭和63年に訴訟が提起され、その控訴審係属中である平成6年に、住民基本台帳事務処理要領の一部改正（平成6年12月15日自治振第233号）が行われ、世帯主の子は、嫡出子であるか嫡出でない子であるかを区別することなく、一律に「子」と記載することとされた。また、戸籍における嫡出でない子の父母との続柄欄の記載をめぐっても、平成11年に訴訟が提起され、その第1審判決言渡し後である平成16年に、戸籍法施行規則の一部改正（平成16年法務省令第76号）が行われ、嫡出子と同様に「長男（長女）」等記載することとされ、既に戸籍に記載されている嫡出でない子の父母との続柄欄の記載も、通達（平成16年11月1日付け法務省民一第3008号民事局長通達）により、当該記載を申出により上記のとおり更正することとされた。さらに、最高裁平成18年（行ツ）第135号同20年6月4日大法廷判決・民集62巻6号1367頁❶⓽は、嫡出でない子の日本国籍の取得につき嫡出子と異なる取扱いを定めた国籍法3条1項の規定（平成20年法律第88号による改正前のもの）が遅くとも平成15年当時において憲法14条1項に違反していた旨を判示し、同判決を契機とする国籍法の上記改正に際しては、同年以前に日本国籍取得の届出をした嫡出でない子も日本国籍を取得し得ることとされた❷⓪。

【16】　オ　嫡出子と嫡出でない子の法定相続分を平等なものにすべきではないかとの問題についても、かなり早くから意識されており、昭和54年に法務省民事局参事官室により法制審議会民法部会身分法小委員会の審議に基づくものとして公表された「相続に関する民法改正要綱試案」において、嫡出子と嫡出でない子の法定相続分を平等とする旨の案が示された。また、平成6年に同じく上記小委員会の審議に基づくものとして公表された「婚姻制度等に関する民法改正要綱試案」及びこれを更に検討した上で平成8年に法制審議会が法務大臣に答申した「民法の一部を改正する法律案要綱」において、両者の法定相続分を平等とする旨が明記された。さらに、平成22年にも国会への提出を目指して上記要綱と同旨の法律案が政府により準備された。もっとも、いずれも国会提出には至っていない❷⓵。

【17】　カ　前記ウの各委員会から懸念の表明、法改正の勧告等がされた点について同エのとおり改正が行われた結果、我が国でも、嫡出子と嫡出でない子の差別的取扱いはおおむね解消されてきたが、本件規定の改正は現在においても実現されていない。その理由について考察すれば、欧米諸国の多くでは、全出生数に占める嫡出でない子の割合が著しく高く、中には50%以上に達している国もあるのとは対照的に、我が国においては、嫡出でない子の出生数が年々増加する傾向にあるとはいえ、平成23年でも2万3000人余、上記割合としては約2.2%にすぎないし、婚姻届を提出するかどうかの判断が第1子の妊娠と深く結び付いているとみられるなど、全体として嫡出でない子とすることを避けようとする傾向があること、換言すれば、家族等に関する国民の意識の多様化がいわれつつも、法律婚を尊重する意識は幅広く浸透しているとみられることが、上記理由の一つではないかと思われる❷⓶。

【18】　しかし、嫡出でない子の法定相続分を嫡出子のそれの2分の1とする本件規定の合理性は、前記2及び(2)で説示したとおり、種々の要素を総合考慮し、個人の尊厳と法の下の平等を定める憲法に照らし、嫡出でない子の権利が不当に侵害されているか否かという観点から判断されるべき法的問題であり、法律婚を尊重する意識が幅広く浸透しているということや、嫡出でない子の出生数の多寡、諸外国と比較した出生割合の大小は、上記法的問題の結論に直ちに結び付くものとはいえない❷⓷。

❶⓻　【13】では、本件に関連する国際条約の批准状況と、国際条約における履行確保の仕組みが紹介されている。次の段落で触れられるような勧告は、ここで挙げられた二つの条約と同様わが国が批准しており、委員会も設置されている。女子差別撤廃条約の委員会等による勧告もあるが、ここでは、自由権規約と児童の権利条約が挙げられるにとどまっている（調査官解説は、女子に限定された差別問題でないことから、自由権規約と児童の権利条約が言及されているのではないかと示唆する（判解①372頁））。このような、具体的な条文番号や規定内容に言及しない条約の指摘を憲法規定の国際法適合的解釈や国際法の間接適用（【補足説明】）と呼ぶことは適切だろうか。

❶⓼　【14】では、【13】で言及した、国際条約によって設置された委員会による勧告等について言及している（勧告の時期等についてまとめたものとして、坂本・時の法令1938号46頁（判解①393頁注12参照））。なお、これらの委員会の見解や勧告にはそれ自体として法的拘束力はない。

❶⓽　国籍法事件判決〔本書7事件〕。

❷⓪　【15】では、住民票や戸籍の記載に関するもの、国籍法事件判決〔本書7事件〕やそれを承けた国籍法改正に言及して、「我が国における嫡出子と嫡出でない子の区別に関わる法制等」の変化を紹介している。

❷⓵　【16】では、本件規定をめぐる改正の動きについて説明している。なお、判例①の中島ほか反対意見は、決定当時進行中であった法制審議会の動きについても言及していた。

❷⓶　【17】では、わが国の嫡出子と嫡出でない子に係る現状が説明されている。ここでは、比較的具体的に統計データも提示しつつ、「法律婚を尊重する意識は幅広く浸透しているとみられること」が、法改正が行われなかった理由ではないかと分析している。

❷⓷　【18】では、【17】での分析をふまえつつ、本件規定の合理性が法的問題であり、国民の意識のみに依存するものではないという立場が示されている。この言及について、調査官解説は、「人権の問題は単純に多数決によって結論を出すべきものではないという憲法論（人権論）の基本を確認したもの」と指摘する（判解①373頁）。なお、この点に関連して、後掲の岡部補足意見がある。

[19]　キ　当裁判所は、平成7年大法廷決定以来、結論としては本件規定を合憲とする判断を示してきたものであるが、平成7年大法廷決定において既に、嫡出でない子の立場を重視すべきであるとして5名の裁判官が反対意見を述べたほかに、婚姻、親子ないし家族形態とこれに対する国民の意識の変化、更には国際的環境の変化を指摘して、昭和22年民法改正当時の合理性が失われつつあるとの補足意見㉔が述べられ、その後の小法廷判決及び小法廷決定においても、同旨の個別意見が繰り返し述べられてきた（最高裁平成11年（オ）第1453号同12年1月27日第一小法廷判決・裁判集民事196号251頁、最高裁平成14年（オ）第1630号同15年3月28日第二小法廷判決・裁判集民事209号347頁、最高裁平成14年（オ）第1963号同15年3月31日第一小法廷判決・裁判集民事209号397頁、最高裁平成16年（オ）第992号同年10月14日第一小法廷判決・裁判集民事215号253頁、最高裁平成20年（ク）第1193号同21年9月30日第二小法廷決定・裁判集民事231号753頁等）。特に、前掲最高裁平成15年3月31日第一小法廷判決以降の当審判例は、その補足意見の内容を考慮すれば、本件規定を合憲とする結論を辛うじて維持したものとみることができる㉕。

[20]　ク　前記キの当審判例の補足意見の中には、本件規定の変更は、相続、婚姻、親子関係等の関連規定との整合性や親族・相続制度全般に目配りした総合的な判断が必要であり、また、上記変更の効力発生時期ないし適用範囲の設定も慎重に行うべきであるとした上、これらのことは国会の立法作用により適切に行い得る事柄である旨を述べ、あるいは、速やかな立法措置を期待する旨を述べるものもある㉖。

[21]　これらの補足意見が付されたのは、前記オで説示したように、昭和54年以降間けつ的に本件規定の見直しの動きがあり、平成7年大法廷決定の前後においても法律案要綱が作成される状況にあったことなどが大きく影響したものとみることもできるが、いずれにしても、親族・相続制度のうちどのような事項が嫡出でない子の法定相続分の差別の見直しと関連するのかということは必ずしも明らかではなく、嫡出子と嫡出でない子の法定相続分を平等とする内容を含む前記オの要綱及び法律案においても、上記法定相続分の平等化につき、配偶者相続分の変更その他の関連する親族・相続制度の改正を行うものとはされていない。そうすると、関連規定との整合性を検討するとの必要性は、本件規定を当然に維持する理由とはならないというべきであって、上記補足意見も、裁判において本件規定を違憲と判断することができないとする趣旨をいうものとは解されない。また、裁判において本件規定を違憲と判断しても法的安定性の確保との調和を図り得ることは、後記4で説示するとおりである㉗。

[22]　なお、前記(2)のとおり、平成7年大法廷決定においては、本件規定を含む法定相続分の定めが遺言による相続分の指定等がない場合などにおいて補充的に機能する規定であることをも考慮事情としている。しかし、本件規定の補充性からすれば、嫡出子と嫡出でない子の法定相続分を平等とすることも何ら不合理ではないといえる上、遺言によっても侵害し得ない遺留分については本件規定は明確な法律上の差別というべきであるとともに、本件規定の存在自体がその出生時から嫡出でない子に対する差別意識を生じさせかねないことをも考慮すれば、本件規定が上記のように補充的に機能する規定であることは、その合理性判断において重要性を有しないというべきである㉘。

[23]　(4)　本件規定の合理性に関連する以上のような種々の事柄の変遷等は、その中のいずれか一つを捉えて、本件規定による法定相続分の区別を不合理とすべき決定的な理由とし得るものではない。しかし、昭和22年民法改正時から現在に至るまでの間の社会の動向、我が国における家族形態の多様化やこれに伴う国民の意識の変化、諸外国の立法のすう勢及び我が国が批准した条約の内容とこれに基づき設置された委員会からの指摘、嫡出子と嫡出でない子の区別に関わる法制等の変化、更にはこれまでの当審判例における度重なる問題の指摘等を総合的に考察すれば、家族という共同体の中における個人の尊重がより明確に認識されてきたことは明らかであるといえる。そして、法律婚という制度自体は我が国に定着しているとしても、上記のような認識の変化に伴い、上記制度の下で父母が婚姻関係になかったという、子にとっては自ら選択ないし修正する余地のない事柄を理由としてその

㉔　園部裁判官が同調した、大西補足意見や、千種、河合補足意見である。

㉕　【19】では、判例①の中島ほか反対意見や大西ほか補足意見において、すでに昭和22年民法改正後の状況の変化と、本件規定の合憲性が失われた可能性が指摘されていたことを指摘するとともに、判例①以降本決定までの小法廷における個別意見で、同様の見解が繰り返し示されてきたことが述べられている。これに関連して、判解①374頁は、平成7年大法廷決定（判例①）「自体がそもそも『きわどい合憲判断』であった理解に立つこともできる」と評価している。判例①以降の最高裁判例、下級審裁判例の概要については、判解①363-366頁にまとめられている。

㉖　【20】では、合憲判断に付された補足意見の一部で、立法作用による解決の必要性と期待を述べるものがあることを紹介している。ここでは、【26】以降で論じられる判決の事実上の拘束力の問題との関係で、変更の時期や範囲の問題が立法府に委ねるべき理由として挙げられていたことを指摘している点が重要である。

㉗　【21】では、【20】で触れた補足意見の見解のうち、まず、「関連規定との整合性や親族・相続制度全般に目配りした総合的な判断」が必要であるので、立法作用による解決が必要だとされた部分に関連して、法改正の動きがみられたことが以上のような言及の背景にあったのではないかと推測しつつ、これらが本件規定を違憲と判断することを妨げるだけの理由にはなっていないと指摘する。判解①374-375頁は、配偶者保護の観点が問題となる可能性を示唆するものの、結局、配偶者保護の問題は本件規定の有無、内容にはかかわらず生じる問題であるとして、本件規定が違憲となることを妨げるものではないとの立場をとる。次に、制度変更の時期や範囲の問題について、後の議論（【26】以下）を予告しつつ、これも違憲判断を妨げる理由とはならないとも指摘している。

㉘　【22】では、判例①が、合憲性を基礎づける要素として、民法900条が補充規定であることを援用していたことに触れ、むしろ、補充規定であるならば、法定相続分を平等にすることも不合理とはいえないこと、遺留分については明確な法律上の差別であるというべきこと、さらに、本件規定の存在自体が差別意識を生じさせる危険を指摘し、補充規定であることが判断にとって重要性がないとしている。さらに、判解①375頁は、わが国において遺言をしない者が多いことなどから、補充規定にすぎないという説明自体が不適切である可能性についても言及している。

㉙　【23】では、これまで検討してきた、本件規定の合理性に関連する種々の事柄の変遷等についてまとめ、子にとっては自ら選択ないし修正する余地のない事柄を理由として子に不利益を及ぼすことは許されず、子を個人として尊重し、その権利を保障すべきであるという考え方が確立されてきていることを指摘する。

子に不利益を及ぼすことは許されず、子を個人として尊重し、その権利を保障すべきであるという考えが確立されてきているものということができる㉙。

[24]　以上を総合すれば、遅くともAの相続が開始した平成13年7月当時において㉚は、立法府の裁量権を考慮しても、嫡出子と嫡出でない子の法定相続分を区別する合理的な根拠は失われていたというべきである㉛。

[25]　したがって、本件規定は、遅くとも平成13年7月当時において、憲法14条1項に違反していたものというべきである㉜。

4　先例としての事実上の拘束性について㉝

[26]　本決定は、本件規定が遅くとも平成13年7月当時において憲法14条1項に違反していたと判断するものであり、平成7年大法廷決定並びに前記3(3)キの小法廷判決及び小法廷決定が、それより前に相続が開始した事件についてその相続開始時点での本件規定の合憲性を肯定した判断を変更するものではない㉞。

[27]　他方、憲法に違反する法律は原則として無効であり、その法律に基づいてされた行為の効力も否定されるべきものであることからすると、本件規定は、本決定により遅くとも平成13年7月当時において憲法14条1項に違反していたと判断される以上、本決定の先例としての事実上の拘束性により、上記当時以降は無効であることとなり、また、本件規定に基づいてされた裁判や合意の効力等も否定されることになろう。しかしながら、本件規定は、国民生活や身分関係の基本法である民法の一部を構成し、相続という日常的な現象を規律する規定であって、平成13年7月から既に約12年もの期間が経過していることからすると、その間に、本件規定の合憲性を前提として、多くの遺産の分割が行われ、更にそれを基に新たな権利関係が形成される事態が広く生じてきていることが容易に推察される。取り分け、本決定の違憲判断は、長期にわたる社会状況の変化に照らし、本件規定がその合理性を失ったことを理由として、その違憲性を当裁判所として初めて明らかにするものである。それにもかかわらず、本決定の違憲判断が、先例としての事実上の拘束性という形で既に行われた遺産の分割等の効力にも影響し、いわば解決済みの事案にも効果が及ぶとすることは、著しく法的安定性を害することになる。法的安定性は法に内在する普遍的な要請であり、当裁判所の違憲判断も、その先例としての事実上の拘束性を限定し、法的安定性の確保との調和を図ることが求められているといわなければならず、このことは、裁判において本件規定を違憲と判断することの適否という点からも問題となり得るところといえる（前記3(3)ク参照）㉟。

[28]　以上の観点からすると、既に関係者間において裁判、合意等により確定的なものとなったといえる法律関係までをも現時点で覆すことは相当ではないが、関係者間の法律関係がそのような段階に至っていない事案であれば、本決定により違憲無効とされた本件規定の適用を排除した上で法律関係を確定的なものとするのが相当であるといえる。そして、相続の開始により法律上当然に法定相続分に応じて分割される可分債権又は可分債務については、債務者から支払を受け、又は債権者に弁済をするに当たり、法定相続分に関する規定の適用が問題となり得るものであるから、相続の開始により直ちに本件規定の定める相続分割合による分割がされた㊱ものとして法律関係が確定的なものとなったとみることは相当ではなく、その後の関係者間での裁判の終局、明示又は黙示の合意の成立等により上記規定を改めて適用する必要がない状態となったといえる場合に初めて、法律関係が確定的なものとなったとみる㊲のが相当である㊳。

[29]　したがって、本決定の違憲判断は、Aの相続の開始時から本決定までの間に開始された他の相続につき、本件規定を前提としてされた遺産の分割の審判その他の裁判、遺産の分割の協議その他の合意等により確定的なものとなった法律関係に影響を及ぼすものではないと解するのが相当である㊴。

5　結論

[30]　以上によれば、平成13年7月▲▲日に開始したAの相続に関しては、本件規定は、憲法14条1項に違反し無効でありこれを適用することはできないというべきである。これに反する原審の前記判断は、同項の解釈を誤るものであって是認することができない。論旨は理由があり、その余の論旨について判断するまでもなく原決定は破棄を免れない。そして、更に審理を尽くさせるため、本件を原審に差し戻すこととする㊵。

㉚　これまでの検討において、平成13年以降の事情が多く参照されているのは妥当なのか疑問が生じる。

㉛　[24]は、これまでの検討をまとめ、平成13年7月の時点で本件規定の合理的根拠は失われていたとする。

㉜　[25]は、本件相続開始時点において、本件規定が憲法14条1項に違反していたとの判断を述べている。

㉝　後掲の金築補足意見および千葉補足意見は、この部分に関するものである。

㉞　[26]は、平成13年7月以前に開始した相続に関する、判例①やその後の小法廷の合憲判断を変更するものではない旨示している。なお、調査官解説は、違憲判断の基準時について、「付随的違憲審査制の下では、違憲審査権は具体的な事件の解決に必要な限りで行使されるべきものである以上、憲法適合性を審査すべき法律も、解決が求められている具体的な事件に適用される法律に他ならないから、本件においては、本件の相続開始時である平成13年7月当時と解するのが論理的」だと、かなり断定的な説明を付している（判解①377頁）。

㉟　[27]では、本来であれば、本決定の先例としての「事実上の拘束力」により、平成13年7月以降、本件規定は無効となるべきであるということを確認したうえで、他方で、それを貫徹する場合、「法的安定性」を著しく害する結果を招くことになることも指摘する（具体的な影響については、判解①381-382頁が検討している）。この点、「事実上の拘束力」というものは必ずしも内容が判然としない（「実際には違憲判断の一般的効力の承認を前提とするものと言えよう」という市川正人の指摘も参照（市川・基本講義憲法380頁））が、判解①379頁は、「実体的には違憲の法律の適用を受けた国民の中に救済される者と救済されない者とが生じ、不平等が生ずることにもなりかねない」として、このように考えられる背景として、平等の要請があるとし、ここでの問題を「法的安定性の要請と平等の要請とをどのように調和させるかという問題である」と定位する。また、明示的に平等を遡及効の根拠として挙げる、後掲の金築補足意見も参照。

㊱　可分債権・可分債務は、相続開始時に共同相続人間で「法律上当然に分割」されるというのが、判例（可分債権について、最判昭29・4・8民集8-4-819。可分債務について、最判昭34・6・19民集13-6-757）である。ただし本決定後、可分債権のうち預貯金債権については、判例変更があったことに注意。最大決平28・12・19民集70-8-2121参照。

㊲　判解①385-386頁では、可分債権である預金債権について、相続が開始したにとどまる時点においては、預金先金融機関との関係で新たな法律状態が観念的にしか生じていないことが挙げられている。

㊳　[28]は、法的安定性確保のための解決策として、すでに確定的なものとなった法律関係にまで事実上の拘束力を及ぼすことを否定するという。事実上の拘束力の遡及効の制限に関して、調査官解説は先例を検討するが、判解①380頁が投票価値平等訴訟における事情判決を遡及効のある種の制限として位置づける点が注目される。この点、最大判昭51・4・14民集30-3-223は、遡及効も意識しつつ違憲判決を当然無効とすることの弊害を説きつつも、単に違憲判決が将来的に選挙を無効とする形成判決であることを指摘している点には注意しておく必要がある。また、判例①の中島ほか反対意見が遡及効の制限を提唱していた一方で、最判平21・9・30集民231-753の今井反対意見は、確定判決の再審事由となるものでも、遺産分割の調停や協議が錯誤無効になるものでもなく、法的安定性を著しく害するものとはいえないとしている。また、判解①370頁のいうように、尊属殺人事件判決〔本書4事件〕の際の政府見解は「将来に向かっての無効」論を採用しており、個別の恩赦による救済を行った。

なお、違憲判断の遡及効を制限することは、否定されることではなく、違憲判断により問題となっている法令

【31】 よって、裁判官全員一致の意見で、主文のとおり決定する。なお、裁判官金築誠志、同千葉勝美、同岡部喜代子の各補足意見がある❹。

が効力を失う範囲等については、憲法上最高裁に判断が委ねられているというのが、調査官解説の立場であり、その意味で、【26】以降の判示は、必要かつ許容されるものであるので、「単なる傍論ではないというべきであ」るという（判解①383-384頁）。
最後に、法律関係がいつの時点をもって「確定的」なものとなったかについての一般的議論は、判解①384頁以下を参照。

❸ 【29】は、ここまでの「事実上の拘束力の遡及効制限」に関する検討をまとめている。
❹ 【30】は、これまでの検討をまとめ、結論を述べている。
❹ 【31】は、ここまでの判決理由づけを締めくくっている。

■ 少数意見

裁判官金築誠志の補足意見は、次のとおりである❷。

【32】 法廷意見のうち本決定の先例としての事実上の拘束性に関する判示は、これまでの当審の判例にはなかったもので、将来にわたり一般的意義を有し、種々議論があり得ると思われるので、私の理解するところを述べておくこととしたい。

【33】 本決定のような考え方が、いかにして可能であるのか。この問題を検討するに当たっては、我が国の違憲審査制度において確立した原則である、いわゆる付随的違憲審査制と違憲判断に関する個別的効力説を前提とすべきであろう。

【34】 付随的違憲審査制は、当該具体的事案の解決に必要な限りにおいて法令の憲法適合性判断を行うものであるところ、本件の相続で問題とされているのは、同相続の開始時に実体的な効力を生じさせている法定相続分の規定であるから、その審査は、同相続が開始した時を基準として行うべきである。本決定も、本件の相続が開始した当時として、本件規定の憲法適合性を判断している。

【35】 また、個別的効力説では、違憲判断は当該事件限りのものであって、最高裁判所の違憲判断といえども、違憲とされた規定を一般的に無効とする効力がないから、立法により当該規定が削除ないし改正されない限り、他の事件を担当する裁判所は、当該規定の存在を前提として、改めて憲法判断をしなければならない。個別的効力説における違憲判断は、他の事件に対しては、先例としての事実上の拘束性しか有しないのである。とはいえ、遅くとも本件の相続開始当時には本件規定は憲法14条1項に違反するに至っていた旨の判断が最高裁判所においてされた以上、法の平等な適用という観点からは、それ以降の相続開始に係る他の事件を担当する裁判所は、同判断に従って本件規定を違憲と判断するのが相当になる。その意味において、本決定の違憲判断の効果は、遡及するのが原則である❸。

【36】 しかし、先例としての事実上の拘束性は、同種の事件に同一の解決を与えることにより、法の公平・平等な適用という要求に応えるものであるから、憲法14条1項の平等原則が合理的な理由による例外を認めるのと同様に、合理的な理由に基づく例外が許されてよい❹。また、先例としての事実上の拘束性は、同種の事件に同一の解決を与えることによって、法的安定性の実現を図るものでもあるところ、拘束性を認めることが、かえって法的安定性を害するときは、その役割を後退させるべきであろう。本決定の違憲判断により、既に行われた遺

産分割等の効力が影響を受けるものとすることが、著しく法的安定性を害することについては、法廷意見の説示するとおりであるが、特に、従来の最高裁判例が合憲としてきた法令について違憲判断を行うという本件のような場合にあっては、従来の判例に依拠して行われてきた行為の効力を否定することは、法的安定性を害する程度が更に大きい。

【37】 遡及効を制限できるか否かは、裁判所による法の解釈が、正しい法の発見にとどまるのか、法の創造的機能を持つのかという問題に関連するところが大きいとの見解がある。確かに、当該事件を離れて、特定の法解釈の適用範囲を決定する行為は、立法に類するところがあるといわなければならない。裁判所による法解釈は正しい法の発見にとどまると考えれば、遡及効の制限についても否定的な見解に傾くことになろう。そもそも、他の事件に対する法適用の在り方について判示することの当否を問題にする向きもあるかもしれない。

【38】 しかし、本決定のこの点に関する判示は、予測される混乱を回避する方途を示すことなく本件規定を違憲と判断することは相当でないという見地からなされたものと解されるのであって、違憲判断と密接に関連しているものであるから、単なる傍論と評価すべきではない❺。また、裁判所による法解釈は正しい法の発見にとどまるという考え方については、法解釈の実態としては、事柄により程度・態様に違いはあっても、通常、何ほどかの法創造的な側面を伴うことは避け難いと考えられるのであって、裁判所による法解釈の在り方を上記のように限定することは、相当とは思われない。コモン・ローの伝統を受け継ぐ米国においても、判例の不遡及的変更を認めている。

【39】 また、判例の不遡及的変更は、憲法判断の場合に限られる問題ではないが、法令の規定に関する憲法判断の変更において、法的安定性の確保の要請が、より深刻かつ広範な問題として現出することは、既に述べたとおりである。法令の違憲審査については、その影響の大きさに鑑み、法令を合憲的に限定解釈するなど、謙抑的な手法がとられることがあるが、遡及効の制限をするのは、違憲判断の及ぶ範囲を限定しようというものであるから、違憲審査権の謙抑的な行使と見ることも可能であろう❻。

【40】 いずれにしても、違憲判断は個別的効力しか有しないのであるから、その判断の遡及効に関する判示を含めて、先例としての事実上の拘束性を持つ判断として、他の裁判所等により尊重され、従われることによって効果を持つものである。その意味でも、立法とは異なるの

❷ 金築補足意見は、「事実上の先例拘束性」について、法廷意見を補足するものである。裁判所の法解釈が法創造的機能を有することを認め、それを前提として、「遡及効」の制限について基礎づけている。
❸ 法の下の平等（憲法14条1項）によって、違憲判断の他の判決等への影響力と、違憲判断の遡及効までを基礎づけている。
❹ 遡及効の限界づけについても、憲法14条1項を参考に、合理的な逸脱が認められるという理由で説明している。
❺ 後掲の千葉補足意見も同様の旨を述べる。なお、傍論とは、当該事件の結論を出すにあたって判断する必要のない事項についての裁判所の判断を示したもので、判

決理由をなさず、当事者にとって不意打ちとなり、また予測的判断ともなりうるので、十分な検討がなされていない危険性もあることなどから、先例拘束性は生じないとされている。【36】〜【38】も参照。
なお、ここでは、他の事件への影響を論じる必要性は必ずしもないといいうるため、傍論とされる可能性について言及したものと考えられる。
❻ これに対して、法令の改正ないし修正が不可能である以上、憲法判例においてはむしろ柔軟に判例変更が認められるという見解もある。この点については、長谷部・論ジュリ1号6-7頁を参照。

であるが、実際上も、今後どのような形で関連する紛争が生ずるかは予測しきれないところがあり、本決定は、違憲判断の効果の及ばない場合について、網羅的に判示しているわけでもない。各裁判所は、本決定の判示を指針としつつも、違憲判断の要否等も含めて、事案の妥当な解決のために適切な判断を行っていく必要があるものと考える。

裁判官千葉勝美の補足意見は、次のとおりである❹。

[41] 私は、法廷意見における本件の違憲判断の遡及効に係る判示と違憲審査権との関係について、若干の所見を補足しておきたい。

[42] 1 法廷意見は、本件規定につき、遅くとも本件の相続が発生した当時において違憲であり、それ以降は無効であるとしたが、本決定の違憲判断の先例としての事実上の拘束性の点については、法的安定性を害することのないよう、既に解決した形となっているものには及ばないとして、その効果の及ぶ範囲を一定程度に制限する判示（以下「本件遡及効の判示」という。）をしている。

[43] この判示については、我が国の最高裁判所による違憲審査権の行使が、いわゆる付随的審査制を採用し、違憲判断の効力については個別的効力説とするのが一般的な理解である以上、本件の違憲判断についての遡及効の有無、範囲等を、それが先例としての事実上の拘束性という形であったとしても、対象となる事件の処理とは離れて、他の同種事件の今後の処理の在り方に関わるものとしてあらかじめ示すことになる点で異例ともいえるものである。しかし、これは、法令を違憲無効とすることは通常それを前提に築き上げられてきた多くの法律関係等を覆滅させる危険を生じさせるため、そのような法的安定性を大きく阻害する事態を避けるための措置であって、この点の配慮を要する事件において、最高裁判所が法令を違憲無効と判断する際には、基本的には常に必要不可欠な説示というべきものである。その意味で、本件遡及効の判示は、いわゆる傍論（obiter dictum）ではなく、判旨（ratio decidenti）として扱うべきものである❹。

[44] 2 次に、違憲無効とされた法令について立法により廃止措置を行う際には、廃止を定める改正法の施行時期や経過措置について、法的安定性を覆すことの弊害等を考慮して、改正法の附則の規定によって必要な手当を行うことが想定されるところであるが、本件遡及効の判示は、この作用（立法による改正法の附則による手当）と酷似しており、司法作用として可能かどうか、あるいは適当かどうかが問題とされるおそれがないわけではない。

[45] 憲法が最高裁判所に付与した違憲審査権は、法令をも対象にするため、それが違憲無効との判断がされると、個別的効力説を前提にしたとしても、先例としての事実上の拘束性が広く及ぶことになるため、そのままでは法的安定性を損なう事態が生ずることは当然に予想されるところである。そのことから考えると、このような事態を避けるため、違憲判断の遡及効の有無、時期、範囲等を一定程度制限するという権能、すなわち、立法が改正法の附則でその施行時期等を定めるのに類した作用も、違憲審査権の制度の一部として当初から予定されているはずであり、本件遡及効の判示は、最高裁判所の違憲審査権の行使に性質上内在する、あるいはこれに付随する権能ないし制度を支える原理、作用の一部であって、憲法は、これを違憲審査権行使の司法作用としてあらかじめ承認しているものと考えるべきである。

[46] **裁判官岡部喜代子の補足意見は、次のとおりである❹。**

本件の事案に鑑み、本件規定の憲法適合性の問題と我が国における法律婚を尊重する意識との関係について、若干補足する。

[47] 1 平成7年大法廷決定は、民法が法律婚主義を採用した結果婚姻から出生した嫡出子と嫡出でない子の区別が生じ、親子関係の成立などにつき異なった規律がされてもやむを得ないと述べる。親子の成立要件について、妻が婚姻中に懐胎した子については何らの手続なくして出生と同時にその夫が父である嫡出子と法律上推定されるのであり（民法772条）、この点で、認知により父子関係が成立する嫡出でない子と異なるところ、この区別は婚姻関係に根拠を置くものであって合理性を有するといえる。しかし、相続分の定めは親子関係の効果の問題であるところ、婚姻関係から出生した嫡出子を嫡出でない子より優遇すべきであるとの結論は、上記親子関係の成立要件における区別に根拠があるというような意味で論理的に当然であると説明できるものではない。

[48] 婚姻の尊重❺とは嫡出子を含む婚姻共同体の尊重であり、その尊重は当然に相続分における尊重を意味するとの見解も存在する。しかし、法廷意見が説示するとおり、相続制度は様々な事柄を総合考慮して定められるものであり、それらの事柄は時代と共に変遷するものである以上、仮に民法が婚姻について上記のような見解を採用し、本件規定もその一つの表れであるとしても、相続における婚姻共同体の尊重を、被相続人の嫡出でない子との関係で嫡出子の相続分を優遇することによって貫くことが憲法上許容されるか否かについては、不断に検討されなければならないことである❺。

[49] 2 夫婦及びその間の子を含む婚姻共同体の保護という考え方の実質上の根拠として、婚姻期間中に婚姻当事者が得た財産は実質的には婚姻共同体の財産であって本来その中に在る嫡出子に承継されていくべきものであるという見解が存在する。確かに、夫婦は婚姻共同体を維持するために働き、婚姻共同体を維持するために協力するのであり（夫婦については法的な協力扶助義務がある。）、その協力は長期にわたる不断の努力を必要とするものといえる。社会的事実としても、多くの場合、夫婦は互いに、生計を維持するために働き、家事を負担し、親戚付き合いや近所付き合いを行うほか様々な雑事をこなし、あるいは、長期間の肉体的、経済的負担を伴う育児を行い、高齢となった親その他の親族の面倒を見ることになる場合もある。嫡出子はこの夫婦の協力により扶養され養育されて成長し、そして子自身も夫婦間の協力と性質・程度は異なるものの事実上これらに協力するのが通常であろう。

[50] これが、基本的に我が国の一つの家族像として考えられてきたものであり、こうした家族像を基盤として、法律婚を尊重する意識が広く共有されてきたものということができるであろう。平成7年大法廷決定が対象とした相続の開始時点である昭和63年当時においては、上記のような家族像が広く浸透し、本件規定の合理性を支えていたものと思われるが、現在においても、上記のような家族像はなお一定程度浸透しているものと思われ、そのような状況の下において、婚姻共同体の構成員が、そこに属さない嫡出でない子の相続分を上記構成員である嫡出子と同等とすることに否定的な感情を抱くことも、理解できるところである。

[51] しかし、今日種々の理由によって上記のような家族像に変化が生じていることは法廷意見の指摘するとおりである。同時に、嫡出でない子

---

❹ 千葉補足意見は、金築補足意見と同様、「事実上の先例拘束力」について意見を述べる。判旨として、この拘束力の制限について触れることは、立法的な作用を伴うことを認めつつ、司法作用としてこれが肯定されるかというアプローチをしている。

❹ 判旨とする旨が金築補足意見よりも明確に述べられている。

❹ 岡部補足意見は、法廷意見でも言及された、わが国における法律婚尊重の意識と違憲判断の関係性について論じている。

❺ このような言及を手がかりに、判解①376頁は、本決定が「法律婚の尊重」を本件区別の目的と捉えること、またそれに合理性があるという判断を前提にしていることを推測している。ただし、昭和22年民法改正時に挙げられた立法目的は、「法律婚の尊重と嫡出でない子の保護の調整」であり、判例①もこれを受け入れているし、判解①376頁もそのように言及している。また、目的（法律婚の尊重）と手段（嫡出子と非嫡出子の区別）が分け難く、分けて論じることの実益が小さいことを指摘するものとし

て、文献②16頁〔宍戸発言〕がある。他方、文献①107頁は、平等の問題において、目的審査が行われるのは、彼によるといえば平等にとって厳格な基準である合理的関連性の基準が採用される場合にのみ行われることであり、多数意見が手段の審査に集中しているのは、それより緩やかな基準が採用されたことを示唆するものと解している。加えて、文献②17頁〔高橋発言〕も、判例①が目的手段審査を採用しておらず、本決定もその意味で判断手法を踏襲している可能性を指摘する。

❺ なお、最高裁判所就任前の岡部裁判官が共著者となっている教科書（岡部＝三谷・実務家族法講義303頁）では、「長い目で見れば、婚姻家族の保護は子の福祉に合致するものであ」り、非嫡出子の相続分について嫡出子の2分の1にすることを「違憲と断ずるのは躊躇を覚える」としていた。違憲と判断された本件相続開始時よりも後に執筆されたものであるが、研究者と裁判官という立場の違いで「躊躇」は消えるのであろうか。

は、生まれながらにして選択の余地がなく上記のような婚姻共同体の一員となることができない。もちろん、法律婚の形をとらないという両親の意思によって、実態は婚姻共同体とは異ならないが嫡出子となり得ないという場合もないではないが、多くの場合は、婚姻共同体に参加したくてもできず、婚姻共同体維持のために努力したくてもできないという地位に生まれながらにして置かれるというのが実態であろう。そして、法廷意見が述べる昭和22年民法改正以後の国内外の事情の変化は、子を個人として尊重すべきであるとの考えを確立させ、婚姻共同体の保護自体には十分理由があるとしても、そのために婚姻共同体のみを当然かつ一般的に婚姻外共同体よりも優遇することの合理性、ないし、婚姻共同体の保護を理由としてその構成員である嫡出子の相続分を非構成員である嫡出でない子の相続分よりも優遇することの合理性を減少しめてきたものといえる。

【52】こうした観点からすると、全体として法律婚を尊重する意識が広く浸透しているからといって、嫡出子と嫡出でない子の相続分に差別を設けることはもはや相当ではないというべきである。

（裁判長裁判官　竹崎博允　裁判官　櫻井龍子　裁判官　竹内行夫　裁判官　金築誠志　裁判官　千葉勝美　裁判官　横田尤孝　裁判官　白木勇　裁判官　岡部喜代子　裁判官　大谷剛彦　裁判官　大橋正春　裁判官　山浦善樹　裁判官　小貫芳信　裁判官　鬼丸かおる　裁判官　木内道祥）

補足説明　国際法・外国法の参照、国際法適合的解釈

国内法の解釈にあたり条約などの国際法を参照し、その内容に適合的に解釈することを、国内法の国際法適合的解釈、あるいは、国際法の間接適用と呼ぶ（厳密な意味での「適用」とはいいがたいことから近時では前者の呼称を採用すべきであるという見解が有力である）。とりわけ、憲法の基本権規定の解釈にあたり人権条約を参照し、解釈に援用することには、積極的に評価する見解も少なくない。基本権規定の人権条約適合的解釈に積極的な論者は、国籍法事件判決〔本書7事件〕や本決定における、人権条約やそのもとで設置された委員会による意見への言及を国際法適合的解釈の一例として賞賛する。しかし、援用の実態は必ずしも踏み込んだ検討には至っておらず、社会状況の変化という立法事実の一環として指摘するにとどまっており、これを国際法適合的解釈であると評価するには大いに疑問がある。さらに、そもそも、通説に従えば、国内法秩序における序列で条約に劣位するとされる法律以下の法令についてはともかく、上位に位置する憲法を条約に適合的に解釈することがなぜ許されるのかは丁寧に論じなければならないはずである。その意味では、憲法規定の国際法適合的解釈は、日本では法的効力を有しない外国法を日本法の解釈にあたって参照することと類似する。外国法の参照について、わが国では暗黙裡に行われているところであるが、特にアメリカでは、民主的立法を外国法の参照によって歪める危険性が指摘され、その可否、許容される場合を判断する基準について大きな論争を呼んでいる。

Questions

①事実関係の確認

問1　本決定の事件類型は何か。▶【1】（❶）

問2　本件相続が開始されたのはいつか。▶【1】

問3　本件で問題になった法定相続分の区別は、いつから存在する規律であったか。▶【6】

②決定の内容の確認

問4　本決定における抗告理由はどのようなものか。▶【3】

問5　本決定は、憲法14条1項の保障内容はどのようなものであると判示したか。▶【4】

問6　本決定は、相続制度を定めるにあたってどのような事項を考慮する必要があると考えているか。また、本決定は相続制度の設計に立法裁量を認めているか。▶【5】

問7　本決定は、法定相続分の区別が憲法14条1項に違反するというのはどのような場合と考えているか。▶【5】

問8　本決定は、日本法における法律婚主義の採用の手がかりを、どの条文に求めているか。また、法律婚主義の採用は、それだけで、本件相続分規定の合理性を基礎づけるものか。▶【6】【8】

問9　本決定は、法定相続分規定が補充規定であることが決定的な意義をもつものと考えているか。また、判例①はどうであったか。▶【7】【22】

問10　本決定は、昭和22年民法改正の経緯の背景には、どのような事情があったと解しているか。また、そこでは、諸外国の立法例は影響を与えていたか。▶【10】

問11　昭和22年民法改正以降の国民の意識の変化はどのようなものであったか。▶【11】

問12　本決定は、昭和22年民法改正以降の諸外国の状況についてはどのように説明しているか。▶【12】

問13　本決定は、わが国が批准した国際人権条約やそれに基づいて設置された委員会の意見等について、どのような言及を行っているか。▶【13】【14】【補足説明】

問14　本決定は、わが国における本件規定以外の法文での非嫡出子の取扱いの変遷についてどのような点を指摘しているか。▶【15】

問15　本決定は、本件規定の改正をめぐる議論や実務上の動きについて、どのような点を指摘しているか。▶【16】（【21】も参照）

問16　本決定によれば、非嫡出子の数などの変化はどのようなものか。また、本決定は、どのようにその変化を分析し、本件規定が改正されなかったこととの関係をどのように整理しているか。▶【17】

問17　本決定は、非嫡出子の出生数の多寡、諸外国との出生割合の大小は合憲性判断とどのような関係にあるとしているか。▶【18】

問18　本決定は、判例①以来の最高裁における個別意見の動向・分布についてどのような指摘をしているか。▶【19】

問19　本決定は、判例①やそれ以降の一部の補足意見が、立法に期待を寄せる見解を示していた理由をどのように整理しているか。▶【20】

問20　本決定は、問19で確認した理由について、本件規

定を違憲と判断することを妨げる理由となると理解しているか、また、その根拠はどのようなものか。▶【21】

問 21 本決定が指摘した種々の状況の変遷は、そのうち一つを取り出して本件規定を不合理であると解するに足るものであると、本決定は考えているか。▶【23】

問 22 本件相続開始後の社会状況等を本決定は考慮しているか。▶【10】～【22】

問 23 本決定は、どの時点で、本件規定が合理的根拠を失ったと認定しているか。▶【24】

問 24 本決定は、どの時点での本件区別の違憲性を認定しているか。▶【25】

問 25 本決定は、判例変更を行っているか。▶【26】

問 26 本決定は、先例としての事実上の拘束力の貫徹は、どのような結果を生じさせ、それによりどのような不都合が生じるとしているか。▶【27】

問 27 問 26 で確認した不都合への対処として、本決定は、どのような処理を提示したか。▶【28】

問 28 本決定が事実上の拘束力を及ぼす範囲はどこか。▶【29】

問 29 本決定において、最高裁は自判しているか。▶【30】

③応用問題

問 30 本件とは異なり、重婚的内縁関係ではない形で、相続人に嫡出子と非嫡出子が混在している場合、適用違憲の判決を下す可能性はあったか。▶東京高判平 22・3・10 判タ 1324-210

問 31 同じく非嫡出子の別異取扱いを扱った、国籍法事件判決〔本書 7 事件〕と本決定との間で審査基準ないし密度に差があるのであれば、何がそれを分けたのか。▶判解① 368-369 頁

問 32 ある事件における裁判所の判断が他の事件に拘束力をもつとはどのような意味か。▶巽・成蹊法学 83 号 152 頁以下

○ **関連判例**（本書所収以外のもの）
最大決平成 7 年 7 月 5 日民集 49 巻 7 号 1789 頁（判例①）

○ **本決定の調査官解説**
伊藤正晴「判解」最高裁判所判例解説民事篇平成 25 年度 356 頁（判解①）
伊藤正晴「判解」ジュリスト 1460 号（2013 年）88 頁（判解②）

○ **その他の判例解説・判例批評**
野山宏「判解」最高裁判所判例解説民事篇平成 7 年度(下)633 頁（判解③）

○ **参考文献**
蟻川恒正「婚外子法定相続分最高裁違憲決定を読む」法学教室 397 号（2013 年）102 頁（文献①）
高橋和之ほか「座談会 非嫡出子相続分違憲最高裁大法廷決定の多角的検討」法の支配 175 号（2014 年）5 頁（文献②）
山田哲史「立法事実の変化の検討の仕方と救済の観点」横大道聡編『憲法判例の射程［第 2 版］』（弘文堂、2020 年）394 頁（文献③）

9 再婚禁止期間事件

最高裁平成27年12月16日大法廷判決

平成25年(オ)第1079号:損害賠償請求事件
民集69巻8号2427頁

事案

X(原告、控訴人、上告人)は、平成20年3月に前夫Aと離婚し、同年10月に後夫Bと再婚したが、この再婚は、女性について6か月の再婚禁止期間を定めていた民法733条1項の規定(本件規定)があったために望んだ時期から遅れて成立したものであり、これによって精神的損害等を被ったとして、国(被告、被控訴人、被上告人)に対し、国家賠償法1条1項に基づく損害賠償請求を行った。この訴訟において、Xは本件規定が憲法14条1項および24条2項に違反しており、本件規定を改廃する立法措置をとらなかった立法不作為に違法があると主張した。

第一審(岡山地判平24・10・18民集69-8-2575)、控訴審(広島高岡山支判平25・4・26民集69-8-2582)ともに、在外日本人選挙権事件判決〔本書63事件〕を引いて、国会議員の立法行為または立法不作為は、国家賠償法1条1項の規定の適用上、違法の評価を受けるのは、立法の内容または立法不作為が国民に憲法上保障されている権利を違法に侵害するものであることが明白な場合や、国民に憲法上保障されている権利行使の機会を確保するために所要の立法措置をとることが必要不可欠であり、それが明白であるにもかかわらず、国会が正当な理由なく長期にわたってこれを怠る場合など、例外的な場合に限られるとして、父性の推定の重複を回避し、父子関係をめぐる紛争を未然に防ぐという本件規定の立法目的には合理性が認められるところ、再婚禁止期間を、「100日とすべきことが一義的に明らかであるともいい難い」(第一審)、「6か月とした民法733条1項の規定が直ちに合理的関連性を欠いた過剰な制約であるということもできない」(控訴審)などとして上記のような場合に該当せず、国家賠償法1条1項の適用上違法の評価を受けるものではないとして、Xの請求を退けた。Xが上告。

■参考条文(事件当時のもの)

民法
第733条 女は、前婚の解消又は取消しの日から6箇月を経過した後でなければ、再婚することができない。

2 女が前婚の解消又は取消しの前から懐胎していた場合には、その出産の日から、前項の規定を適用しない。

Navigator　本判決は、10件目の法令違憲判決であり、社会の関心も高い問題を扱ったということで、広く注目を集めた判決である。同日の夫婦同氏事件判決〔本書10事件〕とともに、これまで判例や学説の蓄積が少なかった憲法24条を扱っている点でも注目に値する。また、近年の法令違憲判決と同様、一部違憲の手法が採用されたこと、立法当初は合憲だったものが社会状況等の変化によって違憲となったという論法が採用されたことも押さえておく必要があるだろう。他方で、本件規定の一部違憲にもかかわらず、立法不作為が、国家賠償法1条1項の適用上違法の評価を受けるには至っていない(なお、いかなる場合に、立法行為あるいは立法不作為が国家賠償法1条1項の適用上違法の評価を受けるのかについても、従来の判例の意味するところを明らかにした判決と理解されている)として、原告の請求を棄却する判断が維持されていることは見落としてはならず、このような場合に法令の違憲判断を行う必要性、許容性があったのかも論じるところである。

■判決の論理構造

I. 本件規定の合憲性	A. 立法目的	父性の推定の重複を回避し、もって父子関係をめぐる紛争の発生を未然に防ぐ ↑ 合理性あり
	B. 区別の具体的内容	① 100日の再婚禁止期間を定める部分 ↑ 立法目的との間に合理的関連性あり = 合憲(14条1項・24条2項)
		② 100日超過部分 ↑ 立法目的との間に合理的関連性なし = 違憲(14条1項・24条2項)
II. 立法不作為の国家賠償法 1条1項適用上の違法性		平成20年当時において、100日を超える部分が違憲であることは、 国会にとって明白であったということは困難 = 違法といえず

■ 判　決

○ 主　文

本件上告を棄却する。
上告費用は上告人の負担とする。

○ 理　由

上告代理人作花知志の上告理由について

第1　事案の概要等

[1] 　1　本件は、上告人が、女性について 6 箇月の再婚禁止期間を定める民法 733 条 1 項の規定（以下「本件規定」という。）は憲法 14 条 1 項及び 24 条 2 項に違反すると主張し、本件規定を改廃する立法措置をとらなかった立法不作為（以下「本件立法不作為」という。）の違法を理由に、被上告人に対し、国家賠償法 1 条 1 項に基づき損害賠償を求める事案である❶。

[2] 　原審の適法に確定した事実関係によれば、上告人は、平成 20 年 3 月▲▲日に前夫と離婚をし、同年 10 月▲▲日に後夫と再婚をしたが、同再婚は、本件規定があるために望んだ時期から遅れて成立したものであったというのである。上告人は、これにより被った精神的損害等の賠償として、被上告人に対し、165 万円及びこれに対する遅延損害金の支払を求めている❷。

[3] 　2　原審において、上告人は、本件規定が合理的な根拠なく女性を差別的に取り扱うものであるから憲法 14 条 1 項及び 24 条 2 項に違反し、本件立法不作為は国家賠償法 1 条 1 項の適用上違法の評価を受ける旨を主張した。その趣旨は、次のようなものと解される❸。

[4] 　（1）　本件規定は、道徳的な理由に基づいて寡婦に対し一定の服喪を強制するという不当な趣旨を含むものである。また、本件規定の立法目的が父性の推定の重複を回避することにあるとしても、DNA 検査等によって父子関係を確定することが容易になっているなどの近年の状況に鑑みれば、父を定めることを目的とする訴え（民法 773 条）の適用対象を広げることなどによって子の父を確定することでも足りるはずであり、あえて再婚禁止期間を設けて女性の婚姻の自由を制約することに合理性は認められない❹。

[5] 　（2）　また、民法 772 条は、婚姻の成立の日から 200 日を経過した後又は婚姻の解消等の日から 300 日以内に生まれた子を当該婚姻に係る夫の子と推定していることから、前婚の解消等の日から 300 日以内で、かつ、後婚の成立から 200 日の経過後に子が生まれる事態を避ければ父性の推定の重複を回避することができる。そのためには、100 日の再婚禁止期間を設ければ足りるから、少なくとも、本件規定のうち 100 日を超えて再婚禁止期間を設ける部分（以下「100 日超過部分」という。）は、女性に対し婚姻の自由の過剰な制約を課すものであり、合理性がない❺。

[6] 　3　これに対し、原判決は、本件規定の立法目的は父性の推定の重複を回避し、父子関係をめぐる紛争の発生を未然に防ぐことにあると解されるところ、その立法目的には合理性があり、これを達成するために再婚禁止期間を具体的にどの程度の期間とするかは、上記立法目的と女性の婚姻の自由との調整を図りつつ国会において決定されるべき問題であるから、これを 6 箇月とした本件規定が直ちに過剰な制約であるとはいえず、本件立法不作為は国家賠償法 1 条 1 項の適用上違法の評価を受けるものではないと判断して、上告人の請求を棄却すべきものとした❻。

[7] 　所論は、要するに、原判決には憲法 14 条 1 項及び 24 条 2 項の解釈の誤りがあるというものである❼。

第2　本件規定の憲法適合性について

[8] 　1　憲法 14 条 1 項は、法の下の平等を定めており、この規定が、事柄の性質に応じた合理的な根拠に基づくものでない限り、法的な差別的取扱いを禁止する趣旨のものであると解すべきことは、当裁判所の判例とするところである（最高裁昭和 37 年（オ）第 1472 号同 39 年 5 月 27 日大法廷判決・民集 18 巻 4 号 676 頁❽、最高裁昭和 45 年（あ）第 1310 号同 48 年 4 月 4 日大法廷判決・刑集 27 巻 3 号 265 頁❾）。そして、本件規定は、女性についてのみ前婚の解消又は取消しの日から 6 箇月の再婚禁止期間を定めており、これによって、再婚をする際の要件に関し男性と女性とを区

❶【1】では、X の主張の概要がまとめられている。

❷【2】では、事案と請求内容が要約されている。

❸【3】は、【4】以下の原審における X の主張概要のリード文である。

❹【4】は、原審における X の主張のうち、①本件規定の立法目的の不当性、②そもそも再婚禁止期間を設けること自体が手段としての合理性を欠くとする点を要約している。

❺【5】は、原審における X の主張のうち、本件規定の 100 日を超えて再婚禁止期間を設ける部分についての手段としての合理性欠如をいう点につき、要約している。

❻【6】は、原判決の要旨をまとめている。この点については、【事案】も参照。

❼【7】は、X の上告審における主張について、原判決に憲法 14 条 1 項および 24 条 2 項の解釈に誤りがあるとするものであると争点を設定している。

❽町職員待命事件判決。憲法 14 条 1 項が絶対平等を求めたものではなく、「事柄の性質に即応して合理的と認められる差別的取扱いをすることは、なんら」同条同項に違反しないとした。

❾尊属殺人事件判決〔本書 4 事件〕。

別しているから、このような区別をすることが事柄の性質に応じた合理的な根拠に基づくものと認められない場合には、本件規定は憲法14条1項に違反することになると解するのが相当である❿。

[9]　ところで、婚姻及び家族に関する事項は、国の伝統や国民感情を含めた社会状況における種々の要因を踏まえつつ、それぞれの時代における夫婦や親子関係についての全体の規律を見据えた総合的な判断を行うことによって定められるべきものである。したがって、その内容の詳細については、憲法が一義的に定めるのではなく、法律によってこれを具体化することがふさわしいものと考えられる。憲法24条2項は、このような観点から、婚姻及び家族に関する事項について、具体的な制度の構築を第一次的には国会の合理的な立法裁量に委ねるとともに、その立法に当たっては、個人の尊厳と両性の本質的平等に立脚すべきであるとする要請、指針を示すことによって、その裁量の限界を画したものといえる。また、同条1項は、「婚姻は、両性の合意のみに基いて成立し、夫婦が同等の権利を有することを基本として、相互の協力により、維持されなければならない。」と規定しており、婚姻をするかどうか、いつ誰と婚姻をするかについては、当事者間の自由かつ平等な意思決定に委ねられるべきであるという趣旨を明らかにしたものと解される。婚姻は、これにより、配偶者の相続権（民法890条）や夫婦間の子が嫡出子となること（同法772条1項等）などの重要な法律上の効果が与えられるものとされているほか、近年家族等に関する国民の意識の多様化が指摘されつつも、国民の中にはなお法律婚を尊重する意識が幅広く浸透していると考えられることをも併せ考慮すると、上記のような婚姻をするについての自由は、憲法24条1項の規定の趣旨に照らし、十分尊重に値するものと解することができる⓫。

[10]　そうすると、婚姻制度に関わる立法として、婚姻に対する直接的な制約を課すことが内容となっている本件規定については、その合理的な根拠の有無について以上のような事柄の性質を十分考慮に入れた上で検討をすることが必要である⓬。

[11]　そこで、本件においては、上記の考え方に基づき、本件規定が再婚をする際の要件に関し男女の区別をしていることにつき、そのような区別をすることの立法目的に合理的な根拠があり、かつ、その区別の具体的内容が上記の立法目的との関連において合理性を有するものであるかどうかという観点から憲法適合性の審査を行うのが相当である。以下、このような観点から検討する⓭。

2　本件規定の立法目的について

[12]　（1）　昭和22年法律第222号による民法の一部改正（以下「昭和22年民法改正」という。）により、旧民法（昭和22年民法改正前の明治31年法律第9号をいう。以下同じ。）における婚姻及び家族に関する規定は、憲法24条2項で婚姻及び家族に関する事項について法律が個人の尊厳及び両性の本質的平等に立脚して制定されるべきことが示されたことに伴って大幅に変更され、憲法の趣旨に沿わない「家」制度が廃止されるとともに、上記の立法上の指針に沿うように、妻の無能力の規定の廃止など夫婦の平等を図り、父母が対等な立場から共同で親権を行使することを認めるなどの内容に改められた⓮。

[13]　その中で、女性についてのみ再婚禁止期間を定めた旧民法767条1項の「女ハ前婚ノ解消又ハ取消ノ日ヨリ六个月ヲ経過シタル後ニ非サレハ再婚ヲ為スコトヲ得ス」との規定及び同条2項の「女カ前婚ノ解消又ハ取消ノ前ヨリ懐胎シタル場合ニ於テハ其分娩ノ日ヨリ前項ノ規定ヲ適用セス」との規定は、父性の推定に関する旧民法820条1項の「妻カ婚姻中ニ懐胎シタル子ハ夫ノ子ト推定ス」との規定及び同条2項の「婚姻成立ノ日ヨリ二百日後又ハ婚姻ノ解消若ハ取消ノ日ヨリ三百日内ニ生レタル子ハ婚姻中ニ懐胎シタルモノト推定ス」との規定と共に、現行の民法にそのまま引き継がれた⓯。

[14]　（2）　現行の民法は、嫡出親子関係について、妻が婚姻中に懐胎した子を夫の子と推定し（民法772条1項）、夫において子が嫡出であることを否認するためには嫡出否認の訴えによらなければならず（同法775条）、この訴えは夫が子の出生を知った時から1年以内に提起しなければならない（同法777条）と規定して、父性の推定の仕組みを設けており、これによって法律上の父子関係を早期に定めることが可能となっている。しかるところ、上記

❿　[8]は、従来からの憲法14条1項適合性の審査枠組みを確認したうえで、本件規定が再婚する際の要件に男女で区別を設けているところ、このような区別をすることに、事柄の性質に応じた合理的な根拠に基づくものである必要があることを指摘している。

⓫　[9]は、婚姻および家族に関する法制度の設計にあたって考慮すべき事項と、制度設計にあたって憲法24条1項および2項がもつ意義について論じ、最終的に、「婚姻をするについての自由」は、24条1項の規定の趣旨に照らし、十分尊重に値するものと位置づけている。この最後の点について、調査官解説は、一般に「婚姻の自由」と呼ばれている権利の内容は必ずしも明確ではないが、「少なくとも、『婚姻をするかどうかや、いつ誰と婚姻するか』を当事者間で自由に意思決定し、故なくこれを妨げられないという意味において、『婚姻をするについての自由』が保障されているとはいうことはできる」としている（判解①669頁。同様の趣旨を述べる判決⑤3234-3235頁も参照）。さらに、この自由の背後には、憲法13条が観念できるという（判解①669頁）。なお、ここでの記述については、夫婦同氏事件判決〔本書10事件〕の[20][23][24][25]で類似の言及がみられるが、詳細は、同事件の注釈に譲る。調査官解説は、とりわけ、立法府に一定の裁量を認めている点では一致しているといえると指摘する（判解①663-664頁）。また、このように24条の趣旨に照らして十分尊重に値する権利・利益に着目したことについて、調査官解説は、本件において男女の区別が問題となっているが、当該区別はその身体的特徴を理由とするものであって、ゆえに区別の基準自体よりも、区別の対象となる権利の性質が重要となるためであるとしている（判解①665頁。これに対する批判として、判批①19頁、判批④88頁など）。

⓬　[10]では、まず、本件規定が婚姻に対する直接的な制約であることが確認され、合理的根拠の有無の判断にあたって、これを考慮する必要がある（判解①1461頁も参照）。これに対して、夫婦同氏を要求する民法750条については、直接の制約ではないことが強調されている（夫婦同氏事件判決〔本書10事件〕の[21]参照）。

⓭　[11]では、本件規定の合憲性判断にあたって、立法目的の合理性と区別の具体的内容（手段）が立法目的と合理的関連性を有するかどうかを判断すべきであるとしている。なお、ここで非嫡出子相続分規定事件決定〔本書8事件〕が、立法目的・手段の枠組みを示すことなく端的に区別の合理性を総合考慮により判断していることとの関係が問題となりうるが、調査官解説は、平等審査において基本的には立法目的・手段の審査枠組みが採用されていることを示したうえで、同決定の場合、同じ問題を扱った平成7年の判例①による目的認定が行われていたことが影響していることを示唆する（判解①1458頁。なお、判解④376頁もこれを示唆している）。この点について、後掲の千葉補足意見（[52]）は、調査官解説が指摘している点に加えて、本判決が立法目的を明確に認定しており、立法目的が単一かつ明確になっている場合であることが、総合判断ではなく、立法目的・手段の枠組みが採用された理由として挙げられるとしている。審査において考慮すべき事項の厳格度については、判解①670頁注25も含めて、判解①661-664頁を参照。

⓮　[12]では、立法目的の認定に先立って、昭和22年民法改正の概要が確認されている。

⓯　[13]では、再婚禁止期間の規定については、昭和22年民法改正においても実質的に変更が加えられなかった旨が述べられている。関連して、明治民法制定以前からの制度の変遷も含めて、判解①671-677頁を参照。

の仕組みの下において、女性が前婚の解消等の日から間もなく再婚をし、子を出産した場合においては、その子の父が前夫であるか後夫であるかが直ちに定まらない事態が生じ得るのであって、そのために父子関係をめぐる紛争が生ずるとすれば、そのことが子の利益に反するものであることはいうまでもない❶⁶。

[15]　民法733条2項は、女性が前婚の解消等の前から懐胎していた場合には、その出産の日から本件規定の適用がない旨を規定して、再婚後に前夫の子との推定が働く子が生まれない場合を再婚禁止の除外事由として定めており、また、同法773条は、本件規定に違反して再婚をした女性が出産した場合において、同法772条の父性の推定の規定によりその子の父を定めることができないときは裁判所がこれを定めることを規定して、父性の推定が重複した場合の父子関係確定のための手続を設けている。これらの民法の規定は、本件規定が父性の推定の重複を避けるために規定されたものであることを前提にしたものと解される❶⁷。

[16]　(3)　以上のような立法の経緯及び嫡出親子関係等に関する民法の規定中における本件規定の位置付けからすると、本件規定の立法目的は、女性の再婚後に生まれた子につき父性の推定の重複を回避し、もって父子関係をめぐる紛争の発生を未然に防ぐことにあると解するのが相当であり（最高裁平成4年（オ）第255号同7年12月5日第三小法廷判決・裁判集民事177号243頁（以下「平成7年判決」という。）参照）、父子関係が早期に明確となることの重要性に鑑みると、このような立法目的には合理性を認めることができる❶⁸。

[17]　(4)　これに対し、仮に父性の推定が重複しても、父を定めることを目的とする訴え（民法773条）の適用対象を広げることにより、子の父を確定することは容易にできるから、必ずしも女性に対する再婚の禁止によって父性の推定の重複を回避する必要性はないという指摘があるところである❶⁹。

[18]　確かに、近年の医療や科学技術の発達により、DNA検査技術が進歩し、安価に、身体に対する侵襲を伴うこともなく、極めて高い確率で生物学上の親子関係を肯定し、又は否定することができるようになったことは公知の事実である❷⁰。

[19]　しかし、そのように父子関係の確定を科学的な判定に委ねることとする場合には、父性の推定が重複する期間内に生まれた子は、一定の裁判手続等を経るまで法律上の父が未定の子として取り扱わざるを得ず、その手続を経なければ法律上の父を確定できない状態に置かれることになる。生まれてくる子にとって、法律上の父を確定できない状態が一定期間継続することにより種々の影響が生じ得ることを考慮すれば、子の利益の観点から、上記のような法律上の父を確定するための裁判手続等を経るまでもなく、そもそも父性の推定が重複することを回避するための制度を維持することに合理性が認められるというべきである❷¹。

[20]　3　そうすると、次に、女性についてのみ6箇月の再婚禁止期間を設けている本件規定が立法目的との関連において上記の趣旨にかなう合理性を有すると評価できるものであるか否かが問題となる。以下、この点につき検討する❷²。

[21]　(1)　上記のとおり、本件規定の立法目的は、父性の推定の重複を回避し、もって父子関係をめぐる紛争の発生を未然に防ぐことにあると解されるところ、民法772条2項は、「婚姻の成立の日から200日を経過した後又は婚姻の解消若しくは取消しの日から300日以内に生まれた子は、婚姻中に懐胎したものと推定する。」と規定して、出産の時期から逆算して懐胎の時期を推定し、その結果婚姻中に懐胎したものと推定される子について、同条1項が「妻が婚姻中に懐胎した子は、夫の子と推定する。」と規定している。そうすると、女性の再婚後に生まれる子については、計算上100日の再婚禁止期間を設けることによって、父性の推定の重複が回避されることになる。夫婦間の子が嫡出子となることは婚姻による重要な効果であるところ、嫡出子について出産の時期を起点とする明確で画一的な基準から父性を推定し、父子関係を早期に定めて子の身分関係の法的安定を図る仕組みが設けられた趣旨に鑑みれば、父性の推定の重複を避けるため上記の100日について一律に女性の再婚を制約することは、婚姻及び家族に関する事項について国会に認められる合理的な立法裁量の範囲を超えるものではなく、上記立法目的との関連において合理性を有するものということができる❷³。

❶⁶　[14]は、現行民法上、父性推定の仕組みが備えられているところ、女性が前婚の解消等の日から間もなく再婚し、子を出産した場合には、前夫・後夫のいずれが子の父親かの判断に問題が生じ、父子関係をめぐる紛争につながり、これが子の利益に反するものであることが指摘されている。

❶⁷　[15]は、民法733条2項、773条、772条の規定が、本件規定が父性の推定の重複を回避するために規定されたことを前提にしていると理解している（判解①653頁参照）。

❶⁸　[16]は、ここまでの検討をふまえながら、判例①も引用して、本件規定の立法目的を、「女性の再婚後に生まれた子につき父性の推定の重複を回避し、もって父子関係をめぐる紛争の発生を未然に防ぐこと」と認定するとともに、父子関係の早期確定の重要性からこの立法目的を合理的なものと認めている。調査官解説は、これを民法の通説に従ったものであると理解している（判解①677頁）。

❶⁹　[17]は、DNA検査等の発達をふまえてなされる、父を定めることを目的とする訴え（民法773条）を利用して子の父を確定すれば足りるという反論があることに触れている（判解①679頁）。

❷⁰　[18]は、科学技術の発展に伴う、生物学上の親子関係の容易かつ確実な確認方法の存在を公知の事実として認めている。

❷¹　[19]は、[18]の指摘にもかかわらず、父子関係の確定を科学的な判定に委ねたときは、一定の期間、法律上の父を確定できない状態に置かれる場合が生じうるので、この利益の観点からも、父性推定の重複回避のための制度の維持には合理性が認められるとしている（判解①680頁）。これに関連して、千葉補足意見（【54】）が、女性と後夫との関係の悪化により協力が得られなくなるなど訴訟の遅延の危険を、木内補足意見（【70】）が、前夫も母も後夫も法的手続をとらないまま放置する危険を指摘している（判解①680頁も参照）。なお、山浦反対意見（【97】【98】）は、多数意見が現代の観点から立法目的の読み替えをしていると批判している。

❷²　[20]は[19]をふまえて、6か月の再婚禁止期間が、父性推定の重複回避という趣旨にかなうものかという点に、問題の焦点が絞られるとしている。

❷³　[21]は、民法772条2項の懐胎時期の推定規定を前提として、父性推定の重複回避のためには、計算上100日の再婚禁止期間が必要であり、この部分については、立法目的との関連性において合理性が認められるという判断を示している（判解①680頁）。そして、調査官解説は、この時期については、一律に女性の再婚を禁止したとしても、なお立法裁量の範囲内にあるという考え方が採用されているという（判解①680頁）。この点について、櫻井ほか共同補足意見（【42】～【47】）は、およそ父性の推定の重複を回避する必要がない場合には、離婚後100日にみたない場合も再婚を認める余地があるとの理解を示している（判解①681頁も参照）。

【22】 よって、本件規定のうち100日の再婚禁止期間を設ける部分は、憲法14条1項にも、憲法24条2項にも違反するものではない❷。

【23】 (2) これに対し、本件規定のうち100日超過部分については、民法772条の定める父性の推定の重複を回避するために必要な期間ということはできない❷。

【24】 旧民法767条1項において再婚禁止期間が6箇月と定められたことの根拠について、旧民法起草時の立案担当者の説明等からすると、その当時は、専門家でも懐胎後6箇月程度経たないと懐胎の有無を確定することが困難であり、父子関係を確定するための医療や科学技術も未発達であった状況の下において、再婚後に前夫の子が生まれる可能性をできるだけ少なくして家庭の不和を避けるという観点や、再婚後に生まれる子の父子関係が争われる事態を減らすことによって、父性の判定を誤り血統に混乱が生ずることを避けるという観点から、再婚禁止期間を厳密に父性の推定が重複することを回避するための期間に限定せず、一定の期間の幅を設けようとしたものであったことがうかがわれる。また、諸外国の法律において10箇月の再婚禁止期間を定める例がみられたという事情も影響している可能性がある。上記のような旧民法起草時における諸事情に鑑みると、再婚禁止期間を厳密に父性の推定が重複することを回避するための期間に限定せず、一定の期間の幅を設けることが父子関係をめぐる紛争を未然に防止することにつながるという考え方にも理解し得る面があり、このような考え方に基づき再婚禁止期間を6箇月と定めたことが不合理であったとはいい難い。このことは、再婚禁止期間の規定が旧民法から現行の民法に引き継がれた後においても同様であり、その当時においては、国会に認められる合理的な立法裁量の範囲を超えるものであったとまでいうことはできない❷。

【25】 しかし、その後、医療や科学技術が発達した今日においては、上記のような各観点から、再婚禁止期間を厳密に父性の推定が重複することを回避するための期間に限定せず、一定の期間の幅を設けることを正当化することは困難になったといわざるを得ない❷。

【26】 加えて、昭和22年民法改正以降、我が国においては、社会状況及び経済状況の変化に伴い婚姻及び家族の実態が変化し、特に平成期に入った後においては、晩婚化が進む一方で、離婚件数及び再婚件数が増加するなど、再婚をすることについての制約をできる限り少なくするという要請が高まっている事情も認めることができる。また、かつては再婚禁止期間を定めていた諸外国が徐々にこれを廃止する立法をする傾向にあり、ドイツにおいては1998年（平成10年）施行の「親子法改革法」により、フランスにおいては2005年（平成17年）施行の「離婚に関する2004年5月26日の法律」により、いずれも再婚禁止期間の制度を廃止するに至っており、世界的には再婚禁止期間を設けない国が多くなっていることも公知の事実である。それぞれの国において婚姻の解消や父子関係の確定等に係る制度が異なるものである以上、その一部である再婚禁止期間に係る諸外国の立法の動向は、我が国における再婚禁止期間の制度の評価に直ちに影響を及ぼすものとはいえないが、再婚をすることについての制約をできる限り少なくするという要請が高まっていることを示す事情の一つとなり得るものである。

【27】 そして、上記のとおり、婚姻をするについての自由が憲法24条1項の規定の趣旨に照らし十分尊重されるべきものであることや妻が婚姻前から懐胎していた子を産むことは再婚の場合に限られないことをも考慮すれば、再婚の場合に限って、前夫の子が生まれる可能性をできるだけ少なくして家庭の不和を避けるという観点や、婚姻後に生まれる子の父子関係が争われる事態を減らすことによって、父性の判定を誤り血統に混乱が生ずることを避けるという観点から、厳密に父性の推定が重複することを回避するための期間を超えて婚姻を禁止する期間を設けることを正当化することは困難である。他にこれを正当化し得る根拠を見いだすこともできないことからすれば、本件規定のうち100日超過部分は合理性を欠いた過剰な制約を課すものとなっているというべきである。

【28】 以上を総合すると、本件規定のうち100日超過部分は、遅くとも上告人が前婚を解消した日から100日を経過した時点までには、婚姻及び家族に関する事項について国会に認められる合理的な立法裁量の範囲を超えるものとして、その立法目的との関連において合理性を欠くものになっていたと解される。

❷ 【22】は、以上の検討をふまえて、本件規定のうち100日の再婚禁止期間を設ける部分は、憲法14条1項にも、同24条2項にも違反しないと結論づけている。14条1項と24条2項が併記されている点について、調査官解説は、基本的には14条1項適合性が論じられたものの、その検討にあたり24条の趣旨および意義も併せて考慮されているとの理解に基づくものであるとしている（判解①685頁）。

❷ 【23】は、100日超過部分については、父性推定の重複回避に必要な期間とはいえないという評価を示している。

❷ 【24】は、調査官解説（判解①682頁）の要約に従えば、「旧民法当時の医療や科学技術の未発達であった状況等を踏まえると、再婚禁止期間が6カ月と定められたことを根拠づける理由としては、①再婚後に前夫の子が生まれる可能性をできるだけ少なくして家庭の不和を避ける、②父性の判定を誤り血統に混乱が生ずることを避ける、という各観点に集約されると解し」ており、加えて、旧民法制定時も、昭和22年民法改正の時点においても、合理的な立法裁量の範囲を超えるものではなかったとしている。

❷ 【25】から【28】は、【24】で確認した、再婚禁止期間を6か月とした根拠をめぐる各観点については、医療や科学技術の発展等とともにその意義が薄れ、そのことと対比して、再婚をするについての制約をできる限り少なくするという要請が高まっていることなどの社会状況の変化等を考慮すれば（判解①683頁参照）、遅くとも平成20年当時において、本件規定のうち100日超過部分の合理性を保つことが困難になっていると判断している。また、平成8年民法改正要綱案や国際条約の実施機関からの勧告などについて本判決が言及していない理由については、判解①684頁が説明している。なお、このような社会状況等の変化を理由とした判断がとりわけ近時において珍しいものではない。判解①685頁は、非嫡出子相続分規定事件決定〔本書8事件〕を例に挙げる。

[29]　(3)　以上の次第で、本件規定のうち100日超過部分が憲法24条2項にいう両性の本質的平等に立脚したものでなくなっていたことも明らかであり、上記当時において、同部分は、憲法14条1項に違反するとともに、憲法24条2項にも違反するに至っていたというべきである㉘。

第3　本件立法不作為の国家賠償法上の違法性の有無について

[30]　1　国家賠償法1条1項は、国又は公共団体の公権力の行使に当たる公務員が個々の国民に対して負担する職務上の法的義務に違反して当該国民に損害を加えたときに、国又は公共団体がこれを賠償する責任を負うことを規定するものであるところ、国会議員の立法行為又は立法不作為が同項の適用上違法となるかどうかは、国会議員の立法過程における行動が個々の国民に対して負う職務上の法的義務に違反したかどうかの問題であり、立法の内容の違憲性の問題とは区別されるべきものである。そして、上記行動についての評価は原則として国民の政治的判断に委ねられるべき事柄であって、仮に当該立法の内容が憲法の規定に違反するものであるとしても、そのゆえに国会議員の立法行為又は立法不作為が直ちに国家賠償法1条1項の適用上違法の評価を受けるものではない㉙。

[31]　もっとも、法律の規定が憲法上保障され又は保護されている権利利益を合理的な理由なく制約するものとして憲法の規定に違反するものであることが明白であるにもかかわらず、国会が正当な理由なく長期にわたってその改廃等の立法措置を怠る場合などにおいては、国会議員の立法過程における行動が上記職務上の法的義務に違反したものとして、例外的に、その立法不作為は、国家賠償法1条1項の規定の適用上違法の評価を受けることがあるというべきである（最高裁昭和53年（オ）第1240号同60年11月21日第一小法廷判決・民集39巻7号1512頁、最高裁平成13年（行ツ）第82号、第83号、同年（行ヒ）第76号、第77号同17年9月14日大法廷判決・民集59巻7号2087頁参照）㉚。

[32]　2　そこで、本件立法不作為が国家賠償法1条1項の適用上違法の評価を受けるか否かについて検討する。

[33]　(1)　本件規定は、前記のとおり、昭和22年民法改正当時においては100日超過部分を含め一定の合理性を有していたと考えられるものであるが、その後の我が国における医療や科学技術の発達及び社会状況の変化等に伴い、再婚後に前夫の子が生まれる可能性をできるだけ少なくして家庭の不和を避けるという観点や、父性の判定に誤りが生ずる事態を減らすという観点からは、本件規定のうち100日超過部分についてその合理性を説明することが困難になったものということができる㉛。

[34]　(2)　平成7年には、当裁判所第三小法廷が、再婚禁止期間を廃止し又は短縮しない国会の立法不作為が国家賠償法1条1項の適用上違法の評価を受けるかが争われた事案において、国会が民法733条を改廃しなかったことにつき直ちにその立法不作為が違法となる例外的な場合に当たると解する余地のないことは明らかであるとの判断を示していた（平成7年判決）。これを受けた国会議員としては、平成7年判決が同条を違憲とは判示していないことから、本件規定を改廃するか否かについては、平成7年の時点においても、基本的に立法政策に委ねるのが相当であるとする司法判断が示されたと受け止めたとしてもやむを得ないということができる㉜。

[35]　また、平成6年に法制審議会民法部会身分法小委員会の審議に基づくものとして法務省民事局参事官室により公表された「婚姻制度等に関する民法改正要綱試案」及びこれを更に検討した上で平成8年に法制審議会が法務大臣に答申した「民法の一部を改正する法律案要綱」においては、再婚禁止期間を100日に短縮するという本件規定の改正案が示されていたが、同改正案は、現行の嫡出推定の制度の範囲内で禁止期間の短縮を図るもの等の説明が付され、100日超過部分が違憲であることを前提とした議論がされた結果作成されたものとはうかがわれない㉝。

[36]　(3)　婚姻及び家族に関する事項については、その具体的な制度の構築が第一次的には国会の合理的な立法裁量に委ねられる事柄であることに照らせば、平成7年判決がされた後も、本件規定のうち100日超過部分については違憲の問題が生ずるとの司法判断がされてこなかった状況の下において、我が国における医療や科学技術の発達及び社会状況の変化等に伴い、平成20年当時において、本件規定のうち100日超過部分が憲法14

㉘　[29]は、[28]までの検討をふまえて、本件規定のうち100日超過部分について、憲法14条1項に違反するとともに、24条2項にも違反すると結論づけている。調査官解説によれば、これら2条項が併記される理由については、㉔で述べたところが妥当するという（判解①685頁）。なお、調査官解説は、法令の一部違憲の判断については、すでに郵便法事件〔本書66事件〕や国籍法事件〔本書7事件〕で法令の意味上の一部違憲判断が下されており、本件のような「量的な一部違憲」の判決も許されるという（判解①686頁）。

㉙　[30]は、国会議員の立法行為または立法不作為が、国家賠償法1条1項の適用上、原則として違法の評価を受けることがないことを述べている。国会議員による自由な討議・表決の重要性、法改正による立法の違憲状態の解消が第一次的には想定されることを強調する、判解②378頁も参照。

㉚　[31]は、国会議員の立法行為または立法不作為が例外的に、国家賠償法1条1項の適用上、違法の評価を受ける場合について述べている。この点、本判決も引用する昭和60年の在宅投票制度廃止事件判決〔本書62事件〕と平成17年の在外日本人選挙権事件判決〔本書63事件〕の説示するところには、相違するところがあり、在外日本人選挙権事件判決の調査官解説自体が、在宅投票制度廃止事件判決を形式的には維持したことは認めつつも、「その射程を実質的に限定し、国会の立法又は立法不作為について国家賠償責任を肯定する余地を拡大したものである」と述べていた（判解③658頁）。このため、①在宅投票制度廃止事件判決と在外日本人選挙権事件判決の関係性がどのように整理されるか、⑪本件においてどのような基準が適用されるべきかが注目される。調査官解説は、①に関して、在宅投票制度廃止事件判決は、立法不作為ではなく、主に立法行為を念頭に置いて違法の度合いが極端な場合を例示したにすぎず、それ以外の場合につき違法と評価される可能性を一切排除したものではないとの理解を示し（ただし、在宅投票制度廃止事件判決の調査官解説はこのような限定を示唆するものではない（判解②377-378頁）、他方、在外日本人選挙権事件判決についても、「例外的な場合」に限定している点に在宅投票制度廃止事件判決との連続性、共通性を見出したうえで、具体的あてはめについては、当該事案の内容に鑑みた事例判断であるとしている（判解①694頁。以上のような理解は、千葉補足意見（[59][60]）にも示されている）。⑪についても、調査官解説は、在外日本人選挙権事件判決の判断基準が前段、後段に分け（具体的内容は判解①693-694頁参照）、後段は、本件のような既存規定の改正のみが必要となる場合ではなく、在外日本人選挙権事件判決のように、ゼロから何らかの積極的な立法措置を要する場合を想定したものであるから前段の場合になるが、前段の場合にも、立法措置の懈怠の長期性を要求するのが妥当だとして、本文記載のような法律の改廃を怠る立法不作為に関する類型について括り出した判断基準を示したと理解し、在外日本人選挙権事件判決との整合性を肯定する（判解①694-695頁）。

㉛　[33]は、本件規定の一部が違憲と判断される根拠を確認している。

㉜　[34]は、判例①が平成7年に本件規定について立法不作為が違法となる余地がないことが明らかであるとしていたことを挙げ、本件規定の改廃について、平成7年の時点においても、基本的に立法政策に委ねるのが相当であるとする司法判断が示されたと受け止めたとしてもやむをえないと評価した。

㉝　[35]は、平成8年の民法改正案要綱では、本件規

条1項及び24条2項に違反するものとなっていたことが、国会にとって明白であったということは困難である㉞

【37】 3 以上によれば、上記当時においては本件規定のうち100日超過部分が憲法に違反するものとなってはいたものの、これを国家賠償法1条1項の適用の観点からみた場合には、憲法上保障され又は保護されている権利利益を合理的な理由なく制約するものとして憲法の規定に違反することが明白であるにもかかわらず国会が正当な理由なく長期にわたって改廃等の立法措置を怠っていたと評価することはできない。したがって、本件立法不作為は、国家賠償法1条1項の適用上違法の評価を受けるものではないというべきである㉟。

第4 結論

【38】 以上のとおりであるから、上告人の請求を棄却すべきものとした原審の判断は、結論において是認することができる。

【39】 よって、裁判官山浦善樹の反対意見があるほか、裁判官全員一致の意見で、主文のとおり判決する。なお、裁判官櫻井龍子、同千葉勝美、同大谷剛彦、同小貫芳信、同山本庸幸、同大谷直人の補足意見、裁判官千葉勝美、同木内道祥の各補足意見、裁判官鬼丸かおるの意見がある。

定について再婚禁止期間を100日とすべき改正案が示されていたものの、それは100日超過部分が違憲であるとの判断を前提とするものとは評価できないとしている。調査官解説は、このような理解に加えて、「諸外国の傾向もそれぞれの国が採用する家族・親子法制が同一ではないことから、これをもって直ちに違憲の明白性につながる要素とはいえないと解されたものであろう」としている(判解①696頁)。

㉞ 【36】では、婚姻および家族に関する具体的法制度の構築について、国会に第一次的な立法裁量が存在することを再確認して、【34】で指摘した事情もふまえて、平成20年当時違憲性が国会にとって明白であったというのは困難であると判断している。以上について、判解①696頁参照。

㉟ 【37】は、【36】における評価を【31】の基準にあてはめて、本件立法不作為が国家賠償法1条1項の適用上違法とは評価されないと結論づけている。このように、結局、国家賠償法上の違法性を否定し、請求を棄却するのであれば、原審、第一審のように、本件規定の憲法適合性を正面から取り上げないでもよい、憲法判断回避原則からするとむしろそれが要求されるのではないかという疑問がわくところであるが、調査官解説は、論理的には、「憲法適合性に関する判断が違法性の有無の判断に先行すると考えられるところ、合憲又は違憲の判断を明示的に示す必要性が当該憲法問題の重要性・社会的影響等を考慮した個々の事案ごとの裁判所の裁量に委ねられているという見解に立ったものと解され」、「特に、憲法判断を責務とする最高裁の判決においては、憲法適合性につき各裁判官に多様な意見があり得る事件等について、仮に立法府にとって違憲であることが明白でないことを理由に国家賠償請求を棄却すべきものとする場合であっても、憲法判断についての各裁判官の意見を明示的に示すために上記の必要性が認められることがある」としている(判解①696-697頁。加えて、同旨を述べる判解⑤761-762頁も参照)。

■ 少数意見

裁判官櫻井龍子、同千葉勝美、同大谷剛彦、同小貫芳信、同山本庸幸、同大谷直人の補足意見は、次のとおりである㊱。

【40】 私たちは、本件規定のうち100日の再婚禁止期間を設ける部分(以下「100日以内部分」という。)について憲法14条1項又は24条2項に違反するものではないとする多数意見に賛同するものであるが、再婚禁止による支障をできる限り少なくすべきとの観点から、上記100日の期間内であっても、女性が再婚をすることが禁止されない場合を認める余地が少なくないのではないかと考えており、100日以内部分の適用除外に関する法令解釈上の問題について補足しておきたい。

【41】 多数意見が判示するとおり、本件規定の立法目的は、父性の推定の重複を回避し、もって父子関係をめぐる紛争の発生を未然に防ぐことにあると解され、女性の再婚後に生まれた子につき民法772条の規定による父性の推定の重複を避けるため100日の再婚禁止期間を設けることは、国会に認められる合理的な立法裁量の範囲を超えるものではなく、上記立法目的との関連において合理性を有するということができる。

【42】 ところで、100日以内部分の適用を除外する場合に関する民法733条2項は、除外する事由として、女性が前婚の解消等の後にそ

の前から懐胎していた子を出産した場合を挙げているところ、これは、その出産後に懐胎した子については、当然に前夫との婚姻中に懐胎したものではないから、同法772条の規定による父性の推定を及ぼす必要がないとの理由によるものであると思われる。そうすると、女性にのみ再婚禁止期間が設けられた立法目的が上記のとおり父性の推定の重複を回避することにあることからすれば、民法733条2項は、上記の場合以外であっても、およそ父性の推定の重複を回避する必要がない場合には同条1項の規定の適用除外を認めることを許容しているものと解するのが相当であろう。また、そのように解することは、婚姻をするについての自由を尊重する多数意見の立場にも沿うものということができる。

【43】 具体的には、女性に子が生まれないことが生物学上確実であるなど父性の推定の重複が生じ得ない場合、離婚した前配偶者と再婚するなど父性の推定が重複しても差し支えない場合及び一定の事由により父性の推定が及ばないと解される場合(最高裁昭和43年(オ)第1184号同44年5月29日第一小法廷判決・民集23巻6号1064頁、最高裁昭和43年(オ)第1310号同44年9月4日第一小法廷判決・裁判集民事96号485頁、最高裁平成7年(オ)第2178号同10年8月31日第二小法廷判決・裁判集民

㊱ 櫻井ほか補足意見は、本判決で合憲の判断がされた100日の再婚禁止期間についても、民法733条2項に挙げられている以外にその適用除外として認められる場合があることを同法の法令解釈上の問題として補足したものである(判解①697-701頁)。これは、100日の再婚禁止期間についても違憲であるという少数意見が存在することも考えると、ある種の憲法適合的解釈、あるいは、合憲限定解釈として理解することも可能であるように思われる。もっとも、適用除外の範囲拡大が、嫡出推定制度の趣旨との関係で問題を抱えうることを指摘するものとして、判批③77頁参照。また、適用除外について、詳しくは、判批②88頁を参照。

事189号497頁等参照）には、民法733条1項の規定の適用がないというべきである。

【44】　従来の戸籍実務においても、前婚の夫との再婚の場合（大正元年11月25日民事第708号民事局長回答）、夫の3年以上の生死不明を理由とする離婚判決によって前婚を解消した場合（大正7年9月13日民第1735号法務局長回答、昭和25年1月6日民事甲第2号民事局長回答）、女性が懐胎することのできない年齢（67歳）である場合（昭和39年5月27日民事甲第1951号民事局長回答）及び3年前から音信不通状態にあり悪意の遺棄を理由とする離婚判決によって前婚を解消した場合（昭和40年3月16日民事甲第540号民事局長回答）などにおいて、再婚禁止期間内の婚姻届を受理してよい旨の取扱いがされており、このような取扱いは、民法733条1項の規定の適用除外についての上記のような理解に沿ったものと思われる。

【45】　以上の理解に立つと、女性がいわゆる不妊手術を受けている場合についても、これをもって当該女性に子が生まれないことが生物学上確実であるときは、上記の各場合と同等に取り扱って差し支えないものと解されるであろう。また、前婚の解消等の時点で懐胎していない女性については、民法733条2項に規定する前婚の解消等の後にその前から懐胎していた子を出産した場合と客観的な状況は異ならないのであるから、100日以内部分の適用除外の事由があるとしても不相当とはいえないであろう。

【46】　このように、本件規定の立法目的との関連において考えれば、100日以内部分の適用除外の事由に当たると解される場合は、民法733条2項に直接規定されている場合や従来の戸籍実務において認められてきた場合に限られるものではないということができるのである。

【47】　もとより、婚姻届の提出の場面においては、戸籍事務管掌者が行う形式的審査の限界から、その届出の時点で民法733条1項の規定の適用除外とされる事由の範囲に影響があること自体はやむを得ず、上記のように前婚の解消等の時点で懐胎していないという事由は、医師の作成した証明書など明確性・客観性の上で確実な証明手段による認定を要するという制約は受入れなければならないであろう。

裁判官千葉勝美の補足意見は、次のとおりである❸。

【48】　私は、再婚禁止期間を定める民法733条1項（本件規定）の合憲性審査についての考え方と違憲の法律の改正等を怠った立法不作為の国家賠償法上の違法性の有無についての判断の枠組みに関して、次のとおり多数意見に付加して私見を補足しておきたい。

1　再婚禁止期間を定める本件規定の合憲性審査についての考え方

【49】　（1）　多数意見は、今回、本件規定の立法目的について、「父性の推定の重複を回避し、もって父子関係をめぐる紛争の発生を未然に防ぐことにある」としているが、これは、父性の推定の重複を回避することを直接的な立法目的であることを明確に示し、これによって紛争の未然防止が図られる関係にあることを判示したものと解される。ところで、旧民法767条1項においては、理論的には推定の重複を回避するのに必要な期間を超えて再婚禁止期間が6箇月と定められており、それは、多数意見の述べるとおり、当時の医療や科学技術の未発達であった状況を前提にし、現実的に父子関係をめぐる紛争を防止するためにある程度の期間の幅が必要であるという見解によるものであろうが、今回、多数意見は、本件規定の立法目的を上記のとおり明確に整理して判示したため、再婚禁止期間のうち100日を超える部分は、医療等の進歩により妊娠の時期が容易に明らかになる今日、もはや推定重複を回避するために必要な期間とはいえず、立法目的との関連でいわゆる合理的な関連性を有しないことが明らかであり、事柄の性質上、超過部分について国会の合理的な立法裁量

の範囲内であると認めることはできないとしたものである。

【50】　（2）　今回、6箇月間のうち100日の女性の再婚を禁止する期間を設ける部分については、父性の推定の重複を回避するという立法目的が明確に整理されてその合理性が是認された以上、それとの関連において目的達成の手段としての合理性は理論的には当然に認められるところである。ところで、従前、当審は、法律上の不平等状態を生じさせている法令の合憲性審査においては、このように、立法目的の正当性・合理性とその手段の合理的な関連性の有無を審査し、これがいずれも認められる場合には、基本的にはそのまま合憲性を肯定してきている。これは、不平等状態を生じさせている法令の合憲性の審査基準としては、いわゆる精神的自由を制限する法令の合憲性審査のように、厳格な判断基準を用いて制限することにより得られる利益と失われる利益とを衡量して審査するなどの方法ではなく、そもそも国会によって制定された一つの法制度の中における不平等状態であって、当該法制度の制定自体は立法裁量に属し、その範囲は広いため、理論的形式的な意味合いの強い上記の立法目的の正当性・合理性とその手段の合理的関連性の有無を審査する方法を採ることで通常は足りるはずだからである❸。

【51】　しかしながら、立法目的が正当なものでも、その達成手段として設定された再婚禁止期間の措置は、それが100日間であっても、女性にとってその間は再婚ができないという意味で、憲法上の保護に値する婚姻をするについての自由に関する利益を損なうことになり、しかも、多数意見の指摘するとおり、今日、晩婚化が進む一方で、離婚件数及び再婚件数が増加する状況があり、再婚への制約をできる限り少なくするという要請が高まっている事情の下で、形式的な意味で上記の手段に合理的な関連性さえ肯定できれば足りるとしてよいかは問題であろう。このような場合、立法目的を達成する手段それ自体が実質的に不相当でないかどうか（この手段の採用自体が立法裁量の範囲内といえるかどうか）も更に検討する必要があるといえよう。多数意見が、「婚姻に対する直接的な制約を課すことが内容となっている本件規定については、その合理的な根拠の有無について以上のような事柄の性質を十分考慮に入れた上で検討をすることが必要である。」としているのは、この趣旨をも含めた説示である。

【52】　（3）　ところで、このように、上記の立法目的・手段の合理性等を審査する際に、採用した手段自体の実質的な相当性の有無の判断をも行う必要があるのであれば、合憲性審査においては、平成25年の嫡出でない子の相続分に関する最高裁大法廷の違憲決定（最高裁平成24年（ク）第984号、第985号同25年9月4日大法廷決定・民集67巻6号1320頁）が説示したように、最初から、女性に対してのみ再婚を禁止するという差別的取扱いを端的に問題にして、それに関連する諸事情すべてを総合考慮した上で合理的な根拠を有するものといえるか否かを判断するという説示の仕方をすべきであるとする見解もあり得よう。しかしながら、上記の平成25年大法廷決定が対象とした民法900条4号ただし書前段については、その立法理由について法律婚の尊重と嫡出でない子の保護の調整を図ったものとする平成7年の大法廷決定（最高裁平成3年（ク）第143号同7年7月5日大法廷決定・民集49巻7号1789頁）の判示があり、その趣旨をどのように理解するかということも検討した上での平成25年大法廷決定の説示があるのである。ところが、本件規定については、多数意見は、前記のとおり、その立法目的を、直接的には「父性の推定の重複を回避する」と明示しており、立法目的が単一で明確になっているため、本件については、正に、立法目的・手段の合理性等の有無を明示的に審査するのにふさわしいケースであるから、全体的な諸事情の総合判断という説示ではなく、そのような明示的な審査を行っており、「手段として不相当でないかどうか」（手段の相当性の有無）の点も、その際に、事柄の性質を十分考

---

❸　千葉補足意見は、本件規定の合憲性審査の方法および立法不作為の国家賠償法上の違法性判断基準につき、従来の判例との関係性など、理論的背景にも触れつつ、多数意見の説示内容全般を敷衍して述べるものである（判例①701-702頁）。

❸　「猿払基準」において求められる、いわゆる「狭義の比例性」の検討の要否について説明が加えられている。

慮に入れた上で、合理的な立法裁量権の行使といえるか否かという観点から検討しているものといえる。

[53]　(4)　以上を前提に、手段の相当性の有無について更に付言すると、女性に対し再婚禁止期間を設けることについては、たとえ100日間であっても女性が被る不利益は重大であり、再婚禁止期間の設定自体が手段として不相当であり、女性に対する不合理な差別的内容となっているとした上、再婚禁止期間を設けるのではなく、父性の推定の重複する事態が生じた場合には、子と後夫ないし前夫らのDNA検査の実施や、父を定めることを目的とする訴えの提起、その制度の拡充等の方法で対処すべきであるとする見解があろう。多数意見でも触れているとおり、諸外国においても、このような再婚禁止期間の制度を設けていない国は少なくなく、立法政策としてはあり得るところである。

[54]　もっとも、これによると、推定の重複が生ずると、子が出生した時点では法律上の父が定まらないため、DNA検査の実施や父を定めることを目的とする訴え等によることになるが、これでは法律上の父の決定がかなり遅れる事態も想定される（女性と後夫との関係がその後に悪化し、協力が得にくくなっていたり、訴訟が遅延する事態もあり得よう。）。この点は、正に、多数意見が指摘するように、生まれた子の福祉の観点から不都合な事態が起こることも想定され、子の利益に反するものである。

[55]　以上によれば、どちらの制度にも、一方は女性の自由な婚姻の利益を一定程度損なうこととなり、他方は生まれた子の利益に反する事態が生ずるという問題があり、いずれも利害得失があって、当然に一方が他方を凌駕する合理性を有するものと評価することはできない。そうであれば、前者の制度、すなわち、本件規定のうちの100日の再婚禁止期間を定めるという手段が不相当で国会の立法裁量を逸脱・濫用し違憲であると評価することはできない。

[56]　(5)　なお、前者の制度については、次のような懸念が生じかねない。すなわち、女性が不妊手術を受けていたり、あるいは、具体的な状況において前婚の解消等の時点で懐胎がないことが客観的に明確となる場合があり、そのような場合には、民法772条2項が定める妊娠の時期の推定を問題とする余地はなく、前婚の解消後に出生した子の父性の推定の制度を前提にその推定の重複を回避することを直接の目的とした本件規定による再婚禁止の措置をとる必要はないはずであるが、多数意見は、一律に100日間の再婚を禁止する限度で立法裁量の範囲内であるとしている。これは、自由な結婚を必要以上に規制することになって、やはり手段として不相当であるというものである。

[57]　しかし、このような場合には、共同補足意見が説示するとおり、100日以内であっても、本件規定の適用が否定されることになると解されるので、上記の懸念には及ばないと思われる。

2　違憲の法律の改正等を怠った立法不作為の国家賠償法上の違法性の有無についての判断の枠組み

[58]　(1)　この点について判示した当審先例としては、最高裁昭和53年（オ）第1240号同60年11月21日第一小法廷判決・民集39巻7号1512頁（以下「昭和60年判決」という。）及び最高裁平成13年（行ツ）第82号、第83号、同年（行ヒ）第76号、第77号同17年9月14日大法廷判決・民集59巻7号2087頁（以下「平成17年判決」という。）がある。

[59]　昭和60年判決の事案は、在宅投票制度を廃止しこれを復活しなかった国会議員の立法行為について国家賠償法上の違法が問題になったものであるが、判決では、「国会議員は、立法に関しては、原則として、国民全体に対する関係で政治的責任を負うにとどまり、個別の国民の権利に対応した関係での法的義務を負うものではない」とした上、「国会議員の立法行為は、立法の内容が憲法の一義的な文言に違反しているにもかかわらず国会があえて当該立法を行うというごとき、容易に想定し難いような例外的な場合でない限り、国家賠償法1条1項の規定の適用上、違法の評価を受けない」旨を判示している。この判示は、国会議員の行為が国家賠償法上の違法となり得るすべての場合につき一般論を展開したものではなく、違法となり得る場合は極めて限定的にとらえるべきであるという見解を強調する趣旨で、当然にあるいは即時違法となるような典型的なしかも極端な場合を示したものである。したがって、この判示は、国会議員の立法行為につき、これ以外はおよそ違法とはならないとまでいったわけではなく、違法となるすべての場合に言及したものではないと解するべきである（この判示は、本件と同じ本件規定を改廃しない国会議員の立法行為（不作為）の違法に関する最高裁平成4年（オ）第255号同7年12月5日第三小法廷判決・裁判集民事177号243頁にそのまま踏襲されている。）。

[60]　次に、平成17年判決の事案は、衆議院議員選挙について在外国民に投票する機会を確保する立法措置をとらなかったという点についてのものであるが、「立法の内容又は立法不作為が国民に憲法上保障されている権利を違法に侵害するものであることが明白な場合や、国民に憲法上保障されている権利行使の機会を確保するために所要の立法措置を執ることが必要不可欠であり、それが明白であるにもかかわらず、国会が正当な理由なく長期にわたってこれを怠る場合などには、例外的に、国会議員の立法行為又は立法不作為は、国家賠償法1条1項の規定の適用上、違法の評価を受けるものというべきである」とした上、「昭和60年判決は、以上と異なる趣旨をいうものではない」と付言している。

[61]　ところで、平成17年判決は、前記のとおり、前段部分と後段部分から成っており、前段部分は、昭和60年判決の事案と同様の違憲の立法を行った国会議員の立法行為又は立法不作為の違法性が問題になったケースについてのものである（本件もこの前段部分が問題になるケースである。）。前段部分の判示の内容は、昭和60年判決とは表現が異なる点はあるが、それと異なる判断内容を示したものではなく、単に従前の判断を踏襲する趣旨で表現を簡潔にして述べたもの、すなわち、昭和60年判決と同様に、当然に違法となる極端な場合を示したものにすぎないと解すべきである。

[62]　他方、平成17年判決の後段部分の判示の内容は、正に当該事案で問題になった、国会議員が憲法上の権利行使の機会を確保する立法措置をとることについて、一般論として、「必要不可欠であり、それが明白であるにもかかわらず、国会が正当な理由なく長期にわたってこれを怠る場合など」には、例外的に違法となるという判断基準を説示したものである。

[63]　(2)　本件と平成17年判決の判示との関係については、本件は、平成17年判決の判示のうち前段部分と同様のケースであるところ、前段部分の判示のような憲法上の権利侵害が一義的な文言に違反しているような極端な場合ではないので、多数意見は、今回、改めて、これらの従前の当審の判示をも包摂するものとして、一般論的な判断基準を整理して示したものであり、平成17年判決を変更するものではない。

[64]　また、本件は、平成17年判決中の前段部分の違憲の立法の改正を怠るという立法不作為の違法性に関する事件ではあるが、多数意見で示された一般論は、その判示内容からして、前段の場合に限らず、後段の場合をも含め、国会議員の職務行為である立法的対応がどのような場合に国家賠償法上違法になるのかについての全体的な判断の枠組みを示したものと解することができる（なお、昭和60年判決が挙げた極端な例は、多数意見中の「国会が正当な理由なく長期にわたってその改廃等の立法措置を怠る場合などにおいては」とされた「など」に含まれるという見方もあろう。）。

[65]　(3)　ところで、平成17年判決は、後段部分で、違法とされる場合の判断基準について、一般に、憲法で保障されている権利行使の機会を確保する立法措置をとることが必要不可欠でそれが明白であることを要求しているが、これに当該事案を当てはめた結論としては、上記の明白性を充たすとして国家賠償法上違法と評価した上、国家賠償請求を一部認める判断をしている。ところが、この判決においては、在外国民に選挙権の行使の機会を与える選挙制度を創設しなくとも立法裁量の逸脱・濫用で違憲であるとはいえないという2名

の裁判官の反対意見が付されており、この反対意見は上記の立法措置をとることがそもそも必要不可欠ではないという趣旨の見解である。一般的な用いられ方からすると、「明白である」というのは、通常は異論を生じない場合を意味するものであるが、ここでは、このような一般的な用法とは異なり、もっと緩い程度を指すものとして用いられているのではないか、例えば、「多数」が必要不可欠であると考えた場合はこれを「明白」としているのではないかという疑義が生じかねず、同判決の前段部分でいう「明白な場合」という表現との関係も気になるところであった。

【66】　いずれにせよ、私の理解としては、平成17年判決の判示する判断基準は、このような点も踏まえて、前段部分及び後段部分を含め、今回整理し直されたものということになる。今後は、この点の判断基準は、本件の多数意見の示すところによることとなろう。

裁判官木内道祥の補足意見は、次のとおりである❸。

第1　100日の再婚禁止期間を設けることの合理性

【67】　現行の父性の推定の規定を前提とすると、100日の再婚禁止期間を設けなければ父性の推定の重複が生じる状態での子の出生があり得る。この場合、子の法律上の父は、父を定めることを目的とする訴え（ないし家事事件手続法277条の合意に相当する審判）を経ない限り決定できない。

【68】　近時のDNA検査など、生物学上の父子関係の有無を確認する技法の発達により、父を定めることが困難であることはほとんどないものの、上記の法的手続をとらなければならないという負担は軽視できない。

【69】　父を定めることを目的とする訴えでは、前夫は生存している限り当事者とする必要があり（人事訴訟法43条）、前夫の嫡出推定が及んでいる以上、後夫による認知はできない。母、後夫、前夫のいずれもが法的手続をとろうとしない場合、子は、訴訟能力の制限は受けない（人事訴訟法13条）ものの、意思能力が備わらない限り自ら提訴はできず、意思能力のある年齢に達したからといって、実際上、自分で父を定めることを目的とする訴えを提起することは期待し難い。

【70】　すると、前夫はもちろん、母ないし後夫が法的手続をとらないままにするケースが多数生じることが予想される。そのような場合、出産の時点で父が定まらないだけにとどまらず、父が決まらないままの状態に子が長期間置かれることになるが、これは、子の利益を著しく損なうものである。

【71】　なお、私も、本件規定のうち100日の再婚禁止期間を設ける部分の適用除外については共同補足意見のような解釈が妥当であると考えており、それを前提とすると、100日の再婚禁止期間が設けられても、その適用を受ける事案は限られてくる。

【72】　このように、生まれてくる子の利益と再婚する女性にとっての不利益の双方を考えれば、100日の再婚禁止期間を設ける部分は、憲法14条1項及び24条2項に違反するものでないということができる。

第2　100日を超える再婚禁止期間を設けることの合理性

【73】　多数意見は、本件規定のうち100日超過部分の合理性を検討するについて、婚姻後に前夫の子が生まれる可能性を減らすという観点、婚姻後に生まれる子の父子関係が争われる事態を減らすという観点からも正当化し得ないとしている。

【74】　これを具体的に考えると、100日の再婚禁止期間を維持して嫡出推定の重複が生じないことが前提となるので、次のような事態が考えられる。

①前夫の子と推定され、それが事実であるが、婚姻後に前夫の子が出生すること自体により家庭の不和（紛争）が生じる。
②前夫の子と推定されるが事実は後夫の子なので、紛争を生じる。
③後夫の子と推定されるが事実は前夫の子なので、紛争を生じる。

【75】　①についていえば、これを回避するためには再婚禁止期間は6箇月では足りず300日とする必要がある。また、これは、妻が再婚かどうかにかかわらず、夫の子と推定されない子（婚姻後200日以内に生まれた子）が婚姻後に出生して、事実としても夫の子でない場合に生じ得る紛争の一類型であり、妻が再婚の場合に限って回避しようとすることになる。つまり、本件規定のうち100日超過部分は、再婚でなくても生じ得る紛争について、それを防止するために、再婚する女性に限って、紛争回避のために不十分な措置を設けたものであり、紛争防止のためとはいえ、これに合理性を認めることはできない。

【76】　②としては、前夫と事実上の離婚をし、その後、後夫との事実婚が始まり、その後に前夫との離婚が成立し、後夫との婚姻届という事案が想定され、実際上も例が多いと思われる。再婚禁止期間を設けることは、後夫との事実婚を阻止できるものではなく、この類型の紛争防止に無力である。

【77】　③としては、前夫との交際が、離婚後も後夫との婚姻に近い時期以降まで続いていたという事案が想定される。実際上は、まれなものと思われるが、前夫との交際が続くことと再婚禁止期間を設けることは無関係である。

【78】　②③のいずれも、父性の推定とそれを覆す方法の合理性の問題であって、再婚禁止期間を100日を超えて設けることによって紛争を回避できるものではない。

【79】　このように、再婚禁止期間を設けるについて、100日間については、父性の推定の重複を回避するという合理性があるが、100日を超える部分については、父子関係をめぐる紛争の防止の方策としては合理性が認められないのである。

裁判官鬼丸かおるの意見は、次のとおりである❹。

【80】　私は、上告人の国家賠償請求については、これを棄却すべきものとした原判決は結論において是認できるとするものであるが、多数意見と異なり、本件規定が女性について6箇月の再婚禁止期間を定めていることは、性別による不合理な差別であって憲法14条1項に違反し、また立法の指針である両性の本質的平等に立脚していないことから憲法24条2項にも違反するものであって、その全部が無効であると考えるものである。

【81】　1　私は、本件規定の立法目的について、父性の推定の重複を回避し、もって父子関係をめぐる紛争の発生を未然に防ぐことにあると解されるとする多数意見の判示は正当であると考える。また、民法733条2項は、前婚の解消等の前から懐胎していた子を出産した場合以外であっても、女性に子が生まれないことが生物学上確実な場合や前婚の解消等の時点で女性が懐胎していない場合など、およそ父性の推定の重複を回避する必要がない場合には本件規定の適用の除外を認めることを許容しているものと解するのが相当であるとする共同補足意見にも賛同するものである。

【82】　もっとも、これらの多数意見及び共同補足意見を前提にするならば、共同補足意見がその意見の中で指摘するように、民法733条2項が本件規定の適用を除外する事由として挙げる上記の場合や従来の戸籍実務において再婚禁止期間内の婚姻届を受理してよい旨の取扱いがされている場合のほかにも、当審の判例により父性の推定が及ばないと解されている場合を含め、およそ父性の推定の重複を回避する必要がない場合は本件規定の適用除外として認められるのであるから、その適用除外の範囲は、多様かつ広汎なものとなる。その結果、これらの適用除外には該当しないとされる場合、すなわち再婚の禁止によって父性の推定の重複を回避する必要があるとされる場合とは、結局、前婚の解消等の時から100日が経過していない女性が前婚中に懐胎したけれども（前婚中に懐胎したか否かが客観的に明らかにされない場合を含む。）まだ出産していない場合というごく例外的な場合に限定されることとなる。

【83】　本件規定は、婚姻の要件を定める極めて重要な規定であり、い

---

❸　木内補足意見は、本件規定を100日の再婚禁止期間を設ける部分と100日超過部分に分けて、現段階においてそれらが合理性を有するものであるかにつき、子の利益や紛争の回避という視点から分析的な説明を加えた（判例①702-703頁）。

❹　鬼丸意見は、立法目的の認定、本件立法不作為が国家賠償法1条1項の適用上違法とは認められないことについては、多数意見に同意しつつ、本件規定の全体が違憲であるとの見解に立つ。判例①703-704頁参照。

ずれの国民にも一義的に明確であることが望ましい。しかしながら、父性の推定の重複回避のために再婚禁止期間を設ける必要のある場合はごく例外的であるのに、本件規定は、文理上は、前婚の解消等をした全ての女性（ただし、民法733条2項に規定する出産の場合を除く。）に対して一律に再婚禁止期間を設けているように読めるものである。このような、実際には上記のように適用除外が認められる場合が多く存在するという本件規定の解釈等をめぐる状況を、一般国民が的確に知ることは困難であり、再婚を考える者に混乱を生じさせ、ひいては婚姻をするについての自由を不必要に制約するおそれもないとはいえないであろう。また、共同補足意見に述べられた民法733条1項の適用除外事由についての法律解釈は正当であると考えるが、婚姻届の提出の場面では戸籍事務管掌者が形式的審査権限しか有していないため、適用除外事由の証明が不十分等の理由で婚姻届が受理されない場合も起こり得ることから、個別の婚姻届受理事務に差異が生じ得る不安定さが残ることは否めない。形式的審査により不受理となった場合についてみれば、法律解釈上は可能であるはずの再婚が、形式的審査権に阻まれるという事態を生ずることとなり、不相当な結果を招くことになる。

【84】　以上のとおり、父性の推定の重複回避のために再婚禁止期間を設ける必要のある場合は極めて例外的であるのに、文理上は前婚の解消等をした全ての女性（ただし、民法733条2項に規定する出産の場合を除く。）に対して一律に再婚禁止期間を設けているように読める本件規定を前婚の解消等の後100日以内といえども残しておくことについては、婚姻をするについての自由の重要性や後記のように父を定めることを目的とする訴え（同法773条）の規定が類推適用できることに鑑みると、国会の立法裁量を考慮しても疑問である。多数意見のように再婚禁止期間の一部の期間を違憲無効とすることによっては、結果的には父性の推定の重複回避の必要のない多数の女性に対し再婚を制約することになりかねない状況を除去できるものではないと考える。また、共同補足意見のような法律解釈や戸籍実務等による個別救済に依拠することは、個別事案によって取扱いに差異が生ずる等の問題を生ずるおそれもあり、また限界もあるであろう。よって、男性の取扱いとの間に差別を設けた本件規定には合理的な根拠はないというべきである。

【85】　したがって、本件規定はその全部が国会の立法裁量を逸脱するものとして、憲法14条1項及び24条2項の規定に違反し無効であると解するものである。

【86】　2　上記1のように本件規定の全部を無効と解すると、ごく例外的ではあるが、父性の推定が重複する場合を生ずることがある。この場合には、民法773条（父を定めることを目的とする訴え）を類推適用することにより、子の父を定めることとなろう。そうすると、子の法律上の父は、子の出生後判決等が確定するまでの間は未定であることになる。

【87】　ところで、父性の推定により法律上の父が確定することの法的効果は、飽くまで法律の上での身分関係や扶養義務等が定まるということにすぎないのであって、実際にその子が法律上の父から扶養を受けられる等の利益や福祉が実現することとは別の問題であるともいえる。父性の推定により法律上の父が確定したとしても、推定される父である前夫と後夫との間で紛争が生ずることは少なくなく、出産した女性が前夫の父性推定を回避するため子の出生届を提出しないといった対応をすることにより子が無戸籍者となることもあり得ることを勘案すれば、上記のように父性の推定が重複することにより、これを解消する手続をとる間一時的に（科学技術、特にDNA検査技術の進歩によりその期間は短縮されている。）子の法律上の父が存在しない状態が生ずるとしても、これが、父性の推定により父が定まることと比較して、子の利益や福祉を大きく損なうとまでいうことは困難であろう。

【88】　多数意見は、法律上の父を確定できない状態が一定期間継続することにより、子には種々の影響が生じ得ると指摘するが、法律上の父が確定していない子も、社会生活は支障なく送れ、また、行政サービスも受けられるのであって、法的効果以外の場面においても、法律上の父が確定していないことによって子の利益や福祉が損なわれるような社会的状況はないと思料される。

【89】　3　仮に共同補足意見のような法律解釈をとらず、民法733条2項を文理どおりに解釈して、本件規定の適用除外となるべき例外的な場合を認めないとすれば、本件規定は、父性の推定の重複を回避する必要の全くない極めて多数の女性に対し、再婚禁止期間を設けていると解さざるを得ないことなる。そうであれば、本件規定は、違憲性の度合いが一層強くなるものといえよう。

【90】　また、本件規定のうち父性の推定の重複回避のために必要でない部分は違憲であるとして、本件規定の意味的な一部を違憲とするという考えもあり得るところではあるが、「父性の推定の重複回避のために必要でない部分」の解釈をめぐる考え方に統一がとりにくい可能性も存するところであり、戸籍事務管掌者の形式的審査権による婚姻届受理の可否の問題が前記のとおり存在することにも鑑みると、このような一部違憲の考え方は実際的ではないであろう。

【91】　以上のとおりであるから、本件規定は全部違憲であると考えるものである。

裁判官山浦善樹の反対意見は、次のとおりである❶。

【92】　私は、多数意見と異なり、女性について6箇月の再婚禁止期間を定める本件規定の全部が憲法14条1項及び24条2項に違反し、上告人が前夫と離婚をした平成20年3月までの時点において本件規定を廃止する立法措置をとらなかった立法不作為は国家賠償法1条1項の適用上違法の評価を受けるべきものであるから、原判決を破棄して損害額の算定のため本件を原審に差し戻すのが相当と考える。以下においてその理由を述べる。

第1　本件規定の憲法適合性について

【93】　1　昭和22年施行の日本国憲法24条は、婚姻及び家族に関する事項について、従前の大日本帝国憲法（明治23年施行）における男性優位の思想とその下で制定された旧民法の家制度における封建的・性差別的な考えを完全に廃し、個人の尊厳と両性の本質的平等の理念を普遍的な価値であると宣言したものと解される。私は、婚姻の自由が、このようにして定められた憲法24条とその基礎にある憲法14条1項により、合理性のない性差別が排除された婚姻制度を利用し、そこから得られる様々な効果を享受することができる憲法上の重要な権利ないし利益になっていると考える。したがって、女性にのみ婚姻の制約を課す本件規定の憲法適合性を判断するに当たっては、国会の立法裁量の幅は相応の限定を加えたものとして捉えるべきであり、このような見地から、立法目的を正確に見定め、制定後1世紀以上を経過した現代においてもその目的に合理性があるか否かを検討するとともに、これを達成するための手段として必要性・相当性があるか否かをも検討し、他により影響の少ない方法がある場合には、本件規定は違憲の評価を帯びることになると解するのが相当である。

【94】　2　私は、本件規定の本来の趣旨は「血統の混乱を防止する」という目的を達成するための手段として離婚した女性に対し再婚を禁止するというものであるから、父性推定の重複回避の問題として単にその期間の長短を検討するだけではなく、再婚禁止の制度それ自体が男女平等と婚姻の自由を定めた憲法の趣旨に適合するか否かを正面から判断すべきであると考える。

【95】　本件規定と同旨の規定が導入された旧民法制定当時の法典調査会や帝国議会における政府説明によると、再婚禁止期間の制度は血統の混乱を防止するためであるとされていた。例えば旧民法の立案に関わった梅謙次郎起草委員も、旧民法767条1項（現行民法733条1項と同旨）について、「本條ノ規定ハ血統ノ混乱ヲ

---

❶　山浦反対意見は、再婚禁止期間を定める本件規定の全部を違憲とするとともに、本件立法不作為が国家賠償法1条1項の適用上違法と判断されるとして、Xの請求を認容すべきとする。判解①704-705頁参照。

避ケンカ爲メニ設ケタルモノナリ」とし、（生まれた子の父はどちらの男かの）「判断ヲ誤レハ竟ニ血統ヲ混乱スルニ至ルヘシ」（『民法要義巻之四』91頁（明治32年））とする。そこでは、男性にとって再婚した女性が産んだ子の生物学上の父が誰かが重要で、前夫の遺胎に気付かず離婚直後の女性と結婚すると、生まれてきた子が自分と血縁がないのにこれを知らずに自分の法律上の子としてしまう場合が生じ得るため、これを避ける（つまりは、血統の混乱を防止する）という生物学的な視点が強く意識されていた。しかし、当時は血縁関係の有無について科学的な証明手段が存在しなかった（「造化ノ天秘ニ屬セリ」ともいわれた。）ため、立法者は、筋違いではあるがその代替措置として一定期間、離婚等をした全ての女性の再婚を禁止するという手段をとることにしたのである。禁止期間については、懐胎の有無が女の体型から分かるのは6箇月であるとの片山国嘉医学博士（東京帝国大学教授）の意見を参考にして6箇月とされた（旧民法767条1項）。

[96]　したがって、その論理に従えば、離婚後に出産した女性等は再婚禁止の規制を受けないが（旧民法767条2項）、それは父性の推定の重複がないからではなく、血統の混乱があり得ないからである。ほかに婚姻障害の規定としては、重婚の禁止、近親婚の禁止、姦通者と相姦者の再婚禁止（旧民法768条）などがあるが、再婚禁止もこれらと同じレベルで規制されていた（姦通罪は、家の血統や父権の維持のために認められた封建的色彩の強い規制であったのであり、再婚禁止ともその趣旨を共通にする部分がある。）。このような著しく性差別的な制度が成り立ったのは、当時は血縁の有無を判断する科学的な手段が存在しなかったことに加えて、旧憲法下においては家制度を中心とした男性優位の社会が国体の基本とされていたという二つの歴史的・社会的な背景があったからである。

[97]　3　多数意見は、本件規定の立法目的について、「父性の推定の重複を回避し、もって父子関係をめぐる紛争の発生を未然に防ぐこと」であるとするが、これは、血縁判定に関する科学技術の確立と家制度等の廃止という社会事情の変化により血統の混乱防止という古色蒼然とした目的では制度を維持し得なくなっていることから、立法目的を差し替えたもののように思える。確かに、推定期間の重複回避というレベルの問題ならば、単純計算で、再婚禁止期間を約80日短縮して100日にすれば重複を回避できるから合憲であるという結論になる。しかし、単に推定期間の重複を避けるだけであれば、重複も切れ目もない日数にすれば済むことは既に帝国議会でも明らかにされており、6箇月は熟慮の結果であって、正すべき計算違いではない。学説が父性推定の重複を取上げるときには、再婚禁止期間の6箇月は計算上長期に過ぎるから100日に短縮すべし等という民法改正論の文脈で述べられていることが多いが、本件は、再婚禁止の制度それ自体の憲法適合性の裁判であり、その期間の長短の如何ではなく、他により影響の少ない手段があるにもかかわらず、再婚禁止という厳しい規制をすることの憲法的な存在意義が問われていることを見落としてはならない。

[98]　また、再婚禁止の制度により血縁をめぐる紛争の発生を未然に防ぐことが「子の利益」にかなうか否かについては、旧民法の立案者は妻を迎える側の立場に立って前夫の遺胎を心配していたのであって、生まれてくる子の利益を確保するなどということは、帝国議会や法典調査会等においても全く述べられていない。明治31年当時は女性は選挙権も与えられず、相当額の納税をしている一部の男性のみが立法に参加しているにすぎない。そういう帝国議会において旧民法が制定されており、旧憲法や旧民法には、子は男それも長男（嫡男）が重視され、二男や女児に至ってはその福祉を考える姿勢はなく、保護の対象から除外されていたといえる。このような時代において、離婚した女の再婚を禁じた旧民法に、生まれてくる子の利益の確保という視点があったとするのは余りにも歴史を無視したものと思われる。

[99]　4　そうはいっても、生物学上の父子関係の有無と法律上のそれとの食違いをできるだけ避けるということの合理性を否定することはできないから、このような意味においては、血統の混乱を防止するという立法目的もそれなりの合理性を有しているといえるであろう。したがって、血縁関係を正確に判定できる証明手段がなかった当時においては、後夫と血縁のない子が生まれることを防止するため再婚禁止期間を設けるという考え方も理解できないものではない。しかし、梅も「苟モ其（血統の）混乱ノ虞ナキ以上ハ是ナリトスルヲ妥當トス」（梅・前掲92頁）としているように、血縁を科学的に証明する手段があれば、再婚禁止という手段を設ける必要はなかったのである。

[100]　旧民法が施行された明治31年頃とそれ以降の医科学の水準の変化についてみると、例えば、ABO式血液型が発見されたのは1900年（明治33年）、産婦人科医荻野久作が排卵、受胎、妊娠に関するいわゆるオギノ理論を発表したのは大正13年（1924年）、それが学会で受け入れられるに至ったのは昭和5年以降であり、いずれも旧民法制定より後のことである。DNA検査に関していえば、1953年（昭和28年）にDNAの二重らせん構造が発見され、1985年（昭和60年）に至ってDNAフィンガー・プリント法という検査手法が確立され、我が国においてDNA検査が実用化されたのは平成3年頃のことである。その後、裁判実務等におけるDNA検査の利用も一般的なものとなり、近年では、簡易に、低額の費用で正確な父子判定を行うことができるようになっている。このように、旧民法制定から約100年余の間に科学的・医学的研究は急速な発展を遂げており、生物学上の親子関係の証明は「造化ノ天秘ニ屬」することで不可能という前提の下に、離婚した全ての女性に対して再婚禁止を課すなどという手荒な手段をとらなくても、血統の混乱を防止することが可能になった。

[101]　以上のように、DNA検査技術の進歩により生物学上の父子関係を科学的かつ客観的に明らかにすることができるようになった段階においては、血統の混乱防止という立法目的を達成するための手段として、再婚禁止期間を設ける必要性は完全に失われているというべきであり、本件規定はその全部が違憲であると考える。

[102]　5　もっとも、本件規定の全部を違憲無効とした場合には、まれには父性の推定が重複する子が生まれる可能性がある。多数意見は、そういう「子の利益を守る」という視点からも、本件規定のうち離婚直後の100日の再婚禁止については合憲であるとする。しかし、この考え方は、次のように、再婚禁止の規制とそれにより保護しようとする価値とを比較考量すると、その必要性・相当性に疑問が残り、かねて「父性推定の衝突を避けるという法技術的な理由に名を借りて女性を規制している」と批判されているが、私も、これと同じ考えから、多数意見には賛同できない。

[103]　(1)　本件規定がないとしても、父性の推定が重複する子を出産する女性の割合はごく僅かである。例えば、民法772条2項に関する法務省民事局の調査結果（平成19年5月1日読売新聞）によると、平成18年の11月と12月に提出された出生届の一部についての調査（無作為抽出の6493通）の結果、その中に離婚後300日以内に出産した女性のケースが17件あったという（出生届に対する割合は約0.26%である。）。同年の出生届は全国で109万2674件であるから、離婚後300日以内に出産した女性の概算は2860人となり、そのうち出産時に再婚していた女性の数は更に少ないものとなる。同年に離婚した女性（25万7475人）ないし同年に再婚した女性（11万8838人）の数と比較すると、結局、離婚した女性の大多数に対する再婚禁止は客観的には無意味で必要がなかったことになる。私は、離婚した女性の全員に対して婚姻の自由を制限するのではなく、たまたま父性の推定が重複する期間に生まれた例外中の例外の子に対しては、父が定まるまでの手続的に要する期間等のためにその子の利益にならない等と突き放すのではなく、国としてはその子の父を判定するために個別的な救済手続を設けるべきであり、もしその子に不都合が生ずるというのであれば、推定規定の合理化など必要な法改正・法解釈あるいは実務改善など、より影響の少ない方法のために知恵を出し合うことが肝要で、それにより十分に立法目的を達成することができると思う。このように本件規定は、生まれてくるかどうか分からない子のために離婚等をした全ての女性に対して再婚禁止と

いう過剰な制約を課すものであり、旧憲法から新憲法に改正され、しかも他の効果的な解決方法が実用化された現在においては、その全部につき違憲の評価を免れるものではない。

【104】　(2)　多数意見によれば、再婚を100日間禁止すると、離婚届の後300日以内に生まれた子は全て前夫の法律上の子とすることが可能になり、それが子の利益になるというが、私は、それではむしろ離婚と再婚が接近している事例では血縁のない父子関係となる可能性が高まるので、信頼できる法的手続において科学的・客観的な判定を行い、父子関係を形成する方法をとるべきであると思う。近年の医療や科学水準を前提にすれば、生物学上の父子関係の判定は容易にできるのであって、民法773条（父を定めることを目的とする訴え）の類推適用によることに、それほど大きな負担が伴うわけではない。裁判での争点は血縁の有無だけであり、関係者の性生活などのプライバシーをさらけ出す必要性はなく、当事者らが自ら血縁ありと主張していながらその証明のための科学的鑑定に協力しないという状況は考えにくい。私は、この子にとって最初で最後となるこの機会に、最高の科学技術を活用して真実の父を定めることこそが本当の子の利益になるものと思う。

【105】　(3)　さらに、多数意見のいう生まれた子にとって法律上の父を確定できない状態がしばらく続くことによる不利益も、少なくとも近年においてはそれほど重大なものとはいえなくなっている。実際には、裁判手続等が行われている間であっても、住民票への記載が可能であり、旅券の交付を受けることもでき、児童手当、保育所への受入れ、保健指導、健康診査等の各種の行政サービスを受けることも可能なのである。父子関係の早期確定という名目で再婚禁止期間を設けて、出産の時期という形式的な基準で法律上の父を前夫と決めてしまうことが、しばらくの間、父未定とされるけれどもその子にとって合理的な手続によって真実の父を定めることに比して、どれだけ子の利益になるのか疑問である。

【106】　6　共同補足意見は、本件規定の立法目的が父性の推定の重複を回避することであることを前提に、本件規定は前婚の解消等の時点で懐胎していない女性には適用されないと解している。しかし、それでも再婚しようとする女性は産婦人科に行き閉経により受胎能力がない旨の医師の診断書を入手するか、又は検査を受けて妊娠していない旨の証明書の交付を受けねばならないなどの事実上の負担を強いられることになる。それよりも端的に、100日の再婚禁止期間を設ける部分についてもその規定自体を違憲無効とし、例外中の例外として父性の推定が重複する子が生まれたときには、事後的、個別的な救済手続に委ねることの方が、婚姻の自由を確保するという見地からも妥当性を有するものと考える。

【107】　7　私は、DNA検査等による父子の血縁関係の証明に関し、父子関係の推定が及ぶ男性に対して父子関係不存在確認訴訟を提起する場合（最高裁平成24年（受）第1402号同26年7月17日第一小法廷判決・民集68巻6号547頁参照）は、既に法律上の父子関係が確定しているにもかかわらず、その後の訴訟において法律上の父を変更できるかという問題であるから、上記のように父を定めることを目的とする訴えの場合とは問題状況を異にするものと考える。すなわち、前者の場合は、一旦確定した法律上の父子関係を安定したものとして維持する必要があるから、その後にDNA検査の結果など確実な証拠によっても、血縁関係を証明して父子関係を覆すことが必ずしも子の利益にかなうとはいえないのに対し、後者の場合は、子の誕生の瞬間は二人の父（前夫・後夫ともに父性の推定を受けているから形式的には法律上の父になり得る資格を有している。）がいることになり、正に血縁がある父を判定しなければならないのであるから、子の将来にとって、科学技術を有効に利用して生物学上の父を正確に判定し、法律上の父を確定することが必要であると思うからである。

【108】　8　本件規定が全部違憲であるとすることは、諸外国における再婚禁止の制度の全面廃止の流れにも沿うものといえよう。すなわち、かつては、世界的にも、父子の血縁を証明する科学的手段がなかった

め、再婚禁止が男女平等原則に反するという明確な主張はなかった。その後、大きく流れが変わったのは、DNAの二重らせん構造が発見された1953年（昭和28年）からDNAの実用化に成功した1985年（昭和60年）にかけてのことであり、諸外国において次々と再婚禁止制度が廃止され、現在では、主要国で我が国のような再婚禁止の制度を残している国はほとんどないという状況である。例えば、最近の例として、我が国とよく似た法制を採っていた大韓民国の場合について一瞥すると、親生否認の訴え（日本の嫡出否認の訴えに相当する。）について、1997年（平成9年）、憲法裁判所は、真実の血縁関係に反する親子関係を否認する機会を極端に制限したものであり立法裁量の限界を超えたものであるという理由で憲法違反と判断した。そこで2005年（平成17年）の法改正で、親生否認の訴えについて、出訴権者を夫又は母とし、出訴期間をその事由を知った日から2年に拡大した（高翔龍「韓国家族法の大改革」ジュリスト1294号84頁以下）。それと同時に、韓国民法811条の女性に対する6箇月の再婚禁止規定について、「婚姻が婚姻申告の受理によって成立する国では、この制度は実際上何の役割も果たさないことは明白である。かえって、その違反を婚姻の取消原因にしたために、女性に過酷な結果をもたらす危険性さえ内包している。そこで、2005年の民法一部改正によって削除された。」（金疇洙＝金相瑢『注釈大韓民国親族法』28頁（日本加除出版、平成19年））。そして、仮に父性の推定が重複する子が生まれた場合には「法院による父の決定」（韓国民法845条）（日本の父を定めることを目的とする訴えに相当する。）により家庭法院において科学的な判断に基づいて解決すれば足りるとし、一定の場合には検査を受ける者の健康と人格の尊厳を害しない範囲内で、当事者又は関係人の血液検査及びDNA検査を利用することができるとした（韓国家事訴訟法29条）（在日コリアン弁護士協会編『Q&A新・韓国家族法第2版』51頁、135頁（日本加除出版、平成27年））。

【109】　このほか、国連の自由権規約委員会や女子差別撤廃委員会から我が国に対し、再婚禁止期間の制度が国際条約における男女平等や自由に婚姻をすることができる旨の規定に違反するものとされ、1998年（平成10年）以降、廃止すべきことの要請ないし勧告が繰り返しなされていることも重要な事実である。

【110】　以上の事実は、我が国における憲法解釈に関して直接の根拠となるものでないものとしても、再婚禁止期間の制度が憲法24条2項に規定する夫婦及び家族に関する男女平等の理念に反していることを基礎付けることとなる社会状況の変化を示す重要な事実ということができるであろう。

第2　本件立法不作為の国家賠償法上の違法性の有無について

1　本件規定が違憲になった時期

【111】　本件規定について、憲法違反という評価がされるに至ったのは、一つは科学技術の発展により生物学上の父子関係を容易かつ正確に判定することが可能となったことであるが、それだけではなく、第2次世界大戦後の国際的な人権活動や差別反対運動などにより地球規模で男女平等・性差別の撤廃をめざす大きな潮流があったことも影響している。したがって、再婚禁止の制度が違憲となった時期は上記の2つの要素があいまって、その成果が結実した時点であるといって差し支えない。私は、遅くとも21世紀に入った段階（平成13年）ではこれらの要素が備えられ、この時点では既に違憲になっていたと考える。

2　本件立法不作為の違法性

【112】　私は、立法不作為の国家賠償法上の違法性を判断する基準については、多数意見第3の1に示されたところに異論を唱えるものではない。しかしながら、その基準を本件に適用した結論については賛同することができない。その理由は、以下のとおりである。

【113】　本件規定を廃止しない立法不作為の違法性については、これを否定した先例である平成7年判決における立法不作為の判断基準時が平成元年であったのに対し、本件では上告人が前婚を解消し

た平成20年の時点における立法不作為の違法性が問題とされているのであって、その間には20年近くという長い期間が経過しており、妨げにはならない。平成3年以降、DNA検査技術が発達し、生物学上の父子関係を容易かつ正確に判定することができるようになったことは公知の事実である。また、その間、婚姻や家族をめぐる国民の意識や社会状況はかなり変化しており、再婚禁止期間の制度を廃止する諸外国の傾向が明らかになり、国連の委員会からも繰り返し本件規定の廃止勧告等がされているのである。

【114】 そうすると、本件規定が、離婚等により前婚を解消した女性に一律に6箇月間再婚を禁止していることが婚姻の自由の過剰な制約であって憲法に違反するに至っていたことは、上告人が離婚をした平成20年より相当前の時点において、国会にとっては明白になっていたというべきである（なお、多数意見のように本件規定のうち100日超過部分に限って違憲であると考えるとしても、平成8年に法制審議会が法務大臣に答申した「民法の一部を改正する法律案要綱」において再婚禁止期間を100日に短縮する改正案が示されており、その際の議論において、100日超過部分を存続する必要性があることを合理的に説明できる理由が挙げられておらず、加えて憲法及び民法の研究者の本件規定についての研究をも参照すれば、その頃以降は、国会にとって、父性の推定の重複を回避するためには再婚禁止期間が100日で足りることが明白になっていたということができよう。）。

【115】 そして、本件規定につき国会が正当な理由なく長期にわたってその廃止の立法措置を怠ったか否かについては、本件規定を改廃することについて立法技術的には困難を伴うものではないから、遅くとも平成20年の時点においては、正当な理由なく立法措置を怠ったと評価するに足りる期間が経過していたというべきである。

【116】 以上の検討によれば、本件立法不作為は、国家賠償法1条1項の適用上違法の評価を受けるとともに、過失の存在も否定することはできない。このような本件立法不作為の結果、上告人は、前婚を解消した後、直ちに再婚をすることができなかったことによる精神的苦痛を被ったものというべきである。

【117】 したがって、本件においては、上記の違法な本件立法不作為を理由とする上告人の国家賠償請求を認容すべきであると考える。
（裁判長裁判官　寺田逸郎　裁判官　櫻井龍子　裁判官　千葉勝美　裁判官　岡部喜代子　裁判官　大谷剛彦　裁判官　大橋正春　裁判官　山浦善樹　裁判官　小貫芳信　裁判官　鬼丸かおる　裁判官　木内道祥　裁判官　山本庸幸　裁判官　山崎敏充　裁判官　池上政幸　裁判官　大谷直人　裁判官　小池裕）

Questions

①事実関係の確認
問1　Xが離婚したのはいつか。また、再婚を希望していたのはいつか。▶【2】
問2　本件規定が制定されたのはいつか。▶【12】【13】

②判決の内容の確認
問3　Xは、何について、憲法何条の違反を主張し、どのような請求をしているか。▶【1】【7】
問4　原審におけるXの主張はどのようなものであったか。▶【3】～【5】
問5　原判決はどのような判断を下したか。▶【6】
問6　本判決は、憲法14条1項はどのような規範内容をもち、その適合性はどのように判断されるとしているか。▶【8】
問7　本判決は、憲法24条の規定の意義をどのように理解し、どのような自由が憲法24条1項の規定の趣旨に照らし、十分尊重に値すると考えているか。▶【9】
問8　本判決は、本件規定が婚姻に対するどのような制約を構成していると考えているか。▶【10】
問9　本判決は、本件規定の合憲性はどのような枠組みで判断されるべきだとしているか。▶【11】
問10　昭和22年民法改正とはどのようなものであったか。▶【12】
問11　旧民法の再婚禁止期間に関する規定はどのようなもので、昭和22年改正でそれはどう変化したか。▶【13】
問12　現行民法は、どのような父性推定の仕組みを設けており、その仕組みを前提にすると、女性が前婚の解消等の日から間もなく再婚し、子を出産した場合、どのような問題が生じるか。▶【14】
問13　本判決は、どのような規定の存在から、本件規定のどのような趣旨を読み取っているか。▶【15】
問14　本判決は本件規定の立法目的をどう認定し、それをどう評価しているか。▶【16】
問15　問14の評価に対しては、どのような批判・反論があるか。▶【17】
問16　問15の批判・反論に対して、本判決はどのような再反論を行っているか。▶【19】
問17　本判決は、本件規定のどの部分について、どのような理由で立法目的との間に合理的関連性を認めているか。▶【21】
問18　本判決は、本件規定のどの部分について、どのような理由で、またいつの時点で、立法目的との間に合理的関連性がないとしているか。▶【24】～【28】
問19　国家賠償法1条1項上、国会議員の立法行為や立法不作為が例外的に違法と評価される場合として、本判決はどのような場合を挙げているか。▶【31】
問20　本判決は、どのような理由で、本件立法不作為を国家賠償法1条1項の適用上違法ではないとしているか。▶【33】～【37】

③応用問題
問21　本件において、Xが離婚後90日の段階での再婚を望んでいた場合に、100日を超える部分の違憲性を判断することは適切か。▶佐藤［2版］705-708頁
問22　本判決において、本件規定の合憲性を論じ、違憲判断を下すことが許されたのはなぜか。▶判解①696-697頁、判解⑤761-762頁、佐藤［2版］700-702頁

○ **関連判例**（本書所収以外のもの）
最判平成 7 年 12 月 5 日判時 1563 号 81 頁（**判例①**）
○ **本判決の調査官解説**
加本牧子「判解」最高裁判所判例解説民事篇平成 27 年度㊦(2018 年) 642 頁（**判解①**）
○ **その他の判例解説・判例批評**
泉德治「判解」最高裁判所判例解説民事篇昭和 60 年度 366 頁［在宅投票制度廃止事件判決〔本書 62 事件〕の調査官解説］（**判解②**）
杉原則彦「判解」最高裁判所判例解説民事篇平成 17 年度 603 頁［在外日本人選挙権事件判決〔本書 63 事件〕の調査官解説］（**判解③**）
伊藤正晴「判解」最高裁判所判例解説民事篇平成 25 年度 356 頁［非嫡出子相続分規定事件決定〔本書 8 事件〕の調査官解説］（**判解④**）
畑佳秀「判解」最高裁判所判例解説民事篇平成 27 年度㊦(2018 年) 708 頁［夫婦同氏事件判決〔本書 10 事件〕の調査官解説］（**判解⑤**）
木下智史「判批」平成 28 年度重要判例解説（2017 年）18 頁（**判批①**）
木村敦子「判批」平成 28 年度重要判例解説（2017 年）86 頁（**判批②**）
久保野恵美子「判批」論究ジュリスト 18 号（2016 年）72 頁（**判批③**）
巻美矢紀「判批」論究ジュリスト 18 号（2016 年）86 頁（**判批④**）

10 夫婦同氏事件

最高裁平成27年12月16日大法廷判決　平成26年(オ)第1023号：損害賠償請求事件　民集69巻8号2586頁

事案

　婚姻前の氏を通称として使用している者または氏の選択をせずに提出した婚姻届が不受理となった者であるXら5名（原告、控訴人、上告人）が、民法750条は、憲法13条、14条1項（原審までは主張せず）、24条、または女子差別撤廃条約16条1項(b)および(g)に反するものであって、夫婦同氏制に加えて夫婦別氏制という選択肢を新たに設けない立法不作為が国家賠償法1条1項の適用上違法であるとして、国（被告、被控訴人、被上告人）に損害賠償を請求した。

　第一審判決（東京地判平25・5・29民集69-8-2708）は、在外日本人選挙権事件〔本書63事件〕を引用して、立法不作為が国家賠償法上違法とされるのは、憲法上の権利や条約上の権利行使のために立法措置の必要性が明白なものとなっており、国会が正当な理由なく長期にわたってこれを怠るときのような例外的な場合であるとしつつ（本件最高裁判決は、国家賠償法上の違法要件について述べておらず、また、憲法適合性判断を先行させている点で、憲法判断回避原則との抵触を論じうるが、この点については、再婚禁止期間事件〔本書9事件〕での検討に委ねる。ただし、判解①3246-3247頁を参照）、Xらの主張する憲法上の権利が存在しない、Xの援用する条約上の規定が国内適用可能性を有しないといった理由でXらの請求を棄却する判断をした（判解①3193頁以下）。Xらが控訴。原審判決（東京高判平26・3・28民集69-8-2741）は、立法不作為の国家賠償法上の責任を論じる前提として、被侵害利益としての、国民に憲法上、あるいは条約上保障されている権利の存在が必要となるとした。そのうえで、「『氏の変更を強制されない権利』は、いまだ憲法13条によって保障される具体的な権利として承認すべきものであるとはいえ」ず、「具体的な立法が憲法24条の趣旨に照らし合理性を有するかは検証する必要があるとしても、同条によって直接、何らの制約を受けない『婚姻の自由』が保障されていると解すること」もできないとした。女子差別撤廃条約の関係条文についても、「直接適用可能性ないし自動執行力」を否定し、第一審の判断を維持して控訴を棄却した（判解①3195頁以下）。Xらは上告した。

■参考条文（事件当時のもの）

女子差別撤廃条約
第16条　〔第1項〕締約国は、婚姻及び家族関係に係るすべての事項について女子に対する差別を撤廃するためのすべての適当な措置をとるものとし、特に、男女の平等を基礎として次のことを確保する。

(b)　自由に配偶者を選択し及び自由かつ完全な合意のみにより婚姻をする同一の権利
(g)　夫及び妻の同一の個人的権利（姓及び職業を選択する権利を含む。）

Navigator

　本判決は、「夫婦別姓訴訟」などと呼ばれ、報道等を通じて広く世間の注目を受けた訴訟の最高裁判決である。本判決は、民法750条の、憲法13条、14条1項、24条に対する適合性について判断している。13条に関しては、どのような権利が13条の保護対象となるのかについて、一般的な判断基準を示すことはなかったものの、その該当性判断を行った先例として意義をもつことになる。どのような要素に着目しているか丁寧に確認しておく必要があろう。14条1項についても事柄に応じた合理的な根拠に基づくものでない限り、法的な差別的取扱いを禁止するものであるという従来の基本的な枠組みを確認している。ただし、いわゆる「間接差別」の議論を意識してか、社会に存する差別的な意識や慣習による影響を排除して夫婦間に実質的な平等が保たれるように図ることは「14条1項の趣旨に沿う」とした点が注目される。さらに、これにとどまらず、13条、14条1項違反が認められない場合にあっても、24条の認めた立法裁量の統制において、一定の利益侵害が判断要素となると述べた点が注目される。すなわち、24条が法制度の構築について、立法裁量を認めつつ、そこに枠づけを行う規定であることを明らかにするとともに、従来、13条や14条1項の具体化であるとされがちであった24条に、独自の意義を認めたのである。この意味では、新規な議論を展開している部分もあるので、論理展開を丁寧に追う必要がある。また、本件規定の憲法適合性、国家賠償法上の違法性については、裁判官の見解が分かれており、少数意見にもきちんと目を配っておきたい。

■判決の論理構造

13条	①氏名は、13条の人格権の保護範囲内だが、婚姻に際して氏の変更を強制されない自由は、保護範囲外		
	②改氏による不利益＝13条の人格権の保護範囲内ではないが、婚姻・家族制度の設計において考慮すべき人格的利益	→	24条の立法裁量統制における考慮要素
14条1項	夫婦同氏制それ自体に男女間の形式的な不平等は存在せず、圧倒的多数が夫の氏を選択していても本件規定自体から生じた結果ではない	→	14条1項に違反せず
24条	婚姻を回避させるような事実上の制約	→	24条1項に違反せず 24条による立法裁量統制の考慮要素にはなる 24条：立法裁量を認めつつ限界も設定。憲法上直接保障されるとはいえない人格的利益や実質的平等も考慮

■判　決

○　主　文
本件上告を棄却する。
上告費用は上告人らの負担とする。
○　理　由
上告代理人榊原富士子ほかの上告理由について

第1　事案の概要

[1] 1　本件は、上告人らが、夫婦が婚姻の際に定めるところに従い夫又は妻の氏を称すると定める民法750条の規定（以下「本件規定」という。）は憲法13条、14条1項、24条1項及び2項等に違反すると主張し、本件規定を改廃する立法措置をとらないという立法不作為の違法を理由に、被上告人に対し、国家賠償法1条1項に基づき損害賠償を求める事案である❶。

[2] 2　原審の適法に確定した事実関係の概要は、次のとおりである。
(1)　上告人塚本協子（戸籍上の氏名は「小島協子」である。）は、小島明久との婚姻の際、夫の氏を称すると定めたが、通称の氏として「塚本協子」を使用している。
(2)　上告人加山恵美と上告人渡辺二夫は、婚姻の際、夫の氏を称すると定めたが、協議上の離婚をした。同上告人らは、その後、再度婚姻届を提出したが、婚姻後の氏の選択がされていないとして不受理とされた。
(3)　上告人小國香織（戸籍上の氏名は「丹菊香織」である。）は、丹菊敏貴との婚姻の際、夫の氏を称すると定めたが、通称の氏として「小國香織」を使用している。
(4)　上告人吉井美奈子（戸籍上の氏名は「谷美奈子」である。）は、谷正友との婚姻の際、夫の氏を称すると定めたが、通称の氏として「吉井」を使用している❷。

第2　上告理由のうち本件規定が憲法13条に違反する旨をいう部分について

[3] 1　論旨は、本件規定が、憲法上の権利として保障される人格権の一内容である「氏の変更を強制されない自由」を不当に侵害し、憲法13条に違反する旨をいうものである❸。

[4] 2(1)　氏名は、社会的にみれば、個人を他人から識別し特定する機能を有するものであるが、同時に、その個人からみれば、人が個人として尊重される基礎であり、その個人の人格の象徴であって、人格権の一内容を構成するものというべきである（最高裁昭和58年(オ)第1311号同63年2月16日第三小法廷判決・民集42巻2号27頁参照）❹。

[5] (2)　しかし、氏は、婚姻及び家族に関する法制度の一部として法律がその具体的な内容を規律しているものであるから、氏に関する上記人格権の内容も、憲法上一義的に捉えられるべきものではなく、憲法の趣旨を踏まえつつ定められる法制度をまって初めて具体的に捉えられるものである❺。

[6] したがって、具体的な法制度を離れて、氏が変更されること自体を捉えて直ちに人格権を侵害し、違憲であるか否かを論ずることは相当ではない。

❶【1】では、請求内容、関係条文がまとめられている。判解①708頁も参照。

❷【2】では、本件における事実関係がまとめられている。判解①708頁も参照。

❸【3】では、憲法13条違反に関する上告人の主張が要約されており、「氏の変更を強制されない自由」の侵害の有無が争点として明示されている。

❹【4】では、テレビ放送のニュース番組における、在日韓国人の氏名の日本語読みの不法行為該当性が争われた判例①を引いて、「氏名」が人格権の一内容を構成するものであることが確認されている。もっとも、氏名を使用ないし維持するといった利益が人格権の内容であるというならともかく、氏名が人権権の一内容をなすというのは、日本語として釈然としないところが残る。また、「人格権」の意義について、調査官解説は、「多義的であって、検討に当たっては、その内容や位置付けに十分に留意する必要がある」として、氏名が人格権の一内容を構成することは確かであるが、「具体的な検討をするに当たっては、さらに、氏名に関するいかなる内容の利益が問題となっているのか、その具体的な利益が憲法上の権利として保障される性格（性質）のものかといった点を念頭に置いた上で行う必要がある」とし、「本判決が、単に氏名が人格権の一内容を構成するということで結論を出していないのは、このような問題意識に基づくもの」だと推測している（人格権の意義についての詳細、分類論も含めて、判解①733-737頁参照）。

❺【5】と【6】では、「氏」が民法の設定する法制度に関わるもので、そのあり方が憲法上一義的に定められておらず、具体的な法制度を前提とした考察が必要となるものであることが指摘されている。判解①737-739頁は、法制度と人格権の関係について、憲法と民法の関係にも関連して近時盛んに議論が展開されていることを指摘し、①異質論、②融合論、③規範階層的重層論、④憲法基底的重層論（調査官は、憲法と民法は、憲法を基礎に置きつつ、互いに共同しながら、国家・社会の基本法を重層的に構成しているものとみて、民法の任務を、憲法によって要請される基本権の保障体制をどのような枠組みで構成し、その内容をどのような方針に従って形成するかについての基本決定を私法の領域において行うものとみる考え方と定義づける）、⑤並立論といった見解があるとしたうえで、本判決が法制度と人権の問題に関連して特定の見解を示してはいないものの、憲法の趣旨をふまえて云々という部分を意識してか、「憲法基底的重層論の考え方と共通する部分もあるように思われる」という。

10　夫婦同氏事件

【7】　(3)　そこで、民法における氏に関する規定を通覧すると、人は、出生の際に、嫡出である子については父母の氏を、嫡出でない子については母の氏を称することによって氏を取得し（民法790条）、婚姻の際に、夫婦の一方は、他方の氏を称することによって氏が改められ（本件規定）、離婚や婚姻の取消しの際に、婚姻によって氏を改めた者は婚姻前の氏に復する（同法767条1項、771条、749条）等と規定されている。また、養子は、縁組の際に、養親の氏を称することによって氏が改められ（同法810条）、離縁や縁組の取消しによって縁組前の氏に復する（同法816条1項、808条2項）等と規定されている❻。

【8】　これらの規定は、氏の性質に関し、氏に、名と同様に個人の呼称としての意義があるものの、名とは切り離された存在として、夫婦及びその間の未婚の子や養親子が同一の氏を称するとすることにより、社会の構成要素である家族の呼称としての意義があるとの理解を示しているものといえる。そして、家族は社会の自然かつ基礎的な集団単位であるから、このように個人の呼称の一部である氏をその個人の属する集団を想起させるものとして一つに定めることにも合理性があるといえる❼。

【9】　(4)　本件で問題となっているのは、婚姻という身分関係の変動を自らの意思で選択することに伴って夫婦の一方が氏を改めるという場面であって、自らの意思に関わりなく氏を改めることが強制されるというものではない❽。

【10】　氏は、個人の呼称としての意義があり、名とあいまって社会的に個人を他人から識別し特定する機能を有するものであることからすれば、自らの意思のみによって自由に定めたり、又は改めたりすることを認めることは本来の性質に沿わないものであり、一定の統一された基準に従って定められ、又は改められるとすることが不自然な取扱いとはいえないところ、上記のように、氏に、名とは切り離された存在として社会の構成要素である家族の呼称としての意義があることからすれば、氏が、親子関係など一定の身分関係を反映し、婚姻を含めた身分関係の変動に伴って改められることがあり得ることは、その性質上予定されているといえる❾。

【11】　(5)　以上のような現行の法制度の下における氏の性質等に鑑みると、婚姻の際に「氏の変更を強制されない自由」が憲法上の権利として保障される人格権の一内容であるとはいえない。本件規定は、憲法13条に違反するものではない❿。

【12】　3　もっとも、上記のように、氏が、名とあいまって、個人を他人から識別し特定する機能を有するほか、人が個人として尊重される基礎であり、その個人の人格を一体として示すものでもあることから、氏を改める者にとって、そのことによりいわゆるアイデンティティの喪失感を抱いたり、従前の氏を使用する中で形成されてきた他人から識別し特定される機能が阻害される不利益や、個人の信用、評価、名誉感情等にも影響が及ぶという不利益が生じたりすることがあることは否定できず、特に、近年、晩婚化が進み、婚姻前の氏を使用する中で社会的な地位や業績が築かれる期間が長くなっていることから、婚姻に伴い氏を改めることにより不利益を被る者が増加してきていることは容易にうかがえるところである⓫。

【13】　これらの婚姻前に築いた個人の信用、評価、名誉感情等を婚姻後も維持する利益等は、憲法上の権利として保障される人格権の一内容であるとまではいえないものの、後記のとおり、氏を含めた婚姻及び家族に関する法制度の在り方を検討するに当たって考慮すべき人格的利益であるとはいえるのであり、憲法24条の認める立法裁量の範囲を超えるものであるか否かの検討に当たって考慮すべき事項であると考えられる⓬。

第3　上告理由のうち本件規定が憲法14条1項に違反する旨をいう部分について

【14】　1　論旨は、本件規定が、96％以上の夫婦において夫の氏を選択するという性差別を発生させ、ほとんど女性のみに不利益を負わせる効果を有する規定であるから、憲法14条1項に違反する旨をいうものである⓭。

【15】　2　憲法14条1項は、法の下の平等を定めており、この規定が、事柄の性質に応じた合理的な根拠に基づくものでない限り、法的な差別的取扱いを禁止する趣旨のものであると解すべきことは、当裁判所の判例とするところである（最高裁昭和37年（オ）第1472号同39年5月27日大法廷判決・民集18巻4号676頁、最高裁昭和45年（あ）第1310号同48年

❻【7】では、現行民法上の「氏」に関連する規定が列挙され、具体的な法制度の内容が確認されている。

❼【8】では、【7】で確認した法制度が、氏を、名とともに個人としての呼称の意義があるとともに、それだけではなく、社会の構成要素である家族の呼称としての意義があるものと認めているという（調査官解説は、このような説明を、個人の呼称であるとする見解と家族の呼称であるとする見解の双方から複合的な説明をしたものと位置づけている（判解①740頁）。氏の意義をめぐる議論の概観については、判解①730頁以下および763-764頁（注5）を参照）。そして、家族が社会の自然かつ基礎的な集団単位であること（判解①740頁は、この表現は世界人権宣言16条3項と共通することを指摘する）を理由に、個人の呼称の一部である氏をその個人の属する集団を想起させるものとして一つに定めることに合理性を見出している。

❽【9】では、民法750条があくまで自己の意思に基づく改氏を規定するものであることが確認されている。これは、氏の変更を強制するものとする上告理由の論旨の捉え方を疑問視していると理解しうる（判解①741頁）。

❾【10】では、まず、氏の個人の呼称としての性格上、個人の社会的な識別・特定機能があり、それゆえ、第三者にとっても利害関係があることにも配慮して、自らの意思のみによって自由に定めたり改めたりすることは本来の性質に沿わないものであるとして（判解①741頁）、氏が一定の規格化を要し、氏を称する本人の意思を絶対的に反映させるべきではないことについては、後掲の寺田補足意見【40】【41】を参照）。続いて、氏が一定の法制度によって形成されるものである以上、氏に関する利益も現行の法制度によって与えられた性質の影響を受けることになるものであるから、一定の身分関係を反映して、その変動に伴って氏が改められることがありえ、現在の法制度を離れて、身分変動があっても氏が改められないことまでが保障されるべき利益にはなっていない旨が述べられている（判解①742頁）。

❿【11】では、ここまでの検討をふまえて、婚姻の際に「氏の変更を強制されない自由」が人格権の一内容を構成するものではない、すなわち、憲法13条の保護範囲に含まれないと判示している。なお、本判決も含めて、最高裁判決において、一定の権利または利益が「人格権」の一内容としての憲法上の権利と認められるための具体的な基準を、明示的に判断したものはない。もっとも、調査官解説は、従来の「最高裁判例の判文等で着目されてきた要素を検討すると、権利や利益の憲法上の位置付けや性質、権利や利益の内容、第三者の事情といった点が総合的に考慮されている（……）」という（判解①736頁）。なお、本判決は、「自由」の内容を極めて具体的に特定しており、ここまで保護範囲のレベルで特定せずとも、権利への制約と考えて、正当化の問題として処理すればよいような印象も受ける。この点を批判するものとして、判批①22頁参照。

⓫【12】では、近時の社会状況にも言及し、改氏を行う者に一定の不利益が発生することが確認されている。

⓬【13】では、【12】で確認した不利益を、憲法上の権利として保障される人格権の一内容であるとまではいえないとしつつ、氏を含めた婚姻および家族に関する法制度のあり方を検討するにあたって考慮すべき人格的利益であるとはいえとし、憲法24条の認める立法裁量の範囲を超えるものであるか否かの検討にあたって考慮すべき事項として位置づける。以上について、【12】に関する解説も含めて、判解①742-743頁も参照。

⓭【14】では、憲法14条1項違反に関する上告人の

4月4日大法廷判決・刑集27巻3号265頁等）❶❹。

[16] そこで検討すると、本件規定は、夫婦が夫又は妻の氏を称するものとしており、夫婦がいずれの氏を称するかを夫婦となろうとする者の間の協議に委ねているのであって、その文言上性別に基づく法的な差別的取扱いを定めているわけではなく、本件規定の定める夫婦同氏制それ自体に男女間の形式的な不平等が存在するわけではない。我が国において、夫婦となろうとする者の間の個々の協議の結果として夫の氏を選択する夫婦が圧倒的多数を占めることが認められるとしても、それが、本件規定の在り方自体から生じた結果であるということはできない❶❺。

[17] したがって、本件規定は、憲法14条1項に違反するものではない❶❻。

[18] 3 もっとも、氏の選択に関し、これまでは夫の氏を選択する夫婦が圧倒的多数を占めている状況にあることに鑑みると、この現状が、夫婦となろうとする者双方の真に自由な選択の結果によるものかについて留意が求められるところであり、仮に、社会に存する差別的な意識や慣習による影響があるのであれば、その影響を排除して夫婦間に実質的な平等が保たれるように図ることは、憲法14条1項の趣旨に沿うものであるといえる。そして、この点は、氏を含めた婚姻及び家族に関する法制度の在り方を検討するに当たって考慮すべき事項の一つというべきであり、後記の憲法24条の認める立法裁量の範囲を超えるものであるか否かの検討に当たっても留意すべきものと考えられる❶❼。

第4　上告理由のうち本件規定が憲法24条に違反する旨をいう部分について

[19] 1 論旨は、本件規定が、夫婦となろうとする者の一方が氏を改めることを婚姻届出の要件とすることで、実質的に婚姻の自由を侵害するものであり、また、国会の立法裁量の存在を考慮したとしても、本件規定が個人の尊厳を侵害するものとして、憲法24条に違反する旨をいうものである❶❽。

[20] 2(1) 憲法24条は、1項において「婚姻は、両性の合意のみに基いて成立し、夫婦が同等の権利を有することを基本として、相互の協力により、維持されなければならない。」と規定しているところ、これは、婚姻をするかどうか、いつ誰と婚姻をするかについては、当事者間の自由かつ平等な意思決定に委ねられるべきであるという趣旨を明らかにしたものと解される❶❾。

[21] 本件規定は、婚姻の効力の一つとして夫婦が夫又は妻の氏を称することを定めたものであり、婚姻をすることについての直接の制約を定めたものではない。仮に、婚姻及び家族に関する法制度の内容に意に沿わないところがあることを理由として婚姻をしないことを選択した者がいるとしても、これをもって、直ちに上記法制度を定めた法律が婚姻をすることについて憲法24条1項の趣旨に沿わない制約を課したものと評価することはできない。ある法制度の内容により婚姻をすることが事実上制約されることになっていることについては、婚姻及び家族に関する法制度の内容を定めるに当たっての国会の立法裁量の範囲を超えるものであるか否かの検討に当たって考慮すべき事項であると考えられる❷⓿。

[22] (2) 憲法24条は、2項において「配偶者の選択、財産権、相続、住居の選定、離婚並びに婚姻及び家族に関するその他の事項に関しては、法律は、個人の尊厳と両性の本質的平等に立脚して、制定されなければならない。」と規定している❷❶。

[23] 婚姻及び家族に関する事項は、関連する法制度においてその具体的内容が定められていくものであることから、当該法制度の制度設計が重要な意味を持つものであるところ、憲法24条2項は、具体的な制度の構築を第一次的には国会の合理的な立法裁量に委ねるとともに、その立法に当たっては、同条1項も前提としつつ、個人の尊厳と両性の本質的平等に立脚すべきであるとする要請、指針を示すことによって、その裁量の限界を画したものといえる❷❷。

[24] そして、憲法24条が、本質的に様々な要素を検討して行われるべき立法作用に対してあえて立法上の要請、指針を明示していることからすると、その要請、指針は、単に、憲法上の権利として保障される人格権を不当に侵害するものでなく、かつ、両性の形式的な平等が保たれた内容の法律が制定されればそれで足りるというものではないのであって、憲法上直接保障された権利とまではいえない人格的利益をも尊重すべきこと、両性の実質的平等が保たれるように図ること、婚姻制度の内容により婚姻をすることが事実上

❶❹【15】では、平等関連判例に共通する判示をここでも行い、憲法14条1項適合性についての基本的な判断枠組みが確認されている。

❶❺【16】では、まず民法750条が文言上性別に基づく別異取扱いを定めているわけではないことが確認される。さらに「それ自体は差別を含まない中立的な制度や基準であっても、特定の人種や性別に属する人に不利な効果・影響をもたらすならば違法な差別となる〔文献①2頁〕」（判解①746頁）などと説明される、「間接差別論」あるいは「差別的効果論」を意識して、夫の氏を選択する夫婦が圧倒的多数を占めることが認められるという結果も、個々の協議の結果といわざるをえず、本規定のあり方自体から生じているものではないことについても丁寧に確認されている。

❶❻【17】では、以上の検討に基づき、本件規定が憲法14条1項に違反するものではないと結論づけている。

❶❼【18】は、まず、社会に存する差別的な意識や慣習による影響があるのであれば、その影響を排除して夫婦間に実質的な平等が保たれるように図ることは、憲法14条1項の趣旨に沿うものであるとした。ただし、これは直接14条1項の違反の問題を構成するものではなく（調査官解説は、裁判規範性の否定と位置づける（判解①747頁））、憲法24条の認める立法裁量の範囲を超えるものであるか否かの検討にあたって考慮すべき事項として位置づけている。

❶❽【19】では、憲法24条違反に関する、上告人の主張が要約されている。

❶❾【20】では、憲法24条1項の趣旨が説明されている。これについては、従来学説上幅があった（判解①750頁以下）が、本判決は、「婚姻をするかどうか、いつ誰と婚姻をするかについては、当事者間の自由かつ平等な意思決定に委ねられるべきであるという趣旨を明らかにしたもの」と性格づけている。なお、調査官解説は、婚姻の自由を憲法上の権利と認めたかどうかは定かではないとしつつも、24条1項の規定は法律婚制度の廃止を禁止しているとともに、法律婚の要件として不合理なものを規定すれば違憲となるのであり、【20】の判示は、この後者を明らかにしたものであると理解している（判解①749-750頁）。

❷⓿【21】では、まず、本件規定によって、夫婦のいずれか一方が改氏を強いられることを嫌って婚姻を回避するなど、事実上婚姻に制約が生じていたとしても、憲法24条1項の趣旨に沿わない制約を課したものと評価することはできないという。そして、そのような事実上の制約は、婚姻・家族制度の内容設計について立法裁量の範囲を超えるものであるか否かの検討における考慮事項として位置づけている（判解①750-751頁）。

❷❶【22】は、憲法24条2項の内容を確認する。

❷❷【23】は、憲法24条2項を中心とする24条の性質・意義について述べている。すなわち、婚姻・家族に関する事項は、関連する法制度における具体的内容決定に依存するものであり、制度設計が重要な意味をもつことを前提として、24条2項が、具体的な制度設計の第一次的判断を国会の立法裁量に委ねつつ、同条1項とも相まって一定の要請、指針を示すことを通じて、裁量に限界を設定したものであるという（判解①753頁）。

不当に制約されることのないように図ること等についても十分に配慮した法律の制定を求めるものであり、この点でも立法裁量に限定的な指針を与えるものといえる❷。

【25】　3⑴　他方で、婚姻及び家族に関する事項は、国の伝統や国民感情を含めた社会状況における種々の要因を踏まえつつ、それぞれの時代における夫婦や親子関係についての全体の規律を見据えた総合的な判断によって定められるべきものである。特に、憲法上直接保障された権利とまではいえない人格的利益や実質的平等は、その内容として多様なものが考えられ、それらの実現の在り方は、その時々における社会的条件、国民生活の状況、家族の在り方等との関係において決められるべきものである❷。

【26】　⑵　そうすると、憲法上の権利として保障される人格権を不当に侵害して憲法13条に違反する立法措置や不合理な差別を定めて憲法14条1項に違反する立法措置を講じてはならないことは当然であるとはいえ、憲法24条の要請、指針に応えて具体的にどのような立法措置を講ずるかの選択決定が上記⑴のとおり国会の多方面にわたる検討と判断に委ねられているものであることからすれば、婚姻及び家族に関する法制度を定めた法律の規定が憲法13条、14条1項に違反しない場合に、更に憲法24条にも適合するものとして是認されるか否かは、当該法制度の趣旨や同制度を採用することにより生ずる影響につき検討し、当該規定が個人の尊厳と両性の本質的平等の要請に照らして合理性を欠き、国会の立法裁量の範囲を超えるものとみざるを得ないような場合に当たるか否かという観点から判断すべきものとするのが相当である❷。

【27】　4　以上の観点から、本件規定の憲法24条適合性について検討する。

【28】　⑴ア　婚姻に伴い夫婦が同一の氏を称する夫婦同氏制は、旧民法（昭和22年法律第222号による改正前の明治31年法律第9号）の施行された明治31年に我が国の法制度として採用され、我が国の社会に定着してきたものである。前記のとおり、氏は、家族の呼称としての意義があるところ、現行の民法の下においても、家族は社会の自然かつ基礎的な集団単位と捉えられ、その呼称を一つに定めることには合理性が認められる❷。

【29】　そして、夫婦が同一の氏を称することは、上記の家族という一つの集団を構成する一員であることを、対外的に公示し、識別する機能を有している。特に、婚姻の重要な効果として夫婦間の子が夫婦の共同親権に服する嫡出子となるということがあるところ、嫡出子であることを示すために子が両親双方と同氏である仕組みを確保することにも一定の意義があると考えられる。また、家族を構成する個人が、同一の氏を称することにより家族という一つの集団を構成する一員であることを実感することに意義を見いだす考え方も理解できるところである。さらに、夫婦同氏制の下においては、子の立場として、いずれの親とも等しく氏を同じくすることによる利益を享受しやすいといえる❷。

【30】　加えて、前記のとおり、本件規定の定める夫婦同氏制それ自体に男女間の形式的な不平等が存在するわけではなく、夫婦がいずれの氏を称するかは、夫婦となろうとする者の間の協議による自由な選択に委ねられている❷。

【31】　イ　これに対して、夫婦同氏制の下においては、婚姻に伴い、夫婦となろうとする者の一方は必ず氏を改めることになるところ、婚姻によって氏を改める者にとって、そのことによりいわゆるアイデンティティの喪失感を抱いたり、婚姻前の氏を使用する中で形成してきた個人の社会的な信用、評価、名誉感情等を維持することが困難になったりするなどの不利益を受ける場合があることは否定できない。そして、氏の選択に関し、夫の氏を選択する夫婦が圧倒的多数を占めている現状からすれば、妻となる女性が上記の不利益を受ける場合が多い状況が生じているものと推認できる。さらには、夫婦となろうとする者のいずれかがこれらの不利益を受けることを避けるために、あえて婚姻をしないという選択をする者が存在することもうかがわれる❷。

【32】　しかし、夫婦同氏制は、婚姻前の氏を通称として使用することまで許さないというものではなく、近時、婚姻前の氏を通称として使用することが社会的に広まっているところ、上記の不利益は、このような氏の通称使用が広まることにより一定程度は緩和され得るものである❸。

【33】　ウ　以上の点を総合的に考慮すると、本件規定の採用した夫婦同氏制が、夫婦が別の氏を称することを認めないものであるとしても、上記のような状況の下で直ちに個人の尊厳と両性の本質的平等の要請に照らして合理性

❷　【24】は、憲法24条があえて立法上の要請、指針を示していることに鑑みて、憲法上の人格権や両性の形式的平等が害されていないというだけでは足りず、憲法上直接保障されたとまではいえない人格的利益や両性の実質的平等の担保、婚姻が事実上不当に制約されないように図る等についても、法律の制定にあたって十分配慮することを求めるものであるとしている（判解①753頁）。24条をこのように解釈したことは、13条や14条1項では掬い上げられない権利利益等を立法裁量の統制において考慮できるという、単に13条、14条1項の特別規定に限定されない固有の意義を24条に認めたと評価できる（判解①754頁）。

❷　【25】は、婚姻・家族制度の設計は、その事柄の性質上、その時々における社会的条件、国民生活の状況、家族のあり方等との関係において決められるべきとする。調査官解説は、これを広い意味での合憲性審査基準の設定における検討対象の提示と捉えているようである（判解①755-756頁）。

❷　【26】は、立法裁量統制の判断のあり方について述べている。調査官解説は、【24】と【25】の検討をふまえて、合憲性審査基準を示したものと理解しており、広い意味では、「合理性の基準」に整理できるという（判解①756頁）。また、このような広い考慮要素をもつ合憲性審査基準の説示を行った理由を、典型的な意味での基本的人権を直接制約する規定の合憲性審査基準が問題となっているわけではないこと、検討すべき対象が憲法上直接保障されたとまではいえない人格的利益や実質的平等であり、その内容が多様でありえ、その実現のあり方も多方面にわたる検討を要することに求めている（判解①756-757頁）。

❷　【28】は、夫婦同氏制のわが国社会における定着を指摘するとともに、【8】でみた、家族の呼称を一つにまとめることの合理性を再確認している。

❷　【29】は、夫婦が同氏を称することが、①家族を構成する一員であることの対外的公示、識別機能を有し、夫婦間の子が嫡出子であることを示す仕組みを確保することにも一定の意義があること、②家族を構成する個人が家族という一つの集団を構成する一員であることを実感することに意義を見出す考え方もあること、さらに、③子がいずれの親とも等しく氏を同じくすることによる利益を享受しやすいことを指摘している。

❷　【30】は、本件規定の夫婦同氏制それ自体に男女間に形式的不平等が存在するわけではないこと、いずれの氏を選択するかは、協議による自由な決定に委ねられていることなど、【16】での指摘が再確認されている。

❷　【31】では、【12】で触れたような、改氏を行う者に生じる不利益、【18】で触れた、圧倒的多数の夫婦が夫の氏を選択している事実から、女性が不利益を受ける場合が多いことが推測されること、【21】でも触れている、法律婚の回避を行う者の存在の可能性といった、夫婦同氏制がもたらす不利益について再確認している。

❸　【32】では、【31】で指摘した不利益が、通称としての旧氏使用の社会的拡大により、一定程度緩和されていることを指摘している。

を欠く制度であるとは認めることはできない。したがって、本件規定は、憲法24条に違反するものではない。❶

[34]　（2）　なお、論旨には、夫婦同氏制を規制と捉えた上、これよりも規制の程度の小さい氏に係る制度（例えば、夫婦別氏を希望する者にこれを可能とするいわゆる選択的夫婦別氏制）を採る余地がある点についての指摘をする部分があるところ、上記(1)の判断は、そのような制度に合理性がないと断ずるものではない。上記のとおり、夫婦同氏制の採用については、嫡出子の仕組みなどの婚姻制度や氏の在り方に対する社会の受け止め方に依拠するところが少なくなく、この点の状況に関する判断を含め、この種の制度の在り方は、国会で論ぜられ、判断されるべき事柄にほかならないというべきである。❷

第5　その余の上告理由について

[35]　論旨は、憲法98条2項違反及び理由の不備をいうが、その実質は単なる法令違反をいうものであって、民訴法312条1項及び2項に規定する事由のいずれにも該当しない。❸

第6　結論

[36]　以上によれば、本件規定を改廃する立法措置をとらない立法不作為は、国家賠償法1条1項の適用上違法の評価を受けるものではない。上告人らの請求を棄却すべきものとした原審の判断は、是認することができる。論旨は採用することができない。❹

[37]　よって、裁判官山浦善樹の反対意見があるほか、裁判官全員一致の意見で、主文のとおり判決する。なお、裁判官寺田逸郎の補足意見、裁判官櫻井龍子、同岡部喜代子、同鬼丸かおる、同木内道祥の各意見がある。

❸❶　[33]では、[28]から[32]（この内容については、判解①757頁の要約も参照）で指摘した事情の総合考慮の結果として、本件規定の採用した夫婦同氏制が直ちに個人の尊厳と両性の本質的平等の要請に照らして合理性を欠く制度であるとは認めることはできず、憲法24条に違反しないと結論づけている。

❸❷　[34]は、本判決が選択的夫婦別氏制などの合理性を否定するものではないこと（判解①760頁）、夫婦同氏制の採用については国会で論ぜられ、判断されるべき事柄であることが強調されている。

❸❸　[35]は、憲法13条違反、14条1項違反、24条違反以外の上告理由が、正当な上告理由に該当しないとした（女子差別撤廃条約違反に関して、判解①762頁）。関連して、【補足説明】も参照。

❸❹　[36]と[37]では、結論がまとめられている。

少数意見

裁判官寺田逸郎の補足意見は、次のとおりである❸❺

[38]　岡部裁判官及び木内裁判官の各意見における憲法適合性の議論に鑑み、多数意見の第4の4の記述を敷衍する趣旨で補足的に述べておきたい。

[39]　本件で上告人らが主張するのは、氏を同じくする夫婦に加えて氏を異にする夫婦を法律上の存在として認めないのは不合理であるということであり、いわば法律関係のメニューに望ましい選択肢が用意されていないことの不当性を指摘し、現行制度の不備を強調するものであるが、このような主張について憲法適合性審査の中で裁判所が積極的な評価を与えることには、本質的な難しさがある。

[40]　（1）　およそ人同士がどうつながりを持って暮らし、生きていくかは、その人たちが自由に決められて然るべき事柄である。憲法上も、このことを13条によって裏付けることができよう。これに対して、法律制度としてみると、婚姻夫婦のように形の上では二人の間の関係であっても、家族制度の一部として構成され、身近な第三者ばかりでなく広く社会に効果を及ぼすことがあるものとして位置付けられることがむしろ一般的である。現行民法でも、親子関係の成立、相続における地位、日常の生活において生ずる取引上の義務などについて、夫婦となっているかいないかによって違いが生ずるような形で夫婦関係が規定されている。このような法律制度としての性格や、現実に夫婦、親子などからなる家族が広く社会の基本的構成要素となっているという事情などから、法律上の仕組みとしての婚姻夫婦も、その他の家族関係と同様、社会の構成員一般からみてもそう複雑でないものとして捉えることができるよう規格化された形で作られていて、個々の当事者の多様な意思に沿って変容させることに対しては抑制的である。民事上の法律制度として当事者の意思により法律関係を変容させることを許容することに慎重な姿勢がとられているものとしては、他に法人制度（会社制度）や信託制度などがあるが、家族制度は、これらと比べても社会一般に関わる度合いが大きいことが考慮されているのであろう、この姿勢が一層強いように思われる。

[41]　（2）　現行民法における婚姻は、上記のとおり、相続関係（890条、900条等）、日常の生活において生ずる取引関係（761条）など、当事者相互の関係にとどまらない意義・効力を有するのであるが、男女間に認められる制度としての婚姻を特徴づけるのは、嫡出子の仕組み（772条以下）をおいてほかになく、この仕組みが婚姻制度の効力として有する意味は大きい（注）。現行民法下では夫婦及びその嫡出子が家族関係の基本を成しているとする見方が広く行き渡っているのも、このような構造の捉え方に沿ったものであるといえるであろうし、このように婚姻と結び付いた嫡出子の地位を認めることは、必然的といえないとしても、歴史的にみても社会学的にみても不合理とは断じ難く、憲法24条との整合性に欠けることもない。そして、夫婦の氏に関する規定は、まさに夫婦それぞれと等しく同じ氏を称するほどのつながりを持った存在として嫡出子が意義づけられていること（790条1項）を反映していると考えられるのであって、このことは多数意見でも触れられているとおりである（ただし、このことだけが氏に関する規定の合理性を根拠づけるわけではないことも、多数意見で示されているとおりである。）。複雑さを避け、規格化するという要請の中で仕組みを構成しようとする場合に、法律上の効果となる柱を想定し、これとの整合性を追求しつつ他の部分を作り上げていくことに何ら不合理はないことを考慮すると、このように作り上げられている夫婦の氏の仕組みを社会の多数が受入れるときに、その原則としての位置付けの合理性を疑う余地がそれほどあるとは思えない。

[42]（注）　性同一性障害者の性別の取扱いの特例に関する法律に基づき男性への性別の取扱いの変更の審判を受けた者の妻の懐胎子と嫡出推定規定の適用に関する最高裁平成25年（許）第5号同年12月10日第三小法廷決定・民集67巻9号1847頁におけ

❸❺　寺田補足意見は、憲法24条適合性に関する審査のあり方、選択的夫婦別氏制などの選択肢の構築義務の有無について、意見、反対意見からの批判にも対応しつつ、多数意見の立場を敷衍したものであり、法制度における一定の規格化の必要性や、民主主義的プロセスを通じた解決の適切性を強調するものとなっている（判解①749頁）。

る寺田補足意見（1852頁以下）参照。嫡出推定・嫡出否認の仕組みは、妻による懐胎出生子は、夫自らが否定しない限り夫を父とするという考え方によるものであり、妻が子をもうけた場合に、夫の意思に反して他の男性からその子が自らを父とする子である旨を認知をもって言い立てられることはないという意義を婚姻が有していることを示している。このように、法律上の婚姻としての効力の核心部分とすらいえる効果が、まさに社会的広がりを持つものであり、それ故に、法律婚は型にはまったものとならざるを得ないのである。

【43】　(3)　家族の法律関係においても、人々が求めるつながりが多様化するにつれて規格化された仕組みを窮屈に受け止める傾向が出てくることはみやすいところであり、そのような傾向を考慮し意向に沿った選択肢を設けることが合理的であるとする意見・反対意見の立場は、その限りでは理解できなくはない。しかし、司法審査という立場から現行の仕組みが不合理といえるかどうかを論ずるにおいては、上記の傾向をそのまま肯定的な結論に導くにはいくつかの難所がある。

【44】　上記のとおり、この分野においては、当事者の合意を契機とすることにより制度を複雑にすることについて抑制的な力学が働いているという壁がまずある。我が国でも、夫婦・親子の現実の家族としてのありようは、もともと地域などによって一様でないとの指摘がある中で、法的には夫婦関係、親子関係が規格化されて定められてきていることに留意することが求められよう。諸外国の立法でも柔軟化を図っていく傾向にあるとの指摘があるが、どこまで柔軟化することが相当かは、その社会の受け止め方の評価に関わるところが大きい。次に、選択肢を設けないことが不合理かどうかについては、制度全体との整合性や現実的妥当性を考慮した上で選択肢が定まることなしには的確な判断をすることは望めないところ、現行制度の嫡出子との結び付きを前提としつつ、氏を異にする夫婦関係をどのように構成するのかには議論の幅を残すことを避けられそうもない。例えば、嫡出子の氏をどのようにするかなどの点で嫡出子の仕組みとの折り合いをどのようにつけるかをめぐっては意見が分かれるところであり（現に、平成8年の婚姻制度に関する法制審議会の答申において、子の氏の在り方をめぐって議論のとりまとめに困難があったようにうかがわれる。）、どのような仕組みを選択肢の対象として検討の俎上に乗せるかについて浮動的な要素を消すことができない。もちろん、現行法の定める嫡出子の仕組みとの結び付きが婚姻制度の在り方として必然的なものとまではいえないことは上記のとおりであり、嫡出子の仕組みと切り離された新たな制度を構想することも考えられるのであるが、このようなことまで考慮に入れた上での判断となると、司法の場における審査の限界をはるかに超える。加えて、氏の合理的な在り方については、その基盤が上記のとおり民法に置かれるとしても、多数意見に示された本質的な性格を踏まえつつ、その社会生活上の意義を勘案して広く検討を行っていくことで相当性を増していくこととなろうが、そのような方向での検討は、同法の枠を超えた社会生活に係る諸事情の見方を問う政策的な性格を強めたものとならざるを得ないであろう。

【45】　以上のような多岐にわたる条件の下での総合的な検討を念頭に置くとなると、諸条件につきよほど客観的に明らかといえる状況にある場合にはともかく、そうはいえない状況下においては、選択肢が設けられていないことの不合理を裁判の枠内で見いだすことは困難であり、むしろ、これを国民的議論、すなわち民主主義的なプロセスに委ねることによって合理的な仕組みの在り方を幅広く検討して決めるようにすることこそ、事の性格にふさわしい解決であるように思える。選択肢のありようが特定の少数者の習俗に係るというような、民主主義的プロセスによる公正な検討への期待を妨げるというべき事情も、ここでは見いだすに至らない。離婚における婚氏続称の仕組み（民法767条2項）を例に挙げて身分関係の変動に伴って氏を変えない選択肢が現行法に設けられているとの指摘もみられるが、離婚後の氏の合理

的な在り方について国会で議論が行われ、その結果、新たに選択肢を加えるこの仕組みが法改正によって設けられたという、その実現までの経緯を見落してはなるまい。そのことこそが、問題の性格についての上記多数意見の理解の正しさを裏書きしているといえるのではないであろうか。

裁判官岡部喜代子の意見は、次のとおりである❸。

【46】　私は、本件上告を棄却すべきであるとする多数意見の結論には賛成するが、本件規定が憲法に違反するものではないとする説示には同調することができないので、その点に関し意見を述べることとしたい。

1　本件規定の憲法24条適合性

(1) 本件規定の昭和22年民法改正時の憲法24条適合性

【47】　多数意見の述べるとおり、氏は個人の呼称としての意義があり、名とあいまって社会的に個人を他から識別し特定する機能を有するものである。そして、夫婦と親子という身分関係は、人間社会の最も基本的な社会関係であると同時に重要な役割を担っているものであり、このような関係を表象するために同一の氏という記号を用いることは一般的には合理的な制度であると考えられる。社会生活の上でその身分関係をある程度判断することができ、夫婦とその間の未成熟子という共同生活上のまとまりを表すことも有益である。

【48】　夫婦同氏の制度は、明治民法（昭和22年法律第222号による改正前の明治31年法律第9号）の下において、多くの場合妻は婚姻により夫の家に入り、家の名称である夫の氏を称することによって実現されていた。昭和22年法律第222号による民法改正時においても、夫婦とその間の未成熟子という家族を念頭に、妻は家庭内において家事育児に携わるという近代家族生活が標準的な姿として考えられており、夫の氏は婚姻によって変更されず妻の氏が夫と同一になることに問題があるとは考えられなかった。実際の生活の上でも、夫が生計を担い、妻がそれを助けあるいは家事育児を担うという態様が多かったことによって、妻がその氏を変更しても特に問題を生ずることは少なかったといえる。本件規定は、夫婦が家から独立し各自が独立した法主体として協議してどちらの氏を称するかを決定するという形式的平等を規定した点に意義があり、昭和22年に制定された当時としては合理性のある規定であった。したがって、本件規定は、制定当時においては憲法24条に適合するものであったといえる。

(2) 本件規定の現時点の憲法24条適合性

【49】　ア　ところが、本件規定の制定後に長期間が経過し、近年女性の社会進出は著しく進んでいる。婚姻前に稼働する女性が増加したばかりではなく、婚姻後に稼働する女性も増加した。その職業も夫の助けを行う家内的な仕事にとどまらず、個人、会社、機関その他との間で独立した法主体として契約等をして稼働する、あるいは事業主体として経済活動を行うなど、社会と広く接触する活動に携わる機会も増加してきた。そうすると、婚姻前の氏から婚姻後の氏に変更することによって、当該個人が同一人であるという個人の識別、特定に困難を引き起こす事態が生じてきたのである。そのために婚姻後も婚姻前の氏によって社会的経済的な場面における生活を継続したいという欲求が高まってきたことは公知の事実である。そして識別困難であることは単に不便であるというだけではない。例えば、婚姻前に営業実績を積み上げた者が婚姻後の氏に変更したことによって外観上その実績による評価を受けることができないおそれがあり、また、婚姻前に特許を取得した者と婚姻後に特許を取得した者が同一人と認識されないおそれがあり、あるいは論文の連続性が認められないおそれがある等、それが業績、実績、成果などの法的利益に影響を与えかねない状況となることは容易に推察できるところである。氏の第一義的な機能が同一性識別機能であると考えられることからすれば、婚姻によって取得した新しい氏を使用することによって当該個人の同一性識別に支障の及ぶことを避けるために婚姻前の氏使用を希望す

---

❸　岡部意見は、立法後の社会の変化により合理性が徐々に揺らぎ、少なくとも現時点においては、夫婦が別の氏を称することを例外なく認めないものである点において、個人の尊厳と両性の本質的平等の要請に照らして合理性を欠き、国会の立法裁量の範囲を超える状態に至っているとする。そこでは、女子差別撤廃委員会からの指摘にも言及しており、非嫡出子相続分規定事件決定〔本書8事件〕を思わせる構成となっている。ただし、国家賠償法上の違法性については否定しており、上告棄却という結論においては多数意見と一致している。本意見には、櫻井裁判官および鬼丸裁判官が同調している。判解①758-759頁も参照。

ることには十分な合理的理由があるといわなければならない。このような同一性識別のための婚姻前の氏使用は、女性の社会進出の推進、仕事と家庭の両立策などによって婚姻前から継続する社会生活を送る女性が増加するとともにその合理性と必要性が増しているといえる。現在進行している社会のグローバル化やインターネット等で氏名が検索されることがあるなどの、いわば氏名自体が世界的な広がりを有するようになった社会においては、氏による個人識別性の重要性はより大きいものであって、婚姻前からの氏使用の有用性、必要性は更に高くなっているといわなければならない。我が国が昭和60年に批准した「女子に対するあらゆる形態の差別の撤廃に関する条約」に基づき設置された女子差別撤廃委員会からも、平成15年以降、繰り返し、我が国の民法に夫婦の氏の選択に関する差別的な法規定が含まれていることについて懸念が表明され、その廃止が要請されているところである。

[50] イ 次に、氏は名との複合によって個人識別の記号とされているのであるが、単なる記号にとどまるものではない。氏は身分関係の変動によって変動することから身分関係に内在する血縁ないし家族、民族、出身地等当該個人の背景や属性等を含むものであり、氏を変更した一方はいわゆるアイデンティティを失ったような喪失感を持つに至ることもあり得るといえる。そして、現実に96％を超える夫婦が夫の氏を称する婚姻をしているところからすると、近時大きなものとなってきた上記の個人識別機能に対する支障、自己喪失感などの負担は、ほぼ妻について生じているといえる。夫の氏を称することは夫婦となろうとする者双方の協議によるものであるが、96％もの多数が夫の氏を称することは、女性の社会的経済的な立場の弱さ、家庭生活における立場の弱さ、種々の事実上の圧力など様々な要因のもたらすところであるといえるのであって、夫の氏を称することが妻の意思に基づくものであるとしても、その意思決定の過程に現実の不平等と力関係が作用しているのである。そうすると、その点の配慮をしないまま夫婦同氏に例外を設けないことは、多くの場合妻となった者のみが個人の尊厳の基礎である個人識別機能を損なわれ、また、自己喪失感といった負担を負うこととなり、個人の尊厳と両性の本質的平等に立脚した制度とはいえない。

[51] ウ そして、氏を改めることにより生ずる上記のような個人識別機能への支障、自己喪失感などの負担が大きくなってきているため、現在では、夫婦となろうとする者のいずれかがこれらの不利益を受けることを避けるためにあえて法律上の婚姻をしないという選択をする者を生んでいる。

[52] 本件規定は、婚姻の効力の一つとして夫婦が夫又は妻の氏を称することを定めたものである。しかし、婚姻は、戸籍法の定めるところにより、これを届け出ることによってその効力を生ずるとされ（民法739条1項）、夫婦が称する氏は婚姻届の必要的記載事項である（戸籍法74条1号）。したがって、現時点においては、夫婦が称する氏を選択しなければならないことは、婚姻成立に不合理な要件を課したものとして婚姻の自由を制約するものである。

[53] エ 多数意見は、氏が家族という社会の自然かつ基礎的な集団単位の呼称であることにその合理性の根拠を求め、氏が家族を構成する一員であることを公示し識別する機能、またそれを実感することの意義等を強調する。私もそのこと自体に異を唱えるわけではない。しかし、それは全く例外を許さないことの根拠になるものではない。離婚や再婚の増加、非嫡化、晩婚化、高齢化などにより家族形態も多様化している現在において、氏が果たす家族の呼称という意義や機能をそれほどまでに重視することはできない。世の中の家族は多数意見の指摘するような夫婦とその間の嫡出子のみを構成員としている場合ばかりではない。民法が夫婦と嫡出子を原則的な家族形態と考えていることまでは了解するとしても、そのような家族以外の形態の家族の出現を法が否定しているわけではない。既に家族と氏の結び付きには

例外が存在するのである。また、多数意見は、氏を改めることによって生ずる上記の不利益は婚姻前の氏の通称使用が広まることによって一定程度は緩和され得るとする。しかし、通称は便宜的なもので、使用の許否、許される範囲等が定まっているわけではなく、現在のところ公的な文書には使用できない場合があるという欠陥がある上、通称名と戸籍名との同一性という新たな問題を惹起することになる。そもそも通称使用は婚姻によって変動した氏では当該個人の同一性の識別に支障があることを示す証左なのである。既に婚姻をためらう事態が生じている現在において、上記の不利益が一定程度緩和されているからといって夫婦が別の氏を称することを全く認めないことに合理性が認められるものではない。

[54] オ 以上のとおりであるから、本件規定は、昭和22年の民法改正後、社会の変化とともにその合理性は徐々に揺らぎ、少なくとも現時点においては、夫婦が別の氏を称することを認めないものである点において、個人の尊厳と両性の本質的平等の要請に照らして合理性を欠き、国会の立法裁量の範囲を超える状態に至っており、憲法24条に違反するものといわざるを得ない。

2 本件規定を改廃する立法措置をとらない立法不作為の違法について

[55] (1) 上記のとおり、本件規定は、少なくとも現時点においては憲法24条に違反するものである。もっとも、これまで当裁判所や下級審において本件規定が憲法24条に適合しない旨の判断がされたこともうかがわれない。また、本件規定については、平成6年に法制審議会民法部会身分法小委員会の審議に基づくものとして法務省民事局参事官室により公表された「婚姻制度等に関する民法改正要綱試案」及びこれを更に検討した上で平成8年に法制審議会が法務大臣に答申した「民法の一部を改正する法律案要綱」においては、いわゆる選択的夫婦別氏制という本件規定の改正案が示されていた。しかし、同改正案は、個人の氏に対する人格的利益を法制度上保護すべき時期が到来しているとの説明が付されているものの、本件規定が違憲であることを前提とした議論がされた結果作成されたものとはうかがわれない。婚姻及び家族に関する事項については、その具体的な制度の構築が第一次的には国会の合理的な立法裁量に委ねられる事柄であることに照らせば、本件規定について違憲の問題が生ずるとの司法判断がされてこなかった状況の下において、本件規定が憲法24条に違反することが明白であるということは困難である。

[56] (2) 以上によれば、本件規定は憲法24条に違反するものとなっているものの、これを国家賠償法1条1項の適用の観点からみた場合には、憲法上保障され又は保護されている権利利益を合理的な理由なく制約するものとして憲法の規定に違反することが明白であるにもかかわらず国会が正当な理由なく長期にわたって改廃等の立法措置を怠っていたと評価することはできない。したがって、本件立法不作為は、国家賠償法1条1項の適用上違法の評価を受けるものではなく、本件上告を棄却すべきであると考えるものである。

[57] 裁判官櫻井龍子、同鬼丸かおるは、裁判官岡部喜代子の意見に同調する。

裁判官木内道祥の意見は、次のとおりである[37]。

[58] 氏名権の人格権の把握、実質的男女平等、婚姻の自由など、家族に関する憲法的課題が夫婦の氏に関してどのように存在するかという課題を上告人らが提起している。これらはいずれも重要なものであるが、民法750条の憲法適合性という点からは、婚姻における夫婦同氏制は憲法24条にいう個人の尊厳と両性の本質的平等に違反すると解される。私が多数意見と意見を異にするのはこの点であり、以下、これについて述べる。

1 憲法24条の趣旨

[59] 憲法24条は、同条1項が、婚姻をするかどうか、いつ誰と婚姻

---

[37] 木内意見は、憲法24条違反の有無の判断について、夫婦が同氏であることの合理性ではなく、夫婦同氏に例外を認めないことの合理性が問われなければならないとし、例外なく夫婦に同氏を強いるだけの合理的根拠がないとする。ただし、国家賠償法上の違法性については否定しており、上告棄却という結論においては多数意見と一致している。

するかについては、当事者間の自由かつ平等な意思決定に委ねられるべきであるとして、婚姻の自由と婚姻における夫婦間の権利の平等を定め、同条2項が、1項を前提として、婚姻の法制度の立法の裁量の限界を画したものである。

【60】　本件規定は、婚姻の際に、例外なく、夫婦の片方が従来の氏を維持し、片方が従来の氏を改めるとするものであり、これは、憲法24条1項にいう婚姻における夫婦の権利の平等を害するものである。もとより、夫婦の権利の平等が憲法上何らの制約を許さないものではないから、問題は、夫婦同氏制度による制約が憲法24条2項の許容する裁量を超えるか否かである。

2　氏の変更による利益侵害

【61】　婚姻適齢は、男18歳、女16歳であるが、未成年者であっても婚姻によって成人とみなされることにみられるように、大多数の婚姻の当事者は、既に、従来の社会生活を踏まえた社会的な存在、すなわち、社会に何者かであると認知・認識された存在となっている。

【62】　そのような二人が婚姻という結び付きを選択するに際し、その氏を使用し続けることができないことは、その者の社会生活にとって、極めて大きな制約となる。

【63】　人の存在が社会的に認識される場合、職業ないし所属とその者の氏、あるいは、居住地とその者の氏の二つの要素で他と区別されるのが通例である。

【64】　氏の変更は、本来的な個別認識の表象というべき氏名の中の氏のみの変更にとどまるとはいえ、職業ないし所属と氏、あるいは、居住地と氏による認識を前提とすると、変更の程度は半分にとどまらず、変更前の氏の人物とは別人と思われかねない。

【65】　人にとって、その存在の社会的な認識は守られるべき重要な利益であり、それが失われることは、重大な利益侵害である。同氏制度により氏を改めざるを得ない当事者は、このような利益侵害を被ることとなる。

3　夫婦同氏制度の合理性

【66】　同氏制度による憲法上の権利利益の制約が許容されるものか否かは、憲法24条にいう個人の尊厳と両性の本質的平等の要請に照らして合理性を欠き、国会の立法裁量の範囲を超えるか否かの観点から判断されるべきことは多数意見の述べるとおりである。

【67】　ここで重要なのは、問題となる合理性とは、夫婦が同氏であることの合理性ではなく、夫婦同氏に例外を許さないことの合理性であり、立法裁量の合理性という場合、単に、夫婦同氏となることに合理性があるということだけでは足りず、夫婦同氏に例外を許さないことに合理性があるといえなければならないことである。

4　身分関係の変動と氏

【68】　民法が採用している身分関係の変動に伴って氏が変わるという原則は、それ自体が不合理とはいえないが、この原則は憲法が定めるものではなく、それを婚姻の場合についても維持すること自体が無前提に守られるべき利益とはいえない。

【69】　身分関係の変動に伴って氏が変わるという原則が、民法上、一貫しているかといえば、そうではない。離婚の際の氏の続称（婚氏続称）は昭和51年改正、養子離縁の際の氏の続称は昭和62年改正により設けられたものであるが、離婚・離縁という身分関係の変動があっても、その選択により、従来の氏を引き続き使用することが認められている。この改正に当たっては、各個人の社会的活動が活発となってくると婚姻前の氏により社会生活における自己の同一性を保持してきた者にとって大きな不利益を被るという夫婦同氏制度の問題を背景とすることは意識されており、それには当面手をつけないとしても、婚姻生活の間に形成された社会的な認識を離婚によって失うことの不利益を救済するという趣旨であった。

5　氏の法律的な意味と効用

【70】　昭和22年改正前の民法は、氏は「家」への出入りに連動するものであり、「家」への出入りに様々な法律効果が結び付いていたが、同年改正により「家」は廃止され、改正後の現行民法は、相続についても親権についても、氏に法律効果を与えていない。現行民法が氏に法律効果を与えているのは、僅かに祭祀に関する権利の承継との関係にとどまる。

【71】　そこで、同氏の効用は、家族の一体感など法律効果以外の事柄に求められている。

【72】　多数意見は、個人が同一の氏を称することにより家族という一つの集団を構成する一員であることを実感する意義をもって合理性の一つの根拠とするが、この点について、私は、異なる意見を持つ。

【73】　家族の中での一員であることの実感、夫婦親子であることの実感は、同氏であることによって生まれているのだろうか、実感のために同氏が必要だろうかと改めて考える必要がある。少なくとも、同氏でないと夫婦親子であることの実感が生まれないとはいえない。

【74】　先に、人の社会的認識における呼称は、通例、職業ないし所属と氏、あるいは、居住地と氏としてなされることを述べたが、夫婦親子の間の個別認識は、氏よりも名によってなされる。通常、夫婦親子の間で相手を氏で呼ぶことはない。それは、夫婦親子が同氏だからではなく、ファーストネームで呼ぶのが夫婦親子の関係であるからであり、別氏夫婦が生まれても同様と思われる。

【75】　対外的な公示・識別とは、二人が同氏であることにより夫婦であることを社会的に示すこと、夫婦間に未成熟子が生まれた場合、夫婦と未成熟子が同氏であることにより、夫婦親子であることを社会的に示すことである。このような同氏の機能は存在するし、それは不合理というべきものではない。しかし、同氏であることは夫婦の証明にはならないし親子の証明にもならない。夫婦であること、親子であることを示すといっても、第三者がそうではないか、そうかもしれないと受け止める程度にすぎない。

【76】　夫婦同氏（ひいては夫婦親子の同氏）が、第三者に夫婦親子ではないかとの印象を与え、夫婦親子との実感に資する可能性があるとはいえる。これが夫婦同氏の持つ利益である。

【77】　しかし、問題は、夫婦同氏であることの合理性ではなく、夫婦同氏に例外を許さないことの合理性なのである。

【78】　夫婦同氏の持つ利益がこのようなものにとどまり、他方、同氏でない婚姻をした夫婦は破綻しやすくなる、あるいは、夫婦間の子の生育がうまくいかなくなるという根拠はないのであるから、夫婦同氏の効用という点からは、同氏に例外を許さないことに合理性があるということはできない。

6　立法裁量権との関係

【79】　婚姻及びそれに伴う氏は、法律によって制度化される以上、当然、立法府に裁量権があるが、この裁量権の範囲は、合理性を持った制度が複数あるときにいずれを選択するかというものである。夫婦同氏に例外を設ける制度には、様々なものがあり得る（平成8年の要綱では一つの提案となったが、その前には複数の案が存在した。）。例外をどのようなものにするかは立法府の裁量の範囲である。

【80】　夫婦同氏に例外を許さない点を改めないで、結婚に際して氏を変えざるを得ないことによって重大な不利益を受けることを緩和する選択肢として、多数意見は通称を挙げる。しかし、法制化されない通称は、通称を許容するか否かが相手方の判断によるしかなく、氏を改めた者にとって、いちいち相手方の対応を確認する必要があり、個人の呼称の制度として大きな欠陥がある。他方、通称を法制化するとすれば、全く新たな性格の氏を誕生させることとなる。その当否は別として、法制化がなされないまま夫婦同氏の合理性の根拠となし得ないことは当然である。

【81】　したがって、国会の立法裁量権を考慮しても、夫婦同氏制度は、例外を許さないことに合理性があるとはいえず、裁量の範囲を超えるものである。

7　子の育成と夫婦同氏

【82】　多数意見は、夫婦同氏により嫡出子であることが示されること、両親と等しく氏を同じくすることが子の利益であるとする。これは、夫婦とその間の未成熟子を想定してのものである。

【83】　夫婦とその間の未成熟子を社会の基本的な単位として考えること自体は間違ってはいないが、夫婦にも別れがあり、離婚した父母が

婚氏続称を選択しなければ氏を異にすることになる。夫婦同氏によって育成に当たる父母が同氏であることが保障されるのは、初婚が維持されている夫婦間の子だけである。

【84】 子の利益の観点からいうのであれば、夫婦が同氏であることが未成熟子の育成にとってどの程度の支えとなるかを考えるべきである。

【85】 未成熟子の生育は、社会の持続の観点から重要なものであり、第一義的に父母の権限であるとともに責務であるが、その責務を担うのは夫婦であることもあれば、離婚した父母であることもあり、事実婚ないし未婚の父母であることもある。現に夫婦でない父母であっても、未成熟子の生育は十分に行われる必要があり、他方、夫婦であっても、夫婦間に紛争が生じ、未成熟子の生育に支障が生じることもある。

【86】 未成熟子に対する養育の責任と義務という点において、夫婦であるか否か、同氏であるか否かは関わりがないのであり、実質的に子の育成を十分に行うための仕組みを整えることが必要とされているのが今の時代であって、夫婦が同氏であることが未成熟子の育成にとって支えとなるものではない。

8 本件立法不作為の国家賠償法上の違法性の有無について

【87】 本件規定は憲法24条に違反するものであるが、国家賠償法1条1項の違法性については、憲法上保障され又は保護されている権利利益を合理的な理由なく制約するものとして憲法の規定に違反することが明白であるにもかかわらず国会が正当な理由なく長期にわたって改廃等の立法措置を怠っていたと評価することはできず、違法性があるということはできない。

裁判官山浦善樹の反対意見は、次のとおりである⑳。

【88】 私は、多数意見と異なり、本件規定は憲法24条に違反し、本件規定を改廃する立法措置をとらなかった立法不作為は国家賠償法1条1項の適用上違法の評価を受けるべきものであるから、原判決を破棄して損害額の算定のため本件を差し戻すのが相当と考える。以下においてその理由を述べる。

1 本件規定の憲法24条適合性

【89】 本件規定の憲法24条適合性については、本件規定が同条に違反するものであるとする岡部裁判官の意見に同調する。

2 本件規定を改廃する立法措置をとらない立法不作為の違法について

(1) 社会構造の変化

【90】 岡部裁判官の意見にもあるように、戦後、女性の社会進出は顕著となり、婚姻前に稼働する女性が増加したばかりではなく、婚姻後に稼働する女性も増加した。晩婚化も進み、氏を改めることにより生ずる、婚姻前の氏を使用する中で形成されてきた他人から識別し特定される機能が阻害される不利益や、個人の信用、評価、名誉感情等にも影響が及ぶといった不利益は、極めて大きなものとなってきた。

【91】 このことは、平成6年に法制審議会民法部会身分法小委員会の審議に基づくものとして法務省民事局参事官室により公表された「婚姻制度等に関する民法改正要綱試案」においても、「…この規定の下での婚姻の実態をみると、圧倒的大多数が夫の氏を称する婚姻をしており、法の建前はともかく、女性が結婚により氏を変更するのが社会的事実となっている。ここに、女性の社会進出が顕著になってきた昭和50年代以後、主として社会で活動を営んでいる女性の側から、女性にとっての婚姻による改氏が、その職業活動・社会活動に著しい不利益・不都合をもたらしているとして、(選択的)夫婦別氏制の導入を求める声が芽生えるに至った根拠がある。」として記載されていたのであり、前記の我が国における社会構造の変化により大きなものとなった不利益は、我が国政府内においても認識されていたのである。

(2) 国内における立法の動き

【92】 このような社会構造の変化を受けて、我が国においても、これに対応するために本件規定の改正に向けた様々な検討がされた。

【93】 その結果、上記の「婚姻制度等に関する民法改正要綱試案」及びこれを更に検討した上で平成8年に法制審議会が法務大臣に答申した「民法の一部を改正する法律案要綱」においては、いわゆる選択的夫婦別氏制という本件規定の改正案が示された。

【94】 上記改正案は、本件規定が違憲であることを前提としたものではない。しかし、上記のとおり、本件規定が主として女性に不利益・不都合をもたらしていることの指摘の他、「我が国において、近時ますます個人の尊厳に対する自覚が高まりをみせている状況を考慮すれば、個人の氏に対する人格的利益を法制度上保護すべき時期が到来しているといって差し支えなかろう。」、「夫婦が別氏を称することが、夫婦・親子関係の本質なり理念に反するものではないことは、既に世界の多くの国において夫婦別氏制が実現していることの一事をとっても明らかである。」との説明が付されており、その背景には、婚姻の際に夫婦の一方が氏を改めることになる本件規定には人格的利益や夫婦間の実質的な平等の点において問題があることが明確に意識されていたことがあるといえるのである。

【95】 なお、上記改正案自体は最終的に国会に提出されるには至らなかったものの、その後、同様の民法改正案が国会に累次にわたって提出されてきており、また、国会においても、選択的夫婦別氏制の採用についての質疑が繰り返されてきたものである。

【96】 そして、上記の社会構造の変化は、平成8年以降、更に進んだとみられるにもかかわらず、現在においても、本件規定の改廃の措置はとられていない。

(3) 海外の動き

【97】 夫婦の氏についての法制度について、海外の動きに目を転じてみても、以下の点を指摘することができる。

【98】 前提とする婚姻及び家族に関する法制度が異なるものではあるが、世界の多くの国において、夫婦同氏の他に夫婦別氏が認められている。かつて我が国と同様に夫婦同氏制を採っていたとされるドイツ、タイ、スイス等の多くの国々でも近時別氏制を導入しており、現時点において、例外を許さない夫婦同氏制を採っているのは、我が国以外にほとんど見当たらない。

【99】 我が国が昭和60年に批准した「女子に対するあらゆる形態の差別の撤廃に関する条約」に基づき設置された女子差別撤廃委員会からは、平成15年以降、繰り返し、我が国の民法に夫婦の氏の選択に関する差別的な法規定が含まれていることについて懸念が表明され、その廃止が要請されるにまで至っている。

(4) まとめ

【100】 以上を総合すれば、少なくとも、法制審議会が法務大臣に「民法の一部を改正する法律案要綱」を答申した平成8年以降相当期間を経過した時点においては、本件規定が憲法の規定に違反することが国会にとっても明白になっていたといえる。また、平成8年には既に改正案が示されていたにもかかわらず、現在に至るまで、選択的夫婦別氏制等を採用するなどの改廃の措置はとられていない。

【101】 したがって、本件立法不作為は、現時点においては、憲法上保障され又は保護されている権利利益を合理的な理由なく制約するものとして憲法の規定に違反することが明白であるにもかかわらず国会が正当な理由なく長期にわたって改廃等の立法措置を怠っていたものとして、国家賠償法1条1項の適用上違法の評価を受けるものである。そして、本件立法不作為については、過失の存在も否定することはできない。このような本件立法不作為の結果、上告人らは、精神的苦痛を被ったものというべきであるから、本件においては、上記の違法な本件立法不作為を理由とする国家賠償請求を認容すべきであると考える。

(裁判長裁判官　寺田逸郎　裁判官　櫻井龍子　裁判官　千葉勝美　裁判官　岡部喜代子　裁判官　大谷剛彦　裁判官　大橋正春　裁判官　山浦善樹　裁判官　小貫芳信　裁判

---

⑳ 山浦反対意見は、民法750条の憲法適合性については岡部意見に賛同しつつ、国家賠償法上も違法であり、損害賠償請求が是認されるとする。ここでは、岡部意見では、違憲性を基礎づける事情として考慮された、社会構造の変化、国内における立法の動き、諸外国における立法動向、女子差別撤廃条約委員会の勧告の存在といった事情が、立法不作為の違法性を基礎づける事情として援用されている。この反対意見については、判解①760頁も参照。

官　鬼丸かおる　裁判官　木内道祥　裁判官　山本庸幸　裁判官　小池裕）判官　山崎敏充　裁判官　池上政幸　裁判官　大谷直人

補足説明　人権条約違反の上告理由該当性

Xら（上告人）は、女子差別撤廃条約16条1項(b)および(g)の国内適用可能性を否定した原審の判断が誤りであるとして、憲法98条2項違反の上告理由に該当すると主張したが、本判決は、「その実質は単なる法令違反をいうものであって」上告理由には該当しないと判示している（【35】）。最高裁は、条約違反の審査について消極的な態度をとっているとされるが、これは、民刑事ともに、条約違反が上告理由とはなっていないことが大きな理由と指摘されている。これについては、本件上告人のように、98条2項違反で憲法違反とする見解や、国際人権法についてはその性質上憲法に準ずるものとして、その違反を上告理由に含めようとする見解など様々な工夫がみられるが、本判決のように、最高裁は概して冷淡な態度を示している。

Questions

①事実関係の確認

問1 本件訴訟における請求の内容はどのようなものか。あわせて、本件訴訟において憲法適合性、違法性が問題となる時点はいつか確認しなさい。▶【1】

問2 夫婦同氏制が導入されたのはいつか。▶【28】

問3 民法750条（本件規定）が制定されたのはいつか。▶【48】

②判決の内容の確認

問4 本判決は、憲法13条に関する上告理由の論旨を、どのような権利利益を侵害するものとして整理しているか。▶【3】

問5 本判決は、氏名が人格権の一内容を構成すると理解しているか。そうだとすれば、その理由は何と考えているか。▶【4】

問6 本判決は、氏に関する人格権の内容を具体的に捉えるためには、何が必要とされるとしているか。▶【5】【6】

問7 民法の氏に関する規定を列挙し、その概要を確認しなさい。▶【7】

問8 問7で挙げた規定から、本判決は、民法が氏の性質についてどのような理解をしていると考えているか。また、そのような理解は合理的であると考えているか、理由を含めて確認しなさい。▶【8】

問9 本件において問題となっているのは、改氏を強制される場面であると本判決は考えているか。▶【9】

問10 本判決は、氏を自らの意思のみによって自由に定めたり、改めたりすることが認められるものと理解しているか、その理由を含めて確認しなさい。▶【10】

問11 本判決は、本件規定が憲法13条に違反すると考えているか。また、どのような論理構成によってそれを基礎づけているか。▶【11】

問12 本判決は、婚姻に伴う改氏がどのような不利益を伴いうると示しているか。▶【12】

問13 本判決は、問12で挙げたような不利益は、憲法適合性判断においてどのような意義をもつとしているか。▶【13】

問14 本判決は、上告理由のうち、憲法14条1項違反をいう部分について、どのように整理しているか。▶【14】

問15 本判決は、憲法14条1項の趣旨をどのように理解しているか。▶【15】

問16 本判決は、本件規定が憲法14条1項に違反すると考えているか、その理由づけを含めて説明しなさい。▶【16】【17】

問17 本判決は、圧倒的多数の夫婦が夫の氏を選択している状況が、真に自由な選択の結果によるものかについて留意することが必要だと考えているか。仮にそれが社会に存する差別的意識や慣習による影響を受けているのであれば、その影響を排除して実質的平等を追求することは、憲法14条1項との関係でどう位置づけられるとしているか。また、この点は、本件規定の憲法適合性判断においてどのような意義をもつとしているか。▶【18】

問18 本判決は、上告理由のうち、憲法24条違反についていう部分についてどう要約しているか。▶【19】

問19 本判決は、憲法24条1項の趣旨をどのように整理しているか。▶【20】

問20 本判決は、本件規定を婚姻について直接制約を定めたものと考えているか、また、事実上の制約を課しているといえる場合、それは憲法24条適合性の判断においてどのような意義をもつと考えているか。▶【21】

問21 本判決は、憲法24条2項をどのような性質・規律内容をもつ規定であると理解しているか。▶【23】

問22 本判決は、憲法24条が国会の立法裁量にどのような制限、指針を与えたものと理解しているか。▶【24】

問23 本判決は、婚姻および家族に関する事項について、どのような事項を考慮すべきだと考えているか。▶【25】

問24 本判決は、憲法24条に関する合憲性審査の枠組みをどのように設定しているか。▶【26】

問25 本判決は、本件規定の憲法24条適合性の判断に関して、その総合的考慮において、どのような事情を考慮しているか。▶【28】〜【32】

問26 本判決は、本件規定は憲法24条に違反すると考えているか。▶【33】

問27 本判決は、選択的夫婦別氏制の合理性を否定しているか。また、夫婦の氏のあり方について、誰が論じ、判断すべきと考えているか。▶【34】

③応用問題

問28 本判決の判断を前提にすると、選択的夫婦別氏制の導入は憲法に適合的か。▶判解①760-761頁

問29 民間企業において旧氏使用を認めないことが不法行為となるか。▶東京地判平28・10・11 LEX/DB25544090

- **関連判決**（本書所収以外のもの）
  最判昭和 63 年 2 月 16 日民集 42 巻 2 号 27 頁（判例①）
  最大決令和 3 年 6 月 23 日判時 2501 号 3 頁（判例②）
- **本判決の調査官解説**
  畑佳秀「判解」最高裁判所判例解説民事篇平成 27 年度〔下〕708 頁（判解①）
- **その他の判例解説・判例批評**
  小山剛「判批」平成 28 年度重要判例解説（2017 年）21 頁（判批①）
- **参考文献**
  浅倉むつ子「間接差別」法学教室 315 号（2006 年）2 頁（文献①）

第4章 思想・良心の自由

1 学説の状況

　精神的自由は、内面的精神活動の自由と外面的精神活動の自由に分けて考えることができる。前者につき、思想・良心の自由（憲法19条）が内面的精神活動を一般的に保障するとともに、内面的精神活動が宗教的方面に向かえば信教の自由（同20条）によって保障され、論理的・体系的知識に向かえば学問の自由（同23条）によって保障されると整理されてきた。

　憲法19条は「思想及び良心の自由は、これを侵してはならない」と規定する。保障内容に関連して、まず、「思想」と「良心」を区別せず一体的に捉える見解（一体説）と、「思想」と「良心」を別個独立に捉える見解（区分説）があり、前者が通説的な地位を占めている。

　次に、一体説による場合、「思想及び良心の自由」の保障対象となる内面的精神活動について、事物に関する是非弁別の判断を含む、人の内心におけるものの見方ないし考え方を広く意味すると解する見解（内心説）と、内心における人の考え方ないし見方のうち、信仰に準ずる世界観・人生観等の個人の人格形成の核心をなすものに限定されるとする見解（信条説）に学説は大別される。後者が通説であるが、それぞれに属するとされる学説にもニュアンスの違いがあることに注意を要する。なお、両説どちらの立場からも事実の知・不知は保障対象に含まれないため、たとえば、裁判における事実に関する証言強制は一般的には思想・良心の自由の問題とならない。

　さらに、思想・良心の自由として内面的精神活動を保障することの意義は、公権力等により内面的精神活動が重大な危機にさらされうる行為類型を導出し、そのような行為を禁止することにある。そのため、思想・良心の自由の保障内容（保障内容として整理する見解として、佐藤218頁。もっとも、制約態様として整理する見解もある。読本［2版］114-117頁〔安西文雄〕）として、思想・良心を告白するよう強制されまたは推知されない自由（沈黙の自由）、特定の思想・良心を組織的に宣伝・教化されない自由、思想・良心を理由とする不利益取扱いをされない自由等が（論者によって若干の違いはあるものの）列挙されている。これらの自由については、他の憲法上の権利との整理が必要であり、たとえば、沈黙の自由と消極的表現の自由（憲法21条）との関係や、思想・良心を理由とする不利益取扱いをされない自由と法の下の平等（同14条1項）との関係が各論者によって整理されている。

　なお、保障の程度について、伝統的には絶対的保障と解されてきた。確かに、思想・良心が内心にとどまる限りは他者の権利・利益と対立することはありえないため、その制約は一切許されないようにも思われる。しかし、思想・良心の自由が内面領域の表れとしての外面領域の保障を含むと解される以上、保障の程度は一定程度相対化されざるをえない。そのため、近時の学説においては保障の程度は常に絶対的保障とまでは考えられていないが、思想・良心の自由の重要性に鑑み、基本的なアプローチとしては絶対的保障のアプローチを追求すべきであり、制限の正当化論を用いざるをえないときには厳格な審査が求められると論じられている（髙橋［4版］182頁）。

2 判例の展開

　思想・良心の自由に関する判例は、対国家との関係に関する判例と私人間関係に関する判例の二つに大別される。

　前者の対国家との関係に関する判例として、昭和31年7月4日の**謝罪広告事件**〔本書11事件〕がリーディング・ケースである。同事件の多数意見は憲法上の議論を十分に展開していないものの、少数意見が思想・良心の自由の保障内容等に関して議論を展開している。同事件では、少数意見の中でいわゆる信条説と内心説の対立がみられるものの、多数意見の立場は明示されていない。なお、両説の対立につき、昭和47年11月30日の勤評長野方式事件（最判昭47・11・30民集26-9-1746）の理解次第ではあるが、最高裁の立場は未だ明示されていないと評価できる。

　また、謝罪広告事件は思想・良心に反する外部的行為の強制に関する事例と整理できるが、多数意見は端的に結論を述べるにすぎず判断枠組みは不明確であった。このことは、平成2年3月6日のポストノーティス命令事件（最判平2・3・6判時1357-144）および平成3年2月22日のポストノーティス命令事件（最判平3・2・22判時1393-145）も同様である。ただ、これらの個別事例における判断の背後には、強制される外部的行為と内面領域との関係性を切断する、謝罪広告事件の田中耕太郎裁判官の補足意見の影響がうかがえる（判プラ［増補版］72頁〔小島慎司〕）。その後、平成19年2月27日の君が代ピアノ伴奏事件（最判平19・2・27民集61-1-291）では判断枠組みが明確化されたが、同判決は依然として強制される外部的行為と内面領域との関係性を切断するという従前の判例の流れに位置づけられるものであった。このような状況のもと、平成23年5月30日の**君が代起立斉唱事件判決**〔本書12事件〕（同旨、最判平23・6・6民集65-4-1855、最判平23・6・14民集65-4-2148）は、君が代ピアノ伴奏事件の判断枠組みをふまえつつ一層の明確化を図るとともに、思想・良心の自由に対する「間接的な制約」という新たな概念を生み出して、強制される外部的行為と内面領域との関係性を肯定する新たな流れを生み出している。

　なお、思想・良心の推知に関する事例として、昭和63年7月15日の麹町中学内申書事件（最判昭63・7・15判時1287-65）がある。同事件は、内申書に記載された外部的行為と内面領域との関係性を切断するという点で、従前の判例の流れに親和的である。

　後者の私人間関係に関する判例については、思想・良心の告白強制に関わる事例として昭和48年12月12日の三菱樹脂事件〔本書69事件〕や昭和63年2月5日の東電塩山営業所事件（最判昭63・2・5労判512-12）があるが、両事件とも違法性は否定されている。

　また、団体の行為とその構成員の思想・良心の自由との関係が問題となった事例として、昭和50年11月28日の国労広島地本事件〔本書72事件〕、平成8年3月19日の南九州税理士会事件〔本書73事件〕および平成14年4月25日の群馬司法書士会事件（最判平14・4・25判時1785-31）があるが、これらの判決は独自の判断枠組みを示している点に注意を要する（本書第23章とびら参照）。

11 謝罪広告事件

最高裁昭和31年7月4日大法廷判決

昭和28年(オ)第1241号:謝罪広告請求事件
民集10巻7号785頁

事案

Y(被告、控訴人、上告人)は、1952年10月実施の衆議院議員総選挙の際に日本共産党公認候補として徳島県から立候補した。Yは、その選挙運動中、X(原告、被控訴人、被上告人)が徳島県副知事在職中に発電所の発電機購入にからんで斡旋料800万円を受け取った旨を、ラジオでの政見放送および徳島新聞紙上で発表した。

Xは、Yによる虚偽の事実の発表によって自己の名誉が毀損されたとして、名誉回復のための謝罪文の新聞紙上への掲載と同謝罪文の放送局でのラジオ放送を求めて、訴えを提起した。

第一審(徳島地判昭28・6・24民集10-7-809)は、Yの行為を名誉毀損と認めた。そして、問題の放送および記事を引用のうえ「右放送及び記事は真実に相違して居り、貴下の名誉を傷け御迷惑をおかけいたしました。ここに陳謝の意を表します」といった文言が含まれたY名義の謝罪広告を新聞紙上に掲載するという限度で、Xの請求を認めた。

これに対し、Yは控訴したが、控訴審(高松高判昭28・10・3民集10-7-818)も第一審を支持し、控訴が棄却された。

そこで、Yは、表現内容は真実であり国民の幸福のためになされたものと確信をもっており、Yの意図しない言説をY名義で新聞に掲載させることは憲法19条に反する等と主張して最高裁に上告した。

■参考条文(事件当時のもの)

民法

第414条

2 債務ノ性質カ強制履行ヲ許ササル場合ニ於テ其債務カ作為ヲ目的トスルトキハ債権者ハ債務者ノ費用ヲ以テ第三者ニ之ヲ為サシムルコトヲ裁判所ニ請求スルコトヲ得但法律行為ヲ目的トスル債務ニ付テハ裁判ヲ以テ債務者ノ意思表示ニ代フルコトヲ得

3 不作為ヲ目的トスル債務ニ付テハ債務者ノ費用ヲ以テ其ヲ為シタルモノヲ除却シ且将来ヲ為メ適当ノ処分ヲ為スコトヲ請求スルコトヲ得

第723条 他人ノ名誉ヲ毀損シタル者ニ対シテハ裁判所ハ被害者ノ請求ニ因リ損害賠償ニ代ヘ又ハ損害賠償ト共ニ名誉ヲ回復スルニ適当ナル処分ヲ命スルコトヲ得

民事訴訟法

第733条 民法第四百十四条第二項及ヒ第三項ノ場合ニ於テハ第一審ノ受訴裁判所ハ申立ニ因リ民法ノ規定ニ従ヒテ決定ヲ為ス

2 債権者ハ同時ニ其行為ヲ為スニ因リ生ス可キ費用ヲ予メ債務者ニ支払ヲ為サシムル決定ノ宣言アランコトヲ申立ツルコトヲ得但其行為ヲ為スニ因リ此ヨリ多額ノ費用ヲ生スルトキ後日其請求ヲ為ス権利ヲ妨ケス

第734条 債務ノ性質カ強制履行ヲ許ス場合ニ於テ第一審ノ受訴裁判所ハ申立ニ因リ決定ヲ以テ相当ノ期間ヲ定メ債務者カ其期間内ニ履行ヲ為ササルトキハ其遅延ノ期間ニ応シ一定ノ賠償ヲ為スヘキコト又ハ直ニ損害ノ賠償ヲ為スヘキコトヲ命スルコトヲ要ス

Navigator

本判決は、①名誉毀損表現は憲法21条の表現の自由の保障範囲に含まれるか、②謝罪広告を命ずる判決は思想・良心の自由を侵害するか、に関係する。

しかし、②について、多数意見は憲法上の議論を展開せず、端的に結論を述べるにすぎない。まず多数意見は、前提として(i)民法723条の「名誉ヲ回復スルニ適当ナル処分」には謝罪広告の新聞紙等への掲載を加害者に命ずることも含まれるとする民法上の解釈を行う。次に、(ii)良心の自由等と民事執行の調整として、判決によって命ぜられる謝罪広告の内容によって強制執行の可否および方法に差異が生じるとする3分類(a.強制することが債務者の人格を無視し著しくその名誉を毀損し意思決定の自由ないし良心の自由を不当に制限する内容の謝罪広告→強制執行に適さない、b.掲載を謝罪者の意思決定に委ねることを相当とする内容の謝罪広告→間接強制が相当、c.単に事態の真相を告白し陳謝の意を表明するにとどまる程度の謝罪広告→代替執行も可能)を明示する。最後に、本件の検討として(iii)原判決が認めた謝罪広告の内容は公表事実が虚偽かつ不当であったことを広報機関を通じて発表すべきことをYに求めるにすぎず、原判決はYの良心の自由等を侵害することを要求するものではないと端的に結論づけている。

このような判断の過程において、多数意見は思想・良心の自由の保障内容さえも示していない。また、訴訟手続にて謝罪広告を命ずることの合憲性(適法性)の判断と民事執行手続の執行方法の議論がどのように関係するのか、判決の文言上はやはり明らかではない。

多数意見が明確な説明を避けたこれらの点につき、少数意見はそれぞれの立場から説明・批判を加えている。

■判決の論理構造

	判決によって命ぜられる謝罪広告の内容	強制執行
①	強制することが債務者（＝謝罪者）の人格を無視し著しくその名誉を毀損し意思決定の自由ないし良心の自由を不当に制限することとなるもの	→強制執行に適さない
②	掲載を謝罪者の意思決定に委ねるを相当とするもの	→間接強制が相当
③	単に事態の真相を告白し陳謝の意を表明するにとどまる程度のもの	→代替執行可能

原判決が認めた謝罪広告の内容は、公表事実が虚偽かつ不当であったことを広報機関を通じて発表すべきことをYに求めるにすぎず、原判決はYの良心の自由等を侵害することを要求するものではない

判　決

○ 主　文
本件上告を棄却する。
上告費用は上告人の負担とする。
○ 理　由
上告代理人阿河準一の上告理由一（上告状記載の上告理由を含む）について。

[1] しかし、憲法21条は言論の自由を無制限に保障しているものではない。そして本件において、原審の認定したような他人の行為に関して無根の事実を公表し、その名誉を毀損することは言論の自由の乱用であつて、たとえ、衆議院議員選挙の際、候補者が政見発表等の機会において、かつて公職にあつた者を批判するためになしたものであつたとしても、これを以て憲法の保障する言論の自由の範囲内に属すると認めることはできない。してみれば、原審が本件上告人の行為について、名誉毀損による不法行為が成立するものとしたのは何等憲法21条に反するものでなく、所論は理由がない❶。
同二について。

[2] しかし、上告人の本件行為は、被上告人に対する面では私法関係に外ならない。だから、たとえ、それが一面において、公法たる選挙法の規律を受ける性質のものであるとしても、私法関係の面については民法の適用があることは勿論である。所論は独自の見解であつて採るに足りない❷。
同三について。

[3] 民法723条❸にいわゆる「他人の名誉を毀損した者に対して被害者の名誉を回復するに適当な処分」として謝罪広告を新聞紙等に掲載すべきことを加害者に命ずることは、従来学説判例の肯認するところであり、また謝罪広告を新聞紙等に掲載することは我国民生活の実際においても行われているのである❹。尤も謝罪広告を命ずる判決にもその内容上、これを新聞紙に掲載することが謝罪者の意思決定に委ねるを相当とし、これを命ずる場合の執行も債務者の意思のみに係る不代替作為として民訴734条❺に基き間接強制によるを相当とするものもあるべく、時にはこれを強制することが債務者の人格を無視し著しくその名誉を毀損し意思決定の自由乃至良心の自由を不当に制限することとなり、いわゆる強制執行に適さない場合に該当することもありうるであろうけれど、単に事態の真相を告白し陳謝の意を表明するに止まる程度のものにあつては、これが強制執行も代替作為として民訴733条❻の手続によることを得るものといわなければならない❼。そして原判決の是認した被上告人の本訴請求は、上告人が判示日時に判示放送、又は新聞紙において公表した客観的事実につき上告人名義を以て被上告人に宛て「右放送及記事は真相に相違しており、貴下の名誉を傷け御迷惑をおかけいたしました。ここに陳謝の意を表します」なる内容のもので、結局上告人をして右公表事実が虚偽且つ不当であつたことを広報機関を通じて発表すべきとを求めるに帰する❽。されば少くともこの種の謝罪広告を新聞紙に掲載すべきことを命ずる原判決は、上告人に屈辱的若くは苦役的労苦を科し、又は上告人の有する倫理的意思、良心の自由を侵害することを要求するもの

❶ [1]では、上告理由一についての判断が示されている。上告理由一は、選挙の演説等の場合には最大の言論の自由が認められるべきであり、本件のような選挙の際の演説内容およびこれに関連する言辞を名誉毀損とすることは憲法21条に反すると主張するものである。本判決は、名誉毀損表現は、たとえ選挙の候補者がかつて公職にあった者を批判するためになしたものであっても、言論の自由（表現の自由）の保障範囲外としている。

❷ [2]では、上告理由二についての判断が示されている。上告理由二は、選挙行動を規律するのは私法ではなく公法関係を規律する選挙法のみと主張するものである。この主張につき、本判決は独自の見解として退けている。

❸ 平成16年改正後の民法723条と規範は同一。

❹ [3]の第1文では、民法723条の「被害者の名誉を回復するに適当な処分」として謝罪広告を新聞紙等に掲載すべきことを加害者に命ずることも学説・判例によって是認されていると述べる。なお、[3]全体は上告理由三についての判断が示されている。上告理由三は、Yは自らの表現内容は真実であり国民の幸福のためになされたものと確信をもっているのであるから、「ここに陳謝の意を表します」等の意図しない言説をYの名前で新聞に掲載させることはYの良心の自由を侵害するため憲法19条に反すると主張するものである。

❺ 現在、同趣旨の規定として民事執行法172条。

❻ 現在、同趣旨の規定として民事執行法171条。

❼ [3]の第2文では、判決によって命ぜられる謝罪広告の内容によって強制執行の可否および方法に差異が生じるとする3分類が示されている。なお、強制執行が関係する理由につき、調査官解説は、判決で謝罪広告を命じても、強制執行を伴わないならば事実上服従するかどうかの自由を有するため沈黙の自由が脅かされる程度は比較的軽微であり、間接強制の場合は相当の威圧が加えられるものの事実上拒否する自由は認められており、代替執行の場合は沈黙の自由が完全に無視された形になるため、判決自体の適否に関連して強制執行の方法およびその適否の問題が前面に浮かんでくると説明する（判解①110頁）。

❽ [3]の第3文では、原判決が認めた謝罪広告の内容は、公表事実が虚偽かつ不当であったことを広報機関を通じてYに発表すべきことをYに求めるにすぎないと認定する。このことは、本件の謝罪広告が上記3分類の三つ目の代替執行さえも可能とする類型に相当することを意味する。

は解せられないし、また民法 723 条にいわゆる適当な処分というべきであるから所論は採用できない❾。

[4] よって民訴 401 条、89 条に従い主文のとおり判決する。
[5] この判決は、上告代理人阿河準一の上告理由三について裁判官田中耕太郎、同栗山茂、同入江俊郎の各補足意見及び裁判官藤田八郎、同垂水克己の各反対意見があるほか裁判官の一致した意見によるものである。

❾【3】の第 4 文では、謝罪広告を命ずる原判決は Y の良心の自由等を侵害せず、民法 723 条の適当な処分として認められると結論づける。なお、合憲性が審査されているのは、謝罪広告を命ずる原判決それ自体である。

■ 少数意見

上告代理人阿河準一の上告理由三についての裁判官田中耕太郎の補足意見は次のごとくである❿。

[6] 上告論旨は、要するに、上告人が「現在でも演説の内容は真実であり上告人の言論は国民の幸福の為に為されたものと確信を持っている」から、謝罪文を新聞紙に掲載せしめることは上告人の良心の自由の侵害として憲法 19 条の規定またはその趣旨に違反するものというにある。ところで多数意見は、憲法 19 条にいわゆる良心は何を意味するかについて立ち入るところがない。それはただ、謝罪広告を命ずる判決にもその内容から見て種々なものがあり、その中には強制が債務者の人格を無視し著しくその名誉を毀損し意思決定の自由乃至良心の自由を不当に制限する強制執行に適しないものもあるが、本件の原判決の内容のものなら代替行為として民訴 733 条の手続によることを得るものと認め、上告人の有する倫理的な意思、良心の自由を侵害することを要求するものと解せられないものとしているにとどまる。

[7] 私の見解ではそこに若干の論理の飛躍があるように思われる。

[8] この問題については、判決の内容に関し強制執行が債務者の意思のみに係る不代替行為として間接強制によるを相当とするかまたは代替行為として処置できるものであるかというようなことは、本件の判決の内容が憲法 19 条の良心の自由の規定に違反するか否かを決定するために重要ではない。かりに本件の場合に名誉回復処分が間接強制の方法によるものであったにしてもしかりとする。謝罪広告が間接にしろ強制される以上は、謝罪広告を命ずること自体が違憲かどうかの問題が起ることにかわりないのである。さらに遡って考えれば、判決というものが国家の命令としてそれを受ける者において遵守しなければならない以上は、強制執行の問題と別個に考えても同じ問題が存在するのである⓫。

[9] 私は憲法 19 条の「良心」というのは、謝罪の意思表示の基礎としての道徳的な反省とか誠実というものを含まないと解する。又それは例えばカントの道徳哲学における「良心」という概念とは同一ではない。同条の良心に該当するゲヴィッセン（Gewissen）コンシアンス（Conscience）等の外国語は、憲法の自由の保障の関係においては、沿革的には宗教上の信仰と同意義に用いられてきた。しかし今日においてはこれは宗教上の信仰に限らずひろく世界観や主義や思想や主張をもつことにも推及されていると見なければならない。憲法の規定する思想、良心、信教および学問の自由は大体において重複し合っている⓬。

[10] 要するに国家としては宗教や上述のこれと同じように取り扱うべきものについて、禁止、処罰、不利益取扱等による強制、特権、庇護を与えることによる偏頗な所遇というようなことは、各人が良心に従って自由に、ある信仰、思想等をもつことに支障を招来するから、憲法 19 条に違反するし、ある場合には憲法 14 条 1 項の平等の原則にも違反することとなる。憲法 19 条がかような趣旨に出たものであることは、これに該当する諸外国憲法の条文を見れば明瞭である。

[11] 憲法 19 条が思想と良心とをならべて掲げているのは、一は保障の対照の客観的内容的方面、他はその主観的形式的方面に着眼したものと認められないことはない⓭。

[12] ところが本件において問題となっている謝罪広告はそんな場合ではない。もちろん国家が判決によって当事者に対し謝罪という倫理的意味をもつ処置を要求する以上は、国家は命ぜられた当事者がこれを道徳的反省を以てすることを排斥しないのみか、これを望ましいことと考えるのである。これは法と道徳との調和の見地からして当然しかるべきである。しかし現実の場合においてはかような調和が必ずしも存するものではなく、命じられた者がいやいやながら命令に従う場合が多い。もしかような場合に良心の自由が害されたというならば、確信犯人の処罰もできなくなるし、本来道徳に由来するすべての義務（例えば扶養の義務）はもちろんのこと、他のあらゆる債務の履行も強制できなくなる。又極端な場合には、表見主義の原則に従い法が当事者の欲したところと異なる法的効果を意思表示に附した場合も、良心の自由に反し憲法違反だと結論しなければならなくなる。さらに一般に法秩序を否定する者に対し法を強制すること自体がその者の良心の自由を侵害するといわざるを得なくなる。

[13] 謝罪広告においては、法はもちろんそれに道徳性（Moralität）が伴うことを求めるが、しかし道徳と異なる法の性質から合法性（Legalität）即ち行為が内心の状態を離れて外部的に法の命ずるところに適合することを以て一応満足するのである。内心に立ちいたつてまで要求することは法の力を以てするも不可能である。この意味での良心の侵害はあり得ない。これと同じことは国会法や地方自治法が懲罰の一種として「公開議場における陳謝」を認めていること（国会法 122 条 2 号、地方自治法 135 条 1 項 2 号）についてもいい得られる⓮。

[14] 謝罪する意思が伴わない謝罪広告といえども、法の世界においては被害者にとつて意味がある。というのは名誉は対社会的な観念であり、そうしてかような謝罪広告は被害者の名誉回復のために有効な方法と常識上認められるからである。この意味で単なる取消と陳謝と

❿ 田中補足意見は、憲法 19 条の保障内容につき、①「思想」と「良心」を区別し（区分説）、②「良心」は宗教上の信仰に限らず世界観等をもつことも含まれるが道徳的な反省とか誠実さは含まれない（信条説的な理解）、とする。そして、③謝罪広告にいう行為は行為が内心の状態を離れて外部的に法の命ずるところに適合することをもって一応満足するのであるから、19 条の問題にならないとする。また、多数意見とは異なり、④判決の合憲性の問題については強制執行の問題と別個に考えることができると述べる。さらに、⑤「取消」と「陳謝」を区別していない点も特徴的である。

⓫ [8] では、多数意見とは異なり、謝罪広告を命ずる判決の合憲性の検討に際し、強制執行の方法とは切り離して検討することを明らかにしている。

⓬ [9] では、「良心」は宗教上の信仰に限らず世界観をもつことも含まれるが道徳的な反省とか誠実さは含まれないとして、信条説的な理解を示している。なお、いわゆる信条説と内心説の対立につき、勤評長野方式事件第一審判決（長野地判昭 39・6・2 判時 374-8）は、「『思想及び良心』の自由の保障すなわち沈黙の自由の保障の対象は宗教上の信仰に準ずべき世界観、人生観等個人の人格形成の核心をなすものに限られ、一般道徳上、常識上の事物の是非、善悪の判断や一定の目的のための手段、対策としての当不当の判断を含まないと解すべきである。（最高裁判所昭和 31 年 7 月 4 日大法廷判決の田中裁判官の補足意見参照。）」と述べている。ただし、勤評長野方式事件上告審判決（判例①）はこのような表現を避けており、世界観・人生観等が内心的自由に含まれることは認めているものの、内心説的な理解を排除するものであるかは必ずしも明らかではない。最高裁の立場として、信条説と内心説のどちらに立つのかは、未だ不明確であるといえよう。

⓭ [11] では、憲法 19 条の「思想」と「良心」を区別している（区分説）。

⓮ [13] では、謝罪広告という外部的行為につき、内心の状態を離れて外部的に法の命ずるところに適合することをもって一応満足するものと認定し、良心の自由の侵害はあり得ないとする。なお、「公開議場における陳謝」につき、入江意見（後述）とは異なる正当化理由を述べている。

の間には区別がない。もし上告理由に主張するように良心を解するときには、自己の所為について確信をもつているから、その取消をさせられることも良心の自由の侵害になるのである❺。

【15】　附言するが謝罪の方法が加害者に屈辱的、奴隷的な義務を課するような不適当な場合には、これは個人の尊重に関する憲法13条違反の問題として考えられるべきであり、良心の自由に関する憲法19条とは関係がないのである❻。

【16】　要するに本件は憲法19条とは無関係であり、この理由からしてこの点の上告理由は排斥すべきである。憲法を解釈するにあたつては、大所高所からして制度や法条の精神の存するところを把握し、字句や概念の意味もこの精神からして判断しなければならない。私法その他特殊の法域の概念や理論を憲法に推及して、大局から判断をすることを忘れてはならないのである。

　　上告代理人阿河準一の上告理由三に対する裁判官栗山茂の意見は次のとおりである❼。

【17】　多数意見は論旨を憲法19条違反の主張として判断を示しているけれども、わたくしは本件は同条違反の問題を生じないと考えるので、多数意見の理由について左のとおり補足する。

【18】　論旨は憲法19条にいう「良心の自由」を倫理的内心の自由を意味するものと誤解して、原判決の同条違反を主張している。しかし憲法19条の「良心の自由」は英語のフリーダム・オブ・コンシャンスの邦訳であつてフリーダム・オブ・コンシャンスは信仰選択の自由（以下「信仰の自由」と訳す。）の意味であることは以下にかかげる諸外国憲法等の用例で明である❽。

【19】　先づアイルランド国憲法を見ると、同憲法44条は「宗教」と題して「フリーダム・オブ・コンシャンス（「信仰の自由」）及び宗教の自由な信奉と履践とは公の秩序と道徳とに反しない限り各市民に保障される。」と規定している。次にアメリカ合衆国ではカリフオルニア州憲法（1条4節）は宗教の自由を保障しつつ「何人も宗教的信念に関する自己の意見のために証人若しくは陪審員となる資格がないとされることはない。しかしながらかように保障されたフリーダム・オブ・コンシャンス（「信仰の自由」）は不道徳な行為又は当州の平和若しくは安全を害するような行為を正当ならしむるものと解してはならない。」と規定している。そしてこのフリーダム・オブ・コンシャンス（「信仰の自由」）という辞句はキリスト教国の憲法上の用語とは限らないのであつて、インド国憲法25条は、わざわざ「宗教の自由に対する権利」と題して「何人も平等にフリーダム・オブ・コンシャンス（「信仰の自由」）及び自由に宗教を信奉し、祭祀を行い、布教する権利を有する。」と規定し、更にビルマ国憲法も「宗教に関する諸権利」と題して20条で「すべての人は平等のフリーダム・オブ・コンシヤンス（「信仰の自由」）の権利を有し且宗教を自由に信奉し及び履践する権利を有する云々」と規定しており、イラク国憲法13条は回教は国の公の宗教であると宣言して同教各派の儀式の自由を保障した後に完全なフリーダム・オブ・コンシャンス（「信仰の自由」）及び礼拝の自由を保障している。（ピズリー著各国憲法集2巻219頁。脚註に公認された英訳とある。）。英語のフリーダム・オブ・コンシヤンスは仏語のリベルテ・ド・コンシアンスであつて、フフンスでは現に宗教分離の1905年の法律1条に「共和国はリベルテ・ド・コンシアンス（「信仰の自由」）を確保する。」と規定している。これは信仰選択の自由の確保であることは法律自体で明である。レオン、デュギはリベルテ・ド・コンシアンスを宗教に関し心の内で信じ若しくは信じない自由と説いている❾。（デュギ著憲法論5巻1925年版415頁）

【20】　以上の諸憲法等の用例によると「信仰の自由」は広義の宗教の自由の一部として規定されていることがわかる。これは日本国憲法と異つて思想の自由を規定していないからである。日本国憲法はポツダム宣言（同宣言10項は「言論、宗教及思想ノ自由並ニ基本的人権ノ尊重ハ確立セラルヘシ」と規定している）の条件に副うて規定しているので思想の自由に属する本来の信仰の自由を19条において思想の自由と併せて規定し次の20条で信仰の自由を除いた狭義の宗教の自由を規定したと解すべきである。かように信仰の自由は思想の自由でもあり又宗教の自由でもあるので国際連合の採択した世界人権宣言（18条）及びユネスコの人権規約案（13条）にはそれぞれ三者を併せて「何人も思想、信仰及び宗教の自由を享有する権利を有する」と規定している。以上のように日本国憲法で「信仰の自由」が20条の信教の自由から離れて19条の思想の自由と併せて規定されて、それを「良心の自由」と訳したからといつて、日本国憲法だけが突飛に倫理的内心の自由を意味するものと解すべきではないと考える。憲法97条に「この憲法が日本国民に保障する基本的人権は人類の多年にわたる自由獲得の努力の成果」であると言つているように、憲法19条にいう「良心の自由」もその歴史的背景をもつ法律上の用語として理解すべきである。されば所論は「原判決の如き内容の謝罪文を新聞紙に掲載せしむることは上告人の良心の自由を侵害するもので憲法19条の規定に違反するものである。」と言うけれども、それは憲法19条の「良心の自由」を誤解した主張であつて、原判決には上告人のいう憲法19条の「良心の自由」を侵害する問題を生じないのである❿。

　　上告代理人阿河準一の上告理由三に対する裁判官入江俊郎の意見は次のとおりである⓫。

【21】　わたくしは、本件上告を棄却すべきことについては多数説と同じ結論であるが、右上告理由三に関しては棄却の理由を異にするので、以下所見を明らかにして、わたくしの意見を表示する。

【22】　一、上告理由三は、要するに本件判決により、上告人は強制的に本件のごとき内容の謝罪広告を新聞紙へ掲載せしめられるのであり、それは上告人の良心の自由を侵害するものであつて、憲法19条違反であるというのである。しかしわたくしは、本件判決は、給付判決ではあるが、後に述べるような理由により、その強制執行は許されないものであると解する。しからば本件判決は上告人の任意の履行をまつ外は、その内容を実現させることのできないものであつて、従つて上告人は本件判決により強制的に謝罪広告を新聞紙へ掲載せしめら

---

❺ 【14】では、「取消」と「陳謝」は良心の自由との関係で区別できないと述べる。反対、入江意見（後述）。
❻ 【15】では、謝罪広告は憲法19条とは無関係であると結論づけられている。なお、その理由について、田中補足意見の論拠を正確に理解する必要がある。信条説の立場からすると、謝罪広告は過去の事実の存否に関係するにすぎず、人格の核心に関わる世界観などに関連するものとは解されないので、19条の問題にならないと説明される（佐藤219頁）。他方、田中補足意見の論拠はそのようなものではなく、謝罪広告とは単に外部的行為を求めるにすぎず、内心に立ち入るものではないとの認定がその論拠である。確かに、田中補足意見のように謝罪広告を認定すると、謝罪広告の強制によつて内心告白の強制や内心の否定は生じることはないのであるから、これらの意味においては19条と無関係とも思われる。しかし、田中補足意見は、内心に反する外部的行為の強制であつても思想・良心の自由の制約になりうることについては、おおよそ注意を払っている。いずれにせよ、留意が必要である。
❼ 栗山意見は、憲法19条の保障内容につき、①「思想」と「良心」を区別（区分説）、②「良心の自由」は「信仰の自由」とする。そして、③本件の謝罪広告は信仰と関係ないため、19条の問題にならないとする。
❽ 【18】では、「良心の自由」を「信仰の自由」と解している。なお、このような見解については、憲法19条が併記する「思想及び良心の自由」のうち「良心の自由」を取り出して同20条の「信教の自由」と重複させることになるため、解釈論的に妥当ではないと批判される（佐藤217頁）。
❾ 【19】では、諸外国の憲法における「信仰の自由」が記述されている。もっとも、学説からは、ヨーロッパの歴史的沿革について必ずしも正確に把握されているとは言い難いとの指摘もなされている（佐藤217頁）。
❿ 【20】では、本件の謝罪広告は信仰と関係ないため、憲法19条の問題にならないと結論づけられている。
⓫ 入江意見は、憲法19条の保障内容につき、①「良心」に倫理的判断を含むとする。そして、②多数意見とは異なり、謝罪広告を命ずる判決は相手方の許しを乞う旨をYの自発的意思表示の形式をもって表示すべきことを求めていると認定したうえで、本判決の強制執行によって良心の内容と異なる事柄をあたかもその良心の内容であるかのごとく表示せしむることは憲法19条に違反すると述べる。ただし、③判決の合憲性の問題を強制執行の問題と別個に考えて、本判決は強制執行が許されないものと解するため、本判決自体は合憲とする。このように、謝罪広告を命ずる判決の強制執行は良心の自由等に反し違憲であるが、そのような判決は強制執行が許されないだけで判決自体は合憲かつ適法であるとする、中間説的な立場をとる点が特徴的である。なお、④「取消」と「陳謝」を区別している。

れることにはならないのであるから、所論違憲の主張はその前提を欠くこととなり採るを得ない。上告理由三については、右を理由として上告を棄却すべきものであると思うのである。

[23] 二、多数説は、原判決の是認した被上告人の本訴請求は、上告人をして、上告人がさきに公表した事実が虚偽且つ不当であつたことを広報機関を通じて発表すべきことを求めるに帰するとなし、また、上告人に屈辱的若しくは苦役的労務を科し又は上告人の有する意思決定の自由、良心の自由を侵害することを要求するものとは解せられないといい、結局本件判決が民訴 733 条の代替執行の手続によつて強制執行をなしうるものであることを前提とし、しかもこれを違憲ならずと判断しているのである。しかしわたくしは、本件判決の内容は多数説のいうようなものではなく、上告人に対し、上告人のさきにした本件行為を、相手方の名誉を傷つけ相手方に迷惑をかけた非行であるとして、これについて相手方の許しを乞う旨を、上告人の自発的意思表示の形式をもって表示すべきことを求めていると解すべきものであると思う。そして、若しこのような上告人名義の謝罪広告が新聞紙に掲載されたならば、それは、上告人の真意如何に拘わりなく、恰も上告人自身がその真意として本件自己の行為が非行であることを承認し、これについて相手方の許しを乞うているものであると一般に信ぜられるに至ることは極めて明白であつて、いいかえれば、このような謝罪広告の掲載は、そこに掲載されたところがそのまま上告人の真意であるとせられてしまう効果（表示効果）を発生せしめるものといわねばならない。自己の行為を非行なりと承認し、これにつき相手方の許しを乞うということは、まさに良心による倫理的判断でなくて何であろうか。それ故、上告人が、本件判決に従って任意にこのような意思を表示するのであれば問題はないが、いやしくも上告人がその良心に照らしてこのような判断は承服し得ない心境に居るにも拘らず、強制執行の方法により上告人をしてその良心の内容と異なる事柄を、恰もその良心の内容であるかのごとく表示せしめるということは、まさに上告人に対し、その承服し得ない倫理的判断の形成及び表示を公権力をもって強制することと、何らえらぶところのない結果を生ぜしめるのであって、それは憲法 19 条の良心の自由を侵害し、また憲法 13 条の個人の人格を無視することとならざるを得ないのである[22]。

[24] 三、もとより、憲法上の自由権は絶対無制限のものではなく、憲法上の要請その他公共の福祉のために必要已むを得ないと認めるに足る充分の根拠が存在する場合には、これに或程度の制約の加えられることは必ずしも違憲ではないであろう。しかし自由権に対するそのような制約も、制約を受ける個々の自由権の性質により、その態様又は程度には自ら相違がなければならぬ筈のものである。ところが古人も「三軍は帥を奪うべし。匹夫も志を奪うべからず」といったが、良心の自由は、この奪うべからざる匹夫の志であつて、まさに民主主義社会が重視する人格尊重の根柢をなす基本的な自由権の一である。そして、たとえ国家が、個人が自己の良心であると信じているところが仮に誤っていると国家の立場において判断した場合であっても、公権力によってなしうるところは、個人が善悪について何らかの倫理的判断を内心に抱懐していること自体の自由には関係のない限度において、国家が正当と判断した事実関係を実現してゆくことであって、これを逸脱し、例えば本件判決を強制執行して、その者が承服しないところを、その者の良心の内容であるとして表示せしめるがごときことは、恐らくこれを是認すべき何らの根拠も見出し得ないと思うのである。

[25] 英、米、独、仏等では、現在名誉回復の方法として本件のごとき謝罪広告を求める判決を認めていないようである。すなわち英、米では名誉毀損の回復は損害賠償を原則とし、加害者の自発的な謝罪が賠償額の緩和事由となるとせられるに止まり、また独、仏では、加害者の費用をもつて、加害者の行為が、名誉毀損の行為であるとして原告たる被害者を勝訴せしめた判決文を新聞紙上に掲載せしめ又は加害者に対し新聞紙上に取消文を掲載せしめる等の方法が認められている。わが民法 723 条の適用としても、本件のような謝罪広告を求める判決のほかに、(一)加害者の費用においてする民事の敗訴判決の新聞紙等への掲載、(二)同じく刑事の名誉毀損罪の有罪判決の新聞紙等への掲載、(三)名誉毀損記事の取消等の方法が考えうるのであるが、このような方法であれば、これを加害者に求める判決の強制執行をしたからといつて、不当に良心の自由を侵害し、または個人の人格を無視したことにはならず違憲の問題は生じないと思われる。しかし、本件のような判決は、若し強制執行が許されるものであるとすれば、それはまさに公権力をもつて上告人に倫理的判断の形成及び表示を強制するのと同様な結果を生ぜしめるに至ることは既に述べたとおりであり、また前記のごとく民法 723 条の名誉回復の為の適当な処分としては他にも種々の方法がありうるのであるから、これらを勘案すれば、本件判決を強制執行して良心の自由又は個人の人格に対する上述のような著しい侵害を敢えてしなければ、本件名誉回復が全きを得ないものとは到底認め得ない。即ち利益の比較較量の観点からいつても、これを是認しうるに足る充分の根拠を見出し得ず、結局それは名誉回復の方法としては行きすぎであり、不当に良心の自由を侵害し個人の人格を無視することとなつて、違憲たるを免れないと思うのである。（以上述べたところは、私見によれば、取消文の掲載又は国会、地方議会における懲罰の一方法としての「公開議場における陳謝」には妥当しない。前者については、取消文の文言にもよることではあるが、それが単に一旦発表した意思表示を発表せざりし以前の状態に戻す原状回復を趣旨とするものたるに止まる限り良心の自由とは関係なく、また後者は、これを強制執行する方法が認められていないばかりでなく、特別権力関係における秩序維持の為の懲戒罰である点において、一般権力関係における本件謝罪広告を求める判決の場合とは性質を異にするというべきだからである。）[23]

[26] 四、以上述べたとおり、わたくしは、本件判決が強制執行の許されるものであるとするならば、それは憲法 19 条及び 13 条に違反すると解するのであって、従って、多数説が、本件判決が民訴 733 条の代替執行の方法により強制執行をなしうるものであることを前提として、しかも本件判決を違憲でないとしたことには賛成できない。

[27] けれども、わたくしは以下述べるごとく、本件判決は強制執行はすべて許されないものであると解するのである。思うに、給付判決の請求と、強制執行の請求とは一応別個の事柄であり、従って給付判決は常に必ず強制執行に適するものと限らないことは、多数説の説示の中にも示されているとおりであって（給付判決であつても、強制執行の全く許されないものとしては、例えば夫婦同居の義務に関する判例があつた。）、本件判決が果して強制執行に適するものであるか否かは、本件判決の内容に照らし、更に審究を要する問題であろう。ところで、給付判決の中で強制執行に適しないと解せられる場合としては、(一)債務の性質からみて、強制執行によつては債務の本旨に適した給付を実現し得ない場合、(二)債務の内容からみて、強制執行することが、債務者の人格又は身体に対する著しい侵害であつて、現代の法的理念に照らし、憲法上又は社会通念上、正当なものとして是認し得ない場合の二であろう。(一)の場合は主として、債務の性質が強制執行をするのに適当しているかどうかの観点から判断しうるけれども、(二)の場合は、強制執行をすること自体が、現代における文化の理念に照らして是認しうるかどうかの観点から判断することが必要となってくる。そして、本件のごとき判決を強制執行することは、既に述

---

[22] [23] では、憲法 19 条の保障内容に関連して、「良心」に倫理的判断を含むと述べる。また、多数意見とは異なり、謝罪広告を命ずる本判決は Y に対し、上告人の先にした本件行為を、相手方の名誉を傷つけ相手方に迷惑をかけた非行であるとして、これについて相手方の許しを乞う旨を、Y の自発的意思表示の形式をもって表示すべきことを求めていると認定する。そのうえで、謝罪広告を命ずる本判決の強制執行は、承服しえない倫理的判断の形成および表示を公権力をもって強制することと同様の

結果を生じさせるため、19 条に違反すると述べる。

[23] [25] では、諸外国の例を引きつつ、謝罪広告以外の代替手段に触れたうえで、本件のような謝罪広告を求める判決の強制執行が良心の自由を侵害すると論じている。また、田中補足意見とは異なり、「取消」と「陳謝」を区別している。さらに、「公開議場における陳謝」につき、田中補足意見とは異なる理由で正当化している。

べたように、不当に良心の自由を侵害し、個人の人格を無視することとなり違憲たるを免れないのであるから、まさに上記(二)の場合に該当し、民訴733条の代替執行たると、同734条の間接強制たるとを問わず、すべて強制執行を許さないものと解するを相当とするのである。また本件判決は、被害者が名誉回復の方法として本件のような謝罪広告の新聞紙への掲載を加害者に請求することを利益と信じ、裁判所がこれを民法723条の適当な処分と認めてなされたものであるから、これについて強制執行が認められないからといって、それは給付判決として意味のないものとはいえないと思う❷。

【28】　以上のべたごとく、本件判決は強制執行を許さないものであるから、違憲の問題を生ずる余地なく、所論は前提を欠き、上告棄却を免れない❷。

　　上告代理人阿河準一の上告理由についての裁判官藤田八郎の反対意見は次のとおりである❷。

【29】　本件における被上告人の請求の趣意、並びにこれを容認した原判決の趣意は、上告人に対し、上告人がさきにした原判示の所為は、被上告人の名誉を傷つけ、被上告人に迷惑を及ぼした非行であるとして、これにつき被上告人に陳謝する旨の意を新聞紙上に謝罪広告を掲載する方法により表示することを命ずるにあることは極めて明らかである。しかして、本件において、上告人は、そのさきにした本件行為をもって、被上告人の名誉を傷つける非行であるとは信ぜず、被上告人に対し陳謝する意思のごときは、毛頭もっていないことは本件弁論の全経過からみて、また、極めて明瞭である。

【30】　かかる上告人に対し、国家が裁判という権力作用をもって、自己の行為を非行なりとする倫理上の判断を公に表現することを命じ、さらにこれにつき「謝罪」「陳謝」という道義的意思の表示を公にすることを命ずるがごときことは、憲法19条にいわゆる「良心の自由」をおかすものといわなければならない。けだし、憲法19条にいう「良心の自由」とは単に事物に関する是非弁別の内心的自由のみならず❷、かかる是非弁別の判断に関する事項を外部に表現する自由並びに表現せざるの自由をも包含するものと解すべき❷であり、このことは、憲法20条の「信教の自由」についても、憲法はただ内心的信教の自由を保障するにとどまらず、信教に関する人の観念を外部に表現し、または表現せざる自由をも保障するものであって、往昔わが国で行われた「踏絵」のごとき、国家権力をもって、人の信念に反して、宗教上の観念を外部に表現することを強制することは、もとより憲法の許さないところであると、その軌を一にするものというべきである。従って、本件のごとき人の本心に反して、事の是非善悪の判断を外部に表現せしめ、心にもない陳謝の念の発露を判決をもって命ずるがごときことは、まさに憲法19条の保障する良心の外的自由を侵犯するものであること疑を容れないからである❷。従前、わが国において、民法723条所定の名誉回復の方法として、訴訟の当事者に対し判決をもって、謝罪広告の新聞紙への掲載を命じて来た慣例のあることは、多数説のとくとおりであるけれども、特に、明文をもって、「良心の自由」を保障するに至った新憲法下においてかかる弊習は、もはやその存続も許されないものと解すべきである。(そして、このことは、かかる判決が訴訟法上強制執行を許すか否かにはかかわらない。国家が権力をもって、これを命ずること自体が良心の自由をおかすものというべきである❸。あたかも、婚姻予約成立の事実は認定せられても、当事者に対して、判決をもって、その履行—すなわち婚姻—を命ずることが、婚姻の本質上許されないと同様、強制執行の許否にかかわらず、判決自体の違法を招致するものと解すべきである)。

【31】　従って、この点に関する論旨は理由あり、原判決が上告人に対し謝罪広告を以て、自己の行為の非行なるを認め陳謝の意を表することを命じた部分は破棄せらるべきである。

　　上告代理人阿河準一の上告理由三についての裁判官垂水克己の反対意見は次のとおりである❸。

【32】　私は原判決が広告中に「謝罪」「陳謝」の意思を表明すべく命じた部分は憲法19条に違反し原判決は破棄せらるべきものと考える。

【33】　**一、判決と当事者の思想**　裁判所が裁判をもって訴訟当事者に対し一定の意思表示をなすべきことを命ずる場合に裁判所はその当事者が内心において如何なる思想信仰良心を持っているかは知ることもできないし、調査すべき事柄でもない。本件謝罪広告を命ずる判決をし又はこの判決を是認すべきか否かを判断するについても固より同じである。すなわち、かような判決をすべきかどうかを判断するについては上告人が、万一、場合によってはこんな広告をすることは彼の思想信仰良心に反するとの理由からこれを欲しないかも知れないことも予想しなければならない。世の中には次のような思想の人もあり得るであろう—「今日多くの国家においては大多数の人々が労働の成果を少数者によって搾取され、人間に値せぬ生活に苦しんでいる、これは重要生産手段の私有を認める資本主義の国家組織に原因するから、かかる組織の国家は地上からなくさなくてはならない、そのためには憲法改正の合法手段は先ず絶望であるから、手段を選ばずあらゆる合法・非合法手段、平和手段・暴力手段を用いてたたかい、かかる国家、その法律、国家機関、裁判、反対主義の敵に対しても、これを利用するのはよいが、屈服してはならない、これがわれわれの信条・道徳・良心である。」と。或は一宗一宗教家、無政府主義者のように、すべて人は一切他人を圧迫強制してはならない、国家、法律は圧力をもって人を強制するものであるから、これに対しては、少くともできるだけ不服従の態度をとるべきである、という信条の人もあり得るであろう。かような人の内心の思想信仰良心の自由は法律、国権、裁判をもってしても侵してはならないことは憲法19条、20条の保障するところである。

【34】　論者或はいうかもしれない「迷信や余りに普遍的妥当性のない考は思想でも信仰でもなく憲法の保障のほかにある」と。しかし、誰が迷信と断じ普遍的妥当性なしと決めるのか。一宗一主義は他宗他主義を迷信虚妄として排斥する。けれども、種々の思想、信条の自由活発な発露、展開、論議こそ個人と人類の精神の発達、人格完成に貢献するゆえんであるとするのが、わが自由主義憲法の基本的精神なのであって、憲法を攻撃する思想に対してさえ発表の機会を封ずることをせず思想は思想によって争わしめようとするところに自由主義憲法の特色を見るのである。

【35】　**二、謝罪、陳謝とは**　上告人が、万一、前段設例のような信条の

---

❷ 【27】では、本判決は強制執行が認められないと論じている。
❷ 【28】では、判決の合憲性の問題を強制執行の問題と別個に考えて、本件判決は強制執行が認められないものと解するため、本件判決自体は合憲と結論づけている。
❷ 藤田反対意見は、憲法19条の保障内容につき、①「良心の自由」とは、事物に関する是非弁別の内心の自由を含むとしたうえで(内心説的理解)、②かかる是非弁別の判断に関する事項を外部に表現する自由ならびに表現せざるの自由をも包含するものと解すべき(沈黙の自由)、とする。そして、③本件のように人の本心に反して事の是非善悪の判断を外部に表現せしめ、心にもない陳謝の念の発露を判決をもって命ずるのは19条の良心の外的自由を侵犯して違憲とする。また、④判決の違憲性に強制執行の許否は関係ないとして、判決の合憲性の問題を強制執行の問題と別個の問題として考えている。
❷ 【30】の第2文前半では、憲法19条の保障内容につき、「良心の自由」とは事物に関する是非弁別の内心的自由を含むとする(内心説的理解)。
❷ 【30】の第2文後半では、憲法19条の保障内容として、是非弁別の判断に関する事項を外部に表現する自由ならびに表現せざるの自由をも包含するものと解すべきとする(沈黙の自由)。なお、このような内心の表出については憲法21条の表現の自由として構成すべきとの学説上の批判も存在する(佐藤218頁)。
❷ 【30】の第3文では、本件のように、人の本心に反して事の是非善悪の判断を外部に表現せしめ、心にもない陳謝の念の発露を判決をもって命ずるのは憲法19条の良心の外的自由を侵犯して違憲とする。
❸ 【30】の末尾括弧書き内では、判決の違憲性に強制執行の許否は関係ないとして、判決の合憲性の問題を強制執行の問題と別個の問題として論じている。
❸ 垂水反対意見は、憲法19条の保障内容につき、①信条上沈黙を欲する者に沈黙する自由も保障されるとする。そして、②本件の謝罪広告中の「謝罪」、「陳謝の意を表します」といった文言の表示を判決で命じた部分は、本人の意に反して意思表明の公表を強制するものであり19条に違反すると結論づける。一般的に、内心説として説明されることが多い(たとえば、佐藤218頁)。なお、③「取消」と「陳謝」との関係につき、「取消」であっても自分の行為の正当性を否定する意味のものもあり、その場合は「陳謝」と重なるとしている。

持主であると仮定するならば、本件裁判は彼の信条に反し彼の欲しない意思表明を強制することになるのではないか。この点を判断するには先ず「陳謝」ないし「謝罪」とは如何なる意味のものであるかを判定しなければならない。思うに一般に、「あやまる」、「許して下さい」、「陳謝」又は「遺憾」の意思表明とは（1）自分の行為若しくは態度（作為・不作為）が宗教上、社会道徳上、風俗上若しくは信条上の過誤であつた（善、正当、是、若しくは直でなく悪、不当、非、若しくは曲であつた、許されない規範違反であつた）ことの承認、換言すれば、自分の行為の正当性の否定である、或は（2）そのほか更に遡つて行為の原因となつた自分の考（信条を含む）が悪かつたことの承認、若しくは一層進んで自分の人格上の欠陥の自認、ひいて劣等感の表明である、或は（3）なおれに行為者が自分の考を改め将来同様の過誤をくり返さないことの言明を附加したものである。なお、記事や発言の「取消」というものがある。これには単なる訂正の意味のものもあるが、やはり前同様自己の記事や発言に瑕疵不当があつたとしてその正当性を否定する意味のものもある。㉜

【36】本件広告は相当の配慮をもつて被上告人の申し立てた謝罪文を修正したものではあるが、原審は単に故意又は過失による不法行為としての名誉毀損を認めたに止り刑法上の名誉毀損罪を認めたものではないから、本件広告に罪悪たることの自認を意味するものと解し得られる「謝罪」という文言を用いることは、或は上告人がその信条からいつて欲しないかも知れない。さすれば本件判決中、広告の標題に「謝罪」の文言を冠し、末尾に「ここに陳謝の意を表します」との文言を用いた部分は本人の信条に反し、彼の欲しないかも知れない意思表明の公表を強制するものであつて、憲法 19 条に違反するものであるというのほかない。けだし同条は信条上沈黙を欲する者に沈黙する自由をも保障するものだからである。㉝

【37】人は尋ねるかも知れない「それならば、当事者はどんな信条を持つているかも知れないから、裁判所はあらゆる当事者に対して或意思表示（例えば登記申請）をすべく命ずる裁判は一切できなくなるではないか、」と。固より左様でない。裁判所は法の世界で法律上の義務とせられるべき事項を命ずることはできるのである。しかし、行為者が自分の行為を宗教上、道徳風俗上、若しくは信条上の規範違反である罪悪と自覚した上でなければできないような謝罪の意思表明の如きを判決で命ずることは、性質上法の世界外の内界の問題に立ち入ることであるから、たとえ裁判所がこれを民法 723 条による名誉回復に適当な処分と認めたとしても許されない訳なのである。㉞

【38】**三、法と道徳について** 法は人の行為についての国家の公権力による強制規範であり、行為とは意思の外部的表現である。人の考が一旦外部に現われて或行為（作為若しくは不作為）と観られるに至つたときは社会ないし国家は関心なきを得ないので、法は或行為を権利行為として保護し或は放任行為として干渉せず、或は表現（をすること又はしないこと）の自由の濫用とし、或は犯罪として刑罰を科し或は不法行為、債務不履行として賠償や履行を命じたりする。その場合に、法は行為が意思に基くか、又、如何なる意思に基くかをも探究する。もちろん、道徳が憲法以下の法の基本をなす部分が相当に大きく、この基本を取り去つては「個人の尊重」、「公共の福祉」、「権利の濫用」、「信義誠実」、「公序良俗」、「正当事由」、「正当行為」などという重要な概念が立処に理解できなくなるという関係ですでにこれらの概念は法概念と化していることは私もよく肯定するものである。しかし、法がこれら内心の状態を問題にしたり行為のかような道徳に由来する法律的意味を探究する場合にも、法はあくまで外部行為の価値を判定するに必要な限度において外部行為からうかがわれ得る内心の状態を問題とするに止まる。一定の行為が法の要求

する一定の意思状態においてなされたものとして観られる以上、法はそれが何かの信条からなされたものかどうかを問わない。行為者の意思が財物奪取にあつたか殺害にあつたかは問題とされるが如何なる思想からしたかは問われない。無政府主義者が税制を否定し所得申告を欲しなくても法は彼の主義如何に拘わりなく申告と納税を強制する。かようにして法は作為・不作為に対しそれに相応する法律効果を付しこれによつて或結果の発生・不発生をもたらしその行為を処理しようとするものである。

【39】**四、本件広告の内容** 謝罪の意思なき者に謝罪広告を命ずる裁判が合憲であるとの理由は出て来ない。けだし、謝罪は法の世界のほかなる宗教上、道徳風俗上若しくは信条上の内心の善悪の判断をまつて始めてなされるものであり、そして内心から自己の行為を悪と自覚した場合にのみ価値ある筈のものだからである。先ず、裁判所が上告人は判示所為をしたものでありその所為は不法行為たる名誉毀損に当ると認めた場合には、上告人の信条に拘わりなくこれによる義務の存在を確認させることができるのはもちろん、又、かかる所為をしたこと及びそれが名誉毀損に当ることを確認する旨の広告を上告人の意思に反してさせることもできることは疑いない。本件広告は単に「広告」と題し本文を「私は昭和二十七年十月一日施行された、云々、申訳もできないのはどうしたわけかと記載いたしましたが右放送及び記事は真実に相違して居り、貴下の名誉を傷け御迷惑をおかけいたしました。」と記載してなすべく命ずることも憲法 19 条に違反するところなく妨げない、（客観的に、「真実に相違しておる」ことを確認させ、被害を与えたとの法律上の意味で「御迷惑をおかけしました」と言明すべき法的義務を課してもよい。）と考える、ところが本件広告には前に述べたように「謝罪」、「陳謝の意を表します」という文言を用いた部分があつてこの点は両当事者が重要な一点として争うところなのである。が、かような謝罪意思表明の義務は上告人の本件名誉毀損行為から法概念としての「善良の風俗」からでも生ずべき性質のものといえるであろうか。又、「かような謝罪の意思表明は名誉毀損の確認に附加されたところの、本件当事者双方の名誉を尊重した紳士的な社交儀礼上の挨拶に過ぎず、そしてそれは心にもない口先だけのものであつても被害者や世人はいずれその程度のものとして受けとる性質のものであるから、上告人も同様に受けとつてよいものである。」といえるであろうか。私は疑きを省ない。かような挨拶が被害者の名誉回復のために役立つとの面にのみ着眼し表意者が信条に反するため謝罪を欲しないため信条に反する意思表明を強制せられる場合のあることを顧みないで事を断ずるのは失当といわざるを得ない。私は本件広告中、右「謝罪」、「陳謝の意を表します」の文言があるのに、上告人が信条上欲しない場合でもこれをなすべきことを命ずる原判決は、性質上、上告人の思想及び良心の自由を侵すところがあり憲法 19 条に違反するものと考える。これにはなお一つの理由を附加したい。それは本件判決が民訴法 733 条の代替執行の方法によつて強制執行をなし得るという点である。一説㉟は本件判決は給付判決であつても夫婦同居を命ずる判決と同じく強制執行を許されないというが、夫婦同居判決のように強制執行のできないことが自明なものならばその通りであるが、本件判決は理由中に別段本件広告については強制執行を許さない旨をことわつてなく、判決面ではそれを許しているものと解せられるものであり、そして本件広告が新聞紙に掲載せられたような場合に、読者は概ねそれが民事判決で命ぜられて余儀なくされたものであることを知らずに、上告人が自発的にしたものであると誤解する公算が大きい。かくては上告人の信条に反し、その意思に出でない上告人の名における謝罪広告が公表せられることになり、夫婦同居判決が当事者の任意服従がないかぎり実現

㉜【35】では、「謝罪」・「陳謝」の意味を明らかにした後、「取消」とそれらとの関係につき、「取消」であつても自分の行為の正当性を否定する意味のものもあり、その場合は「謝罪」・「陳謝」と重なるとしている。

㉝【36】では、憲法 19 条の保障内容につき、沈黙の自由を認めている。そのため、本件の謝罪広告中の「謝罪」、「陳謝の意を表します」といつた文言の表示を判決で命じた部分は、本人の信条に反し意思表明の公表を強制するものであり 19 条に違反すると結論づけている。

㉞【37】では、多数意見とは異なり、そもそも謝罪とは行為者が自分の行為を宗教上、道徳風俗上、もしくは信条上の規範違反である罪悪と自覚したうえでなければできないような類のものであるとの前提に立ち、謝罪の意思表明のごときを判決で命ずることは許されないとする。

㉟ 入江意見参照。

されずに終るのと違う結果を見るのである㊱。

【40】 されば論旨は理由があり、原判決が主文所掲広告の標題に冠した「謝罪」という文言とその末尾の「ここに陳謝の意を表します」との文言を表示すべく命じた部分は憲法19条に違反するから原判決は破棄すべきものである㊲。

（裁判長裁判官　田中耕太郎　裁判官　栗山茂　裁判官　真野毅　裁判官　小谷勝重　裁判官　島保　裁判官　斎藤悠輔　裁判官　藤田八郎　裁判官　岩松三郎　裁判官　河村又介　裁判官　谷村唯一郎　裁判官　小林俊三　裁判官　本村善太郎　裁判官　入江俊郎　裁判官　池田克　裁判官　垂水克己）

補足説明　民事執行手続

民事執行とは、国家権力による民事上の強制手段である。訴訟手続によって法的判断が示されることにより紛争は観念的に解決されるが、そこで示された権利をどのようにして事実上実現すべきかという問題が残る。民事執行手続は、確定判決等の一定の資料に基づき、そこで示された権利の事実上の実現を目的とした手続である。

債務者に対する私法上の請求権の強制的満足を目的とする強制執行は、民事執行の中心的な制度である。強制執行の方法としては、直接強制（債務者の積極的協力を待たずして直接に請求権の目的たる給付の結果を実現する方法）、間接強制（債務者に一定の不利益を課すことで心理的圧迫を加え、債務者自身の作為または不作為を強制する方法）、代替執行（債権者または第三者に債務者に代わって作為をさせ、その費用を債務者から金銭で取り立てる方法）等が存在する（上原ほか・民事執行・保全法［5版］参照）。

Questions

①事実関係の確認
問1　Xはどのような人物であったか。▶【事案】
問2　Yはどのような人物であったか。▶【事案】
問3　名誉毀損とされたYの表現の内容はどのようなものか。それらの表現がなされた媒体は何か。▶【事案】
問4　本件訴訟は、XがYに対し、どのような訴えを提起したものか。▶【事案】
問5　第一審において裁判所が認容した謝罪広告の文面はどのようなものか。▶【事案】
問6　控訴審の判決主文はどのようなものか。▶【事案】
問7　名誉毀損とされた表現内容につき、Y自身はどのように考えているか。▶【事案】

②判決の内容の確認
問8　本判決は、名誉毀損表現を憲法21条の保障範囲に含めているか。▶【1】
問9　本判決は、民法723条のいわゆる「他人の名誉を毀損した者に対して被害者の名誉を回復するに適当な処分」として、謝罪広告を新聞紙等に掲載すべきことを加害者に命ずることも含めているか。▶【3】
問10　本判決は、謝罪広告を命ずる判決につき、どのような分類を行っているか。▶【3】
問11　本判決は、代替執行も可能な謝罪広告はどのような内容のものと考えているか。▶【3】
問12　田中補足意見は良心の自由をどのように考えているか。藤田反対意見はどうか。▶【9】【30】

③応用問題
問13　謝罪広告の内容のうちの陳謝文言を含まない広告は「取消広告」「訂正記事」などと呼ばれる。名誉等の回復の処分としては「取消広告」・「訂正記事」で十分であり、陳謝文言は不要ではないか。▶文献①246頁

○ **関連判例**（本書所収以外のもの）
　最判昭和47年11月30日民集26巻9号1746頁［勤評長野方式事件］（判例①）
　最判平成16年7月15日判例集未登載［石器捏造報道事件］

○ **本判決の調査官解説**
　土井王明「判解」最高裁判所判例解説民事篇昭和31年度107頁（判解①）

○ **その他の判例解説・判例批評**
　芹沢斉「判批」憲法判例百選Ⅰ［第6版］（2013年）77頁
　蟻川恒正「判批」メディア判例百選（2005年）142頁

○ **参考文献**
　幾代通「謝罪広告」伊藤正己編『現代損害賠償法講座(2) 名誉・プライバシー』（日本評論社、1972年）243頁（文献①）
　和田真一「謝罪広告請求の内容とその実現」立命館法学327=328号（2009年）991頁

㊱【39】では、「謝罪」や「陳謝の意を表します」の文言があるにもかかわらず、Yが信条上欲しない場合でもこれをなすべきことを命ずる原判決はYの思想・良心の自由を侵害し憲法19条違反とする。なお、その前提として、本判決が代替執行の方法によって強制執行を可能であると解している。

㊲【40】では、原判決が命じた謝罪広告のうち、「謝罪」と「ここに陳謝の意を表します」との文言を表示すべく命じた部分は憲法19条に違反すると結論づける。

12 君が代起立斉唱事件

最高裁平成23年5月30日第二小法廷判決
平成22年（行ツ）第54号：再雇用拒否処分取消等請求事件
民集65巻4号1780頁

事案

都立高等学校の教諭であったX（原告、控訴人兼被控訴人、上告人）は、校長から、卒業式における国歌斉唱の際に起立斉唱行為を命ずる旨の職務命令を受けた。しかし、Xは卒業式における国歌斉唱の際に起立しなかった。そのため、東京都教育委員会はXに戒告処分をした。

ところで、東京都教育委員会は、定年退職等により一旦退職した教職員等を任用・再任用する制度を実施していた。Xは定年退職に先立ち、上記制度に係る採用選考の申込みをしたが、東京都教育委員会は、上記不起立行為は職務命令違反等にあたる非違行為であることを理由として、いずれも不合格とした。そこでXは、東京都教育委員会がXを不合格としたのは裁量権の逸脱、濫用に該当すると主張して、本件不合格の取消しまたは無効確認、再雇用職員または再任用職員として採用せよとの義務づけおよび国家賠償法に基づく損害賠償を求めて、東京都（被告、被控訴人兼控訴人、被上告人）を被告とする訴えを提起した。

第一審（東京地判平21・1・19民集65-4-1821）は、取消し、無効確認および義務づけを求める訴えをいずれも却下した。しかし、損害賠償については、本件職務命令はXの思想・良心の自由を侵害するものではないが、同職務命令違反を過大視することは裁量の逸脱・濫用であるとして一部認容した。これに対し、控訴審（東京高判平21・10・15民集65-4-1840）は、取消し、無効確認および義務づけを求める訴えについては第一審判決を支持し、さらに損害賠償については、本件職務命令はXの思想・良心の自由を侵害しないとしたうえで、東京都教育委員会に裁量の逸脱・濫用はないとして第一審判決を取り消しXの請求を棄却した。そこでXが上告した。

■参考条文（事件当時のもの）

学校教育法
第18条　小学校における教育については、前条の目的を実現するために、次の各号に掲げる目標の達成に努めなければならない。
（2）　郷土及び国家の現状と伝統について、正しい理解に導き、進んで国際協調の精神を養うこと。
第28条
3　校長は、校務をつかさどり、所属職員を監督する。
第36条　中学校における教育については、前条の目的を実現するために、次の各号に掲げる目標の達成に努めなければならない。
（1）　小学校における教育の目標をなお充分に達成して、国家及び社会の形成者として必要な資質を養うこと。
第42条　高等学校における教育については、前条の目的を実現するために、次の各号に掲げる目標の達成に努めなければならない。
（1）　中学校における教育の成果をさらに発展拡充させて、国家及び社会の有為な形成者として必要な資質を養うこと。
第43条　高等学校の学科及び教科に関する事項は、前二条の規定に従い、文部科学大臣が、これを定める。
第51条　第18条の2、第21条、第28条第3項から第12項まで及び第34条の規定は、高等学校に、これを準用する。この場合において、第18条の2中「前条各号」とあるのは、「第42条各号」と読み替えるものとする。

学校教育法施行規則
第57条の2　高等学校の教育課程については、この章に定めるもののほか、教育課程の基準として文部科学大臣が別に公示する高等学校学習指導要領によるものとする。

高等学校学習指導要領
第4章
　第2　内容
　　C　学校行事
　　　学校行事においては、全校若しくは学年又はそれらに準ずる集団を単位として、学校生活に秩序と変化を与え、集団への所属感を深め、学校生活の充実と発展に資する体験的な活動を行うこと。
　　（1）　儀式的行事
　　　学校生活に有意義な変化や折り目を付け、厳粛で清新な気分を味わい、新しい生活の展開への動機付けとなるような活動を行うこと。
　　第3　指導計画の作成と内容の取扱い
　　　3　入学式や卒業式などにおいては、その意義を踏まえ、国旗を掲揚するとともに、国歌を斉唱するよう指導するものとする。

入学式、卒業式等における国旗掲揚及び国歌斉唱の実施について
（通達　平成15年10月23日15教指企第569号）
　　　　　　　　　　記
1　学習指導要領に基づき、入学式、卒業式等を適正に実施すること。
2　入学式、卒業式等の実施に当たっては、別紙「入学式、卒業式等における国旗掲揚及び国歌斉唱に関する実施指針」のとおり行うものとすること。
3　国旗掲揚及び国歌斉唱の実施に当たり、教職員が本通達に基づく校長の職務命令に従わない場合は、服務上の責任を問われることを、教職員に周知すること。
別紙
　入学式、卒業式等における国旗掲揚及び国歌斉唱に関する実施指針
1　国旗の掲揚について
　入学式、卒業式等における国旗の取扱いは、次のとおりとする。
（1）国旗は、式典会場の舞台壇上正面に掲揚する。
2　国歌の斉唱について
　入学式、卒業式等における国歌の取扱いは、次のとおりとする。
（3）式典会場において、教職員は、会場の指定された席で国旗に向かって起立し、国歌を斉唱する。

国旗及び国歌に関する法律
第1条　〔第1項〕国旗は、日章旗とする。
第2条　〔第1項〕国歌は、君が代とする。

地方公務員法
第30条　すべて職員は、全体の奉仕者として公共の利益のために勤務し、且つ、職務の遂行に当つては、全力を挙げてこれに専念しなければならない。
第32条　職員は、その職務を遂行するに当つて、法令、条例、地方公共団体の規則及び地方公共団体の機関の定める規程に従い、且つ、上司の職務上の命令に忠実に従わなければならない。

Navigator

本判決は、外部的行動の制限が思想・良心の自由の制約に該当するか（制約該当性）、該当するとして許容されるか（制約許容性）について判断したものである。前者については、「直ちに制約」するものと認められる場合と「間接的な制約」となる面がある場合とを区別して、それぞれの制約該当性を判断するための考慮要素が明示されている。後者については、「間接的な制約」の許容性判断につき、総合的な

比較衡量の判断枠組みが示されている。各判断につき、本判決の具体的な文言をふまえてその論理過程を正確に理解する必要がある。

なお、公立学校の式典における「君が代」をめぐる先例として、本判決以前に君が代ピアノ伴奏事件（判例①：【関連判例】において多数意見と藤田反対意見を掲載）が出されていた。同事件では、公立学校の音楽専科の教諭に対し、入学式の国歌斉唱の際にピアノ伴奏を行うよう命じる職務命令の合憲性が問題となった。同事件判決では、職務命令によって求められるピアノ伴奏につき、①外部的行動の性質および②外部からの認識可能性の観点から、制約該当性を否定する判断をしたと解される。しかし、それらに加えて、③職務命令の合理性について判示していた点は、制約該当性の問題なのか制約許容性の問題なのか趣旨が不明確であった。本判決は、同事件とは異なり、間接的な制約としての制約該当性を肯定し、職務命令の必要性・合理性の判断を制約許容性の判断と明示したうえで総合的な比較衡量を行っており、ピアノ伴奏事件の判断枠組みをさらに推し進めている。

また、本判決と近接した時期にほぼ同様の判断を示した判例として、起立斉唱第一小法廷事件（判例②）および起立斉唱第三小法廷事件（判例③）がある。

■判決の論理構造

①思想・良心の自由の保障範囲にXの考えが含まれること	起立斉唱行為の拒否についてのXの考えは、X自身の歴史観ないし世界観から生ずる社会生活上ないし教育上の信念等ということができる	
②制約該当性	【直ちに制約するものに該当するかの判断】学校の儀式的行事である卒業式等の式典における国歌斉唱の際の起立斉唱行為は、一般的、客観的にみて、これらの式典における慣例上の儀礼的な所作としての性質を有するものであり、かつ、そのような所作として外部からも認識されるものというべき	→ 起立斉唱行為を求める本件職務命令は、個人の思想・良心の自由を直ちに制約するものと認めることはできない
	【間接的な制約に該当するかの判断】上記の起立斉唱行為は、一般的、客観的にみても、国旗および国歌に対する敬意の表明の要素を含む行為であるということができる。個人の歴史観ないし世界観に由来する行動（敬意の表明の拒否）と異なる外部的行為（敬意の表明の要素を含む行為）を求められる限りにおいて、思想・良心の自由についての間接的な制約となる	→ 本件職務命令は、Xの思想・良心の自由についての間接的な制約となる
③間接的な制約の許容性	職務命令の目的および内容ならびに制約の態様等を総合的に較量して、当該職務命令に間接的な制約を許容しうる程度の必要性および合理性が認められるか否かという観点から判断するのが相当である	→ 本件職務命令は間接的な制約を許容しうる程度の必要性および合理性が認められる

判　決

○　主　　文

本件上告を棄却する。

上告費用は上告人の負担とする。

○　理　　由

第1　上告代理人津田玄児ほかの上告理由第2のうち職務命令の憲法19条違反をいう部分について

[1]　1　本件は、都立高等学校の教諭であった上告人が、卒業式における国歌斉唱の際に国旗に向かって起立し国歌を斉唱すること（以下「起立斉唱行為」という。）を命ずる旨の校長の職務命令に従わず、上記国歌斉唱の際に起立しなかったところ、その後、定年退職に先立ち申し込んだ非常勤の嘱託員及び常時勤務を要する職又は短時間勤務の職の採用選考において、東京都教育委員会（以下「都教委」という。）から、上記不起立行為が職務命令違反等に当たることを理由に不合格とされたため、上記職務命令は憲法19条に違反し、上告人を不合格としたことは違法であるなどと主張して、被上告人に対し、国家賠償法1条1項に基づく損害賠償等を

求めている事案である❶。

[2]　2　原審の適法に確定した事実関係等の概要は、次のとおりである❷。

[3]　(1)　学校教育法（平成19年法律第96号による改正前のもの。以下同じ。）43条及び学校教育法施行規則（平成19年文部科学省令第40号による改正前のもの。以下同じ。）57条の2の規定に基づく高等学校学習指導要領（平成11年文部省告示第58号。平成21年文部科学省告示第38号による特例の適用前のもの。以下「高等学校学習指導要領」という。）第4章第2C(1)は、「教科」とともに教育課程を構成する「特別活動」の「学校行事」のうち「儀式的行事」の内容について、「学校生活に有意義な変化や折り目を付け、厳粛で清新な気分を味わい、新しい生活の展開への動機付けとなるような活動を行うこと。」と定めている。そして、同章第3の3は、「特別活動」の「指導計画の作成と内容の取扱い」において、「入学式や卒業式などにおいては、その意義を踏まえ、国旗を掲揚するとともに、国歌を斉唱するよう指導するものとする。」と定めている（以下、この定めを「国旗国歌条項」という。）❸。

[4]　(2)　都教委の教育長は、平成15年10月23日付けで、都立高等学校等の各校長宛てに、「入学式、卒業式等における国旗掲揚及び国歌斉唱の実施について（通達）」（以下「本件通達」という。）を発した。その内容は、上記各校長に対し、①学習指導要領に基づき、入学式、卒業式等を適正に実施すること、②入学式、卒業式等の実施に当たっては、式典会場の舞台壇上正面に国旗を掲揚し、教職員は式典会場の指定された席で国旗に向かって起立し国歌を斉唱するなど、所定の実施指針のとおり行うものとすること等を通達するものであった❹。

[5]　(3)　上告人は、平成16年3月当時、都立A高等学校に勤務する教諭であったところ、同月1日、同校の校長から、本件通達を踏まえ、同月5日に行われる卒業式における国歌斉唱の際に起立斉唱行為を命ずる旨の職務命令（以下「本件職務命令」という。）を受けた。しかし、上告人は、本件職務命令に従わず、上記卒業式における国歌斉唱の際に起立しなかった。そのため、都教委は、同月31日、上告人に対し、上記不起立行為が職務命令に違反し、全体の奉仕者たるにふさわしくない行為であるなどとし、地方公務員法29条1項1号、2号及び3号に該当するとして、戒告処分をした❺。

[6]　(4)　定年退職等により一旦退職した教職員等について、都教委は、特別職に属する非常勤の嘱託員（地方公務員法3条3項3号）として新たに任用する制度を実施するとともに、常時勤務を要する職（同法28条の4）又は短時間勤務の職（同法28条の5）として再任用する制度を実施している❻。

[7]　上告人は、平成19年3月31日付けで定年退職するに先立ち、平成18年10月、上記各制度に係る採用選考の申込みをしたが、都教委は、上記不起立行為は職務命令違反等に当たる非違行為であることを理由として、いずれも不合格とした❼。

[8]　3(1)　上告人は、卒業式における国歌斉唱の際の起立斉唱行為を拒否する理由について、日本の侵略戦争の歴史を学ぶ在日朝鮮人、在日中国人の生徒に対し、「日の丸」や「君が代」を卒業式に組み入れて強制することは、教師としての良心が許さないという考えを有している旨主張する。このような考えは、「日の丸」や「君が代」が戦前の軍国主義等との関係で一定の役割を果たしたとする上告人自身の歴史観ないし世界観から生ずる社会生活上ないし教育上の信念等ということができる❽。

[9]　しかしながら、本件職務命令当時、公立高等学校における卒業式等の式典において、国旗としての「日の丸」の掲揚及び国歌としての「君が代」の斉唱が広く行われていたことは周知の事実であって、<u>学校の儀式的行事である卒業式等の式典における国歌斉唱の際の起立斉唱行為は、一般的、客観的に見て、これらの式典における慣例上の儀礼的な所作としての性質を有するものであり、かつ、そのような所作として外部からも認識されるものというべきである</u>。したがって、上記の起立斉唱行為は、その性質の点から見て、上告人の有する歴史観ないし世界観を否定することと不可分に結び付くものとはいえず、上告人に対して上記の起立斉唱行為を求める本件職務命令は、上記の歴史観ないし世界観それ自体を否定するものということはでき

❶【1】では、本件の事案およびXの主張・請求についての簡潔な説明がなされている。

❷【2】から【7】では、本件事案および関連法規の概要等が整理されている。

❸【3】では、事件当時の学校教育法および学校教育法施行規則と高等学校学習指導要領との関係が説明されるとともに、高等学校学習指導要領の国旗国歌条項が確認されている。

❹【4】では、東京都教育委員会の教育長による、都立高等学校等の各校長宛の通達の内容が説明されている。同通達の内容は、入学式、卒業式等における教職員の起立斉唱行為を求めるものであった。

❺【5】では、Xが職務命令に従わず卒業式における国歌斉唱の際に起立しなかったこと、その結果として戒告処分を受けたという事実が示されている。

❻【6】では、東京都教育委員会による退職教員等の任用・再任用制度が説明されている。

❼【7】では、不起立による職務命令違反のため、Xが任用・再任用の採用選考に不合格となった事実が示されている。

❽【8】では、Xが起立斉唱を拒否する理由が記述されるとともに、そのような考えはX自身の歴史観ないし世界観から生ずる社会生活上ないし教育上の信念等であるとされている。この記述は、Xの考えが思想・良心の自由の保障範囲に含まれることを示していると解される（判批① 111頁）。ただし、Xが有する信念等は信条説と内心説のどちらからも保障されるといえ、本判決が思想・良心の内容として信条説と内心説のどちらに立つのかは明らかではない（判例①も同様である。判解② 152-153頁）。
　なお、思想・良心の自由の保護範囲が（いわゆる保護範囲の問題としては）内面領域に限定されるのか、それとも内面に由来する外部的行動にまで及ぶと解しているのか、本判決の立場は必ずしも明らかではない（判批① 113頁）。この点に関連して、調査官解説は、近時では個人の内心と抵触する外部的行動の規制が一定の場合には憲法19条違反となりうることを認める見解が有力であるとして、学説の整理を行うにとどめている（判解① 475頁）。

❾【9】では、本件職務命令は思想・良心の自由を直ちに制約するものと認めることはできないと論じられている。その理由として、本件職務命令によって求められる起立斉唱行為は、一般的・客観的にみて、①その性質は慣例上の儀礼的な所作であってXの歴史観ないし世

ない。また、上記の起立斉唱行為は、その外部からの認識という点から見ても、特定の思想又はこれに反する思想の表明として外部から認識されるものと評価することは困難であり、職務上の命令に従ってこのような行為が行われる場合には、上記のように評価することは一層困難であるといえるのであって、本件職務命令は、特定の思想を持つことを強制したり、これに反する思想を持つことを禁止したりするものではなく、特定の思想の有無について告白することを強要するものということもできない。そうすると、本件職務命令は、これらの観点において、個人の思想及び良心の自由を直ちに制約するものと認めることはできないというべきである❾。

[10] （2）もっとも、上記の起立斉唱行為は、教員が日常担当する教科等や日常従事する事務の内容それ自体には含まれないものであって、一般的、客観的に見ても、国旗及び国歌に対する敬意の表明の要素を含む行為であるということができる。そうすると、自らの歴史観ないし世界観との関係で否定的な評価の対象となる「日の丸」や「君が代」に対して敬意を表明することには応じ難いと考える者が、これらに対する敬意の表明の要素を含む行為を求められることは、その行為が個人の歴史観ないし世界観に反する特定の思想の表明に係る行為そのものではないとはいえ、個人の歴史観ないし世界観に由来する行動（敬意の表明の拒否）と異なる外部的行為❿（敬意の表明の要素を含む行為）を求められることとなり、その限りにおいて、その者の思想及び良心の自由についての間接的な制約となる面があることは否定し難い⓫。

[11] なお、上告人は、個人の歴史観ないし世界観との関係に加えて、学校の卒業式のような式典において一律の行動を強制されるべきではないという信条それ自体との関係でも個人の思想及び良心の自由が侵される旨主張するが、そのような信条との関係における制約の有無が問題となり得るとしても、それは、上記のような外部的行為が求められる場面においては、個人の歴史観ないし世界観との関係における間接的な制約の有無に包摂される事柄というべきであって、これとは別途の検討を要するものとは解されない⓬。

[12] そこで、このような間接的な制約について検討するに、個人の歴史観ないし世界観には多種多様なものがあり得るのであり、それが内心にとどまらず、それに由来する行動の実行又は拒否という外部的行動として現れ、当該外部的行動が社会一般の規範等と抵触する場面において制限を受けることがあるところ、その制限が必要かつ合理的なものである場合には、その制限を介して生ずる上記の間接的な制約も許容され得るものというべきである。そして、職務命令においてある行為を求められることが、個人の歴史観ないし世界観に由来する行動と異なる外部的行為を求められることとなり、その限りにおいて、当該職務命令が個人の思想及び良心の自由についての間接的な制約となる面があると判断される場合にも、職務命令の目的及び内容には種々のものが想定され、また、上記の制限を介して生ずる制約の態様等も、職務命令の対象となる行為の内容及び性質並びにこれが個人の内心に及ぼす影響その他の諸事情に応じて様々であるといえる。したがって、このような間接的な制約が許容されるか否かは、職務命令の目的及び内容並びに上記の制限を介して生ずる制約の態様等を総合的に較量して、当該職務命令に上記の制約を許容し得る程度の必要性及び合理性が認められるか否かという観点から判断するのが相当である⓭。

[13] （3）これを本件についてみるに、本件職務命令に係る起立斉唱行為は、前記のとおり、上告人の歴史観ないし世界観との関係で否定的な評価の対象となるものに対する敬意の表明の要素を含むものであることから、そのような敬意の表明には応じ難いと考える上告人にとって、その歴史観ないし世界観に由来する行動（敬意の表明の拒否）と異なる外部的行為となるものである。この点に照らすと、本件職務命令は、一般的、客観的な見地からは式典における慣例上の儀礼的な所作とされる行為を求めるものであり、それが結果として上記の要素との関係においてその歴史観ないし世界観に由来する行動との相違を生じさせることとなるという点で、その限りで上告人の思想及び良心の自由についての間接的な制約となる面があるものということができる⓮。

[14] 他方、学校の卒業式や入学式等という教育上の特に重要な節目となる儀式的行事においては、生徒等への配慮を含め、教育上の行事にふさわしい秩序を確保して式典の円滑な進行を図ることが必要であるといえる。法令等においても、学校教育法は、高等学校教育の目標として国家の現状と伝統

界観を否定することと不可分に結びつくものとはいえず（外部的行動の性質の観点）、②外部からの認識としても慣例上の儀礼的な所作として認識されるものであって特定の思想またはこれに反する思想の表明として外部から認識されるものと評価することは困難である（外部からの認識可能性の観点）としている。

❿ 本判決は、個人が当該規制において行うことを求められる行為を「外部的行為」とし、個人が当該規制において行うことを制限される行為を「外部的行動」として、用語の区別を行っている。もっとも、他の判決では必ずしもこのような用語の区別はなされていない（判解①482頁注5）。

⓫ [10] では、本件職務命令が思想・良心の自由の間接的な制約になる面があると論じられている。その理由として、まず、本件職務命令によって求められる起立斉唱行為は、一般的・客観的にみて、国旗および国歌に対する敬意の表明の要素を含むものであると論ずる。そして、本件職務命令は、一般的・客観的にみて、個人の歴史観ないし世界観に由来する行動（敬意の表明の拒否）と異なる外部的行為（敬意の表明の要素を含む行為）を求めるものであり、その限りで間接的な制約になるとする。

なお、判例①では間接的な制約の制約該当性が論じられていないにもかかわらず、本判決では間接的な制約の制約該当性の判断がなされている理由は、起立斉唱行為は①教員の日常担当する教科等や日常従事する事務の内容それ自体には含まれないものであり、⑪一般的、客観的に国旗および国歌に対する敬意の表明の要素を含む行為であるという事案の相違によって説明しうるとする見解もある（判批①112頁）。

⓬ [11] では、学校の卒業式のような式典において一律の行動を強制されるべきではないという信条について、個人の歴史観ないし世界観の間接的な制約の有無に包摂される事柄としており、独立した信条として別途検討を行う必要を認めていない。この記述は、判例①の藤田反対意見への応答であり、同反対意見の見解を否定するものと解される（判批①113頁）。

⓭ [12] では、間接的な制約の制約許容性の判断枠組みが示されている。この判断枠組みについて、調査官解説はよど号ハイジャック記事抹消事件判決 [本書22事件] と成田新法事件判決 [本書59事件] の利益衡量論の判断枠組みをふまえたうえで「職務命令の目的及び内容には種々のものが想定され、……間接的な制約の態様等も個々の事情に応じて様々であること等に鑑み、具体的な事案に応じたその処理に適する基準として……利益衡量に係る判断枠組みを基礎とし、一定の外部的行動を求める職務命令が個人の思想及び良心の自由について及ぼす間接的な制約の態様等との相関性の度合いに応じて、職務命令の目的及び内容並びに上記の制限を介して生ずる制約の態様等を総合的に較量し、当該職務命令に上記の制約を許容し得る程度の必要性及び合理性が認められるか否かの観点から当該職務命令の合憲性を判断するという相関的・総合的な比較衡量の判断枠組みが採られたものと考えられる」と解説する（判解①479頁）。この判断枠組みは職務命令の目的・内容と間接的制約の多様性を根拠に導出されたものと解される（射程239頁〔木下〕）。もっとも、「総合的」衡量と述べつつ、Xの不利益の程度や、職務命令の目的を達成するために間接的な制約を行うことの具体的必要性（本件では、式の円滑な進行にとって起立斉唱の強制がどの程度必要であったか）は考慮されていない点に注意が必要である（なお、これらの事情は職務命令違反を理由とする不利益処分に係る裁量論の文脈では考慮されている（判例④・判例⑤））。

なお、「制限」と「制約」という用語につき、ここでは外部的行動に対する規制を「制限」とし、思想・良心の自由に対する影響を「制約」と使い分けている。

⓮ [13] では、間接的な制約の制約該当性の判断枠組みをふまえて、本件へのあてはめがなされている。本件では、間接的な制約の制約該当性が肯定されている。

についての正しい理解と国際協調の精神の涵養を掲げ（同法42条1号、36条1号、18条2号）、同法43条及び学校教育法施行規則57条の2の規定に基づき高等学校教育の内容及び方法に関する全国的な大綱的基準として定められた高等学校学習指導要領も、学校の儀式的行事の意義を踏まえて国旗国歌条項を定めているところであり、また、国旗及び国歌に関する法律は、従来の慣習を法文化して、国旗は日章旗（「日の丸」）とし、国歌は「君が代」とする旨を定めている。そして、住民全体の奉仕者として法令等及び上司の職務上の命令に従って職務を遂行すべきこととされる地方公務員の地位の性質及びその職務の公共性（憲法15条2項、地方公務員法30条、32条）に鑑み、公立高等学校の教諭である上告人は、法令等及び職務上の命令に従わなければならない立場にあるところ、地方公務員法に基づき、高等学校学習指導要領に沿った式典の実施の指針を示した本件通達を踏まえて、その勤務する当該学校の校長から学校行事である卒業式に関して本件職務命令を受けたものである。これらの点に照らすと、本件職務命令は、公立高等学校の教諭である上告人に対して当該学校の卒業式という式典における慣例上の儀礼的な所作として国歌斉唱の際の起立斉唱行為を求めることを内容とするものであって、高等学校教育の目標や卒業式等の儀式的行事の意義、在り方等を定めた関係法令等の諸規定の趣旨に沿い、かつ、地方公務員の地位の性質及びその職務の公共性を踏まえた上で、生徒等への配慮を含め、教育上の行事にふさわしい秩序の確保とともに当該式典の円滑な進行を図るものであるということができる❻。

[15] 以上の諸事情を踏まえると、本件職務命令については、前記のように外部的行動の制限を介して上告人の思想及び良心の自由についての間接的な制約となる面はあるものの、職務命令の目的及び内容並びに上記の制限を介して生ずる制約の態様等を総合的に較量すれば、上記の制約を許容し得る程度の必要性及び合理性が認められるものというべきである❻。

[16] （4）以上の諸点に鑑みると、本件職務命令は、上告人の思想及び良心の自由を侵すものとして憲法19条に違反するとはいえないと解するのが相当である❼。

[17] 以上は、当裁判所大法廷判決（最高裁昭和28年（オ）第1241号同31年7月4日大法廷判決・民集10巻7号785頁、最高裁昭和44年（あ）第1501号同49年11月6日大法廷判決・刑集28巻9号393頁、最高裁昭和43年（あ）第1614号同51年5月21日大法廷判決・刑集30巻5号615頁、最高裁昭和44年（あ）第1275号同51年5月21日大法廷判決・刑集30巻5号1178頁）の趣旨に徴して明らかというべきである。所論の点に関する原審の判断は、以上の趣旨をいうものとして、是認することができる。論旨は採用することができない❽。

第2 その余の上告理由について

[18] 論旨は、違憲をいうが、その実質は事実誤認若しくは単なる法令違反をいうもの又はその前提を欠くものであって、民訴法312条1項及び2項に規定する事由のいずれにも該当しない。

[19] よって、裁判官全員一致の意見で、主文のとおり判決する。なお、裁判官竹内行夫、同須藤正彦、同千葉勝美の各補足意見がある。

❺【14】では、間接的な制約の制約許容性の判断枠組みをふまえて、本件の検討がなされている。本判決によると、本件職務命令の目的は、高等学校教育の目標や卒業式等の式式的行事の意義、あり方等を定めた関係法令等の諸規定の趣旨に沿い、かつ、地方公務員の地位の性質およびその職務の公共性をふまえたうえで、生徒等への配慮を含め、教育上の行事にふさわしい秩序の確保とともに当該式典の円滑な進行を図るものとされる。また、本件職務命令の内容は、公立高等学校の教諭であるXに対して当該学校の卒業式という式典における慣例上の儀礼的な所作として国歌斉唱の際の起立斉唱行為を求めるものとされる。

❻【15】では、本件職務命令につき、間接的な制約ではあるものの許容されると結論づけられている。もっとも、学説上、【14】に挙げた事情をもって必要性・合理性を認めることについては批判も強い（判批①114頁注28）。

❼【16】では、本件職務命令によって思想・良心の自由が侵害されているかどうかという判断の結論として、本件職務命令は思想・良心の自由を侵害しないと述べられている。

❽【17】では、判例が引用されている。本判決がその趣旨に徴する判例として挙げているのは、謝罪広告事件判決［本書11事件］、猿払事件判決［本書22事件］、旭川学力テスト事件判決［本書20事件］、岩手教組学テ事件（最大判昭51・5・21刑集30-5-1178）である。これらの判例は、判例①で趣旨に徴する判例として挙げられている判例と同一である。なお、猿払事件判決が引用されていることから、本判決では公務員の地位の特殊性等が重視されていることがうかがえる（判解①485頁注11。なお、判解②156頁）。さらに、旭川学力テスト事件判決が引用されていることから、本判決が「全国的な大綱的基準」として学習指導要領の法的拘束力を是認していることがうかがえる（判解①485頁注11。なお、判解②167頁注18）。

■ 少数意見

裁判官竹内行夫の補足意見は、次のとおりである❾。

[20] 私は、本件職務命令が、上告人の思想及び良心の自由についての間接的な制約となる面があることを前提とした上で、このような制約を許容し得る程度の必要性及び合理性が本件職務命令に認められるか否かの点について、これを肯定的に解するものとする法廷[21]見のアプローチ及び結論に賛同するものであるが、若干の意見を記しておきたい。

1 間接的な制約の存在を前提とするアプローチ

思想及び良心の自由は個人の内心の領域に係るものであり、「日の丸」や「君が代」が戦前の軍国主義等との関係で一定の役割

❾竹内補足意見は、まず、思想・良心の自由を直ちに制約する場合と間接的な制約にとどまる場合について、両者の整理を試みる。竹内補足意見によると、制限の対象はあくまでも外部的行動であるが、そのような外部的行動に対する制限を介して、結果として、歴史観ないし世界観について制約がなされる場合が間接的な制約とされる。他方、表現的には外部的行動に対する制限であるが、実はその趣旨目的が、個人に対して特定の歴史観を強制したり、あるいは、歴史観の告白を強制したりするものであると解される場合が直ちに制約する場合に当たるとする。このように、竹内補足意見は両者の区別を制約目的による区別と捉えているようである。なお、ここでの間接的な制約という概念と、学説上の間接的制約・付随的制約概念との関係は必ずしも明確ではないことに注意が必要である（論点教室94頁〔曽我部〕）。

次に、間接的な制約の許容性判断に関連して、①国旗および国歌に対して敬意を表明することは国際常識であるため学校教育で配慮がなされることは当然であること、②Xが教員であり生徒を指導する義務を負う立場にあることが強調されている。

を果たしたとする上告人のような個人の歴史観ないし世界観は、内心にとどまる限り、絶対的に自由であり法的に保護されなければならない。そして、一般的、客観的に見た場合には、卒業式における起立斉唱行為は儀礼的な所作であって、上記のような個人の歴史観等を否定するものではなく、また、そのような個人の歴史観等を直ちに露顕させるものであるとも解されないとしても、そのようないわば第三者的な見地だけから本件職務命令が思想及び良心の自由についての制約に当たらないとの結論に到達し得るものではない。思想及び良心の自由は本来個人の内心の領域に係るものであるから、当該本人自身において起立斉唱行為が敬意の表明の要素を含む点において自己の歴史観等に由来する行動と相反する外部的行為であるとして心理的矛盾や精神的な痛みを感じるのであれば、そのような状態は思想及び良心の自由についての制約の問題が事実上生じている状態であるといわざるを得ない。そして、そのような間接的な制約が許容されるか否か、許容される場合があるとすればなぜ許容されるかということについて、審査が行われなければならない（この点において、私はいわゆるピアノ伴奏事件判決（最高裁平成16年（行ツ）第[26]328号同19年2月27日第三小法廷判決・民集61巻1号291頁）における那須弘平裁判官の補足意見の基本的視点に共感するものである。）。

2　外部的行動に対する規制

[22]　個人の歴史観ないし世界観が、内心にとどまる限り、社会規範等と異なるところがあっても、その間の抵触が問題とされることはない。他方、人がその歴史観ないし世界観に基づいて行動する場合には、その外部的行動が社会による客観的評価の対象となり社会規範等に抵触することがあり得るのであり、そのような場面においては、外部的行動が社会規範等により制限されることがある。この場合において、制限の対象はあくまでも外部的行動であるが、そのような外部的行動に対する制限を介して、結果として、歴史観ないし世界観についての間接的な制約となることはあり得るところである。本件はそのようなケースであり、本件職務命令により制限の対象とされるのは、上告人の卒業式において起立斉唱をしないという行動であって、その歴史観ないし世界観ではない。

[23]　このような場合に、表見的には外部的行動に対する制限であるが、実はその趣旨、目的が、個人に対して特定の歴史観等を強制したり、あるいは、歴史観等の告白を強制したりするものであると解される場合には、直ちに、思想及び良心の自由についての制約の問題が生ずることになるが、本件職務命令がそのようなものであるとは考えられない。

[24]　なお、以上に述べたような外部的行動に対する制限を介しての間接的な制約となる面があると認められる場合においては、そのような外部的行動に対する制限について、個人の内心に関わりを持つものとして、思想及び良心の自由についての事実上の影響を最小限にとどめるように慎重な配慮がなされるべきことは当然であろう。

[25]　また、本件のような思想及び良心の自由についての間接的な制約に関して、その必要性、合理性を審査するに当たっては、具体的な状況を踏まえて、特に慎重に較量した上での総合的判断が求められることはいうまでもない。このこととの関連で、一言触れておくと、思想信条等に由来する外部的行動について、当該行動と核となる思想信条等との間の関連性の程度には差異があるとの見方を採用した上

で、本件上告人の起立斉唱行為の拒否は本人の歴史観等と不可分一体なものとまではいえないと解し、そのような解釈に立って合憲性の審査を進めるという見解があるが、そのようなアプローチ⑳は私の採るところではない。人の外部的行動が歴史観等に基づいたものである場合に、当該行動と歴史観等との関連性の程度というものはおよそ個人の内心の領域に属するものであり、外部の者が立ち入るべき領域ではないのみならず、そのような関連性の程度を量る基準を一般的、客観的に定めることもできない。あえてこれを量ろうとするならば、それは個人の内心に立ち入った恣意的な判断となる危険を免れないこととなろう。本件上告人があえて起立斉唱をしないという行動を採ったのは、それが自己の歴史観等に基づく行動と両立するものではないと確信しているからであると解されるのであり、私は、本件上告人の起立斉唱行為の拒否が、その内心の状態に照らして、上告人の歴史観等と不可分一体なものではないとの判断を下す何らの根拠も有していない。

3　国旗、国歌に対する敬意

[26]　法廷意見が本件職務命令による上告人に係る制約が許容され得るとした判断に賛同するに当たり、次の二つの点を特記しておきたい。

[27]　第一は、国旗及び国歌に対する敬意に関することである。一般に、卒業式、国際スポーツ競技の開会式などの種々の行事や式典において国旗が掲揚されたり、国歌が演奏されたりするが、そのような際に、一般の人々の対応としては、通常、慣例上の儀礼的な所作としてごく自然に国旗や国歌に対する敬意の表明を示しているものと考えられる。そして、国際社会においては、他国の国旗、国歌に対する敬意の表明は国際常識、国際マナーとされ、これに反するような行動は国際礼譲の上で好ましくないこととされている。先年、ある外国における国際サッカー試合の前に慣例により「君が代」が演奏されたとき、その国の観客が起立をしなかったということがあり、これが国際マナーに反するとして我が国を含め国際世論から強く批判されたことがあったのは記憶に新しい。他の国の国旗、国歌に対して敬意をもって接するという国際常識を身に付けるためにも、まず自分の国の国旗、国歌に対する敬意が必要であり、学校教育においてかかる点についての配慮がされることはいわば当然であると考える。

[28]　第二に、上告人は教員であり、学校行事を含めて生徒を指導する義務を負う立場にあるという点が重要である。国旗、国歌に対する敬意や儀礼を生徒に指導する機会としては種々あるであろうが、卒業式や入学式などの学校行事は重要な機会である。そのような学校行事において、教員が起立斉唱行為を拒否する行動をとることは、国旗、国歌に対する敬意や儀礼について指導し、生徒の模範となるべき教員としての職務に抵触するものといわざるを得ないであろう。本件職務命令による上告人に係る制約の必要性、合理性を較量するに当たっては、このような観点も一つの事情として考慮される必要があると考える。

裁判官須藤正彦の補足意見は、次のとおりである㉑。

[29]　私は、法廷意見に同調するものであるが、その理由について以下のとおり補足する。

1　基本的視点

[30]　（1）　特定の思想の強制や禁止、特定の思想を理由とする不利益の付与は、憲法19条で保障された思想及び良心の自由を侵すもの

---

⑳　千葉補足意見（後掲）参照。
㉑　須藤補足意見は、まず、直接的制約と間接的制約という両者の区別につき、整理を行う。須藤補足意見によると、外部的行為を個人に要求する社会一般の規範等について、歴史観等や信条などについての否定的評価を伴う場合を直接的制約とする。他方、外部的行為を個人に要求する社会一般の規範等について、その趣旨・目的が歴史観等や信条などについての否定的評価を行うものではなく、その外部的行為の要求が一般的、客観的にも歴史観等や信条などを否定するような意図を含んでいるとはみられないにもかかわらず、その外部的行為が、個人の歴史観等やそれに基づく信条などに由来する外部的行為と異なるため、その者がそれには応じがたいという場合を間接的制約とする。間接的制約と呼ぶのは、外部的行為を要求することを通じて、結果として個人の思想・良心の自由（内心の自由）についての制約が生じると考えられる

ためである。このように、須藤補足意見は直接的制約と間接的制約の区別は制約目的による区別と捉えているようである。なお、外部的行為の要求が一律に強制される場合、当該要求が一律に強制されるべきではないという信条を有する者にとっては、その信条の直接的な否定となり、これはそのような信条に係るいわば直接的制約ともいえるとしつつ、本件に係る制約を「信条の制約」として整理するが、許容性判断の基準は間接的制約に準じるものとなる。

次に、制約許容性判断につき、外部的行為が介在する場面での思想・良心の自由の保障は必ずしも絶対不可侵ではないとして、直接的制約の場合には厳格な基準などによるべきであるが、間接的制約等（間接的制約および信条の制約）の場合には必要性・合理性を考量することで足りるとする。

として絶対に許されない。また、この趣旨から、特定の歴史観ないし世界観（以下「歴史観等」という。）又はその否定と不可分に結び付く行為の強制も、特定の思想又はその否定を外部に表明する行為であると評価される行動や特定の思想の有無についての告白の強制も、いずれも許されない（この点につき、最高裁平成16年（行ツ）第328号同19年2月27日第三小法廷判決・民集61巻1号291頁参照㉒）。

【31】　(2)　この意味で、内心における思想及び良心の自由の保障は絶対であるが、特定の思想が内心にとどまらない場合は、外部的行動との関わりにおいて他の利益と抵触するため、それは常に絶対というわけではない面がある。例えば一夫多妻制や一妻多夫制が正しいとの歴史観等を有することは絶対に自由であるが、これに従って重婚に及んだ者は処罰される（刑法184条）。この場合、国家はその者の歴史観等に対する否定的評価を刑法に取り込んでいるとみることも可能であるように思われ、そうすると、その疑いもなく少数の者は外部的行為の介在によって思想及び良心の自由につきいわば直接の制約を受ける（以下では、このような直接的の制約を「いわゆる直接的制約」と呼ぶことがある。）こととなるが、憲法19条は明らかに刑法184条を許容しているといえる。

【32】　(3)　一般に、外部的行為を、社会一般の規範等が個人に要求する場合、それが元来ある歴史観等や信条などについて否定的評価をするものではなく、その趣旨、目的が別にあるにもかかわらず、ないしは、その外部的行為の要求が一般的、客観的にも歴史観等や信条などを否定するような意図を含んでいるとはみられないにもかかわらず、その外部的行為が、個人の歴史観等やそれに基づく信条などに由来する外部的行動と異なり、その者はそれには応じ難いというときがあり得る。この場合、外部的行為を要求することを通じて、結果として個人の思想及び良心の自由（内心の自由）についての制約を生じさせることになる。これは、前記のいわゆる直接的制約に対して、間接的の制約と呼ぶことができるが、本件は主として社会一般の規範等に当たる本件職務命令による間接的制約の問題といえる。

【33】　もっとも、このように一般的、客観的観点からは間接的制約と評価されても、それを受ける者にとっては、当該外部的行為を要求されることで、自己の歴史観等の核心部分を否定されたものと、あるいはその外部的行為を自己が否定する歴史観等を外部に表明する行為と評価されるものと受け止めて、精神的葛藤を生じることがある（直接的か間接的かという区別は、当人自身の主観としては無意味であろう。）。

【34】　また、外部的行為の要求が一律に強制される場合、当該要求が一律に強制されるべきではないという信条を有する者にとっては、その信条の直接的な否定となり、これはそのような信条に係るいわば直接的制約ともいえる。その信条に賛否が分かれているような問題が含まれる場合は、特に精神的葛藤を避けられないのであるが、本件はその信条に係る制約の問題をも付随的に含む（以下では、このような信条に係る制約を「信条の制約」と呼ぶことがある。）。

【35】　もとより、憲法における思想及び良心の自由の保障は、個人の尊厳の観点からして、あるいは、多様な思想、多元的な価値観の併存こそが民主主義社会成立のための前提基盤であるとの観点からして、まずもってその当人の主観を中心にして考えられるものであり、このような憲法的価値の性質からすると、間接的制約や信条の制約の場面でも、憲法19条の保障の趣旨は及ぶというべきである。思想及び良心の自由は、少数者のものであるとの理由で制限することは許されないものであり、多数者の恣意から少数者のそれを護ることが司法の役割でもある。思想及び良心の自由の保障が戦前に歩んだ苦難の歴史を踏まえて、諸外国の憲法とは異なり、独自に日本国憲法に規定されたという立法の経緯からしても、そのことは強調されるべきことであろう。

【36】　(4)　しかしながら、外部的行為が介在する場面での思想及び良心の自由の保障は、必ずしも絶対不可侵のものとしての意味のそれではない。けだし、社会一般の規範等に基づく外部的行為の要求が間接的制約を生ずるがゆえに絶対的に許されないのであれば、結局社会が成り立たなくなってしまうと思われ、憲法は社会が成り立たなくなってしまう事態まで求めるものとは思われないからである。したがって、このような外部的行為を介しての間接的制約の場面では、その規範等に間接的制約を許容し得る程度の必要性、合理性がある場合には、憲法自身が、それを内在的制約としてなお容認しているものとみるのが相当であると考える。信条の制約の場合も同様であり、その信条が歴史観等に由来するものであればそれとその信条とが不可分一体であるという意味において、また、それが単なる社会生活上の信条であれば正にそのことのゆえに、間接的制約に準じて、その制約を許容し得る程度の必要性、合理性がある場合には、なお容認しているものと思われる（以下では、「間接的制約等」を間接的制約と信条の制約とを併せた意味で用いる。）。なお、この制約を許容し得る程度の必要性や合理性は飽くまで憲法論におけるそれである以上、その必要性、合理性の根拠はできるだけ憲法自体に求められるのが望ましいと思われる。同時に、必要性や合理性は広い意味に捉え得るので、特に外部的行為の方法、態様などの点に関しては、憲法論で捉えるよりも、裁量統制の観点から、当該外部的行為の拒否を理由とする不利益処分が裁量の範囲を逸脱するものとして違法と評価されるか否かとの判断方法で捉える方が適切であるという場合も現実には多いと思われ、その意味で一種の棲み分けがなされることになろう。もっとも、例えば、対象となる当人の歴史観等に係る間接的制約等が容易に予見される状況であるのに、これを最小限にとどめるような慎重な配慮を著しく欠くという場合や、違反に対する制裁が初めから過度に重いものしか定められていないような場合などは、憲法的価値そのものを否定するものとして、制約を許容し得る程度の必要性、合理性は認められないといえよう。

【37】　(5)　上記の判断枠組みについていえば、それは、思想及び良心の自由が外部的行為の介在によって社会一般の規範等と抵触する場合の調整の在り方として、一般的、客観的な見地の下に、その規範等の趣旨、目的や思想及び良心の自由についての制約の有無に加え、制約の直接性、間接性、思想及び良心の核心部分との遠近、制約の程度をも検討し、それらを前提とした上で、間接的制約等についての必要性、合理性を考量すべきものとする考え方である。これについては、思想及び良心の自由の保障が元来当人の主観を中心にして考えられることとの整合性が一見問題となるように思われないでないが、この判断は、飽くまで法的判断として主観を前提とした上での客観的な評価を行う作用であって、その判断方法自体は異とするに足りない。思想及び良心の自由につき、外部的行為の介在による規範等との抵触の場合の調整の在り方としては、前記のいわゆる直接的制約のような場合には、いわゆる厳格な基準などによるべきことと思われるが、間接的制約等の場合には、上記の判断枠組みは、必要性、合理性の考量が安易になされないことを必須の条件として、適切な方法と考える。この場合の制約は、憲法自身が容認する内在的制約であるが、憲法13条の公共の福祉による制約と趣旨において共通するといえよう。今後は、その必要性及び合理性の内容について深く掘り下げていくことが現実的であると思われる。

2　本件の間接的制約該当性

【38】　本件の起立斉唱行為は、一般的、客観的にみて、卒業式等の式典における慣例上の儀礼的な所作としての性質を有するものであるが、国旗、国歌への敬意の表明の要素を含むものであることから、「日の丸」や「君が代」が戦前の軍国主義等との関係で一定の役割を果たしたとする上告人の歴史観等に由来する外部的行動（国旗、国歌への敬意の表明の拒否）と矛盾抵触し、その歴史観等の核心部分を否定されるものと、あるいは自己が否定する歴史観等を外部に表明する行為と評価されるものと受け止められるであろうから、

㉒　判例①が引用されている。

精神的葛藤を生じ、上告人の歴史観等に係る制約となる面があるところ、社会一般の規範等である本件職務命令は、後にも述べるが、特定の歴史観等は前提とせず、いわんやこれを否定するようなことは予定されておらず、一般にそのようにみられるものでもないから、上記の制約は、結果としての間接的制約となるものである。また、「日の丸」、「君が代」は賛否が分かれている問題を含むのであり、学校の卒業式における起立斉唱は本来一律の強制でなされるべきでなく、したがって起立斉唱してはならないという信条を有しているということで、その信条の制約ということも考えられる。そうすると、本件職務命令が憲法に違反するか否かは、これらの間接的制約等を許容し得る程度の必要性及び合理性が認められるか否かによって定まることとなる。

3 必要性及び合理性

[39]（1） まず、本件職務命令の趣旨、目的は、高校生徒が、起立斉唱という国旗、国歌への敬意の表明の要素を含む行為を契機として、日常の意識の中で自国のことに注意を向けるようにすることにあり、そのために、卒業式典という重要な儀式的行事の機会に指導者たる教員に、いわば率先垂範してこれを行わしめるものといえる。けだし、「日の丸」、「君が代」は国旗、国歌であるので（国旗及び国歌に関する法律。以下「国旗国歌法」という。）、それが日本国（以下、適宜、「国」又は「自国」と称する。）をメッセージしているからである。

[40] 制約を許容し得る程度の必要性、合理性の根拠はできれば憲法自体に求められることが望ましいという前述の視座から検討するに、我々は、「平和を愛する諸国民の公正と信義に信頼して、われらの安全と生存を保持」（憲法前文）しなければならないが、益々国際化が進展している今日こそ、自国の伝統や文化に対して正しい理解をした上で、他国を尊重し、柔軟な国際協調の精神を培って国際社会の平和と発展に寄与することがあるべき姿であろう。教育基本法（平成18年法律第120号による改正前のもの。以下同じ。）1条は、教育は、「平和的な国家及び社会の形成者として」の国民育成を期して行わなければならないと規定し、学校教育法18条2号は、小学校教育の目標として、「郷土及び国家の現状について、正しい理解に導き、進んで国際協調の精神を養うこと」と、同法36条1号及び42条1号は、それぞれ、中学校教育、高校教育の目標として、小学校、中学校の教育の基礎の上に、「国家及び社会の形成者として必要な資質を養うこと」、「国家及び社会の有為な形成者として必要な資質を養うこと」と規定しているところである。実際、高校生は、やがて、国の主権者としての権利を行使し社会の責務を負う立場になるのであり、また、自らの生活や人生を国によって規定されることは避けられない。公共の最たるものが国であり、国は何をする存在なのかを知り、国が自分のために何をしてくれるのかを問いかけることも、自分が国のために何をなし得るのかを問いかけることも、大切なことと思われる。そして、そのためには、自国の歴史の正と負の両面を虚心坦懐に直視しなければならない。そうすると、職務命令において、高校生徒に対していわば率先垂範的立場にある教員に日常の意識の中で自国のことに注意を向ける契機を与える行為を行わしめることは当然のこととも言える。他方、国民は普通教育を受けさせる義務（責務）を負うところ（憲法26条2項）、上告人が従事していた高校教育も、その段階の一つである（学校教育法50条）。そして大切なことは、その義務（責務）を果たすことの前提として、国民は、教育を受ける権利を基本的人権として保障され（憲法26条1項）、法律に定められた内容において普通教育、専門教育についての高校教育の提供を要求する権利を有するものである。そうすると、国民は、日常の意識の中で自国のことに注意を向ける契機を与える教育について、その提供を受ける権利を有するということができ、国はこれに対応してそのような教育の提供をする義務があるともいえるのであるから、教育関係者がその実践に及ぶことはその観点からしても当然のこととういえる。さらに、都立高校の教諭たる上告人は、公務員として、また、教員として、「全体の奉仕者」であるところ（憲法15条2項、地方公務員法30条、教育基本法6条2項）、平和的な国家及び社会の形成者として新しい世代を育成し、国民の教育を受ける権利を実現する上での上記の契機を与えるための教育は、国民全体の関心事でもあるから、そのような教育を行うことは、全体の奉仕者としての当然の責務であるともいえる。そうすると、特定の国家観を前提とせず、普通教育の従事者たる教員に、自国のことに注意を向けるための契機を与えようとする教育を行わしめることは、教育を受ける権利や全体の奉仕者という観点においても、憲法上の要請ということも可能である。

[41] 以上のように、本件職務命令は、その趣旨、目的自体において、十分に必要性や合理性が認められるというべきである。

[42]（2） 上記の契機を与えるための教育の手段としては、様々なものがあり得るから、「日の丸」や「君が代」を用いてこれに対して敬意の表明の要素を含む行為をさせることは唯一の選択肢ではないものの、これらは、国旗、国歌として国を象徴するものであるがゆえに、直截で分かりやすく、これに敬意の表明の要素を含む行為をすることが、日常の意識の中で自国のことに注意を向ける契機となるものと思われる。教員が日常担当する教科等や日常従事する事務の中であれば、他にも様々な方法が考えられるが、進行上のめり張り、厳粛性、統一性などが要求される卒業式などの全校的な統一的集団行事としての儀式的行事において、みるべき代替案あるいは拮抗する対案が提唱されていることもうかがわれない。のみならず、自国の国旗、国歌に敬意の表明の要素を含む行為をすることは、他国の国旗、国歌に対する敬意の表明の要素を含む行為を行うことにつながり、他国の国旗、国歌を尊重することは他国を尊重することを含意すると思われるところ、さきに述べたところからして他国を尊重するように教育をすることは大切なことである。以上によれば、本件の卒業式において、「国」のことに注意を向ける契機を与えるための教育の手段として、「日の丸」や「君が代」を用い、教員をして、いわば率先垂範してこれに対する敬意の表明の要素を含む行為をさせることには、必要性及び合理性が認められるといえる。

[43] しかして、仮にこの「日の丸」、「君が代」が特定の歴史観等や反憲法的国家像を前提とするのであれば、本件のような職務命令は、公権力が思想教育ないしは特定の思想について一定の価値判断を教員に教え込ませようとするものとして許されないことになろうが、国旗国歌法上、国旗たる「日の丸」も国歌たる「君が代」も、特定の歴史観等や反憲法的国家像が前提とされているわけではないから、本件職務命令はそのような前提には立っていないというべきである。仮に、このような職務命令によって、実は一定の歴史観等を有する者の思想を抑圧することを狙っているというのであるならば、公権力が特定の思想を禁止するものであって、前記のとおり憲法19条に直接反するものとして許されないことになろうが、本件職務命令はそのような意図を有しているものとも認められない。

[44] もっとも、「日の丸」、「君が代」については、かねて国民の間に少なからぬ議論のあるところであり、様々な考え方があるのも現実である。「日の丸」、「君が代」が戦前の軍国主義等との関係で一定の役割を果たしたとする上告人の歴史観等からすれば、「日の丸」、「君が代」がメッセージしているのは、その過去の「国」であるということなのであろう。しかし、他方において、それは、負の歴史をも踏まえた上での現在の「国」、つまり、国民主権主義、基本的人権尊重主義、平和主義といった基本原理を有する日本国憲法の秩序の下にある国である、あるいはそのような国であるべきだとの考え方もあり得るところであろう。むしろ、一般的には、「日の丸」、「君が代」がメッセージしているのは、特定の国家像などが前提とされていない国であり、したがって、本件におけるような卒業式典における起立斉唱も、慣例上の儀礼的な所作としての性質を有するものと捉えられるといえる。

[45]（3） 以上のとおり、本件職務命令は、その趣旨、目的において、必要性、合理性の根拠を憲法上に求めることができる。ところで、間接的制約等を許容し得る程度の必要性、合理性が認められるためには、進んで具体的な方法、態様においても、必要性、合理性が要求されるものであるので（その方法、態様自体が憲法の価値その

ものを否定するものであれば、必要性、合理性を認めることができない。）、この観点から更に考察するに、起立斉唱という方法は、国旗、国歌への敬意の表明の要素を含む行為としては、唯一の選択肢ではないであろうが、それが直截的であり、これに代替し又は拮抗する方法は容易に見いだし難いように思われ、この方法を採ることには必要性、合理性が認められる。また、卒業式典は、全校的な統一的集団行事であり、教育的観点から重要な儀式的行事として位置付けられるという性格からして、厳粛かつ効果的に執り行われるべきことが要求されるので、会場の雰囲気を損なってその円滑な進行に水を差したり、生徒をして日常の意識の中で自国に注意を向ける契機を与えるという教育の効果を一部減殺するなどの事態を招かないようにするために、いわば率先垂範的な立場にある教員に一律に強制し、そのための制裁手段としての懲戒処分（過度に重いものしか定められていないというものではない。）を設けるという方法を採ることも必要性、合理性が認められるというべきである。そして、本件職務命令の対象たる起立斉唱の形式、内容、進行方法、所要時間、頻度等をみても、起立斉唱に付加して、例えば、国家への忠誠文言の朗読とか、愛国心を謳った誓約書への署名などの行為を求めるものではなく、しかも、短時間で終了し、日を置かずして反復されるようなものでもなく、その結果、慣例上の儀礼的な所作の域にとどまるといえる。また、上記の点よりすると、本件職務命令は、少なくとも、その間接的制約等を最小限にとどめるような慎重な配慮を著しく欠いているとはいえない。そうすると、本件職務命令は、その態様においても、必要性、合理性が認められる（これらの方法、態様自体は憲法的価値そのものを否定するものとも思われない。）。

【46】（4）ところで、上告人が起立斉唱拒否行為（不起立）を行うことは、「日の丸」、「君が代」にまつわる前記歴史観等が正しいとの強い確信を基にして、起立斉唱はなすべきではないとする信条を、結果的にであるにせよ、表示することになる一面も否定できない。自己の良心に忠実かつ真摯な態度との側面もあるといい得るし、上告人がそのような歴史観等や信条を有するのは絶対に自由であるが、他方で、上告人の歴史観等とは異なる考え方などもあり得ると思われる。高校生活の目標は、歴史認識を含め、物事には多様な考え方、正反対の見方があることを知り、自主独立の精神の下に自分自身の価値観、人格を形成させ、主体的に判断する能力を身に付けることであり、教育はそれを支援することであろう。ところが、卒業式という学校にとって最も重要でしかもやや劇的な場面で、上告人が、そのことを特に意図するものではないにせよ、強固な信条を表示するのであれば、それは、結局、対立する考え方を公平かつ平等に紹介するというよりも、自己が絶対視した価値観を一方的に教育の場に持ち込むということになろう。その結果、担任クラス、担当教科、クラブ活動などで緊密な信頼関係で結ばれている生徒を中心に、上記の考え方が一義的に正しいものとして受け取られるなどで強い影響力、支配力を及ぼすことにもなり得ると思われる。しかし、高校生徒の側では、学校や教員を選択する自由も乏しく、また、大学生などとは異なり、一般に教員の教授内容について批判する能力がいまだ十分備わっているとはいい難いことに照らすと、それは、高校生徒の自由な思想の形成を損なうことになりはしないかと懸念されるのである。上告人は、地方公務員として全体の奉仕者であり（憲法15条2項、地方公務員法30条）、かつ法律で定める学校の教員として全体の奉仕者であって（教育基本法6条2項）、そのことからすると、公立学校の教員として生徒への教育において公正中立でなければならないと思われるが、それに反することになるようにも思われるのである。また、国民の教育（普通教育）を受ける権利は特定の価値観ではなく、国民が一般に共通に願う基礎的かつ均質な内容の教育の提供を要求できる権利であろう。そのような意味においては、憲法上の疑念も生ずるところである。職務命令による要求が一律であることには、上記の点からも必要性、合理性が基礎付けられよう。

【47】（5）なお、前記のような歴史観等とは離れて、単に一律の強制で起立斉唱するというような方法で行うべきではないという社会生活上の信条もあり得るところである。上告人は、卒業式は生徒と教師が作り上げるべきであり、他者から一律に強制されるべきではない旨の主張をしているところであり、本件職務命令はこのような信条の制約である旨を主張するものとも理解し得る。もとより、そのように考えることは全く自由であるし、また、起立斉唱を強制されることにより、精神的葛藤を生じるであろう。この信条の制約の場合、間接的制約の場合と同様にその制約を許容し得る程度の必要性、合理性があるかどうかという判断枠組みがなお用いられるべきであるということは、既に述べたとおりであるが、その比較衡量においては、前記の歴史観等に係る間接的制約の場合と異なり、特段の事情がある場合は別として、その許容性が一般に容易に肯定されるであろう。もちろん、思想内容に立ち入ってその価値の軽重について外から序列を付けることは適切でないとしても、そのような社会生活上の信条は歴史観等の核心部分からやや隔たるといえるし、また、その種の社会生活上の信条は甚だ広範にわたるのであって、特に公教育にあっては、自己の社会生活上の信条に反するからという一事で、一般に拒否する自由が認められれば、公教育（特に普通教育）そのものが成り立たなくなり得るし、教育公務員が全体の奉仕者であることと端的に矛盾することになると思われるからである。本件の社会生活上の信条に関しては、特段の事情は認められず、その制約を許容し得る程度の必要性、合理性が認められるといえよう。

【48】（6）なお念のために付言すれば、以上は飽くまで憲法論であって、職務命令違反を理由とする不利益処分に係る裁量論の領域で、日常の意識の中で国のことに注意を向ける契機を与えるために、起立斉唱がどれほど必要なのか、卒業式はその性格からしてそれを行う機会としてふさわしいのかなどの方法論や、不起立によってどのような影響が生じその程度はいかほどか、不利益処分を行うこととその程度は行き過ぎではないかといった点を考量した上で、当該処分の適法性を基礎付ける必要性、合理性を欠くがゆえに、当該処分が裁量の範囲を逸脱するとして違法となるということはあり得る。

【49】このことに関連して更にいえば、最も肝腎なことは、物理的、形式的に画一化された教育ではなく、熱意と意欲に満ちた教師により、しかも生徒の個性に応じて生き生きとした教育がなされることであろう。本件職務命令のような不利益処分を伴う強制が、教育現場を疑心暗鬼とさせ、無用な混乱を生じさせ、教育現場の活力を殺ぎ萎縮させるというようなことであれば、かえって教育の生命が失われることにもなりかねない。教育は、強制ではなく自由闊達に行われることが望ましいのであって、上記の契機を与えるための教育を行う場合においてもそのことは変わらないであろう。その意味で、強制や不利益処分も可能な限り謙抑的であるべきである。のみならず、卒業式などの儀式的行事において、「日の丸」、「君が代」の起立斉唱の一律の強制がなされた場合に、思想及び良心の自由についての間接的制約等が生ずることが予見されることからすると、たとえ、裁量の範囲内で違法にまでは至らないとしても、思想及び良心の自由の重みに照らし、また、あるべき教育現場が損なわれることがないようにするためにも、それに踏み切る前に、教育行政担当者において、寛容の精神の下に可能な限りの工夫と慎重な配慮をすることが望まれるところである。

裁判官千葉勝美の補足意見は、次のとおりである❷。

---

❷ 千葉補足意見は、まず、思想・良心の自由の保障内容として、信条説を採用する。

次に、直接的制約と間接的制約という両者の区別につき、整理を行う。千葉補足意見によると、各人の歴史観等と不可分一体の外部的行動を制約しあるいはこれに直接反する行為を命ずるのが直接的な制約である。他方、歴史観およびこれと不可分一体の行動（「核となる思想信条等」という）に由来するものではあるが、それと不可分一体とまではいえない考えないし行動につき、制限あるいはこれに反する行為を命ずることを間接的制約という。そして、核となる思想・信条等と不可分一体といえるかそれに由来するにすぎないかという関連性の程度については、一般的・客観的にみて判断するとしている。このような整理は、竹内補足意見・須藤補足意見の整理とは異なる点に注意が必要である。なお、竹内補足意見は、このような千葉補足意見の整理につき、外部的「行動と歴史観等との関連性の程度というものはおよそ個人の内心の領域に属

【50】　私は、法廷意見に補足して、本件職務命令に対する合憲性審査の視点について、また、本件のような国旗及び国歌をめぐる教育現場での対立の解消に向けて、私見を述べておきたい。

1　本件職務命令に対する合憲性審査の視点について

【51】　(1)　憲法19条が保障する「思想及び良心の自由」の意味については、広く人の内心の活動全般をいうとする見解がある。そこでは、各人のライフスタイル、社会生活上の考えや嗜好、常識的な物事の是非の判断や好悪の感情まで広く含まれることになろう。もちろん、このような内心の活動が社会生活において一般に尊重されるべきものであることは了解できるところではあるが、これにも憲法19条の保障が及ぶとなると、これに反する行為を求めることは個人の思想及び良心の自由の制約になり、許されないということになる。しかしながら、これでは自分が嫌だと考えていることは強制されることはないということになり、社会秩序が成り立たなくなることにもなりかねない。したがって、ここでは、基本的には、信仰に準ずる確固たる世界観、主義、思想等、個人の人格形成の核心を成す内心の活動をいうものと解すべきであろう㉔。本件の上告人についていえば、「日の丸」や「君が代」が戦前の軍国主義等との関係で一定の役割を果たしたとする上告人自身の歴史観ないし世界観（以下「上告人の歴史観等」という。）がこれに当たるであろう。そして、このような思想及び良心の自由は、内心の領域の問題であるので、外部からこれを直接制約することを許さない絶対的な人権であるとされている。これを直接制約する行為というのは、性質上余り想定し難いところではあるが、例を挙げれば、個人の思想を強制的に変えさせるために思想教育を行うことなどがあろう。

【52】　このように、個人の思想及び良心の自由としての歴史観ないし世界観は、内心の領域の問題ではあるが、現実には、それにとどまらず、歴史観等に根ざす様々な外部的な行動となって現れるところである。その中には、各人の歴史観等とは切り離すことができない不可分一体の関係にあるものがあり、これも歴史観等とともに憲法上の保障の対象となり、これを直接的に制約しあるいはこれに直接反する行為を命ずること（例えば、本件では上告人の歴史観等を否定しあるいはこれに直接反する見解の表明行為に参加することを命ずることなど）も、同様に憲法19条により禁止されると解してよいであろう。

【53】　そうすると、この歴史観等及びこれと不可分一体の行動（以下これらを「核となる思想信条等」という。）が憲法19条による直接的、絶対的な保障の対象となるのである。

【54】　(2)　次に、核となる思想信条等に由来するものではあるが、それと不可分一体とまではいえない種々の考えないし行動というものが現実にはあり（以下、これが外部に現れることから「外部的行動」という。）、これが他の規範との関係で、何らかの形で制限されあるいはこれに反する行為を命ぜられることがあろう。このような制限をする行為（以下「制限的行為」という。）がどのような場合に許されるのかが次に問題になる。

【55】　本件において、上告人の起立斉唱行為の拒否という外部的行動は、特に在日朝鮮人・在日中国人の生徒に対し、「日の丸」・「君が代」を卒業式に組み入れて強制するべきでないと考え、教師の信念として起立斉唱行為を拒否する考えないし行動であるところ、これは、上告人の「日の丸」・「君が代」に関する歴史観等そのもの、あるいはそれと不可分一体のものとまではいえないが、それに由来するものである（仮に、これも不可分一体であるとなると、それはおよそ制限を許さない不可侵なものということになるものと考える。）。他方、本件職務命令は外部的行動に反する制限的行為となるから、その許否が検討されることになる。

【56】　(3)　一般に、核となる思想信条等に由来する外部的行動には様々なものがあるが、本人にとっては、そのような外部の行動も、すべて核となる思想信条等と不可分一体であると考え、信じていることが多いであろう。そのような主観的な考え等も一般に十分に尊重しなければならないものであり、この内心の領域に踏み込んで、その当否、評価等をすべきでないことは当然である。もっとも、憲法19条にいう思想及び良心の自由の保障の範囲をどのように考えるかに際しては、このような外部の行動を憲法論的な観点から客観的、一般的に捉え、核となる思想信条等との間でどの程度の関連性があるのかを検討する必要があるというべきである。これが客観的、一般的に見て不可分一体のものであれば、もはや外部的行動というよりも核となる思想信条等に属し、前述のとおり、憲法19条の直接的、絶対的保障の対象となるが、そこまでのものでないものもあり、その意味で関連性の程度には差異が認められることになる。これを概念的に説明すれば、この外部的行動（核となる思想信条等に属するものを除いたもの）は、いわば、核となる思想信条等が絶対的保障を受ける核心部分とすれば、それの外側に存在する同心円の中に位置し、核心部分との遠近によって、関連性の程度に差異が生ずるという性質のものである。そして、この外部的行動は、内側の同心円に属するもの（核となる思想信条等）ではないので、憲法19条の保障の対象そのものではなく、その制限をおよそ許さないというものではない。また、それについて制限的行為の許容性・合憲性の審査については、精神的自由としての基本的人権を制約する行為の合憲性の審査基準であるいわゆる「厳格な基準」による必要もない。しかしながら、この外部的行動は核となる思想信条等との関連性が存在するのであるから、制限的行為によりその間接的な制約となる面が生ずるのであって、制限的行為の許容性等については、これを正当化し得る必要性、合理性がなければならないというべきである。さらに、当該外部的行動が核心部分に近くなり関連性が強くなるほど間接的な制約の程度も強くなる関係にあるので、制限的行為に求められる必要性、合理性の程度は、それに応じて高度なもの、厳しいものが求められる。他方、核心部分から遠く関連性が強くないものについては、要求される必要性、合理性の程度は前者の場合よりは緩やかに解することになる。そして、このような必要性、合理性の程度等の判断に際しては、制限される外部的行動の内容及び性質並びに当該制限的行為の態様等の諸事情を勘案した上で、核となる思想信条等についての間接的な制約となる面がどの程度あるのか、制限的行為の目的・内容、それにより得られる利益がどのようなものか等を、比較考量の観点から検討し判断していくことになる。

【57】　なお、さきに述べたように、このような比較考量は、本人の内心の領域に立ち入って、本人が主観的に思想として確信しているものについて思想としての濃淡を付けたり、ランク付けしたりするものではなく、飽くまでも外部的行動が核となる思想信条等とどの程度の関連性が認められるかという憲法論的観点からの客観的、一般的な判断に基づくものにとどまるものである。例を挙げれば、最高裁平成16年（行ツ）第328号同19年2月27日第三小法廷判決・民集61巻1号291頁における事案のように、本件の上告人と同様の歴史観等（核となる思想信条等）を有する市立小学校のピアノ教師が、自己の信念として卒業式等で「君が代」のピアノ伴奏をすべきではないとし、それを拒否するという外部的行動と、本件の起立斉唱行為の拒否という外部的行動を比べると、各人の内心における信念としては、いずれも各人の歴史観等と不可分一体のものと考えているものと思われ、そのこと自体は、十分に尊重に値するが、核となる思想信条等としての歴史観等との憲法論的な観点からの客観的、一般的な関連性については、本件起立斉唱行為の拒否の方が、後述のとおり、「日の丸」・「君が代」に対する敬意の表明という要素が含まれている行為を拒

するものであり、外部の者が立ち入るべき領域ではないのみならず、そのような関連性の程度を量る基準を一般的、客観的に定めることもできない。あえてこれを量ろうとするならば、それは個人の内心に立ち入った恣意的な判断となる危険を免れない」と批判する。

次に、許容性判断については、直接的な制約の場合は絶対的な保障の対象となるとするが、間接的な制約の場合は核となる思想信条等との関連性の程度もふまえつつ比較考量の観点から検討し判断するとしている。

そして、本件の検討として、本件職務命令は間接的な制約に該当し、かつ、間接的な制約として許容されると結論づける。

㉔　信条説を採用している。なお、多数意見は信条説と内心説の対立について触れていない。

否するという意味合いを有することなどからみて、関連性がより強くなるものということになろう。

【58】　(4)　本件の上告人の上記の「日の丸」等に関する外部的行動（起立斉唱行為の拒否）は、上告人の歴史観等（核となる思想信条等）に由来するものであるが、上記(3)で述べた趣旨において、それとの関連性は強いが不可分一体とまではいえないというべきである（なお、この外部的行動は、上告人の内心において、起立斉唱行為をすべきでないし、しないという強い信念となっているとしても、この内心の信念と起立斉唱行為の拒否とは表裏の関係にあり、前者は不可侵の領域で後者は外部的な事象、というように両者を分けて憲法上の意味を考えることはできないところであると考える。）。

【59】　また、上告人は、儀式的行事において行われる「日の丸」・「君が代」に係る起立斉唱行為のように、公的な式典において本人が意図せぬ一定の行為を他の公的機関から強制されるのは自己の信念に反し苦痛であるという趣旨の主張もしているが、これは、いわゆる反強制的信条（前記最高裁判決における藤田裁判官の反対意見参照）というべきものの一つであろう。このような反強制的信条は、それが、上告人の個人的な卒業式の在り方についての観念や、そもそも教育の場で教師として一定の行動を他から強制されることへの強い嫌悪感ないし否定的な心情のようなものである場合もあろう。そうであれば、これらは、前記のとおり、個人の内心の活動に属する問題であり、一教師としてあるいは個人としての立場から尊重され得る事柄ではあるが、憲法上の絶対的な保障の対象となる思想及び良心の自由の領域そのものの問題ではない。もっとも、このような観念等は、上告人の歴史観等の核となる思想信条等と関連性があり、それに由来するものであると解する余地がある。その場合には、上告人の起立斉唱行為の拒否という外部の行動と同じ観点から制約の許容性が検討され、その結果、同様の判断となるのである。

【60】　(5)　ところで、本件職務命令が求める起立斉唱行為は、国旗・国歌である「日の丸」・「君が代」に対し多かれ少なかれ敬意を表する意味合いが含まれており、その点において、本件職務命令は、上告人の歴史観等それ自体を否定するような直接的な制約となるものとはいえないが、その間接的な制約となる面があり、また、その限りにおいて上告人の上記の反強制的信条ともそごする可能性があるものである。しかしながら、法廷意見の述べるとおり、起立斉唱行為は、学校行事における慣例上の儀礼的な所作としての性質を有し、外部から見ても上告人の歴史観等自体を否定するような思想の表明として認識されるものではなく、他方、起立斉唱行為の教育現場における意義等は十分認められるのであって、本件職務命令は、憲法上これを許容し得る程度の必要性、合理性が認められるものと解される。

2　本件のような国旗及び国歌をめぐる教育現場での対立の解消に向けて

【61】　(1)　職務命令として起立斉唱行為を命ずることが違憲・無効とはいえない以上、これに従わない教員が懲戒処分を受けるのは、それが過大なものであったり手続的な瑕疵があった場合等でない限り、正当・適法なものである。しかしながら、教員としては、起立斉唱行為の拒否は自己の歴史観等に由来する行動であるため、司法が職務命令を合憲・有効として決着させることが、必ずしもこの問題を社会的にも最終的な解決へ導くことになるとはいえない。

【62】　(2)　一般に、国旗及び国歌は、国家を象徴するものとして、国際的礼譲の対象とされ、また、式典等の場における儀礼の対象とされる。我が国では、以前は慣習により、平成11年以降は法律により、「日の丸」を国旗と定め、「君が代」を国歌と定めている。入学式や卒業式のような学校の式典においては、当然のことながら、国旗及び国歌がその意義にふさわしい儀礼をもって尊重されるのが望まれるところである。しかしながら、我が国においては、「日の丸」・「君が代」がそのような取扱いを受けることについて、歴史的な経緯等から様々な考えが存在するのが現実である。

【63】　国旗及び国歌に対する姿勢は、個々人の思想信条に関連する微妙な領域の問題であって、国民が心から敬愛するものであってこそ、国旗及び国歌がその本来の意義に沿うものとなるのである。そうすると、この問題についての最終解決としては、国旗及び国歌が、強制的にではなく、自発的な敬愛の対象となるような環境を整えることが何よりも重要であるということを付言しておきたい。

（裁判長裁判官　須藤正彦　裁判官　古田佑紀　裁判官　竹内行夫　裁判官　千葉勝美）

関連判例

〔Ⅰ　判例②の金築補足意見〕
　裁判官金築誠志の補足意見は、次のとおりである㉕。

【64】　多数意見に賛成する立場から、若干の意見を付加しておきたい。

【65】　1　本件において、まず問題になるのは、思想及び良心の自由を侵害する強制があったというためには、一般的、客観的に侵害と評価される行為の強制でなければならないか、それとも、本人の主観において、思想・良心と行為との関連性があり、強制されることに精神的苦痛を感じる場合であれば足りるかという点である。一般的、客観的には、特定の思想、信条等を否定するものとは認められない言動が、一部の人にとっては、その思想、経験等から、本人らの思想等の否定を意味したり、精神的苦痛を与える行為となることは、間々あるが、思想、信条等は、人によって様々であり、それに対してどのような外部的行動が否定的意味を持ち、その人に対し精神的苦痛を与えるかも、人によって違いがあり得るから、仮にこれらの点に関する決定を当該思想等の保有者の主観的判断に委ねるとすれば、そうした主観的判断に基づいて、社会的に必要とされる多くの行為が思想及び良心の自由を侵害するものとして制限を受けたり、他の者の表現の自由を著しく制限することになりかねない。こうした事態は、法の客観性を阻害するものというべきであろう。

【66】　したがって、内心の思想・良心と外部的行動との関連性、すなわち、特定の外部的行動を強制することがその人の内心の思想・良心の表明を強いたり、否定したりすることになるかどうかについては、当該外部的行動が一般的、客観的に意味するところに従って判断すべきであると考える。権利の「侵害」があるかどうかを判断する場合に、こうした一般的、客観的評価に従うという考え方は、法的判断としては、通常のことであると思われる。所論は、本人の内心において、「真摯な」関連性があれば足りる旨主張するが、この見解は、本人の主観的判断に委ねてしまうという問題点を、少しも解決していないといわざるを得ない。

【67】　また、所論は、一般的、客観性を要求することは、少数者の思想・信条を保護しないことになるとも主張するが、ここでの問題は、どのような行為の強制を「侵害」と考えるかの問題であって、どのような思想・信条を保護するかの問題ではない。

【68】　2　職務命令をもって起立斉唱を命ずることは、一般的、客観的見地から、上告人らの歴史観、世界観等に関わる思想及び良心の自由を侵害するものではないが、起立斉唱行為が、国旗・国歌に

㉕　判例②の金築補足意見は、まず、制約該当性を一般的・客観的に判断するという多数意見の枠組みを補足する。この点につき、①思想・信条等は様々であるから主観的判断に委ねると法の客観性を阻害すること、②権利の「侵害」があるかどうかを判断する場合に一般的・客観的に判断することは法的判断として通常であることを理由に挙げる。宮川反対意見との対比が有用である。
　次に、間接的な制約の許容性判断につき、教職員に対する起立斉唱行為の強制は児童・生徒に対するものと憲法上の評価が異なるとの指摘がされている。

対する敬意の表明という要素を含んでおり、その限りにおいて、本件各職務命令が、上告人らの思想及び良心の自由についての間接的な制約となる面を有すること、しかし、起立斉唱行為の性質、本件各職務命令の目的、内容、制約の態様等を総合的に較量すれば、その制約を許容し得る程度の必要性、合理性が認められることは、多数意見の判示するとおりである。ここで、私が、念のため強調しておきたいのは、上告人らは、教職員であって、法令やそれに基づく職務命令に従って学校行事を含む教育活動に従事する義務を負っている者であることが、こうした制約を正当化し得る重要な要素になっているという点である。この点で、児童・生徒に対し、不利益処分の制裁をもって起立斉唱行為を強制する場合とは、憲法上の評価において、基本的に異なると考えられる。もっとも、教職員に対する職務命令に起因する対立であっても、これが教育環境の悪化を招くなどした場合には、児童・生徒も影響を受けざるを得ないであろう。こうした観点からも、全ての教育関係者の慎重かつ賢明な配慮が必要とされることはいうまでもない。

* * *

〔Ⅱ 判例②の宮川反対意見〕

裁判官宮川光治の反対意見は、次のとおりである❷⓺。

【69】 本件は少数者の思想及び良心の自由に深く関わる問題であると思われる。憲法は個人の多様な思想及び生き方を尊重し、我が国社会が寛容な開かれた社会であることをその理念としている。そして、憲法は少数者の思想及び良心を多数者のそれと等しく尊重し、その思想及び良心の核心に反する行為を行うことを強制することは許容していないと考えられる。このような視点で本件を検討すると、私は多数意見に同意することはできない。まず、1において私の反対意見の要諦を述べ、2以下においてそれを敷衍する。

【70】 1 国旗に対する敬礼や国歌を斉唱する行為は、私もその一員であるところの多くの人々にとっては心情から自然に、自発的に行う行為であり、式典における起立斉唱は儀式におけるマナーでもあろう。しかし、そうではない人々が我が国には相当数存在している。それらの人々は「日の丸」や「君が代」を軍国主義や戦前の天皇制絶対主義のシンボルであるとみなし、平和主義や国民主権とは相容れないと考えている。そうした思いはそれらの人々の心に深く在り、人格的アイデンティティをも形成し、思想及び良心として昇華されている。少数ではあっても、そうした人々はともすれば忘れがちな歴史的・根源的問いを社会に投げかけているとみることができる。

【71】 上告人らが起立斉唱行為を拒否する前提として有している考えについては原審の適法に確定した事実関係の概要中において6点に要約されている。多数意見も、この考えは、「『日の丸』や『君が代』が過去の我が国において果たした役割に関わる上告人ら自身の歴史観ないし世界観及びこれに由来する社会生活上ないし教育上の信念等ということができる」としており、多数意見は上告人らが有している考えが思想及び良心の内容となっていること、ないしこれらと関連するものであることは承認しているものと思われる。

【72】 上告人らが起立斉唱しないのは、式典において「日の丸」や「君が代」に関わる自らの歴史観ないし世界観及び教育上の信念を表明しようとする意図からではないであろう。その理由は、第1に、上告人らにとって「日の丸」に向かって起立し「君が代」を斉唱する行為は、慣例上の儀礼的な所作ではなく、上告人ら自身の歴史観ないし世界観等にとって譲れない一線を越える行動であり、上告人らの思想及び良心の核心を動揺させるからであると思われる。第2に、これまで人権の尊重や自主的に思考することの大切さを強調する教育実践を続けてきた教育者として、その魂というべき教育上の信念を否定することになると考えたからであると思われる。そのように真摯なものであれば、本件各職務命令に服することなく起立せず斉唱しないという行為は上告人らの思想及び良心の核心の表出であるとみることができ、少なくともこれと密接に関連しているとみることができる。

【73】 上告人らは東京都立高等学校の教職員であるところ、教科教育として生徒に対し国旗及び国歌について教育するということもあり得るであろう。その場合は、教師としての専門的裁量の下で職務を適正に遂行しなければならない。しかし、それ以上に生徒に対し直接に教育するという場を離れた場面においては(式典もその一つであるといえる。)、自らの思想及び良心の核心に反する行為を求められるということはないというべきである。なお、音楽教師が式典において「君が代」斉唱のピアノ伴奏を求められる場合に関しても同様に考えることができる。

【74】 国旗及び国歌に関する法律の制定に関しては、国論は分かれていたが、政府の国会答弁では、国旗及び国歌の指導に係る教員の職務上の責務について変更を加えるものではないことが示されており、同法はそのように強制の契機を有しないものとして成立したものといえるであろう。しかしながら、本件通達は、校長の職務命令に従わない場合は服務上の責任を問うとして、都立高等学校の教職員に対し、式典において指定された席で国旗に向かって起立し国歌を斉唱することを求めており、その意図するところは、前記歴史観ないし世界観及び教育上の信念を有する教職員を念頭に置き、その歴史観等に対する否定的評価を背景に、不利益処分をもってその歴史観等に反する行為を強制しようとすることにあるとみることができる。本件各職務命令はこうした本件通達に基づいている。

【75】 本件各職務命令は、直接には、上告人らに対し前記歴史観ないし世界観及び教育上の信念を持つことを禁止したり、これに反対する思想等を持つことを強制したりするものではないので、一見明白に憲法19条に違反するとはいえない。しかしながら、上告人らの不起立不斉唱という外部的行動は上告人らの思想及び良心の核心の表出であるか、少なくともこれと密接に関連している可能性があるので、これを許容せず上告人らに起立斉唱行為を命ずる本件各職務命令は憲法審査の対象となる。そして、上告人らの行動が式典において前記歴史観等を積極的に表明する意図を持ってなされたものでない限りは、その審査はいわゆる厳格な基準によって本件事案の内容に即して具体的になされるべきであると思われる。本件は、原判決を破棄し差し戻すことを相当とする。

【76】 2 上告人らの主張の中心は、起立斉唱行為を強制されることは上告人らの有する歴史観ないし世界観及び教育上の信念を否定することと結び付いており、上告人らの思想及び良心を直接に侵害するものであるというにあると理解できるところ、多数意見は、式典において国旗に向かって起立し国歌を斉唱する行為は慣例上の儀礼的な所作としての性質を有するものであり、その性質の点から見て、上告人らの有する歴史観ないし世界観それ自体を否定するものではないとしている。多数意見は、式典における起立斉唱行為を、一般的、客観的な視点で、いわば多数者の視点でそのようなものであると評価しているとみることができる。およそ精神的自由権に関する問題を、一般人(多数者)の視点からのみ考えることは相当でないと思われる。なお、多数意見が指摘するとおり式典において国旗の掲揚と国歌の斉唱が広く行われていたことは周知の事実であるが、少数者の人権の問題であるという視点からは、そのことは本件合憲性の判断にはいささかも関係しない。

【77】 前記歴史観ないし世界観及び教育上の信念を有する者でも、そ

---

❷⓺ 判例②の宮川反対意見は、まず、制約該当性を一般的・客観的に判断するという多数意見の枠組みにつき、精神的自由権に関する問題を、一般人(多数者)の視点からのみ考えることは相当でないと批判する。そして、本件における制約該当性については、上告人らの不起立不斉唱行為が上告人らの思想・良心の核心と少なくとも密接に関連する真摯なものであるかを審査するとする。このような真摯性の審査は、剣道実技拒否の理由を「信仰の核心部分と密接に関連する真しなもの」と認定した神戸高専剣道実技履修拒否事件〔本書15事件〕を想起させる。

次に、制約許容性については、真摯性に関する審査が肯定されれば厳格な基準によって合憲性審査を行うとしている。

なお、本件の職務命令につき、上告人の歴史観ないし世界観および教育上の信念に対し否定的評価をするものと評価している。

の内面における深さの程度は様々であろう。割り切って起立し斉唱する者もいるであろう。面従腹背する者もいるであろう。起立はするが、声を出して斉唱しないという者もいよう（なお、本件各職務命令では起立と斉唱は一体㉗であり、これを分けて考える意味はない。不起立行為は視覚的に明瞭であるだけに、行為者にとっては内心の動揺は大きいとみることもできる。他方、職務命令を発する側にとっては斉唱よりもむしろ起立させることが重要であると考えているように思われる。）。しかし、思想及び良心として深く根付き、人格的アイデンティティそのものとなっており、深刻に悩んだ結果として、あるいは信念として、そのように行動することを潔しとしなかった場合、そういった人達の心情や行動を一般的ではないからとして、過小評価することは相当でないと思われる。

【78】　3　本件では、上告人らが抱いている歴史観ないし世界観及び教育上の信念が真摯なものであり、思想及び良心として昇華していると評価し得るものであるかについて、また、上告人らの不起立不斉唱行為が上告人らの思想及び良心の核心と少なくとも密接に関連する真摯なものであるかについて（不利益処分を受容する覚悟での行動であることを考えるとおおむね疑問はないと思われるが）、本件各職務命令によって上告人らの内面において現実に生じた矛盾、葛藤、精神の苦痛等を踏まえ、まず、審査が行われる必要がある。

【79】　こうした真摯性に関する審査が肯定されれば、これを制約する本件各職務命令について、後述のとおりいわゆる厳格な基準によって本件事案の内容に即して具体的に合憲性審査を行うこととなる。

【80】　4　平成11年8月に公布、施行された国旗及び国歌に関する法律は僅か2条の定義法にすぎないが、この制定に関しては、国論は分かれた。政府の国会答弁では、繰り返し、国旗の掲揚及び国歌の斉唱に関し義務付けを行うことは考えていないこと、学校行事の式典における不起立不斉唱の自由を否定するものではないこと、国旗及び国歌の指導に係る教員の職務上の責務について変更を加えるものではないこと等が示されており、同法はそのように強制の契機を有しないものとして成立したものといえるであろう。その限りにおいて、同法は、憲法と適合する。

【81】　これより先、平成11年3月告示の高等学校学習指導要領は、「入学式や卒業式などにおいては、その意義を踏まえ、国旗を掲揚するとともに、国歌を斉唱するよう指導するものとする。」と規定しているが、この規定を高等学校の教職員に対し起立斉唱行為を職務命令として強制することの根拠とするのは無理であろう。そもそも、学習指導要領は、教育の機会均等を確保し全国的に一定の水準を維持するという目的のための大綱的基準であり、教師による創造的かつ弾力的な教育や地方ごとの特殊性を反映した個別化の余地が十分にあるものであって（最高裁昭和43年（あ）第1614号同51年5月21日大法廷判決・刑集30巻5号615頁参照）、学習指導要領のこのような性格にも照らすと、上記根拠となるものではないことは明白であると思われる。

【82】　国旗及び国歌に関する法律施行後、東京都立高等学校において、少なからぬ学校の校長は内心の自由告知（内心の自由を保障し、起立斉唱するかしないかは各教職員の判断に委ねられる旨の告知）を行い、式典は一部の教職員に不起立不斉唱行為があったとしても支障なく進行していた。

【83】　こうした事態を、本件通達は一変させた。本件通達が何を企図したものかに関しては記録中の東京都関連の各会議議事録等の証拠によれば歴然としているように思われるが、原判決はこれを認定していない。しかし、原判決認定の事実によっても、都教委は教職員に起立斉唱させるために職務命令についてその出し方を含め細かな指示をしていること、内心の自由を説明しないことを求めていること、形か

ら入り形に心を入れればよい、形式的であっても立てば一歩前進などと説明していること、不起立行為を把握するための方法等について入念な指導をしていること、不起立行為等があった場合、速やかに東京都人事部に電話で連絡するとともに事故報告書を提出することを求めていること等の事実が認められるのであり、卒業式等にはそれぞれ職員を派遣し式の状況を監視していることや、その後の戒告処分の状況をみると、本件通達は、式典の円滑な進行を図るという価値中立的な意図で発せられたものではなく、前記歴史観ないし世界観及び教育上の信念を有する教職員を念頭に置き、その歴史観等に対する強い否定的評価を背景に、不利益処分をもってその歴史観等に反する行為を強制することにあるとみることができると思われる。本件通達は校長に対して発せられたものではあるが、本件各職務命令は本件通達に基づいているのであり、上告人らが、本件各職務命令が上告人らの有する前記歴史観ないし世界観及び教育上の信念に対し否定的評価をしているものと受け止めるのは自然なことであると思われる。

【84】　本件各職務命令の合憲性の判断に当たっては、本件通達やこれに基づく本件各職務命令をめぐる諸事情を的確に把握することが不可欠であると考えられる。

【85】　5　本件各職務命令の合憲性の判断に関しては、いわゆる厳格な基準により、本件事案の内容に即して、具体的に、目的・手段・目的と手段との関係をそれぞれ審査することとなる。目的は真にやむを得ない利益であるか、手段は必要最小限度の制限であるか、関係は必要不可欠であるかということをみていくこととなる。結局、具体的目的である「教育上の特に重要な節目となる儀式的行事」における「生徒等への配慮を含め、教育上の行事にふさわしい秩序を確保して式典の円滑な進行を図ること」が真にやむを得ない利益といい得るか、不起立不斉唱行為がその目的にとって実質的害悪を引き起こす蓋然性が明白で、害悪が極めて重大であるか（式典が妨害され、運営上重大な支障をもたらすか）を検討することになる。その上で、本件各職務命令がそれを避けるために必要不可欠であるか、より制限的でない他の選び得る手段が存在するか（受付を担当させる等、会場の外における役割を与え、不起立不斉唱行為を回避させることができないか）を検討することとなろう。

【86】　6　以上、原判決を破棄し、第1に前記3の真摯性、第2に前記5の本件各職務命令の憲法適合性に関し、改めて検討させるため、本件を原審に差し戻すことを相当とする。

＊　＊　＊

〔Ⅲ　判例①の多数意見〕
○　主　　　文
本件上告を棄却する。
上告費用は上告人の負担とする。
○　理　　　由

【87】　1　本件は、市立小学校の音楽専科の教諭である上告人が、入学式の国歌斉唱の際に「君が代」のピアノ伴奏を行うことを内容とする校長の職務上の命令に従わなかったことを理由に被上告人から戒告処分を受けたため、上記命令は憲法19条に違反し、上記処分は違法であるなどとして、被上告人に対し、上記処分の取消しを求めている事案である㉘。

【88】　2　原審の適法に確定した事実関係等の概要は、次のとおりである㉙。

【89】　(1)　上告人は、平成11年4月1日から日野市立A小学校に音楽専科の教諭として勤務していた㉚。

【90】　(2)　A小学校では、同7年3月以降、卒業式及び入学式にお

㉗　起立と斉唱を一体として評価している。なお、判例③の田原反対意見は起立と斉唱を区別している。田原反対意見は、①「斉唱」は斉唱者が積極的に声を出して「唱う」ものであり、国歌に対して否定的な歴史観や世界観を有する者にとっては、その歴史観、世界観と真っ向から対立する行為をなすことにほかならず、同人にとって、各種の公的式典への参加に伴う儀礼的行為と評価することができない、②音楽専科以外の教諭にとって学校の卒業式等の式典における国歌斉唱時に「斉唱」することは、その職務上当然に期待されている行為であると解することもできないと論ずる。
㉘　【87】では、事案および上告人の主張・請求についての簡潔な説明がなされている。
㉙　【88】から【94】では、事案および関連法規の概要等が整理されている。
㉚　【89】では、上告人が日野市立A小学校の音楽専科の教諭であったことが示され

いて、音楽専科の教諭によるピアノ伴奏で「君が代」の斉唱が行われてきており、同校の校長（以下「校長」という。）は、同11年4月6日に行われる入学式（以下「本件入学式」という。）においても、式次第に「国歌斉唱」を入れて音楽専科の教諭によるピアノ伴奏で「君が代」を斉唱することとした㉛。

[91]　（3）　同月5日、A小学校において本件入学式の最終打合せのための職員会議が開かれた際、上告人は、事前に校長から国歌斉唱の際にピアノ伴奏を行うよう言われたが、自分の思想、信条上、また音楽の教師としても、これを行うことはできない旨発言した。校長は、上告人に対し、本件入学式の国歌斉唱の際にピアノ伴奏を行うよう命じたが、上告人は、これに応じない旨返答した㉜。

[92]　（4）　校長は、同月6日午前8時20分過ぎごろ、校長室において、上告人に対し、改めて、本件入学式の国歌斉唱の際にピアノ伴奏を行うよう命じた（以下、校長の上記(3)及び(4)の命令を「本件職務命令」という。）が、上告人は、これに応じない旨返答した㉝。

[93]　（5）　同日午前10時、本件入学式が開始された。司会者は、開式の言葉を述べ、続いて「国歌斉唱」と言ったが、上告人はピアノの椅子に座ったままであった。校長は、上告人がピアノを弾き始める様子がなかったことから、約5ないし10秒間待った後、あらかじめ用意しておいた「君が代」の録音テープにより伴奏を行うよう指示し、これによって国歌斉唱が行われた㉞。

[94]　（6）　被上告人は、上告人に対し、同年6月11日付けで、上告人が本件職務命令に従わなかったことが地方公務員法32条及び33条に違反するとして、地方公務員法（平成11年法律第107号による改正前のもの）29条1項1号ないし3号に基づき、戒告処分をした㉟。

[95]　3　上告代理人吉峯啓晴ほかの上告理由第2のうち本件職務命令の憲法19条違反をいう部分について㊱

[96]　（1）　上告人は、「君が代」が過去の日本のアジア侵略と結び付いており、これを公然と歌ったり、伴奏することはできない、また、子どもに「君が代」がアジア侵略で果たしてきた役割等の正確な歴史的事実を教えず、子どもの思想及び良心の自由を実質的に保障する措置を執らないまま「君が代」を歌わせるという人権侵害に加担することはできないなどの思想及び良心を有すると主張するところ、このような考えは、「君が代」が過去の我が国において果たした役割に係わる上告人自身の歴史観ないし世界観及びこれに由来する社会生活上の信念等ということができる㊲。しかしながら、学校の儀式的行事において「君が代」のピアノ伴奏をすべきでないとして本件入学式の国歌斉唱の際のピアノ伴奏を拒否することは、上告人にとっては、上記の歴史観ないし世界観に基づく一つの選択ではあろうが、一般的には、これと不可分に結び付くものということはできず、上告人に対して本件入学式の国歌斉唱の際にピアノ伴奏を求めることを内容とする本件職務命令が、直ちに上告人の有する上記の歴史観ないし世界観それ自体を否定するものと認めることはできないというべきである㊳。

[97]　（2）　他方において、本件職務命令当時、公立小学校における入学式や卒業式において、国歌斉唱として「君が代」が斉唱されることが広く行われていたことは周知の事実であり、客観的に見て、入学式の国歌斉唱の際に「君が代」のピアノ伴奏をするという行為自体は、音楽専科の教諭等にとって通常想定され期待されるものであって、上記伴奏を行う教諭等が特定の思想を有するということを外部に表明する行為であると評価することは困難なものであり、特に、職務上の命令に従ってこのような行為が行われる場合には、上記のように評価することは一層困難であるといわざるを得ない㊴。

[98]　本件職務命令は、上記のように、公立小学校における儀式的行事において広く行われ、A小学校でも従前から入学式等において行われていた国歌斉唱に際し、音楽専科の教諭にそのピアノ伴奏を命ずるものであって、上告人に対して、特定の思想を持つことを強制したり、あるいはこれを禁止したりするものではなく、特定の思想の有無について告白することを強要するものでもなく、児童に対して一方的な思想や理念を教え込むことを強制するものとみることもできない㊵。

[99]　（3）　さらに、憲法15条2項は、「すべて公務員は、全体の奉仕者であって、一部の奉仕者ではない。」と定めており、地方公務員も、地方公共団体の住民全体の奉仕者としての地位を有するものである。こうした地位の特殊性及び職務の公共性にかんがみ、地方公務員法30条は、地方公務員は、全体の奉仕者として公共の利益のために勤務し、かつ、職務の遂行に当たっては全力を挙げてこれに専念しなければならない旨規定し、同法32条は、上記の地方公務員がその職務を遂行するに当たって、法令等に従い、かつ、上司の職務上の命令に忠実に従わなければならない旨規定するところ、上告人は、A小学校の音楽専科の教諭であって、法令等や職務上の命令に従わなければならない立場にあり、校長から同校の学校行事である入学式に関して本件職務命令を受けたものである。そして、学校教育法18条2号は、小学校教育の目標として「郷土及び国家の現状と伝統について、正しい理解に導き、進んで国際協調の精神を養うこと。」を規定し、学校教育法（平成11年法律第87号による改正前のもの）20条、学校教育法施行規則（平成12年文部省令第53号による改正前のもの）25条に基づいて定め

㉛　[90]では、A小学校の卒業式および入学式において音楽専科の教諭によるピアノ伴奏で「君が代」の斉唱が行われてきたこと、および、本件入学式でも音楽専科の教諭によるピアノ伴奏で「君が代」を斉唱することを校長が決めたという事実が示されている。

㉜　[91]では、本件入学式の前日、校長が上告人に対し本件入学式の国歌斉唱の際にピアノ伴奏を行うよう命じる職務命令を発したが、上告人は自己の思想信条等から拒否したという事実が示されている。

㉝　[92]では、本件入学式の当日、校長が改めて本件入学式の国歌斉唱の際にピアノ伴奏を行うよう命じる職務命令を発したが、上告人が拒否したという事実が示されている。

㉞　[93]では、本件入学式において、上告人がピアノを弾き始める様子がなかったことから、校長は「君が代」の録音テープにより伴奏を行うよう指示し、これによって国歌斉唱が行われたという事実が示されている。

㉟　[94]では、被上告人（東京都教育委員会）が、上告人に対し、本件職務命令に従わなかったことが地公法（事件当時。以下同じ）32条および33条に反するとして、同29条1項1号ないし3号に基づき戒告処分を行ったことが示されている。

㊱　[95]から[102]では、本件職務命令の憲法19条適合性が判断されている。本件職務命令が違憲であれば、同命令に従わなかった上告人の行為は懲戒事由である職務命令違反（地公法32条違反）または信用失墜行為（同33条違反）にあたらないことになる。

㊲　[96]の第1文では、上告人が①「君が代」が過去の日本のアジア侵略と結びついており、これを公然と歌ったり伴奏することはできない、②子どもに「君が代」がアジア侵略で果たしてきた役割等の正確な歴史的事実を教えず、子どもの思想・良心の自由を実質的に保障する措置をとらないまま「君が代」を歌わせるという人権侵害に加担することはできないという思想・良心を有すると主張するところ、このような考えが上告人自身の歴史観ないし世界観およびこれに由来する社会生活上の信念等ということができるとしている。この記述は、上告人の考えが思想・良心の自由の保障範囲に含まれることを示していると解されるが、かかる信念等は信条説と内心説のどちらからも保障されるといえるため、本判決が思想良心の内容として信条説と内心説のどちらに立つのかは明らかではない（判解②152-153頁）。

㊳　[96]の第2文では、上告人の歴史観ないし世界観と本件入学式の国歌斉唱の際に「君が代」のピアノ伴奏を拒否することが、一般的にみて不可分のものとはいえないことから、本件入学式の際にピアノ伴奏を命ずることも直ちに上告人の思想・良心の自由を否定するものと認められないとしている。この部分は、職務命令によって求められるピアノ伴奏という外部的行動の性質の観点から思想・良心の自由の直接的制約該当性を判断したと解されるところ、このような判断枠組みは君が代起立斉唱事件［本書12事件］にて基本的に踏襲されている（判解①475-476頁）。

㊴　[97]では、客観的にみて、入学式の国歌斉唱の際に「君が代」のピアノ伴奏をするという行為自体は音楽専科の教諭等にとって通常想定され期待されるものであり、特定の思想を有することを外部に表明する行為と評価することは困難とする。この部分は、職務命令によって求められるピアノ伴奏について外部からの認識可能性の観点から思想・良心の自由の直接的制約該当性を判断するものと解されるところ、このような判断枠組みも君が代起立斉唱事件［本書12事件］にて基本的に踏襲されている（判解①475-476頁）。なお、外部からの認識可能性の観点が必要となる理由として、内心に反する外部的行為の強制によって、客観的に行為者が外部からその思想を外部に表明すると評価されるようには、内心の核心部分を直接否定することにも比肩しうるような思想・良心の自由の侵害が生じるためと説明される（判解②154頁）。

㊵　[98]では、[97]の記述をふまえて、本件職務命令について、上告人との関係で特定の思想の禁止や強制にあたらないか、特定の思想の有無について告白することを強要するものではなく、さらに児童に対して一方的な思想や理念を教え込むことを強制するものではないとして、思想良心の自由の制約該当性を否定する。

られた小学校学習指導要領（平成元年文部省告示第24号）第4章第2D（1）は、学校行事のうち儀式的行事について、「学校生活に有意義な変化や折り目を付け、厳粛で清新な気分を味わい、新しい生活の展開への動機付けとなるような活動を行うこと。」と定めるところ、同章第3の3は、「入学式や卒業式などにおいては、その意義を踏まえ、国旗を掲揚するとともに、国歌を斉唱するよう指導するものとする。」と定めている。入学式等において音楽専科の教諭によるピアノ伴奏で国歌斉唱を行うことは、これらの規定の趣旨にかなうものであり、A小学校では従来から入学式等において音楽専科の教諭によるピアノ伴奏で「君が代」の斉唱が行われてきたことに照らしても、本件職務命令は、その目的及び内容において不合理であるということはできないというべきである❹。

【100】　（4）　以上の諸点にかんがみると、本件職務命令は、上告人の思想及び良心の自由を侵すものとして憲法19条に反するとはいえないと解するのが相当である❷。

【101】　なお、上告人は、雅楽を基本にしながらドイツ和声を付けているという音楽的に不適切な「君が代」を平均律のピアノという不適切な方法で演奏することは音楽家としても教育者としてもできないという思想及び良心を有するとも主張するが、以上に示示したところによれば、上告人がこのような考えを有することから本件職務命令が憲法19条に反することとなるといえないことも明らかである❸。

【102】　以上は、当裁判所大法廷判決（最高裁昭和28年（オ）第1241号同31年7月4日大法廷判決・民集10巻7号785頁、最高裁昭和44年（あ）第1501号同49年11月6日大法廷判決・刑集28巻9号393頁、最高裁昭和43年（あ）第1614号同51年5月21日大法廷判決・刑集30巻5号615頁及び最高裁昭和44年（あ）第1275号同51年5月21日大法廷判決・刑集30巻5号1178頁）の趣旨に徴して明らかである。所論の点に関する原審の判断は、以上の趣旨をいうものとして、是認することができる。論旨は採用することができない❹。

4　その余の上告理由について

【103】　論旨は、違憲及び理由の不備をいうが、その実質は事実誤認若しくは単なる法令違反をいうもの又はその前提を欠くものであって、民訴法312条1項及び2項に規定する事由のいずれにも該当しない。

【104】　よって、裁判官藤田宙靖の反対意見があるほか、裁判官全員一致の意見で、主文のとおり判決する。なお、裁判官那須弘平の補足意見がある。

＊　　＊　　＊

〔Ⅳ　判例①の藤田反対意見〕

裁判官藤田宙靖の反対意見は、次のとおりである❺。

【105】　私は、上告人に対し、その意に反して入学式における「君が代」斉唱のピアノ伴奏を命ずる校長の本件職務命令が、上告人の思想及び良心の自由を侵すものとして憲法19条に反するとはいえないとする多数意見に対しては、なお疑問を抱くものであって、にわかに賛成

することはできない。その理由は、以下のとおりである。

【106】　**1**　多数意見は、本件で問題とされる上告人の「思想及び良心」の内容を、上告人の有する「歴史観ないし世界観」（すなわち、「君が代」が過去において果たして来た役割に対する否定的評価）及びこれに由来する社会生活上の信念等であるととらえ、このような理解を前提とした上で、本件入学式の国歌斉唱の際のピアノ伴奏を拒否することは、上告人にとっては、この歴史観ないし世界観に基づく一つの選択ではあろうが、一般的には、これと不可分に結び付くものということはできないとして、上告人に対して同伴奏を命じる本件職務命令が、直ちに、上告人のこの歴史観ないし世界観それ自体を否定するものと認めることはできないとし、また、このようなピアノ伴奏を命じることが、上告人に対して、特定の思想を持つことを強制したり、特定の思想の有無について告白することを強要するものであるということはできないとする。これはすなわち、憲法19条によって保障される上告人の「思想及び良心」として、その中核に、「君が代」に対する否定的評価という「歴史観ないし世界観」自体を据えるとともに、入学式における「君が代」のピアノ伴奏の拒否は、その派生的ないし付随的行為であるものとしてとらえ、しかも、両者の間には（例えば、キリスト教の信仰と踏み絵のように）後者を強いることが直ちに前者を否定することとなるような密接な関係は認められない、という考え方に立つものということができよう。しかし、私には、まず、本件における真の問題は、校長の職務命令によってピアノの伴奏を命じることが、上告人に『『君が代』に対する否定的評価」それ自体を禁じたり、あるいは一定の「歴史観ないし世界観」の有無についての告白を強要することになるかどうかというところにあるのではなく（上告人が、多数意見のいうような意味での「歴史観ないし世界観」を持っていること自体は、既に本人自身が明らかにしていることである。そして、「踏み絵」の場合のように、このような告白をしたからといって、そのこと自体によって、処罰されたり懲戒されたりする恐れがあるわけではない。）、むしろ、入学式においてピアノ伴奏をすることは、自らの信条に照らし上告人にとって極めて苦痛なことであり、それにもかかわらずこれを強制することが許されるかどうかという点にこそあるように思われる。そうであるとすると、本件において問題とされるべき上告人の「思想及び良心」としては、このように「『君が代』が果たしてきた役割に対する否定的評価という歴史観ないし世界観それ自体」もさることながら、それに加えて更に、「『君が代』の斉唱をめぐり、学校の入学式のような公的儀式の場で、公的機関が、参加者にその意思に反してでも一律に行動すべく強制することに対する否定的評価（従って、また、このような行動に自分は参加してはならないという信念ないし信条）」といった側面が含まれている可能性があるのであり、また、後者の側面こそが、本件では重要なのではないかと考える。そして、これが肯定されるとすれば、このような信念ないし信条がそれ自体として憲法による保護を受けるものとはいえないのか、すなわち、そのような信念・信条に反する行為（本件におけるピアノ伴奏は、まさにそのような行為であることになる。）を強制することが憲法違反とならな

---

❹【99】では、①上告人が地方公務員として職務命令等に従わなければならない立場にあること（憲法15条2項、地公法30条・32条）、②入学式等において音楽専科の教諭によるピアノ伴奏で国歌斉唱を行うことは関連法規の趣旨にかなうこと（学校教育法18条2項、小学校における学習指導要領）、③A小学校におけるこれまでの「君が代」の斉唱の実施状況から、本件職務命令は目的および内容において不合理とはいえないとする。この部分については、制約該当性・制約許容性のどちらの判断に関わることなのかは不明確であった。この点につき、本件ピアノ伴奏事件の調査官解説は【96】から【98】が一般的な場合を想定としれる制約該当性判断であり、【99】を当該事案の個別具体的な事情に照らした制約該当性判断と説明していたが（判解①156-157頁）君が代起立斉唱事件〔本書12事件〕では、職務命令の合理性の判断は間接的制約の制約許容性の問題と位置づけられるに至った（判解①475-477頁）。
❷【100】では、本件職務命令が上告人の思想・良心の自由を侵害しないという結論が述べられている。
❸【101】では、上告人が主張する、③雅楽を基本にしながらドイツ和声を付けているという音楽的に不適切な「君が代」を平均律のピアノという不適切な方法で演奏することは音楽家としても教育家としてもできないという考えについても、憲法19条に反するとはいえないことは明らかと結論づける。このような考えが思想・良心の自由の保障範囲に含まれるかどうかは明言されていない。

❹【102】では、判例が引用されている。本判決がその趣旨に徴する判例として挙げているのは、謝罪広告事件判決〔本書11事件〕、猿払事件判決〔本書21事件〕、旭川学力テスト事件判決〔本書20事件〕、最判昭51・5・21刑集30-5-1178〔岩手教組学力テスト事件〕であり、君が代起立斉唱事件判決〔本書12事件〕が引用するところと同一である。

❺君が代ピアノ伴奏事件（判例①）の藤田反対意見は、本件において問題とされるべき上告人の思想良心には、公的儀式の場で公的機関が参加者の意思に反してでも一律に行動すべく強制することに対する否定的評価といった側面が含まれている可能性があるとしたうえで、上告人の「思想及び良心」とは正確にどのような内容のものであるのかについてさらに詳細な検討を加える必要があり、そうして確定された内容の「思想及び良心」の自由とその制約要因としての公共の福祉ないし公共の利益との間での考量については、本件事案の内容に即したより詳細かつ具体的な検討がなされるべきとして、原判決を破棄し、本件を原審に差し戻す必要があるとする。もっとも、君が代起立斉唱事件〔本書12事件〕では、「学校の卒業式のような式典において一律の行動を強制されるべきではないという信念」につき、独立した信条として別途検討を行う必要は認められておらず、藤田反対意見の見解が否定されたと解される（【11】参照）。

いかどうかは、仮に多数意見の上記の考えを前提とするとしても、改めて検討する必要があるものといわなければならない。このことは、例えば、「君が代」を国歌として位置付けることには異論が無く、従って、例えばオリンピックにおいて優勝者が国歌演奏によって讃えられること自体については抵抗感が無くとも、一方で「君が代」に対する評価に関し国民の中に大きな分かれが現に存在する以上、公的儀式においてその斉唱を強制することについては、そのこと自体に対して強く反対するという考え方も有り得るし、また現にこのような考え方を採る者も少なからず存在するということからも、いえるところである。この考え方は、それ自体、上記の歴史観ないし世界観とは理論的には一応区別された一つの信念・信条であるということができ、このような信念・信条を抱く者に対して公的儀式における斉唱への協力を強制することは、当人の信念・信条そのものに対する直接的抑圧となることは、明白であるといわなければならない。そしてまた、こういった信念・信条が、例えば「およそ法秩序に従った行動をすべきではない」というような、国民一般に到底受入れられないようなものであるのではなく、自由主義・個人主義の見地から、それなりに評価し得るものであることも、にわかに否定することはできない。本件における、上告人に対してピアノ伴奏を命じる職務命令と上告人の思想・良心の自由との関係については、こういった見地から更に慎重な検討が加えられるべきものと考える。

【107】　2　多数意見は、また、本件職務命令が憲法19条に違反するものではないことの理由として、憲法15条2項及び地方公務員法30条、32条等の規定を引き合いに出し、現行法上、公務員には法令及び上司の命令に忠実に従う義務があることを挙げている。ところで、公務員が全体の奉仕者であることから、その基本的人権にそれなりの内在的制約が伴うこと自体は、いうまでもなくこれを否定することができないが、ただ、逆に、「全体の奉仕者」であるということからして当然に、公務員はその基本的人権につき如何なる制限をも甘受すべきである、といったレヴェルの一般論により、具体的なケースにおける権利制限の可否を決めることができないことも、また明らかである。本件の場合にも、ピアノ伴奏を命じる校長の職務命令によって達せられようとしている公共の利益の具体的内容は何かが問われなければならず、そのような利益と上記に見たようなものとしての上告人の「思想及び良心」の保護の必要との間で、慎重な考量がなされなければならないものと考える。

【108】　ところで、学校行政の究極的目的が「子供の教育を受ける利益の達成」でなければならないことは、自明の事柄であって、それ自体は極めて重要な公共の利益であるが、そのことから直接に、音楽教師に対し入学式において「君が代」のピアノ伴奏をすることを強制しなければならないという結論が導き出せるわけではない。本件の場合、「公共の利益の達成」は、いわば、「子供の教育を受ける利益の達成」という究極の（一般的・抽象的な）目的のために、「入学式における『君が代』斉唱の指導」という中間目的が（学習指導要領により）設定され、それを実現するために、いわば、「入学式進行における秩序・紀律」及び「（組織決定を遂行するための）校長の指揮権の確保」を具体的目的とした「『君が代』のピアノ伴奏をすること」という職務命令が発せられるという構造によって行われることとされているのである。そして、仮に上記の中間目的が承認されたとしても、そのことが当然に「『君が代』のピアノ伴奏を強制すること」の不可欠性を導くものでもない。公務員の基本的人権の制約要因たり得る公共の福祉ないし公共の利益が認められるか否かについては、この重層構造のそれぞれの位相に対応して慎重に検討されるべきであると考えるのであって、本件の場合、何よりも、上記の①「入学式進行における秩序・紀律」及び②「校長の指揮権の確保」という具体的な目的との関係において考量されることが必要であるというべきである。このうち上記①については、本件の場合、上告人は、当日になって突如ピアノ伴奏を拒否したわけではなく、また実力をもって式進行を阻止しようとしていたものでもなく、ただ、以前から繰り返し述べていた希望のとおりの不作為を行おうとしていたものにすぎなかった。従って、校長は、このような不作為を充分に予測できたのであり、現にそのような事態に備えて用意しておいたテープによる伴奏が行われることによって、基本的には問題無く式は進行している。ただ、確かに、それ以外の曲については伴奏をする上告人が、「君が代」に限って伴奏しないということが、参列者に一種の違和感を与えるかもしれないことは、想定できないではないが、問題は、仮に、上記1において見たように、本件のピアノ伴奏拒否が、上告人の思想・良心の直接的な表現であるとして位置付けられるとしたとき、このような「違和感」が、これを制約するのに充分な公共の福祉ないし公共の利益であるといえるか否かにある（なお、仮にテープを用いた伴奏が吹奏楽等によるものであった場合、生のピアノ伴奏と比して、どちらがより厳粛・荘厳な印象を与えるものであるかには、にわかには判断できないものがあるように思われる。）。また、上記②については、仮にこういった目的のために校長が発した職務命令が、公務員の基本的人権を制限するような内容のものであるとき、人権の重みよりもなおこの意味での校長の指揮権行使の方が重要なのか、が問われなければならないことになる。原審は、「思想・良心の自由も、公教育に携わる教育公務員としての職務の公共性に由来する内在的制約を受けることからすれば、本件職務命令が、教育公務員である控訴人の思想・良心の自由を制約するものであっても、控訴人においてこれを受忍すべきものであり、受忍を強いられたからといってそのことが憲法19条に違反するとはいえない。」というのであるが、基本的人権の制約要因たる公共の利益の本件における上記具体的構造を充分に踏まえた上での議論であるようには思われない。また、原審及び多数意見は、本件職務命令は、教育公務員それも音楽専科の教諭である上告人に対し、学校行事におけるピアノ伴奏を命じるものであることを重視するものと思われるが、入学式におけるピアノ伴奏が、音楽担当の教諭の職務にとって少なくとも付随的な業務であることは否定できないにしても、他者をもって代えることのできない職務の中枢を成すものであるといえるか否かには、なお疑問が残るところであり（付随的な業務であるからこそ、本件の場合テープによる代替が可能であったのではないか、ともいえよう。ちなみに、上告人は、本来的な職務である音楽の授業においては、「君が代」を適切に教えていたことを主張している。）、多数意見等の上記の思考は、余りにも観念的・抽象的に過ぎるもののように思われる。これは、基本的に「入学式等の学校行事については、学校単位での統一的な意思決定とこれに準拠した整然たる活動が必要とされる」という理由から本件において上告人にピアノ伴奏を命じた校長の職務命令の合憲性を根拠付けようとする補足意見についても同様である。

【109】　3　以上見たように、本件において本来問題とされるべき上告人の「思想及び良心」とは正確にどのような内容のものであるのかについて、更に詳細な検討を加える必要があり、また、そうして確定された内容の「思想及び良心」の自由とその制約要因としての公共の福祉ないし公共の利益との間での考量については、本件事案の内容に即した、より詳細かつ具体的な検討がなされるべきである。このような作業を行ない、その結果を踏まえて上告人に対する戒告処分の適法性につき改めて検討させるべく、原判決を破棄し、本件を原審に差し戻す必要があるものと考える。
（裁判長裁判官　那須弘平　裁判官　上田豊三　裁判官　藤田宙靖　裁判官　堀籠幸男　裁判官　田原睦夫）

補足説明	関連判例について

以上に引用した少数意見のほか、判例③の少数意見も注目に値する。那須補足意見および大谷補足意見はピアノ伴奏と起立斉唱との異同を説明し、岡部補足意見は職務命令の不履行に対して不利益処分を課す際の考慮事情を挙げ、田原反対意見は起立と斉唱を区別して論ずる。

なお、起立斉唱を命ずる職務命令の合憲性とは別に、職務命令違反を理由とする不利益処分について裁量の逸脱・濫用も問題となる。判例④・⑤はそのような不利益処分の適法性が問題になった判例であるが、懲戒処分の中で最も軽い戒告処分をすることは裁量の逸脱・濫用にあたらないとされる一方、戒告を超えてより重い減給処分以上の処分を選択することについては、過去の非違行為による懲戒処分等の処分歴や不起立行為等の前後における態度等に鑑み、学校の規律や秩序の保持等の必要性と処分による不利益の内容との権衡の観点から当該処分を選択することの相当性を基礎づける具体的な事情が認められる場合であることを要するとした。

また、行訴法に関連して、判例⑥は予防訴訟としてどのような訴訟が選択できるかを明らかにする。その際、通達および職務命令の処分性を否定している点も重要である。

Questions

①事実関係の確認

問1　Xはどのような職業に就いていたか。▶【事案】【1】【5】

問2　Xはどのような職務命令を受けたか。その職務命令に従わなかった結果、どのような処分を受けたか。▶【事案】【5】

問3　Xは定年退職に先立ち、どのような申込みを行ったか。それに対し、東京都教育委員会はどのように応じたか。▶【事案】【7】

問4　Xはどのような訴訟を提起したか。▶【事案】【1】

②判決の内容の確認

問5　Xが、卒業式における国歌斉唱の際の起立斉唱行為を拒否する理由として主張している考えはどのようなものか。そのような考えについて、本判決は思想・良心の自由の保障範囲に含まれると評価しているか。▶【8】【11】

問6　本判決は信条説と内心説のどちらに立つかを明らかにしているか。▶【8】

問7　本判決によると、本件職務命令当時、卒業式等の式典における国歌斉唱の際の起立斉唱行為はどのようなものであったか。▶【9】【10】

問8　問7の起立斉唱行為の評価をふまえて、そのような起立斉唱行為を求める本件職務命令につき、本判決は個人の思想・良心の自由を直ちに制約するものと認めているか。▶【9】

問9　問7の起立斉唱行為の評価をふまえて、そのような起立斉唱行為を求めることにつき、本判決は思想・良心の自由の間接的な制約となりうることを認めているか。その理由はどのようなものか。▶【10】

問10　思想・良心の自由の間接的な制約が許容されるのはどのような場合か。許容性の判断においてどのような事項が考慮されるか。▶【12】

問11　本判決は、本件職務命令がXの思想・良心の自由の間接的な制約になることを認めているか。▶【13】

問12　間接的な制約の許容性の判断に際し、本判決は、本件職務命令の目的および内容をどのように認定しているか。▶【14】

問13　本判決は、本件職務命令がXの思想・良心の自由の間接的な制約として許容されると認めているか。▶【15】

③応用問題

問14　毎朝のホームルームで教室に国旗を掲揚し、教師が自ら範を示しつつ、生徒がいわゆる起立斉唱行為をするよう指導する旨を、校長が各クラスの担任教諭に対して職務命令で命じた場合、同職務命令は合憲か。▶蟻川・法教403号114頁、115頁

問15　教職員が卒業式等の式典における君が代起立斉唱を信教の自由を理由に拒否する場合、その判断枠組みは思想・良心の自由の場合（大阪地判平27・12・21判例集未登載、大阪高判平28・10・24判例集未登載）と同一か。また、信教の自由を理由に君が代のピアノ伴奏を拒否する場合（東京地判平27・10・8判例集未登載、東京高判平28・7・19判例集未登載）はどうか。▶射程247頁〔木下〕

○ **関連判例**（本書所収以外のもの）
最判平成19年2月27日民集61巻1号291頁［君が代ピアノ伴奏事件］（判例①）
最判平成23年6月6日民集65巻4号1855頁［起立斉唱第一小法廷事件］（判例②）
最判平成23年6月14日民集65巻4号2148頁［起立斉唱第三小法廷事件］（判例③）
最判平成24年1月16日判時2147号127頁（判例④）
最判平成24年1月16日判時2147号139頁（判例⑤）
最判平成24年2月9日民集66巻2号183頁（判例⑥）

○ **本判決の調査官解説**
岩井伸晃＝菊池章「判解」最高裁判所判例解説民事篇平成23年度465頁（判解①）

○ **その他の判例解説・判例批評**
渡辺康行「『日の丸・君が代訴訟』を振り返る—最高裁諸判決の意義と課題」論究ジュリスト1号（2012年）108頁（判批①）
森英明「判解」最高裁判所判例解説民事篇平成19年度〔上〕139頁［判例①の調査官解説〕（判解②）

○ **参考文献**
佐々木弘通「第19条」芹沢斉ほか編『新基本法コンメンタール 憲法』（日本評論社、2011年）145頁
林知更「思想の自由・良心の自由」南野森編『憲法学の世界』（日本評論社、2013年）191頁

第5章 信教の自由

1 学説の状況

憲法20条1項の保障する信教の自由には、①内心における信仰の自由、②宗教的行為の自由、③宗教的結社の自由が含まれる（佐藤225頁）。このうち①の保障は絶対的であるが、信仰が内心の領域にとどまらず、宗教的行為や宗教的結社のように外部的な領域に及ぶときは、それを規制することが許容される場合はありうると解されている。問題は、当該規制の許容性を判断するための具体的基準である。

この点、規制がその内容それ自体において信仰上の教義に反する行動を命じたものであれば、それは信教の自由を「直接的」に制約するものであるから、当該規制が厳格審査に付されるべきことに争いはない。しかし、今日問題になるのはむしろ、宗教に対して中立的な一般法上の規制を適用した結果として、かかる規制が個人の宗教的信仰と間接的・偶発的に抵触を生ずる場面である（安念潤司「信教の自由」法教209号（1998年）50頁）。この場合に、個人が信仰を理由に常に一般法上の義務を拒否できるとなれば、公共社会が成り立たなくなるおそれがあるが、逆に一般法上の義務を課すことが常に許されるとなると、今度は信教の自由を定めた憲法の趣旨を没却することになる。ここに、信教の自由と公共社会の要請のバランスをいかに図るかが問題となる。

学説では、信仰が外部的行動に及ぶときは、その行動の規制は、信教の自由の侵害にわたらないように最小限のものでなければならないと解するのが一般的である（佐藤227頁）。具体的には、規制利益が強力か、規制目的は専ら世俗的か、より制限的でない他の選びうる手段（LRA）は存在しないかなどの事情を考慮して、規制の合憲性を判断することになる。複雑な問題を提起するのが、信教の自由と政教分離の「谷間」と呼ばれる問題である。一方で、信教の自由の侵害となることを理由に一般法上の義務を免除するとすれば、特定の宗教に便宜を図ることになり政教分離の要請に反するおそれがある。他方で、政教分離の原則をあまり厳格に貫徹すると、今度は信教の自由を形骸化するおそれがある。この場合に、両者の要請をいかに調整するかは難問であるが、普段から政教分離原則を厳格に解する立場をとっていない最高裁だけに、この場面に限って同原則を厳格に解することには理由がないとの見方がなされている（長谷部［6版］197頁）。

2 判例の展開

判例は、信教の自由の限界についての一般的な判断基準を示してはいないが、原則として、規制によって達成しようとする利益とそれによって生じる不利益を比較衡量したうえで、規制の必要性・合理性を判断する比較衡量論によっているものと解される。そのうえで、事案の性質に応じて、「必要でやむを得ない」規制か否かを問うLRAの法理（オウム真理教解散命令事件決定（後述））や、一般法上の義務が「信仰の核心部分と密接に関連する真しなもの」に関するか否かを問う真摯性の基準（神戸高専剣道実技履修拒否事件判決（後述））などを使い分けているものとみられる。

リーディング・ケースは**加持祈祷事件判決**〔本書13事件〕である。最高裁は、被告人の行為は宗教的行為としてなされたものであったとしても著しく反社会的である以上、これを傷害致死罪で処罰することは憲法20条1項には反しないとしている。この判例は、詳しい理由を説示していないが、発生した結果が死という極めて重大なものであった以上、公共の要請を優先させることに異論をさしはさむ余地はなかったといえる。このように、生命・身体を保護法益とする刑法事案においては、政府の規制目的の追求が極めて重大であるだけに、公共の要請が優先する場面が一般に多いと考えられる。

したがって、同じく刑法事案でも牧会活動事件判決（神戸簡判昭50・2・20判時768-3）のように、国家の刑事司法作用が保護法益である場合には、信教の自由を優先させることに支障は少ないといえる。また、同じく生命への危害防止の要請と信仰の確保の要請が衝突した事案でも、エホバの証人輸血拒否事件（最判平12・2・29民集54-2-582）のように、他人の生命ではなく自己の生命が問題である場合には、最高裁は信仰に基づく自己決定を優先させている。

次に**オウム真理教解散命令事件決定**〔本書14事件〕では、宗教法人に対する解散命令の措置が、当該宗教の信者の信教の自由に対して及ぼす影響・効果が、憲法20条1項に反しないかどうかが問題となった。最高裁は、解散命令による法人格の剥奪は必要かつ適切である一方で、信者の宗教的行為の継続に生じさせる支障は「間接的で事実上のもの」にすぎないことを主な理由に、20条1項には反しないとしている。本事件は刑法事案そのものではないが、解散事由は刑法上の殺人予備罪に該当する行為であり、規制利益を優先させることに問題は少なかったといえる。

さらに**神戸高専剣道実技履修拒否事件判決**〔本書15事件〕では、信仰上の理由による剣道実技の履修拒否であるのに、代替措置の検討をせず原級留置および退学の処分に付したことが、校長の裁量権の行使の限界を超えて違法となるかどうかが問題となった。直接の問題は、剣道実技の履修拒否を校長がどう評価するかという裁量判断の違法性の有無であるから、本判決は行政法の判例である。しかし、履修拒否が信仰上の理由に基づくことから、裁量判断の適否を論ずる中で信教の自由の限界が問題となる。同事件では、公共利益が民事法上のものにすぎない一方で、履修を拒否する理由は信仰の核心部分と密接に関連する真しなものであったことから、一般論として公共利益を優先させる必要性は低かったといえるし、処分が重大であればなおさらそうといえる。実際、最高裁も、信教の自由が背景にあることを十分に考慮することなく厳しい処分を下したことを根拠に、各処分を違法としている。これに対して、日曜日授業参観事件判決（東京地判昭61・3・20判時1185-67）は、キリスト教の教会授業に参加したために日曜参観を欠席した児童を欠席扱いとしたことを適法としているが、これは規制の結果被る不利益が極めて小さかったことが決め手になったものと考えられる。

このように、信教の自由の限界をめぐる判例は、対立する利益を比較衡量したうえ、事案の性質に応じてその制限の必要性・合理性をみることで形成されているとみられる。なおこれに関連して判例（最判昭63・6・1民集42-5-277）は、「静謐な宗教的環境の下で信仰生活を送るべき利益」のような宗教的感情は法的利益としては認めることはできないとしているが、相手方の行為が「強制や不利益の付与」を伴う場合には法的救済を求める余地がありうることを前提にしている。

13 加持祈祷事件

最高裁昭和38年5月15日大法廷判決

昭和36年(あ)第485号：傷害致死被告事件
刑集17巻4号302頁

事案

被告人は、宗教教師として病人等の求めに応じその平癒のため加持祈祷することを業とする者であるところ、A（死亡当時18歳）の家族（母や叔母など）からAが急に異常な言動をするように至ったので加持祈祷をしてもらいたい旨依頼された。そこで被告人は、Aに対し祈祷をなしたが、一向に治癒する気配がみられなかったため、Aには大きな狸が憑いていると考え、「線香護摩」を焚いて加持祈祷をして、狸を追い出すよりほかに方法がないと考えた。ところが、線香が焚かれるにつれてAがその熱気のため身をもがき、暴れ出すので、被告人はAの父や従兄をしてAの体を取り押さえ、嫌がるAを無理に燃えさかる護摩壇の近くに引き据えて線香の火にあたらせ、そして狸が咽喉まで出かかっていると称し、「ど狸早く出ろ」と怒号しながらAの咽喉部を線香の火でいぶらせ、同時にAの背中を押さえつけ、手で殴る等し、約3時間にわたり、線香約800束を燃やし尽くした。その間、被告人は次第に上昇する熱気と線香の煙にいたたまれず、途中で室外に逃れて新鮮な空気に触れ休息したが、Aに対しては終始燃えさかる護摩壇のすぐ傍に引き据えたままにしておいた。その結果、被告人は、Aに全身多数箇所に熱傷および皮下出血を負わせ、これらの受傷による有害分解産物吸収による二次性ショックならびに身体激動による疲労困憊等に基づく急性心臓麻痺により死亡させたとして、刑法205条の傷害致死罪で起訴された。

第一審（大阪地判昭35・5・7刑集17-4-328）は、信仰または宗教行為であってもそれが明らかに犯罪を構成するような場合には、当該行為につき刑事上の責任を追及されることがあるとし、被告人の加持祈祷の動機、手段、方法およびそれによってAの生命を奪った暴行の程度等に照らすと、著しく公の秩序善良の風俗に反するというほかなく、刑法35条の正当な業務行為にはあたらないとして有罪とした。第二審（大阪高判昭35・12・22刑集17-4-333）も有罪としたため、被告人が上告した。

■**参考条文**（事件当時のもの）

刑法

第205条 身体傷害ニ因リ人ヲ死ニ到シタル者ハ二年以上ノ有期懲役ニ処ス

Navigator

本判決では、宗教的行為に法的規制を及ぼすことが、憲法20条1項の信教の自由の保障に反しないかが問題となった。思想・良心の自由の場合とは異なり、信教の自由には、内心の信仰の自由のみならず、宗教的行為という外部的行為の自由も含まれることは当然視されてきた。本件でも、被告人の加持祈祷行為が、宗教的行為として信教の自由の保護範囲に含まれることを前提に、その規制の許容性が論じられている。本判決がいかなる基準をもって許容性を判断しているかは判文上明らかではないが、詳しい理由を説示することなく合憲の判断を導いているところをみると、緩やかな基準を用いたものと解される。決め手になったのは、本件規制の目的が、生命・身体の保護という宗教とは無関係な世俗的なものにあったという点である。この点は、規制の目的が宗教とは無関係とはいえない事案において、比較的厳格な基準を用いたオウム真理教解散命令事件決定〔本書14事件〕と比較すると対照的である（判解②80-82頁参照）。ただ本判決も、傷害致死罪の適用が信教の自由の保障に当然に優先すると考えているわけではない。このことは、本判決が被告人の行為を「著しく反社会的」か否かを問題にしていることからわかる。本判決が、本件行為を著しく反社会的とする理由は、「医療上承認された精神異常者に対する治療行為とは到底認め得ない」からである。実際、被告人は、自らは熱気と線香の煙にいたたまれず途中で室外に逃れ休息しているにもかかわらず、Aを終始燃えさかる護摩壇のすぐ側に引き据えていたとあり、被告人自身も医療上承認された治療行為とはいえないことは認識していたものと解される。本判決は、以上の具体的な事実関係のもとで傷害致死罪で罰することを肯定したものであり、事例判決の側面が強い点に特徴がある。

■判決の論理構造

一種の宗教行為としてなされた治療行為によって患者を死に至らしめたとき、これを刑法205条の傷害致死罪にて処することは、信教の自由の保障の限界を逸脱しないか

① 保護範囲	宗教的行為の自由も、信教の自由の保障に含まれる
② 制約許容性の有無	信教の自由も、憲法12条および13条の規定する公共の福祉による制約に服するため、その保障は絶対無制限ではない
③ 制約許容性の基準	宗教的行為が著しく反社会的か否か →宗教的行為は、医療上一般に承認された精神異常者に対する治療行為と認めうるか否か
④ 適用	治療行為とはいえず、著しく反社会的ゆえ、信教の自由の保障の限界を逸脱

判　決

○ 主　文

本件上告を棄却する。

○ 理　由

弁護人小林康寛の上告趣意第一、第三および第五について。

[1]　所論は単なる訴訟法違反、事実誤認の主張であつて、刑訴405条の上告理由に当らない。(なお、所論は、原裁判所は予断偏見を抱いて証拠調をし、重大な事実誤認をしていると主張するが、記録を調べても、原裁判所が論旨のように予断偏見を抱いて証拠調をし、事実の認定をしたと認むべき証跡は見出だし得ず、所論はひつきよう原裁判所の裁量に属する証拠の取捨、判断および事実の認定を非難するに帰する。また、上告趣意第五中に、司法警察員作成の昭和33年10月25日付検証調書の内容である検証は、宗教的所作を、宗教を伴わないで再現しようとしたものであつて、宗教に対する冒涜であるから、かかる検証調書は、証拠能力を有しない旨の主張があるが、捜査の必要上、宗教行為としてでなく、宗教的行事の外形を再現したからといつて、その一事をもつてそれが宗教に対する冒涜であり、その状況を記載した検証調書が証拠能力を有しないものであるということはできない。のみならず、右調書を証拠に供することについては、被告人側の同意がなされていることが記録上―記録355丁―明らかであり、これを不同意の書証であるとの所論は誤りである❶。)

同第二、第四および第六について。

[2]　所論中憲法違反の主張につき考えるに、憲法20条1項は信教の自由を何人に対してもこれを保障することを、同2項は何人も宗教上の行為、祝典、儀式または行事に参加することを強制されないことを規定しており、信教の自由が基本的人権の一つとして極めて重要なものであることはいうまでもない。しかし、およそ基本的人権は、国民はこれを濫用してはならないのであつて、常に公共の福祉のためにこれを利用する責任を負うべきことは憲法12条の定めるところであり、また同13条は、基本的人権は、公共の福祉に反しない限り立法その他の国政の上で、最大の尊重を必要とする旨を定めており、これら憲法の規定は、決して所論のような教訓的規定というべきものではなく、従つて、信教の自由の保障も絶対無制限のものではない❷。

[3]　これを本件についてみるに、第一審判決およびこれを是認した原判決の認定したところによれば、被告人の本件行為は、被害者Aの精神異常平癒を祈願するため、線香護摩による加持祈祷の行としてなされたものであるが、被告人の右加持祈祷行為の動機、手段、方法およびそれによつて右被害者の生命を奪うに至つた暴行の程度等は、医療上一般に承認された精神異常者に対する治療行為とは到底認め得ないというのである❸。しからば、被告人の本件行為は、所論のように一種の宗教行為としてなされたものであつたとしても、それが前記各判決の認定したような他人の生命、身体等に危害を及ぼす違法な有形力の行使に当るものであり、これにより被害者を死に致したものである以上、被告人の右行為が著しく反社会的なものであることは否定し得ないところであつて、憲法20条1項の信教の自由の保障の限界を逸

❶ [1]では、被告人の上告趣意の一部について、刑訴法405条の上告理由にはあたらないとされている。刑訴法上の上告理由は、刑訴法405条において憲法違反と判例違反の事由に限定されており、単なる法令違反、事実誤認の主張は上告理由にあたらないとされている。ただし、上告裁判所は、上告理由にあたらない場合でも、判決に影響を及ぼすべき法令違反や重大な事実誤認等の事由があって、原判決を破棄しなければ著しく正義に反すると認めるときは、判決で原判決を破棄することができるとされている(刑訴法411条)。

❷ [2]では、信教の自由の保障は絶対的であって制限することは許されないとする弁護人の見解に対して、信教の自由の保障も絶対無制限ではないと述べられている。旧憲法下における信教の自由の保障には「法律の留保」がついていたため、新憲法成立当初は基本的人権の保障は絶対無制限であると主張されることが少なくなかった(法学協会編・註解日本国憲法（上）414頁参照)。本判決はこの見解を明確に退けて、信教の自由といえども公共の福祉による制限に服すると述べている。

❸ [3]の第1文では、被告人の本件行為は、「動機、手段、方法およびそれによって右被害者の生命を奪うに至った暴行の程度等」を考慮すると、医療上一般に承認された治療行為とは到底認められないとされている。一般に、治療行為といえるためには、治療目的に基づいていることに加えて、治療方法・選択・手段などが、今日の医学的見地に合致したものでなければならないとされている(久々湊＝姫嶋・医事法学12頁)。被告人の本件行為は、「Aの咽喉部を線香の火でけむらせ、同時にAの背中を押さえつけ、手で殴る等し、約3時間に亘り、線香約800束を燃やし尽くした」というものであり、医学的見地に照らして治療行為にあたらないことは明白といえよう。

13　加持祈祷事件　139

脱したものというほかはなく、これを刑法205条に該当するものとして処罰したことは、何ら憲法の右条項に反するものではない。これと同趣旨に出た原判決の判断は正当であつて、所論違憲の主張は採るを得ない❹。

[4]　その余の論旨は、単なる法令違反、事実誤認の主張を出ないものであつて、刑訴405条の上告理由に当らない。(なお、被告人の本件行為が、刑法35条の正当な業務行為と認め難いとした原判決の判示は、その確定した事実関係の下においては、当裁判所もこれを正当と認める。) ❺

[5]　記録を調べても、刑訴411条を適用すべきものとは認められない。

[6]　よつて、同408条により、裁判官全員一致の意見で、主文のとおり判決する。
(裁判長裁判官　横田喜三郎　裁判官　河村又介　裁判官　入江俊郎　裁判官　池田克　裁判官　垂水克己　裁判官　河村大助　裁判官　下飯坂潤夫　裁判官　奥野健一　裁判官　石坂修一　裁判官　山田作之助　裁判官　五鬼上堅磐　裁判官　横田正俊　裁判官　斎藤朔郎　裁判官　草鹿浅之介)

❹　[3]の第2文では、宗教的行為であっても、「著しく反社会的」なものである以上、傷害致死罪で罰することは憲法20条1項には反しないとされている。判解①95頁によれば、信教の自由の保障が絶対無制限のものとする説においても、著しく反社会的な行為については、信教の自由の保護範囲に含まれないとの理由で、これを処罰することを妨げないと解されている。本判決は、信教の自由も一定の制約に服するとの立場ではあるが、制約許容性の判断において、著しく反社会的な行為か否かを問題にしている点では、上記見解と軌を一にしている。ただ、本件の事案を離れて具体的に何が著しく反社会的であるかは明確とはいえず、宗教的行為を処罰することのできる限界をどこに求めるのかについては、今後の判例の集積にまつほかないものと解される(判解①95頁)。

❺　本件の場合、被告人が本件行為によってAの病気が治ると信じていた以上、暴行の故意が否定されるのではないかという刑法上の論点がある。この点で、原審は、「暴行の犯意ありとするに必要な行為の外形事実に対する認識」がある以上、故意は阻却されないとの立場をとるが、本判決は特にこの点について触れず、故意が認められることを前提に議論を進めている(判解①96頁)。

補足説明　内心・外形二分論

内心・外形二分論とは、内心における信仰の自由の保障は絶対的であるが(内面保護説)、信仰が外部的行為の領域に及ぶときは何らかの法的制約に服する(制度優位説)という考え方である(文献②421頁)。本判決を筆頭に以降の裁判例が、この二分論を念頭に議論を展開してきたことは疑いないが、あまり二分論を強調しすぎると事の本質を見失わせるおそれがあるので要注意である。二分論が有効なメルクマールたりうるのは、外部的行為の規制は内面的信仰の自由を侵すおそれが低いとの経験則があってのことである。この経験則は、宗教に対して中立的な一般法上の規制であれば基本的に成り立つが、規制の内容それ自体において信仰に反する行動を命じる規制の場合には成り立たない。たとえば、外部的行為の規制であっても、内心の信仰を狙い撃って不利益を課す場合には、信教の自由の侵害となる可能性が高いといえる(判批①86頁を参照)。また、この経験則からすると、たとえ一般法上の行為規制であったとしても、結果的に内面的信仰の自由を事実上侵すおそれが大きい場合には、外部的行為の規制といえども最大限に慎重な配慮をする必要がある(判例①を参照)。このように、内心・外形二分論は一つの有用なメルクマールではあるが、絶対的な指標ではないことに注意する必要がある。

Questions

①事実関係の確認

問1　本件公訴事実となった被告人の行為はどのようなものであったか。その行為の結果、Aに対していかなる被害を生じさせたか。▶【事案】

問2　被告人は、いかなる罪で起訴されたか。その罪の構成要件は何か。故意の認識はどの範囲で必要か。▶【事案】

問3　線香護摩による加持祈祷とは何か。被告人はいかなる目的でこれを行ったのか。その方法・態様はどのようなものだったか。▶【事案】

②判決の内容の確認

問4　本判決は、憲法20条1項に定める信教の自由と憲法12条および13条の定める公共の福祉の関係をどのように理解しているか。▶[2]

問5　本判決の想定する公共の福祉の具体的中身とは何か。▶[3]

問6　本判決は、「医療上一般に承認された精神異常者に対する治療行為」であったかどうかを議論しているが、それは何のためか。▶[3]

問7　本判決は、宗教的行為に対して刑法205条を適用することについてどのように考えているか。およそ刑法205条の構成要件に該当する以上、常に刑法の適用が優先するという趣旨か。本判決は、いかなる基準をもって、信教の自由と公共の福祉のバランスを図っているか。▶[3]

③応用問題

問8　仮に本件事案において、被告人の行為が、Aを死に至らしめるには至らず、Aの生理的機能を害するにとどまったとすれば、どのような判断がなされたと考えるか。▶文献①52頁

問9　同じく信教の自由の限界が問題となったオウム真理教解散命令事件〔本書14事件〕、神戸高専剣道実技履修拒否事件〔本書15事件〕と比較して、本判決の特徴はどこにあると考えられるか。▶本章とびら[2]

○ **関連判例**（本書所収以外のもの）
神戸簡判昭和 50 年 2 月 20 日判時 768 号 3 頁［牧会活動事件］（判例①）
○ **本判決の調査官解説**
山本一郎「判解」最高裁判所判例解説刑事篇昭和 38 年度 93 頁（判解①）
○ **その他の判例解説・判例批評**
近藤崇晴「判解」最高裁判所判例解説民事篇平成 8 年度 67 頁（判解②）
小島慎司「判批」憲法判例研究会編『判例プラクティス 憲法［増補版］』（信山社、2014 年）86 頁（判批①）
○ **参考文献**
安念潤司「信教の自由」法学教室 209 号（1998 年）49 頁（文献①）
小島慎司「『教育の自由』」安西文雄ほか『憲法学の現代的論点［第 2 版］』（有斐閣、2009 年）421 頁（文献②）

14 オウム真理教解散命令事件

最高裁平成8年1月30日第一小法廷決定　平成8年（ク）第8号：宗教法人解散命令に対する抗告棄却決定に対する特別抗告事件　民集50巻1号199頁

事案

Y（オウム真理教：相手方、抗告人、抗告人）は、平成元年8月、東京都知事（申立人、相手方、相手方）により規則の認証を受け、設立登記を行って成立した宗教法人であり、その代表役員はA（松本智津夫）である。Aおよび同人の指示を受けた幹部は、Yの多数の信徒を動員し、Yの所有する土地、建物等の様々な物的施設を利用し、また、サリンの原材料等を購入するためにYの多額の資金を投入して、第7サティアンと称する建物内に化学プラント等を建設、サリンを計画的・組織的に生成した（以下「本件行為」という）。

Yの所轄庁である東京都知事と東京地検検事正（申立人、相手方、相手方）は、本件行為は、殺人の予備であり、宗教法人法81条1項1号および2号前段に該当するとして、平成7年6月30日、宗教法人法81条1項に基づき、東京地裁に対し、Yに対する解散命令を申し立てた。第一審（東京地決平7・10・30民集50-1-216）は、申立てには理由があるとし、「Yを解散する」旨の決定をした（本件解散命令）。これに対し、Yは、本件解散命令は、Yの信者の憲法13条および20条で保障された権利を侵害するものである等として即時抗告したところ、第二審（東京高決平7・12・19民集50-1-231）は、第三者である信者の13条に基づく権利を主張する適格についてはYは有しないとする一方で、Yが信者の20条に基づく権利を主張する適格を有する余地は否定されないとしたが、本件解散命令およびこれに基づく清算が信者にどの程度の不利益を課す結果になるのか等は現時点では不明確であるとして、実体的な憲法判断を加えることは要しないとし抗告を棄却した。これに対し、Y代表役員代務者Bが特別抗告をした。

■参考条文（事件当時のもの）

宗教法人法

第1条　この法律は、宗教団体が、礼拝の施設その他の財産を所有し、これを維持運用し、その他その目的達成のための業務及び事業を運営することに資するため、宗教団体に法律上の能力を与えることを目的とする。

2　憲法で保障された信教の自由は、すべての国政において尊重されなければならない。従って、この法律のいかなる規定も、個人、集団又は団体が、その保障された自由に基いて、教義をひろめ、儀式行事を行い、その他宗教上の行為を行うことを制限するものと解釈してはならない。

第4条　宗教団体は、この法律により、法人となることができる。

2　この法律において「宗教法人」とは、この法律により法人となつた宗教団体をいう。

第43条

2　宗教法人は、前項の場合の外、左に掲げる事由に因つて解散する。
（5）第81条第1項の規定による裁判所の解散命令

第49条　〔第1項〕宗教法人が解散（合併及び破産に因る解散を除く。）したときは、規則に別段の定がある場合及び解散に際し代表役員又はその代務者以外の者を清算人に選任した場合を除く外、代表役員又はその代務者が清算人となる。

第50条　解散した宗教法人の残余財産の処分は、合併及び破産の場合を除く外、規則で定めるところによる。

2　前項の場合において、規則にその定がないときは、他の宗教団体又は公益事業のためにその財産を処分することができる。

3　前二項の規定により処分されない財産は、国庫に帰属する。

第81条　〔第1項〕裁判所は、宗教法人について左の各号の一に該当する事由があると認めたときは、所轄庁、利害関係人若しくは検察官の請求により又は職権で、その解散を命ずることができる。

（1）法令に違反して、著しく公共の福祉を害すると明らかに認められる行為をしたこと。

（2）第2条に規定する宗教団体の目的を著しく逸脱した行為をしたこと又は1年以上にわたつてその目的のための行為をしないこと。

Navigator

本決定を読み解く鍵は、解散命令が、誰の、いかなる自由を、どのように侵害するのかを明らかにすることにある。第1に、法人の解散であるから、信者の宗教的「結社」の自由の侵害の有無が問題となりうるが、解散によって法人格を剥奪されても宗教的結社として存続することは妨げられないから、侵害は認められないと解される。次に、解散命令が、個々の信者の信教の自由のうち宗教的「行為」の自由を侵害しないかが問題となる。この点は、宗教法人が第三者たる信者の憲法上の自由を根拠に解散命令の違憲性を争うものであるから、第三者の権利主張適格の有無が問題となるが、本決定は特にこの点に触れず適格が認められることを前提に議論を進めている。そのうえで、制約の有無・程度については、解散命令が確定しても信者が宗教的行為をすることは何ら妨げられないため「法的」に制約する効果は認められないが、礼拝の施設等が処分されて信者が宗教上の行為を継続するのに「何らか」の支障を生じることはありうるため、憲法20条1項に反しないかどうかを「慎重に吟味」する必要があるとされている。その際本決定は、具体的な合憲性の判断基準を示してはいないが、対立利益を比較衡量したうえ、規制が「やむを得ない」か否かを判断していることから、より制限的でない他の選びうる手段（LRA）の基準を念頭に置いているものと解される（判解①82頁）。

■ 決定の論理構造

宗教法人の解散命令は個々の信者の信教の自由を侵害し、憲法20条1項に反しないか

①保護範囲	宗教的行為の自由も、信教の自由に含まれる
②制約	解散命令は、宗教的行為を法的に禁止ないし制約する効果はないが、清算手続の結果、何らかの支障を生ずることがありうる
③規制の許容性	慎重に吟味する必要→「やむを得ない法的規制」といえるか。考慮要素は（a）解散命令の制度の目的の合理性、（b）本件解散命令の必要性・適切性、（c）解散によって制約される利益の性質・程度、（d）手続の適正
④適用	（a）専ら世俗的な目的による合理的なもの、（b）極めて違法性の高い行為に対処するには本件解散命令は必要かつ適切、（c）制約される利益は間接的で事実上のもの、（d）裁判所が命令の主体。以上から合憲

決　定

○ 主　文
本件抗告を棄却する。
抗告費用は抗告人の負担とする。
○ 理　由
抗告代理人加藤豊三、同鈴木秀男の抗告理由三及び四について

[1] 所論は要するに、抗告人を解散する旨の第一審決定（以下「本件解散命令」という。）及びこれに対する即時抗告を棄却した原決定は、抗告人の信者の信仰生活の基盤を喪失させるものであり、実質的に信者の信教の自由を侵害するから、憲法20条に違反するというのである。以下、所論にかんがみ検討を加える❶。

[2] 本件解散命令は、宗教法人法（以下「法」という。）の定めるところにより法人格を付与された宗教団体である抗告人について、法81条1項1号及び2号前段に規定する事由があるとしてされたものである❷。

[3] 法は、宗教団体が礼拝の施設その他の財産を所有してこれを維持運用するなどのために、宗教団体に法律上の能力を与えることを目的とし（法1条1項）、宗教団体に法人格を付与し得ることとしている（法4条）。すなわち、法による宗教団体の規制は、専ら宗教団体の世俗的側面だけを対象とし、その精神的・宗教的側面を対象外としているのであって、信者が宗教上の行為を行うことなどの信教の自由に介入しようとするものではない（法1条2項参照）。法81条に規定する宗教法人の解散命令の制度も、法令に違反して著しく公共の福祉を害すると明らかに認められる行為（同条1項1号）や宗教団体の目的を著しく逸脱した行為（同項2号前段）があった場合、あるいは、宗教法人ないし宗教団体としての実体を欠くに至ったような場合（同項2号後段、3号から5号まで）には、宗教団体に法律上の能力を与えたままにしておくことが不適切あるいは不必要となるところから、司法手続によって宗教法人を強制的に解散し、その法人格を失わしめることが可能となるようにしたものであり、会社の解散命令（商法58条）と同趣旨のものであると解される❸。

[4] したがって、解散命令によって宗教法人が解散しても、信者は、法人格を有しない宗教団体を存続させ、あるいは、これを新たに結成することが妨げられるわけではなく、また、宗教上の行為を行い、その用に供する施設や物品を新たに調えることが妨げられるわけでもない。すなわち、解散命令は、信者の宗教上の行為を禁止したり制限したりする法的効果を一切伴わないのである。もっとも、宗教法人の解散命令が確定したときはその清算手続が行われ（法49条2項、51条）、その結果、宗教法人に帰属する財産で礼拝施設その他の宗教上の行為の用に供していたものも処分されることになるから（法50条参照）、これらの財産を用いて信者らが行っていた宗教上の行為を継続するのに何らかの支障を生ずることがあり得る。このように、宗教法人に関する法的規制が、信者の宗教上の行為を法的に制約する効果を伴わないとしても、これにより何らかの支障を生じさせることがあるとするならば、憲法

❶【1】では、抗告人の憲法上の主張が要約されている。本件は、法令違憲の主張ではなく、本件解散命令の適用違憲の主張である。それによると、抗告人は自らの権利ではなく、その信者の権利を侵害することを理由に解散命令の合憲性を争っているため、第三者の憲法上の権利主張の適格の有無が問題となる。本決定は特に理由を明示せず、適格があることを前提に憲法判断に踏み込んでいるが（判批①42-43頁）、信者は宗教法人の単なる第三者ではなく利害関係人であり、信者あっての宗教法人であるから、本件のようなケースでは、宗教法人に信者の信教の自由の侵害を理由に解散命令の違憲性を主張する適格が当然に肯定されるべきと解される（判解①74-75頁）。

❷【2】では、本件解散命令の根拠事由が挙げられている。具体的に問題とされている行為は、大量殺人を目的として毒ガスであるサリンを計画的、組織的に生成した行為である。これらの行為には、法人格（宗教団体の世俗的側面）を利用して取得・集積した財産を濫用したという側面がある。

❸【3】では、宗教法人法における宗教団体規制および解散命令の目的が論じられている。ここでの議論は、宗教団体には、経済的活動を行う側面（世俗的側面）と宗教的活動を行う側面（精神的・宗教的側面）の二面性があることを前提に進められる。まず、本決定は、宗教法人法の「目的」は、宗教団体に財産を所有等するための法律上の能力（法人格）を付与するという「世俗的目的」にあることを確認する。そのうえで、同法による宗教団体への規制の「対象」は、あくまで宗教団体の「世俗的側面」にあり、「精神的・宗教的側面」にはないことから、同法の規制は信教の自由に介入するものではないと論じる。同じく解散命令の趣旨も、「世俗的側面」である法律上の能力を宗教団体に与えたままにしておくことが不適切な場合に、その法人格を強制的に失わせるものにすぎないと論じている。原審は、より具体的に、解散命令は、法人格を取得した宗教団体が、「法人格を利用して取得・集積した財産」や、「これを基礎に築いた人的・物的組織」等を濫用して、犯罪的、反道徳的、反社会的存在に化することを防止し、また、そのような存在になった場合にそれに対処するための措置であると説明している。なお、司法手続による解散（司法解散）は、法人に対する解散命令としては普遍的な制度ではなく、たとえば、私立学校法では、行政庁による解散命令（行政解散）が定められている。

の保障する精神的自由の一つとしての信教の自由の重要性に思いを致し、憲法がそのような規制を許容するものであるかどうかを慎重に吟味しなければならない❹。

【5】　このような観点から本件解散命令について見ると、法81条に規定する宗教法人の解散命令の制度は、前記のように、専ら宗教法人の世俗的側面を対象とし、かつ、専ら世俗的目的によるものであって、宗教団体や信者の精神的・宗教的側面に容かいする意図によるものではなく、その制度の目的も合理的であるということができる。そして、原審が確定したところによれば、抗告人の代表役員であった松本智津夫及びその指示を受けた抗告人の多数の幹部は、大量殺人を目的として毒ガスであるサリンを大量に生成することを計画した上、多数の信者を動員し、抗告人の物的施設を利用し、抗告人の資金を投入して、計画的、組織的にサリンを生成したというのであるから、抗告人が、法令に違反して、著しく公共の福祉を害すると明らかに認められ、宗教団体の目的を著しく逸脱した行為をしたことが明らかである。抗告人の右のような行為に対処するには、抗告人を解散し、その法人格を失わせることが必要かつ適切であり、他方、解散命令によって宗教団体であるオウム真理教やその信者らが行う宗教上の行為に何らかの支障を生ずることが避けられないとしても、その支障は、解散命令に伴う間接的で事実上のものにとどまる。したがって、本件解散命令は、宗教団体であるオウム真理教やその信者らの精神的・宗教的側面に及ぼす影響を考慮しても、抗告人の行為に対処するのに必要でやむを得ない法的規制であるということができる。また、本件解散命令は、法81条の規定に基づき、裁判所の司法審査によって発せられたものであるから、その手続の適正も担保されている❺。

【6】　宗教上の行為の自由は、もとより最大限に尊重すべきものであるが、絶対無制限のものではなく、以上の諸点にかんがみれば、本件解散命令及びこれに対する即時抗告を棄却した原決定は、憲法20条1項に違背するものではないというべきであり、このように解すべきことは、当裁判所の判例（最高裁昭和36年（あ）第485号同38年5月15日大法廷判決・刑集17巻4号302頁）の趣旨に徴して明らかである。論旨は採用することができない❻。

その余の抗告理由について
【7】　論旨は、違憲をいう点を含め、原決定の単なる法令違背を主張するか、又は原審の裁量に属する審理上の措置の不当をいうものにすぎず、民訴法419条ノ2所定の抗告理由に当たらない。
【8】　よって、本件抗告を棄却し、抗告費用は抗告人に負担させることとし、裁判官全員一致の意見で、主文のとおり決定する。
（裁判長裁判官　小野幹雄　裁判官　髙橋久子　裁判官　遠藤光男　裁判官　藤井正雄）

❹【4】では、解散命令の法的効果が論じられている。本決定は、まず、解散命令によって宗教法人が解散（法人格喪失）したとしても、信者が、法人格なき宗教団体を存続・結成することや宗教上の行為を行うことは禁止されないことから、解散命令には、信者の宗教的結社の自由や宗教的行為の自由を制限する法的効果はないと論じる。しかし同時に、解散命令により宗教用の施設や物品を「新たに」整えることは禁止されないとしても、「解散前」に宗教法人に帰属していた宗教用の施設や物品が解散命令に伴う清算手続により処分される結果、信者らの宗教上の行為の「継続」に何らかの「支障」はありうると指摘する。本決定は、そのような「支障」を信教の自由に対する「規制」と位置づけ、精神的自由の一つとしての信教の自由の「重要性に思いを致し」、規制の許容性を「慎重に吟味」しなければならないとする。なお原審は、本件では信者の信教の自由の侵害の具体的態様が明らかではないことを理由に憲法判断には及ばないとしていたが、判例①75頁によれば、本決定はかかる見解を支持せず、実体的な憲法判断を加えたものとしている。

❺【5】では、信教の自由を規制する本件解散命令の合憲性の判断が、(i)解散命令の制度の目的の合理性、(ii)本件解散命令の必要性・適切性、(iii)解散によって制約される利益の性質・程度、(iv)手続の適正、を考慮要素としてなされている。(i)については、解散命令の制度の目的は、専ら世俗的な目的による合理的なものであること、(ii)については、極めて違法性の高い行為に対処するには本件解散命令は必要かつ適切であること、(iii)については、制約される利益は間接的で事実上のものにとどまることを挙げて、本件解散命令は「必要でやむを得ない法的規制」とされている。この審査密度がどの程度のものかについて、判解①82頁は、LRAの原則が念頭にあるとみている（文献①247-248頁）。さらに、(iv)では、解散命令の主体が裁判所であることを重要視している。

❻【6】では、本決定の解釈は加持祈祷事件判決〔本書13事件〕の趣旨に徴して明らかであると述べられている。その趣旨とは、宗教的行為の自由といえども、公共の福祉の実現を目的として規制することは憲法上容認されるというものである。もっとも、同判決と本決定では重要な違いもある。第1に、同判決では規制それ自体は宗教とは無関係なものであったのに対し、本決定では宗教と関わりの深い規制が問題となっている。第2に、制約効果は加持祈祷事件判決では「法的」なものであったのに対し、本決定では「事実上」のものが問題となっている（以上につき、判解①81頁）。同判決よりも本決定の方がより厳しい基準をもって規制の許容性を判断したのは、第2の点よりも第1の点を重視したからであると解される。

補足説明　**「間接的で事実上」の支障**

本決定における「間接的で事実上」の支障と似た言い回しは、他の最高裁判決においても用いられている。たとえば、猿払事件判決〔本書21事件〕は、公務員の政治的行為の禁止による表現の自由に対する制約が、単に行動の禁止に伴う限度での「間接的、付随的」な制約にすぎないとしている。また、君が代起立斉唱事件判決〔本書12事件〕は、起立斉唱命令による思想・良心の自由に対する制約が、「敬意を表明する要素」を伴うためその限りで「間接的な」制約にあたるとしている。これらの判決に照らすと、ある法的規制による憲法上の自由に対する制約が直接的か間接的かは、もっぱら憲法上の自由そのものの制約をねらいとしているか否かによって決せられると考えられる。本決定は、解散命令が、礼拝の施設等の法人財産を信者から分離すること自体を目的としているわけではなく、清算の結果そのような事態が生じうるにすぎない点を捉えて、間接的な支障にとどまると解している（判解①78-79頁）。ただし、礼拝の施設等が処分されてこれを利用できなくなることで、実際問題として信者の信仰生活の支障となることはあるが、これは「事実上」の支障にすぎず、解散命令の「法的」効果ではないとされている（判解①79頁）。

Questions

①事実関係の確認

問1 解散命令の請求の申立人、被申立人、本決定の抗告人、被抗告人は誰か。▶【事案】

問2 解散命令を命じる主体は誰か。なぜそれが主体なのか。▶【参考条文】

問3 抗告人は、本件解散命令を違憲と主張するに際し、誰のいかなる憲法上の自由が侵害されるという主張をしているか。それは抗告人自身の憲法上の権利か。第三者の権利だとして、抗告人に主張適格が認められるのはなぜか。▶【1】

問4 宗教法人法はいかなる場合を解散事由として定めているか。本件では、いかなる事実がいかなる解散事由に該当すると主張されているか。▶【2】【3】

問5 解散命令の法的帰結はいかなるものか。▶【4】

②決定の内容の確認

問6 本決定は、法が宗教団体に法人格を付与する目的、および解散命令の趣旨をいかなるものと捉えているか。▶【3】

問7 本決定は、解散命令が、個々の信者の宗教上の行為にもたらす影響をどのようなものと捉えているか。解散命令は、信者の宗教的行為を法的に禁止ないし制約する効果を伴うか。▶【4】

問8 本決定は、解散命令の結果、信者が宗教上の行為を継続するのに「何らかの支障」を生ずることがありうるとするが、それは具体的にいかなる支障か。▶【4】

問9 本決定は、憲法判断の枠組みとしてどのようなものを念頭に置いていると考えられるか。「必要でやむを得ない法的規制」とあるが、審査密度はどの程度か。▶【5】

問10 本決定は、本件解散命令の許容性を判断するに際して、いかなる考慮要素を挙げているか。▶【5】

問11 本決定は、解散命令の制度の目的の合理性、解散の必要性、およびそれによって失われる利益の程度をいかなるものと捉えているか。▶【5】

問12 本決定は、解散命令が司法審査によって発せられた事情をどのような事実として捉えているか。▶【5】

問13 本決定は、加持祈祷事件〔本書13事件〕を援用しているが、両者の類似点・相違点は何か。▶【6】

問14 本決定は、なぜ判決ではなく決定の形式なのか。▶民訴法87条

③応用問題

問15 無差別大量殺人行為を行った宗教団体に対して、観察処分に基づく報告義務の履行や立入検査の負担を課すことは、その構成員の信者の信教の自由を侵害して、憲法20条1項違反とならないか。▶判例①

問16 宗教的理由に基づき君が代の起立斉唱ができない公立学校の教員に対し、校長が卒業式での君が代の起立斉唱を命じる職務命令を行うことの合憲性はいかなる判断枠組みによって審査されるべきか。▶文献①

○ **関連判例**（本書所収以外のもの）
東京地判平成13年6月13日判タ1069号245頁［観察処分の合憲性］（**判例①**）

○ **本決定の調査官解説**
近藤崇晴「判解」最高裁判所判例解説民事篇平成8年度67頁（**判解①**）

○ **その他の判例解説・判例批評**
駒村圭吾「判批」LS憲法研究会編『プロセス演習 憲法［第3版］』（信山社、2007年）40頁（**判批①**）

○ **参考文献**
木下昌彦「学校における規律と自由」横大道聡編『憲法判例の射程』（弘文堂、2017年）239頁（**文献①**）

15 神戸高専剣道実技履修拒否事件

最高裁平成8年3月8日第二小法廷判決
平成7年(行ツ)第74号：進級拒否処分取消、退学命令処分等取消請求事件　民集50巻3号469頁

事案

X（原告、控訴人、被上告人）は、平成2年4月に神戸市立工業高等専門学校（神戸高専）に入学した者であり、エホバの証人の信者である。神戸高専では、保健体育が全学年の必修科目とされていたが、平成2年度からは、第1学年の体育科目の授業の種目として剣道が採用された。神戸高専では、進級の認定を受けるためには修得科目全部について不認定のないことが必要であり、連続して2回進級できなかった学生には退学を命ずることができるとされている。Xは、その教義に従い、格技である剣道の実技に参加することは自己の宗教的信条と根本的に相いれないとの信念のもとに、剣道実技を履修することができないと体育担当教員らに説明し、レポート提出等の代替措置を認めてほしい旨申し入れたが、体育担当教員らはこれを即座に拒否した。その結果、進級認定会議においてXの体育の成績は不認定とされ、神戸高専の校長Y（被告、被控訴人、上告人）は、平成3年3月25日、Xにつき進級させない旨の原級留置処分をした。平成3年度においても、Xの態度は前年度と同様であったため、Yは再度の原級留置処分をし、これによりXは2回連続原級に留め置かれたことから、学則31条2号の「学力劣等で成業の見込みがないと認められる者」に該当するとして退学処分をした。Xは、退学処分およびその前提となる原級留置処分の取消しを求めて、訴えを提起した。

第一審（神戸地判平5・2・22 行集45-12-2108/2134）は、各処分は校長の裁量権の範囲内であって裁量権の濫用はないとしたが、第二審（大阪高判平6・12・22 民集50-3-517）は、信仰上の理由で剣道実技の授業に参加できないというXに対しては、代替措置をとる必要があったにもかかわらず、Yは代替措置をまったく講じないまま原級留置処分および退学命令処分をした点で、裁量権を著しく逸脱する違法があるとして処分を取り消した。そこでYが上告した。

■参考条文（事件当時のもの）

神戸市立工業高等専門学校学則（昭和38年神戸市教育委員会規則第10号）
第13条　各学年の課程の修了又は卒業を認めるにあたっては、学生の平素の成績を評価して行うものとする
第14条　前条の認定の結果、原学年にとどめられた者は、当該学年に係る全授業科目を再履修するものとする
第31条　校長は、次の各号のいずれかに該当する学生には、退学を命ずることができる
(1) 性行不良で改善の見込みがないと認められる者
(2) 学力劣等で成業の見込みがないと認められる者
(3) 正当な事由がなくて出席が正常でない者

Navigator

本判決では、信仰上の理由により剣道実技の履修を拒否した学生に対する校長の原級留置処分および退学処分が、裁量権の範囲を超える違法なものかどうかが争われた。直接の問題は、剣道実技を履修しない事態を校長がどう評価するかという裁量判断の違法性の有無であるから、形式上は行政法の判例である。本判決もまず、行政法上の判例法理に従い、本件各処分は教育的裁量判断に係る問題であるから濫用統制型の判断をすべきとし、さらに不利益の大きい処分であることに鑑み「特に慎重な配慮」が要求されるとしている。ときに、本判決が処分の決定にあたって「特に慎重な配慮」を要するとした根拠を、本件各処分が「信教の自由」を制約していることに求める答案がみられるが、これは正しくない。本判決は、退学処分や原級留置処分が与える不利益の大きさを理由に「特に慎重な配慮」を必要としたのであって、それは信教の自由に対する制約の有無にかかわらず求められる配慮である。

では、なぜ本判決が憲法判例として取り上げられているかといえば、それは履修拒否が信仰上の理由に基づくからであり、裁量判断の適否を論ずる中で信教の自由の限界が問題となるからである（文献①）。ここでの問題は、履修拒否が信仰上の理由に基づく場合とそうでない場合とで、校長が上記裁量判断にあたって、別途の考慮をする必要があったかどうかである。本判決は、信教の自由に対する制約の程度・態様を問題とし、一方で、剣道実技の履修自体は一般的な定めに従ったにすぎず信教の自由を直接的に制約するものではないが、他方で、重大な不利益を避けるためには信仰上の教義に反する行動をとることを余儀なくさせる性質を有するものであったとしている。そうである以上、校長としては当然そのことに相応の考慮を払う必要があったというべきなのに、代替措置をとることについて何ら検討することなく本件各処分に至っている点を捉えて、処分を違法としている。

この点で、同じく行政裁量審査で信教の自由の限界が問われた日曜日授業参観事件判決（判例①）では、信仰上の理由による日曜参観の欠席について、欠席扱いとしても違法ではないとされているが、これは不利益が軽微であったことが考慮されたものと解される。

■ 判決の論理構造

信仰上の理由により剣道実技の履修を拒否した学生に対する原級留置処分および退学処分が、裁量権の範囲を超えるかどうか

① 行政法上の裁量統制の枠組み	校長の教育裁量権ゆえに濫用統制型の判断 →しかし退学処分および原級留置処分は不利益の大きい処分ゆえに特に慎重な配慮が必要
② 保護範囲	履修拒否は信仰の核心部分と密接に関連するため、宗教的行為の自由として信教の自由の保護範囲に含まれる
③ 制約	一般的な定めに基づく処分であるため、直接的制約にはあたらないが、重大な不利益を避けるためには自己の信仰上の教義に反する行動をとることを余儀なくさせられるという性質を有するものであった
④ 裁量判断の適法性の枠組み	本件各処分が上の性質を有することに相応の考慮を払ったか →代替措置について何ら検討しておらず違法
⑤ 憲法20条3項違反の可能性	代替措置を講じることはその目的効果に照らして政教分離規定には反しない

判　決

○ 主　文

本件上告を棄却する。
上告費用は上告人の負担とする。

○ 理　由

上告代理人俵正市、同重宗次郎、同苅野年彦、同坂口行洋、同寺内則雄、同小川洋一の上告理由について

[1] 一　原審の適法に確定した事実関係の概要は、次のとおりである。

[2] 1　被上告人は、平成2年4月に神戸市立工業高等専門学校（以下「神戸高専」という。）に入学した者である。

[3] 2　高等専門学校においては学年制が採られており、学生は各学年の修了の認定があって初めて上級学年に進級することができる。神戸高専の学業成績評価及び進級並びに卒業の認定に関する規程（以下「進級等規程」という。）によれば、進級の認定を受けるためには、修得しなければならない科目全部について不認定のないことが必要であるが、ある科目の学業成績が100点法で評価して55点未満であれば、その科目は不認定となる。学業成績は、科目担当教員が学習態度と試験成績を総合して前期、後期の各学期末に評価し、学年成績は、原則として、各学期末の成績を総合して行うこととされている。また、進級等規程によれば、休学による場合のほか、学生は連続して2回原級にとどまることはできず、神戸市立工業高等専門学校学則（昭和38年神戸市教育委員会規則第10号。以下「学則」という。）及び退学に関する内規（以下「退学内規」という。）では、校長は、連続して2回進級することができなかった学生に対し、退学を命ずることができることとされている❶。

[4] 3　神戸高専では、保健体育が全学年の必修科目とされていたが、平成2年度からは、第1学年の体育科目の授業の種目として剣道が採用された。剣道の授業は、前期又は後期のいずれかにおいて履修すべきものとされ、その学期の体育科目の配点100点のうち70点、すなわち、第1学年の体育科目の点数100点のうち35点が配点された❷。

[5] 4　被上告人は、両親が、聖書に固く従うという信仰を持つキリスト教信者である「エホバの証人」であったこともあって、自らも「エホバの証人」となった。被上告人は、その教義に従い、格技である剣道の実技に参加することは自己の宗教的信条と根本的に相いれないとの信念の下に、神戸高専入学直後で剣道の授業が開始される前の平成2年4月下旬、他の「エホバの証人」である学生と共に、4名の体育担当教員らに対し、宗教上の理由で剣道実技に参加することができないことを説明し、レポート提出等の代替措置を認めて欲しい旨申し入れたが、右教員らは、これを即座に拒否した。被上告人は、実際に剣道の授

❶ [3]では、神戸高専における学業成績評価、進級、卒業認定に関する規定の概要が説明されている。神戸高専の進級等規定によれば、進級の認定を受けるためには、修得しなければならない科目の全部につき不認定のないことが必要であり、ある科目の学業成績が100点法で評価して55点未満であれば、その科目は不認定となる。学業成績は、担当教員が学習態度と試験成績を総合して前期・後期の各学期末に評価し、学年成績は各学期末の成績を総合して行うものとされている。また、学生は連続して2回同じ学年にとどまることはできず、かかる場合には校長は、当該学生に対し、退学を命ずることができるとされている。

❷ [4]では、神戸高専における体育科目および剣道種目の位置づけが説明されている。同校では、平成2年度から第1学年の体育の課程の種目の中に剣道を取り入れた。剣道は、クラスにより、第1学年の前期（100点）または後期（100点）のいずれかに実施され、いずれのクラスにおいても、各期のうち70点が配分され、したがって、その配点の割合は、第1学年の体育全体の35パーセント（70/100×2）を占めていた。したがって、計算上は、たとえ剣道種目の配点が0点だったとしても、他の各体育種目における残る配点合計65点のうち55点以上（55/65≒85点）を取得すれば科目認定がなされる余地は残されている。しかし、体育科目の点数のクラス平均値が約70点あたりになるように採点がなされていたとの原審の認定による限り、科目認定を受けることは著しく困難といえよう。

業が行われるまでに同趣旨の申入れを繰り返したが、体育担当教員からは剣道実技をしないのであれば欠席扱いにすると言われた。上告人は、被上告人らが剣道実技への参加ができないとの申出をしていることを知って、同月下旬、体育担当教員らと協議をし、これらの学生に対して剣道実技に代わる代替措置を採らないことを決めた。被上告人は、同月末ころから開始された剣道の授業では、服装を替え、サーキットレーニング、講義、準備体操には参加したが、剣道実技には参加せず、その間、道場の隅で正座をし、レポートを作成するために授業の内容を記録していた。被上告人は、授業の後、右記録に基づきレポートを作成して、次の授業が行われるより前の日に体育担当教員に提出しようとしたが、その受領を拒否された❸。

[6]　5　体育担当教員又は上告人は、被上告人ら剣道実技に参加しない学生やその保護者に対し、剣道実技に参加するよう説得を試み、保護者に対して、剣道実技に参加しなければ留年することは必至であること、代替措置は採らないこと等の神戸高専側の方針を説明した。保護者からは代替措置を採って欲しい旨の陳情があったが、神戸高専の回答は、代替措置は採らないというものであった。その間、上告人と体育担当教員等関係者は、協議して、剣道実技への不参加者に対する特別救済措置として剣道実技の補講を行うこととし、2回にわたって、学生又は保護者に参加を勧めたが、被上告人はこれに参加しなかった。その結果、体育担当教員は、被上告人の剣道実技の履修に関しては欠席扱いとし、剣道種目については準備体操を行った点のみを5点（学年成績でいえば2.5点）と評価し、第1学年に被上告人が履修した他の体育種目の評価と総合して被上告人の体育科目を42点と評価した。第一次進級認定会議で、剣道実技に参加しない被上告人外5名の学生について、体育の成績を認定することができないとされ、これらの学生に対し剣道実技の補講を行うことが決められたが、被上告人外4名はこれに参加しなかった。そのため、平成3年3月23日開催の第二次進級認定会議において、同人らは進級不認定とされ、上告人は、同月25日、被上告人につき第2学年に進級させない旨の原級留置処分をし、被上告人及び保護者に対してこれを告知した❹。

[7]　6　平成3年度においても、被上告人の態度は前年度と同様であり、学校の対応も同様であったため、被上告人の体育科目の評価は総合して48点とされ、剣道実技の補講にも参加しなかった被上告人は、平成4年3月23日開催の平成3年度第二次進級認定会議において外4名の学生と共に進級不認定とされ、上告人は、被上告人に対する再度の原級留置処分を決定した。また、同日、表彰懲戒委員会が開催され、被上告人外1名について退学の措置を採ることが相当と決定され、上告人は、自主退学をしなかった被上告人に対し、2回連続して原級に留め置かれたことから学則31条に定める退学事由である「学力劣等で成業の見込みがないと認められる者」に該当するとの判断の下に、同月27日、右原級留置処分を前提とする退学処分を告知した❺。

[8]　7　被上告人が、剣道以外の体育種目の受講に特に不熱心であったとは認められない。また、被上告人の体育以外の成績は優秀であり、授業態度も真しなものであった❻。

[9]　なお、被上告人のような学生に対し、レポートの提出又は他の運動をさせる代替措置を採用している高等専門学校もある❼。

[10]　二　高等専門学校の校長が学生に対し原級留置処分又は退学処分を行うかどうかの判断は、校長の合理的な教育的裁量にゆだねられるべきものであり、裁判所がその処分の適否を審査するに当たっては、校長と同一の立場に立って当該処分をすべきであったかどうか等について判断し、その結果と当該処分とを比較してその適否、軽重等を論ずべきものではなく、校長の裁量権の行使としての処分が、全く事実の基礎を欠くか又は社会観念上著しく妥当を欠き、裁量権の範囲を超え又は裁量権を濫用してされたと認められる場合に限り、違法であると判断すべきものである（最高裁昭和28年（オ）第525号同29年7月30日第三小法廷判決・

❸　[5]では、平成2年度において、Xが剣道実技の参加を拒否するに至った経緯およびそれに対する神戸高専の側の対応が説明されている。原審の認定事実によると、Xは、エホバの証人として、聖書が説くところに固く従うという信仰を持ち、中学時代から、聖書中の「できるなら、あなたがたに関する限りすべての人に対して平和を求めなさい」、「彼らはその剣をすきの刃に、その槍を刈り込みばさみに打ち変えなければならなくなる。国民は国民に向かって剣を上げず、彼らはもはや戦を学ばない」という教えに基づき、格技には参加せず、見学とレポートの提出をもってこれに代わる措置を受けていた。神戸高専に入学したXは、剣道についてもまた武闘性を否定できないと信じ、「自己の宗教的信条と根本的に相いれない」との信念のもとに、体育担当教員に対して剣道実技への参加拒否とレポート提出等の代替措置の申入れを行ったところ、Yは代替措置をとらないことを決めた。なお、Xは、剣道実技には参加しなかったものの、準備運動等には参加しており、さらには道場の隅で授業の内容を記録しそれに基づくレポートを作成し、提出しようとしたが、受領を拒否されるに至っている。

❹　[6]では、平成2年度におけるXの剣道実技参加拒否を受けた神戸高専の側の対応とYが原級留置処分に至るまでの経緯が描かれている。体育担当教員らは、代替措置の採用は拒否する一方で、特別救済措置として剣道実技の補講を行うこととしたが、Xはこれにも参加しなかった。その結果、体育担当教員は、Xの剣道実技の履修を欠席扱いとし、準備体操に対してのみ5点（学年成績としては2.5点）と評価し、第1学年にXが受けた他の体育種目の評価と総合して42点と評価した。その学年成績に基づき、進級認定会議はXの体育科目の成績を不認定とし、これを受けたYはXを原級留置処分とした。

❺　[7]では、平成3年度におけるXの剣道実技参加拒否を受けた神戸高専の側の対応とYが退学処分に至るまでの経緯が描かれている。同年度もXの態度は前年と同様であったことから、Xの体育科目の学年成績は48点と評価され、その学年成績に基づき、進級認定会議はXを進級不認定とし、Yは再度の原級留置処分を決定した。そしてYは、Xが2回の原級留置処分を連続して受けたことから、学則31条に定める退学事由に該当するとして退学処分をXに告知した。

❻　[8]では、剣道以外の体育種目におけるXの受講態度、および体育以外のXの成績や授業態度について述べられている。剣道以外の授業態度は「真し」なものであったという事実は、Xの剣道実技の履修拒否が、信仰に仮託してなされたものではなく、専ら信仰上の理由によるものであったことを裏側から基礎づける事実である。同じ「真し」という概念が、後に信仰について述べる文脈においても用いられているのはそのためであろう（[12]参照）。

❼　[9]では、代替措置を採用する他の学校の存在が指摘されている。本件においてもそのような措置をとることが、不可能ではなかったことをうかがわせる一事情である。

民集 8 巻 7 号 1463 頁、最高裁昭和 28 年（オ）第 745 号同 29 年 7 月 30 日第三小法廷判決・民集 8 巻 7 号 1501 頁、最高裁昭和 42 年（行ツ）第 59 号同 49 年 7 月 19 日第三小法廷判決・民集 28 巻 5 号 790 頁、最高裁昭和 47 年（行ツ）第 52 号同 52 年 12 月 20 日第三小法廷判決・民集 31 巻 7 号 1101 頁参照）。しかし、退学処分は学生の身分をはく奪する重大な措置であり、学校教育法施行規則 13 条 3 項も 4 個の退学事由を限定的に定めていることからすると、当該学生を学外に排除することが教育上やむを得ないと認められる場合に限って退学処分を選択すべきであり、その要件の認定につき他の処分の選択に比較して特に慎重な配慮を要するものである（前掲昭和 49 年 7 月 19 日第三小法廷判決参照）。また、原級留置処分も、学生にその意に反して 1 年間にわたり既に履修した科目、種目を再履修することを余儀なくさせ、上級学年における授業を受ける時期を延期させ、卒業を遅らせる上、神戸高専においては、原級留置処分が 2 回連続してされることにより退学処分につながるものであるから、その学生に与える不利益の大きさに照らして、原級留置処分の決定に当たっても、同様に慎重な配慮が要求されるものというべきである。そして、前記事実関係の下においては、以下に説示するとおり、本件各処分は、社会観念上著しく妥当を欠き、裁量権の範囲を超えた違法なものといわざるを得ない❽。

【11】 1 公教育の教育課程において、学年に応じた一定の重要な知識、能力等を学生に共通に修得させることが必要であることは、教育水準の確保等の要請から、否定することができず、保健体育科目の履修もその例外ではない。しかし、高等専門学校においては、剣道実技の履修が必須のものとまではいい難く、体育科目による教育目的の達成は、他の体育種目の履修などの代替的方法によってこれを行うことも性質上可能というべきである❾。

【12】 2 他方、前記事実関係によれば、被上告人が剣道実技への参加を拒否する理由は、被上告人の信仰の核心部分と密接に関連する真しなものであった。被上告人は、他の体育種目の履修は拒否しておらず、特に不熱心でもなかったが、剣道種目の点数として 35 点中のわずか 2.5 点しか与えられなかったため、他の種目の履修のみで体育科目の合格点を取ることは著しく困難であったと認められる。したがって、被上告人は、信仰上の理由による剣道実技の履修拒否の結果として、他の科目では成績優秀であったにもかかわらず、原級留置、退学という事態に追い込まれたものというべきであり、その不利益が極めて大きいことも明らかである。また、本件各処分は、その内容それ自体において被上告人に信仰上の教義に反する行動を命じたものではなく、その意味では、被上告人の信教の自由を直接的に制約するものとはいえないが、しかし、被上告人がそれらによる重大な不利益を避けるためには剣道実技の履修という自己の信仰上の教義に反する行動を採ることを余儀なくせられるという性質を有するものであったことは明白である❿。

【13】 上告人の採った措置が、信仰の自由や宗教的行為に対する制約を特に目的とするものではなく、教育内容の設定及びその履修に関する評価方法についての一般的な定めに従ったものであるとしても、本件各処分が右のとおりの性質を有するものであった以上、上告人は、前記裁量権の行使に当たり、当然そのことに相応の考慮を払う必要があったというべきである。また、被上告人が、自らの自由意思により、必修である体育科目の種目として剣道の授業を採用している学校を選択したことを理由に、先にみたような著しい不利益を被上告人に与えることが当然に許容されることになるものでもない⓫。

【14】 3 被上告人は、レポート提出等の代替措置を認めて欲しい旨繰り返し申入れていたのであって、剣道実技を履修しないまま直ちに履修したと同様の評価を受けることを求めていたものではない。これに対し、神戸高専においては、被上告人ら「エホバの証人」である学生が、信仰上の理由から格技の授業を拒否する旨の申出をするや否や、剣道実技の履修拒否は認めず、代替措置は採らないことを明言し、被上告人及び保護者からの代替措置を採って欲しいとの要求も一切拒否し、剣道実技の補講を受けることのみを説得したというのである。本件

❽ 【10】では、本件各処分の適否を審査するにあたって、いかなる判断枠組みによるべきかが説明されている。まず本判決は、懲戒処分の適否の判断枠組みについて、神戸税関事件最高裁判決（判例②）に倣って、いわゆる判断代置型ではなく濫用統制型の判断をすべきものとし、本件の原級留置処分および退学処分についても、校長と同一の立場に立って処分の適否を論ずるのではなく、裁量の逸脱・濫用が認められる場合に限り違法とすべきものとしている。さらに、本件のような退学処分については、昭和女子大事件最高裁判決（判例③）に倣って、「教育上やむを得ないと認められる場合に限って」選択すべきであり、退学処分の選択には「特に慎重な配慮」が要求されると判示している。以上の判断枠組みは、校長による処分が裁量権の逸脱濫用にあたるかどうかを判断する行政法上の枠組みであり、信教の自由の制約が許されるかどうかを判断する憲法上の枠組みではない。本判決が信教の自由を正面から問題にしなかったのは、(1)本件は、剣道実技の履修を義務づけ強制する措置ではなく、履修拒否という事態を校長がどう評価するかという裁量判断の適否に係る問題であり、(2)本件各処分は、剣道実技への不参加という事態を学業成績の一つとして評価して、校長の裁量判断の結果とられた措置であって、履修拒否の直接の効果ではないからである（判解①184-185 頁）。なお、本件は在学関係という部分社会における法律関係の問題であるから、本来であれば実体審査に先立ち、司法審査適格の有無が問題となるところである（判解①180-182 頁）。従来から最高裁は、一般市民法秩序と直接の関係を有するか否かによって適格の有無を決しており、退学処分についてはすでに、学生が一般市民として有する公の施設を利用する権利を侵害することを理由にこれを肯定する先例があり（判例④）、本判決もそのことを前提としているものと解される。他方、原級留置処分については先例はないが、本判決が説示するように、神戸高専において原級留置処分は退学処分の前提要件となることなどからすれば、同じく一般市民法秩序と直接の関係を有するものとして、司法審査の対象になるものと解される。

❾ 【11】では、剣道実技の履修が公教育の教育課程において、必須であるかどうかが論じられている。もし体育科目による教育目的が剣道実技の履修によらなければ達成できないような事情があれば、履修に一律例外を認めないことにも一定の合理性はあろうが、本件ではそのような事情は認められないとされている。

❿ 【12】では、本件各処分により X の被る不利益の程度、および本件各処分が X の信教の自由との関係でいかなる性質を有するものであったかが論じられている。まず、不利益の程度については、X は信仰上の理由による履修拒否の結果として本件各処分に追い込まれたものであるから、極めて大きいとされている。他方、本件各処分は、X の信教の自由を「直接的」に制約するものではないが、X に信仰上の教義に反する行動をとることを余儀なくさせる性質を有するものであったとされている。

⓫ 【13】では、本件各処分が【12】で述べたとおりの性質を有するものであった以上、裁量権の行使にあたっては当然そのことに考慮を払う必要があったとされている。行政裁量の統制の基準として、【10】では「全く事実の基礎を欠くか」または「社会観念上著しく妥当を欠くか」という社会観念審査を実施するとされていたが、ここでは考慮すべき事項を考慮しているかという判断過程審査が行われている。本判決は、本件各処分が信仰上の教義に反する行動をとることを余儀なくさせられるという性質を有することに鑑みて、この点に相応の考慮を払うべきだったとしている。なお、自由意思に基づく義務の受忍が否定されているが、これは自らの自由意思で学校を選択したことを理由に甘受させるには、本件各処分はあまりにも著しい不利益であったためであると考えられる（判解①192-193 頁）。

各処分の前示の性質にかんがみれば、本件各処分に至るまでに何らかの代替措置を採ることの是非、その方法、態様等について十分に考慮するべきであったということができるが、本件においてそれがされていたとは到底いうことができない⑫。

【15】　所論は、神戸高専においては代替措置を採るにつき実際的な障害があったという。しかし、信仰上の理由に基づく格技の履修拒否に対して代替措置を採っている学校も現にあるというのであり、他の学生に不公平感を生じさせないような適切な方法、態様による代替措置を採ることは可能であると考えられる。また、履修拒否が信仰上の理由に基づくものかどうかは外形的事情の調査によって容易に明らかになるであろうし、信仰上の理由に仮託して履修拒否をしようという者が多数に上るとも考え難いところである。さらに、代替措置を採ることによって神戸高専における教育秩序を維持することができないとか、学校全体の運営に看過することができない重大な支障を生ずるおそれがあったとは認められないとした原審の認定判断も是認することができる。そうすると、代替措置を採ることが実際上不可能であったということはできない⑬。

【16】　所論は、代替措置を採ることは憲法20条3項に違反するとも主張するが、信仰上の真しな理由から剣道実技に参加することができない学生に対し、代替措置として、例えば、他の体育実技の履修、レポートの提出等を求めた上で、その成果に応じた評価をすることが、その目的において宗教的意義を有し、特定の宗教を援助、助長、促進する効果を有するものということはできず、他の宗教者又は無宗教者に圧迫、干渉を加える効果があるともいえないのであって、およそ代替措置を採ることが、その方法、態様のいかんを問わず、憲法20条3項に違反するということができないことは明らかである。また、公立学校において、学生の信仰を調査せん索し、宗教を序列化して別段の取扱いをすることは許されないものであるが、学生が信仰を理由に剣道実技の履修を拒否する場合に、学校が、その理由の当否を判断するため、単なる怠学のための口実であるか、当事者の説明する宗教上の信条と履修拒否との合理的関連性が認められるかどうかを確認する程度の調査をすることが公教育の宗教的中立性に反するとはいえないものと解される。これらのことは、最高裁昭和46年（行ツ）第69号同52年7月13日大法廷判決・民集31巻4号533頁の趣旨に徴して明らかである⑭。

【17】　4　以上によれば、信仰上の理由による剣道実技の履修拒否を、正当な理由のない履修拒否と区別することなく、代替措置が不可能というわけでもないのに、代替措置について何ら検討することもなく、体育科目を不認定とした担当教員らの評価を受けて、原級留置処分をし、さらに、不認定の主たる理由及び全体成績について勘案することなく、2年続けて原級留置となったため進級等規程及び退学内規に従って学則にいう「学力劣等で成業の見込みがないと認められる者」に当たるとし、退学処分をしたという上告人の措置は、考慮すべき事項を考慮しておらず、又は考慮された事実に対する評価が明白に合理性を欠き、その結果、社会観念上著しく妥当を欠く処分をしたものと評するほかはなく、本件各処分は、裁量権の範囲を超える違法なものといわざるを得ない⑮。

【18】　右と同旨の原審の判断は、正当として是認することができ、原判決に所論の違法はない。その余の違憲の主張は、その実質において、原判決の右判断における法令の解釈適用の誤りをいうものにすぎない。また、右の判断は、所論引用の各判例に抵触するものではない。論旨は採用することができない⑯。

【19】　よって、行政事件訴訟法7条、民訴法401条、95条、89条に従い、裁判官全員一致の意見で、主文のとおり判決する。
（裁判長裁判官　河合伸一　裁判官　大西勝也　裁判官　根岸重治　裁判官　福田　博）

⑫　【14】では、【13】の具体的なあてはめとして、Yが裁量権の行使にあたって、Xの履修拒否が信仰上の理由によるものであることについて、十分な考慮をしたか否かが問題にされている。Xの履修拒否が信仰上の理由によるものである以上、神戸高専としては、「代替措置を採ることの是非、その方法、態様等について十分に考慮する」ことが求められるが、本件ではXや保護者の代替措置の申入れを一切取り合おうとはしておらず、十分な考慮がなされたとはいえないとされている。

⑬　【15】では、代替措置をとるにつき実際的な障害があったというYの主張に対する応答がなされている。Yは、身体の故障以外の理由で、必修科目である体育実技の受講拒否を認めると、学生の規律維持と学習意欲に悪影響を及ぼすおそれがあるなどの主張をしていた。これに対し本判決は、代替措置をとっている学校も現にあることや、履修拒否が信仰上の理由に基づくものかどうかは外形的事情の調査によって容易に明らかになることなどを理由に、Yの主張を退けている。なお、Yは、代替措置を認めた場合、特定の宗教の信者が特定の公立学校に偏在することとなり、生徒規律や教育効果に悪影響を及ぼすおそれがある旨の主張もしていたが（民集50巻3号510-512頁）、本判決はこの主張に直接応答はしていない。

⑭　【16】では、代替措置をとることが政教分離規定に反するというYの主張に対する応答がなされている。Yは、特定の宗教を信仰する者に代替措置をとって履修を免除することは、目的効果論を適用しても、政教分離原則に反すると主張していた（民集50巻3号505頁）。これに対し本判決は、目的効果に照らせば、およそ代替措置をとることが憲法20条3項に違反することはできないとしている。さらに、受講拒否の理由を調査することが公教育の宗教的中立性に反するとのYの主張に対しても（民集50巻3号505-506頁）、その程度の調査をすることが公教育の宗教的中立性に反するとはいえないとされている。最高裁は、津地鎮祭事件判決〔本書16事件〕において、政教分離原則の意義を厳格分離ではなく相対分離に求めた以上、信教の自由の保障と政教分離原則とが緊張関係に立つ場面においても、代替措置の内容、程度や信教の自由の制約の程度、受ける不利益の程度等を考慮に入れて、政教分離原則違反の有無を検討することになる（判解①188-192頁）。本判決では、他の体育実技の履修、レポートの提出等を求めたうえで、その成果に応じた評価をすることは、政教分離原則には反しないとされている。

⑮　【17】では、これまでの事情を総合すると、Yの措置は、社会通念上著しく妥当性を欠くとして、本件各処分は違法と結論づけられている。本判決は、Xの履修拒否の理由が信仰にあるにもかかわらず、代替措置の可能性も検討することなく本件各処分に付した点に違法事由をみている。ここでは、代替措置をとらなかったという結果それ自体ではなく、その可能性を考慮せずに処分に至ったその過程が問題視されている（文献②97-99頁）。

⑯　【18】では、原審の判断は本判決と同旨であると述べられている。もっとも、原審は「代替措置をとるべきであった」にもかかわらず、代替措置をとらなかった点を問題視しているのに対して、本判決は代替措置について「何ら検討することもなく」処分に至ったことを問題視する点で違いが認められる。

| 補足説明 | 不当な動機 |

本件は、形式的にみれば、成績評価の一般的な定めに従った中立的な措置であるが、実質的にみれば、エホバの証人の学生を排除しようとする意図が濃厚にうかがわれる事案であった（判解①195頁）。もしこれが真実だとすれば、校長の判断に裁量は認められず、合憲性の判断は厳格に審査されなければならないところである。しかしながら、こうした動機を正面から詮索することは、主観に関わる事柄だけに司法判断には馴染まないところがある。動機と一口に言っても、主体が複数いる場合には誰の動機を問題とすべきかという問題があるし、同一主体であっても動機が複数競合する場合にどうすべきかなどの難しい事情もある。しかし、動機の不当性は、正面からの詮索は困難だとしても、あぶり出すことは可能である。そのための手法として、本判決が用いた判断過程審査は有効である。本判決は、学校側が代替措置について何ら検討することもなかった点を捉えて処分を違法としているが、これは代替措置について考慮すらしないということは背後に不当な動機が働いている可能性があるとの経験則を前提にすればこそ説得力を有する考え方である。このように動機の不当性は、判断過程の不明瞭な点を指摘することであぶり出すことは可能であり、本件でそれを可能にしたのがまさに信教の自由の「重み」であったといえる（判批①35頁）。

Questions

①事実関係の確認

問1　神戸高専の採用する学年制によれば、進級の認定を受けるためには、学生はいかなる条件をみたす必要があるか。ある科目が不認定とならないためには、いかなる条件をみたす必要があるか。連続して2回の原級留置処分を受けた学生に対しては、誰が、いかなる処分ができるとされているか。▶【3】

問2　神戸高専では、保健体育はどのような位置づけの科目であったか。第1学年の体育科目の点数のうち、剣道の授業には何点の配点が付されていたか。▶【4】

問3　Xはいかなる宗教を信仰していたか。Xは、剣道実技への参加について、いかなる信念をもっていたか。▶【5】

問4　Xは、剣道の授業が開始される前、体育担当教員らに対し、どのような申入れを行ったか。その申入れに対し、体育担当教員やYは、どのような対応を行ったか。剣道の授業中のXの態度はどのようなものであったか。▶【5】

問5　体育教員は、Xの第1学年の体育科目の成績について、何をどのように評価して、評点をつけたか。神戸高専の進級認定会議は、Xについていかなる認定を行ったか。Yは、いかなる処分を行ったか。▶【6】

問6　平成3年度におけるXの態度、それに対する神戸高専の対応はどのようなものであったか。平成3年度のXの体育科目の評価、進級認定会議による認定はどのようなものであったか。そのような評価を受けて、Yは、何に基づき、どのような処分をしたか。▶【7】

問7　Xの剣道以外の体育種目の受講態度、体育以外の成績、授業態度はどのようなものであったか。Xのような学生に対し、剣道実技に代わる代替措置を採用している高等専門学校は存在するか。▶【8】【9】

問8　Xは、Yに対しいかなる訴訟を提起したか。本件の第一審、第二審の判決はいかなるものであったか。▶事案

②判決の内容の確認

問9　本判決は、処分の違法性を判断するに際して、いかなる判断枠組みを採用しているか。原級留置処分と退学処分との間で、判断枠組みに差は認められるか。▶【10】

問10　本判決は、本件各処分の司法審査適格性と行政処分性をどう考えているか。部分社会の法理によって、司法審査の対象外とされないのはなぜか。▶判例④

問11　本判決は、教育課程における剣道実技の履修の必要性をどのようにみているか。▶【11】

問12　本判決は、本件各処分がXの信教の自由に対して、いかなる影響を及ぼすとみているか。それは、Xの信教の自由を直接的に制約するものか。直接的でないとすれば、いかなる制約か。▶【12】

問13　本判決は、Yが裁量権を行使するに際して、いかなることを考慮する必要があったと述べているか。▶【13】

問14　本判決は、Xが自由意思に基づいて義務を受忍しなければならないとの主張に対しては、どう応答をしているか。▶【13】

問15　本判決は、Yが代替措置をとらなかったことについて、どのように評価しているか。代替措置をとるべきだったと論じているか。▶【14】

問16　本判決は、代替措置をとることが実際上不可能ではなかったとしているが、その理由は何か。▶【15】

問17　本判決は、代替措置をとることは憲法20条3項の政教分離規定に違反しないとしているが、なぜか。履修拒否の理由を調査することは、宗教の内容と深くかかわり合うことにならないか。▶【16】

③応用問題

問18　仮に、Yの側において、代替措置をとるかどうかを十分に考慮した結果、やはり望ましくないとの結論に到達して本件各処分に至った場合、本判決の結論は異なっただろうか。▶文献②

- **関連判例**（本書所収以外のもの）
  東京地判昭和 61 年 3 月 20 日行集 37 巻 3 号 347 頁［日曜日授業参観事件］（判例①）
  最判昭和 52 年 12 月 20 日民集 31 巻 7 号 1101 頁［神戸税関事件］（判例②）
  最判昭和 49 年 7 月 19 日民集 28 巻 5 号 790 頁［昭和女子大事件］（判例③）
  最判昭和 52 年 3 月 15 日民集 31 巻 2 号 280 頁［富山大学事件］（判例④）
- **本判決の調査官解説**
  川神裕「判解」最高裁判所判例解説民事篇平成 8 年度 174 頁（判解①）
- **その他の判例解説・判例批評**
  駒村圭吾「判批」LS 憲法研究会編『プロセス演習 憲法［第 4 版］』（信山社、2011 年）22 頁（判批①）
- **参考文献**
  宍戸常寿「裁量論と人権論」公法研究 71 号（2009 年）100 頁（文献①）
  蟻川恒正「政教分離と信教の自由」樋口陽一＝山内敏弘＝辻村みよ子＝蟻川恒正『新版 憲法判例を読みなおす』（日本評論社、2011 年）97 頁（文献②）

第6章　政教分離

1　学説の状況

(1) 歴史的経緯　政教関係はその国の歴史的・社会的経緯によって決まるところが大きい。そこで、日本国憲法における政教分離を理解する際にも、わが国の歴史的事情をふまえることが解釈上の前提となる。明治維新後は、神道の国教化が目指されたが、次第に信教の自由の保障が求められたことから断念され、明治憲法も、信教の自由の保障を明文化した（28条）。これにより国教の存在が否定されたものと考えられたが、実態としては、神道を祭祀に専念する神社神道と布教を行う教派神道に区別したうえで、前者については宗教ではないという論理（神社非宗教論）のもと、神社神道の国家管理が行われた。戦前の政教関係が「事実上の」国教制と呼ばれるのはこのような事情を指している。このような神社神道の教義や特権的地位が国体観念と結びつき、他の宗教団体の禁圧や神社参拝の強制など、信教の自由を侵害するとともに、軍国主義の精神的基盤ともなったというのが戦後の一般的な評価であり、このような構造を指して国家神道と呼ぶ。

戦後、GHQは、この国家神道体制を問題視し、いわゆる「神道指令」によって、神社神道の国教的待遇を廃止し、その結果、神社神道は純粋に私的な宗教団体として再出発することになった。日本国憲法は、このような流れを受けて、憲法20条1項・3項、89条を設け、政教関係について政教分離を採用することを一層明確にしたものと解される。

(2) 政教分離の法的性質　解釈上の論点として、まず、政教分離の法的性質につき制度的保障説と人権説の対立がある。後者は、政教分離原則違反それ自体を争う訴えを「法律上の争訟」と構成しうる点にメリットがあるが、そもそも政教分離原則を個人の主観的権利とみなしにくいことから、少数説にとどまっている。他方で、通説とされてきた制度的保障説（たとえば、田上穣治『日本国憲法原論［新版］』（青林書院、1985年）128頁）に対しても批判がある。第1に、政教分離を制度的保障だと理解する場合、その保障の中核となる信教の自由以外の部分は、法律によって形成されると解する余地があり、その点で、「分離」を相対的に理解することにつながりかねないと指摘される。第2に、政教分離における「制度の核心」は必ずしも明確ではなく、制度的保障と解すべきではないと批判される（以上につき、芦部［6版］87頁、159頁）。第3に、制度的保障は、本来、特定の公法上の制度（教会や官僚団など）の保障を意味していたのであり、政教分離を制度的保障と位置づけるのは誤りだという批判もある（石川健治『自由と特権の距離［増補版］』（日本評論社、2007年）224頁以下）。現在では、日本国憲法は、政教分離に関わる規定を客観法として定めたと理解すれば足りるという説が有力である。

(3) 分離の厳格度と基準　いずれにせよ、政教分離原則に違反する立法その他の公権力の行為は違憲となる。ただし、国家と宗教の完全な分離は非現実的であるとともに妥当でないことから、一定の限界があると理解されており、両者の分離をどこまで厳格に要求するかが問題となる。この点、基本的には、国家神道を含むわが国の歴史的経緯への評価をふまえつつ、国家の公平性と不介入とのバランスをどう考えるかがポイントとなる（なお、芦部信喜『憲法学Ⅲ 人権各論(1)［増補版］』（有斐閣、2000年）151頁以下、芹沢斉＝市川正人＝阪口正二郎編『新基本法コンメンタール 憲法』（日本評論社、2011年）107頁〔阪口〕も参照）。歴史的経緯を重視し、厳格な分離を求めるのが通説である。

また、厳格度とともに問題になるのが、その限界を画する基準である。判例では、後述のように基本的には津地鎮祭事件判決（後述）で示された目的効果基準が定着している。しかし、学説からは、アメリカの判例法理で用いられてきた審査基準に比して緩やかであると批判されている（芦部［6版］160頁以下など）とともに、最高裁判官からも判断基準として使いづらいと指摘されている（後述する愛媛玉串料事件判決における高橋久子裁判官、尾崎行信裁判官の各個別意見などを参照）。

(4) 類型化アプローチ　もっとも、日本国憲法は、政教分離に関する一般条項を定めるのではなく、①宗教団体に対する特権付与の禁止（20条1項2文）、②国およびその機関による、宗教教育その他の宗教的活動の禁止（同条3項）、③宗教上の組織に対する公金その他の公の財産の支出・供与の禁止（89条）という個別の条文を用意している。これら個別の条文の解釈から当然に導かれるもの（たとえば、公立学校における宗教教育）は、目的効果基準を適用するまでもなく違憲となるのであって、常に目的効果基準の適用が必要となるわけではない（実際、判例も目的効果基準を用いずに判断する場合がある。空知太神社事件判決（後述）参照）。したがって、目的効果基準が用いられる場合とそうでないものとの類型化が求められる（宍戸［2版］123頁以下、田近肇「判例における政教分離原則」宗務時報120号（2015年）1頁以下、射程97頁以下〔西村裕一〕など）。この類型化について、判例・学説ともに未成熟であるが、個別の条文や事案の性質が重要な手がかりとなろう。

2　判例の展開

(1) 津地鎮祭事件　この分野におけるリーディング・ケースは、**津地鎮祭事件判決**〔本書16事件〕である。津地鎮祭事件では、市が市立体育館の起工にあたり神道式の地鎮祭を主催したことの憲法20条3項適合性およびそれへの公金の支出の89条適合性が争われた。本件で、最高裁は、20条3項に重点を置いて審査をした。

その論理をまとめれば、以下のとおりである。①憲法は、政教分離規定を設けるにあたり、国家と宗教との完全な分離を理想とし、国家の非宗教性ないし宗教的中立性を確保しようとした。②政教分離原則は、国家と宗教との分離を制度として保障することにより、間接的に信教の自由の保障を確保しようとするものである。③もっとも、現実の国家制度として、国家と宗教との完全な分離を実現することは、実際上不可能に近いものといわなければならない。さらにまた、政教分離原則を完全に貫こうとすれば、かえって社会生活の各方面に不合理な事態を生ずることを免れない。④したがって、政教分離原則は、国家が宗教的に中立であることを要求するものではあるが、国家が宗教とのかかわり合いをもつことをまったく許さないとするものではなく、宗教とのかかわり合いをもたらす行為の目的および効果に鑑み、そのかかわり合いが上記の諸条件に照らし相当とされる限度を超えるものと認められる場合にこれを許さないとするものである。⑤これを、憲法20条3項についてみ

るに、そこにいう「宗教的活動」は、国家と宗教との「かかわり合いが……相当とされる限度を超えるものに限られるというべきであって、当該行為の目的が宗教的意義をもち、その効果が宗教に対する援助、助長、促進又は圧迫、干渉等になるような行為」を意味する。⑥さらに、その検討に際しては、「当該行為の外形的側面のみにとらわれることなく、当該行為の行われる場所、当該行為に対する一般人の宗教的評価、当該行為者が当該行為を行うについての意図、目的及び宗教的意識の有無、程度、当該行為の一般人に与える効果、影響等、諸般の事情を考慮し、社会通念に従って、客観的に判断」する。完全分離説を退け（①、②）、目的効果基準を採用したもの（③以下）と評価されている。

(2) **目的効果基準の定着** これ以後、最高裁は、後述のような例外を除いて、この目的効果基準を用いて判断している。

まず、自衛官合祀事件判決（最大判昭63・6・1民集42-5-277）では、殉職自衛官の護国神社合祀申請の過程で県隊友会に協力していた自衛隊職員の行為につき、津地鎮祭事件判決の⑤、⑥の判旨を引用したうえで、憲法20条3項の宗教的活動ではないとした。また、市営住宅の建替え時に、町会に地蔵像の敷地として市有地の無償使用を承認したことが争われた大阪地蔵事件判決（最判平4・11・16判時1441-57）は、津地鎮祭事件判決および前掲自衛隊合祀事件判決を引き、憲法20条3項、89条に反するものではないとしている。

さらに、箕面忠魂碑慰霊祭事件判決（最判平5・2・16民集47-3-1687）では、箕面市が元々公有地上に存在した忠魂碑移設のため遺族会に代替地を無償で貸与した行為、教育長が戦没者遺族会主催の神式および仏式による慰霊祭に参列した市教育長の行為などが争われた。本判決では、このうち前者について、(ア)津地鎮祭事件判決の判旨②、④、⑤、⑥に触れながら、憲法20条3項違反の主張を退けるとともに、(イ)遺族会の宗教団体該当性を否定して、20条1項、89条違反の主張も退けた。加えて、(ウ)後者についても、津地鎮祭事件判決の⑤を引き、20条、89条に反しないとした。

この後、後述の愛媛玉串料事件判決のほか、昭和天皇の崩御に伴う諸儀式について争われたいくつかの事件（抜穂の儀事件判決（最判平14・7・9判時1799-101）、鹿児島大嘗祭事件判決（最判平14・7・11民集56-6-1204）、即位儀式参列事件判決（最判平16・6・28判時1890-41））、白山ひめ神社事件判決（最判平22・7・22判時2087-26）でも、目的効果基準が維持されている。

(3) **目的効果基準は緩すぎるのか** 判例において目的効果基準が定着していく中で、学説の多くが、目的効果基準が緩やかに過ぎると批判していることは①ですでにみたところである。もっとも、**愛媛玉串料事件判決**〔本書17事件〕のように、津地鎮祭事件判決を踏襲しつつも違憲の結論に至ったものもある。この点、学説では愛媛玉串料事件判決がアメリカで使われているもう一つの判断基準（エンドースメント・テスト）と近似していることを指摘するものがあるが、少なくとも表面的には目的効果基準が維持されており、違憲かどうかを分けるのは、基準ではなく、事案の評価による可能性がある。

(4) **目的効果基準の位置** 他方、近年、**空知太神社事件判決**〔本書18事件〕および富平神社事件判決（最大判平22・1・20民集64-1-128）で、最高裁は、目的効果基準を用いず諸般の事情の総合的判断をして判断したことが注目された。ただし、その後、前掲の白山ひめ神社事件判決で再び目的効果基準が用いられていることからして、目的効果基準は廃棄されておらず、事案の類型によっては目的効果基準が使われない場合があるにとどまることが明らかになっている。

改めて振り返ってみると、最高裁が津地鎮祭事件判決を先例として引用しつつも、明示的には目的効果基準を用いていないようにみえる判例は以前から少なからず存在している。たとえば、一部事務組合が地元住民の要請により宗教法人たる神社の境内入口まで通じている道路の改良工事を行い、その工事代金の支払のため公金を支出したことが憲法89条違反ではないかと争われた事件（最判昭63・12・16判時1362-41）では、当該工事によって神社が利益を受けることとなるとしても、これをもって、公金の支出が、神社に対し特別に財政的援助を与えるものではないことが、津地鎮祭事件判決の「趣旨に徴して明らか」だとされるにとどまっている。また、箕面市が戦没者遺族会に補助金を支出したことが憲法20条3項、89条違反だとして争われた事例（最判平11・10・21判時1696-96）でも、89条違反の主張については、遺族会の宗教団体該当性を否定して退けている。

(5) **政教分離訴訟の諸相** このほかの判例として、内閣総理大臣等の靖国神社参拝の合憲性をめぐる訴訟がある。周知のとおり、国の場合、地自法が定める住民訴訟のような制度がない。したがって、内閣総理大臣等の行為の合憲性やそれに対する公金支出の合憲性を直接争おうとすれば、何らかの形で、個人の権利・利益の侵害を主張するなどの必要がある。多くの訴訟が提起されているが（一例として、最判平18・6・23判時1940-122）、その際に主張される、信教の自由や宗教的プライバシー権、宗教的自己決定権などは、この出訴適格の問題をクリアするための工夫である。しかし、このうち信教の自由侵害の主張については、政教分離原則は間接的に信教の自由を保障しているという理解に基づき、政教分離原則違反と信教の自由侵害は直接結びつかないとして退けられる場合が多く、また、その他の権利・利益の主張については、具体性を欠くとして退けられるのが通常である。

これとは別の様相として、具体的な事件の中で、ある公権力の行為の政教分離原則適合性が問題になる場合もある。前掲の自衛隊合祀事件や神戸高専剣道実技履修拒否事件〔本書15事件〕がその例である。

16 津地鎮祭事件

最高裁昭和52年7月13日大法廷判決

昭和46年（行ツ）第69号：行政処分取消等請求事件
民集31巻4号533頁

事案

昭和40年1月14日、市立体育館建設を予定していた三重県津市は、建設予定地にて、神職の司式・主宰によって神道式の地鎮祭を挙行した。この地鎮祭には、主催者津市の市長のほか、助役をはじめとした市職員、三重県知事、県会議長、津市議会議員らも招待を受けて出席した。津市は、地鎮祭終了後、その費用（供物代3663円、初穂料（報償費）4000円）を議会の議決に基づき公金から支出した。

市議会議員X（原告、控訴人、被上告人）は、地鎮祭に先立って、市長から地鎮祭に出席されたい旨の招待状を受け取った。Xは、かねてから市が神道式の儀式行事を行うのは、憲法20条、89条に反すると考えていたので、地鎮祭挙行前の1月11日に津地裁に対して、執行停止の申立をしたが、訴えの利益がないとして却下された。そこで、やむなく地鎮祭に出席したのち、1月22日に津市監査委員に対して、地鎮祭は宗教的行事であり、かかる宗教的行事に市が公金を支出することは、憲法20条3項、89条、地自法138条の2に違反するとして、地自法242条1項に基づき住民監査請求を行ったが、認められなかったので、地自法242条の2第1項4号に基づき、津市長Yら（被告、被控訴人、上告人）を相手として住民訴訟を提起し、本件支出相当額の市への賠償などを請求した。

第一審（津地判昭42・3・16民集31-4-606）では、地鎮祭は習俗的行事であって憲法20条3項に違反せず、同89条にも違反しないとされ請求が棄却されたので原告が控訴、控訴審（名古屋高判昭46・5・14民集31-4-616）では、一転して、地鎮祭は憲法20条3項が禁ずる宗教的活動にあたり、これに基づいて行われた公金の支出も違法なものであるとされたので、Yが上告した。

■参考条文（事件当時のもの）

地方自治法

第242条の2　〔第1項〕普通地方公共団体の住民は、前条第1項の規定による請求をした場合において、同条第3項の規定による監査委員の監査の結果若しくは勧告若しくは同条第7項の規定による普通地方公共団体の議会、長その他の執行機関若しくは職員の措置に不服があるとき、又は監査委員が同条第3項の規定による監査若しくは勧告を同条第4項の期間内に行なわないとき、若しくは議会、長その他の執行機関若しくは職員が同条第7項の規定による措置を講じないときは、裁判所に対し、同条第1項の請求に係る違法な行為又は怠る事実につき、訴えをもって次の各号に掲げる請求をすることができる。ただし、第1号の請求は、当該行為により普通地方公共団体に回復の困難な損害を生ずるおそれがある場合に限るものとし、第4号の請求中職員に対する不当利得の返還請求は、当該職員に利益の存する限度に限るものとする。

(1) 当該執行機関又は職員に対する当該行為の全部又は一部の差止めの請求
(2) 行政処分たる当該行為の取消し又は無効確認の請求
(3) 当該執行機関又は職員に対する当該怠る事実の違法確認の請求
(4) 普通地方公共団体に代位して行なう当該職員に対する損害賠償の請求若しくは不当利得返還の請求又は当該行為若しくは怠る事実に係る相手方に対する法律関係不存在確認の請求、損害賠償の請求、不当利得返還の請求、原状回復の請求若しくは妨害排除の請求

Navigator

まず、この判決が、政教分離原則をいわゆる相対分離説の立場で理解し、目的効果基準を採用したという点を確認しよう。目的効果基準は、現在に至るまで一部の例外を除いて（空知太神社事件判決〔本書18事件〕参照）、一貫して使われ続けている判断枠組みである。

次に、目的効果基準に対しては学説からの批判も少なくなく、本件でもこの基準を正面から批判する個別意見が付されている。そこで判決文を読むのと同時に個別意見や学説からどのような批判が寄せられているか、その後の判例でどのような批判がなされているかもあわせて確認しておこう。あわせて目的効果基準を定式化するにあたって参考にされたといわれるアメリカ合衆国連邦最高裁のレモン・テストをはじめ、アメリカの判例動向にも目を配ることができるとなおよい。

第3に、政教分離訴訟の多くで問題になるのが、いわゆる国家神道の問題である。日本国憲法が政教分離原則を採用する背景にはわが国の歴史的事情があると指摘されるが、他方で国家神道が神社非宗教論を基礎としていたことや日本人の宗教観の特徴だといわれる宗教的雑居性の存在もあって、一般人には神道式の儀式や行事の多くが一般人には世俗的なものとして受け止められやすい傾向がある。このような事情は、だからこそ宗教的少数者が圧迫を感じ神道式儀式や行事の世俗性を簡単に認めてはならないという主張にも、だからこそ神道式儀式や行事の多くは憲法20条3項が禁ずる宗教的活動にあたらないという主張にもつながりうる。このような観点から、本判決が国家神道や多元信仰、宗教的雑居性などに言及している点にも注目しよう。

■判決の論理構造

政教分離の意義＝制度的保障説＋相対分離説	
政教分離の意義	・理想としての完全な分離 ・制度的保障としての政教分離 ・完全分離の不可能性・不合理性
憲法20条3項にいう「宗教的活動」	・目的効果基準 ・一般人の認識と諸般の事情の総合考慮
本件起工式の性質	・一般人の評価＝世俗的行事 ・建築着工に際しての慣習化した社会的儀礼を行うという世俗的目的 ・地鎮祭挙行によって生じる効果の不存在 　←宗教意識の雑居性と神社神道の祭祀儀礼化

判　決

○ 主　文

原判決中上告人敗訴部分を破棄する。
前項の部分につき、被上告人の控訴を棄却する。
控訴費用及び上告費用は被上告人の負担とする。

○ 理　由

第一　上告代理人堀家嘉郎の上告理由第一点について

[1] 本件訴状の記載に徴すれば、本訴は上告人である角永清個人を被告として提起されたものと認められるから、本訴が津市長を被告として提起されたことを前提とする所論は、その前提を欠き、失当である。論旨は、採用することができない❶。

第二　同上告理由第一点の追加補充について

[2] 本件記録に徴すれば、被上告人が本訴を提起するについて必要とされる監査請求を経ていることは、明らかである。原判決に所論の違法はなく、論旨は採用することができない❷。

第三　上告代理人堀家嘉郎の上告理由第二点及び同樋口恒通の上告理由第四点について

[3] 公金の支出が違法となるのは単にその支出自体が憲法89条に違反する場合だけではなく、その支出の原因となる行為が憲法20条3項に違反し許されない場合の支出もまた、違法となることが明らかである。所論は、本件公金の支出が憲法89条に違反する場合にのみ違法となることを前提とするものであって、失当である。論旨は、採用することができない❸。

第四　上告代理人堀家嘉郎の上告理由第三点、上告代理人奥野健一、同田辺恒貞、同早瀬川武の上告理由第一点ないし第三点、上告代理人樋口恒通の上告理由第一点ないし第三点について❹

一　本件の経過

[4] (一)　本件は、津市体育館の起工式（以下「本件起工式」という。）が、地方公共団体である津市の主催により、同市の職員が進行係となって、昭和40年1月14日、同市船頭町の建設現場において、宗教法人大市神社の宮司ら4名の神職主宰のもとに神式に則り挙行され、上告人が、同市市長として、その挙式費用金7663円（神職に対する報償費金4000円、供物料金3663円）を市の公金から支出したことにつき、その適法性が争われたものである❺。

[5] (二)　第一審は、本件起工式は、古来地鎮祭の名のもとに行われてきた儀式と同様のものであり、外見上神道の宗教的行事に属することは否定しえないが、その実態をみれば習俗的行事であって、神道の布教、宣伝を目的とした宗教的活動ではないから、憲法20条3項に違反するものではなく、また、本件起工式の挙式費用の支出も特定の宗教団体を援助する目的をもってされたものとはいえず、特に神職に対する金4000円の支出は単に役務に対する報酬の意味を有するにすぎないから、憲法89条、地方自治法138条の2に違反するものではない、と判断した❻。

[6] これに対し、原審は、本件起工式は、単なる社会的儀礼ないし習俗的

---

❶ [1]で失当とされた上告代理人の上告理由第一点は以下のとおり。本件ではそもそも訴状に「津市・右代表者Y」、「津市長Y」、「Y」の各表示がなされていた。被告であるYは、第一審で、この点を指摘し、被告を誤って提起された訴訟であって却下すべきだと主張していた。しかし、第一審は、「本訴状中被告Yの氏名の上に表示されている津市長なる記載は単に現職を示したものにすぎないものであって、個人としてのYを被告としたもの」と解した。上告理由第一点は、この点について、第一審が行訴法15条（当時）の手続を経ずに適法な被告への変更を許して判決したもので重大かつ明白な瑕疵があり、控訴審もこの瑕疵を承継していると主張するものである。

❷ [2]で失当とされた上告代理人の上告理由第一点の追加補充は、Xが経ているのは、「津市長」に対する監査請求であり、Y個人に対するものではないというものである。

❸ [3]で失当とされた各上告理由は、概要、地自法242条1項4号に基づく住民訴訟は、公金支出の違法性の判断を中心とするものであって、憲法20条3項ではなく、同89条適合性を判断すべきところ、原判決はもっぱら20条3項適合性を判断するのみで、89条適合性を判断していないというものであった。

❹ 上告代理人らの上告理由では、①地鎮祭は習俗的な側面があること、②憲法20条3項が禁止する宗教的活動には習俗的な側面を有するものは含まれないこと、③政教分離原則は、「宗教と国家」を分離するものではなく、「教会と国家」を分離する趣旨であることが主張された。多数意見は、これに応えて、(ア)憲法が採用する政教分離原則の意義（判決理由二(一)）、(イ)憲法20条3項が禁止する宗教的活動の意義（判決理由二(二)）、(ウ)地鎮祭の宗教的活動該当性（判決理由二(三)）を順に論じている。

❺ [4]は事案の概要をまとめたもの。起工式の模様は反対意見（[31]～[35]）の描写が具体的である。

❻ [5]と[6]は、第一審、原審の判断を要約している。

行事とみることはできず、神社神道固有の宗教儀式というべきところ、憲法は、完全な政教分離原則を採用して国家と宗教との明確な分離を意図し、国家の非宗教性を宣明したものであるから、憲法20条3項の禁止する宗教的活動とは、単に特定の宗教の布教、教化、宣伝等を目的とする積極的行為のみならず、同条2項の掲げる宗教上の行為、祝典、儀式又は行事を含む、およそ宗教的信仰の表現である一切の行為を網羅するものと解すべきであるとし、本件起工式は、憲法20条3項の禁止する宗教的活動に該当し許されないものであり、したがつて、これがため上告人が市長としてした公金の支出もまた違法なものである、と判断した。

[7] 　(三)　論旨は、要するに、本件起工式は、古来地鎮祭の名のもとに社会の一般的慣行として是認され、実施されてきた習俗的行事にほかならず、憲法20条3項の禁止する宗教的活動には該当しないものであるのに、これに該当するものとした原判決は、本件起工式の性質及び政教分離原則の意義についての判断を誤り、ひいて憲法20条の解釈適用を誤る違法をおかしたものであつて、右違法は、判決に影響を及ぼすことが明らかである、というのである❼。

　二　当裁判所の判断
　(一)　憲法における政教分離原則

[8] 　憲法は、「信教の自由は、何人に対してもこれを保障する。」（20条1項前段）とし、また「何人も、宗教上の行為、祝典、儀式又は行事に参加することを強制されない。」（同条2項）として、いわゆる狭義の信教の自由を保障する規定を設ける一方、「いかなる宗教団体も、国から特権を受け、又は政治上の権力を行使してはならない。」（同条1項後段）、「国及びその機関は、宗教教育その他いかなる宗教的活動もしてはならない。」（同条3項）とし、更に「公金その他の公の財産は、宗教上の組織若しくは団体の使用、便益若しくは維持のため、…………これを支出し、又はその利用に供してはならない。」（89条）として、いわゆる政教分離の原則に基づく諸規定（以下「政教分離規定」という。）を設けている❽。

[9] 　一般に、政教分離原則とは、およそ宗教や信仰の問題は、もともと政治的次元を超えた個人の内心にかかわる事がらであるから、世俗的権力である国家（地方公共団体を含む。以下同じ。）は、これを公権力の彼方におき、宗教そのものに干渉すべきではないとする、国家の非宗教性ないし宗教的中立性を意味するものとされている。もとより、国家と宗教との関係には、それぞれの国の歴史的・社会的条件によつて異なるものがある。わが国では、過去において、大日本帝国憲法（以下「旧憲法」という。）に信教の自由を保障する規定（28条）を設けていたものの、その保障は「安寧秩序ヲ妨ケス及臣民タルノ義務ニ背カサル限ニ於テ」という同条自体の制限を伴つていたばかりでなく、国家神道に対し事実上国教的な地位が与えられ、ときとして、それに対する信仰が要請され、あるいは一部の宗教団体に対しきびしい迫害が加えられた等のこともあつて、旧憲法のもとにおける信教の自由の保障は不完全なものであることを免れなかつた。しかしながら、このような事態は、第二次大戦の終了とともに一変し、昭和20年12月15日、連合国最高司令官総司令部から政府にあてて、いわゆる神道指令（「国家神道、神社神道ニ対スル政府ノ保証、支援、保全、監督並ニ弘布ノ廃止ニ関スル件」）が発せられ、これにより神社神道は一宗教として他のすべての宗教と全く同一の法的基礎に立つものとされると同時に、神道を含む一切の宗教を国家から分離するための具体的措置が明示された。昭和21年11月3日公布された憲法は、明治維新以降国家と神道とが密接に結びつき前記のような種々の弊害を生じたことにかんがみ、新たに信教の自由を無条件に保障することとし、更にその保障を一層確実なものとするため、政教分離規定を設けるに至つたのである。元来、わが国においては、キリスト教諸国や回教諸国等と異なり、各種の宗教が多元的、重層的に発達、併存してきているのであつて、このような宗教事情のもとで信教の自由を確実に実現するためには、単に信教の自由を無条件に保障するのみでは足りず、国家といかなる宗教との結びつきをも排除するため、政教分離規定を設ける必要性が大であつた。これらの諸点にかんがみると、憲法は、政教分離規定を設けるにあたり、国家と宗教との完全な分離を理想とし、国家の非宗教性ないし宗教的中立性を確保しようとしたもの、と解すべきである❾。

❼　[7] は、上告理由を要約している。

❽　[8] は、憲法20条1項後段、3項および89条の背景に政教分離原則があると指摘する。「憲法が信教の自由を保障する一方で政教分離を設けた」として、信教の自由と政教分離を直結しないのは、本件反対意見[22]や原審との重要な相違点であり（判解①229頁）、[10]冒頭の説示につながっている。この背景には、「元来、信教の自由は、国家と宗教との分離を必然的に含むものではない」（判解①226頁）という理解がある。この理解自体は正当であるが、[12]とも相まって、政教分離が信教の自由を間接的にしか保障しないとする点を強調するかのような印象を抱かせ、さらに判例①がその印象を増幅した感もある（ただし判解①229頁はそうではないという）。制度的保障説に対する、分離を緩やかに理解することにつながりかねないという批判は、この点を論難するものといえる。もっとも、愛媛玉串料事件判決〔本書17事件〕ではこのような印象はだいぶ薄まっている。なお、[10]と[12]も参照。

❾　[9]と[10]は、愛媛玉串料事件判決〔本書17事件〕でもほぼそのまま引用されるいわば鉄板の判例法理であり、政教分離原則の基本的な内容が明らかにされる。[9]は、その前段として政教分離原則の意義を説き、(1)政教分離原則は国家の非宗教性ないし宗教的中立性を意味する、(2)日本国憲法は、わが国の歴史的経緯や社会的状況に鑑みて、信教の自由の保障を確実にするために、国家と宗教との完全な分離を理想として、政教分離原則を採用したという理解を示す。(1)について、[9]は「非宗教性」と「中立性」とを互換的に用いているようにみえる。しかし、前者が「国家生活からあらゆる宗教的要素を取り除くことを要求する原理」であるのに対して、後者は「宗派平等の原則を要求するもの」であり、両者は同じではないとの指摘がある（判批④306頁以下）。この理解からは、多数意見が、国家と宗教との完全な分離を理想としつつも、[10]で「国家が宗教的に中立であることを要求するもの」と言い換えているのに対して、本件反対意見[26]や愛媛玉串料事件判決の高橋意見など、分離を厳格に解釈する論者が、いずれも「非宗教性」を強調していることは無視できない意味をもつ（なお、文献③122頁以下、芦部・憲法学Ⅲ人権各論(1)151頁以下、文献⑤も参照）。ただし、以下で述べるように、政教分離を「国家と宗教」との分離と捉えるとすると、「国家生活からあらゆる宗教的要素を取り除く」という理解は、ともすると、特定の信仰をもつ者を国家生活ないし公共空間からの一掃につながりかねず、それが理想であるかは信教の自由の保障という観点からも疑問である（判批④307頁以下）。(2)は本質的な論点をいくつも含むが、ここでは(ア)政教分離は「国家と宗教の分離」を意味するか、(イ)政教分離原則が採用される背景としての歴史的・社会的事情という理解が問題になることを取り上げよう。まず、(ア)について、政教分離は、「国家と宗教」ではなく「国家と教会」との分離を意味するという主張がある。判解①221頁以下は、前者は政教分離を観念的に捉えるのに対して、後者は沿革的な意義を重視する立場だと指摘するが、宗教はその本質上宗教団体が組織されているから、「論じてもあまり意味のあることではない」という。しかし、両者は、「宗教」には、たとえば無宗教のような宗教上の態度が含まれ、「教会」には含まれないという違いがある（なお、文献⑤も参照）。次に、(イ)について、[9]は、「国家と宗教との関係には、それぞれの国の歴史的・社会的条件によつて異なる」という説示に対応して、政教分離原則が採用されるに至った歴史的経緯と並んで、「宗教的多元性」ないし「多重信仰」というわが国の社会的条件の存在を指摘する。この点について[15]も参照。後の判決も含めて個別意見では、歴史的経緯を強調するものが多いように思われる。これとは異なる、より理論的な根

【10】　しかしながら、元来、政教分離規定は、いわゆる制度的保障の規定であつて、信教の自由そのものを直接保障するものではなく、国家と宗教との分離を制度として保障することにより、間接的に信教の自由の保障を確保しようとするものである。ところが、宗教は、信仰という個人の内心的な事象としての側面を有するにとどまらず、同時に極めて多方面にわたる外部的な社会事象としての側面を伴うのが常であつて、この側面においては、教育、福祉、文化、民俗風習など広汎な場面で社会生活と接触することになり、そのことからくる当然の帰結として、国家が、社会生活に規制を加え、あるいは教育、福祉、文化などに関する助成、援助等の諸施策を実施するにあたつて、宗教とのかかわり合いを生ずることを免れえないこととなる。したがつて、現実の国家制度として、国家と宗教との完全な分離を実現することは、実際上不可能に近いものといわなければならない。更にまた、政教分離原則を完全に貫こうとすれば、かえつて社会生活の各方面に不合理な事態を生ずることを免れないのであつて、例えば、特定宗教と関係のある私立学校に対し一般の私立学校と同様な助成をしたり、文化財である神社、寺院の建築物や仏像等の維持保存のため国が宗教団体に補助金を支出したりすることも疑問とされるに至り、それが許されないということになれば、そこには、宗教との関係があることによる不利益な取扱い、すなわち宗教による差別が生ずることになりかねず、また例えば、刑務所等における教誨活動も、それがなんらかの宗教的色彩を帯びる限り一切許されないということになれば、かえつて受刑者の信教の自由は著しく制約される結果を招くことにもなりかねないのである。これらの点にかんがみると、政教分離規定の保障の対象となる国家と宗教との分離にもおのずから一定の限界があることを免れず、政教分離原則が現実の国家制度として具現される場合には、それぞれの国の社会的・文化的諸条件に照らし、国家は実際上宗教とある程度のかかわり合いをもたざるをえないことを前提としたうえで、そのかかわり合いが、信教の自由の保障の確保という制度の根本目的との関係で、いかなる場合にいかなる限度で許されないこととなるかが、問題とならざるをえないのである。右のような見地から考えると、わが憲法の前記政教分離規定の基礎となり、その解釈の指導原理となる政教分離原則は、国家が宗教的に中立であることを要求するものではあるが、国家が宗教とのかかわり合いをもつことを全く許さないとするものではなく、宗教とのかかわり合いをもたらす行為の目的及び効果にかんがみ、そのかかわり合いが右の諸条件に照らし相当とされる限度を超えるものと認められる場合にこれを許さないとするものであると解すべきである❿。

　　(二)　**憲法 20 条 3 項により禁止される宗教的活動**

【11】　憲法 20 条 3 項は、「国及びその機関は、宗教教育その他いかなる宗教的活動もしてはならない。」と規定するが、ここにいう宗教的活動とは、前述の政教分離原則の意義に照らしてこれをみれば、およそ国及びその機関の活動で宗教とのかかわり合いをもつすべての行為を指すものではなく、そのかかわり合いが右にいう相当とされる限度を超えるものに限られるというべきであつて、当該行為の目的が宗教的意義をもち、その効果が宗教に対する援助、助長、促進又は圧迫、干渉等になるような行為をいうものと解すべきである。その典型的なものは、同項に例示される宗教教育のような宗教の布教、教化、宣伝等の活動であるが、そのほか宗教上の祝典、儀式、行事等であつても、その目的、効果が前記のようなものである限り、当然、これに含まれる。そして、この点から、ある行為が右にいう宗教的活動に該当するかどうかを検討するにあたつては、当該行為の主宰者が宗教家であるかどうか、その順序作法（式次第）が宗教の定める方式に則つたものであるかどうかなど、当該行為の外形的側面のみにとらわれることなく、当該行為の行われる場所、当該行為に対する一般人の宗教的評価、当該行為者が当該行為を行うについての意図、目的及び宗教的意識の有無、程度、当該行為の一般人に与える効果、影響等、諸般の事情を考慮し、社会通念に従つて、客観的に判断しなければならない⓫。

【12】　なお、憲法 20 条 2 項の規定と同条 3 項の規定との関係を考えるのに、両者はともに広義の信教の自由に関する規定ではあるが、2 項の規定は、何人も参加することを欲しない宗教上の行為等に参加を強制されることはないという、多数者によつても奪うことのできない狭義の信教の自由を直接保障する規定であるのに対し、3 項の規定は、直接には、国及びその機関が行うことの

拠づけについて、長谷部［6 版］195 頁以下を参照。

❿【10】は、【9】をふまえて、政教分離原則の基本的な考え方を示すものである。(1)政教分離原則は、制度的保障であり、間接的に信教の自由を保障しようとしたものである、(2)ところが、現実の国家制度として、国家と宗教との完全な分離を実現することは、実際上不可能に近いだけでなく、社会生活の各方面に不合理な事態を生ずる、(3)よって、政教分離原則適合性を検討する際には、国家と宗教とのかかわり合いが、信教の自由の保障の確保という制度の根本目的との関係で、いかなる場合にいかなる限度で許されないこととなるかを問題とすべきであり、(4)政教分離原則は、国家が宗教的に中立であることを要求するものではあるが、宗教とのかかわり合いをもたらす行為の目的および効果に鑑み、そのかかわり合いが上記の諸条件に照らし相当とされる限度を超えるものと認められる場合にこれを許さないとするものである。まず、(1)は制度的保障説をいうものである。学説からは、制度的保障説は緩やかな保障ないし相対的分離に結びつくとされたが、愛媛玉串料事件判決〔本書17事件〕を経た現在では失当だろう（判批③97 頁、【8】も参照）。もっとも、近年では制度的保障概念は不要だとの指摘もある（判批②99 頁、文献①）。(2)について、分離を厳格に解するべきだとする立場からも、一定の例外を認める必要性自体は肯定されている。なお、宗教系の私立学校への助成を含む宗教と教育の問題や文化財保護と社寺との関係については憲法制定前後から多くの議論が行われており、また教誨活動についても本判決当時すでに裁判例が存在していた。ここで例示されている事案類型は原則として合憲と理解されているものとも理解できよう。(3)から(4)について、空知太神社事件判決〔本書18事件〕までは、目的効果基準の基本形を示した(4)が、政教分離原則が問題になる事案すべてに適用されるものだと理解するのが通説であったし、愛媛玉串料事件判決もそのように解するものといってよい。しかし、空知太神社事件を経た現在では、判解①228 頁以下における、(3)に示された「かかわり合いが相当とされる限度」という概念こそが、「政教分離規定全般を通じてその基礎となり、また、その解釈の指導理念となる概念」であって、「右限度を超えるかどうかの判断基準は、各個の政教分離規定ごとに更に具体化、明確化されることが予定されている」との指摘が改めて注目されるべきであろう。空知太神社事件判決の判解②40 頁もこれを引用し、判例で「いささかも変更が加えられていない」まま用いられているのは(3)であると指摘する。また、(4)の目的効果基準がアメリカのレモン判決に至る判例法理の影響を受けている点について、判解①238 頁を参照。これに対して、アメリカのような厳格な適用がなされていないとの学説からの批判につき、芦部［6 版］161 頁以下を参照。

⓫【11】は、【10】までをふまえて、憲法 20 条 3 項の判断枠組みとして目的効果基準を敷衍するものである。その論理を図式化すれば、(1)20 条 3 項にいう宗教的活動とは、およそ国およびその機関の活動で宗教とのかかわり合いをもつすべての行為を指すものではなく、そのかかわり合いが上にいう相当とされる限度を超えるものに限られ、(2)そのような活動は、当該行為の目的が宗教的意義をもち、その効果が宗教に対する援助、助長、促進または圧迫、干渉等になるような行為である、(3)その判断にあたっては、当該行為の外形的側面のみにとらわれることなく、当該行為の行われる場所、当該行為に対する一般人の宗教的評価、当該行為者が当該行為を行うについての意図、目的および宗教的意識の有無、程度、当該行為の一般人に与える効果、影響等、諸般の事情を考慮すべきであり、(4)その際には、社会通念に従って、客観的に判断しなくてはならない、というものである。まず、(1)について、原審は「宗教的活動」を一切の宗教的行為を網羅するものであると理解したのに対して（な

できない行為の範囲を定めて国家と宗教との分離を制度として保障し、もつて間接的に信教の自由を保障しようとする規定であつて、前述のように、後者の保障にはおのずから限界があり、そして、その限界は、社会生活上における国家と宗教とのかかわり合いの問題である以上、それを考えるうえでは、当然に一般人の見解を考慮に入れなければならないものである。右のように、両者の規定は、それぞれ目的、趣旨、保障の対象、範囲を異にするものであるから、2項の宗教上の行為等と3項の宗教的活動とのとらえ方は、その視点を異にするものというべきであり、2項の宗教上の行為等は、必ずしもすべて3項の宗教的活動に含まれるという関係にあるものではなく、たとえ3項の宗教的活動に含まれないとされる宗教上の祝典、儀式、行事等であつても、宗教的信条に反するとしてこれに参加を拒否する者に対し国家が参加を強制すれば、右の者の信教の自由を侵害し、2項に違反することとなるのはいうまでもない。それ故、憲法20条3項により禁止される宗教的活動について前記のように解したからといつて、直ちに、宗教的少数者の信教の自由を侵害するおそれが生ずることにはならないのである❶。

(三) 本件起工式の性質

【13】 そこで、右の見地に立つて、本件起工式が憲法20条3項によつて禁止される宗教的活動にあたるかどうかについて検討する❸。

【14】 本件起工式は、原審の説示するところによつてみれば、建物の建築の着工にあたり、土地の平安堅固、工事の無事安全を祈願する儀式として行われたことが明らかであるが、その儀式の方式は、原審が確定した事実に徴すれば、専門の宗教家である神職が、所定の服装で、神社神道固有の祭式に則り、一定の祭場を設け一定の祭具を使用して行つたというのであり、また、これを主宰した神職自身も宗教的信仰心に基づいてこれを執行したものと考えられるから、それが宗教とかかわり合いをもつものであることは、否定することができない。

【15】 しかしながら、古来建物等の建築の着工にあたり地鎮祭等の名のもとに行われてきた土地の平安堅固、工事の無事安全等を祈願する儀式、すなわち起工式は、土地の神を鎮め祭るという宗教的な起源をもつ儀式であつたが、時代の推移とともに、その宗教的な意義が次第に稀薄化してきていることは、疑いのないところである。一般に、建物等の建築の着工にあたり、工事の無事安全等を祈願する儀式を行うこと自体は、「祈る」という行為を含むものであるとしても、今日においては、もはや宗教的意義がほとんど認められなくなつた建築上の儀礼と化し、その儀式が、たとえ既存の宗教において定められた方式をかりて行われる場合でも、それが長年月にわたつて広く行われてきた方式の範囲を出ないものである限り、一般人の意識においては、起工式にさしたる宗教的意義を認めず、建築着工に際しての慣習化した社会的儀礼として、世俗的な行事と評価しているものと考えられる。本件起工式は、神社神道固有の祭祀儀礼に則つて行われたものであるが、かかる儀式は、国民一般の間にすでに長年月にわたり広く行われてきた方式の範囲を出ないものであるから、一般人及びこれを主催した津市の市長以下の関係者の意識においては、これを世俗的行事と評価し、これにさしたる宗教的意義を認めなかつたものと考えられる❹。

【16】 また、現実の一般的な慣行としては、建築着工にあたり建築主の主催又は臨席のもとに本件のような儀式をとり入れた起工式を行うことは、特に工事の無事安全等を願う工事関係者にとつては、欠くことのできない行事とされているのであり、このことと前記のような一般人の意識に徴すれば、建築主が一般の慣行に従い起工式を行うのは、工事の円滑な進行をはかるため工事関係者の要請に応じ建築着工に際しての慣習化した社会的儀礼を行うという極めて世俗的な目的によるものであると考えられるのであつて、特段の事情のない本件起工式についても、主催者の津市の市長以下の関係者が右のような一般の建築主の目的と異なるものをもつていたとは認められない❺。

【17】 元来、わが国においては、多くの国民は、地域社会の一員としては神道を、個人としては仏教を信仰するなどし、冠婚葬祭に際しても異なる宗教を使いわけてさしたる矛盾を感ずることがないというような宗教意識の雑居性が認められ、国民一般の宗教的関心度は必ずしも高いものとはいいがたい。他方、神社神道自体については、祭祀儀礼に専念し、他の宗教にみられる積極的な布教・伝道のような対外活動がほとんど行われることがないという特色

お、藤林ほか反対意見(【28】も参照)、上告理由は、特定の宗教の布教、宣伝、信者の教化等を目的とする積極的な行為に限られると主張していた。判解①230頁は、(1)を、上告理由よりは広いが、原判決の考え方よりは狭く宗教的活動を理解するものと指摘する。(2)は目的効果基準であるが、これに対する批判については、【10】および愛媛玉串料事件判決〔本書17事件〕を参照。(3)は、目的効果基準を用いて事案を検討する際に実質的に検討すべき諸要素を列挙したものであり、「目的・効果の判断を実質的に代替している」(文献③123頁)。もっとも、愛媛玉串料事件では、まさにこの諸要素をどのように評価するかが問題となった。(4)について、このような社会通念に依拠する判断は、宗教的多数者に有利になるのであり、信教の自由の保障の観点から問題があるという批判や客観性に乏しく理論的でないなどの批判がありうる(なお、【12】も参照)。また、判例①において、伊藤補足意見が、個人の信教の自由と政教分離原則が対抗する場面においては、社会通念に依拠した判断は適さないと指摘していることにも留意したい。ただし、ここにいう社会通念が必ずしも多数者に有利になるとは限らないことにつき、愛媛玉串料事件判決を参照。

❶ 【12】は、憲法20条3項の「宗教的活動」と同条2項の「宗教上の行為」との関係を明らかにする。もっとも、この説示は問題含みである。判解①231頁以下は、【11】で宗教的活動を原審や反対意見の理解よりも狭く解した結果、「宗教的活動に該当しないとされる宗教上の行為について国が参加を強制することが許されることとなり、信教の自由が侵害されることになるのではないかとの疑問が生ずる」ため、2項の宗教上の行為と3項の宗教的活動との区別を明示したものと捉える。しかし、多数意見が、政教分離原則を制度的保障であると強調したことや、判例①における「国又はその機関の宗教的活動も……憲法が保障している信教の自由を直接侵害するに至らない限り、私人に対する関係で当然には違法と評価されるものではない」との説示をみると、政教分離原則と信教の自由の連関を断ち切る趣旨と理解する余地を残すことは否定できない(【9】も参照)。愛媛玉串料事件判決〔本書17事件〕などでこの箇所が引用されないのはこのような事情もあるからかもしれない。

❸ 【13】から【18】は、起工式の性質を【11】の枠組みで評価する。【14】は、本件起工式が外形的には宗教儀式であることは否定できず、それゆえ津市が宗教とかかわり合いをもったことも否定できないという。

❹ 【15】では、起工式の宗教的意義は、①時代の推移とともに稀薄化しており、②長い年月にわたって広く行われてきた方式の範囲を出ないものである限り、③一般人の意識において、④建築着工に際しての慣習化した社会的儀礼として、世俗的な行事と評価されており、⑤本件起工式もそのようなもので、⑥主催した津市長以下の関係者の意識において、これを世俗的行事と評価し、これにさしたる宗教的意義を認めなかったとされる。これは、【11】の「当該行為に対する一般人の宗教的評価、当該行為者が当該行為を行うについての意図、目的及び宗教的意識の有無、程度」を、「社会通念」に従って判断したものといえる。

❺ 【16】は、【15】の評価を、起工式が、特に工事の無事安全等を願う工事関係者にとっては、欠くことのできない行事とされているという点から補強するものである。起工式が工事関係者にとってそのようなものであるからこそ、建築主は、工事関係者に配慮するという世俗的目的から起工式を行うのであって、津市長も同様であるという。

❻ 【17】は、わが国における「宗教意識の雑居性」に

がみられる。このような事情と前記のような起工式に対する一般人の意識に徴すれば、建築工事現場において、たとえ専門の宗教家である神職により神社神道固有の祭祀儀礼に則つて、起工式が行われたとしても、それが参列者及び一般人の宗教的関心を特に高めることとなるものとは考えられず、これにより神道を援助、助長、促進するような効果をもたらすことになるものとも認められない。そして、このことは、国家が主催して、私人と同様の立場で、本件のような儀式による起工式を行つた場合においても、異なるものではなく、そのために、国家と神社神道との間に特別に密接な関係が生じ、ひいては、神道が再び国教的な地位をえたり、あるいは信教の自由がおびやかされたりするような結果を招くものとは、とうてい考えられないのである❶。

【18】　以上の諸事情を総合的に考慮して判断すれば、本件起工式は、宗教とかかわり合いをもつものであることを否定しえないが、その目的は建築着工に際し土地の平安堅固、工事の無事安全を願い、社会の一般的慣習に従つた儀礼を行うという専ら世俗的なものと認められ、その効果は神道を援助、助長、促進し又は他の宗教に圧迫、干渉を加えるものとは認められないのであるから、憲法20条3項により禁止される宗教的活動にはあたらないと解するのが、相当である❶。

　　（四）　むすび

【19】　右に判示したところと異なる原審の判断は、結局、憲法20条3項の解釈適用を誤つたものというべく、右の違法は、判決の結論に影響を及ぼすことが明らかであり、論旨は理由がある。

　　第五　結論

【20】　以上の次第で、原判決中上告人敗訴部分は、破棄を免れない。そこで、更に、右部分について判断するに、前述したところによれば、本件起工式は、なんら憲法20条3項に違反するものではなく、また、宗教団体に特権を与えるものともいえないから、同条1項後段にも違反しないというべきである。更に、右起工式の挙式費用の支出も、前述のような本件起工式の目的、効果及び支出金の性質、額等から考えると、特定の宗教組織又は宗教団体に対する財政援助的な支出とはいえないから、憲法89条に違反するものではなく、地方自治法2条15項、138条の2にも違反するものではない。したがつて、右支出が違法であることを前提とする上告人に対する被上告人の請求は理由がなく、棄却されるべきものである。それ故、これと同旨の第一審判決は相当であり、前記部分に関する本件控訴は棄却されるべきものである❶。

【21】　よつて、行政事件訴訟法7条、民訴法408条、396条、384条に従い、訴訟費用の負担につき同法96条、89条を適用し、裁判官藤林益三、同吉田豊、同団藤重光、同服部高顕、同環昌一の反対意見があるほか、裁判官全員一致の意見で、主文のとおり判決する。

言及しつつ、起工式の効果を評価する。なお、多重信仰に言及する❾も参照。宗教意識の雑居性や多重信仰について、原判決は、そのような特徴があるからといって神道式地鎮祭が習俗慣行化するわけではないとしている。一方、上告代理人らは、これを逆手にとって、上告理由中で、そのような多重信仰があるからこそ、大衆意識の中に定着している地鎮祭のごときは習俗性があるとみなされるべきだと主張する。これに対して、原告側は、多重信仰の存在は、多重信仰を排斥する潔癖な信仰をもつ人やあるいは無宗教の立場にある人が圧殺され信教の自由が害される結果を招くのだから、むしろ政教分離原則を厳格に解する要因になるはずだと反論した（文献④。なお、文献⑨も参照）。このような両者の議論に対して、多数意見は、❾で、宗教的多元性ないし多重信仰というわが国特有の事情を、政教分離を厳格に解するための手がかりとして挙げている（判解①224頁以下も参照）。この点では原告側の主張が容れられたかにみえるが、【17】では、本件起工式の「効果」の発生を消極的に理解する要素として再び宗教意識の雑居性が登場しており、こちらでは上告理由の主張に近づいている。この点、判解①235頁は、宗教的意識の雑居性ないし多重信仰の問題は、「両面的な性格をもっており、それぞれの場面で適切に評価することが必要」だという。

❶　【18】は、あてはめの結果を示す。

❶　【20】は、憲法20条1項後段および同89条の適合性を検討する部分である。ここでは特に89条の判断枠組みについて、目的効果基準が明示されていない。この点について、愛媛玉串料事件判決〔本書17事件〕を参照。

少数意見

裁判官藤林益三、同吉田豊、同団藤重光、同服部高顕、同環昌一の反対意見（裁判官藤林益三については、本反対意見のほか、後記のような追加反対意見がある。）は、次のとおりである❶。

一　憲法における政教分離原則

【22】　信教の自由は、近代における人間の精神的自由の確立の母胎となり、自由権の先駆的な役割を果たし、その中核を形成した重要な基本的人権であり、現代の各国の憲法において、精神生活の基本原則として、普遍的に保障されているものである。わが憲法も、20条1項前段において「信教の自由は、何人に対してもこれを保障する。」と規定して信教の自由を無条件で保障するとともに、同項後段において宗教団体に対する特権の付与及び宗教団体の政治権力の行使

【23】　の禁止を、2項において宗教上の行為等に対する参加の強制の禁止を、3項において国及びその機関の宗教的活動の禁止を、また、89条において宗教上の組織・団体に対する財政援助の禁止をそれぞれ規定し、あらゆる角度から信教の自由を完全に保障しようとしている❶。

そもそも信教の自由を保障するにあたつては、単に無条件でこれを保障する旨を宣明するだけでは不十分であり、これを完全なものとするためには、何よりも先ず国家と宗教との結びつきを一切排除することが不可欠である。けだし、国家と宗教とが結びつくときは、国家が宗教の介入を受け又は宗教に介入する事態を生じ、ひいては、それと相容れない宗教が抑圧され信教の自由が侵害されるに至るおそれ

❶　藤林ほか反対意見は、国家と宗教の厳格な分離を主張し、本件起工式が宗教的儀式であるので、憲法20条3項に違反するという。

❷　【22】と【23】では、多数意見が政教分離原則を制度的保障とみなし、信教の自由を直接保障するものではないとするのに対して、政教分離原則を「信教の自由をあらゆる角度から完全に保障する」ために「不可欠」のものとみなし、信教の自由保障と政教分離を直結させている。信教の自由の保障という面で最も進歩的なのは政教分離原則であるという理解は戦前にもみられたが、信教の自由を保障する立憲主義諸国で必ずしも政教分離が採用されているわけではないことに鑑みても、「国家と宗教との関係には、それぞれの国の歴史的・社会的条件によって異なるものがある」とする多数意見（❾）が妥当であろう。ただし、多数意見が信教の自由と政教分離を直結させていないことの問題点につき、❾および【12】を参照。

が極めて強いからである。このことは、わが国における明治維新以降の歴史に照らしても明らかなところである❷❶。

【24】　すなわち、明治元年（1868年）、新政府は、祭政一致を布告し、神祇官を再興し、全国の神社・神職を新政府の直接支配下に組み入れる神道国教化の構想を明示したうえ、一連のいわゆる神仏判然令をもつて神仏分離を命じ、神道を純化・独立させ、仏教に打撃を与え、他方、キリスト教に対しては、幕府の方針をほとんどそのまま受け継ぎ、これを禁圧した。明治3年（1870年）、大教宣布の詔によつて神ながらの道が宣布され、同5年（1872年）、教部省は、教導職に対し三条の教則（「第一条　敬神愛国ノ旨ヲ体スヘキ事　第二条　天理人道ヲ明ニスヘキ事　第三条　皇上ヲ奉戴シ朝旨ヲ遵守セシムヘキ事」）を達し、天皇崇拝と神社信仰を主軸とする宗教の政治思想の基本を示し、これにより、国民を教化しようとした。また、明治4年（1871年）、政府は、神社は国家の宗祀であり一人一家の私有にすべきでないとし（太政官布告第234号）、更に、「官社以下定額及神職職員規則等」（太政官布告第235号）により、伊勢神宮を別として、神社を官社（官幣社、国幣社）、諸社（府社、藩社、県社、郷社）に分ける社格制度を定め、神職には官公吏の地位を与えて、他の宗教と異なる特権的地位を認めた。明治8年（1875年）、政府は、神仏各宗合同の布教を差止め各自布教するよう達し、神仏各宗に信仰の自由を容認する旨を口達しながら、明治15年（1882年）、神官の教導職の兼補を廃し葬儀に関与しないものとする旨の達（内務省達乙第7号、丁第1号）を発し、神社神道を祭祀に専念させることによつて宗教でないとする建前をとり、これを事実上国教化する国家神道の体制を固めた。明治22年（1889年）、旧憲法が発布され、その28条は信教の自由を保障していたものの、その保障は、「安寧秩序ヲ妨ケス及臣民タルノ義務ニ背カサル限ニ於テ」という制限を伴つていたばかりでなく、法制上は国教が存在せず各宗教間の平等が認められていたにもかかわらず、上述のようにすでにその時までに、事実上神社神道を国教の取扱いにした国家神道の体制が確立しており、神社を崇奉敬戴すべきは国民の義務であるとされていたために、極めて不完全なものであることを免れなかつた。更に、明治39年法律第24号「官国幣社経費ニ関スル法律」により、官国幣社の経費を国庫の負担とすることが、また、同年勅令第96号「府県社以下神社ノ神饌幣帛料供進ニ関スル件」により、府県社以下の神社の神饌幣帛料を地方公共団体の負担とすることが定められ、ここに神社は国又は地方公共団体と財政的にも完全に結びつくに至つた。このようにして、昭和20年（1945年）の敗戦に至るまで、神社神道は事実上国教的地位を保持した。その間に、大本教、ひとのみち教団、創価教育学会、日本基督教団などは、厳しい取締・禁圧を受け、各宗教は国家神道を中心とする国体観念と矛盾しない限度でその地位を認められたにすぎなかつた。そして、神社参拝等が事実上強制され、旧憲法で保障された信教の自由は著しく侵害されたばかりでなく、国家神道は、いわゆる軍国主義の精神的基盤ともなつていた。そこで、昭和20年（1945年）12月15日、連合国最高司令官総司令部は、日本政府にあてて、いわゆる神道指令（「国家神道、神社神道ニ対スル政府ノ保証、支援、保全、監督並ニ弘布ノ廃止ニ関スル件」）を発し、これにより、国家と神社神道との完全な分離が命ぜられ、神社神道は一宗教として他の一切の宗教と同じ法の基礎のうえに立つこと、そのために、神道を含むあらゆる宗教を国家から分離すること、神道に対する国家、官公吏の特別な保護監督の停止、神道及び神社に対する公けの財政援助の停止、神棚その他国家神道の物的象徴となるものの公的施設における設置の禁止及び撤去等の具体的措置が明示された❷❷。

【25】　憲法は、信教の自由が重要な基本的人権であり、その保障のためには国家と宗教との分離が不可欠であるにもかかわらず、前述のように旧憲法のもとにおいては、信教の自由の保障が不完全であり、国家と神道との結びつきにより種々の弊害が生じたにがい経験にかんがみ、神道指令の思想をも取入れ、20条1項前段において信教の自由を無条件で保障するとともに、その保障を完全にするために前記の諸規定を設けるに至つたものと考えられる。

【26】　以上の点にかんがみると、憲法20条1項後段、同条3項及び89条に具現された政教分離原則は、国家と宗教との徹底的な分離、すなわち、国家と宗教とはそれぞれ独立して相互に結びつくべきではなく、国家は宗教の介入を受けずまた宗教に介入すべきではないという国家の非宗教性を意味するものと解すべきである❷❸。

【27】　多数意見は、国家と宗教との完全な分離は理想にすぎずその実現は実際上不可能であり、政教分離原則を完全に貫こうとすればかえつて社会生活の各方面に不合理な事態を生ずることを免れないから、政教分離規定の保障による国家と宗教との分離にもおのずから一定の限界があり、わが憲法における政教分離原則は、国家が宗教的に中立であることを要求するものではあるが、国家が宗教とのかかわり合いをもつことを全く許さないとするものではなく、宗教とのかかわり合いをもたらす行為の目的及び効果にかんがみ、そのかかわり合いがわが国の社会的・文化的諸条件に照らし相当とされる限度を超えるものと認められる場合にこれを許さないものであるとし、その意義を限定的に解しようとするのである。しかしながら、多数意見のいう国家と宗教とのかかわり合いとはどのような趣旨であるのか必ずしも明確でないばかりでなく、そのかかわり合いが相当とされる限度を超えるものと認められる場合とはどのような場合であるのかもあいまいであつて、政教分離原則を多数意見のように解すると、国家と宗教との結びつきを容易に許し、ひいては信教の自由の保障そのものをゆるがすこととなりかねないという危惧をわれわれは抱かざるをえないのである。なお、われわれのような国家と宗教との徹底的な分離という立場においても、多数意見が政教分離原則を完全に貫こうとすれば社会の各方面に不合理な事態を生ずることを免れないとして挙げる例のごときは、平等の原則等憲法上の要請に基づいて許される場合にあたると解されるから、なんら不合理な事態は生じないのである❷❹。

二　憲法20条3項により禁止される宗教的活動

　憲法20条3項は、「国及びその機関は、宗教教育その他いかなる宗教的活動もしてはならない。」と規定するが、上述の政教分離原則の意義に照らしてこれをみれば、ここにいう宗教的活動には、宗教の教義の宣布、信者の教化育成等の活動はもちろんのこと、宗教上の祝典、儀式、行事等を行うこともそれ自体で当然に含まれるものと解すべきであつて、多数意見のようにこれを限定して解すべきものではない。けだし、宗教上の祝典、儀式、行事等は宗教的信仰心の表白の形式であり、国又はその機関が主催してこれらを行うことは、多数意見のようにその及ぼす具体的な効果のいかんを問うまでもなく、前述の政教分離原則の意味する国家の非宗教性と相容れないことは明らかであるからである。もつとも、一応宗教的活動にあたると認められるようなものであつても、国若しくはその機関がこれを行わなければかえつて国民の信教の自由が制約される結果となるとき又は平等の原則等憲法上の要請に基づいて行われるときには、許される場合があることを否定するものではない❷❺。

【29】　右のような見地に立つても、元来は宗教に起源を有する儀式、行

---

❷❶　【23】からは、政教分離を「国家と宗教との結びつきを一切排除すること」と理解していることがうかがわれる。そして、[26]の「非宗教性」へとつながつている。そして、そのような理解をすべき理由として、「我が国における明治維新以降の歴史」が挙げられる。この点、多数意見（[9]）は、わが国における多重信仰という宗教事情も挙げているが、【23】では一切触れられない。
❷❷　【24】は、わが国の歴史的経緯が振り返られ、国家神道の伸長と宗教的少数者の信教の自由の侵害が指摘される。このことは多数意見（[9]）も共有している。
❷❸　【26】は、わが国の政教分離原則が、「徹底的な分離」を意味し、「国家の非宗教性」を意味するものをいう。ここにいう「非宗教性」が「中立性」とは異なることにつき、❾を参照。多数意見が中立性に重心を置いていることは、【27】でも認識されている。
❷❹　【27】は、多数意見（[9]）の考え方は明晰ではなく、信教の自由を揺るがしかねないと批判する。なお、同旨の批判は、愛媛玉串料事件判決［本書17事件］の高橋意見、尾崎意見も参照。

事であつても時代の推移とともにその宗教性が稀薄化し今日において完全にその宗教的意義・色彩を喪失した非宗教的な習俗的行事は、憲法20条3項により禁止される宗教的活動にあたらないというべきであるが、他方、習俗的行事化しているものであつてもなお宗教性があると認められる宗教的な習俗的行事は、右規定により禁止される宗教的活動に当然含まれると解すべきである。(なお、右のような非宗教的な習俗的行事にあたるかどうかの判断は、本来、右規定の解釈適用の問題であるから、原判決のいうような民俗学上にいう習俗の要件を充足しているかどうかによつて判断すべきものではない。) ㉖

三 本件起工式の性質

[30] 右の見地に立つて、本件起工式が憲法20条3項によつて禁止される宗教的活動にあたるかどうかについて検討する。

[31] (一) 本件起工式について、原審が確定した事実は、おおよそ次のとおりである ㉗。

[32] (1) 本件起工式の式場には、天幕が二つ張られ、手前の天幕の下には参列者用の椅子が並べられ、奥の天幕は、周囲に紅白の幔幕を張り、四隅に笹竹(斎竹)を立て、三方に注連縄が引きめぐらされて祭場が設けてあつた。そして、右祭場の奥正面には榊(神籬)をのせた白木の机の祭壇を設け、その前面に青物等の供物(神饌)をのせた三方がおかれ、祭壇に向つて左手前の机には玉串が、また右手前の机には榊、鎌、鍬の祭具がのせてあつた。更に左手前には枯草を植えた盛砂があり、その前方に起工式の式次第が掲示されていた。

[33] (2) 参列者は、それぞれ式場入口で市職員より奉書で柄をまき水引をかけた柄杓で手に水をそそがれ、身を清めるいわゆる「手水の儀」(神道における最小限度の禊の意味)をしたのち、式場に入つた。

[34] (3) 本件起工式は、津市職員の伊藤義春を進行係とし、当日午前10時から開始されたが、土地の氏神にあたる宗教法人大市神社の宮司宮崎吉脩が斎主、その他の3名の神職が斎員となり、いずれも所定の服装で、神社所有の祭具を用いて、次の神事が行われた。

修祓の儀(神職が参列者一同の前に進み出て榊の枝を打ち振り、一同の罪穢をはらいのける儀式)、降神の儀(神職が祭壇の前へ出て礼拝し、祭壇の神籬に大地主神及び産土神である大市比売命等の神霊を招き降ろす儀式)、献饌の儀(神職が神饌である青物等の供物を供える儀式)、祝詞奏上(斎主が祭壇の前へ進み出て神霊に対し本件工事の無事安全を祈願する祝詞を読み上げる儀式)、清祓の儀(敷地をはらい散供を行う儀式)、刈初めの儀(市長が盛砂の上に植えてある枯草を鎌で刈る動作をし、荒地を切り開く儀式)、鍬入れの儀(工事責任者が盛砂に鍬を入れて荒地を平にする儀式)、玉串奉奠(市長、市議会議長らが順次祭壇の前に進み出て神職から渡された榊の枝(玉串)を奉つて拍手拝礼する儀式)、撤饌の儀(神饌を撤する儀式)、昇神の儀(神々に天に帰つてもらう儀式)

[35] そして、参列者一同拝礼して、午前10時45分ころ、滞りなく儀式を終え、しかるのち、あらかじめ西隣りに設けられた祝賀会用天幕へ行つて祝宴(神道では直会という。)をした。

[36] (二) 右事実によれば、本件起工式は、神職が主宰し神社神道固有の祭式に則つて行われた儀式であつて、それが宗教上の儀式であることは明らかである。もつとも、一般に起工式そのものは名称はともかくとして古くから行われてきており、時代の推移とともに多分に習俗的行事化している側面のあることは否定することができないが、本件起工式自体は、前記の事実に徴すれば、極めて宗教的色彩の濃いものというべきであつて、これを非宗教的な習俗的行事ということはとうていできない。しかも、多数意見のようにその具体的な効果について考えてみても、地方公共団体が主催して右のような儀式を行うことは、地方公共団体が神社神道を優遇しこれを援助する結果となるものであることはいうまでもないところであつて、かような活動を極めて些細な事柄として放置すれば、地方公共団体と神社神道との間に密接な関係が生ずるおそれのあることは否定することができないのである。多数意見は、本件起工式を宗教とかかわり合いがあるものとしその宗教性を否定はしないものと考えられるが、その宗教的意義を軽視し、しかもその効果を過小に評価しようとするものであつて、その説くところに、われわれは、とうてい賛同することができない。われわれの見解によれば、本件起工式は、明らかに、憲法20条3項にいう宗教的活動にあたるものというべきである。しかも、本件起工式が許されるものとすべき前述の事由は全く認められない。よつて、本件起工式は、憲法20条3項に違反し許されないものといわなければならない。

四 結論

[37] 以上の次第で、本件起工式は憲法20条3項に違反するというべきであり、これと同旨の原審の判断は正当であるから、本件上告は棄却されるべきものである。

裁判官藤林益三の追加反対意見は、次のとおりである ㉘。

一 国家と宗教 ㉙

[38] 信教の自由は、近世民主主義国家の一大原則であつて、これは数世紀にわたる政治的及び学問的闘争の結果、かちえた寛容の精神の結晶である。政教分離原則は、信教の自由の確立の歴史の過程で、その保障に不可欠の前提をなすものと考えられるに至つているが、次の二つの主要点を含む ㉚。

[39] (一) 国家は、いかなる宗教に対しても、特別の財政的もしくは制度的援助を与えず、又は特別の制限を加えない。すなわち国家は、すべての宗教に対して、同一にして中立的な態度をとるべきである。

[40] (二) 国家は、国民各自がいかなる宗教を信ずるかについて、何らの干渉を加えるべきではない。信教は、各個人の自由に放任されるべきものであり、宗教を信ずるや否や、信ずるとすればいかなる宗教を選ぶかは、国民各自の私事である。

[41] この原則の確立により国家の特定宗教への結びつきは原則的に否定せられ、国家は世俗的なもののみに関与すべきものとされるに至つたのであるが、これによつて、国家と宗教の問題が全く消滅したのではない。けだし、すべての国家は、その存立の精神的又は観念的基礎をもつ以上、宗教もまた人類の精神の所産であるから、国家は、信教自由の原則を認めると同時に、国家自身が、宗教に対して無関心、無感覚であつてはならない。信教自由の原則は、国家の宗教に対する冷淡の標識ではなく、かえつて宗教尊重の結果でなければならない ㉛。

㉕ 【28】は、憲法20条3項の「宗教的活動」を広く理解し([11]も参照)、原則としてそれを行うことは違憲となり、例外的に「国民の信教の自由が制約される結果となるとき又は平等の原則等憲法上の要請に基づいて行われるとき」に合憲となるという。

㉖ 【29】は、国家の行為が宗教的活動に該当するかを判断するにあたり、原審の習俗論を否定したうえで、宗教的意義の有無を基準として判断すれば足りるという。もつともその際の具体的な判断基準は示されていない(判例①232頁)。

㉗ [31] から [36] では、起工式の宗教的意義が評価される。

㉘ 藤林追加反対意見は、国家と宗教との関係を論じたうえで、宗教の独立性の尊重を説き ([38]~[42])、神道指令が宗教の民主化を指示したものであることを指摘するとともに、神社も宗教であるとされたことの意義を指摘する ([43]~[50])。これらをふまえて、憲法20条3項にいう宗教的活動の意義が検討され、反対意見 [28] 同様、これを広く捉えるべきだとし ([51]~[54])、起工式も人為以外の何ものかに頼るものである以上は宗教的儀式だという ([55][56])。最後に、本件起工式が宗教的少数者の人権の問題であることが指摘される ([57][58])。この追加反対意見は、宗教に対する尊重を強調する点でも、憲法20条3項の解釈の点でも、反対意見とは明らかに異質である。その背景には、無教会主義のクリスチャンであつた藤林裁判官の「信仰」理解があるといえよう。生前、藤林裁判官は、「日本には信仰について真剣に考える人が少ない。……津市地鎮祭訴訟では同僚の裁判官諸氏の多くも同様であつた」と回顧している(文献⑦75頁)。このことからも、この追加反対意見は、反対意見に対する「意見」として書かれているように思われる。この追加反対意見は、多くの有益な視点を含んでいるように思われるが、文献②161頁以下が指摘するように、これまで十分な研究が進んでいない。

㉙ [59] で言及されているように、この追加反対意見は多くの箇所で、矢内原論文が引用されている。矢内原論文の位置づけ、原典との異同をふまえ、藤林追加反対意見を読み解くものとして、文献②を参照。

㉚ 【38】から【40】では、政教分離には、国家の宗教的中立性と宗教の私事性が含まれることが指摘される。

㉛ 【41】では、信教の自由を保障する政教分離原則が、宗教に対する無関心、無

【42】 国家の存立は、真理に基づかねばならず、真理は擁護せられなければならない。しかしながら、何が真理であるかを決定するものは国家ではなく、また国民でもない。いかに民主主義の時代にあつても、国民の投票による多数決をもつて真理が決定せられるとは誰も考えないであろう。真理を決定するものは、真理それ自体であり、それは歴史を通して、すなわち人類の長い経験を通して証明せられる。真理は、自証性をもつ。しかし、自ら真理であると主張するだけでは、その真理性は確立せられない。それは、歴史を通してはじめて人類の確認するところとなるのである。宗教に関しても、真理は自証性を有するのであるといわなければならない。したがつて、真の宗教は、国家その他の世俗の力によつて支持されることなくして立つべきものであり、かつ、立つことが可能なのである。そして宗教は、その独立性こそが尊重せられるべきである❷。

二 宗教の民主主義化

【43】 国家神道又は神社神道に関する連合国最高司令官総司令部からのいわゆる神道指令は、三つの重要な点を含んでいる。そして、これが憲法 20 条の基礎をなしているのである❸。

【44】 (一) 神社を宗教と認めたことである。これが日本国民の国民的感情に完全に合致するや否やは、若干疑問の余地がないではない。神社は、宗教として思想の体系が貧弱であり、むしろ素朴な民族的生活感情の表現たる点が多いからである。しかし、神社の行事並びに神職の行為には、宗教的行事と認められるものがあり、これが本件の問題である。

【45】 (二) 神社を宗教と認める以上、これに国家の行政的もしくは財政的保護を与えることは、政教分離の原則上不当であるとして、これが廃止を命令されたことである。

【46】 (三) このように国家より分離された神社を、宗教として信仰することは、国民の自由であるとされたことである。

【47】 明治維新後、政府は、新日本を建設するに当たり、制度及び文化は西洋より輸入したが精神の根底としては日本古来の神ながらの道によることとし、この跛行的状態をもつて日本の近代化運動を開始した。かくして、事実上神社神道に国教の地位を認めながら、ただ国際的及び国内的の都合から、信教自由の原則に抵触させないために、神社は宗教に非ずとの解釈を下したのである。それ以来、日本の政治及び教育は、この線に沿つて行われた。自己の信ずる宗教の何であるかを問わず、国務大臣は新任に際して伊勢神宮に参拝することが慣例とせられ、地方官は官国幣社の大祭に奉幣使として参拝を命ぜられ、学校生徒は教師に引率されて集団的に神社に参拝し、地方住民は神社の氏子として祭礼に寄附を求められた。これらのことが慣行として一般に平穏に行われたことには、次の理由があつた。

【48】 (一) 神社の宗教性が素朴であつたことである。神社神道には組織的な神学がなく、その神観は原始的であり、超自然的、奇蹟的要素がほとんどなかつた。すべてが概して自然的であり、かつ、人間的であつた。このように、神社の宗教性が素朴であることが、神社参拝を信教自由の原則に抵触しないものとして、一般国民に安易に受けいれさせたのである。

【49】 (二) 日本の仏教は、理論的にも生活的にも神社と対立闘争することが少なく、むしろこれと協調し合流して、併存的に共存して来たという歴史的事実がある。すなわち日本の神々は、仏教諸仏の化身であるという本地垂迹説が唱えられて、日本の神々と仏教諸仏との調和・一致・併存が理論づけられ、仏寺の境内には鎮護の神社を祭るものもあり、日本国民の大部分は仏教信者であると同時に神社の氏子であつた。すなわち個人としては仏教を信じ、国民としては神社を祭つて、毫も怪しむところがなく、平穏な生活を営んで来たのである。これは仏教の布教政策によつたものでもあり、一方、既述の如く、神社が素朴な宗教性をしかもたないからであつた。とにかく、過去一千年以上にわたつて実行せられて来た仏教と神社との二重生活によつて、明治維新以来の神社政策は、国民の間に大なる問題もなく受けいれられたのである。

【50】 (三) 従来神社神道及び仏教によつて養われて来た日本国民の宗教意識そのものが、信教自由の問題について十分な敏感さをもたなかつたことである。けだし、神社神道も仏教も、その教義は多神教もしくは汎神教的であつて、キリスト教のような人格的一神教でなく、個人の人格の観念を刺激し、基本的人権の観念を発達せしめず、したがつて、信教自由の原則の重要性を認識させることも少なかつた。この事情が、神社参拝問題を信教の自由に抵触するものとして重要視しなかつたことの一大原因であろう。

三 憲法 20 条 3 項により禁止される宗教的活動

【51】 信教の自由と政教分離の原則を宣明する憲法 20 条 1 項ないし 3 項の規定は、その制定に最大の影響を与えたものと思われるアメリカ合衆国憲法修正 1 条（連邦議会は法律により、国教の樹立を規定し、もしくは信教上の自由な行為を禁止することはできない。宮沢俊義編岩波文庫、世界憲法集訳）よりも、この点に関しては、更に徹底したものであり、世界各国憲法にもその比を見ないほどのものである❹。

【52】 その 3 項は、「国及びその機関は、宗教教育その他いかなる宗教的活動もしてはならない。」と規定しているが、その解釈の指導原理となるべき政教分離原則の意義から考えると、右規定によつて国及びその機関が行うことを禁止される宗教的活動とは、宗教の布教、宣伝、信者の教化、育成を目的とする積極的な活動にとどまらず、宗教上の祝典、儀式、行事など宗教的意義を有する一切の行為をいうものと解すべきである。そしてこのように、宗教的活動の意味を広く解すべき実質的理由は、次のとおりである。

【53】 およそ歴史に知られた民族で宗教をもたなかつたものはないといわれる。もちろん、宗教学又は宗教史学にいわゆる宗教と、法律学上の宗教とは必ずしも同様に解すべきではないが、宗教に関して、神学者、哲学者、宗教の科学的研究者たちは、古来さまざまな宗教の定義を提示しており、その多様さは、学者の数だけ定義の数もあるといわれるほどである。それゆえ、わが国においても、法律上どこにも宗教の定義が示されていないことは当然であると思われる。また、アメリ

感覚を意味するのではなく、宗教を尊重するものであることが強調される。そもそも、国教制、公認宗教制、政教分離というよく知られた政教関係の諸分類は、いずれも信教の自由の保障を伴うものであり、排他的な（それゆえ国教以外に不寛容な）国教制や宗教そのものを敵視する宗教敵対制とは区別されるものである。国家の徹底的な非宗教化を指向する反対意見は、この点に対する理解が不足している憾みがある。なお、神戸高専剣道実技履修拒否事件〔本書 15 事件〕および空知太神社事件〔本書 18 事件〕も想起せよ。

❷ 【42】では、国家も宗教も、（それぞれの）「真理」に拠って立つところ、その基盤たる真理であるかは歴史によって自証され確立されるのであって、国家や国民が多数決によって決めるものではないという。したがって、政教分離は、国家の基盤たる真理に宗教が容喙することも、宗教の基盤たる真理に国家が容喙することも避けられるべきであり、信教の自由を保障する政教分離は、個人が自らの霊魂の問題との関連で真摯な姿勢を尊重するものとして位置づけられているように思われる。藤林裁判官は、文献⑧75 頁で、「信仰は個人の霊魂の問題であり、国家の関与すべきものではない。信教の自由とは何を信じてもよい、信じなくてもよいということである。……政教分離とは宗教に国家が介入してはならないということである。……宗教は自立しなければならない。国が援助しなければならないような宗教は駄目である」ともいう。なお、文献② 216-222 頁も参照。

❸ 【43】から【50】は、文献② 203-210 頁が明らかにするように、元になっている矢内原論文を参照しなければ、（あるいはしてもなお）文意がつかみにくい。それをふまえつつ、ここで表現されている限りで内在的に読み解こうとするとき、【44】末尾の一文が決定的に重要であるように思われる（これが藤林裁判官によってパラフレーズされていることにつき、文献② 204 頁）。評者の理解する限りでまとめると、【48】から【50】で示されるような理由もあって、明治維新後の神社非宗教論に基づく日本の政治および教育は、「慣行として一般に平穏に行われ」（【47】【49】）、そのことが信教の自由を脅かすものとして理解されることもなかった（【50】）。憲法は、神社を宗教と認め、その国家と分離したうえで、神社を信仰するものもしないものもとる、信教の自由で保障するものとした（【44】～【46】）。もっとも、「神社は、宗教として思想の体系が貧弱であり、むしろ素朴な民族的生活感情の表現たる点が多い」とされ、それが宗教と呼べるかは「日本国民の国民的感情」からみると疑問がないわけではない。しかし、「神社の行事並びに神職の行為には、宗教的行事と認められるものがあり、そうである点こそが、「本件の問題」である（【44】）。このような理解が許されるとするならば、ここでは、「神社非宗教論」こそが、信教の自由保障の妨げになり、その排除と政教分離の導入と「神社宗教論」への移行が、信教の自由の保障にとって不可欠であった（【43】）といおうとするものと解される。文献⑥ 406-409 頁も参照。

❹ 【51】から【54】では、憲法 20 条 3 項にいう宗教的活動を広く捉えるべきことが、反

カ合衆国憲法にも、宗教もしくは宗教的ということばの定義は見られないのみならず、アメリカ連邦最高裁判所は、もろもろの宗教又は宗教らしいものに対応するに際して、宗教や宗教的という用語を定義することなく、この語がどういう意味をもつにしろ、アメリカ合衆国憲法修正1条が「社会的義務に違反し、もしくは善良な秩序を破壊するような行為に介入するような」政府の行動を禁止してはいないということで満足していたのである。すなわち法は、行為の抑制のためにつくられるのであるから、法は、宗教的な信念や見解そのものに干渉することはできないが、宗教的活動に対しては抑制が可能であるとしたのである。換言すれば、あらゆる宗教又は宗教らしいものを憲法上宗教として取りあつかい、その外部に現われたところのものを問題とするにとどまったのである(清水望、滝沢信彦共訳、「コンヴィッツ・信教の自由と良心」のうち、宗教とは何か、参照)。

【54】 思うに、わが憲法においても、宗教又は宗教的という語は、できる限り広く解釈さるべきものである。しかるにこれを厳密に定義し、また、これを狭く解するときには、それ以外の宗教ないし宗教類似の行為には20条の保障が及ばないこととなって、信教の自由が著しく制限される結果となるばかりでなく、反面、国家と宗教の密接な結びつきが許容される道を開くこととなるであろう。

四 本件起工式の性質

【55】 多数意見は、起工式が工事の無事安全等を祈願する儀式であり、「祈る」という行為を含むものであることまでは認めているが、今日では、それは一般人及び主催者の意識においては、建築上の儀礼と化してしまっているから、世俗的行事と評価されているとしている。すなわち慣行だというのである。もちろん世の中には、その起源を宗教的なものに発してはいるが、現在では宗教的意義を有しない諸行事が存することを認めないわけにはいかない。正月の門松は、年々減少していくようであるが、縁起るものとして今日でも行われている。雛祭りやクリスマスツリーの如きものも、親が子供に与える家庭のたのしみとして、あるいは集団での懇親のための行事として意味のあることが十分に理解できる。そして今日では、これらは宗教的意義を有しないとすることもできるであろう。しかし、原審認定のような状況下において、本件起工式をとり行うことをもって、単なる縁起ものまたはたのしみのようなものにすぎないとすることができるであろうか。多数意見も認めているとおり、本件のような儀式をとり入れた起工式を行うことは、特に工事の無事安全等を願う工事関係者にとっては、欠くことのできない行事とされているというのであって、主催者の意思如何にかかわらず、工事の円滑な進行をはかるため、工事関係者の要請に応じて行われるものなのである。起工式後のなおらいの祝宴をめあてに、本件儀式がなされたとはとうてい考えられない。ここに単なる慣行というだけでは理解できないものが存在するのである。けだし、工事の無事安全に関する配慮が必要なだけならば、現在の進歩した建築技術のもとで、十分な管理がなされる限り、科学的にはこれにつけ加えるべきものはない。しかるに、工事の無事安全等に関し人力以上のものを希求するから、そこに人為以外の何ものかによることになるのである。これを宗教的なものといわないで、何を宗教的というべきであろうか。本件起工式の主催者津市長がたとえ宗教を信じない人であるとしても、本件起工式が人力以上のものを希求する工事関係者にとつて必須のものとして行われる以上、本件儀式が宗教的行事たることを失うものではない。これは宗教心のない喪主たる子が、親のために宗教的葬式を主催しても、それが宗教的行事であることに変りがないのと同様である㉝。

本件においては、土俗の慣例にしたがい大工、棟梁が儀式を行ったものではなく、神職4名が神社から出張して儀式をとり行ったのである。神職は、単なる余興に出演したのではない。原審の認定するとおり、祭祀は、神社神道における中心的表現であり、神社神道において最も重要な意義をもつものである。このことは、すべての神道学者が力説するところである。神社の宗教的活動は、祭りの営みにあるといってよいくらいである。祭祀は、神社神道における神恩感謝の手ぶりであり、信仰表明の最も純粋な形式であるといわれる。教化活動は、祭りに始まり、祭りに終るということができるのであって、祭祀をおろそかにしての教化活動は、神社神道においては無意味であるとされる。すなわち祭祀は、神社神道において最も重要にして第一義的意義を有するものであり、儀式あるいは儀礼が最上の宗教的行為なのである。

五 宗教的少数者の人権

【57】 本件起工式は、たとえ専門の宗教家である神職により神社神道固有の祭祀儀礼に則って行われたものとしても、それが参列者及び一般人の宗教的関心を特に高めることとなるものとは考えられないというのが、多数意見である。神社神道が教化力に乏しいというところから、そういう議論になるのであろうが、たとえそうであるとしても、そのような儀式に対してすら、違和感を有する人があることもまた事実である。もとより、個人あるいは私法人が起工式を行うに当たり、神社神道又はその他の宗教によることは自由であり、これこそ信教の自由であるが、本件起工式は、地方公共団体が主催して行ったものであることが、案外、軽視されているように思われてならないのである。すなわち国家や地方公共団体の権限、威信及び財政上の支持が特定の宗教の背後に存在する場合には、それは宗教的少数者に対し、公的承認を受けた宗教に服従するよう間接的に強制する圧力を生じるからである。たとえ儀式に要する費用が多くなくても、また一般市民に参加を強制しなくても、それは問題でない(本件起工式では、来賓として地元有力者等百五十名の参列をえ、工事責任者が出席し、津市の職員が進行係をつとめ、被上告人請求の目的となっている挙式費用7663円を含め公金17万4千円を支出した。)。要するに、そういう事柄から国家や地方公共団体は、手をひくべきものなのである。たとえ、少数者の潔癖感に基づく意見と見られるものがあっても、かれらの宗教や良心の自由に対する侵犯は多数決をもってしても許されないのである。そこには、民主主義を維持する上に不可欠というべき最終的、最少限度守られなければならない精神的自由の人権が存在するからである。「宗教における強制は、他のいかなる事柄における強制とも特に明確に区別される。私がむりに従わされる方法によって私が裕福となるかもしれないし、私が自分の意に反してむりに飲まされた薬で健康を回復することがあるかもしれないが、しかし、自分の信じていない神を崇拝することによって私が救われようはずがないからである。」(ジェファソン)㊱

対意見とは異なって、宗教概念にまで遡って基礎づけられる。もっとも、そこでの宗教概念の検討の結果は、法的には定義がなく、漠然と捉えられているというものである(【54】)。しかし、【54】では、むしろこのことがわが国の文脈で積極的に位置づけられる。というのも、「〔宗教を〕厳密に定義し、また、これを狭く解するときには、それ以外の宗教ないし宗教類似の行為には20条の保障が及ばないこととなって、信教の自由が著しく制限される結果となるばかりでなく、反面、国家と宗教の密接な結びつきが許容される道を開くこととなる」からである。このような理解は、神社を宗教から除外するのではなく、宗教としての位置づけを与え続けることこそが、日本国憲法下における信教の自由保障にとって決定的に重要である、という藤林裁判官の認識からすれば、当然の帰結である。

㉝ 【55】と【56】では、起工式が宗教儀式であることが、【56】の趣旨は、藤林裁判官自身による次の説明が非常にわかりやすい。「神職が4人もわざわざ衣冠束帯をつけて威儀を正しくやって来たのですから、それをショーとか余興でやったのだというのなら、これはとんでもないことだと私は思うのです。プロの宗教家だし、余興に出演したのではありません。宗教家が宗教的行事をやって、それで習俗行事だか、宗教的行事でないとか言われて黙っている方がおかしいではないか、というのが私の持論です」(文献⑦

118頁)。これは、「宗教が集団化と組織化への志向を持つという前提の下で、国家とこの組織された諸宗教・諸宗派との関係をいかに形成するか」という基層的な問題関心(文献⑥409頁)に立脚し、神社もまた宗教であるはずだし、そうでなくてはならないはずだと理解するものと評価することもできよう。もっとも、【44】で「本件の問題」とされていたように、神社が宗教であるかどうかは本来、微妙であったはずである。これに対して、【56】は、【54】における宗教概念をできるだけ広く捉えるべきだという主張とあわせて、神社において「儀式あるいは儀礼が最上の宗教的行為」であり、祭祀こそが「神社神道における中心的表現」であることを強調し、いわば神社宗教論を堅持しようというのであろう。しかし、その前提として、神社もまた、「集団化と組織化への志向を持つ」のかという問題は等閑視されている。神社がこれだけ広く捉えられるなどとすれば、日本国憲法は「神道に関する限り」非友好的な特別扱い(判批⑤346頁、なお、阪本・憲法理論Ⅱ359頁も参照)をするものと受け止められかねない。この点に藤林裁判官が応えないのは、藤林裁判官の考える信仰ないし良心のあり方に関わっているのかもしれない(なお、文献②218頁以下も参照)。

【58】　国家又は地方公共団体は、信教や良心に関するような事柄で、社会的対立ないしは世論の対立を生ずるようなことを避けるべきものであって、ここに政教分離原則の真の意義が存するのである㊲。

【59】　六　以上が、反対意見に追加する私の意見であるが、その一及び二項において、私は矢内原忠雄全集18巻357頁以下「近代日本における宗教と民主主義」の文章から多くの引用をしたことを、本判決の有する意義にかんがみ、付記するものである。

（裁判長裁判官　藤林益三　裁判官　岡原昌男　裁判官　下田武三　裁判官　岸　盛一　裁判官　天野武一　裁判官　岸上康夫　裁判官　江里口清雄　裁判官　大塚喜一郎　裁判官　髙辻正己　裁判官　吉田　豊　裁判官　団藤重光　裁判官　本林　讓　裁判官　服部髙顯　裁判官　環　昌一　裁判官　栗本一夫）

Questions

①事実関係の確認
問1　津市は市立体育館の建設にあたって何をしたか。▶【事案】
問2　市立体育館の起工式はどのようなものだったか。▶【事案】、【4】、【31】～【35】
問3　Xはどのような人物であり、市立体育館の起工式にどのような問題があると考えたか。▶【事案】
問4　Xはどのような訴訟を提起したか。▶【事案】
問5　第一審、控訴審の判決はどのような内容だったか。▶【5】【6】

②判決の内容の確認
問6　多数意見は政教分離原則をどのような性質のものとして理解しているか。そのように理解する理由は何か。▶【8】～【10】
問7　多数意見はどのような場合に政教分離違反となるといっているか。▶【10】
問8　多数意見は憲法20条3項の宗教的活動をどのように理解しているか。▶【11】
問9　多数意見は本件起工式の性質をどのように評価したか。▶【13】～【18】
問10　多数意見は本件起工式への公金支出の憲法89条適合性をどのように判断したか。▶【20】

③応用問題
問11　目的効果基準に対して、学説からはどのような批判が寄せられているか。各自、教科書等で確認しなさい。
問12　多数意見が政教分離原則を緩やかに理解するのは、政教分離を制度的保障として理解するからであるという批判の当否を検討しなさい。▶【9】【10】、愛媛玉串料事件判決〔本書17事件〕
問13　「国家の非宗教性」と「宗教的中立性」は同じか。国家の非宗教性を強調する藤林ほか反対意見と多数意見とで異なるところはあるか。また、どちらの理解が妥当か。政教分離を「国家の非宗教性」と理解する立場は、政教分離原則を厳格に解する傾向と結びつくか。▶【22】【26】、【9】【10】
問14　「国家と宗教の完全な分離」は理想か。▶【9】【10】、【22】～【27】、【38】～【50】
問15　結局のところ、なぜ「政教」は分離されなければならないのか。▶【9】、【22】～【27】、【38】～【50】
問16　本件の事案を前提に、政教分離原則違反をより厳格に判断する場合、どのような判断枠組みを用いることが考えられるか。反対により緩やかな判断枠組みがありうるか。▶愛媛玉串料事件判決〔本書17事件〕、判批①

○　**関連判例**（本書所収以外のもの）
最大判昭和63年6月1日民集42巻5号277頁［自衛官合祀事件］（判例①）
最判平成5年2月16日民集47巻3号1687頁［箕面忠魂碑慰霊祭事件］

○　**本判決の調査官解説**
越山安久「判解」最高裁判所判例解説民事篇昭和52年度212頁（判解①）

○　**その他の判例解説・判例批評**
清野正彦「判解」最高裁判所判例解説民事篇平成22年度〔上〕1頁（判解②）
芦部信喜「判批」宗教判例百選〔第2版〕（1991年）42頁（判批①）
大石眞「判批」憲法判例百選Ⅰ〔第6版〕（2013年）98頁（判批②）
日比野勤「判批」憲法判例百選Ⅰ〔第5版〕（2007年）96頁（判批③）
大石眞「判批」同『権利保障の諸相』（三省堂、2014年）306頁（判批④）、334頁（判批⑤）

○　**参考文献**
石川健治『自由と特権の距離──カール・シュミット「制度体保障」論・再考〔増補版〕』（日本評論社、1999年）（文献①）
石川健治「精神的観念的基礎のない国家・公共は可能か？─津地鎮祭事件判決」駒村圭吾編『テクストとしての判決』（有斐閣、2016年）157頁（文献②）
宍戸常寿『憲法 解釈論の応用と展開〔第2版〕』（日本評論社、2014年）（文献③）
「資料　津地鎮祭訴訟答弁書（要旨）」法学セミナー262号（1977年）19頁（文献④）
田近肇「国家の非宗教性と宗教的中立性」大石眞先生還暦記念『憲法改革の理念と展開〔下〕』（信山社、2012年）271頁（文献⑤）

㊱【57】は、本件起工式は、公権力によって行われており、「宗教的少数者に対し、公的承認を受けた宗教に服従するよう間接的にも強制する圧力を生じる」ことを指摘する。藤林の理解からすれば、これを防ぐことこそが政教分離の要だという理解は当然である。

㊲文献②211頁は、【58】が、アメリカの判例（Committee for Public Education v. Nyquist, 413 U.S. 439）の影響を受けていると指摘する。なお、判例①における伊藤反対意見および愛媛玉串料事件判決〔本書17事件〕における大野補足意見も参照。

林知更「『国家教会法』と『宗教憲法』のあいだ」同『現代憲法学の位相──国家論・デモクラシー・立憲主義』(岩波書店、2016 年) 395 頁（文献⑥）
藤林益三「信教の自由と政教分離」同『藤林益三著作集 7 一度しか通れない道』(東京布井出版、1988 年) 72 頁（文献⑦）
藤林益三「裁判官と良心」同『藤林益三著作集 3 法律家の知恵』(東京布井出版、1984 年) 83 頁（文献⑧）
宮田光雄ほか「〔座談会〕精神的自由と政教分離」法学セミナー 187 号（1971 年）24 頁（文献⑨）

17 愛媛玉串料事件

最高裁平成9年4月2日大法廷判決

平成4年（行ツ）第156号：損害賠償代位請求事件
民集51巻4号1673頁

事案

　愛媛県は、昭和56年から同61年にかけて、①靖国神社の春秋例大祭に際して玉串料（計9回、各5000円、合計45000円）を、②靖国神社の夏の「みたま祭」に際して献灯料（計4回、一回7000円から8000円、合計31000円）を、③愛媛県護国神社の春秋の慰霊大祭に際して供物料（計9回、各10000円、合計90000円）それぞれ公金から支出した。本件支出につき、本来的に権限を有するのは、知事Y1であったが、①および②については知事から委任を受けた県東京事務所長Y2がこれを支出し、③については専決権限を有していた県生活福祉部老人福祉課長Y3が支出している。

　愛媛県の住民であるXら（原告、控訴人＝被控訴人、上告人）は、①から③までの支出が憲法の定める政教分離原則（憲法20条3項、89条等）に違反する違法な財務会計上の行為であり、かかる行為によって県に生じた損害につき、Y1からY3（被告、控訴人＝被控訴人、被上告人）を相手に、地自法242条の2第1項4号（当時）に基づき、損害賠償代位請求訴訟を提起した。

　第一審（松山地判平元・3・17民集51-4-1905）は、Xらの請求を認めたが（ただし89条違反かについては判断していない）、控訴審（高松高判平4・5・12民集51-4-1938）は、Xらの請求を棄却したので、Xらが上告した。

■参考条文（事件当時のもの）

地方自治法
第242条の2　普通地方公共団体の住民は、前条第1項の規定による請求をした場合において、同条第3項の規定による監査委員の監査の結果若しくは勧告若しくは同条第7項の規定による普通地方公共団体の議会、長その他の執行機関若しくは職員の措置に不服があるとき、又は監査委員が同条第3項の規定による監査若しくは勧告を同条第4項の期間内に行なわないとき、若しくは議会、長その他の執行機関若しくは職員が同条第7項の規定による措置を講じないときは、裁判所に対し、同条第1項の請求に係る違法な行為又は怠る事実につき、訴えをもって次の各号に掲げる請求をすることができる。ただし、第1号の請求は、当該行為により普通地方公共団体に回復の困難な損害を生ずるおそれがある場合に限るものとし、第4号の請求中職員に対する不当利得の返還請求は、当該職員に利益の存する限度に限るものとする。
(1) 当該執行機関又は職員に対する当該行為の全部又は一部の差止めの請求

(2) 行政処分たる当該行為の取消し又は無効確認の請求
(3) 当該執行機関又は職員に対する当該怠る事実の違法確認の請求
(4) 普通地方公共団体に代位して行なう当該職員に対する損害賠償の請求若しくは不当利得返還の請求又は当該行為若しくは怠る事実に係る相手方に対する法律関係不存在確認の請求、損害賠償の請求、不当利得返還の請求、原状回復の請求若しくは妨害排除の請求
4　第1項の規定による訴訟が係属しているときは、当該普通地方公共団体の他の住民は、別訴をもって同一の請求をすることができない。

民事訴訟法
第62条　訴訟ノ目的カ共同訴訟人ノ全員ニ付合一ニノミ確定スヘキ場合ニ於テハ其ノ一人ノ訴訟行為ハ全員ノ利益ニ於テノミ其ノ効力ヲ生ス
第363条　控訴ハ控訴審ノ終局判決アル迄之ヲ取下クルコトヲ得
2　第二百三十六条第三項〔訴え取下げの方式・送達〕乃至第五項、第二百三十七条第一項〔訴え取下げの効果〕及第二百三十八条〔双方不出頭による訴え取下げの擬制〕ノ規定ハ控訴ノ取下ニ之ヲ準用ス

Navigator

　本判決は、最高裁が政教分離原則違反を認めた初めての判決である。しかし、多数意見の判断枠組みは、津地鎮祭事件判決〔本書16事件〕と同一であり、むしろそのあてはめが注目される。というのも、多数意見は、同判決で検討すべきとして示された諸要素を直接検討しているようには思われないのである。この点、可部反対意見は、津地鎮祭事件判決の基準を忠実にあてはめれば合憲になることを示している。

　反面、このような疑問があるということは、津地鎮祭事件判決で定立された目的効果基準が適切に機能するのかという疑問も提起する。個別意見の多くは、目的効果基準が緩すぎることと併せて、この点を指摘する。高橋意見における「目盛りのない物差し」論や、尾崎意見の客観的基準定立の試み、園部意見における憲法89条適用論は、目的効果基準のオルタナティヴを探るうえで参考になる。

　ただし、目的効果基準はこの後も判例法理として生き残っている（なお、空知太神社事件判決〔本書18事件〕も参照）。そうだとすると、目的効果基準を用いつつも違憲の判断に達した多数意見は、学説の多くが主張するような目的効果基準の厳格適用を探るうえで格好の素材となろう。その際、多数意見の厳格度が事案の性質の評価の仕方に現れている点に注目してほしい。特に、多数意見が、目的効果基準を基礎に、エンドースメント・テスト的要素を加味したと評価されるゆえんをよく理解しよう。

　なお、基準とその適用以外の「読みどころ」として、戦没者追悼、慰霊における靖国神社や護国神社の意義を強調する三好反対意見がある。この意見も、昭和60年のいわゆる「靖国懇報告書」（文献①）を経由して、津地鎮祭事件判決の評価とつながっている。わが国における政教分離理解が「先の大戦」の評価と切り離せないことを改めて認識させる。

判　決

○　主　文

原判決中主文第一項を破棄し、被上告人白石春樹の控訴を棄却する。
上告人らのその余の上告を棄却する。
前項の部分に関する上告費用は上告人らの負担とし、その余の部分に関する控訴費用及び上告費用は、被上告人白石春樹の負担とする。

○　理　由

第一　上告代理人西嶋吉光、同菅原辰二、同佐伯善男、同東俊一、同草薙順一、同谷正之、同鷹田伸夫、同高田義之、同今川正章、同水口晃、同井上正実、同津村健太郎、同阿河準一、同高村文敏、同三野秀富、同猪崎武典、同久保和彦、同西山司郎、同堀井茂、同渡辺光夫、同平井範明、同桑城秀樹、同臼井滿、同重哲郎、同木田一彦の上告理由について❶

一　事実関係及び訴訟の経過

[1]　1　原審の適法に確定した事実関係によれば、被上告人白石春樹が愛媛県知事の職にあった昭和56年から同61年にかけて、(1)　愛媛県（以下「県」という。）の東京事務所長の職にあった被上告人中川友忠が、宗教法人靖国神社（以下「靖國神社」という。）の挙行した春季又は秋季の例大祭に際して奉納する玉串料として9回にわたり各5000円（合計4万5000円）を、(2)　同じく同被上告人が、靖國神社の挙行した7月中旬の「みたま祭」に際して奉納する献灯料として4回にわたり各7000円又は8000円（合計3万1000円）を、また、(3)　県生活福祉部老人福祉課長の職にあった被上告人泉田一洋、承継前被上告人亡須山晋吾、被上告人武田幸一、同山田清及び同八吹貫一が、宗教法人愛媛県護國神社（以下「護國神社」という。）の挙行した春季又は秋季の慰霊大祭に際して愛媛県遺族会を通じて奉納する供物料として9回にわたり各1万円（合計9万円）を、それぞれ県の公金から支出した（以下、これらの支出を「本件支出」という。）というのであるところ、本件は、本件支出が憲法20条3項、89条等に照らして許されない違法な財務会計上の行為に当たるかどうかが争われた地方自治法242条の2第1項4号に基づく損害賠償代位請求住民訴訟である❷。

[2]　2　第一審は、本件支出は、その目的が宗教的意義を持つことを否定することができないばかりでなく、その効果が靖國神社又は護國神社の宗教活動を援助、助長、促進することになるものであって、本件支出によって生ずる県と靖國神社及び護國神社との結び付きは、我が国の文化的・社会的諸条件に照らして考えるとき、もはや相当とされる限度を超えるものであるから、憲法20条3項の禁止する宗教的活動に当たり、違法なものといわなければならないと判断した❸。

[3]　これに対して、原審は、本件支出は宗教的な意義を持つが、一般人にとって神社に参拝する際に玉串料等を支出することは過大でない限り社会的儀礼として受容されるという宗教的評価がされており、知事は、遺族援護行政の一環として本件支出をしたものであって、それ以外の意図、目的や深い宗教心に基づいてこれをしたものではないし、その支出の程度は、少額で社会的な儀礼の程度にとどまっており、その行為が一般人に与える効果、影響は、靖國神社等の第二次大戦中の法的地位の復活や神道の援助、助長についての特別の関心、気風を呼び起こしたりするものではなく、これらによれば、本件支出は、神道に対する援助、助長、促進又は他の宗教に対する圧迫、干渉等になるようなものではないから、憲法20条3項、89条に違反しないと判断した。

二　本件支出の違法性に関する当裁判所の判断

[4]　原審の右判断は是認することができない。その理由は以下のとおりである。

1　政教分離原則と憲法20条3項、89条により禁止される国家等の行為

[5]　憲法は、20条1項後段、3項、89条において、いわゆる政教分離の原則に基づく諸規定（以下「政教分離規定」という。）を設けている。

[6]　一般に、政教分離原則とは、国家（地方公共団体を含む。以下同じ。）

---

❶　上告人らの上告理由は民集51巻4号1748頁以下を参照。そこでは、①原審が判例の採用する目的効果基準を誤って理解・適用しており重大な憲法解釈の誤りがあること（上告理由第一）、②原審は、一審原告らの主張のうち憲法20条1項違反の点について触れていないことや、信教の自由などの理解につき一見明白な誤りがあって理由不備および理由齟齬があることなど（上告理由第二）、③そのほか、弁論主義違反、採証法則、経験則違反の主張（上告理由第三）が展開されている。①や②について、その多くが多数意見の採用するところとなっている。

❷　【1】では、事実関係がまとめられている。Xらの請求は、損害賠償請求代位請求、すなわち、普通地方公共団体に代位して行う当該職員に対する損害賠償の請求である（平成14年改正前の地自法242条の2第1項4号参照。以下、この条文で定められていた住民訴訟を「旧4号訴訟」という。）。本件では、愛媛県が昭和56年から同61年にかけて、①靖国神社の春秋例大祭に際して玉串料を支出したこと（計9回、各5000円、合計45000円）、②靖国神社の夏の「みたま祭」に際して献灯料を支出したこと（計4回、一回7000円から8000円、合計31000円）、③愛媛県護国神社の春秋の慰霊大祭に際して供物料を支出したこと（計9回、各10000円、合計90000円）が憲法20条3項、89条に反する財務会計上の行為であり、これらの行為によって県に生じた損害について、県知事Y1らに対して、Xらが代位請求している。なお、学習上、空知太神社事件判決〔本書18事件〕とは請求の趣旨を異にする点にも留意。

❸　【2】と【3】は、原審までの経過をまとめている。第一審、原審とも、目的効果基準を採用したことには変わりないが、第一審は、本件支出の宗教性を重くみて違憲と判断したのに対して、原審は、本件支出が宗教的意義を有することは認めつつも、その目的や支出額が社会的儀礼の範囲にとどまるなどとして、合憲の判断をした。なお、第一審は、知事たるY1の損害賠償義務を肯定したものの、それら以外の者については、職務上要求される義務の懈怠は認められないとして損害賠償義務を否定している。ところで、本判決をより深く理解するためには、靖国神社問題の経緯（文献①）と併せて、いわゆる岩手靖国神社参拝訴訟を知ることが望ましい。岩手靖国神社参拝訴訟は、岩手県の住民が、天皇、内閣総理大臣等による靖国神社公式参拝が実現されるように要望する旨の県議会の議決に伴って同県から支出された意見書等の印刷費、意見書等提出のための旅費について、上記議決内容の違法・無効等を理由として損害賠償を求めるとともに、県から靖国神社に対して支出された玉串料および献燈料について、損害賠償を求めた事案である。このうち、後者は、本件と実質的に同内容が争われている。下級審では、いずれも目的効果基準が用いられていたにもかかわらず、第一審（判例①）では合憲、控訴審（判例②）では違憲と結論が分かれていた（控訴審で確定）。本件下級審と併せて、下級審の判断が分かれていることも目的効果基準の基準としての有用性に疑問が投げかけられる要因の一つになっている（高橋意見【60】〜【64】参照）。

は宗教そのものに干渉すべきではないとする、国家の非宗教性ないし宗教的中立性を意味するものとされているところ、国家と宗教との関係には、それぞれの国の歴史的・社会的条件によって異なるものがある。我が国では、大日本帝国憲法に信教の自由を保障する規定（28条）を設けていたものの、その保障は「安寧秩序ヲ妨ケス及臣民タルノ義務ニ背カサル限ニ於テ」という同条自体の制限を伴っていたばかりでなく、国家神道に対し事実上国教的地位が与えられ、ときとして、それに対する信仰が要請され、あるいは一部の宗教団体に対し厳しい迫害が加えられた等のこともあって、同憲法の下における信教の自由の保障は不完全なものであることを免れなかった。憲法は、明治維新以降国家と神道が密接に結び付き右のような種々の弊害を生じたことにかんがみ、新たに信教の自由を無条件に保障することとし、更にその保障を一層確実なものとするため、政教分離規定を設けるに至ったのである。元来、我が国においては、各種の宗教が多元的、重層的に発達、併存してきているのであって、このような宗教事情の下で信教の自由を確実に実現するためには、単に信教の自由を無条件に保障するのみでは足りず、国家といかなる宗教との結び付きをも排除するため、政教分離規定を設ける必要性が大であった。これらの点にかんがみると、憲法は、政教分離規定を設けるに当たり、国家と宗教との完全な分離を理想とし、国家の非宗教性ないし宗教的中立性を確保しようとしたものと解すべきである❹。

【7】　しかしながら、元来、政教分離規定は、いわゆる制度的保障の規定であって、信教の自由そのものを直接保障するものではなく、国家と宗教との分離を制度として保障することにより、間接的に信教の自由の保障を確保しようとするものである。そして、国家が社会生活に規制を加え、あるいは教育、福祉、文化などに関する助成、援助等の諸施策を実施するに当たって、宗教とのかかわり合いを生ずることを免れることはできないから、現実の国家制度として、国家と宗教との完全な分離を実現することは、実際上不可能に近いものといわなければならない。さらにまた、政教分離原則を完全に貫こうとすれば、かえって社会生活の各方面に不合理な事態を生ずることを免れない。これらの点にかんがみると、政教分離規定の保障の対象となる国家と宗教との分離にもおのずから一定の限界があることを免れず、政教分離原則が現実の国家制度として具現される場合には、それぞれの国の社会的・文化的諸条件に照らし、国家は実際上宗教とある程度のかかわり合いを持たざるを得ないことを前提とした上で、そのかかわり合いが、信教の自由の保障の確保という制度の根本目的との関係で、いかなる場合にいかなる限度で許されないこととなるかが問題とならざるを得ないのである。右のような見地から考えると、憲法の政教分離規定の基礎となり、その解釈の指導原理となる政教分離原則は、国家が宗教的に中立であることを要求するものではあるが、国家が宗教とのかかわり合いを持つことを全く許さないとするものではなく、宗教とのかかわり合いをもたらす行為の目的及び効果にかんがみ、そのかかわり合いが我が国の社会的・文化的諸条件に照らし相当とされる限度を超えるものと認められる場合にこれを許さないとするものであると解すべきである❺。

【8】　右の政教分離原則の意義に照らすと、憲法20条3項にいう宗教的活動とは、およそ国及びその機関の活動で宗教とのかかわり合いを持つすべての行為を指すものではなく、そのかかわり合いが右にいう相当とされる限度を超えるものに限られるというべきであって、当該行為の目的が宗教的意義を持ち、その効果が宗教に対する援助、助長、促進又は圧迫、干渉等になるような行為をいうものと解すべきである。そして、ある行為が右にいう宗教的活動に該当するかどうかを検討するに当たっては、当該行為の外形的側面のみにとらわれることなく、当該行為の行われる場所、当該行為に対する一般人の宗教的評価、当該行為者が当該行為を行うについての意図、目的及び宗教的意識の有無、程度、当該行為の一般人に与える効果、影響等、諸般の事情を考慮し、社会通念に従って、客観的に判断しなければならない❻。

【9】　憲法89条が禁止している公金その他の公の財産を宗教上の組織又は団体の使用、便益若しくは維持のために支出すること又はその利用に供することというのも、前記の政教分離原則の意義に照らして、公金支出行為等における国家と宗教とのかかわり合いが前記の相当とされる限度を超えるものをいうものと解すべきであり、これに該当するかどうかを検討するに当たっては、前記と同様の基準によって判断しなければならない❼。

❹　【6】は、政教分離原則の趣旨を説くものであるが、津地鎮祭事件判決〔本書16事件〕とほぼ同じである。

❺　【7】は、完全な分離の不可能性と政教分離原則に関する基底的な判断枠組みを示しているが、この部分も津地鎮祭事件判決〔本書16事件〕とほぼ同一である。

❻　【8】は、憲法20条3項にいう「宗教的活動」該当性を判断するための基準として目的効果基準を敷衍するところである。引用の箇所は、津地鎮祭事件判決〔本書16事件〕とほぼ同一であるが、同判決において、なお書きで示されていた、20条2項や宗教的少数者の信教の自由に関する説示は引用されていない。福田補足意見も参照。

❼　【9】は、憲法89条について目的効果基準を敷衍する箇所である。津地鎮祭事件判決〔本書16事件〕の多数意見は、89条違反について一般的な定式を示すことなく、結論中で「起工式の挙式費用の支出も……本件起工式の目的、効果及び支出金の性質、額等から考えると、特定の宗教組織又は宗教団体に対する財政援助的な支出とはいえないから、憲法89条に違反するものではな」いと示す（傍点引用者）にとどまっていたところである。【9】はこのうちの目的効果に関する部分を強調した説示になっており、これ以後、この部分は、89条の一般的な判断枠組みとしても目的効果基準が妥当する旨を示したものとして受け取られてきた（なお、判解①569頁）。しかし、(1)空知太神社事件判決〔本書18事件〕において、89条適合性の判断枠組みとして、総合的判断の基準が用いられる場合があることが明らかになっていること、(2)89条適合性については、判例④や空知太神社事件のように公金等の支出を受ける相手方が「宗教上の組織若しくは団体」であるかどうかも問題になる場合があるといった点には注意が必要である。(2)に関して、判例法理から読み取りにくいのは、89条違反となるのは「特定の」宗教団体への公金支出等に限られるかどうかである。公金支出の対象たる宗教団体の特定性にこだわると、複数の宗教団体が合同で行う行事への助成などについては89条が禁じていないと解する余地が生まれる。戦没者や自然災害犠牲者の追悼・慰霊のあり方とも関わる論点である（文献⑦）が、同時に、政教分離を「国家」と「宗教団体」の分離とみるのか、「政治上（公的生活）」と「宗教」の分離とみるのかという政教分離の理解とも関係する。わが国では、「信仰をもたない自由」を保障する観点からも後者の理解が有力であり、この理解に立つと、宗教団体ではなく「宗教」とのかかわり合いを議論したと解しうる津地鎮祭事件判決に対して、遺族会の宗教団体性が中心的に議論された判例④は、その意味で、一歩後退したと評価することも可能である。本件多数意見も、この点については、靖国神社といった特定の宗教団体との関係を問題にしている(12)。ただしこれをあてはめの部分における評価にとどめていることやエンドースメント・テスト類似の説示があること(13)から、判例④に比べて宗教団体の特定性にこだわらないのが、本判決の特徴であるという理解もありうる（以上につき、判批③の長谷部発言も参照）。

【10】　以上は、当裁判所の判例の趣旨とするところでもある（最高裁昭和46年（行ツ）第69号同52年7月13日大法廷判決・民集31巻4号533頁、最高裁昭和57年（オ）第902号同63年6月1日大法廷判決・民集42巻5号277頁参照）❽。

2　本件支出の違法性

【11】　そこで、以上の見地に立って、本件支出の違法性について検討する❾。

【12】　（一）　原審の適法に確定した事実関係によれば、被上告人中川らは、いずれも宗教法人であって憲法20条1項後段にいう宗教団体に当たることが明らかな靖國神社又は護國神社が各神社の境内において挙行した恒例の宗教上の祭祀である例大祭、みたま祭又は慰霊大祭に際して、玉串料、献灯料又は供物料を奉納するため、前記回数にわたり前記金額の金員を県の公金から支出したというのである。ところで、神社神道においては、祭祀を行うことがその中心的な宗教上の活動であるとされていること、例大祭及び慰霊大祭は、神道の祭式にのっとって行われる儀式を中心とする祭祀であり、各神社の挙行する恒例の祭祀中でも重要な意義を有するものと位置付けられていること、みたま祭は、同様の儀式を行う祭祀であり、靖國神社の祭祀中最も盛大な規模で行われるものであることは、いずれも公知の事実である。そして、玉串料及び供物料は、例大祭又は慰霊大祭において右のような宗教上の儀式が執り行われるに際して神前に供えられるものであり、献灯料は、これによりみたま祭において境内に奉納者の名前を記した灯明が掲げられるというものであって、いずれも各神社が宗教的意義を有すると考えていることが明らかなものである❿。

【13】　これらのことからすれば、県が特定の宗教団体の挙行する重要な宗教上の祭祀にかかわり合いを持ったということが明らかである。そして、一般に、神社自体がその境内において挙行する恒例の重要な祭祀に際して右のような玉串料等を奉納することは、建築主が主催して建築現場において土地の平安堅固、工事の無事安全等を祈願するために行う儀式である起工式の場合とは異なり、時代の推移によって既にその宗教的意義が希薄化し、慣習化した社会的儀礼にすぎないものになっているとまでは到底いうことができず、一般人が本件の玉串料等の奉納を社会的儀礼の一つにすぎないと評価しているとは考え難いところである。そうであれば、玉串料等の奉納者においても、それが宗教的意義を有するものであるという意識を大なり小なり持たざるを得ないのであり、このことは、本件においても同様というべきである⓫。また、本件においては、県が他の宗教団体の挙行する同種の儀式に対して同様の支出をしたという事実がうかがわれないのであって、県が特定の宗教団体との間にのみ意識的に特別のかかわり合いを持ったことを否定することができない。これらのことからすれば、<u>地方公共団体が特定の宗教団体に対してのみ本件のような形で特別のかかわり合いを持つことは、一般人に対して、県が当該特定の宗教団体を特別に支援しており、それらの宗教団体が他の宗教団体とは異なる特別のものであるとの印象を与え、特定の宗教への関心を呼び起こすものといわざるを得ない</u>⓬。

【14】　被上告人らは、本件支出は、遺族援護行政の一環として、戦没者の慰霊及び遺族の慰謝という世俗的な目的で行われた社会的儀礼にすぎないものであるから、憲法に違反しないと主張する。確かに、靖國神社及び護國神社に祭られている祭神の多くは第二次大戦の戦没者であって、その遺族を始めとする愛媛県民のうちの相当数の者が、県が公の立場において靖國神社等に祭られている戦没者の慰霊を行うことを望んでおり、そのうちには、必ずしも戦没者を祭神として信仰の対象としているからではなく、故人をしのぶ心情からそのように望んでいる者もいることは、これを肯認することができる。そのような希望にこたえるという側面において、本件の玉串料等の奉納に儀礼的な意味合いがあることも否定できない。しかしながら、<u>明治維新以降国家と神道が密接に結び付き種々の弊害を生じたことにかんがみ政教分離規定を設けるに至ったなど前記の憲法制定の経緯に照らせば、たとえ相当数の者がそれを望んでいるとしても、そのことのゆえに、地方公共団体と特定の宗教とのかかわり合いが、相当とされる限度を超えないものとして憲法上許されることになるとはいえない。</u>戦没者の慰霊及び遺族の慰謝ということ自体は、本件のように特定の宗教と特別のかかわり合いを持つ形でなくてもこれを行うことができると考えられるし、神社の挙行する恒例祭に際して玉串料等を奉納す

❽【10】は、先例を示している。ここで挙げられるのは、津地鎮祭事件判決〔本書16事件〕のほか、判例③である。津地鎮祭事件判決が先例となるのは[8]までの説示からして明らかだが、しかし、判例③の先例性については疑問がある。というのも、判例③は、確かに自衛隊職員の行為の憲法20条3項適合性を検討してはいるものの、事案を私人間の問題として整理しているのであって、政教分離原則違反に関わる説示は傍論でしかない。にもかかわらず判例③が引用されるのは、それが大法廷判決だからなのかもしれない。そのためか、小法廷判決であった判例④はここでは引用されない。ただし、判批③8頁、14-16頁〔長谷部発言〕は、判例④が「特定の宗教組織」に対する援助かどうかを問題にしたのに対して、本件多数意見が「宗教の特定性をそれほど強調していない」ようにみえる（なお、[9]も参照）ことなどから、あえて判例④を先例としなかったという理解を示す。

❾【11】以下では、【8】までで定立された規範のあてはめが行われている。ここで注意しなければならないのは、[11]以下のあてはめでは、[8]が示した考慮の諸要素に1対1で対応するような形で検討が行われていないという点である。ここを論難するのが、可部反対意見である。これに対して、判解①570頁注7は、そもそも目的効果基準は「個々の事案における諸般の事情を総合的に考慮し、社会通念に従って、客観的に判断する」ものであるという理解を前提に、津地鎮祭事件判決〔本書16事件〕および多数意見が示した考慮の諸要素はあくまで例示にとどまるとする。

❿【12】では、①靖国神社および護国神社の宗教団体性、②例大祭、慰霊大祭、みたま祭の宗教性、③玉串料、供物料、献灯料の宗教性が認定されている。このうち③は、これらの名目での金銭の支出行為自体に宗教性が認められている点が注目される。すなわち、多数意見の理解によれば、③の名目での金銭支出は、憲法89条に反する公金支出である以前に、同20条3項違反が疑われる活動とされているのである。

⓫【13】の前半では、玉串料等の奉納という県の支出行為の目的の宗教性が認定されている。ここでは、玉串料等の奉納は一般人からみても宗教性があると認識されるとしたうえで、一般人がそのような認識をもつような行為である玉串料を奉納する者も宗教的な意義をそこに認めると考えるのが理に適っているという多数意見の理解がみられる。このような目的審査における「社会通念に従った、客観的な判断」が先例の趣旨であることについては、上告人らの上告理由中でも主張されている。この点に限らず、当事者の評価ではなく、「一般人の評価」ないし「社会通念」が決め手となるのが判例法理の特徴である。ただし、【14】からも理解されるように、判例が「一般人の評価」というときの一般人は、単純な多数者を意味しない点に注意が必要である。また、判批⑤は、地鎮祭とは違って社会的儀礼にすぎないものになっているとまではいえないとする評価が津地鎮祭事件判決〔本書16事件〕との結論を分けたと指摘する。

⓬【13】の後半は、本件行為の効果を評価する部分である。その際、判断の観点として「一般人に対して、県が当該特定の宗教団体を特別に支援しており、それらの宗教団体が他の宗教団体とは異なる特別のものであるとの印象を与え、特定の宗教への関心を呼び起こすもの」であるかが示されている。この部分について、アメリカ連邦最高裁でレモン・テストと並んで使われることのあるエンドースメント・テストとの類似性が指摘される。エンドースメント・テストとは、政教分離原則違反を判定するための基準として、「宗教を是認するまたは否認するメッセージを政府が送っているかどうか」、すなわち「その宗教を信じない者にその者たちがよそ者であり政府

ることが、慣習化した社会的儀礼にすぎないものになっている とも認められない ことは、前記説示のとおりである。ちなみに、神社に対する 玉串料等の奉納が故人の葬礼に際して香典を贈ることとの対比 で論じられることがあるが、香典は、故人に対する哀悼の意と 遺族に対する弔意を表すために遺族に対して贈られ、その葬礼 儀式を執り行っている宗教家ないし宗教団体を援助するための ものではないと一般に理解されており、これと宗教団体の行う 祭祀に際して宗教団体自体に対して玉串料等を奉納することと では、一般人の評価において、全く異なるものがあるといわな ければならない。また、被上告人らは、玉串料等の奉納は、神 社仏閣を訪れた際にさい銭を投ずること同様のものであるとも 主張するが、地方公共団体の名を示して行う玉串料等の奉納と 一般にはその名を表示せずに行うさい銭の奉納とでは、その社 会的意味を同一に論じられないことは、おのずから明らかであ る。そうであれば、本件玉串料等の奉納は、たとえそれが戦没 者の慰霊及びその遺族の慰藉を直接の目的としてされたもので あったとしても、世俗的目的で行われた社会的儀礼にすぎない ものとして憲法に違反しないということはできない⓭。

[15] 以上の事情を総合的に考慮して判断すれば、県が本件玉串料等 を靖國神社又は護國神社に前記のとおり奉納したことは、その 目的が宗教的意義を持つことを免れず、その効果が特定の宗教 に対する援助、助長、促進になると認めるべきであり、これに よってもたらされる県と靖國神社等とのかかわり合いが我が国 の社会的・文化的諸条件に照らし相当とされる限度を超えるも のであって、憲法20条3項の禁止する宗教的活動に当たると解 するのが相当である。そうすると、本件支出は、同項の禁止す る宗教的活動を行うためにしたものとして、違法というべきで ある。これと異なる原審の判断は、同項の解釈適用を誤るもの というほかはない⓮。

[16] （二）　また、靖國神社及び護國神社は憲法89条にいう宗教上の組織 又は団体に当たることが明らかであるところ、以上に判示した ところからすると、本件玉串料等を靖國神社又は護國神社に前 記のとおり奉納したことによってもたらされる県と靖國神社等 とのかかわり合いが我が国の社会的・文化的諸条件に照らし相 当とされる限度を超えるものと解されるのであるから、本件支 出は、同条の禁止する公金の支出に当たり、違法というべきで ある。したがって、この点に関する原審の判断も、同条の解釈 適用を誤るものといわざるを得ない⓯。

三　被上告人らの損害賠償責任の有無

[17] 原審は、右の誤った判断に基づき、本件支出に違法はないとし て、上告人らの請求をいずれも棄却すべきであるとしたが、以 上のとおり、本件支出は違法であるというべきであるから、更 に進んで、被上告人らの損害賠償責任の有無について検討する こととする⓰。

[18] 原審の適法に確定した事実関係によれば、本件支出の当時、本 件支出の権限を法令上本来的に有していたのは、知事の職にあ った被上告人白石であったところ、本件支出のうち靖國神社に 対してされたものについては、県の規則により県東京事務所長 に対し権限が委任され、その職にあった被上告人中川がこれを 行ったのであり、また、本件支出のうち護國神社に対してされ たものについては、県の規則及び訓令により県生活福祉部老人 福祉課長に専決させることとされ、その職にあった被上告人泉 田、承継前被上告人亡須山、被上告人武田、同山田及び同八吹 （以下、被上告人中川を含め、これらの者を「被上告人中川ら」 という。）がそれぞれこれを行ったというのである。

[19] 右のように、被上告人白石は、自己の権限に属する本件支出を 補助職員である被上告人中川らに委任し、又は専決により処理 させたのであるから、その指揮監督上の義務に違反し、故意又 は過失によりこれを阻止しなかったと認められる場合には、県 に対し右違法な支出によって県が被った損害を賠償する義務を 負うことになると解すべきである（最高裁平成2年（行ツ）第 137号同3年12月20日第二小法廷判決・民集45巻9号1455頁、最 高裁昭和62年（行ツ）第148号平成5年2月16日第三小法廷判決・ 民集47巻3号1687頁参照）。原審の適法に確定したところによれ ば、被上告人白石は、靖國神社等に対し、被上告人中川らに玉 串料等を持参させるなどして、これを奉納したと認められると いうのであり、本件支出には憲法に違反する重大な違法があり、 地方公共団体が特定の宗教団

共同体の善き構成者ではないとのメッセージを送り、信仰者に仲間内の者であり政治共同体で優遇される者であるとのメッセージを送るか」を審査する基準である（判批③8頁を参照）。なお、「それらの宗教団体が他の宗教団体とは異なる特別のものであるとの印象を与え」るかについては、第一審判決が展開した「結びつきの象徴」論やアメリカ判例における「象徴的結合」との関係も見逃せない。この点につき、大野補足意見（[33]～[36]）、可部反対意見（[162]）も参照。

⓭　[14]は、Yが主張する社会的儀礼論を棄却する部分である。「戦没者の慰霊及び遺族の慰藉ということ自体は、本件のように特定の宗教と特別のかかわり合いを持つ形でなくてもこれを行うことができると考えられる」という説示について、三好反対意見も参照。「香典」や「さい銭」と「玉串料等の奉納」とでは、「一般人の評価」がまったく異なるし、「社会的意味」を同一に論じられないことはおのずから明らかであるという部分は、大野補足意見（[33]～[36]）をふまえれば、香典やさい銭は「特定の宗教団体に重要な象徴的利益を与える」（[34]）ものではないからであろう。

⓮　[15]は、目的効果基準を適用して、憲法20条3項違反の結論を述べる箇所である。

⓯　[16]は、憲法89条違反の結論を述べる箇所である。すなわち、①靖国神社と護國神社が89条にいう宗教団体であり、②それに対して行われた本件支出行為は[15]までの検討によれば目的効果基準違反であるから、③89条に反するという。

⓰　[17]から[21]は、Y1らの損害賠償責任の有無を検討している。本件では、本件支出につき法令上本来的に権限を有する知事Y1、知事から委任を受けて玉串料などを靖国神社に奉納した東京事務所長Y2、知事から専決することを任されて護國神社に供物料を支出した県老人福祉課長Y3のうち、全員が損害賠償責任を負うのか、それともその一部は否定されるのかが問題となる。まず、地自法242条の2第1項4号にいう「当該職員」については、「当該訴訟においてその適否が問題とされている財務会計上の行為を行う権限を法令上本来的に有するものとされている者及びこれらの者から権限の委任を受けるなどして右権限を有するに至った者を広く意味し、その反面およそ右のような権限を有する地位ないし職にあると認められない者はこれに該当しないと解する」のが判例の立場である（最判昭62・4・10民集41-3-239、最判平3・12・20民集45-9-1455、最判平5・2・16民集47-3-1687など）。したがって、旧4号訴訟では長も含めた職員を対象に住民訴訟を提起できる（この点は、平成14年改正後の4号訴訟でも変わらない）。他方、地自法243条の2第1項柱書後段は、(1)支出負担行為（支出の原因となるべき契約その他の行為をいう。地自法232条の3参照）や支出または支払をする等の権限を有する職員またはその権限に属する事務を直接補助する職員で普通地方公共団体の規則で指定したものは、(2)故意または重大な過失により、(3)法令の規定に違反して、(4)当該行為をしたことまたは怠ったことにより、(5)普通地方公共団体に損害を与えたときに損害賠償責任を負うとする。したがって、本件Y2およびY3のような補助職員は、本条の規定により民法の適用が排除され、

に玉串料、供物料等の支出をすることについて、文部省、自治省等が、政教分離原則に照らし、慎重な対応を求める趣旨の通達、回答をしてきたことなどをも考慮すると、その指揮監督上の義務に違反したものであって、これにつき少なくとも過失があったというのが相当である。したがって、被上告人白石は、県に対し、違法な本件支出により県が被った本件支出金相当額の損害を賠償する義務を負うというべきである。

[20] これに対し、被上告人中川らについては、地方自治法243条の2第1項後段により損害賠償責任の発生要件が限定されており、本件支出行為をするにつき故意又は重大な過失があった場合に限り県に対して損害賠償責任を負うものであるところ、原審の適法に確定したところによれば、被上告人中川らは、いずれも委任を受け、又は専決することを任された補助職員として知事の前記のような指揮監督の下で本件支出をしたというのであり、しかも、本件支出が憲法に違反するか否かを極めて容易に判断することができたとまではいえないから、被上告人中川らがこれを憲法に違反しないと考えて行ったことは、その判断を誤ったものではあるが、著しく注意義務を怠ったものとして重大な過失があったということはできない。そうすると、被上告人白石以外の被上告人らは県に対し損害賠償責任を負わないというべきである。

四 結論

[21] 以上によれば、上告人らの被上告人白石に対する請求は、これを認容すべきであり、その余の被上告人らに対する請求は、これを棄却すべきであるところ、これと同旨の第一審判決は、結論において是認し得るから、第一審判決のうち上告人らの被上告人白石に対する請求に係る部分を取消して同請求を棄却した原判決主文第1項は、破棄を免れず、右部分については、同被上告人の控訴を棄却すべきであり、上告人らのその余の被上告人らに対する控訴を棄却した原判決主文第2項に対する上告は、理由がないとして、これを棄却すべきである。

第二 真鍋知巳の上告取下げの効力について

[22] 本件上告を申し立てた者のうち真鍋知巳は、平成6年7月7日、上告を取り下げる旨の書面を当裁判所に提出した。そこで、職権により、右上告取下げの効力について判断する❶。

[23] 本件は、地方自治法242条の2に規定する住民訴訟である。同条は、普通地方公共団体の財務行政の適正な運営を確保して住民全体の利益を守るために、当該普通地方公共団体の構成員である住民に対し、いわば公益の代表者として同条1項各号所定の訴えを提起する権能を与えたものであり、同条4項が、同条1項の規定による訴訟が係属しているときは、当該普通地方公共団体の他の住民は、別訴をもって同一の請求をすることができないと規定しているのは、住民訴訟のこのような性質にかんがみて、複数の住民による同一の請求については、必ず共同訴訟として提訴することを義務付け、これを一体として審判し、一回的に解決しようとする趣旨に出たものと解される。そうであれば、住民訴訟の判決の効力は、当事者となった住民のみならず、当該地方公共団体の全住民に及ぶものというべきであり、複数の住民の提起した住民訴訟は、民訴法62条1項にいう「訴訟ノ目的カ共同訴訟人ノ全員ニ付合一ニノミ確定スヘキ場合」に該当し、いわゆる類似必要的共同訴訟と解するのが相当である。

[24] ところで、類似必要的共同訴訟については、共同訴訟人の一部の者がした訴訟行為は、全員の利益においてのみ効力を生ずるとされている（民訴法62条1項）。上訴は、上訴審に対して原判決の敗訴部分の是正を求める行為であるから、類似必要的共同訴訟において共同訴訟人の一部の者が上訴すれば、それによって原判決の確定が妨げられ、当該訴訟は全体として上訴審に移審し、上訴審の判決の効力は上訴をしなかった共同訴訟人にも及ぶものと解される。しかしながら、合一確定のためには右の限度で上訴が効力を生ずれば足りるものである上、住民訴訟の前記のような性質にかんがみると、公益の代表者となる意思を失った者に対し、その意思に反してまで上訴人の地位に就き続けることを求めることは、相当でないだけでなく、住民訴訟においては、複数の住民によって提訴された場合であっても、公益の代表者としての共同訴訟人らにより同一の違法な財務会計上の行為又は怠る事実の予防又は是正を求める公益上の請求がされているのであり、元来提訴者各人が自己の個別的な利益を有しているものではないから、提訴後に共

故意または重過失のある場合に限って責任を負うことになるが（[20]）、地方公共団体の長が(1)にいう職員に含まれるかが問題となる。この点、最判昭61・2・27民集40-1-88は、その職責やこの規定が設けられた趣旨に鑑みて、「同条1項所定の職員には当該地方公共団体の長は含まれず、普通地方公共団体の長の当該地方公共団体に対する賠償責任については民法の規定によるものと解するのが相当である」とする。したがって、Y1については、地自法243条の2第1項は適用せず、民法を根拠として、補助職員に対する指揮監督上の義務に違反し、故意または過失により補助職員の行為を阻止しなかった場合に、損害賠償責任を負う（前掲最判平3・12・20など）。多数意見は、以上の判例法理を前提として、Y1について、本件支出がY1主導ともいうべきものであったこと、憲法違反の公金支出の疑義があることを承知のうえで行い続けたことなどから、指揮監督上の義務違反につき、少なくとも過失があったとして損害賠償を認め（[19]）、Y2らについては、Y1の判断に拘束されており、かつ、本件支出が憲法に違反するか否かを極めて容易に判断することができたとまではいえないことから重過失まではないとして責任を否定した（[20]）。なお、判解①577頁は、本件に反対意見が付されていることからしても、Y2らが、本件支出の憲法適合性を極めて容易に判断することができたとまではいえないことは明らかだという。

❶ [22]から[25]は、類似必要的共同訴訟たる複数住民の提起した住民訴訟において、上告人の一部が上告を取り下げた場合の上告取下げの効力について説示する部分である。共同訴訟とは、一つの訴訟手続に数人の原告または被告が関与している訴訟形態をいい、必要的共同訴訟とは、「共同訴訟人全員について一挙一律に紛争の解決を図ることが要請される場合の共同訴訟形態」をいう。類似必要的共同訴訟とは、必要的共同訴訟のうち、「請求について各自単独に適格をもち、個別的に訴えまたは訴えられるけれども、共同して訴えまたは訴えられた以上は、その訴訟物についての判決を共同訴訟人全員に合一に確定させ勝敗を一律に決めることが法律上要求される場合」（以上につき、文献②773頁以下、781頁以下）。本件以前の判例（最判昭58・4・1民集37-3-201）では、(1)旧4号訴訟において、(2)その一人に対する判決が確定すると判決の効力が地方公共団体に及び、他の者もこれに反する主張ができなくなるので、(3)類似必要的共同訴訟にあたるとしたうえで、(4)共同原告となった住民の一部が上訴をした場合、上訴の効力は共同原告全体に及ぶ（平成8年改正前の民訴法62条1項（現行40条1項）参照）としていた。これに従うと、上訴しなかった者についても、準備書面の送達、期日呼出し、判決文の送達が必要になるなど実情に合わない側面があって、昭和58年判決の後は、上訴の意思をもたない者に対しては、訴えの取下げを勧告して、訴訟関係から離脱させるよう促す扱いがなされていた。もっとも、このような扱いにも取下げの手続が容易でない場合があり、そのような場合には破棄差戻しの理由とならざるをえないという問題があることが認識されていた（以上につき、判解①577頁以下）。本判決多数意見は、この判例を変更するものである。多数意見は、(ア)旧4号訴訟に限らず、住民訴訟はすべて、その判決の効力が当該地方公共団体の全住民に及ぶから、類似必要的共同訴訟であると解し（[23]）、昭和58年判決の(1)、(2)と比較せよ）、(イ)旧民訴法62条1項により原判決の確定は遮断される一方で、上訴をしなかった者は

同訴訟人の数が減少しても、その審判の範囲、審理の態様、判決の効力等には何ら影響がない。そうであれば、住民訴訟については、自ら上訴をしなかった共同訴訟人をその意に反して上訴人の地位に就かせる効力までが行政事件訴訟法7条、民訴法62条1項によって生ずると解するのは相当でなく、自ら上訴をしなかった共同訴訟人は、上訴人にはならないものと解すべきである。この理は、いったん上訴をしたがこれを取り下げた共同訴訟人についても当てはまるから、上訴をした共同訴訟人のうちの一部の者が上訴を取り下げても、その者に対する関係において原判決が確定することにはならないが、その者は上訴人ではなくなるものと解される。最高裁昭和57年（行ツ）第11号同58年4月1日第二小法廷判決・民集37巻3号201頁は、右と抵触する限度において、変更すべきものである。

[25] したがって、真鍋知巳は、上告の取下げにより上告人ではなくなったものとして、本判決をすることとする。

[26] よって、行政事件訴訟法7条、民訴法408条、396条、384条、96条、95条、89条、93条に従い、裁判官大野正男、同福田博の各補足意見、裁判官園部逸夫、同高橋久子、同尾崎行信の各意見、裁判官三好達、同可部恒雄の各反対意見があるほか、裁判官全員一致の意見で、主文のとおり判決する。

上訴人にならないと判断した（[24]）。昭和58年判決の（4）と比較せよ）。（イ）の理由として、住民訴訟においては訴訟共同の必要がなく、全体として確定が遮断し、移審するという効果が確保されていれば足りることが挙げられている（文献③552頁も参照）。

少数意見

判示第一の二についての裁判官大野正男の補足意見は、次のとおりである❶。

[27] 私は、多数意見に賛同するものであるが、多数意見第一の二につき、私の意見を補足しておきたい。

一 本件行為の目的について

[28] 本件で重視されなければならないのは、玉串料等の奉納が、戦没者の慰霊、遺族の慰謝を目的とするものであるといっても、それはあくまで靖國神社、護國神社という特定の宗教団体の祭祀に対してされているという事実である。その点を捨象して、単に、地方公共団体が戦没者の慰霊等を行うことに宗教的意義があるか否かとか、あるいはそれが社会的儀礼に当たるか否かとかを論ずることは、事柄の本筋を見落とすものである❶。

[29] 被上告人白石は、本件玉串料等の支出目的は、同人の支持団体であり同人が会長を務める県遺族会の要請にこたえ、県の行う戦没者の慰霊、遺族の慰謝という遺族援護行政の一環として行ったのであって、特段の宗教的意識を持って行ったものではない旨主張している。

[30] しかし、憲法20条3項にいう宗教的活動に当たるか否かの判断基準の一となるべき行為の目的は、当該行為者の主観的、内面的な感情の有無や濃淡によってのみ判断されるべきではなく、その行為の態様等との関連において客観的に判断されるべきものであり、とりわけ支出が宗教団体の世俗的な行為ではなくその宗教的な行為そのものに向けられているときは、世俗的目的もあるからといって、その行為の客観的目的の宗教的意義が直ちに否定されるものではない。

[31] 本件支出行為は、一面において遺族の援護という行政的な目的を有するとしても、その対象が靖國神社等の最も重要な祭祀であって本来の行政の範囲に属する世俗的行為ではないから、直接的には特定の宗教団体の宗教儀式そのものへの賛助を目的としているといわざるを得ず、その宗教的意義を否定することはできない。

二 本件行為の効果について

[32] 被上告人白石は、本件玉串料等の奉納は戦没者慰霊等のためにされた少額のもので社会的儀礼であり、宗教に対する関心を特に高めたり、その援助、助長をするようなものではないと主張している。

[33] 本件玉串料等の支出は相当年数にわたり継続して行われているとはいえ、一回の金員は5000円ないし1万円程度のものであるから、経済的にみれば、宗教に対する援助、助長に当たるとは必ずしもいえないとの議論もあり得るかもしれない。しかしながら、政教分離原則の適用を検討するに当たっては、当該行為の外形的、経済的な側面のみにとらわれるべきでなく、社会的、歴史的条件に即してその実質をみる必要があり、社会に与える無形的なあるいは精神的な効果や影響をも考慮すべきである。そして、その観点よりすれば、以下に述べるとおり、その影響、効果は大きいといわざるを得ない❷。

[34] 1 多数意見の述べるとおり、我が国においては各種の宗教が多元的、重層的に発達、併存しているが、戦没者、戦争犠牲者の慰霊、追悼については各種の宗教団体がそれぞれの教義、教理、祭式に基づいてこれを執り行っているのであって、その中にあって地方公共団体が靖國神社等による戦没者慰霊の祭祀にのみ賛助することは、その祭祀を他に比して優越的に選択し、その宗教的価値を重視していると一般社会からみられることは否定し難く、特定の宗教団体に重要な象徴的利益を与えるものといわざるを得ない。およそ公的機関は、すべての、いかなる宗教をも援助、助長してはならないが、中でも併存する宗教団体のうちから特定の宗教団体を選択してその宗教儀式を賛助することは、政教分離の中心をなす国家の宗教的中立に反するものである❸。

---

❶ 大野補足意見は、①本件行為の目的、②本件行為の効果、③玉串料奉納の社会的儀礼性の否定から構成されている。

❷ [28]から[31]は、本件行為の目的の評価を示すものである。特に注目すべきは[30]の説示で、行為の目的が「その行為の態様等との関連において客観的に判断されるべきもの」とされている点である。この理解を前提にすると、行為が宗教性をもつときは、当事者の主観的意図にかかわらず、その行為の目的の宗教性も原則として肯定されることになろう。これは、上告人が上告理由で示した理解と重なるが、芦部［6版］161頁が目的効果基準の厳格適用の方策として例示する、「行為者の宗教的意識などの主観的要件ではなく、客観的意味を重視する」という考え方に近い（なお、判批①118頁も参照）。

❸ [33]は、効果の認定について考慮すべき観点として、「社会に与える無形的なあるいは精神的な効果や影響をも考慮すべき」だとしている。ここにいう「社会に与える無形的なあるいは精神的な効果や影響」という観点は、上告理由で示されているとともに、芦部［6版］161頁が例示する「当該宗教との象徴的結びつきをもたらすか」とほぼ同じ意味だと捉えることが可能である。この「象徴的結びつき」という観点は、アメリカの判例理論の影響を受けたもので、「宗教的少数者が、政府の行為を自己に対する圧迫と見るに足る程のものかどうか」という意味とされ（判批④169頁）、すでに第一審判決でも登場していた。なお、可部反対意見（[162]）も参照。

❹ [34]から[36]は、[33]の観点から、本件行為の効果を評価する。なお、[13]の後半も参照。[34]では、「併存する宗教団体のうちから特定の宗教団体を選択してその宗教儀式を賛助することは、政教分離の中心をなす国家の宗教的中立に反する」と指摘する。[36]は、本件行為の世俗的効果を評価する。それによれば、①わが国に

【35】　2　地方公共団体による靖國神社等への玉串料等の公金の支出の世俗的影響も、無視することはできない。

【36】　宗教の祭祀に起源を有する儀式等が多くの歳月を経てその宗教的意義が希薄になり、社会的儀礼や風俗として残っていることもまれではない。このような場合に公的機関がこれを行ったり参加したりしても、特定の宗教団体を支持していると受け取られることはなく、また、社会関係の円滑な維持のため役立つことはあっても、社会に対立をもたらすことは考え難い。しかし、公的機関が靖國神社等の祭祀に公金を支出してこれを賛助することについては、靖國神社に崇敬の念を持つ人々や靖國神社を戦没者慰霊の中心的施設と考える人々は、これに満足と共感を覚えるかもしれないが、神道と教義を異にする宗教団体に属する人々や、靖國神社が国家神道の中枢の存在であるとしてそれへの礼拝を強制されたことを記憶する人々、あるいは靖國神社に合祀されている者は主として軍人軍属及び準軍属であって一般市民の戦争犠牲者のほとんどが含まれていないことに違和感を抱く人々には、これに不満と反感を持つかもしれない。そのような対立は、宗教的分野ばかりではなく、社会的、政治的分野においても起こり得ることである。公的機関が宗教にかかわりを持つ行為をすることによって、広く社会にこのような効果を及ぼすことは、公的機関を宗教的対立に巻き込むことになり、同時に宗教を世俗的対立に巻き込むことにもなるのであって、社会的儀礼や風俗として容認し得る範囲を超え、公的機関と宗教団体のいずれにとっても害をもたらすおそれを有するといわざるを得ない。そのようなことを避けることこそ、厳格な政教分離原則の規範を憲法が採用した趣旨に合致するものである。

【37】　三　被上告人白石は、靖國神社は我が国における戦没者慰霊の中心的存在であるから、その祭祀に地方公共団体が玉串料を奉納することは社会的儀礼であると主張する㉒。

【38】　しかしながら、玉串料の奉納に儀礼的な意味合いがあるとしても、また、我が国近代史の一時期に靖國神社が戦没者の中心的慰霊施設として扱われたことがあるとしても、それを理由に政教分離原則の例外扱いを認めるべきものではない。

【39】　憲法20条3項、89条が厳格な政教分離原則を採用しているのは、多数意見引用の昭和52年7月13日大法廷判決及び多数意見が繰り返し判示しているように、明治維新以降の我が国の社会において国家と神道が結び付き、国家神道に対して事実上国教的な地位が与えられ、その信仰が要請され、一部の宗教団体に対し厳しい迫害が加えられた歴史的経緯に基づくものであるが、このような政教の融合が生じたのも、「神社は宗教にあらず」ということを理由に、神道の祭祀や儀礼を世俗的な次元で社会の規範として取り入れ、また、臣民の義務であるとして事実上強制したからである。憲法は、第二次大戦後このような歴史的経験にかんがみて、信教の自由を国民の基本的人権として、これに強い保障を与えるとともに、国家と宗教が融合することは信教の自由に対する侵害になる危険性が高いことを認識して、その制度的保障として政教分離原則を採用し、前記規定を設けたものである。この立法の経緯及び趣旨に照らせば、右各条項は公的機関に対し強い規範性を有するものと解すべきであるから、我が国社会の中に、靖國神社に崇敬の念を持つ人々がいることは事実であり、また、それは信教の自由の保障するところでもあるが、いやしくも公的機関が特定の宗教団体である靖國神社等に対し、公金を使用して玉串料等を奉納し特別の敬意を表することは、先に述べたとおり、その目的、効果を実質的にみれば、戦没者の慰霊、追悼について公的機関が特定の宗教団体との特別のかかわり合いを示すことは明らかであって、右憲法条項の規範性に照らし到底許されないことである。そして、このことは、単に靖國神社に対してのみ許されないことではなく、あらゆる宗教団体に対しても同様であることはもちろんである。

　　判示第一の二についての裁判官福田博の補足意見は、次のとおりである㉓。

【40】　私は、多数意見に賛成するものであるが、この機会に、我が国における信教の自由について私が考えていることを若干補足して述べておきたい。

【41】　信教の自由は、各種の人権の中でも最も基本的な自由権の一つとして、近代民主主義国家にあってその擁護が重視されているものである。多数意見に述べられているとおり、憲法に定める政教分離規定も、そのような信教の自由を一層確実なものとするための制度的保障として設けられたものである。

【42】　我が国においては、神道は年中行事や冠婚葬祭などを通じて多くの国民の生活に密接に結び付いており、そのような行事や儀式への参加が自然なこととして受け入れられている部分があることは事実である。とはいえ、神道も宗教の一つであることは、信教の自由を保障する憲法20条が当然の前提としているところでもある。したがって、政教分離規定を適用して国(地方公共団体を含む。以下同じ。)の宗教へのかかわりをどこまで許すかを検討する際は、政教分離の原則が目指す国の非宗教性ないし宗教的中立性の理念は、神道を含むあらゆる宗教についてひとしく当てはまる理念であることを常に念頭に置くことが、不可欠であると考える。

【43】　また、政教分離規定は、信教の自由を保障するために設けられたものであり、その適用に当たっては、国のかかわりを認めることにつき基本的に慎重な態度で臨むことが重要であると考える。なぜならば、国のかかわりを認めても差し支えないとされたことが結果的には国の信教の自由への過剰な関与(ひいては干渉ないし強制)につながることとなった事例が、諸国の歴史の中に散見されるからである。そして、このような慎重な態度を維持することは、緊密化する国際間の交流を通じ国民が様々な宗教に接する機会が増えつつある今日、我が国が信教の自由を保障し、いかなる信仰についても寛容であることを確保していく上でも、重要ではないかと考えるのである。

　　判示第一の二についての裁判官園部逸夫の意見は、次のとおりである㉔。

おいては、靖国神社に崇敬の念をもつ人々や靖国神社を戦没者慰霊の中心的施設と考える人々がいる一方で、神道以外の宗教団体や靖国神社の戦没者慰霊の中心的施設と考えることに不満や反感をもつ人々が存在し、②そのような社会状況の中で、公的機関が靖國神社等の祭祀に公金を支出して賛助すれば、公的機関を宗教的対立に巻き込むと同時に、宗教を世俗的対立に巻き込むことにつながるから、③公的機関と宗教団体のいずれにとっても害をもたらすおそれを有するものである。

㉒　【37】から【39】では、Yが主張した社会的儀礼論が棄却される。社会的儀礼論の背景には、靖国神社ないし国家神道が「宗教ではないから政教分離原則の適用を免れる」という主張が潜んでいることを嗅ぎ取り、そのような主張を日本国憲法が政教分離原則を採用した歴史的経緯を振り返ることで明確に批判している理解であろう。戦後は、靖国神社含む神社神道も私的宗教団体として再出発したのであり、それが行う儀式に社会的儀礼としての側面があるからといって、政教分離原則の適用を免れることはできないという理解は、当然の理である。同旨の主張は上告理由でも展開されている。

㉓　福田補足意見は、政教分離原則が信教の自由の保障を一層確実なものとするためのものであるという点が強調され【41】、神道も宗教の一つであることからしても【42】、政教分離原則の適用にあたっては、国と宗教とのかかわり合いを認めることはできる限り慎重であるべきこと【43】が主張される。ところで、津地鎮祭事件判決〔本書16事件〕の多数意見は、①憲法20条2項3項の関係について、前者が狭義の信教の自由を直接保障する規定であるのに対し、後者は、政教分離を制度として保障することによって、間接的に信教の自由を保障するものであること、②3項の宗教的活動は、2項の宗教上の行為等よりも、狭く解されること、③したがって、2項の宗教上の行為等に該当するものの、3項の宗教的活動に該当しないものがあること、④しかしながら、そのように解するからといって直ちに、宗教の少数者の信教の自由を侵害するおそれが生ずるとまではいえないことを説示している。さらに、判例③は、傍論ながら、憲法20条3項に「違反する国又はその機関の宗教的活動、それが同条1項前段に違反して私人の信教の自由を制限し、あるいは同条2項に違反して私人に対し宗教上の行為等への参加を強制するなど、憲法が保障している信教の自由を直接侵害するに至らない限り、私人に対する関係で当然には違法と評価されるものではない」とまで説示している（なお、【8】も参照）。このような津地鎮祭事件判決多数意見をはじめとしている理解は、政教分離と信教の自由との関係を間接的に認めるのみで、結果として政教分離を緩やかに解することにつながると批判されてきた。この批判は、政教分離原則を制度的保障として理解するのではなく、人権を保障するものとして理解すべきだという主張（人権説）へと結びつきやすい。しかしながら、人権説に対しては、政教分離原則を主観的権利を保障するものと理解するのは無理があるという批判もあるところである。福田補足意見は、政教分離原則が信教の自由を保障するためのものであるという点を強調することで、人権説を採用せずに政教分離原則違反の審査を慎重に行うべきだという考え方を提示するもので、今日の通説的な見解と軌を一にしている。

㉔　園部補足意見は、本件では憲法20条3項ではなく同89条違反を問えば足りるとしたうえで、89条違反を判断するうえで目的効果基準を用いる必要はなく、特定の宗

【44】 本件支出が違法な公金の支出に当たるということについては、私も多数意見と結論を同じくするものであるが、その理由（多数意見第一の二）については、見解を異にする。

【45】 我が国には、戦前から、戦没者追悼慰霊の中心的施設として、靖國神社及び護國神社が置かれているが、原審の判断及び被上告人らの主張はいずれも、これらの神社が通常の宗教施設と異なった意義を有することを強調している。しかしながら、靖國神社及び護國神社は、戦後の法制度の改革により、他の宗教団体と同等の地位にある宗教団体（宗教法人）となっており、その施設は、通常の宗教施設である。

【46】 私は、右のことを前提とした上で、本件における公金の支出は、公金の支出の憲法上の制限を定める憲法89条の規定に違反するものであり、この一点において、違憲と判断すべきものと考える。

【47】 一般に、葬式・告別式等の際にお悔やみとして供される金員は、社会通念上、特定の故人の遺族を直接の対象とし社会的儀礼の範囲に属する支出とみられている。これと異なり、宗教団体の主催する恒例の宗教行事のために、当該行事の一環としてその儀式にのっとった形式で奉納される金員は、当該宗教団体を直接の対象とする支出とみるべきである。したがって、右のような金員を公金から支出した行為は、一面において、その支出の財務会計上の費目、意図された支出の目的、支出の形態、支出された金額等に照らし社会的儀礼の範囲に属するとみられるところがあったとしても、詰まるところ、当該宗教団体の使用（宗教上の使用）のため公金を支出したものと判断すべきであって、このような支出は、宗教上の団体の使用のため公金を支出することを禁じている憲法89条の規定に違反するものといわなければならない。

【48】 これを本件についてみると、原審の適法に確定した事実関係によれば、被上告人中川らは、靖國神社又は護國神社が各神社の境内において挙行した恒例の祭祀である例大祭、みたま祭又は慰霊大祭に際して、玉串料、献灯料又は供物料を奉納するため、多数意見第一の一掲記の回数及び金額の金員を県の公金から支出したというのであるから、右の金員は、靖國神社又は護國神社の使用のため支出したものと認めるのを相当とする。したがって、右の支出は、憲法89条の右規定に違反する違法な公金の支出というべきである。

【49】 ここで、二つのことを付言しておきたい。まず、従来の最高裁判所判例は、公金を宗教上の団体に対して支出することを制限している憲法89条の規定の解釈についても、憲法20条3項の解釈に関するいわゆる目的効果基準が適用されるとしているが、私は、右基準の客観性、正確性及び実効性について、尾崎裁判官の意見と同様の疑いを抱いており、特に、本判決において、その感を深くしている。しかし、その点はさておき、本件において、憲法89条の右規定の解釈について、右基準を適用する必要はないと考える㉓。

【50】 次に、本件の争点である公金の支出の違憲性の判断について、当該支出が憲法89条の右規定に違反することが明らかである以上、憲法20条3項に違反するかどうかを判断する必要はない。私は、およそ信教に関する問題についての公の機関の判断はできる限り謙抑であることが望ましいと考える。「為政者の全権限は、魂の救済には決して及ぶべきでなく、また及ぶことが出来ない。」（ジョン・ロック。種谷春洋『近代寛容思想と信教自由の成立』230頁以下参照）㉖

判示第一の二についての裁判官高橋久子の意見は、次のとおりである。㉗

【51】 私は多数意見の結論には賛成するが、その結論に至る説示のうち第一の二には同調することができないので、その点に関する私の意見を明らかにしておきたい。

【52】 一 我が国憲法は、20条に、信教の自由は、何人に対してもこれを保障する、いかなる宗教団体も、国から特権を受け、又は政治上の権力を行使してはならない（1項）、何人も、宗教上の行為、祝典、儀式又は行事に参加することを強制されない（2項）、国及びその機関は、宗教教育その他いかなる宗教的活動もしてはならない（3項）と規定し、さらに、89条に、公の財産は、宗教上の組織又は団体の使用、便益又は維持のため、支出してはならない旨定めている。これは、大日本帝国憲法における信教の自由を保障する規定が極めて不十分で、国家神道に対し事実上国教的な地位が与えられ、それに対する信仰が強制されるとともに、一部の宗教団体に対しては厳しい迫害が加えられるなど、明治維新以降国家と神道が密接に結び付き種々の弊害を生じたことにかんがみ、新たに信教の自由を無条件に保障することとし、その保障を確実ならしめるため政教分離規定を設けるに至ったのである㉘。

【53】 憲法は、信教の自由が人間の精神的自由の中核をなす基本的人権であり、我が国においては前述のような歴史的事情があったことにかんがみ、信教の自由を無条件に保障するのみでなく、国家といかなる宗教との結び付きも排除するために、国家と宗教との完全な分離を理想として、国家の宗教的中立性を確保しようとしたものと解される。このことは、多数意見でも認めているところである。

【54】 しかしながら、多数意見は、「政教分離規定は、いわゆる制度的保障の規定であって、信教の自由そのものを直接保障するものではなく、国家と宗教との分離を制度として保障することにより、間接的に信教の自由の保障を確保しようとするものである。」とした上、「国家が社会生活に規制を加え、あるいは教育、福祉、文化などに関する助成、援助等の諸施策を実施するに当たって、宗教とのかかわり合いを生ずることを免れることはできないから、現実の国家制度として、国家と宗教との完全な分離を実現することは、実際上不可能に近いものといわなければならない。さらにまた、政教分離原則を完全に貫こうとすれば、かえって社会生活の各方面に不合理な事態を生ずることを免れない。」、「政教分離規定の保障の対象となる国家と宗教との分離にもおのずから一定の限界があることを免れず、政教分離原則が現実の国家制度として具現される場合には、それぞれの国の社会的・文化的諸条件に照らし、国家は実際上宗教とある程度のかかわり合いを持たざるを得ないことを前提とした上で、そのかかわり合いが、信教の自由の保障の確保という制度の根本目的との関係で、いかなる場合にいかなる限度で許されないこととなるかが問題とならざるを得

教団体を直接の対象とする支出かどうかを基準とすべきだと主張する【46】。89条違反を問えば足りる場合にはその判断にとどめるという思考は、空知太神社事件判決【本書18事件】に通じるものがある（判比⑤参照）。

㉓ 【49】では、尾崎意見への賛意とともに目的効果基準への疑問が示されている。しかし、それに代わる基準の提示までは至っていない。なお、園部裁判官は判例④でも補足意見を執筆している。そこでは、①追悼のための施設等の性格は、憲法上の政教分離原則違反の有無を判断するのに不可欠の要素ではなく、②市が忠魂碑に関して既存の特定の宗教とどのように関わっているか、③そのかかわり合いが、わが国の社会的、文化的諸条件に照らし、信教の自由の保障の確保という制度の根本目的との関係で相当とされる限度を超えるものと認められるかを判断すべきだとしていた。

㉖ 【50】では、園部裁判官の年来の畏友である種谷春洋の一節を引用している。その理由について、園部裁判官は、空襲で身内を失ったという自身の経験から、「戦没者に対する国や地方公共団体が積極的に関わることのできる弔慰の施設や行事が必ずしも十分ではないことに釈然としないものを感じて」おり、「いつの日か、国がしかるべき場所……に弔慰施設を建設し、国民が常時弔慰と追慕の意を表することのできる場所を設けられることを期待して」いたので、個別意見中にその感慨を表現しようとも考えたが、この一節に学んで思いとどまったからだという（文献④98頁以下）。このことや判例④の

補足意見からも理解されるように、園部裁判官は、特定の宗教団体との関係がない形での戦没者追悼・慰霊は合憲だという立場で一貫している（なお、三好反対意見および多数意見【14】も参照）。判批①125頁以下は、判例④の宗教団体の概念をふまえて園部補足意見を読むと、89条の適用を非常に狭く絞っている可能性もあると指摘し、「今後の適用の仕方まで視野に入れて一般論を展開しているとは思えない」という。このように思わせるのは、この補足意見の背後に、園部裁判官の個人的な感慨が潜んでいたからかもしれない。

㉗ 高橋意見は、尾崎意見とともに、多数意見が考える分離の厳格度が緩やかにすぎることを論難し、目的効果基準の基準としての有用性に疑問を投げかけるものである。特に、【61】において目的効果基準を「目盛りのない物差し」というキャッチーな言い回しを使って批判した点は印象深い。もっとも、高橋意見を丁寧に読んでみると、ところどころ論証が前後・反復していたり、言い回しが不正確・不明確であったりする部分があり、尾崎意見に比べて学説からの評価は高くない（実際、園部意見や空知太神社事件判決【本書18事件】の藤田補足意見が賛意を示すのも尾崎意見である）。高橋意見を読み解くには、論旨の全体がコンパクトにまとめられた【66】と【67】に目を通して全体像を把握したうえで、細部を検討するとよいだろう。

㉘ 【52】から【56】は、従来の判断枠組みをまとめている。

ないのである。」、「（政教分離原則は）国家が宗教とのかかわり合いを持つことを全く許さないとするものではなく、宗教とのかかわり合いをもたらす行為の目的及び効果にかんがみ、そのかかわり合いが我が国の社会的・文化的諸条件に照らし相当とされる限度を超えるものと認められる場合にこれを許さないとするものであると解すべきである。」として、憲法のいう「国家と宗教との完全な分離」を「理想」として棚上げし、国家は実際上、宗教とある程度のかかわり合いを持たざるを得ないことを前提とした上で、宗教とのかかわり合いをもたらす行為の目的及び効果にかんがみ、そのかかわり合いが我が国の社会的・文化的諸条件に照らし相当とされる限度を超えるものと認められる場合にこれを許さないというのである。

【55】　この考え方によれば、憲法20条3項にいう宗教的活動とは、国及びその機関の活動で宗教とのかかわり合いを持つすべての行為を指すものではなく、「当該行為の目的が宗教的意義を持ち、その効果が宗教に対する援助、助長、促進又は圧迫、干渉等になるような行為をいうもの」とされ、ある行為が宗教的活動に該当するか否かについては、「当該行為の外形的側面のみにとらわれることなく、当該行為の行われる場所、当該行為に対する一般人の宗教的評価、当該行為者が当該行為を行うについての意図、目的及び宗教的意識の有無、程度、当該行為の一般人に与える効果、影響等、諸般の事情を考慮し、社会通念に従って、客観的に判断しなければならない。」ということになる。

【56】　この考え方は、多数意見引用の昭和52年7月13日大法廷判決（以下「地鎮祭判決」という。）に示され、いわゆる目的・効果基準としてその後の宗教に関する裁判に大きな影響を与えたものであって、多数意見は、これに依拠して、本判決の枠組みとしているが、私は、この目的・効果基準についていくつかの疑問を持たざるを得ない。

【57】　二　第一に、多数意見は、憲法のいう「国家と宗教との完全な分離」は理想であって、これを実現することは「不可能に近く」、これを完全に貫こうとすれば「各方面に不合理な事態を生ずる」というが、果たしてそうであろうか。地鎮祭判決の挙げている不合理な事態の例は、特定宗教と関係のある私立学校への助成、文化財である神社、寺院の建築物や仏像等の維持保存のための宗教団体に対する補助、刑務所における教誨活動等であるが、これらについては、平等の原則からいって、当該団体を他団体と同様に取り扱うことが当然要請されるものであり、特定宗教と関係があることを理由に他団体に交付される助成金や補助金などが支給されないならば、むしろ、そのことが信教の自由に反する行為であるといわなければならない。このような例は、政教分離原則を国家と宗教との完全な分離と解することによって生ずる不合理な事態とはいえ、国家と宗教との完全な分離を貫くとの妨げとなるものとは考えられないのである㉙。

【58】　私も、「完全分離」が不可能あるいは不適当である場合が全くないと考えているわけではない。クリスマスツリーや門松のように習俗的行事化していることがだれの目にも明らかなものもないわけではなく、他にも同様の取扱いをする理由を有するケースが全くないと断定すること

はできない。しかし、「いかなる宗教的活動もしてはならない。」とする憲法20条3項の規定は、宗教とかかわり合いを持つすべての行為を原則として禁じていると解すべきであり、それに対して、当該行為を別扱いにするには、その理由を示すことが必要であると考える。すなわち、原則はあくまでも「国家はいかなる宗教的活動もしてはならない」のである。ところが、多数意見は、「国家は実際上宗教とある程度のかかわり合いを持たざるを得ないことを前提とした上で」と、前提条件を逆転させている㉚。

【59】　憲法20条3項の規定が、我が国の過去の苦い経験を踏まえて国家と宗教との完全分離を理想としたものであることを考えると、目的・効果基準によって宗教的活動に制限を付し、その範囲を狭く限定することは、憲法の意図するところではないと考えるのである㉛。

【60】　三　第二は、多数意見が、「（国家と宗教との）かかわり合いが我が国の社会的・文化的諸条件に照らし相当とされる限度を超えるものと認められる場合にこれを許さない」、さらに、「諸般の事情を考慮し、社会通念に従って、客観的に判断しなければならない。」と、現実の姿を判断の尺度としていることである。前述のとおり、我が国において国家神道に国教的な地位が与えられ、その結果種々の弊害を生じたことは周知の事実であり、憲法は、その反省の上に立って信教の自由を無条件で保障し、それを確実ならしめるために国家と宗教との完全な分離を理想として20条の規定を設けたものと考えられるが、信教の自由は、心の深奥にかかわる問題であるだけに、いまだに国家神道の残滓が完全に払拭されたとはいい難い。また、我が国においては宗教は多元的・重層的に発展してきており、国民一般の宗教に対する関心は必ずしも高くなく、異なった宗教に対して極めて寛容である。特定の宗教に帰依するからといって他宗教を排他的に取り扱うことはなく、このことは、戦前、国家神道が各家庭の中で宗教というよりも超宗教的存在として生活の規範をなし、多くの弊害をもたらす土壌となったと思われる。宗教的感覚において寛容であるということは、それ自体として悪いとはいえないであろうが、宗教が国民一般の精神のコントロールを容易になし得る危険性をはらんでいるともいえる。その意味からも政教分離原則は厳格に遵守されるべきであって、「社会的・文化的諸条件に照らし相当とされる限度」、「社会通念に従って、客観的に判断」というように、現実是認の尺度で判断されるべき事柄ではないと思うのである㉜。

【61】　四　第三は、いわゆる目的・効果基準は極めてあいまいな明確性を欠く基準であるということである。多数意見は、「（国家が）宗教とのかかわり合いをもたらす行為の目的及び効果にかんがみ、そのかかわり合いが我が国の社会的・文化的諸条件に照らし相当とされる限度を超えるものと認められる場合にこれを許さないとするものである」というが、「社会的・文化的諸条件」とは何か、「相当とされる限度」というのはどの程度を指すのか、明らかではない。ある行為が宗教的活動に該当するか否かを判断するに当たって考慮する事情として、「当該行為の目的が宗教の意義を持ち、その効果が宗教に対する援助、助長、促進又は圧迫、干渉等になるような行為をいうものと解すべきである。」、そして、「ある行為が右にいう宗教的活動に該当す

㉙　【57】から【59】は、目的効果基準を適切ではないと考える三つの理由のうちの一つ目が示されている。【57】では多数意見（および津地鎮祭事件判決［本書16事件］の判断枠組み）が、いわゆる相対分離説に立つことを論難し、完全分離を原則とすべきことを主張している。その論理は、(1)津地鎮祭事件判決が不合理なことになるとして例示した私学助成、文化財保護、刑事収容施設における教誨活動などについて、「平等の原則からいって、当該団体を他団体と同様に取り扱うことが当然要請される」ものであるから、そうでなければ信教の自由を侵害する事態になる、(2)したがって、このような例は完全分離を貫く障害ではないというのである。判批①308頁は、高橋意見が、実際は分離原則を限定的に捉えており、だからこそ、このような論理が可能になると指摘する。この点について、【66】と【67】も参照。また、(1)の点につき、平等原則だけで割り切れない問題があるのではないか（判批①119頁）、特に受刑者の信教の自由の側面も含めて語られるべき教誨活動について専ら平等原則からの観点で取り上げるのは、津地鎮祭事件判決の多数意見より視野が狭く、不当である（判批②308頁）という指摘がある。

㉚　【58】は、憲法20条3項の文理解釈からしても完全分離が原則であることを指摘し、目的効果基準に代わる判断枠組みにも触れる（【66】【67】も参照）。

㉛　【59】は、憲法20条3項が設けられた趣旨からしても完全分離が原則であることを

指摘する。「目的・効果基準によって」公権力による「宗教的活動に制限」（傍点引用者）を付す、というのは適切な措辞ではないように思われるが、善解すれば、「憲法20条3項の宗教的活動を限定的に解する」の意味であろう。

㉜　【60】は、目的効果基準を適切ではないと考える二つ目が示される。その論理をまとめると、(1)政教分離原則が採用された歴史的経緯に鑑みると、完全な分離が理想であること、(2)にもかかわらず、わが国では国家神道の残滓がみられるとともに、多くの国民が寛容な宗教的感覚をもち、宗教が国民一般の精神のコントロールを容易になしうる危険性をはらんでいること、(3)したがって、目的効果基準のように、社会ないし国家の「現実の姿」を尺度として判断すれば、理想であるところの完全分離は実現できないということであると思われる。この理解は、第一審判決の「結び付きとしての象徴」論や大野補足意見の「象徴的利益」論などと軌を一にするように思われる。さらに、高橋意見は、津地鎮祭事件判決［本書16事件］の多数意見をはじめとして、本判決の多数意見でも言及されている「理想としての完全分離」が「棚上げ」されていることを非難する（【54】）。これに対して、政教分離を「国家と教会の分離」ではなく、「国家と宗教との分離」として捉え、およそ国家が宗教というものと無縁であるべきだというのであれば、それは本当に理想といえるのか、という批判がある（判批②309頁）。

るかどうかを検討するに当たっては、当該行為の外形的側面のみにとらわれることなく、当該行為の行われる場所、当該行為に対する一般人の宗教的評価、当該行為者が当該行為を行うについての意図、目的及び宗教的意識の有無、程度、当該行為の一般人に与える効果、影響等、諸般の事情を考慮し、社会通念に従って、客観的に判断しなければならない。」としているが、これらの事情について何をどのように評価するかは明らかではない。いわば目盛りのない物差しである。したがって、この基準によって判断された地鎮祭判決後の判決が、同じ事実を認定しながら結論を異にするものが少なくない❸。

【62】 殉職自衛隊員たる亡夫を山口県護國神社に合祀されたことに関し、キリスト教徒である妻からの国家賠償法に基づく損害賠償請求について、一、二審判決は、県隊友会の同神社に対する合祀申請に自衛隊職員が関与した行為が憲法20条3項にいう宗教的活動に当たるとしたが、多数意見引用の昭和63年6月1日大法廷判決は、右行為は宗教的活動に当たらないとした。

【63】 箕面市が忠魂碑の存する公有地の代替地を買受けて忠魂碑の移設・再建をした行為、地元の戦没者遺族会に対してその敷地として右代替地を無償貸与した行為等が右の宗教的活動に該当するかどうかが争われた裁判では、一審判決は、右行為が宗教的活動に当たると判断したが、二審判決は、これを否定し、最高裁平成5年2月16日第三小法廷判決も、宗教的活動には当たらないとした。

【64】 本件についても、一審判決と原判決とでは、同じ目的・効果基準によって判断しながら結論は反対であるし、本判決においても、多数意見と反対意見とでは、同じ認定事実の下にいずれも地鎮祭判決の目的・効果基準に依拠するとしつつ全く反対の結論に到達しているのであって、これをみても、地鎮祭判決の示す基準が明確な指針たり得るかどうかに疑問を禁じ得ないのである。

【65】 以上のとおり、目的・効果基準は、基準としては極めてあいまいなものといわざるを得ず、このようなあいまいな基準で国家と宗教とのかかわり合いを判断し、憲法20条3項の宗教的活動を限定的に解することについては、国家と宗教との結び付きを許す範囲をいつの間にか拡大させ、ひいては信教の自由もおびやかされる可能性があるとの懸念を持たざるを得ない。

【66】 五 私は、憲法20条の規定する政教分離原則は、国家と宗教との完全な分離、すなわち、国家は宗教の介入を受けず、また、宗教に介入すべきではないという国家の非宗教性を意味するものと思うのである。信教の自由に関する保障が不十分であったことによって多くの弊害をもたらした我が国の過去を思うとき、政教分離原則は、厳格に解されるべきことはいうまでもない❹。

【67】 したがって、私は、完全な分離が不可能、不適当であることの理由が示されない限り、国が宗教とかかわり合いを持つことは許されないものと考える。県の公金から靖国神社の例大祭、みたま祭に玉串料、献灯料を、護國神社の慰霊大祭に供物料を奉納するため金員を支出した本件各行為は、いずれもそのような例外に当たるものとは到底いえないことが明らかであり、違憲というほかはない。

判示第一の二についての裁判官尾崎行信の意見は、次のとおりである❺。

【68】 私は、多数意見の結論には同調するが、多数意見のうち第一の二については賛成することができないので、その点についての私の意見を明らかにしておきたい。

一 政教分離規定の趣旨・目的と合憲性の判断基準

【69】 多数意見引用の昭和52年7月13日大法廷判決及び多数意見も説示しているとおり、憲法は、大日本帝国憲法下において信教の自由の保障が不十分であったため種々の弊害が生じたことにかんがみ、信教の自由を無条件に保障し、更にその保障を一層確実なものとするため、政教分離規定を設けたものであり、これを設けるに当たっては、国家(地方公共団体を含む。以下同じ。)と宗教との完全な分離を理想とし、国家の非宗教性ないし宗教的中立性を確保しようとしたものと解すべきである。右大法廷判決は、右の説示に続けて、国家が諸施策を実施するに当たり宗教とのかかわり合いを生ずることは免れ難く、国家と宗教との完全分離を実現することは実際上不可能に近いし、これに固執すればかえって社会生活の各方面に不合理な事態を生ずることを免れないとし、完全分離の理想を貫徹し得ない例として、宗教関係の私立学校への助成等を挙げている。なるほど平等権や信教の自由を否定する結果を招くような完全分離は不合理極まりないとみることができるから、こうした憲法的価値を確保することができるよう考慮を払うことには理由があり、厳格な完全分離の例外を一定限度で許し、柔軟に対応する余地を残すことは、複雑多岐な社会事象を処理するための慎重な態度というべきであろう。この範囲において、私は、右大法廷判決の説くところに同意することができる。そして、私は、右の説示の趣旨に沿って政教分離規定を解釈すれば、国家と宗教との完全分離を原則とし、完全分離が不可能であり、かつ、分離に固執すると不合理な結果を招く場合に限って、例外的に国家と宗教とのかかわり合いが憲法上許容されるとすべきものと考えるのである❻。

【70】 このような考え方に立てば、憲法20条3項が「いかなる宗教的活動もしてはならない。」と規定しているのも、国が宗教とのかかわり合いを持つ行為は、原則として禁止されるとした上で、ただ実際上国家と宗教との分離が不可能で、分離に固執すると不合理な結果を生ずる場合に限って、例外的に許容されるとするものであると解するのが相当である。したがって、国は、その施策を実施するための行為が宗教とのかかわり合いを持つものであるときには、まず禁じられた活動に当たるとしてこれを避け、宗教性のない代替手段が存しないかどうかを検討すべきである。そして、当該施策を他の手段でも実施することができるならば、国は、宗教的活動に当たると疑われる行為をすべきではない。しかし、宗教とのかかわり合いを持たない方法では、当該施策を実施することができず、これを放棄すると、社会生活上不合理な結果を生ずるときは、更に進んで、当該施策の目的や施策に含まれる法的価値、利益はいかなるものか、この価値はその行為を行うことにより信教の自由に及ぼす影響と比べて優越するものか、その程度はどれほどかなどを考慮しなければならない。施策を実施しない場合に他の重要な価値、特に憲法的価値の侵害が生ずることも、著しい社会的不合理の一場合である。こうした検証を経た上、政教分離原則の除外例として特に許容するに値する高度な法的利益が明

---

❸ 【61】から【65】は、目的効果基準が不適切だという第3の理由として、「目盛りのない物差し」批判が展開される。すなわち、目的効果基準は、同じ事実を認定しながら結論を異にするものが少なくなく、極めてあいまいであり、その結果、国家と宗教との結びつきを許す範囲をいつの間にか拡大させ、ひいては信教の自由がおびやかされる可能性があるという。なお、下級審の状況については、【2】と【3】を参照。

❹ 【66】と【67】は、高橋意見の骨子をまとめるとともに、憲法20条3項違反に関する目的効果基準に代わる判断枠組みを提示している。その判断枠組みは、「完全分離が不可能、不適当であることの理由が示されない限り、国が宗教とかかわり合いを持つことは許されない」というものであるが、分節すれば、(1)完全分離が原則であり、かかわり合いがあれば違憲の推定が働く、(2)公権力の側が、かかわり合いをもたないことが不可能、不適当であることの立証に成功した場合に限って、例外的に正当化され、合憲となるということであろう。高橋意見が(1)のように考える理由について、【57】から【60】参照。さらに、高橋意見は(1)のように考える前提として、国家と宗教との完全な分離を「国家は宗教の介入を受けず、また、宗教に介入すべきではないという国家の非宗教性を意味するもの」と理解するが、この点について、判批②308頁は、(ア)政教分離が問題になるのは「介入」のような他人の行動に口を出す干渉といった側面だけでないこと、(イ)多数意見は、そのような干渉だけでなく、「結びつき」や「かかわりあい」を含めて検討しているとも思われること、(ウ)その意味で、高橋意見は、多数意見よりも政教分離原則を「限定的に」捉えていることを指摘する。他方、高橋意見が、(2)のような基準が望ましいと考える理由について、【61】から【65】参照。もっとも、判批①119頁は、その例外の判断をどのようにするかが問題とならざるをえないと指摘し、また、判批②310頁も、具体的な代替判断基準を積極的に示すまでには至っていないと評価する。

❺ 尾崎意見は、園部意見、高橋意見と同様、政教分離をより厳格に捉えるべきだという立場から、目的効果基準を批判し、それに代わる客観的な判断枠組みを定立しようとするものである。

❻ 【69】は、多数意見の論理をまとめたうえで、厳格分離の前提に立っても、例外を認めるべき場合があることを認めつつ、例外の判断枠組みとして、目的効果基準に代わって、「国家と宗教との完全分離を原則とし、完全分離が不可能であり、かつ、分離に固執すると不合理な結果を招く場合に限って、例外的に国家と宗教とのかかわり合いが憲法上許容される」という枠組みを提示している。

白に認められない限り、国は、疑義ある活動に関与すべきではない。このような解釈こそが、憲法が政教分離規定を設けた前述の経緯や趣旨に最もよく合致し、文言にも忠実なものである上、合憲性の判断基準としても明確で疑義の少ないものということができる。そして、右の検討の結果、明確に例外の事情があるものと判断されない限り、その行為は禁止されると解するのが、制度の趣旨に沿うものと考える。❸

二　多数意見に対する疑問

【71】　これに対し、多数意見の示す政教分離規定の解釈は、前述の制定経緯やその趣旨及び文言に忠実とはいえず、また、その判断基準は、極めて多様な諸要素の総合考慮という漠然としたもので、基準としての客観性、明確性に欠けており、相当ではないというほかはなく、私は、これに賛成することができない。その理由は、次のとおりである。❸

【72】　1　多数意見は、憲法が政教の完全分離を理想としているとしつつ、「分離にもおのずから一定の限界がある」という。この判示のみをみれば、宗教的活動のすべてが「許されない」のが原則であるが、分離不能など特別の事情のために「許される」例外的な場合が存するとの趣旨をうかがわせる。ところが、それに続いて、「信教の自由の保障の確保という制度の根本目的との関係で、いかなる場合にいかなる限度で許されないこととなるかが問題」となるといい、突如「許されない」活動を限定的に定義している。完全分離を理想と考え、国が宗教とかかわり合いを持つことは原則的に許されないという立場から出発するのであれば、何が「許されない」かを問題とするのではなく、何が例外的に「許される」のかをこそ論ずべきである。私は、このような多数意見の立場は、政教分離制度の趣旨、目的にかなわず、同制度が信教の自由を確保する手段として最大限機能するよう要請されていることを忘れたものであって、望ましくないと考える。

【73】　2　法解釈の原則は、法文を通常の意味・用法に従って解釈し、それで分明でないときは、立法者の意思を探求することである。「いかなる宗教的活動」をも禁止するとの文言を素直に読めば、宗教とかかわり合いを持つ行為はすべて禁止されていると解釈すべきことは、極めて分明で、「原則禁止、例外許容」の立場を採るのが当然である。にもかかわらず、何ら限定が付されていない文言を「いかなる場合にいかなる限度で許されないこととなるかが問題」として、性質上の制限があると読むことは、文意を離れるものであり、これを採ることができない。

【74】　憲法20条3項に影響を与えた米国憲法の類似規定（修正1条）に関し、いわゆる目的効果基準を採る判例が、この規定は一定の目的、効果を持つ行為を禁ずるものであると解釈していることにならって、我が国でも同様の限定を「宗教的活動」に加える考えが生まれたとみられる。しかし、これは、両国憲法の規定の相違を無視するものである。米国憲法は、「国教の樹立を定め、又は宗教の自由な行使を禁止する法律（省略）を制定してはならない。」と規定し、国教樹立や宗教の自由行使の禁止に当たる行為のみが許されないとしているため、右の禁止に当たる範囲を定義する必要が生じ、判例は、許されない行為を決定する立場から基準を定めたのである。これに対し、我が憲法は、端的にすべての宗教的活動を禁止の対象としているのであるから、およそ宗教色を帯びる行為は一義的に禁止した上、特別の場合に許容されるとの基準を設けるのが自然なこととなる。両国の条文の差異をみれば、基準の立て方が異なってこそ、それぞれ素直に条文に適するといえよう。

【75】　3　また、多数意見は、憲法20条3項の解釈に当たって、用語の意味内容があいまいで、その適用範囲が明確でなく、将来の指標とするには不十分と認められる。

【76】　多数意見は、「宗教的活動」とは、「国及びその機関の活動」で宗教とのかかわり合いを持つ「すべての行為」を指すものではなく、「かかわり合いをもたらす行為」の目的効果にかんがみ、そのかかわり合いが諸条件に照らし「相当とされる限度を超えるもの」のみをいい、この相当限度を超えるのは「当該行為の目的が宗教的意義を持ち、その効果が宗教に対する援助……等になるような行為」であるという。この定義において、「当該行為」は、「国及びその機関」（以下「国」という。）の活動で宗教との「かかわり合いをもたらす行為」（以下「関与行為」という。）を意味している。

【77】　国と宗教とのかかわり合いをみる場合、右のように国の「かかわり合いをもたらす」国自体の関与行為とかかわり合いの対象となる宗教的とみられる行為（以下「対象行為」という。）が存在し、その両者の関係がいかなるものか検討されることとなる。なお、この両者は、国教樹立のように大きく重なることもあれば、津地鎮祭のように重なる部分が減少し、本件玉串料奉納のように重なりが更に小さくなることもあり得る。また、津地鎮祭の場合、市がその主催者となっているとはいえ、宗教行為そのものは、神職が主宰者となり独自の宗教儀式として実施されており、市はこの他者の宗教行事と参加・利用の関係に立ったのであって、ここでも関与行為と対象行為の区別は明らかである。

【78】　続いて多数意見は、「ある行為」が禁止される宗教的活動に該当するかどうかを検討するに当たっては、「当該行為」の外形的側面のみにとらわれることなく、「当該行為の行われる場所」その他の要素も考慮せよという。この場合、「ある行為」や「当該行為」は、先行定義によれば、国の活動を意味する。ところが、多数意見引用の昭和52年7月13日大法廷判決は、「当該行為」の外形的側面の例示として、主宰者が宗教家か、式次第が宗教の定める方式にのっとったものかなど、を挙げており、右大法廷判決が「当該行為」なる用語を国の関与行為とは別異の、宗教行事など国がかかわり合いを持つとする対象行為を指すものとして使用していることを推知させる。しかし、この判示を定義どおり国の関与行為の外形と解する者もあろうし、特にこの例示を欠く多数意見は、その可能性を高めている。

【79】　さらに、後続部分における「当該行為」も、多義的で意味を特定し難い。多数意見が「当該行為の行われる場所」というとき、愛媛県による玉串料などの支出が問題になっているので、県のかかわり合いをもたらす出捐行為の場所と考えることもできるが、直前の「当該行為」が祭式を指すのと同様、例大祭の場所とみる方が自然である。「当該行為に対する一般人の宗教的評価」も同様で、玉串料奉納行為など関与行為に対するものか、例大祭など対象行為に対するものか、両者を含めてか、人々を迷わせる。「当該行為者が当該行為を行うについての意図、目的及び宗教的意義」という場合、検討するのは関与行為（者）、対象行為（者）のいずれについてか、その双方か、やはり不分明である。津地鎮祭の場合、まず、一般人の意識においては、地鎮祭には宗教的意義を認めず、世俗の行為、慣習化した社会的儀礼として、世俗的な行事と評価しているとした上で、津市長らも同一の意識を持っていたと説示した点をみれば、対象行為を主眼としているとみられる一方、本件の原判決においては、県の行為は、戦没者の慰霊が目的であったこと、遺族援護行政の一環としてされたこと、金額が小さく儀礼的とみられることが論じられているところからすれば、県の関与行為を中心に「当該行為」や「当該行為者」が理解されていたとみられる。つまり、「当該行為」、「当該行為者」という同一用語を、前記大法廷判決は対象行為について、本件原判決は関与行為について、それぞれ使用しており、

---

❸　【70】では、【69】の末尾で示された基準が20条3項の解釈基準として敷衍され、完全分離を原則とし、①かかわり合いをもつ施策は避ける、②宗教性のない代替手段があればそれを採用するが、これを放棄すると、社会生活上不合理な結果を生ずるときは、当該施策の目的や施策に含まれる法的価値、利益はいかなるものか、この価値はその行為を行うことにより信教の自由に及ぼす影響と比べて優越するのか、その程度はどれほどかなどを考慮することによって、政教分離原則の除外例として特に許容するに値する高度な法的利益が明白に認められるかどうかを判断するという。このような具体的な判断枠組みを提示している点が、高橋意見との

大きな違いである。

❸　【71】から【82】では、目的効果基準批判が展開される。その骨子は、①多数意見は原則（分離）と例外（かかわり合い）を逆転させている（【72】）、②そのような原則と例外の逆転は文理解釈上も許容できない（【73】【74】）、③目的効果基準の適用に際して考慮される諸要素についても、不明確である（【75】～【79】）というものである（全体の要約は【80】【81】を参照）。この批判は、空知太神社事件判決〔本書18事件〕の藤田補足意見においても賛意が示されている。

この用語が必ずしも一義的には解し得ないことを示している。「当該行為の一般人に与える効果、影響」というときも、国の行為のみについて論じているのか、例大祭なども考慮の対象としているのか明らかでなく、ことの性質上、後者が除かれているとは思えない。要するに、多数意見は、その意味内容を特定し難い部分があり、真意を把握するのが困難で、その適用に際し、判断を誤らせる危険があり、合憲性を左右する基準として、このような不明確さは許されるべきでない。

[80]　4　そして、私の主張する前記一の立場によれば、国の行為のうち、一応宗教的と認められるものは、すべて回避され、特に例外とすべき事由が明確に示されて初めて許容されることとなるため、検討すべき行為の量も検討すべき事項も、選別され、限定される。要するに、基準の客観的定立と適用がより容易になるといい得る。

[81]　これに対し、多数意見の立場は、「宗教的活動」が本来的に限定された意味、内容を持つことを出発点とする。そこでは、すべての宗教的活動は、例示されたような多様な考慮要素に照らし総合評価して初めて、許されない宗教的活動の範囲に属することが決定される。検討対象の量も多く、検討事項も広範に及び、特に総合評価という漠然たる判断基準に頼らざるを得ず、客観性、明確性の点で大きな不安を感じさせる。判断基準という以上、単に考慮要素を列挙するだけでは足りず、各要素の評価の仕方や軽重についても何らかの基準を示さなければ、尺度として意味をなさない。事実、これまでの裁判例において、同一の目的効果基準にのっとって同一の行為を評価しながら、反対の結論に達している例があることは、右基準が明確性を欠き、その適用が困難なことを示すものというべきである。

[82]　私は、右基準に代え、前記一に述べたところに従って新たな基準を用いることにより、将来の混乱を防止すべきものと考える。

三　結論

[83]　1　そこで、本件を前記一において述べた基準に従って見てみると、まず、県が戦没者を慰霊するという意図を実現するために、靖國神社等の祭祀に当たって玉串料等を奉納する以外には、宗教とかかわり合いを持たないでこれを行う方法はなかったのかどうかを検討しなければならない。しかし、そのような主張、立証はないのみならず、反対に、多くの宗教色のない慰霊のみちがあることは、公知の事実である。したがって、本件の県の行為は、宗教との分離が実際上不可能な場合には当たらないというほかない。また、当然のことながら、宗教とのかかわり合いを持たないでも県の右意図は実現することができる以上、本件の県の行為がなければ社会生活上不合理な結果を招来するということはできず、この面からも、政教分離原則に反しない例外の事情があるということはできない。実際に他の都道府県の知事が本件のような玉串料等の奉納をしなくても、特段の不合理を生じているとは認められず、この種の社会的儀礼を尊重するあまり、憲法上の重要な価値をおろそかにするのは、ことの順逆を誤っている。したがって、本件の玉串料等の奉納は、憲法20条3項に違反するものであり、本件支出は違法というべきである。㊴

[84]　2　これに対し、本件の玉串料等の奉納は、その金額も回数も少なく、特定宗教の援助等に当たるとして問題とするほどのものではないと主張されており、これに加えて、今日の社会情勢では、昭和初期と異なり、もはや国家神道の復活など期待する者もなく、その点に関する不安はき憂に等しいともいわれる。

[85]　しかし、我々が自らの歴史を振り返れば、そのように考えることの危険がいかに大きいかを示す実例を容易に見ることができる。人々は、大正末期、最も拡大された自由を享受する日々を過ごしていたが、その情勢は、わずか数年にして国家の意図するままに一変し、信教の自由はもちろん、思想の自由、言論、出版の自由もことごとく制限、禁圧されて、有名無実となったのみか、生命身体の自由をも奪われたのである。「今日の滴る細流がたちまち荒れ狂う激流となる」との警句を身をもって体験したのは、最近のことである。情勢の急変には10年を要しなかったことを想起すれば、今日この種の問題を些細なこととして放置すべきでなく、回数や金額の多少を問わず、常に発生の初期においてこれを制止し、事態の拡大を防止すべきものと信ずる。

[86]　右に類する主張として、我が国における宗教の雑居性、重層性を挙げ、国民は他者の宗教的感情に寛大であるから、本件程度の問題は寛容に受入れられており、違憲などといってとがめ立てする必要がないとするものもある。しかし、宗教の雑居性などのために、国民は、宗教につき寛容であるだけでなく、無関心であることが多く、他者が宗教的に違和感を持つことに理解を示さず、その宗教的感情を傷付け、軽視する弊害もある。信教の自由は、本来、少数者のそれを保障するところに意義があるのであるから、多数者が無関心であることを理由に、反発を感ずる少数者を無視して、特定宗教への傾斜を示す行為を放置することを許すべきでない。さらに、初期においては些少で問題にしなくてよいと思われる事態が、既成事実となり、積み上げられ、取り返し不能な状態に達する危険があることは、歴史の教訓でもある。この面からも、現象の大小を問わず、ことの本質に関しては原則を固守することをおろそかにすべきではない。

[87]　私は、こうした点を考慮しつつ、憲法がその条文に明示した制度を求めるに至った歴史的背景を想起し、これを当然のこととして、異論なく受容した制定者始め国民の意識に思いを致せば、国は、憲法の定める制度の趣旨、目的を最大限実現するよう行動すべきであって、憲法の解釈も、これを要請し、勧奨するよう、なさるべきものと信じ、本意見を述べるものである。

判示第一についての裁判官三好達の反対意見は、次のとおりである。㊵

[88]　私は、本件支出は、憲法20条3項の禁止する宗教的活動に該当せず、また、同89条の禁止する公金の支出にも該当しないし、宗教団体が国から特権を受けることを禁止した同20条1項後段にも違反しないと考える。したがって、上告人らの本訴請求は棄却されるべきものであり、これを棄却した原判決は、その結論において維持せらるべく、本件上告は、理由がないものとして、これを棄却すべきものであると考える。以下、その理由を述べる。

一　憲法における政教分離原則と憲法の禁止する宗教的活動及び公金の支出

[89]　この点についての私の考えは、多数意見も引用するところの最高裁昭和46年(行ツ)第69号同52年7月13日大法廷判決・民集31巻4号533頁及び最高裁昭和57年(オ)第902号同63年6月1日大法廷判決・民集42巻5号277頁の判示するところと同一であるが、以下、その主要な点を申し述べる。

[90]　現実の国家制度として、国家と宗教との完全な分離を実現することは、実際上不可能に近く、政教分離原則を完全に貫こうとすれ

㊴　[83]は、[70]で示した基準をあてはめる箇所である。
㊵　三好反対意見は、多数意見の判断枠組みをふまえつつ、わが国の社会的・文化的諸条件に照らし相当とされる限度を超えるか否かを検討するにあたり、(1)戦没者の追悼・慰霊は宗教、宗派あるいは民族、国家を超えた人間自然の普遍的情感であり、国や地方公共団体、あるいはそれを代表する立場に立つ者が、戦没者を追悼、慰霊を行うことは、国民多数の感情にも合致し、遺族の心情にも沿うだけでなく、当然の礼儀であり、道義のうえからも義務ともいえること、(2)その際、特定の宗教とのかかわり合いが相当とされる限度を超えれば、憲法20条3項等に違反すること([95])、(3)靖国神社や護国神社は、宗教的施設ではあるものの、国民の多くからは、特定の宗教を超えての、国に殉じた人々の御霊を象徴する施設としての性格を有すること([97])、(4)わが国には、戦没者慰霊施設は、靖国神社や護国神社しかなく、それが国民感情に合致していること([99])、(5)国や地方公共団体などを代表する立場にある者によって戦没者の追悼、慰霊の途が講ぜられることを望む声が多いこと([100])といった事情を考慮に入れるべきであると主張する。そのうえで、靖国神社における祭祀やそこにおける玉串料および献灯料の性質([102]〜[111])、愛媛県護国神社における祭祀やそこにおける供物料の性質および供物料が支出されるに至った経緯([112]〜[118])について検討し、社会的儀礼の範囲を出ないとした。これらの事情に加えて、一般に、特定の宗教に対するこだわりの意識は希薄であり、他に対してむしろ寛容であるわが国の社会の特質もふまえると、本件支出は、いずれも遺族援護業務の一環としてされたものであって、支出の意図、目的は戦没者を追悼し、慰霊し、遺族を慰めることにあったとみるべきであり、多くの国民もそのようなものとして受け止めているのだから、政教分原則違反ではないと結論する([121])。さらに、全体として、靖国懇報告書(文献①)に依拠しつつ立論されているのも特徴的である。このような三好反対意見について、学説の多くは批判的で、「法律論としてはあまりにも心情的〔に〕すぎ」、「極限すると、憲法論としてみるべきものはない」(判批① 126頁以下)という。

ば、かえって社会生活の各方面に不合理な事態を生ずることを免れない。これらの点にかんがみると、政教分離規定の保障の対象となる国家と宗教との分離にもおのずから一定の限界があることを免れず、政教分離原則が現実の国家制度として具現される場合には、それぞれの国の社会的・文化的諸条件に照らし、国家は実際上宗教とある程度のかかわり合いを持たざるを得ないことを前提とした上で、そのかかわり合いが、信教の自由の保障の確保という制度の根本目的との関係で、いかなる場合にいかなる限度で許されないこととなるかが、問題とならざるを得ないのである。右のような見地から考えると、憲法の前記政教分離規定の基礎となり、その解釈の指導原理となる政教分離原則は、国家が宗教的に中立であることを要求するものではあるが、国家が宗教とのかかわり合いを持つことを全く許さないとするものではなく、宗教とのかかわり合いをもたらす行為の目的及び効果にかんがみ、そのかかわり合いが我が国の社会的・文化的諸条件に照らし相当とされる限度を超えるものと認められる場合にこれを許さないとするものであると解すべきである。

[91] 　右の政教分離原則の意義に照らすと、憲法20条3項にいう宗教的活動とは、およそ国及びその機関の活動で宗教とかかわり合いを持つすべての行為を指すものではなく、そのかかわり合いが我が国の社会的・文化的諸条件に照らし相当とされる限度を超えるものに限られるというべきであって、当該行為の目的が宗教的意義を持ち、その効果が宗教に対する援助、助長、促進又は圧迫、干渉等になるような行為をいうものと解すべきであり、ある行為が右にいう宗教的活動に該当するか否かを検討するに当たっては、当該行為の外形的側面のみにとらわれることなく、当該行為に対する一般人の宗教的評価、当該行為者が当該行為を行うについての意図、目的及び宗教的意義の有無、程度、当該行為の一般人に与える効果、影響等、諸般の事情を考慮し、社会通念に従って、客観的に判断しなければならない。

[92] 　そして、本件支出が、宗教上の組織又は団体に対する公金の支出として、憲法89条によって禁止されるものに当たるか否かの判断も、右の基準によってされるべきものであり、本件支出を評価するに当たっては、我が国の社会的・文化的諸条件に照らし相当とされる限度を超えるものと認められるか否かを検討すべきであり、また、その検討に当たっては、当該行為の外形的側面のみにとらわれることがあってはならないのである。

二　靖國神社及び各県などの護國神社（私の反対意見において、護國神社とは、宗教法人愛媛県護國神社のみを指すのではなく、各県などに存在する護國神社一般を指称する。）をめぐる国民の意識等

[93] 　1　祖国や父母、妻子、同胞等を守るために一命を捧げた戦没者を追悼し、慰霊することは、遺族や戦友に限らず、国民一般としての当然の行為ということができる。このような追悼、慰霊は、祖国や世界の平和を祈念し、また、配偶者や肉親を失った遺族を慰めることでもあり、宗教、宗派あるいは民族、国家を超えた人間自然の普遍的な情感であるからである。そして、国や地方公共団体、あるいはそれを代表する立場に立つ者としても、このような追悼、慰霊を行うことは、国民多数の感情にも合致し、遺族の心情にも沿うものであるのみならず、国家に殉じた戦没者を手厚く、末長く追悼、慰霊することは、国や地方公共団体、あるいはそれを代表する立場にある者としての当然の礼儀であり、道義の上からは義務ともいうべきものである。諸外国の実情をみても、各国の法令上の差異や、国家と宗教のかかわり方の相違などにかかわらず、国が自ら追悼、慰霊のための行事を行い、あるいは、国を代表する者その他公的立場に立つ者が民間団体の行うこれらの行事に公的資格において参列するなど、戦没者の追悼、慰霊を公的に行う多数の例が存在する。我が国においても、この間の事情は、これら諸外国と同様に考えることができる。そして、前述のように戦没者に対する追悼、慰霊は人間自然の普遍的な情感であることからすれば、追悼、慰霊を行うべきことは、戦没者が国に殉じた当時における国としての政策が、長い歴史からみて、正であったか邪であったか、当を得ていたか否かとはかかわりのないことというべきである。

[94] 　以上のような私の考えは、さきに内閣総理大臣その他の国務大臣の靖國神社参拝の在り方をめぐる問題について検討を遂げた「閣僚の靖國神社参拝問題に関する懇談会」の昭和60年8月9日の報告書（以下、「靖國懇報告書」という。）において述べられているところと概ね趣旨を同じくするものである㊶。

[95] 　そして、一般的にいえば、慰霊の対象である御霊というものは、宗教的意義と全く切り離された存在としては考え難いのであって、ただ留意すべきことは、追悼、慰霊に当たり、特定の宗教とのかかわり合いが相当とされる限度を超えることによって、憲法20条3項等に違反してはならないということである。

[96] 　2　靖國神社は、主として我が国に殉じた戦没者246万余を祀る神社であり、各県などにある護國神社は、主として右戦没者のうちその県などに縁故のある人々を祀る神社であって、いずれも宗教的施設にほかならない。そして、折りにふれ靖國神社や護國神社にいわゆるお参りをする遺族や戦友を始め国民の中には、祭神を信仰の対象としてお参りするという者もあるであろうが、より一般的には、そのような宗教的行為をしているという意識よりは、国に殉じた父、息子、兄弟、友人、知人、さらにはもっと広く国に殉じた同胞を偲び、追悼し、慰霊するという意識が強く、これをもっと素朴にいえば、戦没者を慰めるために、会いに行くという気持が強いといえる。

[97] 　そうであってみれば、靖國神社や護國神社は、正に神道の宗教的施設であり、右各神社の側としては、お参りする者はすべて祭神を信仰の対象とする宗教的意識に基づき宗教的行為をしている者と受け取っているであろうことはいまでもないところであるが、右に述べたような多くの国民の意識からすれば、右各神社は、戦没者を偲び、追悼し、慰霊する特別の施設、追悼、慰霊の中心的施設となっているといえるのであって、国民の多くからは、特定の宗教にかかる施設というよりは、特定の宗教を超えての、国に殉じた人々の御霊を象徴する施設として、あたかも御霊を象徴する標柱、碑、名牌などのように受け取られているといってよいものと思われる。

[98] 　靖國懇報告書も、国民や遺族の多くは、戦後から今日に至るまで、靖國神社を、その沿革や規模からみて、依然として我が国における戦没者追悼の中心的施設であるとしている旨を指摘しているところである。

[99] 　これに加えて、現実の問題として、戦没者を追悼、慰霊しようとする場合、我が国に殉じた戦没者すべての御霊を象徴するものは、靖國神社以外に存在しないし、右戦没者のうちその県などに縁故のある人々すべての御霊を象徴するものは、その県などの護國神社をおいてほかに存在しないといってよい。千鳥ヶ淵戦没者墓苑もあり、右墓苑における追悼、慰霊も怠ってはならないが、何といっても、右墓苑は、先の大戦での戦没者の遺骨のうち、氏名が判明せず、また、その遺族が不明なことから、遺族に渡すことのできない遺骨を奉安した

㊶　靖国懇報告書では、閣僚の靖国神社公式参拝の憲法適合性について、当然合憲の立場から、当然違憲の立場まで各種意見が併記されている。しかし、全体としては、「最高裁判決に言う目的及び効果の面で種々配慮することにより、政教分離原則に抵触しない何らかの方式による公式参拝の途がありうる」とされ、違憲だという意見は少数意見の扱いにとどまっている。三好反対意見は、報告書中の「国民や遺族の多くは、戦後40年に当たる今日まで、靖国神社を、その沿革や規模から見て、依然として我が国における戦没者追悼の中心的施設であるとしており、したがって、同神社において、多数の戦没者に対して、国民を代表する立場にある者による追悼の途が講ぜられること、すなわち、内閣総理大臣その他の国務大臣が同神社に公式参拝することを望んでいる」、「現在、靖国神社は他の宗教法人と同じ地位にある宗教法人であり、戦前とは性格を異にし、また、憲法上も、国家神道の復活はあり得ない。いわゆる軍国主義の問題に対しては、憲法上の歯止めが存することや、現在の靖国神社は戦没者追悼と平和祈念の場となっていることを見れば、そのような懸念はないと言うべき」、「新たな施設の設置そのものは十分考慮に値することではあるが、かかる施設が設置されたからといって、大方の国民感情や遺族の心情において靖国神社の存在意義が置き換えられるものではない」といった表現から、強い影響を受けていることがうかがわれる。

墓苑であって、日清戦争や日露戦争での戦没者を始めとし、我が国のために殉じたすべての戦没者の御霊にかかる施設ではない。また、識者の中には、追悼、慰霊のための宗教、宗派にかかわりのない公的施設を新たに設置することを提案する意見もあり、考慮に値する意見ではあるが、国民感情や遺族の心境は、必ずしも合理的に割り切れるものではなく、このような施設が設置されたからといって、これまで靖國神社や護國神社を追悼、慰霊の中心的施設としてきている国民感情や遺族の心境に直ちに大きな変化をもたらすものとは考え難い。

【100】　3　国民の中に、靖國神社や護國神社において、国や地方公共団体などを代表する立場にある者によって戦没者の追悼、慰霊の途が講ぜられることを望む声が多く、また、いわゆる公式参拝決議をした県議会や市町村議会も多いが、それらは、このように多くの国民の意識として右各神社が戦没者の追悼、慰霊の中心的施設として意識されていることによるものである。これらのことなどから、まだ占領下であった昭和26年10月18日、戦後はじめての靖國神社の秋季例大祭に内閣総理大臣、その他の国務大臣らによる参拝が行われて以来、靖國神社の春季、秋季の例大祭や終戦記念日に同神社に参拝した内閣総理大臣その他の国務大臣は多く（一定の時期までは、内閣総理大臣のうち参拝しなかった者は、むしろ例外である。）、それらのうちには、いわゆる公式参拝であることを言明した者がかなりの数に上っているし、参拝した内閣総理大臣の中には、クリスチャンである者も含まれているとされている。靖國懇報告書も、「政府は、この際、大方の国民感情や遺族の心情をくみ、政教分離原則に関する憲法の規定の趣旨に反することなく、また、国民の多数により支持され、受入れられる何らかの形で、内閣総理大臣その他の国務大臣の靖國神社への公式参拝を実施する方途を検討すべきである」と提言しているところである。

【101】　4　本件支出を評価するに当たっての社会的・文化的諸条件として、以上述べたような靖國神社や護國神社に対する多くの国民の意識等を十分に考慮しなければならない。

三　本件支出にかかる事実関係とその検討
1　靖國神社に対する供与

【102】　靖國神社に対する供与は、昭和56年から同61年までの間、春秋の例大祭に際し、玉串料名下に一回5000円ずつ9回、7月のみたま祭に際し、献灯料名下に一回7000円ないし8000円ずつ4回供与したもので、その供与は合計7万6000円である。

【103】　右各供与は、恒例の宗教上の祭祀である春秋の例大祭及びみたま祭に際してされたものであり、しかも昭和33年ころから毎年継続して行われてきたというのであるが、次の諸点が留意されなければならない。

【104】　(一)　金員の供与が靖國神社の恒例の祭祀に際してされたことが問題とされている。しかしながら、現在の靖國神社の春秋の例大祭の日は、戦後の政教分離政策の実施とともに、それぞれ春分の日及び秋分の日を基に新旧暦で換算して定めたものであり、春分の日及び秋分の日は、国民生活において、彼岸の中日として、祖先など死没者の墓参りが行われる日である。また、みたま祭は、古来我が国で祖先などの霊を祀り、慰め、供養する日とされてきたお盆（もともと民間習俗であって、仏教に由来するものではないとされている。）の日にちなんで、戦後設定したものであり、お盆に帰ってくる祖先などの霊を迎えるため提灯を掲げる習俗に合わせ、靖國神社の境内にも、献灯料によって2万を超える提灯が掲げられるのである。すなわち、いずれも特に祭神に直接かかわりのある日を卜して定められたものではなく、我が国において多数を占める国民が日常生活の上で祖先などの追悼、慰霊の日としてきた日にちなんで定められた日であって、特定の宗教への信仰を離れても、戦没者の追悼、慰霊をするにふさわしい日といえる。

【105】　春秋の例大祭及びみたま祭は、靖國神社の立場からすれば、いわゆる恒例祭として、重要な宗教的意義を持ち、外形的にも主要な宗教的儀式にほかならないけれども、二に述べたように、多くの国民は、靖國神社を戦没者の追悼、慰霊の中心的施設と意識しているのであって、祖先などの追悼、慰霊の日にちなんだ日に行われる例大祭やみたま祭については、多くの国民や遺族は、戦没者を偲び、追悼し、慰霊する行事との意識が強く、祭神を信仰の対象としての宗教的儀式という意識は、必ずしも一般的ではないといえる。憲法20条3項の禁止する宗教的活動及び同89条の禁止する公金の支出に当たるかどうかの判断は、多くの国民の側の意識を考慮してされるべきであって、靖國神社の立場に立ってされるべきではない。このことは宗教的儀式の二面性ともいうべきものであって、世俗的行事とされている地鎮祭のような宗教的儀式についてもいえる。すなわち、地鎮祭も、これを主宰している神職の立場からすれば、降神の儀により大地主神及び産土神をその場所に招いて行う厳粛な神儀であり、外形的にも宗教的儀式にほかならないが、ただ建築主その他の参列者を含む国民一般は、世俗的行事と意識しているということなのである。

【106】　(二)　右各金員の供与は、いずれも靖國神社からの案内に基づき、あらかじめ愛媛県知事である被上告人白石から委任を受けていた愛媛県東京事務所長である被上告人中川が通常の封筒に金員を入れて同神社の社務所に持参し、玉串料又は献灯料として持参した旨を口頭で告げて、同神社に交付したというのである。この供与の機会あるいは例大祭やみたま祭の機会に、県知事自らが参拝した事実はないのみならず、東京事務所長その他の県職員が代理して参拝した事実もなく、通常の封筒に入れて玉串料又は献灯料と記載することもなく交付しているのであって、供与の態様は極めて事務的といえる。

【107】　例大祭に際しては、交付に当たり「玉串料」と告げているが、玉串料とは、神式による儀式に関連して金員を供与するに当たっての一つの名目でもあり、葬儀が神式で行われる場合、香典の表書を「御玉串料」とする例も多いことは、周知のところであるし、例大祭において、県関係者による現実の玉串奉奠がされたこともない。それ故、玉串料という名目に、必ずしも供与する側の宗教的意図、目的を見い出すことはできず、また、必ずしも国民一般がこれを宗教的意義ある供与として意識するともいえないと思われる。ちなみに、前出最高裁昭和52年7月13日大法廷判決が世俗的行事であって憲法20条3項にいう宗教的活動に当たらないと判示した津市体育館の地鎮祭においては、神事として、津市長、同市議会議長らによって、現実の玉串奉奠が行われているし、最高裁昭和62年（行ツ）第148号平成5年2月16日第三小法廷判決・民集47巻3号1687頁がそれへの参列は宗教的活動に当たらないとした忠魂碑前での神式による慰霊祭の神事においても、市長ら参列者により現実の玉串奉奠が行われているのである。

【108】　みたま祭に際しては、交付に当たり「献灯料」と告げているが、境内に提灯が掲げられるのは、お盆に祖先を迎えるため提灯を掲げる我が国の習俗に由来すること、多くの国民は靖國神社を戦没者の追悼、慰霊の中心的施設と意識していること前述のとおりであることからすれば、多くの国民は、みたま祭の献灯を靖國神社の祭神にかかる宗教的儀式と結び付ける意識は薄く、戦没者の追悼、慰霊のためとの意識が強いということができる。そのための献灯料の供与に、必ずしも供与する側の宗教的意図、目的を見い出すことはできず、また、必ずしも国民一般がこれを宗教的意義ある供与として意識するともいえないと思われる。

【109】　(三)　供与にかかる金員の額は、一般に冠婚葬祭などに際し、都道府県ないしその知事の名義で社会的儀礼として供与する金員として最低限度の額といえるものであることは明らかであるし、愛媛県の規模、予算その他からしても、逆に靖國神社のそれらからしても、極めて微少であって、金額からみれば、宗教とのかかわり合いは最低限度のものといってよい。金員の供与が毎年の例大祭ないしみたま祭に際し継続的にされていることから、単に社会的儀礼の範囲にとどまるものとは評価し難いとする向きもあるが、右のように、例大祭やみたま祭に際しての金員の供与が、追悼、慰霊としての社会的儀礼の範囲内といえる程度のものであるならば、それが春秋ないし毎年の追悼、慰

霊の機会に継続的にされたことは、あたかも死没者に対する毎年の命日ごとの追悼、慰霊のように、手厚い儀礼上の配慮がされたというべきものであって、継続的にされたことから、社会的儀礼の範囲を超えるものと評価することは当たらない。

【110】　ちなみに、靖國懇報告書をふまえて、昭和60年の終戦記念日に内閣総理大臣が靖國神社の本殿に昇殿して、公式に参拝をしたが、その際、「内閣総理大臣何某」の名入りの花一対を本殿に供えた。その代金として公金から支出され靖國神社に交付された金員の額は、3万円であり、一国を代表する者としての戦没者の追悼、慰霊のための支出として、当然社会的儀礼の範囲内といえる額であるが、これとの対比においても、右各供与が社会的儀礼の範囲を超えるものでないことは明らかである。

【111】　なお、判例をみると、地方公共団体が行う接待等については、一回の機会にかなりの金額を支出している場合にも、社会通念上儀礼の範囲を逸脱したものとまでは断じ難いとしており、奈良県の某町が、地元出身の大臣の祝賀式典の挙行等のために、326万余円の公金（同町の当時の歳出予算額の0.16パーセントを占める金額）を支出した事案で、「社交儀礼の範囲を逸脱しているとまでは断定することができず」と判示した（最高裁昭和61年（行ツ）第121号平成元年7月4日第三小法廷判決・判例時報1356号78頁）のは、その例である。戦没者の追悼、慰霊のための宗教とのかかわり合いが相当とされる限度を超えるかどうかが問題とされる場合のみ、微少な金額の支出についても、厳しく糾弾するのは、バランスを欠くとの感を否めない。

2　宗教法人愛媛県護國神社（以下、私の反対意見において、「愛媛県護國神社」という。）に対する供与

【112】　愛媛県護國神社に対する供与は、昭和56年から同61年までの間、春秋の慰霊大祭に際し、供物料名下に一回1万円ずつ9回供与したもので、その供与は合計9万円である。

【113】　右各供与は、恒例の宗教上の祭祀である春秋の慰霊大祭に際してされたものであり、しかも、昭和33年ころから毎年継続して行われてきたというのであるが、次の諸点が留意されなければならない。

【114】　㈠　金員の供与は春秋の慰霊大祭の際にされており、愛媛県護國神社の恒例の大祭に際して供与されたことが問題とされる。しかしながら、春秋の大祭は、愛媛県護國神社の立場からすれば、重要な宗教的意義を持ち、外形的にも主要な宗教的儀式にほかならないけれども、二に述べたように、多くの国民は、護國神社を戦没者の追悼、慰霊の中心の施設と意識しているのであって、慰霊大祭の名の下に行われるこの行事については、㈡に後述するようにこの行事に深く関与している財団法人愛媛県遺族会（以下、私の反対意見において、「愛媛県遺族会」という。）を始めとし、多くの国民や遺族は、慰霊大祭の名に示されるとおり、正に戦没者を偲び、追悼し、慰霊する行事との意識が強く、祭神を信仰の対象としての宗教的儀式という意識は、必ずしも一般的ではないといえる。このことは、靖國神社の例大祭及びみたま祭について述べたと同じく、宗教的儀式の二面性として把握されるべきものであって、憲法20条3項の禁止する宗教的活動及び同89条の禁止する公金の支出に当たるかどうかの判断は、多くの国民の側の意識を考慮してされるべきものであって、愛媛県護國神社の立場に立ってされるべきではない。

【115】　㈡　右各金員の供与は、以下のようにしてされた。すなわち、まず愛媛県遺族会ないし同会長の名義による愛媛県知事あての慰霊大祭の案内状が届き、愛媛県では、慰霊大祭の供物料として1万円を支出する手続をとり、「供物料、愛媛県」と表書したのし袋に入れ、通常は老人福祉課遺族援護係員が愛媛県遺族会の事務所に持参し、これを受領した同会は、慰霊大祭の日に、右1万円を「供物料、財団法人愛媛県遺族会会長白石春樹」と表書したのし袋に入れ替えて、愛媛県護國神社に交付した、というのである。

【116】　このように、愛媛県からの金員供与は、直接的には、愛媛県遺族会に対してされ、同会において、同会会長名を表書した別ののし袋に入れ替えて、愛媛県護國神社に交付しているのであるから、愛媛県から愛媛県護國神社に対する金員の供与というべきであるかは著しく疑問で、むしろ、供物料を奉納するのは愛媛県遺族会であって、愛媛県は、遺族援護業務として、愛媛県遺族会に対し供物料を供与したものといえるのである。愛媛県遺族会が宗教上の組織又は団体に当たらないことはいうまでもない。仮に愛媛県から愛媛県護國神社への供与とみることができるとしても、その供与は間接的というほかはない。

【117】　表書は「供物料」となっているが、供物料とは、神式に限らず、神式又は仏式による儀式に関連して金員を供与するに当たっての一つの名目でもあり、葬儀が神式で行われる場合、香典の表書を「神饌料」（「神饌」とは、神に供する酒食の意である。）とする例もあることは、周知のところである。それ故、供物料という名目に、必ずしも供与する側の宗教的意図、目的を見い出すことはできず、また、必ずしも国民一般がこれを宗教的意義ある供与として意識するともいえないと思われる。

【118】　㈢　供与にかかる金員の額は、一般に冠婚葬祭などに際し、都道府県ないしその知事の名義で社会的儀礼として供与する金員として最低限度の額といえるものであることは明らかであり、愛媛県の規模、予算その他からしても、極めて微少であって、金額からみれば、宗教とのかかわり合いは最低限度のものといってよいことなどは、靖國神社に対する供与について述べたのと同様である。金員の供与が毎年春秋の慰霊大祭に際し継続的にされていることから、単に社会的儀礼の範囲にとどまるものとは評価し難いとする向きもあるが、靖國神社に対する供与について述べたのと同様に、金員の供与が追悼、慰霊としての社会的儀礼の範囲内といえる程度のものであるならば、それが継続されたことは、手厚い儀礼上の配慮がされたと評価すべきものであって、継続的にされたことから、社会的儀礼の範囲を超えるものと評価することはできない。

四　本件支出の評価

【119】　戦没者に対する追悼、慰霊は、国民一般として、当然の行為であり、また、国や地方公共団体、あるいはこれを代表する立場にある者としても、当然の礼儀であり、道義上からは義務ともいえるものであること、また、靖國神社や護國神社は、多くの国民から、日清戦争、日露戦争以来の我が国の戦没者の追悼、慰霊の中心の施設であり、戦没者の御霊のすべてを象徴する施設として意識されており、現実の問題として、そのような施設は、靖國神社や護國神社をおいてはほかに存在しないことは、二に述べたとおりである。また、本件支出にかかる靖國神社及び愛媛県護國神社への供与は、右各神社の側からすれば、重要な宗教的意義を持ち外形的にも主要な宗教的儀式である恒例祭に際してされたものであるけれども、多くの国民や遺族にとっては、戦没者を偲び、追悼し、慰霊する行事に際してのことであること、靖國神社への供与は、その交付の態様は極めて事務的であること、愛媛県護國神社への供与とされている供与は、遺族援護業務としての愛媛県遺族会への供与ということができ、愛媛県護國神社への供与と断ずべきものか著しく疑問であるのみならず、仮にそのような供与とみることができるとしても、その供与は間接的であること、玉串料又は献灯料と告げ、あるいは供物料と表書したことに、必ずしも供与する側の宗教的意図、目的を見い出すことはできず、また、必ずしも国民一般がこれを宗教的意義ある供与として意識するともいえないと思われること、供与の額は、一般に冠婚葬祭などに際し、都道府県やその知事の名義で社会的儀礼として供与される金員として最低限度の額といえるものであり、金額からみれば、宗教とのかかわり合いは最低限度のものといってよいこと、供与が毎年継続的にされたことから、社会的儀礼の範囲を超えるものと評価することはできないことなどは、三に述べたとおりである。

【120】　以上に加えて、我が国においては、家に神棚と仏壇が併存し、その双方にお参りをし、さらに、家の中にはそれ以外の神仏の守り札も掲げられているといった家庭が多く、場合によっては、その子女はミッション系の学園で学んでいるといったこともみられる。また、前出最高裁平成5年2月16日第三小法廷判決の事案にみられるように、同

一の遺族会主催の下に毎年一回行われる同一の忠魂碑の前での慰霊祭が、神式、仏式隔年交替で行われている事例もある。すなわち、我が国においては、多くの国民の宗教意識にも、その日常生活にも、異なる宗教が併存し、その併存は、調和し、違和感のないものとして、肯定されているのであって、我が国の社会においては、一般に、特定の宗教に対するこだわりの意識は希薄であり、他に対してむしろ寛容であるといってよい。このような社会の在り方は、別段批判せらるべきものではなく、一つの評価してよい在り方であり、少なくとも「宗教的意識の雑居性」というような「さげすみ」ともとれる言葉で呼ばれるべきものではない。このような社会的の事情も考慮に入れられなければならず、特定の宗教のみに深い信仰を持つ人々にも、本件のような問題につきある程度の寛容さが求められるところである。

【121】　これら諸般の事情を総合すれば、本件支出は、いずれも遺族援護業務の一環としてされたものであって、支出の意図、目的は、戦没者を追悼し、慰霊し、遺族を慰めることにあったとみるべきであり、多くの国民もそのようなものとして受け止めているということができ、国民一般に与える効果、影響等としても、戦没者を追悼し、慰霊し、我が国や世界の平和を祈求し、遺族を慰める気持を援助、助長、促進するという積極に評価されるべき効果、影響等はあるけれども、特定の宗教を援助、助長、促進し、又は他の宗教に対する圧迫、干渉等となる効果、影響等があるとは到底いうことができず、これによってもたらされる愛媛県と靖國神社又は愛媛県護國神社とのかかわり合いは、我が国の社会的・文化的諸条件に照らし相当とされる限度を超えるとはいえない。本件支出は、憲法20条3項の禁止する宗教的活動に該当せず、同89条の禁止する公金の支出にも該当せず、また、同20条1項後段にも違反しないというべきである。

五　付言

【122】　1　本件支出をもって違憲ということができないことは、以上に詳述したとおりであるが、心の問題としては、わだかまるものがないではない。二に述べたとおり、公人が公人の立場で、過度に特定の宗教とかかわることのない限度で、戦没者の追悼、慰霊に尽くすことは、当然の礼儀であり、道義上は義務ともいえるのであるが、追悼、慰霊が特定の宗教とかかわりを持って行われる場合の支出は、そのかかわり合いが相当とされる限度を超えないものに限られるのであるから、当然本件支出の金額程度にとどまる。そうだとすれば、心の問題としては、その程度の金員は、これを自己において支弁することに、より共感を覚える。けだし、自己において支弁する方がより心のこもった供与となり、追悼、慰霊の趣旨に一層かなうからである。しかし、このことは、本件支出が違憲かどうかにはかかわりがない。本件では、心の問題としての本件支出の相当性が問われているのではない。上述のような判断となった次第である。

【123】　2　靖國神社や護國神社と国や地方公共団体とのかかわりに関して、世上、国家神道及び軍国主義の復活を懸念する声がある。戦前の一時期及び戦時中において、事実上神社に対する礼拝が強制されたことがあり、右危惧を抱く気持は理解し得ないではない。しかしながら、昭和20年12月15日の連合国最高司令官からのいわゆる神道指令により、神社神道は一宗教として他のすべての宗教と全く同一の法的基礎に立つものとされると同時に、神道を含む一切の宗教を国家から分離するための具体的措置が明示され、さらに、昭和22年5月3日には政教分離規定を設けた憲法が施行された。戦後現在に至る靖國神社や護國神社は、他の宗教法人と同じ地位にある宗教法人であって、戦前とはその性格を異にしている。また、政教分離規定を設けた憲法の下では、国家神道の復活はあり得ないし、平和主義をその基本原理の一つとする憲法は、軍国主義の十分な歯止めとなっている。靖國神社の社憲2条にも、神社の目的として、「……万世にゆるぎなき太平の基を開き、以て安国の実現に寄与するを以て根幹の目的とする。」と定められているところである。靖國神社や護國神社と国や地方公共団体との本件程度のかかわり合いにつき、そのような危惧を抱くのは、短絡的との感を免れず、日本国民の良識を疑っているものといわざるを得ない。戦後長い間に培われた日本国民の良識をもっと信頼すべきであろう[42]。

【124】　3　世上、靖國神社に14人のA級戦犯も合祀されていることを指摘する向きもある。今ここに、東京裁判について論述することは、本件訴訟の争点と関係がないので、差し控えるが、A級戦犯が合祀されていることは、246万余にのぼる多くの戦没者につき、追悼、慰霊がされるべきであることとかかわりのないことであるし、まして本件支出が特定の宗教との相当とされる限度を超えるかかわり合いに当たるかどうかとは無関係の事柄である。靖國懇報告書にも、「合祀者の決定は、現在、靖國神社の自由になし得るところであり、また、合祀者の決定に仮に問題があるとしても、国家、社会、国民のために尊い生命を捧げた多くの人々をおろそかにして良いことにはならないであろう。」と指摘されているので、これを引用する。

【125】　4　なお、本件のような問題は、本質的には、国内問題であることはいうまでもないが、右2及び3については、常に関係諸外国の理解を得るための努力も続けられなければならないところである。

判示第一についての裁判官可部恒雄の反対意見は、次のとおりである[43]。

【126】　一　本件第一審判決（松山地裁平成元年3月17日判決）は、いわゆる津地鎮祭大法廷判決（最高裁昭和52年7月13日大法廷判決）を先例として掲げて被上告人白石春樹（元愛媛県知事）の行為を違憲とし、その控訴審である原審判決（高松高裁平成4年5月12日判決）は、同じく右大法廷判決に従って元知事の行為を合憲とし、当審大法廷の多数意見は、同じく右大法廷判決を先例として引いて元知事の行為を違憲であるとする。私は、津地鎮祭大法廷判決の定立した基準に従い、その列挙した四つの考慮要素を勘案すれば、自然に合憲の結論に導かれるものと考えるので、多数意見の説示するところと対比しながら、以下に順次所見を述べることとしたい。

【127】　二　本件は、被上告人白石が愛媛県知事として在任中の昭和56年から同61年にかけて靖國神社の春秋の例大祭に際して奉納された玉串料各5千円、みたま祭に際して奉納された献灯料各7千円又は8千円、愛媛県護國神社の春秋の慰霊大祭に際し県遺

---

[42]　【123】は、靖国懇報告書でも同旨の指摘がなされていたところである。神道指令は、「軍国主義ノ並ニ過激ナル国家主義ノ宣伝ニ利用スルガ如キコトヲ再ビ起ルコトヲ妨止スル」ことを一つの目的として政教分離を指示する一方で、「神社神道ヲ国家カラ分離セラレ、ソノ軍国主義的乃至過激ナル国家主義的要素ヲ剥奪セラレタル後ハ若シソノ信奉者ガ望ム場合ニハ一宗教トシテ認メラレル」としていた。靖国神社や護国神社を含む神社神道が有していた軍国主義的ないし過激な国家主義的要素は、平和条約までに払拭され、それゆえに靖国神社や護国神社も信教の自由を享受する宗教法人たりうるのだとすれば、政教分離原則の解釈において、それが日本国憲法に採用された経緯をことさらに強調し、国家神道の復活を警戒し続けることで、かえって、神社神道を差別的に扱うようなことがあると、平等や信教の自由との関係で問題があろう。その意味で、政教分離の解釈に際して、歴史的経緯を過度に強調せず、より普遍的な観点から解釈し直す試みも必要であろう。しかし、他方で、判例・学説は、靖国神社などが宗教団体であるからこそ、政教分離原則のもとで過度のかかわり合いが禁じられるのであって、国民がその宗教性を強く認識していないからといって、特別扱いできないとしているのである。また、軍国主義的ないし過激な国家主義的要素の払拭という、戦後日本にとって無視できない大きな問題を憲法の他の条文に委ねる解釈が妥当かも疑問である。

[43]　可部反対意見は津地鎮祭事件判決〔本書16事件〕に従えば合憲になると説くものである。特に憲法20条3項適合性に関する論旨は【164】から【166】でまとめられている。学説からは、「先例の示した基準を係争の事件の事実関係に適用し、結論を導き出す」という点で「裁判官の法解釈、憲法判断のあり方として一応オーソドックスなもの」であるといった評価（判比①115頁）や、「同じ土俵の中で内在的な批判に徹した判断のあり方を示したもの」といった評価など（判比②309頁）、その判断方法自体に対しては好意的な学説も少なくない。他方で、その先例理解や論旨、結論については強い批判がある。たとえば、判比①115頁は、とりわけ目的効果基準のように緩やかで曖昧な基準を適用する場合、「ともすると、いわゆる機械法学、メカニカル・ジュリスプルーデンス……の弊に陥り易いという大きな問題」があり、目的効果基準の適用に際しては、「厳格な政教分離の原則を定めるこの憲法の精神を取り込んしのでなくて……社会学的にも妥当性をもった原則化された判決を生み出すことは難しい」と指摘する。多数意見や大野補足意見との最大の違いは、「象徴的結合」論を排除し（【160】～【163】）、例大祭や宗教的儀式の性質を具体的に考察しようとする点にある（【150】【156】【158】など）。しかし、高橋意見（【60】）が指摘するように、「現実是認の尺度で判断」する面があることは否定できず、日本国憲法において政教分離原則が採用された歴史的な経緯をどのように理解するかという問題は残るだろう。

族会を通じて奉納された供物料各1万円の公金からの支出が憲法20条3項、89条に違反するや否やが争われた事件であるが、多数意見は、本件支出の適否を判断するにあたり、「政教分離原則と憲法20条3項、89条により禁止される国家等の行為」との標題を掲げて、次のように説示した。

1　まず、政教分離規定がいわゆる制度的保障の規定であること、現実の国家制度として国家と宗教との完全な分離を実現することは実際上不可能に近いこと、政教分離原則を完全に貫こうとすればかえって社会生活の各方面に不合理な事態を生ずることを挙げて、

2　国家と宗教との分離にもおのずから一定の限界があり、政教分離原則が現実の国家制度として具現される場合には、それぞれの国の社会的・文化的諸条件に照らし、国家は実際上宗教とある程度のかかわり合いを持たざるを得ないことを前提とした上で、制度の根本目的（信教の自由の保障の確保）との関係において、そのかかわり合いの許否の限度を論ずべきであるとし、

3　このような見地から考えると、政教分離原則は、国家の宗教的中立性を要求するものではあるが、国家と宗教とのかかわり合いを全く許さないものではなく、宗教とのかかわり合いをもたらす行為の目的・効果にかんがみ、そのかかわり合いが我が国の社会的・文化的諸条件に照らし相当とされる限度を超えるものと認められる場合にこれを許さないとするものである、と結論づけた。

[128]　三　右にいう「我が国の社会的・文化的諸条件に照らし相当とされる限度を超えるものと認められる場合にこれを許さないとするもの」というのは、表現それ自体としては、いわば、適法とされる限度を超える場合には違法となるとの類で、もとよりその内容において一義的でなく、それ自体としては、当該行為の合違憲性の判断基準として明確性を欠くとの非難を免れないが、多数意見は、以上に続いて次のように述べている。

[129]　「憲法20条3項にいう宗教的活動とは、およそ国及びその機関の活動で宗教とのかかわり合いを持つすべての行為を指すものではなく、そのかかわり合いが右にいう相当とされる限度を超えるものに限られるというべきであって、当該行為の目的が宗教的意義を持ち、その効果が宗教に対する援助、助長、促進又は圧迫、干渉等になるような行為をいうものと解すべきである」。いわゆる目的・効果基準であり、さきにみた「相当とされる限度を超えるもの」というおよそ一義性に欠ける説示の内容が合違憲性の判断基準として機能することが可能となるための指標が与えられたものと評することができよう。

[130]　しかしながら、具体的な憲法訴訟として提起される社会的な紛争につき、右の基準を適用して妥当な結論に到達するためには、更により具体的な考慮要素が示されなければならない。多数意見は、この点につき、①当該行為の行われる場所、②当該行為に対する一般人の宗教的評価、③当該行為者が当該行為を行うについての意図、目的及び宗教的意識の有無、程度、④当該行為の一般人に与える効果、影響の四つの考慮要素を挙げ、ある行為が憲法20条3項にいう「宗教的活動」に該当するかどうかを検討するにあたっては、当該行為の外形的側面のみにとらわれることなく、右の①ないし④の考慮要素等諸般の事情を考慮し、社会通念に従って客観的に判断しなければならない旨を判示した。

[131]　以上、多数意見の説示するところが津地鎮祭大法廷判決の判旨に倣ったものであることは、その判文に照らして明らかである。そこで、以下に津地鎮祭大法廷判決の事案及びその判旨と対比しつつ、多数意見に賛同し得ない理由を述べることとする。

[132]　四　津地鎮祭大法廷判決が判例法理として定立した目的・効果基準とは、(1) 当該行為の目的が宗教的意義を持つものであること、及び (2) その効果が宗教に対する援助、助長、促進又は圧迫、干渉等になるような行為であること、の2要件を充足する場合に、それが憲法20条3項にいう「宗教的活動」として違憲となる（その一つでも欠けるときは違憲とならない）とするもので、この点、合衆国判例にいうレモン・テストにおいて、a目的が世俗的なものといえるか、b主要な効果が宗教を援助するものでないといえるか、c国家と宗教との間に過度のかかわり合いがないといえるか、の一つでも充足しないときは違憲とされることとの違いがまず指摘されるべきであろう[44]。

[133]　本件において県のしたさきの支出行為が目的（宗教的意義を持つか）　効果（宗教に対する援助、助長、促進又は圧迫、干渉等となるか）　基準の2要件を充足するか否かを、四つの考慮要素を勘案し、社会通念に従って客観的に判断するためには、まず、津地鎮祭大法廷判決の事案を眺め、それと本件玉串料等支出の事案との異同を識別しなければならない。

[134]　津地鎮祭大法廷判決の事案は、次のようなものである。津市体育館の建設にあたり、その建設現場において、津市の主催による起工式［地鎮祭］が、市職員が進行係となって、神職4名の主宰のもとに、所定の服装で、神社神道固有の祭祀儀式に則り、一定の祭場を設け、一定の祭具を使用して行われ、これを主宰した神職自身、宗教の信仰心に基づいて式を執行したものと考えられるが、その挙式費用（神職に対する報償費及び供物料）を市の公金から支出したことの適否が争われたというものである。

[135]　そして、右大法廷判決は、ある行為が憲法20条3項にいう「宗教的活動」に該当するかどうかを検討するにあたっては、「当該行為の主宰者が宗教家であるかどうか、その順序作法（式次第）が宗教の定める方式に則ったものであるかどうかなど」当該行為の外形的側面のみにとらわれることなく、前述の四つの考慮要素等諸般の事情を考慮し、社会通念に従って客観的に判断しなければならない、としたのである。

[136]　津市長個人を被告とする住民訴訟の形式で争われたのは、地鎮祭の挙式費用としての公金支出の適否であるが、津地鎮祭大法廷判決が憲法20条3項にいう「宗教的活動」に該当するか否かを論じたのは、いうまでもなく、津市の主催した地鎮祭（その主宰者は専門の宗教家である神職で、神社神道固有の祭祀儀式に則って行われたもの）そのものについてである。同判決は、地鎮祭の主宰者が宗教家であるかどうか、その順序作法（式次第）が宗教の定める方式に則ったものであるかどうかなど、地鎮祭の外形的側面のみにとらわれることなく、①地鎮祭の行われる場所、②地鎮祭に対する一般人の宗教的評価、③地鎮祭主催者である市が地鎮祭を行うについての意図・目的、宗教的意識の有無・程度、④地鎮祭の一般人に与える効果・影響等、四つの考慮要素を勘案し、社会通念に従って客観的に判断すべきであるとした。

[137]　以下に、津地鎮祭大法廷事件との対比において、本件において、"当該行為"が憲法20条3項にいう「宗教的活動」に該当するか否かを決するにあたり、検討されるべき考慮要素とは何か、についてみることとする。

[138]　五　本件において、多数意見が憲法適合性の論議の対象として取上げるのは、前述のように、靖國神社の春秋の例大祭に際して奉納された玉串料、みたま祭に際して奉納された献灯料、県護國神社の春秋の慰霊大祭に際して県遺族会を通じて奉納された供物料、の公金からの支出行為自体であって、それ以外にない。

[139]　さきの津地鎮祭大法廷事件において憲法適合性が論ぜられたのは津市の主催する地鎮祭であるが、本件において多数意見の言及する右の例大祭、みたま祭、慰霊大祭の主催者は、靖國神社や県

---

[44]　[132]では、目的効果基準では、目的または効果のいずれもが否定されなければ違憲とならず、この点が目的、効果、かかわり合いの三つの要件のうち、一つでもクリアできなければ違憲となるアメリカのレモン・テストとの違いであると指摘する。このような理解はしばしばいわれるところだが、しかし、津地鎮祭事件判決［本書16事件］の多数意見が目的・効果の2要件のみを問題にし、かかわり合いを問題にしていなかったかは疑問である（たとえば、判例③における伊藤反対意見を参照）。また、「目的効果基準という一つのテストの中に、目的とかかわり合いという三つのパートがあり、それぞれ独立に機能するという点も、判文上は明確でないが、多数意見をそのような意味のテストとして解釈・適用することは、可能であり許されうる」ところであり、これら三つのパートが「それぞれ単独に機能することを禁じているわけではない」との指摘も忘れるべきではない（文献⑥81頁）。また、それぞれの要件を独立に判断することが必ずしも厳格な審査に結びつくわけではない。

護國神社であって、もとより県ではない（慰霊大祭についてはその主催者が県護國神社であるか遺族会であるかの争いがあるが、その実態からみて両者の共催であるとしても、主催者が県でないことに変わりはない）。

【140】　靖國神社についていえば、被上告人白石の委任に基づく県東京事務所長の決するところにより、同事務所の職員が、例大祭やみたま祭に際し、多くはその当日ではなく事前に、通常の封筒に入れて玉串料や献灯料を社務所に届けたものであり、知事は勿論、職員の参拝もなかった。

【141】　県護國神社についていえば、遺族会の要請により春と秋の彼岸に近接した日に行われる慰霊大祭に際し知事である被上告人白石が（老人福祉課長の専決処理により）遺族会会長である被上告人白石に対し供物料を支出した後、遺族会会長名義の供物料として奉納したものである（一審判決によれば、春秋の慰霊大祭の行事中に知事又はその代理者の参列についての記述がみられる）。

【142】　六　津地鎮祭大法廷事件と本件との事案の相違の最も顕著な点は右のとおりであるが、まず、検討すべき考慮要素の①「当該行為の行われる場所」についてみると果たしてどうであろうか。

【143】　この点につき多数意見は、本件公金の支出は、靖國神社又は県護國神社が各神社の境内において挙行した恒例の宗教上の祭祀である例大祭、みたま祭又は慰霊大祭に際し、玉串料、献灯料又は供物料を奉納するためになされたものであるとした上、神社神道においては、祭祀を行うことがその中心的な宗教上の活動であるとされていること、例大祭及び慰霊大祭は、神道の祭式に則って行われる儀式を中心とする祭祀であり、各神社の挙行する恒例の祭祀中でも重要な意義を有するものと位置付けられていること、みたま祭は同様の儀式を行う祭祀であり、靖國神社の祭祀中最も盛大な規模で行われるものであることは、いずれも公知の事実である、とする。これらの事実が果たして公知であるか否かは暫く措くとして、多数意見は、神社神道において中心的な宗教上の活動とされる祭祀の中でも重要な意義を有するものと位置付けられ或いは最も盛大な規模で行われる春秋の例大祭、みたま祭又は慰霊大祭が、各神社の境内で挙行されることを強調しているやに見受けられる（このことは、みたま祭において奉納者の名前を記した灯明が境内に掲げられる旨を特記する点にも表れている）。しかし、恒例の宗教上の祭祀である例大祭、みたま祭又は慰霊大祭が神社の境内において挙行されるのは、あまりにも当然のことであって（灯明の掲げられる場所が境内であることについても同様である）、問題とされた本件支出行為につき、津地鎮祭大法廷判決が例示し、本件において多数意見がこれに倣う考慮要素の一としての"当該行為の行われる場所"としての意味を持ち得るものではない。

【144】　七　次に、多数意見の掲げる考慮要素の②「当該行為に対する一般人の宗教的評価」についてみることとする。この点につき多数意見は、一般に、神社自体がその境内において（ここで再び「境内において」と強調されるのは、考慮要素①とのかかわり合いであろう）挙行する恒例の重要な祭祀に際して右のような玉串料を奉納することは、建築主が主催して建築現場において土地の平安堅固、工事の無事安全等を祈願するために行う儀式である起工式［地鎮祭］の場合とは異なり、時代の推移によって既にその宗教的意義が希薄化し、慣習化した社会的儀礼にすぎないものになっているとまでは到底いうことができず、一般人が本件の玉串料等の奉納を社会の儀礼の一つにすぎないと評価しているとは考え難いところである、という。

【145】　元来、我が国においては、（キリスト教諸国や回教国と異なり）各種の宗教が多元的、重層的に発達、併存して来ていることは、多数意見の述べるとおりであるが、さきの津地鎮祭大法廷判決は、この点の指摘とともに、多くの国民は、地域社会の一員としては神道を、個人としては仏教を信仰するなどし、冠婚葬祭に際しても異なる宗教を使い分けてさしたる矛盾を感ずることがないというような宗教意識の雑居性が認められ、国民一般の宗教的関心は必ずしも高いものとはいい難い、と述べている。地域社会の一員としては、鎮守の杜のお社の氏子として行動し、家に帰っては、それぞれの寺院に先祖代々の墳墓を設け、葬儀も供養も仏式によって行うというのは、国民の間で広く受け容れられている生活の類型である。

【146】　初詣には神社に参詣することが多いが、参詣者の大部分は仏教徒である。神社に参詣すれば通常はお賽銭を上げるが、履物を脱いで殿上し、神前に額ずいて神職から格別の扱いを受ければ、玉串料を捧げることになる。七五三の行事は概ねこれによって行われる。式次第は神社神道固有の祭祀儀式に則って行われるが、それを受ける側の参詣者の多くは仏教徒その他神道信仰者以外の者であって、内心において信仰上の違和感を持たないのが通常であろう。

【147】　国民が神社に参詣し玉串料等を捧げるのは、初詣や神前の結婚式や七五三や個人的な祈願のための行事の機会の外に、神社神道においてその中心的な宗教上の活動であるとされる恒例の祭祀の機会がある。靖國神社の春秋の例大祭、みたま祭、県護國神社の春秋の慰霊大祭もその一つである。靖國神社や県護國神社は、元来、戦没者の慰霊のための場所、施設である。戦後、占領政策の一環として宗教法人としての性格付けを与えられたが、そのために戦没者の慰霊のための場所、施設としての基本的性質が失われたわけではない。靖國神社の祭神は百万単位をもって数える戦没者が主体であり、県護國神社のそれは愛媛県出身の戦没者が主体であるが、そのほかに、旧藩主、藩政に功労のあった者、産業功労者、警察官、消防団員、自衛官の公務殉職者等を含むとされる。祭神という言葉はいかめしいが、いわば神社神道固有の"術語"であり、神社に参詣する国民一般からすれば、今は亡きあの人この人であって、ゴッドではない。

【148】　各県における護國神社は、かつては招魂社と呼ばれた。その恒例の祭祀が招魂祭である。現に 60 歳代以上の年輩者には記憶のあることであるが、「招魂祭」とは戦没者の慰霊のための催しであるとはいえ、現在の政教分離原則の下で国家神道との関係が云々されるようないかめしいものではなく、招魂社の境内には綿菓子やのし烏賊を売る屋台が並び、それらの匂いの漂う子供心にも楽しいお祭り以外の何物でもなかった。

【149】　県護國神社についていえば、春秋２回の慰霊大祭に際し、「供物料　愛媛県」と書いたのし袋に１万円を入れて、県護國神社の境内にある県遺族会事務所に届け、県遺族会から「供物料　財団法人愛媛県遺族会会長白石春樹」と書いたのし袋に１万円を入れて、県護國神社に奉納したものであり、靖國神社についても、県職員が多くは事前に通常の封筒に入れて玉串料（各５千円）や献灯料（７千円又は８千円）を社務所に届け、知事は勿論、職員の参列もなかったことは、前述のとおりである。金額が軽少であることが特に注目されよう。

【150】　以上のように具体的に考察してみれば、神社の恒例の祭祀に際し、招かれて或いは求められて玉串料、献灯料、供物料等を捧げることは、神社の祭祀にかかわることであり、奉納先が神社であるところから、宗教にかかわるものであることは否定できず、またその必要もないが、それが慣習化した社会的儀礼としての側面を有することは、到底否定し難いところといわなければならない。

【151】　しかるに多数意見は、地鎮祭の先例を引いて、社会的儀礼にすぎないとはいえないとする。地鎮祭は、前述のとおり、津市の主催の下に、専門の宗教家である神職が、所定の服装で、神社神道固有の祭祀儀式に則って、一定の祭場を設け一定の祭具を使用して行ったものであるのに対し、本件は靖國神社又は県護國神社の主催する例大祭、みたま祭又は慰霊大祭に際して、比較的低額の玉串料等を奉納したというのが実態であって、当該行為に対する一般人の宗教的評価いかんを判定するにあたり、前者は社会的儀礼にすぎないが、後者をもって「一般人が……社会的儀礼の一つにすぎないと評価しているとは考え難い」とするのは、著しく評価のバランスを失するものといわなければならない。

【152】　多数意見がこのように性急に論断する理由は、「県が特定の宗教団体の挙行する重要な宗教上の祭祀にかかわり合いを持ったということが明らかである」ことにある。

【153】　しかしながら、「政教分離原則が現実の国家制度として具現される場合には、それぞれの国の社会的・文化的諸条件に照らし、国家は実際上宗教とある程度のかかわり合いを持たざるを得ない」ことは、多数意見の自ら述べるとおりで、「そのかかわり合いが……相当とされる限度を超えるものと認められる場合にこれを」違憲と判断するための目的・効果基準を定立し、その具体的適用にあたり検討すべき四つの考慮要素を掲げた。その考慮要素の②"当該行為に対する一般人の宗教的評価"を論ずるにあたり、「県が特定の宗教団体の挙行する重要な宗教上の祭祀にかかわり合いを持った」ことを理由に、当該行為が宗教的意識を持つとの一般人の評価が肯定されるというのでは、目的・効果基準を具体的に適用する上での考慮要素②は何ら機能していないものといわざるを得ない。

【154】　八　次に、多数意見の掲げる考慮要素の③「当該行為者が当該行為を行うについての意図、目的及び宗教的意識の有無、程度」についてみることとする。この点につき多数意見は、考慮要素②の検討に該当する箇所において、一般人が本件の玉串料等の奉納を社会的儀礼の一つにすぎないと評価しているとは考え難いとした上で、そうであれば、玉串料等の奉納者においても、それが宗教的意識を有するものであるという意識を大なり小なり持たざるを得ないのであり、このことは、本件においても同様というべきである、とした。

【155】　玉串料等の奉納は、靖國神社又は県護國神社の挙行する恒例の祭祀の中でも重要な意義を有するものと位置付けられ、或いは最も盛大な規模で行われる祭に際し、神社あてに拠出されるものであるから、宗教にかかわり合いを持つものであることは当然で、玉串料等の奉納者においても、それが宗教的意識を有するものであるという意識を大なり小なり持たざるを得ないことは勿論であろう。問題は、その意識の程度である。玉串料等の奉納が儀礼的な意味合いを持つことは、後に多数意見の説示自体にも現れる。曰く、「確かに、靖國神社及び護國神社に祭られている祭神の多くは第二次大戦の戦没者であって、その遺族を始めとする愛媛県民のうちの相当数の者が、県が公の立場において靖國神社等に祭られている戦没者の慰霊を行うことを望んでおり、そのうちには、必ずしも戦没者を祭神として信仰の対象としているからではなく、故人をしのぶ心情からそのように望んでいる者もいることは、これを肯認することができる。そのような希望にこたえるという側面においては、本件の玉串料等の奉納に儀礼的な意味合いがあることも否定できない」と。

【156】　長年にわたって比較的低額のまま維持された玉串料等の奉納が慣習化した社会的儀礼としての側面を持つことは、多数意見の右の説示をまつまでもなく、社会生活の実際において到底否定し難いところであり、玉串料等の奉納者においても、それが宗教的意義を有するという意識を「大なり小なり持たざるを得ない」とする説示は、あたかも、この間の消息を物語るものようにも感ぜられる。なお、多数意見は、本件の玉串料等の奉納に儀礼的な意味合いがあることも否定できないとした上で、たとえ相当数の者がそれを望んでいるとしても、そのことのゆえに、地方公共団体と特定の宗教とのかかわり合いが、相当とされる限度を超えないものとして憲法上許されることになるとはいえないとするが、これは既に違憲と決めつけた上での駄目押しにすぎず、この項で論じているのは、「相当とされる限度を超える」か否かの判断に資するために定立された目的・効果基準を具体的に適用するにあたり、検討すべき考慮要素の一々についてであるから、右の多数意見についてはこれ以上の言及をしない。多数意見が「戦没者の慰霊及び遺族の慰謝ということ自体は、本件のように特定の宗教と特別のかかわり合いを持つ形でなくてもこれを行うことができると考えられる」

云々と説示する点についても同様である。

【157】　ところで、考慮要素③にいう、当該行為者が当該行為を行うについての意図・目的についてはどうであろうか。この点につき、多数意見は「本件においては、県が他の宗教団体の挙行する同種の儀式に対して同様の支出をしたという事実がうかがわれないのであって、県が特定の宗教団体との間にのみ意識的に特別のかかわり合いを持ったことを否定することができない」と判示した。その表現はさりげなく、その文章は短いが、その意図するところは大きい。考慮要素③にいう当該行為者が当該行為を行うについての意図・目的の検証をこれで一挙に完結させようとするものであるからである。

【158】　被上告人白石らの主張及びこれに副う書証・人証等によれば、靖國神社の例大祭、みたま祭や県護國神社の慰霊大祭以外にも、愛媛県は公金を支出して来た。千鳥ヶ淵戦没者墓苑における慰霊祭には、同墓苑の創設された昭和34年以来ずっと公金を支出し、東京事務所長らが出席している。支出金は1万5千円（昭和60年）で、靖國神社や県護國神社に対する年間支出金額と大差ない。全国戦没者追悼式に際しても、毎年供花料として1万円を支出している。沖縄には愛媛県出身戦没者のための慰霊塔「愛媛の塔」（昭和37年10月建立）があり、遺族会は毎年慰霊塔の前で仏式慰霊祭を行って来たが、この慰霊塔の維持管理のため、毎年公金（約20万円）を支出している、という。県の公金支出は宗教的目的のためではなく、目的はあくまで戦没者の慰霊や遺族の慰謝にある、というのである。千鳥ヶ淵戦没者墓苑における慰霊祭、全国戦没者追悼式、「愛媛の塔」の前での慰霊祭を挙行しているのは、なるほど宗教団体ではない。しかし、千鳥ヶ淵も、全国追悼式も、「愛媛の塔」も、靖國神社も、県護國神社も、公金の支出はすべて戦没者の慰霊、遺族の慰謝が目的であると主張されている案件において、靖國神社と県護國神社のみが宗教団体といえるものであることを捉えて、「県が他の宗教団体の挙行する同種の儀式に対して同様の支出をしたという事実がうかがわれない」との理由付けで、「県が特定の宗教団体との間にのみ意識的に特別のかかわり合いを持ったことを否定することができない」とするのは、判断として公正を欠くとの譏りを免れないであろう。これまで特定の宗教団体とのかかわり合いとして来たのが、ここで俄かに「特別の」かかわり合いとされたことに注目すべきであろう。

【159】　九　最後に、多数意見の掲げる考慮要素の④「当該行為の一般人に与える効果、影響」についてみることとしよう。いわゆる目的・効果基準の2要件のうち、当該行為の憲法適合性を判断するための最も重要な要件に関するものである。考慮要素④につき多数意見の述べるところは少ない。曰く、「地方公共団体が特定の宗教団体に対してのみ本件のような形で特別のかかわり合いを持つことは、一般人に対して、県が当該特定の宗教団体を特別に支援しており、それらの宗教団体が他の宗教団体とは異なる特別のものであるとの印象を与え、特定の宗教への関心を呼び起こすものといわざるを得ない」と㊾。

【160】　多数意見が千鳥ヶ淵戦没者墓苑における慰霊祭、全国戦没者追悼式、「愛媛の塔」前の仏式慰霊祭の例を度外視し、これら慰霊の行事の主催者が宗教団体でない点を捉えてした立論が当を得ないことはさきに指摘したとおりで、これを根拠として、「地方公共団体が特定の宗教団体に対してのみ本件のような形で特別のかかわり合いを持つ」ことの是非を論じたのは、その前提に誤りがあるものといわなければならない。しかも、この前提の上に立って、多数意見が考慮要素の④当該行為の一般人に与える効果、影響として述べるのは、

㊾　【159】から【163】は、多数意見が第一審判決で展開された「結び付きに関する象徴」論と同型であるとして批判する。多数意見【13】【14】および大野補足意見【34】～【36】も参照。可部裁判官が事案も内容も異なるとするアメリカの判例は、この当時までにわが国でも、「象徴的結合〔symbolic union〕」に言及したものとして、よく知られていた Ball 判決（School District of Grand Rapids v. Ball, 473 U.S. 373 (1985)）だと思われる。Ball 判決は、私立の宗教系学校の生徒に向けた授業プログラムに対する州の公金援助プログラムの合憲性が問われた事件であった。この授業は、公立学校の教師によって私立学校の教室を使って行われていたが、授業の資料等に係る費用および教師の給与が公金による援助の対象となっていた。この判決でアメリカ連邦最高裁は、レモン・テストを用いて、宗教教育のためにプログラムが利用される実質的危険性があるとして、効果の点で政教分離原則違反だと判断した。その際、連邦最高裁は、「効果の審査の重要な関心は、争われている政府の行為によってもたらされた教会と州の象徴的結合（symbolic union）が、十分に、支配的な宗派の支持者にとって支持と受け止められ、非支持者によってその個々の宗教的選択の否認と受け止められそうであるか」だと説示している（Ball 判決の紹介につき、判批④167頁）。

「一般人に対して、県が当該特定の宗教団体を特別に支援しており、それらの宗教団体が他の宗教団体とは異なる特別のものであるとの印象を与え，特定の宗教への関心を呼び起こすもの」であるというに尽きる。

【161】　甚だ抽象的で具体性に欠け、援助、助長、促進との観念上のつながりを手探りしているかの感があるが、この点はむしろ一審判決の方が分かり易い。一審判決は次のようにいう。県が靖國神社に対して支出した金額は通常の社会的儀礼の範囲内に属するといってよい額である。しかし、一回一回の支出が少額であっても毎年繰り返されて行けば、県と神社との結び付きも無視することができなくなり、それが広く知られるときは、一般人に対しても、靖國神社は他の宗教団体とは異なり特別のものであるとの印象を生じさせ、或いはこれを強めたり固定したりする可能性が大きくなる。結論として、玉串料等の支出は、県と靖國神社との結び付きに関する象徴としての役割を果たしているとみることができ、玉串料等の支出は、経済的な側面からみると、靖國神社の宗教活動を援助、助長、促進するものとまではいえなくとも、精神的側面からみると、右の象徴的な役割の結果として靖國神社の宗教活動を援助、助長、促進する効果を有するものということができる、と。県護國神社への供物料についても同旨である。

【162】　一審判決は、県と靖國神社、県護國神社との間に具体的な結び付きの実体がないにもかかわらず、両者の「結び付きに関する象徴」としての役割を論じたところに無理があった。或いは結び付きの実体がないからこそ、「結び付きの象徴」として精神的側面を端的に強調したものとも考えられよう（合衆国判例における「象徴的結合」とは、事案も内容も異なる）。

【163】　津地鎮祭大法廷判決によって定立された目的・効果基準の適用にあたって、当該行為の効果が宗教に対する援助、助長、促進又は圧迫、干渉等になるか否かの判定は、このような、専ら精神面における印象や可能性や象徴を主要な手がかりとして決せられてはならない。このように抽象的で内容的に具体的なつかみどころのない観念が指標とされるときは、違憲審査権の行使は恣意的とならざるを得ないからである。多数意見は、一審判決のいう「結び付きに関する象徴」云々の表現を用いなかったが、その判旨の内容は実質的に異なるものではない。

【164】　一〇　以上、津地鎮祭大法廷判決の定立した判例法理に従うとして、多数意見が考慮要素の①ないし④について説示するところをみて来たが、論理に従ってその文脈を辿ることは著しく困難であるといわざるを得ない。考慮要素の①はそもそも本件において機能し得ず、また考慮要素の②ないし④については十分な説明も論証もないまま、多数意見は、目的・効果基準を適用して、本件支出行為と宗教とのかかわり合いが「相当と認められる限度を超えるもの」と論断した。

【165】　しかし、すでにみたように、玉串料等の奉納行為が社会的儀礼としての側面を有することは到底否定し難く、そのため右行為の持つ宗教的意識はかなりの程度に減殺されるものといわざるを得ず、援助、助長、促進に至っては、およそその実体を欠き、徒らに国家神道の影に怯えるものとの感を懐かざるを得ない。

【166】　本件玉串料等の奉納は、被上告人白石が知事に就任する以前から、通算二十数年の長きにわたり、一審判決の表現によれば「通常の社会的儀礼の範囲に属するといってよい額」を細々と長々と続けて来たものにほかならない。訴訟において関係人の陳述を指して……は何々である旨縷々陳述するが……と評することが多いが、縷々とは細く長く絶えず続くことの意味である。本件玉串料等の支出はまさしくそれに当る。そして、この細く長く絶えず続けられた玉串料等の支出が、多数意見によって「相当とされる限度を超えるもの」とされるとき、私は今は故人となった憲法学徒の次の言葉を想起させられるのである。曰く、「民間信仰の表現としての地蔵や庚申塚が公有地の隅に存することも容認しないほど憲法は不寛容と解すべきであるのか」（小嶋和司「いわゆる『政教分離』について」ジュリスト848号）。

【167】　一一　本件支出の合違憲性についての私の所見は、基本的に以上に述べたところに尽きるが、私は本件支出は違憲でないとの結論をとるので、憲法20条のみならず89条についても言及する必要がある。

【168】　多数意見はこの点につき、靖國神社及び県護國神社は憲法89条にいう宗教上の組織又は団体に当たることが明らかであり、本件玉串料等を靖國神社又は県護國神社に奉納したことによってもたらされる県と靖國神社等とのかかわり合いが我が国の社会的・文化的諸条件に照らし相当とされる限度を超えるものと解されるから、本件支出は、同条の禁止する公金の支出に当たり、違法というべきであるとした。

【169】　憲法89条は、行政実務上の解釈困難な問題規定の一つであり、多数意見が津地鎮祭大法廷判決の定立した目的・効果基準に従い、本件支出の憲法89条適合性を判断した態度は是認されよう。津地鎮祭大法廷判決は、次のように述べている。

【170】　曰く、本件起工式［地鎮祭］はなんら憲法20条3項に違反するものではなく、また、宗教団体に特権を与えるものともいえないから、同条1項後段にも違反しないというべきである。更に、右起工式の挙式費用の支出も、本件起工式の目的、効果及び支出金の性質、額等から考えると、特定の宗教組織又は宗教団体に対する財政援助的な支出とはいえないから、憲法89条に違反するものではなく、地方自治法2条15項、138条の2にも違反するものではない、と。

【171】　津地鎮祭大法廷判決においていう「当該行為」とは津市当局の主催した地鎮祭の挙行であり、本件においては、玉串料等の奉納という支出以外に「当該行為」と目すべきものは存在しないから、右の先例の判文をそのままなぞって本件に翻訳することはできないが、要するに、玉串料等の奉納という本件支出の目的、効果、支出金の性質、額等から考えると、特定の宗教組織又は宗教団体に対する財政援助的な支出とはいえないから、憲法89条に違反するものではない、ということに帰着しよう。

【172】　一二　憲法89条についての戦後の論議は、実り豊かなものではなかった（旧帝国議会での審議当時、宗教関係者が最も怖れたのは、明治政府によって国有化された、名義上の国有財産である神社・寺院の境内地等が、この規定を根拠にして全面的に取上げられるのではないか、ということであった）。そして、その条文は、その規定に該当する限り一銭一厘の支出も許されないかの如き体裁となっている。そこで忽ち問題となるのが、津地鎮祭大法廷判決の判文にも現れる「特定宗教と関係のある私立学校に対し一般の私立学校と同様な助成を」することは、憲法89条に違反することにならないか、ということである。

【173】　この点は、他の私学への助成金（公金）の支出が許されるのに、特定宗教と関係のある私学への助成金（公金）の支出が許されないとすれば、平等原則の要請に反するから……と説明されるのが通常である。しかし、憲法解釈上の難問に遭遇したとき、安易に平等原則を引いて問題を一挙にクリヤーしようとするのは、実は、憲法論議としての自殺行為にほかならないのではあるまいか。

【174】　一方において、宗教関係学校法人に対する億単位、否、十億単位をもってする巨額の公金の支出が平等原則の故に是認され得るとすれば、そして、もしそれが許されないとすれば即信教の自由の侵害になると論断されるのであれば、その論理は同時に、他の戦没者慰霊施設に対する公金の支出が許されるとすれば、同じく戦没者慰霊施設としての基本的性質を有する神社への、5千円、7千円、8千円、1万円という微々たる公金の支出が許されないわけがない、もし神社が「宗教上の組織又は団体」に当たるとの理由でそれが許されないとすれば、即信教の自由の侵害になる、との結論を導き出すものでなければならない。宗教関係学校法人への巨額の助成を許容しながら微細な玉串料等の支出を違憲として、何故、論者は矛盾を感じないのであろうか。すべて、戦前・戦中の神社崇拝強制の歴史を背景とする、神道批判の結論が先行するが故である。

【175】　戦前・戦中における国家権力による宗教に対する弾圧・干渉をいうならば、苛酷な迫害を受けたものとして、神道系宗教の一派である

大本教等があったことが指摘されなければならない。

【176】 一三 悪の芽は小さな中に摘みとるのがよく、憲法の理想とするところを実現するための環境を整える努力を怠ってはならない。しかし、国家神道が消滅してすでに久しい現在、我々の目の前に小さな悪の芽以上のものは存在しないのであろうか。

【177】 憲法89条に関連して一例を挙げれば、宗教団体の所有する不動産やその収益と目すべきものにつき、これを課税の対象から外すことは、宗教団体に対し積極的に公金を支出するのと同様の意味を持つ。これが政教分離原則との関係において合衆国判例において論ぜられて久しい。

【178】 我が国において、これらの点に関連して論ぜられるべき問題状況は果たして存在しないのであろうか。何故これらの点がまともに論ぜられることなく、かえって、細く長く絶えず続けられた本件玉串料等の支出の如きが、何故かくも大々的に論議されなければならないのであるか。これが疑問とされないのは何故であるかを疑問とせざるを得ないのである。

（裁判長裁判官 三好 達 裁判官 園部逸夫 裁判官 可部恒雄 裁判官 大西勝也 裁判官 小野幹雄 裁判官 大野正男 裁判官 千種秀夫 裁判官 根岸重治 裁判官 高橋久子 裁判官 尾崎行信 裁判官 河合伸一 裁判官 遠藤光男 裁判官 井嶋一友 裁判官 福田 博 裁判官 藤井正雄）

Questions

①事実関係の確認

問1 Xらはどのような訴訟を提起しているか。▶【事案】【参考条文】【1】

問2 Y1からY3の関係はどのようなものであるか。▶【事案】【18】

問3 本件では、誰にどのような公金が支出されているか。▶【事案】【1】

問4 第一審、原審ではどのような判断がなされたか。▶【事案】、【2】【3】

②判決の内容の確認

問5 多数意見の政教分離原則に関する理解は、津地鎮祭事件判決〔本書16事件〕と異なるところがあるか。▶【6】【7】

問6 多数意見の憲法20条3項適合性に関する判断枠組みは、津地鎮祭事件判決と異なるか。▶【8】

問7 多数意見の憲法89条適合性に関する判断枠組みは、津地鎮祭事件判決と異なるか。▶【9】

問8 多数意見は、玉串料、供物料、献灯料についてどのように評価しているか。▶【12】

問9 多数意見が本件支出が憲法20条3項に反するというのは、どのような理由からか。▶【13】～【15】、【28】～【39】

問10 多数意見の判断枠組みに対して、個別意見ではどのような批判が寄せられているか。多数意見の判断枠組みに代替する基準としてどのようなものが提案されているか。▶【49】、高橋意見、尾崎意見

問11 多数意見による本件支出の評価について、個別意見ではどのような批判がなされているか。それに対して、どのような反論がなされているか。▶三好反対意見、可部反対意見、大野補足意見、福田補足意見、高橋意見、尾崎意見

③応用問題

問12 大規模な地震に見舞われた地域で、地域住民の大多数を檀徒とする寺院が、犠牲者を追悼するために仏教式の法要を行うとする。この法要に際して、市が香典を支出することは政教分離原則に反するか。▶文献⑦

問13 空知太神社事件判決〔本書18事件〕について、目的効果基準を使って判断することは可能か。可能でないとすればそれはなぜか。可能であるとすれば、どのような理由から、どのような結論になるか。

問14 そもそも、なぜ政教分離は厳格に解されなければならないのか。▶三好反対意見、可部反対意見、高橋意見、尾崎意見

○ **関連判例**（本書所収以外のもの）
盛岡地判昭和62年3月5日判時1223号30頁〔岩手靖国訴訟第一審〕（判例①）
仙台高判平成3年1月10日判時1370号3頁〔同控訴審〕（判例②）
最大判昭和63年6月1日民集42巻5号277頁〔自衛官合祀事件〕（判例③）
最大平成5年2月16日民集47巻3号1687頁〔箕面忠魂碑慰霊祭事件〕（判例④）

○ **本判決の調査官解説**
大橋寛明「判解」最高裁判所判例解説民事篇平成9年度㊥561頁（判解①）

○ **その他の判例解説・判例批評**
髙橋利文「判解」最高裁判所判例解説民事篇平成5年度㊤161頁
芦部信喜「愛媛玉串料訴訟最高裁大法廷意見判決管見」同『宗教・人権・憲法学』（有斐閣、1999年）105頁〔初出、法学教室203号（1997年）4頁〕（判批①）
大石眞「判批」同『権利保障への諸相』（三省堂、2014年）306頁〔初出、ジュリスト1114号（1997年）26頁〕（判批②）
戸松秀典ほか「〔鼎談〕愛媛玉串料訴訟最高裁大法廷判決をめぐって」ジュリスト1114号（1997年）4頁（判批③）
松井茂記「箕面忠魂碑・慰霊祭訴訟控訴審判決について㊥」判例評論351号（1988年）164頁（判批④）
岡田信弘「判批」憲法判例百選Ⅰ〔第6版〕（2013年）102頁（判批⑤）

○ **参考文献**
「閣僚の靖国神社参拝問題に関する懇談会報告書」ジュリスト848号（1985年）110頁（文献①）
新堂幸司『新民事訴訟法〔第5版〕』（弘文堂、2011年）（文献②）
三木浩一ほか『民事訴訟法〔第2版〕』（有斐閣、2015年）（文献③）

園部逸夫『最高裁判所十年』（有斐閣、2001年）（**文献④**）
芦部信喜「靖国懇と私の立場」同『宗教・人権・憲法学』（有斐閣、1999年）95頁［初出、ジュリスト848号（1985年）6頁］（**文献⑤**）
芦部信喜「政教分離と信教の自由」同『宗教・人権・憲法学』（有斐閣、1999年）71頁（**文献⑥**）
田近肇「大規模自然災害の政教問題」臨床法務研究13号（2014年）15頁（**文献⑦**）

18 空知太神社事件

最高裁平成22年1月20日大法廷判決　平成19年（行ツ）第260号：財産管理を怠る事実の違法確認請求事件
民集64巻1号1頁

事案

北海道砂川市はその所有する土地を、空知太連合町内会（以下「町内会」という）が所有し集会場として使用していた建物の敷地として無償で使用させていた。この建物の一角には神社の祠が設置され、建物の外壁には「神社」の表示が掲げられていた。また、町内会が無償で使用していた土地には鳥居および地神宮が設置されていた（以下、祠、神社の表示、鳥居、地神宮をあわせて「本件神社物件」という）。本件神社物件も町内会が所有しており、市はこれら神社物件の敷地としても市有地を無償提供している（以下、これを「本件利用提供行為」という）。他方、本件神社は、近隣住民で構成される氏子集団によって管理・運営がなされ、定期的に祭事が行われている。

砂川市の住民であるX（原告、被控訴人、被上告人）は、市が土地を無償提供している行為は政教分離原則違反であるのに、町内会との敷地の使用貸借契約を解除し、町内会に対し本件神社物件の撤去および土地明渡請求をしないのは違法に財産管理を怠るものであるとして、砂川市長Y（被告、控訴人、上告人）に対して、地自法242条の2第1項3号に基づく違法確認を求めた。

第一審（札幌地判平18・3・3民集64-1-89）は、目的効果基準を前提として、憲法20条3項にいう宗教活動にあたり、同89条、20条1項にも反するとし、本件神社物件の収去を本件町内会に請求しないことにつき財産の管理を怠る違法があるとした。そこでYが控訴したが、原審（札幌高判平19・6・26民集64-1-119）も第一審同様の判断をして控訴を棄却したので、Yが上告した。

■**参考条文**（事件当時のもの）

民事訴訟法
第149条　裁判長は、口頭弁論の期日又は期日外において、訴訟関係を明瞭にするため、事実上及び法律上の事項に関し、当事者に対して問いを発し、又は立証を促すことができる。
2　陪席裁判官は、裁判長に告げて、前項に規定する処置をすることができる。

地方自治法
第242条の2　〔第1項〕普通地方公共団体の住民は、前条第1項の規定による請求をした場合において、同条第4項の規定による監査委員の監査の結果若しくは勧告若しくは同条第9項の規定による普通地方公共団体の議会、長その他の執行機関若しくは職員の措置に不服があるとき、又は監査委員が同条第4項の規定による監査若しくは勧告を同条第5項の期間内に行わないとき、若しくは議会、長その他の執行機関若しくは職員が同条第9項の規定による措置を講じないときは、裁判所に対し、同条第1項の請求に係る違法な行為又は怠る事実につき、訴えをもつて次に掲げる請求をすることができる。
（3）当該執行機関又は職員に対する当該怠る事実の違法確認の請求

社寺等に無償で貸し付けてある国有財産の処分に関する法律
第1条　社寺上地、地租改正、寄附（地方公共団体からの寄附については、これに実質上負担を生ぜしめなかつたものに限る。）又は寄附金による購入（地方公共団体からの寄附金については、これに実質上負担を生ぜしめなかつたものに限る。）によつて国有となつた国有財産で、この法律施行の際、現に神社、寺院又は教会（以下社寺等という。）に対し、国有財産法によつて無償で貸し付けてあるもの、又は国有林野法によつて保管させてあるもののうち、その社寺等の宗教活動を行うのに必要なものは、その社寺等において、この法律施行後1年内に申請をしたときは、主務大臣が、これをその社寺等に譲与することができる。

Navigator

本件では、市が神社施設の敷地として市有地を無償利用提供していることが憲法89条、20条1項違反とされた。他方で、違憲とされた無償利用提供行為の解消方法には市に一定の裁量があることが認められ、この点については審理不尽につき原審に差し戻している。

本件のポイントは、何よりも目的効果基準の代わりに総合的判断の基準が用いられたことである。したがって、総合的判断基準がどのように導出され、適用されているかを丹念に読み解くとともに、目的効果基準が用いられなかった理由を検討する必要がある。その際、適用条文の違いとともに本件事案の性質を十分に把握することが求められよう。

また、本件とほぼ同時期に、同市が神社の敷地となっている市有地を別の町内会に無償で譲与したことが、政教分離原則違反であって、同土地の所有権移転登記の抹消登記手続を請求しないことが違法に財産の管理を怠るものだとして提起された住民訴訟がある（富平神社訴訟）。こちらは、第一審（札幌地判平18・11・30民集64-1-183）、控訴審（札幌高判平19・8・30民集64-1-213）、上告審（最大判平22・1・20民集64-1-128）いずれも原告の請求を棄却しているが、この上告審判決でも目的効果基準は用いられていない。目的効果基準の適用の可否を探るにあたっては、こちらも分析する必要がある。

さらに、本判決が原審の審理不尽の違法を認め、原判決を破棄して差し戻した点についても、憲法の観点から見逃せないポイントを含んでいる。この点は訴訟法上の問題のようにもみえるが、「原告が求める以外の方法がありうる」という理解の背後には、その方が氏子集団の信教の自由により配慮できるという認識が控えている可能性があるからである。

■判決の論理構造

本件利用提供行為は憲法89条、20条1項に反するか	→違反する
憲法89条の趣旨	憲法89条は、政教分離の原則を、公の財産の利用提供等の財政的側面において徹底させるもの
本件利用提供行為の憲法89条適合性を判断するための基準	当該宗教的施設の性格、当該土地が無償で当該施設の敷地としての用に供されるに至った経緯、当該無償提供の態様、これらに対する一般人の評価等、諸般の事情を考慮し、社会通念に照らして総合的に判断
本件神社物件およびそこでの行事の性質	本件神社物件は宗教施設であり、行事も宗教的行事
氏子集団の宗教団体性	憲法89条にいう「宗教上の組織若しくは団体」にあたる
本件利用提供の経緯・一般人の評価	市が、何らの対価を得ることなく本件各土地上に宗教的施設を設置させ、本件氏子集団においてこれを利用して宗教的活動を行うことを容易にさせているものといわざるをえず、一般人の目からみて、市が特定の宗教に対して特別の便益を提供し、これを援助していると評価されてもやむをえない

違憲状態解消のために使用貸借契約を解除し、本件施設の撤去および土地明渡しを請求しないことが財産の管理を違法に怠るものといえるか	→審理不尽につき差戻し
財産管理上の裁量	上告人には、本件各土地、本件建物および本件神社物件の現況、違憲性を解消するための措置が利用者に与える影響、関係者の意向、実行の難易等、諸般の事情を考慮に入れて、相当と認められる方法を選択する裁量権がある
裁量逸脱・濫用の判断基準	他の手段の存在を考慮しても、なお上告人において撤去および土地明渡請求をしないことが上告人の財産管理上の裁量権を逸脱または濫用するものと評価される場合に限られる
釈明権の行使	原審において、本件利用提供行為の違憲性を解消するための他の合理的で現実的な手段が存在するか否かについて適切に審理判断するか、当事者に対して釈明権を行使する必要があった

判決

主　文

原判決を破棄する。
本件を札幌高等裁判所に差し戻す❶。

理　由

第1　事案の概要

[1]　1　本件は、砂川市（以下「市」という。）がその所有する土地を神社施設の敷地として無償で使用させていることは、憲法の定める政教分離原則に違反する行為であって、敷地の使用貸借契約を解除し同施設の撤去及び土地明渡しを請求しないことが違法に財産の管理を怠るものであるとして、市の住民である被上告人らが、上告人に対し、地方自治法242条の2第1項3号に基づき上記怠る事実の違法確認を求める事案である❷。

[2]　2　原審の確定した事実関係等の概要は、次のとおりである。

(1)　神社施設の現在の所有関係等

[3]　市は、第1審判決別紙第1不動産目録記載の各土地（以下「本件各土地」といい、同目録記載の土地を個別に摘示するときは、その番号に従い「本件土地1」などという。ただし、文脈により明らかなときは「本件」を省略する。同様の表記につき、以下同じ。）を所有している❸。

[4]　本件各土地上には、第1審判決別紙第2及び第3のとおり、地域の集会場等であるS会館（以下「本件建物」という。）が建てられ、その一角にS神社（以下「本件神社」という。）の祠が設置され、建物の外壁には「神社」との表示が設けられている。また、本件土地1上には、鳥居及び地神宮が設置されている（以下、上記の祠等をそれぞれ「本件祠」、「本件神社の表示」、「本件鳥居」及び「本件地神宮」といい、これらの4物件を併せて「本件神社物件」という。）。

[5]　本件建物及び本件神社物件の所有者は、S連合町内会（以下「本

❶　本判決を受けて、Yおよび氏子集団は、神社の徴表となる物件や表示を移設・撤去し、敷地を適正な賃料で氏子集団の氏子総代長に賃貸するなどの手段をとった。これを受けて差戻控訴審（札幌高判平22・12・6民集66-2-702）、差戻上告審（最判平24・2・16民集66-2-673）はXの請求を退けている。

❷　[1]では、Xの請求の内容が整理されている。Xらは、本件提訴に先立って、砂川市監査委員に対し、地自法242条1項に基づき、住民監査請求をしたが、理由がないと判断されている。Xによれば、Yが違法に財産管理を怠っているといえるのは、(1) Yが本件土地を無償使用させているのは政教分離原則違反であるのに、(2)使用貸借契約を解除し神社等の撤去および土地明渡しの請求をしないという不作為があるからである。不作為が政教分離原則違反となりうることについて、判解①21-22頁。

❸　[3]と[4]は、Y所有の本件土地の上に、S会館のほか、S神社の表記がある祠、鳥居、地神宮という「本件神社物件」が存在していることが確認されている。

件町内会」という。）であり、市は、本件町内会に対し、本件各土地を無償で本件建物、鳥居及び地神宮の敷地としての利用に供している（以下、市が本件各土地を本件神社物件のために無償で提供していることを「本件利用提供行為」という。）❹。

⑵ 本件神社物件の形状及び配置状況

[6]　本件鳥居は、本件土地１上の国道12号線に面する部分に設置され、台石の上に置かれた、堅固な構造を有する神明鳥居（幅約 4.5ｍ）で、その上部正面に「Ｓ神社」の額が掲げられている。本件建物には、鳥居の正面に当たる部分に、会館入口とは別に、「神社」と表示された入口が設けられ、さらにその入口を入った正面に祠が設置されている。鳥居の脇には、「地神宮」と彫られた石造の地神宮が設置されているが、鳥居、神社入口及び祠は一直線上に配置され、また、祠内には御神体として天照大神が宿るとされる鏡が置かれている❺。

⑶ 本件神社の現在の管理状況等

[7]　ア　本件神社は、宗教法人法所定の宗教法人ではなく、神社付近の住民らで構成される氏子集団（以下「本件氏子集団」という。）によってその管理運営がされている。本件氏子集団は、総代及び世話役各10名を置き、祭りの際には寄附を集め、その会計を町内会の会計とは別に管理している。しかし、組織についての規約等はなく、氏子の範囲を明確に特定することはできず、本件氏子集団を権利能力なき社団と認めることはできない（そのため、前記のとおり、本件神社物件も、法的には町内会の所有と認められる。）❻。

[8]　イ　本件町内会は、Ｓ地区の六つの町内会によって組織される地域団体で、本件氏子集団を包摂し、各町内会の会員によって組織される運営委員会が本件建物の管理運営を行っている。建物の主要部分を占める集会室の内には、机、いす、黒板、カラオケ機器等が置かれ、ふだんは使用料を徴収して学習塾等の用途に使用されている❼。

[9]　本件町内会及び本件氏子集団は、市に対し、本件各土地又は本件建物において本件神社物件を所有又は使用していることについて、対価を支払っていない。氏子集団による建物の使用については、氏子総代が町内会に年６万円の使用料を支払っている（本件記録によれば、この６万円は、後記ウの祭事の際の建物使用の対価であることがうかがわれる。）❽。

[10]　ウ　本件神社においては、初詣で、春祭り及び秋祭りという年３回の祭事が行われている。初詣での際には、Ａ神社から提供されたおみくじ、交通安全の札等が販売され、代金及び売れ残ったおみくじ等はＡ神社に納められている。また、春祭り及び秋祭りの際には、Ａ神社から宮司の派遣を受け、「Ｓ神社」、「地神宮」などと書かれたのぼりが本件鳥居の両脇に立てられる。秋祭りの際には、本件地神宮の両脇に「奉納地神宮氏子中」などと書かれたのぼりが立てられて神事が行われ、「秋季祭典奉納Ｓ神社」などと書かれた看板が地域に掲げられる。なお、毎年８月のＡ神社の祭りの際には、本件神社にＡ神社のみこしが訪れ、かつては巫女が舞を舞っていたこともある❾。

⑷ 本件神社の沿革

[11]　ア　Ｓ地区の住民らは、明治25年ころ、五穀豊穣を祈願して、現在の市立Ｓ小学校（以下「本件小学校」という。）の所在地付近に祠を建てた。その後、同30年、地元住民らが、神社創設発願者として、上記所在地付近の3120坪の土地について、北海道庁に土地御貸下願を提出して認められ、同所に神社の施設を建立した。同施設には同年９月に天照大神の分霊が祭られて鎮座祭が行われ、地元住民の有志団体であるＳ青年会がその維持管理に当たった❿。

[12]　イ　明治36年に上記施設に隣接して本件小学校（当時の名称は公立Ｂ郡Ｃ小学校）が建設されたが、昭和23年ころ、校舎増設及び体育館新設の計画が立てられ、その敷地として隣地である上記土地を使用することになったため、上記土地から神社の施設を移転する必要が生じた。そこで、Ｓ地区の住民であるＤが、上記計画に協力するため、その所有する本件土地１及び４を同施設の移転先敷地として提供した。同施設は、そのころ、同土地に移設され、同25年９月15日には同土地上に本件地神宮も建てられた。

---

❹　[5]では、Ｙが所有する土地に存する本件建物、本件神社物件の所有者（Ｓ連合町内会）が確認され、Ｓ連合町内会に対してＹが本件土地を無償で利用提供していることが確認されている。なお、実際に本件建物および神社物件を管理していたのは、氏子集団であったことにつき、【7】も参照。

❺　[6]では、本件神社物件の形状等が確認される。本件神社物件の名称はもとより、祠内にご神体とされる鏡が設置されているという実態からみても、本件神社物件を宗教施設でないとするのは無理があり、【25】から【27】の評価に結びつく。

❻　[7]では、本件神社の管理運営が氏子集団によって行われていることが確認されている。氏子集団は、規約が存在せず、氏子の範囲を明確に特定できないことから権利能力なき社団としても認められない（つまり、権利義務の主体となりえない）が、同時に一定の社会的実態を具えた団体であることも肯定されている点に注意。このように考えるからこそ、氏子集団に対する利益供与が政教分離原則違反だという構成（【28】～【30】参照）が可能となる。

❼　[8]では、本件町内会の実態と氏子集団との関係が確認されている。本件町内会は主に本件建物を管理し、そこには宗教的な要素がないことがうかがえる。本件利益提供行為の相手方が町内会だということになると、憲法89条や20条１項の宗教団体性が否定され、苦しくても20条３項違反の可能性を検討せざるをえなくなる。第一審、原審が20条３項違反を中心に検討したのは、このような側面があったともいえる。

❽　[9]では、町内会、氏子集団、市の金銭関係につき整理する。それによると、本件土地を所有する市に対しては町内会も氏子集団も対価を支払っていない。しかし、氏子集団は、氏子総代を通じて、祭事の際の本件建物の使用の対価として、町内会に年６万円の使用料を払っていることが確認される。氏子集団の社会的実在性を裏付ける事実といえる。

❾　[10]では、本件神社において、年３回行われている祭事の内容が確認される。【28】では、この祭事も氏子集団が中心的な役割を担っていると指摘されている。

❿　[11]から[16]は、本件各土地が市有となり、かつ無償提供されるに至った経緯がまとめられている。ここで重要なのは、仮に本件利用提供行為が違憲となるとして、それはいつの時点かという点である（なお、田原補足意見参照）。[11]については明治憲法下の事実であり、[12]については公有地上にあった神社施設を私有地に移転したのであるから本件とは関係ない。そうするとまず問題となるのは[13]の寄附による市の土地取得であり、第一審判決が違憲判断をする際にもこの点を重視しているが、これが違憲だということになれば、そもそも本件土地が公有財産であることを前提とする本件請求の理由がなくなってしまう（判解①44頁）。それでは[14]の本件神社施設の移設および鳥居の新設時だとするとそれ以前は違憲ではないのかという疑問も浮かぼう。なお、[13]の議決は地自法96条が根拠となっている。また、[14]で登場する土地改良区とは、土地改良法に基づき土地改良事業の施行を目的として設立される法人で、北海土地改良区は北海道空知地方にある全国最大規模の土地改良区である。

[13] ウ Dは、昭和28年、本件土地1及び4に係る固定資産税の負担を解消するため、砂川町（同33年7月の市制施行により市となる。以下「町」という。）に同土地の寄附願出をした。町は、同28年3月の町議会において、同土地の採納の議決及び同土地を祠等の施設のために無償で使用させるとの議決をし、同月29日、Dからの寄附に基づきその所有権を取得した。

[14] エ 本件町内会（当時の名称はS部落連合会）は、昭和45年、市から補助金の交付を受けて、本件各土地上に地域の集会場として本件建物を新築した。これに伴い、本件町内会は、市から本件土地1及び4に加えて本件土地3（同土地は同年9月に地元住民であるEらから市に寄附された。）を、北海土地改良区（以下「改良区」という。）から本件土地2及び5を、いずれも本件建物の敷地として無償で借用した。そして、建物の建築に伴い、本件土地1及び4上にあった従前の本件神社の施設は、本件祠及び地神宮を除き取り壊され、建物内の一角に祠が移設され、本件土地1上に本件鳥居が新設された（なお、従前存在した鳥居は取り壊されたことがうかがわれる。）。

[15] オ 平成6年、市は、改良区から、本件土地2及び5をそれぞれ代金500万2321円及び143万8296円で買受けた。

[16] カ 以上の過程を経て、本件各土地は、すべて市の所有地となり、現在、本件建物、鳥居及び地神宮の敷地として無償で提供されている。

[17] 3 原審は、上記事実関係等の下において、次のとおり判示して、上告人が本件町内会に対し本件神社物件の撤去請求をすることを怠る事実が違法であることを確認する限度で被上告人らの請求を認容すべきものと判断した❶。

[18] (1) 本件神社物件及び本件建物は宗教施設としての性格が明確で、本件利用提供行為は、市が特定の宗教上の組織との間にのみ意識的に特別のかかわり合いを持つものであり、一般人に対し市が特定の宗教に特別の便宜を与えているとの印象をもたらすものであって、我が国の社会的、文化的諸条件に照らして相当とされる限度を超え、憲法20条3項にいう宗教的活動に当たり、同項に違反し、憲法20条1項後段及び89条の政教分離原則の精神に明らかに反するものというべきである。

[19] (2) 被上告人らは、上告人が本件利用提供行為に係る使用貸借契約を解除して本件建物及び本件神社物件の収去及び土地明渡請求をしないことが違法であると主張するところ、上記の憲法違反の状態は、上記契約を解除しなくとも、本件神社物件を撤去させることによって是正することができるものであるから、上記契約を解除するまでの必要は認められないが、市が本件町内会に対しその撤去を請求しないことは、違法に本件土地1及び2の管理を怠るものというべきである。

第2 上告代理人新川生馬、同朝倉靖の上告理由について

[20] 論旨は、本件神社物件の宗教性は希薄であり、町又は市が本件土地1及び2を取得したのは宗教的目的に基づくものではないなどとして、本件利用提供行為は政教分離原則を定めた憲法の規定に違反するものではないというものである。しかしながら、本件利用提供行為は憲法89条に違反し、ひいては憲法20条1項後段にも違反する❶❷ものであって、論旨は採用することができない。その理由は、次のとおりである❶❸。

1 憲法判断の枠組み

[21] 憲法89条は、公の財産を宗教上の組織又は団体の使用、便益若しくは維持のため、その利用に供してはならない旨を定めている。その趣旨は、国家が宗教的に中立であることを要求するいわゆる政教分離の原則を、公の財産の利用提供等の財政的な側面において徹底させるところにあり、これによって、憲法20条1項後段の規定する宗教団体に対する特権の付与の禁止を財政的側面から確保し、信教の自由の保障を一層確実なものにしようとしたものである❶❹。しかし、国家と宗教とのかかわり合いには種々の形態があり、およそ国又は地方公共団体が宗教との一切の関係を持つことが許されないというものではなく、憲法89条も、公の財産の利用提供等における宗教とのかかわり合いが、我が国の社会的、文化的諸条件に照らし、信教の自由の保障の確保という制度の根本目的との関係で相当とされる限度を超えるものと認められる場合に、これを許さないとするものと解される❶❺。

[22] 国又は地方公共団体が国公有地を無償で宗教的施設の敷地としての

❶❶ 【17】から【19】は、原審の判断を要約している。その前提として第一審の判断を確認すると、目的効果基準を前提として、①本件神社および本件施設の宗教性が認められる、②本件神社は宗教法人でなく、本件町内会も宗教団体ではないが、本件施設は神社として本件町内会の承認のもとに維持されていると認められる、③本件土地取得の経緯に照らせば、Yによる本件土地の取得目的には宗教的意義が認められるほか、その無償提供行為も含め、特定の宗教に特別の便宜を与え、これを援助、助長、促進することが明らかであることを指摘し、憲法20条3項にいう宗教活動にあたり、同89条にも違反するとした。そのうえで、宗教施設性を有する本件神社物件を収去させることによって憲法違反の状態が解消されうるのだから、これを本件町内会に請求しないのが財産の管理を怠ったものと評価できるとしている。これを不服としたYは、原審において、本件施設の設置目的、運営、本件土地取得の目的や効果はいずれも宗教的なものではないと主張したが、いずれも退けられている。

❶❷ 本件に適用すべき憲法の法条に関して、第一審、原審がともに、憲法20条3項を中心に検討していたことが注目される。判解①24頁は、その理由を、本件町内会の宗教団体性が否定されたためではないかと指摘する。つまり、本件町内会の宗教団体性を否定しつつ、政教分離原則違反をいうためには20条1項、89条ではなく、20条3項を適用する必要があったというのである。これに対して、判解①25頁は、本件利用提供行為は本件氏子集団による宗教的活動を容易にするものであり、そのような土地利用の目的や現実の利用形態といった実質面を重視するならば、多数意見のように89条および20条1項を適用する方が事案に即していると評価する。もっとも、本件で20条3項該当性の検討をしていない理由については、判解①26頁も、本件においても20条3項の適用は可能としているところであり、判然としない。愛媛玉串料事件判決〔本書17事件〕の園部意見における「当該支出が憲法89条の右規定に違反することが明らかである以上、憲法20条3項に違反するかどうかを判断する必要はない」との指摘を想起させる。ただし、判解①はいずれの法条を適用するにせよ判断基準は変わることはない（つまり、事案に即しているかどうかの問題にすぎない）という。

❶❸ 【20】では、Yの上告理由がまとめられている。上告理由は、原審におけるYの主張同様、本件神社物件の宗教性や土地取得の世俗目的性を主張するものである。なお、上告理由では、地方公共団体の土地上に神社施設が現存する例が無数にあることが指摘され、それらがすべて違憲となるのであれば、地域社会のあり方の根幹に影響を与えることは必至だとも主張されている。少数意見からは、この点についても一定の議論がなされたことがうかがわれる。

❶❹ 【21】の前半は、本件に適用すべき憲法89条の基本的な解釈を示したものである。ここで示された解釈は通説と同じ。

❶❺ 【21】の後半は、憲法89条違反を審査するための一般的な観点を導出している。本判決までは、愛媛玉串料事件判決〔本書17事件〕における基準、すなわち(1)「公金支出行為等における国家と宗教とのかかわり合いが前記の相当とされる限度を超えるものをいうものと解すべきであり」、(2)「これに該当するかどうかを検討するに当たっては、前記と同様の基準によって判断しなければならない」が先例と考えられていた。ここにいう「前記と同様の基準」とは、明らかに目的効果基準を意味するところ、【21】では、(2)に相当する部分が削られている。本判決が目的効果基準を採用していないと評価される

用に供する行為は、一般的には、当該宗教的施設を設置する宗教団体等に対する便宜の供与として、憲法89条との抵触が問題となる行為であるといわなければならない。もっとも、国公有地が無償で宗教的施設の敷地としての用に供されているといっても、当該施設の性格や来歴、無償提供に至る経緯、利用の態様等には様々なものがあり得ることが容易に想定されるところである。例えば、一般的には宗教的施設としての性格を有する施設であっても、同時に歴史的、文化財的な建造物として保護の対象となるものであったり、観光資源、国際親善、地域の親睦の場などといった他の意義を有していたりすることも少なくなく、それらの文化的あるいは社会的な価値や意義に着目して当該施設が国公有地に設置されている場合もあり得よう。また、我が国においては、明治初期以来、一定の社寺領を国等に上知（上地）させ、官有地に編入し、又は寄附により受け入れるなどの施策が広く採られたこともあって、国公有地が無償で社寺等の敷地として供される事例が多数生じた。このような事例については、戦後、国有地につき「社寺等に無償で貸し付けてある国有財産の処分に関する法律」（昭和22年法律第53号）が公布され、公有地についても同法と同様に譲与等の処分をすべきものとする内務文部次官通牒が発出された上、これらによる譲与の申請期間が経過した後も、譲与、売払い、貸付け等の措置が講じられてきたが、それにもかかわらず、現在に至っても、なおそのような措置を講ずることができないまま社寺等の敷地となっている国公有地が相当数現存していることがうかがわれるところである。これらの事情のいかんは、当該利用提供行為が、一般人の目から見て特定の宗教に対する援助等と評価されるか否かに影響するものと考えられるから、政教分離原則との関係を考えるに当たっても、重要な考慮要素とされるべきものといえよう❶⓰。

【23】　そうすると、国公有地が無償で宗教的施設の敷地としての用に供されている状態が、前記の見地から、信教の自由の保障の確保という制度の根本目的との関係で相当とされる限度を超えて憲法89条に違反するか否かを判断するに当たっては、当該宗教的施設の性格、当該土地が無償で当該敷地としての用に供されるに至った経緯、当該無償提供の態様、これらに対する一般人の評価等、諸般の事情を考慮し、社会通念に照らして総合的に判断すべきものと解するのが相当である⓱。

【24】　以上のように解すべきことは、当裁判所の判例（最高裁昭和46年（行ツ）第69号同52年7月13日大法廷判決・民集31巻4号533頁、最高裁平成4年（行ツ）第156号同9年4月2日大法廷判決・民集51巻4号1673頁等）の趣旨とするところからも明らかである⓲。

2　本件利用提供行為の憲法適合性

【25】　(1)　前記事実関係等によれば、本件鳥居、地神宮、「神社」と表示された会館入口から祠に至る本件神社物件は、一体として神道の神社施設に当たるものと見るほかはない⓳。

【26】　また、本件神社において行われている諸行事は、地域の伝統的行事として親睦などの意義を有するとしても、神道の方式にのっとって行われているその態様にかんがみると、宗教的な意義の希薄な、単なる世俗的行事にすぎないということはできない。

【27】　このように、本件神社物件は、神社神道のための施設であり、その行事も、このような施設の性格に沿って宗教的な行事として行われているものということができる。

【28】　(2)　本件神社物件を管理し、上記のような祭事を行っているのは、本件利用提供行為の直接の相手方である本件町内会ではなく、本件氏子集団である。本件氏子集団は、前記のとおり、町内会に包摂される団体ではあるものの、町内会とは別に社会的に実在しているものと認められる。そして、この氏子集団は、宗教的行事等を行うことを主たる目的としている宗教団体であって、寄附を集めて本件神社の祭事を行っており、憲法89条にいう「宗教上の組織若しくは団体」に当たるものと解される⓴。

【29】　しかし、本件氏子集団は、祭事に伴う建物使用の対価を町内会に支払うほかは、本件神社物件の設置に通常必要とされる対価を何ら支払うことなく、その設置に伴う便益を享受している。すなわち、本件利用提供行為は、その直接の効果として、氏子集団が神社を利用した宗教的活動を行うことを容易にしているものということができる㉑。

ゆえんである。この点、判解①は、判例が一貫して採用してきたのは、(1)の部分であって、(2)については修正しうるという理解に立つ（19-20頁、26頁、38-45頁）。

⓰　【22】は、(1)国等が国公有地を無償で宗教的施設の敷地としての用に供する行為は、一般的には、憲法89条との抵触が問題となる行為であること、(2)しかし、それを正当化すべき事情が様々にあることが予想されることを説示している。これは、(1)で示される行為は原則として89条違反となることを示すとともに、例外が予想されるのでその正当化のための判断枠組みが必要になることを示すと解される。本判決における藤田補足意見の「本来、目的効果基準の適用の可否が問われる以前の問題」だという指摘もここと関連するだろう。ところで、国公有地上の神社施設という問題については、戦前、神社の多くが官営であったこと、戦後、政教分離原則との関係で、その処理が問題となったことを知る必要がある。【22】の後半はこの概略を示している（判解①12-18頁を参照）。【22】の最後の一文は、本判決多数意見も従来の判例同様、「一般人の目から見た評価」を基準としていることを示している。

⓱　【23】は、多数意見が採用する判断基準（総合的判断基準）を示している。なぜこのような総合的判断が基準として採用されているかにつき、本件が「目的効果基準の適用の可否が問われる以前の問題」（藤田補足意見）であるとか、従来の事案は、ある一時点の一回的作為的行為が争われた事案であるのに対して、本件においては、様々な作為・不作為が積み重なっている（判解①26頁以下）といった事案の性質による説明がある。このような理解に対して、判批①は、同日の富平神社事件判決（判例①）も参照しつつ、このような判断枠組みによって、政教分離原則違反の状態を解消するための柔軟な対処を可能にするためのものだと指摘する。もっとも、判解①は、事案の性質は目的効果基準が機械的に適用できない理由として挙げるにとどめ、多数意見は、目的効果基準を適用すべき場面でないことを前提に、新たな判断基準を立てるのではなく、「抽象度の高い、汎用性のある一般的基準」を提示したにとどまるという理解を示す。判解①は富平神社事件判決をふまえながら、(その汎用性ゆえに)一回限りの行為の判断にも用いることができるとしていることにも注意したい（41-44頁）。これを判解①は「政教分離原則適合性に関する最高裁判例の原点に立ち返るもの」（43頁）であるとともに、「より柔軟かつ事案に即した判断基準へと……深化」させたもの（42頁）だと評価する。そうすると、(ア)政教分離原則違反の基本的な基準として総合的判断基準が存在し、(イ)目的効果基準が適している場面にはそれが用いられるというのが判例理論とみることができよう。この理解を前提にすると、(イ)以外の場面で目的効果基準とは別の定型的な判断基準が生み出される可能性がある。なお、判断の諸要素については、【25】以下参照。

⓲　【24】では、津地鎮祭事件判決〔本書16事件〕および愛媛玉串料事件判決〔本書17事件〕が先例として示されている。

⓳　【25】から【27】は、本件神社物件およびそこで行われる行事の宗教性を認定している。【23】で示された総合的判断の諸要素（ⅰ当該宗教的施設の性格、ⅱ当該土地が無償で当該施設の敷地としての用に供されるに至った経緯、ⅲ当該無償提供の態様、ⅳこれらに対する一般人の評価等）のうちⅰに関連する。ここでは、本件神社物件やそこでの行事を一体的に把握し、その宗教性を総合的に判断している（判解①34頁）。

⓴　【28】は、氏子集団の宗教団体性を肯定している。第一審および原審では、町内会の宗教団体性が検討さ

[30]　(3)　そうすると、本件利用提供行為は、市が、何らの対価を得ることなく本件各土地上に宗教的施設を設置させ、本件氏子集団においてこれを利用して宗教的活動を行うことを容易にさせているものといわざるを得ず、一般人の目から見て、市が特定の宗教に対して特別の便益を提供し、これを援助していると評価されてもやむを得ないものである。前記事実関係等によれば、本件利用提供行為は、もともとは小学校敷地の拡張に協力した用地提供者に報いるという世俗的、公共的な目的から始まったもので、本件神社を特別に保護、援助するという目的によるものではなかったことが認められるものの、明らかな宗教的施設といわざるを得ない本件神社物件の性格、これに対し長期間にわたり継続的に便益を提供し続けていることなどの本件利用提供行為の具体的態様等にかんがみると、本件において、当初の動機、目的は上記評価を左右するものではない。㉒

[31]　(4)　以上のような事情を考慮し、社会通念に照らして総合的に判断すると、本件利用提供行為は、市と本件神社ないし神道とのかかわり合いが、我が国の社会的、文化的諸条件に照らし、信教の自由の保障の確保という制度の根本目的との関係で相当とされる限度を超えるものとして、憲法89条の禁止する公の財産の利用提供に当たり、ひいては憲法20条1項後段の禁止する宗教団体に対する特権の付与にも該当すると解するのが相当である。㉓

第3　職権による検討

[32]　1　本件は、被上告人らが地方自治法242条の2第1項3号に基づいて提起した住民訴訟であり、被上告人らは、前記のとおり政教分離原則との関係で問題とされざるを得ない状態となっている本件各土地について、上告人がそのような状態を解消するため使用貸借契約を解除し、神社施設の撤去を求める措置を執らないことが財産管理上違法であると主張する。㉔

[33]　2　本件利用提供行為の現状が違憲であることは既に述べたとおりである。しかしながら、これを違憲とする理由は、判示のような施設の下に一定の行事を行っている本件氏子集団に対し、長期にわたって無償で土地を提供していることによるものであって、このような違憲状態の解消には、神社施設を撤去し土地を明け渡す以外にも適切な手段があり得るというべきである。例えば、戦前に国公有に帰した多くの社寺境内地について戦後に行われた処分等と同様に、本件土地1及び2の全部又は一部を譲与し、有償で譲渡し、又は適正な時価で貸し付ける等の方法によっても上記の違憲性を解消することができる。そして、上告人には、本件各土地、本件建物及び本件神社物件の現況、違憲性を解消するための措置が利用者に与える影響、関係者の意向、実行の難易等、諸般の事情を考慮に入れて、相当と認められる方法を選択する裁量権があると解される。本件利用提供行為に至った事情は、それが違憲であることを否定するような事情として評価することまではできないとしても、解消手段の選択においては十分に考慮されるべきであろう。本件利用提供行為が開始された経緯や本件氏子集団による本件神社物件を利用した祭事がごく平穏な態様で行われてきていること等を考慮すると、上告人において直接的な手段に訴えて直ちに本件神社物件を撤去させるべきものとすることは、神社敷地として使用することを前提に土地を借り受けている本件町内会の信頼を害するのみならず、地域住民によって守り伝えられてきた宗教的活動を著しく困難なものにし、氏子集団の構成員の信教の自由に重大な不利益を及ぼすものとなることは自明であるといわざるを得ない。㉕さらに、上記の他の手段のうちには、市議会の議決を要件とするものなども含まれているが、そのような議決が適法に得られる見込みの有無も考慮する必要がある。これらの事情に照らし、上告人において他に選択することのできる合理的で現実的な手段が存在する場合には、上告人が本件神社物件の撤去及び土地明渡請求という手段を講じていないことは、財産管理上直ちに違法との評価を受けるものではない。すなわち、それが違法とされるのは、上記のような他の手段の存在を考慮しても、なお上告人において上記撤去及び土地明渡請求をしないことが上告人の財産管理上の裁量権を逸脱又は濫用するものと評価される場合に限られるものと解するのが相当である。㉖

[34]　3　本件において、当事者は、上記のような観点から、本件利用提供行為の違憲性を解消するための他の手段が存在するか否かに関する主張をしておらず、原審も当事者に対してそのような手段の有無に関し釈明権を行使

れたうえで否定されていたが、多数意見は、むしろ氏子集団に注目する点で特徴がある。また、判例①でも氏子集団の宗教団体性が肯定されている。なお、憲法20条1項にいう「宗教団体」および89条にいう「宗教上の組織ないし団体」については、どちらも「特定の宗教の信仰、礼拝又は普及等の宗教的活動を行うことを本来の目的とする組織ないし団体を指す」(判例②)と解するのが判例の立場であり、多数意見も言い回しがやや異なるものの同様に理解しているように思われる。

㉑　[29]は、本件利用提供行為の効果として、氏子集団の宗教的活動への援助があることを指摘している。総合的判断の諸要素([23]参照)のうち⑩当該無償提供の態様の一つと解される。また、目的効果基準における「効果」との関連も問題となるが、目的効果基準にいうところの「効果」とは、問題となる行為が一般人に一定の効果、影響等を与えることによって宗教に対する援助、助長、促進または圧迫、干渉等につながることをいうと解する余地は(津地鎮祭事件判決〔本書16事件〕および愛媛玉串料事件判決〔本書17事件〕)があり、そうだとするとここにいう効果は、目的効果基準の効果とは性質が異なる。判解①39頁は、多数意見の判断基準においても、目的や効果が前提とされ、あるいは内在的に取り込まれていると評価するが、その際、多数意見が、個別の考慮要素を「一般人の目からみて特定の宗教に対する援助等と評価されるか否かに影響する」という観点からも評価しているとみられること([30]参照)を根拠としている。

㉒　[30]では、判断基準のうち、⑪当該土地が無償で当該施設の敷地としての用に供されるに至った経緯と⑭一般人の評価について判断が示されている。⑪の具体的な内容は、[11]から[16]を参照。

㉓　[31]は、あてはめの結論である。

㉔　[32]は、Xの請求([1]参照)のうち、(2)について職権で取り上げることをいうものである。

㉕　[33]の前半部分は、Xが主張する違憲状態の解消方法以外にも選択肢がありうることを指摘する。まず、本件利用提供行為が違憲だからといって、それが直ちに財産管理を怠る違法と評価されるわけではない。そのうえで、国有境内地処分の経緯([22]参照)からも理解されるように、神社施設を撤去し土地を明け渡す以外にも適切な手段がありうる。しかも、国有境内地等につきそのような処理がなされてきたのは、信教の自由に配慮するという側面があるからである(なお、最大判昭33・12・24民集12-16-3352〔百選Ⅱ436頁〔塚本〕〕、最判昭49・4・9判時740-42も参照)。なお、譲与とは無償譲渡のことをいい、減額譲渡とともに、条例に定めのある場合や、議会の議決がなされた場合にはこれをなしうる(地法96条1項ほか)。また、市長は、条例に定めのない限り、適正な対価で売り払うことや適正な対価で貸し付けることも可能である(同法96条8号ほか)。その他の手法とともに判解①48-50頁参照。判例①では、譲与が合憲とされている。

㉖　[33]の後半部分は、Yにとってその他のとりうる手法があると推測できることを前提に本件の財産管理が違法かどうかの判断基準を示す部分である。ここでは、①違憲状態の解消につきYに財産管理上の裁量があること、②裁量の行使については様々な観点からの検討が必要なこと、③したがって他の手段の存在を考慮しても、なお神社施設の撤去や土地明渡請求をしないことが財産管理上の裁量を逸脱または濫用と評価される場合であることが示されている。

した形跡はうかがわれない。しかし、本件利用提供行為の違憲性を解消するための他の手段があり得ることは、当事者の主張の有無にかかわらず明らかというべきである。また、原審は、本件と併行して、本件と当事者がほぼ共通する市内の別の神社（T神社）をめぐる住民訴訟を審理しており、同訴訟においては、市有地上に神社施設が存在する状態を解消するため、市が、神社敷地として無償で使用させていた市有地を町内会に譲与したことの憲法適合性が争われていたところ、第1、2審とも、それを合憲と判断し、当裁判所もそれを合憲と判断するものである（最高裁平成19年（行ツ）第334号）。原審は、上記訴訟の審理を通じて、本件においてもそのような他の手段が存在する可能性があり、上告人がこうした手段を講ずる場合があることを職務上知っていたものである❷⓻。

【35】　そうすると、原審が上告人において本件神社物件の撤去及び土地明渡請求をすることを怠る事実を違法と判断する以上は、原審において、本件利用提供行為の違憲性を解消するための他の合理的で現実的な手段が存在するか否かについて適切に審理判断するか、当事者に対して釈明権を行使する必要があったというべきである。原審が、この点につき何ら審理判断せず、上記釈明権を行使することもないまま、上記の怠る事実を違法と判断したことには、怠る事実の適否に関する審理を尽くさなかった結果、法令の解釈適用を誤ったか、釈明権の行使を怠った違法があるものというほかない。

　　　第4　結論
【36】　以上によれば、本件利用提供行為を違憲とした原審の判断は是認することができるが、上告人が本件神社物件の撤去請求をすることを怠る事実を違法とした判断には、判決に影響を及ぼすことが明らかな法令の違反がある。そこで、原判決を職権で破棄し、本件利用提供行為の違憲性を解消するための他の手段の存否等について更に審理を尽くさせるため、本件を原審に差し戻すこととする。

【37】　よって、裁判官今井功、同堀籠幸男の反対意見があるほか、裁判官全員一致の意見で、主文のとおり判決する。なお、裁判官藤田宙靖、同田原睦夫、同近藤崇晴の各補足意見、裁判官甲斐中辰夫、同中川了滋、同古田佑紀、同竹内行夫の意見がある。

❷⓻　【34】と【35】は、原審が釈明権の行使を怠ったことを指摘している。釈明（民訴法149条）は、「当事者の弁論を正確に受領するために、さらに進んで、当事者にできるだけ十分な弁論を尽くさせるために、裁判所が、訴訟指揮権の一作用として、当事者に対してはたらきかけることができる権能」をいう（文献②491頁）。釈明には、当事者が提出する特定の申立てや主張等を補充するために行われる場合（消極的釈明）と当事者の申立て、主張等が不当または不適切な場合や、当事者が適当な申立てや主張をしない場合に裁判所が積極的に示唆・指摘して、申立てや主張等を行わせる場合（積極的釈明）とがあるとされる。さらに釈明をどの範囲でなすべきかについて、事実審の裁判官がどこまで釈明権を行使するのが適当であるかという問題と、上告審が釈明義務の不履行を理由として原判決を破棄すべきかという問題とがあるといわれる。積極的釈明を怠ったことが原判決破棄理由となるかについて考慮されるべき視点として、(1)釈明権が適切に行使されていれば、裁判の結果が重大な変更を受けたであろう蓋然性の高い場合かどうか、(2)当事者が釈明権の行使を待たずに適切な申立てや主張等ができた場合であったかどうか、(3)当事者間に証拠の偏在があるかなどがあるといわれる（文献②497頁、なお判解①52頁以下も参照）。なお、釈明義務違反の認定と弁論主義について田原補足意見（【64】～【68】）、近藤補足意見（【76】～【81】）、今井反対意見（【107】～【117】）も参照。

少数意見

裁判官藤田宙靖の補足意見は、次のとおりである❷⓼。

【38】　私は、多数意見に賛成するが、本件利用提供行為が政教分離原則に違反すると考えられることにつき、以下若干の補足をしておくこととしたい。

【39】　1　国又は公共団体が宗教に関係する何らかの活動（不作為をも含む。）をする場合に、それが日本国憲法の定める政教分離原則に違反しないかどうかを判断するに際しての審査基準として、過去の当審判例が採用してきたのは、いわゆる目的効果基準であって、本件においてもこの事実を無視するわけには行かない。ただ、この基準の採用の是非及びその適用の仕方については、当審の従来の判例に反対する見解や学説中にはかなり根強く存在し、また、過去の当審判決においても一度ならず反対意見が述べられてきたところでもあるから、このことを踏まえた上で、現在の時点でのこの問題をどう考えるかについては、改めて慎重な検討をしておかなければならない。

【40】　この基準を採用することへの批判としては、周知のように、当審においてこの基準が最初に採用された「津地鎮祭訴訟判決」（最高裁昭和46年（行ツ）第69号同52年7月13日大法廷判決・民集31巻4号533頁）における5裁判官の反対意見と並び、「愛媛玉串料訴訟判決」（最高裁平成4年（行ツ）第156号同9年4月2日大法廷判決・民集51巻4号1673頁）における高橋、尾崎両裁判官の意見がある。とりわけ、尾崎意見における指摘、すなわち、日本国憲法の政教分離規定の趣旨につき津地鎮祭訴訟判決において多数意見が出発点とした「憲法は、信教の自由を無条件に保障し、更にその保障を一層確実なものとするため、政教分離規定を設けたものであり、これを設けるに当たっては、国家と宗教との完全な分離を理想とし、国家の非宗教性ないし宗教的中立性を確保しようとしたものである」という考え方を前提とすれば、「国家と宗教との完全分離を原則とし、完全分離が不可能であり、かつ、分離に固執すると不合理な結果を招く場合に限って、例外的に国家と宗教とのかかわり合いが憲法上許容されるとすべきもの」と考えられる、という指摘については、私もまた、これが本来筋の通った理論的帰結であると考える。これに対して、これまでの当審判例の多数意見が採用してきた上記の目的効果基準によれば、憲法上の政教分離原則は「国家が宗教とのかかわり合いを持つことを全く許さないとするものではなく、宗教とのかかわり合いをもたらす行為の目的及び効果に鑑み、そのかかわり合いが我が国の社会的・文化的諸条件に照らし相当とされる限度を超える場合に（初めて）これを許さないとするもの」であるということになるが（括弧内は藤田による補足）、このように、いわば原則と例外を逆転させたかにも見える結論を導くについて、従来の多数意見は必ずしも充分な説明をしておらず、そこには論理の飛躍がある、という上記

❷⓼　藤田は、本件と判例①の主任裁判官であった（藤田・最高裁回想録54頁以下）。藤田補足意見は、ⓘ従来の判例法理（とりわけ目的効果基準）の評価と本件の事案の性質をふまえて、多数意見の憲法89条違反の判断について補足説明をする部分、ⓘⓘ藤田の伝統的神道の理解、ⓘⓘⓘ本件神社施設ないしそこでの行事の宗教性について審理が尽くされているかに関する理解から構成されている。このうちⓘの部分については、多数意見がなぜ目的効果基準を用いなかったかを解明する重要な手がかりである。

の尾崎意見の指摘には、首肯できるものがあるように思われる❷⁹。

【41】　ただ、目的効果基準の採用に対するこのような反対意見にあっても、国家と宗教の完全な分離に対する例外が許容されること自体が全く否定されるものではないのであり、また、これらの見解において例外が認められる「完全分離が不可能であり、かつ分離に固執すると不合理な結果を招く場合」に当たるか否かを検討するに際して、目的・効果についての考慮を全くせずして最終的判断を下せるともい切れないように思われるのであって、問題は結局のところ、「そのかかわり合いが我が国の社会的・文化的諸条件に照らし相当とされる限度を超える」か否かの判断に際しての「国家の宗教的中立性」の評価に関する基本的姿勢ないし出発点の如何に懸ることになるともいうことができよう。このように考えるならば、仮に、理論的には上記意見に理由があると考えるとしても、本件において、敢えて目的効果基準の採用それ自体に対しこれを全面的に否定するまでの必要は無いものと考える。但し、ここにいう目的効果基準の具体的な内容あるいはその適用の在り方については、慎重な配慮が必要なのであって、当該事案の内容を十分比較検討することなく、過去における当審判例上の文言を金科玉条として引用し、機械的に結論を導くようなことをしてはならない。こういった見地から、本件において注意しなければならないのは、例えば以下のような点である❸⁰。

【42】　**2**　本件において合憲性が問われているのは、多数意見にも述べられているように、取り立てて宗教外の意義を持つものではない純粋の神道施設につき、地方公共団体が公有地を単純にその敷地として提供しているという事実である。私の見るところ、過去の当審判例上、目的効果基準が機能せしめられてきたのは、問題となる行為等においていわば「宗教性」と「世俗性」とが同居しておりその優劣が微妙であるときに、そのどちらを重視するかの決定に際してであって（例えば、津地鎮祭訴訟、箕面忠魂碑訴訟等は、少なくとも多数意見の判断によれば、正にこのようなケースであった。）、明確に宗教性のみを持った行為につき、更に、それが如何なる目的をもって行われたかが問われる場面においてではなかったということができる（例えば、公的な立場で寺社に参拝あるいは寄進をしながら、それは、専ら国家公安・国民の安全を願う目的によるものであって、当該宗教を特に優遇しようという趣旨からではないから、憲法にいう「宗教的活動」ではない、というような弁明を行うことは、上記目的効果基準の下においても到底許されるものとはいえない。例えば愛媛玉串料訴訟判決は、このことを示すものであるともいえよう。）❸¹。

【43】　本件の場合、原審判決及び多数意見が指摘するとおり、本件における神社施設は、これといった文化財や史跡等としての世俗的意義を有するものではなく、一義的に宗教施設（神道施設）であって、そこで行われる行事もまた宗教的な行事であることは明らかである（五穀豊穣等を祈るというのは、正に神事の目的それ自体であって、これをもって「世俗的目的」とすることは、すなわち「神道は宗教に非ず」というに等しい。）。従って、本件利用提供行為が専ら特定の純粋な宗教施設及び行事（要するに「神社」）を利する結果をもたらしていること自体は、これを否定することができないのであって、地鎮祭における起工式（津地鎮祭訴訟）、忠魂碑の移設のための代替地貸与並びに慰霊祭への出席行為（箕面忠魂碑訴訟）、さらには地蔵像の移設のための市有地提供行為等（大阪地蔵像訴訟）とは、状況が明らかに異なるといわなければならない（これらのケースにおいては、少なくとも多数説は、地鎮祭、忠魂碑、地蔵像等の純粋な宗教性を否定し、何らかの意味での世俗性を認めることから、それぞれ合憲判断をしたものである。）。その意味においては、本件における憲法問題は、本来、目的効果基準の適用の可否が問われる以前の問題であるというべきである❸²。

【44】　**3**　もっとも、原審認定事実等によれば、本件神社は、それ自体としては明らかに純粋な神道施設であると認められるものの、他方において、その外観、日々の宗教的活動の態様等からして、さほど宗教施設としての存在感の大きいものであるわけではなく、それゆえに、市においてもまた、さして憲法上の疑義を抱くこともなく本件利用提供行為を続けてきたのであるし、また、被上告人らが問題提起をするまでは、他の市民の間において殊更にその違憲性が問題視されることも無かった、というのが実態であったようにもうかがわれる。従って、仮にこの点を重視するならば、少なくとも、本件利用提供行為が、直ちに他の宗教あるいはその信者らに対する圧迫ないし脅威となるとまではいえず（現に、例えば、本件氏子集団の役員らはいずれも仏教徒であることが認定されている。）、これをもって敢えて憲法違反を問うまでのことはないのではないかという疑問も抱かれ得るところであろう。そして、全国において少なからず存在すると考えられる公有地上の神社施設につき、かなりの数のものは、正にこれに類似した状況にあるのではないか、とも推測されるのである。このように、本件における固有の問題は、一義的に特定の宗教のための施設であれば（すなわち問題とすべき「世俗性」が認められない以上）地域におけるその存在感がさして大きなものではない（あるいはむしろ希薄ですらある）ような場合であっても、そのような施設に対して行われる地方公共団体の土地利用提供行為をもって、当然に憲法89条違反と言い得るか、という点にあるというべきであろう❸³。

【45】　ところで、上記のような状況は、その教義上排他性の比較的希薄な伝統的神道の特色及び宗教意識の比較的薄い国民性等によってもたらされている面が強いように思われるが、いうまでもなく、政教分離の問題は、対象となる宗教の教義の内容如何とは明確に区別されるべき問題であるし、また、ある宗教を信じあるいは受容している国民の数ないし割合が多いか否かが政教分離の問題と結び付けられるべきものではないことも、明らかであるといわなければならない。憲法89条が、過去の我が国における国家神道下で他宗教が弾圧された現実の体験に鑑み、個々人の信教の自由の保障を全うするため政教分離を制度的に（制度として）保障したとされる趣旨及び経緯を考えるとき、同条の定める政教分離原則に違反するか否かの問題は、必ずしも、問題とされている行為によって個々人の信教の自由が現実に侵害されているか否かの事実によってのみ判断されるべきものではないのであって、多数意見が本件利用提供行為につき「一般人の目から見て、市が特定の宗教に対して特別の便益を提供し、これを援助していると評価されてもやむを得ないものである」と述べるのは、このような意味において正当というべきである。

【46】　**4**　なお、本件において違憲性が問われているのは、直接には、市が公有地上にある本件神社施設を撤去しないという不作為について

---

❷⁹【40】は、愛媛玉串料事件判決〔本書17事件〕の尾崎意見に賛意を示しつつ、原則は分離であり、かかわり合いが許されるのは例外であることを確認している。この理解が【21】の第1文に反映されているとみることも可能だろう。
❸⁰【40】のような理解を前提にしても、なお例外が許容される場面があること、その基準として目的効果基準が有用であることは否定できないことをいう。ただし、それ以上に重要なのは、【41】の末尾で目的効果基準の機械的な適用を戒める部分である。このような理解があるからこそ、目的効果基準に必ずしも拘泥しない事案に即した柔軟な判断基準の定立が可能になっている。
❸¹【42】と【43】では、過去の事案の多くが「宗教性」と「世俗性」が同居したものであったのに対し、本件は宗教性が明らかだとして、事案の性質の違いを強調する。ただし、本件の宗教性が明らかであるという理解には、異論がないわけではない（たとえば、堀籠反対意見の【131】～【135】を参照）。つまり、本件のような「地域の守り神」的な神社については、もはや習俗的・世俗的なものであって宗教性が否定されると考えるべきだという立場も十分にありうる。しかし、そのようなものであっても、宗教性がないとはいえないのではないかという素朴な疑問に加えて、そのようなものにつき、裁判所が宗教性を否定することは、かつての神社非宗教論を復活させるおそれがあるとともに、かえって信教の自由を否定することにつながらないかという問題があろう。なお、堀籠反対意見のような理解は、国家神道と「地域の守り神」的な神社を区別し後者については緩やかに判断するという主張であることについては、近藤補足意見〔69〕以下】も参照。
❸²本件の宗教性が明らかである以上、原則として政教分離原則違反を認めるべきであるから、「目的効果基準の適用の可否以前の問題」である。
❸³【44】と【45】では、本件利用提供行為の「一般人の評価」をどのように考えるかを問題としている。この点、甲斐中ほか共同意見〔100〕以下〕は、「地元住民の一般的な評価」を問題にすべきだと主張する。しかし、藤田補足意見は、このような理解を採用しない。その理由は、「過去の我が国における国家神道下で他宗教が弾圧された現実の体験」を重視するからである。したがって、藤田補足意見（およびそれによって示唆される多数意見）が念頭に置く「一般人」とは、地元住民ではなく、日本国民一般である。

である（当初市が神社施設の存する本件土地を取得したこと自体が違憲であるというならば、その行為自体が無効であって、そもそも本件土地は公有地とは認められないということにもなりかねないが、被上告人（原告）らはこのような主張をするものではない。）。この場合、その不作為を直ちに解消することが期待し得ないような特別の事情（例えば、施設の撤去自体が他方で信教の自由に極めて重大な打撃を与える結果となることが見込まれるとか、敷地の民有化に向け可能な限りの努力をしてきたものの、歴史的経緯等種々の原因から未だ成功していない等々の事情が考えられようか。）がある場合に、現に公有地上に神社施設が存在するという事実が残っていること自体をもって直ちに違憲というべきか否かは、なお検討の余地がある問題であるといえなくもなかろう。しかし、本件において、上告人（被告）はこのような特別の事情の存在については一切主張・立証するところがなく、むしろ、そういった事情の存在の有無を問うまでもなく本件利用提供行為は合憲であるとの前提に立っていることは明らかであるから、この点については、原審の釈明義務違反を問うまでもなく、多数意見のように、本件利用提供行為が憲法89条に違反すると判断されるのもやむを得ないところといわなければならない❸❹。

裁判官田原睦夫の補足意見は、次のとおりである❸❺。

【47】私は、多数意見に賛成するものであるが、憲法における政教分離の原則及び本件におけるその適用並びに行政事件訴訟手続と弁論主義との関係について、若干の補足意見を述べる。

1 憲法における政教分離原則について

【48】信教の自由は、基本的人権の根幹をなす精神的自由の中核であり、近代民主主義国家における普遍的権利として、各国の憲法において保障されている。

【49】憲法20条1項前段は、「信教の自由は、何人に対してもこれを保障する。」と規定して、信教の自由を無条件で保障しているが、憲法は、それに加えて同項後段において、宗教団体に対する特権の付与及び宗教団体の政治上の権力行使の禁止を、2項において、宗教上の行為等に関する参加の強制の禁止を、3項では、国及びその機関の宗教的活動の禁止を定め、また、89条において、宗教上の組織、団体に対する公金その他の公の財産の支出、利用の提供を禁じている。

【50】憲法が、単に「信教の自由の保障」に止まらず、宗教との関係における政治的権力の行使の禁止及び財政支援の禁止をも定め、政教分離原則を徹底する規定を置いたのは、大日本帝国憲法28条が、「日本臣民ハ安寧秩序ヲ妨ケス及臣民タルノ義務ニ背カサル限ニ於テ信教ノ自由ヲ有ス」と定めて、信教の自由を保障しながら、神社神道につき財政的支援を含めて事実上国教の取扱いをなし、それに相反する活動をしていると治安当局が認めた多数の宗教団体に対しては厳しい取締り、禁圧が加えられたという、歴史的背景によるものである（最高裁昭和46年（行ツ）第69号同52年7月13日大法廷判決、民集31巻4号533頁における藤林益三、吉田豊、団藤重光、服部高顯、環昌一各裁判官の反対意見の一項参照）。信教の自由に関する憲法の上記各条項及びその制定に至る歴史的背景を踏まえるならば、政教分離原則は、本来、厳格に適用されてしかるべきであると考える（同判決における上記藤林益三裁判官外4名の反対意見及び最高裁平成4年（行ツ）第156号同9年4月2日大法廷判決、民集51巻4号1673頁における高橋久子、尾崎行信各裁判官の意見参照）。

【51】ところで、政教分離原則の適用について上記のような見解に立っても、雛祭や七夕祭、地域の盆踊りの如く、巷間行われる行事等が宗教的な起源を有してはいるものの、今日では宗教的な要素がほとんどなく、地域の習俗、年中行事として行われているような場合にまでその原則が適用されるものでないことはいうまでもない❸❻。

【52】また、国家（地方公共団体を含む。以下「国家等」という。）と宗教との関わり合いについては、国家等が、宗教上の行事等への参加や宗教団体への財政的な出捐等の行為を含む何らかの積極的な関与をなす場合と、国家等が所有する土地や施設に、歴史的な経緯等から宗教的な施設等が存置されているのを除去しないという不作為を含む消極的な関与に止まるにすぎない場合とでは、政教分離原則の位置づけは、自ら異ならざるを得ないと考える。

【53】即ち、前者においては、それが国家等の意思の発現たる性質が顕著であり、国民の精神的自由に対して直接的な影響を及ぼし得るものであるとともに、その社会的影響も大きいことからして、政教分離原則は厳格に適用されるべきである。

【54】ところが後者の場合、例えば、路傍の道祖神や地蔵尊等の如く、今日では宗教的な意義が稀薄となり、習俗として存置されたままになっているものや、設置主体や管理主体も定かでない祠等のようなものが設けられているのを除去することなく放置していたとしても、そのことが国家等と宗教との関係において、社会的に何らかの影響をもたらすとは認め難い。また、多数意見にて指摘するとおり、明治初期の上知（上地）令等により、社寺等の所有地が官有地に編入された結果、国有地等が無償で社寺等の敷地に供される状態になっていたところ、戦後、国有地につき「社寺等に無償で貸し付けてある国有財産の処分に関する法律」（昭和22年法律第53号。以下「処分法」という。）が公布されて、それらの土地を社寺等に譲渡することとされ、また、公有地についても同法と同様に、譲渡等の処分をすべきものとする通達（「社寺等宗教団体の使用に供している地方公共団体有財産の処分に関すること」（昭和22年4月2日内務文部次官通牒発宗第24号地方長官宛））が発出されて、その処分が進められた。そして、同法や同通達において定められた処分等の申請期間経過後も、同法や同通達に定められた措置が事実上執られてきたものの、なお、今日まで同法や同通達による措置が執られることなく国公有地が社寺等の敷地として供されたままの状態となっている事例が少なからず存するところ、国家等がかかる状態の解消を積極的に図らないとの一事をもって、政教分離原則に違反し違憲であると解するのは妥当ではない。

【55】ところで、本件各土地は、次項に述べるように処分法の適用対象ではなく、また、砂川市の前身たる砂川町が本件土地1及び4を、祠等の境内地として無償で使用させるとの負担付で寄附を受け容れたこと自体が憲法に違反するものであって、本来その寄附を受け容れた行為は、無効であったというべきものである。そして、昭和45年には、市は、Eらから市に寄附された本件土地3を含む本件1、3及び4の各土地を、地域の集会場であるとともに、本件祠を収容する建物として新築された本件建物の敷地の一部として無償で使用することを認め、さらに平成6年には、本件建物の敷地の一部に供されていた本件土地2及び5を改良区から有償で取得した上で、引き続き本件建物の敷地として無償で使用することを認めたのであり、かかる状況が原審口頭弁論終結時まで継続しているのである。

【56】本件各土地に関する市の上記対応は、本件氏子集団を包摂する本件町内会に対して積極的に財産上の支援を行うと共に、原審口頭弁論終結時にも引き続きその支援を継続しているものと評価せざるを得ないのであって、憲法89条、20条1項後段に違反するものというべきである❸❼。

2 市の本件土地1及び4の所有権取得の経緯について

【57】本件神社は、原判決の認定及び本件記録によれば、明治30

---

❸❹ 甲斐中ほか共同意見は、多数意見の判断基準を前提としつつ、そこに示された諸要素につき審理が尽くされていないと指摘する（【87】以下）。【46】は、【45】で否定した以外の要素に関して審理が尽くされているとみる理由を説明するものである。

❸❺ 田原補足意見は、①政教分離原則の理解、②本件への適用、③怠る事実の違法確認と弁論主義との関係から構成されている。

❸❻【51】から【54】では、政教分離原則の厳格な適用（【51】）を基調としつつ、宗教的な起源を有するものの、習俗化したものについてはその適用がないこと（【52】）、消極的な不作為行為の場合は必ずしも厳格に解すべきではないこと（【53】）を論じ、【53】の具体例として【54】が示される。これは、地方公共団体の土地上に神社施設が現存する例が無数にあることが指摘され、それらがすべて違憲となるのであれば、地域社会のあり方の根幹に影響を与えることは必至だと主張する上告理由への応答とも理解できる。

❸❼ 【51】から【54】までの理解をふまえてもなお、本件利用提供行為が違憲だという理解

年に地元住民らが、神社創設発願者として、本件小学校（S小学校）付近の3120坪の土地について、北海道庁に土地御貸下願を提出して認められ、同所に神社の施設を建立し、同年9月に天照大神の分霊が祀られて鎮座祭が行われたというのであるから、その時点において、神社神道の神社としての実態を有していたものと認められる。また、その維持管理には、住民の有志団体であるS青年会が当たっていたとされているが、その当時、神道の諸行事がどのように執り行われていたのかは、本件記録上明らかではない。❸

【58】 社寺等の境内地を含む所有地は、明治初年に前記のとおり上知（上地）令等により原則として国公有地化されていたが、憲法の定める政教分離原則を貫徹させる趣旨から、昭和22年4月12日には前記の処分法が公布され、また、同法の制定に伴い、前記通達が発令されているところ、本件神社の従前の敷地は、同通達によれば、「現に無償で社寺等に貸付しているもの」として、「随意契約によって時価の半額で売払うべき土地」に該当していたものであり、その敷地の所有者たる北海道から当時の本件神社の管理主体に対して売り払われるべき土地であった（もっとも、その時点における本件神社の管理主体の実態は記録上明らかではないが、権利能力なき社団としての実体を有していれば、その社団に対して、単なる民法上の組合としての実体しか存しない場合には、その組合に対して、売り渡されることとなる。）。

【59】 ところが、本件神社の上記敷地は、当時の本件神社の管理主体に売り渡されることがないまま、昭和23年頃、本件小学校の拡張工事に伴い、Dが、同22年に自作農創設特別措置法によって売渡しを受けたばかりの本件土地1及び4を本件神社移転地として提供し、同地に本件神社が移設された（本件神社の管理主体とDとの間で、本件土地1及び4に関してどのような契約関係が存したかは本件記録上明らかではないが、使用貸借関係であったものと推察される。）。その結果、本件神社と北海道との直接の関係は途絶えるに至り、また、その移設に伴って本件神社と砂川町との間においても、法的な意味において何らかの関係が生じることもなかった。

【60】 ところで、上記のとおり本件土地1及び4に本件神社が移転してから5年余を経過した昭和28年になって、Dは、固定資産税の負担を免れるために、本件神社の境内地（本件土地1及び4、地目は当時境内地に変更済であったが、何時の時点で地目の変更がされたのかは、本件記録上明らかではない。）として引き続き使用することを前提に砂川町に寄附を申入れ、同町は、同年3月、町議会で、本件土地1及び4の採納の議決並びに同土地を無償で本件神社の境内地として使用させるとの議決をし、同町は、同月29日上記各土地の所有権を取得し、同土地を引き続き無償にて本件神社の敷地として利用させるに至った。

【61】 しかし、本件土地1及び4に係る固定資産税は、所有者たるDが負担すべきものであり、同人がその経済的負担を免れたいと欲するならば、それは、その敷地を利用している本件神社の管理主体に転嫁すべきものであって、その転嫁を避けるために、砂川町が同人から同土地の寄附を受け容れ、引き続き本件神社の敷地として無償で利用させることは、実質的に本件神社の管理主体を経済的に支援するために、上記寄附を受け容れたものと認めざるを得ず、それは憲法20条1項後段及び89条に違反するものとして無効であると評さざるを得ないものである。

【62】 なお、Dが本件土地1及び4に係る固定資産税を免れるには、本件神社において宗教法人法（昭和26年4月に施行）に基づいて宗教法人として認証を受け、同法人に同土地を寄附すれば、同土地は境内地として固定資産税が賦課されないのである（当時の地方税法348条2項2号）。宗教法人法は、宗教団体の組織の透明化や財産の管理関係の明確化を図るべく制定されたものであり、同法施行当時は、その立法趣旨を踏まえて、比較的緩やかな審査でその認証をするとの運用がなされていたのであるから、本件神社を管理する氏子集団においても、本件神社につき宗教法人化を図る方法も存したと推察されるが、本件記録上そのような手続が採られた形跡は窺えない。また、本件神社につき独立の宗教法人としての設立が困難であったとしても、本件土地1及び4の固定資産税を免れるという意図を実現するには、本件神社を、今日でも本件神社の氏子集団と密接な関係が存すると認められる宗教法人A神社の分社とし、その境内地として、Dが同神社に寄附するとの方法もあり得るのである。このように本件土地1及び4に係る固定資産税の賦課を免れるべき正規の手続が他に存したにもかかわらず、それらの手続が何ら採られることのないまま、Dから本件神社の境内地として同土地の寄附を採納した砂川町の行為は、憲法の定める政教分離原則に明白に違反するものであって、到底是認できるものではない。もっとも、本件土地1及び4の寄附の採納は上記のとおり無効と解さざるを得ないものであるが、その採納後既に50年余を経過し、その間、同土地の所有権の帰属につき争いが生じたことはない事情の下において、関係者が現時点において寄附の採納の無効を主張することは、信義則上許されないばかりか、市において時効取得を主張し得ることが明白であるから、同土地の寄附の採納が有効か否かは、本件請求との関係で直接の影響を及ぼすものではない。

【63】 しかし、市が同土地の所有権を取得した経緯は、上告人において、本件「財産の管理を怠る事実」を解消する方法について多数意見が指摘する裁量権を行使する上で、考慮すべき事情の一つに該当するものである。

3 怠る事実の違法確認と弁論主義との関係について

【64】 一般に行政事件訴訟にも弁論主義の適用があると解されている（行政事件訴訟法7条参照）。しかし、行政事件訴訟法は、弁論主義とは本来相容れない職権証拠調べの規定（同法24条。同条は、同法43条3項、41条1項により住民訴訟にも準用されている。）を定めているところ、同規定は、行政事件訴訟の判決が対世効を有すること等、行政事件訴訟の結果が公益に影響するところが少なくないという特質から、弁論主義に委ねたのでは裁判所が適切な判断をなすことが困難な場合に対応すべく、弁論主義を補完するものとして定められたものと解されている。そして、事実審において、その審理の経緯等からして明らかに職権証拠調べがなされるべき事案において、それがなされず、かつ、その結果が判決に影響を及ぼすと認められる場合には、当該審理は審理不尽の違法があるとの評価を受けざるを得ないものというべきである。❸

【65】 上記の弁論主義の例外として位置づけられる職権証拠調べについての考え方は、直接の規定は存しないものの、主張責任についても妥当すると考えられる。即ち、上記のとおり行政事件訴訟は、その判決が対世効を有する等、その結果が広く公益に影響するところが少なくないという特質を有している。殊に、処分が取り消されるか否かの結果が多数の利害関係人の利害に直接、間接の影響を及ぼし得る種類の抗告訴訟や、訴訟の結果が広く住民全体の利害に繋がる住民訴訟等においては、その公益との関連性は顕著である。かかる訴訟において、当該事案の性質上、当然に主張されてしかるべき事実を当事者が主張せず、かつ、その主張の欠如が判決に影響を及ぼし得る場合には、裁判所は積極的に釈明をなすべき責務を負うものと解される。そして、事実審において、その審理の経緯等からして、裁判所が釈明をなすべき事案において、それがなされず、か

を示すものである。その理由として、「本件氏子集団を包摂する本件町内会に対して積極的に財産上の支援を行うと共に、原審口頭弁論終結時にも引き続きその支援を継続している」ことが挙げられている。つまり、Yは、消極的な不作為をしているのではなく、積極的な作為をしているのだというのが田原裁判官の理解である。その意味で、田原裁判官は【54】のような場合と本件とを区別している。ただし、その結果として特有の問題の処理が迫られることについて、【57】以下を参照。

❸ 【57】から【62】では、本件の経緯が振り返られ、市の積極的な作為の起点として、昭和28年の土地の採納を挙げ、それが政教分離原則違反だと指摘される。田原補足意見によれば、市による政教分離原則違反は、昭和28年の土地採納という積極的な作為から継続していることになるが、しかし、このような理解は大きな問題に直面する。というのも、もし昭和28年の土地採納が違憲無効だということになれば、そもそも本件土地が市有財産であることを前提とする本件請求の理由がなくなってしまうからである（判解①44頁）。【62】の末尾の一文はこの問題に応答しようとするものである。

❸ 【64】から【68】は、多数意見の第3が検討した問題に対応するものである。今井

つ、その釈明権の不行使が判決に影響を及ぼす虞があると認められる場合には、前述の職権証拠調べの欠如の場合と同様、当該審理は審理不尽の違法があるとの評価を受けることになるものというべきである。

[66] ところで、地方自治法242条の2第1項3号の「財産の管理を怠る事実の違法確認」請求訴訟においては、怠る事実の違法性を解消する手段が一義的に明白な場合と、種々な方法があって、どの方法を採用するかは行政機関の裁量に委ねられている場合とがある。後者の場合に、抽象的に「財産の管理を怠る事実が違法である」との確認請求は認められず、原告は「違法な怠る事実」を具体的に特定することが必要であると解されている。そして、当該訴訟においては、原告の主張する「違法な怠る事実」と、違法状態を解消するための種々な方法に関する行政機関の裁量権の行使の違法性が問われることとなるが、その場合に弁論主義が何処まで適用されるかが問題となる。

[67] 例えば、違法性を解消する手段として、A、B、Cと3種の方法が論理的にあり得るときに、原告がAを主張し、裁判所は、立証内容を踏まえると、行政機関の裁量を前提としてもBの方法を採らないことは違法となると考えるが、それは、Aの請求の一部容認としては認めることができず、他方、Cも抗弁として成立し得るとの心証を抱いている場合に、裁判所として釈明権を行使して原告にBの主張を促し、また、被告にCの抗弁の主張を促すべき責務が存し得るかという問題である。

[68] 本件は正にそのような問題が問われている事案であって、私は、前記のような考えにより、本件において原審がかかる釈明権を適切に行使しなかったのは、審理不尽の違法を犯したものといわざるを得ないと考える。

裁判官近藤崇晴の補足意見は、次のとおりである❹。

[69] 私は、多数意見に同調するものであるが、堀籠裁判官の反対意見及び今井裁判官の反対意見にかんがみ、若干の補足をしたい。

1 本件利用提供行為の憲法適合性

[70] 憲法20条1項後段及び3項並びに89条の規定する政教分離原則が目的としているのは、国（又は地方公共団体。以下同じ。）が特定の宗教を優遇することによって他の宗教の信者や無宗教の者の積極的・消極的信教の自由を損なうことがないように制度的に保障することであり、ひいては、国が特定の宗教と結び付くことによりその力を政治的に利用することを未然に防止することであると考えられる。したがって、憲法が政教分離原則において本来的に想定しているのは、国によって政治的に利用される危険性のある宗教であり、典型的にはかつての国家神道がこれに当たる。その他、既成の大宗教に属する有力な教団や信者に対する支配力の強い有力な新宗教など、信者に対する精神的、経済的な支配力の強い宗教が潜在的にその危険性を帯びているであろう❹。

[71] 神社神道の神社は、全国に10万社以上存在するといわれる。本件のS神社は、その一つであるが、砂川市のS地区というごく限られた地域に居住する住民に包摂される本件氏子集団によって信仰の対象とされている氏神神社であり、鳥居はあっても独立した社殿もない小規模な神社である。本件神社が神社本庁とF神社庁の傘下にあるであろうことを考慮してみても、信者に対する精神的、経済的な支配力の強い宗教であるとは、到底評価し得ないであろう。堀籠裁判官の反対意見は、本件神社や本件神社物件の宗教性は希薄であるとして、市による本件利用提供行為は、いわゆる目的効果基準に照らしても政教分離原則に反するとはいえないとするものであり、実質論としては理解し得ないものではない。

[72] しかしながら、上記のような弊害を生ずる危険性の大小によって違憲か合憲かの線引きをすることは、困難であり、適切でもない。憲法の趣旨は、国が特定の宗教を優遇することを一切禁止する（ただし、多数意見が説示するように、宗教施設たる建造物を歴史的文化財として保護の対象としたり、観光資源として扱ったりすることは別論である。）というものであり、そのように厳格な宗教的中立性を要求しても、国にとっては、違憲状態を解消する過程で多少の困難を伴うことはあっても、政教が分離されている状態自体が不都合なものであるとは考えられないからである。

[73] 本件利用提供行為も、多数意見が説示するように、その直接の効果として、本件氏子集団が本件神社を利用した宗教的活動を行うことを容易にさせているものといわざるを得ないのであって、上記のような弊害を生ずる現実の危険性がいかに乏しいとしても、憲法89条及び20条1項後段に抵触し、違憲であると評価せざるを得ないのである。

2 本件における違憲状態解消の手段方法

[74] 本件訴訟は、市有地が無償で神社関連施設の敷地としての利用に供されていることが違憲であるとして、上告人が本件町内会に対して鳥居、地神宮等の神社施設の撤去及び土地明渡しを請求しないことが違法に財産の管理を怠るものであるとして、地方自治法242条の2第1項3号に基づき上記怠る事実の違法確認を求める住民訴訟である。

[75] 本件利用提供行為が違憲であるとした場合に、これを解消する方法にはこの撤去等の請求しかないのであれば、被上告人らの上記確認請求は認容すべきものであり、本件上告は棄却すべきであるということになろう。

[76] しかし、多数意見が説示するように、違憲状態を解消するためには、それ以外にも、本件各土地の譲与その他の適切な手段があり得る。しかも、本件利用提供行為に至る経緯や「社寺等に無償で貸し付けてある国有財産の処分に関する法律」の趣旨を考えれば、譲与等の方が本件によりふさわしい方法であるとも考えられる。そして、違憲状態を解消する方法が上記撤去等の請求だけではないとすれば、これを怠ることが直ちに違法であるということにはならず、被上告人らの上記確認請求は棄却すべきであるということになる❷。

[77] もう一つ考慮すべきことは、被上告人らの求める「鳥居、地神宮等の神社施設の撤去」には、S神社の氏子（信者）の信教の自由を侵害するという側面があるということである。撤去によって同神社の神社施設が滅失する、あるいは遠隔地に移転するということになれ

反対意見は、違憲状態解消のその他の方法があることにつき、Y側に立証責任がある（抗弁説）の立場から、その立証が果たせていない以上、Yの上告を棄却すべきだというこれに対して、多数意見は、この立証責任の問題には触れずに、原審に釈明権行使を怠る違法があったという。その理由は、①その他の手段の存在が、当事者の主張の有無にかかわらず明らかであり、②原審は、本件と並行して審理されていた富平神社訴訟（判例③）を通じて、本件においてもそのような他の手段が存在する可能性があり、上告人にこうした手段を講ずる職務上知っていたことを挙げている（[34]）。さらに、近藤補足意見（[76]〜[79]）では、このような多数意見の理由づけに加えて、氏子集団の信教の自由への配慮の必要性を挙げる。この点についても、多数意見は、釈明権行使を怠る違法を認める直接の理由とはしていないものの、Yの裁量権行使の際の重要な考慮要素の一つとしている。田原補足意見は、多数意見および近藤補足意見同様、抗弁説に立ってYの上告を棄却すべきだと主張するものではなく、原審に釈明権行使を怠る違法があったことを認めるものではあるが、その理由づけは、多数意見または近藤補足意見と同じではない。田原補足意見によれば、その理由は、行政事件訴訟は、その判決が対世効を有する等、その結果が広く公益に影響するところが少なくないという特質があり、特に住民訴訟は公益性が高いところ、事案の性質上、当然に主張されてしかるべき事実を当事者が主張せず、かつ、その

主張の欠如が判決に影響を及ぼしうる場合には、裁判所は積極的に釈明をなすべき責務を負うと解されるからだというものである。

❹ 近藤補足意見は、本件利用提供行為の憲法適合性と違憲状態解消の方法について補足する。

❹ [70]から[73]は、政教分離原則の理解が示されている。まず、[70]で、政教分離原則が念頭に置いているのは、「国によって政治的に利用される危険性のある宗教」であり、「典型的にはかつての国家神道」や、「その他、既成の大宗教に属する有力な教団や信者に対する支配力の強い有力な新宗教など、信者に対する精神的、経済的な支配力の強い宗教」だとされているのが印象的である。この理屈からすると、これらと国とのかかわり合いは基準はともかくとして、違憲の疑いが濃く慎重な判断が求められることになろう。しかし、実際に、そのような線引きが可能か、可能だとして妥当かは議論がありうるだろう。もちろん、近藤裁判官もこの点には自覚的だと思われるところであり、憲法はそのような中であえて厳格な中立性を要求したと解することも仕方がないという（[71][72]）。しかし、このような理解は、政教分離のために信教の自由が犠牲になってもやむをえないという理解につながるのではないかという疑いがわく。

ば、氏子（信者）は、同神社において参拝等の宗教行為を行うことが不可能ないし著しく困難となる。これは、同神社の氏子（信者）らの信教の自由を侵害するものであるというべきである。

[78] すなわち、撤去等の請求は、政教分離を実現しようとする結果、憲法20条1項前段の保障する信教の自由を侵害することになりかねないということである。これに対し、上記の譲与等の手段によるならば、氏子（信者）の信教の自由を侵害するおそれはなく、適切な結果を得ることができる。

[79] 本件訴訟において、上告人は、違憲状態を解消するために上記撤去等の請求以外に手段があるという主張をしていなかったのであるが、他に手段があり得ることは、当事者の主張を待つまでもなく明らかであり、しかも、それは氏子（信者）の信教の自由を侵害するおそれのない方法である。したがって、裁判所としては、当事者の主張がなくても、釈明権を行使するなどしてこの点を検討する必要があったというべきである。

[80] 他に手段方法があるかどうかの立証責任については、今井裁判官の反対意見で指摘されるように、他に手段方法がないことが請求原因であるとする請求原因説と、他に手段方法があることが抗弁であるとする抗弁説とが考えられる。私は、この点については両説あり得るところであって、抗弁説が唯一の帰結であるとまでは考えないが、抗弁説の立場に立ったとしても、裁判所としては、当事者の主張がなくても、釈明権を行使するなどしてこの点を検討すべきであったと考える。当然予想される抗弁の根拠事実について証拠が十分でない場合には、裁判所が釈明権を行使することが相当であることが少なくないのであって、殊に、本件のように、裁判所が適切に釈明権を行使しないことによって、訴訟当事者ではない氏子（信者）の信教の自由を侵害する危険性を生ずる場合には、裁判所に釈明権の行使を怠った違法があると解すべきだからである。

[81] そして、本件において、撤去等の請求以外に現実に実行可能である手段方法があり、上告人にこれを排除するつもりがないかどうかについては、判断材料が十分でないから、更に審理を尽くさせるために本件を原審に差し戻すことが相当である。

[82] 私は、このように考えて、多数意見に同調するものである。

裁判官甲斐中辰夫、同中川了滋、同古田佑紀、同竹内行夫の意見は、次のとおりである㊷。

[83] 私たちは、多数意見と結論を同じくするが、多数意見のうち第2の2（本件利用提供行為の憲法適合性）については賛成することができず、本件利用提供行為の憲法適合性を判断するための事情について更に審理を尽くさせる必要があると考えるものである。

[84] 1 多数意見は、第2の1憲法判断の枠組みにおいて、国家と宗教のかかわり合いについて一般的判断を示した上で、国公有地の宗教的施設に対する無償による利用提供行為が相当とされる限度を超えて憲法89条に違反するか否かの判断に当たって、「当該宗教的施設の性格、当該土地が無償で当該施設の敷地としての用に供されるに至った経緯、当該無償提供の態様、これらに対する一般人の評価等、諸般の事情を考慮し、社会通念に照らして総合的に判断すべきものと解するのが相当である。」との具体的な判断基準を示している。

[85] 多数意見のこのような考え方については、私たちも基本的に賛成する。

[86] ただし、本件の憲法適合性を検討するに当たり、以下の点を指摘しておきたい。

[87] 多数意見も自ら述べるとおり、本件利用提供行為の憲法89条適合性を具体的に判断するに当たっては、「諸般の事情を考慮し、社会通念に照らして総合的に判断すべきもの」である。特に、本件のように明治以来、地域社会と密接な関係を持って、存続し引き継がれてきた宗教的施設については、過去の沿革・経緯、宗教的施設の性格、土地利用の具体的態様、運営主体の性格、地域住民の認識や一般人の評価などを、外形のみならず実態に即して、文字どおり総合的に判断する必要がある。この点で、原判決は、本件神社物件やそこでの行事が宗教性を有するとする部分については、具体的かつ詳細な事実を認定しているが、過去の経緯、土地利用の具体的態様、運営主体の性格、地域住民の認識や一般人の評価などについては、部分的又は抽象的な認定にとどまっている。多数意見も原判決のような一面的な確定事実を基礎として、本件利用提供行為が違憲であるとの判断をしているが、結果として本来の意味での総合的判断がされていないきらいがある。

[88] 本件利用提供行為の憲法89条適合性を正しく判断するには、何よりも判断に必要な諸般の事情を全体的に認定した上で、総合的に判断することが必要である。

[89] 2 そこで、多数意見が依拠し原判決が認定した憲法判断に必要な諸般の事情について、審理を尽くして過不足なく全体的に認定しているかを順次検討する。

[90] (1) 本件利用提供行為のうち最も重要なのは、本件祠が設置されている地域の集会場等であるS会館（本件建物）に対する本件土地1、2の敷地としての無償提供行為である。

[91] 本件祠が、その他の神社物件と共に宗教的性格を有することは否定できないが、本件建物に対する市有地の利用提供行為の憲法適合性を判断するのであれば、本件建物全体の利用実態や構造などを明らかにした上で判断すべきである。本件建物は、もともと地域コミュニティーの融和を図るために新築されたものであって、実際にも地域住民の親睦活動に利用されていることは明らかであるが、さらに、上告人は、本件建物は町内会館であって、本件建物内部の構造は、集会場等地域のコミュニティーセンターとしての利用に供するように造られていて、本件祠が設置されている部分は、そのごく一部であり（本件建物の概略図によれば、その建築面積の20分の1程度）、日常的には、その扉は閉ざされたままで、参拝する者は皆無であることや、本件建物の利用状況も、その大半は英語などの学習教室や、老人クラブなどの町内会の親睦等に利用され、年間利用実績355回のうち神社の行事として利用されているのは、2%足らずの7回程度にすぎないことを主張立証している。このような本件建物の構造や利用状況を踏まえると、本件建物に対する市有地の利用提供の意味も、単なる宗教的施設に利用提供する場合とはおのずから異なってくるのであって、それが特定の宗教に対する特別の便宜の提供や援助に当たるか否かについての判断や一般人の評価にも影響を与えることは明らかである。

[92] 一般に、地方の公民館などはその沿革からその一部に宗教的物件が置かれていることもまれではないが、仮にそのような公民館等に公有地を無償貸与したとしても、公民館等の構造や利用状況が全体として公民館等として構築され利用されているのであれば、これを取立てて特定の宗教に対する特別の便宜の供与や援助に当たるとまでは、当事者はもとより一般人も考えないとみるのが常識的な見方であろう。

㊷ [76] から [79] は、原審が釈明権行使を怠ったという多数意見の説示（[34]）を補足するものである。多数意見は [34] で原審が釈明権を行使すべきであった理由として、①違憲性解消のための他の手段がありうることが明らかであること、②並行審理されていた富平神社訴訟（判例③）から、裁判所も他の手段が存在することを知りえたことを挙げている。しかも、多数意見は [33] で、Xが求める違憲状態解消の方法が氏子集団の信教の自由を脅かす旨を指摘していたにとどまるところ、[77] から [79] では、他の手段の方が氏子集団の信教の自由に資することを正面から認め、さらに、「裁判所が適切に釈明権を行使しないことによって、訴訟当事者ではない氏子（信者）の信教の自由を侵害する危険性を生ずる場合には、裁判所に釈明権の行使を怠った違法があると解すべき」とまで言い切る。事実審が積極的釈明を怠ったことが原判決破棄の理由となるかについて考量されるべき視点については、[34] で説明したように様々なものがあるが、ここに基本権への配慮が加わるとすれば、基本権とりわけ信教の自由の新たな側面を見出すことも可能であるように思われる。

㊸ 甲斐中ほか共同意見は、本件利用提供行為の憲法適合性についても審理が尽くされていないので、原審に差し戻すべきだと主張している。その指摘は細部にまでわたるが、総じて、地元の理解を基礎に、神社施設やそこで行われている実態を丁寧に検討すべきだという主張であるといえる。これに対して、多数意見が国民一般の見地から判断しているであろうこと、それが政教分離原則の理解に基づくのであろうことは、藤田補足意見（[44] [45]）を参照。

[93] 原判決は、本件建物の利用状況や構造などについて、そのごく一部である本件祠や神社としての利用については、具体的かつ詳細な事実認定をしているが、建物全体の利用状況等については、上告人の主張にかかわらず具体的な認定をしようとしておらず、総合的な判断をするための審理が尽くされていない。

[94] (2) 原判決及び多数意見は、本件神社物件の敷地である本件土地1、3及び4が地元住民からの寄附により町有地となったという経緯は認定しているが、寄附受入れ当時神社物件が存在した本件土地1及び4は、地元住民である所有者Dが「固定資産税の負担を解消するため」寄附願出をし、町は神社施設のために無償で使用させることとし、寄附を受け入れたとしている。

[95] しかしながら、本件土地1及び4は、もともと小学校を増築するために当時神社施設のあった隣地が町において必要となり、Dがその所有する土地を移転用地として提供したものである。さらに、上告人の主張によれば、本件土地1及び4を町に寄附する際、Dは同時に学校用地として1229平方メートルの土地を寄附しているのであり、これらを併せ考えると、本件土地1及び4の寄附はそれのみを切り離して評価することは相当でなく、町としては、私財をなげうって町の公教育の充実に協力した町民との間の良好な関係を維持する必要があり、かつ町にとってもこれらの土地の寄附受入れは、将来にわたって大きな利益をもたらすものであった(原判決等は認定していないが、現にDの寄附した土地は小学校用地として利用され、本件土地4は、その後開拓を記念する市有施設の敷地として利用されていることがうかがわれる。)からこそ寄附を受け入れたと見るべきであろう。

[96] このような寄附受入れの経緯や寄附された土地の利用状況は、寄附を受けた土地の一部を既存の神社施設へ引き続き使用を認めたことが特定宗教に対する特別の便宜供与等に該当するかや、それを一般人がどう評価するかを判断する上で重要な事実であり、これを全体的に認定しなければ、総合的な判断はできない。原判決はこの点においても審理を尽くしていない。

[97] (3) 次に、本件神社の運営についてみると、多数意見も、S神社には神職はおらず、付近住民らで構成される氏子集団により管理運営されているものの氏子の範囲も明確でなく、規約等も存在せず、祭事は年3回行われているにすぎないことは、認めているところである。さらに、上告人は、氏子総代世話役等の神社運営に携わっている者の中で神道を信仰しているものは皆無であるし、これらの者は、町内会に役員として参加するのと同様の世俗的意味で氏子集団に参加し、先祖から慣習的に引き継がれている行事に関与しているにすぎず、そこに宗教的意義、宗教的目的を見いだしている者はいないと主張する。本件神社の氏子集団の性格や活動がこのようなものであるとすれば、そのことは、本件神社施設の宗教性を判断するに当たって考慮すべきことであると考えられるところ、この点についても原判決が十分な審理を尽くしたとはいえない。

[98] (4) 原判決及び多数意見は、本件利用提供行為が、一般人の目から見て、市が特定の宗教に対して特別の便益を提供し、これを援助していると評価されてもやむを得ないとし、これを違憲判断の理由としている。

[99] しかし、本件のように北海道の農村地帯に存在し、専ら地元住民が自らの手で維持、管理してきたもので、地元住民以外に知る人が少ない宗教的施設に対する公有地の利用提供行為についての一般人の評価を検討するのであれば、まず、当該宗教施設が存在する地元住民の一般的な評価を検討しなければならないところ、これを検討した形跡はない。

[100] 本件証拠によっても、被上告人らによる本件監査請求以前に、住民らが本件利用提供行為の憲法適合性について問題提起したり、市議会において採り上げられたという事情はうかがわれず、かえって被上告人らを除く地元住民においては、本件神社が、開拓者である先祖の思いを伝承するものであることを超えて、神道を具現、普及するようなものとは受け止めておらず、本件利用提供行為に特段憲法上の問題はないとの理解が一般的ではないかと思われる。このような点についての検討をしないで、一般人の評価を抽象的に観念して憲法判断の理由とすることは、審理不尽といわざるを得ない。

[101] 3 以上のとおり、原審は、憲法判断に必要な諸般の事情について審理を尽くしておらず、2で指摘した点について正しく認定判断がされたとすれば、多数意見の判断とは異なり、本件利用提供行為を合憲と判断することもあり得たものと考える。

[102] したがって、原判決を破棄し、本件利用提供行為の憲法適合性を判断するための事情について更に審理を尽くさせるため、本件を原審に差し戻すべきものと考える。

裁判官今井功の反対意見は、次のとおりである❹。

[103] 私は、砂川市がその所有する本件土地を本件神社物件のために無償で使用させている本件利用提供行為が憲法89条の禁止する公の財産の利用提供に当たり、ひいては憲法20条1項後段の禁止する宗教団体に対する特権の付与にも該当して違憲であるとする多数意見の判示第2に全面的に賛成するものであるが、多数意見が判示第3において、原判決を破棄し、本件を原審に差し戻すべきものとする点については賛成することができず、本件上告を棄却すべきものと考える。その理由は以下のとおりである。

[104] 1 本件は、砂川市の本件利用提供行為が違憲であるにもかかわらず、砂川市の市長である上告人が本件利用提供行為に係る使用貸借契約を解除して本件神社物件の撤去及び土地明渡しを請求しないことが違法に財産の管理を怠るものであるとして、市の住民である被上告人らが、本件怠る事実が違法であることの確認を求める住民訴訟である。

[105] 原審は、本件利用提供行為が違憲であるとした上、上告人が町内会に対して本件神社物件の撤去請求を怠る事実が違法であることを確認する限度で、被上告人らの請求を認容した。

[106] 多数意見は、本件利用提供行為が違憲であると判断したが、違憲状態(市の所有土地上に本件神社物件が存在する状態)を解消する手段としては、本件神社物件を撤去し、土地を明け渡すことが唯一の手段ではなく、土地の譲与、有償譲渡、適正な対価による貸付けなど他に適切な手段があり得るとし、上告人において他に選択することができる合理的で現実的な手段が存在する場合には、上告人が本件神社物件の撤去及び土地明渡請求という手段を講じていないことは、財産管理上直ちに違法との評価を受けるものではないとした。その上で、多数意見は、原審において、本件利用提供行為の違憲性を解消するための他の合理的で現実的な手段が存在するか否かについて適切に審理判断するか、当事者に対して釈明権を行使すべきであったとし、原審には審理不尽又は釈明権の行使を怠った違法があるという。

[107] 2 本件請求は、上記のような違憲状態を解消させるため、上告人において撤去請求を怠ることが違法である旨の確認を求めているものである。違憲状態を解消する手段としては、本件神社物件の撤去請求が唯一の手段ではなく、土地の譲与等の他の手段があり得ることについては多数意見の述べるとおりである。問題は、他に採るべき手段があり得ることは、本訴請求を棄却する理由となり得るか、なり得るとして、それは、上告人においてその旨を主張立証しなくても、裁判所においてそのことを斟酌すべきか否かということである。

[108] 多数意見が原審に審理不尽又は釈明権の行使を怠った違法があるとする理由が、違憲状態を解消する手段が他にないことまで原告である被上告人らにおいて主張立証しなければならないとするのか(仮にこれを「請求原因説」という。)、それともその事実は被告で

---

❹ 今井反対意見は、主として多数意見の第3に対するものである。ここでは、違憲状態解消の方法についてXらとYのどちらが立証責任を負うかが検討される。この論点は、仮に今井裁判官のいう抗弁説に立脚するのであれば、YがXらの請求以外の方法の存在につき積極的に主張する以上、Yの上告を棄却する判断に結びつきうるところであり、原審が釈明権を行使しなかった違法があるかどうかを検討する前に検討すべき問題である。この点、多数意見の立場は明らかでないが、近藤補足意見([801])は、今井反対意見が採用した抗弁説に立ったとしても多数意見同様の結論になりうることを指摘する。

ある上告人において主張立証することを要するとするのか（仮にこれを「抗弁説」という。）は、必ずしも明らかでない。

【109】　私は、以下に述べるように、請求原因説は採用することができず、抗弁説に立った場合には、本件では、その点についての釈明義務違反はないと考えるものである。

【110】　3　まず、請求原因説の当否について検討する。

【111】　ある物件が市有地の上に存在することにより違憲状態が現出している場合に、それを解消するには、市が当該物件の所有者にその撤去請求をすることが、通常考えられる適切かつ相当な手段であるというべきである。

【112】　そして、他に違憲状態を解消する手段があるということが撤去請求を阻却する理由となるためには、単に他の手段が存在する可能性があるというだけではなく、その手段が市長において選択することのできる合理的なものであり、かつ、その現実的な可能性があることが必要であることは多数意見も認めるところである。加えて、他にどのような手段を採るかについては、被告である上告人の側において裁量の余地があることも、多数意見の述べるとおりである。そして、他に違憲状態を解消する合理的で現実的な手段があるとしても、その手段が実行に移されるか否かについては、被告がそのような手段を実行に移す意思を持っているのか否かに係っているのみならず、その手段が土地の譲与、譲渡、貸付け等の契約である場合にはその相手方の意向を無視できないことはいうまでもない。さらには、土地の譲与のように、議会の議決を要件とするものも含まれているのであって、これらの問題については、原告の側ではいかんともし難い問題であるといわなければならない。そうすると、他に違憲状態を解消する合理的で現実的な手段が存在することは、請求を阻却する事由として、被告である上告人において主張立証すべき抗弁であると解するのが相当である。

【113】　これに反して、他に違憲状態を解消する合理的で現実的な手段がないことまでも原告である被上告人らが主張立証すべきであるとすることは、住民訴訟における原告、被告間の負担の公平な分配という観点から原告に過度の負担を課するものであって、住民訴訟の機能を損なうものといわなければならない。被告がどのような裁量権を行使するのかについては、原告のあずかり知らないところである。

【114】　4　次に、抗弁説に立った場合に、原審が本件において上告人にその旨の抗弁を主張するか否かを釈明すべき義務を怠ったか否かについて考える。

【115】　抗弁については、被告の主張がなければ、斟酌することができないというのは弁論主義の当然の帰結である。本件において被告である上告人からその旨の主張がないことは記録上明らかである。私も、被告から抗弁の主張がない場合であっても、裁判所にその旨の釈明すべき義務を認めるべきときがあることを否定するものではない。問題は、本件の訴訟の経過から見て、そのような釈明義務が認められるか否かである。

【116】　本件は、平成16年3月17日に訴えが提起され、第1審においては、上告人には当初から弁護士が訴訟代理人となり、5回の口頭弁論期日と7回の弁論準備手続期日における審理が重ねられて、平成18年3月3日に上告人の主張が認められずに上告人敗訴の第1審判決がされ、上告人が控訴した。その控訴審である原審においては、2回の口頭弁論期日と5回の弁論準備手続期日における審理が重ねられて、平成19年4月17日に弁論が終結され、同年6月26日の原判決に至った。原審においては、多数意見の引用するT神社事件が本件と同一裁判体で併行して審理された時期があるが、同事件においては、砂川市が神社敷地として無償で利用に供し

【117】ていた市有地を町内会に譲与したことの合憲性が争われており、上告人は市有地の譲与が違憲ではないとして争っていたのである。以上のような訴訟の経過から見ると、上告人としては、裁判所の釈明を待つまでもなく、遅くとも控訴審の段階においては、本件利用提供行為が違憲であると判断される場合に備えて、譲与等他の合理的で現実的な手段が存在するとの抗弁を主張する機会は十分あったといわざるを得ない。しかし、記録を調べても、上告人がこのような主張をした形跡は見当たらない。

多数意見は、上記のようなT神社事件の審理経過からみて、原審は他の手段が存在する可能性があり、上告人がこうした手段を講ずる場合があることを職務上知っていたとし、このことを釈明権を行使すべき一つの根拠としている。しかし、他の手段が存在することは、原審裁判所が知っている以上に、ほかならぬ上告人自身が知っていたものであり、上告人がこのことを主張しようとすればその旨の主張をすることに何の障害もなかったことは明らかであるにもかかわらず、上告人はそのことを主張していないのである。また、上告理由書においても、その点について何らの言及もない。このような場合にまで上記のような抗弁を主張するか否かを釈明すべき義務があるとするのは、当事者主義に立つ訴訟の原則から見て、採用し難い見解である。本件が行政事件訴訟の一つである住民訴訟であることを考慮しても、この結論は変わらない。したがって、この点について、原審に釈明義務違反があるとすることはできない。

【118】　5　以上のような理由から、私は、被上告人らの請求を一部認容した原判決は正当であって、本件上告は棄却すべきものと考えるものである。

裁判官堀籠幸男の反対意見は、次のとおりである❹。

【119】　私は、本件利用提供行為は憲法に違反しないと考えるものであり、これが憲法に違反するとする多数意見には反対であり、原判決を破棄して第1審判決を取消し、本件請求は棄却すべきものと考える。その理由は、次のとおりである。

【120】　1　本件における争点は、砂川市がその所有する土地を神社施設の敷地として無償で使用させていることが、憲法の定める政教分離原則に違反するかどうかである。この点に関する憲法の一般的解釈については、多数意見が第2の1の「憲法判断の枠組み」において述べるところに基本的に賛成するものである。しかし、このような憲法解釈を前提としても、これを本件に適用し、違憲と判断する点において、多数意見に賛成することができない。

【121】　2　砂川町が本件土地1及び4を取得するに至った経過は、次のとおりである。

【122】　(1)　本件神社は、もともと、本件小学校（S小学校）の所在地に隣接して建設されていたところ、昭和23年ころ、本件小学校の校舎増設及び体育館新設の計画が立てられ、その計画を実現するため、その敷地となる土地から本件神社の施設を移転させる必要が生じた。

【123】　(2)　そこで、S地区の住民であるDが上記計画に協力するため、その所有する本件土地1及び4を神社施設の移転先敷地として提供し、そのころ、神社施設は本件土地1及び4に移転された。

【124】　(3)　Dは、昭和28年に当時の砂川町に対し、神社施設のため本件土地1及び4を寄附する旨の願を出し、砂川町は、議会において同土地の採納及び神社施設のために同土地を無償で使用させるとの議決をし、砂川町は、本件土地1及び4の所有権を取得した。同時に、砂川町は、Dから学校用地として、1229平方メートルの土地の寄附も受けている。

---

❹　堀籠反対意見は、おおむね、本件神社施設やそこで行われている祭事の世俗性を強調するものである。すなわち、本件事実をふまえると、①本件利用提供行為によって、市もまた利益を受ける側面があり、生じる市の負担と利益とを考量すれば市の利益が上回っている（【130】）、②本件神社は、自然崇拝、祖先崇拝の念を中心として、自然発生的に育った伝統的な民俗信仰・自然信仰としての側面を有する日本の固有文化に起源をもつものであって、地域住民の生活の一部となっているのであるから、他の宗教と同列に論ずるべきではない（【131】）、③本件神社は宗教法人でもなく、その来歴をみれば開拓者やその子孫によって開拓当時の思いを伝承するものであり、祭事についても地域住民の安らぎや親睦を主たる目的とするものであって、宗教性が希薄である（【132】）、④本件建物も習俗的、世俗的施設の意味合いが強い（【133】）のだから、多数意見の基準にあてはめても政教分離原則違反にはならない、というような理解は、政教分離原則が争われる事案でたびたび主張されており、かつ、最高裁判所裁判官の中にも肯定的な意見を述べる者もいる。しかし、このような理解に対しては、結局、「神社は宗教に非ず」ということに等しいという藤田補足意見の批判（【43】）が妥当するとともに、国家神道への反省をふまえて導入された政教分離の意義などからも疑問視されよう。

[125] 3(1) 上記2の事実関係の下においては、Dと砂川町との間には、本件土地1及び4を無償で本件神社の神社施設の敷地として使用させる旨の負担の付いた贈与契約が成立したというべきである。

[126] (2) このような負担付贈与契約自体が政教分離原則を定める憲法の趣旨に反し許されないというのであれば、Dと砂川町との間の贈与契約自体が無効であり、砂川町は本件土地1及び4の所有権を取得していなかったことになるから、本件土地1及び4の所有権が砂川市にあることを前提とする本件請求自体がそもそも成り立たないことになる。

[127] (3) 多数意見は、砂川市が本件土地1及び4の所有権を有効に取得していることを前提とするものであるから、上記負担付贈与契約は有効であると解しているといわざるを得ないし、私も上記の負担付贈与契約は有効であると考える。したがって、砂川市は、本件神社の神社施設のために本件土地1及び4を無償で使用させるという契約上の義務を負っていることは明らかである。

[128] 4(1) その後の昭和45年ころ、本件町内会は、地域の集会場として本件建物（S会館）の建築を計画し、砂川市から補助金の交付を受け、本件建物を建築し、本件土地1及び4を含む土地を砂川市から無償で借用した。この本件建物の建築に伴い、本件土地1及び4にあった従来の神社施設は祠及び地神宮を除き取り壊され、建物内の一角に祠が移され、本件土地1上に本件鳥居が新設された。

[129] (2) 本件建物は、本件町内会が所有し、砂川市と本件町内会との間では本件建物の敷地について使用貸借契約が成立している。

[130] (3) 砂川市は、現在、本件建物、鳥居及び地神宮の敷地として市の所有地を無償で提供しているが、上記のような経緯によれば、本件神社の施設との関係では、Dとの間の負担付贈与契約の趣旨に従った義務の履行として市所有地を無償で提供しているものと解されるのである。また、従来の神社施設は祠及び地神宮を除き取り壊され、祠が世俗施設である本件建物の一角にふだんは人目に付かない形で納められたことによって、神社施設の宗教性はより希薄なものとなっているのであるから、当初有効であった負担付贈与契約がその後違憲無効になったとは考え難い。そして、砂川市は贈与を受けた本件土地1を本件建物の敷地として町内会に使用させている上、本件土地4を上川道路開削記念碑用の敷地として使用しており、このことによって、市の公共の施策を達成するという大きな利益を得ているのである。市の上記負担と利益を比較衡量すれば、市の受ける利益が上回っているというべきである。

[131] 5(1) 次に、神道は、日本列島に住む人々が集団生活を営む中で生まれた、自然崇拝、祖先崇拝の念を中心として、自然発生的に育った伝統的な民俗信仰・自然信仰であって、日本の固有文化に起源を持つものであり、特定の者が創始した信仰ではなく、特定の教義や教典もない。このように、神道は人々の生活に密着した信仰ともいうべきものであって、その生活の一部になっているともいえる。このことは、日本人の多くが神前結婚式を挙行し、初詣に神社に出かけて参拝することからも、明らかである。確かに、神道も、憲法にいう宗教としての性質を有することは否定することはできないが、本件神社は、後記のような性格を有し、地域住民の生活の一部となっているものであるから、これと、創始者が存在し、確固たる教義や教典を持つ排他的な宗教とを、政教分離原則の適用上、抽象的に宗教一般として同列に論ずるのは相当ではないと考える。

[132] (2) 本件神社は、宗教法人ではなく、付近の住民らで構成する氏子集団によって管理運営されているが、神社の役員や氏子に関する規約はなく、氏子集団の構成員を特定することもできない。本件神社は、もともと北海道開拓のためS地域へ渡った人々が、その心の安らぎのために建立した神社であり、開拓者の生活と密着しているものということができ、本件神社は開拓者やその子孫によって開拓当時の思いを伝承するものとして、維持、運営されてきたものである。そして、本件神社の行事は、初詣と、春祭り及び秋祭りの年3回であるが、これらは、主として地域住民の安らぎや親睦を主たる目的として行っているものであり、神道の普及のために行っているものではないと推認することができる。多数意見は、初詣までも除外することなく本件神社における諸行事すべてが宗教的な意義の希薄な単なる世俗的行事にすぎないということはできないとしており、国民一般から見れば違和感があるというべきである。

[133] (3) 本件建物は、専ら地域の集会場として利用され、神社の行事のために利用されるのは年3回にすぎず、祠は建物の一角にふだんは人目に付かない状況で納められており、本件神社物件は、宗教性がより希薄であり、むしろ、習俗的、世俗的施設の意味合いが強い施設というべきである。

[134] 6(1) 国公有地が無償で宗教的施設の敷地としての用に供されている状況が、政教分離原則を定める憲法に違反するか否かの判断をするに当たっては、多数意見が述べるように、当該宗教的施設の性格、当該土地が無償で当該施設の敷地としての用に供されるに至った経緯、当該無償提供の態様、これらに対する一般人の評価等、諸般の事情を考慮し、社会通念に照らして総合的に判断すべきものと考える。

[135] (2) これを本件について見ると、砂川市がその所有に係る土地を本件神社の宗教施設の敷地として提供するに至った経緯は前記のとおりであって、砂川市はDとの負担付贈与契約に基づく契約上の義務の履行として、その所有地を無償で提供しているものというべきであり、また、本件神社と、創始者が存在し、確固たる教義や教典のある排他的な宗教とを同列に論ずること自体不相当である上、本件神社は、前記のように氏子集団によって管理運営されている神社であって、北海道開拓民にとって心の安らぎのために建立されたもので、習俗的、世俗的性質が強いし、行事の際には、氏子集団が町内会に所定の使用対価を支払っており、本件神社物件の宗教性も希薄である。これらの諸事情を総合すれば、多数意見が指摘する点を考慮に入れても、一般の国民は、砂川市が本件神社の施設の敷地を無償で提供している行為が同神社の宗教を援助、助長又は促進する行為であるとは到底考えないというべきであり、したがって、本件利用提供行為は、我が国の社会的、文化的諸条件に照らし、信教の自由の保障という制度の根本目的との関係で相当とされる限度を超えるものとは到底認められないというべきである。

[136] 以上のとおりであるから、砂川市の本件利用提供行為が憲法の定める政教分離原則に違反するということはできない。多数意見は、日本人一般の感覚に反するものであり、到底賛成することはできない。したがって、本件利用提供行為が憲法の定める政教分離原則に違反すると判断した原判決及び第1審判決は破棄及び取消しを免れず、本件請求は棄却すべきである。

（裁判長裁判官　竹崎博允　裁判官　藤田宙靖　裁判官　甲斐中辰夫　裁判官　今井功　裁判官　中川了滋　裁判官　堀籠幸男　裁判官　古田佑紀　裁判官　那須弘平　裁判官　田原睦夫　裁判官　近藤崇晴　裁判官　宮川光治　裁判官　櫻井龍子　裁判官　竹内行夫　裁判官　金築誠志）

Questions

①事実関係の確認

問1 Xらは、どのような者で、どのような訴えを提起しているか。▶【事案】【参考条文】

問2 市有地の無償利用提供を受けていたのは誰か。▶【事案】【4】

問3 市有地が無償利用提供されるようになったのはどのよ

うな経緯か。▶【11】〜【16】

問4　本件土地の上にはどのような施設があるか。その所有者は誰か。どのような管理がなされているか。▶【4】〜【9】

問5　本件土地ではどのような行事が開催されているか。それを開催しているのは誰か。▶【7】【10】

問6　原審の判断はどのようなものであったか。▶【17】〜【19】

問7　上告人は誰で、上告理由はどのようなものか。▶【事案】【20】

②判決の内容の確認

問8　多数意見が本件に適用されている憲法の法条は何か。▶【21】

問9　多数意見ではどのような判断枠組みが採用されたか。過去の判例と異なるところはどこか。▶【21】〜【23】

問10　多数意見のような判断枠組みが採用されたのはなぜか。▶【39】〜【45】

問11　多数意見の判断枠組みで考慮の要素とされているのは何か。▶【23】

問12　多数意見では宗教的施設の性格はどのように判断されているか。少数意見ではこれとは異なる考え方が示されているか。それに対して反論をしている少数意見にはどのようなものがあるか。▶【25】〜【27】、【132】〜【134】、【42】【43】、【70】〜【73】

問13　多数意見において憲法89条にいう「宗教上の組織若しくは団体」とされたのは何か。それはなぜか。▶【28】

【29】

問14　多数意見は、本件土地利用提供行為やそれに対する一般人の評価についてどのように判断しているか。これに対する甲斐中ほか共同意見の批判はどのようなものか。藤田補足意見はこれにどのような再反論を加えているか。▶【30】、【86】〜【100】、【44】【45】

問15　多数意見が、原判決を破棄し、差し戻したのはなぜか。これに対して今井反対意見はどのような批判を加えているか。さらに、田原補足意見、近藤補足意見はそれぞれどのように反論しているか。▶【32】〜【35】、【64】〜【68】、【80】

③応用問題

問16　本判決を受けて市が、町内会に対して本件土地を無償譲渡することとしたとする。これは憲法89条に反するか。▶判例①、判例②

問17　政教分離原則違反の判断基準を判例はどのように考えているか。▶津地鎮祭事件判決〔本書16事件〕、愛媛玉串料事件判決〔本書17事件〕、文献①、文献③

問18　宗教法人Aは、文化財指定されている古民家Pを所有していた。Pの所在するY市は、文化財としての古民家Pの保存の目的で、Aが行った茅葺屋根の葺き替え工事に対して、同工事の代金として1500万円余りの補助金を支出した。これは憲法89条に反するか。▶文献④

○ **関連判例**（本書所収以外のもの）
最大判平成22年1月20日民集64巻1号128頁〔富平神社事件〕（判例①）
最判平成5年2月16日民集47巻3号1687頁〔箕面忠魂碑慰霊祭事件〕（判例②）

○ **本判決の調査官解説**
清野正彦「判解」最高裁判所判例解説民事篇平成22年度(上)1頁（判解①）

○ **その他の判例解説・判例批評**
清野正彦「判解」最高裁判所判例解説民事篇平成22年度(上)73頁（判解②）
長谷部恭男「判批」憲法判例百選Ⅰ[第6版]（2013年）110頁（判批①）

○ **参考文献**
西村裕一「政教分離に関する事案」横大道聡編『憲法判例の射程』（弘文堂、2017年）90頁（文献①）
新堂幸司『新民事訴訟法[第5版]』（弘文堂、2011年）（文献②）
野坂泰司「いわゆる目的効果基準について―政教分離原則違反の判断基準に関する一考察」高橋和之先生古稀記念『現代立憲主義の諸相(下)』（有斐閣、2013年）319頁（文献③）
田近肇「判例における政教分離原則」宗務時報120号（2015年）1頁（文献④）

第7章 学問の自由・教育の自由

I 学問の自由

1 学説の状況

通説は、憲法23条について、学問の自由として①研究の自由、②研究成果の発表の自由、③教授の自由を保障すると同時に、大学における学問の自由を確保するために④大学の自治を保障するものである、と解している。大学の自治の内容として通説が挙げるのは、教員人事の自治、施設・学生管理の自治、そして予算管理の自治（財政自治権）である。このうち特に教員人事の自治は、大学の自治の根幹をなすと考えられている。なぜならば、国家等が自己にとって都合の悪い研究を排除しようとするとき、「最も有効な梃子として用いられるのが教員人事権」だからである（有倉遼吉＝小林孝輔編『基本法コンメンタール 憲法〔第3版〕』（日本評論社、1986年）73頁〔高柳信一＝大浜啓吉〕）。なお、通説は、大学の自治（特に教員人事の自治）の主体は、法人としての大学や責任者たる学長・理事長等ではなく、教授会であると解している。大学教員による研究・教育は「素人の判断によって統制しえない高度に専門的なものである」ため、大学教員としての適格性を判断しうるのは「専門職業自身すなわち同僚の教員研究者」だけだというのが、その理由である（高柳信一『学問の自由』（岩波書店、1983年）87頁）。

2 判例の展開

学問の自由・大学の自治に関するリーディング・ケースである**東大ポポロ事件判決**〔本書19事件〕は、憲法23条が定める学問の自由について、①研究の自由、②研究成果の発表の自由、③教授の自由を保障したものだと解した。そして、学問の自由は、一般国民にも保障されるが、大学における教授等の研究者には特に厚く保障されると説いた。つまり、通説とほぼ同様の見解をとったのである。なお、③教授の自由について、本判決は大学の研究者だけに保障されるものと解したが、後に下された**旭川学力テスト事件判決**〔本書20事件〕では、初等中等教育機関の教師にも一定の範囲で教授の自由が認められるとされている。

また、本判決は、「大学における学問の自由を保障するために、伝統的に大学の自治が認められている」とし、「この自治は、とくに大学の教授その他の研究者の人事に関して認められ、……また、大学の施設と学生の管理についてもある程度で認められ」ると説いた。この説示は、予算管理の自治を明示していない点を除けば、大学の自治について通説と同様の見解をとっているようにも読めるが、調査官解説によれば、「大学の自治は、憲法23条によって直接保障されているものではなく、ただ大学における学問の自由を保障するために伝統的に認められているもの」であるという意味だという。仮にそうだとすれば、大学の自治に関する理解について、通説と判例には大きな隔絶がある。

本事件の争点は、大学公認の学生団体が大学の許可を得て学内の教室で開催した演劇発表会に、警察官が警備情報収集のために立ち入ったことが、学問の自由・大学の自治を侵害するか、という問題である。この点、本判決は、当該演劇発表会は、実社会の政治的社会的活動にあたる行為であり、また公開の集会ないしそれに準じるものであるから、

大学の学問の自由と自治を享有せず、したがって警察官の立入行為はそれらの自由と自治を侵害しないと判断した。

では、学問の自由・大学の自治の保障が否定されない場合、警察官の立入行為の適法性はどのように判断されるのか。愛知大学事件判決（名古屋高判昭45・8・25刑月2-8-789）によれば、「緊急その他已むことを得ない事由ある場合を除き、大学内への警察官の立入りは、裁判官の発する令状による場合は別として、一応大学側の許諾または了解のもとに行うことを原則とすべきである」が、「許諾なき立入りは、必ずしもすべて違法とは限らない」のであり、「結局、学問の自由、大学の自治にとって、警察権の行為が干渉と認められるのは、それが、当初より大学当局側の許諾了解を予想し得ない場合、特に警備情報活動としての学内立入りの如き場合ということになる」という。

II 教育の自由

1 学説の状況

初等中等教育機関における教師の教授の自由（教育の自由）は、教育内容を決定する権能が誰に帰属するかという問題（「教育権の所在」）と関係している。この論点については、当初、「国家教育権説」と「国民教育権説」という二つの学説が対立していた。両説とも、子どもの教育は全国民の関心事であるから、教育権の本来的な主体は国民である、という認識を議論の出発点とする。両説が対立するのは、国民の意思を教育内容に反映させるためのルートについてである。国家教育権説は、わが国が議会制民主主義を採用している以上、国民の意思を教育内容に反映させるのは、国民の代表である国会、そして国会によるコントロールを受けた行政の役割であると説いた。それに対し、国民教育権説は、国民は国会や行政ではなく教育の専門家である教師に教育内容の決定を信託しているのだと主張した。しかし、このような「教育権論争」は、旭川学力テスト事件判決によって終止符を打たれ（後述）、以後は同判決の見解が通説となった。

2 判例の展開

教育権の所在に関する最初の裁判例である第二次家永教科書訴訟第一審判決（東京地判昭45・7・17行集21-7別冊）は、国民教育権説をとった。それに対し、その4年後に下された第一次家永教科書訴訟第一審判決（東京地判昭49・7・16判時751-47）は、国家教育権説に与した。そのような状況下において、**旭川学力テスト事件判決**〔本書20事件〕は、両説をいずれも排斥し、教育権を各教育関係者に「分配」するという解釈をとった。そして、初等中等教育機関の教師に一定の範囲で教育の自由を認める一方、国家にも正当な目的のために「必要かつ相当と認められる範囲」で教育権を認めた。

本判決は、後の判例に大きな影響を及ぼしており、教科書検定を合憲とした第一次家永教科書訴訟判決（最判平5・3・16民集47-5-3483）、親の学校選択の自由について説示した江戸川学園事件判決（最判平21・12・10民集63-10-2463）、都議会議員が都立養護学校の教育内容を批判した行為を「不当な支配」と断じた七生養護学校事件判決（東京高判平23・9・16判例集未登載）など、多数の判例で引用されている。

19 東大ポポロ事件

最高裁昭和38年5月22日大法廷判決
昭和31年（あ）第2973号：暴力行為等処罰ニ関スル法律違反被告事件
刑集17巻4号370頁

事案

東京大学公認の学内団体である「劇団ポポロ」は、同大学の許可を得て、同大学内の教室において、松川事件（※）に取材した演劇発表会を開催した（以下「本件集会」という）。その情報を東京大学学生新聞の記事等で知った本富士警察署の警察官らは、警備情報収集の必要ありと認め、入場券を購入して私服で教室に立ち入り、会の模様を監視していた（以下「本件立入行為」という）。それに気づいた同大学の学生である被告人は、学生の視線を感じて教室から退出しようとした警察官の腕をつかみ、他の学生とともに警察官を舞台前に連行した。そして、警察官のオーバーの襟に手をかけて引くなどして警察手帳を呈示させた。これらの行為により、被告人は暴力行為等処罰に関する法律1条1項違反の罪で起訴された（公訴事実において警察官は「演劇を観覧中」であったとされたため、罪名は公務執行妨害ではない）。なお、被告人らが取り上げた警察手帳等によれば、警察官らは、少なくとも本件集会の1年半以上前から、連日のように同大学構内に立ち入り、張込み・尾行・盗聴等の方法により警備情報収集活動をしていた。

第一審判決（東京地判昭29・5・11刑集17-4-428）は、被告人の上記行為は、長期的かつ恒常的な警備情報収集活動の一環としてなされた本件立入行為により学問の自由および大学の自治という重要な法益が侵害されることを防ぐためになされたものであり、それによって守られた法益は警察官の被侵害法益よりもはるかに重大であるから、法令上正当な行為として許容されると説き、被告人を無罪とした。これに対して検察官が控訴したが、第二審判決（東京高判昭31・5・8刑集17-4-444）も第一審判決の判断を是認し、控訴を棄却した（ただし、違法性阻却の根拠について、刑法36条の正当防衛や刑法35条の正当行為等ではなく超法規的違法性阻却事由であるということを明示した）。そこで検察官が上告した。

※松川事件とは、昭和24年に福島県の国鉄東北本線で起きた列車転覆事件のことである。捜査当局は国鉄等の労働組合員ら計20名を逮捕し、第一審では20名全員、第二審では17名に有罪判決が下された（3名は無罪）。しかし、検察官が被告人らのアリバイとなる証拠を隠蔽していたことなどが発覚したため、最高裁は第二審判決を破棄。仙台高裁での差戻審において被告人らは全員無罪とされた（これに対する検察官の上告を最高裁が棄却したことにより確定）。川端康成ら多数の知識人が被告人らの無実を訴える運動を展開したことでも知られている。東大ポポロ事件が起きた当時は、松川事件の第一審判決が下され、控訴審の公判がなされていた時期であり、劇団ポポロが本件集会で上演した戯曲「何時の日にか」は、列車転覆事件の被告人を有罪にしようとする人々により虚偽の証言を期待されていた証人が結局真実を述べる、という内容であった。

■参考条文（事件当時のもの）

学校教育法
第52条 大学は、学術の中心として、広く知識を授けるとともに、深く専門の学芸を教授研究し、知的、道徳的及び応用的能力を展開させることを目的とする。

昭和25年7月25日付文部次官通達別紙（A）
第1 都条令〔昭和25年7月3日東京都条例第44号〕第1条による集会等のうち、学校構内（学校長が管理上の責任を負う地域又は建物その他の施設）におけるものについては、当該学校の管理者又は学校長の承認を得て、その許可申請をするものとすること。
第2 学校構内における集会で、ある場所を区切り特定の人のみで行われ一般公衆が自由に参加し得ない状態にある次のようなものは「公共の場所における」集会とはみなされず、したがって許可の申請は必要としないこと。
（1）学校当局が主催者となって、学生、生徒、児童又は特定人を対象とするもの。
たとえば、学内講演会、学芸会、映画会、展覧会、教職員懇談会、学校教育法第69条による公開講座、学会、研究会等。
（2）学校当局以外の者が主催する場合
当該学校の教職員、学生、生徒その他「学校長の承認した」特定の人又は団体がその学校の管理者又は学校長の定める手続による許可を得て特定の者を対象として行うもの。
たとえば、学生大会、生徒会、講演会、P・T・Aの会、父兄会、卒業生懇談会、学会、研究集会、官公庁等の主催する講演会等。
第3 学校構内における集会、集団行進、集団示威運動等の取締については、当該学校長が措置することを建前とし、要請があった場合警察がこれに協力することとすること。
第4 研究所等の学術研究施設についても上記第1から第3までの例によること。

Navigator

本件では、被告人の行為の違法性が阻却されるか否かという点に関連して、警察官による本件集会への立入りが学問の自由や大学の自治を侵害するか否かが争われた。

この点について、本判決は次のように説いた。憲法23条は大学における教授等の研究者に特別な学問の自由を保障しており、また大学における学問の自由を守るために伝統的に大学の自治が認められている。もっとも、大学における特別な学問の自由と自治の直接的な享有主体は教授等の研究者であり、学生は研究者が有する当該自由と自治の「効果」としてそれらを享有しうるにすぎない。大学における学生の集会も、かかる範囲において自由と自治を認められるものであり、大学が許可した学生集会であっても、真に学問的研究またはその結果の発表のためのものでなく、実社会の政治的社会的活動にあたる行為をする場合には、大学における特別な学問の自由と自治を享有するものではない。この点、本件集会は実社会の政治的社会的活動である（また、公開の集会ないしそれに準ずるものである）ため、かかる学問の自由と自治を享有しない。したがって、本件立入行為は学問の自由および大学の自治を侵すものではない。

本判決のうち、厳密な意味で「判例」といえるのは、「大学構内での学生の政治的社会的活動に対しては大学の自治が及ばないという点にとどまる」(文献②195頁)。けれども、本判決は、憲法23条の意義を正面から論じたほぼ唯一の最高裁判例として、当該分野に関する最高裁の見解を豊かに示唆している。そのため、読者には、本判決の「判例」としての射程を正確に理解しつつ、その底流にある最高裁の思考を深く読み解いてもらいたい。

■ 判　決

○　主　文

原判決および第一審判決を破棄する。
本件を東京地方裁判所に差し戻す。

○　理　由

東京高等検察庁検事長花井忠の上告趣意について。

【1】　論旨のうちで、原判決には憲法23条の学問の自由に関する規定の解釈、適用の誤りがあると主張する点について見るに、同条の学問の自由は、学問的研究の自由とその研究結果の発表の自由とを含むものであつて、同条が学問の自由はこれを保障すると規定したのは、一面において、広くすべての国民に対してそれらの自由を保障するとともに、他面において、大学が学術の中心として深く真理を探究することを本質とすることにかんがみて、特に大学におけるそれらの自由を保障することを趣旨としたものである。教育ないし教授の自由は、学問の自由と密接な関係を有するけれども、必ずしもこれに含まれるものではない。しかし、大学については、憲法の右の趣旨と、これに沿つて学校教育法52条が「大学は、学術の中心として、広く知識を授けるとともに、深く専門の学芸を教授研究」することを目的とするとしていることに基づいて、大学において教授その他の研究者がその専門の研究の結果を教授する自由は、これを保障されると解するのを相当とする。すなわち、教授その他の研究者は、その研究の結果を大学の講義または演習において教授する自由を保障されるのである。そして、以上の自由は、すべて公共の福祉による制限を免れるものではないが、大学における自由は、右のような大学の本質に基づいて、一般の場合よりもある程度で広く認められると解される❶。

【2】　大学における学問の自由を保障するために、伝統的に大学の自治が認められている。この自治は、とくに大学の教授その他の研究者の人事に関して認められ、大学の学長、教授その他の研究者が大学の自主的判断に基づいて選任される。また、大学の施設と学生の管理についてもある程度で認められ、これらについてある程度で大学に自主的な秩序維持の権能が認められている❷。

【3】　このように、大学の学問の自由と自治は、大学が学術の中心として深く真理を探求し、専門の学芸を教授研究することを本質とすることに基づくから、直接には教授その他の研究者の研究、その結果の発表、研究結果の教授の自由とこれらを保障するための自治とを意味すると解される。大学の施設と学生は、これらの自由と自治の効果として、施設が大学当局によつて自治的に管理され、学生も学問の自由と施設の利用を認められるのである。もとより、憲法23条の学問の自由は、学生も一般の国民と同じように享有する。しかし、大学の学生としてそれ以上に学問の自由を享有し、また大学当局の自治的管理による施設を利用できるのは、大学の本質に基づき、大学の教授その他の研究者の有する特別な学問の自由と自治の効果としてである❸。

【4】　大学における学生の集会も、右の範囲において自由と自治を認められるものであつて、大学の公認した学内団体であるとか、大学の許可した学内集会であるとかいうことのみによって、特別な自由と自治を享有するものではない。学生の集会が真に学問的な研究またはその結果の発表のためのものでなく、実社会の政治的社会的活動に当る行為をする場合には、大学の有する特別の学問の自由と自治は享有しないといわなければならない。また、その集会が学生のみのものでなく、とくに一般の公衆の入場を許す場合には、むしろ公開の集会と見なされるべきであり、すくなくともこれに準ずるものというべきである❹。

【5】　本件の東大劇団ポポロ演劇発表会は、原審の認定するところによれば、いわゆる反植民地闘争デーの一環として行なわれ、演劇の内容もいわゆる松

❶【1】では、憲法23条の意義が説かれている。それによれば、憲法23条が定める学問の自由は、一般国民にも広く保障されるものではあるが、大学が「学術の中心」であることから、大学においては特に厚く保障される。学問の自由には、研究の自由、研究結果の発表の自由、そして教授その他の研究者が大学の講義等において研究結果を教授する自由が含まれる。

上記のとおり、本判決は教授の自由(教育の自由)を大学の研究者に限って保障されるものと解したが、この解釈は旭川学力テスト事件判決(本書20事件)において実質的に変更されている。後者の判決では、初等中等教育機関(小・中・高校等)の教師にも一定の範囲で教育の自由が保障されると説示されているのである(ただし、「普通教育における教師に完全な教授の自由を認めることは、とうてい許されない」とされ、その保障範囲は限定的に解されている)。ちなみに、旭川学力テスト事件判決は村上朝一が最高裁長官として関わった最後の判決であるが(判決の3日後に定年退官)、その村上は東大ポポロ事件の上告審において最高検察庁公判部長として公判を担当していた。

❷【2】では、大学における学問の自由を保障するために「大学の自治」が認められていること、この大学の自治は、大学における研究者の人事について「とくに」認められ、また大学の施設と学生の管理についても「ある程度で」認められていることが説かれている。「とくに」「ある程度で」という副詞の使い分けにも表れているように、本判決は研究者人事の自治こそが大学の自治の「最も重要な内容」であると解している(判解①61頁)。本件で問題となった警察官の大学構内への立入りは、大学の施設・学生管理の自治に関係するが、その自治は「ある程度で」認められるにすぎないというわけである。

なお、通説は大学の自治が憲法23条によって保障されると解するが、本判決は大学の自治が「伝統的に」認められていると述べるにとどまっている。この説示について、判解①61頁は、「大学の自治は、憲法23条によって直接保障されているものではなく、ただ大学における学問の自由を保障するために伝統的に認められているもの」であることを示したものと解説している。従来あまり指摘されてこなかった点であるが、調査官解説に従うならば、最高裁は大学の自治が23条によって保障されるという通説をとってはいないのである。

❸【3】では、一般国民よりも手厚い保障を受ける「大学の学問の自由と自治」の直接的な享有主体は教授等の研究者であり、学生がかかる自由と自治を享有しうるのは、研究者の有する特別な学問の自由と自治の「効果」にすぎない、ということが説かれている。本件集会は学生による活動であったところ、その学生は原則として大学の自治の主体ではない、ということである。

❹【4】では、学問の自由と大学の自治に関する上記解釈を前提に、学生による集会が大学の学問の自由と自治を享有するためには、大学がその学生団体を公認したことや当該集会を許可したことだけでは十分でなく(この点は、大学の施設・学生管理の自治が「ある程度で」認められるにすぎないこととも関連しているのだろう)、当該集会が真に学

川事件に取材し、開演に先き立つて右事件の資金カンパが行なわれ、さらにいわゆる渋谷事件の報告もなされた。これらはすべて実社会の政治的社会的活動に当る行為にほかならないのであつて、本件集会はそれによつてももはや真に学問的な研究と発表のためのものでなくなるといわなければならない。また、ひとしく原審の認定するところによれば、右発表会の会場には、東京大学の学生および教職員以外の外来者が入場券を買つて入場していたのであつて、本件警察官も入場券を買つて自由に入場したのである。これによつて見れば、一般の公衆が自由に入場券を買つて入場することを許されたものと判断されるのであつて、本件の集会は決して特定の学生のみの集会とはいえず、むしろ公開の集会と見なさるべきであり、すくなくともこれに準じるものというべきである。そうして見れば、本件集会は、真に学問的な研究と発表のためのものでなく、実社会の政治的社会的活動であり、かつ公開の集会またはこれに準じるものであつて、大学の学問の自由と自治は、これを享有しないといわなければならない。したがつて、本件の集会に警察官が立ち入つたことは、大学の学問の自由と自治を犯すものではない❺。

[6] これによつて見れば、大学自治の原則上本件警察官の立入行為を違法とした第一審判決およびこれを是認した原判決は、憲法23条の学問の自由に関する規定の解釈を誤り、引いて大学の自治の限界について解釈と適用を誤つた違法があるのであつて、この点に関して論旨は理由があり、その他の点について判断するまでもなく、原判決および第一審判決は破棄を免れない❻。

[7] よつて刑訴410条1項本文、405条1号、413条本文に従い、主文のとおり判決する。

[8] この判決は、裁判官入江俊郎、同垂水克己、同奥野健一、同石坂修一、同山田作之助、同斎藤朔郎の補足意見および裁判官横田正俊の意見があるほか、裁判官全員一致の意見によるものである。

問的な研究またはその結果の発表のためのものであること（実社会の政治的社会的活動にあたる行為をする場合でないこと）が必要だと説かれている。大学の公認や許可では足りないということは、「大学当局の認定が最終的なものではなく、結局裁判所の事後判断によって、その集会の性質、従って警察官の立入の当否が決せられる」ことを意味する（判解①62頁）。

なお、大学の学問の自由と自治を享有しない集会であっても、非公開の集会であるならば、「警察官は警察官（等）職務執行法第6条に基づき同条所定の要件の下に立ち入るほかは、立ち入ることができない」ため、「警察官の任意手段としての立入が問題とせられるのは、公開の集会についてである」（判解①62-63頁）。本判決が、上記説示に続けて、当該集会が一般公衆の入場を許す場合には公開の集会（に準じるもの）とみなされるべきだと説いたのは、この点をも念頭に置いたものと思われる。

❺ [5]では、[4]で示された規範のあてはめとして、本件集会は実社会の政治的社会的活動であり、かつ公開の集会またはこれに準じるものであるから、大学の学問の自由と自治は享有せず、したがって警察官の立入りはそれらの自由と自治を侵害しない、と判断されている。第一審判決・第二審判決は、警察による内偵活動が長期間にわたり継続してなされており、本件立入行為もそのような内偵活動の一環としてなされたという事情を重視したが、「本判決は、本件の立入が長期間に亘つて行われて来た継続的な学内内偵活動の一環として行われたものであるから違法であるというような考え方は採用していない」（判解①63頁）。調査官解説によれば、「違法であるかどうかは、その当該行為について具体的に判断すべきことは当然である」という（同63頁）。

❻ [6]では、第一審判決・第二審判決に憲法23条の解釈等を誤った違法があることから、それらの判決を破棄して第一審に差し戻すという判断が下されている。

少数意見

裁判官入江俊郎、同奥野健一、同山田作之助、同斎藤朔郎の補足意見は次のとおりである❼❽。

[9] 憲法23条にいう「学問の自由」には、教授その他の研究者の学問的研究及びその発表、教授の自由と共に、学生の学ぶ自由も含まれるものと解する。すなわち、教授その他の研究者が国家権力により干渉されることなく、自由に研究し、発表し、教授することが保障されると同時に、学生においても自由にその教授を受け、自由に学ぶことをも保障されているものと解する。そして、大学は学術の中心としての教育の場であり、学問の場であるから、右学問の自由の保障は、また、その自由を保障するため必要な限度において、大学の自治をも保障しているものと解する。けだし、若し大学の教育の場、学問の場に警察官が常に立ち入り、教授その他の研究者の研究、発表及び教授の仕方を監視したり、学問のための学生集会を監視し、これらに関する警備情報を収集する等の警察活動が許されるとすれば、到底学問の自由及び大学の自治が保持されないことは明白であるからである。従って、警察官が特に、警察官職務執行法（本件当時は警察官等職務執行法）6条所定の立入権の行使としてではなく、単に、警備情報の収集の目的を以つて大学の教育の場、学問の場に立ち入ることは、憲法23条の保障する学問の自由ないし大学の自治を侵す違法行為であるといわねばならない。

[10] しかし、本件ポポロ劇団の集会は、原判決の認定事実によれば、反植民地闘争デーの一環として行われ、演劇の内容も裁判所に係属中の松川事件に取材し、開演に先き立ち右事件の資金カンパが行なわれ、更にいわゆる渋谷事件の報告もされたというのであつて、真に学問的な研究や、その発表のための集会とは認められない。従って、本件警察官の立入行為が前記の学問の自由ないし大学の自治を侵した違法行為であるということはできない。

[11] しかし、本件集会が、少くとも大学における屋内集会であることは否定できない。憲法21条で集会の自由を保障する所以のものは、集会において、各自が相互に、自由に思想、意見の発表、交換をすることを保障するためであるから、若し、警察官が警備情報収集の目的で集会に立ち入り、その監視の下に集会が行なわれるとすれば、各自の表現の自由は到底保持されず、集会の自由は侵害されることになる。そして、本件集会が平穏なものでなかったという資料はなく、警察官は警察官職務執行法六条の立入権によらず、単に警備情報の収集を目的とする警察活動を行なうため、これに立ち入ったことは、たとえ、学問の自由ないし大学の自治を侵害したものではないにしても、憲法の保障する集会の自由を侵害することにならないとは断じ

❼ 少数意見全体については、「本件の集会に警察官が立ち入つたことは、大学の学問の自由と自治を犯すものではないとの結論については、横田正俊裁判官以外の12裁判官の意見が一致している。また補足意見の各裁判官は一致して、原審の法益均衡による超法規的違法性阻却論を失当とされている」（判解①63頁）ということを要点として指摘できる。

❽ 入江ほか補足意見の要点は、次のとおりである。①憲法23条は、学生の学ぶ自由も保障している（その限りで学生は一般国民以上の学問の自由を直接享有する）。②本件集会には、学問の自由・大学の自治の保障は及ばないものの、集会の自由の保障は及ぶため、本件立入行為は集会の自由に対する侵害にあたりうる。③被告人の暴行行為が違法性を阻却されないのは、本件立入行為が法益を侵害しないからではなく、防衛行為の緊急性が認められない（警察官が自発的に立ち去ろうとしたにもかかわらず暴行をした）からである。

難い。（本件において、警察官が入場券を購入して入場したものであつても、一私人または一観客として入場したものではなく、警備情報収集のため警察活動を行なうため入場したものであることは、原判決の認定するところであり、また、本件集会が公開に準ずべきものであつたとしても、集会の自由が侵害されないとはいえない。）❾

[12] しかし、本件警察官の立入行為が違法であつたとしても、その違法行為を阻止、排除する手段は、当該集会の管理者またはこれに準ずる者がその管理権に基づき警察官の入場を拒否するか、入場した警察官の退去を要求すべきであつて、若し警察官が右要求に応じないため、これに対して実力により阻止、退去の措置に出で、それが暴行行為となつた場合に、始めてその暴行行為につき違法性阻却事由の有無が問題となるわけである。

[13] 然るに、原判決の認定するところによれば、被告人は警察官が自発的に立ち去ろうとしているのに、無理に引き止めて、判示の如き暴力を加えたというのである。然らば、本件暴行は警察官の立入行為を阻止、排除するために必要な行為であつたとはいえ、警察官が警察活動を断念して立ち去ろうとしている際に、もはや現在の急迫した侵害は存在せずその排除とは関係なく、被告人が警察官に対し暴行を加えたものというべきであるから、違法行為を排除するため、緊急にして必要已むを得ない行為であつたとは到底認めることはできない。

[14] わが刑法上、加害行為の違法性を阻却するのは、例えば正当防衛、緊急避難等の場合におけるように、法益に対する侵害または危難が現在し、これを防禦するために行なわれる加害行為が緊急の必要にせまられて已むを得ないものと認められる場合でなければならないものと解すべきである。然るに、被告人の本件加害行為については、かかる緊急性は認められないのみならず、過去において違法な警察活動があつたとか、また将来における違法な警察活動の防止のためとかいうが如き理由では、到底本件加害行為の違法性を阻却するに足る緊急性あるものと認めることができないことは明白である。第一、二審判決は、法益の比較均衡のみに重点をおきすぎて、右の緊急性について十分な考慮をめぐらしていない憾みがある。それは、ひつきよう、判決に影響を及ぼすべき刑法の解釈に誤りがあることになり、これを破棄しなければ著しく正義に反するものと認められるから、第一、二審判決はいずれも破棄を免れない。

　　裁判官垂水克己の補足意見は次のとおりである。❿

[15] 一　学問　憲法23条にいう「学問」とは、まず、本来の意味では、深い真理（真の事実を含む）の専門的、体系的探究解明をいい、哲学およびあらゆる自然科学、社会科学を含む。けれども、倫理学、文学、美学等には世界観、人世観等哲学や高い美の探究創造が含まれることがあり、高い芸術の探究創造は本来の意味の学問と同様に自由が保障されるべきであるから、憲法23条にいう「学問」には芸術を含むと解される。（学校教育法52条が「大学は学術の中心として……深く専門の学芸を教授研究……することを目的とする。」という所以である。）現代の学問芸術は人類数千年の文明、文化の遺産に現代の学者、芸術家が加えたもので出来ており、これが、万人が健康で高等な文明的、文化的生活をなしうる基をなしており、また、同時に次の世代の文明、文化の基となるものである。国民の間に、真に学芸に専念する人々の多いことは国民の大いなる福祉である。

[16] 二　憲法上学芸の自由は誰が持つか　それはその意思と能力を持つて専門的に学芸を研究する学者、芸術家個人であると思う。かような学者、芸術家の多数が自由独立の立場で学芸を研究、解明する永続的、組織的中心である公私立の大学はまたその構成員たる学者、芸術家個人とは別に大学自体として学芸の自由が

憲法上保障される。だが、学問芸術の新規な理論や傾向や、諸流派の芸をみて何が学問、芸術であり、何が非学問、非芸術であるかを専門家でない者が判断することは至難のことであるから、この判断には権威ある学者、芸術家の良識判断を尊重するほかないが、しかし、憲法ないし法律にいう「学問」「学芸」「その自由」とは法概念であるからこれが訴訟で争点となつた場合には裁判所は学者、芸術家の意見を尊重しつつ究極には自己の見解により法的判断をしなければならないのではないか。国会や行政機関が法的判断を下すに当つても憲法に従うかぎり、やはり学者らの意見を尊重しつつ自から憲法の許すと考える範囲内でこれをなすほかないのではないか。問題であるが、本判決の多数意見はこの立場に立つて学問の自由を観念し、これと、その自由に属する事項と左様でない事項とを区別しているのではないか。

[17] 多数意見第2段は説示して要するに次のようにいう「大学の学問の自由と自治は、直接には、大学の本質に基づき、教授その他の研究者の研究、その結果の発表、教授の自由とこれらを保障するための自治とを意味する。これらの自由と自治の効果として、施設が大学当局によつて自治的に管理され、学生も一般国民以上に学問の自由を享有し大学当局の自治的管理による施設を利用できる。大学における学生の集会も右の範囲において自由と自治を認められる。」と。しかし、大学における或る教授の担任学科が演劇ないし芸術である場合に、その学科を研究する学生がその教授を受け若しくはその指導の下に演劇を行い或いは鑑賞する行為はまさに憲法上の自由に属するけれども、私は、演劇専門外の法学、理学、医学部等の学生がかような行為をすることは深い学問又は高い芸術の専門的研究ではない、と考える。教育基本法8条が「良識ある公民たるに必要な政治的教養は、教育上これを尊重しなければならない。」というのは大学教育に限らず、高等学校等についてもいうことであつて、右のような演劇を行う如きは一般教養の一部にすぎない。大学内で学生が自己の専攻に属しない事項について科学的研究、芸術の修養をすることは自由であり、大学生であるだけに余程尊重されるべきであろうが、かような活動は高等学校、中学校でも、一般市民でも、固より自由に行うことを妨げられるものではなく、これを大学生が大学内で行うからといつて「大学の学問の自由」とはいえないと思う。演劇をその専門の教授その他の研究者の指導、意向から全く離れて行うことは教授、研究者の研究でもなく、また、学生が選んだ自己の専攻学芸の専門的研究に必ずしも当らない。いわんや、本件において、若し学生らが反植民地闘争デーの一環として松川事件に取材した演劇を行うべきことを告げずして教室使用許可を受けてかかる演劇を行わんとしてその際資金カンパや渋谷事件の報告が行われたとすれば、それは、教室の許可外目的のための使用であつて、無許可使用若しくは使用権の濫用であり多数意見の判示する如く右上演集会は実社会の政治的、社会的活動に当るものというべきで、学芸の研究には属しない。（私は、わが国今日の大学前期は実は大学でなく予科にすぎず、その学生は未だ深い専門的学問研究を教授されていないのではないかと疑う。）

[18] 三　大学の学問の自由の侵害はどんな場合に起るか　立法、裁判により又は行政をもつて、或る大学又は或る学者、芸術家に或る事項の研究、発表を困難ならしめ、制限するが如き、或いは個人が学者の研究を圧迫、妨害し、資料を隠匿し、又は反対に誘惑するが如きはその侵害となろう。大学当局ないし学生自ら学問の自由を放棄するなら学問の自由は失われるであろう。例えば、所定の授業時間に教授や一般学生の教室に入場できないよう一

---

❾ [11]では、本件立入行為について、集会の自由に対する侵害にあたりうるという見解が示されている。この問題について「本判決の多数意見はなんら触れていない」（判解❶63頁）が、仮に本件立入行為が集会の自由を侵害しているとすれば、入江ほか補足意見のように防禦行為の必要性や緊急性等についても説示していたはずだと考えれば、そのような説示を欠く多数意見は、本件立入行為が集会の自由を侵害するのではないという判断を前提にしている、と読むことも許されるかもしれない。

❿ 垂水補足意見の要点は、次のとおりである。①憲法23条の「学問」には芸術が含まれる。②学生が自己の専攻に属しない事項について研究等をすることは、「大学の学問の自由」に含まれないと解すべきであるから、演劇を専攻しない学生による演劇発表会には、かかる自由の保障は及ばない。③仮に警察官の立入りが大学の学問の自由を侵害するものであつたとしても、被告人の暴行行為はその侵害を排除する手段として適切ではない（それにそかかつて演劇の進行、鑑賞を妨害するものである）。

部学生が勝手に教室入口に机や椅子を積み重ねてピケを張る如き行為や、これを大学当局が黙視する如きである。（大学は治外法権を持つものではないから、右のような授業妨害行為を実力で排除しうる自警隊を持ちえないとはいえ。）

【19】　刑法は別段大学の自由を侵す罪を規定していないが、これは何故か。前記の外、私人のする大学の自由の侵害は、概ね刑事法上の教授、研究者らに対する暴行、共同暴行、脅迫、強要、住居侵入、傷害、業務執行妨害、詐欺、名誉毀損、物の隠匿、損壊等々の犯罪の形で行われると思われ、その場合にはかような犯罪として処罰されうるからであろう。だが、貴重な学問的研究報告書を窃取する目的で、大学構内に紛れ込んだだけでは大学の自由は未だ侵されまい。侵されるとしてもそれは少くとも抽象的な意味での大学の自由である。又、大学の研究用の顕微鏡の窃取は研究者の業務妨害罪なり学問の自由の侵害に、常になるであろうか。

【20】　**四　大学の自由の擁護手段と本件**　本件起訴状記載の如き東京大学法文経第 25 番教室における劇団ポポロの演劇が、たとえ同大学における学芸の研究であり、警察員が入場券を買い自己の警察員たる身分を秘して入場したこと（これは刑法 233 条、234 条の業務妨害罪成立の要件を欠く）が、大学の学芸研究の自由の侵害であるとしても、警察員が着席して静止し、又は、退場すべく出入口に向つて歩み寄つた際に、学生がその手を押え手拳で腹部を突き或はその洋服の内ポケットに手を入れオーバーのボタンをもぎ取り或いは洋服の内ポケットに手を入れボタン穴に紐でつけてあつた警察手帳を引張つてその紐を引きちぎるなどその他の暴行を加える如きは、大学の自由の侵害を排除するに適せず、起訴にかかる刑事法上の犯罪を構成するものというほかない。この場合の暴行こそかえつて演劇の進行、鑑賞を妨害するものでなくて何であろう。原判決が犯罪の成立を阻却すべき事由として認めた事情の如きは刑法上何ら右犯罪の成立を阻却するに足るものでなく、右の場合超法規的犯罪成立阻却事由があるとした原判決の法律判断も失当である。右の如き場合、学生としては演劇の進行を妨げないよう静かに警察員に質し、理由を告げて退場を求め、或いは大学当局に急報して適切な措置を求めるに止めるべきであつた。にも拘わらず、若し起訴状記載の行為に出でたものとすればこれこそ最高学府に相応しくない、学生自身による暴力犯罪であるといわねばならない。

　裁判官石坂修一の補足意見は次の通りである。
〔省略〕

　裁判官横田正俊の意見は次のとおりである❶。

【21】　(一)　大学における学問の自由を保障するため、大学の自治が認められ、この自治の権能が大学の施設及び学生の管理にも及ぶことは、論のないところである。この大学の施設と学生の管理に関する自治は、大学における学問の自由を保障することを窮極の目的としてはいるが、その権能は、決して、純然たる学問の研究又はその結果の発表、すなわち学問に直結する事項にのみ限定されるものではない。これを学生の学内活動についていえば、学内において、純然たる学問的活動のほか、各種の活動（いわゆる自治活動）をしているのであるが、大学は、それらの活動についても、ある程度において、これを指導し監督する権限と責任をもつものといわなければならない。けだし、大学がこのような権限と責任をもち、学生の活動を健全な方向に導くことは、その結果において、学問に資することとなるからである。そして、学生の活動が大学の権限と責任の下におかれている範囲において、大学の自主性を尊重し、これに対する外部からの干渉は、できうるかぎりこれを排除すべきであるというのが、大学の自治の本義であると解される。

【22】　(二)　他面において、大学といえども治外法権を享有するものではなく、学生の学内活動もまた、個人の生命、身体及び財産の保護に任じ、犯罪の予防、鎮圧及び捜査、被疑者の逮捕、公共の安全と秩序の維持とを任務とする警察の正当な活動の対象となるものであることはいうをまたないところであり、また、この警察の活動のうちには、警察官が任意の手段によつて行う、いわゆる警備情報活動が含まれることもこれを認めなければならない。

【23】　ただし、大学における学問の自由と大学の自治の本義にかんがみれば、学内に対する警察権の行使、ことに警備情報活動は、他の場合に比較して、より慎重にこれを行い、必要の限度をこえないことが強く要請されるのである。

【24】　(三)　この大学の自治と警察権の行使の調整を図ることは、かなりの困難を伴う問題であり、結局においては、関係者の良識と節度にまつほかはないが、この点に関して注目に価するものは、原判決に示されている文部次官の通達であろう。この通達は、集会、集団行進及び集団示威運動に関する東京都条例が施行されるに際し、右条例の解釈につき、警視庁と協議の上、文部次官が、昭和 25 年 7 月 25 日、東京都内所在の大学の長等に宛てて発したものであるが、右通達中、大学の学生による学内集会に関する部分を摘示してみると、この通達においては、学校構内における集会で、学生又はその団体が学校の定める手続による許可を得て、特定の者を対象として開催されるものは、公共の場所における集会とは認めず、したがつて公安委員会の許可を要しないことが明らかにされているが、同時に、右集会の取締については学校長が措置することを建前とし、要請があつた場合に警察がこれに協力することとする旨が定められているのであつて、右は、単に集会の許可権者を明らかにしているに止まらず、学内集会に対する大学の自治と警察権の行使との調整の問題にもふれているものと解されるのである。右通達によれば、大学の責任と監督の下に行われる正規の学内集会の条件としては、特定の者を対象とするものであること、すなわち一般公衆を入場させないという意味での非公開性が定められているだけで、集会の目的、内容については、とくにふれるところはないが、本来、大学においては政治的活動はもとより（教育基本法 8 条 2 項）、大学教育の理念とする政治的中立性を害し、学問に専念すべき学生の本分にもとるがごとき社会的活動をすることは許されないのであるから、かかる目的、内容を有する集会に対しては、大学が許可に際し規制を加えること（学生の管理に関する大学の自治の作用）が当然に予定されているものと考えられるので、正規の学内集会というためには、集会が少くとも右のごとき活動を目的、内容としないものであることも条件とされているものと認められる。右通達に示されたところは、それ自体に法律的な抗力を認めることは困難であるとしても、大学の自治と警察権の行使の調整に関する一応の具体的基準を示したものとして、決して軽視してはならないものと考えられる。要するに、学生による学内集会が、少くとも以上の 2 条件を現実に具備しているかぎり、警察官のこれに対する職務行為としての立入りは、正規の法的手続を踏み、必要の限度をこえないでする場合のほかは、許されないものと解される反面、集会が現実に右条件を欠いている場合には、警察官は、これに対し、一般の屋内集会に対すると同一条件で立入ることができるのであり、その集会が大学の許可をえて学内において行われているという形式的理由だけで、警察官の立入りを拒むをえないものと解するのが相当である。もつとも、この後の場合においても、集会が単に非公開性を欠くに止まる場合においては、警察官の警備情報活動としての立入りは、警察官の特殊性にかんがみ、これが

---

❶ 横田正俊意見の要点は、次のとおりである。①大学の施設と学生の管理に関する自治は、学問に直結する事項に限られるものではなく、学生の学内における各種活動（自治活動）にも及ぶ。②学生の学内集会が、一般公衆を入場させないこと（非公開性）、政治的・社会的活動を目的・内容としないこと、という二つの条件を具備している場合には、警察官は、正規の法的手続を踏んだ必要限度の立入りでない限り、当該集会に立ち入ることができない（また、集会が上記条件のうち非公開性のみを欠く場合にも、集会主催者側が警察官の警備情報活動としての立入を拒否しうる場合がありうる）。③原判決は、上記 2 条件に関する本件集会の実態を明らかにするために必要な事項について審理不尽の違法があるため、破棄すべきである。

学内集会（ことに学問的会合）の運行を不当に妨げることとなり、集会主催者側においてその立入りを拒否するにつき正当な理由があることとなる場合もありうることを見逃してはならないであろう❶。

【25】（四）　本件につきこれをみるに、大学の公認団体である東大劇団ポポロが主催した本件学内集会が、前示通達の線に副い、大学の許可（形式上は施設使用の許可）を得て法文経25番教室において開催されたものであり、また、東大の学生、職員約300名を対象とし、政治的目的を有する集会でないことを条件として許可されたものであることは、本件記録に徴し明らかであり、また、原審は、右劇団ポポロの性格、本件集会の内容、警察官立入りの実情等につき一応の認定をしているのであるが、本件記録に徴すれば、原審は、右劇団ポポロの実体、本件集会の真の目的、その現実のあり方、許可に際し大学当局はこの集会の目的、内容をどのように理解していたか等本件集会の実態を明らかにするために必要な事項に関し審理又は判断をよく尽していないうらみがあることを否みえないのである。そして、この事実関係が明らかでないかぎり、本件集会に対する警察官の立入りが、上述したところに照し、許容される限度をこえたものであるかどうかを判定することはできないのであるから、原判決には、少くとも、右の点に関し判決に影響を及ぼすべき審理不尽の違法があり、これを破棄しなければ著しく正義に反するものと思料する。

（裁判長裁判官　横田喜三郎　裁判官　河村又介　裁判官　入江俊郎　裁判官　池田　克　裁判官　垂水克己　裁判官　河村大助　裁判官　下飯坂潤夫　裁判官　奥野健一　裁判官　石坂修一　裁判官　山田作之助　裁判官　五鬼上堅磐　裁判官　横田正俊　裁判官　斎藤朔郎）

補足説明　差戻審

本判決による差戻し後の第一審判決（東京地判昭40・6・26判時417-11）は被告人を有罪（懲役4か月）とし、これに対する被告人の控訴・上告はいずれも棄却された（東京高判昭41・9・14判時476-19、判例①）。長きにわたる東大ポポロ事件裁判は、こうして幕を閉じた。

ところで、差戻審においては、本判決の下級審に対する拘束力（裁判所法4条）の範囲が問題となった。本判決では、大法廷を構成した13名の裁判官のうち7名が少数意見を執筆しており、多数意見に全面的に与する裁判官は過半数に満たなかった。そのため、本判決において示された憲法23条に関する解釈のうち、破棄理由とした法律上の判断（つまり下級審を拘束する判断）はどの範囲なのか、必ずしも明らかではなかったのである（文献①30-31頁）。

この点、差戻し後の上告審判決である判例①は、多数意見と各補足意見に一致がみられる「大学の許可した学生集会であっても、真に学問的研究またはその結果の発表のためのものでなく、実社会の政治的社会的活動にあたる行為をする場合には、大学の有する特別の自由と自治を享有するものではない」という解釈のみを、本判決が破棄理由とした法律上の判断であると解した。このほか、「学生は教授等の有する特別な学問の自由と自治の効果としてそれらを享有しうる」という解釈についても、多数意見と垂水補足意見をあわせて過半数に達していたが、「実社会の政治的社会的活動にあたる行為をしたものである本件事案に即して」、上のように解したものと思われる（判解②50-51頁）。

Questions

①事実関係の確認

問1　劇団ポポロは、大学に公認された団体であったか。▶【事案】

問2　本件集会は、大学の許可を得ていたか。▶【事案】

問3　本件集会は、いかなる内容のものであったか。▶【事案】【5】

問4　本件集会は、実際上、東京大学の学生および教職員だけに入場を認めたものであったか。▶【事案】【5】

問5　警察官らは、なぜ本件集会に入場したのか。▶【事案】

問6　警察官らは、制服を着用するなど、自らが警察官であることを示したうえで本件集会に入場したか。▶【事案】

問7　警察官らが警備情報収集のために東京大学構内に立ち入ったのは、本件が初めてか。▶【事案】

問8　被告人は、どのような行為により、何の罪に問われたのか。▶【事案】

問9　第一審判決・第二審判決は被告人を無罪としたが、その理由はどのようなものであったか。▶【事案】

②判決の内容の確認

問10　本判決は、憲法23条が定める学問の自由について、大学教授等の研究者にも一般国民にも同等に保障されるものだと解しているか。▶【1】

問11　本判決は、憲法23条により、大学教授等の研究者でない一般国民にも教育の自由ないし教授の自由が保障されると解しているか。▶【1】

問12　本判決は、大学の自治が憲法23条によって保障されると明示しているか。▶【2】

問13　本判決は、大学の自治の内容として①研究者人事の自治と②施設・学生管理の自治を挙げたが、両者の保障の程度に差はあるか。▶【2】

問14　本判決は、一般国民よりも手厚い保障を受ける「大学の学問の自由と自治」について、学生もその直接的な享有主体だと解しているか。▶【3】

---

❶【24】で、横田正俊意見は、昭和25年7月25日付文部次官通達を「大学の自治と警察権の行使の調整に関する一応の具体的基準を示したもの」として参照している。当該通達は、東京都の集会、集団行進及び集団示威運動に関する条例（昭和25年7月3日東京都条例第44号）が制定されたことにより、集会をするのに公安委員会の許可が必要とされた際、「大学内部において集会等が普通の状態において行われる場合にも、一々その許可を公安委員会より受けなければならないのかという疑義を生ずるおそれがあった」ため、「右条例の学校内における解釈運用について文部省と警視庁と協議の上疑義が起らないように」取り決めをしたものである（判解①65頁）。

横田正俊意見によれば、当該通達が「大学の責任と監督の下に行われる正規の学内集会の条件」として明記しているのは「一般公衆を入場させないという意味での非公開性」だけであるが、それに加えて学生が政治的社会的活動をすることを目的・内容とする集会でないことも条件と解すべきである、という。実際、当時の東京大学では、「学生の団体が教室を借用するときは、行事の内容を書いて教室借用願を出し」、「政治的活動をしないという誓約」をすることになっていた（文献①11頁）。それにもかかわらず、政治的内容の、しかも一般公衆の入場を認める本件集会が東京大学に許可されたのは、「演劇が『何時の日にか』および『あさやけの詩』、入場者は大学生、職員」という教室借用願の記載からは政治性や公開性を読み取れなかったからである（同11頁）。

問15 本判決は、大学が公認した学内団体による集会や、大学が許可した集会については、直ちに大学の学問の自由と自治を享有すると解しているか。▶【4】

問16 本判決は、学生の集会が大学の学問の自由と自治を享有しないのは、いかなる場合だと説いているか。▶【4】

問17 本判決は、本件集会は大学の学問の自由と自治を享有せず、したがって本件立入行為はそれらの自由と自治を侵害しないと結論づけているが、なぜ本件集会は大学の学問の自由と自治を享有しないと判断されたのか。▶【5】

③**応用問題**

問18 本判決は、本件立入行為が学問の自由・大学の自治を侵害するか否かという点についてのみ判断を示しているが、本件立入行為は集会の自由を侵害してはいないのか。また、仮に本件立入行為が集会の自由を侵害しているとした場合、被告人の行為は違法性を阻却されるか。少数意見も参考にしながら考えてみよう。▶【11】～【14】

○ **関連判例**（本書所収以外のもの）
名古屋高判昭和45年8月25日刑月2巻8号789頁［愛知大学事件］
最判昭和48年3月22日刑集27巻2号167頁［本事件の差戻し後上告審判決］（**判例①**）

○ **本判決の調査官解説**
川添万夫「判解」最高裁判所判例解説刑事篇昭和38年度56頁（**判解①**）

○ **その他の判例解説・判例批評**
本吉邦夫「判解」最高裁判所判例解説刑事篇昭和48年度41頁［判例①の調査官解説］（**判解②**）
竹内俊子「判批」憲法判例百選Ⅰ［第6版］（2013年）193頁

○ **参考文献**
我妻榮ほか「［座談会］ポポロ事件最高裁判決をめぐって」ジュリスト277号（1963年）10頁（**文献①**）
高柳信一『学問の自由』（岩波書店、1983年）
千田謙蔵『ポポロ事件全史』（日本評論社、2008年）
岡田順太「学問の自由と大学の自治」横大道聡編『憲法判例の射程［第2版］』（弘文堂、2020年）193頁（**文献②**）

20 旭川学力テスト事件

最高裁昭和51年5月21日大法廷判決　昭和43年(あ)第1614号：建造物侵入、暴力行為等処罰に関する法律違反被告事件　刑集30巻5号615頁

事案

文部省は、全国の中学校第2・3学年の全生徒を対象とする一斉学力調査（以下「本件学力調査」という）を企画し、地方教育行政の組織及び運営に関する法律（以下「地教行法」という）54条2項に基づき、各都道府県教育委員会に対して本件学力調査の実施およびその結果に関する資料・報告の提出を求めた。北海道教育委員会は、この要求に応じ、道内の各市町村教育委員会に対して本件学力調査の実施およびその結果に関する資料・報告の提出を求めた。それを受けて、旭川市教育委員会は、同市立の各中学校長に対して本件学力調査の実施を命じた。

これに対して、北海道内の公立学校教職員によって組織される北海道教職員組合は、本件学力調査を教育に対する国家権力の不当な介入であるなどと批判し、その中止を求める活動を展開した。本件学力調査当日、北海道教職員組合と共闘関係にあった被告人らは、本件学力調査を中止させるべく、校長の制止にもかかわらず旭川市立永山中学校の校舎内に侵入し、学力調査実施中の各教室を見回っていた校長に対して暴行・脅迫を加えるなどした。これにより、被告人らは、建造物侵入罪、公務執行妨害罪、暴行罪の罪名で起訴された（正確な公訴事実は【判決】の【1】参照）。

第一審判決（旭川地判昭41・5・25 刑集30-5-1067）は、建造物侵入罪および共同暴行罪（暴力行為等処罰に関する法律1条1項）の成立は認めたが、校長に対する暴行・脅迫による公務執行妨害罪については、校長の実施しようとした本件学力調査（公務）に重大な違法性が認められることを理由として、その成立を否定した（被告人Aを罰金2500円、同Bを懲役3月、同Cを罰金5000円、同Dを懲役2月に処し、B・Cの刑について1年間の執行猶予を認めた）。これに対し双方が控訴したが、第二審判決（札幌高判昭43・6・26 刑集30-5-1148）も第一審判決の判断を是認し、各控訴を棄却した。そこで双方が上告した。

■参考条文（事件当時のもの）

地方教育行政の組織及び運営に関する法律
第23条　教育委員会は、当該地方公共団体が処理する教育に関する事務及び法律又はこれに基く政令によりその権限に属する事務で、次の各号に掲げるものを管理し、及び執行する。
(17)　教育に係る調査及び指定統計その他の統計に関すること。
第54条
2　文部大臣は地方公共団体の長又は教育委員会に対し、都道府県委員会は市町村長又は市町村委員会に対し、それぞれ都道府県又は市町村の区域内の教育に関する事務に関し、必要な調査、統計その他の資料又は報告の提出を求めることができる。

教育基本法
前文　われらは、さきに、日本国憲法を確定し、民主的で文化的な国家を建設して、世界の平和と人類の福祉に貢献しようとする決意を示した。この理想の実現は、根本において教育の力にまつべきものである。
　われらは、個人の尊厳を重んじ、真理と平和を希求する人間の育成を期するとともに、普遍的にしてしかも個性ゆたかな文化の創造をめざす教育を普及徹底しなければならない。
　ここに、日本国憲法の精神に則り、教育の目的を明示して、新しい日本の教育の基本を確立するため、この法律を制定する。
第10条　教育は、不当な支配に服することなく、国民全体に対し直接に責任を負つて行われるべきものである。
2　教育行政は、この自覚のもとに、教育の目的を遂行するに必要な諸条件の整備確立を目標として行われなければならない。

学校教育法
第38条　中学校の教科に関する事項は、……監督庁が、これを定める。
第106条　……第38条……の監督庁は、当分の間、これを文部大臣とする。〔以下略〕

学校教育法施行規則
第54条の2　中学校の教育課程については、この章に定めるもののほか、教育課程の基準として文部大臣が別に公示する中学校学習指導要領によるものとする。

Navigator

本事件では、公務執行妨害罪が公務の適法性を構成要件要素としていることから、同罪の成否に関連して、本件学力調査の適法性が争われた。特に中心的な争点となったのは、本件学力調査が教育基本法10条1項（現行法16条1項）の禁ずる「不当な支配」に当たるか否かという問題である。

この点について、本判決は、いわゆる「教育権の所在」（教育内容を決定する権能が誰に帰属するかという問題）に関する憲法解釈を示したうえで、その憲法解釈を「背景」とする教育基本法10条の解釈として、教育行政機関による教育内容に対する権力的介入は、許容される目的のために必要かつ合理的と認められる場合には「不当な支配」にあたらない、という規範を定立した。そして、当該規範に基づいて、本件学力調査は「不当な支配」にあたらないという結論を下した。

かかる判断の過程において、本判決は、憲法26条の意義、初等中等教育機関における教師の教授の自由（憲法23条）、教育基本法という法律の法的性格、教育基本法10条1項にいう「不当な支配」の意義、同条2項にいう「諸条件の整備確立」の意義、教育における地方自治の原則など、教育に関する重要かつ多数の法的問題について、最高裁として初めて見解を示している。本判決が教育分野の最重要判例といわれる所以である。極めて長大かつ複雑な判決であるため、各論点に関する判示を一つひとつ正確に理解するとともに、論点間のつながりにも注意を払いながら読み進めてほしい。

■判決の論理構造

I 本件学力調査の手続上の適法性

	Q_1：本件学力調査の行政調査該当性	→本件学力調査は固有の教育活動ではなく行政調査である
	Q_2：地教行法54条2項の解釈	→同条項は文部大臣に対して教育委員会に行政調査を命じる権限を認めていない
		↕
		実施権者である教育委員会が本件学力調査の実施を決定した以上、手続上の違法はない

II 本件学力調査の実体上の適法性

1 教育権の所在

		Q_3：教育権の所在に関する憲法解釈	→国は、親や教師等に教育の自由が認められる領域以外の領域においては、子ども自身の利益を擁護し、または子どもの成長に対する社会公共の利益と関心に応えるという目的のため、必要かつ相当と認められる範囲において、教育権を有する
		Q_4：教育基本法10条の解釈（Q_3の憲法解釈を「背景」とする）	→法令に基づく教育行政機関の行為も「不当な支配」（同条1項）にあたりうる
			↕
			教育内容に対する教育行政機関の介入は、許容される目的のために必要かつ合理的と認められる場合には、「不当な支配」にあたらない →本件学力調査は「不当な支配」にあたらない

2 教育に関する地方自治の原則

		Q_5：文部大臣主導による学力調査と地方自治	→文部大臣が教育委員会に対して本件学力調査を要求したことは地方自治の原則に反する
			↕
			その要求に応じて教育委員会が本件学力調査を実施したことは、地方自治の原則に反しない

結論：本件学力調査は手続上も実体上も適法

判　決

○　主　文

原判決及び第一審判決中被告人A、同B及び同Cに関する部分を破棄する。

被告人Aを懲役3月に、被告人Bを懲役1月に、被告人Cを懲役2月に、処する。

被告人A、同B及び同Cに対し、この裁判確定の日から1年間、その刑の執行を猶予する。

第一審及び原審における訴訟費用の負担を別紙のとおり定める。

被告人Dの本件上告を棄却する。

○　理　由

（本件の経過）

[1] 本件公訴事実の要旨は、

被告人らは、いずれも、昭和36年10月26日旭川市立永山中学校において実施予定の全国中学校一せい学力調査を阻止する目的をもって、当日、他の数十名の説得隊員とともに、同校に赴いた者であるところ、

第一　被告人A、同B、同Cは、前記説得隊員と共謀のうえ、同校校長Xの制止にもかかわらず、強いて同校校舎内に侵入し、その後、同校長より更に強く退去の要求を受けたにもかかわらず、同校舎内から退去せず、

第二　同校長が同校第2学年教室において右学力調査を開始するや、

（一）　被告人Aは、約10名の説得隊員と共謀のうえ、右学力調査立会人として旭川市教育委員会から派遣された同委員会事務局

職員Yが右学力調査の立会に赴くため同校長室を出ようとしたのに対し、共同して同人に暴行、脅迫を加えて、その公務の執行を妨害し、
(二) 被告人Cは、右学力調査補助者Zに対し暴行を加え、
(三) 被告人B、同C、同Dは、外3、40名の説得隊員と共謀のうえ、右学力調査を実施中の各教室を見回りつつあつた同校長に対し、共同して暴行、脅迫を加えて、その公務の執行を妨害したものである、

というものであつて、第一の事実につき建造物侵入罪、第二の(一)及び(三)の事実につき公務執行妨害罪、第二の(二)の事実につき暴行罪に該当するとして、起訴されたものである❶。

[2]　第一審判決は、右公訴事実第一の建造物侵入の事実については、ほぼ公訴事実に沿う事実を認定して被告人A、同B、同Cにつき建造物侵入罪の成立を認め、第二の(一)、(二)の各事実については、いずれも被告人A、同CがY及びZに暴行、脅迫を加えた事実を認めるべき証拠がないとして、公務執行妨害罪及び暴行罪の成立を否定し、第二の(三)の事実については、ほぼ公訴事実に沿う外形的事実の存在を認めたが、X校長の実施しようとした前記学力調査(以下「本件学力調査」という。)は違法であり、しかもその違法がはなはだ重大であるとして、公務執行妨害罪の成立を否定し、共同暴行罪(昭和39年法律第114号による改正前の暴力行為等処罰に関する法律1条1項)の成立のみを認め、被告人Aを建造物侵入罪で有罪とし、被告人B、同Cを建造物侵入罪と共同暴行罪とで有罪とし、両者を牽連犯として共同暴行罪の刑で処断し、被告人Dを共同暴行罪で有罪とした。

[3]　第一審判決に対し、検察官、被告人らの双方から控訴があつたが、原判決は、第一審判決の判断を是認して、検察官及び被告人らの各控訴を棄却した。

[4]　これに対し、検察官は、被告人B、同C、同Dに対する関係で上告を申し立て、また、被告人らも上告を申し立てた。

(弁護人の上告趣意について)

弁護人森川金寿、同南山富吉、同尾山宏、同彦坂敏尚、同上条貞夫、同手塚八郎、同新井章、同高橋清一、同吉川基道(旧姓川島)の上告趣意について

[5]　第一点は、判例違反をいうが、所論引用の判例はいずれも事案を異にして本件に適切でなく、第二点及び第三点は、単なる法令違反の主張であり、第四点は、事実誤認の主張であり、第五点は、判例違反をいうが、所論引用の判例はいずれも事案を異にして本件に適切でなく、いずれも適法な上告理由にあたらない❷。

(検察官の上告趣意第二点について)

一　論旨

[6]　論旨は、要するに、第一審判決及び原判決において、本件学力調査が違法であるとし、したがつて、これを実施しようとしたX校長に対する暴行は公務執行妨害罪とならないとしているのは、本件学力調査の適法性に関する法令の解釈適用を誤つたものであるというのである。よつて、所論にかんがみ、職権により、本件学力調査の適法性について判断する❸。

二　本件学力調査の適法性に関する問題点

1　本件学力調査の概要

[7]　文部省は、昭和35年秋ころ、全国中学校第2、3学年の全生徒を対象とする一せい学力調査を企画し、これを雑誌等を通じて明らかにした後、昭和36年3月8日付文部省初等中等教育局長、同調査局長連名による「中学校生徒全国一せい学力調査の実施期日について(通知)」と題する書面を、次いで、同年4月27日付同連名による「昭和36年度全国中学校一せい学力調査実施について」と題する書面に調査実施要綱を添付したものを、各都道府県教育委員会教育長等にあて送付し、各都道府県教育委員会に対し、地方教育行政の組織及び運営に関する法律(以下「地教行法」という。)54条2項に基づき、右調査実施要綱による調査及びその結果に関する資料、報告の提出を求めた。右調査実施要綱は、(1)　本件学力調査の目的は、(イ)文部省及び教育委員会においては、教育課程に関する諸施策の樹立及び学習指導の改善に役立たせる資料とすること、(ロ)中学校においては、自校の学習の到達度を全国的な水準との比較において

❶【1】から【4】では、本件事案の概要が示されている。ここでは、本件学力調査の適法性が本件事件の争点となった理由を理解しておく必要がある。被告人らの起訴罪名の一つである公務執行妨害罪(刑法95条1項)は、公務の適法性が「書かれざる構成要件要素」であると解されている。そのため、公務としてなされた本件学力調査が違法である場合には、公務執行妨害罪は成立しない。したがって、公務執行妨害罪の成否に関連して、本件学力調査の適法性が争点となったのである。

❷【5】では、弁護人らの上告趣意はいずれも適法な上告理由にあたらないとの判断が示されている。

❸【6】では、検察官の上告趣意を受けて、本判決において本件学力調査の適法性について判断する旨が述べられている。

❹【7】から【10】では、本件学力調査の概要およびその実施に至る経緯が説明されている。このうち特に注意すべき事情は、次の点である。(1)本件学力調査は、文部省が企画し、地教行法54条2項を根拠に各都道府県の教育委員会に命じたものであった。(2)文部省が作成して各都道府県の教育委員会に送付した調査実施要綱は、本件学力調査の目的の一つとして「中学校においては、自校の学習の到達度を、全国的な水準との比較においてみることにより、その長短を知り、生徒の学習の指導とその向上に役立たせる指導とすること」を掲げるとともに、調査結果の利用に関する留意事項の一つとして「『生徒指導要録』の標準検査の記録欄には調査結果の換算点を記録すること」と記載したものであった(判解①169-174頁に調査実施要綱の全文が記載されているので、参照されたい)。なお、生徒指導要録とは、生徒の学籍や

みることにより、その長短を知り、生徒の学習の指導とその向上に役立たせる資料とすること、㈥文部省及び教育委員会においては、学習の改善に役立つ教育条件を整備する資料とすること、㈡文部省及び教育委員会においては、育英、特殊教育施設などの拡充強化に役立てる等今後の教育施策を行うための資料とすること等であり、⑵ 調査の対象は、全国中学校第2、3学年の全生徒とし、⑶ 調査する教科は、国語、社会、数学、理科、英語の5教科とし、⑷ 調査の実施期日は、昭和36年10月26日午前9時から午後3時までの間に、1教科50分として行い、⑸ 調査問題は、文部省において問題作成委員会を設けて教科別に作成し、⑹ 調査の系統は、都道府県教育委員会（以下「都道府県教委」という。）は当該都道府県内の学力調査の全般的な管理運営にあたり、また、市町村教育委員会（以下「市町村教委」という。）は当該市町村の公立中学校の学力調査を実施するが、右実施のため、原則として、管内の各中学校長を当該学校のテスト責任者に、同教員を同補助員に命じ、更に教育委員会事務局職員などをテスト立会人として各中学校に派遣し、⑺ 調査結果の整理集計は、原則として、市町村立学校については市町村教委が行い、都道府県教委において都道府県単位の集計を文部省に提出するものとし、⑻ なお、調査結果の利用については、生徒指導要録の標準検査の記録欄に調査結果の換算点を記録する、等の内容を含むものである❹。

【8】　そこで、北海道教育委員会（以下「北海道教委」という。）は、同年6月20日付教育長名の通達により、道内各市町村教委に対して同旨の調査及びその結果に関する資料、報告の提出を求め、これを受けた旭川市教育委員会（以下「旭川市教委」という。）においては、同年10月23日、同市立の各中学校長に対し、学校長をテスト責任者として各中学校における本件学力調査の実施を命じるに至った。

【9】　なお、北海道教委及び旭川市教委の権限行使の根拠規定としては、それぞれ地教行法54条2項、23条17号が挙げられていた。

【10】　以上の事実は、原判決が適法に確定するところである。

2　第一審判決及び原判決の見解

【11】　第一審判決及び原判決は、前記の過程を経て行われた本件学力調査は、文部省が独自に発案し、その具体的内容及び方法の一切を立案、決定し、各都道府県教委を経て各市町村教委にそのとおり実施させたものであって、文部省を実質上の主体とする調査と認めるべきものであり、その適法性もまた、この前提に立って判断すべきものであるとしたうえ、右調査は、⑴ その性質、内容及び影響からみて教育基本法（以下「教基法」という。）10条1項にいう教育に対する不当な支配にあたり、同法を初めとする現行教育法秩序に違反する実質的違法性をもち、また、⑵ 手続上の根拠となりえない地教行法54条2項に基づいてこれを実施した点において、手続上も違法である、と判断している。そこで、以下において右の2点につき検討を加える❺。

三　本件学力調査と地教行法54条2項（手続上の適法性）

【12】　㈠　原判決は、本件学力調査は、教育的価値判断にかかわり、教育活動としての実質を有し、行政機関による調査（行政調査）のわくを超えるものであるから、地教行法54条2項を根拠としてこれを実施することはできない、と判示している❻。

【13】　行政調査は、通常、行政機関がその権限を行使する前提として、必要な基礎資料ないしは情報を収集、獲得する作用であって、文部省設置法5条1項12号、13号、28号、29号は、特定事項に関する調査を文部省の権限事項として掲げ、地教行法23条17号は、地方公共団体の教育にかかる調査を当該地方公共団体の教育委員会（以下「地教委」という。）の職務権限としているほか、同法53条は、特に文部大臣による他の教育行政機関の所掌事項についての調査権限を規定し、同法54条にも調査に関する規定がある。本件学力調査がこのような行政調査として行われたものであることは、前記実施要綱に徴して明らかであるところ、原判決は、右調査が試験問題によって生徒を試験するという方法をとっている点をとらえて、それは調査活動のわくを超えた固有の教育活動であるとしている。しかしながら、本件学力調査においてとられた右の方法が、教師の行う教育活動と一部としての試験とその形態を同じくするものであることは確かであるとしても、学力調査と

指導に関する原簿であり、指導に関する記録としては各教科の評定（成績）などを記載することとされている。

❺【11】では、第一審判決・第二審判決の概要が示されている。両判決は、本件学力調査について、教育に対する「不当な支配」（教育基本法10条1項）にあたる点（実質的違法性）、手続上の根拠とならない地教行法54条2項を根拠として実施された点（手続的違法性）で、実質上も手続上も違法だと判断した。

❻【12】から【16】は、本件学力調査の手続的違法性に関する説示である。手続的違法性に関する論点は、① 地教行法54条2項は行政調査に関する規定であるところ、本件学力調査は行政調査といえるか、② 本件学力調査は手続的にみて法律上の根拠を有するか、という2点に区分される（判解①202頁）。

【12】および【13】では、このうち①の点について、本件学力調査は行政調査といえる、という判断が示されている。それによれば、本件学力調査が行政調査としてなされたものであることは、その調査実施要綱に徴して明らかである。第二審判決は、本件学力調査が試験問題によって生徒を試験するという方法をとっている点に着目して、それを行政調査の枠を超えた教育活動だと評価した。しかし、教育活動としての試験は個々の生徒に対する教育の一環としての成績評価のためになされるものであるが、本件学力調査はあくまでも全国中学校の生徒の学力の程度が一般的にどのようなものであるかを調査するためになされたものであり、両者はその趣旨と性格を異にする、という。

なお、本件学力調査が生徒に対する試験という方法をとった点は、むしろ行政調査の実質的違法性（方法の相当性）に関する事情として検討すべきであると指摘されており、この点の検討は主に【43】でなされている。

しての試験は、あくまでも全国中学校の生徒の学力の程度が一般的にどのようなものであるかを調査するためにされるものであつて、教育活動としての試験の場合のように、個々の生徒に対する教育の一環としての成績評価のためにされるものではなく、両者の間には、その趣旨と性格において明らかに区別があるのである。それ故、本件学力調査が生徒に対する試験という方法で行われたことの故をもつて、これを行政調査というよりはむしろ、固有の教育活動としての性格をもつものと解し、したがつて地教行法54条2項にいう調査には含まれないとすることは、相当でない。もつとも、行政調査といえども、無制限に許されるものではなく、許された目的のために必要とされる範囲において、その方法につき法的制約が存する場合にはその制約の下で、行われなければならず、これに違反するときは、違法となることを免れない。原判決の指摘する上記の点は、むしろ本件学力調査の右の意味における適法性の問題に帰し、このような問題として論ずれば足りるのであつて、これについては、後に四で詳論する。

【14】 (ニ) 次に、原判決は、地教行法54条2項は、文部大臣において地教委が自主的に実施した調査につきその結果の提出を要求することができることを規定したにとどまり、その前提としての調査そのものの実施を要求する権限を認めたものでないから、文部省が同条項の規定を根拠として本件学力調査の実施を要求することはできず、この点においても右調査の実施は手続上違法である、と判示している❼。

【15】 地教行法54条2項が、同法53条との対比上、文部大臣において本件学力調査のような調査の実施を要求する権限までをも認めたものと解し難いことは、原判決の説くとおりである。しかしながら、このことは、地教行法54条2項によつて求めることができない文部大臣の調査要求に対しては、地教委においてこれに従う法的義務がないということを意味するだけであつて、右要求に応じて地教委が行つた調査行為がそのために当然に手続上違法となるわけのものではない。地教委は、前述のように、地教行法23条17号により当該地方公共団体の教育にかかる調査をする権限を有しており、各市町村教委による本件学力調査の実施も、当該市町村教委が文部大臣の要求に応じその所掌する中学校の教育にかかる調査として、右法条に基づいて行つたものであつて、文部大臣の要求によつてはじめて法律上根拠づけられる調査権限を行使したというのではないのである。その意味において、文部大臣の要求は、法手続上は、市町村教委による調査実施の動機をなすものであるにすぎず、その法的要件をなすものではない。それ故、本件において旭川市教委が旭川市立の各中学校につき実施した調査行為は、たとえそれが地教行法54条2項の規定上文部大臣又は北海道教委の要求に従う義務がないにもかかわらずその義務があるものと信じてされたものであつても、少なくとも手続上は権限なくしてされた行為として違法であるということはできない。そして、市町村教委は、市町村立の学校を所管する行政機関として、その管理権に基づき、学校の教育課程の編成について基準を設定し、一般的な指示を与え、指導、助言を行うとともに、特に必要な場合には具体的な命令を発することもできると解するのが相当であるから、旭川市教委が、各中学校長に対し、授業計画を変更し、学校長をテスト責任者としてテストの実施を命じたことも、手続的には適法な権限に基づくものというべく、要するに、本件学力調査の実施には手続上の違法性はないというべきである。

【16】 もつとも、右のように、旭川市教委による調査実施行為に手続上の違法性はないとしても、それが地教行法54条2項による文部大臣の要求に応じてされたという事実がその実質上の適法性の問題との関連においてどのように評価、判断されるべきかは、おのずから別個の観点から論定されるべき問題であり、この点については、四で検討する❽。

四 本件学力調査と教育法制（実質上の適法性）

【17】 原判決は、本件学力調査は、その目的及び経緯に照らし、全体として文部大臣を実質上の主体とする調査であり、市町村教委の実施行為はその一環をなすものにすぎず、したがつてその実質上の適否は、右の全体としての調査との関連において判断されなければならないとし、文部大臣の右調査は、教基法10条を初めとする現行教育法秩序に違反する実質違法性をもち、ひいては旭川市教委による調査実施行為も違法であることを免れない、と断じている。本件学力調査は文部大臣において企画、立案し、その要求

❼ 【14】と【15】では、本件学力調査は法律上の根拠を有するか、という点について検討されている。
第二審判決は、地教行法54条2項が文部大臣に認めているのは、地教委が自主的に実施した調査について、その結果の提出を要求する権限にとどまり、地教委に対して調査そのものの実施を要求する権限を認めたわけではないから、文部省が同条項を根拠にして地教委に本件学力調査の実施を要求することはできない、と判示した。
それに対し、本判決は、地教行法54条2項に関する第二審判決の前記解釈は正当であるが、だからといって文部大臣の要求に従ってなされた本件学力調査が手続上違法となるわけではない、と断じた。それによれば、地教行法54条2項が文部大臣に対して地教委に調査の実施を要求する権限を認めていないということは、地教委に文部大臣の調査要求に従う法的義務がないということ、換言すれば、地教委は自らの判断で調査を実施することができるのであり、文部大臣の調査要求は調査の法的要件ではない、ということを意味するにすぎない。したがって、地教委による調査が文部省の要求を動機としてなされたとしても、また文部省の要求に従う法的義務があると誤解してなされたとしても、調査権限を有する地教委自身が当該調査の実施を決定している以上、その調査は手続上適法である、という。
この点について、判解①204頁は、「文部大臣と各地教委の関係は、本件学力調査に関する限り、上級監督行政庁と下級行政庁との間の指揮命令関係の問題で、その関係における上級庁の命令の適否は、下級庁の応諾義務の存否に影響するのみであって、これに応じて下級庁がみずから有する権限に基づいてした行為が当然に違法となるものでないことは、行政法の一般理論である」ところ、「本判決は、この一般理論がそのまま妥当するものとしたものであろう」と説明している。

❽ 【16】では、本件学力調査が文部大臣の要求に応じて実施されたという点は、実質的違法性（教育に関する地方自治の原則）との関係でも検討されるべき事情だと付言されている。「市教委の本件学力〔調査〕実施行為がその権限内の行為として、手続的には適法であるとしても、それが文部大臣からの要求を受け、これに応じてされたという事実は法的に全く無意味というわけではなく、市教委の行為の実質的な適法性に影響を与えることはあり得る」からである（判解①204-205頁）。この点の検討は、【46】から【48】でなされている。

❾ 【17】以下では、本件学力調査の実質的違法性について検討されている。このうち【17】では、本件学力調査が文部大臣において企画、立案し、その要求に応じて実施されたものであることに鑑み、その実質的違法性（とり

に応じて実施されたものであり、したがつて、当裁判所も、右調査実施行為の実質上の適法性、特に教基法10条との関係におけるそれは、右の全体としての調査との関連において検討、判断されるべきものとする原判決の見解は、これを支持すべきものと考える。そこで、以下においては、このような立場から本件学力調査が原判決のいうように教基法10条を含む現行の教育法制及びそれから導かれる法理に違反するかどうかを検討することとする❾。

1 子どもの教育と教育権能の帰属の問題

[18] (一) 子どもの教育は、子どもが将来一人前の大人となり、共同社会の一員としてその中で生活し、自己の人格を完成、実現していく基礎となる能力を身につけるために必要不可欠な営みであり、それはまた、共同社会の存続と発展のためにも欠くことのできないものである。この子どもの教育は、その最も始源的かつ基本的な形態としては、親が子との自然の関係に基づいて子に対して行う養育、監護の作用の一環としてあらわれるのであるが、しかしこのような私事としての親の教育及びその延長としての私的施設による教育をもつてしては、近代社会における経済的、技術的、文化的発展と社会の複雑化に伴う教育要求の質的拡大及び量的増大に対応しきれなくなるに及んで、子どもの教育が社会における重要な共通の関心事となり、子どもの教育をいわば社会の公共的課題として公共の施設を通じて組織的かつ計画的に行ういわゆる公教育制度の発展をみるに至り、現代国家においては、子どもの教育は、主としてこのような公共施設としての国公立の学校を中心として営まれるという状態になつている❿。

[19] ところで、右のような公教育制度の発展に伴つて、教育全般に対する国家の関心が高まり、教育に対する国家の支配ないし介入が増大するに至つた一方、教育の本質ないしはそのあり方に対する反省も深化し、その結果、子どもの教育は誰が支配し、決定すべきかという問題との関連において、上記のような子どもの教育に対する国家の支配ないし介入の当否及びその限界が極めて重要な問題として浮かびあがるようになつた。このことは、世界的な現象であり、これに対する解決も、国によつてそれぞれ異なるが、わが国においても戦後の教育改革における基本的問題の一つとしてとりあげられたところである。本件における教基法10条の解釈に関する前記の問題の背景には右のような事情があり、したがつて、この問題を考察するにあたつては、広く、わが国において憲法以下の教育関係法制が右の基本的問題に対していかなる態度をとつているかという全体的な観察の下で、これを行わなければならない。

[20] (二) ところで、わが国の法制上子どもの教育の内容を決定する権能が誰に帰属するとされているかについては、二つの極端に対立する見解があり、そのそれぞれが検察官及び弁護人の主張の基底をなしているようにみうけられる。すなわち、一の見解は、子どもの教育は、親を含む国民全体の共通関心事であり、公教育制度は、このような国民の期待と要求に応じて形成、実施されるものであつて、そこにおいて支配し、実現されるべきものは国民全体の教育意思であるが、この国民全体の教育意思は、憲法の採用する議会制民主主義の下においては、国民全体の意思の決定の唯一のルートである国会の法律制定を通じて具体化されるべきものであるから、法律は、当然に、公教育における教育の内容及び方法についても包括的にこれを定めることができ、また、教育行政機関も、法律の授権に基づく限り、広くこれらの事項について決定権限を有する、と主張する。これに対し、他の見解は、子どもの教育は、憲法26条の保障する子どもの教育を受ける権利に対する責務として行われるべきもので、このような責務をになう者は、親を中心とする国民全体であり、公教育としての子どもの教育は、いわば親の教育義務の共同化ともいうべき性格をもつのであつて、それ故にまた、教基法10条1項も、教育は、国民全体の信託の下に、これに対して直接に責任を負うように行われなければならないとしている、したがつて、権力主体としての国の子どもの教育に対するかかわり合いは、右のような国民の教育義務の遂行を側面から助成するための諸条件の整備に限られ、子どもの教育の内容及び方法については、国は原則として介入権能をもたず、教育は、その実施にあたる教師が、その教育専門家としての立場から、国民全体に対して教育的、文化的責任を負うような形で、その内容及び方法を決定、遂行すべきものであり、このことはまた、憲法23条における学問の自由の保障が、学問研究の自由ばかりでなく、教授の自由をも含み、教授の自由は、教育の本質上、高等教育

❾ とりわけ教育基本法10条適合性）は、市町村教委の実施行為だけでなく、かかる全体としての調査との関連において検討、判断されるべきだという見解が示されている（この見解は第二審判決でとられたものであるところ、本判決もその見解を支持する旨が述べられている）。

❿ 【18】と【19】では、教育基本法10条に関する問題の背景として、公教育制度が成立し発展していった歴史的経緯が論じられている。それによれば、子どもの教育の最も始源的かつ基本的な形態は、親による私事としての教育であるが、それだけでは教育要求の質的・量的増大に対応しきれなくなったため、子どもの教育を公共の施設を通じて組織的かつ計画的に行う公教育制度が発展することとなった、という。

⓫ 【20】では、いわゆる「教育権の所在」、すなわち教育の内容を決定する権能（教育権）が誰に帰属するかという問題について、検察官および弁護人の各主張の基底をなす「二つの極端に対立する見解」が紹介されている。一つは、子どもの教育は親を含む国民全体の共通関心事であることから、その内容は、議会制民主主義のもとにおいて国民全体の意思を決定する唯一のルートである国会の法律制定、およびその法律の授権を受けた教育行政機関の決定に委ねられるべきであるという見解であり、「国家教育権説」と呼ばれるものである。もう一つは、子どもに対する教育の内容は、精神的・文化的営みであることから、一般の政治問題とは異なり議会制民主主義による決定にはなじまないのであり、その実施にあたる教師（ないし教師集団）が、教育専門家としての立場から、国民全体に対して教育的・文化的責任を負うような形で決定すべきだという見解であり、「国民教育権説」と呼ばれるものである（両説の対立点について詳しくは判解①205-211頁）。検察官の主張は国家教育権説、弁護人の主張は国民教育権説を基礎としている。なお、国家教育権説をとった裁判例として判例②、国民教育権説をとった裁判例として判例①がある。

のみならず、普通教育におけるそれにも及ぶと解すべきことによつても裏付けられる、と主張するのである❶。

[21]　当裁判所は、右の二つの見解はいずれも極端かつ一方的であり、そのいずれをも全面的に採用することはできないと考える。以下に、その理由と当裁判所の見解を述べる❷。

2　憲法と子どもに対する教育権能

[22]　(一)　憲法中教育そのものについて直接の定めをしている規定は憲法26条であるが、同条は、1項において、「すべて国民は、法律の定めるところにより、その能力に応じて、ひとしく教育を受ける権利を有する。」と定め、2項において、「すべて国民は、法律の定めるところにより、その保護する子女に普通教育を受けさせる義務を負う。義務教育は、これを無償とする。」と定めている。この規定は、福祉国家の理念に基づき、国が積極的に教育に関する諸施設を設けて国民の利用に供する責務を負うことを明らかにするとともに、子どもに対する基礎的教育である普通教育の絶対的必要性にかんがみ、親に対し、その子女に普通教育を受けさせる義務を課し、かつ、その費用を国において負担すべきことを宣言したものであるが、この規定の背後には、国民各自が、一個の人間として、また、一市民として、成長、発達し、自己の人格を完成、実現するために必要な学習をする固有の権利を有すること、特に、みずから学習することのできない子どもは、その学習要求を充足するための教育を自己に施すことを大人一般に対して要求する権利を有するとの観念が存在しているとも考えられる。換言すれば、子どもの教育は、教育を施す者の支配的権能ではなく、何よりもまず、子どもの学習をする権利に対応し、その充足をはかりうる立場にある者の責務に属するものとしてとらえられているのである❸。

[23]　しかしながら、このように、子どもの教育が、専ら子どもの利益のために、教育を与える者の責務として行われるべきものであるということからは、このような教育の内容及び方法を、誰がいかにして決定すべく、また、決定することができるかという問題に対する一定の結論は、当然には導き出されない。すなわち、同条が、子どもに与えるべき教育の内容は、国の一般的な政治的意思決定手続によつて決定されるべきか、それともこのような政治的意思の支配、介入から全く自由な社会的、文化的領域内の問題として決定、処理されるべきかを、直接一義的に決定していると解すべき根拠は、どこにもみあたらないのである❹。

[24]　(二)　次に、学問の自由を保障した憲法23条により、学校において現実に子どもの教育の任にあたる教師は、教授の自由を有し、公権力による支配、介入を受けないで自由に子どもの教育内容を決定することができるとする見解も、採用することができない。確かに、憲法の保障する学問の自由は、単に学問研究の自由ばかりでなく、その結果を教授する自由をも含むと解されるし、更にまた、専ら自由な学問的探究と勉学を旨とする大学教育に比してむしろ知識の伝達と能力の開発を主とする普通教育の場においても、<u>例えば教師が公権力によって特定の意見のみを教授することを強制されないという意味において、また、子どもの教育が教師と子どもとの間の直接の人格的接触を通じ、その個性に応じて行われなければならないという本質的要請に照らし、教授の具体的内容及び方法につきある程度自由な裁量が認められなければならないという意味においては、一定の範囲における教授の自由が保障</u>されるべきことを肯定できないではない。しかし、大学教育の場合には、学生が一応教授内容を批判する能力を備えていると考えられるのに対し、普通教育においては、児童生徒にこのような能力がなく、教師が児童生徒に対して強い影響力、支配力を有することを考え、また、普通教育においては、子どもの側に学校や教師を選択する余地が乏しく、教育の機会均等をはかる上からも全国的に一定の水準を確保すべき強い要請があること等に思いをいたすときは、普通教育における教師に完全な教授の自由を認めることは、とうてい許されないところといわなければならない。もとより、教師間における討議や親を含む第三者からの批判によつて、教授の自由にもおのずから抑制が加わることは確かであり、これに期待すべきところも少なくないけれども、それによつて右の自由の濫用等による弊害が効果的に防止されるという保障はなく、憲法が専ら右のような社会的自律作用による抑制のみに期待していると解すべき合理的根拠は、全く存しないのである❺。

[25]　(三)　思うに、子どもはその成長の過程において他からの影響によつて大きく

❷　[21]では、国家教育権説、国民教育権説のいずれをも全面的には採用しないという判断が示されている。

❸　[22]では、憲法26条の背後には子どもの「学習権」という観念が存在するため、子どもの教育は、教育を施す者の支配的権能としてではなく、子どもの学習権の充足をはかりうる立場にある者の「責務」として捉えられるべきということが説かれている。この見解を前提にすれば、「親の教育についての権能も権利というよりはむしろ子どもの学習する権利を保障すべき責務という実質を持つものといわなければならない」し、「国家が有する教育に関する権能」も「子どもの学習権保障のためのものであって、国家自身の利益や何らかの国家的価値の実現のためのものではない」のであり、親も国家も「ともに相たずさえて、子どもの学習する権利保障の義務を負うべきものである」ということになる（判解①213頁）。

❹　[23]では、[22]で示された学習権概念が教育権の所在に関する特定の見解と結びつくものではないということが指摘されている。学習権概念は国民教育権説がその論拠として提唱したものであったが（判解①210頁）、本判決は両者を不可分一体のものとは捉えなかったのである。

もっとも、本判決も学習権概念と教育権の所在の関係性を完全に否定しているわけではないだろう。教育を受ける権利を純然たる社会権（国家に対する請求権）と解した場合には、生存権を具体化する社会保障制度の創設が国家の責務であるのと同様に、教育内容を含む公教育制度の創設も国家の責務であると解されやすい（実際、国家教育権説はこれを論拠の一つとしていた）。それに対して、子どもの教育を受ける権利の本質を「学習要求を充足するための教育を自己に施すことを大人一般に対して要求する権利」と解した場合には、教育内容の決定は学習権の充足をはかりうる立場にある「大人一般」の責務となり、その決定権を国家に独占させる必然性はなくなる。その意味で、学習権概念は、本判決において、国家教育権説の論拠を弱める機能を果たしたと考えられる。

❺　[24]では、憲法23条により初等中等教育機関における教師に「公権力による支配、介入を受けないで自由に子どもの教育内容を決定することができる」という意味での教授の自由が認められると解することはできない、と説かれている。初等中等教育機関においては、教師が児童生徒に対して強い影響力・支配力を有すること、また教育の機会均等という点からも全国的に一定の水準を確保すべき強い要請があることが、その理由である。

もっとも、本判決は、初等中等教育機関の教師にも、「公権力によって特定の意見のみを教授することを強制されないという意味」や、「教授の具体的内容及び方法につきある程度自由な裁量が認められなければならないという意味」などにおいて、「一定の範囲における教授の自由」を認めた。これは、東大ポポロ事件判決〔本書19事件〕が「大学における教授の自由を認めたものの、下級の教育機関におけるそれについては、むしろ否定的であった」ことからすれば、同判決を「一歩進めたもの」ということができる（判解①214頁）。

左右されるいわば可塑性をもつ存在であるから、子どもにどのような教育を施すかは、その子どもが将来どのような大人に育つかに対して決定的な役割をはたすものである。それ故、子どもの教育の結果に利害と関心をもつ関係者が、それぞれその教育の内容及び方法につき深甚な関心を抱き、それぞれの立場からその決定、実施に対する支配権ないしは発言権を主張するのは、極めて自然な成行きということができる。子どもの教育は、前述のように、専ら子どもの利益のために行われるべきものであり、本来的には右の関係者らがその目的の下に一致協力して行うべきものであるけれども、何が子どもの利益であり、また、そのために何が必要であるかについては、意見の対立が当然に生じうるのであって、そのために教育内容の決定につき矛盾、対立する主張の衝突が起こるのを免れることができない。憲法がこのような矛盾対立を一義的に解決すべき一定の基準を明示的に示していないことは、上に述べたとおりである。そうであるとすれば、憲法の次元におけるこの問題の解釈としては、右の関係者らのそれぞれの主張のよつて立つ憲法上の根拠に照らして各主張の妥当すべき範囲を画するのが、最も合理的な解釈というべきである❶。

【26】　そして、この観点に立つて考えるときは、まず親は、子どもに対する自然的関係により、子どもの将来に対して最も深い関心をもち、かつ、配慮をすべき立場にある者として、子どもの教育に対する一定の支配権、すなわち子女の教育の自由を有すると認められるが、このような親の教育の自由は、主として家庭教育等学校外における教育や学校選択の自由にあらわれるものと考えられるし、また、私学教育における自由や前述した教師の教授の自由も、それぞれ限られた一定の範囲においてこれを肯定するのが相当であるけれども、それ以外の領域においては、一般に社会公共的な問題について国民全体の意思を組織的に決定、実現すべき立場にある国は、国政の一部として広く適切な教育政策を樹立、実施すべく、また、しうる者として、憲法上は、あるいは子ども自身の利益の擁護のため、あるいは子どもの成長に対する社会公共の利益と関心にこたえるため、必要かつ相当と認められる範囲において、教育内容についてもこれを決定する権能を有するものと解さざるをえず、これを否定すべき理由ないし根拠は、どこにもみいだせないのである。もとより、政党政治の下で多数決原理によつてされる国政上の意思決定は、さまざまな政治的要因によつて左右されるものであるから、本来人間の内面的価値に関する文化的な営みとして、党派的な政治的観念や利害によつて支配されるべきでない教育にそのような政治的影響が深く入り込む危険があることを考えるときは、教育内容に対する右のごとき国家的介入についてはできるだけ抑制的であることが要請されるし、殊に個人の基本的自由を認め、その人格の独立を国政上尊重すべきものとしている憲法の下においては、子どもが自由かつ独立の人格として成長することを妨げるような国家的介入、例えば、誤つた知識や一方的な観念を子どもに植えつけるような内容の教育を施すことを強制するようなことは、憲法26条、13条の規定上からも許されないと解することができるけれども、これらのことは、前述のような子どもの教育内容に対する国の正当な理由に基づく合理的な決定権能を否定する理由となるものではないといわなければならない❶。

3　教基法10条の解釈

【27】　次に、憲法における教育に対する国の権能及び親、教師等の教育の自由についての上記のような理解を背景として、教基法10条の規定をいかに解釈すべきかを検討する❶。

【28】　(一)　教基法は、憲法において教育のあり方の基本を定めることに代えて、わが国の教育及び教育制度全体を通じる基本理念と基本原理を宣明することを目的として制定されたものであつて、戦後のわが国の政治、社会、文化の各方面における諸改革中最も重要な問題の一つとされていた教育の根本的改革を目途として制定された諸立法の中で中心的地位を占める法律であり、このことは、同法の前文の文言及び各規定の内容に徴しても、明らかである。それ故、同法における定めは、形式的には通常の法律規定として、これと矛盾する他の法律規定を無効にする効力をもつものではないけれども、一般に教育関係法令の解釈及び運用については、法律自体に別段の規定がない限り、できるだけ教基法の規定及び同法の趣旨、目的に沿うように考慮が払われなければならないというべきである❶。

【29】　ところで、教基法は、その前文の示すように、憲法の精神にのつとり、民主

❶【25】では、憲法が「教育権論争」を一義的に解決すべき一定の基準を示してはいないため、憲法上の教育権の所在の解釈としては、「関係者らのそれぞれの主張のよつて立つ憲法上の根拠に照らして各主張の妥当すべき範囲を画する」のが合理的である、と説かれている。「国家の教育権か、国民の教育権かとの二者択一論を排し、親、教師、私学、国家等の教育権（限）の範囲をそれぞれ画定していこうとする基本的姿勢を示した」のである（判批①301頁）。

❶【26】では、各教育関係者の教育権の範囲が画定されている。
　それによれば、親の教育の自由は、主に家庭教育等の学校外における教育や学校選択の自由に現れる。【18】と【19】でも論じられていたように、「親の教育の自由は、教育における最も原初的、始源的形態であって、歴史的には、もともと親が子どもの教育についてのすべての決定権能を有していたとされるのであるが、……公教育制度発展の歴史に伴い、その範囲が順次縮小されてきたものと解されている」（判解①215頁）。また、教師の教育の自由は【24】に示された範囲において認められるし、私学教育における自由も一定の範囲で肯定される（判解①215頁によれば、「私学教育における自由は、本件では論点とされていないこともあって、その内容は明らかにされておらず、今後に残された問題であるが、具体的には、私学設置、運営の自由や、私学における教育内容決定の自由などが考えられ」る）。
　そして、これらの自由が認められる領域以外の領域においては、国が、子ども自身の利益を擁護するという目的、あるいは子どもの成長に対する公共の利益と関心に応えるという目的のため、必要かつ相当と認められる範囲において、教育権を有する。もっとも、教育内容に対する国家的介入はできるだけ抑制的であることが要請されるし、子どもが自由かつ独立の人格として成長することを妨げるような国家的介入は許されない。

❶【27】から【35】では、教育基本法10条の解釈が展開されている。【27】で述べられているように、これから論じられる同条の解釈は、教育権の所在に関する上記の憲法解釈を「背景」とするものである（これは一種の憲法適合的解釈と捉えてよいだろう）。

❶【28】では、教育基本法の法的性格について論じられている。この点については、(1) 教育基本法は、実質的には憲法と一体をなすものであるから、それに違反する法律は無効である、と解する「準憲法的法律説」と、(2) 教育基本法も法形式上は通常の法律であり、他の法律と同様の効力を有するにすぎないと解する見解とが対立していた（判解①217-218頁）。本判決は、教育基本法に他の法律を無効にする効力までは認めなかったが、同法制定の目的・経緯に鑑みて、他の法令の解釈・運用の基本としての効力を有すると解した。法規範として下位にある命令だけでなく、法規範として対等であるはずの法律も、教育基本法の趣旨に適合するように解釈されるべきだということであり、その意味で同法に特別の効力を認めたものといえる。

的で文化的な国家を建設して世界の平和と人類の福祉に貢献するために は、教育が根本的重要性を有するとの認識の下に、個人の尊厳を重んじ、真理と平和を希求する人間の育成を期するとともに、普遍的で、しかも個性豊かな文化の創造をめざす教育が今後におけるわが国の教育の基本理念であるとしている。これは、戦前のわが国の教育が、国家による強い支配の下で形式的、画一的に流れ、時に軍国主義的又は極端な国家主義的傾向を帯びる面があつたことに対する反省によるものであり、右の理念は、これを更に具体化した同法の各規定を解釈するにあたつても、強く念頭に置かれるべきものであることは、いうまでもない❷。

【30】　(二)　本件で問題とされている教基法10条は、教育と教育行政との関係についての基本原理を明らかにした極めて重要な規定であり、1項において、「教育は、不当な支配に服することなく、国民全体に対し直接に責任を負つて行われるべきものである。」と定め、2項において、「教育行政は、この自覚のもとに、教育の目的を遂行するに必要な諸条件の整備確立を目標として行われなければならない。」と定めている。この規定の解釈については、検察官の主張と原判決が大筋において採用したと考えられる弁護人の主張との間に顕著な対立があるが、その要点は、(1) 第一に、教育行政機関が法令に基づいて行政を行う場合は右教基法10条1項にいう「不当な支配」に含まれないと解すべきかどうかであり、(2) 第二に、同条2項にいう教育の目的を遂行するに必要な諸条件の整備確立とは、主として教育施設の設置管理、教員配置等のいわゆる教育の外的事項に関するものを指し、教育課程、教育方法等のいわゆる内的事項については、教育行政機関の権限は原則としてごく大綱的な基準の設定に限られ、その余は指導、助言的作用にとどめられるべきものかどうかである、と考えられる㉑。

【31】　(三)　まず、(1)の問題について考えるのに、前記教基法10条1項は、その文言からも明らかなように、教育が国民から信託されたものであり、したがつて教育は、右の信託にこたえて国民全体に対して直接責任を負うように行われるべく、その間において不当な支配によつてゆがめられることがあつてはならないとして、教育が専ら教育本来の目的に従つて行われるべきことを示したものと考えられる。これによつてみれば、同条項が排斥しているのは、教育が国民の信託にこたえて右の意味において自主的に行われることをゆがめるような「不当な支配」であつて、そのような支配と認められる限り、その主体のいかんは問うところでないと解しなければならない。それ故、論理的には、教育行政機関が行う行政でも、右にいう「不当な支配」にあたる場合がありうることを否定できず、問題は、教育行政機関が法令に基づいてする行為が「不当な支配」にあたる場合がありうるかということに帰着する。思うに、憲法に適合する有効な他の法律の命ずるところをそのまま執行する教育行政機関の行為がここにいう「不当な支配」となりえないことは明らかであるが、上に述べたように、他の教育関係法律は教基法の規定及び同法の趣旨、目的に反しないように解釈されなければならないのであるから、教育行政機関がこれらの法律を運用する場合においても、当該法律規定が特定的に命じていることを執行する場合を除き、教基法10条1項にいう「不当な支配」とならないように配慮しなければならない拘束を受けているものと解されるのであり、その意味において、教基法10条1項は、いわゆる法令に基づく教育行政機関の行為にも適用があるものといわなければならない㉒。

【32】　(四)　そこで、次に、上記(2)の問題について考えるのに、原判決は、教基法10条の趣旨は、教育が「国民全体のものとして自主的に行われるべきものとするとともに」、「教育そのものは人間的な信頼関係の上に立つてはじめてその成果をあげうることにかんがみ、教育の場にあつて被教育者に接する教員の自由な創意と工夫とに委ねて教育行政機関の支配介入を排し、教育行政機関としては、右の教育の目的達成に必要な教育条件の整備確立を目標とするところにその任務と任務の限界があることを宣明」したところにあるとし、このことから、「教育内容及び教育方法等への(教育行政機関の)関与の程度は、教育機関の種類等に応じた大綱的基準の定立のほかは、法的拘束力を伴わない指導、助言、援助を与えることにとどまると解すべきである。」と判示している㉓。

【33】　思うに、子どもの教育が、教師と子どもとの間の直接の人格的接触を通じ、子どもの個性に応じて弾力的に行われなければならず、そこに教師の自由な

❷　【29】では、教育基本法に定められた教育の基本理念が示され、同法の各規定の解釈においてもこの基本理念を念頭に置くべきことが説かれている。「戦前のわが国の教育が、国家による強い支配の下で形式的、画一的に流れ、時に軍国主義的又は極端な国家主義的傾向を帯びる面があつたことに対する反省」のうえに定められた当該基本理念を念頭に置く以上、【24】で憲法解釈として説かれたのと同様、教育基本法の解釈としても、教育に対する国家的介入はできるだけ抑制的であることが要請されると考えられる。

㉑　【30】では、教育基本法10条の解釈における争点が整理されている。それは、①法令に基づく教育行政も同条1項の「不当な支配」にあたりうるか、②同条2項が教育行政の目標とする「諸条件の整備確立」は、教育内容・方法に関する事項(いわゆる内的事項)については、ごく大綱的な基準の設定に限られるべきか、という2点である。

㉒　【31】では、【30】で示された一つ目の争点について判断されている。それによれば、まず、教育基本法10条1項が禁ずる「不当な支配」とは、教育が国民の信託に応えて自主的に行われることを歪めるような支配を意味し、その主体のいかんを問わない。次に、法令に基づく教育行政は、憲法に適合する法律が特定的に命じていることをそのまま執行する場合には「不当な支配」に該当しないが、その他の場合には「不当な支配」に該当しうる。【28】で説かれたように、教育基本法は他の法令の解釈・運用の基本としての効力を有するため、教育行政機関が法令を教育基本法10条1項の趣旨に適合しない形で解釈・運用した場合には、それは「不当な支配」にあたりうる、ということである。

国家教育権説は、「法律に根拠をもつ支配を法律そのものによる支配と同一視」したうえで、法令に基づく教育行政は「不当な支配」に含まれないと主張していた。しかし、その立論は、「教育行政機関の行為は、法律の規定が特定的に命じていることをそのまま執行することはごく稀であつて、むしろ大部分は、法律を解釈適用し、その結果各種の行為を行うことが多い」こと、および「教基法が、戦前のわが国における教育への政治的、行政的に不当な干渉、官僚的支配に対する反省のうえに制定され、教育を不当な政治的、行政的干渉から独立させることを一つの目標としたものであること」を見落としているため、採用しがたいものであった(判解① 220頁)。

㉓　【32】から【35】では、【30】で示された二つ目の争点について判断されている。このうち【32】では、第二審判決の見解が紹介されている。第二審判決は、教育内容・方法に対する教育行政機関の関与の程度は、教育機関の種類等に応じた大綱的基準の定立のほかは、法的拘束力を伴わない指導、助言、援助を与えることにとどまるべきであると解した。

創意と工夫の余地が要請されることは原判決の説くとおりであるし、また、教基法が前述のように戦前における教育に対する過度の国家的介入、統制に対する反省から生まれたものであることに照らせば、同法10条が教育に対する権力的介入、特に行政権力によるそれを警戒し、これに対して抑制的態度を表明したものと解することは、それなりの合理性を有するけれども、このことから、教育内容に対する行政の権力的介入が一切排除されているものであるとの結論を導き出すことは、早計である。さきにも述べたように、憲法上、国は、適切な教育政策を樹立、実施する権能を有し、国会は、国の立法機関として、教育の内容及び方法についても、法律により、直接に又は行政機関に授権して必要かつ合理的な規制を施す権限を有するのみならず、子どもの利益のため又は子どもの成長に対する社会公共の利益のためにそのような規制を施すことが要請される場合もありうるのであり、国会が教基法においてこのような権限の行使を自己限定したものと解すべき根拠はない。むしろ教基法10条は、国の教育統制権能を前提としつつ、教育行政の目標を教育の目的の遂行に必要な諸条件の整備確立に置き、その整備確立のための措置を講ずるにあたつては、教育の自主性尊重の見地から、これに対する「不当な支配」となることのないようにすべき旨の限定を付したところにその意味があり、したがつて、**教育に対する行政権力の不当、不要の介入は排除されるべきであるとしても、許容される目的のために必要かつ合理的と認められるそれは、たとえ教育の内容及び方法に関するものであつても、必ずしも同条の禁止するところではないと解するのが、相当である**❷。

【34】　もつとも、原判決も、教育の内容及び方法に対する教育行政機関の介入が一切排除されていると解しているわけではなく、前述のように、権力的介入としては教育機関の種類等に応じた大綱的基準の設定を超えることができないとするにとどまつている。原判決が右にいう大綱的基準としてどのようなものを考えているかは必ずしも明らかでないが、これを国の教育行政機関についていえば、原判決において、前述のような教師の自由な教育活動の要請と現行教育法体制における教育の地方自治の原則に照らして設定されるべき基準は全国的観点からする大綱的なものに限定されるべきことを指摘し、かつ、後述する文部大臣の定めた中学校学習指導要領を右の大綱的基準の限度を超えたものと断じているところからみれば、原判決のいう大綱的基準とは、弁護人の主張するように、教育課程の構成要素、教科名、授業時数等のほか、教科内容、教育方法については、性質上全国的画一性を要する度合が強く、指導助言行政その他国家立法以外の手段ではまかないきれない、ごく大綱的な事項を指しているもののように考えられる❷。

【35】　思うに、国の教育行政機関が法律の授権に基づいて義務教育に属する普通教育の内容及び方法について遵守すべき基準を設定する場合には、教師の創意工夫の尊重等教基法10条に関してさきに述べたところのほか、後述する教育に関する地方自治の原則をも考慮し、右教育における機会均等の確保と全国的な一定の水準の維持という目的のために必要かつ合理的と認められる大綱的なそれにとどめられるべきものと解しなければならないけれども、右の大綱的基準の範囲に関する原判決の見解は、狭きに失し、これを採用することはできないと考える。これを前記学習指導要領についていえば、文部大臣は、学校教育法38条、106条による中学校の教科に関する事項を定める権限に基づき、普通教育に属する中学校における教育の内容及び方法につき、上述のような教育の機会均等の確保等の目的のために必要かつ合理的な基準を設定することができるものと解すべきところ、本件当時の中学校学習指導要領の内容を通覧するのに、おおむね、中学校において地域差、学校差を超えて全国的に共通なものとして教授されることが必要な最小限度の基準と考えても必ずしも不合理とはいえない事項が、その根幹をなしていると認められるのであり、その中には、ある程度細目にわたり、かつ、詳細に過ぎ、また、必ずしも法的拘束力をもつて地方公共団体を制約し、又は教師を強制するのに適切でなく、また、はたしてそのように制約し、ないしは強制する趣旨であるかどうか疑わしいものが幾分含まれているとしても、右指導要領の下における教師による創造的かつ弾力的な教育の余地や、地方ごとの特殊性を反映した個別化の余地が十分に残されており、全体としてはなお全国的な大綱的基準としての性格をもつものと認められるし、また、その内容においても、教師に対し一方的な一定の理論ないしは観念を生徒に教え込む

❷　【33】では、教育内容に対する行政の権力的介入は、許容される目的のために必要かつ合理的と認められる場合には教育基本法10条に反しない、という見解が示されている。すでに【26】において、憲法解釈として、国は正当な目的のために必要かつ相当と認められる範囲で教育権を有する、ということが認められていた。したがって、国会が教育基本法によってその教育権を「自己限定」していない限り、同法の解釈としても、教育行政機関は同様の範囲で教育内容に介入しうることになる。この点、本判決は、同法10条はかかる教育権を「自己限定」したものではなく、「国の教育統制権能を前提とし」たものだと解したのである。

❷　【34】では、教育内容に対する教育行政の権力的介入がどの範囲で認められるかという点について、第二審判決の見解が分析されている。第二審判決は、その範囲を「大綱的基準」の設定に限定したうえで、本事件当時の中学校学習指導要領を大綱的基準の限度を超えたものと判断した。

❷　【35】では、国の教育行政機関（つまり文部省）が法律の授権に基づいて義務教育の内容・方法について遵守すべき基準を設定する場合の限度について検討されている。本判決は、当該限度を第二審判決と同様に「大綱的基準」と表現したが、その範囲については第二審判決よりも広く解し、本事件当時の中学校学習指導要領も大綱的基準として是認することができると判断した。その判断において考慮されたのは、⑨教師による創造的かつ弾力的な教育の余地や、⑩地方ごとの特殊性を反映した個別化の余地が十分に残されているという点である。

なお、本判決は、当該学習指導要領にまったく問題がないとしたわけではなく、「ある程度細目にわたり、かつ、詳細に過ぎ、また、必ずしも法的拘束力をもつて地方公共団体を制約し、又は教師を強制するに適切でなく、また、はたしてそのように制約し、ないしは強制する趣旨であるかどうか疑わしいものが幾分含まれている」ということを認めていることに、留意を要する。この点について、判解①233頁は、当該学習指導要領には問題のある箇所もあり、「当時のような内容の学習指導要領を作成することが教育政策として適当であるか否か疑問が残されていることは、本判決の指摘する通りであるが、法律的にみる限りは、全体として判断するほかないであろう」と指摘している。

ことを強制するような点は全く含まれていないのである。それ故、上記指導要領は、全体としてみた場合、教育政策上の当否はともかくとして、少なくとも法的見地からは、上記目的のために必要かつ合理的な基準の設定として是認することができるものと解するのが、相当である❷。

4 本件学力調査と教基法10条

[36] そこで、以上の解釈に基づき、本件学力調査が教基法10条1項にいう教育に対する「不当な支配」として右規定に違反するかどうかを検討する❷。

[37] 本件学力調査が教育行政機関である文部大臣において企画、立案し、その要求に応じて実施された行政調査たる性格をもつものであることはさきに述べたとおりであるところ、それが行政調査として教基法10条との関係において適法とされうるかどうかを判断するについては、さきに述べたとおり、その調査目的において文部大臣の所掌とされている事項と合理的関連性を有するか、右の目的のために本件のような調査を行う必要性を肯定することができるか、本件の調査方法に教育に対する不当な支配とみられる要素はないか等の問題を検討しなければならない❷。

[38] (一) まず、本件学力調査の目的についてみるのに、右調査の実施要綱には、前記二の1の(1)で述べたように、調査目的として四つの項目が挙げられている。このうち、文部大臣及び教育委員会において、調査の結果を、(イ)の教育課程に関する諸施策の樹立及び学習指導の改善に役立たせる資料とすること、(ハ)の学習の改善に役立つ教育条件を整備する資料とすること、(ニ)の育英、特殊教育施設などの拡充強化に役立てる等今後の教育施策を行うための資料とすること等は、文部大臣についていえば、文部大臣が学校教育等の振興及び普及を図ることを任務とし、これらの事項に関する国の行政事務を一体的に遂行する責任を負う行政機関（文部省設置法4条）として、全国中学校における教育の機会均等の確保、教育水準の維持、向上に努め、教育施設の整備、充実をはかる責務と権限を有することに照らし、これらの権限と合理的関連性を有するものと認めることができるし、右目的に附随して、地教委をしてそれぞれの所掌する事項に調査結果を利用させようとすることも、文部大臣の地教委に対する指導、助言的性格のものとして不当ということはできない。また、右4項目中(ロ)の、中学校において、本件学力調査の結果により、自校の学習の到達度を全国的な水準との比較においてみることにより、その長短を知り、生徒の学習の指導とその向上に役立たせる資料とするという項目は、それが文部大臣固有の行政権限に直接関係せず、中学校における教育実施上の目的に資するためのものである点において、調査目的として正当性を有するかどうか問題であるけれども、右は、本件学力調査全体の趣旨、目的からいえば、単に副次的な意義をもつものでしかないと認めるのが相当であるのみならず、調査結果を教育活動上利用すべきことを強制するものではなく、指導、助言的性格のものにすぎず、これをいかに利用するかは教師の良識ある判断にまかせられるべきものと考えられるから、右の(ロ)が調査目的の一つに掲げられているからといって、調査全体の目的を違法不当のものとすることはできないというべきである❷。

[39] (二) 次に、本件学力調査は、原判決の認定するところによれば、文部省が当時の中学校学習指導要領によって試験問題を作成し、二の1で述べたように、全国の中学校の全部において一せいに右問題による試験を行い、各地教委にその結果を集計、報告させる等の方法によって行われたものであって、このような方法による調査が前記の調査目的のために認めることができるかどうか、及び教育に対する不当な支配の要素をもつものでないかどうかは、慎重な検討を要する問題である❸。

[40] まず、必要性の有無について考えるのに、全国の中学校における生徒の学力の程度がどの程度のものであり、そこにどのような不足ないし欠陥があるかを知ることは、上記の(イ)、(ハ)、(ニ)に掲げる諸施策のための資料として必要かつ有用であることは明らかであり、また、このような学力調査の方法としては、結局試験によってその結果をみるよりほかにはないのであるから、文部大臣が全国の中学校の生徒の学力をできるだけ正確かつ客観的に把握するためには、全国の中学校の生徒に対し同一試験問題によって同一調査日に同一時間割で一せいに試験を行うことが必要であると考えたとしても、決して不合理とはいえない。それ故、本件学力調査は、その必要性の点において欠けるところはないというべきである❸。

❷ [36]から[45]では、本件学力調査は教育基本法10条1項の禁ずる「不当な支配」にあたるか、という本事件の中心的争点に関する判断が示されている。

❷ [37]では、本件学力調査が「不当な支配」にあたるか否かを判断するうえで検討すべき問題として、①本件調査目的が文部大臣の所掌事項と合理的関連性を有するか、②その調査目的のために本件学力調査を行う必要性を肯定することができるか、③本件学力調査の方法に教育に対する不当な支配とみられる要素はないか、という点が挙げられている。①の点について、調査を実施したのは市町村教委であるにもかかわらず、文部大臣の所掌事項との合理的関連性が要求されているのは、本件学力調査が文部大臣によって企画・立案され、その要求に応じて実施されたものであることから、本件学力調査の実質的適法性はかかる全体としての調査との関連において検討されるべきだと解されたためである（[17]）。

❷ [38]では、本件調査目的について、文部大臣の所掌事項と合理的関連性を有するという判断がなされている。判解①234頁によれば、「行政調査自体は固有の教育行政権限事項となんらかの合理的関連性をもちうる目的のために行いうるものであるから、その範囲は相当広いものに及びうるわけであって、特段の悪用目的に出たことが認められない限り、目的の不法自体が違法となることは少ないと考えてよい」。しかし、その見解を前提にしても、中学校において本件学力調査の結果を生徒の学習の指導とその向上に役立たせるという目的については、文部大臣固有の行政権限に直接関係しないため、慎重な検討が必要とされた。この点について、本判決は、当該目的が「正当性を有するかどうか問題である」ことを認めつつ、それが目的全体の中で「単に副次的な意義をもつものでしかない」こと、および「調査結果を教育活動上利用すべきことを強制するものではな」いことを考慮し、それが調査目的の一つに掲げられていることをもって調査全体の目的を違法不当と評価することはできない、と判断した。

❸ [39]以下では、本件学力調査の方法の適法性について検討されている。

❸ [40]では、本件学力調査の必要性が肯定されている。全国の中学校における生徒の学力の程度等は、[38]中の(イ)(ハ)(ニ)に掲げられた諸施策のための資料として必要かつ有用であるところ、それをできるだけ正確かつ客観的に把握するためには、全国の中学校の生徒に対し同一試験問題によって同一調査日に同一時間割で一斉に試験を行うという方法にも必要性が認められる、という判断である。

【41】　（三）　問題となるのは、上記のような方法による調査が、その一面において文部大臣が直接教育そのものに介入するという要素を含み、また、右に述べたような調査の必要性によっては正当化することができないほどに教育に対して大きな影響力を及ぼし、これらの点において文部大臣の教育に対する「不当な支配」となるものではないか、ということである❷。

【42】　これにつき原判決は、右のような方法による本件学力調査は教基法10条にいう教育に対する「不当な支配」にあたるとし、その理由として、(1)　右調査の実施のためには、各中学校において授業計画の変更を必要とするが、これは実質上各学校の教育内容の一部を強制的に変更させる意味をもつものであること、また、(2)　右調査は、生徒を対象としてその学習の到達度と学校の教育効果を知るという性質のものである点において、教師が生徒に対する学習指導の結果を試験によって把握するのと異なるところがなく、教育的価値判断にかかわる教育活動としての実質をもっていること、更に、(3)　前記の方法による調査を全国の中学校のすべての生徒を対象として実施することは、これらの学校における日常の教育活動を試験問題作成者である文部省の定めた学習指導要領に盛られている方針ないしは意向に沿って行わせる傾向をもたらし、教師の自由な創意と工夫による教育活動を妨げる一般的危険性をもつものであり、現に一部においてそれが現実化しているという現象がみられること、を挙げている❸。

【43】　そこでまず、右(1)及び(2)の点について考えるのに、本件学力調査における生徒に対する試験という方法が、あくまでも生徒の一般的な学力の程度を把握するためのものであって、個々の生徒の成績評価を目的とするものではなく、教育活動そのものとは性格を異にするものであることは、さきに述べたとおりである。もっとも、試験という形態をとる以上、前者の目的でされたものが後者の目的に利用される可能性はあり、現に本件学力調査においても、試験の結果を生徒指導要録に記録させることとしている点からみれば、両者の間における一定の結びつきの存在を否定することはできないけれども、この点は、せっかく実施した試験の結果を生徒に対する学習指導にも利用させようとする指導、助言的性格のものにすぎないとみるべきであるから、以上の点をもって、文部省自身が教育活動を行ったものであるとすることができないのはもちろん、教師に対して一定の成績評価を強制し、教育に対する実質的な介入をしたものとすることも、相当ではない。また、試験実施のために試験当日限り各中学校における授業計画の変更を余儀なくされることになるとしても、右変更が年間の授業計画全体に与える影響についてみるとき、それは、実質上各学校の教育内容の一部を強制的に変更させる意味をもつほどのものではなく、前記のような本件学力調査の必要性によって正当化することができないものではないのである❹。

【44】　次に、(3)の点について考えるのに、原判決は、本件学力調査の結果として、全国の中学校及びその教師の間に、学習指導要領の指示するところに従った教育を行う風潮を生じさせ、教師の教育の自由が阻害される危険性があることをいうが、もともと右学習指導要領自体が全体としてみて中学校の教育課程に関する基準の設定として適法なものであり、これによって必ずしも教師の教育の自由を不当に拘束するものとは認められないことはさきに述べたとおりであるのみならず、本件学力調査は、生徒の一般的な学力の実態調査のために行われたもので、学校及び教師による右指導要領の遵守状況を調査し、その結果を教師の勤務評定にも反映させる等して、間接にその遵守を強制ないし促進するために行われたものではなく、右指導要領は、単に調査のための試験問題作成上の基準として用いられたにとどまっているのである。もっとも、右調査の実施によって、原判決の指摘するように、中学校内の各クラス間、各中学校間、更には市町村又は都道府県間における試験成績の比較が行われ、それがはねかえってこれらのものの間の成績競争の風潮を生み、教育上必ずしも好ましくない状況をもたらし、また、教師の真に自由で創造的な教育活動を畏縮させるおそれが絶無であるとはいえず、教育政策上はたして適当な措置であるかどうかについては問題がありうべく、更に、前記のように、試験の結果を生徒指導要録の標準検査の欄に記録させることとしている点については、特にその妥当性に批判の余地があるとしても、本件学力調査実施要綱によれば、同調査においては、試験問題の程度は全体として平易なものとし、特別の準備を要しないものとすることとされ、また、個々

❷【41】では、本件学力調査の方法に「不当な支配」とみられる要素がないかという点について検討するうえでの考慮要素が示されている。それは、文部大臣が直接教育そのものに介入するという要素を含んでいないか（教育に対する介入の直接性）、教育に対して調査の必要性によっては正当化することができないほどの大きな影響力を及ぼすものではないか（教育に対する影響力の程度）、という２点である。

❸【42】では、本件学力調査が「不当な支配」にあたるとした第二審判決の判断が紹介されている。第二審判決は、本件学力調査が、①実質上各学校の教育内容の一部を強制的に変更させる意味をもつこと、②教育活動としての実質をもっていること、③教師の自由な創意と工夫による教育活動を妨げる危険性をもつことを理由に、「不当な支配」にあたるとした。【41】で示された考慮要素にあてはめるならば、①と③は教育に対する影響力の程度、②は教育に対する介入の直接性を主に問題にするものといえるだろう。

❹【43】では、【42】に掲げられた第二審判決の理由づけの第１点・第２点が否定されている。
　まず第２点（教育活動としての実質）については、「ある行為の法的性質を決するには、単にその行為の形式をみるのみならず、その目的、趣旨等を総合して判断することを必要とする」（判解①237頁）という見解に基づき、本件学力調査の目的は個々の生徒の成績評価ではなく生徒の一般的な学力を把握することにあること（113）、試験の結果を生徒指導要録に記録させることとしているのは、試験の結果を生徒に対する学習指導にも利用させようとする指導・助言的性格のものにすぎず、教師に対して一定の成績評価を強制するものではないことを理由に、文部省自身が教育活動を行ったものではないし、教育に対する実質的な介入をしたものでもないと判断されている。
　次に第１点（授業計画の変更）については、「授業計画の変更があれば、直ちに不当な介入であるのではなく、その及ぼす影響と必要性とを比較対照して適法、違法を決すべき」（判解①236頁）という見解を前提にしたうえで、本件学力調査の実施に伴う授業計画の変更が年間の授業計画全体に与える影響は、本件学力調査の必要性によって正当化することができないものではない、と判断されている。

❺【44】では、【42】に掲げられた第二審判決の理由づけの第３点（日常の教育活動に及ぼす影響）が否定されている。その理由は、以下のとおりである。
　第１に、第二審判決は、本件学力調査により学習指導要領に従った教育を行う風潮を生じさせることを問題視している。しかし、本事件当時の学習指導要領は中学校の教育課程に関する基準の設定として適法なものであるから（【35】）、これをもって教師の教育の自由を不当に拘束するものとは認められないし、そもそも本件学力調査は学習指導要領の遵守を強制ないし促進するために行われたものではない。
　第２に、確かに、本件学力調査の実施により教師の真に自由で創造的な教育活動を萎縮させるおそれが絶無であるとはいえないし、試験の結果を生徒指導要録の標準検査の欄に記録させることとしている点については、特にその妥当性に批判の余地がある。しかし、試験問題を全体として平易にし、特別の準備を要しないものとしたり、個々の学校、生徒、市町村、都道府県についての調査結果を公表しないこととしたりする等の配慮が加えられていることや、教育関係者等の良識を前提とする限りは、極端なテスト準備教育が行われる危険性がそれほど強いとは考えられないことなどからすれば、前記目的のための必要性をもってしては正当化することができないほどの教育に対する強い影響力・支配力をもつとは

の学校、生徒、市町村、都道府県についての調査結果は公表しないこととされる等一応の配慮が加えられていたことや、原判決の指摘する危険性も、教師自身を含めた教育関係者、父母、その他社会一般の良識を前提とする限り、それが全国的に現実化し、教育の自由が阻害されることとなる可能性がそれほど強いとは考えられないこと（原判決の挙げている一部の県における事例は、むしろ例外的現象とみるべきである。）等を考慮するときは、法的見地からは、本件学力調査を目して、前記目的のための必要性をもつてしては正当化することができないほどの教育に対する強い影響力、支配力をもち、教基法10条にいう教育に対する「不当な支配」にあたるものとすることは、相当ではなく、結局、本件学力調査は、その調査の方法において違法であるということはできない㉟。

【45】（四） 以上説示のとおりであつて、本件学力調査には、教育そのものに対する「不当な支配」として教基法10条に違反する違法があるとすることはできない㊱。

5 本件学力調査と教育の地方自治

【46】 なお、原判決は、文部大臣が地教委をして本件のような調査を実施させたことは、現行教育法制における教育の地方自治の原則に反するものを含むとして、この点からも本件学力調査の適法性を問題としているので、最後にこの点について判断を加える㊲。

【47】（一） 思うに、現行法制上、学校等の教育に関する施設の設置、管理及びその他教育に関する事務は、普通地方公共団体の事務とされ（地方自治法2条3項5号）、公立学校における教育に関する権限は、当該地方公共団体の教育委員会に属するとされる（地教行法23条、32条、43条等）等、教育に関する地方自治の原則が採用されているが、これは、戦前におけるような国の強い統制の下における全国的な画一的教育を排して、それぞれの地方の住民に直結した形で、各地方の実情に適応した教育を行わせるのが教育の目的及び本質に適合するとの観念に基づくものであつて、このような地方自治の原則が現行教育法制における重要な基本原理の一つをなすものであることは、疑いをいれない。そして、右の教育に関する地方自治の原則からすれば、地教委の有する教育に関する固有の権限に対する国の行政機関である文部大臣の介入、監督の権限に一定の制約が存することも、原判決の説くとおりである。このような制限は、さまざまの関係において問題となりうべく、前記中学校学習指導要領の法的効力に関する問題もその一つであるが、この点についてはすでに触れたので、以下においては、本件学力調査において、文部大臣が地教行法54条2項によつては地教委にその調査の実施を要求することができないにもかかわらずこれを要求し、地教委をしてその実施に至らせたことが、教育に関する地方自治の原則に反するものとして実質的違法性を生じさせるものであるかどうかを、検討する㊳。

【48】（二） 文部大臣は、地教行法54条2項によつては地教委に対し本件学力調査の実施をその義務として要求することができないことは、さきに三において述べたとおりであり、このような要求をすることが教育に関する地方自治の原則に反することは、これを否定することができない。しかしながら、文部大臣の右要求行為が法律の根拠に基づかないものであるとしても、そのために右要求に応じて地教委がした実施行為が地方自治の原則に違反する行為として違法となるかどうかは、おのずから別個の問題である。思うに、文部大臣が地教行法54条2項によつて地教委に対し本件学力調査の実施を要求することができるとの見解を示して、地教委にその義務の履行を求めたとしても、地教委は必ずしも文部大臣の右見解に拘束されるものではなく、文部大臣の右要求に対し、これに従うべき法律上の義務があるかどうか、また、法律上の義務はないとしても、右要求を一種の協力要請と解し、これに応ずるのを妥当とするかどうかを、独自の立場で判断し、決定する自由を有するのである。それ故、地教委が文部大臣の要求に応じてその要求にかかる事項を実施した場合には、それは、地教委がその独自の判断に基づきこれに応ずべきものと決定して実行に踏み切つたことに帰着し、したがつて、たとえ右要求が法律上の根拠をもたず、当該地教委においてこれに従う義務がない場合であつたとしても、地教委が当該地方公共団体の内部において批判を受けることは格別、窮極的にはみずからの判断と意見に基づき、その有する権限の行使としてした実施行為がそのために実質上違法となるべき理はないというべ

いえない。

㊱ 【45】では、本件学力調査は「不当な支配」にあたらないという結論が下されている。以上の「不当な支配」該当性に関する説示について、文献②28-31頁は、本判決が本件学力調査について、教育活動性の否定、日常教育活動への影響の過小評価、教育委員会の自主的判断による実施、という三つの「フィクション」を設定したと分析したうえで、「最高裁がかなり無理筋の解釈ともいえる三つのフィクションを周到に仕掛けなければならなかったほど、当時の全国学カテストは限りなく最高裁自身の設定した『不当な支配』ラインに肉薄していたのかもしれない」と指摘している。

㊲ 【46】以下では、文部大臣が地教委に本件学力調査を実施させたことが教育に関する地方自治の原則に反しないか、という点について検討されている。

㊳ 【47】では、地方自治の原則が現行教育法制における重要な基本原理の一つであることが認められている。最高裁が教育に関する地方自治の原則を承認したのは、本判決が初めてである（判解①239頁）。

㊴ 【48】では、本件学力調査の実施には教育に関する地方自治の原則に反する違法はない、という判断が示されている。その内容を敷衍すると、次のとおりである（判解①239頁）。教育に関する地方自治の原則からすれば、公立学校における教育に関する権限は地方の教育行政機関である教育委員会に属するのであり、国の教育行政機関である文部省が教育委員会に命令するには、法律の根拠が必要である。しかし、文部省が地教委に対する要求の根拠規定とした地教行法54条2項は、文部大臣に地教委に対して行政調査の実施を要求する権限を認めたものではない（151）。したがって、文部大臣が地教委に本件学カ調査の実施を要求したことは、法律の根拠を有しない要求であり、教育に関する地方自治の原則に反する。しかし、だからといって本件学力調査の実施が直ちに地方自治の原則に反することにはならない（文部大臣による「要求」と地教委による「実施」とは別個に検討すべきである）。地教委には文部大臣の前記要求に従う義務はない。とすれば、それにもかかわらず地教委が文部大臣の要求に応じて本件学力調査を実施したことは、法的には、地教委が自らの判断で行ったものと評価するほかない。そうである以上、本件学力調査は教育に関する地方自治の原則には反しないというべきである。

きである。それ故、本件学力調査における調査の実施には、教育における地方自治の原則に反する違法があるとすることはできない❸。

　　　五　結　び

【49】　以上の次第であつて、本件学力調査には、手続上も実質上も違法はない❹。

【50】　そうすると、X校長の本件学力調査の実施は適法な公務の執行であつて、同校長がこのような職務を執行するにあたりこれに対して暴行を加えた本件行為は公務執行妨害罪を構成すると解するのが、相当である。これと異なる見地に立ち、被告人B、同C、同Cの齋藤校長に対する暴行につき公務執行妨害罪の成立を認めず、共同暴行罪の成立のみを認めた第一審判決及びこれを維持した原判決は、地教行法54条2項、23条17号、教基法10条の解釈を誤り、ひいては刑法95条1項の適用を誤つたものであつて、その誤りは判決に影響を及ぼし、かつ、原判決及び第一審判決を破棄しなければ著しく正義に反するものと認める❹。

　（結　論）

【51】　よつて、検察官の上告趣意中のその余の所論に対する判断を省略し、刑訴法414条、396条により被告人Aの本件上告を棄却し、同法411条1号により原判決及び第一審判決中被告人B、同C、同Cに関する部分を破棄し、なお、直ちに判決をすることができるものと認めて、同法413条但書により被告人B、同C、同Cに対する各被告事件について更に判決する❹。

【52】　第一審判決の証拠の標目掲記の各証拠によると、被告人B、同C、同Cは、いずれも、昭和36年10月26日旭川市永山町所在の旭川市立永山中学校において実施予定の全国中学校一せい学力調査を阻止するための説得活動をする目的をもつて、当日、同校に赴いた者であるところ、⑴被告人Bは、右説得活動をするために集まつた約70名の者と互いにその意思を通じて共謀のうえ、同日午前8時過ぎころ、右の者らとともに、同校正面玄関から、同校校長Xの制止にもかかわらず、同校長が管理する永山中学校校舎内各所に立ち入り、もつて故なく建造物に侵入し、被告人Cは、同日午前9時ころ、前記のとおりすでに故なく校舎内に侵入していた者らと意思を通じて、同校正面玄関から右校舎内各所に立ち入り、もつて故なく建造物に侵入し、また、⑵　同校長が同日午前11時40分ころから同校2階の2年A、B、C、D各組の教室において学力調査を実施し始めたところ、㈠被告人Cは、同日午後零時過ぎころ、2年各組の教室前の廊下において、職務として学力調査実施中の各教室を見回りつつあつた同校長に対し、同校長が教室への出入りを妨げられたためやむなく2年D組教室の外側窓から同C組教室の外側窓に足をかけて渡つた事実をとらえて、「最高責任者である校長が窓渡りをするとはあまりに非常識じやないか。」等と激しく非難抗議をするに際し、手拳をもつて同校長の胸部付近を突いて暴行を加え、もつてその公務の執行を妨害し、更に、㈡被告人B、同C、同Cは、そのころ、同校2階において、職務として学力調査実施中の各教室を見回りつつあつた同校長を階下校長室に連れて行こうとして、同校長の周辺に集まつていた約14、5名の者と互いに意思を通じて共謀のうえ、被告人Bにおいては同校長の右腕をかかえて2、3歩引つぱり、被告人C、同Cにおいては右の者らとともに同校長の身近かにほぼ馬てい形にこれをとり囲み、これらの者は口々に「テストを中止したらどうか。」とか「下へ行つて話をしよう。」などと抗議し、あるいは促し、また、同校長の体に手をかけたり、同校長が教室内にはいろうとするのを出入口に立つて妨げる等して、同校長をとり囲んだままの状態で、同校長をして、その意思に反して正面玄関側階段方向へ2年A組教室前付近まで移動するのやむなきに至らせて同校長の行動の自由を束縛する等の暴行を加え、もつてその公務の執行を妨害したものであることが、認められる❹。

【53】　右事実に法令を適用すると、被告人B、同Cの所為中建造物侵入の点は、行為時においては刑法60条、130条前段、昭和47年法律第61号による改正前の罰金等臨時措置法3条1項1号に、裁判時においては刑法60条、130条前段、昭和47年法律第61号による改正後の罰金等臨時措置法3条1項1号に該当するが、犯罪後の法律により刑の変更があつたときにあたるから、刑法6条、10条により軽い行為時法の刑によることとし、X校長の職務の執行に対し暴行を加えた点は、同法60条、95条1項に

❹【49】では、本事件の争点である本件学力調査の適法性について、手続上も実質上も違法性は認められない、という最終的な結論が下されている。

❹【50】では、本件学力調査は適法であるため、それが違法であることを前提に公務執行妨害罪の成立を否定した第二審判決・第一審判決は破棄されるべきである、という判断が示されている。

❹【51】では、破棄差戻しではなく破棄自判をする旨が述べられている。

❹【52】では、第一審判決の証拠の標目掲記の各証拠によって認められる事実が示されている。

❹【53】では、【52】に示された事実に法令が適用され、主文のとおりの判決が導かれている。

該当し、被告人Cの同校長の職務の執行に対し暴行を加えた所為は、包括して同法60条、95条1項に該当するところ、被告人B、同Cの建造物侵入と公務執行妨害との間には手段結果の関係があるので、同法54条1項後段、10条により一罪として重い後者の罪につき定めた懲役刑で処断し、被告人Cの罪につき所定刑中懲役刑を選択することとし、各刑期の範囲内において、被告人Bを懲役3月に、被告人Cを懲役1月に、被告人Cを懲役2月に処し、同法25条1項を適用して、被告人B、同C、同Cに対し、この裁判確定の日から1年間その刑の執行を猶予し、また、公訴事実第二の㈡の被告人CのZに対する暴行については、その証明がないとする第一審判決の判断はこれを維持すべきであるが、同被告人に対する判示建造物侵入の罪と牽連犯の関係にあるとして起訴されたものであるから、主文において特に無罪の言渡をしないこととし、なお、第一審及び原審における訴訟費用の負担については、刑訴法181条1項本文、182条により、主文第四項記載のとおり定めることとし、主文のとおり判決する㊹。

[54] この判決は、裁判官全員一致の意見によるものである。
（裁判長裁判官　村上朝一　裁判官　藤林益三　裁判官　岡原昌男　裁判官　下田武三　裁判官　岸　盛一　裁判官　天野武一　裁判官　坂本吉勝　裁判官　岸上康夫　裁判官　江里口清雄　裁判官　大塚喜一郎　裁判官　高辻正己　裁判官　吉田　豊　裁判官　団藤重光　裁判官　本林　讓　裁判官　服部高顯）

補足説明　本判決の射程

「国の教育権」というときの「国」には、様々な公的機関が含まれうる。本判決は、そのうち文部省（現・文部科学省）という中央の教育行政機関の行為について、「不当な支配」該当性を審査した。では、そこで示された判断枠組みの射程は、地方の教育行政機関や教育行政以外の公的機関の行為にも及ぶのだろうか（以下の説明につき、詳しくは文献①244-246頁参照）。

まず、地方の教育行政機関、すなわち教育委員会の行為について。本判決は、(1)教師の創意工夫の尊重等のほか、(2)教育に関する地方自治の原則を考慮して、国の教育行政機関（文部省）が教育内容・方法の基準を設定する場合の限度を解釈した。この点、教育委員会は、教育の地方自治を担う機関であるから、(2)の要請によって教育権が限定されることはない。したがって、君が代懲戒処分事件第二審判決（東京高判平23・3・10判タ1364-117）が説いているように、教育委員会は、「国の教育行政機関との対比において、より細目にわたる事項についても、教師の創意工夫の余地を残しつつ、必要かつ合理的な範囲内で、基準を設定し、一般的指示を与えるなどすることができ、特に必要であれば具体的な命令を発することができると解すべき」ことになろう。

次に、教育行政以外の公的機関（公人）の一例として、政治家（議会ではなく政治家個人）の行為について。本判決は、本来党派的な政治的観念や利害によって支配されるべきでない教育に、政治的影響が深く入り込むことを避けるため、教育に対する国家的介入は「できるだけ抑制的であることが要請される」と説いた。この説示に鑑みれば、政治の世界の中心にいる政治家は、教育行政機関に比べて教育に対する介入を一層「抑制」すべきことになろう。判例③も、都議会議員が都立養護学校（現・特別支援学校）における性教育の内容について教師らを批判した行為について、「不当な支配」にあたるという判断を下している。

Questions

①事実関係の確認

問1　本件学力調査を企画した機関はどこか。▶【事案】【7】

問2　文部省は本件学力調査の実施等を教育委員会に要求した際、何をその要求の根拠規定としたか。▶【事案】【7】

問3　調査実施要綱によれば、本件学力調査の目的はいかなる点にあったか。▶【7】

問4　調査実施要綱によれば、本件学力調査における生徒個人の結果（成績）は、いかなる書類に記載されることになっていたか。▶【7】

問5　第一審判決・第二審判決は、被告人らの校長に対する暴行・脅迫行為について公務執行妨害罪は成立しないと判断したが、その理由はいかなるものであったか。▶【事案】【2】

問6　第一審判決・第二審判決は、本件学力調査は違法であると判断したが、いかなる点で違法だとしたのか。▶【11】

②判決の内容の確認

問7　本判決は、本件学力調査は固有の教育活動ではなく行政調査（地教行法54条2項にいう調査）であると判断したが、その際、教育活動としての試験と学力調査としての試験をどのように区別したか。▶【13】

問8　本判決は、地教行法54条2項について、文部大臣に教育委員会に対して行政調査の実施を要求する権限を認めた規定だと解釈したか。▶【15】

問9　本判決は、教育委員会が文部大臣の要求に応じて本件学力調査を実施したことには手続上の違法はないと判断しているが、その理由はいかなるものか。▶【15】

問10　本判決は、本件学力調査が文部大臣の要求に応じてなされたという事実について、手続上違法でない以上、実質上の違法性にも影響しないと解しているか。▶【16】

問11　本判決は、本件学力調査の実質上の違法性は、教育

委員会による調査実施行為についてだけ判断すればよいと解しているか。▶【17】

問12 本判決は、子どもの教育の最も始原的かつ基本的な形態はどのようなものであったと述べているか。▶【18】

問13 本判決は、子どもの教育内容を誰が決定すべきかという問題について、専ら教育基本法10条の解釈に関する問題であり、憲法とは無関係だと解しているか。▶【19】【27】

問14 本判決は、子どもの教育内容を決定する権能が誰に帰属するかという問題について、「二つの極端に対立する見解」があると述べているが、その二つの見解とは、それぞれどのようなものか。▶【20】

問15 本判決は、問14でみた「二つの極端に対立する見解」のいずれかを全面的に採用したのか。▶【21】

問16 本判決は、憲法26条の規定の背後にどのような観念が存在すると解しているか。▶【22】

問17 本判決は、問16でみた観念から、教育権の所在に関する特定の見解が直ちに導き出されると解しているか。▶【23】

問18 本判決は、普通教育（初等中等教育）における教師に対して、いかなる意味において教授の自由を認めたのか。本判決が例として示しているものを二つ挙げよ。▶【24】

問19 本判決は、普通教育（初等中等教育）における教師に完全な教授の自由を認めることはできないと述べているが、それはなぜか。▶【24】

問20 本判決は、憲法の次元における教育権の所在について、どのような解釈のアプローチをとるのが合理的だと述べているか。▶【25】

問21 本判決は、親の教育の自由について、主にいかなる場面で認められるものだと解しているか。▶【26】

問22 本判決は、国の教育権について、いかなる範囲で認められると解しているか。▶【26】

問23 本判決は、教育基本法の法的性格について、通常の法律とまったく変わらず、他の教育関係法令の解釈・運用において教育基本法を考慮する必要はないと解しているか。▶【28】

問24 本判決は、教育基本法の法的性格について、矛盾する他の法律を無効にする効力を認めているか。▶【28】

問25 本判決は、教育基本法の各規定を解釈するにあたって、同法前文に示されたわが国の教育の基本理念を強く念頭に置くべきだと述べているが、その理念とはいかなるものか。▶【29】

問26 本判決は、教育基本法10条の解釈に関する検察官と弁護人（および第二審判決）の主張の対立を2点に整理しているが、その対立点とはそれぞれどのようなものか。▶【30】

問27 本判決は、教育行政機関が法令に基づいてする行為も「不当な支配」にあたる場合がありうると述べているが、それはなぜか。▶【31】

問28 本判決は、教育内容に対する教育行政機関の介入が教育基本法10条に違反しないのは、いかなる場合であると解しているか。▶【33】

問29 本判決は、国の教育行政機関が法律の授権に基づいて義務教育に属する普通教育の内容・方法について遵守すべき基準を設定する場合の限度を、どのように解しているか。▶【35】

問30 本判決は、本事件当時の中学校学習指導要領について、適法な基準の設定として是認できると判断したが、その判断を下すうえでどのような点を考慮したか。▶【35】

問31 本判決は、本件学力調査が行政調査として教育基本法10条との関係で適法といえるか否かを審査するうえで、いかなる点を検討すべきだと述べているか。▶【37】

問32 本判決は、本件学力調査の目的として調査実施要綱に掲げられている4項目のうち1項目について「調査目的として正当性を有するかどうか問題である」としたが、それはいかなる項目であったか。▶【38】

問33 問32でみたように、本件学力調査の目的には正当性が疑問視される項目が一つあったが、にもかかわらず本判決は本件学力調査の目的を適法と判断した。それはなぜか。▶【38】

問34 本判決は、文部省が中学校学習指導要領によって試験問題を作成し、全国の全中学校において一斉に試験を行うという方法による本件学力調査について、学力調査の目的を達するために必要だと認めたが、その理由はいかなるものか。▶【40】

問35 本判決は、本件学力調査の方法に「不当な支配」とみられる要素がないか否かという点について、どのような考慮要素に基づいて判断しているか。▶【41】

問36 第二審判決は、本件学力調査が、①実質上各学校の教育内容の一部を強制的に変更させる意味をもつこと、②教育活動としての実質をもっていること、③教師の自由な創意と工夫による教育活動を妨げる危険性をもつことを理由に、「不当な支配」にあたるとしたが、本判決は、①～③をいずれも否定し、本件学力調査は「不当な支配」にあたらないと判断した。①～③について、それぞれどのような理由で否定したのか。▶【43】【44】

問37 本判決は、教育に関する地方自治の原則を、現行教育法制の基本原理として認めたか。▶【47】

問38 本判決は、文部大臣が地教委に対して本件学力調査の実施等を要求したことについて、教育に関する地方自治の原則に反すると判断したか。▶【48】

問39 本判決は、地教委が文部大臣の要求に応じて本件学力調査を実施したことについて、教育に関する地方自治の原則に反しないと判断したが、それはなぜか。▶【48】

③応用問題

問40 本判決は、文部省という中央の教育行政機関の行為について「不当な支配」該当性を審査したものであるが、そこで示された判断枠組みの射程は、地方の教育行政機関である教育委員会の行為や、教育行政以外の公的機関・公人（たとえば政治家）の行為にも妥当するか。▶**補足説明**、文献①

◯ **関連判例**（本書所収以外のもの）
東京地判昭和 45 年 7 月 17 日行集 21 巻 7 号別冊 1 頁 ［第二次家永教科書訴訟第一審・杉本判決］（判例①）
東京地判昭和 49 年 7 月 16 日判時 751 号 47 頁 ［第一次家永教科書訴訟第一審・高津判決］（判例②）
最判平成 5 年 3 月 16 日民集 47 巻 5 号 3483 頁 ［第一次家永教科書訴訟上告審］
東京高判平成 23 年 9 月 16 日判例集未登載 ［七生養護学校事件］（判例③）

◯ **本判決の調査官解説**
今井功「判解」最高裁判所判例解説刑事篇昭和 51 年度 166 頁（判解①）

◯ **その他の判例解説・判例批評**
瀧澤泉「判解」最高裁判所判例解説民事篇平成 5 年度(上)388 頁［判例②の調査官解説］
米沢広一「判批」憲法判例百選Ⅱ［第 6 版］(2013 年) 300 頁（判批①）

◯ **参考文献**
堀口悟郎「教育権の所在」横大道聡編『憲法判例の射程［第 2 版］』(弘文堂、2020 年) 238 頁（文献①）
市川須美子「最高裁学テ判決 40 年の総括」日本教育法学会年報 46 号 (2017 年) 21 頁（文献②）

第8章 表現の自由(1)：憲法判断の基本枠組み

1 学説の状況

　憲法21条1項は、「集会、結社及び言論、出版その他一切の表現の自由は、これを保障する」として、表現の自由を保障している。そこでいう「表現の自由」とは「人の内心における精神作用を、方法のいかんを問わず、外部に公表する精神活動の自由」をいうとされ、新聞や雑誌はもちろん絵画、演劇、放送、インターネットなどあらゆる表現活動が憲法21条1項により精神的自由の一つとして保障されることになる（佐藤248-250頁）。

　このように表現の自由が憲法によって保障されることの根拠については、様々な理論が提示されているが、特に、①表現行為が自由になされることによって、初めて国民は選挙や世論形成といった民主的意思決定に不可欠な知識や情報を得ることができるようになること（自己統治論）、②表現行為は、個人の生き方や職業の決定など自己実現に不可欠な知識や情報の供給源でもあり、また、表現行為それ自体が表現者にとっての自己実現でもあること（自己実現論）、③「真実」を発見し、普及するためには、あらゆる思想を「思想の自由市場」に顕出させ、相互に競い合わせることが最も効果的であること（思想の自由市場論）という三つの理論が有名である。なかでも自己統治論は、表現の自由の優越的地位を基礎づけるうえで最も説得力のある議論の一つであり、最高裁も『北方ジャーナル』事件判決（後述）において、同理論を下敷きに「表現の自由、とりわけ、公共の事項に関する表現の自由は、特に重要な憲法上の権利として尊重されなければならない」との言説を示している。また、上記の理論のいずれにおいても、表現の受け手が自由に情報を摂取できることが重要であり、よど号ハイジャック記事抹消事件判決（後述）では、表現の自由を保障した憲法21条の規定の趣旨、目的から、いわばその派生原理として新聞紙や図書の閲読の自由の保障も当然に導かれるとの立場が示されている。

　もっとも、表現の自由は、学説上も絶対的なものとは考えられておらず、「公共の福祉」による制約に服すると考えられている。この「公共の福祉」については、「表現の自由を制限することによってもたらされる利益とそれを制限しない場合に維持される利益と比較して、前者の価値が高いと判断される場合に、前者の利益を公共の福祉と呼び、それによって人権を制限しうる」というようないわゆる利益衡量論に基づき具体化されるものであるという考え方が通説的な理解である（芦部信喜『憲法学Ⅱ 人権総論』（有斐閣、1994年）208頁）。ただ、このような利益衡量論には、①基準が不明確で裁判所の恣意的判断を許すことになる、②結局、国家的利益を重視した衡量を行うことになってしまうなどの問題点が指摘されてきた。そこで、学説は利益衡量を統制するための手段として、あらかじめ「審査基準」を設定しておき、その審査基準に従った憲法判断というものを提案してきたのである。

　具体的に審査基準を導くにあたって出発点と位置づけられてきたのがいわゆる「二重の基準論」である。二重の基準論は、精神的自由を侵害する立法は、経済的自由を侵害する立法とは異なり「厳格な基準」によって裁判所が違憲審査をすべきであるという理論であり、特に、表現の自由については、その実体的価値の重要性と民主的意思決定の前提となるという側面（ただし、どちらを重視するかは学説により多様である）から厳格な審査に服すべきことが学説上支持されてきた。

　ただ、あらゆる表現の自由に対する規制に同一の審査基準が適用されるとは考えられておらず、特に、アメリカの判例法の影響を受けて、表現規制であっても、「内容規制」と「内容中立規制」とでは異なる審査基準が適用されるべきとの見解が有力である（以下は、第11章とびら・第12章とびらも参照）。そこで比較的明確であるのは、内容規制であり、「せん動」「わいせつ」「名誉毀損」等の伝統的に規制対象となってきた範疇に該当しない限り、「やむにやまれぬ利益」（compelling interest）を達成するために、「厳密に設定された」（narrowly tailored）規制のみが憲法上許容されるとの立場が提示されている。学説上、「厳格な基準」と呼ばれる場合には、この内容規制に適用される審査基準を指す場合が多い（以下「狭義の厳格な基準」という）。また、伝統的に規制対象となっている範疇についても、たとえば、「せん動」については、明白かつ現在の危険がある場合にのみ規制対象とすべきという議論など、憲法的価値を考慮しつつ、いわゆる「定義づけ衡量」の手法により規制対象となる範疇を厳密に絞り込む必要があると解されている。他方で、内容中立規制については、さらに「時、場所、方法の規制」と「象徴的表現に対する規制」を分けたうえで、それぞれ異なる基準が適用されうるという考え方が提示されているが、アメリカの判例法の枠組みが明確でないということもあり、学説上、確定的な見解は未だ提示されていない。

　なお、内容規制に適用される「厳格な設定」の基準と内容中立規制に適用されるLRAの基準との関係については諸説あるが、後者は、規制範囲が「過剰」でないことを求めるものであるのに対し、前者は、単に過剰規制でないだけでなく、「過少」規制でないことも求めるという点で違いがあるとの理解が有力である。たとえば、一定音量の「すべて」の表現活動を騒音として禁止するのではなく、一定音量の「労働運動のみ」を禁止の対象とする規制は、「厳密な設定」ではないとされる。過少規制は一見規制の程度が弱くみえるが、特定の内容が規制対象から除外されていることで規制目的が「やむにやまれぬ利益」でないことが強く推定されると考えられているのである。

2 判例の展開

　昭和20年代、30年代の判例は、（ア）「人権は公共の福祉によって制限される」という大前提をまず掲げ、ついで、（イ）「当該事件で問題の規制は公共の福祉の内容をなす」という小前提を示し、そこから（ウ）「合憲という結論」を導くというもので、「総じて形式的・観念的」なものであった（芦部・前掲202頁）。ただ、先に示したようなアメリカの判例理論が学説により紹介される中で最高裁も次第に憲法判断の方法をより実質化・精緻化していく方向へと舵を切るようになった。特に、憲法21条事案において、その象徴ともいえるのが、昭和49年の **猿払事件判決**〔本書21事件〕である。猿払事件判決は、公務員の政治的行為の禁止の憲法適合性について、(i) 禁止の目的、(ii) この目的と禁止される政治的行為との関連性、(iii) 政治的行為を禁止することにより得られる利益と禁止することにより失われる利益との均衡の3点から検討することが必要であるとの枠組みを提示したのである。ただ、この枠組みは合理的関連性の基準と呼ばれるように、規制の目的と手段の関

連性を立法事実に基づき実質的に判断するというよりは、観念的・抽象的・論理的意味での関連性があるか否かの限度でのみ審査するというものにすぎず、事実上、立法府に広範な裁量の余地を認める敬譲的な審査基準であった。

このような猿払事件判決の判断枠組みを理論的側面から擁護しようとしたのが、香城敏麿「判解」最判解刑昭和49年度165頁である。そこで香城は、表現の自由の制約が問題となる法令を次のように三つの類型に分類する議論を提示している。その第1は、「表明される意見がもたらす弊害を防止するためにその意見の表明を制約するもの」であり、わいせつ物頒布罪やせん動罪等の法令がこれに該当する。第2は、「表明される意見の内容とは無関係に、これに伴う行動がもたらす弊害を防止することを目的とするものであって、それによって生じる表現の自由の制約は付随的な結果にとどまる」というものであり、都市景観維持のための屋外広告物規制や交通秩序維持のためのデモ行進規制がこれに該当する。第3は、「競合する表現の自由の要請を相互に調整するために意見表明を制約するものであり」、放送電波の免許制や集会場の予約調整等がこれに該当する。香城は、第1の型については、規制が表現の自由に対して及ぼす直接、間接の抑制の程度が甚だしいことから、単純な利益衡量によって合憲性を肯定するのは相当でなく、明白かつ現在の危険の原則が、この型の規制において発展してきたことは故なしとしないとしつつ、他方で、第2の型は、表現の自由に対する抑制の程度は低いとして合理的関連性に基づく審査基準も正当化されると論じ、猿払事件判決で問題となった国家公務員の政治的行為の禁止は間接的付随的規制として第2の型に属するものであることから、合理的関連性の基準に基づき判断されることが適切であるとしたのである。このような香城の分類のうち、第1の型と第2の型は、内容規制と内容中立規制の区別を厳密に適用しようとしたものであったが、第2の型に適用される審査基準が極めて緩やかなものであり、学説からは激しい批判が寄せられた。

他方で、昭和50年を境にして、厳格度の高い審査基準が最高裁判決においても徐々に登場するようになった。その流れがまず現れたのが、職業選択の自由（憲法22条1項）が問題となった薬事法事件判決〔本書51事件〕であったが、憲法21条事案では、昭和58年の**よど号ハイジャック記事抹消事件判決**〔本書22事件〕が事実上の嚆矢であったといえよう。同判決の論証構造においては、①基底的な判断枠組みとしての具体的事案を基礎にした「利益衡量論」の提示と②その利益衡量論を指導するものとしての「厳格な基準」（相当の蓋然性基準）の採用という2段階の判断枠組みが採用された点に特色がある。特に、そこで提示された「自由に対する制限が必要かつ合理的なものとして是認されるかどうか」は、❶「右の目的のために制限が必要とされる程度」、❷「制限される自由の内容及び性質」、❸「これに加えられる具体的制限の態様及び程度」等を較量して決せられるべきとの利益衡量論の定式は、判決理由での明示の有無にかかわらず、昭和50年以降の最高裁判例が判断の前提とするところであるとの指摘がなされ、多くの調査官にも支持されている（千葉勝美「判解」最判解民平成4年度220頁）。

その後も、合憲限定解釈等により違憲の結論が最終的に回避されたことも一つの要因として、法令違憲の判決こそなかったものの、昭和59年の札幌税関検査事件判決〔本書26事件〕では、過度広汎性の法理・明確性の法理の採用を前提とした判示、昭和61年の『北方ジャーナル』事件判決〔本書27事件〕では、事前抑制の法理を前提とした判示、平成元年のレペタ事件判決〔本書46事件〕では、二重の基準論を前提とした判示、平成7年の泉佐野市民会館使用不許可事件判決〔本書43事件〕では、パブリック・フォーラムの法理を前提とした判示がなされるなど、判例と学説の前提を縮める判決がなされていった。もっとも、昭和56年の戸別訪問禁止事件①・②判決〔本書35・36事件〕、平成10年の裁判官分限事件決定（最大決平10・12・1民集52-9-1761）、平成19年の広島市暴走族追放条例判決〔本書29事件〕など、猿払事件判決で提示された合理的関連性の基準ないしそれと親和的な基準に基づき判断がなされる場合はなお存在し、さらに、大分県屋外広告物条例事件判決〔本書34事件〕や防衛庁立川宿舎ビラ投函事件〔本書38事件〕のように、そもそも審査基準に類するものが具体的に提示されないという判決も存在していた。いわば、そこでは、㈠厳格な基準に基づく判決、㈡合理的関連性の基準に基づく判決、㈢審査基準に言及しない判決の三つの類型が併存する状態となっているといえよう（岩﨑邦生「判解」最判解刑平成24年度463頁、495頁）（ただし、判例や調査官解説でいう「厳格な基準」は学説でいわれる狭義の厳格な基準よりも相対的に緩やかな基準をも包含しうるものである）。

そうした中で、これらの判例の関係を考えるうえで重要な判決となったのが平成24年の**堀越事件判決**〔本書23事件〕・**世田谷事件判決**〔本書24事件〕である。堀越事件・世田谷事件判決は、猿払事件判決と同じ刑罰法規の合憲性が争われたにもかかわらず、合理的関連性の基準に言及せず、むしろ、厳格な基準に基づき判断がなされたと解されている（岩﨑・前掲解説504-505頁）。間接的付随的規制と分類できる事案に厳格な基準が適用されたということは、上記のような香城が提示した類型論との訣別を示唆するものであったといえよう。ただ、そうすると、これまで合理的関連性の基準によって判断されてきた判例との関係が問題となる。この問題について、堀越事件・世田谷事件判決における千葉裁判官の補足意見が示唆するのは、過去に合理的関連性の基準を採用した判決というのは、表現の自由一般の審査基準あるいは間接的付随的規制に適用される審査基準として、合理的関連性の基準を提示したのではなく、むしろ、厳格な基準を適用する必要がない程度に利益衡量の結論が明らかであるという特殊事情が当該事案には存在したことから、あえて厳格な基準を判決理由中で提示しなかったにすぎないということである。

そのような理解を前提としたうえで、憲法21条事案における最高裁の判断方法の現況をまとめるならば次のようにいえるかもしれない。(1) 最高裁は、判決理由中での明示の有無にかかわらず、よど号ハイジャック記事抹消事件判決によって定式化された「利益衡量論」に基づき憲法判断を行っている。(2) ただ、恣意的な利益衡量論を回避し、客観性を担保するため憲法21条の事案では原則として「厳格な基準」（明白かつ現在の基準、必要最小限度の基準、LRAの基準）が併用される。(3) もっとも、規制範囲が限定されていたり、規制の程度が低い等、利益衡量の帰結が明らかな事案においては、恣意的な判断の危険性がないことから厳格な基準は採用されない。

なお、堀越事件判決以後、当該事案に匹敵するような重要判例は現時点では見受けられない。ただ、平成26年の**インターネット異性紹介事業届出制度事件**〔本書25事件〕は、利益衡量の結論が比較的明らかであったことから厳格な基準それ自体は用いられていないものの、よど号ハイジャック記事抹消事件判決が示した利益衡量論を立法事実に基づき比較的丁寧に行っており、重要な演習素材となるものとしてこの章に追加的に掲載している。

21 猿払事件

最高裁昭和49年11月6日大法廷判決

昭和44年(あ)第1501号：国家公務員法違反被告事件
刑集28巻9号393頁

事案

被告人は、中学を卒業し、一時村役場に勤めた後、昭和29年10月に、北海道宗谷郡猿払村の鬼志別郵便局の事務補助員となり、同年11月16日より事務員を経て、昭和39年10月1日に郵政事務官に任命された。本件事件当時は、主として簡易保険積立貯金などの職務を担当していたが、簡易生命保険については簡易生命保険法、同約款、同業務取扱規程、郵便貯金については郵便貯金取扱規程の各詳細な定めがあり、すべての処理取扱いはこれらに準拠して行うべきものとされていたため、被告人の裁量において左右しうる職務権限はなかった。他方で、被告人は、全逓信労働組合稚内分会に所属し、昭和41年7月には同分会執行委員に選任され、同年8月には上記分会の加わる地方組織である猿払地区労働組合協議会の事務局長になっていた。その中で、全逓信労働組合および上記地区労協では、昭和42年1月8日告示、29日施行の衆議院議員選挙を控え、社会党公認のAおよびBを推すことが決定された。そして、同年1月6日ころ、両候補の選対事務所から、被告人の肩書住居に宛てて、各候補100枚宛の選挙用ポスターが、掲示場貼布を依頼する旨の書面とともに同封され、郵送されてきた。そこで被告人は、第1に、ポスターの掲示行為として、昭和42年1月8日(日曜日)午後0時30分ころ、政治的目的を有する同党公認候補者Bの選挙用ポスター6枚を宗谷郡猿払村字鬼志別市街に設置された6か所の公営掲示場に掲示し、第2に、ポスターの配布行為として、(i)同月7日(土曜日)午前9時ころ、鬼志別郵便局内において、前記Bの選挙用ポスター約80枚を同村字浅茅野居住のCに対し、その掲示を依頼して郵送配布したうえ、(ii)同日午前9時ころ、同郵便局において、政治的目的を有する同党公認候補A、Bの選挙用ポスター各8枚を同村字知来別居住のDに対し、その掲示を依頼して郵送配布し、さらに(iii)同月8日ころ、同郵便局において、前記Bの選挙用ポスター8枚を同村字小石地区の集配担当者Eに対し、その掲示を依頼して配布し、そして(iv)同月9日(月曜日)ころ、同村鬼志別北海道電力株式会社鬼志別電業所事務室において、前記Aの選挙用ポスター約80枚をEに対し、その分配掲示を依頼して配布した。被告人によるこれらの行為は、人事院規則14－7第5項3号、6項13号の「特定の政党を支持することを目的」とする文書、すなわち、「政治的目的」を有する文書の掲示または配布という「政治的行為」にあたり、国公法110条1項19号の罰則が適用されるべきであるとして、被告人は、起訴された。第一審(旭川地判昭43・3・25刑集28-9-676)は、国公法110条1項19号は、被告人の行為に適用される限度において、憲法21条、31条に違反するとして、被告人を無罪とした。これに検察官が控訴したが、原判決である控訴審(札幌高判昭44・6・24刑集28-9-688)は、第一審判決の判断は結論において相当である旨判示し、控訴を棄却した。それに対し、検察官は、第一審判決および原判決の判断は、憲法21条、31条の解釈に誤りがあるとして上告した。

■参考条文 (事件当時のもの)

国家公務員法
第102条 〔第1項〕職員は、政党又は政治的目的のために、寄附金その他の利益を求め、若しくは受領し、又は何らの方法を以てするを問わず、これらの行為に関与し、あるいは選挙権の行使を除く外、人事院規則で定める政治的行為をしてはならない。

第110条 〔第1項〕左の各号の一に該当する者は、3年以下の懲役又は10万円以下の罰金に処する。
(19) 第102条第1項に規定する政治的行為の制限に違反した者

人事院規則14－7
5 法及び規則中政治的目的とは、次に掲げるものをいう。政治的目的をもつてなされる行為であつても、第6項に定める政治的行為に含まれない限り、法第102条第1項の規定に違反するものではない。
(3) 特定の政党その他の政治的団体を支持し又はこれに反対すること。

6 法第102条第1項の規定する政治的行為とは、次に掲げるものをいう。
(13) 政治的目的を有する署名又は無署名の文書、図画、音盤又は形象を発行し、回覧に供し、掲示し若しくは配布し又は多数の人に対して朗読し若しくは聴取させ、あるいはこれらの用に供するために著作し又は編集すること。

Navigator

国家公務員の政治的行為を罰則により禁止した国公法・人事院規則の合憲性については制定当時より激しい論争が存在し、特に、本件被告人のような現業公務員の勤務時間外の行為にまで罰則を適用することについては、強い反対論があった。その中で、本判決は、国公法・人事院規則の罰則規定は合憲であり、本件被告人の行為に当該罰則規定を適用することも合憲である旨判示したものである。本判決を読むにあたって、第1に重要な点は、本判決が、政治的行為の「禁止」の合憲性の問題(【5】～【13】)と政治的行為に対する「罰則」の合憲性の問題(【14】～【26】)を分けて論じており、憲法21条との関係で問題となるのは前者の「禁止」の合憲性であり、「罰則」の合憲性は、専ら憲法31条との関係で問題となるにすぎないと捉えていることである。このような論証構造が、本件への罰則の適用を違憲とした第一審や原判決、さらには、本判決の少数意見とも結論を左右する大きな要因となっている。第2の重要な点は、政治的行為の禁止の憲法21条違反の有無

は、(i)禁止目的、(ii)これと禁止される政治的行為との関連性、(iii)利益の均衡の3点からの検討が必要であるとのいわゆる猿払基準（合理的関連性の基準）として知られる憲法判断の方法を示したことである（【8】）。本判決は、この憲法判断の方法を緩やかな利益衡量の方法として用いたものと解され、特に、禁止目的と関連性のある行為の選別について、実質的に立法府の裁量的判断に大きく敬譲する内容となっている。本判決は、今日でも最重要判例の一つとして位置づけられるものであるが、全体として必ずしもわかりやすい論理展開・論理構造をもつものではなく、薬事法事件判決〔本書51事件〕やよど号ハイジャック記事抹消事件判決〔本書22事件〕等と比較すると、憲法判断の方法としては、まだまだ未成熟な段階のものであったという視点で読む方がより適切である。その後の、よど号ハイジャック記事抹消事件判決や堀越事件判決〔本書23事件〕とも比較しつつ、憲法判断の方法として、今日、どの部分が残り、どの部分が変遷を遂げているのかという点に注意して読むことが求められよう。

■判決の論理構造 (判解①の整理に従ったもの)

(1) 政治的行為禁止の合憲性 ➡憲法21条違反の有無の検討（【5】～【13】）	(ⅰ) 一般的基準（【7】）	公務員の政治的行為の禁止は、「合理的で必要やむをえない限度にとどまる」ものである限り、合憲となる
	(ⅱ) 一般的基準の適用方法（緩やかな利益衡量の方法）（【8】）	「合理的で必要やむをえない限度にとどまる」かは、(i)禁止目的、(ii)これと禁止される政治的行為との関連性、(iii)利益の均衡の3点からの検討が必要（合理的関連性の基準）
	(ⅲ) 具体的基準の導出（【9】【10】）	(イ)行政の中立的運営とこれに対する国民の信頼を確保するため、(ロ)公務員の政治的中立性を損なうおそれがあって禁止をする必要があると合理的に認められる行動類型に属する政治的行為を、(ハ)その行動のもたらす弊害の防止をねらいとして禁止することは、「合理的で必要やむをえない限度にとどまる」（合理的で必要な行動類型規制の基準）
	(ⅳ) 具体的基準の適用（【11】）	国公法102条1項および人事院規則14-7第5項3号、6項13号は、合理的で必要やむをえない限度を超えるものとは認められず、憲法21条に違反しない
(2) 政治的行為に対する「罰則」の合憲性 ➡主として憲法31条違反の検討（【14】～【26】）	(ⅰ) 一般的基準（【15】）	刑罰規定が罪刑の均衡その他種々の観点からして著しく不合理なものであって、とうてい許容しがたいものであるときは違憲
	(ⅱ) 立法裁量の尊重（【16】）	制裁として罰則を設けるか否かは、㋐禁止に違反する行為が「国民全体の共同利益」を損なうものでない場合、㋑法による禁止自体が違憲である場合、㋒罰則規定を著しく不合理とするような特別の事情がある場合以外は、立法政策上の問題であり、立法機関の裁量が尊重されるべきである
	(ⅲ) 懲戒処分と刑罰の比較（【23】【24】）	懲戒処分と刑罰とでは、目的・性質・効果が異なる ⇒前者と後者を同列に置いて比較し、司法判断によって前者をもってより制限的でない他の選びうる手段であると軽々に断定することはできない

1) 判解①195頁によれば、本判決において具体的基準となったのは、【8】で示された「合理的関連性の基準」ではなく、【9】【10】で導出された「合理的で必要な行動類型規制の基準」であるとする。この理解に基づくと、【9】【10】は、具体的基準の「あてはめ」というよりも、具体的基準の「導出」として整理でき、具体的基準の「あてはめ」は、【11】ということになる。
2) 堀越事件判決〔本書23事件〕の千葉補足意見（同判決の【23】）は、本判決の【7】における「合理的で必要やむをえない限度にとどまる」という説示は厳格な基準を示唆するものであると捉えている。それにもかかわらず、【8】において、敬譲的基準である合理的関連性の基準が示されたことについて、千葉裁判官は、公務員の政治的行為禁止が「間接的付随的規制」であったからではなく、単に、本件事案（本件の司法事実）に国公法の罰則を適用することが合憲であることが明白であったという特殊事情があったからであると説明している。

■ 判　決

○ 主　文

原判決及び第一審判決を破棄する。
被告人を罰金5000円に処する。
被告人において右罰金を完納することができないときは、金1000円を1日に換算した期間、被告人を労役場に留置する。
原審及び第一審における訴訟費用は被告人の負担とする。

○ 理　由

検察官の上告趣意四の(一)について。

第一　本事件の経過

【1】　本件公訴事実の要旨は、被告人は、北海道宗谷郡猿払村の鬼志別郵便局に勤務する郵政事務官で、猿払地区労働組合協議会事務局長を勤めていたものであるが、昭和42年1月8日告示の第31回衆議院議員選

❶ 【1】では、公訴事実として起訴状に記載された被告人が行った具体的行為の内容が要約されている。ここでは、特に、被告人が、「郵便局に勤務する郵政事務官」（国家公務員）であると同時に「労働組合協議会事務局長」でもあったこと、そして、その協議会の決定に基づき、衆議院議員選挙の際に、日本社会党の公認候補者の選挙用ポスターを公営掲示場に「掲示」したこと、そして、計4回にわたって掲示や配布を依頼して他人にポスターを「配布」したことが記されている。なお、事件当時、郵便局は郵政省の機関であり、被告人が所属していた全逓信労働組合（全逓）は郵政省の職員によって組織された労働組合であった。

❷ 【2】では、【1】で示された被告人の具体的行為が、国公法と人事院規則が禁止する「政治的行為」に該当す

挙に際し、右協議会の決定にしたがい、日本社会党を支持する目的をもつて、同日同党公認候補者の選挙用ポスター6枚を自ら公営掲示場に掲示したほか、その頃4回にわたり、右ポスター合計約184枚の掲示方を他に依頼して配布した、というものである❶。

[2]　国家公務員法（以下「国公法」という。）102条1項は、一般職の国家公務員（以下「公務員」という。）に関し、「職員は、政党又は政治的目的のために、寄附金その他の利益を求め、若しくは受領し、又は何らの方法を以てするを問わず、これらの行為に関与し、あるいは選挙権の行使を除く外、人事院規則で定める政治的行為をしてはならない。」と規定し、この委任に基づく人事院規則14-7（政治的行為）（以下「規則」という。）は、右条項の禁止する「政治的行為」の具体的内容を定めており、右の禁止に違反した者に対しては、国公法110条1項19号が3年以下の懲役又は10万円以下の罰金を科する旨を規定している。被告人の前記行為は、規則5項3号、6項13号の特定の政党を支持することを目的とする文書すなわち政治的目的を有する文書の掲示又は配布という政治的行為にあたるものであるから、国公法110条1項19号の罰則が適用されるべきであるとして、起訴されたものである❷。

[3]　第一審判決は、右の事実は関係証拠によりすべて認めることができるとし、この事実は規則の右各規定に該当するとしながらも、非管理職である現業公務員であつて、その職務内容が機械的労務の提供にとどまるものが、勤務時間外に、国の施設を利用することなく、かつ、職務を利用せず又はその公正を害する意図なくして行つた規則6項13号の行為で、労働組合活動の一環として行われたと認められるものに、刑罰を科することを定める国公法110条1項19号は、このような被告人の行為に適用される限度において、行為に対する制裁としては合理的にして必要最小限の域を超えるものであり、憲法21条、31条に違反するとの理由で、被告人を無罪とした❸。

[4]　原判決は、検察官の控訴を斥け、第一審判決の判断は結論において相当であると判示した。〔改行〕検察官の上告趣意は、第一審判決及び原判決の判断につき、憲法21条、31条の解釈の誤りを主張するものである❹。

第二　当裁判所の見解
一　本件政治的行為の禁止の合憲性

[5]　第一審判決及び原判決が被告人の本件行為に対し国公法110条1項19号の罰則を適用することは憲法21条、31条に違反するものと判断したのは、民主主義国家における表現の自由の重要性にかんがみ、国公法102条1項及び規則5項3号、6項13号が、公務員に対し、その職種や職務権限を区別することなく、また行為の態様や意図を問題とすることなく、特定の政党を支持する政治的目的を有する文書を掲示し又は配布する行為を、一律に違法と評価して、禁止していることの合理性に疑問があるとの考えに、基づくものと認められる。よつて、まず、この点から検討を加えることとする❺。

[6]　(一)　憲法21条の保障する表現の自由は、民主主義国家の政治的基盤をなし、国民の基本的人権のうちでもとりわけ重要なものであり、法律によつてもみだりに制限することができないものである。そして、およそ政治的行為は、行動としての面をもつほかに、政治的意見の表明としての面をも有するものであるから、その限りにおいて、憲法21条による保障を受けるものであることも、明らかである。国公法102条1項及び規則によつて公務員に禁止されている政治的行為も多かれ少なかれ政治的意見の表明を内包する行為であるから、もしそのような行為が国民一般に対して禁止されるのであれば、憲法違反の問題が生ずることはいうまでもない❻。

[7]　しかしながら、国公法102条1項及び規則による政治的行為の禁止は、もとより国民一般に対して向けられているものではなく、公務員のみに対して向けられているものである。ところで、国民の信託による国政が国民全体への奉仕を旨として行われなければならないことは当然の理であるが、「すべて公務員は、全体の奉仕者であつて、一部の奉仕者ではない。」とする憲法15条2項の規定からもまた、公務が国民の一部に対する奉仕としてではなく、その全体に対する奉仕として運営されるべきものであることを理解することができる。公務のうちでも行政の分野におけるそれは、憲法の定める統治組織の構造に照らし、議会制民主主義に基づく政治過程を経て決定された政策の忠実な遂行を期し、もつぱら国民全体に対する奉仕を旨とし、政治的偏向を排して

るものであつたことを理由に起訴がなされた旨、説明されている。

❸　[3]では、第一審判決の理由と結論の要旨が示されている。第一審は、(i)非管理者である現業公務員であり、かつ、その(ii)職務内容が機械的労務の提供にとどまる被告人が、(iii)勤務時間外に、(iv)国の施設を利用することなく、(v)職務を利用せず、(vi)労働組合活動の一環として行った「政治的行為」に対し、刑事罰を科すことは「必要最小限の域を超えたもの」であるとしたうえで、「被告人の所為に、国公法110条1項19号が適用される限度において、同号が憲法21条および31条に違反し、「これを被告人に適用することができない」と判示していた。この第一審の判断方法は、適用違憲の第一類型の典型として位置づけられており（芦部［6版］387-388頁）、重要である。

❹　[4]では、控訴審である原判決も第一審判決を結論として支持した旨示されている。これに対し、検察官は、第一審と原判決は、憲法21条、31条の解釈を誤ったと主張していた。

❺　[5]では、[5]から[13]で論じられる論点の抽出が行われている。本判決は、まず、国公法等により公務員の政治的行為を公務員の職種や行為態様によって区別せず「一律に禁止する」ことの合憲性を、特に憲法21条違反の問題として論じた後、その禁止違反に対し刑罰を課すことの合憲性を、特に同31条違反の問題として論じるという流れになっている。

❻　[6]と[7]では、(i)公務員の政治的行為の禁止をめぐり対立している利益の分析と(ii)それに基づく公務員の政治的行為の禁止の合憲性を判断するための一般的基準の導出が行われている。まず、[6]では、政治的行為の憲法上の位置づけが論じられている。そこで、本判決は、憲法21条が保障する表現の自由について、「民主主義国家の政治的基盤」「基本的権利のうちでもとりわけ重要」という認識を示したうえで、一般的に「政治的行為」は、「行動」としての面だけでなく、「政治的意見の表明」の面も有することから、21条によって保障を受けるものであるとする。そして、国公法が禁止対象とする政治的行為についても、「政治的意見の表明を内包する行為」であるとして、当該行為が国民一般に対しては禁止された場合には、違憲になると論じている。

❼　[7]の前半では、公務員の政治的行為と対立する利益の分析がなされており、内容的には、[9]における禁止目的の分析と相互補完的意義を有している。ここでは、まず、国公法等が政治的行為の禁止の対象としているのが、国民一般ではなくあくまで「公務員」に限定されたものであることが確認される。そして、「公務員」は、「全体の奉仕者」であるとする憲法15条2項より、「公務」は全体に対する奉仕として運営されるべきとの要請を導いたうえで、さらに「憲法の定める統治組織の構造」に基づき、特に、「行政」分野に属する公務は、「政治的偏向を排して運営」されるべきとの要請を導く。以上のような要請から、本判決は、「行政の中立的運営の確保」と「それに対する国民の信頼の維持」という二つのことが「憲法の要請」となり、「国民全体の重要な利益」になるとの帰結を導き出す。[6]では、政治的行為が憲法上保障されたものであることが論じられたが、[7]前半では、政治的行為を禁止することもまた憲法的要請に基づく利益に由来することを論じようとしたものといえる。

❽　[7]の後半では、[6]と[7]前半の論証に基づき、公務員の政治的行為禁止の合憲性を判断するための一般的基準が示される。本判決は、ここで、「公務員の政治的行為の禁止」は、「合理的で必要やむをえない限度にとどまる」限り合憲であるとの一般的基準を示している。この一般的基準自体は、公務員の政治的行為の禁止が「必要最小限度」にとどまることを要請するものであったと捉えられ（判解②496頁）、また、堀越事件判決〔本書23事件〕の千葉補足意見も、「厳格な審査基準の採用をうかがわせる」とする（同判決【23】）。

運営されなければならないものと解されるのであつて、そのためには、個々の公務員が、政治的に、一党一派に偏することなく、厳に中立の立場を堅持して、その職務の遂行にあたることが必要となるのである。すなわち、行政の中立的運営が確保され、これに対する国民の信頼が維持されることは、憲法の要請にかなうものであり、公務員の政治的中立性が維持されることは、国民全体の重要な利益にほかならないというべきである❼。したがつて、公務員の政治的中立性を損うおそれのある公務員の政治的行為を禁止することは、それが合理的で必要やむをえない限度にとどまるものである限り、憲法の許容するところであるといわなければならない❽。

[8]　(二)　国公法102条1項及び規則による公務員に対する政治的行為の禁止が右の合理的で必要やむをえない限度にとどまるものか否かを判断するにあたつては、禁止の目的、この目的と禁止される政治的行為との関連性、政治的行為を禁止することにより得られる利益と禁止することにより失われる利益との均衡の三点から検討することが必要である❾。

[9]　そこで、まず、禁止の目的及びこの目的と禁止される行為との関連性について考えると、もし公務員の政治的行為のすべてが自由に放任されるときは、おのずから公務員の政治的中立性が損われ、ためにその職務の遂行ひいてはその属する行政機関の公務の運営に党派的偏向を招くおそれがあり、行政の中立的運営に対する国民の信頼が損われることを免れない。また、公務員の右のような党派的偏向は、逆に政治的党派の行政への不当な介入を容易にし、行政の中立的運営が歪められる可能性が一層増大するばかりでなく、そのような傾向が拡大すれば、本来政治的中立を保ちつつ一体となつて国民全体に奉仕すべき責務を負う行政組織の内部に深刻な政治的対立を醸成し、そのため行政の能率的で安定した運営は阻害され、ひいては議会制民主主義の政治過程を経て決定された国の政策の忠実な遂行にも重大な支障をきたすおそれがあり、このようなおそれは行政組織の規模の大きさに比例して拡大すべく、かくては、もはや組織の内部規律のみによつてはその弊害を防止することができない事態に立ち至るのである❿。したがつて、このような弊害の発生を防止し、行政の中立的運営とこれに対する国民の信頼を確保するため、公務員の政治的中立性を損うおそれのある政治的行為を禁止することは、まさしく憲法の要請に応え、公務員を含む国民全体の共同利益を擁護するための措置にほかならないのであつて、その目的は正当なものというべきである⓫。また、右のような弊害の発生を防止するため、公務員の政治的中立性を損うおそれがあると認められる政治的行為を禁止することは、禁止目的との間に合理的な関連性があるものと認められるのであつて、たとえその禁止が、公務員の職種・職務権限、勤務時間の内外、国の施設の利用の有無等を区別することなく、あるいは行政の中立的運営を直接、具体的に損う行為のみに限定されていないとしても、右の合理的な関連性が失われるものではない⓬。

[10]　次に、利益の均衡の点について考えてみると、民主主義国家においては、できる限り多数の国民の参加によつて政治が行われることが国民全体にとつて重要な利益であることはいうまでもないのであるから、公務員が全体の奉仕者であることの一面のみを強調するあまり、ひとしく国民の一員である公務員の政治的行為を禁止することによつて右の利益が失われることとなる消極面を軽視することがあつてはならない。しかしながら、公務員の政治的中立性を損うおそれのある行動類型に属する政治的行為を、これに内包される意見表明そのものの制約をねらいとしてではなく、その行動のもたらす弊害の防止をねらいとして禁止するときは、同時にそれにより意見表明の自由が制約されることにはなるが、それは、単に行動の禁止に伴う限度での間接的、付随的な制約に過ぎず、かつ、国公法102条1項及び規則の定める行動類型以外の行為により意見を表明する自由までをも制約するものではなく⓭、他面、禁止により得られる利益は、公務員の政治的中立性を維持し、行政の中立的運営とこれに対する国民の信頼を確保するという国民全体の共同利益なのであるから、得られる利益は、失われる利益に比してさらに重要なものというべきであり、その禁止は利益の均衡を失するものではない⓮。

[11]　(三)　以上の観点から本件で問題とされている規則5項3号、6項13号の政治的行為をみると、その行為は、特定の政党を支持する政治的目的を有する文書を掲示し又は配布する行為であつて、政治的偏向の強い行動

❾ [8]から[10]では、[7]で示された一般的基準をさらに具体化した具体的基準の導出が行われる。まず、[8]では、「合理的で必要やむをえない限度にとどまるもの」か否かの判断は、(i)禁止目的、(ii)これと禁止される政治的行為との関連性、(iii)利益衡量の3点を検討しなければならないとの見解が示される。これは、猿払基準（合理的関連性の基準）として一般に知られるものである。ただ、判解①181頁、196頁は、「一定の結論を下す際の標準となる分岐線」（基準）となるものではなく、むしろ、そのような分岐線を導くための「方法」であったと位置づける。判解②495頁も、これを利益衡量の「方法」として位置づけている。ただ、ここで示された「方法」は、[9]で示されるように、目的と手段の「直接的、具体的関連性」の有無を検討するものではなく、単に両者の「合理的関連性」を検討するものにとどまるものであり、その意味で、「緩やかな利益衡量の方法」に分類しうるものである。

❿ [9]では、政治的行為の禁止における「禁止目的」と「禁止目的と禁止手段との関連性」が検討されている。[9]の前半部分では、その検討の前提として、公務員の政治的行為が弊害を生み出す過程が示されている。そこでは、まず、「公務員の政治的行為の放任⇒公務の運営の党派的傾向⇒行政の中立的運営に対する国民の信頼が損われる」という弊害が指摘され、さらに、「公務の運営の党派的傾向⇒政治的党派の行政への介入⇒行政組織内部の政治的対立の醸成⇒行政の能率的・安定的運営の阻害⇒議会制民主主義に基づく政策遂行への支障」といった弊害の連鎖も指摘されている。また、懲戒処分では弊害防止として不十分であることを示唆するため、これらの弊害が、内部的規律では対処できなくなる危険性も指摘されている。

⓫ [9]の中盤では、「行政の中立的運営」と「これに対する国民の信頼」を確保することの「目的」としての正当性が論じられている。この部分は、[7]の判示も前提としたものということができ、本判決は、「行政の中立的運営」と「国民の信頼」は、「憲法の要請」であり、「国民全体の共同利益」であり、禁止「目的」として「正当」であるとしている。

⓬ [9]の後半では、政治的行為の禁止が、禁止目的との関係で、関連性を損なわないものであるかが検討されている。この点、[9]の前半で指摘された因果の流れでは、個々の公務員の政治的行為それ自体が直接的に法益である行政の中立的運営や国民の信頼を害するとは捉えられていない。仮に、憲法上規制対象としうるのは、法益への直接的侵害行為に限定されるとの立場に依拠すれば、行政の中立的運営を目的とした政治的行為の禁止は許容されないことになる。しかし、本判決は、ここでその立場を明示的に否定し、間接的関連性を有するにすぎない場合でも、「合理的な関連性」はあるとして、規制対象とすることを許容、さらに、禁止対象が公務員の職務権限等で限定されていなくとも、合理的関連性は失われないとする。判解①185-187頁は、本判決は、具体的な弊害が発生する前段階で規制を課す「予防的法制」、または、個々の公務員ではなく有機的一体としての行政組織に対する「制度的措置」として政治的行為禁止を捉えており、合理的関連性の基準は、そのような「予防的法制」「制度的措置」としての政治的行為禁止を許容する基準であるとしている。

⓭ [10]では、政治的行為の禁止における利益の均衡が検討され、具体的には、「公務員の政治的中立性を損うおそれのある行動類型に属する政治的行為を、……その行動のもたらす弊害の防止をねらいとして禁止する」場合に利益の均衡を認めることができるかが検討されている。まず、[10]の前半部分は、[6]とも重なり、「禁止により失われる利益」が論じられる。そこでは、多数の国民の政治参加も国民全体の「重要な利益」で、それが、公務員の政治的行為禁止により失われるとする。しかし、本判決は、その禁止が、「行動のもたらす弊害の

類型に属するものにほかならず、政治的行為の中でも、公務員の政治的中立性の維持を損うおそれが強いと認められるものであり、政治的行為の禁止目的との間に合理的な関連性をもつものであることは明白である。また、その行為の禁止は、もとよりそれに内包される意見表明そのものの制約をねらいとしたものではなく、行動のもたらす弊害の防止をねらいとしたものであつて、国民全体の共同利益を擁護するためのものであるから、その禁止により得られる利益とこれにより失われる利益との間に均衡を失するところがあるものとは、認められない。したがって、国公法102条1項及び規則5項3号、6項13号は、合理的で必要やむをえない限度を超えるものとは認められず、憲法21条に違反するものということはできない。❺

[12] (四) ところで、第一審判決は、その違憲判断の根拠として、被告人の本件行為が、非管理職である現業公務員でその職務内容が機械的労務の提供にとどまるものにより、勤務時間外に、国の施設を利用することなく、かつ、職務を利用せず又はその公正を害する意図なく、労働組合活動の一環として行われたものであることをあげ、原判決もこれを是認している。しかしながら、本件行為のような政治的行為が公務員によってされる場合には、当該公務員の管理職・非管理職の別、現業・非現業の別、裁量権の範囲の広狭などは、公務員の政治的中立性を維持することにより行政の中立的運営とこれに対する国民の信頼を確保しようとする法の目的を阻害する点に、差異をもたらすものではない。右各判決が、個々の公務員の担当する職務を問題とし、本件被告人の職務内容が裁量の余地のない機械的業務であることを理由として、禁止違反による弊害が小さいものであるとしている点も、有機的統一体として機能している行政組織における公務の全体の中立性が問題とされるべきものである以上、失当である。郵便や郵便貯金のような業務は、もともと、あまねく公平に、役務を提供し、利用させることを目的としているのであるから(郵便法1条、郵便貯金法1条参照)、国民全体への公平な奉仕を旨として運営されなければならないのであって、原判決の指摘するように、その業務の性質上、機械的労務が重い比重を占めるからといって、そのことのゆえに、その種の業務に従事する現業公務員を公務員の政治的中立性について例外視する理由はない。また、前述のような公務員の政治的行為の禁止の趣旨からすれば、勤務時間の内外、国の施設の利用の有無、職務利用の有無などは、その政治的行為の禁止の合憲性を判断するうえにおいては、必ずしも重要な意味をもつものではない。さらに、政治的行為が労働組合活動の一環としてなされたとしても、そのことが組合員である個々の公務員の政治的行為を正当化する理由となるものではなく、また、個々の公務員に対して禁止されている政治的行為が組合活動として行われるときは、組合員に対して統制力をもつ労働組合の組織を通じて計画的に広汎に行われ、その弊害は一層増大することとなるのであつて、その禁止が解除されるべきいわれは少しもないのである。❻

[13] (五) 第一審判決及び原判決は、また、本件政治的行為によつて生じる弊害が軽微であると断定し、そのことをもつてその禁止を違憲と判断する重要な根拠としている。しかしながら、本件における被告人の行為は、衆議院議員選挙に際して、特定の政党を支持する政治的目的を有する文書を掲示し又は配布したものであつて、その行為は、具体的な選挙における特定政党のためにする直接かつ積極的な支援活動であり、政治的偏向の強い典型的な行為というのほかなく、このような行為を放任することによる弊害は、軽微なものであるとはいえない。のみならず、かりに特定の政治的行為を行う者が一地方の一公務員に限られ、ために右にいう弊害が一見軽微なものであるとしても、特に国家公務員については、その所属する行政組織の機構の多くは広範囲にわたるものであるから、そのような行為が累積されることによつて現出する事態を軽視し、その弊害を過小に評価することがあつてはならない。❼

二 本件政治的行為に対する罰則の合憲性

[14] 第一審判決は、また、たとえ公務員の政治的行為を違法と評価してこれを禁止することが憲法21条に違反しないとしても、その禁止の違反に対し罰則を適用することについては、さらに憲法21条、31条違反の問題を生じうるとの考えに立ち、国公法の立法過程にふれたうえ、その罰則は被告人の本件行為に対し適用する限度において違憲であると結論し、原判決もこれを支持するのである。よつて、この点について検討を加えることとする。❽

防止をねらい」とする場合には、「間接的、付随的制約」にすぎず、禁止された行為以外の意見表明まで禁止されないことから、失われる利益が縮小される旨指摘する。この論理の補足を試みた判解②501頁は、「『行動のもたらす弊害の防止をねらいとする規制』の場合は、『意見表明そのものの制約をねらいとする規制』の場合に比して、失われる利益は質的(表現表明そのものに否定的な評価をするわけではない。)、量的(他の類型の行動によって意見を表明する自由がある。)に小さい」とし、そのことが、緩やかな利益衡量の「方法」である「合理的関連性の基準」を採用する根拠にもなりうるとしている。

❹ [10]の後半では、禁止により得られる利益の検討と利益衡量の結論の提示がなされている。ここでは、[7]と[9]に引き続き、「行政の中立的運営」と「国民の信頼」が、「国民全体の共同利益」となることが確認されたうえで、行動のもたらす弊害の防止をねらいとした政治的行為の禁止は利益の均衡を失するものではないと結論づけられている。判解①195頁は、[8]で提示された「方法」に基づき、[9]と[10]の検討がなされた結果、本判決は、(i)行政の中立的運営とこれに対する国民の信頼を確保するため、(ii)公務員の政治的中立性を損なうおそれがあって禁止をする必要があると合理的に認められる行動類型に属する政治的行為を、(iii)その行動のもたらす弊害の防止をねらいとして禁止することは、「合理的で必要やむをえない限度にとどまるもの」と判断される旨の具体的基準を導き出したものとしている。

❺ [11]では、[9]を通じて示された具体的基準を人事院規則14-7第5項3号、6項13号に適用し、その合憲性を判断している(ただし、基準の提示⇒適用という関係は必ずしも明確ではない)。そこでは、規則14-7第5項3号、6項13号の政治的行為は、「政治的偏向の強い行動類型」に属するとしたうえで、それが、禁止目的との合理的関連性を肯定できる「政治的行為の中でも、公務員の政治的中立性の維持を損うおそれが強い」ものであることを認定し、さらに、その禁止が、利益の均衡をみたすための要件となる「行動のもたらす弊害の防止をねらいとしたもの」であることも認定して、憲法21条に違反しないと結論づけている。

❻ [12]では、第一審判決が、被告人の職務や本件行為の性質という観点から、違憲との判断を導いたことに対して反論を提示している。まず、第一審が、管理職・非管理職の別、現業・非現業の別、裁量権の範囲の広狭を問題としたのに対して、本判決は、行政組織は、「有機的統一体として機能している」こと(有機的一体論)や郵便業務は、国民全体への公平な奉仕を旨として運営されなければならないこと(いわゆるユニバーサルサービスの要請)を根拠として、「その種の業務に従事する現業公務員を公務員の政治的中立性について例外視する理由はない」とする。次に、第一審が、「勤務時間の内外、国の施設の利用の有無、職務利用の有無」を問題としたのに対しては、「公務員の政治的行為の禁止の趣旨」に基づき、それらの事情は、「必ずしも重要な意味をもつものではない」とする。そして、最後に、第一審が、「政治的行為が労働組合活動の一環としてなされた」ことを被告人に有利に認定した点については、「組合員に対して統制力をもつ労働組合の組織を通じて計画的に広汎に行われ、その弊害は一層増大する」として、むしろその当罰性を強調している。

❼ [13]では、第一審判決および原判決が「本件政治的行為によつて生じる弊害が軽微」であるとしたことに対して反論を加えている。本判決は、まず、本件被告人の行為を「政治的偏向の強い典型的な行為」と評したうえで、その弊害は軽微ではないとする。そして、さらに、仮に個々の行為の弊害が軽微であったとしても、それが累積した場合の弊害は過少評価してはならないとする。本判決は、個々の行為の弊害ではなく、個々の行為が「放任」され、「累積」した場合の弊害という観点から、個々の行為の禁止の必要性を論じたものと捉えることができ

【15】　(一)　およそ刑罰は、国権の作用による最も峻厳な制裁であるから、特に基本的人権に関連する事項につき罰則を設けるには、慎重な考慮を必要とすることはいうまでもなく、刑罰規定が罪刑の均衡その他種々の観点からして著しく不合理なものであつて、とうてい許容し難いものであるときは、違憲の判断を受けなければならないのである。そして、刑罰規定は、保護法益の性質、行為の態様・結果、刑罰を必要とする理由、刑罰を法定することによりもたらされる積極的・消極的な効果・影響などの諸々の要因を考慮しつつ、国民の法意識の反映として、国民の代表機関である国会により、歴史的、現実的な社会的基盤に立つて具体的に決定されるものであり、その法定刑は、違反行為が帯びる違法性の大小を考慮して定められるべきものである❶。

【16】　ところで、国公法102条1項及び規則による公務員の政治的行為の禁止は、上述したとおり、公務員の政治的中立性を維持することにより、行政の中立的運営とこれに対する国民の信頼を確保するという国民全体の重要な共同利益を擁護するためのものである。したがつて、右の禁止に違反して国民全体の共同利益を損う行為に出る公務員に対する制裁として刑罰をもつて臨むことを必要とするか否かは、右の国民全体の共同利益を擁護する見地からの立法政策の問題であつて、右の禁止が表現の自由に対する合理的で必要やむをえない制限であると解され、かつ、刑罰を違憲とする特別の事情がない限り、立法機関の裁量により決定されたところのものは、尊重されなければならない❷。

【17】　そこで、国公法制定の経過をみると、当初制定された国公法（昭和22年法律第120号）には、現行法の110条1項19号のような罰則は設けられていなかつたところ、昭和23年法律第222号による改正の結果右の規定が追加されたのであるが、その後昭和25年法律第261号として制定された地方公務員法においては、初め政府案として政治的行為をあおる等の一定の行為について設けられていた罰則規定は、国会審議の過程で削除された。その際、国公法の右の罰則は、地方公務員法についての右の措置にもかかわらず、あえて削除されることなく今日に至つているのであるが、そのことは、ひとしく公務員であつても、国家公務員の場合は、地方公務員の場合と異なり、その政治的行為の禁止に対する違反が行政の中立的運営に及ぼす弊害に逕庭があることからして、罰則を存置することの必要性が、国民の代表機関である国会により、わが国の現実の社会的基盤に照らして、承認されてきたものとみることができる❸。

【18】　そして、国公法が右の罰則を設けたことについて、政策的見地からする批判のあることはさておき、その保護法益の重要性にかんがみるときは、罰則制定の要否及び法定刑についての立法機関の決定がその裁量の範囲を著しく逸脱しているものであるとは認められない。特に、本件において問題とされる規則5項3号、6項13号の政治的行為は、特定の政党を支持する政治的目的を有する文書の掲示又は配布であつて、前述したとおり、政治的行為の中でも党派的偏向の強い行動類型に属するものであり、公務員の政治的中立性を損うおそれが大きく、このような違法性の強い行為に対して国公法の定める程度の刑罰を法定したとしても、決して不合理とはいえず、したがつて、右の罰則が憲法31条に違反するものということはできない❹。

【19】　(二)　また、公務員の政治的行為の禁止が国民全体の共同利益を擁護する見地からされたものであつて、その違反行為が刑罰の対象となる違法性を帯びることが認められ、かつ、その禁止が、前述のとおり、憲法21条に違反するものではないと判断される以上、その違反行為を構成要件として罰則を法定しても、そのことが憲法21条に違反することとなる道理は、ありえない❺。

【20】　(三)　右各判決は、たとえ公務員の政治的行為の禁止が憲法21条に違反しないとしても、その行為のもたらす弊害が軽微なものについてまで一律に罰則を適用することは、同条に違反するというのであるが、違反行為がもたらす弊害の大小は、とりもなおさず違法性の強弱の問題にほかならないのであるから、このような見解は、違法性の程度の問題と憲法違反の有無の問題とを混同するものであつて、失当というほかはない❻。

【21】　(四)　原判決は、さらに、規制の目的を達成しうる、より制限的でない他の選びうる手段があるときは、広い規制手段は違憲となるとしたうえ、被告人の本件行為に対する制裁としては懲戒処分をもつて足り、罰則までも法定することは合理的にして必要最小限度を超え、違憲となる旨を判示し、第一審

る。以上のような【12】と【13】の論証は、予防的法制・制度的法制として政治的行為が禁止されていると捉え、そのような予防的法制・制度的法制の採用が合憲になると判断した場合の論理的帰結として論じられたものと捉えることができる。
⓲　【5】から【13】では「公務員の政治的行為の禁止」それ自体の合憲性が検討されたが、【14】から【26】では、「公務員の政治的行為の禁止」に対し「罰則」を設けることの合憲性が検討されている。
⓳　【15】では、刑罰規定が違憲と判断される一般的基準と国会が刑罰規定を設けるにあたっての考慮事項が示されている。まず、本判決は、刑罰を「国権の作用による最も峻厳な制裁」と位置づけたうえで、「罪刑の均衡その他種々の観点からして著しく不合理なもの……であるとき」には違憲となる旨の命題を示している。そして、刑罰法規を定めるにあたっての考慮要素、法定刑を定めるにあたっての考慮要素をそれぞれ示している。
⓴　【16】では、具体的にいかなる場合に罰則規定が違憲となるかについての判断基準を示している。本判決は、ここで、政治的行為の禁止に刑罰を設けるか否かについては、国会による裁量的判断が尊重されるべき旨、論じている。ただし、判解①221-222頁は、この【16】の説示について、本判決は、(i)「法に違反する行為の性質」が「国民全体の共同利益」を損なうものといえない場合、(ii)法の禁止自体が違憲である場合、(iii)罰則規定を著しく不合理とするような特別の事情がある場合には、立法政策の問題となり、刑罰は違憲となる旨述べたものと解釈している。
㉑　【17】では、国公法に罰則規定が設けられ、その後も存置された歴史的経緯が示されている。この部分は、「罰則が設けられた当時の立法事情からその合理性に疑いがなげかけられている点を特に考慮したため」特に言及があったものと考えられる（判解①227頁）。当初、昭和22年に制定された国公法には、罰則がなく、罰則は、昭和23年の改正により追加されたものであった。ただ、その経緯について、本件第一審は、当該罰則は「当時官公庁労働組合の反政府的政治活動が活発になったのを憂慮した占領軍総司令部の強い示唆により、国会による独自の審議の許されない状況下に作られた条文」であると論じるなど、当該罰則が、国会により正当に制定されたものであることそれ自体に疑問が呈されていたのである。しかも、昭和25年に制定された地公法では、政府案には当初存在した罰則規定が国会審議の過程で削除されたという事情もあった。これに対し、本判決は、地公法の罰則審理は、むしろ、国公法の罰則を再考する機会になったものであり、そこから、そのような機会があったにもかかわらず国会が存置したと捉え、それをもって、罰則を存置する必要性が「国民の代表機関である国会」によって「承認」されたものと解釈している。
㉒　【18】では、罰則規定を設けたことが憲法31条違反に該当するか否かが検討されている。本判決は、保護法益の重要性（「国民全体の共同利益」）に基づき、(i)罰則制定の要否と(ii)法定刑のそれぞれについて、「立法機関の決定がその裁量の範囲を著しく逸脱しているものであるとは認められない」とした。さらに、特に、人事院規則14-7第5項3号、6項13号の政治的行為については、違法性が強いということを再確認したうえで、現在の法定刑について、罪刑の均衡という観点から不合理とはいえないとしている。
㉓　【19】では、罰則規定を設けたことが憲法21条違反に該当するか否かが検討されている。本判決は、(i)違反行為が刑罰の対象となる違法性を帯びる場合であり、かつ、(ii)その禁止自体が21条に違反するものではない場合において、その違反行為を構成要件として罰則を法定しても21条に違反することはないとしている。なお、第一審、原審、本判決の少数意見は、21条との関係性で政治的行為禁止の許容範囲が、懲戒処分と刑事罰とでは異なりうるとの前提のもとで議論を展開していた。こ

決もまた、外国の立法例をあげたうえ、被告人の本件行為のような公務員の政治的行為の禁止の違反に対して罰則を法定することは違憲である旨を判示する㉕。

【22】 しかしながら、各国の憲法の規定に共通するところがあるとしても、それぞれの国の歴史的経験と伝統はまちまちであり、国民の権利意識や自由感覚にもまた差異があるのであって、基本的人権に対して加えられる規制の合理性についての判断基準は、およそ、その国の社会的基盤を離れて成り立つものではないのである。これを公務員の政治的行為についてみるに、その規制を公務員自身の節度と自制に委ねるか、特定の政治的行為に限つて禁止するか、特定の公務員のみに対して禁止するか、禁止違反に対する制裁をどのようなものとするかは、いずれも、それぞれの国の歴史的所産である社会的諸条件にかかわるところが大であるといわなければならない。したがって、外国の立法例は、一つの重要な参考資料ではあるが、右の社会的諸条件を無視して、それをそのままわが国にあてはめることは、決して正しい憲法判断の態度ということはできない㉖。

【23】 いま、わが国公法の規定をみると、公務員の政治的行為の禁止の違反に対しては、一方で、前記のとおり、同法110条1項19号が刑罰を科する旨を規定するとともに、他方では、同法82条が懲戒処分を課することができる旨を規定し、さらに同法85条においては、同一事件につき懲戒処分と刑事訴追の手続を重複して進めることができる旨を定めている。このような立法措置がとられたのは、同法による懲戒処分が、もともと国が公務員に対し、あたかも私企業における使用者にも比すべき立場において、公務員組織の内部秩序を維持するため、その秩序を乱す特定の行為について課する行政上の制裁であるのに対し、刑罰は、国が統治の作用を営む立場において、国民全体の共同利益を擁護するため、その共同利益を損う特定の行為について科する司法上の制裁であつて、両者がその目的、性質、効果を異にするからにほかならない。そして、公務員の政治的行為の禁止に違反する行為が、公務員組織の内部秩序を維持する見地から課される懲戒処分を根拠づけるに足りるものであるとともに、国民全体の共同利益を擁護する見地から科される刑罰を根拠づける違法性を帯びるものであることは、前述のとおりであるから、その禁止の違反行為に対し懲戒処分のほか罰則を法定することが不合理な措置であるとはいえないのである㉗。

【24】 このように、懲戒処分と刑罰とは、その目的、性質、効果を異にする別個の制裁なのであるから、前者と後者を同列に置いて比較し、司法判断によつて前者をもつてより制限的でない他の選びうる手段であると軽々に断定することは、相当ではないというべきである㉘。

【25】 なお、政治的行為の定めを人事院規則に委任する国公法102条1項が、公務員の政治的中立性を損うおそれのある行動類型に属する政治的行為を具体的に定めることを委任するものであることは、同条項の合理的な解釈により理解しうるところである。そして、そのような政治的行為が、公務員組織の内部秩序を維持する見地から課される懲戒処分を根拠づけるに足りるものであるとともに、国民全体の共同利益を擁護する見地から科される刑罰を根拠づける違法性を帯びるものであることは、すでに述べたとおりであるから、右条項は、それが同法82条による懲戒処分及び同法110条1項19号による刑罰の対象となる政治的行為の定めを一様に委任するものであるからといつて、そのことの故に、憲法の許容する委任の限度を超えることになるものではない㉙。

【26】 (五) 右各判決は、また、被告人の本件行為につき罰則を適用する限度においてという限定を付して右罰則を違憲と判断するのであるが、これは、法令が当然に適用を予定している場合の一部につきその適用を違憲と判断するものであつて、ひっきょう法令の一部を違憲とするにひとしく、かかる判断の形式を用いることによつても、上述の批判を免れうるものではない㉚。

第三、結 論

【27】 以上のとおり、被告人の本件行為に対し適用されるべき国公法110条1項19号の罰則は、憲法21条、31条に違反するものではなく、また、第一審判決及び原判決の判示する事実関係のもとにおいて、右罰則を被告人の右行為に適用することも、憲法の右各法条に違反するものではない。第一審判決及び原判決は、いずれも憲法の右各法条の解釈を誤るものであるから、

れに対し、本判決は、21条はあくまで「禁止」からの自由を規定したものであり、禁止が21条との関係で合憲とされた場合には、制裁の内容の選択は再度21条の問題となることはなく、31条の問題となる以外は原則立法裁量の問題になると捉えている。このような捉え方は今日も基本的に変更がないものと考えられる（判例①237-239頁、判解②507-508頁）。

㉔ 【20】では、軽微な弊害にまで刑罰を適用することは憲法21条に違反するとの主張に対して反論を行っている。本判決は、弊害の軽微性の問題＝違法性の程度（強弱）の問題と捉えたうえで、違法性の程度の問題は違憲性の問題とは関係がないと論じている。憲法21条との関係で規制が合憲とされた違法な行為については、その違法性の程度の強弱にかかわらず、刑罰の適用の是非が、再度21条との関係で問題となることはないとの前提があるものと考えられる。

㉕ 【21】から【24】では、第一審と原審が、刑罰「より制限的でない他の選びうる手段」である懲戒処分でも、本件の場合、立法目的を達成できるとの論理に依拠して罰則の適用を違憲とし、さらに、第一審のような判断を裏付ける事情として、アメリカでは公務員の政治活動に対する制裁として懲戒処分のみが定められていることを指摘したことに対する反論が展開されている。

㉖ 【22】では、外国の法制を論拠として憲法判断を行うことに対する問題点が指摘されており、アメリカの法制度を参照した第一審の判断方法に対する反論として位置づけることができる。本判決は、憲法の規定が共通であっても、社会的基盤が異なれば、合憲性の判断基準が異なりうるし、外国の立法例は「重要な参考資料」であっても、そのままわが国に適用することはできないと論じる。ここでは、国民の権利意識や自由感覚が低ければ、判断基準も緩やかなものとなるかのような見解が示されている点が注目される。

㉗ 【23】では、懲戒処分と刑罰の本質的相違を示し、単純に、懲戒処分が刑罰の代替とはならない旨、論じられている。ここでは、懲戒処分は、「公務員組織の内部秩序の維持」を目的として、「その秩序を乱す特定の行為」に対して課される「行政上の制裁」である一方、刑罰は、「国民全体の共同利益（の）擁護」を目的として、「その共同利益を損う特定の行為」に対して科される「司法上の制裁」であるとして、両者は、目的・性質・効果を異にする別個の制裁であることが示されている。

㉘ 【24】では、【23】の考察を前提として、刑罰と懲戒処分とでは、目的・性質・効果が異なることから、懲戒処分は刑罰と比較して、「より制限的でない他の選びうる手段」と断定することは相当でない旨の結論が示されている。本判決の少数意見は、刑罰と懲戒処分で性質が異なることからむしろ懲戒処分と刑罰とでは合憲性の判断基準が異なるとしていたのに対し、本判決の多数意見は、懲戒処分と刑罰とでは同じ「禁止」として合憲性の判断基準は同じになるとし、両者の性質が異なるということについては、むしろ両者の選択が立法裁量に属することの論拠として援用したものといえる。

㉙ 【25】では、国公法102条1項による人事院規則への委任の合憲性が検討されている。国公法102条1項による委任は、広範かつ概括的であり、いわゆる「白紙委任」として憲法41条に違反する（委任の限度を超える）のではないかという問題がある（大隅ほか反対意見【39】参照）。これに対し、本判決は、国公法の102条1項の「合理的解釈」により、同条が委任しているのは、「公務員の政治的中立性を損うおそれのある行動類型に属する政治的行為」の具体的定めであるとし、委任の限度を超えないとしている。合理的解釈により具体化された程度に委任の対象が特定されていれば、白紙委任には該当しないと判断したものといえる。

㉚ 【26】では、第一審と控訴審が行った適用違憲の手法に関する言及が行われている。この段落の網掛け部分は、適用違憲と法令の一部違憲は同一のものであり、

論旨は理由がある。よって、上告趣意中のその余の所論に対する判断を省略し、刑訴法 410 条 1 項本文により第一審判決及び原判決を破棄し、直ちに判決をすることができるものと認めて、同法 413 条但書により被告事件についてさらに判決する㉛。

[28] 第一審判決の認定した事実（第一審第一回公判調書中の被告人の供述記載、被告人、並河誠一、越智良九、牧野邦昭、白取競、山川健二、立野政男の検察官に対する各供述調書による。）に法令を適用すると、被告人の各行為は、いずれも国公法 110 条 1 項 19 号（刑法 6 条、10 条により罰金額の寡額は昭和 47 年法律第 61 号による改正前の罰金等臨時措置法 2 条 1 項所定の額による。）、102 条 1 項、規則 5 条 3 号、6 項 13 号に該当するので、所定刑中いずれも罰金刑を選択し、以上は刑法 45 条前段の併合罪であるから、同法 48 条 2 項により各罪につき定めた罰金の合算額以下において被告人を罰金 5000 円に処し、同法 18 条により被告人において右罰金を完納することができないときは金 1,000 円を 1 日に換算した期間被告人を労役場に留置し、刑訴法 181 条 1 項本文により原審及び第一審における訴訟費用は被告人の負担とし、主文のとおり判決する㉜。

[29] この判決は、裁判官大隅健一郎、同関根小郷、同小川信雄、同坂本吉勝の反対意見があるほか、裁判官全員一致の意見によるものである。

さらに、適用違憲も法令の一部違憲も憲法判断の方法として適切ではないとするもののように読める。しかし、後の判例では、西宮市営住宅事件判決〔本書 49 事件〕のように法令違憲と適用違憲を区別して判断したものや国籍法事件判決〔本書 7 事件〕のように法令の一部違憲判決をしたものがある。後の判例との整合性という観点からは、判解②522 頁がいうように、網掛け部分は、「適用違憲ないし法令の一部違憲の手法それ自体を否定したものではなく、『違憲』という判断を批判したものにすぎない」と読むべきであろう。むしろ、堀越事件判決〔本書 23 事件〕の千葉補足意見（[21]）によれば、本判決は、法令全体の合憲性を判断したものでは実はなく、本件事案への法令の適用が合憲であること、すなわち、適用合憲の判断を示したものにすぎない旨整理されている。

㉛ [27] では、憲法的論点に対する本判決の結論が示されている。なお、本判決は、全体として、禁止対象となる「政治的行為」には限定がなく、形式的に「政治的行為」に該当すれば一律に処罰の対象となるかのような解釈を前提に議論を進めており、また、そのように解釈されるものとしての国公法等の規定を合憲としたかのように読める。しかし、堀越事件判決〔本書 23 事件〕の千葉補足意見（[21]）は、本判決は国公法 102 条 1 項について解釈論の全体像を示したものではない、すなわち、「政治的行為」に限定があるかないかについて判断をしていない旨論じている。

㉜ [28] では、本判決の判決（自判）の内容が示されている。なお、猿払事件の被告人の行為は、勤務時間外に、国の施設を利用することなく行われたものと一般に評価されているが、判解②509 頁は、ポスターの配布行為については、「勤務時間外に、国ないし職場の施設を利用せず、公務員の地位を利用することなく行われたとはいえない」とし、さらに、配布行為の (iv) については、「勤務として赴いた電業所の事務室における行為であった」としているように、必ずしも単純に勤務外の行為として割り切れる事案ではなかった。

■ 少数意見

裁判官大隅健一郎、同関根小郷、同小川信雄、同坂本吉勝の反対意見は、次のとおりである㉝。
検察官の上告趣意について。

[30] 本件の経過は多数意見記載のとおりであり、検察官の上告趣意は、第一審判決及び原判決の判断につき、憲法 21 条、31 条の解釈の誤りと判例違反とを主張するものである。

[31] 思うに、国公法 102 条 1 項は、公務員に関して、「職員は、政党又は政治的目的のために、寄附金その他の利益を求め、若しくは受領し、又は何らの方法を以てするを問わず、これらの行為に関与し、あるいは選挙権の行使を除く外、人事院規則で定める政治的行為をしてはならない。」と規定し、これに基づいて規則 14 - 7 は、右条項の禁止する「政治的行為」の内容を詳細に定めている。そして右条項及びこれに基づく規則の違反に対しては、国公法 82 条以下に懲戒処分、同法 110 条 1 項 19 号に刑事制裁が定められている。すなわち、国公法 102 条 1 項は、違反に対する制裁の関連からいえば、公務員につき禁止されるべき政治的行為に関し、懲戒処分を受けるべきものと、犯罪として刑罰を科せられるべきものとを区別

することなく、一律一体としてその内容についての定めを人事院規則に委任している。このような立法の委任は、少なくとも後者、すなわち、犯罪の構成要件の規定を委任する部分に関するかぎり、憲法に違反するものと考える。その理由は、次のとおりである㉞。

第一、基本的人権としての政治活動の自由と公務員の政治的中立。

一、政治活動の自由に関する基本的人権の重要性（憲法 15 条 1 項、16 条、21 条）。

[32] およそ国民の政治活動の自由は、自由民主主義国家において、統治権力及びその発動を正当づける最も重要な根拠をなすものとして、国民の個人的人権の中でも最も高い価値を有する基本的権利である。政治活動の自由とは、国民が、国の基本的政策の決定に直接間接に関与する機会をもち、かつ、そのための積極的な活動を行う自由のことであり、それは、国の基本的政策の決定機関である国会の議員となり、又は右議員を選出する手続に様々な形で関与し、あるいは政党その他の政治的団体を結成し、これに加入し、かつ、その一員として活動する等狭義の政治過程に参加することの外、このよ

㉝ 大隅ほか反対意見は、被告人を無罪とするものであり、多数意見と結論を異にする。ただ、第一審と原審が、被告人の本件行為に対して国公法 110 条 1 項 19 号の罰則の適用することが憲法 21 条、31 条に違反するとして、被告人を無罪としたのに対し、大隅ほか反対違憲は、直接的には、国公法 102 条 1 項による人事院規則への委任は、罰則規定の対象を定めるに関する限り無効になるとするいわゆる委任の限界論に基づいて、被告人を無罪としたものである。政治活動の自由の捉え方のみならず、懲戒処分と刑事罰の性質の違いをどのように評価するかという点においても、多数意見と少数意見は基本的発想を異にし、そのことが両者の結論を分かつ主要な要因となっている。

㉞ [31] では、公務員の政治的行為の禁止に関わる国公法や人事院規則の概要が説明されたうえで、国公法 102 条 1 項が、懲戒処分を受けるべき政治的行為と犯罪として刑罰を科せられるべき政治的行為とを区別せず、「一律一体として」その内容を具体的に定めることを人事院規則に委任していることに問題があるとし、そのゆえに、犯罪の構成要件の規定を委任する部分については違憲となると考えるとの大隅ほか反対意見の結論の概要が示されている。

な政治過程に働きかけ、これに影響を与えるための諸活動、例えば政治的集会、集団請願等の集団行動的なものから、様々な方法、形態による単なる個人としての政治的意見の表明に至るまで、極めて広い範囲にわたる行為の自由を含むものである。このように、政治活動の自由は、単なる政治的思想、信条の自由のような個人の内心的自由にとどまるものではなく、それに基づく外部的な積極的、社会的行動の自由をその本質的性格とするものであり、わが憲法は、参政権に関する15条1項、請願権に関する16条、集会、結社、表現の自由に関する21条の各規定により、これを国民の基本的人権の一つとして保障しているのである❸。

[33]　もとより、右のような基本的人権としての政治活動の自由も、絶対無制限のものではなく、公共の利益のために真にやむをえない場合には、多かれ少なかれ何らかの制限に服することをまぬかれないが、積極的な政治活動はその性質上その時々の政府の見解や利益と対立、衝突しがちであるため、とかく政治権力による制限を受けやすいことにかんがみるときは、このような制限がされる場合には、その理由を明らかにし、その制限が憲法上十分の正当性をもつものであるかどうかにつき、特に慎重な吟味検討を施すことが要請されるものといわなければならない❸。

二、公務員の政治的中立（憲法15条2項）。

[34]　国家公務員もまた、国民の一人として、右に述べた政治活動の自由を憲法上保障されているわけであるが、国公法102条及び同条1項に基づく規則は、公務員に属する者の政治活動に対し、前記のような制限を加えている。その理由は、おおよそ次のごときものと考えられる。すなわち、国公法は、日本国憲法のもとにおいて、国の行政に従事する公務員につき、「国民に対し、公務の民主的かつ能率的な運営を保障する」目的（同法1条）から、成績制を根幹とする公務員制度を採用しているが、この成績制公務員制度においては、いわゆる中立性の原則がその本質的なものとされている。けだし、公務員は、国民を直接代表する立法府の政治的意思を忠実に実行すべきものであつて、自己の政治的意思に従つて行政の運営にあたつてはならないとともに、近代民主国家における政治（立法）と行政の分離の要請に基づき、政治と行政の混こう、政治の介入による行政のわい曲を防止しなければならないからである。そして、国公法がこのような公務員制度を採用したことは、公務員が国民全体の奉仕者たるべきことを定めた憲法15条2項の趣旨及び精神にも合致するものということができる❸。

三、右一、二の関係と憲法。

[35]　国公法の採用した右のような公務員制度の趣旨及び性格、なかんずく公務員の政治的中立性の原則からするときは、公務員は、ひとり実際の行政運営において政治的な利害や影響に基づく、法に忠実でない行政活動を厳に避けなければならないばかりでなく、現実にこのような行政のわい曲をもたらさないまでも、その危険性を生じさせたり、又は第三者からそのような疑惑を抱かれる原因となるような政治的性格をもつ行動を避けるべきことが要請される。のみならず、公務員は、多かれ少なかれ国政の運営に関与するものであるから、それ

が集団的、組織的に政治活動を行うときは、それ自体が大きな政治的勢力となり、その過大な影響力の行使によつて民主的政治過程を不当にわい曲する危険がないとはいえない。国の行政が国の存立と円満な国民生活の維持のうえで必要不可欠なものであり、行政の政治的中立性が右に述べたように極めて重要な要請であることを考えるときは、公務員に対し、その職務を離れて専ら一市民としての立場においてする政治活動についても、一定の制限を課すべき公共的な利益と必要が存することは、これを否定することができないのである❸。

[36]　しかしながら、このことから直ちに、一般的、抽象的に公務員の個人的基本権としての政治活動の自由を行政の中立性の要請に従属させ、その目的のために必要と認められるかぎり、右政治活動の自由に対していかなる制限を課しても憲法上是認されるとの結論を導き出すことはできない。けだし、ひとしく公務員といつても、それが属する行政主体の事業の内容及び性質、その中における公務員の地位、職務の内容及び性質は多種多様であり、またそれらの公務員が行う政治活動の種類、性質、態様、規模、程度も区々であつて、これらの多様性に応じ、公務員の特定の政治活動が行政の中立性に及ぼす影響の性質及び程度、並びにその禁止が公務員の個人的基本権としての政治活動の自由に対して及ぼす侵害の意義、性質、程度及び重要性にも大きな相違が存するからである。それゆえ、前記の相反する二つの法益ないしは要求の間に調整を施すにあたつても、右に述べた相違を考慮し、より具体的、個別的に両法益の相互的比重を吟味検討し、真に行政の中立性保持の利益の前に公務員の政治活動の自由が退かなければならない場合、かつ、その限度においてのみこれを制限するとの態度がとられなければならない。のみならず、ひとり制限されるべき政治活動の範囲及び内容ばかりでなく、制限の方法、態様においてもその性質、効果を異にするのであるから、この点もまた、右の問題を解決するうえにおいて重要な要素であることを失わない。そして、以上に述べたことは、ひとり国会の専権に属する立法政策上の問題にとどまらず、また、憲法の要求するところでもあるというべきである❸。

第二、国公法102条1項における犯罪構成要件（同法110条1項19号）についての立法委任の違憲性。

一、公務員関係の規律の対象となる政治的行為と刑罰権の対象となる政治的行為についてそれぞれの内容、範囲を区別することなく、一律に人事院規則に委任していることの問題点（国公法82条、110条1項19号）。

[37]　国公法102条は、冒頭記述のとおり、公務員の政治活動に関して若干の特定の形態の行為を直接禁止した外は、選挙権の行使を除き人事院規則で定める政治行為を一般的に禁止するものとし、禁止行為の具体的内容及び範囲の決定を人事院に一任するとともに、その禁止の方法においても、これを単に公務員関係上の権利義務の問題として規定するにとどまらず、刑事制裁を伴う犯罪として扱うべきものとしている。国公法におけるこのような規制の方法は、同法に基づく規則における具体的禁止規定の内容の適否を離れても、それ自体として重大な憲法上の問題を惹起するものと考える。すなわち❹、

---

❸　[32]から[36]では、公務員の政治的行為の禁止に関して、対立する利益である政治活動の自由と公務員の政治的中立性の要請について分析を加えている。多数意見における[6]と[7]の記述に該当するものである。まず、[32]では、基本的人権としての政治活動の自由の重要性が論じられている。多数意見は、政治的行為（政治活動）を行動としての側面と政治的意見表明の側面に分け、後者の側面のみ憲法上の保障を受けるものであるとも読める説示を行っていたが、ここでは、憲法21条のほか、15条1項や16条もふまえ、政治活動の自由の本質的性格は、むしろ、外部的な積極的、社会的行動の自由にあるとしている点が注目される。

❸　[33]では、政治活動の自由は絶対無制限なものではないことを確認しつつ、当該自由は、政治権力による制限を受けやすいことなどにより、その制限には、特に慎重な吟味検討を要する旨論じられている。

❸　[34]と[33]と対をなすものであり、公務員の政治活動の自由に対する制限を正当化する論理が説明されている。多数意見は、行政の中立の運営の必要性を憲法から直接導こうとするものであったが、ここでは、憲法の要求というより、直接的には、公務員制度として「成績主義」（メリット・システム）を採用することに伴う要請として捉えている。成績主義とは、「選挙において勝利を収めた政権党が旧政権下の官僚群を排除し、代わって自己の政党に所属する者、選挙に協力した者を大量に政

部内に登用する」といういわゆる「猟官主義」（スポイルズ・システム）に対立する概念であり、「職員の任用は、……受験成績、人事評価その他の能力の実証に基づいて行わなければならない」とすることを前提する制度である（文献①115-116頁、321-323頁）。このような成績主義の実現においては、公務員人事の党派化や政党の介入を排除することが不可欠であると解されている。なお、多数意見は、成績主義については一切触れていない。この点、判例①184頁は、政治的行為禁止の目的として「成績主義……の維持及び上司による下僚の政治的利用の防止という目的が指摘されることがあるが、これらは右の高位の目的〔行政の中立的運営とこれに対する国民の信頼を確保するという目的〕に含まれ、又は付随するものとみることができる」としている。

❸　[35]では、行政の政治的中立性の原則が、さらに、一市民としての立場における政治活動の制限をも公務員に対し求めることが論じられている。

❸　[36]では、公務員の政治活動と行政の政治的中立性の対立を調整するにあたっては、複数の事情を考慮する必要がある旨論じられている。これは、公務員の政治活動の自由に対する一律的・一般的な制限も許容されるかのように論じた多数意見に対する批判を含むものであるといえる。

❹　[37]から[41]では、国公法102条による委任方式が憲法上いかなる観点から問題となりうるかについて、三つの論点が挙げられている。

【38】 (い) 公務員関係の規律として公務員の一定の政治的行為を禁止する場合と、かかる関係を離れて刑罰権の対象となる一個人としてその者の政治的行為を禁止する場合とでは、憲法上認められる制限の範囲に相違を生ずべきものであり、この両者を同視して一律にこれを定めることは、それ自体として憲法15条1項、16条、21条、31条に違反するのではないかという問題があり㊶、

【39】 (ろ) 国会が公務員の政治的行為を規制するにあたり、直接公務員の政治活動の制限の要否を具体的に検討しその範囲を決定することなく、人事院にこれを一任することは、立法府が公開の会議（憲法57条）において国民監視のもとに自ら行うべき立法作用の本質的部分を放棄して非公開の他の国家機関に移譲するものであつて、憲法41条に違反するのではないかという問題があり㊷、

【40】 (は) 右(い)と(ろ)の問題の関連において、懲戒原因としての政治的行為の禁止と可罰原因としてのそれを区別することなく一律にその具体的規定を規則に委任することは、委任自体として憲法に違反するのではないかという問題があるのである㊸。

【41】 これらの問題は、事の性質上、右授権に基づいて制定された規則における具体的禁止規定の内容の適否の問題に入る以前において検討、決定されるべき問題であるといわなければならない。

二、右一についての詳論。

〔一〕 公務員関係の規律の対象となる政治的行為と刑罰権の対象となる政治的行為とでは、その内容、範囲についてそれぞれ憲法上の区別があること（憲法15条1項、16条、21条、31条）。

(1) 公務員関係の規律の対象となる政治的行為について（憲法73条4号、15条、16条、21条、国公法102条1項、82条）。

【42】 公務員と国との間に成立する法律関係は、公務員としての職務活動に自己の労働力を提供する個人と、これを使用して公務を遂行する国との間に成立する権利義務の関係であり、基本的には双方の意思に基づいて成立し、その内容は、法律によって直接これを規定しないかぎり、本来は当事者の合意によつて決定されうるところのものである。しかし、公務員関係の内容をすべて当事者の合意によつて定めることは適当でなく、他方、憲法はこの問題を行政主体の完全な裁量に委ねず、法律で定める基準に従つて処理すべきものとしている（73条4号）ので、公務員関係の法的内容は、実際においては、国公法をはじめとする関係諸法律によつて詳細に規定され、その具体的内容は、公務員関係の成立の基礎となる任用の方法、基準、手続、勤務時間、給与、勤務上の地位の異動等の勤務条件に関する基準、公務員の勤務上及び勤務外の行為に関する規律、公務員関係内における紛争の処理等極めて広い範囲にわたつている㊹。

【43】 このように、公務員関係を規制すべき法内容を定めるにあたつては、立法機関としての国会が広い裁量権を有し、国会は、日本国憲法のもとにおいていかなる公務員制度が最も望ましいかを考え、その構想のもとに、その具体化のための措置を講ずることができるのであつて、国会が具体的に採用、決定した立法措置は、憲法上是認しうる目的のために必要又は適当であると合理的に判断しうる範囲にとどまるかぎり、憲法に適合する有効なものであるとしなければならない㊺。

【44】 国公法102条における公務員に対する政治的行為の禁止もまた、前述のような公務員制度の具体化の一環として、公務員関係内における公務員の職務上又は職務外における義務又は負担の一つとして定められたものと認められるのであり、その目的ないし理由が、国公法の採用した成績制公務員制度における公務員の政治的中立性の要請にこたえるにあり、公務員の任免、昇進、異動の面における政治的考慮ないし影響の排除の反面として、公務員自身に対しても、一定範囲における政治的中立性遵守の義務を課したものであることは、さきに述べたとおりである。

【45】 そして、成績制公務員制度が憲法の精神に適合するものであり、かかる制度の要請する公務員の政治的中立性の保持が憲法上是認される目的に基づくものである以上、たとえ政治活動の自由が憲法における最も重要な個人的基本権であるとしても、自らの意思に基づいて国との間に公務員関係という一定の法律関係に入る者に対し、かかる法律関係の一内容として、前記の目的を達するために必要かつ相当であると合理的に認められる範囲において右権利に対する制約を加えることは、憲法上許されるところであるとしなければならない。

【46】 また、右の基準のもとにおける制限の必要性に関する国会の判断の合理性については、前記のような国会の裁量権の広範性にかんがみ、必ずしも特定の政治的行為が公務員の政治的中立性を侵害する現実の危険を伴うかどうかというような厳格、狭あいな視点にのみ限局されることなく、より広くその種の行為が一般的に右のような侵害の抽象的危険性を有するかどうかという点をも考慮に入れることが許されるというべきである。それゆえ、国公法102条における政治的行為の禁止は、その違反に対し公務員関係上の義務違反に対する制裁としての懲戒によつて強制されるべき義務を設定するものであるかぎりにおいては、右の基準に照らしてその合憲性を決定すべく、この基準に適合するかぎり、これを違憲とする理由はないのである。

(2) 刑罰権の対象となる公務員の政治的行為について（憲法15条1項、16条、21条、31条）。

【47】 およそ刑罰は、一般統治権に基づき、その統治権に服する者に対して一方的に行使される最も強力な権能であり、国家が一般統治上の見地から特に重大な反国家性、反社会性をもつと認める個人の行為、すなわち、国家、社会の秩序を害する行為に対してのみ向けられるべきものである。単なる私人間の法律関係上の義務違反や、公私の団体又は組織の内部的規律侵犯行為のように、間接に国家、社会の秩序に悪影響を及ぼす危険があるにすぎない行為は、当然には処罰の対象とはなりえない。一般に個人の自由は、多種多様の関係において種々の理由により法的拘束を受けるが、それらの拘束が法的に是認される範囲は、それぞれの関係と理由において必ずしも同一ではないのであつて、公務員の政治活動の自由についても、事は同様である。究極的には当事者の合意に基づいて成立する公務員関係上の権利義務として公務員の政治活動の自由に課せられる法的制限と、一般統治権に基づき刑罰の制裁をもつて課せられるかかる自由の制限とは、その目的、根拠、性質及び効果を全く異にするのであり、このことにこそ民事責任と刑事責任との分化と各自の発展が見られるのである㊻。したがつてまた、右両種の制限が憲法上是認されるかどうかについても、おのずから別個に考察、論定されなければならないのであつて、公務員が公務外において一市民としてする政治活動を刑罰の制裁をもつて制限、禁止しうる範囲は、一般に

㊶【38】では、国公法が、公務員関係の規律の対象となる政治的行為と刑事罰の対象となる政治的行為を同一視して、一律に定めていることそれ自体が、憲法15条1項、16条、21条、31条に違反しうるのではないかという第1の論点が挙げられている。

㊷【39】では、国公法102条が、具体的に範囲を限定することなく公務員の政治活動の制限の要否を人事院に委任していることが立法の本質的部分を放棄するもので、憲法41条に違反するのではないかという第2の論点が指摘されている。

㊸【40】では、公務員関係の規律の対象となる政治的行為と刑事罰の対象となる政治的行為を区別することなく一律に委任することが、委任自体として憲法に違反するのではないかという第3の論点が指摘されている。

㊹【42】から【50】では、【38】で提示された論点に関する検討がなされている。そのうち、【42】から【46】では、公務員関係の規律として許容される政治的行為の内容と限界が論じられている。まず、【42】では、公務員と国との間の法律関係は、本来は、双方の合意によっても決定することのできる性質のものであるが、憲法は、73条4号の規定に基づき、行政主体の完全な裁量に委ねず、法律で定める基準に従って処理すべきことを命じており、公務員関係の規律は、現状として、国公法など関係諸法律により詳細に規定されるところになっているとする。

㊺【43】から【46】では、国会は、公務員関係を規律すべき法内容を定めることについて広い裁量権を有することが指摘されたうえで、抽象的危険という観点もふまえた政治的行為の禁止であっても、公務員関係の規律としては、合憲となりうる余地があることが指摘されている。

㊻【47】から【49】では、刑罰権の対象となる公務員の政治的行為の内容と限界が論じられている。まず、【47】の第4文までにおいて、大隅ほか反対意見は、公務員関係上の規律と刑罰による制裁とは、目的、根拠、性質および効果がまったく異なるとし、それゆえに、規制の対象として許容される範囲は、両者において必ずしも同一とはならないと論じている。

国が一定の統治目的のために、国民の政治活動を刑罰の制裁をもつて制限、禁止する場合について適用される憲法上の基準と原理とによつて、決せられなければならないのである㊼。

【48】　右の見地に立つて考えると、刑罰の制裁をもつてする公務員の政治活動の自由の制限が憲法上認められるのは、禁止される政治的行為が、単に行政の中立性保持の目的のために設けられた公務員関係上の義務に違反するというだけでは足りず、公務員の職務活動そのものをわい曲する顕著な危険を生じさせる場合、公務員制度の維持、運営そのものを積極的に阻害し、内部的手段のみでこれを防止し難い場合、民主的政治過程そのものを不当にゆがめるような性質のものである場合等、それ自体において直接、国家的又は社会的利益に重大な侵害をもたらし、又はもたらす危険があり、刑罰によるその禁圧が要請される場合に限られなければならない㊽。

【49】　更に、個人の政治活動の自由が憲法上極めて重大な権利であることにかんがみるときは、一般統治権に基づく刑罰の制裁をもつてするその制限は、これによつて影響を受ける政治的自由の利益に明らかに優越する重大な国家的、社会的利益を守るために真にやむをえない場合で、かつ、その内容が真に必要やむをえない最小限の範囲にとどまるかぎりにおいてのみ、憲法上容認されるものというべきである。すなわち、単に国家的、社会的利益を守る必要性があるとか、当該行為に右の利益侵害の観念的な可能性ないしは抽象的な危険性があるとか、右利益を守るための万全の措置として刑罰を伴う強力な禁止措置が要請される等の理由だけでは、かかる形における自由の制限を合憲とすることはできない。けだし、一般に政治活動、なかんずく反政府的傾向をもつ政治活動は政治権力者からみれば、ややもすると国家的、社会的利益の侵害をもたらすものと受けとられがちであるが、このような危険や可能性を観念的ないし抽象的にとらえるかぎり、その存在を肯定することは比較的容易であり、したがつて、政治活動の自由の制限に対して前述のような厳格な基準ないし原理によつて臨むのでなければ、国民の政治的自由は時の権力によつて右の名目の下に容易に抑圧され、憲法の基本的原理である自由民主主義はそのよつて立つ基礎を失うに至るおそれがあるからである。我々は、過去の歴史において、為政者の過度の配慮と警戒による自由の制限がもたらした幾多の弊害を度外視してはならないのである。このことは、公務員の政治活動についても同様であるといわなければならない㊾。

⑶　規則6項13号の違憲性（憲法15条1項、16条、21条、31条）。

【50】　以上の基準に照らすときは、例えば、本件において問題とされている規則6項13号による文書の発行、配布、著作等は、政治活動の中でも最も基礎的かつ中核的な政治的意見の表明それ自体であり、これを意見表明の側面と行動の側面とに区別することはできず、その禁止は、政治的意見の表明それ自体に対する制約であるのみならず、これを政治的目的についての同規則5項、特に同項3号ない

し6号の広範かつ著しく抽象的な定義と併せ読むときは、右の意見表明に所定の形態で関与する行為につき、その者の職種、地位、その所属する行政主体の業務の性質等、その具体的な関与の目的、関与の内容及び態様のいかん並びに前後の事情等に照らし、その行為が行政の政治的中立性の保持等の国家的、社会的利益に対していかなる現実的、直接的な侵害を加え、ないしはいかなる程度においてその危険を生じさせるかを一切問うことなく、単に行為者が公務員たる身分を有するというだけの理由で、包括的、一般的な禁止を施しているものであり、公務員に対し、実際上あまねく国の政策に関する批判や提言等の政治上の意見表明の機会を封ずるに近く、公務員関係上の義務の設定として合理的規制ということができるかどうかは別論として、少くとも刑罰を伴う禁止規定としては、公務員の政治的言論の自由に対する過度に広範な制限として、それ自体憲法に違反するとされてもやむをえないといわなければならない㊿。

【51】　右に述べたように、ひとしく公務員の政治的行為の禁止であつても、公務員関係上の義務として定める場合と刑罰の対象となる行為として定める場合とでは、その意義、性質、効果を異にし、憲法上それが許される範囲にも相違が生ずることをまぬかれないのであり、これらの点を全く無視し、専ら行為の禁止の点のみを抽象してそれが憲法に適合する制限かどうかを判断すべきものとし、禁止違反に対して懲戒が課せられるか刑罰が科せられるかは、単なる強制手段の問題として立法政策上の当否の対象となるにすぎないとすることはできないのである㉛。

㈡、国公法102条1項の委任。

⑴　公務員関係の規律の対象となる政治的行為の規定の委任（憲法73条4号、地方公務員法36条、29条）。

【52】　以上の次第であるから、法律が直接公務員の政治的行為の禁止を具体的に定めるには、公務員関係内における規律として定める場合と刑罰の構成要件として定める場合とを区別し、前述したような別個の観点、考慮に従つてその具体的内容を定めるべきであり、現実に定められた禁止内容に対しても、それが憲法に違反しないかどうかは別個の基準によつて判断すべきものであるが、国公法102条は、上述のように、禁止行為の内容及び範囲を直接定めないでこれを人事院規則に委任しており、そのためにかかる委任の適否について問題が生ずることは、さきに指摘したとおりである。そこでこの点について順次考察するのに、まず一般論として、国会が、法律自体の中で、特定の事項に限定してこれに関する具体的な内容の規定を他の国家機関に委任することは、その合理的必要性があり、かつ、右の具体的な定めがほしいままにされることのないように当該機関を指導又は制約すべき目標、基準、考慮すべき要素等を指示してするものであるかぎり、必ずしも憲法に違反するものということはできず、また、右の指示も、委任を定める規定自体の中でこれを明示する必要はなく、当該法律の他の規定や法律全体を通じて合理的に導き出されるものであつてもよいと解される。この見地に立つて国公法102条1項

㊼　【47】の第5文では、公務員の政治活動を刑事罰によつて制限するにあたつての基本原理が示されている。大隅ほか反対意見は、ここで、公務員が公務外で一市民としてする政治活動に対する刑事罰の限界を画する憲法上の基準は、一般の刑事罰の限界を画する憲法上の基準と同一のものでなければならない旨の基本的立場を提示している。

㊽　【48】では、刑事罰によつて公務員の政治活動を制限しうる限界を確定する基準が提示されており、ここでは、「単に行政の中立性保持の目的のために設けられた公務員関係上の義務に違反するというだけでは足りず」、「それ自体において直接、国家的又は社会的利益に重大な侵害をもたらし、又はもたらす危険」がある場合のみ憲法上許容されるとの基準が提示されている。多数意見のように合理的関連性だけで足りるとするものではなく、直接的関連性を求めるものといえる。

㊾　【49】では、一般的観点から、個人の政治活動の自由に対する刑事罰による制限が許容される基準が論じられており、ここでは、「政治的自由の利益に明らかに優越する重大な国家的、社会的利益を守るために真にやむをえない場合で、かつ、その内容が真に必要やむをえない最小限の範囲にとどまるかぎりにおいてのみ、憲法上容認される」との基準が提示されている。大隅ほか反対意見は、一般人であつても、公務員であつても、同様に、この基準が適用されるべきであると論じていると捉えることができ、公務員関係の事案においては、基準（利益衡量の方法）それ自体が変化するとの主張に対するアンチテーゼとなつている。整理するならば、多数意見は、憲法判断の基準

（方法）として懲戒処分と刑罰を区別することなく合理的関連性の基準を採用し、また、規制対象が公務員であったことがそのような緩やかな基準の採用の実質的論拠となったことがうかがわれるが、大隅ほか反対意見は、むしろ、懲戒処分と刑罰で適用される憲法判断の基準は異なるとし、また刑罰の場合には、一般人と公務員とでは基準が異なるのではないとの立場に依拠しているものといえる。

㊿　【50】では、【48】と【49】によつて提示された基準に基づき人事院規則6項13号の合憲性が検討されている。多数意見は、人事院規則6項13号が規定する政治的行為について、意見表明の側面と行動の側面との両面があるとの前提のもと議論を展開していたが、大隅ほか反対意見は、ここで、人事院規則14-7第6項13号が規定する行為は、「政治的意見の表明それ自体」であり、国公法による規制は、「政治的意見の表明それ自体に対する制約」であると論じていることが注目される（ただし、多数意見は、規制対象それ自体というよりも、規制理由（ねらい）に着目して間接的付随的制約論を展開しており、多数意見と少数意見とは噛み合わない部分がある）。そのうえで、大隅ほか反対意見は、現実的、直接的な侵害があるか否かを問うことなく、包括的、一般的な政治的言論を禁止していることから、過度に広範な制限として本件規制それ自体が違憲になりうると論じている。

㉛　【51】では、改めて、公務員関係上の規律の対象となる政治的行為と刑罰の対象となる政治的行為について憲法上許容される範囲が異なることが確認されており、懲戒か刑罰かを立法政策の問題として捉えた多数意見を批判している。

の規定をみると、同条項の委任には、選挙権の行使の除外を除き、いわゆる政治的行為のうち、禁止しうるものとしえないものとを区分する基準につきなんら指示するところはないけれども、国公法の他の規定を通覧するときは、右の禁止が国公法の採用した成績制公務員制度の趣旨、目的、特に行政の中立性の保持の目的を達するためのものであることが明らかであり、他方、一般に法律が特定の目的を達するための具体的措置の決定を他の機関に委任した場合には、特にその旨を明示しなくても、右目的を達するために必要かつ相当と合理的に認められる措置を定めるべきことを委任したものと解すべきものであるから、前記法条における禁止行為の特定についての委任も、行政の中立性又はこれに対する信頼を害し、若しくは害するおそれがある公務員の政治的行為で、このような中立性又はその信頼の保持の目的のために禁止することが必要かつ相当と合理的に認められるものを具体的に特定することを人事院規則に委ねたものと解することができる。また、公務員の多種多様性、政治活動の広範性とその態様及び内容の多様性、これに伴う禁止の必要の程度の複雑性と多様性、更に社会的、政治的情勢の変化によるこれらの要素の変動の可能性等にかんがみるときは、具体的禁止行為の範囲及び内容の特定を他のしかるべき国家機関に委任することに合理性が認められるのみならず、人事院が内閣から相当程度の独立性を有し、政治的中立性を保障された国家機関で、このような立場において公務員関係全般にわたり法律の公正な実施運用にあたる職責を有するものであることに照らすときは、右の程度の抽象的基準のもとで広範かつ概括的な立法の委任をしても、その濫用の危険は少なく、むしろ現実に即した適正妥当な規則の制定とその弾力的運用を期待することができると考えられる。そして、前述のように、公務員関係の規律としては、行政の中立性の保持のために必要かつ相当であると合理的に認められる範囲において公務員の政治活動の自由に制約を加えることが是認されるのであるから、以上の諸点をあわせて考えると、右の関係における公務員の政治的行為禁止の具体的な規定を規則に委任することは、その委任に基づいて制定された規則の個々の規定内容が、あるいは憲法に違反し、あるいは委任の範囲をこえるものとして一部無効となるかどうかは別として、委任自体を憲法に違反する無効のものとするにはあたらないというべきである（地方公務員法36条、29条参照）。㉜

（2） 刑罰権の対象となる政治的行為の規定の委任（憲法41条、15条1項、16条、21条、31条）。

【53】 しかしながら、違反に対し刑罰が科せられる場合における禁止行為の規定に関しては、公務員関係の規律の場合におけると同一の基準による委任を適法とすることはできない。けだし、前者の場合には、後者の場合と、禁止の目的、根拠、性質及び効果を異にし、合憲的に禁止しうる範囲も異なること前記のとおりであつて、その具体的内容の特定を委任するにあたつては、おのずから別個の、より厳格な基準ないしは考慮要素に従つて、これを定めるべきことを指示すべきものだからである。㉝

【54】 しかるに、国公法102条1項の規定が、公務員関係上の義務ないしは負担としての禁止と罰則の対象となる禁止とを区別することなく、一律一体として人事院規則に委任し、罰則の対象となる禁止行為の内容についてその基準として特段のものを示していないことは、先に述べたとおりであり、また、同法の他の規定を通覧し、可能なかぎりにおける合理的解釈を施しても、右のような格別の基準の指示があると認めるに足りるものを見出すことができない。これは、同法が、両者のいずれの場合についても全く同一の基準、同一の考慮に基づいて禁止行為の範囲及び内容を定めることができるとする誤つた見解によつたものか、又は憲法上前記のような区別が存することに思いを致さなかつたためであるとしか考えられない。それゆえ、国公法102条1項における前記のごとき無差別一体的な立法の委任は、少なくとも、刑罰の対象となる禁止行為の規定の委任に関するかぎり、憲法41条、15条1項、16条、21条及び31条に違反し無効であると断ぜざるをえないのである。㉞

第三、結論。

【55】 以上説述したとおり、国公法102条1項による政治的行為の禁止に関する人事院規則への委任は、同法110条1項19号による処罰の対象となる禁止規定の定めに関するかぎり無効であるから、これに基づいて制定された規則もこの関係においては無効であり、したがって、これに違反したことの故をもつて前記罰条により処罰することはできない。したがって、これに反する従来の最高裁判所の判決は変更すべきものである。それゆえ、本件被告人の行為に適用されるかぎりにおいて規則6項13号の規定を無効として、被告人を無罪とした原判決は、結論において正当であるから、結局、本件上告は理由がなく、棄却すべきものである。㉟

（裁判長裁判官　村上朝一　裁判官　大隅健一郎　裁判官　関根小郷　裁判官　藤林益三　裁判官　岡原昌男　裁判官　小川信雄　裁判官　下田武三　裁判官　岸盛一　裁判官　天野武一　裁判官　坂本吉勝　裁判官　岸上康夫　裁判官　江里口清雄　裁判官　大塚喜一郎　裁判官　高辻正己　裁判官　吉田豊）

補足説明①　政治的行為禁止における目的と手段の構造

最高裁が捉える公務員の政治的行為の禁止に関する目的と手段の関係は、正確には3段階の構造をもっている（判解①185頁）。すなわち、(i) 組織としての「行政の中立的運営の確保」と「これに対する国民の信頼の維持」という究極の目的を達成する手段として、まず、(ii)「公務員の職務の遂行の政治的中立性の保持」（公務員が、政治的に公正かつ中立的な立場に立って職務の遂行にあたること）があり、さらに、(ii)の目的を達成する手段として、(iii) 個々の「公務員の政治的行為の禁止」が設けられている。この目的と手段の関係について後の調査官解説が注釈しているところによれば、まず、最高裁が国民の信頼の対象としているのは、あくまで組織としての「行政の中立的運営」であって、個々の公務員自身の人格的・思想的な政治的中立性や外見的な中立性ではない（判解②475頁）。すなわち、法益との関係で禁止の対象となる政治

㉜ 【52】から【54】では、【39】と【40】で提示された論点に対する回答として、国公法102条1項による委任は違憲ではないかが検討されている。その中で、【52】では、公務員関係の規律の対象となる政治的行為の委任の合憲性が検討されている。そこでは、まず、委任をするに「合理的必要があり」、委任を受けた「機関を指導又は制約すべき目標、基準、考慮すべき要素等を指示している」限り、立法委任は憲法に違反することないとの立法委任の限界についての一般的基準を提示したうえで、人事院が政治的中立性を保障された国家機関であることなどの諸事由を挙げつつ、公務員関係の規律としては、委任自体が憲法に違反することはないとの結論を導き出している。

㉝ 【53】と【54】では、刑罰権の対象となる政治的行為の規定の委任の合憲性が検討されている。まず、【53】では、刑罰と公務員関係の規律とは、目的、根拠、性質および効果が異なり、合憲的に禁止しうる範囲も異なるのであるから、両者を同一の基準によって委任することは許されないと論じる。

㉞ 【54】では、【53】で示した観点から、国公法102条1項による委任の合憲性が検討されている。ここでは、国公法102条1項は、公務員関係の規律として禁止される行為と刑罰の対象として禁止される行為とを区別することなく、一律一体として人事院規則に委任したものであることを再確認し、そのような委任は、刑事罰の委任に関して、憲法41条、15条1項、16条、21条および31条に違反し、無効であると結論づけている。

㉟ 【55】では、大隅ほか反対意見の結論が提示されており、国公法102条1項は、同法110条1項19号によって処罰の対象となる禁止規定の定めを委任する部分について無効であり、それに基づいて定められた人事院規則も無効になることから、これに違反したからといってそれらの罰条によって処罰することはできず、被告人は無罪となるとしている。

的行為は、組織としての行政の中立的運営に影響を与えるものである必要がある。もっとも、行政の中立的運営の障害となる中立的でない公務員の職務の遂行は、「違法」な職務の遂行に限定された狭いものではない。職務の遂行上、法的には裁量の範囲内であっても、政治的傾向を持ち込んだうえでの職務の遂行は、国民の信頼との関係で防止すべき対象として捉えられている（判解③540-541頁）。ただ、このように理解しても、上記目的と手段の関係のうち、(i)と(ii)の関係は比較的容易に理解できるものであるものの、実際上、(ii)と(iii)の関係はわかりづらい。本判決や堀越事件判決〔本書23事件〕は、公務員が、私人としてであっても政治的行為を行った場合には、当該公務員が、公私の区別がつかなくなり、政治的傾向を職務に持ち込む可能性が高まるとの判断を前提として、(ii)と(iii)の関係を肯定しているようである。ただ、仮にそのような関係を認めるとしても、公務員の政治的行為が直接に(i)の保護法益を侵害するわけではなく、通常は、職務と私的信条を区別して職務にあたると考えられるため、政治的行為の禁止は、極めて予防的側面の強い制度であるといえる。堀越判決は、合理的関連性の基準を採用しなかったが、抽象的危険犯としての政治的行為の禁止という建前は維持しており（判解②481頁）、また、予防的法制としての性格も否定はしていないものと考えられる。これに対して、かつて薬事法事件判決〔本書51事件〕が、予防的法制の設定について「予防的措置として職業の自由に対する大きな制約である薬局の開設等の地域的制限が憲法上是認されるためには、単に右のような意味において国民の保健上の必要性がないとはいえないというだけでは足りず、このような制限を施さなければ右措置による職業の自由の制約と均衡を失しない程度において国民の保健に対する危険を生じさせるおそれのあることが、合理的に認められることを必要とする」として、その限界を画する基準を提示していたことは、公務員の政治的行為禁止の限界を考えるうえでも改めて注目されてよいだろう。

補足説明②　猿払事件判決における合理的関連性の基準の意味

本判決は、【7】において、「公務員の政治的行為の禁止」は「必要やむをえない限度」にとどまるべきであると論じており、これは、「厳格な基準」の採用を示唆したものであると解されている（堀越事件判決〔本書23事件〕の千葉補足意見（【23】）および判解②496頁参照）。他方で、本判決は、【8】では、国公法102条1項による「公務員の政治的行為の禁止」の憲法適合性は、いわゆる「合理的関連性の基準」によって判断すべきであると論じている。この合理的関連性の基準は、立法府の裁量の尊重を基本とする敬譲的基準であり、手段の必要最小限度性やLRAの不存在まで要求するものではないと解されている。

そうすると、本判決の【7】と【8】は矛盾することになりはしないか。これについては、三つの異なる理解の仕方がありうる。第1は、判解①において香城敏麿調査官が示した理論に沿ったものであり、【7】で示唆された厳格な基準というのは、あくまで「政治的行為」を内容規制（直接的規制）によって規制する場合を念頭に置いたものであり、国公法102条1項のような内容中立規制（間接的付随的規制）には、【8】で示された「合理的関連性の基準」が適用されると理解するものである。

第2は、判解②498-501頁において、岩﨑邦生調査官が示した理解に沿ったものである。岩﨑調査官は、政治的行為に対する規制においては、原則、厳格な基準の適用があるとするが、当該事案において、相当な根拠がある場合には、「合理的関連性の基準」の採用もありうるとする。そして、猿払事件においては、相当な根拠として、①一般国民に対する規制ではなく、公務員のみに対する規制であること、②公務員の政治的中立性の維持は、国民全体の重要な利益であること、③国公法102条1項は間接的付随的規制であったことの三つを挙げている。このうち、③は、香城調査官の理解と重なる。ただ、岩﨑調査官は、①の根拠を特に重視しており、「公務員の政治的行為の規制も含め、公務員制度の具体的内容に係る法令については、立法府に一定の裁量権が与えられていると解され」ると論じている。岩﨑調査官が挙げた三つの根拠があって初めて合理的関連性の基準が採用されたと理解すれば、合理的関連性の基準の射程は、間接的付随的規制一般に直ちに適用されるものではなく、本来的に「公務員制度」に限定されるべきものであったということになる。

第3は、堀越事件判決補足意見における千葉裁判官の理解に沿ったものであり、本判決は具体的事案のもとで、罰則規定の「適用」が合憲であることが明白であったことから、判決理由では、あえて厳格な基準に従った説示をせず、「合理的関連性の基準」に従った簡潔な説示にとどめたというのである。千葉裁判官は、本判決は、内的検討の段階では、段落【7】でうかがわれた「厳格な基準」に従った判断をしていたとの理解を提示している。このような千葉裁判官の理解によれば、表面的な判決理由においては、猿払事件判決＝合理的関連性の基準、堀越事件判決＝厳格な基準というように矛盾があるが、最高裁は、いずれも、内的には、厳格な基準を適用していたということになる。逆に、香城調査官や岩﨑調査官の理解に従った場合には、本判決と堀越事件判決は矛盾することになる。これについて、岩﨑調査官は、判解①503-504頁において、審査基準はそもそも判例性をもたないとして割り切った説明を行っている。これに対し、千葉裁判官の理解は、審査基準は形式的に判例の抵触はないとしても、判決の論理において可能な限り矛盾を生じないように腐心したものであると解される。

いずれにせよ、一つの判例の理解も、常に固定的なものではなく、時代によって変遷していくものであるということがいえよう。

Questions

①事実関係の確認

問1 被告人の職業、職種、職務内容はどのようなものであったか。また、被告人は、どのような団体に所属していたか。▶【事案】【1】

問2 被告人は何に際し、何を、いつ、どこに、どのような態様によって掲示、あるいは、配布したか。また、これらの行為は何の決定に基づくものであったか。▶【事案】【1】

問3 国公法102条1項は、何を禁止したものか。同項における「政治的行為」は、どの機関が、何によって定めて

いるか。同法 110 条 1 項 19 号は、何を規定したものか。
▶【参照条文】【2】

問 4　被告人が行った行為は、いかなる法令の何に該当する行為であり、また、いかなる法令の何が適用されるとして被告人は起訴されたか。▶【事案】【2】

問 5　第一審判決は、いかなる理由により、いかなる判断をしたか。また、第一審判決が違憲としたものは何であったか。▶【事案】【3】

問 6　原判決はどのような判断を行ったか。検察官は上告趣意でどのようなことを主張していたか。▶【事案】【4】

②判決の内容の確認

問 7　本判決は、第一審判決および原判決が、被告人の本件行為に国公法 110 条 1 項 19 号の罰則を適用することが違憲であるとしたのは、何に重要性を認め、また、何の合理性に疑問があると考えたからだとしているか。▶【5】

問 8　本判決は、憲法 21 条が保障する表現の自由について、何と論じているか。また、政治的行為は、どのような面とどのような面を有すると述べたうえで、憲法の何条によって保障されると述べているか。▶【6】

問 9　本判決は、国公法 102 条 1 項および人事院規則によって禁止された行為が、国民一般に対して禁止された場合、どのような問題が生じるとしているか。▶【6】

問 10　本判決は、憲法の何条を挙げたうえで、公務はどのように運営されるべきものとしているか。また、行政分野の公務は、何に照らし、どのように運営されなければならないとしているか。▶【7】

問 11　本判決は、個々の公務員は、どのように職務の遂行にあたることが必要であるとしているか。また、そのような必要性は何に基づくものか。▶【7】

問 12　本判決は、行政の中立的運営の確保、これに対する国民の信頼の維持、公務員の政治的中立性は、何の要請であり、いかなる利益であるとしているか。▶【7】

問 13　本判決は、公務員の政治的中立性を損なうおそれのある公務員の政治的行為を禁止することは、いかなるものである限り、憲法の許容するところであるとしているか。▶【7】

問 14　本判決は、国公法 102 条 1 項および人事院規則による公務員に対する政治的行為の禁止が合理的で必要やむをえない限度にとどまるものか否かを判断するにあたっては、何を検討することが必要であるとしているか。▶【8】

問 15　本判決は、公務員の政治的行為が自由に放任された場合、どのような経路をたどって、どのような弊害があるとしているか。本判決は、公務員の党派的傾向はどのような弊害を招くとしているか。また、その弊害は、いかなる事態にまで至るとしているか。▶【9】

問 16　本判決は、公務員の政治的中立性を損なうおそれのある政治的行為を禁止することは、何を確保するためのものであるとしているか。また、それは何からの要請に応えるため、何を擁護するための措置であるとしているか。▶【9】

問 17　本判決は、公務員の政治的中立性を損なうおそれのある政治的行為を禁止することの目的はどのようなものであるとしているか。▶【9】

問 18　本判決は、公務員の政治的中立性を損なうおそれがあると認められる政治的行為を禁止することは、その禁止目的との間にどのような関連性があるとしているか。また、その関連性はどのような場合にも失われないとしているか。▶【9】

問 19　本判決は、公務員の政治的行為を禁止することにはどのような消極的側面があるとしているか。本判決は、公務員の政治的中立性を損なうおそれのある政治的行為の禁止が、どのような「ねらい」としてなされる場合には、いかなる理由により、利益の均衡が失われないとしているか。▶【10】

問 20　本判決は、人事院規則 14 − 7 第 5 項 3 号、6 項 13 号が定める政治的行為は、どのような行動類型に属するものとし、何のおそれが強いとしているか。また、そのような政治的行為は、禁止目的との間でどのような関係があるとしているか。▶【11】

問 21　本判決は、人事院規則 14 − 7 第 5 項 3 号、6 項 13 号が定める政治的行為の禁止は、何を「ねらい」としたものであるとしているか。また、その禁止に関わる利益の均衡について何と述べているか。▶【11】

問 22　本判決は、裁量の余地のない機械的業務を担当する公務員が政治的行為を行った場合には、その弊害は小さいという主張に対して何と反論しているか。本判決は、郵便業務はどのように運営されなければならないとしているか。本判決は、政治的行為が労働組合活動の一環としてなされることについて何と述べているか。▶【12】

問 23　本判決は、被告人の行った政治的行為の弊害は軽微であるという主張に対して何と反論しているか。本判決は、一地方の一公務員による特定の政治的行為であっても、どのような経路により、どのような弊害をもたらすとしているか。▶【13】

問 24　本判決によれば、第一審判決は、公務員の政治的行為の「禁止」とその禁止違反に対する「罰則の適用」について、それぞれ、憲法との関係でどのような結論を示したものであったか。▶【14】

問 25　本判決は、刑罰をどのようなものと位置づけているか。また、刑罰規定と法定刑について、それぞれ、何を考慮して設定されなければならないとしているか。本判決は、いかなる場合に刑罰規定が違憲の判断を受けるとしているか。▶【15】

問 26　本判決は、公務員の政治的行為に対する制裁として刑罰を科すか否かは何の問題であるとしているか。また、その問題について、立法機関の裁量が尊重されるべきであるのはいかなる場合か。▶【16】

問 27　本判決によれば、国公法 110 条 1 項 19 号の罰則はいかなる経緯により設けられたものか。また、地公法には同様の罰則はあるか。本判決は、国公法について罰則を存置する必要性は、いかにして国会により承認されたとしているか。▶【17】

問 28　本判決は、いかなる理由により国公法の罰則規定が憲法 31 条に違反しないとしているか。▶【18】

問 29　本判決は、いかなる理由により国公法の罰則規定が憲法 21 条に違反しないとしているか。▶【19】

問 30　本判決は、軽微な弊害にまで一律に罰則を適用することは憲法 21 条に違反するとの主張に対して何と応答し

ているか。▶【20】

問31 本判決は、基本的人権に対する規制の合理性の判断基準は、何に依存して決まるとしているか。また、外国の立法例は、どのような理由により、どのように憲法判断において扱うべきであるとしているか。▶【22】

問32 本判決は、懲戒処分と刑事罰の目的、性質、効果について、それぞれ、どのように整理しているか。また、懲戒処分は、刑事罰と比較して、「規制の目的を達成しうる、より制限的でない他の選びうる手段」であるとの主張に対して何と応答しているか。▶【23】【24】

問33 本判決は、国公法102条1項は、何を人事院規則に委任したものと捉えているか。また、本判決は、国公法102条1項が、懲戒処分の対象となる政治的行為と刑事罰の対象となる政治的行為を区別することなく一律に人事院規則に委任していることは、委任の限界を超えるとの主張に対して何と答えているか。▶【25】

問34 本判決は、被告人の本件行為につき罰則を適用する限度において違憲との判断手法に対してどのように述べているか。▶【26】

問35 本判決は、結論としてどのような判示を行っているか。▶【27】【28】

③応用問題

問36 懲戒処分と刑事罰とで、目的・性質・効果が異なる。本判決の多数意見と少数意見はそのことをどのように評価し、憲法判断と結びつけたか。両者を比較して、整理せよ。▶【23】【24】、【47】～【49】

問37 本判決が、【8】において合理的関連性の基準を提示したのはいかなる理由であるからと考えられるか。判解①187-189頁、判解②498-501頁、堀越事件判決〔本書23事件〕の千葉補足意見（同判決【23】）の記述を読み比べ、整理せよ。▶【補足説明②】

○ 関連判例（本書所収以外のもの）
最判昭和55年12月23日民集34巻7号959頁［全逓プラカード事件］
最大決平成10年12月1日民集52巻9号1761頁［裁判官分限事件］

○ 本判決の調査官解説
香城敏麿「判解」最高裁判所判例解説刑事篇昭和49年度165頁（判解①）

○ その他の判例解説・判例批評
岩﨑邦生「判解」最高裁判所判例解説刑事篇平成24年度463頁（判解②）
岩﨑邦生「判解」最高裁判所判例解説刑事篇平成24年度528頁（判解③）

○ 参考文献
森園幸男＝吉田耕三＝尾西雅博『逐条国家公務員法［全訂版］』（学陽書房、2015年）（文献①）
芦部信喜『憲法訴訟の現代的展開』（有斐閣、1981年）
芦部信喜ほか「〔研究会〕憲法判例の30年―学説と実務との関連において」ジュリスト638号（1977年）452頁
芦部信喜ほか「〔研究会〕憲法判断の基準と方法」ジュリスト789号（1983年）14頁
芦部信喜ほか「〔研究会〕憲法裁判の客観性と創造性」ジュリスト835号（1985年）6頁
高橋和之「審査基準論の理論的基礎(上)(下)」ジュリスト1363号（2008年）71頁・1364号（同）108頁
宍戸常寿「『猿払基準』の再検討」法律時報83巻5号（2011年）20頁
長谷部恭男「表現活動の間接的・付随的制約」戸松秀典＝野坂泰司編『憲法訴訟の現状分析』（有斐閣、2012年）232頁
蟻川恒正「合憲であることの定型的論証としての猿払基準」高橋和之先生古稀記念『現代立憲主義の諸相(下)』（有斐閣、2013年）369頁

22 よど号ハイジャック記事抹消事件

最高裁昭和58年6月22日大法廷判決　昭和52年(オ)第927号：損害賠償請求事件
民集37巻5号793頁

事案

X（原告、控訴人、上告人）らは、昭和44年10月21日の国際反戦デー闘争等の公安事件において逮捕され、兇器準備集合罪、公務執行妨害罪等の罪名で起訴されており、東京拘置所に勾留、収容されていた。東京拘置所には、昭和45年4月1日の段階において、計1695名が収容されており、そのうち、318名が公安事件で逮捕された未決拘禁中の被告人であった。当時、東京拘置所における公安事件関係の在監者のうちには、拘置所塀外のデモやマイクによる呼びかけに対して呼応したり、朝の点検の際大声で叫んだり、シュプレヒコール、拍手、足踏みなどして看守の指示に従わない行為をする者等が多くみられ、拘置所内での騒じょう事例も複数回発生していた。

その中で、昭和45年3月31日、日本航空「よど号」が飛行中に赤軍派と称する学生15人に乗っ取られるという事件（以下「よど号ハイジャック事件」という）が発生し、Xらが拘置所内で自弁により定期購読をしていた読売新聞でも、3月31日付夕刊の第1面でその事件が大きく掲載され、4月1日付朝刊、4月2日付朝刊と連日、その犯行の手口、犯行の成り行き、監禁されている乗客の健康状態、犯人らに対する説得工作の難航等の模様が詳細に報道された。東京拘置所長は、3月31日付夕刊から4月2日朝刊の記事中、よど号ハイジャック事件に関する記事は、監獄法施行規則86条に規定する未決拘禁者に閲読を許されるべき「拘禁ノ目的ニ反セズ且ツ監獄ノ規律ニ害ナキモノ」に該当しないと判断し、テレビの番組欄も含め、同事件に関する一切の記事を墨で真黒に塗りつぶし判読不可能なものにしたうえで、Xらにそれぞれ配布した。

Xらは、拘置所長が依拠した監獄法31条、同法施行規則86条等は、憲法19条、21条に違反し無効であり、また、本件記事の内容は在監者を刺激し、騒じょうを誘発したり、拘置所の紀律を害するようなおそれがあるものではなかったことから、東京拘置所長による新聞記事抹消は違法であり、そのような違法な記事抹消により憲法によって保障された知る権利に対する侵害がなされた等として、Y（国：被告、被控訴人、被上告人）に対し、各11万円ずつの損害賠償を求める訴訟を提起した。

第一審（東京地判昭50・11・21民集37-5-811）は、東京拘置所長のなした本件記事抹消措置には裁量権の濫用・逸脱はなく適法であるとして、Xらの請求を棄却し、第二審（東京高判昭52・5・30民集37-5-830）も、これをほぼ全面的に支持して、Xらの控訴を棄却した。

■参考条文（事件当時のもの）

監獄法
第31条
2　文書、図画ノ閲読ニ関スル制限ハ命令ヲ以テ之ヲ定ム

監獄法施行規則
第86条　〔第1項〕文書、図画ノ閲読ハ拘禁ノ目的ニ反セズ且ツ監獄ノ紀律ニ害ナキモノニ限リ之ヲ許ス

収容者に閲読させる図書、新聞紙等取扱規程（昭和41年12月13日法務大臣訓令）
第3条　未決拘禁者に閲読させる図書、新聞紙その他の文書、図画は、次の各号に該当するものでなければならない。
(1) 罪証隠滅に資するおそれのないもの
(2) 身柄の確保を阻害するおそれのないもの
(3) 紀律を害するおそれのないもの
5　前4項の規定により収容者に閲読させることのできない図書、新聞紙その他の文書、図画であっても、所長において適当であると認めるときは、支障となる部分を抹消し、又は切り取ったうえ、その閲読を許すことができる。

収容者に閲読させる図書、新聞紙等取扱規程の運用について（昭和41年12月20日矯正局長依命通達）（民集37巻5号820頁参照）
二の1　(一) 未決拘禁者に対しては、たとえば (1) 当該施設に収容中の被疑者、被告人が罪証隠滅に利用するおそれがあるもの、(2) 逃走、暴動等の刑事事故を取り扱ったもの、(3) 所内の秩序びん乱をあおり、そのかすおそれのあるもの、(4) 風俗上問題となるようなことを露骨に描写したもの、(5) 犯罪の手段、方法等を詳細に伝えたもの、(6) 通信文又は削除し難い書込みのあるものあるいは故意に工作を加えたもの……などは、その閲読を許さないこと。
二の2　5項により図書、新聞紙等の支障となる部分を抹消又は切り取りのうえ、その閲読の許否を決定するにあたっては、抹消又は切り取りによって生ずる問題を十分に検討して行う。

Navigator

本件事案では、被勾留者が拘置所内で自弁により閲読していた新聞紙の記事を抹消した拘置所長の措置について、その措置の根拠となった監獄法・監獄法施行規則の各規定の合憲性と拘置所長の措置の適法性が主たる論点となった。本判決は、三つの判断基準を順次提示していくという点にその特徴がある。まず、未決勾留者の自由に対する制限の合憲性の判断基準として利益衡量論を提示し【2】、次いで、未決勾留者の新聞閲読の自由に対する制限の合憲性の判断基準としての相当の蓋然性基準を提示し【3】、監獄法・監獄法施行規則がその相当の蓋然性基準に適合するように合憲限定解釈したうえで【4】、さらに、裁判所が拘置所長の裁量的判断を審査する判断基準を提示し【6】、それに従って、本件新聞記事抹消措置の適法性を審査するという論証の過程となっている。本判決が提示した利益衡量論は、昭和50年以降の最高裁判決においてその基底になっているとされており、また、本判決が採用した段階的な判断基準の提示は、泉佐野市民会館使用不許可事件判決〔本書43事件〕においても採用されているなど、特に、本判決の論証構造は、本件事案にとどまらない射程を有している。本判決を読むにあたっては、それぞれの判断基準がいかなる理由に基づき導出されているのかに注意するほか、未決勾留とはどのような性格のものか、当時、監獄（刑事施設）の状況はどのようなものであったかにも留意しておく必要がある。

■判決の論理構造

基本的前提

> 未決勾留者は、拘禁関係に伴う制約の範囲外においては、原則として一般市民としての自由を保障される。ただし、①未決勾留の目的である逃亡・罪証隠滅の防止、②監獄内の規律・秩序維持の目的のため身体的自由およびその他の行為の自由について「必要かつ合理的な」制限を受ける。

⬇

第1段階の判断基準（利益衡量論）【基底的判断基準】

> 未決勾留者の自由に対する制限が「必要かつ合理的なもの」として是認されるかどうかは、①その目的のために制限が必要とされる程度と、②制限される自由の内容および性質、③これに加えられる具体的制限の態様および程度等を較量して決せられるべきものである。

⬇

第2段階の判断基準（相当の蓋然性説）【実効的判断基準】
→新聞紙等の閲読の自由の制限について妥当するもの

> ①制限の要件「監獄内の規律及び秩序の維持上放置することのできない程度の障害が生ずる相当の蓋然性があると認められることが必要」
> ②制限の範囲「障害発生の防止のために必要かつ合理的な範囲にとどまるべき」（目的を達するために真に必要と認められる限度にとどめられるべき）

⬇

監獄の長の裁量的判断への敬譲に基づく裁判所の審査範囲

> ①制限の要件「障害発生の相当の蓋然性があるとした長の認定に合理的な根拠があるか」
> ②制限の範囲「その防止のために当該制限措置が必要であるとした判断に合理性が認められるか」

判　決

○ 主　文

本件上告を棄却する。
上告費用は上告人らの負担とする。

○ 理　由

上告代理人近藤勝、同小泉征一郎、同古瀬駿介、同川端和治の上告理由第一点について

[1]　所論は、未決勾留によつて拘禁された者に対する新聞紙の閲読の自由を制限しうる旨定めた監獄法31条2項、監獄法施行規則86条1項の各規定、昭和41年12月13日法務大臣訓令及び昭和41年12月20日法務省矯正局長依命通達は、思想及び良心の自由を保障した憲法19条並びに表現の自由を保障した憲法21条の各規定に違反し無効である、というのである。

[2]　未決勾留は、刑事訴訟法の規定に基づき、逃亡又は罪証隠滅の防止を目的として、被疑者又は被告人の居住を監獄内に限定するものであつて、右の勾留により拘禁された者は、その限度で身体的行動の自由を制限されるのみならず、前記逃亡又は罪証隠滅の防止の目的のために必要かつ合理的な範囲において、それ以外の行為の自由をも制限されることを免れないのであり、このことは、未決勾留そのものの予定するところでもある。また、監獄は、多数の被拘禁者を外部から隔離して収容する施設であり、右施設内でこれらの者を集団として管理するにあたつては、内部における規律及び秩序を維持し、その正常な状態を保持する必要があるから、この目的のために必要がある場合には、未決勾留によつて拘禁された者についても、この面から

❶【1】では、監獄法31条2項、監獄法施行規則86条1項等について、憲法19条、21条を根拠に、いわゆる文面違憲の主張をしたXらの上告理由の要旨が示されている。

❷【2】では、未決勾留者の自由に対する制限の合憲性を判断するための第1段階の判断基準（以下「基底的判断基準」という）の導出が行われている。まず、【2】の第1文では、「未決勾留それ自体の目的」と「その目的によって予定された自由の制限」が論じられている。本判決は、「逃亡」と「罪証隠滅」の防止を未決勾留の目的として位置づけ、それらの目的に基づき、未決勾留者は、①「居住が監獄内に限定される」限度での「身体的行動の自由」の制限と②逃亡と罪証隠滅の防止の目的のために「必要かつ合理的な範囲」における「それ以外の行為の自由」の制限を受けることになると論じている。

その者の身体的自由及びその他の行為の自由に一定の制限が加えられることは、やむをえないところというべきである（その制限が防禦権との関係で制約されることもありうるのは、もとより別論である。）❸。そして、この場合において、これらの自由に対する制限が必要かつ合理的なものとして是認されるかどうかは、右の目的のために制限が必要とされる程度と、制限される自由の内容及び性質、これに加えられる具体的制限の態様及び程度等を較量して決せられるべきものである（最高裁昭和40年(オ)第1425号同45年9月16日大法廷判決・民集24巻10号1410頁）❹。

[3]　本件において問題とされているのは、東京拘置所長のした本件新聞記事抹消処分による上告人らの新聞紙閲読の自由の制限が憲法に違反するかどうか、ということである❺。そこで検討するのに、およそ各人が、自由に、さまざまな意見、知識、情報に接し、これを摂取する機会をもつことは、その者が個人として自己の思想及び人格を形成・発展させ、社会生活の中にこれを反映させていくうえにおいて欠くことのできないものであり、また、民主主義社会における思想及び情報の自由な伝達、交流の確保という基本的原理を真に実効あるものたらしめるためにも、必要なところである❻。それゆえ、これらの意見、知識、情報の伝達の媒体である新聞紙、図書等の閲読の自由が憲法上保障されるべきことは、思想及び良心の自由の不可侵を定めた憲法19条の規定や、表現の自由を保障した憲法21条の規定の趣旨、目的から、いわばその派生原理として当然に導かれるところであり、また、すべて国民は個人として尊重される旨を定めた憲法13条の規定の趣旨に沿うゆえんでもあると考えられる❼。しかしながら、このような閲読の自由は、生活のさまざまな場面にわたり、極めて広い範囲に及ぶものであつて、もとより上告人らの主張するようにその制限が絶対に許されないものとすることはできず、それぞれの場面において、これに優越する公共の利益のための必要から、一定の合理的制限を受けることがあることもやむをえないものといわなければならない。そしてこのことは、閲読の対象が新聞紙である場合でも例外ではない。この見地に立つて考えると、本件におけるように、未決勾留により監獄に拘禁されている者の新聞紙、図書等の閲読の自由についても、逃亡及び罪証隠滅の防止という勾留の目的のためのほか、前記のような監獄内の規律及び秩序の維持のために必要とされる場合にも、一定の制限を加えられることはやむをえないものとして承認しなければならない❽。しかしながら、未決勾留は、前記刑事司法上の目的のために必要やむをえない措置として一定の範囲で個人の自由を拘束するものであり、他方、これにより拘禁される者は、当該拘禁関係に伴う制約の範囲外においては、原則として一般市民としての自由を保障されるべき者であるから、監獄内の規律及び秩序の維持のためにこれら被拘禁者の新聞紙、図書等の閲読の自由を制限する場合においても、それは、右の目的を達するために真に必要と認められる限度にとどめられるべきものである❾。したがつて、右の制限が許されるためには、当該閲読を許すことにより右の規律及び秩序が害される一般的、抽象的なおそれがあるというだけでは足りず、被拘禁者の性向、行状、監獄内の管理、保安の状況、当該新聞紙、図書等の内容その他の具体的事情のもとにおいて、その閲読を許すことにより監獄内の規律及び秩序の維持上放置することのできない程度の障害が生ずる相当の蓋然性があると認められることが必要であり、かつ、その場合においても、右の制限の程度は、右の障害発生の防止のために必要かつ合理的な範囲にとどめるべきものと解するのが相当である❿。

[4]　ところで、監獄法31条2項は、在監者に対する文書、図画の閲読の自由を制限することができる旨を定めるとともに、制限の具体的内容を命令に委任し、これに基づき監獄法施行規則86条1項はその制限の要件を定め、更に所論の法務大臣訓令及び法務省矯正局長依命通達は、制限の範囲、方法を定めている。これらの規定を通覧すると、その文言上はかなりゆるやかな要件のもとで制限を可能としているようにみられるけれども、上に述べた要件及び範囲内でのみ閲読の制限を許す旨を定めたものと解するのが相当であり、かつ、そう解することも可能であるから、右法令等は、憲法に違反するものではないとしてその効力を承認することができるというべきである⓫。

[5]　論旨は、採用することができない。
　　　同第二点について

[6]　所論の点に関する原審の事実認定は、原判決挙示の証拠関係に照らし

❸ [2]の第2文では、逃亡と罪証隠滅の防止以外の目的に基づく未決勾留者の自由の制限が論じられている。本判決以前には、未決勾留の目的である逃亡と罪証隠滅の防止以外の目的に基づく自由の制限を否定する立場もあったが、本判決はその立場を否定し、監獄内部における規律と秩序の維持という目的のために「必要がある」場合にも、未決勾留者の身体的自由とその他の行為の自由に一定の制限が加えられることがあることを確認した（判解①267-270頁）。なお、括弧内の「その制限が防禦権との関係で制約されることもある」との言説は、制限の限界には、さらに「未決拘禁者については刑事訴訟の当事者としての立場を考慮する必要があることを強調したもの」と解する（判解①276頁）。

❹ [2]の第3文では、基底的判断基準が示されている。本判決は、未決勾留者の自由に対する制限が「必要かつ合理的なもの」として是認されるかは、(i)目的のために制限が必要とされる程度と、(ii)制限される自由の内容および性質、(iii)これに加えられる具体的制限の態様および程度の三つの要素の衡量によって判断すべきであると論じている。この判断方法は、利益衡量論と呼ばれているが、単に私権と公共の利益の衡量ではなく、具体的な制限の態様・程度も含めた利益衡量であることが注目される（判解②234頁）。それは、私権を上回る公共の利益を目的とした規制であっても、その具体的な制限の態様・程度によっては、違憲となりうる場合があることを示唆するものである。この利益衡量論は、ここでは未決勾留者の自由の制限の合憲性判断基準として提示されているが、昭和50年以降の最高裁大法廷判決は、明示されないものも含め、当該利益衡量論に基づき憲法判断を行っていると指摘されている（判解②242頁）。

❺ [3]では、[2]で示された基底的判断基準を基礎に、未決勾留者の新聞紙閲読の自由の制限の合憲性を判断するための判断基準（以下「実効的判断基準」という）の導出が行われている。

❻ [3]の第2文では、情報摂取の価値が論じられている。特に、ここでは、情報摂取の価値が、「人格の形成・発展という個人的レベルと、思想・情報の伝達、交流という社会的レベルの両面から捉え」られていることが重要である（判解①267頁）。

❼ [3]の第3文では、第2文で示された情報摂取の価値を基礎として新聞紙、図書等の閲読の自由が憲法上保障の対象となるものであることが示されている。ここでは、特に、憲法13条、19条、21条が根拠条文として挙げられている。なお、ここで「派生原理として当然に導かれる」との言説がみられるが、これは「十分尊重に値する」との意味が異なるものと解され、「『表現の自由』そのものではないが、憲法21条によって保障されている」との意味として捉えることができよう（文献①21頁）。

❽ [3]の第4文から第6文では、新聞等の閲読の自由は絶対的なものではなく、「逃亡及び罪証隠滅の防止という勾留の目的」のほか「監獄内の規律及び秩序の維持」のためにも「一定の合理的制限を受けることがある」ことが確認されている。

❾ [3]の第7文では、未決勾留者の自由を制限するうえでの基本的留意事項が指摘されている。ここでは、制限の程度が、「真に必要と認められる限度にとどめられるべき」として必要最小限度性の要請が強調されているが、それは、ここで述べられた未決拘禁者は「原則として一般市民としての自由を保障されるべき者」であることに加え、刑事訴訟の当事者として有する地位もふまえたものであると解される（判解①275頁）。

❿ [3]の第8文では、実効的判断基準が示されている。この判断基準は、(i)制限できる場合の要件と(ii)その制限の範囲の二つに分離でき、制限できる場合の要件としては、「相当の蓋然性」説を採用している。これは、「抽象的危険」で足りるとする説を明確に排除したものであり「明白かつ現在の危険」説そのものではないが、その精神をふまえて危険の程度に絞りをかけたものと解さ

て是認することができ、その過程に所論の違法はない。そして、具体的場合における前記法令等の適用にあたり、当該新聞紙、図書等の閲読を許すことによって監獄内における規律及び秩序の維持に放置することができない程度の障害が生ずる相当の蓋然性が存するかどうか、及びこれを防止するためにどのような内容、程度の制限措置が必要と認められるかについては、監獄内の実情に通暁し、直接その衝にあたる監獄の長による個個の場合の具体的状況のもとにおける裁量的判断にまつべき点が少なくないから、障害発生の相当の蓋然性があるとした長の認定に合理的な根拠があり、その防止のために当該制限措置が必要であるとした判断に合理性が認められる限り、長の右措置は適法として是認すべきものと解するのが相当である❷。これを本件についてみると、前記事実関係、殊に本件新聞記事抹消処分当時までの間においていわゆる公安事件関係の被拘禁者らによる東京拘置所内の規律及び秩序に対するかなり激しい侵害行為が相当頻繁に行われていた状況に加えて、本件抹消処分に係る各新聞記事がいずれもいわゆる赤軍派学生によって敢行された航空機乗っ取り事件に関するものであること等の事情に照らすと、東京拘置所長において、公安事件関係の被告人として拘禁されていた上告人らに対し本件各新聞記事の閲読を許した場合には、拘置所内の静穏が攪乱され、所内の規律及び秩序の維持に放置することのできない程度の障害が生ずる相当の蓋然性があるものとしたことには合理的な根拠があり、また、右の障害発生を防止するために必要であるとして右乗っ取り事件に関する各新聞記事の全部を原認定の期間抹消する措置をとったことについても、当時の状況のもとにおいては、必要とされる制限の内容及び程度についての同所長の判断に裁量権の逸脱又は濫用の違法があったとすることはできないものというべきである。これと同趣旨の原審の判断は、正当として是認することができる。原判決に所論の違法はなく、論旨は採用することができない❸。

[7] よって、民訴法396条、384条、95条、89条、93条に従い、裁判官全員一致の意見で、主文のとおり判決する。
（裁判長裁判官　寺田治郎　裁判官　団藤重光　裁判官　藤崎萬里　裁判官　中村治朗　裁判官　横井大三　裁判官　木下忠良　裁判官　塩野宜慶　裁判官　伊藤正己　裁判官　宮崎梧一　裁判官　谷口正孝　裁判官　大橋　進　裁判官　木戸口久治　裁判官　牧　圭次　裁判官　和田誠一　裁判官　安岡滿彦）

れる（判解①235頁）。また、制限の範囲については、単に「必要かつ合理的な範囲」とするだけであるが、本判決が第7文で、「真に必要と認められる限度」との要件を示していることから必要最小限度の範囲を意味するものと解される（判解①275頁、判解②235頁）。

❶ [4] では、監獄法31条2項、監獄法施行規則86条1項の合憲性について論じられている。監獄法31条2項については、単に委任の対象を明示するのみで、制限の要件・程度について何らの規定もしておらず、包括委任・白紙委任として憲法の許容する委任の限度を超えるとの疑義もありえた。これに対し、本判決は、監獄法31条2項の条文を字義どおりではなく、[3] で示された要件および範囲内でのみ閲読の制限を許したもの（委任したもの）と解釈し、合憲とした。これはいわゆる合憲限定解釈の考え方を採用したものと解されている（判解①281頁）。また、ここではあわせて監獄法施行規則86条1項が規定する要件が [3] で示された要件に限定されることも含意されている。

❷ [6] では、[3] と [4] で示された監獄法等の（合憲限定）解釈を前提に、東京拘置所長の本件措置の違法性が検討されている。もっとも、本判決は、「客観的な法令の内容は何であるか」の問題と「行政庁による措置の法令適合性について裁判所がどこまで踏み込んで審査できるか」の問題は区別されるものと捉えており、[6] の第2文では、客観的な法令の内容として示された [4] の判断基準に基づく適法な措置は何かについては、「監獄内の実情に通暁する」監獄の長の「裁量的判断」に裁判所が敬譲すべきことが論じられ、(i)制限の要件については、「障害発生の相当の蓋然性があるとした長の認定に合理的な根拠」があるか、(ii)制限の範囲については、「その防止のために当該制限措置が必要であるとした判断に合理性が認められるか」という範囲でのみ裁判所は審査するとした。ただ、このような行政庁の裁量的判断への敬譲は、あくまで「監獄という特殊な集団的拘禁施設の特質を考慮したもの」（判解①282頁）であり、本判決と類似の論証展開をもつ泉佐野市民会館使用不許可事件（本書43事件）では採用されていない。また、本件と同種事案である後の判例③においても、[6] で示された基準自体への言及がなくなっている。

❸ [6] の第3文では、第2文で示された審査基準に基づき拘置所長の措置の適法性が審査されている。ここでは公安事件関係の被拘禁者による侵害行為が「相当頻繁に行われていた」という当時の状況が指摘されており、そのことが「障害発生の相当の蓋然性があるとした長の認定に合理的な根拠」になると判断したものと考えられる。また、そのような状況を前提に、抹消された記事は、よど号ハイジャック事件に関するものに限定されていたことを基礎として、必要となる抹消措置の範囲の判断についても合理性があったものと認定したものと考えられる。

補足説明	監獄法と刑事収容施設法

刑訴法は、刑事訴訟の実現を目的に、被疑者（被告人）の逮捕や勾留の要件や手続について定めたものであるが、そこで逮捕・勾留された被疑者・被告人の収容施設内での具体的処遇については受刑者の処遇とともに本件で問題となった監獄法に規定が置かれていた。監獄法は、明治41年に現行の刑法とともに施行されたものであり、当時としては、被収容者の人道的取扱い等、進歩的内容を含むものであったとされているが、日本国憲法施行後もほとんど実質的改正が行われていなかった。特に、問題とされたのが、監獄法は、制度の根幹のみを定めるにとどまるものであり、具体的規律の多くが、包括的に監獄法施行規則等の命令に委任され、さらに、実際の運用は法令ではない多数の訓令・通達に依存していたということである。本判決は、その問題の一部について、合憲限定解釈という手法によりさしあたり克服しようとしたものであったといえるが、平成17年と同18年の法改正により成立した「刑事収容施設及び被収容者等の処遇に関する法律」（以下「刑事収容施設法」という）により監獄法は廃止され、「監獄」の名称も「刑事施設」に改められた（以上の経緯について文献①1-7頁）。本件で問題となった書籍や新聞の閲覧については、刑事収容施設法70条、71条に規定が置かれることになったが、本判決の趣旨は、これらの条文の解釈においても依然として妥当していると考えられている（文献②296頁）。

Questions

①事実関係の確認

問1 Xらはどのような被疑事実により逮捕・勾留されていたか。また、Xらは本件事件当時、同被疑事実について有罪との判決を受けていたか。▶【事案】

問2 本件事件当時、東京拘置所はどのような状況であったか。また、昭和45年3月31日にどのような事件が発生したか。▶【事案】

問3 東京拘置所長は、よど号ハイジャック事件を受け、いかなる理由により、いかなる範囲において、拘置所内で配布された新聞記事を抹消したか。また、拘置所長が依拠した法令の条文を確認せよ。▶【事案】【参考条文】

問4 Xらは新聞記事の抹消措置に対し、いかなる理由に基づき、いかなる訴訟を提起したか。▶【事案】

②判決の内容の確認

問5 Xらは、憲法の何条に基づき、何が、違憲無効であるとしたか。▶【1】

問6 本判決は、どのようなものを未決勾留の目的として挙げているか。▶【2】

問7 本判決は、勾留により拘禁された者は、いかなる目的により、いかなる自由が制限されることになると述べているか。また、他方で、そのような「制限」それ自体は何により限界があるものと述べているか。▶【2】

問8 本判決は、勾留により拘禁された者の自由の制限が「必要かつ合理的なもの」として是認されるかどうかは、いかなる判断基準により判断されるとしているか。▶【2】

問9 本判決は、情報摂取の機会をもつことの意義について何と述べているか。▶【3】

問10 本判決は、新聞紙等の閲読の自由は、何条に基づき憲法上保障されると述べているか。また、本判決は、憲法21条との関係ではどのような説示を行っているか。▶【3】

問11 本判決は、未決勾留により拘禁されている者は、どのような者であるとしているか。また、それゆえに、被拘禁者の新聞紙等の閲読の自由の制限は、どのような範囲に限定されるべきであるとしているか。▶【3】

問12 本判決は、被拘禁者の新聞紙等の閲読の自由の制限は、どのような場合に許容され、また、その制限の程度はどのような範囲にとどまるべきであるとしたか。▶【3】

問13 本判決は、監獄法31条2項と監獄法施行規則86条1項の規定を通覧すると、それらはどのようなものであるとしているか。また、そのうえで、本判決は、これらの条文をどう解釈したか。▶【4】

問14 本判決は、監獄法31条2項、監獄法施行規則86条1項の規定の適用については、いかなる理由により、誰の裁量的判断にまつべき点が少なくないとしたか。▶【6】

問15 本判決は、監獄法31条2項、監獄法施行規則86条1項の規定の適用にあたっての拘置所長の判断は、いかなる場合に適法と判断されるべきとしたか。▶【6】

問16 本判決は、どのような事実を特に摘示し、どのような結論を示したか。▶【6】

③応用問題

問17 判例②では、被勾留者と14歳未満の者との間の接見(面会)の禁止が、判例③では、受刑者による信書の発信の禁止が、それぞれ問題となった。各判例において、本判決はどのように引用され、適用されたか説明せよ。▶文献②、判例③

問18 刑訴法81条は、裁判所は、逃亡または罪証を隠滅すると疑うに足りる「相当な理由」があるときは、勾留されている被告人が弁護人等以外の者との間で接見(面会)したり、信書の授受等を禁止することができるとのいわゆる接見禁止制度を設けているが、ここでの「相当な理由」とはいかなる判断基準に基づき判断されるべきものであるか。▶文献②

○ **関連判例**(本書所収以外のもの)
最大判昭和45年9月16日民集24巻10号1410頁(判例①)
最判平成3年7月9日民集45巻6号1049頁(判例②)
最判平成18年3月23日判時1929号37頁(判例③)

○ **本判決の調査官解説**
太田豊「判解」最高裁判所判例解説民事篇昭和58年度255頁(判解①)

○ **その他の判例解説・判例批評**
千葉勝美「判解」最高裁判所判例解説民事篇平成4年度220頁(判解②)
市川正人「特殊な法律関係と憲法上の権利」樋口陽一=野中俊彦編『憲法の基本判例[第2版]』(有斐閣、1996年)19頁

○ **参考文献**
林眞琴=北村篤=名取俊也『逐条解説 刑事収容施設法[改訂版]』(有斐閣、2013年)(文献①)
木下昌彦「接見禁止と接見の自由」木谷明編集代表『憲法的刑事弁護』(日本評論社、2017年)111頁(文献②)

23 堀越事件

最高裁平成24年12月7日第二小法廷判決　平成22年(あ)第762号：国家公務員法違反被告事件
刑集66巻12号1337頁

事案

被告人は、昭和46年度国家公務員採用初級試験に合格し、昭和47年3月に、地方事務官行政職(一)8等級として採用され、東京都民生局国民年金部管理課管理係に配属された。その後、法改正に伴い、平成12年4月1日に、厚生事務官となり、さらに、平成13年1月6日より、厚生労働事務官となった後、被告人は、平成13年7月1日に、目黒社会保険事務所年金審査官に配置換えとなった。被告人が勤務する目黒社会保険事務所は、厚生労働省の外局である社会保険庁の地方支分部局として各都道府県に置かれた地方社会保険事務局の出先機関であり、全国の265か所に設置された社会保険事務所の一つであり、東京都目黒区を管轄区域として、健康保険、厚生年金および国民年金の適用、給付および保険料の徴収等に関する業務を行っていた。被告人は、本件当時、目黒社会保険事務所の国民年金の資格に関する事務等を取り扱う国民年金業務課で、相談室付係長として相談業務を担当していたが、その担当業務は、まったく裁量の余地のないものであり、さらに、人事や監督に関する権限もなかった。他方で、被告人は、昭和47年7月より、日本共産党に入党しており、平成7年ころから、月1、2回程度の頻度で、勤務先と関わりのない同党に関係する仲間と分担して、自宅のある同都中央区内の他人の居宅や集合住宅の郵便受けに、同党の政治機関紙やその他の政治的文書を投函するようになった。平成15年10月10日に、衆議院が解散され、同年11月9日に第43回衆議院議員総選挙が実施されることになったが、被告人は、同年10月19日（日曜日）、同月25日（土曜日）および同年11月3日（文化の日）の3回にわたり、中央区所在の他人の店舗や居宅、集合住宅の居室等合計126か所の郵便受けに、共産党の機関紙（しんぶん赤旗：「いよいよ総選挙」「憲法問題特集」といった表題であった）や同党を支持する政治的目的を有する無署名の文書（東京民報）を配布した（以下「本件配布行為」という）。被告人は、平成16年3月3日、国公法違反の容疑で通常逮捕され、本件配布行為が、国公法（平成19年改正前のもの）110条1項19号、102条1項、人事院規則14－7・第6項7号、13号（5項3号）（以下「本件罰則規定」という）にあたるとして起訴された。第一審（東京地判平18・6・29刑集66-12-1627）は、被告人を有罪とし、罰金10万円（執行猶予2年）の刑に処したが、原審である控訴審（東京高判平22・3・29刑集66-12-1687）は、「被告人の本件各所為は本件罰則規定の構成要件に触れていない上、それらの所為について本件罰則規定を適用することは、憲法21条1項及び31条に違反するというべきである」として、第一審判決を破棄し、被告人を無罪とした。これに対し、検察官は原審には①憲法21条1項、31条の解釈の誤りがあること、②猿払事件判決〔本書21事件〕との判例違反があることを主張して上告した。

■参考条文（事件当時のもの）

国家公務員法
第102条〔第1項〕職員は、政党又は政治的目的のために、寄附金その他の利益を求め、若しくは受領し、又は何らの方法を以てするを問わず、これらの行為に関与し、あるいは選挙権の行使を除く外、人事院規則で定める政治的行為をしてはならない。
第110条〔第1項〕左の各号の一に該当する者は、3年以下の懲役又は10万円以下の罰金に処する。
(19) 第102条第1項に規定する政治的行為の制限に違反した者

人事院規則14－7
第5項　法及び規則中政治的目的とは、次に掲げるものをいう。政治的目的をもってなされる行為であつても、第6項に定める政治的行為に含まれない限り、法第102条第1項の規定に違反するものではない。
(3) 特定の政党その他の政治的団体を支持し又はこれに反対すること。
第6項　法第102条第1項の規定する政治的行為とは、次に掲げるものをいう。
(7) 政党その他の政治的団体の機関紙たる新聞その他の刊行物を発行し、編集し、配布し又はこれらの行為を援助すること。
(13) 政治的目的を有する署名又は無署名の文書、図画、音盤又は形象を発行し、回覧に供し、掲示し若しくは配布し又は多数の人に対して朗読し若しくは聴取させ、あるいはこれらの用に供するために著作し又は編集すること。

Navigator

学説は、猿払事件判決〔本書21事件〕に対して様々な観点から批判を加えており、判例も、よど号ハイジャック記事抹消事件判決〔本書22事件〕や泉佐野市民会館使用不許可事件〔本書43事件〕など、精神的自由に対する制約の合憲性について厳格な基準で臨むものも現れるようになった。そのような中、本判決は、再び最高裁が、国家公務員の政治的行為に対し刑事罰を科すことの合憲性について判断した重要判決である。本判決の論証構造は、大きく三つの段階に分かれる。まず、第1段階として、国公法102条1項の限定解釈が展開される。これは合憲限定解釈ではなく、憲法を含む法体系をふまえた「通常の解釈」の枠内で展開されたものと説明されている。次に、第2段階として、第1段階の限定解釈をふまえて、国公法102条1項等の憲法適合性が検討される。この憲法判断は、よど号ハイジャック記事抹消事件判決が提示した利益衡量論に基づくものであり、結論は合憲とするものであったが、本判決の利益衡量は、猿払事件判決の「合理的関連性の基準」ではなく、より厳格な利益衡量の方法に基づいてなされたものと説明されている。そして、第3段階として、第1段階で提示された限定解釈に基づき本件配布行為の構成要件該当性が検討され、被告人を無罪とする結論が導かれてい

る。また、本判決には、近年の最高裁における憲法判断の方法の形成に大きな役割を果たしてきた千葉裁判官の詳細な補足意見が付されており、憲法判断に対する最高裁の基本的姿勢を理解するための重要な手がかりとなる。本判決については、なぜ本判決は猿払事件判決と矛盾しないことになるのか。よど号ハイジャック記事抹消事件判決の利益衡量論が援用されたのは本判決においていかなる意味があったか。本判決の限定解釈は、合憲限定解釈ではないと説明されるのはなぜなのか等の問題を意識して、千葉裁判官の補足意見も参照しつつ、読み進めてほしい。

■判決の論理構造

(1) 国公法102条1項の限定解釈(あくまで「通常の解釈」の枠内)([8]〜[11])	解釈の考慮要素	(ⅰ) 国公法102条1項の文言、趣旨、目的 (ⅱ) 規制される政治活動の自由の重要性 (ⅲ) 刑罰法規の構成要件となること	
	解釈の帰結	「政治的行為」とは、公務員の職務の遂行の政治的中立性を損なうおそれが、観念的なものにとどまらず、現実的に起こりうるものとして実質的に認められるものを指す	
(2) 国公法102条1項等の憲法適合性に関する憲法判断([12][13])	判断基準	本件罰則規定の目的のために規制が必要とされる程度と、規制される自由の内容および性質、具体的な規制の態様および程度等を較量して決せられるべき	
	判断方法	厳格な利益衡量の方法の採用→「合理的関連性の基準」の排除	
	判断結果	(ⅰ) 禁止対象:表現の自由としての政治活動の自由 (ⅱ) 目的審査:行政の中立的運営の確保とこれに対する国民の信頼の維持は、国民全体の重要な利益 (ⅲ) 手段審査:罰則規定による禁止対象は目的を達成するために「必要やむを得ない限度」にとどまる(必要最小限度)	
(3) 本件配布行為の構成要件該当性の検討([14]〜[16])	(ⅰ) 公務員の地位 (ⅱ) 職務の内容や権限 (ⅲ) 当該公務員がした行為の性質、態様等	→「管理職的地位」にない → 裁量の余地のないもの → 公務員により組織される団体の活動としての性格はなく、公務員による行為と認識しうる態様でもなかった	無罪

■ 判　　　決

○ 主　　文
本件上告を棄却する。
○ 理　　由
1 検察官の上告趣意のうち、憲法21条1項、31条の解釈の誤りをいう点について

[1] (1) 原判決及び記録によれば、本件の事実関係は、次のとおりである。

[2] ア 本件公訴事実の要旨は、「被告人は、社会保険庁東京社会保険事務局目黒社会保険事務所に年金審査官として勤務していた厚生労働事務官であるが、平成15年11月9日施行の第43回衆議院議員総選挙に際し、日本共産党を支持する目的をもって、第1　同年10月19日午後0時3分頃から同日午後0時33分頃までの間、東京都中央区(以下省略)所在のB不動産ほか12か所に同党の機関紙であるしんぶん赤旗2003年10月号外(『いよいよ総選挙』で始まるもの)及び同党を支持する政治的目的を有する無署名の文書である東京民報2003年10月号外を配布し、第2　同月25日午前10時11分頃から同日午前10時15分頃までの間、同区(以下省略)所在のC方ほか55か所に前記しんぶん赤旗2003年10月号外及び前記東京民報2003年10月号外を配布し、第3　同年11月3日午前10時6分頃から同日午前10時18分頃までの間、同区(以下省略)所在のD方ほか56か所に同党の機関紙であるしんぶん赤旗2003年10月号外(『憲法問題特集』で始まるもの)及びしんぶん赤旗2003年11月号外を配布した。」というものであり、これが国家公務員法(以下「本法」という。)110条1項19号(平成19年法律第108号による改正前のもの)、102条1項、人事院規則14-7(政治的行為)(以下「本規則」という。)6項7号、13号(5項3号)(以下、これらの規定を合わせて「本件罰則規定」という。)に当たるとして起訴された❶。

❶ [2]では、起訴状に記載された公訴事実の要旨と適用すべき罰条の内容が確認されている。本件で被告人が配布したものには政党の機関紙が含まれることから、人事院規則14-7第6項13号だけでなく7号の適用が問題になっている。

[3]　イ　被告人が上記公訴事実記載の機関紙等の配布行為（以下「本件配布行為」という。）を行ったことは、証拠上明らかである❷。

[4]　ウ　被告人は、本件当時、目黒社会保険事務所の国民年金の資格に関する事務等を取り扱う国民年金業務課で、相談室付係長として相談業務を担当していた。その具体的な業務は、来庁した1日当たり20人ないし25人程度の利用者からの年金の受給の可否や年金の請求、年金の見込額等に関する相談を受け、これに対し、コンピューターに保管されている当該利用者の年金に関する記録を調査した上、その情報に基づいて回答し、必要な手続をとるよう促すというものであった。そして、社会保険事務所の業務については、全ての部局の業務遂行の要件や手続が法令により詳細に定められていた上、相談業務に対する回答はコンピューターからの情報に基づくものであるため、被告人の担当業務は、全く裁量の余地のないものであった。さらに、被告人には、年金支給の可否を決定したり、支給される年金額等を変更したりする権限はなく、保険料の徴収等の手続に関与することもなく、社会保険の相談に関する業務を統括管理していた副長の指導の下で、専門職として、相談業務を担当していただけで、人事や監督に関する権限も与えられていなかった❸。

[5]　⑵　第1審判決は、本件罰則規定は憲法21条1項、31条等に違反せず合憲であるとし、本件配布行為は本件罰則規定の構成要件に当たるとして、被告人を有罪と認め、被告人を罰金10万円、執行猶予2年に処した❹。

[6]　⑶　原判決は、本件配布行為は、裁量の余地のない職務を担当する、地方出先機関の管理職でもない被告人が、休日に、勤務先やその職務と関わりなく、勤務先の所在地や管轄区域から離れた自己の居住地の周辺で、公務員であることを明らかにせず、無言で、他人の居宅や事務所等の郵便受けに政党の機関紙や政治的文書を配布したことにとどまるものであると認定した上で、本件配布行為が本件罰則規定の保護法益である国の行政の中立的運営及びこれに対する国民の信頼の確保を侵害すべき危険性は、抽象的なものを含めて、全く肯認できないから、本件配布行為に対して本件罰則規定を適用することは、国家公務員の政治活動の自由に対する必要やむを得ない限度を超えた制約を加え、これを処罰の対象とするものといわざるを得ず、憲法21条1項及び31条に違反するとして、第1審判決を破棄し、被告人を無罪とした❺。

[7]　⑷　所論は、原判決は、憲法21条1項、31条の解釈を誤ったものであると主張する。

[8]　ア　そこで検討するに、本法102条1項は、「職員は、政党又は政治的目的のために、寄附金その他の利益を求め、若しくは受領し、又は何らの方法を以てするを問わず、これらの行為に関与し、あるいは選挙権の行使を除く外、人事院規則で定める政治的行為をしてはならない。」と規定しているところ、同項は、行政の中立的運営を確保し、これに対する国民の信頼を維持することをその趣旨とするものと解される。すなわち、憲法15条2項は、「すべて公務員は、全体の奉仕者であって、一部の奉仕者ではない。」と定めており、国民の信託に基づく国政の運営のために行われる公務は、国民の一部でなく、その全体の利益のために行われるべきものであることが要請されている。その中で、国の行政機関における公務は、憲法の定める我が国の統治機構の仕組みの下で、議会制民主主義に基づく政治過程を経て決定された政策を忠実に遂行するため、国民全体に対する奉仕を旨として、政治的に中立に運営されるべきものといえる。そして、このような行政の中立的運営が確保されるためには、公務員が、政治的に公正かつ中立的な立場に立って職務の遂行に当たることが必要となるものである。このように、本法102条1項は、公務員の職務の遂行の政治的中立性を保持することによって行政の中立的運営を確保し、これに対する国民の信頼を維持することを目的とするものと解される❻。

[9]　他方、国民は、憲法上、表現の自由（21条1項）としての政治活動の自由を保障されており、この精神的自由は立憲民主政の政治過程にとって不可欠の基本的人権であって、民主主義社会を基礎付ける重要な権利であることに鑑みると、上記の目的に基づく法令による公務員に対する政治的行為の禁止は、国民としての政治活動の自由に対する必要やむを得ない限度

❷　[3]では、被告人が公訴事実に記載されたとおり、本件配布行為を行ったという事実を認定している。

❸　[4]では、被告人の職務内容や職務権限が確認されている。被告人の担当業務はまったく裁量のないもので、人事や監督に関する権限もなかった。

❹　[5]では、第一審判決の判決内容が確認されている。

❺　[6]では、控訴審（原審）判決の判決内容が確認されている。控訴審判決は、適用違憲の判断を示し、被告人を無罪としていた（猿払事件判決〔本書21事件〕の第一審判決と同様、芦部［6版］387-388頁における第1類型の適用違憲の判断をしたものと解される）。なお、ここで明示的な言及はないが、原審は、本判決の結論と同様、「被告人の本件各所為は本件罰則規定の構成要件に触れていない」旨すでに論じていた。

❻　[8]では、国公法102条1項の目的（保護法益）が論じられている。ここでは「行政の中立的運営を確保」し「これに対する国民の信頼を維持」することが国公法102条1項の目的であること、さらに「行政の中立的運営の確保」には、「公務員が、政治的に公正かつ中立的な立場に立って職務の遂行に当たること」が必要であることが猿払事件判決〔本書21事件〕と同様に再確認されている。

❼　[9]では、政治活動の自由の憲法上の位置づけとその限界についての一般的基準が示されている。ここでは、「政治活動の自由」は、憲法21条1項における表現の自由として憲法上保障されたものであることが示され、これが「精神的自由」として位置づけられたうえで、「立憲民主政の政治過程にとって不可欠の基本的人権」、「民主主義社会を基礎付ける重要な権利」であると論じられている。そして、猿払事件判決〔本書21事件〕と同様、「公務員に対する政治的行為の禁止は、国民としての政治活動の自由に対する必要やむを得ない限度にその範囲が画されるべき」との一般的基準が示されている。本判決は、ここで、行為と意見表明の区別には言及せず、端的に、政治活動の自由を表現の自由として捉えていることが注目される。

❽　[10]では、国公法・人事院規則の解釈論が展開されている。[10]の第1文では、国公法102条1項にいう「政治的行為」とは、「公務員の職務の遂行の政治的中立性を損なうおそれが、観念的なものにとどまらず、現実的に起こり得るものとして実質的に認められるもの」を意味し、さらに、同項による人事院規則への委任も「そのような行為の類型の具体的な定め」を委任したものである旨解釈が示されている。この解釈においては、明示的に、(i)国公法102条1項の文言、趣旨、目的、(ii)規制される政治活動の自由の重要性、(iii)同項の規定が刑罰規定の構成要件となっていること、の3点が考慮された旨指摘されている。本判決の千葉補足意見（[25]）は、この解釈を合憲限定解釈ではなく、「通常の解釈」に属するものと捉えており、調査官解説も基本的にその理解に沿って、「本判決の解釈は、必ずしも本件罰則規定には文言どおり解釈すると違憲の部分が存在することを前提としているものではなく、趣旨、目的、保護法益から本件罰則規定を解釈する中で、最上位規範である憲法が表現の自由としての政治活動の自由を保障していることを考慮していることからすると、法令の解釈において憲法を含む法体系に最も適合的なものを選ぶという体系的解釈としての合憲解釈、すなわち『憲法適合的解釈』に当たるとみるのが相当」との見解を示している（判解①516頁）。なお、このような限定解釈は、本件罰則規定を具体的危険犯と解するものではなく、あくまで抽象的危険犯としての捉え方を前提としているものと考えられる（判解①481頁）。

❾　[10]の第2文では、人事院規則もまた、公務員の職務の遂行の政治的中立性を損なうおそれが実質的に認められる行為の類型を規定したものである旨の確認が示されている。

❿　[10]の第3文では、規則6項7号、13号（5項3号）の解釈が示されており、それぞれが定める「行為類

23　堀越事件　257

【10】　このような本法102条1項の文言、趣旨、目的や規制される政治活動の自由の重要性に加え、同項の規定が刑罰法規の構成要件となることを考慮すると、同項にいう「政治的行為」とは、公務員の職務の遂行の政治的中立性を損なうおそれが、観念的なものにとどまらず、現実的に起こり得るものとして実質的に認められるものを指し、同項はそのような行為の類型の具体的な定めを人事院規則に委任したものと解するのが相当である❽。そして、その委任に基づいて定められた本規則も、このような同項の委任の範囲内において、公務員の職務の遂行の政治的中立性を損なうおそれが実質的に認められる行為の類型を規定したものと解すべきである❾。上記のような本法の委任の趣旨及び本規則の性格に照らすと、本件罰則規定に係る本規則6項7号、13号（5項3号）については、それぞれが定める行為類型に文言上該当する行為であって、公務員の職務の遂行の政治的中立性を損なうおそれが実質的に認められるものを当該各号の禁止の対象となる政治的行為と規定したものと解するのが相当である❿。このような行為は、それが一公務員のものであっても、行政の組織的な運営の性質等に鑑みると、当該公務員の職務権限の行使ないし指揮命令や指導監督等を通じてその属する行政組織の職務の遂行や組織の運営に影響が及び、行政の中立的運営に影響を及ぼすものというべきであり、また、こうした影響は、勤務外の行為であっても、事情によってはその政治的傾向が職務内容に現れる蓋然性が高まることなどによって生じ得るものというべきである⓫。

【11】　そして、上記のような規制の目的やその対象となる政治的行為の内容等に鑑みると、公務員の職務の遂行の政治的中立性を損なうおそれが実質的に認められるかどうかは、当該公務員の地位、その職務の内容や権限等、当該公務員がした行為の性質、態様、目的、内容等の諸般の事情を総合して判断するのが相当である⓬。具体的には、当該公務員につき、指揮命令や指導監督等を通じて他の職員の職務の遂行に一定の影響を及ぼし得る地位（管理職的地位）の有無、職務の内容や権限における裁量の有無、当該行為につき、勤務時間の内外、国ないし職場の施設の利用の有無、公務員の地位の利用の有無、公務員により組織される団体の活動としての性格の有無、公務員による行為と直接認識され得る態様の有無、行政の中立的運営と直接相反する目的や内容の有無等が考慮の対象となるものと解される⓭。

【12】　イ　そこで、進んで本件罰則規定が憲法21条1項、31条に違反するかを検討する。この点については、本件罰則規定による政治的行為に対する規制が必要かつ合理的なものとして是認されるかどうかによることになるが、これは、本件罰則規定の目的のために規制が必要とされる程度と、規制される自由の内容及び性質、具体的な規制の態様及び程度等を較量して決せられるべきものである（最高裁昭和52年（オ）第927号同58年6月22日大法廷判決・民集37巻5号793頁等）⓮。そこで、まず、本件罰則規定の目的は、前記のとおり、公務員の職務の遂行の政治的中立性を保持することによって行政の中立的運営を確保し、これに対する国民の信頼を維持することにあるところ、これは、議会制民主主義に基づく統治機構の仕組みを定める憲法の要請にかなう国民全体の重要な利益というべきであり、公務員の職務の遂行の政治的中立性を損なうおそれが実質的に認められる政治的行為を禁止することは、国民全体の上記利益の保護のためであって、その規制の目的は合理的であり正当なものといえる⓯。他方、本件罰則規定により禁止されるのは、民主主義社会において重要な意義を有する表現の自由としての政治活動の自由ではあるものの、前記アのとおり、禁止の対象とされるものは、公務員の職務の遂行の政治的中立性を損なうおそれが実質的に認められる政治的行為に限られ、このようなおそれが認められない政治的行為や本規則が規定する行為類型以外の政治的行為が禁止されるものではないから、その制限は必要やむを得ない限度にとどまり、前記の目的を達成するために必要かつ合理的な範囲のものというべきである⓰。そして、上記の解釈の下における本件罰則規定は、不明確なものとも、過度に広汎な規制であるともいえないと解される⓱。なお、このような禁止行為に対しては、服務規律違反を理由とする懲戒処分のみではなく、刑罰を科すことをも制度として予定されているが、これは、国民全体の上記利益を損なう影響の重大性等

型に文言上該当する行為」の中で、さらに、「公務員の職務の遂行の政治的中立性を損なうおそれが実質的に認められるもの」が「政治的行為」に該当する旨規定されたものであると論じられている。

⓫　【10】の第4文では、人事院規則が規定する政治的行為が行政の中立的運営に与える影響が指摘されている。ここでは、一公務員の行為であっても、職務権限の行使や指揮命令を通じて、行政組織の職務の遂行や組織の運営に影響が及びうること、勤務外の行為であっても、当該公務員が政治的傾向を職務内容に持ち込む蓋然性を向上させることが指摘されている。

⓬　【11】では、「公務員の職務の遂行の政治的中立性を損なうおそれが実質的に認められる」というときの「おそれ」の判断方法と考慮要素が示されている。まず、【11】の第1文では、基本的な判断方法が示されており、「当該公務員の地位、その職務の内容や権限等」、「当該公務員がした行為の性質、態様、目的、内容等」の「諸般の事情」を「総合して判断」するとしている。

⓭　【11】の第2文では、より具体的な考慮要素が示されている。ここで「管理職的地位」との概念が提示されていることが注目されるが、判解①481頁は、管理職的地位にあるか否かは、基本的には行政組織法令に基づいて判断されることになるとしている。また、ここでは、「公務員による行為と直接認識され得る態様の有無」が考慮要素の一つとして挙げられているが、これは、特定の行為態様が直接国民の信頼に影響するとの因果を前提としたものではなく、公務員が政治的行為を行っていることが一般国民に直接認識されうる場合には、「公務員がそのような政治的行為を行っていることが職場や世間で明らかとなる」ことを通じて、「当該組織に所属する他の公務員の職務の遂行に影響が及び」、それによって、「公務員組織が党派性をもつ状態に至り」、その結果、「当該組織に所属する公務員の職務の遂行の政治的中立性が全体的にみて損なわれる」可能性が高まるという因果を前提としたものであると考えられる（判解①480頁）。ただ、これは極めて迂遠な因果であり、考慮要素として提示したことが適切であったかは疑問の余地がある。

⓮　【12】では、本件罰則規定が、憲法21条、31条に違反するものかが検討されている。【12】の第2文では、この判断は、「本件罰則規定による政治的行為に対する規制が必要かつ合理的なものとして是認されるかどうかによる」との基本的立場が示されたうえで、その判断基準として、よど号ハイジャック記事抹消事件判決〔本書22事件〕が提示した利益衡量論が引用されている。ただ、猿払事件判決〔本書21事件〕の判断も利益衡量論を前提としたものであり、そこであえてよど号ハイジャック記事抹消事件判決の利益衡量論を用いたのは、利益衡量論の採用を示すというよりも、むしろ、猿払事件判決のような敬譲的な利益衡量の「方法」ではなく、よど号ハイジャック記事抹消事件判決と同様に、より厳格な利益衡量の「方法」を採用するということを示したかったものと考えられる（判解①503-504頁）。なお、判解①504頁は、厳格な利益衡量の方法により、厳格に審査されるのは、主として、目的と手段の合理性であると述べており、実際、本判決の審査も目的と手段に対するものが中心になっている。

⓯　【12】の第3文では、規制の目的の検討がなされている。調査官は、厳格な基準を意識した利益衡量の方法において「目的の合理性」が認められるためには、単に「規制の目的がそれ自体が正当であること」だけでなく、「規制の目的が、規制される人権との関係で、『当該人権を規制して得ることが是認されるような重要な利益を得ることにあること』」が要求される」としている（判解①504頁）。本判決は、ここで、目的は、「憲法の要請」にかなう「国民全体の重要な利益」であることを示したうえで、目的は合理的であり、正当であるとしており、上記調査官の理解に沿った目的審査を行っているものと考えられる。

に鑑みて禁止行為の内容、態様等が懲戒処分等では対応しきれない場合も想定されるためであり、あり得べき対応というべきであって、刑罰を含む規制であることをもって直ちに必要かつ合理的なものであることが否定されるものではない⑱。

[13]　以上の諸点に鑑みれば、本件罰則規定は憲法21条1項、31条に違反するものではないというべきであり、このように解することができることは、当裁判所の判例（最高裁昭和44年（あ）第1501号同49年11月6日大法廷判決・刑集28巻9号393頁、最高裁昭和52年（オ）第927号同58年6月22日大法廷判決・民集37巻5号793頁、最高裁昭和57年（行ツ）第156号同59年12月12日大法廷判決・民集38巻12号1308頁、最高裁昭和56年（オ）第609号同61年6月11日大法廷判決・民集40巻4号872頁、最高裁昭和61年（行ツ）第11号平成4年7月1日大法廷判決・民集46巻5号437頁、最高裁平成10年（分ク）第1号同年12月1日大法廷決定・民集52巻9号1761頁）の趣旨に徴して明らかである⑲。

[14]　ウ　次に、本件配布行為が本件罰則規定の構成要件に該当するかを検討するに、本件配布行為が本規則6項7号、13号（5項3号）が定める行為類型に文言上該当する行為であることは明らかであるが、公務員の職務の遂行の政治的中立性を損なうおそれが実質的に認められるものかどうかについて、前記諸般の事情を総合して判断する⑳。

[15]　前記のとおり、被告人は、社会保険事務所に年金審査官として勤務する事務官であり、管理職的地位にはなく、その職務の内容や権限も、来庁した利用者からの年金の受給の可否や年金の請求、年金の見込額等に関する相談を受け、これに対し、コンピューターに保管されている当該利用者の年金に関する記録を調査した上、その情報に基づいて回答し、必要な手続をとるよう促すという、裁量の余地のないものであった。そして、本件配布行為は、勤務時間外である休日に、国ないし職場の施設を利用せずに、公務員としての地位を利用することなく行われたものである上、公務員により組織される団体の活動としての性格もなく、公務員であることを明らかにすることなく、無言で郵便受けに文書を配布したにとどまるものであって、公務員による行為と認識し得る態様でもなかったものである。これらの事情によれば、本件配布行為は、管理職的地位になく、その職務の内容や権限に裁量の余地のない公務員によって、職務と全く無関係に、公務員により組織される団体の活動としての性格もなく行われたものであり、公務員による行為と認識し得る態様で行われたものでもないから、公務員の職務の遂行の政治的中立性を損なうおそれが実質的に認められるものとはいえない。そうすると、本件配布行為は本件罰則規定の構成要件に該当しないというべきである㉑。

[16]　エ　以上のとおりであり、被告人を無罪とした原判決は結論において相当である。なお、原判決は、本件罰則規定を被告人に適用することが憲法21条1項、31条に違反するとしているが、そもそも本件配布行為は本件罰則規定の解釈上その構成要件に該当しないためその適用がないと解すべきであって、上記憲法の各規定によってその適用が制限されるものではないと解されるから、原判決中その旨を説示する部分は相当ではないが、それが判決に影響を及ぼすものでないことは明らかである。論旨は採用することができない㉒。

　2　検察官の上告趣意のうち、判例違反をいう点について

[17]　所論引用の判例（前掲最高裁昭和49年11月6日大法廷判決）の事案は、特定の地区の労働組合協議会事務局長である郵便局職員が、同労働組合協議会の決定に従って選挙用ポスターの掲示や配布をしたというものであるところ、これは、上記労働組合協議会の構成員である職員団体の活動の一環として行われ、公務員により組織される団体の活動としての性格を有するものであり、勤務時間外の行為であっても、その行為の態様からみて当該地区において公務員が特定の政党の候補者を国政選挙において積極的に支援する行為であることが一般人に容易に認識され得るようなものであった。これらの事情によれば、当該公務員が管理職的地位になく、その職務の内容や権限に裁量の余地がなく、当該行為が勤務時間外に、国ないし職場の施設を利用せず、公務員の地位を利用することなく行われたことなどの事情を考慮しても、公務の職務の遂行の政治的中立性を損なうおそれが実質的に認められるものということができ、行政の中立的運営

⑯　[12]の第4文では、規制の禁止対象の範囲が検討されている（手段の合理性審査ともいえよう）。判解①503頁は、ここでの「必要やむを得ない」などの言説は、「必要最小限度の基準」を意識したものとしており、これを前提とすると、本判決は、本件罰則規定の禁止対象は必要最小限度にとどまると判断したものと考えられる。あえて、審査基準論的に本判決を再構成すれば、本判決は、厳格な利益衡量の方法として、「(i)重要な利益を(ii)達成するために必要最小限度の手段」のような基準を採用し、その基準適合性を認めることで合憲との判断を導いたものといえる（判解①504-505頁）。

⑰　[12]の第5文では、「漠然性ゆえに無効の法理」（明確性の理論）、「過度に広汎故に無効の法理」に関連する検討がなされている。ただ、本判決はこれらの法理違反はない旨の結論を示すのみである。調査官解説は、「本件罰則規定について、……限定的な解釈をしたのであるから、広汎不明確性が否定されるのは当然と思われる」としつつ、特に「おそれ」については「不明確ではないかという批判が考えられる」と述べたうえ、「おそれ」が構成要件とされている罰則規定が少なからず存在するとしたうえで、「解釈上『おそれ』を要求することが本件罰則規定を不明確にするものではない」との言及をしている（判解①506-507頁）。

⑱　[12]の第6文は、猿払事件以来の問題である懲戒処分で足りるとの批判に応えたものである。ここで、本判決は、刑罰規定を設けることは、「懲戒処分等では対応しきれない場合も想定される」ことから、「あり得べき対応」としている。なお、関連して、利益衡量の考慮要素である「具体的制限の態様及び程度」に、懲戒処分か刑事罰かという規制違反行為に対する「制裁」の軽重が含まれるかという問題がある。判解①507-508頁は、猿払事件判決の多数意見の論理を前提とするとそこに「制裁」の軽重は含まれないとし、他方で、猿払事件判決〔本書21事件〕の反対意見の論理を前提とすると「制裁」は考慮要素として含まれるとの論理関係を一応示しているが、本判決のこの部分の判示からは、懲戒処分か刑事罰かで「規制が憲法上是認される範囲が異なるとするかどうかは定かでない」としている。

⑲　[13]では、本件罰則規定が、憲法21条1項、31条に違反しない旨の結論が示されている。

⑳　[14]と[15]では、本件配布行為の本件罰則規定の構成要件該当性が検討されている。まず、[14]では、本件配布行為が本規則6項7号、13号（5項3号）が定める行為類型に「文言上」該当する行為であることを認めつつも、さらに「公務員の職務の遂行の政治的中立性を損なうおそれが実質的に認められるものかどうか」を検討しなければならない旨示されている。

㉑　[15]では、[11]の第2文で示された考慮要素に基づき、本件配布行為が「公務員の職務の遂行の政治的中立性を損なうおそれが実質的に認められるものかどうか」が検討されている。本判決は、被告人は、「管理職的地位」になく、職務内容も「裁量の余地」がないものであること、本件配布行為も、「勤務時間」外に、「国・職場の施設」「公務員としての地位」を利用することなく、また、「公務員により組織される団体の活動としての性格」もなく、さらに「公務員による行為と認識し得る態様」もないものであったとして、考慮要素で挙げられたすべての事情を公務員の職務の遂行の政治的中立性を損なうおそれを実質的に否定する方向で評価し、結論として構成要件該当性を否定している。

㉒　[16]では、被告人を無罪とする本判決の結論が示されている。なお、原判決と本判決では、結論を同じくするものであるが、原判決は、適用違憲の方法により被告人を無罪としていたとの理由に対し、本判決は、被告人の行為が罰則規定の構成要件に該当しないので無罪とするものであり、両者で結論の理由に違いがある。ここでは、そのことも確認的に記載されている。

㉓　[17]では、本判決が猿払事件判決〔本書21事件〕

確保とこれに対する国民の信頼に影響を及ぼすものであった❷。

[18] したがって、上記判例は、このような文書の掲示又は配布の事案についてのものであり、判例違反の主張は、事案を異にする判例を引用するものであって、本件に適切ではなく、所論は刑訴法 405 条の上告理由に当たらない。

[19] 3 よって、刑訴法 408 条により、裁判官全員一致の意見で、主文のとおり判決する。なお、裁判官千葉勝美の補足意見、裁判官須藤正彦の意見がある。

と抵触するのではないかという問題への回答が示されている。本判決は、猿払事件の被告人の行為について、特に「公務員により組織される団体の活動としての性格」をもち、さらに、その「行為態様」が「公務員が特定の政党の候補者を国政選挙において積極的に支援する行為であることが一般人に容易に認識され得るようなもの」であったことを挙げ、「公務員の職務の遂行の政治的中立性を損なうおそれが実質的に認められるものであった」、すなわち、本判決の限定された解釈に基づいても有罪となるものであったとしている（つまり、結論として矛盾しないということになる）。ただ、本判決と猿払事件判決とが結論として矛盾しないとしても、法令解釈の次元において矛盾するのではないかという疑問が当然提起されうる。この点については、千葉補足意見（[20] 以下）参照。

少数意見①

裁判官千葉勝美の補足意見は、次のとおりである。

[20] 私は、多数意見の採る法解釈等に関し、以下の点について、私見を補足しておきたい。

1 最高裁昭和 49 年 11 月 6 日大法廷判決・刑集 28 巻 9 号 393 頁（いわゆる猿払事件大法廷判決）との整合性について

(1) 猿払事件大法廷判決の法令解釈の理解等

[21] 猿払事件大法廷判決は、国家公務員の政治的行為に関し本件罰則規定の合憲性と適用の有無を判示した直接の先例となるものである。そこでは、特定の政党を支持する政治的目的を有する文書の掲示又は配布をしたという行為について、本件罰則規定に違反し、これに刑罰を適用することは、たとえその掲示又は配布が、非管理職の現業公務員でその職務内容が機械的労務の提供にとどまるものにより、勤務時間外に、国の施設を利用することなく、職務を利用せず又はその公正を害する意図なく、かつ、労働組合活動の一環として行われた場合であっても憲法に違反しない、としており、本件罰則規定の禁止する「政治的行為」に限定を付さないという法令解釈を示しているようにも読めなくはない。しかしながら、判決による司法判断は、全て具体的な事実を前提にしてそれに法を適用して事件を処理するために、更にはそれに必要な限度で法令解釈を展開するものであり、常に採用する法理論ないし解釈の全体像を示しているとは限らない。上記の政治的行為に関する判示部分も、飽くまでも当該事案を前提とするものである。すなわち、当該事案は、郵便局に勤務する管理職の地位にはない郵政事務官で、地区労働組合協議会事務局長を務めていた者が、衆議院議員選挙に際し、協議会の機関決定に従い、協議会を支持基盤とする特定政党を支持する目的をもって、同党公認候補者の選挙用ポスター 6 枚を自ら公営掲示場に掲示し、また、その頃 4 回にわたり、合計 184 枚のポスターの掲示を他に依頼して配布したというものである。このような行為の性質・態様等については、勤務時間外に国の施設を利用せずに行われた行為が中心であるとはいえ、当該公務員の所属組織による活動の一環として当該組織の機関決定に基づいて行われ、当該地区において公務員が特定の政党の候補者の当選に向けて積極的に支援する行為であることが外形上一般人にも容易に認識されるものであるから、当該公務員の地位・権限や職務内容、勤務時間の内外を問うまでもなく、実質的にみて「公務員の職務の遂行の中立性を損なうおそれがある行為」であると認められるものである。このような事案の特殊性を前提にすれば、当該ポスター掲示等の行為が本件罰則規定の禁止する政治的行為に該当することが明らかであるから、上記のような「おそれ」の有無等を特に吟味するまでもなく（「おそれ」は当然認められるとして）政治的行為該当性を肯定したものとみることができる。猿払事件大法廷判決を登載した最高裁判所刑集 28 巻 9 号 393 頁の判決要旨五においても、「本件の文書の掲示又は配布（判文参照）に」本件罰則規定を適用することは憲法 21 条、31 条に違反しない、とまとめられているが、これは、判決が摘示した具体的な本件文書の掲示又は配布行為を対象にしており、当該事案を前提にした事例判断であることが明確にされているところである。そうすると、

❷ [21] から [24] では、猿払事件判決（本書 21 事件）と本判決との整合性について論じたものであり、多数意見の [17] と [18] を補足的に説明する内容となっている。まず、[21] では、法令解釈に関する両判決の整合性が論じられている。猿払事件判決は、本件罰則規定の禁止する「政治的行為」が限定される旨の解釈を示しておらず、本判決と猿払事件判決とでは、法令解釈において矛盾があるのではないかという疑問が生まれる。これに対し、千葉裁判官は、まず「判決による司法判断は、全て具体的な事実を前提にしてそれに法を適用して事件を処理するために、更にはそれに必要な限度で法令解釈を展開するものであり、常に採用する法理論ないし解釈の全体像を示しているとは限らない」との基本原則を提示する。これは、判決が示す法令解釈は、事案処理に必要な限度においてなされるものであり、事案処理に必要でない部分についてまで法令解釈が常になされるとは限らないという趣旨のことを示しているといえる。千葉裁判官は、多数意見の [17] と同様に、猿払事件の被告人の行為は、本判決が提示する限定された解釈でも政治的行為該当性が肯定されるものであったとするが、そうすると、本件罰則規定の「政治的行為」が限定されるべきものであるか否かにかかわらず、猿払事件の被告人は有罪となっていたといえる。すなわち、猿払事件の事案処理にとって、「政治的行為」が文言よりも限定されたものか否かの解釈はさしあたり必要がなかったことになる。千葉裁判官は、猿払事件判決は、単に被告人の行為が構成要件に該当するという限度で判断したものにとどまり、「政治的行為」の限界という抽象的法令解釈については、そもそも判断を示しておらず、本判決が「政治的行為」の限界について解釈を示したからといって、猿払事件判決と矛盾することにはならないというのである。

猿払事件大法廷判決の上記判示は、本件罰則規定自体の抽象的な法令解釈について述べたものではなく、当該事案に対する具体的な当てはめを述べたものであり、本件とは事案が異なる事件についてのものであって、本件罰則規定の法令解釈において本件多数意見と猿払事件大法廷判決の判示とが矛盾・抵触するようなものではないというべきである㉔。

(2) 猿払事件大法廷判決の合憲性審査基準の評価

【22】　なお、猿払事件大法廷判決は、本件罰則規定の合憲性の審査において、公務員の職種・職務権限、勤務時間の内外、国の施設の利用の有無等を区別せずその政治的行為を規制することについて、規制目的と手段との合理的関連性を認めることができるなどとしてその合憲性を肯定できるとしている。この判示部分の評価については、いわゆる表現の自由の優越的地位を前提とし、当該政治的行為によりいかなる弊害が生ずるかを利益較量するという「厳格な合憲性の審査基準」ではなく、より緩やかな「合理的関連性の基準」によったものであると説くものもある。しかしながら、近年の最高裁大法廷の判例においては、基本的人権を規制する規定等の合憲性を審査するに当たっては、多くの場合、それを明示するかどうかは別にして、一定の利益を確保しようとする目的のために制限が必要とされる程度と、制限される自由の内容及び性質、これに加えられる具体的制限の態様及び程度等を具体的に比較衡量するという「利益較量」の判断手法を採ってきており、その際の判断指標として、事案に応じて一定の厳格な基準（明白かつ現在の危険の原則、不明確ゆえに無効の原則、必要最小限度の原則、LRAの原則、目的・手段における必要かつ合理性の原則など）ないしはその精神を併せ考慮したものがみられる。もっとも、厳格な基準の活用については、アプリオリに、表現の自由の規制措置の合憲性の審査基準としてこれらの全部ないし一部が適用される旨を一般的に宣言するようなことをしないのはもちろん、例えば、「LRA」の原則などといった講学上の用語をそのまま用いることも少ない。また、これらの厳格な基準のどれを採用するかについては、規制される人権の性質、規制措置の内容及び態様等の具体的な事案に応じて、その処理に必要なものを適宜選択して適用するという態度を採っており、さらに、適用された厳格な基準の内容についても、事案に応じて、その内容を変容させあるいはその精神を反映させる限度にとどめるなどしており（例えば、最高裁昭和58年6月22日大法廷判決・民集37巻5号793頁（「よど号乗っ取り事件」新聞記事抹消事件）は、「明白かつ現在の危険」の原則そのものではなく、その基本精神を考慮して、障害発生につき「相当の蓋然性」の限度でこれを要求する判示をしている。）、基準を定立して自らこれに縛られることなく、柔軟に対処しているのである（この点の詳細については、最高裁平成4年7月1日大法廷判決・民集46巻5号437頁（いわゆる成田新法事件）についての当職〔当時は最高裁調査官〕の最高裁判例解説民事篇・平成4年度235頁以下参照。）㉕。

【23】　この見解を踏まえると、猿払事件大法廷判決の上記判示は、当該事案については、公務員組織が党派性を持つに至り、それにより公務員の職務遂行の政治的中立性が損なわれるおそれがあり、これを対象とする本件罰則規定による禁止は、あえて厳格な審査基準を持ち出すまでもなく、その政治的中立性の確保という目的との間に合理的関連性がある以上、必要かつ合理的なものであり合憲であることは明らかであることから、当該事案における当該行為の性質・態様等に即して必要な限度での合憲の理由を説示したにとどめたものと解することができる（なお、判文中には、政治的行為を禁止することにより得られる利益と禁止されることにより失われる利益との均衡を検討することを要するといった利益較量論的な説示や、政治的行為の禁止が表現の自由に対する合理的でやむを得ない制限であると解されるといった説示も見られるなど、厳格な審査基準の採用をうかがわせるものがある。）。ちなみに、最高裁平成10年12月1日大法廷決定・民集52巻9号1761頁（裁判官分限事件）も、裁判所法52条1号の「積極的に政治運動をすること」の意味を十分に限定解釈した上で合憲性の審査をしており、厳格な基準によりそれを肯定したものというべきであるが、判文上は、その目的と禁止との間に合理的関連性があると説示するにとどめている。これも、それで足りることから同様の説示をしたものであろう㉖。

【24】　そうであれば、本件多数意見の判断の枠組み・合憲性の審査基準と猿

㉕ 【22】と【23】では、合憲性の審査基準について、猿払事件判決〔本書21事件〕と本判決との整合性が論じられている。【22】では、猿払事件判決は、表現の自由の優越的地位を前提とした厳格な基準ではなく、より緩やかな「合理的関連性の基準」を採用したものであるとの理解が存在することを示したうえで、自身が判解②において述べた一節（多くの判解において引用される有名な一節である）を参照し、近年の最高裁大法廷の判断方法について総括している。そこではまず、最高裁は、判文において明示的言及のない場合も含め、よど号ハイジャック記事抹消事件判決〔本書22事件〕で示された利益衡量論に基づき憲法判断を行っているとの指摘がなされていることが重要である。他方で、千葉裁判官は、憲法判断が常に利益衡量論のみにより完結しているとは捉えておらず、「厳格な基準」やその精神を併せ考慮したものが利益衡量の際の判断指標として活用されているとする。千葉裁判官は、判解②233頁においては、利益衡量を枠づけし、客観性を確保するために厳格な基準のようなルールが必要であると論じていた。本パラグラフだけからは明確ではないが、判解②233-242頁と【23】の記述も前提とすると、精神的自由に対する規制の憲法判断は原則として厳格な基準の適用を前提になされてきたというのが千葉裁判官の立場であろうと解される。また、千葉裁判官はここで基準の選択は具体的事案に応じて柔軟に行われると論じるが、それはあくまで厳格な基準の中での選択について述べたものであり、厳格な基準か、それとも合理的関連性の基準のような敬譲的基準かの選択まで柔軟に行われていると論じるものではないといえよう。また、千葉裁判官は、ここで「目的・手段における必要かつ合理性の原則」を「厳格な基準」の一つとして挙げていることが注目される。もっとも、同原則は抽象的であり、それがいかなる意味において利益衡量を枠づけする「厳格な基準」として機能するのか定かではない。厳格な基準が一般的に目的・手段図式を前提としていること以上の意味はないのではないかと思われる。インターネット異性紹介事業届出制度事件〔本書25事件〕では「手段として必要かつ合理的」という言説が用いられているが、判解③27頁は、当該判決も本パラグラフの言説に沿った判断がなされたものであることを前提にしつつ、「判文をみる限り」、厳格な基準は用いられていないとしている。

㉖ 【23】では、【22】の総括を前提に、なぜ、猿払事件判決〔本書21事件〕では、厳格な基準ではなく、合理的関連性の基準が採用されたのかについて検討がなされている。千葉裁判官は、猿払事件における被告人の行為を罰則規定により禁止することは合憲であることが「明らか」であったため、「あえて」厳格な基準を持ち出すことはせず、合理的関連性の基準で審査したものであると論じている（千葉裁判官が括弧書きの部分で述べたものは、猿払事件判決は合理的関連性の基準を採用したものの、潜在的には厳格な基準を採用する余地を含意したものであったとの解釈が示されたものであると理解することができる）。このような千葉裁判官の理解によると、審査基準（判断指標）の選択にあたっては、まず、当該事案に対する規制が合憲であることが「明白」か否かの判断がまずあり、明白とはいえない場合には、より慎重な判断を行うため厳格な基準等を用いて審査を行うということになろう。なお、千葉裁判官は、判例①も、判文上は合理的関連性の基準が採用されているが、実際には厳格な基準に基づき判断されていたとしており、判文上の基準と実際に採用された基準は異なる場合があることを示唆している。

払事件大法廷判決のそれとは、やはり矛盾・抵触するものでないというべきである㉗。

2 本件罰則規定の限定解釈の意義等

【25】　本件罰則規定をみると、当該規定の文言に該当する国家公務員の政治的行為を文理上限定することなく禁止する内容となっている。本件多数意見は、ここでいう「政治的行為」とは、当該規定の文言に該当する政治的行為であって、公務員の職務の遂行の政治的中立性を損なうおそれが、現実的に起こり得るものとして実質的に認められるものを指すという限定を付した解釈を示した。これは、いわゆる合憲限定解釈の手法、すなわち、規定の文理のままでは規制範囲が広すぎ、合憲性審査におけるいわゆる「厳格な基準」によれば必要最小限度を超えており、利益較量の結果違憲の疑いがあるため、その範囲を限定した上で結論として合憲とする手法を採用したというものではない㉘。

【26】　そもそも、規制される政治的行為の範囲が広範であるため、これを合憲性が肯定され得るように限定するとしても、その仕方については、様々な内容のものが考えられる。これを、多数意見のような限定の仕方もあるが、そうではなく、より類型的に、「いわゆる管理職の地位を利用する形で行う政治的行為」と限定したり、「勤務時間中、国の施設を利用して行う行為」と限定したり、あるいは、「一定の組織の政治的な運動方針に賛同し、組織の一員としてそれに積極的に参加する形で行う政治的行為」と限定するなど、事柄の性質上様々な限定が考え得るところであろう。しかし、司法部としては、これらのうちどのような限定が適当なのかは基準が明らかでなく判断し難いところであり、また、可能な複数の限定の中から特定の限定を選び出すこと自体、一種の立法的作用であって、立法府の裁量、権限を侵害する面も生じかねない。加えて、次のような問題もある㉙。

【27】　国家公務員法は、専ら憲法73条4号にいう官吏に関する事務を掌理する基準を定めるものであり（国家公務員法1条2項）、我が国の国家組織、統治機構を定める憲法の規定を踏まえ、その国家機構の担い手の在り方を定める基本法の一つである。本法102条1項は、その中にあって、公務員の服務についての定めとして、政治的行為の禁止を規定している。このような国家組織の一部ともいえる国家公務員の服務、権利義務等をどう定めるかは、国の統治システムの在り方を決めることでもあるから、憲法の委任を受けた国権の最高機関である国会としては、国家組織全体をどのようなものにするかについての基本理念を踏まえて対処すべき事柄であって、国家公務員法が基本法の一つであるというのも、その意味においてである㉚。

【28】　このような基本法についての合憲性審査において、その一部に憲法の趣旨にそぐわない面があり、全面的に合憲との判断をし難いと考えた場合に、司法部がそれを合憲とするために考え得る複数の限定方法から特定のものを選び出して限定解釈をすることは、全体を違憲とすることの混乱や影響の大きさを考慮してのことではあっても、やはり司法判断として異質な面があるといえよう。憲法が規定する国家の統治機構を踏まえて、その担い手である公務員の在り方について、一定の方針ないし思想を基に立法府が制定した基本法は、全体的に完結した体系として定められているものであって、服務についても、公務員が全体の奉仕者であることとの関連で、公務員の身分保障の在り方や政治的任用の有無、メリット制の適用等をも総合考慮した上での体系的な立法目的、意図の下に規制が定められているはずである。したがって、その一部だけを取り出して限定することによる悪影響や体系的な整合性の破綻の有無等について、慎重に検討する姿勢が必要とされるところである㉛。

【29】　本件においては、司法部が基本法である国家公務員法の規定をいわばオーバールールとして合憲限定解釈するよりも前に、まず対象となっている本件罰則規定について、憲法の趣旨を十分に踏まえた上で立法府の真に意図しているところは何か、規制の目的はどこにあるか、公務員制度の体系的な理念、思想はどのようなものか、憲法の趣旨に沿った国家公務員の服務の在り方をどう考えるのか等々を踏まえて、国家公務員法自体の条文の丁寧な解釈を試みるべきであり、その作業をした上で、具体的な合憲性の有無等の審査に進むべきものである（もっとも、このことは、司法部の違憲立法審査は常にあるいは本来慎重であるべきであるということを意味するものではない。国家の基本法については、いきなり法文の文理のみを前提に大上段な合憲、

㉗【24】では、本判決と猿払事件判決〔本書21事件〕とで、判断枠組みや審査基準に矛盾がない旨、結論が示されている。ただし、判解①503-505頁は、利益衡量の「方法」や「基準」の選択は、判例性をもつ結論命題あるいはその前提となる中間的命題のいずれにも該当しないことから「判例性」をもたず、仮に、猿払事件判決と異なる基準を選択しても、そもそも判例違反の問題は生じない旨指摘している。

㉘【25】からは、多数意見の行った限定解釈の意義が論じられている。【25】では、「合憲限定解釈」を「規定の文理のままでは規制範囲が広すぎ、合憲性審査におけるいわゆる『厳格な基準』によれば必要最小限度を超えており、利益較量の結果違憲の疑いがあるため、その範囲を限定した上で結論として合憲とする手法」として定義（【28】ではこの定義の言い換えがある）したうえで、多数意見の限定解釈は、「合憲限定解釈」ではないとしている。【25】【28】【29】の言説をふまえると、千葉裁判官は、合憲限定解釈は、法令の「文理のまま」の解釈を前提として、まず、その「文理のまま」の解釈には、違憲の部分が含まれているとの憲法判断がなされ、その違憲の部分を排除するため、裁判所が、規制範囲が合憲部分にとどまる限定の仕方を選択する手法として捉えているようである。

㉙【26】では、「合憲限定解釈」の問題点が論じられている。千葉裁判官は、合憲限定解釈は、その性質上、様々な内容の限定の仕方がありうるものであるということを前提として、二つの問題点を挙げている。その第1は、合憲限定解釈を行う場合、司法府にとってどの限定が適当かを定める「基準」が明らかでないという問題点であり、その第2は、可能な複数の限定の中から特定の限定を選び出すことは、一種の「立法作用」であり、立法府の裁量、権限を侵害する側面があるという問題点である。

㉚【27】では、国公法の基本的性格について論じられている。まず、千葉裁判官は、国公法は、国家組織、統治機構を定める憲法の規定をふまえ、その国家機構の担い手のあり方を定める「基本法」の一つであるとする。ここでいう「基本法」の定義は定かではないが、学説でいうところの実質的意味の憲法とほぼ等しいものであると解される。千葉裁判官は、国公法は、基本法の一つとして統治システムのあり方を決めるものであるから、国会は、国家組織全体をどのようなものについての基本理念を定めて、それを制定すべきである旨論じている。次の【28】と合わせて要約すると、国家機構の担い手のあり方を定める基本法は、一定の方針・思想を基に全体的に完結した体系をもって定められたものであり、また、そう定められなければならないとするものだといえる。

㉛【28】では、【26】を敷衍する形で、特に、基本法について合憲限定解釈をすることの問題点が指摘されている。千葉裁判官は、「その一部に憲法の趣旨にそぐわない面があり、全面的に合憲との判断をし難いと考えた場合に、司法部がそれを合憲とするために考え得る複数の限定方法から特定のものを選び出して限定解釈をすること」として、【25】の合憲限定解釈を言い換えたうえで、そのような合憲限定解釈には、「全体を違憲とすることの混乱や影響」を回避する役割があることを認める。しかし、基本法は、一定の方針・思想をもとに全体的に完結した体系として定められたものであることから、その一部を取り出して限定する場合であっても、体系的な整合性の破綻等の悪影響が生じるとしている。

違憲の判断をするのではなく、法体系的な理念を踏まえ、当該条文の趣旨、意味、意図をまずよく検討して法解釈を行うべきであるということである。）❸

【30】　多数意見が、まず、本件罰則規定について、憲法の趣旨を踏まえ、行政の中立的運営を確保し、これに対する国民の信頼を維持するという規定の目的を考慮した上で、慎重な解釈を行い、それが「公務員の職務遂行の政治的中立性を損なうおそれが実質的に認められる行為」を政治的行為として禁止していると解釈したのは、このような考え方に基づくものであり、基本法についての司法判断の基本的な姿勢ともいえる❸

【31】　なお、付言すると、多数意見のような解釈適用の仕方は、米国連邦最高裁のブランダイス判事が、1936年のアシュワンダー対テネシー渓谷開発公社事件判決において、補足意見として掲げた憲法問題回避の準則であるいわゆるブランダイス・ルールの第4準則の「最高裁は、事件が処理可能な他の根拠が提出されているならば、訴訟記録によって憲法問題が適正に提出されていても、その判断を下さないであろう。」、あるいは、第7準則の「連邦議会の制定法の有効性が問題とされたときは、合憲性について重大な疑念が提起されている場合でも、当最高裁は、その問題が回避できる当該法律の解釈が十分に可能か否かをまず確認することが基本的な原則である。」（以上のブランダイス・ルールの内容の記載は、渋谷秀樹「憲法判断の条件」講座憲法学6・141頁以下による。）という考え方とは似て非なるものである。ブランダイス・ルールは、周知のとおり、その後、Rescue Army v. Municipal Court of City of Los Angeles, 331 U.S. 549（1947）の法廷意見において採用され米国連邦最高裁における判例法理となっているが、これは、司法の自己抑制の観点から憲法判断の回避の準則を定めたものである。しかし、本件の多数意見の採る限定的な解釈は、司法の自己抑制の観点からではなく、憲法判断に先立ち、国家の基本法である国家公務員法の解釈を、その文理のみによることなく、国家公務員法の構造、理念及び本件罰則規定の趣旨・目的等を総合考慮した上で行うという通常の法令解釈の手法によるものであるからである。❸

3　本件における本件罰則規定の構成要件該当性の処理

【32】　本件配布行為は、本件罰則規定に関する上記の法令解釈によれば、公務員の職務の遂行の政治的中立性を損なうおそれが実質的に認められない以上、それだけで構成要件該当性が否定される。この点について、原審は、本件配布行為の内容等に鑑みて、本件罰則規定を適用することが違憲となるとして、被告人を無罪とすべきであるとしている。これは、本件のような政治的行為についてまで、刑罰による規制を及ぼすことの問題を考慮した上での判断であり、実質的には、本件の多数意見と同様に、当該公務員の職務の遂行の政治的中立性に与える影響が小さいことを実質的な根拠としていると解され、その苦心は理解できるところではある。しかしながら、表現の自由の規制立法の合憲性審査に際し、このような適用違憲の手法を採用することは、個々の事案や判断主体によって、違憲、合憲の結論が変わり得るものであるため、その規制範囲が曖昧となり、恣意的な適用のおそれも生じかねず、この手法では表現の自由に対する威嚇効果がなお大きく残ることになろう。個々の事案ごとの政治的行為の個別的な評価を超えて、本件罰則規定の一般的な法令解釈を行った上で、その構成要件該当性を否定することが必要であると考えるゆえんである❸

❸【29】では、本件罰則規定の限定解釈と憲法判断の基本的あり方が論じられている。千葉裁判官は、基本法の一部である本件罰則規定の解釈にあたっては、（ⅰ）憲法の趣旨を十分にふまえたうえで立法府の真に意図しているところは何か、（ⅱ）規制の目的はどこにあるか、（ⅲ）公務員制度の体系的な理念、思想はどのようなものか、（ⅳ）憲法の趣旨に沿った国家公務員の服務のあり方をどう考えるのか等の考慮要素をふまえた丁寧な解釈（通常の法令解釈）をまず試みるべきであり、その作業をした後で、具体的な合憲性の有無等の審査に進むべきであるとしている。多数意見が、まず、【10】と【11】により限定解釈を行い、そのうえで、【12】において違憲審査を行うという順序をたどったのも同様の考え方に基づくものと解される。なお、千葉裁判官が括弧書き部分で述べたものは、そのような解釈・憲法判断の方法は、司法部は違憲立法審査に慎重であるべきという権限分配論、統治構造論的考慮から要請されるものではなく、むしろ、通常解釈の内在的方法論から要請されたものであることを示す趣旨があったものといえよう。

❸【30】では、多数意見が【10】で行った解釈は、【29】で提示された考え方に基づくものであったと説明したうえで、それが、「基本法についての司法判断」の基本的な姿勢であるとしている。

❸【31】では、多数意見が行った解釈適用は、司法の自己抑制から導かれる「憲法判断回避の準則」から導き出されたものではないとしており、内容的には、【29】の括弧書き部分と重なる。多数意見は、【12】において憲法判断を行っていることから狭義の憲法判断の回避（憲法判断それ自体をしないこと）を行ったものではない。また、合憲限定解釈についての千葉裁判官の定義を前提とすれば、合憲限定解釈を行ったものでもないといえよう。もっとも、判解①516頁が指摘するように、多数意見の解釈は法律の合憲性に対する「疑い」を回避する解釈に含まれる余地がありうる。ただ、多数意見の解釈は、通常の構成要件解釈の枠内で行われたと解する限り、表面的、形式的には、「合憲性に対する疑い」があったうえでの解釈には該当しないといえよう。

❸【32】では、原判決の採用した適用違憲の手法の問題点が指摘されている。千葉裁判官は、原判決の採用した適用違憲の判断について、「当該公務員の職務の遂行の政治的中立性に与える影響が小さい」ということを根拠とするものであったという点において、多数意見と同じであったとしている。しかし、適用違憲には、個々の事案や判断主体によって、違憲、合憲の結論が変わりうるという性質があるとし、その結果、その規制範囲が曖昧となり、恣意的な適用のおそれが生じてしまうとしたうえで、この手法では表現の自由に対する威嚇効果が大きく残ってしまうとしている。千葉裁判官はそのような弊害を回避するため、適用違憲の手法ではなく、政治的行為の個別的な評価を超えた一般的な法令解釈を行ったうえで、構成要件該当性を否定することが必要であるとしている。この言説は、表現の自由が問題となる場面においては、萎縮効果の排除という観点から適用違憲は適切ではなく、一般的な法令解釈の次元で問題を解決すべきであると論じるものと捉えることができる。その見解を敷衍すれば、表現の自由の憲法判断においては、適用違憲の判断方法はふさわしくなく、一般的な法令解釈を示せる解釈手法、すなわち、本件のような限定解釈、それが不可能な場合には合憲限定解釈、そして、それも不可能な場合には、適用違憲ではなく法令の一部ないし全部違憲の判決を行うべきというものになろう。ただ、この【32】の言説と【21】における司法部の司法判断は、「常に採用する法理論ないし解釈の全体像を示しているとは限らない」との理解と整合的であるか疑問を呈する余地があろう。

少数意見②

裁判官須藤正彦の意見は、次のとおりである❸。

【33】 本件につき、私は、多数意見と結論を同じくするが、一般職の国家公務員の政治的行為の規制に関しその説くところとは異なる見解を有するので、以下この点につき述べておきたい。

1 公務員の政治的行為の解釈について

【34】（1） 私もまた、多数意見と同様に、本法102条1項の政治的行為とは、国民の政治的活動の自由が民主主義社会を基礎付ける重要な権利であること、かつ、同項の規定が本件罰則規定の構成要件となることなどに鑑み、公務員の職務の遂行の政治的中立性を損なうおそれが実質的に認められる（観念的なものにとどまらず、現実的に起こり得るものとして認められる）ものを指すと解するのが相当と考える❸。

【35】（2） すなわち、まず、公務員の政治的行為とその職務の遂行とは元来次元を異にする性質のものであり、例えば公務員が政党の党員となること自体では無論公務員の職務の遂行の政治的中立性が損なわれるとはいえない。公務員の政治的行為によってその職務の遂行の政治的中立性が損なわれるおそれが生ずるのは、公務員の政治的行為と職務の遂行との間で一定の結び付き（牽連性）があるがゆえであり、しかもそのおそれが観念的なものにとどまらず、現実的に起こり得るものとして実質的に認められるものとなるのは、公務員の政治的行為からうかがわれるその政治的傾向が職務の遂行に反映する機序あるいはその蓋然性について合理的に説明できる結び付きが認められるからである。そうすると、公務員の職務の遂行の政治的中立性が損なわれるおそれが実質的に生ずるとは、そのような結び付きが認められる場合を指すことになる。進んで、この点について敷えんして考察するに、以下のとおり、多数意見とはいささか異なるものとなる❸。

2 勤務外の政治的行為

【36】（1） しかるところ、この「結び付き」について更に立ち入って考察すると、問題は、公務員の政治的行為がその行為や付随事情を通じて勤務外で行われたと評価される場合、つまり、勤務時間外で、国ないし職場の施設を利用せず、公務員の地位から離れて行動しているといえるような場合で、公務員が、いわば一私人、一市民として行動しているとみられるような場合である。その場合は、そこからうかがわれる公務員の政治的傾向が職務の遂行に反映される機序あるいは蓋然性について合理的に説明できる結び付きは認められないというべきである❸。

【37】（2） 確かに、このように勤務外であるにせよ、公務員が政治的行為を行えば、そのことによってその政治的傾向が顕在化し、それをしないことに比べ、職務の遂行の政治的中立性を損なう潜在的可能性が明らかになるとは一応いえよう。また、職務の遂行の政治的中立性に対する信頼も損なわれ得るであろう。しかしながら、公務員組織における各公務員の自律と自制の下では、公務員の職務権限の行使ないし指揮命令や指導監督等の職務の遂行に当たって、そのような政治的傾向を持ち込むことは通常考えられない。また、稀に、そのような公務員が職務の遂行にその政治的傾向を持ち込もうとすることがあり得るとしても、公務員組織においてそれを受入れるような土壌があるようにも思われない。そうすると、公務員の政治的行為が勤務外で行われた場合は、職務の遂行の政治的中立性が損なわれるおそれがあるとしても、そのおそれは甚だ漠としたものであり、観念的かつ抽象的なものにとどまるものであるといえる❹。

【38】 結局、この場合は、当該公務員の管理職的地位の有無、職務の内容や権限における裁量の有無、公務員により組織される団体の活動としての性格の有無、公務員による行為と直接認識され得る態様の有無、行政の中立的運営と直接相反する目的や内容の有無等にかかわらず——それらの事情は、公務員の職務の遂行の政治的中立性に対する国民の信頼を損なうなどの服務規律違反を理由とする懲戒処分の対象となるか否かの判断にとって重要な考慮要素であろうが——その政治的行為からうかがわれる政治的傾向がその職務の遂行に反映する機序あるいはその蓋然性について合理的に説明できる結び付きが認められず、公務員の政治的中立性が損なわれるおそれが実質的に生ずるとは認められないというべきである。この点、勤務外の政治的行為についても、事情によっては職務の遂行の政治的中立性を損なう実質的おそれが生じ得ることを認める多数意見とは見解を異にするところである❹。

【39】（3） ちなみに、念のためいえば、「勤務外」と「勤務時間外」とは意味を異にする。本規則4項は、本法又は本規則によって禁止又は制限される政治的行為は、「職員が勤務時間外において行う場合においても、適用される」と規定しているところであるが、これは、勤務時間外でも勤務外とは評価されず、上記の結び付きが認められる場合（例えば、勤務時間外に、国又は職場の施設を利用して政治的行為を行うような場合に認められ得よう。）にはその政治的行為が規制されることを規定したものと解される❹。

---

❸ 須藤意見は、被告人は無罪という結論において多数意見と同じである。また、国公法102条1項の「政治的行為」とは、「公務員の職務の遂行の政治的中立性を損なうおそれが実質的に認められるもの」と解し、なおかつ、同条が合憲であるということについても多数意見と同じである。しかし、「公務員の職務の遂行の政治的中立性を損なうおそれが実質的に認められるもの」とは何か、いかにそれを認定するかということについて多数意見とは見解を異にしており、本少数意見は、補足意見ではなく意見として提示されている。なお、須藤意見の論証過程も、多数意見と同様、(i)本件罰則規定の限定解釈（【34】～【36】）、(ii)本件罰則規定の憲法適合性の検討（【37】～【44】）、(iii)本件配布行為の構成要件該当当性の検討（【45】）といった3段階の構造をもっている。

❸ 【37】から【36】までは、本件罰則規定の限定解釈が示されている。まず、【34】では、多数意見と同様、国公法102条1項の「政治的行為」とは、「公務員の職務の遂行の政治的中立性を損なうおそれが実質的に認められるもの」を指すと解することが確認されている。

❸ 【35】では、「公務員の職務の遂行の政治的中立性を損なうおそれが実質的に認められる」か否かの判断方法について須藤裁判官の見解が示されている。須藤裁判官は、ここで、「公務員の職務の遂行の政治的中立性を損なうおそれが実質的に認められる」と判断するためには、「公務員の政治的行為からうかがわれるその政治的傾向」が「その職務の遂行に反映する機序あるいはその蓋然性」について合理的に説明できる「結び付き」が認められなければならないとの見解を提示している。ここで言及された「機序」と「蓋然性」の意味が問題となるが、文献①68頁は、「機序とはメカニズムということであり、『政治的行為』を行うことと公務の中立性を害すること（あるいはそのおそれが生ずること）との間の（相当）因果関係を意味し、蓋然性とは両者の相関性の高度な確率を意味するのであろう」と解釈しており、参考になる。

❸ 【36】では、【35】で導入された「結び付き」の意味についてさらに詳述されている。須藤裁判官は、公務員が「一私人、一市民として行動しているとみられるような場合」を「勤務外」と位置づけたうえで、勤務外の政治的行為については、「そこからうかがわれる公務員の政治的傾向が職務の遂行に反映する機序あるいは蓋然性について合理的に説明できる結び付きは認められない」としている。

❹ 【37】では、なぜ、勤務外の政治的行為については、【35】で述べられた「結び付き」が認められないのかが説明されている。須藤裁判官は、勤務外の政治的行為でも、公務員の政治的傾向が顕在化することにより、職務の遂行の政治的中立性を損なう可能性が高まることを指摘する。しかし、それはあくまで「潜在的」可能性であり、現実に、そのような政治的傾向を、公務員が職務に持ち込むことは公務員組織における公務員の自律と自制のもとでは通常考えられないことから、勤務外の政治的行為が、職務の遂行の政治的中立性を損なうおそれというのは、結局、観念的かつ抽象的なものにとどまるとしている。

❹ 【38】では、須藤裁判官の見解と多数意見の見解の相違点が指摘されている。多数意見は、勤務外の政治的行為であっても、公務員が管理職的地位を有するなど、他の事情によっては「職務の遂行の政治的中立性を損なうおそれ」が生じうることを認めるものである。他方で、須藤裁判官は、勤務外の政治的行為については、公務員の管理職的地位の有無も含め、他の事情にかかわらず、「職務の遂行の政治的中立性を損なうおそれ」が生じないとしている。文献①68頁は、このような須藤裁判官のアプローチについて、構成要件該当性の判断についていわゆる「定義づけ衡量」の手法を志向するものであると評価し、対する千葉裁判官（多数意見にも妥当すると考えられる）のアプローチは、「個別的衡量」のアプローチを志向するものであると評価したうえで、萎縮効果を除去するには、定義づけ衡量の方が優れていると論じている。

❹ 【39】では、須藤裁判官がいうところの「勤務外」と「勤務時間外」とでは意味が異なることが説明されている。須藤裁判官によれば、【36】で述べられたように「勤務外」とは「一私人、一市民として行動しているとみられるような場合」を意味し、勤務時間外であっても、国・職場の施設を利用する場合は、「勤務外」に該当しないことになる。

3　必要やむを得ない規制について

【40】　(1)　ところで、本法102条1項が政治的行為の自由を禁止することは、表現の自由の重大な制約となるものである。しかるところ、民主主義に立脚し、個人の尊厳（13条）を基本原理とする憲法は、思想及びその表現は人の人たるのゆえんを表すものであるがゆえに表現の自由を基本的人権の中で最も重要なものとして保障し（21条）、かつ、このうち政治的行為の自由を特に保障しているものというべきである。そのことは、必然的に、異なった価値観ないしは政治思想、及びその発現としての政治的行為の共存を保障することを意味しているといってよいと思われる。そのことからすると、憲法は、自分にとって同意できない他人の政治思想に対して寛容で（時には敬意をさえ払う）、かつ、それに基づく政治的行為の存在を基本的に認めないし受忍すること、いわば「異見の尊重」をすることが望ましいとしているともいえよう。当然のことながら、本件で問題となっている一般職の公務員もまた、憲法上、公務員である前に国民の一人として政治に無縁でなく政治的な信念や意識を持ち得る以上、前述の意味での政治的行為の自由を享受してしかるべきであり、したがって、憲法は、公務員が多元的な価値観ないしは政治思想を有すること、及びその発現として政治的行為をすることを基本的に保障しているものというべきである❹❸。

【41】　(2)　以上の表現の自由を尊重すべきものとする点は多数意見と特に異なるところはないと思われ、また、同意見が述べるとおり、本法102条1項の規制は、公務員の職務の遂行の政治的中立性を保持することによって行政の中立的運営を確保し、これに対する国民の信頼を維持することを目的とするものであるが、公務員の政治的行為の自由が上記のように憲法上重大な性質を有することに照らせば、その目的を達するための公務員の政治的行為の規制は必要やむを得ない限度に限られるというべきである。そうすると、問題は、本法102条1項の政治的行為の解釈が前記のようなものであれば、このような必要やむを得ない規制となるかどうかである❹❹。

【42】　そこで更に検討するに、まず、刑罰は国権の作用による最も峻厳な制裁で公務員の政治的行為の自由の規制の程度の最たるものであって、処罰の対象とすることは極力謙抑的、補充的であるべきことが求められることに鑑みれば、この公務員の政治的行為禁止違反という犯罪は、行政の中立的運営を保護法益とし、これに対する信頼自体は独立の保護法益とするものではなく、それのみが損なわれたにすぎない場合は行政内部での服務規律違反による懲戒処分をもって必要にして十分としてこれに委ねることとしたものと解し、加うるに、公務員の職務の遂行の政治的中立性が損なわれるおそれが実質的に認められるときにその法益侵害の危険が生ずるとの考えのもとに、本法102条1項の政治的行為を上記のものと解することによって、処罰の対象は相当に限定されることになるのである❹❺。

【43】　のみならず、そのおそれが実質的に生ずるとは、公務員の政治的行為からうかがわれる政治的傾向がその職務の遂行に反映する機序あるいはその蓋然性について合理的に説明できる結び付きが認められる場合を指し、しかも、勤務外の政治的行為にはその結び付きは認められないと解するのであるから、公務員の職務の遂行の政治的中立性を損なうおそれが実質的に認められる場合は一層限定されることになる。

【44】　結局、以上の解釈によれば、本件罰則規定については、政党その他の政治的団体の機関紙たる新聞その他の刊行物の配布は、上記の要件及び範囲の下で大幅に限定されたもののみがその構成要件に該当するのであるから、目的を達するための必要やむを得ない規制であるということが可能であると思われる❹❻。

【45】　(3)　ところで、本法102条1項の政治的行為の上記の解釈は、憲法の趣旨の下での本件罰則規定の趣旨、目的に基づく厳格な構成要件解釈にほかならない。したがって、この解釈は、通常行われている法解釈にすぎないものではあるが、他面では、一つの限定的解釈といえなくもない。しかるところ、第1に、公務員の政治的行為の自由の刑罰の制裁による規制は、公務員の重要な基本的人権の大なる制約である以上、それは職務の遂行の政治的中立性を損なうおそれが実質的に認められるものを指すと解するのは当然であり、したがって、規制の対象となるものとそうでないものとを明確に区別できないわけではないと思われる。第2に、そのようにおそれが実質的に認められるか否かということは、公務員の政治的行為からうかがわれる政治的傾向が職務の遂行に反映する機序あるいは蓋然性について合理的に説明できる結び付きがあるか否かということを指すのであり、そのような判断は一般の国民からみてさほど困難なことではない上、勤務外の政治的行為はそのような結び付きがないと解されるのであるから、規制の対象となるかどうかの判断を可能ならしめる相当に明確な指標の存在が認められ、したがって、一般の国民にとって具体的な場合に規制の対象となるかどうかを判断する基準を本件罰則規定から読み取ることができるといえる（最高裁昭和57年（行ツ）第156号同59年12月12日大法廷判決・民集38巻12号1308頁（札幌税関検査違憲訴訟事件）参照）❹❼。

【46】　以上よりすると、本件罰則規定は、上記の厳格かつ限定的である解釈の限りで、憲法21条、31条に反しないというべきである。

【47】　(4)　もっとも、上記のような限定的解釈は、率直なところ、文理を相当に絞り込んだという面があることは否定できない。また、本法102条1項及び本規則に対しては、規制の対象たる公務員の政治的行為が文理上広汎かつ不明確であるがゆえに、当該公務員が文書の配布等の政治的行為を行う時点において刑罰による制裁を受けるのか否かを具体的に予測することが困難であるから、犯罪構成要件の明確性による保障機能を損ない、その結果、処罰の対象にならない文書の配布等の政治的行為も処罰の対象になるのではないかとの不安から、必要以上に自己規制するなどいわゆる萎縮の効果が生じるおそれがあるとの批判があるし、本件罰則規定が、懲戒処分を受けるべきものと犯罪として刑罰を科せられるべきものとを区別することなくその内容についての定めを人事院規則に委任していることは、犯罪の構成要件の規定を委任する部分に関する限り、憲法21条、31条等に違反し無効であるとする見解もある（最高裁昭和44年（あ）第1501号同49年11月6日大法廷判決・刑集28巻9号393頁（猿払事件）における裁判官大隅健一郎ほかの4人の裁判官の反対意見参照）。このような批判の存在や、我が国の長い歴史を経ての国民の政治意識の変化に思いを致すと（なお、公務員の政治的行為の規制について、地方公務員法には刑罰規定はない。また、欧米諸国でも調査し得る範囲では刑罰規定は見受け

---

❹❸　【40】から【47】では、本件罰則規定の憲法適合性が検討されている。まず、【40】では、憲法における政治的行為の自由の意義が論じられている。
❹❹　【41】では、公務員の政治的行為の自由に対する規制の憲法適合性を判断するための基準が提示されており、ここでは、「公務員の政治的行為の規制は必要やむを得ない限度に限られる」との基準が提示されている。
❹❺　【42】では、保護法益としての「行政の中立的運営」と「国民の信頼」との関係が論じられている。須藤裁判官は、刑罰規定においては、保護法益はあくまで「行政の中立的運営」であり、「国民の信頼」それ自体は独立して保護法益になっているわけではなく、「国民の信頼」のみが損なわれた場合には、懲戒処分の対象にとどまるにすぎないとしている。須藤裁判官は、懲戒処分と刑罰とでは主たる保護法益が異なることになるということを論拠として、処罰対象として許される範囲を懲戒処分のそれよりも限定させようとしていると捉えることができる。
❹❻　【44】では、本件罰則規定の憲法適合性についての結論が示されている。須藤裁判官の見解における「政治的行為」は、勤務外の政治的行為は一律にそれには含まれないとするものであり、多数意見よりさらに限定されているといえる。須藤裁判官は、そのように構成要件が大幅に限定されていることから、本件罰則規定は、「目的を達するための必要やむを得ない規制」となるとしている。
❹❼　【45】では、須藤裁判官が示した限定解釈が憲法上許容されるものであるかが検討されている。多数意見は、本判決の限定解釈は、合憲限定解釈ではなく、通常の構成要件解釈に属するものであると考えているため、その解釈が、特に、札幌税関検査事件判決［本書26事件］で示された合憲限定解釈の基準をみたすものであるかという問題について明示的な検討を行っていない。しかし、須藤裁判官は、自らの意見で示した限定解釈に、合憲限定解釈的な側面があることを見出し、札幌税関検査事件判決の枠組みに即して、それが限定解釈として許容されるものであるか否かを検討している。ここでは特に（i）規制の対象となるものとそうでないものとを明確に区別できているか、（ii）一般の国民にとって具体的な場合に規制の対象となるかどうかを判断する基準を本件罰則規定から読み取ることができるかという二つの要件が検討されており、須藤裁判官は自らの解釈が両者の要件をみたすとしている。

られない。)、本法102条1項及び本規則については、更なる明確化やあるべき規制範囲・制裁手段について立法的措置を含めて広く国民の間で一層の議論が行われてよいと思われる❹。

4 結論

[48] 被告人の本件配布行為は政治的傾向を有する行為であることは明らかであるが、勤務時間外である休日に、国ないし職場の施設を利用せず、かつ、公務員としての地位を利用することも、公務員であることを明らかにすることもなく、しかも、無言で郵便受けに文書を配布したにとどまるものであって、被告人は、いわば、一私人、一市民として行動しているとみられるから、それは勤務外のものであると評価される。そうすると、被告人の本件配布行為からうかがわれる政治的傾向が被告人の職務の遂行に反映する機序あるいは蓋然性について合理的に説明できる結び付きは認めることができず、公務員の職務の遂行の政治的中立性を損なうおそれが実質的に認められるとはいえないというべきである。したがって、被告人の管理職的地位の有無、その職務の内容や権限における裁量の有無等を検討するまでもなく、被告人の本件配布行為は本件罰則規定の構成要件に該当しないというべきである。被告人を無罪とした原判決は、以上述べた理由からして、結論において相当である❹。

（裁判長裁判官　千葉勝美　裁判官　竹内行夫　裁判官　須藤正彦　裁判官　小貫芳信）

補足説明①　判例とは何か

本判決あるいはその千葉補足意見を理解するにあたっては、「判例」とはそもそも何なのかということについての基本的知識が不可欠である。「判例」に関する基本的知識については、直接、中野次雄編『判例とその読み方［三訂版］』（有斐閣、2009年。以下「中野・判例」という）などを熟読することを通じて習得していただきたいが、本判決に関連してその要点を整理すると次のようになる。今日、判例という概念は多義的な意味で用いられているが、実務上、まず重要であるのが、下級審の判断が「判例」と抵触する場合には上告理由（上告受理申立理由）となり（民訴法318条1項・337条2項、刑訴法405条2号）、また、その「判例」変更は最高裁大法廷で行う必要がある（裁判所法10条3号）という意味での「判例」である（中野・判例3-5頁）。下級審だけでなく、最高裁の小法廷も、この意味で捉えられる「判例」に基本的に従うことが強く予測される。そのため、その意味での「判例」は「実務を支配」しているともいわれる（中野・判例10頁）。ただ、注意する必要があるのは、判決理由のすべてが「判例」となるわけではないということである。判決理由で示された法的判断は、「判例」とそれ以外の「傍論」に分かれる（中野・判例29-30頁）。その中で、特に、判決理由中の法的判断において「判例」となることについて争いがないのが、いわゆる「結論命題」と呼ばれるものである。通常、判決理由に現れる法的論証は、【(1) 法解釈】（A条は「B」と解釈できる）、【(2) 事実認定】（本件事実「C」は「B」に該当する）、【(3) あてはめ】（A条は本件事実「C」に適用される）、といういわゆる3段階の過程をもつ。その過程の中で、結論命題とは、【(3) あてはめ】で示された命題として理解されるものである（中野・判例39-40頁）。たとえば、刑事事件の場合、被告人の本件行為には、法一条が適用されるというような命題がこれに該当する。ただ、厳密にいえば、あらゆる具体的事実は歴史上一度しか現れないことから、結論命題を構成する事実を極度に具体化して捉えると、判例の射程は著しく狭くなる。そこで、「重要な事実」が共通する限りにおいて「結論命題で示された判断」（判例）の射程が及ぶと理解されている（中野・判例41-44頁）。なお、ある法条が憲法に適合するか否かの判断は、当該事件の事実に対して法をあてはめたものではないものの、ある法条が合憲であるか、違憲であるかの命題は、結論命題として「判例」になると考えられている（中野・判例32-33頁、40頁）。これに対して、結論命題以外の判断は、「理由づけ命題」と呼ばれ、原則、傍論として「判例」とはならない。もっとも、理由づけ命題の中でも、三段論法の過程で大前提となる【(1) 法解釈】に該当する部分については、しばしば「判例」として扱われる場合があり、また、それを「判例」として扱うべきであるとする見解も有力である（中野・判例44-46頁）。たとえば、「憲法14条1項は、合理的な差別的取扱いを否定しない」というような命題がこれに該当する（中野・判例143頁）。他方で、そのような法解釈が正しいことを論証するために述べられた説示部分については、基本的に「判例」とみなされることはない（中野・判例45頁）。たとえば、解解①505頁が指摘するように、利益衡量の方法や審査基準といったものは正確には「判例」とはならないことになる。最終的に何が「判例」であるかは、解釈に委ねられることになるが、民集や刑集の冒頭に記載された「判決（決定）要旨」は、最高裁に置かれた判例委員会が「判例」と判断したものが掲載されたものであり（中野・判例30頁、106頁）、実務上大いに参照されている（本判決千葉補足意見の【21】参照）。以上の理解を前提として、猿払事件判決と本判決をみてみると、本判決は、小法廷であるから前の最高裁判決である猿払事件判決〔本書21事件〕が示した「判例」に違反する判断を行うことができない。しかし、厳密に猿払事件判決において判例といえるのは、当該被告人に対して国公法の刑罰規定が適用されるという命題（以下「判例Ⅰ」という）と国公法の刑罰規定等が合憲であるという命題（以下「判例Ⅱ」という）に限られることになる。このうち、本判決は、国公法の刑罰規定等を違憲としたわけではないので、判例Ⅱとの抵触はそもそも問題とならない。他方で、本判決は、猿払事件判決にはない限定解釈を行っていることから、法解釈に該当する部分も「判例」になるという見解を採用した場合には、判例抵触の問題が生じることになる。これに対し、千葉裁判官は、猿払事件判決は、そもそも国公法に関する解釈をすべて示したわけではなかった（限定解釈がなされるべきともなされるべきでないとも述べていない）として、判例抵触の問題はないと説明している。それでも、本判決の限定解釈では猿払事件判決において無罪となるはずだったということになれば、判例Ⅰと抵触することになるが、本判決は、本判決の限定解釈でも猿払事件判決は有罪との結論になるとして、判例抵触を否定している（本判決と猿払事件判決の結論が異なるのは、結論を左右する「重要な事実」が異なるからだということになる）。なお、猿払事件判決と本判決では、利益衡量の方法（審査基準）が異なるが、これは、そもそも「判例」ではないので、判例抵触の問題は

---

❹【47】では、本件罰則規定に関して様々な批判があることを指摘し、今後も議論が行われるべきであることを論じている。

❹【48】では、本件配布行為の構成要件該当性が検討されている。須藤裁判官は、「勤務外」と評価される政治的行為は、他の事情にかかわらず、「公務員の職務の遂行の政治的中立性を損なうおそれが実質的に認められるとはいえない」との見解を採用しているため、本件配布行為を勤務外のものと評価することにより、直ちに、構成要件該当性を否定している。なお、解解①520頁は、以上のような須藤裁判官の見解に対する多数意見の立場からの批判として「例えば、事務次官や本省の局部長等、権限や職務の裁量性も大きく、他の公務員に対する影響力も大きな公務員による勤務外の政治的行為までが本件罰則規定の構成要件から外れてしまうのは相当でない」というものがあるとしている。しかし、この批判に対しては、多数意見の解釈では、逆に事務次官以外の公務員が構成要件に含まれることになってしまうという再反論がありうるとともに、勤務外の行為は実質的に危険をもたらさないとする須藤裁判官の基本的論理に対する反論にはなっていない。

生じない。しかし、違憲審査は「人の支配」ではなく「法の支配」によって行うべきとの要請は、伝統的な判例とその射程の理解とは別の観点から、場当たり的な審査基準の選択の排除を求めるものと考えられる。判解①495頁は、利益衡量の方法が判決によって異なることについて、「一部の学説が指摘するように、アドホックな判断の集積ととらえるべきではなく、そこには統一的な思考体系が存在しているとみるべき」と論じているが、利益衡量の方法は、統一的な思考体系のもと選択され、適用されるべきであろうと考える。

補足説明②　本判決の限定解釈と合憲限定解釈

本判決は、【10】において、「政治活動の自由の重要性」をふまえたうえで、処罰対象となる「政治的行為」の範囲を「限定」する解釈を展開した。この本判決の限定解釈に対し、千葉裁判官の【25】や判解①516-517頁は、これは合憲限定解釈ではないと論じ、大きな違和感を呼んでいる。ただ、その違和感は合憲限定解釈の捉え方の相違に起因するものと思われる。憲法をふまえた限定解釈を合憲限定解釈と呼ぶとしたら、本判決の解釈は合憲限定解釈にほかならない。しかし、千葉裁判官や判解①は、憲法をふまえた限定解釈と合憲限定解釈を同義としているわけではない。すなわち、合憲限定解釈を、❶当該法令に違憲の疑いがあることを前提に初めて展開できる、❷「通常の法令解釈」の範囲を超えた解釈を指すものとしてかなり限定的に捉えているのである。そのうえで、憲法をふまえた限定解釈というのは体系的解釈としてそれ自体は「通常の法令解釈」の一つでありうるとの理解があり、本判決は、「通常の法令解釈」の範囲内としての憲法をふまえた解釈を行ったにすぎないから合憲限定解釈ではないとの結論に達しているといえよう。従来、憲法をふまえた解釈→合憲限定解釈→違憲の疑いがあって初めて展開できる特殊な解釈という理解がないではなかった。その中で、憲法をふまえた解釈は、違憲の疑いを前提とせず展開できる「通常の法令解釈」の一つであると位置づけることの実務上の意義は決して小さくはないと考えられる。

Questions

①事実関係の確認

問1 被告人の職業、職種、職務内容、職務権限はどのようなものであったか。被告人の勤務先の場所はどこにあったか。▶【案案】【2】【4】

問2 被告人は、何に際し、いつ、どこで、何を配布したか。▶【事案】【2】【4】

問3 被告人が行った配布行為は、いかなる法令の何に該当するとして起訴されたか。▶【事案】【2】

問4 第一審判決は、本件罰則規定の合憲性についてどのように判断し、どのような判決を行ったか。▶【5】

問5 原判決は、被告人の職務内容、職務権限、および本件配布行為の場所、行為態様についてどのような認定を行ったか。▶【6】

問6 原判決は、本件配布行為の危険性をどのように評価し、いかなる判決をしたか。原判決が違憲としたものは何か。▶【6】

②判決の内容の確認

問7 本判決は、国公法102条1項の趣旨、目的をどのようなものと解釈したか。▶【8】

問8 本判決は、憲法の何条を挙げたうえで、公務にはどのようなことが要請されるとしたか。また、行政機関における公務は、どのような憲法上の根拠により、どのように運営されるべきものとしているか。▶【8】

問9 本判決は、行政の中立的運営の確保のためには、何が必要であるとしているか。▶【8】

問10 本判決は、憲法上、何条により、何が保障されているとしているか。また、それはどのような自由、基本的人権、権利であるとしているか。▶【9】

問11 本判決は、【8】で挙げられた目的に基づく公務員に対する政治的行為の禁止は、いかなる範囲で画されるべきものとしているか。▶【9】

問12 本判決は、国公法102条1項にいう「政治的行為」をどのようなものとして解釈したか。また、その解釈を示すにあたって、何を考慮すると述べているか。▶【10】

問13 本判決は、国公法102条1項は、何を人事院規則に委任したとしているか。また、本判決は、その委任に基づき定められた本規則は、何を規定したものであるとしているか。▶【10】

問14 本判決は、人事院規則14−7第6項7号、13号（5項3号）は、いかなる行為を政治的行為として規定したものであるとしているか。▶【10】

問15 本判決は、一公務員の行為がどのような理由により行政の中立的運営に影響を及ぼすとしているか。また、本判決は、勤務外の行為の影響について何と述べているか。▶【10】

問16 本判決は、「公務員の職務の遂行の政治的中立性を損なうおそれが実質的に認められるかどうか」は、どのような判断方法に基づき、何を考慮要素として判断されるべきものとしているか。▶【11】

問17 本判決は、憲法の何条に関して、本件罰則規定の合憲性を検討しているか。また、その合憲性は最終的に何が是認されることにより決定されるとしているか。▶【12】

問18 本判決は、政治的行為に対する規制が必要かつ合理的なものとして是認されるかは、いかなる基準に基づき判断されるべきであるとしているか。▶【12】

問19 本判決は、本件罰則規定の目的をどのような利益であるとし、その合理性、正当性について何と述べているか。▶【12】

問20 本判決は、本件罰則規定により禁止対象となるものはいかなるものに限られるとしているか、そして、その禁止対象の範囲についてどのように評価しているか。▶【12】

問21 本判決は、本件罰則規定の不明確性、過度広汎性に

ついて何と述べているか。▶【12】

問22 本判決は、政治的行為の禁止違反に対し、罰則規定が設けられていることについて、いかなる理由により、いかに評価をしているか。▶【12】

問23 本判決は、本件罰則規定の合憲性について何と結論づけているか。▶【13】

問24 本判決は、本件配布行為が、本規則6項7号、13号（5項3号）が定める行為類型に文言上該当する行為であるか否かについて何と答えているか。▶【14】

問25 本判決は、被告人の地位、職務内容、職務権限についてどのような評価をしているか。また、本件配布行為の態様についてどのような評価をしているか。本判決は、構成要件該当性についてどのような結論を示しているか。▶【15】

問26 本判決と原判決は、結論と理由、両方同じであるか。▶【16】

問27 本判決は、猿払事件〔本書21事件〕の被告人の地位、行為態様は、どのようなものであったと評価しているか。また、本判決の解釈によれば、猿払事件の被告人の行為の本件罰則規定の構成要件該当性はどのような結論になりうるか。▶【17】

問28 本判決は、猿払事件判決に違反するという主張に対して何と答えているか。▶【18】

問29 千葉裁判官は、判決による司法判断は、どのようなものであると論じているか。千葉裁判官は猿払事件判決の法令解釈は何を示したものであると捉えているか。▶【21】

問30 千葉裁判官は、猿払事件判決が採用した憲法判断の基準について、どのような理解があるとしているか。▶【22】

問31 千葉裁判官は、近年の最高裁大法廷の判例は、どのような憲法判断の手法を採用していると論じているか。また、憲法判断の際の判断指標としてどのようなものを用いているとしているか。そして、裁判所は、その判断指標の選択をどのようにして行っているとしているか。▶【22】

問32 千葉裁判官によれば、なぜ、猿払事件判決は、「合理的関連性の基準」を採用したのか。また、猿払事件判決は、厳格な審査基準を排除したものであるか。▶【23】

問33 千葉裁判官によれば、本判決の判断の枠組み・合憲性の審査基準と猿払事件判決のそれとは矛盾するものか。矛盾しないとしてその理由はどのようなものか。▶【23】【24】

問34 千葉裁判官によれば、合憲限定解釈とはどのような解釈手法か。また、千葉裁判官は、合憲限定解釈にはどのような問題点があるとしているか。▶【25】【26】

問35 千葉裁判官は、国公法はどのような法であると述べているか。また、国会は、同法を定めるにあたって、何をふまえなければならないとしているか。▶【27】

問36 千葉裁判官は、国公法のような基本法について、合憲限定解釈をする場合にはどのような問題点があるとしているか。▶【28】

問37 千葉裁判官は、合憲限定解釈をする前に、まず、どのような解釈を行うべきであるとしているか。また、その解釈では、何をふまえるべきであるとしているか。▶【29】

問38 千葉裁判官によれば、憲法問題回避の準則とはどのようなものか。千葉裁判官によれば、本判決が行った解釈は、憲法判断回避の準則に基づくものであったか。▶【31】

問39 千葉裁判官は、適用違憲の手法について、どのような問題点があるとしているか。▶【32】

③応用問題

問40 本判決が政治的行為の解釈として示した「公務員の職務の遂行の政治的中立性を損なうおそれが、観念的なものにとどまらず、現実的に起こり得るものとして実質的に認められるもの」という表現について、なぜそのような表現に落ち着いたのか説明せよ。▶文献②69-71頁

問41 本判決後、あなたが、戸別訪問禁止事件①〔本書35事件〕や戸別訪問禁止事件②〔本書36事件〕と類似の事案で起訴された被告人の弁護人となった場合、いかなる憲法上の主張を行うか。また、それに対する検察官の反論としていかなるものが考えられるか。▶判解①494-506頁

問42 本判決の千葉裁判官の補足意見に対する学説からの批判としてどのようなものがあるか。調査して整理せよ。▶判批①、文献③

○ **関連判例**（本書所収以外のもの）
最大判平成10年12月1日民集52巻9号1761頁〔裁判官分限事件〕（判例①）

○ **本判決の調査官解説**
岩﨑邦生「判解」最高裁判所判例解説刑事篇平成24年度463頁（判解①）

○ **その他の判例解説・判例批評**
千葉勝美「判解」最高裁判所判例解説民事篇平成4年度235頁（判解②）
辻川靖夫「判解」最高裁判所判例解説刑事篇平成26年度1頁（判解③）
宍戸常寿「判批」平成25年度重要判例解説（2013年）25頁
長谷部恭男「判批」憲法判例百選Ⅰ〔第6版〕（2013年）32頁（判批①）

○ **参考文献**
高橋和之「『猿払』法理のゆらぎ？—『堀越訴訟』最高裁判決の意味するもの」石川正先生古稀記念『経済社会と法の役割』（商事法務、2013年）37頁（文献①）
蟻川恒正「国公法二事件最高裁判決を読む(1)(2)」法学教室393号（2013年）84頁・395号（同）90頁（文献②）
千葉勝美『違憲審査—その焦点の定め方』（有斐閣、2017年）（文献③）
駒村圭吾「さらば、香城解説!?—平成24年国公法違反被告事件最高裁判決と憲法訴訟のこれから」高橋和之先生古稀記念『現代立憲主義の諸相（下）』（有斐閣、2013年）419頁
山田哲史「公務員の政治的行為の制約」横大道聡編『憲法判例の射程』（弘文堂、2017年）16頁
木下昌彦「最高裁における憲法判断の現況—調査官解説を踏まえた内在的分析の試み」論究ジュリスト23号（2017年）165頁

24 世田谷事件

最高裁平成24年12月7日第二小法廷判決　平成22年(あ)第957号：国家公務員法違反被告事件
刑集66巻12号1722頁

事案

本件当時、被告人は、厚生労働省大臣官房統計情報部社会統計課長補佐であり、庶務係、企画指導係および技術開発係担当として部下である各係職員を直接指揮するとともに、同課に存する8名の課長補佐の筆頭課長補佐（総括課長補佐）として他の課長補佐等からの業務の相談に対応するなど課内の総合調整等を行う立場にあった。また、国公法108条の2第3項ただし書所定の管理職員等にあたり、一般の職員と同一の職員団体の構成員となることのない職員であった。被告人は、衆議院議員総選挙投票日の前日であった平成17年9月10日午後0時5分ころ、東京都世田谷区の警視庁職員住宅であるA住宅の1から4号棟の各集合郵便受け（各号棟1階出入口の建物内部にあった）の合計32か所に、同党の機関紙である「しんぶん赤旗2005年9月号外」合計32枚を投函して配布した（以下「本件配布行為」という）ところ、A住宅敷地内で、警察官に、住居侵入罪（刑法130条）の嫌疑で現行犯逮捕された。逮捕後、被告人が国家公務員であることが判明し、被告人の本件配布行為が、国公法110条1項19号（平成19年改正前のもの）、102条1項、人事院規則14－7（政治的行為）6項7号（以下「本件罰則規定」という）にあたるとして起訴された。第一審（東京地判平20・9・19刑集66-12-1926）は、本件罰則規定は合憲であり、本件配布行為は本件罰則規定の構成要件にあたるとして、被告人を有罪と認め、被告人を罰金10万円に処した。原審である控訴審（東京高判平22・5・13刑集66-12-1964）も、第一審判決を是認して、控訴を棄却する判決をしたところ、これに対して被告人が上告した。

Navigator

本判決は、堀越事件判決〔本書23事件〕と同一日に、同一法廷で示された判決である。本判決の解釈論や論証構造は、堀越事件判決と同一であるが、被告人を有罪とした点において、堀越事件判決とは異なる。これには、被告人が「管理職的地位」（指揮命令や指導監督等を通じて他の職員の職務の遂行に一定の影響を及ぼしうる地位）にあるとの認定が大きな位置を占めたものと考えられる。また、本判決は、堀越事件判決では判断がなされなかった国公法102条1項による委任の合憲性についての判断も行っており、注目される。本判決については、勤務外の行為がいかなる理由により、公務員の職務の遂行の政治的中立性を損なうおそれを実質的に生じさせることになるのか、最高裁の論理は説得的であるかという点について、特に、須藤裁判官の少数意見も参照しつつ、読み進めてほしい。

判決

○ 主　文

本件上告を棄却する。

○ 理　由

1　弁護人小林容子ほか及び被告人本人の各上告趣意のうち、国家公務員法110条1項19号（平成19年法律第108号による改正前のもの）、102条1項、人事院規則14－7（政治的行為）6項7号の各規定の憲法21条1項、15条、19条、31条、41条、73条6号違反及び上記各規定を本件に適用することの憲法21条1項、31条違反をいう点について

[1]　(1)　原判決及びその是認する第1審判決並びに記録によれば、本件の事実関係は、次のとおりである。

[2]　ア　本件公訴事実の要旨は、「被告人は、厚生労働省大臣官房統計情報部社会統計課長補佐として勤務する国家公務員（厚生労働事務官）であったが、日本共産党を支持する目的で、平成17年9月10日午後0時5分頃、東京都世田谷区（以下省略）所在の警視庁職員住宅であるAの各集合郵便受け合計32か所に、同党の機関紙である「しんぶん赤旗2005年9月号外」合計32枚を投函して配布した。」というものであり、これが国家公務員法（以下「本法」という。）110条1項19号（平成19年法律第108号による改正前のもの）、102条1項、人事院規則14－7（政治的行為）（以下「本規則」という。）6項7号（以下、これらの規定を

❶　【2】では、起訴状に記載された公訴事実の要旨と適用すべき罰条の内容が確認されている。なお、被告人は、当初、国公法違反ではなく、住居侵入罪（刑法130条）の嫌疑によって現行犯逮捕されている。ただ、本件被告人が立ち入った場所は、集合住宅の建物の1階にある集合郵便受けとそれに至る通路部分にとどまり、集合住宅の2階以上に立ち入り、各室玄関前のポストにビラを投函した防衛庁立川宿舎ビラ投函事件〔本書38事件〕とは事案を異にする。本件は、結局、刑法130条違反の嫌疑による起訴は見送られているが、立ち入った場所が、1階の集合郵便受け部分にとどまる場合、刑法130条を適用することは違憲になりうるとの見解が調査官解説でも示されており（西野・最判解刑平成21年度532頁）、仮に、刑法130条違反により起訴がなされていた場合には適用違憲となった可能性がある。

[3]　　イ　被告人が上記公訴事実記載の機関紙の配布行為（以下「本件配布行為」という。）を行ったことは、証拠上明らかである❷。

[4]　　ウ　被告人は、本件当時、厚生労働省大臣官房統計情報部社会統計課長補佐であり、庶務係、企画指導係及び技術開発係担当として部下である各係職員を直接指揮するとともに、同課に存する8名の課長補佐の筆頭課長補佐（総括課長補佐）として他の課長補佐等からの業務の相談に対応するなど課内の総合調整等を行う立場にあった。また、国家公務員法108条の2第3項ただし書所定の管理職員等に当たり、一般の職員と同一の職員団体の構成員となることのない職員であった❸。

[5]　　(2)　第1審判決は、本件罰則規定は憲法21条1項、31条等に違反せず合憲であるとし、本件配布行為は本件罰則規定の構成要件に当たるとして、被告人を有罪と認め、被告人を罰金10万円に処した❹。

[6]　　原判決は、第1審判決を是認して控訴を棄却した。

[7]　　(3)　所論は、①本件罰則規定は、過度に広汎な規制であり、かつ、規制の目的、手段も相当でないこと、公安警察による濫用や人権侵害を招くことから、憲法21条1項、15条、19条、31条に違反する、②本法102条1項による「政治的行為」の人事院規則への委任は、白紙委任であるから、本件罰則規定は憲法31条、41条、73条6号に違反する、③本件配布行為には法益侵害の危険がなく、これに対して本件罰則規定を適用することは、憲法21条1項、31条に違反すると主張する❺。

〔[8] から [11] は、堀越事件判決〔本書23事件〕の【8】から【11】と同一内容につき省略〕

[12]　　イ　そこで、進んで本件罰則規定が憲法21条1項、15条、19条、31条、41条、73条6号に違反するかを検討する。この点については、本件罰則規定による政治的行為に対する規制が必要かつ合理的なものとして是認されるかどうかによることになるが、これは、本件罰則規定の目的のために規制が必要とされる程度と、規制される自由の内容及び性質、具体的な規制の態様及び程度等を較量して決せられるべきものである（最高裁昭和52年（オ）第927号同58年6月22日大法廷判決・民集37巻5号793頁等）。そこで、まず、本件罰則規定の目的は、前記のとおり、公務員の職務の遂行の政治的中立性を保持することによって行政の中立的運営を確保し、これに対する国民の信頼を維持することにあるところ、これは、議会制民主主義に基づく統治機構の仕組みを定める憲法の要請にかなう国民全体の重要な利益というべきであり、公務員の職務の遂行の政治的中立性を損なうおそれが実質的に認められる政治的行為を禁止することは、国民全体の上記利益の保護のためであって、その規制の目的は合理的であり正当なものといえる。他方、本件罰則規定により禁止されるのは、民主主義社会において重要な意義を有する表現の自由としての政治活動の自由ではあるものの、前記アのとおり、禁止の対象とされるものは、公務員の職務の遂行の政治的中立性を損なうおそれが実質的に認められる政治的行為に限られ、このようなおそれが認められない政治的行為や本規則が規定する行為類型以外の政治的行為が禁止されるものではないから、その制限は必要やむを得ない限度にとどまり、前記の目的を達成するために必要かつ合理的な範囲のものというべきである。そして、上記の解釈の下における本件罰則規定は、不明確なものとも、過度に広汎な規制であるともいえないと解される。また、既にみたとおり、本法102条1項が人事院規則に委任しているのは、公務員の職務の遂行の政治的中立性を損なうおそれが実質的に認められる政治的行為の行為類型を規制の対象として具体的に定めることであるから、同項が懲戒処分の対象と刑罰の対象とで殊更に区別することなく規制の対象となる政治的行為の定めを人事院規則に委任しているからといって、憲法上禁止される白紙委任に当たらないことは明らかである。なお、このような禁止行為に対しては、服務規律違反を理由とする懲戒処分のみではなく、刑罰を科すことも制度として予定されているが、これは常に刑罰を科すという趣旨ではなく、国民全体の上記利益を損なう影響の重大性等に鑑みて禁止行為の内容、態様等が懲戒処分等では対応しきれない場合も想定されるためであり、あり得べき対応というべきであって、刑罰を含む規制であることをもって直ちに必要かつ合理的なものであることが否定されるものではない❻。

❷　[3] では、被告人が公訴事実に記載されたとおり、本件配布行為を行ったという事実を認定している。

❸　[4] では、被告人の職務内容や職務権限が確認されている。本件の被告人は、猿払事件〔本書21事件〕や堀越事件〔本書23事件〕の被告人とは異なり、一定の指揮監督権をもつ役職に就いていた。

❹　[5] と [6] では、第一審と控訴審（原審）の判決内容が確認されている。

❺　[7] では、弁護人の主張内容の要旨が記載されている。弁護人は、法令違憲の主張として、①権利侵害の観点から憲法21条1項、15条、19条、31条違反の主張、②委任の限界（白紙委任）の観点から、憲法31条、41条、73条6号違反の主張、③適用違憲の主張として憲法21条1項、31条違反を主張していた。

❻　[12] では、本件罰則規定の合憲性が検討されている。堀越事件判決〔本書23事件〕は、憲法21条1項、31条適合性を判断しただけであったが、本判決は、弁護人の主張に対応して、さらに憲法15条、19条、41条、73条6号適合性も判断している。このうち、15条、19条適合性は、「本件罰則規定が被告人の参政権的基本権、思想良心の自由を侵害するかの問題」となり、憲法41条、73条6号適合性は、国公法102条1項が「憲法上禁止される白紙委任に当たるかの問題」となる（判解①322頁）。もっとも、[12] の第1文から第5文、第7文は、憲法21条1項、31条適合性のみを論じた堀越事件判決と同一のものとなっており、憲法15条、19条適合性が特段に検討されているわけではない。この点について、判解①322頁は、「本件罰則規定が憲法21条1項に適合するとした根拠からすれば、それが憲法15条、19条に適合することも明らかと考えたことによるものと思われる」と解説している。他方で、白紙委任の問題については、第6文で、明示的な検討がなされている。この第6文は、猿払事件判決〔本書21事件〕の【25】に対応するものであるが、本判決の限定解釈に対応して、委任の範囲がより具体化されている。ただ、この説示は、白紙委任の主張に対する反論とはなっても、懲戒処分と刑罰の対象になる行為を一律に委任することそれ自体が問題であるとする猿払事件判決の反対意見の見解に対する十分な反論を提示するものではない。この点、本判決は、懲戒処分と刑罰とで憲法上許容される規制の範囲が異なるという猿払事件判決の反対意見の前提を採用しておらず、一律委任の問題はそもそも問題とはならないと理解していたものと考えられる（判解①323頁も参照）。

[13] 以上の諸点に鑑みれば、本件罰則規定は憲法21条1項、15条、19条、31条、41条、73条6号に違反するものではないというべきであり、このように解することができることは、当裁判所の判例（最高裁昭和44年（あ）第1501号同49年11月6日大法廷判決・刑集28巻9号393頁、最高裁昭和52年（オ）第927号同58年6月22日大法廷判決・民集37巻5号793頁、最高裁昭和57年（行ツ）第156号同59年12月12日大法廷判決・民集38巻12号1308頁、最高裁昭和56年（オ）第609号同61年6月11日大法廷判決・民集40巻4号872頁、最高裁昭和61年（行ツ）第11号平成4年7月1日大法廷判決・民集46巻5号437頁、最高裁平成10年（分ク）第1号同年12月1日大法廷決定・民集52巻9号1761頁）の趣旨に徴して明らかである❼。

[14] ウ 次に、本件配布行為が本件罰則規定の構成要件に該当するかを検討するに、本件配布行為が本規則6項7号が定める行為類型に文言上該当する行為であることは明らかであるが、公務員の職務の遂行の政治的中立性を損なうおそれが実質的に認められるものかどうかについて、前記諸般の事情を総合して判断する❽。

[15] 前記のとおり、被告人は、厚生労働省大臣官房統計情報部社会統計課長補佐であり、庶務係、企画指導係及び技術開発係担当として部下である各職員を直接指揮するとともに、同課に存する8名の課長補佐の筆頭課長補佐（総括課長補佐）として他の課長補佐等からの業務の相談に対応するなど課内の総合調整等を行う立場にあり、国家公務員法108条の2第3項ただし書所定の管理職員等に当たり、一般の職員と同一の職員団体の構成員となることのない職員であったものであって、指揮命令や指導監督等を通じて他の多数の職員の職務の遂行に影響を及ぼすことのできる地位にあったといえる。このような地位及び職務の内容や権限を担っていた被告人が政党機関紙の配布という特定の政党を積極的に支援する行動を行うことについては、それが勤務外のものであったとしても、国民全体の奉仕者として政治的に中立な姿勢を特に堅持すべき立場にある管理職的地位の公務員が殊更にこのような一定の政治的傾向を顕著に示す行動に出ているのであるから、当該公務員による裁量権を伴う職務権限の行使の過程の様々な場面でその政治的傾向が職務内容に現れる蓋然性が高まり、その指揮命令や指導監督を通じてその部下等の職務の遂行や組織の運営にもその傾向に沿った影響を及ぼすことになりかねない。したがって、これらによって、当該公務員及びその属する行政組織の職務の遂行の政治的中立性が損なわれるおそれが実質的に生ずるものということができる❾。

[16] そうすると、本件配布行為が、勤務時間外である休日に、国ないし職場の施設を利用せずに、それ自体は公務員としての地位を利用することなく行われたものであること、公務員により組織される団体の活動としての性格を有しないこと、公務員であることを明らかにすることなく、無言で郵便受けに文書を配布したにとどまるものであって、公務員による行為と認識し得る態様ではなかったことなどの事情を考慮しても、本件配布行為には、公務員の職務の遂行の政治的中立性を損なうおそれが実質的に認められ、本件配布行為は本件罰則規定の構成要件に該当するというべきである。そして、このように公務員の職務の遂行の政治的中立性を損なうおそれが実質的に認められる本件配布行為に本件罰則規定を適用することが憲法21条1項、31条に違反しないことは、前記イにおいて説示したところに照らし、明らかというべきである❿。

[17] エ 以上のとおりであり、原判決に所論の憲法違反はなく、論旨は採用することができない。

 2 その余の各上告趣意について

[18] 弁護人ら及び被告人本人のその余の各上告趣意は、憲法違反をいう点を含め、実質は単なる法令違反、事実誤認の主張であって、いずれも刑訴法405条の上告理由に当たらない。

[19] 3 よって、刑訴法408条により、裁判官須藤正彦の反対意見があるほか、裁判官全員一致の意見で、主文のとおり判決する。なお、裁判官千葉勝美の補足意見がある。

❼【13】では、本件罰則規定の憲法適合性について結論が示されている。堀越事件判決〔本書23事件〕では、憲法21条1項、31条適合性が肯定されただけであったが、本判決では、憲法15条、19条、41条、73条6号適合性も肯定されたことになる。

❽【14】と【15】では、本件配布行為の本件罰則規定の構成要件該当性が検討されている。

❾【15】では、本件配布行為が具体的に「公務員の職務の遂行の政治的中立性を損なうおそれが実質的に認められるものかどうか」が検討されている。ここで、本判決は、被告人が「管理職的地位」にあると認定したうえで、「一定の政治的傾向を顕著に示す行動に出た場合」には、「その政治的傾向が職務内容に現れる蓋然性が高まり」、「その指揮命令や指導監督を通じてその部下等の職務の遂行や組織の運営にもその傾向に沿った影響を及ぼすことになりかねない」と述べ、結論として「政治的中立性が損なわれるおそれが実質的に生ずる」としている。しかし、一定の政治的傾向を外部に示す行動をしたとしても、自らの職務にその政治的傾向を持ち込むことをせずに職務を遂行することは可能であり、その場合には、当該公務員が管理職的地位にあったとしても、法益侵害は発生しないように考えられる。この点、判解①325-326頁は、「公務員が、単に内心で一定の政治的傾向を有する……にとどまらず、これをあえて外部に示す行動に出れば、その行動は職場や世間に知られる可能性があるし、また、そのような公務員が上記行動と矛盾、対立するような職務の遂行を行わなければならない場合もあり得」るとしたうえで、「このような場合に、既に外部に示している自らの政治的傾向と截然と区別してその職務の遂行に当たることのできる公務員が大多数であるとしても、既に自らの政治的傾向を外部に示していることとの矛盾、対立に悩み、自らの政治的傾向を優先させ、あるいは、自らの政治的傾向との矛盾、対立を解消、緩和するために、本来あるべき職務の遂行を変容させようとする公務員が現れる可能性は否定できない」と説明している。これは、一定の政治的傾向が内心にとどまる場合には、公務員が自らの政治的傾向と自らの職務の遂行を截然と区別して中立的な職務を遂行することができるが、自らの政治的傾向を外部に示す行動を行い、その政治的傾向が他人に知られた場合には、自らの政治的傾向と矛盾する職務を遂行することがより一層難しくなることから法益侵害の「おそれ」が発生したと捉えることができるとの論理を提示しているものと考えられる。

❿【16】では、本件配布行為は本件罰則規定の構成要件に該当するとの結論が示されるとともに、本件配布行為に本件罰則規定を適用することは憲法21条1項、31条に違反しない、すなわち、適用違憲でもないということが示されている。

少数意見

裁判官千葉勝美の補足意見は、次のとおりである。
〔【20】から【31】は、堀越事件判決〔本書23事件〕の【20】から【31】と同一内容につき省略〕

裁判官須藤正彦の反対意見は、次のとおりである❶。

【32】 私は、一般職の国家公務員が勤務外で行った政治的行為は、本法102条1項の政治的行為に該当しないと解するので、多数意見とは異なり、被告人は無罪と考える。その理由は以下のとおりである。

〔【33】から【46】は、堀越事件判決〔本書23事件〕の【34】から【47】と同一内容につき省略〕

4 結論

【47】 被告人の本件配布行為は、政治的傾向を有する行為であることは明らかであるところ、被告人は、厚生労働大臣官房の社会統計課の筆頭課長補佐(総括課長補佐)で、本法108条の2第3項ただし書所定の管理職員等に当たり、指揮命令や指導監督等の裁量権を伴う職務権限の行使などの場面で他の多数の職員の職務の遂行に影響を及ぼすことのできる地位にあるといえるが、勤務時間外である休日に、国ないし職場の施設を利用せず、かつ、公務員としての地位を利用することも、公務員であることを明らかにすることもなく、しかも、無言で郵便受けに文書を配布したにとどまるものであって、いわば、一私人、一市民として行動しているとみられるから、それは勤務外のものであると評価される。そうすると、被告人の本件配布行為からうかがわれる政治的傾向が被告人の職務の遂行に反映する機序あるいは蓋然性について合理的に説明できる結び付きは認めることができず、公務員の職務の遂行の政治的中立性を損なうおそれが実質的に認められるとはいえないというべきである。したがって、被告人が上記のとおり管理職的地位にあること、その職務の内容や権限において裁量権があること等を考慮しても、被告人の本件配布行為は本件罰則規定の構成要件に該当しないというべきである。しかるに、第1審判決及び原判決は、被告人の本件配布行為が本法102条1項の政治的行為に該当するとするものであって、いずれも法令の解釈を誤ったものであるから、これを破棄するのが相当であり、被告人を無罪とすべきである❷。

(裁判長裁判官　千葉勝美　裁判官　竹内行夫　裁判官　須藤正彦　裁判官　小貫芳信)

Questions

①事実関係の確認

問1　本件事件当時の被告人の職業、職種、職務内容、職務権限はどのようなものであったか。▶【事案】【2】【4】

問2　被告人は、何に際し、いつ、どこで、何を配布したか。▶【事案】【2】【4】

問3　被告人が行った配布行為は、いかなる法令の何に該当するとして起訴されたか。▶【事案】【2】

②判決の内容の確認

問4　上告審において弁護人はいかなる憲法上の主張をしていたか。▶【7】

問5　本判決は、国公法102条1項の人事院規則への委任は白紙委任として違憲であるとの主張に対して、どのように答えているか。▶【12】

問6　本判決は、本件罰則規定は憲法の何条に違反しないとしているか。▶【13】

問7　本判決は、何を根拠として、被告人が管理職的地位にあったことを肯定しているか。▶【15】

問8　本判決は、被告人による本件配布行為により何の蓋然性が高まるとしているか。▶【15】

問9　本判決は、本件配布行為の本件罰則規定の構成要件該当性について何と答えているか。▶【16】

問10　本判決は、本件配布行為に本件罰則規定を適用することは違憲であるとの主張に何と答えているか。▶【18】

③応用問題

問11　国公法102条1項の限定解釈について、多数意見の解釈と須藤裁判官の解釈とは何が異なるか。整理して説明せよ。▶本判決と堀越事件判決〔本書23事件〕の須藤意見

○ **本判決の調査官解説**
岩﨑邦生「判解」最高裁判所判例解説刑事篇平成24年度528頁（判解①）

---

❶　須藤反対意見で提示された解釈論は、同裁判官が堀越事件判決〔本書23事件〕で述べたものと基本的に同一であるが、本判決の少数意見の結論は被告人を無罪とするものであり、反対意見となっている。

❷　【47】では、本件被告人による本件配布行為が、本件罰則規定の構成要件に該当するか否かが検討されている。須藤裁判官は、政治的行為が、管理職的地位にある公務員によって行われたとしても、それが「勤務外」のものである場合には、「公務員の職務の遂行の政治的中立性を損なうおそれが実質的に認められ」ないとの見解を示しており、その見解に従い、本件被告人を無罪としている。

25 インターネット異性紹介事業届出制度事件

最高裁平成26年1月16日第一小法廷判決　平成23年(あ)第1343号：インターネット異性紹介事業を利用して児童を誘引する行為の規制等に関する法律違反被告事件　刑集68巻1号1頁

事案

いわゆる出会い系サイトの利用により、児童が、児童買春、青少年保護育成条例違反等の犯罪被害にあう事案が急増したことを背景として、平成15年に「インターネット異性紹介事業を利用して児童を誘引する行為の規制等に関する法律」（出会い系サイト規制法）が制定された（以下「本法」という）。本法は、制定当初は、出会い系サイトを運営する事業者（インターネット異性紹介事業者）について、児童の利用禁止の明示や異性交際希望者が児童でないことの確認を行う義務等の事後的義務を定めるのみであったが、依然として出会い系サイトに起因する児童買春等の犯罪が多発する状況にあったことから、平成20年の改正によりさらなる規制の強化が図られ、事業者に都道府県公安委員会への届出義務が定められることになった（本法7条）。当該届出をせずに、インターネット異性紹介事業を行った場合には罰則が適用されることになる（本法32条1号）（以上の立法経緯は判解①236-239頁、248-249頁の整理に基づく）。本件の被告人は、平成21年1月9日から同年5月25日までの間、千葉県内の自宅に設置されたサーバコンピュータを利用して、「A」と称する電子掲示板（以下「本件サイト」という）を運営・管理していた。被告人は、互いに面識のない「ぽっちゃりとした体型」（太めの体型の意）の女性とそのような女性を好む男性との間での交際を求める者を対象として、その求めに応じてサービスを提供することを方針として本件サイトを運営しており、本件サイトの掲示板には、「都内在住の34歳の主婦です。学生時代のようにドキドキワクワクする恋愛がしてみたいです。メールから始めて、少しずつ親交が深められればなって思います」「当方、多摩地区在住の既婚45歳です。平日の日中にお会いできる主婦の方との出会いを求めています」などの内容のメッセージが投稿されていた。また、本件サイトでは、その機能上、掲示板に書かれた記事に対して返信記事を投稿することで、記事の投稿者と電子メールの交換を行うことが可能であった。被告人は、本件サイトを運営するにあたって、千葉県公安委員会に届出をしていなかったところ、被告人の本件サイトの運営行為は、本法32条1号、7条1項に該当するとして、起訴された。第一審（東京地判平22・12・16刑集68-1-59）は、本件サイトの運営は「インターネット異性紹介事業」（本法2条2号）に該当するとしたうえで、本法7条1項、32条1号が刑罰法規としての明確性に欠けるため、憲法31条に違反する、本法7条1項は憲法21条1項に違反する、本法32条1号、7条1項を被告人の行為に適用することは違憲である等の被告人の主張を退け、被告人を有罪とし、罰金50万円に処した。原審である控訴審（東京高判平23・6・14刑集68-1-71）も、控訴を棄却したため、被告人が上告した。

■参考条文（事件当時のもの）

インターネット異性紹介事業を利用して児童を誘引する行為の規制等に関する法律

第1条　この法律は、インターネット異性紹介事業を利用して児童を性交等の相手方となるように誘引する行為等を禁止するとともに、インターネット異性紹介事業について必要な規制を行うこと等により、インターネット異性紹介事業の利用に起因する児童買春その他の犯罪から児童を保護し、もって児童の健全な育成に資することを目的とする。

第2条　この法律において、次の各号に掲げる用語の意義は、それぞれ当該各号に定めるところによる。
(2) インターネット異性紹介事業　異性交際（面識のない異性との交際をいう。以下同じ。）を希望する者（以下「異性交際希望者」という。）の求めに応じ、その異性交際に関する情報をインターネットを利用して公衆が閲覧することができる状態に置いてこれに伝達し、かつ、当該情報の伝達を受けた異性交際希望者が電子メールその他の電気通信（電気通信事業法（昭和59年法律第86号）第2条第1号に規定する電気通信をいう。以下同じ。）を利用して当該情報に係る異性交際希望者と相互に連絡することができるようにする役務を提供する事業をいう。
(3) インターネット異性紹介事業者　インターネット異性紹介事業を行う者をいう。
〔4号略〕

第7条　〔第1項〕インターネット異性紹介事業を行おうとする者は、国家公安委員会規則で定めるところにより、次に掲げる事項を事業の本拠となる事務所（事務所のない者にあっては、住居。第3号を除き、以下「事務所」という。）の所在地を管轄する都道府県公安委員会（以下「公安委員会」という。）に届け出なければならない。この場合において、届出には、国家公安委員会規則で定める書類を添付しなければならない。
(1) 氏名又は名称及び住所並びに法人にあっては、その代表者の氏名
(2) 当該事業につき広告又は宣伝をする場合に当該事業を示すものとして使用する呼称（当該呼称が二以上ある場合にあっては、それら全部の呼称）
(3) 事業の本拠となる事務所の所在地
(4) 事務所の電話番号その他の連絡先であって国家公安委員会規則で定めるもの
(5) 法人にあっては、その役員の氏名及び住所
(6) 第11条の規定による異性交際希望者が児童でないことの確認の実施の方法その他の業務の実施の方法に関する事項で国家公安委員会規則で定めるもの

第32条　次の各号のいずれかに該当する者は、6月以下の懲役又は100万円以下の罰金に処する。
(1) 第7条第1項の規定による届出をしないでインターネット異性紹介事業を行った者

Navigator

本件は、インターネット異性紹介事業者に届出義務を課すことの憲法適合性が争われた事案である。本判決は、（ⅰ）立法目的の重要性・正当性の検討、（ⅱ）規制が必要となる程度の検討、（ⅲ）目的達成手段としての届出制度の必要性の検討、（ⅳ）届出制度による具体的な規制の態様および程度の検討という順序で検討を進めており、その憲法判断の方法は、罰則規定の合憲性は、「罰則規定の目的のために制限が必要とされる程度と、制限される自由の内容及び性質、具体的な制限の態様及び程度等を較量して

決せられるべき」との、よど号ハイジャック記事抹消事件判決〔本書 22 事件〕の枠組みが前提となっている。本判決は、堀越事件判決〔本書 23 事件〕のように注目を集めた事案ではないが、堀越事件判決やその千葉裁判官の補足意見で提示された憲法判断の方法を前提とした判示内容となっており、近年の最高裁の憲法判断の方法を学習するための有効な教材の一つとなるものである。調査官解説（判解①）と併読しながら読み進めていってほしい。

■判決の論理構造

(1) 本判決の判断対象	憲法 21 条 1 項（表現の自由）	
(2) 本判決の合憲性判断の枠組み	自由に対する制限が必要かつ合理的なものとして是認されるかどうかは、(i)一定の利益を確保しようとする目的のために制限が必要とされる程度と、(ii)制限される自由の内容および性質、(iii)これに加えられる具体的制限の態様および程度を較量して決せられるべき	
(3) 本法の憲法適合性についての判断	❶立法目的の正当性	⇒児童の保護は社会にとって重要な利益で、本法の目的は正当【3】
	❷規制の必要性の程度	⇒規制を必要とする程度は高い【3】
	❸届出制度の目的達成手段としての必要性	⇒事業開始段階で届出事項を把握することは、監督等を適切かつ実効的に行い、ひいては本法の上記目的を達成することに資するものである【4】
	❹届出制度の具体的な規制の態様・程度	⇒「インターネットを利用してなされる表現に関し、そこに含まれる情報の性質に着目して事業者に届出義務を課すもの」【5】 ⇒「届出事項の内容は限定されたものである」【5】 ⇒「届出自体により、書き込みの内容が制約されるものではない」【5】 ⇒「事業者が、児童による利用防止のための措置等をとりつつ、インターネット異性紹介事業を運営することは制約されず、児童以外の者が、同事業を利用し、児童との性交等や異性交際の誘引に関わらない書き込みをすることも制約されない」【5】 ⇒「罰則の内容も相当なもの」【5】

判　決

○ 主　文

本件上告を棄却する。
当審における訴訟費用は被告人の負担とする。

○ 理　由

1　弁護人福島正洋及び被告人本人の各上告趣意のうち、インターネット異性紹介事業の届出制度に関し、憲法 21 条 1 項違反をいう点について

[1]　(1)　インターネット異性紹介事業を利用して児童を誘引する行為の規制等に関する法律（以下「本法」という。）は、インターネット異性紹介事業を定義した上で（2 条 2 号）、同事業を行おうとする者は、事務所の所在地を管轄する都道府県公安委員会に所定の事項を届け出なければならない旨を定め（7 条 1 項）、その届出をしないで同事業を行った者は 6 月以下の懲役又は 100 万円以下の罰金に処する旨を定めている（32 条 1 号）❶。

[2]　(2)　同弁護人の所論は、本法 7 条 1 項、32 条 1 号所定の罰則を伴う届出制度（以下「本件届出制度」という。）は、集会結社の自由を不当に制約するものであるから、憲法 21 条 1 項に違反する旨主張し、被告人本人の所論は、本件届出制度は、表現の自由、集会結社の自由を不当に制約するものであるから、憲法 21 条 1 項に違反する旨主張する❷。

[3]　(3)　そこで検討するに、まず、本法は、インターネット異性紹介事業の利用に起因する児童買春その他の犯罪から児童（18 歳に満たない者）を保護し、もって児童の健全な育成に資することを目的としているところ（1 条、2 条 1 号）、思慮分別が一般に未熟である児童をこのような犯罪から保護し、その健全な育成を図ることは、社会にとって重要な利益であり、本法の目的は、もとより正当である❸。そして、同事業の利用に起因する児童買春その他の犯罪が多発している状況を踏まえると、それら犯罪から児童を保護するために、同事業について規制を必要とする程度は高いといえる❹。

[4]　また、本法は、同事業を行う者（以下「事業者」という。）に対する規制として、その責務や義務等を定めるほか、都道府県公安委員会の権限として、

❶【1】では、本件届出制の概要が説明されている。

❷【2】では、本件届出制度は、表現の自由、集会結社の自由を制約し、憲法 21 条 1 項に違反する旨論じた弁護人の主張が示されている。判解①10 頁は、本件届出制度は、「インターネット異性紹介事業という事業活動に関するものであるが、ウェブサイト上の説明文言や同サイト全体の構成等は、『表現行為』という性質を持つ」とし、さらに、判解①11 頁は、インターネット上の仮想的な空間に集うことが「集会」に該当するという見解も考えられるとしている。このように、本件は、表現の自由と集会の自由の双方に関係する問題であるといえるが、本判決は、以下、両者を区別せず、一括して憲法 21 条 1 項適合性を論じている。これについて、判解①12 頁は、集会の自由も言論出版の自由と密接に関連し、広義の表現の自由の一類型と捉えることもできること、本件では表現の自由とは別に集会の自由の問題として独自に考慮すべき事柄がなかったなどの背景があった旨指摘している。

❸【3】から【6】で、弁護人の【2】の主張に対する憲法判断が示されている。判解①13-14 頁は、本判決の憲法判断の枠組みは、よど号ハイジャック記事抹消事件判決〔本書 22 事件〕や堀越事件判決〔本書 23 事件〕の千葉補足意見で示された利益衡量の判断手法を採用したものだとしている。まず、【3】の第 1 文では、立法目的の重要性・正当性が検討されている。本判決は、本法の目的を、児童を犯罪から保護し、健全な育成を図ることにあるとし、それが「社会にとって重要な利益」であり、目的は「正当」であるとする。判例①17-18 頁は、判例①を、この点に関する先例と位置づけ、同判例は、青少年を対象とした性行為の禁止は憲法上許容されるとの趣旨を含むものと解したうえで、さらに、その趣旨は、性的行為を働きかける表現行為にも及ぶとする。

❹

事業者に法令違反があり、当該違反行為が児童の健全な育成に障害を及ぼすおそれがあると認めるときの指示（13条）、事業者が事業に関し本法及び児童福祉法等に規定する一定の罪に当たる行為をしたと認めるときの事業の停止命令（14条1項）、事業者が欠格事由に該当することが判明したときの事業の廃止命令（同条2項）、事業に関する報告又は資料の提出要求（16条）に関する諸規定を設けている。そして、本件届出制度は、同事業を行おうとする者に対し、氏名、住所、広告又は宣伝に使用する呼称、本拠となる事務所の所在地、連絡先等の事項（7条1項1ないし5号）や、事業を利用する異性交際希望者が児童でないことの確認の実施方法その他の業務の実施方法に関する事項（同項6号）を都道府県公安委員会に届け出ることを義務付けるものであるところ、このような事項を事業者自身からの届出により事業開始段階で把握することは、上記各規定に基づく監督等を適切かつ実効的に行い、ひいては本法の上記目的を達成することに資するものである❺。

[5] 他方、本件届出制度は、インターネットを利用してなされる表現に関し、そこに含まれる情報の性質に着目して事業者に届出義務を課すものではあるが、その届出事項の内容は限定されたものである。また、届出自体により、事業者によるウェブサイトへの説明文言の記載や同事業利用者による書き込みの内容が制約されるものではない上、他の義務規定を併せみても、事業者が、児童による利用防止のための措置等をとりつつ、インターネット異性紹介事業を運営することは制約されず、児童以外の者が、同事業を利用し、児童との性交等や異性交際の誘引に関わらない書き込みをすることも制約されない。また、本法が、無届けで同事業を行うことについて罰則を定めていることも、届出義務の履行を担保する上で合理的なことであり、罰則の内容も相当なものである❻。

[6] 以上を踏まえると、本件届出制度は、上記の正当な立法目的を達成するための手段として必要かつ合理的なものというべきであって、憲法21条1項に違反するものではないといえる。このように解すべきことは、当裁判所の判例（最高裁昭和35年（あ）第112号同年7月20日大法廷判決・刑集14巻9号1243頁、最高裁昭和52年（オ）第927号同58年6月22日大法廷判決・民集37巻5号793頁、最高裁昭和57年（行ツ）第156号同59年12月12日大法廷判決・民集38巻12号1308頁、最高裁昭和57年（あ）第621号同60年10月23日大法廷判決・刑集39巻6号413頁、最高裁昭和61年（行ツ）第11号平成4年7月1日大法廷判決・民集46巻5号437頁）の趣旨に徴して明らかである❼。

[7] （4）なお、被告人本人の所論は、本件届出制度に関し、本法2条2号による「インターネット異性紹介事業」の定義が漠然として不明確であるから、憲法21条1項に違反する旨主張するが、その定義が所論のように不明確であるとはいえないから、前提を欠くものである❽。

[8] 2 同弁護人及び被告人本人の各上告趣意のうち、本法32条1号、7条1項の規定について、上記1(4)と同様の理由で憲法31条違反をいう点は、その定義が所論のように不明確であるとはいえず、本法6条、11条、12条、33条の各規定の違憲をいう点は、原判決の是認する第1審判決はこれらの規定を適用していないのであるから、いずれも前提を欠くものである❾。

[9] 3 被告人本人の上告趣意のうち、被告人を本法7条1項、32条1号の届出義務違反で処罰することは、被告人に対して、運営するウェブサイト内の説明文言の編集や利用者による書き込み記事の削除を強要するものであって、検閲に当たる上、被告人の良心の自由、表現の自由、集会結社の自由を侵害し、利用者の表現の自由も侵害するとして、憲法19条、21条1項、2項違反をいう点は、本件は、インターネット異性紹介事業を行おうとする者の届出義務に違反して同事業を行った行為を処罰するものであって、所論のような編集や記事の削除を強要するものではないから、前提を欠くものである。

[10] 4 同弁護人及び被告人本人のその余の上告趣意は、いずれも、憲法違反をいう点を含め、実質は単なる法令違反、事実誤認の主張であって、刑訴法405条の上告理由に当たらない。

[11] よって、刑訴法408条、181条1項本文により、裁判官全員一致の意見で、主文のとおり判決する。
（裁判長裁判官 山浦善樹 裁判官 櫻井龍子 裁判官 金築誠志 裁判官 横田尤孝 裁判官 白木 勇）

❹【3】の第2文では、規制が必要となる程度について検討されている。ここでは、インターネット異性紹介事業の利用に起因する児童買春等の犯罪の多発という「立法事実」を指摘し、規制を必要とする程度は高いと結論づける。この立法事実の認定には、警察庁の統計資料が基礎になったことがうかがえる（判解①19頁）。

❺【4】では、目的達成手段としての届出制度の必要性が検討されている。【3】の第2文が、そもそも規制それ自体が必要であるかを検討したものだとすれば、ここでは、届出制が具体的な規制として必要であるかが検討されたものといえる。本判決は、いわば事後的な規制である都道府県公安委員会の監督権限があることに触れたうえで、届出制により事業者を事業開始段階で把握することは、その監督権限を適切かつ実効的に行い、本法の目的に資することであるとする。

❻【5】では、届出制度等がもたらす具体的な規制の態様および程度が検討されている。本判決は、まず、本件届出制が表現に含まれる情報の性質に着目した規制であることを認める。判解①23頁は、本件届出制は、「異性交際に関する情報」を含む表現行為の場の設営・提供に関する規制と位置づけたうえで、「異性交際に関する情報」は、表現の自由の優越的地位を支える二つの価値のうち、「自己統治」には関わらないものの、「自己実現」に関わることから、具体的な規制の態様・程度が目的に必要な範囲を超えて、成人同士の「異性交際に関する情報」の授受にまで制約が実質的に及んでいないか留意する必要があるとしている。本判決も、届出事項の内容が限定されたものであること、届出自体によって事業者や利用者の表現の内容が制約されるものでないこと、届出以外の義務も限定されていることを指摘し、調査官が指摘する留意事項に沿った検討をしている。ただ、判解①24-25頁は、届出以外の義務については、事業者に一定の編集作業を強いるものなど、消極的表現の自由の制約となるものも含まれるとしたうえで、本判決はそれらの規定それ自体の合憲性は検討しておらず、それらの規定の憲法適合性は別途検討されるべきとしている。

❼【6】では、【3】から【5】の検討をふまえ、本件届出制が憲法21条1項に違反しない旨結論が示されている。判解①27頁は、判文をみる限り、堀越事件判決〔本書23事件〕の千葉補足意見（【22】）で示されたような厳格な基準は、本判決が「必要かつ合理的なもの」と判断するにあたって用いられていないが、その理由として本件における利益衡量の結論の明白性を挙げている。なお、弁護人は、児童買春等の犯罪の疑いがある場合にサーバ管理者等に協力を義務付けるなど、より制限的でない方法でも本法の目的を達成できる旨主張していたが、判解①25-26頁は、その方法では、確かに、インターネット異性紹介事業者に義務を課さないという点ではより制限的でないといえるものの、それ以外の事業者に別途負担を義務付けることになり、さらに、事業開始段階での届出と比較して、事業者を特定できなかったり、問題事案の発見が遅れるなど、立法目的達成のうえでの実効性が劣ると指摘している。

❽【7】では、本法2条2号における「インターネット異性紹介事業」の定義が漠然不明確であるため憲法21条1項に違反するという弁護人の主張に対し、同定義は不明確ではないとする本判決の反論が結論のみ記されている。

❾【8】では、憲法21条1項違反の主張以外の弁護人の主張に対する裁判所の応答が結論のみ示されている。

| 補足説明 | 利益衡量の結論が「明白」な事案 | 表現の自由に対する規制の憲法判断は、「厳格な基準」を「併用」または「意識・配慮」した利益衡量論に基づいてなされるというのが今日の判例の流れである（岩崎邦生「判解」最判解刑平成24年度463頁、501頁）。しかし、「厳格な基準」の併用は、利益衡量を枠づけし、恣意性を排除するために行われるものであるとの理解を前提に、「価値の優劣が明らかであって、他の厳格な基準を適用しなければ利益衡量が困難であるとか、恣意的判断に陥る可能性があるとかいう事情にない」という「事案の特殊性」がある場合には、厳格な基準を併用しないとの運用がなされていると解される（千葉勝美「判解」最判解民平成4年度220頁、233頁、244頁）。本判決の場合も、厳格な基準の併用を伴わない利益衡量がなされたものと解されるが、そこにも、「利益衡量の結論は明らかであり、その判断のために厳格な基準を用いるまでもない」との考慮があったと調査官は説明している（判解①28頁）。このように、利益衡量の結論の明白性を基礎にした判例の理解にはいくつか注意点がある。第1は、その判断は必ずしも立法府への敬譲を前提としたものではないということである。本判決もそうであるが、利益衡量の結論の明白性の判断それ自体は判断代置的に導かれていると解される。第2に、同種の事案であっても、結論の明白性を基礎づける事情が失われれば、厳格な基準の適用がありうる。たとえば、本件のような事案でも、書き込みの内容それ自体に対する規制には厳格な基準の適用がありうることになる。|

Questions

①事実関係の確認

問1 「出会い系サイト規制法」（本法）はどのような立法事実を背景に制定されたものか。本法はいかなる事業者を規制対象とするものか。また、その事業者の定義は、本法の何条にどのように規定されているか。▶【事案】【参考条文】

問2 平成20年における本法の改正は、いかなる立法事実を背景にして、いかなる義務を創設するものであったか。▶【事案】

問3 本法は何条においてどのように届出義務を課しているか。届出義務に違反した場合はどのような制裁があるか。▶【事案】【参考条文】【1】

問4 本件の被告人は、何を運営していたか。被告人が運営していたサイトでは、どのようなメッセージがやり取りされ、また、当該サイトはどのような機能を有していたか。▶【事案】

問5 本件被告人は、いかなる行為について、いかなる罰条が適用されるとして起訴されたか。▶【事案】

②本判決の内容の確認

問6 被告人は憲法上の主張としてどのような主張を行っていたか。▶【2】

問7 本判決は、本法の目的は何にあるとしているか。その目的は何を根拠として認定しているか。▶【3】

問8 本判決は、目的の重要性や正当性について何と述べているか。▶【3】

問9 本判決は、インターネット異性紹介事業の規制の必要性について何と述べているか。▶【3】

問10 本判決によれば、本法は事後的規制としていかなる規制をインターネット異性紹介事業に対して課しているか。本法の届出制度は、誰に対し、何を、どこに届け出ることを求めるものか。▶【4】

問11 本判決は、届出制度を採用することの必要性について何と述べているか。▶【4】

問12 本判決は、本件届出制度は、何に着目した規制であるとしているか。▶【5】

問13 本判決は、届出事項の内容について何と述べているか。また本判決は、本件届出制度においては何が制約されないと述べているか。▶【5】

問14 本判決は、無届けの事業者に罰則が定められていることについて何と述べているか。▶【5】

問15 本判決は、本法2条2号における「インターネット異性紹介事業」の定義が漠然不明確であるため憲法21条1項に違反するという被告人本人の主張に対して何と述べているか。▶【7】

③応用問題

問16 ①本件においては、誰のいかなる行為について、それぞれ、表現の自由と関係し、また、集会結社の自由と関係するといえるか。②異性交際に関する情報は、自己統治・自己実現という表現の自由の優越的地位を支えるとされる二つの価値との関係でどのように評価されるか。▶判解① 10-12頁、23頁、【解説】の❻

問17 本法6条、10条、11条、12条の規制内容を確認したうえで、①本判決はそれらの規制の合憲性も肯定したものであるといえるか、②肯定したといえない場合、それらの規制はいかなる判断方法によって合憲性が判断されるといえるか、検討しなさい。▶判解①24-25頁、【補足説明】

○ **関連判例**（本書所収以外のもの）
最大判昭和60年10月23日刑集39巻6号413頁［福岡県青少年保護育成条例事件］（判例①）
○ **本判決の調査官解説**
辻川靖夫「判解」最高裁判所判例解説刑事篇平成26年度1頁（判解①）
○ **その他の判例解説・判例批評**
曽我部真裕「判批」平成26年度重要判例解説（2015年）18頁
○ **参考文献**
福田正信ほか『逐条出会い系サイト規制法』（立花書房、2009年）

第 9 章　表現の自由(2)：検閲と事前抑制

1　学説の状況

　表現の自由に関する憲法問題を処理するうえで欠かせない区別として、アメリカ法では、事前抑制と事後制裁の区別が知られている。一般に、事後制裁とは、表現行為が行われた後に、すでに行われた表現行為を構成要件として刑事罰や民事上の損害賠償責任を課すことを意味し、事前抑制は、表現行為がなされる前段階において、公権力が表現内容を事前に審査し、表現行為の禁止を命令したり、命令することのできる制度的枠組みを意味するものとされている。古典的に事前抑制の典型として認識されてきたのは、行政権による出版検閲や出版の許可制であるが、今日では、裁判所による出版の差止命令も、事前抑制となりうるとされている（司法的事前抑制）。伝統的に、事前抑制は事後制裁よりも表現の自由に対する強力な制約になるとの認識が定着しており、たとえば、名誉毀損表現など、仮に事後制裁としては合憲的な規制の対象となる表現行為であっても、それに対する事前抑制は、例外的な場合を除いて違憲となるとのいわゆる事前抑制の法理が判例上発展している。

　このようなアメリカで展開された事前抑制の法理は、日本国憲法成立後の早い段階で紹介され、判例・学説の展開に影響を与えることとなった。特に、学説上、大きな論争を生んだのが、憲法 21 条 2 項前段の規定と事前抑制の法理との関係であり、狭義説と広義説との間で対立があった。まず、狭義説は、21 条 2 項前段は、「検閲」の絶対的禁止を定めたものであるとしたうえで、そこでいう「検閲」は、司法的事前抑制も包含しうる「事前抑制」とは異なる、それよりも狭い概念であると解釈した。すなわち、狭義説は、21 条 2 項前段の「検閲」とは、行政権が主体となって行うものに限定され、裁判所が主体となるものはその定義には包含されないとしたのである。もっとも、狭義説は、事前抑制の法理それ自体を否定したものではなく、むしろ狭義説の代表的学説は、21 条はアメリカで発展した事前抑制の法理を前提にしているとし、「検閲」に該当しないものであっても裁判所による差止命令は「事前抑制」として厳格な要件のもとでのみ認められるとしている（佐藤幸治「外面的精神活動の自由」芦部信喜編『憲法Ⅱ 人権⑴』（有斐閣、1978 年）485-489 頁）。他方で広義説は、21 条 2 項前段の「検閲」は「事前抑制」と区別されるものではなく、その主体は行政権に限定されないとし、裁判所による差止命令も同規定の「検閲」に含まれるとする。ただ、広義説の代表的学説は、裁判所による事前の差止命令についてはそれが 21 項 2 項前段の「検閲」に該当するとしても、例外が認められるとする一方、行政権による検閲は絶対的に禁止されると論じており（芦部信喜「機能的『検閲』概念の意義と限界」佐藤功先生古稀記念『日本国憲法の理論』（有斐閣、1986 年）286 頁）。狭義説と広義説は、論理構成は異にしても、結論的にはほとんど異なるところがないものといえる。

2　判例の展開

　本章がまず取り上げる昭和 59 年 12 月 12 日の**札幌税関検査事件判決**〔本書 26 事件〕は、最高裁大法廷が初めて憲法 21 条 2 項前段の意義について論じたものとして重要なリーディング・ケースとなっている。最高裁が採用した解釈論の方向性は、基本的には上述の狭義説に沿ったものであり、憲法 21 条 2 項前段は、検閲の絶対的禁止を規定したものであるとする一方、行政権のみを検閲の主体として位置づけた。税関検査については、行政権による検閲に該当するとして狭義説からも違憲であるとの指摘がなされていたが、同判決は、検査対象となる表現物は国外において発表済みであること、司法審査の機会が与えられているなどの理由を挙げ、税関検査は検閲には該当しない旨結論づけている。ただ、同判決は、税関長の処分により、「わが国内においては、当該表現物に表された思想内容等に接する機会を奪われ、右の知る自由が制限される」として、税関検査は事前規制そのものではなくとも、事前規制たる側面を有することは否定できないとし、合憲性判断において特別な配慮が要請される旨論じている点には注意が必要である。

　札幌税関検査事件判決では事前抑制の法理について明示的な言及は行われなかったものの、昭和 61 年 6 月 11 日の**『北方ジャーナル』事件判決**〔本書 27 事件〕において、最高裁は、事前抑制の法理に関する本格的な立論を展開することになる。最高裁は、仮処分による出版の事前差止めもまた「検閲」には該当しないとしたが、裁判所の行う出版物の頒布等の事前差止めは、「事前抑制」に該当し、「憲法 21 条の趣旨に照らし、厳格かつ明確な要件のもとにおいてのみ許容されうる」とした。そのうえで、名誉毀損に基づく事前差止めが認められるための要件として事後制裁の場面とは異なる要件を提示したのである。

　検閲・事前抑制に関するその後の判例の展開としては、平成 5 年 3 月 16 日の第一次家永訴訟判決（民集 47-5-3483）が重要である。同事件では、文部大臣による教科書検定の合憲性が争われたが、最高裁は教科書検定は「一般図書としての発行を何ら妨げるものではなく、発表禁止目的や発表前の審査などの特質がない」として教科書検定が憲法 21 条 2 項における検閲には該当しないと論じ、また、『北方ジャーナル』事件を「発表前の雑誌の印刷、製本、販売、頒布等を禁止する仮処分、すなわち思想の自由市場への登場を禁止する事前抑制そのものに関する事案」として整理したうえで、教科書検定は「思想の自由市場への登場自体を禁ずるものではないから、右判例の妥当する事案ではない」として『北方ジャーナル』事件判決が要求した「厳格かつ明確な要件」の要請も排除している。同判決に基づくと、代替的な発表の経路が残されている場合には、「事前抑制そのもの」には該当せず、事前抑制の法理は適用されないことになろう。

　以上を整理すれば、表現行為に対する事前の規制については、①絶対的に禁止される「検閲」、②「厳格かつ明確な要件」が充足される限りで許容される「事前抑制そのもの」、③合憲性判断において特別な配慮を必要とする「事前規制たる側面を有するもの」の 3 段階に分類し、その合憲性を審査する判例法理が形成されているといえよう（射程 110 頁〔横大道聡〕）。

26 札幌税関検査事件

最高裁昭和59年12月12日大法廷判決　昭和57年(行ツ)第156号：輸入禁制品該当通知処分等取消請求事件　民集38巻12号1308頁

事案

X（原告、被控訴人、上告人）は、昭和49年3月ころ、米国やドイツの外国に所在する商社に、8ミリ映画フィルムやカタログ・雑誌等の書籍（以下「本件物件」という）を注文したところ、当該商社がこれに応じ、X宛に、本件物件を包有する郵便物（以下「本件郵便物」という）を順次差し出した。本件郵便物は、同年3月下旬から4月下旬にかけて札幌中央郵便局に到着したが、同郵便局は、その旨を函館税関札幌税関支署長Y1（被告、控訴人、被上告人）に通知し、Y1は、税関職員に本件郵便物中にある本件物件を検査させた。その結果、Y1は、関税定率法（昭和55年法律第7号による改正前のもの。以下同じ）21条3項に基づき、同年5月9日付・6月7日付で、Xに対し、本件物件においては、「男女の性交行為が撮影されており、性器、陰毛等肉体の特定部分が明瞭かつ判然としている」などの理由を付して、本件物件が同法21条1項3号により輸入が禁止された貨物（「公安又は風俗を害す

べき書籍、図画、彫刻物その他の物品」）に該当する旨の通知を行った。これらの通知を不服としたXは、同年5月20日と7月5日に、同法21条4項に基づき函館税関長Y2（被告、控訴人、被上告人）に対し、異議申出を行ったところ、Y2は、同年11月6日付でこれを棄却する旨の決定を行い、同決定は同月19日にXに告知された。そこでXは、Y1による通知とY2による異議申出棄却決定の取消しを求める取消訴訟を提起した。

第一審（札幌地裁昭55・3・25民集38-12-1343）は、本件通知および決定処分は、憲法21条2項にいう「検閲」に該当するものであり、違憲であるとして、Xの請求を認容し、本件通知等を取り消した。これに対し、原審である控訴審（札幌高判昭57・7・19民集38-12-1373）は、税関検査は、憲法の禁止する検閲に該当するものではないとして、第一審判決を取り消し、Xの請求を棄却した。そこでXが上告した。

■参考条文（事件当時のもの）

関税定率法
第21条　左の各号に掲げる貨物は、輸入してはならない。
（3）公安又は風俗を害すべき書籍、図画、彫刻物その他の物品
3　税関長は、関税法第6章に定めるところに従い輸入されようとする貨物のうちに第1項第3号に掲げる貨物に該当すると認めるのに相当の理由がある貨物があるときは、当該貨物を輸入しようとする者に対し、その旨を通知しなければならない。
4　前項の通知を受けた者は、その通知について不服があるときは、その通知を受けた日から1月以内に、不服の理由を記載した書面をもって、その通知をした税関長に対して異議を申し出ることができる。
5　税関長は、前項の異議の申出があったときは、政令で定めるところにより、輸入映画等審議会に諮問して、当該申出に対する決定をし、書面によりこれをその申出をした者に通知しなければならない。

関税法
第67条　貨物を輸出し、又は輸入しようとする者は、政令で定めるところにより、当該貨物の品名並びに数量及び価格（輸入貨物については、課税標準となるべき数量及び価格）その他必要な事項を税関長に申告し、貨物につき必要な検査を経て、その許可を受けなければならない。
第76条　第67条から第73条まで（輸出又は輸入の許可・輸出申告又は

輸入申告の時期・輸出申告又は輸入申告に際しての提出書類・貨物の検査場所・証明又は確認・原産地を偽った表示等がされている貨物の輸入・関税の納付と輸入の許可・輸入の許可前における貨物の引取）及び前条の規定は、郵便物については適用しない。ただし、税関長は、輸入され、又は輸出される郵便物中にある信書以外のものについて、政令で定めるところにより、税関職員に必要な検査をさせるものとする。
2　税関職員は、前項但書の検査をするに際しては、信書の秘密を侵してはならない。
3　郵政官署は、第1項但書に規定する物を内容とする郵便物を受け取ったときは、その旨を税関に通知しなければならない。
4　第70条（証明又は確認）の規定は、第1項但書の規定により検査を受ける郵便物について準用する。この場合において、同条第1項中「輸出申告又は輸入申告」とあり、又は同条第2項中「第67条（輸出又は輸入の許可）の検査その他輸出申告又は輸入申告に係る税関の審査」とあるのは、「第76条第1項但書の検査その他郵便物に係る税関の審査」と、同条第3項中「輸出又は輸入を許可しない。」とあるのは「郵政官署は、その郵便物を発送し、又は名あて人に交付しない。」と読み替えるものとする。

Navigator

税関検査については、長らく憲法21条2項前段の「検閲」に該当するとの指摘があり、また、その規制法規の不明確性が指摘されていた。本判決は、その税関検査の合憲性について初めて判断したものである。本判決は、(1)事案の概要、(2)通関手続の法的構造、(3)税関検査と検閲（憲法21条2項前段の問題）、(4)輸入規制と表現の自由（憲法21条1項の問題）、(5)税関検査と通信の秘密（憲法21条2項後段の問題）、(6)本件貨物の輸入禁制品該当性（法適用の問題）、(7)結論、という七つの構成要素からなる論証の流れをもっており、そこでは、①憲法21条2項前段の検閲禁止の趣旨はどのようなものか、そこでいう「検閲」とは何か、②表現の自由を規制する法律の規定を「合憲限定解釈」することができるのはいかなる場合であるか等の重要な論点について、最高裁大法廷としての立場が示されている。本判決については、税関検査という制度自体が複雑なものであることを念頭に置きつつ、各論点について、本判決が税関検査のどのような側面を取り上げ、それをどのように評価したのかに着目して読み進めることが、理解の鍵となろう。

■ 判決の論理構造

税関検査は検閲に該当するか	憲法21条2項前段の趣旨	「検閲」の絶対的禁止を宣言したもの（公共の福祉による例外も許容されない）
	憲法21条2項前段にいう「検閲」とは何か	ⅰ行政権が主体となって、ⅱ思想内容等の表現物を対象とし、ⅲその全部または一部の発表の禁止を目的として、ⅳ対象とされる一定の表現物につき網羅的一般的に、ⅴ発表前にその内容を審査したうえ、ⅵ不適当と認めるものの発表を禁止すること
	税関検査＝「事前規制的なもの」だが「事前規制そのもの」でなく「検閲」ではない	ⅰ税関検査によって輸入が禁止される表現物は国外において発表済みのものである ⅱ税関検査は関税徴収手続の一環として、これに付随して行われるものである ⅲ司法審査の機会が与えられ、行政権の判断は最終的なものではない
関税定率法21条1項3号の規定は、広汎または不明確のゆえに無効となるか	「表現の自由を規制する法律」の規定について限定解釈をすることが許される場合	ⅰその解釈により、(1)規制の対象となるものとそうでないものとが明確に区別され、かつ、(2)合憲的に規制しうるもののみが規制の対象となることが明らかにされる場合 ⅱ一般国民の理解において、(1)具体的場合に当該表現物が規制の対象となるかどうかの判断は可能ならしめるような基準を、(2)その規定から読み取ることができる場合
	関税定率法21条1項3号の規定は、限定解釈により合憲なものとして是認できる	ⅰ「風俗を害すべき書籍、図画」とある文言が「猥褻な書籍、図画」を意味することは、わが国内における社会通念に合致する ⅱ「猥褻」の概念は刑法175条の規定の解釈に関する判例の蓄積により「明確化」されている ⅲ「猥褻」表現物の輸入を禁止することは憲法21条1項の規定に違反しない

判　決

○ 主　文

本件上告を棄却する。
上告費用は上告人の負担とする。

○ 理　由

上告代理人高野国夫、同入江五郎、同大島治一郎、同下坂浩介の上告理由及び上告人の上告理由について

【1】　所論は、要するに、(一) 関税定率法（昭和55年法律第7号による改正前のもの、以下同じ。）21条1項3号に掲げる貨物に関する税関検査による輸入規制は、憲法の絶対的に禁止する検閲に当たり、又は国民の知る自由を事前に規制するものであるから、憲法21条2項前段又は1項の規定に違反する、(二) 関税定率法21条1項3号の規定にいう「公安又は風俗を害すべき」との文言は著しく不明確であり、このような基準による輸入規制は憲法21条1項、29条及び31条の規定に違反する、(三) 郵便物についての税関検査は、信書の秘密を侵すおそれが強いので、憲法21条2項後段の規定に違反する、(四) 本件貨物をすべて関税定率法21条1項3号の「風俗を害すべき書籍、図画」等に該当するとした原審の判断には、右規定の解釈適用を誤つた違法がある、というのである（外国貨物及び郵便物の両者を通じ、輸入手続において税関職員が行う検査を「税関検査」と略称する。以下同様である。）❶。

【2】　一　関税定率法21条1項3号は、輸入禁制品として、「公安又は風俗を害すべき書籍、図画、彫刻物その他の物品」を掲げ（以下、同項各号に掲げる貨物をそれぞれ「一号物件」ないし「四号物件」という。）、その輸入を禁止しているが、本件において上告人は、自己あての外国からの郵便物中に三号物件に該当すると認めるのに相当の理由がある貨物があるとして、被上告人函館税関長の委任を受けた被上告人同税関札幌税関支署長から同条3項の規定による通知を受け、右郵便物の配達又は交付を受けられなくなつたことを不服として、同税関支署長のした通知等の取消しを求めているので、以下順次、各論点につき判断することとする❷。

二　外国貨物又は郵便物の輸入手続について

【3】　1　外国からわが国に到着した貨物は、原則として、すべていつたん保

❶【1】では、まず、Ｘの上告理由の内容が整理されている。本判決は、Ｘの主張を、概ね、①税関検査は、憲法21条2項前段が禁止する「検閲」に該当し違憲である、②関税定率法21条1項3号の文言は著しく不明確であり違憲である、③信書の秘密を侵すおそれが強い郵便物に対する税関検査は憲法21条2項後段に違反し違憲である、④原審の判断には、関税定率法21条1項3号の解釈を誤つた違法があるとの四つの主張からなるものとして整理している。

❷【2】では、本件事案の概要が簡潔に整理されている。Ｘは、自己宛の郵便物が関税定率法21条1項3号の輸入禁制品（三号物件）に該当するとの通知をＹ1、Ｙ2より受けたことにより、その郵便物の配達、交付を受けられなくなつたことから、その通知の取消しを求める抗告訴訟を提起した。

❸【3】から【10】では、輸入手続の概要についての説明がなされている。まず、【3】では、原則的な通関手続の流れとそこで行われる税関検査の内容と効果について説明がなされている。ここで「保税」とは「外国貨物の輸入の許可未済状態」をいい、「保税地域」とは保税の対象となつた貨物を入れさせて「関税等の徴収や輸出入規制のチェックを適正かつ効率的に行うため」の特定の場所を意味する（文献①342-343頁）。輸入貨物は、原則として、ⅰ一度すべて「保税地域」に搬入されることになつており、そのうえで、輸入者は、ⅱ輸入貨物の数量や価格を税関長に申告、ⅲ税関検査を受けて、ⅳ輸入の許可を受けることになる。税関検査では、関税等の納付の有無だけでなく、輸入禁制品に該当するかどうかも併せて審査される。本判決は、輸入禁制品の検査は、関税徴収手続の一環として、これに付随して行われる付随的手続であるとしている。なお、ここで本判決が解説するように、税関が輸入禁制品を発見した場合、通常は、没収・廃棄または積戻しが命ぜられることになる。しかし、三号物件の場合には、税関が、没収、廃棄、積戻しを命じることは認められていない。これは、三号物

税地域に搬入され、これを輸入しようとする者は、当該貨物の品名並びに課税標準となるべき数量及び価格その他必要な事項を税関長に申告し、貨物につき必要な検査（税関検査）を経て、輸入の許可を受けなければならないものとされている（関税法30条、67条、67条の2）。そして、右の税関検査は、㈠　他の法令の規定により必要とされる場合に所定の許可、承認等を受けていることの証明があるかどうか、また、所定の検査の完了等につき確認を受けたかどうか（同法70条）、㈡　原産地を偽った表示等がされていないかどうか（同法71条）、㈢　関税等を納付したかどうか（同法72条）のほか、㈣　当該貨物が輸入禁制品に当たるかどうか（関税定率法21条1項）の点についても行われるのであって、この検査の過程で当該貨物が輸入禁制品に当たることが判明した場合には、税関長は、一、二、四号物件に該当する貨物については、これを没収して廃棄又はこれを輸入しようとする者に対してその積みもどしを命ずることができ（同条2項）、三号物件に該当すると認めるのに相当の理由がある貨物については、その旨を輸入しようとする者に通知することを要し（同条3項）、これに不服のある者には税関長に異議の申出をさせ（同条4項）、それを受けた税関長は、輸入映画等審議会に諮問した上、異議の申出に対する決定をして当該申出人に通知するものとされている（同条5項）❸。

【4】　次に、郵便物の輸入手続についてみるのに、輸入の申告及び許可の手続は不要とされるが、輸入される郵便物中にある信書以外の物については、郵政官署の職員の立会の下に税関職員が必要な検査（税関検査）を行うこととされており（関税法76条ないし78条、同法施行令66条、関税定率法21条1項）、検査の結果、郵便物中に三号物件に該当すると認めるのに相当の理由がある貨物が発見された場合に、税関長のなすべき通知及びこれに対する異議の申出と決定については、郵便によらない貨物の場合と同様である（関税定率法21条3項ないし5項）❹。

【5】　2　そこで、関税定率法21条3項の規定による税関長の通知の性質について、以下にみることとする❺。

【6】　被上告人らは、三号物件に該当する貨物につき輸入が禁止されること自体は、同条1項の規定により一般的に生じている効力によるものであって、この税関長の通知は、右条項により生じた輸入禁止の一般的効力に対し何ら加えるところはなく、関税法上も輸入申告に対し不許可処分をすべき旨の規定がないから、輸入禁制品に限らず輸入手続一般において税関長は不許可処分をすることはない、と主張する。被上告人らが原審において、右の税関長の通知は何ら輸入の禁止又は不許可の効果を生ずるものではなく、輸入禁制品については、輸入の禁止又は不許可等の行政庁の何らの処分を要しないで、同条1項の実体規定による当然の効果として、当該貨物を適法に輸入することができないという制約が生ずる旨主張したのも同一趣旨であると解される❻。

【7】　しかしながら、輸入申告にかかる貨物又は輸入される郵便物中の信書以外の貨物が輸入禁制品に該当する場合法律上当然にその輸入が禁止されていることは所論のとおりであるとしても、通関手続の実際において、当該貨物につき輸入禁止という法的効果が肯定される前提として、それが輸入禁制品に該当するとの税関長の認定判断が先行することは自明の理であって、そこに一般人の判断作用とは異なる行政権の発動が在るのであり、輸入禁制品と認められる貨物につき、税関長がその輸入を許可し得ないことは当然であるとしても、およそ不許可の処分をなし得ないとするのは、関係法規の規定の体裁は別として、理由のないものというほかない❼。

【8】　進んで、当該貨物が輸入禁制品に該当するか否かの認定判断につき、これを実際的見地からみるのに、例えばあへんその他の麻薬（一号物件）については、その物の形状、性質それ自体から輸入禁制品に該当することが争う余地のないものとして確定され得るのが通常であるのに対し、同条1項3号所定の「公安又は風俗を害すべき」物品に該当するか否かの判断はそれ自体一種の価値判断たるを免れないものであって、本件で問題とされる「風俗」に限っていっても、「風俗を害すべき」物品がいかなるものであるかは、もとより解釈の余地がないほど明白であるとはいえず、三号物件に該当すると認めるのに相当の理由があるとする税関長の判断も必ずしも常に是認され得るものということはできない❽。

件以外の物品であれば、廃棄等がなされた場合、仮にその処分が違法であり裁判で取り消されたとしても国家賠償によりその財産的損失を補填することができるが、思想の表現物である三号物件については、廃棄等がなされた場合には、そこに表現されている思想が抹殺されることになり、国家賠償によっては補填できない損失が生じるおそれがあるからだと説明されている（文献②384頁）。

❹　【4】では、郵便物の輸入手続について解説がなされている。外国郵便物については、「郵便路線上にある逓送の貨物であり、簡易、迅速な取扱いをする必要がある」という観点から特例的手続が設けられ、輸入の申告および許可の手続は不要とされている（文献①641頁）。本件ではこの手続における税関検査が問題となった。なお、他の特例的手続としては入国者が携帯して輸入する貨物に適用される「旅具通関」がある。いわゆる第2次メイプルソープ事件（判例②）は、旅具通関における税関検査が問題となった事案である。

❺　【5】から【10】では、税関長の通知の法的性質が論じられている。税関長の通知がなぜ問題となるかを考えるにあたっては、まず、そもそも本件物件等の輸入禁止という法的効果は、税関長の通知に依存するものではなく、関税定率法21条1項3号の規定により直接的に発生するものであるということを理解しておく必要がある。また、輸入禁制品の輸入行為それ自体が、税関長の通知に依存することなく、犯罪の構成要件になるとされていることも重要である（関税法109条。当該処罰規定は事後制裁の問題であり、他方で、税関検査は事前抑制の問題であるといえる）。そのため、税関長の通知は、当該貨物が輸入禁制品に該当するとの法的見解を相手方に伝達するだけのいわゆる「観念の通知」にすぎず、抗告訴訟の対象とはならないとする見解が有力であった（判解①480頁）。

❻　【6】では、税関長の通知には処分性がないとするY1等の論理が説明されている。関税実務においては、Y1等がここで主張するように、「輸入禁止の効果は法律の規定により直接生ずるものである」から「輸入禁制品については、その輸入申告がなされても、それに対する輸入不許可等の応答的行政処分を観念する余地はない」との理解により（土本・判時1057号7頁、9頁）、税関長の通知がなされた場合であっても、それに引き続き、改めて輸入不許可処分等の行政処分は行われず、その必要もないと解されていた。

❼　【7】から【9】では、税関長の通知は抗告訴訟の対象となる旨の本判決の論拠が複数提示されている。まず、【7】において本判決は、「通関手続の実際」に照らした場合、税関長の認定判断には「一般人の判断作用とは異なる行政権の発動が在する」とし、「関係法規の規定の体裁は別として」、「およそ不許可の処分をなし得ないとするのは」理由がないとしている。これは、輸入禁制品については輸入不許可処分がそもそも観念できないとする税関実務の立場を否定したものと解することができる。

❽　【8】でも、【7】に続き、税関長の通知に処分性を肯定しうる論拠が示されている。ここでは、三号物件該当性の判断が、「それ自体一種の価値判断たるを免れない」ものであり、「解釈の余地がないほど明白であるとはいえ」ないとしたうえで、三号物件に該当すると認める「税関長の判断も必ずしも常に是認され得るもの」ではないとしている。これは税関長が輸入禁制品と判断したものは必然的に法律上輸入禁制品に該当するものであるとの当時の税関実務上の論理（大蔵省関税局関税研究会・関税法規精解1129頁）を否定したものといえるが、ここでの論理と関税定率法21条1項3号の規定は明確であるとする後述の論理との整合性が問題となろう。

[9]　通関手続の実際においては、前述のとおり、輸入禁制品のうち、一、二、四号物件については、これに該当する貨物を没収して廃棄し、又はその積みもどしを命じ（同条2項）、三号物件については、これに該当すると認めるのに相当の理由がある旨を通知する（同条3項）のであるが、およそ輸入手続において、貨物の輸入申告に対し許可が与えられない場合にも、不許可処分がされることはない（三号物件につき税関長の通知がされた場合にも、その後改めて不許可処分がされることはない）というのが確立した実務の取扱いであることは、被上告人らの自陳するところであつて、これによると、同法21条3項の通知は、当該物件につき輸入が許されないとする税関長の意見が初めて公にされるもので、しかも以後不許可処分がされることはなく、その意味において輸入申告に対する行政庁側の最終的な拒否の態度を表明するものとみて妨げないものというべきである。輸入申告及び許可の手続のない郵便物の輸入についても、同項の通知が最終的な拒否の態度の表明に当たることは、何ら異なるところはない。そして、現実に同項の通知がされたときは、郵便物以外の貨物については、輸入申告者において、当該貨物を適法に保税地域から引き取ることができず（関税法73条1、2項、109条1項参照）、また、郵便物については、名あて人において、郵政官署から配達又は交付を受けることができないことになるのである（同法76条4項、70条3項参照）❾。

[10]　以上説示したところによれば、かかる通関手続の実際において、前記の税関長の通知は、実質的な拒否処分（不許可処分）として機能しているものということができ、右の通知及び異議の申出に対する決定（関税定率法21条5項）は、抗告訴訟の対象となる行政庁の処分及び決定に当たると解するのが相当である（ちなみに、昭和55年法律第7号による関税法等の一部改正により、関税定率法21条4、5項の規定が削除され、同条3項の通知についての審査請求及び取消しの訴えに関し、明文の規定が関税法91条、93条に設けられるに至った。）❿。

三　三号物件に関する輸入規制と検閲（憲法21条2項前段）

[11]　1　憲法21条2項前段は、「検閲は、これをしてはならない。」と規定する。憲法が、表現の自由につき、広くこれを保障する旨の一般的規定を同条一項に置きながら、別に検閲の禁止についてかような特別の規定を設けたのは、検閲がその性質上表現の自由に対する最も厳しい制約となるものであることにかんがみ、これについては、公共の福祉を理由とする例外の許容（憲法12条、13条参照）をも認めない趣旨を明らかにしたものと解すべきである⓫。けだし、諸外国においても、表現を事前に規制する検閲の制度により思想表現の自由が著しく制限されたという歴史的経験があり、また、わが国においても、旧憲法下における出版法（明治26年法律第15号）、新聞紙法（明治42年法律第41号）により、文書、図画ないし新聞、雑誌等を出版直前ないし発行時に提出させた上、その発売、頒布を禁止する権限が内務大臣に与えられ、その運用を通じて実質的な検閲が行われたほか、映画法（昭和14年法律第66号）により映画フィルムにつき内務大臣による典型的な検閲が行われる等、思想の自由な発表、交流が妨げられるに至つた経験を有するのであつて、憲法21条2項前段の規定は、これらの経験に基づいて、検閲の絶対的禁止を宣言した趣旨と解されるのである⓬。

[12]　そして、前記のような沿革に基づき、右の解釈を前提として考究すると、憲法21条2項にいう「検閲」とは、行政権が主体となつて、思想内容等の表現物を対象とし、その全部又は一部の発表の禁止を目的として、対象とされる一定の表現物につき網羅的一般的に、発表前にその内容を審査した上、不適当と認めるものの発表を禁止することを、その特質として備えるものを指すと解すべきである⓭。

[13]　2　そこで、三号物件に関する税関検査が憲法21条2項にいう「検閲」に当たるか否かについて判断する⓮。

[14]　(一)　税関検査の結果、輸入申告にかかる書籍、図画その他の物品や輸入される郵便物中にある信書以外の物につき、それが三号物件に該当すると認めるのに相当の理由があるとして税関長よりその旨の通知がされたときは、以後これを適法に輸入する途が閉ざされること前述のとおりであつて、その結果、当該表現物に表された思想内容等は、わが国内においては発表の機会を奪われることとなる⓯。また、表現の自由の保障は、他面において、これ

❾　【9】でも、引き続き、税関長の通知に処分性を認めるべき論拠が展開されている。ここでは、税関長による通知は、税関長の意見が初めて公にされるものであると同時に、行政庁側の最終的な拒否の態度を表明するものであるとしている。また、ここでは、一般貨物については、保税地域から引き取ることができず、郵便物については配達等がなされないという通知がもたらす事実上の不利益があることも指摘されている。

❿　【10】では、税関長の通知は抗告訴訟の対象になるとの結論が述べられている。もっとも、すでに最高裁は、本判決に先立つ判例①において、税関通知の処分性を肯定する判断を示しており、同判例①を受けて、昭和55年の法改正により、税関長の通知に対する審査請求および取消しの訴えを認める明文規定も設けられていた（関税法91条・93条）。ただ、判例①の理由づけに対しては、税関長の通知を観念の通知としたうえで、なお抗告訴訟の対象になるとした点について批判が強くあったところ、本判決は、税関長の通知が「通関手続において実質的に拒否処分（不許可処分）として機能している」ことを正面から論じることで、大法廷として小法廷である判例①の理由の修正、補充を行ったものと理解できる（判解①479頁）。なお、本判決の調査官は、本判決は大法廷によるものであり、以後は、この問題についての先例としては本判決が参照されるべきであるとしている（判解①482-483頁）。

⓫　【11】から【19】では、税関検査の検閲該当性（憲法21条2項前段違反の問題）が論じられている。まず、【11】の前半では、憲法21条2項前段の趣旨が論じられている。判例は、伝統的に、憲法21条1項によって保障された表現の自由は絶対的なものではなく、同12条、13条を根拠として公共の福祉を理由とした制約が許容されるとする立場を採用してきた。21条2項前段についても、21条1項と同様に公共の福祉に基づく例外が許容されるとする例外許容説が有力であったが、本判決はこれを否定し、21条2項前段は、公共の福祉を理由とする例外すら認めないものである旨、明確に判示している（絶対説）。

⓬　【11】の後半では、検閲の絶対的禁止の論拠が述べられている。本判決は、検閲の絶対的禁止の論拠を、「表現を事前に規制する検閲の制度により思想表現の自由が著しく制限されたという」諸外国およびわが国の「歴史的経験」に求めており、それは『北方ジャーナル』事件［本書27事件］における事前抑制の法理が歴史的経験というよりもむしろ理論的側面に力点を置いているのとは対照的である。

⓭　【12】では、憲法21条2項前段にいう「検閲」の定義が示されている。本判決は、「検閲」を「(1)行政権が主体となって、(2)思想内容等の表現物を対象とし、(3)その全部又は一部の発表の禁止を目的として、(4)対象とされる一定の表現物につき網羅的一般的に、(5)発表前にその内容を審査した上、(6)不適当と認めるものの発表を禁止すること」と六つの要素から定義づけている。判解①は、それぞれを(i)主体、(ii)対象、(iii)目的、(iv)範囲、(v)内容（手段、方法）、(vi)効果という観点から定義づけられたものとして位置づけている（判解①487-489頁）。ただ、判解①は、この定義について「厳密に過不足なく定義し尽しているものではな」いとし、他方で、その要件のうち一つでも欠ければ検閲にあたらないという結論が導き出されるわけでもないとしている（判解①489-490頁）。本判決自体も、これらの要件を一個一個要件事実論的な「あてはめ」を行い検閲該当性を検討しているわけではない。

⓮　【13】から【18】では、【12】で提示された検閲の定義を前提に具体的に税関検査が検閲に該当するか否かが論じられている。

⓯　【14】では、税関検査の「事前抑制たる側面」が論じられている。【14】の第1文では、まず、輸入禁制品であるとの税関長の通知は、当該表現物に表された思想

を受ける者の側の知る自由の保障をも伴うものと解すべきところ（最高裁昭和44年（し）第68号同年11月26日大法廷決定・刑集23巻11号1490頁、同昭和52年（オ）第927号同58年6月22日大法廷判決・民集37巻5号793頁）、税関長の右処分により、わが国内においては、当該表現物に表された思想内容等に接する機会を奪われ、右の知る自由が制限されることとなる⑯。これらの点において、税関検査が表現の事前規制たる側面を有することを否定することはできない⑰。

[15]　しかし、これにより輸入が禁止される表現物は、一般に、国外においては既に発表済みのものであって、その輸入を禁止したからといって、それは、当該表現物につき、事前に発表そのものを一切禁止するというものではない⑱。また、当該表現物は、輸入が禁止されるだけであって、税関により没収、廃棄されるわけではないから、発表の機会が全面的に奪われてしまうというわけのものでもない⑲。その意味において、税関検査は、事前規制そのものということはできない⑳。

[16]　(ﾛ)　税関検査は、関税徴収手続の一環として、これに付随して行われるもので、思想内容等の表現物に限らず、広く輸入される貨物及び輸入される郵便物中の信書以外の物の全般を対象とし、三号物件についても、右のような付随的手続の中で容易に判定し得る限りにおいて審査しようとするものにすぎず、思想内容等それ自体を網羅的に審査し規制することを目的とするものではない㉑。

[17]　(ﾊ)　税関検査は行政権によって行われるとはいえ、その主体となる税関は、関税の確定及び徴収を本来の職務内容とする機関であって、特に思想内容等を対象としてこれを規制することを独自の使命とするものではなく、また、前述のように、思想内容等の表現物につき税関長の通知がされたときは司法審査の機会が与えられているのであって、行政権の判断が最終的なものとされるわけではない㉒。

[18]　以上の諸点を総合して考察すると、三号物件に関する税関検査は、憲法21条2項にいう「検閲」に当たらないものというべきである。なお、憲法上検閲を禁止する旨の規定が置かれている国を含め、諸外国において、一定の表現物に関する税関検査が行われていることも、右の結論と照応するものというべきである㉓。

[19]　3　右の次第であるから、所論憲法21条2項前段違反の主張は理由がない。

四　三号物件に関する輸入規制と表現の自由（憲法21条1項）

[20]　1　本件においては、上告人あての郵便物中に猥褻な書籍、図画があるとして関税定率法21条1項3号の規定が適用されたものであるところ、同号の「風俗を害すべき書籍、図画」等の中に猥褻な書籍、図画等が含まれることは明らかであるから、同号の規定が所論のように明確性に欠けるか否かについてはのちに論及することとして、まず、これによる猥褻な書籍、図画等の輸入規制が憲法21条1項の規定に違反するかどうかについて検討する㉔。

[21]　思うに、表現の自由は、憲法の保障する基本的人権の中でも特に重要視されるべきものであるが、さりとて絶対無制限なものではなく、公共の福祉による制限の下にあることは、いうまでもない。また、性的秩序を守り、最小限度の性道徳を維持することは公共の福祉の内容をなすものであって、猥褻文書の頒布等は公共の福祉に反するものであり、これを処罰の対象とすることが表現の自由に関する憲法21条1項の規定に違反するものでないことも、明らかである（最高裁昭和28年（あ）第1713号同32年3月13日大法廷判決・刑集11巻3号997頁、同昭和39年（あ）第305号同44年10月15日大法廷判決・刑集23巻10号1239頁参照）㉕。そして、わが国内における健全な性的風俗を維持確保する見地からするときは、猥褻表現物がみだりに国外から流入することを阻止することは、公共の福祉に合致するものであり、猥褻刊行物ノ流布及取引ノ禁止ノ為ノ国際条約（昭和11年条約第3号）1条の規定が締約国に頒布等を目的とする猥褻な物品の輸入行為等を処罰することを義務づけていることをも併せ考えると、表現の自由に関する憲法の保障も、その限りにおいて制約を受けるものというほかなく、前述のような税関検査による猥褻表現物の輸入規制は、憲法21条1項の規定に反するものではないというべきである㉖。

内容等について、わが国内での「発表の機会」を奪うものであるとの指摘がなされている。

⑯ 【14】の第2文では、1文同様、税関検査の「事前抑制たる側面」が指摘されている。ここで本判決は、まず、博多駅事件〔本書45事件〕とよど号ハイジャック記事抹消事件〔本書22事件〕を「参照」して、「表現の自由の保障」はこれを受ける者の側の「知る自由」の保障をも伴うということを明言している。博多駅事件は、「知る権利」としていたが、ここでは「知る自由」となっている。本判決は、税関長の通知によって、わが国内において、当該表現物に表された思想内容等に接する機会を奪われ、「知る自由」が制限されることになると指摘している。

⑰ 【14】の第3文では、前2文で指摘された、①発表の機会を奪い、②知る自由を制限するとの税関検査の性質を基礎にして、税関検査が表現の「事前規制たる側面」を有するということが結論づけられている。

⑱ 【15】以下では、税関検査の「事前規制たる側面」が指摘された【14】から反転し、税関検査が「検閲」には該当しないこと、および、その論拠が論じられている。【15】の第1文では、まず、税関検査により輸入が禁止される表現物は、一般には「既に」「国外で発表済み」であるとして、税関検査には、事前審査的側面、発表禁止の効果の両方がないことが強調されている。

⑲ 【15】の第2文では、未発表の表現物に焦点が当てられており、本判決は、仮に未発表の表現物についてその輸入が禁止されても、「税関により没収、廃棄されるわけではない」から、改めて国外に持ち出すことができ、その国外で発表が可能であることから、「発表の機会が全面的に奪われてしまう」わけではないと論じている。

⑳ 【15】の第3文では、前2文で示された、国外において発表できることを理由として、税関検査は、「事前規制そのもの」ではないとの結論が述べられている。すなわち、税関検査は、「事前規制たる側面」を有するが「事前規制そのもの」ではないということになる。もっとも、判解①は、「既に国外において発表済みであるということは、わが国内における国民の知る自由の点からすれば、それだけでは事前規制性を否定する根拠として十分とはいえないといわざるを得ない」としている（判解①491頁）。

㉑ 【16】では、税関検査は、あくまで「関税徴収手続の一環として付随的に行われる」ものであり、「思想内容等それ自体を審査し規制すること」を目的としたものではないことが指摘されている。

㉒ 【17】でも、【15】と【16】に引き続き、税関検査の検閲該当性が否定される論拠が提示されている。ここでは、税関検査が行政権によって行われていることを認めつつ、税関が思想統制を目的とした専門機関ではないこと、そして、税関長の通知に対しては司法審査の機会が与えられ、行政権の判断が最終的なものでないことが指摘されている。

㉓ 【18】では、税関検査は検閲に該当しないとの結論が示されている。本判決は、主として、ⅰ国外での既発表性、ⅱ税関検査の付随性、ⅲ司法審査の機会の付与等の事情を総合的に考察することで、税関検査は検閲に該当しないから、としている。なお、判解①は、「本判決が税関検査につき検閲該当性を否定した論拠を個別に取り上げれば、それぞれに問題を含むものがあることは否めない」としつつ、それらの個別論拠は、「典型的な検閲の色合いを薄めていることは確かであって、本判決は、税関検査につき種々の要素を総合して判断した結果、右のような個々の問題点は検閲該当性を肯定するまでの強い要因とはならないと考えたものとみるべきであろう」としている（判解①492頁）。

㉔ 【20】から【23】では、輸入規制それ自体が憲法21条1項に違反しないかという論点について検討が進められている（いわゆる法令審査）。まず、【20】では、そこでの論証の順序について整理がなされている。本判決は、「風俗を害すべき書籍、図画等」に本件で問題となっ

【22】　わが国内において猥褻文書等に関する行為が処罰の対象となるのは、その頒布、販売及び販売の目的をもつてする所持等であつて（刑法175条）、単なる所持自体は処罰の対象とされていないから、最小限度の制約としては、単なる所持を目的とする輸入は、これを規制の対象から除外すべき筋合いであるけれども、いかなる目的で輸入されるかはたやすく識別され難いばかりでなく、流入した猥褻表現物を頒布、販売の過程に置くことが容易であるとは見易い道理であるから、猥褻表現物の流入、伝播によりわが国内における健全な性的風俗が害されることを実効的に防止するには、単なる所持目的かどうかを区別することなく、その流入を一般的に、いわば水際で阻止することもやむを得ないものといわなければならない❷❼。

【23】　また、このようにして猥褻表現物である書籍、図画等の輸入が一切禁止されることとなる結果、わが国内における発表の機会が奪われるとともに、国民のこれに接する機会も失われ、知る自由が制限されることとなるのは否定し難いところであるが、かかる書籍、図画等については、前述のとおり、もともとその頒布、販売は国内において禁止されており、これについての発表の自由も知る自由も、他の一般の表現物の場合に比し、著しく制限されているのであつて、このことを考慮すれば、右のような制限もやむを得ないものとして是認せざるを得ない❷❽。

【24】　2　上告人は、関税定率法21条1項3号の規定が明確性を欠き、その文言不明確の故に当該規定自体が違憲無効である旨主張するので、以下、この点について判断する。同号は、書籍、図画、彫刻物その他の物品のうち「公安又は風俗を害すべき」ものを輸入禁止品として掲げているが、これは、「公安」又は「風俗」という規制の対象として可分な二種のものを便宜一の条文中に規定したものと解されるので、本件においては、上告人に適用があるとされた「風俗」に関する部分についてのみ考究することとする❷❾。

【25】　(一)　同法21条1項3号は、輸入を禁止すべき物品として、「風俗を害すべき書籍、図画」等と規定する。この規定のうち、「風俗」という用語そのものの意味内容は、性的風俗、社会的風俗、宗教的風俗等多義にわたり、その文言自体から直ちに一義的に明らかであるといえないことは所論のとおりであるが、およそ法的規制の対象として「風俗を害すべき書籍、図画」等というときは、性的風俗を害すべきもの、すなわち猥褻な書籍、図画等を意味するものと解することができるのであつて、この間の消息は、旧刑法（明治13年太政官布告第36号）が「風俗ヲ害スル罪」の章中に書籍、図画等の表現物に関する罪として猥褻物公然陳列の罪と同販売の罪のみを規定し、また、現行刑法上、表現物で風俗を害すべきものとして規制の対象とされるのは175条の猥褻文書、図画等のみであることによつても窺うことができるのである❸⓪。

【26】　したがつて、関税定率法21条1項3号にいう「風俗を害すべき書籍、図画」等との規定を合理的に解釈すれば、右にいう「風俗」とは専ら性的風俗を意味し、右規定により輸入禁止の対象とされるのは猥褻な書籍、図画等に限られるものということができ、このような限定的な解釈が可能である以上、右規定は、何ら明確性に欠けるものではなく、憲法21条1項の規定に反しない合憲的なものというべきである❸①。

以下、これを詳述する。

【27】　(二)　表現物の規制についての関係法令をみるのに、刑法の規定は前述のとおりであり、旧関税定率法（明治39年法律第19号）10条3号及びこれを踏襲した関税定率法21条1項3号にいう「風俗を害すべき」との用語は、旧憲法の下においては、当時施行されていた出版法が「風俗ヲ壊乱スルモノ」を、また新聞紙法が「風俗ヲ害スルモノ」を規制の対象としていた関係規定との対比において、「猥褻」を中核としつつ、なお「不倫」その他若干の観念を含む余地があつたものと解され得るのである。しかしながら、日本国憲法施行後においては、右出版法、新聞紙法等の廃止により、猥褻物以外の表現物については、その頒布、販売等の規制が解除されたため、その限りにおいてその輸入を禁止すべき理由は消滅し、これに対し猥褻表現物については、なお刑法175条の規定の存置により輸入禁止の必要が存続しているのであつて、以上にみるような一般法としての刑法の規定を背景とした「風俗」という用語の趣旨及び表現物の規制に関する法規の変遷に徴し、関税定率法21条1項3号にいう「風俗を害すべき書籍、

た「猥褻な書籍、図画等」が含まれることは明らかであるとし、最初に、猥褻な書籍、図画等の輸入規制の21条1項適合性を論じた後に、輸入規制の明確性を論じるとしている。なお本判決は、その論証を「最小限度の制約」や「やむを得ない」との概念とともに進めているところ、判解②236頁は、本判決は、「二重の基準」「LRA原則」を十分意識して21条1項適合性を審査したとする。

❷❺【21】の第1文と第2文では、表現の自由は絶対無制約ではなく、公共の福祉による制限のもとにあるという伝統的見解が確認されたうえで、猥褻文書の頒布等の処罰は合憲であるとの従前の判例の立場が確認されている。

❷❻【21】の第3文では、猥褻文書の「頒布」規制だけでなく、その「輸入」規制も合憲となることの論拠が示されている。ここではその論拠として、(i)国内の性的風俗維持を目的とした国外からの流入の阻止は公共の福祉に合致することと、(ii)国際条約でも猥褻物品の輸入の処罰を義務づけていることの2点が挙げられている。判解②236頁は、ここで利益較量的表現は用いられていないとしつつも、(ii)の事情に触れた点を「制限される行為」の価値を論じたものと捉え、このパラグラフを利益衡量をした結果の説示として位置づけている。

❷❼【22】では、「頒布」目的の輸入だけでなく、「単純所持」目的の輸入まで規制の対象とすることの合憲性が論じられている。判解②236頁は、ここでの「最小限度の制約」との表現は「必要最小限度」の原則の観点から検討する姿勢が示されたものである。ただ、本判決は、所持目的の識別が困難であることを理由に、結論として、目的を問わない規制も「やむを得ない」、すなわち、それ「以外に有効な方法がない」との判断を示している（判解②236頁）。

❷❽【23】では、輸入規制により国民の「知る自由」が制限されるとの主張に対する応答が論じられている。本判決は、猥褻文書については、そもそも、その頒布等が国内においてすでに禁止されており、これについての知る自由も、他の一般の表現物の場合に比し、著しく制限されていることを論拠として、「知る自由」に対する制限も「やむを得ない」としている。

❷❾【24】では、関税定率法21条1項3号の明確性の問題について検討が行われている（いわゆる文面審査）。本判決は、本件物件が、「猥褻な書籍、図画等」に該当すること、そして、関税定率法21条1項3号の規制対象に「猥褻な書籍、図画等」が含まれることは明らかであるとしている。その意味でXからみれば、同号は不明確なものではなかったのではないか。この点で、第三者の憲法上の権利の主張適格を認めたものといえる。また本判決は、関税定率法21条1項3号における「風俗」と「公安」とは可分であるとしたうえで、本件に関わる「風俗」に関する部分のみ検討対象とする旨論じている。ただ、大橋ほか意見が、「公安」に関する部分については21条1項違反の疑いを免れない旨論じていることは注目されよう。

❸⓪【25】では、関税定率法21条1項3号の解釈が試みられている。ここでは、まず、「風俗」という用語そのものの意味内容は、「その文言自体から直ちに一義的に明らかであるとは言えない」ということを認める。しかし、本判決は、旧刑法と現行刑法の規定態様を根拠として、法的規制対象としての「風俗を害すべき」ものとは、「性的風俗を害すべき」もののことであり、さらに、「性的風俗を害すべき」ものとは、「猥褻」な書籍等であるとの解釈論を展開している。

❸①【26】では、【25】で展開された解釈を「限定的な解釈」としたうえで、そのような解釈が可能である以上、当該規定は「合憲」であるとしている。判解①498頁は、本判決の解釈を「合憲限定解釈」とし、後の千葉勝美裁判官も、堀越事件判決[本書23事件]とは異なる「司法部による法令の一部修正としての意味を有する合憲限定解釈」と位置づけている（文献④74頁）。

図画」等を猥褻な書籍、図画等に限定して解釈することは、十分な合理性を有するものということができるのである㉜。

【28】　㈢　表現の自由は、前述のとおり、憲法の保障する基本的人権の中でも特に重要視されるべきものであつて、法律をもつて表現の自由を規制するについては、基準の広汎、不明確の故に当該規制が本来憲法上許容されるべき表現にまで及ぼされて表現の自由が不当に制限されるという結果を招くことがないように配慮する必要があり、事前規制的なものについては特に然りというべきである。法律の解釈、特にその規定の文言を限定して解釈する場合においても、その要請は異なるところがない㉝。したがつて、表現の自由を規制する法律の規定について限定解釈をすることが許されるのは、その解釈により、規制の対象となるものとそうでないものとが明確に区別され、かつ、合憲的に規制し得るもののみが規制の対象となることが明らかにされる場合でなければならず、また、一般国民の理解において、具体的場合に当該表現物が規制の対象となるかどうかの判断を可能ならしめるような基準をその規定から読みとることができるものでなければならない（最高裁昭和48年（あ）第910号同50年9月10日大法廷判決・刑集29巻8号489頁参照）㉞。けだし、かかる制約を付さないとすれば、規制の基準が不明確であるかあるいは広汎に失するため、表現の自由が不当に制限されることとなるばかりでなく、国民がその規定の適用を恐れて本来自由に行い得る表現行為までも差し控えるという効果を生ずることとなるからである㉟。

【29】　㈣　これを本件についてみるのに、猥褻表現物の輸入を禁止することによる表現の自由の制限が憲法21条1項の規定に違反するものでないことは、前述したとおりであつて、関税定率法21条1項3号の「風俗を害すべき書籍、図画」等を猥褻な書籍、図画等のみを指すものと限定的に解釈することによって、合憲的に規制し得るもののみがその対象となることが明らかにされたものということができる㊱。また、右規定において「風俗を害すべき書籍、図画」とある文言が専ら猥褻な書籍、図画を意味することは、現在の社会事情の下において、わが国内における社会通念に合致するものといって妨げない㊲。そして、猥褻性の概念は刑法175条の規定の解釈に関する判例の蓄積により明確化されており、規制の対象となるものとそうでないものとの区別の基準につき、明確性の要請に欠けるところはなく、前記3号の規定を右のように限定的に解釈すれば、憲法上保護に値する表現行為をしようとする者を萎縮させ、表現の自由を不当に制限する結果を招来するおそれのないものということができる㊳。

【30】　㈤　以上要するに、関税定率法21条1項3号の「風俗を害すべき書籍、図画」等の中に猥褻物以外のものを含めて解釈するときは、規制の対象となる書籍、図画等の範囲が広汎、不明確となることを免れず、憲法21条1項の規定の法意に照らして、かかる法律の規定は違憲無効となるものというべく、前記のような限定解釈によって初めて合憲なものとして是認し得るのである㊴。

【31】　そして、本件のように、日本国憲法施行前に制定された法律の規定の如きについては、合理的な法解釈の範囲内において可能である限り、憲法と調和するように解釈してその効力を維持すべく、法律の文言にとらわれてその効力を否定するのは相当でない㊵。

【32】　3　右の次第であるから、関税定率法21条1項3号にいう「風俗を害すべき書籍、図画」等とは、猥褻な書籍、図画等を指すものと解すべきであり、右規定は広汎又は不明確の故に違憲無効ということはできず、当該規定による猥褻表現物の輸入規制が憲法21条1項の規定に違反するものでないことは、上来説示のとおりである。したがつて、所論憲法21条1項違反の主張は理由がなく、関税定率法の右規定の不明確を前提とする憲法29条、31条違反の主張は、すべて失当である。

五　郵便物に関する税関検査と通信の秘密（憲法21条2項後段）

【33】　憲法21条2項後段の規定は、郵便物については信書の秘密を保障するものであるが、関税法76条1項ただし書の規定によれば、郵便物に関する税関検査は、信書以外の物についてされるものであり、原審の適法に確定したところによると、本件の上告人あての郵便物は、いずれも信書には当たらないというのであるから、右郵便物についてした税関検査は、信書の秘密を侵すものではない。したがつて、その余の所論に論及するまでもなく、憲法

㉜【27】では、【25】で示された解釈の合理性についてさらに詳述されている。旧憲法下で制定された旧関税定率法10条3号においても「風俗ヲ害スベキ」という用語が用いられており、現行法の規定はこれを踏襲したものとされている。しかし、旧憲法下の出版法や新聞紙法にも「風俗ヲ害スル」旨の用語があり、それは「猥褻」のほか「不倫」等の観念をも含むものとされていた。「法律の用語は、たとい規定する法律は異なっていても、同一の用語である限り同様の意味に解するのが原則である」（判解①500頁）との前提に依拠すれば、現行関税定率法における「風俗を害する」も不倫等を含むものであるとする解釈も合理性を有する。他方で、本判決は、日本国憲法施行後に出版法、新聞紙法が廃止されたという事情に着目し、そのことにより猥褻物以外の表現物の輸入を禁止する理由が消滅したため、関税定率法21条1項3号の規定を限定して解釈することも十分な合理性を有すると論じている。ただ、ここで本判決が展開した解釈論は、あくまでそこで示された解釈論の「合理性」を指摘するにとどまり、他の解釈論に対する絶対的優越性やそれが唯一の解釈的帰結であるとするまでの論理が展開されたものではないことは注意が必要である（この点が、「通常の法令解釈」との相違ということになろうか）。

㉝【28】では、合憲限定解釈の限界が論じられている。第1文、第2文ではまず表現の自由に対する規制、特に事前規制的な規制においては、規制の基準が広汎、不明確であることの弊害について配慮すべきであり、限定解釈においてもその要請は異なるところがない旨論じている。ただ、この部分はこれから示される合憲限定解釈の要件の射程を限定する側面もあろう。

㉞【28】の第3文では、「表現の自由を規制する法律の規定」の限定解釈が許容されるための要件が提示されている。同要件は、⑴⑴、⑴⑵、⑵の3要件からなり（【判決の論理構造】参照）、後の判解②は、⑴⑴要件は限定解釈の結果導かれる規制対象が明確であるかどうかという問題に、⑴⑵要件は限定解釈の結果が内容的に合憲的な範囲に収まっているかどうかという問題に対応したものとして整理している（判解③397-403頁）。⑵要件は、徳島市公安条例事件判決〔本書28事件〕において示されたものとほぼ同一である。

㉟【28】の第4文において本判決は、萎縮効果を排除するために、上記のような制約を合憲限定解釈には課しているのだと論じている。ただ、⑴⑴及び⑴⑵要件は、合憲限定解釈の限界というよりも、合憲限定解釈の「結論」として提示される「基準」自体に求められる要件であるということができ、また、⑵⑴は⑴⑵と重複することから、提示された合憲限定解釈が、解釈の域を超えたものか、解釈の域にとどまるかを判断するための要件として機能しうるのは、⑵⑵要件のみといえよう。

㊱【29】では、【28】で示した要件の本件へのあてはめが行われている。まず、その第1文は、⑴⑵要件に対応した論証と捉えることができる。

㊲【29】の第2文は、⑵要件に対応した論証と捉えることができる。ここでは、一般国民の理解が社会通念に置き換えられている。

㊳【29】の第3文は、⑴⑴要件に対応した論証と捉えることができる。ここでは猥褻概念の明確性を、刑法175条の解釈に関する判例の蓄積に求めていることが注目される。これを前提とすると、輸入禁制品該当性の判断においても刑法175条のもとで蓄積した判例の枠組みが適用されるということになる。

㊴【30】では、本件における合憲限定解釈の意義が述べられている。ここでは、限定解釈によって関税定率法の規定が「初めて合憲なものとして是認し得る」としていることが注目される。逆に限定解釈ができなければ違憲ということになるが、その論拠は伊藤ほか反対意見がその【48】から【52】で展開した議論と同じ論理に依拠したものであると考えられる。

㊵【31】では、「日本国憲法施行前に制定された法律の

21条2項後段違反の主張は理由がない㊶。

六　本件貨物の関税定率法21条1項3号該当性

【34】　原審の適法に確定した事実関係の下において、本件貨物がいずれも猥褻性を有し関税定率法21条1項3号にいう「風俗を害すべき書籍、図画」に該当するとした原審の判断は、正当として是認することができ、原判決に所論の違法はない㊷。

【35】　七　以上のとおりであるから、論旨はいずれも採用することができない。

よって、行政事件訴訟法7条、民訴法396条、384条、95条、89条に従い、裁判官大橋進、同木戸口久治、同角田禮次郎、同矢口洪一の補足意見、裁判官藤崎萬里の意見、裁判官伊藤正己、同谷口正孝、同安岡滿彦、同島谷六郎の反対意見があるほか、裁判官全員一致の意見で、主文のとおり判決する。

㊶　【33】では、税関検査の憲法21条2項後段違反に関する判断がなされている。Xは、通常郵便物中には信書が包有されていることが多く、本件では、結果的には信書が含まれていなかったが、通常郵便物中の表現物特に文書図画に対する税関検査は信書の秘密を侵すおそれが高いので、憲法21条1項に違反すると主張していた。一般に憲法21条2項後段にいう「通信の秘密」とは「郵便、電話、コンピュータ通信など、およそ『通信』によるコミュニケーションに関する秘密を包摂する観念」（佐藤320-321頁）とされているが、本判決は「郵便物」に関しては「信書」のみが保障対象となる旨判断している。郵便法上、信書とは「特定の受取人に対し、差出人の意思を表示し、又は事実を通知する文書」とされ（郵便法4条2項）、手紙はその典型となるが、新聞や雑誌等の書籍は特定の受取人を対象としたものではなく「信書」ではないと解されている（平成15年総務省告示第270号参照）。本判決の信書理解もこのような郵便法上の信書理解に沿ったものであると解される。なお、信書以外の郵便物に対する税関検査は信書の秘密を侵すものではないとする本判決の立場は、その後の判例でも踏襲されている（たとえば、最判平元・4・13金判845-43）。

㊷　【34】では、本件事案への関税定率法21条1項3号の適用が論じられている。

少数意見

裁判官大橋進、同木戸口久治、同角田禮次郎、同矢口洪一の補足意見は、次のとおりである㊸。

【36】　多数意見は、論旨が関税定率法21条1項3号の規定は文言不明確の故に違憲無効であるとするのに対し、同号の規定のうち本件に適用された「風俗」に関する部分について検討したうえ、右規定が輸入禁制品として定める「風俗を害すべき書籍、図画」等とは猥褻な書籍、図画等のみを指すものと解すべきであるとの判断を示し、右論旨を理由のないものとして排斥している。我々は、この点に関連して、なお若干の意見を補足しておくこととしたい。

【37】　現行の関税定率法は明治43年に制定された法律であり、同法21条1項3号の規定は、明治39年に制定された旧関税定率法10条3号の規定を踏襲し、制定当初から今日に至るまで、その内容において何ら異なるところはない。このように、日本国憲法施行前の古い時代に制定され、憲法施行後においてもその内容に変更を受けることなく施行されている法律については、その文言だけをみれば、憲法の規定に照らし若干の疑義を生ずる余地を残している規定があり得ることは否定できない。このような場合に、憲法と調和するように解釈することが可能なものについてまで、その文言にとらわれてこれを違憲無効とするのは相当でなく、合理的な法解釈の範囲内のものとして許される限りにおいて、憲法秩序と矛盾することのないように解釈し、その効力を肯認するのが相当である。多数意見がさきに述べたところ（前記四2㈤）は、まさにその趣旨であり、およそ憲法秩序と相いれないものであることが明らかな規定についてまで、まげてこれを憲法に適合するように解釈すべきであるとするものでないことはいうまでもない。

【38】　そもそもこのような問題が生ずるのは、明治年間に制定された古い法律の規定が日本国憲法施行後もなおそのままの文言で存置されていることに一因があるのであって、関税定率法21条1項3号の「風俗」に関する規定により輸入を禁止されるのが猥褻物に限られること、及び一般国民の理解においても右規定が輸入規制の基準としてかかる内容を有することを読みとることが可能であることは多数意見の説くとおりであるが、なお、「風俗」という語の有する多義性にかんがみ、右規定の文言が適切を欠く嫌いを免れないことは否定できない。したがって、これが憲法に違反するものでないことは別として、右規定の文言をそのままに放置することは相当でなく、一読その意味を理解し得るような文言に改正されることが望ましい。

【39】　なお、関税定率法21条1項3号は、輸入禁制品として「公安」を害すべき書籍、図画等をも規定している。右の「公安」に関する部分は本件とかかわりがないので、多数意見がその合憲性について論及していないのは当然であるが、これがいかなるものを指すかは極めて不明確であつて、「風俗を害すべき文書、図画」等と異なり、前述のような合理的な限定解釈を施す余地がなく、右の部分は明確性を欠き又は広汎に失するものとして憲法21条1項に違反するとの疑いを免れないというべきである。したがって、関税定率法21条1項3号の規定のうち「風俗」に関する部分につき前記のような改正がなされることが望ましいとする我々の見解からすれば、同一の条文中に規定されている「公安」に関する部分についても、併せて検討を加えるべきものであることを付言する。

裁判官藤崎萬里の意見は、次のとおりである㊹。

㊸　大橋ほか補足意見においては、日本国憲法施行前に制定された法律の解釈のあり方を中心とした議論が展開されている。大橋ほか補足意見は、「日本国憲法施行前の古い時代に制定され、憲法施行後においてもその内容に変更を受けることなく施行されている法律」については、「その文言だけをみれば」、憲法の規定に照らし疑義を生ずる余地があっても、「憲法と調和するように解釈することが可能なものについてまで、その文言にとらわれてこれを違憲無効とするのは相当でなく、合理的な法解釈の範囲内のものとして許される限りにおいて、憲法秩序と矛盾することのないように解釈し、その効力を肯認するのが相当である」としている。他方で、多数意見が論じなかった関税定率法21条1項3号における「公安」に関する部分については、「合理的な限定解釈を施す余地がなく、右の部分は明確性を欠き又は広汎に失するものとして憲法21条1項に違反するとの疑いを免れない」と論じていることが注目される。

㊹　藤崎意見は、多数意見とは結論を同じくするものの、関税定率法21条1項3

【40】　私は、本件上告を棄却すべきであるとする多数意見の結論には賛成であり、また、その理由のうち税関検査が憲法 21 条 2 項にいう検閲に当たらないとする点についても異論がない。しかし、多数意見が、関税定率法 21 条 1 項 3 号にいう「風俗を害すべき書籍、図画」等とは猥褻な書籍、図画等のみを指すものと解すべきであり、このように限定的に解釈することによつてのみ右規定は憲法 21 条 1 項に違反しないものということができるとする点については、賛成することができない。そのほかにも、私は多数意見の見解に賛同し得ないところがあり、なお反対意見についても言及したい点があるので、以下、これらの点について私の見解を述べることとする。

【41】　一　関税定率法 21 条 1 項 3 号の「風俗を害すべき書籍、図画」等という規定（以下「本件規定」という。）がいかなるものを規制の対象としているか、その範囲につき若干の問題があるとしても、少なくとも猥褻な書籍、図画等がこれに含まれることは疑問の余地のないところであり、そして、本件貨物はいずれも正にその猥褻性だけが問題となつているものであるから、上告人は本件規定のいわば外延の不明確性を問題にし得べき立場にない。したがつて、この問題についての上告人の主張については、右の趣旨を説示することで足りるとして処理することもできたものと考える。しかしながら、本件では、多数意見はこの点を問題としないで直ちに実質問題に立ち入つているので、私としても、これについての考え方を述べることとする❹。

【42】　二　本件規定にいう「風俗」とは、法律上の通常の用例に照らし、善良な風俗を意味し、そしてそれは抽象的には、社会一般の健全な道徳的、倫理的価値観によつて支持された秩序を指すものということができよう。しかし、規定の文言は抽象的、包括的であつて、そこには規制の対象が具体的、個別的に示されていない。そこで具体的にいかなるものが含まれるかが問題になるわけであるが、規定の文言の解釈としては、猥褻な表現物のほか、例えば極端に残虐な表現物も包含されるというべきであろう。この種の表現物が風俗を害するものであることを否定することはできないからである。他面、現在の税関検査の実務においては、規制の対象を猥褻表現物に限る取扱いがなされている趣であるが、残虐表現物についての法律レベルの規制が現に国内的に存在しないことを考慮に入れると、右の取扱いも首肯し得ないものではなく、このように、本件規定の運用の実際については、私の考えは多数意見と結論を同じくすることになる。私が多数意見と見解を異にするのは、本件規定の明確性の問題についてである。すなわち、多数意見は、本件規定は猥褻表現物だけを指すものであると限定的に解釈することができるから明確性に欠けるところはないとし、その反面、このような限定解釈をしなければ本件規定自体が違憲無効となることを免れないとする。確かに、本件規定による規制の対象の規定の仕方は抽象的、包括的であつて、猥褻表現物だけでなく、例えば極端に残虐な表現物を含むと解すべきものであることを前提としても、必ずしも規定の文言上それが明らかであるとはいえず、本件規定に明確性を欠くところがあることを否定することはできない。しかし、私は、その不明確さは、それを含む規定自体を憲法 21 条 1 項との関係で違憲無効としなければならないほどのものではなく、したがつて、本件規定を憲法に適合させるために限定的に解釈

する必要もないとするものである。そう考える理由は、次の三で述べるとおりである❻。

【43】　三　本来、憲法 21 条 1 項の規定による表現の自由の保障は、すべての種類の表現につき一様に考える必要はなく、表現の内容等により保障の程度に差等があつて然るべきはずのものである。これを内容についてみると、憲法の基本的原理である民主主義の下においては、政治的意見の発表の自由が最も重視されるべきであり、かかる表現の自由は最大限に尊重されなければならないが、例えば猥褻な表現についても、その自由が右と同様に尊重されなければならないということはないはずである。また、表現の自由にとつて本質的なものは表現の主体による積極的な発表の自由であり、受動的にこれに接しその内容を知る自由は二次的なものといつてよく、かかる自由に対する制限は発表の自由に対する制限と同程度に厳しく抑制されなければならないものではないであろう。本件規定による輸入規制は、既に国外において発表された風俗を害する類の表現物につき国内において受動的にこれに接する自由を制限するものにすぎない。本件規定が憲法 21 条 1 項の基本理念の見地からすれば重要性の低い部類に属することは、明らかであると思う❼。

【44】　また、反対意見は、不明確な法令の規定によりいわゆる萎縮効果が生ずることを根拠に本件規定を違憲無効とし、また、多数意見もかかる萎縮効果を問題とするのであるが、右規定が存置されていることによつて、具体的に果たしてどのような表現物がその輸入を断念させられているかということになると、例えば、萎縮効果を懸念する立場から最も問題となる残虐表現物の場合を想定してみても、右規定があるためにその輸入を断念するというようなことは実際問題として恐らくあり得ないことであろうと考えられる。したがつて、関税定率法の前記規定については、萎縮効果の実体は無きに等しく、仮に明確を欠くところがあるにしても、それにより表現の自由に対する実害が生ずることとは考えられない。これもまた、現行の法律の規定自体を違憲無効と断ずるほどのことはないと考える所以である。

【45】　四　所論は、本件規定にいう「風俗を害すべき」との文言は著しく不明確であり、このような基準による輸入規制は憲法 29 条及び 31 条の規定に違反するというが、右のうち憲法 31 条違反をいう点は、「風俗を害すべき書籍、図画」云々というだけでは犯罪の組成物の定義として不明確であり、これは法定手続の保障の理念に反するという趣旨であると解される。しかしながら、本件は輸入禁制品に該当する旨の通知処分等の取消しの可否が争われている行政事件訴訟であつて、「風俗を害すべき」との文言が犯罪構成要件としての明確性を欠くかどうかはここでの問題ではないから、これを欠くことを理由とする所論は失当とすべきものであると考える❽。

裁判官伊藤正己、同谷口正孝、同安岡滿彦、同島谷六郎の反対意見は、次のとおりである❾。

【46】　一　我々は、輸入されようとする貨物が三号物件に該当すると認めるのに相当の理由があるものとして税関長のする関税定率法 21 条 3 項の通知等が抗告訴訟の対象となる行政庁の処分等に当たること、及び三号物件についての税関検査による輸入規制が憲法 21 条 2 項前段の検閲に当たらないことについては、多数意見の説くところに異

号にいう「風俗を害すべき書籍、図画」等とは「猥褻な書籍、図画等」のみと解すべきであり、そのように限定的に解釈することによつてのみ同規定は憲法 21 条 1 項に違反しないとする多数意見の理由について異議を呈しており、その点で、補足意見ではなく、意見となっている。

❺　【41】では、法令の違憲性を争ういわゆる「主張適格」（スタンディング）の問題が論じられている。藤崎意見は、X には関税定率法 21 条 1 項 3 号の不明確性を追及する「主張適格」がないと論じ、本件では明確性についてそもそも判断する必要はなかったとしている。これに対して、多数意見は、明確性の問題について検討を加えており、事実上、X に文面全体の不明確性の主張適格を認めている。

❻　【42】では、関税定率法 21 条 1 項 3 号を多数意見のように限定解釈する必要はないとする藤崎裁判官の主張が展開されている。藤崎裁判官は、規制対象を猥褻表現物に限定するという税関検査の実務的実態があることから、文言の解釈としては、猥褻な表現物のほか、たとえば極端に残虐な表現物も包含されうるものの、そのような不明確性のもたらす弊害は、規定自体を違憲無効とするほどにはそもそも大きいものではなかったとの立場にあったものと考えることができる。

❼　【43】と【44】では、【42】の主張の理由づけが展開されており、ここでは、まず、政治的意見の発表の自由と比較して風俗を害する類の表現物の憲法的保障の程度が低いこと、受動的な知る自由は、積極的な発表の自由と比較して二次的なものにすぎないことの 2 点を指摘している。そして、さらに、多数意見や反対意見が指摘する萎縮効果は関税定率法 21 条 1 項 3 号については実際問題として起こらないという点が指摘されている。これらの観点から藤崎裁判官は、関税定率法 21 条 1 項 3 号が仮に不明確であったとしてもそれが表現の自由に与える弊害は小さいと論じている。

❽　【45】では、関税定率法 21 条 1 項 3 号が憲法 31 条違反であると論じる X の主張に対する反論が論じられている。藤崎裁判官は、本件は、刑事事件ではなく、行政事件であることから、憲法 31 条の適用の問題ではないと論じている。この点は、多数意見も、明確性を検討するにあたって、憲法 31 条を援用していない。

❾　伊藤ほか反対意見は、21 条 1 項の観点から関税定率法 21 条 1 項 3 号を違憲と論じるものである。同意見は、「漠然性ゆえに無効の法理」「過度に広汎ゆえに無効の法理」の意義と適用を考えるうえで学習上参考になる。

論はない㊿。

【47】 しかし、多数意見が、同号の「風俗を害すべき書籍、図画」等という規定は合理的に限定解釈をすることができ、その結果、右規定は憲法21条1項に違反するものではないとする点については、賛同することができない。

【48】 二 基本的人権のうちでも特に重要なものの一つである表現の自由を規制する法律の規定が不明確であつて、何が規制の対象となり、何がその対象とならないのかが明確な基準をもつて示されていないときは、国民に対してどのような行為が規制の対象となるかを適正に告知する機能を果たしておらず、また、規制機関による恣意的な適用を招く危険がある。その結果、国民がその規定の適用を恐れて本来自由にすることができる範囲に属する表現までをも差し控えるという効果の生ずることを否定できない。したがつて、表現の自由を規制する法律の規定は、それ自体明確な基準を示すものでなければならない。殊に、表現の自由の規制が事前のものである場合には、その規定は、立法上可能な限り明確な基準を示すものであることが必要である。それ故、表現の自由を規制する法律の規定が、国民に対し何が規制の対象となるのかについて適正な告知をする機能を果たし得ず、また、規制機関の恣意的な適用を許す余地がある程に不明確な場合には、その規定は、憲法21条1項に違反し、無効であると判断されなければならない㊱。

【49】 また、表現の自由を規制する法律の規定自体が何を規制の対象としているのかという点について不明確ではないとしても、憲法上規制することが許されない行為までをも規制の対象とするものである場合には、同様に、本来許容されるべき行為の自己抑制を招くものといわなければならない。したがつて、表現の自由を規制する法律の規定の適用範囲が広汎に過ぎ、右規定が本来規制の許されるべきでない場合にまで適用される可能性を無視し得ない場合には、やはり憲法21条1項によつて違憲無効と判断されなければならない㊲。

【50】 これを本件についてみるのに、三号物件に関する税関検査による輸入規制が表現の事前規制たる側面を有することは、多数意見の指摘するとおりである㊳。

【51】 そして、関税定率法21条1項3号の「風俗を害すべき書籍、図画」等という規定が具体的に何を指すかは、規定の文言それ自体から一義的に明確にされているとはいえない。右規定の中に猥褻表現物が含まれると解することは可能であるとしても、それ以外に右規定による規制の対象として何が含まれるのかが不明確であり、規制の対象の一部が明らかになつているにすぎない。「風俗」という用語の意味内容は性的風俗、社会的風俗、宗教的風俗等多岐にわたるものであり、これを多数意見のいうように性的風俗に限定し、「風俗を害すべき書籍、図画」等を猥褻表現物に限ると解すべき根拠はない。現在の税関検査の実務において、被上告人の自陳する如く、右の書籍、図画等を猥褻物に限定する取扱いがされているとしても、その文言自体からみれば、右規定が猥褻物以外の物に適用される可能性を否定することはできない。例えば、右規定は残虐な表現物をも規制の対象とするものと解される余地があるが、残虐な表現物という場合にそれがいかなる物を包含するかは必ずしも明確でないばかりでなく、憲法上保護されるべき表現までをも包摂する可能性があるというべきであつて、右規定は不明確であり、かつ、広汎に過ぎるものといわなければならない。

【52】 このように、同号の「風俗を害すべき書籍、図画」等という規定は、不明確であると同時に広汎に過ぎるものであり、かつ、それが本来規制の許されるべきでない場合にも適用される可能性を無視し得ないと考えられるから、憲法21条1項に違反し、無効であるといわなければならない。

【53】 三 多数意見は、関税定率法21条1項3号の「風俗を害すべき書籍、図画」等を猥褻表現物に限ると限定解釈をした上で、合憲であるという。しかし、表現の自由が基本的人権の中でも最も重要なものであることからすると、これを規制する法律の規定についての限定解釈には他の場合よりも厳しい枠があるべきであり、規制の目的、文理及び他の条規との関係から合理的に導き出し得る限定解釈のみが許されるのである。「風俗を害すべき書籍、図画」等を猥褻表現物に限るとする解釈は、右の限界を超えるものというべきであるのみならず、右のような解釈が通常の判断能力を有する一般人に可能であるとは考えられない。さらに、表現の自由を規制する法律の規定が明確かどうかを判断するには、より明確な立法をすることが可能かどうかも重要な意味を持つと解されるが、多数意見のいうように、同号の「風俗を害すべき書籍、図画」等という規定が猥褻表現物の輸入のみを規制しようとするものであるとするならば、右規定を「猥褻な書籍、図画」等と規定することによつてより明確なものにすることは、立法上容易なはずである。この点からみても、表現の自由の事前規制の面をもつ同号の右規定が憲法上要求される明確性を充たしたものであるとはいい難く、これに限定解釈を加えることによつて合憲とするのは適切でない㊴。

【54】 なお、本件貨物が猥褻物に当たるとした原審の判断を前提としても、上告人は前記規定が不明確であり、あるいは広汎に過ぎることを主張して、その効力を争うことができるものというべきである。けだし、前述の観点から当該規定が不明確であり、あるいは広汎に過ぎることを理由として違憲であるというべき場合には、当該規定の具体的な適用の面を離れてその効力を否定すべきであるからである。また、右の如き規定のもたらす前述の効果から考えると、表現の自由を不当に規制する違憲の規定の効力を早期に排除することを認めるのが妥当であるというべきである㊵。

【55】 ちなみに、裁判官大橋進、同木戸口久治、同角田禮次郎、同矢口洪一の補足意見において関税定率法21条1項3号の「公安」を害すべき書籍、図画等という規定の効力について論じられている部分は、我々の立場からすれば、むしろ当然の帰結であるというべきである。

（裁判長裁判官　寺田治郎　裁判官　藤崎萬里　裁判官　木下忠良　裁判官　鹽野宜慶　裁判官　伊藤正己　裁判官　谷口正孝　裁判官　大橋進　裁判官　木戸口久治　裁判官　牧圭次　裁判官　和田誠一　裁判官　安岡滿彦　裁判官　角田禮次郎　裁判官　矢口洪一　裁判官　島谷六郎　裁判官　長島敦）

㊿ 伊藤裁判官は、学者時代、学説としては、税関検査が憲法21条2項前の検閲に該当し、違憲である旨主張していた。ここで伊藤裁判官が税関検査は検閲に該当しない旨論ずる意見に賛同したことは変節であるとの批判もあった。その点につき伊藤裁判官は、後に、「合議の過程で私の脳裏に去来した考え方は、……違憲の判断は到底多数意見になりうると思えないのであり、しかも、一方で税関検査の違憲判断が少数意見であつても示された場合に、これを合憲とする多数意見の論拠は……公的な利益によつて検閲もまた許される場合があるという一般法理があらわれる可能性が高いのである。そのような法理が大法廷の判例となるよりは、検閲は、たとえそこでの検閲概念が狭く限定されることとなつても、憲法21条1項前段の規定により絶対的に禁止されるものであり、対立する公益を考慮することなしに違憲となるとの判断を引き出すことが望ましいのではないかということであつた」と述懐している（文献③41-42頁）。

㊱【48】は、憲法21条1項に基づく憲法法理として知られるいわゆる「漠然性ゆえに無効の法理」の内容とその論拠を論じたものとして捉えることができる。

㊲【49】は、憲法21条1項に基づく憲法法理として知られるいわゆる「過度に広汎ゆえに無効の法理」の内容とその論拠について論じたものとして捉えることができる。

㊳【50】から【52】では、【48】と【49】で示された「漠然性ゆえに無効の法理」と「過度に広汎ゆえに無効の法理」の本件事案へのあてはめが論じられている。ここでは、特に、残虐な表現物の扱いの問題を念頭に、関税定率法21条1項3号の文言自体から捉えた場合、それがいかなる物を包含するか明確ではなく（漠然性の肯定）、また、憲法上保護されるべき表現までをも包摂する可能性がある（過度の広汎性の肯定）という2点を指摘し、同号は、憲法21条1項に違反し、無効であると論じている。

㊴【52】では、規定の文言自体から判断した場合に違憲であるとの結論が論じられたが、この【53】では、当該規定の限定解釈の可能性が論じられている。多数意見と伊藤ほか反対意見は限定解釈の限界については共通の立場に依拠していたものと思われるが、多数意見が、関税定率法21条1項3号が日本国憲法施行前に制定されたものであることを強調して限定解釈の許容性を論じたのに対し、伊藤ほか反対意見は、同条をより明確な規定に修正することが容易であることを強調して限定解釈に厳格な態度を示している。

㊵【54】では、合憲性を争う主張適格の問題について論じられている。藤崎意見の【41】を受けたものであると考えられる。ここでは、「表現の自由を不当に規制する違憲の規定の効力を早期に排除する」必要性などの観点から具体的事件を離れた主張適格が肯定されるべき旨論じられている。

| 補足説明 | 関税法と関税定率法 |

わが国の関税制度において主たる根拠法律となっているのは、関税法と関税定率法という二つの法律である。これらの関税法規は、第一には、関税の確定や納付といった関税に関する規程を定めているという点で、税法としての側面を有しているが、同時に、貨物の輸出や輸入といった通関に関する規程をも定めており、いわゆる通関法としての側面も有している。本件では通関法としての関税法規が問題になったものといえる。関税法と関税定率法の役割分担としては、伝統的には、「関税法は、主として一般の関税行政の基本となる実体及び手続について定めているのに対し、関税定率法は、主として関税の税率、課税標準、関税の軽減、免除、払戻しその他直接税額の決定に関する実体規定を内容とするものである」と整理されてきた（文献①35-36 頁）。その中で輸入禁制品の実体的内容について定めた規定は、従来から、関税定率法に定めが置かれ、本事件当時もそのような法の建付けになっていた。ただ、平成 18 年の関税法改正により、輸入禁制品の実体的規定は、関税定率法から関税法に移行し、現在に至っている（本件当時の関税定率法 21 条 1 項 3 号と同種の規定は、現在、関税法 69 条の 11 第 1 項 7 号に置かれている）。

Questions

①事実関係の確認

問 1　関税定率法 21 条 1 項 3 号は何を規定しているか。▶【参考条文】

問 2　X は、誰に、何を依頼したのか。Y1 は、何を検査し、どのような通知を X に対して行ったか。▶【事案】

問 3　X はどのような訴訟を提起したか。▶【事案】【2】

②判決の内容の確認

問 4　X の上告理由はどのようなものであったか。▶【1】

問 5　外国貨物の輸入はどのような手続に従ってなされるか。輸入貨物が三号物件に該当すると判断した場合、税関長は何を行うか。▶【3】

問 6　外国からの郵便物の輸入手続はどのようなものか。一般的な外国貨物の輸入手続と何が異なるのか。▶【4】

問 7　税関長の通知の性質がなぜ問題となるのか。Y1 等は、三号物件の輸入禁止という法的効果は何によって生じたものであるとしているか。▶【6】

問 8　本判決は、税関長の通知の機能を、どのような理由により、どのようなものと捉えているか。また、その帰結として何を結論づけているか。▶【7】～【10】

問 9　本判決は、憲法 21 条 2 項前段の趣旨をどのようなものとして捉えているか。その理由として挙げられた事情はどのようなものか。▶【11】

問 10　本判決は、憲法 21 条 2 項前段にいう「検閲」を何と定義づけているか。▶【12】

問 11　本判決は、いかなる理由から税関検査の「事前規制たる側面」を否定できないとしているか。また、いかなる理由から税関検査は「事前規制そのもの」ということはできないとしているか。▶【14】【15】

問 12　本判決は、いかなる事情を挙げて、税関検査の検閲該当性を判断しているか。それらの事情は、先に挙げた検閲の定義と一対一にそれぞれ対応するものか。▶【16】～【18】

問 13　本判決は、何を対象として憲法 21 条 1 項の問題を論じているか。まず、猥褻な書籍等の輸入規制の合憲性を問題としているのは、どのような理由に基づくものであるか。▶【20】

問 14　本判決は、どのような理由により、猥褻表現物の輸入規制は合憲であるとしているか。また、単純所持目的の輸入をも規制の対象とすることの合憲性についてどう論じているか。▶【21】【22】

問 15　本判決は、輸入規制によって猥褻表現物の発表の自由、知る自由が制限されることについて何と論じているか。▶【23】

問 16　本判決は、関税定率法 21 条 1 項 3 号における「公安」と「風俗」との関係をどのようなものとして捉えているか。▶【24】

問 17　本判決は、「風俗」の用語そのものの意味内容をどのようなものとして論じているか。本判決は、関税定率法 21 条 1 項 3 号にいう「風俗を害すべき書籍、図画」等との規定について、どのように解釈できるとしているか。また、そのような限定解釈が合理的であることの理由としてどのような事情を挙げているか。▶【25】～【27】、【31】

問 18　本判決は、法律をもって表現の自由を規制する場合にはどのような事情に配慮すべきであると論じているか。また、どのような規制について特に配慮が必要と論じているか。▶【28】

問 19　本判決は、表現の自由を規制する法律の規定について、どのような場合に限定解釈が許されるとしているか。本判決は、どのような理由により、限定解釈には制約が必要であると論じているか。▶【28】

問 20　本判決は、本件の限定解釈が限定解釈に課された制約の範囲内であることについて、どのような事情を挙げ、どのように論じているか。また、本判決は、本件で論じたような限定解釈を行わない場合における、関税定率法 21 条 1 項 3 号の合憲性についてどのように論じているか。▶【29】【30】

問 21　本判決は、憲法 21 条 2 項後段は、郵便物については何を保障していると論じているか。本判決は、なぜ、郵便物についての税関検査が憲法 21 条 2 項後段に違反しないものだと論じているか。▶【33】

③応用問題

問 22　①監獄における書籍や新聞等の閲読の制限、②公安条例による集団行動の規制、③青少年保護条例による一定の出版物の青少年への販売禁止、④教科書検定、⑤刑事手続における書籍等の押収・没収は、それぞれ、本判決が示した検閲の定義に照らして、その検閲該当性はどのように評価されるか。▶判解①489-491頁

関連判例（本書所収以外のもの）
最判昭和 54 年 12 月 25 日民集 33 巻 7 号 753 頁（判例①）
最判平成 20 年 2 月 19 日民集 62 巻 2 号 445 頁［メイプルソープ第 2 事件］（判例②）

本判決の調査官解説
新村正人「判解」最高裁判所判例解説民事篇昭和 59 年度 469 頁（判解①）

その他の判例解説・判例批評
千葉勝美「判解」最高裁判所判例解説民事篇平成 4 年度 220 頁（判解②）
前田巌「判解」最高裁判所判例解説刑事篇平成 19 年度 379 頁（判解③）
阪本昌成「判批」憲法判例百選Ⅰ［第 6 版］（2013 年）156 頁（判批①）

参考文献
大蔵省関税研究会編『関税法規精解(上)』（日本関税協会、1992 年）（文献①）
大蔵省関税研究会編『関税法規精解(下)』（日本関税協会、1992 年）（文献②）
伊藤正己『裁判官と学者の間』（有斐閣、1993 年）（文献③）
千葉勝美『違憲審査──その焦点の定め方』（有斐閣、2017 年）（文献④）

27 『北方ジャーナル』事件

最高裁昭和61年6月11日大法廷判決　　昭和56年(オ)第609号：損害賠償請求事件
民集40巻4号872頁

事案

昭和50年代、X（原告、控訴人、上告人）を代表者とする北方ジャーナル社が、公職選挙中、その発行する月刊誌『北方ジャーナル』において、候補者に対する人格攻撃を内容とする記事を数次にわたり掲載し、裁判所より、相次いで、その頒布・販売等禁止の仮処分命令を受けるという一連の事件が発生していた。本件もその一つである。

昭和38年5月から同49年9月までの間、旭川市長の地位にあったY₂（五十嵐：被告、被控訴人、被上告人）は、旭川市長を退任後、昭和50年4月の北海道知事選挙に立候補し、その選挙では落選したものの、再度、昭和54年4月実施予定の北海道知事選挙にも同年2月の時点で立候補する予定であった。そのような状況の中で、Xは、Y₂を批判する内容の「ある権力主義者の誘惑」と題した原稿（以下「本件記事」という）を作成し、これを昭和54年2月23日ころ発売予定の『北方ジャーナル』4月号（予定発行部数第1刷2万5000部。以下「本件雑誌」という）に掲載することとしたのである。本件雑誌は、2月8日に校了し、印刷その他の準備の段階に入っていた。しかし、昭和54年2月16日、本件記事の存在を知ったY₂は、札幌地裁に、債権者をY₂、債務者をXおよび山藤印刷株式会社として、名誉権の侵害を予防するとの理由に基づき、本件雑誌の執行官保管、その印刷、製本および販売または頒布の禁止等を命ずる旨の仮処分決定を求める仮処分申請をした。それに対し、札幌地裁は、同日、無審尋でY₂の申請を相当と認め、申請同旨の仮処分決定をした（本件仮処分）。

Xは、本件仮処分に対して異議申立てをしたが、仮処分そのものに対する異議事件については昭和56年10月2日の最高裁による特別上告棄却により、Xの敗訴で確定した。ただ、別途、Xは、Y₂らは仮処分の要件をみたさないことを承知のうえであえて申請を行い、さらに、本件仮処分申請事件を担当した札幌地裁の裁判官と執行官にもXに打撃を与えるという目的のもと職権の濫用による違法があったとして、Y₁（国：被告、被控訴人、被上告人）とY₂らに対して、4月号を休刊せざるをえなかったことによる損害3050万円（控訴審で2025万円に縮減）の賠償を求める訴訟を提起した。それに対し、第一審（札幌地判昭55・7・16民集40-4-908）は、Xの請求を棄却、原審である控訴審（札幌高判昭56・3・26民集40-4-921）も、Xの控訴を棄却し、それを不服としたXが上告した。

■参考条文 （特に表記のない場合は、判決当時のもの）

民事訴訟法
第757条　仮処分ノ命令ハ本案ノ管轄裁判所之ヲ管轄ス
2　右裁判ハ急迫ナル場合ニ於テハ口頭弁論ヲ経スシテ之ヲ為スコトヲ得
第760条　仮処分ハ争アル権利関係ニ付キ仮ノ地位ヲ定ムル為ニモ亦之ヲ為スコトヲ得但其処分ハ殊ニ継続スル権利関係ニ付キ著シキ損害ヲ避ケ若クハ急迫ナル強暴ヲ防クカ為メ又ハ其他ノ理由ニ因リ之ヲ必要トスルトキニ限ル

民事保全法（現行）
第23条
2　仮の地位を定める仮処分命令は、争いがある権利関係について債権者に生ずる著しい損害又は急迫の危険を避けるためこれを必要とするときに発することができる。
4　第2項の仮処分命令は、口頭弁論又は債務者が立ち会うことができる審尋の期日を経なければ、これを発することができない。ただし、その期日を経ることにより仮処分命令の申立ての目的を達することができない事情があるときは、この限りでない。

Navigator

本判決は、裁判所の行う出版物の頒布等の事前差止めの仮処分の合憲性について判断したものであり、表現の自由の意義や事前抑制の法理について、最高裁大法廷の立場が示されているという観点からも重要な意義を有する。本判決の判決理由は、大きく四つの部分から構成されている。第1に、【1】【2】では、出版物の仮処分による事前差止めが憲法21条2項前段にいう「検閲」に該当し、違憲であるかが検討されている。第2に、【3】から【6】では、主として事後制裁の場面を念頭に、表現の自由と名誉権との対立を調整する従前の判例法理が確認されている。第3に、【7】から【10】では、事前抑制という観点から、憲法21条1項によって要請される出版物の仮処分による事前差止めの実体的・手続的要件が示される。第4に、【13】から【16】では、第3で示された実体的・手続的要件に従い、具体的に、本件仮処分の憲法適合性が検討されている。本判決を読むにあたっては、仮処分命令の特性を理解したうえで、本判決が、事前抑制と事後制裁には、どのような相違点があると論じているのか、また、その結果、事前抑制と事後制裁とでそれが許容される要件にどのような差があるのか、本判決が提示した要件においては、何が「原則」であり、何が「例外」として位置づけられているのかに着目して読み進めることが重要である。

■ **判決の論理構造**

刑事上および民事上の名誉毀損にあたる表現行為
◎ 事後制裁（刑事罰・損害賠償責任）
　○ 客観的免責要件
　　・当該行為が公共の利害に関する事実に係るものである
　　・その目的が専ら公益を図るものである　　　　　　　　→ 違法性はない
　　・当該事実が真実であることの証明がある
　○ 主観的免責要件（相当性の理論）← 萎縮効果の防止
　　・行為者がそれを事実であると誤信したことについて相当の　→ 故意または過失がない
　　　理由がある

◎ 事前抑制（表現行為の事前差止め）→ 厳格かつ明確な要件（事前抑制の法理）
　○ 実体的要件
　　・対象が公共利害関係事項の表現行為である場合　　　　　→ 事前差止めは、原則として許されない
　　・表現内容が真実でなく、またはそれが専ら公益を図る目的
　　　のものではないことが明白である【第1要件】　　　　　→ 例外的に事前差止めが許される
　　・被害者が重大にして著しく回復困難な損害を被る虞がある
　　　【第2要件】
　○ 手続的要件（仮処分手続の場合）
　　・対象が公共利害関係事項の表現行為である場合　　　　　→ 口頭弁論・債務者審尋を原則必要とする
　　・債権者の提出した資料（顕著な事実も含む）によって実体　→ 例外的に口頭弁論・債務者審尋が必要なし
　　　的要件の充足性を認定できる場合

判　決

　　　　　　　　　　○ 主　　文
　本件上告を棄却する。
　上告費用は上告人の負担とする。
　　　　　　　　　　○ 理　　由
　一　上告人の上告理由第一点(4)について

[1]　憲法21条2項前段は、検閲の絶対的禁止を規定したものであるから（最高裁昭和57年（行ツ）第156号同59年12月12日大法廷判決・民集38巻12号1308頁）、他の論点に先立つて、まず、この点に関する所論につき判断する❶。

[2]　憲法21条2項前段にいう検閲とは、行政権が主体となつて、思想内容等の表現物を対象とし、その全部又は一部の発表の禁止を目的として、対象とされる一定の表現物につき網羅的一般的に、発表前にその内容を審査したうえ、不適当と認めるものの発表を禁止することを、その特質として備えるものを指すと解すべきことは、前掲大法廷判決の判示するところである。ところで、一定の記事を掲載した雑誌その他の出版物の印刷、製本、販売、頒布等の仮処分による事前差止めは、裁判の形式によるとはいえ、口頭弁論ないし債務者の審尋を必要的とせず、立証についても疎明で足りるとされているなど簡略な手続によるものであり、また、いわゆる満足的仮処分として争いのある権利関係を暫定的に規律するものであつて、非訟的な要素を有することを否定することはできないが、仮処分による事前差止めは、表現物の内容の網羅的一般的な審査に基づく事前規制が行政機関によりそれ自体を目的として行われる場合とは異なり、個別的な私人間の紛争について、司法裁判所により、当事者の申請に基づき差止請求権等の私法上の被保全権利の存否、保全の必要性の有無を審理判断して発せられるものであつて、右判示にいう「検閲」には当たらないものというべきである。したがつて、本件において、札幌地方裁判所が被上告人Y₂の申請に基づき上告人発行の「ある権力主義者の誘惑」と題する記事（以下「本件記事」という。）を掲載した月刊雑誌「北方ジャーナル」昭和54年4月号の事前差止めを命ずる仮処分命令（以下「本件仮処分」という。）を発したことは「検閲」に当たらない、とした原審の判断は正当であり、論旨は採用することができない❷。

　二　上告人のその余の上告理由について

[3]　1　論旨は、本件仮処分は、「検閲」に当たらないとしても、表現の自由

❶　【1】と【2】では、仮処分手続によって裁判所が出版物の販売等の事前差止めを命じることの検閲（憲法21条2項前段）該当性についての検討が行われている。憲法21条2項は主体が行政権である場合にのみ適用されるとする狭義説の立場からも、「慎重な口頭弁論を開いて審理するようなことはなく、決定も極端に簡略で、主文だけで理由すら付せられていないものもある……仮処分は一種の警察作用代行的に機能」するものであり、検閲に該当するとの指摘があり（文献①513頁）、本判決は、それに応えたものであったといえる。

❷　【2】では、札幌税関検査事件判決〔本書26事件〕によって示された検閲の定義が再確認され、当該定義の本件への適用が行われている。本判決は、仮処分は、ⅰ口頭弁論・債務者審尋が必要的でない、ⅱ立証は疎明で足りる、ⅲ権利関係を暫定的に規律する等の観点から、裁判という形式であっても「非訟的な要素」を有することを認めた。しかし、仮処分は、ⅳ個別的な私人間の紛争の場面で、ⅴ司法裁判所によって、ⅵ当事者の申請に基づき判断されるものであることなどの性質を挙げ、結論として、仮処分による事前差止めの検閲該当性を否定している。なお、伊藤正己裁判官は、文献②185頁において、札幌税関検査事件判決による検閲概念は、すでに上告されていた本件も視野に入れてそもそも構成されたものであった旨記述している。

を保障する憲法21条1項に違反する旨主張するので、以下に判断する。

【4】 (一) 所論にかんがみ、事前差止めの合憲性に関する判断に先立ち、実体法上の差止請求権の存否について考えるのに、人の品性、徳行、名声、信用等の人格的価値について社会から受ける客観的評価である名誉を違法に侵害された者は、損害賠償（民法710条）又は名誉回復のための処分（同法723条）を求めることができるほか、人格権としての名誉権に基づき、加害者に対し、現に行われている侵害行為を排除し、又は将来生ずべき侵害を予防するため、侵害行為の差止めを求めることができるものと解するのが相当である。けだし、名誉は生命、身体とともに極めて重大な保護法益であり、人格権としての名誉権は、物権の場合と同様に排他性を有する権利というべきであるからである❸。

【5】 (二) しかしながら、言論、出版等の表現行為により名誉侵害を来す場合には、人格権としての個人の名誉の保護（憲法13条）と表現の自由の保障（同21条）とが衝突し、その調整を要することとなるので、いかなる場合に侵害行為としてその規制が許されるかについて憲法上慎重な考慮が必要である❹。

【6】 主権が国民に属する民主制国家は、その構成員である国民がおよそ一切の主義主張等を表明するとともにこれらの情報を相互に受領することができ、その中から自由な意思をもって自己が正当と信ずるものを採用することにより多数意見が形成され、かかる過程を通じて国政が決定されることをその存立の基礎としているのであるから、表現の自由、とりわけ、公共的事項に関する表現の自由は、特に重要な憲法上の権利として尊重されなければならないものであり、憲法21条1項の規定は、その核心においてかかる趣旨を含むものと解される❺。もとより、右の規定も、あらゆる表現の自由を無制限に保障しているものではなく、他人の名誉を害する表現は表現の自由の濫用であって、これを規制することを妨げないが、右の趣旨にかんがみ、刑事上及び民事上の名誉毀損に当たる行為についても、当該行為が公共の利害に関する事実にかかり、その目的が専ら公益を図るものである場合には、当該事実が真実であることの証明があれば、右行為には違法性がなく、また、真実であることの証明がなくても、行為者がそれを事実であると誤信したことについて相当の理由があるときは、右行為には故意又は過失がないと解すべく、これにより人格権としての個人の名誉の保護と表現の自由の保障との調和が図られているものであることは、当裁判所の判例とするところであり（昭和41年（あ）第2472号同44年6月25日大法廷判決・刑集23巻7号975頁、昭和37年（オ）第815号同41年6月23日第一小法廷判決・民集20巻5号1118頁参照）、このことは、侵害行為の事前規制の許否を考察するに当たっても考慮を要するところといわなければならない❻。

【7】 (三) 次に、裁判所の行う出版物の頒布等の事前差止めは、いわゆる事前抑制として憲法21条1項に違反しないか、について検討する❼。

【8】 (1) 表現行為に対する事前抑制は、新聞、雑誌その他の出版物や放送等の表現物がその自由市場に出る前に抑止してその内容を読者ないし聴視者の側に到達させる途を閉ざし又はその到達を遅らせてその意義を失わせ、公の批判の機会を減少させるものであり、また、事前抑制たることの性質上、予測に基づくものとならざるをえないこと等から事後制裁の場合よりも広汎にわたり易く、濫用の虞があるうえ、実際上の抑止的効果が事後制裁の場合より大きいと考えられるのであって、表現行為に対する事前抑制は、表現の自由を保障し検閲を禁止する憲法21条の趣旨に照らし、厳格かつ明確な要件のもとにおいてのみ許容されうるものといわなければならない❽。

【9】 出版物の頒布等の事前差止めは、このような事前抑制に該当するものであって、とりわけ、その対象が公務員又は公職選挙の候補者に対する評価、批判等の表現行為に関するものである場合には、そのこと自体から、一般にそれが公共の利害に関する事項であるということができ、前示のような憲法21条1項の趣旨（前記(二)参照）に照らし、その表現が私人の名誉権に優先する社会的価値を含み憲法上特に保護されるべきであることにかんがみると、当該表現行為に対する事前差止めは、原則として許されないものといわなければならない❾。ただ、右のような場合においても、その表現内容が真実でなく、又はそれが専ら公益を図る目的のものではないことが明白であって、かつ、被害者が重大にして著しく回復困難な損害を被る虞があるときは、当該

❸【4】では、名誉権に基づく実体法上の差止請求権の有無およびその根拠についての検討がなされている。民法は、名誉権侵害を不法行為と位置づけ、その効果として損害賠償（710条）および名誉回復処分（723条）を認めている。しかし、名誉権等の人格権・人格的利益を侵害する加害行為に対する差止請求権について定めた実定法上の明文規定は存在せず、その有無・根拠について争いがあった。学説の中には、損害賠償等と同様、不法行為法上の効果として差止請求権を認めるべきとの見解も有力であったが、本判決は、「人格権としての名誉権」には、物権類似の排他的権利性があることを根拠として、いわば物権法の類推により差止請求権を根拠づけた。本判決は、ここで、所有権等と同様、現に行われている侵害行為を排除する妨害排除請求権だけでなく、将来生ずべき侵害を予防するための妨害予防請求権も認めている。また、本判決は、「名誉」を「人の品性、徳行、名声、信用等の人格的価値について社会から受ける客観的評価」と定義づけており、それを「生命、身体とともに極めて重大な保護法益」と位置づけていることも重要である。ただ、本判決は、あらゆる人格的利益について差止請求権を認めたわけではないことは注意が必要である（以上について判解①286-287頁を参照）。なお、その後の判例の展開としては、たとえば、プライバシーの法的保護の効果として差止請求権が認められた例がある（判例③参照）。

❹【5】では、名誉権と表現の自由は「衝突」することからその「調整」が必要であり、名誉権侵害に対する規制には、「憲法上慎重な考慮」が必要であることが示されている。なお、ここでは、「個人の名誉の保護（憲法13条）」との記載があるところ、最高裁は、それにより、憲法13条の権利として名誉権を認めたといえるかが問題となりうる。これについて判解③239-240頁は、京都府学連事件判決〔本書1事件〕のように「公権力との関係で憲法13条により保障された権利・自由」とまで明確に認めたわけではなく、むしろ、「表現の自由を制約する根拠としての憲法上の権利」として触れたものであるとの整理をしている。

❺【6】の前半では、憲法21条1項の趣旨が論じられている。ここでは、①一切の主義主張等の表明→②その情報の相互受領→③各国民の自由意思による自ら信じるものの採用→④多数意見の形成→⑤国政の決定→⑥民主制国家の存立という過程が示されたうえで、「公共的事項に関する表現の自由」は、「特に重要な憲法上の権利として尊重されなければならない」との解釈が示されている。これはいわゆる自己統治論に基づくものであり、表現の自由と民主制との不可分性を論じたものとして重要である。

❻【6】の後半では、名誉権と表現の自由との調和を図るための従前の判例法理が確認されている。名誉毀損行為は、摘示事実が真実であっても、不法行為責任・刑事罰の対象となるのが原則であるが、本判決は、(1)事実の公共利害性、(2)目的の公益性、(3)真実性の証明がある場合には、「違法性」がなく、さらに(4)「真実性の証明」がない場合であっても、真実性の誤信に「相当の理由」があれば、「故意又は過失」がないというのが判例の立場としている。ここでは、民事と刑事において共通の要件が示されており、また、その要件は、憲法上の要請もふまえたものであることが示されていることが重要である。なお、ここで示されたものは「事後制裁」の要件であり、【7】以下で示される「事前抑制」の要件と対比しておく必要がある。特に、「相当の理由」による免責は、「事前抑制」では示されないものであるが、これは「萎縮効果」の発生という事後制裁がもつ弊害に対処するための要件として捉えることができる。

❼【7】から【10】では、不法行為責任・刑事罰の成立要件ではなく、裁判所の行う出版物の頒布等の事前差止めが許容される要件について、憲法21条1項の観点から導出がなされている。同条2項前段の「検閲」に

表現行為はその価値が被害者の名誉に劣後することが明らかであるうえ、有効適切な救済方法としての差止めの必要性も肯定されるから、かかる実体的要件を具備するときに限つて、例外的に事前差止めが許されるものというべきであり、このように解しても上来説示にかかる憲法の趣旨に反するものとはいえない⑩。

[10]　(2)　表現行為の事前抑制につき以上説示するところによれば、公共の利害に関する事項についての表現行為に対し、その事前差止めを仮処分手続によつて求める場合に、一般の仮処分命令手続のように、専ら迅速な処理を旨とし、口頭弁論ないし債務者の審尋を必要的とせず、立証についても疎明で足りるものとすることは、表現の自由を確保するうえで、その手続的保障として十分であるとはいえず、しかもこの場合、表現行為者側の主たる防禦方法は、その目的が専ら公益を図るものであることと当該事実が真実であることとの立証にあるのである（前記(二)参照）から、事前差止めを命ずる仮処分命令を発するについては、口頭弁論又は債務者の審尋を行い、表現内容の真実性等の主張立証の機会を与えることを原則とすべきものと解するのが相当である⑪。ただ、差止めの対象が公共の利害に関する事項についての表現行為である場合においても、口頭弁論を開き又は債務者の審尋を行うまでもなく、債権者の提出した資料によつて、その表現内容が真実でなく、又はそれが専ら公益を図る目的のものではないことが明白であり、かつ、債権者が重大にして著しく回復困難な損害を被る虞があると認められるときは、口頭弁論又は債務者の審尋を経ないで差止めの仮処分命令を発したとしても、憲法21条の前示の趣旨に反するものということはできない。けだし、右のような要件を具備する場合に限つて無審尋の差止めが認められるとすれば、債務者に主張立証の機会を与えないことによる実害はないといえるからであり、また、一般に満足的仮処分の決定に対しては債務者は異議の申立をするとともに当該仮処分の執行の停止を求めることもできると解される（最高裁昭和23年（マ）第3号同年3月3日第一小法廷決定・民集2巻3号65頁、昭和25年（ク）第43号同年9月25日大法廷決定・民集4巻9号435頁参照）から、表現行為者に対しても迅速な救済の途が残されているといえるのである⑫。

[11]　2　以上の見地に立つて、本件をみると、
[12]　(一)　原審の適法に確定した事実関係の概要は、次のとおりである。
[13]　(1)　被上告人 Y_2 は、昭和38年5月から同49年9月までの間、旭川市長の地位にあり、その後同50年4月の北海道知事選挙に立候補し、更に同54年4月施行予定の同選挙にも同年2月の時点で立候補する予定であつた⑬。
[14]　(2)　上告人代表者は、本件記事の原稿を作成し、上告人はこれを昭和54年2月23日頃発売予定の本件雑誌（同年4月号、予定発行部数第1刷2万5000部）に掲載することとし、同年2月8日校了し、印刷その他の準備をしていた。本件記事は、北海道知事たる者は聡明で責任感が強く人格が清潔で円満でなければならないと立言したうえ、被上告人 Y_2 は右適格要件を備えていないとの論旨を展開しているところ、同被上告人の人物論を述べるに当たり、同被上告人は、「嘘と、ハッタリと、カンニングの巧みな」少年であつたとか、「Y_2（中略）のようなゴキブリ共」「言葉の魔術者であり、インチキ製品を叩き売つている（政治的な）大道ヤシ」「天性の嘘つき」「美しい仮面にひそむ、醜悪な性格」「己れの利益、己れの出世のためなら、手段を選ばないオポチュニスト」「メス犬の尻のような市長」「Bの素顔は、昼は人をたぶらかす詐欺師、夜は闇に乗ずる凶賊で、云うならばマムシの道三」などという表現をもつて同被上告人の人格を評し、その私生活につき、「クラブ（中略）のホステスをしていた新しい女（中略）を得るために、罪もない妻を卑劣な手段を用いて離別し、自殺せしめた」とか「老父と若き母の寵愛をいいことに、異母兄たちを追い払」つたことがあると記し、その行動様式は「常に保身を考え、選挙を意識し、極端な人気とり政策を無計画に進め、市民に奉仕することより、自己宣伝に力を強め、利権漁りが巧みで、特定の業者とゆ着して私腹を肥やし、汚職を蔓延せしめ」「巧みに法網をくぐり逮捕はまぬがれ」ており、知事選立候補は「知事になり権勢をほしいままにするのが目的である。」とする内容をもち、同被上告人は「北海道にとつて真に無用有害な人物であり、社会党が本当に革新の旗を振る

該当しない場合でも、「事前抑制」として1項の問題となりうるという考え方を示していることは重要である。

❽　[8]では、「事前抑制」の弊害が論じられている。ここでは、「事前抑制」は、①表現内容が読者に到達する途を閉ざすものであること、②到達が遅れる場合には表現の意義が失われる場合があること、③公の批判を減少させるものであること、④予測に基づく判断であることから広汎となりやすいこと、⑤濫用の危険があること等の問題点があると指摘し、実際上の抑止効果は「事後制裁」の場合より大きいことを示し、「表現行為に対する事前抑制」は「明確かつ厳格な要件」のもとにおいてのみ許容されるとの重要な命題が示されている。

❾　[9]では、「出版物の頒布等の事前差止め」は、[8]にいう「事前抑制」に該当することが確認されたうえで、その許容性を判断するための「厳格かつ明確な要件」の導出がなされている。まず、[9]の前半では、「公的人物に対する批判」という類型を挙げ、当該類型に属する表現行為の事前差止めは「原則的」に許容されないとの立場が示されている。これは、「類型的利益衡量」の考え方を採り入れたものと理解することができる（判解②239頁の整理も参照）。

❿　[9]の後半では、前半で示された類型的利益衡量の「例外」が示されており、(1)免責対象でないことが「明白」であること、(2)重大かつ著しく回復困難な損害の虞があることの二つの要件がみたされる場合には、「例外的」に「公的人物に対する批判」の記事であつても、事前差止めが認められることになる。この要件は、[8]で示された事後制裁の要件よりさらに厳格なものとなつている。逆にいえば、事前差止めの対象とはならなくとも、当該出版を行つた後で、刑事責任・不法行為責任の対象になる場合もありうることになる。なお、(2)の要件については、民事保全法が要請する仮処分の要件と重なる部分があるが、判解①306頁は、これらの要件は「憲法解釈上の要件として設定」されたものであり、「それが、たまたま仮処分の必要性の要件に類似して」いるにすぎないとしている（50）も参照）。

⓫　[10]では、事前差止めに必要とされる手続的要件について論じられている（ただし、公共利害事項に関する表現行為のみを対象としている）。まず、[10]の前半において、表現の自由を確保するための「手続的保障」の要請のほか、表現行為者側の「主たる防御方法」が、公益目的性と真実性の立証にあることを指摘したうえで、事前差止めの仮処分命令においては、口頭弁論・債務者審尋が必要的であるとの「原則」が示されている。判解①297頁は、ここで言及された手続保障について、「憲法31条の問題ではなく、憲法21条の表現の自由を実質的に保障するための手続保障という意味である」と論じており、それをふまえれば、憲法21条は同31条に回収されない独自の手続保障を要請するものであると捉えることができる。

⓬　[10]の後半では、「例外的」に、口頭弁論・債務者審尋を要することなく事前差止めができる場合の要件が示されている。本判決は、「債権者の提出した資料」のみによつて[8]で示された「厳格かつ明確な要件」の充足性が判断できる場合には、債務者審尋が必要ないと論じている。本判決は、このような例外が認められる理由について、「債権者の提出した資料」のみによつて判断ができるような場合には、債務者審尋を省略しても実害はなく、さらに、異議申立て（口頭弁論が必要的となる）による執行停止という救済手段もあることを挙げている。なお、判解①297頁は、「債権者の提出した資料」だけでなく、「裁判所に顕著な事実」も含むとの考え方を示している。

⓭　[13]と[14]では、本件事実関係の概要が記述されている。[13]では、Y_2 が、かつて旭川市長の地位にあり、北海道知事選挙に立候補予定であつたという事実が示されている。Y_2 に対する評価・批判は、「公務員又は公職選挙の候補者に対する評価、批判」として、原則とし

なら、速やかに知事候補を変えるべきであろう。」と主張するものであり、また、標題にそえ、本文に先立つて「いま北海道の大地に広三という名の妖怪が蠢いている。昼は蝶に、夜は毛虫に変身して赤レンガに棲みたいと啼くその毒気は人々を惑乱させる。今こそ、この化物の正体を……」との文章を記すことになつていた❶。

[15]　(3)　被上告人五十嵐の代理人弁護士菅沼文雄らは、昭和54年2月16日札幌地方裁判所に対し、債権者を同被上告人、債務者を上告人及び山藤印刷株式会社とし、名誉権の侵害を予防するとの理由で本件雑誌の執行官保管、その印刷、製本及び販売又は頒布の禁止等を命ずる第一審判決添付の主文目録と同旨の仮処分決定を求める仮処分申請をした。札幌地方裁判所裁判官は、同日、右仮処分申請を相当と認め、右主文目録記載のとおりの仮処分決定をした。その後、札幌地方裁判所執行官においてこれを執行した❶。

[16]　(二)　右確定事実によれば、本件記事は、北海道知事選挙に重ねて立候補を予定していた被上告人五十嵐の評価という公共的事項に関するもので、原則的には差止めを許容すべきでない類型に属するものであるが、前記のような記事内容・記述方法に照らし、それが同被上告人に対することさらに下品で侮辱的な言辞による人身攻撃等を多分に含むものであつて、到底それが専ら公益を図る目的のために作成されたものということはできず、かつ、真実性に欠けるものであることが本件記事の表現内容及び疎明資料に徴し本件仮処分当時においても明らかであつたというべきところ、本件雑誌の予定発行部数（第1刷）が2万5000部であり、北海道知事選挙を2か月足らず後に控えた立候補予定者である同被上告人としては、本件記事を掲載する本件雑誌の発行によつて事後的には回復しがたい重大な損失を受ける虞があつたということができるから、本件雑誌の印刷、製本及び販売又は頒布の事前差止めを命じた本件仮処分は、差止請求権の存否にかかわる実体面において憲法上の要請をみたしていたもの（前記1（三）(1)参照）というべきであるとともに、また、口頭弁論ないし債務者の審尋を経たものであることは原審の確定しないところであるが、手続面においても憲法上の要請に欠けるところはなかつたもの（同(2)参照）ということができ、結局、本件仮処分に所論違憲の廉はなく、右違憲を前提とする本件仮処分申請の違憲ないし違法の主張は、前提を欠く❶。

[17]　3　更に、所論は、原審が、本件記事の内容が名誉毀損に当たるか否かにつき事実審理をせず、また、被上告人五十嵐らの不法に入手した資料に基づいて、本件雑誌の頒布の差止めを命じた本件仮処分を是認したものであるうえ、右資料の不法入手は通信の秘密の不可侵を定めた憲法21条2項後段に違反するともいうが、記録によれば、原審が事実審理のうえ本件記事の内容が名誉毀損に当たることが明らかである旨を認定判断していることが認められ、また、同被上告人らの資料の不法入手の点については、原審においてその事実は認められないとしており、所論は、原審の認定にそわない事実に基づく原判決の非難にすぎないというほかない❶。

[18]　4　したがつて、以上と同趣旨の原審の判断は、正当として是認することができ、その過程に所論の違憲、違法はないものというべきである。論旨は、採用することができない。

[19]　よつて、民訴法396条、384条、95条、89条に従い、裁判官伊藤正己、同大橋進、同牧圭次、同長島敦の補足意見、裁判官谷口正孝の意見があるほか、裁判官全員一致の意見で、主文のとおり判決する。

❶　【14】では、本件記事の内容と発行に向けた準備状況が記述されている。

❶　【15】では、Y₂による仮処分申請とそれを受けた仮処分決定の内容が記述されている。

❶　【16】では、【9】と【10】で示された要件に従い、本件仮処分の合憲性が検討されている。ここで、本判決は、実体面においては、本件記事が、原則として差止めを許容すべきでない「類型」に属すものであったこと、そして、手続面においては、本件仮処分は口頭弁論・債務者審尋を経たものではなかったことを認める。しかし、記事内容・記述方法から、本件記事が公共目的性をもたないこと、本件記事の表現内容と疎明資料から、本件記事は真実性に欠けるものであることが明らかであること、そして、本件雑誌の発行部数と知事選挙が直前であるとの時期から、Y₂の損害の重大性・事後的回復困難性があったことを認定し、実体面・手続面の両方において、本件仮処分は、憲法上例外的取扱いが許容される場合であると判断している。なお、判解①299頁は、本判決が手続面において【10】の要件をみたしていると判断したのは、「債権者の提出した資料」だけでなく、XがY₂に関して同様の文書を以前にも出しており、それについてすでに裁判所から差止めを受けていたという「顕著な事実」もふまえたものであったと指摘しており、本件のように債権者の提出した資料によって要件が認められるケースは通常考えにくいとしている。

❶　【17】では、その他のXの主張に対する判断が示されている。Xは第一審以来、Y₂が、印刷所から盗み出した印刷物を証拠として本件仮処分申請をした旨主張していたが、原審ではそのような事実は認定されていない。

少数意見

裁判官伊藤正己の補足意見は、次のとおりである❶。

[20]　私は、多数意見に示された結論とその理由についてともに異論がなく、これに同調するものであるが、本件は、表現行為に対して裁判所の行う事前の規制にかかわる憲法上の重要な論点を提起するものであるから、それが憲法によつて禁止されるものであるかどうか、また憲法上許容されうるとしてもその許否を判断する基準をどこに求めるか、というこの問題の実体的側面を中心として、私の考えるところを述べて、多数意見を補足することとしたい。

❶　伊藤補足意見では、多数意見が理論的に補足されていると同時に、各少数意見の内容についても論評が加えられている。

[21] 一 多数意見の説示するとおり、当裁判所は、憲法21条2項前段に定める検閲とは、行政権が主体となって、思想内容等の表現物を対象とし、その全部又は一部の発表の禁止を目的として、対象とされる一定の表現物について網羅的一般的に、発表前にその内容を審査したうえ、不適当と認めるものの発表を禁止することを、その特質として備えるものを指すと解し、「検閲」を右のように古くから典型的な検閲と考えられてきたものに限定するとともに、それは憲法上絶対的に禁止されるものと判示している（昭和57年（行ツ）第156号同59年12月12日大法廷判決・民集38巻12号1308頁）。この見解は、憲法の定める検閲の意味を狭く限定するものであるが、憲法によるその禁止に例外を認めることなく、およそ「検閲」に該当するとされるかぎり憲法上許容される余地がないという厳格な解釈と表裏をなすものであって、妥当な見解であるといってよいと思われる❶。

[22] しかし、右の判示は、表現行為に対する公権力による事前の規制と考えられるもののすべてが「検閲」に当るという理由によって憲法上許されないと解することはできない、とするものであって、一般に表現行為に対する事前の規制が表現の自由を侵害するおそれのきわめて大であることにかんがみると、憲法の規定する「検閲」の絶対的禁止には、憲法上事前の規制一般について消極的な評価がされているという趣旨が含まれていることはいうまでもないところであろう。そして、このような趣旨は、表現の自由を保障する憲法21条1項の解釈のうちに、当然に生かされなければならないものと考える。もとより、これは同項による憲法上の規律の問題であって、同条2項前段のような絶対的禁止のそれではないから、事前の抑制であるという一事をもって直ちに違憲の烙印を押されるものではないが、それが許容されるかどうかについての判断基準の設定においては、厳格な要件が求められることとなるのである❷。

[23] そもそも表現の自由の制約の合憲性を考えるにあたっては、他の人権とくに経済的な自由権の制約の場合と異なって、厳格な基準が適用されるのであるが（最高裁昭和45年（あ）第23号同47年11月22日大法廷判決・刑集26巻9号576頁、昭和43年（行ツ）第120号同50年4月30日大法廷判決・民集29巻4号572頁参照）、同じく表現の自由を制約するものの中にあっても、とりわけ事前の規制に関する場合には、それが合憲とされるためにみたすべき基準は、事後の制裁の場合に比していっそう厳しいものとならざるをえないと解される。当裁判所は、すでに、法律の規制により表現の自由が不当に制限されるという結果を招くことがないよう配慮する必要があるとしつつ、「事前規制的なものについては特に然りというべきである」と判示している（前記昭和59年12月12日大法廷判決）。これは、表現の自由を規制する法律の規定の明確性に関連して論じたものではあるが、表現の自由の規制一般について妥当する考え方であると思われる。もとより、事前の規制といっても多様なものであるから、これを画一的に判断する基準を設定することは困難であるし、画一的な基準はむしろ適切とはいえない。私は、この場合には、当該事前の規制の性質や機能と右に示された「検閲」のもつ性質や機能との異同の程度を図ってみることが有益であろうと考えている❸。

[24] 二 本件で問題とされているのは、表現行為に対する裁判所の仮処分手続による差止めである。これは、行政機関ではなく、司法裁判所によってされるものであって、前示のような「検閲」に当たらないことは明らかである。したがって、それが当然に、憲法によって禁止されるものに当たるということはできない。しかし、単に規制を行う機関が裁判所であるという一事によって、直ちにその差止めが「検閲」から程遠いものとするのは速断にすぎるのであって、問題の検討にあたっては、その実質を考慮する必要がある。「検閲」の大きな特徴は、一般的包括的に一定の表現を事前規制の枠のうちにとりこみ、手続上も概して密行的に処理され、原則として処分の理由も示されず、この処分を法的に争う手段が存在しないか又はきわめて乏しいところに求められる。裁判所の仮処分は、多数意見も説示するとおり、網羅的一般的な審査を行うものではなく、当事者の申請に基づいて司法的な手続によって審理判断がされるもので、理由を付して発せられ、さらにそれが発せられたときにも、法的な手続で争う手段が認められているのであって、単に担当の機関を異にするというだけではなく、その実質もまた「検閲」と異なるものというべきである❹。

[25] しかしながら、他面において、裁判所の仮処分による差止めが「検閲」に類似した側面を帯有していることも、否定することはできない。第一に、それは、表現行為が受け手に到達するに先立って公権力をもって抑止するものであって、表現内容の同一のものの再発行のような場合を除いて、差止めをうけた表現は、思想の自由市場、すなわち、いかなる表現も制限なしにもち出され、表現には表現をもって対抗することが予定されている場にあらわれる機会を奪われる点において、「検閲」と共通の性質をもっている。第二に、裁判所の審査は、表現の外面上の点のみならず、その思想内容そのものにも及ぶのであって、この点では、当裁判所が、表現物を「容易に判定し得る限りにおいて審査しようとするものにすぎ」ないと判断した税関による輸入品の検査に比しても、「検閲」に近い要素をもっている。第三に、仮の地位を定める仮処分の手続は、司法手続とはいっても非訟的な要素を帯びる手続で、ある意味で行政手続に近似した性格をもっており、またその手続も簡易で、とくに不利益を受ける債務者の意見が聞かれる機会のないこともある点に注意しなければならない❺。

[26] 三 このように考えてくると、裁判所の仮処分による表現行為の事前の差止めは、憲法の絶対的に禁止する「検閲」に当たるものとはいえないが、それと類似するいくつかの面をそなえる事前の規制であるということができ、このような仮処分によって仮の満足が図られることになる差止請求権の要件についても、憲法の趣旨をうけて相当に厳しい基準によって判断されなければならないのである。多数意見は、このような考え方に基づくものということができる。私として、以下にこの基準について検討することとしたい❻。

[27] 1 まず考えられるのは、利益較量によって判断する方法である。およそ人権の制約の合憲性を判断する場合に、その人権とそれに対立する利益との調整が問題となり、そこに利益較量の行われるべきことはいうまでもないところであろう（憲法制定者が制定時においてすでに利益較量を行ったうえでその結論を成文化したと考えられる場合、例えば「検閲」の禁止はそれに当たるが、かかる場合には、ある規制が「検閲」に当たるかどうかは問題となりうるとしても、それに当たると

---

❶ [21]では、札幌税関検査事件判決〔本書26事件〕で示された憲法21条2項前段が定める「検閲」の解釈について、それを妥当とする見解が示されている。

❷ [22]では、「検閲」と「事前抑制」との関係が説明されている。伊藤裁判官は、ここで、憲法21条2項前段は、単に「検閲」の絶対的禁止を規定するだけでなく、「検閲」概念よりも広い「事前抑制」一般についての「消極的な評価」を示す趣旨が含まれているとし、その趣旨は、憲法21条1項の解釈においても、当然活かさなければならないとしている。多数意見の[8]の論証も、基本的にこのような考え方に沿ったものと思われる。

❸ [23]では、表現行為の事前抑制に対する従前の判例の立場が整理されている。伊藤裁判官は、ここで、表現の自由の制約の合憲性は経済的自由の制約とは異なり「厳格な基準」が適用されるといういわゆる二重の基準論を論じ、それを小売市場事件判決〔本書50事件〕と薬事法事件判決〔本書51事件〕からも読み取れるとの立場を示している。そのうで、伊藤裁判官は、表現の自由に対する規制でも、事後抑制は事後制裁よりさらに厳格な基準に基づく合憲性を審査されなければならないとし、その考え方はすでに札幌税関検査事件判決〔本書26事件〕でも示唆されているとしている。

❹ [24]と[25]では、裁判所の仮処分手続による事前差止めと憲法21条2項前段の「検閲」との異同が論じられている。[24]では、仮処分手続による事前差止めと「検閲」との相違点が示されている。伊藤裁判官は、担当機関が司法機関であるという形式面だけでなく、当事者の申請に基づく司法手続によって審理判断がなされるということ、理由が付されること、法的に異議申立てができることなど、仮処分手続による事前差止めは実質面においても「検閲」とは異なるとする。

❺ [25]では、裁判所の仮処分による事前差止めと「検閲」との類似点が示されている。伊藤裁判官は、(1)思想の自由市場に現れる機会を奪われること、(2)裁判所の審査が表現の思想内容そのものにも及びうること、(3)仮地位仮処分においては司法手続とはいっても非訟的な要素を帯びた手続であることといった三つの点において、仮処分による事前差止めが「検閲」に類似した側面を有するとする。なお、ここで、同じ事前差止めであっても、「表現内容の同一のものの再発行のような場合」には、事前抑制の弊害が小さい旨示唆されている。

❻ [26]から[31]では、仮処分による事前差止めが許容される具体的基準について検討がなされている。ここでは、個別的利益衡量論、類型的利益衡量論、現実の悪意基準、多数意見の採用する基準のメリット・デメリットが順次論じられている。

れる以上絶対的に禁止され、もはや解釈適用の過程で利益較量を行うことは排除されることとなる。しかし、これはきわめて例外的な事例である。）。本件のように、人格権としての名誉権と表現の自由権とが対立する場合、いかに精神的自由の優位を説く立場にあつても、利益較量による調整を図らなければならないことになる。その意味で、判断の過程において利益が較量されるべきこと自体は誤りではない。しかし、利益較量を具体的事件ごとにそこでの諸事情を総合勘案して行うこととすると、それはむしろ基準を欠く判断となり、いずれの利益を優先させる結論に到達するにしても、判断者の恣意に流れるおそれがあり、表現の自由にあつては、それに対する萎縮的な効果が大きい。したがつて、合理性の基準をもつて判断してよいときは別として、精神的自由権にかかわる場合には、単に事件ごとに利益較量によつて判断することで足りるとすることなく、この較量の際の指標となるべき基準を求めなければならないと思われる❷。

【28】 表現行為には多種多様のものがあるが、これを類型に分類してそれぞれの類型別に利益較量を行う考え方は、右に述べた事件ごとに個別的に較量を行うのに比して、較量に一定のルールを与え、規制の許される場合を明確化するものであつて、有用な見解であると思われる。本件のような名誉毀損の事案において、その被害者とされる対象の社会的地位を考慮し、例えば公的な人物に対する批判という類型に属するとき、その表現のもつ公益性を重視して判断するのはその一例であるが、この方法によれば、表現の自由と名誉権との調和について相当程度に客観的とみられる判断を確保できることになろう。大橋裁判官の補足意見はこの考え方を支持するものであつて、示唆に富む見解である。そして、このような類型を重視する利益較量を行うならば、本件においては、多数意見と同じ結論になるといえるし、多数意見も、基本的にはこの考え方に共通する立場に立つものといつてもよい。ただ、私見によれば、本件のような事案は別として、一般的に類型別の利益較量によつて判断すべきものとすれば、表現の類型をどのように分類するか、それぞれの類型についてどのような判断基準を採用するか、の点において複雑な問題を生ずるおそれがあり、また、もし類型別の基準が硬直化することになると、妥当な判断を保障しえないうらみがある。そして、何よりも、類型別の利益較量は、表現行為に対する事後の制裁の合憲性を判断する際に適切であるとしても、事前の規制の場合には、まさに、事後ではなく「事前の」規制であることそれ自体を重視すべきものと思われる。ここで表現の類型を考えることも有用ではあるが、かえつて事前の規制である点の考慮を稀薄にするのではあるまいか❸。

【29】 2 つぎに、谷口裁判官の意見に示された「現実の悪意」の基準が考えられる。これは、表現の自由のもつ重要な価値に着目して、その保障を強くする理論であつて、この見解に対して深い敬意を表するものである。そして、同裁判官が本件における多数意見の結論に賛成されることでも明らかなように、この見解をとつても本件において結論は変ることはなく、あえていえば、異なる視角から同じ結論に到達するものといえなくもない。ただ私としては、たとえ公的人物を対象とする名誉毀損の場合に限るとしても、これを事前の規制に対する判断基準として用いることに若干の疑問をもつている。客観的な事実関係から現実の悪意を推認することも可能ではあるが、それが表現行為者の主観に立ち入るものであるだけに、仮処分のような迅速な処理を要する手続において用いる基準として適当でないことも少なくなく、とくに表現行為者の意見を聞くことなしにこの基準を用いることは、妥当性を欠くものと思われる。私は、この基準を、公的な人物に対する名誉毀損に関する事後の制裁を考える場合の判断の指標として、その検討を将来に保留しておきたいと思う❹。

【30】 3 多数意見の採用する基準は、表現の自由と名誉権との調整を図つている実定法規である刑法230条ノ2の規定の趣旨を参酌しながら、表現行為が公職選挙の候補者又は公務員に対する評価批判等に関するものである場合に、それに事前に規制を加えることは裁判所といえども原則として許されないとしつつ、例外的に、表現内容が真実でなく又はそれが専ら公益に関するものでないことが明白であつて、かつ、被害者が重大にして著しく回復困難な損害を被るおそれのある場合に限つて、事前の差止めを許すとするものである。このように、表現内容が明白に真実性を欠き公益目的のために作成されたものでないと判断され、しかも名誉権について事後的には回復し難い重大な損害を生ずるおそれのある場合に、裁判所が事前に差し止めることを許しても、事前の規制に伴う弊害があるということはできず、むしろ、そのような表現行為は価値において名誉権に劣るとみられてもやむをえないというべきであり、このような表現行為が裁判によつて自由市場にあらわれないものとされることがあつても、憲法に違背するとは考えられない。そして、顕著な明白性を要求する限り、この基準は、谷口裁判官の説かれるように、不確定の要件をもつて表現行為を抑えるもので表現の自由の保障に対する歯止めとなりえない、ということはできないように思われる❺。

【31】 四 以上のような厳格な基準を適用することにすれば、実際上、立証方法が疎明に限定される仮処分によつて表現行為の事前の差止めが許される場合は、著しく制限されることになろう。公的な人物、とりわけ公職選挙の候補者、公務員とくに公職選挙で選ばれる公務員や政治ないし行政のあり方に影響力を行使できる公務員に対する名誉毀損は、本件のような特異な例外の場合を除いて、仮処分によつて事前に差し止めることはできないことになると思われる。私も、名誉権が重要な人権であり、また、名誉を毀損する表現行為が公にされると名誉は直ちに侵害をうけるものであるため、名誉を真に保護するために事前の差止めが必要かつ有効なものであることを否定するものではない。しかし、少なくとも公的な人物を対象とする場合には、表現の自由の価値が重視され、被害者が救済をうけることができるとしても、きわめて限られた例外を除いて、その救済は、事後の制裁を通じてされるものとするほかはないと思われる。なお、わが国において名誉毀損に対する損害賠償は、それが認容される場合においても、しばしば名目的な低額に失するとの非難を受けており、関係者の反省を要することについては、大橋裁判官の補足意見に指摘されるとおりである。またさらに、このような事後の救済手段として、現在認められているよりもいつそう有効適切なものを考える必要があるようにも考えられるが、それは本件のような仮処分による事前の規制の許否とは別個の問題である❻。

---

❷ 【27】では、利益衡量論によつて、裁判所の仮処分による表現行為の事前差止めの許容性を判断する考え方の是非が論じられている。伊藤裁判官は、名誉権と表現の自由との対立は、利益衡量による調整が不可避であるとしつつ、事案ごとに利益衡量を行う個別的利益衡量論では判断者の「恣意」に流れるおそれがあるとし、利益衡量の際の指標となるべき「基準」が必要であると論じている。

❸ 【28】では、【27】での必要性が論じられた「基準」について、それを類型的利益衡量によつて導くという考え方の是非が論じられている。ここでいう類型的利益衡量とは、「公的人物に対する批判」等のように、表現行為を「類型」に分類したうえで、類型単位で利益衡量を行い、類型別に基準を設定するという方法である。伊藤裁判官は、類型的利益衡量によれば、相当程度に客観的とみられる判断を確保できるとの利点を認めつつ、類型別の基準が硬直化した場合には、妥当な判断を保障しえない可能性があるとして問題点もあることを指摘している。

❹ 【29】では、「現実の悪意」基準によつて裁判所の仮処分による表現行為の事前差止めの許容性を判断する考え方の是非が論じられている。伊藤裁判官は、現実の悪意基準は、表現の自由のもつ重要な価値に着目して、その保障を強くする理論であるとしつつも、表現行為者の「主観」に立ち入る必要があることから、仮処分のような迅速な処理を要する手続において用いる基準としては適当ではないとしている。ただ、伊藤裁判官は、当該基準は、公的な人物に対する名誉毀損に関する「事後制裁」の基準として用いることについては検討の余地を残している。

❺ 【30】では、多数意見が提示する基準について検討がなされている。伊藤裁判官は、多数意見の基準が、実定法規である刑法230条ノ2の規定の趣旨を参酌したものであるとしたうえで、当該基準がみたされる場合には、事前抑制の弊害があるとはいえず、また、顕著な明白性を要求する限り不確定の要件ということもいえないとして、当該基準の利点を論じている。

❻ 【31】では、多数意見が提示する基準のもつ問題点について触れられている。伊藤裁判官は、多数意見のような厳格な基準に基づいた場合、公的人物に対する名誉毀損は、本件のような特異な例外の場合を除き、仮処分による事前差止めはできないことになるとしている。その結果、被害者が重大な損害を受ける可能性があることになるが、伊藤裁判官は、その救済は、事前抑制ではなく、損害賠償の増額など事後制裁を通じてなされるべきであると論じている。

裁判官大橋進の補足意見は、次のとおりである❸⓪。

【32】　一　私は、表現行為に対する差止請求権の成否の判断基準についても、多数意見に賛成するものであるが、その理由について私の考えるところを補足しておくこととしたい。

【33】　憲法21条1項によつて保障されている表現の自由と13条によつて保障されている個人の名誉は、互いに衝突することがあるのを免れない。しかし、真実を公表し、自己の意見を表明して世論形成に参加する自由が保障されていることは、自由な討論を通じて形成された世論に基づいて政治が行なわれる民主主義社会にとつて欠くことのできない基盤である。憲法21条1項の規定には、このような表現行為による世論形成への参加の自由を保障する機能があるのであり、この機能がみたされるためには、公共の利害に関する事項については、表現行為をする側において知らせたい事実、表明したい意見を公表する自由が保障されているとともに、表現行為を受け取る側においても知りたい情報に自由に接することのできる機会が保障されていなければならない。また、裁判所が人格権としての名誉権に基づく表現行為の差止請求権の存否を判断して、その事前差止めを命ずることは、本案訴訟による場合はもとより、仮処分による場合であつても、多数意見のいうとおり検閲に当たらないのであるが、検閲を禁止した憲法21条2項前段の趣旨とするところは、表現の自由との関係においても十分に考慮されなければならない性質のものであり、事前差止めは、当該表現物が公表され読者ないし聴視者がこれに接することのできる状態になる前にその公表自体を差止めるという点において、すでに極めて重大な問題を含んでいるものといわなければならない。したがつて、たとえ個人の名誉を毀損する表現行為であつても、それが公共の利害に関する事項にかかるものであるときは、個人の名誉の保護よりも表現の自由の保障が優先すべきこととなり、また、その事前差止めは、事後制裁の場合に比較して、実体上も手続上もより厳格な要件のもとにおいてのみ許されるものというべきこととなる。

【34】　このような観点から、どのような場合に差止請求権を肯定してよいかについて考えてみると、基本的には、互いに衝突する人格権としての個人の名誉の保護と表現の自由の保障との調和と均衡をどのような点に求めるべきかという問題なのであるが、結局は、当該表現行為により侵害される個人の名誉の価値とその表現行為に含まれている価値とを比較衡量して、そのいずれを優先させるべきかによつて判断すべきものということができよう。そして、比較衡量にあたり考慮の対象となりうる要素としては、表現行為により批判の対象とされた人物の公的性格ないし事実の公共性、表現内容の公益性・真実性、表現行為者の意図、名誉侵害の程度、マス・メディアの種類・性格などのさまざまな事情が考えられ、これらの諸事情を個別的な事件ごとにきめ細かく検討して利益衡量をすれば、当該事件について極めて妥当な結論を得ることができるとも考えられる。しかしながら、事前差止めにあつては、これらの諸般の事情を比較衡量するといつても、事前であるために不確定な要素も多く、また、右のような諸般の事情を考慮することになれば、その審理判断も複雑なものとなり、これに伴う判断の困難性も考えられること、更には、事前差止めの効果が直接的であり、被害者にとつては魅力的であるため濫用される虞があるとともに、表現行為者の受ける影響や不利益は大きいのに、右のようなさまざまな事情が個々の事件ごとに個別的具体的に検討され比較衡量されるのでは、その判断基準が明確であるとはいいがたく、これについて確実な予測をすることが困難となる虞があり、表現行為者に必要以上の自己規制を強いる結果ともなりかねないことなどを考慮すると、事前差止めがそれ自体前記のような重大な問題を含むものであることにかんがみ、比較衡量に当たり諸般の事情を個別的具体的に考慮して判断する考え方には左袒することができない。そして、このような個別的衡量による難点を避けるためには、名誉の価値と表現行為の価値との比較衡量を、表現行為をできるだけ類型化し、類型化された表現行為の一般的利益とこれと対立する名誉の一般的利益とを比較衡量して判断するという類型的衡量によるのが相当であると考えられる。類型的衡量によるときは、個別的衡量の場合のように個別の事件に最も適した緻密な利益衡量には達し得ないかも知れないが、その点を犠牲にしても、判断の客観性、安定性を選ぶべきものと考えるからである。

【35】　多数意見は、表現行為が公共の利害に関する事項にかかるものである場合には、原則として事前差止めが許されず、その表現内容が真実でないか、又は専ら公益を図る目的のものでないことが明白であり、かつ、被害者が重大にして著しく回復困難な損害を被る虞のあるときに限つて例外的に差止めを求めることができるとしているのであるが、私は、以上述べるような見地に立つて、この多数意見に賛成するものである。

【36】　二　次に、多数意見の言及する手続的側面について、以下のとおり付言しておきたい。

【37】　多数意見は、右のような見地に立ちつつ、事前差止めを命ずる仮処分は、実定法の規定（民訴法756条、741条1項）にかかわらず、発令にあたり口頭弁論又は債務者審尋を経ることを原則とすべきものとし、ただ、口頭弁論を開き又は債務者審尋を行うまでもなく、債権者の提出した資料によつて、その表現内容が真実でなく、又はそれが公益を図る目的のものでないことが明白であり、かつ、重大にして著しく回復困難な損害を被る虞があると認められるときは、債務者審尋等を経ることなく差止命令を発したとしても、憲法の趣旨に反するものとはいえない、とした。

【38】　思うに、ここに「債権者の提出した資料によつて」とは、債務者側の資料を含まないとの趣旨であつて、公知の事実又は裁判所に顕著な事実を排除する趣旨でないことはいうまでもないところであろう。本件において差止めの対象となつたのは、A昭和54年4月号中の記事であるが、それ以前数次にわたり被上告人Bを含む公職の候補者に関する記事について札幌地方裁判所より頒布・販売等禁止の仮処分命令を受け、特に同被上告人に関する本件類似の記事を掲載した同誌昭和53年11月号の販売・頒布等禁止の仮処分については、仮処分裁判所より本件上告人に対し日時の余裕を置いて書面による反論の機会を与えられている（すなわち、最も丁重な方式による債務者審尋が行われたものである）ことが、本件記録上窺われるのであつて、本件記事の表現内容並びに疎明資料及び以上のような仮処分裁判所に顕著な事実に徴し、本件において事前差止めの仮処分命令が債務者審尋等を経ることなく発せられたとしても（この点は原審の確定しないところである）、そのことの故に本件仮処分が憲法の要請に反するものでないことは明らかであるといわなければならない。

【39】　三　以上、私は、事前抑制につき厳しい態度をとる多数意見（この点は谷口裁判官意見も同様である）に全面的に賛同するものであるが、反面、「生命、身体とともに極めて重大な保護法益であ」る名誉を侵害された者に対する救済が、事後的な形によるものであるにせよ十分なものでなければ、権衡を失することとなる点が強く指摘されなければならない。わが国において名誉毀損に対する損害賠償は、それが認容される場合においても、しばしば名目的な低額に失するとの非難を受けているのが、実情と考えられるのであるが、これが本来表現の自由の保障の範囲外ともいうべき言論の横行を許す結果となつているのであつて、この点は、関係者の深く思いを致すべきところと考えられるのである。

【40】　裁判官牧圭次は、裁判官大橋進の補足意見に同調する。

裁判官長島敦の補足意見は、次のとおりである❸①。

【41】　刑法上の名誉毀損罪につき、その刑責を免ずるいわゆる事実証

---

❸⓪　大橋補足意見においては、特に、個別的衡量論に対する類型的衡量論の意義が論じられている。

❸①　長島補足意見では、特に、本件記事の内容を「侮辱的名誉毀損」と捉えたうえで、そのような侮辱的名誉毀損については、その表現内容の真実性を問題とするまでもなく、仮処分による事前差止めの対象となりうることが論じられている点が注目される。なお、刑法230条の名誉毀損罪は、事実の摘示がある場合にのみ成立するが、民事不法行為法における名誉毀損は、事実の摘示だけでなく、意見ない論評によるものでも成立するというのが大審院以来の判例の立場である（中村・最判解民平成16年度（下）

明に関する刑法230条ノ2の規定が、民法上の名誉毀損の成否、ひいては名誉権の侵害に対する事前差止めの許否とどのようにかかわるかについて、私の考えるところを補足しておくこととしたい。

【42】　**一　1**　多数意見がこの点に関して引用する二つの判例は、次のとおり判示している。昭和41年6月23日第一小法廷判決は、「民法上の不法行為たる名誉毀損については、その行為が公共の利害に関する事実に係りもつぱら公益を図る目的に出た場合には、摘示された事実が真実であることが証明されたときは、右行為には違法性がなく、不法行為は成立しないものと解するのが相当であり、もし、右事実が真実であることが証明されなくても、その行為者においてその事実を真実と信ずるについて相当の理由があるときには、右行為には故意もしくは過失がなく、結局、不法行為は成立しないものと解するのが相当である（このことは、刑法230条ノ2の規定の趣旨からも十分窺うことができる。）。」とし、ついで、同44年6月25日大法廷判決は、刑法の名誉毀損罪につき、「刑法230条の2の規定は、人格権としての個人の名誉の保護と、憲法21条による正当な言論の保障との調和をはかったものというべきであり、これら両者間の調和と均衡を考慮するならば、たとい刑法230条ノ2第1項にいう事実が真実であることの証明がない場合でも、行為者がその事実を真実であると誤信し、その誤信したことについて、確実な資料、根拠に照らし相当の理由があるときは、犯罪の故意がなく、名誉毀損の罪は成立しないものと解するのが相当である。」としている。これら二つの判例を総合すると、刑法230条ノ2は、人格権としての個人の名誉の保護と憲法21条による正当な言論の保障との調和を図つた規定であり、その解釈に当たつては、これらの二つの憲法上の権利の調和と均衡を考慮すべきこと、このような考慮の上に立つて解釈される刑法230条ノ2の規定の趣旨は、真実性についての誤信に相当の理由があるときに不法行為責任が免責される点を含めて、民法上の不法行為としての名誉毀損の成否の判断においても妥当することを明らかにしたものと解することができる。不法行為としての名誉毀損の成否を判断するこの基準を、以下「相当性の理論」とよぶこととする。

【43】　**2**　ところで、刑法の「名誉ニ対スル罪」の中には、名誉毀損罪（刑法230条）のほか侮辱罪（同231条）が設けられており、同230条ノ2の規定は名誉毀損罪の免責規定として置かれているが、民法上の不法行為としての名誉毀損は人格権としての名誉が違法に侵害を受ければ成立し、当該侵害行為が刑法の定める構成要件のもとで名誉毀損罪に当たるか、侮辱罪に当たるか、はその成立には直接の関係をもたないといえる。

【44】　刑法では、右の二つの罪が同じく「名誉ニ対スル罪」の章下に設けられ、かつ、両者とも公然性を要件とするところから、両者を区別する構成要件要素は、一般に、事実の摘示の有無であると解されている。又、その保護法益は、両者とも、人が社会から受ける客観的な評価としての名誉であるとされている。尤も、侮辱罪の中には、被害者の面前において、公然、一過性の罵詈雑言が加えられた場合のように、被害者の名誉感情が主たる法益であると解される事例もありうるが、多少とも永続性のある文書、録音・録画テープ等に収録された侮辱的な表現は、具体的な事実の摘示をともなわなくても、人の客観的な名誉を損なうことのあることはいうまでもない。

【45】　**二**　このようにして、不法行為としての名誉毀損にあつては、客観的名誉が違法に侵害されたかどうかが重要であつて、その侵害行為たる表現行為が事実の摘示をともなうかどうかは、その成立のための要件ではないことが明らかとなつた。しかし、このことは、それが事実の摘示をともなう場合に、刑法230条ノ2の規定の趣旨に基づき免責を受けることを否定するものではなく、却つて、具体的な事実の摘示がなくても客観的な名誉を毀損する場合に、やはり、その表現行為が公共の利害に関しもつぱら公益を図る目的に出た相当な行為と評価できるときは、相当性の理論のもとで免責されうることを意味するものと解することの妨げとはならない。角度を変えて論ずれば、政治、社会問題等に関する公正な論評（フエア・コメント）として許容される範囲内にある表現行為は、具体的事実の摘示の有無にかかわらず、その用語や表現が激越・辛辣、時には揶揄的から侮辱的に近いものにまでわたることがあつても、公共の利害に関し公益目的に出るものとして許容されるのが一般である。この意味での公正な論評は、既に述べて来た相当性の理論という判断基準の中に、その一つの要素として組み入れることができると考えられる（ここでは、このような論評の基づいている事実が真実でなかつたときには、一般的にいつて、真実と信ずるについて相当の理由のあつたことがやはりフエア・コメントとして許容されるための要件の一つになることを前提としている。尤も、論評それ自体の公共性、公益性が強ければ強いほど、「相当性」の判断は、それだけ、論評者に有利になされ、相当性の不存在の立証の必要性が相手方の肩に重くのしかかることとなろう。）。しかし、その内容や表現が文脈上、主題たる論評と全く無関係であつて明らかに公共の利害に関しないと認められるものや、表現行為の重点が侮辱・誹謗・軽蔑・中傷等に向けられ、仮になんらかの事実の摘示がそこに含まれているとしても、その指摘がその事実の真実性を主張することに意味をもつのではなくて、たんに人身攻撃のための背景事情として用いられるにとまつているような侮辱的名誉毀損行為として社会通念上到底是認し得ないものは、いずれも公正な論評に含まれず、公共性、公益性をもたない言論として、相当性の理論からも名誉毀損の成立を肯認すべきことは当然である。

【46】　**三　1**　本件雑誌に掲載が予定されていた本件記事は、それ自体、一方では、被上告人Bの支持母体であるとされている政治団体の政治的立場、政策等をとりあげて批判を加え、それが北海道の将来にとつて有害であることを論評し、他方では、同被上告人の人物、その生い立ち、私生活、行動様式等にわたり、ことさらに下品で侮辱的な言辞による人身攻撃を加えることにより、同被上告人は北海道知事として不適格であるとの論旨を展開しようとするものと認められるところ、前者の政治問題に関する論評と後者の人物論等に関する記述との間に脈絡を欠き、後者は、政治問題の論評とは無関係に、くり返して、もつぱら人身攻撃に終始する内容表現をもつて記述されている点に、特色をもつている。分量的に本件記事の大半の部分を政治問題に関する論評が占めているという事実は、それが公正な論評に当たるかどうかを論ずるまでもなく、これと無関係に展開されている不必要に侮辱的、中傷的な記述部分について、名誉毀損の成立を認めることの妨げとならないことはいうまでもない。

【47】　**2**　ところで、被上告人Bは、本件雑誌の発売が予定されていた頃には、北海道知事選挙に立候補する予定になつていたが、立候補届出前であつて公職選挙の候補者たる身分をもつていなかつたものの、立候補が確実視されていたものと認められるのであつて、その人物、生い立ち、行動様式等が広い範囲にわたつて報道され、一般の評価、批判にさらされることは、一般に、公共の利害にかかるものと解されるところであるが、原審の確定した事実関係として引用摘示されている本件記事の該当部分は、そこには引用されていない、引用することさえはばかられる「父は、旭川では有名な馬上りの逞ましい経済人であつた。その父が晩年溺愛した若く美しい女郎がおり、二人の傑作がすなわち」同被上告人である、などという蔑視的、差別的なことばとともに、その記述自体からみて、社会通念上到底是認し得ない侮辱的、誹謗的、中傷的な、いわば典型的な侮辱的

490頁、499頁）。ただ、刑法230条の2の免責規定および本判決が提示した免責要件は、基本的に事実の摘示による名誉毀損を念頭に置いたものであり、意見・論評による名誉毀損についてはいかなる要件のもと免責が認められるかが問題となっていた。これについて、長島裁判官は、当該補足意見において、自身の見解を示したものである。もっとも、本判決以後、最高裁は、英米におけるいわゆる公正な論評の法理の影響を受けつつ、事実の摘示による名誉毀損と意見・論評による名誉毀損とで不法行為責任が成立する要件が異なるという立場を明確に示しており、「ある事実を基礎としての

意見ないし論評の表明による名誉毀損にあっては、その行為が公共の利害に関する事実に係り、かつ、その目的が専ら公益を図ることにあった場合に、上記意見ないし論評の前提としている事実が重要な部分について真実であることの証明があったときには、人身攻撃に及ぶなど意見ないし論評としての域を逸脱したものでない限り、上記行為は違法性を欠くものというべきであり、仮に上記証明がないときにも、行為者において上記事実の重要な部分を真実と信じるについて相当の理由があれば、その故意又は過失は否定される」との判断基準を示すに至っている（最判平16・7・15民集58-5-1615）。

名誉毀損文書ということを妨げず、それ自体で、その作成が公益を図る目的に出たものでないことが明らかであるというべきである。それが出版され公にされたときは、過去十年余にわたり公選市長として旭川市長の地位にあり、既に一度、北海道知事選挙にも立候補した経歴をもつ同被上告人が社会から受けている客観的評価としての名誉を、著しく害されることは見易い道理である。

【48】 四 刑法230条ノ2の条文を手掛かりに、憲法上の言論の自由と人格権としての名誉の保護との調和と均衡を図ってみちびき出された前記の相当性の理論が、公正な論評の理論と相俟つて、名誉権の侵害の事前差止めを求める仮処分についてどのように妥当するか、が最後に論ずべき点である。

【49】 私も、多数意見の説示するとおり、出版物の頒布等の事前差止めは、事後的の刑罰制裁、損害賠償、原状回復措置の場合に比し、その許容につきより慎重であるべきであり、とりわけ、その表現が公共の利害にかかわるときは、表現の自由が私人の名誉権に優先する社会的価値を含み、憲法上特に保護されるべきものであることにかんがみ、原則としてこれを許さないものと解すべきことについて、そこに示されている理由をも含めてすべて同調するものである。

【50】 しかし、前記の相当性の理論は、不法行為としての名誉毀損の成否を判断する基準として、同時に、それが名誉権そのものの存在を確認するための基準ともなりうることはいうまでもない。ただ、ここでは、表現行為が公共の利害にかかわるときに、憲法上特に優先的に保護されるべきものとされる表現の自由とこれに対抗する名誉権との間の調和と均衡が問題となっているのであるから、その間に均衡を回復するためには、その名誉権について特にこれを保護すべき特別の事由が存在していなければならないこととなる。このような観点から、まず相当性の理論によつて判断基準とされる公益目的及び事実の真実性のテストをとりあげて検討すると、当該表現行為が明らかに公益目的に出るものでないこと、又は摘示事実が明らかに真実でないことが先決問題となり、又このように名誉権の侵害が明白に認められうることにつき、事前差止めを請求する側においてその立証を果しうることが、必要な要件となると解される。これを仮処分についていえば、仮処分債権者の側でその疎明資料によつて右の証明を果しうることが必要である。裁判所が口頭弁論又は債務者の審尋を行ない、表現内容の真実性等の主張立証の機会を与えることを原則とすべきものとする多数意見は、債権者の提出する疎明資料等によつて右の証明が果されていることが明らかなような例外的な場合を除いては、裁判所が右の証明が果されたかどうかを慎重に吟味すべきことを要求するものと解される。より重要な実質的な特別の事由としては、名誉権の侵害が一般の場合に比し特に重大なものであり、しかも、事前の差止めをしなければ、その重大な損害の回復が事後的には著しく困難であることを挙げるべきであろう。この二つは、憲法上の要請にかかる言論の自由と人格権としての名誉の保護との間に均衡と調和を保ちつつ、公共の利害にかかわる表現行為につき、事前の差止め請求を許容することができると考えられる実体的要件であつて、それが事実上、事前差止めの仮処分を許すための要件と重なり合う面があるとしても、そのために、これらの要件が憲法上の要請でなくなるわけではない。㉜

【51】 これを本件についてみると、大橋裁判官の補足意見でも指摘されているとおり、本件記事については、仮処分手続で債権者の提出した資料及び裁判所に顕著な事実によつて、その表現内容が真実でなく、かつ、それが専ら公益を図るものでないことが明白に認められるのであつて、その出版による被害の特別の重大性にかんがみ、本件仮処分決定には、その実体面においても、手続面においても、違憲、違法の廉はないとする多数意見に異論はない。ただ、私は、本件記事の名誉毀損に該当するとされる部分は、それ自体において、社会通念上、到底許容し難い侮辱的名誉毀損の典型的なものと認められるから、その僅か一部に抽象的な事実の指摘ともみられるものがあるとしても、その部分の表現内容が真実であるかどうかに立ち入るまでもなく、その部分をも含めて事前差止めの仮処分をすることが許容される、と解しうるのではないかと考えていることを念のため付言しておくこととする。

裁判官谷口正孝の意見は、次のとおりである㉝。

第一 公的問題に関する雑誌記事等の事前の差止めの要件について、私は、多数意見の説くところと些か所見を異にするので、以下この点について述べることとする。

【52】

【53】 一 憲法21条2項、1項は、公的問題に関する討論や意思決定に必要・有益な情報の自由な流通、すなわち公権力による干渉を受けない意見の発表と情報授受の自由を保障している。そして、この自由の保障は、多数意見に示すとおり活力ある民主政治の営為にとって必須の要素となるのであるから、憲法の定めた他の一般的諸権利の保護に対し、憲法上「優越的保障」を主張しうべき法益であるといわなければならない。この保障の趣旨・目的に合致する限り、表現の自由は人格権としての個人の名誉の保護に優先するのである。

【54】 したがつて、雑誌記事等による表現内容が公務員、公選による公職の候補者についての公的問題に関するものである場合には、これを発表し、討論し、意思決定をするに必要・有益な情報の流通を確保することの自由の保障が右公務員、公選による公職の候補者の名誉の保護に優先し、これらの者の名誉を侵害・毀損する事実を摘示することも正当とされなければならず、かかる記事を公表する行為は違法とされることなく、民事上、刑事上も名誉毀損としての責任を問われることはない。

【55】 二 そこで、進んで、人格権としての個人の名誉と表現の自由という二つの法益が抵触する場合に、公的問題に関する自由な討論や意思決定を確保するために情報の流通をどの限度まで確保することが必要・有益か、特に、真実に反する情報の流通をどこまで許容する必要があるかが問われることになる。

【56】 思うに、真実に反する情報の流通が他人の名誉を侵害・毀損する場合に、真実に反することの故をもつて直ちに名誉毀損に当たり民事上、刑事上の責任を問われるということになれば、一般の市民としては、表現内容が真実でないことが判明した場合にその法的責任を追及されることを慮り、これを危惧する結果、いきおい意見の発表ないし情報の提供を躊躇することになるであろう。そうなれば、せっかく保障された表現の自由も「自己検閲」の弊に陥り、言論は凍結する危険がある。

【57】 このような「自己検閲」を防止し、公的問題に関する討論や意思決定を可能にするためには、真実に反した言論をも許容することが必要となるのである。そして、学説も指摘するように、言論の内容が真実に反するものであり、意見の表明がこのような真実に反する事実に基づくものであつても、その提示と自由な討論は、かえつてそれと矛盾する意見にその再考と再吟味を強い、その意見が支持されるべき理由についてのより深い意見形成とその意味のより十分な認識とをもたらすであろう。このような観点に立てば、誤つた言論にも、自由な討論に有益なものとして積極的に是認しうる面があり、真実に反する言論にも、それを保護し、それを表現させる自由を保障する必要性・有益性のあることを肯定しなければならない。公的問題に関する雑誌記事等の事前差止めの要件を考えるについては、先ず以上のことを念頭においてからなければならない。（誤った言論に対する適切な救済

㉜ 【50】では、仮処分の法令上の要件と本判決が提示した要件との関係が論じられており、本判決が提示した要件は、法令とは独立して憲法上の要請として導かれたものであるとの考え方が示されている。

㉝ 谷口意見は、結論は多数意見と同じではあるが、事前差止めの要件については、多数意見と異なり、現実の悪意説を提唱したものとなっており、補足意見ではなく、意見となっている。もっとも、そこで提唱されている現実の悪意説は、アメリカの判例法理に由来するものであるが、そもそも、事前抑制の場面での基準というよりも、むしろ、事後制裁の場面での基準として沿革上発展してきたものであり（判例①294頁）、主観的要件を含むものであるため、仮処分手続にはなじまない側面もあることから、多数意見および伊藤裁判官によっても支持はされなかったといえる。ただ、【56】で論じられた自己検閲論、【57】で論じられたモア・スピーチ論は、一般論として今日においても顧みられるべき意義がある。

方法はモア・スピーチなのである。）

【58】　三　そこで、事前差止めの要件について検討する。

【59】　さて、表現の自由が優越的保障を主張しうべき理由については、先に述べたとおりである。その保障の根拠に照らして考えるならば、表現の自由といっても、そこにやはり一定の限界があることを否定し難い。表現内容が真実に反する場合、そのすべての言論を保護する必要性・有益性のないこともまた認めざるをえないのである。特に、その表現内容が真実に反するものであつて、他人の人格権としての名誉を侵害・毀損する場合においては、人格権の保護の観点からも、この点の考慮が要請されるわけである。私は、その限界は以下のところにあると考える。すなわち、表現の事前規制は、事後規制の場合に比して格段の慎重さが求められるのであり、名誉の侵害・毀損の被害者が公務員、公選による公職の候補者等の公的人物であつて、その表現内容が公的問題に関する場合には、表現にかかる事実が真実に反していてもたやすく規制の対象とすべきではない。しかし、その表現行為がいわゆる現実の悪意をもつてされた場合、換言すれば、表現にかかる事実が真実に反し虚偽であることを知りながらその行為に及んだとき又は虚偽であるか否かを無謀にも無視して表現行為に踏み切つた場合には、表現の自由の優越的保障は後退し、その保護を主張しえないものと考える。けだし、右の場合には、故意に虚偽の情報を流すか、表現内容の真実性に無関心であつたものというべく、表現の自由の優越を保障した憲法21条の根拠に鑑み、かかる表現行為を保護する必要性・有益性はないと考えられるからである。多数意見は、表現内容が真実でなく、又はそれらが専ら公益を図る目的のものでないことが明らかな場合には、公的問題に関する雑誌記事等の事前差止めが許されるというが、私は、この点については同調できない。思うに、多数意見も認めているように、記事内容が公務員又は公選による公職の候補者に対する評価、批判等であるときは、そのこと自体から公共の利害に関する事項であるといわなければならないわけで、このような事項については、公益目的のものであることは法律上も擬制されていると考えることもできるのである（刑法230条ノ2第3項参照）。したがって、かかる表現行為について、専ら公益を図る目的のものでないというような不確定な要件を理由として公的問題に関する雑誌記事等の事前差止めを認めることは、その要件が明確な基準性をもたないものであるだけに、表現の自由の保障に対する歯止めとはならないと考えるからである。

【60】　第二　次に、裁判所が行う仮処分手続による表現行為の事前差止めの要件について考える。

【61】　多数意見がこの点について、一般の仮処分命令手続のように、専ら迅速な処理を旨とし、口頭弁論ないし債務者の審尋を必要的とせず、立証についても疎明で足りるものとすることは、憲法21条の規定の趣旨に照らし、手続的保障において十分であるとはいえず、事前差止めを命ずる仮処分命令を発するについては、債務者の審尋を行いその意見弁解を聴取するとともに、表現内容の真実性等の主張立証の機会を与えることを原則としたこと、しかしながら、差止めの対象が公務員又は公職選挙の候補者に対する評価、批判等、公共の利害に関する事項についての表現行為である場合においても、口頭弁論を聞き又は債務者の審尋を行うまでもなく、債権者の提出した資料によつて明白に事前差止めの要件を充すものと認められる場合には、口頭弁論又は債務者の審尋を経ないで差止めの仮処分命令を発したとしても、憲法21条の規定の趣旨に反するものということはできないとしたことについては、私としても同意見である。もつとも、私は公的問題に関する雑誌記事等の事前の差止めについては、表現内容が真実に反することにつき表現行為をする者に現実の悪意のあることを要件とすると考えるので、この種の記事について、裁判所が事前差止めを命ずる仮処分命令を発するについては、多数意見を多少修正する必要がある。

【62】　私としては、裁判所が事前差止めを命ずる仮処分命令を発するについては、多数意見に示すとおり口頭弁論を開き、債務者を審尋し、主張、立証の機会を与えなければならないことは、憲法21条2項、1項の規定の趣旨に照らし当然の要件となるものであつて、その場合、債務者に対し、表現内容にかかる事実の真実性を一応推測させる程度の相当な合理的根拠・資料があり、表現行為がそのような根拠・資料に基づいてなされたことの主張、立証の機会が与えられなければならないものと考える。そのことが、現実の悪意がなかつたことの債務者の抗弁を許し、事前の差止めを求められている裁判所に対し仮処分命令を出させないための必要不可欠の要件であるからである。なお、多数意見は、表現行為の事前差止めの要件として、名誉権の侵害・毀損の場合について、被害者が重大にして著しく回復困難な損害を被る虞があることを実体的要件としているが、私はこの要件は、仮処分命令を発するについて、保全の必要性についての要件として考慮すれば足りると考える。

【63】　以上、裁判所の仮処分手続による公的事実に関する差止命令を発するための手続的要件を述べたわけであるが、この手続的要件を充足しない場合、すなわち、口頭弁論ないし債務者の審尋を経ないで発した裁判所の仮処分手続による差止命令が常に必ず憲法21条2項、1項の規定の趣旨に反するものと断じ切ることはできないと思われる。

【64】　差止めの対象が公務員又は公選による公職の候補者に対する評価、批判等、公共の利害に関する事項についての表現行為である場合においても、極めて例外的な事例について、口頭弁論を開き債務者の前記抗弁の当否の審尋を行うまでもなく、債権者の提出した資料によつて、その表現内容が真実でなく、それが債務者の現実の悪意をもつてなされたものであることが表現方法、内容に照らし極めて明白であるときは、以上の手続要件を充足せず差止めの仮処分命令を発したとしても、前記憲法の趣旨に反するものとはいえないであろう。その理由については、多数意見の述べるとおりである。そして、本件仮処分命令を発した裁判所に提出された疎明資料によれば、上告人が本件雑誌記事を掲載するについて現実の悪意のあつたことは明白であつたものというべきである。

【65】　私も、上告論旨にいう憲法21条2項違反の主張の理由のないことは多数意見に示すとおりであり、その余の違憲の主張もすでに見たとおり理由がないものと考えるので、本件上告は棄却されるべきものと思料する。

（裁判長裁判官　矢口洪一　裁判官　伊藤正己　裁判官　谷口正孝　裁判官　大橋進　裁判官　牧圭次　裁判官　安岡滿彦　裁判官　角田禮次郎　裁判官　島谷六郎　裁判官　長島敦　裁判官　高島益郎　裁判官　藤島昭　裁判官　大内恒夫　裁判官　香川保一　裁判官　坂上壽夫）

補足説明①　民事保全法

民事訴訟を提起しても、本案判決により債務名義を取得し、強制執行に至るまでにはある程度の時間を必要とする。紛争の中には、本案判決を待つ間に、債務名義を取得し、強制執行をすることそれ自体が実質上無意味となる場合がありうる。本件のような名誉毀損事件などはその典型であり、訴訟の係属中に、出版物が出版されてしまえば、その段階で回復困難な名誉毀損が発生し、それ以後、出版の差止めを命じる本案判決を得たとしてもその意義は大きく後退することになる。そのような事態を防止するため、本案判決までの段階において、暫定的に必要な措置を講じるよう裁判所に求めることができるようにしたのが民事保全の制度である。本件事件当時、民事保全手続は、民事訴訟法や民事執行法に規定が置かれていたが、平成元年に民事保全法が成立し、以後は、

民事保全法が民事保全の手続を包括的に担っている。本件でY_2が利用したのは、民事保全の種類の中でも、仮地位仮処分と呼ばれるものである。仮地位仮処分は、債権者に現に損害が生じていたり、あるいは、損害が発生する急迫の危険がある場合に、本案判決が債権者の救済とならない事態を防止するために、本案判決確定までの間、暫定的状態を形成するものである。仮地位仮処分の中には、本案判決によって得ることのできる状態を実現した場合と実質的に同じ状態を形成するものがあり、それは特に、「満足的仮処分」と呼ばれている。本件事件当時、仮地位仮処分の実体的要件は、民訴法757条1項が定めていたが、今日では、民事保全法23条2項に定めが置かれている。民事保全法の立案担当者によって執筆された山崎潮『民事保全法の解説』(法曹会、1994年) 259頁によれば旧規定と新規定の内容に実質的に差異はないと説明されている。仮地位仮処分の決定については、口頭弁論や債務者審尋を経ることなく、書面審理のみによっても発することができる場合が認められており、また、「確実」であるとの心証まで必要とする「証明」ではなく「一応確からしい」との心証で足りる「疎明」によって被保全権利と保全の必要性といった実体的要件を認定することも認められている。本件『北方ジャーナル』事件判決は、以上のような民事保全制度を前提としつつ、憲法の観点から、特に、表現行為の事前差止めの仮処分について、実体的・手続的要件をさらに付加したものと捉えることができる。なお、以上のような民事保全法の基礎的知識については、瀬木比呂志『民事保全法 [新訂版]』(日本評論社、2014年)、山本和彦ほか編『新基本法コンメンタール 民事保全法』(日本評論社、2014年)や上原敏夫=長谷部由起子=山本和彦『民事執行・保全法 [第5版]』(有斐閣、2017年) などを参照し、学習されたい。

補足説明② 事前抑制と事後制裁の区別

事前抑制と事後制裁の区別とその区別の根拠は、一見明瞭であるようで、複雑な問題を孕んでいる。本判決は、【8】において、事前抑制を、思想の自由市場での公表を抑止し、遅滞させる「効果」を有するものと捉えている。しかし、そのように思想の自由市場への公表の抑止・遅滞という「効果」の観点から事前抑制を理解することは誤解の原因になる。自由市場への公表の抑止という「効果」は、【8】で事前抑制と対比させられている事後制裁である刑事罰や損害賠償にもあてはまるからである。合理的な個人であれば、刑事罰や多額の損害賠償が課せられるおそれがあるような内容の表現行為をあえてすることはしない。すなわち、刑事罰等の事後制裁は、構成要件に該当する表現行為を萎縮効果・自己検閲を通じて、永久に思想の自由市場から排除するという「効果」を有しているのである。事前抑制と事後制裁の区別は、そのような「効果」よりも、むしろ、公権力が表現物の内容を判断する「時点」という観点から捉えた方が正確である。すなわち、表現物が公表される前に当該表現物の違法性を判断するものが事前抑制、表現物が公表された後に当該表現物の違法性を判断するものが事後制裁となる。たとえば、刑法175条1項のわいせつ物頒布罪は、わいせつ物を頒布した後で初めて、そのわいせつ性が判断されるものであるから事後制裁ということになる (未遂罪は設けられていない)。そのように判断の「時点」という観点から事前抑制と事後制裁の区別を捉えた場合、その区別の根拠としてより意味をもつのが、本判決の【8】がいうところの「事前抑制たることの性質上、予測に基づくものとならざるをえない」という側面である。表現物がもつ公益性など、表現物の価値は、思想の自由市場による評価を経てからでないと本来はわからない性質のものである。公表後の場合には、読者や市場の反応・批評を判断資料として表現物を審査することができるが、公表前の場合には、判断者だけで、いわば市場の反応を予測して判断する必要がある。そのように判断資料が限定され、閉鎖的に判断される事前抑制においては、本来は合法であるはずの表現物が違法であると判断されてしまう可能性がある。たとえば、芸術性もそなえた性表現のわいせつ性を出版前に裁判官が判断する場合を想起されたい。事前抑制の法理は、事前抑制に厳格かつ明確な要件を求めることで、規制が過剰に及ぶことを予防するという意義があるものと理解できる (文献③も参照)。なお、そのように判断の時点という観点から事前抑制を捉えた場合、出版物の内容がすでに流通している場合には、出版物の差止めであっても、事前抑制とはいえないということになる。たとえば、判例①は、すでに雑誌媒体により公表されていた小説の単行本化の差止めが求められた事案であったが、最高裁は事前抑制の概念を用いていない。もっとも、裁判例においては、たとえば、東京地決平29・1・6 LEX/DB 25545218 などが「出版物の販売等が既に開始されていても、さらに販売等が継続される場合にその販売等の継続を差し止めるときにも」本判決が【9】で提示した要件は妥当すると論じており注目される。ただ、出版が継続している場合をも広く事前抑制と捉えた場合には、事前抑制と事後制裁の区別の意義がかえって曖昧となるように思われる。

Questions

①事実関係の確認

問1 Y_2は、どのような人物であったか。Y_2が立候補を予定していた北海道知事選挙は何年何月に実施予定であったか。▶【事案】【13】

問2 Xが発行予定の月刊雑誌『北方ジャーナル』昭和54年4月号(本件雑誌)は、何年何月何日ころに、どれほどの部数、発行予定であったか。本件雑誌は、いつ校了しており、そこにはどのような内容の記事が掲載されることになっていたか。▶【事案】【14】

問3 Y_2は、何年何月何日に、札幌地裁に対し、誰を債務者として、どのような理由に基づき、どのような内容の申請を行ったか。札幌地裁は、何年何月何日に、どのような内容の決定を行ったか。▶【事案】【15】

問4 札幌地裁は、本件仮処分を行うにあたって、口頭弁論ないし債務者審尋を行ったか。▶【事案】【16】

問5 本件仮処分に対する異議事件において最高裁はどのような判断を示していたか。▶【事案】

問6 本件訴訟は、Xが誰を被告として、どのような訴えを提

起したものであったか。▶【事案】

②判決の内容の確認

問7　本判決は、どの最高裁判決を引用したうえで、憲法21条2項前段はどのような規定であるとしているか。▶【1】

問8　本判決は、どの最高裁判決に基づき、憲法21条2項前段の検閲とはどのようなものを指すとしているか。▶【2】

問9　本判決は、出版物の頒布等の仮処分による事前差止めについて、どのような側面を指摘し、非訟的な要素を有しているとしていると述べているか。本判決は、いかなる理由を挙げて、出版物の頒布等の仮処分による事前差止めが検閲には該当しないと論じているか。▶【2】

問10　本判決は、名誉をどのように定義づけているか。本判決は、名誉を違法に侵害された者は、何に基づき、何を求めることができると解しているか。本判決は、人格権としての名誉権は、どのような性質を有する権利であるとしているか。▶【4】

問11　本判決は、表現行為により名誉侵害を来す場合には、何と何とが衝突すると述べているか。また、両者の調整を行うにあたっては、何が必要であるとしているか。本判決は、個人の名誉の保護を憲法の何条と関連づけているか。▶【5】

問12　本判決は、民主制国家は、何を存立の基礎としていると述べているか。本判決は、憲法21条1項の規定の核心にはいかなる趣旨が含まれると解しているか。▶【6】

問13　本判決は、名誉権と表現の自由との調和を図るという観点から、いかなる行為について「違法性」がないとし、いかなる場合に「故意又は過失」がないというのが判例の立場であるとしているか。また、本判決によれば、名誉権と表現の自由との調整のあり方は、民事事件と刑事事件とで異なるか。▶【6】

問14　本判決は、表現行為に対する事前抑制の弊害としてどのようなものを挙げているか。本判決は、表現行為に対する事前抑制は、いかなる要件のもとにおいてのみ許されるとしているか。▶【8】

問15　本判決は、公務員等に対する評価等の表現行為は、そのこと自体から何に関する事項であるとしているか。また、公務員等に対する評価等の表現行為に対する事前差止めは、「原則」として、どうであるとしているか。▶【9】

問16　本判決は、表現の自由を確保するうえでの手続的保障として、一般の仮処分命令手続では、何が不十分であるとしているか。また、表現行為者側の「主たる防御方法」は何であるとしているか。本判決は、表現行為の事前差止めを命ずる仮処分命令を発するにあたり、何を与えることが原則であるとしているか。▶【10】

問17　本判決は、いかなる場合において、口頭弁論または債務者審尋を経ないで事前差止めの仮処分を発することができるとしているか。また、その理由は何か。▶【10】

問18　本判決は、本件記事について、いかなる類型に属するものであるとしたか。本判決は、何を基礎として、何を認定し、本件仮処分について、実体面・手続面において、憲法上の要請をみたしているとしたか。▶【16】

③応用問題

問19　プライバシー権に基づく仮処分による事前差止めはいかなる要件のもとに認められるべきか。▶判例①、判例②

問20　本判決の射程は、出版日以降にも及ぶか。また、本判決の射程は、本案手続による事前差止めにも及ぶか。▶東京地決平29・1・6 LEX/DB 25545218、文献③

○ 関連判例（本書所収以外のもの）
　最判平成5年3月16日民集47巻5号3483頁［第一次家永教科書事件］
　最判平成14年9月24日判時1802号60頁［『石に泳ぐ魚』事件］（判例①）
　東京高決平成16年3月31日判時1865号12頁［週刊文春事件］（判例②）
　最判平成29年1月31日民集71巻1号63頁［検索結果削除請求事件］（判例③）

○ 本判決の調査官解説
　加藤和夫「判解」最高裁判所判例解説民事篇昭和61年度278頁（判解①）

○ その他の判例解説・判例批評
　千葉勝美「判解」最高裁判所判例解説民事篇平成4年度220頁（判解②）
　畑佳秀「判解」法曹時報68巻12号（2016年）213頁（判解③）

○ 参考文献
　佐藤幸治「外面的精神活動の自由」芦部信喜編『憲法Ⅱ 人権⑴』（有斐閣、1978年）451頁（文献①）
　伊藤正己『裁判官と学者の間』（有斐閣、1993年）（文献②）
　中込秀樹「書籍、新聞、雑誌等の出版等差止めを求める仮処分の諸問題」東京地裁保全研究会『詳論 民事保全の理論と実務』（判例タイムズ社、1998年）250頁
　野坂泰司『憲法基本判例を読み直す』（有斐閣、2011年）第10章
　山口いつ子「ネット時代の名誉毀損・プライバシー侵害と『事前抑制』：北方ジャーナル事件判決」論究ジュリスト1号（2012年）50頁
　木下昌彦「著作者の権利と事前抑制の法理(上)(下)―著作者の権利に基づく事前差止めがもたらす弊害と憲法法理によるその克服」NBL 1067号（2016年）46頁・1068号（同）42頁（文献③）

第10章　表現の自由(3)：規制の明確性と広汎性

1　学説の状況

　国民への公正な告知と公権力の濫用の防止という観点から伝統的に刑罰法規は明確でなければならないとされてきた（以下「明確性の法理」という）。日本国憲法上、この明確性の法理は、31条によって保障される罪刑法定主義の一内容によって根拠づけられると考えられてきた（芦部［6版］205頁）。もっとも、いかに不明確性が問題となる刑罰法規であっても、すべての適用場面において不明確であるという場合は現実にはあまり想定できず、適用対象となることが明確な中核部分が存在するのが通常である。そのため、中核部分に該当する行為を行った被告人が、当該法規の外延の不明確性を理由として、当該法規全体を無効とし（いわゆる文面違憲）、無罪判決を得ることができるかということが学説上論争の対象となってきた。当該被告人にとっては公正な告知があったといえることから、上記のような主張は、自らの権利ではなく、第三者（不明確な外延部分の行為を行った者）の権利の主張適格を認めるものであり、また、具体的事件の解決を第一の任務とする司法の役割にも反するとして、許容されないとする考え方も強く主張されている。しかし、特に、表現の自由については、外延が不明確な刑罰法規が残り続けることによって憲法上保護されるべき表現行為に対する萎縮効果が継続することは最大限回避する必要があるとの観点から、当該事案が中核部分に属するものであっても、当該法規全体を違憲無効とすべきであるとの主張が提起されてきた。この場合、被告人は結果として無罪となるが、それは萎縮効果の早期除去というより優越的な利益の確保のためにやむをえないものと捉えられることになる。

　いわゆる過度広汎性の法理も基本的な論理は同一である。処罰範囲が憲法上許容される範囲を超えている場合に、超過部分の行為を行った者に対し当該刑罰法規を適用することが違憲であることは疑いがない。しかし、いかに超過部分が存在する刑罰法規であっても、合憲的な処罰対象を包含するのが通常である。この場合にも、合憲的に処罰対象となる行為を行った者が、刑罰法規に超過部分が存在することを理由に、法規全体を無効とし、無罪判決を得ることができるかという問題が生じる。この場合、法規全体を違憲として被告人を無罪とすることは第三者の主張適格を認めることになり、通常は許されないと考えられている。しかし、表現の自由が問題となる場合には、その優越的地位に鑑み文面違憲の主張を認めるべきであるというのが過度広汎性の法理である。この過度広汎性の法理は、過度に広汎な刑罰法規が残り続ける限り、広汎部分に属する表現行為が萎縮し続けることになるから、その萎縮を早期に除去するために当該法規それ自体を文面違憲とすべきであるということを根拠としている。

2　判例の展開

　最高裁も、学説で主張されてきた明確性の法理・過度広汎性の法理の考え方を前提とした判断を行ってきたとされている（前田巌「判解」最判解刑平成19年度379頁、392頁）。その嚆矢となったのが、**徳島市公安条例事件**〔本書28事件〕である。当該事件において最高裁は、不明確な刑罰法規は憲法31条に違反することを正面から認め、刑罰法規の明確性を判断する枠組みを示した。そこで特に重要であるのが、当該事件の被告人の行為が処罰規定の適用を受ける典型的行為といえる事案であったにもかかわらず、「本件に適用する限り不明確ではない」との判断方法（この判断方法は川崎民商事件〔本書58事件〕など経済的自由の分野では採用されてきた）によるのではなく、むしろ、当該刑罰法規の適用関係一般について、その明確性を判断したことである。これには高辻裁判官が異論を唱えたものの、多数意見は、表現の自由に対する萎縮効果を意識して、そのような文面上の判断を行ったものと考えられる（小田健司「判解」最判解刑昭和50年度156頁、196-197頁）。さらに両法理にとって重要な判例が札幌税関検査事件〔本書26事件〕である。当該事案において、最高裁は、合憲限定解釈によって規制法規を最終的に合憲としたものの、限定解釈がなされなければ、「〔規制の〕範囲が広汎、不明確となることを免れず、憲法21条1項の規定の法意に照らして、かかる法律の規定は違憲無効となる」との判断を示した。当該事案それ自体は合憲的に規制対象となる典型事例であったといえるものであるが、ここでも表現の自由の事案であったことから、明確性の法理・過度広汎性の法理を前提に適用関係一般についての判断を示したものといえる（新村正人「判解」最判解民昭和59年度469頁、498頁）。また、当該事案は行政事件であったが、最高裁が、憲法31条に言及することなく、「憲法21条1項の法意」として明確性の法理・過度広汎性の法理を前提とした判断を示したことも重要である。ただ、同時に、札幌税関検査事件判決は、いわゆる合憲限定解釈の手法により、結論として不明確・過度広汎な法規の救済を行っている。同判決は合憲限定解釈を用いることのできる場合について一定の基準を設けようとしたものの、曖昧な点も多く、その基準の適用をめぐってしばしば意見の対立がみられた。その典型といえるのが、**広島市暴走族追放条例事件**〔本書29事件〕である。最高裁は、被告人の行為自体は合憲的に処罰対象となるものであることを前提にしつつ、集会の自由・表現の自由が問題となる事案であったことから、被告人の処罰法規の過度広汎性を争う適格を認め、過度広汎性の有無について正面から判断を行った。ただ、同判決は、合憲との結論を導くにあたって、条例中の定義規定を実質的に無視する半ば強引ともいえる合憲限定解釈を行っており、二人の裁判官の反対意見が付されている。このように、明確性の法理・過度広汎性の法理が採用されているといっても、合憲限定解釈の柔軟な運用により、それらの法理によって法規が違憲無効とされた例はないというのが実情である。もっとも、厳密な意味で事案限りの解決で足りるとするならば、徳島市公安条例事件、札幌税関検査事件、広島市暴走族追放条例事件のいずれも、そもそも合憲限定解釈に言及する必要のない事案であった。そうすると、少なくとも、表現の自由に関する事案においては、仮に当該事案の解決に直接必要となるものでなくとも、法解釈全体を示す必要があるという規範は判例法理として定着しているといってよいのではないかと考えられる（もっとも、西野吾一「判解」最判解民平成21年度16頁、40-41頁は、憲法上保護された表現行為への萎縮効果が単なる可能性や事実上の想定程度にすぎない場合には、過度広汎性の法理の適用を前提とした合憲限定解釈を示す必要もない旨示唆している）。

28 徳島市公安条例事件

最高裁昭和50年9月10日大法廷判決　昭和48年(あ)第910号：集団行進及び集団示威運動に関する徳島市条例違反、道路交通法違反被告事件　刑集29巻8号489頁

事案

徳島県反戦青年委員会は、徳島市内の道路上で、昭和43年12月10日、集団示威行進（デモ行進）を主催することになり、同月6日に、徳島市公安条例（以下「本条例」という）1条に基づき徳島県公安委員会に対する届出を、道交法77条1項4号に基づき徳島東警察署長に対する道路使用許可申請を行った。徳島東警察署長は、当該道路使用許可申請に対し、「だ行進をするなど交通秩序を乱すおそれがある行為をしないこと」等の条件を付して許可を行った。また、本条例は、集団示威運動を行う者の遵守事項として、「交通秩序を維持すること」と定めており（3条3号）、当該遵守事項に違反して行われた集団示威運動の主催者等に対して刑事罰を定めていた（5条）。

被告人は、オルグと呼ばれた日本労働組合総評議会（いわゆる総評）の専従職員であり、徳島県反戦青年委員会の幹事でもあったことから、本件集団示威行進に参加した。本件集団示威行進は、その途中、被告人が、先頭隊列の前方に出たうえで、手で合図をし、自らジグザグに走ったため、先頭隊列からだ行進が始まった。その後も、被告人は、自らだ行進を行い、また、笛を吹くなどして、幾度かだ行進を促した。このような県道上でのだ行進の通過を待つため、乗用車やバス等合計約10台の車両が約1分から4分程度の間停車をする必要があったとされている。

被告人は、自らだ行進をした行為が道交法77条3項、119条1項13号に該当し、また、だ行進をするように他の参加者にせん動した行為が本条例3条3号、5条に該当するとして起訴された。第一審判決（徳島地判昭47・4・20刑集29-8-552）は、道交法77条3項、119条1項13号違反の罪については被告人を有罪（罰金5000円、換刑2500円／1日）としたが、本条例3条3号、5条違反の罪については、「(本)条例3条3号は、同5条によって処罰さるべき犯罪構成要件の内容として、合理的解釈によって確定できる程度の明確性をそなえているといえず、憲法31条の趣旨に反するといわざるを得ない」として、無罪とした。これに対し検察官が控訴したが、第二審判決（高松高判昭48・2・19刑集29-8-570）は、憲法31条に違反するとして、本条例5条の罰則を被告人の所為に適用できないとした第一審判決の判断に過誤はないとして、控訴を棄却した。これに対し検察官が上告した。

■参考条文（事件当時のもの）

道路交通法

第77条　〔第1項〕次の各号のいずれかに該当する者は、それぞれ当該各号に掲げる行為について当該行為に係る場所を管轄する警察署長（以下この節において「所轄警察署長」という。）の許可（当該行為に係る場所が同一の公安委員会の管理に属する二以上の警察署長の管轄にわたるときは、そのいずれかの所轄警察署長の許可。以下この節において同じ。）を受けなければならない。

(4)　前各号に掲げるもののほか、道路において祭礼行事をし、又はロケーションをする等一般交通に著しい影響を及ぼすような通行の形態若しくは方法により道路を使用する行為又は道路に人が集まり一般交通に著しい影響を及ぼすような行為で、公安委員会が、その土地の道路又は交通の状況により、道路における危険を防止し、その他交通の安全と円滑を図るため必要と認めて定めたものをしようとする者

2　前項の許可の申請があつた場合において、当該申請に係る行為が次の各号のいずれかに該当するときは、所轄警察署長は、許可をしなければならない。

(1)　当該申請に係る行為が現に交通の妨害となるおそれがないと認められるとき。

(2)　当該申請に係る行為が許可に付された条件に従つて行なわれることにより交通の妨害となるおそれがなくなると認められるとき。

(3)　当該申請に係る行為が現に交通の妨害となるおそれはあるが公益上又は社会の慣習上やむを得ないものであると認められるとき。

3　第1項の規定による許可をする場合において、必要があると認めるときは、所轄警察署長は、当該許可に係る行為が前項第1号に該当する場合を除き、当該許可に道路における危険を防止し、その他交通の安全と円滑を図るため必要な条件を付することができる。

第119条　〔第1項〕次の各号のいずれかに該当する者は、3月以下の懲役又は3万円以下の罰金に処する。

(13)　第77条（道路の使用の許可）第3項の規定により警察署長が付し、又は同条第4項の規定により警察署長が変更し、若しくは付した条件に違反した者

徳島県道路交通法施行細則

第11条　法第77条第1項第4号の規定による署長の許可を受けなければならない行為は、次の各号に掲げるとおりとする。

(3)　道路において、競技会、踊り、仮装行列、パレード、集団行進等をすること。

集団行進及び集団示威運動に関する条例（徳島市公安条例）

第1条　道路その他公共の場所で、集団行進を行うとするとき、又場所の如何を問わず集団示威運動を行うとするときは、徳島市公安委員会（以下「公安委員会」という。）に届出なければならない。但し、次の各号に該当する場合はこの限りでない。

(1)　学生、生徒その他の遠足、修学旅行、体育競技

(2)　通常の冠婚葬祭等の慣例による行事

第3条　集団行進又は集団示威運動を行うとする者は、集団行進又は集団示威運動の秩序を保ち、公共の安寧を保持するため、次の事項を守らなければならない。

(1)　官公署の事務の妨害とならないこと。

(2)　刃物棍棒その他の他人の生命及び身体に危害を加えるに使用される様な器具を携帯しないこと。

(3)　交通秩序を維持すること。

(4)　夜間の静穏を害しないこと。

第5条　第1条若しくは第3条の規定又は第2条の規定による届出事項に違反して行われた集団行進又は集団示威運動の主催者、指導者又は煽動者はこれを1年以下の懲役若しくは禁錮又は5万円以下の罰金に処する。

Navigator 　全国の公安条例の多くは、交通秩序維持を目的として集団行動の際の遵守事項を定めていたが、その中でも、徳島市公安条例は、遵守事項について、単に、「交通秩序を維持すること」と規定するのみであり、その抽象性・不明確性が問題となっていた。また、かねてより、公安条例による交通秩序維持のための遵守事項と道交法 77 条 3 項の警察署長の許可条件との抵触関係も問題となっていた。本判決は、これら二つの問題について正面から判断を行ったものであり、特に、条例と国の法令の矛盾抵触を判断する基準、犯罪構成要件が明確であるかどうかを判断する基準を提示したという点で、以後の判決に大きな影響を与えた重要判決である。
　本判決の論証構造は、大きく二つに分かれており、まず、【5】から【16】において、地自法 14 条 1 項との関係から、本条例と道交法との抵触関係が検討され、続いて、【17】から【22】において、憲法 31 条との関係から、本条例 3 条 3 項の刑罰法規としての明確性が検討されている。
　本判決については、第 1 に、徳島市公安条例と道交法のそれぞれの仕組みを把握したうえで、いかなる点で、両者の矛盾抵触が問題となったのか、第 2 に、本判決は条例と国の法令の矛盾抵触を判断する基準としていかなるものを提示し、それをどう本件事案に適用したのか、第 3 に、本判決は、犯罪構成要件の明確性をめぐる判断基準としていかなるものを提示し、それをどう本件事案に適用したのかという諸点を意識しながら読み進めてほしい。なお、本判決の少数意見のうち岸裁判官の補足意見と団藤裁判官の補足意見は、表現規制を分類するにあたって、規制の目的に着目するか、規制の対象に着目するかについて対立を示しており、また、高辻裁判官の意見は、漠然性ゆえに無効の法理の意義を考えるうえで重要な示唆を与えるものとして学習上も、それぞれ有益な示唆を与えるものとなっている。

■判決の論理構造

【道交法と徳島市公安条例の関係】

	保護法益	規制対象	事前手続	遵守事項	罰則
道交法	道路における交通秩序の維持	道路における集団行進（法 77 条 1 項 4 号の委任に基づき徳島県公安委員会が定めた徳島県道路交通法施行細則 11 条）	徳島東警察署長に対する道路使用許可申請（法 77 条 1 項）	だ行進をするなど交通秩序を乱すおそれがある行為をしないこと（法 77 条 3 項に基づき徳島東警察署長が付した許可条件）	許可条件違反者に対し 3 月以下の懲役または 5 万円以下の罰金（法 119 条 1 項 13 号）
徳島市公安条例	道路交通秩序の維持も包含する公共の安寧秩序の保持	道路その他公共の場所での集団行進と場所を問わない集団示威運動（条例 1 条・3 条）	徳島県公安委員会に対する届出（1 条）	交通秩序を維持すること（条例 3 条 3 号）	遵守事項違反のせん動者等に対し 1 年以下の懲役もしくは禁錮または 5 万円以下の罰金（条例 5 条）

※徳島県公安委員会は、道交法のもとでは徳島県道路交通法施行細則により規制対象を定めるという役割、徳島市公安条例のもとでは集団行動の事前の届出先となるという役割が与えられている。

【条例と国の法令の矛盾抵触判断】

基本的枠組み	両者の対象事項と規定文言を対比するのみでなく、それぞれの趣旨、目的、内容および効果を比較し、両者の間に矛盾抵触があるか否か判断する

↓ 条例と国の法令の矛盾抵触判断の具体例

(1) 条例の対象事項について、国の法令中にこれを規律する明文の規定がない場合	当該法令全体からみて、規定の欠如が特に当該事項についていかなる規制をも施すことなく放置すべきものとする趣旨であると解されるとき		規律を設ける条例の規定は国の法令に違反する
(2) 特定事項についてこれを規律する国の法令と条例とが併存する場合	(a) 条例が国の法令とは別の目的に基づく規律を意図する場合	条例の適用が国の法令の目的・効果を阻害しない場合	条例が国の法令に違反する問題は生じえない
	(b) 条例と国の法令の目的が同一である場合	国の法令が全国的に一律に同一内容の規制を施す趣旨ではなく、各地方公共団体が別段の規制を施すことを容認する趣旨の場合	

※道交法と本条例とは、「徳島市内の道路における集団行進等」に関して規律対象が同一であり、また、道路交通秩序維持という目的についても重複する部分があるが（(2)(b)の場合）、本判決は、【13】で、道交法が全国一律の規制を施す趣旨ではないと解釈し、両者は矛盾抵触しないと判断した。また、本判決は、【14】で、公安条例には道交法とは異なる独自の目的と効果を有するとしたうえで（(2)(a)の場合）、本条例は、道交法の趣旨を妨げるものではないとしている。

【刑罰法規の明確性についての判断枠組み（憲法31条違反の検討）】

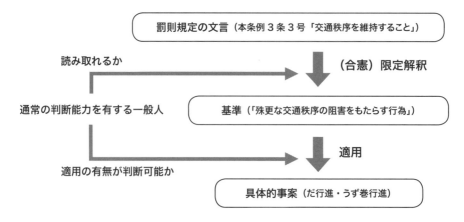

■ 判　決

○　主　文

原判決及び第一審判決を破棄する。

被告人を罰金１万円に処する。

被告人において右罰金を完納することができないときは、金1000円を１日に換算した期間、被告人を労役場に留置する。

第一審における訴訟費用は被告人の負担とする。

○　理　由

検察官の上告趣意について

第一　本事件の経過

[1]　本件公訴事実の要旨は、「被告人は、日本労働組合総評議会の専従職員兼徳島県反戦青年委員会の幹事であるところ、昭和43年12月10日県反戦青年委員会主催の『Ｂ五二、松茂・和田島基地撤去、騒乱罪粉砕、安保推進内閣打倒』を表明する徳島市藍場浜公園から同市新町橋通り、東新町、籠屋町、銀座通り、東新町、元町を経て徳島駅に至る集団示威行進に青年、学生約300名と共に参加したが、右集団行進の先頭集団数十名が、同日午後６時35分ころから同６時39分ころまでの間、同市元町２丁目藍場浜公園南東入口から出発し、新町橋西側車道上を経て同市新町橋通り１丁目22番地豊栄堂小間物店前付近に至る車道上において、だ行進を行い交通秩序の維持に反する行為をした際、自らもだ行進をしたり、先頭列外付近に位置して所携の笛を吹きあるいは両手を上げて前後に振り、集団行進者にだ行進をさせるよう刺激を与え、もつて集団行進者が交通秩序の維持に反する行為をするようにせん動し、かつ、右集団示威行進に対し所轄警察署長の与えた道路使用許可には『だ行進をするなど交通秩序を乱すおそれがある行為をしないこと』の条件が付されていたにもかかわらず、これに違反したものである。」というのであり、このうち被告人が「自らもだ行進をした」点が道路交通法（昭和35年法律第105号）77条３項、119条１項13号に該当し、被告人が「集団行進者にだ行進をさせるよう刺激を与え、もつて集団行進者が交通秩序の維持に反する行為をするようにせん動した」点が「集団行進及び集団示威運動に関する条例」（昭和27年１月24日徳島市条例第３号、以下「本条例」という。）３条３号、５条に該当するとして、起訴されたものである❶。

[2]　第一審判決は、道路交通法77条３項、119条１項13号該当の点については被告人を有罪としたが、本条例３条３号、５条該当の点については、被告人を無罪とした。右無罪の理由とするところは、道路交通法77条は、表現の自由として憲法21条に保障されている集団行進等の集団行動をも含めて規制の対象としていると解され、集団行動についても道路交通法77条１項４号に該当するものとして都道府県公安委員会が定めた場合には、同条３項により所轄警察署長が道路使用許可条件を付しうるものとされてい

❶　[1]では、本件公訴事実の要旨が示されている。被告人は、徳島市での車道上で実施された集団示威行進に参加したが、当該集団示威行進は、途中で、だ行進を行った。被告人は、自らだ行進を行ったことが、道交法77条３項、119条１項13号違反（許可条件違反）に、また、他の参加者にだ行進を行うようにせん動した行為が本条例３条３号、５条違反（せん動禁止違反）に該当するとして、起訴された。

❷　[2]では、第一審判決の論理構成の要旨とその結論が記述されている。第一審判決は、道交法違反の罪については被告人を有罪としたが、本条例違反の罪については被告人を無罪としていた。その第一審判決の論理は、条例と国の法令の抵触関係の問題と本条例３条３号の明確性の問題とが連関したものとなっている。まず、第一審判決は、条例と国の法令の規律対象が競合する場合には、条例は国の法令に違反し、条例の形式的効

るから、この道路使用許可条件と本条例3条3号の「交通秩序を維持すること」の関係が問題となるが、条例は「法令に違反しない限りにおいて」、すなわち国の法令と競合しない限度で制定しうるものであつて、もし条例が法令に違反するときは、その形式的効力がないのであるから、本条例3条3号の「交通秩序を維持すること」は道路交通法77条3項の道路使用許可条件の対象とされるものを除く行為を対象とするものと解さなければならないところ、いかなる行為がこれに該当するかが明確でなく、結局、本条例3条3号の規定は、一般的、抽象的、多義的であつて、これに合理的な限定解釈を加えることは困難であり、右規定は、本条例5条によって処罰されるべき犯罪構成要件の内容として合理的解釈によつて確定できる程度の明確性を備えているといえず、罪刑法定主義の原則に背き憲法31条の趣旨に反するというのである❷。

[3] 　原判決は、本条例3条3号の規定が刑罰法令の内容となるに足る明白性を欠き、罪刑法定主義の原則に背き憲法31条に違反するとした第一審判決の判断に過誤はないとして、検察官の控訴を棄却した❸。

[4] 　検察官の上告趣意は、原判決の右判断につき憲法31条の解釈適用の誤りを主張するものである❹。

第二　当裁判所の見解
一　本条例3条3号、5条と道路交通法77条、119条1項13号との関係について

[5] 　道路交通法は、道路における危険を防止し、その他交通の安全と円滑を図り、及び道路の交通に起因する障害の防止に資することを目的として制定された法律であるが、同法77条1項は、「次の各号のいずれかに該当する者は、それぞれ当該各号に掲げる行為について」所轄警察署長の許可を受けなければならないとし、その4号において、「前各号に掲げるもののほか、道路において祭礼行事をし、又はロケーションをする等一般交通に著しい影響を及ぼすような通行の形態若しくは方法により道路を使用する行為又は道路に人が集まり一般交通に著しい影響を及ぼすような行為で、公安委員会が、その土地の道路又は交通の状況により、道路における危険を防止し、その他交通の安全と円滑を図るため必要と認めて定めたものをしようとする者」と規定し、同条3項は、1項の規定による許可をする場合において、必要があると認めるときは、所轄警察署長は、当該許可に道路における危険を防止しその他交通の安全と円滑を図るため必要な条件を付することができるとし、同法119条1項13号は、77条3項により警察署長が付した条件に違反した者に対し、これを3月以下の懲役又は3万円以下の罰金に処する旨の罰則を定めている。そして、徳島県においては、徳島県公安委員会が、右規定により許可を受けなければならない行為として、徳島県道路交通施行細則（昭和35年12月18日徳島県公安委員会規則第5号）11条3号において、「道路において競技会、踊、仮装行列、パレード、集団行進等をすること」と定めており、本件集団示威行進についても、主催者から所轄徳島東警察署長に対し、道路交通法77条1項4号、徳島県道路交通施行細則11条3号により道路使用許可申請がされ、徳島東警察署長から、「だ行進、うず巻行進、ことさらなかけ足又はおそ足行進、停滞、すわり込み、先行てい団との併進、先行てい団の追越し及びいわゆるフランスデモ等交通秩序を乱すおそれがある行為をしないこと」等4項目の条件を付して、道路使用許可がされている❺。

[6] 　他方、本条例は、1条において、道路その他公共の場所で集団行進を行おうとするとき、又は場所のいかんを問わず集団示威運動を行おうとするときは、同条1号、2号に該当する場合を除くほか、徳島市公安委員会に届け出なければならないとし、3条において、
「集団行進又は集団示威運動を行おうとする者は、集団行進又は集団示威運動の秩序を保ち、公共の安寧を保持するため、次の事項を守らなければならない。
　一　官公署の事務の妨害とならないこと。
　二　刃物棍棒その他人の生命及び身体に危害を加えるに使用される様な器具を携帯しないこと。
　三　交通秩序を維持すること。
　四　夜間の静穏を害しないこと。」

力が失われるとの憲法94条・地自法14条1項の解釈を前提としたうえで、本条例3条3号の規律対象と道路交法77条の規律対象は競合することから、本条例3条3号の形式的効力はないと論じた。また、逆に、両者に競合がないとした場合には、本条例3条3号の「交通秩序を維持すること」は、道交法77条3項の道路使用許可条件の対象となるもの以外の行為を対象にしたものと解する必要があるところ、それがいかなる行為であるか明確ではなく、結局、その場合には憲法31条違反になると論じていた。

❸ [3]では、原判決の結論が示されている。原判決は、第一審判決の判断に過誤はないとして、検察官の控訴を棄却していた。

❹ [4]では、検察官の上告趣意が示されている。検察官は、道交法と本条例の矛盾抵触の問題については、「道路交通法と公安条例は、同一の行為に対し同時に規制を及ぼすことがあっても、それは、それぞれの異なつた趣旨、目的からなすものであるから相互に抵触するものでない」（刑集29-8-532）等と主張し、また、本条例3条3号の明確性の問題については、当該条文の文言それ自体が明確であるとの主張のほか、「かりにある法文が不明確である疑いがあつても、当該事件の審判の対象である具体的事実が、その法文の取締り処罰の対象としようとする行為の範囲内に明らかに含まれると認められるならば、右法文は、当該事件に適用する限りにおいて明確性を欠くとはいえない」（刑集29-8-547）との主張も提起していた。

❺ [5]から[16]では、本条例と道交法の抵触関係（地自法14条1項）の問題が論じられている。まず、[5]では、道交法の規律内容が説明されている。道交法は、道路での交通秩序維持を目的とした法律であり、その目的を達成するため、一定の行為を道路で行う場合には事前に所轄警察署長の許可を必要とする旨の規定を置いている。その要許可行為についての具体的定めは、各地の公安委員会規則に委任されており、徳島県の場合には、徳島県道路交通施行細則11条3号（現19条3号）がその規定に該当する。また、道交法は、所轄警察署長に、道路の使用を許可するにあたって、条件を付与する権限を与えており、許可条件違反、処罰の対象となる。本件の場合には、だ行進、うず巻行進等の行為をしないこと等の条件が付されていた。

❻ [6]では、本条例の概要が説明されている。本条例のような公安条例は、道路交通秩序の維持にとどまらず、より広範な公共秩序の維持を目的として地方公共団体が定めた条例であり、その目的を達成するため、多くの場合、道路を含む公共の場所での集団行動を主催する者に対し、事前の許可申請・届出を各地の公安委員会に対し行うことを求める規定が置かれている。本条例の場合は、徳島県公安委員会に事前の届出が求められている（本条例1条）。また、集団行動の態様に対する規制としては、道交法と同様に許可の際に付される許可条件によってされる条例と遵守事項を条例の条文上で直接明記する条例とがあるところ、本条例は、後者の条例に該当し、遵守事項に違反する集団行動の主催者や指導者に対して罰則を定めている。

と規定し、5条において、3条の規定等に違反して行われた集団行進又は集団示威運動（以下、「集団行進等」という。）の主催者、指導者又はせん動者に対し、これを1年以下の懲役若しくは禁錮又は5万円以下の罰金に処する旨の罰則を定めている❻。

[7]　本件一、二審判決は、憲法94条、地方自治法14条1項により、地方公共団体の条例は国の法令に違反することができないから、本条例3条3号の「交通秩序を維持すること」とは道路交通法77条3項の道路使用許可条件の対象とされる行為を除くものでなければならないという限定を付したうえ、本条例5条の罰則の犯罪構成要件の内容となる本条例3条3号の規定の明確性の有無につき判断しているのであるが、まず、このような限定を加える必要があるかどうかを検討する❼。

[8]　道路交通法は、前述のとおり、道路における危険を防止し、その他交通の安全と円滑を図ること等、道路交通秩序の維持を目的として制定されたものであり、同法77条3項による所轄警察署長の許可条件の付与もかかる目的のためにされるものであることは、多言を要しない❽。

[9]　これに対し、本条例の対象は、道路その他公共の場所における集団行進及び場所のいかんを問わない集団示威運動であつて、学生、生徒その他の遠足、修学旅行、体育競技、及び通常の冠婚葬祭等の慣例による行事を除くものである❾。

[10]　このような集団行動は、通常、一般大衆又は当局に訴えようとする政治、経済、労働問題、世界観等に関する思想、主張等の表現を含むものであり、表現の自由として憲法上保障されるべき要素を有するのであるが、他面、それは、単なる言論、出版等によるものと異なり、多数人の身体的行動を伴うものであつて、多数人の集合体の力、つまり潜在する一種の物理的力によつて支持されていることを特徴とし、したがつて、それが秩序正しく平穏に行われない場合にこれを放置するときは、地域住民又は潜在者の利益を害するばかりでなく、地域の平穏をさえ害するに至るおそれがあるから、本条例は、このような不測の事態にあらかじめ備え、かつ、集団行動を行う者の利益とこれに対立する社会的諸利益との調和を図るため、1条において集団行進等につき事前の届出を必要とするとともに、3条において集団行進等を行う者が遵守すべき事項を定め、5条において遵守事項に違反した集団行進等の主催者、指導者又はせん動者に対し罰則を定め、もつて地方公共の安寧と秩序の維持を図つているのである❿。

[11]　このように、道路交通法は道路交通秩序の維持を目的とするのに対し、本条例は道路交通秩序の維持にとどまらず、地方公共の安寧と秩序の維持という、より広はん、かつ、総合的目的を有するのであるから、両者はその規制の目的を全く同じくするものとはいえないのである⓫。

[12]　もつとも、地方公共の安寧と秩序の維持という概念は広いものであり、道路交通法の目的である道路交通秩序の維持をも内包するものであるから、本条例3条3号の遵守事項が単純な交通秩序違反行為をも対象としているものとすれば、それは道路交通法77条3項による警察署長の道路使用許可条件と部分的には共通する点がありうる。しかし、そのことから直ちに、本条例3条3号の規定が国の法令である道路交通法に違反するという結論を導くことはできない⓬。

[13]　すなわち、地方自治法14条1項は、普通地方公共団体は法令に違反しない限りにおいて同法2条2項の事務に関し条例を制定することができる、と規定しているから、普通地方公共団体の制定する条例が国の法令に違反する場合には効力を有しないことは明らかであるが、条例が国の法令に違反するかどうかは、両者の対象事項と規定文言を対比するのみでなく、それぞれの趣旨、目的、内容及び効果を比較し、両者の間に矛盾牴触があるかどうかによつてこれを決しなければならない⓭。例えば、ある事項について国の法令中にこれを規律する明文の規定がない場合でも、当該法令全体からみて、右規定の欠如が特に当該事項についていかなる規制をも施すことなく放置すべきものとする趣旨であると解されるときは、これについて規律を設けている条例の規定は国の法令に違反することとなりうるし、逆に、特定事項についてこれを規律する国の法令と条例とが併存する場合でも、後者が前者とは別の目的に基づく規律を意図するものであり、その適用によつて前者の規定の意図する目的と効果をなんら阻害することがないときや、両者が同一の目的に出

❼　[7]では、第一審判決と第二審判決の論理が改めて整理されている。本判決は、それらの判決が、本条例3条3号を不明確ゆえに無効とした前提には、本条例3条3号の「交通秩序を維持すること」とは、道交法77条3項の道路使用許可条件の対象となる行為を除いた行為でなければならないとの解釈が前提になっていたと解し、まずは、本条例と道交法との抵触関係について検討すると述べる。

❽　[8]では、道交法の目的と同法77条3項の許可条件付与の目的が論じられている。本判決は、道交法は、道路交通秩序維持を目的として制定されたものであり、同法77条3項の許可条件付与も同じく道路交通秩序維持を目的として制定されたものであるとしている。

❾　[9]では、本条例の規制対象が確認されている。本条例は公共の場所での集団行進・あらゆる場所での集団示威運動を規制の対象としている。道路以外の場所での集団行動にまで規制が及んでいる点で規制対象が道交法よりも広範なものになっていると同時に、交通秩序との関係で道交法では規制対象になりうる体育競技などは、基本的には平穏に行われるとの前提のもと、規制対象からあらかじめ除外されている。

❿　[10]では、集団行動の態様について秩序維持の観点から遵守事項を定めることの正当性が論じられている。ここで、本判決は、まず、集団行動には表現の自由として憲法上保障されるべき要素があることを認める。しかし、集団行動は、多数人の身体的行動を伴い、一種の物理的力によって支持されている点で、単なる言論、出版とは異なると捉えており、それが秩序正しく平穏に行われない場合には、地域の平穏を脅かしうるものと位置づけている。そして、本判決は、そのような地域の平穏を害する不測の事態を予防するために本条例は、集団行動に対し届出制を採用し、遵守事項を制定したものとしている。なお、新潟県公安条例事件判決〔本書41事件〕や東京都公安条例事件判決〔本書42事件〕は公安条例の許可制（事前規制）の合憲性を論じたものであるのに対し、本判決は届出制を採用する公安条例の遵守事項（事後規制）の合憲性を論じたものであり、それぞれの判例がカバーしている領域は異なる（判解①210頁）。

⓫　[11]では、道交法と本条例の目的の比較が行われている。本判決は、道路交通秩序維持を目的とする道交法に対して、本条例は、「地方公共の安寧と秩序の維持」というより広範かつ総合的な目的を有しているとし、両者の目的は、まったく同じではないとする。

⓬　[12]では、道交法と本条例の目的と規制対象について共通点があることが示されている。まず、本判決は、本条例の目的「地方公共の安寧と秩序の維持」には、道交法の目的である「道路交通秩序維持」も含まれると述べる。これには公安条例の目的である安寧と秩序には、実質上、集団行動に起因するあらゆる法益侵害の防止が包含されるとの理解が前提になっているものと解される（文献①10頁）。さらに、本判決は、本条例3条3号の遵守事項も、単純な交通秩序違反行為をも規制対象としている点で、道交法77条3項による警察署長の道路使用許可条件と部分的には共通する点があるとも指摘している。しかし、本判決は、本条例3条3号の規定は、国の法令である道交法に違反するわけではないとし、その理由は、[13]から[15]で示されることになる。

⓭　[13]では、地自法14条1項の解釈が提示されている（憲法94条への言及はない）。まず、[13]の第1文において、本判決は、同条の解釈として「普通地方公共団体の制定する条例が国の法令に違反する場合には効力を有しない」との命題を確認する。そのうえで、そこでの「違反」の有無は、法令と条例の対象事項と規定文言を対比するのみではなく、それぞれの趣旨、目的、内容および効果を比較し、両者の間に矛盾牴触があるかどうかによって判断すべきであるとの判断基準を提示している。これは、昭和40年代に入り各地の公害規制を

たものであつても、国の法令が必ずしもその規定によつて全国的に一律に同一内容の規制を施す趣旨ではなく、それぞれの普通地方公共団体において、その地方の実情に応じて、別段の規制を施すことを容認する趣旨であると解されるときは、国の法令と条例との間にはなんらの矛盾牴触はなく、条例が国の法令に違反する問題は生じえないのである❹

[14]　これを道路交通法77条及びこれに基づく徳島県道路交通施行細則と本条例についてみると、徳島市内の道路における集団行進等について、道路交通秩序維持のための行為規制を施している部分に関する限りは、両者の規律が併存競合していることは、これを否定することができない。しかしながら、道路交通法77条1項4号は、同号に定める通行の形態又は方法による道路の特別使用行為等を警察署長の許可によつて個別的に解除されるべき一般的禁止事項とするかどうかにつき、各公安委員会が当該普通地方公共団体における道路又は交通の状況に応じてその裁量により決定するところにゆだね、これを全国的に一律に定めることを避けているのであつて、このような態度から推すときは、右規定は、その対象となる道路の特別使用行為等につき、各普通地方公共団体が、条例により地方公共の安寧と秩序の維持のための規制を施すにあたり、その一環として、これらの行為に対し、道路交通法による規制とは別個に、交通秩序の維持の見地から一定の規制を施すこと自体を排斥する趣旨まで含むものとは考えられず、各公安委員会は、このような規制を施した条例が存在する場合には、これを勘案して、右の行為に対し道路交通法の前記規定に基づく規制を施すかどうか、また、いかなる内容の規制を施すかを決定することができるものと解するのが、相当である。そうすると、道路における集団行進等に対する道路交通秩序維持のための具体的規制が、道路交通法77条及びこれに基づく公安委員会規則と条例の双方において重複して施されている場合においても、両者の内容に矛盾牴触するところがなく、条例における重複規制がそれ自体としての特別の意義と効果を有し、かつ、その合理性が肯定される場合には、道路交通法による規制は、このような条例による規制を否定、排除する趣旨ではなく、条例の規制の及ばない範囲においてのみ適用される趣旨のものと解するのが相当であり、したがって、右条例をもつて道路交通法に違反するものとすることはできない❺

[15]　ところで、本条例は、さきにも述べたように、道路における場合を含む集団行進等に対し、このような社会的行動のもつ特殊な性格にかんがみ、道路交通秩序の維持を含む地方公共の安寧と秩序の維持のための特別の、かつ、総体的な規制措置を定めたものであつて、道路交通法77条及びこれに基づく徳島県道路交通施行細則による規制とその目的及び対象において一部共通するものがあるにせよ、これとは別個に、それ自体として独自の目的と意義を有し、それなりにその合理性を肯定することができるものである。そしてその内容をみても、本条例は集団行進等に対し許可制をとらず届出制をとっているが、それはもとより道路交通法上の許可の必要を排除する趣旨ではなく、また、本条例3条に遵守事項として規定しているところも、のちに述べるように、道路交通法に基づいて禁止される行為を特に禁止から解除する等同法の規定の趣旨を妨げるようなものを含んでおらず、これと矛盾牴触する点はみあたらない❻。もつとも、本条例5条は、3条の規定に違反する集団行進等の主催者、指導者又はせん動者に対して1年以下の懲役若しくは禁錮又は5万円以下の罰金を科するものとしているのであつて、これを道路交通法119条1項13号において同法77条3項により警察署長が付した許可条件に違反した者に対して3月以下の懲役又は3万円以下の罰金を科するものとしているのと対比するときは、同じ道路交通秩序維持のための禁止違反に対する法定刑に相違があり、道路交通法所定の刑種以外の刑又はより重い懲役や罰金の刑をもつて処罰されることとなつているから、この点において本条例は同法に違反するものではないかという疑問が出されるかもしれない。しかしながら、道路交通法の右罰則は、同法77条所定の規制の実効性を担保するために、一般的に同条の定める道路の特別使用行為等についてどの程度に違反が生ずる可能性があるか、また、その違反が道路交通の安全をどの程度に侵害する危険があるか等を考慮して定められたものであるのに対し、本条例の右罰則は、集団行進等という特殊な性格の行動が帯有するさまざまな地方公共の安寧と秩序の侵害の可能性及び予想される

妨げるものとして批判の強かつた「国の法令が存在する事項については条例による規制は許されないとする考え方」(いわゆる法律先占論)を否定したものと捉えることができる(判解①182頁、判解③130頁)。

❹【13】の第2文では、【13】の第1文で示された判断基準の適用に関する準則が、(1)特定事項について法令に明文の規定がない場合(いわゆる未規制領域)と(2)特定事項について法令と条例の規律が併存する場合の2類型に分けて提示されている。(1)の場合については、通常は、特定事項について条例を定めてもそれが法令に違反することはないと考えられるが、本判決は、法令における規律の欠如が、当該事項についての規律それ自体を排除する趣旨であるときは、条例が、当該事項についての規律を設けることは法令に違反することになるとしている。また、本判決は、(2)の場合をさらに(a)法令と条例で目的が異なる場合と(b)法令と条例で目的が同一の場合に分けて扱い、(a)の場合には、条例が法令の目的と効果を阻害するものでない場合には条例が法令に違反しないとし、(b)の場合であっても、国の法令が全国一律の規制を施す趣旨ではない場合には、違反にはならないとしている。なお、本判決が示した判断基準・適用準則は、地方自治の分野においては極めて重要なものとして捉えられてきたが、実際には、以後、本判決を明示的に引用した最高裁判例は、平成25年の判例①まで見当たらなかったのが実情である。この点について、判解③130-131頁は、本判決の判断枠組みは、本件事案のように「個別的・具体的な根拠法令に基づかない条例」の適法性が問題となった事案に対して適用されるものであり、「個別的・具体的な根拠法令に基づく条例」の適法性が問題となる事案にはその射程が及ばない旨の見解を示している。

❺【14】と【15】では、【13】で示された判断基準に従い、本条例が道交法に違反するものかどうかが検討されている。本判決は、本条例と道交法の目的は完全に同一ではないとしつつ、【12】において、目的と対象で重複する部分があることを認めている。そこで、本判決は、まず、【14】において、本条例と道交法の重複部分に着目して、両者の抵触関係を論じている。条例と法令の規律対象に重複がある場合は、【13】で示された分類によると、(2)(b)に該当することになるが、【13】で示された準則に従えば、(2)(b)の場合であっても、法令が全国一律の規制を施す趣旨ではない場合には、条例が法令に違反することはない。そこで本判決が着目したのが、道交法77条1項4号が、規律対象となる道路の使用形態・方法の具体的定めを、各地の公安委員会の裁量に委ねているという法的仕組みであった。本判決は、このように道交法が規律対象を各地の公安委員会に委ねている仕組みを採用していることを起点として、そこから、さらに、道交法77条が、地方公共の安寧秩序の一環として集団行進等について交通秩序維持のための規制を施すことを排斥する趣旨ではないものとの推論を行った。すなわち、本判決は、本条例と道交法は同一対象を同一目的で規律する側面があるものの、道交法77条はそもそも全国一律の規制を施す趣旨ではないと解釈したことになる。そのような理解を前提に、本判決は、「道路における集団行進等に対する道路交通秩序維持のための具体的規制」が道交法に基づく公安委員会規則と公安条例の双方において重複する場合には、公安条例による規制が優先し、道交法による規制は公安条例による規制の及ばない範囲においてのみ適用されるとしている。

❻【15】では、本条例が道交法とは異なる独自の目的と意義を有しているとの観点から両者の矛盾抵触が検討されている。それは【13】の分類によれば、(2)(a)の類型に該当するものであり、当該類型に属する場合には、条例が法令の目的と効果を阻害するものでない限り、条例が法令に違反することはない。この点に関し、まず、【15】の前半では、本条例の仕組みが法令の目的・効果を阻害するものであるか否かが検討されており、本判決は、

侵害の性質、程度等を総体的に考慮し、殊に道路における交通の安全との関係では、集団行進等が、単に交通の安全を侵害するばかりでなく、場合によっては、地域の平穏を乱すおそれすらあることをも考慮して、その内容を定めたものと考えられる。そうすると、右罰則が法定刑として道路交通法には定めのない禁錮刑をも規定し、また懲役や罰金の刑の上限を同法より重く定めていても、それ自体としては合理性を有するものということができるのである。そして、前述のとおり条例によつて集団行進等について別個の規制を行うことを容認しているものと解される道路交通法が、右条例においてその規制を実効あらしめるための合理的な特別の罰則を定めることを否定する趣旨を含んでいるとは考えられないところであるから、本条例5条の規定が法定刑の点で同法に違反して無効であるとすることはできない❶。

【16】　右の次第であつて、本条例3条3号、5条の規定は、道路交通法77条1項4号、3項、119条1項13号、徳島県道路交通施行細則11条3号に違反するものということはできないから、本条例3条3号に定める遵守事項の内容についても、道路交通法との関係からこれに限定を加える必要はないものというべく、したがつて、この点に関する原判決の見解は、これを是認することができない❶。

二　本条例3条3号、5条の犯罪構成要件としての明確性について

【17】　次に、本条例3条3号の「交通秩序を維持すること」という規定が犯罪構成要件の内容をなすものとして明確であるかどうかを検討する❶。

【18】　右の規定は、その文言だけからすれば、単に抽象的に交通秩序を維持すべきことを命じているだけで、いかなる作為、不作為を命じているのかその義務内容が具体的に明らかにされていない❷。全国のいわゆる公安条例の多くにおいては、集団行進等に対して許可制をとりその許可にあたつて交通秩序維持に関する事項についての条件の中で遵守すべき義務内容を具体的に特定する方法がとられており、また、本条例のように条例自体の中で遵守義務を定めている場合でも、交通秩序を侵害するおそれのある行為の典型的なものをできるかぎり列挙例示することによつてその義務内容の明確化を図ることが十分可能であるにもかかわらず、本条例がその点についてなんらの考慮を払つていないことは、立法措置として著しく妥当を欠くものがあるといわなければならない❷。しかしながら、およそ、刑罰法規の定める犯罪構成要件があいまい不明確のゆえに憲法31条に違反し無効であるとされるのは、その規定が通常の判断能力を有する一般人に対して、禁止される行為とそうでない行為とを識別するための基準を示すところがなく、そのため、その適用を受ける国民に対して刑罰の対象となる行為をあらかじめ告知する機能を果たさず、また、その運用がこれを適用する国又は地方公共団体の機関の主観的判断にゆだねられて恣意に流れる等、重大な弊害を生ずるからであると考えられる❷。しかし、一般に法規は、規定の文言の表現力に限界があるばかりでなく、その性質上多かれ少なかれ抽象性を有し、刑罰法規もその例外をなすものではないから、禁止される行為とそうでない行為との識別を可能ならしめる基準といつても、必ずしも常に絶対的なそれを要求することはできず、合理的な判断を必要とする場合があることを免れない❷。それゆえ、ある刑罰法規があいまい不明確のゆえに憲法31条に違反するものと認めるべきかどうかは、通常の判断能力を有する一般人の理解において、具体的場合に当該行為がその適用を受けるものかどうかの判断を可能ならしめるような基準が読みとれるかどうかによつてこれを決定すべきである❷。

【19】　そもそも、道路における集団行進等は、多数人が集団となつて継続的に道路の一部を占拠し歩行その他の形態においてこれを使用するものであるから、このような行動が行われない場合における交通秩序を必然的に何程か侵害する可能性を有することを免れないものである。本条例は、集団行進等が表現の一態様として憲法上保障されるべき要素を有することにかんがみ、届出制を採用し、集団行進等の形態が交通秩序に不可避的にもたらす障害が生じても、なおこれを忍ぶべきものとして許容しているのであるから、本条例3条3号の規定が禁止する交通秩序の侵害は、当該集団行進等に不可避的に随伴するものを指すものでないことは、極めて明らかである。ところが、思想表現行為としての集団行進等は、前述のように、これに参加する多数の者が、行進その他の一体的行動によつてその共通の主張、要求、観念等を一般公衆等に強く印象づけるために行うものであり、専らこのような一体的行

本条例が採用する届出制は道交法の許可制を排除するものではなく、さらに、本条例の遵守事項は道交法の禁止を解除するものではないとして、本条例の仕組みが道交法の目的・効果を阻害するものでないと捉え、両者に矛盾抵触はないとしている。

❶　【15】の後半では、前半に引き続き、(2)(a)の観点から本条例と道交法との矛盾抵触関係が検討されており、ここでは、特に、本条例と道交法の法定刑の矛盾が問題とされている。本文でも指摘されているように、本条例の法定刑は、道交法の法定刑よりも重いものになっている。これに対し、本判決は、本条例の罰則は、道交法の罰則とは、異なる理由・根拠に基づき定められたものと解し、本条例の罰則が、道交法よりも重たいものになっても合理性を有するとしている。また、【14】で示された解釈に基づき、道交法は、法定刑についても、条例により合理的な特別の罰則を定めることを排除する趣旨を含むものではないとしている。

❶　【16】では、本条例3条3号、5条の規定が、道交法77条1項4号等の規定に違反せず、同法との関係で、本条例3条3号が定める遵守事項について限定を加える必要はなく、限定が必要であるとした原判決の結論は誤っている旨の結論が述べられている。

❶　【17】から【21】では、本条例3条3号の「交通秩序を維持すること」という規定が、犯罪構成要件の内容をなすものとして明確性を欠き憲法31条に違反するものであるか否かが検討されている。なお、本判決は、刑罰法規が不明確である場合には憲法31条に違反することになるということを正面から初めて認めた判決である（判解①192頁）。

❷　【18】の第1文では、本条例3条3号の文言上の問題点が指摘されており、本判決は、本条例3条3号は、「文言だけからすれば」、「単に抽象的に交通秩序を維持すべき」と規定するのみであり、「いかなる作為、不作為を命じているのかその義務内容が具体的に明らか」でないとして、その文言上の不確定性を指摘する。

❷　【18】の第2文では、本条例の不明確性を回避するために、全国の公安条例で採用されている規定の方式が紹介されている。本判決は、ここで、遵守事項を条例ではなく許可条件の中で具体的に特定する方式や、遵守事項を条例で直接定める場合であっても、規制対象となる典型的行為を例示列挙することで義務内容を明確する方式があることを紹介し、本条例は、これらの点について何らの考慮もしていないことから、「立法措置として著しく妥当を欠く」と糾弾する。

❷　【18】の第3文は、「刑罰法規の定める犯罪構成要件があいまい不明確のゆえに憲法31条に違反し無効」となることの理論的根拠が示されている。本判決は、ここで、不明確な規定の問題点として、国民に対する告知機能が欠如することと公権力による恣意的運用の弊害を導くという二つのことを挙げている。

❷　【18】の第4文では、法規の明確化については、現実的観点から限界があることが指摘されている。本判決は、刑罰法規も含め、規定の文言の表現力に限界があるということ、そして、規定の文言は性質上抽象性を有するものであることを指摘し、常に、禁止される行為とそうでない行為とを絶対的に識別できる基準を要求することはできないと論じている。

❷　【18】の第5文では、刑罰法規があいまい不明確のゆえに憲法31条に違反するものであるかどうかを判断するための準則が示されており、本判決は、「通常の判断能力を有する一般人の理解において、具体的場合に当該行為がその適用を受けるものかどうかの判断を可能ならしめるような基準が読みとれるかどうかによつてこれを決定すべきである」との判断枠組みを提示している。この判断枠組みの内容は複雑・難解であるが、特に、【18】の第3文を受けたものであることを勘案すると、「通常の判断能力を有する一般人の理解」から禁止される行為とそうでない行為とを識別するための「基準」を読み取るこ

動によつてこれを示すところにその本質的な意義と価値があるものであるから、これに対して、それが秩序正しく平穏に行われて不必要に地方公共の安寧と秩序を脅かすような行動にわたらないことを要求しても、それは、右のような思想表現行為としての集団行進等の本質的な意義と価値を失わしめ憲法上保障されている表現の自由を不当に制限することにはならないのである。そうすると本条例3条が、集団行進等を行おうとする者が、集団行進等の秩序を保ち、公共の安寧を保持するために守らなければならない事項の一つとして、その3号に「交通秩序を維持すること」を掲げているのは、道路における集団行進等が一般的に秩序正しく平穏に行われる場合にこれに随伴する交通秩序阻害の程度を超えた、殊更な交通秩序の阻害をもたらすような行為を避止すべきことを命じているものと解されるのである❷㊄。そして、通常の判断能力を有する一般人が、具体的場合において、自己がしようとする行為が右条項による禁止に触れるものであるかどうかを判断するにあたつては、その行為が秩序正しく平穏に行われる集団行進等に伴う交通秩序の阻害を生ずるにとどまるものか、あるいは殊更な交通秩序の阻害をもたらすようなものであるかを考えることにより、通常その判断にさほどの困難を感じることはないはずであり、例えば各地における道路上の集団行進等に際して往々みられるだ行進、うず巻行進、すわり込み、道路一杯を占拠するいわゆるフランスデモ等の行為が、秩序正しく平穏な集団行進等に随伴する交通秩序阻害の程度を超えて、殊更な交通秩序の阻害をもたらすような行為にあたるものと容易に想到することができるというべきである❷㊅。

【20】　さらに、前述のように、このような殊更な交通秩序の阻害をもたらすような行為は、思想表現行為としての集団行進等に不可欠な要素ではなく、したがつて、これを禁止しても国民の憲法上の権利の正当な行使を制限することにはならず、また、殊更な交通秩序の阻害をもたらすような行為であるかどうかは、通常さほどの困難なしに判断しうることであるから、本条例3条3号の規定により、国民の憲法上の権利の正当な行使が阻害されるおそれがあるとか、国又は地方公共団体の機関による恣意的な運用を許すおそれがあるとは、ほとんど考えられないのである（なお、記録上あらわれた本条例の運用の実態をみても、本条例3条3号の規定が、国民の憲法上の権利の正当な行使を阻害したとか、国又は地方公共団体の機関の恣意的な運用を許したとかいう弊害を生じた形跡は、全く認められない。）。❷㊆

【21】　このように見てくると、本条例3条3号の規定は、確かにその文言が抽象的であるとのそしりを免れないとはいえ、集団行進等における道路交通の秩序遵守についての基準を読みとることが可能であり、犯罪構成要件の内容をなすものとして明確性を欠き憲法31条に違反するものとはいえないから、これと異なる見解に立つ原判決及びその維持する第一審判決は、憲法31条の解釈適用を誤つたものというべく、論旨は理由がある❷㊇。

【22】　よつて、刑訴法410条1項本文により第一審判決及び原判決を破棄し、直ちに判決をすることができるものと認めて、同法413条但書により被告事件についてさらに判決する。

【23】　第一審判決の認定によると、被告人は、昭和43年12月10日徳島県反戦青年委員会主催の「B五二、松茂・和田島基地撤去、騒乱罪粉砕、安保推進内閣打倒」を表明する徳島市藍場町2丁目藍場浜公園から同市新町橋通り、東新町、籠屋町、銀座通り、東新町丸新デパート前路上に至る集団示威行進に、青年労働者、学生ら約300名とともに参加したが、右集団示威行進に対しては、所轄徳島東警察署長がその道路使用を許可するにあたり、「だ行進、うず巻行進、ことさらなかけ足又はおそ足行進、停滞、すわり込み、先行てい団との併進、先行てい団の追越し及びいわゆるフランスデモ等交通秩序を乱すおそれがある行為をしないこと」との条件を付していたのに、右集団示威行進の先頭集団約80名が同日午後6時36分ころから同6時38分すぎころまでの間、県道宮倉徳島線上の同市元町2丁目藍場浜公園南東出入口付近の車道から同市新町橋西側車道南詰付近までの約70メートルの区間において最大幅約8メートルの右車道幅員一杯の、また、同日午後6時39分ころ、同県道上同市新町橋通り1丁目八百秀食料品店前横断歩道北側端から同豊栄堂小間物店前付近までの約35メートルの区間において、右車道幅員の約3分の2程度の部分を占める最大幅約5メートルの、それぞれだ行進をし交通秩序の維持

とができるか否か（基準の読解可能性）、さらに、その「基準」が、「通常の判断能力を有する一般人の理解」において、具体的場合に当該行為が刑罰法規の適用を受けるものかどうかの判断を可能とするものであるか否か（基準の適用容易性）の二つの段階を要するものであると捉えることができる。なお、判解②392-393頁は、この判断枠組みについて、明確性の理論だけでなく合憲限定解釈の理論を前提として提示されていると捉えている。

❷㊄　【19】から【21】では、本条例3条3号の規定の明確性が具体的に検討されている。特に、【19】では、【18】で示された判断枠組みの具体的適用が試みられており、その前半では、刑罰法規からの「基準」の読解可能性が検討されている。ここで、本判決は、まず、道路における集団行進等は必然的に交通秩序を侵害する可能性を有することを認めたうえで、本条例は、集団行進が表現の一態様であることに鑑み、集団行進等に不可避的に伴う障害は、許容すべきものであると理解する。他方で、本判決は、一体的行動によって共通の主張や要求を示すことに集団行進の本質的な意義と価値があることから、集団行動を行うにあたって安寧と秩序を脅かさないよう求めても、表現の自由を不当に害することはないとの理解も示している。これらの理解を前提に、本判決は、本条例3条3号の「交通秩序を維持すること」とは、「道路における集団行進等が一般的に秩序正しく平穏に行われる場合にこれに随伴する交通秩序阻害の程度を超えた、殊更な交通秩序の阻害をもたらすような行為を避止すべきこと」を意味するとの解釈を提示している。この解釈結果が、刑罰法規から読み取られた「基準」になるものということができ、また、ここでは、実質的にはいわゆる（合憲）限定解釈が行われたものと理解することができよう。ただ、ここでの限定解釈は、いわば技術的な考慮を重ねて得られたものであり、高辻意見が【48】で指摘するように、一般人が読み取れるものであったかは疑義が提起されよう。

❷㊅　【19】の後半では、【19】の前半の解釈によって導き出された「基準」を前提に、当該基準の具体的場面における適用容易性が検討されている。本判決は、【19】の前半で示された基準に基づいた場合、だ行進、うず巻行進、すわり込み、道路一杯を占拠するいわゆるフランスデモ等の行為が、殊更な交通秩序の阻害をもたらすような行為に該当するものと判断することは容易であると結論づけている。ただし、高辻裁判官は、【49】で述べるように、だ行進のような行為ではないが、集団行進等において粛然とした形態にとどまらない形態をもたらすような行為については、どこまで禁止行為に該当するのか判断が困難ではないとはいえないとしている。

❷㊆　【20】では、【18】で示された判断枠組みのあてはめというよりも、むしろ、不明確な刑罰法規がもたらす実質的弊害という観点から本条例3条3号の許容性が検討されている。本判決は、表現の自由を規制する刑罰法規の明確性の判断においては、単に【18】で示された判断基準のあてはめだけでなく、実際の運用状況もふまえ、当該刑罰法規がもたらす萎縮効果や濫用の危険性も考慮要素に入れて考察しなければならないとの立場を示したものと捉えることができる（判解①196-198頁）。もっとも、本判決は、殊更な交通秩序の阻害をもたらす行為であるか否かの判断は容易であることから国民の憲法上の権利の正当な行使が阻害されるおそれがほとんど考えられない、すなわち、憲法上の権利の正当な行為への萎縮効果がないということ、そして、本条例の実際の運用実態において、政府機関の恣意的運用はなされていないことを指摘している。

❷㊇　【21】では、本条例3条3号の規定に関しては、集団行進等における道路交通の秩序遵守についての「基準」を読みと取ることが可能であることから、犯罪構成要件の内容をなすものとして明確性を欠き憲法31条に違反するものとはいえないとの結論が示されている。なお、従来の判例では、「本件に適用する限り不明確では

に反する行為をした際、みずから右先頭集団直近の隊列外に位置して断続的に右先頭集団とともにだ行進をしたり、笛を吹いたり、両腕を前後に振って合図する等し、集団行進者にだ行進をさせるよう刺激を与え、もって集団行進者が交通秩序の維持に反する行為をするようにせん動し、かつ、右徳島東警察署長の付した道路使用許可条件に違反したもの（第一審判決の証拠の標目掲記の各証拠及び証人山伏義市、同福井俊博、同林利憲、同米崎芳幸の各第一審公判廷における供述による。）であり、右事実に法令を適用すると、被告人の右所為のうち、先頭集団直近の隊列外に位置して、だ行進をしたり、笛を吹いたり、両腕を前後に振つて合図する等して、集団行進者にだ行進をさせるよう刺激を与え、もつて集団行進者が交通秩序の維持に反する行為をするようにせん動した点は、本条例3条3号、5条（刑法6条、10条により罰金額の寡額は、昭和47年法律第61号による改正前の罰金等臨時措置法2条1項所定の額による。）に、被告人がみずからだ行進をし徳島東警察署長の付した道路使用許可条件に違反した点は、道路交通法77条1項4号、3項、119条1項13号、徳島県道路交通施行細則11条3号（罰金額の寡額につき前に同じ。）に、それぞれ該当するが、右は一個の行為で二個の罪名に触れる場合であるから、刑法54条1項前段、10条により一罪として、重い本条例3条3号、5条の罪の刑で処断することとし、所定刑中罰金刑を選択し、その金額の範囲内で被告人を罰金1万円に処し、被告人において右罰金を完納することができないときは、刑法18条により金1000円を1日に換算した期間被告人を労役場に留置することとし、第一審における訴訟費用は、刑訴法181条1項本文によりこれを被告人に負担させることとし、主文のとおり判決する❷。

【24】 この判決は、裁判官小川信雄、同坂本吉勝の補足意見、裁判官岸盛一、同団藤重光の各補足意見、裁判官高辻正己の意見があるほか、裁判官全員一致の意見によるものである。

ない」として不明確性の主張を退ける判決があったが、調査官によれば本判決は、本条例3条3号の規定のすべての適用関係についてその明確性を検討し、それを肯定したものと解される（判解①196頁）。判解①196頁は、「多数意見がこのような態度をとったのは、本条例3条3号の規定は表現の自由を規制する規定であり、表現の自由を規制する刑罰法規については、当該具体的な事実関係への適用だけでなく、その一般的適用関係につき、不明確な刑罰法規の有する萎縮的、抑止的作用……を考慮しなければならないと考えたためであろう」としている。

❷【23】では、被告人の行為に、本条例3条3号・5条の規定が適用されることを前提として、本判決自ら被告人に対する処断刑が示されている（自判）。本判決は、本条例3条3号、5条に該当する集団行進者にだ行進をさせるようせん動した行為と、道交法77条3項、119条1項13号に該当する自らだ行進をした行為を一個の行為として捉え、本件を「一個の行為で二個の罪名に触れる場合」として、本件罪数関係について観念的競合として処理されるものと結論づけている（判解①207-208頁）。なお、本判決後、本条例それ自体は改正されることはなかったが、昭和50年12月23日に、徳島県公安委員会は、「徳島県公安委員会規程第2号集団行進及び集団示威運動に関する条例の運用に関する規定」を制定し、その6条に、「条例第3条第3号の『交通秩序を維持すること』とは、だ行進、うず巻行進、すわり込み、いわゆるフランスデモ、他のてい団との併進あるいはことさらなかけ足行進、おそ足行進等ことさらな交通秩序の阻害をもたらすような行為をしないことをいう」との規定を設けている（判解①211-212頁）。

少数意見

裁判官小川信雄、同坂本吉勝の補足意見は、次のとおりである❸。

【25】 われわれは多数意見に同調するものであるが、左の点について念のため補足的に意見を述べておきたいと思う。

【26】 集団行進等は、多数の人が、社会、政治、経済等の問題につき、公然とその主張、要求、観念等を力強く表示し、一般公衆に訴えてその賛成をえようとする集団的行動であるから、その性質上常に粛然とした行進であるにとどまらず、ある程度これを超える行進形態にわたることは、当然これを容認しなければならない。

【27】 したがつて、多数意見が徳島市公安条例3条3号にいう「交通秩序を維持すること」とは「道路における集団行進等が一般的に秩序正しく平穏に行われる場合にこれに随伴する交通秩序阻害の程度を超えた、殊更な交通秩序の阻害をもたらすような行為を避止すべきことを命じているもの……」と解するといつている意味は、正常な集団行進等に通常伴うであろう程度を超えた殊更な交通秩序阻害行為、すなわち集団行進等がその本来の性質上粛然とした行進の程度を何程か超える行進形態にわたりうるものであることを容認しながら、さらにその程度を超えた殊更な交通秩序阻害行為を避止すべきことを命じているという意味であると理解して、その意見に同調するものである。

【28】 事は、憲法の保障する国民の表現の自由にかかわる重要な問題であるので、この点を誤解した行過ぎの取締りのないことを願うものである。

【29】 右の点を付加するほかは、われわれは裁判官団藤重光の補足意見に同調する。

裁判官岸盛一の補足意見は、次のとおりである❸。

【30】 わたくしは、多数意見に同調する者として、集団行動と表現の自由の制約の点について、いささか意見を補足しておきたい。

【31】 (一) 表現活動に対して、法令による規制がなされる場合に、それが憲法21条に違反するか否かを判断するにあたつては、その目的が、表現そのものを抑制することにあるのか、それとも当該表現に伴う行動を抑制することにあるのかを一応区別して考察する必要があると考える。もより、すべての表現活動は、なんらかの意味において行動を伴うものともいうのであるから、この区別は、表現活動を表現そのものと行動を伴う表現とに截然と二分して憲法上の保障に差等を設けようとするものではない。それは、規制の目的を重視し、表現そのものがもたらす弊害の防止に規制の重点があるのか、もしくは表現に伴う行動がもたらす弊害の防止が重点であるのかを識別したうえで、規制の合憲性を厳密に審査する必要があるとの見地から、右の区別をしようとするものである。そして、そのことは、判断を正確にし、かつ、

---

❸ 小川・坂本補足意見（団藤裁判官同調）は、本条例3条3項について多数意見が示した解釈につき、補足的に説明するものである。両裁判官は、【27】において、多数意見が本条例3条3号の解釈に示した「道路における集団行進等が一般的に秩序正しく平穏に行われる場合にこれに随伴する交通秩序阻害の程度を超えた、殊更な交通秩序の阻害をもたらすような行為を避止すべきことを命じているもの」との基準の意味は、「正常な集団行進等に通常伴うであろう程度を超えた殊更な交通秩序阻害行為、すなわち集団行進等がその本来の性質上粛然とした行進の程度を何程か超える行進形態にわたりうるものであることを容認しながら、さらにその程度を超えた殊更な交通秩序阻害行為を避止すべきことを命じている」という意味であると理解すべきである

と論じている。ただ、判解①209頁は、「多数意見も、小川、坂本両裁判官の補足意見も、だ行進やうず巻行進等の行為も正常な集団行進等に通常伴うものとしてある程度は許容されるものであるというような見解とられるものでは全くない」としている。

❸ 岸補足意見は、次の団藤補足意見と同様、本条例が定める遵守事項が合憲であることの実質的論拠を示したものである。岸裁判官も団藤裁判官も、表現規制を二分して憲法判断を行うべきという点では共通しているが、岸裁判官が、規制の「目的」に着目した区別論を展開しているのに対し、団藤裁判官は、規制の「対象」に着目した区別論を展開している点が対称的である。

理解を容易にするために極めて有意義なことであると思うのである㉜。

【32】　（二）　規制の目的が表現そのものを抑制することにある場合には、それはまさに、国又は地方公共団体にとって好ましくない表現と然らざるものとの選別を許容することとなり、いわば検閲を認めるにひとしく、多くの場合、基本的人権としての表現の自由を抑圧するものであって、違憲の判断をうけることはいうまでもない。当裁判所の判例が、例えば、国民の重要な法的義務の不履行を煽動すること（昭和24年5月18日大法廷判決・刑集3巻6号839頁、同37年2月21日大法廷判決・刑集16巻2号107頁など）、猥褻文書を頒布すること（昭和32年3月13日大法廷判決・刑集11巻3号997頁、同44年10月15日大法廷判決・刑集23巻10号1239頁）、故なく他人の名誉を毀損すること（昭和33年4月10日第一小法廷判決・刑集12巻5号830頁、なお同31年7月4日大法廷判決・民集10巻7号785頁）を犯罪として処罰する規定につき、利益較量の手法によることなく、それらの表現活動は、表現の自由に内在する制約を逸脱し、それ自体憲法上の保障をうけるに値しないことを根拠として、憲法21条に違反するものではないとしたのは、これらの規制が右のような性質を有し、これらを合憲とすることには、本質的、根源的な理由を必要とするとの考えがあったものと解される。ちなみに、右に摘示した従来の判例の中には、「公共の福祉に反する」という語句が用いられているものがあるとはいえ、その真意は、決して安易に公共の福祉論を展開しているのではなく、表現の自由にもそれに内在する制約のあることを説いているものであることは、判文全体を通じて理解することができるのである㉝。

【33】　アメリカの連邦最高裁判所の判例が、違憲審査にあたり、いわゆる「明白かつ現在の危険」の原則を適用しているのも、規制の目的が表現そのものの抑制を志向している場合であって、そのような規制については厳しい基準で合憲性を判断しようとする努力にほかならない。この原則は、当初は、国が憲法上阻止することが許されるような実質的害悪をもたらす行為の教唆、煽動を処罰することが違憲であるか否かの審査について用いられたものであって、その抑制の根拠は、このような実質的な害悪が発生するさしせまった危険を生じさせるような表現は、そのような害悪を発生させる行動にひとしく、自由な表現の交換による自然的な抑制を待つにいとまがないということにあった。この原則は、特に1930年代以降広く適用され、表現活動に対する規制を違憲とする場合の決り文句のように判例に登場したが、次第にそれが妥当する範囲につき思索が重ねられ、1950年には、この原則はあらゆる型態の表現活動にあてはまるものではなく、規制の目的が行動のもたらす重大な弊害の防止ということにある場合には適用されないことが明示され、翌1951年には、この原則が従来は保護される利益が非実質的で規制を合憲とするに足りない場合について広く適用されてきたことが指摘されたうえ、たとえ表現そのものがもたらす弊害の防止を目的とする規制であっても、保護される利益が極めて重大である場合には、規制の巾が拡大されることもありうるとされ、この原則の適用については利益較量による吟味が必要であることが明らかにされたのである。さらに、1965年には、集団行進やピケッティング等の表現活動は行動と表現との混合であり、行動の面がもたらす実質的な弊害を防止するために裁判所近くでの集団示威運動を処罰することは合憲であるとされ、1968年には、公衆の面前で徴兵カードを焼却したいわゆる象徴的行動の事件について、言論と非言論とが同一の行動に結合している場合に、非言論の面を規制することにつき十分な国の利益が認められるならば、これに付随した表現の自由が制約されても違憲ではないとされた。そしてさらに、公務員の政治行為の禁止を合憲とした1973年の判例においても、純粋な言論と行動を伴う言論の区別が重視されている㉞。

【34】　もとより、わたくしは、アメリカの判例に教条的に追随しようとするものではない。右に略説した判例のなかにも傾聴すべき反対意見が述べられているものもあるし、また、事案の内容が、わが国で問題とされている性質のものと必ずしも同様とはいえないものもあるのである。それにもかかわらず、あえてこれを引合いに出したのは、前述のような判例にみられるこの原則の適用についての変遷は、単なる論理の演繹によるものではなく、経験に基づく帰納の結果であること、その裁判過程において合理的な価値の選択が重視されていること、そしてさらに、この原則の適用範囲が拡大された時代があったとはいえ、今日では自覚的に表現そのものの規制が合憲であるか否かの判断基準として用いられていることに注目したいと思うからである㉟。

【35】　（三）　ところが、規制の目的が表現を伴う行動を抑制することにあるときは右と事情を異にする。この場合の規制は、国又は地方公共団体による検閲にひとしいような性質のものではない。そればかりでなく、表現を伴うあらゆる行動が、表現という要素をもつということだけの理由で憲法上絶対的な地位を占めるものとするときは、利益較量による相対立する利益の調和（それは、単なる平均的な調和ではなく、いわば配分的なされというべきであろう）という憲法解釈の要諦を忘れたものとの譏を免れないであろう。当裁判所の従来からの判例が、このような類型の規制について、適正な利益較量の手法により、大阪市屋外広告物条例（昭和43年12月18日大法廷判決・刑集22巻13号1549頁）、他人の家屋その他の工作物にはり紙をすることを禁止する軽犯罪法1条33号（昭和45年6月17日大法廷判決・刑集24巻6号280頁）、公務員の政治活動の禁止（昭和49年11月6日大法廷判決・刑集28巻9号393頁、694頁、743頁）などを合憲と判断したことは、このような考慮がめぐらされたものと解されるのである㊱。

【36】　また、その行動を伴うことが、当該表現活動にとって唯一又は極めて重要な意義をもつ場合には、行動それ自体が思想、意見の伝達と評価され、表現そのものと同様に憲法上の保障に値することもありうるが、そのようなときでも、規制の真の目的が行動による思想、意見の伝達を抑制することにあるのではなく、行動自体のもたらす実質的な弊害を防止することにある限りは、これを直ちに違憲であるということはできない。

【37】　ところで、集団行動の規制について、しばしば、一定の時間、場所、方法の規制あるいは一定の態様の行動（一定の属性をもった行動）の規制であれば合憲であるとされるのは、その規制が概して当該行動のもたらす弊害の防止を目的とするものであると認められるからであって、その真の根拠は前述したところに存するのである。換言

㉜　【31】では、岸裁判官が採用する表現活動に対する規制の合憲性を検討するにあたっての基本的枠組みが示されている。岸裁判官は、表現活動に対する規制の目的の重点が、「表現そのものがもたらす弊害の防止」があるのか、それとも、「表現に伴う行動がもたらす弊害の防止」にあるのかを識別したうえで規制の合憲性を審査するという方式が、合憲性判断を正確かつ容易に行うにあたって有意義であるとしている。

㉝　【32】の【31】で示された規制類型のうち、規制の「目的」が「表現そのもの」を抑制することにある場合には、原則として違憲の判断を受けるとの準則が示されている。もっとも、ここで岸裁判官は、せん動・わいせつ・名誉毀損に対する規制について、その規制の「目的」が「表現そのもの」を抑圧するにもかかわらず、それを合憲としてきた最高裁の大法廷判決が存在することを認めている。しかし、岸裁判官によれば、これらの判例は、いずれも、安易に公共の福祉論を展開したものではなく、「表現そのもの」に対する規制には本質的・根源的理由を必要とするとの考え方に依拠したものであり、表現の自由の内在的制約として例外的に合憲とされたにすぎないと位置づけられることになる。

㉞　【33】では、アメリカの連邦最高裁の判例におけるいわゆる「明白かつ現在の危険」の原則の変遷が論じられている。岸裁判官は、ここで、本来、煽動処罰の合憲性判断の基準であった「明白かつ現在の危険」原則は、1930年代以降、幅広い分野で用いられるようになったが、今日では、基本的に、規制の目的が表現そのものの抑制を志向している場合にのみ適用される基準となっており、規制の「目的」が「行動のもたらす弊害」の防止にある場合や保護法益が極めて重大である場合には適用されなくなっていると指摘する。なお、岸裁判官が指摘するように、「明白かつ現在の危険」原則における「現在」は「自由な表現の交換による自然的な抑制を待つにいとまがないということ」は、危害の発生が対抗言論による抑制が期待できないほどに差し迫ったものであることを意味するものである。

㉟　【34】では、【33】でアメリカの判例を紹介したことの理由が述べられている。岸裁判官は、明白かつ現在の危険原則の変遷は、単なる論理の演繹ではなく、経験に基づく帰納の結果であるとしている。

㊱　【35】では、規制の目的が表現を伴う行動を抑制することにある場合の憲法判断の方法が示されており、岸裁判官は、この類型の規制については、利益衡量の手法によって合憲性を判断することが適切であるとしている。ここで、岸裁判官は、利益衡量の手法により合憲性が判断された具体例として、屋外広告物規制、張り紙規制、公務員の政治活動規制を挙げている。

すれば、ある一定の態様の集団行動についていうならば、一定の態様に限定された規制であるが故に直ちにそれが合憲とされるのではなくて、実質的な弊害をもたらすような当該行動の規制であり、しかも、それに伴う表現そのものに対する制約の程度も適正な利益較量として許容されるものであるからにほかならない。一定の態様による集団行動を禁止する規制であつて、他の態様による表現活動の余地が残されている場合であつても、規制の目的が表現そのものを抑制することにあるならば、その規制は矢張り違憲であるとされなければならない。❼

[38] （四）本件におけるような集団行動の規制を目的とするわが国の公安条例について、上述した見解をあてはめてみるに、もし表現そのものが国又は地方公共団体にとつて好ましくないものとしてこれを規制しようとするのであれば、違憲であるといわざるをえない。しかしながら、本件の徳島市条例がそのような規制を目的とするものではなく、行動のもたらす弊害の防止を目的とするものであることは明白である。そしてまた、蛇行進うず巻行進、すわり込み、道路一杯を占拠して行進するいわゆるフランスデモ等の殊更な道路交通秩序の阻害をもたらす虞のある表現活動が表現の自由の名に値するものであるかは別論としても、上述のような見地からすれば、その規制は合憲であるとすることには異論はないと考えるものである。❽

[39] （五）以上の次第で、わたくしは、表現そのものと行動に伴う表現とを一応区別して考える当裁判所の従来の判例を維持したいと考えるとともに、そのような考えに立つて本件を処理する多数意見を支持したいと思うのである。

裁判官団藤重光の補足意見は、次のとおりである。❾

[40] わたくしは多数意見に同調するものであるが、左の諸点について補足的に意見を述べておきたいと思う。

[41] （一）第一は、表現の自由の制約の問題である。これについては、表現そのものと表現の態様とを区別して考えなければならない。単に表現の態様にすぎないようなもの、換言すれば、問題となつている当の態様によらなくても、他の態様によつて表現の目的を達しうるようなばあいには、法益の権衡を考えた上で、単なる道路交通秩序のような、それほど重大でない法益を守るためにも、当の態様による表現を制約することができるものと解するべきであろう。多数意見が「道路交通秩序の維持をも内包」する広い概念としての「地方公共の安寧と秩序」ということを持ち出しているのは、表現の態様に関するかぎりにおいて、理解されうる。本件は、被告人らのとつたような態様の行動によらなくても表現の目的を達しえたであろう事案であつたとみとめられるのであつて、多数意見の判示するところは正当とおもう。これに反し、表現そのものについては別論であつて、万が一にも本条例の濫用によつて単なる「交通秩序の維持」のために、表現そのものを抑圧するような処分が行われたならば、その処分はあきらかに違憲だといわなければならない。本条例が、そのような表現の自由の抑圧を容認するものでないことは、いうまでもない。❿

[42] ちなみに、ここにわたくしが表現そのものと表現の態様とを区別するのは、表現の中に「純粋な言論」と「行動」とを区別する見解とは同一ではないことを、念のために、あきらかにしておく必要がある。表現はしばしば行動を伴うのであり、もしその行動によらなければ当の表現の目的を達成することが客観的・合理的にみて不可能なようなばあいには、その行動は表現そのものと考えられなければならない。日本国憲法が単に「言論」だけでなく、「言論、出版その他一切の表現」についてその自由を保障するものとしているのは、このような含蓄をも有するものと解するべきであろう⓫。

[43] （二）第二は、犯罪構成要件の明確性に関する問題である。本条例5条は、3条とあいまつて、本件で問題となつている犯罪構成要件を規定しているが、3条3号は単純に「交通秩序の維持」としているだけであつて、同条本文の「公共の安寧を保持するため」とあわせてみるにせよ、「立法措置として著しく妥当を欠くものがある」ことは多数意見もみとめるとおりである。罪刑法定主義が犯罪構成要件の明確性を要請するのは、一方、裁判規範としての面において、刑罰権の恣意的な発動を避止することを趣旨とするとともに、他方、行為規範としての面において、可罰的行為と不可罰的行為との限界を明示することによつて国民に行動の自由を保障することを目的とする。後者の見地における行動の自由の保障は、表現の自由に関しては、とくに重要であつて、もし、可罰的行為と不可罰的行為との限界が不明確であるために、国民が本来表現の自由に属する行動さえをも遠慮するような事態がおこれば、それは国民一般の表現の自由に対する重大な侵害だといわなければならない。これは不明確な構成要件が国民一般の表現の自由に対して有するところの萎縮ないし抑止的作用の問題である。もちろん、本件についてかような問題に立ち入ることが、司法権行使のありかたとして許されるかどうかについては、疑問がないわけではない。けだし、一般国民（徳島市の住民および滞在者一般）が本条例の規定によつて表現の自由の関係で萎縮ないし抑止的影響を受けていたかどうか、また、現に受けているかどうかは、本件の審理の対象外とされるべきではないかとも考えられるからである。しかし、このような考え方は、裁判所が国民一般の表現の自由を保障する機能を大きく制限する結果をもたらす。わたくしは、これは、とうてい憲法の趣旨とするところではないと考えるのである⓬。

[44] かようにして、わたくしは、本条例3条、5条の構成要件の明確性の問題を検討するにあたつては、それが表現の自由との関連において国民一般に対して有するかも知れないところの萎縮的・抑止的作用をもとくに考慮に入れたつもりである。そうして、わたくしは、多数意見もまた、同じ見地に立つものと理解している。第一に、多数意見がとくに、「記録上あらわれた本条例の運用の実態をみても、本条例3条3号の規定が、国民の憲法上の権利の正当な行使を阻害したとか、国又は地方公共団体の機関の恣意的な運用を許したとかいう弊害を生じた形跡は、全く認められない」ことを付言しているのは、実際にこうした萎縮的・抑止的作用が認定されえなかつたことをあきらかにするものであるとおもう（現に、記録上、弁護側から、かような点についてのなんらの立証活動もされていない。）第二に、規定じたいをみても、その適用の有無について、「通常の判断能力を有する一般人が具体的場合に」「通常その判断にさほどの困難を感じることはないはず」であることは、これまた、多数意見の説示するとおりである。およそ公安条例の規定する罪には一定の型があつて、本条例の罪にはとくに明示的な例示はないが、その内容がどのようなものであるか

---

❼【37】では、集団行動に対する規制の憲法適合性を考えるにあたつての基本的立場が示されている。岸裁判官は、集団行動に対する規制は、時・場所・方法の規制であるから合憲であるとされるが、その実質的根拠は、その規制が、行動のもたらす弊害の防止を目的とするものであることを前提としたうえで、制約の程度も適正な利益衡量として許容されるものとして捉えられているからである。本件条例の規制が表現であるからといつて直ちに合憲となるわけではない。また、規制の対象が表現活動の態様であつても、規制の目的が表現そのものを抑止することにあるならば、その規制は違憲になると論じている。

❽【38】では、【31】から【37】で示された基本的枠組みに従い、本条例の合憲性が検討されている。岸裁判官は、本条例の規制目的は、「表現そのもの」の抑圧ではなく、「行動のもたらす弊害」の防止にあると位置づけたうえで、本条例の規制は合憲であると結論づけている。

❾団藤補足意見も岸裁判官の補足意見と同様、本条例の遵守事項が合憲であることの実質的論拠を示したのである。

❿【41】では、表現の自由に対する制約の憲法適合性を考えるにあたつての基本的立場が示されている。ここで、団藤裁判官は、表現の自由の制約の問題は、「表現そのもの」に対する制約と「表現の態様」に対する制約を区別して考えなければならないとする。団藤裁判官によるこの「表現そのもの」と「表現の態様」の区別は、制約の「対象」に着目したものであり、制約対象が「表現の態様」であつて他の態様によつて表現目的を達成できるような場合には、道路交通秩序の維持のような重大でない法益を保護するためであつても、当該態様による表現を制約することができるとする。他方で、団藤裁判官は、単なる交通秩序の維持のために、「表現そのもの」を対象として制約を行う場合には、明らかに違憲であるとする。

⓫【42】では、団藤裁判官がいうところの「表現そのもの」と「表現の態様」は何をもつて区別されるのであるかが論じられている。ここでは、「表現そのもの」と「表現の態様」の区別は、「純粋な言論」と「行動」の区別とは異なるとする。団藤裁判官は、「行動」は「表現そのもの」とみなすべき場合があるとしている。

⓬【43】と【44】では、本条例3条3項の明確性について団藤裁判官の見解が示されている。ここで団藤裁判官は、犯罪構成要件の明確性を考えるにあたつては、運用実態もふまえた萎縮的・抑止的作用も考慮に入れるべきであるとしており、多数意見が【20】で行つた検討の必要性を論じたものといえよう。

は、一般国民にとってほぼ周知のことといえよう。純粋に文理的には疑問があるとはいえ、こうしたことを考慮に入れれば、多数意見の説示するところは、結局において、正当であるといわなければならない。ただ、本条例のような構成要件の規定のしかたは、かろうじて合憲とはいえるものの、立法措置としてはなはだ妥当を欠くものであることを繰り返して指摘しておかざるをえない。

[45] （三）なお、第三に、多数意見は、本条例3条3号の趣旨について、同号に「交通秩序を維持すること」が掲げられているのは、「道路における集団行進等が一般的に秩序正しく平穏に行われる場合にこれに随伴する交通秩序阻害の程度を超えた、殊更な交通秩序の阻害をもたらすような行為を避止すべきことを命じているものと解される」としているが、ここに「集団行進等が一般的に秩序正しく平穏に行われる場合」といっているのは、いうまでもなく、正常な集団行進等のことを念頭に置いているものにほかならないであろう。この意味において、わたくしは小川、坂本両裁判官の補足意見にも同調するものである。

裁判官高辻正己の意見は、次のとおりである❸。

[46] 私は、原判決破棄の多数意見の結論には同調するが、本条例3条3号、5条の犯罪構成要件としての明確性の点については、多数意見と見解を一にすることができない。この点を明らかにしながら、私の意見を述べる。

[47] 一 いうまでもなく、刑罰法規の定める犯罪構成要件が明確であるかどうかの判断は、主として、裁判規範としての機能の面ではなく、その行為規範としての機能の面に着目し、裁判時を基準とするのではなく、行為者の行為の当時を基準として、されなければならない。その判断が、「通常の判断能力を有する一般人の理解において、具体的場合に当該行為がその適用を受けるものかどうかの判断を可能ならしめるような基準が読みとれるかどうかによつてこれを決定すべきである」ことは、多数意見のいうとおりである。そして、そのような基準が読みとれるかどうかについて最も重視されるべきものが、当該規定の文言自体であることは、多言を要しない❹。

[48] 二 ところが、本件で問題とされる本条例3条3号の規定は、多数意見も自らいうように、「その文言だけからすれば、単に抽象的に交通秩序を維持すべきことを命じているだけで、いかなる作為、不作為を命じているのかその義務内容が具体的に明らかにされていない」ものである。もとより、法規の適用には解釈がつきものであって、その解釈については、規定の文言だけではなく、その規定と法規全体との関係、当該法規の立法の目的、規定の対象の性質と実態等が、考慮されてよい。多数意見は、そのような諸点について考慮を重ねた上、本条例3条3号の規定は、「道路における集団行進等が一般的に秩序正しく平穏に行われる場合にこれに随伴する交通秩序阻害の程度を超えた、殊更な交通秩序の阻害をもたらすような行為を避止すべきことを命じているもの」と解釈するのである。それは、一個の解釈としては間然するところがないが、そのような解釈をもって、直ちに、通常の判断能力を有する一般人である行為者が、行為の当時において、理解するところであるとすることができようか。「禁止される行為とそうでない行為との識別を可能ならしめる基準」を読みとるについて行為者に期待されるところは、通常の判断能力を有する者が規定の文言から素ぼくに感得するところの常識的な理解であって、多数意見にあるような考慮を重ねて得られる解釈ではあるまい❺。

[49] 三 たとえ、通常の判断能力を有する一般人である行為者に対し、多数意見にあるような考慮を重ねた解釈を期待することができるとしても、その解釈の成果が、異たして、「禁止される行為とそうでない行為との識別を可能ならしめる基準」を示すにつき欠けるところがないといえるであろうか。本条例3条3号の規定が避止すべきことを命じているのは集団行進等における「殊更な交通秩序の阻害をもたらすような行為」であるといったところで、そこから具体的な行為としての限定を見出すことはできず、これをもって「禁止される行為とそうでない行為との識別を可能ならしめる基準」であるとすることができないことに、変わりはない。確かに、多数意見の掲示する「だ行進、うず巻行進、すわり込み、道路一杯を占拠するいわゆるフランスデモ」が、その種の「殊更な………行為」の典型的なものであるとは解されよう。そして、そのような典型的なものは、それが典型的なものであればこそ、本条例3条3号の避止すべきことを命じている行為に当たると「容易に想到することができる」のであり、そうした理解は、通常の判断能力を有する者が、その常識において、規定の文言から素ぼくに感得するところのものであるということができるのである。しかし、そのような典型的な行為ではないが集団行進等において粛然とした形態にとどまらない形態をもたらすような行為については、どのような程度のものまでがその種の「殊更な………行為」に当たるとされるのか、「通常その判断にさほどの困難を感じることはない」といいきるには、疑問が残る。禁止行為に例示を設け、それによつて、禁止される行為が、例示の行為のほかには、それと同等程度の行為だけに限られるとする基準が示されている場合とは、場合が違うのである❻。

[50] 四 このようなわけで、私は、本条例3条3号の規定が集団行進等における道路交通の秩序遵守についての基準を読みとることを可能とするものであり、犯罪構成要件の内容をなすものとして明確性を欠くものではないとする一般的見解には、多分に疑問があると考える。それにもかかわらず、私が原判決破棄の結論に同調しようとするのは、次の理由による。

[51] さきにも述べたように、本件におけるだ行進が、交通秩序侵害行為の典型的なものとして、本条例3条3号の文言上、通常の判断能力を有する者の常識において、その避止すべきことを命じている行為に当たると理解しえられるものであることは、疑問の余地がない。それ故、本件事実に本条例3条3号、5条を適用しても、これによって被告人が、格別、憲法31条によって保障される権利を侵害されることにはならないのである。元来、裁判所による法令の合憲違憲の判断は、司法権の行使に附随してされるものであって、裁判における具体的事実に対する当該法令の適用に関して必要とされる範囲においてすれば足りるとともに、また、その限度にとどめるのが相当であると考えられ、本件において、殊更、その具体的事実に対する適用関係を超えて、他の事案についての適用関係一般にわたり、前記規定の罰則としての明確性の有無を論じて、その判断に及ぶべき理由はない。もっとも、刑罰法規の対象とされる行為が思想の表現又はこれと不可分な表現手段の利用自体に係るものであって、規制の存在すること自体が、本来自由であるべきそれらを思いとどまらせ、又はその自由の取返しのつかない喪失をもたらすようなものである場合には、憲法がその保障に寄せる関心の重大さにかんがみ、別

---

❸ 高辻意見は、本条例3条3項は不明確な規定であるとし、それを明確であるとした多数意見に反対している。しかし、犯罪構成要件の明確性は、適用関係一般ではなく、具体的事実に対する適用関係において判断すべきであるとの立場に依拠し、被告人に対する本条例3条3項の適用は明確であったから、被告人を有罪とした多数意見の結論自体には賛成するとしている。

❹ [47]では、犯罪構成要件の明確性を検討するにあたっての起点とすべき基本的立場が示されている。高辻裁判官は、ここで、裁判規範と行為規範の二分論を展開しているが、その趣旨は、犯罪構成要件の明確性は裁判官の視点ではなく行為者である一般人の視点から考察すべきであるとするものであり、多数意見が示した基準が、「通常の判断能力を有する一般人の理解」を起点としたことの実質的論拠を提示しようとしたものと捉えることができる。

❺ [48]では、多数意見が導出した「基準」（殊更な交通秩序の阻害をもたらすような行為）が規定の文言から読み取れるものであったか否かが検討されている。高辻裁判官は、「通常の判断能力を有する一般人の理解」に基づき規定の文言から「基準」が読み取れることの意味について、「通常の判断能力を有する者が規定の文言から素ぼくに感得するところの常識的理解」によって得られるものを解釈し、多数意見のように考慮を重ねて得られる解釈ではないとの考え方を示しており、多数意見が示した基準は、一個の解釈としては間然する（非難する）ところはないとしても、一般人である行為者が行為の当時において理解することができるものではないとしている。

❻ [49]では、多数意見が導出した「基準」（殊更な交通秩序の阻害をもたらすような行為）が「禁止される行為とそうでない行為との識別を可能ならしめる基準」であるか否かが検討されている。高辻裁判官は、多数意見の示した「基準」は、具体的な行為を限定するものではなく、集団行進等において粛然とした形態にとどまらない形態をもたらすような行為については、どのような程度のものまでがそれに含まれるのかはっきりしないと論じる。

異の配慮を加えるべき憲法上の合理性とそれに由来する要請があるというべきである。しかし、本件において規制の対象とされる行為は、表現手段としての集団行進等をすることそれ自体ではなく、集団行進等がされる場合のその態様に関するものであって、本件の場合は、右に述べたような特段の配慮を加えるべき場合には当たらないのである❼。

【52】　五　要するに、私は、本条例3条3号の規定は犯罪構成要件の内容をなすものとして明確性を欠くものとはいえないとする多数意見には賛成することができないが、本条例3条3号、5条の定める犯罪構成要件に当たることの明らかな本件事実については、上述の理由によって、それらの規定の適用が排除されるべきではないと考えるのであって、この点において、結局、原判決は破棄を免れないのである。
（裁判長裁判官　村上朝一　裁判官　関根小郷　裁判官　藤林益三　裁判官　岡原昌男　裁判官　小川信雄　裁判官　下田武三　裁判官　岸　盛一　裁判官　坂本吉勝　裁判官　岸上康夫　裁判官　江里口清雄　裁判官　大塚喜一郎　裁判官　高辻正己　裁判官　吉田　豊　裁判官　団藤重光）

補足説明　**明確性の理論と合憲限定解釈**

本判決が、【18】で示した「ある刑罰法規があいまい不明確のゆえに憲法31条に違反するものと認めるべきかどうかは、通常の判断能力を有する一般人の理解において、具体的場合に当該行為がその適用を受けるものかどうかの判断を可能ならしめるような基準が読みとれるかどうかによってこれを決定すべきである」との判断枠組みは、アメリカの連邦最高裁の判例である Conally v. General Construction Co., 269 U.S. 385 (1926) が示した「ある法律について、それがある行為を禁ずるものであれ、要求するものであれ、その文言においてあいまいなために通常の教養程度の人がその意味を推察せねばならず、かつその適用についての見解を異にするものは、法の適正手続の最も本質的な要請に違反するものである」（a statute which either forbids or requires the doing of an act in terms so vague that men of common intelligence must necessarily guess at its meaning and differ as to its application, violates the first essential of due process of law.）（邦訳部分は判例①204頁に従う）に強い影響を受けて導出されたものであったことがうかがえるものであり、㉒で説明したように、本判決が提示する基準は、(1)「通常の判断能力を有する一般人の理解」から禁止される行為とそうでない行為とを識別するための「基準」を読み取ることができるか否か（基準の読解可能性）、さらに、(2) その「基準」が、「通常の判断能力を有する一般人の理解」において、具体的場合に当該行為が刑罰法規の適用を受けるものかどうかの判断を可能とするものであるか否か（基準の適用容易性）の二つの段階を問題とするものであると捉えることができる。すなわち、通常の判断能力を有する一般人の理解は、「基準が読みとれるかどうか」(guess at its meaning) の判断と「刑罰法規の適用を受けるものかどうか」(differ as to its application) の判断の二つにかかっていくものである（判批①183頁も参照）。判断枠組みの具体的な適用として、本判決は、本条例3条3号から、「殊更な交通秩序の阻害をもたらすような行為」を、禁止される行為とそうでない行為とを識別するための「基準」として「読みとり」（【19】の前半）、その「基準」に基づいた場合、具体的場合に自己がしようとしている行為が刑罰法規に抵触するか否かの判断は容易であるとしている（【19】の後半）（ただし、これに対しては、高辻裁判官が、基準の読み取りについては【48】で、基準の適用容易性については【49】で、それぞれ疑問を呈しているところである）。

ただ、以上を前提として、興味深い点は、本判決が提示する刑罰法規の明確性の判断枠組み、特に、基準の読解可能性の要件は、札幌税関検査事件判決〔本書26事件〕を介して、合憲限定解釈の判断枠組みにも転化したということである。札幌税関検査事件判決の判断枠組みは、分析的にみれば、四つの要素へと分解できるものの、実質的に合憲限定解釈を限界づけるものとして機能するのは、「一般国民の理解において基準をその規定から読みとれるか」という部分だけであり、その要件は、本判決の判断枠組みとほぼ同一である。このように、本判決の判断枠組みが合憲限定解釈の判断枠組みへと転化したことは、必ずしも理由がないことではない。そもそも本判決の刑罰法規の明確性の判断枠組みの適用の過程は、実質的には、合憲限定解釈の導出の過程と重複する側面を有している。たとえば、本判決の場合、文言上は不明確である（また広汎でもありうる）条例3条3号の規定の適用対象を「殊更な交通秩序の阻害をもたらすような行為」を意味するものと限定的に解釈したとも捉えることができるのである。そこで、本判決の判断枠組み、特に、規定からの読解可能性を判断する要件は、単に明確性を判断する枠組みにとどまるのではなく、合憲限定解釈を限界づける枠組みとしても提示されたものであるという理解が生じてきても不自然なことではない。ただ、刑罰法規の明確性の判断基準と合憲限定解釈を限界づける基準を同一のものと考えてしまうことは、厳密には問題を孕むものである。刑罰法規の明確性が要請されるのは、国民への事前の告知と公権力の濫用の防止が必要とされるからであるが、合憲限定解釈に限界が必要とされるのは、司法による立法の書き換えを防止するという権限分配の適正を確保するという側面もある。単に一般人の理解によって読解可能か否かという基準は、合憲限定解釈の基準としては広島市暴走族追放条例事件判決〔本書29事件〕のように今日実質的には機能していない。本判決の判断枠組みはあくまで明確性の判断基準であったものと捉えたうえで、別途合憲限定解釈を限界づける基準をその問題状況に照らし考察していく必要があったものと考えられる。

---

❼【51】では、被告人に本条例を適用することが憲法31条に違反するものではないとの理由が論じられている。この【51】における高辻裁判官の論証は、実質的には本件における文面違憲を導くものとしての漠然性ゆえに無効の法理の適用を否定するものであるが、漠然性ゆえに無効の法理を理解するうえで非常に有用である。その論証構造は三つの要素から構成されており、第1に、高辻裁判官は、本条例3条3号を被告人に適用しても、憲法31条違反にはならないとする。それは、行進行為が交通秩序侵害行為の典型的なものであることから、本条例3条3号の文言上、通常の判断能力を有する者の常識において、それが規制対象となっていることに疑問の余地がなく、被告人には憲法31条によって求められる告知がなされていたものと考えることができるということを論拠としている。第2に、高辻裁判官は、裁判所は、罰則規定の明確性について、具体的事案を離れた適用関係一般の観点から論じることはできないとしている。高辻裁判官は、裁判所による法令の憲法適合性の判断は、具体的事実に対して必要とされる範囲に限定して行うべきであり、具体的事実に対する適用範囲を超えて、他の事案についての適用関係一般について罰則規定の明確性を判断すべきではないとする。第3に、高辻裁判官は、漠然性ゆえに無効の法理のように、表現の自由が問題となる場合には、適用関係一般について明確性を論じるべき憲法上の要請があることを認めている。しかし、高辻裁判官は、本件の規制対象は、表現手段としての集団行進ではなく、その態様であるから、表現の自由の問題に適用されるべき特段の配慮は必要ない旨論じている。

Questions

①事実関係の確認

問1 道交法は、いかなる目的のもとに制定された法律であるか。道交法77条1項は、いかなる行為を行うにあたって、誰の許可を受けなければならないとしているか。道交法77条1項4号は、誰に、何を委任しているか。徳島県道路交通施行細則11条3号は、誰が、何を根拠に、何を規定したものであるか。▶【参考条文】【5】

問2 道交法77条3項は、誰に対し、いかなる権限を認めたものであるか。道交法77条3項に基づく道路使用許可条件に違反した場合、何条により、どのような罰則が適用されるか。▶【参考条文】【5】

問3 本条例1条は、どこで、何をするにあたって、誰に対し、何を届け出なければならないとしているか。本条例3条3号は、何を目的として、いかなることを定めた規定であるか。本条例3条3号に違反した場合、何条によりどのような罰則が適用されるか。▶【参考条文】【6】

問4 徳島県反戦青年委員会が主催する本件集団示威行進を許可するにあたって、徳島東警察署長は、どのような許可条件を付したか。▶【事案】【5】【23】

問5 被告人は、本件集団示威行進に際して、どのような行為を行ったか。被告人が行った行為について、検察官は、それが、いかなる条例・いかなる法令の何に該当するとして起訴をしたか。▶【事案】【1】【23】

問6 第一審判決は、本条例と道交法について、何と何との関係が問題になるとしたか。第一審判決は、いかなる場合に、条例の形式的効力が失われるとしていたか。第一審判決は、いかなる理由によって、本条例3条3号の規定は、憲法31条の趣旨に反するとしていたか。▶【2】

問7 第二審判決はいかなる判断を行ったか。また、それに対する検察官の上告趣意はいかなる内容のものであったか。▶【3】

②判決の内容の確認

問8 本判決は、第一審と第二審の判断をどのように総括しているか。また、それらの判断の妥当性を判断するにあたり、まず何を検討するとしているか。▶【7】

問9 本判決は、道交法の制定目的と同法77条3項における許可条件付与の目的を何と位置づけているか。▶【8】

問10 本判決は、本条例の対象は何であるとし、また、本条例から規制対象として除外されているものとして何を挙げているか。▶【9】

問11 本判決は、集団行動は、何として憲法上保障されるべき要素を有しているとしているか。本判決は、集団行動は、いかなる点において、単なる言論、出版等とは異なるとしているか。また、本判決は、そのような特徴から、集団行動にはいかなる危害をもたらすおそれがあるとしているか。▶【10】

問12 本判決は、本条例は、何に備えるために、いかなる内容の定めを置いているとしているか。▶【10】

問13 本判決は、道交法の目的と本条例の目的の同一性について何と述べているか。▶【11】

問14 本判決は、道交法と本条例の目的・規律対象について、いかなる点において、共通する点がありうるとしているか。▶【12】

問15 本判決は、何法の何条を挙げたうえで、いかなる場合に、条例は効力を有しないとしているか。本判決は、条例が国の法令に違反するかどうかは、何を比較することにより決しなければならないとしているか。▶【13】

問16 本判決は、国の法令中にある事項を規律する明文の規定がない場合においては、いかなる場合、当該事項について規律を設ける条例の規定は国の法令に違反することになるとしているか。本判決は、特定事項を規律する国の法令と条例が併存する場合には、いかなる場合に、条例が国の法令に違反する問題は生じないとしているか。▶【13】

問17 本判決は、道交法77条1項4号の態度をどのように解しているか。また、そのような態度から、本判決は、道交法の趣旨についていかなる内容のものを導出しているか。▶【14】

問18 本判決は、道路における集団行進等に対する道路交通秩序維持のための具体的規制について、道交法77条と条例とが重複する場合、道交法の規定はどの範囲に及ぶとしているか。▶【14】

問19 本判決は、本条例の届出制と本条例3条の遵守事項について、それぞれ、道交法との関係でどのように評価しているか。▶【15】

問20 本判決は、道交法119条1項13号における罰則は、どのような考慮から定められたものであるとしているか。本判決は、本条例5条の罰則は、どのような考慮から定められたものとしているか。本判決は、本条例5条の罰則が、道交法119条1項13号の罰則よりも重いものとなっていることの合理性について何と述べているか。本判決は、道交法が、条例が合理的な特別の罰則を定めることについていかなる趣旨をもつものと捉えているか。▶【15】

問21 本判決は、本条例3条3号が定める遵守事項の内容について、道交法との関係から限定を加える必要があるという考え方について、何と結論づけているか。▶【16】

問22 本判決は、本条例3条3号の規定の文言についてどのような認識を示しているか。本判決は、全国の公安条例の立法方式としてどのようなものを挙げているか。本判決は、本条例の立法措置としての妥当性についてどのような評価を示しているか。▶【18】

問23 本判決は、刑罰法規の定める犯罪構成要件があいまい不明確のゆえに憲法31条に違反し無効になるのはなぜだとしているか。▶【18】

問24 本判決は、法規の明確性についてどのような限界があるとしているか。本判決は、刑罰法規があいまい不明確ゆえに憲法31条に違反するものであるかは何によって決すべきであるとしているか。▶【18】

問25 本判決は、道路における集団行進等は、必然的にいかなる可能性を免れないとしているか。本判決は、本条例は、何を受忍すべきものとしており、また、本条例3条3号の規定は、何を指すものでないことが明らかであるとしているか。▶【19】

問26 本判決は、集団行進について、その本質的な意義と価値はどこにあるとしているか。本判決は、いかなる行動を要求した場合には、憲法上保障されている表現の自由を不当に制限することにはならないとしているか。▶【19】

問27 本判決は、本条例3条3号は、何を命じた規定と解しているか。本判決は、具体的場合において、通常の判断能力を有する一般人にとって、自らの行為が、殊更な交通秩序の阻害をもたらす行為に該当するか否かを判断することはどのようなことであるとしているか。▶【19】

問28 本判決は、本条例3条3号の規定によって、国民の憲法上の権利の正当な行使が阻害されるおそれがある、あるいは、国または地方公共団体の機関による恣意的な運用を許すおそれがあるとの問題についてどのように答えているか。本判決は、本条例の運用上の実態について、どのような評価を与えているか。▶【20】

問29 本判決は、本条例3条3号の規定が明確性を欠き、憲法31条に違反するとの問題について何と答えているか。▶【21】

問30 本判決は、本件事案の罪数処理についてどのように判断しているか。▶【22】

③応用問題

問31 本判決における高辻意見は多数意見の何を批判しているか。高辻意見と多数意見はなぜ結論が同じになっているか。高辻意見は、法文の明確性を争う第三者の主張適格を一切否定したものか。▶【46】～【52】

問32 本判決が提示した刑罰法規の明確性を判断するための基準と札幌税関検査事件判決〔本書26事件〕が提示した合憲限定解釈の限界を画するための基準とはどのような関係にあるか。▶【補足説明】

問33 本判決における岸補足意見と団藤補足意見は、表現の自由に対する規制を区分したうえで議論を展開しているが、その区分の方法は異なっている。それぞれ何に着目して表現の自由に対する規制を区分しているか。また、そのうちどちらが内容規制と内容中立規制の区分に対応しているか。▶【31】【41】【42】

○ **関連判例**（本書所収以外のもの）
最判平成25年3月21日民集67巻3号438頁［神奈川県臨時特例企業税事件］（判例①）

○ **本判決の調査官解説**
小田健司「判解」最高裁判所判例解説刑事篇昭和50年度156頁（判解①）

○ **その他の判例解説・判例批評**
前田巌「判解」最高裁判所判例解説刑事篇平成19年度379頁（判解②）
市原義孝「判解」法曹時報68巻4号（2017年）109頁（判解③）
野坂泰司「判批」法学教室310号（2006年）56頁
村山健太郎「判批」憲法判例百選Ⅰ［第5版］（2007年）182頁（判批①）

○ **参考文献**
曾根威彦「公安条例最高裁判決の検討」判例タイムズ330号（1976年）2頁（文献①）
奥平康弘「公安条例」同編『条例研究叢書7 青少年保護条例・公安条例』（学陽書房、1981年）

29 広島市暴走族追放条例事件

最高裁平成19年9月18日第三小法廷判決　平成17年(あ)第1819号：広島市暴走族追放条例違反被告事件
刑集61巻6号601頁

事案

　西新天地公共広場（以下「本件広場」という）は、広島市中区内の繁華街に位置しており、広島市が管理している。本件広場の道路を挟んだ場所には、広島市名物のお好み焼きを提供する「お好み村」と称する飲食店の集まりがあるほか、その周囲には多数の飲食店や商店があることもあり、本件広場は、観光客を含む多数の人々が訪れ、通行する場所となっている。しかし、広島市暴走族追放条例（以下「本条例」という）施行前は、毎週土曜日の午後9時過ぎころから、刺繍入りの派手な特攻服を着用した数十人から140人もの暴走族集団が、本件広場内において、暴走族集団名の入った旗を押し立てて、一部の者は覆面をした状態で、円陣を組んで座り込む等したり、「声出し」（大声を出して自己紹介を行い、これに呼応して参加者全員が大声を出すこと）を行っており、一般の通行人が円陣の中を通り抜けようとすると、「中を通るな」と怒号が発せられることがあったほか、付近には「チーマー」と称する非行少年グループも集まっていた。そのような暴走族集団等から受ける威圧感、恐怖感のため、一般の通行人が本件広場内に立ち入ることができないだけでなく、本件広場付近に近づくこともできない状態となっていた。そのため、「お好み村」の飲食店においては、土曜日の夜は来客の減少により売上げが落ち込み、また、付近のホテルにおいては、修学旅行の宿泊予定先として視察に来た教員から、本件広場に多数の暴走族集団が集まっていることを理由に、修学旅行生の宿泊先として適当ではないと判断されて、宿泊を断られる等の事態に直面していた。しかも、暴走族集団は、各グループ間だけではなく、チーマーとの間にも喧嘩騒ぎ等を起こしており、これに介入した暴力団組員から解決を図る対償として金員を要求され、次第に暴力団の支配下に置かれるようになり、ついには、「面倒見」と称する特定の暴力団組員やその配下の者に対して定期的に金員を供与するようになった。

　地元住民等から暴走族集団の集まり等に対する取締りの要望が出されるようになる一方、既存の法律や条例では、公園や広場に集まっての威圧的行為に対する警察による十分な警備・取締りを行うことができなかった。その中で、平成14年3月1日、広島市議会に本件条例案が提出され、同市議会予算特別委員会に付託された。同委員会では、本条例16条1項の「何人も」とあるのを「暴走族の構成員は」と修正する等の修正案が提出されたものの否決されて、本条例案がそのまま可決され、同月27日、同市議会定例会において、全員一致により、原案どおり可決された。

　本件の被告人は、もともと神奈川県の出身であったが、暴走族集団が本件広場で円陣を組んで集会を行っているところを見て、広島市の暴走族集団の活動にあこがれ、平成13年春、広島市に移り住み、指定暴力団である4代目共政会丸木組の影響下にある暴走族「廣島観音連合」に加入した。被告人は、同年秋には、同暴走族集団から引退したものの、平成14年8月、丸木組関係者に頼み込んで、丸木組組員から「廣島観音連合」の面倒見の地位を引き継いだ。かねてより、本条例に反発していた被告人は、同年11月19日、各暴走族の構成員に、同月23日に引退式（一定の年齢に達して暴走族から脱退する少年らに対する儀式）を実施する旨伝え、集結を呼びかけた。23日当日、被告人は、午後10時30分ころ、「よっしゃこれから行くでえ」と命じて、自ら先頭に立ち、特攻服を着用し、一部の者はタオル様のもので覆面をした暴走族集団とともに本件広場内に入り、本件広場内での集会を開始した。

　広島市職員Aは、広島市職務権限規程に基づき、本条例17条の中止命令等を発することのできる広島市長の権限を代行する地位にあったが、同日午後10時31分ころ、被告人らに対し、拡声器を使用して、「退去しなさい。出て行きなさい。特攻服で広場内に入っては駄目です」などと2回にわたって注意をした。しかし、被告人の指示を受けた暴走族集団が本件広場の中央部一杯に円陣を組むなどしたことから、被告人に対して、「このままでは命令を出すよ」と警告を与えた。ところが、被告人から、「出してみいやあ。何が条例やあ。怖ないんじゃ」などと反発されたほか、円陣中央部に「観音連合」という大きな旗を立て、「広島最強。16代目観音連合。よろしく」などと暴走族「廣島観音連合」の構成員が大声を上げ、他の暴走族集団が呼応して、「よろしく」と大声で応答を始めたので、同日午後10時35分ころ、円陣内に入り込んで、「この公園を管理する広島市です。第1回目の命令を行います。退去命令。この集会は、公衆に不安または恐怖を覚えさせるものであり、広島市暴走族追放条例第16条第1項第1号の禁止行為に当たり、さらに、威勢を示すことにより行われているので、同条例第17条の退去命令等の対象となります。この広場からの退去を命令します。なお、この命令に違反した場合は、6月以下の懲役または10万円以下の罰金に処せられます」と拡声器を用いて退去命令を出した。それにもかかわらず、依然として暴走族集団からの声出しが続いたため、同日午後10時38分ころ、同日午後10時40分ころの2回にわたって、上記と同一の退去命令を出したものの、被告人の指示を受けた上記暴走族集団がこれも無視して円陣を組んだままであったことから、被告人は、同日午後10時41分、警察官から本条例違反の現行犯人として逮捕された。

　第一審（広島地判平16・7・16刑集61-6-645）は、被告人の行為が本条例19条、16条1項1号、17条に該当するとして、被告人に懲役4か月、執行猶予3年の有罪判決を言い渡し、原審である控訴審（広島高判平17・7・28刑集61-6-662）も被告人からの控訴を棄却した。これに対して被告人が上告した。

■ **参考条文**（事件当時のもの）

広島市暴走族追放条例
第1条　この条例は、暴走族による暴走行為、い集、集会及び祭礼等における示威行為が、市民生活や少年の健全育成に多大な影響を及ぼしているのみならず、国際平和文化都市の印象を著しく傷つけていることから、暴走族追放に関し、本市、市民、事業者等の責務を明らかにするとともに、暴走族のい集、集会及び示威行為、暴走行為をあおる行為等を規制することにより、市民生活の安全と安心が確保される地域社会の実現を図ることを目的とする。
第2条　この条例において、次の各号に掲げる用語の意義は、それぞれ当該各号に定めるところによる。
　(4)　公共の場所　道路、公園、広場、駅、空港、桟橋、駐車場、興行場、飲食店その他の公衆が通行し、又は出入りすることができる場所をいう。
　(5)　暴走行為　法第68条の規定に違反する行為又は自動車等を運転して集団を形成し、法第7条、法第17条、法第22条第1項、法第55条、法第57条第1項、法第62条若しくは法第71条第5号の3の規定に違反する行為をいう。
　(6)　示威行為　多数の者が威力を示して行進又は整列をすることをいう。
　(7)　暴走族　暴走行為をすることを目的として結成された集団又は公共の場所において、公衆に著しく不安若しくは恐怖を覚えさせるような特異な服装若しくは集団名を表示した服装で、い集、集会若しくは示威行為を行う集団をいう。
　(8)　暴走族追放　暴走族による暴走行為等の防止、暴走族への加入の防止、暴走族からの離脱の促進等を図ることにより、暴走族のいない社会を築くことをいう。
第5条　保護者は、暴走族が少年の健全な育成を阻害するおそれがあることを踏まえ、その監護に係る少年を暴走族に加入させないよう努めるとともに、当該少年が暴走族に加入していることを知ったときは、当該暴走族から離脱させるよう努めなければならない。
第6条　学校、職場その他の少年の育成に携わる団体の関係者は、その職務又は活動を通じ、相互に連携し、当該団体に属する少年を暴走族に加入させないよう努めるとともに、当該少年が暴走族に加入していることを知ったときは、当該暴走族から離脱させるよう努めなければならない。
第16条　何人も、次に掲げる行為をしてはならない。
　(1)　公共の場所において、当該場所の所有者又は管理者の承諾又は許可を得ないで、公衆に不安又は恐怖を覚えさせるような集又は集会を行うこと。
　(2)　公共の場所における祭礼、興行その他の娯楽的催物に際し、当該催物の主催者の承諾を得ないで、公衆に不安又は恐怖を覚えさせるような集、集会又は示威行為を行うこと。
　(3)　現に暴走行為を行っている者に対し、当該暴走行為を助長する目的で、声援、拍手、手振り、身振り又は旗、鉄パイプその他これらに類するものを振ることにより暴走行為をあおること。
　(4)　公共の場所において、正当な理由なく、自動車等を乗り入れ、急発進させ、急転回させる等により運転し、又は空ぶかしさせること。
2　何人も、前項各号に掲げる行為を指示し、又は命令してはならない。
第17条　前条第1項第1号の行為が、本市の管理する公共の場所において、特異な服装をし、顔面の全部若しくは一部を覆い隠し、円陣を組み、又は旗を立てる等威勢を示すことにより行われたときは、市長は、当該行為者に対し、当該行為の中止又は当該場所からの退去を命ずることができる。
第18条　この条例の施行に関し必要な事項は、市長が定める。
第19条　第17条の規定による市長の命令に違反した者は、6月以下の懲役又は10万円以下の罰金に処する。

広島市暴走族追放条例施行規則
第1条　この規則は、広島市暴走族追放条例（平成14年広島市条例第39号。以下「条例」という。）の施行に関して必要な事項を定めるものとする。
第2条　市長は、条例第17条の規定により中止命令等を行う場合において、条例第1条に規定する目的を達成するために必要な限度においてのみ行使するとともに、いやしくも権限を逸脱して個人の基本的人権若しくは正当な活動を制限し、又は正当な活動に介入するようなことのないよう留意しなければならない。
第3条　市長は、条例第17条に規定する中止命令等を行う際に、条例第16条第1項第1号の行為が威勢を示すことにより行われたときに該当するか否かを判断するに当たっては、次に掲げることを勘案して判断するものとする。
　(1)　暴走、騒音、暴走族名等暴走族であることを強調するような文言等を刺しゅう、印刷等をされた服装等特異な服装を着用している者の存在
　(2)　明らかに人物の特定を避けるために顔面の全部又は一部を覆い隠している者の存在
　(3)　他の者を隔絶するような形での円陣等い集又は集会の形態
　(4)　暴走族名等暴走族であることを強調するような文言等を刺しゅう、印刷等をされた旗等の公衆に対する掲示物の存在
　(5)　暴走族であることを強調するような大声の掛け合い等い集又は集会の方法
　(6)　その他社会通念上威勢を示していると認められる行為

Navigator　広島市暴走族追放条例は、迷惑行為を直接処罰するのではなく、迷惑行為の禁止（16条1項）→行政命令による禁止違反行為の中止命令（17条）→中止命令違反に対する刑罰（19条）という形式で行政規制と刑事規制を段階的に課していくいわゆるハイブリッド規制の典型であるといえる（文献②）。その憲法適合性を判断した本判決は、事例判断的要素を多分に有するものであるが、過度広汎性の法理や合憲限定解釈の限界を考えるうえで学習上も重要な意義を有している。本判決の理由は、まず、本件の事実関係と本条例の内容を確認したうえで（【1】～【4】）、本条例について提起された「過度の広汎性」の問題（【5】～【7】）と「明確性」の問題（【8】）とを分割して、それぞれ検討を進めるという論証構造となっている。中でも本判決が重点的に検討を進めたのは、過度広汎性の問題の検討であり、そこでは、まず、本条例の合憲限定解釈が示されたうえで（【6】）、その合憲限定解釈に基づく規制範囲を前提に規制の憲法適合性（規制が違憲の範囲に及んでいるか）の検討がなされている。重要なのは、本判決が、本条例の規制範囲がどこまで及んでいようとも、被告人への本条例の適用それ自体は合憲であるとの立場に依拠していたにもかかわらず、なお、本条例の広汎性を検討しているということであり、それは過度広汎性の法理に基づき被告人に条例の文言上の違憲性を主張する適格を認めたものと解されている（判解①395頁）。他方で、本条例の過度広汎性を回避するため行われた本判決の合憲限定解釈は、本条例の定義規定を実質上無視することで成り立っており、解釈の限界を超えるとして強い反対意見が二つ付されている。本判決を読むにあたっては、反対意見も参照しつつ、なぜ、本条例の限定解釈がそもそも困難なものであると考えられていたかをまずは理解しておくことが必要である（【補足説明①】も参照）。なお、本判決は、猿払事件判決〔本書21事件〕の判断枠組みを採用しているが、その理由について調査官解説は、直接的／間接的付随的規制の区別ではなく、むしろ、利益衡量の帰結の明白性に求めており、その論理は、堀越事件判決〔本書23事件〕の千葉補足意見につながる要素を有している。

■判決の論理構造

【条例の文言と合憲限定解釈の関係】

		本件事案		
	集団の分類	本来的暴走族	暴走族類似集団	その他の集団
条例の文言	禁止行為の対象（16条1項）	何人も		
	暴走族の定義（2条7号）	暴走行為をすることを目的として結成された集団	公共の場所において、公衆に不安もしくは恐怖を覚えさせるような特異な服装もしくは集団名を表示した服装で、い集、集会もしくは示威行為を行う集団	
合憲限定解釈	条例の規制対象	暴走行為をすることを目的として結成された集団である本来的な意味における暴走族	暴走族に類似し社会通念上これと同視することのできる集団	
規制対象となる場合の合憲性		合憲		規制対象が広範囲となり、憲法21条1項、31条との関係で問題

※本条例の定義規定（2条7号）は、本条例が規制対象とする「暴走族」の定義に、本来的暴走族や暴走族類似集団以外の集団も含めており、「何人」もとされた本条例の規制主体（16条1項）を本来的暴走族や暴走族類似集団に限定することは通常の法令解釈では困難であった。

判　決

○　主　文

本件上告を棄却する。

○　理　由

1　弁護人田中千秋の上告趣意のうち、広島市暴走族追放条例（平成14年広島市条例第39号。以下「本条例」という。）16条1項1号、17条、19条の各規定が文面上も内容上も憲法21条1項、31条に違反するとの主張について

[1]　(1)　原判決が是認する第1審判決によれば、被告人は、観音連合などの暴走族構成員約40名と共謀の上、平成14年11月23日午後10時31分ころから、広島市が管理する公共の場所である広島市中区所在の「広島市西新天地公共広場」において、広島市長の許可を得ないで、所属する暴走族のグループ名を刺しゅうした「特攻服」と呼ばれる服を着用し、顔面の全部若しくは一部を覆い隠し、円陣を組み、旗を立てる等威勢を示して、公衆に不安又は恐怖を覚えさせるような集会を行い、同日午後10時35分ころ、同所において、本条例による広島市長の権限を代行する広島市職員から、上記集会を中止して上記広場から退去するよう命令を受けたが、これに従わず、引き続き同所において、同日午後10時41分ころまで本件集会を継続し、もって、上記命令に違反したものである❶。

[2]　本条例は、16条1項において、「何人も、次に掲げる行為をしてはならない。」と定め、その1号として「公共の場所において、当該場所の所有者又は管理者の承諾又は許可を得ないで、公衆に不安又は恐怖を覚えさせるような集又は集会を行うこと」を掲げる。そして、本条例17条は、「前条第1項第1号の行為が、本市の管理する公共の場所において、特異な服装をし、顔面の全部若しくは一部を覆い隠し、円陣を組み、又は旗を立てる等威勢を示すことにより行われたときは、市長は、当該行為者に対し、当該行為の中止又は当該場所からの退去を命ずることができる。」とし、本条例19条は、この市長の命令に違反した者は、6月以下の懲役又は10万円以下の罰金に処するものと規定している❷。

[3]　第1審判決は、被告人の行為が上記の本条例19条、16条1項1号、17条に該当するとして、被告人に懲役4月、3年間刑執行猶予の有罪判決を言い渡した❸。

[4]　なお、本条例2条7号は、暴走族につき、「暴走行為をすることを目的として結成された集団又は公共の場所において、公衆に不安若しくは恐怖を覚えさせるような特異な服装若しくは集団名を表示した服装で、い集、集会若しくは示威行為を行う集団をいう。」と定義しているところ、記録によれば、上記観音連合など本件集会参加者が所属する暴走族は、いずれも暴走行為をすることを目的として結成された集団、すなわち社会通念上の暴走族にほかならず、暴力団の準構成員である被告人は、これら暴走族の後ろ盾となることにより事実上これを支配する「面倒見」と呼ばれる地位にあって、本

❶【1】では、本件において被告人が行った行為が要約されている。

❷【2】では、本件に関わる本条例の内容が説明されている。

❸【3】では、第一審判決の結論が説明されている。

❹【4】では、本条例のもとでの、被告人や本件集会参加者の位置づけが説明されている。本条例2条7号は、「暴走行為をすることを目的として結成された集団」（本来的暴走族）以外の集団も「暴走族」に該当する旨、規定を置いており、そのことが過度に広汎な規制をもたらすものとして大きな問題となっていた。しかし、この段落では、本件集会参加者が所属する集団が、規制対象として憲法上問題となる「本来的暴走族以外の集団」ではなく、むしろ、「社会通念上の暴走族」（本来的暴走族）に該当するものであったこと、そして、被告人がその本来的暴走族を「面倒見」として指揮していたことが確認されている。すなわち、本件具体的事案に対する規制それ自体が過度に広汎な規制として問題になるわけではない。

❺【5】では、被告人の主張が示されている。被告人は、上告趣意書において、札幌税関検査事件判決〔本書26事件〕の反対意見等を引用しつつ、過度の広汎性ゆえに無効の法理を提示し、本条例は、文面上違憲であると主張していた。本件の場合、被告人に対する規制としては過度に広汎なものではなかった。にもかかわらず、最高裁が、あえて規制が過度に広汎であるとの主張に応答したことはそれ自体が重要である。すなわち、「規制対象とされた具体的行為が本来的に合憲的に規制し得るものであった事案」である本件では、「他の事案における憲法適合性を論じる主張を取り上げる必要はなく、憲法判断を回避すべきであるという考え方もあり得る」、すなわち、「当該規定を文言上違憲と抗争する適格（スタンディング）を否定するという考え方（判解①394-395頁）もありえた。これに対し、判解①391-395頁は、萎縮効果を早期に排除し、表現の自由を保護する必要から表現の自由に関する事案においては、具体的行為に対する規制の合憲性を顧慮せずに、スタンディングを認めるべきであるというのが憲法学説の通説であり、最高裁の立場であるとしたうえで、本判決も、被告人の本件行為が「限定解釈される処罰対象の核心部分にあることを前提にしつつ、過度の広汎性を指摘する違憲主張に応答しており、その主張適格を認めたものと理解でき」としている。

件集会を主宰し、これを指揮していたものと認められる❹。

【5】 （2） 所論は、本条例16条1項1号、17条、19条の規定の文言からすれば、その適用範囲が広範に過ぎると指摘する❺。

【6】 なるほど、本条例は、暴走族の定義において社会通念上の暴走族以外の集団が含まれる文言となっていること、禁止行為の対象及び市長の中止・退去命令の対象も社会通念上の暴走族以外の者の行為にも及ぶ文言となっていることなど、規定の仕方が適切ではなく、本条例がその文言どおりに適用されることになると、規制の対象が広範囲に及び、憲法21条1項及び31条との関係で問題があることは所論のとおりである❻。しかし、本条例19条が処罰の対象としているのは、同17条の市長の中止・退去命令に違反する行為に限られる。そして、本条例の目的規定である1条は、「暴走行為、い集、集会及び祭礼等における示威行為が、市民生活や少年の健全育成に多大な影響を及ぼしているのみならず、国際平和文化都市の印象を著しく傷つけている」存在としての「暴走族」を本条例が規定する諸対策の対象として想定するものと解され、本条例5条、6条も、少年が加入する対象としての「暴走族」を想定しているほか、本条例には、暴走行為自体の抑止を眼目としている規定も数多く含まれている。また、本条例の委任規則である本条例施行規則3条は、「暴走、騒音、暴走族名等暴走族であることを強調するような文言等を刺しゅう、印刷等をされた服装等」の着用者の存在（1号）、「暴走族名等暴走族であることを強調するような文言等を刺しゅう、印刷等をされた旗等」の存在（4号）、「暴走族であることを強調するような大声の掛い等」（5号）を本条例17条の中止命令等を発する際の判断基準として挙げている❼。このような本条例の全体から読み取ることができる趣旨、さらには本条例施行規則の規定等を総合すれば、本条例が規制の対象としている「暴走族」は、本条例2条7号の定義にもかかわらず、暴走行為を目的として結成された集団である本来的な意味における暴走族の外には、服装、旗、言動などにおいてこのような暴走族に類似し社会通念上これと同視することができる集団に限られるものと解され、したがって、市長において本条例による中止・退去命令を発し得る対象も、被告人に適用されている「集会」との関係では、本来的な意味における暴走族及び上記のようなその類似集団による集会が、本条例16条1項1号、17条所定の場所及び態様で行われている場合に限定されると解される❽。

【7】 そして、このように限定的に解釈すれば、本条例16条1項1号、17条、19条の規定による規制は、広島市内の公共の場所における暴走族による集会等が公衆の平穏を害してきたこと、規制に係る集会であっても、これを行うことを直ちに犯罪として処罰するのではなく、市長による中止命令等の対象とするにとどめ、この命令に違反した場合に初めて処罰すべきものとするという事後的かつ段階的規制によっていること等にかんがみると、その弊害を防止しようとする規制目的の正当性、弊害防止手段としての合理性、この規制により得られる利益と失われる利益との均衡の観点に照らし、いまだ憲法21条1項、31条に違反するとまではいえないことは、最高裁昭和44年（あ）第1501号同49年11月6日大法廷判決・刑集28巻9号393頁、最高裁昭和61年（行ツ）第11号平成4年7月1日大法廷判決・民集46巻5号437頁の趣旨に徴して明らかである❾。

【8】 （3） なお、所論は、本条例16条1項1号、17条、19条の各規定が明確性を欠き、憲法21条1項、31条に違反する旨主張するが、各規定の文言が不明確であるとはいえないから、所論は前提を欠く❿。

【9】 （4） 以上のとおりであり、原判決に所論の違憲はなく、論旨は採用することができない。

【10】 2 弁護人のその余の上告趣意は、広島市の被告人らに対する中止及び退去命令の違憲をいうものであるが、実質は単なる法令違反の主張であり、適法な上告理由に当たらない。

【11】 3 よって、刑訴法408条により、主文のとおり判決する。

【12】 この判決は、裁判官堀籠幸男、同那須弘平の各補足意見、裁判官藤田宙靖、同田原睦夫の各反対意見があるほか、裁判官全員一致の意見によるものである。

❻ 【6】では、本条例の限定解釈が行われている。まず前半では、本条例の文言では、社会通念上の暴走族以外の者の行為も規制対象なることを指摘したうえで、「規定の仕方が適切ではな」いとし、さらに、文言どおりに適用されると、規制対象が広範囲に及び、憲法21条1項および31条との関係で「問題がある」とまで論じている。本条例で処罰の対象になるのは、市が管理する公共の場所での市の許可を受けない集会であり、かつ、他人に不安や恐怖を覚えさせるものに限定されているが、それでも、なお憲法上問題があるとしたことは重要である。

❼ 【6】の中盤では、限定解釈を導くうえで本判決が考慮要素とした事情が挙げられている。ここでは、立法経緯について何ら言及がない一方で、条例の下位規範たる施行規則に言及があることが注目される。まず、立法経緯に言及しなかったことについては、限定解釈の基準を規定外に求めることはせず、「あくまで規定自体に求める姿勢を堅持したもの」と捉えることができる（判解①401頁）。他方で、施行規則に言及したことについては、下位規範がその上位規範の適用範囲を変化させることは論理的に不可能であるという観点から疑義がありうるが、条例と施行規則の規制範囲はあくまで同一であるということを前提としつつ、条例の規制範囲を施行規則によって「確認する」という作業を行うため参照されたものと解説されている（判解①413頁）。

❽ 【6】の後半では、限定解釈の帰結が示されている。ここでは、(1)「本条例の全体から読み取ることができる趣旨」と(2)「本条例施行規則の規定」等を「総合」した結果、本条例による規制・禁止命令の対象となる「暴走族」は、(i)「本来的暴走族」と(ii)「本来的暴走族に類似した集団」に限定されるとの解釈を導いている。この限定解釈においては、本条例全体の趣旨が強調されており、その結果、本条例2条7号によって定義された「暴走族」と本条例により規制・禁止命令の対象となる「暴走族」は異なるものであるとの結論が導き出されている。本判決は、「本条例2条7号の定義にもかかわらず」として、実質上、定義規定を無視した形になっているが、判解①401頁は、本判決は「定義規定を立法技術上の明白な誤りと見たのではないか」としている。なお、限定解釈については、通常の解釈の範囲内での限定解釈と通常の解釈を超えたものとしての合憲限定解釈の区別が指摘されるが（堀越事件判決〔本書23事件〕）、判解①396-403頁は、本判決の限定解釈を合憲限定解釈と解しているようであり、さらに、本判決の限定解釈は、合憲限定解釈の限界を論じた札幌税関検査事件判決〔本書26事件〕の「枠組みを意識し、前提として」行われたものであると解説している。

❾ 【7】では、上記の限定解釈を前提として本条例の合憲性（規制の内容が合憲的な範囲に収まっているか）が検討されている。ここでは、規制対象の限定性、条例制定の経緯（立法事実の存在）、事後的かつ段階的規制といった事情を示したうえで、猿払事件判決〔本書21事件〕の判断枠組みを援用し、合憲との結論を導いている。本判決では「やむを得ない」「必要最小限度」などの厳格な基準を示唆する言及はみられない。これは本条例を間接的付随的規制であることの帰結であるとの見方もあるが、判解①405-406頁を前提とすると、限定解釈を前提とした本条例における利益衡量の結論は明白であったことから、あえて厳格な基準を用いて恣意的判断を回避する必要はなく、判決理由としても合理的関連性の基準が求める程度の検討事項を示すことで足りるとの判断に基づくものと解される。判解①406-408頁は、詳細な利益衡量の具体的内容を示しており、利益衡量の帰結の明白性の判断それ自体も敬譲的というよりは判断代置的に行われたと解することもできよう。判解①408頁は、本判決は「この種事案に適合する審査基準があったとしてもそれに言及しなかった」と記しており、本条例と同じく特定の場所・態様での集会を規制す

る場合でも規制対象となる主体や背景事情が異なれば原則に戻り厳格な基準の適用もありうることになる。

❿ 【8】では、本条例が不明確のゆえに無効であるとの被告人の主張に対する応答が示されている。本判決は結論を述べるだけだが、判解①395頁は、「特異な服装」「威勢を示す」「公衆に不安又は恐怖を覚えさせるような」「い集又は集会」などの文言は、抽象性を有するとしつつ、一般人の理解において具体的場合に当該行為がその適用を受けるものか否か判断できないようなものではないとしている。なお、本判決が、「明確性」の問題と「過度の広汎性」の問題とを論点として明確に区別している点は注目される（判解①408頁）。

■ 少数意見

裁判官堀籠幸男の補足意見は、次のとおりである⓫。

[13] 　私は、多数意見に全面的に賛成するものであるが、反対意見の趣旨にかんがみ、本件に関する私の意見を述べることにする。

[14] 　**1**　本件は、指定暴力団の関係者で暴走族である観音連合の面倒見をしていた被告人が、判示の広場において、引退式と称する集会を強行して暴走族の存在を誇示しようと考え、観音連合などの暴走族構成員約40名と共謀し、判示のような服を着用し、顔面の全部又は一部を覆い隠し、円陣を組み、旗を立てる等の威勢を示して、公衆に不安又は恐怖を覚えさせるような集会を行い、市長からの中止・退去命令が出されたのに、これに従わなかった事案である。被告人の本件行為は、本条例が公共の平穏を維持するために規制しようとしていた典型的な行為であり、本条例についてどのような解釈を採ろうとも、本件行為が本条例に違反することは明らかであり、被告人に保障されている憲法上の正当な権利が侵害されることはないのであるから、罰則規定の不明確性、広範性を理由に被告人を無罪とすることは、国民の視点に立つと、どのように映るのであろうかとの感を抱かざるを得ない⓬。

[15] 　**2**　一般に条例については、法律と比較し、文言上の不明確性が見られることは稀ではないから、このような場合、条例の文面を前提にして、他の事案についての適用関係一般について論じ、罰則規定の不明確性を理由に違憲と判断して被告人を無罪とする前に、多数意見が述べるように、本条例が本来規制の対象としている「集会」がどのようなものであるかをとらえ、合理的な限定解釈が可能であるかを吟味すべきである。確かに、集会の自由という基本的人権の重要性を看過することは許されず、安易な合憲限定解釈は慎むべきであるが、条例の規定についてその表現ぶりを個々別々に切り離して評価するのではなく、条例全体の規定ぶり等を見た上で、その全体的な評価をすべきものであり、これまで最高裁判所も、このような観点から合憲性の判断をしてきているのである。そうであれば、本条例については、多数意見が述べるように、合理的限定解釈が可能であるから、そのような方向で合憲性の判断を行うべきであり、これを違憲無効とする反対意見には同調することができない⓭。

[16] 　**3**　本条例1条から19条までを通読し、これを全体的に見てみると、本条例の目的は、社会通念上の暴走族の追放を目的としたものであり、その他のことを目的としたものではないことを十分に読み取ることができる⓮。

[17] 　加えて、本条例が処罰対象としている行為は、16条に該当する行為一般ではなく、17条の規定による市長の命令に違反した行為だけである。そして、この市長の命令に関する本条例の委任規則である本条例施行規則2条は、市長の留意事項として、基本的人権を制限する等の権限の逸脱を戒め、3条は、中止・退去命令を出すに際しては、1号ないし6号に掲げる事項を勘案して判断するものとし、1号ないし6号を通読すれば、市長の中止・退去命令の対象は、既存の暴走族及びこれと同視することができる集団に限るものと解されるのであり、市長が適法に中止・退去命令を発することができる場合を、本条例施行規則はこのようなものとして規定しているのである⓯。

[18] 　もっとも、本条例施行規則が規制対象をこのように限定的にとらえているということから直ちに本条例自体の規定の文言の広範性、不明確性が補正、修正されるというものではない。しかし、本条例施行規則3条が、市長の中止・退去命令の対象を既存の暴走族及び社会通念上これと同視できる集団に限っているということは、本条例の規制の対象範囲は本来は広いが、その中から特にこれらを取出して条例よりも限定した範囲で規制しようとしたというのではなく、本条例の規制対象を前提にしてその範囲の行為の取締りを実現するための細則を市長が定めたものと見るべきである。その意味で、本条例施行規則の規定は、条例自体がどのような範囲の行為を規制しようとしているのかを確認するための重要な要素と見ることができるのである⓰。

[19] 　このような観点で見ると、本件においては、本条例による処罰対象行為は合理的な限定解釈が十分に可能であり、限定解釈の下においては、本条例による規制が憲法21条1項、31条に違反するものでないことは多数意見が述べるとおりである。

[20] 　**4**　田原裁判官は、本条例による規制が広範すぎて不明確であることの理由の一つとして、本条例16条1号及び2号が「い集」という文言を用いていることを挙げる。しかし、これは裁判所の憲法判断の方法として相当でないと考える。そもそも「い集」と「集会」とは、その外形的な現象は似ているが、後者は特定の目的、意図の下に

⓫ 堀籠補足意見は、多数意見が展開した合憲限定解釈を補足する内容となっている。特に、本件の被告人に文面違憲の主張適格を認めることに対する違和感（[14]）、限定解釈における法律と条例のアプローチの違い（[15]）に言及している点が注目される。

⓬ [14]では、本件事案は条例が規制対象とする典型事案であり、その規制が憲法上も問題がない旨指摘したうえで、「罰則規定の不明確性、広範性を理由に被告人を無罪とすることは、国民の視点に立つと、どのように映るのであろうかとの感を抱かざるを得ない」と述べられている。これは、本件では「適用合憲」の判断を示すことにとどめるべきであるとの主張にまで至るものではないであろうが（判解①411頁）、本件被告人に文面上違憲の主張の主張適格を認めること、ひいてはそのような主張適格を認める憲法法理について否定的な印象を抱いているものと捉えることができる。

⓭ [15]では、条例における解釈のあり方が論じられている。ここで、堀籠裁判官は、本条例は、法律よりも、一般に文言上不明確なことが多いことを指摘したうえで、条例の場合には、規定の文言や表現を分割し、それ取り出して解釈するのではなく、むしろ、条例全体の規定ぶり等をみたうえで、その全体的な評価に基づいて解釈すべきであると論じている。本条例全体の趣旨の趣旨を強調する多数意見（[6]）を補足するものであると捉えることができる。

⓮ [16]では、本条例全体の目的が、社会通念上の暴走族の追放を目的としたもので、その他のことを目的としたものでないことが指摘されている。多数意見（[6]）で言及された条例全体の趣旨をより明確に述べようとしたものと捉えることができる。

⓯ [17]は、処罰対象の限定に関わる本条例や施行規則の規定を挙げている。これは、本条例が本来的に規制対象を限定的に捉えようとしている条例であることを論証しようとするねらいがあったものと考えられる。

⓰ [18]は、本条例施行規則を援用する理由が述べられている。ここでは、本条例施行規則を援用するのは、本条例施行規則によって、本来広範であった本条例の規制対象が狭まったということを論証しようとしたものではなく、条例自体がどのような範囲の行為を規制しようとしているのかを「確認する」ために、本条例施行規則を援用した旨論じられている。

人々が結集するもので、集会自体が多人数による一つの表現行為という面を持つものである。したがって、両者は、その特性、表現行為としての意味ないし価値の点等から大きく異なるものであり、これらに対する規制は、それぞれ別個のものとしてとらえて評価すべきであって、これを同一のものととらえて評価すべきものではない。そして、最高裁昭和57年（行ツ）第156号同59年12月12日大法廷判決・民集38巻12号1308頁は、関税定率法21条1項3号の「公安又は風俗を害すべき書籍、図画」等の明確性が問題となった事案において、上告人に適用された「風俗」に関する部分についてのみ判断し、「公安」の関係については一切判断していない。これは、憲法判断をする際し、最高裁判所が当該事件に直接には適用されない文言の関係について判断するのは適当でないことを明らかにしたものと解される。本件においては、被告人に適用されたのは「集会」という文言であって、「い集」という文言は適用されていないのである。したがって、「い集」という文言の不明確性をもって、違憲の理由とすることは相当ではないと考える。❶

裁判官那須弘平の補足意見は、次のとおりである。❷

[21] 　私は多数意見に賛同するものであるが、どのような場合に限定解釈が許されるのか、その要件に関し補足して私の考えを明らかにしておきたい。

[22] 　**1** 表現の自由が問題となる法令につき、過度に広範な規制が文面上されているためそのままでは違憲無効と判断されるおそれがある場合に、いわゆる限定解釈をすることで規制の対象を絞り込み、結論としてその規制が合憲であるとの判断を示すことが当審でもときに行われてきた。本件の多数意見も同様な立場に立つものである。

[23] 　どのような場合に限定解釈をすることが許されるのかについては、最高裁昭和57年（行ツ）第156号同59年12月12日大法廷判決・民集38巻12号1308頁（札幌税関検査違憲訴訟事件）が示す以下の二つの要件を満たす必要があると解すべきことは所論のとおりである。
　（1）　その解釈により、規制の対象となるものとそうでないものとが明確に区別され、かつ、合憲的に規制しうるもののみが規制の対象となることが明らかにされる場合であること。
　（2）　一般国民の理解において、具体的場合に当該表現物が規制の対象となるかどうかの判断を可能ならしめるような基準をその規定から読みとることができるものであること❸。

[24] 　**2** 多数意見は、本条例が規制の対象とする「暴走族」につき、暴走行為を目的として結成された集団である本来的な意味における暴走族の外には、服装、旗、言動などにおいてこのような暴走族に類似し社会通念上これと同視することができる集団に限られるものと解する立場をとる。

[25] 　「暴走族」の意味については、「オートバイなどを集団で乗り回し、無謀な運転や騒音などで周囲に迷惑を与える若者たち」を指すものであると理解するのが一般的であり（広辞苑第5版等）、この理解はほぼ国民の中に定着しているといってよい。したがって、本条例の「暴走族」につき、上記のとおりの限定解釈ができれば、本条例の規制の対象となるものが本来的な意味における暴走族及びこれに類似する集団に限られその余の集団は対象とならないことも明確になるのであるから、「広範に過ぎる」という批判を免れるとともに、「規制の対象となるものとそうでないものとが明確に区別され、かつ、合憲的に規制しうるもののみが規制の対象となることが明らかにされること」という大法廷判決の第1の要件が充たされるのは明らかである❹。

[26] 　問題は第2の要件である「規制の対象となるかどうかの判断を可能ならしめるような基準をその規定から読みとることができるものである」に当たるかどうかであるが、この点に関する大法廷判決の趣旨は、「限定解釈」も解釈の一種であるところから、規定の文言自体から対象を限定することの正当性が導き出されるような内容のものであることを求める点にあると理解できる。換言すると、規定の文言自体から導き出せないような限定解釈は、客観性・論理性を欠き、恣意的な解釈に流れるもので、そもそも「解釈」と呼ぶに相応しくないという、当然の事理を指摘したものと考えられる❺。

[27] 　これを本条例について見ると、条例の名称が広島市暴走族追放条例とされているほか、条例の目的を定める1条をはじめとして随所に「暴走族追放」、「暴走族から（の）離脱」等の文言が存在し、その主たる目的が少年の本来的暴走族への参加を防止し、あるいはその離脱を促すことにあることが読み取れる内容のものとなっている。そして、「暴走族」が社会通念上「オートバイなどを集団で乗り回し、無謀な運転や騒音などで周囲に迷惑を与える若者たち」を指すものと理解され、この理解がほぼ確立したものとなっていることも上述のとおりである❻。

[28] 　このような諸点を前提とすれば、本条例が本来的な暴走族及びこれに類似する集団のみを対象とするものであるとする限定解釈の内容は、一般国民の理解においても極めて理解しやすいものであり、本条例の「規定から読みとることができるもの」であると評価できるものである。

[29] 　これに対し、本条例2条7号が「公共の場所において、公衆に不安若しくは恐怖を覚えさせるような特異な服装若しくは集団名を表示した服装で、い集、集会若しくは示威行為を行う集団」をも暴走族として取り扱うこととしている点は、一般国民の理解においてはむしろ社会通念に反する奇異なものと映り、定義規定にあるとの一事をもって正確な理解に達することは容易ではないとも考えられる❼。

[30] 　以上の点から見て、本条例につき多数意見のような限定解釈をすることは、大法廷判決の示す第2の要件との関係でも適合的であると評価できる。

[31] 　この点に関し、反対意見は、本条例2条7号が、本来の暴走族の外に「公共の場所において、公衆に不安若しくは恐怖を覚えさせるような特異な服装若しくは集団名を表示した服装で、い集、集会若しくは示威行為を行う集団」をも「暴走族」と定義している点を強調する❽。

[32] 　しかし、「規制の対象となるかどうかの判断を可能ならしめるような基

---

❶　【20】では、田原反対意見に対する反論が示されており、ここではいわゆる文面の可分論が問題として扱われている。一つの条項であっても、その内容が可分である場合には、ある部分が違憲となっても、その他の部分にその違憲の効果が波及するわけではない。そのため、条項が可分である場合、違憲審査は通常、可分な部分のうち、具体的事件に直接適用される部分のみを対象として行われるのが通常である（高橋・体系憲法訴訟 318 頁）。堀籠裁判官が具体例として示しているように札幌税関検査事件判決〔本書26事件〕が「公安」について判断せず「風俗」のみ違憲審査を行ったことはその典型例れものである。田原裁判官が、「い集」が広範に不明確であると主張していたのに対し、堀籠裁判官は、「い集」と本件に直接適用される「集会」とは区別が可能であり、本件では「い集」は検討すべき対象にはならないとしている。なお、文言上区別できるものであっても、それが解釈上常に区別できるものであるとは限らないことは注意が必要である（高橋・前掲書 318 頁）。

❷　那須補足意見は、多数意見の合憲限定解釈を補足するものであるが、多数意見が明示的には挙げなかった札幌税関検査事件判決〔本書 26 事件〕の合憲限定解釈の要件を示した上で、各要件の丁寧な分析を行っている点にその特徴がある。

❸　【23】では、多数意見が示した限定解釈の許容性を検討する基準として、札幌税関検査事件判決〔本書 26 事件〕が示した要件を2要件に分割し、提示している。なお、判例①397 頁は、ここで挙げられた(1)要件は、(a)限定解釈の結果導かれる規制対象が明確であるかどうかという問題と、(b)それが内容的に合憲的な範囲に収まっているかどうかという次元を異にする問題からなるとしているが、多数意見においては、【6】で(2)要件が、【7】で(1)(b)要件が検討されたといえる。

❹　【25】では、多数意見の限定解釈による規制対象の区別は明確であり、札幌税関検査事件判決〔本書 26 事件〕の第 1 要件をみたすものであることが論じられている。

❺　【26】から【29】では、多数意見の限定解釈が、札幌税関検査事件判決の第 2 要件をみたすものであるかが検討されている。まず、【26】では、第 2 要件の趣旨が論じられており、那須裁判官は、「規定の文言自体から導き出せないような限定解釈」は「解釈」ではないから、そのような解釈を排除したのが第 2 要件の趣旨である旨述べている。

❻　【27】と【28】では、本条例の諸規定を前提とした場合には、多数意見の限定解釈の内容は、一般国民にとって理解しやすいものであることから、それは本条例の「規定から読みとることができる」との結論を導き出している。那須裁判官の場合、札幌税関検査事件判決〔本書 26 事件〕の第 2 要件の充足性の是非は、限定解釈の「結果」が一般国民に理解できるものであるかどうかによって判断しているようにも見受けられる。

❼　【29】では、本条例2条7号における「暴走族」の定義自体が、一般国民の理解に反する奇異なものであることが指摘されている。

準をその規定から読みとることができるかどうか」の判断は、定義規定だけに着目するのではなく、広く本条例中に存在するその他の関連規定をも勘案して決すべきものであり、そのような広い視点から判断すれば、本条例における「暴走族」につき多数意見のように限定解釈をすることは大法廷判決の示す要件にも合致し、十分に合理性を持つと考える。

【33】　3　本件では、限定解釈により規制の対象から除外される行為をした者は、この限定解釈により利益を受けることはあっても不利益を受けることはない。逆に限定解釈をしてもなお規制の対象から外れない行為をした者（本件の被告人はこれに該当する）は限定解釈をするかどうかでその利益に差異を生じない。一般国民は限定解釈により本条例が違憲無効とされることなく存続することによって本来的暴走族ないしこれに準ずる集団でないにもかかわらず規制の対象とされたり、そうでなくても一般的に表現の自由の保障に無関心な社会が到来するのではないかという懸念による心理的な「萎縮」の被害を受ける可能性が考えられないではないが、他方で暴走族の被害を予防できるというより現実的な利益を受けることを期待できる。これらのことを考慮すれば、利益考量の点からも、限定解釈をすることが適切妥当であると考える㉕。

【34】　4　本条例は、広島市における暴走族の追放を眼目として、市民生活の安全と安心が確保される地域社会の実現を図るために制定されたものであり、地方自治の本旨に基づく市の責務遂行の一環として、それなりの評価がなされて然るべき性質のものである㉖。

【35】　私は、本件につき第1審及び原審の判断を維持しつつ、憲法上広範に過ぎると判断される部分については判決書の中でこれを指摘するにとどめ、後のことは広島市における早期かつ適切な改正等の自発的な措置にまつこととするのが至当であると考える。

裁判官藤田宙靖の反対意見は、次のとおりである㉗。

【36】　多数意見は、本条例19条、16条1項1号、17条等について、これらの規定の規律対象が広範に過ぎるため本条例は憲法21条1項及び31条に違反するとの論旨を、いわゆる合憲限定解釈を施すことによって斥けるが、私は、本件においてこのような合憲限定解釈を行うことには、賛成することができない。

【37】　いうまでもなく、日本国憲法によって保障された精神的自由としての集会・結社、表現の自由は、最大限度に保障されなければならないのであって、これを規制する法令の規定について合憲限定解釈をすることが許されるのは、その解釈により規制の対象となるものとそうでないものとが明確に区別され、かつ合理的に規制し得るもののみが規制の対象となることが明らかにされる場合でなければならず、また、一般国民の理解において、具体的場合に当該表現行為等が規制の対象となるかどうかの判断を可能ならしめるような基準を、その規定自体から読み取ることができる場合でなければならないというべきである。この点多数意見は、本条例2条7号における「暴走族」概念の広範な定義にもかかわらず、目的規定である1条、並びに5条、6

条、そして本条例施行規則3条等々の規定からして、本条例が規制の対象とするのは、専ら社会的通念上の暴走族及びそれに準じる者の暴走行為、集会及び祭礼等における示威行為に限られることが読み取れる、という。しかし、通常人の読み方からすれば、ある条例において規制対象たる「暴走族」の語につき定義規定が置かれている以上、条文の解釈上、「暴走族」の意味はその定義の字義通りに理解されるのが至極当然というべきであり（そうでなければ、おおよそ法文上言葉の「定義」をすることの意味が失われる）、そして、2条7号の定義を字義通りのものと前提して読む限り、多数意見が引く5条、6条、施行規則3条等々の諸規定についても、必ずしも多数意見がいうような社会的通念上の暴走族及びそれに準じる者のみを対象とするものではないという解釈を行うことも、充分に可能なのである。加えて、本条例16条では「何人も、次に掲げる行為をしてはならない」という規定の仕方がされていることにも留意しなければならない。多数意見のような解釈は、広島市においてこの条例が制定された具体的な背景・経緯を充分に理解し、かつ、多数意見もまた「本条例がその文言どおりに適用されることになると、規制の対象が広範囲に及び、憲法21条1項及び31条との関係で問題があることは所論のとおりである」と指摘せざるを得なかったような本条例の粗雑な規定の仕方が、単純に立法技術が稚拙であることに由来するものであるとの認識に立った場合に、初めて首肯されるものであって、法文の規定そのものから多数意見のような解釈を導くことには、少なくとも相当の無理があるものと言わなければならない㉘。

【38】　なお、補足意見が指摘するように、被告人の本件行為は、本条例が公共の平穏を維持するために規制しようとしていた典型的な行為であって、多数意見のような合憲限定解釈を採ると否とにかかわらず本件行為が本条例の規定自体に違反することは明らかである。しかしいうまでもなく、被告人が処罰根拠規定の違憲無効を訴訟上主張するに当たって、主張し得る違憲事由の範囲に制約があるわけではなく、またその主張の当否（すなわち処罰根拠規定自体の合憲性の有無）を当審が判断するに際して、被告人が行った具体的行為についての評価を先行せしむべきものでもない。そして、当審の判断の結果、仮に規律対象の過度の広範性の故に処罰根拠規定自体が違憲無効であるとされれば、被告人は、違憲無効の法令によって処罰されることになるのであるから、この意味において、本条例につきどのような解釈を採ろうとも被告人に保障されている憲法上の正当な権利が侵害されることはないということはできない㉙。

【39】　私もまた、法令の合憲限定解釈一般について、それを許さないとするものではないが、表現の自由の規制について、最高裁判所が法令の文言とりわけ定義規定の強引な解釈を行ってまで法令の合憲性を救うことが果たして適切であるかについては、重大な疑念を抱くものである。本件の場合、広島市の立法意図が多数意見のいうようなところにあるのであるとするならば、「暴走族」概念の定義を始め問題となる諸規定をその趣旨に即した形で改正することは、技術的にさほ

㉔　【31】と【32】では、本条例2条7号の定義規定を重視する藤田・田原反対意見を批判しており、札幌税関検査事件判決〔本書26事件〕の第2要件の判断にあたっては、定義規定だけに着目するのではなく、条例中に存在する他の関連規定をも勘案すべきであると論じている。

㉕　【33】では、多数意見の限定解釈を許容した場合に生じるプラグマティックな意義が論じられている。ここでは那須裁判官は、条例が存続することにより萎縮効果を発生させる余地を認めつつも、暴走族の被害を予防するという具体的利益を重視し、利益衡量の観点から多数意見の限定解釈が適切であると論じている。ここでの記述と田原反対意見（【71】）との対比は興味深い。

㉖　【34】と【35】では、本条例を地方自治の本旨に基づく市の債務遂行の一環と位置づけたうえで、裁判所は、憲法上過度に広範となる部分は判決文中での指摘にとどめ、後のことは広島市における自発的な改正に委ねることを妥当とする旨論じられている。地方公共団体によって稚拙な条例が制定された場合、これを直ちに違憲とせず、むしろ、自発的な改正を促すことが地方自治の本旨に従うものとの考え方にはみるべきものがある。ただし、本条例は、本判決後も何ら改正されないまま残されている。なお、条文の文言や立法者意思を軽視した本判決の限定解釈は、かえって広島市議会の条例制定権の簒奪に該当するという指摘がある（文献①98-99頁）。

㉗　藤田反対意見では、多数意見の限定解釈に対して強い批判が論じられている。藤田裁判官は、多数意見の限定解釈は、本条例の立法技術が稚拙なものであることを前提として初めて首肯されるものとして捉えたうえで、そのように稚拙な立法とみなすこと

があれば、むしろ、違憲無効と判断し、即刻改正を強いることが適切であるとの立場を示している。

㉘　【37】では、多数意見の限定解釈に対する批判が展開されている。ここでは、まず、札幌税関検査事件判決〔本書26事件〕が提示した合憲限定解釈の要件をまず確認したうえで、多数意見のような合憲限定解釈を「法文の規定そのもの」から導くことは困難であると論じている。多数意見と藤田反対意見で結論が分かれたのは、いくつか理由があるが、まず、藤田反対意見が、2条7号の定義規定を字義どおりに読んだうえで本条例を解釈するということが通常人の読み方であると捉えている点が重要である。藤田反対意見は、2条7号の定義を字義どおり読むのでなければ、定義の意味がなくなるして、多数意見の解釈は、立法技術が稚拙である（ので、多数意見を無視していい）との判断を前提として初めて肯定できるものであり、それは「法文の規定そのもの」から導出した解釈ではないとしている。また、那須補足意見との対比でいえば、札幌税関検査事件判決の第2要件の充足性について、那須補足意見が、限定解釈の結果を一般人が「理解できるか」という点を重視していたのに対し、藤田反対意見は、限定解釈を規定そのものから一般人が「導くことができるか」ということを重視していたといえる。

㉙　【38】では、処罰根拠規定それ自体の違憲無効を主張する主張適格の問題が論じられている。藤田裁判官は、ここで、当事者の地位によって違憲主張の範囲が異なるわけではない旨の趣旨を述べており、違憲の主張適格論それ自体について否定的であるように思われる。

ど困難であるとは思われないのであって、本件は、当審が敢えて合憲限定解釈を行って条例の有効性を維持すべき事案ではなく、違憲無効と判断し、即刻の改正を強いるべき事案であると考える❸⓪

裁判官田原睦夫の反対意見は、次のとおりである。❸①

【40】　多数意見は、本条例がその文言どおりに適用されることになると、憲法21条1項及び31条の関係で問題があることを認めながら、限定的に解釈すれば、いまだ憲法21条1項、31条に違反するとまではいえない、とするが、私は、本条例は、通常の判断能力を有する一般人の視点に立ったとき、その文言からして、多数意見が述べるような限定解釈に辿りつくことは極めて困難であって、その規定の広範性とともに、その規制によって達成しようとする利益と規制される自由との間の均衡を著しく欠く点において、憲法11条、13条、21条、31条に違反するものと言わざるを得ないと考える。以下、その理由を述べる❸②。

【41】　1　本条例は、その規制の対象者及び規制の対象行為が極めて広範である。

(1)　規制対象者について

【42】　本条例は、多数意見の1の(1)に引用されているとおり、16条1項1号に該当する行為をし、かつ17条による市長（その権限受任者）の中止命令又は退去命令（以下、「中止命令等」という。）に違反した者を19条により刑事罰に処するものであるが、その適用対象者は、16条1項柱書に記載されているとおり「何人も」であって、本条例制定の目的とする「暴走族」ないし「それと同視することができる集団」という限定は付されていない❸③。

【43】　多数意見は、本条例の目的規定や、本条例には暴走行為自体の抑止を眼目とする規定が数多く含まれていること、本条例の委任規則である本条例施行規則3条は、本条例17条の中止命令等を発する際の判断基準として暴走族であることを前提とする諸規定を設けていること等を総合すれば、「本条例が規制の対象としている『暴走族』は、本条例2条7号の定義にもかかわらず、暴走行為を目的として結成された本来的な意味における暴走族の外には、服装、旗、言動などにおいてこのような暴走族に類似し社会通念上これと同視することができる集団に限られるものと解され」とするが、本条例16条の「何人も」との規定を多数意見のように限定して解釈することは、通常の判断能力を有する一般人において、著しく困難であるというほかはない。しかも、本条例の制定過程における市議会の委員会審議において、本条例2条7号の暴走族の定義を「暴走行為をすることを目的として結成された集団をいう」と修正し、また16条1項につき、「何人も」とある原案に対して、「暴走族の構成員は」と修正する案が上程されたが何れも否決されているのであって、かかる条例制定経緯をも勘案すれば、多数意見のような限定解釈をなすことは困難であるというべきである。

(2)　規制対象行為について

【44】　本条例の中止命令等の対象となるのは、市の管理する公共の場所において、市の承認又は許可を得ないで、特異な服装をし、顔面の全部若しくは一部を覆い隠し（以下、両行為を合わせて「特異な服装等」という。）、円陣を組み、又は旗を立てる等威勢を示すことにより、公衆に不安又は恐怖を覚えさせるような集又は集会を行うことである（16条1項1号、17条）。

【45】　なお、上記施行規則3条は、中止命令等を行う場合の判断に際し勘案すべき事項を定めているが、その中には、後述する1号等、暴走族に直接結びつくものもあるが、「明らかに人物の特定を避けるために顔面の全部又は一部を覆い隠している者の存在」（2号）、「他の者を隔絶するような形での円陣等い集又は集会の形態」（3号）、「その他社会通念上威勢を示していると認められる行為」（6号）などは、その規定の対象行為自体からは直接暴走族に結びつくものではなく、かつその対象行為が広範であり、殊に6号は、何らの制限も加えられていない一般条項的な規定である。また、同規則自体は、本条例の内容を律するものではなく、中止命令等を発する場合の準則にすぎないものである。

【46】　以下、本条例が規制の対象とする主な行為について検討する。

ア　服装について

【47】　本条例17条は、「特異な服装」をして、い集又は集会することを規制の対象とする。施行規則3条1号は、「暴走、騒音、暴走族名等暴走族であることを強調するような文書等を刺しゅう、印刷等をされた服装等特異な服装を着用している者の存在」と規定し、「特異な服装」について一応の限定を付するかの如くであるが、同号は、本条例17条に定める「特異な服装」の解釈規定ではないうえ、「特異な服装」は同号に限定されず、同号に該る服装を着用していなくても「特異な服装」をして「他の者を隔絶するような形での円陣等い集又は集会」（3号）をしていれば、中止命令等の対象となるとするものであって、結局服装について、「暴走族、又はそれに準ずる集団に属することを想起させるもの」に限定してはいないのである❸④。

【48】　人が、道路や公園等開かれた公共の場所において、如何なる服装をするかは、憲法11条、13条の規定をまつまでもなく本来自由であり、それが公衆に不快感や不安感、恐怖感を与えるものであっても、それが、刑法や軽犯罪法等に該当しない限り、何ら規制されるべきものではない。

【49】　殊に、服装が思想の一表現形態としてなされる場合には、憲法21条との関係上、その表現行為は、尊重されなければならない。そして、その表現行為の中には、髪形や身体へのペインティング等をも含め、今日の社会常識からすれば、奇異なものも含まれ得るのであり、また例えば平和を訴える手段として骸骨や髑髏をプリントしたシャツを着用する等、一見それを見る者に不安感や恐怖感をもたらすものも存し得るが、それらの表現行為が軽々に規制されるべきでないことは言うまでもない。ところが本条例では、上記のような服装も中止命令等の対象となり得るのである。

イ　「顔面の全部若しくは一部を覆い隠す」行為について

【50】　本条例17条は、かかる行為につき、何らの限定も設けておらず、また施行規則3条2号は「明らかに人物の特定を避けるために顔面の全部又は一部を覆い隠している者の存在」を中止命令等発令の基準として定めているところ、それらの規定からは、顔面の全部又は一部を覆い隠す行為と暴走族等との直接の結びつきは認められないのである❸⑤。

【51】　人物の特定を避けるために顔面の全部又は一部を覆い隠す行為は、日常の社会生活においても時として見受けられるのであって、例

---

❸⓪　【39】では、本条例の諸規定を適切に改正することは技術的に困難なものではないことから、本件は、最高裁があえて合憲限定解釈を行ってまで条例の有効性を維持すべき事案ではなく、違憲無効と判断して即刻改正を強いる事案であるとの藤田裁判官の意見が示されている。なお、判例①411頁は、より適切な立法提案として、「本来的暴走族のみを『暴走族』と定義し、これを規制することを条例の目的とした上、これに準ずるものとしての『準暴走族』の概念やその明確な定義、さらにこれらを包摂した『暴走族等』などの概念を設け、その上で、本件禁止規定にも、集会等の外形における本来的暴走族との関係性ないし類似性を求める」というあり方を示している。

❸①　田原反対意見では、多数意見の合憲限定解釈を否定したうえで、本条例の規制範囲がいかなる点において広範なものとなっているかについて丁寧な分析がなされている。多数意見が【6】で論じた「本条例がその文言どおりに適用されることになると、規制の対象が広範囲に及び、憲法21条1項及び31条の関係で問題がある」としていた内容を補足するものとして参考になろう。

❸②　【40】では、反対意見の論証の概要が示されている。田原裁判官の反対意見は、【42】から【54】で本件条例の規定の広汎性の問題について検討がなされ、【56】から【65】では、本条例の憲法適合性が検討され、そして、【66】から【72】では、限定解釈の問題点が指摘されるという構造になっている。

❸③　【42】と【43】では、本条例の規制対象者が広範なものになっていることが論じられている。田原裁判官は、16条1項柱書は「何人も」規制対象になるものと記載しており、「何人も」と規定されているものを多数意見のように限定的に解釈することは、一般人にとっては困難であるとしている。

❸④　【47】から【49】では、「特異な服装」（本条例17条）を対象として規制することが広範なものになりうることが論証されている。田原裁判官は、いかなる服装をするかは「憲法11条、13条の規定をまつまでもなく本来自由」であるとし、また、「服装が思想の一表現形態」としてなされる場合には、憲法21条との関係で尊重されなければならないとする。そして、本条例の規定では、「平和を訴える手段として骸骨や髑髏をプリントしたシャツを着用する」ことも、奇異であり、見る者に不安感や恐怖感を与えるものとして規制の対象になりえてしまうとしている。

えばいわゆる過激派集団の一部が参集する際に、ヘルメットを着用したうえでタオルで顔面を覆い隠していることは周知の事実であり、また、一部の宗教団体において、ヴェールで顔を覆い隠す等のことがなされている。それらの行為をも含めて、同人らがい集し又は集会を開催することが、公衆に不安又は恐怖を覚えさせるときは、中止命令等の対象となり得るのである。

ウ 「い集」行為について

[52] 「い集」とは「蝟（はりねずみ）の毛のように、多く寄り集まること」（広辞苑第5版）を意味しているが、い集している集団は、集会と異なり、その参加者に主観的な共同目的はなく、個々人が、その自由な意思の下に、単なる興味目的や野次馬としても含めて、随時集っている状態である❸。

[53] 憲法11条や13条の規定をまつまでもなく、民主国家においては、道路や公園等、公共に開かれた空間を人々は自由に移動し、行動することができるのであるが、本条例は、「い集」した集団が「特異な服装等」をしていれば、その規制の対象にするものである（なお、本条例は、市の管理する公共の場所で市の承諾又は許可を得ないで、上記のごとき「い集」をすることを中止命令等の対象としているが、「い集」している集団には、主催者なるものはあり得ず、予め市の承諾又は許可を得る主体は存し得ないのであり、従って「市の承諾又は許可を得たい集」なるものは有り得ないのである。それ故、本条例に基づいて、い集している集団に対して、中止命令等を発令し、その命令違反を刑事罰に問うことは、不能な条件を付した構成要件に該当する行為を犯罪に問うものであって、その点においても憲法31条に違反するものと言わざるを得ない。）。

(3) 規制の対象が広範囲であるが故の違憲

[54] 以上、(1)、(2)で検討したとおり、本条例の規制対象者は、本条例の目的規定を超えて「何人も」がその対象であり、その対象行為は、本条例の制定目的を遥かに超えて、特異な服装等一般に及び得るのであって、その対象行為は余りに広範囲であって憲法31条に違反すると共に、民主主義国家であれば当然に認められるいわば憲法11条、13条をまつまでもなく認められる行動の自由権を侵害し、また、表現、集会の自由を侵害するものとして憲法21条に違反するものであると言わざるを得ない❸。

[55] 2 本条例は、その規制によって達成しようとする利益と、規制される自由との間の均衡を著しく欠いている。

(1) 本条例の保護法益及び侵害行為について
ア 本条例の保護法益について

[56] 本条例は、暴走族による示威行為等を規制することによって、市民生活の安全と安心が確保される地域社会の実現を図ることを目的として制定されたものである（1条）が、本条例が刑事罰をもって保護しようとする利益は、上記の市民生活の安心と安全の確保のうち、市の管理する公共の場所を市民（公衆）が、特異な服装等をしている者の威勢行為によってもたらされる「不安」や「恐怖」を抱くことなく、安心して利用することができるという利益であり、市民生活の安心と安全のうちの極く限られた場面における利益である。しかも、その「不安」や「恐怖」は、次に述べるように具体性を伴うものではなく、漠としたものでしかない❸。

イ 本条例が抑止しようとする侵害行為

[57] 本条例が刑事罰をもって抑止しようとする行為は、上記のとおり特異な服装等をしてい集又は集会している者が威勢を示すことによって公衆に「不安」や「恐怖」をもたらす行為である。その威勢行為それ自体は、その文言から明らかな如く、具体的な犯罪行為そのものや犯罪行為を想起させる行為ではない。また、威勢を示す行為によってもたらされる「不安」や「恐怖」の具体的内容を本条例は規定していないが、少なくとも具体的な犯罪事実が発生することないしその虞に対する「不安」や「恐怖」ではないことは、その規定内容からして明らかである。そうすると、本条例によって抑止しようとする「不安」や「恐怖」の対象は、未だ犯罪事実として捉えることができない段階のものを意味しているものと解されるのであり、本条例の立法事実をも踏まえれば、精々で特異な服装等をしてい集又は集会している者から「絡まれる」、「因縁をつけられる」、「睨まれる」、「凄まれる」おそれ等による「不安」や「恐怖」を意味するものと解される。本条例は、そのような漠たる「不安」や「恐怖」をもたらすおそれのある威勢行為を抑止しようとするものである。

(2) 本条例の規制対象行為と規制内容

[58] 本条例の規制対象行為は、公共の場所における服装等の自由という、民主主義社会における、いわば憲法11条や13条によって保障される以前の自由の範疇に属する自由な行動に対する規制であり、又服装等によってなされる表現の自由、かかる表現者による集会の自由に対する規制である❸。

[59] しかも、その規制内容は、「行為の中止又は当該場所からの退去を命じる」という、個々人が有している上記自由に対する直接的な規制である。即ち「特異な服装等」をしている者に対し、その中止即ちその服装の脱衣（ボディペインティングであれば、脱色する等）やい集、集会の解散を命じ、あるいは公共の場所からの退去を命じることができるのである（本件では、市長に代行して本条例に基づく中止命令等を発する権限を与えられた市職員は、被告人に対し、「条例違反になるから、特攻服を脱ぐか、すぐ退去しなさい」と命じている。）。

[60] (3) 本条例の保護法益ないし侵害行為と規制内容は、合理的均衡を著しく失している。

[61] 本条例が保護しようとする法益は、上述のとおり市が管理する公共の場所を利用する公衆が「不安」又は「恐怖」を抱くことなく利用できる利益であり、また、規制しようとする侵害行為は、かかる「不安」又は「恐怖」を生じさせるような威勢を示す行為であるが、その「不安」や「恐怖」の実体は、具体的な犯罪事実の発生やその虞以前の漠とした「不安」、「恐怖」でしかない❹。

---

❸ [50]と[51]では、「顔面の全部若しくは一部を覆い隠」す行為（本条例17条）を規制対象とすることが広範な規制となることが論じられている。田原裁判官は、本条例の規定では、ヘルメットを着用したうえでの集会や宗教的理由によりヴェールで顔を覆い隠した者たちの集会までも規制の対象になりうるとしている。

❸ [52]と[53]では、「い集」行為（本条例16条1項1号）を規制対象とすることが広範な規制となることが論じられている。本来「い集」を「蝟集」と書き、田原裁判官が広辞苑を引用するように辞書的には「蝟（はりねずみ）の毛のように、多く寄り集まること」を意味する。田原裁判官は、そこから「い集」の法的定義として、「参加者に主観的な共同目的はなく、個々人が、その自由な意思の下に、単なる興味目的や野次馬としても含めて、随時集っている状態」との定義を導き出している。この定義によると、参加者が主観的な共同目的を有するか否かということが集会とい集を区別する基準ということになる。田原裁判官は、「い集」に対する規制は、「公共に開かれた空間を……自由に移動し、行動すること」を規制することになるとし、また、「い集している集団」にはそもそも主催者が存在しないため、市から許可を受けることは不能であり、不能な条件を構成要件とすることは憲法31条に違反すると論じている。なお、判解①390頁は、憲法21条1項が明示的にその自由を保障する「集会」は、「参加者が一定の目的に向けて能動的に集団行動をとる場面を予定する」ものであり、「多数者が一時的に寄り集まる状態を指すに過ぎ」ない「い集」は、「『集会の自由』の明示的保障の外にあると解される」としている。

❸ [54]では、規制対象の広汎性を検討した[42]から[53]を総括し、本条例は、規制対象が広範囲であるがゆえに違憲になるとしている。田原裁判官が指摘するように、「特異な服装」と「顔面の全部若しくは一部を覆い隠す」行為を規制対象とすることは広範な規制となる側面があるが、多数意見は、規制対象となる主体を本来的暴走族とそれに類似する集団に限定することで、規制が広範になることを回避しようとしていた。これに対し、田原裁判官は、本条例16条1項柱書を文言どおり捉え、「何人」も適用対象になるものとして捉えたことが多数意見と結論を異にする大きな要因になったものといえる。

❸ [56]と[57]では、本条例の保護法益と規制対象行為について分析がなされている。田原裁判官は、本条例の保護法益は、公共の場所を「不安」や「恐怖」を抱くことなく安心して利用することができる利益としたうえで、本条例は、未だ犯罪事実として捉えることができない段階のものを「不安」や「恐怖」をもたらすものとして規制しようとするものであるとしている。

❸ [58]と[59]では、本条例の規制対象行為と規制内容について分析がなされている。田原裁判官は、本条例は、本来の自由としての「公共の場所における服装等の自由」と「集会の自由」を規制対象にするものであり、規制の内容は、服装の脱衣や公共の場所からの退去であるとしている。

❹ [61]から[65]では、本条例の保護法益と規制対象行為との間での利益衡量が行われている。田原裁判官は、本条例の保護法益と規制内容の間の「乖離が著しい」（利益の均衡がない）として、結論として、本条例は、憲法11条、13条、21条、31条に違反するとしている。利益衡量の帰結が多数意見と異なるものとなったのは、田

【62】　それに対して、本条例が市長による中止命令等という行為を介してではあるが、刑事罰をもって規制しようとする行為は、服装等の自由、行動の自由という憲法によって保障される以前の本来的な自由権であり、また表現、集会の自由である。しかも本条例は、前記のとおりそれらの自由を直接規制するものである。

【63】　しかし、上記の自由は、民主主義国家における根源的な自由として最大限保護されるべきものであり、その規制が一般的に認められるのは、当該公共の場所たる道路の交通秩序の維持（道路交通法6条4項、76条4項）や公園における利用者相互の調整（広島市公園条例4条4項4号（公園において集会その他これらに類する催しのために公園の全部又は一部を独占して利用する場合に市長の許可を要する。）、5条7号（公園の利用者に迷惑を及ぼす行為の禁止））等、公共の場所の管理に必要とされる限度に止まるのであって、それを超えて、上記の自由を規制するには、公共の安全の確保、危険の防止等、その規制の必要性を合理的に認め得るに足るだけの事由が存するとともに、その規制が、その目的達成のために最低限必要な範囲に止まることが必要であるというべきである。

【64】　ところが、前記のとおり、本条例によって保護されるのは、市が管理する公共の場所を利用する公衆の漠とした「不安」、「恐怖」にすぎず、他方規制されるのは、人間の根源的な服装や行動の自由、思想、表現の自由であり、しかもそれを刑罰の威嚇の下に直接規制するものであって、その保護法益ないし侵害行為と規制内容の間の乖離が著しいと解さざるを得ない。

【65】　したがって、かかる視点からしても、本条例は憲法11条、13条、21条、31条に反するものであると言わざるを得ないのである。

3　限定解釈について

【66】　多数意見は、本条例を限定的に解釈することにより、違憲の問題は克服できるとし、また、堀籠裁判官は、その補足意見において、本条例につき合理的限定解釈ができる由縁を敷衍される❹。

【67】　最高裁判所は、これまでに、堀籠裁判官の補足意見で引用される判例ほかにおいて、憲法違反の有無が問題となり得る法律や条例につき、限定解釈をなすことにより、当該事案との関係において違憲の問題が生じないとの判断を示してきた。

【68】　私も過去の最高裁判所が示してきたような限定解釈の可能性を否定するものではない。しかし、それらの判例において、常に反対意見や意見が表明されているように、如何なる場合に限定解釈により合憲として判断できるかについては、なお意見が岐れていたところである。

【69】　私は、形式的には法律（条例）が憲法21条、31条等の諸原則に抵触するにかかわらず、それを限定解釈によって合憲と判断できるのは、その法律（条例）の立法目的、対象とされる行為に対する規制の必要性、当該法律（条例）の規定それ自体から、通常人の判断能力をもって限定解釈をすることができる可能性、当該法律（条例）が限定解釈の枠を外れて適用される可能性及びその可能性が存することに伴い国民（市民）に対して生じ得る萎縮の効果の有無、程度等を総合的に考慮し、限定解釈をしてもその弊害が生じ得ないと認められる場合に限られるべきであると考える。

【70】　かかる視点から見たとき、1において検討したように、本条例は、その規定の文言からして、通常の判断能力を有する一般人にとって、多数意見が述べるような限定解釈をすべきものと理解することは著しく困難であり、それに加えて、2で述べたとおり、その保護法益ないし侵害行為と規制される自由との間に合理的均衡を著しく欠いているものと言わざるを得ないのであって、かかる点からしても本条例の合憲性を肯定することはできない。

【71】　多数意見のように限定解釈によって、本条例の合憲性を肯定した場合、仮にその限定解釈の枠を超えて本条例が適用されると、それに伴って、国民（市民）の行動の自由や表現、集会の自由等精神的自由が、一旦直接に規制されることとなり、それがその後裁判によって、その具体的適用が限定解釈の枠を超えるものとして違法とされても、既に侵害された国民（市民）の精神的自由自体は、回復されないのであり、また、一旦、それが限定解釈の枠を超えて適用されると、それが違憲、無効であるとの最終判断がなされるまでの間、多くの国民（市民）は、本条例が限定解釈の枠を超えて適用される可能性があり得ると判断して行動することとなり、国民（市民）の行動に対し、強い萎縮の効果をもたらしかねないのである。

【72】　なお、私は、暴走族が公共の場所において傍若無人の行動をなすことによって、公共の場所の一般の利用者の利用が妨げられるのを防止すべく、条例を以て規制すること自体は適法であると考える。そして、本条例は、一応その目的の下に制定されたものであり、本件における被告人の行為は、本条例が目的とした主要な規制対象行為そのものに該当するといえる。しかし、以上検討したとおり、本条例自体が違憲無効である以上、被告人の行為を罪に問うことができないのは、やむを得ないといえよう。

（裁判長裁判官　堀籠幸男　裁判官　藤田宙靖　裁判官　那須弘平　裁判官　田原睦夫　裁判官　近藤崇晴）

補足説明①　本条例の限定解釈とその問題点

本条例16条1項1号、17条による禁止対象・退去命令対象には、文言上、本判決の田原反対意見が指摘するように、平和を訴える手段として骸骨や髑髏をプリントしたシャツを着用していたり（特異な服装）、宗教的理由によりヴェールで顔を覆い隠している（顔面の全部もしくは一部を覆い隠す）ような集団による集会も含まれうる。このように文理解釈だけでは、過度に広汎な規制となりうる場合、通常、想起されうるのは、立法の趣旨や目的をも参酌することで、規制対象を目的達成に必要な限度に限定するという解釈手法であり、最高裁はしばしばそのような手法を採用してきた。しかし、本条例の場合、主として、次のような三つの事情により、そのような立法趣旨・目的に基づく限定解釈が容易ではなかった。第1の事情は、本条例2条7号に置かれた定義規定である。暴走族といった場合、通常は、「暴走行為をすることを目的として結成された集団」のことを意味するが、同定義規定は、そのような本来的暴走族と「公共の場所において、公衆に不安若しくは恐怖を覚えさせるような特異な服装若しくは集団名を表示した服装で、い集、集会若しくは示威行為を行う集団」とを「『又は』という選択的等価の接続詞で結び、等

原裁判官が多数意見のような限定解釈をそもそも認めていなかったことのほか、本条例の事後的段階的規制のあり方を重視していない点にもその要因を求めることができる。なお、ここで、田原裁判官は、【59】と【62】において、本件条例は、服装の自由や集会の自由を「直接規制」するものであると論じているが、判例①406-407頁は、規制の形式は、「単に一定の行動の禁止を伴う限度での間接的、付随的な制約に過ぎず、暴走族等であっても、当該場所で平穏な態様で集会等を行うことは何ら禁止されていない」と述べ、規制態様を間接的付随的制約として捉えている。田原裁判官は、本条例17条の中止命令が集会それ自体の中止を求めることを捉えて「直接規制」としているのに対し、判解①は、集会が平穏な態様でなされる限り、中止命令等の対象にはならないということを捉えて「間接的付随的制約」としているものといえる。

❹　【66】から【72】では、多数意見の限定解釈のあり方に対する批判が改めて論じられている。特に、ここでは、一般人の理解を超えた限定解釈を行った場合の弊害が詳細に論じられていることが興味深い。田原裁判官は、限定解釈をしても、それが一般人に理解できないような場合には、結局、「多くの国民（市民）は、本条例が限定解釈の枠を超えて適用される可能性があり得ると判断して行動する」こととなり、「強い萎縮的効果」を生じさせたままになるとしている。これに対し、おそらく多数意見は、本条例の適用対象は広島市で長年問題となっていた暴走族の集会であるとの認識がすでに広く市民に共有されており、条例の文言を存置せても、萎縮効果を生じさせるものではないとの判断がおそらくあったものと考えられる。

しく『暴走族』の概念に含むもの」としていた（判解①400頁）。このように選択的等価の接続詞で結ばれている場合、後者が前者に準ずるものと解釈することは困難である。さらに、当該定義規定の柱書が、「この条例において、次の各号に掲げる用語の意義は、それぞれ当該各号に定めるところによる」と規定していることから、条例名や目的規定の1条も含めた本条例中の「暴走族」概念は、すべて2条7号が定義する広範な「暴走族」概念を表すものと捉えられることになる。すなわち、規制を限定するための手がかりとなるはずの条例の趣旨や目的それ自体がすでに広範な規制を目的としたものと捉えられることになるのである（判解①400頁）。限定解釈を困難にする第2の事情は、禁止行為を定めた本条例16条1項柱書が、「何人も」と規定し、適用対象を限定することを明示的に否定しているということである。本条例が「何人も」とわざわざ規定しているにもかかわらず、適用対象を限定させることは、本条例それ自体の書き換えに等しい。そして、第3の事情は、本条例の制定過程において、16条1項について「何人も」とある原案に対して、これを「暴走族の構成員は」とする修正案が上程されたにもかかわらず、それを否決したうえで、原案どおりの可決がなされているということである。このような立法経緯に照らせば、立法者意思としては、そもそも本条例の規制対象となる主体を限定する意図はなかったということになる。

これらの事情に対し、本判決は、本条例2条7号の定義規定と本条例の制定経緯を考慮要素から一旦外したうえで、「本条例の全体」から本条例の「趣旨」を導き、そこから規制対象を限定するというアプローチを採用している。定義規定を事実上無視することは「通常の法令解釈」では基本的には行うべきでないアプローチであり、解釈の限界を超えた立法行為である裁判所による条例の書き換えに限りなく近いものであったといえよう。

補足説明②　本件条例は内容規制か、内容中立規制か

第一審や第二審では、しばしば、最高裁では論じられていない重要な論点について検討が行われている場合がある。本件もその一つである。本件事案において弁護人は、第一審以来、本件条例は、暴走族構成員が参加する集会を一般市民が参加する他の集会と特に区別して規制するものであるから、内容中立規制ではなく、表現内容に対する規制（内容規制）に該当し、その合憲性は、「明白かつ現在の危険」の審査基準によって判断されるべきであると主張していた。この主張に対し、第一審判決は、本件条例16条1項1号は、規制対象となる行為の主体を「何人も」と規定していること、条例の制定過程において「暴走族の構成員は」とする修正案が否決されていることを根拠として、「本件各規定は、主体が暴走族構成員であるか否かにかかわらず、公共の場所における集会等の態様を基準に規制を加えようとするものであって、表現内容に中立な規制というべきである」と論じ、弁護人の主張は採用できないとした。すなわち、本件条例による規制対象を暴走族に限定することなく「何人」もと広く解釈することで、むしろ、表現内容中立規制とし、厳格な基準の適用を回避したといえる（本判決の結論とは逆である）。控訴審も第一審とほぼ類似の論理を採用している。ただ、上告審では、弁護人から、過度に広汎ゆえに無効の法理を意識した主張が提起され、最高裁も、主体を限定しない解釈を採用した場合には、「規制の対象が広範囲に及び、憲法21条1項及び31条との関係で問題がある」ことを認めた。そして、本件条例の規制対象となる主体は、本来的暴走族と暴走族類似集団に限定されるとの解釈を示したのはすでにみたとおりである。しかし、かえって、このように規制対象が限定されたことで、本件条例は、内容規制になるのではないかという問題が生じることになる。判解①406頁は、集会の態様について「一定の行動の禁止を伴う限度での間接的、付随的規制」を行うにすぎないものであると論じている。ただ、集会の「態様」に対する規制については、間接的付随的規制として位置づけることができても、「主体」を暴走族等に限定することについては、単純に行動のもたらす弊害を防止するための間接的付随的規制として説明することはできず、そこに暴走族という集団に対する否定的評価が伴うことは否定できないように思われる（純粋に行為態様がもたらす弊害を防止するためなら主体の限定は必要ないはずである）（文献③299-301頁も参照）。そうなると、広すぎても違憲、狭すぎても違憲という深刻なジレンマが本件条例をめぐっては存在していたことになる。最高裁は、この問題について直接の言及を避け、単純に、社会的に要保護性の低い主体に規制対象が限定されることで規制によって失われる利益も小さくなり、合憲性が基礎づけられるとの思考を採用しているようにも見受けられる（判解①407頁）。ただ、そのような思考は、集会を主催する団体の性格によって取扱いを変えることに消極であった泉佐野市民会館使用不許可事件判決〔本書43事件〕と緊張関係を有することは否定できない。集会の用に供するための場所とはいえない場所での「集会の態様」の規制にとどまるという限定された事案でのみ許容される思考ということになろうか。

Questions

①事実関係の確認

問1 本件広場は、どのような場所であり、誰が管理していたか。▶【事案】

問2 本条例施行前、本件広場では、いつ、誰が、何を、どのような態様で行っていたか。また、それはどのような事態を招いていたか。▶【事案】

問3 本条例の立法過程においては、どのような修正提案がなされ、また、その修正提案はどうなったか。▶【事案】

問4 本条例は1条において何を本条例の目的と位置づけているか。▶【参考条文】

問5 本条例は、「暴走行為」、「暴走族」をそれぞれどのように定義づけているか。本条例2条柱書は、同条の定義が、本条例の中でどのような意味をもつとしているか。▶【参考条文】

問6 本条例16条1項柱書は、その適用対象についてどのような限定をしているか。本条例16条1項1号は、どこで、何をすることを禁止した規定か。本条例16条1項に列挙された行為を行った場合、直ちに刑事罰の対象になるか。▶【参考条文】

問7 本条例17条は、誰の中止命令権を規定したものか。また、本条例17条は、どこで、どのような者が、何をした

場合に、その中止命令を出すことを許容するものであるか。▶【参考条文】

問8 本条例19条は、何を構成要件として処罰する規定であるか。▶【参考条文】

問9 本条例施行規則は誰が何に基づき定めたものか。本条例施行規則3条は、何の判断基準を定めたものであり、具体的にどのようなことを判断要素として挙げているか。▶【参考条文】

問10 被告人は、本件事件当時、何をしていたか。本件事件において、本件広場には、どのような集団が集まり、どのようなことをしたか。▶【事案】

問11 広島市職員Aはどのような権限を有していたか。また、本件被告人らにどのような命令を発したか。▶【事案】

問12 第一審はどのような判決をしていたか。▶【3】

②判決の内容の確認

問13 本判決は、本条例との関係で、本件集会参加者が所属する団体をどのように評価しているか。また、被告人は、本件集会においてどのような役割をしていたとしているか。▶【4】

問14 本判決は、まず、被告人のどのような憲法上の主張に対して応答を試みようとしているか。▶【5】

問15 本判決は、本条例の規定の仕方について何と評価しているか。本判決は、本条例がその文言どおりに適用されるとどうなるとしているか。▶【6】

問16 本判決は、本条例の限定解釈の根拠として本条例・本条例施行規則のどの規定を挙げているか。本判決はそこで本条例の制定経緯について触れているか。▶【6】

問17 本判決は、何を「総合」することで限定解釈ができるとしているか。本判決の限定解釈は、何をどのように限定したものか。▶【6】

問18 本判決の限定解釈によれば、本条例2条7号における「暴走族」と本条例が規制の対象としている「暴走族」は同一のものとなるか。本判決は本条例による中止・退去命令の対象をどのように限定しているか。▶【6】

問19 本判決は、本条例の憲法適合性を判断するにあたってどのような事項を明示的に考慮事項として挙げているか。本判決は、どのような観点から本条例の合憲性を検討しているか。そこではいかなる判例が参照判例として挙げられているか。▶【7】

問20 本判決は、本条例の規定が不明確であるという主張に対して何と答えているか。▶【8】

③応用問題

問21 堀籠裁判官と那須裁判官は、それぞれいかなる理由により多数意見の限定解釈を支持しているか。また、藤田裁判官と田原裁判官は、それぞれいかなる理由により多数意見の限定解釈を批判しているか。▶【15】～【18】、【23】～【29】、【37】、【42】【43】

問22 藤田裁判官は、処罰規定の違憲無効の主張適格についてどのような考え方を採用しているか。その考え方は調査官解説が示す判例の理解と同じか。▶【38】、判解①391-395頁

問23 本条例が「集会」とともに規制対象とする「い集」とはいかなる意味か。「い集」は、憲法21条1項により保障されるか。本判決は、なぜ「い集」の明確性や広汎性について検討をしなかったのか。▶判解①390-391頁

問24 本判決は、過度に広汎ゆえに無効の法理を意識し、本条例の規制が及ぶ外延を明らかにする合憲限定解釈を示したといえるが、同じように憲法21条1項適合性が問題となった福島県青少年健全育成条例事件判決（最判平21・3・9刑集63-3-27）では、必ずしも規制の外延は示されなかった。その違いはいかなる理論的根拠に基づくものと考えられるか。▶西野・最判解刑平成21年度16頁、39-42頁。

問25 甲市は、申請があれば特定の団体に乙公園で集会を行うことを許可する旨の条例を定めていた。しかし、甲市は、子どもたちが快適に乙公園で遊べるようにするために、子どもに不安や恐怖を与えるような服装で集会を行うことを計画している場合には「許可」を与えてはならない旨の規定を条例に設けていた。ゾンビ愛好者であったXは、ゾンビのコスプレを競うイベントを乙公園で開催することを企画したが、周辺住民に不安を与える集会であるとして乙公園の使用が許可されなかった。Xが甲市の条例の合憲性を争った場合、Xの代理人は、いかなる審査基準が本件には適用されるべきと主張するか。また、甲市の代理人はそれに対していかなる反論を提起するか。▶本件事案ではなぜ泉佐野市民会館使用不許可事件〔本書43事件〕のような厳格な基準が適用されなかったのか、その実質的理由を考えたうえで、本判決の射程を検討してみよう

〇 **本判決の調査官解説**
前田巌「判解」最高裁判所判例解説刑事篇平成19年度379頁（判解①）

〇 **その他の判例解説・判例批評**
曽我部真裕「判批」判例セレクト2007・7頁
西村裕一「判批」憲法判例百選I［第6版］（2013年）189頁
長谷部恭男「判批」地方自治判例百選［第4版］（2013年）46頁

〇 **参考文献**
青井未帆「過度広汎性・明確性の理論と合憲限定解釈」論究ジュリスト1号（2012年）90頁（文献①）
蟻川恒正「ライブ・起案講義憲法」法学教室439号（2017年）別冊付録
葛野尋之「社会的迷惑行為のハイブリッド型規制と適正手続」立命館法学327・328号（2009年）1699頁（文献②）
橋本基弘「表現の自由―理論と解釈」（中央大学出版会、2014年）（文献③）
渡辺康行「集会の自由の制約と合憲限定解釈―広島市暴走族追放条例事件最高裁判決を機縁として」九大法政研究75巻2号（2008年）159頁
渡辺康行「憲法訴訟の現状―『ピアノ判決』と『暴走族判決』を素材として」九大法政研究76巻1＝2号（2009年）33頁

第11章 表現の自由(4)：内容規制

1 学説の状況

　表現の自由の問題を考える場合、表現（メッセージ）の内容に対する制約が問題となっている場合と、表現の内容には関係なく表現を行う場所や方法に対する制約が問題となっている場合がある。両者では表現の自由に対する制約の強さが異なる。表現内容規制は、表現の内容に着目してそれを規制するので、思想市場の歪曲、政府の思想統制などの性格をもつ可能性がある。また、一定の表現を行ったり摂取したりすることができなくなると、その人の思想や人格形成（自己実現の価値）に大きな影響が及ぶことに加え、政治過程にも多元的意思が反映（自己統治の価値）されなくなるおそれがある。そのため、内容規制は原則として許されず、厳格審査が妥当するとされ、具体的にはアメリカの判例法理で用いられてきた明白かつ現在の危険の基準や必要不可欠な公共的利益の基準が参照に値すると考えられてきた（芦部［6版］195頁）。

　明白かつ現在の危険の基準は主にせん動表現の規制に対する審査基準として展開してきたものであるが、アメリカでもその内容に揺れがみられる。当初、実質的害悪をもたらすような危険な傾向の有無を審査するテストとして登場し、大まかに危険性の有無をチェックするものとして機能した。その後、基準として定式化されていき、簡潔にまとめれば、当該表現行為が実質的害悪を引き起こす蓋然性が明らかで、その害悪が重大であり、その害悪が時間的に切迫しているかどうかをチェックするテストとして機能するようになった。もっとも、害悪の重大性の判断が不明瞭であったこともあり、せん動規制については、問題とされる行為が差し迫った非合法な行為をせん動することに向けられており、そのような行為をせん動する蓋然性がある場合でなければならないとした。これはブランデンバーグ原則と呼ばれ、明白かつ現在の危険の基準の害悪の重大性の要件が非合法な行為で充足されるようになったと指摘される（芦部信喜『憲法Ⅲ 人権各論(1)［増補版］』（有斐閣、2000年）418頁）。必要不可欠な公共的利益の基準は、立法目的がやむにやまれぬ必要不可欠な公共的利益であり、規制手段がその利益を実現するために厳密に定められていなければならないことを要求するものである。とりわけ、手段の厳密性は厳しく問われることとなり、目的達成のために必要不可欠な最小限度のものでなければならないことが要求される。このように厳格審査は文字どおり厳しいチェックを行うものであることから、立法にとっては致命的であるとさえいわれる。

　一方、表現内容中立規制は表現行為がなされる時・場所・態様（方法）に着目してなされる規制であるため、表現の内容そのものを狙った規制ではない。表現内容そのものを狙った規制ではないことからたとえ表現内容中立規制がなされたとしても、表現の自由に対する害悪の程度は低く、また表現者はその他の方法で表現を行える可能性がある。しかし、表現内容中立規制は表現内容規制と明確に区別できないこともあり、表現の自由を脅かす点では表現内容規制と変わらない側面もあるため、原則としてLRAの基準が妥当するとされている（芦部［6版］196-197頁）。つまり、表現内容中立規制であっても表現の自由を規制することに変わりないため、規制利益の重要性や手段の最小限性が問われることになるとともに、他の代替手段が存在することが要求されるのである。

　なお、表現内容中立規制には、象徴的表現や行動を伴う表現も含まれるため（芦部・前掲『憲法Ⅲ 人権各論(1)』432頁）、間接的制約・付随的制約もそこに含まれる（宍戸［2版］135-137頁）。この点につき、表現活動の規制を目的とする時・場所・態様（方法）の規制と、表現活動の規制を目的としておらず偶然に表現活動が規制された付随的制約とに分ける見解もある（高橋［4版］238-239頁）。

　学説の多くは以上のような二分論を受け入れており、判例も正面から二分論を採用しているとはいえないものの二分論を一つの前提として受け入れているとされる（市川正人『表現の自由の法理』（日本評論社、2003年）75-84頁）。最高裁レベルでは猿払事件判決［本書21事件］と戸別訪問禁止事件①判決［本書35事件］がその卑近な例として挙げられる。

　本章では、二分論のうち、内容規制に関わるものを取り上げる。通常、内容規制は表現の自由に対する制約が強いことから厳格審査が要求される。しかし、規制される表現が憲法上の保護を受けない場合があり、その場合には厳格審査が妥当しない。このように、憲法上保護される表現と保護されない表現とに分ける手法をカテゴリカルアプローチという。カテゴリカルアプローチを用いている典型的な国がアメリカである。アメリカでは、喧嘩言葉、せん動表現、脅迫表現（真の脅威）、わいせつ表現、児童ポルノ、名誉毀損的表現などの表現は憲法上の保護の外にあるとされている。ただし、憲法上の保護を受けないからといっても規制の合理性は審査されること、また保護される表現と保護されない表現とを区分するために保護されない表現の定義を行うことに注意する必要がある。

　日本でも同様のアプローチを採用することにより、わいせつ表現や名誉毀損的表現を憲法21条の保護から外す見解が有力である（芦部［6版］189頁、長谷部恭男『続・Interactive憲法』（有斐閣、2011年）46-54頁）。その際、本来保護されるべき表現まで規制が及ばないように、保護されない表現を定義することで可能な限り規制の範囲を限定する必要がある。そこで、定義する段階で対立する価値や利益を衡量して厳密に絞って定義づける定義づけ衡量という手法が提示されてきた（芦部信喜『憲法Ⅱ 人権(1)』（有斐閣、1998年）231-232頁）。わいせつの定義などはその典型といえよう。

　何が内容規制にあたるかについては論者によって様々であるが、せん動表現、わいせつ表現、名誉毀損的表現、プライバシー侵害的表現、営利表現などに対する規制がそれにあたるといえる（毛利透ほか『憲法Ⅱ 人権』（有斐閣、2013年）205-220頁）。なお、近年ではヘイト・スピーチ解消法（本邦外出身者に対する不当な差別的言動の解消に向けた取組の推進に関する法律）が制定されており、ヘイト・スピーチを新たな保護されない言論として認めるべきか、議論がなされている。

　なお、内容規制はさらに主題規制と観点規制に分けられる（駒村246-248頁）。主題規制は特定のテーマを規制するもので、観点規制は特定の見解を規制するものである。たとえば、中絶というテーマ自体を規制する場合は主題規制にあたり、中絶の中でも中絶反対という見解を規制する場合は観点規制にあたる。見解規制は最も表現の自由の制約が強い規制なので厳格審査が妥当するが、主題規制については事案に応じて厳格審査またはやや厳格度を緩和した基準を考えていくことになる。

2 判例の展開

　本章では、内容規制に関する判例法理が確立しているせん動表現、わいせつ表現、名誉毀損的表現を取り上げた。せん動表現についてはリーディング・ケースである**渋谷暴動事件判決**〔本書30事件〕を素材としている。せん動関連の事案には、食糧緊急措置令事件（最大判昭24・5・18刑集3-6-839）をはじめとする様々な事件があるが、それらのせん動は対象となる違法行為がある程度限定されていた。この点、渋谷暴動事件判決で問題となった破壊活動防止法は多くの違法行為のせん動を対象としており、最高裁がどのような判断を下すのかが注目されていた。最高裁は、せん動が表現活動であることを認めながらも、表現の自由としては保護されないという判断を下した。本判決がせん動を憲法21条の保護範囲に含まれないとしたのかどうかは必ずしも定かではないが、保護されないとの判断のみをもって合憲だとしており、その後で合憲性の判断を行っていないところをみるとわいせつ表現の判例のスタイルと似ており、せん動が保護範囲に含まれないとした可能性もある。実際、本判決はチャタレー事件判決（最大判昭32・3・13刑集11-3-997）や『悪徳の栄え』事件判決（最大判昭44・10・15刑集23-10-1239）を引用している。もっとも、本判決では保護されない理由とされる危険性について十分検討されておらず、学説からは明白かつ現在の危険の基準やブランデンバーグテストを用いるべきとの批判が強く、沖縄デー事件控訴審判決（東京高判昭62・3・16高刑集40-1-11）もブランデンバーグ判決を参照しているが、こうした検討がなされなかったのはやはり保護に値しないと考えたからであろうと指摘されている（百選Ⅰ〔6版〕117頁〔市川正人〕）。

　渋谷暴動事件判決がわいせつ判例を引用しながらせん動表現を保護範囲から外したとすれば、わいせつ判例がどのようにしてわいせつ表現を保護から除外しているのかが重要になる。チャタレー事件判決は刑法175条のわいせつにつき「徒らに性欲を興奮又は刺戟せしめ、且つ普通人の正常な性的羞恥心を害し、善良な性的道義観念に反するもの」と定義した。このアプローチは一見すると学説が提唱する定義づけ衡量と合致する側面がある。しかし、チャタレー事件判決は当該文書の芸術性などの性格によってわいせつ性が影響を受けるわけではないとして絶対的わいせつ概念を採用したことに加え、その判断は社会通念によって判断するとしつつ性行為非公然性の原則を打ち出して刑法175条を合憲とした。つまり、当該文書が芸術的なものであってもわいせつ性は薄まらないことに加え、性行為の描写はわいせつに該当する可能性が強いことが示されたのであり、わいせつ表現の射程はかなり広範囲に及ぶこととなった。そうなると、刑法による処罰の射程が憲法上保護されない表現以上に及ぶ可能性がなお残されることになるため、わいせつ性の判断において限定していく必要がある。その後の『悪徳の栄え』事件判決もチャタレー判決の定義を踏襲したが、わいせつ性の判断について当該文書の内容が全体としてわいせつ性を帯びているかどうかを考慮する全体的考察の手法を採用した。また、同判決では芸術性や思想性がわいせつ性を解消するとは限らないとしつつ、芸術性や思想性が刑法の処罰の対象となる程度以下にわいせつ性を解消するに至る場合があることを認めた。さらに反対意見は芸術性や思想性との関連でわいせつ性を判断すべきという相対的わいせつ概念を提示している。『悪徳の栄え』事件判決で示された全体的考察の手法の内容を具体的に明らかにしたのが『四畳半襖の下張り』事件判決である。同判決はわいせつ性を含む文書であっても、①当該文書の性に関する露骨で詳細な描写叙述の程度とその手法、②当該描写叙述の文書全体に占める比重、③文書に表現された思想等と上記描写叙述との関連性、④文書の構成や展開、⑤さらには芸術性・思想性等による性的刺激の緩和の程度、⑥これらの観点から当該文書を全体としてみたときに、主として、読者の好色的興味に訴えるものと認められるか否かを総合的に考慮するとした。

　しかし、全体的考察の手法を採用しても、わいせつ性が不明確な点は変わらず、また文書以外の媒体においてどのように判断されるのかは明らかではなかった。日活ポルノ事件判決（最決昭54・11・19刑集33-7-754）において視覚媒体に関する判断は示されたが、わいせつ概念に限定をかけるべきではないかとの問題は最高裁の裁判官の間でもくすぶり続けていた。そこで、わいせつ概念をわいせつ性の強いものに限定し（ハード・コア・ポルノ）、わいせつに準じるもの（準ハード・コア・ポルノ）と区別すべきかどうかという点について多数意見と補足意見が対立したのが本章で扱う**ビニール本事件判決**〔本書31事件〕である。多数意見はハード・コア・ポルノに該当しなくてもわいせつ表現にあたるとの立場をとったが、これに対して伊藤正己裁判官の補足意見はハード・コア・ポルノと準ハード・コア・ポルノを峻別し、前者は憲法上保護されないが後者は表現価値とそれがもたらす害悪との利益較量を行って判断すべきであるとした。

　以上の判例法理をみると、わいせつの定義さえすれば憲法上保護されない表現となって問題が解決されるというわけではなく、それが絞り込まれているかどうかが重要であり、わいせつ概念の考え方やわいせつ性の具体的判断方法もそれに影響することがわかる。

　わいせつ表現同様、憲法上保護されない表現の問題としての判例の蓄積があるのが名誉毀損的表現である。名誉毀損罪の免責を定める刑法230条の2は表現の自由との調和を図るために制定されたものであったが、当初、判例はその関係について十分な検討を加えてこなかった。たとえば、刑法230条の合憲性が争われた事件（最判昭33・4・10刑集12-5-830）では名誉毀損的表現は「憲法の保障する言論の自由の範囲内に属するものと認めることはできない」とだけ述べてその合憲性を認めている。しかしこれでは、真実性の証明をどの程度求めるかによって保護される表現の範囲が左右されてしまう。この点につき、判例は真実の証明がなければ処罰を免れないとしてきたが（最判昭34・5・7刑集13-5-641）、本章で取り上げる**『夕刊和歌山時事』事件判決**〔本書32事件〕は名誉毀損的表現と表現の自由との関係に触れながら真実性の証明について真実であると誤信した場合でも確実な資料、根拠に照らし相当な理由がある場合には名誉毀損罪が成立しないとした。このような判断方法は違法性阻却（限定）に立脚していると考えられる傾向にあるが、そうであるとすれば一旦保護されない範疇に入れられた表現が保護される表現に回帰するのか、それとも違法性が阻却される問題と憲法上保護される表現とは別問題なのかという問題が残る。

　このように、せん動表現、わいせつ表現、名誉毀損的表現に関する判例法理は、これらのカテゴリーを憲法上保護されないものとして判断しているといえるが、せん動については表現活動として認められるにもかかわらず表現の自由として保護されないのはどういうことか、わいせつ表現についてはわいせつ性の判断基準が不明瞭ではないか、名誉毀損的表現については免責規定を違法性阻却事由として理解した場合に保護されない表現の位置づけはどうなるのかといった課題が残っている。

30 渋谷暴動事件

最高裁平成2年9月28日第二小法廷判決　　昭和63年(あ)第1292号：破壊活動防止法違反被告事件
　　　　　　　　　　　　　　　　　　　　刑集44巻6号463頁

事案

被告人は、中核派全学連の中央執行委員会委員長であり、プロレタリア世界革命を実現して共産主義社会を建設することを目指し、政府の沖縄返還協定や日米安全保障条約等を批判し、沖縄奪還や安保粉砕をスローガンに掲げて学生運動を行っていた。

昭和46年10月、被告人は、日比谷公園大音楽堂において開催された「沖縄返還協定批准阻止のための中央総決起集会」に出席し、学生や労働者ら約6000名に対し、「すべての諸君、直ちに国会に向かって機動隊、私服〔警官〕をせん滅して猛進撃しようではないか」などと演説し、警察官に対し暴行を加えてその職務の執行を妨害するようにせん動した。

また、同年11月、被告人は、港区において、沖縄全島ゼネスト連帯中央総決起集会に出席し、参加した学生や労働者ら約1600名に対して「我が全学連は、そして中核派は、一切の攻撃を粉砕して必ずや14日渋谷に登場し、渋谷の機動隊員を撃滅し、一切の建物を焼き尽くして渋谷大暴動を必ず実現するということをはっきりと決意表明したいと思います」などと演説し、共同して警察官に対し暴行を加えてその職務の執行を妨害するようにせん動した。

破防法39条および40条は、特定の犯罪行為（現住建造物放火、非現住建造物放火、激発物破裂、汽車・電車等の転覆等、殺人、強盗の各罪、騒擾、汽車・電車等往来危険、多数共同等による公務執行妨害等）を実行させるための唱導を規制していたことから、被告人は破防法39条および40条違反の罪で逮捕・起訴された。

第一審（東京地判昭60・10・16刑月17-10-953）および控訴審（東京高判昭63・10・12刑集44-6-533）は、表現の自由といえども危険性のある活動まで保障するものではないとして有罪判決を下した。そのため被告人が上告した。

■参考条文（事件当時のもの）

破壊活動防止法
第4条
2　この法律で「せん動」とは、特定の行為を実行させる目的をもって、文書若しくは図画又は言動により、人に対し、その行為を実行する決意を生ぜしめ又は既に生じている決意を助長させるような勢のある刺激を与えることをいう。

第39条　政治上の主義若しくは施策を推進し、支持し、又はこれに反対する目的をもって、刑法第108条、第109条第1項、第117条第1項前段、第126条第1項若しくは第2項、第199条若しくは第236条第1項の罪の予備、陰謀若しくは教唆をなし、又はこれらの罪を実行させる目的をもってするその罪のせん動をなした者は、5年以下の懲役又は禁こに処する。

第40条　政治上の主義若しくは施策を推進し、支持し、又はこれに反対する目的をもって、左の各号の罪の予備、陰謀若しくは教唆をなし、又はこれらの罪を実行させる目的をもってするその罪のせん動をなした者は、3年以下の懲役又は禁こに処する。
(1)　刑法第106条の罪
(2)　刑法第125条の罪
(3)　検察若しくは警察の職務を行い、若しくはこれを補助する者、法令により拘禁された者を看守し、若しくは護送する者又はこの法律の規定により調査に従事する者に対し、凶器又は毒劇物を携え、多衆共同してなす刑法第95条の罪

Navigator

せん動罪は特定の違法行為の唱導を規制するものであり、危険行為を規制するものであるが、そうした規制は表現の自由にとっても危険性を帯びる。なぜなら、それは表現内容を規制すると同時に具体的危険が生じていない段階での規制を認める可能性があるからである。破防法以外にもせん動に関する規制があり、最高裁は食糧緊急措置令に対する供出拒否のせん動、国税犯則取締法の不納税のせん動、国公法の怠業のあおりなどの規制を合憲としてきた。これらの規制は対象となる違法行為をある程度限定していたものの、破防法のせん動罪はかなり多くの違法行為のせん動を対象とするため、より表現の自由を制約する内容となっている。本判決は破防法のせん動罪の合憲性について初めて判断したものであり、せん動罪が表現の自由をどのように制限しているのか（あるいは制限していないのか）を明らかにした。また、本判決は、思想の自由と表現の自由の問題を分けて判断しており、それぞれの自由がどのような関係にあるのかを理解する手がかりを示している。

ただし、本判決は違憲審査基準を提示しなかったことから、学説からは明白かつ現在の危機の基準やブランデンバーグ原則を用いるべきであったとの批判が強い（判解①152頁）。明白かつ現在の危険の基準は実質的害悪を引き起こす明白かつ切迫した危険を生じさせる表現であったかどうかを判断するものである。これをさらに厳密化したものがブランデンバーグ原則であり、当該表現が差し迫った違法行為をせん動することに向けられ、かつその違法行為を生じさせるおそれがある場合でなければならないとするものである。

もっとも、これらの基準を法律の合憲性の判断において用いるべきか、それとも適用の段階で用いるべきなのかについては別途検討の余地がある。

■判決の論理構造

せん動罪は思想を規制しているか	せん動罪の対象	せん動罪は行為の基礎となった思想を処罰するものではない
せん動罪は表現の自由を侵害するか	せん動の表現活動該当性	せん動は表現活動にあたる
	表現活動にあたるとすれば制約を受けないか	絶対無制限に許容されるものではなく、公共の福祉に反し、表現の自由の限界を逸脱するときには、制限を受けるのはやむをえない
	せん動は表現の自由として保護されるか	せん動は重大犯罪を引き起こす社会的に危険な行為であり、表現の自由の保護を受けるに値しない
せん動罪は漠然不明確ゆえに無効となるか		せん動の内容は定義規定によって明らかであるから不明確とはいえない

判　決

　　　　　　　○　主　　　文
本件上告を棄却する。
　　　　　　　○　理　　　由
　一　弁護人葉山岳夫ほか10名の上告趣意について

[1]　上告趣意第一点の一は、破壊活動防止法39条及び40条は政治思想を処罰するものであり、憲法19条に違反すると主張する。しかしながら、破壊活動防止法39条及び40条のせん動罪は、政治上の主義若しくは施策を推進し、支持し、又はこれに反対する目的（以下「政治目的」という。）をもって、各条所定の犯罪のせん動をすることを処罰するものであるが、せん動として外形に現れた客観的な行為を処罰の対象とするものであって、行為の基礎となった思想、信条を処罰するものでないことは、各条の規定自体から明らかであるから、所論は前提を欠き、適法な上告理由に当たらない❶。

[2]　同第一点の二は、破壊活動防止法は戦時特別刑法の性質を有しており、憲法9条に違反すると主張するが、破壊活動防止法39条及び40条が所論のような性質を有する規定でないことは、各条の内容に徴し明らかであるから、所論は前提を欠き、適法な上告理由に当たらない❷。

[3]　同第二点は、破壊活動防止法39条及び40条は表現活動を処罰するものであり、憲法21条1項に違反すると主張する❸。確かに、破壊活動防止法39条及び40条のせん動は、政治目的をもって、各条所定の犯罪を実行させる目的をもって、文書若しくは図画又は言動により、人に対し、その犯罪行為を実行する決意を生ぜしめ又は既に生じている決意を助長させるような勢のある刺激を与える行為をすることであるから（同法4条2項参照）、表現活動としての性質を有している❹。しかしながら、表現活動といえども、絶対無制限に許容されるものではなく、公共の福祉に反し、表現の自由の限界を逸脱するときには、制限を受けるのはやむを得ないものであるところ❺、右のようなせん動は、公共の安全❻を脅かす現住建造物等放火罪、騒擾罪等の重大犯罪をひき起こす可能性のある社会的に危険な行為であるから、公共の福祉に反し、表現の自由の保護を受けるに値しない❼ものとして、制限を受けるのはやむを得ないものというべきであり、右のようなせん動を処罰することが憲法21条1項に違反するものでないことは、当裁判所大法廷の判例（昭和23年（れ）第1308号同24年5月18日判決・刑集3巻6号839頁、昭和24年（れ）第498号同27年1月9日判決・刑集6巻1号4頁、昭和26年（あ）第3875号同30年11月30日判決・刑集9巻12号2545頁、昭和28年（あ）第1713号同32年3月13日判決・刑集11巻3号997頁、昭和33年（あ）第1413号同37年2月21日判決・刑集16巻2号107頁、昭和39年（あ）第305号同44年10月15日判決・刑集23巻10号1239頁、昭和43年（あ）第2780号同48年4月25日判決・刑集27巻4号547頁）の趣旨に徴し明らかであり❽、所論は理由がない。

❶ [1]では、せん動罪が思想の自由を侵害しているかどうかについて判断されている。被告人は、共産主義思想が行動の提起を含んでいることから、本件規制は共産主義思想そのものを規制していると主張していたが、本判決は本件規制が思想そのものをターゲットにするのではなく、あくまで外部に表れた行為を規制するにすぎないとしているとして被告人の主張を退けている。このような本判決の見解は、思想と表現を区分して考える思想・表現区分論を採用しているといえる。また、せん動罪の成立には政治的目的の存することが必要であることから適用の際には政治的目的の有無を判断せざるをえない構造になっており、思想内容に踏み込むことが想定されているようにもみえるが、それはせん動罪の構成要件該当性の対象事項ではない。せん動罪はあくまでその行為が外形として表出された場合に規制するものであって、その行為の基礎となっている思想そのものを取り締まるものではないとされる（判解①152-153頁）。なお、「政治思想」そのものを対象にすることの問題は、表現の自由でいうところの「主題規制」の問題であるともいえるが、ここでは思想の自由の問題となっている。被告人が思想の自由の問題とした理由としては、日本国憲法が思想の自由と表現の自由を分けて規定していること、本件規制が「政治思想」と規定していることから思想統制の色合いが濃いこと、実質的に共産主義思想を規制していることなどが考えられる。このように、本件規制の内容規制的側面を表現の自由から切り離し、思想の自由の問題としたことから、[3]の表現の自由の問題では主として表現活動の問題が検討されている。

❷ [2]では、本件規制が憲法9条に違反するかどうかについて判断されている。被告人の主張はややわかりにくいが、治安立法が思想統制を行ってきた経緯をふまえると治安維持法の再来的性格を帯びる破防法は戦時特別刑法としての機能を有しており、徹底した平和主義を要請する憲法9条に違反すると主張している。この点本判決は、そのような規制ではないとして一蹴している。

❸ [3]では、本件規制が表現の自由を侵害しないかどうかについて判断されている。本判決はせん動も表現活動に含まれるとしながらも、公共の安全を脅かす行為は表現の自由の保護を受けるに値しないとして、それが制約されてもやむをえないとしている。

❹ [3]の第2文では、破防法が処罰の対象とするせん動行為が表現活動としての性質を有することが指摘されている。判解①144頁は、表現の自由の制約態様を三つに分けたうえで、破防法のせん動罪は表明される意見がもたらす弊害を防止するためにその意見の表明を制約するものにあたるとした。なお、この類型は猿払事

[4]　同第三点は、破壊活動防止法39条及び40条のせん動の概念は不明確であり、憲法31条に違反すると主張する。しかしながら、破壊活動防止法39条及び40条のせん動の概念は、同法4条2項の定義規定により明らかであって、その犯罪構成要件が所論のようにあいまいであり、漠然としているものとはいい難いから、所論は前提を欠き、適法な上告理由に当たらない（最高裁昭和33年（あ）第1413号同37年2月21日大法廷判決・刑集16巻2号107頁、同昭和43年（あ）第2780号同48年4月25日大法廷判決・刑集27巻4号547頁、同昭和42年（あ）第2220号同45年7月2日第一小法廷決定・刑集24巻7号412頁参照）❾。

[5]　同第四点は、単なる法令違反の主張であって、適法な上告理由に当たらない。

二　被告人本人の上告趣意について

[6]　上告趣意のうち、破壊活動防止法39条及び40条につき憲法9条、19条、31条違反をいう点は、前叙のとおり、いずれも所論は前提を欠き、適法な上告理由に当たらず、破壊活動防止法39条及び40条につき憲法21条1項違反をいう点は、前叙のとおり、所論は理由がなく、その余は、憲法違反をいう点を含め、実質は単なる法令違反の主張であって、適法な上告理由に当たらない❿。

[7]　三　よって、刑訴法414条、396条により、裁判官全員一致の意見で、主文のとおり判決する。

（裁判長裁判官　藤島　昭　裁判官　香川保一　裁判官　奥野久之　裁判官　中島敏次郎）

件判決〔本書21事件〕の調査官解説で指摘されていた点であり、香城・最判解刑昭和49年度188-189頁は、この種の規制は特定の価値判断を含み表現の抑圧的側面が強いことから単純な比較衡量で判断するのは相当ではないとしていた。

❺【3】の第3文では、破防法のせん動罪が憲法21条1項に違反しないことが述べられている。本判決はせん動が公共の福祉に反するとしているが、この点につき判解①151頁は、「表現の自由にもそれに内在する制約があり、内在的制約を逸脱するときには表現の自由の保護を受けるに値しない」ことをここで明らかにしたものとする。

❻　せん動罪の保護法益は公共の安全であり、民主主義的な基本秩序の維持が想定されている（判解①139頁）。

❼【3】の第3文の後半では、せん動の危険性と憲法判断の結論が示されている。本判決は、破防法が処罰の対象とするせん動は「表現の自由の保護を受けるに値しない」としている。本判決が、せん動は表現の自由の保護を受けるに値しないとする理由は、当該表現行為が法益侵害を発生させ、または発生させる危険性があるからである。これについて判解①151頁は、そのような危険性を有する行為は表現の自由の内在的制約を逸脱したものであると捉えたことによりこのような結論に至ったとしているが、本判決はせん動も表現活動に含まれるとしたうえで表現の自由の保護を受けないとしているので、そもそも表現の自由として保障されないのか、それとも表現の自由として保障される行為だが公共の福祉によってその制限が正当化されるのかは明らかではない。もっとも、本判決は、こうした表現が制限を受けるのはやむをえないとして合憲性を認めているため、わいせつ表現などと同様、表現の自由に内在する制約と位置づけている可能性がある（判解①151頁）。わいせつ表現の規制について最高裁は、規制対象がわいせつ表現に該当する場合はそのまま合憲性を認めており、本判決もやむをえないと述べるだけで制約の合憲性審査を行っていないことからすると、せん動は表現の自由の保障外にあると捉えている節がある。実際、引用判例の中にはわいせつ表現規制が問題となったチャタレー事件判決（最大判昭32・3・13刑集11-3-997）や『悪徳の栄え』事件判決（最大判昭44・10・15刑集23-10-1239）が含まれている。

❽　本判決が合憲判断の先例として引用した判例は、食糧緊急措置令のせん動規制の合憲性、国家公務員および地方公務員の怠業行為のそそのかし規制の合憲性、わいせつ表現規制の合憲性、納税しないことのせん動規制の合憲性、国家公務員の争議行為のあおり規制の合憲性、が問題となった事案であり、表現の自由の保障外とみなされる傾向のある表現が対象になった事件が並んでいる。

❾【4】では、本件規制（破防法39条・40条）の明確性について判断されている。本判決は、破防法4条2項の定義規定によってその内容は明らかであるとした。

❿【6】では、結論が述べられている。

| 補足説明 | せん動罪の法的性質——「危険性」の意味 |

破防法のせん動罪の保護法益は公共の安全である。せん動罪は、被せん動者が現実に犯罪の実行を決意しなくても成立し、その性質は公共の安全に対する危険犯ということになる。そのため、表現の自由との関係では、具体的危険犯と捉えるか、抽象的危険犯と捉えるかが問題となる。具体的危険犯説はせん動が表現行為と密接に関わることから具体的な現実の危険性がなければ可罰性がないとするが、抽象的危険犯説は個別具体的な危険の発生がなくてもせん動罪が成立すると考える。本判決は危険性の程度について言及していないが、せん動の処罰根拠について重大犯罪を引き起こす可能性に求めていることから、そのような危険性がない場合にはせん動罪を構成しないものと解されている（判解①141頁）。また、破防法4条2項がせん動について「勢のある刺激を与えること」と規定しており、それは特定犯罪の実行の決意に影響力のある危険性を有するものと解されることから、被せん動者がせん動によって犯罪の実行行為に出る危険性がない場合には実行行為との関連性を欠くため、せん動に該当しないものと解されている（判解①141頁）。

Questions

①事実関係の確認

問1 本件において、被告人はどのような演説をしたのか。また、被告人の発言は本件当時の時代状況とどのような関係があるか。▶【事案】

問2 本件において、被告人はいかなる政治目的をもち、聴衆に何を実行させようとしていたのか。▶【事案】

問3 被告人はいかなる組織に属し、どのような集会で演説したのか。▶【事案】

②判決の内容の確認

問4 被告人は、本件規制が四つの憲法上の問題を引き起こしていると主張しているが、それぞれどのような論点が提示されているか。▶【1】~【4】

問5 本判決は、どのような理由で本件規制が思想の自由を侵害しないと判断したか。▶【1】

問6 本判決では、なぜ思想の自由の問題と表現の自由の問題が分けて判断されたのか。▶【1】【3】

問7 本判決によれば、せん動はいかなる理由で公共の福祉に反するのか。▶【3】

問8 本判決は、どのような理由で被告人の行為が表現活動に該当するとしたか。▶【3】

問9 本判決は、表現の自由の問題につき、規制の正当化について判断しているか。▶【3】

問10 本判決が表現の自由の問題において引用した判例はどのような事案であったか。▶【3】

問11 本判決は、刑罰法規の明確性のほかに過度広範性の問題にも言及したか。▶【4】

③応用問題

問12 本判決は、本件規制が表現の自由を侵害しないと判断する際に、わいせつ表現の判例も引用しているが、その引用は適切か。また、同じせん動の事案として食糧緊急措置令に関する判例も引用しているが、時代状況が異なる事案を引用することに問題はないか。▶判批①

問13 本判決に対して、アメリカの明白かつ現在の危険の基準やブランデンバーグ原則を用いるべきとの見解があるが、そのような主張は妥当か。▶判批②、判批③

○ **関連判例**（本書所収以外のもの）
最判平成2年9月28日集刑255号261頁［沖縄奪還闘争せん動事件］

○ **本判決の調査官解説**
吉本徹也「判解」最高裁判所判例解説刑事篇平成2年度132頁（判解①）

○ **その他の判例解説・判例批評**
太田裕之「判批」憲法判例百選Ⅰ［第6版］（2013年）110頁（判批①）
木下智史「判批」憲法判例百選Ⅰ［第5版］（2007年）112頁（判批②）
君塚正臣「煽動罪と破防法──いわゆる渋谷暴動事件最高裁判決」阪大法学162号（1992年）1283頁

○ **参考文献**
奥平康弘『これが破防法』（花伝社、1996年）
奥平康弘「表現の自由と犯罪の煽動」小林直樹編『憲法の判例［第2版］』（有斐閣、1971年）33頁（判批③）

31 ビニール本事件

最高裁昭和58年3月8日第三小法廷判決　昭和54年(あ)第1358号：わいせつ図画販売被告事件　刑集37巻2号15頁

事案

有限会社サス企画の代表取締役である被告人は、裸の男女の性交や性戯等の写真（性器およびその周辺部分は黒く塗りつぶされている）を掲載した『カラークライマックス18』など11誌（以下、すべてを含め「本件写真誌」という）5万6300冊を合計1988万4000円で取次業者のAらに売り渡した。被告人は、いわゆるビニール本（書店等で販売する際に、その本をビニール袋で包み、内容が見られないようにしてある成人向け雑誌）の出版販売業者であり、これまでにも同様の写真誌を営利目的で販売してきた。そのため、刑法175条の「猥褻ノ図画」にあたるとして、わいせつ図画販売の事実で起訴された。

被告人は、刑法175条は憲法21条に違反する、本件写真誌は修正が施されており「猥褻ノ図画」にあたらない、わいせつ図画の犯意がない、と主張したが、第一審（東京地判昭53・6・13 刑集37-2-37）は罰金20万円を科す有罪判決を下した。被告人は控訴し、検察官も量刑不当で控訴したところ、第二審（東京高判昭54・6・27 刑集37-2-45）は検察官の主張を認め、原判決を破棄して罰金400万円を科す有罪判決を下した。

そのため被告人が上告した。

■参考条文（事件当時のもの）

刑法
第175条　猥褻ノ文書、図画其他ノ物ヲ頒布若クハ販売シ又ハ公然之ヲ陳列シタル者ハ二年以下ノ懲役又ハ五千円以下ノ罰金若クハ科料ニ処ス販売ノ目的ヲ以テ之ヲ所持シタル者亦同シ

Navigator

わいせつ表現の規制は、表現がもたらす害悪が不明瞭であることから十分な保護法益が存在するかどうかの問題があることに加え、道徳など一定の価値観に基づいて規制を行うことから規制対象となる表現の価値に踏み込む側面がある。そのため、わいせつ表現規制は表現の内容を制約する性格が強く、それを規制するとしても規制対象となる範囲を可能な限り絞り込む必要がある。

判例は、わいせつ表現の定義について「徒らに性欲を興奮又は刺戟せしめ、且つ普通人の正常な性的羞恥心を害し、善良な性的道義観念に反するもの」（わいせつ3要件）としてきた。この定義はわいせつ表現該当性を判断するための基本的基準であるが、時代状況や事案により具体的判断方法には相違がみられる。いわゆるわいせつ3判例と呼ばれるチャタレー事件判決（判例①）、『悪徳の栄え』事件判決（判例②）、『四畳半襖の下張り』事件判決（判例③）においても、実際の判断方法には違いがみられる。

たとえば、チャタレー事件判決によればわいせつ性は芸術性とは異なるものであり作者の主観的意図には左右されないもの（絶対的わいせつ概念）とされるが、『悪徳の栄え』事件判決の田中二郎裁判官の反対意見は文書の受け手や芸術性、作者の姿勢などを総合的に考慮する（相対的わいせつ概念）とする。また、『四畳半襖の下張り』事件判決は相対的わいせつ概念をとらずにわいせつ性の判断基準を具体化している。このように、判例はわいせつ性の判断基準を明確化する方向に進んでいるといえるが、表現の自由の重要性をふまえて一層明確なアプローチを提示したのが、本件における伊藤正己裁判官の補足意見であった。伊藤補足意見は、性行為をあからさまに取り扱って読者の性的興味に訴えるハード・コア・ポルノと、それには該当しないがわいせつ性の強い準ハード・コア・ポルノとに分け、前者は憲法21条の保障外にあるが、後者は表現の自由との関係で当該作品のもたらす社会的害悪と当該作品の社会的価値との利益較量が必要になるとした。

なお、上記3判例はその対象となった表現物がいずれも文書であったことから、その他の媒体にも同じ定義が当てはまるのかという問題が残った。視覚媒体については、日活ポルノ事件判決（判例④）においてすでに判断が示されていたが、図画についても同じ定義が当てはまるのか、また図画の規制はいわゆるハード・コア・ポルノに限定されるかどうかは定かではなく、本件ではこの点について判断されることになった。

■判決の論理構造
【伊藤補足意見の枠組み】

	定義	社会的価値	憲法21条との調整
ハード・コア・ポルノ	(1)性器または性交を具体的に露骨かつ詳細な方法で描写叙述し、(2)その文書図画を全体としてみたときにその支配的効果がもっぱら受け手の感覚的官能的に訴えるものであって、(3)その時代の社会通念によっていやらしいと評価されるもの	特定の思想や意見を伝達するものとはいえず、社会的価値を欠いているか、または法的に評価できる価値をほとんどもたない	憲法21条1項の保護の範囲外にあり、これに法的規制を加えても、表現の自由に関する問題は生じない（ただし、検閲は禁止）
準ハード・コア・ポルノ	(1)性器または性交の直接的描写ではないが、(2)その描写から容易に性器や性交を連想させ、(3)その支配的効果がもっぱらまたは主として好色的興味をそそるものであって、(4)社会通念に照らして、ハード・コア・ポルノに準ずるいやらしさをもつもの	芸術性や思想性の要素を含み、ある程度の社会的価値をもつものがありうる	表現の自由との抵触問題を生じ、当該性表現によってもたらされる害悪の程度と作品の有する社会的価値との利益較量が不可欠

判　決

　　　　　　　　○　主　　　文

本件上告を棄却する。

　　　　　　　　○　理　　　由

[1]　弁護人飯田孝朗、同水島正明の上告趣意第一の一ないし四は、刑法175条は性に関する表現行為を不当に制限するものであるなどとして、同条が憲法21条、13条、19条、31条に違反するというが、その理由のないことは、わいせつ文書の出版を刑法175条で処罰しても憲法21条に違反しないとする当裁判所大法廷判例（昭和28年(あ)第1713号同32年3月13日判決・刑集11巻3号997頁、同39年(あ)第305号同44年10月15日判決・刑集23巻10号1239頁）の趣旨に徴し明らかであり❶、同第一の五は、わいせつの概念が不明確であるとして刑法175条が憲法31条に違反するというが、刑法175条の構成要件は、所論のように不明確であるということはできないから❷、所論は前提を欠き、同第一の六は、いわゆるハード・コア・ポルノでない本件写真誌のようなものの出版について同条を適用するのは、憲法の前記各法条で保障された国民の諸権利を侵害するものとして違憲であるというが、その理由のないことは、前掲各大法廷判例の趣旨に徴し明らかなところであり❸、その余の上告趣意は、憲法37条、31条違反をいう点を含め、その実質はすべて単なる法令違反、事実誤認、量刑不当の主張であって、いずれも刑訴法405条の上告理由にあたらない。

[2]　なお、本件各写真誌は、絡み合う男女の裸体写真を、その性器及び周辺部分を黒く塗りつぶして修正のうえ印刷・掲載したものであって、いわゆるハード・コア・ポルノということはできないが❹、修正の範囲が狭くかつ不十分で現実の性交等の状況を詳細、露骨かつ具体的に伝える写真を随所に多数含み、しかも、物語性や芸術性・思想性など性的刺激を緩和させる要素は全く見当らず、全体として、もっぱら見る者の好色的興味にうったえるものであると認められるから（最高裁昭和54年(あ)第998号同55年11月28日第2小法廷判決・刑集34巻6号433頁参照）、これを刑法175条にいう「猥褻ノ図画」にあたると認めた原判断は、正当である❺。

[3]　よって、刑訴法408条により、裁判官伊藤正己の補足意見があるほか、裁判官全員一致の意見で、主文のとおり判決する。

❶【1】では、刑法175条は憲法21条や31条などに違反して無効であるとの被告人の主張に理由がないことが示されている。まず【1】の前半部分では、判例①と判例②を引用しながら、刑法175条がわいせつ文書を処罰しても憲法21条に反しないとしている。ただし、先例を引用するだけで、合憲の理由は特に示されていない。

❷【1】の中間部分では、刑法175条の構成要件は不明確とはいえないので憲法31条に反しないと述べられている。ただし、その理由は特に示されていない。

❸【1】の後半部分では、刑法175条をハード・コア・ポルノでない本件写真誌のような雑誌に適用しても、憲法に反しないとしている。ただし、上記先例を引用するだけで、特に理由を示していない。

❹【2】では、ハード・コア・ポルノとはいえない本件写真誌のわいせつ該当性について判断している。前半部分では、本件写真誌がハード・コア・ポルノにあたらない理由として、性器および周辺部分を黒く塗りつぶして修正してあることを挙げている。

❺【2】の中間から後半部分では、ハード・コア・ポルノにあたらなくても刑法175条のわいせつに該当することが示されている。その際、本判決は判例③を引用しながら判例③の示す判断方法にのっとった説示をしている点が注目され（判解①15-16頁）、具体的には、本件写真誌は、修正が不十分で、現実の性交等の状況を詳細、露骨かつ具体的に伝え、物語性や芸術性・思想性など性的刺激を緩和させる要素がなく、全体としてもっぱら見る者の好色的興味に訴えるものであることを理由にわいせつにあたるとしている。そのため、最高裁は単なる娯楽作品としての性表現には依然として厳しい態度をとり、また図画についても文書と同様のわいせつ判断基準が使われることを示したとされる（判解①15-16頁）。

少数意見

裁判官伊藤正己の補足意見は、次のとおりである。

[4] 法廷意見は、当裁判所大法廷の判例（最高裁昭和28年(あ)第1713号同32年3月13日判決・刑集11巻3号997頁等）の趣旨にしたがって、刑法175条の規定が憲法31条、21条に違反するものではないと判示し、また、本件各写真誌が刑法175条にいう「猥褻ノ図画」にあたると認め、原審の判断を正当として本件上告を棄却している。私もまた、所論に理由がなく、上告を棄却すべきものとすることに異論はないが、この機会に、同条と憲法21条との関係に限って、いささか私の見解を補足しておきたい❻。

[5] 一 前記の当裁判所大法廷の判例によると、刑法175条にいう「猥褻」とは、「徒らに性欲を興奮または刺激せしめ、かつ普通人の正常な性的羞恥心を害し、善良な性的道義観念に反するもの」を意味するとされる。そして、このように定義された「猥褻」の概念によれば、刑法175条の定める「猥褻」の文書図画の頒布等の罪の構成要件は不明確なものといえないから、憲法31条に反しないものであり（最高裁昭和53年(あ)第1084号同54年11月19日第二小法廷決定・刑集33巻7号754頁参照）、また、「猥褻」にあたる文書図画の頒布等を処罰することは、表現の自由に対する公共の福祉による制限であって憲法21条に違反するものではないとされている（前記大法廷判決参照）❼。

[6] 右にあげた「猥褻」の定義は、当裁判所が一貫して採用しているところであり、抽象的な定義づけとしては必ずしも是認できないものではない。しかし、その定義のみをもっては、具体的事案に適用される場合に、「猥褻」の概念がなお十分の明確性をもっているとは考えられず、かつその抑止する範囲が広きに失するおそれがあると思われる。とくに表現の自由を法的に制限する場合には、法的規制をうける範囲について通常の場合に比していっそう強度の明確性が要求されると解するのが相当である（規制の範囲の明確さを欠く法令によって表現の自由が制限されるときには、いわゆる萎縮的効果を広く及ぼし、憲法上保護されるべき表現をも抑圧する危険の大きいことはしばしば指摘されるところである。）。したがって、大法廷判例の示す定義は、定義としてそれを承認できるとしてもその定義に該当するかどうかについての判断基準をいっそう具体化して、「猥褻」にあたる範囲を明確にすることが必要である❽。当裁判所は、右の定義を前提にしつつも、文書の「猥褻」性を判断するにあたって考慮すべき多くの点のあることを明らかにしているが（最高裁昭和54年(あ)第998号同55年11月28日第二小法廷判決・刑集34巻6号433頁参照）、この考え方は、憲法の要請に即して「猥褻」の文書の頒布等の罪が適用される場合を明確にしょうとする趣旨をもつものであって、図画の「猥褻」性の判断にも当然に妥当するというべきである❾。本件の法廷意見もこれと同じ見解を採用するものと思われる。

[7] 二 私は、文書図画が「猥褻」の概念に該当するかどうかが問題とされる場合において、いわゆるハード・コア・ポルノと、それにはあたらないが、「猥褻」的要素のつよいもの（以下「準ハード・コア・ポルノ」という。）とを区別して考えるのが適当であると考える❿。

[8] この区別をするときには、まず何がハード・コア・ポルノにあたるかが問題になる。この点は、普通人が直接にその文書図画に接して常識的に判断すれば足りるとも考えられるが、あえて定義をするとすれば、性器または性交を具体的に露骨かつ詳細な方法で描写叙述し、その文書図画を全体としてみたときにその支配的効果がもっぱら受け手の好色的興味に感覚的官能的に訴えるものであって、その時代の社会通念によっていやらしいと評価されるものがそれにあたるということができる⓫。このようなハード・コア・ポルノは、特定の思想や意見を伝達するものとはいえず、社会的価値を欠いているか、または法的に評価できる価値をほとんどもつものではないと思われる。したがって、およそあらゆる表現について禁止されていると解される検閲は、このようなハード・コア・ポルノに対しても排除されるけれども、事後の処罰や制裁については、それは憲法21条1項の保護の範囲外にあり、

❻ 伊藤裁判官は、学者のころから表現の自由とわいせつ罪の関係をどのように考えるべきかについて関心があったが、本件は必ずしも筋のよい事案ではなかったものの、その考えを明らかにするつもりで補足意見を書くことにしたと述懐している（文献②172-173頁）。

❼ [5]では、先例の基本的立場が整理されており、刑法175条にいうわいせつの定義および刑法175条が憲法21条および31条に反しないとの立場が確認されている。特に、明確性の問題について、判例④を引用しながら、わいせつ3要件を明示して刑法175条の構成要件が明確であると述べているのは、多数意見が特に理由を示さずに明確性を肯定した点を補っているといえる。

❽ [6]の第1文から第4文では、最高裁大法廷が示したわいせつの定義（わいせつ3要件）だけでは個別の事案に適用する際に十分明確ではなく、表現の自由に対して萎縮効果をもたらすおそれがあることから、判断基準を明確化する作業が必要であることが示されている。

❾ [6]の第5文では、3要件を前提にしつつ様々な事項を考慮する必要があるとした最高裁小法廷の判例③のアプローチが本件のような図画のわいせつ該当性の判断にも有用であるとしている。

❿ [7]では、文書図画のわいせつ性を検討する場合にはハード・コア・ポルノと準ハード・コア・ポルノを区別すべきことが示されている。このような二分論は『四畳半襖の下張り』事件控訴審判決（判例③の原審。東京高判昭54・3・20判時918-17）に通じると指摘される（判解①18頁）。

⓫ [8]の第1文および第2文では、ハード・コア・ポルノの定義が示され、それが社会的価値に欠け、法的に評価できる価値がほとんどないことが示されている。何がハード・コア・ポルノにあたるかについては常識的に判断すれば足りるとしているが、これはアメリカ連邦最高裁のステュワート裁判官が1964年のジャコベリス判決（Jacobellis v. Ohio, 378 U.S. 184 (1964)）で「みればわかる」（I know it when I see it）と述べたことに影響を受けたとされる（文献②173頁）。また、あえて定義するとすれば、「性器または性交を具体的に露骨かつ詳細な方法で描写叙述し、その文書図画を全体としてみたときにその支配的効果がもっぱら受け手の好色的興味に感覚的官能的に訴えるものであって、その時代の社会通念によっていやらしいと評価されるもの」がハード・コア・ポルノであるとしている。

これに法的規制を加えることがあつても、表現の自由に関する憲法の保障の問題は生じないと考えられるから、これの頒布等の行為を処罰の対象とする刑法175条の規定は違憲ではなく、その法令違憲を主張する所論は採用することができない（もとよりその規定が立法政策として妥当かどうかは別に考えるべきことである❶。なお、ハード・コア・ポルノについても、それを自らの利用のために単に所持することにまで法的規制を及ぼすときには、個人のプライバシーの面から問題を生ずる可能性があるが、それは、刑法175条とは別の問題である。）❸

[9]　「猥褻」の文書図画の頒布等の罪をめぐつて困難な問題を生ずるのは、準ハード・コア・ポルノである。何をもつて準ハード・コア・ポルノと定義するかは、ハード・コア・ポルノの場合以上に困難であるが、性器または性交の直接の具体的描写ではないが、その描写から容易に性器や性交を連想させ、その支配的効果がもっぱら又は主として好色的興味をそそるものであつて、社会通念に照らして、ハード・コア・ポルノに準ずるいやらしさをもつ文書図画がそれにあたるということができよう。これらの文書図画のうちには、芸術性や思想性の要素を含み、ある程度の社会的価値をもつものがありうるから、それらは憲法上の表現の自由の保障の範囲外であるということはできない。そこで、準ハード・コア・ポルノを「猥褻」にあたるとして刑法175条を適用することになると、適用違憲の問題を生ずる余地がある。そして、この準ハード・コア・ポルノの範囲が必ずしも明確でないだけに、「猥褻」の概念そのものをあいまいにするおそれがあり、そのために表現の自由の行使に萎縮的効果を及ぼし、広く表現の自由を抑圧する道を開くことにもなりうるとともに、また、違反の摘発に公平を欠くことが避けられず、法の権威を損う結果ともなる❹。

[10]　このような点からすると、刑法上規制の対象となる「猥褻ノ文書、図画」をハード・コア・ポルノに限定し、それ以外のものを刑事上の処罰から解放するという見解には一理あることを否定し難いが、他方、準ハード・コア・ポルノの中にも、性的刺激の程度においてハード・コア・ポルノとしたる径庭がなく、しかも、見るべき社会的価値を有しないものも存在するのであるから、準ハード・コア・ポルノを一律に刑法の規制の対象外とするのは、やはり疑問であるというべきであろう。しかしながら、準ハード・コア・ポルノを刑法の規制の対象とするときは、前記のとおり、憲法で保障された表現の自由との抵触の問題を生じうるのであるから、ある性表現物が「猥褻ノ文書、図画」にあたるかどうかの判断にあたつては、当該性表現によつてもたらされる害悪の程度と右作品の有する社会的価値との利益較量が不可欠となるわけである❺。

[11]　そして、右の利益較量にあたつては、とくに、次の2点に注意をする必要がある。その第一点は、当該作品が単に娯楽の価値を有するにすぎない場合はともかく、それが、政治的言論を含んでいたり、学問的・芸術的価値を有する場合には、右の利益較量がとくに慎重になされるべきであるということである。政治的言論の自由や学問・芸術上の表現の自由は、憲法21条の保障のまさに核心をなすものであつて、憲法上最大限の尊重を必要とするものであるから、いやしくも「猥褻」の取締りに名を籍りて、政治的言論や学問・芸術上の表現の自由に対する不当な抑圧を是認するようなことは、許されないというべきである。その第二点は、「猥褻性」（とくに、当該性表現の「いやらしさ」）の判断の前提となる社会通念の把え方の問題である。ここにいう社会通念は、その社会における広い意味での文化的な歴史や伝統を背景にして育てられた構成員の意識や感情に基礎をおくものであつて、必ずしも普遍的なものでないから、外国における実情ではなく、わが国の社会の実態に即して考えなければならない。しかし、その場合も、それを固定的に把えないことが必要であると思われる。裁判所が硬直した社会通念をたてにとり、抽象的な性行為非公然の原則にもとづいて社会を道徳的頽廃から救うという態度をとることは適当でなく、むしろ社会の実態が流動的であることを認め、普通人がこのような性表現に接してことさら刺激をうけなくなる馴れの現象や、通常人においてそのような表現が社会に広く提供されている事実を（積極的であるにせよ消極的にせよ）うけいれている状況、さらには取締り当局がこのような社会の状況に応じて準ハード・コア・ポルノの流通を放任している事情などを考慮するこ

❶ [8]の第3文および第4文では、ハード・コア・ポルノの価値が低いことから憲法21条の保護の範囲外にあり、検閲のような規制ではなければ、それを規制しても憲法上の問題が生じないとしている。これは、いわゆるカテゴリカルアプローチをとったものであり、憲法上保護されない性表現（わいせつの対象となるハード・コア・ポルノ）と保護される性表現とを区別したものといえる。

❸ [8]の第5文では、ハード・コア・ポルノを規制する場合でも、所持規制を行う場合はプライバシーの権利との関係で問題が生じることが示されている。そのため、ハード・コア・ポルノ規制が表現の自由の問題を惹起しないとはいっても、規制態様次第では問題が生じる点に注意が必要である。

❹ [9]では、準ハード・コア・ポルノの定義が示されたうえで、それが憲法上保護されることから刑法175条の適用に際しては適用違憲の問題が生じる可能性があることが示されている。準ハード・コア・ポルノは、「性器または性交の直接の具体的描写ではないが、その描写から容易に性器や性交を連想させ、その支配的効果がもっぱら又は主として好色的興味をそそるものであって、社会通念に照らして、ハード・コア・ポルノに準ずるいやらしさをもつ文書図画」と定義されるが、こうした内容の表現物には芸術性や思想性の要素を含み一定の社会的価値をもつものがあることから、表現の自由として認められる余地があるとしている。

❺ [10]では、準ハード・コア・ポルノの中にはハード・コア・ポルノに近い内容のものが存在しうることから、それを一律に刑法175条の対象外とすることは適当でないものの、準ハード・コア・ポルノが表現の自由として保護されるという点をふまえると、わいせつ該当性の判断の際にはそれがもたらす害悪の程度とその作品の有する社会的価値との利益較量を行う必要があることが示されている。正面から利益較量の必要性を強調した点は、判例②の横田ほか反対意見や岩田意見に通じると指摘される（判解①19頁）。

❻ [11]では、[10]で示された利益衡量の注意点が指摘されている。利益較量の際、その作品に政治的言論や思想性・芸術性が含まれている場合には特に慎重な判断が必要であることと、わいせつ該当性判断の前提となる社会通念については日本社会の現実を直視して判断すべきことが示されている。学問・芸術上の表現は政治的言論と並んで憲法21条の核心をなすとしており、芸術の自由が重視されていることと、性行為非公然性の原則を批判し社会実態に見合った判断を行うべきとしている点が重要である。

【12】 三 ところで、本件写真誌は、もともとはハード・コア・ポルノに属する原版に修正を施したものを印刷・掲載した図画であり、社会的価値の稀薄な準ハード・コア・ポルノにあたるというべきである。これらの写真誌は、以上にのべたように社会通念を可変的なものとしてとらえ、わが国の現在の社会の実態に照らしてみるとき、もはや刑法175条にいう「猥褻ノ図画」にあたらないという判断もありえないわけではない。しかし、法廷意見の説示するように、それらは、性交等の状況を詳細、露骨かつ具体的に伝える写真を多数収載しており、問題となる部分を黒色でぬりつぶして修正をしているとはいえ、その修正の範囲は必ずしも十分ではなく、他方、それが憲法上とくに尊重されるべき政治的・学問的・芸術的表現を包含するものでないことも明らかである。したがつて、少なくともわが国の現在の社会通念を前提とする限り、これが刑法175条の処罰の対象とされる「猥褻ノ図画」にあたるものとした原審の判断は、これを是認することができないわけではない。原判決に所論の違法があるとはいえず、その結論は結局正当として支持することができると思われる⓱。

（裁判長裁判官　伊藤正己　裁判官　横井大三　裁判官　木戸口久治　裁判官　安岡満彦）

⓱【12】では、本件写真誌が準ハード・コア・ポルノに該当するとしたうえで、わいせつ該当性の判断が示されている。もっとも、一方では社会通念に照らすとわいせつにあたらないという判断も可能であるとしながらも、他方では修正の不十分さや政治的・学問的・芸術的表現が含まれていないことをふまえるとわいせつにあたるとした原審の判断は是認できないわけではないとしており、どちらにも転びうる可能性があることを示しているといえる。そのため、伊藤補足意見は実質的には反対意見に近いのではないかと目されている（判解①18頁、文献②173頁）。

Questions

①事実関係の確認

問1　被告人はどのような内容の写真誌を販売したのか。▶【事案】

問2　本件では、第一審および控訴審ともに有罪判決を下しているが、控訴審は第一審判決を破棄している。それはなぜか。▶【事案】

問3　被告人は、本件において法令違憲と適用違憲の両方を主張しているが、それぞれどのような理由を提示しているか。▶【事案】

②判決の内容の確認

問4　本判決は、本件写真誌のどのような点を理由にハード・コア・ポルノではないとしたのか。▶【2】

問5　本判決が、刑法175条が憲法21条に反しないとした部分で引用した先例と、本件写真誌のわいせつ該当性を判断した部分において引用した先例は、それぞれどのような判決だったか。▶【1】【2】

問6　本判決は、なぜ本件写真誌がハード・コア・ポルノに該当しないにもかかわらず、わいせつに該当すると判断したのか。▶【2】

問7　本判決は、図画のわいせつ該当性の判断基準について、文書の場合と同一の基準を用いているといえるか。▶【2】【5】【6】

問8　伊藤補足意見は、ハード・コア・ポルノをどう定義づけているか。そして、ハード・コア・ポルノが憲法上保護されるかどうかについてどのような判断を示しているか。また、その理由は何か。▶【8】

問9　伊藤補足意見は、準ハード・コア・ポルノに対して刑法175条を適用することになると適用違憲の問題が生じる余地があるとしているが、それはなぜか。▶【9】

問10　伊藤補足意見は、準ハード・コア・ポルノを刑事上の処罰から解放することには疑問を呈しているが、それはなぜか。▶【10】

問11　伊藤補足意見は、ハード・コア・ポルノと準ハード・コア・ポルノについて、それぞれどのような内容のものであるとしたか。また、それを区別したのはなぜか。▶【7】〜【10】

問12　伊藤補足意見は、なぜ利益較量が必要であるとしたのか。また、そこではどのような要素を較量するとしたか。▶【9】〜【12】

問13　伊藤補足意見は、社会通念の考え方についてどのような判断を示したか。▶【11】

問14　本件写真誌がわいせつに該当するかどうかについて、多数意見と伊藤補足意見で共通している部分と異なる部分はどこか。▶【2】【12】

③応用問題

問15　伊藤補足意見については、それが表現の自由の保障に寄与するという評価と、必ずしもそうではないとの評価の両方が存在するが、いずれが妥当か。▶判批①、判批②

問16　伊藤補足意見の社会通念に対するアプローチは、判例①が示したアプローチと異なると解されているが、どの点が異なるといえるか。▶判批①79頁

問17　最高裁は、判例⑤において（旧）関税定率法21条1項4号（平成17年法律第22号による改正前のもの）により輸入が禁止されている風俗を害すべき書籍、図画について、どのような判断方法を用いたか。それは刑法175条のわいせつ該当性の判断とで基準を分けているか。また、その判断は妥当か。▶文献①

○ **関連判例**（本書所収以外のもの）
　最大判昭和 32 年 3 月 13 日刑集 11 巻 3 号 997 頁［チャタレー事件］（判例①）
　最大判昭和 44 年 10 月 15 日刑集 23 巻 10 号 1239 頁［『悪徳の栄え』事件］（判例②）
　最判昭和 55 年 11 月 28 日刑集 34 巻 6 号 433 頁［『四畳半襖の下張り』事件］（判例③）
　最決昭和 54 年 11 月 19 日刑集 33 巻 7 号 754 頁［日活ポルノ事件］（判例④）
　最判平成 20 年 2 月 19 日民集 62 巻 2 号 445 頁［メイプルソープ事件］（判例⑤）
○ **本判決の調査官解説**
　木谷明「判解」最高裁判所判例解説刑事篇昭和 58 年度 7 頁（判解①）
○ **その他の判例解説・判例批評**
　中谷実「判批」ジュリスト 791 号（1983 年）76 頁（判批①）
　江橋崇「判批」昭和 58 年度重要判例解説（1984 年）25 頁（判批②）
○ **参考文献**
　市川正人「判批」平成 20 年度重要判例解説（2008 年）18 頁（文献①）
　伊藤正己『裁判官と学者の間』（有斐閣、1993 年）（文献②）
　松井茂記『表現の自由と名誉毀損』（有斐閣、2013 年）

32 『夕刊和歌山時事』事件

最高裁昭和44年6月25日大法廷判決

昭和41年(あ)第2472号：名誉毀損被告事件
刑集23巻7号975頁

和歌山時事新聞社を経営する被告人は、『夕刊和歌山時事』に、「街のダニAの罪状」または「吸血鬼Aの罪業」と題する記事を自ら執筆し、7回にわたって同新聞に掲載した。その内容は、AまたはAの指示のもとに、『和歌山特だね新聞』の記者が和歌山市役所土木部の某課長に向かって「出すものを出せば目をつむってやるんだが、チビリくさるのでやったるんや」と聞こえよがしの捨てせりふを吐いたうえ、今度は上層の某主幹に向かって「しかし魚心あれば水心ということもある、どうだ、お前にも汚職の疑いがあるが、一つ席を変えて一杯やりながら話をつけるか」と凄んだ内容が掲載されていた。

そのため、被告人は刑法230条1項の名誉毀損罪で起訴された。第一審（和歌山地判昭41・4・16刑集23-7-984）は記事のAの暴言部分の真実性につき、『和歌山特だね新聞』の記者が市役所を訪れた事実と「席を変えましょう」との発言を行った事実は認められるものの、脅迫めいた発言については証明がなされていないとした。また、真実と信じるに足る相当な理由があったか否かについては、本件記事の根拠となった取材は被告人の記者の口頭報告と「あいつはしぶいからなア」と書かれたメモだけであり、真実と信ずるにつき相当な理由があったものと認めることはできないとして罰金3000円の有罪判決を下し、控訴審（大阪高判昭41・10・7刑集23-7-995）もそれを認容した。そのため、被告人は、名誉毀損の免責要件たる真実性の証明を厳格に要求することは表現の自由を侵害するとして上告した。

■**参考条文**（事件当時のもの）

刑法
第230条ノ2　〔第1項〕前条第一項ノ行為公益ノ利害ニ関スル事実ニ係リ其目的専ラ公益ヲ図ルニ出テタルモノト認ムルトキハ事実ノ真否ヲ判断シ真実ナルコトノ証明アリタルトキハ之ヲ罰セス

> **Navigator**　日本国憲法の制定により表現の自由が保障されたことに伴い、昭和22年の刑法改正の際、230条の2が追加された。しかし、表現者がその事実を真実であると誤信していた場合に罪責にどのような影響が生じるかについては見解が分かれていた。この問題は刑法230条の2の法的性格をどのように捉えるかに関連しており、本件の調査官解説によれば、真実の証明による不処罰の根拠について四つのアプローチがありうるという（判解①258頁）。すなわち、第1に、真実の証明があれば処罰を免れるとする処罰阻却説（＝真実の証明がなければ処罰を免れない）、第2に、真実の証明によって行為の違法性が阻却されるとする違法性阻却無限定説（＝真実と誤信した場合には相当の理由がなくても故意がなくなり犯罪は成立しない）、第3に、一定の要件をみたした真実の証明によって行為の違法性が阻却されるとする違法性阻却限定説（真実を誤信した場合には相当の理由があるか過失がなければ責任がない）、第4に、公益のための真実の言論は違法性がなく構成要件そのものが否定されるとする構成要件該当性阻却説（＝行為者が客観的に証明可能な根拠をもって真実と信じたのであれば現実に真実の証明ができなくても故意がなく、犯罪が成立しない）の四つである。
>
> 立法当時、政府は処罰阻却説に依拠する立場をとり、本件が登場するまで最高裁も同様の立場から判断していた（判批④105頁）。しかし、この立場は表現の自由との調整が不十分ではないかとの指摘が強く、下級審では違法性阻却説をとる傾向にあった（判批③127-128頁）。こうした中、本判決は判例変更を行って表現の自由との調整を図る法理を提示した。

■判決の論理構造

刑法230条の2の趣旨は何か	【刑法230条の2の趣旨】 人格権としての個人の名誉の保護と表現の自由との調和をはかったものである
名誉権と表現の自由の調整はどのように行えばよいか	【調整方法】 真実であることの証明がない場合でも、行為者がその事実を真実であると誤信し、その誤信したことについて、確実な資料、根拠に照らし相当の理由があるときは、犯罪の故意がなく、名誉毀損の罪は成立しないとすることで調整が行われる

判　決

○ 主　文

原判決および第一審判決を破棄する。

本件を和歌山地方裁判所に差し戻す。

○ 理　由

[1]　弁護人橋本敦、同細見茂の上告趣意は、憲法21条違反をいう点もあるが、実質はすべて単なる法令違反の主張であつて、適法な上告理由にあたらない。

[2]　しかし、所論にかんがみ職権をもつて検討すると、原判決が維持した第一審判示事実の要旨は、

「被告人は、その発行する昭和38年2月18日付『夕刊和歌山時事』に、『吸血鬼Aの罪業』と題し、BことC本人または同人の指示のもとに同人経営のD特だね新聞の記者が和歌山市役所土木部の某課長に向かつて『出すものを出せば目をつむつてやるんだが、チビリくさるのでやつたるんや』と聞こえよがしの捨てせりふを吐いたうえ、今度は上層の某主幹に向かつて『しかし魚心あれば水心ということもある、どうだ、お前にも汚職の疑いがあるが、一つ席を変えて一杯やりながら話をつけるか』と凄んだ旨の記事を掲載、頒布し、もつて公然事実を摘示して右坂口の名誉を毀損した。」

というのであり、第一審判決は、右の認定事実に刑法230条1項を適用し、被告人に対し有罪の言渡をした❶。

[3]　そして、原審弁護人が「被告人は証明可能な程度の資料、根拠をもつて事実を真実と確信したから、被告人には名誉毀損の故意が阻却され、犯罪は成立しない。」旨を主張したのに対し、原判決は、「被告人の摘示した事実につき真実であるこの証明がない以上、被告人において真実であると誤信していたとしても、故意を阻却せず、名誉毀損罪の刑責を免れることができないことは、すでに最高裁判所の判例（昭和34年5月7日第一小法廷判決、刑集13巻5号641頁）の趣旨とするところである」と判示して、右主張を排斥し、被告人が真実であると誤信したことにつき相当の理由があつたとしても名誉毀損の罪責を免れえない旨を明らかにしている❷。

[4]　しかし、刑法230条ノ2の規定は、人格権としての個人の名誉の保護と、憲法21条による正当な言論の保障との調和をはかつたものというべきであり、これら両者間の調和と均衡を考慮するならば、たとい刑法230条ノ2第1項にいう事実が真実であることの証明がない場合でも、行為者がその事実を真実であると誤信し、その誤信したことについて、確実な資料、根拠に照らし相当の理由があるときは、犯罪の故意がなく、名誉毀損の罪は成立しないものと解するのが相当である❸。これと異なり、右のような誤信があつたとしても、およそ事実が真実であることの証明がない以上名誉毀損の罪責を免れることがないとした当裁判所の前記判例（昭和33年（あ）第2698号同34年5月7日第一小法廷判決、刑集13巻5号641頁）は、これを変更すべきものと認める❹。したがつて、原判決の前記判断は法令の解釈適用を誤つたものといわなければならない。

[5]　ところで、前記認定事実に相応する公訴事実に関し、被告人側の申請にかかる証人Eが同公訴事実の記事内容に関する情報を和歌山市役所の職員から聞きこみこれを被告人に提供した旨を証言したのに対し、これが伝聞証拠であることを理由に検察官から異議の申立があり、第一審はこれを認め、異議のあつた部分全部につきこれを排除する旨の決定をし、その結果、被告人は、右公訴事実につき、いまだ右記事の内容が真実であることの証明がなく、また、被告人が真実であると信ずるにつき相当の理由があつたと認めることはできないものとして、前記有罪判決を受けるに至つており、原判決も、右の結論を支持していることが明らかである❺。

[6]　しかし、第一審において、弁護人が「本件は、その動機、目的において公益をはかるためにやむなくされたものであり、刑法230条ノ2の適用によつて、当然無罪たるべきものである。」旨の意見を述べたうえ、前記公訴事実につき証人Eを申請し、第一審が、立証趣旨になんらの制限を加えることなく、同証人を採用している等記録にあらわれた本件の経過からみれば、E

❶　[2]では、本件の認定事実と、それに対する第一審の判断が確認されている。第一審は違法性阻却説をとったとされる（判解①258頁）。

❷　[3]では、原審における弁護人の主張と控訴審の判断内容が示されている。冒頭では被告人の主張が取り上げられており、そこでは構成要件該当性阻却説をとっているとされる（判解①258頁）。なお、控訴審は先例に依拠しながら処罰阻却説をとったとされる（同）。

❸　[4]の第1文では、刑法230条の2の真実性の証明につき、真実であると誤信した場合には一定の要件をみたせば名誉毀損罪が成立しないことが示されている。昭和34年の先例が真実性の証明がなければ真実と誤信した場合でも名誉毀損罪が成立するとしていたが、本判決は表現の自由との関係を考慮して、真実と誤信した場合には名誉毀損罪が成立しないことがあることを示した。第1文では、名誉権と表現の自由の調整をはかるため、いわゆる相当性の法理が提示されている。本判決が相当の理由について「確実な資料、根拠に照らし」という限定をつけたのは、相当の理由について客観的な枠があることを明らかにしたものと指摘される（判解①260頁）。また、本判決は違法性阻却限定説をとったとされる（同260頁）。

❹　[4]の第2文では、昭和34年の判決を判例変更している。なお、本件以前に民事事件における名誉毀損の最高裁判決（判例①）が、真実と信じるについて相当の理由があれば不法行為が成立しないと判示しており、本件はそれと平仄を合わせる形になった（判解①259-260頁）。

❺　[5]では、下級審が証人Eの証言について伝聞証拠にすぎないことを理由に排除し、その結果真実の証明が難しくなったことが述べられている。

証人の立証趣旨は、被告人が本件記事内容を真実であると誤信したことにつき相当の理由があつたことをも含むものと解するのが相当である❻。

[7] してみれば、前記Eの証言中第一審が証拠排除の決定をした前記部分は、本件記事内容が真実であるかどうかの点については伝聞証拠であるが、被告人が本件記事内容を真実であると誤信したことにつき相当の理由があつたかどうかの点については伝聞証拠とはいえないから、第一審は、伝聞証拠の意義に関する法令の解釈を誤り、排除してはならない証拠を排除した違法があり、これを是認した原判決には法令の解釈を誤り審理不尽に陥つた違法があるものといわなければならない❼。

[8] されば、本件においては、被告人が本件記事内容を真実であると誤信したことにつき、確実な資料、根拠に照らし相当な理由があつたかどうかを慎重に審理検討したうえ刑法230条ノ2第1項の免責があるかどうかを判断すべきであつたので、右に判示した原判決の各違法は判決に影響を及ぼすことが明らかであり、これを破棄しなければいちじるしく正義に反するものといわなければならない❽。

[9] よつて、刑訴法411条1号により原判決および第一審判決を破棄し、さらに審理を尽くさせるため同法413条本文により本件を和歌山地方裁判所に差し戻すこととし、裁判官全員一致の意見で、主文のとおり判決する。
（裁判長裁判官　石田和外　裁判官　入江俊郎　裁判官　長谷部謹吾　裁判官　城戸芳彦　裁判官　田中二郎　裁判官　松田二郎　裁判官　岩田誠　裁判官　下村三郎　裁判官　色川幸太郎　裁判官　大隅健一郎　裁判官　松本正雄　裁判官　飯村義美　裁判官　村上朝一　裁判官　関根小郷）

❻【6】では、証人Eの証言が真実であると誤信したことにつき相当の理由があつたことに関わるものであるとしている。

❼【7】では、証人Eの証言は真実であると誤信したことについて相当の理由があるかどうかの判断に必要なものであり、これを排除した下級審の判断は違法であることが述べられている。

❽【8】では、真実であると誤信したことにつき、確実な資料、根拠に照らし相当な理由があつたかどうかを慎重に審理すべきであると述べられている。

Questions

①事実関係の確認
問1　本件において、被告人はどのような情報を発信したのか。また、被告人の発言のどのような点が名誉毀損罪にあたるとされたのか。▶事案

問2　本件において、被告人はなぜその情報を事実だと誤信したのか。また、どのようにしてその情報を入手したのか。▶事案

問3　被告人はいかなる立場（職業）から情報を発信しているのか。▶事案

②判決の内容の確認
問4　従来の先例は真実性の証明についてどのような判断を行ってきたか。また、それは名誉毀損の罪責につき免責要件をどのような法的性格と位置づけたものといえるか。▶【3】

問5　本判決が判例変更を行った理由は何か。▶【4】

問6　本判決は原判決が法令の解釈適用を誤ったとしているが、原判決の判断にはどのような誤りがあったのか。▶【4】

問7　本判決が示した判断内容に沿って考えると、名誉毀損罪の免責要件はどのようにまとめられるか。▶【4】

問8　本判決は、名誉毀損罪の法的性格につき、【Navigator】に示した四つの立場からすると（判解①258頁）、どの立場をとったものと解されるか。▶【4】

問9　本判決は、本件において相当の理由があるかどうかにつき、具体的にどのような判断を行ったか。▶【5】〜【8】

③応用問題
問10　本判決は、名誉権と表現の自由を調整したとしているが、両者はどのような関係にあると考えているか。▶【4】

問11　本判決は、昭和34年判決を引用するだけで、民事事件における名誉毀損について相当性の法理に近い判断を示した判例①について言及していないが、それはなぜか。▶【4】

問12　本判決が示した相当性の法理は、名誉権と表現の自由との調整を図ったものであったが、その後の裁判において相当の理由があったことを認める判断は極めて少ない。このことをふまえると、本判決は表現の自由との調和を十分に図ったといえるか。▶判批①

問13　本判決に対して、アメリカの「現実の悪意」の法理（当該情報の内容が虚偽であると知っていて、またはその真偽に注意を払わないで表現した場合にのみ名誉毀損になるとする法理）を採用すべきとの見解があるが、そのような主張は妥当か。▶判批②

問14　インターネット上の名誉毀損につき、特別な法理を適用すべきとする立場（判例②）と通常の名誉毀損罪と同様の法理で対応すべきとの立場（判例③）があるが、いずれが適切か。▶文献①

○ **関連判例**（本書所収以外のもの）
最判昭和41年6月23日民集20巻5号1118頁（判例①）
東京地判平成20年2月29日判時2009号151頁［ラーメン花月事件第一審］（判例②）
最決平成22年3月15日裁時1503号10頁［ラーメン花月事件上告審］（判例③）

本判決の調査官解説
鬼塚賢太郎「判解」最高裁判所判例解説刑事篇昭和 44 年度 242 頁（**判解①**）

その他の判例解説・判例批評
上村貞美「判批」憲法判例百選 I［第 6 版］（2013 年）144 頁（**判批①**）
浦部法穂「判批」憲法判例百選 I［第 4 版］（2000 年）144 頁（**判批②**）
小倉一志「判批」商学討究 62 巻 1 号（2011 年）237 頁
西山富夫「判批」昭和 44 年度重要判例解説（1970 年）127 頁（**判批③**）
福田平「判批」ジュリスト 432 号（1969 年）103 頁（**判批④**）

参考文献
高橋和之＝松井茂記＝鈴木秀美編『インターネットと法［第 4 版］』（有斐閣、2010 年）第 2 章（**文献①**）

第 12 章　表現の自由(5)：内容中立規制

1　学説の状況

(1)　内容規制と内容中立規制の区別　　内容規制と内容中立規制の区別の仕方は必ずしも明確ではない。むしろ、ある規制が内容規制に該当するのか、あるいは、内容中立規制に該当するのかということそれ自体が法的論点になるとの前提から入る方が学習上は有用である。直観的に理解しやすいのは、規制法規の「文言」に注目して、文言上、表現の内容に基づき規制対象が定められているか否かによって内容規制と内容中立規制を区別するという考え方である。ただ、この区別の母国であるアメリカにおいては、規制の「文言」ではなく、規制の「目的」（理由）に着目して、両者を区別する考え方が有力である。たとえば、大音量での演説が聴衆へのメッセージの伝達と物理的現象としての騒音を生み出すように、一般的に表現行為は、伝達的効果（メッセージの伝達）と非伝達的効果（騒音）の両方の効果を有する。規制の「目的」に着目した区別は、伝達的効果の抑止を「目的」とした規制を内容規制とし、非伝達的効果の抑止を「目的」とした規制を内容中立規制とするのである。最高裁がかつて重視していた直接的規制と間接的・付随的規制の区別も、規制の「目的」に着目した内容規制と内容中立規制の区別とほぼ同義であったといえる（香城敏麿「判解」最判解刑昭和 49 年度 165 頁、188-193 頁参照）。

もっとも、注意が必要なのは、上記のいずれの考え方に依拠したとしても、時・場所・方法の規制（TPM 規制）が必然的に内容中立規制となるわけではないということである（佐々木弘通「言論の内容規制と内容中立規制」大石眞＝石川健治編『憲法の争点』（有斐閣、2008 年）118-119 頁も参照）。健康に害をもたらす情報を消費者が受け取ることを防止するため、公共の「場所」でのタバコ広告を禁止する場合のように、場所的規制であるが同時に内容規制という場合もありうる。内容中立規制か否かと TPM 規制か否かは区別の軸を異にし、学説上、審査基準の決定軸として重視されてきたのは前者の軸であったと理解しておく必要がある。

(2)　内容中立規制の諸類型　　上記の規制の「目的」に着目した定義に基づいた場合、次のような三つの事案類型が、内容中立規制と分類される主たる規制類型として挙げることができる。まず、第 1 の類型は、表現行為を規制対象としつつも、規制の「目的」は非伝達効果の抑止にあり、かつ、規制範囲も時・場所・方法に限定されているという事案である。たとえば、住居環境の平穏を維持するための音量規制のような類型がこれに該当する。第 2 の類型は、本来的には表現行為とは無関係な規制であったが、規制対象行為が象徴的言論などの表現行為として用いられたことにより、偶発的に表現行為が規制されるという事案（講学上は付随的規制とも呼ばれる）である。たとえば、政府を批判するために、他人が所有する国旗を燃焼させたという行為が、財産権保護を目的とした器物損壊罪に問われるという場合がこれに該当する。第 3 の類型は、文言上は、表現行為をその内容に基づいて規制するものではあるが、規制の「目的」は、表現の伝達それ自体を抑止することにあるのではなく、むしろ、表現の伝達が行われることによって派生的に発生する効果（二次的効果と呼ばれる）を抑止することにあるという事案である。たとえば、特定地域における地価の下落の防止を「目的」に、当該地域における成人映画館の営業を禁止するという場合がこの類型に該当する（この場合、映画館への入場者が誰もおらず伝達的効果が発生しなくても、映画館の存在それ自体から地価の下落という効果が発生しうる）。また、公務員の政治活動に対する規制も、文言上は、その内容が政党等の支持に該当する表現行為のみ規制の対象とするものであるが、公務員の政治活動がもたらす伝達的効果それ自体の防止を目的とした規制ではなく、公務員が政治活動をすることそれ自体が生み出す行政組織への影響という二次的効果の抑止を目的とした規制として捉えれば、内容中立規制と分類することができる。

(3)　内容中立規制に適用される審査基準　　内容中立規制の憲法適合性は、内容規制と比較して、相対的に緩やかな審査基準に基づき判断されると考えられてきた（以下は、芦部信喜『憲法学Ⅲ［増補版］』（有斐閣、2000 年）434 頁以下も参照）。内容中立規制に適用される審査基準としては、いわゆるオブライエン・テストが有名であり、それは、①規制目的としては、重要な利益を促進するものであること、②規制手段としては、「より制限的でない他の選びうる手段」が存在しないこと（LRA の基準）をみたすことを求めるという点にその特徴がある。もっとも、このオブライエン・テストは、象徴的言論が問題となった (2) の第 2 類型の事案を念頭に登場した審査基準であり、内容中立規制かつ TPM 規制という上記の第 1 類型の事案においては、主として、①規制目的が重要な利益を促進するものであること、②規制手段として、同じように効果的に規制目的を促進できる手段が存在しないこと、③「充分な代替的伝達経路」（Ample Alternative Channels）が開かれていること（AAC の基準）といった要件に基づき憲法適合性を審査する基準が用いられているとされる（著名な判例として、Ward v. Rock Against Racism, 491 U.S. 781 (1989)）。この基準を、オブライエン・テストと比較した場合、目的審査は同じであるが、手段審査においては、LRA の不存在までは要求されていないこと、他方で、AAC の基準というオブライエン・テストにはない観点に基づいた基準が適用されるという特殊性がある。ただ、両者は完全に使い分けられているわけではなく、融合傾向にあるとされ、結果として、内容中立規制に対する審査基準は、実質的にアドホックな利益衡量に限りなく近い状況にあるとされている。

なお、内容中立規制であっても、表現の機会を減少させ、自由市場に流れる思想の絶対量を減らす「効果」を有することには変わりない。そのため、内容規制と内容中立規制において審査基準を変えることそれ自体について学説上強い批判がある（市川正人『表現の自由の法理』（日本評論社、2003 年））。また、(2) の第 3 類型を内容中立規制とし、相対的に低い審査基準を適用することは、アメリカでも、実際には性表現の分野に限定されているという指摘がある（長谷部恭男「表現活動の間接的・付随的制約」戸松秀典＝野坂泰司編『憲法訴訟の現状分析』（有斐閣、2012 年）232 頁、240 頁）。

2　判例の展開

(1)　猿払事件以前の展開　　初期の最高裁判例は、内容規制と内容中立規制の区別というよりも、むしろ、TPM 規制であることそれ自体に着目して憲法判断を行っていたといえ

る。その嚆矢となったのが、選挙運動としての戸別訪問禁止の合憲性が争われた最大判昭25・9・27刑集4-9-1799（以下「昭和25年判決」という）である。同判決は、「憲法21条は絶対無制限の言論の自由を保障しているのではなく、公共の福祉のためにその時、所、方法等につき合理的制限のおのずから存することは、これを容認するものと考うべきである」と論じ、TPM規制であることを主たる論拠として戸別訪問禁止を合憲とした。続けて、最高裁は、選挙運動期間中における掲示規制の合憲性を判断した最大判昭30・4・6刑集9-4-819（以下「昭和30年判決」という）において、昭和25年判決と同様、「時、所、方法等につき合理的制限のおのづから存する」との命題を確認したうえで、選挙運動期間中の規制について、「この程度の規制は、公共の福祉のため、憲法上許された必要且つ合理的の制限と解することができる」との判断を示している。この昭和25年判決、昭和30年判決は、以後、TPM規制の憲法適合性が争われた事件において広く引用されることになる。特に、それらの事案では、昭和30年判決と同様、「この程度の規制は……」の一節で憲法的論証が締め括られるという点に特色があった。たとえば、電柱等への政治的ビラ貼りを処罰することの合憲性が争われた昭和40年代の次の二つの大法廷判決はその典型といえよう。昭和43年の**大阪市屋外広告物条例事件**〔本書33事件〕では美観風致の維持を目的とした特定場所での張り紙規制の憲法適合性が、昭和45年の最大判昭45・6・17刑集24-6-280（以下「昭和45年判決」という）では他人の権利保護を目的とした特定場所での張り紙規制の憲法適合性が問題となったが、それぞれ、簡潔な検討を示したうえで、昭和25年判決、昭和30年判決を引用し、「この程度の規制は……」の定型句を示して、規制を合憲としている。そのうち昭和45年判決では、「たとい思想を外部に発表するための手段であつても、その手段が他人の財産権、管理権を不当に害するごときものは、もとより許されない」との命題が新たに提示されており、以後、TPM規制の中でも特に他人の権利保護を理由とした規制の合憲性が争われた事案において広く引用されることになる。

(2) **猿払事件以後の展開** 初期の最高裁判例においては、TPM規制であることそれ自体が「規制の程度」を弱め、直ちに合憲性を基礎づける要素として位置づけられていたといえる。ただ、それらの判決の説示は簡潔なものにとどまっていたため学説上多くの批判が寄せられていた。その中で、TPM規制事案における合憲判断をより精緻に論じていこうとする流れが生じてくることになる。その第1の流れが、猿払事件判決〔本書21事件〕の枠組みを基礎に論証を展開するものであり、その典型といえるのが戸別訪問禁止の合憲性を改めて検討した昭和56年の**戸別訪問禁止事件①判決**〔本書35事件〕である。戸別訪問禁止事件①判決は、戸別訪問禁止が有するTPM規制という性格ではなく、むしろ、「意見表明そのものの制約を目的とするものではなく、意見表明の手段方法のもたらす弊害」の防止を目的としているとの規制の「目的」に着目したうえで、猿払事件判決が提示した合理的関連性の基準に従った憲法判断を示している。そこでは、「戸別訪問以外の手段方法による意見表明の自由を制約するものではな」いとして、規制態様としてTPM規制であることが利益衡量の重要な要素として位置づけられているものの、まずは、間接的付随的規制であるとの規制目的に着目した審査基準の選択が先行している点にその特徴を見出すことができ

る。このような論証は、一時期、調査官にも強い影響を与えており、たとえば、自動販売機による成人雑誌販売を禁止した条例の憲法適合性が問題となった平成元年の岐阜県青少年保護育成条例事件判決（後述）の調査官解説などは、当該規制は成人にとっては内容中立規制（間接的付随的規制）であるとし、合理的関連性の基準を採用、それに沿って当該規制の合憲性を論じている（原田國男「判解」最判解刑平成元年度288頁）。これに対し、第2の流れとなるのが、猿払事件判決を前提とせず、むしろ、詳細な利益衡量論を展開しようとするものであり、昭和56年の**戸別訪問禁止事件②**〔本書36事件〕、昭和59年の**吉祥寺駅構内ビラ配布事件**〔本書37事件〕、昭和62年の**大分県屋外広告物条例事件**〔本書34事件〕、平成元年の**岐阜県青少年保護育成条例事件**〔本書39事件〕の各判例に付された伊藤正己裁判官の補足意見がこれに該当する。伊藤正己裁判官の補足意見には、①猿払事件判決のような間接的付随的規制を理由とした敬譲的基準の採用という考え方に依拠しない、②TPM規制であっても、表現の自由に対して深刻な影響を与えうることを強調する、③憲法判断は個別具体的な利益衡量に着目して判断される、④利益衡量において他の代替的伝達手段の有無を検討する、というような特徴があるといえ、それぞれの補足意見においては最高裁の結論自体は支持しつつも、具体的事案が異なれば同じ規制であっても、違憲となる場合があることが示唆されている。

(3) **調査官解説による判例の再整理** 最高裁は、平成に入ってからも、TPM事案においては、たとえば、**防衛庁立川宿舎ビラ投函事件判決**〔本書38事件〕のように、簡潔な判示により判決を正当化する傾向を変えてはない。ただ、調査官レベルにおいては、それらの判決の背後にある考え方を説明するにあたり、猿払事件判決に基礎を置いた方法に依拠することは今日ではほとんどみられなくなっている。むしろ、簡潔な判決の背後に、伊藤正己裁判官が補足意見で展開したような慎重な利益衡量論があったという観点から判決の理由やその射程を説明するものが主流となってきている（たとえば、西野吾一「判解」最判解刑平成21年度532頁）。また、TPM規制の事案に一般的にみられた判決理由が簡潔なものにとどまる場合というのは、裁判所の審査範囲を限定する敬譲的基準の採用を意味するものではなく、利益衡量の結論が明白であるとの特殊事情があったことから、単に厳格な基準を当該事案では併用しなかっただけであるとの説明もなされている（岩﨑邦生「判解」最判解刑平成24年度436頁、495頁）。それらの説明を敷衍すれば、判決文を表面的に捉えて、TPM規制→合憲、間接的付随的規制→敬譲的基準というような図式を読み取ることには慎重である必要があり、特に当該判例の射程を考えるにあたっては、当該事案において何が考慮要素なったのかを調査官解説の記述内容も手がかりとしつつ、慎重に推察することが求められることになろう。

33 大阪市屋外広告物条例事件

最高裁昭和43年12月18日大法廷判決

昭和41年(あ)第536号：大阪市屋外広告物条例違反被告事件
刑集22巻13号1549頁

事案

被告人A、Bは、他2名と共謀のうえ、被告人A、Bと他2名との2組に分かれて、「四十五年の危機迫る!! 国民よ決起せよ!! 大日本菊水会本部」などと印刷したビラ合計26枚を、大阪市屋外広告物条例（以下「本条例」という）により貼り紙等の表示を禁止された物件である大阪市内の13か所の橋柱、電柱および電信柱に糊で貼り付けた。

第一審（大阪簡判昭40・6・14判決集未登載）は、被告人らの行為に対して、刑法60条、本条例13条1号、4条2項、3項各1号等を適用し、被告人Aを罰金8000円に、被告人Bを罰金5000円に処した。原審（大阪高判41・2・12刑集22-13-1557）は、以下のように説示して、被告人らの控訴を棄却した。「憲法21条の保障する表現の自由といえども無限に許されるものではなく、公共の福祉のために合理的な制限に服するものと解すべきところ、本件屋外広告物条例は屋外広告物法にもとづき制定されたものであり、……そこに規定された広告物の表示に対する制限は都市の美観風致の維持と公衆に対する危害防止という公共的見地からなされるものであつて、同条例の定める程度の制限は表現の自由に対し公共の福祉のために合理的な制限を定めたものとみることができる」。

これに対して、被告人らは、以下のような理由で上告した。「右条例は営利を目的とした……等のポスター、看板を取締るべき為にもうけられたものであり、何等営利に関係のない純粋な思想・政治・社会運動を対照[ママ]として右条例の拡大適用〔をすること〕は明らかに憲法違反である」。

■参考条文（事件当時のもの）

屋外広告物法
第1条　この法律は、美観風致を維持し、及び公衆に対する危害を防止するために、屋外広告物の表示の場所及び方法並びに屋外広告物を掲出する物件の設置及び維持について、必要な規制の基準を定めることを目的とする。
第2条　この法律において「屋外広告物」とは、常時又は一定の期間継続して屋外で公衆に表示されるものであつて、看板、立看板、はり紙及びはり札並びに広告塔、広告板、建物その他の工作物等に掲出され、又は表示されたもの並びにこれらに類するものをいう。

大阪市屋外広告物条例
第1条　この条例は、屋外広告物法（昭和24年法律第189号）に基き、美観風致を維持し、及び公衆に対する危害を防止するために、屋外広告物（以下広告物という。）について、必要な規制を定めることを目的とする。
第2条　広告物を表示し、又は広告物を掲出する物件を設置しようとするときは、市長の許可を受けなければならない。但し、市長の定めるポスター、はり紙及び立看板で掲出期間30日をこえないものについては、この限りでない。
2　市長は、前項の許可に期限及び条件を付けることができる。

第4条
2　左の各号に掲げる物件には、広告物を表示し、又は広告物を掲出する物件を設置することはできない。
（1）橋りょう
（2）街路樹及び路傍樹
（3）郵便ポスト及び送電塔
（4）銅像及び記念碑
3　前二項に掲げるものの他、左の各号に掲げる物件、地域又は場所には、ポスター、はり紙及び立看板を表示し、又は掲出することができない。
（1）電柱及びこれに類するもの
（2）地下道の上屋
（3）高架鉄道の支柱
（4）市長の指定する道路及びこれに面する地域及び場所

第13条　左の各号の一に該当する者は、これを5万円以下の罰金に処する。
（1）第2条、第3条第1項、第4条、第5条又は第6条の規定に違反した者

Navigator

本判決は、ビラ貼り行為等を規制する本条例が、表現の自由に対する必要かつ合理的な制限を定めるものであり、憲法に違反しないと判断した。本条例においては、表現の伝達的効果の抑制が目的とされているわけではなく、当該表現のもたらす美観風致の侵害や公衆に対する危害発生の防止が立法目的である。学説上、本条例のような内容中立規制に対しては、内容規制よりは緩和された基準が適用されるといわれてきた。内容中立規制の合憲性判断基準には様々なものがあるが、代表的な基準は、①当該規制が重要な政府利益を達成するために役立つものであり、②情報伝達のための十分な他の選びうる経路が開かれていることを要求する（文献①436-437頁）。

しかし、本判決は、憲法21条の趣旨、同条の保護対象、規制目的の重要性、規制手段の必要最小限度性、代替的伝達経路の存否、適用違憲の成否といった、21条審査における考察経路を省略し、三段論法的な「公共の福祉論」によって合憲の結論に到達した。すなわち、本判決の論旨は、(i) 表現の自由は公共の福祉によって制約される→ (ii) 美観風致の維持は公共の福祉である→ (iii) 本条例は公共の福祉による表現の自由の制約として合憲である、といった単純なものである（文献②289-290頁）。本判決を読む場合には、現在の判例・学説の水準から考えると本来どのような議論が展開されるべきであったのか、という点に注意する必要がある。

判　決

○ 主　文
本件各上告を棄却する。
○ 理　由
被告人らの上告趣意について。

[1] 　第一審判決によれば、その確定した罪となるべき事実は、被告人両名は、法定の除外事由がないのに、原審相被告人 A および B と共謀のうえ、右 A と B、被告人両名の二組に分かれて、「四十五年の危機迫る!! 国民よ決起せよ!! 大日本菊水会本部」などと印刷したビラ合計 26 枚を大阪市屋外広告物条例（昭和 31 年大阪市条例第 39 号）によりビラ紙等の表示を禁止された物件である大阪市内の 13 箇所の橋柱、電柱および電信柱にのりではりつけたというのであり、右各所為に対し刑法 60 条、大阪市屋外広告物条例 13 条 1 号、4 条 2 項、3 項各 1 号等を適用し、被告人 D を罰金 8,000 円に、被告人 E を罰金 5,000 円に処しているのである❶。

[2] 　論旨は、まず、原判決は、なんら営利と関係のない純粋な思想・政治・社会運動である本件印刷物の貼付に大阪市屋外広告物条例の右各条項を適用した第一審判決を是認したが、右各条項は憲法 21 条に違反すると主張する❷。

[3] 　よって、右論旨を検討すると、前記大阪市屋外広告物条例は、屋外広告物法（昭和 24 年法律第 189 号）に基づいて制定されたもので、右法律と条例の両者相待って、大阪市における美観風致を維持し、および公衆に対する危害を防止するために、屋外広告物の表示の場所および方法ならびに屋外広告物を掲出する物件の設置および維持について必要な規制をしているのであり、本件印刷物の貼付が所論のように営利と関係のないものであるとしても、右法律および条例の規制の対象とされているものと解すべきところ（屋外広告物法 1 条、2 条、大阪市屋外広告物条例 1 条）、被告人らのした橋柱、電柱、電信柱にビラをはりつけた本件各所為のごときは、都市の美観風致を害するものとして規制の対象とされているものと認めるのを相当とする❸。そして、国民の文化的生活の向上を目途とする憲法の下においては、都市の美観風致を維持することは、公共の福祉を保持する所以であるから、この程度の規制は、公共の福祉のため、表現の自由に対し許された必要且つ合理的な制限と解することができる❹。従って、所論の各禁止規定を憲法に違反するものということはできず（当裁判所昭和 24 年（れ）第 2591 号同 25 年 9 月 27 日大法廷判決、刑集 4 巻 9 号 1799 頁、昭和 28 年（あ）第 4030 号同 30 年 3 月 30 日大法廷判決、刑集 9 巻 3 号 635 頁、昭和 28 年（あ）第 3147 号同 30 年 4 月 6 日大法廷判決、刑集 9 巻 4 号 819 頁、昭和 28 年（あ）第 1713 号同 32 年 3 月 13 日大法廷判決、刑集 11 巻 3 号 997 頁、昭和 37 年（あ）第 899 号同 39 年 11 月 18 日大法廷判決、刑集 18 巻 9 号 561 頁参照）、右と同趣旨に出た原判決の判断は相当であって、論旨は理由がない❺。

[4] 　その余の論旨は、事実誤認、単なる法令違反の主張であって（記録を調べても、被告人らの所論供述の任意性を疑うべき点は見出されない。）、刑訴法 405 条の上告理由にあたらない❻。

[5] 　よって、刑訴法 408 条により、裁判官全員一致の意見で、主文のとおり判決する。
（裁判長裁判官　横田正俊　裁判官　入江俊郎　裁判官　草鹿浅之介　裁判官　長部謹吾　裁判官　城戸芳彦　裁判官　石田和外　裁判官　田中二郎　裁判官　松田二郎　裁判官　岩田　誠　裁判官　下村三郎　裁判官　大隅健一郎　裁判官　松本正雄　裁判官　飯村義美）

❶ 【1】は、事実の概要を説明する。被告人らの行った表現は、政治的内容を含むビラ 26 枚を 13 か所の橋柱、電柱、電信柱に糊で貼り付けるというものである。被告人らの当該表現は、事後的に、罰金刑による処罰を受けた。

❷ 【2】は、被告人の憲法上の主張を要約する。被告人の主張は、本件のように営利目的のない純粋な政治的表現に本条例を適用することは違憲であるというものである。被告人らは、政治的表現の特権性に基づいて、本条例の適用違憲を主張する。

❸ 【3】の第 1 文は、本条例の解釈として、被告人らの行為が本条例の規制対象となるかを検討する。その結論は、「本件条例は、美観風致の維持と公衆に対する危害防止とを目的とするものであるから、広告物は、営利と関係のないものも規制の対象となる」というものである（判解①480 頁）。【3】の第 1 文は、本条例が条例解釈上被告人らの行為に適用されることを説示するのみで、当該解釈の憲法上の評価について論じていない。なお、「美観」は建物の美観を、「風致」はその付近一帯の風景を意味する（判批②51 頁）。

❹ 【3】の第 2 文は、本条例の目的が正当で規制の必要性・合理性も存在すると述べる。第 2 文は、本条例の目的たる「都市の美観風致を維持すること」が「国民の文化的生活の向上を目途とする憲法の下」で正当と評価できるとする。大分県屋外広告物条例事件判決〔本書 34 事件〕の伊藤補足意見は、この説示について、「現代の社会生活においては、都市であると田園であるとを問わず、ある共通の通念が美観風致について存在」しており、このような「通念の存在を前提として、当該条例が法令違憲とはいえない旨を明らかにしたもの」であると理解する。なお、調査官は、本判決が「従来の判例に比べ、規制の合憲性を認めるのに厳格かつ明確な態度を示した」とするが（判解①480 頁）、そのような評価には疑問がある（判批①129 頁）。

❺ 【3】の第 3 文は、先例を引用して、本条例が憲法に違反しないとする。被引用判決は、選挙運動戸別訪問規制事件判決（判例①）、選挙運動文書図画頒布等規制事件判決（最大判昭 30・3・30 刑集 9-3-635、最大判昭 30・4・6 刑集 9-4-819、最大判昭 39・11・18 刑集 18-9-561）、チャタレー事件判決（判例②）である。

❻ 【4】は、被告人らのその他の主張を排斥する。被告人らは、供述の任意性の欠如などを主張していた。

Questions

①事実関係の確認

問1 本条例の立法目的は何か。▶【参考条文】

問2 本条例4条、13条は何を規定しているか。▶【参考条文】

問3 本条例で規制された被告人らの表現はどのようなものか。▶【事案】[1]

問4 本条例の規制の態様はどのようなものか。▶【事案】[1]

②判決の内容の確認

問5 被告人らの上告理由はどのようなものであったか。▶【事案】[2]

問6 本判決は、政治的表現に本条例の適用があるとしたか。▶【3】

問7 本判決は、被告人らの表現に本条例を適用することの憲法適合性について判断しているか。▶【3】

問8 本判決は、本条例の合憲性判断基準についてどのようなものを定立しているか。▶【3】

問9 本判決は、先例として、どのような判決を引用しているか。▶【3】

③応用問題

問10 「みだりに他人の家屋その他の工作物にはり札をし、若しくは他人の看板、禁札その他の標示物を取り除き、又はこれらの工作物若しくは標示物を汚した者」を拘留または科料に処するとしている軽犯罪法1条33号は憲法に違反するか。▶判例③、判批③

○ **関連判例**（本書所収以外のもの）
最大判昭和25年9月27日刑集4巻9号1799頁［選挙運動戸別訪問規制事件］（判例①）
最大判昭和32年3月13日刑集11巻3号997頁［チャタレー事件］（判例②）
最大判昭和45年6月17日刑集24巻6号280頁［軽犯罪法1条33号事件］（判例③）

○ **本判決の調査官解説**
木梨節夫「判解」最高裁判所判例解説刑事篇昭和43年度474頁（判解①）

○ **その他の判例解説・判例批評**
西土彰一郎「判批」憲法判例百選I［第6版］（2013年）128頁（判批①）
清水睦「判批」憲法判例百選I［第3版］（1994年）50頁（判批②）
高橋和之「判批」憲法判例百選I［第2版］（1988年）94頁（判批③）

○ **参考文献**
芦部信喜『憲法学III 人権各論(1)［増補版］』（有斐閣、2000年）（文献①）
市川正人『表現の自由の法理』（日本評論社、2003年）（文献②）

34 大分県屋外広告物条例事件

最高裁昭和62年3月3日第三小法廷判決　　昭和59年(あ)第1090号：大分県屋外広告物条例違反被告事件
刑集41巻2号15頁

事案

　昭和55年5月11日午後8時30分ころ、被告人は、大分市内の商店街にある飲食店前の歩道上で、大分県屋外広告物条例（以下「本条例」という）で広告物を掲出することを禁じられている街路樹の支柱に、プラカード式ポスター1本の柄を針金でくくりつけた。次いで、被告人は、歩道上を徒歩で約16.6メートル西進し、喫茶店前の街路樹のところまで行き、プラカード式ポスター1本の柄の部分を街路樹の支柱に針金でくくりつけた。問題となった2本のプラカード式ポスターは、それぞれ、幅3.5センチメートル、厚さ2センチメートル、長さ約1.50メートルの支柱部分（角材）の先に釘付けした縦61センチメートル、横45.5センチメートルのベニヤ板に、日本共産党大演説会、弁士「赤旗」編集局長衆議院議員榊利夫、参議院議員（全国区選出）党経済政策副委員長渡辺武、党県生活防衛本部長浜田こういち、とき5月23日（金）午後6時30分開会、ところ大分市県立総合体育館と印刷された縦60.5センチメートル、横42センチメートルのポスターを貼り付けたものである。

　当時は参議院議員選挙の告示前であり、大分県大分警察署の警察官が、公選法にいう事前運動を含む夜間における犯罪の予防および少年補導等を目的とする防犯夜警に出動していた。大分警察署の公用車の中から被告人の上記行動をつぶさに観察した警察官は、公用車から降りて被告人に近づき、本条例違反の容疑で被告人に職務質問したが、被告人が質問の途中で急に後方を向いて立ち去りかけたので、逃亡のおそれがあるものと判断し、同人を本条例違反の現行犯人として逮捕した。

　第一審（大分簡判昭58・6・21刑集41-2-42）は、被告人の行為に対して本条例33条1号、4条1項3号等を適用し、被告人を罰金1万円に処した。原審（福岡高判昭59・7・17刑集41-2-50）は、以下のように説示して、被告人の控訴を棄却した。「表現の自由も、決して全く無制約のものではなく、公共の福祉のためには制限に服する場合もある」。「本件大分県条例4条1項3号、33条1号が基本権制約の必要最少限度の原則に反するものとすることはできないし、……右条例4条1項3号、33条1号を本件に適用することが違憲であると解することもできない」。

　これに対して、被告人は、以下のような理由で上告した。表現の自由の制約は必要最少限度のものでなければならないところ、本件ポスターは参議院議員選挙を控えた共産党演説会の告知宣伝を目的とした重要な政治的表現であり、また本件ポスターはプラカードに貼付されたもので期間が過ぎれば自主的に撤去されるものであることなどを考慮すると、被告人の本件表現に本条例33条1号、4条1項3号を適用して処罰することは、憲法21条に違反する。

■参考条文（事件当時のもの）

屋外広告物法
第1条　この法律は、美観風致を維持し、及び公衆に対する危害を防止するために、屋外広告物の表示の場所及び方法並びに屋外広告物を掲出する物件の設置及び維持について、必要な規制の基準を定めることを目的とする。
第2条　〔第1項〕この法律において「屋外広告物」とは、常時又は一定の期間継続して屋外で公衆に表示されるものであって、看板、立看板、はり紙及びはり札並びに広告塔、広告板、建物その他の工作物等に掲出され、又は表示されたもの並びにこれらに類するものをいう。
第4条
2　都道府県は、条例で定めるところにより、美観風致を維持するために必要があると認めるときは、左の各号に掲げる物件に広告物を表示し、若しくは広告物を掲出する物件を設置することを禁止し、又は制限することができる。
(1) 橋りょう
(2) 街路樹及び路傍樹
(3) 銅像及び記念碑
(4) 前各号に掲げるものの外、当該都道府県が特に指定する物件

大分県屋外広告物条例
第4条　〔第1項〕次の各号に掲げる物件に広告物を表示し、又は広告物を掲出する物件を設置してはならない。
(3) 街路樹、路傍樹及びその支柱
第33条　次の各号の一に該当する者は、5万円以下の罰金に処する。
(1) 第3条から第5条までの規定に違反して広告物又は広告物を掲出する物件を表示し、又は設置した者

Navigator

　本判決は、ビラ貼り行為等を規制する本条例が、表現の自由に対する必要かつ合理的な制限を定めるものであり、憲法21条に違反しないと判断した。本判決と昭和43年の大阪市屋外広告物条例事件判決〔本書33事件〕とを比較した場合、ポスター掲出の場所が街路樹の「支柱」であること、有罪認定の対象となったポスターの掲出が2枚ととく少数であることなどの事案の違いがある（判解①32頁）。さらに、本判決と大阪市屋外広告物条例事件判決との間に、よど号ハイジャック記事抹消事件〔本書22事件〕、『北方ジャーナル』事件〔本書27事件〕などを通じて、表現の自由をめぐる判例法理がある程度の展開をみせてきた。しかしながら、本判決の多数意見の説示は、若干の違いはあるものの、大阪市屋外広告物条例事件判決の判示をほぼそのまま引写したものとなっている。

　それにもかかわらず、本判決が現在でも参照される最大の理由は、伊藤正己裁判官による補足意見の存在にある。

伊藤裁判官は、同補足意見について、「私は、このような〔多数意見のような〕理由づけは説得力に欠くという学説の批判にたえるだけの論証ができないものかと考えていたので、条例が法令違憲かどうか、かりに合憲としても適用違憲の事態を生ずることがないかどうかなどについてかなり詳しく私見を展開したもの」であると述べ、「司法審査において、疑問のある場合の思考の方法のあり方を示そうとする意図に出たものといえようか」と振り返っている（文献①199-200頁）。同補足意見は、表現の自由が問題となる事案を検討する際の一つの思考のありようを表現したものとして、注意深く読まれる必要がある。

判　決

○ 主　文

本件上告を棄却する。

○ 理　由

[1] 弁護人　野善一郎、同岡村正淳、同安東正、同古田邦夫、同指原幸一の上告趣意のうち、憲法21条1項違反をいう点は、大分県屋外広告物条例は、屋外広告物法に基づいて制定されたもので、右法律と相俟つて、大分県における美観風致の維持及び公衆に対する危害防止の目的のために、屋外広告物の表示の場所・方法及び屋外広告物を掲出する物件の設置・維持について必要な規制をしているところ、国民の文化的生活の向上を目途とする憲法の下においては、都市の美観風致を維持することは、公共の福祉を保持する所以であり、右の程度の規制は、公共の福祉のため、表現の自由に対し許された必要かつ合理的な制限と解することができるから（最高裁昭和23年（れ）第1308号同24年5月18日大法廷判決・刑集3巻6号839頁、同昭和24年（れ）第2591号同25年9月27日大法廷判決・刑集4巻9号1799頁、同昭和41年（あ）第536号同43年12月18日大法廷判決・刑集22巻13号1549頁参照）、大分県屋外広告物条例で広告物の表示を禁止されている街路樹2本の各支柱に、日本共産党の演説会開催の告知宣伝を内容とするいわゆるプラカード式ポスター各1枚を針金でくくりつけた被告人の本件所為につき、同条例33条1号、4条1項3号の各規定を適用してこれを処罰しても憲法21条1項に違反するものでないことは、前記各大法廷判例の趣旨に徴し明らかであつて、所論は理由がなく、その余は、事実誤認、単なる法令違反の主張であつて、適法な上告理由に当らない❶。

[2] よつて、刑訴法408条により、主文のとおり判決する。

[3] この判決は、裁判官伊藤正已の補足意見があるほか、裁判官全員一致の意見によるものである。

❶ [1]が、本判決のほぼ全文である。[1]では、本条例の目的が公共の福祉の実現にあり、規制の必要性・合理性も肯定できることが、先例の趣旨に徴して明らかであるとされる。大阪市屋外広告物条例事件判決〔本書33事件〕と比較した場合、(1)条例の「各規定を適用してこれを処罰しても憲法21条1項に違反するものでない」として、適用違憲ではない旨の説示が付加されている点、(2)大阪市屋外広告物条例事件判決とは引用されている判決が一部異なる点に、特徴がある。(2)について、大阪市屋外広告物条例事件判決は、選挙運動戸別訪問規制事件判決（判例①）、選挙運動文書図画頒布等規制事件判決（最大判昭30・3・30刑集9-3-635、最大判昭30・4・6刑集9-4-819、最大判昭39・11・18刑集18-9-561）、チャタレー事件判決（最大判昭32・3・13刑集11-3-997）を引用していたが、本判決は、大阪市屋外広告物条例事件判決自体とそこで引用されていた選挙運動戸別訪問規制事件判決のほかに、食糧緊急措置令事件判決（判例②）を先例として挙げる。選挙運動戸別訪問規制事件判決は内容中立規制の先例として引用されている。他方、食糧緊急措置令事件の引用から、「表現内容中立規制、表現内容規制を問わず、……文化的見地からの積極的な表現内容への介入まで容認される」との準則を見出す見解もある（判批①129頁）。

少数意見

裁判官伊藤正已の補足意見は、次のとおりである。

[4] 一　法廷意見は、その引用する各大法廷判例の趣旨に量し、被告人の本件所為について、大分県屋外広告物条例（以下、「本条例」という。）の規定を適用してこれを処罰しても、憲法21条1項に違反するものではないと判示している。私も法廷意見の結論には異論がない。しかし、本件は、本条例を適用して政治的な情報の伝達の自由という憲法の保障する表現の自由の核心を占めるものに対し、軽微であるとはいえ刑事罰をもつて抑制を加えることにかかわる事案であつて、極めて重要な問題を含むものであるから、若干の意見を補足しておきたい❷。

[5] 二　本条例及びその基礎となつている屋外広告物法は、いずれも美観風致の維持と公衆に対する危害の防止とを目的として屋外広告物の規制を行つている。この目的が公共の福祉にかなうものであることはいうまでもない。そして、このうち公衆への危害の防止を目的とする規制が相当に広い範囲に及ぶことは当然である。政治的意見を表示する広告物がいかに憲法上重要な価値を含むものであつても、それが落下したり倒壊したりすることにより通

❷ [4]では、伊藤正已裁判官が補足意見を執筆した動機が述べられる。伊藤は、本条例とその適用が憲法21条に違反しないという法廷意見の結論には賛成する。しかし、本条例が憲法上優越的地位を有する政治的表現の自由を制限していること、さらにその制限が刑事罰という態様をとっていることから、本条例とその適用が合憲であるとの結論を導くためのより説得力ある論証が不可欠であると考え、補足意見を執筆した。

行人に危害を及ぼすおそれのあるときに、その掲出を容認することはできず、むしろそれを除去することが関係当局の義務とされよう。これに反して、美観風致の維持という目的については、これと同様に考えることができない。何が美観風致にあたるかの判断には趣味的要素も含まれ、特定の者の判断をもつて律することが適切でない場合も少なくなく、それだけに美観風致の維持という目的に適合するかどうかの判断には慎重さが要求されるといえる。しかしながら、現代の社会生活においては、都市であると田園であるとをとわず、ある共通の通念が美観風致について存在することは否定できず、それを維持することの必要性は一般的に承認を受けているものということができ、したがつて、抽象的に考える限り、美観風致の維持を法の規制の目的とすることが公共の福祉に適合すると考えるのは誤ではないと思われる❸。

[6]　当裁判所は、本条例と同種の大阪市の条例について、法廷意見も説示するように、国民の文化的生活の向上を目途とする憲法の下においては、都市の美観風致を維持することは、公共の福祉を保持する所以であり、右条例の規定する程度の規制は、公共の福祉のため、表現の自由に対し許された必要かつ合理的な制限と解することができるとし、右大阪市の条例の定める禁止規定を違憲無効ということができないと判示しているが（昭和41年（あ）第536号同43年12月18日大法廷判決・刑集22巻13号1549頁）、これも、前記のような通念の存在を前提として、当該条例が法令違憲といえない旨を明らかにしたものであり、その結論は是認するに足りよう❹。しかし、この判例の示す理由は比較的簡単であつて、その考え方について十分の論証がされているかどうかについては疑いが残る。美観風致の維持が表現の自由に怵的規制を加えることを正当化する目的として肯認できるとしても、このことは、その目的のためにとられている手段を当然に正当化するものでないことはいうまでもない。正当な目的を達成するために法のとる手段もまた正当なものでなければならない。右の大法廷判例が当該条例の定める程度の規制が許されるとするのは、条例のとる手段もまた美観風致の維持のため必要かつ合理的なものとして正当化されると考えているとみられるが、その根拠は十分に示されていない。例えば、1枚の小さなビラを電柱に貼付する所為もまたそこで問題とされる大阪市の条例の規制を受けるものであつたが、このような所為に対し、美観風致の維持を理由に、罰金刑とはいえ刑事罰を科することが、どうして憲法の自由の抑制手段として許される程度をこえないものといえるかについて、判旨からうかがうことができないように思われる❺。

[7]　このように考えると、右の判例の結論を是認しうるとしても、当該条例が憲法からみて疑問の余地のないものということはできない。それが手段を含めて合憲であるというためには、さらにたちいつて検討を行う必要があると思われる❻。

[8]　三　そこで、本件で問題となつている本条例についてその採用する規制手段を考察してみると、次のような疑点を指摘することができる❼。

[9]　(1)　本条例の規制の対象となる屋外広告物には、政治的な意見や情報を伝えるビラ、ポスター等が含まれることは明らかであるが、これらのものを公衆の眼にふれやすい場所、物件に掲出することは、極めて容易に意見や情報を他人に伝達する効果をあげうる方法であり、さらに街頭等におけるビラ配布のような方法に比して、永続的に広範囲の人に伝えることのできる点では有効性にまさり、かつそのための費用が低廉であつて、とくに経済的に恵まれない者にとつて簡便で効果的な表現伝達方法であるといわなければならない。このことは、商業広告のような営利的な情報の伝達についてもいえることであるが、とくに思想や意見の表示のような表現の自由の核心をなす表現についてそういえる。簡便で有効なだけに、これらを放置するときには、美観風致を害する情況を生じやすいことはたしかである。しかし、このようなビラやポスターを貼付するに適当な場所や物件は、道路、公園等とは性格を異にするものではあるが、私のいうパブリック・フォーラム（昭和59年（あ）第206号同年12月18日第三小法廷判決・刑集38巻12号3026頁における私の補足意見参照）たる性質を帯びるものということができる。そうとすれば、とくに思想や意見にかかわる表現の規制となるときには、美観風致の維持という公共の福祉に適合する目的をもつ規制であるというのみで、たやすく合憲であ

❸　[5]は、本条例の目的が公共の福祉にかなうことを説明する。本条例の目的は、(1)美観風致の維持と(2)公衆に対する危害の防止にある。伊藤補足意見は、(2)について、他者の生命・身体・財産への侵害を防止する正当な目的であると認定し、(1)についても、その主観性は否定できないが、「現代の社会生活においては、……ある共通の通念が美観風致について存在する」として、このような社会通念を法の目的とすることも許されると説示する。多数意見が「都市の美観風致の維持」という立法目的の正当性を憲法が「国民の文化的生活の向上を目途」としていることから導いたのに対して、伊藤補足意見はそれを美観風致についての共通の社会通念の存在から導いている点で、両者の論旨は異なっている。結論として、伊藤補足意見は多数意見と同様に、(2)の目的を正当と認めたが、これに対しては、「美観風致の維持という規制目的の正当性を抽象的に認めてしまい、規制目的の正当性につきそれ以上検討を加えていない点は、同補足意見の限界として留意されるべきであろう」との批判がある（文献②305頁）。「伝統的に公権力作用であると観念されてきた美観風致の維持をいわば『文化国家』（多分に道徳的色彩を帯びやすい観念でもある）の推進の路線上において超越的で抽象的な公共の福祉として定位することで規制目的を肯定する」といった批判がある（判批①127頁）。

❹　[6]の第1文では、美観風致の維持という本条例の目的の正当性が敷衍される。その要旨は、(1)大阪市屋外広告物条例事件判決〔本書33事件〕が美観風致の維持という目的の正当性を是認したこと、(2)同判決は美観風致についての「ある共通の通念」の存在を前提にしておりその論旨は正当であることの2点である。学説からは、大阪市屋外広告物条例事件判決がチャタレー事件判決（前掲最大判昭32・3・13）を引用していたことに関連して、「『共通の通念』という言葉は、あのチャタレイ判決における超個人的な『社会通念』を連想させる」との批判がある（判批①127頁）。

❺　[6]の第2文以下は、大阪市屋外広告物条例事件判決〔本書33事件〕を批判する。伊藤補足意見によれば、同判決の問題は、立法目的を達成するために採用された手段が「必要かつ合理的なものとして正当化される」根拠が示されなかった点にある。本判決の多数意見は、「必要〔性〕」の意味を「不必要な立法ではない」といった程度の意味に用いているが、伊藤補足意見は、[11]から[13]で「必要〔性〕」を「必要最少限度〔性〕」と言い換えており、これを手段の必要最少限度性の意味で用いる。同意見は、表現の自由の規制についてその目的と手段の双方を慎重に審査することを志向するが、実際には、「立法目的そのものの慎重な審査よりも、立法目的と目的達成のためにとられている手段との関係について慎重な審査を要求する」ものである（判批②212頁）。

❻　[7]は、目的審査に加えて手段審査が必要であると述べる。

❼　[8]から[16]は、総合衡量を通じて、規制手段の必要性・合理性を検討する。

❽　[9]は、規制手段の違憲性を基礎づける一考慮要素として、表現の行われる場所のパブリック・フォーラム性に言及する。[9]の説示は、吉祥寺駅構内ビラ配布事件〔本書37事件〕の伊藤補足意見を下敷きとしたものである。伊藤自身も認めるように、「これはアメリカの理論からは、かなり離れたもの」である（文献①200頁）。第1に、アメリカでのパブリック・フォーラム論は、「パブリック・フォーラム」であるか否かにより、……異なる合憲性基準が適用される」ものであるが、本判決の伊藤補足意見は、「個別的利益衡量において考慮されるべき一

ると判断するのは速断にすぎるものと思われる❽。

[10]　(2)　思想や意見の伝達の自由の側面からみると、本条例の合憲性について検討を要する問題は少なくない❾。

[11]　人権とくに表現の自由のように優越的地位を占める自由権の制約は、規制目的に照らして必要最少限度をこえるべきではないと解されており、原判決もこの原則を是認しつつ、本条例が街路樹等の「支柱」も広告物掲出の禁止対象物件にしていることには合理的根拠のあること、それが広告物掲出可能な物件のすべてを禁止対象にとりこみ、屋外広告物の掲出を実質上全面禁止とするに等しい状態においているとすることができないこと、行政的対応のみでは禁止目的を達成できないことなどをあげて、本条例が必要最少限度の原則に反するものではないと判示している❿。

[12]　しかし、右のような理由をもって本条例のとる手段が規制目的からみて必要最少限度をこえないものと断定しうるであろうか。「支柱」もまた掲出禁止物件とされることを明示した条例は少ないが、支柱も街路樹に付随するものとして、これを含めることは不当とはいえないかもしれない。しかし例えば、「電柱」類はかなりの数の条例では掲出禁止物件から除かれているところ、規制に地域差のあることを考慮しても、それらの条例は、最少限度の必要性をみたしていないとみるのであろうか。あるいは、大分県の特殊性がそれを必要としていると考えられるのであろうか⓫。

[13]　また、行政的対応と並んで、刑事罰を適用することが禁止目的の達成に有効であることはたしかであるが、刑事罰による抑制は極めて謙抑であるべきであると考えられるから、行政的対応のみでは目的達成が可能とはいえず、刑事罰をもって規制することが有効であるからこれを併用することも必要最少限度をこえないとするのは、いささか速断にすぎよう。表現の自由の刑事罰による制約に対しては、その保護すべき法益に照らし、いっそう慎重な配慮が望まれよう⓬。

[14]　(3)　本条例の定める一定の場所や物件が広告物掲出の禁止対象とされているとしても、これらの広告物の内容を適法に伝達する方法が他に広く存在するときは、憲法上の疑義は少なくなり、美観風致の維持という公共の福祉のためある程度の規制を行うことが許容されると解されるから、この点も検討に値する。街頭におけるビラの配布や演説その他の広報活動などは、同じ内容を伝える方法として用いられるが、これらは、広告物の掲出とは性質を異にするところがあり一応別としても、公共の掲出場が十分に用意されていたり、禁止される場所や物件が限定され、これ以外に貼付できる対象で公衆への伝達に適するものが広く存在しているときには、本条例の定める規制も違憲とはいえないと思われる。しかし、本件においてこれらの点は明らかにされるところではない。また、所有者の同意を得て私有の家屋や塀などを掲出場所として利用することは可能である。しかし、一般的に所有者の同意を得ることの難易は測定しがたいところであるし、表現の自由の保障がとくに社会一般の共感を得ていない思想を表現することの確保に重要な意味をもつことを考えると、このような表現にとって、所有者の同意を得ることは必ずしも容易ではないと考えられるのであり、私有の場所や物件の利用可能なことを過大に評価することはできないと思われる⓭。

[15]　四　以上のように考えてくると、本条例は、表現の自由、とくに思想、政治的意見や情報の伝達の観点からみるとき、憲法上の疑義を免れることはできないであろう。しかしながら、私は、このような疑点にもかかわらず、本条例が法令として違憲無効であると判断すべきではないと考えている。したがって、大阪市の条例の違憲性を否定した大法廷判決は、変更の必要をみないと解している⓮。

[16]　本条例の目的とするところは、美観風致の維持と公衆への危害の防止であって、表現の内容はその関知するところではなく、広告物が政治的表現であると、営利的表現であると、その他いかなる表現であるとを問わず、その目的からみて規制を必要とする場合に、一定の抑制を加えるものである。もし本条例が思想や政治的意見情報の伝達にかかる表現の内容を主たる規制対象とするものであれば、憲法上厳格な基準によって審査され、すでにあげた疑問を解消することができないが、本条例は、表現の内容と全くかかわりなしに、美観風致の維持等の目的から屋外広告物の掲

要素として、表現の場所の適不適を判断している」(判批③109頁)。同意見の比較衡量を基調とするパブリック・フォーラム論に対しては、審査基準の類型化を試みるべきであったとの批判がある(判批②213頁)。第2に、同意見は、街路樹やその支柱が「パブリック・フォーラム」にあたると考えているようであるが、「街路樹というより、街路樹をふくめた道路が伝統的パブリック・フォーラムであるといえばよいのではないか、という見方も考えられる」(判批②213頁)。同意見におけるパブリック・フォーラム概念には不明確な部分が残る。

❾　[10]から[16]では、規制手段の合憲性と違憲性を基礎づける要素が列挙される。

❿　[11]は、原判決が規制手段の合憲性(必要最少限度性)を基礎づける要素として列挙した諸点を引用する。①街路樹の「支柱」への広告物の表示は街路樹自体への表示と同様に美観風致の侵害等をもたらすから、「支柱」を禁止対象物件とすることに合理性があること、②屋外広告物掲出の全面禁止に近い状態になっていないこと、③条例違反行為のすべてに対して行政的対応で対処するのは難しいことが、原判決の挙げた要素である。

⓫　[12]は、規制手段の違憲性を基礎づける要素を挙げる。原判決および多数意見は、「街路樹等の『支柱』を広告物表示禁止物件として明記しているのは、本件の大分県と長崎県の条例のみであるが、……『支柱』は街路樹等に付随しこれと一体をなすものであるから、本条例による規制の合憲性を判断する場合には、……両者を別異に取り扱う必要はないとの理解を前提にしている」が(判解①32-33頁)、[12]はこのような理解を批判する。

⓬　[13]は、規制手段の違憲性を基礎づける要素を挙げる。表現の自由を刑事罰によって制約して公益を実現する場合には、当該公益を行政的対応によって実現できないか検討する必要がある。原判決が、立法事実を検討することなく、「行政的対応のみをもってその禁止の目的を達成することが可能であるとはいえ」ないと判断したことに対する批判が展開されている。

⓭　[14]は、規制手段の違憲性を基礎づける要素として、代替的情報伝達経路の不在を挙げる。アメリカでは、当該規制が内容中立規制に分類された後で、その合憲性を判断する基準として、①当該規制が重要な政府利益を達成するために役立つものであり、②情報伝達のための十分な他の選びうる経路が開かれていることを要求する(文献③436-437頁)。他方、伊藤補足意見は、[14]の説示に本件規制の内容中立規制性の認定を先行させておらず(内容中立規制性の認定は[16]で登場する)、内容規制・内容中立規制双方に妥当する総合衡量要素として、代替的情報伝達経路の有無に言及する。代替的情報伝達経路の有無の判定に際して、(i)ビラ配布や演説といった異なる表現方法や(ii)掲出に所有者の同意が必要な私有の場所や物件の存在は、その認定根拠とされない。(i)表現方法が異なれば表現者の負担(簡便性や匿名性)や到達可能な表現受領者の範囲が変化し、(ii)所有者の同意が必要とされることで大衆に受容されにくい観点が排除されることになるからである。

⓮　[15]は、[11]から[14]の説示を受けて、本条例の合憲性には疑問があると結論づける。しかしながら、次の[16]において述べる理由から、すなわち本条例が内容中立規制であることから、本条例は法令違憲にならず、同種の条例を合憲と判断した大阪市屋外広告物条例事件判決(本書33事件)を変更する必要もないとされる。

⓯　[16]は、規制手段の合憲性を基礎づける要素として、本条例の内容中立規制性を挙げる。伊藤補足意見は、(1)「思想や政治的な意見情報の伝達にかかる表現の内容を主たる規制対象とするもの」については「厳格な基準」によって審査されるが、(2)「思想や意見の表現の抑制を目的」とせずに「表現の内容と無関係に一律に表現の場所、方法、態様などを規制すること」については「一定限度の規制」にとどまるかを審査すべきと考え

出の場所や方法について一般的に規制しているものである。この場合に右と同じ厳格な基準を適用することは必ずしも相当ではない。そしてわが国の実情、とくに都市において著しく乱雑な広告物の掲出のおそれのあることからみて、表現の内容を顧慮することなく、美観風致の維持という観点から一定限度の規制を行うことは、これを容認せざるをえないと思われる。もとより、表現の内容と無関係に一律に表現の場所、方法、態様などを規制することが、たとえ思想や意見の表現の抑制を目的としなくても、実際上主としてそれらの表現の抑制の効果をもつこともありうる。そこで、これらの法令は思想や政治的意見の表示に適用されるときには違憲となるという部分違憲の考え方も、もともとそれはこのような表示を含む広告物には適用されないと解釈した上でそれを合憲と判断する限定解釈の考え方も主張されよう。しかし、美観風致の維持を目的とする本条例について、右のような広告物の内容によつて区別をして合憲性を判断することは必ずしも適切ではないし、具体的にその区別が困難であることも少なくない。以上のように考えると、本条例は、その規制の範囲がやや広きに失するうらみはあるが、違憲を理由にそれを無効の法令と断定することは相当ではないと思われる❻。

【17】　五　しかしながら、すでにのべたいくつかの疑問点のあることは、当然に、本条例の適用にあたつては憲法の趣旨に即して慎重な態度をとるべきことを要求するものであり、場合によつては適用違憲の事態を生ずることをみのがしてはならない。本条例36条（屋外広告物法15条も同じである。）は、「この条例の適用にあたつては、国民の政治活動の自由その他国民の基本的人権を不当に侵害しないように留意しなければならない。」と規定している。この規定は、運用面における注意規定であつて、論旨のように、この規定にもとづいて公訴棄却又は免訴を主張することは失当であるが、本条例も適用違憲とされる場合のあることを示唆しているものといつてよい。したがつて、それぞれの事案の具体的な事情に照らし、広告物の貼付されている場所がどのような性質をもつものであるか、周囲がどのような状況であるか、貼付された広告物の数量・形状や、掲出のしかた等を総合的に考慮し、その地域の美観風致の侵害の程度と掲出された広告物にあらわれた表現のもつ価値とを比較衡量した結果、表現の価値の有する利益が美観風致の維持の利益に優越すると判断されるときに、本条例の定める刑事罰を科することは、適用において違憲となるのを免れないというべきである❻。

【18】　原判決は、その認定した事実関係の下においては、本条例33条1号、4条1項3号を本件に適用することが違憲であると解することができないと判示するが、いかなる利益較量を行つてその結論を得たかを明確に示しておらず、むしろ、原審の認定した事実関係をみると、すでにのべたような観点に立つた較量が行われたあとをうかがうことはできず、本条例は法令として違憲無効ではないことから、直ちにその構成要件に該当する行為にそれを適用しても違憲の問題を生ずることなく、その行為の可罰性は否定されないとしているように解される。このように適用違憲の点に十分の考慮が払われていない原判決には、その結論に至る論証の過程において理由不備があるといわざるをえない❼。

【19】　しかしながら、本件において、被告人は、政党の演説会開催の告知宣伝を内容とするポスター2枚を掲出したものであるが、記録によると、本件ポスターの掲出された場所は、大分市東津留商店街の中心にある街路樹（その支柱も街路樹に附属するものとしてこれと同視してよいであろう。）であり、街の景観の一部を構成していて、美観風致の維持の観点から要保護性の強い物件であること、本件ポスターは、縦約60センチメートル、横約42センチメートルのポスターをベニヤ板に貼付して角材に釘付けしたいわゆるプラカード式ポスターであつて、それが掲出された街路樹に比べて不釣合いに大きくて人目につきやすく、周囲の環境と調和し難いものであること、本件現場付近の街路樹には同一のポスターが数多く掲出されているが、被告人の本件所為はその一環としてなされたものであることが認められ、以上の事実関係の下においては、前述のような考慮を払つたとしても、被告人の本件所為の可罰性を認めた原判決の結論は是認できないものではない。したがつて、本件の上告棄却の結論はやむをえないものと思われる❽。
（裁判長裁判官　安岡滿彦　裁判官　伊藤正己　裁判官　長島　敦　裁判官　坂上壽夫）

る。そして、【11】から【14】の諸点を考慮しても、本条例は「一定限度の規制」にとどまるため、法令違憲にはならないとされる。(1)と(2)の区別は、内容規制・内容中立規制二分論に対応している。【16】の説示に対しては、「内容中立的規制の合憲性を判定する枠組みが明らかにされていない点で大きな問題がある」との批判がある（文献②305頁）。同意見は、「規制の態様が内容規制か内容中立規制か」→「内容中立規制だとすると審査基準はどのようなものか」→「審査基準の適用」といった構成を採用せず、「総合衡量基準の定立（目的の正当性＋手段の必要性・合理性）」【5】〜【7】）→「総合衡量基準の適用」（【8】〜【16】）と論旨を展開する。すなわち、同意見の構成上、「規制態様の内容中立性」（【16】）は、審査基準を上下させる要因ではなく、総合衡量の一つの要素とされているため、「内容中立規制の合憲性を判定する枠組み」が明らかにされなかったのであろう。

❻　【17】から【19】は、適用違憲の成否を検討する。【17】における伊藤補足意見の適用違憲判断の特徴は、第1に、「条例の適用にあたっては、……基本的人権を不当に侵害しないように留意しなければならない」との本条例の規定が、適用違憲の存在を認める条文上の根拠になるとする点にある。第2に、同意見は適用審査に際して、(1)広告物掲出場所の性質、(2)周囲の状況、(3)広告物の数量・形状、(4)広告物の掲出態様を総合的に考慮して、(5)公益侵害の程度と表現の価値を比較衡量する。伊藤によれば、「適用違憲の手法を用いることにより、判例抵触を避けるとともに、実質上判例と異なる判断を行うことができる。……この手法は、望ましくないと考える憲法判例の拘束力を免れる巧妙なものということもできよう。私は美観風致の維持などを目的とする屋外広告物の規制について、法令の合憲性を承認しながら、適用において憲法に反する余地のあることを指摘し、先例を限定したことがある」（文献①68頁）。

❼　【18】は、原判決における適用違憲判断を批判する。そこでは、原判決を含めた「わが国の憲法裁判において、法令が違憲でないとき、その適用もまた違憲でないとする思考が有力である」（文献①68頁）ことに対して、そのような思考の不備が指摘される。適用違憲判断に際しては、「すでにのべたような観点に立った較量」、すなわち、「表現行為の有する価値とそれを規制する……社会的利益とを単純に比較衡量するのではなく、前者の価値に十分配慮した衡量」が要請されることになる（判批②213頁）。

❽　【19】は、本件事情を比較衡量し、適用違憲の成立を否定する。【17】で列挙された考慮要素との対応で考えると、(1)(2)掲出場所が街の景観の一部であること、(3)広告物が不釣合いに大きくて人目につくこと、(4)被告人は付近で同一のポスターを数多く掲出したことを考慮し、(5)美観風致の侵害の程度は看過できないとされた。【19】に対しては、「表現の自由が、優越的地位を占め、萎縮的効果が特に憂慮されるものであるとするならば、……表現の自由規制法令自体の合憲性は認め、適用審査を厳格にやることにより正当な表現行為を保護しようという姿勢自体に問題がある」との批判がある（文献②306頁）。また、(4)が考慮要素とされたことに対しては、ビラ2枚についてのみ起訴された被告人に対して現場付近の一連のポスター掲出行為についてまで責任を負わせているとの批判もある（判批②214頁）。

Questions

①事実関係の確認

問1 本条例 4 条、33 条は何を規定しているか。▶【参考条文】

問2 本条例で規制された被告人らの表現はどのようなものか。▶【事案】[1]

問3 本条例の規制の態様はどのようなものか。▶【事案】[1]

②判決・補足意見の内容の確認

問4 被告人らの上告理由はどのようなものであったか。▶【事案】[1]

問5 本判決の多数意見と大阪市屋外広告物条例事件判決〔本書 33 事件〕の論旨を比べると、どのような異同があるか。▶[1]

問6 伊藤補足意見は、本件事案の憲法上の意義をどのように理解しているか。▶[4]

問7 伊藤補足意見は、本条例の目的をどのように評価しているか。▶[5][6]

問8 伊藤補足意見は、大阪市屋外広告物条例事件判決のどのような点を批判しているか。▶[6][7]

問9 伊藤補足意見は、街路樹の支柱のようにビラやポスターを貼付するに適当な場所や物件がどのような性質のものであるとしているか。▶[9]

問10 伊藤補足意見によれば、原判決が本条例の規制の必要最少限度性を認定した根拠はどこにあるか。▶[11]

問11 伊藤補足意見は、街路樹の支柱が本条例の規制対象となっていることについてどのように評価しているか。▶[12]

問12 伊藤補足意見は、本条例が刑事罰を科していることについてどのように評価しているか。▶[13]

問13 伊藤補足意見は、本条例の規制と代替的情報伝達経路との関係についてどのように評価しているか。▶[14]

問14 伊藤補足意見は、大阪市屋外広告物条例事件判決を変更する必要があると考えているか。▶[15]

問15 伊藤補足意見は、本条例が内容中立規制であることと本条例が法令違憲ではないこととの関係をどのように理解しているか。▶[16]

問16 伊藤補足意見は、適用違憲の成否をどのように判断しているか。▶[17]

問17 伊藤補足意見は、原判決の適用違憲判断をどのように批判しているか。▶[18]

問18 伊藤補足意見は、なぜ本件における適用違憲の成立を否定したのか。▶[19]

③応用問題

問19 本条例 4 条 1 項 3 号が、街路樹および路傍樹の「支柱」にも、広告物を表示し広告物を掲出する物件を設置することを禁止したのは、屋外広告物法 4 条 2 項の授権の範囲を逸脱するものではないか。▶福岡高判昭 59・7・17 刑集 41-2-50

○ **関連判例**（本書所収以外のもの）
最大判昭和 25 年 9 月 27 日刑集 4 巻 9 号 1799 頁〔選挙運動戸別訪問規制事件〕〔判例①〕
最大判昭和 24 年 5 月 18 日刑集 3 巻 6 号 839 頁〔食糧緊急措置令事件〕〔判例②〕

○ **本判決の調査官解説**
高橋省吾「判解」最高裁判所判例解説刑事篇昭和 62 年度 21 頁〔判解①〕

○ **その他の判例解説・判例批評**
金井光生「判批」行政社会論集 23 巻 4 号（2010 年）115 頁〔判批①〕
戸松秀典「判批」判例評論 346 号（1987 年）64 頁〔判批②〕
紙谷雅子「判批」法学教室 85 号（1987 年）108 頁〔判批③〕

○ **参考文献**
伊藤正己『裁判官と学者の間』（有斐閣、1993 年）〔文献①〕
市川正人『表現の自由の法理』（日本評論社、2003 年）〔文献②〕
芦部信喜『憲法学Ⅲ 人権各論(1)〔増補版〕』（有斐閣、2000 年）〔文献③〕

35 戸別訪問禁止事件①

最高裁昭和56年6月15日第二小法廷判決　昭和55年(あ)第874号:公職選挙法違反被告事件
刑集35巻4号205頁

事案

被告人Aは、昭和51年12月5日施行の衆議院議員総選挙に際し、島根県選挙区から立候補したBに投票を得させる目的で、同選挙区の選挙人方5戸を戸々に訪問して同候補者のため投票を依頼し、被告人Cは、上記選挙に際し、同様の目的で、同選挙区の選挙人方7戸を戸々に訪問して同候補者のため投票を依頼し、もっていずれも戸別訪問をしたため、戸別訪問の禁止を規定した公選法138条1項、239条3号に違反したとして起訴された。

第一審(松江地出雲支判昭54・1・24刑集35-4-405)は、被告人両名に対する本件各公訴事実を認めながらも、「戸別訪問は、選挙運動の方法として、他の方法をもつて代替し得ないほどの意義と長所を有するものであり、財力のない一般国民にとつては、なくてはならない選挙運動なのである。従つて……憲法的選挙運動観に立脚すれば、戸別訪問は、むしろ推奨されなければならないということができる」としたうえで、戸別訪問の全面的禁止を定めた公選法138条1項、239条3号は言論の自由を保障した憲法21条1項に違反し無効であるとして、被告人両名に無罪を言い渡した。

原判決(広島高松江支判昭55・4・28刑集35-4-418)は、戸別訪問の禁止を合憲とした最高裁判例の存在を認識しつつも、それからの時の経過があること、その間に猿払事件判決〔本書21事件〕が下されたこと、そして表現の自由の重要性をふまえる必要性に鑑み、「戸別訪問禁止規定の合憲性については、その具体的な根拠について今一度検討が加えられて然るべきである」という立場に立った。そして、禁止規定の合憲性の判断基準について、猿払事件判決が示した判断基準に沿いながら検討を加え、「結局、戸別訪問を禁止した法の目的を各別に検討してみても、あるいはその目的自体が表現の自由を制約すべき根拠となり得なかったり、あるいはその手段によりその目的を達成しうるか否かの点で合理的な関連性を欠いたり、あるいは選択された手段がその目的を達成するうえで行きすぎていたりしているというほかはなく、これらを併せて考えてみても、戸別訪問の禁止が憲法上許される合理的でかつ必要やむを得ない限度の規制であると考えることはできない」として、第一審判決を支持した。そこで検察官が上告した。

■ **参考条文**(事件当時のもの)

公職選挙法
第138条 何人も、選挙に関し、投票を得若しくは得しめ又は得しめない目的をもつて戸別訪問をすることができない。
2 いかなる方法をもつてするを問わず、選挙運動のため、戸別に、演説会の開催若しくは演説を行うことについて告知をする行為又は特定の候補者の氏名若しくは政党その他の政治団体の名称を言いあるく行為は、前項に規定する禁止行為に該当するものとみなす。

第239条 次の各号の一に該当する者は、1年以下の禁錮又は10万円以下の罰金に処する。
(3) 第138条の規定に違反して戸別訪問をした者

Navigator

戸別訪問を禁止する公選法138条1項の合憲性については、判例①以来、これまでに何度も最高裁によって合憲と判断されてきた(【補足説明】を参照)。そうした中で下された本判決が有する意義として、(1)公選法の戸別訪問禁止規定が合憲である理由が最高裁にて初めて詳細に述べられたこと、(2)猿払事件判決〔本書21事件〕の影響を強く受けながら、戸別訪問禁止は意見表明そのものを規制しているのではなく、戸別訪問という手段方法を規制しているにすぎず、単に手段方法の禁止に伴う限度での間接的、付随的な制約にすぎないと説明したこと、(3)その際、猿払事件判決を「意見表明の手段方法を制限する立法について憲法21条との適合性に関する判断を示した」判例と捉えることで、「意見表明そのものの制約を目的とするものではなく、意見表明の手段方法のもたらす弊害」を防止するための規定とされた戸別訪問禁止においても猿払基準(合理的関連性の基準)を採用したこと(判解①148-149頁)、などを指摘することができる。本判決が猿払事件判決に大きく依拠したことに対する批判もあるが、「原判決も上告趣意も、導いた結論は逆になっているが、ともに前記猿払事件判決にそう形で論旨を組立てており」(判解①146頁)、また、猿払基準を戸別訪問禁止規定に適用して合憲としていた下級審判決もみられた中での判断であったという事情をふまえる必要があろう。

なお、戸別訪問禁止規定の合憲性に関してしばしば言及される「選挙のルール論」は、本判決から約1か月後に下された判決(戸別訪問禁止事件②〔本書36事件〕)の伊藤正己裁判官補足意見において展開された議論である。この事件については、本書における同判決の解説で扱う。

■判決の論理構造

（猿払事件判決の影響）

【戸別訪問禁止規定の合憲性の判断基準】
①禁止の目的、②その目的と規制手段との合理的関連性、③戸別訪問禁止によって得られる利益と失われる利益との均衡の3点を検討

【①と②についての検討——戸別訪問禁止規定（公選法138条1項）の解釈】

戸別訪問がもたらす弊害	規制の目的
・買収、利害誘導等の温床になりやすいこと ・選挙人の生活の平穏を害すること ・これが放任されれば、候補者側も訪問回数等を競う煩に耐えられなくなること ・多額の出費を余儀なくされること ・投票が情実に支配されやすくなること	・意見表明そのものの制約を目的とするものではない（間接的・附随的制約論） ・戸別訪問がもたらす「弊害」を防止し、 ・もって選挙の自由と公正を確保すること（猿払事件判決の影響）

目的は「正当」で、それらの弊害を総体としてみるときには、戸別訪問を一律に禁止することと禁止目的との間に合理的な関連性がある

【③についての検討】

戸別訪問の禁止によって失われる利益	戸別訪問の禁止により得られる利益
・戸別訪問という手段方法による意見表明の自由が制約される ⇔戸別訪問以外の手段方法による意見表明の自由を制約するものではなく、単に手段方法の禁止に伴う限度での間接的、付随的な制約にすぎない（猿払事件判決の影響） ＝失われる利益は小さい	・戸別訪問という手段方法のもたらす弊害を防止することによる選挙の自由と公正の確保 ＝得られる利益は失われる利益よりもはるかに大きい

【結論】　戸別訪問を一律に禁止している公選法138条1項の規定は、合理的で必要やむをえない限度を超えるものとは認められず、憲法21条に違反するものではない

判　決

○　主　文

原判決を破棄する。
本件を広島高等裁判所に差し戻す。

○　理　由

検察官の上告趣意について

【1】一　本件各公訴事実（被告人Aについては訴因変更後のもの）の要旨は、被告人Aは、昭和51年12月5日施行の衆議院議員総選挙に際し、島根県選挙区から立候補したBに投票を得させる目的で、同月3日頃、同選挙区の選挙人方5戸を戸々に訪問して同候補者のため投票を依頼し、被告人Cは、右選挙に際し、同様の目的で、同月1日頃から4日頃までの間、同選挙区の選挙人方7戸を戸々に訪問して同候補者のため投票を依頼し、もっていずれも戸別訪問をした、というのである。原判決は、被告人両名が戸別訪問をした事実を認めることができるとしながら、戸別訪問の禁止が憲法上許される合理的で必要やむをえない限度の規制であると考えることはできないから、これを一律に禁止した公職選挙法138条1項の規定は憲法21条に違反するとし、同じ結論をとり被告人両名を無罪としていた第一審判決を維持し、検察官の控訴を棄却した❶。

【2】　検察官の上告趣意は、原判決の判断につき、憲法21条の解釈の誤りと判例違反を主張するものである❷。

【3】二　公職選挙法138条1項の規定が憲法21条に違反するものでないことは、当裁判所の判例（最高裁昭和43年（あ）第2265号同44年4

❶【1】では、本事件の公訴事実と訴訟の経緯が示されている。なお被告人らは第一審段階から、この事実関係を争っていない。

❷【2】では、検察官の上告趣意の概要が示されている。検察官は、猿払事件判決〔本書21事件〕で示された判断基準に従い、戸別訪問禁止は21条に違反しない旨主張していた（判解①140-145頁）。判例違反の主張については❸を参照。

月23日大法廷判決・刑集23巻4号235頁、なお、最高裁昭和24年(れ)第2591号同25年9月27日大法廷判決・刑集4巻9号1799頁参照)とするところである❸。

[4] 　戸別訪問の禁止は、意見表明そのものの制約を目的とするものではなく、意見表明の手段方法のもたらす弊害、すなわち、戸別訪問が買収、利害誘導等の温床になり易く、選挙人の生活の平穏を害するほか、これが放任されれば、候補者側も訪問回数等を競う煩に耐えられなくなるうえに多額の出費を余儀なくされ、投票も情実に支配され易くなるなどの弊害を防止し、もって選挙の自由と公正を確保することを目的としているところ(最高裁昭和42年(あ)第1464号同42年11月21日第三小法廷判決・刑集21巻9号1245頁、同43年(あ)第56号同43年11月1日第二小法廷判決・刑集22巻12号1319頁参照)、右の目的は正当であり、それらの弊害を総体としてみるときには、戸別訪問を一律に禁止することと禁止目的との間に合理的な関連性があるということができる❹。そして、戸別訪問の禁止によって失われる利益は、それにより戸別訪問という手段方法による意見表明の自由が制約されることではあるが、それは、もとより戸別訪問以外の手段方法による意見表明の自由を制約するものではなく、単に手段方法の禁止に伴う限度での間接的、付随的な制約にすぎない反面、禁止により得られる利益は、戸別訪問という手段方法のもたらす弊害を防止することによる選挙の自由と公正の確保であるから、得られる利益は失われる利益に比してはるかに大きいということができる❺。

[5] 　以上によれば、戸別訪問を一律に禁止している公職選挙法138条1項の規定は、合理的で必要やむをえない限度を超えるものとは認められず、憲法21条に違反するものではない。したがって、戸別訪問を一律に禁止するかどうかは、専ら選挙の自由と公正を確保する見地からする立法政策の問題であって、国会がその裁量の範囲内で決定した政策は尊重されなければならないのである❻。

[6] 　このように解することは、意見表明の手段方法を制限する立法について憲法21条との適合性に関する判断を示したその後の判例(最高裁昭和44年(あ)第1501号同49年11月6日大法廷判決・刑集28巻9号393頁)の趣旨にそうところであり、前記昭和44年4月23日の大法廷判例は今日においてもなお維持されるべきである❼。

[7] 　三　そうすると、原判決は、憲法21条の解釈を誤るとともに当裁判所の判例と相反する判断をしたものであって、その誤りが判決に影響を及ぼすことが明らかであるから、破棄を免れない。論旨は理由がある。

[8] 　よって、刑訴法410条1項本文により原判決を破棄し、同法413条本文にしたがい本件を原審である広島高等裁判所に差し戻すこととし、裁判官全員一致の意見で、主文のとおり判決する❽。
(裁判長裁判官　宮崎梧一　裁判官　栗本一夫　裁判官　木下忠良　裁判官　鹽野宣慶)

❸【3】では、公選法138条1項が憲法21条に違反しないということが判例の立場であることが示されている。この点についての詳細は、[補足説明]を参照。

❹【4】では、戸別訪問禁止が憲法21条に違反しない理由が説明されている。そこでは、①禁止の目的、②その目的と規制手段との合理的関連性、③禁止によって得られる利益と失われる利益との均衡の3点が検討されている。この判断基準は、猿払事件判決〔本書21事件〕に大きく依拠したものであるが、同判決への言及はここではなされておらず、【6】においてなされている。この【4】の第1文では、①、②の検討がなされている。①「意見表明そのものを狙いとするものではなく」、戸別訪問によって生じうる種々の「弊害」を防止して「選挙の自由と公正を確保すること」が禁止の目的として位置づけられ、その目的は「正当」であるとされる。ここでは猿払事件判決が展開した「間接的・付随的制約論」の影響がみられる。次に②につき、各弊害が表現の自由を制約する根拠となりうるかを個別的に検討した原判決とは異なり、弊害を総体としてみたうえで、一律禁止と上記の禁止目的との合理的関連性を肯定している。

❺【4】の第2文では、上記判断基準③(❹参照)について判断がなされている。そこでは、禁止により失われる利益は「戸別訪問という手段方法による意見表明の自由が制約されること」にすぎず、戸別訪問以外の手段方法による意見表明の自由を制約するものではないとして、当該制約を「単に手段方法の禁止に伴う限度での間接的、付随的な制約にすぎない」と低く見積もる一方、禁止により得られる利益は、戸別訪問によって生じうる種々の弊害を防止して選挙の自由と公正を確保することであり、得られる利益は失われる利益に比して「はるかに大きい」との判断がなされている。ここにもまた、猿払事件判決の影響がみられる。

❻【5】では、戸別訪問の一律禁止が憲法21条に違反しない以上、これを禁止するか否かは立法政策の問題であるとしている。

❼【6】では、判例②の変更の不必要性について述べられている。❹でみたとおり、本判決は、公選法138条1項が憲法21条に違反しないことの説明に際して、猿払事件判決〔本書21事件〕に大きく依拠しているが、【6】では、明示的に同判決を引用し、同判決を、「意見表明の手段方法を制限する立法について憲法21条との適合性に関する判断を示した」事案と位置づけたうえで、本判決はその趣旨に沿うものであるとし、結論として、判例②の変更は必要性がないとしている。

❽【8】は、本判決の結論が、破棄差戻しであることが示されている。差戻控訴審(広島高判昭57・10・26刑集38-3-473)は被告人を有罪と判断。差戻上告審(最判昭59・2・21刑集38-3-387)も上告を退けて有罪が確定している。

補足説明　**戸別訪問禁止に関する判例の流れ**

　本判決が【3】で引用する判例①は、最高裁として初めて戸別訪問禁止規定が憲法21条に違反しないと判断した判決である。ここで合憲とされたのは、公選法が制定される前の衆議院議員選挙法98条、それを教育委員会委員の選挙に準用する旧地自法72条、教育委員法28条等であったが、その後、公選法138条1項が定める戸別訪問禁止規定の合憲性が争われた事例でも、判例①が先例として引用され、合憲の結論を正当化する役割を果たしてきた。
　昭和40年代に入り、下級審で公選法138条1項の合憲限定解釈を試みるものや(東京地判昭42・3・27判時493-72)、違憲判断を下すもの(妙寺簡裁昭43・3・12判時512-76、松江地判昭44・3・27判タ234別冊-30、長野地佐久支判昭44・4・18判タ234号別冊-32)が散見されるようになった。そこで最高裁は、改めて大法廷において、判例①を変更する必要がないと明言した。それが本判決の【3】で判例①とともに引用されている判例②である(判解②143頁)。なお、判例②では、判例①を変更する必要性がない理由について詳

しい説明がなされていないが、この時期の判例の中には、本判決が【4】で引用している昭和 42 年小法廷判決、昭和 43 年小法廷判決のように、戸別訪問禁止規定が適用される場面を明白かつ現在の危険が存する場合に限定する必要性を否定した事案や、戸別訪問がもたらす弊害がやや詳しく述べられた事案もみられる。

その後、昭和 50 年代に入り、再び下級審で戸別訪問禁止規定を違憲とする裁判例が登場してくる（松山地西条支判昭 53・3・30 判時 915-135、盛岡地遠野支判昭 55・3・25 判時 962-130 など）。本判決の原審は、高裁レベルで初めて、同規定を違憲と判断した事例であった。こうした流れを受けた本判決は、紋切型の「公共の福祉」論では不十分と考え、昭和 49 年の猿払事件判決〔本書 21 事件〕の論理をふまえながら、戸別訪問禁止が憲法 21 条 1 項に違反しない理由を詳しく説明したものと考えられる。

本判決は第二小法廷による判決であるが、本判決に先立って、第一小法廷が戸別訪問禁止規定を合憲としており、（最判昭 54・7・5 集刑 215-21）、本判決の後に第三小法廷が戸別訪問禁止規定を合憲としている（戸別訪問禁止事件②判決〔本書 36 事件〕）。しかも各小法廷はいずれも全員一致であり、戸別訪問禁止規定が合憲であるとする結論は盤石である。戸別訪問禁止規定の合憲性が争点となったその後の事案で、最高裁は、基本的に判例①、判例②とともに本判決、そして戸別訪問禁止事件②判決〔本書 36 事件〕を先例として引用しながら、合憲判決を出し続け、現在に至っている。

Questions

①事実関係の確認

問 1　被告人 A はどのような行為を行ったか。▶【事案】【1】

問 2　被告人 C はどのような行為を行ったか。▶【事案】【1】

問 3　公選法 138 条 1 項、同 239 条 3 号は何を規定しているか。▶【参考条文】

問 4　第一審判決は、どのような理由で戸別訪問禁止規定が憲法 21 条 1 項に違反すると判断したか。▶【事案】【1】

問 5　原判決は、どのような理由で戸別訪問禁止規定が憲法 21 条 1 項に違反すると判断したか。▶【事案】【1】

②判決の内容の確認

問 6　検察官の上告趣意はどのようなものであったか。▶【2】

問 7　公選法 138 条 1 項が憲法 21 条に違反しないとした判例として、これまでにどのようなものがあったか。▶【3】【補足説明】

問 8　本判決は、戸別訪問禁止規定は何を目的とした規定であるとしているか。▶【4】

問 9　本判決は、戸別訪問がどのような弊害をもたらす行為であるとしているか。▶【4】

問 10　本判決は、戸別訪問を一律に禁止することと禁止目的との間にどのような関係があるとしているか。▶【4】

問 11　本判決は、戸別訪問禁止によって失われる利益はどのようなものであると論じているか。▶【4】

問 12　本判決は、戸別訪問禁止によって得られる利益はどのようなものであると論じているか。▶【4】

問 13　本判決は、戸別訪問を一律に禁止するかどうかは立法政策の問題であるとしたが、その理由は何か。▶【5】

問 14　本判決は、意見表明の手段方法を制限する立法について憲法 21 条との適合性に関する判断を示した判例として、何を挙げているか。▶【6】

問 15　本判決は、本件上告に対してどのように判断したか。▶【7】【8】

③応用問題

問 16　本判決と原判決との結論が分かれたのはどのような理由に基づくものか。▶【事案】、判批①72-73 頁、文献①40-44 頁

問 17　公選法上の戸別訪問禁止規定を解釈するにあたって、堀越事件判決〔本書 23 事件〕が採用したとされる「憲法適合的解釈」を用いることは、本判決と整合するか。▶文献②

問 18　公選法上、戸別訪問禁止規定以外にも、様々な選挙運動に対する規制がある。それらの規制の合憲性を説明する際に、どこまで本判決の論理を応用することができるか。

○ 関連判例（本書所収以外のもの）
最大判昭和 25 年 9 月 27 日刑集 4 巻 9 号 1799 頁（判例①）
最大判昭和 44 年 4 月 23 日刑集 23 巻 4 号 235 頁（判例②）

○ 本判決の調査官解説
佐藤文哉「判解」最高裁判所判例解説刑事篇昭和 56 年度 139 頁（判解①）

○ その他の判例解説・判例批評
内藤謙「判批」警察研究 61 巻 6 号（1990 年）58 頁（判批①）
千葉裕「判解」最高裁判所判例解説刑事篇昭和 44 年度 139 頁〔判例②の調査官解説〕（判解②）

○ 参考文献
山口和秀「戸別訪問禁止規定の合憲性をめぐる判例の動向」岡山大学創立 30 周年記念論文集『法学と政治学の現代的展開』（岡山大学法学会、1982 年）57 頁
山口和秀「戸別訪問禁止規定と最高裁」岡山大学法学会雑誌 33 巻 3 号（1984 年）29 頁（文献①）
井上典之「選挙運動規制の再検討―『選挙の公正』と『選挙の自由』の調整?」論究ジュリスト 5 号（2013 年）95 頁（文献②）

36 戸別訪問禁止事件②

最高裁昭和56年7月21日第三小法廷判決　昭和55年(あ)第1472号：公職選挙法違反被告事件　刑集35巻5号568頁

事案　昭和49年6月16日施行の立川市議会議員一般選挙に立候補することを決意した被告人は、自己の投票を得る目的で、まだ立候補の届出のない同年同月2日および3日の両日にわたり、同選挙の選挙人宅12戸を戸々に訪問して自己に投票するよう依頼し、もって戸別訪問するとともに、立候補届出前の選挙運動をした。これが公選法129条（事前運動の禁止）、138条1項（戸別訪問の禁止）、239条1号・3号（罰則）に該当するとして逮捕起訴された。

本件では被告人が当選したため、公選法253条の2が「事件を受理した日から100日以内にこれをするよう努めなければならない」とする事件となったが（いわゆる百日裁判事件）、審理が紛糾し、結局、約5年の歳月と43回の公判期日を要した第一審（東京地八王子支判昭54・6・8刑集35-5-629）は、被告人を有罪（罰金15000円）と判断した。控訴審（東京高判昭55・7・18刑集35-5-631）は、本件では昭和50年法律第63号による改正前の公選法239条を適用すべきところ、原判決は改正後の法令を適用した誤りがあったとして、原判決を破棄し自判したが、第一審と同様に被告人に有罪（罰金15000円）とし、その他の訴訟手続の法令違反の主張や、戸別訪問禁止規定等の違憲の主張はいずれも理由がないとして退けた。そこで被告人が上告した。

■参考条文（事件当時のもの）

公職選挙法
第129条　選挙運動は、各選挙につき、それぞれ第86条第1項、第2項、第5項、第6項又は第8項の規定による公職の候補者の届出のあつた日から当該選挙の期日の前日まででなければ、することができない。
第138条　何人も、選挙に関し、投票を得若しくは得しめ又は得しめない目的をもって戸別訪問をすることができない。
2　いかなる方法をもってするを問わず、選挙運動のため、戸別に、演説会の開催若しくは演説を行うことについて告知をする行為又は特定の候補者の氏名若しくは政党その他の政治団体の名称を言いあるく行為は、前項に規定する禁止行為に該当するものとみなす。
第239条　左の各号の一に該当する者は、1年以下の禁錮又は1万5千円以下の罰金に処する〔昭和50年法律第63号により、10万円以下の罰金に変更〕。
(1)　第129条、第137条、第137条の2又は第137条の3の規定に違反して選挙運動をした者
(3)　第138条の規定に違反して戸別訪問をした者

Navigator　本事件は、戸別訪問禁止事件①判決〔本書35事件〕から約1か月後に下されたものということもあって、多数意見において特にここで言及すべきような重要な判断が示されているわけではない。それにもかかわらず本書が本事件を取り上げているのは、伊藤正己裁判官の補足意見において重要な見解が示されているからである。伊藤裁判官は、戸別訪問禁止規定を憲法21条1項に違反せず違憲ではないとする点で多数意見と同様であるが、その理由が大きく異なっており、「補足意見とはいいながら、ユニークな立場」（判解①228頁）が展開されている。

それでは、多数意見の合憲論（これについては戸別訪問禁止事件①判決を参照）と、伊藤裁判官の合憲論とは、何が異なっているのだろうか。そして、伊藤裁判官の合憲論にはどのような意義があり、またいかなる問題点が存しているのだろうか。これらのことを意識しながら伊藤裁判官の補足意見を読むことが求められる。

■伊藤補足意見の論理構造

【戸別訪問という手段についての評価】

- 選挙という政治的な表現の自由が最も強く求められるところで、その伝達の手段としてすぐれた価値をもつ
- 選挙という主権者である国民の直接の政治参加の場において、政治的意見を表示し伝達する有効な手段
- 直接に政治的意見を伝えることができるとともに、また選挙人側の意思も候補者に伝えられるという双方向的な伝達方法であることなどの長所をもつ

【戸別訪問禁止規定が憲法に違反しないとする従来の論拠（戸別訪問禁止事件①判決（本書35事件）参照）**の評価】**

- 各々、一応の理由はあるが、単独では戸別訪問の一律禁止を正当化できない
- 「総体的」に捉えたとしても、なお、合憲の根拠として説得力に富むものではない
- 戸別訪問の禁止が合憲であることの論拠として補足的、附随的なものにすぎない

【戸別訪問禁止規定が憲法に違反しないことを説明する新しい論拠】

①選挙運動は、あらゆる言論が必要最少限度の制約のもとに自由に競いあう場ではなく、選挙の公正を確保するために定められたルールに従うべき場である
②ルールの定立は、立法裁量に委ねられているから（憲法47条）、その合憲性を判断するにあたっては厳格な基準は適用されず、ルールが合理的とは考えられないような特段の事情のない限り、国会の定めるルールは各候補者の守るべきものとして尊重されなければならない
③戸別訪問禁止規定が憲法に違反しないことを説明する従来の論拠は、「厳格な基準」はパスできないかもしれないが、定められたルールが合理的であることを示すものであるから、戸別訪問の禁止が立法の裁量権の範囲を逸脱し憲法に違反するとはいえない

■ 判　決

○ 主　文

本件上告を棄却する。

○ 理　由

[1]　被告人本人及び弁護人らの各上告趣意のうち、〔①〕公職選挙法129条、239条1号、138条、239条3号の各規定の違憲をいう点については、右各規定が憲法前文、15条、21条、14条に違反しないことは、当裁判所の判例（昭和43年（あ）第2265号同44年4月23日大法廷判決・刑集23巻4号235頁）の趣旨に徴し明らかであるから、所論は理由がなく（最高裁昭和55年（あ）第874号同56年6月15日第二小法廷判決参照）、〔②〕右公職選挙法の各規定を本件に適用したことが憲法前文、21条、15条に違反する旨の主張は、実質は単なる法令違反の主張であつて、適法な上告理由にあたらず、〔③〕公職選挙法252条の規定の違憲をいう点については、同条の規定が憲法31条に違反しないことは、当裁判所の判例（昭和29年（あ）第439号同30年2月9日大法廷判決・刑集9巻2号217頁）の趣旨に徴し明らかであるから、所論は理由がなく、〔④〕被告人の公民権を停止したことが憲法14条、15条に違反する旨の主張は、実質は単なる法令違反の主張であつて、適法な上告理由にあたらず、〔⑤〕証拠調請求の却下に関し憲法31条、32条、37条、13条、14条、98条2項違反を主張する点については、右請求却下の措置が証拠採否の自由裁量の範囲を逸脱したものとは認められないから、所論は前提を欠き、〔⑥〕原審が特信性のない検察官調書を採用し、審理を尽くさなかつた結果事実を誤認したとして、憲法37条2項、31条違反を主張する点は、実質は単なる法令違反、事実誤認の主張であり、〔⑦〕本件公訴の提起が公訴権の濫用にあたらないとした原判決は憲法14条、21条に違反する旨の主張については、本件公訴の提起を違法又は不当とするような事情が認められないので、所論は前提を欠き、〔⑧〕第一審の訴訟手続に違法な措置があつたとして、憲法13条、14条、31条、32条、37条、82条、92条、98条2項違反を主張する点は、第一審の訴訟手続に違法な措置があつたとは認められないので、前提を欠き、〔⑨〕各判例違反の主張のうち、昭和23年6月23日及び同年7月29日の当裁判所各大法廷判例との違反をいう点については、第一審の措置は証拠採否の自由裁量の範囲を逸脱したものとは認められないので、所論は前提を欠き、〔⑩〕その余の判例違反をいう点は、所論引用の各判例はいずれも事案を異にし本件に適切でなく、その余の主張は、単なる法令違反、事実誤認の主張であつて、いずれも刑訴法405条の上告理由にあたらない❶。

[2]　よつて、同法408条により、主文のとおり判決する。

[3]　この判決は、裁判官伊藤正己の補足意見があるほか、裁判官全員一致の意見によるものである。

❶【1】では、上告趣意のいずれについても退けているが、その主張は①から⑩まで多岐にわたる（なお、判決本文中の①〜⑫の番号は筆者が付したものである）。もっとも、いずれも先例の趣旨、単なる法令違反の主張、前提を欠くなどとして簡単に退けている。以下では①と③についてのみ説明する。

①は、戸別訪問の禁止が憲法21条のほか、憲法前文、15条、14条に違反するという主張について、判例①と戸別訪問禁止事件①判決〔本書35事件〕を引用し、その趣旨に徴して違憲ではないことは明らかであるとして、これを退けた。もっとも、両事件は21条との関係でのみ判断したもので、本判決が前文、15条、14条にも違反しないという判断を示している点は、最高裁の判断としては新しい（判批①33頁）。

③は選挙犯罪による刑に処せられた者に対する選挙権・被選挙権の停止を定める公選法252条が憲法31条に違反するという主張であるが、多数意見は、公選法252条は14条、44条に違反せず、かつ国民の参政権を不当に奪うものではないとした最大判昭30・2・9刑集9-2-217を引用し、その趣旨に徴して違憲ではないとしている。

少数意見

裁判官伊藤正己の補足意見は、次のとおりである。

[4] 一　選挙運動としていわゆる戸別訪問を禁止することが憲法21条に違反するものでないことは、当裁判所がすでに昭和25年9月27日大法廷判決（刑集4巻9号1799頁）において明らかにしたところであり、この判断は、その後も維持されており、いわば確定した判例となっている。それにもかかわらず下級裁判所において、この判例に反して戸別訪問禁止の規定を違憲と判示する判決が少なからずあらわれている。このことは、当裁判所の合憲とする判断の理由のもつ説得力が多少とも不十分であるところのあるためではないかと思われる。前記大法廷判決は、戸別訪問の禁止が単に公共の福祉に基づく時、所、方法等についての合理的制限であるという理由をあげるにとどまり、また公職選挙法138条に関する昭和44年4月23日大法廷判決（刑集23巻4号235頁）も、判例の変更の必要がないと判示しているにすぎず、必ずしも広く納得させるに足る根拠を示しているとはいえない憾みがあることは否めない。私は同条が憲法に違反するものではないと解することで法廷意見に同調するものであり、それを違憲とする所論は理由がないと考えるのであるが、この機会にその根拠についていささか私見を明らかにしておきたい❷。

[5] 二　選挙運動としての戸別訪問は、わが国において大正14年の普通選挙制の実施以来禁止されてきている。戦後の公職選挙法の制定に際し、その禁止の一部が緩和され、「公職の候補者が親族、平素親交の間柄にある知己その他密接な間柄にある者を訪問することは、この限りでない」という但し書が付加されたが、脱法行為の弊害が生じたとして昭和27年の改正によって削除され（昭和27年法律第307号）、全面的な禁止が復活して今日に至っている。なお、その禁止の違反に対しては、刑事罰による制裁が科せられるというきびしい禁止措置がとられている（公職選挙法239条）。周知のように、欧米の議会制民主主義国にあっては、戸別訪問は禁止されていないのみではなく、むしろそれは、候補者と選挙人が直接に接触し、候補者はその政策を伝え、選挙人も候補者の識見、人物などを直接に知りうる機会を与えるものとして最も有効適切な選挙運動の方法であると評価されている。選挙運動としての戸別訪問が種々の長所をもつことは否定することができないし、また選挙という主権者である国民の直接の政治参加の場において、政治的意見を表示し伝達する有効な手段である戸別訪問を禁止することが、憲法の保障する表現の自由にとって重大な制約として、それが違憲となるのではないかという問題を生ずるのも当然といえよう❸。

[6] 三　それでは戸別訪問が憲法に違反しないという論拠をどこに求めるべきであるか。この点について次ぎのようなものがあげられる。すなわち(1) 戸別訪問は買収、利益誘導等の不正行為の温床となり易く、選挙の公正を損うおそれの大きいこと、(2) 選挙人の生活の平穏を害して迷惑を及ぼすこと、(3) 候補者にとって煩に堪えない選挙運動であり、また多額の出費を余儀なくされること、(4) 投票が情実に流され易くなること、(5) 戸別訪問の禁止は意見の表明そのものを抑止するのではなく、意見表明のための一つの手段を禁止するものにすぎないのであり、以上にあげたような戸別訪問に伴う弊害を全体として考慮するとき、その禁止も憲法上許容されるものと解されること、がそれである（最高裁昭和55年（あ）第874号同56年6月15日第二小法廷判決参照）❹。

[7] 四　以上のような諸理由はそれぞれに是認できないものではなく、単に公共の福祉にもとづく制限であるというのに比してはるかに説得力に富むものではあるが、私見によれば、それらをもって直ちに十分な合憲の理由とするに足らないと思われる❺。

[8] (1)　戸別訪問は買収や利益誘導のような不正行為を誘発する機会となり易く、実質的に選挙の公正を害する選挙運動を生みだす危険性をもつことは容認できる。とくにわが国の現状をみると、戸別訪問が実質的な不正行為の温床となるということを、安易に却けることができないと考えられる。戸別訪問に随伴するとみられる弊害として右にあげたものを多少

❷【4】では、最高裁の先例として、二つの大法廷判決（判例①と判例②）により戸別訪問の禁止が違憲ではないとされながらも、下級審において違憲判決が散見されるのは、その根拠の説得力が多少とも不十分であるからではないかと述べ、以下で伊藤裁判官が戸別訪問の禁止が合憲であると考える根拠を述べる旨が予告されている。

❸【5】では、戸別訪問を禁止せず、むしろ積極的にその長所、意義を評価する欧米の議会制民主主義国と比べるかたちで、日本が政治的意見を表示し伝達する有効な手段である戸別訪問を禁止していることが表現の自由との関係で問題となることは「当然」である、との認識が示されている。

❹【6】では、戸別訪問禁止事件①判決〔本書35事件〕への参照を促しながら、戸別訪問の禁止が違憲ではないとする従来の説明を、(1)から(5)の五つに整理して確認している。
なお、戸別訪問禁止事件①判決の【4】はこの点について次のように述べていた。「戸別訪問の禁止は、意見表明そのものの制約を目的とするものではなく、意見表明の手段方法のもたらす弊害、すなわち、戸別訪問が買収、利害誘導等の温床になり易く、選挙人の生活の平穏を害するほか、これが放任されれば、候補者側も訪問回数等を競う煩に耐えられなくなるうえに多額の出費を余儀なくされ、投票も情実に支配され易くなるなどの弊害を防止し、もって選挙の自由と公正を確保することを目的としているところ……、右の目的は正当であり、それらの弊害を総体としてみるときには、戸別訪問を一律に禁止することと禁止目的との間に合理的な関連性があるということができる」。「戸別訪問の禁止により失われる利益は、……単に手段方法の禁止に伴う限度での間接的、付随的な制約にすぎない反面、禁止により得られる利益は、戸別訪問という手段方法のもたらす弊害を防止することによる選挙の自由と公正の確保であるから、得られる利益は失われる利益に比してはるかに大きいということができる」。

❺【7】では、【6】の説明だけでは、戸別訪問の禁止を合憲とする論拠として不十分であるという伊藤裁判官の認識が示される。【5】から【7】は、【4】の指摘（❷参照）を敷衍した箇所といえる。

も生みだすおそれがあり、かつ戦前には戸別訪問とともに禁止されていた個々面接や電話による選挙運動が現行法上は許されているのは、それらが買収などを誘発する危険性がほとんどないことに基づくことを考えると、戸別訪問の禁止の最も重要な理由はこの点にあると思われる。しかしながら、戸別訪問はそれ自身として違法性をもつものではなく、買収などを誘発する可能性があるといっても、なお抽象的な危険があるにとどまり、実際にはそのようなおそれのない場合があるし、かりにその可能性があるとしても、不正行為の発生の確率の高いものとは必ずしもいえない。憲法上の重要な価値をもつ表現の自由をこのような害悪発生のおそれがあるということでもつて一律に制限をすることはできないと思われる。また、具体的な危険の発生が推認されるときはともかく、単に観念上危険があると考えられるにすぎない場合に、表現の自由の行使を形式犯として刑罰を科することには、憲法上のみならず刑法理論としても問題があると思われる❻。

[9]　⑵　戸別訪問が、それをうけることを欲しない選挙人にとつて迷惑感がつよく、その平穏な生活を害することはたしかである。とくにわが国における選挙人の通常の意識からみて、これを私生活の妨害と考える程度は少なくないと思われる。しかし、営利目的などでの訪問ではなく、選挙運動としての訪問は、それが議会制民主政治においてもつ意義の大きいことからみて、選挙人において受忍すべき範囲が広いと考えられるし、選挙人への迷惑を少なくするために訪問の時間や方法に合理的な制限を加えることが許されるとしても、私生活の平穏の保持の必要ということは、一律に戸別訪問を禁止することの理由として十分とはいえない❼。

[10]　⑶　戸別訪問を許すと、各候補者は相互に競つて多くの選挙人を訪問せざるをえなくなり、その選挙運動が煩に堪えなくなるということもありうるかもしれない。しかし、これは候補者にとつての利便の問題であり、選挙人にとつて有益な判断資料を与えるという有効な手段が候補者側の利便によつて制限されることは適当ではない。また戸別訪問が選挙の費用を多額なものとするともいわれるが、かりにそうであつたとしても、それは法定費用の制限をもつて抑えるべきものであるし、およそ戸別訪問は最も簡便で、選挙費用に乏しい候補者が利用できる方法であるという面ももつていることをみのがしえない❽。

[11]　⑷　戸別訪問は、前記のように、選挙人が候補者側と直接に接触してその政策や人格識見を知りうるという長所をもつが、わが国の国民の政治意識がいまなお高くないことから、実際には、政策や識見よりも、義理や人情に訴えることとなり、投票が情実に流されるおそれのあることもまた否定できない。選挙運動の手段を法が定めるにあたつて、いたずらに理想を追うのではなく、実態を考慮にいれなければならないことはたしかである。しかし、このことを理由として戸別訪問を一律に禁止することは、投票が情実に左右されるという消極的側面を余りに重視しすぎになるのみでなく、それは単に推認によつてそのような危険性があるというにとどまり、厳密な事実上の論証があるとは必ずしもいえない。そのようなおそれがあるというのみでは、選挙における表現の自由を制約する根拠として十分とはいえないと思われる❾。

[12]　⑸　表現の自由を制約する場合、表現そのものを抑止することよりも、表現の自由の行使の時、場所、方法を規制することは、その制約の程度が大きくなく、したがつて憲法上前者が合憲とされるためにはきびしい基準に適合する必要があるのに反して、後者はそれに比してやや緩やかな基準に合致するをもつて足りると考えられる。しかし、表現の自由の制約は、多くの場合に、後者の手段によつてされるのであり、これが単に合理的なものであれば許容されると解されるのであれば、表現の自由の制約が広く許されることになり、正当な解釈とはいえない。表現の自由の行使の一つの方法が禁止されたときも、その表現を他の方法によつて伝達することは可能であるが、禁止された方法がその表現の伝達にとつて有効適切なものであり、他の方法ではその効果を挙げえない場合には、その禁止は、実質的にみて表現の自由を大幅に制限することとなる。たしかに選挙運動において候補者の政策を選挙人に伝える方法として多くのものが認められてはいるが、戸別訪問が直接に政治的意見を伝えるこ

❻　[8]は、[6]で述べられた戸別訪問の禁止が違憲ではないとする従来の説明のうち、「⑴　戸別訪問は買収、利益誘導等の不正行為の温床となり易く、選挙の公正を損うおそれの大きいこと」という論拠の妥当性について、「わが国の現状」から「安易に却けることができない」とし、「戸別訪問の禁止の最も重要な理由はこの点にあると思われる」としている。そのうえで、戸別訪問自体が違法性をもつものではないこと、上記の弊害は抽象的な危険があるにとどまることを指摘し、「憲法上の重要な価値をもつ表現の自由をこのような害悪発生のおそれがあるということでもつて一律に制限をすることはできない」と述べて、上記の論拠の妥当性に疑義を呈している。

❼　[9]は、[6]で述べられた戸別訪問の禁止が違憲ではないとする従来の説明のうち、「⑵　選挙人の生活の平穏を害して迷惑を及ぼすこと」という論拠の妥当性について、選挙運動としての戸別訪問が議会制民主主義において有する意義の大きさに照らして選挙人の受忍範囲が広いこと、一律の制限でなくとも訪問時間や方法の制限でかかる弊害を減少させることができる旨を指摘し、疑義を呈している。

❽　[10]は、[6]で述べられた戸別訪問の禁止が違憲ではないとする従来の説明のうち、「⑶　候補者にとつて煩に堪えない選挙運動であり、また多額の出費を余儀なくされること」という論拠の妥当性について、選挙人にとつて有益な判断資料を与えるために有効な手段である戸別訪問が候補者側の利便によつて制限されることは適当ではないこと、かかる弊害は法定費用の制限等によつて対処すべきであること、戸別訪問が最も簡便で選挙費用に乏しい候補者が利用できる方法であるという面を見逃している旨を指摘し、疑義を呈している。

❾　[11]は、[6]で述べられた戸別訪問の禁止が違憲ではないとする従来の説明のうち、「⑷　投票が情実に流され易くなること」という論拠の妥当性について、確かにわが国の現状に照らすと、そうしたおそれがあることは否定できないとしつつも、これを理由に戸別訪問の一律禁止を求めることは、投票が情実に左右されるという消極的側面をあまりに重視しすぎていること、抽象的な危険があるにとどまることを指摘し、かかる論拠によつて選挙における表現の自由を制約する根拠とすることに疑義を呈している。

❿　[12]は、[6]で述べられた戸別訪問の禁止が違憲ではないとする従来の説明のうち、「⑸　「戸別訪問の禁止は意見の表明そのものを抑止するのではなく、意見表明のための一つの手段を禁止するものにすぎないのであり、以上にあげたような戸別訪問に伴う弊害を全体として考慮するとき、その禁止も憲法上許容されるものと解されること」という論拠の妥当性について検討している。まず、前半部分について、一般論として、表現そのものを抑止するよりも、表現の自由の行使の時、場所、方法を規制することの方が制約の程度が大きくないことを認める。しかし、そのことから後者の規制の場合にはそれが合理的なものであれば許容されるとすることは「正当な解釈とはいえない」とする。その理由は、「禁止された方法がその表現の伝達にとつて有効適切なものであり、他の方法ではその効果を挙げえない場合」が存するからであり、その場合には、その禁止は、実質的に

とができるとともに、また選挙人側の意思も候補者に伝えられるという双方向的な伝達方法であることなどの長所をもつことを考えると、戸別訪問の禁止がただ一つの方法の禁止にすぎないからといつて、これをたやすく合憲であるとすることは適切ではない❿。

[13] 以上のように考えると、これまで戸別訪問の禁止を合憲とする根拠とされてきたものは、それぞれに一応の理由があり、これを総体的にとらえるとき、この禁止が合理性を欠くものではないといえるかもしれないが、それだけでは、なお合憲とする判断の根拠として説得力に富むものではない。戸別訪問は選挙という政治的な表現の自由が最も強く求められるところで、その伝達の手段としてすぐれた価値をもつものであり、これを禁止することによって失われる利益は、議会制民主主義のもとでみのがすことができない。そうして、もし以上に挙げたような理由のみでもって戸別訪問の禁止が憲法上許容されるとすると、その考え方は広く適用され、憲法21条による表現の自由の保障をいちじるしく弱めることになると思われる⓫。

[14] 五 私は、以上に挙げられた諸理由は戸別訪問の禁止が合憲であることの論拠として補足的、附随的なものであり、むしろ他の点に重要な理由があると考える。選挙運動においては各候補者のもつ政治的意見が選挙人に対して自由に提示されなければならないのではあるが、それは、あらゆる言論が必要最少限度の制約のもとに自由に競いあう場ではなく、各候補者は選挙の公正を確保するために定められたルールに従って運動するものと考えるべきである。法の定めたルールを各候補者が守ることによって公正な選挙が行われるのであり、そこでは合理的なルールの設けられることが予定されている。このルールの内容をどのようなものとするかについては立法政策に委ねられている範囲が広く、それに対しては必要最少限度の制約のみが許容されるという合憲のための厳格な基準は適用されないと考える。憲法47条は、国会議員の選挙に関する事項は法律で定めることとしているが、これは、選挙運動のルールについて国会の立法の裁量の余地の広いという趣旨を含んでいる。国会は、選挙区の定め方、投票の方法、わが国における選挙の実態など諸般の事情を考慮して選挙運動のルールを定めうるのであり、これが合理的とは考えられないような特段の事情のない限り、国会の定めるルールは各候補者の守るべきものとして尊重されなければならない。この立場にたつと、戸別訪問には前記のような諸弊害を伴うをもって表現の自由の制限を合憲とするために必要とされる厳格な基準に合致するとはいえないとしても、それらは、戸別訪問が合理的な理由に基づいて禁止されていることを示すものといえる。したがつて、その禁止が立法の裁量権の範囲を逸脱し憲法に違反すると判断すべきものとは考えられない。もとより戸別訪問の禁止が立法政策として妥当であるかどうかは考慮の余地があるが（第七次の選挙制度審議会では、人数、時間、場所、退去義務などの規制をするとともに、戸別訪問の禁止を原則として撤廃すべしとする意見がつよかった）、これは、その禁止が憲法に反するかどうかとは別問題である⓬。
（裁判長裁判官 寺田治郎 裁判官 環 昌一 裁判官 横井大三 裁判官 伊藤正己）

表現の自由を大幅に制限することとなるからである。そして、選挙運動における戸別訪問という方法が有する長所、すなわち、直接に政治的意見を伝えることができること、選挙人側の意思も候補者に伝えられるという双方向的な伝達方法であることに照らし、戸別訪問という方法の禁止にすぎないとして規制をたやすく合憲とすることに疑義を呈している。戸別訪問禁止事件①判決〔本書35事件〕は、表現内容と手段方法との区別をもとに、後者の規制によって失われる利益は「間接的・付随的な制約にすぎない」としていたが、ここで伊藤裁判官は、そのような立場をとらないことを明らかにしている（判批①35頁）。

⓫ [13]は、[6]から[12]の検討をまとめている箇所である。[6]で述べられたように、戸別訪問禁止事件①判決〔本書35事件〕は、戸別訪問に伴う弊害を「総体」としてみることで、「戸別訪問を一律に禁止することと禁止目的の達成との間に合理的な関連性」を認めたが、伊藤補足意見は、[7]から[12]で、戸別訪問に伴う弊害を「個別」に検討したうえで、「それぞれに一応の理由があり、これを総体的にとらえるとき、この禁止が合理性を欠くものではないといえるかもしれないが、それだけでは、なお合憲とする判断の根拠として説得力に富むものではない」としている。そして戸別訪問禁止事件①判決は、「戸別訪問の禁止によって失われる利益をたんに手段方法の禁止に伴う限度での間接的付随的な制約にすぎない」としていたのに対して、伊藤補足意見は、「禁止によって失われる利益を議会制民主主義のもとでみのがすことができないとしている点が対照的である」（判解①230頁）。

⓬ [14]は、[13]で戸別訪問禁止を合憲とする従来の論拠を不十分であるとしたことを受けて、それらの論拠は「補足的、附随的」であり、他の「重要な理由」があるとして、いわゆる「選挙のルール」論を展開している。まず、第2文、第3文で、通常の表現の自由の場合、「あらゆる言論が必要最少限度の制約のもとに自由に競いあう」のが原則であるが、選挙の場合、「公正な選挙」のために「合理的なルール」が必要であるという認識が示されている。次に、第4文から第7文で、憲法47条を引き合いに出しながら、「合理的なルール」の策定は立法政策に委ねられており、立法裁量の余地が広いため、「これが合理的とは考えられないような特段の事情のない限り、国会の定めるルールは各候補者の守るべきものとして尊重されなければならない」としている。そしてその立場から、戸別訪問禁止を合憲とする従来の論拠は「表現の自由の制限を合憲とするために必要とされる厳格な基準に合致するとはいえない」ものの、「戸別訪問が合理的な理由に基づいて禁止されていること」は示しているから、立法裁量の枠内に収まっているとしている。この「選挙のルール」論の意義については【補足説明】を参照。

補足説明　「選挙のルール」論の意義

伊藤裁判官は、本判決の後も合計5回にもわたり、判例③から判例⑦の補足意見にて戸別訪問禁止規定の合憲性を基礎づける論拠として、「選挙のルール」論を展開している。このうち、判例③は、文書図画による選挙運動の規制を定める公選法142条にも「選挙のルール論」が適用されることを述べるものであり、判例⑤から⑦は、「選挙のルール」論を展開した自身の補足意見への参照を促すものであるが、判例④は、改めて、戸別訪問禁止規定が違憲ではないことを述べるために「選挙のルール」論を展開しており注目される。

伊藤裁判官の「選挙のルール」論は、戸別訪問禁止規定などの選挙運動規制を、「権利・自由の制限」としてではなく「競争の公平」、「選挙の公正の確保」といった「制度の論理」で構成し、議論の立て方自体を修正するものである。本事件の補足意見では、そのような構成をするための形式的な論拠として憲法47条を挙げているが、判例③、判例④では47条は引き合いに出されていない。これは、47条の文言だけを頼りに他の憲法上の規定の拘束を免れることを説明できないと考えたからではないかとの指摘がある（判批①41頁）。そこで重要となるのが実質的な根拠であるが、これについて判例④は、「競争を公平に行わせることに独自

の価値があり、そのためにある行為を禁止するというルールを定立する場合と、ルールの定立ということ自体には意味がなく、単にある行為を無価値なものとして禁止する場合とを対比してみると明らかなように、前者の場合のルール設定については、国会の裁量権の幅は広く、その立法政策にゆだねられているところが大きいといわなければならない」と述べ、これを理由に「選挙の公正の確保」としてのルール設定における広い立法裁量を承認し、それによって、「権利・自由の制限」として構成した場合には必ずしも合理的とはいえない規制を正当化している。

「選挙のルール」論に対しては、「選挙運動においてこそまさに『あらゆる言論が……自由に競い合う場』がまず前提にあるべきであり、ただ『選挙の公正』を確保する観点から自由に対して『必要最小限の制約』があってしかるべき」、「『選挙のルール=立法裁量』論は、選挙運動というものは、予め設定されている『選挙のルール』に従ってのみおこなう制度内在的な行動形態であるという誤った前提に立つ、憲法論上根拠のない主張だといわなければならない」(文献①175-176頁。判批①37-38頁、判批②361頁も参照) などと批判するものがある一方、「表現の自由の制限として考える限り、戸別訪問禁止に限らず、文書頒布の制限、事前運動の禁止、インターネットによる選挙運動の禁止など、公選法上の制限・禁止の多くは違憲となろう。選挙運動の規制は、ルールの問題だと考えた方がよい」(小山[3版]169頁) と肯定的に評するものもある。この立場は、「選挙のルール論」の論理は、選挙という文脈以外にも及ぶ可能性を秘めているところ(判批③349頁)、伊藤裁判官は選挙運動規制の文脈に限定してこの議論を展開することで、緩やかに合憲性が審査される場面を選挙運動規制の場面だけにとどめようとしていたと評する(小山[3版]170頁)。「選挙のルール」論の論理が拡大して利用されないように注意することが求められるが、下級審ではその懸念を抱かせるようなものもある(東京高判昭57・4・15判時1067-152)。そこでの「選挙のルール」論は、戸別訪問禁止に代表される選挙運動規制は消極目的規制ではなく積極目的規制であるから、前者の場合より立法裁量が広く、厳格な審査基準は適用されないという考え方をとったものであるとの解釈に基づいて用いられたが(判批③349頁)、この論理が選挙の文脈に限られない広い射程を有しうることは明らかである。

なお、「選挙のルール論」が選挙運動を規制するのは、「選挙運動という一種の競争を公平に行わせるためのルールをすべての選挙運動者に・一・律・に・及ぼす」ためであると解される(判例④、傍点引用者)とすれば、制限がすべての選挙運動者に一律に及んでいない場合には、別の考慮が働くことになることに注意したい(たとえば、候補者届出政党にのみ政見放送を認める公選法150条など。これについては、最大判平11・11・10民集53-8-1704を参照)。

Questions

①事実関係の確認
問1 被告人はどのような行為を行ったか。▶【事案】

問2 公選法129条、138条1項、239条1号および3号はそれぞれ何を規定しているか。▶【参考条文】

②判決・補足意見の内容の確認
問3 多数意見が、公選法129条、239条1号、138条、239条3号の各規定は憲法前文、15条、21条、14条に違反しないとした際に引用した判例は、どのような判断を示したものであったか。▶【1】、判例①、戸別訪問禁止事件①判決〔本書35事件〕

問4 多数意見が、選挙犯罪による処刑者に対する選挙権・被選挙権の停止を定める公選法252条が憲法31条に違反しないとした際に引用した判例を読み、その理由を確認せよ。▶最大判昭30・2・9刑集9-2-217

問5 伊藤補足意見は、これまでに何度か最高裁が戸別訪問禁止規定は違憲ではないと判示していたにもかかわらず、下級裁判所において戸別訪問禁止規定を違憲と判示する判決が少なからず現れている理由は何であるとしているか。▶【4】

問6 欧米の議会制民主主義国では、戸別訪問はどのように評価されていると述べられているか。▶【5】

問7 従来の最高裁判決では、戸別訪問がどのような弊害をもたらす行為であるとしていたか。▶【6】、戸別訪問禁止事件①判決〔本書35事件〕

問8 伊藤補足意見は、戸別訪問がもたらす弊害のうち、「戸別訪問は買収、利益誘導等の不正行為の温床となり易く、選挙の公正を損うおそれの大きいこと」という論拠をどのように評価しているか。▶【8】

問9 伊藤補足意見は、戸別訪問がもたらす弊害のうち、「選挙人の生活の平穏を害して迷惑を及ぼすこと」という論拠をどのように評価しているか。▶【9】

問10 伊藤補足意見は、戸別訪問がもたらす弊害のうち、「候補者にとつて煩に堪えない選挙運動であり、また多額の出費を余儀なくされること」という論拠をどのように評価しているか。▶【10】

問11 伊藤補足意見は、戸別訪問がもたらす弊害のうち、「投票が情実に流され易くなること」という論拠をどのように評価しているか。▶【11】

問12 伊藤補足意見は、戸別訪問がもたらす弊害のうち、「戸別訪問の禁止は意見の表明そのものを抑止するのではなく、意見表明のための一つの手段を禁止するものにすぎないのであり、以上にあげたような戸別訪問に伴う弊害を全体として考慮するとき、その禁止も憲法上許容されるものと解されること」という論拠をどのように評価しているか。▶【12】

問13 伊藤補足意見は、戸別訪問という方法はどのようなものであると評価しているか。▶【5】【13】

問14 伊藤補足意見は、これまで戸別訪問の禁止を合憲とする根拠とされてきたものをどのように評価しているか。▶【13】【14】

問15 伊藤補足意見は、戸別訪問の禁止が合憲であることの「重要な理由」は何であるとしているか。▶【14】

問16 伊藤補足意見は、選挙運動はどのようになされるべきであるとしているか。▶【14】

問17 伊藤補足意見は、選挙の公正を確保するために定められるルールをどのようにするかにつき、国会はいかなる

役割を担うとしているか。▶【14】

問18 伊藤補足意見は、どのような場合に国会が定めた選挙運動のルールが違憲になるとしているか。▶【14】

問19 伊藤補足意見が、戸別訪問禁止規定は違憲ではないとした理由は何か。▶【14】

③応用問題

問20 「選挙のルール」論を前提としつつ、なお、選挙運動規制を違憲とするためには、どのような議論を展開すればよいだろうか。▶【補足説明】

○ **関連判例**（本書所収以外のもの）
　最大判昭和25年9月27日刑集4巻9号1799頁（判例①）
　最大判昭和44年4月23日刑集23巻4号235頁（判例②）
　最判昭和57年3月23日刑集36巻3号339頁（判例③）
　最判昭和59年2月21日刑集38巻3号387頁（判例④）
　最判昭和60年11月12日集刑241号79頁（判例⑤）
　最判昭和60年12月10日集刑241号369頁（判例⑥）
　最判昭和62年11月17日集刑247号1017頁（判例⑦）

○ **本判決の調査官解説**
　田中清「判解」最高裁判所判例解説刑事篇昭和56年度224頁（判解①）

○ **その他の判例解説・判例批評**
　内藤謙「戸別訪問禁止・処罰規定と憲法前文、15条、21条、14条」警察研究61巻12号（1990年）28頁（判批①）
　長谷部恭男「判批」憲法判例百選Ⅱ［第5版］（2007年）361頁（判批②）
　横大道聡「判批」憲法判例百選Ⅱ［第6版］（2013年）348頁（判批③）

○ **参考文献**
　奥平康弘「選挙運動の自由と憲法――日本の場合」同『なぜ「表現の自由」か』（東京大学出版会、1988年）153頁（文献①）

37 吉祥寺駅構内ビラ配布事件

最高裁昭和59年12月18日第三小法廷判決　昭和59年（あ）第206号：鉄道営業法違反、建造物侵入被告事件
刑集38巻12号3026頁

事案

　京王帝都電鉄株式会社が所有する「井の頭線吉祥寺駅」南口1階階段付近（以下「本件現場」という）は、営業時間中は事実上人の出入りが自由であり、電車の乗降客以外の一般通行人や買物客らも多く通行していた。ただ、本件現場下の支柱2本には「駅長の許可なく駅用地内にて物品の販売、配布、宣伝、演説等の行為を目的として立入ることを禁止します。京王帝都吉祥寺駅長」などと記載した掲示板3枚が取り付けられていた。被告人らは、ほか数名の者と、女子高校生を誘拐して殺害したいわゆる狭山事件の裁判は、部落民を差別し弾圧する意図のもとに予断と偏見をもってなされた不当なものであるとの立場から、同裁判の被告人であるIの救援活動にかねてより参加していた。そして、被告人らは、活動の一環として昭和51年5月5日開催予定の「五・五武蔵野三鷹集会」への参加を呼びかける目的で、本件現場において、連休期間中の夕方ラッシュ時であった同月4日午後6時30分ころから、多数の乗降客や通行人に対し、「5・5狭山闘争勝利武蔵野三鷹集会に結集しよう！」と題するビラ多数枚を配付し、かつ、携帯用拡声器を使用して、「狭山裁判は不当な裁判である。I被告を救おう」「明日の映画会に参加して下さい」などと呼びかける演説を行った（以下「本件活動」という）。井の頭線吉祥寺駅の駅長職務代理として駅構内を管理していた同駅助役および同助役の電話による要請で午後6時48分ころ本件現場に到着した警察官が、被告人らに対し、本件活動の中止と退去の要請を行ったものの、被告人らは、警察官らに対し抗議する等しながら、本件現場に滞留し続け、本件活動を午後7時10分ころまで継続した。そのことにより、被告人らは、「鉄道係員の許諾を受けないで、鉄道地内において旅客および公衆に対し、物品を配付し、演説勧誘の所為をなした」として、鉄道営業法35条違反の罪に、また、「上記助役及びその依頼を受けた警察官から本件活動について制止を受け、同駅構内からの退去要求を受けたのにこれに従わず、同駅構内である南口1階階段付近に滞留し、もって要求を受けて上記助役の看守する同駅構内から退去しなかった」として、刑法130条後段違反の罪（不退去罪）に問われ、起訴された。

　第一審（東京地八王子支判昭57・11・9刑集38-12-3036）は、被告人らを有罪とし、それぞれ科料3000円および罰金1万円に処した。その控訴審である原審（東京高判昭59・1・23刑集38-12-3044）は控訴を棄却し、被告人らは、本件処罰は憲法21条1項に違反するとして上告した。

■参考条文（事件当時のもの）
鉄道営業法
第35条　鉄道係員ノ許諾ヲ受ケスシテ車内、停車場其ノ他鉄道地内ニ於テ旅客又ハ公衆ニ対シ寄附ヲ請ヒ、物品ノ購買ヲ求メ、物品ヲ配付シ其ノ他演説勧誘等ノ所為ヲ為シタル者ハ科料ニ処ス

Navigator

　本件現場は、私鉄が所有し、管理する場所であったが、同時に、事実上、多くの人が自由に出入りできる場所でもあった。本件は、そのような場所で、管理者の承諾なくビラ配布等を行う行為を犯罪として罪に問うことの憲法21条1項適合性が争われた事案である。本件でその適用が問題となった鉄道営業法35条や刑法130条後段（不退去罪）は、大阪市屋外広告物条例事件〔本書33事件〕や大分県屋外広告物条例事件〔本書34事件〕で問題となった屋外広告物条例と同様に場所・方法の規制としてTPM規制に属するが、景観のような「公益」への侵害ではなく、直接「他人の管理権」の侵害を伴う行為を規制対象としているという点で屋外広告物条例とは性質を異にしている。

　本判決の多数意見は、「たとえ思想を外部に発表するための手段であつても、その手段が他人の財産権、管理権を不当に害するごときものは許されない」との法理を援用するにとどまり、実質的な論証をほとんど示すことなく、合憲との判断に至っている。ただ、本判決には、伊藤正己裁判官が詳細な補足意見を付しており、特に場所の管理権侵害を理由とした表現規制の憲法適合性を考えるうえで参考になる。伊藤裁判官は、多数意見が提示する法理が妥当する場合であっても、形式的に刑罰法規に該当するからといって直ちに「不当な侵害」になるわけではないとし、ビラ配布の規制については、①配布の場所の状況、②規制の方法や態様、③配布の態様、④その意見の有効な伝達のための他の手段の存否などを考慮したうえで、具体的状況に応じて、その合憲性が判断されるべきであるとした。さらに、配布の場所が、特に「一般公衆が自由に出入りできる場所」である場合には、その場所は、パブリック・フォーラムたる性質を有するものであるとし、その機能に鑑み、表現の自由に可能な限り配慮する必要があると論じた。当該補足意見については、伊藤裁判官が、本件事案のどのような要素について、それをどのように判断したのかを丁寧に確認しつつ、その補足意見の考え方を前提とした場合、駅前広場でのビラ配布であったら結論はどうなるのか、防衛庁立川宿舎ビラ投函事件判決〔本書38事件〕は矛盾するかを考えながら読むことが課題となろう。

判　決

　　　　　　　○　主　　文
本件各上告を棄却する。
　　　　　　　○　理　　由
弁護人山口紀洋の上告趣意第一について❶

【1】　所論は、憲法21条1項違反をいうが、憲法21条1項は、表現の自由を絶対無制限に保障したものではなく、公共の福祉のため必要かつ合理的な制限を是認するものであって、たとえ思想を外部に発表するための手段であっても、その手段が他人の財産権、管理権を不当に害するごときものは許されないといわなければならないから、原判示井の頭線吉祥寺駅構内において、他の数名と共に、同駅係員の許諾を受けないで乗降客らに対しビラ多数枚を配布して演説等を繰り返したうえ、同駅の管理者からの退去要求を無視して約20分間にわたり同駅構内に滞留した被告人4名の本件各所為につき、鉄道営業法35条及び刑法130条後段の各規定を適用してこれを処罰しても憲法21条1項に違反するものでないことは、当裁判所大法廷の判例（昭和23年（れ）第1308号同24年5月18日判決・刑集3巻6号839頁、昭和24年（れ）第2591号同25年9月27日判決・刑集4巻9号1799頁、昭和42年（あ）第1626号同45年6月17日判決・刑集24巻6号280頁）の趣旨に徴し明らかであって、所論は理由がない❷。

　　同第二について

【2】　所論は、判例違反をいうが、所論引用の判例は、鉄道地内への侵入が問題となつている事案であって、本件とは事案を異にし適切でないから、適法な上告理由にあたらない❸。

【3】　なお、鉄道営業法35条にいう「鉄道地」とは、鉄道の営業主体が所有又は管理する用地・地域のうち、直接鉄道運送業務に使用されるもの及びこれと密接不可分の利用関係にあるものをいい、刑法130条にいう「人ノ看守スル建造物」とは、人が事実上管理・支配する建造物をいうと解すべきところ、原判決及びその是認する第一審判決の認定するところによれば、被告人4名の本件各所為が鉄道営業法違反及び不退去の各罪に問われた原判示井の頭線吉祥寺駅南口1階階段付近は、構造上同駅駅舎の一部で、井の頭線又は国鉄中央線の電車を利用する乗降客のための通路として使用されており、また、同駅の財産管理権を有する同駅駅長がその管理権の作用として、同駅構内への出入りを制限し若しくは禁止する権限を行使しているのであって、現に同駅南口1階階段下の支柱2本には「駅長の許可なく駅用地内にて物品の販売、配布、宣伝、演説等の行為を目的として立入ることを禁止致します　京王帝都吉祥寺駅長」などと記載した掲示板3枚が取り付けられているうえ、同駅南口1階の同駅敷地部分とこれに接する公道との境界付近に設置されたシヤツターは同駅業務の終了後閉鎖されるというのであるから、同駅南口1階階段付近が鉄道営業法35条にいう「鉄道地」にあたるとともに、刑法130条にいう「人ノ看守スル建造物」にあたることは明らかであって、たとえ同駅の営業時間中は右階段付近が一般公衆に開放され事実上人の出入りが自由であるとしても、同駅長の看守内にないとすることはできない。したがって、これと同旨の原判断は正当として是認することができる❹。

【4】　よって、刑訴法408条により、主文のとおり判決する。

【5】　この判決は、裁判官伊藤正己の補足意見があるほか、裁判官全員一致の意見によるものである。

❶　被告人らは、①いかなる場所でも、表現の自由を規制するためには、社会に対する現在かつ明白な危険が存しなければならない、②現場は鉄道利用者以外に一般人も通行使用する準公道的場所であり、通行人らは集会勧誘の情報を受けることを妨害された、③鉄道業務の妨害やビラ屑を掃除する手間がかかるなどの被害は、表現の自由を制限する理由になりえないなどと主張していた。

❷　【1】のみで本判決の憲法論は完結している。本判決は、表現の自由への「必要かつ合理的な制限」は是認されるとの一般論を提示したうえで、電柱等へのビラ貼りを処罰の対象とする軽犯罪法1条33号前段の規定を合憲とした判例①が提示した「たとい思想を外部に発表するための手段であっても、その手段が他人の財産権、管理権を不当に害するごときものは、もとより許されない」との法理を援用し、本件のような態様の被告人らの行為に対し、鉄道営業法35条、刑法130条後段を適用しても違憲ではない旨論じている。本判決の論証は極めて簡潔であり、被告人らの行為がどのような意味で「不当」であったのかも具体的に示すところはない。また、鉄道営業法35条は、刑法130条とは異なり、ビラ配布や演説行為といった表現行為を直接の対象として規制するものであるが、その法令としての憲法適合性も検討されていない。ただ、判解①544-545頁は、一般公衆および旅客の利用する鉄道地内でのビラ配布や演説行為は、「旅客および一般公衆に対して多大の不快感と迷惑を及ぼすことになるから、権限ある者の許諾を受けたときを除いてこれを一般的に禁止し、違反者に対しては科料の制裁を加えるべきことを示してその実効性を確保しようとしている」点に鉄道営業法35条の実質的根拠があり、本件の被告人のような行為を同条により処罰することは「必要かつ合理的な制限」であるとしている。

❸　【2】では、原審は判例違反であるとの被告人らの主張に対する応答が示されている。東京高判昭38・3・27高刑集16-2-194は、「いわゆる所場売り及び闇切符売りの目的をもって上野駅正面玄関の出札窓口付近のホールに同駅の営業時間中に立ち入った」（判解①550頁）被告人が、刑法130条前段の罪（建造物侵入罪）に問われた事案であったが、同東京高裁は、被告人の立ち入ったホールについて「事実上……用務の有無にかかわらず自由に人の出入を許してこれを制限していないのが実情であり、特に人の出入を監視したり或いはみだりに人の侵入するのを防止するための設備を設けてい」たわけではない等として、「人の看守する」建造物には該当しないとしていた。被告人らはこの裁判例を援用し、本件現場も「人ノ看守スル」建造物には該当しないと主張していた。これに対し、本判決は、上記裁判例は、あくまで鉄道地内への「侵入」が問題となった事案であり、「不退去」が問題となった本件事案とは事案を異にするという理由により、その主張を退けている。もっとも、次の【3】において、上記高裁判決の見解は、本判決により実質的に否定されたと解される。

❹　【3】のなお書き以下は、「鉄道地」（鉄道営業法35条）や「人ノ看守スル建造物」（刑法130条）の意義を明らかにした最高裁判例がないため、特に職権判断が付されたものである（判解①545頁）。本判決は、「鉄道地」を「鉄道の営業主体が所有又は管理する用地・地域のうち、直接鉄道運送業務に使用されるもの及びこれと密接不可分の利用関係にあるもの」とし、「人ノ看守スル建造物」を「人が事実上管理・支配する建造物」としている。事例判断でもあり、本判決それ自体からは不明確な点もあるが、判解①548-549頁からは、「電車を利用する乗降客のための通路として設けられている」といっ

た点が「鉄道地」の認定において、そして財産管理権を有する駅長が禁止事項表示板を設置するなどその管理権の作用を及ぼしており、また、駅敷地と公道の境界付近にシャッターが存在するなどの点が「人ノ看守スル建造物」の認定において、それぞれ重視されたことがうかがえる。なお、以上の定義によると、駅前広場のようなものも、ビラ配布や演説が禁止される「鉄道地」となりうることには注意が必要である。

■ 少数意見

裁判官伊藤正己の補足意見は、次のとおりである。

[6] 一 被告人らの本件各所為について、鉄道営業法35条及び刑法130条後段の各規定を適用してこれを処罰しても、憲法21条1項の規定に違反するものではないとする法廷意見に対して、私は異論がない。しかし、本件は、一般公衆が自由に出入りすることのできる場所においてビラを配布するという表現の自由の行使のための手段にかかるものであって、憲法上検討すべき問題を含むものであるから、若干の意見を補足しておきたい❺。

[7] 二 憲法21条1項の保障する表現の自由は、きわめて重要な基本的人権であるが、それが絶対無制約のものではなく、その行使によって、他人の財産権、管理権を不当に害することの許されないことは、法廷意見の説示するとおりである。しかし、その侵害が不当なものであるかどうかを判断するにあたつて、形式的に刑罰法規に該当する行為は直ちに不当な侵害になると解するのは適当ではなく、そこでは、憲法の保障する表現の自由の価値を十分に考慮したうえで、それにもかかわらず表現の自由の行使が不当とされる場合に限つて、これを当該刑罰法規によって処罰しても憲法に違反することにならないと解されるのであり、このような見地に立って本件ビラ配布行為が処罰しうるものであるかどうかを判断すべきである❻。

[8] 一般公衆が自由に出入りすることのできる場所においてビラを配布することによって自己の主張や意見を他人に伝達することは、表現の自由の行使のための手段の一つとして決して軽視することのできない意味をもっている。特に、社会における少数者のもつ意見は、マス・メディアなどを通じてそれが受け手に広く知られるのを期待することは必ずしも容易ではなく、それを他人に伝える最も簡便で有効な手段の1つが、ビラ配布であるといってよい。いかに情報伝達の方法が発達しても、ビラ配布という手段のもつ意義は否定しえないのである。この手段を規制することが、ある意見にとって社会に伝達される機会を実質上奪う結果になることも少なくない❼。

[9] 以上のように、ビラ配布という手段は重要な機能をもっているが、他方において、一般公衆が自由に出入りすることのできる場所であっても、他人の所有又は管理する区域内でそれを行うときには、その者の利益に基づく制約を受けざるをえないし、またそれ以外の利益（例えば、一般公衆が妨害なくその場所を通行できることや、紙くずなどによってその場所が汚されることを防止すること）との調整も考慮しなければならない。ビラ配布が言論出版という純粋の表現形態でなく、一定の行動を伴うものであるだけに、他の利益との較量の必要性は高いといえる。したがって、所論のように、本件のような規制は、社会に対する明白かつ現在の危険がなければ許されないとすることは相当でないと考えられる❽。

[10] 以上説示したように考えると、ビラ配布の規制については、その行為が主張や意見の有効な伝達手段であることからくる表現の自由の保障においてそれがもつ価値と、それを規制することによって確保できる他の利益とを具体的状況のもとで較量して、その許容性を判断すべきであり、形式的に刑罰法規に該当する行為というだけで、その規制を認めることは適当ではないと思われる。そして、この較量にあたつては、配布の場所の状況、規制の方法や態様、配布の態様、その意見の有効な伝達のための他の手段の存否など多くの事情が考慮されることとなろう❾。

[11] 三 ある主張や意見を社会に伝達する自由を保障する場合に、その表現の場を確保することが重要な意味をもっている。特に表現の自由の行使が行動を伴うときには表現のための物理的な場所が必要となってくる。この場所

❺ [6]では、伊藤裁判官が補足意見を書くに至った動機が示されている。多数意見の憲法論は極めて簡潔なものであったが、伊藤補足意見は、本件は、「一般公衆が自由に出入りすることのできる場所においてビラを配布する」という「表現の自由の行使のための手段」に関連するものであるから、憲法上検討すべき問題を含むものであるとしている。

❻ [7]では、「たとえ思想を外部に発表するための手段であつても、その手段が他人の財産権、管理権を不当に害するごときものは許されない」との多数意見が示した法理の適用のあり方が論じられている。多数意見は、他人の管理権等と抵触する場合、それが刑罰法規に該当すれば、例外なく合憲的に処罰の対象となるかのように読める。しかし、伊藤意見は、多数意見の提示する法理を一般論としては妥当としつつも、形式的に刑罰法規に該当する行為であるからといって、直ちに、そこでいう「不当な侵害」になるわけではないとしている。いかなる場合に、「不当な侵害」となるかは、いわゆる利益衡量論によって判断されることになる。

❼ [8]以下は、利益衡量論の枠組みが示されることになるが、まず、[8]では、利益衡量の一方の価値である「一般公衆が自由に出入りすることのできる場所においてビラを配布すること」の意義が論じられている。伊藤意見は、ここで、ビラ配布を「社会における少数者」がその意見を「他人に伝える最も簡便で有効な手段の一つ」であると位置づけている。

❽ [9]では、ビラ配布に対抗する他の利益の存在とその調整の必要性が論じられている。伊藤意見は、場所を所有し、管理する者の利益のほか、通行人の妨害なき通行や紙くずによる汚染の防止もビラ配布の対抗利益となりうるとしている。また、ビラ配布を、言論出版のような「純粋の表現形態」ではなく、「一定の行動を伴うもの」として位置づけ、他利益との較量の必要性は高いと述べ、「本件のような規制は、社会に対する明白かつ現在の危険がなければ許されないとすることは相当でない」としている。

❾ [10]と[9]を総括する形で利益衡量の基本枠組みが示されている。伊藤補足意見は、「ビラ配布の規制」については、「その行為が主張や意見の有効な伝達手段であることからくる……価値」と「それを規制することによって確保できる他の利益」とを「具体的状況のもとで較量」して、その許容性を判断すべきであるとし、その判断においては、具体的に挙げられた①配布の場所の状況、②規制の方法や態様、③配布の態様、④その意見の有効な伝達のための他の手段の存否のような事情のほか、多くの事情が考慮されなければならないとしている。このような伊藤補足意見の判断枠組みは、違憲審査基準論や定義づけ衡量というよりは、具体的状況に基礎を置いたアドホックバランシング的側面をもつものである。なお、判解③242頁は、「最高裁は、表現の自由……の制約に対する合憲性審査の方法ないし基準として、一定の利益を確保しようとする目的のために制限が必要とされる程度と、制限される自由の内容及び性質、これに加えられ

が提供されないときには、多くの意見は受け手に伝達することができないといってもよい。一般公衆が自由に出入りできる場所は、それぞれその本来の利用目的を備えているが、それは同時に、表現のための場として役立つことが少なくない。道路、公園、広場などは、その例である。これを「パブリック・フォーラム」と呼ぶことができよう。このパブリック・フォーラムが表現の場所として用いられるときには、所有権や、本来の利用目的のための管理権に基づく制約を受けざるをえないとしても、その機能にかんがみ、表現の自由の保障を可能な限り配慮する必要があると考えられる。道路における集団行進についての道路交通法による規制について、警察署長は、集団行進が行われることにより一般交通の用に供せられるべき道路の機能を著しく害するものと認められ、また、条件を付することによってもかかる事態の発生を阻止することができないと予測される場合に限って、許可を拒むことができるとされるのも(最高裁昭和56年(あ)第561号同57年11月16日第三小法廷判決・刑集36巻11号908頁参照)、道路のもつパブリック・フォーラムたる性質を重視するものと考えられる❿。

【12】　もとより、道路のような公共用物と、一般公衆が自由に出入りすることのできる場所とはいえ、私的な所有権、管理権に服するところとは、性質に差異があり、同一に論ずることはできない。しかし、後者にあっても、パブリック・フォーラムたる性質を帯有するときには、表現の自由の保障を無視することができないのであり、その場合には、それぞれの具体的状況に応じて、表現の自由と所有権、管理権とをどのように調整するかを判断すべきこととなり、前述の較量の結果、表現行為を規制することが表現の自由の保障に照らして是認できないとされる場合がありうるのである。本件に関連する「鉄道地」(鉄道営業法35条)についていえば、それは、法廷意見のいうように、鉄道の営業主体が所有又は管理する用地・地域のうち、駅のフォームやホール、線路のような直接鉄道運送業務に使用されるもの及び駅前広場のようなこれと密接不可分の利用関係にあるものを指すと解される。しかし、これらのうち、例えば駅前広場のごときは、その具体的状況によってはパブリック・フォーラムたる性質を強くもつことがありうるのであり、このような場合に、そこでのビラ配布を同条違反として処罰することは、憲法に反する疑いが強い。このような場合には、公共用物に類似した考え方に立って処罰できるかどうかを判断しなければならない⓫。

【13】　四　本件においては、原判決及びその是認する第一審判決の認定するところによれば、被告人らの所為が行われたのは、駅舎の一部であり、パブリック・フォーラムたる性質は必ずしも強くなく、むしろ鉄道利用者など一般公衆の通行が支障なく行われるために駅長のもつ管理権が広く認められるべき場所であるといわざるをえず、その場所が単に「鉄道地」にあたるというだけで処罰が是認されているわけではない。したがって、前述のような考慮を払ったとしても、原判断は正当というほかはない⓬。
(裁判長裁判官　木戸口久治　裁判官　伊藤正己　裁判官　安岡満彦　裁判官　長島　敦)

る具体的制限の態様及び程度等を具体的に比較較量するという利益較量論を採用している」としているが、判解④549-551頁は、伊藤補足意見の「アプローチは、そのような最高裁の合憲性審査の方法ないし基準に沿うものである」としている。

❿　【11】と【12】では、【10】において考慮要素として挙げられた「配布の場所の状況」についてさらに考慮すべき事情が詳述されている。特に、ここでは伊藤裁判官のパブリック・フォーラム論が展開されていることが重要である。伊藤補足意見は、【11】において、まず、行動を伴う表現の自由の行使には、表現のための「物理的な場所」が必要となるとし、表現の場を確保することの重要性を論じている。そして、「一般公衆が自由に出入りできる場所」は、「本来の利用目的を備えて」はいるものの「表現のための場として役立つこと」から、「パブリック・フォーラム」と呼ぶことができるとしている。ここでは、道路、公園、広場などがパブリック・フォーラムの具体例として挙げられている。伊藤補足意見は、パブリック・フォーラムにおける表現の自由の制限においては、「その機能にかんがみ、表現の自由の保障を可能な限り配慮する必要がある」と論じている。なお、伊藤裁判官は、ここで判例②を引用しているが、同判決において、最高裁は、道交法77条2項が道路使用を許可すべき場合として定めた「交通の妨害となるおそれ」の意味を、文言どおりではなく、伊藤裁判官がここで指摘するように限定的に解釈する立場を採用した(判解②335頁)。道交法による規制はTPM規制の典型であるといえるが、それにもかかわらず規制範囲を限定しようとした最高裁の判断に、伊藤裁判官は、パブリック・フォーラム上での表現の自由への配慮を見出したものと考えられる。

⓫　【12】においては、私的な所有権、管理権に服するパブリック・フォーラムについて論じられている。伊藤補足意見においては、「一般公衆が自由に出入りできる場所」であればパブリック・フォーラムとなりえ、それが政府の所有に属するものか、私人の所有に属するものかはその要件とはなっていない。ただ、所有主体も含めて、具体的状況により、当該場所がもつパブリック・フォーラムたる性質の強弱は変化しうると考えられている。この点、伊藤補足意見は、「駅前広場」のような場所は、鉄道の営業主体が管理するものであっても、「公共用物に類似した考え方に立って処罰できるかどうかを判断しなければならない」としている。

⓬　【13】では、以上で示された利益衡量論およびパブリック・フォーラム論の本件事案へのあてはめが行われている。伊藤補足意見は、本件場所は「駅舎の一部」であることから、パブリック・フォーラム性は強くなく、他方で、駅長のもつ管理権が広く認められるべき場所であるとして、伊藤意見が示したような枠組みに従ったとしても、被告人らの行為は合憲的に処罰の対象となるとしている。

補足説明　二つのパブリック・フォーラム論

アメリカの連邦最高裁の判例法理として発展したパブリック・フォーラムの法理は政府の所有する財産を、(1)伝統的パブリック・フォーラム(道路や公園など)、(2)指定されたパブリック・フォーラム(公民館や集会場など)、(3)非パブリック・フォーラム((1)と(2)のいずれにも属さない政府財産)の三つに分けたうえで、(1)と(2)における表現規制に対しては内容規制と内容中立規制の区別に基づく一般的な審査基準に従いその合憲性を判断すべきであるとするものである((3)でも主題規制は許容されるが見解規制は許容されない)。このようなアメリカにおけるパブリック・フォーラムの法理は、政府財産上での規制は統治権ではなく所有権に基づく規制でありそこに合憲違憲の問題は生じないとしてきた伝統的見解に対するアンチテーゼとして提示されてきたものであり、私人の所有する財産上での規制はそもそも対象外となる(文献③402-410頁)。他方で、伊藤正己裁判官のパブリック・フォーラム論は、私人の財産も対象としうるものであり、また、特定の審査基準を導くというよりも、むしろ、具体的状況に応じた利益衡量の場面でそれが用いられるという点でも、アメリカのものとはその内容を大きく異にしている点には注意が必要である(文献②195頁も参照)。

Questions

①事実関係の確認

問1 井の頭線吉祥寺駅南口1階階段付近（本件現場）は、誰が、所有、管理する場所であったか。▶【事案】【3】

問2 本件現場は、営業時間中は誰が利用し、どのような状況にあったか。▶【事案】【3】

問3 本件現場の支柱には、どのような掲示板があったか。▶【事案】【3】

問4 被告人らは、本件現場において、いつ、何を目的として、どのような行為を行っていたか。▶【事案】【3】

問5 被告人らの行為に対し、誰が、どのような要請をしたか。▶【事案】

問6 吉祥寺駅の助役等の要請に対し、被告人らはどのような行動を行ったか。▶【事案】

問7 鉄道営業法35条はどのような規定か。また、本判決によれば、そこでいう「鉄道地」とはどのような場所として定義されるか。▶【3】【参考条文】

問8 被告人らはどのような行為について鉄道営業法35条違反の罪を問われたか。▶【事案】

問9 刑法130条後段はどのような規定か。また、本判決によれば、そこでいう「人の看守する建造物」とはどのような場所として定義されるか。▶【3】

問10 被告人らはどのような行為について刑法130条後段違反の罪を問われたか。▶【事案】

②判決・補足意見の内容の確認

問11 本判決は、どのような法理（判断枠組み）を提示しているか。▶【1】

問12 本判決は、被告人らの所為をどのように記述しているか。▶【1】

問13 伊藤補足意見は、本件にはどのような憲法上検討すべき問題があるとしているか。▶【6】

問14 伊藤補足意見は、本判決の多数意見が提示した法理についてどのような立場か。▶【7】

問15 伊藤補足意見は、いかなる場合に、表現行為によって他人の財産権、管理権が「不当に侵害」されると述べているか。▶【7】

問16 伊藤補足意見は、ビラを配布することについていかなる意義があると論じているか。▶【8】

問17 伊藤補足意見は、ビラ配布と対抗する利益としてどのようなものを挙げているか。また、ビラ配布と他の利益との較量の必要性について何と述べているか。▶【9】

問18 伊藤補足意見は、ビラ配布規制の許容性は、具体的状況のもと、何と何とを較量して判断すべきであるとしているか。また、そこで考慮される事情としてどのようなものが挙げられているか。▶【10】

問19 伊藤補足意見は、表現の自由と物理的な場所との関係についてどのように論じているか。▶【11】

問20 伊藤補足意見は、どのような場所を「パブリック・フォーラム」として位置づけているか。ある場所がそう位置づけられることによりどのような帰結が生じるか。▶【11】

問21 伊藤補足意見は、私的な所有権、管理権に服する場所のパブリック・フォーラムたる性質についてどのように論じているか。▶【12】

問22 伊藤補足意見は、駅前広場と本件場所のパブリック・フォーラム性についてどのように論じているか。▶【12】【13】

③応用問題

問23 私鉄AのB駅ビル建物の南側は、私鉄Aが所有し、B駅長が管理する駅前広場となっている。同駅前広場は、駅の利用客を中心に日常的に多くの人が往来していた。Cは、B駅長の許可を受けずに、駅前広場において、ヘイトスピーチを含む演説をし、ビラを配布した。Cによるこの行為を、鉄道営業法35条の罪に問うことの憲法適合性を伊藤正己裁判官の補足意見に基づいて論証せよ。▶【12】

○ **関連判例**（本書所収以外のもの）
　最大判昭和45年6月17日刑集24巻6号280頁［電柱ビラ貼り事件］（判例①）
　最判昭和57年11月16日刑集36巻11号908頁［佐世保エンタープライズ事件］（判例②）

○ **本判決の調査官解説**
　高橋省吾「判解」最高裁判所判例解説刑事篇昭和59年度534頁（判解①）

○ **その他の判例解説・判例批評**
　木谷明「判解」最高裁判所判例解説刑事篇昭和57年度315頁（判解②）
　千葉勝美「判解」最高裁判所判例解説民事篇平成4年度220頁（判解③）
　西野吾一「判解」最高裁判所判例解説刑事篇平成21年度532頁（判解④）

○ **参考文献**
　伊藤榮樹編『注釈特別刑法（第6巻Ⅱ）交通法編・通信法編2［新版］』（立花書房、1994年）（文献①）
　伊藤正己『裁判官と学者の間』（有斐閣、1993年）（文献②）
　樋口範雄『アメリカ憲法』（弘文堂、2011年）（文献③）

38 防衛庁立川宿舎ビラ投函事件

最高裁平成20年4月11日第二小法廷判決
平成17年(あ)第2652号:住居侵入被告事件
刑集62巻5号1217頁

事案

「立川自衛隊監視テント村」(以下「テント村」という)は、反戦運動を行っていた団体であったが、平成15年夏に関連法律が成立し、自衛隊のイラク派遣が迫ってきたころから、これに反対する活動を積極的に行うようになり、平成15年10月中ごろから月1回の割合で、自衛官およびその家族に向けて、自衛官に対しイラク派遣に反対するよう促す等の内容のA4判大のビラを、「防衛庁立川宿舎」(以下「立川宿舎」という)の各号棟の1階出入口の集合郵便受けと各室玄関ドアの新聞受けに投函する活動を開始した。これを受け、立川宿舎の管理者等は、敷地内でのビラ等の配布を禁止する「禁止事項表示板」を設置し、警察に被害届を提出したが、その後もテント村によるビラ投函活動は続き、平成16年1月17日と同年2月22日、このテント村に属する被告人らが、前記の内容のA4判大のビラを、立川宿舎の各号棟の各室玄関ドアの新聞受けに投函する目的で、立川宿舎の敷地内に立ち入ったうえ、分担して、各棟1階出入口からそれぞれ4階の各室玄関前まで立ち入り、各室玄関ドアの新聞受けに上記ビラを投函するなどした(以下「本件行為」という)ところ、本件行為が刑法130条前段の罪に該当するとして逮捕、起訴された。

第一審(東京地八王子支判平16・12・16刑集62-5-1337)は、本件行為の構成要件該当性を肯定したものの、憲法21条1項の問題にも触れつつ、その行為の動機と態様などから、本件行為には、「法秩序全体の見地からして、刑事罰に処するに値する程度の違法性があるものとは認められない」として、被告人らを無罪とした。第二審(東京高判平17・12・9刑集62-5-1376)は、本件行為による法益侵害の程度は「極めて軽微なものであったということはできない」とし、原判決を破棄、被告人らを有罪とし、罰金20万円等に処した。これを不服とする被告人らが上告した。

Navigator

平成16年以降、自衛隊のイラク派遣問題を契機として反戦運動が激しくなったが、この時期に、政府の政策に批判的なビラを集合住宅のポストに投函した者が刑法130条前段等の嫌疑によって逮捕される事件が相次いだ。その中で、本判決は、集合住宅へのビラ投函を刑法130条前段の罪により処罰することの合憲性について初めて判断したものである。本判決は、1)事実関係の概要の説明、2)被告人らの立入りの刑法130条前段該当性の検討、3)被告人らの立入りについて刑法130条前段の罪に問うことの憲法21条1項適合性の検討という三つの部分から構成されている。その3)の憲法判断の部分においては、本判決は、吉祥寺駅構内ビラ配布事件判決〔本書37事件〕と同様、表現行為であっても「手段が他人の権利を不当に害するようなものは許されない」との法理を提示したうえで、本件の具体的状況について、制限の態様、被告人らが立ち入った場所の性格、被侵害法益の性格等の観点から検討を進めている。特に、本件処罰を、「表現そのもの」ではなく、「表現の手段」に対する規制であると位置づけた点、被告人らが立ち入った場所は「私的生活を営む場所」であり、「一般に人が自由に出入りすることのできる場所ではない」と位置づけた点は重要である。もっとも、本件は、各室玄関ドアに設置された新聞受けにまでビラが投函された事案であり、仮に、本判決の立場に依拠したとしても、各棟の1階出入口付近に設置された集合郵便受けへのビラ投函にとどまる場合にまで処罰の対象となるかどうかは議論の余地がある。

■判決の論理構造

表現行為が他人の権利を侵害する場合

①表現内容が他人の権利を侵害する場合(名誉毀損、プライバシー侵害等)	他人の権利と表現の自由の調整を要し、いかなる場合に侵害行為としてその規制が許されるかについて憲法上慎重な考慮が必要となる(『北方ジャーナル』事件〔本書27事件〕参照)
②「表現の手段」が他人の権利を侵害する場合	「たとえ思想を外部に発表するための手段であっても、その手段が他人の権利を不当に害するようなものは許されない」(ただし、「不当」性は具体的事情に従い判断) 場所の管理権と衝突する場合 ●「一般公衆が自由に出入りすることのできる場所」 　(ⅰ)道路のような公共用物→パブリック・フォーラムたる性質を強くもつ 　(ⅱ)私的な所有権、管理権に服する場所(私鉄駅構内等)→管理主体の管理権が広く認められる ●「一般に人が自由に出入りすることのできない場所」(集合住宅の共用部分) 　(ⅰ)各室玄関前の新聞受け(本件事件) 　(ⅱ)1階の集合郵便受け(判例の立場は不確定)

判　決

○　主　文

本件各上告を棄却する。

○　理　由

第1　被告人3名の弁護人栗山れい子ほかの上告趣意のうち、本件被告人らの行為をもって刑法130条前段の罪に問うことは憲法21条1項に違反するとの主張について

[1]　1　原判決の認定及び記録によれば、本件の事実関係は、次のとおりである❶。

(1)　立川宿舎の状況等

ア　全般

[2]　東京都立川市所在の防衛庁（当時。以下同じ。）立川宿舎（以下「立川宿舎」という。）の敷地は、南北に細長い長方形（南北方向の辺の長さは約400m、東西方向の辺の長さは約50mである。以下「南側敷地」という。）の北端に東西に細長い長方形（南北方向の辺の長さは約25m、東西方向の辺の長さは約130mである。以下「北側敷地」という。）が西側に伸びる形で付いた逆L字形をしている。南側敷地の東側、北側敷地の東側と北側が、一般道路に面し、南側敷地の西側、北側敷地の西側と南側の西半分が、自衛隊東立川駐屯地と接している。南側敷地の南半分には、南から北へ順に1号棟ないし8号棟の集合住宅が建っている。いずれも東西に細長い直方体であり、鉄筋4階建てで、各階に6室ずつある（1号棟ないし8号棟の敷地の南北方向の辺の長さは約200mである。）。南側敷地の北半分は、南北に細長い長方形の空き地（以下「北側空き地」という。）になっている。北側敷地には、東西に並んで東から西へ順に9号棟、10号棟の前同様の集合住宅が建っている。ただし、9号棟及び10号棟は、いずれも5階建てで、10号棟は各階に8室ずつある❷。

イ　立川宿舎の敷地の囲にょう状況

[3]　㋐　1号棟ないし8号棟の敷地は、南側は高さ約1.5mの鉄製フェンス、一般道路に面する東側は、高さ約1.5mないし約1.6mの鉄製フェンスないし金網フェンス、北側空き地と接する北側は木製杭、自衛隊東立川駐屯地と接する西側は、門扉のある通用門1か所のほかは、高さ約1.85mないし約2.1mの鉄製フェンスで囲まれている。東側のフェンスは、各号棟の北側通路に通じる出入口となる部分がそれぞれ1号棟に係るものから順に幅約7.1m、約5.9m、約8m、約6.1m、約6.3m、約5m、約9m、約6.1mにわたって開口しており、各開口部に門扉はない。北側の木製杭には、おおむね等間隔に4本の鉄線が張られている❸。

[4]　㋑　9号棟及び10号棟の敷地も、高さ約1.5mないし約1.7mの金網フェンスないし鉄製フェンスで囲まれ、一般道路に面する東側、北側のフェンスは、各号棟の出入口となる部分が幅数mないし約8.2mにわたって開口するなどしており、各開口部に門扉はない。

ウ　立川宿舎の敷地の案内板等の状況

[5]　㋐　1号棟ないし8号棟の敷地の東側フェンスの1号棟の北側通路に通じる出入口となる開口部付近に、「防衛庁立川宿舎案内図」と題する案内板がある。同フェンスの各号棟の北側通路に通じる出入口となる各開口部の向かってすぐ左のフェンス部分に、いずれも、A3判大の横長の白色の用紙に、縦書きで、

「宿舎地域内の禁止事項
　一　関係者以外、地域内に立ち入ること
　一　ビラ貼り・配り等の宣伝活動
　一　露店（土地の占有）等による物品販売及び押し売り
　一　車両の駐車
　一　その他、人に迷惑をかける行為
　　　　　　　　　　　　　　　　　　管理者」

と印刷されてビニールカバーが掛けられた禁止事項表示板が設置されている❹。

[6]　㋑　9号棟及び10号棟の敷地を囲むフェンスの9号棟の出入口となる

❶　【1】から【19】まで、本判決は事実関係について詳細な記述を行っている。これらの具体的状況を基礎にして、初めて【22】の違法性判断、【25】の憲法判断の帰結が導かれたものと考えるべきである（判解②552-555頁）。

❷　【2】では、立川宿舎の敷地の形状や建物の構成について説明がなされている。

❸　この【3】と続く【4】では、立川宿舎の敷地の囲にょう状況について説明がなされている。ここでは立川宿舎の敷地が鉄製等のフェンスによって取り囲まれている一方、一般道に面する開口部もあり、その各開口部には門扉が設けられていなかった点が指摘されていることが重要である。刑法130条前段の邸宅等侵入罪が成立するためには、客体となる建物等が「看守」（建物などを事実上管理・支配するための人的・物的設備を施すこと）されたものであることが必要となるが、学説としては、「看守」というには、「単に立入禁止の立て札を立てるのでは足りないと解する」説と「門衛を配置したり扉に施錠したりしていなくとも、建物・敷地を管理するための設備が施されている場合には、門（開口部）や扉（出入口）に立入禁止の意思が明示されていることで足りる」と解する説の間で対立がある（文献①121-122頁）。本判決は後者の立場に依拠したものと考えられる。

❹　【5】と【6】では、「宿舎地域内の禁止事項」を定めた「禁止事項表示板」が立川宿舎の敷地内に設置されていること、および、その設置状況について説明がなされている。「禁止事項表示板」には、「管理者」の名義により、「ビラ貼り・配り等の宣伝活動」が禁止事項として挙げられている。ただ、これらの「禁止事項表示板」が掲示されたのは、被告人らにより3回にわたってビラの投函がなされた後の平成15年12月以降のことである（【13】参照）。

前記イ(イ)の開口部付近に、前同様の「防衛庁立川宿舎案内図」と題する案内板があり、同フェンスの各号棟の出入口となる前記イ(イ)の各開口部の向かってすぐ左ないし右のフェンス部分に、前同様の禁止事項表示板が設置されている。

エ 各号棟の状況

[7]　(ア)　1号棟ないし9号棟には、それぞれ東側階段、中央階段、西側階段があり、各号棟の1階には、その北側に各階段ごとに各階段に通じる門扉のない3か所の出入口があり、10号棟の1階には、その北側に、東側階段、東側中階段、西側中階段、西側階段に通じる門扉のない4か所の出入口がある。これらの出入口には、それぞれ集合郵便受けが設置されている。これらの階段に面して各階2室ずつの玄関があり、各室玄関ドアには新聞受けが設置されている❺。

[8]　(イ)　1号棟ないし10号棟の1階出入口にある掲示板又は集合郵便受けの上部の壁等には、A4判大の横長の白色又は黄色の用紙に、縦書きで、前記禁止事項表示板と同じ文言が印刷された禁止事項表示物が、一部はビニールカバーが掛けられて、掲示されていた。

オ 立川宿舎の管理状況

[9]　立川宿舎は、防衛庁の職員及びその家族が居住するための国が設置する宿舎である。本件当時、1号棟ないし8号棟は、ほぼ全室に居住者が入居していた。国家公務員宿舎法、同法施行令等により、敷地及び5号棟ないし8号棟は陸上自衛隊東立川駐屯地業務隊長の管理、1号棟ないし4号棟は航空自衛隊第1補給処立川支処長の管理となっており、9号棟、10号棟は防衛庁契約本部ないし同庁技術研究本部第3研究所の管理下にある❻。

[10]　(2)　テント村の活動状況等　「立川自衛隊監視テント村」（以下「テント村」という。）は、自衛隊の米軍立川基地移駐に際して結成された団体で、反戦平和を課題とし、示威運動、駅頭情報宣伝活動、駐屯地に対する申入れ活動等を行っている。被告人3名は、いずれもテント村の構成員として活動している者である❼。

(3) テント村の活動とこれに対する立川宿舎の管理者の対応

[11]　ア　テント村は、平成15年夏に関連法律が成立して自衛隊のイラク派遣が迫ってきたころから、これに反対する活動として、駅頭情報宣伝活動やデモを積極的に行うようになった❽。

[12]　イ　テント村は、自衛隊及びその家族に向けて、平成15年10月中ごろ、同年11月終わりころ、同年12月13日と月1回の割合で、それぞれ、「自衛官のみなさん・家族のみなさんへイラクへの派兵が、何をもたらすというのか？」、「自衛官のみなさん・家族のみなさんへ殺すのも・殺されるのもイヤだと言おう」、「イラクへ行くな、自衛隊！戦争では何も解決しない」との表題の下に、自衛隊のイラク派遣に反対し、かつ、自衛官に対しイラク派兵に反対するよう促し、自衛官のためのホットラインの存在を知らせる内容のA4判大のビラを、立川宿舎の各号棟の1階出入口の集合郵便受け又は各室玄関ドアの新聞受けに投かんした❾。

[13]　ウ　前記イの平成15年12月13日のビラの投かん後、陸上自衛隊東立川駐屯地業務隊長の職務を補佐する同業務隊厚生科長、航空自衛隊第1補給処立川支処長の職務を補佐する同支処業務課長ら立川宿舎の管理業務に携わっていた者は、連絡を取り合った上、管理者の意を受けて、それぞれの管理部分ごとに分担するなどして、同月18日、前記(1)ウ(ア)、(イ)のとおり、禁止事項表示板を立川宿舎の敷地の一般道路に面するフェンスの各号棟の出入口となる各開口部のすぐわきのフェンス部分に設置し、同月19日から同月24日にかけて、前記(1)エ(イ)のとおり、禁止事項表示物を各号棟の1階出入口に掲示した❿。

[14]　エ　そのころ、前記イの平成15年12月13日のビラの投かんについて、立川宿舎の管理業務に携わっていた者により管理者の意を受けて警察に住居侵入の被害届が提出された。

(4) 本件ビラ投かんの状況等

[15]　ア　被告人3名は、共謀の上、テント村の活動の一環として、「自衛官・ご家族の皆さんへ自衛隊のイラク派兵反対！いっしょに考え、反対の声をあげよう！」との表題の下、前同様の内容のA4判大のビラを、立川宿舎の

---

❺【7】と【8】では、各号棟の状況について説明がされている。ここでは、①各号棟の1階の出入口には門扉がない一方で、【5】と【6】で説明されたのと同様の禁止事項表示板が設置されていること、②各号棟の1階出入口には、それぞれ「集合郵便受け」が設置されていること、③各棟各階の各室玄関ドアには「新聞受け」が設置されていた等の事実が重要である。

❻【9】では、立川宿舎の管理状況について説明がなされている。立川宿舎は、「防衛庁の職員及びその家族が居住するため」の宿舎として国が設置したものとして位置づけられ、国家公務員宿舎法等に基づき、公務員である陸上自衛隊東立川駐屯地業務隊長らが管理していた。この立川宿舎の管理者は、刑法130条前段の成否において重要となる「管理権者」に該当するものと位置づけられている（【22】参照）。

❼【10】では、被告人らが属する団体である「テント村」について説明がなされている。本件第一審によれば、テント村は、昭和47年、米軍立川基地への自衛隊進駐に対する抗議活動が活発化する中で、種々の抗議団体が立川基地に隣接する公園に設置したテントの連絡体として結成されたものであり、その構成員の数は、概ね10名程度の範囲内で推移してきたとされる。

❽【11】では、被告人らの本件行為につながるテント村の一連の活動が自衛隊のイラク派遣に端を発するものであったことが指摘されている。自衛隊のイラク派遣は、平成15年7月26日のいわゆるイラク特措法成立後、同年12月から平成21年2月まで行われた。

❾【12】では、本件行為以前の被告人らの計3回のビラ投函活動とそこで投函されたビラの内容について説明がなされている。いずれも、被告人らは集合郵便受けと新聞受けにビラを投函している。ただ、これらの行為は、本件の公訴事実とはなっていない。

❿【13】では、立川宿舎の管理者である陸上自衛隊東立川駐屯地業務隊長等の職務を補佐する同業務隊厚生科長等により、「管理者の意を受けて」禁止事項表示物が掲示された旨論じられている。もっとも、第一審は、この禁止事項表示物は、A3判の貼り紙であり、「目につきやすいものとはいい難」いものであったとしている。

⓫【15】では、本件の公訴事実となった被告人らによる1月の行為について具体的に記述がなされている。被告人らは、各室玄関ドア前まで立ち入り新聞受けにビラを投函している。

各号棟の各室玄関ドアの新聞受けに投かんする目的で、平成16年1月17日午前11時30分過ぎころから午後0時ころまでの間、立川宿舎の敷地内に3名とも立ち入った上、分担して、3号棟東側階段、同棟中央階段、5号棟東側階段、6号棟東側階段及び7号棟西側階段に通じる各1階出入口からそれぞれ4階の各室玄関前まで立ち入り、各室玄関ドアの新聞受けに上記ビラを投かんするなどした⓫。

[16]　イ　平成16年1月23日、前記アのビラの投かんについて、立川宿舎の管理業務に携わっていた者により管理者の意を受けて警察に住居侵入の被害届が提出された。なお、同年2月3日に実施された実況見分時には、1号棟及び9号棟の各出入口並びに3号棟の中央出入口、4号棟の東側出入口、5号棟の西側出入口及び8号棟の西側出入口には、前記(1)エ(イ)の禁止事項表示物がなかった。

[17]　ウ　被告人A及び同Bは、共謀の上、テント村の活動の一環として、「ブッシュも小泉も戦場には行かない」との表題の下、前同様の内容のA4判大のビラを、立川宿舎の各号棟の各室玄関ドアの新聞受けに投かんする目的で、平成16年2月22日午前11時30分過ぎころから午後0時過ぎころまでの間、立川宿舎の敷地内に2名とも立ち入った上、分担して、3号棟西側階段、5号棟西側階段及び7号棟西側階段に通じる各1階出入口からそれぞれ4階の各室玄関前まで立ち入り、各室玄関ドアの新聞受けに上記ビラを投かんするなどした⓬。

[18]　エ　平成16年3月22日、前記ウのビラの投かんについて、立川宿舎の管理業務に携わっていた者により管理者の意を受けて警察に住居侵入の被害届が提出された。

[19]　2(1)　前記1(4)ア、ウのとおり、被告人らは、立川宿舎の敷地内に入り込み、各号棟の1階出入口から各室玄関前まで立ち入ったものであり、当該立入りについて刑法130条前段の罪に問われているので、まず、被告人らが立ち入った場所が同条にいう「人の住居」、「人の看守する邸宅」、「人の看守する建造物」のいずれかに当たるのかを検討する⓭。

[20]　(2)　前記1の立川宿舎の各号棟の構造及び出入口の状況、その敷地や周辺土地や道路との囲障等の状況、その管理の状況等によれば、各号棟の1階出入口から各室玄関前までの部分は、居住用の建物である宿舎の各号棟の建物の一部であり、宿舎管理者の管理に係るものであるから、居住用の建物の一部として刑法130条にいう「人の看守する邸宅」に当たるものと解され、また、各号棟の敷地のうち建築物が建築されている部分を除く部分は、各号棟の建物に接してその周辺に存在し、かつ、管理者が外部との境界に門塀等の囲障を設置することにより、これが各号棟の建物の付属地として建物利用のために供されるものであることを明示していると認められるから、上記部分は、「人の看守する邸宅」の囲にょう地として、邸宅侵入罪の客体になるものというべきである（最高裁昭和49年（あ）第736号同51年3月4日第一小法廷判決・刑集30巻2号79頁参照）⓮。

[21]　(3)　そして、刑法130条前段にいう「侵入し」とは、他人の看守する邸宅等に管理権者の意思に反して立ち入ることをいうものであるところ（最高裁昭和55年（あ）第906号同58年4月8日第二小法廷判決・刑集37巻3号215頁参照）、立川宿舎の管理権者は、前記1(1)オのとおりであり、被告人らの立入りがこれらの管理権者の意思に反するものであったことは、前記1の事実関係から明らかである⓯。

[22]　(4)　そうすると、被告人らの本件立川宿舎の敷地及び各号棟の1階出入口から各室玄関前までへの立入りは、刑法130条前段に該当するものと解すべきである。なお、本件被告人らの立入りの態様、程度は前記1の事実関係のとおりであって、管理者からその都度被害届が提出されていることなどに照らすと、所論のように法益侵害の程度が極めて軽微なものであったなどということもできない⓰。

[23]　3(1)　所論は、本件被告人らの行為をもって刑法130条前段の罪に問うことは憲法21条1項に違反するという⓱。

[24]　(2)　確かに、表現の自由は、民主主義社会において特に重要な権利として尊重されなければならず、被告人らによるその政治的意見を記載したビラの配布は、表現の自由の行使ということができる⓲。しかしながら、憲法21条1項も、表現の自由を絶対無制限に保障したものではなく、公共の福祉

⓬【17】でも、本件の公訴事実となった被告人らの2月の行為について具体的に記述がなされている。このときも、被告人らは、各室玄関ドア前まで立ち入り新聞受けにビラを投函している。

⓭【19】において、被告人らが立ち入った場所が、刑法130条前段にいう「人の住居」、「人の看守する邸宅」、「人の看守する建造物」のいずれに該当するかという刑法解釈上の問題提起がなされている。判解①238頁は、「一般に、『建造物』とは、『屋蓋を有し、壁や柱で支えられて土地に定着し、人の起居出入りに適した構造をもった工作物』をいい、『邸宅』とは、『居住用の建物で「住居」以外のもの』をいい、『住居』とは、『人の起臥寝食に日常使用される場所』をいう」としたうえで、「建造物であれば、建造物＞邸宅＞住居という関係になる」としている。立ち入った場所が「住居」、「邸宅」、「建造物」のいずれであっても、刑法130条前段の罪に問われるが、「住居」である場合には、「人の看守」が保護客体の要件とされないことになる。また、このような「住居」であるか「邸宅」であるかの問題は、本件のような集合住宅において、共用部分への立入りが「管理権者の意思には反するが、個別の住人の承諾があったという事案」において特に重要な論点となりうる。仮に、共用部分が「住居」に該当するとした場合には、立入りの許諾権者は、住居権者ということになり、それには、管理権者や管理組合だけではなく各住戸の居住者も含まれうる。そのような場合、「許諾権者のうち1人の許諾があれば足りるとする立場」（文献①124頁など）に立てば、上記事案において刑法130条前段の罪は成立しない。他方で、共用部分が「邸宅」に該当するとした場合には、「看守者」である管理権者が許諾権者となるから、その管理権者の意思に反する以上、個別の住人の承諾があっても同条の罪は成立することになる（判解②542頁）。

⓮【20】では、【19】で提起された刑法解釈上の問題についての結論が示されており、本判決は、立川宿舎の各建物における共用部分は、「人の看守する邸宅」に該当するとしている。本件では敷地を囲むフェンスに開口部があるため「人の看守」の有無が問題となりうるが、本判決は具体的管理状況を根拠としてこれを肯定している。また、刑法130条前段の客体には、建物自体だけでなく、それに付属する囲繞地も含まれるとされているところ、本判決は、各号棟の敷地も「人の看守する邸宅」の囲にょう地として、邸宅侵入罪の客体に含まれるとしている。

⓯【21】では、被告人らの立入りが刑法130条前段の「侵入」に該当するかが論じられている。本判決が引用するように、判例は、「侵入し」とは、建造物に「管理権者」の意思に反して立ち入ると解している。本判決は、陸上自衛隊東立川駐屯地業務隊長等を立川宿舎の管理権者として位置づけており、本件事実関係から、被告人らの立入りは、管理権者の意思に反するものであったとする。もっとも、そのような管理権者の意思の「明示」性が問題となりうるところ、判解①254-255頁は、禁止事項表示板の設置や敷地の囲繞状況のほか、被告人らが配布したビラが「自衛官の目に触れるときは、自衛官の士気や結束にも影響するところ大であって、当局としてその配布を是とするはずがない」ことから、「被告人らは自らの行為が宿舎の管理権者の意思に反するものであることを十分認識していたことは明らかである」としている。ただ、実際に管理者が士気に関わることを理由に立入りを禁止していたとするならば、それはまさに「見解」に基づく規制であったといえる。判解①273頁は、管理権者の意思は絶対的なものであり、管理権者側の都合は非難されるべきではない旨論じるが、いわゆる非パブリック・フォーラムであっても、それが公務員の管理する公有物である場合には、「見解」に基づく規制は許されないと論じる余地は十分にあったものと考えられる。

⓰【22】では、可罰的違法性の不存在の主張に対する応答が論じられている。ここでは、「その都度被害届が提出されていた」ことだけでなく、新聞受けにまで立ち

のため必要かつ合理的な制限を是認するものであって、たとえ思想を外部に発表するための手段であっても、その手段が他人の権利を不当に害するようなものは許されないというべきである（最高裁昭和59年（あ）第206号同年12月18日第三小法廷判決・刑集38巻12号3026頁参照）❶。本件では、表現そのものを処罰することの憲法適合性が問われているのではなく、表現の手段すなわちビラの配布のために「人の看守する邸宅」に管理権者の承諾なく立ち入ったことを処罰することの憲法適合性が問われているところ❷、本件で被告人らが立ち入った場所は、防衛庁の職員及びその家族が私的生活を営む場所である集合住宅の共用部分及びその敷地であり、自衛隊・防衛庁当局がそのような場所として管理していたもので、一般に人が自由に出入りすることのできる場所ではない❸。たとえ表現の自由の行使のためとはいっても、このような場所に管理権者の意思に反して立ち入ることは、管理権者の管理権を侵害するのみならず、そこで私的生活を営む者の私生活の平穏を侵害するものといわざるを得ない❹。したがって、本件被告人らの行為をもって刑法130条前段の罪に問うことは、憲法21条1項に違反するものではない。このように解することができることは、当裁判所の判例（昭和41年（あ）第536号同43年12月18日大法廷判決・刑集22巻13号1549頁、昭和42年（あ）第1626号同45年6月17日大法廷判決・刑集24巻6号280頁）の趣旨に徴して明らかである。所論は理由がない。

　　第2　その余の主張について

[25] 憲法違反、判例違反をいう点を含め、実質は単なる法令違反、事実誤認の主張であって、刑訴法405条の上告理由に当たらない。

[26] よって、同法408条により、裁判官全員一致の意見で、主文のとおり判決する。

（裁判長裁判官　今井　功　裁判官　津野　修　裁判官　中川了滋）

入ったことなど本件の具体的事実関係を前提として法益侵害が軽微でないとの判断が導かれたものと解されよう（判解②551頁）。

❶【23】からは、憲法論が具体的に展開されている。本判決は、所論をふまえて刑法130条前段の憲法適合性ではなく、「本件被告人らの行為」をもって刑法130条前段の罪に問うことの憲法適合性を問題としており、いわゆる適用違憲の有無を論じているものと捉えることができる。

❷【24】の第1文は、いわゆる保護範囲論を論じており、本判決は、被告人らによる「ビラの配布」を「表現の自由の行使」として位置づけている。

❸【24】の第2文では、本件の憲法判断を指導する法理の提示がなされている。本判決は、網掛け部分において、表現の手段を介して他人の権利が侵害されるという事案に従前から適用されてきた法理を改めて確認している。ただ、その表現は、引用されている吉祥寺駅構内ビラ配布事件（本書37事件）と比較するとより一般性の高いものとなっている（判例②も同様）。もっとも、この法理の適用においては、「不当性」＝「利益衡量」が問題となるところ、本判決は、以下、制限態様、行為の場所、被侵害法益の観点から論証を展開している。

❹【24】の第3文前半では、表現行為に対する制限の態様が論じられている。本判決は、本件処罰は「表現そのもの」ではなく、「表現の手段」に対する規制である旨指摘されている。伝統的に最高裁は、他人の権利を侵害するものであるにもかかわらず、名誉毀損事案においては、表現の自由と名誉権との調整の必要性を論じてきた。ただ、判解①261頁は、それは「表現そのもの」に対する規制であるからであり、「表現の手段」に対する規制には及ばない旨示唆している。判解①262頁が、被告人らはビラを郵送することもできたと論じるように、「表現の手段」に対する規制の場合には、権利侵害を伴わない代替的伝達経路が残されている可能性があることが、「表現そのもの」／「表現の手段」二分論の実質的論拠となりえよう。

❺【24】の第3文後半では、被告人らが立ち入った「場所」の性格が論じられている。本判決は、その「場所」が「防衛庁の職員及びその家族が私的生活を営む場所」であること、「一般に人が自由に出入りすることのできる場所ではない」ことを指摘している。これは、被告人らが立ち入った場所が、伊藤正己裁判官が言うところの「パブリック・フォーラム」には該当しない「私的空間」に属するものであったことを強調したものと捉えることができる。また、本判決は、被告人らの行為態様について触れていないが、これは、「私的空間」においては行為態様を問題とするまでもなく制限が正当化されることを示唆するものであるともいえる（判時2033号144頁、判タ1289号92頁のコメント参照）。

❻【24】の第4文では、表現の自由と衡量される権利・利益の性質が論じられている。本判決は、被告人らの行為は、「管理権者の管理権」と「私生活の平穏」を侵害するものであったとしている。これは、刑法130条前段の保護法益に関するいわゆる住居権説と平穏説を意識したものであると考えられる。判解②552頁は、「私生活の平穏」について、抽象的な公益ではなく、具体的な人格権的な利益であるとし、要保護性が高い旨指摘している。

補足説明　本判決の射程

本件で問題となった立川宿舎と同様、(1)1階出入口付近の集合ポストと(2)各室玄関前のポストの2か所にポストが設置されている集合住宅は決して珍しくない。その中で本件事案は、被告人が、(1)のポストだけでなく、(2)のポストにまでビラを投函するために立ち入ったという事案であった。仮に、被告人の行為が(1)へのビラの投函にとどまっていた場合にも、それを処罰することが合憲といえるかどうかが問題となる。(1)へのビラ投函にとどまる場合であっても、管理権者の意思に反する立入りがあったことに変わりはなく、形式的には刑法130条前段の構成要件に該当する。ただ、かつて伊藤正己裁判官が、表現の自由の行使によって他人の財産権、管理権を不当に害することは許されないとの一般論を是としつつも、形式的に刑罰法規に該当する行為というだけ

で規制が許容されるわけではなく、規制の許容性は、具体的状況のもとでの利益衡量によって判断すべきであると論じていたところ（吉祥寺駅構内ビラ配布事件〔本件37事件〕）、判解②550頁以下が、本判決も、このような伊藤裁判官の主張と同様、具体的事実関係を前提とした利益衡量論によって結論を導いたものであるとした点が注目される。仮にこのような読み方が正しい場合、(1)へのビラ投函にとどまる場合にまで処罰の対象とすることは、意見伝達のための経路に対する深刻な制限になるうえ、そこで保護される法益の程度も(2)への立入りを処罰する場合と比較して限定的であることから、本判決の立場を前提としたとしても、憲法21条1項違反になりうるものといえよう（判解②552-555頁）。

Questions

①事実関係の確認

問1　立川宿舎にはどのような建物があり、その敷地はどのように囲にょうされていたか。▶【2】～【4】

問2　立川宿舎において、禁止事項表示板はどのようなことを記載しており、また、それはどこに設置されていたか。▶【5】【6】【8】

問3　立川宿舎の各号棟において、集合郵便受け、新聞受けは、それぞれどこに設置されていたか。▶【7】

問4　立川宿舎は、誰が何の目的で設置した宿舎であり、何法に基づき、誰が管理をしているか。▶【9】

問5　テント村とはどのような団体で、どのような活動を行っていたか。▶【10】【11】

問6　テント村は、どれほどの頻度で、どのような内容のビラを、どこに投函したか。▶【12】

問7　【12】の行為を受け、誰が、どのような対応をしたか。▶【13】【14】

問8　本件公訴事実となった被告人らの行為はどのようなものであったか。被告人らは立川宿舎のどこに立ち入ったか。▶【15】【17】

問9　【15】と【17】の行為を受け、立川宿舎では誰がどのような行為を行ったか。▶【16】【18】

②判決の内容の確認

問10　本判決は、被告人らが立ち入った場所は、刑法130条前段の何に該当するとしているか。▶【20】

問11　本判決は、刑法130条前段の「侵入し」をどのように解釈しているか。▶【21】

問12　また、本判決は、立川宿舎の管理権者は誰であるとし、何を基礎として、被告人らの立入りが管理権者の意思に反するとしているか。▶【9】【21】

問13　本判決は、いかなる事情を基礎にして、「法益侵害の程度が極めて軽微なものであった」とはいえないとしているか。▶【22】

問14　被告人らはどのような憲法上の主張をしていたか。▶【23】

問15　本判決は、表現の自由をどのようなものと論じ、また、被告人らの行為はどのようなものであったとしているか。▶【24】

問16　本判決は、憲法判断の判断枠組みとしてどのようなものを提示しているか。▶【24】

問17　本判決は、本件処罰の性格をどのようなものと位置づけているか。▶【24】

問18　本判決は、被告人らが立ち入った場所をどのように性格づけているか。▶【24】

問19　本判決は、被告人らの行為によって侵害された法益としてどのようなものを挙げているか。▶【24】

③応用問題

問20　本件被告人らが立ち入った場所が、1階出入口付近の集合郵便受けにとどまり、各室玄関前の新聞受けにまで至っていなかった場合にはどのような判断がなされたと考えられるか。▶判解②、【補足説明】

○ **関連判例**（本書所収以外のもの）
最判昭和21年11月30日刑集63巻9号1765頁［葛飾事件］（判例①）
最判平成23年7月7日刑集65巻5号619頁（判例②）

○ **本判決の調査官解説**
山口裕之「判解」最高裁判所判例解説刑事篇平成20年度203頁（判解①）

○ **その他の判例解説・判例批評**
西野吾一「判解」最高裁判所判例解説刑事篇平成21年度532頁［判例①の調査官解説］（判解②）
阪口正二郎「防衛庁宿舎へのポスティング目的での立入り行為と表現の自由」法学教室336号（2008年）8頁
木下昌彦「判批」憲法判例百選Ⅰ［第6版］（2013年）134頁（判批①）

○ **参考文献**
蟻川恒正「立川ビラ事件最高裁判決を読む」法学教室392号（2013年）103頁
毛利透『表現の自由―その公共性ともろさについて』（岩波書店、2008年）
山口厚『刑法各論［第2版］』（有斐閣、2013年）（文献①）

39 岐阜県青少年保護育成条例事件

最高裁平成元年9月19日第三小法廷判決　昭和62年(あ)第1462号：岐阜県青少年保護育成条例違反被告事件　刑集43巻8号785頁

事案

岐阜県青少年保護育成条例（以下「本件条例」という）は、自動販売機業者が岐阜県知事の指定した有害図書を自動販売機に収納することを禁止し（6条の6第1項）、それに違反した者は「3万円以下の罰金又は科料に処する」としていた（21条5号）。そして、有害図書の指定については、個々の図書ごとに岐阜県青少年保護育成審議会の審議を経たうえで指定する「個別指定」という方式（6条1項）に加えて、本件条例とそのもとの規則および告示によって有害図書の基準を定め、これに該当するものを包括的に有害図書とする「包括指定」という方式を定めていた（同条2項）。

被告人A株式会社は、自動販売機により図書を販売することを業とする者であるところ、同社の代表取締役である被告人Bは、同社の業務に関し、同社が設置・管理する図書自動販売機に、岐阜県知事が昭和54年7月1日告示第539号をもって包括指定した有害図書に該当する雑誌を、計5回にわたって収納した。これらの行為により、被告人らは、本件条例6条の6第1項違反の罪（本件条例21条5号）で起訴された。

第一審（岐阜簡判昭62・6・5刑集43-8-815）は、被告人両名を各罰金6万円に処し（法定刑は罰金3万円以下であるが、5回の実行行為が併合罪の関係に立つため、刑法48条2項により処断刑の上限は15万円となる）、被告人A株式会社から押収雑誌2冊を没収した。その控訴審である原審（名古屋高判昭62・11・25刑集43-8-819）は、被告人らの控訴を棄却した。これに対し、被告人らは、本件条例による有害図書規制が憲法14条、21条、31条に反すると主張して上告した。

■参考条文（事件当時のもの）

岐阜県青少年保護育成条例

第6条 知事は、図書、がん具その他これらに類するもの（以下「図書等」と総称する。）の内容、形状、構造、機能等が著しく性的感情を刺激し、又は著しく残忍性を助長するため、青少年の健全な育成を阻害するおそれがあると認めるときは、当該図書等を有害図書等として指定するものとする。

2 知事は、前項の規定により指定すべき図書のうち、特に卑わいな姿態若しくは性行為を被写体とした写真又はこれらの写真を掲載する紙面が編集紙面の過半を占めると認められる刊行物については、前項の指定に代えて、当該写真の内容を、あらかじめ、規則で定めるところにより、指定することができる。

第6条の6 〔第1項〕自動販売機業者は、有害指定図書等を自動販売機に収納してはならない。ただし、法令の規定により青少年の立ち入りが制限されている場所に自動販売機を設置している場合は、この限りでない。

第21条 次の各号の一に該当する者は、3万円以下の罰金又は科料に処する。
(5) 第6条の6の規定に違反した者

岐阜県青少年保護育成条例施行規則

第2条 条例第6条第2項の規定による写真の内容は、次の各号に掲げるもので別に定めるものとする。

(1) 全裸、半裸又はこれに近い状態での卑わいな姿態
(2) 性交又はこれに類する性行為

昭和54年7月1日岐阜県告示第539号

岐阜県青少年保護育成条例……第6条第2項の規定により……有害図書として指定すべきもののうち、特に卑わいな姿態若しくは性行為を被写体とした写真又はこれらの写真を掲載する紙面が編集紙面の過半を占めると認められる刊行物について、当該写真の内容を次のとおり指定した。

(1) 全裸、半裸又はこれに近い状態での卑わいな姿態で、次に掲げるものを被写体とした写真
1 女性が大腿部を開いた姿態
2 女性が陰部、臀部又は胸部を誇示した姿態
3 自慰の姿態
4 男女間の愛撫の姿態
5 女性の排泄の姿態
6 緊縛姿態

(2) 性交又はこれに類する性行為で、次に掲げるものを被写体とした写真
1 男女間の性交又は性交を連想させる行為
2 強姦、輪姦その他のりょう辱行為
3 同性間の性行為
4 変態性欲に基づく性行為

Navigator

本件では、岐阜県青少年保護育成条例による有害図書規制について、①表現の自由（青少年の知る自由、成人の知る自由、有害図書の送り手の出版の自由）を侵害しないか、②検閲に該当しないか、③地方公共団体ごとに規制が区々である点で法の下の平等に反しないか、④規制基準が曖昧である点で明確性の原則に反しないかといった点が争われた。これらの点につき、本判決は合憲と判断した。その理由について、多数意見は極めて簡潔な説示をするのみであるが、伊藤正己裁判官がその不足を補うような詳細な補足意見を付している。同補足意見の中でも特に重要なのは、上記①および④の争点に関する説示である。①については、青少年には成人と同等の知る自由は保障されないという注目すべき見解が示され、④については、下位の法規範をも参照して明確性を判断するという手法がとられている。同補足意見はあくまでも少数意見であるから、これをそのまま最高裁の見解として受け取ることは避けなければならないが、類似の事例を処理する際に大いに参考になるものといえよう。

■判決・補足意見の論理構造

判　決

　　　　　　○　主　　文
　本件上告を棄却する。
　　　　　　○　理　　由
[1]　一　弁護人青山学、同井口浩治の上告趣意のうち、憲法21条1項違反をいう点は、岐阜県青少年保護育成条例（以下「本条例」という。）6条2項、6条の6第1項本文、21条5号の規定による有害図書の自動販売機への収納禁止の規制が憲法21条1項に違反しないことは、当裁判所の各大法廷判例（昭和28年（あ）第1713号同32年3月13日判決・刑集11巻3号997頁、昭和39年（あ）第305号同44年10月15日判決・刑集23巻10号1239頁、昭和57年（あ）第621号同60年10月23日判決・刑集39巻6号413頁）の趣旨に徴し明らかであるから、所論は理由がない。同上告趣意のうち、憲法21条2項前段違反をいう点は、本条例による有害図書の指定が同項前段の検閲に当たらないことは、当裁判所の各大法廷判例（昭和57年（行ツ）第156号同59年12月12日判決・民集38巻12号1308頁、昭和56年（オ）第609号同61年6月11日判決・民集40巻4号872頁）の趣旨に徴し明らかであるから、所論は理由がない。同上告趣意のうち、憲法14条違反をいう点が理由のないことは、前記昭和60年10月23日大法廷判決の趣旨に徴し明らかである。同上告趣意のうち、規定の不明確性を理由に憲法21条1項、31条違反をいう点は、本条例の有害図書の定義が所論のように不明確であるということはできないから前提を欠き、その余の点は、すべて単なる法令違反、事実誤認の主張であって、適法な上告理由に当たらない❶。
　二　所論にかんがみ、若干説明する。
[2]　1　本条例において、知事は、図書の内容が、著しく性的感情を刺激し、又は著しく残忍性を助長するため、青少年の健全な育成を阻害するおそれがあると認めるときは、当該図書を有害図書として指定するものとされ（6条1項）、右の指定をしようとするときには、緊急を要する場合を除き、岐阜県青少年保護育成審議会の意見を聴かなければならないとされている（9条）。ただ、有害図書のうち、特に卑わいな姿態若しくは性行為を被写体とした写真又はこれらの写真を掲載する紙面が編集紙面の過半を占めると認められる刊行物については、知事は、右6条1項の指定に代えて、当該写真の内容を、あらかじめ、規則で定めるところにより、指定することができるとされている（6条2項）。これを受けて、岐阜県青少年保護育成条例施行規則2条においては、右の写真の内容について、「一　全裸、半裸又はこれに近い状態での卑わいな姿態、二　性交又はこれに類する性行為」と定められ、さらに昭和54年7月1日岐阜県告示第539号により、その具体的内容についてより詳細な指定がされている。このように、本条例6条2項の指定の場合には、個々の図書について同審議会の意見を聴く必要はなく、当該写真が前記告示による指定内容に該当することにより、有害図書として規制されることになる。以上右6条1項又は2項により指定された

❶　弁護人らは、上告趣意において、本件条例について、(i)規制目的が不合理であるため表現の自由（憲法21条1項）を侵害する、(ii)検閲（同条2項前段）に該当する、(iii)地方公共団体ごとに規制が区々であるため法の下の平等（同14条）に反する、(iv)規制基準が曖昧であるため明確性の原則（同21条1項）に反する等と主張した。これに対し、本判決は、[1]でそれらの主張をすべて退けた。その理由は極めて簡潔であり、(i)についてはチャタレー事件判決（判例①）、『悪徳の栄え』事件判決（判例③）、福岡県青少年保護育成条例事件判決（判例④）、(ii)については札幌税関検査事件判決〔本書26事件〕、北方ジャーナル事件判決〔本書27事件〕、(iii)については福岡県青少年保護育成条例事件判決の「趣旨に徴し明らか」だとしており、(iv)については「本条例の有害図書の定義が所論のように不明確であるということはできない」としている。

❷　[2]では、本件条例の概要が示されている。なお、当時、青少年への有害図書販売等を規制する「青少年保護育成条例」は長野県を除く全都道府県で制定されていたが、各条例で規制の程度は異なっており、本件条例はその中でも最も強度の部類（販売禁止規定、罰則に加え、審議会の審議を要しない緊急指定、個々の指定を要しない包括指定の各規定を置くもの）に属していた（判解①293-294頁）。

有害図書については、その販売又は貸付けを業とする者がこれを青少年に販売し、配付し、又は貸し付けること及び自動販売機業者が自動販売機に収納することを禁止され（本条例6条の2第2項、6条の6第1項）、いずれの違反行為についても罰則が定められている（本条例21条2号、5号）❷。

[3]　2　本条例の定めるような有害図書が一般に思慮分別の未熟な青少年の性に関する価値観に悪い影響を及ぼし、性的な逸脱行為や残虐な行為を容認する風潮の助長につながるものであって、青少年の健全な育成に有害であることは、既に社会共通の認識になっているといってよい。さらに、自動販売機による有害図書の販売は、売手と対面しないため心理的に購入が容易であること、昼夜を問わず購入ができること、収納された有害図書が街頭にさらされているため購入意欲を刺激し易いことなどの点において、書店等における販売よりもその弊害が一段と大きいといわざるをえない。しかも、自動販売機業者において、前記審議会の意見聴取を経て有害図書としての指定がされるまでの間に当該図書の販売を済ませることが可能であり、このような脱法的な行為に有効に対処するためには、本条例6条2項による指定方式も必要性があり、かつ、合理的であるというべきである。そうすると、有害図書の自動販売機への収納の禁止は、青少年に対する関係において、憲法21条1項に違反しないことはもとより、成人に対する関係においても、有害図書の流通を幾分制約することにはなるものの、青少年の健全な育成を阻害する有害環境を浄化するための規制に伴う必要やむをえない制約であるから、憲法21条1項に違反するものではない❸。

[4]　よって、刑訴法408条により、主文のとおり判決する。
[5]　この判決は、裁判官伊藤正己の補足意見があるほか、裁判官全員一致の意見によるものである。

❸【3】では、【1】で示した判断のうち、本件条例が憲法21条1項に違反しないという点について、補足説明がなされている（判解②30頁は、ここで問題となる表現の自由として、青少年の知る自由、成人の知る自由、そして有害図書の送り手側の出版の自由を挙げている）。それによれば、本件条例は、青少年に対する関係のみならず、成人に対する関係においても、表現の自由を侵害するものではない。その理由は、(1)本条例に定めるような有害図書が青少年の健全な育成に有害であることは社会共通の認識になっていること、(2)自動販売機による有害図書の販売は、書店等における販売よりもその弊害が一段と大きいこと、(3)有害図書として個別指定される前に当該図書の販売を済ませるという脱法的行為に対処するために有害図書の包括指定は必要かつ合理的であること、の3点である。また、成人に対する関係では、有害図書の流通を「幾分制約」することになるにとどまり、他の流通経路は残されているという点も、合憲判断を支える理由の一つとされているものと考えられる（判例⑤では、より明確に、「（成人）に対しては、書店等における販売等が自由にできる」という事情が指摘されている）。

少数意見

裁判官伊藤正己の補足意見は、次のとおりである。

[6]　岐阜県青少年保護育成条例（以下「本件条例」という。）による有害図書の規制が憲法に違反するものではないことは、法廷意見の判示するとおりである。いわゆる有害図書を青少年の手に入らないようにする条例は、かなり多くの地方公共団体において制定されているところであるが、本件において有害図書に該当するとされた各雑誌を含めて、表現の自由の保障を受けるに値しないと考えられる価値のない又は価値の極めて乏しい出版物がもっぱら営利的な目的追求のために刊行されており、青少年の保護育成という名分のもとで規制が一般に受けいれられやすい状況がみられるに至っている。そして、本件条例のような法的規制に対しては、表現の送り手であるマス・メディア自身も、社会における常識的な意見も、これに反対しない現象もあらわれている。しかし、この規制は、憲法の保障する表現の自由にかかわるものであって、所論には検討に値する点が少なくない。以下に、法廷意見を補足して私の考えるところを述べておきたいと思う❹。

一　本件条例と憲法21条

[7]　(一)　本件条例によれば、6条1項により有害図書として指定を受けた図書、同条2項により指定を受けた内容を有する図書は、青少年に供覧、販売、貸付等をしてはならないとされており（6条の2）、これは明らかに青少年の知る自由を制限するものである。当裁判所は、国民の知る自由の保障が憲法21条1項の規定の趣旨・目的から、いわばその派生原理として当然に導かれるところであるとしている（最高裁昭和63年（オ）第436号平成元年3月8日大法廷判決・民集43巻2号89頁参照）。そして、青少年もまた憲法上知る自由を享有していることはいうまでもない❺。

[8]　青少年の享有する知る自由を考える場合に、一方では、青少年はその人格の形成期であるだけに偏りのない知識や情報に広く接することによって精神的成長をとげることができるところから、その知る自由の保障の必要性は高いのであり、そのために青少年を保護する親権者その他

❹【6】では、伊藤裁判官が補足意見を執筆した動機が述べられている。本判決の調査官解説においても指摘されているように、本判決多数意見の「理由付けは骨組みだけの簡単なものであるが、実質的な検討は、伊藤裁判官の補足意見において十分なされている」といえる（判例①306頁）。なお、後に本人が語ったところによれば、伊藤裁判官は「かつて東京都の条例の制定のとき参考人として意見を述べたことがあってこの問題に関心をもっており」、また、本判決は「退官の前日に言い渡した判決であって憲法学者としての思考をもりこんだ意見として印象に残っている」という（文献②209頁）。

❺【7】では、レペタ事件判決〔本書46事件〕を引用し、憲法21条1項の派生原理として国民の知る自由が導かれることを確認したうえで、本件条例が青少年の知る自由を制限するものであることが指摘されている。

の者の配慮のみでなく、青少年向けの図書利用施設の整備などのような政策的考慮が望まれるのであるが、他方において、その自由の憲法的保障という角度からみるときには、その保障の程度が成人の場合に比較して低いといわざるをえないのである。すなわち、知る自由の保障は、提供される知識や情報を自ら選別してそのうちから自らの人格形成に資するものを取得していく能力が前提とされている、青少年は、一般的にみて、精神的に未熟であって、右の選別能力を十全には有しておらず、その受ける知識や情報の影響をうけることが大きいとみられるから、成人と同等の知る自由を保障される前提を欠くものであり、したがって青少年のもつ知る自由を一定の制約をうけ、その制約を通じて青少年の精神的未熟さに由来する害悪から保護される必要があるといわねばならない。もとよりこの保護を行うのは、第一次的には親権者その他青少年の保護に当たる者の任務であるが、それが十分に機能しない場合も少なくないから、公的立場からその保護のために関与が行われることも認めねばならないと思われる。本件条例もその一つの方法と考えられる。このようにして、ある表現が受け手として青少年にむけられる場合には、成人に対する表現の規制の場合のように、その制約の憲法適合性について厳格な基準が適用されないものと解するのが相当である。そうであるとすれば、一般に優越する地位をもつ表現の自由を制約する法令について違憲かどうかを判断する基準とされる、その表現につき明白かつ現在の危険が存在しない限り制約を許されないとか、より制限的でない他の選びうる手段の存在するときは制約は違憲となるなどの原則はそのまま適用されないし、表現に対する事前の規制は原則として許されないとか、規制を受ける表現の範囲が明確でなければならないという違憲判断の基準についても成人の場合とは異なり、多少とも緩和した形で適用されると考えられる。以上のような観点にたって、以下に論点を分けて考察してみよう❻。

【9】　（二）　青少年保護のための有害図書の規制について、それを支持するための立法事実として、それが青少年非行を誘発するおそれがあるとか青少年の精神的成熟を害するおそれのあることがあげられるが、そのような事実について科学的証明がされていないといわれることが多い。たしかに青少年が有害図書に接することから、非行を生ずる明白かつ現在の危険があるといえないことはもより、科学的にその関係が論証されているとはいえないかもしれない。しかし、青少年保護のための有害図書の規制が合憲であるためには、青少年非行などの害悪を生ずる相当の蓋然性のあることをもって足りると解してよいと思われる。もっとも、青少年の保護という立法目的が一般に是認され、規制の必要制が重視されているために、その規制の手段方法についても、容易に肯認される可能性があるが、もとより表現の自由の制限を伴うものである以上、安易に相当の蓋然性があると考えるべきでなく、必要限度をこえることは許されない。しかし、有害図書が青少年の非行を誘発したり、その他の害悪を生ずることの厳密な科学的証明を欠くからといって、その制約が直ちに知る自由への制限として違憲なものとするとは相当でない❼。

【10】　西ドイツ基本法５条２項の規定は、表現の自由、知る権利について、少年保護のための法律によって制限されることを明文で認めており、いわゆる「法律の留保」を承認していると解される。日本国憲法のもとでは、これと同日に論ずることはできないから、法令をもってする青少年保護のための表現の自由、知る自由の制約を直ちに合憲的な規制として承認することはできないが、現代における社会の共通の認識からみて、青少年保護のために有害図書に接する青少年の自由を制限することは、右にみた相当の蓋然性の要件をみたすものといってよいであろう。問題は、本件条例の採用する手段方法が憲法上許される必要な限度をこえるかどうかである。これについて以下の点が問題となろう❽。

【11】　（三）　すでにみたように本件条例による有害図書の規制は、表現の自由、知る自由を制限するものであるが、これが基本的に是認されるのは青少年の保護のための規制であるという特殊性に基づくといえる。もし成人を含めて知る自由を本件条例のような態様方法によって制限するとすれば、憲法上の厳格な判断基準が適用される結果違憲とされることを免

❻【8】では、青少年には成人と同等の知る自由は保障されないということが説かれている。知る自由の保障は「提供される知識や情報を自ら選別してそのうちから自らの人格形成に資するものを取得していく能力」を前提とするところ、青少年は一般的にみて精神的に未熟であり、かかる選別能力を欠くというのが、その理由である。そして、この結果、青少年の知る自由に対する制限については、「明白かつ現在の危険の基準」や「LRAの原則」のような厳格な違憲審査基準はそのまま適用されず、また、表現に対する事前抑制の原則的禁止や明確性の原則などの要請も緩和されるとされている。なお、学説においても、子どもの権利について、「選択の自由を内実とするか否かを基準として、(1)成人とは必ずしも同等の保障を受けるわけではない権利と、(2)成人と同等の保障を受ける権利とに区別」する、という見解が有力である（文献③22-24頁）。

❼【9】では、青少年保護のための有害図書規制の立法事実に関して、有害図書によって青少年非行を誘発すること等の「厳密な科学的証明」（青少年非行等が生じる「明白かつ現在の危険」）までは不要であり、青少年非行等の害悪を生ずる「相当の蓋然性」があれば足りる、ということが説かれている。

❽【10】では、【9】で示した「相当の蓋然性」要件がみたされると判断されている。その理由として挙げられている「現代における社会の共通の認識」とは、多数意見の【3】にいう「本条例の定めるような有害図書が一般に思慮分別の未熟な青少年の性に関する価値観に悪い影響を及ぼし、性的な逸脱行為や残虐な行為を容認する風潮の助長につながるものであって、青少年の健全な育成に有害である」という「社会共通の認識」を指すものである。この点に関して、本判決の調査官解説は、「大多数の者がそう考えているということは、それ自体、客観的な判断であって、単なる主観的なものとはいえない」と述べている（判解①309頁）。

❾【11】では、本件条例による有害図書規制によって、青少年の知る自由だけでなく、成人の知る自由まで「全く封殺」されるならば、それは違憲判断を免れない、ということが示されている。【8】で説かれているように、成人と青少年とでは知る自由の保障の程度が異なり、成人

れないと思われる。そして、たとえ青少年の知る自由を制限することを目的とするものであっても、その規制の実質的な効果が成人の知る自由を全く封殺するような場合には、同じような判断を受けざるをえないであろう❾。

【12】　しかしながら、青少年の知る自由を制限する規制がかりに成人の知る自由を制約することがあっても、青少年の保護の目的からみて必要とされる規制に伴って当然に附随的に生ずる効果であって、成人にはこの規制を受ける図書等を入手する方法が認められている場合には、その限度での成人の知る自由の制約もやむをえないものと考えられる。本件条例は書店における販売のみでなく自動販売機（以下「自販機」という。）による販売を規制し、本件条例6条2項によって有害図書として指定されたものは自販機への収納を禁止されるのであるから、成人が自販機によってこれらの図書を簡易に入手する便宜を奪われることになり、成人の知る自由に対するかなりきびしい制限であるということができるが、他の方法でこれらの図書に接する機会が全く閉ざされているとの立証はないし、成人に対しては、特定の態様による販売が事実上抑止されるにとどまるものであるから、有害図書とされるものが一般に価値がないか又は極めて乏しいことをあわせ考えるとき、成人の知る自由の制約とされることを理由に本件条例を違憲とするのは相当ではない❿。

【13】　㈣　本件条例による規制が憲法21条2項前段にいう「検閲」に当たるとすれば、その憲法上の禁止は絶対的なものであるから、当然に違憲ということになるが、それが「検閲」に当たらないことは、法廷意見の説示するとおりである。その引用する最高裁昭和57年（行ツ）第156号同59年12月12日大法廷判決（民集38巻12号1308頁）によれば、憲法にいう「検閲」とは、「行政権が主体となって、思想内容等の表現物を対象とし、その全部又は一部の発表の禁止を目的として、対象とされる一定の表現物につき網羅的一般的に、発表前にその内容を審査した上、不適当と認めるものの発表を禁止することを、その特質として備えるものを指すと解すべきである」ところ、本件条例の規制は、6条1項による個別的指定であっても、また同条2項による規則の定めるところによる指定（以下これを「包括指定」という。）であっても、すでに発表された図書を対象とするものであり、かりに指定をうけても、青少年はともかく、成人はこれを入手する途が開かれているのであるから、右のように定義された「検閲」に当たるということはできない⓫。

【14】　もっとも憲法21条2項前段の「検閲」の絶対的禁止の趣旨は、同条1項の表現の自由の保障の解釈に及ぼされるべきものであり、たとえ発表された後であっても、受け手に入手されるに先立ってその途を封ずる効果をもつ規制は、事前の抑制としてとらえられ、絶対的に禁止されるものではないとしても、その規制は厳格かつ明確な要件のもとにおいてのみ許されるものといわなければならない（最高裁昭和56年（オ）第609号同61年6月11日大法廷判決・民集40巻4号872頁参照）。本件条例による規制は、個別的指定であると包括指定であるとをとわず、指定された後は、受け手の入手する途をかなり制限するものであり、事前抑制的な性格をもっている。しかし、それが受け手の知る自由を全面的に閉ざすものではなく、指定をうけた有害図書であっても販売の方法は残されていること、のちにみるように指定の判断基準が明確にされていること、規制の目的が青少年の保護にあることを考慮にいれるならば、その事前抑制的性格にもかかわらず、なお合憲のための要件をみたしているものと解される⓬。

【15】　㈤　すでにみたように、本件条例は、有害図書の規制方式として包括指定方式をも定めている。この方式は、岐阜県青少年保護育成審議会（以下「審議会」という。）の審議を経て個別的に有害図書を指定することなく、条例とそのもとでの規則、告示により有害図書の基準を定め、これに該当するものを包括的に有害図書として規制を行うものである。一般に公正な機関の指定の手続を経ることにより、有害図書に当たるかどうかの判断を慎重にし妥当なものとするよう担保することが、有害図書の規制の許容されるための必要な要件とまではいえないが、それを合憲のものとする有力な一つの根拠とはいえる。包括指定方式は、この手続を欠くものである点で問題となりえよう⓭。

❿【12】では、本件条例は成人の知る自由を侵害するものではない、との判断が示されている。この判断の理由としては、(1)成人の知る自由に対する制限が、青少年保護を目的とした規制に伴って「当然に附随的に生ずる効果」であり、成人には他の方法で当該有害図書を入手する方法が残されていること、(2)有害図書とされるものは一般的に価値がないかまたは極めて乏しいこと、が指摘されている。(1)は、いわゆる「付随的制約」性を説くものである（判解①309-310頁）。

⓫【13】では、本件条例による有害図書の販売規制は検閲（憲法21条1項前段）に該当しない、という判断が示されている。①すでに発表された図書を対象としており、また②成人が当該有害図書を入手する方法は残されていることから、札幌税関検査事件判決〔本書26事件〕が示した検閲の定義（「発表前にその内容を審査した上、不適当と認めるものの発表を禁止すること」という部分）にはあたらない、というのがその理由である。

⓬【14】では、『北方ジャーナル』事件判決〔本書27事件〕を引用し、表現の事前抑制は「厳格かつ明確な要件のもとにおいてのみ許される」ことを確認したうえで、(1)有害図書について他の販売の方法が残されていること、(2)有害図書指定の判断基準が明確にされていること、(3)規制の目的が青少年の保護にあることから、本件条例はこの要件をみたすと判断されている。『北方ジャーナル』事件判決は、「表現物がその自由市場に出る前に抑止」する場合を「事前抑制」としているところ、本件条例による有害図書販売規制は、表現物が「自由市場」に出た後の規制であるから、「事前抑制」そのものではない。にもかかわらずこのような検討を行ったのは、「自動販売機に収納される有害図書は、通常の書店の販売経路では販売されないものが多いということから、有害図書の指定を受けると、現実には、このような有害図書を読みたくても、読めなくなるという実態に着眼し、有害図書の指定をより実質的に捉え、そこに事前抑制的性格を見出」したためだと考えられる（判解①312-313頁）。

⓭【15】では、本件条例の有害図書販売規制のうち特に包括指定について、合憲性を慎重に審査すべき旨が述べられている。個別指定の場合には、岐阜県青少年保護育成審議会という「公正な機関」による審議を経ることで、「有害図書に当たるかどうかの判断を慎重にし妥当なものとするよう担保」されており、それが合憲性の「有力な一つの根拠」であるといえるところ、包括指定がこの手続を欠く点が問題になるというのである。なお、包括指定を違憲とする学説は、「業者の側でこれ〔包括指定の基準〕に当たるか否かを個別的に判断しなければならず、有害でないとして収納しても、取締当局から有害と判定されれば、摘発を受けることになる点で、過剰な負担を課すもの」だと指摘してきた（判解①301頁。本判決前の学説については、文献①参照）。

【16】　このような包括指定のやり方は、個別的に図書を審査することなく、概括的に有害図書として規制の網をかぶせるものであるから、検閲の一面をそなえていることは否定できないところである。しかし、この方式は、法廷意見の説示からもみられるように、自販機による販売を通じて青少年が容易に有害図書を入手できることから生ずる弊害を防止するための対応策として考えられたものであるが、青少年保護のための有害図書の規制を是認する以上、自販機による有害図書の購入は、書店などでの購入と異なって心理的抑制が少なく、弊害が大きいこと、審議会の調査審議を経たうえでの個別的指定の方法によっては青少年が自販機を通じて入手することを防ぐことができないこと（例えばいわゆる「一夜本」⓮のやり方がそれを示している。）からみて、包括指定による規制の必要性は高いといわなければならない。もとより必要度が高いことから直ちに表現の自由にとってきびしい規制を合理的なものとすることはできないし、表現の自由に内在する制限として当然に許容されると速断することはできないけれども、他に選びうる手段をもっては有害図書を青少年が入手することを有効に抑止することができないのであるから、これをやむをえないものとして認めるほかはないであろう。私としては、つぎにみるように包括指定の基準が明確なものとされており、その指定の範囲が必要最少限度に抑えられている限り、成人の知る自由が封殺されていないことを前提にすれば、これを違憲と断定しえないものと考える⓯。

二　基準の明確性

【17】　およそ法的規制を行う場合に規制される対象が何かを判断する基準が明確であることを求められるが、とくに刑事罰を科するときは、きびしい明確性が必要とされる。表現の自由の規制の場合も、不明確な基準であれば、規制範囲が漠然とするためいわゆる萎縮的効果を広く及ぼし、不当に表現行為を抑止することになるために、きびしい基準をみたす明確性が憲法上要求される。本件条例に定める有害図書規制は、表現の自由とかかわりをもつもののみでなく、刑罰を伴う規制でもあるし、とくに包括指定の場合は、そこで有害図書とされるものが個別的に明らかにされないままに、その販売や自販機への収納は、直ちに罰則の適用をうけるのであるから、罪刑法定主義の要請も働き、いっそうその判断基準が明確でなければならないと解される。もっとも、すでにふれたように青少年保護を目的とした、青少年を受け手とする場合に限っての規制であることからみて、一般の表現の自由の規制と同じに考えることは適当でなく、明確性の要求についても、通常の表現の自由の制約に比して多少ゆるめられることも指摘しておくべきであろう⓰。

【18】　右の観点にたって本件条例の有害図書指定の基準の明確性について検討する。論旨は、当裁判所の判例を引用しつつ、合理的判断を加えても本件条例の基準は不明確にすぎ、憲法21条1項、31条に違反すると主張する。本件条例6条1項では指定の要件は、「著しく性的感情を刺激し、又は著しく残忍性を助長する」とされ、それのみでは、必ずしも明確性をもつとはいえない面がある。とくに残忍性の助長という点ではあいまいなところがかなり残る。また「猥褻」については当裁判所の多くの判例によってその内容の明確化がはかられているが（そこでも問題のあることについて最高裁昭和54年（あ）第1358号同58年3月8日第三小法廷判決・刑集37巻2号15頁における私の補足意見⓱参照。）、本件条例にいう「著しく性的感情を刺激する」図書とは猥褻図書より広いと考えられ、規制の及ぶ範囲も広範にわたるだけに漠然としている嫌いを免れない。しかし、これらについては、岐阜県青少年対策本部次長通達（昭和52年2月25日青少第356号）により審査基準がかなり具体的に定められているのであって、不明確とはいえまい。そして本件で問題とされるのは本件条例6条2項であるが、ここでは指定有害図書は「特に卑わいな姿態若しくは性行為を被写体とした写真又はこれらの写真を掲載する紙面が編集紙面の過半を占めると認められる刊行物」と定義されていて、1項の場合に比して具体化されているとともに、右の写真の内容については、法廷意見のあげる施行規則2条さらに告示（昭和54年7月1日岐阜県告示第539号）を通じて、いっそう明確にされていることが認められる。このように条例そのものでなく、下位の法規範による具

⓮　「一夜本」とは、「有害図書と指定されるや、一夜にして、同じ写真の紙面を使い表紙だけを作り変えて、別の雑誌として発行するという脱法行為」のことである（判解①301頁）。

⓯　【16】では、包括指定について合憲との判断が示されている。それによれば、包括指定による規制の必要性が高く、他に選びうる手段をもっては有害図書を青少年が入手することを有効に抑止することができない以上、これをやむをえないものとして認めるほかはないという。

⓰　【17】では、基準の明確性を判断する際の観点として、明確性の要請を強める要素と弱める要素の双方が指摘されている。前者は、本件条例の有害図書規制が表現の自由を制限するとともに刑事罰を定めるものであること、特に包括指定の場合は有害図書か否かが個別に明らかにされぬままに直ちに罰則の適用を受けること、後者は、当該規制が青少年を受け手とする場合に限っての規制であることである。

⓱　ここで引用されている、ビニール本事件判決〔本書31事件〕における伊藤補足意見は、文書図画が「猥褻」概念に該当するかどうかが問題となる場合において、「ハード・コア・ポルノ」と「準ハード・コア・ポルノ」を区別して考えるべきことなどを説いたものである。

⓲　【18】では、本件条例6条が定める有害図書の指定基準は不明確ではないとの判断が示されている。ここで注目されるのは、本件条例の規定だけをみて明確性を審査するのではなく、下位の法規範（岐阜県青少年対策本部次長通達、岐阜県青少年保護育成条例施行規則、昭和54年7月1日岐阜県告示第539号）をもあわせ考慮している、という点である。判決文中にもあるとおり「下位の法規範による具体化、明確化をどう評価するかは一つの問題」であるが、伊藤補足意見は、この点について、下位の法規範による明確性の「補強」を認めたものと評価しうる。ただし、「青少年の保護という社会的利益を考えあわせるとき」と述べていることから、このような手法の射程が青少年保護を目的とする規制以外にも及ぶのかは明らかではない（判解①315頁は、「青少年の場合には、明確性の原則も多少緩和されて適用されるという基本的考え方を前提とするもの」だとし、その射程が青少年保護を目的とする規制に限定されるとの見解を示唆している）。なお、明確性は「通常の判断能力を有する一般人の理解」を前提として判断されるものであるから（徳島市公安条例事件判決〔本書28事件〕）、審議会内規など一般国民に公示されていな

体化、明確化をどう評価するかは一つの問題ではあろう。しかし、本件条例は、その下位の諸規範とあいまって、具体的な基準を定め、表現の自由の保障にみあうだけの明確性をそなえ、それによって、本件条例に一つの限定解釈ともいえるものが示されているのであって、青少年の保護という社会的利益を考えあわせるとき基準の不明確性を理由に法令としてのそれが違憲であると判断することはできないと思われる❶。

三 本件条例と憲法14条

【19】　条例による有害図書の規制が地方公共団体の間にあって極めて区々に分かれていることは、所論のとおりである。たしかに本件条例は、最もきびしい規制を行う例に属するものであり、他の地方公共団体において、有害図書規制について、単に業界の自主規制に委ねるものや罰則のおかれていないものもみられるし、みなし規制を含め、包括的な指定の方式を有するところは10余県で必ずしも多くなく、自販機への収納禁止を定めながら罰則のないところもある。このようにみると、青少年の保護のための有害図書の規制は地方公共団体によって相当に差異があるといってよいであろう❶。

【20】　しかし、このように相当区々であることは認められるとしても、それをもって憲法14条に違反するものではないことは、法廷意見の説示するとおりである。私は、青少年条例の定める青少年に対する淫行禁止規定については、その規制が各地方公共団体の条例の間で余りに差異が大きいことに着目し、それをもって直ちに違憲となるものではないが、このような不合理な地域差のあるところから「淫行」の意味を厳格に解釈することを通じて著しく不合理な差異をできる限り解消する方向を考えるべきものとした（法廷意見のあげる昭和60年10月23日大法廷判決における私の反対意見参照。）。このような考え方が有害図書規制の面においても妥当しないとはいえないが、私見によれば、青少年に対する性行為の規制は、それ自体地域的特色をもたず、この点での青少年の保護に関する社会通念にほとんど地域差は認められないのに反して、有害図書の規制については、国全体に共通する面よりも、むしろ地域社会の状況、住民の意識、そこでの出版活動の全国的な影響力など多くの事情を勘案した上での政策的判断に委ねられるところが大きく、淫行禁止規定に比して、むしろ地域差のあることが許容される範囲が広いと考えられる。この観点にたつときには、本件条例が他の地方公共団体の条例よりきびしい規制を加えるものであるとしても、なお地域の事情の差異に基づくものとして是認できるものと思われる❷。

【21】　このことと関連して、基本的人権とくに表現の自由のような優越的地位を占める人権の制約は必要最小限度にとどまるべきであるから、目的を達するために、人権を制限することの少ない他の選択できる手段があるときはこの方法を採るべきであるという基準が問題とされるかもしれない。すなわち、この基準によれば、他の地方公共団体がゆるやかな手段、例えば業界の自主規制によって有害図書の規制を行っているにもかかわらず、本件条例のようなきびしい規制を行うことは違憲になると主張される可能性がある。しかし、わが国において有害図書が業界のいわゆるアウトサイダーによって出版されているという現状をみるとき、果して自主規制のようなゆるやかな手段が適切に機能するかどうかも明らかではないし、すでにみたように、青少年保護の目的での規制は、表現の受け手が青少年である場合に、その知る自由を制約するものであっても、通常の場合と同じ基準が適用されると考える必要がないと解されることからみて、本件条例のようなきびしい規制が政策として妥当かどうかはともかくとして、他に選びうるゆるやかな手段があるという理由で、それを違憲と判断することは相当でないと思われる❷。

【22】　以上詳しく説示したように、本件条例を憲法に違反するものと判断することはできず、これを違憲と主張する所論は、傾聴に値するところがないわけではないが、いずれも採用することができないというほかはない。

（裁判長裁判官　伊藤正己　裁判官　安岡滿彦　裁判官　坂上壽夫　裁判官　貞家克己）

❶　い基準については、明確性を「補強」しうるものではないと解すべきだろう（判解①315頁もこれを示唆している）。

❶　【19】では、憲法14条違反の主張について審査する前提として、青少年保護のための有害図書規制が地方公共団体によって相当の差異があるという事実が指摘されている。具体的には、(1)販売禁止規定、罰則、緊急指定および包括指定の各規定（みなし規定を含む）を置いているのは岐阜県を含む16道府県、(2)販売禁止規定、罰則および緊急指定規定を置いているのは20県、(3)販売禁止規定、罰則を置いているのは4都県、(4)販売禁止規定と緊急指定規定を置いているのは1県、(5)販売禁止規定のみを置いているのは2県、(6)努力規定（自主規制規定）のみを置いているのは2府県、(7)販売自体ではなく図書の陳列方法に対する規制のみを置いているのは1府、という状況であった（判解①294-295頁）。

❷　【20】では、本件条例が有害図書について他の多くの地方公共団体よりも厳格な規制をしていることについて、14条に反しないという判断が示されている。「憲法が各地方公共団体の条例制定権を認める以上、地域によって差別を生ずることは当然に予期されることであるから、かかる差別は憲法みずから容認するところである」という売春取締条例事件判決（判例②）の判示を前提とする以上、この結論は当然といえる。もっとも、伊藤裁判官は、福岡県青少年保護育成条例事件判決（判例④）での反対意見において、淫行処罰規定についての不合理な地域差を解消するため、「淫行」の意味を厳格に解釈すべきだと主張していた。そのため、この反対意見との整合性を確認するため、有害図書規制は淫行禁止規定よりも地域差が許容される範囲が広いということが補足的に説かれている。

❷　【21】では、他に選びうる緩やかな手段があるという理由で本件条例を違憲と判断することは相当でないということが述べられている。伊藤補足意見は、本件条例の違憲審査においてLRAの原則をとる必要はないとするものであるから（【8】等）、この検討をする必然性はないが、他の地方公共団体がより緩やかな手段（業界の自主規制など）によって有害図書の規制を行っていることを理由にLRAの原則に反するとの見解が多くみられるため、あえて付言したものであろう。

Questions

①事実関係の確認

問 1 有害図書の個別指定と包括指定とは、どのように異なる指定方法なのか。▶【事案】【2】【15】

問 2 本件条例は、包括指定しうる刊行物をどのように定義しているか。▶【事案】【2】【18】

問 3 包括指定の対象とされる写真の具体的な内容は、どの法規範で定められているか。▶【事案】【18】

問 4 有害図書の包括指定方式を定めている都道府県はどの程度存在するか。▶【19】

②判決・補足意見の内容の確認

問 5 多数意見は本件条例による有害図書規制が憲法21条1項に反しない理由を三つ挙げているが、それは何か。▶【3】

問 6 伊藤補足意見は青少年には成人と同等の知る自由は保障されないと説いているが、その理由はいかなるものか。▶【8】

問 7 青少年保護のための有害図書規制については、有害図書を読むことで青少年非行等が誘発されることの科学的証明がないから違憲であるとの見解が存在するが、それについて伊藤補足意見はどのような反論をしているか。▶【9】

問 8 伊藤補足意見では、本件条例による有害図書規制は成人の知る自由を侵害するものでもないと判断されているが、その理由はいかなるものか。▶【12】

問 9 伊藤補足意見は、本件条例による有害図書規制は検閲にあたらないと判断したが、その理由はいかなるものか。▶【13】

問 10 伊藤補足意見においては、本件条例による有害図書規制は表現の事前抑制そのものだと評価されているか。▶【14】

問 11 伊藤補足意見は、有害図書の包括指定については特に慎重な違憲審査が必要であると説いているが、個別指定と比較した場合、包括指定にはどのような問題があるのか。▶【15】【16】

問 12 伊藤補足意見においては、包括指定による規制の必要性は高いと評価されているが、その理由はいかなるものか。▶【16】

問 13 伊藤補足意見は、明確性の原則について、成人の場合と青少年の場合とで何か異なる点があるとしているか。▶【17】

問 14 伊藤補足意見は、本件条例6条の規定自体のみをもって明確性を認めているか。▶【18】

問 15 伊藤補足意見は、淫行禁止規定と有害図書規制のうち、地域差のあることが許容される範囲が広いのはどちらだと述べているか。▶【20】

③応用問題

問 16 自動販売機業者であるAは、監視カメラで撮影した客の画像を監視センターに送信し、監視員がモニターでこれを監視する機能を備えた自動販売機を設置し、そこに有害図書として包括指定された図書を収納した（以下「本件収納行為」という）。監視員が遵守すべきマニュアルによれば、監視員は、モニター上の客の容ぼう等を見て、明らかに18歳以上の者であると判断すれば、本件販売機の電源を入れて販売可能な状態に置き、年齢に疑問がある場合には、運転免許証などの身分証明書を呈示するよう求める音声を発し、呈示された身分証明書の画像を確認して客との同一性および18歳未満の者ではないことを確認できたときに限り、同様に販売可能な状態に置くこととされていた。本件収納行為を本件条例によって処罰することは合憲か。▶判例⑤、判解②

○ **関連判例**（本書所収以外のもの）
　最大判昭和32年3月13日刑集11巻3号997頁［チャタレー事件］（判例①）
　最大判昭和33年10月15日刑集12巻14号3305頁［売春取締条例事件］（判例②）
　最大判昭和44年10月15日刑集23巻10号1239頁［『悪徳の栄え』事件］（判例③）
　最大判昭和60年10月23日刑集39巻6号413頁［福岡県青少年保護育成条例事件］（判例④）
　最判平成21年3月9日刑集63巻3号27頁［福島県青少年健全育成条例事件］（判例⑤）

○ **本判決の調査官解説**
　原田國男「判解」最高裁判所判例解説刑事篇平成元年度289頁（判解①）

○ **その他の判例解説・判例批評**
　西野吾一「判解」最高裁判所判例解説刑事篇平成21年度16頁［判例⑤の調査官解説］（判解②）
　松井茂記「判批」憲法判例百選Ⅰ［第6版］（2013年）118頁（判批①）

○ **参考文献**
　奥平康弘編『条例研究叢書7 青少年保護条例・公安条例』（学陽書房、1981年）（文献①）
　伊藤正己『裁判官と学者の間』（有斐閣、1993年）（文献②）
　米沢広一『憲法と教育15講［第4版］』（北樹出版、2016年）（文献③）

第13章 表現の自由(6)：集会の自由

1 学説の状況

　憲法21条1項は、表現の自由と並んで、集会の自由を保障する。「集会」とは、多数人が、共通の目的をもって、一定の場所に、一時的に会合する行為をいう（芦部信喜『憲法Ⅲ 人権各論(1)［増補版］』（有斐閣、2000年）479頁等）。同じく並んで保障される「結社」は、場所を前提としない、特定多数人の継続的な精神的結合体である点で「集会」とは区別される。

　集会の自由の意義について、成田新法事件判決〔本書59事件〕は、「現代民主主義社会においては、集会は、国民が様々な意見や情報等に接することにより自己の思想や人格を形成、発展させ、また、相互に意見や情報等を伝達、交流する場として必要であり、さらに、対外的に意見を表明するための有効な手段であるから、憲法21条1項の保障する集会の自由は、民主主義社会における重要な基本的人権の一つとして特に尊重されなければならない」と述べている。表現の自由の保障根拠〔本書第8章とびら〕と重なり合う部分が多いのは、集会の自由が「広義の表現の自由の一形態」（芦部・前掲書480頁）だからである。もっとも、「『集会、結社の自由』は、『表現の自由』には代替せしめられない独自の価値（情感上の相互作用、連帯感、信奉心の醸成など）を担っていることは留意されるべき」（佐藤285頁）であり、表現の自由の手段的価値のみにとどまらない意義も有している。

　集会の自由は、国家から干渉を受けることなく集会を主催し、参加する自由、国家から集会への参加を強制されない自由を保障するが、集会は他者の権利や利益との衝突が生じやすいという性質を有している。上記の成田新法事件判決が、「しかしながら、集会の自由といえどもあらゆる場合に無制限に保障されなければならないものではなく、公共の福祉による必要かつ合理的な制限を受けることがあるのはいうまでもない」としているのは、このことを示している。

　今日、最も問題となるのが、集会のための場所の利用を拒否されない自由も保障されるかである。「集会という手段によって何かを表現し、相手に伝えようとする場合、決定的に重要なものが『場所』ないし『空間』である」（長谷部編・注釈439頁〔阪口正二郎〕）が、その一方、「一般的にいって、土地・建物の所有権などの権原を有する者は、その場所における集会を容認しなければならない義務はない」（佐藤285頁）からである。それでは、場所の権原を公権力が有している場合はどうか。安価に、かつ、効果的に集会を行うためには道路や公園、広場や公民館といった公的施設の利用が有効であるところ、公権力の管理権が広く認められてしまうと集会の自由の保障が画に描いた餅になってしまいかねない。そこで多くの学説は、政府が保有する場所・財産においても表現活動が原則として認められ、これを制限する場合には憲法上の正当化が求められるとする、アメリカの判例法理であるパブリック・フォーラムの法理（泉佐野市民会館使用不許可事件〔本書43事件〕の【補足説明】も参照）を参考に、公有地における管理権に限定を加え、集会の自由の実質的な保障を達成しようとしてきた。

　アメリカのパブリック・フォーラム法理は、適用される違憲審査基準と結びつきながら「伝統的パブリック・フォーラム」、「指定的パブリック・フォーラム」、「非パブリック・フォーラム」に類型化されている。そのため、直ちに日本に輸入することは困難であるものの、パブリック・フォーラム法理の考え方・発想と親和的な判決も存在している。そのような視点から、日本の判例を整理したい。

2 判例の展開

　アメリカにおけるパブリック・フォーラム法理の源流は、道路や公園、広場といった場所を、「記憶にないほどの昔から公衆による使用のために信託的に保有されてきた」場所であると位置づけることで、その利用は「大昔から、市民の特権、権利、自由の一部」であったとして、管理権を強調して権利制約自体を認めなかった従来の考え方を変更し、その場所の利用の権利を既得権として認めたことにある。そのような場所は、現在、「伝統的パブリック・フォーラム」として類型化されており、伝統的パブリック・フォーラムにおける表現の制限は厳格審査基準に服するとされている。

　日本でもこれまで、集会や表現活動のための道路や公園、広場の利用制限が問題となってきたが、判例はどのように判断してきたのだろうか。

　この点、日本の最高裁は、集会や表現のための道路使用を認めないことが権利の「制約」になるということを前提としていることに、注意が必要である。このことは、公安条例の合憲性についての最初の最高裁判決である**新潟県公安条例事件判決**〔本書41事件〕が、「行列行進又は公衆の集団示威運動……は、公共の福祉に反するような不当な目的又は方法によらないかぎり、本来国民の自由とするところであるから、……一般的な許可制を定めてこれを事前に抑制することは、憲法の趣旨に反し許されないと解するを相当とする」と述べている点に現れている。公園ないし広場についても、傍論とはいえ最高裁として初めて集会の自由についての判断を示した**皇居外苑使用不許可事件判決**〔本書40事件〕は、所有権・管理権を前面に出して「利用拒否は権利侵害ではない」とは論じず、公共福祉用財産の使用は、それが「公共の用に供せられる目的に副うものである限り、管理権者の単なる自由裁量に属するものではな」く、「管理権の行使として本件不許可処分をした場合でも、管理権に名を藉り、実質上表現の自由又は団体行動権を制限する目的に出でた場合は勿論、管理権の適正な行使を誤り、ために実質上これらの基本的人権を侵害したと認められうるに至った場合には、違憲の問題が生じうる」としており、やはり、公園、広場における集会や表現活動を認めないことが自由の制限となることを前提としている。

　アメリカのパブリック・フォーラム法理は、「伝統」によって場所の利用を原則自由とすることができない場合でも、政府の指定によって表現活動のために開放された場所については、それが表現活動に開放されている限り、その利用の制限には伝統的パブリック・フォーラムの場合と同様の正当化が求められるとする、「指定的パブリック・フォーラム」という類型を用意している。

　日本でこの類型に対応するのは、公民館や集会所を利用した集会や表現活動であり、そのリーディング・ケースは**泉佐野市民会館使用不許可事件**〔本書43判決〕である。この判決でパブリック・フォーラムという言葉は登場しないが、調査官

解説は、本判決が「パブリック・フォーラムの法理を念頭に置いていることは疑いがない」とし、「本件会館を含む地方自治法244条の『公の施設』は、右②の類型〔指定的パブリック・フォーラムのこと〕に当たるであろう」などと述べている（近藤崇晴「判解」最判解民事平成7年度295頁）。そして、「公の施設」において、管理者が正当な理由なくその利用を拒否することはできない理由として、最高裁が、地方自治法244条の解釈だけでなく、「憲法が保障する集会の自由の不当な制限につながるおそれが生ずることになる」として憲法論を登場させている点が重要である（佐々木弘通「公の集会施設における『集会の自由』保障・考」高橋和之先生古稀記念『現代立憲主義の諸相（下）』（有斐閣、2013年）355頁）。この判決の論理は、上尾市福祉会館事件判決（最判平8・3・15民集50-3-549）にも受け継がれている。

アメリカのパブリック・フォーラム法理では、表現のための利用という「伝統」も「指定」も存しない場所を「非パブリック・フォーラム」として類型化し、そこにおいては、観点に基づいて表現活動を抑圧することは許されないが、そうでない場合には規制が合理的であれば容認されるとされている。

日本において、非パブリック・フォーラムに対応すると捉えることのできる判決は、**呉市教研集会事件判決**〔本書44事件〕である。同判決のポイントは、法令の解釈から、当該場所は指定目的（学校教育の目的）のみのための使用が「原則」であり、法律の規定がある場合または管理者もしくは学校長の同意がある場合に「例外」的に集会のために使用できるとした点にある。公共施設の設置目的に沿った利用であるか否かが、本判決と泉佐野市民会館使用不許可事件判決とを区別する理由とされており、ここに「指定」の有無を重視するパブリック・フォーラム法理との親和性を見て取ることが可能である。

3 若干のコメントと展望

以上、パブリック・フォーラム法理の類型に対応させる形で日本の判例を整理してみたが、2点コメントしておきたい。

第1に、日本の判例は、道路や公園を利用したような屋外での「集団行動」と、公民館を利用したような屋内での「集会」とで活動の規範的評価を異にしているのではないかという指摘がある。すなわち、新潟県公安条例事件判決に続く大法廷判決である**東京都公安条例事件判決**〔本書42事件〕において、集団行動を「純粋な意味における表現」等と区別して、その危険性を強調するという「集団暴徒化論」を展開した背後に、開放的公共空間における「集団行動」への消極的評価ないし敵視が存していると解される一方、「警察の警備等によってもなお混乱を防止することができないなど特別な事情がある場合」に限り、会場の使用を認めないことが許されるという「敵意ある聴衆の法理」を展開した泉佐野市民会館使用不許可事件や上尾市福祉会館事件の背後には、閉鎖的公共空間での「集会」への積極的評価が存するように見受けられる、というのである（山本龍彦「鳥籠の中の『言論』?」法セミ697号（2013年）21頁）。パブリック・フォーラム法理との関連でいえば、表現、集会の場としての伝統的パブリック・フォーラムに対する消極的評価と、指定的パブリック・フォーラムに対する積極的評価があるといえるかもしれない。上述したアメリカのパブリック・フォーラム法理の源流から考えると、このコントラストは際立つ。

第2に、明示的にパブリック・フォーラムという言葉を用いて議論を展開している伊藤正己裁判官の議論の特殊性である（次に述べる吉祥寺駅構内ビラ配布事件判決〔本書37事件〕の【補足説明】も参照）。伊藤裁判官は、吉祥寺駅構内ビラ配布事件〔本書37事件〕の補足意見にて、大要、①「一般公衆が自由に出入りできる場所」が、②「表現のための場所として役立つ」という「パブリック・フォーラム」であることに鑑み、③そのような場所が「表現の場所として用いられるとき」には、④「所有権や、本来の利用目的のための管理権に基づく制約を受けざるをえない」が、⑤「その機能にかんがみ、表現の自由の保障を可能な限り配慮する必要がある」と論じた。この議論は、利益衡量の際の一要素として当該場所の性質を加味すべきというものであり、アメリカのパブリック・フォーラム法理とも、日本の判例の立場とも異なる独自の見解である（射程131頁〔木下昌彦〕等）。しかも、①に「公有地」といった限定はなく、②に該当するならば国有の施設等に限らずたとえば私鉄の駅構内においても表現の自由を保障すべきとしている点でも独特である。伊藤裁判官は大分県屋外広告物条例違反被告事件判決〔本書34事件〕の補足意見において、「一般公衆が自由に出入りできる場所」とはいいがたい屋外広告物を貼付する場所（電柱、街路樹など）もまたパブリック・フォーラムたる性質を帯びるとしているが（①の拡張）、その際に②「表現のために役立つ」という事情を強調していることから、その考え方の背後には、表現のために役立つ場所の利用が広く認められなければ、「多くの意見は受け手に伝達することができない」という理解が存していると推察される。もっとも伊藤流パブリック・フォーラムを継承する最高裁判事はおらず、現段階では判例の主流となる見込みはほとんどない。

パブリック・フォーラム法理の本質は、「表現や集会のための場所の提供」という、本来的には防御権の構成になじまない給付・援助・助成の問題局面において、給付を受けることのできる状態をベースラインとして設定し、それを拒否することが表現の自由や集会の自由などの「侵害」であると構成するための論理操作であるという点に存している。アメリカでは、この本質をふまえて、物理的意味での「場所」以外——助成プログラムへのアクセス、応募資格など——にもパブリック・フォーラム法理の適用領域を広げている。日本においても、そうした可能性も含めて、パブリック・フォーラムという語に安易に頼ることなくその本質的機能の観点から考察していくことが必要となろう（そのような視点から、船橋市立図書館事件判決（最判平17・7・14民集59-6-1569）等も各自で検討してみてほしい）。

40 皇居外苑使用不許可事件

最高裁昭和28年12月23日大法廷判決
昭和27年(オ)第1150号：皇居外苑使用不許可処分取消等請求事件
民集7巻13号1561頁

事案

皇居外苑は、国有財産法3条2項2号にいう公共福祉用財産であり、同5条および厚生省設置法8条17号に基づきY（厚生大臣：被告、控訴人、被上告人）の管理に属していた。厚生大臣は当該管理権に基づいて国民公園管理規則を制定し、同4条では、「国民公園内において集会を催し又は示威行進を行おうとする者は、厚生大臣の許可を受けなければならない」と定められていた（いずれも事件当時）。

昭和26年11月10日、X（日本労働組合総評議会：原告、被控訴人、上告人）は、Yに対し、昭和27年5月1日に全国的組織の労働者の団体を代表する中央メーデーを開催するため、皇居外苑の使用許可の申請をした。これに対しYは、昭和27年3月13日に不許可処分をしたため、Xは不許可処分の取消し等を求めて訴訟を提起した。

第一審（東京地判昭27・4・28行集3-3-634）は、「要は他の一般国民に多少の迷惑を及ぼし、または公園を毀損することが免れないにも拘らず、なお許可を与えなければならないほど、その集会または示威行進が公共的なものであるかどうかによつて、拒否できるか否かがきまる」として、「国民的行事」である中央メーデーに対する本件不許可処分は、国民公園管理規則の適用を誤り、ひいては集会等の自由を保障した憲法21条の規定に違反した違法があるとして、当該不許可処分の取消しを認めてXの請求を一部認容したため、Yは控訴した。控訴中にXが皇居外苑の使用許可を申請した昭和27年5月1日が到来したため、Xは明治神宮外苑にてメーデーを開催した（集会後、デモ隊約6000人が皇居前広場に結集し、警戒中の警官隊と衝突し多数の死傷者を出す「血のメーデー事件」が発生）。控訴審（東京高判昭27・11・15行集3-11-2366）は、予定期日の到来によりXが不許可処分の取消しの判決を求める実益が失われたとして、不許可処分の違法性についての判断をすることなく、原判決中Y勝訴部分を除きその余を取り消し、Xの請求を棄却したため、Xが上告した。

■参考条文（事件当時のもの）

行政事件訴訟特例法
第1条　行政庁の違法な処分の取消又は変更に係る訴訟その他公法上の権利関係に関する訴訟については、この法律によるの外、民事訴訟法の定めるところによる。

国有財産法
第3条　国有財産は、これを行政財産と普通財産とに分類する。
2　行政財産とは、左に掲げる種類の財産をいう。
(1)　公用財産　国において国の事務、事業又はその職員の住居の用に供し、又は供するものと決定したもの
(2)　公共福祉用財産　国において直接公共の用に供し、若しくは供するものと決定した公園若しくは広場又は公共のために保存する記念物若しくは国宝その他の重要文化財
(3)　皇室用財産　国において皇室の用に供するもの
(4)　企業用財産　国において国の企業又はその企業に従事する職員の住居の用に供し、又は供するものと決定したもの
3　普通財産とは、行政財産以外の一切の国有財産をいう。
第5条　各省各庁の長は、その所管に属する行政財産を管理しなければならない。

厚生省設置法
第8条　大臣官房においては、厚生省の所掌事務に関し、左の事務をつかさどる。
(17)　皇居外苑、京都御苑及び新宿御苑を維持管理すること。

国民公園管理規則（昭和24年5月31日厚生省令第19号）
第1条　皇居外苑、京都御苑及び新宿御苑（以下国民公園という）の利用に関しては、この規則の定めるところによる。
第4条　国民公園内において、集会を催し又は示威行進を行おうとする者は、厚生大臣の許可を受けなければならない。

Navigator

本判決は、集会の自由について実質的な判断を示した最初の最高裁判決であるが、それが傍論部分でなされている点に特徴がある。すなわち本判決は、「同日の経過により判決を求める法律上の利益を喪失した」としつつ、「なお、念のため」として憲法判断を行ったのである。

これと同様の手法が用いられた例として、生活保護処分に関する裁決の取消訴訟は、被保護者の死亡により終了し、相続人に継承しないとしつつ、「なお、念のため」として憲法判断を行った朝日訴訟（最大判昭42・5・24民集21-5-1043）がある。その一方、朝鮮民主主義人民共和国創建20周年祝賀行事に参加することを目的とした、在日朝鮮人らの祝賀団による再入国許可申請に対する不許可処分の取消訴訟において、参加を予定した上記行事のすべてが終了した後約1か月を経過した時点においては、すでに判決を求める法律上の利益は喪失しており、これと異なる判断のもとに本案につき判断をした原判決は失当であるとした在日朝鮮人祝賀団北朝鮮向け再入国事件（判例①）では、傍論での憲法判断は行われなかった。

学説では、制限される人権の性質、同種の事件が繰り返される可能性、当該事件を解決することにより得られる憲法秩序形成の意義や社会への影響等をふまえて、訴えの利益が失われたとしても憲法判断に踏み込むべき場合を明らかにすべきであるなどとされるが、現段階で判例上は、この点について明確な指針を示すに至っていない。

■判決の論理構造

時の経過による訴えの利益の喪失 ⇒	しかし、「なお、念のため」、傍論で実体判断
国民による公共福祉用財産の利用はどこまで認められるか	──「当該公共福祉用財産が公共の用に供せられる目的に副い、且つ公共の用に供せられる態様、程度に応じ、その範囲内」で認められる
公共福祉用財産の管理権者の裁量はどこまで認められるか	──「その利用の許否は、その利用が公共福祉用財産の、公共の用に供せられる目的に副うものである限り、管理権者の単なる自由裁量に属するものではな」い ──「管理権者は、当該公共福祉用財産の種類に応じ、また、その規模、施設を勘案し、その公共福祉用財産としての使命を十分達成せしめるよう適正にその管理権を行使すべきであ」る ──「若しその行使を誤り、国民の利用を妨げるにおいては、違法たるを免れない」 ──「管理権に名を籍り、実質上表現の自由又は団体行動権を制限するための目的に出でた場合は勿論、管理権の適正な行使を誤り、ために実質上これらの基本的人権を侵害したと認められうるに至った場合には、違憲の問題が生じうる」

▼ あてはめ

財産の性質	──「旧皇室苑地という由緒を持つ」、「現在もなお皇居の前庭であるという特殊性を持った公園」
管理の基本方針	──「速に原状回復をはかり、常に美観を保持し、静穏を保持し、国民一般の散策、休息、観賞及び観光に供し、その休養慰楽、厚生に資し、もつてできるだけ広く国民の福祉に寄与すること」
不許可の理由	──許可により、①公園自体が著しい損壊を受けることが予想され、公園の管理保存に著しい支障をきたす。②長時間にわたり一般国民の公園としての本来の利用がまったく阻害される。③何ら表現の自由または団体行動権自体を制限することを目的としたものでない

▼ 結論

本件不許可処分は、「勘案すべき諸点を十分考慮の上、その公園としての使命を達成せしめようとする立場」に立った、管理権の適正な行使である

■ 判　決

○ 主　文

本件上告を棄却する。
上告費用は上告人の負担とする。

○ 理　由

上告代理人弁護士小林直人、同原則雄の上告趣意について。

[1] 上告人の原審における本訴請求の趣旨は、上告人の昭和 26 年 11 月 10 日附「昭和 27 年 5 月 1 日メーデーのための皇居外苑使用許可申請」に対して被上告人が同年 3 月 13 日になした不許可処分は違法であるから、これが取消を求めるというのである。そして、実体法が訴訟上行使しなければならないものとして認めた形成権に基づくいわゆる狭義の形成訴訟の場合にあつては、法律がかかる形成権を認めるに際して当然訴訟上保護の利益あるようその内容を規定しているのであるから、抽象的には所論のごとくその権利発生の法定要件を充たす限り一応その訴は保護の利益あるものといい得るであろう。しかし、狭義の形成訴訟の場合においても、形成権発生後の事情の変動により具体的に保護の利益なきに至ることあるべきは多言を要しないところである。（例えば離婚の訴提起後協議離婚の成立した場合の如きである。）また、被上告人は同年 5 月 1 日における皇居外苑の使用を許可しなかっただけで、上告人に対して将来に亘り使用を禁じたものでないことも明白である。されば、上告人の本訴請求は、同日の経過により判決を求める法律上の利益を喪失したものといわなければならない❶。そして、原判決は、上告人の本訴請求を権利保護の利益なきものとして棄却の裁判をしたものであつて、裁判そのものを拒否したものではなく、憲法 32 条に違反したものとはいえない❷。また、原判決は、本訴のごとき訴は、所期の日時までに確定判決を受けることも不可能ではないと判断したものであるから、憲法 76 条 2 項の保障に反したものともいえない❸。されば、原判決は正当であつて、所論はその理由がない。

[2] （なお、念のため、本件不許可処分の適否に関する当裁判所の意見を

❶【1】の第 1 文から第 5 文まで、皇居外苑の使用許可を求めたメーデーの期日である昭和 27 年 5 月 1 日が経過したことによって、本件不許可処分を取り消したとしても、皇居外苑の使用は不可能であるから、本件において訴えの利益が喪失したことを述べている。この部分は行政事件訴訟特例法に基づく判断であるが、現行の行訴法においても妥当する考え方である。なお、行政処分の取消しそのものの利益が失われたとしても、そのほかに取消による利益が存する場合には、訴えの利益が認められることがある（行訴法 9 条 1 項括弧書き参照）。たとえば、皇居外苑の使用を「将来に亘り使用を禁じた」場合には、取消による利益が認められる可能性はあるが、本判決は、そのような場合に該当しないとしている（第 4 文参照）。（判批①144-145 頁）。

❷【1】の第 6 文は、原判決が❶で述べた理由により本案判決を拒んだことは、憲法 32 条が定める「裁判を受ける権利」を侵害するという上告理由の主張に対して、訴えの利益を欠くために本案判決ではなく訴訟判決を下すことは、裁判を受ける権利を侵害するものではないとして、これを否定している（判批①145 頁）。

❸【1】の第 7 文は、本件事案のような毎年のイベントの利用のための申請に対する不許可処分の取消しを求める訴えの場合、訴えの利益を失わないためには、1 年以内に訴訟を確定しなければならないが、現行の三審制度のもとでは事実上不可能であり、審理の途中で訴えの利益を失い裁判所から実体判断を拒まれてしまう結果となるため、それは実質的に、憲法 76 条 2 項の「行政機関は、終審として裁判を行ふことができない」に違反する旨の上告理由の主張に対して、「所期の日時までに確定判決を受けることも不可能ではない」との理由で、これを退けている。

附加する❹。本件皇居外苑は国有財産法3条2項2号にいう公共福祉用財産に該当するものであること、被上告人厚生大臣は同法5条及び厚生省設置法8条17号によりこれが管理を担当するものであること、本件不許可処分が厚生大臣において右管理のため制定した厚生省令国民公園管理規則4条に基きなされたものであることは、いずれも明らかである❺。そして、国有財産法によれば、公共福祉用財産は、国が直接公共の用に供した財産であつて、国民は、その供用された目的に従つて均しくこれを利用しうるものであり、この点において、公共福祉用財産は、普通財産と異ることは勿論他の行政財産ともその性質を異にするものである。しかし、公共福祉用財産には多くの種類があり、それが公共の用に供せられる目的は財産の種類によつて異なり、また、それが公共の用に供せられる態様及び程度も、財産の規模、施設のいかんによつて異なるもののあることは当然である。従つて、上述のごとく公共福祉用財産は、国民が均しくこれを利用しうるものである点に特色があるけれども、国民がこれを利用しうるのは、当該公共福祉用財産が公共の用に供せられる目的に副い、且つ公共の用に供せられる態様、程度に応じ、その範囲内においてなしうるのであつて、これは、皇居外苑の利用についても同様である❻。また国有財産の管理権は、国有財産法5条により、各省各庁の長に属せしめられており、公共福祉用財産をいかなる態様及び程度において国民に利用せしめるかは右管理権の内容であるが、勿論その利用の許否は、その利用が公共福祉用財産の、公共の用に供せられる目的に副うものである限り、管理権者の単なる自由裁量に属するものではなく、管理権者は、当該公共福祉用財産の種類に応じ、また、その規模、施設を勘案し、その公共福祉用財産としての使命を十分達成せしめるよう適正にその管理権を行使すべきであり、若しその行使を誤り、国民の利用を妨げるにおいては、違法たるを免れないと解さなければならない❼。これは、皇居外苑の管理についても同様であつて、その管理権の根拠規定たる国有財産法5条、厚生省設置法8条17号及び厚生大臣がその管理権に基いて定めた国民公園管理規則には、皇居外苑を使用せしめることの許否につき具体的方針は特に定められていないけれども、国民公園を本来の目的に副うて使用するのでなく利用する同規則3条のような場合は別として、国民が同公園に集合しその広場を利用することは、一応同公園が公共の用に供せられている目的に副う使用の範囲内のことであり、唯本件のようにそれが集会又は示威行進のためにするものである場合に、同公園の管理上の必要から、これを厚生大臣の許可にかからしめたものであるから、その許否は管理権者の単なる自由裁量に委ねられた趣旨と解すべきでなく、管理権者たる厚生大臣は、皇居外苑の公共福祉用財産たる性質に鑑み、また、皇居外苑の規模と施設とを勘案し、その公園としての使命を十分達成せしめるよう考慮を払つた上、その許否を決しなければならないのである❽。いま、本件厚生大臣の不許可処分についてみるに、弁論の全趣旨によれば、被上告人厚生大臣は、皇居外苑を旧皇室苑地という由緒を持つ外、現在もなお皇居の前庭であるという特殊性を持つた公園であるとし、この皇居外苑の特性と公園本来の趣旨に照らしてこれが管理については、速に原状回復をはかり、常に美観を保持し、静穏を保持し、国民一般の散策、休息、観賞及び観光に供し、その休養慰安、厚生に資し、もつてできるだけ広く国民の福祉に寄与することを基本方針としていることが認められ、また、本件不許可処分は、許可申請の趣旨がその申請書によれば昭和27年5月1日メーデーのために、参加人員約50万人の予定で午前9時から午後5時まで二重橋皇居外苑の全域を使用することの許可を求めるというにあつて、二重橋前の外苑全域の面積の中国民一般の立入を禁止している緑地を除いた残部の人員収容能力は右参加予定員数の約半数に止まるから、若し本件申請を許可すれば、立入禁止区域をも含めた外苑全域に約50万人が長時間充満することとなり、尨大な人数、長い使用時間からいつて、当然公園自体が著しい損壊を受けることを予想せねばならず、かくて公園の管理保存に著しい支障を蒙むるのみならず、長時間に亘り一般国民の公園としての本来の利用が全く阻害されることになる等を理由としてなされたことが認められる。これらを勘案すると本件不許可処分は、それが管理権を逸脱した不法のものであると認むべき事情のあらわれていない本件においては、厚生大臣は国民公園管理規則4条の適用につき勘案すべき諸点を十分考慮の上、その公園としての使命を達成

❹【2】では、本件不許可処分の当否について判断しているが、第1文で示されているように、「なお、念のため」述べられたにすぎず、この部分はすべて傍論である。なお、期日の経過によって訴えの利益がなくなったと解すること（❶参照）については、「全く問題がないわけではな」く、「行政事件担当裁判官の会同では、西ドイツの行政裁判所法の規定にからんで論議された」ようである（判解①73頁）。

❺【2】の第2文では、法令上の皇居外苑の位置づけ、その管理を担当するのが厚生大臣であること、厚生大臣が当該管理権に基づき国民公園管理規則を制定したこと、同規則に基づいて厚生大臣による本件不許可処分がなされたことが確認されている。
　なお現在は、皇居外苑は環境省が管理し（環境省設置法4条15号）、集会のための使用に際しては環境大臣の許可を要する（国民公園、千鳥ケ淵戦没者墓苑並びに戦後強制抑留及び引揚死没者慰霊碑苑地管理規則2条4号）（判批③138頁）。

❻【2】の第3文から第5文では、皇居外苑が国有財産法上、「公共福祉用財産」に位置づけられることの意味が説明されている。それによれば、公共福祉用財産は、当該財産が公共の用に供される目的やその態様・程度に応じ、その範囲内において、国民が等しく利用できる財産である。
　なお、現在の国有財産法では、公共福祉財産という区分は廃止され、「公共用財産」として整理されている（3条2項2号）。

❼【2】の第6文は、第3文から第5文（❻参照）で述べられた公共福祉用財産の性質をふまえ、公共福祉用財産の管理権者に与えられる裁量の性質・程度について述べている。すなわち、⒤当該財産の利用が、公共の用に供せられる目的に適うものである限り、その許否は管理権者の単なる自由裁量（ここでいう自由裁量に該当する場合には裁判所による審査が排除される（裁量不審査原則））ではないこと、⑪管理権者は、その公共福祉用財産としての使命を十分達成せしめるよう適正にその管理権を行使すべきであること、⑩もしその行使を誤り、国民の利用を妨げるような場合には違法となることが示されている。この部分は、「公共用財産の一時使用の許可のように、特定人に対して特別の恩典を与えるような行為は原則として自由裁量に属するという古典的見解（美濃部説）と異なった見解を示したもので、当時は大いに注目を引いたもの」とされる（判批②163頁）。上述のとおり、この部分は傍論ではあるが、泉佐野市民会館使用不許可事件〔本書43事件〕等にも影響を与えている。

❽【2】の第7文は、第6文で示した公共用財産についての一般論（❼参照）が、皇居外苑にも妥当することを述べている。それによれば、厚生大臣が管理権に基づいて定めた国民公園管理規則（❺参照）では、皇居外苑の使用の許否の具体的基準が定められていないが、集会のために国民公園たる皇居外苑を利用することは、一応同公園が公共の用に供せられている目的に沿う使用の範囲内のことであるから、その許否は管理権者たる厚生大臣の自由裁量ではなく、厚生大臣は、皇居外苑の公共福祉用財産たる性質に鑑み、また、皇居外苑の規模と施設とを勘案し、その公園としての使命を十分達成せしめるよう考慮を払ったうえで、その許否を決しなければならないとされている。

せしめようとする立場に立つて、不許可処分をしたものであつて、決して単なる自由裁量によつたものでなく管理権の適正な運用を誤つたものとは認められない❾。次に、国民公園管理規則1条には、「皇居外苑…の利用に関してはこの規則の定めるところによる。」とあるから、同規則4条による許可又は不許可は、国民公園の利用に関する許可又は不許可であり、厚生大臣の有する国民公園の管理権の範囲内のことであつて、元来厚生大臣の権限とされていない集会を催し又は示威運動を行うことの許可又は不許可でないことは明白である❿。されば同条に基いた本件不許可処分は、厚生大臣がその管理権の範囲内に属する国民公園の管理上の必要から、本件メーデーのための集会及び示威行進に皇居外苑を使用することを許可しなかつたのであつて、何ら表現の自由又は団体行動権自体を制限することを目的としたものでないことは明らかである。ただ、<u>厚生大臣が管理権の行使として本件不許可処分をした場合でも、管理権に名を籍り、実質上表現の自由又は団体行動権を制限する目的に出でた場合は勿論、管理権の適正な行使を誤り、ために実質上これらの基本的人権を侵害したと認められうるに至つた場合には、違憲の問題が生じうる</u>けれども、本件不許可処分は、既に述べたとおり、管理権の適正な運用を誤つたものとは認められないし、また、管理権に名を藉りて実質上表現の自由又は団体行動権を制限することを目的としたものとも認められないのであつて、そうである限り、これによつて、たとえ皇居前広場が本件集会及び示威行進に使用することができなくなつたとしても、本件不許可処分が憲法21条及び28条違反であるということはできない⓫。以上述べたところにより、本件不許可処分には所論のような違法は認められない。」

[3] よつて、民訴401条、95条、89条により主文のとおり判決する。

[4] この判決は裁判官栗山茂の意見を除く外裁判官全員一致の意見によるものである。

❾【2】の第8文では、皇居外苑の公共福祉用財産としての性質について、「旧皇室苑地という由緒を持つ外、現在もなお皇居の前庭であるという特殊性」を有しており、厚生大臣は、この特殊性と公園本来の趣旨に照らして、その管理につき一定の配慮をしていること、そのような皇居外苑での本件集会を認めると、①公園自体が著しい損傷を受け、公園の管理保存に著しい支障をこうむること、②長時間にわたり一般国民の公園としての本来の利用がまったく阻害されることになること等を理由として、本件不許可処分がなされたという事実が認定されている。続く第9文では、そのような理由に基づく本件不許可処分は、「勘案すべき諸点を十分考慮の上、その公園としての使命を達成せしめようとする立場」に立った、管理権の適正な行使であるとされている。

❿【2】の第10文は、国民公園管理規則4条は警察許可の性質を有する許可を定めたものであるから、法律の特別の定めが必要とされ、それなくして規定された同規則4条は違法であって、それに基づく本件不許可処分もまた違法であるとした、後述の栗山意見に対する反論であると考えられる。

⓫【2】の第11文、第12文は、仮に管理権の行使が、表現の自由（憲法21条1項）または団体行動権（同28条）自体を制限することを目的としていた場合には違法・違憲となるが、第8文から第10文で述べたとおり、本件不許可処分はそうした目的によってなされたものではないから、たとえ皇居外苑が本件集会および示威行進のために使用することができなくなったとしても、違法・違憲ではないとしている。

■■ 少数意見

裁判官栗山茂の意見は次のとおりである⓬。

[5] 私は多数説には同調できない。私の意見は、公共用物の使用許可の中には往々にして管理本来の作用と併せて警察許可の性質を帯びているものがある。そうして厚生大臣は本件規則4条（昭和24、5、31、厚生省令19号国民公園管理規則。昭和25、6、24、改正同令33号を指す。以下規則という）によつてかような警察許可の性質を有する許可を規定したものであるから、法律に特別の定を必要とするものである。それ故法律に特別の定なくして規定された右規則4条は違法であつて、それに基いてなされた本訴不許可処分もまた違法たるを免れないというのである⓭。

[6] 元来公共用物の管理の作用には単に積極的な保全（維持及び保存）の作用ばかりでなく、使用者が公共用物を損かいする等その用途に有害な行為を除去し又は防止する消極的な作用も含まれていることについては疑の余地がない。しかかる除去又は防止のためにする公共用物の利用の規制の中には単に管理の作用ばかりでなく警察の作用の性質をも帯びるものがある。例えば橋の管理を例にとれば、一定重量以上の車輌を通過させると橋が損かいすれば管理者は管理の作用としてこの種の車輌の通過を禁止できるし又その通過を許可にかからしめることもできるのである。しかしそういう車輌の通過の規制ばかりでなく、車輌の通過が通行人の利用に危険を及ぼすこともあるとして凡ての車輌による橋の利用を許可にかからしめるときは、その許可の性質は単なる管理の作用による使用の許可ではなく警察許可の性質を帯びているものである。それ故道路法とか、河川法には公共用物の使用については管理の必要ばかりでなく警察の目的をも併せて特別の許可にかからしめて、便宜上管理者をして許可権を行使せしめている場合がある。例えば道路の管理者は一定の場合に、道路の構造を保し、又は交通の危険を防止するため、区間を定めて、道路の通行を禁止し、又は制限することができるとし、（道路法46条）又河川については流水の方向、清潔等に影響を及ぼす虞ある工事ばかりでなく、営業その他の行為は命令を以て之を禁止若は制限し又は管理者たる地方行政庁の許可にかからしめることを得ている（河川法19条）のもその一例であろう。ところで本件について見るに、被上告人の答弁書は本件許可申請によれば「午前9時から午後5時までの長時間50万人という多数人が、外苑を使用して集合、行進するとすれば、その間一般国民の普通使用は殆ど不能かもしくは著しく妨げられるし又……外苑自体が普

⓬ 栗山意見は、本件不許可処分は違法であるとする点で多数意見と袂を分かつが、たとえ上記処分が違法であっても、すでに予定期日の経過によりその審判を求める法律上の利益は喪失されたとする点で多数意見に同調しているため、反対意見ではなく意見となっている。

⓭ [5]では、栗山裁判官の意見の概要が示されており、その詳細は[6]で述べられている。整理すれば次のとおりである。
（1）「公共用物の使用許可の中には往々にして管理本来の作用と併せて警察許可の性質を帯びているものがあ」り、その場合、法律が管理者に許可権を付与している。（2）それは、管理に必要だからといって、本来は警察許可の性質を帯びている規制は、管理者の管理権限の中には存せず、法律の根拠が必要とされるからである。（3）本件規則4条に基づく許可もそのような性質を帯びるものであるから、法律に特別の定を必要とする。（4）厚生大臣が管理を担当する国有財産である公園について定める国有財産法1条は、警察許可の性質を帯びている許可まで当然管理の作用に含まれていると解することはできず、本件規則4条についての法律上の根拠とはならない。（5）本件規則4条は、法律の定めがなければ当然には厚生大臣の権限に属しない行為であるが、法律の定めが設けられていないため違法であり、それに基づいてなされた本訴不許可処分も違法たるを免れない、というものである。

文献①は、「この意見は具体的な不許可処分において公物管理権の名のもとに、公共の秩序維持などの一般警察作用が混入する危険・可能性を指摘した意味で重要である。しかし、本件規則4条それ自体が警察許可の性質の許可制を併有規定しているとみるのは行きすぎであり、……公物管理上の使用許可のみを含むと解すべきであり、その意味で使用許可制それ自体、あるいはそれにもとづく不許可処分それ自体は、違憲ではないというべきである」と評している（166頁）（判批④181頁も参照）。

通以上に著しく損傷を受けることが必然であつて、到底公園の普通使用の範ちゆうに属するということはできない。」と述べている。皇居外苑の管理者は外苑の保全のため、集会や示威行進という目的のためでなくても、運動会を催すための集合や宗教上の行事を行う目的のための行進であつても、皇居外苑の立入禁止区域内にまではいり込んで、その施設を損傷する程度の使用は公共用物の用途を阻害する行為であるから之を禁止し又は制限できるのは管理の当然の作用であることは明である。しかし規則4条はかような管理に有害な使用ばかりを規制しているものではなく、広く「国民公園において集会を催し又は示威行進を行おうとする者は、厚生大臣の許可を受けなければならない」と定めている。そうして被上告人は答弁書で、この規則は「集会又は示威行進というような目的のための使用」を許可にかからしめたもので「決して集会や示威行進の自由そのものを制限するものではない。」とし、多数説も規則1条には「皇居外苑……の利用に関してはこの規則の定めるところによる。」とあるから利用に関する許可又は不許可であり、厚生大臣の有する国民公園の管理権の範囲内のことであつて、元来厚生大臣の権限とされていない集会を催し又は示威行進を行うことの許可又は不許可でないことは明白であると言っている。しかしながら公共用物の使用又は利用（以下利用という）の規制は使用者又は利用者の行動を規制する効果を生ずることは明である。例えば橋の利用を許可にかからしむれば実質的には橋の利用者の行動即ち通過が許可にかからしめられる結果になるから、たゞ橋の利用の許可又は不許可だといいさえすれば通過の許可又は不許可にならないと強弁しているわけにはいかないと思う。かように皇居外苑の利用の規制によつて利用者の行動が規制される結果を生ずるから、その行動が集会の自由の行使にあたるものとすれば、それは利用の規制によつて集会の自由が干渉されることになるのは明である。しかし又他方皇居外苑の利用者がたとい集会の自由にあたる行動をするからといつても公共用物を損かいしたり交通を阻害したり公安を害するような行動をすれば、それは集会の自由の濫用に外ならないであろう。ところで皇居外苑の管理者がかかる集会の自由の濫用になるような行動が同時にその保全の作用にも有害であるからとしてその利用を管理者の特別の許可にかからしむれば、その許可は同時に警察許可の性質をも帯びることは明である、そうして、被上告人は答弁書で「特別使用の許可処分は、何等相手方に対し義務を課し又は権利を制限するものでないから、その限りにおいて特にその条件を定める法令の規定が存しない以上、かかる使用を許すと否とは全く行政庁の自由に決しうるところであり云々」と言うけれども、仮に規則4条の許可が相手方に対し義務を課し又は権利を制限するものでなくても、管理者たる行政庁が管理に必要だからといつても本来は警察許可の性質を帯びている規制はその権限のなかには存しないものであるからそれを行使しようとするには特に法律の定を必要とすることは明である。河川とか道路とかについては公園と等しく国において直接公共の用に供する財産であるが、警察許可の性質を有する特別の許可については夫々法律に定があつて管理者にその権限を与えていること前段説明したとおりである。この理は公園たる皇居外苑の管理者に付ても異るところがない。なぜならば法の支配を指導原理とする日本国憲法の下では、権力を行使する者の意思決定は予め定められている法規（法律又は法律に基く命令）の適用でなければ、専断な官僚の権力行使とされるからである。厚生省設置法5条は厚生大臣の所管事務をかかげると共に「その権限の行使は法律（これに基く命令を含む）に従つてなされなければならない。」と規定しているのはこの趣旨に出ているものである。それ故厚生大臣が管理を担当する国有財産である公園については、国有財産法1条が、国有財産の管理については他の法律に特別の定のある場合を除く外同法の定めるところによると規定しているだけでは、警察許可の性質を帯びている許可まで当然管理の作用に含まれていると解すべきものではない。以上説明したように本件規則4条は法律に定がなければ当然には厚生大臣の権限に属しない行為であるから、それに基いてなされた本訴不許可の処分もまた違法たるを免れないものである。尤も規則4条の違法性については上告人において争がないのである。そして上告人の「昭和27年5月1日メーデーのための皇居外苑使用許可申請」に対して被上告人がした不許可の処分の違法性の存否については、たとい上述したように右処分が違法なものであつても、既に同日の経過によりその審判を求める法律上の利益は喪失されたものとすべきことについては、私も多数説と同じ意見である。

（裁判長裁判官　田中耕太郎　裁判官　霜山精一　裁判官　井上登　裁判官　栗山茂　裁判官　真野毅　裁判官　小谷勝重　裁判官　島保　裁判官　斎藤悠輔　裁判官　藤田八郎　裁判官　岩松三郎　裁判官　河村又介　裁判官　谷村唯一郎　裁判官　小林俊三　裁判官　本村善太郎　裁判官　入江俊郎）

Questions

①事実関係の確認

問1　皇居外苑は、法令上のように位置づけられているか。▶【事案】【2】

問2　厚生大臣は、いかなる根拠に基づいて国民公園管理規則を制定したか。▶【事案】【2】

問3　Xは、何のために皇居外苑の使用許可を申請したのか。▶【事案】

問4　皇居外苑使用許可の申請期日は、訴訟のどの段階で経過したか。▶【事案】

問5　第一審判決は、どのような理由で本件不許可処分を違法と判断したか。▶【事案】【1】

問6　原判決は、どのような判断を示したか。▶【事案】【1】

②判決の内容の確認

問7　Xが、判決を求める法律上の利益を喪失したのはなぜか。▶【1】

問8　本判決は、どのような理由で、憲法32条が定める「裁判を受ける権利」を侵害したという主張を退けたか。▶【1】

問9　上告趣意は、なぜ原審の判断に対して憲法76条2項に違反すると主張したのか。▶【1】

問10　多数意見は、国民はいかなる範囲内で公共福祉用財産を利用しうるとしているか。▶【2】

問11　多数意見は、皇居外苑はどのような特性をもつ公園であるとしたか。▶【2】

問12　多数意見は、国有財産の目的内利用の場合における管理権者の裁量権はどのように行使されるべきとしているか。▶【2】

問13　本件不許可処分の理由は何か。▶【2】

問14　多数意見は、いかなる場合に不許可処分が違憲の問題を生じるとしているか。▶【2】

問15　本件不許可処分を違法とした栗山意見は、なぜ反対意見ではなく意見なのか。▶【5】

問16　栗山意見は、国民公園管理規則4条に基づく許可は

どのような性質の許可であるとしているか。▶【6】

問 17 栗山意見は、どのような理由で本件不許可処分を違法であるとしているか。▶【6】

③応用問題

問 18 本件事案のように、繰り返し生じる問題であるが期日到来により判決を求める法律上の利益を喪失するために審査から免れる事案では、不許可処分の取消訴訟は実質的な救済とはなりにくい。では、いかなる訴訟であれば実質的な救済が期待されるか。▶判批④181頁

○ **関連判例**（本書所収以外のもの）
最判昭和45年10月16日民集24巻11号1512頁（**判例①**）
○ **本判決の調査官解説**
「判解」法曹時報6巻2号（1954年）72頁（**判解①**）
○ **その他の判例解説・判例批評**
本間義信「判批」民事訴訟法判例百選Ⅰ［新法対応補正版］（1998年）144頁（**判批①**）
成田頼明「判批」行政判例百選Ⅰ［第3版］（1993年）162頁（**判批②**）
大久保規子「判批」行政判例百選Ⅰ［第6版］（2012年）138頁（**判批③**）
齊藤芳浩「判批」憲法判例百選Ⅰ［第6版］（2013年）180頁（**判批④**）
○ **参考文献**
奥平康弘『表現の自由Ⅲ 政治的自由』（有斐閣、1984年）108頁（**文献①**）

41 新潟県公安条例事件

最高裁昭和29年11月24日大法廷判決　昭和26年(あ)第3188号：昭和24年新潟県条例第4号違反被告事件　刑集8巻11号1866頁

事案

Xら（被告人、控訴人、上告人）は、昭和24年4月7日に行われた密造酒被疑事件の一斉検挙で逮捕された被疑者30数名全員の即時釈放要求を大衆の威力により実現しようとして、昭和24年4月8日午後3時ころ、新潟県の高田市公安委員会の許可を受けないで、公衆が自由に交通することのできる場所である国家地方警察新潟県中頸城地区警察署庁舎前の空地および同署前の幅員約6間（約11メートル）の県道の一部を、そこに集まっていた約200〜300名とともに占拠した。その際Xらは、群衆に対し、上記の検挙を非難するような演説をしたり、歌を合唱して気勢を上げたりするなどして群衆を指導し、公衆の集団示威運動を行った。本事件は、公安委員会の許可を得ずに「行列行進又は公衆の集団示威運動」を行ったとして、Xらを、昭和24年新潟県条例第4号（行列行進、集団示威運動に関する条例。以下「本件条例」という）5条1号、1条1項に違反するとして起訴した事件である。

第一審（新潟地高田支判昭24・12・6刑集8-11-1884）はXらを有罪とし、控訴審（東京高判昭25・10・26刑集8-11-1885）もこれを支持したため、Xらが上告した。

■**参考条文**（事件当時のもの）

新潟県条例第4号（行列行進、集団示威運動に関する条例）
第1条　行列行進又は公衆の集団示威運動（徒歩又は車輛で道路公園その他公衆の自由に交通することができる場所を行進し又は占拠しようとするもの以下同じ）はその地域を管轄する公安委員会の許可を受けないで行ってはならない。
2　学生、生徒、児童のみが参加し且つ教科課程に定められた教育の為学校の責任者の指導によって行う行列行進は許可を要しない。
第2条　前条第1項の許可を受けようとするときは、主催者又は主催団体の代表者は行列行進集団示威運動開始の日時の72時間前迄にその地域を管轄する公安委員会に申請書を提出しなければならない。
第3条　前条の申請書には左に掲げる事項を記載しなければならない。
（1）行列又は示威運動の日時
（2）主催者の住所、職業、氏名、生年月日（団体にあつてはその名、事務所の所在地、代表者の住所、氏名、生年月日）
（3）行列又は示威運動の目的及種類
（4）行進の順路及示威運動の場所
（5）参加団体名及び各団体の参加予定人員並びに車輛数
第4条　公安委員会はその行列又は示威運動が公安を害する虞がないと認める場合は開始日時の24時間前迄に許可を与えなければならない。
2　前項の許可には公安委員会が集団の無秩序又は暴力行為に対し公衆を保護する為必要と認める条件を附することができる。
3　公安委員会は第1項の規定による許可を与えなかつたときはすみやかにその理由を詳細に公安委員会の所属する自治体の議会に報告しなければならない。
4　第2条の申請書を受理した公安委員会が当該行列行進集団示威運動開始日時の24時間前迄に条件を附し又は許可を与えない旨の意思表示をしないときは許可のあつたものとして行動することができる。
第5条　左の各号の一に該当する者は1年以下の懲役または5万円以下の罰金に処する。
（1）第1条第1項の規定に違反した者
（2）第2条の許可申請書に虚偽の事項を記載した者
（3）第4条第2項の規定により公安委員会の附した条件に違反した者
第6条　この条例は行列行進又は集団示威運動以外のいかなる公の集会をいかなる方法においても禁止し若しくは制限し、又は公の集会、政治運動、プラカード、出版物その他の文書図画等の監督、検閲の権限を公安委員会、警察官、警察吏その他の公務員の与えるものと解釈してはならない。
第7条　この条例は公務員の選挙に関する法令に違反し又は選挙運動中における集会若しくは演説は許可を要するものと解釈してはならない。
附則
　この条例は公布の日から施行する。

Navigator

公安条例とは、道路その他の公共の場所における集会、集団行進および集団示威運動を対象に、許可制をはじめとする各種制限を定める条例一般をいい、必ずしも「公安条例」という題名の条例のみを指すわけではない。昭和23年に、大阪市がGHQの示唆を受けて制定した「行進・示威運動及び公の集会に関する條例」が最初期のものであるが、その後、GHQが示した条例案をモデルに、全国各地で類似の内容の公安条例が次々と制定されていった（判批③3-4頁、文献②87-107頁など）。公安条例制定の背景には、プラカード事件（昭和21年5月19日）や各種の労働争議など、盛り上がりをみせていた大衆行動を危険視する姿勢があり、「最も注意すべき特色として、規制目的が単なる公物管理の必要性ではなく、法と秩序（公共の安寧）の侵害を予防するという保安警察の必要性に基づくものであること、を挙げなければならない」（芦部・憲法Ⅲ 人権各論(1)[増補版] 500頁）などと指摘される。

公安条例は、昭和27年に制定された破壊活動防止法（破防法）とともに、当初から違憲であると批判され、激しい反対運動が各地で展開されており、まさにこの時期の憲法問題の「花形」であった。下級審で違憲判決も散見された中で下された本判決は、公安条例の合憲性に関する初めての最高裁大法廷判決であり、それだけに大きな注目を集めた。

■判決の論理構造

大原則	・行列行進または公衆の集団示威運動は、公共の福祉に反するような不当な目的または方法によらない限り、本来国民の自由である ・一般的な許可制を定めてこれを事前に抑制することは違憲である
違憲とはならない場合	・特定の場所または方法についての、合理的かつ明確な基準のもとでの許可制は、直ちに違憲とはいえない ・公共の安全に対し明らかな差し迫った危険を及ぼすことが予見されるときは、これを許可せずまたは禁止することができる旨の規定を設けることは、直ちに違憲とはいえない
解釈態度	・違憲とはならない場合に該当するかは、条文の一部のみから判断するのではなく、「条例の各条項及び附属法規全体を有機的な一体として」考察する

▼

「あてはめ」で法令違憲を否定
⇒藤田少数意見、学説からの批判はこの部分に集中
(判批①1-2頁、判批②11-16頁、判批③5-7頁、判批⑤185頁、文献①2-3頁など)

判　決

○ 主　文
本件各上告を棄却する。
○ 理　由
被告人A弁護人牧野芳夫、同関原勇、同竹沢哲夫、同石島泰、被告人B弁護人牧野芳夫、同関原勇の各上告趣意第一点について。

[1] 原判決の判示するところは、条例は直接に憲法94条によつて認められた地方公共団体の立法形式であつて、同条により法律の範囲内において効力を有するものと定められているほか、条例をもつて規定し得る事項について憲法上特段の制限がなく、もつぱら法律の定めるところに委せられているのであるから、法律に準拠して条例が罰則を設けることは憲法上禁止された事項とは解されないという趣旨であつて、所論のように、条例は法律の委任があれば刑罰権を無制限に附することができるとか、またはいかなる事項でも無制限に定めることができるというような趣旨を説示したものとは認められない。所論は判示に副わない主張を前提として原判決が憲法94条の解釈を誤つたと主張するのであつて採用することはできない❶。

同第二点第三点について❷。

[2] 行列行進又は公衆の集団示威運動（以下単にこれらの行動という）は、公共の福祉に反するような不当な目的又は方法によらないかぎり、本来国民の自由とするところであるから、条例においてこれらの行動につき単なる届出制を定めることは格別、そうでなく一般的な許可制を定めてこれを事前に抑制することは、憲法の趣旨に反し許されないと解するを相当とする❸。しかしこれらの行動といえども公共の秩序を保持し、又は公共の福祉が著しく侵されることを防止するため、特定の場所又は方法につき、合理的かつ明確な基準の下に、予じめ許可を受けしめ、又は届出をなさしめてこのような場合にはこれを禁止することができる旨の規定を条例に設けても、これをもつて直ちに憲法の保障する国民の自由を不当に制限するものと解することはできない。けだしかかる条例の規定は、なんらこれらの行動を一般に制限するのでなく、前示の観点から単に特定の場所又は方法について制限する場合があることを認めるに過ぎないからである❹。さらにまた、これらの行動について公共の安全に対し明らかな差迫つた危険を及ぼすことが予見されるときは、これを許可せず又は禁止することができる旨の規定を設けることも、これをもつて直ちに憲法の保障する国民の自由を不当に制限することにはならないと解すべきである❺。

[3] そこで本件の新潟県条例（以下単に本件条例という）を考究してみるに、その1条に、これらの行動について公安委員会の許可を受けないで行つてはならないと定めているが、ここにいう「行列行進又は公衆の集団示威運動」は、その解釈として括弧内に「徒歩又は車輌で道路公園その他公衆の自由に交通することができる場所を行進し又は占拠しようとするもの、以下同じ」と記載されているから、本件条例が許可を受けることを要求する行動とは、右に記載する特定の場所又は方法に関するものを指す趣旨であることが認めら

❶【1】では、上告趣意において、原判決が「法律の委任があれば、条例を以て刑罰権を無制限に附することが出来る」と説示したと理解したうえで、これを批判した部分に応えている箇所である。【1】の前半部分でまとめられている原判決の趣旨から明らかなように、原判決は上告趣意が理解したような説示はそもそもしておらず、端的に上告趣意の誤解・誤読である。

❷ 上告趣意の第二点は、国民の集会、結社の自由、勤労者の団結権のような基本的人権は、これを公共の福祉のために制限することができず、法律、法律の委任に基づく政令や条例をもって制限することは憲法に違反する旨を主張していた。上告趣意の第三点は、本件条例1条1項が憲法21条、28条によつて保障される「行列、行進、又は集団示威運動」を公安委員会の許可に係らしめていることは、「許可」が元来禁止されている行為を解除するという行政行為であることからすると論理矛盾であって違憲である旨の主張をしていた。

❸【2】の第1文では、「行列行進又は公衆の集団示威運動」は、原則として自由であること、それゆえに「単なる届出制」は許されるが、「一般的な許可制」は違憲である、という原則が明言されている。道路における表現行動を「本来国民の自由とするところ」としたことの意義は大きい（判批①39頁）。ここでいう「一般的な許可制」の禁止につき、東京都公安条例事件〔本書42事件〕の藤田反対意見の【13】は、「表現の自由に関する行動を行政庁の一般的な許可にかからしめて、行政庁の許可というごとき行政行為があつてはじめて自由が得られるものとし、許可を得ないでした行動は違法であつてこれを処罰するというがごとき制度」の禁止と説明し、「届出制」については、「届出制なるものは、行政庁の行為を前提とするものでなく、表現せんとする者自身に届出なる行為を要求するにとどまるものであるから、表現の自由の本質を害するものではなく、しかも届出に対応して、予め不測の事態の発生を防止すべき諸般の処置を講ずることができるのであるから、この程度の規制は現下の情勢においてやむを得ない措置であるとの意を表わしたものである」と説明している。

❹【2】の第2文では、「直ちに」は違憲とならない場合として、「公共の秩序を保持し、又は公共の福祉が著しく侵されることを防止するため」という目的で、「合理的かつ明確な基準の下に」、「特定の場所又は方法」のもとでの許可制を挙げている。ここでは、第1文にいう「一般的な許可制」ではなく「特定の場所又は方法」についての許可制であることに加え、許可の基準が「合理的かつ明確」であることが求められている。続く第3文

れる❻。そしてさらにその１条２項６号及び７条によれば、これらの行動に近似又は密接な関係があるため、同じ対象とされ易い事項を掲げてこれを除外し、又はこれらが抑制の対象とならないことを厳に注意する規定を置くとともに、その４条１項後段同２項４項を合せて考えれば、条例がその１条によつて許可を受けることを要求する行動は、冒頭に述べた趣旨において特定の場所又は方法に関するものに限ることがうかがわれ、またこれらの行動といえども特段の事由のない限り許可することを原則とする趣旨であることが認められる❼。されば本件条例１条の立言（括弧内）はなお一般的な部分があり、特に４条１項の前段はきわめて抽象的な基準を掲げ、公安委員会の裁量の範囲がいちじるしく広く解されるおそれがあつて、いずれも明らかな具体的な表示に改めることが望ましいけれども、条例の趣旨全体を綜合して考察すれば、本件条例は許可の語を用いてはいるが、これらの行動そのものを一般的に許可制によつて抑制する趣旨ではなく、上述のように別の観点から特定の場所又は方法についてのみ制限する場合があることを定めたものに過ぎないと解するを相当とする。されば本件条例は、所論の憲法12条同21条同28条同98条その他論旨の挙げる憲法のいずれの条項にも違反するものではなく、従って原判決にも所論のような違法はなく論旨は理由がない❽。（なお本件条例４条１項は、文理としては許可することを原則とする立言をとりながら、その要件としてきわめて一般的抽象的に「公安を害する虞がないと認める場合は」と定めているから、逆に「公安を害するおそれがあると認める場合は」許可されないという反対の制約があることとなり、かかる条項を唯一の基準として許否を決定するものとすれば、公安委員会の裁量によつて、これらの行動が不当な制限を受けるおそれがないとはいえない。従つてかかる一般的抽象的な基準を唯一の根拠とすれば、本件条例は憲法の趣旨に適合するものでないといわなければならない。しかしながらこれらの行動に対する規制は、右摘示部分のみを唯一の基準とするのでなく、条例の各条項及び附属法規全体を有機的な一体として考察し、その解釈適用により行われるものであるというまでもないから、上記説明のとおり結論としてはこれを違憲と解することはできないのである❾。）

　　　同第四点について。

[4]　所論は、原審で主張なくまたその判断を経ていないばかりでなく、単に原判決の法令違反を主張するに過ぎないから、刑訴405条の上告理由に当らない。（なお裁判所が裁判をするに当り適用すべき法令については、職権をもつて調査する責務があり、条例もこのうちに含まれることは所論のとおりであるが、これらの法令は原則として証拠調の対象となるものでないから、特に必要ある場合のほか、これを審理し又はこれに対する判断を判示することを要するものではない。従つて原審が本件条例を適用するに当り、所論の点につき明示しなかつたからといつて、原審の手続に違法があるとはいえない。なお本件条例は昭和24年３月25日公布同日施行されたことは明らかである。）❿

　　　同第五点について。

[5]　所論は、原審で主張なくまたその判断を経ていないばかりでなく、単に原判決の法令違反と量刑不当を主張するのであるから、刑訴405条の上告理由に当らない。（なお地方公共団体の制定する条例は、憲法が特に民主主義政治組織の欠くべからざる構成として保障する地方自治の本旨に基き〔憲法92条〕、直接憲法94条により法律の範囲内において制定する権能を認められた自治立法にほかならない。従つて条例を制定する権能もその効力も、法律の認める範囲を越えることを得ないとともに、法律の範囲内に在るかぎり原則としてその効力は当然属地的に生ずるものと解すべきである。それゆえ本件条例は、新潟県の地域内においては、この地域に来れる何人に対してもその効力を及ぼすものといわなければならない。なお条例のこの効力は、法令また条例に別段の定めある場合、若しくは条例の性質上住民のみを対象とすること明らかな場合はこの限りでないと解すべきところ、本件条例についてはかかる趣旨は認められない。従つて本件被告人が長野県の在住者であつたとしても、新潟県の地域内において右条例５条の罰則に当る行為があつた以上その罪責を免れるものではない。されば原判決には法令違反も認められない）⓫。

　　　被告人Ｂの上告趣意（後記）について。

[6]　所論は、量刑不当の主張であつて刑訴405条の上告理由に当らない。

は、その理由として、以上のような規制の場合、行動を一般に制限するものではなく、単に特定の場所または方法について制限するにすぎないからだと説明される。この部分は、「表現の内容規制と内容中立的な時、場所、方法の規制の区別論、明確性の要件……に連なるものがある」（戸松＝今井編・判例憲法Ⅰ455頁〔市川〕）。

❺　[2]の第４文は、「直ちに」は違憲とならない場合として、さらに、集団行動が「公共の安全に対し明らかな差迫つた危険を及ぼすことが予見されるときは、これを許可せず又は禁止することができる旨の規定を設けること」を挙げている。この部分は、アメリカの判例・学説のいう「明白かつ現在の危険」の基準（を精力的に紹介してきた日本の学説）の影響を受けているように見受けられるが、「この法理は本来、ある種の言論・出版などの表現行為を事後処罰によって禁止する制定法が合憲であるかいなかの判断基準として確立したものであり」、「日本の判例が事前抑制を合憲たらしめる要素として、この法理をもちこんだことは、誤解であるか、独創であるとしても的外れである」（文献③149-150頁）とも指摘されている。
なお、本判決では、この指摘に基づいて本件条例の規定を審査していない。

❻　[3]の第１文は、本件条例１条において、本件条例が許可を要するとする「行列行進又は公衆の集団示威運動」に括弧書きを付してその意味を限定しているとし、それは、本件条例による制限を「特定の場所又は方法」に限定する趣旨であるとしている。

❼　[3]の第２文は、第１文の説明に加えて、「さらに」、本件条例の採用する「仕組み」を全体的に考察すれば（この解釈手法については❾参照）、本件条例の「趣旨」は、制限の対象を「特定の場所又は方法」に限定するとともに、特段の事情がない限り許可することが原則とするものである、と解釈している。

❽　[3]の第３文は、本件条例が「合理的かつ明確な基準」を定めているか否かを検討している部分である。多数意見は、許可について定める本件条例４条１項の規定ぶりは「抽象的」で改善の余地があるとしつつも、「条例の趣旨全体」（❼参照）を総合して考察すれば、「一般的な許可制」ではなく、「特定の場所又は方法についてのみ制限する場合があることを定めたものに過ぎない」としている。それを根拠に、続く第４文で条例自体の憲法違反の主張を退けている。

❾　[3]の括弧書き部分は、[3]の第３文（❽参照）にて「抽象的」との懸念が示されていた本件条例４条１項について、さらに言及している部分である。それによると、①本件条例４条１項を単独でみる限りは「一般的抽象的な基準」であり、これを「唯一の根拠」とすれば、「本件条例は憲法の趣旨に適合するものでない」。②しかし、「これらの行動に対する規制は、……条例の各条項及び附属法規全体を有機的な一体として考察し、その解釈適用により行われるものであるというまでもない」。③そのように解釈すれば、[3]の本文で述べたとおり違憲ではない、とされている。

❿　[4]は、上告趣意の主張のうち、原審が、本件条例の公布の日が不明確であるのに公布された時期について何らの審理をしていないことは、原判決に影響を及ぼすべき法令の違反であり、著しく正義に反するとの主張に応えている部分である。

⓫　[5]は、上告趣意の主張のうち、長野県の在住者である被告人に、新潟県公安条例を適用することは違法であるとする主張と、量刑不当の主張について判断している部分である。後者については形式的な理由で退けているが、前者について本判決は、[5]の括弧書き部分で、自治立法としての条例の効力は、特別の定め等がない限り、原則的地域的に及ぶものであるとの説明を与えている。本判決は、この点について最高裁が初めて明らかにした点で意義があるが、あまりにも当然の解釈であるため、以後この論点が判例で触れられることはほとんどない（判批④50-51頁）。

41　新潟県公安条例事件　　399

【7】　よって刑訴408条に従い主文のとおり判決する。
【8】　この判決は、裁判官藤田八郎の各弁護人の上告趣意第2点及び第3点に関する少数意見を除く外裁判官全員一致の意見である。

■ 少数意見

　裁判官藤田八郎の少数意見（被告人A弁護人牧野芳夫、関原勇、竹沢哲夫、石島泰、被告人B弁護人牧野芳夫、関原勇の各上告趣意第二点第三点に関する）は次のとおりである。

【9】　行列行進又は公衆の集団示威運動は公共の福祉に反するような不当な目的又は方法によらないかぎり、本来国民の自由とするところであるから、条例において、これらの行動につき単なる届出制を定めるとは格別、そうでなく一般的な許可制を定めて、これを事前に抑制することは、憲法の趣旨に反し許されないと解すべきことは多数説の説くとおりである。又、本件条例4条1項は、その要件として、きわめて一般的抽象的に公安委員会は「公安を害する虞がないと認める場合は」許可を与えなければならないと定めているのであつて、かかる条項を唯一の基準として許否を決定するものとすれば、公安委員会の裁量によつて、行列行進等の集団運動が不当な制限を受けるおそれがないとは云えないなら、かかる一般的抽象的な基準を唯一の根拠とするものとすれば、本件条例は、憲法の趣旨に適合するものでないとみとめなければならないこともまた、多数説の説くところである❶。

【10】　多数説が右のごとき大前提を是認しながら、なお、かつ、本件条例をもって違憲にあらずとする所以のものは、右条例は如上集団行動を一般的に許可制によって抑制する趣旨ではなく「特定の場所又は方法についてのみ制限する場合があること」を定めたものに過ぎないからであるという帰する。そうして、その「特定の場所、方法」というは本件条例一条中括弧内に「徒歩又は車輛で道路公園その他公衆の自由に交通することができる場所を行進し、また占拠しようとするもの」とあるのを指すものであることは明瞭である❸。

【11】　しかしながら、およそ問題となるべき行列行進又は公衆の集団示威運動のほとんどすべては徒歩又は車輛で道路公園その他公衆の自由に交通することができる場所を行進し、又は占拠しようとするものであつて、それ以外の場所方法による集団行動は、ほとんど、ここで問題とするに足りないと云つても過言ではあるまい。右条例掲示のような場所方法による集団行動のすべてを許可制にかからすとすることは、とりもなおさず、この種行動に対する一般的、抽象的な抑制に外ならないのであつて、これをもし、場所と方法とを特定してする局限的な抑制とするがごときは、ことさらに、顧みて他をいうのそしりを免れないであろう❹。

【12】　多数説は、その他に1条2項、6条及び7条に、これらの行動に近似し、又は密接な関係があるため、同じ対象とされ易い事項を掲げてこれを除外していることをあげて、これをも本件条例の一般的抑制でない一つの証左としているけれども、1条2項に掲げるところは、「学生、生徒、児童のみが参加し、かつ教科課程に定められた教育の為め、学校の責任者の指導によって行う行列行進は許可を要しない」と規定しているに過ぎず、この種の行動のみを除外したからといって、一般的抑制でないとするに足らないことはいうまでもないのみならず、むしろ、かかる教課的なもの以外の集団行動はすべて許可を要することを明らかにした点において、この規定の反射の効果は強大である。又6条、7条の規定はこの条例の趣旨に関する立法者自身の独断的解釈を宣示するに止まり、――たとえば、この条例をもつて、公の集会等の監督、検閲の権限を公務員に与えるものと解釈してはならない、選挙演説に許可を要するものと解釈してはならない等――多数説のいわゆる「特定の場所、特定の方法」に何物をも加えるものでないことは、その条項の文辞自体からみて極めて明らかである❺。

【13】　以上綜合すれば本条例は、1条2項に掲げられた修学旅行的のもの以外の道路公園等で行われる行列行進又は公衆の集団示威運動はすべて、必ず事前に公安委員会の許可を受けなければならない、これを受けないで行うときは1年以下の懲役又は5万円以下の罰金に処せられるとするものである❻。そうして、4条には「公安委員会は公安を害する虞がないと認める場合は……許可を与えなければならない」と規定されてあつて、これは多数説のいうごとく、「公安委員会が公安を害するおそれがあると認める場合は、許可されないという反対の制約があること」を意味するのであつて、かかる行動の公安を害するおそれあるや否やの判定は公安委員会の極めて広範な――特に何らの基準の定めもない――自由裁量に委ねられているのである❼。

【14】　いうまでもなく、この種集団行動は憲法の保障する言論集会の自由に直結するものであつて、これを一般的に禁止し、その許否を一公安委員会の広範な自由裁量にかからしめるというごときことは、憲法の趣旨に合するものでないことは多数説の説くとおりであつてしかも多数説が本条例をもつて一般的禁止にあたらないとする論拠の一も首肯するに足るものがないことは如上示示のとおりである❽。

【15】　自分は、多数説が一般的禁止にあらずとするところを是認することができないが故に、多数説の大前提とするところに同調して本条例を以て違憲であると断ぜざるを得ないのである❾。

　裁判官井上登同岩松三郎の補足意見は次のとおりである⓴。
【16】　憲法は各人の自由を保証して居るけれども、それは無制限のもので

---

❶ 【9】は、多数意見が【2】で示した「一般的な許可制」の禁止と、【3】の括弧書き部分（❼参照）で示した、抽象的な本件条例4条1項の基準を唯一の基準として不許可とすることは違憲であるとした部分を、多数意見の「大前提」と捉えたうえで、これに賛同するとしている。

❸ 【10】では、多数意見が上記の「大前提」（❶参照）に立ちながらも、本件条例を合憲としているのは、本件条例1条の括弧書きにより「本件条例は『特定の場所又は方法についてのみ制限する場合』に該当すると判断したためである、と分析している。

❹ 【11】では、【10】で分析した多数意見による本件条例1条の理解（❸参照）に異議を唱えている。その理由は、問題になるようなおよそすべての「行列行進又は公衆の集団示威運動」は、本件条例1条の括弧書きにいう「徒歩又は車輛その他公衆の自由に交通することができる場所を行進し又は占拠しようとするもの」であるから、当該括弧書きによって条例の規制対象が「特定の場所又は方法」に限定されているとは解されない、というものである。

❺ 【12】では、多数意見が【3】の第2文（❼参照）で示した理由を付け加えて、本件条例の規定は「特定の場所又は方法」に限定されていると説明したことに対して批判を加えている。

❻ 【13】の第1文は、【9】から【12】をまとめて、本件条例は、結局、罰則規定の担保のうえで、同1条2項の場合を除き、すべての行列行進または公衆の集団示威運動を事前の公安委員会の許可に係らしめるものである、と特徴づけている。

❼ 【13】の第2文は、本件条例4条は、結局、「公安委員会が公安を害するおそれ

があると認める場合は、許可されない」ことを意味し、その判定を公安委員会の極めて広範な、特に何らの基準の定めもない自由裁量に委ねたものである、と評している。

❽ 【14】は、【13】で示した理解をふまえて、多数意見が示した「大前提」（❶参照）と本件条例は抵触するものであるとしている。

❾ 【15】では、結論として、多数意見と「大前提」を共有しつつも、その大前提を本件条例にあてはめた場合、本件条例は当該「大前提」と抵触するというものである。いわゆる「あてはめ」の段階で結論を異にしていることがわかる。

⓴ 【16】で示されている井上・岩松補足意見は、大要、(1)秩序保持（公共の福祉）の必要上、行列行進または公衆の集団示威運動をある程度規制することは違憲ではない。(2)そのための届出制、届出義務違反の処罰も違憲ではない。(3)許可という文言が用いられていても、実質が届出制であればよい（本条例は実質的に届出制である）。(4)しかし、公安委員会が誤って「公安を害する虞」があると判断して、申請を許可しなかった場合には、本件条例1条それ自体、そして当該不許可処分について違憲の問題を生ずる余地がありうる。(5)しかし本件事案は、許可申請もせずに「行列行進又は公衆の集団示威運動」を行ったというのであるから、本件条例1条が違憲となるか否かにかかわらず、被告人を有罪とした原判決は妥当である。(6)それゆえ、多数意見が本件条例1条は違憲ではないとした部分は、下級審への指針という意味では無用ではないが、本件だけを判断するには不要であり傍論である、というものである。
　この(5)、(6)については、「おそらくこれを形式犯と見る意見だと思う」が、その趣旨はわからないなどと評されている（判批②7頁）。

はない。或人の自由な行動によつて他の人の自由な行動が妨害される場合があり得ることは勿論であり、かかる場合双方の自由行動に放任すれば闘争を生じ、ひいては公の秩序を乱す虞があることは迄もない。それ故かかる場合は法令によつて適当の制限を加えることは公の秩序維持の為め必要であり、違憲でないものとして許されなければならない。本件条例の規定する様な行列行進又は公衆の集団示威運動は一般人の交通その他の自由な行動に多大の影響を及ぼす虞の多いものであるから、秩序保持（公共の福祉）の必要上条例その他を以て或程度の取締をすることは違憲でないといわなければならない。その取締をする為めには予め如何なる場所において如何なる方法を以て為されるかを知る必要があるからその場所、方法等を記載した届出を為さしめることも必要であり又その場所方法が公の福祉を害する様なものであればこれを禁じ或は適当に制限することも必要であり許されなければならない。しかりとせば右の届出が実施せられる為め、届出なしに行動することを禁じ、これを犯した者を罰すること（固より法律の許す範囲内において）も許されるものと見て差支ないであろう。本件条例は届出制でなく許可制だからいけないという者がある。しかし本件条例は許可という語を用いて居るけれども、特に許可しない場合を規定し、それに該当しない限り許可しなければならないことになつて居り（第4条第1項）また特に許さない旨の意思表示をしない限り許可されたと同様になるのである（第4条第4項）。されば語は許可といつて居るけれども実質は届出制において正当な事由ある場合に禁止をするのと少しも変らないのである。それ故届出制ならばいいけれども本件の条例はいけないというが如きは全く「許可」という字句だけに捕われたもので意味がない。尤も同条例第4条1項の反面解釈として公安委員会は公安を害する虞があると認める場合には許可を与えないことができると解し得るので、同委員会がかかる公安危害の虞あることの認定をあやまつて許可すべき申請を認容しなかつた場合には同条例第1条それ自体並びに右の如き不許可処分について違憲の問題を生ずる余地がないではない。しかし、本件は、許可の申請をもしないで原判示の行動をした事案であるから、所論第1条が違憲なると否とに拘わりなく被告人を所罰した原判決に違憲があるとはいい得ない。蓋し同条例が前説示の如き意味の許可申請を要求し、これに違反した者を所罰することとしたからとて唯それだけで違憲となるものではないからである。本判決本文が右第1条が違憲でない旨の判断をしたのは念の為めにしたのであつてこのことは下級裁判所に繋属して居る多数の同種条例違反事件に対する一つの指針となり得るものであるから此意味において無用のことを書いたものとはいえないのであるが、本件だけの判断をするには不用のものである。それ故右第1条が合憲なりや否やに関係なく本判決主文は維持されて然るべきものである。
（裁判長裁判官　田中耕太郎　裁判官　霜山精一　裁判官　井上登　裁判官　栗山茂　裁判官　真野毅　裁判官　小谷勝重　裁判官　島保　裁判官　斎藤悠輔　裁判官　藤田八郎　裁判官　岩松三郎　裁判官　河村又介　裁判官　谷村唯一郎　裁判官　小林俊三　裁判官　本村善太郎　裁判官　入江俊郎）

補足説明　公安条例の合憲性についての判例動向

　以上でみたように、本判決は、表現の自由に一定程度配慮した判断枠組みを示したが、結論として新潟県の公安条例を合憲とした。その後、本判決と同様の立場に立つて最高裁は、届出制の埼玉県公安条例、許可制の徳山市公安条例等について合憲判決を出すなどしたため（最判昭30・3・30刑集9-3-562［埼玉県公安条例事件］、最判昭30・5・10刑集9-6-967［徳山市公安条例事件］）、裁判所の態度はこの方向で確定したかのように思われていた（文献①1頁）。
　しかし、かなり厳しい部類に入る東京都の公安条例をめぐって、本判決で示された原則ないし大前提のもとで違憲とする下級審判決（判例①［蒲田事件第一審］）や、一部違憲としつつ全体として合憲とした下級審判決（東京地判昭33・8・29判時164-10［巣鴨事件第一審］）が下されるなど、依然として公安条例の合憲性をめぐって議論が対立している状況が続いた。
　次にみる昭和35年の東京都公安条例事件判決〔本書42事件〕は、その東京都の公安条例を合憲とし、この問題に終止符を打ったかのように思われた。その後の下級審では、正面から東京都公安条例事件判決の論理を否定して本判決の立場に立つことを明言したうえで京都市公安条例を違憲としたものや（京都地判昭42・2・23判時480-3［橋本判決］）、東京都公安条例事件判決の論理を受け入れたうえで、被告人を無罪とするための工夫・努力を試みたもの（東京地判昭42・5・10下刑集9-5-638［寺尾判決］、東京地判昭42・5・30下刑集9-5-699［竜岡判決］等）などがみられたが、いずれも上訴審で否定されている。
　そして、「1975年の最高裁諸判決（最大判昭50・9・10刑集29-8-489［徳島市公安条例事件］、最決昭50・9・26刑集29-8-657［神奈川県公安条例事件］、最決昭50・9・30刑集29-8-702［秋田県公安条例事件］、最判昭50・10・24刑集29-9-777［羽田空港ビル内デモ事件第2次上告審判決］、最判昭50・10・24刑集29-9-860［大阪市公安条例事件］等のこと）により公安条例による規制がすべて合憲とされ、その後憲法問題としての『花形』の地位から去っていった」（文献④164頁。芦部・憲法Ⅲ人権各論(1)516-517頁も参照）。
　しかし近時、再びデモの活性化が指摘され、また、いわゆるヘイト・スピーチを行うデモとの関係で、改めて公安条例について考える必要が生じている状況にあるといえるかもしれない。

Questions

①事実関係の確認
問1　本件条例は、公安委員会の許可を要する場所について、どのように規定しているか。▶【参考条文】
問2　本件条例は、公安委員会の許可を要する行動とはどのような行動であると定めているか。▶【参考条文】
問3　本件条例は、いかなる場合に公安委員会は許可を与えなければならないとしているか。▶【参考条文】
問4　本件条例は、許可を求める申請書を受理した公安委員会が開催日時の24時間前までに意思表示しない場合についてどのように定めているか。▶【参考条文】
問5　Xらのどのような行為が、本件条例の何に違反するとして起訴されたのか。▶【事案】

②判決の内容の確認
問6　本判決は、いかなる理由で、行列行進または公衆の集団示威運動に対して一般的な許可制を定めることは違憲であるとしているか。▶【2】

問7　本判決は、どのような許可制であれば憲法に違反しないとしているか。また、その理由は何か。▶【2】

問8　本判決が「明白かつ現在の危険」に触れたとされる部分を確認せよ。▶【2】

問9　本判決は、本件条例をいかなる態度で解釈するべきとしているか。▶【3】

問10　本判決が、本件条例が許可を求める行動は、特定の場所または方法に関するものに限られていると解釈した理由は何か。▶【3】

問11　本判決が、本件条例は特段の事由がない限り許可するのを原則とする趣旨であると解釈した理由は何か。▶【3】

問12　本判決が、本件条例4条1項の前段が極めて抽象的な基準で、公安委員会の裁量の範囲が著しく広く解されるおそれがあるとしながらも、違憲ではないとした理由は何か。▶【3】

問13　本判決は、地方公共団体の制定する条例の性質について、どのように述べているか。▶【5】

問14　本判決が条例は属地的に適用されるとした理由は何か。▶【5】

問15　藤田少数意見は、多数意見の何に反対しているのか。▶【9】〜【15】

問16　藤田裁判官が、多数意見に賛成できないのはなぜか。▶【9】〜【15】

③応用問題

問17　本判決が示した原則ないし大前提のもとで、公安条例を違憲とした判例①を読み、当該原則の適用の仕方を確認せよ。▶判例①、文献①3-4頁

○ **関連判例**（本書所収以外のもの）
東京地判昭和33年5月6日刑集20巻3号68頁［蒲田事件第一審］（判例①）

○ **その他の判例解説・判例批評**
鵜飼信成「公安条例問題の帰結」判例時報39号（1954年）39頁（判批①）
田中二郎「公安条例の合憲性とその限界(1)—最高裁の判決を中心として」自治研究31巻1号（1955年）3頁（判批②）
田中二郎＝兼子一＝団藤重光「〔座談会〕解し難い最高裁公安条例合憲判決—新潟県公安条例合憲判決をめぐって」ジュリスト75号（1955年）2頁（判批③）
菊井康郎「判批」地方自治判例百選［第2版］（1993年）40頁（判批④）
植村勝慶「判批」憲法判例百選Ⅰ［第6版］（2013年）184頁（判批⑤）

○ **参考文献**
佐藤功「公安条例の違憲性—巣鴨事件に関する東京地裁合憲判決を中心として」判例評論15号（1959年）1頁（文献①）
尾崎治『公安条例制定秘史—戦後期大衆運動と占領軍政策』（柏植書房、1978年）（文献②）
奥平康弘『表現の自由Ⅲ 政治的自由』（有斐閣、1984年）108頁（文献③）
岩切大地＝中澤俊輔「『お行儀のよいデモ行進』を目指して？」山本龍彦＝清水唯一朗＝出口雄一編『憲法判例からみる日本—法×政治×歴史×文化』（日本評論社、2016年）139頁（文献④）

42　東京都公安条例事件

最高裁昭和35年7月20日大法廷判決　　昭和35年(あ)第112号：昭和25年東京都条例第44号集会、集団行進及び集団示威運動に関する条例違反被告事件　刑集14巻9号1243頁

事案

　本件事案は、昭和33年秋（9月～11月）、東京都の「集会、集団行進及び集団示威運動に関する条例」（以下「本条例」という。【参考条文】参照）に基づいて東京都公安委員会から付された条件（だ行進、うず巻行進またはことさらな停滞等交通秩序を乱す行為は絶対に行わないことという条件）に違反してなされた集団行進、および無許可でなされた集会または集団行進の指導者、主催者とされた学生らが、本条例違反を理由に起訴された事案である。

　第一審（東京地判昭34・8・8刑集14-9-1281）は、東京都公安条例は「集会、集団行進、集団示威運動についてはいずれも許可制をもつて前二者については一般的制限に近い程度に、後者については一般的に制限するもの」であること、許否の基準が具体性を欠き不明確であること、さらに、本条例には公安委員会が行動実施日時まで許否の処分を留保した場合には救済方法はなく、行動実施は禁止され、これを強行すれば無許可の行動として取締りの対象とされており、この点で新潟県公安条例事件判決〔本書41事件〕で合憲とされた条例の許可制と大きく異なっており、一般的禁止を前提とする規制方式であるといわざるをえないとして、違憲と判断して被告人らを無罪とした。そのため検察官から控訴がなされたが、東京高裁は最高裁に移送した（刑事訴訟規則247条・248条）。

　なお本判決と同日に、本判決と同様の判示のうえで広島市公安条例を合憲とした広島市公安条例事件（最大判昭35・7・20刑集14-9-1197）、さらに、昭和29年の警察法の施行によって市町村の自治体警察および公安委員会が廃止されたため、静岡市公安委員会の許可を受けずにした示威運動の処罰を定める静岡県公安条例の規定は死文化しており、公訴に係る犯罪事実については、刑訴法337条2号の「刑が廃止された」場合に該当するとして、被告人らを免訴とした静岡県公安条例事件（最大判昭35・7・20刑集14-9-1215）が下されている。以上の三つの判決を総称して、公安条例3判決と呼ばれることがある。

■参考条文（事件当時のもの）

集会、集団行進及び集団示威運動に関する条例（昭和25年東京都条例第44号）

第1条　道路その他公共の場所で集会若しくは集団行進を行おうとするとき、又は場所のいかんを問わず集団示威運動を行おうとするときは、東京都公安委員会の許可を受けなければならない。但し、次の各号に該当する場合はこの限りでない。
(1)　学生、生徒その他の遠足、修学旅行、体育、競技
(2)　通常の冠婚葬祭等慣例による行事

第2条　前条の規定による許可の申請は主催者である個人又は団体の代表者（以下主催者という。）から、集会集団行進又は集団示威運動を行う日時の72時間前までに次の事項を記載した許可申請書3通を開催地を管轄する警察署を経由して提出しなければならない。
(1)　主催者の住所、氏名
(2)　前号の主催者が開催地の区（特別区の全域を一地域とみなしてその地域）、市、町、村以外に居住するときは、その区、市、町、村内の連絡責任者の住所、氏名
(3)　集会、集団行進又は集団示威運動の日時
(4)　集会、集団行進又は集団示威運動の進路、場所及びその略図
(5)　参加予定団体名及びその代表者の住所、氏名
(6)　参加予定人員
(7)　集会、集団行進又は集団示威運動の目的及び名称

第3条　公安委員会は、前条の規定による申請があつたときは、集会、集団行進又は集団示威運動の実施が公共の安寧を保持する上に直接危険を及ぼすと明らかに認められる場合の外は、これを許可しなければならない。但し、次の各号に関し必要な条件をつけることができる。
(1)　官公庁の事務の妨害防止に関する事項
(2)　じゆう器、きよう器その他の危険物携帯の制限等危害防止に関する事項
(3)　交通秩序維持に関する事項
(4)　集会、集団行進又は集団示威運動の秩序保持に関する事項
(5)　夜間の静ひつ保持に関する事項
(6)　公共の秩序又は公衆の衛生を保持するため、やむを得ない場合の進路、場所又は日時の変更に関する事項

2　公安委員会は、前項の許可をしたときは、申請書の一通にその旨を記入し、特別の事由のない限り集会、集団行進又は集団示威運動を行う日時の24時間前までに、主催者又は連絡責任者に交付しなければならない。

3　公安委員会は、前二項の規定にかかわらず、公共の安寧を保持するため緊急の必要があると明に認められるに至つたときは、その許可を取り消し又は条件を変更することができる。

4　公安委員会は、第1項の規定により不許可の処分をしたとき、又は前項の規定により許可を取消したときは、その旨を詳細な理由をつけて、すみやかに東京都議会に報告しなければならない。

第4条　警察長は、第1条の規定、第2条の規定による記載事項、前条第1項但し書の規定による条件又は同条第3項の規定に違反して行われた集会、集団行進又は集団示威運動の参加者に対して、公共の秩序を保持するため、警告を発しその行為を制止しその他の違反行為を是正するにつき必要な限度において所要の措置をとることができる。

第5条　第2条の規定による許可申請書に虚偽の事実を記載してこれを提出した主催者及び第1条の規定、第2条の規定による記載事項、第3条第1項但し書の規定による条件又は同条第3項の規定に違反して行われた集会、集団行進又は集団示威運動の主催者、指導者又は煽動者は、これを1年以下の懲役若しくは禁錮又は5万円以下の罰金に処する。

第6条　この条例の各規定は、第1条に定める集会、集団行進又は集団示威運動以外に集会を行う権利を禁止し、若しくは制限し又は集会、政治運動を監督し若しくはプラカード出版物その他の文書図画を検閲する権限を公安委員会、警察官、警察吏員、警察職員又はその他の都吏員、区、市、町、村の吏員若しくは職員に与えるものと解釈してはならない。

第7条　この条例の各規定は、公務員の選挙に関する法律に矛盾し、又は選挙運動中における政治集会若しくは演説の事前の届出を必要ならしめるものと解釈してはならない。

> **Navigator**
> 　本件事案は昭和33年に発生したものであり、最高裁判決が下されたのは昭和35年7月である。この時期、日教組の勤務評定反対運動、三池闘争などの労働争議、警職法改正案に対する大規模かつ過激な反対運動が展開されており（本件事案で問題とされた無許可での集会、集団行進は警職法改正反対闘争のためのものであった）、それらが合流するような形で安保条約改定阻止国民会議が組織されるなど、日米安全保障条約の改定阻止のための安保闘争が盛り上がりをみせていた。その過程で、アメリカ大統領訪日の打ち合わせのために来日したハガチー米大統領新聞係秘書を乗せた車をデモ隊が包囲して立ち往生させるハガチー事件や、従来のデモを「お焼香デモ」と批判して過激な行動を繰り返していた全日本学生自治会総連合（全学連）と警官隊との度重なる衝突が起こり、ついには国会乱入事件まで生じていた（文献③。判批⑤142-144頁も参照）。
> 　本判決が「群集心理の法則と現実の経験に徴して明らか」であるとした「集団暴徒化論」（【解説】の❹参照）は、こうした社会情勢を背景としている。本判決の翌日、最高裁大会議室で記者会見を行った田中耕太郎長官は、「条例の精神にまで立ち入って大所高所から判断したこの判決が正しいことは最近のデモをみても立証されている」と述べ（読売新聞朝刊昭和35年7月21日）、また、本判決の翌日7月21日付各新聞社の社説では「読売を除き朝日・毎日・東京など多くの新聞が、判決支持を表明」したこと（判批④142-143頁）は、当時の社会情勢をよく示しているといえよう。

■判決の論理構造

「集団行動による表現の自由」の性質	・「潜在する一種の物理的力」によって支えられている点で、「純粋な意味における表現」ではない ・平穏静粛な集団であっても、何かのきっかけで一瞬として暴徒と化し、集団行動の指導者や警察によっても抑えが効かなくなることは、「群集心理の法則と現実の経験に徴して明らか」である（集団暴徒化論）
「集団行動による表現の自由」の制約	・「集団行動の性質」に照らし、「集団行動による表現の自由」はまったくの自由に放任さるべきものではなく、条例により、地域の実情等を考慮に入れたうえで、「不測の事態に備え、法と秩序を維持するに必要かつ最小限度の措置を事前に講ずること」が許される

　　　　問題は、本条例が「必要かつ最小限度の措置」といえるかどうか

【解釈態度】
・概念ないし用語のみによって判断してはならない
・条例の立法技術上のいくらかの欠陥にも拘泥してはならない
・条例全体の精神を実質的かつ有機的に考察しなければならない

本条例の検討部分		新潟県公安条例事件で示された原則
・本条例は、実質的に届出制である →不許可の場合が、「公共の安寧を保持する上に直接危険を及ぼすと明らかに認められる場合」に限られているから		一般的な許可制は許されない
・不許可の場合に該当する事情が存するかどうかの認定が公安委員会の裁量に属することは、それが諸般の情況を具体的に検討、考量して判断すべき性質の事項であることからみて当然 ・集団行動を法的に規制する必要があるとするなら、集団行動が行われうるような場所をある程度包括的に掲げ、またはその行われる場所の如何を問わないものとすることはやむをえない		「特定の場所又は方法」についての、「合理的かつ明確な基準」のもとでの許可制は、直ちに違憲とはいえない

判　決

　　　○主　文
　　　　　　（被告人の表示省略）
原判決中、被告人らに関する部分を破棄する。
本件を東京地方裁判所に差し戻す。

○ 理　　由

東京地方検察庁検事正代理岡崎格の上告趣意第一について。

[1]　そもそも憲法21条の規定する集会、結社および言論、出版その他一切の表現の自由が、侵すことのできない永久の権利すなわち基本的人権に属し、その完全なる保障が民主政治の基本原則の一つであること、とくにこれが民主主義を全体主義から区別する最も重要な一特徴をなすことは、多言を要しない。しかし国民がこの種の自由を濫用することを得ず、つねに公共の福祉のためにこれを利用する責任を負うことも、他の種類の基本的人権にことなるところはない（憲法12条参照）。この故に日本国憲法の下において、裁判所は、個々の具体的事件に関し、表現の自由を擁護するとともに、その濫用を防止し、これと公共の福祉との調和をはかり、自由と公共の福祉との間に正当な限界を劃することを任務としているのである❶。

[2]　本件において争われている昭和25年東京都条例第44号集会、集団行進及び集団示威運動に関する条例（以下「本条例」と称する）が憲法に適合するや否やの問題の解決も、結局、本条例によって憲法の保障する表現の自由が、憲法の定める濫用の禁止と公共の福祉の保持の要請を越えて不当に制限されているかどうかの判断に帰着するのである❷。

[3]　本条例の規制の対象となつているものは、道路その他公共の場所における集会若しくは集団行進、および場所のいかんにかかわりない集団示威運動（以下「集団行動」という）である。かような集団行動が全くの自由に放任さるべきものであるか、それとも公共の福祉――本件に関しては公共の安寧の保持――のためにこれについて何等かの法的規制をなし得るかどうかがまず問題となる❸。

[4]　およそ集団行動は、学生、生徒等の遠足、修学旅行等および、冠婚葬祭等の行事をのぞいては、通常一般大衆に訴えんとする、政治、経済、労働、世界観等に関する何等かの思想、主張、感情等の表現を内包するものである。この点において集団行動には、表現の自由として憲法によって保障さるべき要素が存在することはもちろんである。ところでかような集団行動による思想等の表現は、単なる言論、出版等によるものとはことなって、現在する多数人の集合体自体の力、つまり潜在する一種の物理的力によって支持されていることを特徴とする。かような潜在的な力は、あるいは予定された計画に従い、あるいは突発的に内外からの刺激、せん動等によってきわめて容易に動員され得る性質のものである。この場合に平穏静粛な集団であっても、時に昂奮、激昂の渦中に巻きこまれ、甚だしい場合には一瞬にして暴徒と化し、勢いの赴くところ実力によって法と秩序を蹂躙し、集団行動の指揮者はもちろん警察力を以てしても如何ともし得ないような事態に発展する危険が存在すること、群集心理の法則と現実の経験に徴して明らかである。従って地方公共団体が、純粋な意味における表現といえる出版等についての事前規制である検閲が憲法21条2項によって禁止されているにもかかわらず、集団行動による表現の自由に関するかぎり、いわゆる「公安条例」を以て、地方的情況その他諸般の事情を十分考慮に入れ、不測の事態に備え、法と秩序を維持するに必要かつ最小限度の措置を事前に講ずることは、けだし止むを得ない次第である❹。

[5]　しからば如何なる程度の措置が必要かつ最小限度のものとして是認できるであろうか。これについては、公安条例の定める集団行動に関して要求される条件が「許可」を得ることまたは「届出」をすることのいずれであるかというような、概念乃至用語のみによって判断すべきでない。またこれが判断にあたつては条例の立法技術上のいくらかの欠陥にも拘泥してはならない。我々はそのためにすべからく条例全体の精神を実質的かつ有機的に考察しなければならない❺。

[6]　今本条例を検討するに、集団行動に関しては、公安委員会の許可が要求されている（1条）。しかし公安委員会は集団行動の実施が「公共の安寧を保持する上に直接危険を及ぼすと明らかに認められる場合」の外はこれを許可しなければならない（3条）。すなわち許可が義務づけられており、不許可の場合が厳格に制限されている。従って本条例は規定の文面上では許可制を採用しているが、この許可制はその実質において届出制となるところがない。集団行動の条件が許可であれ届出であれ、要はそれによって表現の自由が不当に制限されることにならなければ差支えないのである。も

❶　[1]の第1文では、表現の自由の重要性を民主主義との関係で指摘しているが、この部分は、最高裁として「初めて、『民主主義』という言葉を表現の自由と関連付けて用いている」（文献②17頁）箇所とされ、その後、『北方ジャーナル』事件〔本書27事件〕などで踏襲されている。しかし第2文で、そのような表現の自由も絶対不可侵ではなく、その濫用に対しては公共の福祉による制約が及ぶという、最高裁が初めて表現の自由に関する判断を示した食糧緊急措置令違反事件（最大判昭24・5・18刑集3-6-839）以来踏襲している「一般論」を述べている。

❷　[2]では、[1]の「一般論」を本件事案に敷衍して、本件事案での争点は、本条例による制限が、表現の自由の濫用に対する公共の福祉に基づく制約を超えるものであるか否かである、と位置づけられている。

❸　[3]では、[2]で示された争点を検討するために、まず、本条例の規制対象である「集団行動」は、自由に放任されるべき性質のものか、公共の福祉（公共の安寧の維持）のために規制の余地が認められる性質のものなのかを検討することが予告されている。

❹　[4]と次の[5]は、「集団行動の規制とその合憲性に関する理論であって、本判決の基本的な部分である」（判批①53頁）。[4]は、[3]を受けて、集団行動の性質について検討している部分である。ここで本判決は、①「集団行動による表現の自由」は、「潜在する一種の物理的力」によって支えられている点で、純粋な意味における表現ではない。②そのため、平穏静粛な集団であっても、何かのきっかけで一瞬として暴徒と化し、集団行動の指導者や警察によっても抑えが効かなくなることは、「群集心理の法則と現実の経験に徴して明らか」と特徴づけた（いわゆる集団暴徒化論。【Navigator】も参照）。そして、この集団行動の性質に照らして、③「集団行動による表現の自由」については、条例により、地域の実情等を考慮に入れたうえで、「不測の事態に備え、法と秩序を維持するに必要かつ最小限度の措置を事前に講ずること」が許される、としている。①の区別は、純粋な表現と行動を伴う表現との区別に基づいており、かかる理解は、猿払事件判決〔本書21事件〕にもみられる。

なお、「純粋な意味における表現といえる出版等についての事前規制である検閲」の意味については、札幌税関検査事件〔本書26事件〕参照。

❺　[5]では、[4]を受けて、問題は、集団行動による表現の自由の事前規制が「必要かつ最小限度の措置」か否かと捉えたうえで、その判断は、条例において「許可」「届出」という文言が使われているかといった用語のみで行うのではなく、「条例全体の精神を実質的かつ有機的に考察」して行うとしている。この解釈態度は、新潟県公安条例事件判決〔本書41事件〕が、条文の一部のみから判断するのではなく、条例の各条項および附属法規全体を有機的な一体として考察するとした点と同趣旨であると解されるが、同判決の「見方を根本的に改めて、もっと大局的に条例全体を有機的一体として、表現の自由に対する重大な制限になっているかどうかという見地から考えるべきだという考え方をしている。こういう意味で、法令解釈の基本的な態度を示し従来の考え方を改めた」という指摘もある（文献①36頁）。

❻　[6]と[7]は、[4]と[5]で示された判断枠組みを本条例にあてはめて判断する部分である（判批①53頁）。まず、[6]の第1文から第7文まで、本条例は規定の文面上は許可制であるものの、不許可の場合が「厳格に制限」されているため、その実質は届出制と同様である、だから不許可でありうるとしても、[4]の第6文で指摘していたように、それは地方公共団体が法と秩序を維持し住民に対する責任を果たすためにはやむをえない、としている。これは、原判決が本条例の許可制を「実質的届出制にほかならぬとすることは到底できない」とした部分に対する反論部分である。

ちろん「公共の安寧を保持する上に直接危険を及ぼすと明らかに認められる場合」には、許可が与えられないことになる。しかしこのことは法と秩序の維持について地方公共団体が住民に対し責任を負担することからして止むを得ない次第である❻。許可または不許可の処分をするについて、かような場合に該当する事情が存するかどうかの認定が公安委員会の裁量に属することは、それが諸般の情況を具体的に検討、考量して判断すべき性質の事項であることから見て当然である❼。我々は、とくに不許可の処分が不当である場合を想定し、または許否の決定が保留されたまま行動実施予定日が到来した場合の救済手段が定められていないことを理由としてただちに本条例を違憲、無効と認めることはできない。本条例中には、公安委員会が集団行動開始日時の一定時間前までに不許可の意思表示をしない場合に、許可があつたものとして行動することができる旨の規定が存在しない。このことからして原判決は、この場合に行動の実施が禁止され、これを強行すれば主催者等は処罰されるものと解釈し、本条例が集団行動を一般的に禁止するものと推論し、以て本条例を違憲と断定する。しかしかような規定の不存在を理由にして本条例の趣旨が、許可制を以て表現の自由を制限するに存するもののごとく考え、本条例全体を違憲とする原判決の結論は、本末を顛倒するものであり、決して当を得た判断とはいえない❽。

【7】　次に規制の対象となる集団行動が行われる場所に関し、原判決は、本条例が集会若しくは集団行進については「道路その他公共の場所」、集団示威運動については「場所のいかんを問わず」というふうに、一般的にまたは一般的に近い制限をなしているから、制限が具体性を欠き不明確であると批判する❾。しかしいやしくも集団行動を法的に規制する必要があるとするなら、集団行動が行われ得るような場所をある程度包括的にかかげ、またはその行われる場所の如何を問わないものとすることは止むを得ない次第であり、他の条例において見受けられるような、本条例よりも幾分詳細な規準（例えば「道路公園その他公衆の自由に交通することができる場所」というごとき）を示していないからといつて、これを以て本条例が違憲、無効である理由とすることはできない❿。なお集団的示威運動が「場所のいかんを問わず」として一般的に制限されているにしても、かような運動が公衆の利用と全く無関係な場所において行われることは、運動の性質上想像できないところであり、これを論議することは全く実益がない⓫。

【8】　要するに本条例の対象とする集団行動、とくに集団示威運動は、本来平穏に、秩序を重んじてなさるべき純粋なる表現の自由の行使の範囲を逸脱し、静ひつを乱し、暴力に発展する危険性のある物理的力を内包しているものであり、従つてこれに関するある程度の法的規制は必要でないとはいえない。国家、社会は表現の自由を最大限度に尊重しなければならないこともちろんであるが、表現の自由を口実にして集団行動により平和と秩序を破壊するような行動またはさような傾向を帯びた行動を事前に予知し、不慮の事態に備え、適切な措置を講じ得るようにすることはけだし止むを得ないものと認めなければならない。もつとも本条例といえども、その運用の如何によつては憲法21条の保障する表現の自由の保障を侵す危険を絶対に包蔵しないとはいえない。条例の運用にあたる公安委員会が権限を濫用し、公共の安寧の保持を口実にして、平穏で秩序ある集団行動まで抑圧することのないよう極力戒心すべきこともちろんである。しかし濫用の虞れがあり得るからといつて、本条例を違憲とすることは失当である。

【9】　以上の理由によつて、上告人の主張は結局正当なるに帰し、本条例を違憲、無効とする原判決は破棄を免れない⓬。

【10】　よつて刑訴410条1項本文、405条1号、413条本文に従い、主文のとおり判決する⓭。

【11】　この判決は、裁判官藤田八郎、同垂水克己の反対意見があるほか、裁判官全員一致の意見によるものである。

❼　[6]の第8文は、「公共の安寧を保持する上に直接危険を及ぼすと明らかに認められる場合」に該当するか否かの判断は、その性質上、公安委員会の裁量に委ねられるとしている。この部分は学説から、新潟県公安条例事件判決〔本書41事件〕が示した、「一般的な許可制」は禁止され、「合理的かつ明確な基準の下に特定の場所又は方法」に限定されていなければならないとする「大前提」を放棄したものと批判されている（判批②5頁）。

❽　[6]の第9文から第12文は、原判決が、本条例と新潟県公安条例を比較して、集団行動予定日時の一定時間前までに不許可等の意思表示をしないときは許可があったものとして行動することができる旨が定められていないことを、本条例が実質的な届出制とはいえない理由としていたことへの反論部分である。原判決のような解釈は、「条例の各条項及び附属法規全体を有機的な一体として考察」するという本判決が採用した解釈手法（[5]および❺参照）から妥当ではない、としている。
　この点については、「許可の義務があることと現実に許可がなされることとは全く別のこと」であり、許可権が濫用される場合に備えて、原判決そして新潟県公安条例事件判決〔本書41事件〕が重視した上記の内容を定める規定を置くことで初めて実質的な届出制といえるようになるという批判がなされている（判批③14-15頁）。一方でこの部分は、垂水反対意見が指摘するように、「所定時限までに許可、不許可の処分がないときは申請者と彼の集団は（申請書記載どおりの）集団示威運動をして差支ないとする」趣旨と読めないこともない（⓴参照）。

❾　[7]の第1文で示されている原判決の判示部分は、新潟県公安条例事件判決〔本書41事件〕の引用こそなされていないが、同判決で示された「大前提」（❼参照）がふまえられている。

❿　[7]の第2文は、「集団行動を法的に規制する必要」（[4]参照）に照らせば、「集団行動が行われ得るような場所をある程度包括的にかかげ、またはその行われる場所の如何を問わないものとすることは止むを得ない」としている。新潟県公安条例事件判決〔本書41事件〕で示された「大前提」（❼参照）をふまえた原判決を批判しているこの部分は、学説から、「この論理ではもはや規制が一般的かどうかを論ずる実益はなく、……〔この〕基準は崩れ去った」、「拒否の判断のための明確性の要求についても右のような包括的な限定でよい以上無意味となった」などと批判されている（判批②5頁）。後述の藤田反対意見もこの多数意見の理解を批判している（[15]）。

⓫　[7]の第3文は、この点を重視して批判する垂水反対意見の議論（[46]〜[49]）に対する反論である。

⓬　[8]は結論部分である。まず、第1文、第2文は、[4]から[7]の議論をまとめている。次に第3文では、運用次第では本条例が違憲となりうるとしつつも、濫用のおそれがありうることだけで本条例自体を違憲とすることはできないとしている。この点に関して、判例①は、本判決を前提としたうえで、本条例に基づく公安委員会の許可処分の運用の実態が著しく取締りの便宜に傾斜しているとし、その運用の一環としてなされた条件付許可処分は憲法21条に違反するとした（いわゆる「運用違憲」）。しかし控訴審（東京高判昭48・1・16判タ706-103）は、「司法裁判所の違憲審査権は、一定の事件性……を前提として、これに適用される特定の法令或は具体的処分が合憲か違憲かを判断すべきものであつて、法令の運用一般或はその運用の実態を憲法判断の対象とすべきではなく、ただ特定の適用法令或は具体的処分についての憲法判断に当り、その補助事実として、法令運用の実態が考慮されるに止まるべきである、と解するのが相当である」として、運用違憲という手法の有用性を否定した。その後、運用違憲の手法が用いられたことはない。

⓭　差戻し第一審（東京地判昭38・3・27判タ145-188）は、被告人らを有罪とした。

少数意見

裁判官藤田八郎の反対意見は次のとおりである⓮。

【12】 憲法21条の規定する表現の自由の完全な保障が民主政治の最も重要な基本原則の一つであること、国家、社会は表現の自由を最大限に尊重しなければならないことは多数意見の説くとおりであり、新憲法の保障する表現の自由は、旧憲法下におけるそれと異り、立法によつてもみだりに制限されないものであることは、つとに当裁判所の判例の示すところである。そして、本件東京都条例の規制の対象となつている「道路その他公共の場所における集会若しくは集団示威行進および場所のいかんにかかわりない集団示威運動」はすべて憲法の保障する表現の自由の要素をもつものであることは多数意見のみとめるところである。（ただし、「集会の自由」は、憲法21条が直接明文をもつて保障するところであるのみならず、本件はいわゆる集団行動に関する事案であつて、単なる「集会の自由」は直接関係するところでないから、憲法の「集会の自由」を許可にかからしめる制度の合憲なりや否やの論議は、これを省く。）ただ、憲法上の基本的人権といえども、国民はこれを濫用してはならないのであり、常に公共の福祉のために利用する責任を負うのであるから、新憲法下における表現の自由も公共の福祉によつて調整されなければならないことも、既に当裁判所の判例とするところである。されば、地方公共団体が、「いわゆる公安条例をもつて地方的情況その他諸般の事情を十分考慮に入れ不測の事態に備え、法と秩序を維持するに必要かつ最小限度の措置を事前に講ずることはけだしやむを得ない」ところであり、本件において争われている東京都条例が憲法に適合するや否やの問題も、本条例の定めている措置が、憲法の保障する表現の自由に対する「必要にしてやむを得ない最小限度」の規制として許されるものであるかどうかに帰着するのである。

【13】 最高裁判所大法廷は、さきに、新潟県条例の合憲性に関して15名の裁判官全員一致の意見をもつて、「行列行進又は公衆の集団示威運動は、公共の福祉に反するような不当な目的又は方法によらないかぎり、本来国民の自由とするところであるから、条例においてこれらの行動につき単なる届出制を定めることは格別、そうでなく一般的な許可制を定めてこれを事前に抑制することは、憲法の趣旨に反し許されないと解するを相当とする」と判示して、この種自由とその規制に関する根本原則をあきらかにした。（昭和26年（あ）第3188号同29年11月24日大法廷判決）この意は、かくのごとき表現の自由に関する行動を行政庁の一般的な許可にかからしめて、行政庁の許可というごとき行政行為があつてはじめて自由が得られるものとし、許可を得ないでした行動は違法であつてこれを処罰するというがごとき制度は、表現の自由の本質と相容れないものであつて、憲法上許されないとの趣旨を宣明したものと理解すべきである。これに反して届出制なるものは、行政庁の行為を前提とするものでなく、表現せんとする者自身に届出なる行為を要求するにとどまるものであるから、表現の自由の本質を害するものではなく、しかも届出に対応して、予め不測の事態の発生を防止すべき諸般の処置を講ずることができるのであるから、この程度の規制は現下の情勢においてやむを得ない措置であるとの意を表わしたものである。（最高裁判所大法廷はさきに、貸金等の取締に関する法律の合憲性に関し、何人でも届出をすれば自由に貸金業を行うことができるのであるから、届出を怠つて貸金業を営んだ者が、これがため同法の罰則の適用を受けるに至るとしても、これをもつて職業選択の自由を不当に圧迫するものとはいえない旨を判示した。昭和26年（あ）第853号、同29年11月24日大法廷判決）

【14】 如上新潟県条例に関する大法廷判例に示された自由とその規制に関する根本原則は、あくまでもこれを堅持しなければならない。けだし憲法の保障する基本的人権の本質的な理解にもとづくものであるからである。これを単に概念乃至用語の問題として一蹴さるべきものではない。これが西独、仏、伊の立法例がこの種行動規整の制度としてひとしく届出制をとり、許可制を採らない所以であり、また、アメリカ連邦最高裁判所が多年数次に亘つて表現の自由に関連する行為について、許可制を採る各州の州法又は市条例をもつて、アメリカ憲法に違反するものと判決した根本理念の因つて来るところでもあろう。多数意見といえども、今日たやすく前示新潟県条例に関する大法廷判決に表明された基本原則に変更を加える意図あるものとは思われない。

【15】 しかるに、多数意見は、東京都条例がその第3条において、「公安委員会は集団行動の実施が公共の安寧を保持する上に直接危険を及ぼすと明らかに認められる場合の外はこれを許可しなければならない。すなわち許可が義務づけられており、不許可の場合が厳格に制限されている。従つて本条例は規定の文面上では許可制を採用しているが、この許可制はその実質において届出制とことなるところがない」という。しかし許可が義務づけられていること、不許可の場合が厳格に制限されているという、ただそれだけでこの許可制が実質的に届出制と異るところがないといえないことは多言を要しないであろう。その自由の本質に関する理念の相違は別としても、行動そのものに対する許可不許可の裁量が公安委員会の権限に委ねられている以上、直にこれを届出制と同視することのできないことは当然である。多数意見はまた「本条例中には公安委員会が集団行動開始日時の一定時間前までに不許可の意思表示をしない場合に許可があつたものとして行動することができる旨の規定が存在しない」点に関しても「かような規定の不存在を理由にして本条例の趣旨が許可制を以て表現の自由を制限するに存するもののごとく考える」ことは「本末顚倒」の論であるとしている。しかし、およそある法規の内容が憲法に違反するか否かを判断するにあたつては、その法規の趣意に対する全般的な考察を必要とすると共に、その法規の内容を為す各条項の意義を、各条項について個々に検討する要あることは勿論であつて、如上の規定の存否は、条例が文面上許可制をとつていてもその実質は届出制とことならないといえるかどうかを判定するについて重要な一要素を為すものと解する。さきに新潟県条例に関する大法廷判決の多数意見が同条例が許可制であるにかかわらず、なおかつ、これを合憲と判断した一つの重要な要素は、同県条例にはこの種の規定が存在しこれらの規定を「有機的な一体として考察」したによるものであることは、同判決における多数意見とその補足意見とを対照して判読すればたやすく理解し得るところである。許可制でありながら、

⓮ 藤田反対意見は、表現の自由といえども公共の福祉との調整を受けるのであり、本件では、本条例の定めている措置が、憲法の保障する表現の自由に対する「必要にしてやむを得ない最小限度」の規制として許されるものであるかどうかが争点であるとした多数意見の問題の把握の仕方【1】～【3】に賛同している【12】。そのうえで、当該争点を検討する際には、新潟県公安条例事件判決〔本書41事件〕が示した「大前提」のもとに行われなければならないとし【13】、「多数意見といえども、今日たやすく前示新潟県条例に関する大法廷判決に表明された基本原則に変更を加える意図あるものとは思われない」と注意を喚起する【14】。そして、その判断枠組みから本条例を検討する。まず、多数意見が本条例は実質的届出制であるとしたことにつき、「行動そのものに対する許可不許可の裁量が公安委員会の権限に委ねられている以上、直にこれを届出制と同視することのできないことは当然」であり、実質的届出制というためには、条例中に公安委員会が集団行動開始日時の一定時間前までに不許可の意思表示をしない場合に許可があつたものとする旨の規定の存否が重要な一要素となるというのが新潟県公安条例事件判決においても示されていたことであるとし、多数意見の理解を批判する【15】。次に、公共の安寧を保持するうえに直接危険を及ぼすかを明らかに認められるかどうかを公安委員会が判断するという仕組みは、多数意見も認めるとおり、運用上濫用される危険性を有するものであるにもかかわらず、本条例はその濫用を防止するため最大限の考慮を払つたものとはいえないから、本件許可制は実質届出制であるとはいえないとする【16】。そして、本条例の許可制は、表現の自由に対する必要にしてやむをえない最小限度の規制とは認めがたい、と結論づけている【17】。また、多数意見の集団暴徒化論についても、「取締の必要に急なるのあまり、憲法の保障する自由の本質を見失うようなことがあつてはならない」と批判し、「憲法上疑義のない法規を整備して、事態に処することこそ今日の急務であると信ずる」と結んでいる【18】【19】。

これを届出制と同視し得るとするがためには、少くともこの種の規定の存在は、最小限度に必要と解すべきである。本件東京都条例にはかかる規定は存在しないのである。

【16】　さらに本条例において許否決定の基準が、公共の安寧を保持する上に直接危険を及ぼすと明らかに認められるかどうかとせられていることは、この許否は道路交通取締上の見地からするものでなく、また公共の場所等に関し営造物管理等の必要からするものでもなく（これらに関しては、それぞれ別個に取締法規が制定されている）もっぱら治安保持の必要に出たものであることを表わしているのであり、この治安上、明白現在の危険の有無の判定が、行動の事前、しかも、おそくとも行動開始の24時間以前において、一に公安委員会の裁量に委ねられ、これにもとづいて行動の自由が左右されるとするところに、制度上、事前抑制のおそれなしとすることはできないのである。多数意見も「本条例といえども、その運用の如何によつては憲法21条の保障する表現の自由の保障を侵す危険を絶対に包蔵しないものとはいえない」という。「しかし濫用の虞れがあり得るからといつて、本条例を違憲とすることは失当である」という。しかし、ある法規が適憲であるかどうかの判断は、その法規自体に濫用を防止するに足る内容の条項が備わつているかどうかにかかるところ大である。そして表現の自由を制限するごとき法規にあつては、規定の内容自体に濫用を防止すべき最大限の考慮が払われていなければならないことは勿論であつて、運用の如何に責を帰せんとするがごときは法規の規範性を無視するものである。本条例が事前許可制をとるかぎりにおいて、如上の基準は決してその濫用を防止するに最大限の考慮を払つたものとはいえず、この規準あるの故をもつて、本件許可制を実質は届出制と異ところないものとすることは到底できないのである。（その他本条例の許可制をもつて、たやすく、届出制と同視し得ないとする点に関する原判決のもろもろの説示は十分に首肯し得るところである。）

【17】　以上の理由により、自分は原判決と共に、本条例の許可制は、表現の自由に対する必要にしてやむを得ない最小限度の規制とはみとめ難く、憲法の趣旨に沿わないものと断ぜざるを得ない。

【18】　なお、多数意見は、検察官と同じく、この種行動が容易に動員されて不測の災害を惹起する危険性のあることを強調する。しかし、取締の必要に急なるのあまり、憲法の保障する自由の本質を見失うようなことがあつてはならない。取締の安易に堕して、憲法上の大義に対する考慮をゆるがせにすることは許されない。アメリカ連邦裁判所のロバーツ判事は、ハーグ対CIO事件の判決（1939年）において「意見表明の特権を官憲が無制約に抑圧をもつて、意見表明の権利行使に関し生じ得る混乱から社会秩序を維持する官憲の義務に代えることは許されない」といつている。またセイア対ニューヨーク事件の判決（1947年）において、その多数意見は「……本件のごとき性格の条例の憲法上の効力を審案するにあたつては種々の社会の利益が衡量されなければならない。しかしその過程において、修正第一条による自由権に優位を与えるよう常に留意されなければならない」と。こころすべきである。

【19】　これを、治安対策の見地からみても、内容に疑義を包蔵する法規をもつてしては、その実効は期し難い。憲法上疑義のない法規を整備して、事態に対処することこそ今日の急務であると信ずる。

裁判官垂水克己の反対意見は次のとおりである❻。

【20】　㈠　本条例1条のうち集団示威運動のみに関する「場所のいかんを問わず」の文言を削り、かつ、新潟県条例4条のような「申請を受理した公安委員会が当該行列行進、集団示威運動開始日時の24時間前迄に条件を附し又は許可を与えない旨の意思表示をしない時は許可のあったものとして行動することができる。」旨の規定を設けないかぎり、本条例中集団示威運動を許可制とし、無許可又は許可条件違反の集団示威運動の指導者等を処罰する規定は憲法21条1項に違反すると考える。

【21】　私は、「場所のいかんを問わず」とは「公共の使用に供する」公園等もしくは「一般交通の用に供する」道路の外は精々、これらの場所に隣接する私有地（例えば、駐車場、空地）ぐらいを意味すべきものと考える。また、所定時限までに許可、不許可の処分がないときは申請者と彼の集団は（申請書記載どおりの）集団示威運動をして差支ないとするのが多数意見の趣旨であるか否かは必ずしも明らかでないが、万一その趣旨であるとすれば、それも理解できないことはない。けれども、条例の明文上かような真意が示されていないなら、一般民衆は許可処分を受けないかぎり集団示威運動をあきらめ、一方、若しこの場合集団示威運動が行われたら、警察は不法な無許可示威運動としての取締、検挙等の措置を屡々とることなきを保し難い。

現に、昭和32年6月1日だけで東京都公安委員会の許可した例をみても、某火災映画愛好会の東電銀座サービスステーションにおける会員親睦座談会、東京厚生教育協会主催の某寺境内における映画試写会、某高等学校第8回卒業3年D組の東京サービスステーションにおけるクラス会、本所保健所主催の某氏方での栄養講習会、某睦会某氏主催の同氏方庭での映画の夕が本件昭和25年東京都条例44号に基いて申請され許可されている。（これは本件被告人塩川外1名に対する別件につき昭和34年10月13日東京地方裁判所刑事第四部の言渡した判決（塩川無罪）が証拠によって認めた事実である。）誰がこれを驚かないでいられよう。同時に我々はこれを見のがしてはならない。

【22】　通常人が見たら道が塞がれているように見せかけておいたら、多くの人は通行を差控えるだろう。通行をあきらめた人に後になって通行できたのだというのは公正でなく、一般人をまどわすものである。計画した示威運動が時機を失してしまった後で、許可、不許可処分をしなかったことを訴訟で争ってみたところで、判決では、曽ての大法廷判決（昭和27年（オ）1150号同28年12月23日判決、集7巻13号1561頁）のように「昭和27年5月1日メーデーのために皇居外苑使用不許可処分の取消を求める訴は右期日の経過により判決を求める法律上の利益を喪失する」との理由から請求を棄却されるのが落ちで、救済手段はないのである。だから、本条例中集団示威運動に関する規定は不明確な基準で示威運動の自由を許可によって抑圧する結果を是認し憲法21条に違反するものと解するのを相当と考える。所定時限内に許可、不許可処分がないため予定の集団示威運動を行った場合にその指導者が処罰されないのは、私をしていわしめるならば、条例が不備違憲なためである。表現の自由の制限に関するかぎり、多数意見の考える程度にまで合憲になるよう解するのは当を得ない、すべからく自由を制限する右規定を改正して明確にすべきである。

【23】　それよりも私が心配することは、多数意見が本条例を合憲と判断するに当り、本条例が厳守する「公共の安寧を保持する上に直接危険を及ぼすと明らかに認められる場合」という基準をさえ若しかすると一擲したのではないか、すなわち、多数意見が拡大解釈の自由な抽象的で随分広い基準を新たに持ち込んだのではないか、と疑われないか、という点である。多数意見が判示する「不測、不慮の（思いがけない・予見できないの意味であろう）事態に備え」というのは「直接危険を及ぼすと明らかに認められる場合」というよりは遥かに広い概念であり、また、「法と秩序の維持の必要」、「平和と秩序を破壊するような、またはさような傾向を帯びた行動」という判示も同様のように思われる。多数意見は恐らくはこれを新らしい基準とするとは言わないのだろう。が、もしかような基準を

---

❻　垂水反対意見は長文にわたるが、その要点は、【20】から【24】で示されている。そこでは、①本条例が集団示威運動を「場所のいかんを問わず」許可制にしていること、かつ、②新潟県の公安条例4条のような「申請を受理した公安委員会が当該行列行進、集団示威運動開始日時の24時間前迄に条件を附し又は許可を与えない旨の意思表示をしない時は許可のあったものとして行動することができる」旨の規定が設けられていないことを理由に、本条例中集団示威運動を許可制とし、無許可または許可条件違反の集団示威運動の指導者等を処罰する規定は憲法21条1項に違反する旨が述べられている。とりわけ【24】において、多数意見のような解釈がもたらす弊害への危惧が示されており、参照に値する。【25】以降は、上記の立場を詳細に敷衍しながら述べている部分である。

もってすれば集団表現行動の自由は法律、条例をもってすれば殆んどいくらでも制限でき、これでは多数意見は憲法21条の軌道から離れて「法律ノ範囲内ニ於テ言論著作印行集会及結社ノ自由ヲ有ス」とした明治憲法に接近するのではあるまいか。多数意見を私が誤解し心配し過ぎているなら幸である。多数意見の判示するように、国民は憲法の保障する自由と権利を常に公共の福祉のために利用する責任を負うが（憲法12条）、表現の自由の制限は「公共の福祉のために」という抽象的尺度ではいけない、それぞれの範疇の表現、集団表現行動なら集団表現行動に即した合理的な明確な基準によってなされなければならない。それほど表現の自由は他の自由、権利とは異る憲法上大切な性質のものなのである。

【25】　私は、本条例中集団示威運動に関する規定は憲法21条1項に違反するから第一審判決が被告人伊藤、松永、塩川、小川の判示所為につき本条例を結局違憲として適用せず無罪を言い渡したのは相当であって、本件上告は理由がない、と考える。

【26】　以上の結論に到達した理由を次に少しく述べたい。

【27】（二）**基本的立場**　すべての人はその資性能力に応じて精神的または肉体的労働に従事するとともに、十分な精神的・物質的生活の糧をえることができるが、他人の労働の所産を搾取し、働かないで食うことは許されない、人が悲惨窮乏のうちに生涯を終るようなことはなくせねばならぬ。ということは、今日の人類、世界のすべての憲法や「人権に関する世界宣言」の主義とするところである。しかし、個人が侵すべからざる尊いものであることに目醒めた国民が、如何に物質的幸福（いや、ある種の精神的幸福さえも）が十分に与えられても、自由殊に精神的自由ないし政治的自由が奪われた社会は殆んど生きるに値しない位に考えるとしても、むしろ当然であろう。そして一人一人の人間から奪われてならない、侵すことのできない基本的自由のうち表現の自由こそは最も大切なものの一つであるとする精神はわが憲法を一貫している。その精神は何か。一人一人の個人は尊く、誇り高い存在である。国民の各人は何が真理であり、善であるか、美であるかを宗教、信条、道徳、学問、世界・人生観の分野において、また社会、政治、経済、文化、芸術その他あらゆる分野において、自由に考え、考えたところを自由に公表することができるとともに、自分の考と異る他人の考を知ることができ、彼と互いに腕力でなく活溌自由な言論や芸術的表現の交換によって深思反省切磋琢磨するときは各人は各自の個性を開発育成洗錬させ自己を完成し生き甲斐のある尊い一生を送ることができるのみならず、その総合的成果は次代への遺産となり全人類の進化に貢献することが大きいのである。法律や政府が言論統制をしないで表現の自由競争を認めるなら、遂には真理が勝ち、あるいは百花共に咲き実るのであろう。一億一心は排される。若し、言論、表現の自由競争が抑圧統制されるなら、恰かも一切の運動競技が禁ぜられた世の中で人間の運動競技のレコードの更新進歩が期待できないのと同様に、国民の精神そのものが正統派なりに固定、萎縮沈滞して終うのである。更に国民個人は日常起った出来事を公表しかつ真の事実を知らされなければならない。国民が多数人の内心の声を聞き、苦言や悲しむべき事実の報道をも聞いてこそ、実情に適い民意に副う明るい政治が可能となるのである。十分な報道のないところでは流言、虚報によって国民はだまされうる。国民は官報のような制限されたニュースばかりあてがわれるなら、何時の間にかめくら、つんぼになり、また、会議での討論が活溌に行われない仕組になるなら盲従するおし（唖者）になってしまうであろう。歴史についても国民は真実を知らせ又知られなければならない。特定のイデオロギーから取捨選択し一部の事実を抹殺したり誇張したりした歴史だけを知らされるような統制はされてはならない。同時に、重要なことは、各人は或る事を表現しない自由、見聞しない自由を持つということである。だからわが憲法下では、どんな宗教、信条でも、また、現憲法をやめという無政府主義、共産主義、独裁主義、あるいは男女不平等主義でも公表することは一般に自由なのである。これは自由主義憲法の弱点であるとともに、これこそがその強味なのである。されば、この自由は、政府はもちろん国会や地方議会が如何なるイデオロギーや綱領を持つ場合でも、立法や行政をもって抑圧されないことが憲法上保障され、抑圧された場合には裁判所の判決によって違憲無効とされるのである。

【28】　共産主義ないし共産社会主義は、要するに、次のようなものなのであろうか。すなわち、土地、建物、工場、交通通信機関その他一切の重要生産手段はすべて私人から没収して社会有とし、生産は個人の自由でなく計画に従って万人の労働によってなされ、各人に対する物質的・精神的生活の糧の分配も計画的に分に応じてなされなければならない、かような社会組織を全世界を一つのものとして実現することが終局的のねらいであり、一国共産主義は否定される、国家は封建制度と同様に人類進歩の歴史の必然からいずれ解消すべき運命にある、とはいえ、今日の資本主義制の国家の下では資本家階級は労働者・無産者階級を搾取しつつあり、彼らの所有する財産が没収されることに（憲法改正の方法によるにせよ）同意する筈はないから、これをすべて没収して社会有、少くとも先ず国有とするためにはこれら被圧迫階級による暴力革命（広範囲の多数人の生命、身体、自由および殆んどの重要財産の奪取破壊を含む）の手段によるしかない、この革命が全世界において成就した暁からこそ階級闘争なく国家なく戦争のない恒久平和の社会が続く、この恒久平和をめざす勢力が人類進歩の運命に道を開く進歩的、平和愛好勢力であり、これに反対する者は反動であり、資本家階級のする戦争は（先に手出しをしたか否かを問わず）すべて侵略戦争である、平和愛好勢力は世界革命の達成、反革命の完全鎮圧までは矛をおさめてはならない、平和愛好勢力は革命前にも資本主義の法律組織や官憲の権威を失墜させ手段を選ばず革命の契機をつくらなければならない、というようなものであろうか。とすれば、かような教はわが憲法の理念と著しく相反するものであるが、この教を主張公表し、傾聴することの自由は憲法上保障されており、十分傾聴してよいことである。それが自由主義憲法における思想に対する寛容性というものである。

けれども、もし、革命後の社会においては、職業の自由、住居移転の自由が抑圧されるのはまだしも、人身の自由や信教、学問、集会、結社、言論、出版その他あらゆる表現の自由、政治的自由が抑圧され、むしろ、会議では自由な発言権なく、国民は真実を知らされず、言論思想の統制が強度に行われうる組織になるなら、かような社会状態は独立自尊の精神に富む目醒めた個人の多数からなる国民がどうしてこれを生き甲斐ある社会と考えることができよう。万人がひとしく窮乏に苦しみあるいは洩れなく豊富な物資を恵まれることは確かに結構なことであるが、表現の自由を奪われ（頂上にある優れた指導者達はよいとして）無数の下部指導者達（人間だから弱点の多いものである）の政治的判断、措置に一般民が服従すべき鉄の規律（これは新らしい鉄鎖になり兼ねない）に縛られるとするなら、人は共産社会主義の彼岸に自由主義世界を渇望したくならないだろうか。いずれにしても、憲法は憲法改正手続によらないで改められ、無視されることを許さない。わが国民は、殊に裁判官はわが自由主義憲法を守らなければならない、イデオロギーの異る国の裁判官がその憲法を守らなければならないように。

【30】　これらの点に関し、多数意見が示されないのは当然であるが、ここで私見を述べたのは多数意見との間のくいちがいを想像したからではなく、以下の私見の出発点を示したいためであった。

【31】（三）**公権力による表現の自由の制限**　憲法20条が「いかなる宗教団体も、国から特権を受けてはならない。……国及びその機関は、宗教教育その他いかなる宗教的活動もしてはならない。」同21条2項が「検閲は、これをしてはならない。」とするのは、国やその機関が法律、条例によって、ないし、官憲が公権力によって、宗教を支持又は牽制したり、思想の表現を事前に検閲した

りしてはならない、が、私人が或る宗教を信じ支持し又は排斥し、私立学校が宗教教育をすることはむしろその自由として保障することを眼目とするのである。(尤も、憲法は年少者等に選挙権を与えない立法を是認する(44条)と同様に、官公立学校で年少者等に何が真、善、美であるかを教育するについては、現行憲法の理想、民主的自由の精神や憲法の条規を否定する自由を是認するものではないと考える。)だから、私人である新聞社、雑誌社、放送局が記事や放送内容を事前に「検査」し取捨選択し欲するものだけを公表することは当然その自由であり、これは「検閲」ではない。要するに、国民、住民の総意の現われである法律、条例をもってしても、況んや官憲の裁量をもってしても、個人の表現の自由を制限することは極力避けられなければならない。でなければ、結果において、官憲の専断恣意(それは悪意に基くものでないとしても)による自由が抑圧される社会になるであろう、とするのが憲法21条の意味するものである。これは議会も公安委員会も信用するに足りないというよりは、表現の自由は、彼らが過誤を犯さないような仕組で保障されねばならぬほどに大切なものだということである。一体、立憲制度というものが国やその機関ないし官憲の行為を法で規律し義務づけるという形で個人の人権、自由を保護しようとするものであることは、裁判官を法で金縛りにする裁判制度を見ても明らかではなかろうか。憲法は、特に表現の自由に関しては、公権力の濫用がないだけでは満足せず、官憲が事実・法律上の過誤を犯さないことの保障をできるだけ合理的で明確な基準によって規律すべきことを要求するものと考えねばならない。けだし、個々の国民、住民が自己の意見に叶った自分らの法律、条例を設け行政機関、官憲も自分らとともにこれに従うこととする民主的な政治的自由の社会は、自分らの意見、思想を表現する自由が抑圧されては成り立たないからである。

【32】 (四) 集団行動とは、憲法21条の「集会」「言論」「その他一切の表現」は、平穏に行われるのを本質とし、他のエレメントが加わらないものを意味するので、本来、平穏に行われるものだけを指す。これは同16条の「請願」が「平穏に」なされるべきものとするのと同様である。集団行動を論ずるに当たっては先ずこの認識の上に立たなければならない。(米憲法修正1条「平穏に集会し……請願する権利」、西独基本法8条「平和的に且つ武器を持たないで集会する権利」、イタリヤ憲法17条「平穏に、且つ武器を持たないで集会する権利」)。侵入、傷害、暴行、汽車電車交通妨害、公務執行妨害、建造物侵害等々を伴う集団行動を本来の示威運動と解する見解に立って、一部の者はこれを正当な「実力行使」だと主張し、一部の者は逆にこれを全部取締りうると解するかも知れないが、共に誤である。尤も、集会が単に「騒々しい、やかましい」だけで平穏でないとはいえない。(祭礼の騒ぎやスポーツ応援団の騒ぎとくらべれば明らかである。)

【33】 また、市場、広場に集まって売買取引、求職、広告宣伝をするが如きは経済的活動であって憲法21条にいう「表現」から除外される。経済的自由は表現の自由よりも強く制限されてよい。歓送迎集団や旅行、通学のための勢揃い、運動会、娯楽の集りや消防演習のような業務上の集団行為も、一般に何らの「表現」ではない。これに反し、芸術としての音楽の発表会、演劇、映画の集会は「表現」に属するであろう。

【34】 つまり、憲法にいう「集会」とは或る場所で信条、知識、情操、意見、要望、思想を互いに交換し、またこれらを来会の聴衆に表明し訴えんとする多数人の集合である。本条例にいう「集団示威運動」および「集団行進」も集会と同じく本来平穏な集団のする思想の表現ではあるが、その表現はもはや集団のメンバー相互間の思想の交換でなく具体的問題についての集団全員の一致した意見の対外的表明であり、それは政府、国民又はその一部あるいは特定人に対し要望、反対、抗議、賛成あるいは実情を訴え、もって政府、各界、世人の心をとらえ集団の念願を実現せんとする意図を持つものである。そして集団示威運動は一定の場所に停止してでもなされるが、集団行進と同様に公園、広場、道路の如き公共用の場所又は一般交通の用に供された場所を行進して行われることが多い。これらの示威運動、行進はプラカード、旗等をかかげたり、声を出したりして、場合により、拡声器を用い行われる。行進は徒歩又は車両で、時には騎馬、舟行によって行われる。注意すべきは本来の示威運動はデモンストレーションの意味であって、その「威」とは刑法234条、96条ノ3、暴力行為等処罰ニ関スル法律1条にいう「威力」の「威」でなく、「威光」「威風」「権威」の「威」であり、示威とは有力なことを示す意味だということである。

【35】 さて、集団示威運動、行進が右の如き意図を持つものである以上公園、道路など一般人の耳目に触れるところで行われるのが多いのは当然であり、そこでは他の反対の意図を持つ集団示威と同時同所で競合し、或は多数第三者の反感を買うことがあることは考えられる。

【36】 そして、集団は、体積、重量、エネルギーを持つ生物としての人間の集合(人垣、人海)であり、かつ予定の方針、指導者の指令等に従い組織的、集中的、効果的にその物理的力を正当又は破壊的に行使することができ、又、多数意見のいう如く「突発的に内外からの刺激、せん動等によって容易に動員され、時に昂奮、激昂の渦中に巻きこまれ」あるいは自ら収拾できない混乱に陥り、遂には生命、身体、自由、財産等の破壊を惹起するに至る抽象的おそれが絶対にないとはいえない。もし、集団示威が多数自動車を用いて行われる場合はなお更らである。

【37】 かように、集団が一つの主張、要求をかかげて一般公衆の立ち入り通行できる公園、道路を大きい物理的力をもって占拠、通行する場合には、集団行動の規模、目的、やり方、その他の情況によっては、若しかすると計画的又は偶発的な生命、身体、自由、財産等の破壊(誰の過失とも判らない遭難を含む)が起こるかも知れない、遠い抽象的な虞を生ずること絶無とはいえない。集会もこれに準ずる関係がある。これこそ集団行動が、公園、道路のような公共財産を利用しない新聞、出版、ラジオなどによる「表現」と異り、また、遠足、広告宣伝行列、葬礼の如き「非表現」と異る特性といわなければならない。人、或は尋ねるかも知れぬ、「同じく自分らの車を列ねて道を行くのに、観光のためなら交通法規に服するだけでよく、法律改正要求のためならその外に許可を要するとするのは「表現」なるが故に余計な束縛を受けることになり、話はアベコベではないか。」と。しかし、集団行動はどんな時刻、どんな道で数万人、十数万人でも自由に行われてよいとすることが常識、条理上許されないことは明らかである。ここに、合理的かつ明確な基準の下に、集団行動を届出制ないし許可制によって軽く制限することの許されるべき理由があるのである。

【38】 要するに、集団行動は本来の姿で平穏に行われるのが普通である。しかし、それは、集団の内部の殊に心理状態や外部の状態如何によっては、それが外部に対する又は外部からの、或は集団内部における暴力的破壊を惹起する蓋然性があるかも知れない。その蓋然性(危険)が明白でかつ差迫っているか否かを法規又は公権力によって決定し、それが認められる場合には集団行動は事前に制限、禁止され、そのために届出制、許可制を採用してもその基準が合理的かつ明白な以上憲法21条に違反するものでなく、むしろ公共の福祉のために必要なことである。

(五) 場所の限界

【39】(1) **一般公共用の場所** 国有財産法にいう「公園又は広場として公共の用に供し、又は供するものと決定した公共用財産」(13条)は大蔵大臣(又はその事務分掌者)の管理に属し、道路法にいう「一般交通の用に供する」「道路」(2条、3条)のうち、国道は建設大臣もしくは知事の、都道府県道は都道府県の、市町村道は市町村の各管理に属する(12条ないし16条)が、以上は、すべて公共の用に供し、又は一般交通の用に供することを目的として開放されているものであるから、普通地方公共団体がその

区域内の事情や住民の理想に従い、以上の道路、公園等を一般公衆が使用する権利を条例で規制することは、道路、公園等の公共用目的を没却せず、また管理権者の権限を害しない限り許されてよい。ただ、かような場所での集団行動については規制の方法、限度が憲法21条の問題となるのである。地方自治法では「普通地方公共団体は」「地方公共の秩序を維持し、住民及び滞在者の安全、健康及び福祉を保持する」（地方自治法2条3項1号）「公園、運動場、広場、緑地、道路、橋梁、河川、運河、溜池……を設置、管理又は使用する権利を規制する」事務を処理することができる（同条項2号）が、この場合においても同様である。尤も、ここに公園、運動場、道路等というのは、無制限には一般公衆の利用に開放されていないもの（例えば有料遊園地）をも含むとすれば、そこでの集団行動のための使用権の規制方法にも限界があり、それは次に述べる私有場所の場合と大体同様になるのであろう。

【40】 **(2) 私有場所** 私人である所有者ないし使用権者の使用する土地、建物（事務所、工場、デパート、私立の学校、病院、体育館等の各構内で屋上、駐車場を含む）のなかで、集団行動をしてよいかどうか。これは所有者、使用者が決定する権利を有するので（構内での従業員の集団行動の制限は労働者の権利を害することはできないが）、たとえ集団行動が公開される場合でも、条例でこれを規制し、許可制にかからしめる如きは私人の使用権を無視するもので越権である。許可又は不許可の処分は使用権者の意思に反することを許されない。かような場所では一般公衆は場所使用の権利もしくは自由を有しないのである。

【41】 ここで注意すべきは、一般に、私立の学校、病院、デパートなどはその構内を公共の用に、又は一般交通の用に供しているものでないということである。（これは個々の場合に判断されるべき事実問題、法律問題であるが。）これらの構内はその施設に赴くべき公用、私用のある人に出入することを許しており、デパートなら商品を見るだけに来ることにも開放されているが、これらの構内で部外の人達がどんな競技、集会、合唱をやってくれてもよいという意思は表明していないのである。公共の道路、公園と異り、これら施設の構内を使用権者が何時、何日間閉鎖しても部外一般公衆の権利ないし自由を害しないのである。

【42】 私人の所有する道路で一般交通の用に供されていないものは、単に公衆が事実上通行していても、概ねこの範疇に属すといえよう。

【43】 **(3) 官公署の構内** 国又は地方公共団体が所有権ないし使用権を持つ国会、裁判所、官公署、国公立学校等の庁舎および構内も、決して公園、道路などと同様に公共の用に、もしくは一般交通の用に供されているものでないのが一般である。これらの構内で無断で集会、貼紙、示威運動をすることは概ね管理使用権の侵害であって、条例を用いず庁舎管理者の権限でこれを禁止し、貼紙ならはぎ取って貼紙人に返すなどしてもよく、その集会、示威運動は住居侵入不退去罪となる。だから、かような場所で集団行動を許可する権限はその管理者にあるが、管理者でない地方公共団体にはない。ただ公安委員会は自己に許可する権限のないことを集団行動申請者に知らせれば足りる。（かような場合に、申請者に許可、不許可の処分をしなかったら、勝手に集団行動をやってよろしいということにはならない。）

【44】 **(4) 公園や道路の特性** 前述の公共の用に供された公園、広場などは、一般人が一人又は数人で自由に出入りし、観光、レクリエーション、会合、社交、談笑、論議などに平穏、快適に時を過ごすことができるために造られている。一般交通の用に供された道路も一人又は数人で自由に通行し右と同様にまた、いろいろの用を足すのにここで時を過ごすことができるために存在する。これらの場所で時を過ごすには定められた用法に従わねばならないと思う。公園の花壇やテニスコートを踏みにじり破壊することはこれによって楽しむ一般人の利用を害し、また公園を損傷するものであるから、表現の自由は財産よりも大切だからといって示威運動のため

【45】 にはこれらを破壊してもよいとはいえまい。

私達のグループが公園、道路にいることは他の人達の邪魔になるが、それが公園、道路の利用というものである。およそ、かような場所の利用は一過性を原則とすべき筋合であって、特定の非常に多数の人の集団で公園、道路を広範囲に、長時間、独占使用するが如きは合理的に禁止、制限されてよいことはむしろ明らかであろう。しかし、この道理は集団行動の場合に限ったことでなく、歓送迎のために集会し、遠足旅行、葬式、貨物輸送のために多数のバス、トラックをつらねて行進する場合にも大部分は（即ち思想の表現であると否とに拘わりなく集団の物理的行動という面では）妥当といってよい。が、だからといって思想表現としての集団行動も交通法規で取締れば足りるとはいえない。この点は後に述べる。

【46】 **(5)「場所のいかんを問わず」** 本件東京都条例1条は「場所のいかんを問わず集団示威運動を行おうとするとき」は公安委員会の許可を要するとする。たとえ秩父多摩国立公園（東京都部分2万9000余ヘクタール）が条例にいう公園に当るとしたところで、その人跡稀な場所で示威運動をする人はなかろうし、したければ許してよく、罰してはならないに決まっている。会社、商店、住宅の密集するなかの私有ビルの屋上や道路に直面する私有駐車場での示威運動を制限することは、通行の公衆が屋上や駐車場を利用する自由を有しない以上彼らの自由を害する筈なく、前述の如く本来所有者が決定する事柄である。尤も、かような場所での示威運動は喧騒を極め近隣の公務、業務の従事者に妨害を与えたり、その場所から道路にハミ出すようなことがあるかも知れないが、前の場合には、それが、警察官職務執行法5条、6条の場合に当るなら警察官が適正に制止し、また昭和29年東京都条例1号騒音防止に関する条例で処置し、後の場合には無届集団示威運動として処置すれば足りよう。

【47】 川や湖の水面あるいは長い年月の間事実上一般の利用に任せられて来た国公有土地（海水浴場、河川堤防内の安全な広場の如き）は前述の公共の用に供された公園等又は一般交通の用に供する道路ではない他の場所といってよかろう。本条例によると、かような水面では多数ボートを集めての集会や行列舟行は差支えないが、集団示威運動には許可が要ることになる。

【48】 また港湾法にいう港湾の管理者は地方公共団体又はその設立した港務局であり、港務局は「水域施設の使用に関し必要な規制を行う」（12条4の2号）がこれら港湾特有の利用管理方法に関する規制と本件東京都条例1条とは互に抵触せず両立するものと考えられる。

【49】 「場所のいかんを問わず」というのは東京都の管理権の及ばない公私有の建物内や屋外の私有有料野球場内の如きを含むものとは解されない。私は、この文言に関する多数意見には賛成できない。

【50】 附言。 わが国で、公園、広場又は道路などがあらゆる人の風物鑑賞、レクリエーション、会合、社交、談笑、政見公表などのために快適に利用されるべきものとされてからまだ100年に満たない。それまでは鎌倉幕府（西紀1194年）以降将軍による封建武断道義的専制政治が支配していたから民衆が広場で意見を公表できたことは極めて稀であり公衆にアピールすることは無駄で役人に秘かに嘆願するほかなかった。だから紀元前数世紀から広場が社交や意見の公表に利用されて来た西欧諸国と異り、今日のわが国では釈迦、キリスト、孔孟の教その他の信条にも従わない人々、又、未だ広場を他人の自由や私的秘密（プライヴァシィ）を尊重しつつ自分達のために利用することの快適さの味を知らない人々が極めて多いこと、殊に公聴心の欠け無法無秩序にわたる行動をする人々、あるいは、自分のことを他人に考えてもらい無自覚に上部の指図通りに行動する人々の多いこと（これは敗戦にも影響されている）に鑑みれば、いろいろ無秩序の取締を厳にすべしという説は理解できるが、表現の自由の制限は慎重に最小必

要限度に止めなければならないという憲法の至上命令は守らなければならない。これがなおざりにされると立法、司法、行政は全体主義に傾く危険が生ずる。

[51] **(六) 合理的で明確な基準** （イ）すでに（五）で述べた「公共の用に供する公園又は広場」（国有財産法13条）、「一般交通の用に供する道路」（道路法2条）あるいは「港湾」（港湾法）の特定の一部で、特定の時間に、特定の方法、態様による集団行動を禁止制限する法律、条例（後者については地方公共団体が条例制定権を有する場所）を立法することはそれが合理的である以上憲法21条に違反しない。（ロ）また、集団行動につき、場所を右の場所の特定の一部に限り、その時間、方法、態様を特定限定した上、届出制、許可制を定め、そして、公共の安全に対し明らかな差迫った危険を及ぼすことが予見されるときは警察がこれを許可せず又は禁止することができる旨の法律、条例を設けても憲法同条に違反するとはいえない、と私は考える。（これが昭和26年（あ）3188号同29年11月24日大法廷判決の基本原則と考えたところではなかったのか。）

[52] だから、「何人も議会の一院の開会、招集、停会されている日に又は大法官裁判所、王座裁判所がウエストミンスターホールで開廷される日に、教会、国家に関する事項の変更を求めて国王又は一院に対し抗議、宣言その他の要請を考慮もしくは提出することを目的又は口実として同ホールの門から一マイルの範囲内のウエストミンスター市……内の街路又は公開の場所で50人以上の集会を招集し又は50人を越える人が集合することは違法である（略摘）」とする如き（英1817年不穏集会法23条）、あるいは「連邦立法機関についての禁制区域の限界はボン市内のウェーバー通からロイター通の下のガードまでのカイザー通、……とする（略摘）」（西独1955年禁制区域法1条）、あるいは「集会は公道で行うことはできない、夜の11時を超えて延長することはできない。」（仏1881年公共の集会に関する法律6条）とする如きは、合理的明確で殆ど争う余地がない。

[53] 私は、集団行動を午前0時から4時までは安眠のために禁止し、道路は全幅何メートル以下もしくは歩車道の区別のない部分では、幅何メートルの隊列、集団で行進し、車を利用して行い、あるいは一定の堪重能力を欠く指定された橋では一定重量の一定数の集中自動車行列をし、駅、埠頭、飛行場の特定の隣接広場、道路やその他交通、通信施設、発送電施設などの特定の隣接広場道路では、例えば、4時間以上出入交通を阻止するような多数の人、車による特定場所の独占の集団行動、車道全幅に亘る絶え間なき40分以上のスクラム集団行進の如きを法律、条例で禁止することは適当と考える。

[54] 集団行動のためには、公園、広場、道路を利用し交通の自由権を持つ一般公衆や隣接地の官公署、会社、事務所、商店で従業や娯楽する人々が無制限にこれを甘受しなければならないものではない。集団のメンバーや見物人の誰かが卒倒したり、隣接商店の家族が急病にかかった場合、救急車、医師が通行できず、消防車も立往生しなければならないものではない。

[55] 右の場所を利用する集団員と一般人との生命、身体、健康、自由又は重要な財産の損壊を防ぐためには以上のような基準を法律、条例が定めてこれを禁止することは適憲である。

[56] 次に、「公共の安全に対し明らかな差迫った危険を及ぼすこと」を警察が認定することは、変動常なき現実直接の自然的（颱風・水害等）、社会的現象や集団や反対集団、第三者民衆の動向、心的状態を捉えなければ至難であるから、法律、条例でこの「明白切迫危険」の内容を更に逐一規定しなくても、違憲ではないと私は考える。これはけだし避けられないであろう。

[57] しかし、具体的にいえば、刑法所定の内乱罪、外患罪、国交ニ関スル罪、公務執行・審判妨害罪、被拘禁者奪取罪、騒擾罪、放火・失火・溢水罪、往来妨害罪、住居侵入罪、礼拝所不敬罪、職権濫用共犯罪、殺傷罪、逮捕監禁罪、脅迫罪、略取誘拐罪、名誉毀損罪（個人の尊厳を傷つける）、強窃盗・恐喝罪、建造物公文書・重大な財産を毀棄損壊する罪や暴力行為等処罰ニ関スル法律違反は自由人権の侵害であるから集団行動によってこれらが行われる明らかな差迫った危険が認定される場合には警察が集団行動を許可せずこれを禁止する旨の規定を設け、これによって警察がこれを禁止する処分をしても適憲であるこというまでもない。

[58] 右犯罪のうち過失犯でないものでも、或る種のものは過失によって不法結果が惹起される場合でも禁止処分をしてよいであろう。また、誰の過失とも判らない多数人の混乱による死傷が起る明白切迫危険の存する場合（弥彦神社事件、二重橋事件、歌謡大会事件等の多数死傷遭難事件の如き）も同様である。わが国民が、公園、広場、道路を安全快適に、きれいに利用することの味を知らないうちに、始終暴力的、破壊的、一方的集団行動にここが使用されるとすれば憲法の理想は失われてしまう。

[59] なお、前述の如く、集団行動の場合でもこれらの場所の利用はその用法に従って行われなければならない。数千、数万人による占拠はひどく芝生を荒らし紙屑を残すかもしれないが、これは行動拒否の理由とならない。ただ、花壇やテニスコート、竹木、垣根が全く破壊されるようなことは用法に従った使用とはいえないのではないか。それはこれらの場所を設けた国民、住民の意思を同時に踏みにじることにならないだろうか。が、この場合、これが集団行動不許可の理由になるかは、なお問題であろう。起った結果に対して賠償責任は生ずるとしても。

（裁判長裁判官　田中耕太郎　裁判官　小谷勝重　裁判官　島　保　裁判官　斎藤悠輔　裁判官　藤田八郎　裁判官　河村又介　裁判官　入江俊郎　裁判官　池田克　裁判官　垂水克己　裁判官　河村大助　裁判官　下飯坂潤夫　裁判官　奥野健一　裁判官　高橋潔　裁判官　高木常七　裁判官　石坂修一）

補足説明　本判決と新潟県公安条例事件判決との関係

本判決の多数意見は、最高裁大法廷による直接的な先例であるはずの新潟県公安条例事件判決〔本書41事件〕を引用しておらず、またすでに触れてきたように、そこで示された考え方とは異なる立場がとられたかのように受け取れる判断が示されている。この点について、田中耕太郎長官は、本判決の翌日7月21日の記者会見にて、本判決で一番問題だったことは何かという質問に対して、「新潟県条例の先例があるのでそれと今度の3条例との関係が問題だった。あの時と違って裁判官の構成メンバーが半分もかわっているのでまた新たに白紙に返して判断した。ことに今度の立場は判決文にもある通り条例全体の精神を実質的かつ有機的に捕えた」として、ニュアンスに富んだ説明をしている（読売新聞朝刊昭和35年7月21日）。

文献①の座談会で平野龍一は、新潟県公安条例事件判決でも「表現の方法からくる制約があることは認めていたのですし、実質的に許可制か届出制かの解釈の態度は、もとの判決〔新潟県公安条例事件判決〕は非常に技術的、今度のは大局的ではありますが、はっきりと判例変更といえるかどうか、私は基本的には続いているといっていいのではないかと思います」と述べ（文献①36-37頁）、田中二郎も、確かに大きなニュアンスに違いはあるが、「私もこんどの判決で従来の判例を変更したとまではいえないだろうと思います」

としている（文献①37頁）。他方、本判決の調査官解説（判解①）は、新潟県公安条例事件判決の「大前提」ないし「基本原則」が 15 名の裁判官全員一致で支持され、また、本判決時にも引き続き最高裁にそのうちの 7 名の裁判官が残っていたにもかかわらず、本判決の多数意見が「右基本原則を無視し、一顧も与えなかった。これは驚くべきことであるというべきであろう」（判解①286-287 頁）と、異例の論調で批判している。学説では、後者と同様の立場から本判決を批判するものが多いように見受けられる。

本判決後、新潟県公安条例事件判決は、同種の公安条例が違憲であるとする主張を退ける際に本判決と並んで引用されるなどしていたが、実質的な意味をもつような形での引用はなされなくなっていた。しかし、泉佐野市民会館使用不許可事件判決〔本書 43 事件〕で、「明白かつ現在の危険」に関する部分についてではあるが、実質的な意味をもつ引用がなされ、新潟県公安条例事件判決が先例としての意義を失っていないことが示された。このことが有する意味は判然としないが、「近年の表現の自由に関して最高裁判例が精緻化の方向をめざしつつあることからすれば、集団示威運動規制の合憲性に関する『原点』である本判決〔新潟県公安条例事件判決のこと〕の一般原則が厳格に適用されることも期待できよう」などとされる（文献④185 頁）。公安条例やそれに類する規制を合憲とする方向に傾きがちな本判決の射程を限定する際には、このことは強調されてよいと思われる。

Questions

①事実関係の確認

問 1　本条例は、公安委員会の許可を要する場所について、どのように規定しているか。▶【参考条文】

問 2　本条例は、公安委員会の許可を要する行動とはどのような行動であると定めているか。▶【参考条文】

問 3　本条例は、いかなる場合に公安委員会は許可を与えなければならないとしているか。▶【参考条文】

問 4　本判決の第一審は、どのような判断をしたか。▶【事案】

問 5　東京高裁は、第一審判決に対する控訴を受けて、どのように判断したか。▶【事案】

②判決の内容の確認

問 6　多数意見は、表現の自由と公共の福祉との関係について、一般論としてどのように述べているか。▶【1】

問 7　多数意見は、集団行動による表現と、単なる言論、出版等による表現との違いはどこに存しているとしているか。▶【4】

問 8　多数意見は、集団行動はいかなる性質を有しているとしているか。▶【4】

問 9　多数意見は、いかなる理由で、平穏静粛な集団であっても、時として暴徒と化するとしているか。▶【4】

問 10　多数意見は、集団行動による表現の自由の場合、どのような措置を講ずることが許されるとしているか。▶【4】

問 11　多数意見は、集団行動による表現の自由に対する必要かつ最小限度の措置であるか否かを判断する際に、いかなる解釈態度で臨むべきであるとしているか。▶【5】

問 12　多数意見は、本条例は不許可の場合が厳格に制限されているとしたが、それはどのような理由によるものであるか。▶【6】

問 13　本判決の第一審は、本条例は「実質的届出制にほかならぬとすることは到底できない」としていたが、本判決は、この原判決の判断をどのような理由で批判しているか。▶【6】

問 14　多数意見は、本条例が定める不許可に該当する事情の有無の認定が公安委員会の裁量に属することについて、どのように評価しているか。▶【6】

問 15　原判決は、本条例について、一般的または一般的に近い制限をなしており、制限が具体性を欠く不明確であるとしていたが、この点について本判決はどのように述べているか。▶【7】

問 16　多数意見は、いかなる場合に本条例が表現の自由の保障を侵す危険がありうるとしているか。▶【8】

問 17　藤田反対意見のうち、多数意見の説くところに賛成しているのはどの部分か。▶【12】

問 18　藤田反対意見は、新潟県公安条例事件判決〔本書 41 事件〕をどのような判決であったと整理・説明しているか。▶【13】

問 19　藤田反対意見における基本的な審査姿勢はいかなるものか。▶【14】

問 20　藤田反対意見は、いかなる理由で本条例は実質的に届出制とは異なるとしているか。▶【15】【16】

問 21　藤田反対意見は、本条例が定める不許可に該当する事情の有無の認定が公安委員会の裁量に属することについて、どのように評価しているか。▶【16】

問 22　垂水反対意見は、本条例のどの部分が違憲であると考えているか。▶【20】

問 23　垂水反対意見は、本件条例の一般民衆に対する萎縮効果について、どのように述べているか。▶【21】～【23】

問 24　垂水反対意見は、多数意見が本条例を合憲と判断するにあたり、本条例の定める「公共の安寧を保持する上に直接危険を及ぼすと明らかに認められる場合」という基準よりも緩やかな基準でもよいとしているのではないかという危惧を示しているが、それはいかなる理由からか。▶【24】

③応用問題

問 25　本判決は、同じく公安条例の合憲性に関する判断を行った新潟県公安条例事件判決といかなる関係にあるか。▶【補足説明】

問 26　判例①および判例②を読み、本判決を前提としたうえで、被告人を無罪とした手法について説明せよ。▶判例①、判例②

問 27　本条例のもとで、ヘイト・スピーチを行うデモに対する不許可処分がなされた場合、当該処分の違法性または合法性について考察せよ。▶【8】、本邦外出身者に対する不当な差別的言動の解消に向けた取組の推進に関する法律

○ **関連判例**（本書所収以外のもの）

東京地判昭和 42 年 5 月 10 日下刑集 9 巻 5 号 638 頁［寺尾判決］（判例①）

東京地判昭和 42 年 5 月 30 日下刑集 9 巻 5 号 699 頁［竜岡判決］（判例②）

○ **本判決の調査官解説**

田原義衞「判解」最高裁判所判例解説刑事篇昭和 35 年度 279 頁（判解①）

○ **その他の判例解説・判例批評**

「いわゆる三公安条例に関する最高裁判決」判例タイムズ 106 号（1960 年）52 頁（判批①）

伊藤正己「『公安条例合憲判決』批判」ジュリスト 208 号（1960 年）2 頁（判批②）

柳瀬良幹「集団示威運動と公共の福祉―東京都公安条例の違憲性」ジュリスト 208 号（1960 年）15 頁（判批③）

兼子仁「現代型治安立法としての公安条例の違憲性―大法廷判決によせて」法律時報 32 巻 11 号（1960 年）142 頁（判批④）

岩切大地＝中澤俊輔「『お行儀のよいデモ行進』を目指して?」山本龍彦＝清水唯一郎＝出口雄一編『憲法判例からみる日本―法×政治×歴史×文化』（日本評論社、2016 年）139 頁（判批⑤）

○ **参考文献**

我妻榮ほか「〔座談会〕最高裁の三つの公安条例判決」ジュリスト 208 号（1960 年）32 頁（文献①）

高見勝利「表現の自由と最高裁」法律時報 59 巻 9 号（1987 年）13 頁（文献②）

保阪正康『60 年安保闘争の真実―あの闘争は何だったのか』（中央公論新社、2007 年）（文献③）

植村勝慶「公安条例と集団示威運動―新潟県公安条例事件」憲法判例百選Ⅰ［第 6 版］（有斐閣、2013 年）184 頁（文献④）

43 泉佐野市民会館使用不許可事件

最高裁平成7年3月7日第三小法廷判決
平成元年（オ）第762号：損害賠償請求事件
民集49巻3号687頁

事案

Y（泉佐野市：被告、被控訴人、被上告人）は、泉佐野市民の文化、教養の向上を図り、併せて集会等の用に供する目的で、市内最大の繁華街を形成している南海電鉄泉佐野駅前ターミナルの一角に、市立泉佐野市民会館（以下「本件会館」という）を設置していた。

Xら（原告、控訴人、上告人）は、本件会館にて、昭和59年6月3日に「関西新空港反対全国総決起集会」を開催しようと考え、同年4月2日に泉佐野市長に対して、市立泉佐野市民会館条例（以下「本件条例」という）に基づき、使用団体名を「全関西実行委員会」として、本件会館の使用許可申請（以下「本件申請」という）をしたところ、本件申請の許否の専決権者である泉佐野市総務部長は、同月23日、①本件集会の実体は中核派（全学連反戦青年委員会）が主催するものであり、このような組織に本件会館を使用させることは、本件集会およびその前後のデモ行進などを通じて不測の事態を生ずることが憂慮され、かつ、その結果、本件会館周辺の住民の平穏な生活が脅かされるおそれがあって、公共の福祉に反すること、②本件申請上の集会予定人員の信ぴょう性は疑わしく、本件会館ホールの定員との関係で問題があること、③本件集会に対立団体が介入するなどして、本件会館のみならず同会館付近一帯が大混乱に陥るおそれがあることから、本件条例7条1号「公の秩序をみだすおそれがある場合」および3号「その他会館の管理上支障があると認められる場合」に該当するとして、本件申請を不許可とする処分をした（以下「本件不許可処分」という）。Xらは、本訴に先立ち、本件不許可処分の取消請求（昭和59年（行ウ）第39号）および執行停止申立て（同年（行ク）第4号）を行ったが、いずれも訴えの利益がなく不適法であるとして却下されたため、国家賠償請求訴訟を提起した。

第一審（大阪地判昭60・8・14民集49-3-872）および控訴審（大阪高判平元・1・25民集49-3-885）は、いずれも本件条例が違憲・違法であるとの主張を退けるとともに、本件不許可処分は適法であるとしたため、Xらが上告した。

■参考条文（事件当時のもの）

地方自治法
第244条　普通地方公共団体は、住民の福祉を増進する目的をもってその利用に供するための施設（これを公の施設という。）を設けるものとする。
2　普通地方公共団体は、正当な理由がない限り、住民が公の施設を利用することを拒んではならない。
3　普通地方公共団体は、住民が公の施設を利用することについて、不当な差別的取扱いをしてはならない。
第244条の2　〔第1項〕普通地方公共団体は、法律又はこれに基づく政令に特別の定めがあるものを除くほか、公の施設の設置及びその管理に関する事項は、条例でこれを定めなければならない。

市立泉佐野市民会館条例（昭和38年泉佐野市条例第27号）
第7条　市長は、つぎの各号の一に該当すると認めた場合は、使用を許可してはならない。
（1）公の秩序をみだすおそれがある場合
（2）建物、設備等を破損または汚損するおそれがある場合
（3）その他会館の管理上支障があると認められる場合

Navigator

集会を開催するためには、そのための物理的な場所が必要である。それでは国や地方自治体は、そのための場所を提供する義務を負うといえるだろうか。「一般的にいって、土地・建物の権原を有する者は、その場所における集会を容認しなければならない義務はない」（佐藤285頁）こと、そして、自由権（防御権）としての集会の自由は、「本来は《国や自治体の所有する物品・施設等を利用させろ》という請求権を含むものではない」（小山［3版］22頁）と解されるため、その「自由権たる集会の自由から施設の利用請求権といったものを導出することが可能であるか……、が理論的には最大の難問」（文献③137頁注13）なのである。

この点、第一審は、「もとより、集会の自由は表現の自由を確保するという民主主義社会存立の基盤をなす最も重要な基本的人権の一つであり、地方自治の場においても最大限に尊重されねばならないことはいうまでもない。しかしながら、地方公共団体が集会等の用に供する目的で設置した公の施設については、設置者においてその設置目的を達成するため施設の維持、管理、利用関係の調整等、運営自体に本来内在する管理作用を有し、右管理権の行使として施設の利用条件を定める必要があるから、公の施設で集会を行おうとする者は、右利用条件が合理的なものである限りこれに服さなければならないのであり、集会の自由を理由に当然に施設利用の利益を享受できるものではない。また、地方自治法244条2、3項も住民が公の施設を利用するにつき、地方公共団体は正当な理由のない限りこれを拒否できず、不当な差別的取扱いをしてはならない旨定めているのであって、無制限に住民の利用権を保障するものではない」として、集会の用に供する施設が設置されている場合でも、集会の自由から当然に当該施設利用権は導かれないとして、公共施設の管理権に重きを置く判断を示していた。

それでは本判決は、この難問に対してどのように判断しているだろうか。その点を意識して読むことにより、本判決の意義を明確に理解することができよう。

■判決の論理構造

本件会館＝地自法244条の「公の施設」	・正当な理由がない限り、住民がこれを利用することを拒んではならない（同条2項） ・本件条例7条各号は、上記「正当な理由」の具体化規定
「正当な理由」のない本件会館の利用拒否	・上記法令違反であるとともに、集会の自由の不当な制限につながるおそれがある ・「正当な理由」の具体化規定である本件条例7条各号の解釈適用にあたって、集会の自由の実質的な否定にならないようにする必要

↓ この観点からすると

集会の用に供される公共施設の管理者による管理権の行使のあり方	・当該公共施設の種類に応じ、また、その規模、構造、設備等を勘案し、公共施設としての使命を十分達成せしめるよう適正にその管理権を行使すべき
管理権行使が適正とされる場合ないし管理権の行使が集会の自由の実質的な否定にはならない場合	①当該施設の種類、規模、構造、設備等に照らして利用が不相当である場合 ②利用の希望が競合する場合 ③施設をその集会のために利用させることによって、他の基本的人権が侵害され、公共の福祉が損なわれる危険がある場合
③の場合に認められる制限の程度	・その危険を回避し、防止するために、その施設における集会の開催が必要かつ合理的な範囲
「必要かつ合理的」な制限と認められる場合	・基本的人権としての集会の自由の重要性と、当該集会が開かれることによって侵害されることのある他の基本的人権の内容や侵害の発生の危険性の程度等を較量して決せられる。 ・この較量は、経済的自由の制約における以上に厳格な基準のもとにされなければならない
厳格な基準の内実――合憲限定解釈	・本件条例7条1号「公の秩序をみだすおそれがある場合」は、「広義の表現を採っている」ため、上記の趣旨に照らして限定して解釈する必要（合憲限定解釈） ・その限りで、当該規定は憲法21条および地自法244条に違反しない ――限定①：「本件会館における集会の自由を保障することの重要性よりも、本件会館で集会が開かれることによって、人の生命、身体又は財産が侵害され、公共の安全が損なわれる危険を回避し、防止することの必要性が優越する場合」 ――限定②：「その危険性の程度としては、……単に危険な事態を生ずる蓋然性があるというだけでは足りず、明らかな差し迫った危険の発生が具体的に予見されることが必要」 ――限定③「右事由の存在を肯認することができるのは、そのような事態の発生が許可権者の主観により予測されるだけではなく、客観的な事実に照らして具体的に明らかに予測される場合でなければならない」

■ 判　決

○ 主　文

本件上告を棄却する。
上告費用は上告人らの負担とする。

○ 理　由

上告代理人大野康平、同北本修二、同大石一二、同佐々木哲蔵、同仲田隆明、同浦功、同大野町子、同後藤貞人、同石川寛俊、同三上陸、同竹岡富美男、同横井貞夫、同中道武美、同梶谷哲夫、同黒田建一、同信岡登紫子、同永嶋靖久、同泉裕二郎、同森博行、同池田直樹、同福森亮二、同小田幸児の上告理由について

[1] ― 原審の適法に確定した事実関係等の概要は、次のとおりである❶。

[2] 1 上告人らは、昭和59年6月3日に市立泉佐野市民会館（以下「本件会館」という。）ホールで「関西新空港反対全国総決起集会」（以下「本件集会」という。）を開催することを企画し、同年4月2日、上告人Aが、泉佐野市長に対し、市立泉佐野市民会館条例（昭和38年泉佐野市条例第27号。以下「本件条例」という。）6条に基づき、使用団体名を「全関西実行委員会」として、右ホールの使用許可の申請をした（以下「本件申請」という。）。

[3] 2 本件会館は、被上告人が泉佐野市民の文化、教養の向上を図り、併せて集会等の用に供する目的で設置したものであり、南海電鉄泉佐野駅前ターミナルの一角にあって、付近は、道路を隔てて約250店舗の商店街があり、市内最大の繁華街を形成している。本件会館ホールの定員は、816名（補助席を含めて1028名）である❷。

[4] 3 本件申請の許否の専決権者である泉佐野市総務部長は、左記の理由により、本件集会のための本件会館の使用が、本件会館の使用を許可してはならない事由を定める本件条例7条のうち1号の「公の

❶ あらかじめ、簡単に本判決の構造を示しておく。まず、[1]から[18]で本件の事実関係について詳細な記述を行っている。これらの具体的事実を基礎にして、[19]で原審の判断が紹介されている。[20]から[28]まで、本件事案における法的判断の枠組みが示され、[29]から[34]では、それを前提として、本件不許可処分の適否を検討し、結論として、本件不許可処分は違法ではないとしている。

❷ [3]では、本件会館の設置目的、設置場所、付近の状況、収容人数が説明されている。

秩序をみだすおそれがある場合」及び３号の「その他会館の管理上支障があると認められる場合」に該当すると判断し、昭和59年4月23日、泉佐野市長の名で、本件申請を不許可とする処分（以下「本件不許可処分」という。）をした❸。

[5] 　(一)　本件集会は、全関西実行委員会の名義で行うものとされているが、その実体はいわゆる中核派（全学連反戦青年委員会）が主催するものであり、中核派は、本件申請の直後である4月4日に後記の連続爆破事件を起こすなどした過激な活動組織であり、泉佐野商業連合会等の各種団体からいわゆる極左暴力集団に対しては本件会館を使用させないようにされたい旨の嘆願書や要望書も提出されていた。このような組織に本件会館を使用させることは、本件集会及びその前後のデモ行進などを通じて不測の事態を生ずることが憂慮され、かつ、その結果、本件会館周辺の住民の平穏な生活が脅かされるおそれがあって、公共の福祉に反する❹。

[6] 　(二)　本件申請は、集会参加予定人員を300名としているが、本件集会は全国規模の集会であって右予定人員の信用性は疑わしく、本件会館ホールの定員との関係で問題がある❺。

[7] 　(三)　本件申請をした上告人Ａは、後記のとおり昭和56年に関西新空港の説明会で混乱を引き起こしており、また、中核派は、従来から他の団体と対立抗争中で、昭和58年には他の団体の主催する集会に乱入する事件を起こしているという状況からみて、本件集会にも対立団体が介入するなどして、本件会館のみならずその付近一帯が大混乱に陥るおそれがある❻。

[8] 　4　本件集会に関連して、上告人らないし中核派については、次のような事実があった❼。

[9] 　(一)(1)　本件集会の名義人である「全関西実行委員会」を構成する6団体は、関西新空港の建設に反対し、昭和57年、58年にも全国的規模の反対集会を大阪市内の扇町公園で平穏に開催するなどしてきた❽。

[10] 　　　(2)　右6団体の一つで上告人Ａが運営委員である「泉佐野・新空港に反対する会」は、本件会館小会議室で過去に何度か講演等を開催してきた。

[11] 　　　(3)　上告人Ｂが代表者である「全関西実行委員会」は、反対集会を昭和52年ころから大阪市内の中之島中央公会堂等で平穏に開催してきた。

[12] 　(二)(1)　ところが、昭和59年に至り、関西新空港につきいよいよ新会社が発足し、同年中にも工事に着手するような情勢になってくると、「全関西実行委員会」と密接な関係があり、本件集会について重要な地位を占める中核派は、関西新空港の建設を実力で阻止する闘争方針を打ち出し、デモ行進、集会等の合法的活動をするにとどまらず、例えば、①　昭和59年3月1日、東京の新東京国際空港公団本部ビルに対し、付近の高速道路から火炎放射器様のもので火を噴き付け、②　同年4月4日、大阪市内の大阪科学技術センター（関西新空港対策室が所在）及び大阪府庁（企業局空港対策部が所在）に対し、時限発火装置による連続爆破や放火をして9人の負傷者を出すといった違法な実力行使について、自ら犯行声明を出すに至った。中核派は、特に右②の事件について、その機関紙『前進』において、「この戦闘は15年余のたたかいをひきつぐ関西新空港粉砕闘争の本格的第一弾である。同時に三・一公団本社火炎攻撃、三・二五三里塚闘争の大高揚をひきつぎ、五・二〇─今秋二期決戦を切り開く巨弾である。」とした上、「四・四戦闘につづき五・二〇へ、そして、六・三関西新空港粉砕全国総決起へ進撃しよう。」と記載し、さらに、「肉迫攻撃を敵中枢に敢行したわが革命軍は、必要ならば百回でも二百回でもゲリラ攻撃を敢行し、新空港建設計画をズタズタにするであろう。」との決意を表明して、本件集会がこれらの事件の延長線上にある旨を強調している❾。

[13] 　　　(2)　中核派は、本件不許可処分の日の前日である昭和59年4月

❸【4】では、本件会館の使用許可申請に対し、本件条例7条1号「公の秩序をみだすおそれがある場合」と、同条3号「その他会館の管理上支障があると認められる場合」の両方に該当することを理由に、不許可処分がなされたことが示されている。そして、具体的な不許可の理由については、【5】から【7】で説明されている。

❹【5】で挙げられている不許可処分の理由は、本件条例7条1号「公の秩序をみだす虞がある場合」に該当するものである。ここでは、集会主催者の実体が過激な活動組織である中核派であり、このような組織に本件会館を利用させることにより、「不測の事態を生ずること」、「周辺の住民の平穏な生活が脅かされるおそれ」があることが指摘されている。

❺【6】で挙げられている不許可処分の理由は、本件条例7条2号「建物、設備等を破損または汚損する虞がある場合」に該当するものである。ここでは、申請における集会への予定参加人数よりも、実際に参加が予想される人数が多く、施設の定員を超える可能性が指摘されている。なお実際の参加人数については【18】参照。

❻【7】で挙げられている不許可処分の理由は、本件条例7条1号「公の秩序をみだすおそれがある場合」に該当するものである。ここでは、本件集会に対立団体が介入することにより付近一帯が大混乱に陥るおそれがあることを指摘している。

❼【8】から【17】では、上告人らないし中核派がどのような団体で、いかなる活動をしてきたのかが詳しく説明されている。

❽【9】から【11】では、Ｘらのこれまでの活動内容が示されており、昭和59年以前は平穏な活動に従事してきたとされている。

❾【12】では、本件集会の実質的な主催者である中核派（【5】参照）が、関西新空港の建設を実力で阻止する闘争方針を打ち出して行ってきた違法な実力行使を列挙するとともに、中核派自身、本件集会をそうした活動の延長線上にあるものと位置づけていたことが説明されている。

22日、関西新空港反対闘争の一環として、泉佐野市臨海緑地から泉佐野駅前へのデモ行進を行ったが、「四・四ゲリラ闘争万才！　関西新空港実力阻止闘争　中核派」などと記載し、更に本件集会について「六・三大阪現地全国闘争へ！」と記載した横断幕を掲げるなどして、本件集会が右一連の闘争の大きな山場であることを明示し、参加者のほぼ全員がヘルメットにマスクという姿であり、その前後を警察官が警備するという状況であったため、これに不安を感じてシャッターを閉じる商店もあった❿。

【14】　⑶　上告人Aは、中核派と活動を共にする活動家であり、昭和56年8月に岸和田市市民会館で関西新空港の説明会が開催された際、壇上を占拠するなどして混乱を引き起こし、威力業務妨害罪により罰金刑に処せられたことがあった。また、右⑵のデモ行進の許可申請者兼責任者であり、自身もデモに参加してビラの配布活動等も行った⓫。

【15】　㈢　中核派は、従来からいわゆる革マル派と内ゲバ殺人事件を起こすなど左翼運動の主導権をめぐって他のグループと対立抗争を続けてきたが、本件不許可処分のされた当時、次のように、他のグループとの対立抗争の緊張を高めていた⓬。

【16】　⑴　昭和58年7月1日、大阪市内の中之島中央公会堂でいわゆる第四インターの主催する三里塚闘争関西集会が開催された際、中核派が会場に乱入し、多数の負傷者や逮捕者を出した。

【17】　⑵　中核派は、同月18日付けの機関紙『前進』において、「すべての第四インター分子は断罪と報復の対象である。絶対に等価以上の報復をたたきつけてやらなくてはならない。」と記述し、さらに、昭和59年4月2日付けの同紙において、10年前に法政大学で中核派の同志が虐殺された事件の犯人が革マル派の者であることを報じて「革命的武装闘争」の中で「反革命カクマルをせん滅・一掃せよ！」と記述し、同月23日付けの同紙において、「四・四戦闘の勝利は同時に、四―六月の三里塚二期、関西新空港闘争の大爆発の巨大な条件となっている。」とした上、「間断なき戦闘と戦略的エスカレーションの原則にのっとり革命的武装闘争をさらに発展させよ。この全過程を同時に脱落派、第四インター、日向派など、メンシェビキ、解党主義的腐敗分子、反革命との戦いで断固として主導権を堅持して戦い抜かなければならない。」と記述している。

【18】　5　上告人らは、本件会館の使用が許可されなかったため、会場を泉佐野市野出町の海浜に変更して本件集会を開催したところ、中核派の機関紙によれば2600名が結集したと報じられ、少なくとも約1000名の参加があった⓭。

【19】　二　原審は、右一の事実関係に基づき、次のように説示して、本件不許可処分が適法であるとした。⑴中核派は、単に本件集会の一参加団体ないし支援団体というにとどまらず、本件集会の主体を成すか、そうでないとしても、本件集会の動向を左右し得る有力な団体として重要な地位を占めるものであった。⑵本件集会が開催された場合、中核派と対立する団体がこれに介入するなどして、本件会館の内外に混乱が生ずることも多分に考えられる状況であった。⑶このような状況の下において、泉佐野市総務部長が、本件集会が開催されたならば、少なからぬ混乱が生じ、その結果、一般市民の生命、身体、財産に対する安全を侵害するおそれがある、すなわち公共の安全に対する明白かつ現在の危険があると判断し、本件条例7条1号の「公の秩序をみだすおそれがある場合」に当たるとしたことに責めるべき点はない。⑷また、本件集会の参加人員は、本件会館の定員をはるかに超える可能性が高かったから、本件条例7条3号の「その他会館の管理上支障があると認められる場合」にも当たる⓮。

【20】　三　所論は、本件条例7条1号及び3号は、憲法21条1項に違反し、無効であり、また、本件不許可処分は、同項の保障する集会の自由を侵害し、同条2項前段の禁止する検閲に当たり、地方自治法244条に違反すると主張するので、以下この点について判断する⓯。

❿　【13】では、中核派が本件集会の前日に行った合法的活動であるデモ行進においても、本件集会が実力をもって関西新空港の建設を阻止する闘争の一環であると位置づけられていたこと、そして当該デモ行進は、実際に周辺住民に不安を与えるものであったことが説明されている。

⓫　【14】では、本件集会の申請をした上告人Aと中核派との結びつきが示されている。この部分は、本件不許可処分の理由のうち、本件集会の実体は中核派の主催によるものであるとしたこと（【5】参照）、原審において中核派は本件集会の主体ないしその動向を左右しうる有力な団体であると認定されたこと（【19】参照）につながっている。

⓬　【15】から【17】では、本件不許可処分がされた当時、中核派と他の左翼グループ（革マル派、第四インター等）とが対立抗争を続けており、緊張が高まっていた状況であったということが、具体的に示されている。すなわち、【16】では、中核派自身が他のグループが開催した集会に乱入して多数の負傷者、逮捕者を出していたこと、【17】では、中核派自身が機関紙において、他の左翼グループとの衝突をあおり、報復を呼びかけていたことが示されている。

⓭　【18】によると、代替場所で開催された集会における実際の参加人数が少なくとも1000人、多くて2600人であったとしている。本件不許可処分の理由のうち、本件申請上の集会予定人員（300人）の信ぴょう性は疑わしく、本件会館ホールの定員との関係で問題があるとしたことについては（【6】）、結果的に妥当であったといえそうであるが、【28】で示されるとおり、本判決では、本件条例7条3号についての検討は行われていない（その理由につき、㉕参照）。

⓮　【19】では、【8】から【18】で示された事実関係に基づいて、原審が不許可処分を適法とした理由の概要が示されている。

⓯　【20】では、上告理由の主張が、①本件条例7条1号および3号自体の違憲性と、②本件不許可処分の憲法21条1項違反、21条2項違反（検閲該当性）および地自法244条違反である、と整理されている。このうち、①については、【21】から【28】において、当該条例を憲法に適合するように限定して解釈することで対応しており、直接には答えていない。②については、【29】から【34】において、①で合憲限定解釈された本件条例7条3号の定める要件に本件事実が該当するかを検討して、これを退けている。

[21] 1 被上告人の設置した本件会館は、地方自治法244条にいう公の施設に当たるから、被上告人は、正当な理由がない限り、住民がこれを利用することを拒んではならず（同条2項）、また、住民の利用について不当な差別的取扱いをしてはならない（同条3項）。本件条例は、同法244条の2第1項に基づき、公の施設である本件会館の設置及び管理について定めるものであり、本件条例7条の各号は、その利用を拒否するために必要とされる右の正当な理由を具体化したものであると解される⑯。

[22] そして、地方自治法244条にいう普通地方公共団体の公の施設として、本件会館のように集会の用に供する施設が設けられている場合、住民は、その施設の設置目的に反しない限りその利用を原則的に認められることになるので、管理者が正当な理由なくその利用を拒否するときは、憲法の保障する集会の自由の不当な制限につながるおそれが生ずることになる⑰。したがって、本件条例7条1号及び3号を解釈適用するに当たっては、本件会館の使用を拒否することによって憲法の保障する集会の自由を実質的に否定することにならないかどうかを検討すべきである⑱。

[23] 2 このような観点からすると、集会の用に供される公共施設の管理者は、当該公共施設の種類に応じ、また、その規模、構造、設備等を勘案し、公共施設としての使命を十分達成せしめるよう適正にその管理権を行使すべきであって、これらの点からみて利用を不相当とする事由が認められないにもかかわらずその利用を拒否し得るのは、利用の希望が競合する場合のほかは、施設をその集会のために利用させることによって、他の基本的人権が侵害され、公共の福祉が損なわれる危険がある場合に限られるものというべきであり、このような場合には、その危険を回避し、防止するために、その施設における集会の開催が必要かつ合理的な範囲で制限を受けることがあるといわなければならない⑲。そして、右の制限が必要かつ合理的なものとして肯認されるかどうかは、基本的には、基本的人権としての集会の自由の重要性と、当該集会が開かれることによって侵害されることのある他の基本的人権の内容や侵害の発生の危険性の程度等を較量して決せられるべきものである。本件条例7条による本件会館の使用の規制は、このような較量によって必要かつ合理的なものとして肯認される限り、集会の自由を不当に侵害するものではなく、また、検閲に当たるものではなく、したがって、憲法21条に違反するものではない⑳。

[24] 以上のように解すべきことは、当裁判所大法廷判決（最高裁昭和27年（オ）1150号同28年12月23日判決・民集7巻13号1561頁、最高裁昭和57年（行ツ）第156号同59年12月12日判決・民集38巻12号1308頁、最高裁昭和56年（オ）第609号同61年6月11日判決・民集40巻4号872頁、最高裁昭和61年（行ツ）第11号平成4年7月1日判決・民集46巻5号437頁）の趣旨に徴して明らかである㉑。

[25] そして、このような較量をするに当たっては、集会の自由の制約は、基本的人権のうち精神的自由を制約するものであるから、経済的自由の制約における以上に厳格な基準の下にされなければならない（最高裁昭和43年（行ツ）第120号同50年4月30日大法廷判決・民集29巻4号572頁参照）㉒。

[26] 3 本件条例7条1号は、「公の秩序をみだすおそれがある場合」を本件会館の使用を許可してはならない事由として規定しているが、同号は、広義の表現を採っているとはいえ、右のような趣旨からして、本件会館における集会の自由を保障することの重要性よりも、本件会館で集会が開かれることによって、人の生命、身体又は財産が侵害され、公共の安全が損なわれる危険を回避し、防止することの必要性が優越する場合をいうものと限定して解すべきであり、その危険性の程度としては、前記各大法廷判決の趣旨によれば、単に危険な事態を生ずる蓋然性があるというだけでは足りず、明らかな差し迫った危険の発生が具体的に予見されることが必要であると解するのが相当である（最高裁昭和26年（あ）第3188号同29年11月24日大法廷判決・刑

⑯【21】は、第1文で、本件会館が地自法244条にいう「公の施設」に該当することから、同条に基づき、住民の利用について、正当な理由のない利用拒否と、不当な差別的取扱いが禁止されるとしている。本件会館が「公の施設」に該当することについては、第一審段階から当事者間で争いはない。なお、地自法244条は「住民」としているが、後述する園部補足意見（【37】）が指摘しているとおり、平等の観点から、上記規定の趣旨は、一般の利用者にも適用されるものと解されている（判解①295頁）。

⑰【22】の第1文は、「集会の用に供する施設」につき、「管理者が正当な理由なくその利用を拒否するとき」は、地自法244条2項、3項に違反するとともに（【21】参照）、「憲法の保障する集会の自由の不当な制限につながるおそれが生ずることになる」としている（文献①334-335頁）。このように本判決は、地自法244条をテコに、伝統的な侵害／給付二分論を否定している点が重要である（文献②122-123頁）。なお、集会の自由の「不当な制限につながるおそれが生ずる」という言い回しには、本件会館の利用請求権を憲法上認めたのではなく、平等な利用を妨げられないにとどまるということが含意されている（判解①296頁）。

⑱【22】の第2文は、第1文をふまえて、「集会の自由の不当な制限」、「実質的に否定」することにならないように条例の規定を解釈すべきであるという基本姿勢が示されている。

⑲【23】の第1文では、【22】の第2文で示された基本姿勢に立った場合に、管理権者が管理権を行使して施設の利用を拒否できる場面を具体的に示している。すなわち、(1)施設管理上の理由（当該施設の種類、規模、構造、設備等に照らして利用が不相当である場合）、(2)利用競合上の理由（(1)の事由はないが、利用の希望が競合する場合）、(3)警察上の理由（(1)の事由はないが、施設をその集会のために利用させることによって、他の基本的人権が侵害され、公共の福祉が損なわれる危険がある場合）、の三つである（文献①335-336頁）。そして、(3)の場合でも、当該危険を回避・防止するために「必要かつ合理的な範囲」での制限を加えることができるにとどまるとされている。

⑳【23】の第2文では、警察上の理由に基づく利用拒否の場合に、その「制限が必要かつ合理的」といえるかは、集会の自由の重要性と、「当該集会が開かれることによって侵害されることのある他の基本的人権の内容」や「侵害の発生の危険性の程度」「等」との間の比較衡量によって判断することが示されている。そして第3文で、この比較衡量をパスするのであれば、本件条例7条による規制は憲法21条に違反しないとされている。なお、判例①では、施設管理上の理由に基づく集会施設の利用拒否について、本件条例7条3号と同様の要件を定める条例の合憲限定解釈が示されている。

㉑【24】は、【21】から【23】で示された解釈は、先例の趣旨に徴して明らかとされている。ここで引用されているのは、ⓐ皇居外苑使用不許可事件判決〔本書40事件〕、ⓑ札幌税関検査事件判決〔本書26事件〕、ⓒ『北方ジャーナル』事件判決〔本書27事件〕、ⓓ成田新法事件判決〔本書59事件〕である。ⓐ事件が引用されたのは、【23】の第1文で述べられた管理権の行使のあり方と同趣旨の説示がなされているからであろう。ⓑ、ⓒ、ⓓ事件は、表現の自由を規制する法令等について憲法21条1項との適合性を判断した大法廷判決で、かつ、比較衡量（利益衡量）論を採用した点で共通点があるからであろう（判解①290-291頁。さらに判解②233-239頁、判解④270-274頁も参照）。なお、ⓑ事件の引用には、上告理由のうちの本件不許可処分が憲法21条2項にいう検閲に該当するという部分に対応する意味もあると解される。

㉒【25】では、【23】で採用された比較衡量をどのように行うかについて、「職業の自由は、それ以外の憲法の保障する自由、殊にいわゆる精神的自由に比較して、公権

集 8 巻 11 号 1866 頁参照）。そう解する限り、このような規制は、他の基本的人権に対する侵害を回避し、防止するために必要かつ合理的なものとして、憲法 21 条に違反するものではなく、また、地方自治法 244 条に違反するものでもないというべきである㉓。

[27]　そして、右事由の存在を肯定することができるのは、そのような事態の発生が許可権者の主観により予測されるだけではなく、客観的な事実に照らして具体的に明らかに予測される場合でなければならないことはいうまでもない㉔。

[28]　なお、右の理由で本件条例 7 条 1 号に該当する事由があるとされる場合には、当然に同条 3 号の「その他会館の管理上支障があると認められる場合」にも該当するものと解するのが相当である㉕。

[29]　四　以上を前提として、本件不許可処分の適否を検討する㉖。

[30]　1　前記一の 4 の事実によれば、本件不許可処分のあった昭和 59 年 4 月 23 日の時点においては、本件集会の実質上の主催者と目される中核派は、関西新空港建設工事の着手を控えて、これを激しい実力行使によって阻止する闘争方針を採っており、現に同年 3 月、4 月には、東京、大阪において、空港関係機関に対して爆破事件を起こして負傷者を出すなどし、6 月 3 日に予定される本件集会をこれらの事件に引き続く関西新空港建設反対運動の山場としていたものであって、さらに、対立する他のグループとの対立緊張も一層増大していた。このような状況の下においては、それ以前において前記一の 4（一）のように上告人らによる関西新空港建設反対のための集会が平穏に行われたこともあったことを考慮しても、右時点において本件集会が本件会館で開かれたならば、対立する他のグループがこれを阻止し、妨害するために本件会館に押しかけ、本件集会の主催者側も自らこれに積極的に対抗することにより、本件会館内又はその付近の路上等においてグループ間で暴力の行使を伴う衝突が起こるなどの事態が生じ、その結果、グループの構成員だけでなく、本件会館の職員、通行人、付近住民等の生命、身体又は財産が侵害されるという事態を生ずることが、客観的事実によって具体的に明らかに予見されたということができる㉗。

[31]　2　もとより、普通地方公共団体が公の施設の使用の許否を決するに当たり、集会の目的や集会を主催する団体の性格そのものを理由として、使用を許可せず、あるいは不当に差別的に取り扱うことは許されない。しかしながら、本件において被上告人が上告人らに本件会館の使用を許可しなかったのが、上告人らの唱道する関西新空港建設反対という集会目的のためであると認める余地のないことは、前記一の 4（一）(2) のとおり、被上告人が、過去に何度も、上告人 A が運営委員である「泉佐野・新空港に反対する会」に対し、講演等のために本件会館小会議室を使用することを許可してきたことからも明らかである。また、本件集会が開かれることによって前示のような暴力の行使を伴う衝突が起こるなどの事態が生ずる明らかな差し迫った危険が予見される以上、本件会館の管理責任を負う被上告人がそのような事態を回避し、防止するための措置を採ることはやむを得ないところであって、本件不許可処分が本件会館の利用について上告人らを不当に差別的に取り扱ったものであるということはできない。それは、上告人らの言論の内容や団体の性格そのものによる差別ではなく、本件集会の実質上の主催者と目される中核派が当時激しい実力行使を繰り返し、対立する他のグループと抗争していたことから、その山場であるとされる本件集会には右の危険が伴うと認められることによる必要かつ合理的な制限であるということができる㉘。

[32]　3　また、主催者が集会を平穏に行おうとしているのに、その集会の目的や主催者の思想、信条に反する他のグループ等がこれを実力で阻止し、妨害しようとして紛争を起こすおそれがあることを理由に公の施設の利用を拒むことは、憲法 21 条の趣旨に反するところである。しかしながら、本件集会の実質上の主催者と目される中核派は、関西新空港建設反対運動の主導権をめぐって他のグループと過激な対立抗争を続けており、他のグループの集会を攻撃して妨害し、更には人身に危害を加える事件も引き起こしていたのであって、これに対し他のグループ

力による規制の要請がつよ」いと述べ、いわゆる「二重の基準」論の考え方を示した薬事法事件判決〔本書 51 事件〕によるべきことが述べられている。

㉓　[26] の第 1 文は、[25] をふまえて、「人の生命、身体又は財産が侵害され、公共の安全が損なわれる危険」が、「単に危険な事態を生ずる蓋然性があるというだけでは足りず、明らかな差し迫った危険の発生が具体的に予見される」場合に、はじめて、本件条例 7 条 1 号の「公の秩序をみだすおそれがある場合」に該当するとしている。このように本判決は、「集会の自由の制限の合憲性について、利益較量論、次いで『明らかな差し迫った危険』の基準という二段階の判断基準を採用した点に特色がある」（判解①289 頁）。そして、本件条例 7 条 1 号が広義の表現をとっていても、これを合憲となるように限定して解釈することが十分可能であると考えて合憲限定解釈の手法を採用し、上告理由の主張する過度広汎性、文面上無効を退けている（判解①293 頁）。

なお、この解釈に際して、[24] で挙げた各大法廷判決の「趣旨」に加え、新潟県公安条例事件〔本書 41 事件〕が引用されていることの意味については、東京都公安条例事件判決〔本書 42 事件〕の【補足説明】を参照。

㉔　[27] では、[26] で示された合憲限定解釈によって示された危険性の程度は、許可権者の主観ではなく、客観的に判断されなければならないことは「いうまでもない」とされている。この解釈も、合憲限定解釈の一部を構成していると解され、客観的に判断するということは、裁判所が判断代置して事実関係を検討すべきだということを意味する。

㉕　[28] は、本件条例 7 条 1 号に該当するのであれば、それは当然に同条 3 号にも該当するとしている。これは、3 号の要件が一般的な不許可事由であり、1 号はその具体的な例示であるという相互関係の理解に基づくものである（判解①294 頁）。なおこの部分は、後述する園部裁判官を、意見ではなく補足意見にとどめるために挿入したという評価もある（文献①341-342 頁）。

㉖　[29] から [34] では、[1] から [18] で示された事実が、[21] から [28] で示された考え方に基づいて合憲限定解釈された本件条例 7 条 1 号にいう「公の秩序をみだすおそれのある場合」に該当するか否かが検討されている。

㉗　[30] では、[1] から [18] で示された事実が整理して示されたうえで、そのような状況下においては、人の生命、身体または財産が侵害され、公共の安全が損なわれる明らかな差し迫った危険の発生が客観的にかつ具体的に予見されるとして、[26] と [27] で合憲限定解釈された本件条例 7 条 1 号に該当することが（判断代置により）示されている。

㉘　[31] では、本件不許可処分が、集会の目的や、そこでの言論の内容、団体の性格に基づくものでないことが説明されている。ここで、「普通地方公共団体が公の施設の使用の許否を決するに当たり、集会の目的や集会を主催する団体の性格そのものを理由として、使用を許可せず、あるいは不当に差別的に取り扱うことは許されない」という一般論が述べられていることは注目される。

㉙　[32] は、平穏に集会を行おうとしている団体に対して、それに反対するグループ等が妨害をするなどして紛争が生じるおそれがあることを理由に公の施設の利用を拒むことは、「憲法 21 条の趣旨に反する」とされている。これはいわゆる「敵意ある聴衆の法理」という考え方である。もっともこの考え方は、「平穏な集会を行おうとしている者に対して一方的に実力による妨害がされる場合」にのみ妥当し、本件の上告人らのように、「集会に対す

【33】　4　このように、本件不許可処分は、本件集会の目的やその実質上の主催者と目される中核派という団体の性格そのものを理由とするものではなく、また、被上告人の主観的な判断による蓋然的な危険発生のおそれを理由とするものでもなく、中核派が、本件不許可処分のあった当時、関西新空港の建設に反対して違法な実力行使を繰り返し、対立する他のグループと暴力による抗争を続けてきたという客観的事実からみて、本件集会が本件会館で開かれたならば、本件会館内又はその付近の路上等においてグループ間で暴力の行使を伴う衝突が起こるなどの事態が生じ、その結果、グループの構成員だけでなく、本件会館の職員、通行人、付近住民等の生命、身体又は財産が侵害されるという事態を生ずることが、具体的に明らかに予見されることを理由とするものと認められる㉚。

【34】　したがって、本件不許可処分が憲法21条、地方自治法244条に違反するということはできない㉛。

【35】　五　以上のとおりであるから、原審の判断は正当として是認することができ、その余の点を含め論旨はいずれも採用することができない。

【36】　よって、民訴法401条、95条、89条、93条に従い、裁判官園部逸夫の補足意見があるほか、裁判官全員一致の意見で、主文のとおり判決する。

から報復、襲撃を受ける危険があったことは前示のとおりであり、これを被上告人が警察に依頼するなどしてあらかじめ防止することは不可能に近かったといわなければならず、平穏な集会を行おうとしている者に対して一方的に実力による妨害がされる場合と同一に論ずることはできないのである㉙。

る妨害行為が、施設を利用する側の違法な行為に起因して引き起こされる場合」には、反対派の妨害行為による混乱のおそれを理由として施設の利用を拒むことも許されてよい」、というのが本判決の立場であると説明されている（判解③210頁）。

㉚　【33】は、【30】から【32】をまとめて整理し、本件不許可処分が合憲限定解釈されて違憲の疑いが除去された本件条例7条1号の定める要件に該当してなされたものであることが再言されている。

㉛　【34】では、【30】から【33】の検討により、本件不許可「処分」が合憲・合法であるとしている。

■ 少数意見

裁判官園部逸夫の補足意見は、次のとおりである㉜。

【37】　一　一般に、公の施設は、本来住民の福祉を増進する目的をもってその利用に供するための施設（地方自治法244条1項）であるから、住民による利用は原則として自由に行われるべきものであり、「正当な理由」がない限り利用を拒むことはできない（同条2項）。右の規定は、いずれも、住民の利用に関するものであるが、公の施設は、多くの場合、当該地方公共団体の住民に限らず広く一般の利用にも開放されているという実情があり、右規定の趣旨は、一般の利用者にも適用されるものと解される。他方、公の施設は、地方公共団体の住民の公共用財産であるから、右財産の管理権者である地方公共団体の行政庁は、公の施設の使用について、住民・滞在者の利益（公益）を維持する必要があるか、あるいは、施設の保全上支障があると判断される場合には、公物管理の見地から、施設使用の条件につき十分な調整を図るとともに、最終的には、使用の不承認、承認の取消し、使用の停止を含む施設管理権の適正な行使に努めるべきである。

【38】　右の見地に立って本件をみると、会館の管理権者である市長（本件の場合、専決機関としての総務部長）が、本件不許可処分に当たって、「その他会館の管理上支障があると認められる場合」という要件を定めた本件条例7条3号を適用したことについては、法廷意見の挙示する原審の確定した事実関係の下では、総務部長の判断が不適切であったとはいえず、また、本件会館の

使用に関する調整を行うことが期待できる状況でなかったことも認められる以上、右判断に裁量権の行使を誤った違法はないというべきである。

【39】　二　ところで、公の施設の利用を拒否できる「正当な理由」は、さきに述べた公の施設の一般的な性格からみて、専ら施設管理の観点から定めるべきものであることはいうまでもない。しかし、本件会館のような集会の用に供することを主な目的とする施設の管理規程については、その他の施設と異なり、単なる施設管理権の枠内では処理することができない問題が生ずる。

【40】　本件条例は会館が自ら実施する各種事業のほか、所定の集会に会館を供すること（同5条各号）、会館の使用については、市長の許可を要すること（同6条）、使用を不許可としなければならない要件（同7条各号）を定めている。右の要件の一つとして、7条1号（以下「本件規定」という。）に「公の秩序をみだすおそれがある場合」という要件があるが、これは、いわゆる行政法上の不確定な法概念であるから、平等原則、比例原則等解釈上適用すべき条理があるとはいえ、総務部長に対し、右要件の解釈適用についてかなり広範な行政裁量を認めるものといわなければならない。しかも、右の要件を適用して会館の使用の不許可処分をすることが、会館における集会を事実上禁止することになる場合は、たとい施設管理権の行使に由来するものであっても、実質的には、公の秩序維持を理由とする集会の禁止（いわゆる警察上の命令）

㉜　園部補足意見は、大要、①地方公共団体の住民の公共用財産である「公の施設」の管理について定める条例は、地自法244条2項の委任に基づく「公物管理条例」であり、そこで定めることができるのは施設管理権についてのみであるとして、公物管理権（施設管理権）と公物警察権との区別を前提に、②本件不許可処分のうち、本件条例7条3号の「その他会館の管理上支障があると認められる場合」に該当するという判断については妥当であり、それに基づく不許可処分に違法はないが（【37】【38】）、③本件条例7条1号の「公の秩序をみだすおそれのある場合」に該当するとして行った不許可処分は、公の秩序維持を理由とする集会の禁止、すなわち公物警察権の行使と同じ効果をもたらす可能性があるから、当該要件の設定および解釈において、「憲法の定める集会の自由ひいては表現の自由の保障にかんがみ、特

に周到な配慮が必要とされる」、というものである（【39】【40】）。

園部補足意見は、本件条例7条1号は公物警察権に関わるため、あくまで公物管理上の「正当な理由」による公の施設利用拒否を規定する地自法244条2項の委任の範囲を超える疑いがあると疑念を呈しているものの、多数意見の【20】から【28】で示された合憲限定解釈により、「本件規定を適用する局面が今後厳重に制限されることになるものと理解した上で、法廷意見の判断に与する」と結論づけている（【41】【42】）。

なお、公物管理権と公物警察権とを区別する考え方は、皇居外苑使用不許可事件判決［本書40事件］の栗山茂裁判官の意見でも示されていたが、そこでも意見にとどまっており、判例における主流の区別とはなっていないようである。

と同じ効果をもたらす可能性がある。この種の会館の使用が、集会の自由ひいては表現の自由の保障に密接にかかわる可能性のある状況の下において、右要件により、広範な要件裁量の余地が認められ、かつ、本件条例のように右要件に当たると判断した場合は不許可処分をすることが義務付けられている場合は、条例の運用が、右の諸自由に対する公権力による恣意的な規制に至るおそれがないとはいえない。したがって、右要件の設定あるいは右要件の解釈については、憲法の定める集会の自由ひいては表現の自由の保障にかんがみ、特に周到な配慮が必要とされるのである。

【41】　本件条例は、公物管理条例であって、会館に関する公物管理権の行使について定めるのを本来の目的とするものであるから、公の施設の管理に関連するものであっても、地方公共の秩序の維持及び住民・滞在者の安全の保持のための規制に及ぶ場合は（地方自治法 2 条 3 項 1 号）、公物警察権行使のための組織・権限及び手続に関する法令（条例を含む。）に基づく適正な規制によるべきである。右の観点からすれば、本件条例 7 条 1 号は、「正当な理由」による公の施設利用拒否を規定する地方自治法 244 条 2 項の委任の範囲を超える疑いがないとはいえない（注）。

　（注）　現に、自治省は、公の施設及び管理に関するモデル条例の中に置くことのできる規定として、「公益の維持管理上の必要及び施設保全に支障があると認められるときは、使用を承認しないことができる。」という例を示しており、本件規定のような明らかに警察許可に類する規制は認めていない。

【42】　三　私の見解は、以上のようなものであるところ、法廷意見の三は、本件規定について、極めて限定的な解釈を施している。私は右のような限定解釈により、本件規定を適用する局面が今後厳重に制限されることになるものと理解した上で、法廷意見の判断に与するものである。

（裁判長裁判官　大野正男　裁判官　園部逸夫　裁判官　可部恒雄　裁判官　千種秀夫　裁判官　尾崎行信）

補足説明　パブリック・フォーラムの法理について

パブリック・フォーラムの法理とは、政府が保有する場所・財産においても表現活動が原則として認められ、それを制限する場合には憲法上の正当化が求められるとする議論であり、アメリカ連邦最高裁の判例法理として受容されている考え方である。

かつてのアメリカ連邦最高裁では、私有地・建物の所有権者がその場所を誰に使用させるかについて自由に決定できることと同様に、公権力も、公有地を表現活動のために使わせるか否かについて自由に決定できるとしていた。しかし 1939 年の連邦最高裁判決（Hague v. CIO, 307 U.S. 496 (1939)）において、道路や公園のように「記憶にないほどの昔から公衆による使用のために信託的に保有されてきた」場所の利用は、「大昔から、市民の特権、権利、自由の一部」であるとされ、当該場所の利用に対する規制は、「援助の撤回」ではなく「自由の制限」として観念されるとし、相応の理由がなければその制限を正当化することができないとされた。これがパブリック・フォーラム法理の源流とされる。

その後判例は、ⅰ道路・公園といった Hague 判決が本来的に想定した伝統的な場所、ⅱそうした伝統を有さない場所、ⅲ伝統はないが、政府の指定によって表現活動一般のために開放された場所および特定の対象に対してのみ開放した場所、について、それぞれどのように管理権と憲法上の権利とを調整するかが問題となり、数多くの連邦最高裁判決が下されていった。そして 1983 年の連邦最高裁判決（Perry Education Ass'n v. Perry Local Educators' Ass'n, 460 U.S. 37 (1983)）において、ⅰが伝統的パブリック・フォーラム、ⅱが指定的パブリック・フォーラムないし限定的パブリック・フォーラム、ⅲが非パブリック・フォーラムとして類型化され、それぞれの類型ごとに審査基準が示されるに至っている。

日本の最高裁判例に目を転じてみると、パブリック・フォーラム論との関係でいくつか指摘できる。第 1 に、かつてのアメリカ連邦最高裁判例のように「公有地を表現活動のために使用させるか否かは公権力が自由に決定できる」という考え方がそもそも採用されなかった（この点につき、皇居外苑使用不許可事件判決〔本書 40 事件〕、新潟県公安条例事件判決〔本書 41 事件〕を参照）。第 2 に、日本の最高裁でも伊藤正己裁判官がパブリック・フォーラム論に何度か言及したことがあるが、それは現在のアメリカ連邦最高裁判例のいうパブリック・フォーラムとは異なる。伊藤正己裁判官のそれは、アメリカのような類型論ではなく、利益衡量の際の一要素として当該場所の性質を加味すべきというものであり、また、私有地であっても適用されるとする考え方であった（この点については、吉祥寺駅構内ビラ配布事件判決〔本書 37 事件〕およびそこでの【補足説明】を参照）。第 3 に、本判決のように、日本の最高裁判例の中には、パブリック・フォーラム法理という言葉は用いられていないものの、それと親和的な判例が散見される。本判決が「パブリック・フォーラムの法理を念頭に置いていることは疑いがない」とされており、「本件会館を含む地方自治法 244 条の『公の施設』は、右②の類型〔上述した指定的パブリック・フォーラムのこと〕に当たるであろう」などとされている（判解①295 頁。判解②208 頁も参照）。日本の判例では、本事件がそうであったように、当該場所の性質を法令上の位置づけや解釈から導き、そこから管理権者に認められる裁量の程度を決定していくというアプローチがとられており（この点について、呉市教研集会事件判決〔本書 44 事件〕も参照）、確かに、政府が保有する場所・財産を利用した表現・集会の自由を一定の範囲で認めようとしている点で、パブリック・フォーラム法理と共通点を有している。しかし、場所の用途指定・目的を重視する見解に対しては、場所の機能を重視すべきだという、アメリカの判例・学説からの批判もあり、日本でもそうした議論が展開されている（この点については、呉市教研集会事件判決〔本書 44 事件〕の【補足説明】を参照）。

このように、パブリック・フォーラムの法理には、複数の意味・解釈が主張・展開されているため、「実際に答案を書く際には、『パブリック・フォーラム』という語に安易に頼ることなく事案に即した実質的な議論を丁寧に行うことが大事である」（論点教室 128 頁〔中林〕）。

Questions

①事実関係の確認

問1　本件会館は、どのような会館で、どこに設置されていたか。▶【事案】【3】

問2　Y による本件不許可処分は本件条例のどの規定に基づいてなされたか。▶【事案】【参考条文】【4】

問3　本件会館の使用許可申請に対する不許可処分の理由

のうち、本件条例7条1号に該当する理由はどのようなものであったか。▶【事案】【5】【7】

問4　本件会館の使用許可申請に対する不許可処分の理由のうち、本件条例7条3号に該当する理由はどのようなものであったか。▶【参考条文】【6】

問5　Xらが平穏に集会を開催していたのはいつごろまでか。▶【9】～【11】

問6　中核派は、いつごろから関西新空港の建設を実力で阻止する闘争方針を打ち出したか。また、どのような違法行為を行ってきたか。▶【12】

問7　中核派は、本件会館を使用した本件集会を、どのようなものであると位置づけ、どのような活動を行ったか。またそれに対して周辺住民はどのような反応を示したか。▶【13】

問8　Xらと中核派は、どのような関係にあったとされているか。▶【5】【14】【17】【19】

問9　中核派は、本件不許可処分当時、対立する左翼団体とどのような関係にあったか。▶【15】～【17】、【19】

問10　原審が本件不許可処分を適法であるとした理由は何か。▶【19】

②判決の内容の確認

問11　本件会館は、地自法上、どのように位置づけられるか。▶【21】

問12　本件会館の使用を許可してはならない事由を定める本件条例7条各号と、地自法244条はどのような関係にあるか。▶【21】

問13　地自法244条にいう普通地方公共団体の公の施設として、集会の用に供する施設が設けられている場合、住民は当該施設をどのように利用できるか。▶【22】

問14　多数意見による地自法244条の解釈において、憲法21条1項が保障する集会の自由はいかなる役割を有しているか。▶【22】

問15　集会の用に供される公共施設の管理者に求められる管理権の行使は、どのようなものであるか。▶【23】

問16　集会の用に供される公共施設の管理者が、施設の利用を拒否するのはいかなる場合か。▶【23】

問17　集会の用に供される施設を利用させることによって、他の基本的人権が侵害され、公共の福祉が損なわれる危険がある場合、当該施設の管理者は、どのような制限を課すことが認められるか。▶【23】

問18　警察上の理由による不許可処分が必要かつ合理的であり憲法21条1項に違反しないと認められるのは、いかなる場合か。▶【23】【25】

問19　多数意見は、「公の秩序をみだすおそれがある場合」には本件会館の使用を許可してはならないと定める本件条例7条1号は、どのように解釈すれば憲法21条に違反しないとしているか。▶【26】【27】

問20　多数意見は、本件会館の使用を許可してはならない事由を定める本件条例7条1号と3号との関係をどのようなものとしているか。▶【28】

問21　多数意見は、本件集会が本件会館で開かれたならば、どのような事態が生じることが予見されたとしているか。またそれは、どの程度具体的に予見されたとしているか。▶【30】

問22　多数意見は、いかなる理由で、本件不許可処分が本件会館の利用についてXらを不当に差別的に取り扱ったものであるということはできないとしたか。▶【31】

問23　多数意見が、「主催者が集会を平穏に行おうとしているのに、その集会の目的や主催者の思想、信条に反対する他のグループ等がこれを実力で阻止し、妨害しようとして紛争を起こすおそれがあることを理由に公の施設の利用を拒むことは、憲法21条の趣旨に反する」としながらも、本件においてはそのような場合にあたらないとした理由は何か。▶【32】

問24　園部補足意見は、本件条例7条3号「その他会館の管理上支障があると認められる場合」に該当するとしてなされた不許可処分について、どのように評価しているか。▶【38】

問25　園部補足意見は、本件条例7条1号「公の秩序をみだすおそれがある場合」について、どのように評価しているか。▶【40】

問26　園部補足意見は、いかなる理由で本件条例7条1号が法律の委任の範囲を超えるおそれがあるとしているか。▶【41】

③応用問題

問27　本件不許可処分が、本件条例7条3号の「その他会館の管理上支障があると認められる場合」に該当するという理由のみでなされた場合、当該規定はどのように解釈されるか。本件条例7条1号に該当するという理由でなされた処分の場合との異同を考察せよ。▶判例①、文献①、文献②

問28　平成27年9月8日に東京弁護士会は、「地方公共団体に対して人種差別を目的とする公共施設の利用許可申請に対する適切な措置を講ずることを求める意見書」(https://www.toben.or.jp/message/testpdf/20150907.pdf)を出し、地方自治体に対して、いわゆるヘイト・スピーチを行う団体に対する公共施設の利用を不許可とすべき旨を求めたが、この意見書の立場を本判決の立場から論評せよ。▶【20】～【28】

○ **関連判例**（本書所収以外のもの）
最判平成8年3月15日民集50巻3号549頁［上尾市福祉会館事件］（**判例①**）
○ **本判決の調査官解説**
近藤崇晴「判解」最高裁判所判例解説民事篇平成7年度282頁（**判解①**）
○ **その他の判例解説・判例批評**
千葉勝美「判解」最高裁判所判例解説民事篇平成4年度220頁［成田新法事件判決［本書59事件］の調査官解説］（**判解②**）
秋山壽延「判解」最高裁判所判例解説民事篇平成8年度(上)202頁［判例①の調査官解説］（**判解③**）
岩崎邦生「判解」法曹時報66巻2号（2012年）251頁［堀越事件判決［本書23事件］の調査官解説］（**判解④**）

○ **参考文献**

川岸令和「公物管理権と集会の自由」憲法の争点（2008年）138頁

佐々木弘通「公の集会施設における『集会の自由』保障・考」高橋和之先生古稀記念『現代立憲主義の諸相(下)』（有斐閣、2013年）327頁（**文献①**）

木下昌彦「公共施設の管理権とその憲法的統制」横大道聡編『憲法判例の射程』（弘文堂、2017年）120頁（**文献②**）

安念潤司「憲法訴訟論とは何だったか、これから何であり得るか」論究ジュリスト1号（2012年）132頁（**文献③**）

44 呉市教研集会事件

最高裁平成18年2月7日第三小法廷判決　　平成15年(受)第2001号：損害賠償請求事件
民集60巻2号401頁

事案

X（広島県教職員組合：原告、被控訴人、被上告人）は、広島県の公立幼稚園、小・中学校等に勤務する教職員によって組織された地公法52条で規定される職員団体である。Xは、昭和26年から毎年継続して教育研究集会を開催しており、第16次を除いて、第1次から第48次まで、学校施設を会場として使用していた。これまでに学校施設の使用が許可されなかったことはなかった。

平成11年9月10日、Xは、同年11月13日（土曜）、14日（日曜）の2日間、第49次広島県教育研究集会（以下「本件集会」という）の会場として、呉市立E中学校の体育館等の学校施設の使用を校長Aに口頭で申し出たところ、一旦は口頭でこれを了承する返事を得た。しかしAは、B（呉市教育委員会）から、かつてXの開催する教育研究集会に右翼団体の街宣車が押し掛けてきて周辺地域が騒然となり、周辺住民から苦情が寄せられたことがあったため、本件集会に本件中学校の学校施設を使用させることは差し控えてもらいたいなどと言われて考えを変更し、Xに対して使用を認めることができなくなった旨の連絡をした。その後Xは、Bとの話し合いを経て、正式に呉市立学校施設使用規則（以下「本件使用規則」という）に基づいて学校施設使用許可申請書を提出したが、BはXに対し、同年10月31日付で学校施設使用不許可決定通知書を交付した。同通知書には、不許可の理由として、「呉市立E中学校及びその周辺の学校や地域に混乱を招き、児童生徒に教育上悪影響を与え、学校教育に支障を来すことが予想される」と記載されていた。なお、呉市内の学校施設が教育研究集会の会場となったことも、過去10回前後あり、そのいずれにおいても使用が許可されていた。

Xは、本件不許可処分の執行停止を申し立てたが却下されたため、Y（呉市：被告、控訴人、上告人）に対して、国家賠償法に基づく損害賠償を求めた。

第一審（広島地判平14・3・28民集60-2-443）は、本件集会は、学校教育そのものではないけれども、これに準ずる活動であり、学校施設の設置目的に沿うものとして取り扱われなければならず、本件集会を使用目的とする申請を拒否するには、正当な理由が存することを呉市が立証しなければならないところ、施設管理上、学校教育上の支障などといった使用を拒否する正当な理由が何も認められないなどとして、本件不許可処分を違法とした。控訴審（広島高判平15・9・18民集60-2-471）も、これまでの教育研究集会の開催の経緯等に照らして、県教育委員会および各市町村の教育委員会は、Xが教育研究集会を行える場を確保できるよう配慮すべき義務があったとしたうえで、第一審と同様に判示し、控訴を棄却したため、Yが上告した。

■参考条文（事件当時のもの）

学校教育法
第85条　学校教育上支障のない限り、学校には、社会教育に関する施設を附置し、又は学校の施設を社会教育その他公共のために、利用させることができる。

地方自治法
第238条
4　行政財産とは、普通地方公共団体において公用又は公共用に供し、又は供することと決定した財産をいい、普通財産とは、行政財産以外の一切の公有財産をいう。
第238条の4　行政財産は、次項に定めるものを除くほか、これを貸し付け、交換し、売り払い、譲与し、出資の目的とし、若しくは信託し、又はこれに私権を設定することができない。
4　行政財産は、その用途又は目的を妨げない限度においてその使用を許可することができる。
第244条　普通地方公共団体は、住民の福祉を増進する目的をもってその利用に供するための施設（これを公の施設という）を設けるものとする。
2　普通地方公共団体は、正当な理由がない限り、住民が公の施設を利用することを拒んではならない。
3　普通地方公共団体は、住民が公の施設を利用することについて、不当な差別的取扱いをしてはならない。

教育公務員特例法
第19条　教育公務員は、その職責を遂行するために、絶えず研究と修養に努めなければならない。
2　教育公務員の任命権者は、教育公務員の研修について、それに要する施設、研修を奨励するための方途その他研修に関する計画を樹立し、その実施に努めなければならない。
第20条　教育公務員には、研修を受ける機会が与えられなければならない。
2　教員は、授業に支障のない限り、本属長の承認を受けて、勤務場所を離れて研修を行うことができる。
3　教育公務員は、任命権者の定めるところにより、現職のままで、長期にわたる研修を受けることができる。

地方教育行政の組織及び運営に関する法律
第23条　教育委員会は、当該地方公共団体が処理する教育に関する事務で、次に掲げるものを管理し、及び執行する。
(2)　学校その他の教育機関の用に供する財産（以下「教育財産」という。）の管理に関すること。

学校施設の確保に関する政令（学校施設令）
第1条　この政令は、学校施設が学校教育の目的以外の目的に使用されることを防止し、もって学校教育に必要な施設を確保することを目的とする。
第3条　学校施設は、学校が学校教育の目的に使用する場合を除く外、使用してはならない。但し、左の各号の一に該当する場合は、この限りでない。
(1)　法律又は法律に基く命令の規定に基いて使用する場合
(2)　管理者又は学校の長の同意を得て使用する場合
2　管理者又は学校の長は、前項第2号の同意を与えるには、他の法令の規定に従わなければならない。
[※この「学校施設の確保に関する政令」は、「ポツダム宣言の受諾に伴い発する命令に関する件に基く文部省関係諸命令の措置に関する法律」（昭和27年法律第86号）1条1号により、日本平和条約の最初の効力発生の日（昭和27年4月28日）以後も、法律としての効力を有する。]

呉市立学校施設使用規則
第2条　学校施設を使用しようとする者は、使用日の前5日までに学校施設使用許可申請書（以下「申請書」という。）を当該学校の校長又は園長（以下「校長等」という。）に提出し、呉市教育委員会（以下「委員会」という。）の許可を受けなければならない。ただし、委員会が必要と認めた場合は、使用日までに申請書を提出することができる。
第4条〔第1項〕　委員会は、次の各号のいずれかに該当するときに限り、学校施設の用途又は目的を妨げない範囲内において、学校施設の使用を許可するものとする。〔1～5号略〕
第5条　前条の規定にかかわらず、委員会は、次の各号のいずれかに該当するときは学校施設の使用を許可しない。
(1)　学校施設の管理上支障があると認められるとき。
(2)　使用の目的又は内容が営利を目的とするものであると認められるとき。
(3)　学校教育に支障があると認められるとき。

Navigator 泉佐野市民会館使用不許可事件判決〔本書43事件〕は、集会の用に供する公共施設の設置目的に沿った利用のための使用申請が不許可とされた事案であった。そして同判決は、当該公共施設の管理者は、当該公共施設の種類、規模、構造、設備等を勘案して、公共施設としての使命を十分達成せしめるよう適正にその管理権を行使すべきであり（この点については皇居外苑使用不許可事件判決〔本書40事件〕も参照）、その使用の拒否が集会の自由を実質的に損なうおそれが生じることをふまえて、不許可の場合について定める条例の規定に合憲限定解釈を施し、相当狭く絞り込んだ（判例①も参照）。他方、本件事案は、公共施設の設置目的外の利用のための使用申請が不許可とされた事案であり、事案類型を異にする。この違いがどのように判断に影響を与えているのかに注目することが、本判決を読み解く鍵となる。

■判決の論理構造

公共施設の利用目的による区別

①公共施設の設置目的に沿った利用	・「集会の用に供される公共施設」の集会目的での利用に関する泉佐野市民会館使用不許可事件判決〔本書43事件〕参照（判例①も参照） ――「当該公共施設の種類に応じ、また、その規模、構造、設備等を勘案し、公共施設としての使命を十分達成せしめるよう適正にその管理権を行使すべき」であり、利用拒否が認められる場面は極めて限定される
②設置目的外の利用（本件事案）	(a) 当該施設（学校施設）の設置目的外における使用を規律する法令（【参考条文】を参照）から、管理者に認められる裁量の性質・程度の導出 ――「学校施設の目的外使用を許可するか否かは、原則として、管理者の裁量にゆだねられているものと解するのが相当」
	(b) 当該裁量の行使が違法となる場合（その判断枠組み）の提示 ――「諸般の事情を総合考慮」して、「その判断要素の選択や判断過程に合理性を欠くところがないかを検討し、その判断が、重要な事実の基礎を欠くか、又は社会通念に照らし著しく妥当性を欠くものと認められる場合に限って、裁量権の逸脱又は濫用として違法となるとすべきものと解するのが相当」
	(c) 判断枠組みに沿った具体的事実の評価と検討

■判　決

○主　文
本件上告を棄却する。
上告費用は上告人の負担とする。
○理　由
上告代理人岡秀明の上告受理申立て理由について

[1] 1　本件は、広島県の公立小中学校等に勤務する教職員によって組織された職員団体である被上告人が、その主催する第49次広島県教育研究集会（以下「本件集会」という。）の会場として、呉市立E中学校（以下「本件中学校」という。）の体育館等の学校施設の使用を申し出たところ、いったんは口頭でこれを了承する返事を本件中学校の校長（以下、単に「校長」という。）から得たのに、その後、呉市教育委員会（以下「市教委」という。）から不当にその使用を拒否されたとして、上告人に対し、国家賠償法に基づく損害賠償を求めた事案である❶。

[2] 2　原審の適法に確定した事実関係等の概要は、以下のとおりである。
[3] （1）　呉市立学校施設使用規則（昭和40年呉市教育委員会規則第4号。以下「本件使用規則」という。）2条は、学校施設を使用しようとする者は、使用日の5日前までに学校施設使用許可申請書を当該校長に提出し、市教委の許可を受けなければならないとしている。本件使用規則は、4条で、学校施設は、市教委が必要やむを得ないと認めるときその他所定の場合に限り、その用途又は目的を妨げない限度において使用を許可することができるとしているが、5条において、施設管理上支障があるとき（1号）、営利を目的とするとき（2号）、その他市教委が、学校教育に支障があると認めるとき（3号）のいずれかに該当するときは、施設の使用を許可しない旨定めている❷。

❶　あらかじめ、簡単に本判決の構造を示しておく。まず、【1】で本件訴訟の概要が示され、【2】から【13】で本件の事実関係が詳細に示され、これらの具体的事実を前提とした原審の判断が【14】で示されている。そして、【15】から【18】で本件に関係する法令の仕組みとそこから導き出される判断枠組みが提示され、【19】から【25】でいわゆる「あてはめ」がなされている。

❷　【3】では、地方教育行政の組織及び運営に関する法律33条1項に基づき制定された、本件学校施設の利用の手続等について定める呉市立学校施設使用規則の内容が説明されている。

[4] (2) 被上告人は、本件集会を、本件中学校において、平成11年11月13日（土）と翌14日（日）の2日間開催することとし、同年9月10日、校長に学校施設の使用許可を口頭で申し込んだところ、校長は、同月16日、職員会議においても使用について特に異議がなかったので、使用は差し支えないとの回答をした❸。

[5] 市教委の教育長は、同月17日、被上告人からの使用申込みの事実を知り、校長を呼び出して、市教委事務局学校教育部長と3人で本件中学校の学校施設の使用の許否について協議をし、従前、同様の教育研究集会の会場として学校施設の使用を認めたところ、右翼団体の街宣車が押し掛けてきて周辺地域が騒然となり、周辺住民から苦情が寄せられたことがあったため、本件集会に本件中学校の学校施設を使用させることは差し控えてもらいたい旨切り出した。しばらくのやりとりの後、校長も使用を認めないとの考えに達し、同日、校長から被上告人に対して使用を認めることができなくなった旨の連絡をした。

[6] 被上告人側と市教委側とのやりとりを経た後、被上告人から同月10日付けの使用許可申請書が同年10月27日に提出されたのを受けて、同月31日、市教委において、この使用許可申請に対し、本件使用規則5条1号、3号の規定に該当するため不許可にするとの結論に達し、同年11月1日、市教委から被上告人に対し、同年10月31日付けの学校施設使用不許可決定通知書が交付された（以下、この使用不許可処分を「本件不許可処分」という。）。同通知書には、不許可理由として、本件中学校及びその周辺の学校や地域に混乱を招き、児童生徒に教育上悪影響を与え、学校教育に支障を来すことが予想されるとの記載があった。

[7] (3) 本件集会は、結局、呉市福祉会館ほかの呉市及び東広島市の7つの公共施設を会場として開催された。

[8] (4) 被上告人は、昭和26年から毎年継続して教育研究集会を開催してきており、毎回1000人程度の参加者があった。第16次を除いて、第1次から第48次まで、学校施設を会場として使用してきており、広島県においては本件集会を除いて学校施設の使用が許可されなかったことはなかった。呉市内の学校施設が会場となったことも、過去10回前後あった❹。

[9] (5) 被上告人の教育研究集会では、全体での基調提案ないし報告及び記念公演のほか、約30程度の数の分科会に分かれての研究討議が行われる。各分科会では、学校教科その他の項目につき、新たな学習題材の報告、授業展開に当たっての具体的な方法論の紹介、各項目における問題点の指摘がされ、これらの報告発表に基づいて討議がされる。このように、教育研究集会は、教育現場において日々生起する教育実践上の問題点について、各教師ないし学校単位の研究や取組みの成果が発表、討議の上、集約され、その結果が教育現場に還元される場ともなっている一方、広島県教育委員会（以下「県教委」という。）等による研修に反対する立場から、職員団体である被上告人の基本方針に基づいて運営され、分科会のテーマ自体にも、教職員の人事や勤務条件、研修制度を取り上げるものがあり、教科をテーマとするものについても、学習指導要領に反対したり、これを批判する内容のものが含まれるなど、被上告人の労働運動という側面も強く有するものであった。

[10] (6) 平成4年に呉市で行われた第42次教育研究集会を始め、過去、被上告人の開催した教育研究集会の会場である学校に、集会当日、右翼団体の街宣車が来て、スピーカーから大音量の音を流すなどの街宣活動を行って集会開催を妨害し、周辺住民から学校関係者等に苦情が寄せられたことがあった❺。

[11] しかし、本件不許可処分の時点で、本件集会について右翼団体等による具体的な妨害の動きがあったという主張立証はない。

[12] (7) 被上告人の教育研究集会の要綱などの刊行物には、学習指導要領の問題点を指摘しこれを批判する内容の記載や、文部省から県教委等に対する是正指導にもあった卒業式及び入学式における国旗掲揚及び国歌斉唱の指導に反対する内容の記載が多数見受けられ、過去の教育研究集会では、そのような内容の討議がされ、本件集会においても、同様の内容の討議がされることが予想された。もっとも、上記記載の文言は、いずれも抽象的な表現にとどまっていた❻。

❸ 【4】から【7】では、本件使用不許可処分に至る経緯が示されている。不許可理由は、本件集会により、「本件中学校及びその周辺の学校や地域に混乱を招き、児童生徒に教育上悪影響を与え、学校教育に支障を来すことが予想される」というものであり、その根拠として、本件使用規則5条1号と3号を挙げている（【6】）。しかしながら、代替場所で開催された本件集会において、右翼団体等による抗議活動は生じなかった（【21】参照）。

❹ 【8】と【9】では、Xの開催する教育研究集会の開催状況と、その性質について述べられている。

❺ 【10】と【11】では、Xの活動に反対する右翼団体等による過去の抗議活動と、不許可処分時点での動向が述べられている。

❻ 【12】では、Xの刊行物や教育研究集会における討議内容から、抽象的ながら、本件集会においても、文部省（当時）や県教委の教育行政に反対する内容の討議がなされることが予想されることが示されている（【9】も参照）。

[13] (8) 県教委と被上告人とは、以前から、国旗掲揚、国歌斉唱問題や研修制度の問題等で緊張関係にあり、平成10年7月に新たな教育長が県教委に着任したころから、対立が激化していた❼。

[14] 3 原審は、上記事実関係を前提として、本件不許可処分は裁量権を逸脱した違法な処分であると判断した。所論は、原審の上記判断に、地方自治法244条2項、238条の4第4項、学校教育法85条、教育公務員特例法（平成15年法律第117号による改正前のもの。以下同じ。）19条、20条の解釈の誤り、裁量権濫用の判断の誤り等があると主張するので、以下この点について判断する❽。

[15] (1) 地方公共団体の設置する公立学校は、地方自治法244条にいう「公の施設」として設けられるものであるが、これを構成する物的要素としての学校施設は同法238条4項にいう行政財産である。したがって、公立学校施設をその設置目的である学校教育の目的に使用する場合には、同法244条の規律に服することになるが、これを設置目的外に使用するためには、同法238条の4第4項に基づく許可が必要である。教育財産は教育委員会が管理するとされているため（地方教育行政の組織及び運営に関する法律23条2号）、上記の許可は本来教育委員会が行うこととなる❾。

[16] 学校施設の確保に関する政令（昭和24年政令第34号。以下「学校施設令」という。）3条は、法律又は法律に基づく命令の規定に基づいて使用する場合及び管理者又は学校の長の同意を得て使用する場合を例外として、学校施設は、学校が学校教育の目的に使用する場合を除き、使用してはならないとし（1項）、上記の同意を与えるには、他の法令の規定に従わなければならないとしている（2項）。同意を与えるための「他の法令の規定」として、上記の地方自治法238条の4第4項は、その用途又は目的を妨げない限度においてその使用を許可することができると定めており、その趣旨を学校施設の場合に敷衍した学校教育法85条は、学校教育上支障のない限り、学校の施設を社会教育その他公共のために、利用させることができると規定している。本件使用規則も、これらの法令の規定を受けて、市教委において使用許可の方法、基準等を定めたものである❿。

[17] (2) 地方自治法238条の4第4項、学校教育法85条の上記文言に加えて、学校施設は、一般公衆の共同使用に供することを主たる目的とする道路や公民館等の施設とは異なり、本来学校教育の目的に使用すべきものとして設置され、それ以外の目的に使用することを基本的に制限されている（学校施設令1条、3条）ことからすれば、学校施設の目的外使用を許可するか否かは、原則として、管理者の裁量にゆだねられているものと解するのが相当である。すなわち、学校教育上支障があれば使用を許可することができないことは明らかであるが、そのような支障がないからといって当然に許可しなくてはならないものではなく、行政財産である学校施設の目的及び用途と目的外使用の目的、態様等との関係に配慮した合理的な裁量判断により使用許可をしないこともできるものである⓫。学校教育上の支障とは、物理的支障に限らず、教育的配慮の観点から、児童、生徒に対し精神的悪影響を与え、学校の教育方針にもとることとなる場合も含まれ、現在の具体的な支障だけでなく、将来における教育上の支障が生ずるおそれが明白に認められる場合も含まれる⓬。また、管理者の裁量判断は、許可申請に係る使用の日時、場所、目的及び態様、使用者の範囲、使用の必要性の程度、許可をするに当たっての支障又は許可をした場合の弊害若しくは影響の内容及び程度、代替施設確保の困難性など許可をしないことによる申請者側の不都合又は影響の内容及び程度等の諸般の事情を総合考慮してされるものであり、その裁量権の行使が逸脱濫用に当たるか否かの司法審査においては、その判断が裁量権の行使としてされたことを前提とした上で、その判断要素の選択や判断過程に合理性を欠くところがないかを検討し、その判断が、重要な事実の基礎を欠くか、又は社会通念に照らし著しく妥当性を欠くものと認められる場合に限って、裁量権の逸脱又は濫用として違法となるとすべきものと解するのが相当である⓭。

[18] (3) 教職員の職員団体は、教員を構成員とするとはいえ、その勤務条件の維持改善を図ることを目的とするものであって、学校における教育活動を直接目的とするものではないから、職員団体にとって使用の必要性が大きいからといって、管理者において職員団体の活動のためにする学校施設の使

❼ [13] では、本件不許可処分の以前から、XとYとの対立がありそれが激化していたという背景事情が示されている。

❽ [14] では、原審の結論と、それに対するYの上告の概要が示されている。

❾ [15] では、地自法244条が定める「公の施設」は、その設置目的に沿った一般公衆の利用を拒むことは正当な理由がない限り許されないが、設置目的外の使用に関しては、同条の適用はなく、行政財産の目的外使用に関する同法238条の4第4項（現行7項）の適用を受けるということが示されている（判解①233頁）。このように、施設の使用形態が設置目的の内か外かが適用法令を分けるポイントとなっている。

❿ [16] では、学校施設の目的外使用の場合について定める法令の仕組みが説明されている。まず、学校施設令により、学校施設は原則として目的外に使用できないが（3条1項柱書）、例外として、①法律または法律に基づく命令の規定に基づく使用（同項1号）と、②管理者または学校の長の同意を得た使用（同項2号）ができる。②の使用のための「同意」を与えるには、他の法令の規定に従わなければならない（3条2項）。ここでいう「他の法令の規定」として、地自法238条の4第4項の趣旨を学校施設の場合に敷衍した（学校について言い換えた）学校教育法85条がある（判解①229頁）。そして本件使用規則［3］参照）は、これらの法令の規定を受けて（地方教育行政の組織及び運営に関する法律33条1項に基づき）定められたものである、と位置づけられている。

⓫ [17] の第1文では、①地自法238条の4第4項、学校教育法85条は、いずれも「利用させることができる」、「その使用を許可することができる」と定めていること、②学校施設令1条、3条により、学校施設は学校教育の目的外使用に供することを基本的に制限されていることという2点から、学校施設の目的外使用を許可するか否かは、原則として、管理者の裁量に委ねられているものと解するのが相当であるとしている。ここで、「一般公衆の共同使用に供することを主たる目的とする道路や公民館等の施設とは異なり」とあるが、この点で、公民館に関する泉佐野市民会館使用不許可事件判決［本書43事件］や、道路に関する新潟県公安条例事件判決［本書41事件］、東京都公安条例事件判決［本書42事件］との区別が図られている。第2文では、それを整理して、①「学校教育上の支障」がある場合には目的外使用の許可の禁止されること（この点は第3文で敷衍されている。⓬参照）、②「学校教育上の支障」がない場合でも、学校施設の管理者の裁量判断により使用を許可しないことができること、すなわち、効果裁量が認められること（この点は第4文で敷衍されている。⓭参照）、が示されている。

⓬ [17] の第3文では、学校施設の管理者には、「学校教育上の支障」の有無についての要件裁量が認められるということが述べられている。さらに、「学校教育上の支障」には物理的障害に限らず教育配慮も含まれ、また、現在の具体的障害に限らず将来の明白な支障も含まれる、とされている。

⓭ [17] の第4文では、学校施設の管理者の裁量判断は、「諸般の事情を総合考慮してされるもの」であること、その裁量権の行使が違法になるか否かの判断枠組みとして、(1)「判断要素の選択や判断過程」の「合理性」の有無を、(2)「重要な事実の基礎を欠くか、又は社会通念に照らし著しく妥当性を欠くものと認められる」かという考慮の程度（深さ）から審査することが示されている。これは、判断過程審査を比較的緩やかに行おうとするものである（判批①229頁）。

⓮ [18] では、裁量権の行使の逸脱濫用の有無を判断するのに際して、本件事案に特徴的な事実（①教職員の職員団体による使用であること、②従前は同一目的での使用許可申請を原則許可してきたこと）の有する意味について言及されている。すなわち、第1文で、教職員の職員団体

用を受忍し、許容しなければならない義務を負うものではないし、使用を許さないことが学校施設につき管理者が有する裁量権の逸脱又は濫用であると認められるような場合を除いては、その使用不許可が違法となるものでもない。また、従前、同一目的での使用許可申請を物理的支障のない限り許可してきたという運用があったとしても、そのことから直ちに、従前と異なる取扱いをすることが裁量権の濫用となるものではない。もっとも、従前の許可の運用は、使用目的の相当性やこれと異なる取扱いの動機の不当性を推認させることがあったり、比例原則ないし平等原則の観点から、裁量権濫用に当たるか否かの判断において考慮すべき要素となったりすることは否定できない❶。

[19]　(4)　以上の見地に立って本件を検討するに、原審の適法に確定した前記事実関係等の下において、以下の点を指摘することができる❶。

[20]　ア　教育研究集会は、被上告人の労働運動としての側面も強く有するものの、その教育研究活動の一環として、教育現場において日々生起する教育実践上の問題点について、各教師ないし学校単位の研究や取組みの成果が発表、討議の上、集約される一方で、その結果が、教育現場に還元される場ともなっているというのであって、教員らによる自主的研修としての側面をも有しているところ、その側面に関する限りは、自主的で自律的な研修を奨励する教育公務員特例法19条、20条の趣旨にかなうものというべきである。被上告人が本件集会前の第48次教育研究集会まで1回を除いてすべて学校施設を会場として使用してきており、広島県においては本件集会を除いて学校施設の使用が許可されなかったことがなかったのも、教育研究集会の上記のような側面に着目した結果とみることができる。このことを理由として、本件集会を使用目的とする申請を拒否するには正当な理由の存在を上告人において立証しなければならないとする原審の説示部分は法令の解釈を誤ったものであり是認することができないものの、使用目的が相当なものであることが認められるなど、被上告人の教育研究集会のための学校施設使用許可に関する上記経緯が前記(3)で述べたような趣旨で大きな考慮要素となることは否定できない❶。

[21]　イ　過去、教育研究集会の会場とされた学校に右翼団体の街宣車が来て街宣活動を行ったことがあったというのであるから、抽象的には街宣活動のおそれはあったといわざるを得ず、学校施設の使用を許可した場合、その学校施設周辺で騒じょう状態が生じたり、学校教育施設としてふさわしくない混乱が生じたりする具体的なおそれが認められるときには、それを考慮して不許可とすることも学校施設管理者の裁量判断としてあり得るところである。しかしながら、本件不許可処分の時点で、本件集会について具体的な妨害の動きがあったことは認められず(なお、記録によれば、本件集会については、実際には右翼団体等による妨害行動は行われなかったことがうかがわれる。)、本件集会の予定された日は、休校日である土曜日と日曜日であり、生徒の登校は予定されていなかったことからすると、仮に妨害行動がされても、生徒に対する影響は間接的なものにとどまる可能性が高かったということができる❶。

[22]　ウ　被上告人の教育研究集会の要綱などの刊行物に学習指導要領や文部省の是正指導に対して批判的な内容の記載が存在することは認められるが、いずれも抽象的な表現にとどまり、本件集会において具体的にどのような討議がされるかは不明であるし、また、それらが本件集会において自主的研修の側面を排除し、又はこれを大きくしのぐほどに中心的な討議対象となるものとまでは認められないのであって、本件集会をもって人事院規則14－7所定の政治的行為に当たるものということはできず、また、これまでの教育研究集会の経緯からしても、上記の点から、本件集会を学校施設で開催することにより教育上の悪影響が生ずるとする評価を合理的なものということはできない❶。

[23]　エ　教育研究集会の中でも学校教科項目の研究討議を行う分科会の場として、実験台、作業台等の教育設備や実験器具、体育用具等、多くの教科に関する教育用具及び備品が備わっている学校施設を利用することの必要性が高いことは明らかであり、学校施設を利用する場合と他の公共施設を利用する場合とで、本件集会の分科会活動にとっての利便性に大きな差違があることは否定できない❶。

[24]　オ　本件不許可処分は、校長が、職員会議を開いた上、支障がないとして、いったんは口頭で使用を許可する意思を表示した後に、上記のとおり、右翼団体による妨害行動のおそれが具体的なものではなかったにもかか

は、勤務条件の維持改善を図ることを目的とする団体であるから(地公法52条)、その使用は学校施設の目的外使用に該当し、学校施設の管理者には❶で示された裁量が認められることが示され、第2文で、従前使用を許可してきたという運用(❽参照)と異なる取扱いをすることが直ちに裁量権の濫用とはならないが、「比例原則ないし平等原則の観点から」判断過程審査における考慮要素となるとして、運用による期待的利益も考慮要素となることが示されている。

❶　[19]から[24]では、[15]から[18]の検討によって導出された本件を検討するための「見地」(判断枠組み)を用いて、[2]から[13]で示された事実関係のもとでYの裁量権の行使に逸脱濫用があったか否かの検討がなされている。

❶　[20]では、本件の学校施設使用の目的であった教育研究集会の性質について、労働運動としての側面も強く有するものの、教員らによる自主的研修としての側面をも有しているとして、前者に比重を置いた評価をしている(❾参照)。この点、原審および第一審では、後者の側面に比重を置くことで、本件集会を学校教育に準ずる活動と位置づけるとともに、従前の運用状況、そして教育公務員特例法19条、20条(現行20条、21条)の趣旨に照らして、本件集会を使用目的とする申請を拒否するためには、B側が正当な理由が存することを立証しなければならないとしていた。これに対して本判決は、前述のとおり前者の側面に比重を置くことで、原審の解釈を否定する一方で、[18]の第2文で述べた意味(❶参照)で、従前使用を許可してきたという運用は、裁量権の行使の逸脱濫用の判断に際して、「大きな考慮要素となる」としている。

❶　[21]の第1文では、Xらの活動に反対する団体の活動によって生じる混乱をどのように評価するかについて述べられている。この点、泉佐野市民会館使用不許可事件判決〔本書43事件〕および判例①では、平穏に集会を行おうとしている団体に対して、それに反対するグループ等が妨害をするおそれで紛争が生じるおそれがあることを理由に公の施設の利用を拒むことは「憲法21条の趣旨に反する」とする「敵意ある聴衆の法理」という考え方が示されており、本件の第一審、控訴審でも同趣旨の判断がなされていた。これに対してこの第1文では、混乱が生じる具体的なおそれが認められるときは、それを考慮して使用不許可とすることも学校施設管理者の裁量判断としてありうるとして、同法理の射程の範囲外としている。泉佐野市民会館使用不許可事件および判例①が施設の設置目的に沿った使用の場合に関する事例であるのに対して、本件が施設の設置目的外利用の場合に関する事例であったという違いによるものと解される(判解①229-231頁)。そして第2文は、上記のおそれが具体的ではなく(⓫参照)、また、別の施設で開催された本件集会において右翼団体による妨害活動は行われなかったこと、開催予定日が土日であることから生徒への影響が間接的なものにとどまる可能性が高かったという事情を指摘している。

❶　[22]では、本件集会が地方公務員特例法21条の4(現行18条)、国公法102条、人事院規則14－7によって禁止される政治的行為に該当する場合には、学校施設の利用を拒否することが許されるという理解を前提に、本件集会はそうした違法な活動を行うものではないとしている。また、これまでの経緯等に照らし、本件集会は教育委員会等の教育行政上の方針を批判するための集会でもないから、本件集会を学校施設で開催するということを理由に、教育上の悪影響が生ずることは合理的ではないとしている。

❶　[23]では、本件集会のために学校施設を利用する必要性が高かったことが説明されている。ここでの考慮は、❶の第4文(❶参照)で「許可をしないことによる申請者側の不都合又は影響の内容及び程度等」が総合考慮の要素として挙げられていたことに対応している。

わらず、市教委が、過去の右翼団体の妨害行動を例に挙げて使用させない方向に指導し、自らも不許可処分をするに至ったというものであり、しかも、その処分は、県教委等の教育委員会と被上告人との緊張関係と対立の激化を背景として行われたものであった⑳。

【25】　(5)　上記の諸点その他の前記事実関係等を考慮すると、本件中学校及びその周辺の学校や地域に混乱を招き、児童生徒に教育上悪影響を与え、学校教育に支障を来すことが予想されるとの理由で行われた本件不許可処分は、重視すべきでない考慮要素を重視するなど、考慮した事項に対する評価が明らかに合理性を欠いており、他方、当然考慮すべき事項を十分考慮しておらず、その結果、社会通念に照らし著しく妥当性を欠いたものということができる。そうすると、原審の採る立証責任論等は是認することができないものの、本件不許可処分が裁量権を逸脱したものであるとした原審の判断は、結論において是認することができる。論旨はいずれも採用することができない㉑。

【26】　4　よって、裁判官全員一致の意見で、主文のとおり判決する。
（裁判長裁判官　濱田邦夫　裁判官　上田豊三　裁判官　藤田宙靖　裁判官　堀籠幸男）

⑳【24】では、本件不許可処分が、「県教委等の教育委員会と被上告人との緊張関係と対立の激化を背景として行われたもの」であるとしているが（【13】参照）、これは、裁量権の行使に際しての他事考慮がなされた可能性を示唆している。

㉑【25】では、【20】から【24】等を総合衡量した結論として、本件不許可処分は、重視すべきでない考慮要素を重視するなど、考慮した事項に対する評価が明らかに合理性を欠いており、他方、当然考慮すべき事項を十分考慮しておらず、その結果、社会通念に照らし著しく妥当性を欠いたものであり、違法であると結論づけている。
なお、この結論は、「あくまでも本件集会の目的、態様等に関する原判決の認定事実を前提」（判解①229頁）にしたものであるから、「本最判の結論を、例えば、職員団体の教研集会を使用目的とする学校施設の目的外使用が広く認められることになる、というように一般化することはできない」（判批①243頁）ということに注意したい。

補足説明　「人権条項なき憲法訴訟」と憲法論との接続

以上みたように、本件事案で憲法は一度も登場していない。それにもかかわらず本判決が憲法の教科書にしばしば登場し、また精読すべき憲法判例として本書が取り上げているのは、次の理由による。

第1に、集会の自由への言及がなされた泉佐野市民会館使用不許可事件判決〔本書43事件〕との対比・区別という意義である。両判決および判例①などの対比により、各々の判例の射程が明確になる（文献④123頁）。第2に、本判決は、「人権制限が問題であるように見えるにもかかわらず、明示的に憲法何条（違反）と挙げることなく、行政裁量の踰越・濫用の枠組みで事案を処理した一連の判例」（文献②100頁）の一つである。同様の判例として、神戸高専剣道実技履修拒否事件判決〔本書15事件〕などがあるが、そのような「人権条項なき憲法訴訟」（文献②104-106頁）における裁判所の審査の姿勢を理解するために参考になる。関連して第3に、本判決で挙げられた判断過程の合理性審査における考慮事項やその重みづけに際して、集会の自由の実現に関わる管理権の行使であるという事情が一定の影響を及ぼしていると解する余地が存しており（文献②106頁、文献③44頁、文献④42-45頁など）、その意味で、憲法論との接続のあり方を考察する手がかりとなる。

これに対して、本判決に直接的に憲法論を及ぼして（再）構成しようとする際には、パブリック・フォーラム法理が引き合いに出されることが多い。パブリック・フォーラム法理の概要については、吉祥寺駅構内ビラ配布事件判決〔本書37事件〕の**補足説明**および泉佐野市民会館使用不許可事件判決の**補足説明**のとおりであるが、判解①は、アメリカの憲法学説（判例ではない点に注意）のいうセミ・パブリック・フォーラム（図書館、学校など、パブリック・フォーラムの性質を部分的に帯有する表現活動の場として機能する施設）に言及したうえで、この類型は非パブリック・フォーラムほど「厳格に表現活動の場として機能しないものではなく、市民への学校開放の動きが高まれば、更にそのセミ・パブリック・フォーラムとしての性格は強まるものと考えられる」と述べている（学校はセミ・パブリック・フォーラムであるとの主張は、第一審でX側から主張されていた）。公共施設の目的外使用の場合でも表現活動を認める方向への展望を示しており注目されるが、判例のいう指定的パブリック・フォーラムとはなお性格が異なるとされており（判解①237頁）、泉佐野市民会館使用不許可事件判決や判例①とはやはり区別される。

また学説では、パブリック・フォーラムに関する学説を手がかりに、施設の設置目的の範囲内か範囲外かを法令の仕組み解釈から判断するだけでなく、当該場所や施設の機能・役割から考察すべきとする見解もみられる（文献④47-48頁）。この議論は、施設の設置目的の範囲の内か外かを重視する判例の立場を相対化させることで、後者の場面での表現・集会の自由の保障の拡大を図ろうとするものである。

Questions

①事実関係の確認

問1　Xは、どのような団体であったか。また、Xが開催する教育研究集会は、これまでどこを会場として開催されており、どの程度の参加者があったか。▶【事案】【8】

問2　Xの教育研究集会は、通常、どのようなプログラムで開催され、またそれはどのような側面を有する内容のものであったか。▶【9】

問3　平成4年に呉市で開催された第42次教育研究集会ではどのような出来事があったか。▶【10】

問4　Xの教育研究集会の要綱などの刊行物にはどのような内容の記載がみられたか。▶【12】

問5　県教委とXとは、何の問題をめぐって緊張関係にあったか。そしてそれが激化したのは何がきっかけか。▶【13】【24】

問6　Xは、第49次広島県教育研究集会を、いつ、どこで、開催することに決めたか。▶【事案】【1】【4】

問7　本件使用規則によれば、市立学校の施設を使用しようとする者は、誰に、何を提出し、誰から許可を受けなければならないか。また、同規則によれば、市教委はいかなる場合に学校施設の使用許可をしないことができるか。▶【参考条文】【3】

問8 Xは、平成11年9月10日、誰に、どのようにして、学校施設の使用許可を申し込んだか。また、その回答はどのようなものであったか。▶【4】
問9 Xからの学校施設の使用申込みを知った市教委B長は、校長Aに対して、何をしたか。▶【5】
問10 市教委Bは、Xからの使用許可申請に対して、どのような理由に基づき、どのような処分を行ったか。また、その法的根拠は何か。▶【事案】【6】
問11 本件不許可処分の時点で、本件集会について右翼団体等による具体的な妨害の動きがあったということの主張立証は、本件事案でなされているか。▶【11】
問12 本件集会は、結局、どこで開催されたか。またその際、右翼団体等による具体的な妨害はなされたか。▶【7】【21】
問13 Xは、誰を被告として、どのような訴訟を提起したか。▶【事案】【1】
問14 原審はどのような判断をしたか。▶【事案】【14】

②判決の内容の確認

問15 本判決によれば、地方公共団体の設置する公立学校は、地自法上、何として設けられたものと位置づけられているか。また、学校教育目的での使用、設置目的外の使用について、それぞれ地自法の何条に基づく規律を受けることになるか。▶【15】
問16 本判決は、学校施設の設置目的外の使用の許可は、いかなる法的根拠に基づき、誰が行うとしているか。▶【参考条文】【15】
問17 学校施設の確保に関する政令3条は、何を原則とし、何を例外としているか。▶【参考条文】【16】
問18 本判決は、学校施設の確保に関する政令、地自法238条の4第4項、学校教育法85条、本件使用規則の関係をどのようなものとして整理しているか。▶【参考条文】【15】【16】
問19 本判決は、道路や公民館の本来の使用目的は何であるとしているか。また、学校施設の本来の使用目的は何であるとしているか。▶【17】
問20 本判決は、学校施設の目的外使用の許可不許可は、原則として、誰にどのように委ねられているとしているか。▶【17】
問21 本判決によれば、学校教育上支障がない場合には、当然に学校施設の目的外使用の許可をしなければならないか。また、本判決が挙げる学校教育上の支障とはどのようなものか。▶【17】
問22 本判決は、どのような事情をどのように考慮の対象として、学校施設の目的外使用の許可についての管理者の裁量的判断は行われるべきであるとしているか。▶【17】
問23 本判決は、管理者の裁量的判断の適法性を審査するにあたり、司法はどのような判断枠組みで審査を行うべきであるとしているか。▶【17】【18】
問24 本判決は、教職員の職員団体にとって使用の必要性が大きいという事実は、管理者の裁量的判断の適法性を審査するにあたり、どのような意味をもつと評価しているか。▶【18】
問25 本判決は、従前の使用許可の運用があったという事実は、管理者の裁量的判断の適法性を審査するにあたり、どのような意味をもつと評価しているか。また、本事案の場合、Xの教育研究集会のための施設の使用を原則的に許可してきたという運用は、いかなる意味をもつとされているか。▶【18】【20】
問26 判例①では、平穏に集会を行おうとしている団体に対して、それに反対するグループ等が妨害をするなどして紛争が生じるおそれがあることを理由に公の施設の利用を拒むことは、「憲法21条の趣旨に反する」という「敵意ある聴衆の法理」という考え方が示されたが、本判決ではこの点についてどのように述べているか。▶【21】
問27 本判決が、「本件集会をもって人事院規則14−7所定の政治的行為に当たるものということはできず、また、これまでの教育研究集会の経緯からしても、上記の点から、本件集会を学校施設で開催することにより教育上の悪影響が生ずるとする評価を合理的なものということはできない」と述べた際の根拠は何か。▶【22】
問28 本判決は、本件集会にとって学校施設を利用することの意義についてどのように述べているか。▶【23】
問29 本判決は、本件不許可処分がどのような経緯でなされたとしているか。▶【24】
問30 本判決は、いかなる理由で本件不許可処分を違法であるとしたか。▶【25】

③応用問題

問31 ある場所が、地方公共団体が住民の福祉を増進する目的をもってその利用に供するために設けた施設である「公の施設」として位置づけられるか否かの判断をするに際して、どのような事柄が考慮されるか。▶【15】～【17】、判例②、判例③
問32 「公の施設」に該当しない場所において、当該場所を自発的に公衆の表現活動の場所としてその利用に供してきたような場合、当該場所は憲法上、どのように位置づけられるだろうか。▶判例②、吉祥寺駅構内ビラ配布事件判決〔本書37事件〕および泉佐野市民会館使用不許可事件〔本書43事件〕の【補足説明】

○ **関連判例**（本書所収以外のもの）
最判平成8年3月15日民集50巻3号549頁［上尾市福祉会館事件］（判例①）
金沢地判平成28年2月5日判例集未登載（判例②）
名古屋高金沢支判平成29年1月25日判例集未登載（判例③）

○ **本判決の調査官解説**
川神裕「判解」最高裁判所判例解説民事篇平成18年度(上)206頁（判解①）

○ **その他の判例解説・判例批評**
仲野武志「判批」判例評論578号（2008年）178頁

山本隆司「判批」同『判例から探究する行政法』（有斐閣、2012年）218頁（判批①）

参考文献
亘理格「公立学校施設とパブリック・フォーラム論―憲法・行政法の共振回路としての公共施設法」法学教室329号（2008年）40頁（**文献①**）。
宍戸常寿「裁量論と人権論」公法研究71号（2009年）100頁（**文献②**）
山本龍彦「行政裁量と判断過程審査」曽我部真裕ほか編『憲法論点教室』（日本評論社、2012年）39頁（**文献③**）
木下昌彦「公共施設の管理権とその憲法的統制」横大道聡編『憲法判例の射程』（弘文堂、2017年）120頁（**文献④**）

第14章 表現の自由(7)：取材・報道の自由

1 学説の状況

　報道の自由とは、一般に、報道機関が印刷メディア（新聞・雑誌）や電波メディア（放送）を通じて国民に「事実」を伝達する自由と解されている。初期の学説では、表現の自由は思想・意見の表明の自由と理解され、単なる「事実」の報道は表現の自由に含まれないとの立場も有力だった。しかし現在は、①報道には編集作業が加わるため事実報道と思想表明との区別は困難、②政治・社会・経済等に関する事実の情報流通は各人の人格形成や立憲民主制の運営に不可欠、③報道は国民の知る権利に奉仕するので重要、といった理由で、報道の自由が表現の自由に含まれることに学説上異論はない。

　取材の自由については、当初、その憲法的保護を否定する見解が少なくなかった。しかし現在は、「報道は、取材・編集・発表という一連の行為により成立するものであり、取材は、報道にとって不可欠の前提をなす」（芦部［7版］188頁）と解されており、取材の自由も報道の自由の一環として憲法21条により保障される、との見解が支配的である。

　取材の自由は、取材行為の自由と将来の取材を困難にされない自由とに大別されうる。前者の典型事案は、国家秘密の取材（秘密漏示そそのかし罪）、法廷内での取材（写真撮影禁止・メモ採取禁止）、在監者に対する取材目的での接見等である。後者の典型事案は、取材源秘匿や取材物提出拒否等である。ただ、取材源秘匿権や取材物提出拒否権が憲法で直接保障された権利であるかについては、学説上争いがある。この点、有力な学説は、「取材源秘匿に一定の憲法上の保護が及ぶと言っても、その範囲をいかに定めるかは第一次的には議会の裁量に属〔する〕」（芦部信喜『憲法学Ⅲ 人権各論(1)［増補版］』（有斐閣、2000年）298-299頁）とし、取材源秘匿権を抽象的権利のように理解している。

　取材の自由、とりわけ取材源秘匿に関しては、一般人には認められない報道人のある種の特権をどのように基礎づけるのかという問題もある。特権肯定説は、報道の自由が社会公共の利益をその保障根拠とする権利であることから、取材活動に関する特権を報道人に認める。ただ、これに否定的な論者も少なくなく、この点に関し、学説の一致はみられていない。

2 判例の展開

　判例は、当初より一貫して、報道の自由を憲法21条1項の保障する表現の自由の一内容と理解してきた。法廷における無断の写真撮影が問題となった『北海タイムス』事件判決（最大判昭33・2・17刑集12-2-253）は、「新聞が真実を報道することは、憲法21条の認める表現の自由に属〔する〕」と述べ、また、**博多駅事件決定**〔本書45事件〕は、「報道機関の報道は、民主主義社会において、国民が国政に関与するにつき、重要な判断の資料を提供し、国民の『知る権利』に奉仕するものである。したがつて、思想の表明の自由とならんで、事実の報道の自由は、表現の自由を規定した憲法21条の保障のもとにあることはいうまでもない」と判示している。とりわけ同決定は、「事実の報道」であっても「憲法21条の保障のもとにある」と論じており、表現の自由の広い射程を確認したものとして注目される。さらに同決定は、報道の自由の意義を「国民の『知る権利』に奉仕する」点に見出しており、この説示は、報道人の特権を基礎づける立場とも親和的である。とはいえ、新聞記者による裁判での証言拒絶が問題となった朝日新聞記者証言拒否事件判決（最大判昭27・8・6刑集6-8-974）では、憲法21条は「新聞記者に特種の保障を与えたものではない」と明言しており、判例が報道人の特権を承認しているかは定かでない。ただし、法廷内でのメモ採取について記者クラブ所属の報道機関の記者を優遇したことの合憲性が争われた**レペタ事件判決**〔本書46事件〕では、博多駅事件決定の上記説示を根拠に、この優遇に関する平等原則違反の主張を退けている。

　取材の自由についても、博多駅事件決定がその憲法上の位置づけを明確にしている。同決定では、「報道機関の報道が正しい内容をもつためには、報道の自由とともに、報道のための取材の自由も、憲法21条の精神に照らし、十分尊重に値いするものといわなければならない」としている。「憲法21条の精神に照らし、十分尊重に値いする」の意味は、一般に、取材の自由は完全なる21条の保護を享受せず、一段低い保護しか及ばない趣旨をいうものと理解されている。

　取材の自由のうち、取材行為の自由に関する事案としては、『北海タイムス』事件のほか、取材目的での未決拘禁者との接見を制限したことが問題となった事件（東京高判平7・8・10判時1546-3）、取材目的での国家秘密漏洩のそそのかしが罪に問われた外務省秘密電文漏洩事件（最判昭53・5・31刑集32-3-457）等がある。外務省秘密電文漏洩事件判決は、博多駅事件決定を引用し、取材の自由を「十分尊重に値する」としたうえで、秘密漏示をそそのかしても直ちに違法とはならない旨を判示している。ここには、取材の自由に対する一定の配慮がみてとれる。なお、報道機関の取材の自由の問題ではないが、上記レペタ事件も消極的情報収集権（情報摂取の自由）に関わる点で、参照に値する。

　将来の取材を困難にされない自由に関する事案としては、まず取材源秘匿との関連で、朝日新聞記者証言拒否事件（前掲最大判昭27・8・6）と**NHK記者証言拒否事件**〔本書47事件〕を挙げることができる。前者は刑事事件、後者は民事事件の事案であったが、後者についてのみ証言拒絶が認められた。この相違は、証言拒絶に関する刑訴法149条と民訴法197条1項3号（「職業の秘密」）の規定ぶりの違いによるところが大きい。他方、取材物提出拒否との関連では、裁判所による取材フィルム提出命令を拒否したことの是非が争われた博多駅事件のほか、日本テレビ事件（最決平元・1・30刑集43-1-19）、TBS事件（最決平2・7・9刑集44-5-421）を挙げることができる。後二者は、捜査機関の差押え（日本テレビ：検察官の差押え、TBS：司法警察職員の差押え）によるものだった点で、博多駅事件とは事案類型が異なる。しかし、最高裁は、日本テレビ事件で「公正な刑事裁判を実現するためには、適正迅速な捜査が不可欠の前提であり……両者の間に本質的な差異がない」と判示しており、博多駅事件決定と同様の比較衡量の枠組みで合憲性判断を行っている。

45 博多駅事件

最高裁昭和44年11月26日大法廷決定　昭和44年(し)第68号：取材フィルム提出命令に対する抗告棄却決定に対する特別抗告事件　刑集23巻11号1490頁

事案

昭和43年1月、反代々木系3派全学連学生約300人がアメリカ原子力空母エンタープライズ号佐世保寄港反対運動に参加する目的で博多駅で下車した際、警備にあたっていた機動隊員らが学生らを駅構内から排除する措置をとったところ、両者の間に衝突が生じ、一部の学生が公務執行妨害罪（刑法95条）で逮捕された（いわゆる博多駅事件）。これに対し、学生側は、逮捕の際に機動隊員から暴行を受けたとして、特別公務員暴行陵虐罪（同195条）、公務員職権濫用罪（同193条）で福岡地検に告発したが、不起訴処分とされたので、刑訴法262条により福岡地裁に付審判の請求（公務員職権濫用罪等を告訴または告発した者が、検察官による不起訴等の処分に不服があるとき、裁判所に審判に付することを請求すること）をした。

この付審判請求事件を審理した福岡地裁は、福岡地検から捜査記録の送付を受けた。しかし、その大半は被疑者とされる警察や駅側のものであったため、福岡地裁はこの捜査記録のみでは真相の把握が困難であると判断し、被害者である学生側の多面的な供述をさらに得ようと試みた。ところが、当日の学生集団が多数の大学の参加者からなっており、相互に面識がなかったため、被害学生の特定さえ困難な状況にあった。また、被疑者の特定についても警察や駅側の協力は得られず、さらに、新たな第三者の証言も期待できなかったため、審理は難航した。

そこで福岡地裁は、報道のため中立的な立場から撮影したテレビフィルムの証拠価値を重視し、Xら（RKB毎日放送ら民放3社とNHK福岡放送局）に対し、博多駅事件当日のニュースフィルムの任意提出を求めた。しかし、これが拒否されたため、刑訴法99条2項に基づき当該フィルム全部の提出を命じた（福岡地決昭44・8・28刑集23-11-1513）。

これに対し、Xらは、報道の自由や提出の必要性の低さを主張し、命令の取消しを求めて福岡高裁に抗告したが、これが棄却されたので、最高裁に特別抗告を申し立てた。

■参考条文（事件当時のもの）

刑事訴訟法
第99条　裁判所は、必要があるときは、証拠物又は没収すべき物と思料するものを差し押えることができる。但し、特別の定のある場合は、この限りでない。
2　裁判所は、差し押えるべき物を指定し、所有者、所持者又は保管者にその物の提出を命ずることができる。
第262条　刑法第193条乃至第196条〔職権濫用〕又は破壊活動防止法（昭和27年法律第240号）第45条〔公安調査官の職権濫用〕の罪について告訴又は告発をした者は、検察官の公訴を提起しない処分に不服があるときは、その検察官所属の検察庁の所在地を管轄する地方裁判所に事件を裁判所の審判に付することを請求することができる。
2　前項の請求は、第260条〔不起訴処分の通知〕の通知を受けた日から7日以内に、請求書を公訴を提起しない処分をした検察官に差し出してこれをしなければならない。
第265条　第262条第1項の請求についての審理及び裁判は、合議体でこれをしなければならない。
2　裁判所は、必要があるときは、合議体の構成員に事実の取調をさせ、又は地方裁判所若しくは簡易裁判所の裁判官にこれを嘱託することができる。この場合には、受命裁判官及び受託裁判官は、裁判所又は裁判長と同一の権限を有する。

Navigator

本件事案では、「公正な刑事裁判の実現」を目的とした取材フィルムの提出命令が、報道機関の取材の自由を侵害し憲法21条に反するかが争われている。かつて最高裁は、取材の自由の憲法的保護を否定していた（判例③）。しかし本決定は、報道機関の報道は「国民の『知る権利』に奉仕する」との理解を前提に、「事実の報道の自由」は「憲法21条の保障のもとにある」とし、「報道機関の報道が正しい内容をもつため」には取材の自由も「憲法21条の精神に照らし、十分尊重に値いする」と判示した。そこから本決定は、報道機関の取材結果の目的外使用について、「将来における取材活動の自由を妨げるおそれ」があると指摘し、そのうえで、公正な刑事裁判の実現を理由とした取材の自由の制約が許容されうるかを判断する。判断枠組みとしては比較衡量を採用し、①犯罪の性質、態様、軽重や取材物の証拠としての価値、公正な刑事裁判を実現するにあたっての必要性の有無（得られる利益）、②取材の自由が妨げられる程度、報道の自由に及ぼす影響の度合い（失われる利益）等を考慮要素としつつ審査を行った。そして、本件フィルムに証拠上極めて重要な価値があると評価する一方で、報道機関の不利益は報道の自由そのものではなく、将来の取材の自由が妨げられるおそれにとどまるとして、最終的には、本件フィルムの提出命令は憲法21条に反しないと結論づけた。本決定に取り組む際には、①報道の自由や取材の自由がなぜ憲法上保護されるのか、②フィルム提出命令がなぜ取材の自由の制約となるのか、③比較衡量の各考慮要素がどのような事実の評価と関連しているのか、といった点を意識しながら読み込んでいただきたい。

■決定の論理構造

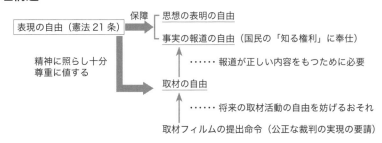

決　定

○　主　文

本件抗告を棄却する。

○　理　由

本件抗告の趣意は、別紙記載のとおりである。

抗告人本人らの抗告理由、抗告人代理人弁護士村田利雄の追加理由および抗告人代理人弁護士妹尾晃外2名の理由補充第一について。

[1]　所論は、憲法21条違反を主張する。すなわち、報道の自由は、憲法が標榜する民主主義社会の基盤をなすものとして、表現の自由を保障する憲法21条においても、枢要な地位を占めるものである。報道の自由を全うするには、取材の自由もまた不可欠のものとして、憲法21条によって保障されなければならない。これまで報道機関に広く取材の自由が確保されて来たのは、報道機関が、取材にあたり、つねに報道のみを目的とし、取材した結果を報道以外の目的に供さないという信念と実績があり、国民の側にもこれに対する信頼があったからである。然るに、本件のように、取材フイルムを刑事裁判の証拠に使う目的をもってする提出命令が適法とされ、報道機関がこれに応ずる義務があるとされれば、国民の報道機関に対する信頼は失われてその協力は得られず、その結果、真実を報道する自由は妨げられ、ひいては、国民がその主権を行使するに際しての判断資料は不十分なものとなり、表現の自由と表裏一体をなす国民の「知る権利」に不当な影響をもたらさずにはいないであろう。結局、本件提出命令は、表現の自由を保障した憲法21条に違反する、というのである❶。

[2]　よつて判断するに、所論の指摘するように、報道機関の報道は、民主主義社会において、国民が国政に関与するにつき、重要な判断の資料を提供し、国民の「知る権利」に奉仕するものである。したがつて、思想の表明の自由とならんで、事実の報道の自由は、表現の自由を規定した憲法21条の保障のもとにあることはいうまでもない❷。また、このような報道機関の報道が正しい内容をもつためには、報道の自由とともに、報道のための取材の自由も、憲法21条の精神に照らし、十分尊重に値いするものといわなければならない❸。

[3]　ところで、本件において、提出命令の対象とされたのは、すでに放映されたフイルムを含む放映のために準備された取材フイルムである。それは報道機関の取材活動の結果すでに得られたものであるから、その提出を命ずることは、右フイルムの取材活動そのものとは直接関係がない。もつとも、報道機関がその取材活動によつて得たフイルムは、報道機関が報道の目的に役立たせるためのものであつて、このような目的をもつて取材されたフイルムが、他の目的、すなわち、本件におけるように刑事裁判の証拠のために使用されるような場合には、報道機関の将来における取材活動の自由を妨げることになるおそれがないわけではない❹。

[4]　しかし、取材の自由といつても、もとより何らの制約を受けないものではなく、たとえば公正な裁判の実現というような憲法上の要請があるときは、ある程度の制約を受けることのあることも否定することができない❺。

[5]　本件では、まさに、公正な刑事裁判の実現のために、取材の自由に対する制約が許されるかどうかが問題となるのであるが、公正な刑事裁判を実現することは、国家の基本的要請であり、刑事裁判においては、実体的真実

❶ [1]は、抗告申立人の違憲主張の概要である。抗告申立人は、取材の自由が確保されてきた理由として、取材結果を「報道以外の目的には供さない」という報道機関の信念とこれに対する国民の"信頼"を強調している。そして、取材フィルムの目的外利用は、"信頼"の失墜→取材への非協力→真実報道の自由の妨害を招き、国民の「知る権利」に不当な影響をもたらすと主張した。

❷ [2]の第1文・第2文は、報道の自由の意義とその憲法的保護に言及している。本決定は、報道機関の報道を「国民の『知る権利』に奉仕するもの」と位置づけ、ここから報道の自由を基礎づける。第2文では、「事実の報道の自由」は「憲法21条の保障のもとにある」と述べ、「思想の表明」に加え、価値判断・評価を含まない「事実の報道」にも、憲法21条の保護が及ぶことを明らかにした。なお、ここにいう「知る権利」は独立した具体的権利としてのそれではない。指導理念や解釈指針、違法性判断における考慮要素といった性質のものである（判解⑤60-63頁）。したがって、いわゆる「情報摂取の自由」や「情報公開請求権」とは次元を異にする概念である。

❸ [2]の第3文は、取材の自由の意義とその憲法的保護に言及している。取材の自由は、「報道が正しい内容をもつため」という理由で認められている。しかし、その保護の程度は、「憲法21条の精神に照らし、十分尊重に値いする」にとどまる。これは、「憲法21条の保障のもとにある」とされた報道の自由とは鋭い対照をなす。この表現の違いは、「両者の間に保障の程度に差異がある」ことを示しており（判解①421頁）、取材の自由には報道の自由ほどの強い保護は及ばない。なお、再婚禁止期間事件〔本書9事件〕でも、婚姻の自由は「憲法24条1項の規定の趣旨に照らし、十分尊重に値する」と判示されているので、あわせて参照されたい。

❹ [3]は、取材結果の目的外使用の制約的効果を説明している。すでに終わった取材の成果を目的外使用しても、本件取材活動には影響しない。しかし本決定は、刑事裁判における証拠利用といった取材目的以外での取材結果の使用について、「将来における取材活動の自由を妨げることになるおそれがないわけではない」と評価し、将来の取材への影響を問題視している。ただ、信頼関係に直接関わる取材源秘匿と比べれば、取材結果の提供を拒否する根拠は著しく弱い（判解①420頁）。

❺ [4]は、取材の自由の制約可能性を肯定している。なお、判例①や判例②は、本決定と異なり、捜査機関による取材物の差押えに関する事案だったため、「公正な裁判の実現」といった「憲法上の要請」の有無が問題となりえたが、特に判例①は、「公正な刑事裁判を実現するためには、適正迅速な捜査が不可欠の前提」であり、裁判所の提出命令との間に「本質的な差異がない」と評価して、捜査機関の差押えにも道を開いた。

の発見が強く要請されることもいうまでもない。このような公正な刑事裁判の実現を保障するために、報道機関の取材活動によつて得られたものが、証拠として必要と認められるような場合には、取材の自由がある程度の制約を蒙ることとなつてもやむを得ないところというべきである❻。しかしながら、このような場合においても、一面において、審判の対象とされている犯罪の性質、態様、軽重および取材したものの証拠としての価値、ひいては、公正な刑事裁判を実現するにあたつての必要性の有無を考慮するとともに、他面において取材したものを証拠として提出させられることによつて報道機関の取材の自由が妨げられる程度およびこれが報道の自由に及ぼす影響の度合その他諸般の事情を比較衡量して決せられるべきであり、これを刑事裁判の証拠として使用することがやむを得ないと認められる場合においても、それによつて受ける報道機関の不利益が必要な限度をこえないように配慮されなければならない❼。

[6] 以上の見地に立つて本件についてみるに、本件の付審判請求事件の審理の対象は、多数の機動隊等と学生との間の衝突に際して行なわれたとされる機動隊員等の公務員職権乱用罪、特別公務員暴行陵虐罪の成否にある。その審理は、現在において、被疑者および被害者の特定すら困難な状態であつて、事件発生後 2 年ちかくを経過した現在、第三者の新たな証言はもはや期待することができず、したがつて、当時、右の現場を中立的な立場から撮影した報道機関の本件フイルムが証拠上きわめて重要な価値を有し、被疑者らの罪責の有無を判定するうえに、ほとんど必須のものと認められる状況にある。他方、本件フイルムは、すでに放映されたものを含む放映のために準備されたものであり、それが証拠として使用されることによつて報道機関が蒙る不利益は、報道の自由そのものではなく、将来の取材の自由が妨げられるおそれがあるというにとどまるものと解されるのであつて、付審判請求事件とはいえ、本件の刑事裁判が公正に行なわれることを期するためには、この程度の不利益は、報道機関の立場を十分尊重すべきものとの見地に立つても、なお忍受されなければならない程度のものというべきである。また、本件提出命令を発した福岡地方裁判所は、本件フイルムにつき、一たん押収した後においても、時機に応じた仮還付などの措置により、報道機関のフイルム使用に支障をきたさないよう配慮すべき旨を表明している。以上の諸点その他各般の事情をあわせ考慮するときは、本件フイルムを付審判請求事件の証拠として使用するために本件提出命令を発したことは、まことにやむを得ないものがあると認められるのである❽。

[7] 前叙のように考えると、本件フイルムの提出命令は、憲法 21 条に違反するものでないことはもちろん、その趣旨に牴触するものでなく、これを正当として維持した原判断は相当であり、所論は理由がない❾。

抗告人代理人弁護士妹尾晃外 2 名の理由補充第二について。

[8] 所論は、憲法 32 条違反をいうが、その実質は単なる訴訟法違反の主張にすぎず、適法な特別抗告の理由にあたらない。

[9] よつて、刑訴法 434 条、426 条 1 項により、裁判官全員一致の意見で、主文のとおり決定する。
（裁判長裁判官 石田和外　裁判官 入江俊郎　裁判官 草鹿浅之介　裁判官 長部謹吾　裁判官 城戸芳彦　裁判官 田中二郎　裁判官 松田二郎　裁判官 岩田 誠　裁判官 下村三郎　裁判官 色川幸太郎　裁判官 大隅健一郎　裁判官 松本正雄　裁判官 飯村義美　裁判官 村上朝一　裁判官 関根小郷）

❻【5】の第 1 文・第 2 文は、「公正な刑事裁判の実現」を目的とした制約の許容性に言及している。本決定は、取材結果の証拠利用が必要な場合には、取材の自由への制約も「やむを得ない」とするが、その根拠としては、「刑事裁判では実体的真実の発見が強く要請される」ことを挙げている。ここでは民事裁判の場合は別論となる可能性が示唆されている。

❼【5】の第 3 文は、合憲性判断の枠組みを提示している。本決定は、公正な刑事裁判の実現のために取材結果の証拠利用が「やむを得ない」場合でも、報道機関の不利益が「必要な限度」を超えないよう配慮すべきだとして、比較衡量を要請する。比較衡量の考慮要素としては、(i) 審判の対象とされている犯罪の性質、態様、軽重や、取材したものの証拠としての価値、公正な刑事裁判を実現するにあたっての必要性の有無（公正な刑事裁判の実現に係る事情）、(ii) 取材の自由が妨げられる程度、報道の自由に及ぼす影響の度合い（報道機関の不利益に係る事情）が挙げられている。なお、この判断枠組みは、判例①や判例②等にも踏襲されている。

❽【6】では、【5】の第 3 文で示された合憲性判断枠組み（→比較衡量）に基づく「あてはめ」が行われている。本決定は、(i) 公正な刑事裁判の実現に関する事項については、被疑者・被害者の特定が困難な状況にあること、第三者の証言が期待できないこと、取材フィルムが中立の立場から撮影されたものであること等を丹念に拾い上げ、本件取材フィルムは「証拠上きわめて重要」であり、罪責の判定に「ほとんど必須」と評価した。これに対し、(ii) 報道機関の不利益については、「報道の自由そのものではなく、将来の取材の自由が妨げられるおそれ」といった程度の評価にとどまり、この程度の不利益は忍受されなければならないと判示した。ただ、放映済みフィルムならともかく、放映のために準備された未放映フィルムについても「報道の自由に及ぼす影響」がないといえるかについては、なお検討が必要であろう。

❾【7】は、憲法 21 条に関する憲法判断の結論である。本件フィルムの提出命令は、憲法 21 条に違反せず、その「趣旨」にも抵触しないとした。

補足説明	「報道機関の」報道の自由と「知る権利」

本決定は、最高裁の法廷意見が初めて「知る権利」に言及したものである。本決定では、「知る権利」と結びつける形で報道の自由の意義が語られているが、【2】の第 1 文の主語は「報道機関の報道」である。ここからは、最高裁が報道機関を「国民の『知る権利』に奉仕する」存在と位置づけていることがわかる。また、この背後には、情報の「送り手」と「受け手」が分離する中、強力な情報収集手段と独占的な伝達手段をもつ「報道機関」に対する一定の期待がみてとれる。その期待とは、第一義的には国政に関する「重要な判断の資料」の提供であり、幅広い「事実」の報道である。それゆえ、単なる「事実」の報道であっても、国民の「知る権利」に奉仕するという観点から「憲法 21 条の保障のもとにある」と解されているのである（なお、個人情報保護法 66 条 2 項は、「報道」を「不特定かつ多数の者に対して客観的事実を事実として知らせること」と定義している）。こうした報道機関の機能に着目した理解は、国民一般と報道機関との合理的区別や報道機関の特権化と親和的である。ただ、インターネット時代の現在では、さらなる検討の余地があるかもしれない。

Questions

①事実関係の確認

問1 いわゆる博多駅事件とは、どのような事件であったか。▶【事案】

問2 学生らが福岡地裁に対して行った付審判請求の内容は、どのようなものか。誰が、どのような罪の被疑者とされていたか。▶【事案】

問3 この付審判請求事件では被疑者の特定が難航したが、その理由はどのようなものか。▶【事案】【6】

問4 福岡地裁が報道機関に対して取材フィルムの任意提出を求めたのは、どのような理由によるものか。▶【事案】

問5 福岡地裁が報道機関に対して行った取材フィルムの提出命令は、どのような法令上の根拠に基づいて行われたか。▶【事案】

問6 本件の抗告申立人は、何を請求しており、それはどのような理由によるものか。▶【事案】

②決定の内容の確認

問7 抗告申立人は、報道機関に取材の自由が確保されてきた理由として、何を挙げているか。▶【1】

問8 抗告申立人は、取材フィルムが刑事裁判の証拠として使用されることに、どのような問題があると考えているか。▶【1】

問9 本決定は、報道機関の報道をどのように性格づけているか。▶【2】

問10 本決定に依拠した場合、思想の表明とはいえないような、価値判断や評価を含まない単なる「事実の報道」は、表現の自由の保護範囲に含まれるであろうか。▶【2】

問11 本決定は、取材の自由にも憲法的保護が及ぶと考えているようであるが、それはどのような理由によるものか。▶【2】

問12 本決定は、報道の自由の憲法的保護については、「表現の自由を規定した憲法21条の保障のもとにある」と論じているが、取材の自由の憲法的保護については、どのように論じているか。▶【2】

問13 本決定に依拠した場合、すでに取材が終わり放映もなされた取材フィルムについて、その提出を命ずることは、取材の自由を制約することになるであろうか。理由とともに答えなさい。▶【3】

問14 本決定は、公正な刑事裁判の実現のためになされる取材の自由の制約について、どのような合憲性判断の枠組みを提示しているか。判断の際の考慮要素とともに答えなさい。▶【5】

問15 本決定は、どのような事実に着目して、本件フィルムが「証拠上きわめて重要な価値」を有し、罪責有無の判定に「ほとんど必須」と評価しているのか。▶【6】

問16 本決定は、どのような事実に着目して、本件フィルムの提出について、「この程度の不利益は……なお忍受されなければならない」と述べているのか。▶【6】

問17 本決定は、取材フィルムの押収後の仮還付の措置には、どのような意義があると考えているか。▶【6】

③応用問題

問18 本件のような取材フィルムの提出命令と取材源の証言強制とでは、取材の自由に対する影響はどのように異なるか。▶判解①419-420頁

問19 裁判所による取材フィルムの提出命令と、警察や検察といった捜査機関による取材フィルムの差押えとを、同様の判断枠組みのもとで審査することは許されるか。▶判例①、判例②

問20 組織的犯罪についての内部告発者の取材協力によりその組織に潜入して犯罪場面を撮影した場合と、犯罪者の取材協力によりその犯罪者の犯罪場面を撮影した場合とでは、取材フィルムの提出命令の認められやすさに違いは生じるか。▶判解③125頁

○ **関連判例**（本書所収以外のもの）
最決平成元年1月30日刑集43巻1号19頁［日本テレビ事件］（判例①）
最決平成2年7月9日刑集44巻5号421頁［TBS事件］（判例②）
最大判昭和27年8月6日刑集6巻8号974頁［朝日新聞記者証言拒否事件］（判例③）

○ **本決定の調査官解説**
船田三雄「判解」最高裁判所判例解説刑事篇昭和44年度414頁（判解①）

○ **その他の判例解説・判例批評**
永井敏雄「判解」最高裁判所判例解説刑事篇平成元年度20頁（判解②）
山田利夫「判解」最高裁判所判例解説刑事篇平成2年度119頁（判解③）
戸田久「判解」最高裁判所判例解説民事篇平成18年度(下)1006頁（判解④）
門口正人「判解」最高裁判所判例解説民事篇平成元年度43頁（判解⑤）

○ **参考文献**
池田公博『報道の自由と刑事手続』（有斐閣、2008年）

46 レペタ事件

最高裁平成元年3月8日大法廷判決　昭和63年(オ)第436号：メモ採取不許可国家賠償請求事件　民集43巻2号89頁

事案

アメリカの弁護士であるX（ローレンス・レペタ氏：原告、控訴人、上告人）は、日本の証券市場に関する法的規制の研究に従事し、その一環として、昭和57年10月から、東京地裁における所得税法違反被告事件の公判を傍聴していた。

この事件を担当する裁判長は、各公判期日において傍聴人がメモをとることをあらかじめ一般的に禁止していた。Xは、同裁判長に対して傍聴席でメモをとることの許可を求めたが、認められなかった。しかし、同裁判長は、司法記者クラブ所属の報道機関の記者に対しては、メモをとることを許可していた。そこで、Xは、この不許可措置が憲法21条、82条、14条、国際人権B規約19条、刑事訴訟規則に反し、違憲または違法であるとして、Y（国：被告、被控訴人、被上告人）に対して国家賠償法1条1項に基づく損害賠償を請求した。

第一審（東京地判昭62・2・12民集43-2-145）は、「憲法21条の趣旨に基づく裁判の内容を認識する自由は、憲法上は、五官の作用により右内容を認識するための機会を付与することにより、必要かつ十分に充足される」とする一方で、「メモ行為は……五官の作用による裁判内容の認識行為自体とはやや性格を異にし」、認識の補充行為にとどまるため憲法上保障されないとして、請求を棄却した。

控訴審（東京高判昭62・12・25民集43-2-156）は、メモ行為が情報の受領・収集に必要な手段となりうることを認めつつも、「裁判所が極めて重要な国家行為である裁判をする場であるから、訴訟の公正かつ円滑な運営に少しでも影響を及ぼすおそれがある限り、メモをとることが制限されることのあるのは、やむを得ない」として、控訴を棄却した。

Xは、これを不服として上告した。

■参考条文（事件当時のもの）

裁判所法
第71条　法廷における秩序の維持は、裁判長又は開廷をした一人の裁判官がこれを行う。
2　裁判長又は開廷をした一人の裁判官は、法廷における裁判所の職務の執行を妨げ、又は不当な行状をする者に対し、退廷を命じ、その他法廷における秩序を維持するのに必要な事項を命じ、又は処置を執ることができる。

刑事訴訟法
第288条　被告人は、裁判長の許可がなければ、退廷することができない。
2　裁判長は、被告人を在廷させるため、又は法廷の秩序を維持するため相当な処分をすることができる。

刑事訴訟規則
第123条　証人は、各別にこれを尋問しなければならない。
2　後に尋問すべき証人が在廷するときは、退廷を命じなければならない。
第202条　裁判長は、被告人、証人、鑑定人、通訳人又は翻訳人が特定の傍聴人の面前で充分な供述をすることができないと思料するときは、その供述をする間、その傍聴人を退廷させることができる。

第215条　公判廷における写真の撮影、録音又は放送は、裁判所の許可を得なければ、これをすることができない。但し、特別の定のある場合は、この限りでない。

市民的及び政治的権利に関する国際規約（国際人権B規約）
第19条
1　すべての者は、干渉されることなく意見を持つ権利を有する。
2　すべての者は、表現の自由についての権利を有する。この権利には、口頭、手書き若しくは印刷、芸術の形態又は自ら選択する他の方法により、国境とのかかわりなく、あらゆる種類の情報及び考えを求め、受け及び伝える自由を含む。
3　2の権利の行使には、特別の義務及び責任を伴う。したがって、この権利の行使については、一定の制限を課することができる。ただし、その制限は、法律によって定められ、かつ、次の目的のために必要とされるものに限る。
(a)　他の者の権利又は信用の尊重
(b)　国の安全、公の秩序又は公衆の健康若しくは道徳の保護

Navigator

本件事案では、①法廷におけるメモ採取の禁止・許可制の憲法適合性と、②メモ採取を記者クラブ所属の報道機関記者のみに許可する別異取扱いの憲法適合性が、問題となっている。

①に関して、本判決は、憲法82条1項の裁判公開原則が裁判傍聴の権利を保障するものでないことを理由に、法廷でのメモ採取についても、権利としては保障されないとした。しかし本判決は、憲法21条1項を通じて、これに憲法上の保護を及ぼす。すなわち、本判決は、まずよど号ハイジャック記事抹消事件判決〔本書22事件〕を参照し、情報摂取の自由が21条1項の派生原理として当然に導かれることを確認し、これに引き続き、その情報摂取の補助としてなされる限りで、筆記行為の自由も「憲法21条1項の規定の精神に照らして尊重されるべき」との理解を示す。そして、裁判公開原則のもとでは、実際上、傍聴人は裁判を見聞できる（＝情報摂取できる）のだから、その情報摂取の補助行為としての法廷でのメモ採取も「尊重に値し、故なく妨げられてはならない」と解し、メモ採取を制限する本件不許可措置の合憲性判断を行った。本判決は、結論的には、本件不許可措置を合理的根拠を欠いた法廷警察権の行使だと評価したが、国家賠償法上の違法性は否定している。

一方、②に関しては、憲法14条1項違反が争われたが、本判決は、博多駅事件決定〔本書45事件〕を参照のうえ、報道の公共性や報道のための取材の自由への配慮を根拠に、合理性を欠く措置とはいえないと結論づけた。

本判決は、「裁判傍聴の権利」や「法廷でのメモ採取の権利」といった個別具体的な権利を憲法21条1項から直接導出してはいないので、学習にあたっては、この点に留意しつつ、本判決における憲法的保護の法的構造を注意深く読み解くことが求められる。

■ 判決の論理構造

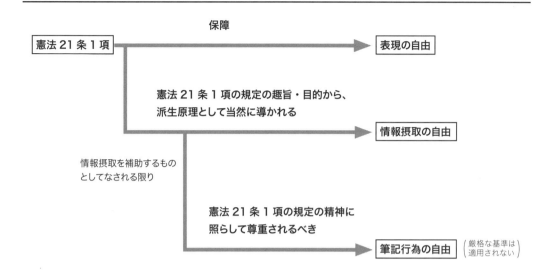

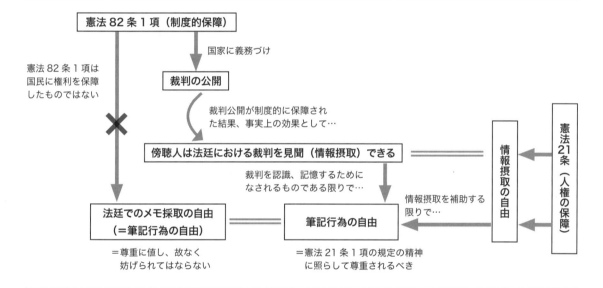

判　決

○ 主　文

本件上告を棄却する。
上告費用は上告人の負担とする。

○ 理　由

上告代理人秋山幹男、同鈴木五十三、同喜田村洋一、同三宅弘、同山岸和彦の上告理由について

[1] 一　原審の確定した事実関係は、次のとおりである。
[2] 　上告人は、米国ワシントン州弁護士の資格を有する者で、国際交流基金の特別研究員として我が国における証券市場及びこれに関する法的規制の研究に従事し、右研究の一環として、昭和57年10月以来、東京地方裁判所における被告人〔A〕に対する所得税法違反被告事件の各公判期日における公判を傍聴した。右事件を担当する裁判長（以下「本件裁判

長」という。）は、各公判期日において傍聴人がメモを取ることをあらかじめ一般的に禁止していたので、上告人は、各公判期日に先立ちその許可を求めたが、本件裁判長はこれを許さなかった。本件裁判長は、司法記者クラブ所属の報道機関の記者に対しては、各公判期日においてメモを取ることを許可していた❶。

[3]　二　憲法82条1項の規定は、裁判の対審及び判決が公開の法廷で行われるべきことを定めているが、その趣旨は、裁判を一般に公開して裁判が公正に行われることを制度として保障し、ひいては裁判に対する国民の信頼を確保しようとすることにある❷。

[4]　裁判の公開が制度として保障されていることに伴い、各人は、裁判を傍聴することができることとなるが、右規定は、各人が裁判所に対して傍聴することを権利として要求できることまでを認めたものでないことはもとより、傍聴人に対して法廷においてメモを取ることを権利として保障しているものではないことも、いうまでもないところである❸。

[5]　三1　憲法21条1項の規定は、表現の自由を保障している。そして、各人が自由にさまざまな意見、知識、情報に接し、これを摂取する機会をもつことは、その者が個人として自己の思想及び人格を形成、発展させ、社会生活の中にこれを反映させていく上において欠くことのできないものであり、民主主義社会における思想及び情報の自由な伝達、交流の確保という基本的原理を真に実効あるものたらしめるためにも必要であって、このような情報等に接し、これを摂取する自由は、右規定の趣旨、目的から、いわばその派生原理として当然に導かれるところである（最高裁昭和52年（オ）第927号同58年6月22日大法廷判決・民集37巻5号793頁参照）。市民的及び政治的権利に関する国際規約（以下「人権規約」という。）19条2項の規定も、同様の趣旨にほかならない❹。

[6]　2　筆記行為は、一般には人の生活活動の一つであり、生活のさまざまな場面において行われ、極めて広い範囲に及んでいるから、そのすべてが憲法の保障する自由に関係するものということはできないが、さまざまな意見、知識、情報に接し、これを摂取することを補助するものとしてなされる限り、筆記行為の自由は、憲法21条1項の規定の精神に照らして尊重されるべきであるといわなければならない❺。

[7]　裁判の公開が制度として保障されていることに伴い、傍聴人は法廷における裁判を見聞することができるのであるから、傍聴人が法廷においてメモを取ることは、その見聞する裁判を認識、記憶するためになされるものである限り、尊重に値し、故なく妨げられてはならないものというべきである❻。

[8]　四　もっとも、情報等の摂取を補助するためにする筆記行為の自由といえども、他者の人権と衝突する場合にはそれとの調整を図る上において、又はこれに優越した公共の利益が存在する場合にはそれを確保する必要から、一定の合理的制限を受けることがあることはやむを得ないところである。しかも、右の筆記行為の自由は、憲法21条1項の規定によって直接保障されている表現の自由そのものとは異なるものであるから、その制限又は禁止には、表現の自由に制約を加える場合に一般に必要とされる厳格な基準が要求されるものではないというべきである❼。

[9]　これを傍聴人のメモを取る行為についていえば、法廷は、事件を審理、裁判する場、すなわち、事実を審究し、法律を適用して、適正かつ迅速な裁判を実現すべく、裁判官及び訴訟関係人が全神経を集中すべき場であって、そこにおいて最も尊重されなければならないのは、適正かつ迅速な裁判を実現することである。傍聴人は、裁判官及び訴訟関係人と異なり、その活動を見聞する者であって、裁判に関与して何らかの積極的な活動をすることを予定されている者ではない。したがって、公正かつ円滑な訴訟の運営は、傍聴人がメモを取ることに比べれば、はるかに優越する法益であることは多言を要しないところである。してみれば、そのメモを取る行為がいささかでも法廷における公正かつ円滑な訴訟の運営を妨げる場合には、それが制限又は禁止されるべきことは当然であるというべきである。適正な裁判の実現のためには、傍聴それ自体をも制限することができるとされているところでもある（刑訴規則202条、123条2項参照）❽。

[10]　メモを取る行為が意を通じた傍聴人によって一斉に行われるなど、それがデモンストレーションの様相を呈する場合などは論外としても、当該事件の内

❶【2】は、本件における事実の概要である。①傍聴人による法廷でのメモ採取が一般的に禁止されていたこと、しかし、②司法記者クラブ所属の報道機関の記者についてはメモ採取が許可されていたことが、本件事案における憲法上の問題である。

❷【3】は、憲法82条1項の趣旨と裁判の公開の法的性質に関する説明である。裁判の公開は制度的保障であり、国家に対する義務づけである。同項は、裁判公開を求める権利を保障してはいない。

❸【4】は、裁判の公開は傍聴の権利も法廷でのメモ採取の権利も含まない旨を説明している。裁判が公開されていれば、結果的に傍聴は自由にできる。しかし、これは具体的な傍聴請求権があることを意味しない（判解①54-58頁）。傍聴が具体的権利でないなら、法廷でのメモ採取も同様に具体的権利ではない。

❹【5】では、情報摂取の自由を憲法21条1項から導出している。ここでは、よど号ハイジャック記事抹消事件判決〔本書22事件〕を参照しつつ、情報摂取の機会をもつことが自己実現および自己統治の双方にとって必要不可欠であることを根拠に、情報摂取の自由が21条1項の「規定の趣旨、目的から、いわばその派生原理として当然に導かれる」と説明している。これは、情報摂取の自由が単なる自由の自由権、あるいは、消極的自由権としての情報受領権であることを認めたものと、理解しうる（判解①61-63頁）。

❺【6】は、筆記行為の自由を憲法21条1項から導出している。本判決は、筆記行為の自由一般を同条項から導出しているのではなく、情報摂取の補助行為となる限りで、これを「憲法21条1項の規定の精神に照らして尊重されるべき」と説明している。

❻【7】は、法廷でのメモ採取に憲法的保護が及ぶ旨を説明している。憲法82条1項は裁判公開の制度的保障を定めており、その結果、人々は自由に裁判を傍聴し、法廷で情報摂取ができる。本判決は、法廷での情報摂取が可能であることを根拠に、法廷でのメモ採取についても、それが裁判傍聴における情報摂取の補助行為である限り、憲法21条1項の規定の精神に照らし、「尊重に値し、故なく妨げられてはならない」としている。82条1項の裁判公開原則は、ここでは21条1項の情報摂取の自由を主張する前提として機能している。

❼【8】は、筆記行為が制限された場合の合憲性判断の枠組みを提示している。筆記行為は憲法21条1項で直接保障されるものではないので、表現の自由と同じ基準（厳格な基準）は妥当しない。とはいえ、情報摂取の自由に準じて憲法的保護が及ぶものではあるので、制限の正当化にあたっては、筆記行為の自由とこれを制約して維持・回復すべき国家的・社会的な利益とを具体的に比較衡量することが求められる（判解①69頁）。

❽【9】は、一般論として、法廷でのメモ採取を制限する目的（得られる利益）が、傍聴人のメモ採取の利益（失われる利益）に優越する旨を判示している。メモ採取制限は、情報摂取の自由そのものを制約するものではなく、情報摂取の手段方法が訴訟運営にもたらす弊害を防止し、公正な裁判を実現することを目的とする制約である（判解①69頁）。他方、失われる利益は、裁判での情報摂取自体ではなく、その補助手段にすぎない。公正な裁判の実現は国家の基本的要請であるから、筆記行為に対して優越的地位を主張することができ、筆記行為はすでに司法の使命、裁判の目的の前に制約を負っている。それゆえ、公正・円滑な訴訟運営を妨げるメモ採取は、当然に制限・禁止されることになる。

容、証人、被告人の年齢や性格、傍聴人と事件との関係等の諸事情によっては、メモを取る行為そのものが、審理、裁判の場にふさわしくない雰囲気を醸し出したり、証人、被告人に不当な心理的圧迫などの影響を及ぼしたりすることがあり、ひいては公正かつ円滑な訴訟の運営が妨げられるおそれが生ずる場合のあり得ることは否定できない❾。

[11]　しかしながら、それにもかかわらず、傍聴人のメモを取る行為が公正かつ円滑な訴訟の運営を妨げるに至ることは、通常はあり得ないのであって、特段の事情のない限り、これを傍聴人の自由に任せるべきであり、それが憲法21条1項の規定の精神に合致するものということができる❿。

[12]　五　1　法廷を主宰する裁判長（開廷をした一人の裁判官を含む。以下同じ。）には、裁判所の職務の執行を妨げ、又は不当な行状をする者に対して、法廷の秩序を維持するため相当な処分をする権限が付与されている（裁判所法71条、刑訴法288条2項）。右の法廷警察権は、法廷における訴訟の運営に対する傍聴人等の妨害を抑制、排除し、適正かつ迅速な裁判の実現という憲法上の要請を満たすために裁判長に付与された権限である。しかも、裁判所の職務の執行を妨げたり、法廷の秩序を乱したりする行為は、裁判の各場面においてさまざまな形で現れ得るものであり、法廷警察権は、右の各場面において、その都度、これに即応して適切に行使されなければならないことにかんがみれば、その行使は、当該法廷の状況等を最も的確に把握し得る立場にあり、かつ、訴訟の進行に全責任をもつ裁判長の広範な裁量に委ねられて然るべきものというべきであるから、その行使の要否、執るべき措置についての裁判長の判断は、最大限に尊重されなければならないのである⓫。

[13]　2　裁判所法71条、刑訴法288条2項の各規定により、法廷において裁判所の職務の執行を妨げ、又は不当な行状をする者に対し、裁判長が法廷の秩序を維持するため相当な処分をすることが認められている以上、裁判長は、傍聴人のメモを取る行為といえども、公正かつ円滑な訴訟の運営の妨げとなるおそれがある場合は、この権限に基づいて、当然これを禁止又は規制する措置を執ることができるものと解するのが相当であるから、実定法上、法廷において傍聴人に対してメモを取る行為を禁止する根拠となる規定が存在しないということはできない⓬。

[14]　また、人権規約19条3項の規定は、情報等の受領等の自由を含む表現の自由についての権利の行使に制限を課するには法律の定めを要することをいうものであるから、前示の各法律の規定に基づく法廷警察権による傍聴人のメモを取る行為の制限は、何ら人権規約の右規定に違反するものではない⓭。

[15]　3　裁判長は傍聴人がメモを取ることをその自由に任せるべきであり、それが憲法21条1項の規定の精神に合致するものであることは、前示のとおりである。裁判長としては、特に具体的に公正かつ円滑な訴訟の運営の妨げとなるおそれがある場合においてのみ、法廷警察権によりこれを制限又は禁止するという取扱いをすることが望ましいといわなければならないが、事件の内容、傍聴人の状況その他当該法廷の具体的状況によっては、傍聴人がメモを取ることをあらかじめ一般的に禁止し、状況に応じて個別的にこれを許可するという取扱いも、傍聴人がメモを取ることを故なく妨げることとならない限り、裁判長の裁量の範囲内の措置として許容されるものというべきである⓮。

[16]　六　本件裁判長が、各公判期日において、上告人に対してはメモを取ることを禁止しながら、司法記者クラブ所属の報道機関の記者に対してはこれを許可していたことは、前示のとおりである⓯。

[17]　憲法14条1項の規定は、各人に対し絶対的な平等を保障したものではなく、合理的理由なくして差別することを禁止する趣旨であって、それぞれの事実上の差異に相応して法的取扱いを区別することは、その区別が合理性を有する限り、何ら右規定に違反するものではないと解すべきである（最高裁昭和55年（行ツ）第15号同60年3月27日大法廷判決・民集39巻2号247頁等参照）とともに⓰、報道機関の報道は、民主主義社会において、国民が国政に関与するにつき、重要な判断の資料を提供するものであって、事実の報道の自由は、表現の自由を定めた憲法21条1項の規定の保障の下にあることはいうまでもなく、このような報道機関の報道が正しい内容をもつためには、報道のための取材の自由も、憲法21条の規定の精神に照

❾　【10】は、公正・円滑な訴訟運営を妨げるおそれのあるメモ採取の具体例を挙げている。メモ採取がデモンストレーションとして行われる場合のほか、諸事情によっては、録音やメモ採取をするだけでも、(1)被告人らが供述をためらうなどの心理的動揺が及ぼされうる、(2)記録が訴訟外に公表されることで証人・被告人らが不当な不利益を受けうる、(3)静穏が害されうる、といったことが、ここでは危惧されている（判解①70-72頁）。

❿　【11】は、❾で指摘された危惧にもかかわらず、法廷でのメモ採取を原則認めるべき旨を判示している。というのも、利害対立の激しい事件などであれば格別、多くの場合、通常の方法による限り、法廷でのメモ採取が上記の危惧を現実化することは稀であり、公正・円滑な訴訟運営が妨げられる可能性は極めて低いからである（判解①73頁）。

⓫　【12】から【15】は、法廷警察権の行使のあり方についての説明である。【12】は、裁判長に与えられた法廷警察権の内容およびその行使における裁量について説明している。法廷警察権は、法廷の秩序と静穏を維持し、適正迅速な裁判の実現という憲法上の要請を満たすために裁判長に付与された権限であり、裁判権に密接に付随する権限である。この権限は、秩序を乱す行為に応じて臨機応変に行使されねばならないため広範な裁量に委ねられ、予防的措置を講ずることにも及ぶ（判解①76頁）。法廷警察権の行使に係る裁判長の判断は、最大限に尊重されなければならない。

⓬　【13】は、法廷警察権が傍聴人のメモ採取禁止にも及ぶ旨を判示している。メモ採取の禁止は、裁判所法71条2項にいう「法廷における裁判所の職務の執行を妨げ」る者に対する「法廷における秩序を維持するのに必要な事項……又は処置」にあたり、刑訴法288条2項にいう「法廷の秩序を維持するため」の「相当な処分」にあたる。それゆえ、メモ採取禁止は、実定法上の根拠に基づく法廷警察権の行使といえる。

⓭　【14】は、メモ採取禁止には法律上の授権が存在するため、形式的正当性を有しており、国際人権B規約19条3項にも反しない旨を説明している。

⓮　【15】は、法廷でのメモ採取が原則自由・例外禁止であることを再確認するとともに、公正・円滑な訴訟運営を妨げる特段の事情のある具体的状況下では、メモ採取を一般的に禁止し、許可制をとることも許されることを説明している。

⓯　【16】から【19】は、憲法14条1項違反に関する審査を行っている。法廷でのメモ採取を一般的に禁止する許可制をとる一方で、司法記者クラブ所属の報道機関の記者にはこれを許可するという法廷警察権の行使のあり方が、ここでは問題となっている。

⓰　【17】の前半は、サラリーマン税金事件判決〔本書5事件〕を参照しつつ、憲法14条1項の趣旨を相対的平等の要請と解したうえで、当該差別の合憲性に関する判断枠組みを提示している。具体的には、「事実上の差異に相応して法的な取扱いを区別することは、その区別が合理性を有する限り」、14条1項には違反しない。

らし、十分尊重に値するものである（最高裁昭和44年（し）第68号同年11月26日大法廷決定・刑集23巻11号1490頁）❶⓻。

【18】　そうであってみれば、以上の趣旨が法廷警察権の行使に当たって配慮されることがあっても、裁判の報道の重要性に照らせば当然であり、報道の公共性、ひいては報道のための取材の自由に対する配慮に基づき、司法記者クラブ所属の報道機関の記者に対してのみ法廷においてメモを取ることを許可することも、合理性を欠く措置ということはできないというべきである⓱⓼。

【19】　本件裁判長において執った右の措置は、このような配慮に基づくものと思料されるから、合理性を欠くとまでいうことはできず、憲法14条1項の規定に違反するものではない⓱⓽。

【20】　七　1　原審の確定した前示事実関係の下においては、本件裁判長が法廷警察権に基づき傍聴人に対してあらかじめ一般的にメモを取ることを禁止した上、上告人に対しこれを許可しなかった措置（以下「本件措置」という。）は、これを妥当なものとして積極的に肯認し得る事由を見出すことができない。上告人がメモを取ることが、法廷内の秩序や静穏を乱したり、審理、裁判の場にふさわしくない雰囲気を醸し出したり、あるいは証人、被告人に不当な影響を与えたりするなど公正かつ円滑な訴訟の運営の妨げとなるおそれがあったとはいえないのであるから、本件措置は、合理的根拠を欠いた法廷警察権の行使であるというべきである⓴。

【21】　過去においていわゆる公安関係の事件が裁判所に多数係属し、荒れる法廷が日常であった当時には、これらの裁判の円滑な進行を図るため、各法廷において一般的にメモを取ることを禁止する措置を執らざるを得なかったことがあり、全国における相当数の裁判所において、今日でもそのような措置を必要とするとの見解の下に、本件措置と同様の措置が執られてきていることは、当裁判所に顕著な事実である。しかし、本件措置が執られた当時においては、既に大多数の国民の裁判所に対する理解は深まり、法廷において傍聴人が裁判所による訴訟の運営を妨害するという事態は、ほとんど影をひそめるに至っていたこともまた、当裁判所に顕著な事実である㉑。

【22】　裁判所としては、今日においては、傍聴人のメモに関し配慮を欠くに至っていることを率直に認め、今後は、傍聴人のメモを取る行為に対し配慮をすることが要請されることを認めなければならない㉒。

【23】　もっとも、このことは、法廷の秩序や静穏を害したり、公正かつ円滑な訴訟の運営に支障を来したりすることのないことを前提とするものであることは当然であって、裁判長は、傍聴人のいかなる行為であっても、いやしくもそれが右のような事態を招くものであると認めるときには、厳正かつ果断に法廷警察権を行使すべき職務と責任を有していることも、忘れられてはならないであろう㉓。

【24】　2　法廷警察権は、裁判所法71条、刑訴法288条2項の各規定に従って行使されなければならないことはいうまでもないが、前示のような法廷警察権の趣旨、目的、更に遡って法の支配の精神に照らせば、その行使に当たっての裁判長の判断は、最大限に尊重されなければならない。したがって、それに基づく裁判長の措置は、それが法廷警察権の目的、範囲を著しく逸脱し、又はその方法が甚だしく不当であるなどの特段の事情のない限り、国家賠償法1条1項の規定にいう違法な公権力の行使ということはできないものと解するのが相当である。このことは、前示のような法廷における傍聴人の立場にかんがみるとき、傍聴人のメモを取る行為に対する法廷警察権の行使についても妥当するものといわなければならない㉔。

【25】　本件措置が執られた当時には、法廷警察権に基づき傍聴人がメモを取ることを一般的に禁止して開廷するのが相当であるとの見解も広く採用され、相当数の裁判所において同様の措置が執られていたことは前示のとおりであり、本件措置には前示のような特段の事情があるとまではいえないから、本件措置が配慮を欠いていたことが認められるにもかかわらず、これが国家賠償法1条1項の規定にいう違法な公権力の行使に当たるとまでは、断ずることはできない㉕。

【26】　八　以上説示したところと同旨に帰する原審の判断は、結局これを是認することができる。原判決に所論の違憲、違法はなく、論旨は、いずれも採用することができない。

【27】　よって、民訴法396条、384条、95条、89条に従い、裁判官四ツ谷巌の意見があるほか、裁判官全員の一致で、主文のとおり判決する㉖。

⓻　【17】の後半は、博多駅事件判決〔本書45事件〕に依拠して、報道機関による報道の重要性を強調している。この説示からは、強力な情報収集手段と独占的な情報伝達手段を有する報道機関と、一般の個人とを区別する思考が看取されうる。なお、博多駅事件〔本書45事件〕の【補足説明】も参照のこと。

⓼　【18】は、裁判報道の重要性、報道の公共性、報道機関の取材の自由を根拠に、本件の別異取扱いは合理性を欠くものではないと結論づけている。報道内容が重要であるほど、報道機関に備わる伝達機能への期待は高まり、それに応じて報道機関の取材の自由への配慮も大きくなるという思考が、この説示の背後にはあろう。

⓽　【19】は、本件事案における法廷警察権の行使（メモ採取許可における別異取扱い）は憲法14条1項違反とはならない旨、結論づけている。

⓴　【20】は、本件の事実関係のもとでは、Xに対するメモ採取不許可という法廷警察権の行使は合理的根拠を欠く旨を述べている。Xのメモ採取には、【9】で指摘されたような公正・円滑な訴訟運営の妨げのおそれ（①法廷内の秩序・静穏を乱す、②審理・裁判にふさわしくない雰囲気を醸し出す、③証人・被告人に不当な影響を与える等）がなかった。

㉑　【21】は、円滑な裁判進行のためにメモ採取を禁止せざるをえない時期が過去にあったことを認めたうえで、当時と現在では状況が変化した旨を説明している。本件不許可措置の当時、すでに裁判所に対する国民の理解は深まっており、傍聴人が訴訟運営を妨害する事態はほとんどなくなっていたというのが、多数意見の認識である。裁判所をとりまく状況変化に関するこの認識が、四ツ谷意見と異なる点の一つである。

㉒　【22】は、【21】でみた状況変化、【15】で判示したメモ採取の原則自由の趣旨をふまえ、今後の法廷警察権の行使にあたっては、傍聴人のメモ採取に配慮すべきことを強調している。

㉓　【23】では、傍聴人のメモ採取に配慮しつつも、訴訟運営を妨害する事態が生じた場合には、法廷警察権を行使すべき責任が裁判長にあることを、再確認している。

㉔　【24】と【25】において、本判決は、本件事案における法廷警察権行使が国家賠償法上の違法といえるかを審査している。【24】は、法廷警察権行使における裁判長の広範な裁量を根拠に、国家賠償法上の違法性判断においては審査密度が低くなる旨を指摘している。具体的には、「法廷警察権の目的、範囲を著しく逸脱し、又はその方法が甚だしく不当であるなどの特段の事情のない限り」、裁判長の法廷警察権の行使は国家賠償法上違法とはならない、としている。この理は、【9】でみた傍聴人の不利益の小ささに鑑みれば、メモ採取不許可の場合にも妥当するという。

㉕　【25】では、本件不許可措置の国家賠償法上の違法性を否定している。本判決は、本件不許可措置には、【22】のいうメモ採取に対する「配慮」が欠けていたことを認めつつも、当時の法廷警察権の行使の実態（メモ採取の一般的禁止は相当との見解が広く採用されていた）からして、【24】で示された判断枠組みにいう「特段の事情」は認められないとして、国家賠償法上の違法性を否定した。

㉖　本判決は、傍聴人のメモ採取が妨害されたことにより侵害される私法上の利益について明示してはいないが、この点に関し、判解①67頁は、憲法上尊重される自由を傍聴人の精神的自由と捉え、これを被侵害利益として損害賠償の対象とすることはできる、との立場を明らかにしている。

少数意見

裁判官四ツ谷巖の意見は、次のとおりである。[27]

[28] 私は、本件上告を棄却すべきであるとする多数意見の結論には同調するが、その結論にいたる説示には同調することができないので、私の見解を明らかにしておきたい。

[29] 一 1 憲法82条1項の規定の趣旨は、裁判を一般に公開して裁判が公正に行われることを制度として保障し、ひいては裁判に対する国民の信頼を確保しようとすることにあって、各人に裁判所に対して傍聴することを権利として要求できることまでを認めたものではないことはもとより、傍聴人に対して法廷においてメモを取ることを権利として保障しているものでないことは、多数意見の説示するとおりであり、右規定の要請を満たすためには、各法廷を物的に傍聴可能な状態とし、不特定の者に対して傍聴のための入廷を許容し、その者がいわゆる五官の作用によって、裁判を見聞することを妨げないことをもって足りるものといわなければならない。

[30] 2 憲法21条1項の規定は、表現の自由を保障している。そうして、多数意見は、各人が自由にさまざまな意見、知識、情報に接し、これを摂取する自由は、右規定の趣旨、目的からいわばその派生原理として当然に導かれるところであり、筆記行為も、情報等の摂取を補助するものとされる限り、右規定の精神に照らして尊重されるべきであるとし、更に傍聴人が法廷においてメモを取ることも、見聞する裁判を認識、記憶するためになされるものである限り、尊重に値すると説示する。情報等を摂取する自由及び筆記行為の自由についての説示は、一般論としては、正にそのとおりであろう。しかしながら、傍聴人のメモに関する説示には、賛同することができない。

[31] 法廷は、いわゆる公共の場所ではなく、事件を審理、裁判するための場であることは、いうまでもない。したがって、そこにおいては、冷静に真実を探究し、厳正に法令を適用して、適正かつ迅速な裁判を実現することが最優先されるべきである。法廷を主宰する裁判長に、法廷警察権が付与されているのも、訴訟の運営に対する妨害を抑制、排除して、常に法廷を審理、裁判にふさわしい場として維持し、適正かつ迅速な裁判の実現という憲法上の要請を満たすためにほかならない。そうして、このような法廷警察権の趣旨、目的及び裁判権を行使するに当たっての裁判官の憲法上の地位、権限に照らせば、法廷警察権の行使は、専ら裁判の進行に全責任を負う裁判長の裁量に委ねられているものというべきであり、傍聴人の行為も、裁判長の裁量によって規制されて、然るべきものである。メモを取る行為も、その例外ではない。そうすると、裁判長は、その裁量により、傍聴人がメモを取ることを禁止することができ、その結果、傍聴人は法廷において情報等を摂取する自由を十分に享受することができないこととなるが、法廷は前示のとおり審理、裁判のための場であること、並びに、傍聴人は、その自由な意思によって、裁判長の主宰の下に裁判が行われる法廷に入り、裁判官及び訴訟関係人の活動を見聞するにすぎない立場にあることにかんがみれば、これをもって憲法21条の規定に違背するといえないことはもちろん、その精神に違背するということもできない。

[32] 多数意見が引用する最高裁昭和52年(オ)第927号同58年6月22日大法廷判決・民集37巻5号793頁は、その意に反して拘置所に拘束されている未決拘禁者の新聞閲読の自由について判示するものであって、傍聴人がこのように公権力によりその意に反して拘束されている者とその立場を異にする者であることは、前示のとおりであるし、また、未決拘禁者は、新聞を閲読できないことにより、それによる情報等の摂取が全く不可能となるのに対し、傍聴人は、法廷においてメモを禁止されても、そこにおける五官の作用によっての情報等の摂取それ自体は、何ら妨げられていないのである。

[33] なお、人権規約19条2項の規定の趣旨は、憲法の右規定のそれと異なるところはないから、傍聴人のメモを禁止しても、それが人権規約の右規定ないしその精神に違背するということはできないし、また法廷警察権に基づいて傍聴人のメモを禁止することが、人権規約19条3項の規定に違反するものでないことは、多数意見の説示するとおりである。

[34] 3 以上のとおり、傍聴人の法廷におけるメモを許容することが要請されているとすべき憲法その他法令上の根拠は、これを見出すことができない。

[35] してみれば、傍聴人が法廷においてメモを取る自由は、法的に保護された利益とまでいうことはできず、上告人の本訴請求は、その余の点について判断するまでもなく失当であり、これを棄却すべきものとした原判決は結局正当であって、本件上告は棄却されるべきである。

[36] 二 この機会に、傍聴人の法廷におけるメモをその自由に任せるとの当否について、付言する。

[37] 傍聴人のメモをその自由に任せるべきことが、憲法その他法令上要請されていないとしても、もしそれが一般的に公正かつ円滑な訴訟の運営を妨げるおそれがないとするならば、特段の事情のない限り、これをその自由に任せることとするのも、一つの在り方であろう。

[38] しかしながら、法廷は真実を探究する場であることは前示のとおりであるから、最も配慮されなければならないことは、法廷を真実が現れ易い場としておくことであるところ、法廷において傍聴人がメモを取っていた場合、たとえそれが静穏になされていて、法廷の秩序を乱すことがないとしても、証人や被告人に微妙な心理的影響を与え、真実を述べることを躊躇させるおそれなしとしないのである。そうして、そのような影響の有無は、多くの場合、事前に予測することは困難ないし不可能に近く、しかも、そのために法廷に真実が現れなかった場合には、当該事件の裁判にも取り返しのつかない影響を及ぼすこととなってしまうことは多言を要しない。また、影響は、必ずしも証人や被告人に対してばかりではない。傍聴人がメモを取っている法廷においては、厳粛であるべきその雰囲気が乱されるなどし、ために、心を集中すべき真実の探求に支障を生ずるおそれがないわけではないことにも、思いを致すべきであろう。

[39] 次に、法廷の情況を記述した文書が、傍聴人が法廷において取ったメモに基づいて作成したものとして、頒布された場合には、それが不正確なものであったとしても、世人に対しあたかもその内容が真実であるかのような印象を与え、疑惑を招きかねないし、このような事態を事前に防止することは不可能というべきであり、しかも一旦世人に与えられた印象は、容易に払拭することができないのである。右のような弊害を招かないためには、法廷の情況に関する報道は、原則として司法記者クラブ所属の報道機関によってなされることとするのが相当であり、右クラブ所属の報道機関の記者に対してのみ、メモを取

---

[27] 四ツ谷意見は、メモ採取を不許可とした法廷警察権の行使には合理的根拠がないとしつつ国家賠償法上の違法性のみを否定した多数意見とは異なり、《本件不許可措置にはそもそも憲法21条の規定にも規定の精神にも違背する点がないので請求は棄却されるべき》との立場を明らかにしている。確かに、四ツ谷意見は、多数意見が21条1項からその派生原理として情報摂取の自由を導出し、情報摂取の補助行為としてなされる限りでの筆記行為の自由を同項の「精神に照らして尊重されるべき」とすることに、一般論としては賛同する。しかし、この理を傍聴人のメモ採取に及ぼすことには否定的であり、傍聴人のメモ採取の自由は法的に保護された利益とまではいうことができない、との立場をとる。また、四ツ谷意見は、多数意見の引用する未決拘禁者の新聞閲読制限の事案（よど号ハイジャック記事抹消事件判決〔本書22事件〕）と本件事案との違いも指摘しており、《未決拘禁者は新聞閲読制限により当該情報摂取がまったく不可能になるのに対して、傍聴人のメモ採取禁止では情報摂取それ自体は妨げられていない》点を強調する。他方で、四ツ谷意見は、法廷が単なる公共の場所ではなく、裁判のための場であることを非常に重視しており、法廷では適正・迅速な裁判の実現が最優先されるべきであり、そこでは、情報摂取の自由が十全に保護されないこととなってやむをえない、と主張する。さらに、メモ採取を原則自由・例外禁止とすることについても、四ツ谷意見は多数意見と鋭い対立をみせる。四ツ谷意見は、例外的に禁止措置をとった場合、その措置をめぐって法廷が紛糾するという自らの経験からして、むしろ一般的禁止を原則とすることが妥当との見解に立っている。

ることを許容することも、憲法14条1項の規定に違反するものでないことは、多数意見の説示するとおりである。

【40】 更に、前示のように、法廷におけるメモを傍聴人の自由に任せ、メモを取ることにより証人、被告人に心理的影響を与えるおそれがあるか、又は法廷を審理、裁判にふさわしい場として保持できないおそれがある場合においてのみ、裁判長が法廷警察権に基づきこれを禁止する措置を講ずることとした場合には、私の経験によれば、例外的に禁止の措置を執った法廷において、その措置をめぐって紛糾し、円滑な訴訟の運営が妨げられるに至る危惧が十分にあり、これを防止するためには、各法廷においてあらかじめ一般的に傍聴人がメモを取ることを禁止し、申出をまって裁判長の裁量により個別的にその許否を決することとするのが相当であるということになるのである。

【41】 したがって、これまでも、少なからざる裁判長が、傍聴人のメモにつきいわゆる許可制を採用し、傍聴人がメモを取ることを一般的に禁止した上、それを希望する傍聴人から申出があるときは、その傍聴の目的、証人、被告人の年齢、性格、当該事件の内容、当該公判期日に予定されている手続等を考慮して、メモを取ることによる弊害のおそれの有無を判断し、そのおそれがないと認められる場合に限り、これを許容するという措置を執ってきているが、私は、現時点における法廷の実状からすれば、このような措置を執っていくことが一つの妥当な方策ではないかと考える。この許否を決するに当たっては、当該傍聴人のメモを取ろうとする目的など、その個別的事情についても十分に配慮すべきであることはいうまでもない。

【42】 三 裁判、特に刑事裁判は、厳粛な雰囲気に包まれた法廷において行われてこそ、その使命を十分に果たすことができ、ひいては裁判に対する世人の信頼をも確保することができるのである。裁判長は、傍聴人等の行為が法廷の秩序や静穏を害したり、公正かつ円滑な訴訟の運営に支障をきたすものであると認めるときは、厳正かつ果断に法廷警察権を行使すべき職務と責任を有していることは、多数意見も説示するとおりである。私は、今日に至るまで、いわゆる荒れる法廷を担当した各裁判長をはじめとし、多くの裁判長が、この法廷警察権の適切な行使によって、法廷の秩序とその厳粛な雰囲気を維持し、公正かつ円滑な訴訟の運営に対する支障を排除してきているものと考えるし、今後もまたそれを期待するものである。

（裁判長裁判官 矢口洪一 裁判官 伊藤正己 裁判官 牧 圭次 裁判官 安岡滿彦 裁判官 角田禮次郎 裁判官 島谷六郎 裁判官 藤島昭 裁判官 大内恒夫 裁判官 香川保一 裁判官 坂上壽夫 裁判官 佐藤哲郎 裁判官 四ツ谷巖 裁判官 奥野久之 裁判官 貞家克己 裁判官 大堀誠一）

補足説明　記者クラブ

記者クラブとは、日本新聞協会の見解によれば、「公的機関などを継続的に取材するジャーナリストたちによって構成される『取材・報道のための自主的な組織』」のことである。日本新聞協会には新聞社・通信社・放送局の多くが加盟しており、記者クラブは、日本新聞協会加盟社とこれに準ずる報道機関から派遣された記者などで構成されている。記者クラブの利点は、記者会見の開催を集団で求めることで、情報開示に消極的な公的機関からより多くの情報を引き出したり、また、記者クラブが会見を主催することで、公的機関の恣意的な発表を制限することが可能となるなど、国民の知る権利に奉仕しうるところにある。他方、記者クラブは、公的機関の側にとっても、効果的に発表できる点や、報道倫理の遵守を掲げる加盟社の記者が記者クラブの主な構成員となっているため歪曲報道の心配が少ない、といったメリットがある。しかし、反面で、記者クラブに対しては、その閉鎖性・排他性や独占性、報道協定による報道の自制、報道内容の画一化がかえって国民の知る権利を害する、との批判もある。それゆえ、近年は、記者会見への平等アクセスを求める声が強くなっている。

Questions

①事実関係の確認

問1 Xはどのような人物で、どのような動機で、どのような事件の傍聴をしたか。▶【事案】【2】

問2 Xが傍聴した事件の各公判期日において、傍聴人によるメモ採取は、誰によってどのように禁止されていたか。▶【事案】【2】

問3 Xが傍聴した事件の各公判期日では一部の傍聴人にはメモ採取が許されていたが、それはどのような者か。▶【事案】【2】

②判決の内容の確認

問4 本判決は、憲法82条1項の趣旨はどのようなものだと述べているか。▶【3】

問5 憲法82条1項は、傍聴の権利や法廷でのメモ採取の権利を保障しているか。▶【4】

問6 本判決は、憲法21条1項から情報摂取の自由を導出しているが、それは、事実の報道の自由のように同条項の保障のもとにあるものとしてか。そうでなければ、どのようなものとしてか。▶【5】

問7 本判決は、憲法21条1項から情報摂取の自由を導出しているが、それはどのような理由づけのもとでなされているか。▶【5】

問8 本判決は、筆記行為の自由にも憲法上の保護を及ぼしているが、それはどのような理由づけのもとでなされているか。▶【6】

問9 本判決は、あらゆる筆記行為の自由に憲法上の保護を及ぼしているか。▶【6】

問10 本判決は、どのような論理構成のもとで、法廷でのメモ採取にも憲法上の保護が及ぶと考えているか。▶【7】

問11 本判決は、筆記行為の自由の制限に関して、どのような合憲性判断の枠組みで審査すべきとしているか。また、その理由は何か。▶【8】

問12 本判決は、法廷でのメモ採取を制限すべき理由を、どのように説明しているか。▶【9】

問13 公正かつ円滑な訴訟運営が妨げられるおそれのあるメモ採取の例として、どのようなものが考えられるか。▶【10】

問14 本判決は、法廷でのメモ採取を原則として禁止すべきと考えているか。また、その理由は何か。▶【11】【13】

問15 法廷警察権を行使するにあたり、裁判長には広範な裁量が認められるか。また、その理由は何か。▶【12】

問16 法廷でのメモ採取の禁止には法律上の根拠は存在す

るか。それとも、存在しないため、国際人権 B 規約 19 条 3 項に違反するか。▶【13】【14】

問 17　法廷でのメモ採取を一般的に禁止し、許可制とする法廷警察権の行使は、裁量権の逸脱濫用となるか。▶【15】

問 18　司法記者クラブ所属の報道機関の記者に対してのみ法廷でのメモ採取を許可することは、平等原則に違反するか。また、その理由は何か。▶【17】～【19】

問 19　本判決は、本件事案において、X の法廷でのメモ採取を不許可とした法廷警察権の行使に、合理的根拠は認められると考えているか。また、その理由は何か。▶【20】

問 20　本判決は、裁判所が、今日において、傍聴人のメモ採取に関し配慮を欠くに至ってしまっている理由・経緯について、どのように考えているか。▶【21】【22】

問 21　本判決は、法廷警察権の行使に関する国家賠償法上の違法性判断は、どのような判断枠組みのもとで行うべきと考えているか。また、その理由は何か。▶【24】

問 22　本判決によれば、X のメモ採取を不許可とした法廷警察権の行使は、国家賠償法上の違法といえるであろうか。また、その理由は何か。▶【25】

③応用問題

問 23　【3】の「制度として保障」するとはどのような意味か。裁判の公開を「制度として保障」した結果、「傍聴することができる」のであれば、傍聴の権利を保障したことと同じなのではないか。▶【3】【4】

問 24　本判決は、憲法 21 条 1 項からの情報摂取の自由の導出において、自己実現の価値と自己統治の価値に言及していると思われるが、それぞれどのように述べているか。▶【5】、判解②

問 25　本件事案における法廷でのメモ採取の制限と、よど号ハイジャック記事抹消事件〔本書 22 事件〕における新聞記事の閲読制限とでは、その制限の性質にどのような違いがあるか。▶【32】

○ **関連判例**（本書所収以外のもの）
最大決昭和 33 年 2 月 17 日刑集 12 巻 2 号 253 頁〔『北海タイムス』事件〕

○ **本判決の調査官解説**
門口正人「判解」最高裁判所判例解説民事篇平成元年度 43 頁（判解①）

○ **その他の判例解説・判例批評**
大田豊「判解」最高裁判所判例解説民事篇昭和 58 年度 255 頁（判解②）
三井明「判解」最高裁判所判例解説刑事篇昭和 33 年度 61 頁

○ **参考文献**
Lawrence Repeta ほか『MEMO がとれない――最高裁に挑んだ男たち』（有斐閣、1991 年）
千葉勝美『憲法判例と裁判官の視線』（有斐閣、2019 年）38-68 頁

47 NHK記者証言拒否事件

最高裁平成18年10月3日第三小法廷決定　平成18年（許）第19号：証拠調べ共助事件における証人の証言拒絶についての決定に対する抗告棄却決定に対する許可抗告事件　民集60巻8号2647頁

事案

　日本放送協会（以下「NHK」という）は、ニュース番組で、《アメリカ合衆国の健康食品会社X社の日本法人であるA社が原材料費を水増しして77億円余りの所得隠しをし、日本の国税当局から35億円の追徴課税を受けた。また、その所得隠しによる利益が合衆国の関連会社に送金され、同社役員により流用されたとして、合衆国の国税当局もA社に追徴課税を行った》等の報道（以下「本件報道」という）を行い、その後合衆国でも同様の報道がなされた。そして、本件報道には、所得隠しの方法や追徴課税の事実等、被課税者や税務当局以外には知りえない情報（以下「本件情報」という）が含まれていた。

　これに対し、本件報道により株価の下落等の損害を被ったXら（基本事件原告、抗告人、抗告人）は、《合衆国の国税当局の職員が、日米同時税務調査の過程で本件情報を日本側に漏示したために、日本の国税職員が取材源となって本件報道がなされた》と主張。合衆国を被告として、損害賠償請求の訴えをアリゾナ州地区連邦地方裁判所に提起した（以下「本件基本事件」という）。

　Xらは、本件基本事件の開示（ディスカバリー）手続として、本件報道を取材したNHK記者のY（証人、相手方、相手方）の証人尋問を申請したため、アリゾナ州地区連邦地方裁判所は、この証人尋問を日本の裁判所に嘱託した。そして、同証人尋問は、国際司法共助事件として新潟地裁に係属することとなった。

　Yは、同証人尋問において、取材源は民訴法197条1項3号の「職業の秘密」にあたるとして、取材源特定に関する証言を拒絶した。原々審（新潟地決平17・10・11民集60-8-2678）はこの証言拒絶を認め、原審（東京高決平18・3・17民集60-8-2685）もXら側の抗告を棄却したため、Xらが許可抗告の申立てを行った。

■参考条文（事件当時のもの）

民事訴訟法
第197条　〔第1項〕次に掲げる場合には、証人は、証言を拒むことができる。
(1)　第191条第1項の場合
(2)　医師、歯科医師、薬剤師、医薬品販売業者、助産師、弁護士（外国法事務弁護士を含む。）、弁理士、弁護人、公証人、宗教、祈祷若しくは祭祀の職にある者又はこれらの職にあった者が職務上知り得た事実で黙秘すべきものについて尋問を受ける場合
(3)　技術又は職業の秘密に関する事項について尋問を受ける場合
第199条　第197条第1項第1号の場合を除き、証言拒絶の当否については、受訴裁判所が、当事者を審尋して、決定で、裁判をする。
2　前項の裁判に対しては、当事者及び証人は、即時抗告をすることができる。
第200条　第192条〔不出頭に対する過料〕及び第193条〔不出頭に対する罰金〕の規定は、証言拒絶を理由がないとする裁判が確定した後に証人が正当な理由なく証言を拒む場合について準用する。

Navigator

　本決定は、民事事件の証人尋問手続において、報道関係者が取材源特定に関する証言を拒絶したことの当否が争われた事案である。ここでは、①取材源に関する証言拒絶が民訴法197条1項3号の「職業の秘密」に該当するか、②「職業の秘密」に該当しても証言拒絶が許されない場合はあるか、③あるとして、それはどのような場合か、が問題となった。①に関して、本決定は、「職業の秘密」を「その事項が公開されると、当該職業に深刻な影響を与え以後その遂行が困難になるもの」と定義し、取材源の開示は、報道関係者と取材源の信頼関係を損ない、将来の取材活動を妨げ、業務に深刻な影響と遂行困難をもたらすため、「職業の秘密」にあたると判断した。②に関しては、本決定は、「職業の秘密」のうち「保護に値する秘密」に該当しないものには証言拒絶が認められないと指摘し、「保護に値する秘密」に該当するかは比較衡量（当該報道の内容・性質やその社会的意義・価値、取材態様や将来の取材活動に生ずる不利益と、当該民事事件の内容・性質やその社会的意義・価値、当該証言の必要性や代替証拠の有無等）によって決すべき、と判示した。③に関して、本決定は、比較衡量の具体例を示しており、報道が公共の利益に関するものである場合には、原則として証言拒絶が認められるとの立場をとりつつも、証言拒絶が許容されない例として、(i)取材の手段・方法が刑罰法令に触れる場合、(ii)取材源が秘密の開示を承諾している場合、(iii)公正な裁判を実現すべき必要性が高く、当該証言が必要不可欠な場合を挙げた。しかし、本件はこれらに該当せず、Yの証言拒絶には正当な理由があると、本決定は結論づけた。

　本決定は、民訴法の解釈適用の局面に憲法論を挿入している点に特徴があるので、そこを意識して本決定の構造を読み解くことが大切である。

■決定の論理構造

【証言拒絶の一般論】

「比較衡量により決せられる」
＝「秘密の公表によって生ずる不利益と証言の拒絶によって
犠牲になる真実発見及び裁判の公正との比較衡量」

【報道関係者の取材源の秘密】

報道の取材源の秘密＝「職業の秘密」（民訴法 193 条 1 項 3 号）

↓　　「保護に値する秘密」にあたるかどうかは…

比較衡量
＝「当該報道の内容、性質、その持つ社会的な意義・価値、当該取材の態様、将来
における同種の取材活動が妨げられることによって生ずる不利益の内容、程度等と、
当該民事事件の内容、性質、その持つ社会的な意義・価値、当該民事事件におい
て当該証言を必要とする程度、代替証拠の有無等の諸事情を比較衡量」

【報道の自由、取材の自由、取材源の秘密の関係】

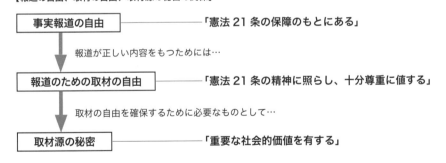

決　定

○ 主　文

本件抗告を棄却する。
抗告費用は抗告人らの負担とする。

○ 理　由

抗告代理人松尾翼、同松本貴一朗、同青木龍一の抗告理由について

[1]　1　抗告人らは、アメリカ合衆国を被告として合衆国アリゾナ州地区連邦地方裁判所に提起した損害賠償請求事件（以下「本件基本事件」と

いう。）における開示（ディスカバリー）の手続として、日本に居住する相手方の証人尋問を申請した。そこで、同裁判所は、この証人尋問を日本の裁判所に嘱託し、同証人尋問は、国際司法共助事件として新潟地方裁判所（原々審）に係属した。記者として本件基本事件の紛争の発端となった報道に関する取材活動をしていた相手方は、原々審での証人尋問において、取材源の特定に関する証言を拒絶し、原々審はその証言拒絶に理由があるものと認めた。これに対し、抗告人らは、上記証言拒絶に理由がないことの裁判を求めて抗告したが、原審がこれを棄却したために、当審への抗告の許可を申し立て、これが許可されたものである❶。

[2]　2　記録によれば、本件の経緯等は次のとおりである。

[3]　⑴　A社（以下「A社」という。）は、健康・美容アロエ製品を製造、販売する企業グループの日本における販売会社である。抗告人X1は、上記企業グループの合衆国における関連会社であり、その余の抗告人らは、A社の社員持分の保有会社、その役員等である❷。

[4]　⑵　日本放送協会（以下「NHK」という。）は、平成9年10月9日午後7時のニュースにおいて、A社が原材料費を水増しして77億円余りの所得隠しをし、日本の国税当局から35億円の追徴課税を受け、また、所得隠しに係る利益が合衆国の関連会社に送金され、同会社の役員により流用されたとして、合衆国の国税当局も追徴課税をしたなどの報道をし（以下「本件NHK報道」という。）、翌日、主要各新聞紙も同様の報道をし、合衆国内でも同様の報道がされた（以下、これらの報道を一括して「本件報道」という。）。相手方は、本件NHK報道当時、記者として、NHK報道局社会部に在籍し、同報道に関する取材活動をした❸。

[5]　⑶　抗告人らは、合衆国の国税当局の職員が、平成8年における日米同時税務調査の過程で、日本の国税庁の税務官に対し、国税庁が日本の報道機関に違法に情報を漏えいすると知りながら、無権限でしかも虚偽の内容の情報を含むA社及び抗告人らの徴税に関する情報を開示したことにより、国税庁の税務官が情報源となって本件報道がされ、その結果、抗告人らが、株価の下落、配当の減少等による損害を被ったなどと主張して、合衆国を被告として、上記連邦地方裁判所に対し、本件基本事件の訴えを提起した❹。

[6]　⑷　本件基本事件は開示（ディスカバリー）の手続中であるところ、上記連邦地方裁判所は、今後の事実審理（トライアル）のために必要であるとして、平成17年3月3日付けで、二国間共助取決めに基づく国際司法共助により、我が国の裁判所に対し、上記連邦地方裁判所の指定する質問事項について、相手方の証人尋問を実施することを嘱託した❺。

[7]　⑸　上記嘱託に基づき、平成17年7月8日、相手方の住所地を管轄する原々審において相手方に対する証人尋問が実施されたが、相手方は、上記質問事項のうち、本件NHK報道の取材源は誰かなど、その取材源の特定に関する質問事項について、職業の秘密に当たることを理由に証言を拒絶した（以下「本件証言拒絶」という。）❻。

[8]　⑹　原々審は、抗告人ら及び相手方を書面により審尋した上、本件証言拒絶に正当な理由があるものと認める決定をし、抗告人らは、本件証言拒絶に理由がないことの裁判を求めて原審に抗告したが、原審は、報道関係者の取材源は民訴法197条1項3号所定の職業の秘密に該当するなどとして、本件証言拒絶には正当な理由があるものと認め、抗告を棄却した❼。

[9]　3　民訴法は、公正な民事裁判の実現を目的として、何人も、証人として証言をすべき義務を負い（同法190条）、一定の事由がある場合に限って例外的に証言を拒絶することができる旨定めている（同法196条、197条）❽。そして、同法197条1項3号は、「職業の秘密に関する事項について尋問を受ける場合」には、証人は、証言を拒むことができると規定している。ここにいう「職業の秘密」とは、その事項が公開されると、当該職業に深刻な影響を与え以後その遂行が困難になるものをいうと解される（最高裁平成11年（許）第20号同12年3月10日第一小法廷決定・民集54巻3号1073頁参照）❾。もっとも、ある秘密が上記の意味での職業の秘密に当たる場合においても、そのことから直ちに証言拒絶が認められるものではなく、そのうち保護に値する秘密についてのみ証言拒絶が認められると解すべきである❿。そして、**保護に値する秘密であるかどうかは、秘密の公表によっ**

❶【1】は、アメリカの裁判所に提起された損害賠償請求事件に関する証人尋問が、どのような経緯で日本の裁判所に係属するに至ったかを説明している。アメリカの民事訴訟には、事実審理（トライアル）に先立ち、証拠開示手続（ディスカバリー）があり、ここで相手方に証言や証拠の開示を要求することができる。本件基本事件では、Xらがこの手続としてYに証人尋問を申請した。しかし、Yが日本に居住していたため、二国間共助取決めに基づく国際司法共助により、アメリカの裁判所が日本の裁判所に対し、所定の質問事項につきYに証人尋問することを嘱託した。この嘱託に基づき新潟地裁で実施された証人尋問において、Yが取材源について証言拒絶をしたことの当否が、本決定では争われている。なお、国際司法共助とは、民事ないし刑事手続に関して各国の司法機関および捜査機関が相互に行う国際的な協力ないし補助のことであり、民事手続の場合、条約や個別の取決めに基づき相互協力関係にある国に対して、証拠書類の送達や証拠調べの実施に係る協力が行われる。

❷【3】から【5】は、本件基本事件に至った経緯を説明している。

❸【4】には、本件報道の具体的内容ならびにYが本件報道の取材活動に従事していた旨が記されている。

❹【5】には、本件基本事件におけるXらの主張内容が記されている。本件報道には、被課税者と国税当局しか知りえない情報が含まれており、Xらは、《合衆国の国税当局→日本の国税当局→NHK記者Y》という流れの情報漏示があったと疑っている。

❺【6】は、本件基本事件の開示手続中に、アメリカの裁判所が、国際司法共助により、日本の裁判所に証人尋問の実施を嘱託した旨を記している。この嘱託は、1953（昭和28）年の二国間共助取決めに基づき、「外国裁判所ノ嘱託ニ因ル共助法」のもとで実施され、同法3条によれば、その準拠法は日本法である。したがって、証言拒絶の拒否に関する裁判は日本の民訴法に従うこととなる。

❻【7】は、Yが証人尋問において、取材源は「職業の秘密」（民訴法197条1項3号）にあたるとして証言拒絶したことを、説明している。

❼【8】は、原々審、原審ともに、取材源が「職業の秘密」にあたるとしたこと、Yの証言拒絶に正当な理由が認められるとしたことを、記している。

❽【9】の第1文は、民訴法上、証人は原則として証言義務を負い、同法196条、197条の事由がある例外的な場合に限り証言拒絶権が認められる旨を確認している。なお、民訴法200条は、証言拒絶に理由がない場合の制裁（過料または刑事罰）を予定している。

❾【9】の第2文および第3文は、民訴法197条1項3号が「職業の秘密」について証言拒絶権を認めていること、ならびに、「職業の秘密」の定義について、説明している。

❿【9】の第4文は、《「職業の秘密」のうち、「保護に値する秘密」についてしか証言拒絶権が認められない》との立場を明らかにしている。

て生ずる不利益と証言の拒絶によって犠牲になる真実発見及び裁判の公正との比較衡量により決せられるというべきである⓫。

[10]　報道関係者の取材源は、一般に、それがみだりに開示されると、報道関係者と取材源となる者との間の信頼関係が損なわれ、将来にわたり自由で円滑な取材活動が妨げられることとなり、報道機関の業務に深刻な影響を与え以後その遂行が困難になると解されるので、取材源の秘密は職業の秘密に当たるというべきである⓬。そして、当該取材源の秘密が保護に値する秘密であるかどうかは、当該報道の内容、性質、その持つ社会的な意義・価値、当該取材の態様、将来における同種の取材活動が妨げられることによって生ずる不利益の内容、程度等と、当該民事事件の内容、性質、その持つ社会的な意義・価値、当該民事事件において当該証言を必要とする程度、代替証拠の有無等の諸事情を比較衡量して決すべきことになる⓭。

[11]　そして、この比較衡量にあたっては、次のような点が考慮されなければならない⓮。

[12]　すなわち、報道機関の報道は、民主主義社会において、国民が国政に関与するにつき、重要な判断の資料を提供し、国民の知る権利に奉仕するものである。したがって、思想の表明の自由と並んで、事実報道の自由は、表現の自由を規定した憲法21条の保障の下にあることはいうまでもない。また、このような報道機関の報道が正しい内容を持つためには、報道の自由とともに、報道のための取材の自由も、憲法21条の精神に照らし、十分尊重に値するものといわなければならない（最高裁昭和44年（し）第68号同年11月26日大法廷決定・刑集23巻11号1490頁参照）。取材の自由の持つ上記のような意義に照らして考えれば、取材源の秘密は、取材の自由を確保するために必要なものとして、重要な社会的価値を有するというべきである⓯。そうすると、当該報道が公共の利益に関するものであって、その取材の手段、方法が一般の刑罰法令に触れるとか、取材源となった者が取材源の秘密の開示を承諾しているなどの事情がなく、しかも、当該民事事件が社会的意義や影響のある重大な民事事件であるため、当該取材源の秘密の社会的価値を考慮してもなお公正な裁判を実現すべき必要性が高く、そのために当該証言を得ることが必要不可欠であるといった事情が認められない場合には、当該取材源の秘密は保護に値すると解すべきであり、証人は、原則として、当該取材源に係る証言を拒絶することができると解するのが相当である⓰。

[13]　4　これを本件についてみるに、本件NHK報道は、公共の利害に関する報道であることは明らかであり、その取材の手段、方法が一般の刑罰法令に触れるようなものであるとか、取材源となった者が取材源の秘密の開示を承諾しているなどの事情はうかがわれず、一方、本件基本事件は、株価の下落、配当の減少等による損害の賠償を求めているものであり、社会的意義や影響のある重大な民事事件であるかどうかは明らかでなく、また、本件基本事件はその手続がいまだ開示（ディスカバリー）の段階にあり、公正な裁判を実現するために当該取材源に係る証言を得ることが必要不可欠であるといった事情も認めることはできない⓱。

[14]　したがって、相手方は、民訴法197条1項3号に基づき、本件の取材源に係る事項についての証言を拒むことができるというべきであり、本件証言拒絶には正当な理由がある⓲。

[15]　以上によれば、所論の点に関する原審の判断は、正当として是認することができる。論旨は採用することができない。

[16]　よって、裁判官全員一致の意見で、主文のとおり決定する。

（裁判長裁判官　上田豊三　裁判官　藤田宙靖　裁判官　堀籠幸男　裁判官　那須弘平）

⓫　[9] の第5文は、「保護に値する秘密」該当性の判断枠組みを提示している。判断枠組みは比較衡量であり、考慮要素は「秘密の公表によって生ずる不利益」と「証言拒絶によって犠牲になる真実発見及び裁判の公正」である。

⓬　[10] の第1文は、取材源が「職業の秘密」に該当する旨を説明している。取材源の開示は、取材源との信頼関係を破壊し、将来の取材活動を妨げ、報道業務の遂行を困難にさせるというのが、その理由である。

⓭　[10] の第2文では、取材源が「保護に値する秘密」に該当するかを判断する際の比較衡量の考慮要素が記されている。報道機関側の要素としては、①当該報道の内容・性質、②その社会的意義・価値、③取材の態様、④将来の取材が妨げられることで生ずる不利益の内容・程度が挙げられ、他方、公正な裁判の側の要素としては、(i)当該民事事件の内容・性質、(ii)その社会的意義・価値、(iii)証言の必要性の程度、(iv)代替証拠の有無が挙げられている。

⓮　[11] は、以下の [12] と相まって、取材源の秘密に関する [10] の比較衡量について、具体的な比較衡量の仕方を示し、判断枠組みの具体化を行っている。

⓯　[12] の第1文から第4文では、取材源の秘密の重要性を明らかにしている。ここでは、博多駅事件決定（本書45事件）を参照しつつ、取材の自由の憲法上の位置づけを再確認したうえで（第1文～第3文）、取材源の秘密を「取材の自由を確保するために必要なものとして、重要な社会的価値を有する」と評している（第4文）。なお、この説示だけでは、本決定が取材源秘匿権を憲法上の権利として承認したものかは判然としない。ただ、判解①は、公共的利益説に立ちつつ、取材源秘匿権には憲法上の根拠があると解している。これによれば、個人的利益を超えた情報の自由な流通に対する公衆の利益の保護がその根拠ということになる（判解①1013-1015頁）。

⓰　[12] の第5文は、第1文から第4文で行った取材源の秘密に関する法的評価（重みづけ）を考慮したうえで導出した具体的な判断枠組みであり、比較衡量の具体化である。それによれば、「報道が公共の利益に関するもの」である場合には、取材源に関する証言拒絶は原則的に許容される。ただし、その場合でも、(1)取材の手段・方法の刑罰法規への抵触や、(2)取材源の秘密開示の承諾があるとき、あるいは、(3)重大な民事事件において公正な裁判実現のために当該証言が必要不可欠であるときは、例外的に、取材源の秘密は保護されず、証言拒絶が認められない。なお、「報道が公共の利益に関するもの」でない場合には、取材源の秘密は証言拒絶の原則的許容の対象とはならない（判解①1021-1022頁）。

⓱　[13] は、[12] において定立された判断枠組みへの「あてはめ」である。本件報道は、「公共の利害に関する報道」であるため、「保護に値する」前提をみたし、また、(1)取材の手段・方法が刑罰法令に抵触せず、(2)取材源開示の承諾もなく、さらには、(3)本件基本事件は重大な民事事件でもなく、しかも開示（ディスカバリー）段階のため、証言を得ることが必要不可欠とはいえないとして、証言拒絶が許容される要件に該当する旨を判示した。

⓲　[14] は、判断枠組みへの「あてはめ」をふまえた結論部分である。

| 補足説明 | 刑事裁判での取材源秘匿 |

刑事裁判での取材源秘匿が問題となった事案に、朝日新聞記者証言拒否事件判決（判例②）がある。同判決では、本決定と異なり、証言拒絶は認められなかった。そもそも、刑訴法 149 条には「職業の秘密」に相当する規定がない。これが結論を異にした一つの要因だとされる（判解①1014 頁）。また、同判決と本決定は、その法的構成にもかなりの違いがある。同判決は、憲法 21 条を「いいたいことはいわせなければならないということ」だと捉え、取材については、「未だいいたいことの内容も定まらず、これからその内容を作り出すための取材」と把握していた。つまり、同判決は、取材の自由の憲法的保護自体にはじめから消極的であった。これに対して、本決定は、博多駅事件決定〔本書 45 事件〕を参照し、取材の自由の憲法上の位置づけを明らかにしており、同判決とはまったく趣を異にする。とはいえ、本決定も、取材源の秘密については、これが憲法から直接要請されるものなのかを明言していない。もし、憲法から直接要請されるとの立場をとるならば、刑事裁判でも取材源の秘密に一定の配慮が求められることになるだろう。

Questions

①事実関係の確認

問 1　本件報道は、どのような内容だったか。▶【事案】【3】【4】

問 2　本件基本事件は、どのような内容だったか。▶【事案】【5】

問 3　本件基本事件において、なぜ X らは Y の証人尋問を申請したのか。▶【事案】【6】

問 4　本件基本事件はアメリカの裁判所に提起されたものなのに、なぜ日本の裁判所で Y の証人尋問が実施されたのか。▶【事案】【6】

問 5　Y の証人尋問で問われた内容は、どのようなものだったか。▶【事案】【7】

問 6　Y はどのような理由で証言を拒絶したのか。そこに法的根拠はあるか。▶【事案】【8】

②決定の内容の確認

問 7　民訴法上、証人は証言すべき義務を負っているか。どのような場合に、証言を拒絶することが許されているか。根拠条文とともに答えなさい。▶【9】

問 8　民訴法上の「職業の秘密」に該当すれば、いかなる場合でも証言拒絶が許されるのか。そうでないとすれば、どのような場合であれば証言拒絶が許されるのか。その判断枠組みはどのようなものか。▶【9】

問 9　本決定は、どのような理由に基づいて、取材源の秘密が「職業の秘密」に該当すると述べているか。▶【10】

問 10　本決定は、取材源の秘密が「保護に値する秘密」に該当するか否かについて、どのような判断枠組みのもとで判定すべきだと述べているか。▶【10】

問 11　本決定は、事実報道の自由、取材の自由、取材源の秘密について、それぞれ憲法上どのような位置づけを与えているか。▶【12】

問 12　本決定は、どのような場合であれば、取材源の秘密が保護に値すると考えているか。▶【12】

問 13　本決定によれば、取材源が守秘義務違反などを犯している場合にも、取材源の秘密の保護は否定されることになるか。▶【12】

問 14　本件基本事件の手続が開示（ディスカバリー）段階にあることは、本決定の判断において、どのように考慮されているか。▶【13】

問 15　本決定は、最終的に、どのような理由で、本件証言拒絶に正当な理由があるとしたのか。▶【13】【14】

③応用問題

問 16　本決定で引用されている博多駅事件決定〔本書 45 事件〕の説示は、本決定においてどのような役割を果たしているか。▶【12】

問 17　本決定は、「取材の手段、方法が一般の刑罰法令に触れる」場合には、取材源の秘密は保護に値しないと考えており、この点が、判例①に類似すると説明されることがある。それはなぜか。▶判例①、判解①1021 頁

問 18　刑事裁判における取材源秘匿が争われた判例②では、本決定と異なり、証言拒絶が認められなかった。本決定とのこのような結論の違いには、どのような理由があると考えられるか。また、刑事裁判での証言拒絶を肯定するために、どのような主張をすることが考えられるか。▶判例②、文献②70 頁

○ **関連判例**（本書所取以外のもの）
最決昭和 53 年 5 月 31 日刑集 32 巻 3 号 457 頁［外務省秘密伝聞漏洩事件］（判例①）
最大判昭和 27 年 8 月 6 日刑集 6 巻 8 号 974 頁［朝日新聞記者証言拒否事件］（判例②）

○ **本決定の調査官解説**
戸田久「判解」最高裁判所判例解説民事篇平成 18 年度〔下〕1006 頁（判解①）

○ **その他の判例解説・判例批評**
船田三雄「判解」最高裁判所判例解説刑事篇昭和 44 年度 414 頁
堀籠幸男「判解」最高裁判所判例解説刑事篇昭和 53 年度 129 頁

○ **参考文献**
鈴木秀美「マス・メディアの自由と特権」小山剛＝駒村圭吾編『論点探究 憲法［第 2 版］』（弘文堂、2013 年）172 頁（文献①）
池田公博『報道の自由と刑事手続』（有斐閣、2008 年）（文献②）

第15章 居住・移転の自由

1 学説の状況

　憲法22条1項の保障する居住・移転の自由は、主として、自己の住所または居所を自由に決定し、移動する自由である。一時的な移動である旅行の自由も、同項の保障する自由に含まれるかについては、消極説もあるが（法学協会『註解日本国憲法 上巻』（有斐閣、1953年）441頁参照）、これに含まれると解する立場（積極説）が通説である（宮沢俊義『憲法II 基本的人権［新版］』（有斐閣、1971年）388頁。芦部［6版］230頁、野中ほかI［5版］459頁［高見勝利］等参照）。

　居住・移転の自由は、それが土地から離れた自由な労働力を生み出し、資本主義経済の一つの前提条件となったという歴史的経緯から、経済的自由の一つに分類されてきたが、今日ではその複合的性格が強調される。すなわち、この自由は、①自由な経済体制の前提条件の一つである（人の自由移動により、労働力の自由な売買が可能になる）という意味では、経済的自由としての側面を有するが、②身体の拘束を否定し、広く人の移動の自由を保障するという点で、人身の自由としての側面、および、③広く知的な接触・交流の機会を得るために不可欠な自由という点で、精神的自由としての側面も有するとされるのである（芦部［6版］230頁、佐藤296頁、長谷部［6版］252頁等参照）。もっとも、これらに加えて、この自由のもつ個人の人格形成の基盤として性格を説くものや（野中ほかI［5版］458頁［高見］）、その複合的性格を認めつつも、すべての人間活動の基盤となるものとして位置づける考え方（渋谷［3版］222頁）もある。

　以上のような居住・移転の自由に対する規制の合憲性はどのように審査されるべきか。一つの考え方としては、この自由の複合的性格に応じて、審査基準も使い分けるべきだとする立場がある。これによると、居住・移転の自由に対する規制が、その経済的自由としての側面に関わるときは、職業選択の自由の規制に対するのと同じ基準を適用すべきであり、規制が民主制の本質につながるという側面に関わるときは、精神的自由の規制の場合に近似した基準を適用すべきだとされる（伊藤正己「居住移転の自由」宮沢俊義先生還暦記念『日本国憲法体系 第7巻 基本的人権1』（有斐閣、1965年）217頁、野中ほかI［5版］461頁［高見］）。これに対して、この自由を、人間として生きていく基本と位置づける立場からは、厳格な審査基準が適用されるべきだとされる（渋谷［3版］228頁）。

　現行法のもとにおける居住・移転の自由の制限例としては、①破産者に対する居住制限（破産法37条）、②自衛官の指定場所居住義務（自衛隊法55条）、③刑罰としての懲役（刑法12条）・禁錮（同13条）・拘留（同16条）や被告人・被疑者の勾留（刑訴法60条）、④夫婦同居義務（民法752条）、⑤親権者の子に対する居所指定権（同821条）、あるいは⑥特定の疾病患者の強制入院（感染症の予防及び感染症の患者に対する医療に関する法律19条以下）および措置入院（精神保健及び精神障害者福祉に関する法律29条以下）等が挙げられるが、これらは一般に合憲と解されている。

　以上の居住・移転の自由との関連ではなお、外国旅行の自由（海外渡航の自由）の憲法上の根拠が問題になる。この自由の根拠を、外国移住・国籍離脱の自由を保障した憲法22条2項に求める見解（22条2項説）は、国内に関することを同条1項で、外国に関することを2項で規定していると理解できること、および2項が移住のための出国を保障しながら、旅行のための出国は保障していないと解するのは不合理と解されることを主たる論拠とするもので、通説とされる（芦部［6版］231頁、野中ほかI［5版］465頁［高見］、佐藤298頁等）。これに対して、22条1項説（宮沢・前掲書389頁、長谷部［6版］253頁）は、「移転」を保障した1項により保障される旅行の自由は国の内外を問わないと解すべきこと、および2項は、日本国の統治から脱する意味をもつものであり、一時的な旅行は含まれないと解されることを論拠とする。また、13条説によれば、旅行は、居住地の変更を意味する「移転」にも「移住」にも含まれず、したがって22条ではなく、13条によって保障されたものとみるべきだとする（初宿正典『憲法2 基本権［第3版］』（成文堂、2010年）134頁、303頁）（なお、後述する帆足計事件判決参照）。

2 判例の展開

　憲法22条1項との関係で、居住・移転の自由に対する制限の憲法適合性が争われた事例は、必ずしも多くはなく、この分野においては判例の蓄積がみられるわけでは必ずしもない。

　そうした中にあって、居住の自由に対する規制の合憲性を最高裁が初めて判断した事例として、まず注目されるのは、平成4年7月1日の**成田新法事件判決**〔本書59事件〕である。この事件では、問題となった法の規定に基づく規制区域内での工作物使用禁止命令により、当該工作物に居住できなくなることに対し、居住の自由を保障した憲法22条1項違反が主張されたが、最高裁は、「工作物使用禁止命令は、……国家的、社会経済的、公益的、人道的見地からの極めて強い要請に基づき、高度かつ緊急の必要性の下に発せられるものであるから、右工作物使用禁止命令によってもたらされる居住の制限は、公共の福祉による必要かつ合理的なものであるといわなければならない」と述べ、違憲の主張を退けた。

　暴力団員に対し市営住宅の明渡しを求めることができる旨定めた条例の合憲性が争われた、平成27年3月27日の**西宮市営住宅事件判決**〔本書49事件〕でも、同じく憲法22条1項違反の主張が退けられた。同判決でも、明確な審査基準等は提示されることなく、諸点に照らして判断するという手法が用いられたが、そこで成田新法事件判決が引用されている点が注目される。

　総じて、居住・移転の自由が問題となった事例における最高裁のアプローチとしては、個別的な利益衡量が用いられる傾向にあるといえるであろう。

　これに対して、海外渡航の自由に対する規制の合憲性は、早くから最高裁で争われた。昭和33年9月10日の**帆足計事件判決**〔本書48事件〕は、海外旅行の自由を、憲法22条2項で保障された「外国に移住する自由」に含まれるとしつつも、「著しく且つ直接に日本国の利益又は公安を害する行為を行う虞があると認めるに足りる相当の理由がある者」に、一般旅券を発給しないことができる旨定めた旅券法13条1項柱書および5号（現行法では7号）の規定を合憲と判断し、同規定に基づく旅券発給拒否処分も合憲とした。もっとも、同判決をめぐっては、そこで示された解釈に批判があるほか、占領下での事例という特殊事情もあり、先例としての意義を疑問視する向きもある。

48 帆足計事件

最高裁昭和33年9月10日大法廷判決

昭和29年(オ)第898号：損害賠償並びに慰藉料請求事件
民集12巻13号1969頁

事案

本件は旅券発給拒否処分が争われた事例に関するものである。昭和27（1952）年2月25日、前参議院議員X（原告、控訴人、上告人）および衆議院議員A（原告、控訴人）は、同年4月に当時のソビエト連邦（ソ連）のモスクワ（判決文中では「モスコー」と表記）で開催される国際経済会議（以下「本件会議」ともいう）に出席することを渡航目的とし、"ソヴィエト社会主義同盟"を渡航先とする一般旅券の発給を、外務大臣に対し申請した。ところがXらは外務大臣により、同年3月15日付で、旅券法19条1項4号の趣旨に鑑み旅券の発給を行わない旨の通知を受け、さらに3月19日付で、旅券法19条1項4号のほか、同法13条1項5号の趣旨をも旅券発給を行わない理由とする旨の通知を受けて、旅券発給を拒否されたため（以下「本件拒否処分」ともいう）、本件会議に参加することができなかった。Xらは、本件拒否処分により、憲法の保障する海外渡航の自由ないし権利が不当に侵害されたとして、国を相手どり、損害賠償を請求した。

第一審（東京地判昭28・7・15下民集4-7-1000）は、旅券法13条1項5号に基づく本件拒否処分は違法ないし不当なものではないとしてXらの請求を棄却し、原審である控訴審（東京高判昭29・9・15下民集5-9-1517）は、本件において旅券法19条1項4号に基づきXらの申請を拒否することは相当でないとしつつも、同法13条1項5号が適用された点については違法の点はないとして、Xらの控訴を棄却したので、Xが上告した。上告に際してXは、①旅券法13条1項5号の定める要件が、憲法22条2項の保障する海外渡航の自由を制限する事由として漠然かつ包括的にすぎる、また、②仮に同規定は違憲とはいえないとしても、基本的人権が制約されるのは「明白かつ現在の危険」の存する場合に限られ、同規定も同様に解されるべきところ、原審および第一審はこの点を顧みず、旅券法の規定を不当に広く解釈しており、憲法に違反すると主張した。

■参考条文（事件当時のもの）

旅券法

第13条 〔第1項〕外務大臣又は領事官は、一般旅券の発給又は渡航先の追加を受けようとする者が左の各号の一に該当する場合には、一般旅券の発給又は渡航先の追加をしないことができる。

(5) 前各号に掲げる者を除く外、外務大臣において、著しく且つ直接に日本国の利益又は公安を害する行為を行う虞があると認めるに足りる相当の理由がある者

第19条 〔第1項〕外務大臣又は領事官は、次に掲げる場合において、旅券を返納させる必要があると認めるときは、旅券の名義人に対して、期限を付けて、旅券の返納を命ずることができる。

(4) 旅券の名義人の生命、身体又は財産の保護のために渡航を中止させる必要があると認められる場合

Navigator

憲法は、22条1項で居住・移転の自由を保障し、同条2項で外国に移住する自由を保障しているが、本件で問題となったような、日本への帰国を前提とした海外渡航の自由（ないし海外旅行の自由）については、明示的な保障規定はなく、その憲法上の根拠づけが問題になる。本件は、この点について最高裁が、外国旅行の自由が憲法22条2項で保障される旨を明示した事例としてまず注目される（ただし、これに異を唱える少数意見も付せられている）。

ところで海外旅行をしようとする者は、原則として旅券法の定めるところにより、外務大臣に申請して、一般旅券を発給してもらう必要がある（一般旅券は、現在では原則として「有効期間が10年の数次往復用」（5条1項）として発行されるが、本件当時は、渡航先を特定した1往復用として発行されるのが普通であった）。外務大臣は、一定の場合には一般旅券を発給しないことができ、その一つが、本件で問題となった旅券法13条1項5号（当時。現在の13条1項7号にあたる）にいう、「外務大臣において、著しく且つ直接に日本国の利益又は公安を害する行為を行う虞があると認めるに足りる相当の理由がある者」に対する場合である。しかしながら、仮に海外渡航の自由を、憲法で保障された人権と解するなら、外務大臣による旅券発給拒否も、それが人権を不当に侵害するものであってはならないはずである。もっとも、この点について本判決は、問題となった法規定が「公共の福祉のため」の「合理的な制限」を定めたものであるとして違憲の主張を退け、同規定に基づく旅券発給拒否処分も違法ではないと判断している。

本判決は、日本がいまだ占領下にあった昭和27（1952）年に起きた事件に関するものであり、時は米ソを中心とした東西冷戦が激化していったころであった。判決を読むにあたっては、このような時代背景と、それが本判決の事案に及ぼした影響という点についても、留意したい。

判　決

○　主　文

本件上告を棄却する。
上告費用は上告人の負担とする。

○　理　由

上告代理人森川金寿、同猪俣浩三、同大野正男の上告理由第一点について。

[1]　論旨は、旅券法13条1項5号は憲法22条2項に違反し無効と解すべきであるにかかわらず、原判決が右旅券法の規定に基き本件旅券発給申請を拒否した外務大臣の処分を有効と判断したのは右憲法の規定に違反するものであると主張する❶。

[2]　しかし憲法22条2項の「外国に移住する自由」には外国へ一時旅行する自由を含むものと解すべきであるが、外国旅行の自由といえども無制限のままに許されるものではなく、公共の福祉のために合理的な制限に服するものと解すべきである。そして旅券発給を拒否することができる場合として、旅券法13条1項5号が、「著しく且つ直接に日本国の利益又は公安を害する行為を行う虞があると認めるに足りる相当の理由がある者」と規定したのは、外国旅行の自由に対し、公共の福祉のために合理的な制限を定めたものとみることができ、所論のごとく右規定が漠然たる基準を示す無効のものであるということはできない。されば右旅券法の規定に関する所論違憲の主張は採用できない❷。

同第二点について。

[3]　論旨は、旅券法13条1項5号が仮に違憲でないとしても、本件の旅券発給申請は、同条に該当しないに拘らず、原判決が同条を適用してその発給を拒否した外務大臣の処分を適法であると認めたのは同条の解釈適用を誤つた違法がある。又本件拒否処分は国家賠償法1条1項にいう故意過失があつたものとはいえない旨の判示も同条の解釈を誤つた違法があると主張する❸。

[4]　しかし、旅券法13条1項5号は、公共の福祉のために外国旅行の自由を合理的に制限したものと解すべきことは、既に述べたとおりであつて、日本国の利益又は公安を害する行為を将来行う虞れある場合においても、なおかつその自由を制限する必要のある場合のありうることは明らかであるから、同条をことさら所論のごとく「明白かつ現在の危険がある」場合に限ると解すべき理由はない❹。

[5]　そして、原判決の認定した事実関係、とくに占領治下我国の当面する国際情勢の下においては、上告人等がモスコー国際経済会議に参加することは、著しくかつ直接に日本国の利益又は公安を害する虞があるものと判断して、旅券の発給を拒否した外務大臣の処分は、これを違法ということはできない旨判示した原判決の判断は当裁判所においてもこれを肯認することができる。なお所論中、会議参加は個人の資格で、しかも旅券の発給は単なる公証行為に過ぎず、政府がこのことによつて旅行目的を支持支援するものではなく、かつ政治的責任を負うものではないから、日本国の利益公安を害することはあり得ない旨るる主張するところあるが、たとえ個人の資格において参加するものであつても、当時その参加が国際関係に影響を及ぼす虞れのあるものであつたことは原判決の趣旨とするところであつて、その判断もまた正当である。その他所論は、原判決の事実認定を非難し、かつ原判決の判断と反対の見地に立つて原判決を非難するに帰し、いずれも採るを得ない。次に原判決が、本件拒否処分につき外務大臣の判断の結果が、かりに誤りであつたとしても国家賠償法1条1項にいう故意又は過失はない旨判示したのは、本来必要のない仮定的理由を附加したにとどまるものであつて、その判断の当否は判決の結果に影響を及ぼすものではない。この点の所論も採用することはできない❺。

[6]　よつて、民訴401条、95条、89条に従い、主文のとおり判決する。

[7]　この判決は、裁判官田中耕太郎、同下飯坂潤夫の補足意見があるほか、全裁判官一致の意見によるものである。

❶ 【1】は、上告理由第一点の趣旨を述べたものである。そこで提起される実質的な憲法問題は、旅券法13条1項5号（当時）が、海外旅行の自由を保障した憲法22条2項に違反するという、法令違憲の主張の当否である。

❷ 【2】は、【1】で提起された問題に答えた部分である。ここでは、(1)外国旅行の自由が憲法22条2項で保障されること、(2)そうした自由が、「公共の福祉のため」の「合理的な制限」に服すること、および、(3)旅券法13条1項5号の規定も、「公共の福祉のため」の「合理的な制限」であることが示される。(1)については、最高裁は本件以前にも、「居住・移転とは、外国移住と区別して規定されているところから見れば、日本国内におけるものを指す趣旨であることも明らかである」と述べ（判例①1664頁）、これと同様の立場に立つことを示唆していたが、この趣旨は本判決によって明確にされたといえる（判解①234頁）。もっとも、この点については異論もある（[8]以下および【Questions】問11参照）。(2)については、憲法22条2項に明文上「公共の福祉」の留保がついていないため、「公共の福祉」による制限に服さないとする説もあったが、本判決ほか判例のとるところではなく、それは通説に沿ったものといえる（判解①234頁以下）。(3)の旅券法13条1項5号の合憲性については、当初より学説は分かれており、違憲の疑いを指摘する説も有力に主張されていたが（判解①235頁）、本判決はこれを合憲と解して、この立場自体はその後も踏襲されている（判例②1473頁、判例③3頁）。なお、本件では直接問題とされていないが、同規定は、憲法31条との関係でも問題になりうる（判解①235頁）。

❸ 【3】は、上告理由第二点の趣旨を述べたものである。そこでの実質的な問題は、仮に旅券法の規定は違憲ではないとしても、それを本件に適用して、旅券発給を拒否した処分が違憲または違法ではないか、という点である。

❹ 【4】では、旅券法13条1項5号による海外渡航の自由の制限が、「明白かつ現在の危険」の存する場合に限られるとする上告人の主張を退けている。上告人のこうした主張の根拠は、その上告理由からすると、同号が「著しく且つ直接に」という限定を付している点にあると察せられるが（民集12-13-1976）、元来、言論の自由の制限に関して合衆国最高裁が示した「明白かつ現在の危険」の原則を、海外旅行の自由の制限にあてはめうるかという疑問が提起されるほか、同規定の立案者の説明に照らしても、上告人の主張は「独自の見解」であるとされる（判解①237頁）。

❺ 【5】では、【4】を受け、本件申請拒否処分が違法ではないとした原判決の判断を肯認することを通じて、同処分が違憲・違法であるという主張を退けている。もっとも、本件のような事案が、旅券法13条1項5号の想定する場合にあたるかは問題である。この点については、同号の想定するのは、刑罰規定に触れるおそれのある行為等とされ、これらと比較すると「現在になって検討してみると、本件のケースが……該当するとするのは、何としても無理のように思われる」(判解①239頁)としつつも、本件における「特殊の事情を考慮することによつて本判決の結論もあながち理解できないわけではないのである」（同）といった見解が示されている。ただこの点に関しては異論も強い（【補足説明】および【Questions】問12参照）。

少数意見

本件に関する裁判官田中耕太郎、同下飯坂潤夫の補足意見は次のとおりである❻。

上告代理人森川金寿、同猪俣浩三、同大野正男の上告理由第一点について。

[8] 多数意見は憲法22条2項の、「外国に移住する自由」の中に外国へ一時旅行する自由を含むものと解している。しかし、この解釈には承服できない。この条項が規定しているのは外国に移住することと国籍を離脱することの自由である。それは国家と法的に絶縁するか、または相当長期にわたつて国をはなれ外国に永住するというような、その個人や国家にとつて重大な事柄に関係している。移住は所在をかえる点では一時的に国をはなれて旅行することと同じであるが、事柄のもつている意味は大にちがつているのである。

[9] のみならず如何に文理的解釈を拡張しても旅行を移住の中に含ませることは無理である。というのは移住は結局ある場所に定住することであるが、旅行は動きまわる観念だからである。この意味で旅行は同条1項の「移転」に含ませることが考え得られないではない。しかしこの場合の移転も、正確には「居住を変更する」（英文では change his residence）ことなのである。それは追放されないことの保障を内容としている。従つてその中にはこれと性質を異にするところの、旅行することを含むものとは解せられない。この規定は第2項が外国へ行く場合の規定であることに対応して国内における自由を定めたものと認められている。そうだとすればこれは外国旅行の場合に適用がないのは当然である。しかしこの規定は内国旅行の場合をも含んでいないものと解すべきである。

[10] 要するに憲法22条は1項にしろ2項にしろ旅行の自由を保障しているものではない。しからばこれについて規定がないから保障はないかというとそうではない。憲法の人権と自由の保障リストは歴史的に認められた重要性のあるものだけを拾つたもので、網羅的ではない。従つてその以外に権利や自由が存せず、またそれらが保障されていないというわけではない。我々が日常生活において享有している権利や自由は数かぎりなく存在している。それらはとくに名称が附されていないだけである。それらは一般的な自由または幸福追求の権利の一部分をなしている。本件の問題である旅行の自由のごときもその一なのである。

[11] この旅行の自由が公共の福祉のための合理的制限に服するという結論においては、多数の意見と異るところはない。
（裁判長裁判官　田中耕太郎　裁判官　小谷勝重　裁判官　島　保　裁判官　藤田八郎　裁判官　河村又介　入江俊郎　裁判官　垂水克己　裁判官　河村大助　裁判官　下飯坂潤夫　裁判官　奥野健一）

補足説明　一般旅券発給の拒否事由

本判決で問題となつた旅券法13条1項5号の規定は、それ自体も違憲の疑いを指摘されていたところであるが、現行の旅券法でも13条1項7号として引き継がれている。旅券法13条1項の各号は、一般旅券を発給しないことができる要件を挙げており、その多くは、旅券申請者の個人的条件が、旅券発給の拒否事由とされている。そうだとすれば、問題となつた「著しく且つ直接に日本国の利益又は公安を害する行為を行う虞があると認めるに足りる相当の理由がある者」という規定も、仮に同規定自体の合憲性は認めるとしても、その解釈・適用にあたつては個人的条件に限定して解すべきであり、これとは無関係な政治情勢等を考慮すべきではないのではないかという問題がある。本判決の上告人も、旅券法13条1項5号が、「個人」について判断すべきであるのに、「主観的意図いかんにかかわらず」会議に参加すること自体が同号の定める場合に該当するとした原判決が不当であると主張した（民集12-13-1981）。この点に関し、本判決には直接の言及はみられないが、調査官解説によれば、原判決も、同規定にあたるか否かを渡航者その者について判断すべきであることを当然の前提として判示しているとされ、そうした判示自体は肯首できるとされる（判解①238頁）。もっとも、その後の事例で最高裁は、同号に該当するかの判断につき、「主観的条件のほか、国際情勢その他客観的事実をも考慮して判断すべきことは、論をまたない」（判例②1473頁）と述べ、個人的条件に限定されないという解釈態度を示している。ただ、このように解すると、憲法の保障する海外渡航の自由が、その時々の政治情勢により、いかようにも制限されることになってしまいかねないのではないかといった疑問がある。

Questions

①事実関係の確認

問1 本件で問題となった旅券発給拒否処分に際して言及された旅券法19条1項4号はどのような規定か。それは、本件拒否処分とどう関係しているのか。▶【参考条文】【事案】

問2 同じく旅券法13条1項5号はどのような規定か。それは、本件拒否処分とどう関係しているのか。▶【参考条文】【事案】

問3 Xらは、いかなる理由から、どのような訴訟を提起したか。▶【事案】

②判決の内容の確認

問4 Xの上告理由はどのようなものであったか。▶【事案】【1】【3】

問5 本判決の多数意見は、「外国へ一時旅行する自由」が、憲法のいかなる規定により保障されると解しているか。また、そのように解する理由は、いかなる点に求められるであろうか。▶【2】

問6 旅券法13条1項5号が憲法に違反しないか、という問題に対して、本判決はどのような判断を示しているか。また、そのように判断している理由は何か。▶【2】

問7 旅券法13条1項5号による、海外渡航の自由の制

---

❻ 田中・下飯坂補足意見は、多数意見が、海外旅行の自由を憲法22条2項の「外国に移住する自由」に含める点に異を唱える。同補足意見によると、「憲法22条は1項にしろ2項にしろ旅行の自由を保障したものではない」のであり、旅行の自由は、「一般的な自由または幸福追求の権利の一部分をなしている」とされる（[10]）。ここでは、憲法の特定の条文に直接言及されているわけではないが、ここで示された立場は、後には憲法13条に根拠を求める説として整理されている（判批①235頁等）。

限は、「明白かつ現在の危険」の存する場合に限られるべきだという上告人の主張は、いかなる根拠に基づくものだと考えられるか。この主張に対して、本判決はどのような判断を示しているか。また、そのように判断している理由は何か。▶【4】

問8 仮に、旅券法 13 条 1 項 5 号は憲法に違反しないとしても、本件旅券発給拒否処分は憲法に違反するのではないか、という問題に対して、本判決はどのような判断を示していると考えられるか。また、そのように判断していると解される理由は何か。▶【5】

問9 田中・下飯坂補足意見は、「海外旅行の自由」の憲法上の位置づけについて、多数意見と見解を異にしている。この点に関し、補足意見が多数意見の解釈には「承服できない」というのは、いかなる理由からか。▶【8】【9】

問10 補足意見によると、「海外旅行の自由」の憲法上の位置づけは、どのように解されるのであろうか。▶【10】

③応用問題

問11 海外旅行の自由の憲法上の根拠について、本件多数意見は、これを憲法 22 条 2 項に求めたが（【2】）、これに対しては、同自由を「一般的な自由または幸福追求の権利の一部分」とする田中・下飯坂補足意見があるほか（【10】）、憲法 22 条 1 項に求める説もあり（判例②1476 頁の色川補足・反対意見、判例③ 7 頁の伊藤補足意見等）、最高裁においても見解の一致がみられるわけでは必ずしもない。これら諸説の論拠は、それぞれいかなる点にあるのであろうか。また、いずれの説が妥当と考えられるか。▶判批①235 頁

問12 本件控訴審は、「当時は平和条約の発効前であつて、我が国はなお占領治下にあり、事国際問題に関しては連合国総司令部ないしは米国の意向を尊重する巳むなき状況にあり、しかも当時総司令部は本件旅券発給に関し反対の意向を有しているものと思われたので、外務大臣は、この関係においても本件につき旅券を発給することをちゅうちょせざるを得ない状況にあつたことが認められる」（下民集 5-9-1519）等といった認定のもと、外務大臣が、「かかる情勢の下において控訴人らがとかくの批判あるモスコー国際経済会議に参加することは著しく且つ直接に日本国の利益または公益を害する虞があるものと判断したことは、まことに無理からぬところ」（同 1521）であるとして、外務大臣の判断に違法はなかったとしており、そうした判断を、本判決も「正当」とする（【5】）。もっともこれに対しては、旅券法の規定を解釈・適用するにあたり政治的判断を容れる余地はないとして、「占領治下という理由で 5 号の適用を認めたことには救いようのない無理がある」（判批② 129 頁〔園部〕）といった厳しい批判も寄せられている（判批③63 頁、判批④210 頁等も参照）。結局、本件における外務大臣の判断の当否については、どのように評価すべきであろうか。

問13 本判決は、先例としての拘束力という点でも問題になる。この点、同じく旅券発給拒否処分が争われたその後の事例（判例②）の調査官解説では、本件事案の旅券発給拒否処分について、「占領時下の日本で、しかも、総司令部は日本政府に暗に反対の意向を有していたというのであり、……平和条約発効後における旅券発給拒否処分の適否のさいに、その理論を持ち込むのは妥当ではない」とされている（判解②1037 頁）。こうした指摘も参考に、本判決の射程および先例としての意義について検討せよ。

○ **関連判例**（本書所収以外のもの）
最大判昭和 32 年 6 月 19 日刑集 11 巻 6 号 1663 頁（判例①）
最判昭和 44 年 7 月 11 日民集 23 巻 8 号 1470 頁（判例②）
最判昭和 60 年 1 月 22 日民集 39 巻 1 号 1 頁（判例③）

○ **本判決の調査官解説**
井口牧郎「判解」最高裁判所判例解説民事篇昭和 33 年度 231 頁（判解①）

○ **その他の判例解説・判例批評**
奈良次郎「判解」最高裁判所判例解説民事篇昭和 44 年度 1025 頁（判解②）
齊藤正彰「判批」憲法判例百選 I［第 6 版］（2013 年）234 頁（判批①）
阿部照哉＝園部逸夫「判批」法学論叢 67 巻 3 号（1960 年）129 頁（判批②）
森順次「判批」民商法雑誌 40 巻 4 号（1959 年）56 頁（判批③）
村上義弘「判批」大阪府立大学経済研究 12 号（1959 年）202 頁（判批④）

○ **参考文献**
大西芳雄「海外渡航の自由」立命館法学 29＝30 号（1959 年）20 頁

49 西宮市営住宅事件

最高裁平成27年3月27日第二小法廷判決
平成25年(オ)第1655号：建物明渡等請求事件
民集69巻2号419頁

事案

X（兵庫県西宮市：原告、被控訴人、被上告人）は、西宮市営住宅条例（以下「本件条例」という）46条1項柱書および同項6号において、市営住宅の入居者等が暴力団員であることが判明した場合に市営住宅の明渡しを請求することができる旨の規定（以下「本件規定」という）を設けていた。本件の3名の上告人（被告、控訴人）のうちY₁は、平成17年8月に本件条例に基づき市営住宅に入居した者であり、その両親であるY₂およびY₃は、平成22年8月にY₁と同住宅で同居することを認められた者である（Y₂は、Y₁との同居に伴い、本件住宅の駐車場（以下「本件駐車場」という）の使用を許可された）。その後Xは、同年10月、Y₁が暴力団員であることを知ったため、Yらに対し、本件住宅の明渡しおよび明渡しが完了するまで月額7万7900円の割合による損害金の支払を求め、Y₂に対し、本件駐車場の明渡しおよび明渡しが完了するまで月額1万円の割合による損害金の支払を求めた（以上につき、【1】～【9】も参照のこと）。

第一審（神戸地尼崎支判平25・2・8民集69-2-429）は市の請求を認め、原審である控訴審（大阪高判平25・6・28民集69-2-447）も、Yらの控訴を棄却したため、Yらが上告した。上告に際しYらは、①本件規定は暴力団を不利に扱うもので憲法14条1項に違反する、②本件規定は居住の自由を侵害するもので憲法22条1項に違反する、および③本件住宅および本件駐車場の使用の終了に本件規定を適用することは、憲法14条1項または同22条1項に違反する、と主張した（【10】参照）。

■参考条文（事件当時のもの）

西宮市営住宅条例

第7条 普通市営住宅に入居することができる者は、次の各号……に掲げる条件を備える者とする。
(5) その者及び現に同居し、又は同居しようとする親族が暴力団員による不当な行為の防止等に関する法律（平成3年法律第77号）第2条第6号に規定する暴力団員（以下「暴力団員」という。）でないこと。

第46条〔第1項〕市長は、入居者が次の各号のいずれかに該当する場合において、当該入居者に対し、当該市営住宅の明渡しを請求することができる。
(6) 暴力団員であることが判明したとき（同居者が該当する場合を含む。）。

第64条
2 市長は、駐車場等の使用者が使用料を滞納するときその他の規則で定める事由に該当するときは、駐車場等の使用許可を取り消し、又はその明渡しを請求することができる。

暴力団員による不当な行為の防止等に関する法律

第2条 この法律において、次の各号に掲げる用語の意義は、それぞれ当該各号に定めるところによる。
(2) 暴力団 その団体の構成員（その団体の構成団体の構成員を含む。）が集団的に又は常習的に暴力的不法行為等を行うことを助長するおそれがある団体をいう。
(6) 暴力団員 暴力団の構成員をいう。

Navigator

平成3年に制定された暴力団対策法（正式名称は「暴力団員による不当な行為の防止等に関する法律」）および各自治体による暴力団排除条例等による、暴力団および暴力団員に対する法的規制の一つとして、公営住宅からの暴力団排除が挙げられる。もっとも、暴力団員であることのみを理由として公営住宅への入居を拒否し、あるいは住宅の明渡しを請求することは、法の下の平等を定めた憲法14条1項、あるいは居住の自由を保障した同22条1項に違反するのではないかという問題を生じうる。

本判決は、こうした問題に対して最高裁が初めて判断を示した事例として重要であるのみならず、居住の自由（憲法22条1項）の侵害の有無が最高裁で判断された数少ない事例の一つとしても注目に値する。本判決は、結論的には憲法違反の主張を退けているが、それはいかなる理由によるものであったのであろうか。本判決を読むに際しては、憲法14条1項または同22条1項違反の有無を審査するにあたり、最高裁がどのような憲法判断の枠組みまたは手法を採用しているのかに注目したうえで、そうした枠組みまたは手法が用いられたのはどのような理由によるのかについても考えてみてほしい。

■判決

○主文
本件上告を棄却する。
上告費用は上告人らの負担とする。

○理由
上告代理人榎本祐規の上告理由について

[1]　1　原審の適法に確定した事実関係の概要等は、次のとおりである❶。

[2]　(1)　被上告人（兵庫県西宮市）は、平成17年8月、西宮市営住宅条例（平成9年西宮市条例第44号。以下「本件条例」という。）の規定に基づき、市営住宅（被上告人が建設、買取り又は借上げを行い、市民等に賃貸し、又は転貸するための本件条例2条2号から7号までに規定する住宅及びその附帯施設をいう。本件条例2条1号）のうち被上告人が所有する第1審判決別紙物件目録記載1の住宅（以下「本件住宅」という。）の入居者を上告人Y_1とする旨決定した❷。

[3]　(2)　本件条例46条1項柱書は「市長は、入居者が次の各号のいずれかに該当する場合において、当該入居者に対し、当該市営住宅の明渡しを請求することができる。」と規定しているところ、被上告人は、平成19年12月、本件条例を改正し、同項6号として「暴力団員であることが判明したとき（同居者が該当する場合を含む。）。」との規定を設けた（以下、同項柱書及び同条6号の規定のうち、入居者が暴力団員であることが判明した場合に市営住宅の明渡しを請求することができる旨を定める部分を「本件規定」という。）❸。

[4]　本件条例において、「暴力団員」とは暴力団員による不当な行為の防止等に関する法律（以下「暴力団対策法」という。）2条6号に規定する暴力団員をいうと定義されている（本件条例7条5号。以下、本判決においても同じ意義で用いる。）。そして、暴力団対策法において、「暴力団」とはその団体の構成員（その団体の構成団体の構成員を含む。）が集団的に又は常習的に暴力的不法行為等（暴力団対策法別表に掲げる罪のうち国家公安委員会規則で定めるもの（暴力団員による不当な行為の防止等に関する法律施行規則1条各号に掲げられているもの）をいう。暴力団対策法2条1号）を行うことを助長するおそれがある団体と定義され（暴力団対策法2条2号。以下、本判決においても同じ意義で用いる。）、また、「暴力団員」とは暴力団の構成員と定義されている（同条6号）❹。

[5]　(3)　被上告人は、平成22年8月、上告人Y_1に対し、その両親である上告人Y_2及び同Y_3を本件住宅に同居させることを承認した。その際、上告人Y_1及び同Y_2は、「名義人又は同居者が暴力団員であることが判明したときは、ただちに住宅を明け渡します。」との記載のある誓約書を被上告人に提出した❺。

[6]　また、本件条例によれば、市営住宅の入居者又は同居者のみが当該市営住宅の駐車場を使用することができ、入居者又は同居者でなくなればこれを明け渡さなければならないところ（本件条例56条2項1号、64条2項、西宮市営住宅条例施行規則（平成9年西宮市規則第1号）53条8号）、被上告人は、同年9月、上告人Y_2に対し、本件住宅の同居者であることを前提に、本件住宅の駐車場である第1審判決別紙物件目録記載2の土地（以下「本件駐車場」という。）の使用を許可した❻。

[7]　(4)　上告人Y_1は、平成22年10月当時、暴力団である六代目A組三代目B組C會に所属する暴力団員であった❼。

[8]　被上告人は、同月、兵庫県警察からの連絡によって、上告人Y_1が暴力団員である事実を知った。そこで、被上告人は、同月、上告人Y_1に対し、本件規定に基づいて同年11月30日までに本件住宅を明け渡すことを請求するとともに、上告人Y_2に対しても、本件駐車場の明渡しを請求した❽。

[9]　(5)　上告人Y_1は、従前から別の建物を賃借してそこに居住しており、本件住宅には現実に居住することはなく、上告人Y_2及び同Y_3のみが本件住宅に居住している❾。

[10]　2　本件は、被上告人が、上告人Y_1が暴力団員であることを理由に、上告人Y_1に対しては本件規定に基づく本件住宅の明渡し等を求め、上告人Y_2及び同Y_3に対しては所有権に基づく本件住宅の明渡し等を求めるとともに、上告人Y_2に対して本件条例64条2項に基づく本件駐車場の明渡し等を求める事案である❿。

[11]　3　所論は、①本件規定は合理的な理由のないまま暴力団員を不利に扱うものであるから、憲法14条1項に違反する、②本件規定は必要な限度を超えて居住の自由を制限するものであるから、憲法22条1項に違反する、③上告人Y_1は近隣住民に危険を及ぼす人物ではないし、上告人Y_2及び同Y_3はそれぞれ身体に障害を有しているから、本件住宅及び本件駐

❶　[1]に続く[2]から[9]にかけて、本件の事実の概要が説明されている。

❷　[2]では、Xが、上告人Y_1を本件住宅の入居者とする旨決定したことが述べられている。

❸　[3]では、本件で問題となった規定（本件規定）について説明されている。本件条例46条1項6号が平成19年新たに設けられるに至った背景には、公営住宅からの暴力団排除に関する国土交通省住宅局長が同年6月に発出した通知があった（【補足説明】参照）。もっとも、本件被上告人（西宮市）の場合、本件規定は、「市営住宅」の明渡しに関する規定（46条1項）中に置かれたため、公営住宅法の適用を受ける公営住宅以外の「市営住宅」にも適用されることとなり、また特段の経過措置等も設けられなかったため、現に入居している者に対しても適用されることとなった（判解①1133頁）。

❹　[4]では、「暴力団員」の意味等について説明されている。本件条例においても、「暴力団」の定義は、暴力団対策法のそれに依拠している（【参考条文】も参照）。

❺　[5]では、Xが、Y_1の両親であるY_2およびY_3の本件住宅への同居を承認し、Y_1およびY_2により誓約書が提出されたことが述べられている。

❻　[6]では、XがY_2に本件駐車場の使用を許可したことが述べられている。

❼　[7]では、事件当時Y_1が暴力団員であったことが述べられている。

❽　[8]では、Y_1が暴力団員であることを知ったXが、Yらに対し、本件住宅の明渡し等を請求したことが述べられている。第一審では、Y_1が暴力団員であったかということ自体が争点になったが、第一審および控訴審ともに、Y_1が平成22年10月当時、暴力団員であったと判断している（民集69-2-441以下、同451以下参照）。

❾　[9]では、Yらの居住の実態が述べられている。

❿　[10]では、XのYらに対する請求の内容を説明している。

⓫　[11]は、上告人らの憲法上の主張を整理した部分である。それは、①本件規定が憲法14条1項に違反する、②本件規定が憲法22条1項に違反する、および③本件規定の適用が憲法14条1項または22条1項に違反するというものであり、①②が法令違憲、③が適用違憲（処分違憲）の主張として理解できる。

車場の使用の終了に本件規定を適用することは憲法14条1項又は22条1項に違反するというのである⓫。

[12]　4　地方公共団体は、住宅が国民の健康で文化的な生活にとって不可欠な基盤であることに鑑み、低額所得者、被災者その他住宅の確保に特に配慮を要する者の居住の安定の確保が図られることを旨として、住宅の供給その他の住生活の安定の確保及び向上の促進に関する施策を策定し、実施するものであって（住生活基本法1条、6条、7条1項、14条）、地方公共団体が住宅を供給する場合において、当該住宅に入居させ又は入居を継続させる者をどのようなものとするのかについては、その性質上、地方公共団体に一定の裁量があるというべきである⓬。

[13]　そして、暴力団員は、前記のとおり、集団的に又は常習的に暴力的不法行為等を行うことを助長するおそれがある団体の構成員と定義されているところ、このような暴力団員が市営住宅に入居し続ける場合には、当該市営住宅の他の入居者等の生活の平穏が害されるおそれを否定することはできない。他方において、暴力団員は、自らの意思により暴力団を脱退し、そうすることで暴力団員でなくなることが可能であり、また、暴力団員が市営住宅の明渡しをせざるを得ないとしても、それは、当該市営住宅には居住することができなくなるというにすぎず、当該市営住宅以外における居住についてまで制限を受けるわけではない⓭。

[14]　以上の諸点を考慮すると、本件規定は暴力団員について合理的な理由のない差別をするものということはできない。したがって、本件規定は、憲法14条1項に違反しない⓮。

[15]　また、本件規定により制限される利益は、結局のところ、社会福祉の観点から供給される市営住宅に暴力団員が入居し又は入居し続ける利益にすぎず、上記の諸点に照らすと、本件規定による居住の制限は、公共の福祉による必要かつ合理的なものであることが明らかである。したがって、本件規定は、憲法22条1項に違反しない⓯。

[16]　そして、上記1の事実関係によれば、上告人Y_1は他に住宅を賃借して居住しているというのであり、これに、上記1（3）記載の誓約書が提出されていることなども併せ考慮すると、その余の点について判断するまでもなく、本件において、本件住宅及び本件駐車場の使用の終了に本件規定を適用することが憲法14条1項又は22条1項に違反することになるものではない⓰。

[17]　以上は、最高裁昭和37年（オ）第1472号同39年5月27日大法廷判決・民集18巻4号676頁、最高裁昭和61年（行ツ）第11号平成4年7月1日大法廷判決・民集46巻5号437頁の趣旨に徴して明らかである。論旨は採用することができない⓱。

[18]　よって、裁判官全員一致の意見で、主文のとおり判決する。
（裁判長裁判官　千葉勝美　裁判官　小貫芳信　裁判官　鬼丸かおる　裁判官　山本庸幸）

⓬　[12]から[15]では、法令違憲の主張の当否が検討されている。まず[12]では、地方公共団体が住宅を供給する場合に、入居者の決定等にあたり一定の裁量があることが述べられている。

⓭　[13]では、「暴力団員」であることと本件規定による規制の関係について述べられている。そこでは、「暴力団員」は、市営住宅に入居し続ける場合に、他の入居者等の生活の平穏が害されるおそれがあること、自らの意思で「暴力団員」でなくなることが可能であること、また、暴力団員が市営住宅の明渡しによっても当該住宅以外の居住については制限を受けないことが指摘されている。

⓮　[14]では、本件規定が憲法14条1項に違反しないとの判断が示される。理由としては、[12]および[13]の「諸点を考慮すると」とされている。この点に関し、なお[17]および⓱を参照。

⓯　[15]では、本件規定が憲法22条1項に違反しないとの判断が示される。本件規定による居住の制限が、「公共の福祉による必要かつ合理的なものであることが明らか」であるとするにあたり、指摘されるのは、上記[12]および[13]の事由に加え、本件規定により制限される利益が、「市営住宅に暴力団員が入居し又は入居し続ける利益」にすぎないということである。この点に関し、なお[17]および⓱を参照。

⓰　[16]では、適用違憲の主張の当否が検討され、本件事案に本件規定を適用することが憲法14条1項または同22条1項に違反しないとの判断が示される。本件事案との関係で考慮されているのは、Y_1が他の建物を賃借して居住していること（[9]）、および誓約書が提出されていること（[5]）である。なお、こうした事情がなければ、「事案によっては、適用違憲となる余地があるように思われなくもない」が、公営住宅の使用関係も基本的には私人間の賃貸借関係と異ならないことを前提に、そうした事案は民法1条3項の権利濫用規定の適用によって対処されるため、「適用違憲となる余地はなくなるか、あるいは極めて限定されるのではないかと思われる」（判解①1142頁）とされる。

⓱　[17]では、[14]から[16]で示された判断が、先例の「趣旨に徴して明らかである」とされる。引用された先例は、いわゆる高齢者待命処分事件判決（最大判昭39・5・27民集18-4-676）および成田新法事件判決〔本書59事件〕である。前者は、憲法14条1項が、合理的な理由なくして差別することを禁止している趣旨であることを判示した事例である。この判示との関連で、「最高裁が……一般論を明確にしないことは、憲法14条1項違反が問題になる事案の多様性も踏まえた、優れて実務的な発想に基づくものともいえよう」という指摘（判解②72頁）を引用しつつ、本件[14]の説示も、同様の発想に立つことが示唆される（判解①1139頁）。また、成田新法事件判決との関係について、調査官解説は同判決が「居住の自由を制限する規定の合憲性について正面から判断した初めての最高裁判決」であり、「利益較量論を合憲性の審査基準として採用」したものとの説明（判解③245頁）を引用したうえで、本件規定の合憲性に関する[15]の説示も、同様の「基準」によるものであることを示唆する（判解①1140-1141頁）。

| 補足説明 | 公営住宅制度と暴力団排除 |

公営住宅制度は、国および地方公共団体が協力して、住宅を整備し、住宅に困窮する低額所得者に対して低廉な家賃で賃貸等をすることにより、国民生活の安定と社会福祉の増進に寄与することを目的とするものである（公営住宅法1条参照）。こうした公営住宅への暴力団の入居は適当ではないとして、国土交通省住宅局長は、平成19年6月1日に、入居申込者が暴力団員である場合には入居決定しないこと、暴力団員が偽って入居していることが判明した場合には明渡請求を行うこと等を内容とする、「公営住宅における暴力団排除について」と題する通知（平成19年国住備第14号）を発出した（同通知の内容について、判解①1132-1133頁参照）。本件で問題となった市営住宅条例の規定も、こうした通知を受けて設けられたものである（【3】）。本件と類似の事案としては、広島市市営住宅条例の暴力団排除規定ほかに基づき建物の明渡しが求められた事例があり、同事件でも憲法14条1項違反が主張されたが、最高裁は憲法判断をすることなく上告を退けていた（判例①）。この点、本件は、公営住宅からの暴力団排除の憲法適合性について、最高裁が初めて判断を示した事例であり、実務上重要な意義を有するとされる（判解①1143頁）。なお、本件で問題となった市営住宅条例の規定は、厳密には、公営住宅法の適用を受ける公営住宅にとどまらず、それ以外のものも含めたXの「市営住宅」一般に適用されるものであった点に注意が必要である（【3】および❸参照）。

Questions

①事実関係の確認

問1 本件で問題となった西宮市営住宅条例46条1項柱書および同項6号とはどのような規定か。▶【参考条文】

問2 Yらは、本件住宅にどのような経緯で入居することとなったか。また、Xが、Yらに本件住宅の明渡し等を請求することになったのはなぜか。▶【1】～【9】

問3 XのYらに対する請求の内容は、具体的にはどのようなものか。▶【事案】【10】

②判決の内容の確認

問4 上告に際し、Yらはどのような憲法上の主張をしたか。▶【11】

問5 本判決は、地方公共団体が住宅を供給する場合に、入居者の決定等にあたり一定の裁量を有すると解しているが、そのように解する理由は何か。▶【12】

問6 本判決は、「暴力団員」であることと本件規定による規制の関係について、どのような指摘を行っているか。▶【13】

問7 本判決は、本件規定が憲法14条1項に違反しないかという問題に対して、どのような判断を示しているか。また、そのような判断をするにあたり、どのような点を指摘し、どのような議論を展開しているか。▶【14】

問8 本判決は、本件規定が憲法22条1項に違反しないかという問題に対して、どのような判断を示しているか。また、そのような判断をするにあたり、どのような点を指摘し、どのような議論を展開しているか。▶【15】

問9 本判決は、本件規定を本件事案に適用することが憲法14条1項または同22条1項に違反しないかという問題に対して、どのような判断を示しているか。また、そのような判断をするにあたり、どのような点を指摘し、どのような議論を展開しているか。▶【16】

問10 本判決は、なお2件の先例を引用し、本件の結論が、その「趣旨に徴して明らかである」としている。本判決が引用するのは、具体的にはいかなる事例か。また、当該事例における判断と本件のそれとは、どのように関係していると考えられるか。▶【17】

③応用問題

問11 本判決は、憲法14条1項違反の有無を審査するにあたり、目的・手段審査といった判断枠組みを明示的に示すことなく、検討を行っている。本判決がこうした手法を用いた理由ないし背景としては、どのような点を指摘できるであろうか。▶判批①152頁、判批②72頁

問12 憲法22条1項違反の有無を審査するための基準ないし手法に関し、本判決と、その引用する成田新法事件判決〔本書59事件〕とでは、どのような共通点がみられるか。また、何らかの相違点があるであろうか。また、学説の提唱する基準ないし手法によった場合、本件事例は、どのように審査され、どのような結論が導かれることになるであろうか。▶判批①153頁

○ **関連判例**（本書所収以外のもの）
最判平成21年10月1日判例集未登載（判解①71-72頁参照）（判例①）

○ **本判決の調査官解説**
廣瀬孝「判解」法曹時報69巻4号（2017年）1126頁（判解①）

○ **その他の判例解説・判例批評**
伊藤正晴「判解」ジュリスト1460号（2014年）88頁（判解②）
千葉勝美「判解」最高裁判所判例解説民事篇平成4年度220頁（判解③）
佐々木雅寿「判批」判例評論689号（2016年）2頁（判批①）
山本龍彦「判批」判例セレクト2015-I（2015年）8頁（判批②）

○ **参考文献**
橋本基弘「暴力団と人権―暴力団規制は憲法上どこまで可能なのか」警察政策13巻（2011年）1頁

第16章 職業選択の自由

1 学説の状況

(1) 職業選択の自由の保障の意義 憲法22条1項は居住・移転の自由と並んで職業選択の自由を保障する。両者が同一の条文で保障されているのは、両者がともに「封建制」や「身分制」からの解放を確立するものだからだと理解されている。したがって、同条で保障される職業選択の自由も、経済的自由に分類されるものの、「人の人格価値ないし精神生活と緊密な関係を有する『自由』」としての性格をももつものと位置づけられる（佐藤299頁）。

このような理解をふまえて、学説は、薬事法事件判決（後述）と同様、憲法22条1項が職業選択の自由を保障した趣旨を、職業が、「人が自己の生計を維持するためにする継続的活動であるとともに、分業社会においては、これを通じて社会の存続と発展に寄与する社会的機能分担の活動たる性質を有し、各人が自己のもつ個性を全うすべき場として、個人の人格価値とも不可分の関連を有するもの」であることに求める。

(2) 保障の内容 職業選択の自由には、「職業の開始・継続・廃止の自由」（狭義の職業選択の自由）と「職業活動の自由」とが含まれる（薬事法事件判決（後述））。ここにいう職業には、(i) 自己が主体的に営む職業のみならず、自己が雇われる職業も含まれ、(ii) 営利を目的としない職業（聖職者や研究者など）はもちろん、営利を目的とするものも含まれる。(iii) さらに、その主体として、個人としての国民のみならず、外国人や法人にも保障されると解される。関連して興味深いのは、国家公務員や地方公務員に採用されることを妨げられないという意味での公務就任権である。学説は、本条で保障されるとする説のほか、13条説、15条説が対立しているが、直接、判断した判例はない。もっとも、東京都管理職事件〔本書6事件〕控訴審が、かかる権利が憲法22条1項で保障されるとの前提に立ち、外国人にも一定の範囲で公務就任権が保障されるとした点が注目される。

(3) 営業の自由 いずれにせよ、本条との関係で問題になる多くの事件は、「営利を目的として、（法人を含む）自己が主体的に営む職業の選択ないし活動」に関わるものである。これを「営業の自由」というのであれば、この意味での営業の自由は、職業選択の場面でも、職業活動の場面でも本条によって当然に保障される（小売市場事件判決（後述））。もっとも、通説は、「営業」を「職業を行うこと」という狭い意味で解しており（「狭義の営業の自由」）、このように解すれば、狭義の営業の自由は、職業活動の自由と重なる。これに対して、狭義の営業の自由は私有財産制と結びつくものであるとし、後者の根拠を憲法29条の財産権保障に求める見解もある（今村成和「『営業の自由』の公権的規制」同『現代の行政と行政法の理論』（有斐閣、1972年）89頁以下、91頁）。また、近年では、営業の自由を法人の職業選択・遂行の自由として理解する立場もある（赤坂正浩『憲法講義（人権）』（信山社、2011年）139頁）。

(4) 規制類型と規制の正当化 (1)で確認したように、職業は本質的に「社会的」なものである。したがって、ある職業を選択し遂行する者は、必然的に、同じ分業社会を形成する他者と関わりあいをもたざるをえない（薬事法事件判決（後述）参照）。したがって、それが憲法違反となるかどうかはともかく、職業や事業を規制する必要性は、たとえば表現行為などと比べて、一般的に高いといえる。実際、この分野では、一定の職業の全面禁止、国家独占、公企業特許、資格制、許可制、届出制、特定の職業遂行の方法の規制などの多様な規制がみられる。学説は、これらの多様な規制を、主として①規制目的と②制約を受ける自由の性質、③特定の職業に対する直接的な制約か、間接的な制約かといった観点から整理する。もっとも、これらの区別はあくまでも一定の整理の観点を示すものにすぎない。たとえば、積極目的から許可制が採用される場合もあるし、許可制の条件として、営業方法に対する制約が課されることもある。

職業選択の自由が憲法上の基本権として保障されている以上、かかる自由に対する制限は法律の根拠を要する（法学協会編『註解日本国憲法 上巻(2)』（有斐閣、1953年）444頁など）。もっとも、他の基本権同様、法律によればどのような制約でも正当化できるわけではない。この点は、本条が職業選択の自由を「公共の福祉に反しない限り」で認めていることから、「公共の福祉」論とも絡めて議論されてきた（芦部信喜『人権と憲法訴訟』（有斐閣、1994年）347頁以下）。問題は、このような基本権制約の正当化事由をどのように考えるべきであるが、判例の展開と併せて確認しよう。

2 判例の展開

(1) 初期の判例 この分野には比較的早くから判例の蓄積がみられた。初期の注目すべき判決として、有料職業紹介事業の禁止・制限が争われた最大判昭25・6・21刑集4-6-1049、古物商の営業許可制が争われた最大判昭28・3・18刑集7-3-577、公衆浴場法による適正配置規制の合憲性が争われた最大判昭30・1・26刑集9-1-89（以下「昭和30年判決」という）、歯科技工法における歯科技工士による一定の施術の禁止が争われた最大判昭34・7・8刑集13-7-1132、あん摩師等法における医業類似行為の禁止の合憲性が争われた最大判昭35・1・27刑集14-1-33、いわゆる白タクを禁止した道路運送法の規定の合憲性が争われた最大判昭38・12・4刑集17-12-2434 などがある。これらの判決は、規制対象の行為によって生ずる弊害を探索し、この弊害に関する立法事実を判決中に掲げたうえで、かかる弊害を未然に防止するため規制または禁止規定を置くことは、公衆衛生、国民生活の安寧、風紀等の公共の福祉を維持するためやむをえない措置であると判断するものであった（田崎文夫・最判解刑昭和47年度295頁）。

このような判例の展開に対して、多くの学説が批判的であった（以下の叙述について、芦部・前掲書367頁以下を参照）。たとえば、昭和30年判決には、(i) 公衆浴場に対して適正配置規制がなされる目的には、国民保健および環境衛生の保護といった目的だけでなく、既存業者の利益濫立による経営の不安定化から保護する目的も含まれるところ、後者のような目的は「公共の福祉」には含まれず違憲ではないか、(ii) 前者の目的についても、そのために適正配置規制を行うことが必要かつ合理的とはいえないのではないかなどの批判が寄せられた。

このうち、(i)の批判は、憲法22条1項にいう「公共の福

祉」に既存業者保護は含まれないと主張するものである。もっとも、このような立論に対しては、一部の学説から、事業の公共性と企業の特殊事情に鑑みれば、既存業者保護だから直ちに違憲だとまではいえないはずだという指摘があった（百選〔初版〕55頁〔小嶋和司〕）。

他方、(ii)の批判は、裁判所が、法律の合理性・必要性を支える基礎的な事実（立法事実）について自らの手で適切かつ十分に検討していないことを指摘する。もっとも、この点についても、一般論として、裁判所が違憲立法審査権を行使するにあたって、立法事実を把握することが不可欠であるとしても、合憲性推定原則との関係をどのように考えるか、立法事実を裁判所が確知する手続や手法をどのように構築するかなどの問題がある。

(2) **小売市場事件判決と薬事法事件判決** これらの問題に対する最高裁の応答が明らかになったのが、**小売市場事件**〔本書50事件〕と**薬事法事件**〔本書51事件〕の判決である。

小売市場事件で問題となった小売市場調整特別措置法は、もっぱら零細小売商の保護を目的とするものであり、小売市場事件判決は、このような目的からなされる立法であっても、直ちには違憲とはならないとした。そこで、かかる目的を有する立法の合憲性をどのように判断するかが問題となるが、この点について、最高裁は、立法府の政策的・技術的裁量を尊重し、立法府がその裁量権を逸脱し、当該法的規制措置が著しく不合理であることの明白である場合に限って、これを違憲とするとした（明白の原則）。

次いで薬事法事件判決は、許可制や許可条件を判断する枠組みについて、かかる規制は、①原則として、重要な公共の利益のために必要かつ合理的な措置でなければ違憲となること、②積極目的ではなく、消極的、警察的措置として採用される場合には、職業の自由に対するより緩やかな制限である職業活動の内容および態様に対する規制によってはその目的を十分に達成することができないと認められる必要があることを示し、立法事実を丹念に審査して、薬事法における適正配置規制を違憲とした。学説は、小売市場事件判決との連続性を重視し、薬事法事件判決は、小売市場判決では明らかにならなかった消極目的規制の場合の判断枠組み——すなわち、消極目的規制の場合、積極目的とは異なって、「厳格な合理性」が要求され、「より緩やかな規制手段（LRA）の有無」の審査が行われること、その際、裁判所は立法事実を具体的に検証すること——を示したものと受け止めた（規制目的二分論）。

(3) **規制目的二分論批判①** 規制目的二分論は、当初、学説からも支持され、薬事法事件〔本書51事件〕以後の判例もこの枠組みで説明できるようにみえた（たとえば、公衆浴場の適正配置規制が再び争われた最平元・1・20刑集43-1-1（以下「平成元年判決」という）など）。しかしながら、その後、これを批判する学説が登場し、近年では、規制目的二分論では説明がつかない判例も多くみられるようになった。

規制目的二分論に対する批判は多様なものがあるが、大きく、(i) 規制目的二分論に対するものと、(ii) 判例法理を規制目的二分論として定式化した学説側の判例理解に対するものとに分けられる。以下では、それぞれの代表的なものにつき触れておこう。

まず、(i)の批判には、(ア) 規制目的を二分することが可能ないし適切か、(イ) 消極目的規制が積極目的規制よりも厳格に審査されるのは妥当ではないなどのものがある。

このうち、(ア) との関連で興味深いのが、平成元年判決や酒税法に基づく酒類販売業免許制が争われた事件（**酒類販売業免許制事件**〔本書52事件〕）である。前者においては、公衆浴場法が消極目的と並んで積極目的を有することが指摘され、後者においては、財政目的の規制を明白の原則で審査することが明らかにされた。これらの判例をみても、規制目的は消極目的・積極目的の二つに限られ、それに対応した審査基準が機械的に設定されるのではなく、規制目的をふまえつつ、それに適した審査基準が選択ないし構築されるという最高裁の基本的な姿勢がうかがわれる。

他方、(イ)の点は、裁判所の審査能力や規制が生み出される民主制の過程に鑑みれば、やはり積極目的規制については緩やかな審査にならざるをえないと考えるのが通説である。すなわち、社会経済状況に対応するためにどのような規制が望ましいかは、裁判所がうまく確知しうるところではなく、また、社会経済立法については通常、激しい利害対立があり政治的妥協の余地も必要とされるから、裁判所の審査は立法府に敬譲したものにならざるをえないとされている（長谷部〔6版〕247頁以下）。

なお、立法事実論についても触れておこう。すでにみたように、小売市場事件以前の判例に対する批判の焦点の一つは裁判所による立法事実の確知にあり、小売市場事件判決と薬事法事件判決は立法事実の違憲審査における意義に一定の理解を示したといえる。もっとも、小売市場事件判決が公知の事実や裁判所に顕著な事実をふまえて、健全な常識といった観点から検証するにとどまる一方で、小売市場事件判決が著しく不合理であることが明白である場合には違憲と判断する可能性を留保する点に注意が必要である。すなわち、立法事実の検出方法や程度・範囲等について、判例は現在まで特段の準則を示すには至っておらず、規制の性質や裁判所の能力、立法時と判決時との社会の変化などをふまえた総合的な判断が要求されるといえよう。

(4) **規制目的二分論批判②** 規制目的二分論に対する批判(ii)にもいくつかの類型がある。酒類販売業免許制事件判決の調査官解説にみられる上述のような立法事実をふまえた審査の重要性の指摘もその一つに位置づけられうるが、ここでは、従来の学説の薬事法事件判決の理解に対する批判に触れておこう。

これは、薬事法事件判決におけるドイツの判例理論の影響を重視する立場である。これによると、薬事法事件判決は、もっぱら規制の目的に注目して判断枠組みを構築したのではなく、むしろ、許可制が、人格価値に結びつく狭義の職業選択の自由の制約であることを重視し、厳格な比例原則審査を導入したと読むべきだとされる（百選Ⅰ〔6版〕205頁〔石川健治〕など）。この点、確かに、小売市場事件判決や薬事法事件判決の調査官解説では、アメリカの判例法理のみならずドイツのそれをも参考にしていることがうかがわれ、また、規制目的二分論を支持する立場でも、許可制などの規制の態様にも留意すべきだと指摘されていたところであって、この批判は説得力に富んでいる。ただし、その後の判例には、たばこ小売業の許可制が争われた最平5・6・25判時1475-59のように、むしろ規制目的二分論の方がうまく説明できるものもある（長谷部〔6版〕251頁）。

50 小売市場事件

最高裁昭和47年11月22日大法廷判決　昭和45年(あ)第23号：小売商業調整特別措置法違反被告事件
刑集26巻9号586頁

事案

戦後、わが国では、戦争による経済の荒廃や復員した人々など失業者があふれていた。そのような中、消費者に物を売る仕事（小売商）は、わずかな資金と多少の商品知識で開業できるので、失業者の多くが生活の糧を求めて小売商業に参入した。その結果、小売商業は、過剰参入となり、乱売合戦や原価割れ販売など競争の弊害を生み出した。しかも、その後、経済が回復してくると、今度は、百貨店や生協、複数の小売商が入居する小売市場が台頭し、競争はますますエスカレートした。

そのような中、昭和34年に、小売商の事業活動の機会を適正に確保し、小売商業の正常な秩序を阻害する要因を除去することなどを目的として、小売商業調整特別措置法が制定された。この法律では、政令市等における小売市場開設が都道府県知事の許可を必要とすることが定められ（3条）、①競争が過度に行われることとなり、そのため中小小売商の経営が著しく不安定となるおそれがある場合（5条1号）、②小売市場の建物の貸付条件等が省令に定める基準に適合しない場合（5条2号以下）といった不許可事由が定められた。なお、この許可制は、議員提案によって、修正され、採用されたものであった。

これを受けて、大阪府においては、小売商業調整特別措置法5条1号の許可に関わる内規として、新設しようとする小売市場から、最も近い既存の小売市場までの距離が最短で700m未満の場合には許可しないという基準を設けた。

X（被告人、控訴人、上告人）は、市場経営等を行う会社Y（被告人、控訴人、上告人）の代表者であり、Yの事業として大阪府下で許可を受けずに小売市場を開設し、小売商人に店舗を貸し付けたところ、XとYは起訴され、第一審（東大阪簡判昭43・9・30刑集26-9-603）・控訴審（大阪高判昭44・11・28刑集26-9-610）ともに、XとYを有罪とし、罰金15万円の刑が申し渡された。そこで、XとYは、許可規制および内規が憲法22条1項に違反するとして上告した。

■参考条文（事件当時のもの）

小売商業調整特別措置法

第1条　この法律は、小売商の事業活動の機会を適正に確保し、及び小売商業の正常な秩序を阻害する要因を除去し、もって国民経済の健全な発展に寄与することを目的とする。

第3条〔第1項〕政令で指定する市（特別区を含む。以下同じ。）の区域（以下「指定地域」という。）内の建物については、都道府県知事の許可を受けた者でなければ、小売市場（一の建物であって、十以上の小売商（その全部又は一部が政令で定める物品を販売する場合に限る。）の店舗の用に供されるものをいう。以下同じ。）とするため、その建物の全部又は一部をその店舗の用に供する小売商に貸し付け、又は譲り渡してはならない。

第5条　都道府県知事は、第3条第1項の許可の申請があった場合には、その申請が次の各号の一に該当すると認められる場合を除き、同項の許可をしなければならない。

(1) 当該小売市場が開設されることにより、当該小売市場内の小売商と周辺の小売市場内の小売商との競争又は当該小売市場内の小売商と周辺の小売商との競争が過度に行われることとなりそのため中小小売商の経営が著しく不安定となるおそれがないこと。

(2) 前条第1項第4号の貸付条件又は譲渡条件が主務省令で定める基準に適合するものでないこと。〔3号以下略〕

第22条　次の各号の一に該当する者は、50万円以下の罰金に処する。
(1) 第3条第1項の規定に違反した者

第24条　法人の代表者又は法人若しくは人の代理人、使用人その他の従業者が、その法人又は人の業務に関し、前二条の違反行為をしたときは、行為者を罰するほか、その法人又は人に対して各本条の刑を科する。

Navigator

本判決は、①経済的自由に対する規制の合憲性審査は、精神的自由に対する規制よりも緩やかに行われること、②その中でも積極的目的に基づく規制は、明白の原則という最も緩やかな審査基準で審査すること、が明確にされたリーディング・ケースとして位置づけられている。そして、他の判決とも相まって、前者が「二重の基準」を、後者が「規制目的二分論」を、裁判所が受け入れていることを示しているというのが従来の判例・通説の理解である。

もっとも、本判決を丁寧に理解するためには、これ以前・以後の判例との連続性を意識することも欠かせない。これ以前のほとんどの事件において、最高裁は、「規制対象の行為が生ずる弊害を探索し、この弊害に関する立法事実を判決中に掲げ、このような弊害を未然に防止するため規制または禁止規定を置くことは公共の福祉（とりわけ、公衆衛生、国民生活の安寧、風紀等）を維持するためやむを得ない措置として是認しなければならない」という判断を繰り返してきた（判解①）。

その代表的な判例が公衆浴場の適正配置規制が争われた判例①である。ところが、この判決に対して、少なからぬ学説が、この規制は既存業者を保護するものだから違憲だとの立場から批判した。批判には、大別して、(1) 既存業者を保護する目的での規制は憲法22条1項にいう「公共の福祉」に含まれないはずだという批判と(2)「浴場の濫立は衛生設備の低下を招く」という政府の主張は成り立たないのに、それを裁判所が無批判に受け入れているというものがあった。

このような判例の流れを意識すると、本判決の特徴は、第1の批判に対して、規制が積極目的からなされたからといって当然違憲となるわけではないと応答し、第2の批判に対して、すべての違憲審査において、裁判所が改めて立法事実を検知するのは適当ではなく、本件においては、規制する側が提示する立法事実が明白に不合理でない限り違憲とは判断しないと応答したところに見出される。

■判決の論理構造

営業の自由に対する制約と公共の福祉	
消極的規制	経済活動からもたらされる弊害が社会公共の安全と秩序維持の見地から看過することができない場合に、弊害を除去するために必要かつ合理的な規制であれば合憲
積極的規制	国は、積極的に、国民経済の健全な発達と国民生活の安定を期し、もって社会経済全体の均衡のとれた調和的発展を図るために、立法により、個人の経済活動に対し、一定の規制措置を講ずることも、それが上記目的達成のために必要かつ合理的な範囲にとどまる限り、許される。しかし、一定の限界がある
積極的規制に関する合憲性判断枠組み	
立法裁量の尊重	①積極規制の必要性等の判断には、社会経済の実態についての正確な基礎資料と諸条件の適正な評価・判断が必要、②そのような機能は、立法府の役割であって、裁判所はそれを尊重すべき
明白の原則	立法府がその裁量権を逸脱し、当該法的規制措置が著しく不合理であることの明白である場合に限って、これを違憲とする
本件許可制の合憲性	
立法目的	保護が必要であると考えられている小売商を保護しようとするもの
規制の対象	過当競争による弊害が特に顕著と認められる場合に限定

■判　決

○　主　　文
本件各上告を棄却する。
○　理　　由
弁護人坂井尚美の上告趣意一ないし五について。

[1]　所論は、要するに、小売商業調整特別措置法（以下「本法」という。）3 条 1 項、同法施行令 1 条、2 条は、小売市場の開設経営を都道府県知事の許可にかからしめ、営業の自由を不当に制限するものであるから、憲法 22 条 1 項に違反するというのである❶。

[2]　本法 3 条 1 項は、政令で指定する市の区域内の建物については、都道府県知事の許可を受けた者でなければ、小売市場（一の建物であって、10 以上の小売商――その全部又は一部が政令で定める物品を販売する場合に限る。――の店舗の用に供されるものをいう。）とするため、その建物の全部又は一部をその店舗の用に供する小売商に貸し付け、又は譲り渡してはならないと定め、これを受けて、同法施行令 1 条および別表一は、「政令で指定する市」を定め、同法施行令 2 条および別表二は、「政令で定める物品」として、野菜、生鮮魚介類を指定している。そして、本法 5 条は、右許可申請のあつた場合の許可基準として、1 号ないし 5 号の不許可事由を列記し、本法 22 条 1 号は、本法 3 条 1 項の規定に違反した者につき罰則を設けている。このように、本法所定の市の区域内で、本法所定の形態の小売市場を開設経営しようとする者は、本法所定の許可を受けることを要するものとし、かつ、本法 5 条各号に掲げる事由がある場合には、右許可をしない建前になっているから、これらの規定が小売市場の開設経営をしようとする者の自由を規制し、その営業の自由を制限するものであることは、所論のとおりである❷。

[3]　そこで、右の営業の自由に対する制限が憲法 22 条 1 項に牴触するかどうかについて考察することとする。

[4]　憲法 22 条 1 項は、国民の基本的人権の一つとして、職業選択の自由を保障しており、そこで職業選択の自由を保障するというなかには、広く一般に、いわゆる営業の自由を保障する趣旨を包含しているものと解すべきであり、ひいては、憲法が、個人の自由な経済活動を基調とする経済体制を一応予定しているものということができる。しかし、憲法は、個人の経済活動につき、その絶対かつ無制限の自由を保障する趣旨ではなく、各人は、「公共の福

❶【1】は、上告趣意一から五の要約である。上告趣意一から五では、大要、(1)本法は既存小売市場経営者等の保護を目的とするものであって、自由競争を基本とするわが国の経済体制のもとでは公共の福祉に基づく規制とはいえず違憲である、(2)仮に、既存業者保護目的も公共の福祉の一つだとしても、許可制ではなく事後規制によるべきである、(3)スーパーマーケットは本法による規制を免れており、過当競争を防止できない、といった主張がなされている。

❷【2】は、本法を検討して、許可制を採用していることと、それによって営業の自由が制限されていることが確認されている。なお、上告趣意では、距離制限に関する主張もなされているが、これは【8】で棄却される。

❸【4】では、憲法 22 条 1 項が営業の自由を保障する一方で、公共の福祉による制約を受けることが確認されている。22 条 1 項が営業の自由を保障していることに学説上の異論はない。しかし、薬事法事件判決〔本書 51 事件〕にいう職業活動の自由を営業の自由と理解する通説と、本判決にいう営業の自由は同じではないことに注意が必要である（なお、薬事法事件〔本書 51 事件〕の【4】も参照）。

祉に反しない限り」において、その自由を享有することができるにとどまり、公共の福祉の要請に基づき、その自由に制限が加えられることのあることは、右条項自体の明示するところである❸。

[5] おもうに、右条項に基づく個人の経済活動に対する法的規制は、個人の自由な経済活動からもたらされる諸々の弊害が社会公共の安全と秩序の維持の見地から看過することができないような場合に、消極的に、かような弊害を除去ないし緩和するために必要かつ合理的な規制である限りにおいて許されるべきことはいうまでもない。のみならず、憲法の他の条項をあわせ考察すると、憲法は、全体として、福祉国家的理想のもとに、社会経済の均衡のとれた調和的発展を企図しており、その見地から、すべての国民にいわゆる生存権を保障し、その一環として、国民の勤労権を保障する等、経済的劣位に立つ者に対する適切な保護政策を要請していることは明らかである。このような点を総合的に考察すると、憲法は、国の責務として積極的な社会経済政策の実施を予定しているものということができ、個人の経済活動の自由に関する限り、個人の精神的自由等に関する場合と異なつて、右社会経済政策の実施の一手段として、これに一定の合理的規制措置を講ずることは、もともと、憲法が予定し、かつ、許容するところと解するのが相当であり、国は、積極的に、国民経済の健全な発達と国民生活の安定を期し、もつて社会経済全体の均衡のとれた調和的発展を図るために、立法により、個人の経済活動に対し、一定の規制措置を講ずることも、それが右目的達成のために必要かつ合理的な範囲にとどまる限り、許されるべきであって、決して、憲法の禁ずるところではないと解すべきである。もっとも、個人の経済活動に対する法的規制は、決して無制限に許されるべきものではなく、その規制の対象、手段、態様等においても、自ら一定の限界が存するものと解するのが相当である❹。

[6] ところで、社会経済の分野において、法的規制措置を講ずる必要があるかどうか、その必要があるとしても、どのような対象について、どのような手段・態様の規制措置が適切妥当であるかは、主として立法政策の問題として、立法府の裁量的判断にまつほかない。というのは、法的規制措置の必要の有無や法的規制措置の対象・手段・態様などを判断するにあたつては、その対象となる社会経済の実態についての正確な基礎資料が必要であり、具体的な法的規制措置が現実の社会経済にどのような影響を及ぼすか、その利害得失を洞察するとともに、広く社会経済政策全体との調和を考慮する等、相互に関連する諸条件についての適正な評価と判断が必要であって、このような評価と判断の機能は、まさに立法府の使命とするところであり、立法府こそがその機能を果たす適格を具えた国家機関であるというべきであるからである。したがつて、右に述べたような個人の経済活動に対する法的規制措置については、立法府の政策的技術的な裁量に委ねるほかはなく、裁判所は、立法府の右裁量的判断を尊重するのを建前とし、ただ、立法府がその裁量権を逸脱し、当該法的規制措置が著しく不合理であることの明白である場合に限つて、これを違憲として、その効力を否定することができるものと解するのが相当である❺。

[7] これを本件についてみると、本法は、立法当時における中小企業保護政策の一環として成立したものであり、本法所定の小売市場を許可規制の対象としているのは、小売商が国民のなかに占める数と国民経済における役割とに鑑み、本法1条の立法目的が示すとおり、経済的基盤の弱い小売商の事業活動の機会を適正に確保し、かつ、小売商の正常な秩序を阻害する要因を除去する必要があるとの判断のもとに、その一方策として、小売市場の乱設に伴う小売商相互間の過当競争によって招来されるであろう小売商の共倒れから小売商を保護するためにとられた措置であると認められ、一般消費者の利益を犠牲にして、小売商に対し積極的に流通市場における独占的利益を付与するためのものでないことが明らかである。しかも、本法は、その所定形態の小売市場のみを規制の対象としているにすぎないのであつて、小売市場内の店舗のなかに政令で指定する野菜、生鮮魚介類を販売する店舗が含まれない場合とか、所定の小売市場の形態をとらないで右政令指定物品を販売する店舗の貸与等をする場合には、これを本法の規制対象から除外するなど、過当競争による弊害が特に顕著と認められる場合についてのみ、これを規制する趣旨であることが窺われる。これらの諸点からみると、本法所定の小売市場の許可規制は、国が社会経済の調和的発展を企図するとい

❹ [5]は、消極目的からなされる規制のみならず、積極目的からなされる規制であっても、直ちに違憲とはならないことを示し、上告趣意の主張(1)([1]参照)に応答している。なお、判解①295頁以下は、本判決以前の判例は、「規制対象の行為が生ずる弊害を探索し、この弊害に関する立法事実を判決中に掲げ、このような弊害を未然に防止するため規制または禁止規定を置くことは公共の福祉(とりわけ、公衆衛生、国民生活の安寧、風紀等)を維持するためやむを得ない措置として是認しなければならない」という判断をしていたと指摘する。[5]の「個人の自由な経済活動からもたらされる諸々の弊害が社会公共の安全と秩序の維持の見地から看過することができないような場合に、消極的に、かような弊害を除去ないし緩和するために必要かつ合理的な規制である限りにおいて許されるべきことはいうまでもない」という説示はこれをふまえたものとして理解できる。そして、本段落では、「国民経済の健全な発達と国民生活の安定を期し、もって社会経済全体の均衡のとれた調和的発展を図るため」の立法についても、「それが右目的達成のために必要かつ合理的な範囲にとどまる限り、許されるべき」だというのであり、この段階では、目的に応じた判断枠組みの分節化は行われていない。なお、判解①は、本法の規制目的はもっぱら積極的なものだとみる(異論もある。原審の大阪高判昭44·11·28刑集26-9-610および文献①388頁も参照)。さらに、本段落における精神的自由への言及は、積極目的からなされる規制は、精神的自由の制約としては正当化されないことを示唆する(なお、文献①403頁を参照)。

❺ [6]は、「社会経済の分野において、法的規制措置を講ずる必要があるかどうか、その必要があるとしても、どのような対象について、どのような手段・態様の規制措置が適切妥当であるか」については、立法府の裁量に委ねるべきという認識を示し、それが違憲となるのは、「立法府がその裁量権を逸脱し、当該法的規制措置が著しく不合理であることの明白である場合」であるという判断枠組み(明白の原則)を提示する。明白の原則は、最高裁が用いる具体的な判断枠組みの中でも最も緩やかなものである。[5]では積極目的規制と消極目的規制の場合とで判断枠組みの分節化が図られていないのに、[6]で明白の原則が採用されるに至ったのは、立法府における立法事実の認識や評価をある程度尊重すべきであり、合憲性の推定が強く働くからである。他方で、明白の原則のもとでも、裁判所による審査は放棄されていない点には注意が必要である(判解①300頁以下。立法事実論と明白性の原則について、文献①370頁以下、410頁以下も参照)。

❻ [7]は、(1)本法の規制を積極目的規制と認定し、それが合理的なものであること、(2)許可規制の目的も一応合理性が認められること、(3)その態様についても著しく不合理であることが明白ではないことを指摘する。判解①294頁は、これらの点について「本法の目的、規制内容、その立法過程から明らか」だとしており、立法事実につき、立法府の判断を尊重する姿勢を鮮明にしている。(1)に関連して、[7]では、規制目的が「一般消費者の利益を犠牲にして、小売商に対し積極的に流通市場における独占的利益を付与するためのものでないことが明らか」だとの評価もなされており、仮に、そのような独占的利益を付与するための立法であれば違憲となることを示唆しているようにも読める。本法のような規制の場合、法律案をめぐる審議の段階で、規制を求める既存業者と規制に反対する新規参入業者との間に、活発な議論があることは十分に予想されるものの、その過程で消

う観点から中小企業保護政策の一方策としてとった措置ということができ、その目的において、一応の合理性を認めることができないわけではなく、また、その規制の手段・態様においても、それが著しく不合理であることが明白であるとは認められない。そうすると、本法3条1項、同法施行令1条、2条所定の小売市場の許可規制が憲法22条1項に違反するものとすることができないことは明らかであつて、結局、これと同趣旨に出た原判決は相当であり、論旨は理由がない❻。

【8】　なお、所論は、本法5条1号に基づく大阪府小売市場許可基準内規（一）も憲法22条1項に違反すると主張するが、右内規は、それ自体、法的拘束力を有するものではなく、単に本法3条1項に基づく許可申請にかかる許可行政の運用基準を定めたものにすぎず、その当否は、具体的な不許可処分の適否を通じて争えば足り、しかも、記録上、被告人らが右許可申請をした形跡は窺えないのであるから、被告人らが本件で右内規の一般的合憲性を争うことは許されず、この点に関する違憲の主張は、上告適法の理由にあたらない❼。

同上告趣意六について。

【9】　所論は、本法3条1項、同法施行令1条が指定都市の小売市場のみを規制の対象としているのは、合理的根拠を欠く差別的取扱いであるから、憲法14条に違反すると主張する❽。

【10】　しかし、本法3条1項、同法施行令1条および別表一がその指定する都市の小売市場を規制の対象としたのは、小売市場の当該地域社会において果たす役割、当該地域における小売市場乱設の傾向等を勘案し、本法の上記目的を達するために必要な限度で規制対象都市を限定したものであつて、その判断が著しく合理性を欠くことが明白であるとはいえないから、その結果として、小売市場を開設しようとする者の間に、地域によって規制を受ける者と受けない者との差異が生じたとしても、そのことを理由として憲法14条に違反するものとすることはできない。論旨は理由がない。

【11】　次に、所論は、本法3条1項が10店舗未満の小売市場およびスーパーマーケットを規制の対象としていないのは、合理的根拠を欠く差別的取扱いであるから、憲法14条に違反すると主張する❾。

【12】　しかし、本法所定の小売市場以外の小売市場を規制の対象とするかどうか、スーパーマーケットを規制の対象とするかどうかは、いずれも立法政策の問題であつて、これらの規制の対象としないからといつて、そのために本法の規制が憲法14条に違反することになるわけではない。論旨は理由がない。

同上告趣意七について。

【13】　所論は本法所定の小売市場の許可規制が憲法25条1項に違反すると主張する❿。

【14】　しかし、右許可規制のために国民の健康で文化的な最低限度の生活に具体的に特段の影響を及ぼしたという事実は、本件記録上もこれを認めることができないから、所論違憲の主張は、その前提を欠き、上告適法の理由にあたらない。

【15】　よって、刑訴法408条により、裁判官全員一致の意見で、主文のとおり判決する。

（裁判長裁判官　石田和外　裁判官　田中二郎　裁判官　岩田　誠　裁判官　下村三郎　裁判官　大隅健一郎　裁判官　村上朝一　裁判官　関根小郷　裁判官　藤林益三　裁判官　岡原昌男　裁判官　小川信雄　裁判官　下田武三　裁判官　岸　盛一　裁判官　天野武一　裁判官　坂本吉勝）

費者の利益への配慮が抜け落ちるおそれがないわけではない。この消費者への配慮の必要性は上告趣意でも指摘されていたところであるが、「営業の自由」論争を経た学説にもこの点を強調するものがある（学説の分布について、文献②283頁以下）。もっとも、この点を重視するとしても、本判決からは、立法府の態度が、明らかに、消費者の利益を積極的に犠牲にして小売商を保護するようなものであれば違憲となるといった程度の内容しか引き出せないだろう（判解①302頁）。次に、(3)は、本法5条1号が当初の政府案にはなく、議員修正により追加されたことからして、過剰な規制である可能性がある点が問題になる。判解①303頁は、この点について、「確かに、本件規制手段・方法は、その目的達成の必要最小限度のものであるか」という観点からすれば、「問題が残る」と指摘する。しかし、立法府の判断を尊重するからには、必要最小限度性を裁判所が立法府に代わって判断できない。なお、判解①298頁以下は、本判決において、必要最小限度性の審査の放棄と、著しく不合理であることが明白である場合にはなお違憲審査をする余地があるという考え方が併存する背景に、アメリカ法的な発想とドイツ法的な発想を折衷的に取り込んだという事情がある可能性を示唆している。ドイツ法的な観点からすれば、【7】の説示は、極めて浅い審査密度ながら、適合性、狭義の比例性（過当競争による弊害が特に顕著と認められる場合についてのみを規制している）がみたされていることを肯定したものと読むことが可能である。

❼　【8】は、大阪府の定めた許可基準内規（ここで距離基準が具体的に定められている）については、審査しないとの立場を示している。その理由として、この許可基準が内規であることに加えて、本件が営業不許可処分を争うものではなく、無許可営業による罰則の適用が問題になっていることが挙げられている。その意味で、本件では、距離基準自体が争われているわけではない。薬事法事件〔本書51事件〕や公衆浴場の適正配置規制が問題となった判例①などと大きく異なるポイントである。

❽　【9】と【10】では、本法が政令で指定される都市の小売市場のみを規制の対象としている点が憲法14条1項違反であるとの主張が棄却される。その判断枠組みとして、いわゆる「合理的関連性」のテストが採用されていることがうかがわれる。

❾　【11】と【12】は、本法がスーパーマーケットなどに対して適用されないことが憲法14条1項違反だとの主張を棄却する。【10】と異なって、ここでは「合理的関連性」による審査も行われていない。それは、【9】と【10】では、本法が規制対象とする小売市場を本法の内部でさらに区別し、別異に取り扱っていることが問題となるのに対して、【11】と【12】では、立法者が規制対象として何を選択するかの問題だと理解されたからだと考えられる。

❿　【13】と【14】では、憲法25条違反の主張が欠前提処理されている。

| 補足説明 | 立法裁量 |

学説では、「裁判所が法律の合憲性の審査を求められたとき、立法府の政策判断に敬意を払い、法律の目的や目的達成のための手段に詮索を加えたり裁判所独自の判断を示すことを控えること」を立法裁量と呼ぶ。ここでいわれる立法裁量は、「裁判所が法律の合憲性審査に用いる手法」を意味し、立法府の裁量事項であるか否かを判断する主体として裁判所が想定されている（以上につき、戸松・立法裁量論3頁以下）。

もっとも、裁判所の判決において、立法裁量という語が登場するとき、このような意味で用いられているかは、議論がありうる。というのも、裁判所が立法裁量という語を使うとき、それは、一定の内容の立法が憲法典から一義的に禁止され、あるいは、義務づけら

れているわけではないという意味でも用いられているように思われるからである。

このように考えると、立法裁量という領域では、本来、憲法が立法の内容についてどの程度具体的な要請をしているかという問題と、そのような要請が引き出せないような場合に立法府の判断を裁判所が審査できるのかという問題という局面の異なる二つの問題が同時に議論されている可能性がある。

この点、両者は切り離すことのできないコインの裏表だと考えることもできなくはない。たとえば、憲法が立法内容につき具体的な要請を一切していない場合や一定の要請しか読み取れない場合、そこには、立法内容について立法者の裁量に委ねる趣旨が読み取れ、したがって、裁判所による審査を排除するという権限分配に係る憲法的決定があると考えることもできよう。しかし、そのことだけを理由に裁判所による審査が一切行われないというのは妥当ではない。さらに、わが国の裁判所は、高度の政治性を有する領域であっても、司法審査を完全には放棄しないという立場を採用しているとも理解されるところであって、違憲審査の対象は、あらゆる国家行為に及んでいる。したがって、憲法が立法の内容につきどのような規律を行っているかと、具体的な立法内容について裁判所の審査がどこまで及ぶかとは切り離して考えるべきだろう。

しかし、そうだとすると、裁判所の審査が及ぶ範囲の確定については、憲法の規定という有力な手がかりを失うことになりかねず、裁判所の民主的正統性や能力といったいわば裁判所や立法府の機能ないし役割分担から実質的に考察し、問題ごとに処理するしかなくなる。実際の違憲審査制の運用においては、このような処理は、事実上、裁判官の手に委ねられてしまうから、裁判官の恣意が回避できなくなるおそれもあるだろう。学説が、憲法で保障されている権利の性質や規制の態様といった客観的な標識に沿って、このような恣意を避ける明確な準則を打ち立てようとしてきた意義はここに見出すことができる。

これに対して、最高裁がこの問題をどのように考えているかは、明確ではない。あえていえば、上に述べたような機能論的観点に加えて、公共の福祉や明文による法律への授権など、憲法の規定をもふまえながらその範囲を確定しているといえようか。

Questions

①事実関係の確認
問1 本件の当事者が何を求めているのかを確認しなさい。▶【事案】

問2 本件許可制が採用された経緯はどのようなものか。▶【事案】

問3 本件以前に、許可制が憲法22条1項に反するとして争われた判例はあるか。それらの判例と本件の違いは何か。▶【事案】、判例①

②判決の内容の確認
問4 本判決は、営業の自由をどのようなものとして理解しているか。▶【2】、判批①

問5 本判決は、憲法22条1項にいう「公共の福祉」をどのようなものとして理解しているか。▶【4】【5】、判解①

問6 本判決は、社会経済目的からなされる積極的規制について、どのような判断枠組みに従って判断するとしているか。その理由は何か。▶【6】

問7 本判決が、本件許可制の目的や手法を合理的だと判断した理由は何か。そのように判断する根拠はどのようなものか。▶【7】

問8 これに対して、上告人はどのような主張をしていたか。上告人の主張は受け容れられたか。受け容れられた／受け容れられなかったとすると、その理由は何か。▶【1】、判解①

問9 上告人は許可基準内規の違憲性も主張していたが、これに対して、本判決はどのような判断を行ったか。▶【8】

③応用問題
問10 本判決は、いわゆる明白の原則を採用している。これは、最高裁が用いる最も緩やかな判断枠組みだと評される。「最も緩やか」とはどのような意味か。▶文献①

問11 規制目的二分論に従って判例を整理しようとする学説は、積極目的規制について、裁判所が緩やかな判断を行うことをどのように正当化しているか。

○ **関連判例**（本書所収以外のもの）
最大判昭和30年1月26日刑集9巻1号89頁［公衆浴場適正配置規制事件］（判例①）

○ **本判決の調査官解説**
田崎文夫「判解」最高裁判所判例解説刑事篇昭和47年度283頁（判解①）

○ **その他の判例解説・判例批評**
常本照樹「判批」憲法判例百選Ⅰ［第6版］（2013年）203頁（判批①）

○ **参考文献**
芦部信喜『人権と憲法訴訟』（有斐閣、1994年）347頁以下（文献①）
LS憲法研究会編『プロセス演習 憲法［第4版］』（信山社、2011年）282頁以下〔山元一〕（文献②）

51 薬事法事件

最高裁昭和50年4月30日大法廷判決　　昭和43年(行ツ)第120号：行政処分取消請求事件
民集29巻4号572頁

事案

昭和35年に、戦後の医薬品のめざましい進歩に合わせる形で、薬事法の全面改正が行われた（以下「昭和35年薬事法」という）。昭和35年薬事法では、薬局の開設が都道府県知事の許可制とされ、その許可基準として、薬局の構造設備、開設者の欠格事由などが定められた。

一方、昭和32年ころから、各地で大衆薬等の乱廉売合戦が生じ、社会問題化していた。このこともあって、昭和35年薬事法の制定過程でも、薬局開設を距離または人口により制限する適正配置規制を許可基準の一つとすることが検討されていたが、技術的にも行政的にも困難で、かつ、憲法上の問題があることから見送られた。この後、乱廉売については、医薬品小売商が作る組合による自主的な解決のほか、行政指導等によって対応が進められた。しかし、それでも問題は収束せず、昭和38年に議員提案により薬局間の適正配置を許可基準として定めるなどの薬事法改正法案が提出され、同年7月に成立し、同年7月12日から施行された。もっとも、この改正には批判も強く、各地で訴訟が提起され、昭和45年ころから政府内においても規制の廃止を視野に入れた検討がなされている。

広島県A市に本店を置き、スーパーマーケットなどを経営する株式会社X（原告、被控訴人、上告人）は、改正法施行前の昭和38年6月に、A市の商店街における医薬品一般販売業の許可をY（広島県知事：被告、控訴人、被上告人）に対して申請し、同年7月11日に受理した。ところが、翌12日の改正法の施行により、新たに適正配置基準が許可条件に加わり、適正配置基準を具体化する県条例が制定されたので、Yは条例3条に適合しないとの理由で、Xの申請に対して、不許可処分を行った。

そこで、Xは、薬事法および適正配置基準を具体化する県条例3条が憲法22条1項に反するとして、不許可処分の取消しを求め、出訴した。第一審（広島地判昭42・4・17民集29-4-629）は、憲法判断に踏み込まずに、Yが申請時の基準に従わなかったことを理由として、Xの請求を認容し、不許可処分を取り消したので、Yが控訴した。原審（広島高判昭43・7・30民集29-4-635）は、法令を合憲としたうえで、処分も合法として、Xの請求を棄却したため、Xが上告した。

■参考条文（事件当時のもの）

薬事法
第6条
2　前項各号に規定する場合のほか、その薬局の設置の場所が配置の適正を欠くと認められる場合には、前条第1項の許可を与えないことができる。ただし、当該許可を与えない場合には、理由を附した書面でその旨を通知しなければならない。
4　第2項の配置の基準は、住民に対し適正な調剤の確保と医薬品の適正な供給を図ることができるように、都道府県が条例で定めるものとし、その制定に当たっては、人口、交通事情その他調剤及び医薬品の需給に影響を与える各般の事情を考慮するものとする。
第26条
2　前項の許可については、第6条の規定を準用する。ただし、同条第1項第1号の2及び第2項から第4項までの規定は、もっぱら薬局開設者、医薬品の製造業者若しくは販売業者又は病院、診療所若しくは家畜診療施設の開設者に対してのみ、業として、医薬品を販売し又は授与する一般販売業の許可については、準用しない。

薬局等の配置の基準を定める条例（昭和38年広島県条例第29号）
第1条　この条例は、薬事法……第6条第4項……の規定に基づき、薬局並びに一般販売業及び薬種商販売業の店舗（以下「薬局等」という。）の設置場所の配置の基準について、必要な事項を定めるものとする。
第3条　法第6条第2項……の薬局等の設置場所の配置の基準は、薬局開設の許可等を受けている適用地域内の既設の薬局等……の設置場所から新たに薬局開設の許可等を受けようとする薬局等の設置場所までの距離がおおむね100メートルに保たれているものとする。ただし、知事は、この適用に当たっては人口、交通事情、その他調剤及び医薬品の需給に影響を与える各般の事情を考慮し、広島県薬事審議会の意見を聞かなければならない。
2　前項の距離は、当該相互の薬局等の所在する建築物のもよりの出入口……間の水平距離による最短距離とする。

Navigator

本判決は、小売市場事件判決〔本書50事件〕や酒類販売業免許制事件判決〔本書52事件〕と併せて、規制目的二分論と絡めて議論するのがこれまでの定石であり、また、近年では、狭義の職業選択の自由への強力な制限である職業の許可制の判断枠組みを示したものという理解も、なかば常識となりつつある。前者によれば、規制目的が消極目的だったことから、後者によれば、規制が許可制だったことから、審査が厳格化し、違憲判決が出されたものと説明される。

もっとも、このような図式的理解だけでは、本判決の「美味しいところ」は堪能できない。本判決の読みどころの第1は、薬局適正配置規制の不合理性をあぶり出すために、周到に判断枠組みを具体化していくプロセスである。本判決では、原則的な比較考量の枠組みと立法裁量への敬譲→事の性質をふまえた判断の可能性→許可制に対する「重大な目的のための必要かつ合理的な規制であるか」という一般的な判断枠組み→許可制が消極目的からなされる場合のLRA性の要求→本件に適用される適正配置規制の具体的な判断枠組みである狭義の比例性審査、という形で、本件に適用される判断枠組みが多段階の検討を経て具体化されていく。本判決の射程を検討するためにも、かかるプロセスを丁寧に分析することが必要である。読みどころの第2は、以上のように具体化された判断枠組みにおいて、立法者は何を証明することが求められているかという点にある。本判決は、漫然と適正配置規制の不合理性を認定したわけではない。判断枠組みを具体化する中で、立法者が合理性を証明すべき事項を明らかにし、それに沿って、立法者（つまり被上告人）の主張が合理的でないと指摘していることに注意しよう。

■判決の論理構造

職業の意義と職業選択の自由の保障範囲	
職業の意義	①生計の手段 ②社会的分業の機能 ③人格的価値
職業選択の自由の意義	①職業の開始・継続・廃止（狭義の職業選択の自由） ②職業活動の内容、態様の自由（職業活動の自由）

職業選択の自由に対する制約とその合憲性判断枠組み	
規制の必然性	社会的相互関連性→精神的自由よりも公権力による規制の要請が強い
規制の態様	①規制の目的は、消極的なものから積極的なものまで多岐にわたる ②手法も、各種各様の形をとる
原則的な合憲性判断枠組み	規制の目的、必要性、内容、制約される職業の自由の性質、内容および程度などの比較考量
原則的な合憲性判断の主体	立法府
立法府の判断に対する裁判所の態度	基本的には尊重するが、事の性質によっては広狭がありうる

許可制・許可基準に対する判断枠組み	
許可制の性質	狭義の職業選択の自由そのものに対する制約であり、職業の自由に対する強力な制約
許可制	①重要な公共の利益のために、必要かつ合理的な措置であること ②許可制が消極目的からなされる場合には、さらに、職業活動の内容や態様の規制によって立法目的が達成できないこと
許可基準	許可制と同じ

本件許可制の合憲性	
合憲	公共の福祉に適合する目的のための必要かつ合理的な措置

本件許可基準の合憲性	
基準の目的	主として、消極的、警察的目的
基準の必要性および合理性	医薬品の供給上の著しい弊害が、薬局の開設等の許可につき地域的規制を施すことによって防止しなければならない必要性と合理性を肯定させるほどに、生じているものと合理的に認めることができない。

■ 判　決

○主　文

原判決を破棄する。
被上告人の控訴を棄却する。
控訴費用及び上告費用は被上告人の負担とする。

○理　由

上告代理人梱原隆一の上告理由二について。

[1] 所論は、要するに、本件許可申請につき、昭和38年法律第135号による改正後の薬事法の規定によって処理すべきものとした原審の判断は、憲法31条、39条、民法1条2項に違反し、薬事法6条1項の適用を誤ったものであるというのである❶。

[2] しかし、行政処分は原則として処分時の法令に準拠してされるべきものであり、このことは許可処分においても同様であって、法令に特段の定めのないかぎり、許可申請時の法令によって許否を決定すべきものではなく、許可申請

❶【1】は、上告人の上告理由二を要約し、【2】はその主張を退けている。上告人が上告理由二のような主張をしているのは、許可申請後に本件距離制限が導入され、それに関わる条例が制定されたからである。

者は、申請によって申請時の法令により許可を受ける具体的な権利を取得するものではないから、右のように解したからといつて法律不遡及の原則に反することとなるものではない。また、原審の適法に確定するところによれば、本件許可申請は所論の改正法施行の日の前日に受理されたというのであり、被上告人が改正法に基づく許可条件に関する基準を定める条例の施行をまって右申請に対する処理をしたからといつて、これを違法とすべき理由はない。所論の点に関する原審の判断は、結局、正当というべきであり、違憲の主張は、所論の違法があることを前提とするもので、失当である。論旨は、採用することができない。

同上告理由一について。

【3】 所論は、要するに、薬事法6条2項、4項（これらを準用する同法26条2項）及びこれに基づく広島県条例「薬局等の配置の基準を定める条例」（昭和38年広島県条例第29号。以下「県条例」という。）を合憲とした原判決には、憲法22条、13条の解釈、適用を誤った違法があるというのである❷。

一 憲法22条1項の職業選択の自由と許可制

【4】 (一) 憲法22条1項は、何人も、公共の福祉に反しないかぎり、職業選択の自由を有すると規定している。職業は、人が自己の生計を維持するためにする継続的活動であるとともに、分業社会においては、これを通じて社会の存続と発展に寄与する社会的機能分担の活動たる性質を有し、各人が自己のもつ個性を全うすべき場として、個人の人格的価値とも不可分の関連を有するものである。右規定が職業選択の自由を基本的人権の一つとして保障したゆえんも、現代社会における職業のもつ右のような性格と意義にあるものということができる。そして、このような職業の性格と意義に照らすときは、職業は、ひとりその選択、すなわち職業の開始、継続、廃止において自由であるばかりでなく、選択した職業の遂行自体、すなわちその職業活動の内容、態様においても、原則として自由であることが要請されるのであり、したがつて、右規定は、狭義における職業選択の自由のみならず、職業活動の自由の保障をも包含しているものと解すべきである❸。

【5】 (二) もっとも、職業は、前述のように、本質的に社会的な、しかも主として経済的な活動であって、その性質上、社会的相互関連性が大きいものであるから、職業の自由は、それ以外の憲法の保障する自由、殊にいわゆる精神的自由に比較して、公権力による規制の要請がつよく、憲法22条1項が「公共の福祉に反しない限り」という留保のもとに職業選択の自由を認めたのも、特にこの点を強調する趣旨に出たものと考えられる。このように、職業は、それ自身のうちになんらかの制約の必要性が内在する社会的活動であるが、その種類、性質、内容、社会的意義及び影響がきわめて多種多様であるため、その規制を要求する社会的理由ないし目的も、国民経済の円満な発展や社会公共の便宜の促進、経済的弱者の保護等の社会政策及び経済政策上の積極的なものから、社会生活における安全の保障や秩序の維持等の消極的なものにまで千差万別で、その重要性も区々にわたるのである。そしてこれに対応して、現実に職業の自由に対して加えられる制限も、あるいは特定の職業につき私人による遂行を一切禁止してこれを国家又は公共団体の専業とし、あるいは一定の条件をみたした者にのみこれを認め、更に、場合によっては、進んでそれらの者に職業の継続、遂行の義務を課し、あるいは職業の開始、継続、廃止の自由を認めながらその遂行の方法又は態様について規制する等、それぞれの事情に応じて各種各様の形をとることとなるのである。それ故、これらの規制措置が憲法22条1項にいう公共の福祉のために要求されるものとして是認されるかどうかは、これを一律に論ずることができず、具体的な規制措置について、規制の目的、必要性、内容、これによって制限される職業の自由の性質、内容及び制限の程度を検討し、これらを比較考量したうえで慎重に決定されなければならない。この場合、右のような検討と考量をするのは、第一次的には立法府の権限と責務であり、裁判所としては、規制の目的が公共の福祉に合致するものと認められる以上、そのための規制措置の具体的内容及びその必要性と合理性

❷【3】は、上告理由一を要約している。

❸【4】は、職業の意義を確認し、憲法22条1項が保障する（広義の）職業選択の自由には、①職業の開始・継続・廃止の自由（狭義の職業選択の自由）と②職業活動の自由とが含まれることをいう。本件で問題となるのは主に①である（【6】以下参照）。ここで確認された職業の意義とは、(ア)生計維持の手段、(イ)分業社会における社会的機能分担としての性質、(ウ)自己の個性発揮の場の三つである。これらの意義は、憲法22条1項による保障が職業活動の自由についても及ぶという意味で保障範囲の拡大をもたらしている（なお、ここにいう職業活動の自由を「営業の自由」と同視するのが通説であるが、そのように解する場合、小売市場事件判決〔本書50事件〕において論じられた「営業の自由」とは区別する必要がある）。他方で、(ア)と（特に）(イ)は、職業の社会的相互関連性ゆえに「公権力の規制の要請がつよ〔い〕」という理解につながる（【5】参照）とともに、(ウ)は、狭義の職業選択の自由に対する制約が、職業活動の自由に対するそれよりも「強度の制約」であるという理解に結びつく（【6】参照）。なお、本件ではスーパーマーケットを営む企業による薬局開設が問題になっているが、それがいかなる意味で「人格的価値」を有するかは問題である（判批①206頁）。

❹【5】は、小売市場事件判決〔本書50事件〕を念頭に置きつつ、職業規制の合憲性を判断する際の基本的な考え方を示したものである。その論理を整理すると以下のとおり。(1)職業は社会的相互関連性ゆえに規制の要請が強い、(2)職業には様々なものがあるので、規制の目的は消極目的から積極目的に至るまで、その重要性も含めて千差万別であり、またその手法も国家独占から業務遂行の方法の規制に至るまで多様である、(3)したがって、その合憲性は、「規制の目的、必要性、内容、これによつて制限される職業の自由の性質、内容及び制限の程度を検討し、これらを比較考量したうえで慎重に決定」すべきである、(4)このような比較考量は、第一次的には立法府の役割であって、裁判所はその判断を尊重する、(5)しかし、その裁量にも「事の性質」に応じて広狭があって、裁判所は、「具体的な規制の目的、対象、方法等の性質と内容に照らして」立法府の裁量権行使の逸脱・濫用を判断する。小売市場事件判決〔本書50事件〕との対比では、(5)および(2)が注目される。まず、(5)について、本判決以前の一部の下級審などでは、小売市場事件判決〔本書50事件〕で示された明白の原則が憲法22条1項の一般的な判断枠組みであるとの理解もあったが、本判決は【6】と相まってこのような理解を退けている。次いで、(2)も【6】の説示と相まって、学説上、規制目的二分論を明らかにしたものと理解されてきた（文献②）。しかし、(2)を素直に読めば、ここではこの分野における規制目的が多様であることを指摘しているにとどまるのであって、公共の福祉適合的とされ

については、立法府の判断がその合理的裁量の範囲にとどまるかぎり、立法政策上の問題としてその判断を尊重すべきものである。しかし、右の合理的裁量の範囲については、事の性質上おのずから広狭がありうるのであつて、裁判所は、具体的な規制の目的、対象、方法等の性質と内容に照らして、これを決すべきものといわなければならない❹。

【6】　（三）　職業の許可制は、法定の条件をみたし、許可を与えられた者のみにその職業の遂行を許し、それ以外の者に対してはこれを禁止するものであつて、右に述べたように職業の自由に対する公権力による制限の一態様である。このような許可制が設けられる理由は多種多様で、それが憲法上是認されるかどうかも一律の基準をもつて論じがたいことはさきに述べたとおりであるが、一般に許可制は、単なる職業活動の内容及び態様に対する規制を超えて、狭義における職業の選択の自由そのものに制約を課するもので、職業の自由に対する強力な制限であるから、その合憲性を肯定しうるためには、原則として、重要な公共の利益のために必要かつ合理的な措置であることを要し、また、それが社会政策ないしは経済政策上の積極的な目的のための措置ではなく、自由な職業活動が社会公共に対してもたらす弊害を防止するための消極的、警察的措置である場合には、許可制に比べて職業の自由に対するよりゆるやかな制限である職業活動の内容及び態様に対する規制によつては右の目的を十分に達成することができないと認められることを要するもの、というべきである。そして、この要件は、許可制そのものについてのみならず、その内容についても要求されるのであつて、許可制の採用自体が是認される場合であつても、個々の許可条件については、更に個別的に右の要件に照らしてその適否を判断しなければならないのである❺。

　　二　薬事法における許可制について。

【7】　（一）　薬事法は、医薬品等に関する事項を規制し、その適正をはかることを目的として制定された法律であるが（1条）、同法は医薬品等の供給業務に関して広く許可制を採用し、本件に関連する範囲についていえば、薬局については、5条において都道府県知事の許可がなければ開設をしてはならないと定め、6条において右の許可条件に関する基準を定めており、また、医薬品の一般販売業については、24条において許可を要することと定め、26条において許可権者と許可条件に関する基準を定めている。医薬品は、国民の生命及び健康の保持上の必需品であるとともに、これと至大の関係を有するものであるから、不良医薬品の供給（不良調剤を含む。以下同じ。）から国民の健康と安全とをまもるために、業務の内容の規制のみならず、供給業者を一定の資格要件を具備する者に限定し、それ以外の者による開業を禁止する許可制を採用したことは、それ自体としては公共の福祉に適合する目的のための必要かつ合理的措置として肯認することができる（最高裁昭和38年（あ）第3179号同40年7月14日大法廷判決・刑集19巻5号554頁、同昭和38年（オ）第737号同41年7月20日大法廷判決・民集20巻6号1217頁参照）❻。

【8】　（二）　そこで進んで、許可条件に関する基準をみると、薬事法6条（この規定は薬局の開設に関するものであるが、同法26条2項において本件で問題となる医薬品の一般販売業に準用されている。）は、1項1号において薬局の構造設備につき、1号の2において薬局において薬事業務に従事すべき薬剤師の数につき、2号において許可申請者の人的欠格事由につき、それぞれ許可の条件を定め、2項においては、設置場所の配置の適正の観点から許可をしないことができる場合を認め、4項においてその具体的内容の規定を都道府県の条例に譲つている。これらの許可条件に関する基準のうち、同条1項各号に定めるものは、いずれも不良医薬品の供給の防止の目的に直結する事項であり、比較的容易にその必要性と合理性を肯定しうるものである（前掲各最高裁大法廷判決参照）のに対し、2項に定めるものは、このような直接の関連性をもつておらず、本件において上告人が指摘し、その合憲性を争つているのも、専らこの点に関するものである。それ故、以下において適正配置上の観点から不許可の道を開くこととした趣旨、目

規制目的には消極目的と積極目的以外のものもありうるし、単純に二分することは許されないという趣旨と理解される（判解①209頁以下、判批②225頁も参照）。さらに、(3)は、職業に対する規制の基礎的な判断枠組みとして比較考量を提示している点が注目される。近年では、判例は、この分野に限らず、比較考量の枠組みを事案に応じて変型ないし展開させながら、判断枠組みを提示しようとしているという指摘がある（判解③240頁以下）。

❺　【6】は、許可制に関する一般的な判断枠組みを提示している。その論理は、(1)許可制は、狭義の職業選択に対する強度の制約であり（なお、【4】も参照）、(2)その合憲性は、《重要な目的のために必要かつ合理的な措置であるか》で判断され、(3)さらに、許可制が消極目的から導入される場合には、「許可制に比べて職業の自由に対するより緩やかな制限である職業活動の内容及び態様に対する規制によつては右の目的を十分に達成することができないと認められることを要する」、(4)許可基準についても同様の判断枠組みで判断するというものである。このうち、(3)はLRA原則を採用したものと理解されている。なお、(3)の説示は、単に《緩やかな制約手段の有無》を問うのでなく、《職業活動の内容および態様に対する規制によっては立法目的を十分に達することができないこと》の証明を（立法者側に）要求している点には注意が必要である。(2)にいう「重要な目的」については【10】および【15】からは、消極的・警察的目的であれば、原則として「重要な目的」だとされることがうかがわれる。もっとも、小売市場事件判決〔本書50事件〕や酒類販売業免許制事件判決〔本書52事件〕をふまえれば、規制目的が「重要」かは、狭義の職業選択の自由を制約してまで達成しなければならない目的といえるか（言い換えれば、新規参入を規制し既存の業者の独占的利益が保護されたとしてもやむをえない特別の事情があるか）を規制ごとに検討するというのが最高裁の態度であるように思われる。また、本件では、立法事実を批判的に検討し、許可基準の必要性および合理性を否定している。これは、本件では小売市場事件判決や酒類販売業免許制事件判決と異なって、合憲性推定原則が排除ないし弱められていることを示唆する（判解①216頁）。その理由は、消極目的からなされる許可制および距離規制という「事の性質」に求められよう。なお、以上の諸点について、ドイツの判例法理である段階理論（Stufentheorie）との関係も含めて、判解①208頁以下および判批①207頁も参照。

❻　【7】は、薬局開設の許可制そのものの合憲性を肯定する。本判決よりも前に、医薬品販売業の登録制（引用されている昭和40年判決）や薬局開設の許可制（同じく昭和41年判決）について最高裁はいずれも合憲としてきた。その論理は、小売市場事件判決〔本書50事件〕以前の一般的な判断枠組みに従うものであったが、本判決も、同様の判断枠組みに基づき、同様の判断を行っている。もっとも、【7】の説示は、「業務の内容の規制のみならず……許可制を採用したことは、公共の福祉に適合する目的のための必要かつ合理的措置として肯認することができる」としており、【6】との整合性も意識している。ただし、被引用判決が出された当時、このような判断枠組みを意識していたわけではないことはもちろん、少なくとも昭和40年判決が本判決のいう意味でのLRA性を検討したかは疑問である。

❼　【8】は、薬事法6条が定める許可条件のうち、1項各号については合憲であるとしたうえで、2項の適正配置規制を重点的に審査することが示される。その際の判断枠組みは、①規制の趣旨、目的、②目的と許可条件設定の関連性、③許可条件設定の目的達成手段としての必要性・合理性の3点であるとされる。これは、【6】にいう《重要な目的のために必要かつ合理的な措置であ

的を明らかにし、このような許可条件の設定とその目的との関連性、及びこのような目的を達成する手段としての必要性と合理性を検討し、この点に関する立法府の判断がその合理的裁量の範囲を超えないかどうかを判断することとする❼。

三 薬局及び医薬品の一般販売業（以下「薬局等」という。）の適正配置規制の立法目的及び理由について。

[9]　㈠　薬事法6条2項、4項の適正配置規制に関する規定は、昭和38年7月12日法律第135号「薬事法の一部を改正する法律」により、新たな薬局の開設等の許可条件として追加されたものであるが、右の改正法律案の提案者は、その提案の理由として、一部地域における薬局等の乱設による過当競争のために一部業者に経営の不安定を生じ、その結果として施設の欠陥等による不良医薬品の供給の危険が生じるのを防止すること、及び薬局等の一部地域への偏在の阻止によって無薬局地域又は過少薬局地域への薬局の開設等を間接的に促進することの2点を挙げ、これらを通じて医薬品の供給（調剤を含む。以下同じ。）の適正をはかることがその趣旨であると説明しており、薬事法の性格及びその規定全体との関係からみても、この2点が右の適正配置規制の目的であるとともに、その中でも前者がその主たる目的をなし、後者が副次的、補充的目的であるにとどまると考えられる❽。

[10]　これによると、右の適正配置規制は、主として国民の生命及び健康に対する危険の防止という消極的、警察的目的のための規制措置であり、そこで考えられている薬局等の過当競争及びその経営の不安定化の防止も、それ自体が目的ではなく、あくまでも不良医薬品の供給の防止のための手段にすぎないものと認められる。すなわち、小企業の多い薬局等の経営の保護というような社会政策的ないしは経済政策的目的は右の適正配置規制の意図するところではなく（この点において、最高裁昭和45年（あ）第23号同47年11月22日大法廷判決・刑集26巻9号586頁で取り扱われた小売商業調整特別措置法における規制とは趣きを異にし、したがつて、右判決において示された法理は、必ずしも本件の場合に適切ではない。）、また、一般に、国民生活上不可欠な役務の提供の中には、当該役務のもつ高度の公共性にかんがみ、その適正な提供の確保のために、法令によって、提供すべき役務の内容及び対価等を厳格に規制するとともに、更に役務の提供自体を提供者に義務づける等のつよい規制を施す反面、これとの均衡上、役務提供者に対してある種の独占的地位を与え、その経営の安定をはかる措置がとられる場合があるけれども、薬事法その他の関係法令は、医薬品の供給の適正化措置として右のような強力な規制を施してはおらず、したがつて、その反面において既存の薬局等にある程度の独占的地位を与える必要も理由もなく、本件適正配置規制にはこのような趣旨、目的はなんら含まれていないと考えられるのである❾。

[11]　㈡　次に、前記㈠の目的のために適正配置上の観点からする薬局の開設等の不許可の道を開くことの必要性及び合理性につき、被上告人の指摘、主張するところは、要約すれば、次の諸点である❿。

[12]　⑴　薬局等の偏在はかねてから問題とされていたところであり、無薬局地域又は過少薬局地域の解消のために適正配置計画に基づく行政指導が行われていたが、昭和32年頃から一部大都市における薬局等の偏在による過当競争の結果として、医薬品の乱売競争による弊害が問題となるに至つた。これらの弊害の対策として行政指導による解決の努力が重ねられたが、それには限界があり、なんらかの立法措置が要望されるに至ったこと。

[13]　⑵　前記過当競争や乱売の弊害としては、そのために一部業者の経営が不安定となり、その結果、設備、器具等の欠陥を生じ、医薬品の貯蔵その他の管理がおろそかとなって、良質な医薬品の供給に不安が生じ、また、消費者による医薬品の乱用を助長したり、販売の際における必要な注意や指導が不十分になる等、医薬品の供給の適正化が困難となったことが指摘されるが、これを解消するためには薬局等の経営の安定をはかることが必要と考えられること。

か》という判断枠組みを変型したものと解される。なお、LRAがここで言及されていないことからして、[6]における許可条件について「個別的に右の要件に照らしてその適否を判断」するという説示における「右の要件」とは、[6]の《重要な目的のために必要かつ合理的な措置であるか》という要件（ないしは、それ以後に示されている部分すべて）を指すと考えられる。

❽　[9]では、適正配置規制の目的が、(1)過当競争のために惹起される薬局経営の不安定による不良医薬品供給の危険の防止と、(2)薬局偏在の阻止による医薬品供給の適正確保にあること、このうち、(1)が主たる目的であることが指摘される。このような理解は、国会における提案者の提案理由や薬事法全体の理解を根拠とするが、このうち前者は被上告人の上告審における答弁書で提出された資料に基づいたもので、本判決は、特段の証拠調べ手続を経ることなく、立法事実の判断に際してこれらに依拠している。このような立法事実の検討方法について、判解①216頁は、本判決が一般に公刊されている資料については職権で調査して参照しうるとする前提に立っていると指摘する。なお、本法の適正配置規制は、昭和38年の薬事法改正によって導入されたが、これは、議員提案であり（しかもその主たる提案者は日本薬剤師会会長を務める議員であった）、加えてほとんど実質審議が行われずに成立したことが知られている（詳細につき、判解①205頁参照）。

❾　[10]は、適正配置規制の目的にさらなる検討を加え、主としてそれが不良医薬品の供給防止という消極的警察的目的によるものであることを指摘し、薬局経営の安定はその手段として位置づけられるにとどまるとする。本判決は、この点が経営基盤の薄弱な小規模小売商の保護それ自体を目的とした小売商業調整特別措置法（小売市場事件判決〔本書50事件〕参照）との違いだとして、事案の区別を図っている。なお、この後に続く「また」以下の説示は、公衆浴場の適正配置規制（判例①、判例②）を意識したものであると解されるところであり、こちらでも事案の区別を図ろうとする意図がうかがわれる（判解①207頁および211頁以下、文献②409頁以下参照）。

❿　[11]から[14]は、被上告人が主張する立法事実を要約するものである。立法事実の検討方法につき、[9]も参照。このうち、[12]および[13]は必要性の緊迫度や公共の福祉との結びつきの強さを示すものであるが、その背景に、昭和37年の行政不服審査法改正により、行政指導が困難になったことも指摘されている。また、[14]は、業態の特殊性をいうものである（以上の点について、判解①204頁以下参照）。

[14]　(3)　医薬品の品質の良否は、専門家のみが判定しうるところで、一般消費者にはその能力がないため、不良医薬品の供給の防止は一般消費者側からの抑制に期待することができず、供給者側の自発的な法規遵守によるか又は法規違反に対する行政上の常時監視によるほかはないところ、後者の監視体制は、その対象の数がぼう大であることに照らしてとうてい完全を期待することができず、これによっては不良医薬品の供給を防止することが不可能であること。

四　適正配置規制の合憲性について。

[15]　(一)　薬局の開設等の許可条件として地域的な配置基準を定めた目的が前記三の(一)に述べたところにあるとすれば、それらの目的は、いずれも公共の福祉に合致するものであり、かつ、それ自体としては重要な公共の利益ということができるから、右の配置規制がこれらの目的のために必要かつ合理的であり、薬局等の業務執行に対する規制によるだけでは右の目的を達することができないとすれば、許可条件の一つとして地域的な適正配置基準を定めることは、憲法22条1項に違反するものとはいえない。問題は、果たして、右のような必要性と合理性の存在を認めることができるかどうか、である❶。

[16]　(二)　薬局等の設置場所についてなんらの地域的制限が設けられない場合、被上告人の指摘するように、薬局等が都会地に偏在し、これに伴ってその一部において業者間に過当競争が生じ、その結果として一部業者の経営が不安定となるような状態を招来する可能性があることは容易に推察しうるところであり、現に無薬局地域や過少薬局地域が少なからず存在することや、大都市の一部地域において医薬品販売競争が激化し、その乱売等の過当競争現象があらわれた事例があることは、国会における審議その他の資料からも十分にうかがいうるところである。しかし、このことから、医薬品の供給上の著しい弊害が、薬局の開設等の許可につき地域的規制を施すことによって防止しなければならない必要性と合理性を肯定させるほどに、生じているものと合理的に認められるかどうかについては、更に検討を必要とする❷。

[17]　(1)　薬局の開設等の許可における適正配置規制は、設置場所の制限にとどまり、開業そのものが許されないこととなるものではない。しかしながら、薬局等を自己の職業として選択し、これを開業するにあたっては、経営上の採算のほか、諸般の生活上の条件を考慮し、自己の希望する開業場所を選択するのが通常であり、特定場所における開業の不能は開業そのものの断念にもつながりうるものであるから、前記のような開業場所の地域的制限は、実質的には職業選択の自由に対する大きな制約的効果を有するものである❸。

[18]　(2)　被上告人は、右のような地域的制限がない場合には、薬局等が偏在し、一部地域で過当な販売競争が行われ、その結果前記のように医薬品の適正供給上種々の弊害を生じると主張する。そこで検討するのに、❹

[19]　(イ)　まず、現行法上国民の保健上有害な医薬品の供給を防止するために、薬事法は、医薬品の製造、貯蔵、販売の全過程を通じてその品質の保障及び保全上の種々の厳重な規制を設けているし、薬剤師法もまた、調剤について厳しい遵守規定を定めている。そしてこれらの規制違反に対しては、罰則及び許可又は免許の取消等の制裁が設けられているほか、不良医薬品の廃棄命令、施設の構造設備の改繕命令、薬剤師の増員命令、管理者変更命令等の行政上の是正措置が定められ、更に行政機関の立入検査権による強制調査も認められ、このような行政上の検査機構として薬事監視員が設けられている。これらはいずれも、薬事関係各業者の業務活動に対する規制として定められているものであり、刑罰及び行政上の制裁と行政的監督のもとでそれが励行、遵守されるかぎり、不良医薬品の供給の危険の防止という警察上の目的を十分に達成することができるはずである。もっとも、法令上いかに完全な行為規制が施され、その遵守を強制する制度上の手当がされていても、違反そのものを根絶することは困難であるから、不良医薬品の供給による国民の保健に対する危険を完全

❶　[15]では、[9]と[10]で認定された適正配置規制の目的が、〈重要な目的〉（[6]を参照）であるとして肯定的に評価され、規制の合憲性をもっぱら、その必要性と合理性に焦点を当てて検討するとされている。なお、以後の検討は、被上告人の主張に対して行われており、この点も本判決の特徴である（判解①208頁）。

❷　[16]は、薬局の配置が適正を欠くと過当競争が生じ、一部業者の経営が不安定になること、一部の地域において過当競争が生じていることなどを肯定する一方で、これらの弊害の防止のために、適正配置規制を実施する必要性と合理性があるかについては疑問だという。これは、裁判官が被上告人の主張について「健全な常識からすれば合理的な根拠をもつとは思われない」という心証を抱いていることを示唆する（なお、判解①213頁）。

❸　[17]は、適正配置規制が、実質的には、狭義の職業選択の自由に対する大きな制約となることを指摘する。これは、許可条件たる適正配置規制が、設置場所の制限でありながら、「職業希望者の力の及ばないところで充足の有無が判断されるような条件」（客観的条件）としての性質をもつという理解をふまえたものである。このような規制は結局、開業そのものの断念につながりかねない（判解②30頁）。このような理解もドイツ連邦憲法裁判所の「段階理論（Stufentheorie）」を参考にしていることにつき、判解①208頁以下、判批①207頁を参照。

❹　[18]から[24]では、薬局の偏在→過当競争→医薬品の適正供給の阻害という立法者側の主張の合理性が検討される。[19]以後の検討が、適合性、必要性、狭義の比例性というドイツの比例原則審査と同様であるとの指摘につき、文献③77頁参照。

❺　[19]は、適正配置規制の合憲性を判断するための枠組みをさらに一段階具体化する（[6]および[8]も参照）。ここでは、不良医薬品供給の防止は（被上告人が主張するように）、「薬事関係各種業者の業務活動に対する規制」（言い換えれば、職業遂行の自由に対する規制）だけでは、完全には実現できないことを肯定し、それを超えた予防的措置を講ずる必要性がありうること自体は認めている。しかしながら、その予防的措置として、適正配置規制の必要性を肯定するためには、単なる必要性の推認では足りず、より厳格な審査を行うこと――具体的には、「このような制限を施さなければ右措置による職業の自由の制約と均衡を失しない程度において国民の保健に対する危険を生じさせるおそれのあることが、合理的に認められること」――が要求されると説き、審査の密度を深めるべきだという考え方が明らかにされている。この判断枠組みを分節化すれば、⒤職業遂行の自由に対する規制だけでは防止できない害悪が存在すること、ⅱ職

に防止するための万全の措置として、更に進んで違反の原因となる可能性のある事由をできるかぎり除去する予防的措置を講じることは、決して無意義ではなく、その必要性が全くないとはいえない。しかし、このような予防的措置として職業の自由に対する大きな制約である薬局の開設等の地域的制限が憲法上是認されるためには、単に右のような意味において国民の保健上の必要性がないとはいえないというだけでは足りず、このような制限を施さなければ右措置による職業の自由の制約と均衡を失しない程度において国民の保健に対する危険を生じさせるおそれのあることが、合理的に認められることを必要とするというべきである❺。

【20】 ㈹ ところで、薬局の開設等について地域的制限が存在しない場合、薬局等が偏在し、これに伴い一部地域において業者間に過当競争が生じる可能性があることは、さきに述べたとおりであり、このような過当競争の結果として一部業者の経営が不安定となるおそれがあることも、容易に想定されるところである。被上告人は、このような経営上の不安定は、ひいては当該薬局等における設備、器具等の欠陥、医薬品の貯蔵その他の管理上の不備をもたらし、良質な医薬品の供給をさまたげる危険を生じさせると論じている。確かに、観念上はそのような可能性を否定することができない。しかし、果たして実際上どの程度にこのような危険があるかは、必ずしも明らかにされてはいないのである。被上告人の指摘する医薬品の乱売に際して不良医薬品の販売の事実が発生するおそれがあつたとの点も、それがどの程度のものであつたか明らかでないが、そこで挙げられている大都市の一部地域における医薬品の乱売のごときは、主としていわゆる現金問屋又はスーパーマーケットによる低価格販売を契機として生じたものと認められることや、一般に医薬品の乱売については、むしろその製造段階における一部の過剰生産とこれに伴う激烈な販売合戦、流通過程における営業政策上の行態等が有力な要因として競合していることが十分に想定されることを考えると、不良医薬品の販売の現象を直ちに一部薬局等の経営不安定、特にその結果としての医薬品の貯蔵その他の管理上の不備等に直結させることは、決して合理的な判断とはいえない。殊に、常時行政上の監督と法規違反に対する制裁を背後に控えている一般の薬局等の経営者、特に薬剤師が経済上の理由のみからあえて法規違反の挙に出るようなことは、きわめて異例に属すると考えられる。このようにみてくると、競争の激化―経営の不安定―法規違反という因果関係に立つ不良医薬品の供給の危険が、薬局等の段階において、相当程度の規模で発生する可能性があるとすることは、単なる観念上の想定にすぎず、確実な根拠に基づく合理的な判断とは認めがたいといわなければならない。なお、医薬品の流通の機構や過程の欠陥から生じる経済上の弊害について対策を講じる必要があるとすれば、それは流通の合理化のために流通機構の最末端の薬局等をどのように位置づけるか、また不当な取引方法による弊害をいかに防止すべきか、等の経済政策の問題として別途に検討されるべきものであつて、国民の保健上の目的からされている本件規制とは直接の関係はない❻。

【21】 ㈣ 仮に右に述べたような危険発生の可能性を肯定するとしても、更にこれに対する行政上の監督体制の強化等の手段によって有効にこれを防止することが不可能かどうかという問題がある。この点につき、被上告人は、薬事監視員の増加には限度があり、したがって、多数の薬局等に対する監視を徹底することは実際上困難であると論じている。このように監視に限界があることは否定できないが、しかし、そのような限界があるとしても、例えば、薬局等の偏在によって競争が激化している一部地域に限って重点的に監視を強化することによってその実効性を高める方途もありえないではなく、また、被上告人が強調している医薬品の貯蔵その他の管理上の不備等は、不時の立入検査によって比較的容易に発見することができるような性質のものとみられること、更に医薬品の製造番号の抹消

業選択の自由に対する規制でもって、かかる害悪を防止しようとする場合には、(ア)その害悪が国民保健に対する危険を生じさせるおそれがあること、(イ)その害悪と制約される職業選択の自由とが均衡していることという多段階のテストからなっているといえよう。その際、⑪(イ)の均衡は、①の害悪が、規制によって発生する職業選択の自由の制約を、被規制者に甘受させてでも追及すべき程度のものといえるかという観点から審査されることになる。このような判断枠組みが比例原則審査(特に狭義の比例性の審査)を厳格に適用したものと解されることについて、文献⑤335頁。

❻ 【20】は、競争の激化→経営の不安定→法令違反の多発→不良医薬品の供給の危険という立法者の想定が、「単なる観念上の想定」にすぎないとして否定され、【19】の⑪のテストを通過しないことを指摘する。【20】では、立法者側の想定が批判的に検討されたうえで否定されているが、それは、本件では合憲性の推定が排除ないし弱められており、かつ、このような主張が「健全な常識からすれば合理的根拠をもつとは思われない」うえに「その主張にそう特段の根拠資料が見出されない」との心証を抱いたからである(判解①213頁)。ところで、一般に、ある規制が行われる際には、法が保護しようとする公益に対する害悪の発生とその原因となる行為が特定され、前者の防止を目的として、後者を規制するというのが通常であろう。したがって、害悪の原因たる行為と規制によって防ごうとする害悪との間に一定の合理的な因果関係の存在が認められなかったり、あるいは、保護すべき公益に対して、原因たる行為がもつ危険が僅少だったり具体性を欠いていたりする場合には、規制の必要性や合理性が否定されるべき場合がある(なお、危険について、文献⑤334頁以下、文献③78頁以下も参照)。もっとも、この場合にも、どの程度の具体的な因果関係や危険の発生が求められるか、そのような因果関係や危険の存在を裁判所が評価すべきか、評価する場合どのような方法によるべきかという、立法事実一般に共通する問題がある。

❼ 【21】では、【20】で否定したような危険発生の可能性が存在すると仮定したとしても、薬事関係各種業者の業務活動に対する規制の実効性を高めることでなお対処しうる可能性があることが指摘されている。仮に、このような可能性がないということになれば、LRA性をみたすとも考えられる。

操作等による不正販売も、薬局等の段階で生じたものというよりは、むしろ、それ以前の段階からの加工によるのではないかと疑われること等を考え合わせると、供給業務に対する規制や監督の励行等によって防止しきれないような、専ら薬局等の経営不安定に由来する不良医薬品の供給の危険が相当程度において存すると断じるのは、合理性を欠くというべきである❶。

【22】　㈡　被上告人は、また、医薬品の販売の際における必要な注意、指導がおろそかになる危険があると主張しているが、薬局等の経営の不安定のためにこのような事態がそれ程発生するとは思われないので、これをもつて本件規制措置を正当化する根拠と認めるには足りない❶。

【23】　㈢　被上告人は、更に、医薬品の乱売によって一般消費者による不必要な医薬品の使用が助長されると指摘する。確かにこのような弊害が生じうることは否定できないが、医薬品の乱売やその乱用の主要原因は、医薬品の過剰生産と販売合戦、これに随伴する誇大広告等にあり、一般消費者に対する直接販売の段階における競争激化はむしろその従たる原因にすぎず、特に右競争激化のみに基づく乱用助長の危険は比較的軽少にすぎないと考えるのが、合理的である。のみならず、右のような弊害に対する対策としては、薬事法66条による誇大広告の規制のほか、一般消費者に対する啓蒙の強化の方法も存するのであつて、薬局等の設置場所の地域的制限によって対処することには、その合理性を認めがたいのである❶。

【24】　㈣　以上㈠から㈢までに述べたとおり、薬局等の設置場所の地域的制限の必要性と合理性を裏づける理由として被上告人の指摘する薬局等の偏在―競争激化―一部薬局等の経営の不安定―不良医薬品の供給の危険又は医薬品乱用の助長の弊害という事由は、いずれもいまだそれによって右の必要性と合理性を肯定するに足りず、また、これらの事由を総合しても右の結論を動かすものではない❷。

【25】　⑶　被上告人は、また、医薬品の供給の適正化のためには薬局等の適正分布が必要であり、一部地域への偏在を防止すれば、間接的に無薬局地域又は過少薬局地域への進出が促進されて、分布の適正化を助長すると主張している。薬局等の分布の適正化が公共の福祉に合致することはさきにも述べたとおりであり、薬局等の偏在防止のためにする設置場所の制限が間接的に被上告人の主張するような機能を幾程かは果たしうることを否定することはできないが、しかし、そのような効果をどこまで期待できるかは大いに疑問であり、むしろその実効性に乏しく、無薬局地域又は過少薬局地域における医薬品供給の確保のためには他にもその方策があると考えられるから、無薬局地域等の解消を促進する目的のために設置場所の地域的制限のような強力な職業の自由の制限措置をとることは、目的と手段の均衡を著しく失するものであつて、とうていその合理性を認めることができない❷。

【26】　　　本件適正配置規制は、右の目的と前記⑵で論じた国民の保健上の危険防止の目的との、二つの目的のための手段としての措置であることを考慮に入れるとしても、全体としてその必要性と合理性を肯定しうるにはなお遠いものであり、この点に関する立法府の判断は、その合理的裁量の範囲を超えるものであるといわなければならない❷。

五　結　　論

【27】　以上のとおり、薬局の開設等の許可基準の一つとして地域的制限を定めた薬事法6条2項、4項（これらを準用する同法26条2項）は、不良医薬品の供給の防止等の目的のために必要かつ合理的な規制を定めたものということができないから、憲法22条1項に違反し、無効である❷。

【28】　ところで、本件は、上告人の医薬品の一般販売業の許可申請に対し、被上告人が昭和39年1月27日付でした不許可処分の取消を求める事案であるが、原判決の適法に確定するところによれば、右不許可処分の理由は、右許可申請が薬事法26条2項の準用する同法6条2項、4項及び県

❶　【22】では、医薬品販売の際の注意、指導がおろそかになるという被上告人の主張が、薬局等の経営不安定に起因するものではないと退けられる。

❶　【23】は、医薬品の廉価乱売によって、一般消費者の不必要な医薬品使用が助長されるおそれがあることを一定程度肯定したうえで、しかし、その原因は薬局の競争激化にのみ求められるものではなく、また、薬事関係各種業者の業務活動に対する規制によって弊害が除去されうることを指摘する。

❷　【24】は、【20】から【23】までの検討によれば、薬局等の設置場所の地域的制限の必要性と合理性を裏付ける理由が否定され、【19】が示した意味での規制の必要性・合理性が肯定できないという。

❷　【25】では、適正配置規制の二つの目的（【9】参照）のうち、薬局偏在の阻止による医薬品供給の適正確保の観点から審査しても規制は違憲だと指摘する。その論理は、その目的の公共の福祉適合性を肯定しても（なお、ここでは重要性には触れられていない）、規制の実効性が疑われ、また、他の規制手段の存在が合理的に推認しうるから、目的と手段の均衡を欠くというものである。

❷　【26】は、これまでの検討をまとめて、【8】の判断枠組みとの関連で、立法裁量の逸脱だという結論を出すものである。

❷　【27】は、薬事法6条2項、4項および26条2項の規定が違憲だと結論する。

条例3条の薬局等の配置の基準に適合しないというのである。したがつて、右法令が憲法22条1項に違反しないとして本件不許可処分の効力を維持すべきものとした原審の判断には、憲法及び法令の解釈適用を誤った違法があり、これが原判決の結論に影響を及ぼすことは明らかであるから、論旨は、この点において理由があり、その余の判断をするまでもなく、原判決は破棄を免れない。そして、右処分が取り消されるべきものであることは明らかであるから、上告人の請求を認容すべきものとした第一審判決の結論は正当であって、被上告人の控訴は棄却されるべきものである❷。

❷【28】は、原告が不許可処分取消しを求めていたことに鑑みて、原判決を破棄し、第一審判決に対する控訴を自判して、控訴を棄却のうえ、第一審判決を確定させた。

[29] よって、行政事件訴訟法7条、民訴法408条1号、396条、384条、96条、89条に従い、裁判官全員一致の意見で、主文のとおり判決する。

（裁判長裁判官　村上朝一　裁判官　関根小郷　裁判官　藤林益三　裁判官　岡原昌男　裁判官　小川信雄　裁判官　下田武三　裁判官　岸盛一　裁判官　天野武一　裁判官　坂本吉勝　裁判官　岸上康夫　裁判官　江里口清雄　裁判官　大塚喜一郎　裁判官　高辻正己　裁判官　吉田豊　裁判官　団藤重光）

Questions

①事実関係の確認

問1 原告はどのような主体で、裁判所に何を求めているか。▶【事案】

問2 被告はどのような理由で、本件申請に対して不許可処分を行っているか。▶【事案】

問3 薬事法は、薬局開設についてどのような規制を行っているか。その理由は何か。▶【事案】、被上告人の答弁（民集46-9-2829参照）

②判決の内容の確認

問4 本判決では、職業をどのようなものとして理解しているか。▶【4】

問5 本判決は、職業に対する規制をどのようなものとして理解しているか。▶【5】

問6 本判決は、職業に対する規制の合憲性について、一般論として、どのように考えるべきだと考えているか。▶【5】

問7 本判決は、職業に対する規制の合憲性に関する立法府の判断をどの程度尊重するといっているか。▶【5】

問8 本判決は、本件の規制がどのような特徴を有していると考えているか。▶【6】

問9 本判決は、本件の規制をどのような判断枠組みで審査するとしているか▶【6】

問10 本判決は、薬局開設の許可制について、どのような判断枠組みに従って、どのような結論を導き出しているか。その際、先例との関係をどのように考えているか。▶【7】

問11 本判決は、適正配置規制について、どのような判断枠組みに従って判断しているか。▶【8】【15】【16】

問12 本判決は、適正配置規制の目的を、どのように理解しているか。▶【9】【10】

問13 被告は、適正配置規制が必要とされた背景をどのように説明しているか。▶【12】

問14 被告は、適正配置規制が行われなければどのような弊害が発生すると主張しているか。また、弊害発生を阻止するためにはどのような手段が必要だと主張するか。▶【13】【14】

問15 本判決は、適正配置規制をどのような性質の規制だと判断しているか。▶【17】

問16 本判決は、適正配置規制が予防的措置として講じられる場合、その規制が合憲だといえるためにはどのような条件をみたさなければならないと指摘しているか。▶【19】

問17 本判決は、適正配置規制がない場合、過当競争が生じ、その結果、一部業者の経営が不安定となるという被告の主張をどのように評価しているか。▶【20】

問18 本判決は、一部業者の経営が不安定になる結果、不良医薬品の供給のおそれがあるという被告の主張をどのように評価しているか。▶【20】

問19 本判決は、不良医薬品供給の防止をするためには、行政上の常時監視をする必要があるが、それは不可能だという被告の主張をどのように評価しているか。▶【20】〜【22】

問20 本判決は、医薬品の乱売によって一般消費者による不必要な医薬品の使用が助長されるおそれがあり、そのために距離規制が必要だという被告の主張をどのように評価しているか。▶【23】

問21 本判決は、無薬局地域または過少薬局地域対策としても距離規制が必要だとする被告の主張をどのように評価しているか。▶【25】

③応用問題

問22 規制目的二分論とは何か。本判決は、もっぱら規制目的から審査基準を導き出したといえるか。▶森林法共有林事件判決〔本書55事件〕、第三者所有物没収事件判決〔本書57事件〕、判解①、文献①、文献③

問23 「段階理論」とは何か。本判決は、段階理論に依拠しているといえるか。▶判批①、判批②、文献④、文献⑤

問24 本判決では、採用されたといわれるLRA原則や比例原則について、それが確認できる箇所を指摘し、「制約の必要最小限度性」や「手段の適合性・必要性・狭義の比例性」がどのように用いられているかを考察しなさい。▶【6】、【16】〜【26】、判批①、文献②、文献③、文献⑤

問25 司法書士の資格制に関する最判平12・2・8刑集54-2-1について、本判決との関係を検討しなさい。▶文献⑤

○ **関連判例**（本書所収以外のもの）
最大判昭和30年1月26日刑集9巻1号89頁［公衆浴場適正配置規制事件昭和30年判決］（判例①）
最判平成元年1月20日刑集43巻1号1頁［公衆浴場適正配置規制事件平成元年判決］（判例②）
最判平成25年1月11日民集67巻1号1頁［医薬品ネット販売規制事件］（判例③）

○ **本判決の調査官解説**
富澤達「判解」最高裁判所判例解説民事篇昭和50年度199頁（判解①）

○ **その他の判例解説・判例批評**
岡田幸人「判解」最高裁判所判例解説民事篇平成25年度1頁（判解②）
千葉勝美「判解」最高裁判所判例解説民事篇平成4年度220頁（判解③）
石川健治「判批」憲法判例百選Ⅰ［第6版］（2013年）205頁（判批①）
野中泰司『憲法基本判例を読み直す』（有斐閣、2011年）209頁以下（判批②）

○ **参考文献**
赤坂幸一「職業の自由」横大道聡編『憲法判例の射程』（弘文堂、2017年）132頁以下（文献①）
芦部信喜『人権と憲法訴訟』（有斐閣、1994年）347頁以下（文献②）
小山剛『「憲法上の権利」の作法［第3版］』（尚学社、2016年）（文献③）
ドイツ憲法判例研究会編『ドイツの憲法判例［第2版］』（信山社、2003年）272頁以下〔野中俊彦〕（文献④）
渡辺康行ほか『憲法Ⅰ基本権』（日本評論社、2016年）第3章〔松本和彦〕、第13章〔宍戸常寿〕（文献⑤）

52 酒類販売業免許制事件

最高裁平成4年12月15日第三小法廷判決　昭和63年(行ツ)第56号：酒類販売業免許拒否処分取消請求事件　民集46巻9号2829頁

事案

酒税はかつて国税において大きな比重を占めていた。そこで国は、昭和13年の酒税法改正（昭和13年法律第48号）により、酒税の徴収確保を目的として、酒類販売業の免許制（以下「酒販免許制」という）を採用し（9条1項）、免許拒否事由（10条）を定めた。もっとも、戦後、国税における酒税の比重が低下するとともに、酒販免許制が新規参入を阻害するものとして用いられているという批判が起こっていた。

X（原告、被控訴人、上告人）は、昭和48年9月26日に酒類ならびに原料酒精の売買等を目的として設立された株式会社であるが、すでに酒類販売免許を受けて営業していた訴外A商店東京支店から酒類販売業を譲り受けて営業を行おうとして、昭和49年7月30日にB税務署長Y（被告、控訴人、被上告人）に対して、酒税法9条1項に基づき酒類販売業免許を申請した。しかしながら、Yは一向に免許許可を行わず、Xは昭和51年にYの不作為の違法確認を求めて提訴した。すると、Yは、同年11月24日に、Xの経営の基礎は薄弱であり同法10条10号の免許拒否事由に該当するとして、同免許の拒否処分（以下「本件処分」という）をした。そこで、Xは訴えを本件処分の取消しの請求に変更した。

第一審（東京地判昭54・4・12民集46-9-2963）は、Xの経営の基礎が薄弱だとはいえないとして、Yの本件処分を取り消したのでYが控訴した。これに対して、原審（東京高判昭62・11・26民集46-6-2966）は、Yの判断に違法はないとして、Xの請求を棄却した。そこで、Xが上告した。

■参考条文（事件当時のもの）

酒税法

第9条 〔第1項〕酒類の販売業又は販売の代理業若しくは媒介業（以下「販売業」と総称する。）をしようとする者は、政令で定める手続により、販売場（継続して販売業をする場所をいう。以下同じ。）ごとにその販売場の所在地（販売場を設けない場合には、住所地）の所轄税務署長の免許を受けなければならない。但し、酒類製造業者がその免許を受けた製造場においてする酒類（当該製造場について第7条第1項の規定により製造免許を受けた酒類と同一の種類（品目のある種類の酒類については、品目）の酒類及び第44条第1項の承認を受けた酒類に限る。）の販売業及び酒場、料理店その他酒類をもっぱら自己の営業上において飲用に供する業については、この限りでない。

第10条 第7条1項、第8条又は前条第1項の規定による免許の申請があつた場合において、左の各号の一に該当するときは、税務署長は、免許を与えないことができる。

(10) 酒類の製造免許又は種類の販売業免許の申請者が破産者で復権を得ていない場合その他その経営の基礎が薄弱であると認められる場合

(11) 酒税の保全上酒類の需給の均衡を維持する必要があるため酒類の製造免許又は酒類の販売業免許を与えることが適当でないと認められる場合

Navigator

小売市場事件判決〔本書50事件〕、薬事法事件判決〔本書51事件〕を経て、学説では、判例は、規制目的が消極目的か積極目的かに応じて判断枠組みを使い分ける規制目的二分論を採用しているという理解が主流となった。しかし、この規制目的二分論には有力な反論がいくつも提起された（本章とびら参照）。

その一つに、公共の福祉適合的な規制目的は、消極目的と積極目的以外にはないのか、という批判があった。本判決の第1のポイントは、酒税法における酒類販売の免許制が、消極・積極どちらでもない財政目的による規制だとされ、そのことを重視して、小売市場事件判決とも薬事法事件判決とも若干異なる判断枠組みが提示された点にある。まずは、この点を確認し、財政目的の規制について、「著しく不合理」でなければ違憲とはされないのはなぜかを検討しよう。その際には、租税立法に対する合憲性審査について、最高裁がどのような立場をとっているのかも確認する必要がある。

さらに、この判決は、規制が「著しく不合理」であるかを審査するにあたって、規制のどのような側面に焦点を当てて審査すべきかを比較的明確に説いている。判断枠組みにのみ注目するのではなく、そのあてはめも含めて確認してほしい。

また、この判決では個別意見にも注目してほしい。学説からの評価も高い坂上裁判官の反対意見が多数意見と異なるところはどこか、多数意見の背後にある園部裁判官の補足意見はどのような説示を行っているかを丹念に読み解こう。

最後に、酒販免許制については、その後もいくつかの判決が出ている。本件との事案の違いなどもふまえつつ、確認しておこう。

■判決の論理構造

憲法22条1項違反の判断枠組み		
規制態様	許可制	重要な公共の利益のために必要かつ合理的な規制でなければ違憲 【先例】薬事法事件判決〔本書51事件〕
規制目的	財政目的	租税立法の定立については、立法府の政策的、技術的な判断に委ねるほかなく、裁判所は、基本的にはその裁量的判断を尊重せざるをえない 【先例】サラリーマン税金事件判決〔本書5事件〕
判断枠組み		租税の適正かつ確実な賦課徴収を図るという国家の財政目的のための職業の許可制による規制については、その必要性と合理性についての立法府の判断が、上記の政策的、技術的な裁量の範囲を逸脱するもので、著しく不合理なものでない限り合憲

酒販免許制（酒税法9条1項）の合憲性	
免許制採用の目的	間接税たる酒税法の仕組みのもとで、酒税の確実な徴収と税負担の消費者への円滑な転嫁を目的とする
立法時における酒販免許制の必要性・合理性	国税における酒税の占率の高さと酒類の販売代金に占める税の割合の高さから、重要な目的のための必要かつ合理的な措置といえる
処分時における酒販免許制の必要性・合理性	裁判時には、国税における酒税の占率は低下しているものの、なお必要性・合理性が失われていない
酒販免許制により制約される利益との均衡	酒類という致酔性のある嗜好品の販売を制約するものであり、被制約利益は大きくない

免許基準（酒税法10条10号）の合憲性	
基準の合理性	酒類製造者において酒類販売代金の回収に困難をきたすおそれがあると考えられる最も典型的な場合を規定したものであり、合理的
基準の明確性	立法目的から離れて運用されうる不明確なものではない

結　論	
合憲	【先例】小売市場事件判決〔本書50事件〕、薬事法事件判決〔本書51事件〕、サラリーマン税金事件判決〔本書5事件〕、源泉徴収制度合憲判決（判例②）

判　決

○　主　文
本件上告を棄却する。
上告費用は上告人の負担とする。
○　理　由

一　上告代理人遠藤誠、同宮本康昭の各上告理由、同水田耕一の上告理由第一点、同杉山繁二郎、同白井孝一、同清水光康、同増本雅敏、同中村光央の上告理由第一、第二並びに上告人の上告理由一、二及び三の1ないし5について

[1] 1　所論は、酒類販売業について免許制を定めた酒税法9条、10条10号の規定を合憲とした原判決には、憲法22条1項の解釈適用を誤った違法があるというのである❶。

[2] 2 (一)　憲法22条1項は、狭義における職業選択の自由のみならず、職業活動の自由の保障をも包含しているものと解すべきであるが、職業の自由は、それ以外の憲法の保障する自由、殊にいわゆる精神的自由に比較して、公権力による規制の要請が強く、憲法の右規定も、特に公共の福祉に反しない限り、という留保を付している。しかし、職業の自由に対する規制措置は事情に応じて各種各様の形をとるため、その憲法22条1項適合性を一律に論ずることはできず、具体

❶【1】で要約されている上告理由は、酒類販売業について免許制を定める酒税法9条および免許拒否事由を定める同法10条10号が憲法22条1項違反だと主張するもの。なお、この点について、園部補足意見（[19]以下）、坂上反対意見（[24]以下）がある。

❷【2】は、薬事法事件判決〔本書51事件〕の基本的な判断枠組みが踏襲されていることを示すものであるが、消極・積極という文言が消去されていること、規制目的に触れる説示が除かれていることが注目される。これは、直接には、多数意見が酒販免許制の目的を消極目的でも積極目的でもない財政目的として認定することに起因するが、その背後に、規制目的を二分し、機械的に基準を振り分ける硬直的な規制目的二分論からの距離をとろうとする姿勢がある（判解①583頁、判批①211頁）。なお、財産権分野において、現在先例として引用されることの多い、証券取引法164条1項の合憲性が争われた証券取引法164条事件判決〔本書56事件〕およびこれに関する文献も参照。

的な規制措置について、規制の目的、必要性、内容、これによって制限される職業の自由の性質、内容及び制限の程度を検討し、これらを比較考量した上で慎重に決定されなければならない。そして、その合憲性の司法審査に当たっては、規制の目的が公共の福祉に合致するものと認められる以上、そのための規制措置の具体的内容及び必要性と合理性については、立法府の判断がその合理的裁量の範囲にとどまる限り、立法政策上の問題としてこれを尊重すべきであるが、右合理的裁量の範囲については、事の性質上おのずから広狭があり得る。ところで、一般に許可制は、単なる職業活動の内容及び態様に対する規制を超えて、狭義における職業選択の自由そのものに制約を課するもので、職業の自由に対する強力な制限であるから、その合憲性を肯定し得るためには、原則として、重要な公共の利益のために必要かつ合理的な措置であることを要するものというべきである（最高裁昭和43年（行ツ）第120号同50年4月30日大法廷判決・民集29巻4号572頁参照）❷。

[3]　㈡　また、憲法は、租税の納税義務者、課税標準、賦課徴収の方法等については、すべて法律又は法律の定める条件によることを必要とすることのみを定め、その具体的内容は、法律の定めるところにゆだねている（30条、84条）。租税は、今日では、国家の財政需要を充足するという本来の機能に加え、所得の再分配、資源の適正配分、景気の調整等の諸機能をも有しており、国民の租税負担を定めるについて、財政・経済・社会政策等の国政全般からの総合的な政策判断を必要とするばかりでなく、課税要件等を定めるについて、極めて専門技術的な判断を必要とすることも明らかである。したがって、租税法の定立については、国家財政、社会経済、国民所得、国民生活等の実態についての正確な資料を基礎とする立法府の政策的、技術的な判断にゆだねるほかはなく、裁判所は、基本的にはその裁量的判断を尊重せざるを得ないものというべきである（最高裁昭和55年（行ツ）第15号同60年3月27日大法廷判決・民集39巻2号247頁参照）❸。

[4]　㈢　以上のことからすると、租税の適正かつ確実な賦課徴収を図るという国家の財政目的のための職業の許可制による規制については、その必要性と合理性についての立法府の判断が、右の政策的、技術的な裁量の範囲を逸脱するもので、著しく不合理なものでない限り、これを憲法22条1項の規定に違反するものということはできない❹。

[5]　3　㈠　酒税法は、酒類には酒税を課するものとし（1条）、酒類製造者を納税義務者と規定し（6条1項）、酒類等の製造及び酒類の販売業について免許制を採用している（7条ないし10条）。これは、酒類の消費を担税力の表れであると認め、酒類についていわゆる間接消費税である酒税を課することとするとともに、その賦課徴収に関しては、いわゆる庫出税方式によって酒類製造者にその納税義務を課し、酒類販売業者を介しての代金の回収を通じてその税負担を最終的な担税者である消費者に転嫁するという仕組みによることとし、これに伴い、酒類の製造及び販売業について免許制を採用したものである。酒税法は、酒税の確実な徴収とその税負担の消費者への円滑な転嫁を確保する必要から、このような制度を採用したものと解される❺。

[6]　酒税が、沿革的に見て、国税全体に占める割合が高く、これを確実に徴収する必要性が高い税目であるとともに、酒類の販売代金に占める割合も高率であったことにかんがみると、酒税法が昭和13年法律第48号による改正により、酒税の適正かつ確実な賦課徴収を図るという国家の財政目的のために、このような制度を採用したことは、当初は、その必要性と合理性があったというべきであり、酒税の納税義務者とされた酒類製造者のため、酒類の販売代金の回収を確実にさせることによって消費者への酒税の負担の円滑な転嫁を実現する目的で、これを阻害するおそれのある酒類販売業者を免許制によって酒類の流通過程から排除することとしたのも、酒税の適正かつ確実な賦課徴収を図るという重要な公共の利益のために採ら

❸　[3]は、サラリーマン税金事件判決〔本書5事件〕を引用し、租税立法領域において立法裁量が尊重されるべき旨を指摘する。判解①584頁は、この説示を、「担税者に税負担を転嫁するための仕組み」についても、「課税標準、税率、納税者のいかん」などと同様に裁判所は立法府の判断に敬譲することを示したと指摘する（なお、【5】も参照）。酒税法のような間接税においては、過大転嫁や過少転嫁が生じる可能性が否定できず（消費税増税の場合の価格転嫁の問題を想起せよ）、それを防ぐ仕組みについては、諸々の考慮が必要となるのであって、立法府の政策的・技術的裁量を尊重せざるをえないという理解自体は正当であろう。また、【9】で引用される判例①は源泉徴収制を合憲としたものであるが、その理由を租税徴収方法の法定も租税法律主義の要請であることに求めている。これに対して、判批②32頁は、このような担税者に税負担を転嫁する仕組みとして免許制を採用することについては、「裁判官の能力を超える問題とはいえず、立法部の政策的判断を尊重する必要性はそう強いわけではない」と指摘する。

❹　[4]は、[2]および[3]の検討を経て、「立法府の判断が……著しく不合理なものでないか」という枠組みを示す。この枠組みは、"明白性"に言及しない点で、小売市場事件判決〔本書50事件〕やサラリーマン税金事件判決〔本書5事件〕とも微妙に異なる。多数意見では、これらの判例ほど合憲性の推定が弱められているわけではない（若干厳格な審査をした）と理解する余地もあろう（なお、文献①65頁以下も参照）。この点、判解①583頁は、「審査の対象となっている立法作用の性質上、その立法裁量の幅をどのように見るべきか、換言すれば、右立法作用については立法裁量を広く尊重すべきであるのか否かといった観点から、司法審査基準についての検討を行い」、このような枠組みを導き出したと説く。ここでも、明白の原則か、厳格な合理性の基準かという硬直的な規制目的二分論的思考を回避したいという意図がうかがわれる。

❺　[5]は、酒類販売業に免許制が採用された目的が、酒税法の規定から、「酒税の確実な徴収とその税負担の消費者への円滑な転嫁を確保する必要」（すなわち酒税の保全）にあると認定されている。判批②32頁は、「このような認定方法をとることは、事実上、裁判所が目的審査を放棄し、それに続く手段審査の緩和化へと道を開きうる」と批判する。

❻　[6]の前半では、昭和13年酒税法改正による酒類販売業の免許制の採用の合理性が肯定される。その根拠は、①歴史的に国税全体に占める割合が高かった酒税について、確実な徴収の必要性があったこと、⑪酒類の販売代金に占める酒税の割合も高率だったことに求められる。

❼　[6]の後半では、処分時における立法事実が検討される。社会状況の変化、租税法体系の変遷、酒税の国税全体に占める割合等の相対的な低下といった事情は、特に[6]前半における①の根拠を揺るがす。しかし、それでも、㈠酒税の賦課徴収に関する仕組みが未だ合理性を失うに至っているとはいえないこと、㈡酒税が、酒税の担税力を酒類消費に求める間接消費税たる性質を有すること（[3]参照）、㈢致酔性を有するうえに嗜好品である酒類については、その販売について何らかの規制が行われてもやむをえない性質を有することを指摘し、立法府の判断が著しく不合理とまではいえないとした（園部補足意見、坂上反対意見も参照）。判解①585頁以下は、このうち㈢について、多数意見はここで利益衡量も行っており、被制約利益が小さいことを示したものだと説く（なお、園部補足意見も参照）。これをふまえると[6]では、LRAの審査はされていないものの、規制の適合性のみならず、狭義の比例性も審査しているということになろう。ただし、坂上反対意見（[28]）が、このような立法事実は処分時に存在しないと指摘していることをふまえれば、その審査はかなり緩やかである。

れた合理的な措置であったということができる❻。その後の社会状況の変化と租税法体系の変遷に伴い、酒税の国税全体に占める割合等が相対的に低下するに至った本件処分当時の時点においてもなお、酒類販売業について免許制度を存置しておくことの必要性及び合理性については、議論の余地があることは否定できないとしても、前記のような酒税の賦課徴収に関する仕組みがいまだ合理性を失うに至っているとはいえないと考えられることに加えて、酒税は、本来、消費者にその負担が転嫁されるべき性質の税目であること、酒類の販売業免許制度によって規制されるのが、そもそも、致酔性を有する嗜好品である性質上、販売秩序維持等の観点からもその販売について何らかの規制が行われてもやむを得ないと考えられる商品である酒類の販売の自由にとどまることをも考慮すると、当時においてなお酒類販売業免許制度を存置すべきものとした立法府の判断が、前記のような政策的、技術的な裁量の範囲を逸脱するもので、著しく不合理であるとまでは断定し難い❼。

[7] (二) もっとも、右のような職業選択の自由に対する規制措置については、当該免許制度の下における具体的な免許基準との関係においても、その必要性と合理性が認められるものでなければならないことはいうまでもないところである❽。

[8] そこで、本件処分の理由とされた酒税法10条10号の免許基準について検討するのに、同号は、免許の申請者が破産者で復権を得ていない場合その他その経営の基礎が薄弱であると認められる場合に、酒類販売業の免許を与えないことができる旨を定めるものであって、酒類製造者において酒類販売代金の回収に困難を来すおそれがあると考えられる最も典型的な場合を規定したものということができ、右基準は、酒類の販売免許制度を採用した前記のような立法目的からして合理的なものということができる。また、同号の規定が不明確で行政庁のし意的判断を許すようなものであるとも認め難い。そうすると、酒税法9条、10条10号の規定が、立法府の裁量の範囲を逸脱するもので、著しく不合理であるということはできず、右規定が憲法22条1項に違反するものということはできない❾。

[9] (三) 以上は、当裁判所大法廷判決(最高裁昭和31年(あ)第1071号同37年2月28日判決・刑集16巻2号212頁、同昭和45年(あ)第23号47年11月22日判決・刑集26巻9号586頁、前掲昭和50年4月30日判決、同昭和60年3月27日判決)の趣旨に徴して明らかなところというべきである❿。

[10] 4 以上によれば、この点に関する原審の判断は、結論において正当である。論旨は採用することができない。

[11] また、論旨は、酒税法10条10号以外の免許基準に関する規定が憲法22条1項に違反することをも主張するが、本件処分の適否とはかかわりのない右各号の規定の違憲をいう右主張は、原判決の結論に影響を点をとらえてその違法をいうものにすぎない。論旨は採用することができない⓫。

二 上告代理人水田耕一の上告理由第二点について

[12] 酒類販売業の免許を受けた者の法的地位は、譲渡可能なものではないから、同免許を有する酒類販売業者からその営業を譲り受けてこれを継続しようとする者も、酒類販売業の免許の申請について特別の法的地位を有するものではなく、酒税法9条に基づき新規に免許の申請をしなければならないのであって、右免許の申請があった場合において、税務署長は、酒税法10条各号に規定する要件に該当するときは、免許を与えないことができる。所論は、右酒類販売の営業の譲受者が酒類販売業の免許の申請について特別の法的地位を有するものであることを前提として本件処分の憲法29条1項違反をいうものであって、失当たるを免れない。論旨は採用することができない⓬。

三 上告人の上告理由三の6について

[13] 所論は、本件処分は、専ら既存の酒類販売業者の利益を保護するため、酒類のいわゆる安売り業者である上告人の新規参入を阻止しようとしてされたものであって、違憲、違法であるというが、右は原審の認定に

❽ [7]から[8]では、薬事法事件判決[本書51事件]同様、さらに免許基準の合憲性について検討される。まず、この点が審査されるのは、本件で争われているのが免許拒否処分だったという事情があるからである。その意味で、無許可営業に対する罰則の適用が問題となっていた小売市場事件判決[本書50事件]や無免許の酒販営業に対する罰則の適用が問題となった判例②と区別される(その園部補足意見も参照)。そのうえで、免許基準の審査の厳格さないし密度について、当該免許制度との関係で「必要性と合理性」が審査されることが明らかにされている。しかし、薬事法事件判決[本書51事件]の判断枠組みと比べれば、LRA性は検討されていないし、同判決よりも、坂上反対意見のような批判があってもなお、著しく不合理だとまではいえないとしており、立法事実の検証が緩やかである。なお、園部補足意見の[22]も参照。この緩やかさも、結局、本件免許制が財政目的だと解されていることに起因しており、まず免許制という規制態様に着目するのであれば異なる展開をみせたと思われる(坂上反対意見参照)。

❾ [8]では、[7]の判断枠組みに沿って、免許基準の必要性と合理性が検討される(なお、ここで酒税法10条10号の合憲性のみに議論を限定していることに注意。[11]参照)。そのうえで、酒税法10条10号の許可基準が「酒類製造者において酒類販売代金の回収に困難を来すおそれがあると考えられる最も典型的な場合を規定したもの」と理解され、合理性が認められている。[6]で認定された酒販免許制の目的からすれば、合理性は自明といえる。もっとも、園部補足意見が指摘するように([21])、この合理性は、あくまでも、免許制の目的が[6]のように解される限りにおいて保証されるものであるから、仮にそれ以外の目的でもって免許制を運用しようという場合には、異なる結論になりうる。[8]が規定の明確性に言及するのは、それによって目的外の運用可能性が排除されていることをいうものと解される。なお、判例③は、酒税法10条10号および11号の各要件の文言の抽象性に鑑みて、その要件を「拡大して解釈適用するときは」、「立法目的を逸脱して、事実上既存業者の権益を保護するため新規参入を規制することにつながり」、憲法違反の疑いが生ずると指摘している。立法事実に変化があるのに規制者がこれを漫然と放置している場合や([6]も参照)、認定された規制目的以外での運用がなされていることが、裁判所にとって、相当程度確実に把握できる場合には、違憲となる余地があることになる。

❿ [9]で引用されているのは、小売市場事件判決[本書50事件]、薬事法事件判決[本書51事件]、サラリーマン税金事件判決[本書5事件]のほか、源泉徴収制が合憲とされた判例①である。

⓫ [11]では、酒税法10条10号以外の免許基準に関する規定が違憲だとの主張が本件処分の適否と関わりがないとされ退けられている。ここで主に問題とされているのは、免許拒否事由として、「酒税の保全上酒類の需給の均衡を維持する必要があるため酒類の製造免許又は酒類の販売業免許を与えることが適当でないと認められる場合」を挙げる11号である。実際の免許申請の取扱いにおいては、本号のもとで要綱行政が展開され、新規参入が制限されていた。この点が正面から争われたのが、判例④である。判例④は、本判決を踏襲し、10条11号の規定を合憲としたが、「酒税法10条11号の規定は……同条10号の規定と比べれば、手段として間接的なものであることは否定し難いところであるから、酒類販売業の免許制が職業選択の自由に対する重大な制約であることにかんがみると、同条11号の規定を拡大的に運用することは許されるべきではない」こと、「取扱要領についても、その原則的規定を機械的に適用しさえすれば足りるものではなく、事案に応じて、各種例外的取扱いの採用をも積極的に考慮し、弾力的にこれを運用するよう努めるべき」ことを指摘している(なお、文献① 55頁以下も参照)。

沿わない事実を前提とするものであって、失当である。論旨は採用することができない❸。

四　上告代理人杉山繁二郎、同白井孝一、同清水光康、同増本雅敏、同中村光央の上告理由第三及び上告人の上告理由四、五について

[14]　所論は、本件処分に違法な点はないとした原判決には、違法性判断の基準時に関する法令の解釈適用を誤り、また、酒税法10条10号に規定する要件の存否についての判断を誤った違法があるというのである❹。

[15]　しかし、酒類販売業の免許の申請があった場合に税務署長が免許の許否の処分を行うに当たっては、処分時における事実状態に基づいて免許要件の存否を判断してすべきものであり、所論の主張するように許可申請時ないしその時から2、3か月を経た時点における事実状態に基づいてこれを判断すべきものとする理由はない。また、行政処分の取消しの訴えにおいて、裁判所は、当該処分の違法性の有無を事後的に審査するものであるから、右免許申請に対する拒否処分の違法性の有無の判断は、処分時を基準としてすべきものと解される。

[16]　原審が、これと同旨の見解に立ち、その適法に確定した事実関係の下において、本件処分当時、上告人には酒税法10条10号に規定する事由があったとしてされた本件処分に違法はないと判断したのは、正当として是認することができ、原判決に所論の違法はない。

[17]　論旨は、原判決を正解しないでこれを論難するものであって、採用することができない。

[18]　五　よって、行政事件訴訟法7条、民訴法401条、95条、89条に従い、裁判官園部逸夫の補足意見、裁判官坂上壽夫の反対意見があるほか、裁判官全員一致の意見で、主文のとおり判決する❺。

❷ [12]の上告理由は、上告人は、酒類販売業者からその免許に係る酒類販売業を譲り受けて、その営業を継続する者であるところ、営業譲渡に基づく本件酒販免許申請が拒否されたため、上告人は営業譲渡の目的を達せられない結果となっており、自由な財産権の処分が侵害されているというもの。これに対して[13]は、酒税法は営業譲渡を受けた者も新規に営業を開始する者も区別していないとして欠前提処理している。

❸ [13]は、上告人の上告理由三の6を、原審認定事実に沿わない主張だとして退ける。ちなみに、上告人の上告理由三の6は、被上告人が「既存業者の要望に応じて、安売り業者を封殺し、新規参入者を阻止」しようとしており、その意図のもと、10号の適用にあたって執拗に経営基盤が薄弱である根拠を執拗に探そうとしたのだと主張する。

❹ [14]以下は、原審が違法性判断の基準時を誤っているとの主張を退ける。違法性判断の基準時は処分時だというのが判例・通説であるが、上告人らは、違法性判断の基準時を申請時とするよう主張している。上告人らがこのような主張をしたのは、【事案】にも示したように、上告人の免許申請は、1年ほど受理されず、受理後も3年ほど放置され、不作為の違法確認を訴え上告人が勝訴したのちにようやく処分（しかも免許拒否処分）がなされたという（まったくもって不当な）事情による。しかし、[15]から[17]では、このような主張が退けられている。

❺ [18]は、本判決の結論である。上告が棄却され、原告の請求を棄却した原審判決が確定した。

少数意見

上告代理人遠藤誠、同宮本康昭の各上告理由、同水田耕一の上告理由第一点、同杉山繁二郎、同白井孝一、同清水光康、同増本雅敏、同中村光央の上告理由第一、第二並びに上告人の上告理由一、二及び三の1ないし5についての裁判官園部逸夫の補足意見は、次のとおりである❻。

[19]　私は、租税法の定立については、立法府の政策的、技術的な判断にゆだねるべきところが多く、とりわけ、具体的な税目の設定及びその徴収確保のための法的手段等について、裁判所としては、基本的には、立法府の裁量的判断を尊重せざるを得ないと考えており、このことを基調として、本件上告を棄却すべきであるとする多数意見に同調するものである。ただ、本件の場合、多数意見の説示が、酒税の国税としての重要性を再確認し、現行の酒税法の法的構造とその機能の現状を将来にわたって積極的に支持したものと理解されるようなことがあれば、それは私の本意とは異なるので、以下、その点について、私の意見を述べておきたい。

[20]　沿革的に見て、酒税の国税全体に占める割合が高く、これを確実に徴収する必要性が高い税目であったことは、多数意見の説示するとおりであるが、現在もなお、酒税が国税において右のような地位を占める税目であるかどうか、議論があることは否定できない。また、仮に酒税が国税として重要な税目であるとしても、酒類販売業を現行の免許制（許可制）の下に置くことによってその徴収を確保しなければならないほどに緊要な税目であるかもまた、議論のあるところである。私は、酒類販売業の許可制について、大蔵省の管轄の下に財政目的の見地からこれを維持するには、酒税の国税としての重要性が極めて高いこと及び酒税の確実な徴収の方法として酒類販売業の許可制が必要かつ合理的な規制であることが前提とされなければならないと考える（私は、財政目的による規制は、いわゆる警察的・消極的規制ともその性格を異にする面があり、また、いわゆる社会政策・経済政策的な積極的規制とも異なると考える。一般論として、経済的な規制に対する司法審査の範囲は、規制の目的よりもそれぞれの規制を支える立法事実の確実な把握の可能性によって左右されることが多いと思っている。）。そして、そのような酒税の重要性の判断及び合理的な規制の選択については、立法政策に関与する大蔵省及び立法府の良識ある専門技術的裁量が行使されるべきであると考える。

[21]　他方、酒類販売業の許可制が、許可を受けて実際に酒類の販売に当たっている既存の業者の権益を事実上擁護する役割を果たしていることに対する非難がある。酒税法上の酒類販売業の許可制により、右販売業を税務署長の監督の下に置くという制度は、酒税の徴収確保という財政目的の見地から設けられたものであることは、酒税法の関係規定に照らし明らかであり、右許可制における規制の手段・態様も、その立法目的との関係において、その必要性と合理性を有するものであったことは、多数意見の説示するとおりである。酒

❻ 園部補足意見は、①本件規制は、消極的規制とも積極的規制とも異なる、財政目的の規制であって、立法裁量が尊重されるべきである（[19]および[20]）、②酒販免許制は、立法当時は、財政目的との関連で必要かつ合理的なものであるといえる（[21]）、③確かに、現在では、立法目的の正当性や手段の合理性を支えた立法事実に変化がみられるけれども、なお、目的の正当性や手段の合理性を否定するには至っていない（[22]）、という。園部裁判官は、文献②において、職業選択の自由や財産権を制約する経済規制立法の合憲性について、最も重要なのは、裁判所が立法事実をいかに把握することができるかだと指摘していた。[19][20]にみられる租税立法における立法裁量の尊重や、立法事実の変化に関する言及（[22]）からは、園部裁判官の思考がうかがわれるところであり、このような立法事実の把握に着目することの重要性は、判例①にも指摘されている。もっとも、立法事実の変化がみられること自体は承認しつつも、なお規制の合理性が失われていないと評価するのは、結局のところ、合憲性推定原則が排除できないからであり、そのように考える理由は、財政目的という規制目的に着目しているからである。この点、規制の態様をも視野に入れる坂上反対意見とは異なる。ただし、園部補足意見が「現行の酒税法の法的構造とその機能の現状を将来にわたって積極的に支持したものと理解されるようなことがあれば、それは私の本意とは異なる」([19])とも説示する点は見逃されてならない。これは、将来、立法事実の変化が生じれば、免許制や免許基準が違憲となる可能性を示唆している。さらに、園部補足意見は、免許制や免許基準の合憲性は、それが財政目的からなされている限りにおいて保証されているのであって、その目的から外れた運用や免許拒否処分が行われれば違憲となる可能性があることも指摘している（[21]）。なお、致酔飲料としての酒類の販売規制は、本件の射程外であることに言及する[23]も参照。

税法上の酒類販売業の許可制は、専ら財政目的の見地から維持されるべきものであって、特定の業種の育成保護が消費者ひいては国民の利益の保護にかかわる場合に設けられる、経済上の積極的な公益目的による営業許可制とはその立法目的を異にする。したがって、酒類販売業の許可制に関する規定の運用の過程において、財政目的を右のような経済上の積極的な公益目的と同一視することにより、既存の酒類販売業者の権益の保護という機能をみだりに重視するような行政庁の裁量を容易に許す可能性があるとすれば、それは、酒類販売業の許可制を財政目的以外の目的のために利用するものにほかならず、酒税法の立法目的を明らかに逸脱し、ひいては、職業選択の自由の規制に関する適正な公益目的を欠き、かつ、最小限度の必要性の原則にも反することとなり、憲法22条1項に照らし、違憲のそしりを免れないことになるものといわなければならない。しかしながら、本件は、許可申請者の経済的要件に関する酒税法10条10号の規定の適用が争われている事件であるところ、原審の確定した事実関係から判断する限り、右のような見地に立った裁量権の行使によって本件免許拒否処分がされたと認めることはできないのである。

[22] もっとも、昭和13年法律第48号による酒税法の改正当初において酒類販売業の許可制を定めるに至った酒税の徴収確保の必要性という立法目的の正当性及び右立法目的を達成するための手段の合理性の双方を支えた立法事実が今日においてもそのまま存続しているかどうかが争われている状況の下で、上告人及び上告代理人らの主張するところによれば、右許可制について本来の立法趣旨に沿わない運用がされているというのである。しかし、記録に現れた資料からは、上告人及び上告代理人らの主張に係る酒税行政の現状が現行の許可制自体の欠陥に由来するものであるとして、右許可制に関する規定の全体を直ちに違憲と判断すべきものとするには足りないといわざるを得ないのである。

[23] 酒類販売業の許可制一般の問題は、酒税及びその徴収の確保の重要性の有無と酒類販売業における自由競争の原理との経済的な相関関係によって決定されるべきものである。致酔飲料としての酒類の販売には、警察的な見地からの規制が必要であることはいうまでもないが、これは、酒税法による規制の直接かかわる事項ではないことを、付言しておきたい。

上告代理人遠藤誠、同宮本康昭の各上告理由、同水田耕一の上告理由第一点、同杉山繁二郎、同白井孝一、同清水光康、同増本雅敏、同中村光央の上告理由第一、第二並びに上告人の上告理由一、二及び三の1ないし5についての裁判官坂上壽夫の反対意見は、次のとおりである⓱。

[24] 私は、酒税法9条が憲法22条1項に違反するということはできないとする多数意見に賛成することができない。

[25] 私は、許可制による職業の規制は、職業の自由に対する強力な制限であるから、その合憲性を肯定し得るためには、原則として、それが重要な公共の利益のために必要かつ合理的な措置であることを要するというべきであり、租税の適正かつ確実な賦課徴収を図るという国家の財政目的のための許可制による職業の規制についても、その必要性と合理性についての立法府の判断は、合理的裁量の範囲にとどまることを要し、立法府の判断が政策的、技術的な裁量の範囲を逸脱するものでないかどうかで、裁判所は、その合憲性を判断すべきものと考える。そして、私は、右の合理的裁量の範囲については、多数意見が引用する職業の自由についての大法廷判決が説示するとおり、「事の性質上おのずから広狭がありうるのであって、裁判所は、具体的な規制の目的、対象、方法等の性質と内容に照らし

て、これを決すべきもの」であって、国家の財政目的のためであるとはいっても、許可制による職業の規制については、事の軽重、緊要性、それによって得られる効果等を勘案して、その必要性と合理性を判断すべきものと考える。

[26] 酒税法は、第1章において、酒類には酒税を課することを定め（1条）、その納税義務者を酒類の製造者又は酒類を保税地域から引き取る者（後者の酒類引取者は例外的な場合であるので、以下には酒類製造者のみについて論を進める。）と定めている（6条）。そして、第2章以下において、酒類の製造免許及び酒類の販売業免許等についての規定を置いている。酒税法の右のような構成をみると、酒税の賦課、徴収について直接かかわりがあるのは第1章の規定であって、酒類の製造や酒類販売業を免許制にしている第2章の各規定は、主として酒税の確保に万全を期するための制度的な支えを手当てしたものと解される。

[27] 酒類製造者に対して、いわゆる庫出税方式による納税義務を課すという酒税法の課税方式は、正に立法府の政策的、技術的な判断にゆだねるべき領域であるというべきであろうし、かかる課税方式の下においては、酒類製造者を免許制の下に置くことは、重要な公共の利益のために必要かつ合理的な措置ということができよう。しかし、酒税の確保を図るため、酒類製造者がその販売した商品の代金を円滑に回収し得るように、酒類販売業までを免許制にしなければならない理由は、それほど強くないように思われる。販売代金の回収は、本来酒類製造者が自己の責任において、取引先の選択や、取引条件、特に代金の決済条件を工夫することによって対処すべきものである。また、わが国においても、昭和13年にこの制度が導入されるまでは、免許制は酒類製造についてのみ採られていたものであり、揮発油税等の他の間接税の場合に、販売業について免許制を採った例を知らないのである。

[28] もっとも、この制度が導入された当時においては、酒税が国税全体に占める割合が高く、また酒類の販売代金に占める酒税の割合も大きかったことは、多数意見の説示するとおりであるし、当時の厳しい財政事情の下に、税収確保の見地からこのような制度を採用したことは、それなりの必要性と合理性があったということもできよう。しかし、その後40年近くを経過し、酒税の国税全体に占める割合が相対的に低下するに至ったという事情があり、社会経済状態にも大きな変動があった本件処分時において（今日においては、立法時との状況のかい離はより大きくなっている。）、税収確保上は多少の効果があるとしても、このような制度をなお維持すべき必要性と合理性が存したといえるであろうか。むしろ、酒類販売業の免許制度の採用の前後において、酒税の滞納率に顕著な差異が認められないことからすれば、私には、憲法22条1項の職業選択の自由を制約してまで酒類販売業の免許（許可）制を維持することが必要であるとも、合理的であるとも思われない。そして、職業選択の自由を尊重して酒類販売業の免許（許可）制を廃することが、酒類製造者、酒類消費者のいずれに対しても、取引先選択の機会の拡大にみちを開くものであり、特に、意欲的な新規参入者が酒類販売に加わることによって、酒類消費者が享受し得る利便、経済的利益は甚だ大きいものであろうことに思いを致すと、酒類販売業を免許（許可）制にしていることの弊害は看過できないものであるといわなければならない。

[29] 本件のような規制措置の合憲性の判断に際しては、立法府の政策的、技術的な裁量を尊重すべきであるのは裁判所の持つべき態度であるが、そのことを基本としつつ、酒類販売業を免許（許可）制にしている立法府の判断は合理的裁量の範囲を逸脱していると

⓱ 坂上反対意見は、酒税法9条1項の免許制そのものが違憲だという。その際、坂上反対意見は、本件の免許制がたとえ財政目的からなされていても、許可制である以上、立法府の裁量は、事の性質上おのずから広狭がありうるのであって、「事の軽重、緊要性、それによって得られる効果等を勘案して、その必要性と合理性を判断すべき」だという。（[25]）。これは、多数意見が財政目的であることを強調し、立法裁量を尊重しようとしたのとは異なっている。もっとも、薬事法事件判決〔本書51事件〕の判断枠組みを踏襲しつつも、比較衡量の枠組みが用いられている点が興味深い。このような判断枠組みのもとで、坂上反対意見は、①酒販免許制は、酒税の賦課徴収そのものではなく、それを万全に期するための制度的支えを定めたものとして理解される（[26]）、②酒税の確保を万全に期するために、酒販業を免許制にする必要性はそれほど強くなく、現に他の間接税ではそのような規制は採用されていない（[27]）、③立法時と違って、処分時においては、酒税の国税に占める比重は低下し、税収確保上の効果はそこまで高くなく、免許制を採用する必要性や合理性が失われている（[28]）、④酒販免許制の廃止によって、酒販業者や酒類消費者の受ける便益は大きい（[28]）として、酒税法9条1項を違憲だとした。

結論せざるを得ないのであり、私は、酒税法9条は、憲法22条1項に違背するものと考える。各上告趣旨は、この点において理由がある。よって、本件免許拒否処分を取消した第一審判決は、結論において維持すべきものであるから、酒税法9条を合憲とする前提に立ち第一審判決を取り消して上告人の請求を棄却した原判決は、これを破棄し、被上告人の控訴を棄却すべきである。
（裁判長裁判官　坂上壽夫　裁判官　貞家克己　裁判官　園部逸夫　裁判官　佐藤庄市郎　裁判官　可部恒雄）

補足説明　立法事実と審査密度

立法事実とは、法律の立法目的や立法目的達成の手段の合理性を裏付け支える社会的・経済的・文化的な一般事実であり、「法律が合憲であるためには、その法律の背後にあってそれを支えている……一般事実の存在と、その事実の妥当性が認められなければならない」（芦部［6版］383頁）。

立法事実の存在や妥当性については、立法者も立法にあたって検証している（はず）であり、そうでなければ法律の合憲性はいかなる意味でも保証されない。このような立法事実は、公益を脅かす行為の存在や性質、公益侵害の程度、両者の因果関係、規制が及ぼす影響、代替手段の存在可能性など多岐にわたる。立法者は、このような立法事実を検討したうえで、具体的な法律を制定する。

他方で、裁判所の違憲審査においても、法律の合憲性が争われている以上、かかる立法事実の存在や妥当性が検証されなければならない。このような裁判所による立法事実の審査に関連して二つの問題がある。

第1に、裁判所が立法事実を検証するとして、それをどのように行うかが問題になる。当事者が立法事実に係る資料を用意してくれたり、事実審の間に主張立証が行われたりすればまだよい。しかし、そうでない場合もあるだろう。また、立法時と裁判時では、立法事実に変化が生じていることもある。さらに、わが国の場合、立法者が立法過程においてどのような立法事実を検討したのかがわかりにくいことも多い。このような立法事実の検出方法の問題について、判例も学説も、一定の包括的な方法論を提示するまでには至っていない（佐藤665頁）。

第2に、当事者が法律の違憲性を主張すれば、どのような場合であっても、裁判所は立法者の検討を全面的に見直す（言い換えればやり直す）べきかも問題になる。当事者が法律の違憲性を主張している以上、そうするのが適切だというのが、直観的な理解かもしれないが、そうではない。まず、裁判所および裁判官は、立法者とは異なって、民主的正統性を有していない。また、官僚や有権者とのやり取りを通じて様々な情報を手に入れることができるのは、やはり、立法者である。さらに、基本的には（もっぱら）当事者の主張に耳を傾け、法に従って紛争を解決すべき裁判と、議論を通じて多様な民意の収斂を図る立法とでは、本来的な任務の性質も異なる。したがって、立法者の立法事実の評価に対して、裁判所が積極的に踏み込むべき場合とそうすべきでない場合とがあると考えられる。これが、審査の厳格度とか審査密度といわれる論点である（宍戸［2版］64頁以下参照）。

この審査密度に関する論点は、立法裁量の問題と重なる部分が多く、審査密度は、裁判所が様々な事情を考慮しながら決めるという考え方があるだろう。そのような事情には、立法事実の入手可能性だけでなく、問題となっている規制をどれだけ国民が支持しているか、違憲判決を出した場合に裁判所を取り巻く政治状況にどのような影響を与えるかなども含まれうるが、違憲審査に政治性がつきものである以上、このような考慮が必要とされることは否定できない。しかし、この考え方の一番の問題は、このような裁判所の考慮が恣意的になされる場合が排除できないことにある（尊属殺人事件判決〔本書4事件〕の【補足説明】もみよ）。このような危険を排除するためには、裁判所の考慮が適切になされているかをチェックするための一定の客観的な準則を打ち立てる必要があるのではないか。二重の基準や規制目的二分論、許可制への着目といった学説の議論には、このような目論見もある。

Questions

①事実関係の確認

問1 酒税法は酒類販売業にどのような制約を課しているか。その理由は何か。▶【事案】【参考条文】【5】

問2 酒税法が酒類販売業の免許制を採用していることにつき、どのような批判があったか。▶【事案】、上告理由、坂上反対意見

問3 原告は、どのような訴訟を提起したか。そのような訴訟形態を選択した理由は何か。▶第一審判決（東京地判昭54・4・12民集46-9-2963）、【事案】

問4 被告は、原告の免許申請に対して、どのように応対しているか。その理由は何か。▶【事案】

②判決の内容の確認

問5 多数意見の判断枠組みが小売市場事件判決〔本書50事件〕や薬事法事件判決〔本書51事件〕と異なるところはあるか。あるとして、それはなぜだと考えられるか。▶【2】～【4】、【20】【21】

問6 多数意見の判断枠組みに対して、どのような批判が可能か。▶【2】～【4】、【25】～【27】

問7 多数意見は、本件免許制が合憲だと判断するにあたって、立法目的、免許制の目的適合性、狭義の比例性などをどのように審査しているか。▶【5】～【7】、判解①

問8 多数意見は、本件免許制を支える立法事実につき、いつの時点のものを検討しているか。▶【6】

問9 多数意見は立法事実を実質的に審査したといえるか。▶【6】、園部補足意見、坂上反対意見

問10 多数意見が免許拒否事由の審査を行ったのはいかなる理由からか。▶【事案】、【7】【8】、判例②

問11 多数意見が免許拒否事由を合憲だとするのは、いかなる理由からか。▶【8】

問12 多数意見によれば、仮に免許の交付の実務が、既存業者の保護や致酔性飲料たる酒類の販売による健康被害の防止といった観点から行われた場合、どのような評価を

受けることになると考えられるか。▶【8】、園部補足意見、判例①〜④

③応用問題

問13 特に免許制という規制態様に着目した場合に、どのような判断枠組みが妥当であると考えられるか。これに対して、どのような反論が可能か。▶坂上反対意見、判批②、判批③、文献③

問14 本件判断枠組みを前提とした場合、立法事実にどのような変化が生じれば、本件免許制や免許拒否事由が違憲となると考えられるか。▶【5】〜【8】、園部補足意見、文献②

問15 酒税法10条11号の合憲性を検討しなさい。▶文献①、判例①〜④

○ **関連判例**（本書所収以外のもの）

最大判昭和37年2月28日刑集16巻2号212頁［源泉徴収制度合憲判決］（判例①）
最判平成10年3月24日刑集52巻2号150頁（判例②）
最判平成10年7月3日判時1652号43頁（判例③）
最判平成10年7月16日判時1652号52頁（判例④）

○ **本判決の調査官解説**

綿引万里子「判解」最高裁判所判例解説民事篇平成4年度569頁（判解①）

○ **その他の判例解説・判例批評**

宮原均「判批」憲法判例百選Ⅰ［第6版］（2013年）210頁（判批①）
米沢幸一「判批」ジュリスト1023号（1993年）29頁（判批②）
長谷部恭男「判批」法学協会雑誌111巻9号（1994年）1417頁
松本哲治「判批」平成10年度重要判例解説（1999年）16頁（判批③）

○ **参考文献**

宍戸常寿『憲法 解釈論の応用と展開［第2版］』（日本評論社、2014年）（文献①）
園部逸夫「経済規制立法に関する違憲審査基準」芦部信喜先生古稀祝賀『現代立憲主義の展開（下）』（有斐閣、1993年）187頁以下（文献②）
佐藤幸治「職業選択の自由規制と司法審査」芝池義一ほか編『租税行政と権利保護』（ミネルヴァ書房、1995年）357頁以下（文献③）

第17章 財産権

I 財産権制約の有無

1 判例の展開①

(1) 森林法共有林事件以前　伝統的な憲法学の体系において、財産権は、職業の自由とともに、経済的自由権を構成する権利であるとされてきた。一般に、自由権制約立法の合憲性を判断する際には、権利制約の有無と権利制約の可否の二つの法律構成を区別する必要がある。しかし、森林法共有林事件（後述）を除く財産権事案において、判例は、この二つの法律構成の区別を重視していない。

森林法共有林事件以前において、財産権制約の有無と可否の区別を重視しない判例の代表といえるのが、**奈良県ため池条例事件判決**〔本書53事件〕である。同事件は、一方で、同条例が「財産上の権利」に対して「著しい制限を加える」ものであるが、それは「公共の福祉のため」の制約であり許されると判示する（制約の可否）。他方、判旨は、同条例の禁止する「堤とうの使用行為」が「ため池の破損、決かいの原因となる」ため、「憲法、民法の保障する財産権の行使の埓外にある」とも判示する（制約の有無）。同事件は、権利制約の有無と可否の二つの法律構成が、実質的には同じものであり、両者を区別する必要はないと考えていたと理解することができる。

(2) 森林法共有林事件　ところが、**森林法共有林事件判決**〔本書55事件〕は、「分割請求権を共有者に否定することは、憲法上、財産権の制限に該当し、かかる制限を設ける立法は、憲法29条2項にいう公共の福祉に適合することを要するものと解すべき」と説示し、権利制約の有無と可否の二つの法律構成を区別した。森林法共有林事件が二つの法律構成を区別したことで、いかなる場合に財産権の制約が存在するのかという問題が、前景に現れることになる。

森林法共有林事件以前には、財産権制約は、法律に基づいて個人が取得した既得権が制限された場合にのみ存するとの理解が、実務上有力であった（宍戸達徳「判解」最判解民昭和53年度344頁）。ところが、財産権制約が生じるのは既得権制限の場合のみであるという理解からは、同事件を説明することができない。森林法による分割請求権の制限は、上告人が当該森林を取得する以前から存在しており、同事件の上告人に既得の財産的利益への損害は生じていない。それにもかかわらず、最高裁は、自由な分割請求権が財産権の原形として憲法上保障されているとの理解を前提に、森林法の規定が財産権を制約すると判示したのである（長谷部恭男編『リーディングス 現代の憲法』（日本評論社、1995年）138頁以下〔安念潤司〕）。

2 学説の状況

森林法共有林事件を受けて、学説は、民法上の制度である自由な分割請求権が憲法上の保護を受けるとされる理由を説明するために、財産権の保障構造についての様々な理論を提示した。

森林法共有林事件を読み解く理論の中でも最も代表的なものは、法制度保障論である。法制度保障論は、単独所有という法制度が憲法上特別な保護を受けているとの議論によって、同事件を説明する。すなわち、近代的所有権の基礎にある一物一権主義の概念が日本の民法典制定者によって採用され、共有物分割請求権は共同所有が単独所有へと復帰できることを担保するという重要な役割を担うことになった。同事件は、共有森林の分割請求権の否定によって一物一権主義が事実上骨抜きにされてしまう可能性が生じることをふまえて、本件が憲法上の財産権の制限にあたると明示し、立法を厳格に規制したものである（LS憲法研究会編『プロセス演習 憲法［第4版］』（信山社、2011年）291頁以下〔石川健治〕）。

他方、ベースライン論も、森林法共有林事件を説明する理論として著名である。ベースライン論は、社会で共有されている制度イメージが、法律家集団における共通了解を通じて、財産権理解のベースラインを形成すると説明する。同事件は、所有権制度についての法律家共同体の共通了解として憲法の想定するベースラインが単独所有であるという前提に立って、当該ベースラインから逸脱する立法は憲法上の財産権を制限するものであり、その制限に際しては、少なくとも明白性の基準をクリアすることを要求する権利を国民に認めたものである（長谷部恭男『憲法の理性［増補新装版］』（東京大学出版会、2016年）128頁以下）。

3 判例の展開②──森林法共有林事件以後

このように、森林法共有林事件を受けて、財産権を制約することの意味を探究する様々な学説が展開された。しかし、同事件以後の判例は、それ以前の判例と同様に、財産権制約の有無と可否という二つの法律構成の区別を重視しない。このような判例の立場を代表するのが、**証券取引法164条事件判決**〔本書56事件〕である。同事件は、証券取引法164条がそもそも財産権を制限しているのかどうかについて明示的に判断することなく、財産権の制限が公共の福祉に適合するものとして許されるかという点のみを検討している。

現在、財産権制約事案において先例性を有するのは、森林法共有林事件ではなく証券取引法164条事件である。財産権制約事案については、財産権の制約の有無と可否の区別を重視しないというのが、現在の判例の立場である。

II 財産権制約の可否

1 学説の状況

財産権制約の公共の福祉適合性はどのように判断されるか。従来の通説は、財産権が職業の自由とともに経済的自由権を構成する権利であり、職業の自由における規制目的二分論が財産権の審査基準としても妥当すると理解していた。しかし、森林法共有林事件の登場によって、従来の通説の理解が動揺することになる。

森林法共有林事件は、森林法の立法目的について、「森林経営の安定」や「国民経済の発展」といった要素を列挙し、規制目的の積極性を示唆する。しかし、同事件は、消極目的について比較的厳格な審査を行ったと理解できる薬事法事件〔本書51事件〕を引用し、違憲の結論を導く。そのため、森林法共有林事件を規制目的二分論から説明するのは難しい。では、財産権において規制目的二分論が妥当しないとすると、財産権制限の可否はどのように判断されることになるのか。

2 判例の展開

(1) 問題の所在 財産権制約事案における合憲性判断基準を考えるうえで参照されるべき主要な先例は、前述してきた森林法共有林事件、証券取引法164条事件および**国有農地売払特措法事件**〔本書54事件〕である。この三つの判決を理解するためには、第1に、森林法共有林事件と証券取引法164条事件両判決の判旨は何が異なり、近時の最高裁が財産権事案の先例として証券取引法164条事件判決のみを引用するのはなぜか、第2に、国有農地売払特措法事件が、森林法共有林事件・証券取引法164条事件とは区別された事案類型を構成し、後二者とは異なる審査基準の採用を要求しているのか、という2点を検討する必要がある（詳細は、射程153頁以下〔村山健太郎〕参照）。

(2) 森林法共有林事件と証券取引法164条事件
森林法共有林事件と証券取引法164条事件両判決の合憲性判断基準の定立部分を比較すると、森林法共有林事件において存在していた立法裁量への言及が、証券取引法164条事件判決では消滅していることに気づく。したがって、判断基準定立部分の判示を重視した場合、森林法共有林事件判決が立法裁量逸脱濫用審査を採用していたのに対して、証券取引法164条事件においては判断代置型審査が適用された、との読み方が可能になる（大石和彦「財産権制約をめぐる近時の最高裁判決における違憲審査基準について」慶應法学13号（2009年）139頁）。他方、調査官は、「その〔証券取引法164条事件の〕基本的な立場は、森林法事件判決のそれと実質的に異なるものではない」（杉原則彦「判解」最判解民集昭和14年度193頁）と考え、両事件は、ともに、立法裁量の存在を考慮した違憲審査を行っているとする。

以上のように、両事件の異同をめぐっては議論の対立が激しく、通説と呼べる理解は存在しない。もっとも、両事件の異同について、以下のような説明が可能かもしれない。すなわち、確かに、証券取引法164条事件判決も、森林法共有林事件と同様に、立法裁量の存在を前提とした判断を行っている。しかしながら、両事件では、判旨の論理構造全体の中で立法裁量という要素の果たす役割が異なっている。

確かに、証券取引法164条事件判決においても、立法裁量は一定の役割を果たしている。すなわち、判旨は、証券取引市場が「国民経済上重要な役割を果たしている」ことを強調し、証券取引法が「経済政策に基づく目的を達成するためのものと解することができる」と説示する。このような説示は、証券取引法の基礎にある立法事実の司法的把握可能性が低く、その制定に際して広汎な立法裁量が存在することを示唆する。

しかし、問題は、証券取引法164条事件判決において、「国民経済」や「経済政策」に言及し立法裁量の広汎性を示唆する議論が、判断基準定立部分ではなく、判断基準適用部分の中で、展開されている点にある。この点、森林法共有林事件判決は、判断基準定立部分において、立法裁量の存在に言及していた。同事件において、立法裁量は、違憲審査の基準、すなわち問題解決の基本的な方向性を決定する要因として、重視されていたのである。これに対して、証券取引法164条事件は、判断基準定立部分では立法裁量に言及せず、判断基準適用部分において、総合衡量の基礎となる多様な事情の中の一つの考慮要素として、立法裁量の存在を示唆する。

このように、森林法共有林事件判決は違憲審査基準を上下させる要因として立法裁量に言及していたが、証券取引法164条事件は総合衡量の一つの要素として立法裁量の存在を考慮している。近時の最高裁が森林法共有林事件ではなく証券取引法164条事件のみを引用するのは、立法裁量を審査基準の厳格度の決定要因とする森林法共有林事件の立場が忘却され、それを総合衡量の一つの要素として位置づける理解が優勢となっているからであると思われる。

(3) 国有農地売払特措法事件と森林法共有林事件・証券取引法164条事件 国有農地売払特措法事件と森林法共有林事件・証券取引法164条事件の関係について、有力な学説は、国有農地売払特措法事件が、森林法共有林事件・証券取引法164条事件とは区別された類型の問題についての考察を含んでいると考える。すなわち、財産権の内容形成の統制が問題となった後二者とは異なり、国有農地売払特措法事件においては既得の財産的権利の制限の問題が重要であったとされる（渡辺康行ほか『憲法I』（日本評論社、2016年）344-358頁〔宍戸常寿〕）。このような事案類型の区別をする実質的意義は、既得権としての具体性が成熟した財産権の制限が問題となる場合に、厳しい審査基準を導入するところにある。では、判例は財産権内容形成事案と既得権制限事案とを類型的に区別しているのであろうか。

おそらく、国有農地売払特措法事件の多数意見は、既得の財産的権利の存在を、総合衡量を通じて合憲の結論を導く際に乗り越えなければならない一つの要素として考慮してはいる。しかし、判旨は、権利の既得性が違憲審査基準を上下させる要因になるとは考えない。すなわち、既得権の存在は、一応の事案の区別要素ではあるが、審査基準の厳格度と問題解決の方向性を決定する最も重要な要因ではない。

まず、国有農地売払特措法事件は、特措法の客観的合理性を判断する基準とは別に、既得権制限の可否を判断する基準を定立していない。すなわち、同事件は、特措法の客観的合理性を評価する一つの考慮要素として、本件財産権の既得性に言及する。このように、同事件は、既得権の存在を理由に審査基準の厳格度を上下させるのではなく、それを総合衡量の際の一つの要素に位置づける。

次に、既得の財産的権利利益の存在が、審査基準の厳格度と事案解決の方向性を決定する要素として重視されているのであれば、国有農地売払特措法事件の被引用状況が完全には説明できない。既得の財産的権利利益の保障が問題となる事案としては、証券取引法42条の2事件（最判平15・4・18民集57-4-366）や租税特別措置法遡及事件（最判平23・9・22民集65-6-2756）が挙げられる。両者は、ともに、既得権制限事案として考察されるべき問題を含んでいる。しかし、証券取引法42条の2事件においては、証券取引法164条事件が先例として引用され、租税特別措置法遡及事件においては国有農地売払特措法事件が引用された。仮に、内容形成統制事案と既得権制限事案の類型区分が審査基準の厳格度を決する要因として重要なのであれば、証券取引法42条の2事件においても国有農地売払特措法事件が引用されなければならなかったはずである。

このように、国有農地売払特措法事件は違憲審査基準を上下させる要因として財産的権利の既得性に言及しているわけではない。それは、総合衡量の一つの要素として既得権の存在を考慮する。総合衡量の際、既得権の存在をめぐる考察が重要な比重を占める場合には国有農地売払特措法事件が先例として引用されるが、その他の要素が重視される場合には証券取引法164条事件が引用されることになる。

53 奈良県ため池条例事件

最高裁昭和38年6月26日大法廷判決　昭和36年(あ)第2623号：ため池の保全に関する条例違反被告事件　刑集17巻5号521頁

事案

昭和29年制定の奈良県「ため池の保全に関する条例」（以下「本条例」という）は、「ため池の破損、決かい等に因る災害を未然に防止するため、ため池の管理に関し必要な事項を定めることを目的」（1条）として、「ため池の余水吐の溢流水の流去に障害となる行為」（4条1号）、「ため池の堤とうに竹木若しくは農作物を植え、又は建物その他の工作物（ため池の保全上必要な工作物を除く。）を設置する行為」（同条2号）、「前各号に掲げるものの外、ため池の破損又は決かいの原因となる行為」（同条3号）を禁止するとともに、「第4条の規定に違反した者は、3万円以下の罰金に処する」（9条）とする。被告人ら在住の農民たちは、県内のため池の堤とうにおいて、父祖の代から引き続いて農作物を耕作してきたが、本条例の施行によって、同堤とう上での耕作を禁止された。しかし、被告人らは、本条例施行後も同堤とう上での耕作を続けたため、本条例4条2号、9条に基づいて起訴された。

第一審（葛城簡判昭35・10・4刑集17-5-572）は、被告人らに罰金3000～12000円を科した。これに対して、原審（大阪高判昭36・7・13判時276-33）は、①「私有財産権の内容に規制を加えるには、……法律によらなければならない」ので、条例による規制は憲法29条2項に違反する、②「私有財産を公共のために用いるには、正当な補償をすべき」なので、損失補償を規定しない本条例は同条3項に違反すると判断し、本条例を違憲として無罪を言い渡した。そこで、検察官は、①②について、憲法判断の誤りがあるとして、上告した。

■参考条文（事件当時のもの）

ため池の保全に関する条例（昭和29年奈良県条例第38号）

第1条　この条例は、ため池の破損、決かい等に因る災害を未然に防止するため、ため池の管理に関し必要な事項を定めることを目的とする。

第2条　この条例において、次の各号に掲げる用語の意義は、当該各号に定めるところによる。
(1) ため池　かんがいの用に供する貯水池であつて、えん堤の高さが3メートル以上のもの又は受益農地面積が1町歩以上のものをいう。
(2) 管理者　ため池の管理について権原を有する者をいう。但し、ため池の管理について権原を有する者が二人以上あるときは、その代表者をいう。

第4条　何人も、次の各号の一に該当する行為をしてはならない。
(1) ため池の余水吐の溢流水の流去に障害となる行為
(2) ため池の堤とうに竹木若しくは農作物を植え、又は建物その他の工作物（ため池の保全上必要な工作物を除く。）を設置する行為
(3) 前各号に掲げるものの外、ため池の破損又は決かいの原因となる行為

第9条　第4条の規定に違反した者は、3万円以下の罰金に処する。

地方自治法

第2条
2　普通地方公共団体は、その公共事務及び法律又はこれに基く政令により普通地方公共団体に属するものの外、その区域内におけるその他の行政事務で国の事務に属しないものを処理する。

3　前項の事務を例示すると、概ね次の通りである。但し、法律又はこれに基く政令に特別の定があるときは、この限りでない。
(1) 地方公共の秩序を維持し、住民及び滞在者の安全、健康及び福祉を保持すること。
(2) 公園、運動場、広場、緑地、道路、橋梁、河川、運河、溜池、用排水路、堤防等を設置し若しくは管理し、又はこれらを使用する権利を規制すること。
(8) 防犯、防災、罹災者の救護等を行うこと。
(18) 法律の定めるところにより、建築物の構造、設備、敷地及び周密度、空地地区、住居、商業、工業その他住民の業態に基く地域等に関し制限を設けること。
(19) 法律の定めるところにより、地方公共の目的のために動産及び不動産を使用又は収用すること。

第14条　普通地方公共団体は、法令に違反しない限りにおいて第2条第2項の事務に関し、条例を制定することができる。
2　普通地方公共団体は、行政事務の処理に関しては、法令に特別の定があるものを除く外、条例でこれを定めなければならない。
5　普通地方公共団体は、法令に特別の定があるものを除く外、その条例中に、条例に違反した者に対し、2年以下の懲役若しくは禁錮、10万円以下の罰金、拘留、科料又は没収の刑を科する旨の規定を設けることができる。

Navigator

本判決は、条例論および損失補償論において、著名である。第1に、憲法29条2項の「法律」に条例が含まれるかという解釈論との関係で、本判決が条例による財産権の制限の可否について何らかの説示を行っているのかが問題となる。第2に、本判決は、財産権の制限に際しての損失補償の要否についてどのように説示しているのかが問題となる。もっとも、本判決の多数意見の立場はいずれの論点についても明瞭さを欠いており、それが両論点について何らかの確定的な立場を表明していると理解することは難しい。

第1の条例による財産権制限の可否について、本判決は、ある部分では、「ため池の堤とうの使用」が財産権として保護されることを前提として、その制限が公共の福祉に適合するかを論じる。しかし、別の部分では、「ため池の堤とうの使用」がそもそも財産権として保護されないと説示する。前者の論旨を強調すれば、本判決は、条例による財産権の制限が可能であるとの立場を表明したことになるが、後者の説示を重視すれば、本判決は条例による財産権制限の可否については判断していないということになる。本判決は、両者の論理を明示的に区別しようとしない。

第2の財産権制限に際しての損失補償の要否についても、本判決の論旨は不明確である。本判決は、結論として、損失補償を不要とした。仮に、本判決において「ため池の堤とうの使用」が財産権として保護されるとの立場が採用されているとすれば、本判決は財産権を制限する場合の損失補償の要否の基準についてのリーディング・ケースになる。しかし、「ため池の堤とうの使用」が財産権として保護されないという理解を前提にすると、本判決で損失補償が不要とされたのは財産権制限がそもそも存在しなかったからにすぎないということになる。

■判決の論理構造

	「堤とうの使用」が財産権の保護範囲内	「堤とうの使用」が財産権の保護範囲外
条例による財産権制限の可否	判断あり（条例による制限も可能）	判断なし
財産権制限の際の損失補償の要否の基準	判断あり（一般的受忍限度内か否か）	判断なし

判　決

○　主　文

原判決を破棄する。
本件を大阪高等裁判所に差し戻す。

○　理　由

大阪高等検察庁検事長代理次席検事田辺光夫の上告趣意について。

【1】一　先ず、本条例制定の趣旨および本件において問題となっている本条例の条項の法意を考えてみるに、記録によると、奈良県においては、13,000に余まるかんがいの用に供する貯水池が存在しているが、県下ならびに他府県下における貯水池の破損、決かい等による災害の事例に徴し、その災害が単に所有者にとどまらず、一般住民および滞在者の生命、財産にまで多大の損傷を及ぼすものであることにかんがみ、且つ、貯水池の破損、決かいの原因調査による科学的根拠に基づき、本条例を制定公布したものであることを認めることができる❶。そして、本条例は、「ため池の破損、決かい等に因る災害を未然に防止するため、ため池の管理に関し必要な事項を定めることを目的」（1条）とし、本条例においてため池とは、「かんがいの用に供する貯水池であって、えん堤の高さが3米以上のもの又は受益農地面積が1町歩以上のものをいう」（2条1号）とされているところ、本条例4条においては、右1条の目的を達成するため、右2条のため池に関し、何人も「ため池の余水はきの溢流水の流去に障害となる行為」（1号）、「ため池の堤とうに竹木若しくは農作物を植え、又は建物その他の工作物（ため池の保全上必要な工作物を除く。）を設置する行為」（2号）、「前各号に掲げるものの外、ため池の破損又は決かいの原因となる行為」（3号）をしてはならないとすると共に、同9条においては、右「第4条の規定に違反した者は、3万円以下の罰金に処する」ものとしている❷。すなわち、本条例4条は、ため池の破損、決かい等による災害を防止し、地方公共の秩序を維持し、住民および滞在者の安全を保持するために、ため池に関し、ため池の破損、決かいの原因となるような同条所定の行為をすることを禁止し、これに違反した者は同9条により処罰することとしたものであつて、結局本条例は、奈良県が地方公共団体の条例制定権に基づき、公共の福祉を保持するため、いわゆる行政事務条例として地方自治法2条2項、14条1項、2項、5項により制定したものであることが認められる❸。また、本条例3条によれば、国または地方公共団体が管理するため池には同5条ないし8条は適用しないが、しからざるため池には、ひろく本条例が適用されることとなっているから、本条例は、地方自治法2条3項1号、2号の事務に関するものと認められるところ、原判決の認定したところによれば、本件唐古池と称するため池は、周囲の堤とう6反4畝28歩と共に、登記簿上は、奈良県磯城郡田原本町大字唐古居住の松川富雄、上島武雄両名の所有名義となっているが、実質上は、同大字居住農家の共有ないし総有とみるべきもので、その貯水は、同大字の耕地のかんがいの用に供され、受益農地面積は、30町歩以上に及び、その管理は、同大字の総代が当っているもので、周囲の堤とうは、同大字居住者約27名において、父祖の代から引き続いて竹、果樹、茶の木その他農作物の栽培に使用し、被告人らもまた同様であつたが、本条例の施行により、被告人らを除く他の者は、任意に栽培を中止したことが認められるというのである❹。しからば本件ため池は、国または地方公共団体が自ら管理するものでないことが明らかであるから、本条例は、本件に関する限り、地方自治法2条3項1号の事務に関するものであり、また、ため池の破

❶【1】は、事実の概要を説明したうえで、本条例の憲法上の問題点を説明する。第1文は、奈良県において、本条例が制定されるに至った経緯を述べる。その要旨は、第1に、ため池の破損による被害が単に所有者だけでなく一般住民の生命・財産にまで多大な損害をもたらすものである点、第2に、本条例の制定には、「貯水池の破損、決かいの原因調査による科学的根拠」による裏づけがある点である。

❷【1】の第2文は、本件に関わる条例の条文を確認する。そこでは、1条（条例の目的）、2条1号（条例の規制対象である「ため池」の定義）、4条（条例が禁止する行為）、9条（4条において禁止される行為を行った者に対する罰則）が引用される。

❸【1】の第3文から第5文は、本条例の地自法上の地位を確認する。第3文は、本条例を行政事務条例に分類する。当時の地自法2条は、自治体事務を、①固有事務、⑪団体委任事務、⑩行政事務に分類していた。行政事務は、「終局的には一般住民の福祉を目的とするものであるが、公共事務のように積極的に住民の福祉を図るのではなく、消極的に住民の福祉を妨げるようなものを排除することを目的とし、したがって、その手段として、行政主体が権力的に住民に臨み、その公権力をもって、住民の権利を制限し、自由を制限するような内容をもつ事務を指す」（文献①40頁）。

❹【1】の第4文は、第5文において本条例の地自法上の根拠条文を確定するために、本件ため池等の所有・管理状況を確認する（国等が管理する場合には本条例の適用がない）。すなわち、本件ため池とその堤とうは、周辺の農家の「共有ないし総有」となっており、大字の総代が管理にあたっていた。そして、被告人らは、同所において、相当の資本を投下して、農作物の栽培等を行ってきた。

損、決かい等による災害の防止を目的としているから、同法2条3項8号の事務に関するものである（原判決が、本件に関し、本条例を同法2条3項2号の事務に関するものとし、これを前提として本条例の違憲、違法をいう点は、前提において誤っている。）❺。なお、本条例4条各号は、同条所定の行為をすることを禁止するものであって、直接には不作為を命ずる規定であるが、同条2号は、ため池の堤とうの使用に関し制限を加えているから、ため池の堤とうを使用する財産上の権利を有する者に対しては、その使用を殆んど全面的に禁止することとなり、同条項は、結局右財産上の権利に著しい制限を加えるものであるといわなければならない❻。

[2]　しかし、その制限の内容たるや、立法者が科学的根拠に基づき、ため池の破損、決かいを招く原因となるものと判断した、ため池の堤とうに竹木若しくは農作物を植え、または建物その他の工作物（ため池の保全上必要な工作物を除く）を設置する行為を禁止することであり、そして、このような禁止規定の設けられた所以のものは、本条例1条にも示されているとおり、ため池の破損、決かい等による災害を未然に防止するにあると認められることは、すでに説示したとおりであって、本条例4条2号の禁止規定は、堤とうを使用する財産上の権利を有する者であると否とを問わず、何人に対しても適用される❼。ただ、ため池の提とうを使用する財産上の権利を有する者は、本条例1条の示す目的のため、その財産権の行使を殆んど全面的に禁止されることになるが、それは災害を未然に防止するという社会生活上の已むを得ない必要から来ることであって、ため池の提とうを使用する財産上の権利を有する者は何人も、公共の福祉のため、当然これを受忍しなければならない責務を負うというべきである❽。すなわち、ため池の破損、決かいの原因となるため池の堤とうの使用行為は、憲法でも、民法でも適法な財産権の行使として保障されていないものであって、憲法、民法の保障する財産権の行使の埒外にあるものというべく、従って、これらの行為を条例をもって禁止、処罰しても憲法および法律に牴触またはこれを逸脱するものとはいえないし、また右条項に規定するような事項を、既に規定していると認むべき法令は存在していないのであるから、これを条例で定めたからといつて、違憲または違法の点は認められない。更に本条例9条は罰則を定めているが、それが憲法31条に違反するものでないことは、当裁判所の判例（昭和31年（あ）第4289号、同37年5月30日大法廷判決、刑集16巻5号577頁）の趣旨とするところである❾。

[3]　なお、事柄によっては、特定または若干の地方公共団体の特殊な事情により、国において法律で一律に定めることが困難または不適当なことがあり、その地方公共団体ごとに、その条例で定めることが、容易且つ適切なことがある。本件のような、ため池の保全の問題は、まさにこの場合に該当するというべきである❿。

[4]　それ故、本条例は、憲法29条2項に違反して条例をもっては規定し得ない事項を規定したものではなく、これと異なる判断をした原判決は、憲法の右条項の解釈を誤った違法があるといわなければならない⓫。

[5]　二　次に、原判決は、条例をもって権利の行使を強制的に制限または停止するについては、権利者の損失を補償すべきであるにかかわらず、本件において補償を与えた形跡が存在しないことも本条例を被告人らに適用し難い一理由としているのであるが、さきに説示したとおり、本条例は、災害を防止し公共の福祉を保持するためのものであり、その4条2号は、ため池の堤とうを使用する財産上の権利の行使を著しく制限するものではあるが、結局それは、災害を防止し公共の福祉を保持する上に社会生活上已むを得ないものであり、そのような制約は、ため池の堤とうを使用し得る財産権を有する者が当然受忍しなければならない責務というべきものであって、憲法29条3項の損失補償はこれを必要としないと解するのが相当である。この点に関する原判決の判断は、前提において誤っているのみならず、結局憲法29条3項の解釈を誤った違法あるを免れない⓬。

[6]　三　以上の次第で、原判決は、憲法29条2項、3項の解釈を誤り、これを前提として本条例4条、9条は、被告人らにその効力は及ばないとして被告人らを無罪としたものであって、失当たるを免れず、これらの点に関する論旨は結局理由あるに帰し、原判決はこれを破棄し、本件はこれを原審に差し戻すべきものである⓭。

❺【1】の第5文は、本条例が地自法2条3項1号および8号（防災目的の規制）の事務に関するものであり、2号（溜池等を使用する権利の規制）の事務に関するものではないとする。当時の地自法解釈上、「特定の行政目的実現のための条例の制定の結果、間接的に財産権の制約が行われること」は容認されるが、条例による「直接〔の〕財産権の侵害はなし得ない」とされていた（文献①121頁）。そのため、地自法2条3項2号は「地方公共団体に管理権のない本件の如き私有の溜池に適用のない」（河村意見）ものであると解されており、多数意見も、本件ため池の規制根拠を、2号ではなく8号に求めた。

❻【1】の第6文は、本条例は直接には「不作為」を命じる規定であるが、ため池の堤とうの使用をほとんど全面的に禁止する点において、財産権に「著しい制限を加えるものである」と結論づける。

❼【2】は、本条例が憲法29条に違反しないとされる理由を説明する。第1文は、ⓘ本条例の目的が「災害を未然に防止する」もの（消極目的）であること、ⓘⓘ本条例が、「堤とうを使用する財産上の権利を有する者であると否とを問わず、何人に対しても適用される」ことを指摘する。ⓘⓘⓘの考慮要素は、本判決が条例制定者に敬譲する根拠になっている。ⓘⓘの記述は、高辻正巳が提唱した財産権内容規制と内容中立規制の区分の影響を受けたものである（文献②6-7頁、判批①219頁）。

❽【2】の第2文は、「堤とうの使用」が財産権として保護されることを前提に、本条例によって「財産権の行使」が「全面的に禁止」されることになるが、かかる制限も「公共の福祉」に合致するものであるから、被告人は本条例による財産権の制限を受忍しなければならないとする。

❾【2】の第3文は、「ため池の堤とうの使用行為」が、「憲法でも、民法でも適法な財産権の行使として保障されていない」がゆえに、本条例は憲法に違反しないと説明する。そもそも「堤とうの使用」は財産権として保護されていないので、それを制限しても憲法上問題はないというのである。第2文と第3文とが、「すなわち」という接続詞で結ばれていることから考えると、本判決は、第2文が問題とした財産権の存否の問題と、第3文で議論されている財産権制限の可否の問題を、論理的に区別していない。

❿【3】は傍論であり、条例による財産権制限が憲法29条2項に違反しない要件として、「地方公共団体の特殊な事情」の存在を挙げる。しかし、この要件だけでは、「法律的理由付けとしては、不十分」であると評される（判解①86頁）。

⓫【4】は、本条例が憲法29条2項に違反しないという結論を述べる。

⓬【5】は、憲法29条3項による損失補償の要否の判断基準を定立し、それを適用する。ⓘ立法目的およびⓘⓘ権利制限の重大性を考慮要素として、ⓘⓘⓘ「財産権を有する者が当然受忍しなければならない責務」と評価できるかによって、損失補償の要否は決せられることになる。本件では、ⓘⓘ権利制限は重大だが、ⓘ災害防止という消極目的規制であるため、一般的受忍限度を超えた特別な犠牲は存在しないとされた。しかし、本判決が、消極目的規制でありさえすれば重大な財産権制約に対する損失補償すら必要ないと判断したという理解には批判も強い。学説上は、本条例が財産権の内容中立規制であるとされた点や（判批②217頁）、本条例がそもそも財産権を制限していないと理解できる点（判批③530頁）を損失補償否定の理由として重視する理解も有力である。

⓭【6】では、本条例が憲法29条2項・3項に違反しないという結論が述べられる。

【7】 よって、刑訴410条1項本文、405条1号、413条により、主文のとおり判決する。
【8】 この判決は、裁判官入江俊郎、同垂水克己、同奥野健一の補足意見および裁判官河村大助、同山田作之助、同横田正俊の少数意見あるほか、裁判官全員一致の意見によるものである。
〔少数意見については割愛する〕
（裁判長裁判官　横田喜三郎　裁判官　河村又介　裁判官　入江俊郎　裁判官　池田　克　裁判官　垂水克己　裁判官　河村大助　裁判官　下飯坂潤夫　裁判官　奥野健一　裁判官　高木常七　裁判官　石坂修一　裁判官　山田作之助　裁判官　五鬼上堅磐　裁判官　横田正俊　裁判官　斎藤朔郎）

Questions

①事実関係の確認

問1 本条例の立法目的は何か。▶【事案】【参考条文】【1】

問2 本条例4条、9条は何を規定しているか。▶【事案】【参考条文】【1】

問3 被告人らを含むため池の実質的所有者は、本条例の施行前に、本件ため池でどのような活動を営んできたか。条例の制定によって、被告人らの活動には、どのような変化が生じたか。▶【事案】【1】

問4 第一審および原審はどのような判断をしたか。▶【事案】

②判決の内容の確認

問5 検察官の上告理由はどのようなものであったか。▶【事案】

問6 本判決によれば、ため池とその堤とうの所有者・管理者は誰か。▶【1】

問7 本判決は、本条例の何条が、いかなる点において、財産上の権利に著しい制限を加えるものであるとしているか。▶【1】

問8 本判決は、制限の内容・目的について、どのように説示しているか。▶【2】

問9 本判決は、本条例4条2号が誰に対して適用されるとしているか。▶【2】

問10 本判決は、ため池の堤とうを使用する財産上の権利を有する者が、どのような責務を負うとしているか。▶【2】

問11 本判決は、ため池の破損、決かいの原因となるため池の使用行為について、どのように評価しているか。▶【2】

問12 本判決は、どのような場合に、地方公共団体が条例を定めることが適切であるとしているか。▶【3】

問13 本判決は、財産権の補償の要否を決定する考慮要素として、どのようなものを提示しているか。▶【5】

問14 本判決は、財産権の補償の要否を決定する際に、本件におけるどのような具体的事情を重視したか。▶【5】

③応用問題

問15 河川附近地制限令は、河川附近地の形状の変更等を禁止する。従来河川附近地に指定されていなかった土地において、賃借料の支払、労務者の雇入れなど資本を投下して砂利を採取していた者が、当該土地が河川附近地に指定された結果として砂利採取事業を継続できなくなった場合、憲法上、補償は必要か。▶判例①

○ **関連判例**（本書所収以外のもの）
最判昭和43年11月27日刑集22巻12号1402頁〔河川附近地制限令事件〕（判例①）

○ **本判決の調査官解説**
藤井一雄「判解」最高裁判所判例解説刑事篇昭和38年度78頁（判解①）

○ **その他の判例解説・判例批評**
村山健太郎「判批」憲法判例百選Ⅰ［第6版］（2013年）218頁（判批①）
石川健治「判批」憲法判例百選Ⅰ［第5版］（2007年）216頁（判批②）
大橋洋一「判批」行政判例百選Ⅱ［第6版］（2012年）529頁（判批③）

○ **参考文献**
長野士郎『新版 逐条地方自治法［第6次改訂版］』（学陽書房、1962年）（文献①）
高辻正巳「財産権についての一考察」自治研究38巻4号（1962年）3頁（文献②）

54 国有農地売払特措法事件

最高裁昭和53年7月12日大法廷判決

昭和48年（行ツ）第24号：国有財産買受申込拒否処分取消請求事件
民集32巻5号946頁

事案

改正前農地法80条1項は、農林大臣は、その管理する土地等を自作農の創設等の目的に供しないことが相当であると認めたときは、農林大臣がこれを売り払うことができると定めていた。そして、同条2項は、売払価格を買収の対価相当額としていた。

X（原告、控訴人、上告人）は愛知県稲沢市所在の畑329平方メートル（以下「本件土地」という）を所有していたが、昭和22年12月2日、これが自作農創設特別措置法に基づいて買収された。国は本件土地の売渡処分をしないままこれを所有していたが、その間、本件土地を含む一帯について都市計画法による土地区画整理事業が施行され、本件土地は宅地となった。昭和43年1月23日、Xは農地法80条に基づいて本件土地の売払いの申込みをしたが、国（被告、被控訴人、被上告人）はこれを拒否した。そこでXは、本件土地の買受申込みに対する国の売払い拒否処分の取消しを求めるとともに、国に本件土地の売払義務が存在することの確認を求めた。

第一審（名古屋地判昭46・1・29民集32-5-974）は、国の売払い拒否処分には処分性がないとして、Xの行政処分取消請求を不適法却下した。他方、売払義務の確認請求については、土地の旧所有者の売請求権は農林大臣の認定によって初めて生じるものであるところ、本件においては当該認定がなされていないため、国に売払義務は存在しないとして、これを棄却した。

ところで、第一審判決の直前、最高裁（最大判昭46・1・20民集25-1-1）は、買収農地について自作農創設等の目的に供しないことを相当とする事実が客観的に生じた場合には、農林大臣がこれを相当と認定するか否かにかかわりなく、直ちに当該農地の旧所有者は国に対して農地法80条に定める買収の対価相当額をもってその農地の売払いを求める権利を取得する、との判決を下した。同判決の結果、Xのような旧地主は、極めて低廉な土地買収額で、市価の高騰した土地の売払いを受けられることになった。しかし、昭和46年4月26日、「国有農地の売払いに関する特別措置法」（以下「国有農地売払特措法」という）が制定され、売払いは適正な価格によることになり、その価格は政令で時価の7割相当額にまで引き上げられてしまった。

原審（名古屋高判昭47・11・30高民集25-4-414）において、Xは訴えを変更し、Yに対して、本件土地を買収対価相当額で売り払うことを求めた。原審は、Xの売払請求権と国の売払義務の存在は肯定したが、買収対価相当額による売払請求については、その請求を棄却した。

Xは、①国有農地売払特措法と施行令が時価の7割を売払対価として定めたことは買収対価相当額で買収地売払いを求めることができるというXの財産権を侵害するので29条に違反する、②同特措法の施行前に売払いを受けた者と施行日以後に売払いを受けた者との間で差別的な取扱いがなされており憲法14条に違反する、などと主張して上告した。

■参考条文（事件当時のもの）

農地法
第80条　農林大臣は、第78条第1項の規定により管理する土地、立木、工作物又は権利について、政令で定めるところにより、自作農の創設又は土地の農業上の利用の増進の目的に供しないことを相当と認めたときは、省令で定めるところにより、これを売り払い、又はその所管換若しくは所属替をすることができる。

2　農林大臣は、前項の規定により売り払い、又は所管換若しくは所属替をすることができる土地、立木、工作物又は権利が第9条、第14条又は第44条の規定により買収したものであるときは、政令で定める場合を除き、その土地、立木、工作物又は権利を、その買収前の所有者又はその一般承継人に売り払わなければならない。この場合の売払いの対価は、その買収の対価に相当する額（耕地整理組合費、土地区割整理組合費その他省令で定める費用を国が負担したときは、その額をその買収の対価に加算した額）とする。

国有農地等の売払いに関する特別措置法
第2条　農地法第80条第2項の規定により土地、立木、工作物又は権利（以下「土地等」という。）を売り払う場合におけるその売払いの対価は、適正な価額によるものとし、政令で定めるところにより算出した額とする。

附則第2項　この法律は、この法律の施行の日以後に農地法第80条第2項の規定により売払いを受けた土地について適用する。

国有農地等の売払いに関する特別措置法施行令
第1条　国有農地等の売払いに関する特別措置法（以下「法」という。）第2条の売払いの対価は、その売払いに係る土地等（法第2条の土地等をいう。以下同じ。）の時価に10分の7を乗じて算出するものとする。ただし、その算定方法により算出される額が、その売払いに係る土地等の買収の対価に相当する額（その売払いに係る土地につき、国が耕地整理組合費、土地区画整理組合費その他農林省令で定める費用を負担したときは、その額にその費用に相当する額を加算して得た額とする。以下この項において同じ。）に満たない場合には、その買収の対価に相当する額によるものとする。

2　前項の売払いに係る土地等の時価は、取引の実例価格、需給の状況、位置及び形状等を考慮し、その土地等を適正に評価することを旨として農林大臣が大蔵大臣に協議して定める基準により、判定するものとする。

Navigator

本判決においては、「法律でいったん定められた財産権の内容を事後の法律で変更」した場合について、その「変更が公共の福祉に適合するようにされたものであるかどうか」が問題とされた。まず、本判決によれば、事後法による財産権の内容変更の合憲性は、①従前の法律に基づく財産権の性質、②財産権の内容変更の程度、③変更によって保護される公益の性質などを総合的に勘案し、その変更が当該財産権に対する合理的な制約といえるかに基づいて判断される。そして、本判決は、国有農地売払特措法の客観的合理性と本件既得権侵害の許容性を順次検討し、同特措法が29条に違反しないとした。

近時の有力な学説は、本判決が、森林法共有林事件〔本書55事件〕や証券取引法164条事件〔本書56事件〕とは区別された類型の問題についての考察を含んでいると考える。すなわち、財産権の内容形成の統制が問題となった後二者とは異なり、本判決においては既得の財産的権利の制限の問題が重要であったとされる。本判決を読む際には、判例が実際に財産権内容形成事案と既得権制限事案を類型的に区別しているのかに注意する必要がある。

判　決

○　主　　文

本件上告を棄却する。
上告費用は上告人の負担とする。

○　理　　由

上告人の上告理由第一点について

[1]　国有農地等の売払いに関する特別措置法（以下「特別措置法」という。）附則2項によれば、同法はその施行日以後に売払いを受ける買収農地について適用されるものであるから、同法の施行日前に自作農の創設又は土地の農業上の利用の増進の目的に供しないこと（以下「自作農の創設等の目的に供しないこと」という。）を相当とする事実が生じた買収農地であっても、同法の施行日前に売払いを受けたものでない限り、その適用を受けることになることは明らかである。そして、上告人が同法の施行日前に売払いを受けた者でないことは、原審の適法に確定するところである。原判決に所論の違法はなく、論旨は、採用することができない❶。

同第二点について

[2]　所論は、要するに、特別措置法2条、同法附則2項及び同法施行令1条は、昭和46年法律第50号による改正前の農地法（以下「改正前の農地法」という。）80条に基づいて買収前の農地の所有者又はその一般承継人（以下「旧所有者」という。）が有していた、買収の対価に相当する額で買収農地の売払いを求めうるという民事上の財産権を侵害する点において、憲法29条に違反するものであり、また、既に売払いを受けた者と売払いを受けていない者とを売払いの対価の点で差別して取り扱うものであるから、憲法14条に違反する、ということに帰する❷。

一　憲法29条違反の主張について

[3]　憲法29条1項は、「財産権は、これを侵してはならない。」と規定しているが、同条2項は、「財産権の内容は、公共の福祉に適合するやうに、法律でこれを定める。」と規定している。したがって、法律でいったん定められた財産権の内容を事後の法律で変更しても、それが公共の福祉に適合するようにされたものである限り、これをもって違憲の立法ということができないことは明らかである。そして、右の変更が公共の福祉に適合するようにされたものであるかどうかは、いったん定められた法律に基づく財産権の性質、その内容を変更する程度、及びこれを変更することによって保護される公益の性質などを総合的に勘案し、その変更が当該財産権に対する合理的な制約として容認されるべきものであるかどうかによって、判断すべきである❸。

[4]　本件についてこれをみると、改正前の農地法80条によれば、国が買収によって取得し農林大臣が管理する農地について、自作農の創設等の目的に供しないことを相当とする事実が生じた場合には、当該農地の旧所有者は国に対して同条2項後段に定める買収の対価相当額をもってその農地の売払いを求める権利を取得するものと解するのが相当である（最高裁昭和42年（行ツ）第52号同46年1月20日大法廷判決・民集25巻1号1頁参照）。ところで、昭和46年4月26日公布され同年5月25日施行された特別措置法は、その附則4項において、右農地法80条2項後段を削り、その2条において、売払いの対価は適正な価額によるものとし、政令で定めるところにより算出した額とする旨を規定し、これを承けて、特別措置法施行令1条1項は、同法2条の売払いの対価はその売払いに係る土地等の時価に10分の7を乗じて算出するものとする旨を定め、更に同法附則2項は、同法はその施行の日以後に農地法80条2項の規定により売払いを受けた

❶　[1]は、国有農地売払特措法がXにも適用されることを確認する。同法附則2項によれば、同法施行日前に自作農の創設等の目的に供しないことを相当とする事実が生じた買収農地でも、同法の施行日以後に売払いを受けた農地に対しては同法が適用されるからである。Xは、上告理由の第一点において、最大判昭46・1・20民集25-1-1が黙示的に売払価格を買収対価相当額に固定したと主張したが、本判決はこれを否定した。

❷　[2]は、上告人の憲法上の主張を整理する。上告人は、憲法29条違反（買収対価相当額で買収農地売払いを求めることができるという財産権の侵害）と同14条違反（国有農地売払特措法施行前に売払いを受けた者と施行日以後に売払いを受けた者の間での差別的取扱い）を主張した（29条違反の主張について、判解①330頁参照）。[3]から[11]が29条違反の有無について、[12]が14条違反の有無について説示する。

❸　[3]は、財産権の内容を事後の法律で変更しても、公共の福祉に適合する限り、違憲にはならないとしたうえで、事後法による財産権の内容変更の憲法29条適合性を判断する基準を定立する。ここでは、「当該財産権を現実に具体的に享有している個人がいる場合においてその財産権の内容の変更が公共の福祉に適合するようにされたものであるかどうか」が問題とされている（判解①344頁）。本判決によれば、①従来の財産権の性質、②財産権の内容変更の程度、③内容変更が実現する公益の性質の総合衡量を通じて、内容変更の合理性が審査されることになる。その判断基準は、事案の特徴に由来する若干の相違はみられるものの、「29条2項適合性一般の審査に用いられている判断基準と比べると、挙示された考慮事項の内容面では異ならないもの」となっている（判批①221頁）。

❹　[4]では、本件に関連する先例と法令を概観し、財産権の内容を事後の法律が変更するものであるか否かが検討されている。[4]の引用する最高裁判決は、買収農地について自作農創設等の目的に供しないことを相当とする事実が客観的に生じた場合には、農林大臣がこれを相当と認定するか否かにかかわらず、直ちに当該農地の旧所有者は国に対して農地法80条に定める買収の対価相当額をもってその農地の売払いを求める権利を取得する、と判示した。同判決の結果、Xのような旧地主は、極めて低廉な土地買収額で、市価の高騰した土地の売払いを受けられることになった。しかし、

土地等について適用する旨を規定している。したがつて、特別措置法2条、同法施行令1条、同法附則2項は、旧所有者が農地法80条2項により国に対し買収農地の売払いを求める場合の売払いの対価を、買収の対価相当額から当該土地の時価の7割に相当する額に変更したものであることは明らかである❹。

[5] そこで、以下、右のような売払いの対価の変更が権利の性質等前述した観点からみて旧所有者の売払いを求める権利に対する合理的な制約として容認されるべきものであるかどうかについて、判断する❺。

[6] 思うに、本件農地の買収について適用された自作農創設特別措置法（以下「自創法」という。）は、主として自作農を創設することにより、農業生産力の発展と農村における前近代的な地主的農地所有関係の解消を図ることを目的とするものである（同法1条参照）から、自創法によつていったん国に買収された農地が、その後の事情の変化により、自作農の創設等の目的に供しないことを相当とするようになつたとしても、その買収が本来すべきでなかつたものになるわけではなく、また、右買収農地が正当な補償の下に国の所有となつたものである以上、当然これを旧所有者に返還しなければならないこととなるものでないことも明らかである。しかし、もともと、自創法に基づく農地の買収は前記のように自作農の創設による農業生産力の発展等を目的としてされるものであるから、買収農地が自作農の創設等の目的に供しないことを相当とする事実が生じたときは旧所有者に買収農地を回復する権利を与えることが立法政策上うべきものとして、その趣旨で農地法80条の買収農地売払制度が設けられたものと解される（前掲大法廷判決参照）❻。

[7] そこで、買収農地売払いの対価の点について考えると、買収農地売払制度が右のようなものである以上、その対価は、当然に買収の対価に相当する額でなければならないものではなく、その額をいかに定めるかは、右に述べた農地買収制度及び買収農地売払制度の趣旨・目的のほか、これらの制度の基礎をなす社会・経済全般の事情等を考慮して決定されるべき立法政策上の問題であつて、昭和27年に制定された改正前の農地法80条2項後段が売払いの対価を買収の対価相当額と定めたのは、農地買収制度の施行後さほど時を経ず、また、地価もさほど騰貴していなかつた当時の情勢にかんがみ妥当であるとされたからにすぎない❼。

[8] ところで、農地法施行後における社会的・経済的事情の変化は当初の予想をはるかに超えるものがあり、特に地価の騰貴、なかんずく都市及びその周辺におけるそれが著しいことは公知の事実である。このような事態が生じたのちに、買収の対価相当額で売払いを求める旧所有者の権利をそのまま認めておくとすれば、一般の土地取引の場合に比較してあまりにも均衡を失し、社会経済秩序に好ましくない影響を及ぼすものであることは明らかであり、しかも国有財産は適正な対価で処分されるべきものである（財政法9条1項参照）から、現に地価が著しく騰貴したのちにおいて売払いの対価を買収の対価相当額のままとすることは極めて不合理であり適正を欠くといわざるをえないのである。のみならず、右のような事情の変化が生じたのちにおいてもなお、買収の対価相当額での売払いを認めておくことは、その騰貴による利益のすべてを旧所有者に収得させる結果をきたし、一般国民の納得を得がたい不合理なものとなつたというべきである。他方、改正前の農地法80条による旧所有者の権利になんらの配慮を払わないことも、また、妥当とはいえない。特別措置法及び同法施行令が売払いの対価を時価そのものではなくその7割相当額に変更したことは、前記の社会経済秩序の保持及び国有財産の処分の適正という公益上の要請と旧所有者の前述の権利との調和を図つたものであり旧所有者の権利に対する合理的な制約として容認されるべき性質のものであつて、公共の福祉に適合するものといわなければならない❽。

[9] このように特別措置法による売払いの対価の変更は公共の福祉に適合するものであるが、同法の施行前において既に自作農の創設等の目的に供しないことを相当とする事実の生じていた農地について国に対し売払いを求める旨の申込みをしていた旧所有者は、特別措置法施行の結果、時価の7割相当額の対価でなければ売払いを受けることができなくなり、その限度で買収の対価相当額で売払いを受ける権利が害されることになることは、否定することができない。しかしながら、右の権利は当該農地について既に成立した売買契約に基づく権利ではなくて、その契約が成立するためには更に国の売

昭和46年4月26日、国有農地売払特措法が制定され、売払いは適正な価格によることとされ、その価格は政令で時価の7割にまで高められてしまった。このような経緯から、Xは、「農地法……の下での『現に有する具体的な財産上の権利』としての買収の対価で売払いを求める権利……を一度は有していたのに、それが特措法……により侵害されていること」になるのである（文献①157頁）。

❺ [5]から[9]は、売払対価の変更が旧所有者の売払請求権への合理的な制約といえるかを検討する。[6]から[8]は国有農地売払特措法の客観的合理性、[9]は既得権侵害の許容性を問題にする。

❻ [6]から[8]は、国有農地売払特措法の客観的合理性、すなわち、「特別措置法による買収農地の売払いの対価の変更が……憲法29条に関する一般論の見地からみて合憲といえるかどうかについて検討」するものである（判解①348頁）。まず、[6]では、農地買収制度および買収農地売払制度の趣旨・目的が論じられている。

[6]は、自作農創設特別措置法における農地買収の目的を農村等の近代化に求めたうえで、国にはそもそも買収農地の返還義務はないとする。そして、本判決は、農地法80条の買収農地売払制度は立法政策上の制度であると論じている。[6]の趣旨は、「旧所有者の売払いを求める権利自体、立法政策によって与えられた弱い権利」であるというところにある（判解①348頁）。判決当時の学説状況としては、「農地法80条の農地売払制度の法的性質について、それが憲法上の要請であるとする見解もないわけではない……が、立法政策として設けられたとみるのが通説的見解」であった。「本判決は……、売払制度が『立法政策上妥当なもの』であるとして、基本的には立法政策説に立ちながらも、財産権を重視して売払制度自体に好意的見解を示している」ものである（判批②25頁）。

❼ [7]は、[6]に引き続いて、国有農地売払特措法の客観的合理性を検討しており、特に買収農地売払における対価がいかにして定められるべきかを論じている。[7]の趣旨は、「買収農地売払いの対価は当然に買収の対価に相当する額でなければならないものではなく、その額は社会・経済全般の事情を考慮して決定されるべき立法政策上の問題である」というところにある（判解①348頁）。

❽ [8]は、[7]に引き続いて、国有農地売払特措法の客観的合理性を検討しており、ここでは特に、同法が売払いの対価を時価ではなく時価の7割相当額に変更したことの合理性が検討されている。[8]の趣旨は、「地価が著しく騰貴した都市周辺の土地を買収の対価相当額である坪当たり約2円60銭で売り払うことの極端な不合理性、時価の数万分の一あるいは数十万分の一とも思われる異常に低い価格で都市周辺の土地を売り払うことによって生ずる社会経済秩序に対する悪影響……、国有財産は適正な価格で処分されなければならないという国有財産法上の要請、時価そのものではなく時価の7割相当額に変更したという財産権の内容の変更の程度、……などを総合すれば、売払いの対価を買収の対価相当額から時価の7割相当額に変更しても、それは旧所有者の権利に内在する合理的な制約として憲法上是認することができるとするもの」である（判解①349頁）。[8]の論旨に対しては、「売払価格を変更した特別措置法の合憲性の問題に関しては肯定されるが、しかし、特別措置法施行時において既に売払いの申込みをしていた旧所有者の権利の制限を肯定する論理としては不十分である」との批判がある（判批②26頁）。本判決も、次の[9]において、「旧所有者の権利の制限を肯定する論理」を補足する。

❾ [9]は、本件における既得権侵害の許容性を問題にする。本判決は、売払請求権が国の売払いの意思表示を必要とするような権利であること、売払請求権の制限といってもそれは売払請求権自体を剥奪するものではな

いの意思表示又はこれに代わる裁判を必要とするような権利なのであり、その権利が害されるといつても、それは売払いを求める権利自体が剥奪されるようなものではなく、権利の内容である売払いの対価が旧所有者の不利益に変更されるにとどまるものであつて、前述のとおり右変更が公共の福祉に適合するものと認められる以上、右の程度に権利が害されることは憲法上当然容認されるものといわなければならない❾。

[10] なお、論旨は、特別措置法2条にいわゆる適正な価額は、買収の対価相当額に年5分の法定利息を付した額又は農林大臣の認定義務が生じた時期における当該土地の農地価格によるべき旨を主張するのであるが、前述した買収農地売払制度の趣旨及び農地法施行後における地価の著しい騰貴の事実にかんがみると、同条にいう適正な価額を右のように解すべき理由はない❿。

[11] 以上の次第であつて、特別措置法2条、同法附則2項及び同法施行令1条は、なんら憲法29条に違反するものではなく、論旨は、採用することができない⓫。

二　憲法14条違反の主張について

[12] 憲法14条は、もとより合理的理由のある差別的な取扱いまでをも禁止するものではないから、特別措置法の立法に前述のような合理的理由がある以上、たとえ前記のように国に対して当該買収農地の売払いを求める権利を取得した者について、同法の施行日前に売払いを受けた場合と同法の施行日以後に売払いを受ける場合との間において差別的な取扱いがされることになるとしても、これをもつて違憲であるとすることができないことは明らかである。論旨は、採用することができない⓬。

同第三点について

[13] 所論のうち事実誤認をいう点は、原判決に所論の違法がなく、また、その余の点に関する原審の判断は、正当として是認することができ、原判決に所論の違法はない。論旨は、いずれも採用することができない⓭。

[14] よつて、行政事件訴訟法7条、民訴法396条、384条、95条、89条に従い、裁判官岸上康夫の補足意見、裁判官高辻正己、同環昌一、同藤崎萬里の各意見があるほか、裁判官全員一致の意見で、主文のとおり判決する。

いこと、すなわち権利自体の剥奪ではなく権利内容の不利益変更にとどまることを指摘し、国有農地売払特措法が客観的に「公共の福祉に適合するものである趣旨」が、「農地について旧所有者が国に対して売払いを求める意思表示をしていた場合についても、妥当する」としている（判解①349頁）。【9】は、【3】で定立された判断基準を適用する際の一つの考慮要素として、財産権の既得性について言及する。本判決では、既得権の存在を理由に審査基準の厳格度が上下するという論理構成は採用されておらず、既得権の存在は総合衡量の際の一つの要素として考慮されている（文献③159頁）。

❿ 【10】は、国有農地売払特措法の解釈として、同法2条の「適正な価格」が買収対価相当額または農地価格に基づくものであるとする上告人の主張を否定する。

⓫ 【11】は、結論を述べる。国有農地売払特措法および施行令は憲法29条に違反しない。なお、調査官によれば、「本判決は、……もとより同〔憲法29〕条3項……を等閑に付したものでない」。「本判決は、補償を要しない財産権の内容の変更であるかどうかは、当該財産権の性質、その内容を変更する程度、その変更によって保護される公益など当該財産権の内容の変更をあらゆる角度から検討して」決せられる（判解①352頁）。

⓬ 【12】は、憲法14条違反についての上告人の主張を否定する。14条審査においては区別の合理性の有無が合憲性の判断基準とされているが、そこでは憲法29条審査の結論がそのまま援用されており、14条独自の検討は加えられていない。

⓭ 【13】は、上告人の事実誤認の主張を含むその他の主張を排斥する。

少数意見

裁判官岸上康夫の補足意見は、次のとおりである⓮。

[15] わたくしは多数意見の結論及び理由に全面的に同調するものであるが、多数意見の理由に対する高辻裁判官の意見に関連してわたくしの考えるところを若干述べておきたい。

[16] 同裁判官はその意見（以下「高辻意見」という。）の四において、㈠自作農の創設等の目的に供しないことを相当とする事実の生じた買収農地の旧所有者が特別措置法の施行前に国に対しその農地の売払いを求める旨の申込みをした場合には、そのことによって直ちに、国において当該旧所有者に対しその農地の売払いをなすべき義務を履行しその売払いを応諾する意思表示をなすべき拘束を受ける、という法律関係が国との間に設定されるから、その必然の結果として旧所有者は改正前の農地法80条2項に定める買収の対価相当額でその農地の買受けを実現し経済上の利益を収受することになるのであり、このように、既に国との間に設定されている個別の法律関係に事後に制定された法律を適用してその権利者の財産的利益を害することは、財産権の不可侵を定める憲法29条1項の問題であつて、これを財産権の内容は公共の福祉に適合するように法律で定めることができる旨を規定する憲法29条2項の問題としてとらえることは誤りであるのに、多数意見はこの両者の性質上の区別を識別せず、後者の問題における公共の福祉に適合するとされる理由をもつて前者における財産的利益の侵害を相当とする理由としている、と指摘され、また、更に、㈡多数意見の立場に立てば、社会政策上の一般的見地を主眼として考慮される公共の福祉に適合するのである限り、個人の財産的利益を害することも常に是認されることになりかねないが、このような個人の財産的利益に対する侵害を当該個人に甘受させるについては、それを相当とするような公益上の必要性のあることを要するのに、多数意見にはこの点の理由の説示を欠いている、と指摘される。

しかしながら、

[17] ⑴多数意見の趣旨は、わたくしの理解するところによれば、買収農地について自作農の創設等の目的に供しないことを相当とする事実が生じた場合には、その買収農地の旧所有者は国に対し当該農地の売払いを求める権利を取得し、その反面、国は旧所有者の求めに応じて当該農地の売払いを承諾すべき義務を負う、という私法上

⓮ 岸上補足意見は、高辻裁判官に反論する。すなわち、岸上裁判官によれば、多数意見は、国有農地売払特措法による財産権の内容の変更が公共の福祉に適合するかどうかの判断を単に社会政策上の見地のみからしているのではなく、同法によって権利者である旧所有者個人の既得権が侵害されることも考慮したうえで、当該既得権の侵害が許容されると判断されているのであり、高辻裁判官の多数意見に対する批判はあたらない。調査官によれば、岸上裁判官と高辻裁判官の意見は、「国に対して売払いの申込みをした旧所有者の権利をどのように理解するかについての考え方を異にされるものであり、高辻裁判官の意見は、売払いの申込みをすれば権利の内容を超えた法律関係が存在するに至ると解されるのに対し、多数意見及び岸上裁判官の補足意見は、売払いの申込みをした後も権利の内容を超えた法律関係が存在するに至るものではなく、旧所有者が売払いを承諾すべき義務を負うという基本的な法律関係は、売払いの申込みの前後を通じて変わらないと解されるのであろうと思われる」（判解①351頁）。

の権利義務の法律関係が両者間に発生すると解すべきものであつて（多数意見の引用する大法廷判決参照）、この法律関係は旧所有者が売払いの申込みをした後においても基本的には変わることはなく、依然旧所有者は右の権利を有し国は右の義務を負担するという法律関係が存在するにとどまり、この関係は高辻意見がいわれるような「権利の内容を超えて現存する個別の法律関係」とみることができるようなものではない、というのである。そうすると、国に対し売払いの申込みをすませた旧所有者の有する権利の性質及びこの権利に基づく経済的利益の評価の点において、高辻意見は多数意見と全く見解を異にするものであつて、このような見解を前提とする高辻意見の立論には、わたくしとして賛成することはできない。

【18】（2）また、法律による財産権の内容の変更が公共の福祉に適合するものであるかどうかを判断するにあたつては、その法律の施行により従前の法律で認められていた個人の財産権の内容がその個人の不利益に変更され、その結果個人の権利が害される場合のあることを考慮するを要することは当然であつて、そのような個人の権利に対する侵害を伴う財産権の内容の変更が、当該財産権の性質、権利侵害の程度及びそれによつて保護されるべき公益の性質などを総合的に勘案して、当該財産権に対する合理的な制約として容認されるべきものであるかどうかを判断すべきである、というのが多数意見の見解であるとわたくしには理解されるのであるが、この点を本件の事案に即し今少しくふえんすれば次の通りである。すなわち、特別措置法は、農地法80条により国が買収農地の旧所有者にその農地を売り払う場合の対価を、改正前の農地法80条2項に定められていた「買収の対価に相当する額」から特別措置法2条、同法施行令1条に定める売払いの時における「時価の7割に相当する額」に値上げすることを定めたものであるが、特別措置法の施行前に既に自作農の創設等の目的に供しないことを相当とする事実の生じた農地の旧所有者は国に対しその農地の売払いを求める権利を取得し、この旧所有者が国に対し売払いの申込みをしたときはその者（上告人はこのような旧所有者の一人である。）が有する右の権利に基づく財産的利益は、国の承諾さえあれば「買収の対価に相当する額」というきわめて低廉な対価での売買契約が成立するという程度に具体化された利益であるとみることができるのであるが、前記のような値上げを含む特別措置法の施行の結果、旧所有者は値上げされた「時価の7割に相当する額」の対価を支払わなければ売払いを受けることができないこととなり、その限度で財産上の不利益を受け実質的にその権利を害されることになるのであるから、このことを考慮に入れたうえ、多数意見が判示するように、当該財産権の性質、その内容変更の程度及び公益の性質などを具体的に総合勘案した結果、特別措置法による売払いの対価の値上げは公共の福祉に適合する財産権の内容の変更として憲法上許されるべきものであると共に、その変更の結果として旧所有者が財産上の不利益を被りその権利を害されるとしても、その財産権の内容の変更が右のように公共の福祉に適合するものとして憲法上許されるものである以上、この権利侵害もまた、憲法上当然に容認されるべきであるというのである。そして、これは、借地契約の更新拒絶を正当な事由によつて制限した借地法4条1項の合憲性に関する当裁判所昭和34年（オ）第502号同37年6月6日大法廷判決・民集16巻7号1265頁及び昭和9年法律第48号による改正後の旧著作権法（明治32年法律第39号）30条1項8号の合憲性に関する当裁判所昭和34年（オ）第780・781号同38年12月25日大法廷判決・民集17巻12号1789頁等の当審判例の判示するところと基本的には同じ見解であると考えられる。

【19】このように、多数意見は、特別措置法による財産権の内容の変更が公共の福祉に適合するかどうかの判断を単に社会政策上の一般的見地のみからしているものではなく、公益の点を含む前記諸般の事情を総合勘案したうえこれをしているのであり、また、右特別措置法による財産権の内容の変更の結果、権利者である旧所有者個人の権利が害されることも考慮のうえ、当該権利者をしてその権利侵害を甘受させることは憲法上容認されるべきものであるとし、かつその理由を説示していることは明らかであるというべきである。したがつて、これらの点に関する高辻意見の前記各指摘はいずれも当らないという外はない。

　　裁判官高辻正己の意見は、次のとおりである[15]。

【20】私は、多数意見と結論を一にするものであるが、憲法29条違反をいう上告人の所論に関し多数意見が説くところについては、疑問なきを得ず、同調することができない。よつて、以下、その点を明らかにし、私の意見を述べる。

【21】一　農地法80条（昭和46年法律第50号による改正前のものをいう。以下同じ。）1項は、買収農地等について、農林大臣が、「政令で定めるところにより、自作農の創設又は土地の農業上の利用の増進の目的に供しないことを相当と認めたときは、省令で定めるところにより、これを売り払い、又はその所管換若しくは所属替をすることができる。」と規定し、その2項は、1項の規定により、農林大臣が自作農の創設等の目的に供しないことを相当と認め、かくして売り払うことができることとなるに至つた買収農地は、原則として、買収前の所有者又はその一般承継人（以下「旧所有者」という。）に売り払わなければならず、その対価は買収の対価に相当する額とする旨を定めている。この規定によれば、買収農地が旧所有者に売り払われることになるかならないかは、農林大臣がこれを政令の定める基準に照らし自作農の創設等の目的に供しないことを相当と認めるか否かにかかる、とされていることが明らかである。

【22】二　このような規定である農地法80条の下において、多数意見は、当裁判所昭和42年（行ツ）第52号同46年1月20日大法廷判決（民集25巻1号1頁）を踏襲し、買収農地について「自作農の創設等の目的に供しないことを相当とする事実が生じた場合」には、農林大臣がこれを相当と認めるか否かにかかわりなく、直ちに、「当該農地の旧所有者は国に対して同条2項後段に定める買収の対価相当額をもつてその農地の売払いを求める権利を取得するものと解するのが相当」と断じている。そして、多数意見は、「自作農の創設等の目的に供しないことを相当とする事実」がどのような事態の出現によつて発生し、その発生がどのような時点において確定したときれるのであるかを、なにも、明らかにしていない。

【23】右のような見解が買収農地の法律上の性質に由来して当然に生ずるものでないことは、多数意見自らが指摘するとおりである。すなわち、自作農創設特別措置法によつて国に買収された農地がその後の事情の変化により自作農の創設等の目的に供しないことを相当とするようになつたとしても、その買収が本来すべきでなかつたものになるわけではなく、また、右買収農地が正当な補償の下に国有の財産となつたものである以上、その後になつて右のような事情の変化が生じたとしても、法の見地において当然に、旧所有者に返還しなければならないこととなるものではない。そのような場合でも、これを旧所有者に回復させることにするかどうかは、立法にゆだねられた政策上の問題にほかならないのである。多数意見が前記のように解するのも、「買収農地が自作農の創設等の目的に供しないことを相当とする事実が生じたときは旧所有者に買収農地を回復する権利を与えることが立法政策上当を得たものであるとして、その趣旨で農地法80条の買収農地売払制度が設けられたものと解される」との、その見解に立脚してのことであるが、問題なのは、多数意見が「立法政策上当を得たものである」との趣旨でとられたものと推断するところが、果たして、農地法

---

[15]　高辻意見は、法律に定められている権利の内容を変更することと、その変更した法律をすでに国との間に設定されている個別の法律関係に適用して旧所有者の財産的利益を害することは、性質が異なるとする。多数意見は、財産権の内容の変更が社会政策上の見地から公共の福祉に適合するかという点だけを検討し、既得権の侵害による損失を当該個人に甘受させるのが適切であるかについて検討していない。近時の学説の説明によれば、「この法廷意見に対する高辻の批判は、合憲という結論というよりそこに至る論証の過程に向けられる。……眼前の事件で問われたのはもはや財産権の内容の問題にとどまらず現在の教科書でいう現有財産の問題、具体的に取得された財産権の問題だというわけである」（文献②239-240頁）。

80条の文意に照らし、現にそこに成文化されているところのものと認められるかどうか、である。

【24】　三　思うに、買収農地は、農地としての性質を保持し、農耕の用に供されてきていたものであり、農地の買収が、多数意見もいうように、自作農の創設による農業生産力の発展等をその目的とするものであることにかんがみれば、これを自作農の創設の目的に供しないことを相当とし、旧所有者に回復させることとするについては、政治部門の機関が、立法にゆだねられた政策上の問題として、これをあえて相当とするに足る合理的な事由が存在していなければならないとする考え方をとることを、いわれのないものとして、排斥することはできない。この場合、その合理的な事由は、買収農地が災害により農地としての機能を回復し得ないまでに喪失したというような特殊の場合は別として、一般には、当該買収農地を自作農の創設の目的に供することとその目的以外の他の目的に供することとの社会的価値の比較考量にかかわるところなきを得ないものというべく、その事由の有無の判定については、事実の認定とそれに基づく判断の過程が存在せざるを得ない筋合いのものと考えられる。このような考え方に立つて、右の認定判断の時宜に適した基準の設定を国会が内閣に一任し、農林大臣が、その基準に照らし、当該農地につき自作農の創設等の目的に供しないことを相当と認めた場合において、はじめて、これを旧所有者に売り払うことができることにするというのも、ことの合理性に欠けるものがあるとはいえず、立法にゆだねられてよい政策上の措置であることを失わない。

【25】　農地法80条の規定が前記一に記述のとおりであるのは、同条をもつて右のような政策上の措置を成文化していると解するのが相当であることを示し、多数意見が「立法政策上しを得たものである」との趣旨でとられたものと推断するところを成文化していると解するのが相当でないことを示すもの、といわなければならない。そうすると、同条の規定が前記一に記述のとおりである限り、買収農地を自作農の創設等の目的に供しないことを相当と認めるについての基準を設定するのは内閣が前記の趣旨によりその裁量においてなすべきところであり、その基準に照らしこれを相当と認めるのは農林大臣がその職責においてなすべきところである、としなければならず、したがって、司法部門の機関が右の基準を自ら設定し、右の認定を自らすることを是認するに帰するがごとき見解を採る余地はない、といわなければならない。

【26】　四　仮に、多数意見に従い、農地法80条の規定上、買収農地の旧所有者は、当該農地について自作農の創設等の目的に供しないことを相当とする事実が生じた場合には、国に対しその売払いを求める権利を取得するものであり、その反面において、旧所有者がその権利を行使したとき、国は、その求めに応じ当該農地の売払いをなすべき義務を負うものであるとすれば、その権利は、元来が売払いを求める権利なのであるから、同意見がいうように、当該農地についての売買「契約が成立するためには更に国の売払いの意思表示又はこれに代わる裁判を必要とするような権利」であるのが当然であるけれども、旧所有者が同条の規定に基づき国に対して右の売払いを求める権利を取得し、これを既得の権利として保有するにとまっているのではなく国に対して行使し、その権利の内容である売払いを求める旨の意思表示をしたときは、そのことによって直ちに、国において当該旧所有者に対し右の売払いをなすべき義務を履行しその売払いを応諾する意思表示をなすべき拘束を受けるという法律関係が、国との間に設定され、その法律関係について司法的保障を享受する当該旧所有者は、法の規律するところによつておのずから、同法80条2項が売払いの対価として定める買収の対価相当額をもって当該農地の買受けを実現し、経済上の利益を収受するということになる。この経済上の利益は、多数意見の見解に従えば、右のように、当該旧所有者の意思表示に基因し、法の規律するところによつておのずと収受される次第のものであるから、右の売払いを求める意思表示を現にした当該旧所有者にとつては、もはや、その財産的利益に属するものと目されるにふさわしい。そうすると、旧所有者が右の意思表示をし、これを基因として当該農地につき国との間に個別の法律関係が設定されるに至つた後に、法令を制定し、前記の売払いの対価を当該

土地の時価の7割相当額に変更し、その適用を現に存在する右個別の法律関係についても及ぼすということになれば、当該旧所有者の財産の利益は、当然、害されることになるわけであり、その法令の適用については、それが財産権の不可侵をいう憲法29条1項に抵触しないゆえんの理由を明らかにしなければならないこととなる。けだし、同条項の定める財産権の不可侵は、個人が公共の福祉に適合するように既に法律でその内容が定められている財産権を現に行使し、そのおのずからの成果として現実に収受される財産的利益の保護につきいうところがないと解すべき、合理的理由があるとは解されないからである。

【27】　ところで、多数意見は、前記大法廷判決の見解に一歩を進め、買収農地の売払いの対価が買収の対価相当額と法定されていることも買収農地の売払いを求める旧所有者の権利の一内容をなすものであると解し、更に、前記財産の利益の害されることも、単に、旧所有者が取得した買収農地の売払いを求める「権利の内容である売払いの対価が旧所有者の不利益に変更されるにとどまるもの」であると解したうえ、国有農地等の売払いに関する特別措置法及び同法施行令が右の対価を買収の対価相当額から当該土地の時価の7割相当額に変更することにしたのは、憲法29条2項における財産権の内容を公共の福祉に適合するように定めたものにほかならないとして、その変更が同条項にいう公共の福祉に、したがつて憲法に、適合するものとするゆえんを説きつくし、余すところがない。

【28】　しかし、法律に定められている権利の内容を変更することと、その変更をした法律を既に国との間に設定されている前記個別の法律関係に適用し、よつて旧所有者の財産の利益を害することとは、本来、その性質を異にするものであつて、前者の権利内容の変更を、現に保有されるにとまっている既得の権利の内容に加えられる場合のそれを含め、憲法29条2項の問題として論じることが理にかなつたものであることはいうまでもないけれども、今や権利の内容を超えて現存する個別の法律関係が法の作用の成果として生み出す後者の財産的利益を害することも旧所有者の権利の内容をその不利益に変更するにとどまるものであるとし、これを同条項2項の問題としてとらえることが、理にかなつたものであるとは考えられない。したがつて、法律の定める旧所有者の権利内容をその不利益に変更することが憲法の右条項にいう、社会政策上の一般的見地に主眼のおかれた、「公共の福祉」に適合するものとする理由をいかに理をつくして説明してみても、その理由をもつて、旧所有者の財産の利益を加害の限度においてではあるにせよ代償なしに剥奪し、よつて生ずる損失を当該個人に甘受させるのが相当であるとすることの理由とするのは、無理なことであると考えざるを得ない。もしも、両者の性質上の区別を識別せず、後者の財産の利益を害することも、旧所有者の権利の内容をその不利益に変更するにとどまるものであるとし、その変更が右の公共の福祉に適合するとされる理由をもつて旧所有者の財産的利益の侵害を相当とする理由を明らかにするに足るというのであれば、それは、ひろく、個人がその財産の利益にかかる一定の給付を国に対して請求する権利を有し、国が請求に応じてその給付をなすべき義務を負う場合において、当該個人がその権利を行使し、その内容である給付の請求を国に対して行い、国がその請求に応じその給付をなすべき拘束を受け、当該個人が法の規律するところによつておのずから収受する財産的利益は、憲法29条1項の定める財産権の不可侵にもかかわらず、それが私有財産として正当な補償の下に公共のために用いられる場合ないし、おそらくは代償を伴うべきものとして多数意見がいう「権利自体が剥奪されるような」場合のほかは、すべて、これを害することが、権利の内容を変更するにとどまるものとして、同条2項の社会政策上の一般的見地を主眼とした公共の福祉に適合するのである限り、常に是認される旨をいうほかないことになりかねない。そのような点に思いを致すと、なお更、多数意見において、前記現存の法律関係の法の作用の成果として現実に収受される財産的利益を害することが財産権の不可侵を定める憲法に適合するものとみられるためには、その侵害が社会政策上の一般的見地を主眼とした

公共の福祉に適合するものであるとすることについてではなく、その侵害によって被る損失を当該個人に甘受させるのが相当とされるような公益上の必要性があり、その侵害が右の必要性にそく即してされるものであるとすることについて、合理的な理由が明らかにされなければならないのではないか、という疑問をぬぐい去ることができないのである。

【29】　五　結局、私は、前記三において述べたところに立ち帰り、農地法80条の規定上、買収農地について自作農の創設等の目的に供しないことを相当とする事実が生じた場合には、農林大臣がこれを相当と認めるか否かにかかわらず、直ちに、当該農地の旧所有者が国に対しその農地の売払いを求める権利を取得するに至るとは、解することができない。したがって、これと異なる見解を採る多数意見には組することができず、その踏襲する前記大法廷判決は、その限り、変更せざるを得ないものと考える。それ故、上告人が、多数意見と同様の見解の下に、旧所有者として既に農地法80条の規定に基づき買収の対価相当額で買収農地の売払いを求める権利を取得したとの立場に立脚し、前記の法令がその売払いの対価を買収の対価相当額から当該土地の時価の7割に相当する額に変更したのは旧所有者の財産権を侵害するものであつて憲法29条に違反するという所論は、立論の前提を欠くものであつて失当というほかはなく、論旨は採用することができないのである。

裁判官環昌一の意見は、次のとおりである❿。

【30】　私は、昭和27年10月施行の農地法において新たに設けられてから昭和46年4月特別措置法の制定とともに改正されるまでの同法80条（以下旧80条という。）の規定を根拠として、農林大臣に対し買収農地の買受けの申込みをした旧所有者が取得したとされる権利なるものの性質、内容を究明することが、本件の憲法判断において基本的重要性をもつものと考える。この点について多数意見は、昭和46年1月20日の当裁判所大法廷判決を参照すべき判例として掲げるが、同判決によると、「旧所有者は、買収農地を自作農の創設等の目的に供しないことを相当とする事実が生じた場合には、法80条1項の農林大臣の認定の有無にかかわらず、直接、農林大臣に対し当該土地の売払いをすべきこと、すなわち買受けの申込みに応じその承諾をすべきことを求めることができ、農林大臣がこれに応じないときは、民事訴訟手続により農林大臣に対し右義務の履行を求めることができ」るというのであり、多数意見はこれに加えて、このような旧所有者は、特別措置法の施行の結果、時価の7割相当額の対価でなければ売払いを受けることができなくなり、その限度で買収の対価相当額で売払いを受ける権利が害されることになることは否定することができない旨、また、右の権利は、当該農地について既に成立した売買契約に基づく権利ではなくて、その契約が成立するためには更に国の売払いの意思表示又はこれに代わる裁判を必要とするような権利である旨、を判示する。その趣旨必ずしも明確でないが、少なくとも、旧所有者の申込みがあれば農林大臣にはこれを承諾すべき法的義務を生じ、その反面として旧所有者が取得するものは当然法的権利としての性格をもち、それ故にそれは特別措置法の施行による侵害の対象となるとするものと考えられる。そしてこの点において私は、多数意見と見解を異にするのであつて、以下この点を中心に検討する。

【31】　農地法は、昭和27年、それまでの農地制度改革に関する中心的立法であつた自創法や農地調整法の廃止にともない、これらに代わるものとして、耕作者の農地取得を促進し、その権利を保護することを主な目的の一つとして制定、施行された法律であり（同法1条）、その目的達成のための法構造としては、従前、自創法が、国（農林大臣を所管行政庁とする）による農地の強制買収とその管理、国より現にその土地を耕作している者または自作農として農業に精進する見込のある者に対する売渡という方式を基本としてきたところを踏襲したものであることは、その規定の全体の構成に徴して明らかである。同時に、自創法のもとでは、国が買収により取得し、農林大臣が管

理する農地について、これを旧所有者に売り払う（実質上は売りもどす）ことは、買収後の社会事情の変化等にかかわりなく全く認められていなかったのに対し、旧80条の規定を新設することによって、当該農地が自作農の創設等の目的に供しないことを相当とする場合に限つて旧所有者に対する売払いの途を開いたものであることも疑いない。

【32】　しかしながら、上述のような農地法の目的、構成に照らし、かつ、多数意見もいうように買収農地がその後の事情の変化により、自作農の創設等の目的に供しないことを相当とするようになったとしても、その買収が本来すべきでなかったものになるわけではなく、また、当然にこれを旧所有者に返還しなければならないこととなるものでない事情を併せ考えると、右旧80条の規定は、前記のような方式による農地制度の改革を維持推進する政策を基本的には堅持しつつ、自創法の施行後における土地の利用形態に関する社会事情の変転に対応して調整的機能を果すべき、いわば修整規定として設けられたものとみるべきであり、自創法以来の基本的政策に拮抗するような新しい施策を創設したものとまでみることは相当でない。更に、右規定の文言等に即して考察してみても、それは、他の、いずれかといえば細目的ないし手続的事項に関する規定等とともに「雑則」の章中に置かれており、その1項の文言からは明らかに農林大臣に対する売払いの権限付与の趣旨が読み取れるのであって、その2項が1項を受けた規定であることからすれば、結局右規定はその実質、表現のいずれの点からも、右にのべた基本的政策に背馳しない限度で、当該農地が自作農の創設等の目的に供することを相当としないものに当るかどうかを、政令の定めるところに従つて農林大臣をして判断させ、その上でその権限として旧所有者に売り払うことを許容する趣旨を明らかにしたものであって、立法府が、買収農地という特別の目的をもつて国が保有する国有財産の処分に関し、行政に対して特別の権限を付与する性格をもつ規定とみるべきものである。要するに、右規定の趣旨は、右の判断が、国の農地政策全体に対する考慮を前提としてされるべき、別して政策的、行政的な性格のものであることから、行政なかんずく主管行政庁として長くこの政策の推進を担当、実施してきた農林大臣をして、これをさせるのが最も適切であるとするところにあると考えられ、農林大臣による、右の点についての判断がなされないのに、旧所有者において、当該農地が右規定にあたるとして、国に対し、いわゆる先買権ないしこれに類する権利を主張することまで認めたものとは解されないから、このような旧所有者の申込みに対して農林大臣にこれを承諾すべき法的義務が生ずるものではない。ところで、右旧80条1項に制定が予定されている政令である、農地法施行令16条は、同令が昭和46年2月改正され、その1項7号として自作農の創設等の目的に供しないことが相当となつた買収農地について農林大臣が旧80条1項の認定（前述の判断）ができることとされるまで、同令施行後20年に近い間このような規定を欠いていたが、このことは、結局、政府において前記のように立法府から付与された権限の一部を、その判断によつて行使しなかったことになるというべきであり、その状態が右のような長期間継続していたという事実から、政府の右権限の不行使が前記授権の趣旨に反するものではなかったとの推認も不可能ではないであろう。

【33】　そこで以上のべたところを総合して、旧80条のもとで、買受けの申込みをした旧所有者は、いかなる地位にあつたかを考えてみると、前記農地法施行令が改正されるまでの間においても、旧所有者としては右の規定が新設されたことにより、自創法のもとでは考えられなかった当該買収農地を国から実質上買いもどすことの可能性が法認されたのであるから、これに期待することは当然であると思われ、そして、その期待の内容は、土地価格の急上昇という公知の事実にかんがみると、経済的、財産的性格の強いものであることは見易いところである。しかしながら、その実現には上述のように政府、直接には政令の定めるところに従つてのみ売り払うことのできる農林大臣による、その権限の

---

❿　環意見は、旧所有者が有していたとされる権利なるものの実体は、権利として法の保護の対象と認めるにはあまりに具体性を欠くものであり、単なる期待的地位の性格を出るものではないから、これをもって、直ちに憲法29条に定める財産権保障の対象となるものとはいえないと主張する。

行使がなければならないのであつて、旧所有者が旧80条の規定の直接の効果として先買権の如き権利を与えられたものではないから、結局のところ旧所有者の有したものは、社会的要請その他何らかの機縁によつて、政府が必要な政令を制定する措置をとり、かつ、農林大臣がこれに従つて更に積極的判断を行うならば、実現するであろうことを期待する地位であるというにすぎないものというべきである。

【34】 以上のべたように、少なくとも昭和46年の改正前の右政令に基づき旧所有者が有していたとされる権利なるものの実体は、法の常識からいつて権利として法の保護の対象と認めるにはあまりにも具体性を欠くものである。もつとも、上告人のように改正後の政令のもとで国に対して売払いの申込みを維持していた旧所有者の地位は、新政令制定の反射的効果として、国との間に売払いの契約の成立する確実性は高いと考えられるが、これとてもなお農林大臣による判断が先行しなければならない点において、未だ単なる期待的地位の性格を多く出るものではなく、それが不法不当な侵害等に対して保護されるべき利益とみられる余地があるかどうかは別として、少なくともこのような地位自体を一個の権利として観念することには首肯し難いものがある。

【35】 以上のべたような見地から本件における憲法上の論点を検討すると、旧所有者が旧80条によつて有していた地位が、直ちに憲法29条に定める財産権保障の対象となるとは解し難い（これに反して旧所有者にいわゆる既得権的な権利をみとめる見解に立てば、このような権利は一般国民が新たにこれを取得する可能性はないから、それは限られた範囲の国民としての旧所有者が特有する権利というべきであり、特別措置法等の制定施行がこの権利を侵害するものであるにかかわらず、その保障に関して何らの立法上の考慮が払われていないことに限つては、憲法14条、29条3項の趣旨からする審究をも含めて更に検討が必要であると考える。）。しかしながら更に考えてみると、右のような旧所有者の地位は権利というには当らないものではあるが、農地法が、自創法上全く否定されていた、旧所有者において買収農地を限られた場所であるにせよ一部回復することができる途を開き、旧所有者に、財産権に関連したひとつの期待を与えたことは明らかであるから、このような事情を右憲法の法条との関連で全く無視し去ることもまた、憲法の解釈態度として必ずしも妥当ではないと考えられる。私は、昭和46年改正後の農地法80条、特別措置法2条、同法施行令1条、同法附則2項が、旧所有者に対する売払いの制度そのものはこれを存置した上、その売払いの対価についてもこれを時価の7割とすることによつて、旧所有者の利益についての配慮をしていることに徴し、また、多数意見が、一般論として憲法29条1、2項の趣旨について判示するところ及び右特別措置法、同法施行令の規定が売払いの対価を買収価格相当額から時価の7割に変更したことが、公共の福祉に適合するものであり不合理なものとは認められないと判示するところ（これらの点については私にも異論はない。）をあわせ考慮し、これに前述した旧所有者の地位の実質を総合して判断すると、憲法29条の財産権保障の趣旨を十分に広く解しても、右特別措置法等の規定がこれに違背するものとは考えられない。

【36】 なお私は、上来のべてきたところから明らかなように、前記改正前の農地法施行令16条の規定が必ずしも旧80条の委任の趣旨に反するものとは考えないし、この政令のもとで旧所有者の有する地位を具体性のある権利とも思わない。その点において私は、前記大法廷判決の判示するところには従うことができない。

　裁判官藤崎萬里の意見は、次のとおりである⑰。

【37】 わたくしは、多数意見の結論に賛同するものであるが、多数意見が憲法29条違反をいう上告人の所論に関して説くところには同調することができない。すなわち、多数意見は、当裁判所昭和42年（行ツ）第52号同46年1月20日大法廷判決（民集25巻1号1頁）を引用して、改正前の農地法80条の解釈として、買収農地について自作農の創設等の目的に供しないことを相当とする事実が生じた場合には、当該農地の旧所有者は国に対してその農地の売払いを求める権利を取得するものと判示し、これを前提として国有農地等の売払いに関する特別措置法2条、同法附則2項及び同法施行令1条が憲法29条に違反するかどうかについて判断しているが、わたくしは、多数意見がその前提としてとる右大法廷判決の見解に従うことができない。その理由は、高辻裁判官がその意見において改正前の農地法80条の解釈として述べられているところと同様である。

【38】 よつて、これと異なる前提に立つて、右特別措置法等が旧所有者の財産権を侵害し、憲法29条に違反する旨をいう上告人の主張は、その立論の前提を欠き失当というべきものである。

（裁判長裁判官　岡原昌男　裁判官　岸　盛一　裁判官　天野武一　裁判官　岸上康夫　裁判官　江里口清雄　裁判官　大塚喜一郎　裁判官　高辻正己　裁判官　吉田　豊　裁判官　団藤重光　裁判官　本林　譲　裁判官　服部高顯　裁判官　環　昌一　裁判官　栗本一夫　裁判官　藤崎萬里　裁判官　本山　亨）

Questions

①事実関係の確認

問1 農地法80条1項、2項、国有農地売払特措法2条、同法施行令1条、同法附則2項は何を規定しているか。▶【参考条文】【4】

問2 Xが訴訟を提起するに至る経緯はどのようなものか。▶【事案】

問3 Xはどのような訴訟を提起したか。▶【事案】

問4 国有農地売払特措法が制定された経緯・時期はどのようなものか。▶【事案】

問5 Xの上告理由はどのようなものであったか。▶【事案】

②判決の内容の確認

問6 国有農地売払特措法附則2項によれば、同法の施行日前に自作農の創設等の目的に供しないことを相当とする事実が生じた買収農地に対し、同法の適用はあるか。▶【1】

問7 Xは、国有農地売払特措法が憲法のどの条文に違反すると主張したか。▶【2】

問8 本判決によれば、法律でいったん定められた財産権の内容を事後の法律で変更した場合、その変更が公共の福祉に適合するようにされたものであるかどうかは、どのような理由により、いかなる基準によって判断されるか。▶【3】

問9 本判決によれば、①最大判昭46・1・20民集25-1-1の内容はどのようなもので、②国有農地売払特措法2条、同法施行令1条、同法附則2項はいかなる内容の規定か。▶【4】【事案】

問10 本判決によれば、農地法80条の買収農地売払制度が設けられた趣旨はどのようなものか。▶【6】

問11 本判決によれば、買収農地売払いの対価の決定は、どのような性質の問題か。▶【7】

問12 本判決によれば、国有農地売払特措法および同法施行令が売払いの対価を時価の7割相当額に変更したこと

---

⑰　藤崎意見は、高辻裁判官と同様に、最大判昭46・1・20民集25-1-1の見解に従うことができないと主張する。

が公共の福祉に適合するとされる理由はどこにあるか。
▶【8】

問 13 本判決は、旧所有者が買収の対価相当額で買収農地の売払いを受けることができるという権利をどのように位置づけ、それに対する侵害が憲法上容認される理由をどこに求めているか。▶【9】

問 14 本判決において、国有農地売払特措法が憲法14条に違反しないとされたのはなぜか。▶【12】

③応用問題

問 15 本判決の事案を前提として、仮に、買収農地売払契約が成立した後で、契約内容が旧地主の不利益に変更されていた場合、判決の結論は異なるか。▶文献①

問 16 長期譲渡所得に係る損益通算を認めないこととした租税特別措置法31条の規定をその施行日より前に個人が行う土地等の譲渡について適用することは、憲法に違反するか。▶判例①

問 17 有効に成立した損失保障等を内容とする契約に基づく請求権の行使を事後的に許さないことにする証券取引法42条の2の規定は憲法に違反するか。▶判例②

○ **関連判例**（本書所収以外のもの）
最判平成23年9月22日民集65巻6号2756頁［租税特別措置法遡及事件］（判例①）
最判平成15年4月18日民集57巻4号366頁［証券取引法42条の2事件］（判例②）

○ **本判決の調査官解説**
宍戸達徳「判解」最高裁判所判例解説民事篇昭和53年度321頁（判解①）

○ **その他の判例解説・判例批評**
小泉良幸「判批」憲法判例百選Ⅰ［第6版］（2013年）220頁（判批①）
戸波江二「判批」昭和53年度重要判例解説（1979年）24頁（判批②）

○ **参考文献**
宍戸常寿『憲法 解釈論の応用と展開［第2版］』（日本評論社、2014年）153頁（文献①）
小島慎司「『経済的自由』」南野森編『憲法学の世界』（日本評論社、2013年）232頁（文献②）
村山健太郎「財産権の制約」横大道聡編『憲法判例の射程』（弘文堂、2017年）153頁（文献③）

55 森林法共有林事件

最高裁昭和62年4月22日大法廷判決
昭和59年（オ）第805号：共有物分割等請求事件
民集41巻3号408頁

事案

本件山林（合計すると約109町というかなり広大なものであるが、全体として一団の山林を構成しているものではない）は、もともと、X（弟）（原告、控訴人、被控訴人、上告人）とY（兄）（被告、被控訴人、控訴人、被上告人）の父である亡Kの所有であった。Kは、XとYとに、それぞれ、本件山林の2分の1の持分を贈与（生前贈与）しており、XとYとは本件山林の2分の1ずつの持分を共有している。昭和40年、Yは、Xの明確な同意がないまま、本件山林の立木の一部を製材会社に売却し、これを伐採させた。

Xは本件山林を現物分割の方法で分割することを希望していたが、XとYとの間には著しく感情の疎隔があって、分割の協議が成立する見込みがなかった。そこで、Xは、民法256条に基づき、本件山林をXとYとの持分に応じて分割することを求めた。さらに、Xは、Yが無断で本件山林の立木の一部を製材会社に伐採等させることで、当該立木に対するXの2分の1の共有持分権を侵害したとして、損害賠償を求めた。他方、Yは、森林法186条は、森林について2分の1の持分しか有しない共有者からの分割請求を禁止しているから、Xの請求には理由がないなどと反論した。これに対して、Xは、森林法186条本文は憲法29条に違反する無効な規定である、と再反論した。

第一審（静岡地判昭53・10・31民集41-3-444）および原審（東京高判昭59・4・25民集41-3-469）は、Xの共有森林分割請求を排斥したが、損害賠償請求の一部を認容した。第一審と原審の理由は同様のものである。第1に、共有物分割請求について、森林法186条は、持分2分の1以下の森林共有者からの共有森林分割請求を排斥しており、同条によって森林共有者は一定の不利益を被るが、そのような不利益は公共の福祉による財産権の制約として認容すべきであり、同条は憲法29条に違反しない。第2に、損害賠償請求について、立木の伐採につきXの同意はなく、伐採行為が山林の保存行為やXのための事務管理であるともいえないため、Yによる立木の伐採はXの持分を侵害する不法行為である。これに対して、Xは、共有森林分割請求が退けられたことを不服として、森林法186条が29条に違反するなどとして、上告した。

■ **参考条文**（事件当時のもの）
森林法
第186条 森林の共有者は、民法第256条第1項〔共有物の分割請求〕の規定にかかわらず、その共有に係る森林の分割を請求することができない。但し、各共有者の持分の価格に従いその過半数をもって分割の請求をすることを妨げない。

Navigator

本判決は、最高裁として5件目の法令違憲判決であり、財産権の侵害を理由とする法令違憲判決として初めてのものであって、財産権制限事案に関する判例としては、最も著名なものである。しかし、財産権制限事案において現在の判例が引用する先例は証券取引法164条事件〔本書56事件〕であり、本判決は先例としての機能を停止している。本判決を精読する際には、本判決と証券取引法164条事件との異同に着目することが重要である。

まず、本判決は、一般論として、憲法29条の趣旨を述べる。憲法29条は、私有財産制の保障と個人の既得権の保障を含意するが、立法府は公共の福祉に適合する限りで財産権に対して規制を加えることができる。

次に、本判決は、森林法186条の合憲性を検討する際に、2段階の構成を採用する。第1段階では、森林法186条による分割請求権の否定が、憲法上、財産権の制限に該当すると評価できるかが検討される。本判決は、共有森林分割請求権が各共有者に近代市民社会における原則的所有形態である単独所有への移行を可能ならしめる本質的権利であると説示し、憲法上の財産権の制限の存在を肯定した。第2段階においては、分割請求権の否定が財産権の制限に該当するとしても、その制限が公共の福祉に適合するとして許容されるかが検討される。財産権制限立法の公共の福祉適合性の判断基準について、本判決は、薬事法事件〔本書58事件〕を先例として引用しながら、立法裁量の存在を前提に、目的の正当性、手段の必要性・合理性を比較衡量して決すべきであるとする。結論として、森林法186条による分割請求権の否定は、同条の立法目的との関係において、合理性と必要性のいずれをも肯定することのできないことが明らかであって、立法府の合理的裁量の範囲を超える規制であり、憲法29条に違反するとされた。

■判決の論理構造

第1段階：財産権の制限の存否 （財産権の通常または基本的状態からのマイナス部分があるか）	→	財産権の制限あり
第2段階：財産権の制限の可否 （公共の福祉適合性）	判断基準 →	目的が公共の福祉に合致しないことが明らかか ＋ 手段の必要性・合理性の欠如が明らかか
	基準適用 →	目的が公共の福祉に合致しないことは明らかでない （森林経営の安定＋国民経済の発展）【7】【8】 ＋ 手段の合理性の欠如【10】【11】 手段の必要性の欠如【12】～【16】

判　決

○　主　文

原判決中上告人敗訴の部分を破棄する。

右部分につき本件を東京高等裁判所に差し戻す。

○　理　由

上告代理人藤本猛の上告理由について

【1】　所論は、要するに、森林法186条を合憲とした原判決には憲法29条の解釈適用を誤つた違法がある、というのである❶。

【2】　一　憲法29条は、1項において「財産権は、これを侵してはならない。」と規定し、2項において「財産権の内容は、公共の福祉に適合するやうに、法律でこれを定める。」と規定し、私有財産制度を保障しているのみでなく、社会的経済的活動の基礎をなす国民の個々の財産権につきこれを基本的人権として保障するとともに、社会全体の利益を考慮して財産権に対し制約を加える必要性が増大するに至つたため、立法府は公共の福祉に適合する限り財産権について規制を加えることができる、としているのである❷。

【3】　二　財産権は、それ自体に内在する制約があるほか、右のとおり立法府が社会全体の利益を図るために加える規制により制約を受けるものであるが、この規制は、財産権の種類、性質等が多種多様であり、また、財産権に対し規制を要求する社会的理由ないし目的も、社会公共の便宜の促進、経済的弱者の保護等の社会政策及び経済政策上の積極的なものから、社会生活における安全の保障や秩序の維持等の消極的なものに至るまで多岐にわたるため、種々様々でありうるのである。したがつて、財産権に対して加えられる規制が憲法29条2項にいう公共の福祉に適合するものとして是認されるべきものであるかどうかは、規制の目的、必要性、内容、その規制によつて制限される財産権の種類、性質及び制限の程度等を比較考量して決すべきものであるが、裁判所としては、立法府がした右比較考量に基づく判断を尊重すべきものであるから、立法の規制目的が前示のような社会的理由ないし目的に出たとはいえないものとして公共の福祉に合致しないことが明らかであるか、又は規制目的が公共の福祉に合致するものであつても規制手段が右目的を達成するための手段として必要性若しくは合理性に欠けていることが明らかであつて、そのため立法府の判断が合理的裁量の範囲を超えるものとなる場合に限り、当該規制立法が憲法29条2項に違背するものとして、その効力を否定することができるものと解するのが相当である（最高裁昭和43年（行ツ）第120号同50年4月30日大法廷判決・民集29巻4号572頁参照）❸。

【4】　三　森林法186条は、共有森林につき持分価額2分の1以下の共有者（持分価額の合計が2分の1以下の複数の共有者を含む。以下同じ。）に民法256条1項所定の分割請求権を否定している❹。

【5】　そこでまず、民法256条の立法の趣旨・目的について考察することとする❺。共有とは、複数の者が目的物を共同して所有することをいい、共有者は各自、それ自体所有権の性質をもつ持分権を有しているにとどまり、共有関係にある

❶【1】は、上告人の上告理由を要約する。なお、本件は私人間の訴訟であるが、私人間の訴訟において立法事実の十分な審査を行うため、国の利害に関係のある訴訟についての法務大臣の権限に関する法律4条に基づく法務大臣の意見の提出などの手続がある（判解①249頁）。

❷【2】は、憲法29条の意義を説明する。【2】については、「判例・学説が、憲法29条のうちに制度保障と個別保障という二つの要素を……読みこむことで歩調を揃えている」とする理解（文献①141頁）と、29条の保護範囲が「社会的経済的活動の基礎をなす」財産権に限定されている点を重視して判例・通説の相違を強調する理解（文献②236頁）とが対立している。

❸【3】は、財産権制限の公共の福祉適合性を判断する基準を定立する。第1に、「規制を要求する社会的理由ないし目的」が「積極的なものから……消極的なものに至るまで多岐にわたる」としたうえで、第2に、財産権制限の可否は、「規制の目的、必要性、内容、その規制によつて制限される財産権の種類、性質及び制限の程度等を比較考量して決すべきものである」とし、第3に、立法府の行つた比較考量が「合理的裁量の範囲を超えるものとなる場合に限り」、財産権制限が違憲になるとの論旨を展開する。【3】をめぐつては、規制目的二分論が採用されているのか、薬事法事件判決〔本書51事件〕が引用されたのはなぜか、といった諸点が問題となる。この点、【3】は、規制目的が「多岐にわたる」と表現しており、規制目的が積極目的と消極目的に二分されると明言しているわけではない（判批①246頁）。【3】における薬事法事件判決の引用は、規制目的二分論を踏襲するという趣旨のものではなく、立法裁量を前提とした比較考量の枠組みを採用するという意図を示しているのであろう。

❹【4】は、森林法186条と民法256条1項（共有物分割請求権）の関係を述べる。

❺【5】は、形式上、民法256条の趣旨を説明しているが、実質的には、次の【6】において分割請求権の否定が憲法上の財産権の制限にあたるとされる理由を述べている。

というだけでは、それ以上に相互に特定の目的の下に結合されているとはいえないものである❻。そして、共有の場合にあつては、持分権が共有の性質上互いに制約し合う関係に立つため、単独所有の場合に比し、物の利用又は改善等において十分配慮されない状態におかれることがあり、また、共有者間に共有物の管理、変更等をめぐつて、意見の対立、紛争が生じやすく、いつたんかかる意見の対立、紛争が生じたときは、共有物の管理、変更等に障害を来し、物の経済的価値が十分に実現されなくなるという事態となるので、同条は、かかる弊害を除去し、共有者に目的物を自由に支配させ、その経済的効用を十分に発揮させるため、各共有者はいつでも共有物の分割を請求することができるものとし、しかも共有者の締結する共有物の不分割契約について期間の制限を設け、不分割契約は右制限を超えては効力を有しないとして、共有者に共有物の分割請求権を保障しているのである❼。このように、共有物分割請求権は、各共有者に近代市民社会における原則的所有形態である単独所有への移行を可能ならしめ、右のような公益的目的をも果たすものとして発展した権利であり、共有の本質的属性として、持分権の処分の自由とともに、民法において認められるに至つたものである❽。

[6]　したがつて、当該共有物がその性質上分割することのできないものでない限り、分割請求権を共有者に否定することは、憲法上、財産権の制限に該当し、かかる制限を設ける立法は、憲法29条2項にいう公共の福祉に適合することを要するものと解すべきところ、共有森林はその性質上分割することのできないものに該当しないから、共有森林につき持分価額2分の1以下の共有者に分割請求権を否定している森林法186条は、公共の福祉に適合するものといえないときは、違憲の規定として、その効力を有しないものというべきである❾。

[7]　四　1　森林法186条は、森林法（明治40年法律第43号）（以下「明治40年法」という。）6条の「民法第二百五十六条ノ規定ハ共有ノ森林ニ之ヲ適用セス但シ各共有者持分ノ価格ニ従ヒ其ノ過半数ヲ以テ分割ノ請求ヲ為スコトヲ妨ケス」との規定を受け継いだものである。明治40年法6条の立法目的は、その立法の過程における政府委員の説明が、長年を期して営むことを要する事業である森林経営の安定を図るために持分価格2分の1以下の共有者の分割請求を禁ずることとしたものである旨の説明に尽きていたことに照らすと、森林の細分化を防止することによつて森林経営の安定を図るにあつたものというべきであり、当該森林の水資源かん養、国土保全及び保健保全等のいわゆる公益的機能の維持又は増進等は同条の直接の立法目的に含まれていたとはいい難い。昭和26年に制定された現行の森林法は、明治40年法6条の内容を実質的に変更することなく、その字句に修正を加え、規定の位置を第7章雑則に移し、186条として規定したにとどまるから、同条の立法目的は、明治40年法6条のそれと異なつたものとされたとはいえないが、森林法が1条として規定するに至つた同法の目的をも考慮すると、結局、森林の細分化を防止することによつて森林経営の安定を図り、ひいては森林の保続培養と森林の生産力の増進を図り、もつて国民経済の発展に資することにあると解すべきである❿。

[8]　同法186条の立法目的は、以上のように解される限り、公共の福祉に合致しないことが明らかであるとはいえない⓫。

[9]　2　したがつて、森林法186条が共有森林につき持分価額2分の1以下の共有者に分割請求権を否定していることが、同条の立法目的達成のための手段として合理性又は必要性に欠けることが明らかであるといえない限り、同条は憲法29条2項に違反するものとはいえない。以下、この点につき検討を加える⓬。

[10]　(一)　森林が共有となることによつて、当然に、その共有者間に森林経営のための目的的団体が形成されることになるわけではなく、また、共有者が当該森林の経営につき相互に協力すべき権利義務を負うに至るものではないから、森林が共有であることと森林の共同経営とは直接関連するものとはいえない。したがつて、共有森林の共有者間の権利義務についての規制は、森林経営の安定を直接的目的とする前示の森林法186条の立法目的と関連性が全くないとはいえないまでも、合理的関連性があるとはいえない⓭。

[11]　森林法は、共有森林の保存、管理又は変更について、持分価額2分の1以下の共有者からの分割請求を許さないとの限度で民法第3章第

❻　[5]の第2文は、分割請求権が広く認められている「通常の共有の場合には、主体間の団体的結合はきわめて微弱」であることを説明する（判解①213頁）。

❼　[5]の第3文は、共有物分割請求権の制度趣旨を説明する。その趣旨は、「共有者に目的物を自由に支配させ、その経済的効用を十分に発揮させる」ところにある。[5]の第3文に関連して、調査官は、「財産又は財産権をその権利者が自由に使用、収益及び処分できる状態……を財産権の通常又は基本的な状態であるとし、この状態に比しマイナス部分があることを財産権の制約又は制限」というと定義したうえで（判解①211頁）、我妻・物権法を引用しながら、分割請求権を自由に行使できる状況が「通常の共有者の場合の通常又は基本的状態」であり、そのような「基本的状態」を否定する森林法186条は財産権を制限していることになると説明する（判解①213-214頁）。

❽　[5]の第4文は、単独所有が「近代市民社会における原則的所有形態」であり、単独所有への移行を可能ならしめる分割請求権は民法上の重要な権利であるとする。しかし、民法上の重要な権利が、[6]において憲法上の権利へと転換される論理は不明確であり、その論理を補充するため、学説上、「法制度保障論」や「ベースライン論」などが提案されてきた（判批②215頁）。

❾　[6]は、森林法186条が財産権を制限していると結論づける。本判決においては、「(一) 森林を共有する者からその分割請求権を奪っていることが憲法上の財産権の制限といえるか、(二)……その制限は、……公共の福祉に適合するものとして合憲といえるか」という2段階の法律構成が明示的に区別されており（判解①211頁）、[4]から[6]が（一）、[7]から[16]が（二）の問題を議論している。

❿　[7]は、森林法186条の立法目的を説明する。ここでの争点は、同条の目的が「森林経営の安定」に限定されるか、「森林の公益的機能の維持」をも含むかであり、この点について調査官と本判決の理解は対立している。調査官は、森林法186条が「林業経営の安定をはかることを目的としたものである」として、「森林の公益的機能を186条の目的としているといえるかに疑問がある」と主張する（判解①233頁）。そして、「林業経営の安定ということは、国の重要な施策であることは林業基本法を見ると明らかである……が、森林の所有権を制限しうる憲法上正当なものといえる理由たりうるかには、疑問がないではない」と述べる（判解①234頁）。これに対して、[7]は、森林法186条の直接の立法目的は「森林経営の安定」であるが、「森林の公益的機能の維持」も間接的には同条の立法目的と評価できるとする。しかし、調査官は、「林業経営が安定した結果当該森林が公益的機能を発揮することはあるが、こういう結果まで立法目的とはいわない」と再反論している（判解①234頁）。

⓫　[8]は、森林法186条の立法目的が正当でないことが明らかではないと結論づける。

⓬　[9]から[16]は、森林法186条に合理性（立法目的との合理的関連性）・必要性（規制の必要最小限度性）があるかを検討する。調査官によれば、同条の「規制目的がかなり抽象的であるところから、規制の必要性・合理性の点については厳格に立法事実の検証をするという審査手法」が採用されている（判解①248頁）。

⓭　[10]と[11]は、森林法186条が立法目的と合理的関連性のある規定といえるかを検討する。[10]は、森林法186条が立法目的と関連性がまったくないとは

節共有の規定の適用を排除しているが、そのほかは右共有の規定に従うものとしていることが明らかであるところ、共有者間、ことに持分の価額が相等しい2名の共有者間において、共有物の管理又は変更等をめぐつて意見の対立、紛争が生ずるに至つたときは、各共有者は、共有森林につき、同法252条但し書に基づき保存行為をなしうるにとどまり、管理又は変更の行為を適法にすることができないこととなり、ひいては当該森林の荒廃という事態を招来することとなる。同法256条1項は、かかる事態を解決するために設けられた規定であることは前示のとおりであるが、森林法186条が共有森林につき持分価額2分の1以下の共有者に民法の右規定の適用を排除した結果は、右のような事態の永続化を招くだけであつて、当該森林の経営の安定化に資することにはならず、森林法186条の立法目的と同条が共有森林につき持分価額2分の1以下の共有者に分割請求権を否定したこととの間に合理的関連性のないことは、これを見ても明らかであるというべきである❶。

[12]　（二）　（1）　森林法は森林の分割を絶対的に禁止しているわけではなく、わが国の森林面積の大半を占める単独所有に係る森林の所有者が、これを細分化し、分割後の各森林を第三者に譲渡することは許容されていると解されるし、共有森林についても、共有者の協議による現物分割及び持分価額が過半数の共有者（持分価額の合計が2分の1を超える複数の共有者を含む。）の分割請求権に基づく分割並びに民法907条に基づく遺産分割は許容されているのであり、許されていないのは、持分価額2分の1以下の共有者の同法256条1項に基づく分割請求のみである。共有森林につき持分価額2分の1以下の共有者に分割請求権を認めた場合に、これに基づいてされる分割の結果は、右に述べた譲渡、分割が許容されている場合においてされる分割等の結果に比し、当該共有森林が常により細分化されることになるとはいえないから、森林法が分割を許さないとする場合と分割等を許容する場合との区別の基準を遺産に属しない共有森林の持分価額の2分の1を超えるか否かに求めていることの合理性には疑いがあるが、この点はさておいても、共有森林につき持分価額2分の1以下の共有者からの民法256条1項に基づく分割請求の場合に限つて、他の場合に比し、当該共有森林の細分化を防止することによつて森林経営の安定を図らなければならない社会的必要性が強く存すると認めるべき根拠は、これを見出すことができないにもかかわらず、森林法186条が分割を許さないとする森林の範囲及び期間のいずれについても限定を設けていないため、同条所定の分割の禁止は、必要な限度を超える極めて厳格なものとなつているといわざるをえない❶。

[13]　まず、森林の安定的経営のために必要な最小限度の森林面積は、当該森林の地域の位置、気候、植栽竹木の種類等によつて差異はあつても、これを定めることが可能というべきであるから、当該共有森林を分割した場合に、分割後の各森林面積が必要最小限度の面積を下回るか否かを問うことなく、一律に現物分割を認めないとすることは、同条の立法目的を達成する規制手段として合理性に欠け、必要な限度を超えるものというべきである❶。

[14]　また、当該森林の伐採期あるいは計画植林の完了時期等を何ら考慮することなく無期限に分割請求を禁止することも、同条の立法目的の点からは必要な限度を超えた不必要な規制というべきである❶。

[15]　（2）　更に、民法258条による共有物分割の方法について考えるのに、現物分割をするに当つては、当該共有物の性質・形状・位置又は分割後の管理・利用の便等を考慮すべきであるから、持分の価格に応じた分割をするとしても、なお共有者の取得する現物の価格に過不足を来す事態の生じることは避け難いところであり、このような場合には、持分の価格以上の現物を取得する共有者に当該超過分の対価を支払わせ、過不足の調整をすることも現物分割の一態様として許されるものというべきであり、また、分割の対象となる共有物が多数の不動産である場合には、これらの不動産が外形上一団とみられるときはもとより、数か所に分かれて存在するときでも、右不動産を一括して分割の対象とし、分割後のそれぞれの部分を各共有者の単独所有とすることも、現物分割の方法として許されるものというべきところ、かかる場合においても、前示のような事態の生じるときは、右の過不足の調整をすることが許されるものと解すべきである（最高裁昭和28年（オ）第163号同30年5月31日第三小法廷判決・民集9巻6号793頁、昭和41年（オ）第648号同45年11月6日第二小法廷判決・民集24巻12号1803頁、

いえないが、森林の共有と森林の共同経営とは直接関連するものではないので、合理的関連性には欠けているとする。「森林経営の安定」が実現されるためには、森林共有者が相互に協力して森林経営を行うことが必要であるが、森林共有者の間での法的な相互協力義務は存在しないからである。

❶　[11]は、[10]に引き続き、森林法186条に立法目的との合理的関連性が欠けていると説明する。森林共有者間で紛争がある場合に森林の分割ができないと、保存行為以外の行為ができなくなり、かえって森林の荒廃が永続化するからである。すなわち、「間伐等の保存行為は共有者の一人が単独でできるが（民法252条ただし書）、林業経営の安定は、伐採期の到来した森林を伐採する等の処分をして収入を得るとともにその跡に植林すること、これを場所を異にして繰り返すことによって可能となると解されるが、これらはいずれも処分行為であり、単独ではできない（同条本文）。両者の間に争いがある場合には、右のような処分行為はできなくなり、林業経営はデッドロックに乗り上げ、結局、本件のように森林の荒廃という事態を招来することにすらなる。当該森林が広大であるときには、公益的機能も損なわれる結果となろう」（判解①237頁）。

❶　[12]から[16]は、森林法186条が立法目的を達成するための必要最小限度の規制といえるかを検討する。[12]は、同条の分割禁止規定が、必要な限度を超える極めて厳格な規制になっていると説明する。すなわち、①単独所有者が森林を分割した後で、分割後の各森林を第三者に譲渡する場合、②共有者の協議による共有森林の現物分割の場合、③過半数の持分を有する者が分割請求権を行使したことによる分割の場合、④民法907条に基づく遺産分割の場合については、森林の分割制限が無限定に許容されているが、これらの場合と比較すると、森林法186条の場合にだけ分割請求を否定する理由が存在しないからである。

❶　[13]は、森林法186条の規制が及ぶ森林の範囲の必要最小限度性を検討する。分割後の森林が、森林の安定的経営のための必要最小限度の面積を超える場合など、「分割後の各森林が……規制目的を達しうるときもある」のにもかかわらず、「当該森林の大きさ等を限定することなく、全面的に分割を禁止しているのは、必要な限度を超え、過度に広汎に失する」ことになる（判解①238頁）。

❶　[14]は、森林法186条の規制が及ぶ期間の必要最小限度性を検討し、伐採期などを考慮して期限を限定した分割禁止が、より制限的でない規制手段であると考える。

右と抵触する限度において、これを改める。）。また、共有者が多数である場合、その中のただ一人でも分割請求をするときは、直ちにその全部の共有関係が解消されるものと解すべきではなく、当該請求者に対してのみ持分の限度で現物を分割し、その余は他の者の共有として残すことも許されるものと解すべきである❽。

[16]　以上のように、現物分割においても、当該共有物の性質等又は共有状態に応じた合理的な分割をすることが可能であるから、共有森林につき現物分割をしても直ちにその細分化を来すものとはいえないし、また、同条2項は、競売による代金分割の方法をも規定しているのであり、この方法により一括競売がされるときは、当該共有森林の細分化という結果は生じないのである。したがって、森林法186条が共有森林につき持分価額2分の1以下の共有者に一律に分割請求権を否定しているのは、同条の立法目的を達成するについて必要な限度を超えた不必要な規制というべきである❾。

[17]　五　以上のとおり、森林法186条が共有森林につき持分価額2分の1以下の共有者に民法256条1項所定の分割請求権を否定しているのは、森林法186条の立法目的との関係において、合理性と必要性のいずれをも肯定することのできないことが明らかであって、この点に関する立法府の判断は、その合理的裁量の範囲を超えるものであるといわなければならない。したがって、同条は、憲法29条2項に違反し、無効というべきであるから、共有森林につき持分価額2分の1以下の共有者についても民法256条1項本文の適用があるものというべきである❷⓪。

[18]　六　本件について、原判決は、森林法186条は憲法29条2項に違反するものではなく、森林法186条に従うと、本件森林につき2分の1の持分価額を有するにとどまる上告人には分割請求権はないとして、本件分割請求を排斥しているが、右判断は憲法29条2項の解釈適用を誤ったものというべきであるから、この点の違憲をいう論旨は理由があり、原判決中上告人敗訴の部分は破棄を免れない。そして、右部分については、上告人の分割請求に基づき民法258条に従い本件森林を分割すべきものであるから、本件を原審に差し戻すこととする❷①。

[19]　よって、民訴法407条に従い、裁判官坂上壽夫、同林藤之輔の補足意見、裁判官高島益郎、同大内恒夫の意見、裁判官香川保一の反対意見があるほか、裁判官全員の一致で、主文のとおり判決する。

❽　【15】と【16】は、民法258条による共有森林分割の実態をふまえた、森林法186条の規制の必要最小限度性を検討する。【15】は、【16】において現物分割が不合理な森林の細分化をもたらさないことを論証する前提として、①現物分割と一括分割の関係、⑪価格賠償の方法、⑫一部分割の方法について説示する。まず、【15】によれば、①甲乙両名の共有に係るAB2筆の土地を現物分割する場合には、A地とB地とをそれぞれ甲乙に分割しなければならないのではなく、A地とB地を一括として捉え、A地を甲に、B地を乙に分割するなど、柔軟に一括分割をすることが認められる（判解①239-240頁）。次に、【15】は、⑪民法258条2項の現物分割の場合においても、価格賠償の方法による調整が許されるとして、これが許されないと解される可能性のある先例を変更する（判解①240-246頁）。最後に、⑫多数の共有者によって共有されている共有物の現物分割の場合において、共有物の一部を一共有者の単独所有とし、残りについては他の共有関係を存続させることも認められる（判解①246-248頁）。

❾　【16】は、【15】における共有物分割についての説示を受けて、森林法186条の規制の必要最小限度性を検討する。【16】によれば、①現物分割が不合理な森林の細分化をもたらすとは限らないこと、②競売による代金分割の方法が採用される場合には森林が細分化されないことを挙げ、森林法186条の規制が必要最小限度のものではないとする。

❷⓪　【17】は、【10】と【11】で森林法186条の合理性の欠如が、【12】から【16】で必要性の欠如が論証されたことを受けて、森林法186条に合理性・必要性が存在していないことは明らかで、立法府の合理的裁量の範囲を逸脱すると述べる。

❷①　【18】は、森林法186条は憲法29条2項に違反しないと考えた原審の判断が誤りであるとして、原判決中上告人敗訴の部分を破棄し、事件を原審に差し戻す。

少数意見

裁判官坂上壽夫の補足意見は、次のとおりである❷②。

[20]　香川裁判官の反対意見に鑑み、わが国における森林所有の実態を踏まえて、一言しておきたい。

[21]　香川裁判官の説かれるところは、森林の共同経営という観点から共有森林についての分割制限の合理性を指摘されるもので、たしかに、森林の共同経営に当たって、途中での分割を許すことは、経営的には不都合を来す場合があると考えられ、共同経営を目的とした共有を考える限りにおいて、まことに傾聴すべき見解であると思われるが、「森林を自らの意思により共有する者についていえば、一般的に森林の共同経営の意思を有するものという前提において立法措置のされるのが当然のことである」とされるのは、森林共有者の中に、相続による共有者を除いては、自らの意思によらずして森林を共有することになった者の存在は考えなくてもよいということであろうか。また、自らの意思により森林を共有するといっても、共有するについてはいろんな場合が考えられ、森林を共同経営する意思を有しない者もいると思われるのに、そのことを抜きにして論じてよいものであろうか。なお、共同経営に不都合を来さないためという観点からは、持分2分の1以下の権利者の分割請求のみを許さないとすることの説明が、多数決原理を云々されるだけでは肯けないものがある（のちに述べるように、分割されて困るとすれば、それはむしろ持分2分の1以下の少数権利者の側であろう。）。

[22]　ところで、森林経営という面についてであるが、香川裁判官が、「森林経営は、相当規模の森林全体について長期的計画により数地区別に木竹の植栽、育生、伐採の交互的、周期的な施業がなされるものであって、森林の土地全体は相当広大な面積のものであることが望ましいし、また、その資本力、経営力、労働力等の人的能力も大であることを必要とする反面、将来の万一の森林経営の損失の分散を図るため等から、森林に関する各法制は、多数の森林所有者の共同森林経営がより合理的であるとしているのである……そして、それに連なる共有森林は……」と説かれるところは、多人数の共同経営の難しさ、煩わしさということを別にすれば、理論としては正にそのとおりであろうが、残念ながら、わが国の森林所有の実態に即しない憾みがあるように思われる。以下、議論を正確にするため、統計数字については、林野庁監修「林業統計要覧」1986年版所載の各表によることとするが、その「1980年世界農林業センサス結果」によると、わが国での共同所有者による森林保有は、統計に表れない0.1ヘクタール未満の森林を除き、0.1ヘクタール以上のものに限れば、16万6145事業体で合計60万1673ヘクタールに過ぎず（この数字には、相続により生じた共有体を含むものと思われるが、その内訳は不詳である。）。面積比にすると、2500万ヘクタール余とされ

❷②　坂上補足意見は、香川反対意見が森林経営について論じている点について反論し、わが国における森林所有の実態をふまえると香川意見の議論に説得力はないと主張する。

るわが国の全森林の2.4％、1470万ヘクタールに及ぶ私有森林全体の約4％を占めるのみである。しかも、そのうち0.1ヘクタールないし1ヘクタール（未満）しか保有しない事業体（農林水産省統計情報部「林家経済調査報告」によると、昭和59年度において、9.3ヘクタールを保有する林家の林業粗収入額は、薪炭生産やきのこ生産等による収入をも含めて29万5000円であり、これに対する経費総額は12万7000円であつて、林業所得額は16万8000円（平均値）であるから、1ヘクタール当たりにすると、僅かに1万8000円に過ぎない。0.1ヘクタールないし1ヘクタール（未満）という森林がいかに零細なものであるかがわかろう。）は9万6280事業体に達し、全共同事業体の約58％に当たり、これに1ないし5ヘクタール（未満）しか保有しない事業体を併せると、14万4996事業体（全共同事業体の87％強）にも達するのである。他方、香川裁判官が望ましいとされる「相当広大な面積」をかりに100ヘクタール以上（本件上告人、被上告人の共有森林は、全地区を合計するとこの範囲に入ることになる。）と低く抑えたとしても、その条件に達するものは僅かに557事業体（全共同事業体の0.3％強）に過ぎない。共有にかかる森林の殆どは、共同所有ではあつても、共同経営という名に値しないものである。

【23】　とすれば、森林経営の観点から共有を論じても余り意味はなく、森林法186条は、ほんの一握りの森林共有体の経営の便宜のために、すべての森林共有体の、しかもそのうちの持分2分の1以下の共有者についてのみ、その分割請求権を奪うという不合理を敢えてしていると結論せざるを得ない。

【24】　もとより、森林経営というほどのものでない小面積の共有森林でも、否、小面積の森林なるが故に、分割しては著しく採算に影響するという場合もないではないであろうし（例えば、トラックの通行可能な道路までの伐採木の搬出距離が長いため、搬出のための架線等の設置に多大の経費を要するというような場合等）、極端な場合には、分割しては森林の全売上をもつてしても全経費を賄うに足りないという事態もありうるであろう（多数意見のいう森林の安定的経営のために必要な最小限度の森林面積を割る場合ということになろう。）。香川裁判官の説かれる共同経営論は、このようなことも配慮されてのことであると理解できるが、分割した場合につねに生ずるということではない。なお、蛇足を加えると、例えば、持分4分の3と持分4分の1の2人の共有者があつて、4分の3の持分権者の請求によつて分割が行われた場合があつたとしよう。4分の3の権利者に分割された森林は、単位面積当たりの採算が分割前より多少不利になつたとしても、なお、一応の利益が得られるが、4分の1の権利者の方は、自己に分割された森林だけでは経済的に維持できないというような場合も生ずることが考えられるのである。こういう場合に分割請求を許すべきでないのは、むしろ2分の1を超える持分権者の方でないと、筋が通らないのではなかろうか。いずれにしても、経営採算ということを考えると、共同経営にかかる森林の分割はこれを許さないとすることに相応の理由があることを否定しないが、森林の共同経営を考える者は、共同経営に当たつて必要な取決め（分収造林契約、分収育林契約、民法上の組合あるいは間伐時や伐採時の共同施業等）をしておけば足りることであつて、必ずしも共同経営に合意した結果生じたとは限らない共有全般について、法律の規定による分割請求権の剥奪で対処すべきことではないと思われる。

【25】　更にいえば、分割請求権の行使を認めないことによって、森林の細分化を防止し、それによつて森林経営の安定を図り、ひいては森林の保続培養と森林の生産力の増進を図り、もつて国民経済の発展に資することが公共の福祉に合致するとの立場をとるならば、前述のように、わが国の森林面積の2.4％、そのうちの私有森林のみの面積と対比してもその約4％を占めるに過ぎない共同所有森林（相続による共有分を除けば、その割合はもっと小さい筈）の、そのまた少数持分権者のみに、その制限を課するのは何故であろうか。森林法186条による共有森林の分割請求権の制限は、到底首肯するに足る理由を見出だすことができないのである。

　　裁判官林藤之輔の補足意見は、次のとおりである❷。

【26】　私は、多数意見に示された結論とその理由に同調するものであるが、共有物の分割方法に関して私の考えるところを補足しておきたい。

【27】　多数意見は、民法258条2項にいう現物をもつてする分割の一態様として、共有者の一部が持分以上の現物を取得する代わりに当該超過分の対価を他の共有者に支払わせる旨のいわゆる価格賠償による分割を命ずることも許されるから、共有者の一部に分割を認めても必ずしも森林の細分化をもたらすものではないとし、最高裁昭和28年（オ）第163号同30年5月31日第三小法廷判決・民集9巻6号793頁は、これと異なる限度で改めるとしているのであり、私も多数意見の右の説示に賛同する。右の小法廷判決は、昭和22年法律第222号による改正前の民法のもとにおける遺産相続により共有となつた遺産の分割につき、右改正法の附則32条により改正後の民法906条が準用されることとなる事案に関するものであるが、「遺産の共有及び分割に関しては、共有に関する民法256条以下の規定が第一次的に適用せられ、遺産の分割は現物分割を原則とし、分割によつて著しくその価格を損する虞があるときは、その競売を命じて価格分割を行うことになるのであつて、民法906条は、その場合にとるべき方針を明らかにしたものに外ならない」と判示している。しかし、家庭裁判所での遺産分割審判の実務においては、右判例にかかわらず、遺産分割につき家事審判規則109条を適用して、特別の事由があるときは、共同相続人の一部にその相続分以上の現物を取得させる代わりに、他の共同相続人に対する債務を負担させて、現物をもつてする分割に代えることが広く行われてきており、しかも、右にいう特別の事由はかなり緩やかに解されているのであるが、この債務を負担させることによる分割の実態は、多数意見にいう価格賠償にほかならないのである。

【28】　ところで、遺産分割については、民法が特に分割の基準について906条の規定を設けているほか、手続上も、家庭裁判所に非訟事件である遺産分割の審判の申立をすることができるものとされているのに対し、通常の共有物の分割にあつては、民事訴訟上の訴えの手続によるべきものとされている。しかし、この共有物分割の訴えも、いわゆる形式的形成訴訟に属し、当事者は単に共有物の分割を求める旨を申し立てれば足り、裁判所は、当事者が現物分割を申し立てているだけであつても、これに拘束されず、競売による代金分割を命ずることもできるのであつて（最高裁昭和53年（オ）第927号、第928号同57年3月9日第三小法廷判決・裁判集民事135号313頁）、その本質は非訟事件であり、その点では、典型的な非訟事件である家事審判と異なるところはない。それにもかかわらず通常の共有物分割と遺産分割との間で右のように取扱いが異なるのは、右のような法律上の規定の仕方の違いもさることながら、遺産分割は、被相続人に属していた一切の財産が分割の対象とされ、不動産、動産、債権のほか、これらの権利が結合して構成される商店、病院等の営業というようなさまざまな遺産を一括して共同相続人に配分するものであり、しかも、先祖代々の土地建物、農地、家業というべき営業のように、相続人のうちの誰かが適当な者が承継して人手には渡したくないとする一般的な意識や、分割に適しない性質を想定しうる財産も含まれているのに対し、通常の共有については、これまで1個の物の分割が典型例として考えられ、分割が個々の共有物について各共有者の持分権をその価格の割合に応じて単独所有権化するものという角度から捉えられ勝ちであつたためではないかと思われる。しかし、通常の共有の場合であつても、多数意見の指摘するように、同一共有者間において同時に多数の、性質等の異なつた共有物について分割が行われることもあり、また、遺産分割の結果共同相続人の

---

❷　林補足意見は、共有物の分割方法について論じるものであり、共有物を共有者のうちの一人または数名の者の単独所有または共有とし、これらの者から他の者に価格賠償をさせることによる分割も、なお現物分割の一態様として許されることがあると主張する。

うちの数名の共有とされた財産が再分割されるときのように遺産分割に近い実質をもつこともあるのであつて、そのようなときにまで、現物を持分に応じて分割することができないか又はそれができても著しく価格を損する場合には、直ちに現物分割によることができないものとし、価格賠償による調整をかたくなに否定することは、現物分割の途をいたずらに狭めるものであり、実状に合うものとはいい難い。建物の分割においても、持分に応じた分割が可能なのは、たとえ分割の対象となつている建物が多数あるときでもそのそれぞれがたまたま持分に相当する価格の建物である場合とか、一棟の建物ではあるが持分に相当する価格の区分所有建物とすることが可能である場合のようなむしろ例外的場合に限られることになり、土地についても、地形や道路との関係、さらには地上建物との関係などから持分に応じた分割をすることには無理が伴つたり、著しく価格を損することがむしろ多いといえよう。

[29] 共有物の分割にあつては、共有者間の公平が最も重視されなければならない。そして、価格賠償によるときは、価格が裁判所の認定にかかることになつて、観念的には競売による方がより公正な価格によることになるといえるかも知れない。しかし、現実には、競売価額が時価とはかけ離れた低額のものである場合も多々みられるところである。民法258条2項は、現物分割により著しくその価格を損する虞があるときは競売による代金分割によるべきこととしているが、競売によるときは、現物分割を避けることにより社会的にはその物自体が有する価格の減少を防ぐことができても、共有者が分配を受け得る利益からみれば著しく価格を損する結果となる虞なしとしないのである。現物分割の一態様として価格賠償の併用を認めると、必ずしも現物を持分に応じて分割しなくてもよいことになり、現物分割により得る場合はかなり増えるものと考えられ、当事者の利益からいつても、ことに当事者が希望しているような場合にまで、裁判所が鑑定等に基づいて認定する金額による価格賠償を否定すべき実質的な根拠はないと思われるのである。

[30] 以上のような見地から、私は、民法258条による共有物の分割につき価格賠償により過不足を調整することも許されるとする多数意見に賛成するものであるが、更にすすんで、共有者の数が非常に多数の場合に、その中のごく少数の者のみが分割請求をしたというようなときは、事情によつては——多数意見が規制の必要あることを認める共有森林の伐採期あるいは計画植林完了時の前になされた分割請求の如きはその適例であるが——共有物を残りの者だけの共有とし、分割請求者は持分相当額の対価の支払を受けるという方法によることも、右のごく少数の分割請求者からみれば対価を受け取るにすぎないにせよ、これを全体としてみるときはなお現物分割の一態様とみることを妨げないものというべきであり、このように共有物を共有者のうちの1人又は数名の者の単独所有又は共有とし、これらの者から他の者に価格賠償をさせることによる分割も、かかる方法によらざるをえない特段の事情がある場合には、なお現物分割の一態様として許されないわけのものではないと考えるのである。

　　裁判官大内恒夫の意見は、次のとおりである㉔。

[31] 私は、本件について、原判決を破棄し、原審に差し戻すべきであるとする多数意見の結論には同調するが、その理由を異にし、共有森林の分割請求権の制限を定める森林法186条は、その全部が憲法29条2項に違反するものではなく、持分価額が2分の1の共有者からの分割請求（本件はこの場合に当たる）をも禁じている点において、憲法の右条項に違反するにすぎないと考えるので、以下意見を述べることとする。

一　森林法186条と財産権の制約

[32] 森林法186条は、共有森林の分割につき、「各共有者の持分の価額に従いその過半数をもって分割の請求をすること」のみを認め、それ以外の持分価額が2分の1以下の共有者がなす分割請求を禁じているが、これは、民法が共有者の基本的権利としている分割請求権を持分価額が2分の1以下の共有者から奪うものであるから、かかる規制は、憲法上、経済的自由の一つである財産権の制約に当たり、憲法29条2項にいう公共の福祉に適合することを必要とする。ところで、経済的自由の規制立法には、精神的自由の規制の場合と異なり、合憲性の推定が働くと考えられ、財産権の規制立法についても、その合憲性の司法審査に当たつては、裁判所としては、規制の目的が公共の福祉に合致するものと認められる以上、そのための規制措置の具体的内容及びその必要性と合理性については、立法府の判断がその合理的裁量の範囲にとどまる限り、これを尊重すべきものである。そして、同じく経済的自由の規制であつても、それが経済的・社会的政策実施のためのものである場合（積極的規制）は、事の性質上、社会生活における安全の保障や秩序の維持等のためのものである場合（消極的規制）に比して、右合理的裁量の範囲を広く認めるべきであるから、右積極的規制を内容とする立法については、当該規制措置が規制の目的を達成するための手段として著しく不合理で裁量権を逸脱したことが明白な場合でなければ、憲法29条2項に違反するものということはできないと解するのが相当である（最高裁昭和43年（行ツ）第120号同50年4月30日大法廷判決・民集29巻4号572頁参照）。以下、この見地に立つて、森林法186条が憲法の右条項に違反するかどうかについて判断する。

二　森林法186条の立法目的

[33] 森林法の右規定は、これと同旨の旧森林法（明治40年法律第43号）6条の規定を踏襲したものであるが、もともと旧森林法が同規定を設けた立法目的は、当時の議会における政府委員の説明及び審議経過に徴すると、共有森林に係る林業経営の特殊性にかんがみ、共有者の分割請求権を制限し、林業経営の安定を図つたものであると解される。すなわち、森林は植林から伐採に至るまで長年月の期間を要し、資本投下も森林の維持・管理も長期的な計画に従つてなされるから、林業経営にあつては経営の基礎を安定したものとする必要が極めて大きいというべきところ、共有森林について民法256条1項がそのまま適用されるとするときは、共有者のうち1人が分割請求をする場合でも、何時でも、分割（原則として現物分割又は競売による代金分割）が行われざるをえず、林業経営の基礎は不安定であることを免れないことになる。そこで、旧森林法は前記の規定を設け、共有森林について分割請求権を制限することとしたのであつて、同規定は林業経営の安定を図ることを目的としたものであるというべきである。そして、森林法186条が旧森林法6条の規定をそのまま受け継いだこと、及び森林法が1条に新たに同法の目的規定を設けたことを考慮すると、同法186条の立法目的は、林業経営の安定を図るとともに、これを通じて森林の保続培養と森林の生産力の増進を図り、もって国土の保全と国民経済の発展に資するにあると解すべく、右立法目的が公共の福祉に適合することは明らかである（なお、同条は、持分価額が2分の1以下の共有者からの分割請求は認めないとし、その限度で共有森林の分割請求を制約するのみで、持分価額が2分の1を超える共有者からの分割請求は勿論、共有者間の協議による分割も同条の禁ずるところでないから、森林の細分化防止をもって同条の直接の立法目的であるとすることはできないと考える。）。

三　森林法186条の規制内容

[34] 森林法186条は、右の立法目的を達成するため、共有森林について、持分価額が2分の1を超える共有者（以下「過半数持分権者」という。）からの分割請求は認めるが、持分価額が2分の1以下の共有者からの分割請求は認めないとしている。ところで、右は前記経済的自由についての積極的規制に当たり、前示基準に従つてその憲法適合性が判断されることになるが、持分価額が2分の1以下という中には、2分の1未満と2分の1との2つの場合があるので、場合を分かつて検討する。

1　持分価額が2分の1未満の共有者の分割請求の禁止

㉔ 大内意見は、多数意見と結論を同じくするが、森林法186条の全部が憲法29条2項に違反するものではなく、本件のように、持分価格2分の1の共有者からの分割請求を禁じている部分に限定して、憲法に違反していると考える。

【35】　これは他方に過半数持分権者が存在する場合であるが、この場合、同条が持分価額が2分の1未満の共有者（以下「2分の1未満持分権者」という。）の分割請求権を否定したのは、下記のとおり理由があると認められ、同条のこの規制内容が、その立法目的との関係において、明らかに合理性と必要性を欠くものであるということはできないと考える。

【36】　(一)　旧森林法制定の際の議会における審議経過に徴すると、同法6条の政府原案は、「民法第二百五十六条ノ規定ハ共有ノ森林ニ之ヲ適用セス」とのみ定め、共有森林についてはすべて分割請求を禁止するものであつたが、右原案に対し、貴族院において、共有者の分割請求権を絶対的に禁じてしまうのは酷であり、少なくとも共有者の過半数以上の者が分割を請求する場合は、許してよいのではないか、との修正意見が出され、これを受けて、右原案に、「但シ各共有者持分ノ価格ニ従ヒ其ノ過半数ヲ以テ分割ノ請求ヲ為スコトヲ妨ケス」とのただし書が追加され、立法がなされたものである。右の立法経緯によると、旧森林法の立法においては、林業経営の安定を図るという目的から、林業経営にとつて不安定要因であると目される民法256条の分割請求権に手が加えられたが、その際右分割請求権を全面的に否定するという方法はとらず、これを一部制約するにとどめたこと、及びいかなる者に分割請求権を認め、いかなる者にこれを認めないかについては、多数持分権者の意思の尊重の見地から、「持分ノ価格ニ従ヒ其ノ過半数」である者（過半数持分権者）にのみ分割請求を許すことにしたことが認められるのであつて、旧森林法の右規定及びこれを受け継いだ森林法186条は、林業経営の安定と共有者の基本的権利（分割請求権）との調和を図つたものということができる。このように見て来ると、同条において2分の1未満持分権者の分割請求権が否定されているのは、同条が、林業経営の安定等のため、民法256条の分割請求権を制限し、過半数持分権者にのみ分割請求権を認めることとした結果にほかならないから、森林法186条の右規制内容は同条の立法目的との間に合理的な関連性を有するものといわなければならず、また、過半数持分権者の分割請求が許されるのに、2分の1未満持分権者の分割請求が禁じられる点は、多数持分権者の意思の尊重という合理的な理由に基づくものとして首肯できるというべきである。

【37】　(二)　次に、2分の1未満持分権者の権利制限の程度について見ると、同持分権者も、過半数持分権者との間で協議による分割を行うこと、及び過半数持分権者が分割自体に同意する場合、具体的な分割の方法・内容の裁判上の確定を求めて、分割の訴えを提起することは、いずれも森林法186条の禁ずるところではないと解されるので、結局、右2分の1未満持分権者がなしえないのは、過半数持分権者の意に反して分割請求をすることだけである。しかも、右2分の1未満持分権者が自己の持分を他の共有者又は第三者に譲渡する自由は、なんら制約されていないので、森林法186条による分割請求権の否定が右2分の1未満持分権者にとつて不当な権利制限であるということはできない。

【38】　してみると、同条のうち、2分の1未満持分権者の分割請求を禁止する部分が、前記立法目的を達成するための手段として著しく不合理で立法府の裁量権を逸脱したことが明白であると断ずることはできないから、同条の右部分は憲法29条2項に違反するものではないというべきである。

2　持分価額が2分の1の共有者の分割請求の禁止

【39】　持分価額が2分の1の共有者（以下「2分の1持分権者」という。）が分割請求をする場合は、分割請求の相手方も2分の1持分権者であつて、右1の場合と異なり、過半数持分権者が存在しないが、森林法186条はこの場合も分割請求を禁じている。しかし、右の最も典型的な場合は、共有者が2人（甲、乙）で、その持分価額が相等しい場合であるが、この場合共有者の1人である甲が同条によつて分割請求を禁じられるのは、ただ甲が過半数持分権者に該当しないというだけの理由からであつて、前記1の場合のごとく、他に過半数持分権者が存在し、多数持分権者の意思を尊重するのが合理的であるというような実質的理由に基づくものではない。そして、過半数持分権者に該当しないという理由で分割請求を禁じられるのは、共有者の他の1人である乙も同様であつて、甲、乙互いに対等の地位にあるにかかわらず、いずれも相手に対して分割請求をすることを禁じられるのである。その結果は、甲、乙両名（すなわち共有者全員）が共有物分割の自由を全く封じられ、両者間に不和対立を生じても共有関係を解消するすべがないこととなるが、このことの合理的理由は到底見出だし難く、共有者の権利制限として行き過ぎであるといわなければならない。思うに、森林法186条は林業経営の安定等の目的から共有者の分割請求権を制約するものであるが、全面的にこれを禁止しようとするものではない。したがつて、2分の1持分権者の共有関係の解消について生ずる右のような結果は、同条の所期するところでないとも考えられ、結局、同条のうち2分の1持分権者の分割請求を禁止する部分は、前記立法目的を達成するための手段として著しく不合理で立法府の裁量権を逸脱したことが明白であるといわざるをえない。よつて、同条の右部分は憲法29条2項に違反し、無効であるというべきである。

【40】　四　本件事案は、上告人及び被上告人が同人らの父から本件森林の贈与を受け、これを共有しているが、その持分は平等で各2分の1である、というのであり、前項2の場合に該当するから、上記の理由により上告人の分割請求は認容されるべきである。したがつて、上告人の論旨は理由があるから、本件については、原判決（上告人敗訴部分）を破棄し、原審に差し戻すべきものと考える。
　　裁判官高島益郎は、裁判官大内恒夫の意見に同調する[25]。
　　裁判官香川保一の反対意見は、次のとおりである[26]。

【41】　私は、森林法186条が憲法29条2項に違反するものとする多数意見に賛成し難い。その理由は次のとおりである。

【42】　民法の共有に関する規定は、原則的には、共有関係からの離脱及びその解消を容易ならしめるため、各共有者の共有持分の譲渡について何らの制限を設けないのみならず、共有者全員の協議による共有物の分割のほか、各共有者は何時にても無条件で共有物分割の請求（訴求）をすることができるものとしているが（同法256条1項本文、258条1項）、その反面、共有物の不分割契約を期間を5年以内に制限しながらも更新を許容してこれを認めている（同法256条1項ただし書、同条2項、なお、同法254条により不分割契約は特定承継人をも拘束するのである。）。その趣旨は、所有権の型態として単独所有が共有よりもより好ましいものとして共有物の分割を認めながらも、共有関係の生じた経緯、目的、意図、共有物の多種、多様な性質ないし機能等に応じて、何時にても共有関係を解消し得る共有から一定期間共有関係を解消しない共有までの合目的的な法律関係を形成し得る途を開いているものということができる。さらに、同法254条により、共有物の使用、収益等に関する共有者間の特約による権利義務関係が共有者の特定承継人をも拘束するものとして、共有関係の目的、意図等に対応し得る方途について配慮しているのである。因みに、各人の出資により共同事業を営む共同目的の組合契約による組合財産は、すべて総組合員の共有に属するが（同法668条）、清算前には組合財産の同法256条1項本文の規定による共有物分割の請求を禁止するなど（同法676条）しているのも、共同事業の遂行が共有物分割の請求により阻害されることを防止するための必要によるものに外ならない。そして、同法256条1項本文は、共有の目的物を特定していないが、目的物を限定して右の分割請求を考察した場合、その目的物の種類、性質、機

---

[25] 高島裁判官も、大内裁判官と同様に、持分価格2分の1の共有者からの分割請求が禁じられている部分に限定して、森林法186条が憲法29条2項に違反すると考える。
[26] 香川反対意見によれば、森林法186条は経済的政策目的による規制であって、立法府には広範な裁量が存在しており、立法措置が甚だしく不合理であって、立法府の裁量権を逸脱したものであることが明白な場合に限って違憲になる。森林法186条は、立法府の裁量権を逸脱したものであることが明白なものとは到底理解できないため、憲法29条2項には違反しない。

能等によつては、同項本文について何らかの修正を施すべき必要があることは容易に考え得るところである。

【43】　以上の考え方からいえば、共有物分割の請求をいかなる要件、方法、態様等により認めるべきかあるいは制限すべきかの立法は、経済的自由の規制に属する経済的政策目的による規制であつて、憲法29条2項により公共の福祉に適合することを要するが、その規制措置は、共有物の種類、性質、機能、関係人の利害得失等相互に関連する諸要素についての比較考量による判断に基づく政策立法であつて、立法府の広範な裁量事項に属するものというべきである。したがつて、その立法措置は、甚だしく不合理であつて、立法府の裁量権を逸脱したものであることが明白なものでなければ、これを違憲と断ずべきではない。

【44】　そこで、森林法186条について考えるに、同条は、民法256条1項本文と異なり、共有持分の価額に従い過半数を以てのみ共有森林の分割請求をすることができるものと規定している。森林法における森林とは、㈠木竹が集団して生育している土地及びその土地の上にある立木竹、㈡木竹の集団的な生育に供される土地を指称するのであるが（同法2条1項）、かかる「森林」は、その性質上木竹の植栽、育生、伐採、すなわち森林経営に供されることをその本来の機能とするものであり、このような供用による使用収益をその本質とする財産権である。さればこそ、同法は、かかる森林の所有者について、一般的に森林経営を行う者であることを前提として所要の規定を設けており（同法8条、10条の5、10条の10、11条、14条等）、この森林所有者には森林の共有者も含まれることはいうまでもない。そして、森林経営は、相当規模の森林全体について長期的計画により数地区別に木竹の植栽、育生、伐採の交互的、周期的な施業がなされるものであつて、森林の土地全体は相当広大な面積のものであることが望ましいし、また、その資本力、経営力、労働力等の人的能力も大であることを必要とする反面、将来の万一の森林経営の損失の分散を図るため等から、森林に関する各法制は、多数の森林所有者の共同森林経営がより合理的であるとしているのである（同法18条、森林組合法1条、同法第3章生産森林組合等参照）。そして、それに連なる共有森林は、森林経営に供されるものである以上、民法256条1項本文の規定により、何時でも、しかも無条件に、共有者の1人からでもなされ得る共有物分割の請求によつて、森林の細分化ないしは森林経営の小規模化を招くおそれがあるのみならず、それ以上に、前記の長期的計画に基づく交互的、周期的な森林の施業が著しく阻害され、他の共有者に不測の損害を与え、ひいては森林経営の安定化、活発化による国民経済の健全な発達を阻害し、自然環境の保全等に欠けるおそれがあるので、森林法186条は、かかる公共の福祉の見地から、右の共有物分割の請求を制限することとし、ただ、森林経営についても私有財産制の下における営業であり、私的自治の原則が尊重されるべきものであることにかんがみ、謙抑的に、共有物分割の請求の全面的禁止を採らず、共有者の合理的配慮を期待して、いわゆる多数決原理に則り、森林経営により多く利害関係を有する持分価額の過半数以上を以てしなければ共有森林の分割請求をすることができないものとしているのである。そして、共有物分割の請求は、本来非訟的なものであるにもかかわらず、訴訟によることから自ずと判断資料が限定され、森林経営に則した合理的な分割の裁判は、決して容易なものではなく、審理が長期化せざるを得ない性質のものであつて、その間における森林経営の停滞、森林の荒廃という避けるべくもないデメリットも当然予想されるであろうから、分割請求を持分価額の過半数をもって決することとすることにより、右のデメリットをも考慮して分割請求の可否、利害得失をも含め分割請求に関する合理的、妥当な共有者間の意思決定がされることを期待しているものといえるであろう。

【45】　以上のとおり、森林法186条は、その立法目的において公共の福祉に適合するものであることは明らかであり、その規制内容において必要性を欠く甚だしく不合理な、立法府の裁量権を逸脱したものであることが明白なものとは到底解することができないから、憲法29条2項に違背するものとは断じ得ない。

【46】　これに対し、多数意見は、判決理由四の2の㈠において、「森林が共有であることと森林の共同経営とは直接関連するものとはいえない」から、森林法186条はその立法目的（森林経営の安定）とその規制内容において合理的関連性がないものとし、森林共有者（特に持分が同等で2名の共有の場合）間において共有物の管理又は変更について意見が対立した場合、森林の荒廃を招くにかかわらず、かかる事態を解決するための手段である民法256条1項本文の規定の適用を排除している結果、森林の荒廃を永続化させ、森林経営の安定化に資することにならず、立法目的とその手段方法との間に合理的関連性がないことが明らかであるとしている。

【47】　しかし、前記のように、森林は、その性質、機能からいつて森林経営に供されるものというべきであり、かかる森林を自らの意思により共有する者についていえば、一般的に森林の共同経営の意思を有するものという前提において立法措置のされるのが当然のことであり、森林法186条も亦かかる前提に立つてはじめて理解し得るものである。この点において多数意見は私の見解と根本的に異なるのであるが、多数意見の右の指摘する点についていえば、共有物の管理について過半数によつて決することができない場合に管理ができなくなることは、民法252条もこれを予想し、それ自体止むを得ないこととして、その場合の不都合を若干でも除去し、少なくとも共有物の現状維持を図るために、同条ただし書において保存行為を各共有者がなし得るものとしているのであつて、既存の樹木の育生に必要な行為は右保存行為に該当するから、必ずしも森林の荒廃を防ぎ得ないものではない。また、共有者間において管理又は変更について決することができない場合の森林の荒廃という事態を解決するための手段として同法256条1項本文の規定があるものとすること自体甚だ疑問であるし、むしろ共有森林の分割請求が森林経営を阻害し、保存行為も充分になし得ず（分割請求により自己の取得する部分が不明である以上、各共有者に保存行為を期待することは無理であろう。）、反って森林の荒廃を招くおそれがあるのではなかろうか。共有森林の管理について共有者間の意見が一致しない場合、共有関係の継続を欲しない者がその持分を譲渡して共有関係から離脱することも必ずしも困難を強いるものではない。

【48】　次に、多数意見は、判決理由四の2の㈡において、協議による分割、持分価額の過半数による分割請求及び遺産分割を禁止しないで、ただ持分価額の2分の1以下による分割請求を禁止しているが、右の分割の許される場合に比し、分割請求の禁止される場合が森林の細分化を防止する社会的必要性が強く存すると認めるべき根拠はないし、しかも森林の安定的経営のための必要最小限度の面積をも法定せず、分割請求の制限される森林の範囲及び期間の限定もないまま、特に当該森林の伐採期あるいは計画植林の完了時期を考慮することなく無期限に分割請求を制限することは、立法目的の達成に必要な限度を超えた不必要なものであるという。さらに分割請求の場合の現物分割としても、調整的な価格賠償により分割後の管理、利用の便等を考慮して合理的な現物分割がされるし、多数共有者の1人による分割請求の場合に、請求者に持分の限度で現物を与え、その余を他の共有者の共有とする分割も許されるし、さらに代金分割のための一括競売がされるときも、いずれも共有森林の細分化をきたさないから、右の分割請求の禁止は、必要な限度を超えた不必要な規制であるという。しかし、森林法が共有者全員の協議による分割を禁止していないのは、私有財産制の尊重からかかる分割まで禁止することの適否は疑問であり、森林の共同経営を前提とする以上、分割の可否及び可とする場合の分割について共有者全員の合理的な協議を期待してのことであつて、かかる期待も立法態度として肯認されるものであろう。次に、遺産分割を禁止していないのは、遺産分割が遺産の全部を対象とするものなのに、その一部である森林のみについて異なる扱いをすることは円滑な遺産分割を阻害するおそれがあるし、もともと森林又はその共有持分の共同相続人は自らの意思により共有関係に入つた者ではなく、森林の共

同経営の意思を有するものとは必ずしもいえないからである。これらの分割を制限していないことには、右のような相当の理由があるものというべく、ただ、共有者の1人からでも何時にてもなされる分割請求は、多数の意思に反して森林経営のための円滑な施業を阻害するから、これを制限しているのである。次に、分割請求の制限される森林の範囲及び期間を限定せず、特に伐採期、計画植林の完了時期を考慮することなく無期限に分割を制限している点については、森林経営に必要な最小限度の土地の面積を法定することは、実際問題として立法技術上も困難であるし、さらに伐採、植林の時期が地区別に交互周期的に到来するのが通常であろうから、分割制限の期間及び時期の限定は、難きを強いるものではなかろうか。最後に、分割請求の制限をしなくても、合理的な現物分割がされるというが、現物の細分化の防止からのみいえば現物分割の結果がなお森林経営上合理的な規模となる場合もあり得ようが、分割の裁判が相当長期間を要することから、分割請求そのものによる森林経営のための円滑な施業の阻害は避けられないであろう。さらに代金分割については、一括競売される限りにおいては当該森林の細分化は防止できるであろうけれども、一括競売は共有物分割の止むを得ない最後の方法であり、共有森林の細分化の防止の観点から、必ずしも時価売却の実現を保し難い競売による代金分割を常に採ることができるかどうか甚だ疑問であつて、以上のような分割の方法があることをもつて、森林法186条の分割請求の制限が必要な限度を超えた不必要なものであると果たしていえるであろうか。

以上のように、多数意見が森林法186条の違憲の論拠とする点は、これを総合しても、同条が甚だしく不合理で、立法府の裁量権を逸脱したものであることが明白なものとする理由としては、到底首肯し得ないところである。

したがつて、上告人の論旨は理由がないから、本件上告は棄却すべきものと考える。

（裁判長裁判官　矢口洪一　裁判官　伊藤正己　裁判官　谷口正孝　裁判官　牧　圭次　裁判官　安岡滿彦　裁判官　角田禮次郎　裁判官　島谷六郎　裁判官　長島　敦　裁判官　高島益郎　裁判官　藤島　昭　裁判官　大内恒夫　裁判官　香川保一　裁判官　坂上壽夫　裁判官　佐藤哲郎　裁判官　林藤之輔）

Questions

①事実関係の確認

問1 民法256条は何を規定しているか。

問2 森林法186条は何を規定しているか。▶【参考条文】

問3 本件山林の所有関係はどのように変遷したか。▶【事案】

問4 Xは、いかなる理由に基づいて、どのような訴訟を提起したか。▶【事案】

問5 Xの主張に対するYの反論と、それに対するXの再反論はどのようなものか。▶【事案】

②判決の内容の確認

問6 Xの上告理由はどのようなものであったか。▶【1】

問7 本判決は、憲法29条の趣旨をどのように理解しているか。▶【2】

問8 本判決は、財産権に対して加えられる規制が29条2項にいう公共の福祉に適合するものとして是認されるべきものであるかどうかを、どのような理由により、どのように判断すべきであると説示しているか。▶【3】

問9 本判決は、森林法186条と民法256条との関係を、どのように理解しているか。▶【4】

問10 本判決は、民法256条の立法趣旨・目的について、どのように理解しているか。▶【5】

問11 本判決が、分割請求権を共有者に否定することが、憲法上、財産権の制限に該当するとしたのはなぜか。▶【5】【6】

問12 本判決によれば、森林法186条の立法目的はどのようなものか。▶【7】

問13 本判決によれば、森林法186条の立法目的が公共の福祉に合致しないことが明らかであるといえるか。▶【8】

問14 本判決によれば、森林法186条の立法目的が公共の福祉に合致しないことが明らかではない場合、次に何を検討すべきか。▶【9】

問15 本判決は、森林の共有と森林の共同経営との関係について、どのように説示しているか。▶【10】

問16 本判決が、森林法186条と立法目的の間に合理的関連性がないとしたのは、なぜか。▶【10】【11】

問17 本判決が、森林法186条は立法目的を達成するための必要最小限度の規制とはいえないとしたのは、なぜか。▶【12】

問18 本判決は、森林法186条の立法目的を達成するためのより制限的でない手段として、規制対象となる森林の範囲をどのように定められるとしているか。▶【13】

問19 本判決は、森林法186条の立法目的を達成するためのより制限的でない手段として、規制対象となる期間をどのように定めるべきであるとしているか。▶【14】

問20 本判決は、①現物分割と一括分割の関係、②価格賠償の方法、③一部分割の方法について、どのように説示しているか。▶【15】

問21 本判決が、共有林について現物分割しても直ちにその細分化をきたすものとはいえないとしたのは、なぜか。▶【15】【16】

問22 森林法186条が違憲とされたのは、同条が立法目的を達成するための必要最小限度の規制とはいえないからか、それとも、同条の規制と立法目的との合理的関連性が欠けているからか。▶【17】

③応用問題

問23 一定の要件をみたす団地について、団地管理組合で5分の4の賛成があれば、団地全体の建物を一括して建て替えることができるとする区分所有法70条は憲法に違反するか。▶判例①

問24 市長の許可を受けた場合を除いて、所有または占有する土地に井戸を設置することを禁止する秦野市環境保全条例39条1項は憲法に違反するか。▶判例②

○ **関連判例**（本書所収以外のもの）
最判平成21年4月23日判タ1299号121頁［区分所有法70条事件］（**判例①**）
東京高判平成26年1月30日判自387号11頁［地下水保全条例事件］（**判例②**）
○ **本判決の調査官解説**
柴田保幸「判解」最高裁判所判例解説民事篇昭和62年度198頁（**判解①**）
○ **その他の判例解説・判例批評**
野坂泰司「判批」同『憲法基本判例を読み直す』（有斐閣、2011年）233頁（**判批①**）
石川健治「判批」LS憲法研究会編『プロセス演習 憲法［第4版］』（信山社、2011年）291頁
巻美矢紀「判批」憲法判例百選Ⅰ［第6版］（2013年）214頁（**判批②**）
○ **参考文献**
安念潤司「憲法が財産権を保護することの意味」長谷部恭男編『リーディングズ 現代の憲法』（日本評論社、1995年）137頁（**文献①**）
山本龍彦「憲法上の財産権保障とデモクラシー ―森林法判決」駒村圭吾編『テクストとしての判決』（有斐閣、2016年）（**文献②**）

56 証券取引法164条事件

最高裁平成14年2月13日大法廷判決　平成12年(オ)第1965号：短期売買利益返還請求事件　民集56巻2号331頁

事案

X社（原告、被控訴人、被上告人）は、東証2部上場の株式会社である。Y社（被告、控訴人、上告人）は、株式会社Xの発行済み株式総数の100分の10以上の株式を有する主要株主である。Y社は、自己の計算において、平成11年中に数回にわたりX社の発行した株式の買付けをし、それぞれ6か月以内にA社に対してその売付けをし、合計2018万3691円の短期売買利益を得た。そこで、X社はY社に対して、証券取引法164条1項に基づいて、短期売買利益をX社に提供すべきことを請求した。

第一審（東京地判平12・5・24民集56-2-340）および原審（東京高判平12・9・28民集56-2-346）は、X社の請求を認容すべきものとした。その理由は、以下のようなものである。すなわち、証券取引法164条1項は、上場会社等の主要株主等がその職務または地位により取得した秘密を不当に利用することを防止するため、その者が、当該上場会社等の特定有価証券等について、自己の計算において、その買付けをした後6か月以内に売付けをするなどして利益を得た場合においては、当該上場会社等は、その利益を上場会社等に提供すべきことを請求することができると定める。同項は、財産権に対する必要かつ合理的な制限であり、公共の福祉にかなうものであるから、同規定が憲法29条に違反するものとはいえない。

これに対して、Y社は、以下のような理由で上告した。証券取引法164条1項は主要株主の経済活動の自由としての株式売却の自由を制約するものであり、明らかに弊害の生じない事案についてまで、主要株主に対する短期売買利益の提供を認容することは、憲法29条に違反する。本件取引は、Y社が株式市場で取得したX社の株式をA社に対して売り付けたものであるが、Y社とA社は、ともにBが代表取締役としてすべての株式を保有する会社であって、本件取引は単に同一グループ会社間で株式の保有を分散したにすぎず、一般投資家の利益を害するなどの弊害は発生していないのであるから、本件売買に証券取引法164条1項の適用はなく、そのように解さなければ同項は憲法29条に違反する。

■参考条文（事件当時のもの）

証券取引法
第164条　〔第1項〕上場会社等の役員又は主要株主がその職務又は地位により取得した秘密を不当に利用することを防止するため、その者が当該上場会社等の特定有価証券等について、自己の計算においてそれに係る買付け等をした後6月以内に売付け等をし、又は売付け等をした後6月以内に買付け等をして利益を得た場合においては、当該上場会社等は、その利益を上場会社等に提供すべきことを請求することができる。

Navigator

第1に、本判決は、証券取引法の解釈として、同法164条1項の適用に際しては、現実の内部情報の不当利用や一般投資家の利益の侵害が要件とはされないとした。そして、当該解釈を根拠づける際には、「証券取引市場における公平性、公正性」や「一般投資家の利益と証券取引市場に対する信頼」の保護という同条の趣旨を援用した。第2に、本判決は、憲法解釈として、同項が憲法29条に違反するとはいえないとした。もっとも、本判決は、本事案においてそもそも財産権の制限が存在しているのかどうかについて明示的に判断することなく、財産権の制限の可否のみを検討している（なお、Y社は、同法164条1項が憲法29条1項の保障する経済活動の自由としての株式売却の自由を制約すると理解していた）。本判決が憲法判断に際して定立した判断基準は、「規制の目的、必要性、内容、その規制によって制限される財産権の種類、性質及び制限の程度等を比較考量」するというものである。そして、本判決は、結論として、同項の「規制目的は正当であり、規制手段が必要性又は合理性に欠けることが明らかであるとはいえない」と判断した。

財産権分野における最も著名な判決は、森林法共有林事件判決〔本書59事件〕である。しかし、現在では、森林法共有林事件判決が先例として引用されることはなく、本判決が先例として機能している。本判決を読む際には、森林法共有林事件と証券取引法164条事件は何が異なるのか、そして現在の最高裁が本判決のみを先例として引用するのはなぜなのかに注意する必要がある（その答えについては、文献②に詳しい解説がある）。

判　決

○　主　文
本件上告を棄却する。
上告費用は上告人らの負担とする。
○　理　由
上告代理人山田有宏、同丸山俊子、同松本修、同中島真紀子の上告理由及び上告受理申立て理由について

[1]　1　本件は、東京証券取引所第2部に株式が上場されている会社である被上告人が、証券取引法（以下「法」という。）164条1項に基づき、被上告人の主要株主である上告人に対し、被上告人発行の株式の短期売買取引による利益の提供を求める事件である❶。

[2]　上告人は、自己の計算において、平成11年中に数回にわたり被上告人発行の株式の買付けをし、それぞれ6か月以内にその売付けをし、合計2018万3691円の短期売買利益を得た。そこで、被上告人は、上告人に対し、同項に基づき、上記利益を被上告人に提供すべきことを請求している。これに対し、上告人は、同項は、上場会社等の役員又は主要株主がその職務又は地位により取得した秘密を不当に利用していわゆるインサイダー取引を行うことを規制し、もって一般投資家の利益を保護する趣旨の規定であるところ、上記株式の売付けの相手方と上告人とは代表者及び株主が同一であり、上記秘密の不当利用又は一般投資家の損害の発生という事実はないから、この売付けについて同項は適用されないと解すべきであり、そのように解さなければ、同項は憲法29条に違反すると主張している❷。

[3]　2　法164条1項は、上場会社等の役員又は主要株主がその職務又は地位により取得した秘密を不当に利用することを防止するため、同項所定の特定有価証券等の短期売買取引による利益を当該上場会社等に提供すべき旨を規定し、同条8項は、役員又は主要株主の行う買付け等又は売付け等の態様その他の事情を勘案して内閣府令で定める場合には同条1項の規定を適用しないと定めている。上場会社等の役員又は主要株主は、一般に、当該上場会社等の内部情報を一般投資家より早く、よりよく知ることができる立場にあるところ、これらの者が一般投資家の知り得ない内部情報を不当に利用して当該上場会社等の特定有価証券等の売買取引をすることは、証券取引市場における公平性、公正性を著しく害し、一般投資家の利益と証券取引市場に対する信頼を著しく損なうものである。同項がこのような不当な行為を防止することを目的として設けられたものであることは、その文言から明らかである。なお、同条8項は、取引の態様等を勘案してこのような秘密の不当利用の余地がないものと観念される取引の類型を定めることを内閣府令に委任したものであるが、上記の目的を達成するために同条1項の規定を適用する必要のない取引は内閣府令で定められた場合に尽きるものではなく、類型的にみて取引の態様自体から上記秘密を不当に利用することが認められない場合には、同項の規定は適用されないと解するのが相当である❸。

[4]　そして、個々の具体的な取引について秘密を不当に利用したか否かという事実の立証や認定は実際上極めて困難であるから、上記事実の有無を同項適用の積極要件又は消極要件とすることは、迅速かつ確実に同項の定める請求権が行使されることを妨げ、結局同項の目的を損なう結果となり兼ねない。このようなことを考慮すると、同項は、客観的な適用要件を定めて上場会社等の役員又は主要株主による秘密の不当利用を一般的に予防しようとする規定であって、上場会社等の役員又は主要株主が同項所定の有価証券等の短期売買取引をして利益を得た場合には、前記の除外例に該当しない限り、当該取引においてその者が秘密を不当に利用したか否か、その取引によって一般投資家の利益が現実に損なわれたか否かを問うことなく、当該上場会社等はその利益を提供すべきことを当該役員又は主要株主に対して請求することができるものとした規定であると解するのが相当である❹。

[5]　3　所論は、法164条1項を合憲とした原判決には憲法29条の解釈適用を誤った違法がある、というのである❺。

[6]　(1)　財産権は、それ自体に内在する制約がある外、その性質上会社全体

❶ [1]と[2]は、事実の概要を説明している。[1]によれば、X社（被上告人）の請求内容は証券取引法164条1項に基づく利益提供請求である。

❷ [2]は、[1]に引き続き、事実およびY社（上告人）の主張を要約する。X社（被上告人）が証券取引法164条1項に基づいてY社（上告人）の株式短期売買利益の提供を求めたのに対して、Y社（上告人）は、①内部秘密の不当利用や一般投資家の損害が生じていない本件には同条項は適用されず、②そのように解さなければ同条項は憲法29条に違反する、と主張した。

❸ [3]は、証券取引法164条1項および8項の解釈を展開する。第1に、判旨は、1項の趣旨が、「証券取引市場における公平性、公正性」と「一般投資家の利益と証券取引市場に対する信頼」の保護にあるとする。第2に、8項は内閣府令で定める場合に同条1項の適用を除外するが、本判決は1項の適用除外の範囲を拡張し、「類型的にみて取引の態様自体から上記秘密を不当に利用することが認められない場合」にも1項の適用が除外される余地を認めた。第1の点については、養命酒造事件判決（東京高判平4・5・27判時1428-141）が1項の趣旨を「インサイダー取引を未然に防止する」ところに求めており、本判決も養命酒造事件判決の趣旨を踏襲している（判批②1674頁）。第2の点について、調査官によれば、合衆国最高裁判所は、Kern County Land Co. v. Occidental Petroleum Corp, 411 U.S. 582（1973）において、日本法の証券取引法164条1項と同様の規定につき、法が規制しようとする弊害が定型的に認めがたい場合を法の適用対象から除外しており、本判決もかような米国の状況を視野に入れて同項の適用除外の範囲を拡大したものである（判解①189-190頁）。

❹ [4]は、証券取引法164条1項の解釈として、個別具体的な現実の内部情報の不当利用や一般投資家の利益侵害が同項の適用要件になるかを検討する。調査官によれば、「内部情報の利用や一般投資家の被害は利益提供義務が発生するための要件ではないというのが通説」であり、本判決は、「通説、裁判例や米国の判例、学説と同様の立場を採ったものである」（判解①191頁）。したがって、[4]で示された「裁判所の判断自体に目新しいところはない」が、「投資家の利益侵害について……養命酒造事件判決が発行会社の損害の発生を要件としないものとしているのに対して、本判決は一般投資家全体に射程を広げ、既存株主や将来の潜在的な株主の利益侵害についてもまた、立証を要しないことを示している」点は、新しい判示事項であるといえる（判批②1676頁）。

❺ [5]から[10]は、証券取引法164条1項と憲法

の利益を図るために立法府によって加えられる規制により制約を受けるものである。財産権の種類、性質等は多種多様であり、また、財産権に対する規制を必要とする社会的理由ないし目的も、社会公共の便宜の促進、経済的弱者の保護等の社会政策及び経済政策に基づくものから、社会生活における安全の保障や秩序の維持等を図るものまで多岐にわたるため、財産権に対する規制は、種々の態様のものがあり得る。このことからすれば、財産権に対する規制が憲法 29 条 2 項にいう公共の福祉に適合するものとして是認されるべきものであるかどうかは、規制の目的、必要性、内容、その規制によって制限される財産権の種類、性質及び制限の程度等を比較考量して判断すべきものである❻。

[7]　(2)　そこでまず、法 164 条 1 項の規制の目的、必要性について検討するに、上場会社等の役員又は主要株主が一般投資家の知り得ない内部情報を不当に利用して当該上場会社等の特定有価証券等の売買取引をすることは、証券取引市場における公平性、公正性を著しく害し、一般投資家の利益と証券取引市場に対する信頼を損なうものであるから、これを防止する必要があるものといわなければならない。同項は、上場会社等の役員又は主要株主がその職務又は地位により取得した秘密を不当に利用することを防止することによって、一般投資家が不利益を受けることのないようにし、国民経済上重要な役割を果たしている証券取引市場の公平性、公正性を維持するとともに、これに対する一般投資家の信頼を確保するという経済政策に基づく目的を達成するためのものと解することができるところ、このような目的が正当性を有し、公共の福祉に適合するものであることは明らかである❼。

[8]　次に、規制の内容等についてみると、同項は、外形的にみて上記秘密の不当利用のおそれのある取引による利益につき、個々の具体的な取引における秘密の不当利用や一般投資家の損害発生という事実の有無を問うことなく、その提供請求ができることとして、秘密を不当に利用する取引への誘因を排除しようとするものである。上記事実の有無を同項適用の積極要件又は消極要件とするとすれば、その立証や認定が実際上極めて困難であることから、同項の定める請求権の迅速かつ確実な行使を妨げ、結局その目的を損なう結果となり兼ねない。また、同項は、同条 8 項に基づく内閣府令で定める場合又は類型的にみて取引の態様自体から秘密を不当に利用することが認められない場合には適用されないと解すべきことは前記のとおりであるし、上場会社等の役員又は主要株主が行う当該上場会社等の特定有価証券等の売買取引を禁止するものではなく、その役員又は主要株主に対し、一定期間内に行われた取引から得た利益の提供請求を認めることによって当該利益の保持を制限するにすぎず、それ以上の財産上の不利益を課すものではない。これらの事情を考慮すると、そのような規制手段を採ることは、前記のような立法目的達成のための手段として必要性又は合理性に欠けるものであるとはいえない❽。

[9]　(3)　以上のとおり、法 164 条 1 項は証券取引市場の公平性、公正性を維持するとともにこれに対する一般投資家の信頼を確保するという目的による規制を定めるものであるところ、その規制目的は正当であり、規制手段が必要性又は合理性に欠けることが明らかであるとはいえないのであるから、同項は、公共の福祉に適合する制限を定めたものであって、憲法 29 条に違反するものではない❾。

[10]　4　したがって、原審が、上場会社等の役員又は主要株主がその職務又は地位により取得した秘密を不当に利用したこと又は一般投資家に損害が発生したことは法 164 条 1 項適用の要件ではないとし、同項は憲法 29 条に違反しないと判断したことは、正当として是認することができる。原判決に所論の違憲、違法はなく、論旨は、いずれも採用することができない❿。

[11]　よって、裁判官全員一致の意見で、主文のとおり判決する。
（裁判長裁判官　山口　繁　裁判官　千種秀夫　裁判官　河合伸一　裁判官　井嶋一友　裁判官　福田　博　裁判官　藤井正雄　裁判官　金谷利廣　裁判官　北川弘治　裁判官　亀山継夫　裁判官　奥田昌道　裁判官　梶谷　玄　裁判官　町田　顯　裁判官　深澤武久　裁判官　濱田邦夫　裁判官　横尾和子）

29 条の関係を検討する。

❻　[6] は、財産権制限立法の憲法 29 条適合性の判断基準を定立する。森林法共有林事件〔本書 59 事件〕と比較した場合、[6] においては、ⓘ規制目的の積極性・消極性と、ⓘⓘ立法裁量の存在への言及が欠落している点が異なっている。学説は、ⓘから、「目的二分論……について、財産権規制の分野では、採用し（てい）ない」との判決の意図を読みとる（判批①217 頁）。調査官は、ⓘⓘの違いを特に重視せず、本判決は「規制目的 2 分論によった場合の積極目的の規制についてと同様の違憲審査を行うもの」であり、これは「財産権の種類、性質や、財産権に対する規制を目的とする社会的理由ないし目的等を考慮した結果、規制手段の選択について相当の立法裁量が認められる分野に属すると考えられたことによるものと解される」とする（判解①194 頁）。しかし、このような調査官の理解が適切なものかについては批判も強い（文献①139 頁）。

❼　[7] と [8] は、証券取引法 164 条 1 項の合憲性の検討に際して、規制目的の正当性（[7]）と規制手段の必要性・合理性（[8]）を検討する。[7] は、規制目的の正当性について説示しており、「国民経済上重要な役割を果たしている証券取引市場の公平性、公正性を維持する」ことと、「一般投資家の信頼を確保するという経済政策に基づく目的を達成する」ことが、同項の正当な目的であると評価する。

❽　[8] は規制手段の必要性・合理性を検討する。本判決は、必要性・合理性の根拠として、ⓘ規制の実効性を確保する必要があること、ⓘⓘ秘密の不当利用のおそれが類型的に存在しない場合に内閣府令や裁判所の解釈により証券取引法 164 条 1 項の適用が排除される余地があること、ⓘⓘⓘ株式の処分が禁止されるわけではなく利益の保持が制限されるにすぎずそれ以上の財産上の不利益を課すものではないことを挙げる。しかし、ⓘⓘに対しては、「実際には裁判所による適用除外類型の認定はほぼ想定されないのではないか、したがってこの部分は現行の規制内容の合理性を支える強い論拠とはならないのではないか」との批判がある（判批②1682 頁）。[8] の必要性・合理性をめぐる表面的な説示は、「法の目的の正当性を正面から言明する以外に〔同項の〕合憲性を裏付ける論拠がない」ことを明らかにするものであると評価される（判批②1683 頁）。

❾　[9] は、[6] から [8] の検討を受け、証券取引法 164 条 1 項について、目的の正当性と手段の必要性・合理性の欠如が明らかではないとする。

❿　[10] は、結論を述べる。①秘密の不当利用や一般投資家への損害の発生は証券取引法 164 条 1 項の適用要件ではなく、②そのように解しても同項は憲法 29 条に違反しない。

Questions

①事実関係の確認

問1 証券取引法164条1項は何を規定していたか。▶【参考条文】

問2 X社とY社の関係はどのようなものか。▶【事案】

問3 Y社はどのような取引によってどのような利益を得たか。▶【事案】【2】

問4 X社はどのような訴訟を提起したか。▶【事案】【1】

②判決の内容の確認

問5 Y社の上告理由はどのようなものであったか。▶【2】

問6 本判決は、証券取引法164条1項の趣旨をどのように解しているか。▶【3】

問7 本判決によれば、証券取引法164条1項の適用が除外されるのはどのような場合か。▶【3】

問8 本判決は、現実の内部情報の不当利用や一般投資家の利益侵害が証券取引法164条1項適用の要件となると解しているか。▶【4】

問9 本判決は、財産権制限立法の憲法適合性をどのような判断基準によって決しているか。▶【6】

問10 本判決は、証券取引法164条1項の目的の正当性を認定する際に、どのような事情を重視しているか。▶【7】

問11 本判決は、証券取引法164条1項の必要性・合理性を基礎づける事情として、どのようなものを挙げているか。▶【8】

問12 本判決は、目的の正当性と手段の必要性・合理性の有無を検討したのか、それとも、目的の正当性と手段の必要性・合理性の欠如が明らかといえるかどうかを検討したのか。▶【9】

③応用問題

問13 都道府県知事等の許可を受けないで農地を農地以外のものにすることを禁止し、また、都道府県知事等の許可を受けないで農地以外のものとするため農地についての権利の設定、移転をすることを禁止した場合、憲法に違反するか。▶判例①

問14 消費者契約の解除に伴う損害賠償の額を予定し、または違約金を定める条項であって、これらを合算した額が、当該条項において設定された解除の事由、時期等の区分に応じ、当該消費者契約と同種の消費者契約の解除に伴い当該事業者に生ずべき平均的な損害の額を超えるものについて、当該損害の額を超える部分を無効とする消費者契約法9条1号の規定は、憲法に違反するか。▶判例②

○ **関連判例**（本書所収以外のもの）
最判平成14年4月5日刑集56巻4号95頁［農地法4条・5条事件］（判例①）
最判平成18年11月27日判時1958号61頁［消費者契約法9条1号事件］（判例②）

○ **本判決の調査官解説**
杉原則彦「判解」最高裁判所判例解説民事篇平成14年度184頁（判解①）

○ **その他の判例解説・判例批評**
松本哲治「判批」憲法判例百選Ⅰ［第6版］（2013年）216頁（判批①）
松井智予「判批」法学協会雑誌120巻8号（2003年）1672頁（判批②）

○ **参考文献**
大石和彦「財産権制約をめぐる近時の最高裁判例における違憲審査基準について」慶應法学13号（2009年）127頁（文献①）
村山健太郎「財産権の制約」横大道聡編『憲法判例の射程』（弘文堂、2017年）153頁（文献②）

第18章 適正手続の保障

1 学説の状況

　憲法31条以下では、刑事事件に端を発する人身の自由に関する手続保障が定められる。これらの規定の理解をめぐっては、①それが単に「法定」手続の保障にすぎないのか、それとも「適正」手続を含むものと理解するべきか、また、②憲法31条や33条以下の規定は、文面上、刑事手続を念頭に置くものであるが、行政手続に関する手続保障規定として読むことができるのかどうかといった論点が、比較的早い段階から議論されてきた。

　本書の諸判例に特に関係するのは憲法31条の理解であるが、①について「法定」手続のみを重視し「適正」手続を要請しないと結論づける学説（田中英夫「憲法31条（いわゆる適法手続条項）について」宮沢俊義先生還暦記念『日本国憲法体系 第8巻—基本的人権2』（有斐閣、1965年）191-192頁）もあるものの、「適正」性を求める見解も新憲法制定後の比較的初期の段階から存在し（法学協会『註解日本国憲法 上巻(2)』（有斐閣、1953年）588頁）、現在では後者が多い。さらに現在、憲法31条が、手続と実体の両者の適正を要請する「適正手続・適正実体」説が有力となっている（芦部［6版］244頁）。

　②については、文言上では刑事手続規定と読める憲法31条を行政手続へも適用（準用）する肯定説がある一方、刑事手続規定とする否定説もある。否定説の中には、行政手続保障自体を憲法的価値があるとみて、その根拠を憲法13条の幸福追求権に求めたり（高橋［4版］155頁）、手続的法治国原理の要請に求めたり（塩野宏『行政法Ⅰ行政法総論［第6版］』（有斐閣、2015年）301頁）する学説も根強い。なお、憲法31条の「何人も自由を奪われ〔ない〕」との文言を広く「公権力による適正手続」を要請するものとし、刑事手続規定と読むことなく行政手続の根拠とする学説もある（南野森「行政手続とデュープロセス」憲法の争点（2008年）89頁）。

　憲法35条をめぐっても、同条が行政手続にも適用（準用）されるとするのが通説的見解であろう。もっとも同条の令状主義の要請をめぐっては、「行政調査には、刑事的性格がなくても強制度が高いものもあれば、強制度が高くても緊急性を要するもの等々」があり、令状主義の「行政手続への適用ないし準用を、刑事手続を基準としたその類推的発想だけで理解することには限界がある」（百選Ⅱ［6版］259頁〔松井幸夫〕）との指摘がある。現在では、憲法31条を含め、行政手続には適正手続として具体的にはいかなるものが要請されるのかといった視点への関心の移動もみられる（戸松秀典＝今井功編『論点体系 判例憲法2』（第一法規、2013年）329頁以下）。

2 判例の展開

　憲法31条以下の諸規定の理解をめぐって、本章で扱う主たる三つの判例の展開から考える。昭和37年11月28日の**第三者所有物没収事件判決**〔本書57事件〕は、憲法31条が「法定」手続の保障に加えて、「適正」手続の保障まで要求するとしている。ここにいう適正手続とは、一般に、告知・聴聞の機会を与えることを指すが、同事件の最高裁判決は、密輸出に絡む犯罪で主刑とともに附加刑として関係品を没収することを規定する関税法118条1項に基づく第三者所有物の没収にも適正手続が必要であるとし、これがない没収（の言渡し）は適正手続によらない財産権侵害であり、憲法31条、29条違反であるとした。なお同判決は、第三者所有物の没収は所有者が悪意の場合に限り行われるとしていたかつての最高裁大法廷判決（最大判昭32・11・27刑集11-12-3132）を変更している。

　他方、憲法31条以下の手続に関する諸規定が、刑事手続だけではなく、行政手続にも適用（準用）されるのかについても、初期のころから議論が展開された。収税官吏による国税犯則調査に基づく捜索・押収等を可能とする国税犯則取締法3条1項に関して憲法35条違反か否かが問題となった最大判昭30・4・27刑集9-5-924では、多数意見では明示されなかったものの、少数意見の中で、①憲法35条は刑事事件に限らず行政手続にも及ぶか否か、②（間接）国税犯則事件の調査を刑事手続とみるか、行政手続とみるか、といった論点が浮上している。その後、最高裁は、国税犯則事件に係る調査手続の性質を一種の行政手続であると示すことになった（最大決昭44・12・3刑集23-12-1525）が、これに加えて重要な判断となったのが**川崎民商事件判決**〔本書58事件〕であった。同事件で最高裁は、憲法35条1項の規定による「手続が刑事責任追及を目的とするものでないとの理由のみで、その手続における一切の強制が当然に右規定による保障の枠外にあると判断することは相当でない」とし、35条1項等の手続保障規定につき、行政手続へも適用（準用）するという方向性がみられた。

　とはいえ以上の判決は、手続保障の一般的総則的規定と目される憲法31条の行政手続への適用（準用）可能性に必ずしも言及していない。これに対して**成田新法事件判決**〔本書59事件〕は、憲法31条の定める法定手続保障が行政手続にも及ぶことを明言する。もっとも同判決は、行政手続と刑事手続には性質の差があり、行政目的により多様であるとして、行政手続保障については、「行政処分により制限を受ける権利利益の内容、性質、制限の程度、行政処分により達成しようとする公益の内容、程度、緊急性等を総合較量して決定されるべきものであって、常に必ずそのような機会を与えることを必要とするものではない」ともする。以上の判決後に制定された行政手続法（平成5年）は、行政の不利益処分の場合の聴聞、弁明の機会の付与を明示した一方、個別法を含め、広範な適用除外を認めることになった。成田新法事件判決は、こうした法律における適用除外規定が憲法31条に適合するか否かの判断基準を示す機能も果たしている（最決平26・8・19判時2237-28）。

57 第三者所有物没収事件

最高裁昭和37年11月28日大法廷判決　昭和30年(あ)第2961号：関税法違反未遂被告事件　刑集16巻11号1593頁

事案

被告人らは、税関による許可を受けることなく、機帆船に貨物を積み込み、韓国に密輸出をしようとしたものの、未遂に終わり、密輸出の嫌疑で逮捕された。当時の関税法111条1項では、このような密輸を図った者あるいは行った者に対して、3年以下の懲役または30万円以下の罰金を科していた。加えて、関税法118条には、付加刑として、密輸に関する罪などに関する貨物や、犯罪行為に供した船舶などを没収することが規定されていた。

本件の第一審（福岡地小倉支判昭30・4・25刑集16-11-1629）では、被告人らを執行猶予付きの懲役刑に処するのと同時に、密輸出しようとした貨物および使用した機帆船を没収する旨の判決を言い渡した。第二審（福岡高判昭30・9・21刑集16-11-1630）も第一審判決を是認して控訴を棄却した（その際、機帆船に積み込んだ貨物は被告人所有のものではなかったものの、貨物が誰の所有になるのかについて、裁判所は特定していない）。

被告人らは、貨物の所有者は不明である（少なくとも被告人らの所有物ではない）ことから、所有者の財産が没収される場合について当該所有者に対して財産権の擁護の機会を保障しないままに行われる没収は憲法の諸規定に違反すると主張し、上告した。

■参考条文（事件当時のもの）

関税法

第118条　第109条の4から第111条まで（禁制品を輸入する罪、関税を免れる等の罪、許可を受けないで輸出入する罪）の犯罪に係る貨物、その犯罪行為の用に供した船舶若しくは航空機又は第112条（密輸貨物の運搬等をする罪）の犯罪に係る貨物（以下この条において「犯罪貨物等」という。）は、没収する。但し、犯罪貨物等が犯人以外の者の所有に係り、且つ、その者が左の各号の一に該当する場合は、この限りでない。

(1)　第109条から第112条までの犯罪が行われることをあらかじめ知らないでその犯罪が行われた時から引き続き犯罪貨物等を所有していると認められるとき。

(2)　前号に掲げる犯罪が行われた後、その情を知らないで犯罪貨物等を取得したと認められるとき。

2　前項の規定により没収すべき犯罪貨物等を没収することができない場合又は同項第2号の規定により犯罪貨物等を没収しない場合においては、その没収することができないもの又は没収しないものの犯罪が行われた時の価格に相当する金額を犯人から追徴する。

3　第1項第1号の規定により犯罪貨物等を没収しない場合において、これについて関税を徴収すべきときは、その関税は、直ちにその所有者から徴収する。但し、犯罪貨物等が税関長の指定する期間内に外国貨物として保税地域に入れられた場合においては、輸入がなかつたものとみなす。

Navigator

適正手続保障との関係での本判決の重要論点は、憲法31条について、法定手続の保障に加えて、適正手続の保障まで要求することを認めた点である。ここにいう適正手続の具体的内容としては、告知・聴聞といった手法である。本判決では、所有物を没収される第三者に、その旨を告知すること、そして弁解・防御の機会を与えるべきこと、そうした手続を欠いた没収は憲法31条に違反するとしている。

もっとも本判決の重要論点はそれにとどまらない。本判決では、関税法の規定に基づいて犯人以外の第三者の所有物について犯罪の付加刑として没収することが、憲法との関係において問題とならないかどうかについて最高裁大法廷が判断したものでもある。この問題に関連して、最高裁大法廷はそれまで、いくつかの判断をしていた。まず昭和32年判決（判例①）では、当時の関税法83条1項（【参考条文】の118条1項に該当）による第三者の所有物の没収については、所有者が悪意の場合に限るものと解すべきことを前提に同条項について憲法29条に違反しないとした。その後の二つの昭和35年判決（判例②、判例③）では、「他人の所有権を対象として基本的人権の侵害がありとし、憲法上無効である旨論議抗争することは許されない」として、上告の論旨に立ち入ることなく、上告を棄却していた。こうした諸判例、特に昭和35年判決に対して本判決は、第三者所有物の没収の違憲性を理由に上告人が上告することを認める判例変更をした。

さらに本判決には、没収について定める関税法の規定が手続保障を欠くため違憲であることを述べたものか、（実体規定を定めた関税法の規定そのものは違憲ではないとしても、手続保障がないままでの）没収という「処分」が違憲であると述べたものかどうかという論点がある。このことについては判決文からはわかりづらいといった評価を受けているものの、実務的には本判決後、「刑事事件における第三者所有物の没収手続に関する応急措置法」が制定されたことからも、本体である関税法の「実体」を定めた諸規定を違憲とせず、「手続」法の欠陥を補ったという点に注意したい。

■判決の論理構造

財産権保障のための告知、弁護、防御の機会を与えないままの第三者の所有物の没収は、憲法31条（29条）に違反するかどうか	第三者の所有物の没収の場合であっても、当人に告知、弁護、防御の機会を与えることなくして当該没収を行うならば、適正な手続によらないで財産権を侵害することになる
	関税法が第三者所有物についても没収する規定を設けつつも告知、弁解、防御の機会を保障する規定を設けていない（また刑訴法その他もそうした規定を設けていない）状況において、関税法118条1項により第三者所有物を没収することは、憲法31条、29条に違反する
第三者所有物の没収の違憲性を理由にして、（同所有者でない）被告人が上告をすることができるかどうか	被告人に対する付加刑である以上、没収の裁判の違憲を理由として上告できることは当然
	没収による物の占有権を剥奪され、それが使用、収益をなしえない状態に置かれることに加え、第三者から賠償請求権を行使されるなど、利害関係があることが明らかであるから、上告で救済を求めることは可能

判　決

○　主　文

原判決および第一審判決を破棄する。
被告人中村数一を懲役6月に、同中村俊弘を懲役4月に各処する。
但し本裁判確定の日から3年間右各刑の執行を猶予する。
福岡地方検察庁小倉支部の保管に係る機帆船大栄丸（換価代金43万1,000円）はこれを没収する。
第一審における訴訟費用は全部被告人両名の連帯負担とする。

○　理　由

弁護人緒方英三郎、同松永志逸の各上告趣意について。

[1]　関税法118条1項の規定による没収は、同項所定の犯罪に関係ある船舶、貨物等で同項但書に該当しないものにつき、被告人の所有に属すると否とを問わず、その所有権を剥奪して国庫に帰属せしめる処分であつて、被告人以外の第三者が所有者である場合においても、被告人に対する附加刑としての没収の言渡により、当該第三者の所有権剥奪の効果を生ずる趣旨であると解するのが相当である❶。

[2]　しかし、第三者の所有物を没収する場合において、その没収に関して当該所有者に対し、何ら告知、弁解、防禦の機会を与えることなく、その所有権を奪うことは、著しく不合理であつて、憲法の容認しないところであるといわなければならない。けだし、憲法29条1項は、財産権は、これを侵してはならないと規定し、また同31条は、何人も、法律の定める手続によらなければ、その生命若しくは自由を奪われ、又はその他の刑罰を科せられないと規定しているが、前記第三者の所有物の没収は、被告人に対する附加刑として言い渡され、その刑事処分の効果が第三者に及ぶものであるから、所有物を没収せられる第三者についても、告知、弁解、防禦の機会を与えることが必要であつて、これなくして第三者の所有物を没収することは、適正な法律手続によらないで、財産権を侵害する制裁を科するに外ならないからである。そして、このことは、右第三者に、事後においていかなる権利救済の方法が認められるかということとは、別個の問題である。然るに、関税法118条1項は、同項所定の犯罪に関係ある船舶、貨物等が被告人以外の第三者の所有に属する場合においてもこれを没収する旨規定しながら、その所有者たる第三者に対し、告知、弁解、防禦の機会を与えるべきことを定めておらず、また刑訴法その他の法令においても、何らかかる手続に関する規定を設けていないのである。従つて、前記関税法118条1項によつて第三者の所有物を没収することは、憲法31条、29条に違反するものと断ぜざるをえない❷。

[3]　そして、かかる没収の言渡を受けた被告人は、たとえ第三者の所有物に関する場合であつても、被告人に対する附加刑である以上、没収の裁判の違憲を理由として上告をなしうることは、当然である。のみならず、被告人としても没収に係る物の占有権を剥奪され、またはこれが使用、収益をなしえない状態におかれ、更には所有権を剥奪された第三者から賠償請求権等を行使される危険に曝される等、利害関係を有することが明らかであるから、上告によりこれが救済を求めることができるものと解すべきである。これと矛盾する昭和28年（あ）第3026号、同29年（あ）第3655号、各同35年10

❶　[1]は、まず関税法118条1項の規定による没収の効果について説明するものであり、被告人以外の第三者の所有権剥奪という強い権利制約が生じることを示している。

❷　[2]は、関税法118条1項の規定に基づいて第三者の所有物を没収することが、憲法31条、29条に照らして違憲であるという結論を示す。そして特に重要なのは、憲法31条の法定手続について定めていることにより、「告知、弁護、防禦の機会を与える」という「適正手続」（に関する規定）が必要であるとした点である。これにより最高裁が初めて、憲法31条の法定手続規定に「適正手続」を読み込んだことになる。他方で本判決では、関税法118条1項それ自体を違憲としたのか、それとも没収という処分を違憲としたのかについて考え方の争いがあるとの評価（判批①）があるものの、本件調査官解説は「本判決が関税法118条1項の没収の実体規定そのものを違憲とするものではなく、所有者に告知、弁解、防禦の機会を与えることなく第三者の所有物を没収する判決が憲法に反するとしている」点に注意すべきであるとしている（判解①228頁）。当時の最高裁判所長官もまた「本件の判決は、法律そのものを違憲としたのではなく、たんに没収という処分を違憲とした」としている（文献②824頁）。

❸　[3]は、没収の対象とされる密輸出品が第三者の所有物であり、その没収を違憲であると主張して上告できるかどうかという論点について、最高裁が明示的にこれを理由に上告してよいと述べた部分である。従来の判例（判例②、判例③）を変更している点も注意したい。

【4】　本件につきこれを見るに、没収に係る貨物が被告人以外の第三者の所有に係るものであることは、原審の確定するところであるから、前述の理由により本件貨物の没収の言渡は違憲であつて、この点に関する論旨は、結局理由あるに帰し、原判決および第一審判決は、この点において破棄を免れない❹。

【5】　よつて刑訴法410条1項本文、405条1号、413条但書により原判決を破棄し、被告事件につき更に判決する❺。

【6】　原審の是認する第一審判決の確定した事実に法律を適用すると、被告人らの同判示所為は、関税法111条2項、1項、刑法60条に該当するから、所定刑中懲役刑を選択し、その所定刑期範囲内で被告人中村数一を懲役6月に、同中村俊弘を懲役4月に各処し、情状により刑法25条1項を適用して本裁判確定の日から3年間右各刑の執行を猶予し、主文第四項掲記の機帆船大栄丸は、本件犯行の用に供した船舶であつて、被告人中村俊弘の所有に係るものであるから、関税法118条1項本文により、その換価代金43万1,000円を没収することとし、訴訟費用につき刑訴法181条1項本文、182条を適用し主文のとおり判決する❻。

【7】　この判決は裁判官入江俊郎、同垂水克己、同奥野健一の補足意見および裁判官藤田八郎、同下飯坂潤夫、同高木常七、同石坂修一、同山田作之助の少数または反対意見があるほか、裁判官全員一致の意見によるものである。

❹【4】は、【3】を受けて、本件でも当然上告の理由としてよいとし、また第一審、第二審が、第三者の所有物について当該所有者の権利保障の手続を経ていなくても没収を可とする結論を示していることについて、破棄を免れないとしている。

❺【5】は、刑訴法405条で「憲法の違反があること又は憲法の解釈に誤がある」（1号）場合に上告の申立てをしてよいことを規定しており、それに該当する事由がある場合には判決で原判決を破棄すると規定する同法410条1項に基づいて原判決を破棄し、さらに同413条の規定を受けて（第一審、第二審が調べた証拠に基づいて）最高裁が自判することを示している。

❻【6】は、被告人に対する主刑と付加刑について述べている。特に付加刑については、本件における機帆船についてはそもそも被告人所有のものであることから、所定の権利主張手続を経ていることを前提に、機帆船の没収を肯定することになる。

■ 少数意見

　　　裁判官入江俊郎の補足意見は次のとおりである❼。

【8】　一　わたくしは、㈠関税法118条1項の規定による没収は、同項所定の犯罪に関係ある船舶、貨物等で、同項但書に該当しないものにつき、それが被告人の所有に属すると否とを問わず、その所有権を国庫に帰属せしめることを目的とする処分であること、㈡被告人以外の第三者が所有者である場合においては、被告人に対する附加刑としての没収の言渡により、当該第三者の所有権剥奪の効果を生ずる趣旨であること、㈢かかる没収の言渡を受けた被告人は、その没収の客体がたとえ第三者の所有物である場合であつても、その没収の裁判の違憲を理由として上告をなしうるものであることを判示した本判決の多数意見に賛同する。そして、わたくしはその理由について、昭和28年（あ）第3026号、同35年10月19日大法廷判決における、右の諸点に関するわたしの反対意見を援用して補足することとする。

【9】　二　次に、本判決の多数意見は、本件の没収が憲法31条、29条に違反するものであるが、この点についてはわたくしは、前記判決における右の点に関するわたしの反対意見において述べたところを改め、右多数意見に賛同することとした。その理由とするところは、右多数意見の説示をもつて足りるとは思うが、念のため若干附加補足することとする。

【10】　先ず、㈠憲法31条にいわゆる法定手続の保障は、単に形式上法律で定めれば、それで本条の要請を満たしたものというものではなく、たとえ法律で定めても、その法律の内容が、近代民主主義国家における憲法の基本原理に反するようなものであれば本条違反たるを免れず、単に手続規定のみについてでなく、権利の内容を定めた実体規定についても、本条の保障ありと解すべきであり、更に本条は単に刑罰についてのみの規定ではなく、「若しくは自由を奪われ」という中には、刑罰以外に、国家権力によつて個人の権利、利益を侵害する場合をも包含しているものと解すべきであると考える。（本条は明治憲法23条の趣旨を引継いだ規定でもあり、明治憲法23条は、刑事上のみならず行政上の逮捕、監禁、審問、処罰についても保障した規定であると一般に解せられていたことと思い合わすべきである。）次に、㈡しかし、憲法31条は、国家権力が個人に対しその権利、利益を侵害するすべての場合に、常に必ずその者に予め告知、聴問の機会を与えて、意見を開陳し弁解、防禦をなすことを得せしめるべきことを要請したものだとは考えない。もちろん、それが刑罰である場合には、憲法は他の規定、例えば32条、37条、82条等により、そのような要請が明定せられ、それらの規定と31条とが相まつて、そのような保障がなされていると解すべきであるが、刑罰以外のものについては、事柄の性質から判断し、予め告知、聴問の機会を与え、弁解、防禦をなすことを得せしめることが、憲法全体の建前から見て、基本的人権の保障の上に不可欠のものと考えられない限りは、そのことがないからといつて、立法政策上の当否はしばらくおき、これを憲法31条に反するものであると解すべきではないといいたいのである。更に、㈢第三者没収の言渡は、これと不可分に言渡される主刑と一体をなすものとして、その手続を考えるべきであるから、右第三者に対しては、これを訴訟手続に参加せしめ、何らかの方法により、予め告知、聴問の機会を与え、弁解、防禦をなすことを得せしめることが、第三者についての憲法31条の要請といわなければならない。（以上㈠ないし㈢に述べた憲法31条に関するわたくしの考え方は、前記判例におけるわたくしの反対意見で述べたところと変わりはないのである。）

【11】　㈣しかし、わたくしは前記反対意見においては、右第三者没収に関する憲法31条の適用については、同条の最小限度の要請としては、右第三者を証人として法廷に召喚し、証人調の段階においてこれに第三者没収の趣旨を告知し、意見を開陳し、弁解、防禦を試みる機会を与えることをもつて足りると解する旨を主張したのであるが、今回右の見解を改めることとし、本判決の多数意見に賛同することとした。蓋し、現行刑事訴訟法の上で証人調の手続には一定の限界があり、証人として尋問するということが、直ちに防禦の機会を与えたことになるとはいい得ず、また、現行訴訟手続の上で、所有者たる第三者の悪意を認定するにつき、第三者たる所有者を証人として尋問

❼入江裁判官は、昭和35年判決（判例②）では、第三者所有物の没収について、同第三者に聴聞（聴問）等の機会を与えることなどが憲法31条によって保障されるところ、手続規定がない場合には、同第三者を証人として法廷に召喚し、そこでの発言等の機会を与えることで以上の要請はみたされるとの立場にいた。しかし本判決はこの見解を改めて、本件多数意見に同調している。なお判例①は「特に説明はないが、前回入江裁判官の反対意見に同調された河村（又）、池田両裁判官も今回の多数意見に加わっておられるので、同様見解を改めたものと考えられる」（226頁）とコメントしている。

せねばならぬという証拠調上の制約もなく、更に、被告人が自己の所有物につき没収の刑を受ける場合にあつては、刑事訴訟法により当然被告人として告知、審問を受け、防禦権行使の機会が与えられるのに反し、第三者がその所有物を没収される場合には、これにそのような機会を与えることが制度上保障されていないということは、被告人と第三者との間に取扱上不利益な差別があるといわざるを得ない等の事情を考えると（これらの諸点は、前記判例において河村大助裁判官、奥野健一裁判官の少数意見中に指摘されていた。）、本件第三者の所有物の没収は、被告人に対する附加刑として言渡され、その刑事処分の効果が第三者に及ぶものであり、右第三者に対する関係においても、刑事処分に準じて取扱うことを妥当とすべく、被告人に対する場合に準じて、第三者を訴訟手続に参加せしめ、これに告知、弁解、防禦の機会を与えるべきであり、単に第三者を証人として尋問し、その機会にこれに告知、弁解、防禦をなさしめる程度では、未だ憲法31条にいう適正な法律手続によるものとはいい得ないと解するのが正当であると考えるに至つたからである。

裁判官垂水克己の補足意見は次のとおりである❽。

[12] **1** 没収は犯罪を原因とする所有権の剥奪である。（この考の下に没収の執行に関する規定が定められている。）だから、この不利益処分を受けるべき者は、第一に、実体法面からいうと、物が犯罪の用に供され或いは犯罪組成物件とされたこと等について、犯罪行為者本人であるか又は悪意のあつた者（共犯者）ないしは社会的に強く責められるべき態度ないし意思状態にあつた者（或る種の過失者）等に限られなければならない。第二に、手続法面からいうと、或る人が右にいう犯人と共犯者若しくは過失者等の関係に立つ所有者であるとの事実を確定するには、その人が訴訟の第三者である場合には、正当な事由のない限り、その第三者に対し、彼を一種の当事者として、没収の虞ある事実上及び法律上の理由を知らせ、その言いぶんを聴取し、彼に防禦の方法として没収されてはならない事実上又は法律上の理由を自ら若しくは代理人によつて陳述し、更には立証する機会を適当に与えなければならない。かくすることによつて、第三者所有物の没収は始めて憲法31条の法定の適正手続によつたものといえるのである（昭和28年（あ）3026号同35年10月19日言渡、被告人大町辰平ら関税法違反事件大法廷判決における私の補足意見同旨）。

[13] しかるに、現行刑訴法には、被告事件の第三者からその所有物を没収する場合について右のような第三者の利益保護のための特別の手続規定がない。この特別規定が立法されない間は、かりに、第三者所有物没収を是認する実体刑事法の規定が合意であつても、第三者所有物を没収した判決は憲法31条違反、従つて同29条1項違反となる。

[14] **2** 無差別没収を排し、無差別不没収の外なしとする多数意見は、現行刑事訴訟法等のどの条項が憲法31条に違反するとも判示していない。これは刑事法に適正手続規定がないのに第三者所有物を没収する判決をした場合には判決が憲法31条、29条1項に違反するということを示すものと解するしかあるまい。（或る法令の特定の条項を明示しないで或る法令を違憲だというような判決は違法であろう。）多数意見は、没収すべき物の価値の大小を問わない。法律上何人の所有をも許さない法禁物又は価値が失われてしまつた物や所有者が所有権を放棄したと認められる物（殺害に用いられた刺身庖丁、血痕付着の手拭の如く普通人なら使う意思を失つたと認められる物）のほかは、第三者所有物の没収は違憲である。もちろん、被告事件に顕われた証拠からは、第三者の所有物で没収されるべきものと認めうる場合であつても、その第三者に防禦の機会を与えないで（証拠の証拠能力や信用性についての第三者の意見、立証をも聴かないで）かように認めることに憲法31条違反があるのである。

[15] 第三者が適正な没収手続に呼出を受けながら故なく出頭を怠つたような場合には、普通、没収の裁判をしてよいかも知れないが、今日のわが国では、第三者が長く外国に居住していて国際的司法共助による没収手続への呼出状そのものの送達に成功することは一般に困難であり、第三者が国内にいるとしても住居不明又は不定のような場合には一々の没収すべきものと考えられる物について第三者に対する呼出状を公示送達することは多大の労費と日時を要し、訴訟を長引かせる結果、適正手続規定が立法されても、それは行われない場合が多くなるかも知れない。かような場合に、有罪、無罪等の本案判決を長い月日の間待つ訳にはいかぬから、この場合につき適当な立法がなされなければ不没収判決をするほかない。なお、そのほかに、第三者所有物没収裁判の確定後、第三者である所有者が一定の正当な事由を主張しそれを裁判所が正当とする場合には没収の執行をすることができないものとするか、他に何らかの救済手続を定める立法も考えられないものか。

[16] **3** 多数意見はいう。「第三者の所有物を没収する言渡を受けた被告人は、たとえ第三者の所有物に関する場合であつても、被告人に対する附加刑である以上、没収の裁判の違憲を理由として上告をなしうることは当然である。のみならず、被告人としても没収にかかる物の占有権を剥奪され、またはこれが使用、収益をなしえない状態におかれ、更には所有権を剥奪された第三者からの賠償請求権等を行使される危険に曝される等、利害関係を有することが明らかであるから、上告によりこれが救済を求めることができるものと解すべきである」と。

[17] これには一応問題がある。アメリカ連邦最高裁判所では、「単に他人の憲法上の権利のみを援用して或る法律を違憲であると主張する上告は不適法である。けだし、或る憲法上の権利を害された者が最もよくその憲法上の争点を裁判所に提出し、裁判所もその本人の主張ある場合にのみ適正に憲法判断をすることができる。憲法上の権利の主体がその権利の侵害を甘受しその憲法上の権利を抛棄するかも知れないのに、他人が先走つてその権利を援用した場合に判決するのは適当でない。未で他人に法が適用されていないのに、他人に法が適用された場合その他人の憲法上の権利が害されるであろうという未だ発生しない想像上の事実に基いて憲法上の判断をするのは好ましくない。」というような判示をして来ているのが原則であるという。

[18] 一般に、訴そのものでも同じであるが、控訴ないし上告の場合も、その理由として他人の利益が侵害されることだけを主張し、ひいて被告人の自己利益が害される虞ある具体的関係の主張を含まないものは、自己に有利な判決すなわち、原判決を上訴人自身の利益に変更する判決を求めるものでないから適法な上訴理由とならないのが原則である。本件上告理由は、被告人に対する附加刑として第三者所有物が没収されることは違憲であるというのであるが、その理由として、この没収判決の破棄により被告人は附加刑を免れる具体的、必然的関係にあるという主張が含まれていると解されないことはない。とすれば、本件では上告趣意に対して一応次の如く実体判断をすることはできよう。「被告人自身は本件で、すでに第一審で公訴事実を告知され弁護人立会の下に公判廷でこれに対し陳述し、自己のために主張し、証人尋問の機会を与えられて立証し弁護人の弁護も受けた上法律に定める没収の判決を受けたのであるから、被告人自身に対する適法手続は済んでいる。そして、実体法の面からみても、上告論旨に対しては次のようにもいえよう。⑴若し没収された物の所有者が、被告人と共犯その他実体法上没収されてもやむをえない有責者であると仮定しても、没収は、被告人自身の本件犯行を原因として被告人自身に対する附加刑として科されたものである以上、原没収判決が被告人に対する罰である面では正当である。また、⑵若し没収された物の所有者に、没収されてもやむをえない悪意又は或る種の過失の責めるべきものがなかつたと仮定しても、被告人は自己の犯罪に

---

❽ 垂水裁判官の立場は、他人の利益が侵害されることだけを主張して、被告人自身の利益が害されるおそれがあるような具体的関係の主張を含む場合には、適法な上訴理由にはならないという原則論をふまえつつ、（第三者所有物の）「没収判決の破棄により被告人は附加刑を免れる具体的、必然的関係にあるという主張が含まれていると解されないことはない」として上告を適法とするものである。

より附加刑としてではあつても、占有権だけを奪われるに反し、所有者は罪もないのに所有権剥奪という犯人にも勝る痛撃を受けない限りでもないから、被告人は彼に賠償する義務があることも当然である。いずれの場合にしても、被告人は自己の犯罪により没収を免れることはできない。被告人自身に関する限り、上告論旨は理由がない」と。これが法律に定めた手続による裁判かも知れない。

[19] とはいえ、こういつて上告を棄却して原没収判決を正当として終ると、結果としては、違憲な没収判決により所有権たる第三者は適法手続で有責者として確定されもしないまま所有権を剥奪されることとなる。してみれば、この場合、たとえ犯人である被告人を逭がしても、第三者がかような違憲の手続で所有権を奪われることを食いとめるとの方が急務であり、正義衡平の要求にも合するというべきであろう。

[20] かように、一つの判決において、犯人として確定された被告人に対する没収が、被告人に対しては是認されねばならないのに、第三者の所有権剥奪の面では否定されなければならないというジレンマは何処から来るのか。それは、やはり、訴訟法的には、訴訟の当事者だけの間の弁論に基いて第三者の権利を奪う判決をすること、並びに、実体刑法的に、没収が犯人から占有権を奪うに過ぎないのに反し、第三者から所有権を奪つても犯人に対しては懲罰にも教育にもならないのに、なお第三者から所有権を奪うことの背理性に由来するのだといえよう。このことは、所有者の責任如何を問わない無差別没収の場合には特に明らかである（第三者から所有物没収が許されない場合にこれに代わる追徴を犯人たる被告人に科することを許す立法ならば差支えないのかも知れない）。いずれにせよ、第三者たる所有者に責めるべき故意ないし或る種の過失がある場合でも、それがあるか否かを確定するのにその所有者を訴訟に参加させ自己防禦させ自己に有利な判決をえられる権利を与える適法手続法がない間は第三者の所有物没収の不利益処分は違憲であるから、多数意見に従えば、適法手続の立法されるまでは、実際は故意過失ある第三者たる所有者も、被告人も、不当に没収を免れる判決を受ける不正義が通ることになろうが、やむをえない。

[21] 以上の理由から、冒頭掲記の大町辰平ら関税法違反事件大法廷判決における私の「上告適法の理由」についての意見を改め、違憲か否かの実体問題について多数意見に賛成する次第である。

裁判官奥野健一の補足意見は次のとおりである❾。

[22] わが刑法その他の法律において「没収」というのは、犯罪に関係のある物件について言渡される附加刑であつて、没収の言渡が確定したときは、その物は国庫に帰属する効果を生ずるものと概念されているのである。そしてその所有権剥奪の効果は、所有者が被告人であると、被告人以外の第三者であるとを問わないのである。

[23] 同じく没収でも、被告人の所有に属する物の没収の場合はその所有権の剥奪であり、被告人以外の第三者の所有に属する物の没収の場合は被告人の占有権のみの剥奪であつて所有権の剥奪の効果はないと解すべき法律上何等の根拠もない。けだし、若し然りとすれば、被告人以外の第三者の所有物の没収について、法が何故に、所有者の善意、悪意を問題として、所有者の悪意（知情）の場合に限り没収することができるものとしたかを理解することができないからである（刑法 19 条 2 項、関税法 118 条 1 項但書、昭和 26 年（あ）第 1897 号、同 32 年 11 月 27 日大法廷判決参照）。

[24] 没収の言渡は、国家刑罰権の一環として犯罪に密接な関係のある物件を公益の必要上国庫に帰属せしめる宣言であつて、国家権力の一作用であり、その効果は単に被告人との関係においてのみ相対的に生ずるというものではなく、何人の関係においても国庫帰属の効果を生ぜしめる性質のものである。

[25] しかし、現実に自己の所有権を剥奪される第三者に、予め告知、聴問の機会も与えず、弁解、防禦をなすことも許さないで、その所有物を没収するということは著しく不合理であつて、憲法 31 条の容認しないところであるから、かかる没収は違憲・違法と解するのである。

[26] かかる場合でも所有者たる第三者は民事訴訟により救済を求め得ると論ずる者もあるが、国が一方において没収の対象たる物件が被告人の所有物であると第三者の所有物であるとを問わず、等しく没収により国庫に帰属せしめるという制度を採りながら、他方で第三者たる所有者に、没収の判決確定後でも、民事訴訟により国家に対し没収に係る物件の返還又は不当利得の返還の請求を許容するというが如きことは国家意思の矛盾であつて、到底是認することを得ない。すなわち、没収の言渡が確定しても第三者たる所有者は民事訴訟によつて裁判所に救済を求めることができるという論は、没収の裁判にも拘らず所有権が剥奪されないこと、言い換えればかかる没収は違憲・違法であり、従つて没収の効力を生じないことを前提として始めて是認される議論である。

[27] なお、自己の所有物件を没収された第三者は、刑訴法 497 条により没収物の交付を請求しうるとの説があるが、同条は、犯人以外の第三者の所有に属しないものとして没収の言渡をした判決の確定後、他に権利者があることが判明した場合に関する規定であつて、裁判所が、第三者の所有物であることを認めた上、なおこれを没収すべきものであると判断して没収の言渡をした場合に適用すべきものではないと解する。

裁判官藤田八郎の少数意見は次のとおりである❿。

[28] 弁護人松永志逸の上告趣意並びに弁護人緒方英三郎の上告趣意について。

[29] 所論は要するに本件貨物は被告人以外の第三者の所有するものであつて、これを没収した原判決は第三者の権利を侵害するが故に違憲違法であるというに帰着するのであるが、被告人は第三者の所有権を対象として、第三者の権利が侵害されることを理由として上告を申立てることは許されないものと解すべきであるから（昭和 28 年（あ）第 3026 号、同 29 年（あ）第 3655 号事件、同 35 年 10 月 19 日大法廷判決参照）、所論はこれを採用すべきでない。

裁判官下飯坂潤夫の反対意見は次のとおりである⓫。

[30] 被告人以外の第三者の所有に係る物件の没収が附加刑として言い渡された判決に対し、没収物の所有者でない被告人がその憲法上の効力を争つている本件のような場合は、該没収の裁判が没収物の所有者たる第三者に対し違憲か否かを判断する必要は毫末もないのであり、したがつて、本判決は右に反し不必要な憲法判断をしている点で、昭和 28 年（あ）第 3026 号、同 29 年（あ）第 3655 号同 35 年 10 月 19 日の当裁判所大法廷言渡の判決の趣旨に背反するものであるが、わたくしは右大法廷判決に盛られている意見を強硬に主張した一人として、本判決にも強く反対する者であり、その理由として右大法廷の判決を維持引用するのは勿論、更に本件多数意見の誤謬を指摘しつつ、左記の意見を附け加えることとする。

[31] 憲法 81 条の下で裁判所に付与されている違憲審査権は司法権の範囲内で行使すべきであり、司法権が発動するためには具体的に争訟事件が提起されていることが必要である。裁判所は具体的に争訟事件が提起されていないのに将来を予想して憲法及びその他の法律命令等の解釈に対し存在する疑義論争に関し抽象的な判断を下す如き権限を行い得るものでないことは当裁判所大法廷判決により確立されているところである。（昭和 27 年（マ）第 23 号同年

---

❾ 奥野裁判官（と河村（大）裁判官）は、昭和 35 年判決（判例②）において、旧関税法 83 条 1 項の規定自体を違憲とする立場にいたが、判解①において、両裁判官は「第三者没収の実体規定の違憲無効説を改め、没収の裁判を違憲とする見解に加わるに至つたものと考えられる」と評価している。このような立場から奥野裁判官は、反対意見または少数意見に対するさらなる反論を行つているとされる。

❿ 藤田裁判官は、昭和 35 年判決（判例②）の多数意見と同趣旨であるとの評価がされる（判解①）。

⓫ 下飯坂裁判官は、法令等により当事者が具体的不利益を被る場合は別として、被らない場合には、当該法令等の違憲性を判断することは抽象的な司法権の行使の範囲外であると主張する。第三者の所有者が被告人に賠償請求権を行使するかどうかは未知のことであり、被告人が本件裁判で密輸品の没収の裁判自体が違憲であると争う場合には、現実の具体的利害関係がないので、これを理由とする上告は不適法とする。これは、昭和 35 年判決（判例③）と同じである。

10月8日大法廷判決参照。）ところで、具体的争訟事件の中において、自己に付き適用されない又は自己に合憲に適用される法令等を、他人に適用される場合、違憲になることの理由で攻撃し、違憲審査権の発動を促すことが許されるものであろうか。この場合、㈠違憲審査の対象となる法令等により当事者が現実の具体的不利益を蒙つていない場合、㈡違憲審査の対象となる法令等により当事者が現実の具体的不利益を蒙つている場合の二つに分けて考える必要がある。前者の場合、すなわち違憲審査の対象となる法令等により当事者が現実の具体的不利益を蒙つていない場合に、その違憲性についての争点に判断を加えることは、将来を予想して疑義論争に抽象的判断を下すことに外ならず、司法権行使の範囲を逸脱するものである。このことは、憲法81条の下で裁判所に付与されている違憲審査権の行使として許されるものではないのである。後者の場合、すなわち違憲審査の対象となる法令等により当事者が現実の具体的不利益を蒙つている場合に、その違憲性についての争点に判断を加えることの是非については後に言及することとする。

【32】　翻つて、本件についてこれを見るに、没収に係る貨物は被告人が密輸出しようとしていた犯罪貨物であり、それが、被告人以外の第三者の所有に係るものであることは、原審の確定するところである。右の犯罪貨物の没収の裁判確定により、被告人としては没収に係る物の占有権を剥奪され、または、これが使用収益をなし得ない状態におかれ、更には所有権を剥奪された第三者から賠償請求権等を行使される危険に曝される等利害関係を有することが明らかであることを理由として、多数意見は没収の裁判の違憲を被告人は抗争することができると判示している。多数意見は所有権を剥奪された第三者から賠償請求権を行使される危険に曝されることを以て、被告人が本件没収の裁判を違憲と抗争できる理由の一つとしているが、没収物の所有者たる第三者が賠償請求権を行使するかどうかは未定の問題であり、この危険は未確定、抽象的なものに止る。したがつて、被告人は本件没収の裁判により現実的には何ら具体的不利益を蒙つているわけではないのである。当裁判所大法廷判決（昭和26年（あ）第1897号同32年11月27日言渡刑集11巻12号3133頁）は、悪意の第三者の所有物の没収は憲法29条に反するものではないと判示している。本件没収の裁判確定により被告人は没収に係る物の占有権を剥奪され、これが使用収益をなし得ない状態におかれるに至ることは多数意見の指摘のとおりであるが、被告人は没収に係る貨物を密輸出せんとした犯罪者であり、悪意者なのであるから本件没収の裁判確定により被告人がその物の占有権を奪われ、またはこれを使用収益し得ない状態におかれるに至つても、その結果被告人は憲法29条の財産権を不法に剥奪されたことにはならないし、また被告人に対しては告知、弁解、防禦の機会が与えられているのであるから、右没収の裁判確定により被告人が自らの憲法上の権利を現に侵害されているわけのものではない。したがつて、被告人は本件没収の裁判によりいずれの面からみても現実の具体的不利益を蒙つているものではないから、現実の具体的不利益を蒙つていない被告人の申立に基づき没収の裁判の違憲性の争点に判断を加えた多数意見は、将来を予想して疑義論争に抽象的判断を下したものに外ならず、憲法81条の下で裁判所に付与されている違憲審査権の行使の範囲を逸脱したものであると論結せざるを得ない。されば、被告人は本件没収の裁判につきこれを違憲と抗争する現実の具体的利害関係を欠如しているものであるから、没収を違憲と主張する上告理由は不適法なものであり、本件はこれを理由として棄却さるべき筋合のものなのである。そこで、わたくしは多数意見が、前示昭和35年10月19日言渡の大法廷判決を変更していることに関し一言しなければならない。右判決は、訴訟において、他人の権利に容喙干渉し、これが救済を求めるが如きは本来許されない筋合のものと解するを相当とするが故に、本件没収の如き事項についても他人の所有権を対象として基本的人権の侵害がありとし、憲法上無効である旨論議抗争することは許されないと解すべきであると判示している。右は、つまり具体的争訟事件中において自分には合憲に適用される法令等を他人に適用される場合違憲になるとの理由で他人の憲法上の権利を援用して抗争することは如何なる場合でも許されない旨うたっているわけなのである。けだし、違憲審査の対象となる法令等により当事者が現実の具体的不利益を蒙つていない場合に、その法令等が他人に適用される場合他人の憲法上の権利を侵すとして抗争するのは、他人の憲法上の権利に容喙干渉し、これが救済を求めることに帰着するから許されないと解せられているのである。右に反し、違憲審査の対象となつている法令等により当事者が現実の具体的不利益を蒙つている場合、その法令等を、それが他人の憲法上の権利を侵すことを理由とし、他人の憲法上の権利を援用して攻撃することも絶対に許されないものであろうかどうかという事柄になると、問題はまた別個の観点から考慮されなければならないものと考える。この点に関し前示大法廷判決の表現は明瞭を欠き幅がなかったように思うので、わたくしは右大法廷判決の内容はもっと広い意味をもつていたものとし、改めて左にその点を敷衍説明したいと思う。すなわち、違憲審査の対象となつている法令等により当事者が現実に具体的不利益を蒙つている場合に、その法令等を他人の憲法上の権利を援用して攻撃することは、法の禁ずるところではなく、かくして提起された憲法上の争点について裁判を加えても、司法権の範囲を逸脱するものでないと考えるのが相当と思料するのである。（ところが、本件では被告人は没収の裁判により具体的に不利益を蒙つているということに付いては何ら主張も立証もしていないのである。）

【33】　ところで、わたくしはわが国の違憲審査制と同じ基盤に立つアメリカ合衆国連邦最高裁判所がこの点について、どんな考え方をしているかを紹介したいと思う。

【34】　現実の争訟中で訴訟当事者の法律上の権利について判断を求められている場合を除き法を違憲と宣言する権限はこれを有しないとの原理原則を永年に亘つて墨守しているアメリカ合衆国最高裁判所の態度につき同裁判所は次の如く言うのである。

【35】　「裁判所が違憲という判断をした場合、これが裁判所と同様憲法上作られた他の機関すなわち立法府行政府に及ぼす効果を考える場合、はつきりする違憲審査という機能の微妙さ、裁判所が違憲と判断してこれが絶対的に他の機関を拘束するものでないという相対的終局性、憲法上定められた立法権、行政権の担い手たる裁判所以外の機関が自らの権限についてなした判断について正当に与えらるべき配慮、国権の担い手たちが憲法の定めるとおりに行動するためには裁判所を含むこの担い手たちが各々の与えられた権能の範囲に止ることが必要であること、司法の消極的性質及びその判断を強制する手段が限られていることから生ずる司法過程に内在する限界、更には合衆国の政治機構の中で裁判所による憲法判断の占める重要な地位等の考慮に基づき不必要な憲法判断を避けるという基本的態度から発しているのである。」云々。右の基本的態度の一つの現れとして唱えられるものは、「法はその人に対する適用が合憲なものは、その法が他人に適用される場合、又は他の事実に適用される場合違憲になるだろうということを理由にその法を攻撃することは許されない」という原則であり、この原則の派生的な現れとして唱えられるものが「訴訟当事者は彼自らの憲法上の権利を主張し得るに止り、他人の憲法上の権利を援用することは許されない」という原則である。この原則は、㈠自己の憲法上の権利を害せられた者が最もよくその憲法上の争点を裁判所に提起でき、自己の憲法上の権利を害されたものの攻撃がある場合に初めて憲法判断をすることにより適正な判決がなされる。㈡援用される憲法上の権利の主体がその権利に対する侵害を甘受し、その憲法上の権利を抛棄するかもしれないのに先き廻りして、その権利が他人により援用された際に、憲法判断をするのは好ましくない。㈢他人に法が適用される場合その他人の憲法上の権利が害されるといういまだ発生しない想像上の事実に基づき憲法判断をするのは好ましくない等の理由に基づくものと解せられる。アメリカ合衆国の最高裁判所は右のような態度で一貫しているようであるが、それは時の流れと経験とにより最も賢明なものであることが立証されたと言われているのである。

【36】　わたくしは、わが国においても、右の原則が賢明であり合理性の裏付をもつ考え方と思料するが故に、わが国でも裁判所が行う違憲審査については十分に右の点を考量されて然るべきであろうと思うのである。しかしながら、右の原則は憲法により裁判所に命ぜられた原則ではなく、むしろ裁判所が違憲審査権を行使するに当っての心構え、基本的態度を構成する原則と解すべきであるから、当事者により援用されている第三者の憲法上の権利が害され、且つ、その第三者がその権利を自ら有効に確保する手段さえももっていない場合には例外的に右原則は捨てられても已むを得ない筋合のものであろう。

【37】　多数意見は、没収の言渡を受けた被告人はたとえ第三者の所有物に関する場合であつても、被告人に対する附加刑である以上、没収の裁判の違憲を理由として上告をなし得るのは当然であるという。これを突きつめれば、附加刑だから云々というだけのことであり、全くの形式論である。そんな論拠が憲法論として合理的理由をもつものであろうか。被告人は、本件没収の言渡により現実に具体的不利益を蒙るとはいささかも主張且つ立証していないし、しようともしないのである。仮に百歩を譲り多数意見のように本件没収の裁判の違憲を理由とする上告が適法としても、訴訟外の第三者の憲法上の権利のみを援用して没収の裁判の違憲を争つている本件で憲法判断をすることが必要であるとはわたくしは考えない。わたくしは、告知、弁解、防禦の機会を与えられず、その所有物を没収された第三者は自らの所有者が憲法 31 条に反して違法に没収されたと主張する限り、刑訴法 497 条 1 項のいわゆる権利を有する者に該当するし、またその所有物は没収物の返還を求める行政訴訟を国を相手に提起できると解している。したがつて没収物の所有者たる第三者は後に自己の憲法上の権利を主張し没収の違憲を有効に抗争し得るのであるから、その第三者が自らの憲法上の権利への侵害を甘受するかどうか未定の段階である刑事手続中で先き廻りして憲法判断をする必要はない筋合なのである。されば本判決としては、「被告人は上告理由として没収の言渡の違憲を主張するが、被告人は没収の対象物の所有者たる第三者の憲法上の権利を援用しているに止り、被告人自身の憲法上の権利が侵害されたと主張していない。他人の憲法上の権利のみを援用してなす違憲の攻撃が許されるのは、その憲法上の権利主体が後にその権利を自ら主張することが不可能か又は後に主張したのでは実益がないという例外的場合に限られ、通常は他人の憲法上の権利のみを援用してなす違憲の攻撃は許されないと解すべきである。本件の場合は、没収物の所有者が後に自らその違憲を抗争することが可能且つ有効である場合に該当するから、被告人のなしている本件違憲の主張についての判断は必要でない。従つて本件没収について所論違憲のかどありとする論旨は結局理由がなく、援用のかぎりではない」との判断に到達すべきものであつたと、わたくしは固く信ずるものである。

　　裁判官高木常七の少数意見は、次のとおりである [12]。

【38】　弁護人緒方英三郎、同松永忠逸の各上告趣意に対するわたくしの意見は、昭和 28 年（あ）第 3026 号、同 35 年 10 月 19 日大法廷判決（刑集 14 巻 12 号 1574 頁）におけるわたくしの補足意見と同趣旨であるから、これを引用する。

　　裁判官石坂修一の反対意見は、次の通りである [13]。

【39】　わたくしは、本件につき示された多数意見に反対である。その理由とするところは、裁判官下飯坂潤夫の反対意見と同趣旨であるから、これを引用する。

　　弁護人緒方英三郎、同松永志逸の各上告趣意についての裁判官山田作之助の少数意見は左のとおりである [14]。

【40】　一　多数説は、「関税法 118 条 1 項の規定による没収は、同項所定の犯罪に関係ある船舶、貨物等で犯人の所有または占有するものにつき、その所有権を剥奪して国庫に帰属せしめる処分であつて、被告人以外の第三者が所有者である場合においても、被告人に対する附加刑としての没収の言渡により、当該第三者の所有権剥奪の効果を生ずる趣旨であると解するのが相当である」とし、訴訟当事者にもあらざる者に、判決の効力の及ぶべきことを認め、これを前提としてその理論を展開しているのであるが、この点が、わたくしの承服し得ないところである。

【41】　二　被告人以外の第三者の所有物であつても、密輸入に係る宝石の如く、関税法 118 条等に規定されているもの等については、何人がこれを所有しているとしても、これを没収する必要が国家の見地からみて認められるときは、実体法上（刑法、関税法等で）、これら物件を没収し得ると規定することは、もとより、不当でも違憲でもないと考える。従つて、わたくしとしては、本件で問題となつている関税法 118 条自体は勿論有効であつて、多数説が或は考えているかと思われる右法条自体を違憲とする説は採らない。

【42】　三　しかし、実体法上刑罰権（処分権）が認められていても、これを具体的に行使するには、刑事訴訟法の定めるところに従い、具体的に刑罰権の存在を確定せしめなくてはならないことは言うまでもない。憲法 31 条が、「何人も、法律の定める手続によらなければ、その生命若しくは自由を奪われ、又はその他の刑罰を科せられない。」としているのは、この基本理念を明らかにしているのである。

【43】　四　そして、刑事訴訟法では、被告人に対して言い渡される判決の直接の効力が、被告人以外の第三者に及ぶと言うことは認められていない。この理は、単に刑訴法において然りとするのみならず、民訴、破産法等を含めて確立されている訴訟法の基礎原理の一つである。従つて、実体法上第三者の所有物を没収し得るとの規定があつても、その規定を実現するには、必らず、刑事訴訟法において、何らかの方法により（例えばその第三者を民訴における参加手続、若しくはかつての附帯私訴手続の如く）その訴訟の当事者とする（判決書に少くともその第三者が当事者として記載され得る）手続を要するのであつて、今その手続規定を欠くに拘らず、訴訟法の根本理論を無視し、被告人に対する附加刑としての没収の言渡の効果が第三者にまで及ぶと解することは、到底これを是認することが出来ない。このことは、第三者の立場から考えれば一層明らかである。即ち一度も裁判所にも呼ばれず、なんにも知らないうちに、いつのまにか自分の所有物が没収されていることとなる、換言すれば、自分が関与せず不知の間になされた他人の判決（その判決文には勿論自分の名はない）によつて、自己が所有する物の所有権が奪われると言うことになる。しかも、同人は訴訟当事者でないから、その判決に対し控訴、上告等不服を申立てることも出来ない。犯人の所有物件を没収する場合でも、裁判手続を要するのに、第三者に対しては、何らその人に対する裁判手続がなされずして没収の刑を科し、しかもこれに対し本人から不服を言えないとするが如きは到底許されないところである。これ全く、多数説が訴訟当事者にあらざるものに、判決の効力が及ぶとする訴訟法上の基礎理論に反することを、その主張の基礎としていることから生ずる矛盾というべきである。

【44】　五　惟うに、多数説の一つの根拠は、従来、検察庁が、所謂第三者無差別没収の判決が確定すると、被告人以外の第三者（勿論判決書にその名は記載されていない）にも、当然その判決の効力が及ぶものとして、同人に対しても所謂没収の執行を実行してきた慣行があることによるものと考えられる。しかし、これは行政機関のする行政行為、行政処分については、これを争うこれを無効

---

[12] 高木裁判官は、判例②において、犯人以外の者（第三者）に属する物についても没収をする意見は、実質的には危険防止のための保安処分または予防処分として、一種の行政的措置にすぎないと解し、その第三者が真に犯罪に無関係である場合には、没収の言渡に対して当人に善意の主張をさせて物の返還を求めることができるようにさせるなどしなければならないが、こうした権利は当人に固有なもので、他人がこれに代わって得ようとすることはできないとする補足意見を述べていた。

[13] 下飯坂反対意見を参照。

[14] 判解①によれば、「山田裁判官の少数意見の骨子は、被告人に対する判決の直接の効力が、訴訟の当事者とされない第三者に及ぶということはありえない。従つて被告人に対して言い渡された原判決の効果が、被告人以外の第三者に及び、第三者の所有権を侵害するものであるとして没収の違憲の主張をする上告は、その前提において誤つている。没収の言渡の効果は、被告人がそのものにつき所有権を有する場合はその所有権を、単に占有権、使用権のみを有する場合は、その占有権、使用権を剥奪するものと解するというのである」（227-228 頁）とまとめられている。

とする行政訴訟の如き手段が与えられていなかつた旧憲法時代における一つの慣行であつて、新憲法のもとでは、かかる訴訟法の基礎理論を無視し、被告人に対する判決の効力が直接第三者にも及び、その判決により第三者の有する権利を剥奪するが如きことが行われると言うが如きことはあり得ないと考えられるのである。

【45】六　現に、本件における検察官の答弁書をみるに、「おもうに、およそ刑事手続に関する行為の当否を抗告訴訟によつて争い得るか否かと言う根本問題があるので、これはしばらくおき、民訴の許否についてはこれを積極的に解すべきものと考える。真実の所有者に対しては不当利得の法理によりその利得を返還する義務を負うものと解すべく、真実の所有者は民事訴訟により裁判所に救済を求めることができる筋合いである」と答弁しているのである。この答弁の趣旨よりすれば、検察官は、後日国家が賠償の責に任じなければならぬような、すなわち他人に対する判決が第三者に対し効力を有するとし、右判決の執行として第三者からその所有物件の所有権を奪うが如き違法（違法であればこそ民訴で救済されるのである）と目さるべき取扱はなさざるものと考うる。

【46】七　以上の理由により、被告人に対して言い渡されたる原判決の効果が、被告人以外の第三者に及び、第三者の所有権を侵害するものであるとして、没収の違憲を主張する本件上告は、その前提においてあやまつているのであるから、これを採用することは出来ない。

【47】八　なお、附言するに、現行法上、没収は、刑法9条の明文をもつて、刑罰とされ、しかも、主刑を科する場合、同時に科せらるべき附加刑であるとされている以上（これを保安処分と解するは法典上の根拠を全く欠く）、刑罰が被告人その人を対象とするものである

かぎり、被告人以外の第三者に対して没収刑を科するとするが如きは、刑罰の観念からしても相容れないものである。又わたくしは、現行法上は没収は、被告人の没収の目的物に対して有する財産上の法益の剥奪と解するから、被告人に対する没収の言渡の効果は、被告人がそのものにつき所有権を有する場合は、その所有権を、単に、占有権、使用権のみを有する場合は、その占有権・使用権を剥奪するものと解する。従って、被告人に対する没収の言渡は、被告人がそのものにつき所有権を有せざる場合に於ても、なお意味があるのである（所有権よりも、占有権、使用権がより財産的価格がある場合もあり得るし、被告人に、没収の目的物を保有若しくは使用せしめざることに科刑の意味もあり得るのである）。殊に、わが法制上、物は如何なる意味に於ても、権利の客体としてのみ認められ、権利の主体となることなきものと解せらるるが故に、所有権者、占有権者等を対象とせずに、ものそのものを独立したものとして、これを判決により国庫に帰属せしめると言うが如きことは許されざるものといわなくてはならない。

【48】九　以上の諸理由により、本件上告はこれを棄却するのが相当である。

【49】　裁判官斎藤悠輔は退官につき本件評議に関与しない。
　検察官村上朝一、同　羽中田金一　公判出席
（裁判長裁判官　横田喜三郎　裁判官　藤田八郎　裁判官　河村又介　裁判官　入江俊郎　裁判官　池田　克　裁判官　垂水克己　裁判官　河村大助　裁判官　下飯坂潤夫　裁判官　奥野健一　裁判官　高木常七　裁判官　石坂修一　裁判官　山田作之助　裁判官　五鬼上堅磐　裁判官　横田正俊）

Questions

①事実関係の確認

問1　本件の密輸出のために使用した機帆船は、誰の所有物であったか。▶【事案】

問2　摘発された際の貨物は、誰の所有物であったか（あるいは誰の所有物であると特定されたか）。▶【事案】

②判決の内容の確認

問3　被告人に対する附加刑としての没収の言渡しにより、当該没収品が、被告人以外の第三者の所有物であったとした場合、当該第三者の所有権剥奪の効果を生じるか。▶【1】

問4　本判決は、第三者の所有物の没収に関して、告知、弁解、防御の機会を与えることなく所有権を奪うことについて、いかなる評価をしているのか。▶【2】

問5　第三者の所有物の没収に関して、同者に事後において権利救済の方法が認められている場合、最高裁の問3に関する評価は変わるかどうか。この点について本判決はどのように述べているか。▶【2】

問6　本判決は、憲法31条の「法定手続」保障と「適正手続」との関係をどのように述べているか。▶【2】

問7　裁判において、被告人が第三者の所有物の没収を違憲であるとして上告をすることは可能かどうかについて本判決はどのように述べているか。▶【3】

問8　本判決は、第三者所有物の没収に関して適正手続を設けていない関税法118条を「法令違憲」だと評価したか。▶【4】

③応用問題

問9　本判決の論理からすると、本判決以降、どのような場合において第三者の憲法上の権利の援用が認められることになるのだろうか。▶文献①

○　**関連判例**（本書所収以外のもの）
最大判昭和32年11月27日刑集11巻12号3132頁（判例①）
最大判昭和35年10月19日刑集14巻12号1574頁（判例②）
最大判昭和35年10月19日刑集14巻12号1611頁（判例③）

○　**本判決の調査官解説**
脇田忠「判解」最高裁判所判例解説刑事篇昭和37年度223頁（判解①）

○　**その他の判例解説・判例批評**
笹田栄司「判批」憲法判例百選Ⅱ［第6版］（2013年）（判批①）
松井茂記「判批」憲法判例百選Ⅱ［第5版］（2007年）
小島慎司「判批」憲法判例研究会編『判例プラクティス憲法［増補版］』（信山社、2014年）237頁

○　**参考文献**
野坂泰司『憲法基本判例を読み直す』（有斐閣、2011年）33頁（文献①）
横田喜三郎『違憲審査』（有斐閣、1968年）（文献②）

58 川崎民商事件

最高裁昭和47年11月22日大法廷判決　昭和44年(あ)第734号：所得税法違反被告事件
刑集26巻9号554頁

事案

民主商工会（民商）は税務行政の民主化や税制の研究、税務・納税指導相談等を行う団体である。同支部である川崎民商は東京国税局管内の民商中、最も勢力の強いものとの評価がされており、その会員は当時、集団で税務署に対してデモを行い、自己の要求を貫徹しようとしたとされた。他方、民商の会員の納税申告額が一般の納税者の申告よりも低額になされている疑いがあるとして、国税庁は、同会員に対する所得調査の徹底を各国税局に指示した。

これを受けて川崎税務署の収税官吏が、納税義務者に質問し、帳簿書類等を検査できることを定めた所得税法63条（昭和40年法律第33号による改正前のもの。以下同じ。また、以下「法」とする）に基づき、（同署管内の川崎民商会員で役員となったこともある）食肉販売業を営む被告人に対し、所得税の確定申告調査のための質問や帳簿書類等の検査をしようとした。しかし被告人は、事前通知がなければ調査には応じられないと大声を上げるなどして同検査を拒否した。法70条は、同63条の規定による検査を拒み、妨げまたは忌避した者（10号）や質問に対して答弁をなさない者（12号）などを1年以下の懲役または20万円以下の罰金に処すると規定している。そこで被告人は法70条10号違反の罪で起訴された。

第一審（横浜地判昭41・3・25刑集26-9-571）は、被告人を罰金1万円に処するとし、2年間の執行猶予とした。被告人と検察両者が控訴した第二審（東京高判昭43・8・23刑集26-9-574）は、原判決を破棄したものの、被告人を罰金1万円に処するとし、上記罰金を完納することができないときは、金1000円を1日として換算した期間、被告人を労役場に留置するとした。被告人は、法63条、70条10号・12号の諸規定が憲法31条、35条、38条1項に違反することなどを理由に、無罪を主張して上告した。

■ **参考条文**（事件当時のもの）
所得税法
第63条　収税官吏は、所得税に関する調査について必要があるときは、左に掲げる者に質問し又はその者の事業に関する帳簿書類その他の物件を検査することができる。
(1) 納税義務者、納税義務があると認められる者又は損失申告書（第29条第3項に規定する申告書で損失申告書に相当するものを含む。）を提出した者
(2) 第61条又は第62条に規定する支払調書、計算書又は源泉徴収票を提出する義務がある者
(3) 第1号に掲げる者に金銭若しくは物品の給付をなす義務があつたと認められる者若しくは当該義務があると認められる者又は第1号に掲げる者から金銭若しくは物品の給付を受ける権利があつたと認められる者若しくは当該権利があると認められる者
第70条　左の各号の一に該当する者は、これを1年以下の懲役又は20万円以下の罰金に処する。但し、第4号の規定に該当する者が、当該所得税について第69条の3の規定に該当するに至つたときは、同条の例による。
(10) 第63条の規定による帳簿書類その他の物件の検査を拒み、妨げ又は忌避した者
(12) 第63条の規定による収税官吏の質問に対し答弁をなさない者

Navigator

本判決は、まず、憲法35条1項や38条1項の趣旨を示し、刑事手続以外のその他の手続（主に行政手続）への適用可能性について示した点が重要である。次に当時の所得税法における質問・検査に関する諸規定が憲法に適合的かどうかを判断した点が注目される。

憲法35条が、行政手続にも適用されるのか否かをめぐってはそれまでも議論があったものの、最高裁の多数意見はその点の態度を明確にしていなかった。これに対して本判決では、憲法35条1項は刑事手続の保障を念頭に置きつつも、刑事責任追及を目的としないからといってその他の手続に保障が及ばないということではないとして、本件のような行政手続への適用を認めた。あわせて憲法38条1項の保障についても、純然たる刑事手続以外であっても「刑事責任追及のための資料の取得収集に直接結びつく作用を一般的に有する手続」には等しく及ぶとしている。

もっとも本判決では、所得税法における具体的手続についてはすべて合憲としている。まず、帳簿書類等の検査には裁判官の発する令状を一般的要件としていないことについては憲法35条に違反しないとする。また納税者への質問や検査は、憲法38条1項の「自己に不利益な供述」の強要にはあたらないとしている。本判決の大きな特徴であった「憲法上の刑事手続保障の諸規定の行政手続への適用可能性」という大前提を見据えながらも、法律において定める検査等が具体的にはどのような視点から憲法適合的であると評価されているのかについて着目し、違憲とされる局面がまったくないのか考えてみる必要がある。

■判決の論理構造

刑事手続を念頭に置く憲法上の諸規定はその他の手続（行政手続）にも適用されるか	憲法35条1項の趣旨とその他の手続（行政手続）への適用可能性	①同規定は主として刑事責任追及手続での強制については司法権による事前抑制のもとに置かれるべきことを保障する趣旨 ②刑事手続追及を目的としないという理由のみで、当該手続における一切の強制について同規定の保障が及ばないということではない
	憲法38条1項の趣旨とその他の手続（行政手続）への適用可能性	①同規定の法意は「何人も自己の刑事上の責任を問われるおそれのある事項について供述を強要されないことを保障したもの」 ②同規定が、純然な刑事手続だけではなく、それ以外の手続でも「実質上、刑事責任追及のための資料の取得収集に直接結びつく作用を一般的に有する手続」には等しく及ぶ
所得税法における質問・検査に関する諸規定は憲法に違反するか	所得税法の罪の内容を定める規定は不明確か	本件検査の動機や、検査のための各要件を具備しており、本件において適用される場合の不明確さはない
	裁判官の発する令状のない書類調査の憲法35条適合性	①本規定に定める検査等の範囲は、所得税の公平確実な賦課徴収のために必要な資料を収集するという目的のために必要な所得税に関する事項のみである ②検査拒否に対して刑罰による制裁を設けていることは軽微なこととはいえないものの、検査の相手方の自由意思を著しく拘束し、直接的、物理的に強制するものとは同視できない ③裁判官の発する令状によることを一般的に要件としていないからといって、本検査を憲法35条違反ということはできない
	納税者に対する質問・調査の憲法38条1項適合性	憲法35条への適合性の場合と同様、本質問・検査には公益上の必要性、合理性もあることから、これらが憲法38条1項にいう「自己に不利益な供述」の「強要」にはならず、違憲とはいえない

■ 判 決

○ 主　　文

本件上告を棄却する。

○ 理　　由

弁護人山内忠吉、同岡崎一夫、同増本一彦、同陶山圭之輔、同根本孔衛の上告趣意（昭和44年6月25日付上告趣意書記載のもの。なお、その余の上告趣意補充書は、いずれも趣意書差出期間経過後に提出されたものであり、これを審判の対象としない。）第一点について。

[1] 所論は、昭和40年法律第33号による改正前の所得税法（以下、旧所得税法という。）70条10号の罪の内容をなす同法63条は、規定の意義が不明確であつて、憲法31条に違反するものである旨主張する❶。

[2] しかし、第一、二審判決判示の本件事実関係は、被告人が所管川崎税務署長に提出した昭和37年分所得税確定申告書について、同税務署が検討した結果、その内容に過少申告の疑いが認められたことから、その調査のため、同税務署所得税第二課に所属し所得税の賦課徴収事務に従事する職員において、被告人に対し、売上帳、仕入帳等の呈示を求めたというものであり、右職員の職務上の地位および行為が旧所得税法63条所定の各要件を具備するものであることは明らかであるから、旧所得税法70条10号の刑罰規定の内容をなす同法63条の規定は、それが本件に適用される場合に、その内容になんら不明確な点は存しない❷。

[3] 所論は、その前提を欠く、上告適法の理由にあたらない。

同第二点について。

[4] 所論のうち、憲法35条違反をいう点は、旧所得税法70条10号、63条の規定が裁判所の令状なくして強制的に検査することを認めているのは違憲である旨の主張である❸。

[5] たしかに、旧所得税法70条10号の規定する検査拒否に対する罰則は、同法63条所定の収税官吏による当該帳簿等の検査の受忍をその相手方に対して強制する作用を伴なうものであるが、同法63条所定の収税官吏の検査は、もつぱら、所得税の公平確実な賦課徴収のために必要な資料を収集することを目的とする手続であつて、その性質上、刑事責任の追及を目的とする手続ではない❹、

[6] また、右検査の結果過少申告の事実が明らかとなり、ひいて所得税逋脱の事実の発覚にもつながるという可能性が考えられないわけではないが、そう

❶ [1]から[3]は、法70条10号の罪の内容をなす法63条が憲法31条に違反する旨の被告人の主張とそれに対する本判決の応答である。被告人は、憲法31条が刑罰の明確性を要請し、①法63条にいう「所得税に関する調査」の意味の不明確性、②「調査に関し必要ある時」に関する客観的基準の欠如、③納税義務者の範囲などの不明確性を主張していた。

❷ [2]は、[1]での被告人による憲法31条違反の主張への本判決の応答である。「文面上判断」主張の被告人に対し、本判決は、本件に適用される限りにおいて不明確ではないと「適用上判断」で応える。判解②410頁注8は、経済的自由領域の規制であることに鑑み、本件では「規制の対象とされた具体的行為が合憲的に規制し得るかどうかを顧慮せずに、当該規定を文言上違憲と抗争する適格（スタンディング）」を認めなかったとする。

❸ [4]から[8]は、法70条10号、63条の規定が憲法35条に違反する旨の被告人の主張とそれに対する本判決の応答である。なお、[5]から[7]は、検査手続の(イ)一般的性質、(ロ)一般的機能、(ハ)強制の態様・程度、(ニ)公益性、(ホ)目的、手段の均衡につき順次検討する（判解①226頁）。

❹ [5]は、法63条所定の収税官吏による検査手続の一般的性質（③の(イ)）を示す。原審は、憲法35条、38条を刑事手続に関する規定であるとし、行政手続への不適用を示す。これに対し最高裁は、本件検査が刑事手続の追及を目的とする手続ではないとしつつも、[8]以降で示す刑事手続以外への憲法35条、38条の適用可能性につなげる。

❺ [6]は、法63条所定の収税官吏による検査手続の一般的機能（上記(ロ)）を論じる。まず、その第1文は、収税官吏による検査手続が刑事責任追及のための資料の取得収集に直接結びつく作用を一般的に有するものではないとする。判解①226頁は、この点、刑事

であるからといつて、右検査が、実質上、刑事責任追及のための資料の取得収集に直接結びつく作用を一般的に有するものと認めるべきことにはならない❺。けだし、この場合の検査の範囲は、前記の目的のため必要な所得税に関する事項にかぎられており、また、その検査は、同条各号に列挙されているように、所得税の賦課徴収手続上一定の関係にある者につき、その者の事業に関する帳簿その他の物件のみを対象としているのであつて、所得税の逋脱その他の刑事責任の嫌疑を基準に右の範囲が定められているのではないからである❻。

【7】　さらに、この場合の強制の態様は、収税官吏の検査を正当な理由がなく拒む者に対し、同法70条所定の刑罰を加えることによつて、間接的心理的に右検査の受忍を強制しようとするものであり、かつ、右の刑罰が行政上の義務違反に対する制裁として必ずしも軽微なものとはいえないにしても、その作用する強制の度合いは、それが検査の相手方の自由な意思をいちじるしく拘束して、実質上、直接的物理的な強制と同視すべき程度にまで達しているものとは、いまだ認めがたいところである❼。国家財政の基本となる徴税権の適正な運用を確保し、所得税の公平確実な賦課徴収を図るという公益上の目的を実現するために収税官吏による実効性のある検査制度が欠くべからざるものであることは、何人も否定しがたいものであるところ、その目的、必要性にかんがみれば、右の程度の強制は、実効性確保の手段として、あながち不均衡、不合理なものとはいえないのである❽。

【8】　憲法35条1項の規定は、本来、主として刑事責任追及の手続における強制について、それが司法権による事前の抑制の下におかれるべきことを保障した趣旨であるが、当該手続が刑事責任追及を目的とするものでないとの理由のみで、その手続における一切の強制が当然に右規定による保障の枠外にあると判断することは相当ではない❾。しかしながら、前に述べた諸点を総合して判断すれば、旧所得税法70条10号、63条に規定する検査は、あらかじめ裁判官の発する令状によることをその一般的要件としないからといつて、これを憲法35条の法意に反するものとすることはできず、前記規定を違憲であるとする所論は、理由がない❿。

【9】　所論のうち、憲法38条違反をいう点は、旧所得税法70条10号、12号、63条の規定に基づく検査、質問の結果、所得税逋脱（旧所得税法69条）の事実が明らかになれば、税務職員は右の事実を告発できるのであり、右検査、質問は、刑事訴追をうけるおそれのある事項につき供述を強要するもので違憲である旨の主張である⓫。

【10】　しかし、同法70条10号、63条に規定する検査が、もつぱら所得税の公平確実な賦課徴収を目的とする手続であつて、刑事責任の追及を目的とする手続ではなく、また、そのための資料の取得収集に直接結びつく作用を一般的に有するものでないこと、および、このような検査制度に公益上の必要性と合理性の存することは、前示のとおりであり、これらの点については、同法70条12号、63条に規定する質問も同様であると解すべきである。そして、憲法38条1項の法意が、何人も自己の刑事上の責任を問われるおそれのある事項について供述を強要されないことを保障したものであると解すべきことは、当裁判所大法廷の判例（昭和27年（あ）第838号同32年2月20日判決・刑集11巻2号802頁）とするところであるが、右規定による保障は、純然たる刑事手続においてばかりではなく、それ以外の手続においても、実質上、刑事責任追及のための資料の取得収集に直接結びつく作用を一般的に有する手続には、ひとしく及ぶものと解するのを相当とする。しかし、旧所得税法70条10号、12号、63条の検査、質問の性質が上述のようなものである以上、右各規定そのものが憲法38条1項にいう「自己に不利益な供述」を強要するものとすることはできず、この点の所論も理由がない⓬。

【11】　なお、憲法35条、38条1項に関して右に判示したところによつてみれば、右各条項が刑事手続に関する規定であつて直ちに行政手続に適用されるものではない旨の原判断は、右各条項についての解釈を誤つたものというほかはないのであるが、旧所得税法70条10号、63条の規定が、憲法35条、38条1項との関係において違憲とはいえないとする原判決の結論自体は正当であるから、この点の憲法解釈の誤りが判決に影響を及ぼさないことは、明らかである⓭。

同第三点について。

的な手続と同様の評価を受けるためには、「当該手続が刑事責任の覚知追及につながる可能性を有するというだけでは足り」ないとの考え方が示されているとし、「その拒否につき刑罰の制裁を伴うような検査は、当然"刑事的"手続であるとする」見解を否定したとする。

❻　[6]の第2文は、第1文(❺)のように解する理由を述べる。判解①226頁は、収税官吏による検査手続に「刑事的」性質を認めない理由として、本判決は、検査質問の対象（人的、物的）をもっぱら行政目的に限定されている点に求めているとしている。

❼　[7]は、収税官吏による検査手続の(ハ)「強制の態様・程度」、(ニ)「公益性」、(ホ)「目的、手段の均衡」を論じ、その第1文は、(ハ)について論じる。検査拒否に対しては刑事罰が科されるが、本判決は、その強制力は、「検査の相手方の自由な意思をいちじるしく拘束」するものではないとする。判解①は、行政調査の拒否犯に対するものとして本件罰則は最も重い類型になるものの、間接的強制としての強制力について以上のように最高裁が評価したとなると、結果的に「間接的強制の程度に関するかぎり、現行の実定法上、直接強制とひとしいと認められるものは存在しないことになろうか」（227頁）と評価する。

❽　[7]の第2文は、「公益性」（上記(ニ)）および「目的・手段の均衡」（上記(ホ)）について論じる。判解①227頁は、私的経済活動への干渉の必要性の存否だけでなく、干渉の「程度」との比較においてその合理性が審査されているとする。

❾　[8]は、収税官吏による検査手続が憲法35条1項に違反しない旨の結論を総括的理由とともに述べる。[8]の第1文は、憲法35条1項の趣旨とその適用範囲について論じる。本判決は、憲法35条1項の規定の趣旨が「主として刑事責任追及の手続における強制について、それが司法権による事前の抑制の下におかれるべきことを保障した」ものであるとしつつ、刑事手続以外にも同条が適用される余地を認めている。判解①225頁は、同判示を「憲法35条1項は刑事手続上の保障であって、行政手続上はその法意が尊重されるべきであるにとどまるとする伝統的学説」の一線を越えて、憲法35条1項が行政手続にもひとしく適用されるとする見解……に近い判断である」とする。

❿　[8]の第2文は、収税官吏による検査手続が憲法35条の「法意」に反しない旨の結論を示す。判解①227頁は、本判決が、あくまで上記(イ)から(ホ)の要素の総合考量により合憲としたもので、「質問検査が非刑事的であるということ」、またそれが形式上「侵入、捜索、押収」の概念に含まれないことを理由としたのではないとする。

⓫　[9]と[10]は、所得税法70条10号・12号、63条の規定に基づく検査・質問が、憲法38条に違反するとする被告人の主張とそれに対する本判決の応答を示す。

⓬　[10]は、[9]で示された被告人の主張に対する本判決の応答である。最高裁は、純然な刑事手続以外の手続の憲法38条適用可能性に関連して「実質上、刑事責任追及のための資料の取得収集に直接結びつく作用を一般的に有する手続には、ひとしく及ぶ」との規範理解を示す。ただしここでも、[5]から[7]で示された手続(❸参照)の(イ)から(ホ)に言及したうえで、所得税法の各規定が、憲法38条1項における「自己に不利益な供述」を強要するものではないとする。判解①228頁は、単に、刑事手続の問題と関わる(イ)と(ロ)だけでなく、(ハ)(ニ)(ホ)もふまえた総合的判断であった点が本判決の新しいアプローチであるとし、供述拒否権の相対化の可能性を示唆する。

⓭　[11]は、本判決と原審の判断の違いを確認する。憲法の解釈の誤りを指摘しつつ、所得税法自体の合憲性は維持した上告棄却である。ただし、憲法解釈について最高裁大法廷が下級審とは異なる立場を積極的に示したことに、先例としての意義がある。

[12]　所論のうち、憲法14条、19条、21条、12条違反をいう点は、第一、二審判決の判示にそわない事実関係を前提とする主張であつて、いずれも上告適法の理由にあたらない❶。

[13]　所論は、また、憲法28条違反を主張するが、同条が、使用者対勤労者の関係にたつ者の間において勤労者の団結権および団体行動権を保障した規定であると解すべきことは、当裁判所大法廷の判例（昭和22年（れ）第319号同24年5月18日判決・刑集3巻6号772頁）とするところであつて、被告人の判示検査拒否の所為が、右団体行動権の行使とは認められないとした原判断は相当であるから、この点の所論は理由がない❶。

　　同第四点および第五点について。

[14]　所論は、憲法35条違反をいうような点もあるが、実質はいずれも事実誤認または単なる法令違反の主張であつて、適法な上告理由にあたらない❶。

[15]　なお、記録を調べても、刑訴法411条を適用すべきものとは認められない（原判決中、第一審判決を破棄するにあたり適用した法条に「刑事訴訟法第397条、第381条」とあるのは、「刑事訴訟法第397条、第380条」の単なる誤記と認める。）。

[16]　よって同法410条1項但書、414条、396条により、裁判官全員一致の意見で、主文のとおり判決する。

（裁判長裁判官　石田和外　裁判官　田中二郎　裁判官　岩田　誠　裁判官　下村三郎　裁判官　色川幸太郎　裁判官　大隅健一郎　裁判官　村上朝一　裁判官　関根小郷　裁判官　藤林益三　裁判官　岡原昌男　裁判官　小川信雄　裁判官　下田武三　裁判官　岸　盛一　裁判官　天野武一　裁判官　坂本吉勝）

❶　被告人は、上告趣意で、①憲法14条1項違反、②憲法19条違反、③憲法21条1項（結社の自由）違反、④憲法12条違反を主張するが、原審では③以外は議論されず、また、民商等の団体を結成する権利はあるとしても、それ以上の規範性を本件において示すことはない。

❶　原審も同様のことを指摘する。

❶　被告人上告趣意の第四は、所得税に関する調査の「必要性」の存在が厳格な証拠によって立証される必要があることなどを憲法35条上の権利保障に求めている。また同第五は、本事件において対象となる資料を限定せずに罰則で強制される検査を認めることが憲法の規定に配慮を欠くとしていた。

補足説明　国税犯則取締法における質問調査手続

本判決は所得税法に基づく検査について「直接的物理的な強制と同視すべき程度にまで達しているものとは、いまだ認めがたい」く、憲法35条1項違反にはならないとし、質問についても目的などを考慮すると憲法38条1項違反にはならないとする。それでは行政目的を実現する質問調査であって、これらの規定に定める供述拒否権が保障される場合はないのだろうか。これについて判例②は、国税犯則取締法に基づく収税官吏による国税犯則事件調査のための、犯則嫌疑者等に対する質問や物件検査の手続（1条1項）について憲法38条1項に定める供述拒否権の保障が及ぶとする。その際に最高裁は、同法における質問調査は、（本判決において示された）「実質上刑事責任追及のための資料の取得収集に直接結びつく作用を一般的に有する」としており、判例の判断枠組みが継承されている。もっとも判例②で横井大三裁判官は、刑事手続と直結するか、あるいは準じるかに関係なく、行政手続であっても結果的に自己が刑事責任を問われるような供述を広く拒否できることが憲法38条1項により保障されるべきであるとの意見を述べている。

Questions

①事実関係の確認

問1　当時、民商とはいかなる目的の団体であり、このうち川崎民商はどのような勢力を有するとされていたか。また、その会員はどのようなことをしているといわれていたか。▶【事案】

問2　当時、国税局は、民商に対してどのような疑いをかけていたか。▶【事案】

問3　被告人は、民商といかなる関係にあったか。▶【事案】

問4　税務署は、被告人に対して、何をしようとしていたか。また、それにはいかなる法的根拠があったのか。▶【事案】

問5　被告人は、問4で触れた税務署の検査を、いかなる理由で拒否したのか。あわせて被告人は、その際にいかなる態度をとったのか。▶【事案】

問6　被告人は、被告人自身のいかなる点につき、いかなる法の根拠に基づいて、起訴されたのか。▶【事案】

問7　被告人は、無罪の主張を展開する際、いかなる憲法上の諸権利の侵害があることを主張したか。▶【事案】

問8　被告人は、所得税法のいかなる規定について違憲論を展開したのか。▶【事案】

問9　第一審、第二審は、それぞれいかなる判断をしているのか。▶【事案】

②判決の内容の確認

問10　本判決は、審査対象となった所得税法の法文について、いかなる手法を用いて不明確ではないとの結論を出しているか。▶【2】

問11　本判決では、所得法63条に定める収税官吏の検査は、刑事責任の追及を目的としているかどうか。また、実質上、刑事責任追及のための資料の取得収集に直接導く作用を一般的に有しているか。▶【5】【6】

問12　本件における検査の強制の度合いは、直接的・物理

的な強制と同視すべき程度までに達しているのか。▶【7】

問 13 本判決では、本件における手続が刑事責任追及を目的とするものでないとの理由のみで、一切の強制が当然に憲法 35 条による保障の枠外にあると判断することを適当であるとしたか。▶【8】

問 14 本判決では、憲法 38 条は、純然たる刑事手続だけではなく、それ以外の手続にもその保障が及ぶとしているが、どのような要件をみたす手続に等しく及ぶとしたか。▶【10】

問 15 本判決では、所得税法における質問・検査には、いかなる法目的があるとしたか。▶【10】

問 16 本判決は、所得税法における税務検査について、刑事資料収集に直接結びつく作用を一般的に有していると判断しているか。▶【10】

問 17 本判決は、所得税法に基づく納税者に対する質問・調査について、憲法 38 条 1 項にいう「自己に不利益な供述」の「強要」になるとしているか。▶【10】

③応用問題

問 18 本判決では、非刑事的手続が刑事的手続と同様のものと評価されるためには、その手続が「実質上、刑事責任追及のための資料の取得収集に直接結びつく作用を一般的に有する」と認められなければならないとされるが、このような要件に該当する場合としては、どのような手続が考えられるか。▶判解①

○ **関連判例**（本書所収以外のもの）
最大判昭和 30 年 4 月 27 日刑集 9 巻 5 号 924 頁（判例①）
最判昭和 59 年 3 月 27 日刑集 38 巻 5 号 2037 頁（判例②）

○ **本判決の調査官解説**
柴田孝夫「判解」最高裁判所判例解説刑事篇昭和 47 年度 218 頁（判解①）

○ **その他の判例解説・判例批評**
前田巖「判解」最高裁判所判例解説刑事篇平成 19 年度 379 頁［最判平成 19 年 9 月 18 日刑集 61 巻 6 号 601 頁の調査官解説］（判解②）
石川健治「判批」租税判例百選［第 4 版］（2005 年）208 頁（判批①）
松井幸夫「判批」憲法判例百選Ⅱ［第 6 版］（2013 年）258 頁（判批②）
高橋靖「判批」行政判例百選Ⅰ［第 5 版］（2006 年）264 頁（判批③）

○ **参考文献**
野坂泰司『憲法基本判例を読み直す』（有斐閣、2011 年）303 頁
村山健太郎「行政手続と憲法 31 条」横大道聡編『憲法判例の射程』（弘文堂、2017 年）197 頁

59 成田新法事件

最高裁平成4年7月1日大法廷判決

昭和61年(行ツ)第11号：工作物等使用禁止命令取消等請求事件
民集46巻5号437頁

事案

　新東京国際空港(現在の成田国際空港。以下「成田空港」という)の建設では、これに反対する近隣農民を支援する複数の集団による反対闘争が過激さを増し、建設が遅れるなどした。また開港直前、同集団が空港内で機器を破壊する行為に出た。そこで国会は、同集団の拠点であった団結小屋(鉄骨鉄筋コンクリート地上3階、地下1階建の建築物1棟。「横堀要塞」と呼ばれた)の使用禁止命令を出せること等を内容とする「新東京国際空港の安全確保に関する緊急措置法」(以下「成田新法」あるいは「法」という)を制定した(昭和53年5月13日公布、即日施行)。運輸大臣(現在の国土交通大臣)は、昭和54年2月1日、集団X(原告、控訴人、上告人)に対して、規制区域内にあるX所有の建物について法3条1項1号、2号の用に供することを禁止する命令を1年間の期限付きで発し、その後も毎年2月1日に同様の命令を発した。Xは、法3条1項1号・2号・3号が憲法21条・31条等に違反する等として、昭和54年から同58年に発せられた使用禁止命令の取消しを運輸大臣(被告、被控訴人、被上告人)に請求し、国(被告、被控訴人、被上告人)に対しては、運輸大臣による違憲違法な処分により、苦痛を受けた等として慰謝料500万円等の請求を行った。第一審(千葉地判昭59・2・3刑集46-5-461)は、昭和54年から同57年に発せられた命令に対する訴えは、使用禁止の期間経過により効果がないとして訴えの利益を認めず却下し、昭和58年付の命令に対する訴え等その他の訴えは、成田新法を合憲として棄却した。Xは控訴し、新たに昭和60年付の処分の取消請求を加えたが、第二審(東京高判昭60・10・23刑集46-5-483)は、昭和58年付の命令に対する訴えを却下し、その他のXの控訴をすべて棄却した。そこでXが上告した。

■参考条文 (事件当時のもの)

新東京国際空港の安全確保に関する緊急措置法

第1条　この法律は、新東京国際空港及びその周辺において暴力主義的破壊活動が行われている最近の異常な事態にかんがみ、当分の間、新東京国際空港若しくはその機能に関連する施設の設置若しくは管理を阻害し、又は新東京国際空港若しくはその周辺における航空機の航行を妨害する暴力主義的破壊活動を防止するため、その活動の用に供される工作物の使用の禁止等の措置を定め、もって新東京国際空港及びその機能に関連する施設の設置及び管理の安全の確保を図るとともに、航空の安全に資することを目的とする。

第2条　この法律において「暴力主義的破壊活動等」とは、新東京国際空港若しくは新東京国際空港における航空機の離着陸の安全を確保するために必要な航空保安施設若しくは新東京国際空港の機能を確保するために必要な施設のうち政令で定めるものの設置若しくは管理を阻害し、又は新東京国際空港若しくはその周辺における航空機の航行を妨害する次の各号に掲げる行為の一をすることをいう。〔1～11号略〕

2　この法律において「暴力主義的破壊活動」とは、暴力主義的破壊活動を行い、又は行うおそれがあると認められる者をいう。

第3条　運輸大臣は、規制区域内に所在する建築物その他の工作物について、その工作物が次の各号に掲げる用に供され、又は供されるおそれがあると認めるときは、当該工作物の所有者、管理者又は占有者に対して、期限を付して、当該工作物をその用に供することを禁止することを命ずることができる。
(1)　多数の暴力主義的破壊活動者の集合の用
(2)　暴力主義的破壊活動等に使用され、又は使用されるおそれがあると認められる爆発物、火炎びん等の物の製造又は保管の場所の用
(3)　新東京国際空港又はその周辺における航空機の航行に対する暴力主義的破壊活動者による妨害の用

2　運輸大臣は、前項の禁止命令をしようとする場合において、当該禁止を命ぜられるべき者を確知することができないとき、又は当該命令を伝達することができないときは、公告によりこれを行うことができる。

3　運輸大臣は、第1項の禁止命令をした場合において必要があると認めるときは、当該命令の履行を確保するため必要な限度において、その職員をして、当該工作物に立ち入らせ、又は関係者に質問させることができる。

4　前項の規定により立入りをする職員は、その身分を示す証明書を携帯し、関係者に提示しなければならない。

5　第3項の規定による立入又は質問の権限は、犯罪捜査のために認められたものと解釈してはならない。

6　運輸大臣は、第1項の禁止命令に係る工作物が当該命令に違反して同項各号に掲げる用に供されていると認めるときは、当該工作物について封鎖その他その用に供させないために必要な措置を講ずることができる。

8　運輸大臣は、第1項の禁止命令に係る工作物が当該命令に違反して同項各号に掲げる用に供されている場合においては、当該工作物の現在又は既往の使用状況、周辺の状況その他一般の状況から判断して、暴力主義的破壊活動等にかかわるおそれが著しいと認められ、かつ、他の手段によっては同項の禁止命令の履行を確保することができないと認められるときであって、第1条の目的を達成するため特に必要があると認められるときに限り、当該工作物を除去することができる。

第9条

2　第3条第3項の規定による立入りを拒み、若しくは妨げ、又は同項の規定による質問に対して答弁をせず、若しくは虚偽の答弁をした者は、5万円以下の罰金に処する。

Navigator

　第三者所有物没収事件判決〔本書57事件〕で最高裁は、「法定」手続を保障する憲法31条の規定が、告知・聴聞といった「適正」手続までを保障するとした。だが同事件は刑事事件であり、行政事件にそれが要求されるのかどうかを示さなかった。他方、川崎民商事件〔本書58事件〕で最高裁は、憲法35条や38条の規定が、行政手続にも適用される可能性に道を拓いたものの、一般的規定である憲法31条が行政手続にも適用されるのかどうかはなお不明であった。本判決は、その適用可能性を示したのである。他方、憲法21条1項(集会の自由)違反に関しては、よど号ハイジャック記事抹消事件判決〔本書22事件〕で提示された判断枠組みを基礎に立法事実を評価し、工作物使用禁止命令の必要性・合理性を肯定する。また、当該立法事実の評価を引き継ぎ、憲法22条1項(居住の自由)、同29条(財産権)、同31条(法定手続の保障)、同35条(令状主義)の各条文違反を逐次検討し、違憲の主張を退けた。なお、集会の自由に関する千葉裁判官解説がその後大きな影響力をもった。

■判決の論理構造

成田新法3条1項1号の憲法21条1項適合性	①航空保安施設の設置・管理と航空機の航行、乗客等の生命・身体といった安全を確保する利益、②暴力主義的破壊活動者が工作物を集合の用に供するための利益、③暴力主義的破壊活動等を防止し、空港の設置・管理等の安全の確保に関する高度かつ緊急の必要性、以上の総合的比較考量と、①③の優先
	「暴力主義的破壊活動を行い、又は行うおそれがあると認められる者」は「暴力主義的破壊活動を現に行っている者又はこれを行う蓋然性の高い者」と、「その工作物が次の各号に掲げる用に供され、又は供されるおそれがあると認めるとき」は「その工作物が次の各号に掲げる用に現に供され、又は供される蓋然性が高いと認めるとき」との意味にそれぞれ解すべきで、これにより規制が過度広範にならず、要件も不明確ではない
成田新法3条1項1号の憲法22条1項適合性	工作物使用禁止命令によってもたらされる居住の制限は、公共の福祉による必要かつ合理的なものである
成田新法3条1項1号から3号の憲法29条1項、2項適合性	法3条1項1号から3号の3態様の使用禁止は、財産の私用に対する公共の福祉による必要かつ合理的な制限である
	法3条1項1号、2号の規定する要件は不明確ではなく、同項3号は本件工作物使用禁止命令に関係がない
成田新法3条1項1号、2号の憲法31条適合性	憲法31条の定める法定手続保障は、刑事手続でないとの理由のみで行政手続のすべてがその保障外になるとはいえない
	刑事手続とはその性質においておのずから差異があり、また、行政目的に応じて多種多様である行政手続について、行政処分の相手方に事前の告知、弁解、防御の機会を与えるかどうかは、行政処分により制限を受ける権利利益の内容、性質、制限の程度、行政処分により達成しようとする公益の内容、程度、緊急性等を総合較量して決定されるべきものである
	相手方に事前に告知、弁解、防御の機会を与える旨の規定がなくても、法3条1項については、憲法31条の法意に違反しない
成田新法3条1項1号、3号の憲法35条適合性	刑事手続に関する憲法35条については、刑事責任追及目的でない場合にも保障が及ぶ場合がある
	行政手続と刑事手続にはおのず差異があることなどから、行政手続における強制の一種である立入りについて裁判官の令状をすべて必要とするとはいえない
	本件立入り等に裁判官の令状が必要とされていないとしても、いくつかの理由を総合判断すれば法3条1項1号、3号について憲法35条の法意に違反しない

判　決

　　　　　　　○　主　　文
　原判決のうち、被上告人運輸大臣が上告人に対してした昭和60年2月1日の公告に係る別紙記載の処分の取消請求に関する部分を破棄し、右部分につき本件訴えを却下する。
　上告人のその余の上告を棄却する。
　第1項記載の部分に関する訴訟の総費用及び前項記載の部分に関する上告費用は、いずれも上告人の負担とする。
　　　　　　　○　理　　由
　一　被上告人運輸大臣が昭和60年2月1日の公告をもってした主文第1項掲記の処分の取消しの訴えについて

[1]　職権をもって調査するに、上告人は、本件訴えにおいて、被上告人運輸大臣が昭和60年2月1日の公告をもってした主文第一項掲記の処分の取消しを求めているところ、右処分は、別紙記載の建築物の所有者である上告人に対し、昭和60年2月6日から昭和61年2月5日までの間右工作物を新東京国際空港の安全確保に関する緊急措置法（昭和59年法律第87号による改正前のもの。以下「本法」という。）3条1項1号又は2号の用に供することを禁止することを命ずるものであり、右処分の効力は、昭和61年2月5日の経過により失われるに至ったから、その取消しを求める法律上の利益も消滅したものといわざるを得ない。そうすると、右処分の取消しを求める訴えはこれを却下すべきであり、右訴えに係る請求につき本案の判断をした原判決は失当であることに帰するから、原判決のうち右請求に関する部分を破棄し、右訴えを却下すべきである❶。
　二　被上告人運輸大臣がしたその余の処分の取消しの訴え及び被上告人国に対する訴えについて

❶ [1] では、昭和60年付の使用禁止命令に対する取消しの訴えに関する本判決の判断が示される。原審は、昭和60年付処分について本案判決をしたが、昭和60年付処分の使用禁止期限である昭和61年2月5日は原判決言渡し後に経過し、当該処分は効果を失っていた。この場合、訴訟要件の存否判断基準時を事実審口頭弁論終結時とすれば、当該事情は上告審では顧慮されないことになるが、本判決は、その基準時を上告審の審理終結時と解し、昭和60年付処分の取消しを争う訴訟要件を認めず、原審の本案判決を破棄し、訴えの却下に変更した（判解①259-261頁、264-265頁）。

1 上告代理人高橋庸尚の上告理由第一点の㈠のうち、本法は制定の経緯、態様に照らして拙速を免れず、法全体として違憲無効であるという点について

[2] 本法の法案が衆議院及び参議院でそれぞれ可決されたものとされ、昭和53年5月13日、同年法律第42号として公布されたものであることは公知の事実であるところ、法案の審議にどの程度の時間をかけるかは専ら各議院の判断によるものであり、その時間の長短により公布された法律の効力が左右されるものでないことはいうまでもない。論旨は、独自の見解であって、採用することができない❷。

2 同第一点の㈡について

[3] 現代民主主義社会においては、集会は、国民が様々な意見や情報等に接することにより自己の思想や人格を形成、発展させ、また、相互に意見や情報等を伝達、交流する場として必要であり、さらに、対外的に意見を表明するための有効な手段であるから、憲法21条1項の保障する集会の自由は、民主主義社会における重要な基本的人権の一つとして特に尊重されなければならないものである❸。

[4] しかしながら、集会の自由といえどもあらゆる場合に無制限に保障されなければならないものではなく、公共の福祉による必要かつ合理的な制限を受けることがあるのはいうまでもない。そして、このような自由に対する制限が必要かつ合理的なものとして是認されるかどうかは、制限が必要とされる程度と、制限される自由の内容及び性質、これに加えられる具体的制限の態様及び程度等を較量して決めるのが相当である（最高裁昭和52年（オ）第927号同58年6月22日大法廷判決・民集37巻5号793頁参照）❹。

[5] 原判決が本法制定の経緯として認定するところは、次のとおりである。新東京国際空港（以下「新空港」という。）の建設に反対する上告人及び上告人を支援するいわゆる過激派等による実力闘争が強力に展開されたため、右建設が予定より大幅に遅れ、ようやく新空港の供用開始日を昭和53年3月30日とする告示がされたが、その直前の同月26日に、上告人の支援者である過激派集団が新空港内に火炎車を突入させ、新空港内に火炎びんを投げるとともに、管制塔に侵入してレーダーや送受信器等の航空管制機器類を破壊する等の事件が発生したため、右供用開始日を同年5月20日に延期せざるを得なくなった。このような事態に対し、政府は、同年3月28日に過激派集団の暴挙を厳しく批判し、新空港を不法な暴力から完全に防護するための抜本的対策を強力に推進する旨の声明を発表した。また、国会においても、衆議院では同年4月6日に、参議院でも同月10日に、全会一致又は全党一致で、過激派集団の破壊活動を許し得ざる暴挙と断じた上、政府に対し、暴力排除に断固たる処置を採るとともに、地元住民の理解と協力を得るよう一段の努力を傾注すべきこと及び新空港の平穏と安全を確保し、我が国内外の信用回復のため万全の諸施策を強力に推進すべきことを求める決議をそれぞれ採択した。本法は、右のような過程を経て議員提案による法律として成立したものである❺。

[6] 本法は、新空港若しくはその機能に関連する施設の設置若しくは管理を阻害し、又は新空港若しくはその周辺における航空機の航行を妨害する暴力主義的破壊活動を防止するため、その活動の用に供される工作物の使用の禁止等の措置を定め、もって新空港及びその機能に関連する施設の設置及び管理の安全の確保を図るとともに、航空の安全に資することを目的としている（1条）。本法において「暴力主義的破壊活動等」とは、新空港若しくは新空港における航空機の離陸若しくは着陸の安全を確保するために必要な航空保全施設若しくは新空港の機能を確保するために必要な施設のうち政令で定めるもの（以下、右の航空保安施設若しくは新空港の機能を確保するために必要な施設のうち政令で定めるものを「航空保安施設等」という。）の設置若しくは管理を阻害し、又は新空港若しくはその周辺における航空機の航行を妨害する刑法95条等に規定された一定の犯罪行為をすることをいうと定義され（2条1項）、「暴力主義的破壊活動者」とは、暴力主義的破壊活動等を行い又は行うおそれがあると認められる者をいうと定義されている（同条2項）❻。

[7] ところで、本法3条1項1号は、規制区域内に所在する建築物その他の工作物が多数の暴力主義的破壊活動者の集合の用に供され又は供さ

❷ [2] は、本法案の実質審議が数日だったことから上告人が「本法は制定の経緯、態様に照らして拙速を免れず、法全体として違憲無効である」との主張をしたことに対して、法制定の時間にどれだけ時間をかけて制定するかは各議院が決めることで、またその長さで法の効力が決まるわけではないとする部分である。判解①は、警察法無効事件判決（最大判昭37・3・7民集16-3-445。両院の自主性を尊重し裁判所が議事手続の有効無効を判断すべきではないとした事例）に従ったものだとする（228頁）。

❸ [3] から [9] は、法3条1項1号が憲法21条1項に違反しないかどうかについて検討する部分である。特に [3] では、民主主義社会における集会の自由の意義について、対内的意義と対外的意義が論じられている。なお判解①は、[3] から [9] の解説にあたり、最高裁が従来、合憲性審査にあたって利益較量論やその他の「厳格な審査」基準に対してどのような態度をとってきたのかについて、これまでの精神的自由や経済的自由に関する最高裁判決をモチーフに広く分析を加えている（229頁以下）。

❹ [4] は、集会の自由の制限の正当化にあたってよど号ハイジャック記事抹消判決［本書22事件］の利益較量論が採用されている。この点、判解①は、「最高裁判例の中には、利益較量論を採用しているものが多く存在し、合憲性の審査基準として有効な手段となっている」ものの、「精神的自由を制限する措置の合憲性の審査基準として利益較量を採る場合、それが無原則、無定量に行われることがないように、利益較量を指導するルールが必要」であり、「このようなルールによって利益較量の枠付けがなされ、客観性が確保できる」とし、そのルールとして「明白かつ現在の危険」、「不明確のゆえに無効」、「LRA」（以上「他の厳格な基準」と称している）などが挙げられるとしている（233頁）。もっとも同じく判解①は、実際の最高裁判決が人権判例において「明白かつ現在の危険」といった講学上の厳格な基準をそのまま使うことはなく、「厳格な基準のどれを活用するかについては、規制される人権の性質、規制措置の内容及び態様等の具体的な事案に応じて、その処理に必要なものを適宜処理して適用するという態度を採っており、さらに、適用された他の厳格な基準の内容についても、事案に応じて、その内容を変容させあるいはその精神を反映させる程度にとどめるなどしており」、「基準を定立して自らこれに縛られることなく、柔軟に対処しているといってよい」と評価する（242頁）。

❺ [5] は、成田新法の制定理由について述べる。こうした立法事実の提示は、以降で行う合憲性審査における利益衡量において、暴力主義的破壊活動等の防止と、新空港設置管理等の安全確保のための「高度かつ緊急の必要性」を導くために意味がある。

❻ [6] では、成田新法の目的や本法の適用対象である「暴力主義的破壊活動者」の定義が確認されている。本法の適用対象が限定された集団にとどまることは、[8] で示される制限される利益の評価にもつながっていると解される。

れるおそれがあると認めるときは、運輸大臣は、当該工作物の所有者等に対し、期限を付して当該工作物をその用に供することを禁止することを命ずることができるとしているが、同号に基づく工作物使用禁止命令により当該工作物を多数の暴力主義的破壊活動者の集合の用に供することが禁止される結果、多数の暴力主義的破壊活動者の集会も禁止されることになり、ここに憲法21条1項との関係が問題となるのである❼。

[8]　そこで検討するに、本法3条1項1号に基づく工作物使用禁止命令により保護される利益は、新空港若しくは航空保安施設等の設置、管理の安全の確保並びに新空港及びその周辺における航空機の航行の安全の確保であり、それに伴い新空港を利用する乗客等の生命、身体の安全の確保も図られるのであって、これらの安全の確保は、国家的、社会経済的、公益的、人道的見地から極めて強く要請されるところのものである。他方、右工作物使用禁止命令により制限される利益は、多数の暴力主義的破壊活動者が当該工作物を集合の用に供する利益にすぎない。しかも、前記本法制定の経緯に照らせば、暴力主義的破壊活動等を防止し、前記新空港の設置、管理等の安全を確保することには高度かつ緊急の必要性があるというべきであるから、以上を総合して較量すれば、規制区域内において暴力主義的破壊活動者による工作物の使用を禁止する措置を採り得るとすることは、公共の福祉による必要かつ合理的なものであるといわなければならない❽。また、本法2条2項にいう「暴力主義的破壊活動等を行い、又は行うおそれがあると認められる者」とは、本法1条に規定する目的や本法3条1項の規定の仕方、さらには、同項の使用禁止命令を前提として、同条6項の封鎖等の措置や同条8項の除去の措置が規定されていることなどに照らし、「暴力主義的破壊活動を現に行っている者又はこれを行う蓋然性の高い者」の意味に解すべきである。そして、本法3条1項にいう「その工作物が次の各号に掲げる用に供され、又は供されるおそれがあると認めるとき」とは、「その工作物が次の各号に掲げる用に現に供され、又は供される蓋然性が高いと認めるとき」の意味に解すべきである。したがって、同項1号が過度に広範な規制を行うものとはいえず、その規定する要件も不明確なものであるとはいえない❾。

[9]　以上のとおりであるから、本法3条1項1号は、憲法21条1項に違反するものではない。右と同旨の原審の判断は正当であり、原判決に所論の違憲はなく、論旨は採用することができない❿。

3　同第一点の㈢について

[10]　本法3条1項1号に基づく工作物使用禁止命令により多数の暴力主義的破壊活動者が当該工作物に居住することができなくなるとしても、右工作物使用禁止命令は、前記のとおり、新空港の設置、管理等の安全を確保するという国家的、社会経済的、公益的、人道的見地からの極めて強い要請に基づき、高度かつ緊急の必要性の下に発せられるものであるから、右工作物使用禁止命令によってもたらされる居住の制限は、公共の福祉による必要かつ合理的なものであるといわなければならない⓫。

[11]　したがって、本法3条1項1号は、憲法22条1項に違反するものではない。右と同旨の原審の判断は正当であり、原判決に所論の違憲はなく、論旨は採用することができない。なお、論旨は、本法3条1項3号についても憲法22条1項違反を主張しているが、右3号は本件工作物使用禁止命令に関係がない⓬。

4　同第一点の㈣について

[12]　本法3条1項に基づく工作物使用禁止命令は、当該工作物を、(1) 多数の暴力主義的破壊活動者の集合の用に供すること、(2) 暴力主義的破壊活動等に使用され、又は使用されるおそれがあると認められる爆発物、火炎びん等の物の製造又は保管の場所の用に供すること、又は (3) 新空港又はその周辺における航空機の航行に対する暴力主義的破壊活動者による妨害の用に供することの三態様の使用を禁止するものである。そして、右三態様の使用のうち、多数の暴力主義的破壊活動者の集合の用に供することを禁止することが、新空港の設置、管理等の安全を確保するという国家的、社会経済的、公益的、人道的見地からの極めて強い要請に基づくものであり、高度かつ緊急の必要性を有するものであることは前記のとおりであり、この点は他の二態様の使用禁止についても同様であるから、右三態様

❼　[7]では、法3条1項1号がなぜ憲法21条1項との関係で問題となるかが説明されている。本判決は、法3条1項1号に基づく命令により、所有者が多数の暴力主義的破壊活動者の集合の用に工作物を供することを禁止される結果、多数の暴力主義的破壊活動者の集会も禁止されるという意味で、憲法21条1項との関係が問題になるとしている。

❽　[8]の前半では、[4]で提示の利益衡量論を[5]から[7]で挙げられた本件事案の事情に適用し、法3条1項1号に基づく禁止命令の必要性・合理性が検討されている。本判決は、(1)成田新法の保護利益は航空機の安全の確保等であり、これは国家的人道的見地から極めて「強く要請される」ものであること、(2)制限される利益は、多数の暴力主義的破壊活動者が工作物を集合の用に供する利益に「すぎない」こと、(3)本法制定の経緯から暴力主義的破壊活動を防止することには「高度かつ緊急の必要性」があるとの事情を挙げ、必要性・合理性を肯定している。判解①243頁は、禁止命令の適用対象が極めて限定されていることも考慮対象に挙げている。なお、ここでは、憲法21条1項適合性が判断されたにもかかわらず、厳格な基準をうかがわせる判示が明示されていない。その理由を判解①242-244頁は、本件の場合、「価値の優劣が明らか」であるから、厳格な基準を適用しなければ利益衡量が困難であるとか、恣意的判断に陥る可能性あるという事情にない「特殊事情」にあったので、厳格な基準に触れられていないとしている。判解②405-406頁は、広島市暴走族追放条例事件（本書29事件）でも同様の理由により厳格な基準への言及はなかったとしている。

❾　[8]の後半では、法3条1項1号の過度広汎性・不明確性が検討されている（いわゆる文面審査）。第一審、第二審は、同号の「集合」について一切の集合を意味するのではなく、暴力主義的破壊活動に関連して行う集合を意味すると限定的に解釈していたが、本判決は同号に関する限定解釈は採用せず、法2条2項や法3条1項柱書の限定的解釈を示し、法3条1項1号の過度広汎性・不明確性を否定した。判解①244頁は、集合の内容・目的により集合を区別することは困難であるから第一審、第二審のような限定を付すことは実際上意味がないと本判決が考えたことによるとしている。

❿　[9]は、法3条1項1号が憲法21条1項に違反しないことを結論づける。

⓫　[10]と[11]は、成田新法の規定と憲法22条1項に規定する居住の自由との関係性を論じたものである。特に[10]は、[8]での具体的な利益較量を参照したうえで、憲法22条1項の観点から、本件規定による規制を合理的であったとする。なお判解①245頁は、「本件は、居住の自由を制限する規定の合憲性について正面から判断した初めての最高裁判決である」という。なお、居住の自由を制約する事例で本判決が参照されたものとして、暴力団員を公営住宅から排除する条例の合憲性が問われた、西宮市営住宅事件〔本書49事件〕がある。この平成27年判決を示した第二小法廷の裁判長は、（かつて）調査官として判解①を書いた千葉勝美であることから、同判決における千葉の利益較量論の影響を指摘する見解もある（山本・セレクト2015-I・8頁）。

⓬　[11]は、法3条1項1号が憲法22条1項（居住の自由）に違反しないことを結論づける。なお、同項3号に関しては、そもそも居住の自由の制約とは無関係であるとする。

⓭　[12]と[13]は、成田新法の規定と憲法29条との関係性を論じたものである。なお[12]は、[8]の利益較量をそのまま用いて（憲法29条から検討した場合の）規制の合理性について述べる。また後半では、法3条1項1号、2号の規定について、[8]の審査を参照に、不明確ではないと結論づける。

の使用禁止は財産の使用に対する公共の福祉による必要かつ合理的な制限であるといわなければならない。また、本法3条1項1号の規定する要件が不明確なものであるといえないことは、前記のとおりであり、同項2号の規定する要件も不明確なものであるとはいえない❸。

[13] したがって、本法3条1項1、2号は、憲法29条1、2項に違反するものではない。右と同旨の原審の判断は正当であり、原判決に所論の違憲はなく、論旨は採用することができない。なお、論旨は、同項3号についてもその規定する要件が不明確であると主張するが、同号は本件工作物使用禁止命令に関係がない❹。

5 同第一点の㈤について

[14] 憲法31条の定める法定手続の保障は、直接には刑事手続に関するものであるが、行政手続については、それが刑事手続ではないとの理由のみで、そのすべてが当然に同条による保障の枠外にあると判断することは相当ではない❺。

[15] しかしながら、同条による保障が及ぶと解すべき場合であっても、一般に、行政手続は、刑事手続とその性質においておのずから差異があり、また、行政目的に応じて多種多様であるから、行政処分の相手方に事前の告知、弁解、防御の機会を与えるかどうかは、行政処分により制限を受ける権利利益の内容、性質、制限の程度、行政処分により達成しようとする公益の内容、程度、緊急性等を総合較量して決定されるべきものであって、常に必ずそのような機会を与えることを必要とするものではないと解するのが相当である❻。

[16] 本法3条1項に基づく工作物使用禁止命令により制限される権利利益の内容、性質は、前記のとおり当該工作物の三態様における使用であり、右命令により達成しようとする公益の内容、程度、緊急性等は、前記のとおり、新空港の設置、管理等の安全という国家的、社会経済的、公益的、人道的見地からその確保が極めて強く要請されているものであって、高度かつ緊急の必要性を有するものであることなどを総合較量すれば、右命令をするに当たり、その相手方に対し事前に告知、弁解、防御の機会を与える旨の規定がなくても、本法3条1項が憲法31条の法意に反するものということはできない。また、本法3条1項1、2号の規定する要件が不明確なものであるといえないことは、前記のとおりである❼。

[17] 右と同旨の原審の判断は正当であり、原判決に所論の違憲はなく、論旨は採用することができない❽。

6 同第一点の㈥について

[18] 憲法35条の規定は、本来、主として刑事手続における強制につき、それが司法権による事前の抑制の下に置かれるべきことを保障した趣旨のものであるが、当該手続が刑事責任追及を目的とするものではないとの理由のみで、その手続における一切の強制が当然に右規定による保障の枠外にあると判断することは相当ではない（最高裁昭和44年（あ）第734号同47年11月22日大法廷判決・刑集26巻9号554頁）。しかしながら、行政手続は、刑事手続とその性質においておのずから差異があり、また、行政目的に応じて多種多様であるから、行政手続における強制の一種である立入りにすべて裁判官の令状を要すると解するのは相当ではなく、当該立入りが、公共の福祉の維持という行政目的を達成するため欠くべからざるものであるかどうか、刑事責任追及のための資料収集に直接結び付くものであるかどうか、また、強制の程度、態様が直接的なものであるかどうかなどを総合判断して、裁判官の令状の要否を決めるべきである❾。

[19] 本法3条3項は、運輸大臣は、同条1項の禁止命令をした場合において必要があると認めるときは、その職員をして当該工作物に立ち入らせ、又は関係者に質問させることができる旨を規定し、その際に裁判官の令状を要する旨を規定していない。しかし、右立入り等は、同条1項に基づく使用禁止命令が既に発せられている工作物についてその命令の履行を確保するために必要な限度においてのみ認められるものであり、その立入りの必要性は高いこと、右立入りには職員の身分証明書の携帯及び提示が要求されていること（同条4項）、右立入り等の権限は犯罪捜査のために認められたものと解釈してはならないと規定され（同条5項）、刑事責任追及のための資料収集に直接結び付くものではないこと、強制の程度、態様が直接的物理的なものではないこと（9条2項）を総合判断すれば、本法3条1、3項は、

❹ [13]は、[12]を受けた結論である。ここでも法3条1項3号に関して財産権制約とは無関係であるとする。

❺ [14]から[17]は、成田新法の本件規定と憲法31条との関係性を論じたものである。判解①は、「最高裁において典型的な行政手続と憲法31条との関係を正面から問題にするのは、本件が最初」とする（250頁）。なお[14]は、憲法31条の保障が行政手続に関しても及ぶことがあることを示唆している。本件では前提として、憲法31条の定める「法律の定める手続」として適正手続が、またその適正手続としての事前手続（告知と聴聞）が保障されるかどうかという問題が関わっている。これについては従来の判決が認めるところであり、本判決も同様の見解に立つと評価される（判解①248頁）。

❻ [15]は、憲法31条の保障が行政手続に及ぶとしても、刑事手続との差異や行政手続の多様な性質を考えた場合に、告知、弁解等の機会を与えることを常に必要とするわけではないことを示唆する。このこともふまえて判解①は、法廷意見が「行政手続について憲法31条の保障が及ぶとしても、その内容を修正・変容させた上で適用する余地のあることを認めるものであり、法的にいえば、『準用する』余地を認めたということになる」としている（255頁）。

❼ [16]は、法3条1項に基づく工作物使用禁止命令に関し、相手方に対して、事前に告知、弁解、防御の機会を与える旨の規定がなくても、憲法31条の法意に反しないとする。また同項1号、3号の規定の不明確性についても否定する。なおここで「法意」という言葉を使うことについて、判解①は、「31条は『適用』ではなくせいぜい『準用』が問題にされているから」とする（255頁）。

❽ [17]は、法3条1項1号、3号が憲法31条に違反しないことを結論づける。なお判解①は、〔川崎民商事件判決〔本書57事件〕のように〕「税務調査に憲法35条の保障が及ぶからといって、一般的に行政手続に憲法31条が適用される、あるいはその法意が尊重されるという結論が当然に導き出されるものではない」と評価し、「最高裁において典型的な行政手続と憲法31条との関係を正面から問題にするのは、本件が最初のものということになろう」（250頁）と解説している。こうした指摘を考慮すれば、川崎民商事件判決の場合と、本判決との審査方法の違いにも目を向けたい（文献①202頁）。

❾ [18]から[20]は、成田新法の本件規定と憲法35条との関係性を論じたものである。特に[18]は、最高裁判例を引きながら、刑事手続における強制について事前の司法権の介入（裁判所による令状の発給など）を求めることを趣旨とする憲法35条ではあるものの、本件のような行政手続にもその趣旨が及ぶ可能性を示唆する。もっとも続けて、[15]における憲法31条の保障と同様に、刑事手続との差異や行政手続の多様な性質を考えると、令状等を必要とする場合とそうでない場合があることを述べている。

❿ [19]は、法3条1項、3項は、憲法35条の法意に反するか否かについて具体的に検討している。なお、禁止命令と立入り・質問とがどうして関係あるのか、本判決がなぜこのことについて判断しているのかをめぐり、判解①は、「〔本条〕3項による当該工作物への立入り、関係者への質問は、使用禁止命令の履行を確保するために行われるものであり、全体として一つの制度としてとらえることもできるものであるから、当該工作物への立入り等を定める3項が違憲無効であるとされる場合には、その前提となる本件使用禁止命令自体の効力にも何らかの影響を及ぼすおそれがないではない」（258頁）として、本判決が、1項、3項についての合憲性判断をしたと説明する。

憲法35条の法意に反するものとはいえない【20】。

[20] 右と同旨の原審の判断は正当であり、原判決に所論の違憲はなく、論旨は採用することができない【21】。

7　同第二点ないし第五点について

[21] 所論の点に関する原審の認定判断は正当として是認することができ、その過程に所論の違法はない。所論違憲の主張は、前記説示と異なる前提に立つか又は独自の見解にすぎない。論旨は、いずれも採用することができない【22】。

[22] 8　以上のとおり、被上告人運輸大臣がした前記一の使用禁止命令以外の使用禁止命令の取消しの訴え及び被上告人国に対する訴えに関する上告人の上告は、すべて理由がなく、これを棄却すべきである【23】。

三　結論

[23] よって、行政事件訴訟法7条、民訴法408条、396条、384条、96条、95条、89条に従い、裁判官園部逸夫、同可部恒雄の意見があるほか、裁判官全員一致の意見で、主文のとおり判決する。

❹【20】は、法3条1項、3項は、憲法35条の法意に反しないとする。

❺【21】は、上告人による上告理由の第二（空港自体が違法不法の行為の集積でありそれを保護する法律も違憲不法）、第三（本法は、国民の抵抗権行使としての市民運動や反対運動を敵視した立法であり違憲など）、第四（法3条1項1号、2号の要件を充足していない命令であること）、第五（処分対象者の特定がされておらず、また暴力主義的破壊活動者と「所有者、管理者、占有者」との結びつけがされていないこと）につき、どれも認めないことを述べている。

❻【22】は、本件を棄却することとし、【23】へとつなげる。

少数意見

上告理由第一点の㈤についての裁判官園部逸夫の意見は、次のとおりである❼。

[24] 私は、本法3条1項が憲法31条の法意に反するものではないとする法廷意見の結論には同調するが、その理由を異にするので、以下、私の意見を述べることとする。

[25] 私は、行政庁の処分のうち、少なくとも、不利益処分（名宛人を特定して、これに義務を課し、又はその権利利益を制限する処分）については、法律上、原則として、弁明、聴聞等何らかの適正な事前手続の規定を置くことが、必要であると考える。このように行政手続を法律上整備すること、すなわち、行政手続法ないし行政手続条項を定めることの憲法上の根拠については、従来、意見が分かれるところであるが、上告理由は、これを憲法31条に求めている。確かに、判例及び学説の双方にわたって、憲法31条の法意の比較法的検討をめぐる議論が、我が国の行政手続法理の発展に寄与してきたことは、高く評価すべきことである。しかしながら、我が国を含め現代における各国の行政法理論及び行政法制度の発展状況を見ると、いわゆる法治主義の原理（手続的法治国の原理）、法の適正な手続又は過程（デュー・プロセス・オヴ・ロー）の理念その他行政手続に関する法の一般原則に照らして、適正な行政手続の整備が行政法の重要な基盤であることは、もはや自明の理とされるに至っている。したがって、我が国でも、憲法上の個々の条文とはかかわりなく、既に多数の行政法令に行政手続に関する規定が置かれており、また、現在、行政手続に関する基本法の制定に向けて努力が重ねられているところである。もとより、個別の行政庁の処分の趣旨・目的に照らし、刑事上の処分に準じた手続によるべきものと解される場合において、適正な手続に関する規定の根拠を、憲法31条又はその精神に求めることができることはいうまでもない。

[26] ところで、一般に、行政庁の処分は、刑事上の処分と異なり、その目的、種類及び内容が多種多様であるから、不利益処分の場合でも、個別的な法令について、具体的にどのような事前手続が適正であるかを、裁判所が一義的に判断することは困難というべきであり、この点は、立法当局の合理的な立法政策上の判断にゆだねるほかはないといわざるを得ない。行政手続に関する基本法の制定により、適正な事前手続についての的確な一般的準則を明示することは、この意味においても重要なのである。

[27] もっとも、不利益処分を定めた法令に事前手続に関する規定が全く置かれていないか、あるいは事前手続に関する何らかの規定が置かれていても、実質的には全く置かれていないのと同様な状態にある場合は、行政手続に関する基本法が制定されていない今日の状況の下では、さきに述べた行政手続に関する法の一般原則に照らして、右の法令の妥当性を判断しなければならない事態に至ることもあろう。しかし、そのような場合においても、当該法令の立法趣旨から見て、右の法令に事前手続を置いていないこと等が、右の一般原則に著しく反すると認められない場合は、立法政策上の合理的な判断によるものとしてこれを是認すべきものと考える。

[28] これを本法3条1項について見ると、右規定の定める工作物使用禁止命令は、処分の名宛人を確知できる限りにおいて、右名宛人に対し不作為義務を課する典型的な行政上の不利益処分に当たる。したがって、本法に右命令についての事前手続に関する規定が全く置かれていないことに着目すれば、右に述べた意味において、右条項の妥当性が問題とされなければならない。しかし、この点については、右工作物使用禁止命令により制限される権利利益の内容、性質は、当該工作物の三態様における使用であり、右のような態様の使用を禁止することは、新空港の設置・管理等の安全を確保するという国家的、社会経済的、公益的、人道的見地からの極めて強い要請に基づくものであり、高度かつ緊急の必要性を有するものである、という本判決理由の全体にわたる法廷意見の判断があり、私もこれに同調しているところである。本法3条1項の定める工作物使用禁止命令については、右命令自体の性質に着目すると、緊急やむを得ない場合の除外規定を付した上で、事前手続の規定を置くことが望ましい場合ではあるけれども、本法は、法律そのものが、高度かつ緊急の必要性という本件規制における特別の事情を考慮して制定されたものであることにかんがみれば、事前手続の規定を置かないことが直ちに前記の一般原則に著しく反するとまでは認められないのであって、右のような立法政策上の判断は合理的なものとして是認することができると考えるのである。このような見地から、私は、本法3条1項が憲法31条の法意に反するものではないとする法廷意見に対し、その結論に同調するのである。

上告理由第一点の㈤についての裁判官可部恒雄の意見は、次のとおりである❽。

❼ 園部裁判官の意見の特徴は、第1に、行政処分のうち不利益処分については、法律上、原則的に弁明や聴聞等の適正な事前手続の規定を置くことが必要だとする点である。第2に、その根拠を憲法31条自体というよりも、手続的法治国原理やデュープロセスの理念といった「法の一般原則」に求め、「憲法31条又はその精神」という表現を用いる点である。第3に、そうした手続がまったく置かれていないか、実質的に置かれていないのと同様な場合に、法の一般原則に照らして、法令の妥当性を判断すべきとする点である。第4に、結果的には、事前手続の規定を置かないことについて直ちには法の一般原則には反しないとする。

❽ 可部意見の特徴は、行政処分による私人の所有権に対する重大な制限について憲法31条の保障が及ぶのは当然であり、例外的な場合にだけ事前手続がないことが

【29】　一　憲法31条にいう「法律に定める手続」とは、単に国会において成立した法律所定の手続を意味するにとどまらず、「適正な法律手続」を指すものであること、同条による適正手続の保障はひとり同条の明示する刑罰にとどまらず「財産権」にも及ぶものであること（昭和30年（あ）第2961号同37年11月28日大法廷判決・刑集16巻11号1593頁）、また、民事上の秩序罰としての過料を科する作用は、その実質においては一種の行政処分としての性質を有するものであるが、非訟事件手続法による過料の裁判は、過料を科するについての同法の規定内容に照らして、法律の定める適正な手続によるものということができ、憲法31条に違反するものでないこと（昭和37年（ク）第64号同41年12月27日大法廷決定・民集20巻10号2279頁）、また同条の法意に関連するものとして、憲法35条1項の規定は、本来、主として刑事責任追及の手続における強制について、それが司法権による事前の抑制の下におかれるべきことを保障した趣旨であるが、当該手続が刑事責任追及を目的とするものでないとの理由のみで、その手続における一切の強制が当然に右規定による保障の枠外にあるとするのは相当でないこと（昭和44年（あ）第734号同47年11月22日大法廷判決・刑集26巻9号554頁）は、いずれも当裁判所の判例とするところである。

【30】　二　憲法31条による適正手続の保障は、ひとり刑事手続に限らず、行政手続にも及ぶと解されるのであるが、行政手続がそれぞれの行政目的に応じて多種多様である実情に照らせば、同条の保障が行政処分全般につき一律に妥当し、当該処分につき告知・聴聞を含む事前手続を欠くことが直ちに違憲・無効の結論を招来する、と解するのは相当でない。多種多様な行政処分のいかなる範囲につき同条の保障を肯定すべきかは、それ自体解決困難な熟慮を要する課題であって、いわゆる行政手続法の制定が検討されていることも周知のところであるが、論点をより具体的に限定して、私人の所有権に対する重大な制限が行政処分によって課せられた事案を想定すれば、かかる場合に憲法31条の保障が及ぶと解すべきことは、むしろ当然の事理に属し、かかる処分が一切の事前手続を経ずして課せられることは、原則として憲法の許容せざるところというべく、これが同条違反の評価を免れ得るのは、限られた例外の場合であるとしなければならない。例外の最たるものは、消防法29条に規定する場合のごときであるが、これを極限状況にあるものとして、本件が例外の場合に当たるか否かを考察すべきであろう。

【31】　三　本法の制定をめぐる問題状況については、上告理由第一点の（二）について法廷意見の述べるとおりであるが、本件において注目されるのは、本件工作物の設置の時期、場所、特に当該工作物自体の構造である。すなわち、原判決（その引用する第一審判決を含む。）の認定するところによれば、

「本件工作物は鉄骨鉄筋コンクリート地上3階、地下1階建の建物であり、東西11.47メートル、南北11.5メートル、地上部分の高さ約10メートルの立方体に類似した形状をしていて、7か所の小さな換気口及び明り取りのほかには窓及び出入口は存在せず、四方がコンクリートづめの異様な外観であり、また、内部への出入りは地上から梯子をかけて屋上に昇りその開口部分から行う等の特異な構造を有し、その内部構造も、1階から2階へ、地下部分から直接2階へ、3階から屋上への各昇降口には鉄パイプ梯子がかけられており、2階から3階への昇降口には木製の踏み台が置かれているほかは各階相互間に階段等の昇降手段がない特異な構造となっていること、そして地下部分から緊急時の出入り用のトンネルが左右に掘られている」

というのであって、その構造は、右の判示にみられるように異様の一語に尽き、通常の居住用又は農作物等の格納用の建物とは著しく異なり、何びともその使用目的の何たるかを疑問とせざるを得ないであろう。

【32】　次に、本件工作物に対する行政処分の具体的内容をみるのに、そこにおいて禁止される財産権行使の態様としては、「多数の暴力主義的破壊活動者の集合の用に供すること」及び「暴力主義的破壊活動等に使用され、又は使用されるおそれがあると認められる爆発物、火炎びん等の物の製造又は保管の場所の用に供すること」という二態様に尽きるのである。

【33】　四　対象となる所有権の内容が、具体的には右にみるようなものであり、また、これを制限する行政処分の内容が右にみるとおりであるとすれば、本件の具体的案件を、行政処分による所有権に対する重大な制限として一般化した上で、本件処分を目して、事前の告知・聴聞を経ない限り、憲法31条に違反するものとするのは相当でない。

【34】　すなわち、本件工作物の構造の異様さから考えられるその使用目的とこれに対する本件処分の内容とを総合勘案すれば、前記にみるような態様の財産権行使の禁止が憲法29条によって保障される財産権に対する重大な制限に当たるか否か、疑問とせざるを得ないのみならず、これを強いて「重大な制限」に当たると観念するとしても、当該処分につき告知・聴聞を含む事前手続を経ない限り、31条を含む憲法の法条に反するものとはたやすく断じ難いところである。

【35】　五　これを要するに、一般に、行政処分をもってする所有権の重大な制限には憲法31条の保障が及ぶと解されるのであり、また、かく解することが当裁判所の累次の先例の趣旨に副う所以であると考えられるが、本件工作物につき前記態様の使用の禁止を命じた本件処分につき、事前手続を欠く限り憲法31条に違反するものとすることはできない。

【36】　論旨は理由がなく、原判決は結論において是認すべきものと考える。
（裁判長裁判官　草場良八　裁判官　藤島昭　裁判官　坂上壽夫　裁判官　貞家克己　裁判官　大堀誠一　裁判官　園部逸夫　裁判官　橋元四郎平　裁判官　中島敏次郎　裁判官　佐藤庄市郎　裁判官　可部恒雄　裁判官　木崎良平　裁判官　味村治　裁判官　大西勝也　裁判官　小野幹雄　裁判官　三好達）

補足説明　行政手続法の制定

園部意見や可部意見では、本件当時、行政手続に関する基本法（行政手続法）の制定が検討されている旨述べていたが、本件の判決後の平成5年11月に行政手続法が制定され、不利益処分をする場合の「聴聞」や「弁明の機会の付与」が規定された（13条以下）。もっとも同法内でそれらの適用除外規定も多く制定され、さらに個別法においても適用除外が多くみられる。こうした適用除外はあくまでも「法律」による措置であることを考えるならば、最高裁判例が示した憲法31条その他の理解からすると、行政手続における適正手続保障は憲法上の価値を有するといった見方は閉じられていない以上、そうした法律による適用除外が違憲となるか合憲となるか、慎重に検討する必要があろう。

許容されるとする点である（判解①は、園部意見と同じように、行政手続に事前の適正手続保障の「適用」を求めるものだとする（257頁）。また、法廷意見や園部意見が比較衡量論で判断するのに比較して、可部裁判官は、限られた例外において制限を認めるとしている点が特徴的である（判批①）。もっとも可部裁判官は、結局のところ、本件の工作物についてはその「異様」さから考えられる使用目的からすると、本件のような財産権行使の禁止が憲法29条により保障される財産権への「重大な制限」にあたるとはいえないこと、また仮にあたるとしても、事前手続を経なければ「31条を含む憲法の法条に反するものとはたやすく断じ難い」とする。

Questions

①事実関係の確認

問1 成田空港の建設は、なぜ遅れていたのか。成田空港の開設に反対する集団Xは、いかなる活動を行っており、そのためにどこを拠点としていたか。▶【事案】【5】

問2 成田空港問題に対処するため、国会はいかなる法律を制定したか。法の目的は何か（1条）。法は、「暴力主義的破壊活動等」（2条1項）と「暴力主義的破壊活動者」（2条2項）をどのように定義したか。▶【参考条文】【6】

問3 法3条1項は、運輸大臣が、誰に対し、何を禁止することを命じる権限を与えているか。▶【参考条文】【7】

問4 昭和54年2月に運輸大臣は、何法何条に基づき、誰に対し、いかなる期限で、何を禁止し、その後、毎年、誰に対して、どのような命令を発していたか。▶【事案】

問5 Xは、誰を被告に、いかなる訴訟を提起したか。第一審は、いかなる判決をしたか。同判決で昭和57年以前と昭和58年の各命令で結論が異なるのはなぜか。▶【事案】

問6 Xは、第二審でいかなる請求を追加し、いかなる判決をしたか。▶【事案】

②判決の内容の確認

問7 本判決は、昭和60年2月1日付命令の取消訴訟について、いかなる判断をしたか。あわせて昭和60年の命令の期限、本件の事実審の口頭弁論終結時、上告審の審理終結時の時系列を整理せよ。▶【1】

問8 Xは、法が、制定の経緯、態様に照らして拙速を免れず、全体として違憲無効であるとの主張をしたのに対し、本判決はいかなる判断を示したか。本判決は、法案の審議時間が適正か否かをめぐる判断は、どの機関が行うべきだとしているか。また、審議時間の長短と法律の効力との関係について、どのように述べているか。▶【2】

問9 本判決は、「集会」の意義についてどのように述べているか。本判決は、憲法21条1項の保障する集会の自由は基本的人権としていかなるものであると論じているか。▶【3】

問10 本判決は、集会の自由はいかなる場合に制限されると論じ、それに対する制限が必要かつ合理的なものとして是認されるかは、いかなる事情を較量して決せられるべきであるとしているか。また、その枠組みを提示するにあたって、どの判例を引用しているか。▶【4】

問11 本判決は、成田新法がいかなる過程を経て成立したと整理しているか。また、Xの支援者は、新空港供用開始日の直前、いかなる事件を発生させていたか。▶【5】

問12 本判決は、いかなる理由により、法3条1項1号に基づく工作物使用禁止命令と憲法21条1項の関係を認めているか。▶【7】

問13 本判決は、法3条1項1号に基づく工作物使用禁止命令により保護される利益として何を挙げ、それをどう評価し、他方で同工作物使用禁止命令により制限される利益は何であるとしているか。本判決は、暴力主義的破壊活動等を防止し、空港の安全を確保することについて、いかなる事情に照らし、いかなる必要性があると論じているか。そして、いかなる措置について、公共の福祉による必要かつ合理的なものであるとしているか。▶【8】

問14 本判決は、法2条2項、法3条1項柱書をどのように解釈しているか。本判決は、法3条1項1号は、過度に広範かつ不明確であるとの主張に対し、どのような結論を示しているか。本判決は、法3条1項1号の限定解釈を行っているか。▶【8】

③応用問題

問15 法廷意見と、園部意見、可部意見との間にはどのような違いがあるのか。▶【25】～【27】、【30】、判解①256-257頁、判批①243頁

問16 川崎民商事件判決〔本書58事件〕と本判決とで審理の対象となる「行政手続」にはどのような相違があり、これが最高裁の判断の仕方にいかなる影響を与えているであろうか。▶判解①250頁、文献①200頁以下

問17 本判決の論理では、法3条1項1号における「多数の暴力主義的破壊活動者の集合の用」という文言を「航空機の航行に反対する多数の活動者の集合の用」と変更した場合、同号は、憲法21条1項、31条に照らして違憲となるだろうか。▶芦部〔6版〕194-197頁

問18 行政手続において適正手続が必要だとして、具体的にはどのような手続が要請されるのだろうか。▶戸松＝今井編・論点体系判例憲法2・329頁以下

○ **関連判例**（本書所収以外のもの）
　最大判昭和30年4月27日刑集9巻5号924頁
　最大判昭和47年11月22日刑集26巻9号554頁

○ **本判決の調査官解説**
　千葉勝美「判解」最高裁判所判例解説民事篇平成4年度220頁（判解①）

○ **その他の判例解説・判例批評**
　前田巌「判解」最高裁判所判例解説刑事篇平成19年度379頁（判解②）
　宮地基「判批」憲法判例百選Ⅱ〔第6版〕（2013年）250頁
　木佐茂男「判批」行政判例百選Ⅰ〔第6版〕（2012年）250頁
　太田幸夫「判批」判例タイムズ821号（平成4年度主要民事判例解説）（1993年）290頁
　宍戸常寿「判批」憲法判例研究会編『判例プラクティス憲法〔増補版〕』（信山社、2014年）243頁（判批①）

○ **参考文献**
　南野森「行政手続とデュープロセス」憲法の争点（2008年）88頁
　村山健太郎「行政手続と憲法31条」横大道聡編『憲法判例の射程』（弘文堂、2017年）197頁（文献①）

第19章　生存権

1　学説の状況

　国の不作為を求める自由権とは異なり、国に対する作為請求権を核にもつ生存権（憲法25条）は、その作為方法の不特定性（権利内容の不確定性）という構造的特徴がある。そのため生存権は、自由権と同じ意味で権利（裁判で直接執行可能な個別的利益）といえるかという問題が、長らく議論されてきた。この点につき、①25条は国の政治的・道義的義務のみを課し、具体的な請求権を保障していないとするプログラム規定説、②同条は法律による具体化を必要とするが、その具体化を行うべき法的義務を国に課しており、具体化立法があれば憲法と法律を一体化して具体的権利たりうるとする抽象的権利説（通説）、③この具体化を行う立法義務が不完全・未履行の場合、立法不作為の違憲確認訴訟を提起できるとする具体的権利説、という学説が紹介されてきた（芦部[6版]269頁以下）。④直接給付請求権を肯定する見解もある（戸波江二『憲法[新版]』（ぎょうせい、1998年）302頁以下、棟居快行『憲法学再論』（信山社、2001年）348頁以下）。

　もっとも、これらの説の具体的な主張内容は、論者により著しく異なる（内野正幸『憲法解釈の論理と体系』（日本評論社、1991年）122頁以下）。近時は、こうした説の名称・分類に基づく議論の立て方自体への疑問も高まり、また、⑤憲法25条は国の義務のみを定めているとする客観法説が判例の立場だという読み方（堀木事件［本書60事件］の解説）も有力化している。特に堀木事件判決が、憲法25条の実現に際し政治部門の裁量を承認しつつ、その裁量の逸脱濫用が違憲になる可能性（法規範性・裁判規範性）を肯定して以来、議論は次第に、この裁量を裁判所が統制する際、同条の多層的な実現過程・規範構造に着目しながら、個別具体的に憲法の価値を検証すべき旨を提唱する方向へと移行しつつある（樋口陽一ほか『注解法律学全集2　憲法II』（青林書院、1997年）150頁以下［中村睦男］、尾形健『福祉国家と憲法構造』（有斐閣、2011年）154頁以下）。

　生存権にも自由権的側面があるとされ、(a)法令による作為的な介入（過大な税負担等）から最低生活を防御する、(b)一旦国が導入した法制度を後に縮減・廃止することを防止する（制度後退禁止原則）、という2局面がその例とされる。(a)については具体的権利性を肯定する見解が有力であるが、(b)の肯否は議論が再燃している。肯定説は、上記②抽象的権利説の論旨に照らし、憲法と一体化した法令上の具体的権利の内容の切り下げは、厳格な裁量統制に服するとする（棟居快行『憲法学の可能性』（信山社、2012年）389頁。長谷部[6版]277頁も参照）。否定説は、ある制度が「健康で文化的な最低限度の生活」という憲法の要請を下回るか否かが問題であり、それは制度の創設か後退かで差は生じない、生存権は既得権ではない、等々と主張する（小山剛「生存権の『制度後退禁止』？」慶應法学19号（2011年）98頁、論点探究[2版]261頁[松本和彦]）。一般論として否定説に立ちつつ、憲法25条に限り2項の「向上」という文言から肯定の余地を認める見解もある（内野・前掲書375頁以下）。

　憲法25条の1項と2項の関係について、堀木事件の控訴審が示した1項＝救貧、2項＝防貧という分類は、判例でも学説でも支持を集めなかった。だが、「権利」・「最低限度の生活」と明定する1項の含意・独自性を強調する見解も増えつつあり、少なくとも憲法25条の実現に際し裁量の広狭に差があるとの認識自体は有力化している（上掲の諸文献のほか、芹沢斉＝市川正人＝阪口正二郎『新基本法コンメンタール憲法』（日本評論社、2011年）214頁以下[尾形健]に引用の西原博史、遠藤美奈、葛西まゆこの論考等を参照）。

2　判例の展開

　本章で扱う**堀木事件判決**［本書60事件］が示した広範な立法裁量論と明白性審査は、後の判例の方向性を大きく規定している。堀木事件判決が引用する大法廷判決として、食糧管理法事件（最大判昭23・9・29刑集2-10-1235）の次の説示が重要である。すなわち、憲法25条により「直接に個々の国民は、国家に対して具体的、現実的にかかる権利［生活権］を有するものではない。社会的立法及び社会的施設の創造拡充に従つて、初めて個々の国民の具体的、現実的生活権は設定充実せられてゆく」と（この説示がプログラム規定説と呼ばれた意味につき、堀木事件［本書60事件］の解説）。食糧管理法事件で被告人は、食糧の購入運搬は生活権の行使であり、これに罰則を科す食糧管理法の規定が違憲だと主張していた。これは自由権的側面の問題とも解されるため、上記の判旨は応答として妥当を欠くとの批判もある（井上意見）。なお、後の総評サラリーマン税金事件（最判昭58・2・7判時1312-69）でも最高裁は、自由権的側面（過大な税負担から最低生活を防御）として事案を構成していない。また、堀木事件より以前の大法廷判決として、朝日事件（最大判昭42・5・24民集21-5-1043）は、傍論ながら司法審査の方式を示した。すなわち、「健康で文化的な最低限度」の抽象性・相対性から、生活保護法に基づく保護基準を設定する厚生大臣の「合目的的な裁量」を認め、「現実の生活条件を無視して著しく低い基準を設定する等憲法および生活保護法の趣旨・目的に反し」た場合にのみ、大臣の判断が違法になるという。本件は行政裁量（行政立法）の統制事案であったことに留意が必要である。

　堀木事件以降、同事件と同じく立法裁量を扱った事案に、学生無年金事件（最判平19・9・28民集61-6-2345）がある。この事件で最高裁は、堀木事件判決と同様、憲法25条とは別に同14条違反の有無を審査したが、何ら合理的な理由のない差別かという緩やかな基準のもとで合憲判断を示した。外国人の社会保障が争点となった塩見訴訟（最判平元・3・2判時1363-68）、宋訴訟（最判平13・9・25判時1768-47）でも、堀木事件判決の裁量論の影響が読み取れる。そして朝日事件と同じく行政裁量・行政立法の統制が争点となった事案に、**老齢加算廃止事件**［本書61事件］がある。本件は、制度後退禁止原則をめぐる議論再燃の契機となったが、最高裁はこれを明示的には採用しなかった。また、本判決が朝日事件判決ではなく堀木事件判決を参照したこと、両事件とは異なり判断過程審査を用いたこと等が注目される。その他、行政立法（最判平14・1・31民集56-1-246[児童扶養手当法施行令事件]）や行政処分（最判平16・3・16民集58-3-647[中島事件]）を扱った事案では、違法の結論が示されたが、憲法論は明示的には登場しない。

　生存権判例を読む際には、①法律（堀木事件）、②行政立法（朝日事件、老齢加算廃止事件）、③行政処分（中島事件等）という議論の位相の相違に留意しつつ、憲法論としての構成可能性をそれぞれ考察することが重要である（射程177頁以下[柴田憲司]参照）。

60 堀木事件

最高裁昭和57年7月7日大法廷判決　昭和51年(行ツ)第30号：行政処分取消等請求事件
民集36巻7号1235頁

事案

視力障害者として国民年金法に基づく障害福祉年金を受給していたＸ（原告、被控訴人（附帯控訴人）、上告人）は、本判決【2】に示されたような事情から、兵庫県知事Ｙ（被告、控訴人（附帯被控訴人）、被上告人）に対し、児童扶養手当の受給資格の認定請求をした。しかしＹは、母が「公的年金を受けることができるとき」は手当を支給しないと定める児童扶養手当法4条3項3号（昭和48年法律93号改正前。以下「本件併給調整条項」という）にＸが該当することを理由に、Ｘの請求を却下し（以下「原処分」という）、異議申立ても棄却した。そこでＸは、本件併給調整条項は憲法14条1項、同25条2項、同13条に違反し、この違憲無効の条項をＹが適用してなした原処分は違法と主張して、①Ｙの原処分の取消し（取消判決）を求める訴訟（取消訴訟）、②Ｙによる本件受給資格の認定という作為（給付判決）を求める訴訟（義務付け訴訟）を提起した。

第一審（神戸地判昭47・9・20民集36-7-1444）は、障害福祉年金を併給調整の対象から除外しない限り本件併給調整条項は憲法14条1項に違反するため、Ｙの本件処分は違法だと判断して①の訴えを認容し、②については、行政庁の第一次判断権・三権分立の原則を理由に却下した。Ｙが①について控訴し、Ｘが②について附帯控訴した。控訴審（大阪高判昭50・11・10民集36-7-1452）は、憲法25条1項＝救貧政策、同条2項＝防貧政策（広い立法裁量）との立論のもと、児童扶養手当を後者に分類して本件条項を合憲と判断し、同14条1項・同13条違反の主張も容れず、①の請求を棄却した。②については、本件認定処分に裁量判断の余地があるため不適法と判断した。そこでＸが原判決の破棄を求めて上告した。

なお、その後の随時の法改正により、平成29年現在、児童扶養手当については、公的年金を受給している場合でも、その額が児童扶養手当の額よりも低い場合には、その差額分の手当が支給され、また、母子家庭のみならず父子家庭にも支給される。

■参考条文（事件当時のもの）

児童扶養手当法
第1条　この法律は、父と生計を同じくしていない児童について児童扶養手当を支給することにより、児童の福祉の増進を図ることを目的とする。
第2条　児童扶養手当は、児童の心身の健やかな成長に寄与することを趣旨として支給されるものであつて、その支給を受けた者は、これをその趣旨に従つて用いなければならない。
第3条
2　この法律において「公的年金給付」とは、次に掲げる給付をいう。
　(1) 国民年金法……に基づく年金たる給付
3　この法律にいう「婚姻」には、婚姻の届出をしていないが、事実上婚姻関係と同様の事情にある場合を含み、「配偶者」には、婚姻の届出をしていないが、事実上婚姻関係と同様の事情にある者を含み、「父」には、母が児童を懐胎した当時婚姻の届出をしていないが、その母と事実上婚姻関係と同様の事情にあつた者を含むとする。
第4条　国は、次の各号のいずれかに該当する児童の母がその児童を監護するとき……は、その母……に対し、児童扶養手当（以下「手当」という。）を支給する。
　(1) 父母が婚姻を解消した児童
3　第1項の規定にかかわらず、手当は、母に対する手当にあつては当該母が……次の各号のいずれかに該当するときは、支給しない。
　(3) 公的年金給付を受けることができるとき。

Navigator

本判決に先行する生存権判例として、食管法事件（判例①）、朝日事件（判例②）がある。もっとも、戦後初期判例である前者は、合憲性判断の理由づけについて必ずしも詳細・明確な論証を示しておらず、後者は、傍論で主に行政作用の法律適合性を中心に扱ったものであった。これに対し本判決は、社会保障立法に対する違憲審査のあり方について、最高裁が明示的な判断を示した大法廷判決であり、後の判例の方向性を大きく規定している。本件では、児童扶養手当と他の公的年金（障害福祉年金）との併給を認めていなかった児童扶養手当法上の併給調整条項の合憲性が問題となった。判決は、一（事案の概要）、二（併給調整条項の憲法25条適合性）、三（併給調整条項の憲法14条1項・同13条適合性）の3部からなる。とりわけ二で示された①広範な立法裁量論と、②裁判所による緩やかな審査の原則が、いかなる根拠から導かれているか、そして、③どのような場合に、憲法25条違反とは別に、三の憲法14条・同13条違反の可能性が生じるかを確認することが重要である。また、いずれの局面でも合憲判断が導かれており、その論証におけるポイントとなっているのは、憲法の解釈（広範な立法裁量論）だけでなく、④争点となった法律・制度の趣旨解釈にある。これは、生存権の作為請求権的側面については、自由権と異なり、法律が憲法上の権利の制約になるだけでなく、憲法上の権利の具体的内容が立法等により現実化する性質をもつことが影響している。

■ **判決の論理構造**

併給調整条項は憲法25条に違反するか	憲法25条の法的性格・構造	①憲法25条2項＝社会的立法等を創造拡充すべき国の責務、②憲法25条1項＝国民が健康で文化的な最低限度の生活を営みうるよう国政を運営すべき国の責務、→1項は国民の具体的・現実的な権利に対応する国の義務を保障しておらず、2項の社会的立法等を通じ、具体的・現実的生活権が設定充実される
	憲法25条違反となるのはどのような場合か	①憲法25条は国家目的を設定し、国権の積極的な発動を期待、②「健康で文化的な最低限度」の抽象性・相対性、③財政事情への配慮の要請、④高度の専門技術的・政策的判断の必要性→広い立法裁量→著しく合理性を欠き明らかに裁量の逸脱濫用とみざるをえない場合のみ違憲
	本件併給調整条項は憲法25条に違反するか	①障害福祉年金・児童扶養手当は憲法25条の趣旨を実現するための制度、②児童扶養手当（生別母子世帯）は、母子福祉年金（死別母子世帯）と同様、事故による稼得能力低下に対する所得保障→年金一般と同一の性格→年金の一種である障害福祉年金とも同一の性格、→二重事故でも稼得能力は一般には比例的に低下しない→③「社会保障給付の全般的公平」のために、併給調整をすることは裁量の範囲内、④給付額の設定も裁量の範囲内
併給調整条項は(1)憲法14条1項、(2)憲法13条に反するか	どのような場合に、(1)憲法14条1項、(2)憲法13条違反の問題が生じるか	憲法25条の要請に応えて導入された制度において、(1)合理的な理由のない差別的取扱いや、(2)個人の尊厳を棄損する内容の定めがある場合には、25条違反とは別に、(1)憲法14条1項違反、(2)憲法13条違反の問題が生じる
	本件併給調整条項は(1)憲法14条1項、(2)憲法13条に反するか	(1)本件併給調整条項により、児童扶養手当の受給に関し、障害福祉年金を受けている者とそうでない者との間に生じた区別は、①本件条項が25条に違反しない諸理由、②生活保護制度等の存在（他法他施策）のゆえに、不合理な差別的取扱いではない (2)憲法13条に違反しないことは、上記の点から明らか（児童扶養手当は受給者の所得保障→その支給制限は児童の尊厳を害しない）

■ 判　決

○ 主　　文

本件上告を棄却する。
上告費用は上告人の負担とする。

○ 理　　由

上告代理人井藤誉志雄、同藤原精吾、同前哲夫、同佐伯雄三、同宮崎定邦、同堀田貢、同前田修、同木村治子、同高橋敬、同吉井正明、同田中秀雄、同持田穣、同野田底吾、同原田豊、同中村良三、同羽柴修、同山崎満幾美、同野沢涓、同小牧英夫、同山内康雄、同宮後恵喜、同大音師建三、同田中唯文、同伊東香保、同前貞良、同山平一彦、同古本英二、同前田貞夫、同川西譲、同木下元二、同垣添誠雄、同上原邦彦、同足立昌昭、同木村祐司郎、同竹内信一名義、同岩崎豊慶、同橋本敦、同西元信夫、同松本晶行、同新井章、同大森典子、同高野範城、同渡辺良夫、同四位直毅、同池田真規、同金住典子、同田中峯子、同門井節夫、同金井清吉の上告理由について

[1] 　一　原審の適法に確定したところによれば、本件の事実関係は次のとおりである。

[2] 　上告人は、国民年金法別表記載の1級1号に該当する視力障害者で、同法に基づく障害福祉年金を受給しているものであるところ、同人は内縁の夫との間の男子D（昭和30年5月12日生）を右夫との離別後独力で養育してきた。上告人は、昭和45年2月23日、被上告人に対し、児童扶養手当法に基づく児童扶養手当の受給資格について認定の請求をしたところ、被上告人は、同年3月23日付で右請求を却下する旨の処分をし、上告人が同年5月18日付で、被上告人に異議申立てをしたのに対し、被上告人は、同年6月9日付で、右異議申立てを棄却する旨の決定をした。その決定の理由は、上告人が障害福祉年金を受給しているので、昭和48年法律第93号による改正前の児童扶養手当法4条3項3号（以下「本件併給調整条項」という。）に該当し受給資格を欠くというものであった❶。

[3] 　二　そこで、まず、本件併給調整条項が憲法25条に違反するものでないとした原判決が同条の解釈適用を誤ったものであるかどうかについて検討する。

[4] 　憲法25条1項は「すべて国民は、健康で文化的な最低限度の生活を

❶【2】では、本件の事実関係が整理されている。

営む権利を有する。」と規定しているが、この規定が、いわゆる福祉国家の理念に基づき、すべての国民が健康で文化的な最低限度の生活を営みうるよう国政を運営すべきことを国の責務として宣言したものであること、また、同条２項は「国は、すべての生活部面について、社会福祉、社会保障及び公衆衛生の向上及び増進に努めなければならない。」と規定しているが、この規定が、同じく福祉国家の理念に基づき、社会的立法及び社会的施設の創造拡充に努力すべきことを国の責務として宣言したものであること、そして、同条１項は、国が個々の国民に対して具体的・現実的に右のような義務を有することを規定したものではなく、同条２項によって国の責務であるとされている社会的立法及び社会的施設の創造拡充により個々の国民の具体的・現実的な生活権が設定充実されてゆくものであると解すべきことは、すでに当裁判所の判例とするところである（最高裁昭和23年（れ）第205号同年9月29日大法廷判決・刑集2巻10号1235頁）❷。

[5] このように、憲法25条の規定は、国権の作用に対し、一定の目的を設定しその実現のための積極的な発動を期待するという性質のものである。しかも、右規定にいう「健康で文化的な最低限度の生活」なるものは、きわめて抽象的・相対的な概念であつて、その具体的内容は、その時々における文化の発達の程度、経済的・社会的条件、一般的な国民生活の状況等との相関関係において判断決定されるべきものであるとともに、右規定を現実の立法として具体化するに当つては、国の財政事情を無視することができず、また、多方面にわたる複雑多様な、しかも高度の専門技術的な考察とそれに基づいた政策的判断を必要とするものである。したがつて、憲法25条の規定の趣旨にこたえて具体的にどのような立法措置を講ずるかの選択決定は、立法府の広い裁量にゆだねられており、それが著しく合理性を欠き明らかに裁量の逸脱・濫用と見ざるをえないような場合を除き、裁判所が審査判断するのに適しない事柄であるといわなければならない❸。

[6] そこで、本件において問題とされている併給調整条項の設定について考えるのに、上告人がすでに受給している国民年金法上の障害福祉年金といい、また、上告人がその受給資格について認定の請求をした児童扶養手当といい、いずれも憲法25条の規定の趣旨を実現する目的をもつて設定された社会保障法上の制度であり、それぞれ所定の事由に該当する者に対して年金又は手当という形で一定額の金員を支給することをその内容とするものである❹。ところで、児童扶養手当がいわゆる児童手当の制度を理念とし将来における右理念の実現の期待のもとに、いわばその萌芽として創設されたものであることは、立法の経過に照らし、一概に否定することのできないところではあるが、国民年金法1条、2条、56条、61条、児童扶養手当法1条、2条、4条の諸規定に示された障害福祉年金、母子福祉年金及び児童扶養手当の各制度の趣旨・目的及び支給要件の定めを通覧し、かつ、国民年金法62条、63条、66条3項、同法施行令5条の4第3項及び児童扶養手当法5条、9条、同法施行令2条の2各所定の支給金額及び支給方法を比較対照した結果等をも参酌して判断すると、児童扶養手当は、もともと国民年金法61条所定の母子福祉年金を補完する制度として設けられたものと見るのを相当とするのであり、児童の養育者に対する養育に伴う支出についての保障であることが明らかな児童手当法所定の児童手当とはその性格を異にし、受給者に対する所得保障である点において、前記母子福祉年金ひいては国民年金法所定の国民年金（公的年金）一般、したがってその一種である障害福祉年金と基本的に同一の性格を有するもの、と見るのがむしろ自然である❺。そして、一般に、社会保障法制上、同一人に同一の性格を有する2以上の公的年金が支給されることとなるべき、いわゆる複数事故において、そのそれぞれの事故それ自体としては支給原因である稼得能力の喪失又は低下をもたらすものであつても、事故が2以上重なつたからといって稼得能力の喪失又は低下の程度が必ずしも事故の数に比例して増加するといえないことは明らかである。このような場合について、社会保障給付の全般的公平を図るため公的年金相互間における併給調整を行うかどうかは、さきに述べたところにより、立法府の裁量の範囲に属する事柄と見るべきである❻。また、この種の立法における給付額の決定も、立法政策上の裁量事項であり、それが低額であるからといって当然に憲法25条違反に結びつくものということはできない❼。

❷ [4]から[6]では、本件併給調整条項の憲法25条適合性が検討されている。まず[4]では、憲法25条の法的性格・構造が述べられている。本判決は、同条1項は個々の国民の具体的・現実的権利に直接対応する義務を国に課しておらず、社会的立法等の創造拡充の責務（同条2項）の一環として個別的権利が具体化・現実化される旨を、食糧管理法事件判決（判例①）を引用して確認する。同事件判決はプログラム規定説を採用したと時にいわれるが、それは、(a)憲法25条が国民に権利を直接付与していないという意味にとどまり、同条が(b)法規範性・(c)裁判規範性を有していないという意味でのプログラム規定説は、最高裁は採用していない（判解①525頁、論点探究[2版]259頁[松本]）。本判決は本件併給禁止条項の合憲性を審査しており（[5]～[6]）、(b)・(c)は肯定している。同様の趣旨は、特に同条1項を中心に扱った朝日事件判決（判例②）からも読み取れる（文献①15頁、食糧管理法事件も(b)・(c)を肯定していると読む。なお朝日事件の引用がない意義につき老齢加算廃止事件判決[本書61頁]の本書解説参照）。この観点から近年では、最高裁は憲法25条1項・2項の双方について、国の義務のみを定めた客観法規範だと解しているという読み方も有力である（文献①12頁、文献②369頁、渋谷[3版]275頁）。なお、この読み方は、同条は法律による具体化が必要な権利を定めており、その具体化に同条が法的な枠づけを与えている、という意味での抽象的権利説とは両立しうる。また、原判決が示した1項（救貧）・2項（防貧）区分論の是非について、本判決は明示的に言及してない（判時1051号29頁匿名解説）。

❸ [5]では、憲法25条が広範な立法裁量を認めており、裁判所の違憲審査は、立法措置の著しい不合理性、裁量の明白な逸脱濫用の有無に限定される旨が示されている。この裁量が生じる根拠として、①国家の積極的作為の必要性（作為方法の不特定性に伴う手段選択裁量につき、小山[3版]117頁、長尾・基本権解釈と利益衡量の法理165頁）、②最低限度の抽象性・相対性、③財政事情への配慮、④専門技術的・政策的判断の必要性、が挙げられている。朝日事件判決（判例②）と比較すると、④がより前景化され、「政策的」・「広い」裁量という表現が付加された。この広い立法裁量論の背後には、社会保障に関する立法と司法の役割分担という思考もあるとされる（判解①528頁）。

❹ [6]では、[5]の基準に照らして、本件併給調整条項が憲法25条に違反しない旨が論じられている。その論証過程は、基本的には総合考量であるが、①憲法25条の要求内容（第1文）が一義的には明らかでないか、②立法者が採用した法律上の制度の基本趣旨を確認し（第2文）、③そこを準拠点に、併給調整条項がその基本趣旨から大幅に逸脱していないかを審査している（第3文～第5文）、と読む余地もある（首尾一貫性を緩やかに審査。文献③）。[6]の第1文では、障害福祉年金と児童扶養手当の基本目的として、何より憲法25条の趣旨を実現する点にある旨が示されている。

❺ [6]の第2文では、児童扶養手当および障害福祉年金の制度趣旨が、法律・関連法規の通覧を通じてより具体的に確認されている。本判決は両者を同一の性格のものと位置づけており、この点は下級審段階での主要な争点であった。社会保障制度は多様であるが、調査官は基本的に、(a)公的扶助（無拠出制。資力調査にもとづく個別保障）と(b)社会保険（拠出制。資力調査のない定型的保障）の二本柱に加え、(c)社会手当（無拠出制である点で(b)と区別され、多くは定型的保障である点で(a)と区別される）等があるという分類法に依拠する。Xが受給している国民年金法上の障害福祉年金は(b)の系列に位置し、事故による稼得能力の低下への所得保障を目的とする。拠出制が原則である国民年金にあって、国民皆保険の早期実現のために導入された経過措置として、無拠出・全額国庫負担で支給される（後に障害基礎年金となり財源等も改定）。夫との死別母子世帯に支給される母子福祉年

【7】　以上の次第であるから、本件併給調整条項が憲法25条に違反して無効であるとする上告人の主張を排斥した原判決は、結局において正当というべきである。（なお、児童扶養手当法は、その後の改正により右障害福祉年金と老齢福祉年金の2種類の福祉年金について児童扶養手当との併給を認めるに至つたが、これは前記立法政策上の裁量の範囲における改定措置と見るべきであり、このことによつて前記判断が左右されるわけのものではない。）❽

【8】　三　次に、本件併給調整条項が上告人のような地位にある者に対してその受給する障害福祉年金と児童扶養手当との併給を禁じたことが憲法14条及び13条に違反するかどうかについて見るのに、憲法25条の規定の要請にこたえて制定された法令において、受給者の範囲、支給要件、支給金額等につきなんら合理的理由のない不当な差別的取扱をしたり、あるいは個人の尊厳を毀損するような内容の定めを設けているときは、別に所論指摘の憲法14条及び13条違反の問題を生じうることは否定しえないところである。しかしながら、本件併給調整条項の適用により、上告人のように障害福祉年金を受けることができる地位にある者とそのような地位にない者との間に児童扶養手当の受給に関して差別を生ずることになるとしても、さきに説示したところに加えて原判決の指摘した諸点、とりわけ身体障害者、母子に対する諸施策及び生活保護制度の存在などに照らして総合的に判断すると、右差別がなんら合理的理由のない不当なものであるとはいえないとした原審の判断は、正当として是認することができる。また、本件併給調整条項が児童の個人としての尊厳を害し、憲法13条に違反する恣意的かつ不合理な立法であるといえないことも、上来説示したところに徴して明らかであるから、この点に関する上告人の主張も理由がない❾

【9】　以上の次第であるから、論旨は、いずれも採用することができない。

【10】　よつて、行政事件訴訟法7条、民訴法95条、89条に従い、裁判官全員一致の意見で、主文のとおり判決する。
（裁判長裁判官　服部高顯　裁判官　団藤重光　裁判官　藤崎萬里　裁判官　本山亨　裁判官　中村治朗　裁判官　横井大三　裁判官　木下忠良　裁判官　塩野宜慶　裁判官　伊藤正己　裁判官　宮崎梧一　裁判官　寺田治郎　裁判官　谷口正孝　裁判官　大橋進）

金（後に遺族基礎年金に統合）も(b)の系列に属する。これに対し、児童の生計費の保障である児童手当は(c)の系列に位置する。Xが受給資格の認定を求めた児童扶養手当は、一面で、制度導入の際の議論や実際の運用では、(c)児童手当と同様の役割が期待されている。他面、児童扶養手当は、夫との生別母子世帯の生活実態が、死別母子世帯（(b)母子福祉年金の受給対象）と大差ない等の理由で、(b)母子福祉年金を補完する制度として導入された経緯もある。さらに、児童扶養手当の支給額・要件が(b)母子福祉年金と近似していること、事故の有無にかかわらず支給される(c)児童手当との相違、等々の法令上の規定の仕方を重視した本判決は、児童扶養手当を(b)母子福祉年金と同様の性格のものと位置づけた（判解①530頁）。

❻　【6】の第3文と第4文では、本件併給調整条項の採用が立法裁量の範囲内である旨が示されている。本判決は、両手当・年金が同一の性格であることを第2文で確認した点を前提に、複数事故により稼得能力が比例的には低下しない旨を指摘し、そのうえで「社会保障給付の全般的公平」という観点から併給調整条項の合憲性を導く。

❼　【6】の第5文では、支給額の決定も立法裁量に属する旨が示されている。以上の【6】の立論に対しては、複数事故により比例的ではなくとも一定の稼得能力の低下は想定され、また両手当・年金の事故原因は交差関係にないため、併給の全面禁止は不必要な過剰ではないか、さらに支給額自体が低額であり、併給調整と相まって最低限度を下回る結果をもたらすのではないか、この点をより具体的に審査すべきではないか、等々、疑義は多々ありうる。だが、出発点としての広い立法裁量論、あるいは生活保護制度等の利用可能性という観点（【8】）も影響してか、「合理性に疑いがあるという程度」では違憲とまではいえないと判断されたものと解される（判解①542頁、判批①295頁）。

❽　【7】では、憲法25条に関する合憲の結論が示されている。括弧書きでは、後の法改正で両者の併給が認められるに至った点について、本判決の結論に影響しないとされている。すなわち、両者の併給調整は、これを行っても行わなくても違憲の問題は生じず、立法裁量の範囲内である旨が示されている。

❾　【8】は、憲法14条1項および同13条に関する判断である。判旨は、同25条違反とは別に同14条1項違反の可能性が生じる旨を指摘しつつも、「なんら合理的理由のない不当な差別」かという判断枠組みのもと、【4】～【7】の説示を前提に、合憲の結論を簡単に述べる。追加的な理由づけは、生活保護制度等も残されているという点（他法他施策）のみである。また、憲法13条に関するXの主張（児童の尊厳）は、児童扶養手当が児童の養育ための手当（実質的受給者は児童）だという前提の主張である。本判決は、同手当を母の事故による稼得能力の低下への保障（受給者は母）と位置づけ、併給禁止が児童の尊厳を損なうことはないと判断したものと解される（判時1051号30頁匿名解説）。なお、上記の他法他施策の説示に対しては、生活保護以外の社会保障もそれ自体として最低生活を支える一部（【4】）ではないか、また今日的な観点でみれば、生活保護費を抑制したいという政府の方針との齟齬が生じるのではないか、等々の批判がありうる。また、学生無年金事件（判例⑤）は、障害福祉（基礎）年金の支給要件の設定等につき「拠出制の年金の場合に比べて更に広範な裁量」があるという（同年金の経過措置的な意義（❺参照）を強調する塩見事件（判例③）も同旨）。これに対しても、拠出制か否かは直ちに裁量の広狭につながらないという批判がありうる。他方で、他の事例では、これらの判旨を逆手にとり、事案類型ごとの裁量の広狭の差異という思考（文献③）を活用する余地もありうる。

補足説明　平等原則違反を認定した第一審

平等原則を持ち出した場合でも、社会保障に関する立法裁量に鑑みれば、直ちに厳格な審査につながるわけではない（判例⑤も参照）。適切な比較対象を設定し（駒村188頁）、審査密度を高める要素（国籍法事件〔本書7事件〕参照）を抽出する必要がある。平等原則違反を認定した第一審は、(ⅰ) 本件 X のように、母（障害福祉年金を受給）と児童からなる世帯については母に児童扶養手当は支給されないのに対し、(ⅱ) 父（障害福祉年金を受給）・母（健全）・児童からなる世帯については母に同手当が支給されうる点に注目した。そして、ⓐ障害福祉年金を受給している者が父か母か（性別）、ⓑ母が同年金を受給しうる地位（障害者）にあるか否か（社会的身分類似）で児童扶養手当の支給が左右される点を不合理な差別だと判断した。この判断は、同手当が実質的に児童の養育のための手当だと解すれば相応の説得力を有する。だが最高裁のように、同手当は事故による本人（母）の稼得能力の低下への保障だという法形式論を前提にすると、(ⅱ) は (ⅰ) の比較対象として妥当性を欠くと調査官はいう（判解①551頁）。この点でも、同手当法の趣旨解釈が鍵になる。

Questions

①事実関係の確認

問1　Xは、どのような事情から、どのような公的年金を受給していたか。▶【事案】【2】

問2　その後 Xは、どのような事情が生じたため、Y に何を請求したか。▶【2】

問3　Xが受給していた障害福祉年金と、Xが受給資格の認定を請求した児童扶養手当は、それぞれどのような趣旨・目的で導入されている制度か。▶【6】（❺）

問4　問2のXの請求に対して、Yはどのような理由から、どのような判断を示したか。児童扶養手当法4条3項3号は何を規定しているか。▶【事案】【参考条文】【2】

問5　Xは、どのような訴訟を提起したか。▶【事案】【2】

問6　憲法上の論点は、その訴訟物ないし請求の趣旨の中で、請求原因ないし請求の理由としてどのように位置づけられているか。また、Xの上告理由はどのようなものであったか。▶【事案】【2】

②判決の内容の確認

問7　本判決は、憲法25条による国民の現実的・具体的権利の保障の仕方について、どのように解しているか。▶【4】

問8　本判決は、憲法25条1項と同条2項との関係について、どのように解しているか。▶【4】

問9　本判決は、憲法25条の法規範性・裁判規範性について、どのように解しているか。▶【4】〜【7】

問10　本判決は、憲法25条の実現に際し立法裁量が導かれる理由として、どのような要素を挙げているか。また、本判決の裁量論の説示には、朝日事件（判例②）の判示と比較して、どのような異同・特徴がみられるか。▶【5】

問11　本判決は、社会的立法の憲法25条適合性について、どのような基準で審査すべき旨を述べているか。▶【5】

問12　本判決は、児童扶養手当について、どのような点で児童手当と異なり、どのような点で Xが受給していた障害福祉年金と共通する性格を有していると判断しているか。▶【6】

問13　本件併給調整条項は、どのような目的で導入されていると本判決は解しているか。なぜ同条項は、立法裁量の範囲内として合憲とされているのか。▶【6】

問14　児童扶養手当や障害福祉年金の法定の支給額が低額であり、併給禁止により最低限度を下回る結果がもたらされるのではないかという問題について、本判決はどのように応答しているか。▶【6】

問15　後の法改正で、児童扶養手当の併給調整の対象から障害福祉年金が削除されたことについて、本判決は、なぜこれが結論に影響しないと解しているか。▶【7】

問16　本判決は、どのような場合に、憲法25条違反とは別に、同14条1項違反・同13条違反の可能性が生じるとしているか。▶【8】

問17　本判決は、どのような理由を挙げて、憲法14条1項違反の主張を退けているか。▶【8】【補足説明】

問18　当事者は本件併給調整条項が、どのような意味で憲法13条に違反すると、主張していたか。これに対する本判決の応答は、どのようなものであったか。▶【8】（❾）

③応用問題

問19　後の判例で最高裁は、特に障害福祉（基礎）年金の支給要件の設定等に関し、どのような理由から広範な立法裁量が認められると判断しているか。▶【8】（❾）

問20　本判決は、憲法14条1項違反の判断を示す際、何と何とを比較しているか。また、第一審は、憲法14条1項違反の判断を示す際、何と何とを比較して、どのような事由に基づく区別だと認定しているか。▶【8】【補足説明】

問21　児童扶養手当法施行令事件（判例④）では、当時の児童扶養手当法4条1項が支給対象者を列挙し（同項1〜4号）、その他の支給対象者の範囲については「その他前各号に準ずる状態にある児童で政令で定める者」（同項5号）と規定して政令に委任し、これを受けて内閣が定めた児童扶養手当法施行令1条の2第3号が「母が婚姻……によらないで懐胎した児童（父から認知された児童を除く。）」と規定していたところ、最高裁はこの施行令の括弧書きの部分が法の委任の限界を超えた違法なものだと判断した。この判決では、政令の法律適合性が中心的に扱われ、憲法論は登場していないが、仮に同施行令の1条の2第3号が、法律レベルで、同法の上記列挙事由の一つとして規定されていた場合、どのような憲法論を展開することができるか。▶小山［3版］178-180頁

関連判例（本書所収以外のもの）
最大判昭和 23 年 9 月 29 日刑集 2 巻 10 号 1235 頁［食糧管理法事件］（判例①）
最大判昭和 42 年 5 月 24 日民集 21 巻 5 号 1043 頁［朝日事件］（判例②）
最判平成元年 3 月 2 日訟月 35 巻 9 号 1754 頁［塩見事件］（判例③）
最判平成 14 年 1 月 31 日民集 56 巻 1 号 246 頁［児童扶養手当法施行令事件］（判例④）
最判平成 19 年 9 月 28 日民集 61 巻 6 号 2345 頁［学生無年金事件］（判例⑤）

本判決の調査官解説
園部逸夫「判解」最高裁判所判例解説民事篇昭和 57 年度 503 頁（判解①）

その他の判例解説・判例批評
尾形健「判批」憲法判例百選 II［第 6 版］（2013 年）294 頁（判批①）
葛西まゆこ「判批」憲法判例百選 II［第 6 版］（2013 年）292 頁
内野正幸「判批」憲法判例百選 II［第 6 版］（2013 年）298 頁
田中祥貴「判批」憲法判例百選 II［第 6 版］（2013 年）452 頁
尾形健「判批」憲法判例研究会編『判例プラクティス 憲法［増補版］』（信山社、2014 年）287 頁
渡部吉隆「判解」最高裁判所判例解説民事篇昭和 42 年度 244 頁
竹田光広「判解」最高裁判所判例解説民事篇平成 14 年度(上)169 頁

参考文献
高橋和之「生存権の法的性格論を読み直す」明治大学法科大学院論集 12 号（2013 年）1 頁（文献①）
渡辺康行ほか『憲法 I 基本権』（日本評論社、2016 年）368 頁〔工藤達朗〕（文献②）
宍戸常寿＝曽我部真裕＝山本龍彦編『憲法学のゆくえ』（日本評論社、2016 年）397 頁（文献③）
尾形健「生存権保障」曽我部真裕ほか編『憲法論点教室』（日本評論社、2012 年）143 頁（文献④）

61 老齢加算廃止事件

最高裁平成24年2月28日第三小法廷判決　平成22年(行ツ)第392号・平成22年(行ヒ)第416号：生活保護変更決定取消請求事件　民集66巻3号1240頁

事案

Xら（原告、控訴人、上告人）は、東京都内に居住して生活保護法に基づく生活扶助の支給を受けていた。平成16年度から3年間にわたり、厚生労働大臣（以下「厚労大臣」という）が同法の委任を受けて定める「生活保護法による保護の基準」（昭和38年厚生省告示第158号。以下「保護基準」という）が改定され（以下「本件改定」という）、原則として70歳以上の者を対象とする生活扶助の加算（以下「老齢加算」という）が減額・廃止された。すなわち、たとえば1級地の居宅で生活する場合、改正前の加算額は17930円であったが、これが9670円（平成16年度）→3760円（同17年度）→0円（同18年度）と段階的に減額・廃止された。これを受けて所轄の福祉事務所長らは、Xらに対し、本件改定に基づき生活保護の支給額を減額する保護変更決定を行った。そこでXらは、本件改定が違憲・違法なものであり、それに基づく上記保護変更決定も違法なものであると主張し、東京都下の自治体Yら（被告、被控訴人、被上告人）を相手に、上記保護変更決定の取消しを求める裁判を提起した。第一審（東京地判平20・6・26民集66-3-1632）・原審（東京高判平22・5・27民集66-3-1685）ともに、厚労大臣による本件保護基準の改定を違法と認めず、Xらの請求を棄却した。そこでXらは、本件改定が憲法25条、生活保護法（以下「法」という）3条、8条2項、9条、56条等に違反すると主張し、上告および上告受理申立てを行った。

■参考条文（事件当時のもの）

生活保護法

第3条　この法律による保障される最低限度の生活は、健康で文化的な生活水準を維持することができるものでなければならない。

第8条　保護は、厚生労働大臣の定める基準により測定した要保護者の需要を基とし、そのうち、その者の金銭又は物品で満たすことのできない不足分を補う程度において行うものとする。

2　前項の基準は、要保護者の年齢別、性別、世帯構成別、所在地域別その他保護の種類に応じて必要な事情を考慮した最低限度の生活の需要を満たすに十分なものであって、且つ、これをこえないものでなければならない。

第9条　保護は、要保護者の年齢別、性別、健康状態等その個人又は世帯の実際の必要の相違を考慮して、有効且つ適切に行うものとする。

第56条　被保護者は、正当な理由がなければ、既に決定された保護を、不利益に変更されることがない。

Navigator

社会保障関連費も含めた歳出削減、財政構造の改革を目指す当時の政府の動きもあり、平成16年度から3年間にわたり、生活保護における老齢加算の減額・廃止が実施された。老齢加算とは、原則70歳以上の高齢者には特別な需要があるとの想定で生活保護の額が加算される制度であり、厚労大臣が生活保護法の委任に基づき設定する保護基準（告示）で定められていた。この老齢加算の廃止の違法・違憲を主張する集団訴訟が全国各地で提起され、本判決（東京事件）に続き、福岡事件（判例②）、同事件差戻上告審（判例③）、京都事件（判例④）等で、適法・合憲とする最高裁の判断が示されている。本判決は、これらの一連の訴訟で示された初の最高裁判決である。堀木事件〔本書60事件〕では法律の合憲性が争点となったのに対し、本件では朝日事件（判例①）と同様、行政立法たる保護基準の適法性・合憲性が争点となった。本件で最高裁は、保護基準の減額改定が生活保護法（ひいては憲法25条）に違反するか否かの判断枠組みと、その判断枠組みの本件事例への適用について詳細な説示を行っており、特に判断過程審査を行った点が注目されている。判決は大別して、第1）事実関係、第2）保護基準の減額改定の適法性（法56条・3条・8条2項・9条違反の有無）、第3）保護基準の減額改定の合憲性（憲法25条）、の3部からなる。憲法論の観点からは、行政立法の法律適合性の判断において憲法25条はどのように影響する／しないのか、堀木事件・朝日事件との関係をいかに解するか、保護基準における不利益変更を裁判所が統制する際の手法をいかに解すべきか、に着目しながら読み進めることがポイントとなる。

なお、生活保護制度の実現過程は次のとおりである。①憲法25条を実現する目的で立法者が生活保護法を制定し（法1条）、②法8条の委任に基づき厚労大臣が保護基準（告示）を制定し（行政立法）、③この保護基準と、要保護者・被保護者が現実に有する資産・能力等の個別事情に照らして、福祉事務所等の保護の実施機関が保護の開始の有無、具体的な保護の額、保護の変更・廃止等を決定する（行政処分）。本件では、③保護変更決定の取消しを求める裁判の中で、②その変更決定の理由となった保護基準の改定（老齢加算の廃止）の違法性・違憲性が主張されている。

■判決の論理構造

老齢加算を減額・廃止する保護基準（告示）の改定は、生活保護法に違反するか	法56条違反の有無	法56条は、保護基準の改定行為に適用されるか	法56条（不利益変更の禁止）は、保護の実施機関が、保護基準を含む法令に基づいて被保護者に対してすでに決定した保護の内容を不利益に変更することを禁止する「趣旨」→保護基準自体が減額改定される場合には、法56条は適用されない
	法3条、8条2項違反の有無	保護基準の改定は、どのような場合に法3条、8条2項に違反することになるか	(1)「健康で文化的」な「最低限度」（法3条・8条2項）は、①抽象的・相対的、②高度の専門技術的・政策的判断の必要（堀木事件判決（本書60事件）参照）→厚労大臣が法3条、8条2項の要件認定を通じ、老齢加算の要否を判断し保護基準を改定する際、同大臣に「裁量権」 (2)老齢加算の廃止は「期待的利益」の喪失→「激変緩和措置」という手段選択の要否の判断について、「財政事情」にも鑑み、厚労大臣に「裁量権」 (1)の要件認定については、専門家の判断が関与してきた「経緯」→厚労大臣の「判断の過程及び手続における過誤、欠落の有無等」等の観点から、 (2)の手段選択については、「被保護者の期待的利益や生活への影響等」の観点から、裁量の逸脱・濫用を審査
		本件改定は、法3条、8条2項に違反するか	(1)要件認定につき、厚労省内に設置の「専門委員会」の「中間取りまとめ」等に示された「統計等の客観的な数値等との合理的関連性や専門的知見との整合性」あり→裁量の逸脱・濫用なし (2)激変緩和措置の採用・内容という手段選択についても、専門委員会の「中間取りまとめ」の意見や、貯蓄に関する統計結果に沿ったもの→裁量の逸脱・濫用なし
老齢加算を減額・廃止する保護基準（告示）の改定は、憲法25条に違反するか			法3条、8条2項の「健康で文化的」な「最低限度」は、憲法25条の「具体化」→本件改定が法3条、8条2項に違反しない（「健康で文化的」な「最低限度」に違反していない）以上、憲法25条にも違反しない（堀木事件判決（本書60事件）引用）

判　決

○　主　文

本件上告を棄却する。

上告費用は上告人らの負担とする。

○　理　由

第1　本件の事実関係等の概要

[1]　1　本件は、東京都内に居住して生活保護法に基づく生活扶助の支給を受けている上告人らが、同法の委任に基づいて厚生労働大臣が定めた「生活保護法による保護の基準」（昭和38年厚生省告示第158号。以下「保護基準」という。）の数次の改定により、原則として70歳以上の者を対象とする生活扶助の加算（以下「老齢加算」という。）が段階的に減額されて廃止されたことに基づいて所轄の福祉事務所長らからそれぞれ生活扶助の支給額を減額する旨の保護変更決定を受けたため、保護基準の上記改定は憲法25条1項、生活保護法3条、8条、9条、56条等に反する違憲、違法なものであるとして、被上告人らを相手に、上記各保護変更決定の取消しを求める事案である❶。

[2]　2　保護基準のうち、生活扶助に関する基準（以下「生活扶助基準」という。）の定めは、次のとおりである❷。

[3]　(1)　生活扶助基準（別表第1）は、基準生活費（第1章）と加算（第2章）とに大別されている。居宅で生活する者の基準生活費は、市町村別に1級地-1から3級地-2まで六つに区分して定められる級地（別表第9）及び年齢別に定められる第1類と、級地等及び世帯人員別に定められる第2類とに分けられ、原則として世帯ごとに、当該世帯を構成する個人ごとに算出される第1類の額（以下「第1類費」という。）を合算したものと第2類の額（以下「第2類費」という。）とを合計して算出される。第1類費は、食費、被服費等の個人単位の経費に、第2類費は、光熱水費、家具什器費等の世帯単位の経費にそれぞれ対応するものとされている。なお、上告人らの居住地は、1級地-1又は1級地-2と定められている❸。

[4]　(2)　平成16年厚生労働省告示第130号により改定される前の保護基準によれば、加算には、妊産婦加算、老齢加算、母子加算、障害者加算等があり、老齢加算に関しては、被保護者（現に生活保護法による保護を受けている者をいう。以下同じ。）のうち70歳以上の者並びに68歳及

❶【1】から【20】では、本件の事実関係が詳細に整理されている。厚労大臣による本件改定の判断・判断過程に違法があったか否かを認定するための前提作業である。【1】では、Xが求めた裁判の内容が示されている（【事案】参照）。

❷【2】から【5】では、保護基準に定められている生活扶助基準の内容・仕組みが整理されている。

❸【3】では、生活扶助基準には①基準生活費と②加算とがあること、そしてXらのように、居宅で生活し生活扶助を受ける者の①基準生活費の算出方法が示されている。①基準生活費は、(a)個人単位の経費（食費、被服費等）である第1類と、(b)世帯単位の経費（光熱水費等）である第2類に区別され、両者を合計して算出される。(a)は居住地（級地）と年齢とに応じて、(b)は居住地と世帯の人数とに応じて、それぞれ算出される。

び69歳の病弱者について一定額が基準生活費に加算されて支給されていた❹。

【5】　上記保護基準における生活扶助費の月額は、1級地－1又は1級地－2の居宅で生活する70歳以上の者の第1類費が1人当たり3万2400円又は3万1180円、第2類費が単身世帯で4万3520円又は4万1560円であったため、原則として、基準生活費の月額は、単身世帯で7万5920円又は7万2740円であった。また、上記保護基準において、1級地の居宅で生活する者の老齢加算の月額は1万7930円であった❺。

【6】　3　原審が適法に確定した事実関係等の概要は、次のとおりである❻。

【7】　(1)　老齢加算は、昭和35年4月、70歳以上の者を対象に前年度に開始された老齢福祉年金を収入として認定することに対応して、これと同額を生活扶助に加算するものとして創設された。その際、老齢加算は、高齢者の特別な需要、例えば観劇、雑誌、通信費等の教養費、下衣、毛布、老眼鏡等の被服・身回り品費、炭、湯たんぽ、入浴料等の保健衛生費及び茶、菓子、果物等のし好品費に充てられるものとして積算されていた❼。

【8】　(2)　その後も、老齢加算の額は、老齢福祉年金が増額されるのに伴ってこれと同額が増額されていったが、昭和51年から、1級地における65歳以上の者に係る第1類費基準額の男女平均額の50%とすることとされた❽。

【9】　厚生省(当時)の審議会である中央社会福祉審議会は、昭和58年12月、加算対象世帯と一般世帯との消費構造を比較検討した結果、高齢者の特別な需要として、加齢に伴う精神的又は身体的な機能の低下に対応する食費、光熱費、保健衛生費、社会的費用、介護関連費等の加算対象経費が認められ、その額は、おおむね現行の老齢加算の額で満たされている旨の意見等を内容とする「生活扶助基準及び加算のあり方について(意見具申)」(以下「昭和58年意見具申」という。)を発表した。これを踏まえ、昭和59年4月以降、老齢加算の額は、第1類費に対応する品目に係る消費者物価指数の伸び率に準拠して改定されてきた❾。

【10】　(3)　一般勤労者世帯の消費支出に対する被保護勤労者世帯の消費支出の割合は、昭和45年度には54.6%であったものが、同58年度には66.4%となっており、昭和58年意見具申は、生活扶助基準は一般国民の消費実態との均衡上ほぼ妥当な水準に達している旨の評価をした。上記割合は、その後はおおむね7割程度で推移していたが、平成13年度には71.9%、同14年度には73.0%に達した❿。

【11】　このような状況の中で、財務省の審議会である財政制度等審議会の財政制度分科会は、平成15年6月、平成16年度予算編成に関する建議を提出し、その中で、老齢加算について、年金制度改革の議論と一体的に考えると、70歳未満受給者との公平性、高齢者の消費が加齢に伴って減少する傾向等からみて、その廃止に向けた検討が必要である旨の提言をした。同月、「経済財政運営と構造改革に関する基本方針2003」が閣議決定され、その中で、物価、賃金動向、社会経済情勢の変化、年金制度改革等との関係を踏まえ、老齢加算等の見直しが必要であるとされた⓫。

【12】　(4)　厚生労働省の審議会である社会保障審議会(厚生労働省設置法7条1項に定める厚生労働大臣の諮問機関)は、平成15年7月、その福祉部会内に、生活保護制度の在り方に関する専門委員会(以下「専門委員会」という。)を設置した。専門委員会の委員は、社会保障制度や経済学の研究者、社会福祉法人の代表者、地方公共団体の首長等によって構成されていた⓬。

【13】　ア　専門委員会においては、総務庁統計局が平成11年に実施した全国消費実態調査によって得られた調査票を用いて、収入階層別及び年齢階層別に単身世帯の生活扶助相当消費支出額(消費支出額の全体から、生活扶助以外の扶助に該当するもの、被保護世帯は免除されているもの及び家事使用人給料や仕送り金等の最低生活費になじまないものを控除した残額をいう。以下同じ。)等を厚生労働省が集計した結果(以下「特別集計」という。)や低所得者の生活実態に関する調査結果等が説明資料として提示された。特別集計によると、無職単身世帯の生活扶助相当消費支出額を月額で比較した場合、①平均では、60ないし69歳が11万8209円、70歳以上が10万7664円、②第Ⅰ-5分位(調査対象者を年間収入額順に5等分した場合に最も収入額の低いグループ。以下同じ。)では、

❹　【4】では、②加算(本件改定前)および本件で問題となった老齢加算の制度概要が示されている。②加算は、①基準生活費において配慮されていない個別的な特別の需要を補てんすることを目的として設けられている(判解①264頁)。

❺　【5】では、保護基準に照らしたXらの①基準生活費([3])および②加算([4])の月額が示されている。

❻　[6]から[20]では、老齢加算について、その創設の経緯([7])から、その後の数次の改定([8]～[10])を経て、減額・廃止(本件改定。[11]～[20])に至るまでの推移が、詳細に示されている。

❼　[7]では、老齢加算の導入の経緯が示されている。すなわち、昭和34年に導入された老齢福祉年金に対応すべく、これと同額を生活扶助に加算するものとして、老齢加算は導入されている。また、加算の根拠となる高齢者の特別な需要の具体例として、当時想定されていたもの(教養費等)についても示されている。

❽　[8]では、老齢加算の額の算出方法が昭和51年に改定され、老齢福祉年金と同額にする方式をやめた旨が示されている。老齢福祉年金の額は、導入当初([7])は月額1000円であったが、昭和50年には月額7500円から12000円に増額されることとなっていた。このような状況の中、基準生活費の付加的部分という老齢加算の制度趣旨等に鑑み、老齢加算と老齢福祉年金との切り離しが行われた(判解①265頁)。

❾　[9]では、老齢加算の妥当性について、その後も厚生省(当時)内で検討が進められ、昭和58年に同省の中央社会福祉審議会(当時)が意見具申を行った旨が示されている。同審議会は、加算世帯と一般世帯との消費構造の比較検討を行った結果、高齢者には特別需要があり、その需要は現行の老齢加算でおおむねみたされているとの意見を発表した。

❿　[10]では、被保護勤労者世帯と一般勤労者世帯との消費支出の比較が示されている。両者の較差は縮小傾向にあり、平成13年度、同14年度には、被保護勤労者世帯の消費支出が、一般勤労者世帯の消費支出の7割を超える水準に達していたとされている。

⓫　[11]では、[10]の状況の中、老齢加算の見直しの契機として、財政構造の改革、特に社会保障関係費の抑制を目指す政府の動きがあったことが示されている。具体的には、平成15年6月に財務省の財政制度等審議会が、歳出内容の「聖域なき」見直しを表明した建議や、同年に政府が閣議決定した「構造改革」に関する基本方針(いわゆる骨太の方針2003)である(判解①271頁以下)。

⓬　[12]では、[10]および[11]の状況等を受けて、生活保護のあり方の全般を検討すべく、各種専門家から構成される「専門委員会」が、厚労省の社会保障審議会に設置された旨が示されている。同審議会は法律の根拠に基づいて設置されるが、専門委員会の設置は法令の根拠に基づくものではなく、諮問も同様である(なお専門委員については社会保障審議会令6条2項に規定がある)。

60 ないし 69 歳が 7 万 6761 円、70 歳以上が 6 万 5843 円、③第 I －10 分位（調査対象者を年間収入額順に 10 等分した場合に最も収入額の低いグループ。以下同じ。）では、60 ないし 69 歳が 7 万 9817 円、70 歳以上が 6 万 2277 円となるなど、いずれの収入階層でも 70 歳以上の者の需要は 60 ないし 69 歳の者のそれより少ないことが示されていた（なお、60 ないし 69 歳に係る消費支出額では②が③を上回っていることからすると、生活扶助相当消費支出額において②が③を下回るのは、最低生活費になじまないなどの理由で消費支出額から控除される額が多いためと推察される。）❸。

[14] また、特別集計によると、第 I －5 分位の 70 歳以上の単身無職者の生活扶助相当消費支出額が 6 万 5843 円であるのに対し、70 歳以上の単身者の生活扶助額（老齢加算を除く。）の平均は、これより高い 7 万 1190 円となっていた❹。

[15] 　イ　専門委員会においては、社会情勢の変化を表すものとして、生活扶助基準の改定率、消費者物価指数、賃金等の推移を比較した資料が検討された。それによると、昭和 59 年度を 100％とした場合の平成 14 年度における割合は、生活扶助基準が 135.5％、消費者物価指数が 116.5％、賃金が 131.2％となっており、同 7 年度を 100％とした場合の同 14 年度における割合は、生活扶助基準が 104.3％、消費者物価指数が 99.9％、賃金が 98.7％となっていた。また、昭和 55 年と平成 12 年とを比較すると、一般勤労者世帯の平均並びに第 I －10 分位及び被保護勤労者世帯の平均のいずれにおいても、消費支出に占める食料費の割合（エンゲル係数）は低下していた❺。

[16] 　ウ　専門委員会においては、被保護高齢単身世帯の家計消費の実態を表すものとして、平成 11 年度における被保護者生活実態調査を基にした月ごとの貯蓄純増（同調査結果にいう「預貯金」と「保険掛金」の合計から「預貯金引出」と「保険取金」の合計を差し引いたもの）、平均貯蓄率（可処分所得に対する貯蓄純増の割合）及び繰越金（月末における世帯の手持金残高）を比較した資料が検討された。それによると、老齢加算のない世帯の貯蓄純増は 9407 円、平均貯蓄率は 8.4％、繰越金は 3 万 6094 円であるのに対し、老齢加算のある世帯の貯蓄純増は 1 万 4926 円、平均貯蓄率は 12.1％、繰越金は 4 万 7071 円となっており、いずれの数値も後者が前者より高くなっていた❻。

[17] 　(5)　上記(4)の検討等を経て、専門委員会は、平成 15 年 12 月 16 日、「生活保護制度の在り方についての中間取りまとめ」（以下「中間取りまとめ」という。）を公表した。中間取りまとめのうち、老齢加算に関する部分の概要は、次のとおりであった。
　　ア　単身無職の一般低所得高齢者世帯の消費支出額について 70 歳以上の者と 60 ないし 69 歳の者との間で比較すると前者の消費支出額の方が少なく、70 歳以上の高齢者について現行の老齢加算に相当するだけの特別な需要があるとは認められないため、老齢加算そのものについては廃止の方向で見直すべきである。
　　イ　ただし、高齢者世帯の社会生活に必要な費用に配慮して、保護基準の体系の中で高齢者世帯の最低生活水準が維持されるよう引き続き検討する必要がある。
　　ウ　被保護者世帯の生活水準が急に低下することのないよう、激変緩和の措置を講ずべきである❼。

[18] 　(6)　厚生労働大臣は、中間取りまとめを受けて、70 歳以上の高齢者には老齢加算に見合う特別な需要があるとは認められないと判断して老齢加算を廃止することとし、激変緩和のための措置として 3 年間かけて段階的に減額と廃止を行うこととして、平成 16 年度以降、保護基準につき、平成 16 年厚生労働省告示第 130 号及び平成 17 年厚生労働省告示第 193 号によって老齢加算をそれぞれ減額し、平成 18 年厚生労働省告示第 315 号によって老齢加算を廃止する旨の改定をした（以下、これらの保護基準の改定を「本件改定」と総称する。）❽。

[19] 　本件改定に基づき、所轄の福祉事務所長らは、上告人らに対し、それぞれ老齢加算の減額又は廃止に伴う生活扶助の支給額の減額を内容とする保護変更決定をした（以下、これらの決定を「本件各決定」と総称する。）❾。

❸【13】では、専門委員会による検討の結果の一つとして、(i)単身無職の 60 ～ 69 歳の者と(ii)70 歳以上の者の「生活扶助相当消費支出額」（消費支出のうち、日常の食費等、生活扶助の対象となりうるもの）の比較が示されている。これによると、生活扶助相当消費支出額は、全世帯平均でみても、また収入の低い層の中でみても、(i)より(ii)の方が低く、高齢になるほど消費支出が減少するという結果が示されている（いわゆる「比較(1)」）。

❹【14】では、専門委員会による検討の結果の一つとして、(i)低所得者層（第 I －5 分位）に位置する 70 歳以上の単身無職者の生活扶助相当消費支出額と、(ii)70 歳以上の単身者の生活扶助額の平均とを比較すると、(i)より(ii)の方が高いことが示されている（いわゆる「比較(2)」）。

❺【15】では、専門委員会の検討の結果の一つとして、(i)生活扶助基準の改定率、(ii)消費者物価指数、(iii)賃金の推移が示されている。これによると、昭和 59 年度との比較では、平成 14 年度における(i)の伸び率が(ii)(iii)の伸び率を上回っていること、平成 7 年度との比較では、平成 14 年度において(ii)(iii)がマイナスに転じていること、等の社会状況の変化がみられるとされる。

❻【16】では、専門委員会の検討の結果の一つとして、貯蓄についての統計が示されている。これによると、老齢加算のある世帯は、ない世帯よりも、貯蓄純増、平均貯蓄率、繰越金のいずれにおいても、数値が高くなっているとされている。

❼【17】では、【13】から【16】までの検討をふまえ、専門委員会が「中間取りまとめ」を公表した旨が示されている。そこでは、ア) 老齢加算そのものは廃止の方向で見直すべきこと、イ) 高齢者世帯の社会的費用に関しては引き続き検討すべきこと、ウ) 激変緩和措置を講ずべきこと、が表明された。イウは、原案の段階では、委員の意見という位置づけであったが、議論の末、イはただし書に、ウは本文に移された。

❽【18】では、【17】での専門委員会の中間取りまとめを受けて、老齢加算を廃止し、激変緩和措置として 3 年をかけて段階的な減額・廃止を行うべく、厚労大臣が保護基準の改定を行った旨が示されている。なお、中間取りまとめが公表された平成 15 年 12 月 16 日の 4 日後には、老齢加算の廃止を含む平成 16 年度予算の財務省原案が内示されており、厚労大臣は、遅くともこの時までには、本件改定を実質的に決定していたと解される（福岡事件（判例②）の原審である福岡高判平 22・6・14 民集 66-6-2505、判例③461 頁）。

❾【19】では、本件 Y らが、【18】の保護基準改定を受けて、X らに対し本件保護変更の決定を行った旨が示されている。

【20】　なお、専門委員会が平成16年12月に発表した報告書は、生活扶助基準の水準は基本的に妥当と評価しつつ、生活扶助基準と一般低所得世帯の消費実態との均衡が適切に図られているか否かを定期的に見極めるため、全国消費実態調査等を基に5年に1度の頻度で検証を行う必要があるなどと指摘しており、記録によれば、厚生労働省においては、その後も生活扶助基準の水準につき定期的な検証が引き続き行われていることがうかがわれる❷⓪。

第2　上告代理人新井章ほかの上告受理申立て理由（ただし、排除されたものを除く。）について

【21】　**1(1)**　上告人らは、本件改定は、被保護者は正当な理由がなければ既に決定された保護を不利益に変更されることがないと定める生活保護法56条に反すると主張する。しかし、同条は、既に保護の決定を受けた個々の被保護者の権利及び義務について定めた規定であって、保護の実施機関が被保護者に対する保護を一旦決定した場合には、当該被保護者について、同法の定める変更の事由が生じ、保護の実施機関が同法の定める変更の手続を正規に執るまでは、その決定された内容の保護の実施を受ける法的地位を保障する趣旨のものであると解される。このような同条の規定の趣旨に照らすと、同条にいう正当な理由がある場合とは、既に決定された保護の内容に係る不利益な変更が、同法及びこれに基づく保護基準の定める変更、停止又は廃止の要件に適合する場合を指すものと解するのが相当である。したがって、保護基準自体が減額改定されることに基づいて保護の内容が減額決定される本件のような場合については、同条が規律するところではないというべきである❷①。

【22】　**(2)**　生活保護法3条によれば、同法により保障される最低限度の生活は、健康で文化的な生活水準を維持することができるものでなければならないところ、同法8条2項によれば、保護基準は、要保護者（生活保護法による保護を必要とする者をいう。以下同じ。）の年齢別、性別、世帯構成別、所在地域別その他保護の種類に応じて必要な事情を考慮した最低限度の生活の需要を満たすに十分なものであって、かつ、これを超えないものでなければならない❷②。そうすると、仮に、老齢加算の一部又は全部についてその支給の根拠となっていた高齢者の特別な需要が認められないというのであれば、老齢加算の減額又は廃止をすることは、同項の規定に沿うところであるということができる。もっとも、これらの規定にいう最低限度の生活は、抽象的かつ相対的な概念であって、その具体的な内容は、その時々における経済的・社会的条件、一般的な国民生活の状況等との相関関係において判断決定されるべきものであり、これを保護基準において具体化するに当たっては、高度の専門技術的な考察とそれに基づいた政策の判断を必要とするものである（最高裁昭和51年（行ツ）第30号同57年7月7日大法廷判決・民集36巻7号1235頁参照）。したがって、保護基準中の老齢加算に係る部分を改定するに際し、最低限度の生活を維持する上で老齢であることに起因する特別な需要が存在するといえるか否か及び高齢者に係る改定後の生活扶助基準の内容が健康で文化的な生活水準を維持することができるものであるか否かを判断するに当たっては、厚生労働大臣に上記のような専門技術的かつ政策的な見地からの裁量権が認められるものというべきである❷③。なお、同法9条は、保護は要保護者の年齢別、性別、健康状態等その個人又は世帯の実際の必要の相違を考慮して有効かつ適切に行うものとすると規定するが、同条は個々の要保護者又はその世帯の必要に即応した保護の決定及び実施を求めるものであって、保護基準の内容を規律するものではない。また、同条が要保護者に特別な需要が存在する場合において保護の内容について特別な考慮をすべきことを定めたものであることに照らせば、仮に加算の減額又は廃止に当たって同条の趣旨を参酌するとしても、上記のような専門技術的かつ政策的な見地からの裁量権に基づく高齢者の特別な需要の存否に係る判断を基礎としてこれをすべきことは明らかである❷④。

【23】　**(3)**　また、老齢加算の全部についてその支給の根拠となる上記の特別な需要が認められない場合であっても、老齢加算の廃止は、これが支給されることを前提として現に生活設計を立てていた被保護者に関しては、保護基準によって具体化されていたその期待的利益の喪失を来す側面があることも否

❷⓪　【20】では、厚労省においては中間取りまとめの後も、一般消費世帯との均衡等に鑑みて、生活扶助基準の定期的な検証が行われている旨が示されている。この認定は、【17】の中間取りまとめのただし書きイの趣旨に沿った検討が行われているとの判断に関連している（【26】参照）。

❷①　【21】から【29】は、本件改定の違法性についての判示である。まず【21】では、保護の不利益変更に「正当な理由」を要求する法56条が、厚労大臣による保護基準の改定の際にも適用されるどうかが検討されている。下級審では、本件第一審のように適用を肯定するものと、本件原審のように適用を否定するものが、それぞれ一定数あり、学説でも見解が分かれていた（判解①289頁以下、判批①、判批⑤等）。本判決は、法56条は保護の実施機関（福祉事務所等）に向けられた規定であり、厚労大臣による保護基準改定行為には適用されない旨を明示して、その理由として同条の「趣旨」を挙げた。この「趣旨」は、同法の立案担当者の見解（小山・生活保護法の解釈と運用［改訂増補］624頁）に合致するものとされる（判解①289頁）。なお、福岡事件（判例②）で最高裁は、この「趣旨」に加え、同条の「構成上の位置づけ」を、不適用の理由として付加している。適用肯定説の主眼は、保護基準の減額改定に「正当な理由」を要求することで、被保護者の信頼（期待的利益）の保護、あるいは不利益変更に対する裁判所の厳格な審査を確保する点にあったといえる。この点、調査官は、保護基準の減額改定が実体的に違法（法3条・8条2項違反）であれば、それに基づく保護減額決定も違法となるため、また本判決の立場でも被保護者の信頼は考慮の対象となりうるため（【23】）、無理に法56条の適用を肯定する実益・必要はないとする（判解①290頁。判批②も参照）。

❷②　【22】から【29】では、厚労大臣の設定・改定する保護基準基準が、法3条、8条違反になるか否かが審査されている。【22】および【23】では、その審査の際の大枠として、同大臣に専門技術的・政策的な裁量権が認められる旨が示されている。【22】では、保護基準が「健康で文化的な」の水準を維持すべき旨を命じる法3条の内容、ならびに保護基準の下限かつ上限となる「最低限度」、および保護基準の設定の際の要考慮要素を定める同8条2項の内容が確認されている。

❷③　【22】の第2文・第3文・第4文では、法8条2項等が定める「最低限度」を維持するために、老齢加算が必要か否かという要件認定に際し、厚労大臣に裁量権が認められる旨が示されている。その理由として、「最低限度」の抽象性・相対性、高度の専門技術的・政策的判断の必要性が挙げられ、その際、同じく行政立法たる保護基準が問題となった朝日事件（判例①）ではなく、立法裁量に関する堀木事件［本書60事件］が参照されている。この意義・是非については、審査密度の低さにつながりうる等、種々議論があるが（文献③）、朝日事件の本案に関する説示が傍論であったこと（判解②250頁）、法規命令たる保護基準の一般性・抽象性、立法作用との構造上の近似性も（判批③167頁）、こうした先例の引き方についてのありうる理由として指摘されている。他方で本判決では、堀木事件の文言がそのままは引用されておらず「参照」にとどまっており、同事件のいう「広い」裁量、「財政事情」への言及がないこと（ただし【23】）、「明白」性の審査にとどめていないこと（【24】）も注目される（判批①、判批②等）。なお、朝日事件の傍論においても、少なくとも文言上は「明白」性審査に限定する旨の説示はなく、また調査官解説では、同事件の傍論の論旨が随所で参照されている（判解①283頁以下等）。

❷④　【22】の第5文・第6文では、被保護者の個別事情に着目すべきだとする必要即応の原則を定める法9条は、厚労大臣による保護基準設定・改定行為に対し、直接的には適用されない旨が示されている。これに対しては、改定後の保護基準の形式的な適用によって生じ

定し得ないところである。そうすると、上記のような場合においても、厚生労働大臣は、老齢加算の支給を受けていない者との公平や国の財政事情といった見地に基づく加算の廃止の必要性を踏まえつつ、被保護者のこのような期待的利益についても可及的に配慮するため、その廃止の具体的な方法等について、激変緩和措置の要否などを含め、上記のような専門技術的かつ政策的な見地からの裁量権を有しているものというべきである㉕。

【24】　（4）　そして、老齢加算の減額又は廃止の要否の前提となる最低限度の生活の需要に係る評価や被保護者の期待的利益についての可及的な配慮は、前記(2)及び(3)のような専門技術的な考察に基づいた政策的判断であって、老齢加算の支給根拠及びその額等については、それまでも各種の統計や専門家の作成した資料等に基づいて高齢者の特別な需要に係る推計や加算対象世帯と一般世帯との消費構造の比較検討がされてきたところである。これらの経緯等に鑑みると、老齢加算の廃止を内容とする保護基準の改定は、①当該改定の時点において70歳以上の高齢者には老齢加算に見合う特別な需要が認められず、高齢者に係る当該改定後の生活扶助基準の内容が高齢者の健康で文化的な生活水準を維持するに足りるものであるとした厚生労働大臣の判断に、最低限度の生活の具体化に係る判断の過程及び手続における過誤、欠落の有無等の観点からみて裁量権の範囲の逸脱又はその濫用があると認められる場合、あるいは、②老齢加算の廃止に際し激変緩和等の措置を採るか否かについての方針及びこれを採る場合において現に選択した措置が相当であるとした同大臣の判断に、被保護者の期待的利益や生活への影響等の観点からみて裁量権の範囲の逸脱又はその濫用があると認められる場合に、生活保護法3条、8条2項の規定に違反し、違法となるものというべきである㉖。

【25】　2（1）　前記事実関係等によれば、専門委員会が中間取りまとめにおいて示した意見は、特別集計等の統計や資料等に基づき、①無職単身世帯の生活扶助相当消費支出額を比較した場合、いずれの収入階層でも70歳以上の者の需要は60ないし69歳の者のそれより少ないことが示されていたこと、②70歳以上の単身者の生活扶助額（老齢加算を除く。）の平均は、第Ⅰ－5分位の同じく70歳以上の単身無職者の生活扶助相当消費支出額を上回っていたこと、③昭和59年度から平成14年度までにおける生活扶助基準の改定率は、消費者物価指数及び賃金の各伸び率を上回っており、特に同7年度以降の比較では後二者がマイナスで推移しているにもかかわらずプラスとなっていたこと、④昭和58年度以降、被保護勤労者世帯の消費支出の割合は一般勤労者世帯の消費支出の7割前後で推移していたこと、⑤昭和55年と平成12年とを比較すると第Ⅰ－10分位及び被保護勤労者世帯の平均のいずれにおいても消費支出に占める食料費の割合（エンゲル係数）が低下していることなどが勘案されたものであって、統計等の客観的な数値等との合理的関連性や専門的知見との整合性に欠けるところはない。そして、70歳以上の高齢者に老齢加算に見合う特別な需要が認められず、高齢者に係る本件改定後の生活扶助基準の内容が健康で文化的な生活水準を維持するに足りない程度にまで低下するものではないとした厚生労働大臣の判断は、専門委員会のこのような検討等を経た前記第1の3(5)アの意見に沿って行われたものであり、その判断の過程及び手続に過誤、欠落があると解すべき事情はうかがわれない㉗。

【26】　（2）　また、前記事実関係等によれば、本件改定が老齢加算を3年間かけて段階的に減額して廃止したことも、専門委員会の前記第1の3(5)ウの意見に沿ったものであるところ、平成11年度における老齢加算のある被保護者世帯の貯蓄純増は老齢加算の額に近似した水準に達しており、老齢加算のない被保護者世帯の貯蓄純増との差額も月額で5000円を超えていたというのであるから、3年間かけて段階的に老齢加算を減額して廃止することによって被保護者世帯に対する影響は相当程度緩和されたものと評価することができる上、厚生労働省による生活扶助基準の水準の定期的な検証も前記第1の3(5)イの意見を踏まえて生活水準の急激な低下を防止すべく配慮したものということができ、その他本件に現れた一切の事情を勘案しても、本件改定に基づく生活扶助額の減額が被保護者世帯の期待的利益の喪失を通じてその生活に看過し難い影響を及ぼしたものとまで評価することはできないというべきである㉘。

うる個々の被保護者の特殊事情に鑑み、保護の実施機関等が同大臣に対し特別基準の設定の申請を義務づける、という形で、同条を活用すべき方途が指摘されている（福岡事件判決（判例②）の須藤意見、文献①、文献②）。

㉕　【23】では、①老齢加算の要否に係る要件認定（【22】）のみならず、⑪老齢加算を廃止する際の方法選択（激変緩和措置の要否等）についても、厚労大臣に専門技術的・政策的な裁量権があるとされている。その際、一方で、【22】では触れられていなかった国の「財政事情」への言及があること、他方で、加算の廃止で影響を受ける被保護者の「期待的利益」に可及的に配慮すべき旨が示されていることが注目される。後者に関し、本来、非継続的な給付である生活保護の趣旨に照らせば（判批④）、この期待的利益への配慮の要請は、特に老齢加算の性格のゆえに妥当するものであり、他の加算については同列には論じえない（判解①308頁注9）。福岡事件判決（判例②）で最高裁は、この点の説明を追加しており、「老齢加算は、一定の年齢に達すれば自動的に受給資格が生じ、老齢のために他の生計費が得られない高齢者への生活扶助の一部として相当期間にわたり支給される性格のもの」であるから、現に保護を受けている高齢者の生活設計において強い信頼が生じているという。

㉖　【24】では、老齢加算の廃止に係る保護基準の改定が、裁量権の逸脱・濫用として法3条、8条2項に違反するか否かを判断する際の方式・観点が示されている。その際、①加算廃止の判断に関する要件認定については「判断の過程及び手続における過誤、欠落の有無等の観点から」、⑪廃止の方法選択については「被保護者の期待的利益や生活への影響等の観点から」、審査するとされる。文言上、①は判断過程・手続の統制、⑪は結果の統制と読めるが、調査官は、本判決について、「代替措置を講ずることなく……激変緩和措置のみで老齢加算の廃止を行うことが相当であるとしたその判断過程（専門委員会における審議経過および結果も含む。）に過誤、欠落がなかったか」を審査するものとし、①⑪をいわば総合的に捉え、これを「論証過程の統制」と呼んでいる（判解①296-297頁）。なお、判断過程統制には、(a)判断過程の合理性に着目するものと、(b)考慮要素に着目するものがあり、専門家の判断の介在が法定されている場合、(a)が用いられる傾向にあるとされる。本件では、専門委員会の設置は法定されていなかったが、本判決は、保護基準の改定の際には専門家の判断を入れる「経緯」があったことに着目している（判批②、文献③）。

㉗　【25】では、加算廃止の①要件認定について、【24】の判断枠組みに照らし、裁量権の逸脱・濫用はなかった旨が明示されている。その際、「統計等の客観的な数値等との合理的関連性や専門的知見との整合性」が審査の対象となり、厚労大臣の決定は、【13】から【18】での専門委員会の判断をふまえたものである旨が判示されている。なお、福岡事件判決（判例②）は、この数値等との合理的関連性や、専門的知見との整合性を審査する旨の文言を、判断枠組みの部分（本判決の【24】にあたる部分）に移して一般化し、さらに、加算廃止の⑪方法選択の裁量権の判断（本判決の【26】）についても、この合理的関連性・整合性を審査する旨を示している。また、福岡事件の原審は、中間取りまとめの作成経緯や、公表から廃止決定までの期間の短さに着目し（本判決の【17】と【18】にあたる部分）、同大臣が、中間取りまとめのただし書きや激変緩和措置の記述を十分に考慮していないという考慮要素に着目した審査を行い、違法の判断を示した。これに対し、基本的に本判決と同旨の判断を示した福岡事件上告審（判例②）は、「自ら特定の……考慮事項を選び出してこれを一般的に強調するのではなく、専門委員会における議論や従前の「保護基準改定の経緯をも参考に……厚生労働大臣の論証過程を追試的に検証」したものと評されている（判解③472頁）。

㉘　【26】では、3年間での段階的な廃止（激変緩和措

【27】　(3)　以上によれば、本件改定については、前記1(4)①及び②のいずれの観点からも裁量権の範囲の逸脱又はその濫用があるということはできない❷。

【28】　したがって、本件改定は、生活保護法3条又は8条2項の規定に違反するものではないと解するのが相当である。そして、本件改定に基づいてされた本件各決定にも、これを違法と解すべき事情は認められない。原審の判断は、正当として是認することができ、論旨は採用することができない。

第3　上告代理人新井章ほかの上告理由について
1　上告理由第1点及び第2点について

【29】　生活保護法は、健康で文化的な最低限度の生活の保障という憲法25条の趣旨を具体化した法律の規定として、3条において、生活保護法による保護において健康で文化的な生活水準を維持することができる最低限度の生活が保障されるべき旨を定めており、8条2項において、保護の基準がこのような最低限度の生活の需要を満たすに十分なものであるべき旨を定めているところ、前記第2の2において説示したとおり、厚生労働大臣が老齢加算を数次の減額を経て廃止する保護基準の改定として行った本件改定は、このように憲法25条の趣旨を具体化した生活保護法3条又は8条2項の規定に違反するものではない以上、これと同様に憲法25条に違反するものでもないと解するのが相当であり、このことは、前記大法廷判決の趣旨に徴して明らかというべきである。これと同旨の原審の判断は、正当として是認することができ、論旨は採用することができない❸。

2　その余の上告理由について

【30】　論旨は、違憲及び理由の不備・食違いをいうが、その実質は事実誤認又は単なる法令違反をいうものであって、民訴法312条1項及び2項に規定する事由のいずれにも該当しない。

【31】　よって、裁判官全員一致の意見で、主文のとおり判決する。
（裁判長裁判官　岡部喜代子　裁判官　那須弘平　裁判官　田原睦夫　裁判官　大谷剛彦　裁判官　寺田逸郎）

置）という、②加算廃止の方法選択について、【24】の判断枠組みに照らし、被保護者の生活に「看過し難い」影響が出ているとは判断できない旨が示されている。この判断においても、基本的には、専門委員会の中間取りまとめの意見（⒄）、特に議論のあったイ（社会的費用の継続的検討）とウ（激変緩和措置）等の「専門的知見との整合性」や、貯蓄（⒃）に関する統計上の「数値等との合理的関連性」が審査されていると解される（❷参照）。

❷　【27】と【28】では、【25】と【26】の観点から、厚労大臣による老齢加算を廃止する旨の保護基準の改定は、法3条、8条2項に違反しない旨、そして、この保護基準改定に基づく保護変更決定も違法ではない旨の結論が示されている。

❸　【29】では、老齢加算の廃止に関する保護基準の改定が、憲法25条に違反するか否かが検討されている。本判決は、法3条、8条2項のいう「健康で文化的」な「最低限度」は憲法25条の趣旨を具体化したものであり、そして保護基準の改定が法3条、8条2項に違反しない以上、憲法25条にも違反しないと、堀木事件判決〔本書60事件〕を引用して簡単に結論づけており、法律の要請に加えて憲法が独自に作用する場面を認めていないようにみえる。学説では、憲法上の要請が法令に具体化された場合、その不利益変更が憲法の観点から原則として禁止されるとする制度後退禁止原則等が提唱されているが（本章とびら）、調査官は、本判決はこうした立論を採用するものではないという（判解①288頁）。

| 補足説明 | 憲法論の居場所 |

本判決が憲法に明示的に言及したのは【29】のみであり、審査の中心は保護基準の法律適合性に置かれている。他方で「健康で文化的」な「最低限度」（法3条・8条2項）の実現に際しての要件認定・方法選択につき、堀木事件〔本書60事件〕を参照して厚労大臣に裁量権を認めつつも、「広範」な裁量の「明白」な違反の審査にとどめず、また朝日事件（判例①）の傍論とも異なり、判断過程を審査するという方式を採用している。これに関し調査官は、本件で一定の司法審査を及ぼすべき必要・理由として、①保護基準自体が憲法25条の要請の実現であること、②減額改定であるため被保護者の信頼・期待的利益は無視しえないこと、③裁量行使の過程の審査は、裁量行使の結果の審査と比べると、裁判所の審査になじむこと、を挙げている。①は【29】、②は【23】から読み取ることも可能である（③は【24】の「経緯」を参照）。なお福岡事件（判例②）での須藤裁判官の意見は、②信頼保護原則の観点から激変緩和措置をとるべき旨を、憲法25条・13条の要請として導いている。ただしこの期待的利益への配慮の要請は、老齢加算の特質にもよるものとされており【23】、その射程には留意が必要である。

Questions

①事実関係の確認

問1　Xらは、所轄の福祉事務所長から、どのような処分を受けたか。▶【事案】【1】

問2　福祉事務所長らは、厚労大臣によるどのような判断（告示）に基づいて、問1のような処分を行ったのか。
▶【事案】【1】【18】【19】

問3　生活保護制度が、憲法・法律・行政立法（告示）・行政処分等を通じて実現される過程について説示せよ。
▶【Navigator】

問4　生活保護法3条、8条2項、9条、56条は、何を規定しているか。▶【参考条文】

問5　老齢加算とは何か。また、保護基準とは何か。▶【事案】

【Navigator】【1】【7】

問6　Xらは、誰に対し、どのような裁判を提起したか。そのXらの請求した裁判の中で、憲法および生活保護法上の論点は、請求原因ないし請求の理由としてどのように位置づけられているか。▶【事案】【1】

問7　保護基準のうち、生活扶助基準には、どのようなことが定められているか。▶【2】～【5】

問8　老齢加算は、どのような経緯で導入されたか。高齢者の「特別の需要」として、当時、どのようなものが想定されていたか。▶【6】【7】

問9　その後、平成14年に至るまで、老齢加算の額や生活扶助の水準は、どのような推移をたどったか。また厚生

労働省内で、老齢加算についてどのような検証がなされたか。▶【8】～【10】

問10　平成15年6月、社会保障関連費に関し、政府内でどのような動きがあったか。これを受けて厚労省内に設置された専門委員会とはどのような組織か。▶【11】【12】

問11　専門委員会での検証の結果として示された下記の諸点について、その概要を説示せよ。①比較(1)▶【13】、②比較(2)▶【14】、③社会構造の変化▶【15】、④貯蓄▶【16】

問12　専門委員会が示した中間取りまとめの内容（三つ）を説示せよ。▶【17】

問13　中間取りまとめを受けて、厚労大臣はどのような判断を示したか。▶【18】

問14　中間取りまとめの公表の後、厚労省内では、どのような検証が行われていたか。▶【20】

②判決の内容の確認

問15　本判決は、どのような理由から、法56条が、保護基準の減額改定に適用されないと判断しているか。▶【21】

問16　本判決は、老齢加算の減額・廃止を厚労大臣が判断する際、法3条、8条2項にいう「健康で文化的な」「最低限度」の要件認定における裁量権を同大臣に認めている。この裁量を認める理由としてどのような要素を挙げ、どの最高裁大法廷判決を先例として参照しているか。▶【22】

問17　本判決は、激変緩和措置の要否・内容等、老齢加算の減額・廃止を行うに際しての方法選択においても、厚労大臣に裁量権を認めている。この裁量を認める理由として、どのような点を挙げているか。▶【23】

問18　本判決は、上記①要件認定（問16）および②方法選択（問17）において、厚労大臣の裁量権の逸脱・濫用があり違法となるか否かを判断する際、それぞれどのような観点（方式）から審査を行うと判断しているか。また、そのような観点に着目する理由として、どのような点を挙げているか。▶【24】

問19　本判決は、①要件認定における裁量権の逸脱・濫用がないと判断する際、どのような点を審査の対象としているか。専門委員会や厚労大臣のそれぞれの判断に対して、どのような検討を加えているか。▶【25】

問20　本判決は、②方法選択における裁量権の逸脱・濫用がないと判断する際、どのような点を審査の対象としているか。専門委員会や厚労大臣のそれぞれの判断に対して、どのような検討を加えているか。▶【26】

問21　本判決は、老齢加算の廃止が憲法25条に違反しない旨を述べる際、どのような理由づけを行っているか。▶【29】

③応用問題

問22　本判決が、朝日事件判決（判例①）ではなく堀木事件判決〔本書60事件〕を先例として挙げた理由を考察せよ。▶【22】（㊸およびそこでの引用文献）

問23　堀木事件判決の判旨と、本判決の判旨との異同を、裁量権を付与する理由づけやその広さ、審査の密度・方式に着目しながら確認せよ。▶【22】（㊸およびそこでの引用文献）

問24　被保護者の期待的利益（信頼）の保護の要請は、老齢加算以外の加算についても妥当するか。▶【23】（㊺）

問25　本件を、憲法論として再構成するにはどのような方途がありうるか。また、憲法上の制度後退禁止原則に対する賛否両論を説示せよ。▶【補足説明】、本章とびら、判解①285頁以下、宍戸［2版］172頁以下

○　**関連判例**（本書所収以外のもの）
　最大判昭和42年5月24日民集21巻5号1043頁［朝日事件］（判例①）
　最判平成24年4月2日民集66巻6号2367頁［老齢加算廃止福岡事件］（判例②）
　最判平成26年10月6日LEX/DB25504782［老齢加算福岡事件差戻上告審］（判例③）
　最判平成26年10月6日LEX/DB25504783［老齢加算京都事件］（判例④）

○　**本判決の調査官解説**
　岡田幸人「判解」最高裁判所判例解説民事篇平成24年度(上)260頁（判解①）

○　**その他の判例解説・判例批評**
　尾形健「判批」新・判例解説Watch 11号（2012年）35頁
　葛西まゆ子「判批」平成24年度重要判例解説（2013年）27頁
　前田雅子「判批」平成24年度重要判例解説（2013年）39頁
　片桐由喜「判批」判例評論646号（2012年）148頁（判批①）
　村上裕章「判批」法政研究80巻1号（2013年）204頁（判批②）
　常岡孝好「判批」民商法雑誌148巻2号（2013年）159頁（判批③）
　太田匡彦「判批」平成22年度重要判例解説（2011年）53頁（判批④）
　菊池馨実「判批」判例評論629号（2011年）148頁（判批⑤）
　渡部吉隆「判解」最高裁判所判例解説民事篇昭和42年度244頁（判解②）
　岡田幸人「判解」最高裁判所判例解説民事篇平成24年度(下)45頁（判解③）

○　**参考文献**
　常岡孝好「生活保護基準改定の合理性と必要即応の原則に基づく特別基準設定申請権(1)(2完)」自治研究90巻2号（2014年）35頁（文献①）、90巻3号（2014年）19頁（文献②）
　豊島明子「老齢加算訴訟」公法研究77号（2015年）130頁（文献③）
　渡辺康行ほか『憲法Ⅰ基本権』（日本評論社、2016年）380頁以下〔工藤達朗〕
　西村枝美「老齢加算訴訟」関西大学法学論集66巻2号（2016年）68頁

第20章 選挙権

1 学説の状況

　憲法15条1項は、「公務員を選定し、及びこれを罷免することは、国民固有の権利である」と定め、公務員の選定・罷免権を保障している。そして、公務員が国民一般の選挙によって選定される場合の方法について、同条3項（「公務員の選挙については、成年者による普通選挙を保障する」）は普通選挙の原則を定め、同44条ただし書（「但し、人種、信条、性別、社会的身分、門地、教育、財産又は収入によって差別してはならない」）は平等選挙の原則を定めている。また、憲法79条2～4項に定められた最高裁判官の国民審査は、「法定リコール」（解職）制として、「『公務員の選挙』における選挙権に関する憲法の規定が準用されると解すべき」とされる（宮沢俊義〔芦部信喜補訂〕『全訂 日本国憲法』（日本評論社、1978年）643頁）。

　学説上、選挙権の法的性質に関しては二つの見方が対立してきた。一方は、選挙権を個人が有する固有の権利とみるのに対して、他方は、選挙権を国家の利益のために行使しなければならない公務とみる。後者によれば、選挙権は国家的法秩序によって作られたものであるから、国家は自らの裁量のままに選挙権のあり方を決定することができ、必ずしもすべての国民にそれを与えないことも可能であるとされる。このように、選挙権公務説のもとでは、誰に投票権を与えるかという問題は原理的な問題ではなく、合目的的な政策考慮の問題とされる結果、歴史的に、この学説によって制限選挙や不平等選挙が正当化されてきた。これに対して、選挙権権利説のもとでは選挙権の行使または不行使はその権利保持者の判断に完全に委ねられると考えるのが自然であるが、（その構成員を選出することによって）重要な国家機関を形成するという選挙権のもつ機能に鑑みれば、その行使を市民の完全な恣意に委ねることが適切か否かという問題もある。この観点から、選挙権を一種の公務と捉えたうえで、強制投票制の採用が説かれることもある。

　選挙権公務説の出発点にある、国家機関をすべて国家的法秩序の内部に置く思考は、立憲主義的な観点からは肯首しうる。法秩序を静態的にみれば、いかなる機関も憲法に服さなければならないのは当然である。その意味で、選挙人団を含めたいかなる機関も憲法によって（また、憲法を国家が作る以上、国家によって）その基礎を与えられているといいうる。しかし、ここで重要なのは、憲法に従いつつどのように法秩序が形成されるべきかという動態的問題である。そして、民主主義原理によれば、選挙権を与えられない者はできる限り少ない数であることが要請される。この意味で、選挙権制約の適否においてより決定的なのは、選挙権の法的性質いかんよりも、むしろ民主主義原理の理解であって、選挙権の法的性質をいかに捉えるかに応じて必然的に特定の結論が導かれるわけではない。判例も選挙権の法的性質論には触れておらず、また、選挙権の法的性質に関する対立が判例の理解に直接役立つわけでもない。なお、憲法15条1項の規定上は「国民固有の権利」とされており、これは「国民が当然にもっているとされる権利、したがって、他人にゆずりわたすことのできない権利の意」であると説明される（宮沢・前掲書219頁）。

2 判例の展開

　昭和60年11月21日の**在宅投票制度廃止事件判決**〔本書62事件〕（以下「昭和60年最判」という）は、昭和27年公選法改正によって在宅投票制度を廃止しこれを復活しなかった立法行為の合憲性および国家賠償法上の違法性が争われた事件について、立法行為に関する国家賠償法上の違法性が認められる場合を狭く限定し、立法行為の合憲性については直接判断せず、国家賠償請求を棄却した。これに対して、平成17年9月14日の**在外日本人選挙権事件判決**〔本書63事件〕（以下「平成17年最判」という）は、平成10年改正前公選法が本件選挙当時に在外国民に対して投票を認めていなかったこと、および改正後公選法の規定のうち在外選挙制度の対象選挙を比例代表選挙に限定していたことの合憲性ならびに国家賠償請求および違法確認請求等の成否が争われた事件について、法令違憲の判断を行ったうえで、立法行為の国家賠償法上の違法性が認められる場合に関する昭和60年最判の枠組みを実質的に修正し、上告人らが次回の国政選挙の際に投票権を有することの確認請求および国家賠償請求を認容した。平成18年7月13日の**精神的原因による投票困難者事件判決**〔本書64事件〕（以下「平成18年最判」という）は、精神的原因による投票困難者について選挙権行使の機会を保障する立法措置をとっていなかったことの合憲性および国家賠償法上の違法性が争われた事件について、平成17年最判を引用しつつも、第一審判決言渡しまでは国会で議論がなされたことがなかったこと等を挙げて国家賠償法上の違法性を否定した。これら三つの判例を、選挙権に関する判断という観点からみるならば、昭和60年最判は、議会制民主主義の本質を選挙制度構築に関する国会の広い裁量を肯定する方向で考慮していた結果、選挙権の行使制約を許容する方向で考慮していたに等しいといえるのに対して、平成17年最判は、同じ議会制民主主義の本質を、選挙権はすべての国民に平等に与えられなければならないという命題を導出するために用いた結果、実質的に、選挙権の行使制約を許容しない方向で考慮している点が注目される。平成18年最判は、この平成17年最判の方向を基本的に受け継いでおり、現行の公選法は違憲状態にあるという泉裁判官による補足意見が付されている。このような原理的考察レベルの変化に呼応してか、平成17年最判の前後で、具体的な選挙権の保障内容についての最高裁の理解にも、形式的な投票権の保障から実質的な投票権保障への変化がみられる。昭和60年最判は、「憲法には在宅投票制度の設置を積極的に命ずる明文の規定が存しないばかりでなく、……投票の方法その他選挙に関する事項の具体的決定を原則として立法府である国会の裁量的権限に任せる趣旨である」と判示して、在宅投票制度の設置は憲法上の要請でないことを示唆していたのに対して、平成17年最判は、「在外国民は、……憲法によって選挙権を保障されていることに変わりはなく、国には、選挙の公正の確保に留意しつつ、その行使を現実的に可能にするために所要の措置を執るべき責務がある」と述べて、立法府が在外国民の選挙権行使を可能にするための立法措置をとらなければならないことを明確にしている。平成18年最判も、

「国には、国民が選挙権を行使することができない場合、そのような制限をすることなしには選挙の公正の確保に留意しつつ選挙権の行使を認めることが事実上不可能ないし著しく困難であると認められるときでない限り、国民の選挙権の行使を可能にするための所要の措置を執るべき責務があ」り、「国民が精神的原因によって投票所において選挙権を行使することができない場合についても当てはまる」と述べており、最高裁は、立法府において精神的原因による投票困難者の選挙権行使を実質的に可能にするための措置をとる義務があることを前提としているように読める。

　これらの最高裁判決の後に出された下級審裁判例としては、成年被後見人は選挙権を有しないと定めた公選法 11 条 1 項 1 号（平成 25 年法律第 21 号による改正前）の規定を違憲無効とする裁判例（東京地判平 25・3・14 判タ 1388-62、確定）、受刑者の選挙権を制限した公選法 11 条 1 項 2 号の規定は合憲であるとする選挙権剥奪等違法確認請求事件（大阪地判平 25・2・6 判時 2234-35、広島地判平 28・7・20 LEX/DB25543532 および裁判所ウェブサイト）、同号の規定は違憲であるとしつつ、控訴人が刑期を終えたことによりすでに同号に該当しないことをもって確認請求を不適法とし、国家賠償法上の違法性は否定した選挙権剥奪違法確認等控訴事件（大阪高判平 25・9・27 判時 2234-29、確定）、また、国民審査法が在外国民に最高裁の裁判官の審査権を行使させる制度を設けていない点は憲法上要請される合理的期間内に是正がなされなかったといえないから違憲ではないとした在外国民の国民審査権確認等請求事件（東京地判平 23・4・26 判時 2136-13）等がある。なお、成年被後見人は選挙権を有しないと定めた公選法 11 条 1 項 1 号は、平成 25 年法律第 21 号による改正により削除された。

62 在宅投票制度廃止事件

最高裁昭和60年11月21日第一小法廷判決
昭和53年(オ)第1240号：損害賠償請求事件
民集39巻7号1512頁

事案

昭和27年改正前の公選法および公選法施行令は「疾病、負傷、妊娠若しくは身体の障害のため又は産褥にあるため歩行が著しく困難である選挙人」については、投票所に行かずにその現在する場所において投票用紙に投票の記載をして投票をすることができる「在宅投票制度」を設けていた。しかし、昭和26年4月の統一地方選挙において、第三者が勝手に投票を記載して提出する等、在宅投票制度が悪用され、そのことによる選挙無効および当選無効の争訟が続出したことから、国会は、昭和27年改正によって在宅投票制度を廃止し、その後在宅投票制度を設けるための立法を行わなかった。

小樽市内に居住するX（原告、控訴人、上告人）は、日本国民であり、公選法9条の規定に基づく選挙権を有していたが、昭和6年に自宅の屋根で雪降ろしの作業中に転倒したことが原因で歩行困難となり、同43年から47年までの間に施行された計8回の国政・地方選挙に際して投票をすることができなかった。そこでXは、在宅投票制度を廃止し復活させなかった本件立法不作為等が国家賠償法1条1項の適用上違法であると主張し、慰謝料等の支払を求めて出訴した。

第一審判決（札幌地判昭49・12・9民集39-7-1550）は、在宅選挙制度を廃止すれば、在宅選挙人の選挙権の行使が不可能あるいは著しく困難となるとして、LRAの基準により、在宅投票制度の悪用という弊害除去のためのより制限的でない他の手段が利用できなかったとの事情について国側の主張・立証がないことを理由に、Xの請求を一部認容した（10万円）。原判決（札幌高判昭53・5・24民集39-7-1590）は、国会は、投票の方法を定める法律を制定するにあたり、合理的と認められるやむをえない事由のない限りは、選挙権ないしその行使を平等に保障した立法を行うことを憲法によって義務づけられているところ、少なくとも昭和44年以降の立法不作為は国会が故意に放置したものとはいえるが、その間のどの時点をとってみても、全部もしくは大部分の国会議員は当該立法不作為が違憲、違法であることを知ることはできなかったと認められるとして、Xの請求を棄却した。これに対し、Xが上告した。

■参考条文（特に表記がない場合は判決当時のもの）
公職選挙法
第44条〔第1項〕選挙人は、選挙の当日、自ら投票所に行き、選挙人名簿又はその抄本の対照を経て、投票をしなければならない。
第49条（昭和27年法律第307号による改正後、昭和33年法律第17号による改正前）選挙人で左の各号の一に掲げる事由に因り選挙の当日自ら投票所に行き投票をすることができない旨を証明するものの投票については、政令の定めるところにより、第42条〔選挙人名簿の登録と投票〕第1項但書、第44条〔投票所においての投票〕、第45条〔投票用紙の交付及び様式〕、第46条第1項〔投票の記載事項及び投函〕、第50条〔選挙人の確認及び投票の拒否〕及び前条の規定にかかわらず、不在者投票管理者の管理する投票を記載する場所において行わせることができる。
(1) 選挙人がその属する投票区のある郡市の区域外（選挙に関係のある職務に従事する者にあつてはその属する投票区の区域外）において職務又は業務に従事中であるべきこと。
(2) 選挙人がやむを得ない用務又は事故のためその属する投票区のある郡市の区域外に旅行中又は滞在中であるべきこと。
(3) 選挙人が疾病、負傷、妊娠、不具若しくは産褥にあるため歩行が著しく困難であるべきこと又は監獄若しくは少年院に収容中であるべきこと。
(4) 交通至難の島その他の地で命令で定める地域に居住中若しくは滞在中又はその地域において職務若しくは業務に従事中であるべきこと。

第49条（昭和27年法律第262号による改正後、昭和27年法律第307号による改正前）選挙人で左の各号の一に掲げる事由に因り選挙の当日自ら投票所に行き投票をすることができない旨を証明するものの投票については、第42条〔選挙人名簿の登録と投票〕第1項但書、第44条〔投票所においての投票〕、第45条〔投票用紙の交付及び様式〕、第46条第1項〔投票の記載事項及び投函〕、第50条〔選挙人の確認及び投票の拒否〕及び前条の規定にかかわらず、政令で特別の規定を設けることができる。
(1) 選挙人がその属する投票区のある郡市の区域外（選挙に関係のある職務に従事する者にあつてはその属する投票区の区域外）において職務又は業務に従事中であるべきこと。
(2) 選挙人がやむを得ない用務又は事故のためその属する投票区のある郡市の区域外に旅行中又は滞在中であるべきこと。
(3) 選挙人が疾病、負傷、妊娠、不具若しくは産褥にあるため歩行が著しく困難であるべきこと又は監獄若しくは少年院に収容中であるべきこと。
(4) 交通至難の島その他の地で命令で定める地域に居住中若しくは滞在中又はその地域において職務若しくは業務に従事中であるべきこと。

Navigator

立法およびそれに基づく行政の行為によって憲法上の基本権が侵害されている場合、通常様々な方法でそれを裁判上争うことができる。では、基本権を行使するために必要な立法措置がとられていないことを裁判で争うことはできるだろうか。また、できるとして、それはどのような方法で争うことができるだろうか。

本判決は、昭和27年改正前の公選法および公選法施行令は疾病、負傷、妊娠もしくは身体の障害のためまたは産褥にあるため歩行が著しく困難である選挙人について在宅投票制度を設けていたところ、同改正によって在宅投票制度を廃止し、復活させなかった立法不作為の適否等が争われた事案について、最高裁第一小法廷が本件立法不作為に係る国家賠償法上の違法性を否定し、Xの国家賠償請求を棄却したものである。

本判決は、立法行為に国家賠償法上の違法性が認められる一般的要件について判示したリーディング・ケースである。もっとも、本判決は、立法の違憲性と、立法の国家賠償法上の違法性を区別したうえで、前者が存在するからといって後者が存在するとは限らないとして（さらに、後者を極めて例外的な場合にしか認められないものとした）、本件における国家賠償法上の違法性を否定するにあたり、立法不作為の合憲性それ自体については正面から判断をしていない。

判　決

○ 主　文

本件上告を棄却する。

上告費用は上告人の負担とする。

○ 理　由

上告代理人山中善夫、同横路孝弘、同江本秀春、同横路民雄、同馬杉栄一、同黒木俊郎の上告理由について

[1]　一　原審の適法に確定したところによれば、本件の事実関係はおおむね次のとおりである。

[2]　1　公職選挙法の一部を改正する法律（昭和27年法律第307号）の施行前においては、公職選挙法及びその委任を受けた公職選挙法施行令は、疾病、負傷、妊娠若しくは身体の障害のため又は産褥にあるため歩行が著しく困難である選挙人（公職選挙法施行令55条2項各号に掲げる選挙人を除く。以下「在宅選挙人」という。）について、投票所に行かずにその現在する場所において投票用紙に投票の記載をして投票をすることができるという制度（以下「在宅投票制度」という。）を定めていたところ、昭和26年4月の統一地方選挙において在宅投票制度が悪用され、そのことによる選挙無効及び当選無効の争訟が続出したことから、国会は、右の公職選挙法の一部を改正する法律により在宅投票制度を廃止し、その後在宅投票制度を設けるための立法を行わなかつた（以下この廃止行為及び不作為を「本件立法行為」と総称する。）❶。

[3]　2　上告人は、明治45年1月2日生まれの日本国民で、大正13年以来小樽市内に居住し、公職選挙法9条の規定による選挙権を有していた者であるが、昭和6年に自宅の屋根で雪降ろしの作業中に転落して腰部を打撲したのが原因で歩行困難となり、同28年の参議院議員選挙の際には車椅子で投票所に行き投票したものの、同30年ころからは、それまで徐々に進行していた下半身の硬直が悪化して歩行が著しく困難になつたのみならず、車椅子に乗ることも著しく困難となり、担架等によるのでなければ投票所に行くことができなくなつて、同43年から同47年までの間に施行された合計8回の国会議員、北海道知事、北海道議会議員、小樽市長又は小樽市議会議員の選挙に際して投票をすることができなかつた❷。

[4]　二　上告人の本訴請求は、在宅投票制度は在宅選挙人に対し投票の機会を保障するための憲法上必須の制度であり、これを廃止して復活しない本件立法行為は、在宅選挙人の選挙権の行使を妨げ、憲法13条、15条1項及び3項、14条1項、44条、47条並びに93条の規定に違反するもので、国会議員による違法な公権力の行使であり、上告人はそれが原因で前記8回の選挙において投票をすることができず、精神的損害を受けたとして、国家賠償法1条1項の規定に基づき被上告人に対し右損害の賠償を請求するものである❸。

[5]　三　国家賠償法1条1項は、国又は公共団体の公権力の行使に当たる公務員が個別の国民に対して負担する職務上の法的義務に違背して当該国民に損害を加えたときに、国又は公共団体がこれを賠償する責に任ずることを規定するものである。したがつて、**国会議員の立法行為（立法不作為を含む。以下同じ。）が同項の適用上違法となるかどうかは、国会議員の立法過程における行動が個別の国民に対して負う職務上の法的義務に違背したかどうかの問題であつて、当該立法の内容の違憲性の問題とは区別されるべきであり、仮に当該立法の内容が憲法の規定に違反する廉があるとしても、その故に国会議員の立法行為が直ちに違法の評価を受けるものではない**❹。

[6]　そこで、国会議員が立法に関し個別の国民に対する関係においていかなる法的義務を負うかをみるに、憲法の採用する議会制民主主義の下においては、国会は、国民の間に存する多元的な意見及び諸々の利益を立法過程に公正に反映させ、議員の自由な討論を通してこれらを調整し、究極的には多数決原理により統一的な国家意思を形成すべき役割を担うものである。そして、国会議員は、多様な国民の意向をくみつつ、国民全体の福祉の実現を目指して行動することが要請されているのであつて、議会制民主主

---

❶　[2]では、「在宅選挙人」、「在宅投票制度」、「本件立法行為」が定義されており、三以降の記述より判断して、本件立法行為は国家賠償法1条1項の請求原因のうち、公務員の行為・公権力の行使・職務執行要件は充足していることを前提に書かれていると考えられる。公選法は、秘密投票や選挙の公正の確保のため、投票の方法として、44条1項により本人投票主義・投票所投票主義を採用するが、その例外として、代理投票制度（48条）や不在者投票制度（49条）を採用している（判解①382頁）。在宅投票制度は、不在者投票制度の一つとして設置されていたものである。廃止行為のみ加害行為と捉えた第一審判決や、廃止の後復活させなかった立法不作為のみ加害行為と捉えた原審判決と異なり、本判決はその両方を本件立法行為と定義している。なお、本件提訴後に公選法が改正され（昭和49年6月3日公布、同50年1月20日施行）、「身体に重度の障害があるもの」は郵便等による不在者投票が行えるようになった（判解①386頁参照）。

❷　[3]では、上告人が投票所で投票できなかった経緯が記述されており、これは国家賠償法1条1項の請求原因のうち上告人の権利と損害要件に対応する。

❸　[4]では、上告人の請求と主張内容が説明されている。立法不作為の違憲性を争う訴訟類型として、学説上は(1)立法不作為違憲確認訴訟（無名抗告訴訟）、(2)不備な法律に基づく処分の取消ないし無効確認訴訟、(3)国家賠償請求訴訟の三つがありうるとされており（文献①）、本件では(3)が選択されている。

❹　[5]では、国家賠償法1条1項の請求原因のうち違法性要件を充足しているか否かの問題として、立法内容の違憲性と立法行為の国家賠償法上の違法性との関係が論じられている。その論旨の意義は次の点にある。

第1に、立法行為の国家賠償法対象該当性を認めた点である。この点、立法行為に対する国家賠償訴訟の実質は法令の抽象的な違憲審査であり法律上の争訟（裁判所法3条1項）にはあたらないとする見解もあった。しかし、下級裁判例は、立法行為も処分的性格を有するとして、立法内容が憲法に違反する場合には、国家賠償法上も違法となるとしており（札幌地判昭56・10・22判時1021-25等）、本判決第一審および原審判決も同様の立場をとっている。本判決も、立法行為（作為・不作為）が国家賠償の対象となる公務員の公権力の行使であることを前提としている。また、国家賠償法1条1項と憲法51条の関係について、国家賠償法1条1項の責任の性質について代位責任説（通説）をとると、国会議員には憲法51条により免責特権が与えられている以上、それを代位する国の責任も発生しないのではないかとの疑問がありえたところ、ここでの判示は、憲法51条の免責特権は必ずしも国家賠償法1条1項における国の責任自体を免責するものではないとの理解を前提にしていると解される（憲法51条は、この後[6]で職務上の義務違反の余地を限定するために用いられる）。この点、調査官解説は、憲法51条との関係では、国から国会議員への求償権行使を制限すれば足りるとしている（判解①376-377頁）。また、下級審裁判例も、立法行為の国家賠償対象該当性を肯定する際に、憲法51条を国から国会議員への求償を限定する規定として解釈し、国の賠償責任自体を否定する趣旨ではないものと解していた（本件原審判決等）。

義が適正かつ効果的に機能することを期するためにも、国会議員の立法過程における行動で、立法行為の内容にわたる実体的側面に係るものは、これを議員各自の政治的判断に任せ、その当否は終局的に国民の自由な言論及び選挙による政治的評価にゆだねるのを相当とする。さらにいえば、立法行為の規範たるべき憲法についてさえ、その解釈につき国民の間には多様な見解があり得るのであって、国会議員は、これを立法過程に反映させるべき立場にあるのである。憲法51条が、「両議院の議員は、議院で行った演説、討論又は表決について、院外で責任を問はれない。」と規定し、国会議員の発言・表決につきその法的責任を免除しているのも、国会議員の立法過程における行動は政治的責任の対象とするにとどめるのが国民の代表者による政治の実現を期するという目的にかなうものである、との考慮によるのである。このように、国会議員の立法行為は、本質的に政治的なものであって、その性質上法的規制の対象になじまず、特定個人に対する損害賠償責任の有無という観点から、あるべき立法行為を措定して具体的立法行為の適否を法的に評価するということは、原則的には許されないものといわざるを得ない。ある法律が個人の具体的権利利益を侵害するものであるという場合に、裁判所はその者の訴えに基づき当該法律の合憲性を判断するが、この判断は既に成立している法律の効力に関するものであり、法律の効力についての違憲審査がなされるからといって、当該法律の立法過程における国会議員の行動、すなわち立法行為が当然に法的評価に親しむものとすることはできないのである❺。

[7] 　以上のとおりであるから、国会議員は、立法に関しては、原則として、国民全体に対する関係で政治的責任を負うにとどまり、個別の国民の権利に対応した関係での法的義務を負うものではないというべきであつて、<u>国会議員の立法行為は、立法の内容が憲法の一義的な文言に違反しているにもかかわらず国会があえて当該立法を行うというごとき、容易に想定し難いような例外的な場合でない限り、国家賠償法1条1項の規定の適用上、違法の評価を受けないものといわなければならない</u>❻。

[8] 　四　これを本件についてみるに、前記のとおり、上告人は、在宅投票制度の設置は憲法の命ずるところであるとの前提に立つて、本件立法行為の違法を主張するのであるが、憲法には在宅投票制度の設置を積極的に命ずる明文の規定が存しないばかりでなく、かえつて、その47条は「選挙区、投票の方法その他両議院の議員の選挙に関する事項は、法律でこれを定める。」と規定しているのであつて、これが投票の方法その他選挙に関する事項の具体的決定を原則として立法府である国会の裁量的権限に任せる趣旨であることは、当裁判所の判例とするところである（昭和38年(オ)第422号同39年2月5日大法廷判決・民集18巻2号270頁、昭和49年（行ツ）第75号同51年4月14日大法廷判決・民集30巻3号223頁参照）❼。

[9] 　そうすると、在宅投票制度を廃止しその後前記8回の選挙までにこれを復活しなかった本件立法行為につき、これが前示の例外的場合に当たると解すべき余地はなく、結局、本件立法行為は国家賠償法1条1項の適用上違法の評価を受けるものではないといわざるを得ない❽。

[10] 　五　以上のとおりであるから、上告人の本訴請求はその余の点について判断するまでもなく棄却を免れず、本訴請求を棄却した原審の判断は結論において是認することができる。論旨は、原判決の結論に影響を及ぼさない点につき原判決を非難するものであつて、いずれも採用することができない❾。

[11] 　よって、民訴法401条、95条、89条に従い、裁判官全員一致の意見で、主文のとおり判決する。
（裁判長裁判官　和田誠一　裁判官　谷口正孝　裁判官　角田禮次郎　裁判官　矢口洪一　裁判官　髙島益郎）

　第2に、国家賠償法の違法性について義務違反的構成（職務行為基準説的構成）を採用した点である。「立法内容の違憲性と立法行為の国賠法上の違法性とを、同次元のものとしてとらえず、二元的にとらえ」る立場を提示した（判解①378頁）。これに対しては、両者にそれほど差異があるか疑わしいとの批判がある（中村・法教138号14頁）。

❺ 【6】では、立法行為に関して職務行為基準説をとる理由が説明されている。また、ここでの判示は、【7】において職務上の義務違反を極めて狭く限定する布石となっている。本判決は、国会議員の職務上の義務を、「個別の国民」に対する関係における法的義務と置き換えたうえで、「議会制民主主義の下においては、国会は、国民の間に存する多元的な意見及び諸々の利益を立法過程に公正に反映させ、議員の自由な討論を通してこれらを調整し、究極的には多数決原理により統一的な国家意思を形成すべき役割を担う」とし、「国会議員の立法行為は、本質的に政治的なものであって、その性質上法的規制の対象になじまず、特定個人に対する損害賠償責任の有無という観点から、あるべき立法行為を措定して具体的立法行為の適否を法的に評価するということは、原則的には許されない」とした。なお、近代的国民代表制のもとでは、「全国民の代表者」（憲法43条1項）たる議員は、支持母体である選挙人の指示に拘束されないのが原則（自由委任の原則＝命令委任の禁止）とされる。

❻ 【7】では、立法行為の違法性の判定枠組みが提示されている。違法性の判断枠組みは「立法の内容が憲法の一義的な文言に違反しているにもかかわらず国会があえて当該立法を行うというごとき、容易に想定し難いような例外的な場合」に該当するか否かというものである（【補足説明】参照）。

❼ 【8】では、本件が「立法の内容が憲法の一義的な文言に違反しているにもかかわらず国会があえて当該立法を行うというごとき、容易に想定し難いような例外的な場合」か否かが検討されている。その内容として、(1)在宅投票制度設置を命ずる明文の規定が憲法に存在しないこと、(2)憲法47条の規定内容の2点が挙げられており、国会議員の職務上の義務違反というよりも、立法内容の客観的違憲性の不存在、つまり、憲法が在宅投票制度の設置を義務づけていないとの判断が示唆されている（本判決における両者の関係については、【補足説明】参照）。この点、調査官解説はより明瞭に本立法行為の合憲性を肯定しており、在宅投票制度は、投票をより容易にするための救済的措置として位置づけ、普通選挙の原則から当然に要求される制度ではないことから、これを廃止し復活しなくても違憲の問題は生じないとしている（判解①381頁）。

❽ 【9】では、国会の選挙制度設計について有する裁量の広汎性から、本件は「立法の内容が憲法の一義的な文言に違反しているにもかかわらず国会があえて当該立法を行うというごとき、容易に想定し難いような例外的な場合」にはあたらないとの結論が導出されている。

❾ 【10】では、原判決の結論が是認されている。原判決（札幌高判昭53・5・24民集39-7-1590）は、国会が在宅投票制度を設置しなかった立法不作為は憲法違反であるものの、当時国会の審議過程において国会議員は在宅投票制度を設けないことが憲法違反になるとは知ることができなかったとして、故意・過失を否定し、Xの請求を棄却していた。

| 補足説明 | 昭和60年基準 |

　「立法の内容が憲法の一義的な文言に違反しているにもかかわらず国会があえて当該立法を行うというごとき、容易に想定し難いような例外的な場合」——本判決が定立したこの立法行為の違法性判断基準に対して、当時の学説は概ね批判的であり、その批判は2点に収斂していた。
　第1の憲法訴訟論の観点からの批判は、立法行為に対する国家賠償訴訟の可能性を事実上閉ざしてしまったというものである。

これに対して、平成17年最判（在外日本人選挙権事件〔本書63事件〕）は、本判決をパラフレーズする際に、本枠組みの「例外的な場合」という語のみ残したうえ、これを修飾する「立法の内容が憲法の一義的な文言に違反しているにもかかわらず国会があえて当該立法を行うというごとき、容易に想定し難いような」という句を削除している。立法行為と国家賠償法上の違法性に関するその後の最高裁判決も、平成17年最判の基準に従っている。
　第2の同枠組みの理論的な位置づけに関する批判は、職務行為基準説によって立法内容の違憲性と立法行為の国家賠償法上の違法性が区別されているにもかかわらず、「立法内容が憲法の一義的な文言に違反している」場合になぜ立法行為が違法となるのか明らかでないというものである（判批②7頁、判批①293頁、毛利・論ジュリ1号86頁）。このような疑問が出された背景として、憲法の一義的文言違反が立法内容の違憲性（客観的違法）ないし立法行為の違法性（主観的違法）のいずれを念頭に置いたものであるのか、本判決の立場が不明確であった点が挙げられる。
　これに対して、平成17年最判は、憲法の一義的文言違反（本判決）に代えて、立法内容が違憲であることの明白性の要件を定立しており、平成26年判決（再婚禁止期間事件〔本書9事件〕）の調査官解説によればこの明白性は立法府にとっての明白性であるとされる。これら後世代の解釈に沿うように本判決の行間を再度読むなら（平成17年判決は本判決を変更していない）、立法行為の違法性は①立法内容が違憲であり、かつ②違憲であることが立法者に明白であった場合に認められ、②の典型的な場合が、本判決のいう憲法の一義的文言違反であったと考えうる（つまり、立法内容の違憲性は、立法行為の違法性の「論理的前提」とされる。再婚禁止期間事件判決の調査官解説（加本・曹時69巻5号1438頁））。

Questions

①事実関係の確認
問1 在宅投票制度とはどのような制度か。▶【2】
問2 なぜ在宅投票制度は廃止されたのか。▶【2】
問3 Xはなぜ投票所で投票できなかったのか。▶【3】
問4 Xは、いかなる請求と、憲法上の主張を行ったか。▶【4】

②判決の内容の確認
問5 本判決は、国会議員の立法行為が国家賠償法1条1項の適用上の違法性と当該立法内容の違憲性の問題について、両者の関係をいかに述べているか。▶【5】
問6 本判決は、国会および国会議員の役割をいかなるものとして論じているか。▶【6】
問7 本判決は、国会議員にはいかなる行動が要請されるとしているか。▶【6】
問8 本判決は、国会議員の立法行為の法的評価について何と述べているか。また、国会議員の立法行為に対する法的評価と裁判所の違憲審査制との関係について何と述べているか。▶【6】
問9 本判決は、国会議員の立法行為は、いかなる場合に、国家賠償法1条1項の規定の適用上違法の評価を受けるとしているか。そこで提示された「例外的な場合」は、限定列挙であるか、それとも例示列挙であるか。▶【7】

問10 本判決は、憲法上の在宅投票制度の設置義務についていかに解しているか。また、憲法47条の規定はどのような趣旨のものであるとしているか。▶【8】
問11 本判決は、本件立法行為の国家賠償法上の違法性についていかに結論づけているか。▶【9】

③応用問題
問12 裁判所が国会議員の立法不作為に関する国家賠償法上の責任を認めることにつき、権力分立原理との関係ではどのような懸念がありうるか。
問13 裁判所が責任を認める対象行為が、立法作為の場合より、立法不作為の場合の方が強く、権力分立原理との間に緊張関係を生じるとする見解はどのように評価できるか。
問14 仮に、「立法をしない」という選択肢、いわゆる立法に関する効果裁量が国会に存在しない場合であっても、「いつ立法をするか」という選択肢、つまり立法に関する時の裁量が国会に存すると認められる場合がありうる。立法権による立法権限の行使に関する時の裁量は、行政権による規制権限の行使に関する時の裁量と比べて、質・量においてそれぞれ違いがあるか。

○ **関連判決**（本書所収以外のもの）
【立法行為につき国家賠償請求を認めた裁判例】
熊本地判平成13年5月11日判時1748号30頁
【国家賠償法上の違法につき義務違反的構成をとる裁判例】
東京地判平成元年3月29日判時1315号42頁［自動車運転免許取消処分事件］
東京地判平成4年3月16日行集43巻3号364頁［拘置署長の在監者に対する図書閲覧不許可処分事件］
東京地判平成4年2月7日判時平成4年4月25日臨時増刊号3頁［水俣病東京訴訟第一審］
新潟地判平成4年3月31日判時1422号39頁［新潟水俣病第二次訴訟第一審］
熊本地判平成5年3月25日判時1455号3頁［熊本水俣病民事第三次訴訟第一審］
京都地判平成5年11月26日判時1476号3頁［水俣病京都訴訟第一審］
大阪高判平成13年4月27日判時1761号3頁［水俣病関西訴訟控訴審］
福岡高判平成13年7月19日判時1785号89頁［筑豊じん肺訴訟控訴審］

○ **本判決の調査官解説**
泉徳治「判解」最高裁判所判例解説民事篇昭和 60 年度 366 頁（判解①）

○ **その他の判例解説・判例批評**
匿名解説「判批」判例タイムズ 578 号（1986 年）51 頁
釜田泰介「判批」法学教室 66 号（1986 年）82 頁
中村睦男「判批」ジュリスト 855 号（1986 年）84 頁
長尾一紘「判批」憲法判例百選［第 2 版］（1988 年）392 頁
長谷部恭男「判批」行政判例百選Ⅱ［第 3 版］（1993 年）292 頁（判批①）
藤井俊夫「判批」昭和 60 年度重要判例解説（1986 年）17 頁
戸波江二「立法行為と国家賠償責任——在宅投票制度廃止と違憲訴訟最高裁判決」判例セレクト'86 7 頁（判批②）

○ **参考文献**
西埜章『国家賠償法コンメンタール［第 2 版］』（勁草書房、2012 年）
野中俊彦「立法義務と違憲審査権」芦部信喜先生還暦記念『憲法訴訟と人権の理論』（有斐閣、1985 年）（文献①）
室井力＝浜川清＝芝池義一編『コンメンタール行政法Ⅱ 行政事件訴訟法・国家賠償法［第 2 版］』（日本評論社、2006 年）

63 在外日本人選挙権事件

最高裁平成17年9月14日大法廷判決

平成13年(行ツ)第82号・平成13年(行ヒ)第76号・平成13年(行ツ)第83号・平成13年(行ヒ)第77号：在外日本人選挙権剥奪違法確認等請求事件　民集59巻7号2087頁

事案

平成10年法律第47号による公選法の一部改正（以下「本件改正」という）以前の公選法は、選挙人名簿への登録は、3か月以上、当該市町村の住民基本台帳に記録されている者について行うこととしており、かつ、選挙人名簿に登録されていない者および選挙人名簿に登録されることができない者には投票を認めていなかった（本件改正前公選法42条1項・2項）。そのため、国外に居住していて国内の市町村の区域内に住所を有していない日本国民（以下「在外国民」という）は、衆議院議員の選挙または参議院議員の選挙において投票をすることができなかった。

内閣は、昭和59年4月27日、衆議院議員の選挙および参議院議員の選挙全般について、在外国民の選挙権行使を認める在外選挙制度創設を内容とする法律案を第101回国会に提出した。しかし、同法律案は、その後第105回国会まで継続審査とされていたものの実質的な審査は行われず、昭和61年6月2日に衆議院が解散されたことにより廃案となった。

平成8年10月20日に実施された衆議院議員の総選挙（以下「本件選挙」という）において投票をすることができなかった在外国民のXら（原告、控訴人、上告人）は、国（被告、被控訴人、被上告人）を被告として、選挙権を行使できなかったことが違憲違法であることの確認と慰謝料の支払いを求める訴訟を提起した（以下「本件訴訟」という）。

本件訴訟が第一審係属中に、本件改正がなされ、在外選挙制度が創設された。ただ、その対象となる選挙は、当分の間は、衆議院議員比例代表選出議員の選挙および参議院比例代表選出議員の選挙に限られることとされていた（本件改正後の公選法附則8項）。

第一審である東京地裁は、違法確認請求に係る訴えについては「法律上の争訟」（裁判所法3条1項）性および確認の利益が存在しないとして、却下し、昭和60年最判（在宅投票制度廃止事件判決〔本書62事件〕）の基準を適用して国家賠償請求も棄却した（東京地判平11・10・28民集59-7-2216）。第二審の東京高裁は、単に在外国民であるということを理由に公選法の規定の違法確認を求める訴えは「法律上の争訟」にあたらないとして確認請求に係る訴えを却下し、また、第一審判決と同様、昭和60年最判の基準を適用して国家賠償請求を棄却した（東京高判平12・11・8民集59-7-2231）。これに対してXらは、原審が昭和60年最判の基準を適用したことの誤り等を主張し、上告した。

■参考条文　(特に表記がない場合は判決当時のもの)

住民基本台帳法
第15条　〔第1項〕選挙人名簿の登録は、住民基本台帳に記録されている者で選挙権を有するものについて行なうものとする。

公職選挙法
第21条（平成12年法律第62号による改正前）〔第1項〕選挙人名簿の登録は、当該市町村の区域内に住所を有する年齢満20年以上の日本国民（第11条第1項若しくは第252条又は政治資金規正法（昭和23年法律第194号）第28条の規定により選挙権を有しない者を除く。）で、その者に係る当該市町村の住民票が作成された日（他の市町村から当該市町村の区域内に住所を移した者で住民基本台帳法（昭和42年法律第81号）第22条の規定により届出をしたものについては、当該届出をした日）から引き続き3箇月以上当該市町村の住民基本台帳に記録されている者について行う。

第42条（平成10年法律第47号による改正前）選挙人名簿に登録されていない者は、投票をすることができない。但し、選挙人名簿に登録されるべき旨の決定書又は確定判決書を所持し、選挙の当日投票所に到る者があるときは、投票管理者は、その者に投票をさせなければならない。
2　選挙人名簿に登録された者であっても選挙人名簿に登録されることができない者であるときは、投票をすることができない。

第42条　選挙人名簿又は在外選挙人名簿に登録されていない者は、投票をすることができない。ただし、選挙人名簿に登録されるべき旨の決定書又は確定判決書を所持し、選挙の当日投票所に至る者があるときは、投票管理者は、その者に投票をさせなければならない。
2　選挙人名簿又は在外選挙人名簿に登録された者であっても選挙人名簿又は在外選挙人名簿に登録されることができない者であるときは、投票をすることができない。

第49条の2　在外選挙人名簿に登録されている選挙人（当該選挙人のうち在外選挙人名簿に登録されているもので政令で定めるものを除く。以下この条において同じ。）で、衆議院議員又は参議院議員の選挙において投票をしようとするものの投票については、第48条の2第1項及び前条第1項の規定によるほか、政令で定めるところにより、第44条、第45条第1項、第46条第1項から第3項まで、第48条及び次条の規定にかかわらず、次の各号に掲げるいずれかの方法により行わせることができる。
(1)　衆議院議員又は参議院議員の選挙の期日の公示又は告示の日の翌日から選挙の期日前5日（投票の送致に日数を要する地の在外公館であることその他特別の事情があると認められる場合には、あらかじめ総務大臣が外務大臣と協議して指定する日）までの間（あらかじめ総務大臣が外務大臣と協議して指定する日を除く。）に、自ら在外公館の長（総務大臣が外務大臣と協議して指定する在外公館の長を除く。以下この号において同じ。）の管理する投票を記載する場所に行き、在外選挙人証及び旅券その他の政令で定める文書を提示して、投票用紙に投票の記載をし、これを封筒に入れて在外公館の長に提出する方法
(2)　当該選挙人の現在する場所において投票用紙に投票の記載をし、これを郵便等により送付する方法

2　在外選挙人名簿に登録されている選挙人で、衆議院議員又は参議院議員の選挙において投票をしようとするものの国内における投票については、第42条第1項中「選挙人名簿」とあるのは「指定在外選挙投票区の投票所」と、第44条第1項中「投票所」とあるのは「指定在外選挙投票区の投票所」と、同条第2項中「、選挙人名簿」とあるのは「、在外選挙人証を提示して、在外選挙人名簿」と、「当該選挙人名簿」とあるのは「当該在外選挙人名簿」と、第48条の2第1項中「第30条の2第4項」とあるのは「書類。次項、第55条及び第56条において同じ。」とあるのは「書類」と、第48条の2第1項中「期日前投票所」とあるのは「市町村の選挙管理委員会の指定した期日前投票所」と、「投票区」とあるのは「指定在外選挙投票区」と、同条第2項の表第42条第1項の項中「第42条第1項」とあるのは「第49条の2第2項の規定により読み替えて適用される第42条第1項」と、「選挙の当日投票所」とあるのは「選挙の当日指定在外選挙投票区の投票所」と、「期日前投票所」とあるのは「市町村の選挙管理委員会の指定した期日前投票所」とする。

3　在外選挙人名簿に登録されている選挙人で、衆議院議員又は参議院議員の選挙において投票をしようとするものの投票については、前条第2項及び第3項の規定は、適用しない。

附則第8項（平成15年法律第69号による改正後、平成18年法律第62号による改正前）　当分の間、この法律の適用については、第30条の3第2項中「1以上の投票区」とあるのは「投票区」と、第30条の6第2項、第30条の7第1項、第49条の2及び附則第6項の規定により読み替えて適用される第30条の7第1項中「衆議院議員又は参議院議員の選挙」

とあるのは「衆議院（比例代表選出）議員又は参議院（比例代表選出）議員の選挙」と、第42条第1項中「登録されていない者」とあるのは「登録されていない者（衆議院比例代表選出議員又は参議院比例代表選出議員の選挙以外の選挙については、選挙人名簿に登録されていない者）」と、第49条の2第2項中「「在外選挙人名簿」」とあるのは「「衆議院比例代表選出議員又は参議院比例代表選出議員の選挙については、在外選挙人名簿」」と、第194条第1項、第195条及び第247条中「専ら在外選挙人名簿に登録されている選挙人（第49条の2第1項に規定する政令で定めるものを除く。）で衆議院議員又は参議院議員の選挙において投票をしようとするものの投票に関してする選挙運動で、」とあるのは「参議院比例代表選出議員の選挙にあつては、専ら在外選挙人名簿に登録されている選挙人（第49条の2第1項に規定する政令で定めるものを除く。）の投票に関してする選挙運動で」とする。

〔※下線部は、本判決で無効とされる部分である（判解①640-641頁参照）〕

■判決の論理構造（本件事案の時系列の整理）

63　在外日本人選挙権事件　563

Navigator 　本判決は、最高裁による数少ない法令違憲判断であるのみならず、憲法上の実体的判断としては、選挙権またはその行使制限に対して厳格審査基準を適用し、救済手段としては、これを確認訴訟を通じて争う途を開くとともに、国会の立法行為に係る国家賠償請求が認められる範囲を実質的に拡大する判断を示した点において重要である。

　特に救済手段に関して、昭和60年最判（在宅投票制度廃止事件判決〔本書62事件〕）は立法不作為に関する国家賠償法上の違法性が認められる場合を極めて狭い範囲に限定する定式を立ててしまったようにみえた。そこで原告側の戦略としては、国家賠償請求以外の請求を立てるか、国家賠償請求を立てつつ昭和60年最判の射程を限定する、あるいは、昭和60年最判の定式を修正してもらうといった方法が考えられる。本判決は、(1)選挙権行使に関する地位確認訴訟の適法性を認めると同時に、(2)国家賠償請求については昭和60年最判の枠組みを実質的に拡大することによって、立法不作為の違憲性を争う方法を広く開いた。このうち(2)は平成18年最判（精神的原因による投票困難者事件〔本書64事件〕）および再婚禁止期間事件判決〔本書9事件〕により踏襲されている。再婚禁止期間事件判決の千葉補足意見は、本判決の(2)の判示に関する射程を整理しているため、あわせて確認してほしい。

　本判決の流れは、(1)事案の概要の説明、(2)在外国民の選挙権の行使を制限することの憲法適合性の検討、(3) X らの確認の訴えの認容の是非の検討、(4) X らの国家賠償請求の認容の是非の検討、(5)結論という五つの要素から構成されている。そのうち(2)は、①選挙権行使の制限の憲法適合性を判断する判断枠組みが示されたうえで、順次、②本件改正前の公選法の憲法適合性、③本件改正後の公選法の憲法適合性をそれぞれ検討する流れとなっている。

判　決

　　　　　　　　○　主　　文
1　原判決を次のとおり変更する。
　　第1審判決を次のとおり変更する。
　　(1)　本件各確認請求に係る訴えのうち、違法確認請求に係る各訴えをいずれも却下する。
　　(2)　別紙当事者目録1記載の上告人らが、次回の衆議院議員の総選挙における小選挙区選出議員の選挙及び参議院議員の通常選挙における選挙区選出議員の選挙において、在外選挙人名簿に登録されていることに基づいて投票をすることができる地位にあることを確認する。
　　(3)　被上告人は、上告人らに対し、各金5000円及びこれに対する平成8年10月21日から支払済みまで年5分の割合による金員を支払え。
　　(4)　上告人らのその余の請求をいずれも棄却する。
2　訴訟の総費用は、これを5分し、その1を上告人らの、その余を被上告人の各負担とする。
　　　　　　　　○　理　　由
上告代理人喜田村洋一ほかの上告理由及び上告受理申立て理由について
第1　事案の概要等
[1] 1　本件は、国外に居住していて国内の市町村の区域内に住所を有していない日本国民（以下「在外国民」という。）に国政選挙における選挙権行使の全部又は一部を認めないことの適否等が争われている事案である（以下、在外国民に国政選挙における選挙権の行使を認める制度を「在外選挙制度」という。）❶。
2　在外国民の選挙権の行使に関する制度の概要
[2]　(1)　在外国民の選挙権の行使については、平成10年法律第47号によって公職選挙法が一部改正され（以下、この改正を「本件改正」という。）、在外選挙制度が創設された。しかし、その対象となる選挙について、当分の間は、衆議院比例代表選出議員の選挙及び参議院比例代表選出議員の選挙に限ることとされた（本件改正後の公職選挙法附則8項）。本

❶ [1]では、「在外国民」と「在外選挙制度」の定義が置かれている。なお、平成17年7月5日、郵政民営化法案が衆議院で5票差の僅差にて可決された（賛成233票・反対228票）。その後、同法案は、本判決の約1か月前8月8日に参議院で否決され、同日衆議院が解散された。本判決の3日前9月11日は、同郵政解散を受けた衆議院議員総選挙の日であった）（文献⑥209頁）。

❷ [2]では、平成10年改正のあらましが述べられている。本判決で問題とされているのは、(1)平成10年法律による公選法改正前の在外選挙制度と、(2)同改正後の在外選挙制度の合憲性である。平成10年法律による公選法改正によって在外選挙制度が初めて創設されたが、同時に付された附則第8項によって、当分の間、在外選挙制度は衆参比例代表選挙に限定された。本判決の時点における先進諸外国では、在外選挙制度を整備するのが一般的な潮流となっていた（判解①617-619頁）。なお、本判決後、附則8項は平成18年法律による公選法改正によって削除され、その結果、在外選挙制度は、衆参比例代表選挙のみならず衆議院小選挙区選挙および参議院選挙区選挙にも拡大された。

❸ [3]では、在外国民が投票をすることができなかったのは、選挙名簿と住民基本台帳が連動する制度を公選法が採用していたことによることが述べられている。

❹ [4]では、平成10年改正によって在外選挙人名簿が調製されることとなったものの、附則8項により在外選挙制度の対象は衆参比例代表選挙に限定されたことが述べられている。

❺ [5]では、確認請求の内容が述べられている。確認請求は、違法確認を求める主位的請求と、選挙権確認を求める予備的請求に分かれる。主位請求である違法確認は、(1)平成10年改正前公選法の違法確認と、(2)同改正後の違法確認である。主位請求として立法不作為確認が選択された背景には、昭和60年最判によって立法不作為を国家賠償法で争う際のハードルが高くなったこと、および、行訴法の改正（平成16年）による公法上の当事者訴訟の利用範囲拡大の動きに求められ

件改正前及び本件改正後の在外国民の選挙権の行使に関する制度の概要は、それぞれ以下のとおりである❷。

(2) 本件改正前の制度の概要

[3]　本件改正前の公職選挙法42条1項、2項は、選挙人名簿に登録されていない者及び選挙人名簿に登録されることができない者は投票をすることができないものと定めていた。そして、選挙人名簿への登録は、当該市町村の区域内に住所を有する年齢満20年以上の日本国民で、その者に係る当該市町村の住民票が作成された日から引き続き3か月以上当該市町村の住民基本台帳に記録されている者について行うこととされているところ（同法21条1項、住民基本台帳法15条1項）、在外国民は、我が国のいずれの市町村においても住民基本台帳に記録されないため、選挙人名簿には登録されなかった。その結果、在外国民は、衆議院議員の選挙又は参議院議員の選挙において投票をすることができなかった❸。

(3) 本件改正後の制度の概要

[4]　本件改正により、新たに在外選挙人名簿が調製されることとなり（公職選挙法第4章の2参照）、「選挙人名簿に登録されていない者は、投票をすることができない。」と定めていた本件改正前の公職選挙法42条1項本文は、「選挙人名簿又は在外選挙人名簿に登録されていない者は、投票をすることができない。」と改められた。本件改正によって在外選挙制度の対象となる選挙は、衆議院議員の選挙及び参議院議員の選挙であるが、当分の間は、衆議院比例代表選出議員の選挙及び参議院比例代表選出議員の選挙に限ることとされたため、その間は、衆議院小選挙区選出議員の選挙及び参議院選挙区選出議員の選挙はその対象とならない（本件改正後の公職選挙法附則8項）❹。

[5]　3　本件において、在外国民である別紙当事者目録1記載の上告人らは、被上告人に対し、在外国民であることを理由として選挙権の行使の機会を保障しないことは、憲法14条1項、15条1項及び3項、43条並びに44条並びに市民的及び政治的権利に関する国際規約（昭和54年条約第7号）25条に違反すると主張して、主位的に、①本件改正前の公職選挙法は、同上告人らに衆議院議員の選挙及び参議院議員の選挙における選挙権の行使を認めていない点において、違法（上記の憲法の規定及び条約違反）であることの確認、並びに②本件改正後の公職選挙法は、同上告人らに衆議院小選挙区選出議員の選挙及び参議院選挙区選出議員の選挙における選挙権の行使を認めていない点において、違法（上記の憲法の規定及び条約違反）であることの確認を求めるとともに、予備的に、③同上告人らが衆議院小選挙区選出議員の選挙及び参議院選挙区選出議員の選挙において選挙権を行使する権利を有することの確認を請求している❺。

[6]　また、別紙当事者目録1記載の上告人ら及び平成8年10月20日当時は在外国民であったがその後帰国した同目録2記載の上告人らは、被上告人に対し、立法府である国会が在外国民が国政選挙において選挙権を行使することができるように公職選挙法を改正することを怠ったために、上告人らは同日に実施された衆議院議員の総選挙（以下「本件選挙」という。）において投票をすることができず損害を被ったと主張して、1人当たり5万円の損害賠償及びこれに対する遅延損害金の支払を請求している❻。

[7]　4　原判決は、本件の各確認請求に係る訴えはいずれも法律上の争訟に当たらず不適法であるとして却下すべきものとし、また、本件の国家賠償請求はいずれも棄却すべきものとした。所論は、要するに、在外国民の国政選挙における選挙権の行使を制限する公職選挙法の規定は、憲法14条、15条1項及び3項、22条2項、43条、44条等に違反すると主張するとともに、確認の訴えをいずれも不適法とし、国家賠償請求を認めなかった原判決の違法をいうものである❼。

第2　在外国民の選挙権の行使を制限することの憲法適合性について

[8]　1　国民の代表者である議員を選挙によって選定する国民の権利は、国民の国政への参加の機会を保障する基本的権利として、議会制民主主義の根幹を成すものであり、民主国家においては、一定の年齢に達した国民のすべてに平等に与えられるべきものである❽。

る（文献⑥）。

地位確認を求める予備的請求は、在外選挙制度なしに選挙権を創設するかにみえる点で、権力分立の観点からその適法性を疑問視する学説もあったため（文献③397頁等）、第一審段階では提出されていなかった。これに対して、訴訟係属後、平成10年法律により在外選挙人名簿が創設されたため、「在外選挙の方法が一義的でない」（文献③）という問題はある程度解決されたため、地位確認請求が控訴審で新たに予備的請求として併合された。

本件主位確認請求と予備的確認請求とは論理的に両立する関係にあるところ、予備的併合は、数個の請求が相互に両立しない場合のみならず、本来論理的に両立しうる請求についてなされた場合であっても、裁判所はその順位に拘束されるとされる（最判昭39・4・7民集18-4-520はこの見解を前提としている。その調査官解説である高津・最判解民昭和39年度97頁参照。反対の見解として、新堂・新民事訴訟法［5版］750頁参照）。

❻　[6] では、国家賠償請求の内容が述べられている。当時の学説上、昭和60年最判の厳しい基準がありながらも、立法府の違憲な立法不作為を争うには国家賠償法1条1項に基づく損害賠償請求が最も現実的であるとされていた。

❼　第一審判決は東京地判平11・10・28民集59-7-2216、第二審判決は東京高判平12・11・8民集59-7-2231。いずれも、確認請求を不適法とし、国家賠償請求は棄却していた。

❽　[8] では、選挙権が議会制民主主義の正当化根拠であると述べられている。これは、昭和60年最判が、事実上選挙権を制約する立法行為の違法性を、議会制民主主義を根拠として否定した際に用いたのと真逆の論法である。本判決のように、選挙権の平等な保障こそが議会制民主主義の正統性を支えていると解すると、議会制民主主義を根拠に事実上選挙権行使の制約に係る広い裁量を国会に認める昭和60年最判の議論は自己破壊的であることにもなりうる。

❾　[9] では、憲法前文、1条、43条1項、15条1項から国民主権原理と参政権保障が導出され、さらに「その趣旨を確たるものとするため」の投票機会の平等が導出されている。なお、このうち両議員の議員を「全国民の代表者」と定めた43条1項から平等な参政権保障を導出することは、必ずしも必然的な操作ではない点に留意する必要がある。というのは、全国民の代表者概念は、歴史的に制限選挙を正当化するために用いられたことからもわかるように、そこから「どのような方法で選ばれたとしても、議員である以上、全国民の代表者である」という主張を導出することも同程度に可能であるためである（座談会・ジュリ1303号3頁［長谷部発言］も参照）。他方、この概念を「地域代表」や「利益代表」概念の否定として理解したうえで（文献④）、これらの概念と結びついた不平等な選挙制度が否定されることの裏面として、全国民の代表概念と平等な参政権保障が結びつくと考えることは可能である。もっとも、43条1項は、議員定数不均衡に関する判例でも、ここで引用された他の条文と一括した引用がなされてきているため（たとえば、最大判昭51・4・14民集30-3-223）、今回の引用も慣例的なものと考えられる。原判決は、住所による選挙権行使の面における取扱いの区別は「生来の人種、性別、門地や、信条、身分、財産等により不合理な差別がされることとは、大きく性質の異なるものと解すべき」と判示し、住所による制限はただし書列挙事由にあたらないことを示唆していた。これに対して、上告理由は、原判決のように居住地ゆえの差別的取扱いを許容することは、従来の定数不均衡訴訟判例において確立された住所による差別を撤廃する最高裁判決の流れを無視していると批判していた。本判決は、住所による選挙権の制限が44条ただし書に違反することを前提としているようにみえるが、それが「人種、信条、性別、社会的身分、門

[9]　憲法は、前文及び1条において、主権が国民に存することを宣言し、国民は正当に選挙された国会における代表者を通じて行動すると定めるとともに、43条1項において、国会の両議院は全国民を代表する選挙された議員でこれを組織すると定め、15条1項において、公務員を選定し、及びこれを罷免することは、国民固有の権利であると定めて、国民に対し、主権者として、両議院の議員の選挙において投票をすることによって国の政治に参加することができる権利を保障している。そして、憲法は、同条3項において、公務員の選挙については、成年者による普通選挙を保障すると定め、さらに、44条ただし書において、両議院の議員の選挙人の資格については、人種、信条、性別、社会的身分、門地、教育、財産又は収入によって差別してはならないと定めている。以上によれば、憲法は、国民主権の原理に基づき、両議院の議員の選挙において投票をすることによって国の政治に参加することができる権利を国民に対して固有の権利として保障しており、その趣旨を確たるものとするため、国民に対して投票をする機会を平等に保障しているものと解するのが相当である❾。

[10]　憲法の以上の趣旨にかんがみれば、自ら選挙の公正を害する行為をした者等の選挙権について一定の制限をすることは別として、国民の選挙権又はその行使を制限することは原則として許されず、国民の選挙権又はその行使を制限するためには、そのような制限をすることがやむを得ないと認められる事由がなければならないというべきである。そして、そのような制限をすることなしには選挙の公正を確保しつつ選挙権の行使を認めることが事実上不能ないし著しく困難であると認められる場合でない限り、上記のやむを得ない事由があるとはいえず、このような事由なしに国民の選挙権の行使を制限することは、憲法15条1項及び3項、43条1項並びに44条ただし書に違反するといわざるを得ない。また、このことは、国が国民の選挙権の行使を可能にするための所要の措置を執らないという不作為によって国民が選挙権を行使することができない場合についても、同様である❿。

[11]　在外国民は、選挙人名簿の登録について国内に居住する国民と同様の被登録資格を有しないために、そのままでは選挙権を行使することができないが、憲法によって選挙権を保障されていることに変わりはなく、国には、選挙の公正の確保に留意しつつ、その行使を現実的に可能にするために所要の措置を執るべき責務があるのであって、選挙の公正を確保しつつそのような措置を執ることが事実上不能ないし著しく困難であると認められる場合に限り、当該措置を執らないことについて上記のやむを得ない事由があるというべきである⓫。

2　本件改正前の公職選挙法の憲法適合性について

[12]　前記第1の2(2)のとおり、本件改正前の公職選挙法の下においては、在外国民は、選挙人名簿に登録されず、その結果、投票をすることができないものとされていた。これは、在外国民が実際に投票をすることを可能にするためには、我が国の在外公館の人的、物的態勢を整えるなどの所要の措置を執る必要があったが、その実現には克服しなければならない障害が少なくなかったためであると考えられる⓬。

[13]　記録によれば、内閣は、昭和59年4月27日、「我が国の国際関係の緊密化に伴い、国外に居住する国民が増加しつつあることにかんがみ、これらの者について選挙権行使の機会を保障する必要がある」として、衆議院議員の選挙及び参議院議員の選挙全般についての在外選挙制度の創設を内容とする「公職選挙法の一部を改正する法律案」を第101回国会に提出したが、同法律案は、その後第105回国会まで継続審査とされていたものの実質的な審議は行われず、同61年6月2日に衆議院が解散されたことにより廃案となったこと、その後、本件選挙が実施された平成8年10月20日までに、在外国民の選挙権の行使を可能にするための法律改正はされなかったことが明らかである。世界各地に散在する多数の在外国民に選挙権の行使を認めるに当たり、公正な選挙の実施や候補者に関する情報の適正な伝達等に関して解決されるべき問題があったとしても、既に昭和59年の時点で、選挙の執行について責任を負う内閣がその解決が可能であることを前提に上記の法律案を国会に提出していることを考慮すると、同法律案が廃案となった後、国会が、10年以上の長きにわたって在外選挙制度を何ら創設しないまま放置し、本件選挙において在外国民が投票をすることを認めなかったことについては、やむを得ない事由があったとは到底いうことができ

地、教育、財産又は収入」（44条ただし書）のいずれにあたるかは述べられていない（座談会・ジュリ1303号3頁〔長谷部発言〕）。最高裁は、「投票する機会の平等を保障した一般原則として」44条ただし書をみており、「特にどれに当たるかを議論する意味はないという考え方」を採用しているからであるとも考えられる（同）。

❿ [10]では、立法作為・不作為による国民の選挙権またはその行使制限の憲法適合性を判断する枠組み（違憲審査基準）が提示されている。「国民の選挙権又はその行使を制限することは原則として許されて」ないとされ、そして、その制限には「やむを得ないと認められる事由」が必要であるとされている。また、そのような事由が認められるには、「そのような制限をすることなしには選挙の公正を確保しつつ選挙権の行使を認めることが事実上不能ないし著しく困難である」ことが必要であるとされる。調査官解説は、本判決の違憲審査基準を厳格審査基準（なかでもLRAの基準の厳格適用であることが示唆されている）であるとしたうえで、その理由として、選挙権は「国民主権を定める憲法が保障する重要な権利」であることや、表現の自由に厳格審査基準が適用されている根拠が、表現の自由が保障されて初めて「国民の意思が公正かつ民主的に国会に反映され代表されると考えられる」点にあるところ、それは選挙権にもあてはまること等を挙げている（判解①629頁）。

⓫ [11]では、在外国民にも本判決の憲法判断の枠組みが適用されることが確認されている。本判決は、「在外国民は、……憲法によって選挙権を保障されていることに変わりはなく、国には、選挙の公正の確保に留意しつつ、その行使を現実的に可能にするために所要の措置を執るべき責務がある」と述べて、立法府が在外国民の選挙権行使を可能にするための義務を負っていることを明確にしている。この点は、昭和60年最判が「憲法には在宅投票制度の設置を積極的に命ずる明文の規定が存しないばかりでなく、……投票の方法その他選挙に関する事項の具体的決定を原則として立法府である国会の裁量的権限に任せる趣旨である」と判示して、在宅投票制度の設置は憲法上の要請でないことを示唆していたのと対照的である。

⓬ [12]では、政府側の主張に係る平成10年改正前に在外投票制度が設置されなかった理由が述べられている。具体的に、「克服しなければならない障害」には、「有権者の把握や選挙権を行使する選挙区割りの決定における困難」、また、とりわけ海外においては投票日が前倒しにならざるをえないことからくる「選挙運動期間の短さや事前運動の規制や選挙運動手段の限定等による候補者の政見周知の限界、国内での不在者投票や郵便投票との整合性などの問題」等が含まれていた（判解①634頁）。

⓭ [13]では、「やむを得ない事由」が存在したとはいえず、改正前公選法が在外国民に投票を認めていなかったことが違憲であるとの判断が示されている。やむをえない事由の存在についての評価を妨げる要素として(1)内閣による法案提出の事実と、(2)同法案が廃案になった後10年以上在外国民投票制の創設がなされなかったことが挙げられている。今回もまた、立法裁量の逸脱・濫用の判断において特徴的な時間的要素が考慮されている点が特徴的である。調査官解説は、「選挙権を有する在外国民に選挙権行使の機会を提供していない状態は、ある時点からは違憲状態になったというべきものであろう」として、「制限されている権利が憲法上保障された権利の中でも重要な権利である選挙権であることからすれば、少なくとも、具体的な調査、検討等を進めることなく、長期間にわたってこれを放置することは許されないというべきであろう」と説明している（判解①636頁）（【補足説明】参照）。

⓮ [14]では、「遅くとも、本判決言渡し後に初めて行われる衆議院議員の総選挙又は参議院議員の通常選挙の時点においては、衆議院小選挙区選出議員の選挙

い。そうすると、本件改正前の公職選挙法が、本件選挙当時、在外国民であった上告人らの投票を全く認めていなかったことは、憲法15条1項及び3項、43条1項並びに44条ただし書に違反するものであったというべきである❸。

3 本件改正後の公職選挙法の憲法適合性について

[14] 本件改正は、在外国民に国政選挙で投票をすることを認める在外選挙制度を設けたものの、当分の間、衆議院比例代表選出議員の選挙及び参議院比例代表選出議員の選挙についてだけ投票をすることを認め、衆議院小選挙区選出議員の選挙及び参議院選挙区選出議員の選挙については投票をすることを認めないというものである。この点に関しては、投票日前に選挙公報を在外国民に届けるのは実際上困難であり、在外国民に候補者個人に関する情報を適正に伝達するのが困難であるという状況の下で、候補者の氏名を自書させて投票をさせる必要のある衆議院小選挙区選出議員の選挙又は参議院選挙区選出議員の選挙について在外国民に投票をすることを認めることには検討を要する問題があるという見解もないではなかったことなどを考慮すると、初めて在外選挙制度を設けるに当たり、まず問題の比較的少ない比例代表選出議員の選挙についてだけ在外国民の投票を認めることとしたことが、全く理由のないものであったとまでいうことはできない。しかしながら、本件改正後に在外選挙が繰り返し実施されてきていること、通信手段が地球規模で目覚ましい発達を遂げていることなどによれば、在外国民に候補者個人に関する情報を適正に伝達することが著しく困難であるとはいえなくなったものというべきである。また、参議院比例代表選出議員の選挙制度を非拘束名簿式に改めることなどを内容とする公職選挙法の一部を改正する法律（平成12年法律第118号）が平成12年11月1日に公布され、同月21日に施行されているが、この改正後は、参議院比例代表選出議員の選挙の投票については、公職選挙法86条の3第1項の参議院名簿登載者の氏名を自書することが原則とされ、既に平成13年及び同16年に、在外国民についてもこの制度に基づく選挙権の行使がされていることなども併せて考えると、遅くとも、本判決言渡し後に初めて行われる衆議院議員の総選挙又は参議院議員の通常選挙の時点においては、衆議院小選挙区選出議員の選挙及び参議院選挙区選出議員の選挙について在外国民に投票をすることを認めないことについて、やむを得ない事由があるということはできず、公職選挙法附則8項の規定のうち、在外選挙制度の対象となる選挙を当分の間両議院の比例代表選出議員の選挙に限定する部分は、憲法15条1項及び3項、43条1項並びに44条ただし書に違反するものといわざるを得ない❹。

第3 確認の訴えについて

[15] 1 本件の主位的確認請求に係る訴えのうち、本件改正前の公職選挙法が別紙当事者目録1記載の上告人らに衆議院議員の選挙及び参議院議員の選挙における選挙権の行使を認めていない点において違法であることの確認を求める訴えは、過去の法律関係の確認を求めるものであり、この確認を求めることが現に存する法律上の紛争の直接かつ抜本的な解決のために適切かつ必要な場合であるとはいえないから、確認の利益が認められず、不適法である❺。

[16] 2 また、本件の主位的確認請求に係る訴えのうち、本件改正後の公職選挙法が別紙当事者目録1記載の上告人らに衆議院小選挙区選出議員の選挙及び参議院選挙区選出議員の選挙における選挙権の行使を認めていない点において違法であることの確認を求める訴えについては、他により適切な訴えによってその目的を達成することができる場合には、確認の利益を欠き不適法であるというべきところ、本件においては、後記3のとおり、予備的確認請求に係る訴えの方がより適切な訴えであるということができるから、上記の主位的確認請求に係る訴えは不適法であるといわざるを得ない❻。

[17] 3 本件の予備的確認請求に係る訴えは、公法上の当事者訴訟のうち公法上の法律関係に関する確認の訴えと解することができるところ、その内容をみると、公職選挙法附則8項につき所要の改正がされないと、在外国民である別紙当事者目録1記載の上告人らが、今後直近に実施されることになる衆議院議員の総選挙における小選挙区選出議員の選挙及び参議院議員の通常選挙における選挙区選出議員の選挙において投票をすることが

及び参議院選挙区選出議員の選挙について在外国民に投票をすることを認めないことについて、やむを得ない事由があるということはでき」ないとして、平成10年改正後の公選法附則8項の規定のうち、「在外選挙制度の対象となる選挙を当分の間両議院の比例代表選出議員の選挙に限定する部分」は違憲であるとの判断が示されている。その際の考慮要素として列挙されているのは、(1)本件改正が、当分の間、衆参両院の比例代表選出議員選挙についてのみ在外国民に投票を認めていること、(2)本件改正後に在外選挙が繰り返し実施されていること、(3)通信手段が地球規模で目覚ましい発展を遂げていること、(4)平成12年公選法改正の結果、在外国民においても、参議院比例代表選挙においては名簿登録者の氏名を自書することになり、平成13年度、同16年度にこの制度に基づく選挙権行使が行われていること、の4点である（【補足説明】参照）。

このうち(1)は、原審や反対意見とは逆に「やむを得ない事由」のいわば評価根拠事実として用いられている。評価の分水嶺は、部分的な立法を立法努力の賜物とみるか、試行プログラムの第1段階とみるかにある。後者は、在外選挙制度創設をしないという決定裁量を原則として国会に認めない判断を前提としている。本判決は、改正当時において(1)は「全く理由のないものであったとまでいうことはできない」としながらも、その後試行に問題がなかったにもかかわらずプログラムが進行していないことをもって、違憲の理由づけにしている。

なお、本判決で違憲無効とされる部分については、【参考条文】に掲げた附則8項を参照のこと。

❺ [15] は、主位確認請求のうち平成10年改正前公選法の違憲確認請求の適法性を、「過去の法律関係の確認を求めるもの」であるという理由で否定している。過去の法律関係ではなく、現在の法律関係の確認を求めなければならないという、民事訴訟の確認の訴えの利益論における確認対象（訴訟物）の適切さを判定する際の原則に沿った判示である（【補足説明】参照）。

❻ [16] は、主位確認請求のうち平成10年改正後公選法の違憲確認請求の適法性を、「他により適切な訴えによってその目的を達成することができる場合には、確認の利益を欠き不適法である」という理由で否定している。これも、相手方の法的地位の確認を通じた自己の地位の消極的・間接的確認ではなく、自らの法的地位の積極的・直接的確認を求めるべき、あるいは、事実の確認ではなく法律関係の確認を求めるべきであるという、民事訴訟上の確認の利益に関する原則的テーゼに沿った判示である（【補足説明】参照）。

❼ [17] は、予備的確認請求に係る訴えを、行訴法4条の公法上の当事者訴訟と解している。短い判示であるが、この判示によって、本判決は、行訴法改正後、確認訴訟を明示的に認めた判決であるという点で重要な意義を有している。また、このことは、本判決が立法不作為の違憲性を争う方法として国家賠償訴訟以外に新たな途を明示的に開いたことを意味している。

❽ [18] では、予備的請求の確認の利益および法律上の争訟性が肯定されている。この部分については、最高裁が「選挙権の有効適切な救済の必要性を旗印にして、確認訴訟の活用について従来から語られてきた多くのハードルを軽々とクリアーしてみせた感がある」と評されている（判批①114頁）。

根拠として、選挙権という「権利の重要性」が挙げられているが、学説上、これを一般的に公法上の当事者訴訟としての確認訴訟の要件と解すべきではないとの指摘がある（塩野・行政法Ⅱ [5版] 260頁）。本判決では、①選挙がいつ行われるか、②選挙時において原告らになお選挙権があるかにつき不安定性が存したことから、即時確定の利益を肯定するために特に「権利の重要性」が根拠とされたが、即時確定の利益が安定的・具体的に認められる場合には、「権利の重要性」は特に不要で

できず、選挙権を行使する権利を侵害されることになるので、そのような事態になることを防止するために、同上告人らが、同項が違憲無効であるとして、当該各選挙につき選挙権を行使する権利を有することの確認をあらかじめ求める訴えであると解することができる❼。

[18] 選挙権は、これを行使することができなければ意味がないものといわざるを得ず、侵害を受けた後に争うことによっては権利行使の実質を回復することができない性質のものであるから、その権利の重要性にかんがみると、具体的な選挙につき選挙権を行使する権利の有無につき争いがある場合にこれを有することの確認を求める訴えについては、それが有効適切な手段であると認められる限り、確認の利益を肯定すべきものである。そして、本件の予備的確認請求に係る訴えは、公法上の法律関係に関する確認の訴えとして、上記の内容に照らし、確認の利益を肯定することができるものに当たるというべきである。なお、この訴えが法律上の争訟に当たることは論をまたない❽。

[19] そうすると、本件の予備的確認請求に係る訴えについては、引き続き在外国民である同上告人らが、次回の衆議院議員の総選挙における小選挙区選出議員の選挙及び参議院議員の通常選挙における選挙区選出議員の選挙において、在外選挙人名簿に登録されていることに基づいて投票をすることができる地位にあることの確認を請求する趣旨のものとして適法な訴えということができる❾。

[20] 4 そこで、本件の予備的確認請求の当否について検討するに、前記のとおり、公職選挙法附則8項の規定のうち、在外選挙制度の対象となる選挙を当分の間両議院の比例代表選出議員の選挙に限定する部分は、憲法15条1項及び3項、43条1項並びに44条ただし書に違反するもので無効であって、別紙当事者目録1記載の上告人らは、次回の衆議院議員の総選挙における小選挙区選出議員の選挙及び参議院議員の通常選挙における選挙区選出議員の選挙において、在外選挙人名簿に登録されていることに基づいて投票をすることができる地位にあるというべきであるから、本件の予備的確認請求は理由があり、更に弁論をするまでもなく、これを認容すべきものである❿。

第4 国家賠償請求について

[21] 国家賠償法1条1項は、国又は公共団体の公権力の行使に当たる公務員が個別の国民に対して負担する職務上の法的義務に違背して当該国民に損害を加えたときに、国又は公共団体がこれを賠償する責任を負うことを規定するものである。したがって、国会議員の立法行為又は立法不作為が同項の適用上違法となるかどうかは、国会議員の立法過程における行動が個別の国民に対して負う職務上の法的義務に違背したかどうかの問題であって、当該立法の内容又は立法不作為の違憲性の問題とは区別されるべきであり、仮に当該立法の内容又は立法不作為が憲法の規定に違反するものであるとしても、そのゆえに国会議員の立法行為又は立法不作為が直ちに違法の評価を受けるものではない。しかしながら、立法の内容又は立法不作為が国民に憲法上保障されている権利を違法に侵害するものであることが明白な場合や、国民に憲法上保障されている権利行使の機会を確保するために所要の立法措置を執ることが必要不可欠であり、それが明白であるにもかかわらず、国会が正当な理由なく長期にわたってこれを怠る場合などには、例外的に、国会議員の立法行為又は立法不作為は、国家賠償法1条1項の規定の適用上、違法の評価を受けるものというべきである。最高裁昭和53年（オ）第1240号同60年11月21日第一小法廷判決・民集39巻7号1512頁は、以上と異なる趣旨をいうものではない⓫。

[22] 在外国民であった上告人らも国政選挙において投票をする機会を与えられることを憲法上保障されていたのであり、この権利行使の機会を確保するためには、在外選挙制度を設けるなどの立法措置を執ることが必要不可欠であったにもかかわらず、前記事実関係によれば、昭和59年に在外国民の投票を可能にするための法律案が閣議決定されて国会に提出されたものの、同法律案が廃案となった後本件選挙の実施に至るまで10年以上の長きにわたって何らの立法措置も執られなかったのであるから、このような著しい不作為は上記の例外的な場合に当たり、このような場合においては、過失の存在を否定することはできない。このような立法不作為の結果、上告人らは本件選挙において投票をすることができず、これによる精神的苦痛を被ったもの

あるとされる（判批②30頁）。

第2の根拠である「有効適切」性は、他により適切な訴えがある場合には不適法であるとする原審の枠組みより緩和された要件であるようにみえる。この点、原審は、個別具体的な選挙を前提として他の司法的救済の道が存在することをもって、Xらの請求の適法性を否定する一理由としていた。しかし、この判断に対しては、公選法上「選挙人と認められない者からの選挙訴訟は不適法にならざるを得ないこと」等から「実際に、司法的救済の道があるとは思われない」と疑問を呈されていた（判タ1088号133頁、また判批①114頁も参照）。

❾ [19]は、当事者の予備的請求の趣旨を読み替えている。上告人らの原審における予備的確認請求の趣旨は「Xら21名が、衆議院小選挙区選出議員選挙及び参議院選挙区選出議員選挙において選挙権を行使する権利を有することを確認する」ことを求めるものであったところ、本判決の主文では、この予備的請求の趣旨に、(1)「次回の衆議院議員の総選挙における小選挙区選出議員の選挙及び参議院議員の通常選挙における選挙区選出議員の選挙」であること、および、(2)「在外選挙人名簿に登録されていることに基づいて」投票をすることができる地位にあるとの表現が付け加わっている（いずれも傍点引用者）。調査官解説では、「これは、一部認容ではなく、請求の趣旨を善解した上での全部認容である」と説明されている（判解①649頁）。(1)が補充された理由については、「選挙を全く特定しないで確認を求めている関係で対象が広すぎるのではないかという問題」を回避する必要があったという点、また、(2)が補充された理由については、公選法11条との関係で、次回の選挙の時点で原告らになお選挙権があるか否かは不確定であり、かつ、帰国により在外選挙人名簿に登録されることができない者になる（公選法42条2項）可能性もあった点から、確認の利益の観点から問題があったため、これを回避する必要があった点が指摘されている（同）。これに対して、学説からは、本判決の、直近選挙に限定する「善解」(1)に対して、直近の選挙に係る請求について認められるなら、その次の選挙についても確認の利益を否定できないとも考えられることから、かかる限定は疑問であるとの見解も提示されている（判批②28頁）。

❿ [20]は、地位確認に係る本件予備的確認請求を認容している。本判決が予備的確認請求に係る訴えを適法とした点について、調査官解説は、これを「必要な違憲立法審査権の行使を適法に行おうとする最高裁判所の姿勢の現れ」であるとし、そのような判断の理由として、①薬事法改正の違憲無効を主張して、薬局開設につき「許可申請をすべき義務のないことの確認」を求める訴えの適法性を前提とした最高裁判決（最大判昭41·7·20民集20-6-1217）、および、「控訴人が日本国籍を有することを確認する」という判決に対する、国の上告を棄却した最高裁判決（最判平9·10·17民集51-9-3925）が存在すること、②平成16年行訴法改正によって、「同法4条の公法上の当事者訴訟が活用されるべきことについて、立法者の意思が明確に表示されている」こと、③本件予備的確認請求の実質は、「一種の予防的確認訴訟」と解されることを挙げている（判解①647-648頁）。なお、本件のような請求を予防訴訟と解することに疑問を呈する見解として判批②参照。

⓫ [21]では、立法行為に関する国家賠償法上の違法性の判断枠組みが提示されている。立法行為の国家賠償法上の違法性について義務違反的構成（ないし職務行為基準説的構成）を採用し、立法内容の違憲性と立法行為の国家賠償法上の違法性とを二元的に把握する点で、本判決は昭和60年最判の枠組みを踏襲している。ただし、昭和60年最判の「例外的」場合を修飾していた「立法の内容が憲法の一義的な文言に違反しているにもかかわらず国会があえて当該立法を行うというがごとき、容易に想定し難いような」という形容句は削除さ

のというべきである。したがって、本件においては、上記の違法な立法不作為を理由とする国家賠償請求はこれを認容すべきである❷。

【23】　そこで、上告人らの被った精神的損害の程度について検討すると、本件訴訟において在外国民の選挙権の行使を制限することが違憲であると判断され、それによって、本件選挙において投票をすることができなかったことによって上告人らが被った精神的損害は相当程度回復されるものと考えられることなどの事情を総合勘案すると、損害賠償として各人に対し慰謝料5000円の支払を命ずるのが相当である。そうであるとすれば、本件を原審に差し戻して改めて個々の上告人の損害額について審理させる必要はなく、当審において上記金額の賠償を命ずることができるものというべきである。そこで、上告人らの本件請求中、損害賠償を求める部分は、上告人らに対し各5000円及びこれに対する平成8年10月21日から支払済みまで民法所定の年5分の割合による遅延損害金の支払を求める限度で認容し、その余は棄却することとする❷。

第5　結論

【24】　以上のとおりであるから、本件の主位的確認請求に係る各訴えをいずれも却下すべきものとした原審の判断は正当として是認することができるが、予備的確認請求に係る訴えを却下すべきものとし、国家賠償請求を棄却すべきものとした原審の判断には、判決に影響を及ぼすことが明らかな法令の違反がある。そして、以上に説示したところによれば、本件につき更に弁論をするまでもなく、上告人らの予備的確認請求は理由があるから認容すべきであり、国家賠償請求は上告人らに対し各5000円及びこれに対する遅延損害金の支払を求める限度で理由があるから認容し、その余は棄却すべきである。論旨は上記の限度で理由があり、条約違反の論旨について判断するまでもなく、原判決を主文第1項のとおり変更すべきである。

【25】　よって、裁判官横尾和子、同上田豊三の反対意見、判示第4についての裁判官泉徳治の反対意見があるほか、裁判官全員一致の意見で、主文のとおり判決する。なお、裁判官福田博の補足意見がある。

れ、代わりに、(前段)「立法の内容又は立法不作為が国民に憲法上保障されている権利を違法に侵害するものであることが明白な場合」(憲法上の権利侵害の明白性)、(後段)「国民に憲法上保障されている権利行使の機会を確保するために所要の立法措置を執ることが必要不可欠であり、それが明白であるにもかかわらず、国会が正当な理由なく長期にわたってこれを怠る場合」(憲法上の権利行使機会保障のための立法措置の必要不可欠性と明白性、および長期の懈怠)などが挙げられている(前段が立法作為ないし相対的立法不作為の場合、後段が絶対的立法不作為の場合を想定したものと解されている。【補足説明】参照)。この形容句の削除と置き換えについて、調査官解説は、昭和60年最判を変更するものではないとしている(判解①655-656頁)。なお、この昭和60年最判の再解釈を支えているかにみえる泉裁判官による判解②は、同判決の「憲法の一義的な文言に違反する」という表現を「一見明白に憲法に違反するというものではない、といいかえてもよいと思われる」と述べていた(判解②378頁)。この点、上告人は(1)昭和60年最判は〈投票を容易にする制度〉が問題となったのに対して、本件は〈投票を可能にする制度〉が問題であることから、昭和60年判決の射程は本件に及ばないという主張(昭和60年調査官解説によって示唆されていた)と、(2)昭和60年基準における〈憲法の一義的文言〉を、「憲法制定後に発展し確立した解釈によって補充された意味内容を踏まえたもの」と読み換えることで昭和60年最判の基準によっても本件では違法性が肯定されるべきであるという主張とを選択的に行っていたところ、本判決は(2)の主張を採用したことになる。なお、投票を「容易にする制度」と「可能にする制度」の二分論については、精神的原因による投票困難者事件〔本書64事件〕の本書解説を参照のこと。

❷　【22】では、立法行為の国家賠償法上の違法性判断枠組みを受けて、本件におけるそのあてはめが示されている。結論として、「このような著しい不作為は上記の例外的な場合に当」るとされ、「このような場合においては、過失の存在を否定することはできない」として、国家賠償請求が認容されている(【補足説明】参照)。

❷　【23】は、上告人ら一人あたり5000円の限度で国家賠償請求を認容している。法律による選挙権の一般的制限によって被った損害の金銭賠償については、(1)国家賠償制度は個別的救済制度であるので、「法律による選挙権行使の一般的な制限の適否というような問題は、金銭賠償による解決になじまないものであり、国家賠償の対象とはならない」との立場と、(2)法律が違憲または違法である以上、「少なくとも名目的な金額の国家賠償請求が認められるべき」との立場がありえたところであり(判解①655-656頁)、昭和60年判決はいずれの立場をとるものか明らかでなかった。多数意見は(2)の立場をとることを明らかにしているが、泉反対意見は(1)の立場をとっている。泉反対意見に対する福田補足意見は、(2)をとるべき理由として、選挙権行使が国会または国会議員の行為等によって妨げられると、賠償金支払いに国民の税金が使われうることを国民に広く知らしめる効果がある点を挙げている。

■ 少数意見

裁判官福田博の補足意見は、次のとおりである❷。

【26】　私は、法廷意見に賛成するものであるが、法廷意見に関して、在外国民の選挙権の剥奪又は制限に対する国家賠償について、消極的な見解を述べる反対意見が表明されたこと(泉裁判官)と、在外国民の選挙権の剥奪又は制限は基本的に国会の裁量に係る部分があり、現行の制度はいまだ違憲の問題を生じていないとする反

❷　福田反対意見は、同裁判官が定数不均衡訴訟に付した反対意見(最大判平8・9・11民集50-8-2283に付された単独追加反対意見、最大判平10・9・2民集52-6-1373に付された共同追加反対意見、最大判平11・1・22判タ994-101に付された反対意見、最大判平11・11・10民集53-8-1441に付された反対意見、最大判平11・11・10民集53-8-1704に付された反対意見、最大判平12・4・21判タ1034-94に付された反対意見、最大判平12・9・6民集54-7-1997に付された単独追加反対意見、最大判平16・1・14民集58-1-56に付された単独追加反対意見)と同じ基本線上にある。福田裁判官によるこれらの反対意見は、一貫して、彼の現代的民主主義観とそれ

対意見が表明されたこと（横尾裁判官及び上田裁判官）にかんがみ、若干の考えを述べておくこととしたい。

1 選挙権の剥奪又は制限と国家賠償について

[27] 在外国民の選挙権が剥奪され、又は制限されている場合に、それが違憲であることが明らかであるとしても、国家賠償を認めることは適当でないという泉裁判官の意見は、一面においてもっともな内容を含んでおり、共感を覚えるところも多い。特に、代表民主制を基本とする民主主義国家においては、国民の選挙権は国民主権の中で最も中核を成す権利であり、いやしくも国が賠償金さえ払えば、国会及び国会議員は国民の選挙権を剥奪又は制限し続けることができるといった誤解を抱くといったような事態になることは絶対に回避すべきであるという私の考えからすれば、選挙権の剥奪又は制限は本来的には金銭賠償になじまない点があることには同感である。

[28] しかし、そのような感想にもかかわらず、私が法廷意見に賛成するのは主として次の2点にある。

[29] 第1は、在外国民の選挙権の剥奪又は制限が憲法に違反するという判決で被益するのは、現在も国外に居住し、又は滞在する人々であり、選挙後帰国してしまった人々に対しては、心情的満足感を除けば、金銭賠償しか救済の途がないという事実である。上告人の中には、このような人が現に存在するのであり、やはりそのような人々のことも考えて金銭賠償による救済を行わざるを得ない。

[30] 第2は、－この点は第1の点と等しく、又はより重要であるが－国会又は国会議員が作為又は不作為により国民の選挙権の行使を妨げたことについて支払われる賠償金は、結局のところ、国民の税金から支払われるという事実である。代表民主制の根幹を成す選挙権の行使が国会又は国会議員の行為によって妨げられると、その償いに国民の税金が使われるということを国民に広く知らしめる点で、賠償金の支払は、額の多寡にかかわらず、大きな意味を持つというべきである。

[31] 2 在外国民の選挙権の剥奪又は制限は憲法に違反せず、国会の裁量の範囲に収まっているという考えには全く賛同できない。

[32] 現代の民主主義国家は、そのほとんどが代表民主制を国家の統治システムの基本とするもので、一定年齢に達した国民が平等かつ自由かつ定時に（解散により行われる選挙を含む。以下同じ。）選挙権を行使できることを前提とし、そのような選挙によって選ばれた議員で構成される議会が国権の最高機関となり、行政、司法とあいまって、三権分立の下に国の統治システムを形成する。我が国も憲法の規定によれば、そのような代表民主制国家の一つであるはずであり、代表民主制の中核である立法府は、平等、自由、定時の選挙によって初めて正当性を持つ組織となる。民主主義国家が目指す基本的人権の尊重にあっても、このような三権分立の下で、国会は、国権の最高機関として重要な役割を果たすことになる。

[33] 国会は、平等、自由、定時のいずれの側面においても、国民の選挙権を剥奪し制限する裁量をほとんど有していない。国民の選挙権の剥奪又は制限は、国権の最高機関性はもとより、国会及び国会議員の存在自体の正当性の根拠を失わしめるのである。国民主権は、我が国憲法の基本理念であり、我が国が代表民主主義体制の国であることを忘れてはならない。

[34] 在外国民が本国の政治や国の在り方によってその安寧に大きく影響を受けることは、経験的にも随所で証明されている。

[35] 代表民主主義体制の国であるはずの我が国が、住所が国外にあるという理由で、一般的な形で国民の選挙権を制限できるという考えは、もう止めにした方が良いというのが私の感想である。

裁判官横尾和子、同上田豊三の反対意見は、次のとおりである。❷

[36] 私たちは、本件上告をいずれも棄却すべきであると考えるが、その理由は次のとおりである。

[37] 1 憲法は、その前文において、「日本国民は、正当に選挙された国会における代表者を通じて行動し、・・・ここに主権が国民に存することを宣言し、この憲法を確定する。そもそも国政は、国民の厳粛な信託によるものであつて、その権威は国民に由来し、その権力は国民の代表者がこれを行使し、その福利は国民がこれを享受する。」として、国民主権主義を宣言している。

[38] これを受けて、「公務員を選定し、及びこれを罷免することは、国民固有の権利である。」（憲法15条1項）、「公務員の選挙については、成年者による普通選挙を保障する。」（同条3項）と規定し、公務員の選挙権が国民固有の権利であることを明確にしている。

[39] 一方、国会が衆議院及び参議院の両議院から構成されること（憲法42条）、両議院は全国民を代表する選挙された議員で組織されること（憲法43条1項）を規定するとともに、両議院の議員の定数、議員及びその選挙人の資格、選挙区、投票の方法その他選挙に関する事項は、これを法律で定めるべきものとし（憲法43条2項、44条、47条）、両議院の議員の各選挙制度の仕組みについての具体的な決定を原則として国会の裁量にゆだねているのである。もっとも、議員及び選挙人の資格を法律で定めるに当たっては、人種、信条、性別、社会的身分、門地、教育、財産又は収入によって差別してはならないことを明らかにしている（憲法44条ただし書）。

を支える司法の役割観という二つの柱に支えられている。

第1の柱である現代の民主主義は、次の点に帰する。すなわち、「民主制に基づく政治システムとは、立法府、特にその第一院が民主的に選出されること、すなわち、選挙に当たって選挙人が平等な選挙権を有することを基本として成り立っており、我が国の憲法もそれを前提として制定されている。いわゆる定数較差の存在は、結果を見れば選挙人の選挙権を住所的差によって差別していることに等しく、このような差別は民主的政治システムとは本来相いれないものである」（前掲最大判平8・9・11に付された同裁判官の追加反対意見）。在外選挙制度についても同様に、「代表民主主義体制の国であるはずの我が国が、住所が国外にあるという理由で、一般的な形で国民の選挙権を制限できるという考えは、もう止めにした方が良い」。なお、園部裁判官は退職後に出版した本の中で、民主主義の問題を最初に強く意識するようになったのは、外交官時代にアメリカのある上院議員のオフィスで「世界各国の民主化度」というパンフレットをたまたま見つけ、その中で日本が二流の民主主義国と評価されていたのをみて、ワシントンにいる議員、議員補佐官、官僚、シンクタンク、法律家等様々な人にインタビューをしたところ、一人残らず日本の民主制について同じ評価であったことがきっかけであった回想している（文献⑤1-22頁）。

第2の柱として、このような民主主義体制を支えるのはほかならない司法セクターであるという司法の役割観がある。彼は次のように述べている。「憲法において、三権の中で司法のみが違憲審査権を与えられているのは、一定の分野の問題については、多数の有権者の意思から直接影響を受けることが最も少ない司法部門こそが、民主主義体制の維持に最も有効に対応し得るという各国の経験から生み出されたものであることを忘れてはならない。〔改行〕国会が投票価値の平等の実現に熱心ではない現実の前では、司法はその義務を厳格に果たさなければならない。これまでの対応には、時の権力に奉仕、追従し続けるものにほかならないとの批判には理由がある。現状を見る限り、選挙制度について、最高裁判所は違憲審査権を適切に行使する責任を果たしておらず、憲法に定める我が国の民主主義体制を維持するための所定の役割を果たしていない」（前掲最大判平16・1・14に付された同裁判官の追加反対意見）。

なお、国家賠償法の論点に関しては、泉反対意見に付した注 (❷) を参照のこと。

❷ 横尾・上田反対意見は、選挙権またはその行使の制限はやむをえない事由がなければ原則として許されないとする多数意見の判断枠組みに同調しつつ、多数意見と異なり平成10年改正前後の公選法は違憲ではないとする。両者が異なる結論に至った原因として、次の2点を指摘することができる。第1に、純然たる不作為が国会の立法裁量のうちに含まれるか否かについて両者の理解は異なっている。多数意見が「投票の機会を与えない」という決定自体を除外し、どのように投票の機会を与えるかという制度設計の選択裁量を国会に留保しているようにみえるのに対して、同反対意見は「投票の機会を与えない」という決定全般を国会の裁量に属することを前提としているように読める。第2に、裁量統制手法の観点からみると、多数意見は国会の裁量判断の具体的過程に応じたできる限りの実質的な審査を及ぼそうとしているようにみえるのに対して、反対意見はこのような判断過程に応じた実質的な審査を行っていない。多数意見は内閣の法案提出や平成10年改正後に在外国民に部分的に投票の機会が与えられた事実から、投票の機会を与えないという選択ないし与える時期の選択（まだ与えないという選択）の不合理性を認定しているように読める。これに対して、反対意見はほぼ国側の挙げた情報伝達の困難性の説明のみによって国会の裁量逸脱濫用を否定しており、国会がどのような事実から情報伝達の困難性を認定しているかという点や、困難性の程度、それが投票の機会を与えないという選択ないし時期の選択をどの程度合理的に説明しうるかという点は検討の対象としていないようにみえる。選挙制度に関連した国会の裁量に対する統制手法という観点からすれば、反対意見のような抽象的な認定手法は、少なくとも参議院議員定数不均衡事件判決（最大判平16・1・14民集58-1-56）が出されるまでは、最高裁の主流であった（この判決に付された補足意見2は、(1)選挙に関する事項を定めるにあたって国会が憲法に与えられた裁量権の中には「裁量権を行使しない」という選択肢は含まれない、(2)「結論に至るまでの裁量権行使の態様」が適正か否かは違憲審査の対象となりうることを明言している点で注目される。なお、横尾裁判官は、同平成16年判決の補足意見2に参加しているものの、個人の追加補足意見の中で、1対3にまでは達していないという形式的な計数基準のみから結論を導いている）。しかし同判決の後は、本判決の多数意見のように、国会の判断過程を考慮に入れたより実質的な裁量統制を目指す手法の方が主流になっている。

【40】　そして、国会が両議院の議員の各選挙制度の仕組みを具体的に決定するに当たっては、選挙人である国民の自由に表明する意思により選挙が混乱なく、公明かつ適正に行われるよう、すなわち公正、公平な選挙が混乱なく実現されるために必要とされる事項を考慮しなければならないのである。我が国の主権の及ばない国や地域（そこには様々な国や地域が存在する。）に居住していて、我が国内の市町村の区域内に住所を有していない国民（在外国民。在外国民にも二重国籍者や海外永住者などいろいろな種類の人たちがいる。）も、国民である限り選挙権を有していることはいうまでもないが、そのような在外国民が選挙権を行使する、すなわち投票をするに当たっては、国内に居住する国民の場合に比べて、様々な社会的、技術的な制約が伴うので、在外国民にどのような投票制度を用意すれば選挙の公正さ、公平さを確保し、混乱のない選挙を実現することができるのかということも国会において正当に考慮しなければならない事項であり、国会の裁量判断にゆだねられていると解すべきである。

【41】　換言すれば、両議院の議員の各選挙制度をどのような仕組みのものとするのか、すなわち、選挙区として全国区制、中選挙区制、小選挙区制、比例代表制のうちいずれによるのかあるいはいずれかの組合せによるのか、組合せによるとしてどのような方法によるのか、各選挙区の内容や区域・区割りはどうするのか、議員の総定数や選挙区への定数配分をどうするのか、選挙人名簿制度はどのようなものにするのか、投票方式はどうするのか、候補者の政見等を選挙人へ周知させることも含めて選挙運動をどのようなものとするのかなど、選挙人の自由な意思が公明かつ適正に選挙に反映され、混乱のない公正、公平な選挙が実現されるよう、選挙制度の仕組みに関する様々な事柄を選択し、決定することは国会に課せられた責務である。そして、そのような選挙制度の仕組みとの関連において、また、様々な社会的、技術的な制約が伴う中にあって、我が国の主権の及ばない国や地域に居住している在外国民に対し、どのような投票制度を用意すれば選挙の公正さ、公平さを確保し、混乱のない選挙を実現することができるのかということも、国会において判断し、選択し、決定すべき事柄であり、国会の裁量判断にゆだねられた事項である（この点、我が国の主権の及ぶ我が国内に居住している国民の選挙権の行使を制限する場合とは趣を異にするといわなければならない。我が国内に居住している国民の選挙権又はその行使を制限することは、自ら選挙の公正を害する行為をした者等の選挙権について一定の制限をすることは別として、原則として許されず、国民の選挙権又はその行使を制限するためには、そのような制限をすることがやむを得ないと認められる事由がなければならず、そのような制限をすることなしには選挙の公正を確保しつつ選挙権の行使を認めることが事実上不能ないし著しく困難であると認められる場合でない限り、上記のやむを得ない事由があるとはいえず、このような事由なしに国民の選挙権の行使を制限することは、憲法に違反するといわざるを得ない、とする多数意見に同調するものである。）。

【42】　2　両議院の議員の各選挙制度の仕組みについては、公職選挙法がこれを定めている。従来、選挙人名簿に登録されていない者及び登録されることができない者は投票することができないとされ、選挙人名簿への登録は、当該市町村の区域内に住所を有する年齢満20歳以上の国民で、その者に係る当該市町村の住民票が作成された日から引き続き3か月以上当該市町村の住民基本台帳に記録されている者について行うこととされており、在外国民は、我が国のいずれの市町村においても住民基本台帳に記録されないため、両議院議員の選挙においてその選挙権を行使する、すなわち投票をすることができなかった。

【43】　平成6年の公職選挙法の一部改正により、それまで長年にわたり中選挙区制の下で行われていた衆議院議員の選挙についても、小選挙区比例代表並立制が採用されることになった。そして、平成10年法律第47号による公職選挙法の一部改正により、新たに在外選挙人名簿の制度が創設され、在外国民に在外選挙人名簿に登録される途を開き、これに登録されている者は、両議院議員の選挙において投票することができるようになった。もっとも、上記改正後の公職選挙法附則8項において、当分の間は、両議院の比例代表選出議員の選挙に限ることとされたため、衆議院小選挙区選出議員及び参議院選挙区選出議員の選挙はその対象とならないこととされている。このように両議院の比例代表選出議員の選挙に限って在外国民に投票の機会を認めたことの理由につき、12日ないし17日という限られた選挙運動期間中に在外国民へ候補者個人に関する情報を伝達することが極めて困難であること等を勘案したものであると説明されている。

【44】　3　上記のとおり、我が国においては、従来、在外国民には両議院議員の選挙に関し投票の機会が与えられていなかったところ、平成10年の改正により、両議院の比例代表選出議員の選挙について投票の機会を与えることにし、衆議院小選挙区選出議員及び参議院選挙区選出議員の選挙については、在外国民への候補者個人に関する情報を伝達することが極めて困難であること等を勘案して、当分の間、投票の機会を与えないこととしたというのである。

【45】　国会のこれらの選択は、選挙制度の仕組みとの関連において在外国民にどのような投票制度を用意すれば選挙の公正さ、公平さを確保し、混乱のない選挙を実現することができるのかという、国会において正当に考慮することのできる事項を考慮した上での選択ということができ、正確な候補者情報の伝達、選挙人の自由意思による投票環境の確保、不正の防止等に関し様々な社会的、技術的な制約の伴う中でそれなりの合理性を持ち、国会に与えられた裁量判断を濫用ないし逸脱するものではなく、平成10年に至って新たに在外選挙人名簿の制度を創設し、それまではこのような制度を設けていなかったことをも含めて、いまだ上告人らの主張する憲法の各規定や条約に違反するものではなく、違憲とはいえないと解するのが相当である。

【46】　4　私たちは、本件の主位的確認請求に係る訴えは不適法であり、予備的確認請求に係る訴えは適法であるとする多数意見に同調するものであるが、公職選挙法附則8項の規定のうち在外選挙制度の対象となる選挙を当分の間両議院の比例代表選出議員の選挙に限定している部分も違憲とはいえないと解するので、本件の予備的確認請求は理由がなく、これを棄却すべきものと考える。本件の予備的確認請求に係る訴えを却下すべきものとした原審の判断には、判決に影響を及ぼすことが明らかな法令の違反があることになるが、本件の予備的確認請求を求めている上告人らからの上告事件である本件においては、いわゆる不利益変更禁止の原則により、この部分に係る本件上告を棄却すべきである。

【47】　また、在外選挙制度を設けなかったことなどの立法上の不作為が違憲であることを理由とする国家賠償請求については、そのような不作為は違憲ではないと解するので、理由がなく、その請求を棄却すべきであるところ、原審はこれと結論を同じくするものであるから、この部分に関する本件上告も棄却すべきである。

判示第4についての裁判官泉徳治の反対意見は、次のとおりである㉖

【48】　私は、多数意見のうち、国家賠償請求の認容に係る部分に反対

㉖ 泉反対意見は、国家賠償請求は棄却すべきであるとする理由として、(1)選挙権行使が立法作用によって妨げられた精神的苦痛に対する金銭的評価が困難であること、(2)英米法と異なりわが国の国家賠償法は名目的損害（ノミナル・ダメージ）賠償の制度を採用していないことを挙げている。また、補足的な理由として、(3)議員定数不均衡に関しては公選法204条の当選訴訟で争う途が開かれており、本件の場合には確認訴訟で争う途が開かれているということも挙げている。これに対して、福田補足意見は、「いやしくも国が賠償金さえ支払えば、国会及び国会議員は国民の選挙権を剥奪又は制限し続けることができるといった誤解を抱くといったような事態になることは絶対に回避すべきである」から、「選挙権の剥奪又は制限は本来的には金銭賠償になじまない点がある」として、泉裁判官の意見に「共感を覚えるところも多い」としつつ、選挙後帰国してしまった人々には金銭賠償しか救済が残されていないこと、しかも国民の税金によって賠償金が払われることを国民に広く知らしめる効果が期待できることを挙げて、国家賠償請求を認めるべきであるとする。学説からは、(1)に関して、精神的苦痛に対する慰謝料にも金銭的評価の困難性は存在するので、相対的問題にすぎないとの指摘（座談会・ジュリ1303号「小幡発言」）や、(3)に関して、過去の侵害分については国家賠償訴訟の意義があるとの指摘（同）がある。なお、後に泉裁判官は、本判決

し、それ以外の部分に賛同するものである。

【49】　多数意見は、公職選挙法が、本件選挙当時、在外国民の投票を認めていなかったことにより、上告人らが本件選挙において選挙権を行使することができなかったことによる精神的苦痛を慰謝するため、国は国家賠償法に基づき上告人らに各5000円の慰謝料を支払うべきであるという。しかし、私は、上告人らの上記精神的苦痛は国家賠償法による金銭賠償になじまないので、本件選挙当時の公職選挙法の合憲・違憲について判断するまでもなく、上告人らの国家賠償請求は理由がないものとして棄却すべきであると考える。

【50】　国民が、憲法で保障された基本的権利である選挙権の行使に関し、正当な理由なく差別的取扱いを受けている場合には、民主的な政治過程の正常な運営を維持するために積極的役割を果たすべき裁判所としては、国民に対しできるだけ広く是正・回復のための途を開き、その救済を図らなければならない。

【51】　本件国家賠償請求は、金銭賠償を得ることを本来の目的とするものではなく、公職選挙法が在外国民の選挙権の行使を妨げていることの違憲性を、判決理由の中で認定することを求めることにより、間接的に立法措置を促し、行使を妨げられている選挙権の回復を目指しているものである。上告人らは、国家賠償請求訴訟以外の方法では訴えの適法性を否定されるおそれがあるとの思惑から、選挙権回復の方法としては迂遠な国家賠償請求を、あえて付加したものと考えられる。

【52】　一般論としては、憲法で保障された基本的権利の行使が立法作用によって妨げられている場合に、国家賠償請求訴訟によって、間接的に立法作用の適徹的な是正を図るという途も、より適切な権利回復のための方法が他にない場合に備えて残しておくべきであると考える。また、当該権利の性質及び当該権利侵害の態様により、特定の範囲の国民に特別の損害が生じているというような場合には、国家賠償請求訴訟が権利回復の方法としてより適切であるといえよう。

【53】　しかしながら、本件で問題とされている選挙権の行使に関していえば、選挙権が基本的人権の一つである参政権の行使という意味において個人的権利であることは疑いないものの、両議院の議員という国家の機関を選定する公務に集団的に参加するという公務的性格も有しており、純粋な個人的権利とは異なった側面を持っている。しかも、立法の不備により本件選挙で投票をすることができなかった上告人らの精神的苦痛は、数十万人に及ぶ在外国民に共通のものであり、個別性の薄いものである。したがって、上告人らの精神的苦痛は、金銭で評価することが困難であり、金銭賠償になじまないものといわざるを得ない。英米には、憲法で保障された権利が侵害された場合に、実際の損害がなくても名目的損害（nominal damages）の賠償を認める制度があるが、我が国の国家賠償法は名目的損害賠償の制度を採用していないから、上告人らに生じた実際の損害を認定する必要があるところ、それが困難なのである。

【54】　そして、上告人らの上記精神的苦痛に対し金銭賠償をすべきものとすれば、議員定数の配分の不均衡により投票価値において差別を受けている過小代表区の選挙人にもなにがしかの金銭賠償をすべきことになるが、その精神的苦痛を金銭で評価するのが困難である上に、賠償の対象となる選挙人が膨大な数に上り、賠償の対象となる選挙人と、賠償の財源である税の負担者とが、かなりの部分で重なり合うことに照らすと、上記のような精神的苦痛はそもそも金銭賠償になじまず、国家賠償法が賠償の対象として想定するところではないといわざるを得ない。金銭賠償による救済は、国民に違和感を与え、その支持を得ることができないであろう。

【55】　当裁判所は、投票価値の不平等是正については、つとに、公職選挙法204条の選挙の効力に関する訴訟で救済するという途を開き、本件で求められている在外国民に対する選挙権行使の保障についても、今回、上告人らの提起した予備的確認請求訴訟で取り上げることになった。このような裁判による救済の途が開かれている限り、あえて金銭賠償を認容する必要もない。

【56】　前記のとおり、選挙権の行使に関しての立法の不備による差別的取扱いの是正について、裁判所は積極的に取り組むべきであるが、その是正について金銭賠償をもって臨むとすれば、賠償対象の広範さ故に納税者の負担が過大となるおそれが生じ、そのことが裁判所の自由な判断に影響を与えるおそれもないとはいえない。裁判所としては、このような財政問題に関する懸念から解放されて、選挙権行使の不平等是正に対し果敢に取り組む方が賢明であると考える。

（裁判長裁判官　町田　顯　裁判官　福田　博　裁判官　濱田邦夫　裁判官　横尾和子　裁判官　上田豊三　裁判官　滝井繁男　裁判官　藤田宙靖　裁判官　甲斐中辰夫　裁判官　泉　徳治　裁判官　島田仁郎　裁判官　才口千晴　裁判官　今井　功　裁判官　中川了滋　裁判官　堀籠幸男）

補足説明

I　違憲審査基準ないし立法裁量の統制基準について——2段階説と判断過程統制　本判決は、平成10年改正前／後それぞれの公選法の合憲性を審査するにあたり、「やむを得ない事由」が存するか否かを判断するという枠組みの中でいくつかの事実を列挙しているが、これらの事実がどのように評価され、いかに結論と結びついているかについては、あまり明確な説示がなく、解釈の余地が大きい。国会に広い立法裁量が認められると伝統的に解されてきた選挙制度の文脈での違憲審査は、裁判所による「立法裁量統制」でもあり、この統制手法には2段階説的手法と判断過程統制的手法の二つがあるとされるところ、本判決の判断手法がどちらの方法を採用しているかの理解に応じて、本判決が列挙する事実が裁判所の判断において有する意義は変わりうるからである。

　2段階説は、立法不作為の違憲性を（1）客観的な立法義務への違反と（2）時間の経過の二つの要件に分け、後者のみを主観的な違法（違憲）性を基礎づける要素として理解する。たとえば、本件と同じく選挙制度の憲法適合性が争われる議員定数不均衡事件訴訟では、（1）計数基準（ex.最大較差が〇倍を超えたか否か）と（2）相当期間経過の両者が揃った場合に違憲とする2段階説が憲法学の伝統的理解であった。これに対して、参議院議員定数不均衡事件に関する平成16年最判の補足意見2を皮切りとして、判断の過程における過誤というといわば主観的な違法（違憲）性の有無を問題とする判断過程統制的な手法が採用されたかにみえる最高裁判決も多くなっている。本判決の厳格審査基準のあてはめ部分（【13】【14】）は、2段階説からも判断過程統制説からも説明しうる。

　【13】で列挙された要素に関する評価は、本判決の判断手法を2段階説的に理解するか、判断過程統制的に理解するかに応じて異なりうる。2段階説の立場からは（客観的な違憲性＋時間の経過＝違憲）、内閣の法案提出の事実は、内閣の判断をいわば間接事実として、【12】における克服すべき課題がすでに解決されたこと（＝在外選挙制度創設に係る立法義務が発生したこと）を裁判所自身が認定するための要素にすぎないということになる（内野・法時78巻2号78頁も参照）。この見地からは、【13】の判示から、在外

で国家賠償請求を認めると議員定数不均衡訴訟でも国家賠償を認めなければならなくなるところ、差別されている首都圏の住民は膨大な数になることも反対した理由であったと回想しつつ、1000円位のノミナル・ダメージを認める判決を作ればよかったかもしれないとして、現在は異なる意見を有していることを明らかにしている（文献①193-195頁）。

憲法の保障内容	憲法は、両議院の議員の選挙において投票をすることによって国の政治に参加することができる権利を国民に対して固有の権利として保障 その趣旨を確たるものとするため、国民に対して投票をする機会を平等に保障		
判断枠組み	自ら選挙の公正を害する行為をした者等の選挙権について一定の制限をすることは別として、国民の選挙権またはその行使を制限することは原則として許されず、国民の選挙権またはその行使を制限するためには、そのような制限をすることがやむをえないと認められる事由がなければならない そして、そのような制限をすることなしには選挙の公正を確保しつつ選挙権の行使を認めることが事実上不能ないし著しく困難であると認められる場合でない限り、上記のやむをえない事由があるとはいえず、このような事由なしに国民の選挙権の行使を制限することは、憲法15条1項および3項、43条1項ならびに44条ただし書に違反する		
あてはめ	平成10年改正前の公選法（在外選挙制度の不在）の憲法適合性		
	当初の立法事実	在外国民の投票を可能にするために、在外公館の人的、物的態勢を整える必要があった	
	立法事実の変化	昭和59年に選挙の執行に責任をもつ内閣が問題の解決が可能であることを前提に在外選挙制度創設の法律案を提出 実質的審議がなされず、昭和61年に法律案が廃案 国会が、10年以上在外選挙制度を創設しないまま放置	
	結論	在外投票を一切認めないことに「やむを得ない事由」があったとはいえず、本件選挙当時、違憲	
	平成10年改正前の公選法（限定的在外選挙制度）の憲法適合性		
	当初の立法事実	投票日前に在外国民に候補者個人に関する情報を適正に伝達するのが困難であることから、候補者氏名を自書させて投票させる必要のある選挙区を対象とすることに問題があった	
	立法事実の変化	在外選挙が繰り返し実施されている 通信手段が地球規模で目覚ましい発達を遂げている 平成12年の改正以後、参議院比例代表選挙では、名簿登載者の氏名の自書を原則とする制度が採用され、平成13年および同16年に在外国民についてもこの制度に基づく選挙権の行使がなされた	
	結論	遅くとも、本判決言渡し後に初めて行われる衆議院議員総選挙・参議院議員通常選挙の時点においては、在外選挙制度の対象を限定することに、「やむを得ない事由」があるということはできず、違憲	

選挙制度創設義務を裁判所が認定していることを読み取ることになろう。これに対して、判断過程統制説からは、最高裁がみているのは、在外選挙制度の客観的な創設義務ではなく、国会の主観的な判断過程に過誤、欠落がなかったかという点であることになる。この見地からは、内閣の法案提出の事実が生じたことによって違法となる不作為は、在外選挙制度を創設しないという不作為ではなく、「やむを得ない事由」の存否等につき何らの検討措置をもっていないという不作為であり、そのような欠落の存する判断過程から生じた立法不作為が結果として違憲とされたものと解することができる。一般論としては、「やむを得ない事由」に該当する事実の存在を疑わせる一定の事実（内閣の法案提出）が生じた以上その事実の存否について再度検討するべきであるとして判断過程の欠落を認定することは、「やむを得ない事由」の存在について裁判所が直接判断することで憲法上の立法義務を認定することよりも容易であると考えられるから、2段階説をとる場合と比べて判断過程統制説の方が裁判所の審査におけるハードルは下がると考えられる。

　【14】の判示も、2段階説と判断過程統制説の立場からそれぞれ異なる解釈が可能である。2段階説的な理解に親和的にみえるのは、「本件改正後に在外選挙が繰り返し実施されてきていること、通信手段が地球規模で目覚ましい発達を遂げていることなどによれば、在外国民に候補者個人に関する情報を適正に伝達することが著しく困難であるとはいえなくなった」という部分であり、この部分は本判決言渡し後に初めて行われる選挙時における「やむを得ない事由」の存在を否定し、裁判所自身の判断によって客観的立法義務の存在を認定しているようにもみえる。これに対して、本判決が平成10年改正がまず比例代表選挙についてのみ在外投票を認めたことを「全く理由のないものであったとまでいうことはできない」としている点は、2段階説からはやや説明が困難であるように思われる。昭和59年の内閣の法案提出の時点で在外選挙制度創設の客観的な立法義務が生じているとすると、一度生じた立法義務が平成10年改正によって小選挙区／選挙区選出選挙についてのみ消滅したという奇妙な説明をせざるをえないからである。そこで判断過程統制的に読むなら、平成10年改正時点では検討行為自体の不存在という判断過程の欠落は一応解消されたものの、今度は国会自身が比例代表選挙への限定に対し「当分の間」というタイムリミットを設けていること、および、平成12年改正に基づく平成13年度、同16年度の在外選挙でも自書式が採用されたこと、さらに通信手段の地球規模での発展からすると、国会は小選挙区および選挙区選出選挙においても可及的速やかに在外投票を認めるべきであったところ、それがなされていなかった本件選挙時における立法府の裁量行使にはいわば主観的な憲法違反が存することになる。なお、末尾に掲載した立法資料から読み取れるように、通信手段の地球規模発展も含め、これらの事実はすべて国会の委員会に上程された事実であるため、このような判断過程統制的な読み方にも十分な根拠があるといえる。

II　国家賠償法上の違法性判断枠組みについて（1）――絶対的立法不作為／相対的立法不作為／立法作為　　本判決が【21】で、昭和60年最判を実質的に読み替え新たに提示した国家賠償法上の違法性判断枠組みは、平成18年最判および再婚禁止期間事件判決〔本書9事件〕で再び確認されており、立法行為を国家賠償請求訴訟で争う際の基準として現在重要な意義を有しているものの、その基準の具体的意味については必ずしも明確であるとはいえない。これは、立法作為／不作為の境界の曖昧性に起因している。

立法行為には立法作為と不作為があるが、講学上、立法不作為には絶対的立法不作為と相対的立法不作為の両方が含まれるとされる。絶対的立法不作為とは、憲法上保障されている権利を行使するために必要な制度を立法がまったく用意していない場合をいうとされ、本件の在外選挙制度との関係でいえば、平成10年改正前の公選法がこれにあたることになる。これに対して、相対的立法不作為とは、必要な制度を立法が一応用意してはいるものの、それが不完全な制度である場合をいうとされ、本件在外選挙制度との関係では、平成10年改正後の公選法がこれにあたることになる。つまり、相対的立法不作為は、作為と不作為の両方の性質をあわせもっていることになる。しかし、絶対的／相対的というこの区別自体、不存在をどのレベルで把握するかに応じて「相対的」である。たとえば、在外選挙制度の不存在を問題にするなら、平成10年改正後の公選法は相対的立法不作為にあたるが、小選挙区／選挙区選出選挙に関する在外選挙制度の不存在を問題にするなら、平成10年改正後は絶対的立法不作為であるともみる。このような立法作為／不作為の境界の曖昧性に起因して、本判決の国家賠償法上の違法性判断枠組みも、解釈の余地を残すことになった。

　【21】の枠組みは、前段と後段に分かれている。前段は「立法の内容又は立法不作為が国民に憲法上保障されている権利を違法に侵害するものであることが明白な場合」であり、後段は「国民に憲法上保障されている権利行使の機会を確保するために所要の立法措置を執ることが必要不可欠であ」る場合である。このうち、立法作為は前段に、立法不作為のうち特に絶対的立法不作為は後段に対応すると解されるものの、「国会が正当な理由なく長期にわたってこれを怠る場合」という時間的要素が、後段のみを受けているのか、それとも前段と後段の両方を受けているのかは明らかでなく、したがって、相対的立法不作為がどちらに属するのかは必ずしも明らかでなかった。

　この点、本件国家賠償請求は、平成10年法律により在外選挙制度が創設される以前の平成8年に実施された衆議院議員総選挙という本件選挙時に投票をすることができなかったことに基づく請求であるから、絶対的立法不作為の問題ということができ、後段が適用されると解するのが自然である。本判決が後段を適用したものとする理解は、後の再婚禁止期間事件判決の千葉補足意見および同判決の調査官解説（判解②269-270頁）によっても確認されている。

　これに対し、本判決の段階では必ずしも明確ではなかった前段・後段問題と相対的立法不作為の関係につき、立法後に科学技術の発展等によって部分的に違憲となった法令が問題とされた再婚禁止期間事件判決の千葉補足意見と調査官解説は、本判決のいう後段は学説上のいわゆる絶対的立法不作為に対応し、前段がいわゆる相対的立法不作為に対応するものと解したうえで、本判決の時間的要素が前段と後段の両方を受けていると解釈している（判解②259-260頁）。つまり、本判決が前段において期間経過の要件を考慮しないものと判示しているようにみえるのは、「違憲の法律を制定する立法行為やこれと同視しうる立法不作為により本来自由に行使し得る憲法上の権利が侵害され、期間の経過を要せずに直ちに違法となる極端な場合を想定した説示」（判解②260頁）とされており、相対的立法不作為の事例における法律が後に違憲となったような場合（再婚禁止期間事件の場合のように）に期間経過の要件を考慮することを排除する趣旨ではないと解されている。そのため、この解釈によれば、当初から違憲な立法によって基本権を侵害されている場合等、純粋な立法作為によって憲法上の権利が侵害されている場合には、時間的要素は除外されることになる。

　なお、絶対的不作為と相対的不作為の区別は、確認訴訟の適法性の観点から別の意味をもちうる点に注意が必要である。原審は、平成10年改正後の公選法が「在外日本人のために衆議院小選挙区選出議員選挙及び参議院選挙区選出議員選挙において選挙権を行使する措置を設けていないことは当事者間に争いがないのであるから、……〔本件確認請求は〕裁判所に対して、同法が在外日本人に右各選挙において選挙権を行使する権利を認めていないことの違憲、違法を宣言することを求めているのか、又は右行使をする権利を創設することを求めるものといわなければならない」として、このような訴訟は裁判所法3条1項の「法律上の争訟」にあたらず不適法であると判断していた。本判決は、附則8項の文言を一部無効とするテクニックによりこの問題を回避した。原審と本判決の法律上の争訟性に関する判断の違いは、平成10年改正後公選法を絶対的立法不作為とみなしたのに対して、本判決は在外選挙制度を創設する立法行為がありながらそれが不十分である場合、すなわち相対的立法不作為の事案とみなした点にあると考えることは可能であろう。

III　国家賠償法上の違法性判断枠組みについて（2）——「明白性」は誰に対する明白性か

本判決が提示する国家賠償法上の違法性判断枠組みのうち、本件には後段が適用されることは先に述べたが、そのあてはめに際して、本判決は認定事実と枠組みの各要素との対応関係を明示していない関係で、いくつかの解釈問題を残している。

　後段への具体的あてはめに関して、列挙されている事実は、(1) 在外国民に投票の機会を確保するためには、在外選挙制度を設けるなどの立法措置をとることが必要不可欠であったこと、(2) 昭和59年に在外投票を可能にするための法律案が閣議決定されて国会に提出されたこと、(3) 同法案が廃案となった後本件選挙の実施に至るまで10年以上の長きにわたって何らの立法措置もとられなかったこと、である。不作為の場合、例外的な場合の例のうち、「国民に憲法上保障されている権利行使の機会を確保するために所要の立法措置をとることが必要不可欠であり、それが明白であるにもかかわらず、国会が正当な理由なく長期にわたってこれを怠る場合」にあたるところ、仮にこれをあえて要素ごとに整理すると、次の表のようになる。

【21】後段の枠組みによれば、立法不作為のケースで例外的場合にあたるとされる場合	本判決のあてはめ
「国民に憲法上保障されている権利行使の機会を確保するために所要の立法措置を執ることが必要不可欠」であること	「在外国民であった上告人らも国政選挙において投票をする機会を与えられることを憲法上保障されていたのであり、この権利行使の機会を確保するためには、在外選挙制度を設けるなどの立法措置を執ることが必要不可欠であった」
「それが明白」であること	「昭和59年に在外国民の投票を可能にするための法律案が閣議決定されて国会に提出された」
「国会が正当な理由なく長期にわたってこれを怠る」こと	「同法律案が廃案となった後本件選挙の実施に至るまで10年以上の長きにわたって何らの立法措置も執られなかった」

本件で不作為性の著しさを際立たせている要素は、三つ目の要素である長期懈怠に対応する、10年以上の放置であると解されている（芦部［6版］264頁）。しかし、これらの三つの要素がそれぞれいかなる意義を有しているのか、また三つの要素が互いにいかなる関係にあるのかは、本判決から必ずしも明らかではない。たとえば、不作為の著しさは、三つの要素一つひとつの程度として要求されるのか、それとも、三つの要素を勘案した結果総合的に不作為の著しさを判定してよいのかは、たとえば放置期間が本件より短い場合に問題となりうる。

　なかでも、後に実際に問題とされたのは、明白性は誰に対しての明白性かという問題である。後に再婚禁止期間事件判決〔本書9事件〕の千葉補足意見が指摘しているように【65】、在外選挙制度を創設しなくても立法裁量の逸脱・濫用はないという2名の裁判官の反対意見が付されている本判決の状況下では、必要不可欠性と区別された明白性（立法府にとっての明白性なのか、裁判所にとっての明白性なのか、また、その程度は「異論を生じない」というレベルが必要なのか、あるいはそれより緩いレベルで足りるのか）が何を意味しているのかという問題があった。前述の2段階説の立場から、必要不可欠性と明白性の両要件は、1段階目の客観的な憲法上の立法義務の判断であるとすれば、明白性は裁判所にとっての明白性であるとみる。これに対して、判断過程統制説や、2段階説に立って明白性の要件を2段階目の相当期間経過の判断の一部とみる立場からは、明白性は立法府にとっての明白性を意味すると解するのが自然であろう。この点、再婚禁止期間事件の調査官解説は、「ここでの明白性は、立法行為を行う国会にとって明白か否かを問題にすべきであり、違憲とされる憲法上の権利の性質や当該法律の規定によるその侵害の内容・程度に加え、立法事実の変化等を判断要素として、立法状態の違憲性が明白であるといえるかを判断することになろう」と述べている（判解②262頁）。

Ⅳ　法律の違法（違憲）確認訴訟は不適法か？

　本判決は、Xらの主位確認請求（平成10年改正前／後公選法の違憲確認）を不適法としているが、これによって今後、法律の違法（違憲）確認訴訟を活用する途は閉ざされてしまったのだろうか。この問題は、本件のような法律の違法（違憲）確認訴訟の訴訟類型をどのように解するかという点とも関わる。

　本件主位確認請求訴訟をいかなる訴訟類型と本判決が理解したかは明示されていないが、法律の違法（違憲）確認訴訟に関しては、これを公法上の当事者訴訟と捉える見方と無名抗告訴訟と捉える見方がある。立法不作為の違憲確認請求が、権利義務や法律関係の存否（本件予備的請求）ではなく、立法行為それ自体に対する不服を申し立てるものである点に着目すれば、主位確認請求のうち改正後の違憲確認に関する請求は、無名抗告訴訟とも解されうる（文献②392頁）。第一審や原審は無名抗告訴訟と捉えており、調査官解説も基本的にそのような立場であるようにみえる（判解①643頁以下）。無名抗告訴訟と解した場合、「公法上の当事者訴訟で違憲判断を求めることができるとすれば、あえてこのような訴訟形態を認める必要はない」こと、および、立法不作為の違憲確認訴訟を無名抗告訴訟を無限定に許容すると、「三権分立の制度化における司法権の役割と守備範囲をめぐる問題が先鋭化するおそれがないではない」こと等が指摘される（判解①646頁。第一審判決は、違憲確認請求について次のように判示している。すなわち、違法確認請求に係る訴えは、仮に法律上の争訟にあたるとしても、それは「国会の立法権限の不行使に対する不服の訴えにほかならないから、公権力の行使に関する不服の訴訟として」無名抗告訴訟にあたるところ、「いわゆる無名抗告訴訟は、無制限に許容されるものではなく、三権分立の原則からすれば、それが適法な訴えとして許容されるためには、少なくとも、行政庁が処分をなすべきこと又はなすべからざることについて法律上覊束されており、行政庁に自由裁量の余地が全く残されていないなど、第一次判断権を行政庁に留保することが必ずしも重要ではないと認められることが必要であると解されている」。そして、「憲法又はB規約上、国会に対して、議院議員及び参議院議員の選挙のすべてにつき在外日本人の選挙権の行政〔ママ〕を可能にする立法を行うべきことを一義的に命じる規定が存在するとは認められない」から、「無名抗告訴訟が許容されるために必要な要件を具備していない」」）。これに対して学説からは、実質的当事者訴訟と解する見解が有力であり（判批①115頁）、本判決が主位確認請求を不適法とする判断の際に確認の利益ないし確認対象の適否を問題としていることから、予備的請求だけでなく主位請求も共に「実質的当事者訴訟と解したと思われる」との指摘がなされている（判批②29頁、文献②392頁）。なお、本判決の時点までにあったいくつかの行政事件と考えられる確認訴訟についても、最高裁法廷意見は、それが抗告訴訟であるか公法上の当事者訴訟であるかについて沈黙しており、行訴法改正検討会も、確認訴訟と抗告訴訟・当事者訴訟の関係について特に結論を出しておらず、行政法学説上は、そもそも確認訴訟についてあまり論じられていない状況であった（中川・民商130巻6号1頁以下、9頁）。

　法律の違法（違憲）確認訴訟の活用可能性という観点からみたとき、本判決が、法律の違法（違憲）確認訴訟を訴訟要件のハードルが極端に高くなると予想される無名抗告訴訟として明確に分類しなかった点に意義を認める見解がある（判批①115頁）。現在では民事訴訟における確認対象の適切性に関するドグマは絶対的なものではないと解されているため、法律の違法（違憲）確認訴訟の活用につき今後の柔軟性を期待しうるからである。具体的には、①「法令の規定を新たに定めなければ原告の主張する法的地位が実現されない場合」、②「立法機関が原告の法的地位を認めるか否か、あるいは認める程度・態様について裁量を残している場合」には、裁判所は原告の法的地位の積極的確認をすることは権力分立との関係で問題を生じる可能性があることから、これらの場合には「原告の法的地位を侵害する点で法令の規定が違法であること」についての消極的確認が認められるべきであるとの指摘がある（判批②30頁）。この見方によれば、たとえば、本件確認請求は仮に平成10年改正前の時点であれば、①、②の要件をみたしているため、積極的確認は難しいものの、消極的確認が認められるべきであったことになる。これに対して、平成10年改正後の時点で改正前公選法の違法（違憲）確認を求めることの適法性につき調査官解説は、行訴法3条5項の不作為の違法確認の訴え係属中に、当該不作為に係る申請について行政処分がされた場合に、当該訴えが却下されると解されていること、および、「過去の事実又は法律関係の確認の訴えは原則として不適法と解されていることなどに照らすと、本件改正がされた後には、少なくとも比例代表選出議員の選挙の関係では、本件改正前の公職選挙法の違憲確認を求めることはできないというべきものとも考えられる」と述べている（判解①646頁）。

Questions

①事実関係の確認

問1 本判決において、「在外国民」「在外選挙制度」はどのように定義づけられているか。▶【1】

問2 本件改正前の公選法42条1項、2項にはどのようなことが定められていたか。選挙人名簿に登録されるのはどのような要件をみたした者か。在外国民は、なぜ、選挙人名簿に登録されなかったのか。▶【事案】【3】

問3 内閣は、昭和59年4月27日に、いかなる理由により、いかなる内容の法律案を国会に提出したか。また、その法案審議はどのような経緯をたどったか。▶【事案】【13】

問4 Xらは、平成8年10月20日に実施された衆議院議員の総選挙において投票ができたか。また、Xらは、誰を被告として、いかなる訴訟を提起したか。▶【事案】

問5 本件改正により、新たに何が調製されたか。本件改正により、公選法42条1項本文はどのように改められたか。本件改正において在外選挙制度選挙の対象となる選挙は、いかなる規定により、どのように限定されていたか。また、本件開催がなされたのは、Xらの訴え提起の前後いずれであるか。▶【事案】【2】【4】

問6 Xらは、原審段階において、在外国民であることを理由として選挙権の行使の機会を保障しないことは、憲法や条約の何条に違反すると主張していたか。また、Xらは、その主張に基づき、主位的に何の確認を請求し、予備的に何の確認を請求していたか。▶【5】

問7 Xらは、いかなる主張を根拠に、国家賠償請求をしたか。▶【6】

問8 原判決は、本件の各確認請求に係る訴えについてどのような裁判をしたか。また、本件の国家賠償請求についてどのような裁判をしたか。▶【7】

問9 本判決は、Xらの上告理由をどのように要約しているか。▶【7】

②判決の内容の確認

問10 本判決は、国民の代表者である議員を選挙によって選定する国民の権利は、どのようなものであり、また、どのように与えられるべきものとしているか。▶【8】

問11 本判決は、国民に対して、憲法は、何を固有の権利として保障しているとしているか。さらに、その趣旨を確たるものとするため、本判決は、憲法は何を保障しているとしているか。また、それらの保障を導く根拠として、本判決は、憲法の何条を挙げているか。▶【9】

問12 本判決は、国民の選挙権またはその行使の制限が許されるのはいかなる事由がなければならないとしているか。また、本判決がいうところの「やむを得ないと認められる事由」とは何か。▶【10】

問13 本判決は、やむをえない事由なしに国民の選挙権の行使を制限することは、憲法の何条に違反するとしているか。本判決は、国の不作為によって国民が選挙権を行使することができない場合についてどのように論じているか。また、自ら選挙の公正を害する行為をした者等の選挙権の制限についてはどのように論じているか。▶【10】

問14 本判決によれば、在外国民には、選挙権が保障されているか。本判決は、在外国民の選挙権行使について、国にはどのような責務があるとしているか。▶【11】

問15 本判決は、本件改正前の公選法において在外選挙制度が設けられていなかったのは、どのような理由に基づくものと考えているか。▶【12】

問16 本判決は、本件選挙において在外国民に投票を認めなかったことにやむをえない事由があったかという問題について、いかなる事情を考慮したうえで、いなかる結論を示しているか。本判決は、本件改正前の公選法の何が、憲法の何条に違反するとしたか。▶【13】

問17 本判決は、本件改正が、比例代表選出議員の選挙についてだけ在外国民の投票を認めるとしたことには、いかなる理由があったとしているか。▶【14】

問18 本判決は、衆議院小選挙区選出議員の選挙および参議院選挙区選出議員の選挙について在外国民に投票をすることを認めないことについて、いかなる事情を基礎として、何と結論づけているか。また、その結論はどの時点のものか。▶【14】

問19 本判決は、本件改正後の公選法のどの規定のどの部分が、憲法の何条に違反するとしているか。▶【14】

問20 本判決は、本件改正前の公選法がXらに衆議院議員の選挙および参議院議員の選挙における選挙権の行使を認めていない点において違法であることの確認を求める訴えについて、それはどのような法律関係の確認を求める訴えであるとしているか。また、この確認の訴えの適法性について、どのような理由により、どのような結論を示しているか。▶【15】

問21 本判決は、本件改正後の公選法が、Xらに衆議院小選挙区選出議員の選挙および参議院選挙区選出議員の選挙における選挙権の行使を認めていない点において違法であることの確認を求める訴えの適法性について、どのような理由により、どのような結論を示しているか。▶【16】

問22 本判決は、本件の予備的確認請求に係る訴えを、何の法律関係に関する確認の訴えと解しているか。また、その確認の訴えについて、いつの何の選挙において、何のために、いかなる権利の確認をあらかじめ求める訴えであると解しているか。▶【17】

問23 本判決は、具体的な選挙につき選挙権を行使する権利の有無について争いがある場合にこれを有することの確認を求める訴えは、いかなる場合に確認の利益が肯定されるとしているか。また、そこではいかなる理由が提示されているか。本判決は、本件の予備的確認請求に係る訴えの確認の利益および法律上の争訟該当性についていかなる結論を示しているか。▶【18】

問24 本判決は、本件の予備的確認請求に係る訴えをどのような趣旨のものと捉えたうえで、その適法性について、どのように結論づけているか。また、その認容の是非についてどのように判断しているか。▶【19】【20】

問25 本判決は、国会議員の立法行為または立法不作為が国家賠償法上違法となるかどうかの問題と当該立法の内容または立法不作為の違憲性の問題との関係について何

と述べているか。また、本判決は、国会議員の立法行為または立法不作為は、いかなる場合に、国家賠償法1条1項の規定の適用上、違法の評価を受けるとしているか。本判決は、本判決の判断基準と昭和60年判決の判断基準との関係についてどのように述べているか。▶【21】

問26 本判決は、本件の立法不作為について、どのような事情を挙げて、それを例外的な場合としているか。また、本判決は、過失の有無について何と述べているか。本判決は、Xらは、何によって、何を被ったとしているか。▶【22】

問27 本判決は、いかなる事情によりXらの被った精神的損害は相当程度回復されるとしているか。本判決は、損害賠償として各人に対しいくらの慰謝料の支払を命じているか。▶【23】

③応用問題

問28 本判決は、昭和60年最判を明示的に変更していないが、昭和60年最判の定立した基準と本判決が国家賠償請求について判断する際に定立した基準とは、実質的にみるとどのような関係に立つと考えられるか。

問29 本判決は、在外投票制度の創設・設計に関する国会の裁量について、どのように理解していると考えられるか。また、その理解は、昭和60年最判およびこれまでの議員定数不均衡に関する累次の判例における、選挙制度に関する国会の裁量理解とどのような関係に立つと考えられるか。

問30 多数意見と横尾・上田反対意見は、いかなる論点におけるいかなる対立により異なる結論に至っているか。

問31 多数意見および福田補足意見と、泉反対意見は、いかなる論点におけるいかなる対立により異なる結論に至っているか。

○ **関連判決**（本書所収以外のもの）
東京地判平成23年4月26日判時2136号13頁〔在外日本国民の最高裁判所裁判官国民審査権事件〕

○ **本判決の調査官解説**
杉原則彦「判解」最高裁判所判例解説民事篇平成17年度(下)603頁（判解①）

○ **その他の判例解説・判例批評**
泉徳治「判解」最高裁判所判例解説民事篇昭和60年度366頁（判解②）
匿名解説「判批」判例タイムズ1191号（2005年）143頁
越智敏裕「判批」行政判例百選Ⅱ〔第6版〕（2012年）442頁
木村琢麿「判批」平成17年度重要判例解説（2006年）50頁
野坂泰司「判批」法学教室315号（2006年）77頁
山田洋「判批」論究ジュリスト3号（2012年）109頁（判批①）
山本隆司「判批」法学教室308号（2006年）25頁（判批②）
米沢広一「判批」平成17年度重要判例解説（2006年）2頁

○ **参考文献**
泉徳治『一歩前へ出る司法―泉徳治元最高裁判事に聞く』（日本評論社、2017年）（文献①）
高橋和之『体系憲法訴訟』（岩波書店、2017年）（文献②）
戸波江二「立法の不作為の違憲確認」芦部信喜編『講座憲法訴訟（第1巻）』（有斐閣、1987年）355頁（文献③）
樋口陽一「利益代表・地域代表・職能代表と国民―最高裁判決のなかの議会制像を手がかりに」ジュリスト859号（1986年）12頁（文献④）
福田博『「一票の格差」違憲判断の真意』（ミネルヴァ書房、2016年）
福田博『世襲政治家がなぜ生まれるのか？―元最高裁判事は考える』（日経BP社、2009年）（文献⑤）
喜多村洋一「在外邦人選挙権訴訟最高裁判決」長谷部恭男編『論究憲法』（有斐閣、2017年）201頁（文献⑥）

関連立法資料

【平成10年改正、内閣法案提出理由】

> 第140回国会　衆議院　公職選挙法改正に関する調査特別委員会議録　第8号　平成9年6月12日（木曜日）より

○白川国務大臣　ただいま議題となりました公職選挙法の一部を改正する法律案の提案理由とその要旨について御説明申し上げます。

御承知のように、近年、さまざまな分野において国際化が急速に進展し、我が国の国際社会において果たすべき役割が増大いたしております。これに伴い、国外に多数の国民が居住することとなっております。

これら国外に居住する者につきまして、選挙権行使の機会を保障するため、在外選挙人名簿の登録制度及び在外投票制度を創設する必要があると考えます。……

【在外選挙制度が存在しないことの憲法適合性について】

> 第140回国会　衆議院　公職選挙法改正に関する調査特別委員会議録　第8号　平成9年6月12日（木曜日）より

（公職選挙法の一部を改正する法律案（石井一君他3名提出、衆法第18号）の提案理由として）
○石井（一）議員　ただいま議題となりました公職選挙法の一部を改正する法律案につきまして、提案理由及びその内容の概要を御説明申し上げます。

今日、通信手段の発達に伴い、在外邦人の多くは、日本の国内情報を相当に入手することができるようになっています。行財政改革、規制緩和、地方分権等、我が国がその将来を左右するさまざまな困難な課題に直面する中、真摯に国を憂い、少しでもこの国をよくしたい、そのためにみずからの意見を国政の場に届けたいという多くの在外邦人の声は日に日に高まっております。そして、昨年には、在外邦人に選挙権行使の機会が保障されていないのは憲法違反であるとして、国を被告とする訴訟が在外邦人から提起されるに至っております。（中略）このような状況にあって、在外選挙制度の創設をこれ以上先送りすることは、政治の怠慢とのそしりを免れません。早急に、在外選挙制度を創設し、在外邦人に可能な限り選挙権の行使の機会を広く保障するべきであります。私たち新進党、太陽党は、このような認識に立ち、今回の案を提出するに至った次第であります。……

> 第142回国会　衆議院　公職選挙法改正に関する調査特別委員会議録　第3号　平成10年4月3日より

○東中委員　在外選挙法案について、私たちは、選挙権というのは憲法が保障する国民の基本的な権利である、それから国民主権と議会制民主主義の根本をなす最も重要な権利である、国民の選挙権は平等に保障されなければならない、こういうふうに考えております。憲法の前文にしましても、15条、14条、44条にいたしましても、貫かれている立場だと思うのです。

したがって、海外に在住する日本国民の選挙権行使を保障することは憲法上の要請であり、海外勤務、留学などで外国に長期滞在している者はもちろん、当該国で永住権を取得している者を含めて、日本国籍を有する者、日本国民に、その居住地が国内か国外か、どこの国に住んでいるか、こういうことにかかわらず、基本的に選挙権を行使する機会を保障すべきものだというふうに考えております。

そういう点からいって、今回の在外選挙法案は、これまで公選法の規定によって憲法上の権利である選挙権の行使を奪われていた海外在住の日本国民に、国政選挙で選挙権を行使する道を初めて開くのだという点で、憲法上当然のことを、しかしやっと実現するに至ったのだ、そういう意味で、これは日本の歴史始まって以来のものですから、非常に意義深いものだ、こう思っています。……

【比例代表選挙に限定することの適否及びその憲法適合性について】

> 第142回国会　衆議院　公職選挙法改正に関する調査特別委員会議録　第3号　平成10年4月3日より

○上杉国務大臣　御承知のとおり、比例代表選挙というのは、個人名を書きます選挙と違いまして、これは政党名を書くわけでございます。小選挙区あるいは参議院の選挙区、両選挙は個人名を書いてということになれば、当然、その個人の人となりあるいは政策なり、そういうものについては12日あるいは17日間の間に周知徹底がなされるわけでございます。しかし、海外におきまして、海外の有権者の皆さんにおいてこれを周知徹底するというのは極めて困難な状況にあるという判断をいたしておるわけでございます。さような意味で、比例代表選挙区に限っておるわけでございますが、政党の主張あるいは政策等につきましては、現状におきましても、常日ごろからテレビ、ラジオ等を通じましてもう海外にも伝わっておりますから、当然そのことについては、有権者としてそれらを知る、あるいは情報を得るという立場に海外といえども立っておられる。そういう意味で、実は今回は比例選挙区のみに限ったものといたしたわけでございます。

これをできるだけ早くということでもございますが、何しろ初めての試みでもございまして、それらの選挙を何回か経験をする中で、今委員がおっしゃいましたように、比例あるいは選挙区選挙ともそれらに投票権が付与されておるわけでございますから、経験を踏まえた上でこの点については早くということを考えておりますが、当分の間は比例選挙のみに限って、在外公館における投票の実績あるいは選挙に対する体制のありよう、そういうものも見きわめた上で判断をしていかなければならない、このように考えておるところでございます。

○田中（甲）委員　御答弁ありがとうございます。

当分の間というのは、私は非常にあいまいな表現であるなということを感じざるを得ないのです。自治大臣も当然、専門でございますから、その点を御理解、認識をされてお使いになられていると思うのですけれども、地方自治法の第250条、これはよく引き合いに出されるところでありますが、この法文の間で使われている当分の間というのは、地方債を起こす並びに起債の方法、利率等に関して、自治大臣または都道府県知事の許可を受けなければならない、当分の間と言われて既に50年たっているという、悪しき自治にかかわる当分の間の期間が極めて不明確であるということが言われ尽くされていますから、ぜひさらに強い言葉で表現をして、早く在外の方々の期待にこたえるという姿勢をぜひとも持っていただきたいと思うのであります。

違う法律の例を挙げましたけれども、この在外邦人の法案に関しましても、最初に出されたのがいつなのかということを確認してみましたら、鈴木善幸首相のときに、給与法関連で、在外公館の名称及び位置並びに云々という長い法案の附帯決議で、在外邦人が選挙権の行使ができるよう適切な措置を検討するようにということが盛り込まれました。1982年、既に16年たっております。

つまり、附帯決議の強さというのは法的な拘束力がありませんから、やはりここでしっかりとした大臣の御答弁というものをもう一度いただいておきたい。当分の間という表現ではなく、さらに強く、在外の邦人の期待にこたえるように、そんな気持ちを持たれているという御答弁をいただければ、私が喜ぶのではなくて在外の皆さん方が喜びますので、どうぞよろしくお願いいたします。

○上杉国務大臣　50年もたって当分の間ということには、この選挙、ならないものと考えておりますが、まずは、初めての試みでございますから、在外公館における選挙の実績というものを十分踏まえ、それらを見きわめた上で、当分の間はこれさせていただきたい、いましばらくの時間をちょうだいすればありがたい、こう考えておるところでございます。
（中略）

○遠藤（和）委員　私が尋ねているのは、この附則に書いて、当分の間比例代表の選挙に限るとしたのは、憲法上合理的なものを満たしているものではないと私は思っているのですね。あくまでも本則にあるのが憲法上の理想でございますし、理念をそのまま受けたものであると思います。あとは技術的な問題として、周知徹底とか、そういう初めての試みであるとかいう理由によって経過措置として附則に書いた、こう理解してよろしゅうございますかという質問でございます。
○上杉国務大臣　この点につきましては、あくまでこれは暫定措置であることから、附則に規定することとさせていただいた、そのような御理解で結構かと思います。
○遠藤（和）委員　その暫定措置というのは、やはり短いのが暫定措置でございまして、50年もかかる暫定措置はないのでございますから、大臣、これは実施したら可及的速やかに全面的に投票権を認める、こういうふうなことを意気込みとして示す必要があると思いますが、いかがでしょう。
○上杉国務大臣　なかなか日本語の表現、難しゅうございまして、可及的速やかにと言うと、次の選挙からでも、こうなるわけでございまして、ひとつこの比例選挙区の実績を積み上げ、在外公館の選挙事務の処理、あるいは選挙していただく皆さんの投票権の行使というものが実態的にどうであったか、そういうものも十分見きわめさせていただき、検討をさせていただきたい。気持ちとしては、可及的速やかにやるというのはこれはよく理解をできるところでございます。
（中略）
○堀込議員　前段の問題意識は、私は今大臣答弁を聞いておりましたが、東中委員と全く同じでございまして、名簿届け出政党、候補者届け出政党の小選挙区のことも、片方でできれば片方も周知できる、こういうふうに思っておりますし、現にこの間も、昨年もこの委員会で海外の皆さんと接触をしてまいりましたが、海外で選挙権を行使しようとする人たちは自分の選挙区についても、私どもが国内で想像する以上に大変注目をし、興味を持っていらっしゃるということでありますから、この「当分の間、」はできるだけ速やかに実行すべきだ。
　私どもの理解としては、この法律案が、もしこの後参議院を通過させていただければ、施行まで2年の猶予といいますか、習熟期間がございますから、2001年の参議院選挙はやむを得ないな、しかし、次の2004年の参議院選挙までには、この参議院選挙はきちんとやはり両方の選挙ができるという期待を持って、私どもはこれからもそういう運動を進めたいというふうに思いますし、そういう期待を込めて今提案者の立場でもこういうふうに答弁をさせていただいておるということを申し上げたいと思います。
（中略）
○西野委員　ただいま議題となりました附帯決議案につきまして、提出者を代表いたしまして、その趣旨を御説明申し上げます。
　案文を朗読いたしまして説明にかえさせていただきます。
　　公職選挙法の一部を改正する法律案に対する附帯決議（案）
　本法の施行に当たり、政府は、次の事項について善処すべきである。
　　一　衆議院小選挙区選出議員選挙及び参議院選挙区選出議員選挙については、本法による在外選挙の実施状況を踏まえ、可及的速やかに在外選挙の対象とする措置を講ずるものとすること。（中略）以上であります。
　何とぞ委員各位の御賛同をお願い申し上げます。
（中略）
○葉梨委員長　起立総員。よって、本案に対し附帯決議を付することに決しました。……
○上杉国務大臣　ただいまの附帯決議につきましては、政府といたしましても、その御趣旨を尊重し、善処してまいりたいと存じます。
　ありがとうございました。

第142回国会　参議院　地方行政・警察委員会会議録第11号　平成10年4月16日より

○参考人（戸波江二君）　……ただ一言申し上げさせていただきますと、やはり小選挙区を除外するという積極的な理由がどうも乏しいというふうに思うんです。つまり、技術的には問題ありませんし、先ほど中條参考人の方からも御意見がありましたように、データはすぐ瞬時に伝わるわけですので、ファクスにせよあるいはインターネットにしろ情報は海外の方は非常にとりやすい。（中略）そう考えますと、小選挙区についても、どういう方が立候補者として立っているかというデータはそれぞれの在外選挙人の方が収集されてどの方がいいかという判断をして投票される、それに任せるということというふうに割り切らざるを得ないのじゃないか。

これは当分の間であって、しばらくたつと事態が好転するかといっても好転しないわけで、そうだったらもうここでもって決定するという方がよろしいんですが、先ほど申しましたように、最終的な判断はこちらですから、まず通すということでもって議員の方々の意思の一致を確認するということが先かというふうに思います。
（中略）
○参考人（戸波江二君）　……一つは訴訟の問題でありまして、憲法上、現在在外選挙制度がないことの合憲性の問題につきましては、私ども先ほど申しましたように、かなり違憲という判断ができるのではないかということでございます。基本的に本来選挙権を持っている方が選挙に参加できない、しかも日本国内に住所がないと選挙権を持たなくてよいということについての積極的な立証というのは、実は今まで議論もないんですね。

外国を見ますと、外国に住んでいる人については選挙権を与えなくてもよいんだという議論をきちんとしまして、しかしそれはもう通用しないということでもって制度をどんどん変えているというのが実情であります。

それともう一つ、選挙制度をつくるということは手間がかかりますので、やはり議会の中でもって検討するという時間的な余裕がなくちゃいけないので、在外選挙制度がないからすぐ憲法違反だというわけにはいかないんです。1984年に出ているんですね、それからもう13、4年たっているのにまだできていないということなどを考えますと、国会の怠慢ではないかという議論もあり得るところでありまして、その点からも裁判所としては違憲という結論が。

ただ、日本、手続的にはちょっといろいろ問題がありますから、直ちに裁判所がそう出るかわかりませんけれども、やはり憲法上は非常に厳しい状況にあるということであります。

それから、2点目の選挙公報。選挙の実施手続の過程で、比例区に限定していて、その選挙公報が配れないということの御指摘がありました。選挙期間が短いという御指摘がありました。

これも憲法学会では、御指摘のように選挙というのを候補者の方の都合でもって12日というふうに短くしているのであって、実は選挙民が選挙にかかわるということからすればもっと選挙期間は長くていいんじゃないかという議論もございますし、それを考えますと御指摘のとおりの問題はございます。

それから、在外選挙につきまして、情報がどうしても不足するということは制度的にこれはやむを得ないところでありまして、問題はやむを得ないことのゆえに小選挙区について投票を認めないという判断がよいかどうかという価値考量の問題になると思います。先ほどから何遍もしましたように、情報は実際には、選挙についても実は12日前に初めて立候補するんじゃなくて、新聞では12日前にはもう当落の予想が出ているというのが実際のことであります。そのニュースがもう実際に外国の方にも流れているということを踏まえますと、余り建前論でもって選挙公報が来るのが12日前で、それから選挙公報が届かないと周知できないんじゃないかというのは、選挙の形状、公式的な流れはそうですけれども、実際には違っている。

むしろ肝心なのは、選挙権を与えて選挙していただくということの方が重要ではないかと、御指摘のとおりに思っています。

64 精神的原因による投票困難者事件

最高裁平成18年7月13日第一小法廷判決　平成17年(オ)第22号・平成17年(受)第29号：損害賠償請求事件
判タ1222号135頁

事案

　成年であるX（原告、控訴人、上告人）は、候補者を自己の判断で選び、投票用紙にその氏名を自書する能力がありながら、いわゆるひきこもりの傾向があり、外出先で他人の姿を見ると身体が硬直し身動きが著しく困難になるなどの症状が現れるため、公選法44条1項所定の投票所において投票を行うことが極めて難しい状態であったところ、平成12年2月および4月に行われた地方公共団体の長の選挙ならびに同年6月に行われた衆議院議員総選挙において、いずれについても投票を行うことができなかった。そこでXは、国を被告（被控訴人・被上告人）として、精神的原因による投票困難者に対して選挙権行使の機会確保のための立法措置をとらなかったという立法不作為等が国家賠償法1条1項の適用上違法であると主張し、慰謝料等の支払いを求めて出訴した。

　これまで公選法において、精神的原因による投票困難者が投票制度の拡充の対象とされたことはなく、国会において議論されたこともほとんどなかったが、平成15年2月10日にXの請求を棄却する第一審判決（大阪地判平15・2・10判時1821-49）が言い渡された後、日弁連や複数の地方公共団体の議会の意見書提出をきっかけに、精神的原因による投票困難者に関する国会での質疑等がなされた。原審（大阪高判平16・9・16判例集未登載）も昭和60年最判（在宅投票制度廃止事件判決〔本書62事件〕）の基準を適用し、Xの請求を棄却したが、平成17年最判（在外日本人選挙権事件判決〔本書63事件〕）が言い渡されたことを受け、改めて大法廷判決の説示をふまえたうえで示されることとなったのが本判決の判断である。

■参考条文（特に表記がない場合は判決当時のもの）

公職選挙法
第44条〔第1項〕選挙人は、選挙の当日、自ら投票所に行き、投票をしなければならない。
第49条（平成12年2月及び同年4月に行われた地方公共団体の長の選挙当時）　選挙人で選挙の当日次の各号に掲げる事由のいずれかに該当すると見込まれるものの投票については、政令で定めるところにより、第42条〔選挙人名簿の登録と投票〕第1項ただし書、第44条〔投票所においての投票〕、第45条〔投票用紙の交付及び様式〕、第46条〔投票の記載事項及び投函かん〕第1項から第3項まで、前条及び次条の規定にかかわらず、不在者投票管理者の管理する投票を記載する場所において行わせることができる。
（1）職務若しくは業務又は自治省令で定める用務に従事すること。
（2）用務（前号の自治省令で定めるものを除く。）又は事故のためその属する投票区の区域外に旅行又は滞在をすること。
（3）疾病、負傷、妊娠、老衰若しくは身体の障害のため若しくは産褥じよくにあるため歩行が困難であること又は監獄、少年院若しくは婦人補導院に収容されていること。
（4）交通至難の島その他の地で自治省令で定める地域に居住していること又は当該地域に滞在をすること。
（5）その属する投票区のある市町村の区域外の住所に居住していること。
2　選挙人で身体に重度の障害があるもの（身体障害者福祉法（昭和24年法律第283号）第4条に規定する身体障害者又は戦傷病者特別援護法（昭和38年法律第168号）第2条第1項に規定する戦傷病者であるもので、政令で定めるものをいう。）の投票については、前項の規定によるほか、政令で定めるところにより、第42条第1項ただし書、第44条、第45条、第46条第1項から第3項まで、前条及び次条の規定にかかわらず、その現在する場所において投票用紙に投票の記載をし、これを郵送する方法により行わせることができる。

Navigator

　本判決は、公選法が精神的原因によって投票所に行くことが困難な者に対して選挙権行使の機会を保障する立法措置をとっていなかったことの適否等が争われた事案について、最高裁第一小法廷が国家賠償法上の違法性を否定して、上告人らの請求を棄却したものである。
　選挙権侵害を理由とした立法不作為の違憲性に関する最高裁の判断として、昭和60年最判および平成17年最判に次ぐ本判決の意義は大きく分けて2点ある。第1に、精神的原因による投票困難者に対する立法不作為について国家賠償法上の違法性を否定した点、第2に、選挙権またはその行使に対する制約に係る平成17年最判の定立した厳格な判断枠組みが精神的原因による投票困難者にも妥当することを示した点である。
　なお、以下の表は、本判決を含めた三つの最高裁判決と、その特徴である。三つの判決を一貫したものとして説明可能かどうかに留意しつつ、本判決を読んでみてほしい。

	昭和60年最判	平成17年最判	本判決
投票の困難性	「担架等によるのでなければ……行くことができな」い	「選挙人名簿に登録されない結果、投票をすることができな」い	「全く不可能と認めるには至らないが、……投票所における投票をすることが極めて難しい状態」
国会の審議状況	在宅投票制度は昭和27年法律第307号の施行前公選法で定められていたが、同法律により廃止された	昭和59年内閣から法案提出があるも、実質的な審議は行われず、同61年の衆院解散により廃案になり、平成10年改正まで「放置」された	これまで国会で議論されたことはなかったが、第一審判決後、複数団体による意見書をきっかけに、国会での質疑等がなされた
立法内容の違憲性	合憲？ （調査官解説：合憲）	違憲	言及なし （泉補足意見：違憲）
国家賠償法上の違法性	違法性なし	違法	違法性なし
確認請求		認容	

判　決

　　　　　　　○ 主　　　文
本件上告を棄却する。
上告費用は上告人の負担とする。
　　　　　　　○ 理　　　由
上告代理人淺野省三ほかの上告理由及び上告受理申立て理由第1章第4の2について

[1]　1　原審の適法に確定した事実関係の概要等は、次のとおりである。

[2]　(1)　上告人は、精神発達遅滞及び不安神経症のため、いわゆるひきこもりの傾向があり、平成11年3月に養護学校の高等部を卒業後、障害者通所施設に通ったこともあったが、同年夏ころからひきこもりの状態が続き、平成12年初めころ以降、完全に家庭内にひきこもるようになった。上告人は、外出先で他人の姿を見ると身体が硬直し身動きが著しく困難になるなどの症状が現れるため、公職の選挙の際に投票所に行くことが困難であり、現行選挙制度の下で選挙権を行使することが全く不可能と認めるには至らないが、公職選挙法44条1項所定の投票所における投票をすることが極めて難しい状態であると認められる。しかし、上告人は、家庭内では、新聞を読み、テレビを見、親しい知人との間では電話をするなどしており、公職の選挙において、候補者を自己の判断で選び、投票用紙にその氏名を自署する能力を有するものと推認される❶。

[3]　(2)　大阪府は、昭和48年9月27日付け児発第725号厚生省児童家庭局長通知「療育手帳制度の実施について」に基づき、知的障害のある者に対し療育手帳を交付する制度を設けているが、平成10年1月、上告人に対し、精神発達遅滞及び不安神経症との診断により総合判定A（重度）と判定して療育手帳を交付している❷。

[4]　(3)　上告人は、平成11年9月に成年に達したが、上記(1)の状態にあって投票所に行くことができず、平成12年2月及び同年4月に行われた地方公共団体の長の選挙並びに同年6月に行われた衆議院議員総選挙（以下、これらを一括して「本件各選挙」という。）において、各投票を棄権した❸。

[5]　(4)　昭和27年法律第307号による改正前の公職選挙法及びその委任を受けた公職選挙法施行令は、疾病、負傷、妊娠若しくは身体の障害のため又は産褥にあるため歩行が著しく困難である選挙人について、投票所に行かずにその現在する場所において投票用紙に投票の記載をして投票をすることができるという制度（以下「在宅投票制度」という。）を定めていた。しかし、精神的な原因によって投票所に行くことが困難な者（以下「精神的原因による投票困難者」という。）は、在宅投票制度の対象者とはされていなかった❹。

[6]　上記昭和27年法律第307号によって在宅投票制度が廃止された後、昭和49年法律第72号による公職選挙法の改正（以下「本件改正」という。）及びこれに伴う同法施行令の改正により、身体障害者福祉法において定められた身体障害者のうち身体障害者手帳に記載された特定の障害の程度が一定程度以上の者、戦傷病者特別援護法において定められた戦傷病者のうち戦傷病者手帳に記載された特定の障害の程度が一定程度以上の者を対象として、その現在する場所において投票用紙に投票の記載をし、これを郵送する方法による投票の制度（以下「郵便投票制度」という。）が設けられた❺。

[7]　(5)　本件改正後から本件各選挙までの間、身体に障害がある者に係る投票制度の拡充については、国会において、請願の採択や質疑等がされてきた。しかし、精神的原因による投票困難者に係る投票制度の拡充については、国会においてほとんど議論されなかった❻。

[8]　(6)　日本弁護士連合会は、平成12年8月11日付けで、衆参両議院議長等に対し、障害者の選挙権行使の機会確保に関する要望書を提出したが、同要望書においても、視聴覚障害者や筋萎縮性側索硬化症の患者（いわゆるALS患者）の選挙権行使を実質的に保障するための立法措置などの要望が記載されていたのみで、精神的原因による投票困難者の選

---

❶　[2]から[11]では、原審の適法に確定した事実関係の概要が説明されている。そのうち、[2]から[4]は、司法事実に関する説明となっており、まず、[2]では、Xの状況が説明されている。Xは、精神発達遅滞および不安神経症のため、いわゆるひきこもりの傾向にあったことから、投票所での投票が「全く不可能」ではないまでも、「きわめて難しい状態」であったことが認定されている。また、ここでは、Xが家庭内では新聞やテレビを読んでおり、選挙で候補者を自ら選び、投票用紙に自署する能力も有していることが推認されるとの認定も行われている。

❷　[3]では、Xが大阪府から療育手帳の交付を受けていることが指摘されている。療育手帳の交付対象者は、郵便投票制度の対象者としては認められていない。ただ、泉補足意見は、この療育手帳のほか、医師の診断書と精神障害者保健福祉手帳等を併用することで、投票困難者の認定が可能である旨指摘している。

❸　[4]では、Xが平成11年9月に成年に達した後も、[2]で指摘された状態のため、投票所に行けなかったことから、地方公共団体の長の選挙および衆議院議員総選挙において各投票を棄権した旨説明がなされている。

❹　[5]から[10]では、精神的原因による投票困難者の選挙権行使をめぐる法制度と国会での議論状況が説明されている。まず、[5]では、昭和27年改正前には広範な投票困難者を対象とした在宅投票制度が設けられていたが、その制度のもとでも、精神的原因による投票困難者は在宅投票制度の対象となっていなかったことが指摘されている。なお昭和27年改正前の在宅投票制度を廃止し、復活しなかったことの合憲性・違法性が争われたのが平成17年最判（在宅投票制度廃止事件〔本書62事件〕）である。

❺　[6]では、在宅投票制度が廃止された後の昭和49年改正（本件改正）によって、障害の程度が一定以上の身体障害者については、その現在する場所において投票用紙に投票の記載をし、これを郵送する方法による投票の制度（郵便投票制度）が設けられたことが指摘されている。

❻　[7]では、国会において、身体障害者を対象とした投票制度の拡充については、請願の採択や質疑等がなされたことがあるものの、精神的原因による投票困難者に係る投票制度の拡充についてはほとんど議論がなされてこなかったことが指摘されている。

❼　[8]では、平成12年8月11日に、衆参両議院議長等に日弁連が提出した障害者の選挙権行使の機会確保に関する要望書には、視聴覚障害者や筋萎縮性側索硬化症の患者（ALS患者）を対象とした立法措置の要望は記載されていたが、精神的原因による投票困難者の選挙権行使の機会確保については、特段の記載がな

挙権行使の機会の確保については特段の記載はなかった❼。

[9]　(7)　身体に障害がある者に係る投票制度の拡充については、平成15年法律第127号による公職選挙法の改正及びこれに伴う同法施行令の改正により、介護保険法に規定する要介護者のうち被保険者証に要介護状態区分が要介護5である者として記載されている者を新たに郵便投票制度の対象者とするなどの立法措置が執られたが、精神的原因による投票困難者の選挙権行使については、特段の立法措置は執られていない❽。

[10]　(8)　平成15年2月10日に本件訴訟の第1審判決が言い渡された後、衆参両議院議長等に対し、日本弁護士連合会が、「ひきこもり症状をもつ人」の選挙権行使の機会を確保する制度の創設等を要請する意見書を提出し、また、複数の地方公共団体の議会が、地方自治法99条に基づき、精神的原因による投票困難者を含む投票が困難な国民について、郵便投票制度の対象者の拡大を図ることなどを要請する意見書を提出し、これらをきっかけとして、国会において、精神的原因による投票困難者の選挙権行使の問題についての質疑等がされた❾。

[11]　2　本件は、上告人が、精神的原因による投票困難者に対して選挙権行使の機会を確保することは憲法の命ずるところであるから、国会議員が本件各選挙までに上記機会を確保するための立法措置を執らなかったという立法不作為（以下「本件立法不作為」という。）などが、違憲であり、国家賠償法1条1項の規定の適用上、違法の評価を受けると主張して、被上告人に対し、本件各選挙において選挙権を行使できなかったことによる慰謝料等の支払を求める事案である❿。

[12]　3(1)　国会議員の立法行為又は立法不作為が国家賠償法1条1項の適用上違法となるかどうかは、国会議員の立法過程における行動が個別の国民に対して負う職務上の法的義務に違背したかどうかの問題であって、当該立法の内容又は立法不作為の違憲性の問題とは区別されるべきであり、仮に当該立法の内容又は立法不作為が憲法の規定に違反するものであるとしても、直ちに違法の評価を受けるものではないこと、しかし、立法の内容又は立法不作為が国民に憲法上保障されている権利を違法に侵害するものであることが明白な場合や、国民に憲法上保障されている権利行使の機会を確保するために所要の立法措置を執ることが必要不可欠であり、それが明白であるにもかかわらず、国会が正当な理由なく長期にわたってこれを怠る場合などには、例外的に、国会議員の立法行為又は立法不作為は、国家賠償法1条1項の規定の適用上、違法の評価を受けるものというべきであることは、当裁判所の判例とするところである（最高裁平成13年（行ツ）第82号、第83号、同年（行ヒ）第76号、第77号同17年9月14日大法廷判決・民集59巻7号2087頁）⓫。

[13]　(2)　憲法における選挙権保障の趣旨にかんがみれば、国民の選挙権の行使を制限することは原則として許されず、国には、国民が選挙権を行使することができない場合、そのような制限をすることなしには選挙の公正の確保に留意しつつ選挙権の行使を認めることが事実上不可能ないし著しく困難であると認められるときでない限り、国民の選挙権の行使を可能にするための所要の措置を執るべき責務があるというべきである（上記大法廷判決参照）。このことは、国民が精神的原因によって投票所において選挙権を行使することができない場合についても当てはまる。しかし、精神的原因による投票困難者については、その精神的原因が多種多様であり、しかもその状態は必ずしも固定的ではないし、療育手帳に記載されている総合判定も、身体障害者手帳に記載されている障害の程度や介護保険の被保険者証に記載されている要介護状態区分等とは異なり、投票所に行くことの困難さの程度と直ちに結び付くものではない。したがって、精神的原因による投票困難者は、身体に障害がある者のように、既存の公的な制度によって投票所に行くことの困難性に結び付くような判定を受けているものではないのである。しかも、前記事実関係等によれば、身体に障害がある者の選挙権の行使については長期にわたって国会で議論が続けられてきたが、精神的原因による投票困難者の選挙権の行使については、本件各選挙までにおいて、国会でほとんど議論されたことはなく、その立法措置を求める地方公共団体の議会等の意見書も、本件訴訟の第1審判決後に初めて国会に提出されたというのであるから、少なくとも本件各選挙以前に、精神的原因による投票困難者に係る投票制度の

かった旨の説明がなされている。

❽　【9】では、平成12年の日弁連からの要望書やALS患者が選挙権を行使できるような投票制度が設けられていないことを違憲とする裁判例（東京地判平14･11･28判夕1114-93）が出される中で、国会が、平成15年改正により身体障害者に対する投票制度の拡充を行ったが、そこでも、精神的原因による投票困難者に対しては、特段の立法措置が採用されていなかったことが指摘されている。

❾　【10】では、平成15年2月10日の本件訴訟の第一審判決後に初めて精神的原因による投票困難者に対する投票制度の拡充を求める意見書が日弁連や地方議会より提出されたこと、そして、それを契機として国会でも質疑等がなされたことが指摘されている。

❿　【11】では、Xの請求内容が記述されている。本判決は、Xの請求内容を国会議員が精神的原因による投票困難者に対して選挙権行使の機会を確保するための立法措置をとらなかったという「立法不作為」が違憲であり、国家賠償法1条1項の規定の適用上違法の評価を受けるとの主張に基づくものであると整理している。

⓫　【12】では、立法行為の違法性判断に関して、平成17年最判によって実質的に修正された判断枠組みである、(1)憲法上の権利侵害の明白性、または(2)憲法上の権利行使機会保障のための立法措置の必要不可欠性かつその明白性および長期の懈怠等が挙げられている。昭和60年最判の判断枠組みにおいて「例外的」場合を修飾していた「立法の内容が憲法の一義的な文言に違反しているにもかかわらず国会があえて当該立法を行うというがごとき、容易に想定し難いような」という形容句は、平成17年最判と同じくここでも現れていない。
なお、平成17年枠組みのうち本件が(1)、(2)のどちらにあたるかは明示されていないが（いわゆる前段・後段問題。平成17年最判（在外日本人選挙権事件【本書63事件】）の【補足説明】参照）、本件が比較的純粋な立法不作為に分類しやすいこと、および【14】の書きぶりからみて、(2)（＝後段）事例であることが前提となっているものと考えられる。

⓬　【13】では、本件立法行為の国家賠償法上の違法性について論じられている。
まず、平成17年最判で在外選挙制度を創設しなかったことに関する立法不作為の違憲性を審査する際に用いられた厳格審査基準が、本件のような精神的原因による投票困難者の事例にも妥当することが示されている（第1文、第2文）。これは、本件立法内容の違憲性の問題（憲法上の立法義務）の問題であるから、【12】で提示された平成17年枠組みのうち、憲法上の権利行使機会保障のための立法措置の必要不可欠性に対応すると考えられる。この立法義務の存否について、本判決は明示していない（なお、【14】および泉補足意見参照）。判例タイムズの匿名解説では、本判決は、精神的原因による投票困難者の選挙権行使を可能にする何らかの投票制度を設ける必要があるという「一般的な意味での立法措置の必要性を前提とし」ているとされる（判夕1222号135頁）。
次に、精神的原因による投票困難者は、既存の公的制度によって投票困難性の判定を受けていないこと（第3文、第4文）、本件各選挙以前にこれが立法課題として取り上げられる契機がなかったこと（第5文）が示されている。これらが【12】で提示された平成17年枠組みのうちいずれの要件（特に、明白性か長期懈怠か）に対応するかは明示されていない。

[14] 　(3)　以上によれば、選挙権が議会制民主主義の根幹を成すものであること等にかんがみ（上記大法廷判決参照）、精神的原因による投票困難者の選挙権行使の機会を確保するための立法措置については、今後国会において十分な検討がされるべきものであるが、本件立法不作為について、国民に憲法上保障されている権利行使の機会を確保するために所要の立法措置を執ることが必要不可欠であり、それが明白であるにもかかわらず、国会が正当な理由なく長期にわたってこれを怠る場合などに当たるということはできないから、本件立法不作為は、国家賠償法1条1項の適用上、違法の評価を受けるものではないというべきである❸。

[15] 　(4)　上告人は上告理由において本件改正に係る立法行為及び本件立法不作為の違憲を主張するが、本件改正に係る立法行為は、上告人の選挙権を侵害するものではないことが明らかであるし、本件立法不作為は、上記のとおり、国家賠償法1条1項の適用上、違法とはいえないのであるから、同主張について判断するまでもなく上告人の請求に理由がないことは明らかである。また、上告人は原判決の理由の不備を主張するが、同主張は原判決の結論に影響を及ぼさない事項についての違法をいうものにすぎない❹。

[16] 　4　以上のとおりであるから、上告人の請求を棄却すべきものとした原審の判断は、結論において是認することができる。論旨は採用することができない。

[17] 　よって、裁判官全員一致の意見で、主文のとおり判決する。なお、裁判官泉德治の補足意見がある。

❸【14】では、国会における「十分な検討」の必要性が示唆されつつも、国家賠償法上の違法性が否定されている。「十分な検討」の必要性が何を意味しているのか多数意見は説明をしていないが、このまま「十分な検討」が行われない場合、立法不作為が違憲であるのみならず、国家賠償法上の違法性も肯定される可能性があることを示唆していると考えることが可能であろう（違憲判断が判断過程統制的になっている点について、本章とびらおよび平成17年最判（在外日本人選挙権事件〔本書63事件〕）の本書解説等参照）。

❹【15】では、立法不作為の違憲性について判断していないことが明示されている。

■■ 少数意見

　裁判官泉德治の補足意見は、次のとおりである。

[18] 　私は、法廷意見に賛成するものであるが、議会制民主主義の下における選挙権の重要性にかんがみ、公職選挙法の憲法適合性について付言しておきたい。

[19] 　憲法14条1項、15条1項及び3項、43条1項並びに44条ただし書は、成年者による普通・平等選挙の原則を掲げて、国民に対し普通かつ平等の選挙権を保障している。選挙権は、実際の選挙において行使することができなければ無意味であるから、上記の選挙権の保障は、選挙権を現実に行使し得ることをも保障するものである。憲法47条は、投票の方法等は法律でこれを定めると規定しているが、すべての選挙人にとって特別な負担なく選挙権を行使することができる選挙制度を構築することが、憲法の趣旨にかなうものというべきである❺。

[20] 　公職選挙法は、49条2項でいわゆる郵便等による不在者投票の制度を設けているが、その適用対象を身体障害者、戦傷病者又は要介護者の中のごく一部のものに限定しており、障害者基本法2条所定の障害者（身体障害、知的障害又は精神障害があるため、継続的に日常生活又は社会生活に相当の制限を受ける者）又は介護保険法7条3項所定の要介護者であって、歩行・外出が極めて困難なもの一般を、郵便等による不在者投票の適用対象とはしておらず、上記の憲法の趣旨にかなうものとはいいがたい面を有している。歩行・外出が極めて困難な障害者又は要介護者に対して、投票所や不在者投票管理者の管理する投票記載場所における投票しか認めないとすると、事実上その選挙権の行使を制限するに等しいのである。

[21] 　選挙制度の設計に当たり、選挙の公正の確保及び適正な管理執行に配意すべきことは当然であるが、選挙権の行使を保障しつつ選挙の公正の確保等を図るべきものであって、国民の選挙権の行使を制限することは原則として許されず、国民の選挙権の行使を制限するためには、そのような制限をすることなしには選挙の公正を確保しつつ選挙権の行使を認めることが事実上不可能ないし著しく困難であると認められる事由がなければならない（前記の最高裁平成17年9月14日大法廷判決参照）❻。

[22] 　原審の確定するところによると、上告人は、大阪府から障害の程度が重度の療育手帳の交付を受けている者であり、精神発達遅滞及び不安神経症のため、家族以外の人と対面した場合の対人関係がうまく行かず、他人の姿を見るとパニック状態に陥り、身体が硬直し、身動きが著しく困難になり、

❺【19】は、「すべての選挙人にとって特別な負担なく選挙権を行使することができる選挙制度を構築することが、憲法の趣旨にかなう」との憲法上の権利保障内容から、「選挙権の行使制限」という権利侵害の態様の中には「歩行・外出が極めて困難な障害者又は要介護者に対して……投票記載場所における投票しか認めない」ことも含まれるとの結論を導出している。
　泉裁判官が昭和60年最判の調査官解説で展開した、投票を「容易にする制度」と「可能にする制度」の二分論は、本補足意見でも維持されているようにみえるが、その方法論に大きな変化がみられるように思われる。昭和60年最判における投票権制限と投票を容易にするための救済措置の区別は、制度的かつ形式的な考察に依拠していた（投票所投票の原則）ところ、本件でも、公選法の客観的な仕組みに依拠するなら、本件Xは公選法上投票が許されていないわけではない以上、本件は「容易にする制度」の問題であるようにも思える。これに対して、本補足意見では、「すべての選挙人にとって特別な負担なく選挙権を行使することができる選挙制度を構築することが、憲法の趣旨にかなう」（【19】）とされ、また、「歩行・外出が極めて困難な障害者又は要介護者に対して、投票所や不在者投票管理者の管理する投票記載場所における投票しか認めないとすると、事実上その選挙権の行使を制限するに等しい」（【20】）と述べられており、法律上の制約のみならず、事実上の制約を排除しないことも選挙権行使の制約の問題になるとされている。ここで、公選法の客観的な仕組みというよりは選挙人に対する「特別の負担」や投票の「容易」性が問題とされていることからすれば、制度的考察から投票者に対する負担の実質性に関する考察へと、泉裁判官の方法論が移行していることを見てとることができるかもしれない。

❻【21】は、平成17年最判の厳格審査基準のパラフレーズである。

❼【22】では、平成17年最判の厳格審査基準の本件へのあてはめがなされている。

　泉補足意見における、投票者に対する負担の実質性への着目は、「投票所において投票を行うことが極めて

他人と接触するような場所への外出は事実上不可能であって、投票所において投票を行うことが極めて困難な状態にあるというのである。上告人のような状態の在宅障害者に対しては、郵便等による不在者投票を行うことができることにするか、あるいは在宅のままで投票をすることができるその他の方法を講じない限り、選挙権を現実に行使することを可能にしているとはいえず、選挙権の行使を保障したことにはならない。在宅障害者については、投票所において投票を行うことが極めて困難な状態にあるか否かの認定が難しいという問題はある。しかし、上記の認定は、医師の診断書、療育手帳、精神障害者保健福祉手帳等の併用によってできないわけではなく、上記の認定が簡単ではないという程度のことでは、前記の選挙の公正を確保しつつ選挙権の行使を認めることが事実上不可能ないし著しく困難であると認められる事由があるとは到底いうことができない⓱。

【23】 したがって、投票所において投票を行うことが極めて困難な状態にある在宅障害者に対して、郵便等による不在者投票を行うことを認めず、在宅のまま投票をすることができるその他の方法も講じていない公職選挙法は、憲法の平等な選挙権の保障の要求に反する状態にあるといわざるを得ない⓲。
（裁判長裁判官　泉　德治　裁判官　横尾和子　裁判官　甲斐中辰夫　裁判官　島田仁郎　裁判官　才口千晴）

困難な状態にある」上告人のみを個別に問題としている点にも特徴的に表れている。その結果、上告人の「選挙権を現実に行使することを可能にしているとはいえ」ない公選法は違憲状態にあるとする。これは、「精神的原因による投票困難者」を集団的かつ抽象的に問題とし、投票所に行くことの困難さの程度が様々であることから結果的に（免責の対象が憲法上の立法義務であるのか、国家賠償法上の責任であるのかは明らかでないものの）国会を免責したから、多数意見とは対照的である。そのため、郵便等による不在者投票あるいはその他何らかの在宅投票制度がない状況においては、「選挙権を現実に行使することを可能にしているとはいえず、選挙権の行使を保障したことにはならない」とされる。

泉補足意見のもう一つの特色は、期間経過等の主観的違法事由に言及していない点である。これに対して、平成17年最判の多数意見は、10年以上の放置を「やむを得ない事由」の存在を否定する事情として挙げている（平成17年最判の【13】）。両者の違いは、平成17年判決の【13】が立法不作為の違憲性判断であるのに対して、泉補足意見が違憲状態性の判断であるという点によって説明できる。泉補足意見の構成は、立法不作為の違憲性を①客観的な義務違反と②期間経過の2段階に分ける2段階説をとったうえで、①の判断をしたものと解釈できる。

⓲ 【23】では、本件が違憲状態にあるとの結論が述べられている。

憲法の平等な選挙権の保障の要求に反する「状態」という表現は、2段階説のうちの①のみの充足を示す特徴的表現である（参議院定数不均衡に関する平成8年最判参照）。なお、平成17年最判が2段階説というより、主観的違法性と客観的違法性を明確に区別しない判断過程統制的手法に傾いている点について、平成17年最判（在外日本人選挙権事件〔本書63事件〕）の【補足説明】参照。判断過程統制的手法には、裁判所の審査のハードルが下がるというメリットがある一方で、泉補足意見のような明確な2段階説的判示には、立法府に対する明確な指針を示すことができるというメリットが存する。

補足説明	国家賠償法上の違法性に関する平成17年枠組みの本件へのあてはめ	次の表のとおり、【12】で平成17年枠組みが引用され、【13】でこれが本件にあてはめられているが、本件ではどの要素が平成17年枠組みのどの要素に対応するのか明らかにされていない。

平成17年最判によって修正された国家賠償法上の違法性判断枠組み（【12】）（例示列挙のうち（2））	本判決のあてはめ（【13】）
・「国民に憲法上保障されている権利行使の機会を確保するために所要の立法措置を執ることが必要不可欠であ」ること ・「それが明白である」こと ・「国会が正当な理由なく長期にわたってこれを怠る」こと	・平成17年最判の厳格審査基準は「国民が精神的原因によって投票所において選挙権を行使することができない場合についても当てはまる」(a) ・「精神的原因による投票困難者は、身体に障害がある者のように、既存の公的な制度によって投票所に行くことの困難性に結び付くような判定を受けているものではない」(b) ・「少なくとも本件各選挙以前に、精神的原因による投票困難者に係る投票制度の拡充が国会で立法課題として取り上げられる契機があったとは認められない」(c)

Questions

①事実関係の確認

問1　Xが現行選挙制度のもとで投票することが極めて困難であるのはなぜか。▶【2】

問2　Xの投票が困難であることについて、何らかの公的な判定はなされているか。▶【3】【13】

問3　精神的原因による投票困難者に対する投票機会の保障について、本件第一審判決の言渡し前までに、国会で議論がなされたことはあったか。▶【7】～【9】

問4　本件第一審判決の言渡し後における国会での議論状況はどのようなものであったか。▶【10】
問5　郵便等投票制度とはどのような制度か。▶【6】
問6　現行の公選法のもとで、郵便等による不在者投票は誰が利用できるか。▶【6】
②判決の内容の確認
問7　本件との関係でその射程が問題となる最高裁判決を挙げよ。▶【12】
問8　本判決は、国家賠償法上の違法性について、いかなる基準を適用しているか。▶【12】
問9　本判決は、事件当時の公選法の合憲性についてどのような言及を行っているか。▶【13】（第1文・第2文）、【15】
問10　本判決において、国家賠償法上の違法性を否定する方向に考慮されているのはいかなる事実か。▶【13】（第3文～第4文）
問11　泉補足意見は、いかなる選挙制度を構築することが、憲法の趣旨にかなうものであるとしているか。▶【19】
問12　泉補足意見は、公選法のいかなる点について、憲法の趣旨にかなうものとはいいがたい面を有しているとしているか。また、歩行・外出が極めて困難な障害者や要介護者に対して、投票所や不在者投票管理者の管理する投票記載場所における投票しか認めないことは何に等しいとしているか。▶【20】
問13　泉補足意見は、いかなる判決を挙げたうえで、国民の選挙権の行使を制限するためにはいかなる事由が必要であるとしているか。▶【21】
問14　泉補足意見は、Xのような在宅障害者に対してはいかなる制度が設けられない限り、選挙権の行使を保障したことにはならないとしているか。▶【22】
問15　泉補足意見は、在宅障害者については、投票所において投票を行うことが極めて困難な状態にあるか否かの認定が難しいという問題があることについて、どのように解答しているか。▶【22】
問16　泉補足意見は、公選法はいかなる状態にあるとしているか。▶【23】
③応用問題
問17　問10で挙げられた各事実は、それぞれどのような推論過程により国家賠償法上の違法性を否定する方向に働くと考えられるか。▶【13】（⓬）、【補足説明】
問18　平成17年最判では上告人らの国家賠償請求が認容されているのに対して、本判決では棄却されている。二つの判決の結論の違いはどのように説明しうるか。▶【13】
問19　10年後にまた同様の提訴がなされた場合、判断は変わると考えられるか。▶【14】
問20　泉補足意見は、次のうちどのレベルの判断をしたものか。（違憲状態／立法不作為の違憲性／国家賠償法上の違法性）▶【23】
問21　なぜ多数意見には、用いられない（あてはめが存在しないようにみえるうえ、判断しないと【15】で明示的に述べられている）違憲審査基準が【13】の第1文と第2文に挿入されているのか。もし、その理由が、本件立法不作為が違憲であると言い切れないからであるとすると（泉補足意見も、「違憲状態」としており、「違憲」とは述べていない）、本件では、立法不作為を違憲とするためのいかなる要素が不足していると考えられるか。▶在外日本人選挙権事件〔本書63事件〕の【12】～【14】

○　**関連判決**（本書所収以外のもの）
東京地判平成25年3月14日判時2178号3頁［成年被後見人の選挙権を否定する公選法の規定を違憲とした裁判例］
○　**その他の判例解説・判例批評**
青井未帆「判批」法学教室363号（2010年）120頁
小山操子＝石橋志乃＝田渕学「判批」法学セミナー626号（2007年）30頁
畑尻剛「判批」平成18年度重要判例解説（2007年）8頁
毛利透「判批」論究ジュリスト1号（2012年）81頁
山本隆司「判批」法学教室357号（2010年）120頁
○　**参考文献**
泉徳治「判解」最高裁判所判例解説民事篇昭和60年度366頁
日本弁護士連合会「投票の機会の保障を求める意見書」（2003年2月21日）

第21章 労働基本権・国家賠償請求権

I 労働基本権

1 学説の状況

憲法28条が規定する労働基本権については、とりわけ、公務員に関する労働基本権の制限の問題が激しく争われてきた。なぜなら現行法上、①警察職員、消防職員、自衛隊員、海上保安庁または刑事施設に勤務する職員は労働基本権のすべて（国公法108条の2第5項、地公法52条5項、自衛隊法64条1項）、②非現業の公務員は団体協約締結権と争議権（国公法108条の5第1～3項、98条2項、地公法55条1～3項、37条1項）、③特定独立行政法人、国有林野事業を行う国の経営する企業および現業の地方公務員は争議権が（特定独立労働関係法17条1項、地方公営企業労働関係法11条1項）、それぞれ否定されているからである。

かかる公務員の労働基本権の制限の正当化根拠として、学説上早くから用いられたのは、憲法15条2項にいう「全体の奉仕者」の観念であった（「全体の奉仕者」論）。すなわち、公務員は「その全体の奉仕者としての地位と、公務の適正な執行を保障するための規律上の要請から、勤労者としての権利も制約を受けうる」というのである（法学協会編『註解日本国憲法（上）』（有斐閣、1953年）367頁）。それに対し、「公務員が『全体の奉仕者』であることを理由として、公務員の団結権や、団体行動権が制限されるべきだとの結論を出す説もあるが、賛成しがたい」として、「憲法28条の保障〔が〕どのように公務員に適用されるかは、ひとえに各公務員の職務の性質によって決定されるべきことである」と説く職務性質説もまた、早くから有力な学説であった（宮沢俊義〔芦部信喜補訂〕『全訂 日本国憲法』（日本評論社、1978年）222頁）。さらに後述のような判例の展開を受けて、公務員の人権制限の根拠を「憲法が公務員関係という特別の法律関係の存在とその自律性を憲法的秩序の構成要素として認めていること（15条・73条4号参照）」に求める憲法秩序構成要素説が主張されるに至っている（参照、芦部信喜『憲法学Ⅱ 人権総論』（有斐閣、1994年）259頁）。ただ、これらいずれの学説においても、公務員の争議行為の一律かつ全面的な禁止を合憲とする判例を批判し、個々の公務員の職務上の地位や職務の内容に即した必要最小限の制限を認めるという点では一致しているといえよう（参照、野中俊彦ほか『憲法Ⅰ〔第5版〕』（有斐閣、2012年）244頁〔中村睦男〕）。その意味において、公務員に関する労働基本権の否定が憲法上正当化されるためには、それが「LRAの基準」に即した規制にとどまることを政府の側が立証する責任があると説く見解が注目される（参照、長谷部〔6版〕289頁）。

2 判例の展開

公務員の労働基本権制限に関する判例の動向は、一般に3期に分けて説明されている。まず第1期の最高裁判例は、政令201号事件判決（最大判昭28・4・8刑集7-4-775）に代表されるように、憲法13条の「公共の福祉」と同15条の「全体の奉仕者」を根拠に、公務員の労働基本権の一律禁止を合憲としていた。ついで第2期の画期となったのが、比較衡量によって必要最小限の規制かどうかを探るというスタンスで公務員の労働基本権制限に係る合憲性審査を行った、全逓東京中郵事件判決（最大判昭41・10・26刑集20-8-901）である。この判決の趣旨は地公法に関する都教組事件判決（最大判昭44・4・2刑集23-5-305）および国公法に関する全司法仙台事件判決（最大判昭44・4・2刑集23-5-685）に承継され、地公法や国公法が処罰の対象とする争議行為のあおり等について「二重のしぼり」論と呼ばれる合憲限定解釈が行われた。このように、公務員の労働基本権保障に好意的であった判例の傾向を覆して第3期の画期となったのが、本章で取り上げる**全農林警職法事件判決**〔本書65事件〕である。すなわち同判決は、前述の合憲限定解釈を否定して公務員の争議行為の一律禁止を合憲と判断し、全司法仙台事件判決を変更した。この判決を受けて、地公法については岩教組事件判決（最大判昭51・5・21刑集30-5-1178）が都教組事件判決を、公共企業体等労働関係法については全逓名古屋中郵事件判決（最大判昭52・5・4刑集31-3-182）が全逓東京中郵事件判決をそれぞれ変更するに至る。こうして、公務員の争議行為禁止規定については全面的に合憲とするのが判例の傾向となっている（参照、赤坂正浩「公務員と人権」法教370号（2011年）15-18頁）。

II 国家賠償請求権

1 学説の状況

憲法17条は損害賠償請求権行使の要件を法律の定めに委ねているものの、法律に対し白紙委任することを認めているわけではなく、無条件に国の賠償責任を否定するなど、同条による国家賠償請求権の保障の趣旨を没却するような法律は違憲無効になると解されてきた。たとえば、「電信又ハ電話ノ取扱ニ関シテ日本電信電話公社又ハ国際電話会社ハ損害ノ責ニ任セス」と完全な免責を規定する旧電信法33条は憲法17条に反する、とするのが通説であった。もっとも、どのような場合に憲法17条の趣旨が没却されるのかなど、同条に関する違憲審査基準について意識的に論じられているとはいいがたい状況にあったことも確かである。

2 判例の展開

裁判例においても、従前、具体的な法律の規定を憲法17条に違反すると判断したものは存在しなかった。たとえば、郵便法旧68条や旧73条が憲法17条に違反するかどうかという問題については学説上も争われてきたが、郵便法旧68条は郵便局職員の故意または重過失がある場合には適用されないという限定解釈を行った裁判例はあったものの（奈良地判平5・8・25判タ834-72）、最高裁判例を含め、違憲と判断したものはなかった（最判昭56・1・30判時996-66）。そこに現われたのが、本章で取り上げる**郵便法事件判決**〔本書66事件〕である。

65 全農林警職法事件

最高裁昭和48年4月25日大法廷判決

昭和43年(あ)第2780号：国家公務員法違反被告事件
刑集27巻4号547頁

事案

農林省（当時）の職員によって組織された全農林労働組合の幹部（全農林労働組合中央執行委員長または同副中央執行委員長その他同組合の役員）であるYら5名（被告人、被控訴人、上告人）は、昭和33年10月8日、内閣が警察官職務執行法（以下「警職法」という）の一部を改正する法律案を提出した際、これに反対する「第四次統一行動」の一環として、同年10月30日の深夜から同年11月2日にかけ、傘下の同組合各県本部等に宛てて「組合員は警職法改悪反対のため所属長の承認がなくても、11月5日は正午出勤の行動に入れ」という趣旨の電報指令ならびに文書指令を発し、また、同月5日午前9時ころから同11時40分ころまでの間、約2500名の農林省職員に対し「警職法改悪反対」職場大会に直ちに参加するよう反復して説得し、勤務時間内2時間を目標として開催される上記職場大会に参加を慫慂した。そこでYらは、国家公務員たる農林省職員に対し争議行為の遂行をあおることを企て、もしくは争議行為の遂行をあおったとして、国公法（昭和40年法律第69号による改正前のもの）98条5項により違法とされる行為に刑事罰を定めている同法110条1項17号によって起訴された。

第一審（東京地判昭38・4・19刑集27-4-1047）は、国公法110条1項17号は、そこに規定されている各種行為の態様が強度の違法性を帯びることにより、その手段自体から可罰的評価を可能にする程度のものに限ると解すべきであるところ、本件の指令発出は、争議行為に際して発せられる指令としては通常のものというべきで、強度の違法性を帯びず、また本件職場大会に際してとられたYらの一連の行為は、職場大会と不可分な随伴的行為とみることができ、強度の違法性を帯びるものではなく、したがっていずれも国公法110条1項17号にあたらないとして、Yら全員を無罪とした。それに対し、第二審（東京高判昭43・9・30高刑集21-5-365）は、あおり行為等の指導的行為は、争議行為の原動力、支柱となり、これを誘発する危険性があるから、その反社会性、反規範性、有害性において争議行為の実行行為そのものよりも違法性が強く、可罰の合理性があるため、国公法110条1項17号の類型的行為について、憲法違反となる結果を回避するために縮小解釈を行う必然性はなく、またその論拠も不十分であるとしたうえで、Yらの行為は、その目的が警職法改正案に対する反対闘争という政治的なもの、いわゆる「政治スト」の範疇に属するものであって、正当性の限界を逸脱しているばかりでなく、その規模、手段方法（態様）の点から考慮しても、その違法性は、刑罰法規一般の予定する可罰的違法性の程度に達しているとして、第一審判決を破棄し、Yらを各罰金5万円に処した。そこでYらが上告した。

■参考条文（事件当時のもの）

国家公務員法
第98条
5　職員は、政府が代表する使用者としての公衆に対して同盟罷業、怠業その他の争議行為をなし、又は政府の活動能率を低下させる怠業的行為をしてはならない。又、何人も、このような違法な行為を企て、又はその遂行を共謀し、そそのかし、若しくはあおってはならない。

第110条〔第1項〕左の各号の一に該当する者は、3年以下の懲役又は10万円以下の罰金に処する。
⒄　何人たるを問わず第98条第5項前段に規定する違法な行為の遂行を共謀し、そそのかし、若しくはあおり、又はこれらの行為を企てた者

Navigator

本件の争点は国公法98条5項（現2項）および110条1項17号の合憲性である。この点については、本章のとびらでも述べたように、公労法（旧公共企業体等労働関係法）17条の合憲性が争点となった全逓東京中郵事件判決（最大判昭41・10・26刑集20-8-901）を受けて、全司法仙台事件判決（最大判昭44・4・2刑集23-5-685）は、国公法のこれらの規定についても「限定的に解釈するかぎり」で合憲であると判断していた。にもかかわらず、本判決は全司法仙台事件判決を明示的に変更し、何らの限定解釈を加えることなく国公法の諸規定を合憲であると解したものとして注目される。すなわち、本判決はまず、争議行為等の全面禁止を定める国公法98条5項が憲法28条に違反するものではないことを確認したうえで、争議行為のあおり行為等に罰則を設けている国公法110条1項17号についても、別段限定的な解釈をすることなく、憲法18条、28条に違反せず、さらに同21条、31条に違反するものでもないとする。続いて、そのような解釈は国公法の諸規定を限定的に解釈してきた高等裁判所の諸判例と相反する判断を行っているのではないかという問題に対し、本判決は、従前の不明確な限定解釈はかえって憲法31条に違反する疑いすら存するとして、全司法仙台事件判決を「本判決において判示したところに抵触する限度で」変更したのである。もっとも、全逓東京中郵事件判決を明示的に引用しているように、本判決が従来の判断枠組みそれ自体を変更しているわけではない点には注意が必要であろう。

判　決

○　主　文

本件各上告を棄却する。

○　理　由

弁護人佐藤義弥ほか3名連名の上告趣意第一点、第三点、第五点について。

[1]　所論は、原判決が国家公務員法（昭和40年法律第69号による改正前のもの。以下、国公法という。）98条5項および110条1項17号の各規定を憲法28条に違反しないものと判断し、また、国公法110条1項17号を憲法21条、18条に違反しないものとして、これを適用したのは、憲法の右各条項に違反する旨を主張する❶。

[2]　一　よって考えるに、憲法28条は、「勤労者の団結する権利及び団体交渉その他の団体行動をする権利」、すなわちいわゆる労働基本権を保障している❷。この労働基本権の保障は、憲法25条のいわゆる生存権の保障を基本理念とし、憲法27条の勤労の権利および勤労条件に関する基準の法定の保障と相まつて勤労者の経済的地位の向上を目的とするものである。このような労働基本権の根本精神に即して考えると、公務員は、私企業の労働者とは異なり、使用者との合意によつて賃金その他の労働条件が決定される立場にないとはいえ、勤労者として、自己の労務を提供することにより生活の資を得ているものである点において一般の勤労者と異なるところはないから、憲法28条の労働基本権の保障は公務員に対しても及ぶものと解すべきである。ただ、この労働基本権は、右のように、勤労者の経済的地位の向上のための手段として認められたものであつて、それ自体が目的とされる絶対的なものではないから❸、おのずから勤労者を含めた国民全体の共同利益の見地からする制約を免れないものであり、このことは、憲法13条の規定の趣旨に徴しても疑いのないところである（この場合、憲法13条にいう「公共の福祉」とは、勤労者たる地位にあるすべての者を包摂した国民全体の共同の利益を指すものということができよう。）。以下、この理を、さしあたり、本件において問題となつている非現業の国家公務員（非現業の国家公務員を以下単に公務員という。）について詳述すれば、次のとおりである。

[3]　(一)　公務員は、私企業の労働者と異なり、国民の信託に基づいて国政を担当する政府により任命されるものであるが、憲法15条の示すとおり、実質的には、その使用者は国民全体であり、公務員の労務提供義務は国民全体に対して負うものである❹❺。もとよりこのことだけの理由から公務員に対して団結権をはじめその他一切の労働基本権を否定することは許されないのであるが、公務員の地位の特殊性と職務の公共性にかんがみるときは、これを根拠として公務員の労働基本権に対し必要やむをえない限度の制限を加えることは、十分合理的な理由があるというべきである❻。けだし、公務員は、公共の利益のために勤務するものであり、公務の円滑な運営のためには、その担当する職務内容の別なく、それぞれの職場においてその職責を果すことが必要不可欠であつて、公務員が争議行為に及ぶことは、その地位の特殊性および職務の公共性と相容れないばかりでなく、多かれ少なかれ公務の停廃をもたらし、その停廃は勤労者を含めた国民全体の共同利益に重大な影響を及ぼすか、またはその虞れがあるからである。

[4]　次に公務員の勤務条件の決定については、私企業における勤労者と異なるものがあることを看過することはできない❼。すなわち利潤追求が原則として自由とされる私企業においては、労働者側の利潤の分配要求の自由も当然に是認せられ、団体を結成して使用者と対等の立場において団体交渉をなし、賃金その他の労働条件を集団的に決定して協約を結び、もし交渉が妥結しないときは同盟罷業等を行なつて解決を図るという憲法28条の保障する労働基本権の行使が何らの制約なく許されるのを原則としている。これに反し、公務員の場合は、その給与の財源は国の財政とも関連して主として税収によつて賄われ、私企業における労働者の利潤の分配要求のごときものとは全く異なり、その勤務条件はすべて政治的、財政的、社会的その他諸般の合理的な配慮により適当に決定されなければならず、しかもその決定は民主国家のルールに従い、立法府において論議のうえなされるべきもので、同盟

---

❶　**[1]**では、弁護人の上告趣意のうち、国公法98条5項、110条1項17号と憲法28条、21条、18条との関係を問題にした主張が紹介されている。

❷　**[2]**から**[12]**では、公務員の労働基本権に対する制限・禁止の合憲性が論じられているところ、まず**[2]**では、制限・禁止の根拠について論じられている。すなわち、憲法28条の労働基本権の保障は公務員に対しても及ぶとしつつ、この労働基本権は「勤労者を含めた国民全体の共同利益」の見地からの制約を免れないとされる。その内容について調査官解説は、一方で「判旨のいう『勤労者を含めた国民全体の共同利益』とは、国民の『最後の一人の利益』をも尊重するところの、真の全体の共同利益を指しているのであり、そこでは単純に功利主義的な多数利益が述べられているのではない」ことから判例①のいう「国民生活全体の利益」とは「趣きを異にする」としつつ、他方で、本判決における「おのずから」「制約を免れない」という表現は判例①における「内在的制約として内包し」という表現と「共通したニュアンスがうかがわれる」とする（判解①327-329頁）。

❸　このように本判決は、憲法28条によって保障されている労働基本権に、労働者の生存権保障のための手段としての権利の地位しか与えない。この点については、学説からの批判がある（判批①31頁）。

❹　続く**[3]**から**[12]**では、本件で問題となっている非現業の国家公務員（以下「公務員」という）に対して争議行為等を禁止する国公法98条5項は憲法28条に違反しない旨が論じられている。まず**[3]**では、その理由の第1として「公務員の地位の特殊性と職務の公共性」が挙げられている。すなわち、まず前者については、公務員は憲法15条に由来して「公の勤務関係に立つ者として特別の法的規律の適用を受ける」といわれるところ（文献②243頁）、本判決は公務員のこのような公の勤務関係における地位の特殊性に着目して、公務員の労働基本権を制約する合理的な理由の一つとして憲法15条を挙げているとされる。また後者については、公務員は、公の勤務関係に立つ者として公共の利益のために勤務するものであるから、この職務の公共性が公務員の労働基本権に対する制約を合憲的に説明する最も端的な理由になるとされる。なお、かかる判旨に対する批判としては**[66]**と**[67]**を参照（判解①330-332頁）。

❺　この点は、判例①は「憲法15条を根拠として、公務員に対して右の労働基本権をすべて否定するようなことは許されない」と判示し、弘前機関区事件判決（最大判昭28・4・8刑集7-4-775）等について示していた、憲法15条を公務員の労働基本権制約の根拠にするという最高裁の従来の考え方を覆した。しかし、本判決は、そのような判例①の考え方に大幅な修正を加え、憲法15条はそれだけで唯一の制約理由にはなりえないとしても、無視できない合理的な制約理由の一つであるとしているものと解される（判解①330-331頁）。

❻　このように本判決は、判例①において採用された必要最小限度性審査という判断枠組み自体は継承している。それゆえ、本判決において変化したのは、衡量する利益をいかなる程度具体的に理解するか、あるいは制約の必要最小限度性をいかなる程度具体的に審査するかといった、判断の実質であると解される（文献①303頁）。

❼　次に**[4]**では、公務員の労働基本権の制約、とりわけ争議行為禁止の有力な根拠として勤務条件法定主義・議会制民主主義が挙げられている。ところで、勤務条件法定主義は職員団体の協約権否認であるから、かかる協約権否認の理由が公務員の争議行為禁止の根本理由にも通じることになるところ、国公法98条2項（現108条の5第2項）が職員団体に団体協約締結の権利を否定している実質的理由について、

罷業等争議行為の圧力による強制を容認する余地は全く存しないのである。これを法制に即して見るに、公務員については、憲法自体がその73条4号において「法律の定める基準に従ひ、官吏に関する事務を掌理すること」は内閣の事務であると定め、その給与は法律により定められる給与準則に基づいてなされることを要し、これに基づかずにはいかなる金銭または有価物も支給することはできないとされており（国公法63条1項参照）、このように公務員の給与をはじめ、その他の勤務条件は、私企業の場合のごとく労使間の自由な交渉に基づく合意によつて定められるものではなく、原則として、国民の代表者により構成される国会の制定した法律、予算によつて定められることとなつているのである。その場合、使用者としての政府にいかなる範囲の決定権を委任するかは、まさに国会みずからが立法をもつて定めるべき労働政策の問題である。したがつて、これら公務員の勤務条件の決定に関し、政府が国会から適法な委任を受けていない事項について、公務員が政府に対し争議行為を行なうことは、的はずれであつて正常なものとはいいがたく❽、もしこのような制度上の制約にもかかわらず公務員による争議行為が行なわれるならば、使用者としての政府によつては解決できない立法問題に逢着せざるをえないこととなり、ひいては民主的に行なわれるべき公務員の勤務条件決定の手続過程を歪曲することともなつて、憲法の基本原則である議会制民主主義（憲法41条、83条等参照）に背馳し、国会の議決権を侵す虞れすらなしとしないのである。

【5】　さらに、私企業の場合と対比すると、私企業においては、極めて公益性の強い特殊のものを除き、一般に使用者にはいわゆる作業所閉鎖（ロックアウト）をもつて争議行為に対抗する手段があるばかりでなく、労働者の過大な要求を容れることは、企業の経営を悪化させ、企業そのものの存立を危殆ならしめ、ひいては労働者自身の失業を招くという重大な結果をもたらすこともあるのであるから、労働者の要求はおのずからその面よりの制約を免れず、ここにも私企業の労働者の争議行為と公務員のそれとを一律同様に考えることのできない理由の一が存するのである。また、一般の私企業においては、その提供する製品または役務に対する需給につき、市場からの圧力を受けざるをえない関係上、争議行為に対しても、いわゆる市場の抑制力が働くことを必然とするのに反し、公務員の場合には、そのような市場の機能が作用する余地がないため、公務員の争議行為は場合によつては一方的に強力な圧力となり、この面からも公務員の勤務条件決定の手続をゆがめることとなるのである❾。

【6】　なお付言するに、労働関係における公務員の地位の特殊性は、国際的にも一般に是認されているところであつて、現に、わが国もすでに批准している国際労働機構（ILO）の「団結権及び団体交渉権についての原則の適用に関する条約」（いわゆるILO 98号条約）6条は、「この条約は、公務員の地位を取り扱うものではなく、また、その権利又は分限に影響を及ぼすものと解してはならない。」と規定して、公務員の地位の特殊性を認めており、またストライキの禁止に関する幾多の案件を審議した、同機構の結社の自由委員会は、国家公務員について「大多数の国において法定の勤務条件を享有する公務員は、その雇用を規制する立法の通常の条件として、ストライキ権を禁止されており、この問題についてさらに審査する理由がない。」とし（たとえば、60号事件）、わが国を含む多数の国の労働団体から提訴された案件について、この原則を確認しているのである❿。

【7】　以上のように、公務員の争議行為は、公務員の地位の特殊性と勤労者を含めた国民全体の共同利益の保障という見地から、一般私企業におけるとは異なる制約に服すべきものとなしうることは当然であり、また、このことは、国際的視野に立つても肯定されているところなのである⓫。

【8】　㈡　しかしながら、前述のように、公務員についても憲法によつてその労働基本権が保障される以上、この保障と国民全体の共同利益の擁護との間に均衡が保たれることを必要とすることは、憲法の趣意であると解されるのであるから、その労働基本権を制限するにあたつては、これに代わる相応の措置が講じられなければならない⓬。そこで、わが法制上の公務員の勤務関係における具体的措置が果して憲法の要請に添うものかどうかについて検討を加えてみるに、

【9】　㈠　公務員たる職員は、後記のように法定の勤務条件を享受し、かつ、法

調査官解説は次の5点を挙げている。すなわち、ⅰ憲法15条が定めるように、公務員の選定罷免は最終的には国民固有の権利とされていること、ⅱ公務員の給与は、国の租税によって賄われていること、ⅲ公務は、私企業のように私的利益の追求を目的とせず、国民のための公益追求を目的としているから、公務員の雇用条件は常に国会の統轄と監視下に置かれなければならず、それが憲法73条4号の趣旨とも解されること、ⅳ公務は公正かつ中立性を保つことが必要不可欠であるから、公務員の給与等の決定は国民の信託に背馳するおそれのある労使の駆け引きによることが妥当でないこと、ⅴ公務員の給与については市場理論が働かないから、民間追随方式によらざるをえないこと、がそれである（判解①332-334頁）。なお、国公法98条5項が憲法28条に違反しないという判旨の「最大の論拠」をこの勤務条件法定主義（財政民主主義）に求める見解もあり（文献③57頁）、さらに判例③は、本判決と比較すると、「憲法15条を背後に退かせ、代わりに……財政民主主義を中心に据えている」とされる（文献④315頁）。もっとも、かかる勤務条件法定主義・議会制民主主義論に対しては、「憲法によって法律をではなく、法律によって憲法を説明する考え方」に立っているであるとか（判批②313頁）、「国会が議会制民主主義に基づいて勤務条件の大綱的基準を定め、その具体化を団体交渉にゆだねるという形で調和を図りうる」といった批判（文献⑤122頁）がある。

❽　この判旨は、争議行為は本来労働協約締結権があって初めてこれを敢行する意義があるのであって、協約権がないのに争議権をいうのは意味をなさないという趣旨だと解されている。もっとも、調査官解説によれば、公務員の勤務条件については、国会の委任を絶対に許さないものではなく、ただ一定の限度があるのだとされている（判解①333-334頁）。

❾　さらに【5】では、公務員の労働基本権制約の具体的理由の一つとして、政府の対抗手段や市場からの抑制力の欠如が挙げられている。調査官解説はこのうち後者を取り上げて、もし市場の抑制力を無視して公務員が争議行為をすると、予算の配分と税収の決定を行う際、政治過程を歪曲し、そこに「異質の力」を持ち込むことになるという基本観念に基づいて、本判決は、公務員の勤務条件の決定について職員の参加を許す限度についても、このような市場の理論が働き、専ら自由交渉の働く民間企業の場合におけると本質的に異なった限界があると考えたのではないか、とする（判解①334-335頁）。なお、【4】および【5】に対する批判としては【68】も参照。

❿　【6】では、ILO 98号条約6条により公務員の地位に特殊性が認められ、その協約権が否認されている趣旨が述べられている。このILO 98号条約も、勤務条件法定主義という建前が公務員の争議行為禁止の積極的理由になりうる（【4】）ことを当然の前提として、6条に公務員の適用除外を規定したものと解されている（判解①333-334頁）。かかる判旨に対する批判として、【95】から【98】を参照。

⓫　【7】では、【3】から【6】の小括として、公務員の争議行為は、公務員の地位の特殊性と勤労者を含めた国民全体の共同利益の保障という見地から、一般私企業におけるとは異なる制約に服すべきものであることが論じられている。

⓬　【8】では、憲法によって労働基本権が保障されている公務員の労働基本権を制限するにあたっては、代償措置が講じられていなければならないことが論じられている。

律等による身分保障を受けながらも、特殊の公務員を除き、一般に、その勤務条件の維持改善を図ることを目的として職員団体を結成すること、結成された職員団体に加入し、または加入しないことの自由を保有し（国公法98条2項、前記改正後の国家公務員法（以下、単に改正国公法という。）108条の2第3項）、さらに、当局は、登録された職員団体から職員の給与、勤務時間その他の勤務条件に関し、およびこれに付帯して一定の事項に関し、交渉の申入れを受けた場合には、これに応ずべき地位に立つ（国公法98条2項、改正国公法108条の5第1項）ものとされているのであるから、私企業におけるような団体協約を締結する権利は認められないとはいえ、原則的にはいわゆる交渉権が認められており、しかも職員は、右のように、職員団体の構成員であること、これを結成しようとしたこと、もしくはこれに加入しようとしたことはもより、その職員団体における正当な行為をしたことのために当局から不利益な取扱いを受けることがなく（国公法98条3項、改正国公法108条の7）、また、職員は、職員団体に属していないという理由で、交渉事項に関して不満を表明し、あるいは意見を申し出る自由を否定されないこととされている（国公法98条2項、改正国公法108条の5第9項）。ただ、職員は、前記のように、その地位の特殊性と職務の公共性とにかんがみ、国公法98条5項（改正国公法98条2項）により、政府が代表する使用者としての公衆に対して同盟罷業、怠業その他の争議行為または政府の活動能率を低下させる怠業的行為をすることを禁止され、また、何人たるを問わず、かかる違法な行為を企て、その遂行を共謀し、そそのかし、もしくはあおってはならないとされている。そしてこの禁止規定に違反した職員は、国に対し国公法その他に基づいて保有する任命または雇用上の権利を主張できないなど行政上の不利益を受けるのを免れない（国公法98条6項、改正国公法98条3項）。しかし、その中でも、単にかかる争議行為に参加したにすぎない職員については罰則はなく、争議行為の遂行を共謀し、そそのかし、もしくはあおり、またはこれらの行為を企てた者についてだけ罰則が設けられているのにとどまるのである（国公法、改正国公法各110条1項17号）❸。

[10] 以上の関係法規から見ると、労働基本権につき前記のような当然の制約を受ける公務員に対しても、法は、国民全体の共同利益を維持増進することとの均衡を考慮しつつ、その労働基本権を尊重し、これに対する制約、とくに罰則を設けることを、最少限度にとどめようとしている態度をとっているものと解することができる。そして、この趣旨は、いわゆる全逓中郵事件判決の多数意見においても指摘されたところである（昭和39年（あ）第296号同41年10月26日大法廷判決・刑集20巻8号912頁参照）❹。

[11] (ロ) このように、その争議行為等が、勤労者をも含めた国民全体の共同利益の保障という見地から制約を受ける公務員に対しても、その生存権保障の趣旨から、法は、これらの制約に見合う代償措置として身分、任免、服務、給与その他に関する勤務条件についての周到詳密な規定を設け、さらに中央人事行政機関として準司法機関的性格をもつ人事院を設けている。ことに公務員は、法律によって定められる給与準則に基づいて給与を受け、その給与準則には俸給表のほか法定の事項が規定される等、いわゆる法定された勤務条件を享有しているのであって、人事院は、公務員の給与、勤務時間その他の勤務条件について、いわゆる情勢適応の原則により、国会および内閣に対し勧告または報告を義務づけられている。そして、公務員たる職員は、個別的にまたは職員団体を通じて俸給、給料その他の勤務条件に関し、人事院に対しいわゆる行政措置要求をし、あるいはまた、もし不利益な処分を受けたときは、人事院に対し審査請求をする途も開かれているのである。このように、公務員は、労働基本権に対する制限の代償として、制度上整備された生存権擁護のための関連措置による保障を受けているのである❺。

[12] (ハ) 以上に説明したとおり、公務員の従事する職務には公共性がある一方、法律によりその主要な勤務条件が定められ、身分が保障されているほか、適切な代償措置が講じられているのであるから、国公法98条5項がかかる公務員の争議行為およびそのあおり行為等を禁止するのは、勤労者をも含めた国民全体の共同利益の見地からするやむをえない制約というべきであって、憲法28条に違反するものといわなければならない❻。

❸ [9]から[11]では、[8]で論じられた「わが法制上の公務員の勤務関係における具体的措置が果して憲法の要請に添うものかどうか」が具体的に検討されている。まず[9]では、国公法において公務員にはどのような権利が認められ、どのような制約があるのかが論じられている。すなわち、公務員たる職員は、自由に職員団体に加入し、または脱退することができ（108条の2第3項）、さらに登録された職員団体には原則として交渉権が認められ（108条の5第1項）、しかも職員の職員団体の結成、加入、職員団体活動に対する不利益取扱いは禁止され（108条の7）、また職員団体に属していない職員にも不満を表明し意見を申し出る自由は否定されない（108条の5第9項）。ただし、職員は、98条2項によって、争議行為等に直接参加する実行行為のほか、企画、助長等の行為が禁止され、これに違反した職員は「国に対し、法令に基づいて保有する任命又は雇用上の権利をもって、対抗することができない」（98条3項）。もっとも、その中でも実際に罰則が設けられているのは、争議行為のあおり等をした者にとどまる（110条1項17号）（文献⑥243頁以下、281頁以下）。

❹ [10]では、[9]で確認した関係法規からみた国公法の態度について論じられている。すなわち、本判決は、国公法は公務員の労働基本権の制約、特に罰則を設けることを最少限度にとどめようとしているものと理解できるとする。また、ここで判例①が引用されていることからも、必要最小限度性審査という枠組みは維持されていると解される（判批③313頁）。なお、調査官解説は、このことから本判決が、単に争議行為に参加したにすぎない、いわゆる単純参加者は処罰されないということを当然の前提にしているものと解している。もっとも、多数意見は、かかる単純参加者に対して刑罰を科したとすれば直ちに違憲になるかという問題については何も説明していないが、この点について調査官解説は、[45]の叙述から、単純参加者に刑罰を加えた場合にも憲法違反にならないことがありうると考えているのではないかと推測している（判解①341-342頁）。

❺ [11]では、「勤労者をも含めた国民全体の共同利益の保障」という見地から争議行為等の制約を受ける公務員に対しても、その「生存権保障」という憲法上の要請に従い、この制約に見合う代償措置の整備されている現行法制上の具体的措置——身分、任免、服務、給与その他に関する勤務条件についての周到詳密な規定、および、中央人事行政機関として準司法機関的性格をもつ人事院——が現に存することの重要性が述べられている（判解①335頁）。なお、代償措置の重要性に関するより詳細な指摘については[47]から[50]を参照。また、代償措置論に対する批判としては[69]を参照。

❻ [12]では、[3]から[11]をふまえて、国公法98条5項による争議行為等の禁止は憲法28条に違反するものではないという結論が述べられている。

【13】二　次に、国公法110条1項17号は、公務員の争議行為による業務の停廃が広く国民全体の共同利益に重大な障害をもたらす虞のあることを考慮し、公務員たると否とを問わず、何人であつてもかかる違法な争議行為の原動力または支柱としての役割を演じた場合については、そのことを理由として罰則を規定しているのである。すなわち、前述のように、公務員の争議行為の禁止は、憲法に違反することはないのであるから、何人であつても、この禁止を侵す違法な争議行為をあおる等の行為をする者は、違法な争議行為に対する原動力を与える者として、単なる争議参加者にくらべて社会的責任が重いのであり、また争議行為の開始ないしはその遂行の原因を作るものであるから、かかるあおり等の行為者の責任を問い、かつ、違法な争議行為の防遏を図るため、その者に対しとくに処罰の必要性を認めて罰則を設けることは、十分に合理性があるものということができる。したがって、国公法110条1項17号は、憲法18条、憲法28条に違反するものとはとうてい考えることができない❶。

【14】三　さらに、憲法21条との関係を見るに、原判決が罪となるべき事実として確定したところによれば、被告人らは、いずれも農林省職員をもつて組織するa労働組合の役員であつたところ、昭和33年10月8日内閣が警察官職務執行法（以下、警職法という）の一部を改正する法律案を衆議院に提出するや、これに反対する第四次統一行動の一環として、原判示第一の所為のほか、同第二のとおり、同年11月5日午前9時ころから同11時40分ころまでの間、農林省の職員に対し、同省正面玄関前の「警職法改悪反対」職場大会に参加するよう説得、慫慂したというのであるから、被告人らの所為ならびにそのあおった争議行為すなわち農林省職員の職場離脱による右職場大会は、警職法改正反対という政治的目的のためになされたものというべきである❶。

【15】　ところで、憲法21条の保障する表現の自由といえども、もともと国民の無制約な恣意のままに許されるものではなく、公共の福祉に反する場合には合理的な制限を加えうるものと解すべきところ（昭和23年（れ）第1308号同24年5月18日大法廷判決・刑集3巻6号839頁、昭和24年（れ）第498号同27年1月9日大法廷判決・刑集6巻1号4頁、昭和26年（あ）第3875号同30年11月30日大法廷判決・刑集9巻12号2545頁、昭和37年（あ）第899号同39年11月18日大法廷判決・刑集18巻9号561頁、昭和39年（あ）第305号同44年10月15日大法廷判決、刑集23巻10号1239頁、昭和42年（あ）第1626号同45年6月17日大法廷判決、刑集24巻6号280頁参照）、とくに勤労者なるがゆえに、本来経済的地位向上のための手段として認められた争議行為をその政治的主張貫徹のための手段として使用しうる特権をもつものとはいえないから、かかる争議行為が表現の自由として特別に保障されるということは、本来ありえないものというべきである。そして、前記のように、公務員は、もともと合憲である法律によつて争議行為をすること自体が禁止されているのであるから、勤労者たる公務員は、かかる政治的目的のために争議行為をすることは、二重の意味で許されないものといわなければならない。してみると、このような禁止された公務員の違法な争議行為をあおる等の行為をあえてすることは、それ自体がたとえ思想の表現たるの一面をもつとしても、公共の利益のために勤務する公務員の重大な義務の懈怠を慫慂するにほかならないのであつて、結局、国民全体の共同利益に重大な障害をもたらす虞れがあるものであり、憲法の保障する言論の自由の限界を逸脱するものというべきである。したがって、あおり等の行為を処罰すべきものとしている国公法110条1項17号は、憲法21条に違反するものということができない❶。

【16】　以上要するに、これらの国公法の各規定自体が違憲であるとする所論は、その理由がなく、したがつて、原判決が国公法の各規定を本件に適用したことを非難する論旨も、採用することができない❷。
　同第二点について。
【17】　所論は、憲法28条、31条違反をいうが、原判決に対する具体的論難をなすものではなく、適法な上告理由にあたらない❷。
　同第四点について。
【18】　所論は、要するに、国公法110条1項17号は、その規定する構成要件、とくにあおり行為等の概念が不明確であり、かつ、争議行為の実行が

❶【13】では、【12】で述べられた国公法98条5項が憲法28条に違反するものではないという憲法解釈上の帰結から、国公法110条1項17号の規定について、別段限定的な解釈をしなくても憲法18条、ひいては28条に違反するものではないことが論じられている。すなわち、調査官解説によれば、本判決は、国公法98条5項の禁止を侵す違法な争議行為をあおる等の行為をする者は労務を提供しないから可罰的であるというのではなく、単なる争議参加者に比べて社会的責任が重くその責任を問うだけの合理性があるとしているのであって（いわゆる原動説）、そこでは単なる争議参加者は何ら処罰されないということが当然のこととされている。判旨はこのように、いわゆる単純参加者不処罰の原則を立てている国公法110条1項17号が、争議指導者の社会的責任の重大性に鑑みその処罰の必要性を是認しているからといって、そのことが直ちに刑罰の制裁のもとに一般公務員に対し本人の意思に反する就労を強制することにはるとは解されないとして、憲法18条に違反せず、したがって同28条にも違反しないとしている、とされる（判解①336-337頁）。

❶【14】と【15】では、国公法110条1項17号が憲法21条に違反するものではないことが述べられている。まず【14】では、本件Yらの所為ならびに本件職場大会が、警職法改正反対という政治的目的のためになされた「政治スト」であることが指摘されている。

❶　続いて【15】では、国公法110条1項17号が憲法21条に違反するものではないと結論づけられており、その論証においては、第1に、憲法21条の保障する表現の自由といえども決して無制約のものではない、第2に、いわゆる政治ストには合法性を認めることができない、という二段構えの説示が行われている。この点、調査官解説によれば、前者についての判旨はこれまでの最高裁の伝統的な考え方によるものとされる。すなわち、引用されている諸判例には、国民または公務員の負担する重要な義務の不履行をそそのかすことは公共の福祉の観点から言論の自由の限界を逸脱するものであるという一般的命題を含むものがあるところ、本判決は、合憲と判断される国公法によって争議行為をすることを禁止されている公務員についても、それと同じ一般原則があてはまると考えているのではないかというのである。また後者について、本判決は、ストライキの目的を労使間の団体交渉事項に限ることとし政治ストは違法であるとする通説的な考え方を背景としており、したがって、判例①において指摘された政治スト違法論と同様の考え方に基づいている、とされる（判解①338-340頁）。

❷【16】では、弁護人の上告趣意のうち、⒤原判決が国公法110条1項17号の規定について何ら限定解釈をすることなく、本件争議行為を違法性の強いものとしてYらの本件行為に同号を適用したのは、憲法21条の解釈適用を誤ったものである、⒤原判決が国公法98条5項の規定を憲法28条に違反しないと判断し、また国公法110条1項17号の規定について縮小解釈の必要性がないと判断したのは、いずれも憲法28条に違反する、⒤原判決がYらの本件行為に国公法110条1項17号を合憲として適用したのは、憲法18条の解釈適用を誤ったものである、という各主張を採用することができない旨述べられている（判解①312-313頁）。

❷【17】では、「原判決の憲法第28条及び憲法第31条違反―4・2判決の憲法判断回避に関して」という上告趣意が、適法な上告理由にはあたらない旨述べられている。

不処罰であるのに、その前段階的行為であるあおり行為等のみを処罰の対象としているのは不合理であるから、憲法31条に違反し、これを適用した原判決も違法であるというのである㉒。

[19] しかしながら、違法な争議行為に対する原動力または支柱となるものとして罰則の対象とされる国公法110条1項17号所定の各行為のうち、本件において問題となつている「あおり」および「企て」について考えるに、ここに「あおり」とは、国公法98条5項前段に定める違法行為を実行させる目的をもつて、他人に対し、その行為を実行する決意を生じさせるような、またはすでに生じている決意を助長させるような勢いのある刺激を与えること（昭和33年（あ）第1413号同37年2月21日大法廷判決・刑集16巻2号107頁参照）をいい、また、「企て」とは、右のごとき違法行為の共謀、そそのかし、またはあおり行為の遂行を計画準備することであつて、違法行為発生の危険性が具体的に生じたと認めうる状態に達したものをいうと解するのが相当である（いずれの場合にせよ、単なる機械的労務を提供したにすぎない者、またはこれに類する者は含まれない。）㉓。してみると、国公法110条1項17号に規定する犯罪構成要件は、所論のように、内容が漠然としているものとはいいがたく、また違法な行為につき、その前段階的行為であるあおり行為等のみを独立犯として処罰することは、前述のとおりこれらの行為が違法行為に原因を与える行為として単なる争議への参加にくらべ社会的責任が重いと見られる以上、決して不合理とはいいがたいから、所論違憲の主張は理由がない㉔。

[20] 原判決の確定した罪となるべき事実によれば、被告人らは、前記警職法改正に反対する第四次統一行動の一環としてa労働組合会計長ほか同組合中央執行委員多数と共謀のうえ、（一）昭和33年10月30日の深夜から同年11月2日にかけ、同組合総務部長をして、同組合各県（大阪府および北海道を含む。）本部宛てに、「組合員は警職法改悪反対のため所属長の承認がなくても、11月5日は正午出勤の行動に入れ、（ただし、一部特殊職場は勤務時間内一時間以上の職場大会を実施せよ。）」なる趣旨のa名義の電報指令第6号並びに各県本部（大阪府および北海道のほか東京を含む。）、支部、分会各委員長宛てに、同趣旨のa労働組合中央闘争委員長b名義の文書指令第6号を発信または速達便をもつて発送させ、（二）同月5日午前9時ころから同11時40分ころまでの間、農林省において、庁舎各入口に人垣を築いてピケツトを張り、ことに正面玄関の扉を旗竿等をもつて縛りつけ、また裏玄関の内部に机、椅子等を積み重ねるなどした状況のもとに、同省職員約2500名を入庁させないようにしむけたうえ、同職員らに対し、同省正面玄関前の「警職法改悪反対」職場大会に直ちに参加するように反覆して申し向けて説得し、勤務時間内2時間を目標として開催される右職場大会（実際の開催時間は午前10時ころから同11時40分ころまで、正規の出勤時間は同9時20分。参加人員は2000名余。）に参加方を慫慂したというのであるから、右（一）の各指令の発出行為は、全国の傘下組合員である国家公務員たる農林省職員に対し、争議行為の遂行方をあおることを客観的に計画準備したものにほかならず、また、右（二）の状況下における反覆説得は、国公法98条5項前段に定める違法行為を実行させる目的をもつて多数の右職員に対し、その行為を実行する決意を生じさせるような、またはすでに生じている決意を助長させるような勢いのある刺激を与えたものというべく、原判決が右（一）につき争議行為の遂行をあおることを企てたとし、（二）につき争議行為の遂行をあおつた行為にあたるとしたのは、正当である㉕。

同第六点について。

[21] 所論は、原判決は国公法98条5項、110条1項17号の解釈、適用を誤り、所論引用の各高等裁判所の判例と相反する判断をしたものであるというのである㉖。

[22] よつて考えるに、原判決が「同法110条1項17号の『あおる』行為等の指導的行為は争議行為の原動力、支柱となるものであつて、その反社会性、反規範性等において争議の実行行為そのものより違法性が強いと解し得るのであるから、憲法違反となる結果を回避するため、とくに『あおる』行為等の概念を縮小解釈しなければならない必要性はなく、またその証拠も不十分である」としたうえ、同条項17号所定の「指導的行為の違法性は、その

㉒ [18] では、弁護人の上告趣意のうち、国公法110条1項17号は憲法31条に違反し、これを本件に適用した原判決も違法であるという主張が紹介されている（判解①313頁）。調査官解説によれば、ここで主張されている憲法31条違反の論旨には、①国公法110条1項17号に規定する構成要件が不明確であること、②そこに規定されている前段階的行為だけを処罰の対象としているのは不合理であること、という二つのポイントが含まれているとされる（判解①337頁）。

㉓ [19] の第1文では、国公法110条1項17号における「あおり」および「企て」の意義が明らかにされている（判解①344-345頁）。その際、本判決は、単純機械的労務提供者またはこれに類する者は含まれないとしてその例外を認めているところ、調査官解説によれば、機械的労務提供者にすぎないかどうかは法律問題というよりむしろ事実認定の問題であるから、本判旨は事実認定の問題において国公法110条1項17号の適用が除外される一つの場合の判断を示したことになる、とされる（判解①342頁）。

㉔ [19] の第2文では、国公法110条1項17号が憲法31条に違反するかどうかについての検討が行われている。すなわち、本判決は直接には、国公法110条1項17号に規定する犯罪構成要件はその内容が漠然としているものではなく、また争議行為の前段階的行為とみられるあおり行為等を独立犯として規定していても決して不合理とはいえないから違憲ではないから違憲ではないと判示しているところ、その際、あおり行為等を独立犯として処罰しても不合理でないことの実質的理由を、違法行為に原因を与える行為はいわゆる単純参加者に比べ社会的責任が重いとみられる点に求めている、とされる（判解①337頁）。

㉕ [20] では、Yらの本件行為は国公法110条1項17号にいう「あおり」および「企て」にあたることが論じられている。

㉖ [21] では、弁護人の上告趣意のうち、国公法98条5項、110条1項17号の規定について原動力説の立場からあおり行為等の概念を縮小解釈する必要はなく、また、その意義を限定的に解すべきものでないとして、Yらの本件行為にこれらの規定を適用した原判決は、国公法の各規定の解釈適用を誤ったものであり、また、あおり行為等またはその対象となる争議行為あるいはその双方について限定解釈をとるべきものとする各高等裁判所の判例に違反する、との主張が要約されている（判解①313頁）。

目的、規模、手段方法（態様）、その他一切の付随的事情に照らし、刑罰法規一般の予定する違法性、すなわち可罰的違法性の程度に達しているものでなければならず、また、これらの指導的行為は、刑罰を科するに足る程度の反社会性、反規範性を具有するものに限る」旨判示し、何らいわゆる限定解釈をすることなく、被告人らの本件行為に対し国公法の右規定を適用していることは、所論のとおりである。これに対し、所論引用の大阪高等裁判所昭和43年3月29日判決、福岡高等裁判所昭和42年12月18日各判決、同裁判所昭和43年4月18日判決は、右国公法110条1項17号または地方公務員法61条4号については、あおり行為あるいはその対象となる争議行為またはその双方につき、限定的に解釈すべきものであるとの見解をとっており、そして、これらの判決は原判決に先だって言い渡されたものであるから、原判決は、右各高等裁判所の判例と相反する判断をしたこととなり、その言渡当時においては、刑訴法405条3号後段に規定する、最高裁判所の判例がない場合に、控訴裁判所たる高等裁判所の判例に相反する判断をしたことになるといわなければならない㉗。

【23】　しかしながら、国公法98条5項、110条1項17号の解釈に関して、公務員の争議行為等禁止の措置が違憲ではなく、また、争議行為をあおる等の行為に高度の反社会性があるとして罰則を設けることの合理性を肯認できることは前述のとおりであるから、公務員の行なう争議行為のうち、同法によって違法とされるものとそうでないものとの区別を認め、さらに違法とされる争議行為にも違法性の強いものと弱いものとの区別を立て、あおり行為等の罪として刑事制裁を科されるのはそのうち違法性の強い争議行為に対するものに限るとし、あるいはまた、あおり行為等につき、争議行為の企画、共謀、説得、慫慂、指令等を争議行為にいわゆる通常随伴するものとして、国公法上不処罰とされる争議行為自体と同一視し、かかるあおり等の行為自体の違法性の強弱または社会的許容性の有無を論ずることは、いずれも、とうてい是認することができない。けだし、いま、もし、国公法110条1項17号が、違法性の強い争議行為を違法性の強いまたは社会的許容性のない行為によりあおる等した場合に限ってこれに刑事制裁を科すべき趣旨であると解するときは、いうところの違法性の強弱の区別が元来はなはだ曖昧であるから刑事制裁を科しうる場合と科しえない場合との限界がすこぶる明確性を欠くこととなり、また同条項が争議行為に「通常随伴」し、これと同一視できる一体不可分のあおり等の行為を処罰の対象としていない趣旨と解することは、一般に争議行為が争議指導者の指令により開始され、打ち切られる現実を無視するばかりでなく、何ら労働基本権の保障を受けない第三者がした、このようなあおり等の行為までが処罰の対象から除外される結果となり、さらに、もしかかる第三者のしたあおり等の行為は、争議行為に「通常随伴」するものでないとしてその態様のいかんを問わずこれを処罰の対象とするものと解するときは、同一形態のあおり等をしながら公務員のしたものと第三者のしたものとの間に処罰上の差別を認めることとなって、ただに法文の「何人たるを問わず」と規定するところに反するばかりでなく、衡平を失するものといわざるをえないからである。いずれにしても、このように不明確な限定解釈は、かえって犯罪構成要件の保障的機能を失わせることとなり、その明確性を要請する憲法31条に違反する疑いすら存するものといわなければならない㉘。

【24】　なお、公務員の団体行動とされるもののなかでも、その態様からして、実質が単なる規律違反としての評価を受けるにすぎないものについては、その煽動等の行為が国公法110条1項17号所定の罰則の構成要件に該当しないことはもちろんであり、また、右罰則の構成要件に該当する行為であっても、具体的事情のいかんによっては法秩序全体の精神に照らし許容されるものと認められるときは、刑法上違法性が阻却されることもありうることはいうまでもない。もし公務員中職種と職務内容の公共性の程度が弱く、その争議行為が国民全体の共同利益にさほどの障害を与えないものについて、争議行為を禁止し、あるいはそのあおり等の行為を処罰することの当を得ないものがあるとすれば、それらの行為に対する措置は、公務員たる地位を保有させることの可否とともに立法機関において慎重に考慮すべき立法問題であると考えられるのである㉙。

【25】　いわゆる全司法仙台事件についての当裁判所の判決（昭和41年（あ）第1129号同44年4月2日大法廷判決・刑集23巻5号685頁）は、本

㉗【22】では、原判決と上告理由が引用する各高裁判例とが相反する判断を行っていることが確認されている。すなわち、原審は何ら限定解釈をすることなくＹらの本件行為に国公法110条1項117号を適用しているのに対し、所論引用の各判決は、国公法110条1項17号または地公法61条4号について限定的に解釈すべきとの見解をとっているのである。

㉘【23】では、【22】で相反する判断を行っているとされたうち、上告趣意が引用する各高裁判例の方が誤りであることが指摘されている。すなわち、これらの判例は、争議行為またはこれに対するあおり行為等のうちいずれかもしくはその双方から限定解釈を加えることによって処罰規定の合理的な規制限界および規定自体の合理性を肯定しようとしているところ、かかる限定解釈にあたって共通して用いられるのは違法性が強いことおよび通常随伴性がないことという考え方であるが、そのような考え方はかえって憲法31条に違反する疑いがあるというのが本判決である、とされる（判解①338頁）。その際、調査官解説によれば、ここで引用されている諸判決は、判例①にある「三つの場合」──「政治的目的の場合」、「暴力を伴う場合」、「不当に長期で国民生活に重大な障害をもたらす場合」（判解①350頁）──をそのまま「違法性の強弱」を測る尺度に「転用」したものであるところ、このような解釈は解釈者の主観に流されるばかりでなく地公法または国公法の法文をことさらあいまい、不明確にするものであることが、特に強く多数意見によって指摘されているという（判解①345-348頁）。この点、判例①で問題になっていたのが違法性の有無であるのに対し、本件で問題になっているのは構成要件の限定解釈であるところ、判例③における団藤反対意見は、後者のみならず前者の判断にも明確性が要請され、したがって判例①にも必要な修正を加えるべきであると論じる。もっとも、本判決の判旨に対しては、従来の合憲限定解釈において構成要件の明確性に疑義があるのであれば法令違憲のアプローチをとるのが筋であった、との批判もある（文献⑦330-331頁）。

㉙【24】では、違法性阻却ないし可罰的違法性の問題が論じられている。すなわち、本判決は、事情のいかんを問わず常に国公法110条1項17号の罰則的的適用を無限限に肯定しているわけではなく、第1文後段で公務員のあおり等の行為について処罰の例外があることを肯定し、さらに、第1文前段では明らかに可罰的違法性論を念頭に置いた判示をしている、とされる（判解①342-343頁）。しかしこれに対しては、「基本的人権の保障は憲法の次元において処理すべきものであって、刑法の次元における違法性阻却の理論によって処理することは相当でな」い、との批判がある（【73】）。

判決において判示したところに抵触する限度で、変更を免れないものである❸⓪。

【26】　そうであるとすれば、原判決が被告人らの所示行為につき国公法98条5項、110条1項17号を適用したことは結局正当であつて、これと異なる見解のもとに原判決に法令違反があるとする所論は採用することができず、また、この点に関する原審の判断と抵触する前記各高等裁判所の判例は、これを変更すべきものであつて、所論は、原判決破棄の理由とならない❸①。

同第七点、第八点、第九点について。

【27】　所論は、いずれも事実誤認、単なる法令違反の主張であつて、適法な上告理由にあたらない❸②。

同第一〇点について。

【28】　所論は、要するに、公務員の政治的目的に出た争議行為も憲法28条によって保障されることを前提とし、原判決が、いわゆる「政治スト」は、憲法28条に保障された争議行為としての正当性の限界を逸脱するものとして刑事制裁を免れないと判断したのは、憲法21条、28条、31条の解釈を誤つたものである旨主張する❸③。

【29】　しかしながら、公務員については、経済目的に出たものであると、はたまた、政治目的に出たものであるとを問わず、国公法上許容された争議行為なるものが存在するとすることは、とうていこれを是認することができないのであつて、かく解釈しても憲法に違反するものではないから、所論違憲の主張は、その前提を欠き、適法な上告理由にあたらない（なお、私企業の労働者たると、公務員を含むその他の勤労者たるとを問わず、使用者に対する経済的地位の向上の要請とは直接関係があるとはいえない警職法の改正に対する反対のような政治的目的のために争議行為を行なうがごときは、もともと憲法28条の保障とは無関係なものというべきである。現に国際労働機構（ILO）の「結社の自由委員会」は、警職法に関する申立について、「委員会は、改正法案は、それが成立するときは、労働組合権を侵害することとなることを立証するに十分な証拠を申立人は提出していないと考えるので、日本政府の明確な説明を考慮して、これらの申立については、これ以上審議する必要がないと決定するよう理事会に勧告する。」としている（179事件第54次報告187項）。国際労働機構の「日本における公共部門に雇用される者に関する結社の自由調査調停委員会報告」（いわゆるドライヤー報告）も、「労働組合権に関する申立の審査において国際労働機関によつてとられている一般原則によれば、政治的起源をもつ事態が適当な手続による国際労働機関の調査が要請されうる社会的側面（問題）を有している場合であつても、国際労働機関が国際的安全保障に直接関係ある政治問題を討議することは、その伝統に反し、かつ、国際労働機関自体の領域における有用性をもそこなうため不適当である。」（2130項）という一般的見解を表明しているのである。）❸④。

弁護人小林直人の上告趣意第一一点中、第一ないし第三について。

【30】　所論は、原判決が国公法110条1項17号について、何んら限定解釈をすることなく、社会的に相当行為たる被告人らの本件行為にこれを適用したのは、憲法31条、28条、18条、21条に違反するというのである❸⑤。

【31】　しかし、国公法の右規定について、これを限定的に解釈しなくても、右憲法の各規定に違反するものでないことは、すでに弁護人佐藤義弥ほか3名の上告趣意第一点、第三点、第五点について説示したところおよび同第六点において説明した趣旨に照らし明らかであるから、所論は理由がない❸⑥。

同第四について。

【32】　所論は、本件争議行為が、いわゆる政治的抗議ストであるから社会的相当性を有し、構成要件該当性を欠くとの単なる法令違反の主張であつて、適法な上告理由にあたらない❸⑦。

同第五について。

【33】　所論は、本件抗議ストは、憲法21条の保障する「表現の自由」権の行使として、社会的相当性を具有しているものであるから、国公法110条1項17号の罰則規定は、被告人らの本件行為に適用される限度において、憲法31条、21条に違反し、無効であるというのである❸⑧。

【34】　しかしながら、国公法の右規定が憲法31条、21条に違反しないことは、所論の第一ないし第三について示したところにより明らかであるから、その趣旨に徴し、所論は理由がない❸⑨。

被告人ら各本人の上告趣意について。

❸⓪　【25】では、「本判決において判示したところに抵触する限度で」判例②を変更することが述べられている。調査官解説によれば、この部分は一見すると限定解釈に関する従来の法律解釈だけを変更したように思われるが、そうではなく、その基本になっている憲法解釈に関する従来の考え方をも変更したものとされる。すなわち、今回の多数意見は、石田ほか補足意見（【46】）から推測すると、それは「国公法の規定を『限定的に解釈するかぎり』違憲でない」と判示する部分にすぎないと解しているものと思われ、そうだとすると、今回の判例変更は具体的にはその点にとどまるのであって、「違法性の強弱論」や「通常随伴性論」そのものについては、今回の多数意見は、もともと反対しているばかりでなく、今回の判例変更の対象としてすら考えていないのではないか、というのである（判解①349-350頁）。

❸①　【26】では、【21】で紹介された各所論を採用できない旨が述べられている。

❸②　【27】では、弁護人による上告趣意のうち、⒤本件争議行為は職員団体の本来の目的を逸脱したものではない、⒤⒤原判決の認定した本件第二事実につき、Yらの本件説得、慫慂の行為は、争議行為に通常随伴するものと認めるべきである、ⅰⅱあおり行為等が争議行為に通常随伴するものであるかどうかは、あおり行為自体について判断すべきであってその状況や事情態様を考慮に入れるべきではなく、また、職員の大部分は自発的意思によって職場大会に参加したものであって、強力なピケットによって入庁を阻止されたものではない、といういずれの所論（判解①313-314頁）も適法な上告理由にはあたらないことが述べられている。

❸③　【28】では、弁護人の上告趣意のうち、原判決がいわゆる政治ストは憲法28条に保障された争議行為としての正当性の限界を逸脱するものとして刑事制裁を免れないと判断したのは、憲法21条、28条、31条の解釈を誤ったものであるとの主張が紹介されている（判解①314頁）。

❸④　【29】では、政治目的に出た争議行為は憲法28条の保障とは無関係であるから、【28】で紹介された所論は前提を欠き適法な上告理由にはあたらないことが、論じられている。なお、田中ほか意見（【76】）は、本件の処理にあたってはこの点に判断を加えれば十分であったとする（判解①340頁）。

❸⑤　【30】では、弁護人の上告趣意のうち、原判決が国公法110条1項17号について、何ら限定解釈をすることなく、Yらの本件行為にこれを適用したのは、憲法31条、28条、18条、21条に違反するという主張が紹介されている。

❸⑥　【31】では、【30】で紹介された所論に理由がないことは、【2】から【17】の説示、および【22】から【26】の趣旨に徴して明らかであるとされる。

❸⑦　【32】では、「抗議ストの社会的相当性」に関する弁護人の上告趣意が、適法な上告理由にはあたらないことが述べられている。

❸⑧　【33】では、弁護人の上告趣意のうち、本件抗議ストは、憲法21条の保障する「表現の自由」権の行使として、社会的相当性を具有しているから、国公法110条1項17号の罰則規定は、Yらの本件行為に適用される限度において憲法31条、21条に違反する、という主張が紹介されている（判解①314頁）。

❸⑨　【34】では、【33】で紹介した所論に理由がないことは、【31】の趣旨に徴して明らかであるとされる。

[35] 所論は、いずれも事案誤認、単なる法令違反の主張であつて、適法な上告理由にあたらない❹。
[36] よって、刑訴法414条、396条に則り、本件各上告を棄却することとし、主文のとおり判決する❹。
[37] この判決は、裁判官石田和外、同村上朝一、同藤林益三、同岡原昌男、同下田武三、同岸盛一、同天野武一の各補足意見、裁判官岩田誠、同田中二郎、同大隅健一郎、同関根小郷、同小川信雄、同坂本吉勝の各意見、裁判官色川幸太郎の反対意見があるほか、裁判官全員一致の意見によるものである。

❹ [35]では、Yら各本人の上告趣意が適法な上告理由にあたらないことが述べられている。

❹ [36]では、本件各上告を棄却する旨が述べられている。

少数意見

裁判官石田和外、同村上朝一、同藤林益三、同岡原昌男、同下田武三、同岸盛一、同天野武一の補足意見(裁判官岸盛一、同天野武一については、本補足意見のほか、後記のような追加補足意見がある。)は、次のとおりである❹。

[38] われわれは、多数意見に同調するものであるが、裁判官田中二郎、同大隅健一郎、同関根小郷、同小川信雄、同坂本吉勝の意見(以下、5裁判官の意見という。)は、多数意見の真意を理解せず、いたずらに誇大な表現を用いて、これを論難するものであつて、読む者をしてわれわれの意見について甚だしい誤解を抱かせるものがあると思われるので、あえて若干の意見を補足したい。

[39] 一 5裁判官の意見は、多数意見が、公務員を国民全体の奉仕者であるとする憲法15条2項をあたかも唯一の根拠として公務員(非現業の国家公務員をいう。以下同じ。)の争議行為禁止の合憲性を肯定するものであるかのごとく、また公務員の勤務条件の決定過程の特殊性だけを理由としてその争議行為の禁止を根拠づけようとするものであるかのごとく、さらには代償措置の制度さえ設けておけばその争議行為を禁止しても憲法に違反するものではないとの安易な見解に立っているものであるかのごとく誤解し、多数意見を論難している。しかし、多数意見は、公務員も原則として憲法28条の労働基本権の保障を受ける勤労者に含まれるものであることを肯定しながらも、私企業の労働者とは異なる公務員の職務の公共性とその地位の特殊性を考慮にいれ、その労働基本権と公務員をも含めた国民全体の共同利益との均衡調和を図るべきであるという基本的観点に立ち、その説示するような諸般の理由を総合して国家公務員法(以下、国公法という。)の規定する公務員の労働関係についての規制をもつて、いまだ違憲とみることはできないとしているものなのである。さらに、5裁判官の意見は、多数意見をもつて、憲法15条2項を公務員の労働基本権に対する「否定原理」としているものであるとまで極論したうえ、「使用者である国民全体、ないしは国民全体を代表しまたはそのために行動する政府諸機関に対する絶対的服従義務を公務員に課したものという解釈をする」とか、「このような解釈は、国民全体と公務員との関係をあたかも封建制のもとにおける君主と家臣とのそれのような全人格的な服従と保護の関係と同視するに近い考え方である」とか、さらには憲法28条の労働基本権を「一種の忠誠義務違反としてそれ自体を不当視する観念」であつて、「すべての国民に基本的人権を認めようとする憲法の基本原理と相容れない」ものであるとか、極端に激しい表現を用いて非難しているのであるが、多数意見のどこにそのような時代錯誤的な考えが潜んでいるというのであろうか。いうまでもなく、多数意見は、5裁判官の意見が指摘するような国家の事務が軍事、治安、財政などにかぎられていた時代における前近代的観点から「抽象的、観念的基準によつて一律に割り切つて」いるものでもなく、また抽象的形式的な公共福祉論、公僕論を拠りどころとしているものでもないことは、多数意

見を冷静かつ率直に読むならば容易に理解できることであろう。

[40] 二 5裁判官の意見は、公務員の職務内容の公共性がその争議行為制限の実質的理由とされていることはなにびとにも争いのないところであること、また公務員の勤務条件の決定過程において争議行為を無制限に許した場合に民主的政治過程をゆがめる面があることも否定できないことを承認しながら、そのいずれの理由からも一切の争議行為を禁止することの正当性を認めることはできないとして、公務員の「団体交渉以外の団体行動によつて、立法による勤労条件の基準決定などに対して影響力を行使すること」を是認すべきであるといい、また代償措置はあくまで代償措置にすぎないものであるから、「政府または国会に右(人事院の)勧告に応ずる措置をとらせるためには、法的強制以外の政治的また社会的活動を必要とし、このような活動は、究極的には世論の支持、協力を要するものであり、世論喚起のための唯一の効果的手段としての公務員による団体行動の必要を全く否定することはできず、」といって、およそ争議行為を禁止されている公務員の利益を保障するために設けられた国家的制度としての代償措置の存在をことさらに軽視し、公務員による立法機関または世論に対する直接的な政治的効果を目的とする団体行動の必要性を強調しているのである。ところで、5裁判官の意見がここで指摘している「団体行動」とは、何を意味するかは必ずしも明らかではないが、その前後の論調からすると、単なる表現活動としての団体行動を指しているものとは認められず、明らかに憲法28条にいわゆる団体行動を考えているものとしか思われない。しかもその団体行動は、「刑罰の対象から除外されてしかるべきものである」と断定していることからすると、罰則規定のある公務員の争議行為を念頭においているものと解さざるをえない。はたしてそうであるとすれば、5裁判官の意見は、立法府または社会一般に対する示威的行動としての公務員の争議行為の必要性を強調するものといわざるをえないのである。もとより、5裁判官の意見は、純然たる政治的目的の実現のための争議行為の必要性を説くものではない。しかしながら、およそ勤労者の団体が行なう争議行為の目的が使用者において事実的にも法律的にも解決しえない事項に関するものであるときは、その争議行為は、憲法28条による保障を受ける余地のないものであるから、5裁判官の意見がいうところの公務員の団体行動としての争議行為なるものは、その実質において、いわゆる「政治スト」と汎称されるものとなんら異なるところはないのである。ことに、5裁判官の意見が法的強制以外の「政治的活動」の必要性を説くことは、まさに団体行動としての表現活動のほかに、「政治スト」を憲法上正当な争議行為として公務員に認めよということにほかならないのであつて、そのことは5裁判官の意見が本件について政治目的に出た争議行為であるとの理由から憲法28条の保障の範囲に含まれないとしていることと明らかに矛盾するものであるといわねばならない。なお、付言するに、5裁判官の意見が右のように争議行為としての法的強制以

❹ 石田ほか補足意見は、田中ほか意見に対する反論の形で多数意見を補足し、あわせて判例②の多数意見の解釈と異なる憲法判断を展開せざるをえない実質的理由とその必要性について論じたものである(判解①319頁)。

外の「政治的活動」を強調していることについては、いわゆるドライヤー報告書が「日本の労働者の中央組織によつて行なわれてきた政治活動の性格は、真に労使関係を混乱させている一つの主要な要素である。」(2127項)と戒めていることをこの際指摘せざるをえないのである。

【41】 三 5裁判官の意見は、本件の処理にあたり、多数意見が何ゆえことさらいわゆる全司法仙台事件大法廷判決の多数意見(昭和41年(あ)第1129号同44年4月2日大法廷判決・刑集23巻5号685頁、以下、単に全司法仙台事件判決という。)の解釈と異なる憲法判断を展開しなければならないのか、その必要性と納得のゆく理由を発見することができないと論難している。しかし弁護人らの上告趣意には、多岐にわたる違憲の主張が含まれており、また、まさに本判決の多数意見と5裁判官の意見との分岐点をなす中心問題について互に相反する高等裁判所の判決が指摘されて判例違反の主張がなされたのであるから、当裁判所としては、これらに対し判断をするにあたり、当然右全司法仙台事件判決の当否について検討せざるをえないばかりでなく、5裁判官の意見も、【43】本件上告を棄却するについては、結論的には同意見であるから、上告趣意の総てについて逐一判断を示すべきものである。5裁判官の意見のような、この際全司法仙台事件判決に触れるべきではないとする考えは、本件の処理上、基本的問題の判断を避けて一時を糊塗すべきであるというにひとしく、とうていわれわれの承服しがたいところである。いま、多数意見がこれに論及せざるをえなかつたその他の理由の二、三をもあわせて指摘し、さらに同判決の判例としての評価について言及することとする。

【42】 (一) まず、第一に、右全司法仙台事件判決は、憲法解釈にあたり看過できない誤りを犯したということである。すなわち、同判決とその基本的立場を共通にする、いわゆる都教組事件大法廷判決の多数意見(昭和41年(あ)第401号同44年4月2日大法廷判決・刑集23巻5号305頁、以下、単に都教組事件判決という。)は、公務員の職務は一般的に公共性が強いものであることを認めながら、なお一部の職種や職務には私企業のそれに類似したものが存在するから公務員の争議行為を一律に禁止することは許されないと説くが、その論ずるところは、公務員の争議行為が行なわれる場合、一般に単なる機械的労務に従事する職務の者ばかりでなく、その職務内容が公共性の強い職員の大多数の者の参加によつて行なわれる集団的組織の団体行動であるという現実を無視した議論であり、しかも、職種、職務内容の別なく公務員に対して一律に保障された、生存権擁護の趣旨をもつ代償措置の現存することについての考慮を払うことなく、また、その判断の結果がはたして実際的に妥当するものであるかについて洞察することもなく、ただただ抽象的に理論を推しすすめるものである。すなわち、同判決は、抽象的、観念的思惟に基づいて、公務員による争議行為を制限禁止した関係公務員法の当該規定は違憲の疑いがあると容易に断定しているのであつて、全司法仙台事件判決もその論法において軌を一にしているのである。そのような憲法判断の手法は、労働基本権に絶対的の優位を認めようとする傾きやすく、現実の社会的、経済的基盤の上に立つて国家と国民および国民相互の相反する憲法上の諸利益を調整すべきものであるという憲法解釈の要諦を忘れたものといわなければならない。なお、5裁判官の意見は「一律全面的」な争議行為の禁止は不当であるとして多数意見を論難するのであるが、職種と職務内容の公共性の程度が弱く、その争議行為が国民全体の共同利益にさほどの障害を与えないものについては、労働政策の問題として立法上慎重に考慮されるべきものであることについては、多数意見が指摘しているところである。ちなみに、西ドイツにおいては、公勤務従事者のうち、官吏についてはストライキを禁止されているが、その代り終身任用制度および一種の昇進制度が勤務条件法定主義のもとに行なわれているのに対し、雇員、単純労務職員については、特定の職務内容を限定してストライキを認めており、また、カナダ連邦、アメリカのペンシルバニヤ州やハワイ州では重要でない職務に従事する公務員についてストライキを認めているが、職務の重要性の判定は第三者機関が行なうたてまえとなつているのであつて、全司法仙台事件判決が示す「国民生活に重大な支障」を及ぼすとの有無というような漠然とした基準によつて公務員の争議行為の正当性を画する立法例は他国には見あたらないのである。なお、カナダ連邦の場合は、仲裁手続とストライキとの選択のもとに、かりにストライキを選択したときでも厳格な調停手続を経ることが条件となつているのであり、この手続を経ないストライキは禁止されているのである。そして、アメリカでストライキの認められている前示2州でも、ほぼこれに似た制度をとつているのであるが、その国情による相違があるとはいえ、重要でない職務の公務員のストライキを認めるについて、無制限にこれを認めることなく、厳格な制約のもとに置かれていることに特に留意すべきである。

第二に、全司法仙台事件判決の示した限定解釈には重大な疑義があるということである。すなわち、同判決と基本的に共通の見解に立つている前記都教組事件判決がいうところは、公務員の職務の公共性には強弱があるから、その労働基本権についても、その職務の公共性に対応する制約を当然内包しているという理論的立場を強調しながら、限定解釈をするにあたつては、一転して職務の公共性をなんら問題とすることなく、「ひとしく争議行為といつても、種々の態様のものがある」として、争議行為の態様の問題へと転移し、争議行為における違法性の強弱という曖昧な基準を設定したのである(5裁判官の意見は、多数意見が公務員の争議行為につきその「主体」のいかんを問わず全面的禁止を是認することを非難しているのであるから、当然「主体」による区別をいかに考えるべきかについての明確な基準を示して然るべきものなのである。しかるに、その明示がなされていないことは、現在の公務員制度のもとにおける職員組合の組織と争議行為の現況にかんがみ、そのような区別をたてることは抽象論としてはともかく、実際上はほとんど不可能であることを物語るものであろうか。)。ことに、同判決は、争議行為に関する罰則については、争議行為そのものの違法性が強いことと、あおり等の行為の違法性が強いことを要するばかりでなく、争議行為に「通常随伴して行なわれる行為」は処罰の対象とはならないと解すべきものであるとしている。ところで、いわゆる全逓中郵事件判決の多数意見(昭和39年(あ)第296号同41年10月26日大法廷判決・刑集20巻8号901頁、以下、単に全逓中郵事件判決という。)では、争議行為の正当性を画する基準として、「政治的目的のために行なわれたような場合」、「暴力を伴う場合」、「社会の通念に照らして不当に長期に及ぶときのように国民生活に重大な障害をもたらす場合」をあげ、これらの場合でなければ、その争議行為は、憲法上保障された正当な争議行為にあたると説示されているが、全司法仙台事件判決では、争議行為の違法性が強い場合の基準として、そのまま右と同様のものが転用されているのである。すなわち、あおり行為等を処罰するための要件として、「争議行為そのものが、職員団体の本来の目的を逸脱してなされるとか、暴力その他これに類する不当な圧力を伴うとか、社会通念に反して不当に長期に及ぶなど国民生活に重大な支障を及ぼすとか」ということをあげている。争議行為が正当であるか否かは、違法性の有無に関する問題であり、違法性が強いか弱いかは違法性のあること、すなわち正当性のないことを前提としたものである。そして、ここにいう正当性の有無は、単に「刑法の次元」における判断ではなく、まさに憲法28条の保障を受けるかどうかの憲法の次元における問題なのであるから、その保障を受けうるものであるかぎり、民事上、刑事上一切の制裁の対象となることはないのである。しかるに、全司法仙台事件判決は、全逓中郵事件判決が憲法上

の保障を受けるかどうかの観点から違憲判断を回避するために示した正当性を画する基準と同一のものを、違法性の強弱判定の基準としているのであって、そこに法的思惟の混迷があると思われるのであるが、それはともかくとして、このような基準の設定は、刑罰法規の構成要件としてもすこぶる不明確であり、そのゆえに、むしろ違憲の疑いを生むのであり、さらに右のような基準の確立が判例の集積になじまないものであることについては、岸裁判官、天野裁判官の追加補足意見の指摘するところである。この点について、5裁判官の意見は、公務員の争議行為をあおる等の行為が全司法仙台事件判決の判示する基準に照らして処罰の対象となるかどうかは事案ごとに具体的事実関係により判断されなければならないとして、これらの行為が国公法上罰則の対象となりうることを肯定しながら、公務員法違反の場合と公共企業体職員または私企業労働者の争議行為の場合とを対比し、一つは構成要件充足の問題であり、他は違法性阻却の問題であるといい、さらに転じて「刑法の次元における違法性阻却の理論によつて処理することは相当でなく、」と至極当然のことにわざわざ言及し、あたかも多数意見がその誤りを犯しているかのごとき論難を加えているが、そのいわんとする真意が那辺にあるか理解に苦しむところである。

【44】　第三に、全司法仙台事件判決に見られる憲法解釈の疑点もさることながら、それが惹起している労働・行政または裁判実務上の混乱も、また無視できないということである。すなわち、例えば、都教組事件判決は、「違法な争議行為を想定して、あおり行為等をした場合には、かりに予定の違法な争議行為が実行されなかったからといって、あおり行為等の刑責は免れない。」旨判示する。しかし国公法110条1項17号の罰則は、あおり行為等に対して結果責任を問うものではないのであるから、行為者が、かりに違法性の弱い争議行為を想定し、あおり行為等をしたが、予期に反し、争議行為が「社会通念に反して不当に長期に及び国民生活に重大な支障」を与えた場合には、全司法仙台事件判決の見解に従うかぎり、なんらこれに対し刑事責任を問うことができないこととなるであろう。また、争議行為の実態に即して考えて見ても、争議行為は、通常、争議指導者の指令のままに動くものであるから、あおり等の行為自体の違法性が強い場合などはおよそありえないであろう。このことは、同判決の右のような解釈のもとでは、国公法の右規定が現実的には、ほとんど有効に機能しないことを示すものであって、結局公務員の争議行為が野放しのままに放置される結果ともなりかねないのである。さらにまた、同判決が判示する前記の基準も、それ自体が客観性を欠き、これを捕捉するに極めて困難であり、5裁判官の意見のいうように、右の判決が一般国民の間に定着しているものとはとうてい考えられない。右の基準が曖昧で判断者の主観による恣意がはいりこむ虞があるという批判は、本件の弁論において弁護人からも強く指摘されたばかりでなく、すでに、いわゆる全逓中郵事件判決を支持する論者、これに反対の立場にある論者の双方から強い批判を受けているところである。全司法仙台事件判決も公務員の争議行為に対するあおり等の行為が罰則の適用を受ける場合のあることを肯定する以上は、その明確な基準を示すべきであったのである。

【45】　さらに第四に、全司法仙台事件判決ならびにこれと同一の基盤をもつ都教組事件判決が全逓中郵事件判決と相まって公務員の争議行為に関する罰則の適用について一般に誤った評価を植えつけるにいたったということである。すなわち、都教組事件判決は、全逓中郵事件判決が勤労者の労働基本権に対する、いわゆる内在的制約を考慮する際「一般的にいって、

刑事制裁をもつてこれに臨むべき筋合ではない。」（同判決の、いわゆる4条件中、(3)最高裁刑集20巻8号907頁参照。）と判示したことをそのまま踏襲しているのであるが、さらに都教組事件判決の趣旨を受けついだ全司法仙台事件判決は、国公法110条1項17号についてこれを限定的に解釈しないかぎり、憲法18条、28条に違反する疑いがあるといって、一般に対し「公務員労働者の」「争議行為を刑事罰から解放」したものであるかのごとき誤つた理解を植えつけることとなったのである。これは、ひつきよう、同判決の不明確な限定解釈と誤った法解釈の態度とにその原因をもつものといわなければならないのである。（現に5裁判官の意見も公務員の争議行為に対するあおり等の行為が罰則の適用を受ける場合のあることを肯定していながら、しかも、なおかつ、あたかも多数意見のみが、公務員の争議行為に関し仮借のない刑事制裁を是認しているもののような論難をしているのである。）なお、付言するに、ILO第105号条約（わが国は批准していない。）に関する第52回ILO総会に提出された条約勧告適用専門家委員会の報告書は、「一定の事情の下においては違法な同盟罷業に参加したことに対して刑罰を科することができるということ、」「この刑罰には通常の刑務所労働が含まれることがあるということ」その他について合意が成立した旨の、同条約を審議した総会委員会の報告書を引用して「同盟罷業に関する各種の国内立法を評価するに当たり、本委員会は、総会の意図に関する前述したところを十分に考慮することが適当であると考える。」と述べているのである（94項。なお95項参照。）。㊸

(二)　つぎに、全司法仙台事件判決には、真の意味の多数意見なるものがはたして存在するといえるであろうか。同判決において多数と見られる8名の裁判官の意見が一致しているのは、ただ国公法の規定を「限定的に解釈するかぎり」違憲でないと判示する点にかぎられているのである。そして、そのいわゆる限定解釈の内容について見るに、右8名の裁判官のうち、6名の裁判官は、違法性強弱論およびあおり行為等の通常随伴性論の立場をとつているが、他の2名の裁判官は、違法性強弱論には否定的な意見を示しており、しかも、その2名の裁判官の間でも、「通常随伴性」についての考え方が一致していないのである。このように、限定解釈をすべきであるという点では同意見であっても、それだけでは全く内容のないものであり、そのいうところの限定解釈についての内容が区々にわかれていて、過半数の意見の裁判官による一致した意見は存在しないのである。前記のように、行政上および裁判上の混乱を招いたのも、ひつきよう、同判決ならびにその基盤を共通にする全逓中郵事件判決および都教組事件判決のもつ内容の流動性、曖昧性に基因するところが大きく、判例としての指導性にも欠けるところがあつたといわねばならないのである。そして、現在においては、本判決の多数意見は、前記判示のとおり、憲法および国公法の解釈につき一致した見解を示しているものであるのに対し、多数意見に同調した裁判官以外の裁判官の意見は、単に形式上少数であるばかりでなく、内容的にも国公法の解釈について意見が分立しており、ことに5裁判官の意見が本件につき上告棄却の意見であるならば、全司法仙台事件判決にいう、いわゆる通常随伴性論を今日維持することは背理というほかなく、また通常随伴性論をとるとすれば、結論は、むしろ反対となるべき筋合いであろう。この一点をみても、右5裁判官自身、意識すると、しないとにかかわらず、前記の判例の見解を変更しているものにほかならない。したがつて、全司法仙台事件判決は、今日、もはやいかなる意味においても「判例」として機能しえないものであり、

㊸【45】は、ILO 105号条約に言及し、第52回ILO総会に提出された条約勧告適用専門家委員会の報告書ですら「一定の事情の下に」おいては違法な同盟罷業に参加したことに対して刑罰を科することができるということ、この刑罰には通常の刑務所労働が含まれるということに意見の一致をみたしている点を指摘しているが、調査官解

説は、このことから多数意見は、単純参加者に刑罰を加えた場合にはどういうときでも直ちに憲法違反の問題になるとは考えていないのではないか、と推測している（判解①342頁）。

これが変更されるべきことは、自然の成行きといわなければならないのである。5裁判官の意見は、「僅少差の多数によつてさきの憲法解釈を変更することは、最高裁判所の憲法判断の安定に疑念を抱かせ、ひいてはその権威と指導性を低からしめる虞がある云々」と述べているが、多数意見に対するいわれのない批判にすぎず、強く反論せざるをえない次第である。

裁判官岸盛一、同天野武一の追加補足意見は、つぎのとおりである❹。

【47】 (一) まず、多数意見は、憲法28条の勤労者のうちには、公務員（非現業の国家公務員をいう。以下同じ。）も含まれるとの見解にたちながらも、公務員の地位の特殊性とその職務の公共性とを考慮にいれるとき、公務員の勤労関係を規律する現行法制のもとでは、公務員の勤労条件が法定されており、その身分が保障されているほか、適切な代償措置が講じられている以上は、国家公務員法（昭和40年法律第69号による改正前のもの。以下国公法という。）98条5項の規定は、いまだ、憲法28条に違反するものと断ずることはできないとするものである。

【48】 ところで、一般的に勤労者の争議行為を禁止するについて、その代償措置が設けられることが極めて重要な意義をもつものであることは、いわゆるドライヤー報告やＩ・Ｌ・Ｏ結社の自由委員会でもたびたび強調されているところであり、その事例を枚挙するにいとまなしといつても過言ではないのであるが、公務員に関してもその争議行為を禁止するについては、適切な代償措置が必要であることが指摘されているのである（結社の自由委員会第76次報告第294号事件284項、第78次報告第364号事件79項等）。ところが、わが国で、公務員の争議行為の禁止について論議されるとき、代償措置の存在がとかく軽視されがちであると思われるのであるが、この代償措置こそは、争議行為を禁止されている公務員の利益を国家的に保障しようとする現実的な制度であり、公務員の争議行為の禁止が違憲とされないための強力な支柱なのであるから、それが十分にその保障機能を発揮しうるものでなければならず、また、そのような運用がはかられなければならないのである。したがつて、当局側においては、この制度が存在するからといつて、安易に公務員の争議行為の禁止という制約に安住すべきでないことは、いうまでもなく、もし仮にその代償措置が迅速公平にその本来の機能をはたさず実際上画餅にひとしいとみられる事態が生じた場合には、公務員がこの制度の正常な運用を要求して相当と認められる範囲を逸脱しない手段態様で争議行為にでたとしても、それは、憲法上保障された争議行為であるというべきであるから、そのような争議行為をしたことだけの理由からは、いかなる制裁、不利益をうける筋合いのものではなく、また、そのような争議行為をあおる等の行為をしたからといつて、その行為者に国公法110条1項17号を適用してこれを処罰することは、憲法28条に違反するものといわなければならない❺。

【49】 もつとも、この代償措置についても、すべての国家的制度と同様、その機能が十分に発揮されるか否かは、その運用に関与するすべての当事者の真摯な努力にかかつているのであるから、当局側が誠実に法律上および事実上可能なかぎりのことをつくしたと認められるときは、要求されたところのものをそのままうけ容れなかつたとしても、この制度が本来の機能をはたしていないと速断すべきでないことはいうまでもない。

【50】 以上のことは、多数意見においてとくに言及されていないが、その立場からは当然の理論的帰結であると考える❻。

【51】 (二) つぎに、多数意見は、国公法110条1項17号について、福岡高等裁判所判決（昭和41年（う）第728号同43年4月18日判決）が示した限定解釈は犯罪構成要件の明確性を害するもので憲法31条違反の疑いがあるというが、われわれは、右の限定解釈は明らかに憲法31条に違反するばかりでなく、本来許さるべき限定解釈の限度を超えるものであるとすら考えるものである。すなわち、同判決は、国公法の右規定を限定的に解釈して、争議行為が政治目的のために行なわれるとか、暴力を伴うとか、または、国民生活に重大な障害をもたらす具体的危険が明白であるなど違法性の強い争議行為を違法性の強い行為によつてあおるなどした場合に限り刑罰の対象となるというのであつて、いわゆる全司法仙台事件についての当裁判所大法廷判決の多数意見がさきに示した見解とほぼ同趣旨の見解を示しているのである❼。

【52】 ところで、憲法判断にさいして用いられる、いわゆる限定解釈は、憲法上の権利に対する法の規制が広汎にすぎて違憲の疑いがある場合に、もし、それが立法目的に反することなくして可能ならば、法の規定に限定を加えて解釈することによつて、当該法規の合憲性を認めるための手法として用いられるものである。そして、その解釈により法文の一部に変更が加えられることとなつても、法の合理的解釈の範囲にとどまる限りは許されるのであるが、法文をすつかり書き改めてしまうような結果となることは、立法権を侵害するものであつて許すべきではないのである。さらにまた、その解釈の結果、犯罪構成要件が曖昧なものとなるときは、いかなる行為が犯罪とされ、それにいかなる刑罰が科せられるものであるかを予め国民に告知することによつて、国民の行為の準則を明らかにするとともに、国家権力の専断的な刑罰権の行使から国民の人権を擁護することを趣意とする、かのマグナカルタに由来する罪刑法定主義にもとづくものであり、ただに憲法31条に違反するばかりでなく、国家権力を法の支配下におくとともに国民の遵法心に期待して法の支配する社会を実現しようとする民主国家の理念にも反することとなるのである。このことは、大陸法的な犯罪構成要件の理論をもたない英米においても、つとに普通法上の厳格解釈の原理によつて、裁判所は、個々の事件について、法文の不明確を理由に法令の適用を拒否する手段を用いて、実質上法令の無効を宣言するのとひとしい実をあげてきたといわれているのであるが、とくに米国では、1世紀も前から法文の不明確を理由としてこれを無効とする理論が芽ばえ、1900年代にはいつてからは、国民の行為の準則に関する法令は、予め国民に公正に告知されることが必要で、そのためには、法文は明確に規定されなければならないとして、憲法修正5条、6条、14条等の適正条項違反を理由に不明確な法文の無効を宣言する、いわゆる明確性の理論が判例法として確立され今日に及んでいるのである。

【53】 この法文の明確性は、憲法上の権利の行使に対する規制や刑罰法規のような国民の基本的権利・自由に関する法規については、とくに強く要請されなければならないことは当然である。

【54】 ところで、前記福岡高等裁判所判決は、あおり行為の対象となる争議行為の違法性の強弱を判定する基準の一つとして、「国民生活に対する重大障害」ということをあげている。同様に全司法仙台事件判決の多数意見は、「社会の通念に反して不当に長期に及ぶなど国民生活に重大な支障」といつている。しかし、国民生活に重

❹ 岸・天野追加補足意見は石田ほか補足意見に加えて論じられており、とりわけ【48】にみられる代償措置画餅論で名高い。
❺ 【48】について、調査官解説によれば、ここにいわれている「支柱」とはまさに重要な要件であるという意味に使われた言葉と思われるが、公務員の地位の特殊性と職務の公共性が公務員の労働基本権制約の実質的根拠であるとするならば、代償措置の存在は公務員の労働基本権制約の「条件」ということになろう、とされる。また、ここで憲法上保障された争議行為を認める理論的可能性があることを説いている部分は、単なる刑法の次元における違法性阻却論を説いているものではなく、適用違憲論を展開しているものと考えられるとして、代償措置に関する今回の判旨は、ILO結社の自由委員会やドライヤー報告書の指摘とともに特に留意すべきことろであるという（判解①335-336頁）。代償措置画餅論については、【補足説明】も参照。

❻ 【48】は、仮に代償措置が迅速公平にその本来の機能を果たさず実際上「画餅」に等しいとみられる事態が生じた場合には、公務員がこの制度の正常な運用を要求して相当と認められる範囲を逸脱しない手段態様で争議行為に出たとしても、それは、憲法上保障された争議行為であるというべきであるから、国公法110条1項17号の罰則規定の適用が一部無効となって排除される可能性が出てくると説いていた。そのうえで、【50】において多数意見が「理論的帰結」であるとされていることから、調査官解説は、多数意見は適用違憲の論法を排除していないと指摘する（判解①343頁）。

❼ 下級審や判例④もしくは判例②の考え方について、多数意見が「憲法31条に違反する疑い」があるとしているのに対し、【51】は、「明らかに憲法31条に違反する」としている点が注目されよう（判解①338頁）。

大な障害とか支障とかいう基準はすこぶる漠然とした抽象的なものであつて、はたしてどの程度の障害、支障が重大とされるのか、これを判定する者の主観的な、時としては恣意的な判断に委ねられるものであつて、そのような弾力性に富む伸縮自在な基準は、刑罰法規の構成要件の輪郭内容を極めて曖昧ならしめるものといわざるをえない。また、全司法仙台事件判決の多数意見のように「社会の通念に反し不当に長期に及ぶなど」という例示が示されているとしても、どの程度の時間的継続が不当とされるのか、これまた甚だ不明確な要件といわざるをえないばかりでなく、そのうえ「社会の通念に照らし」という一般条項を構成要件のなかにとりこんでいることは、却ってその不明確性を増すばかりである。したがつて、かような基準を示された国民は、自己の行為が限界線を越えるものでないとして許されるかどうかを予測することができず、法律専門家である弁護士、検察官、裁判官ですら客観的な判定基準を発見することに当惑し(いわゆる中郵事件の差戻し後の東京高裁昭和41年(う)第2605号同42年9月6日判決・刑集20巻526頁参照)、罰則適用の限界を画することができないばかりでなく、民事上、行政上の制裁との限界もまた不明確であつて、法の安定性・確実性が著しくそこなわれることとなる。現に全国の事実審裁判所の判決においても、「国民生活に重大な障害」に関する判断が区々にわかれて統一性を欠いているのが今日の実情なのである。さらにまた、右のような限定解釈は、罰則の適用される場合を制限したかのようにみえるのであるが、それに示されているような抽象的基準では、前記判決が志向したところとはおよそ逆の方向にも作用することがないとも限らない。けだし、法文の不明確は法の恣意的解釈への道をひらく危険があるからである⁴⁸。

【55】 もつとも、右の基準の明確な確立は、今後の判例の集積にまてばよいとの反論もあろう。最近の、カナダの連邦公務員関係法、アメリカのペンシルバニヤ州の公務員労使関係法およびハワイ州公法は、重要職務に従事する公務員についてのみ争議行為を禁止しているのであるが、それらの立法に対する、職務の重要性・非重要性を区別することは困難であるとの批判に対して、裁判所の判例の集積による解決が最も妥当であるとの反論もみられる。しかし、右の諸立法においては、別に第三者機関による重要職務の指定判定の制度があつて、それによって重要公務の範囲が一応は形式的に明確にされる建前なのであるから、その指定判定に争いがあるとき裁判所の判断をまつということのようである。すなわち、それは、重要職務に従事する公務員の範囲を主体の面から限定するものであつて、行為の態様による限定ではないのである。「国民生活に重大な障害」の有無というような行為の態様の基準の明確な確立は、むしろ、判例の集積による方法にはなじまないというべきであろう。

【56】 およそ国民の行為の準則は、裁判時においてではなく、行為の時点においてすでに明確にされていなければならない。また、終局判決をまたなければ明確にならないような基準は、基準なきにひとしく、国民を長く不安定な状態におくととなる。国民は各自それぞれの判断にしたがって行動するほかなく、かくては法秩序の混乱はとうてい免れないであろう。

【57】 憲法問題を含む法令の解釈にさいしては、いたずらに既成の法概念・法技術にとらわれて、とざされた視野のなかでの形式的な憲法理解におちいつてはならないことはいうまでもないことであり、また、絶えず進展する社会の流動性と複雑化とに対処しうるためには、犯罪構成要件がつねに客観的・記述的な概念にとどまることはできず、価値的要素を含んだ規範的なものへと深化されることも必要である。さらに、正義衡平、信義誠実、公序良俗、社会通念等々の、もともとは私法の領域で発達した一般条項の概念が、法解釈の補充的原理として具体的事件に妥当する法の発見に寄与するところがあることも

否定できない。しかしながら、あまりにも抽象的・概括的な構成要件の設定は、法の行為規範、裁判規範としての機能を失わしめるものであり、いわんや、安易簡便な一般条項を犯罪構成要件のなかにとりこむことは極力これを避けなければならない。第二次大戦前のドイツ法学界において、一般条項がいともたやすく遊戯のように労働法を征服したとか、一般条項は個々の犯罪構成要件をのりこえてしまう傾向をもつとかと、強く指摘した警告的な主張がなされたことが思いあわされるのである。

【58】 法の規定が、その文面からは一義的にしか解釈することができず、しかも憲法上許される必要最小限度を超えた規制がなされていると判断せざるをえないならば、たとえ立法目的が合憲であるとしても、その法は違憲とされなければならない。しかるに、国公法110条1項17号についての前記のような限定解釈は、それを避けようとして詳密な理論を展開したのであるが、惜しむらくは、その理論の実際的適用について前述のような重大な疑義を包蔵するうえに、その限定解釈の結果もたらされた同条の構成要件の不明確性は、憲法31条に違反するものであり、また、立法目的に反して法の規定をほとんど空洞化するにいたらしめたことは、法文をすつかり書き改めたも同然で、限定解釈の限度を逸脱するものといわざるをえないのである。

裁判官岩田誠の意見は、次のとおりである⁴⁹

【59】 国家公務員法(昭和40年法律第69号による改正前のもの。以下、国公法という。)110条1項17号の規定の合憲性に関する私の意見は、当裁判所昭和41年(あ)第1129号同44年4月2日大法廷判決(刑集23巻5号685頁)における私の意見のとおりである。

【60】 したがつて、公務員の行なう争議行為の違法性の強弱、あおり行為等の違法性の強弱により国公法110条1項17号の適用の有無を決すべきでないことは、前記大法廷判決における私の意見のとおりであるけれども、同法条の規定は、これになんら限定解釈を加えなくても、憲法28条に違反しないとする意見には賛同することができない。

【61】 これを本件について見るに、原判決が罪となるべき事実として確定したところによれば、被告人らは、それぞれ原判示のような農林省の職員をもつて組織する全農林労働組合(以下、全農林労組という。)の役員であるところ、昭和33年10月8日内閣が警察官職務執行法の一部を改正する法律案(以下、警職法改正案という。)を衆議院に提出するやこれに反対する第四次統一行動の一環として、原判示第一、第二の所為に及んだというのであって、被告人らの右所為は、全農林労組の団体行動としてなされたものとしても、右は警職法改正に対する反対闘争という政治目的に出たものであって、全農林労組組合員の給与その他の勤務条件の改善、向上を図るためのものではないから、憲法28条の保障する労働基本権の行使ということはできないものである。したがつて、被告人らの所為は、争議行為にいわゆる通常随伴するものであるか否かにかかわらず、それぞれ国公法110条1項17号にいう争議行為をあおることを企て、または、争議行為をあおつたものとして同条項違反の罪責を免れないものといわなければならない。

【62】 所論は、また、被告人らの所為を国公法110条1項17号により処罰した原判決および国公法の右規定は、憲法21条に違反すると主張する。しかし、警職法改正法案に反対する意見を表明すること自体は、何人にも許され憲法21条の保障するところであるが、その意見を表明するには、争議行為に訴えなくても、他にいくらでも適法な表明手段が存するのであつて、憲法28条の保障の範囲を逸脱した本件のような争議行為によることを要するものではない。したがつて、前示のように憲法28条の保障の範囲を逸脱した争議行為のあおり行為等を処罰する旨を定めた国公法110条1項17号の規定は、

---

⁴⁸ 【54】から【58】は、福岡高裁が判示した「国民生活に対する重大障害」という基準を国公法110条1項17号の構成要件の中に取り込むことは、法の恣意的解釈への道をひらく危険をもつものであると批判しているところ、調査官解説は、岸・天野裁判官がこの点に追加補足意見の大半を費やしていることは注目に値すると述べている (判解①347頁)。

⁴⁹ 岩田意見は、Yらの本件上告はいずれもこれを棄却すべきものであるとする結論は多数意見と同じであるが、国公法110条1項17号の規定はこれに何ら限定解釈を加えなくても憲法28条に違反しないとする多数意見には賛同することができない、とするものである。

憲法21条に違反するものではなく、被告人らの前記所為を処罰した原判決もまた憲法21条に違反するものではない⓾。

[63] そうすると、被告人らの前示所為は国公法110条1項17号にあたるとして有罪の言渡をした原判決は結局正当であつて、被告人らの本件上告はいずれもこれを棄却すべきものである。

裁判官田中二郎、同大隅健一郎、同関根小郷、同小川信雄、同坂本吉勝の意見は、次のとおりである㉛。

[64] 本件上告を棄却すべきものとする点においては多数意見と同じであるが、その理由は次のとおりであるほか、岩田裁判官の意見と同じであり、多数意見の説く理由には賛成することができない。

[65] **第一** 多数意見は、国家公務員法（昭和40年法律第69号による改正前のもの。以下、国公法という。）98条5項および110条1項17号の各規定が憲法28条に違反する旨の上告論旨を排斥するにあたり、右国公法の規定は、解釈上これに特別の限定を加えなくても憲法の右規定に反するものではないとし、この点につきさきに憲法違反の疑いを避けるために限定解釈を施すべきものとしたいわゆる全司法仙台事件の当裁判所判決（昭和41年（あ）第1129号同44年4月2日大法廷判決・刑集23巻5号685頁）と相反する見解を示している。この多数意見の説くところは、基本的には右判決における少数意見を若干ふえんし、かつ、詳述したにとどまるものと考えらるが、これを要約すると、

(1) 公務員は全体の奉仕者であり、その職務内容は公共性をもつているから、公務員の争議行為は、その地位の特殊性と職務の公共性に反し、かつ、その結果多かれ少なかれ公務の停廃をもたらし、国民全体の利益に重大な影響を及ぼすか、またはその虞れがある。

(2) 公務員の勤労条件の決定は、私企業の場合と異なり、労使間の自由な取引に基づく合意によつてではなく、国会の制定する法律と予算によつて定められるという特殊性をもつているが、公務員が争議行為の圧力によつてこれに影響を及ぼすことは、右の決定についての正常かつ民主的な過程をゆがめる虞れがある。

(3) 公務員の争議行為の禁止については、これに対応する有効な代償措置制度が設けられている。

というに尽きる。しかし、右の理由は、いずれも公務員の争議行為を一律全面的に禁止し、これをあおる等のすべての行為に対して刑事制裁を科することの合憲性を肯定するに十分な理由とすることはできない。すなわち、

[66] **一、**憲法15条2項の、公務員が国民全体の奉仕者である旨の規定は、主として、公務員が特定の政党、階級など国民の一部の利益に奉仕すべきものではないとする点に意義を有するものであつて、使用者である国民全体、ないしは国民全体を代表しまたはそのために行動する政府諸機関に対する絶対的服従義務を公務員に課したものという解釈をすることはできない。このような解釈は、国民全体と公務員との関係をあたかも封建制のもとにおける君主と家臣とのそれのような全人格的な服従と保護の関係と同視するに近い考え方であつて、公務員と国との関係を対等な権利主体間の法律の関係として把握しようという憲法の基本原理と相容れないものである。のみならず、公務員の地位の特殊性を強調する右の考え方は、勤労条件の決定に関する公務員の労働基本権、とくにその争議権に対する制約原理としてよりも、むしろ、その否定原理としてはたらく性質のものであつて、公務員についても基本的には憲法28条の労働基本権が認められるとする多数意見

自体の説くところと矛盾する契機をすらもつものである。すなわち、このような考え方のもとでは、たとえば、公務員の争議行為のごときは、一種の忠誠義務違反として、それ自体を不当視する観念を生じがちであり、この観念を公務員一般におしひろぼすことは、原則として、すべての国民に基本的人権を認めようとする憲法の基本原理と相容れず、とくに憲法28条の趣旨とは正面から衝突する可能性を有するものである。それゆえ、公務員の争議権を制限する根拠を国民全体の奉仕者たる地位の特殊性に求めるべきではないというべきである㉜。

次に、公務員の職務内容が原則として公共の利益に奉仕するものであり、公務員の職務懈怠が公務の円滑な運営に支障をもたらし公共の利益を害する可能性を有することは、多数意見のいうとおりであり、これが公務員の争議行為を制限する実質的理由とされていることは、なにびとも争わないところである。しかし、このことから直ちに、およそ公務員の争議行為一切を一律に禁止し、これをあおる等のすべての行為に刑事制裁を科することが正当化されるとの結論を導くことには、明らかに論理の飛躍がある。すなわち、公務の円滑な運営の阻害による公益侵害をもつて争議権制限の実質的理由とするかぎり、このような侵害の内容と程度は争議行為制限の態様、程度と相関関係にたつべきものであつて、たとえば、形式的には一時的な公務の停廃はあつても、実質的には公務の運営を阻害する虞れがあるといえない争議行為までも一律に禁止し、これをあおる等の行為に対して刑事制裁を科することが正当とされるいわれはないといわなければならない。国の事務が国の存続自体を支える固有の統治活動、すなわち、軍事、治安、財政などにかぎられていた時代においては、これに従事する者も限定されていた反面、それらの者による公務の懈怠が直ちに国家社会の安全に響く虞れがあり、したがつて、そのような理由からこれらの者の争議行為を全面的に禁止することにも合理性があることを否定できなかつたとしても、近代における福祉国家の発展に伴い、国や地方公共団体の行なう事務が著しく拡大し、その大部分が一般福祉行政や公共的の性質を有する経済活動となり、これに従事する者も飛躍的に増加して、全公務員の相当部分を占め、しかも、これらの公務員が全勤労者の加でも相当大きな割合を形成するに至つた今日においては、公務の内容、性質もきわめて多岐多様であるとともに、その運営の阻害が公共の利益に及ぼす影響もまた千差万別であつて、そのうちには、公益的の性質を有する私企業の業務の停廃による影響とその内容、性質においてほとんど区別がなく、むしろ、後者の方がその程度いかんによつては、国民生活に対してより重大な支障をもたらす虞れのある場合すら存するのである。したがつて、これらをすべて公益侵害なる抽象的、観念的基準によつて一律に割り切り、公務員の争議行為を、その主体、内容、態様または程度などのいかんにかかわらず全面的に禁止し、これをあおる等のすべての行為に刑事制裁を科するようなことは、とうてい、合理性をもつ立法として憲法上これを正当化することはできないといわなければならない㉝。

二、公務員に対する給与は、国または地方公共団体の財源使用の一内容であるから、公務員の勤労条件のいかんは、国などの財政、ことに予算の編成と密接な関連を有し、したがつて、その決定につき、国会または地方公共団体の議会

⓾ [62]も多数意見同様、政治スト違法論の立場から、本件争議行為が政治目的に出たものであつて、憲法28条の保障の範囲を逸脱したものであり、かかる争議行為のあおり行為を処罰する旨を定めた国公法110条1項17号の規定は、憲法21条に違反しないとする（判解①340頁）。

㉛ 田中ほか意見は、本件上告を棄却すべきものとする点においては多数意見に同調するとしつつ、その説く理由には賛成できないとするものである（判解①324頁）。

㉜ [66]は、「憲法15条を根拠として、公務員に対して右の労働基本権をすべて否定するようなことは許されない」と判示した判例①と同じ考え方であるとされ、田中裁判官自身も「憲法15条を根拠として、公務員の労働基本権をすべて否定することは許されない」（文献②244-245頁）と述べている（判解①330-331頁）。

㉝ [67]をはじめとして田中ほか意見は、多数意見をもって例外なくすべてのあおり等の行為に刑罰を科するものであると批判している。しかし、多数意見[19]や[24]や多数意見の「理論的帰結」であるとする岸・天野追加補足意見[47]～[50]の説示に鑑みるならば、多数意見は事情のいかんを問わず常に国公法110条1項17号の罰則規定の適用を無制限に肯定しているわけではない、とされる（判解①342-343頁）。

の監視または承認を経由する必要があることは、多数意見の説くとおりである。しかし、このことから、右の勤労条件の基準がすべて立法によって決定されることを要し、その間に労使間の団体交渉に基づく協定による決定なるものをいれる余地がないとする結論は、当然には導かれないし、憲法上それが予定されていると解すべき根拠もない。憲法 73 条 4 号は、内閣が法律の定める基準に従い官吏に関する事務を掌理すべき旨を規定しているが、それは、国家公務員に関する事務が内閣の所管に属することと、内閣がこの事務を処理する場合の基準の設定が立法事項であつて政令事項ではないことを明らかにしたにとどまり、公務員の給与など勤労条件に関する基準が逐一法律によって決定されるべきことを憲法上の要件として定めたものではなく、法律で大綱的基準を定め、その実施面における具体化につき一定の制限のもとに内閣に広い裁量権を与え、かつ、公務員の代表者との団体交渉によってこれを決定する制度を設けることも憲法上は不可能ではない。したがって、公務員の勤労条件が、その性質上団体交渉による決定になじまず、団体交渉の裏づけとしての団体行動を正当とする余地がないとすることはできないのである。もっとも、公務員の勤労条件の抽象的基準をすべて法律によって定めることは、憲法上可能であり、わが国においては現にこのような立法政策がとられ、国家公務員法や公務員給与関係諸法律などによって、公務員の勤労条件の基準に関し詳細な規定が設けられ、しかも、公務員団体に対し団体交渉権が認められているとはいえ、団体協約締結権は否定され、団体交渉により勤労条件が決定される余地や範囲はきわめて狭く、したがって、公務員の争議権は、団体交渉権の裏づけとしての意味に乏しく、この点において私企業労働者の場合に比し大きな相違が存することは、これを認めなければならない。しかしながら、公務員の争議権が、その実質的効果の点において大きな制約を受けざるをえないからといって、団体行動による影響力の行使を全く認める余地がないとか、これを全面的に禁止し、これをあおる等のすべての行為に対して刑罰を科しても差しつかえないとの結論が当然に導かれるわけではない。公務員がその勤労条件に関する正当な利益を主張し、かつ、これを守るために団結して意思表示をし、団体交渉以外の団体行動によって、立法による勤労条件の基準決定などに対して影響力を行使することは、その方法が相当であり、かつ、一定の限界内にとどまるかぎり、刑罰の対象から除外されてしかるべきものである。勤労者にとって団体行動は、このような影響力行使の唯一ともいうべき手段であり、公務員の場合といえどもことは同様である。多数意見は、このような目的のもとにされる公務員の争議行為が、立法や予算の決定などについての民主的政治過程を不当にゆがめる危険があることを指摘するが、この議論は、公務員の争議行為を無制限に許した場合の弊害については妥当するとしても、およそ一切の争議行為を禁止し、これをあおる等の行為に対して刑罰を科することを正当とする理由となるものではない。換言すれば、公務員が自己の要求を貫徹するために、国民生活に重大な影響を及ぼす虞れのあるような争議行為を遂行し、かつ、これを継続するような場合には、多数意見の危惧する弊害が生ずるかも知れないが、その程度に至らないものについては、そのような弊害が生ずる虞れはなく、要は、その方法および程度の問題にすぎないのである。更に、多数意見は、政府にいわゆる作業所閉鎖（ロックアウト）による対抗手段がないことを挙げるが、このような対抗手段は、特殊の強力な争議行為に対するそれとしてのみ意味を有するにすぎず、ロックアウトが利用できないことは、勤労者側におけるすべての争議行為を不当とする理由となるものではない。そればかりでなく、立法や予算とは直接関係のない問題、とくに団体交渉の認められる事柄について団体行動による影響力を行使する必要がある場合も想定されないわけではないのである。このようにみてくると、多数意見の前記(2)の理由も、公務員の争議行為を全面的に禁止し、これをあおる等のすべての行為に対して刑罰を科することを正当づける理由となるものではないというほかはない。

三、現行法上、公務員の勤労条件については、人事院が内閣から独立した機関として設けられ、勧告その他の活動により比較的公正な立場から公務員の正当な利益を守る、いわゆる代償措置に関する制度が設けられていることは、多数意見の指摘するとおりである。しかし、このような代償措置制度の存在は、国民生活全体の利益の保障という見地から、最少限度公務員の労働基本権を制限する場合において、文字どおりその代償として必要とされるものにすぎず、代償措置制度を設けさえすれば労働基本権を制限することができるというわけのものではない。しかも、実際上、人事院の存在およびその活動が、労働基本権の行使と同じ程度に、公務員の勤労条件に関する正当な利益を保護する機能を常に果すものとはいいがたく、とくに、人事院勧告は、政府または国会に対してなんら応諾義務を課するものではないから、政府または国会に右勧告に応ずる措置をとらせるためには、法的強制以外の政治的または社会的活動を必要とし、このような活動は、究極的には世論の支持、協力を要するものであり、世論喚起のための唯一の効果的手段としての公務員による団体行動の必要を全く否定することはできず、また、人事院の勧告の成立過程においても、勧告の内容に対する公務員の要求を表示するために同様の方法をとる場合のありうることも否定できないのである。要するに、代償措置はあくまでも代償措置にすぎず、しかも現代の代償措置制度の運用については、状況に応じた公務員の団体行動による監視、批判、要求、圧力などを必要とする場合もありうべく、単なる代償措置制度の存在を理由として公務員の争議行為を全面的に禁止し、これをあおる等の行為に対して刑罰を科することを正当化することは、とうてい、不可能であるといわざるをえない。

四、なお、多数意見は、その理由中において、前記大法廷の判決が公務員の争議行為禁止およびこれをあおる等の行為の処罰規定について施した限定解釈に対し、それが法律の明文を無視し、立法の趣旨にも反するものであり、また、限定の基準が不明確であつて刑罰法規における犯罪の構成要件の明確化による保障機能を失わせ、憲法 31 条に違反する疑いがあると論難している。

ところで、右の大法廷判決における国公法の規定の限定解釈に関する見解のうち、争議行為およびこれをあおる等の行為中、処罰の対象となるものとそうでないものとの区別の基準について、いわゆる違法性の強弱という表現を用いた部分が、犯罪の構成要件としてその内容、範囲につき明確を欠くという批判を受けたことは否定することができない。しかし、右の見解は、憲法 28 条が労働基本権を保障していることにかんがみ、勤労者である公務員の争議行為とこれをあおる等の行為のうち、刑罰の対象とならないものを認めるべきであるとの基本的観点にたち、その基準として、争議行為については、職員団体の本来の目的を達成するために、暴力なども伴わず、不当に長期にわたる等国民生活に重大な支障を及ぼす虞れのないものにかぎつているのであつて、いわゆる違法性の強弱という表現は、以上の趣旨で用いられたものと解されるのである。また、これをあおる等の行為についても組合員の共同意思に基づく争議行為に関しその発案、計画、遂行の過程において、単にその一環として行なわれるにすぎないいわゆる通常随伴行為にかぎり、いずれも処罰の対象から除外すべきものとするにあり、したがって、争議行為をあおる等の行為が異常な態様で行なわれた場合および組合員以外の第三者

または組合員と第三者との共謀によって行なわれた場合は、通常随伴行為にあたらないものとしているのである❸。

【72】　それゆえ、公務員の争議行為をあおる等の行為が右の基準に照らして処罰の対象となるかどうかは、事案ごとに具体的な事実関係に照らして判断されなければならないこととなるが、このことは、公共企業体職員または私企業労働者の争議行為が、たまたまそれ自体争議行為の禁止を内容としていない他の刑罰法規の構成要件事実に該当する場合、たとえば、いわゆる全逓中郵事件（最高裁昭和 39 年（あ）第 296 号同 41 年 10 月 26 日大法廷判決・刑集 20 巻 8 号 901 頁）のような場合に、憲法 28 条ないしは労働組合法 1 条 2 項の規定との関係から、労働組合の本来の目的を達成するためにした正当な行為であるかどうかにつき、事案ごとに具体的な事実関係に照らして判断されなければならないのと同様である。ただ、後者の関係では違法性阻却の問題であり、前者の関係では構成要件充足の問題であるという相違が生ずるにすぎない。

【73】　およそ、ある法律における行為の制限、禁止規定がその文言上制限、禁止の内容において広範に過ぎ、それ自体憲法上保障された個人の基本的人権を不当に侵害する要求を含んでいる場合には、右基本的人権の保障は憲法の次元において処理すべきものであって、刑法の次元における違法性阻却の理論によって処理することは相当でなく、また、右基本的人権を侵害するような広範に過ぎる制限、禁止の法律といつても、常にその規定を全面的に憲法違反として無効としなければならないわけではなく、公務員の争議行為の禁止のように、右の基本的人権の侵害にあたる場合がむしろ例外で、原則としては、その大部分が合憲的な制限、禁止の範囲に属するようなものである場合には、当該規定自体を全面的に無効とすることなく、できるかぎり解釈によって規定内容を合憲の範囲にとどめる方法（合憲的制限解釈）、またはこれが困難な場合には、具体的な場合における当該法規の適用を憲法に違反するものとして拒否する方法（適用違憲）によってことを処理するのが妥当な処置というべきであり、この場合、立法による修正がされないかぎり、当該規定の適用が排除される範囲は判例の累積にまつこととなるわけであり、ことに後者の方法を採った場合には、これに期待せざるをえない場合も少なくないと考えられるのである❸。

【74】　以上の点に思いをいたすときは、前記のいわゆる全司法仙台事件の判決が国公法 110 条 1 項 17 号の規定について前記のような趣旨で構成要件の限定解釈をしたからといって、憲法 31 条に違反する疑いがあるとしてこれを排斥するのは相当でなく、いわんや、この点を理由として、右国公法の規定が解釈上これになんらの限定を加えなくても憲法 28 条に違反せず全面的に合憲であるとするようなことは、とうてい、許されるべきではない。

【75】　第二　以上、公務員の争議権に関する多数意見の見解の不当で

あるゆえんを述べたが、ひるがえつて考えるに、本件の処理にあたり、多数意見が、何ゆえ、ことさらにいわゆる全司法仙台事件大法廷判決の解釈と異なる憲法判断を展開しなければならないのか、その必要と納得のゆく理由を発見することができない。

【76】　本件は、全農林労働組合による警職法改正反対闘争という政治目的に出た争議行為をあおることを企て、また、これをあおった行為が国公法の前記規定違反の罪にあたるとして起訴された事件であり、このような争議行為が憲法 28 条による争議権の保障の範囲に含まれないことは、岩田裁判官の意見のとおりである。それゆえ、この点につき判断を加えれば、本件の処理としては十分であり、あえて勤労条件の改善、向上を図るための争議行為禁止の可能性の問題にまで立ち入つて判断を加え、しかも、従前の最高裁判所の判例ないしは見解に変更を加える必要はなく、また、変更を加えるべきではないのである❸。

【77】　憲法の解釈は、憲法によつて司法裁判所に与えられた重大な権限であり、その行使にはきわめて慎重であるべく、事案の処理上必要やむをえない場合に、しかも、必要の範囲にかぎつてその判断を示すという建前を堅持しなければならないことは、改めていうまでもないところである。ことに、最高裁判所が最終審としてさきに示した憲法解釈と異なる見解をとり、右の先例を変更して新しい解釈を示すにあたつては、その必要性および相当性について特段の吟味、検討と配慮が施されなければならない。けだし、憲法解釈の変更は、実質的には憲法自体の改正にも匹敵するものであるばかりでなく、最高裁判所の示す憲法解釈は、その性質上、その理由づけ自体がもつ説得力を通じて他の国家機関や国民一般の支持と承認を獲得することにより、はじめて権威ある判断としての拘束力と実効性をもちうるものであり、このような権威を保持し、憲法秩序の安定をはかるためには、憲法判例の変更は軽々にこれを行なうべきものではなく、その時機および方法について慎重を期し、その内容において真に説得力ある理由と根拠とを示す用意を必要とするからである。もとより、法の解釈は、解釈者によって見解がわかれうる性質のものであり、憲法解釈においてはとくにしかりであつて、このような場合、終極的な決定は多数者の見解によることとならざるをえない。しかし、いつたん公権の解釈として示されたものの変更については、最高裁判所のあり方としては、その前に変更の要否ないしは適否について特段の吟味、検討を施すべきものであり、ことに、僅少差の多数によつてこのような変更を行なうことは、運用上極力避けるべきである。最高裁判所において、かつて、大法廷の判例を変更するについては特別多数決による旨の規則改正案を一般規則制定諮問委員会に諮問したところ、裁判官の英知と良識による運用に委ねるのが適当である、との多数委員の意見により、改正の実現をみるに至らなかつたことがあることは、当裁判所に顕著な事実であるが、この経緯は、右に述べたことを裏づける一資料というべきものである❸。

【78】　ところで、いわゆる全司法仙台事件の当裁判所大法廷判決中の、憲法 28 条が労働基本権を保障していることにかんがみ公務員の争議行為とこれをあおる等の行為のうち正当なものは刑事制

---

❸　【71】にあるように、田中ほか意見は、判例②の限定解釈に関する見解をもって「憲法 28 条が労働基本権を保障していることにかんがみ、勤労者である公務員の争議行為とこれをあおる等の行為のうち、刑罰の対象とならないものを認めるべきであるとの基本的観点」に立脚しているものと理解し、その立場から「合憲的制限解釈」等アメリカ型のプラクティスによって処理すればあえて憲法 31 条違反の問題にならないとするもの、と解されている（判解①338 頁）。

❸　【73】は、憲法 31 条違反になるかどうかを真正面から直接に反論せず、大筋において従来の判例④の線に従いつつ、「公務員の争議行為の禁止のように、右の基本的人権の侵害にあたる場合がむしろ例外で、原則としては、その大部分が合憲的な制限、禁止の範囲に属するようなものについては」合憲限定解釈または適用違憲によって処理すべく、この場合、「当該規定の適用が排除される範囲は判例の累積にまつこととなる」として、国公法の関係法規に構成要件の限定解釈をしたからといって憲法 31 条に違反する疑いがあるとすることは相当でないとしているところ、調査官解説によれば、これは、「当該事件の審判の対象である具体的事実が、その法文の規制しようとする事柄の範囲内に明らかに入つていると認められる場合又はまれに明らかに範囲外

であると認められる場合には、当該事件の被告人又は当事者は、その事件において不明確であるとの理由でその条項の効力を争うことはできない」（文献⑧33 頁）アメリカ型の違憲主張の処理方法と共通した考え方に基づくものではないか、とされる（判解①348 頁）。

❸　【76】は、岩田意見に同調しつつ、本件の処理にあたっては本件争議行為が政治目的に出たものであって憲法 28 条の保障の範囲を逸脱したものであるとの判断を加えれば十分であって、最高裁としては事案の処理上必要やむをえない場合のほか憲法判断を示すことを要しないとしている点に大きな特色がある、とされる（判解①340 頁）。なお学説上は、色川裁判官を除くすべての裁判官が一致して本件争議行為の政治スト性を違法理由としつつ上告棄却の判断をしているにもかかわらず、多数意見があえてわずか 1 票差で従来の判例を変更する必要を認めたことについて批判が強い（判批②313 頁、判批④9 頁）。

❸　【77】が指摘している一般規則制定諮問委員会とは、最高裁判所裁判事務処理規則 12 条の一部を改正するための規則制定諮問委員会のことである（判解①350 頁）。

裁の対象とならないものである、という基本的見解は、いわゆる全逓中郵事件の当裁判所判決およびいわゆる東京都教組事件の当裁判所判決（昭和41年（あ）第401号同44年4月2日大法廷判決・刑集23巻5号305頁）の線にそい、十分な審議を尽くし熟慮を重ねたうえでされたものであることは、右判決を通読すれば明らかなところであり、その見解は、その後その大綱において下級裁判所も従うところとなり、一般国民の間にも漸次定着しつつあるものと認められるのである。ところが、本件において、多数意見は、さきに指摘したように、事案の処理自体の関係では右見解の当否に触れるべきでなく、かつ、その必要もないにもかかわらず、あえてこれを変更しているのである。しかも、多数意見の理由については、さきの大法廷判決における少数意見の理論に格別つけ加えるもののないことは前記のとおりであり、また、右判決の見解を変更する真にやむをえないゆえんに至つては、なんら合理的な説明が示されておらず、また、客観的にもこれを発見するに苦しまざるをえないのである。以上の経過に加えて、本件のように、僅少差の多数によつてさきの憲法解釈を変更することは、最高裁判所の憲法判断の安定に疑念を抱かせ、ひいてはその権威と指導性を低からしめる虞があるという批判を受けるに至ることも考慮しなければならないのである。

[79] 以上、ことは、憲法の解釈、判断の変更について最高裁判所のとるべき態度ないしあり方の根本問題に触れるものであるから、とくに指摘せざるをえない。

裁判官色川幸太郎の反対意見は、次のとおりである。㊴

第一 争議行為の禁止と刑罰

[80] 一、多数意見は、要するに、非現業国家公務員（以下公務員という。）については一切の争議行為が禁止されるのであり、これをあおる等の行為をする者は、何人であつても、刑事制裁を科せられるものとし、その旨を規定した国家公務員法（昭和40年法律第69号による改正前のもの、以下国公法という。）110条1項17号は、これに何らの限定解釈を施さなくても合憲であるというのであるが、私はこれに決定的に反対である。その理由としては、当裁判所大法廷の都教組事件判決（昭和41年（あ）第401号同44年4月2日大法廷判決・刑集23巻5号305頁）及び仙台全司法事件判決（昭和41年（あ）第1129号同44年4月2日大法廷判決・刑集23巻5号685頁）（但しこれに付した私の少数意見と抵触する部分を除く。）にあらわれた基本的見解を引用し、これをもつて私の意見とする。なお、多数意見に含まれる若干の論点について、私のいだいた疑問を開陳し、反対理由の補足としたい。

[81] 二、多数意見は、公務員の争議行為が何故に禁止されなければならないか、という理由については、縷縷、言葉をつくして説示しているのであるが（私もその所説については必ずしも全面的に反対するわけではない。）、要は、公務員には争議権を認めるべきではないということだけを力説しているにすぎない。しかるに多数意見は、一転ただちに、科罰の是認へと飛躍し、見るべき論拠をほとんど示すことなく、およそ、争議行為の禁止に違反した場合、これに懲役刑を含む刑罰をもつて臨むことを、争議権制限に伴う当然の帰結とするもののごとくであつて、私としては到底納得できないのである。

[82] 思うに、争議行為を制限しまたは禁止する立法例は現に数多く存在する。ひとり公務員の場合だけではない。しかし禁止違反に対し、ただちに、懲役を含む刑罰を加えるべきことが規定されているのは、他に例を見ないところである。公労法17条は、公共企業体の職員や郵政その他国営企業の現業公務員及びそれらの組合の争議行為を禁止し、このような禁止された行為を共謀し、そのかしもしくはあおる等の行為は、してはならないと定めており、その点で国公法98条と趣旨を同じくしているのであるが、その違反者は、解雇処分を受けることがあるにすぎず、禁止の裏付けとなる罰則は全く存在しないのであるから刑罰に処せられることがない（電電公社その他各企業体にはそれぞれの事業法があり、そのなかには不当に業務を停廃したことに対する処罰規定もおかれているが、これは個別的な秩序違反行為を対象としたものであつて、争議行為に適用されるものではないと解する。）。公共企業体の職員や国営企業の現業公務員に対して争議行為を禁止するのは国民の福祉を擁護するためであるから、国公法が公務員に対し争議行為を禁止する趣旨との間に、格段の径庭があるわけではない。それであるから、公務員の争議権が制約されなければならない理由を単に積み重ねただけでは、科罰の合理性を論証したことにはなりえないであろう。

[83] 三、もつとも多数意見がその点に全くふれていないわけでもない。いま、多数意見のいうところから理由づけて見るべきものを求めると(1)公務員の争議行為は広く国民全体の共同利益に重大な障碍をもたらす虞れがあること、そして(2)あおり等の行為をした者はかかる違法な争議行為の原動力または支柱であること、の2点であろうか。しかし、いずれを取りあげても、科罰の合理性につき人をして首肯せしめるには、ほど遠いもののあることを感ぜざるをえない。

[84] 刑罰を必要とする第一の、というよりむしろ唯一の、理由は、争議行為が国民全体の共同利益に重大な障碍をもたらす虞れがあるから、というところに帰着する。しかし、一口に公務員といつても、国策の策定や遂行に任ずる者もあれば、上司の指揮下で補助的な作業にあたつたり、あるいは単純な労務に従事するにすぎない者もあり、その業務内容や職種は千差万別である。のみならず、争議行為のために多かれ少なかれ公務の停廃を見るとしても、争議行為の規模や態様には幾多の段階やニュアンスの差があるのであつて、国民全体の生活に重大な障碍をもたらすか、またはその虞れがあるような争議行為は、過去の実績に徴しても、極めて異例であるといつて差支えない。国民生活上何らエッセンシアル（これについては後にふれる。）でない公務が、ごく小範囲の職場において、しかも長からざる期間、争議行為によつて停廃を見たとしても（公務員労働関係における大半の紛争状態はまさにこれである。）、国民は多少の不便不利益を蒙るだけである。もともと、労働組合の争議行為は使用者に打撃を加えて己れの主張を貫徹しようとするものであるが、企業は社会から弧立した存在ではないから、そこにおける業務の阻害は第三者にも影響を与えないわけにはいかない。その企業が運輸とか医療とかの公益事業であると、業務の停廃による直接の被害者はむしろ一般公衆である。かくのごとく、第三者も争議行為によつて迷惑を蒙ることを免れないが、それが故に争議行為を全く禁止し、または争議行為によつて第三者の受けた損害を当該労働組合などにすべて負担せしめては憲法28条の趣旨は全うされないことになるであろう。その意味で第三者はある程度の受忍を余儀なくされるのであり、公務員の場合でも本質的には変るところがないというべきである。

[85] 多数意見の立論の基礎は、国民全体の共同生活に対する重大な障碍を与えるという点にあるのであるから、前述のごとき、国民に対し多少の不便をかけるにすぎない軽微な争議行為については、これに刑罰をもつて臨まないとするのが、論理上当然の筋合ではないかと思うのであるが、何故に多数意見は、事の軽重や、国民生活に対する影響の深浅などをすべて捨象度外視して、公務員による一切の争議行為に対し、刑罰を科することを無条件に是認しようとするのであろうか。限定解釈をしてはじめて憲法上科罰が許されると考えている私の到底同調できないところである。

[86] 四、つぎに多数意見は、「公務員の争議行為の禁止は、憲法に違反することはないのであるから、」「この禁止を侵す違法な争議行為をあおる等の行為をする者」は、原動力を与える者としての重い責任が問われて然るべきであり、「違法な争議行為の防遏」の

㊴ 色川反対意見は、判例②中の色川反対意見を引用したうえ、原判決は法律の解釈を誤つたものであるから破棄を免れないとするものである（判解①326頁）。

ためにその者に刑事制裁を科することには「十分の合理性がある」とする。しかしながら争議行為の禁止が違憲でないからといつて、禁止違反に対し刑罰をもつて臨むことまでも、憲法上、当然無条件に認められるということにはならない。憲法は争議権の保障を大原則として宣言しており、公務員もその大部分はかつてその保障下にあつたのである。その後にいたり、国民の福祉との権衡上、やむをえざる例外として制約されるにいたつたものであると解せられるから（多数意見もこの点は同じ見解をとるものであろう。）、禁止違反に対して科せらるべき不利益の限度なり形態なりは、憲法28条の原点にもう一度立ち帰り、慎重の上にも慎重に策定されなければならないのである。争議行為禁止が違憲でないが故に禁止違反にはいかなる刑罰を科しても差支えない、という説をとるとすれば、これは論理的にも無理というものではあるまいか。多数意見の立論は、公務員の争議行為を禁止することこそ憲法の要請であり、至上命令だというような途方もない前提（多数意見は憲法15条を論じて公務員の地位の特殊性を説くが、さすがにかかる議論にまでは発展していない。）でもとらないかぎり、破綻せざるをえない。

[87] 五、さらに、多数意見は、あおり等の行為を罰することに十分の合理性があるという。しかし、いうところの合理性とは「争議行為の防遏を図るため」の合理性、すなわち、最少の労力をもつて最大の効果をえようとする経済原則としての合理性に近似したもののように見受けられる。いいかえれば、憲法28条の原則に対する真にやむをえない例外である科罰が、いかなる合理的な根拠に基づいて容認されるか、という意味での合理性ではなく、それとは全く縁もゆかりもない刑事政策ないしは治安対策上の合理性をいうもののごとくである。

[88] わが国にはかつて、争議行為の誘惑、煽動を取り締まる治安警察法17条という規定があり、これを活用した警察が、明治、大正にわたり、あらゆる争議行為の防遏に美事に功を奏したことがある。当時と異なり争議権の保障のある今日、よもや立法者がその故智先蹤にならつたわけではあるまいが、禁止に背いた違法な争議行為に対処するにあたり、参加者全員を検挙し断罪するのは煩に堪えないばかりでなく、単なる参加者よりも社会的責任の重いいわば巨悪を罰すれば、付和随行の者どもは手を加えるにいたらずして争議行為を断念するであろうという計算があつたのかも知れない。もしそうだとすれば、争議対策としてはなるほど合理的ではあろう。しかしこの考え方は、憲法の次元を離れた。憲法的視野の外にある、便宜的、政策的なもので、もとより採ることは許されない。

[89] 六、多数意見は、あおり等の行為に出た者は、争議行為の原動力をなす者であるから、「単なる争議行為参加者にくらべて社会的責任が重く」、したがつてその責任を問われても当然だという。これを裏返していえば、単なる争議行為参加者にも、刑事責任追及の根拠となる社会的責任がないわけではない、ただ原動力を与えた者に比べると軽いだけである、とする主張が底流をなしている。多数意見も、別の個所で、違法な「争議行為に参加したにすぎない職員は刑罰を科せられることなく」と述べてはいるが、それは現行法のあり方を説明したにとどまり、憲法上そうでなければいけないのだという趣旨はどこからも窺うことができない。いまもし現行法が改正されて、単なる争議行為参加者をもことごとく処罰するということになつたと仮定した場合、多数意見の立場からは、これをどう受けとめるであろうか。恐らくは、かくのごとき改正も国会みずからが自由にきめうるところであるとし、その規定を適用することに何の躊躇をも示さないことになるのではあるまいか。

[90] 七、上述のように、単なる争議行為参加者は処罰されることがないのであるが、これは区々たる立法政策に出たものと解すべきではない。もしそれをしも処罰するとなれば、ただちに違憲の問題を生ずるであろう。いわゆる争議行為参加者不処罰の原則は憲法28条との関係において確立されているのである。あおり等の行為の意義も、右の基本的立場に立脚してはじめて正しく理解することができると考える。

[91] これに対し多数意見はもとより見解を異にするわけであるが、それにしても、単なる争議行為参加者を処罰するものでないことは、多数意見の容認するところである。しかし、あおり等に関する多数意見の解釈はあまりにも広く（多数意見のように、憲法28条に立脚せず、それとの関係を無視ないし閑却するかぎり、恣意的な解釈で満足するのであれば格別、厳密な態度での合理的な限定解釈を施すことはできる筈がないのである。）もしそれによるとすれば、後に述べるように、単なる争議行為参加者も処罰の脅威を感ぜざるをえなくなるのであつて、多数意見の立論の根拠たる原動力論、すなわち違法な争議行為の原動力をなす者だけを処罰するのだという理論も実は看板だけにしかすぎないことになりおわるのである（多数意見は、わざわざカツコ書きにおいて、単なる機械的労務を提供したにすぎない者、またはこれに類する者はあおりその他の行為者には含まれないことわつているのであるが、これは争議行為が組合員自身によつて形成され遂行されるものであるという現実を無視した空論なのである。およそ争議行為は、組合員すべてが自己の判断に基づきそれぞれが主体的な立場に立つて参加し行動するのが通例であつて、例えば、末端組合員が普通担当することになるであろうビラの配布、貼付、指令の伝達などにしても、選挙運動の際の日雇労働者などに見られる単なる機械的な労務の提供とはその質を異にする。）。

[92] 国公法110条1項17号によつて罪となる行為には、以上の他に、「そそのかし」と「共謀」とがあるが、これらの行為類型のどれひとつ取りあげても、もし多数意見にならつて文字通りに解釈するとすれば、自由意思に基づいて争議行為に参加し、共闘するところのあつた組合員は、たとえ平組合員であろうとも刑事責任を追及されかねないことになる。なぜならば、平組合員と雖も、いわゆる総けつ起大会に出席し、執行部のスト提案に熱烈な声援を送つて組合員の闘志を鼓舞したとすれば「あおり」にちがいないし、スト宣言文書やアジビラを積極的に職場その他に貼つたり、撒いたりしたときは「そそのかし」に該当しないとはいいきれない。そればかりではない。組合の争議行為意思の形成に進んで参加し、また、争議手段についての討議に加わる（これは組合による闘争の場合必ず通過する過程である。）ことが、果して「共謀」でないといいうるかどうかさえ疑問になりはしないか。

[93] もしかかる設例が必ずしも想定できないわけでないとすれば（争議の実情に鑑みると決してありえないことではない。）、指導的立場において原動たる役割を演じた組合の中枢部だけでなく、ある程度積極的ではあれ、結局は単なる争議参加者にしかすぎなかつた者を、徹底的に検挙することすら易易たる業となるのである。もし仮にそういう事態が生じたとすれば、これは原動力理論を主張する論者にとつてさえ、恐らくは不本意にちがいない。多数意見も「法は公務員の労働基本権を尊重しこれに対する制約、とくに刑罰の対象とすることを最小限度にとどめようとしている」と説いているのであるから。

[94] もちろん、普通の紛争に見られる程度の事情においては、かかる不合理な結果を来たすような処理はなされないであろうが、法律による何の歯止めもなく、あげてそのことを捜査機関の良識ある裁量に俟つのみとあつては、多数意見の強調する原動力理論も宙に浮く結果となるであろう。

[95] 八、多数意見は、ILO 98号条約をひいて、それが公務員に適用されないことをあげ、また、ILO結社の自由委員会の報告中に、「大多数の国において」公務員がストライキを禁止されている旨の記述があるとして、当該個所を引用し、公務員の争議行為に対する制約は、国際的にも是認されるものだと主張する。

[96] なるほど98号条約の第6条には、多数意見の引用にかかるような定めのあることは事実であるが、1971年に発足したILOの公務員合同委員会（これは日本を含む16の政府及びそれぞれの国の労働者側からなる二者構成の公的な専門委員会である。）の第1回会議（同年3月22ないし4月2日開催）におけるジェンクスILO事務局長の開会演説は、「現在多くの国において、公務

員の労働関係に変化が生じており、勤務条件は労使の話合いを通じて決定される傾向がある」ことを指摘しており、また、右委員会における討議の結果採決された決議第１号は
「1949年の団結権及び団体交渉権についての原則の適用に関する条約（第98号）が、「公務員の地位を取り扱うものではない」と規定しているにもかかわらず、すでに若干の国においては、公務員は同条約の規定の全部又は一部の恩恵を受けているということを認識し
　公務員は、98号条約の定めるところに従い、労働組合活動の自由を侵害するいかなる行為に対しても適切に保護されるべきであることを考慮し」
と述べているのである（なお同条約第６条の英文テキストには、アドミニストレーションに従事するパブリックサーバンツとある。これは日本訳にいう「公務員」よりもはるかに狭いものがありはしないか。【101】現にILOの条約勧告専門委員会は、1967年に、公務員の概念は各国の法律制度の相違に応じてある程度異なるにしても、公権力の機関として行動しない公務員を含まないとの趣旨の報告を提出している。本件では直接この点を問題にするわけではないが、多数意見のいうところが拡張して解釈される虞れもあるので指摘しておく次第である。）❸。

【97】　さらに、公務員のストライキを禁止している国が、果して世界の大多数を占めているかどうか、またそうだとしても、そのことの示す意味については問題があると考える。なるほど、数だけからいえば、いまだ少なからざる国が公務員のスト禁止法を存しているが、しかし、その大部分は開発途上国か、そうでなくとも農業国なのである。先進工業国としては、僅かにわが国のほか、アメリカ、オランダ、スイスをあげるにすぎない。しかも、以前から公務員に対するしめ付けのきわめて厳しいアメリカにおいてさえ、近時いくつかの州において禁止を解く立法がつぎつぎに制定されつつあるのである。

【98】　もつとも問題の核心は、実は、その点にあるわけではない。本件においてわれわれが特に関心をもたざるをえないのは、禁止違反に対する刑罰規定の有無なのである。この種の規定が、殊に先進国において、果してどれだけあるのか、多数意見は何らふれるところがない。いうところは、単に禁止立法が多くの国に存在しているとしているだけである。本件をいやしくも国際的視野に立つて検討するのであれば、刑罰を裏付けとする公務員のスト禁止立法の状況にこそ目をくばるべきであろう。

【99】　九、わが国はいまだ批准していないけれども、人も知るとおりILO 105号条約は、同盟罷業に参加したことに対する制裁としての強制労働を、何らの留保をも加えることなく、一般的に禁止している。もつとも、ILO 52回会議（1968年）に提出された専門委員会の報告は、「右条約案を審議した総会委員会において、一定の事情の下ならば違法な同盟罷業に参加したことに対して刑務所労働を含む刑罰を科することができるという合意ができたという事実を考慮することが適当」だと述べているのであるが、この見解には概ね異論がないらしい。それ故、仮に右条約を批准しても（わが国の政府が批准を躊躇しているのはその点を懸念するためでもあろうか。）、国公法110条１項17号なども右条約には抵触しないとする見解もあるようである。しかし、前示専門委員会が刑罰を容認するのは、「エッセンシャル」すなわち「必要不可欠な役務」についてのみなのである。そして、「必要不可欠」とは、同委員会によれば、「その中断が住民の全部又は一部の存在又は福祉を危うくするような」場合をさしていることを忘れてはならない。

【100】　のみならず、結社の自由委員会は、12号事件において、アルゼンチンでの、スト禁止違反に対する刑事制裁規定につき
「委員会は、公安にかんする（アルゼンチン）法規に含まれている、ストライキにたいし、これらの規定を適用する必要性をこれまで見出せなかつた旨の（アルゼンチン）政府陳述に留意するとともに、これらの規定を、職業上の利益を増進擁護するため、労働組合の指導者が自己の通常の任務を遂行した場合には、これに対しては適用することはできないような態度で、上記諸規定を改正することが望ましい旨、（アルゼンチン）政府の注意を喚起するよう、理事会に勧告する。」
と述べている。さらに、55号事件において（これはギリシヤに刑法上のストライキ処罰規定があることを問題にした申立事件である。）、労働者側の申立を却下しているのであるが、その理由は、右の刑法の規定が今まで実際には適用されたことがなかつたことに「留意」したからであつて、スト禁止違反に対し刑罰を科することをたやすくは是認しないという態度を示しているのである。

要するにILOの一般的傾向としては、公務員のスト禁止違反に対し刑罰特に懲役を科することには甚だ消極的なのである。

飜つて、各先進国の現行法制を見ると、アメリカにおいてこそ、連邦公務員のスト禁止違反に対し1000ドル以下の罰金又は１年と１日以下の拘禁もしくはこれを併科するという罰則があるけれども、イギリス、ドイツ及びフランスでは、警察官など については格別、普通の公務員については、ストライキを禁止する規定がそもそもないのであるから、もとより刑罰の脅威が存在するわけではない。

以上を通観するならば、世界的な潮流は、多数意見の説くところとおよそ方向を異にするものということができるであろう。多数意見は、自らが「国際的視野」に立つているというのであるが、そうであるとしても、わずかに楯の一面を見たにすぎないのではあるまいか。

第二　本件の団体行動は「争議行為」ではない

【104】　一、原判決の認定するところによると、被告人らは、昭和33年10月、内閣が警察官職務執行法の一部を改正する法律案を衆議院に提出したとき、これに反対するために㈠時間内職場大会を開催すべき旨の指令を全国の支部、分会に発出したほか㈡農林省庁舎前において勤務時間内２時間の職場集会を計画、同省職員に参加方を慫慂し、かくして争議行為をあおつたというのである。そうである以上、この行動は、国会に労働組合の意思を反映せしめ、立法過程において前記改正の動きを阻止しようとしたのであるから、政治的目的に出たものというべく、そして、集会実施中は、時間は長くないにしても、管理者の意思を排除し、一斉に勤務を放棄するというのであるから、世にいう政治ストにあたるわけである。

しかし、政治ストというのは俗称にすぎず、純然たる政治的目的のための労働組合の統一行動は、たとえそのために業務の阻害を来たしても、労働法上の争議行為たるストライキとは異質なものなのである。例えば、診療報酬の改訂を要求するための医師会のスト（一斉休診）や、入浴料金据置反対のための浴場業者のストなどは、いかなる意味でも争議行為ではないのであるが、いわゆる政治ストも本質的にはこれらと同様であり、法律改正阻止のための、すなわち国会の審議に影響を及ぼし、かつ政府（この場合は統治機関たる政府であつて、使用者たる政府ではない。）に反省を促すための「スト」は、労働法上の争議行為ではないのである。したがつて、労働組合の行動ではあるが、争議権の行使ではなく、憲法28条の関知せざるところというべきである❹。

もより、憲法28条の保障を受けないからといつて、それだけの理由で、右の「スト」がただちに違法になるものではない。このことは、あえて憲法21条を引合に出すまでもなく、明らかであろう。大体、労働組合には政治行動をなすについて労働組合なるが故の特別の保障がないだけであつて、一般に組合に対し政治行動が禁止されていると解すべき何らの理由もないからである。

もつとも、国家公務員については、私企業の労働者の場合と異

---

❸　【96】で引き合いに出されている1971年パブリック・サービスに関する合同委員会報告は、「雇用条件の決定についての職員参加の手続」に関し、何らかの形で職員の参加が必要であることを強調しているが、しかしそれ以上のものではないことに調査官解説は注意を促している（判例①334頁）。

❹　【105】と【106】は、本件を「世にいう政治スト」にあたるとし、このような純然たる政治的目的のための労働組合の統一行動は労働法上の争議行為であるストライキとは異質なものであつてもとより憲法28条の関知しないものであるが、それだからといつてかかる「スト」が直ちに違法となるものではなく、憲法21条によつて保障される場合のあるこ

なり、政治的行為制限の規定（国公法102条）があるが、それをうけて政治的行為の細かい内容を定めた人事院規則には憲法上疑義なしとしないのであつて、右の規定だけに依拠して一切の政治行動が禁圧されているとするのは相当ではない。それにまた、公務員労働組合の法律改正反対運動が議会制民主主義に反するときめつけることにも問題がある（多数意見は、公務員の勤務条件は国会の制定した法律、予算によつて定められるのであるから、勤務条件について公務員が争議行為を行なうことは議会制民主主義に反するという。医師の団体や農業団体が、立法の促進や法律改正の反対などを目的として、国会や政府に強力な圧力をかけていることは日常われわれが見聞するところである。歓迎すべき風潮ではないとしても、当事者としては生活権擁護上やむにやまれずしてとる行動であるかも知れず、また一方、これを禁止する法規があるわけではないから、いうまでもなく合法的行為なのである。労働組合としても別異ではない。労働組合は、本来、使用者との間において、労働条件の維持改善を図ることを主たる目的として結成され、発達してきたのであるが、今日の高度経済成長の時代においては、使用者との角逐に全力をそそぐ必要が次第に少なくなり、さらに広い視野に立つての物心両面における生活の向上に努力する傾向が顕著となつた。労働組合のこの機能の変化は、労働者の生活と意識の変化の反映であり、アメリカ型のビジネスユニオンにおいてさえ、単なる賃上げ組合の域にとどまることはできないのである。したがつて、労働組合が、企業の内部にのみ局せきすることなく、進んで、行政や立法に自らの意思を反映せしめようとするのはまさに時代の要請であり、まことに当然のことなのである。労働組合が国会の審議に影響力を及ぼそうとすること自体は、越軌な行動に出るものでないかぎり、国会の機能に直接、何の障碍をも与えるものではないから、非難に値するわけではあるまい。むしろ考えようによれば、国の最高機関として民衆と隔絶した高きにある国会に、民意のあるところを知らしめることは、議会制をして真の民主主義に近づかしめる方法でもあろう。）。労働組合の政治的行動を一概に否定し排撃することは、労働組合が現に営んでいる社会的役割ないし活動を無視するものというべきである。

【108】　もとよりそれだからといつて、公務員労働組合の政治的行動がすべて適法だというつもりはない。この点は別個に考察されなければならない。公務員労働組合によつてなされた本件におけるような態様の政治的行動がいかなる法律的評価を受けるものであるかは、憲法15条及び21条と国家公務員法との比較考量によつてきめられるべきことである。しかし、国家公務員に対する政治活動の規制とは全く関係のない訴因、罰条をもつて起訴されている本件においては、これ以上、立ち入つた考察をする必要はないと考える。

【109】　二、いわゆる政治ストが労働法上の争議行為ではないというためには、労働法上、争議行為とは何かということを解明することが必要であるし、国公法98条5項で禁止されている争議行為（5項前段は全体として争議行為を禁止しているものと解する。「政府の活動能率を低下させる怠業的行為」も、広義における争議行為の一部である。これを争議行為と別異なものであるとする説もあるけれども、条文上かくのごときまぎらわしい表現になつているのは、占領下における立法過程に通有の、占領軍が作成し日本政府に押しつけた粗雑なドラフトに屈従した結果と見るべく、要するに立法上のミスであつて、後述する判決中で私が詳述した沿革に徴するときは、上述したところ以外の合理的解釈は考えられないのである。）が、労働法上争議行為とよばれるものと同じであることを論証しなければならないのであるが、この問題については、私がかつて詳しく論じたところ（仙台全司法事件大法廷判決中の私の意見刑集23巻5号715頁以下）であるので、これを引用する❸。

　結局、原判決には、法律の解釈を誤つた違法があり破棄を免れないというのが私の結論である。

第三　判例変更の問題について

【111】　最後に、一言付加したいことがある。多数意見は、仙台全司法事件についての当裁判所の判例は変更すべきものであるとしたのであるが、法律上の見解の当否はしばらく措き、何よりもまず、憲法判例の変更についての基本的な姿勢において、私は、多数意見に、甚だあきたらざるものあるを感ずるのである。この点に関しては、本判決に、裁判官田中二郎、同大隅健一郎、同関根小郷、同小川信雄、同坂本吉勝の懇切な意見が付せられており、その所説には私もことごとく賛成であるので、その意見に同調し、私自身の見解の表明に代えることにする。

（裁判長裁判官　石田和外　裁判官　田中二郎　裁判官　岩田誠　裁判官　下村三郎　裁判官　色川幸太郎　裁判官　大隅健一郎　裁判官　村上朝一　裁判官　関根小郷　裁判官　藤林益三　裁判官　岡原昌男　裁判官　小川信雄　裁判官　下田武三　裁判官　岸盛一　裁判官　天野武一　裁判官　坂本吉勝）

補足説明　代償措置画餅論

本判決の多数意見は、人事院勧告等の代償措置の存在を公務員の労働基本権を制約するための正当化根拠の一つとしていたところ、さらに岸・天野追加補足意見は「もし仮にその代償措置が迅速公平にその本来の機能をはたさず実際上画餅にひとしいとみられる事態が生じた場合には、公務員がこの制度の正常な運用を要求して相当と認められる範囲を逸脱しない手段態様で争議行為にでたとしても、それは、憲法上保障された争議行為であるというべきであるから、……そのような争議行為をあおる等の行為をしたからといつて、その行為者に国公法110条1項17号を適用してこれを処罰することは、憲法28条に違反するものといわなければならない」という代償措置画餅論を展開した。これを受けて、その後の多くの訴訟において代償措置の機能喪失が争われることとなり、その結果、下級審判決の中には、人事院勧告制度が代償措置としての本来の機能を果たしていなかったとして、争議行為を適法とする判断を下したものもある（大分地判平5・1・19判時1457-36）。もっとも最高裁は、全農林人勧凍結反対スト事件判決（最判平12・3・17判時1710-168）において、人事院勧告の実施が全面的に凍結されていたにもかかわらず「国家公務員の労働基本権の制約に対する代償措置がその本来の機能を果たしていなかったということができない」とするなど、一貫して適用違憲の主張を退けている。もとより同判決も、代償措置の機能喪失が認められる場合に適用違憲の問題が生ずるか否かという点について明確な判断を行っているわけではないが、学説からは代償措置画餅論の意義が問われる事態になっていることも確かである（判批②313頁、判批⑤348頁）。

とを指摘する（この点で、岩田意見および田中ほか意見とは異なる）。調査官解説は、この立場が憲法21条の側面から政治スト合法論を展開する立場と共通していることを示唆する（判解①341頁）。

❸　【109】は、判例②における自身の反対意見を引用するが、そこでは、本件のような団体行動は労働法上の争議行為ではないとする見解が示されている。それに対し、判例②における入江裁判官意見は、そのような争議行為も実定法たる国公法上の争議行為に包含されているとする（判解①341頁）。

Questions

①事実関係の確認

問1 Yらはどのような行為を行い、国公法のどの条文に基づいて起訴されたか。▶【事案】【参考条文】

問2 第一審および原審はどのような判断を下したか。▶【事案】

問3 国公法98条5項、110条1項17号の合憲性に関する従来の最高裁判決はどのようなものであったか。
▶【Navigator】

②判決の内容の確認

問4 Yらは、国公法98条5項、110条1項17号が憲法のどの条文に違反していると主張しているか。▶【1】【18】

問5 本判決によれば、どのような理由により、公務員にも労働基本権の保障が及ぶとされているか。▶【2】

問6 本判決によれば、公務員の労働基本権が制限・禁止される根拠は何か。▶【2】

問7 本判決によれば、公務員の争議行為等の禁止が憲法28条に違反しないことを正当化する根拠は何か。▶【3】～【5】、【8】～【11】

問8 本判決はどのような判断枠組みを採用しているか。▶【3】【10】

問9 本判決は、どのような理由により、違法な争議行為のあおり等に対する処罰を正当化しているか。▶【13】

問10 本判決は、どのような理由により、国公法110条1項17号は憲法21条に違反しないとするか。▶【14】【15】

問11 本判決によれば、国公法110条1項17号にいう「あおり」および「企て」はどのような意味か。▶【19】

問12 本判決は、どのような理由により、判例②における国公法110条1項17号の限定解釈を否定するのか。▶【23】

問13 本判決によれば、国公法110条1項17号が適用されないのはどのような場合であろうか。▶【24】

③応用問題

問14 本判決が判例変更を行ったことに対しては、どのような批判があるか。▶【75】～【79】

問15 岸・天野追加補足意見が論じた代償措置画餅論とはどのようなものか。▶【48】【補足説明】

問16 本判決の政治スト違法論に対しては、どのような批判があるか。▶【105】～【108】

○ **関連判例**（本書所収以外のもの）
最大判昭和41年10月26日刑集20巻8号90頁［全逓東京中郵事件］（判例①）
最大判昭和44年4月2日刑集23巻5号685頁［全司法仙台事件］（判例②）
最大判昭和52年5月4日刑集31巻3号182頁［全逓名古屋中郵事件］（判例③）
最大判昭和44年4月2日刑集23巻5号305頁［都教組事件］（判例④）

○ **本判決の調査官解説**
向井哲次郎「判解」最高裁判所判例解説刑事篇昭和48年度305頁（判解①）

○ **その他の判例解説・判例批評**
中村睦男「判批」樋口陽一=野中俊彦編『憲法の基本判例［第2版］』（有斐閣、1996年）28頁（判批①）
室井力「判批」憲法判例百選Ⅱ［第4版］（2000年）312頁（判批②）
大河内美紀「判批」憲法判例百選Ⅱ［第6版］（2013年）312頁（判批③）
塩野宏「判批」判例時報699号（1973年）7頁（判批④）
野坂泰司『憲法基本判例を読み直す』（有斐閣、2011年）321頁（判批⑤）

○ **参考文献**
小島慎司「判例の流れ—社会権(2)労働基本権」憲法判例研究会編『判例プラクティス 憲法［増補版］』（信山社、2014年）303頁（文献①）
田中二郎『新版 行政法㊥［全訂第2版］』（弘文堂、1976年）（文献②）
安念潤司「労働基本権、特に争議権」法学教室214号（1998年）52頁（文献③）
菅野和夫「判批」憲法判例百選Ⅱ［第4版］（2000年）314頁（文献④）
香城敏麿「判解」最高裁判所判例解説刑事篇昭和52年度93頁（文献⑤）
栗田久喜=柳克樹編『国家公務員法・地方公務員法』（青林書院、1997年）（文献⑥）
芦部信喜『現代人権論』（有斐閣、1974年）（文献⑦）
佐藤文哉「法文の不明確による法令の無効（2・完）」司法研究所論集38号（1967年）32頁（文献⑧）

66 郵便法事件

最高裁平成14年9月11日大法廷判決

平成11年(オ)第1767号:損害賠償請求事件
民集56巻7号1439頁

事案

X社は、Aに対して1億3969万円およびこれに対する遅延損害金の支払を命ずる確定判決を得て、平成10年4月10日、その内金7200万円を請求債権として、神戸地裁尼崎支部に対し、AがB銀行(C支店扱い)に対して有する預金払戻請求権のうち5000万円に満つるまでの部分と、Aがその勤務先であるD社に対して有する給与支払請求権のうち2000万円に満つるまでの部分について、1通の申立書により債権差押命令の申立てをした。裁判所は、同日、1通の決定書により債権差押命令を発付したところ、尼崎北郵便局職員が、同月14日午前12時、Aの勤務先であるD社に債権差押命令を送達し、翌15日午前11時、B銀行C支店に債権差押命令を送達した。ところが、Aは14日のうちに、B銀行の自己の口座から787万3533円(口座に残っていた全額)を引き出していた。

そこでXは、債権差押命令を第三債務者であるB銀行C支店に送達すべき郵便局職員が、重大な過失によってこれを自局内の同支店の私書箱に投函してしまい、その結果送達が遅延し、その間にAがB銀行から預金を全額引き出してしまったため、損害を被ったとして、送達事務を行うY(国)に対し、国家賠償法1条1項に基づき、預金引出し額に相当する787万円余の損害賠償を請求した。

第一審(神戸地尼崎支判平11・3・11民集56-7-1472)は、国の損害賠償責任を制限する郵便法68条、73条は憲法17条に違反せず、これらの規定により、そもそも本件損害賠償請求はできないとして、主張自体失当であることを理由に請求を棄却した。そこでXは控訴したが、控訴審(大阪高判平11・9・3民集56-7-1478)は第一審を支持して控訴を棄却したため、Xが上告した。

■参考条文 (事件当時のもの)

郵便法

第57条
2 引受時刻証明、配達証明、内容証明及び特別送達の取扱いは、書留とする郵便物につき、これをするものとする。

第58条 書留の取扱いにおいては、郵政事業庁において、当該郵便物の引受から配達に至るまでの記録をし、若し、送達の途中において当該郵便物を亡失し、又はき損した場合には、差出の際差出人から郵政事業庁に申出のあつた損害要償額の全部又は一部を賠償する。
2 前項の損害要償額は、郵便物の内容たる現金の額(その内容が現金以外の物であるときは、その物の時価)を超えない額であつて総務省令で定める額を超えないものでなければならない。
3 差出人が第1項の損害要償額の申出をしなかつたときは、同項の規定の適用については、総務省令で定める額を損害要償額として申し出たものとみなす。
4 郵政事業庁は、第1項の規定によるもののほか、次に掲げる郵便物以外の郵便物につき、差出人からの申出があるときは、当該郵便物の引受け及び配達について記録し、もし、送達の途中において当該郵便物を亡失し、又はき損した場合には、総務省令で定める額を限度とする実損額を賠償する書留の取扱いをする。
(1) 現金又は第19条に規定する貴重品を内容とする郵便物
(2) 引受時刻証明、配達証明、内容証明又は特別送達の取扱いをする郵便物
(3) 小包郵便物(総務省令で定めるものを除く。)

第66条 特別送達の取扱いにおいては、郵政事業庁において、当該郵便物を民事訴訟法(平成8年法律第109号)第103条から第106条まで及び第109条に掲げる方法により、送達し、その送達の事実を証明する。
2 特別送達の取扱いは、法律の規定に基づいて民事訴訟法第103条から第106条まで及び第109条に掲げる方法により送達すべき書類を内容とする通常郵便物につき、これをするものとする。

第68条 郵政事業庁長官は、この法律又はこの法律に基づく総務省令の規定に従つて差し出された郵便物が次の各号のいずれかに該当する場合に限り、その損害を賠償する。
(1) 書留とした郵便物の全部または一部を亡失し、又はき損したとき。
(2) 引換金を取り立てないで代金引換とした郵便物を交付したとき。
(3) 小包郵便物(書留としたもの及び総務省令で定めるものを除く。次項において同じ。)の全部または一部を亡失し、又はき損したとき。
2 前項の場合における賠償金額は、次のとおりとする。
(1) 書留(第58条第4項の規定によるものを除く。次号において同じ。)とした郵便物の全部を亡失したとき 申出のあつた額(第58条第3項の場合は、同項の総務省令で定めるものを限度とする実損額)
(2) 書留とした郵便物の全部若しくは一部をき損し、又はその一部を亡失したとき 申出のあつた額を限度とする実損額
(3) 第58条第4項の規定による書留とした郵便物の全部又は一部を亡失し、又はき損したとき 第58条第4項の総務省令で定める額を限度とする実損額
(4) 引換金を取り立てないで代金引換とした郵便物を交付したとき 引換金額
(5) 小包郵便物の全部又は一部を亡失し、又はき損したとき 総務省令で定める額を限度とする実損額

第73条 損害賠償の請求をすることができる者は、当該郵便物の差出人又はその承諾を得た受取人とする。

Navigator

本件では、Xは郵便物の遅配を主張しているところこれは郵便法(以下「法」という)68条1項所定の事由には該当せず、また特別送達郵便物の差出人は国(Y。裁判官書記官)であり受取人はAであるから、法68条および73条のいずれの規定によっても、XはYに対して損害賠償請求ができないことになる。そのため本件では、法68条および73条の規定が憲法17条に違反するかどうかが争われることとなった。本判決は、最高裁としては6件目の法令違憲判決であるが、具体的な法律の規定が憲法17条に違反するという初の判断を示したものであると同時に、最高裁が初めて「意味上の一部違憲」を宣言した判決であるという点でも注目される。本判決は、①憲法17条について、②法68条、73条の目的について、③本件における法68条、73条の合憲性について、④結論、という四つの部分から構成されている。具体的には、まず①で憲法17条の違憲審査基準を提示したうえで、②で法68条、73条の目的は正当であるとしつつ、③でその目的達成の手段として、法68条、

73条の規定のうち「書留郵便物について、郵便業務従事者の故意又は重大な過失によって損害が生じた場合に、不法行為に基づく国の損害賠償責任を免除し、又は制限している部分」と「特別送達郵便物について、郵便業務従事者の軽過失による不法行為に基づき損害が生じた場合に、国家賠償法に基づく国の損害賠償責任を免除し、又は制限している部分」のそれぞれを、憲法17条に違反し無効であるとした。本判決のポイントは、実体的には、目的達成手段としての合理性・必要性を否定する決め手が何だったのかであり、手続的には、適用違憲や合憲限定解釈ではなく「意味上の一部違憲」という手法が用いられたのはなぜなのか、という点にあろう。

判　決

○ 主　文

原判決を破棄する。
本件を大阪高等裁判所に差し戻す。

○ 理　由

上告代理人上野勝、同水田通治、同足立毅の上告理由について

[1]　所論は、要するに、(1)　郵便法（以下「法」という。）68条、73条は、憲法17条に違反する、又は(2)　法68条、73条のうち、郵便の業務に従事する者（以下「郵便業務従事者」という。）の故意又は重大な過失によって損害が生じた場合にも国の損害賠償責任を否定している部分は、憲法17条に違反すると主張し、原判決には同条の解釈の誤りがあるというのである❶。

1　憲法17条について

[2]　憲法17条は、「何人も、公務員の不法行為により、損害を受けたときは、法律の定めるところにより、国又は公共団体に、その賠償を求めることができる。」と規定し、その保障する国又は公共団体に対し損害賠償を求める権利については、法律による具体化を予定している。これは、公務員の行為が権力的な作用に属するものから非権力的な作用に属するものにまで及び、公務員の行為の国民へのかかわり方には種々多様なものがあり得ることから、国又は公共団体が公務員の行為による不法行為責任を負うことを原則とした上、公務員のどのような行為によりいかなる要件で損害賠償責任を負うかを立法府の政策判断にゆだねたものであって、立法府に無制限の裁量権を付与するといった法律に対する白紙委任を認めているものではない。そして、公務員の不法行為による国又は公共団体の損害賠償責任を免除し、又は制限する法律の規定が同条に適合するものとして是認されるものであるかどうかは、当該行為の態様、これによって侵害される法的利益の種類及び侵害の程度、免責又は責任制限の範囲及び程度等に応じ、当該規定の目的の正当性並びにその目的達成の手段として免責又は責任制限を認めることの合理性及び必要性を総合的に考慮して判断すべきである❷。

2　法68条、73条の目的について

[3]　(1)　法68条は、法又は法に基づく総務省令（平成11年法律第160号による郵便法の改正前は、郵政省令。以下同じ。）に従って差し出された郵便物に関して、①　書留とした郵便物の全部又は一部を亡失し、又はき損したとき、②　引換金を取り立てないで代金引換とした郵便物を交付したとき、③　小包郵便物（書留としたもの及び総務省令で定めるものを除く。）の全部又は一部を亡失し、又はき損したときに限って、一定の金額の範囲内で損害を賠償することとし、法73条は、損害賠償の請求をすることができる者を当該郵便物の差出人又はその承諾を得た受取人に限定している❸。

[4]　法68条、73条は、その規定の文言に照らすと、郵便事業を運営する国は、法68条1項各号に列記されている場合に生じた損害を、同条2項に規定する金額の範囲内で、差出人又はその承諾を得た受取人に対して賠償するが、それ以外の場合には、債務不履行責任であると不法行為責任であるとを問わず、一切損害賠償をしないことを規定したものと解することができる❹。

[5]　(2)　法は、「郵便の役務をなるべく安い料金で、あまねく、公平に提供することによって、公共の福祉を増進すること」を目的として制定されたものであり（法1条）、法68条、73条が規定する免責又は責任制限もこの目的を達

❶ [1] では、Xの上告理由の内容が法68条、73条の全部違憲または一部違憲の主張として整理されている。なお、調査官解説によれば、Xの上告理由は「(1)　法68条、73条は憲法17条に違反する。(2)　郵便局職員に故意または重大な過失がある場合にも法68条、73条を適用して国を免責するのは、憲法17条に違反する。又は、憲法17条に違反しないよう、法68条、73条は、郵便局職員に故意または重大な過失がある場合には適用がないと限定的に解釈すべきである」というものであったとされる（判解①600-601頁）。

❷ [2] では、憲法17条の解釈論が展開されている。すなわち、まずその趣旨は、権力作用か非権力作用かを区別せずに、すべての場合について、国の不法行為責任を一般に認めたものとされる。次に法的性格について、同条は、法律による具体化を予定しているものの法律に対して白紙委任を認めているわけではないとされていることから、同条の保障の趣旨を没却するような法律は違憲無効になると解されている。さらに違憲審査基準については、法令の目的とその目的を達成する手段の合理性および必要性をみるという点で、結果的に森林法共有林事件判決〔本書53事件〕をはじめとする憲法29条の違憲審査基準と類似したものになっている（判解①607-609頁）。その背景については、郵便法68条、73条は国家賠償法5条にいう「別段の定」に該当するところ、国家賠償法という「ベースライン」からのかかる郵便法の乖離が立法裁量権の行使として許されるかどうかという形で、最高裁が憲法上の争点を了解したからではないかと指摘されている（判批①287頁、判批②283頁）。

❸ [3] から [5] では、本件当時における郵便業務に関する損害賠償制度が説明されている。まず [3] では、郵便物に関し国に対して損害賠償請求ができる場合、および、損害賠償請求をすることができる者が限られていたという、郵便法68条1項、73条の規定が確認されている（判解①602-603頁）。

❹ 続く [4] では、郵便法は68条1項各号に列記されている場合に該当する限り、国の行為に違法性・有責性があるかどうかに関係なく、生じた損害は一定額賠償するが、これに該当しない場合は仮に国の行為が違法・有責であってもその損害の賠償は行わないという、郵便業務に関する損害賠償制度の適用範囲が説明されている（判解①603頁）。

成するために設けられたものであると解される。すなわち、郵便官署は、限られた人員と費用の制約の中で、日々大量に取り扱う郵便物を、送達距離の長短、交通手段の地域差にかかわらず、円滑迅速に、しかも、なるべく安い料金で、あまねく、公平に処理することが要請されているのである。仮に、その処理の過程で郵便物に生じ得る事故について、すべて民法や国家賠償法の定める原則に従って損害賠償をしなければならないとすれば、それによる金銭負担が多額となる可能性があるだけでなく、千差万別の事故態様、損害について、損害が生じたと主張する者らに個々に対応し、債務不履行又は不法行為に該当する事実や損害額を確定するために、多くの労力と費用を要することにもなるから、その結果、料金の値上げにつながり、上記目的の達成が害されるおそれがある❺。

[6]　したがって、上記目的の下に運営される郵便制度が極めて重要な社会基盤の一つであることを考慮すると、法68条、73条が郵便物に関する損害賠償の対象及び範囲に限定を加えた目的は、正当なものであるということができる❻。

3　本件における法68条、73条の合憲性について

[7]　（1）　上告人は、上告人を債権者とする債権差押命令を郵便業務従事者が特別送達郵便物として第三債務者へ送達するに際して、これを郵便局内に設置された第三債務者の私書箱に投かんしたために送達が遅れ、その結果、債権差押えの目的を達することができなかったと主張して、被上告人に対し、損害賠償を求めている❼。

[8]　特別送達は、民訴法103条から106条まで及び109条に掲げる方法により送達すべき書類を内容とする通常郵便物について実施する郵便物の特殊取扱いであり、郵政事業庁（平成11年法律第160号による郵便法の改正前は、郵政省。以下同じ。）において、当該郵便物を民訴法の上記規定に従って送達し、その事実を証明するものである（法57条1項、66条）。そして、特別送達の取扱いは、書留とする郵便物についてするものとされている（法57条2項）。したがって、本件の郵便物については、まず書留郵便物として法68条、73条が適用されることとなるが、上記各条によれば、書留郵便物については、その亡失又はき損につき、差出人又はその承諾を得た受取人が法68条2項に規定する限度での賠償を請求し得るにすぎず、上告人が主張する前記事実関係は、上記各条により国が損害賠償責任を負う場合には当たらない❽。

[9]　（2）　書留は、郵政事業庁において、当該郵便物の引受けから配達に至るまでの記録をし（法58条1項）、又は一定の郵便物について当該郵便物の引受け及び配達について記録することにより（同条4項）、郵便物が適正な手順に従い確実に配達されるようにした特殊取扱いであり、差出人がこれに対し特別の料金を負担するものである。そして、書留郵便物が適正かつ確実に配達されることに対する信頼は、書留の取扱いを選択した差出人はもとより、書留郵便物の利用に関係を有する者にとっても法的に保護されるべき利益であるということができる❾。

[10]　ところで、上記のような記録をすることが定められている書留郵便物については、通常の職務規範に従って業務執行がされている限り、書留郵便物の亡失、配達遅延等の事故発生の多くは、防止できるであろう。しかし、書留郵便物も大量であり、限られた人員と費用の制約の中で処理されなければならないものであるから、郵便業務従事者の軽過失による不法行為に基づく損害の発生は避けることのできない事柄である。限られた人員と費用の制約の中で日々大量の郵便物をなるべく安い料金で、あまねく、公平に処理しなければならないという郵便事業の特質は、書留郵便物についても異なるものではないから、法1条に定める目的を達成するため、郵便業務従事者の軽過失による不法行為に基づき損害が生じたにとどまる場合には、法68条、73条に基づき国の損害賠償責任を免除し、又は制限することは、やむを得ないものであり、憲法17条に違反するものではないということができる❿。

[11]　しかしながら、上記のような記録をすることが定められている書留郵便物について、郵便業務従事者の故意又は重大な過失による不法行為に基づき損害が生ずるようなことは、通常の職務規範に従って業務執行がされている限り、ごく例外的な場合にとどまるはずであって、このような事態は、書留の制度に対する信頼を著しく損なうものといわなければならない。そうすると、このよ

❺　さらに【5】では、郵便業務に関する損害賠償制度の立法趣旨が説明されている。すなわち、法68条、73条を含む郵便法第6章の立法趣旨は、郵便の利用関係は本来私法上の契約であるが、郵便官署が取り扱う郵便物のすべてについて民法の定める原則に従って賠償しなければならないとすれば、郵便事業の円滑な運行を阻害することとなるため、郵便の利用関係における損害賠償は民法の一般原則によらず郵便法に特別規定を設けることとされた、というものである。それゆえこれは、「郵便の役務をなるべく安い料金で、あまねく、公平に提供することによつて、公共の福祉を増進すること」（法1条）という郵便法の目的達成に資する、というのである（判解①603-604頁）。

❻　[6]では、[2]で提示された憲法17条の違憲審査基準が適用され、[5]で説明された法68条、73条の立法目的が正当であるとされている。

❼　[7]では、特別送達郵便物の遅配によって生じた損害の賠償を求める事案であると、本件事実関係が整理されている。

❽　[8]では、本件当時の郵便法の規定による限り、[7]で整理された本件事実関係においては国が損害賠償責任を負わないことが説明されている。すなわち、特別送達の取扱いは書留郵便物についてすることになっているところ（法57条2項）、法68条、73条によれば、書留郵便物については、その亡失またはき損につき、差出人またはその承諾を得た受取人が法68条2項に規定する限度での賠償を請求しうるにすぎない、というのである。

❾　[9]から[13]では、書留郵便物における免責・責任制限規定の憲法17条適合性が審査されている。[9]では、特別な料金を取って配達の確実性を期するものである以上（判解①617頁）、書留郵便物が適正かつ確実に配達されることに対する信頼は法的に保護されるべき利益であることが指摘されている。

❿　[10]では、書留郵便物についても、郵便業務従事者の軽過失による不法行為に基づき損害が生じたにとどまる場合には、法68条、73条に基づく免責・責任制限は、憲法17条に違反するものではないとされている。もとより、書留の場合に、書留以外の場合と同じく軽過失の場合の全面的免責を認めてしまうことは、書留という制度を作った目的（[9]）に合致するとは思われないが、法68条の限度で責任を負う制度としたことについては、その合理性を肯定することができ、軽過失の場合に同条に規定する以外の責任を制限したとしても、立法府の裁量を逸脱するものではないという（判解①618頁）。

⓫　他方で[11]では、書留郵便物について、郵便業務従事者の故意または重大な過失による不法行為に基づき損害が生ずるような例外的な場合には、法68条、73条に基づく免責・責任制限は、郵便法が定める目的達成手段として合理性が認められないとされている。この点、書留郵便物については、特別な料金を取って配達の確実性を期するものであるから、書留以外の郵便よりも一層慎重な取扱いが要請されることからも、憲法17条のもとで許容されると説明することは困難であるという（判解①617頁）。

な例外的な場合にまで国の損害賠償責任を免除し、又は制限しなければ法1条に定める目的を達成することができないとは到底考えられず、郵便業務従事者の故意又は重大な過失による不法行為についてまで免責又は責任制限を認める規定に合理性があるとは認め難い⓫。

【12】　なお、運送事業等の遂行に関連して、一定の政策目的を達成するために、事業者の損害賠償責任を軽減している法令は、商法、国際海上物品運送法、鉄道営業法、船舶の所有者等の責任の制限に関する法律、油濁損害賠償保障法など相当数存在する。これらの法令は、いずれも、事業者側に故意又は重大な過失ないしこれに準ずる主観的要件が存在する場合には、責任制限の規定が適用されないとしているが、このような法令の定めによって事業の遂行に支障が生じているという事実が指摘されているわけではない。このことからみても、書留郵便物について、郵便業務従事者の故意又は重大な過失によって損害が生じた場合に、被害者の犠牲において事業者を保護し、その責任を免除し、又は制限しなければ法1条の目的を達成できないとする理由は、見いだし難いといわなければならない⓬。

【13】　以上によれば、法68条、73条の規定のうち、書留郵便物について、郵便業務従事者の故意又は重大な過失によって損害が生じた場合に、不法行為に基づく国の損害賠償責任を免除し、又は制限している部分は、憲法17条が立法府に付与した裁量の範囲を逸脱したものであるといわざるを得ず、同条に違反し、無効であるというべきである⓭。

【14】　(3)　特別送達は、民訴法第1編第5章第3節に定める訴訟法上の送達の実施方法であり（民訴法99条）、国民の権利を実現する手続の進行に不可欠なものであるから、特別送達郵便物については、適正な手順に従い確実に受送達者に送達されることが特に強く要請される。そして、特別送達郵便物は、書留郵便物全体のうちのごく一部にとどまることがうかがわれる上に、書留料金に加えた特別の料金が必要とされている。また、裁判関係の書類についていえば、特別送達郵便物の差出人は送達事務取扱者である裁判所書記官であり（同法98条2項）、その適正かつ確実な送達に直接の利害関係を有する訴訟当事者等は自らかかわることのできる他の送付の手段を全く有していないという特殊性がある。さらに、特別送達の対象となる書類については、裁判所書記官（同法100条）、執行官（同法99条1項）、廷吏（裁判所法63条3項）等が送達を実施することもあるが、その際に過誤が生じ、関係者に損害が生じた場合、それが送達を実施した公務員の軽過失によって生じたものであっても、被害者は、国に対し、国家賠償法1条1項に基づく損害賠償を請求し得ることになる⓮。

【15】　これら特別送達郵便物の特殊性に照らすと、法68条、73条に規定する免責又は責任制限を設けることの根拠である法1条に定める目的自体は前記のとおり正当であるが、特別送達郵便物については、郵便業務従事者の軽過失による不法行為から生じた損害の賠償責任を肯定したからといって、直ちに、その目的の達成が害されるということはできず、上記各条に規定する免責又は責任制限に合理性、必要性があるということは困難であり、そのような免責又は責任制限の規定を設けたことは、憲法17条が立法府に付与した裁量の範囲を逸脱したものであるといわなければならない⓯。

【16】　そうすると、(2)に説示したところに加え、法68条、73条の規定のうち、特別送達郵便物について、郵便業務従事者の軽過失による不法行為に基づき損害が生じた場合に、国家賠償法に基づく国の損害賠償責任を免除し、又は制限している部分は、憲法17条に違反し、無効であるというべきである⓰。

4　結論

【17】　原判決は、法68条、73条の規定は憲法17条に違反せず、上告人が請求原因として主張する事実関係自体が法68条、73条に規定する国が損害賠償責任を負う場合に当たらないことを理由に、本件の事実関係についての審理を尽くすことなく、上告人の請求を棄却すべきものとした。しかしながら、前記のとおり、上記各条の規定のうち、特別送達郵便物について、郵便業務従事者の故意又は過失による不法行為に基づき損害が生じた場合に、国の損害賠償責任を免除し、又は制限している部分は違憲無効であるから、上記各条の存在を理由に上告人の請求を棄却すべきものとした原審の判断は、憲法17条の解釈を誤ったものである。論旨はその趣旨をいうもの

⓬【12】では、書留郵便物について、物品運送人との権衡が論じられている（判批①287頁）。調査官解説によれば、一定の政策目的を達成するため、ないし思いがけない巨額の賠償額の負担から加害者を救済するために、加害者の賠償責任を軽減する法令が、いずれも加害者に故意または重大な過失がある場合には責任軽減の対象外としていることから、郵便事業についてのみ、加害者に故意または重大な過失がある場合に、さらに免責・責任制限をするという必要性は見出しがたいという（判解①622-624頁）。なお書留郵便送達では、この点が決定的な理由であったとの指摘もある（判批③12-13頁）。

⓭【13】は、法68条、73条の規定のうち、書留郵便物について、国の損害賠償責任を免除し、または制限している部分が憲法17条に違反し無効であるという、意味上の一部違憲の判断を行っている。したがって、法68条、73条のうち、小包郵便物および書留以外の郵便物について、故意または重大な過失がある場合に国の賠償責任を免じたり制限している部分が憲法17条に反するかどうかは、本判決の射程外である（判解①616頁、617頁）。もっとも、本件は特別送達について生じた損害の賠償が問題となった事案であり、事案の解決のためには書留郵便一般論を展開する必要はなかったはずである。したがって、【9】から【13】は厳密には傍論であったといえよう（判批④319-320頁）。

⓮【14】から【16】では、特別送達郵便物における免責・責任制限規定の憲法17条適合性が審査されているが、調査官解説によれば、その際、裁判書類等の送達という公権力の行使に関わる特別送達は、その実施者に故意ないし重大な過失がある場合にまで免責ないし責任制限を肯定することは書留郵便物の場合よりも一層困難であり、むしろ特別送達の場合の問題は、軽過失の場合の免責・責任制限を肯定するに足りる合理性、必要性が見出されるかという観点から審査がなされるとされる。この点、【14】では、(1)特別送達が裁判を受ける権利の実現に関わるものであり、何よりも確実に受送達者に届けられることや送達の事実がきちんと公証されることが強く要請され、(2)関係者にとっては郵便以外の選択の余地がなく、(3)裁判所書記官、執行官、廷吏が行う送達に際し、過誤があり、関係者に損害が生じた場合には、軽過失によるものであっても、国家賠償法1条1項により、国が無制限の損害賠償義務を負うこととの均衡を考えなければならないという観点が提示されている（判解③618頁）。なお、これら三つの観点のうち決定的だったのは、(3)であったとの指摘もある（判解③13頁）。

⓯【15】では、特別送達郵便物について、郵便業務従事者の軽過失による不法行為から生じた損害の賠償責任の免除・制限規定を設けることの目的達成手段としての合理性・必要性が否定されている。この点調査官解説では、(1)国民にとってみれば、執行官も郵便局職員も同じ国の職員なのであり、たまたま送達事務を担当したのが郵便の業務に従事する者であったという理由で、過失による不法行為によって生じた損害の賠償が得られないというのは、不条理極まりないと感じるであろうし、(2)過失により不法行為を起こしても責任を負わないような仕組みになっている郵便制度を裁判所が送達実施のために利用していることの当否も問われかねず、さらに(3)特別送達の実施を担当する郵政事業庁側にしても、特別送達で送達されるものが裁判文書であることは認識できるとして、特別送達という特殊取扱い類型における免責・責任制限について、確実な送達とその公証という目的からすれば、軽過失の場合における免責・責任制限規定が憲法17条に違反しないと説明することは困難であると説明されている（判解①618-619頁）。

⓰【16】は、法68条、73条の規定のうち、特別送達郵便物について、国の損害賠償責任を免除し、または制限している部分が憲法17条に違反し無効であるという、意味上の一部違憲の判断を行っている。したがって、引受時刻証明、配達証明、内容証明については、

として理由があり、原判決は破棄を免れない⓱。

【18】　上告人が主張する請求原因の要旨は、国家公務員である郵便業務従事者が、上告人を債権者とする債権差押命令を内容物とする特別送達郵便物を、過失により、民訴法に定める送達方法によらずに第三債務者の私書箱に投かんしたため、通常の業務の過程において法令の定める職務規範に従って送達されるべき時に上記差押命令が送達されず、上告人の法的利益が侵害され、その結果、債権差押えの目的を達することができなくなり損害を被ったというものであると解され、その主張自体が国家賠償法１条１項に基づく損害賠償を請求するためのものとして失当であるということはできないから、その請求の当否を判断するについては、更に事実関係等について審理を尽くすべきである。したがって、本件を原審に差し戻すこととする⓲。

【19】　よって、裁判官全員一致の意見で、主文のとおり判決する。なお、裁判官滝井繁男の補足意見、裁判官福田博、同深澤武久の意見、裁判官横尾和子、同上田豊三の各意見がある。

本判決の触れるところではない（判解①619-620頁）。

⓱　【17】では、法68条、73条の規定は憲法17条に違反しないことを前提にＸの請求を棄却した原審は、憲法17条の解釈を誤ったものであり破棄を免れない旨が述べている。

⓲　【18】では、Ｘの請求の当否を判断するについては、さらに事実関係等について審理を尽くすべきであるとして本件を原審に差し戻す旨が述べられている。なお、本判決のとおり郵便局職員に故意または重大な過失がある場合、あるいは特別送達の場合には法68条、73条の免責規定が適用されないとすると、Ｘの請求原因が主張自体失当であるとはいいがたく、結論に影響を及ぼさない違憲の主張をしているにすぎない事案として本件を処理することができなかったために、本判決は憲法判断を行ったと理解されている（判解①624-628頁）。

■ 少数意見

裁判官滝井繁男の補足意見は、次のとおりである⓳。

【20】　私は、多数意見に同調するものであるが、福田裁判官、深澤裁判官の意見にかんがみ、多数意見の趣旨を補足しておきたい。

【21】　多数意見は、憲法17条が規定する「法律の定めるところにより」の意義について、「公務員のどのような行為によりいかなる要件で損害賠償責任を負うかを立法府の政策判断にゆだねたものであって、立法府に無制限の裁量権を付与するといった法律に対する白紙委任を認めているものではない」と判示している。福田、深澤両裁判官は、この部分について、立法府に極めて広い裁量を認めているとの疑念を残す余地があると懸念しているのではないかと思われる。しかしながら、多数意見をそのように解するのは、適当ではない。

【22】　多数意見は、上記引用部分に先立って、「国又は公共団体が公務員の行為による不法行為責任を負うことを原則とした上」としているのである。この部分と併せて読めば、憲法17条の趣旨は、国家無答責の考えを廃し、被害者の救済を全うするために国又は公共団体が賠償責任を負うべきことを前提にし、国又は公共団体の責任は、基本的には私人の不法行為責任と異なるものではないとの考えに立ちつつ、具体的な責任の範囲について、それぞれの行為が行われた具体的状況を勘案して、一定の政策目的によって例外的に加重若しくは軽減、又は免除することのあり得ることを認めたものと解することができるのであって、福田、深澤両裁判官の懸念は当たらない。

【23】　郵便法は、郵便の役務をなるべく安い料金で、あまねく、公平に提供することをその目的としていることから（法１条）、その目的を達するために必要かつ合理的な限度で、郵便業務に伴う賠償責任を法律によって軽減又は免除することが許される場合もある。多数意見も、そのように、法が郵便物に関する損害賠償の対象及び範囲に特別の規定を設け得ることを前提としつつ、上記目的に照らしてその責任の免除又は制限の合理性と必要性を具体的に検討した上で、法68条、73条の規定には、上記合理性又は必要性が認められず、違憲無効となる部分があると判示したのである。私は、これに賛成するものである。

裁判官福田博、同深澤武久の意見は、次のとおりである⓴。

【24】　私たちは、郵便法68条、73条の規定のうち、書留郵便物について郵便業務従事者の故意又は重大な過失により生じた損害、及び特別送達郵便物について軽過失により生じた損害に関して、それぞれ国の損害賠償責任を免除し、又は制限している部分を憲法17条に違反するとする多数意見の結論に賛成するものであるが、そのような結論に至る理由を異にするものである。

【25】　1　多数意見は、憲法17条は公務員の不法行為による損害賠償責任を認めつつも、具体的な損害賠償を求める権利は法律の定めるところによると規定していることをもって、これは、「公務員のどのような行為によりいかなる要件で損害賠償責任を負うかを立法府の政策判断にゆだねたものであって、立法府に無制限の裁量権を付与するといった法律に対する白紙委任を認めているものではない」と述べている。

【26】　2　しかし、郵便法68条、73条の合憲性を判断するに当たって、憲法17条は、字義どおり、公務員の不法行為に基づく損害賠償請求は、法律が具体的に定めるところにより、その賠償を求めることができると規定していると解すれば必要かつ十分であり、これに加えて立法府の白紙委任にわたらない範囲での裁量権を認めた規定であるかどうかを論ずる必要はないのである。なぜならば、このように論ずることは、憲法上の権利について、「法律の定めるところにより」とあれば直ちに国会の広範な立法「裁量権」が認められ、司法はそれを前提として「違憲立法審査権」を行使すれば足りるとの考えにつながるものであって、ひいては、国会の有する立法についての広範な「裁量の幅」を「裁量権」と表現し、これを違憲立法審査権の行使にいわば前置することにより、憲法81条によって司法に与えられた違憲立法審査権をいたずらに矮小化し、憲法に定められた三権分立に伴う司法の役割を十分に果たさない結果を招来することとなりかねないからである。憲法81条は、国民の信託を得て選任された議員によって構成される立法府が、一定の立法事実に政治的判断を行って具体的な法律を策定することについて、広い裁量の幅を有することを当然の前提としつつも、すべての立法についてそれが憲法に適合するものであるか否かの最終判断を司法にゆだねているのである。

【27】　3　この意見の違いを単に概念的な相違の問題として片付けるとはできない。憲法81条は、多くの近代民主主義諸国にならって三権分立による統治システムを採用し、選挙で選ばれたものでない裁判官によって構成される司法機関に対し、憲法解釈についての最

⓳　滝井補足意見は、福田・深澤意見に反論し、多数意見の趣旨を補足しようとするものである。具体的には、滝井補足意見と福田・深澤意見との対立点は、多数意見が【2】で提示した憲法17条の違憲審査基準に関する、国会の立法裁量に関する言及の仕方にある（判解①609頁）。この点、多数意見の【2】は「法律による具体化」に一定の「立法府の政策判断」が伴うことは認めるものの、プログラム規定説のように「立法裁量」に対する司法審査を完全になくし事実上排除するものではなかった（判批①287頁）。そこで、福田・深澤意見が「裁量権」の語を用いるのに反対したのに対して、滝井補足意見は【22】において、公権力の責任は私人の不法行為責任と異ならないことを原則に、例外的に責任の制限・免除を認めたのが17条の趣旨と解する立場から、多数意見を説明している（判批②283頁）。

⓴　福田・深澤意見は、多数意見と結論は同じくするものの、憲法17条が立法府の白紙委任にわたらない範囲での裁量権を認めた規定であるかどうかを論ずる多数意見の論理構成を批判し、国の損害賠償責任の制限規定が憲法17条に反するか否かを検討するにあたっては、そのような制限規定が郵便法の目的に照らして「役務の内容とその提供に見合って、客観的に見てバランスのとれたもの」、あるいは「釣り合っているもの」か否かを精査すればよいとしているため、意見となっている。

終的な判断の責任を与えることにより、三権の間のチェックとバランスを図り、近代民主主義体制の維持に万全を期さんとしたものである。立法府が有する広範な「裁量権」の存在を前提として司法が限定的、抑制的に「違憲立法審査権」を行使すれば足りるとするのでは、最高裁判所が憲法に定める三権による統治システムの一つとして果たすべき役割を十分に果たしていないとの批判は避けられないことになる（この点については、最高裁平成11年（行ツ）第241号同12年9月6日大法廷判決・民集54巻7号1997頁における福田反対意見（同2013頁以下）参照。）。

[28]　4　法律の憲法適合性を判断するに当たっては、裁判官は憲法についての法律知識と良心に従って解釈した基準に基づいて、策定された法律がその基準に適合するか否かを判断することを求められているのであって、それが立法府の有する「裁量権」の範囲内にあるか否かを審査することを求められているのではない。その判断は、立法過程において見られることのあるいわゆる政治的妥協ないし取引とは関係なく行われるべきであり、さらに、裁判官自身の個人的信条とは離れて行われるべきものであることはもとより当然のことである。

[29]　5　これを本件について見ると、郵便法は、なるべく安い料金で、あまねく、公平に郵便の役務を国民に提供することを目的としているところ、その目的自体は正当であり、具体的事案について国の損害賠償責任の制限規定の存在することが正当か否かを検討するに当たっては、そのような制限規定が上記の目的に照らして「役務の内容とその提供に見合って、客観的に見てバランスのとれたもの」、あるいは「釣り合っているもの」であれば、憲法17条の法意に合致し、違憲の問題は生じないというべきである。このような判断に当たっては、立法府の「裁量権」の広狭などを考慮する必要はない。本件では、特別送達郵便物についての損害賠償責任の問題が論ぜられており、損害賠償責任の免除ないし制限の規定が、そのような郵便物送達の目的と責任に「釣り合っている」ものであるか否かを精査すればよいのであって、かかる観点から見れば、そのような郵便物についてまで公務員に過失がある場合の損害賠償責任を免除し、又は制限する理由は見いだし得ないというべきである。多数意見は、併せて「書留」郵便物一般についても説示しており、これは厳密にいえば本件事案の外の問題ではあるが、大法廷判決でもあり、上記の考え方の延長線上にあるものとして同意することができる[21]。

[30]　6　以上、要すれば、最高裁判所の憲法判断は、立法府の「裁量権」の範囲とは関係なく、客観的に行われるべきものであり、多数意見の論理構成は、将来にわたって憲法17条についての司法の憲法判断姿勢を消極的なものとして維持する理由になりかねず、そのような理由付けに同調することはできない。

裁判官横尾和子の意見は、次のとおりである[22]。

[31]　私は、郵便法68条、73条の規定のうち、特別送達郵便物についての郵便業務従事者の故意又は過失による不法行為に基づく損害に関し、国の損害賠償責任を免除し、又は制限している部分を憲法17条に違反するとする多数意見の結論に賛成するものであるが、多数意見が特別送達郵便物以外の書留郵便物についての郵便業務従事者の故意又は重大な過失による不法行為に基づく損害に関し、国の損害賠償責任を免除し、又は制限している部分を同17条に違反するとする部分には、賛成することができない。その理由は、次のとおりである。

[32]　郵便事業は、法1条の目的を達成するための様々な役務ないし要素の体系であり、取り扱う郵便物の範囲及び区分（郵便物の種類）、郵便物についての通常取扱いの手順及び特殊取扱いの種類並びに料金の額及びその免除、軽減等の特別措置等について、財政、定員等の制約条件の下で取捨選択がされ、その結果が全体と

して法1条の目的に沿うものとなっているのである。そして、郵便物について郵便業務従事者の故意又は過失による不法行為に基づく損害に関しどの程度の賠償を行うかという点も、郵便事業の体系全体の中に位置付けられるべきものである。

[33]　書留は、郵便物の引受けから配達までを記録し、より確実な送達を行う特殊取扱いであり、これに、郵便業務従事者が無過失である場合を含め、一定の範囲及び限度の賠償がされる保障が付されている。この損害保障の方式は、利用者に対し、賠償範囲は限定されているが、簡便な手続で賠償がされるという利点を提供するとともに、郵便事業の運営面では、定型的な事故処理を行い、また、賠償に要する総費用の見通しを得ることを可能にしているものである。このことを考慮すると、書留の取扱いについても、法68条、73条によって国の賠償責任を免除し、又は制限していることは、郵便法の目的達成の観点から合理性及び必要性があり、憲法17条が立法府に付与した裁量の範囲を逸脱するものではないと解するのが相当である。

[34]　ただし、特別送達には、書留の取扱いとしての役務に加え、裁判書類等を送達し、送達の事実を公証する公権力の行使であるという側面があり、一般の郵便物におけるのとは異なる利益の実現が予定されている。この特別送達の有する公権力の行使としての性格にかんがみると、特別送達郵便物が書留郵便物全体のうちのごく一部にとどまるかどうかを問うまでもなく、軽過失による不法行為に基づく場合を含め、国の賠償責任が肯定されるべきである。

裁判官上田豊三の意見は、次のとおりである[23]。

[35]　私は、基本的には多数意見に同調するものであるが、多数意見のうち3(3)の部分及び4のうち「特別送達郵便物について、郵便業務従事者の・・・過失による不法行為に基づき損害が生じた場合に、国の損害賠償責任を免除し、又は制限している部分は違憲無効である」とする部分には賛成することができない。その理由は、次のとおりである。

[36]　特別送達が民訴法上の送達の実施方法であり、国民の権利を実現する手続の進行に不可欠なものであるから、特別送達郵便物については、適正な手順に従い確実に受送達者に送達されることが特に強く要請されること、特別送達郵便物は、書留郵便物全体のうちのごく一部にとどまることがうかがわれる上に、書留料金に加えた特別の料金が必要とされていること、裁判関係の書類についていえば、特別送達郵便物の差出人は送達事務取扱者である裁判所書記官であり、その適正かつ確実な送達に直接の利害関係を有する訴訟当事者は自らかかわることのできる他の送付の手段を全く有していないことは、多数意見の述べるとおりである。しかしながら、特別送達郵便物も書留郵便物の一種として郵便制度を利用して配達されるものであり、そうである以上、郵便の役務をなるべく安い料金で、あまねく、公平に提供することにより、公共の福祉を増進しようとする郵便制度の目的を達成することとの調和が考慮されなければならない。そして、上記目的を達成するために、郵便業務従事者の軽過失による不法行為に基づき損害が生じたにとどまる場合には、法68条、73条に定める範囲、限度において国は損害賠償責任を負い、それ以外には損害賠償責任を負わないとすることも、憲法17条が立法府に付与した裁量の範囲を逸脱するものではないと解するのが相当である。したがって、特別送達郵便物についても、郵便業務従事者の故意又は重大な過失により損害が生じた場合に不法行為に基づく国の損害賠償責任を免除し、又は制限している部分が、憲法17条に違反し、無効であると解すべきである。

（裁判長裁判官　山口　繁　裁判官　井嶋一友　裁判官　福田　博　裁判官　藤井正雄　裁判官　金谷利廣　裁判官　北川弘治　裁判官　亀山継夫　裁判官　奥田昌道　裁判官

---

[21] 憲法判断の対象について、横尾意見とは異なり、福田・深澤意見は書留郵便物一般について判断を示すことも許されるとする（判批②415頁）。
[22] 横尾意見は、特別送達郵便物について軽過失の場合の免責・責任制限規定を違憲であるとする点では多数意見と同様であるが、書留郵便物について故意・重過失の場合の免責・責任制限規定まで違憲であるとすることについては反対しているため、

意見となっている（判解②55頁）。
[23] 上田意見は、書留郵便物について故意・重過失の場合の免責・責任制限規定を違憲であるとする点では多数意見と同様であるが、特別送達郵便物についても通常の書留郵便物と同様に考えるべきであり、軽過失の場合の免責・責任制限規定まで違憲であるとすることには反対しているため、意見となっている（判解②55頁）。

梶谷　玄　裁判官　町田　顯　裁判官　深澤武久　裁判官　　　官　滝井繁男）
濱田邦夫　裁判官　横尾和子　裁判官　上田豊三　裁判

| 補足説明 | 憲法判断の方法 |

法令違憲には全部違憲と一部違憲とがあり、後者についてはさらに文言上の一部違憲と意味上の一部違憲とがある。前者は条文の文言の一部を違憲とするものであり、後者は特定の文言ではなく条文の意味の一部を違憲とするものであるが（文献①61頁）、本判決は、最高裁が初めて意味上の一部違憲を宣告した判決である。しかし、本件においては、「郵便法68条、73条は、書留郵便物を取り扱った郵便業務従事者の故意または重過失による不法行為に適用される場合には、憲法17条に違反する」といった適用違憲の判断や、「郵便法68条、73条は、書留郵便物に関して郵便業務従事者に故意または重過失があって損害が引き起こされた場合には適用されない」といった合憲限定解釈を行うこともありえた（判批⑤57頁）。そうであるとすれば、にもかかわらずなぜ本判決が意味上の一部違憲という手法を用いたのかが問題となるが、この点について学説は次のように説明している（文献②201-222頁）。まず適用違憲の判断がなされなかった理由であるが、一定の事例に関する限り当該規定の適用が否定されることが明確である場合には、適用違憲ではなく法令の規定の一部違憲の判断を示した方が法的安定に資するという認識が、最高裁にはあったのではないかと指摘されている（判批③10-11頁）。また合憲限定解釈が行われなかった理由であるが、本判決は「法68条、73条は、その規定の文言に照らすと、郵便事業を運営する国は、法68条1項各号に列記されている場合に生じた損害を、同条2項に規定する金額の範囲内で、差出人又はその承諾を得た受取人に対して賠償するが、それ以外の場合には、債務不履行責任であると不法行為責任であるとを問わず、一切損害賠償をしないことを規定したものと解することができる」と述べていることから（【4】）、上のような合憲限定解釈は文理に照らして解釈の限界を超えると考えていたのではないかと指摘されている（判批⑥11頁）。

Questions

①事実関係の確認

問1 郵便法68条、73条は何を規定しているか。▶【参考条文】【3】【4】

問2 Xはどのような理由に基づいてYに損害賠償請求をしたのか。▶【事案】【7】

問3 郵便法の規定によれば、なぜ本件においてXはYに対して損害賠償請求ができないのか。▶【Navigator】【8】

②判決の内容の確認

問4 Xの上告理由はどのようなものであったか。▶【1】

問5 本判決によれば、憲法17条の趣旨および法的性格はどのようなものか。▶【2】

問6 本判決によれば、憲法17条の違憲審査基準はどのようなものか。▶【2】

問7 本判決によれば、郵便法68条、73条の立法趣旨はどのようなものであるか。また、その目的は正当か。▶【5】【6】

問8 本判決は、どのような理由により、法68条、73条の規定のうち、書留郵便物について、郵便業務従事者の軽過失によって損害が生じた場合に、不法行為に基づく国の損害賠償責任を免除し、または制限している部分は憲法17条に違反しないとしたか。▶【10】

問9 本判決は、どのような理由により、法68条、73条の規定のうち、書留郵便物について、郵便業務従事者の故意または重大な過失によって損害が生じた場合に、不法行為に基づく国の損害賠償責任を免除し、または制限している部分が憲法17条に違反するとしたか。▶【11】【12】

問10 本判決は、どのような理由により、法68条、73条の規定のうち、特別送達郵便物について、郵便業務従事者の軽過失による不法行為に基づき損害が生じた場合に、国家賠償法に基づく国の損害賠償責任を免除し、または制限している部分が憲法17条に違反するとしたか。▶【14】【15】

問11 本判決はどのような結論を下したか。▶【17】【18】

問12 福田・深澤意見と滝井補足意見の対立点はどこにあったか。▶【21】〜【23】、【26】〜【30】

問13 福田・深澤意見と横尾意見の対立点はどこにあったか。▶【29】、【32】【33】

③応用問題

問14 本件において裁判所がとりうる憲法判断の方法には、どのようなものがあるか。その中で本判決が意味上の一部違憲という判断を行ったのはなぜか。▶【補足説明】

問15 本判決は不法行為に基づく損害賠償責任を免除・制限する規定の憲法17条適合性について判断を下したものである。それでは、債務不履行に基づく損害賠償責任を免除・制限する規定について憲法上の問題が生じるとすれば、憲法何条との関係が問題になるであろうか。また、その合憲性についてはどのような判断が下されるべきであろうか。▶判解①609-610頁、判解②55頁

○ **本判決の調査官解説**
尾島明「判解」最高裁判所判例解説民事篇平成14年度(下)598頁（判解①）
尾島明「判解」『最高裁時の判例Ⅰ公法編』（有斐閣、2003年）53頁（判解②）

○ **その他の判例解説・判例批評**
宍戸常寿「判批」憲法判例百選Ⅱ［第6版］（2013年）286頁（判批①）

宍戸常寿「判批」憲法判例研究会編『判例プラクティス 憲法［増補版］』（信山社、2014 年）282 頁、414 頁（判批②）
野坂泰司『憲法基本判例を読み直す』（有斐閣、2011 年）1 頁（判批③）
石川健治「判批」LS 憲法研究会編『プロセス演習 憲法［第 4 版］』（信山社、2011 年）314 頁（判批④）
市川正人「判批」法学教室 269 号（2003 年）53 頁（判批⑤）
宇賀克也「判批」判例評論 537 号（2003 年）8 頁（判批⑥）

参考文献
曽我部真裕「部分違憲」同ほか編『憲法論点教室』（日本評論社、2012 年）61 頁（**文献①**）
宍戸常寿「司法審査」辻村みよ子＝長谷部恭男編『憲法理論の再創造』（日本評論社、2011 年）195 頁（**文献②**）

第22章 人権の享有主体と私人間効力

I 人権の享有主体

1 学説の状況

日本国憲法第3章は、「国民」の権利を定めている。一般に、国民とは、日本国籍を有する者をいい（憲法10条参照）、したがって、外国人や自然人以外の者などは国民に含まれない。そうだとすると、日本国憲法は、外国人や法人の「人権」を保障していないのかが問題となる。これが基本的人権の享有主体性という問題である。

(1) 外国人 外国人については人権の前国家的性格・日本国憲法の国際主義（98条）から、その享有主体性が基礎づけられ、「憲法第3章の諸規定による基本的人権の保障は、権利の性質上日本国民のみをその対象としていると解されるものを除き、わが国に在留する外国人に対しても等しく及ぶ」（マクリーン事件 ②で後述）。判例・通説）。この考え方を前提とすれば、外国人にも、権利の性質上可能な限り保障が及ぶことになるから、権利ごとにその性質を考察する必要がある。以下では、議論がある基本的人権を中心に概観しよう。

①選挙権　選挙権については、国民主権原理（前文、1条）により、国のあり方は自国民によって自律的に決定されるべきであり、外国人には保障されないとするのが通説である。しかし近年、国政レヴェルと地方レヴェルを区別し、後者の選挙権については、国全体の方針に関わる政策を決定する国政と、住民の日常生活に密接に関わる事務を担当する地方とでは統治原理との関わりに程度の差があることから、永住資格を有する定住外国人に選挙権を認めることは、憲法は禁止していないと解釈する説が有力となっている（佐藤145-146頁）。

②公務就任権　実務上は、法律上国籍要件が明記されている公務員以外についても、内閣法制局（昭和28年3月25日法制局1発第29号）により「公務員に関する当然の法理として、公権力の行使または国家意思形成への参画に携わる公務員となるためには、日本国籍を必要とする」との見解に基づき、日本国民に限るとされていた。学説も否定説が通説であったが、近年、一定の範囲で肯定する説が有力となっており、国家の意思形成や公権力の発動に関与しない職務内容ならば、一定の類型の外国人に認めても参政権的権利の性格と矛盾しないと主張されている（芦部信喜『憲法Ⅱ 人権総論』（有斐閣、1994年）133-134頁）。また、日本国民についてさえ公務に就任する権利があるか疑わしく、むしろ公務就任への平等なアクセスが保障されるか否かの問題として捉えるべきとする説（長谷部編・注解(2)15頁〔長谷部恭男〕）もある。

③生存権　自己の所属する国家により保障されるべきものとする否定説が通説であった（宮沢俊義『憲法Ⅱ［新版］』（有斐閣、1971年）242頁）。しかし社会権は「国籍」ではなく「社会構成員」を基準にし、少なくとも日本社会に居住し、国民と同一の法的・社会的負担を担っている定住外国人にも妥当する（大沼保昭『新版 単一民族社会の神話を超えて』（東信堂、1993年）239頁）とする説も次第に有力となっている（佐藤148頁）。

④出入国の自由と在留の権利　これらの自由・権利は、滞在資格があるうえでの国内の移転の自由（憲法22条1項）とは次元が異なる。入国資格判断は、国家主権に属する領域であり、これに対する個人の自由・権利は、国際慣習法上認められず日本国憲法もそれに倣っていると考えるのが判例通説であり、入国の自由がない以上、在留の自由もないとするのも判例通説である。なお、出国の自由につき、最高裁は憲法22条2項にいう外国移住の自由は「権利の性質上外国人に限つて保障しないという理由はない」として権利性を認めるが（②(1)冒頭の昭和32年判決）、学説上は出国の自由は国際慣習法の問題であり憲法の問題ではないことを理由に憲法上の権利として認めないものが有力である（佐藤143頁、芦部［6版］95頁）。再入国の自由も入国の場合と区別しないのが判例だが（最判平4・11・16集民166-575）、学説は、新規入国と事情を異にすることがあり在留外国人にも種々のタイプがあることから、それに応じて法務大臣の裁量が制限を受けると解するものが有力である（佐藤143頁）。

(2) 法人（団体） 人権は本来自然人の有するものであることから、人権享有主体性を否定する説が当初から有力であり、そして現在もなお存在する。しかし、法人の活動が自然人を通じて行われ、その効果は究極的に自然人に帰属すること、法人が現代社会において社会的実体として重要な活動を行っていることから、性質上可能な限り一定の人権保障が及ぶとする説（芦部［6版］89頁）が一般化した（佐藤151頁）。人権享有主体性を肯定する場合、個人的にのみ行使できるものか、集団的にも行使できるものか、が範囲確定の基準となり、平等、請願権、国家賠償請求権、裁判を受ける権利、経済活動の自由、通信の秘密、適正手続、住居の不可侵、公平な裁判所の迅速な公開裁判・証人審問権・弁護士依頼権、事後法・二重処罰禁止、自己に不利益な供述を強要されない権利（供述に文書提出も含まれると解釈すれば）は、法人にも適用され、また精神的自由については内面的精神活動の自由を除き、外面的精神活動の自由は法人も享受しうる。ただし保障の程度は自然人と同じではない（芦部・前掲『憲法Ⅱ 人権総論』166頁、168-169頁、172頁）。他方で、法律上の法人格を有することと法人が自然人＝個人と同じ意味で憲法上の権利主体であることとは別のことがらである（樋口陽一『憲法［第3版］』（創文社、2007年）182頁）ので、団体に固有の人権主体性はなく、構成員の人権を代表することができるにすぎないとする説がある（高橋［4版］101頁）。他方ドイツの憲法のような「基本権は、その性質上内国法人に適用されうる限り、これにも適用される」（基本法19条3項）というような明文規定がない日本国憲法においては、結社の自由（憲法21条、20条、28条）の問題として捉えるべきであるという説もある（佐藤152頁）。

2 判例の展開

(1) 外国人 入国や出国等につき当該事件との関係で外国人の人権保障について判断した最高裁判決はすでに存在した（最大判昭32・6・19刑集11-6-1663、最大判昭32・12・25刑集11-14-3377）が、日本国憲法第3章全般について外国人の権利の保障範囲についての考え方を提示したのは**マクリーン事件判決**〔本書67事件〕である。ここにおいて最高裁は、①(1)で述べたように、権利性質説に立って、人

権の享有主体の有無を解釈することを明示し、その後もこれは維持されている。なお、外国人の人権享有主体性が問題になる場合、形式的にマクリーン事件を引用すればよいわけではない。なぜなら①権利の性質をそれぞれ解釈したうえであてはめる必要があるが、国民と同じ理由で保障されるとは限らない（たとえば表現の自由を支える「自己統治」の価値は外国人の権利をむしろ否定する。長谷部恭男『Interactive 憲法』（有斐閣、2006年）32頁）、②判断の中心が、権利の性質上外国人に「も」保障されるか、ではなく、そもそも憲法が当該権利を保障しているかに置かれる場合がある（最判平7・12・15刑集49-10-842〔指紋押なつ事件〕。憲法上の権利があるか＋外国人にも保障されるか、の2段構えになる）、③国民にも法的権利が認められていない場合がある（国民年金法の受給資格を争った最判平元・3・2判時1363-68頁〔塩見訴訟〕。引用されているのは堀木事件判決〔本書60事件〕のみ）、からである（宍戸〔2版〕77-78頁参照）。

(2) **法人（団体）** 法人の人権享有主体性についてのリーディング・ケースは、**八幡製鉄事件**〔本書68事件〕である。最高裁は、「憲法第3章に定める国民の権利および義務の各条項は、性質上可能なかぎり、内国の法人にも適用されるものと解すべき」とし「会社は、自然人たる国民と同様、国や政党の特定の施策を支持、推進または反対するなどの政治的行為をなす自由を有」し「政治資金の寄附もまさにその自由の一環であ」ると判示した。同事件で問題となった寄附は、政治資金の寄附であったことから、選挙権を有さない法人が、政治の動向に影響を与える政治献金を行うことについて、「国民と同様」の自由を有してよいのかという問題がある。「個人権の擁護という人権宣言本来の目的」からして自然人よりも制約を受ける程度を強くすることが憲法の精神に合致するといえよう（芦部・前掲『憲法Ⅱ 人権総論』172頁）。

II 私人間効力

1 学説の状況

伝統的には憲法は国家権力との関係での権利を保障していると考えられていたが、①企業、労働組合、職能団体といった社会的権力による人権侵害の増加、②国家と個人だけでなく、市民同士の法関係の基本原則として人権の観念が浸透するべきとの考えの登場、③人権概念の対国家性は人権誕生の歴史的経緯によるものであり、対国家性に限定しなければならないという意味までは含んでいないことから、憲法は私法関係を含む全法領域にも作用すると考えられるようになった。ただ、憲法は私法関係に直接適用されるという考えは少数にとどまっている。むしろ、憲法の規定の趣旨から直接適用される権利を除き、その他の人権（自由権ないし平等権）については、その趣旨を法律の概括的な条項または文言、特に公序良俗に反する法律行為は無効である旨定める民法90条のような私法の一般条項を解釈・適用する際に取り込むことによって、私人間の行為を間接的に憲法により規律するとする間接適用説が通説である（芦部・前掲『憲法Ⅱ 人権総論』279-283頁）。これに対し、近年、理論構成の観点から、複数の説が主張されるようになっている。新無適用説と呼ばれる説は、私人間の紛争において問題になっている「価値」を、各種成文法に分化される以前の「自然権」の問題と捉え、憲法上の権利自体は無適用であるとする。だが、対立する自然権間の調整は議会の役割であり、私人間の紛争は法律の解釈により解決されるとすることから、自然権の間接適用説ともいえる（高橋〔4版〕116-117頁）。また、保護義務論は、国家と個人という図式を私人間の紛争でも維持して考えることを主張する説であり、私人対私人、ではなく、被害を受けた私人と国家との関係、加害者と国家、という三極関係で捉える。社会契約の論理からすると、国家には私人による権利侵害から、私人を保護する義務があるため、国家が解決に乗り出すべき憲法問題となるのである（小山〔3版〕139-141頁）。

2 判例の展開

私人間の人権に関する最高裁の諸判決（校内では政治活動をしないことを条件とした雇傭契約に反した私立学校の教師が契約解除を争った最判昭27・2・22民集6-2-258、特定の住居で宗教活動をしない約束に反したことを理由に養子に離縁を請求した最判昭42・5・25民集21-4-937）は当初どの説を採用したのか不明確なままであったが、**三菱樹脂事件**〔本書69事件〕において次のように判断した。最高裁は、①直接適用説を、i）人権の歴史的沿革、ii）憲法における規定の形式、iii）私的自治の原則、を理由に採用しないことを明らかにする一方で、②「私的自治に対する一般的制限規定である民法1条、90条や不法行為に関する諸規定等の適切な運用によつて、一面で私的自治の原則を尊重しながら、他面で社会的許容性の限度を超える侵害に対し基本的な自由や平等の利益を保護し、その間の適切な調整を図る方途も存する」と判示し、基本的な自由や平等の利益を一般条項の解釈により保護することを示したことから、間接適用説を採用した（と一般にいわれている）。学説の中には、上記②部分に対して、「人権規定を媒介する一般条項の活用が『社会的許容性の限度を超える侵害』の場合という曖昧な基準の下におかれて」いることを批判する（野中ほかⅠ〔5版〕254頁〔中村睦男〕）ものや、本件結論について、「私人相互間の問題とはいえ、絶対的に保障される思想・信条の自由について判決のように考えるのは疑問」（芦部〔6版〕113頁）とする評価が有力である。

三菱樹脂事件判決で打ち出された立場は、その後の判例でほぼそのまま踏襲されている（芦部・前掲『憲法Ⅱ 人権総論』307頁）。違法とされた事件として、企業における定年年齢を男女で区別していた事件がある。労基法が均等待遇を求めるのは、性別については賃金のみであり（4条）、労働条件一般について均等待遇を求める3条には性別が挙げられていない。しかし下級審ですでに複数の企業に対して男女別定年制を無効とする判断が出されており、最高裁も、「性別のみによる不合理な差別を定めたものとして民法90条の規定により無効であると解するのが相当である（憲法14条1項、民法1条ノ2参照）」と判示した（最判昭56・3・24民集35-2-300）。また、入会団体の資格を男子孫に限っていることが、民法90条により無効とされ（**入会資格事件**〔本書70事件〕）、性別のみを理由とした差別は私人間においても「社会的許容性の限度を超える侵害」と解釈されることが再び確認された。

67 マクリーン事件

最高裁昭和53年10月4日大法廷判決　　昭和50年(行ツ)第120号：在留期間更新不許可処分取消請求事件
民集32巻7号1223頁

事案

アメリカ国籍を有するX（原告、被控訴人、上告人）は昭和44年5月10日に語学学校の英語教師として在留期間を1年とする上陸許可を得て日本に上陸した。Xは上陸後17日間で語学学校を退職し、別の法人で英語教師として就職したが、無届出のままであった。またXは外国人ベ平連に所属し、集会に参加したり、ビラを配布したり、デモに参加したりした。Xは昭和45年5月1日に、1年間の在留期間更新を申請したところY（法務大臣：被告、控訴人、被上告人）は8月10日に出国準備期間として同年9月7日までの在留更新を許可した。そこでXは改めて9月8日から1年の在留期間更新を申請したところ、Yは9月5日付で更新を許可しないとの処分を行った（以下「本件処分」という）。理由は在留期間中の無届転職と政治活動であった。Xはこの9月5日付の処分の取消しを求めて出訴した。

第一審（東京地判昭48・3・27行集24-3-187）は、転職後の職業も同種であったこと等から、無届転職を理由に本件処分をすることは「社会観念上著しく公平さ、妥当を欠く」とした。政治活動についても、Xの日本在留が日本国民および日本国の利益を害するおそれがあるとは考えられず、またXの主たる目的がこのような政治活動を行うことにあるとの事実も認められないため在留資格外活動に従事したと断ずることもできないことから、政治活動を理由とした本件処分を「社会観念上著しく妥当性を欠く」とし、本件処分を取り消した。第二審（東京高判昭50・9・25行集26-9-1055）は、無届転職については第一審の判断を維持したものの、政治活動については、これを理由に更新しないこともYの「裁量の範囲」として、第一審判決を取り消し、Xの請求を棄却した。そこでXが上告した。

■参考条文（事件当時のもの）

出入国管理令

第21条　本邦に在留する外国人は、現に有する在留資格を変更することなく、在留期間の更新を受けることができる。

2　前項の規定により在留資格の更新を受けようとする外国人は、法務省令で定める手続により、法務大臣に対し在留期間の更新を申請しなければならない。

3　前項の申請があった場合には、法務大臣は、当該外国人が提出した文書により在留資格の更新を適当と認める相当の理由があるときに限り、これを許可することができる。

Navigator

本判決には、憲法上の「山場」が二つある。①外国人に在留の権利が保障されるのか、②外国人の政治活動が憲法上保障されるのか、そして保障される場合にはそれが在留の許否を決するYの裁量をどの程度拘束できるのか、である。①が認められれば、この権利は本件処分により直接の不利益を受けているXの利益に憲法上の保障を及ぼすことになる。だが①がそもそも認められず、この権利を軸とした審査は行われなかった。本判決の中心となったのは、出入国管理令に基づくY（法務大臣）の処分に対する審査である。在留更新の許否についてのYの判断にも行訴法30条に基づく裁判所の統制が及ぶ。しかし、その審査の枠組みとしては社会通念審査が採用された（本判決のうち、有名な外国人の人権享有主体性の論点はこの処分審査の中で登場する）。ただ、在留の権利と異なり、Xの政治活動は、Yの本件処分により直接不利益を課されている関係にない。在留期間中、Xの政治活動は自由に遂行できたといえるからである。しかしYは、Xの在留期間中の適法な政治活動（これ自体には憲法上の保障が及ぶ）を理由にYは更新拒否処分をした。最高裁も、在留資格それ自体の許否判断に際して、政治活動が否定的な判断要素にされるのを禁止することまで憲法は保障していないと判断した。在留制度とそれを前提とした在留という2層構造にある外国人の法的地位の特殊性が表れた事件である。

■判決の論理構造

【第一関門：在留の権利の有無】

　　　　　　　　　　　　［1層（次頁）でのいわば直接対決］

　　　　　　　　　在留制度　VS.　外国人の在留の権利

　　　　　　　　　　　　　　　（直接の不利益処分を被るXの利益
　　　　　　　　　　　　　　　（日本に在留できない）に対して憲法
　　　　　　　　　　　　　　　の保障が及ぶことになる）

憲法適合性を問う段階に至らず→在留の権利がそもそも憲法上保障されていないため

【第二関門：処分審査】

II 層　わが国に在留する外国人の活動　←権利の性質上可能な限り憲法上も保障あり（憲法上の権利行使に対し、直接の不利益処分（刑罰・退去強制処分）を課されない）

I 層　在留制度（II 層の基盤）。外国人の入国の可否・条件については国家が自由に決定できる　←II 層での憲法上の権利は I 層での在留の許否を決する国の裁量を拘束できない

本件処分審査は、I 層での Y の判断に対するもの（行訴法 30 条）

	要件（行訴法 30 条の「行政庁の裁量処分については」「裁量権の範囲をこえ」または「その濫用があった」場合に限り）	効果（行訴法 30 条）
出入国管理令 21 条 3 項「相当の理由」の有無の判断の場合	この判断が法務大臣の裁量権の行使としてされたものであることを前提として、「その判断の基礎とされた重要な事実に誤認があること等により右判断が全く事実の基礎を欠くかどうか、又は事実に対する評価が明白に合理性を欠くこと等により右判断が社会通念に照らして著しく妥当性を欠くことが明らかであるかどうか」について審理し、それが認められる場合に限り	裁判所は、その処分を取り消すことができる
わが国に在留する外国人の憲法上の権利	「在留の許否を決する国の裁量を拘束するまでの保障を含むものではない」	
要件の本件へのあてはめ	（政治活動を理由とした Y による更新不許可処分が「社会通念に照らして著しく妥当性を欠くことが明らかであるかどうか」）上告人の本件活動は、「直ちに憲法の保障が及ばないものであるとはいえない」が、法務大臣が本件活動を斟酌して在留期間の更新を適当と認めるに足りる相当の理由があるものとはいえないと判断したとしても、行訴法 30 条の要件をみたさない	

判　決

○ 主　文
本件上告を棄却する。
上告費用は上告人の負担とする。
　　　　　　　○ 理　由
第一　上告代理人秋山幹男、同弘中惇一郎の上告理由第一点ないし第四点、第六点ないし第一一点について
一　本件の経過
[1]　(一)　本件につき原審が確定した事実関係の要旨は、次のとおりである❶。

[2]　(1)　上告人は、アメリカ合衆国国籍を有する外国人であるが、昭和 44 年 4 月 21 日その所持する旅券に在韓国日本大使館発行の査証を受けたうえで本邦に入国し、同年 5 月 10 日下関入国管理事務所入国審査官から出入国管理令 4 条 1 項 16 号、特定の在留資格及びその在留期間を定める省令 1 項 3 号に該当する者としての在留資格をもって在留期間を 1 年とする上陸許可の証印を受けて本邦に上陸した❷。

[3]　(2)　上告人は、昭和 45 年 5 月 1 日 1 年間の在留期間の更新を申請したところ、被上告人は、同年 8 月 10 日「出国準備期間として同年 5 月 10 日から同年 9 月 7 日まで 120 日間の在留期間更新を許可する。」との処分をした。そこで、上告人は、更に、同年 8 月 27 日被上告人に対し、同年 9

❶ [1] から [6] は、事実の概要を述べる。

❷ [2] では、X が適法に日本に上陸したことが記述されている。周囲を海に囲まれた日本では、外国人が領海内に入ること（入国）と領土に入ること（上陸）が区別されている（出入国管理令第 2 章）。領海内に入った段階で規制を実施できるようにするためである。日本に上陸するためには、外国人が日本において行おうとする活動が出入国管理令上の在留資格に該当し（4 条 1 項各号）、滞在予定期間が在留期間を定めた法務省令に適合しており（同条 2 項）、出入国管理令上の上陸拒否事由に該当しないこと（5 条各号）等が必要である。上陸が許可された外国人は、認められた在留期間に限って在留すること

月8日から1年間の在留期間の更新を申請したところ、被上告人は、同年9月5日付で、上告人に対し、右更新を適当と認めるに足りる相当な理由があるものとはいえないとして右更新を許可しないとの処分（以下「本件処分」という。）をした❸。

[4] （3）　被上告人が在留期間の更新を適当と認めるに足りる相当な理由があるものとはいえないとしたのは、次のような上告人の在留期間中の無届転職と政治活動のゆえであつた。

[5] 　（ｱ）　上告人は、Ｄ語学学校に英語教師として雇用されるため在留資格を認められたのに、入国後わずか17日間で同校を退職し、財団法人Ｅ協議会に英語教師として就職し、入国を認められた学校における英語教育に従事しなかつた❹。

[6] 　（ｲ）　上告人は、外国人べ平連（昭和44年6月在日外国人数人によつてアメリカのベトナム戦争介入反対、日米安保条約によるアメリカの極東政策への加担反対、在日外国人の政治活動を抑圧する出入国管理法案反対の三つの目的のために結成された団体であるが、いわゆるべ平連からは独立しており、また、会員制度をとつていない。）に所属し、昭和44年6月から12月までの間9回にわたりその定例集会に参加し、7月10日左派華僑青年等が同月2日より13日まで国鉄新宿駅西口付近において行つた出入国管理法案粉砕ハンガーストライキを支援するため、その目的等を印刷したビラを通行人に配布し、9月6日と10月4日べ平連定例集会に参加し、同月15、16日ベトナム反戦モラトリアムデー運動に参加して米国大使館にベトナム戦争に反対する目的で抗議に赴き、12月7日横浜入国者収容所に対する抗議を目的とする示威行進に参加し、翌45年2月15日朝霞市における反戦放送集会に参加し、3月1日同市の米軍基地キヤンプドレイク付近における反戦示威行進に参加し、同月15日べ平連とともに同市における「大泉市民の集い」という集会に参加して反戦ビラを配布し、5月15日米軍のカンボジア侵入に反対する目的で米国大使館に抗議のため赴き、同月16日5・16ベトナムモラトリアムデー連帯日米人民集会に参加してカンボジア介入反対米国反戦示威行進に参加し、6月14日代々木公園で行われた安保粉砕労学市民大統一行動集会に参加し、7月4日清水谷公園で行われた東京動員委員会主催の米日人民連帯、米日反戦兵士支援のための集会に参加し、同月7日には羽田空港においてロジヤース国務長官来日反対運動を行うなどの政治的活動を行つた。なお、上告人が参加した集会、集団示威行進等は、いずれも、平和的かつ合法的行動の域を出ていないものであり、上告人の参加の態様は、指導的又は積極的なものではなかつた❺。

[7] 　(ニ)　原審は、自国内に外国人を受け入れるかどうかは基本的にはその国の自由であり、在留期間の更新の申請に対し更新を適当と認めるに足りる相当の理由があるかどうかは、法務大臣の自由な裁量による判断に任されているものであるとし、前記の上告人の一連の政治活動は、在留期間内は外国人にも許される表現の自由の範囲内にあるものとして格別不利益を強制されるものではないが、法務大臣が、在留期間の更新の許否を決するについてこれを日本国及び日本国民にとつて望ましいものではないとし、更新を適当と認めるに足りる相当な理由がないと判断したとしても、それが何ぴとの目からみても妥当でないことが明らかであるとすべき事情のない本件にあつては、法務大臣に任された裁量の範囲内におけるものというべきであり、これをもつて本件処分を違法であるとすることはできない、と判断した❻。

[8] 　(三)　論旨は、要するに、(1) 自国内に外国人を受け入れるかどうかはその国の自由であり、在留期間の更新の申請に対し更新を適当と認めるに足りる相当な理由があるかどうかは法務大臣の自由な裁量による判断に任されているものであるとした原判決は、憲法22条1項、出入国管理令21条の解釈適用を誤り、理由不備の違法がある、(2) 本件処分のような裁量処分に対する原審の審査の態度、方法には、判例違反、審理不尽、理由不備の違法があり、行政事件訴訟法30条の解釈の誤りがある、(3) 被上告人の本件処分は、裁量権の範囲を逸脱したものであり、憲法の保障を受ける上告人のいわゆる政治活動を理由として外国人に不利益を課するものであつて、本件処分を違法でないとした原判決は、経験則に違背する認定をし、理由不備の違法を犯し、出入国管理令21条の解釈適用を誤り、憲法14条、16条、19条、21条に違反するものである、と主張することに帰する。

ができる。この在留期間内に当初の在留目的を達成できない場合は、法務大臣に対して在留期間の更新許可申請をすることができる（21条）。

❸ [3] では、Ｘの更新申請に対するＹの処分が時系列的に整理されている。Ｘは8月10日付の処分ではなく、9月5日付の処分を争っている。第一審でＹは、在留期間更新の不許可それ自体を争うならば前者の処分を争うべきであり、これを争っていない以上、不許可処分は確定しており、前者の処分の違法事由をもって後者を取り消すことはできないと主張していた。第一審は、前者の処分は従前の在留資格を消滅変更させたのではなく、9月7日の期間満了後に再度の更新を行わないことを事実上予告する意味をもつにすぎないから、後者の却下処分を争いうる、とした。

❹ [5] は、更新不許可処分の理由の一つである無届転職についての整理部分である。ＸがＤ語学学校を退職したのは、その教授方法の効果への疑問を抱いたことや、勤務時間の不確定さ、給料遅配などへの強い不満をもったことにある。転職先のＥ協会はＤ語学学校と比して遜色のない語学学校であり、Ｘの在留更新申請に際して、Ｘの法規の遵守等を保証しかつ講師として引き続き雇いうるとしている。第一審、第二審ともに転職の届出について現行法上規定がないこともあわせ考えると無届転職を理由に更新不許可とすることはできない、と判断している。

❺ [6] は、Ｘが在留期間中に行った政治活動を整理した部分である。第一審と第二審の判断が分かれたのはこの部分の評価についてＹの裁量をどの程度認めるかについてである。第一審は、在留期間の更新についてＹの「相当広汎な裁量」を認める一方で「ひとたび入国を許可された在留外国人の政治活動が在留期間更新の不許可を相当とする事由に当たるか否かを判断するには」少なくとも退去強制事由に準ずる事由があるか否かを考察すべきであり、本件ではＸの政治活動が「日本国民および日本国の利益が害される虞があると認められるか否か」が問題となるとした。そのうえで①米国のベトナム戦争反対については、政治活動というより一米国人としての自然の思想表現である、②日米安保条約反対集会参加については、①を目的とした参加であり、Ｘの態度は指導的、積極的ではなかった、③出入国管理制度批判については、Ｘ自身の身分上の利益に関するものであり日本国民の政治的選択に不当な影響力を行使したと認めるに足る証拠はないとし、以上の政治活動のゆえに、Ｘの日本在留が日本国民および日本国の利益を害する虞があるとは考えられないと評価していた。

❻ [7] は、第二審の判断である。第二審は、Ｘの在留期間内の政治活動が退去強制事由を構成するのは「困難」としつつも、在留期間の更新申請に対し、Ｙが更新を認めるに相当の理由があると判断すべきか否かという問題には、第一審のように退去強制事由に準ずる事由がなければならないと論じることは妥当でないとした。Ｙは「高度の政治的配慮」のもとに更新の許否を行うべきであるから、Ｘの在留期間内の政治活動を消極的資料としたとしても「たんに在留期間中は適法になしえたというだけで」「法務大臣の評価を批判することはできない」とした。

❼ [8] では、Ｘの複数の上告理由が(1)(2)(3)に整理されている。また、これらの上告理由に対する最高裁の応答は、次の、「二　当裁判所の判断」の㈠㈡㈢にそれぞれ示されている。

るものと解される❼。

二 当裁判所の判断

[9] (一) 憲法22条1項は、日本国内における居住・移転の自由を保障する旨を規定するにとどまり、外国人がわが国に入国することについてはなんら規定していないものであり、このことは、国際慣習法上、国家は外国人を受け入れる義務を負うものではなく、特別の条約がない限り、外国人を自国内に受け入れるかどうか、また、これを受け入れる場合にいかなる条件を付するかを、当該国家が自由に決定することができるものとされていることと、その考えを同じくするものと解される（最高裁昭和29年（あ）第3594号同32年6月19日大法廷判決・刑集11巻6号1663頁参照）。したがって、憲法上、外国人は、わが国に入国する自由を保障されているものでないことはもちろん、所論のように在留の権利ないし引き続き在留することを要求しうる権利を保障されているものでもないと解すべきである。そして、上述の憲法の趣旨を前提として、法律としての効力を有する出入国管理令は、外国人に対し、一定の期間を限り（4条1項1号、2号、14号の場合を除く。）特定の資格によりわが国への上陸を許すこととしているものであるから、上陸を許された外国人は、その在留期間が経過した場合には当然わが国から退去しなければならない。もっとも、出入国管理令は、当該外国人が在留期間の延長を希望するときには在留期間の更新を申請することができることとしているが（21条1項、2項）、その申請に対しては法務大臣が「在留期間の更新を適当と認めるに足りる相当の理由があるときに限り」これを許可することができるものと定めている（同条3項）のであるから、出入国管理令上も在留外国人の在留期間の更新が権利として保障されているものでないことは、明らかである❽。

[10] 右のように出入国管理令が原則として一定の期間を限って外国人のわが国への上陸及び在留を許しその期間の更新は法務大臣がこれを適当と認めるに足りる相当の理由があると判断した場合に限り許可することとしているのは、法務大臣に一定の期間ごとに当該外国人の在留中の状況、在留の必要性・相当性等を審査して在留の許否を決定させようとする趣旨に出たものであり、そして、在留期間の更新事由が概括的に規定されその判断基準が特に定められていないのは、更新事由の有無の判断を法務大臣の裁量に任せ、その裁量権の範囲を広汎なものとする趣旨からであると解される。すなわち、法務大臣は、在留期間の更新の許否を決するにあたっては、外国人に対する出入国の管理及び在留の規制の目的である国内の治安と善良の風俗の維持、保健・衛生の確保、労働市場の安定などの国益の保持の見地に立って、申請者の申請事由の当否のみならず、当該外国人の在留中の一切の行状、国内の政治・経済・社会等の諸事情、国際情勢、外交関係、国際礼譲など諸般の事情をしんしゃくし、時宜に応じた的確な判断をしなければならないのであるが、このような判断は、事柄の性質上、出入国管理行政の責任を負う法務大臣の裁量に任せるのでなければとうてい適切な結果を期待することができないものと考えられる。このような点にかんがみると、出入国管理令21条3項所定の「在留期間の更新を適当と認めるに足りる相当の理由」があるかどうかの判断における法務大臣の裁量権の範囲が広汎なものとされているのは当然のことであって、所論のように上陸拒否事由又は退去強制事由に準ずる事由に該当しない限り更新申請を不許可にすることは許されないと解すべきものではない❾。

[11] (二) ところで、行政庁がその裁量に任された事項について裁量権行使の準則を定めることがあっても、このような準則は、本来、行政庁の処分の妥当性を確保するためのものなのであるから、処分が右準則に違背して行われたとしても、原則として当不当の問題を生ずるにとどまり、当然に違法となるものではない。処分が違法となるのは、それが法の認める裁量権の範囲をこえ又はその濫用があった場合に限られるのであり、また、その場合に限り裁判所は当該処分を取り消すことができるものであって、行政事件訴訟法30条の規定はこの理を明らかにしたものにほかならない。もっとも、法が処分を行政庁の裁量に任せる趣旨、目的、範囲は各種の処分によって一様ではなく、これに応じて裁量権の範囲をこえ又はその濫用があったものとして違法とされる場合もそれぞれ異なるものであり、各種の処分ごとにこれを検討しなければならないが、これを出入国管理令21条3項に基づく法務大臣の「在留期間の更新を適当と認めるに足りる相当の理由」があるかどうかの判断の場合につ

---

❽ [9]では、外国人に在留の権利が認められるのかについて判示されている。もし本件処分により直接の不利益を受けているXの利益にこの憲法上の権利の保障が及ぶなら、以下の展開は異なっていたはずである。外国人の在留の問題は、①国際法、②憲法、③出入国管理令の三つの段階で検討するべきであるが、本判決は①段階にて、特別な条約がない限り入国およびその際の条件については国の自由な裁量に任されており、在留資格更新も、入国の許否の問題の一環として国家の自由な裁量に任された問題と解される、②段階にて、憲法22条1項は、入国についての規定でなく、入国の自由がない以上在留資格も憲法上保障されたものとはいいがたく、したがって在留期間経過後も引き続き日本に在留する権利・在留を要求する権利を保障しているとはいえない、③段階にて、在留期間の更新の申請は可能だが、上陸拒否事由に該当しない限り当然に更新の許可が受けられる、という建前が、規定上とられていない（＝Xの権利規定ではなく、更新の許否がYの自由な裁量に任されていることが規定）、と判断した。つまり、在留の権利を外国人に保障する憲法規定は存在せず、それは国際慣習法と足並みをそろえるものであり、そして、在留制度は国家が自由に決定することができるという考えに基づいて設計された出入国管理令上でも外国人の在留の権利は規定されていないことが確認された。

❾ [10]では、法務大臣の在留期間更新についての「相当な理由」の有無の判断の性質が判示されている。Xは上告理由において、上陸拒否事由（出入国管理令5条）または退去強制事由（同令24条）に準ずる事由に該当しない限り更新申請を不許可としないよう出入国管理令21条3項を限定的に解すべきと主張している（[10]末尾参照）。しかし最高裁はその主張を退けた。同令21条3項が更新申請の許否について、許否事由を詳細に列挙せず、「相当の理由がある」と認めた場合に限り延長を認めるという、概括的な規定しか定めていないことを、最高裁は、Yの裁量権の範囲を広範なものとする趣旨と解釈したからである。Yの判断を拘束するような入国の自由や在留の権利は憲法上保障されていない。Yは在留期間の更新申請に対し、外国人に対する出入国管理の制度の目的（国内の治安と善良の風俗の維持、保険・衛生の確保など）をふまえて判断する必要はあるし、諸般の事情を斟酌して時宜に応じた判断をする必要もあり、時に高度に政治的判断を要求されることもある。こうした判断はYの裁量に任されているものであり、かつ「その裁量の幅は極めて広いものと解するのが相当」（判解①444頁）である。

❿ [11]では、Yの判断に対する裁判所の審査範囲が提示されている。行政行為が自由裁量行為（法が判断の準則を示すことを放棄して行政庁の自由な判断に委ね、その判断を最終的なものとする）である場合、その判断の誤りは単に当・不当の問題を生ずるにとどまる（判解①444頁）。もっとも自由裁量行為であっても法が許容した裁量の範囲の逸脱や法が裁量を認めた目的を無視し権利の濫用が認められる場合には違法となり裁判所は当該処分を取り消せる（行訴法30条）。裁判所による裁量逸脱濫用判断は、一般的な傾向として、(i)処分発動要件の有無認定に裁量があるときは、認定の合理性の欠如が一定の限度を超える場合を基準としており（「全く事実の基礎を欠いている場合」等）、(ii)処分発動に際して、発動時期、処分の内容等に自由裁量が認められている場合には、社会通念、条理、公平性等の基準に照らして判断している

いてみれば、右判断に関する前述の法務大臣の裁量権の性質にかんがみ、その判断が全く事実の基礎を欠き又は社会通念上著しく妥当性を欠くことが明らかである場合に限り、裁量権の範囲をこえ又はその濫用があつたものとして違法となるものというべきである。したがつて、裁判所は、法務大臣の右判断についてそれが違法となるかどうかを審理、判断するにあたつては、右判断が法務大臣の裁量権の行使としてされたものであることを前提として、その判断の基礎とされた重要な事実に誤認があること等により右判断が全く事実の基礎を欠くかどうか、又は事実に対する評価が明白に合理性を欠くこと等により右判断が社会通念に照らし著しく妥当性を欠くことが明らかであるかどうかについて審理し、それが認められる場合に限り、右判断が裁量権の範囲をこえ又はその濫用があつたものとして違法であるとすることができるものと解するのが、相当である。なお、所論引用の当裁判所昭和37年（オ）第752号同44年7月11日第二小法廷判決（民集23巻8号1470頁）は、事案を異にし本件に適切なものではなく、その余の判例は、右判示するところとその趣旨を異にするものではない。❿

【12】　㈢　以上の見地に立つて被上告人の本件処分の適否について検討する⓫。

【13】　前記の事実によれば、上告人の在留期間更新申請に対し被上告人が更新を適当と認めるに足りる相当の理由があるものとはいえないとしてこれを許可しなかつたのは、上告人の在留期間中の無届転職と政治活動のゆえであつたというのであり、原判決の趣旨に徴すると、なかでも政治活動が重視されたものと解される⓬。

【14】　思うに、憲法第3章の諸規定による基本的人権の保障は、権利の性質上日本国民のみをその対象としていると解されるものを除き、わが国に在留する外国人に対しても等しく及ぶものと解すべきであり、政治活動の自由についても、わが国の政治的意思決定又はその実施に影響を及ぼす活動等外国人の地位にかんがみこれを認めることが相当でないと解されるものを除き、その保障が及ぶものと解するのが、相当である。しかしながら、前述のように、外国人の在留の許否は国の裁量にゆだねられ、わが国に在留する外国人は、憲法上わが国に在留する権利ないし引き続き在留することを要求することができる権利を保障されているものではなく、ただ、出入国管理令上法務大臣がその裁量により更新を適当と認めるに足りる相当の理由があると判断する場合に限り在留期間の更新を受けることができる地位を与えられているにすぎないものであり、したがつて、外国人に対する憲法の基本的人権の保障は、右のような外国人在留制度のわく内で与えられているにすぎないものと解するのが相当であつて、在留の許否を決する国の裁量を拘束するまでの保障、すなわち、在留期間中の憲法の基本的人権の保障を受ける行為を在留期間の更新の際に消極的な事情としてしんしゃくされないことまでの保障が与えられているものと解することはできない。在留中の外国人の行為が合憲合法な場合でも、法務大臣がその行為を当不当の面から日本国にとつて好ましいものとはいえないと評価し、また、右行為から将来当該外国人が日本国の利益を害する行為を行うおそれがある者であると推認することは、右行為が上記のような意味において憲法の保障を受けるものであるからといつてなんら妨げられるものではない⓭。

【15】　前述の上告人の在留期間中のいわゆる政治活動は、その行動の態様などからみて直ちに憲法の保障が及ばない政治活動であるとはいえない。しかしながら、上告人の右活動のなかには、わが国の出入国管理政策に対する非難行動、あるいはアメリカ合衆国の極東政策ひいては日本国とアメリカ合衆国との間の相互協力及び安全保障条約に対する抗議行動のようにわが国の基本的な外交政策を非難し日米間の友好関係に影響を及ぼすおそれがないとはいえないものも含まれており、被上告人が、当時の内外の情勢にかんがみ、上告人の右活動を日本国にとつて好ましいものではないと評価し、また、上告人の右活動から同人を将来日本国の利益を害する行為を行うおそれがある者と認めて、在留期間の更新を適当と認めるに足りる相当の理由があるものとはいえないと判断したとしても、その事実の評価が明白に合理性を欠き、その判断が社会通念上著しく妥当性を欠くことが明らかであるとはいえず、他に被上告人の判断につき裁量権の範囲をこえ又はその濫用があつたことをうかがわせるに足りる事情の存在が確定されていない本件において

ものが多い（判解①446頁）。また「著しく」妥当性を欠く、とか「明白に」合理性を欠くといった要件が追加されるのは、「裁量権の行使が違法となるのはこれら裁量権行使の基準の違背が法の許容する一定の限度を超えた場合に限られる」ことを指す（判解①446-447頁）。【11】の網掛け部分で採用された枠組みは、裁量統制の諸類型のうち、「最小限の実体法的審査」（類型の中でも最も裁判所の統制を差し控えた）型だとされている（行政法の争点119頁［亘理］）。なお【11】末尾で引用されている昭和44年判決は、国民の旅券発給拒否処分に関する事例であり、裁判所の審査の範囲を本判決より広く認めている。Xはこれを挙げて、Yの裁量を原審より踏み込んで統制するよう主張したのだが、44年判決は憲法の出国の自由（22条2項）の保障を受ける者に対する拒否処分であり、「憲法上の保障を受けない外国人の入国及び在留に関する場合と異なり、その裁量の幅は狭く限定される」（判解①453頁）事例であるため、本件で参照すべき判例ではない。

⓫　【12】から【16】までが、【11】で提示された判断枠組みのあてはめ部分である。

⓬　【13】では、本件処分に際して、Yは、Xが政治活動をしたことを重視していると指摘されている。

⓭　【14】では、外国人の政治活動の自由に対する日本国憲法上の保障の有無と程度が判断されている。全体の流れは、①憲法第3章上の権利保障の範囲について権利性質説採用→②政治活動の自由についても保障及ぶ（国民と完全に同じ程度ではなく一定の制限あり）→③在留する権利は【9】で確認したように外国人に保障なし→④したがって①の保障は外国人在留制度の枠内で与えられているにすぎない、となっている。日本に在留している期間内の活動に対する権利保障（Ⅱ層）と、在留資格それ自体があるかを国が判断することに対する権利保障（Ⅰ層）が区別されている。在留期間の更新の許否を判断するにあたって、外国人の政治活動を考慮すべき事情の一つとしてしんしゃくすることと、政治活動を理由に直接の不利益処分を行う場合は区別されるのである（判解①449頁）。つまりXの政治活動は、在留中の政治活動に刑罰が科されたり（Ⅱ層内での法関係）、政治活動を理由に退去強制処分を受けたりする（国家がⅠ層の権限によりⅡ層に侵入してきたことによる法関係）ような直接的な不利益処分を本件処分により受けていない。Ⅰ層の在留の更新の許否を決するYの裁量をⅡ層のXの権利で拘束することはできない。Ⅰ層それ自体の国家の決定を拘束するような憲法上の権利（在留権など）は存在しない。日本に在留する外国人に対する憲法の基本的人権の保障は、「憲法の保障が及ばず国の裁量によって与えられる在留という基盤の上において与えられているにすぎないものなのであり、したがって、その基盤を形成する在留の許否を決定する国家の裁量を拘束するような範囲にまで憲法の基本的人権の保障が及ぶものと解することはできない」（判解①450頁）。

⓮　【15】では、まず【11】で提示された判断枠組みに基づき、出入国管理令21条3項の要件判断についてYの裁量に逸脱濫用がないかにつき判示されている。また政治活動を理由に本件処分を行ったことについて【14】で提示された判断枠組みのあてはめも行われている（【15】の「また」から始まる最後の一文が、【14】のあてはめ部分である）。【15】の冒頭で、Xの具体的政治活動について【14】で提示された外国人に対する憲法上の権利保障の考え方から、「直ちに憲法の保障が及ばない政治活動であるとはいえない」とし、この行為自体には憲法上の保障が及ぶことが確認されている。ただ、Xの在留期間中の政治活動（Ⅱ層での活動）には憲法上の保障が及ばないとはい

は、被上告人の本件処分を違法であると判断することはできないものといわなければならない。また、被上告人が前述の上告人の政治活動をしんしやくして在留期間の更新を適当と認めるに足りる相当の理由があるものとはいえないとし本件処分をしたことによつて、なんら所論の違憲の問題は生じないというべきである⓮。

[16] 　（四）　以上述べたところと同旨に帰する原審の判断は、正当であつて、所論引用の各判例にもなんら違反するものではなく、原判決に所論の違憲、違法はない。論旨は、上述したところと異なる見解に基づいて原判決を非難するものであつて、採用することができない。
　　　第二　同第五点について
[17] 　原審が当事者双方の陳述を記載するにつき所論の方法をとつたからといつて、判決の事実摘示として欠けるところはないものというべきであり、原判決に所論の違法はない。論旨は、採用することができない⓯。
[18] 　よつて、行政事件訴訟法7条、民訴法401条、95条、89条に従い、裁判官全員一致の意見で、主文のとおり判決する。
（裁判長裁判官　岡原昌男　裁判官　岸　盛一　裁判官　天野武一　裁判官　岸上康夫　裁判官　江里口清雄　裁判官　大塚喜一郎　裁判官　高辻正己　裁判官　吉田　豊　裁判官　団藤重光　裁判官　本林　譲　裁判官　服部高顕　裁判官　環　昌一　裁判官　栗本一夫　裁判官　藤崎万里　裁判官　本山　亨）

えないが、その保障は、I層でのYの在留更新の許否判断にまで及ばない。したがって、Xの在留期間中の政治活動をYが「消極的な事情としてしんしゃく」、つまり更新を認めない理由として考慮したことが「明白」に合理性を欠き、社会通念上「著しく」妥当性を欠くことが明らかであるとはいえず、また、政治活動を理由として本件処分をしたことにより「違憲の問題は生じない」、とされた。

⓯ [17] では、上告理由の一つに、手続違反（控訴審が、準備書面を別紙として添付したのみで双方の陳述に基づいた事実摘示をしていないことが、「事実及争点の記載は口頭弁論における当事者の陳述に基づき要領を摘示してこれを示すことを要す」としていた民訴法191条2項（当時）に反する）を主張していたことに対する判断がなされている。

補足説明　判例と学説は同床異夢？

外国人の政治活動の自由につき、権利性質説を前提に憲法上の保障が及ぶと認めたうえで、国民とは異なる制約が認められるとする点で判例と学説は一致しているが、その制約とは、以下のどの立場だろう。①国民の意思決定に直接介入する場合、②選挙その他の投票に影響を与えようとする場合、③個人の精神的活動の自由の範囲を超えて、何らかの国民の政治的選択に不当な影響力を行使する場合、等がありうる（これらの学説の紹介検討につき芦部・憲法Ⅱ人権総論152-153頁。また最高裁の立場は、[14]）。ただ、本判決に対して①または②（③も可能）の立場から批判するとしても、依然として本件処分との関係で直接の不利益を受けたXの利益自体（日本に在留できなくなったこと）に憲法上の保障は及ばず、この利益に比べて政治活動の自由が直接の不利益を被っていないという事実に変わりはない。本件処分の問題を政治活動を軸にした憲法問題に替えるにはもう一つ工夫が必要であろう。これにつき、違憲な条件の法理（政府は、給付に、受給者の憲法上の権利放棄を条件づけることは許されない。参照、中林・法学65巻1号33頁以下）を応用すれば、給付（在留更新）それ自体に権利はなくとも、給付条件（不許可の理由）は憲法問題とできることになる（別の文脈で一言触れる、長谷部・憲法の理性［増補新訂版］117頁）。

Questions

①事実関係の確認

問1　本件は、XがYに何を求めている訴訟か。▶【事案】【3】

問2　Yが、問1の件につき、Xの申請を認めなかった理由は何か。また、それらのうち、下級審・最高裁において、検討の中心から外された（不許可理由になりえない）のは、何か。▶【4】【5】【事案】【13】

問3　Xは在留期間中どのような政治活動を行ったか。それについて第一審がどのような判断をしたか。▶【6】

②判決の内容の確認

問4　Xは、上告理由に新規入国と在留期間の更新とで区別され、日本統治下にある後者の場合には憲法22条1項の在留求権が保障される、と主張したが、最高裁はどう答えたか。▶【9】

問5　在留更新規定を確認せよ。また、規定上「相当な理由」が必要なのは、これを拒否する場合か、それとも許可する場合か。▶出入国管理令21条（現行法では出入国管理及び難民認定法21条）

問6　在留期間更新の許否の判断に際し、法務大臣の裁量権の範囲が「広汎」なのは「当然」と最高裁は指摘している。それはなぜか。▶【10】

問7　本判決は、Yによる在留期間更新の許否の判断を、裁判所が違法とするのはどのような場合としたか。▶【11】

問8　憲法第3章の諸規定による基本的人権の保障は、①どういった外国人に対して、②いずれの権利について、及ぶか。▶【14】

問9　最高裁は、外国人の政治活動に日本国憲法上の保障が及ぶとしたか。また、それはどのような範囲で保障されるか。日本国民と同じ範囲の保障といえるか。▶【14】

問10　本判決は、在留期間中の憲法の基本的人権の保障は、在留の許否を決する国家の裁量を拘束すると判断したか。またそのように判断した理由は何か。▶【14】

問11　Xの在留期間中の政治活動には憲法の保障が及ぶか。▶【15】

問12　問7で採用された裁量統制の型に基づき、本件では裁量の逸脱濫用があったか。▶【15】

問13　【14】で提示された外国人の行為への憲法上の権利保障の考え方から、本件処分は違憲となるか。▶【15】

③応用問題

問 14 A 国の政権を批判し革命政府を同国に打ち立てることを掲げる B 団体（構成員は日本の国籍を有さない）が、A 国総統の息子であり政権の中枢にいる C の来日に反対してデモ行進を行うことを企画し東京都に許可を求めたが、A 国日本大使館前を通るルートを変更する条件付きの許可処分となった。これに対し B 団体の組織部長であり、このデモを企画した α（日本国籍を有さない）は、この条件部分につき行政処分執行停止の申立てを裁判所に提起した。この申立ては認められるか。▶判例①

問 15「日本国憲法又はその下に成立した政府を暴力で破壊することを企て、若しくは主張し、又はこれを企て若しくは主張する政党その他の団体を結成し、若しくはこれに加入している者」について規定した、ⓘ出入国管理及び難民認定法 5 条 1 項 11 号、ⓘⓘ同法 24 条 4 号オ、は合憲か（「日本国憲法又はその下に成立した政府を暴力で破壊する」とは、刑法 77 条 1 項本文の「国の統治機構を破壊し」と同趣旨（文献ⓘⓘ①225 頁、557 頁））。▶【9】(ⓘについて)、判解① 449 頁（ⓘⓘについて）

○ **関連判例**（本書所収以外のもの）
東京地決昭和 42 年 11 月 23 日行集 18 巻 11 号 1465 頁（判例①）

○ **本判決の調査官解説**
越山安久「判解」最高裁判所判例解説民事篇昭和 53 年度 434 頁（判解①）

○ **その他の判例解説・判例批評**
泉徳治「マクリーン事件最高裁判決の枠組みの再考」自由と正義 62 巻 2 号（2011 年）19 頁
愛敬浩二「判批」憲法判例百選 I［第 6 版］(2013 年）4 頁

○ **参考文献**
第一東京弁護士会人権擁護委員会国際人権部会『外国人の法律相談 Q & A［第三次改定版］』（ぎょうせい、2016 年）
坂中英徳＝齋藤利男『出入国管理及び難民認定法逐条解説［改訂第 4 版］』（日本加除出版、2012 年）（文献①）

68 八幡製鉄事件

最高裁昭和45年6月24日大法廷判決　昭和41年(オ)第444号：取締役の責任追及請求事件
民集24巻6号625頁

事案

　訴外D製鉄株式会社は「鉄鋼の製造および販売ならびにこれに附帯する事業」（同社定款第2条）を営むことを目的とする会社である。当時同会社の代表取締役であったY1・Y2（被告、控訴人、被上告人）は、同会社を代表して、昭和35年3月14日に自由民主党へ政治資金350万円を寄附した。X（原告、被控訴人、上告人）は、同会社の株式を有する株主として、この寄附が定款所定の目的の範囲外の行為であり、また参政権を侵害するがゆえに民法90条違反の行為であるためY1・Y2は会社に対する忠実義務（商法254条ノ2）に反しており、したがって定款および法令に反する行為をしていることにより、寄附額と同額の損害を与えたY1・Y2は訴外D製鉄株式会社に賠償する義務を負う（同266条1項5号）と主張し、同損害につきY1・Y2に責任を追及する訴えを提起すべきことを訴外D製鉄株式会社に対して請求したが、同会社が期日内に訴えを提起しなかったので、Xは会社に代位して訴えを提起した（商法267条、現行会社法847条に相当）。

　第一審（東京地判昭38・4・5判時330-29）は、非取引行為は常に会社の定款所定の目的の範囲外の行為であり、また忠実義務に違反するものであるところ、特定政党に対する政治資金の寄附は非取引行為であるとしてXの請求を認容した。第二審（東京高判昭41・1・31判時433-9）は第一審を取り消して、Xの請求を棄却したため、Xが上告した。

■参考条文（事件当時のもの）

商法
第166条〔第1項〕発起人ハ定款ヲ作リ之ニ左ノ事項ヲ記載シテ署名スルコトヲ要ス
　(1)　目的
第254条
　3　会社ト取締役トノ間ノ関係ハ委任ニ関スル規定ニ従フ
第254条ノ2　取締役ハ法令及定款ノ定並ビニ総会ノ決議ヲ遵守シ会社ノ為忠実ニ其職務ヲ遂行スル義務ヲ負フ
第266条〔第1項〕左ノ場合ニ於テハ其ノ行為ヲ為シタル取締役ハ会社ニ対シ連帯シテ……第五号ニ在リテハ会社ガ蒙リタル損害額ニ付弁償又ハ賠償ノ責ニ任ズ
　(5)　法令又ハ定款ニ違反スル行為ヲ為シタルトキ

民法
第43条　法人ハ法令ノ規定ニ従ヒ定款又ハ寄付行為ニ因リテ定マリタル目的ノ範囲内ニ於テ権利ヲ有シ義務ヲ負フ
第644条　受任者ハ委任ノ本旨ニ従ヒ善良ナル管理者ノ注意ヲ以テ委任事務ヲ処理スル義務ヲ負フ

Navigator

【判決の論理構造】（次頁）の論点②では政治献金の違法性を民法90条により判断することになる。条文は民法だが、実質は公法の問題である。なぜなら政治資金の寄附は、政治の動きに影響を与えうるという点で参政権と同じ機能を有しているとみることができるからである。参政権をもたない会社が政治献金を行うことは国民の参政権を侵害し民法90条に反するか。論証ルートとしては(i)個人の参政権を侵害するほどに会社の政治資金の寄附が政治の動きに影響を与えている（もしくは金権政治の弊害を産む）ということを証明できるかという立証責任論（立証責任はXにあり）で判断する（文献①25頁〔矢沢発言〕など参照）、それとも、(ii)民法90条の法解釈問題と理解し、「社会的妥当性」の価値判断を行うべ、参政の自由や平等の侵害と健全な政党政治を確立するうえでの効用とを比較衡量しながら当時の社会観念、社会倫理に従って判断する（文献①34頁〔四宮発言〕）などがありうる。最高裁はこの論点②において、(ii)のようにもっぱら民法90条の法解釈として参政権侵害性を判断しなかった。最高裁は、Xの上告理由が(1)会社による政治資金の寄附が憲法に反し、したがって(2)民法90条に反するとの主張と解し、それに応じてまず(1)憲法違反か、次に(2)民法90条違反か、という2段階で判断している。(1)において最高裁は法人の人権享有主体性を肯定したうえで、法人が政治資金の寄附をする自由を肯定し、政治資金の寄附により政治の動向に影響を与えたとしても「国民による寄附と別異に扱うべき憲法上の要請があるものではない」とした。したがって会社による政治資金の寄附は、(1)憲法に反しないため、(2)民法90条にも反しないと判示した。なお商法学者である判事も加わった力作のゆえ難解な論点①の概略も示しておく。論点①では、政治資金の寄附を行う会社の権利能力の範囲についての判断に際し、(a)客観的、抽象的に観察して、(b)社会的役割を果たすためになされた寄附であるかどうかについて考慮する枠組みが提示された。(a)(b)をみたすことで、寄附も会社の定款所定の目的を遂行するうえで間接的に必要な行為である（＝寄附の形式的根拠あり）といえることになる。それと並んで、会社に社会的実在性があり、また寄附が企業体としての円滑な発展を図るうえで相当の価値と効果が認められる（＝寄附の実質的根拠あり）ということからも寄附についての会社の権利能力を理由づけることができると判示されている。

■判決の論理構造

	要件（商法266条1項5号にいう「法令」「定款」に「違反スル行為ヲ為シタルトキ」）	効果（商法266条1項柱書の効果発生）
論点①	取締役が会社の権利能力の範囲外の行為をした場合（「定款」違反）	取締役は会社に賠償責任を負う（本件寄附は無効となるため、訴外D製鉄株式会社は同時に自民党に対し不当利得返還請求権をもつことにもなる）
論点②	会社による政治資金の寄附が憲法に違反し、したがって民法90条に違反する場合（「法令」違反）	同上
論点③	取締役が会社を代表して政治資金の寄附をしたことが忠実義務に違反する場合（「法令」違反＝商法254条ノ2違反）	取締役は会社に賠償責任を負う（本件寄附は有効なままであり、訴外D製鉄株式会社に自民党への不当利得返還請求権は発生しない）

※各論点は相互に独立しており、いずれかで要件をみたせば、Xが勝訴したといえる効果が発生する。
※これらの論点に際して考慮されるべき事項はそれぞれ異なる。論点①の判断に際しては、寄附相手方の利益が配慮され（会社の権利能力の範囲を判断する際、「法人の構成員の利益」と「第三者の利益」の調整を主眼とするのが判例である。ただし寄附の場合、取引行為と比して「取引安全の保護の程度に軽重がある」ため、寄附についての会社の権利能力の有無は「社会的役割を果たすためにされた寄附か」により判断される（判解①904頁））、論点②の判断に際しては、社会一般に及ぼす影響が考慮され、論点③の判断に際しては、会社ないし株主と取締役との会社内部の問題として会社の個別具体的事情が考慮される（判解①907頁）。

■判　決

○　主　　　文

本件上告を棄却する。
上告費用は上告人の負担とする。

○　理　　　由

上告代理人有賀正明、同吉田元、同長岡邦の上告理由第二点ならびに上告人の上告理由第一および第二について。

[1] 原審の確定した事実によれば、訴外D製鉄株式会社は、その定款において、「鉄鋼の製造および販売ならびにこれに附帯する事業」を目的として定める会社であるが、同会社の代表取締役であつた被上告人両名は、昭和35年3月14日、同会社を代表して、自由民主党に政治資金350万円を寄附したものであるというにあるところ、論旨は、要するに、右寄附が同会社の定款に定められた目的の範囲外の行為であるから、同会社は、右のような寄附をする権利能力を有しない、というのである❶。

[2] 会社は定款に定められた目的の範囲内において権利能力を有するわけであるが、目的の範囲内の行為とは、定款に明示された目的自体に限局されるものではなく、その目的を遂行するうえに直接または間接に必要な行為であれば、すべてこれに包含されるものと解するのを相当とする。そして必要なりや否やは、当該行為が目的遂行上現実に必要であつたかどうかをもつてこれを決すべきではなく、行為の客観的な性質に即し、抽象的に判断されなければならないのである（最高裁昭和24年（オ）第64号・同27年2月15日第二小法廷判決・民集6巻2号77頁、同27年（オ）第1075号・同30年11月29日第三小法廷判決・民集9巻12号1886頁参照）❷。

[3] ところで、会社は、一定の営利事業を営むことを本来の目的とするものであるから、会社の活動の重点が、定款所定の目的を遂行するうえに直接必要な行為に存することはいうまでもないところである。しかし、会社は、他面において、自然人とひとしく、国家、地方公共団体、地域社会その他（以下社会等という。）の構成単位たる社会的実在なのであるから、それとしての社会的作用を負担せざるを得ないのであつて、ある行為が一見定款所定の目的とかかわりがないものであるとしても、会社に、社会通念上、期待ないし要請されるものであるかぎり、その期待ないし要請にこたえることは、会社の当然になしうるところであるといわなければならない。そしてまた、会社にとつても、一般に、かかる社会的作用に属する活動をすることは、無益無用のことではなく、企業体としての円滑な発展を図るうえに相当の価値と効果を認めることもできるのであるから、その意味において、これらの行為もまた、間接ではあつても、目的遂行のうえに必要なものであるとするを妨げない。災害救援資金の寄附、地

❶【1】から【5】は、【判決の論理構造】での論点①への判示である。仮に定款所定の目的の範囲と権利能力の範囲とは別個の問題という立場であっても、取締役が会社の権利能力の範囲外の行為をした場合商法266条1項5号の問題になる。ただ、本判決では政治資金の寄附が定款所定の目的の範囲外の行為であるか、会社の権利能力の範囲外の行為であるか、という両者について判断が示されている（判解①902頁）。

❷【2】は、定款所定の目的との関係で会社の権利能力の範囲（ただし取引行為などの商行為）が問題になった場合の判例が確認されている。会社の権利能力が定款所定の目的により制限を受けると解する場合、目的の範囲外とされた会社の行為は無効となるため、判例は、取引の安全のために、会社の権利能力が目的により制限を受けることを維持しつつ（会社構成員の利益を守るためである）、争われている会社の行為が定款所定の目的実現のために必要なのかについて緩やかに解釈してきた。すなわち、会社の権利能力は、(a)客観的、抽象的に観察して、(b)定款所定の目的を達するのに必要かどうかで判断される。取引の相手方が知りえない会社の代表者の主観や会社の個別事情に立ち入っての判断はしないのである。

❸【3】は、寄附を行う会社の権利能力の範囲についての判示部分である。まず、第1文目で会社は定款所定の範囲内においてのみ権利能力を有し、これは寄附の場合にも適応することが確認されている。権利能力の判断についての【2】での判例法理は「法人の種類に応じ、法人の構成員の利益と第三者の利益を適当に調整するための『一般条項』的なもの」であった（判解①897頁）。

68　八幡製鉄事件　627

域社会への財産上の奉仕、各種福祉事業への資金面での協力などはまさにその適例であろう。会社が、その社会的役割を果たすために相当な程度のかかる出捐をすることは、社会通念上、会社としてむしろ当然のことに属するわけであるから、毫も、株主その他の会社の構成員の予測に反するものではなく、したがって、これらの行為が会社の権利能力の範囲内にあると解しても、なんら株主等の利益を害するおそれはないのである❸。

【4】　以上の理は、会社が政党に政治資金を寄附する場合においても同様である。憲法は政党について規定するところがなく、これに特別の地位を与えてはいないのであるが、憲法の定める議会制民主主義は政党を無視しては到底その円滑な運用を期待することはできないのであるから、憲法は、政党の存在を当然に予定しているものというべきであり、政党は議会制民主主義を支える不可欠の要素なのである。そして同時に、政党は国民の政治意思を形成する最も有力な媒体であるから、政党のあり方いかんは、国民としての重大な関心事でなければならない。したがつて、その健全な発展に協力することは、会社に対しても、社会的実在としての当然の行為として期待されるところであり、協力の一態様として政治資金の寄附についても例外ではないのである。論旨のいうごとく、会社の構成員が政治的信条を同じくするものでないとしても、会社による政治資金の寄附が、特定の構成員の利益を図りまたその政治的志向を満足させるためでなく、社会の一構成単位たる立場にある会社に対し期待ないし要請されるかぎりにおいてなされるものである以上、会社にそのような政治資金の寄附をする能力がないとはいえないのである。上告人のその余の論旨は、すべて独自の見解というほかなく、採用することができない。要するに、会社による政治資金の寄附は、客観的、抽象的に観察して、会社の社会的役割を果たすためになされたものと認められるかぎりにおいては、会社の定款所定の目的の範囲内の行為であるとするに妨げないのである❹。

【5】　原判決は、右と見解を異にする点もあるが、本件政治資金の寄附がD製鉄株式会社の定款の目的の範囲内の行為であるとした判断は、結局、相当であつて、原判決に所論の違法はなく、論旨は、採用することができない❺。

上告代理人有賀正明、同吉田元、同長岡邦の上告理由第一点および上告人の上告理由第四について。

【6】　論旨は、要するに、株式会社の政治資金の寄附が、自然人である国民にのみ参政権を認めた憲法に反し、したがって、民法90条に反する行為であるという❻。

【7】　憲法上の選挙権その他のいわゆる参政権が自然人たる国民にのみ認められたものであることは、所論のとおりである。しかし、会社が、納税の義務を有し自然人たる国民とひとしく国税等の負担に任ずるものである以上、納税者たる立場において、国や地方公共団体の施策に対し、意見の表明その他の行動に出たとしても、これを禁圧すべき理由はない。のみならず、憲法第3章に定める国民の権利および義務の各条項は、性質上可能なかぎり、内国の法人にも適用されるものと解すべきであるから、会社は、自然人たる国民と同様、国や政党の特定の政策を支持、推進または反対するなどの政治的行為をなす自由を有するのである。政治資金の寄附もまさにその自由の一環であり、会社によってそれがなされた場合、政治の動向に影響を与えることがあつたとしても、これを自然人たる国民による寄附と別異に扱うべき憲法上の要請があるものではない。論旨は、会社が政党に寄附をすることは国民の参政権の侵犯であるとするのであるが、政党への寄附は、事の性質上、国民個々の選挙権その他の参政権の行使そのものに直接影響を及ぼすものではないばかりでなく、政党の資金の一部が選挙人の買収にあてられることがあるにしても、それはたまたま生ずる病理的現象に過ぎず、しかも、かかる非違行為を抑制するための制度は厳として存在するのであつて、いずれにしても政治資金の寄附が、選挙権の自由なる行使を直接に侵害するものとはなしがたい。会社が政治資金寄附の自由を有することは既に説示したとおりであり、それが国民の政治意思の形成に作用することがあつても、あながち異とするには足りないのである。所論は大企業による巨額の寄附は金権政治の弊を産むべく、また、もし有力株主が外国人であるときは外国による政治干渉となる危険もあり、さらに豊富潤沢な政治資金は政治の腐敗を醸成するというのであるが、その指摘するような弊害に対処する方途は、さしあたり、立法政策にまつべきことであつて、憲法上は、公共の福祉に反しないかぎり、会社といえども

したがって本判決では寄附であることをふまえての両者の「調整」のあり方が提示されている。すなわち【3】の第2文目そして第3文目前半において、会社が社会の構成単位たる社会的実在であること（社会的存在性）と社会等から期待される社会的作用に属する活動は企業としての円滑な発展を図るうえで相当の価値と効果が認められること（営利性）をあげつつ（この二つは会社が寄附をできる実質的根拠となる）、「社会通念上、期待ないし要請されるものであるかぎり」寄附ができると指摘している。そして第3文目後半において「これらの行為もまた」定款所定の目的を遂行するうえで「間接ではあっても……必要なもの」であるといいうるとしている（この目的遂行のため「間接に必要」であることは会社が寄附をできる形式的根拠となる）。そして、「社会通念上、期待ないし要請されるものであるかぎり」が、第5文目で「社会的役割を果たすため」と言い換えられている（判決要旨に採用されたのはこちらの表現となる）。まとめると、(a)客観的、抽象的に観察して、(b)社会的役割を果たすためになされた相当程度の寄附であれば（形式的根拠もみたし）、実質的根拠からしても会社は寄附ができると判示している。(b)「社会的役割を果たすため」という考慮要素が、「寄附」バージョンの「調整」のあり方を示している（【2】での判例では「定款所定の目的を達するに必要」かである）（判解①904頁）。(a)は【2】での判例と同じであるが、寄附に関する諸般の具体的事情のうち「会社の内部的事情や会社代表者の主観的事情で相手方の窺知しえないと認められる事情を除いたものは、やはり考慮されることになるのであって、多数意見は会社構成員の利益と寄附の相手方の利益の調和に慎重な配慮をされた跡を見ることができる」（判解①904頁）。会社は社会的役割を果たすために相当な程度の出捐をすることは「むしろ当然」であり会社構成員の「利益を害するおそれはない」のである。なお、第一審判決後、学説による多くの批判意見が寄せられ、それが実質的根拠づけに結実し、また「相当な程度」の出捐なら政治的寄附もそうした実質的根拠で支えられると考えたことなどが調査官解説からうかがえる（判解①898-902頁）。

❹【4】は、政治資金の寄附の権利能力に対する判示部分である。本判決は教育や福祉のための寄附と政治的資金の寄附とを区別すべき理由はないと判示し、【3】での枠組み(a)(b)が政治資金にも妥当するとした。この(b)「社会的役割果たすため」という判断要素の判断にあたって、政党の憲法上の評価（網掛け部分）が登場する。「議会制民主主義を支える不可欠の要素である」政党の「健全な発展に協力することは」会社に対しても「当然に期待される」ため、(b)をみたすと判示している。また「特定の構成員の利益を図り、またその政治的志向を満足させるためでなく……なされるものである以上」の部分が(a)について判示された部分である。

❺　第二審では、会社の権利能力が実質的根拠のみによって理由づけられ、かつ実質的根拠のうち社会的存在性のみが用いられた。

❻　【6】から【8】は、【判決の論理構造】での論点②への判示である。上告理由において、政治資金の寄附は国民が個人としてその政治的信条によって行われるべきだが、会社にはその政治的信条も参政権もないにもかかわらず、反対政党の予想される政党秩序のもとで一党に対して政治資金の寄附を許すことは政党政治の根底を覆し、国民のみに与えられた参政権を侵害するため公序違反と主張されている。

❼　【7】は、株式会社の政治資金の寄附が自然人である国民のみに参政権を認めた憲法に反しているかどうかについての判示部分である。網掛け部分について、調査官解説では二つの解釈が提示されている。一つは、ドイ

政治資金の寄附の自由を有するといわざるを得ず、これをもって国民の参政権を侵害するとなす論旨は採用のかぎりでない❼。

[8] 以上説示したとおり、株式会社の政治資金の寄附はわが憲法に反するものではなく、したがつて、そのような寄附が憲法に反することを前提として、民法90条に違反するという論旨は、その前提を欠くものといわなければならない。原判決に所論の違法はなく、論旨は採用しがたい❽。

上告代理人有賀正明、同吉田元、同長岡邦夫の上告理由第三点および上告人の上告理由第三について。

[9] 論旨は、要するに、被上告人らの本件政治資金の寄附は、商法254条ノ2に定める取締役の忠実義務に違反するというのである❾。

[10] 商法254条ノ2の規定は、同法254条3項民法644条に定める善管義務を敷衍し、かつ一層明確にしたにとどまるのであつて、所論のように、通常の委任関係に伴う善管義務とは別個の、高度な義務を規定したものとは解することができない。ところで、もし取締役が、その職務上の地位を利用し、自己または第三者の利益のために、政治資金を寄附した場合には、いうまでもなく忠実義務に反するわけであるが、論旨は、被上告人らに、具体的にそのような利益をはかる意図があつたとするわけではなく、一般に、この種の寄附は、国民個々が各人の政治的信条に基づいてなすべきものであるという前提に立脚し、取締役が個人の立場で自ら出捐するのでなく、会社の機関として会社の資産から支出することは、結果において会社の資産を自己のために費消したのと同断だというのである。会社が政治資金の寄附をなしうることは、さきに説示したとおりであるから、そうである以上、取締役が会社の機関としてその衝にあたることは、特段の事情のないかぎり、これをもって取締役たる地位を利用した、私益追及の行為だとすることのできないのはもちろんである。論旨はさらに、およそ政党の資金は、その一部が不正不当に、もしくは無益に、乱費されるおそれがあるにかかわらず、本件の寄附に際し、被上告人らはこの事実を知りながら敢て目をおおい使途を限定するなど防圧の対策を講じないまま、漫然寄附をしたのであり、しかも、取締役会の審議すら経ていないのであつて、明らかに忠実義務違反であるというのである。ところで、右のような忠実義務違反を主張する場合にあつても、その挙証責任がその主張者の負担に帰すべきことは、一般の義務違反の場合におけると同様であると解すべきところ、原審における上告人の主張は、一般に、政治資金の寄附は定款に違反しかつ公序を素するものであるとなし、したがつて、その支出に任じた被上告人らは忠実義務に違反するものであるというにとどまるのであつて、被上告人らの具体的行為を云々するものではない。もとより上告人はその点につき何ら立証するところがないのである。したがつて、論旨指摘の事実は原審の認定しないところであるのみならず、所論のように、これを公知の事実と目すべきものでないことも多言を要しないから、被上告人らの忠実義務違反をいう論旨は前提を欠き、肯認することができない。いうまでもなく取締役が会社を代表して政治資金の寄附をなすにあたつては、その会社の規模、経営実績その他社会的経済的地位および寄附の相手方など諸般の事情を考慮して、合理的な範囲内において、その金額等を決すべきであり、右の範囲を越え、不相応な寄附をなすがごときは取締役の忠実義務に違反するというべきであるが、原審の確定した事実に即して判断するとき、D製鉄株式会社の資本金その他所論の当時における純利益、株主配当金等の額を考慮にいれても、本件寄附が、右の合理的な範囲を越えたものとすることはできないのである❿。

[11] 以上のとおりであるから、被上告人らがした本件寄附が商法254条ノ2に定める取締役の忠実義務に違反しないとした原審の判断は、結局相当であつて、原判決に所論の違法はなく、論旨はこの点についても採用することができない。

上告人の上告理由第五について。

[12] 所論は、原判決の違法をいうものではないから、論旨は、採用のかぎりでない。

[13] よつて、民訴法401条、95条、89条に従い、裁判官入江俊郎、同長部謹吾、同松田二郎、同岩田誠、同大隅健一郎の意見があるほか、裁判官全員の一致で、主文のとおり判決する。
〔少数意見については割愛する〕
（裁判長裁判官　石田和外　裁判官　入江俊郎　裁判官　草鹿浅之介　裁判官　長部謹吾　裁判官　城戸芳彦　裁判官　田中二郎　裁

ツ基本法19条3項が、憲法上の権利が「その性質上適用しうる限りにおいて内国法人にも適用される」とすることと同じく、憲法第3章の適用範囲についての判断が行われ、「会社は……政治的行為をなす自由を有する」とは、憲法21条で保障される「表現の自由」が会社にあることを宣明したと解する解釈である。もう一つは、この判決が憲法上の条文を根拠としてあげておらず、また、政治資金寄附の自由が立法によって制限されることを肯定していることを理由に、判決の趣旨は、内国法人が憲法第3章によって権利義務を認められる場合もあるから、会社が国や政党の特定の政策に関心をもつのは当然であり、これを支持、推進または反対するなどの政治的行為は憲法上禁止されるものではなく、このことは会社であると自然人たる国民であるとによって異なるものではないという趣旨、換言すれば、憲法上禁止されていないという意味の政治的自由があることを宣明したにすぎない、という解釈である（判解①905-906頁）。後者の解釈の場合、法人の政治的行為の自由について、外国人の人権でいえば、地方参政権で判例が採用している許容説（憲法上の権利ではないが、法律上権利を認めることを憲法は許容している）に相当する立場を最高裁は採用したことになる。いずれの意味の自由と解するにせよ政治資金の寄附は「その自由の一環」と判示されている。だが、この自由も「会社の性質や公共の福祉による制約を受ける」（判解①906頁）。ではその制約を行うべきであるかだが、政党への寄附が国民の個々の「選挙権の自由なる行使を直接に侵害するものとはなしがたい」と判示されている。続けて、金権政治の弊を産むとの主張については、この観点で参政権侵害が問題となるのは、会社の寄附だから、ではなく、個人の寄附も含めた政党資金の支途のあり方に関する病理現象のほうであり、この病理現象が通例となっているという認識の得られない裁判所が、現段階において「さしあたり立法政策にまつ〔強調原文〕」として憲法違反主張を排斥したのは「当然」と調査官解説は指摘する（判解①906頁）。

❽【8】は、【7】で会社の政治資金の寄附が憲法違反とはいえない、とされたことを前提に、そのような寄附が民法90条に反しているかについて判示した部分である。

❾【9】から【11】は、【判決の論理構造】での論点③への判示である。取締役が自己の個人的利益のために、または特定の株主の政治的志向を満足させるために寄附をすれば、この論点の要件をみたす可能性がある（判解①906-907頁）。

❿【10】は、取締役に課された忠実義務が、高度の注意義務ではなく、通常の委任関係における善管義務と同じであることを確認したうえで、会社の寄附が、個別具体的事情によっては、この義務への違反になりうることを判示する。学説上は、忠実義務が通常の委任関係に伴う善管義務とは別個の義務であるかどうかについて争いがある。一つは、取締役の義務は善管義務と忠実義務に分けられ、前者は会社の営業活動において取締役が下す判断の是非に関する問題であり、後者は取締役が会社以外の利益により動かされることを防ぐ趣旨の義務であるとする説（赤堀・法協85巻1号3頁ほか）。もう一つは、忠実義務は善管義務の内容を具体的に表現したにすぎず、両者は別個の義務ではないとする説である（大隅・新会社法概説〔2版〕223頁ほか）（判解①907-908頁）。最高裁は後者の説を採用した。忠実義務への違反となるのは⑩職務上の地位を利用し、自己または第三者の利益のために寄付をした場合、もしくは⑪会社の規模、経営実績その他社会的経済的地位および寄附の相手方など諸般の事情を考慮して、合理的な範囲を超え不相応な寄附をした場合、である（網掛け部分）。立証責任は訴える側が負う。忠実義務との関係で、取締役

判官　松田二郎　裁判官　岩田　誠　裁判官　下村三郎　裁判官　色川幸太郎　裁判官　大隅健一郎　裁判官　松本正雄　裁判官　飯村義美　裁判官　村上朝一　裁判官　関根小郷）

のなす政治資金の寄附につきこの判決が「かなりの制約を課している点は、看過されてはなるまい」（判解①909頁）。ただXはこうしたYの主観的意図や個別具体的事情について「なんら立証するところがない」。

補足説明　合法と賛成のずれ

本判決が『憲法判例百選［第3版］』（1974年）に初めて掲載された箇所は、総論部分ではなく参政権の領域であった。この判決には、法人の人権享有主体性と法人の政治献金という二つの議論誘発的論点が混ざっているのである。この事件をこうした論点に引っ張られずに「端的に、政治献金も企業の活動に間接的にせよ役立つと判断される以上、当然に目的の範囲内である、と論ずるべきだった」とする指摘もある（内田・民法Ⅰ［4版］243頁）。同書は続けて、「しかし、このように言うことは、企業に政治活動の自由を認めることとは全く異なる」のであり、「民・商法が問題としているのは、あくまで営利活動を行うために一般的権利能力を与えるということに過ぎない」、「政治的に見て政治献金という行為が望ましいかどうかも、全く別問題である」と指摘する（同書244頁）。本判決も、法人の人権という憲法問題を経由して判断したが、政治的にみて政治献金が望ましいかは「全く別問題」とする点では同じなのである。最高裁の判示部分についての二つのありうる解釈を、もう一度確認してほしい（【7】【❼】）。企業の政治資金の寄附についても「法律が認めているから」というレヴェルで認めたとも解釈できるからである。

Questions

①事実関係の確認
問1　Xは、D製鉄株式会社とどのような関係にあるか。▶【事案】
問2　Xは、誰に、何を求めて訴訟を提起したか。▶【事案】

②判決の内容の確認
問3　本件の各論点はどのようなものか。▶【1】【6】【9】
問4　会社の取引行為が定款所定の目的の範囲内といえるか判断する際の着眼点は何か。▶【2】
問5　災害救済資金の寄附は、会社の権利能力の範囲内といえるか。その理由は何か。▶【3】
問6　会社が、災害救済資金の寄附を行う場合と、政治資金の寄附を行う場合とで、判断枠組みが変わるか。▶【4】
問7　会社が政治資金の寄附を行う場合、権利能力の範囲内といえるか。その理由は何か。▶【4】
問8　会社が政治的行為を行うことにつき国民との異同を整理せよ。▶【7】
問9　憲法第3章の各条項は、①どういった法人について、②どの範囲で、適用されるか。▶【7】
問10　会社による政治資金の寄附が①国民の選挙権を侵害し、②金権政治の弊を産むとの主張に対し、最高裁はどのように判示したか。▶【7】
問11　取締役が会社を代表して行った寄附が業績からして過剰な額である、もしくは、取締役の個人的信条や第三者の便宜のためであることが立証できる場合、どのような主張をすべきか。▶【10】

③応用問題
問12　αは、「人種国籍宗教のいかんを問わず、福祉サービスを必要とする者が、心身ともに健やかに育成され、又は社会経済文化その他あらゆる分野の活動に参加する機会を与えられることを目指し、個人の尊厳を保持しつつ、自立した生活を地域社会において営むことができるよう支援し、共生社会を実現する」ことを掲げた社会福祉法人である。αの活動する地域は、在日コリアンと呼ばれる人々が多数居住する地域であり、αは、民族を理由に入園を断られた子供を受け入れる保育園を設立する、学校で孤立する在日コリアンの居場所を作る、在日1世の高齢者の福祉も手がける社会福祉事業をA区域の9か所の施設で営む、ことを行っている。βは「B運動」と呼ばれる運動体に参画する活動家であり、在日韓国・朝鮮人の排斥を訴える内容のデモをたびたび主催しており、今回、αが事業を営むA区域でのデモを企画しHPで参加を呼びかけている。αに、βのこのデモを差し止める権利はあるか。▶判例①

○ **関連判例**（本書所収以外のもの）
横浜地川崎支決平成28年6月2日判時2296号14頁（判例①）

○ **本判決の調査官解説**
柳川俊一「判解」最高裁判所判例解説民事篇昭和45年度（下）883頁（判解①）

○ **その他の判例解説・判例批評**
毛利透「判批」憲法判例百選Ⅰ［第6版］（2013年）20頁（判批①）
鈴木竹雄「判批」商事法務研究531号（1970年）108頁

○ **参考文献**
座談会「会社の政治献金の法律問題」ジュリスト343号（1966年）23頁（文献①）
毛利透「民主制の歪みとは何か」同『民主制の規範理論―憲法パトリオティズムは可能か』（勁草書房、2002年）153頁
安念潤司「『会社の基本権』」ジュリスト1155号（1999年）99頁

69 三菱樹脂事件

最高裁昭和48年12月12日大法廷判決　昭和43年(オ)第932号：労働契約関係存在確認請求事件
民集27巻11号1536頁

事案

Y（被告、控訴人、上告人）は、昭和37年採用試験にX（原告、被控訴人、被上告人）を合格させ、3か月の試用期間を設けて採用したが、その試用期間中、Xの学生時代に学内外でした学生運動・生協理事としての活動を探知し（Xは採用にあたっての身上書にこれらを記載しておらず、Yからの面接試験で「学生運動をやったかね」という質問に「学生運動には興味がない」と回答していた）、昭和38年6月25日に、同月28日の試用期間満了と本採用拒否の告知をXに行った。理由は、XがYに入社試験の際に身上書および面接においてこれらの活動を秘匿する虚偽の申告をしたことが、民法96条にいう詐欺に該当し、またXの管理職要員としての適格性が否定されるためである。Xは本採用拒否の告知の効力を争うべく提訴した。

第一審（東京地判昭42・7・17 判時498-66）は、Yが主張するXの解雇事由について事実認定した結果、「管理職に要求される資格につき消極的資料とするに足りないものと考えるのが相当」として解雇権の濫用にあたる、とした。第二審（東京高判昭43・6・12 判時523-19）は、Yが主張するところの、Xの秘匿し虚偽の申告をした事実が、Xの政治的思想・信条に関係ある事実であることから、憲法19条により、その意に反してみだりにこれを侵してはならないことは明白であり、人が信条によって差別されないことは憲法14条、労基法3条の定めるところであるとして、採用試験に際してその政治的思想・信条に関係ある事項について申告を求めることは公序良俗に反して許されず、秘匿していたとしても不利益を課すことはできない、として、本採用拒否を無効とした。そこでYが上告した。

■参考条文 （事件当時のもの）

民法
第1条　私権ハ公共ノ福祉ニ遵フ
2　権利ノ行使及ヒ義務ノ履行ハ信義ニ従ヒ誠実ニ之ヲ為スコトヲ要ス
3　権利ノ濫用ハ之ヲ許サス
第90条　公ノ秩序又ハ善良ノ風俗ニ反スル事項ヲ目的トスル法律行為ハ、無効トス

労働基準法
第3条　使用者は、労働者の国籍、信条又は社会的身分を理由として、賃金、労働時間その他の労働条件について、差別的取扱をしてはならない。

Navigator

本判決は、私人間の法律関係への憲法の適用方法についてのリーディング・ケースである。その方法として本判決は間接適用の「範疇に属する見解を示した」（判解①313頁）。ただ、憲法19条や14条の保障が、国家と個人との関係における保障の程度そのままに民法90条の「公序」を形成するというのが間接適用説であると理解しているならば、本判決はそのバージョンは採用していない。なぜなら、個人の自由や平等を統治行動の場合と同一の基準で律することはできないと判示し、また絶対的に保障されるはずの思想・信条（教科書によれば、憲法19条は、個人が内心において抱く思想について直接または間接に尋ねることは許されないという沈黙の自由を保障している。芦部[6版]150-151頁）に関連する事項を申告させることをもって直ちに違法とはいうことができないと判示しているからである。本判決の枠組みに基づくと、憲法上の価値が何を命じているのかだけではなく、問題となっている私人の行為が社会的に許容される限度を超えているのか、私人間の法律行為を私的自治に委ねず修正しようとする個別立法が存在するのかなど総合的に解釈する必要性が出てこよう。本判決は、学生運動の参加等の事実は思想・信条に関連する事実であることを認めたうえで【4】。ただし、思想・信条そのものの申告を求めたものではないことがその申告をもって直ちに違法とできない理由の一つになる【9】）、①企業者が労働者の雇入れにあたりその思想・信条に関連する事項につき申告を求めることが許されるか、②思想・信条に関連する事項の秘匿等をすることで雇傭された者に対し、これを理由に本採用を拒否できるかについて判断している。①については違法とすることはできないと判示した【8】【9】。②については、XY間の雇傭契約が解約権留保付雇傭契約であることを認定する（企業者に広い解雇の自由が認められることを意味する）。そして企業者が労働者としての適切性を判断するのに必要な事項（思想・信条に関する事項を含む）に対する虚偽の申告等により試用採用された労働者は「信頼に値しない者であるとの人物評価を加えることは当然」【18】であるので、その場合はこの解約権行使事項になりうることを認める。他方で、企業者の留保解雇権の行使が「解約権留保の趣旨、目的に照らして、客観的に合理的な理由が存し社会通念上相当として是認されうる」場合にのみ許されるとし、解約権の行使に限定を付した。そして本件が「客観的に合理的な理由」が存するのか判断するべく、第二審に差し戻され、最終的に和解が成立した。

■判決の論理構造

	要件	効果
雇入れ段階（雇傭契約を締結するかどうか）	企業者が労働者に特定の思想・信条の申告を求め、調査することが①民法1条、90条、②憲法14条、19条、③労基法3条、に反するか	（①②③いずれかに反する場合）企業者が採用試験の際に提出を求めた身上書、面接での質問への回答の各内容を理由に解約権を行使できない（＊1）
雇入れ後の本採用段階（＊2）	企業者と労働者の締結した雇傭契約が、当該労働者が管理職として不適格であると認めたときは解約できる旨の特約上の解約権を留保した契約である場合、企業者がその解約権を、労働者が特定の思想・信条に関連する事項の秘匿等をしていたことを理由に行使することは、①民法1条、90条、②憲法14条、19条、③労基法第2章（＊3）、に反するか	（①②③いずれかに反する場合）企業者は解約権を行使できない

＊1 Yは解約権の行使ではなく民法96条の詐欺による雇傭契約の取消しを主張しているが、最高裁は、ＸＹの契約につき定める解約権留保約款による雇傭契約の解約権の行使の適否として判断すれば足りるとみている（【1】(❶) 参照）。

＊2 労基法3条の射程との関係で、本採用拒否が契約締結の拒否（雇入れ段階の問題）なのか、解約権を行使した解雇（雇入れ後の段階の問題）なのかが争点の一つである。

＊3 労基法の条文が特定されていないのは、第二審へ破棄差戻しになった理由とも関係する。労基法3条を適用されるべき事実が本件で存在するのか、第二審において審理認定されていないからである。

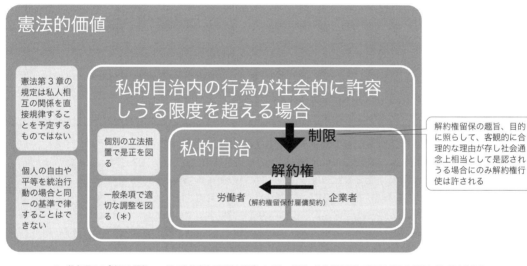

＊一般条項での「適切な調整」：一面で私的自治の原則を尊重しながら、他面で社会的許容性の限界を超える侵害に対し基本的な自由や平等の利益を保護し、その間の適切な調整を図る

■判　決

　　　　　　○　主　　文

原判決を破棄する。
本件を東京高等裁判所に差し戻す。

　　　　　　○　理　　由

上告代理人鎌田英次、Dの上告理由について。

第一、本件の問題点

[1]　一、本件は、被上告人が、E大学在学中昭和37年上告人の実施した大学卒業者の社員採用試験に合格し、翌年同大学卒業と同時に上告人に3か月の試用期間を設けて採用されたが、右試用期間の満了直前に、上告人から右期間の満了とともに本採用を拒否する旨の告知を受け、その効力を争っている事案である。被上告人に対する右本採用拒否の理由として上告人の主張するところによれば、被上告人は、上告人が採用試験の際に提出を求めた身上書の所定の記載欄に虚偽の記載をし、または記載すべき事項を秘匿し、面接試験におけ

❶ 【1】は、Yの主張する、Xの本採用拒否の理由となった事実がまとめられている。これらの事実があることを前提に、Yはこうした事実の申告を採用試験段階でXに求めたにもかかわらず、それをしなかったXの側に非がある（民法96条にいう詐欺に該当し、同時に管理職要員として不適格である）としているわけである。【1】では、Yが主張するところの、Xの管理職要員としての適格性を否定した事実（Xが秘匿した事実）が2点まとめられているが、Yの主張するところの事実が、仮に裁判所でも「事実」と

る質問に対しても虚偽の回答をしたが、被上告人のこのような行為は、民法96条にいう詐欺に該当し、また被上告人の管理職要員としての適格性を否定するものであるから、本採用を拒否するというのであり、さらに、被上告人が秘匿ないし虚偽の申告(以下、秘匿等という。)をしたとされる事実の具体的内容は、(1)被上告人は、E大学に在学中、同大学内の学生自治会としては最も尖鋭な活動を行ない、しかも学校当局の承認を得ていない同大学F分校学生自治会(G学連所属)に所属して、その中央委員の地位にあり、昭和35年前・後期および同36年前期において右自治会委員長らが採用した運動方針を支持し、当時その計画し、実行した日米安全保障条約改定反対運動を推進し、昭和35年5月から同37年9月までの間、無届デモや仙台高等裁判所構内における無届集会、ピケ等に参加(参加者の中には住居侵入罪により有罪判決を受けた者もある。)する等各種の違法な学生運動に従事したにもかかわらず、これらの事実を記載せず、面接試験における質問に対しても、学生運動をしたことはなく、これに興味もなかった旨、虚偽の回答をした、(2)被上告人は、上記大学生活部員として同部から手当を受けていた事実がないのに月4,000円を得ていた旨虚偽の記載をし、また、純然たる学外団体である生活協同組合において昭和34年7月理事に選任されて、同38年6月まで在任し、かつ、その組織部長の要職にあったにもかかわらず、これを記載しなかった、というのである❶。

[2] 二、原判決(その引用する第一審判決を含む。以下同じ。)は、上告人と被上告人との間に締結された試用期間を3か月とする雇傭契約の性質につき、上告人において試用期間中に被上告人が管理職要員として不適格であると認めたときは、それだけの理由で雇傭を解約しうるという解約権留保の特約のある雇傭契約と認定し、右留保解約権の行使は、雇入れ後における解雇にあたると解したうえ、上告人が被上告人の解雇理由として主張する上記秘匿等にかかる事実は、いずれも被上告人の政治的思想、信条に関係のある事実であることは明らかであるとし、企業者が労働者を雇傭する場合のように一方が他方より優越した地位にある場合には、その一方が他方の有する憲法19条の保障する思想、信条の自由をその意に反してみだりに侵すことは許されず、また、通常の会社においては、労働者の思想、信条のいかんによって事業の遂行に支障をきたすとは考えられないから、これによって雇傭関係上差別をすることは憲法14条、労働基準法3条に違反するものであり、したがって、労働者の採用試験に際してその政治的思想、信条に関係のある事項について申告を求めることは、公序良俗に反して許されず、応募者がこれにつき秘匿等をしたとしても、これによる不利益をその者に課することはできないものと解すべきであるとし、それゆえ、被上告人に上告人主張のような秘匿等の行為があったとしても、民法96条の詐欺にも該当せず、また、上告人において、あらかじめ応募者に対し、申告を求める事項につき虚偽の申告をした場合には採用を取り消す旨告知していたとしても、これを理由に雇傭契約を解約することもできないとして、本件本採用の拒否を無効としたものである❷。

[3] 三、上告論旨は、要するに、憲法19条、14条の規定は、国家対個人の関係において個人の自由または平等を保障したものであって、私人間の関係を直接規律するものではなく、また、これらの規定の内容は、当然にそのまま民法90条にいう公序良俗の内容をなすものでもないのに、これと反対の見解をとり、かつ、上告人が被上告人に申告を求めた事項は、被上告人の過去の具体的行動に関するものであって、なんらその思想、信条に関するものでないのに、そうであると速断し、右のような申告を求め、これに対する秘匿等を理由として雇傭関係上の不利益を課することは、上記憲法等の各規定に違反して違法、無効であるとした原判決には、これらの法令の解釈、適用の誤りまたは理由不備もしくは理由齟齬の違法があり、また、上告人との間にいまだ正式の雇傭契約の締結がなく、単に試用されているにすぎない被上告人の地位を雇傭関係に立つものと解し、これに対する本採用の拒否を解雇と同視して、労働基準法3条に違反するとした原判決には、法律の

認定されていたとしたら、本件のように差戻審でXY間で和解が成立し、実質Xの勝訴となっただろうか。本件でのXの実質勝訴が、憲法上の価値の充填によるものなのか、それともXのYへの申告が認定事実からして虚偽とまではいえず解約権の合理性を裏付けられないことによるものなのか、本判決の道筋を見極めてほしい。ここでのYの主張とは異なり、第一審は次のように事実を認定していた。1点目の学生運動については、ⅰ学生自治会の中央委員(幹部)であったと認めることはできない、ⅱ学生運動を行ったのは第2学年前後のみ(第4学年まで継続していない)、ⅲ学生自治会の運動を自ら企画指導、率先実行してはいない、ⅳ学生運動中に発生した官憲に対する抵抗その他の実力行動自体に身を投じまたはこれを助成したことを認めるに足りる証拠はない(つまりYの主張のような「違法な学生運動に従事」という認定はない)。2点目の生協活動に関しては、生活部が生協に事業委託をしており、生協の理事には毎年生活部所属の学生からも2名選出され手当が支給されており、Xはその理事として選出されていたことからして、Xの説明不足のきらいはあるにしても虚偽の申告をしたとまではいえない。なお、Yによる詐欺(民法96条違反)の主張について最高裁は判断していないが、これは、詐欺の成立要件が厳格であることと、民法上の詐欺にあたる行為があったときには当然に解約権行使の要件に該当することから、採用にあたり民法上の詐欺にあたる行為があった場合には、あえて民法の規定を待つまでもなく解約権留保約款により雇傭契約を解約できると考えられるため、専ら留保解約権の行使の適否の点のみ考察すれば足りる、との判断である(判解①319頁)。

❷【2】は、第二審の判断の要約である。第二審は、私人間でも一方が他方より優越する地位にあることを考慮要素に入れ、また、憲法14条、労基法3条から、「傾向事業」ではない場合の企業の採用試験では思想・信条に関係のある事項について申告を求めること自体を公序良俗に反するとした。【6】から【9】での最高裁の判断と比較してほしい。最高裁は、私人間の紛争における憲法の作用のさせ方、とりわけその際に一方当事者の事実上の優越性を考慮するか、雇傭契約締結に際しての思想・信条の申告の必要性を認めるかについて、第二審と異なる立場を選択している。なお「傾向事業」とは「事業が特定のイデオロギーと本質的に不可分であり、その承認、支持を存立の条件とし、しかも労働者に対してそのイデオロギーの承認、支持を求めることが事業の本質からみて客観的に妥当である場合」(大阪地判昭44・12・26判時599-90[日中旅行社解雇事件])である。

❸【3】は、Yの上告理由の要約である。【4】以下での最高裁が扱う論点は、ⅰ学生運動の参加等の事実は思想・信条に関する事実か、ⅱ企業者が労働者の雇入れにあたりその思想・信条に関連する事項につき申告を求めることが許されるか、ⅲ思想・信条に関連する事項の秘匿等をすることで雇傭された者に対し、これを理由に本採用を拒否できるか、ⅱにつき、労基法3条、憲法14条、19条による制約があるか、ⅲにつき労基法3条による制約があるか、等が問題となる(判解①309頁)。これらの論点に対し、Yは以下のように主張している。すなわち(a)本件が思想・信条と関わりがない(第一審以来Xがいかなる思想信条を抱いているのか何ら主張立証がない。またYがXを本採用しなかったのは、思想・信条を理由としてではなく、偽計を用いた事実に徴して同人の不誠実な性格上、将来の管理職要員として信頼できないからである。そしてYがXに本採用にあたり聞いたのは思想・信条についてではなくすでに外部的に表明された行為にすぎない)、(b)憲法の内容がそのまま民法90条の公序良俗の内容を構成しない、(c)試用期間終了と同時にXY間の契約は当然に終了し本採用は新たな契約であるから、本採用許否は解雇ではない(労基法3条の適用なし)。

解釈、適用の誤りまたは理由齟齬の違法がある、というのである❸。

第二、当裁判所の見解

【4】 一、まず、本件本採用拒否の理由とされた被上告人の秘匿等に関する上記第一の一の(1)の事実につき、これが被上告人の思想、信条に関係のある事実といえるかどうかを考えるに、労働者を雇い入れようとする企業者が、労働者に対し、その者の在学中における右のような団体加入や学生運動参加の事実の有無について申告を求めることは、上告人も主張するように、その者の従業員としての適格性の判断資料となるべき過去の行動に関する事実を知るためのものであつて、直接その思想、信条そのものの開示を求めるものではないが、さればといって、その事実がその者の思想、信条と全く関係のないものであるとすることは相当でない。元来、人の思想、信条とその者の外部的行動との間には密接な関係があり、ことに本件において問題とされている学生運動への参加のごとき行動は、必ずしも常に特定の思想、信条に結びつくものとはいえないとしても、多くの場合、なんらかの思想、信条とのつながりをもっていることを否定することができないのである。企業者が労働者について過去における学生運動参加の有無を調査するのは、その者の過去の行動から推して雇入れ後における行動、態度を予測し、その者を採用することが企業の運営上適当かどうかを判断する資料とするためであるが、このような予測自体が、当該労働者の過去の行動から推測されるその者の気質、性格、道徳観念等のほか、社会的、政治的思想傾向に基づいてされる場合もあるといわざるをえない。本件において上告人が被上告人の団体加入や学生運動参加の事実の有無についてした上記調査も、そのような意味では、必ずしも上告人の主張するように被上告人の政治的思想、信条に全く関係のないものということはできない。しかし、そうであるとしても、上告人が被上告人ら入社希望者に対して、これらの事実につき申告を求めることが許されないかどうかは、おのずから別個に論定されるべき問題である❹。

【5】 二、原判決は、前記のように、上告人が、その社員採用試験にあたり、入社希望者からその政治的思想、信条に関係のある事項について申告を求めるのは、憲法19条の保障する思想、信条の自由を侵し、また、信条による差別待遇を禁止する憲法14条、労働基準法3条の規定にも違反し、公序良俗に反するものとして許されないとしている❺。

【6】 (一) しかしながら、憲法の右各規定は、同法第3章のその他の自由権的基本権の保障規定と同じく、国または公共団体の統治行動に対して個人の基本的自由と平等を保障する目的に出たもので、もつぱら国または公共団体と個人との関係を規律するものであり、私人相互の関係を直接規律することを予定するものではない。このことは、基本的人権なる観念の成立および発展の歴史的沿革に徴し、かつ、憲法における基本権規定の形式、内容にかんがみても明らかである。のみならず、これらの規定の定める個人の自由や平等は、国や公共団体の統治行動に対する関係においてこそ、侵されることのない権利として保障されるべき性質のものであるけれども、私人間の関係においては、各人の有する自由と平等の権利自体が具体的場合に相互に矛盾、対立する可能性があり、このような場合におけるその対立の調整は、近代自由社会においては、原則として私的自治に委ねられ、ただ、一方の他方に対する侵害の態様、程度が社会的に許容しうる一定の限界を超える場合にのみ、法がこれに介入しその間の調整をはかるという建前がとられているのであつて、この点において国または公共団体と個人との関係の場合とはおのずから別個の観点からの考慮を必要とし、後者についての憲法上の基本権保障規定をそのまま私人相互間の関係についても適用ないしは類推適用すべきものとすることは、決して当をえた解釈ということはできないのである❻。

【7】 (二) もつとも、私人間の関係においても、相互の社会的力関係の相違から、一方が他方に優越し、事実上後者が前者の意思に服従せざるをえない場合があり、このような場合に私的自治の名の下に優位者の支配力を無制限に認めるときは、劣位者の自由や平等を著

❹【4】は、❸で挙げた論点①の判示部分である。最高裁は、Yの主張を退け、Xの学生運動の参加等の事実は思想・信条に関連する事項とした。「元来、人の思想、信条とその者の外部的行動との間には密接な関係」がある→本件で問題とされている学生運動への参加」といった行動は「常に」「特定の」思想・信条と結びつくわけではないが、「多くの場合」「なんらかの」思想・信条とつながりをもつことは否定できない→Yによる過去の学生運動の調査は雇入れ後の行動態度が企業の運営上適当かを予測するためだが、この予測自体が社会的政治的思想の傾向に基づいてされる場合もある。このように述べて、直接思想・信条そのものの開示が求められてはいないが、本件が思想・信条に関わる問題であると判示されている。ただし思想・信条そのものを申告させたわけではないことが違法ではない理由の一つになっている(【9】)。このように調査内容が思想・信条そのものなのか、「つながりをもっていることを否定できない」ことにとどまるのかという侵害の程度の線引きは、憲法19条の他の事例でも想起されるべき視点であろう。

❺【5】から【10】は、❸で挙げた論点⑪の判示部分である。論点⑪について【5】で整理されているように、第二審は採用試験に際し思想・信条に関係のある事項に申告を求めること自体を憲法14条、19条、労基法3条違反とした。

❻【6】と【7】は、憲法の基本的人権の保障が私人間の法律関係にも及ぶかという問題についての最高裁の判示部分である。この問題には、学説上、①憲法は国家対国民の関係のみを規律する法と理解する無適用説（佐々木・改訂日本国憲法論422頁）、⑪憲法の人権保障規定は私人相互間にも直接適用されると理解する直接適用説（稲田・憲法と私法の接点1頁、24頁）、⑪憲法上の権利は私人間には当然には妥当しないが、「憲法が諸々の権利を基本的人権として承認したことは、それらの権利が不当に侵されないことを以て国家の公の秩序を構成することを意味する」から合理的な理由なしにそうした権利や自由を侵害することは「公序良俗違反（民法90条）の問題を生ずることがありうる」と理解する間接適用説（法学協会編・註解日本国憲法(上)299頁）があった（判解①309-313頁）。【6】にて最高裁は、(1)人権の歴史的沿革、(2)憲法における規定の形式、(3)近代自由社会では原則として私人間の対立の調整は私的自治に委ねられ、一定の限界を超える場合にのみ法がこれに介入しその間の調整を図るという建前、を理由として、憲法を私人間の関係にそのまま適用することはできない、とした。なぜなら一定の私人間の法律関係を人権問題と把握した場合、その多くが人権の衝突問題となり、一方への人権制約への排除が他方の人権制約につながりかねないからである（判解①311頁）。

❼【7】は、【6】に引き続いて憲法の基本的人権の保障が私人間の法律関係に及ぶのかという問題についての判示部分である。【7】の前半では、いわゆる国家同視説（一方当事者が国家と同視できる場合に憲法が妥当するとする説）が

しく侵害または制限することとなるおそれがあることは否み難いが、そのためにこのような場合に限り憲法の基本権保障規定の適用ないしは類推適用を認めるべきであるとする見解もまた、採用することはできない。何となれば、右のような事実上の支配関係なるものは、その支配力の態様、程度、規模等においてさまざまであり、どのような場合にこれを国または公共団体の支配と同視すべきかの判定が困難であるばかりでなく、一方が権力の法的独占の上に立つて行なわれるものであるのに対し、他方はこのような裏付けないしは基礎を欠く単なる社会的事実としての力の優劣の関係にすぎず、その間に画然たる性質上の区別が存するからである。すなわち、私的支配関係においては、個人の基本的な自由や平等に対する具体的な侵害またはそのおそれがあり、その態様、程度が社会的に許容しうる限度を超えるときは、これに対する立法措置によつてその是正を図ることが可能であるし、また、場合によつては、私的自治に対する一般的制限規定である民法1条、90条や不法行為に関する諸規定等の適切な運用によつて、一面で私的自治の原則を尊重しながら、他面で社会的許容性の限度を超える侵害に対し基本的自由や平等の利益を保護し、その間の適切な調整を図る方途も存するのである。そしてこの場合、個人の基本的な自由や平等を極めて重要な法益として尊重すべきことは当然であるが、これを絶対視することも許されず、統治行動の場合と同一の基準や観念によつてこれを律することができないことは、論をまたないところである❼。

[8] （三）ところで、憲法は、思想、信条の自由や法の下の平等を保障すると同時に、他方、22条、29条等において、財産権の行使、営業その他広く経済活動の自由をも基本的人権として保障している。それゆえ、企業者は、かような経済活動の一環としてする契約締結の自由を有し、自己の営業のために労働者を雇傭するにあたり、いかなる者を雇い入れるか、いかなる条件でこれを雇うかについて、法律その他による特別の制限がない限り、原則として自由にこれを決定することができるのであつて、企業者が特定の思想、信条を有する者をそのゆえをもつて雇い入れることを拒んでも、それを当然に違法とすることはできないのである。憲法14条の規定が私人のこのような行為を直接禁止するものでないことは前記のとおりであり、また、労働基準法3条は労働者の信条によつて賃金その他の労働条件につき差別することを禁じているが、これは、雇入れ後における労働条件についての制限であつて、雇入れそのものを制約する規定ではない。また、思想、信条を理由とする雇入れの拒否を直ちに民法上の不法行為とすることができないことは明らかであり、その他これを公序良俗違反と解すべき根拠も見出すことはできない❽。

[9] 右のように、企業者が雇傭の自由を有し、思想、信条を理由として雇入れを拒んでもこれを目して違法とすることができない以上、企業者が、労働者の採否決定にあたり、労働者の思想、信条を調査し、そのためその者からこれに関連する事項についての申告を求めることも、これを法律上禁止された違法行為とすべき理由はない。もとより、企業者は、一般的には個々の労働者に対して社会的に優越した地位にあるから、企業者のこの種の行為が労働者の思想、信条の自由に対して影響を与える可能性がないとはいえないが、法律に別段の定めがない限り、右は企業者の法的に許された行為と解すべきである。また、企業者において、その雇傭する労働者が当該企業の中でその円滑な運営の妨げとなるような行動、態度に出るおそれのある者でないかどうかに大きな関心を抱き、そのために採否決定に先立つてその者の性向、思想等の調査を行なうことは、企業における雇傭関係が、単なる物理的労働力の提供の関係を超えて、一種の継続的な人間関係として相互信頼を要請するところが少なくなく、わが国におけるようにいわゆる終身雇傭制が行なわれている社会では一層そうであることにかんがみるときは、企業活動としての合理性を欠くものということはできない。のみならず、本件において問題とされている上告人の調査が、前記のように、被上告人の思想そ

退けられている。その理由として判定の困難さだけではなく、国家と私的支配関係の性質の相違が挙げられている（判解①314頁）。[7]の後半（網掛け部分）は、私人間の法律関係における人権侵害に対して、最高裁が間接適用説の「範疇に属する見解を示した」（判解①313頁）部分である。この網掛け部分では、私的支配関係の「適切な調整」を図る方途が二つ提示されている。まずは「私的支配関係において生ずる新しい事態の法的処理は、第一次的には立法者の課題であるとする趣旨」（判解①314頁）が示されている。続いて、「場合によつては」私法の一般条項を「適切に運用」することにより「適切な調整を図る方途」もあるとしている。後者の調整に際しては「個人の基本的な自由や平等」を「絶対視することも許されない」と釘が刺されているが、それは「私人間では各人の有する人権が相互に矛盾、対立する可能性がある以上、当然のこと」（判解①314頁）である、らしい。

❽ [8]と[9]は、[6]と[7]で選択された解釈に基づき本件の検討が行われている。まず[8]において「特定の思想・信条を有することを理由とする雇入れの拒否は許されるか」が検討されたうえで、[9]において「企業者が労働者の雇入れにあたりその思想・信条に関連する事項を調査することは許されるか」が検討されている。上告理由では[9]での論点のみが問題にされているが、[8]の判断がそれに先行するのは、そもそも企業者が調査を行うのは雇入れの判断のためであり、またこの調査により発生しうる労働者の不利益を配慮した法は何らかの規制を雇入れの場面で課しているといえるのか解釈することが必要なためである。[8]では、「企業者が特定の思想、信条を有する者をそのゆえをもつて雇い入れることを拒んでも、それを当然に違法とすることはできない」と判示されている。その理由として4点挙げられている。(1)労働者の思想・信条の自由とともに企業者の契約締結の自由も考慮しなければならない（労働者には特定の企業に雇傭される権利はなく、また企業も労働者の公募を義務づけられていない（判解①315頁））、(2)本件のような問題に対する個別の立法措置である労基法3条は雇入れ段階と雇入れ後の段階に区別を設けており、雇入れ段階では企業者の自由を広く認めていると解せる（[11][12]での労基法3条解釈も参照のこと）、(3)企業の円滑な運営の妨げとなるような行動態度に出る可能性のある者を事前に排除しようとすることを企業活動としての合理性を欠くとはいえない（[9]の網掛け部分。調査官解説ではこの(3)も理由として挙げている（判解①315頁））、そして(4)憲法14条は直接私人相互間の関係に適用されないため、思想・信条を理由とする雇入れの拒否を直ちに民法上の不法行為とすることもできず、また公序良俗違反とも解せないからである。この(4)は[8]の最後の一文により判示されており、これは判決要旨の一つ（[6]の網掛け部分）で示された見解の本件への適用部分である（判解①315頁）。

❾ [9]は、「企業者が労働者の雇入れにあたりその思想・信条に関連する事項を調査することは許されるか」についての判示、すなわち憲法19条との関係についての判示部分である。ここで憲法19条との関係で問題になっているのは「不利益を受けることを避けるために沈黙せざるを得ないような発問をすることは許されず、また、このような発問に対しては虚偽の申告をすることも許されるということにならないか」という点である（判解①316頁）。これについて「違法行為とすべき理由はない」と判示されている。理由として3点挙げられている。(1)この調査により発生しうる不利益は雇入れ拒否の可能性であるが、これは[8]にて特定の思想・信条を有することを理由に雇入れを拒否しても当然に違法とすることはできないとされたことと連動して、労働者の思想・信条を理由とする雇入れの拒否が「法の許容しない不利益を課するものであるといえ」ない（判解①316頁）、

のものについてではなく、直接には被上告人の過去の行動についてされたものであり、ただその行動が被上告人の思想、信条となんらかの関係があることを否定できないような性質のものであるというにとどまるとすれば、なおさらこのような調査を目して違法とすることはできないのである❾。

【10】　右の次第で、原判決が、上告人において、被上告人の採用のための調査にあたり、その思想、信条に関係のある事項について被上告人から申告を求めたことは法律上許されない違法な行為であるとしたのは、法令の解釈、適用を誤つたものといわなければならない❿。

【11】　三、㈠　右に述べたように、企業者は、労働者の雇入れそのものについては、広い範囲の自由を有するけれども、いつたん労働者を雇い入れ、その者に雇傭関係上の一定の地位を与えた後においては、その地位を一方的に奪うことにつき、雇入れの場合のような広い範囲の自由を有するものではない。労働基準法3条は、前記のように、労働者の労働条件について信条による差別取扱を禁じているが、特定の信条を有することを解雇の理由として定めることも、右にいう労働条件に関する差別取扱として、右規定に違反するものと解される⓫。

【12】　このことは、法が、企業者の雇傭の自由について雇入れの段階と雇入れ後の段階との間に区別を設け、前者については企業者の自由を広く認める反面、後者については、当該労働者の既得の地位と利益を重視して、その保護のために、一定の限度で企業者の解雇の自由に制約を課すべきであるとする態度をとつていることを示すものといえる⓬。

【13】　㈡　本件においては、上告人と被上告人との間に3か月の試用期間を付した雇傭契約が締結され、右の期間の満了直前に上告人が被上告人に対して本採用の拒否を告知したものである。原判決は、冒頭記述のとおり、右の雇傭契約を解約権留保付の雇傭契約と認め、右の本採用拒否は雇入れ後における解雇にあたるとし、これに対して、上告人は、上告人の見習試用取扱規則の上からも試用契約と本採用の際の雇傭契約とは明らかにそれぞれ別個のものとされているから、原判決の上記認定、解釈には、右規則をほしいままにまげて解釈した違法があり、また、規則内容との関連においてその判断に理由齟齬の違法があると主張する⓭。

【14】　思うに、試用契約の性質をどう判断するかについては、就業規則の規定の文言のみならず、当該企業内において試用契約の下に雇傭された者に対する処遇の実情、とくに本採用との関係における取扱についての事実上の慣行のいかんをも重視すべきものであるところ、原判決は、上告人の就業規則である見習試用取扱規則の各規定のほか、上告人において、大学卒業の新規採用者を試用期間終了後に本採用しなかつた事例はかつてなく、雇入れについて別段契約書の作成をすることもなく、ただ、本採用にあたり当人の氏名、職名、配属部署を記載した辞令を交付するにとどめていたこと等の過去における慣行的実態に関して適法に確定した事実に基づいて、本件試用契約につき上記のような判断をしたものであつて、右の判断は是認しえないものではない。それゆえ、この点に関する上告人の主張は、採用することができないところである。したがつて、被上告人に対する本件本採用の拒否は、留保解約権の行使、すなわち雇入れ後における解雇にあたり、これを通常の雇入れの拒否の場合と同視することはできない⓮。

【15】　㈢　ところで、本件雇傭契約においては、右のように、上告人において試用期間中に被上告人が管理職要員として不適格であると認めたときは解約できる旨の特約上の解約権が留保されているのであるが、このような解約権の留保は、大学卒業者の新規採用にあたり、採否決定の当初においては、その者の資質、性格、能力その他上告人のいわゆる管理職要員としての適格性の有無に関連する事項について必要な調査を行ない、適切な判定資料を十分に蒐集することができないため、後日における調査や観察に基づく最

(2)思想・信条に関する事項について調査することにも合理性が認められるとすれば、その申告を求めることが「直ちに労働者の思想・信条に対する干渉になるともいえない」(判解①316頁)。そして、企業の円滑な運営の妨げとなるような行動態度に出る可能性のある者を事前に排除しようとすることを企業活動としての合理性を欠くとはいえない([9]の網掛け部分)、(3)本件において問題にされている調査が、Xの思想・信条そのものについてではなく、直接には過去の行動についてされたものである。

❿　【10】は、第二審が最高裁と異なり、【5】で要約されたような法解釈・適用をしたことが誤りとしている。

⓫　【11】から【18】は、❸で挙げた論点⑩に関する判示部分である。【11】は、労基法3条の解釈部分である。【8】でも雇入れ段階での同条の適用の有無が問題になったが、ここからは雇入れ後の段階での解釈適用が扱われる。最高裁は、労基法3条が雇入れ段階と雇入れ後の段階に区別を設け、後者には前者のような広い自由が企業者に認められていないと同条を解釈した。【11】の中心は、解雇基準も労基法3条にいう労働条件に含まれ(解雇基準は労働条件ではないとする説もある)、特定の信条を有することを解雇の理由として定めることは同条に違反すると指摘する部分である(判解①317頁、また321-322頁も参照)。なお労基法112条により同法は国、地方公共団体にも適用されるので、こうした労基法3条解釈は、たとえば東京都管理職事件判決[本書6事件]の理解にも影響を与えうる。

⓬　【12】では、【11】のように解釈した理由が述べられている。労基法3条を、雇入れ段階には企業者に広い自由を認め、雇入れ後にはそうした広い自由を認めていない、と最高裁が解釈したのは、企業者は契約締結の自由があり労働者の公募を義務づけられてはいない一方で、雇入れの拒否と一旦雇い入れた後その雇傭契約上の地位を一方的に奪う解雇とでは労働者に与える不利益と苦痛に大きな差があるからである(判解①315頁)。

⓭　【13】と【14】では、雇入れ段階と雇入れ後の段階では適用されるルールが異なる(【11】【12】)ため、本件の試用期間満了直前の本採用拒否がどちらの段階(雇入れの拒否か、解雇か)と理解すべきなのかが争点となっている。試用契約とは、比較的長期の労働契約締結(本採用)の前提として、労働者の労働力などについての価値判断をするために行われる一種の労働契約である(判解①317頁)。この期間中の労働契約を本採用後の労働契約とは別個の契約関係として把握するのか(Yはこちらを主張)、それとも本採用後の労働関係と同質の労働契約ではあるが、試用期間の目的(適格性判定など)から特別の条件が付随している関係とみるかで諸説あり、そのうち解約権留保付労働契約説を通常の場合には裁判所は採用しているといわれる(文献①284頁。本件下級審もこの立場を採用した)。解約権留保付労働契約説とは、試用契約も当初から期間の定めのない通常の労働契約であり、ただ、試用期間中は使用者には労働者の不適格性を理由とする解約権が大幅に留保されている、との説である(文献①285-286頁)。

⓮　【14】は、本件雇傭契約を解約権留保付雇傭契約とし、本採用拒否は解雇にあたると判断した部分である。この判断を行うに際し冒頭の網掛け部分で試用契約の性質判断の枠組みが定立され、それが本件にあてはめられている。自動的に試用契約＝解約権留保付雇傭契約とするのではなく、労使合意、就業規則、当該企業内の慣行、社会通念を勘案して判断する必要があるとされている(判解①317頁)。この試用契約の法的性質の枠組みは労働法分野において参照される部分の一つである。規範定立なく事実の検討に直ちに入ると事例判

終的決定を留保する趣旨でされるものと解されるのであつて、今日における雇傭の実情にかんがみるときは、一定の合理的期間の限定の下にこのような留保約款を設けることも、合理性をもつものとしてその効力を肯定することができるというべきである。それゆえ、右の留保解約権に基づく解雇は、これを通常の解雇と全く同一に論ずることはできず、前者については、後者の場合よりも広い範囲における解雇の自由が認められてしかるべきものといわなければならない。❺

【16】　しかしながら、前記のように法が企業者の雇傭の自由について雇入れの段階と雇入れ後の段階とで区別を設けている趣旨にかんがみ、また、雇傭契約の締結に際しては企業者が一般的には個々の労働者に対して社会的に優越した地位にあることを考え、かつまた、本採用後の雇傭関係におけるよりも弱い地位であるにせよ、いつたん特定企業との間に一定の試用期間を付した雇傭関係に入つた者は、本採用、すなわち当該企業との雇傭関係の継続についての期待の下に、他企業への就職の機会と可能性を放棄したものであることに思いを致すときは、<u>前記留保解約権の行使は、上述した解約権留保の趣旨、目的に照らして、客観的に合理的理由が存し社会通念上相当として是認されうる場合にのみ許されるものと解するのが相当である</u>。換言すれば、企業者が、採用決定後における調査の結果により、または試用中の勤務状態等により、当初知ることができず、また知ることが期待できないような事実を知るに至つた場合において、そのような事実に照らしその者を引き続き当該企業に雇傭しておくのが適当でないと判断することが、上記解約権留保の趣旨、目的に徴して、客観的に相当であると認められる場合には、さきに留保した解約権を行使することができるが、その程度に至らない場合には、これを行使することはできないと解すべきである❻。

【17】　（四）　本件において、上告人が被上告人の本採用を拒否した理由として主張するところは、冒頭記述のとおり、被上告人が入社試験に際して一定の事実につき秘匿等をしたこと、なかんずく、被上告人がE大学在学中に違法、過激な学生運動に関与した事実があるのにこれを秘匿したということであり、上告人は、このような被上告人の秘匿等の行為に照らすときは、信頼関係をとくに重視すべき上告人の管理職要員である社員としての適格性を欠くものとするに十分であると主張するのである❼。

【18】　思うに、企業者が、労働者の採用にあたつて適当な者を選択するのに必要な資料の蒐集の一方法として、労働者から必要事項について申告を求めることができることは、さきに述べたとおりであり、そうである以上、相手方に対して事実の開示を期待し、秘匿等の所為のあつた者について、信頼に値しない者であるとの人物評価を加えることは当然であるが、右の秘匿等の所為がかような人物評価に及ぼす影響の程度は、秘匿等にかかる事実の内容、秘匿等の程度およびその動機、理由のいかんによつて区々であり、それがその者の管理職要員としての適格性を否定する客観的に合理的な理由となるかどうかも、いちがいにこれを論ずることはできない。また、秘匿等にかかる事実のいかんによつては、秘匿等の有無にかかわらずそれ自体で右の適格性を否定するに足りる場合もありうるのである。してみると、本件において被上告人の解雇理由として主要な問題とされている被上告人の団体加入や学生運動参加の事実の秘匿等についても、それが上告人において上記留保解約権に基づき被上告人を解雇しうる客観的に合理的な理由となるかどうかを判断するためには、まず被上告人に秘匿等の事実があつたかどうか、秘匿等にかかる団体加入や学生運動参加の内容、態様および程度、とくに違法にわたる行為があつたかどうか、ならびに秘匿等の動機、理由等に関する事実関係を明らかにし、これらの事実関係に照らして、被上告人の秘匿等の行為および秘匿等にかかる事実が同人の入社後における行動、態度の予測やその人物評価等に及ぼす影響を検討し、それが企業者の

決化してしまうため、「規範定立→あてはめ」は、作業として重要である。

⓯　【15】は、企業者に解約権が留保されていることを合理性があるとした部分である。新規採用にあたり解雇権を留保した約款を企業が設けることの趣旨について、①従業員としての能力技能の側面からの適格性判定のため、⑪①のみならずそれを超えて労働者の身辺調査により労働者の属性調査するため、という観点がありうる。試用契約において留保される解約権行使は①に基づいた場合に限定されるという見解もあるが（文献①287頁）、最高裁はその見解は採用しなかった。調査官解説は、本件で問題となっているような秘匿があった場合、「企業者の調査能力や労働者の秘匿の程度にもよることであろうが、企業者の側には可及的速やかに独自の調査をすべき信義則上の義務があるといってもよいように思われる」としている（判解①322頁）。【15】の末尾では、本採用拒否と通常の解雇の差が指摘されている。解約権が企業者に留保されている場合、本採用後の通常の解雇と比較して、こうした解約権行使としての解雇は企業者に「広い解雇の自由」が認められることになる。

⓰　【16】は、本採用拒否（解約権行使）が許される場合について判断している（網掛け部分がそれに該当する）。【16】の前半部分は、「許される場合」が網掛け部分のように限定されなければならない理由が2点提示されている。(1)労基法が雇入れ段階と雇入れ後の段階で区別を行い、後者では企業の雇用の自由を制限している（詳細は【11】【12】）、(2)雇傭契約締結に際しては企業者に優越的地位があるにせよ、一旦特定の企業との雇傭関係に入った労働者は、雇傭関係の継続についての期待のもとに他企業への就職の可能性を放棄したこと、である。これらをふまえると、本採用拒否が許されるのは、①企業者が、採用決定後における調査の結果により、または試用中の勤務状態等により、当初知ることができず、また知ることが期待できないような事実を知るに至った場合において、②そのような事実に照らしその者を引き続き当該企業に雇傭しておくのが適当でないと判断することが、③解約権留保の趣旨、目的に徴して、客観的に相当であると認められる場合である。

⓱　【17】と【18】は、【16】で提示された判断枠組み（⓰の①②③）のあてはめ部分である。【17】でYの主張が整理されている。(1)Xが一定の事実（違法、過激な学生運動に関与したという事実）につき秘匿等をし、(2)その秘匿等の行為がXの不誠実性を示す行為としてこれにより管理職要員として不適格であるとするのがYの主張である。では、(1)なんらかの事実の秘匿と(2)それへの企業者の評価だけで解約権が行使できるのだろうか。

⓲　【18】では、Yの解約権行使が【16】の判断枠組みにより「客観的に相当」であるか判断するために、必要となる判断材料が指摘されている（【18】後半の「してみると」以下の記述部分である）。まず、【18】の第1文前半にて、労働者の採用にあたって適当な者を選択するのに必要な資料の蒐集（思想、信条に関連する事項も含めて）を私企業は行うことができ、これに対する虚偽の申告等により事実を秘匿して試用採用された労働者は「信頼に値しない者であるとの人物評価を加えることは当然」であると判示している。思想信条に関連する事項であっても秘匿された事実自体で「適格性を否定するに足りる」もの（第2文）になりうるとも判示しているのである。他方で、第1文後半で、虚偽申告の対象となる事実をこのように「広く捉え」たことによって生ずる「不合理」を、本採用拒否の許される場合を限定することによって解決すべきことが提示されている（判解①318頁）。「してみると」解約権行使を認めるかどうかは「秘匿等にかかる事実の内容、秘匿等の程度及びその動機、理由のいかんによることとなる」（判解①318頁）。【1】でYの主張する「事実」と第一審の認定事実とのずれを整理したが、解約権行使が是認されるかどうか判断するためには、そもそも事実関係（秘匿等の事実の内容、秘匿等の程度、つまり面接に際してどの程度

採否決定につき有する意義と重要性を勘案し、これらを総合して上記の合理的理由の有無を判断しなければならないのである❽。

第三、結　論

[19]　以上説示のとおり、所論本件本採用拒否の効力に関する原審の判断には、法令の解釈、適用を誤り、その結果審理を尽さなかつた違法があり、その違法が判決の結論に影響を及ぼすことが明らかであるから、論旨は、その点において理由があり、原判決は、その余の上告理由について判断するまでもなく、破棄を免れない。そして、本件は、さらに審理する必要があるので、原審に差し戻すのが相当である❾。

[20]　よつて、民訴法 407 条にしたがい、裁判官全員の一致で、主文のとおり判決する。
（裁判長裁判官　村上朝一　裁判官　大隅健一郎　裁判官　関根小郷　裁判官　藤林益三　裁判官　岡原昌男　裁判官　小川信雄　裁判官　下田武三　裁判官　岸　盛一　裁判官　天野武一　裁判官　坂本吉勝　裁判官　岸上康夫　裁判官　江里口清雄　裁判官　大塚喜一郎　裁判官　高辻正己　裁判官　吉田　豊）

明確に情報を求めたのか等、秘匿等の動機、理由等）を認定することが必要となる。それをふまえて、管理職として不適格であると認めたときは解約できるという特約の趣旨、目的に徴して解約権の行使が客観的に相当であるか判断せねばならない。なお Y の本採用拒否の理由が X の不誠実性による管理職要員としての不適格というのは口実であって真実はその思想・信条を忌避し排除しようとするのが目的であるとすれば、本採用拒否は労基法 3 条から「当然是認されえない」（判解①319 頁。最高裁は、こうした真実の目的があるか不明なため、本件が同条の適用対象か判断していない）。

❾【19】は、本件が破棄差戻しとなった結論部分である。X が学生時代に何をしていたかという事実を問わず、思想・信条に関することを面接段階で聞くこと自体を違法とした第二審の判断に法令解釈適用の誤りがあり、その結果、審理認定すべき事実の範囲に誤りがあるという審理不尽の違法があるとした。差戻審は昭和 49 年 5 月 21 日に第一回口頭弁論がひらかれ、結審した翌年 11 月 27 日に裁判所から職権による和解勧告がなされ、昭和 51 年 3 月 11 日に和解に合意した。それにより昭和 51 年 3 月 1 日付で本採用拒否が撤回された（文献②265 頁以下）。

補足説明　私法優位？

本件後の女子若年定年制事件最高裁判決（判例①）の調査官解説において、従来の下級審判例が 2 種類（a. 憲法 14 条 1 項は私人間にも間接適用され、性による不当な差別が許されないことは公序をなすから、差別は原則として民法 90 条違反、b. 憲法 14 条 1 項は私人間には適用されず、労基法は賃金以外の労働条件については性による差別を禁じていない（3 条・4 条）ので、男女差別は私的自治の原則により一応有効だが、「著しく不合理な場合」に初めて公序違反となる）に分かれていると指摘したうえで、女子若年定年制に対する最高裁の解釈の筋道が a. b. いずれかは不明だが、「男女別定年制に合理的理由が認められないと判断している以上、結論に影響がない」とする（判解②188 頁）。確かに違法なら筋道は不要だが（本判決の引用がないのもそのためだろう）、本判決が提示した筋道は、b. の路線に近いといえまいか。本判決の私人相互の関係の「適切な調整」を図る方途とはどうすることか、入会資格事件判決〔本書 70 事件〕もあわせて最高裁のいう「間接適用」をつかんでほしい。また、最高裁のいう「間接適用」が、憲法的価値の充填というより、民事領域にもなじみのある比較考量にしかみえないようにも思われるのだが、いかがだろうか。

Questions

①事実関係の確認

問 1　Y が X の本採用を拒否した理由は何か。▶【1】

問 2　Y が主張するところの、X が秘匿したとされる事実はどのようなものか。▶【1】

問 3　第一審が認定した事実は、問 2 での Y 主張の事実のとおりか。▶【1】

②判決の内容の確認

問 4　企業者が入社試験に際して、従業員としての適格性の判断資料として過去の行動を知るために申告を求めた、学生運動参加の事実は、入社希望者の思想・信条と関係するか。▶【4】

問 5　憲法第 3 章の各規定は「もっぱら」どのような関係を規律する目的に出たものとしているか。▶【6】

問 6　憲法の定める個人の自由や平等について、私人間の関係において対立が生じた場合、近代自由社会においては、原則どのように調整されると判示されているか。その理由をどのように述べているか。▶【6】

問 7　私人間の関係で一方が他方に優越している場合、問 6 での解答で示した調整方法に変更は生じるか。▶【7】

問 8　私的支配関係における自由や平等の侵害が社会的に許容しうる限度を超える場合、是正や調整する方途が二つ挙げられているが、それは何か。▶【7】

問 9　企業者が特定の思想・信条を有することを理由に雇入れを拒否することは許されるか。その理由は何か。▶【8】

問 10　企業者が労働者の雇入れにあたり労働者の思想・信条を調査し、これに関連する事項の申告を求めることは許されるか。その理由も述べよ。▶【9】

問 11　雇入れそのものと雇入れ後一定の雇傭関係上の地位を与えた場合で、企業者の労働者の地位に関する裁量につき、労基法 3 条との関係で生じる違いを説明せよ。そしてそれはどのような労基法 3 条の趣旨に基づくか。▶【11】【12】

問 12　①留保解約権に基づく解雇と通常の解雇とでは、一般にどちらがより広い解雇の自由が認められると解されているか。そして②本件での Y の X に対する本採用拒否は、雇入れそのものの拒否か、それとも通常の解雇か、それとも留保解約権に基づく解雇か。▶【14】【15】

問 13　解約権留保付雇傭契約の趣旨から、試用期間中に、採用試験段階で当初知ることができなかった労働者の学生時代の活動について企業者が独自の調査をすることは

許されるか。▶【15】

問14 留保解約権の行使が認められるのは、どのような場合か。▶【16】

問15 本件でYがXに対し解約権を行使できるかどうか判断する際に、どのような事実関係が明らかにされ、またそれに対するどのような検討・判断が必要か。▶【16】〜【18】

③応用問題

問16 日本電信電話公社（β）において社内での業務に従事する公社社員αは、「ベトナム戦争反対」のワッペンをつけていたところ（労働組合活動としてではなく個人的に）、上司からワッペンを外すよう命じられたが従わなかった。この命令を不当と考えたαは、休憩時間中に、この命令が職場の組合活動や政治的自覚を抑えて公社の合理化計画をスムーズに進行させるための地ならしであると抗議する意見を掲載したビラを数十枚職場内で手渡し、もしくは机上配布した。これに対し、βは、①αのワッペン着用行為が、日本電信電話公社就業規則5条7項（「職員は、局所内において、選挙運動その他の政治活動をしてはならない。」）に違反し、同59条18号所定の懲戒事由（「第5条の規定に違反したとき」）に該当する、②命令に従わなかったαの行為は、同条3号所定の懲戒事由（「上長の命令に服さないとき」）に該当する、③ビラ配布行為は、同5条6項（「職員は、局所内において、演説、集会、貼紙、掲示、ビラの配布その他これに類する行為をしようとするときは、事前に別に定めるその局所の管理責任者の許可を受けなければならない。」）に違反し、同59条18号所定の懲戒事由に該当するとして、日本電信電話公社法33条1項により懲戒戒告処分に付する旨の意思表示をした。αはこれを不当として、懲戒戒告処分無効確認訴訟を提起したが、この訴えは認められるか。なお、日本電信電話公社法には社員の政治活動を禁止する規定はない。▶判例②、判解③、文献①

○ **関連判例**（本書所収以外のもの）
　最判昭和56年3月24日民集35巻2号300頁（判例①）
　最判昭和52年12月13日民集31巻7号974頁（判例②）
○ **本判決の調査官解説**
　富澤達「判解」最高裁判所判例解説民事篇昭和48年度302頁（判解①）
○ **その他の判例解説・判例批評**
　時岡康「判解」最高裁判所判例解説民事篇昭和56年度173頁［判例①の調査官解説］（調査官解説②）
　越山安久「判解」最高裁判所判例解説民事篇昭和52年度362頁［判例②の調査官解説］（調査官解説③）
○ **参考文献**
　我妻榮＝宮沢俊義＝兼子一「意見書」労働判例189号（1974年）28頁（Y側のもの。なお、有倉遼吉、磯田進、奥平康弘、松岡三郎、今村成和によるX側の意見書は、労働法律旬報727号（1970年）3頁、法律時報43巻5号（1971年）37頁）
　菅野和夫『労働法［第11版補正版］』（弘文堂、2017年）286-289頁、669-670頁（文献①）
　高野不当解雇撤回対策委『石流れ木の葉沈む日々に』（労働旬報社、1977年）（文献②）

70 入会資格事件

最高裁平成18年3月17日第二小法廷判決
平成16年(受)第1968号：地位確認等請求事件
民集60巻3号773頁

事案

「杣山（そまやま）」と呼ばれる林野（以下「本件入会地」という）は、米軍軍用地として使用され、その賃料がY（被告、控訴人、被上告人）に支払われており、Yはその一部をYの構成員に補償金として分配している。入会（いりあい）とは、一定の地域の住民が、一定の森林原野などにおいて、共同して収益（主として雑草、まぐさ・薪炭用雑木等の採取）をすることである。A部落とは本件入会地で入会を行う入会集団である。Yは本件入会地の管理等を目的とする入会団体である。Yの構成員は、A部落の慣習（およびそれに基づく会則）（以下「本件慣習」という）により本件入会地の入会権者（A部落の構成員）と認められた者である。本件慣習によれば入会権者の資格は、本件入会地が一旦官有地とされた後、明治39年に払い下げられた当時のA部落（現在のA町のA区）住民の男子孫かつA区在住の世帯主、とされている。女性も50歳を超えて独立した生計を営み、A区内に居住するなど一定の要件をみたした場合には、1代限りで資格が認められる。しかし、A部落民以外の男性と婚姻した女子孫は、離婚して旧姓に復しない限り、配偶者の死亡等で独立世帯をA区内で構えたとしても、資格を取得できない。Xら（原告、被控訴人、上告人）は、払下げ当時のA部落民の女子孫であり、遅くとも平成4年以降はA区に在住している。XらはA部落以外の男性と婚姻し、うち、X1らは、夫死亡により戸籍筆頭者であるが旧姓に復しておらず、X4らは戸籍筆頭者ではない。Xらは本件慣習のうち会員資格を土地払下げ当時の住民の男子孫に限る部分を公序良俗に反し無効であり、XらがYの正会員であることの確認等を求めて出訴した。

第一審（那覇地判平15・11・19判時1845-119）は、「一般に、社団の構成員（会員）たる資格をどのように定めるかは、私的自治の原則により、その社団が自由に決定することができるものである」が、「本件で問題とされているような性別のみを理由として異なった取扱いがなされている場合には、当該取扱いについて、これを正当化する合理的な理由が存しない限り、当該取扱いに関する定めは、法の下の平等、性別による差別禁止を規定する憲法14条1項、両性の平等を定める民法1条の2（現行民法2条）の趣旨に違反し、公序良俗に反するものとして、民法90条により無効」であるとしたうえで、事案の検討に入り、「入会権は、各地方の旧慣に従って管理処分されるべき」であるが、「当該規定部分が被告の主張するような『入会権の帰属する主体を家の家長とする』とのA部落の旧慣に従って定められたものであると解したとしても、そもそも、そのような旧慣自体が『入会権の帰属主体とされる家の家長は、男性である』との旧慣を前提とするものであって、合理的な理由なく女性を男性と差別するもの」であり憲法14条1項、民法1条の2の趣旨に反し、民法90条により無効とした。

第二審（福岡高判平16・9・7判時1870-39）は、本件入会地が入会地であり、Yが入会権者らを構成員とする入会団体であると認定することから入り、入会権者の資格判断の慣習がどのようなものであったかについて頁を割き、Xらの批判する慣習があったことを認定したうえで、当該慣習が公序良俗違反かについて検討し、不合理とまではいえないとした。そこで、Xらが上告した。

■**参考条文**（事件当時のもの）

民法
第1条の2 本法は個人の尊厳と両性の本質的平等とを旨として之を解釈すべし。
第90条 公の秩序又は善良の風俗に反する事項を目的とする法律行為は、無効とす。
第92条 法令中の公の秩序に関せざる規定に異なりたる慣習ある場合に於て法律行為の当事者が之に依る意思を有せるものと認むべきときは、其慣習に従ふ。
第263条 共有の性質を有する入会権に付ては各地方の慣習に従ふ外本節の規定を適用す。
第294条 共有の性質を有せざる入会権に付ては各地方の慣習に従ふ外本章の規定を準用す。

Navigator

本件は、三菱樹脂事件〔本書69事件〕と同様に、憲法の定める基本的理念に照らし、私人間の法律関係をどう解釈すべきかが問われた事件である。しかし、本件は、三菱樹脂事件のような両当事者の有する基本的人権の価値衝突の事例ではない。三菱樹脂事件は、企業者の契約締結の自由と労働者の思想・信条の自由の衝突ということから、日本国憲法の保障する基本的人権の価値の衝突とその適切な調整が問題になった事例であった。本件は、慣習上の権利に関する慣習と憲法の価値である平等の原則が衝突した事件である（判解①393頁）。男女の本質的な平等という基本的理念が一方にあり、もう一方には、その基本的理念にそぐわない慣習がある。そして本件で問題となる領域が「各地方の慣習に従う」ことを、当該領域を規律する法律自身が認めているのである。慣習か、憲法上の基本的理念か。第一審は、慣習であっても、それが憲法に反してはならない、とし、第二審は、慣習を最大限尊重すべきとした。権利内容が「各地方の慣習」によることを民法自身が認める中、慣習の尊重の程度をどう解釈してみせるか、最高裁の切り口、ご覧あれ。

■判決の論理構造

	要件	効果
Yの会員資格	①A区内に居住している、②本件入会地の払下げ当時のA部落の世帯だった一家の代表者である（正会員（*））、③1世帯あたり1名のみ（現実に独立した生計を営んでいること）、④②の代表者の交替に伴う後継者は原則男子孫に限られる、⑤男子孫が分家しA区内に独立の世帯を構えた場合、世帯主からの届出により資格を取得する。⑥独身の女子孫は独立した生計を営むなど一定の要件をみたす場合1代限りで資格を認められる。A部落以外の男性と婚姻した女子孫は、離婚して旧姓に復しない限り、独立した生計を営んでいても資格を取得できない	（①から⑥における本件慣習により本件入会地の入会権者としての資格を取得すれば）XらはYの会員としての資格を取得できる
論点：XらにYの正会員資格の取得を妨げる本件慣習部分は無効か	①から⑥のうち、(1)世帯主要件、(2)男子孫要件は、それぞれ憲法14条1項、公序良俗に違反し無効であるか	当該部分が無効となる場合、それを除いた部分によりXらが正会員資格を取得するかが判断される

*明治40年から昭和20年3月までに本件入会地の使用収益権を取得していた世帯だった一家の代表者は準会員となる。明治39年払下げ当時のA部落の世帯の子孫であるXらが求めているのは正会員としての地位である。なお、正会員と準会員とでは、補償金の分配額が異なる。また⑥の会員は準会員と同額の補償金となる。

判　決

○　主　文

1　原判決のうち上告人X1及び同X2に関する部分を破棄し、同部分につき、本件を福岡高等裁判所に差し戻す。
2　その余の上告人らの上告を棄却する。
3　前項に関する上告費用は、前項記載の上告人らの負担とする。

○　理　由

上告代理人宮國英男ほかの上告受理申立て理由第4の2及び同3について

[1]　1　原審の確定した事実関係の概要等は、次のとおりである❶。

[2]　(1)　沖縄県のA村（現在のA町及びB町）A部落（現在のA区）の住民らは、古来、「杣山」と呼称される林野（以下「本件入会地」という。）に入って薪を採取したり、材木を伐採するなどしていた。

[3]　本件入会地は、明治32年公布の沖縄県土地整理法によりいったん官有地とされたが、明治39年、当時のA部落の住民（以下「A部落民」という。）らに対し、30年間の年賦償還で払い下げられた（以下、この払下げを「本件払下げ」という。）。本件払下げに係る代金は、A部落の村頭（区長）が、昭和8年まで正規のA部落民である各戸主から賦課徴収して支払った。その後、本件入会地の一部は昭和12年ころにA村の公有財産（昭和57年以降はA町の公有財産）に編入され、残りの土地は部落代表者の個人名で登記された（以下、本件入会地のうち公有財産とされた部分を「公有地部分」といい、部落代表者の個人名で登記された部分を「部落有地」という。）。

[4]　(2)　入会集団であるA部落（以下、「A部落」とは入会集団としてのA部落をいい、「A部落民」とは入会集団としてのA部落の構成員をいう。）は、本件払下げ後、A部落の旧来の慣習及び規則に基づいて本件入会地の管理を行い、昭和12年ころ以降、公有地部分については、A村と締結した協定等に基づいて管理を行ってきた。

[5]　そして、明治40年から昭和20年までの間にA部落の地区外から地区内に移住してきた者については、各戸につき木草賃として毎年50銭をA区事務所に納入することにより本件入会地の木草の採取が認められ、また、各戸につき20円を納付するなどすればA部落民の資格を取得することができた。

[6]　(3)　昭和31年9月16日、本件入会地の入会権者から成る団体としてA共有権者会（昭和61年に名称をA入会権者会に変更）が設立され、

❶【1】から【16】は、本件の事実を述べる。Yが管理する本件入会地は、明治39年の払下げ後、昭和12年ころにA村が管理する公有地とA部落民が管理する部落有地に分けられた。だが、これらを管理する団体が実態として同一だったため平成12年に管理団体が合併され、Yとなった。Yの管理する本件入会地のうち、公有地部分は「共有の性質を有しない」（＝入会地の地盤が入会部落以外の者の所有である場合は地役権に類似する（文献③438頁））ため民法294条の適用対象であり、部落有地部分は民法263条の適用対象となる（入会地の地盤が入会部落の所有であるときは、共有の本質を有する（文献③438頁））。

以後、本件入会地のうち部落有地については、同団体の名で管理が行われてきた。また、公有地部分については、昭和57年7月12日、「旧慣によるA町公有財産の管理等に関する条例」（昭和57年A町条例第1号）の制定に対応してA部落民会（被上告人の前身。以下「A部落民会」という。）が設立され、同条例に規制される形で、A部落民会の名で管理が行われてきた。しかし、部落有地を管理するA入会権者会と公有地部分を管理するA部落民会とは実態が同一であったことから、平成12年5月19日、両会が合併して被上告人が設立された。

[7]　(4)　本件入会地の入会権の得喪についてのA部落における慣習（以下「本件慣習」という。）は、次のようなものであり、被上告人は、本件慣習に従って入会権者とされる者を会員としている。なお、A共有権者会、A入会権者会及び被上告人の会則は、おおむね本件慣習に基づいて定められていたが、A部落民会の会則は、本件慣習とは異なり、会員資格を男子孫に限定していなかった❷。

[8]　ア　本件払下げを受けた当時、A部落民として世帯を構成していた一家の代表者は、いずれも本件入会地につき入会権を有する。

[9]　イ　明治40年から昭和20年3月までの間にA部落の地区外から地区内に移住してきた一家の代表者であって、一定の金員を納めるなどしてA部落民の資格を認められた者も、本件入会地につき入会権を有する。

[10]　ウ　入会権者たる資格は、一家（1世帯）につき代表者1名のみに認められる。そして、一家の代表者として認められるためには、単に住民票に世帯主として記載されているだけでは足りず、現実にも独立した世帯を構えて生計を維持していることを要する。

[11]　エ　入会権者の死亡や家督相続によって一家の代表者が交替した場合には、新たな代表者が後継者として入会権者の資格を承継する。入会権者の資格を承継する代表者は、原則として男子孫に限られるが、男子孫の後継者がいない場合や幼少の場合には、例外的に旧代表者の妻が資格を取得することもあり（ただし、幼少の男子孫が成長して入会権者の資格を取得すれば、妻は資格を失う。）、また、旧代表者が死亡し男子孫がない場合には、女子孫が入会権者の資格を承継することも認められるが、入会権者として認められるのは当該女子孫1代限りである。

[12]　オ　男子孫が分家し、A区内に独立の世帯を構えるに至った場合は、その世帯主からの届出により、入会権者の資格を取得する。独身の女子孫については、50歳を超えて独立した生計を営み、A区内に居住しているなど一定の要件を満たす場合に限り、特例として、1代限りで入会権者の資格を認められる。なお、A部落民以外の男性と婚姻した女子孫は、離婚して旧姓に復しない限り、配偶者が死亡するなどしてA区内で独立の世帯を構えるに至ったとしても、入会権者の資格を取得することはできない。

[13]　(5)　被上告人と同様に杣山について入会権を有する他の入会団体の中には、近年会則を変更するなどして、世帯主である限り、男子孫と女子孫とで差異を設けない取扱いをするようになった団体もある。

[14]　(6)　被上告人においては、本件慣習に基づいた会則（Y会則）を有しており、新たに入会する者については、届出又は申出に基づき役員会の議を経ることを要することとし、入会資格の審査が行われてきた。そして、入会の申請者には戸籍謄本、住民票等の提出を義務づけ、これに基づいて審査を行うが、単に書類上世帯主として記載されているだけでは足りず、現実にも独立して生計を営んでいることが必要とされるため、審査に当たっては必要に応じて生活実態の調査等も行われてきた。

[15]　(7)　上告人ら（なお、上告人X3は、当審係属中の平成16年11月28日死亡し、その夫と子3名がその地位を承継した。以下においては、亡X3を含めて「上告人ら」ということがある。）は、いずれも、本件払下げ当時のA部落民であって本件入会地について入会権を有していた者の女子孫であり、遅くとも平成4年以降現在に至るまでA区内に住所を有し居住している。上告人X1及び同X2（以下「上告人X1ら」という。）は、いずれも、A部落民以外の男性と婚姻したが、その後夫が死亡したことにより、現在は戸籍筆頭者として記載され、世帯主として独立の生計を構えるに至っている。上告人X4らその余の上告人（以下「上告人X4ら」という。）は、いずれも、戸籍筆頭者ではない❸。

❷　[7]から[14]までは、本件慣習に関する記載である。Y設立以前に本件入会地を管理等してきた各団体の会則で定められていることは完全に同一ではない。Yの現行の会則になくても過去の諸会則の規定を受け継いだ運用がなされている。Yの現行会則（平成14年5月17日制定）は、部落民およびその男子孫の世帯主またはその家の代表者をもって会を組織すること（1条）、会員を正会員および準会員としていること（5条1項）、正会員は払下げ当時の部落民（入会権者）の男子孫で現にA区内に住所を有し居住している者とし（同条2項）、準会員は明治40年から昭和20年3月まで本件入会地を利用していた入会権者またはその男子孫で現にA区内に住所を有し居住している者とすること（同条3項）、会員が2世帯以上同居している場合は1会員とみなすこと（同条4項）、会員の男子孫が相続または分家した場合について、その世帯主の届出によって役員の議を経て入会することができること（7条1項）などを規定している。また、会員の女子孫および長男で満50歳を超えA区内で世帯を構え独立生計にある者は、特別措置として本人の申出により役員会の議を経て入会補償を予算の定めるところにより支給することができるが、女子孫については1代限り、長男については現会員からの譲渡および相続がなされるまでの間とする（48条）と規定している。他方で、以下のことは、少なくとも現行会則には規定がなく、現実の運用による扱いである。すなわち、会員が死亡し、男子孫の後継者がいない場合や幼少である場合などには、その妻を正会員として取り扱い、また、会員がA区外に転出して配偶者が区内に居住し続けている場合などにも、慣習に基づき当該妻に会員としての資格を認める取扱いをしている（これにより正会員たる資格を取得した妻は正会員数450人程度のうち80人程度存在する）。なお、この場合には当該妻が払下げ当時の住民（入会権者）の子孫であることは要件とはされず、他部落の出身者であっても資格が認められる。他方、入会権者の子孫であっても、他部落の男性と婚姻した女子孫は、離婚して旧姓に復しない限り、A部落の入会権者たる資格は認められない。A部落の構成員（入会権者）は1世帯につき1名とされていて、男性であると女性であるとを問わず、過去に同一世帯で2名以上が同時に会員ないし入会権者たる資格を認められた事例はない。本件での審査の対象は、明文化された会則だけではなく、運用を含んだ「本件慣習」であり、調査官解説では、「本件慣習（Yの明示黙示の会則）」とも言い換えられている（判解①395頁）。

❸　[15]は、Xらの位置づけである。本件慣習によれば、Yの正会員は、払下げ当時のA部落民（入会権者）の男子孫で現にA区内に住所を有し居住している世帯主である（現行会則1条、5条1項）。女性が正会員になるのは、正会員である夫がいる（た）ことに伴う代行の場合である（現行会則1条「その家の代表者」を根拠とする。この場合、妻はA部落外の出身者でよい。詳細は❷を参照）。これ以外に女性が特例としてYの会員と同等の補償金を得る場合として、現行会則48条がある（ただしYの「正会員」として位置づけられるわけではなく、補償金も準会員と同等にすぎない）。Xらは、払下げ当時のA部落民の子孫であり現にA区内に住所を有し居住している。XらはYの正会員資格を、血縁要件と居住要件のみで判断すべきだと主張しているのである。XらはA部落民以外の男性と婚姻している（た）。Xらのうち、X1らは世帯主であるが、X4らは世帯主との立証がない。

[16]　(8)　本件入会地は、第2次世界大戦後、国が賃借した上でアメリカ合衆国の軍隊（以下「駐留軍」という。）の用に供するために使用され、その賃料は、被上告人により収受・管理され、その一部が入会権者である被上告人の構成員らに対し、補償金として分配されている❹。

[17]　2　本件は、上告人らが、被上告人に対し、本件慣習（本件慣習に基づいて定められた被上告人の会則を含む。以下同じ。）のうち入会権者の資格を世帯主及び男子孫に限り、A部落民以外の男性と婚姻した女子孫は離婚して旧姓に復しない限り資格を認めないとする部分が公序良俗に反して無効であるなどと主張して、上告人ら（ただし、上告人亡X3関係を除く。）が被上告人の正会員であることの確認を求めるとともに、平成4年度から平成14年度までの補償金として各306万円の支払（ただし、上告人亡X3訴訟承継人X5については153万円の、同X6、同X7及び同X8については各51万円の、上告人X9については、平成13年度及び平成14年度の補償金として120万円の各支払）を求めるものである❺。

[18]　3　原審は、前記事実関係の下で、次のとおり判断し、上告人らの請求をいずれも棄却した❻。

[19]　(1)　被上告人は、本件入会地の入会権者らを構成員とする入会団体であるから、上告人らが被上告人の構成員の地位を有するというためには、上告人らが本件入会地の入会権を取得したことが認められる必要がある。そして、入会権については各地方の慣習に従うとされているから、上告人らが入会団体である被上告人の構成員の地位を有するというためには、上告人らが当該地方（A部落）の慣習、すなわち本件慣習に基づいて本件入会地の入会権者の資格を取得したことが認められなければならない。なお、本件入会地は、第2次世界大戦後は駐留軍の用に供するために使用されていて、現在は個々の入会権者が直接入会地に立ち入ってその産物を収得するといった形態での利用が行われているわけではないけれども、入会権に基づく入会地の利用形態には様々なものがあり、入会団体が第三者との間で入会地について賃貸借契約等を締結してその対価を徴収したとしても、その収入は入会権者の総有に帰属するのであって、入会権が消滅するわけでも、入会権の内容や入会団体としての性質が変容するものでもない❼。

[20]　(2)　本件慣習のうち、本件入会地の入会権者の資格要件を一家の代表者としての世帯主に限定する部分（以下、この資格要件を「世帯主要件」という。）は、入会権の本質に合致するものであって、公序良俗に反して無効とはいえない。上告人X4らは、家の代表者としての世帯主であることの主張立証がなく、本件入会地の入会権を取得したものとはいえない❽。

[21]　(3)　本件慣習のうち、入会権者の資格を原則として男子孫に限り、A部落民以外の男性と婚姻した女子孫は離婚して旧姓に復しない限り入会権者の資格を認めないとする部分（以下、この資格要件を「男子孫要件」という。）も、それなりの合理性があり、公序良俗に反して無効とはいえない。もっとも、男子孫と女子孫とで取扱いに差異を設ける必要性ないし合理性は特に見当たらないし、被上告人と同様に杣山について入会権を有する他の入会団体の中には、近年会則を変更するなどして、世帯主である限り、男子孫と女子孫とで差異を設けない取扱いをするようになった団体もあることが認められる。しかし、入会権は、過去の長年月にわたって形成された地方の慣習に根ざした権利であるから、そのような慣習がその内容を徐々に変化させつつもなお存続しているときは、これを最大限尊重すべきであって、その慣習に必要性ないし合理性が見当たらないということから直ちに公序良俗に反して無効ということはできない。そして、入会権が家の代表ないし世帯主としての部落民に帰属する権利であって、当該入会権者からその後継者に承継されてきたという歴史的沿革を有すること、歴史的社会的にみて、家の代表ないし跡取りと目されてきたのは多くの場合男子、特に長男であって、現代においても、長男が生存している場合に二男以下又は女子が後継者となったり、婚姻等により独立の世帯を構えた場合に女子が家の代表ないし世帯主となるのは比較的まれな事態であることは公知の事実といえること、被上告人以外の入会団体の中にも会員資格を原則として男子孫に限定する取扱いをしているところが少なからず存在することなどに照らせば、家の代表ないし世帯主として入会権者の資格要件を定めるに際し男子と女子とで同一の取扱いをすべきことが現代社会における公序を形成しているとまでは認められない。これに加

❹　[16]は、本件入会地の使用状況を述べる。Yは平成13年度には5億3500万の収入があり、うち3億4000万が補償金名目で会員に支払われ、平成14年3月現在、21億3000万円の預金がある。一般に、古典的な入会権の形態から、利用形態の変化がみられるものの、それをもって入会権が解体したとは解釈されない（文献③452頁、判解①389頁）。本件のような利用形態は入会権の利用形態の変化の一形態である、「契約利用形態」に分類されうる（入会権者ではない者と契約して入会地の利用を許す形態。徴収された対価は入会集団の総有となる。古典的利用形態から変化した入会権の利用の諸形態については、文献③436-437頁）。

❺　[17]は、Xらの提起した争点である。①本件の主たる請求は、Yの会員たる資格の確認であるところ、それを認めるためには、A部落の構成員（入会権者）であることをXらが主張立証しなければならず、⑪したがってA部落の構成員に関する本件慣習の要件を充足したことを主張立証しなければならない、⑪ところが、本件慣習によっては、Xらの資格は認められないので、世帯主要件と男子孫要件の無効を主張し、残余の慣習によって、Xらの資格は認められると主張する構造である。「A部落の構成員の地位を取得したか否かという点からみれば、世帯主要件及び男子孫に関する本件の慣習が公序良俗に反するものとして、法の適用に関する通則法3条〔現行・法例2条〕により効力を有しないこととなるかが争点となり、Yの会員の地位を取得したか否かという点からみれば、世帯主要件及び男子孫要件に関するYの会則が公序良俗に反するものとして、民法90条により無効となるかが争点となる」（判解①387頁）。入会集団であるA部落と入会団体であるYとはその実体において同一の組織と考えられ、入会権者の地位を離れて、Yの構成員となることはありえない（判解①386-387頁）との前提である。

❻　[18]から[22]までは、第二審の判断である（X敗訴）。入会権が各慣習によることを重視した理由づけとなっている。

❼　[19]では、資格を得るためには入会団体の構成員と認められることが必要であると判示している（なお、Xらは、Yが入会団体の性格と併せて、補償金を配分する権利能力なき社団としての別の性格をもつことを前提とし、後者の構成員資格は血縁と地縁要件をみたせば自動取得する、と主張している）。

❽　[20]は、世帯主要件が公序良俗違反ではないと判示している。第一審では、この世帯主要件は、[21]での女子孫要件と必ずしも区別されず、[20]および[21]を内容とする慣習が、公序良俗違反かどうかで判断されていた。

❾　[21]は、男子孫要件が公序良俗違反とまではいえないとする部分である。入会権が「慣習に根ざした権利」であることからその慣習を「最大限尊重すべき」であり、「その慣習に必要性ないし合理性が見当たらないということから直ちに公序良俗に反して無効ということはできない」とある。

え、男子と女子とで入会権者の資格が認められる要件に差異があることにより1世帯の内部において男子と女子の間で生じ得る不平等については、相続の際の遺産分割協議その他の場面で財産的調整を図ることも可能であることをも併せ考慮すれば、本件慣習のうち男子孫要件が公序良俗に違反するまで認めることはできない❾。

[22]　そうすると、上告人 X1 らは、A 部落民以外の男性と婚姻した後に配偶者の死亡により世帯主として独立の生計を構えるに至ったものであるから、本件入会地の入会権を取得したとはいえない。

[23]　4　しかしながら、原審の上記(1)、(2)の判断は是認することができるが、(3)の判断は是認することができない。その理由は、次のとおりである❿。

[24]　(1)　前記事実関係によれば、被上告人は、本件入会地の入会権者で組織され、本件入会地の管理・処分を行うこと等を目的とする入会団体（権利能力なき社団）であると認められる。また、本件入会地は、戦後、国が賃借した上で駐留軍の用に供するために使用されているが、その賃料は、入会団体である被上告人により管理されているというのであるから、本件入会地について、いまだ入会権が消滅したものともその性質を変容したものともいうことはできない。そうすると、上告人らは、被上告人の会員の地位を有するというためには、本件入会地について入会権者の地位を有すること、すなわち、本件慣習に基づいて本件入会地についての入会権者の地位を取得したことを主張立証しなければならないというべきである（最高裁昭和 35 年（オ）第 1244 号同 37 年 11 月 2 日第二小法廷判決・裁判集民事 63 号 23 頁参照）⓫。

[25]　そして、本件慣習によれば、上告人らが被上告人の会員の地位を取得したというためには、原則として、①上告人らが本件払下げ当時の A 部落民又は明治 40 年から昭和 20 年までの間に一定の要件を満たして A 部落民と認められた者の男子孫であり、現在 A 区内に住所を有し居住していること、②上告人らが A 区内に住所を有する一家の世帯主（代表者）であり、被上告人に対する届出等によってその役員会の議を経て入会したことという要件を満たす必要があるということになる⓬。

[26]　(2)　ところで、入会権は、一般に、一定の地域の住民が一定の山林原野等において共同して雑草、まぐさ、薪炭用雑木等の採取をする慣習上の権利であり（民法 263 条、294 条）、この権利は、権利者である入会部落の構成員全員の総有に属し、個々の構成員は、共有におけるような持分権を有するものではなく（最高裁昭和 34 年（オ）第 650 号同 41 年 11 月 25 日第二小法廷判決・民集 20 巻 9 号 1921 頁、最高裁平成 3 年（オ）第 1724 号同 6 年 5 月 31 日第三小法廷判決・民集 48 巻 4 号 1065 頁参照）、入会権そのものの管理処分については入会部落の一員として参与し得る資格を有するのみである（最高裁昭和 51 年（オ）第 424 号同 57 年 7 月 1 日第一小法廷判決・民集 36 巻 6 号 891 頁参照）。他方、入会権の内容である使用収益を行う権能は、入会部落内で定められた規律に従わなければならないという拘束を受けるものの、構成員各自が単独で行使することができる（前掲第一小法廷判決参照）。このような入会権の内容、性質等や、原審も説示するとおり、本件入会地の入会権が家の代表ないし世帯主としての部落民に帰属する権利として当該入会権者からその後継者に承継されてきたという歴史的沿革を有するものであることなどにかんがみると、各世帯の構成員の人数にかかわらず各世帯の代表者にのみ入会権者の地位を認めるという慣習は、入会団体の団体としての統制の維持という点からも、入会権行使における各世帯間の平等という点からも、不合理ということはできず、現在においても、本件慣習のうち、世帯主要件を公序良俗に反するものということはできない⓭。

[27]　しかしながら、本件慣習のうち、男子孫要件は、専ら女子であることのみを理由として女子を男子と差別したものというべきであり、遅くとも本件で補償金の請求がされている平成 4 年以降においては、性別のみによる不合理な差別として民法 90 条の規定により無効であると解するのが相当である。その理由は、次のとおりである⓮。

[28]　男子孫要件は、世帯主要件とは異なり、入会団体の団体としての統制の維持という点からも、入会権の行使における各世帯間の平等という点からも、何ら合理性を有しない。このことは、A 部落民会の会則においては、会員資格は男子孫に限定されていなかったことや、被上告人と同様に杣山について

❿　[23]からが、最高裁の判断部分である。世帯主要件は公序良俗に反しないとする一方で、男子孫要件はこれに反する、とした。慣習と憲法的価値観の衝突を二者択一的にしか解決できなかった第二審との違いが見事な、それぞれの理由づけに注目されたい。

⓫　[24]は、入会権者の地位取得に関する要件と立証責任の分配について判示されている。本件入会地には入会権の実態が存在する→「そうすると」入会権者の地位取得に関する要件は、本件慣習に基づき決まり、またその立証責任を負うのは X らであることが指摘されている。

⓬　[25]は、X らが Y の構成員資格を得るのに必要な「本件慣習」の確認である。

⓭　[26]では、「世帯主要件」について検討されている。本件は「慣習上の権利に関する慣習と憲法的価値観である平等の原則が衝突した事件」であり、入会権の本質に適った慣習でも「憲法的価値と相容れないものについては公序に反する」（慣習に対しては法の適用に関する通則法 3 条〔現行・法例 2 条〕、会則については民法 90 条により適用排除）場合があるのである。したがって公序良俗違反の判断は、世帯主要件が、⒤入会権の本質に属するか、ⅱ「入会団体の統制」「世帯間の平等」（＝いずれも入会権の本質に属する）という観点から、世帯主要件があることによって生じる区別に合理性があるといえるかについて検討される。そして、ⅱをみたさない場合には、憲法上の価値に照らして、会則（慣習）の適用が排除されることになる（判解①393-394 頁）。「入会団体の統制」「世帯間の平等」について補足すると、入会権については、入会団体の統制が機能していることが入会権の消滅の有無（最判昭 57・1・22 集民 135-83）や資産の性格づけの判断（最判平 15・4・11 集民 209-481）を左右する要素となるのである。また一般に入会集団を構成する基本単位は世帯であり、個々人ではない（文献①556 頁）ため、入会権行使に際しての「世帯間の平等」も入会権の本質に属する。したがってこの二つの観点から⒤が検討されることになる（判解①394 頁）。世帯主要件は⒤をみたす。次にⅱでは「世帯主である子孫と世帯主でない子孫とを区別することが不合理な差別に当たるか」が問題となる（判解①393 頁）。だがこの区別は入会権の内容、性質等から「不合理ということはできず」、ⅱもみたす。なお男性が世帯主であることが多いため世帯主要件は事実上女性差別ではないかという点については、子孫が世帯主かどうかで区別することが不合理とはいえないことに鑑み、世帯主要件を性別のみによる不合理な差別ということはできない（判解①394 頁）。

⓮　[27]では、男子孫要件が民法 90 条により無効という結論をまず提示している。なお、時期が「平成 4 年以降」とされているが、それは、X らが「平成 4 年以降」と主張しているためそれ以前の効力を判断する理由がなかったからである。しかし、その判断の前提には、①入会集団の統制に伴い、かつては財産管理のための重労働（木材の伐採や植林等）の義務も負っていたことから、男子孫要件は一応の合理性があったと思われ、当初から無効とは「認めがたいとの判断があったようにも思われる」、ⅱ法律行為の公序違反判断は、「その規範性にかんがみ、その作成（制定）時ではなく、その適用時」が判断基準時になるものと考えられる、と調査官解説は述べる（判解①395-396 頁）。

⓯　[28]では、男子孫要件について検討されている。男子孫要件は、[26]の⓭で提示した要件①につき、入会権の内容、性質等に照らすと、これをみたすとは「直ちに考え難い」（判解①394 頁）。⓭での要件ⅱについて、男子孫要件があることにより男子孫と女子孫とを区別す

入会権を有する他の入会団体では会員資格を男子孫に限定していないものもあることからも明らかである。被上告人においては、上記1(4)エ、オのとおり、女子の入会権者の資格について一定の配慮をしているが、これによって男子孫要件による女子孫に対する差別が合理性を有するものになったということはできない。そして、男女の本質的平等を定める日本国憲法の基本的理念に照らし、入会権を別異に取り扱うべき合理的理由を見いだすことはできないから、原審が上記3(3)において説示する本件入会地の入会権の歴史的沿革等の事情を考慮しても、男子孫要件による女子孫に対する差別を正当化することはできない**❺**。

【29】　(3)　上告人X4らについては、前記のとおり世帯主要件は有効と解すべきであり、家の代表者としての世帯主であることの主張立証がないというのであるから、本件入会地の入会権者の資格を取得したものとは認められず、上告人X4らが被上告人の会員であることを否定した原判決は、正当として是認することができる。この点についての論旨は、採用することができない**❻**。

【30】　他方、上告人X1らは、A部落民以外の男性と婚姻した後に配偶者の死亡により世帯主として独立の生計を構えるに至ったものであるというのであるから、現時点においては、世帯主要件を満たしていることが明らかである。もっとも、上告人X1らが、被上告人の会則に従った入会の手続を執ったことについては、その主張立証がないけれども、男子孫要件を有する本件慣習が存在し、被上告人がその有効性を主張している状況の下では、女子孫が入会の手続を執ってもそれが認められることは期待できないから、被上告人が、上告人X1らについて、入会の手続を執っていないことを理由にその会員の地位を否定することは信義則上許されないというべきである。したがって、男子孫要件を有効と解して上告人X1らが被上告人の会員であることを否定した原審の判断には、判決に影響を及ぼすことが明らかな法令の違反がある。この点をいう論旨は、理由があり、原判決のうち上告人X1らに関する部分は破棄を免れない。そして、以上の見解の下に上告人X1らの請求の当否について更に審理を尽くさせるため、上記部分につき、本件を原審に差し戻すのが相当である**❼**。

【31】　よって、裁判官全員一致の意見で、主文のとおり判決する。なお、裁判官滝井繁男、同古田佑紀の各補足意見がある。

ることになるが、これは「入会団体の統制」「世帯間の平等」という観点から「何ら合理性を有しない」。なぜなら過去の会則には男子孫要件がないものがあり、他の入会団体にはこの要件がないものもあるからである。「その上で」(判解①395頁)、本判決は、「男女の本質的平等を定める日本国憲法の基本理念に照らし、入会権を別異に取り扱うべき合理的理由を見いだすことはできない」としている。三菱樹脂事件〔本書69事件〕にて、私人間の関係において個人の基本的自由や平等への具体的侵害が社会的に許容しうる限度を超えるとき、その判断に際し選択された枠組みは、①私人相互の関係を、憲法は直接規律することを予定しておらず、⑪民法90条などの一般条項により「適切な調整」を図られることが判示された。その「適切な調整」とは、「一面で私的自治の原則を尊重」し、「他面で社会的許容性の限界を超える侵害に対し基本的な自由や平等の利益を保護する」という、衝突する価値の二者択一型ではなく、両者の「調整」なのである。本件での慣習と憲法的価値である平等原則との衝突について民法90条により適切な調整を図るこのやり方は「憲法14条1項を間接適用したものと解される」(判解①395頁)。慣習であれば自動的に「最大限尊重」(第二審)されるのではなく、入会権の本質から説明できるか、憲法的価値が求める「合理的理由」があるか、ということをさらに検討したことに注目してほしい。

❻　【29】と【30】は、上記観点からみた、本件へのあてはめ部分である。世帯主要件をみたさないX4らと、世帯主要件はみたすX1らで、請求認容の有無の道が分かれることになる。

❼　【30】はX1らが世帯主要件をみたしたうえで、これまでYに対して何ら資格を得られるよう申出をしていないことに対する判示部分である。

■ 少数意見

裁判官滝井繁男の補足意見は、次のとおりである❽。

【32】　地域社会における人々の生活関係の中で形成された慣習であっても、今日の市民社会において合理性を持たないものに規範性を認めることはできず、そのことはその内容が地方の慣習により定まるものとされている入会権においても例外ではない。したがって、本件慣習の一部を公序良俗に反するものとした法廷意見に賛成するものであるが、本件事件においてその意味するところにつき若干の意見を補足して述べておきたい。

【33】　入会団体を構成する基本単位は当該地域集団における家ないし世帯であって、その権利義務は家ないし世帯に属し、地域に居住することのみから権利の主体となり得るものではない。そして、その権利は原則として家ないし世帯の代表者から代表者へと承継されていくものであって個人的相続原理に服さないが、そのことは入会権という権利の性質に照らして合理性を失っているものということはできない。

【34】　入会権者は地域を退出したとき、その資格を失うが、その家ないし世帯が残っている限り、その中で代表者を自由に選ぶことができるのであって、世帯の代表者に女性を選んでも、そのことのみを理由として構成員として資格を失うものではなく、そのような内容の慣習があるとすればそれは良俗に反し、その効力を持ち得ないものである。

【35】　しかしながら、入会団体が形成されたときからの構成員に加えてどのような者に新規の権利者としての資格を認めるかについての慣習は、性によって差別するなど今日の普遍的な平等原理に反するものでない限り、その合理性を失うものではない。

【36】　原判決によれば、本件入会権の資格取得に関する慣習によれば、男子孫が分家し、A地区内に独立の世帯を構えるに至った場合は、その世帯主からの届出によって入会権者の資格を認められるとされているというのである。しかしながら、分家は、家族制度の下で、家族が戸主の同意を得てその家から分離しその家と同じ氏を創立する行為とされており、家の制度と不可分に結びついたものであった。

【37】　家制度が認められなくなった今日、本件入会地において、男子孫がどのような条件の下で独立の世帯を構えたものとして新規にその構成員として承認されることになっているのか、原判決の認定からは必ずしも明らかではない。

【38】　従来、入会団体の構成員としての資格は、入会権者が共同財産を維持するために必要とする無償の負担に応じることが要請されることから、そのこととの関連において決定されることが多かったと思われるが、本件入会地にみられるように権利者が入会地自体の共同利用に代えて入会地を第三者に使用させてその対価を分配するという収益形態をとるようになった場合においては、入会団体の構成員としての資格を画する上で重要な意味を持つ入会権者の負担が事実上消滅しているのである。

【39】　本件において、このような入会地の利用形態の変化と家制度の消滅という状況の変化の中で、本件入会地において男子孫の間で行われてきた入会団体構成員としての新規加入がどのような条件の下で認められているのかがまず明らかにされ、その上で本件入会地にお

❽　滝井補足意見は、入会地の利用形態の変化と家制度の消滅という状況の変化の中、男子孫の新規加入要件との比較が必要と指摘する。この慣習を明らかにしなければ、女子孫の新規加入要件（および加入可能となった時期）も確定できない。

70　入会資格事件　　645

ける女子孫についても同じ条件での加入が認められるべきものである。

【40】したがって、上告人X1らはいったん他部落の男性と結婚した後に配偶者が死亡したことに伴い独立の生計を構えることになったというのであるが、いったん部落を出た後帰村して独立して生計を立てるに至ったとすれば、そのような男子孫がどのように扱われているのかが検討された上で、【41】上告人X1らが女性であることのみによって差別されたのかどうか、その時期はいつかが明らかにされなければならないものと考えるのである。

裁判官古田佑紀の補足意見は、次のとおりである⓳。
私は、本件における入会権者の資格に関し、独立の生計を営むに至った男子孫であっても直ちに入会権が認められているわけではないことにかんがみ、前記1(4)オの「分家」の意義等男子孫について入会権が認められる条件を更に明らかにして検討する必要があるという趣旨において、滝井裁判官の補足意見に同調する。
（裁判長裁判官　津野　修　裁判官　滝井繁男　裁判官　今井　功　裁判官　中川了滋　裁判官　古田佑紀）

補足説明　遺制 対 憲法

入会権は、「徳川封建体制からの遺制」であり、民法典起草者も「各地方ノ慣習ニ従フ」と包括的な白地規定を置かざるをえなかったほど、明治期は多くの国民が入会権を有し、またその内容も複雑多岐であった（文献②507頁以下）。日本国憲法が、近代的単独所有のみを財産権とする態度決定をしているのではなく、民法典に規定された「封建体制からの遺制」も排除していないとすれば、男女平等という価値の貫徹だけが至上命題とはなるまい（それとも個人の権利へと推し進める観点こそ憲法価値として、入会権訴訟に「憲法を間接適用」し、世帯主要件をも違法とする？ Xすら主張していないのだが）。なお、本判決では日本国憲法の個別条文が挙げられていない。調査官解説では「日本国憲法14条1項を間接適用」とあるので（判解①395頁）、三菱樹脂事件【本書69事件】での先例を変更したわけではないだろう。ただ、女子若年定年制を民法90条により無効とした昭和56年の判決（判例①）が憲法の個別条文も明記したことを想起すると、本件が上告受理手続であることが関連しているのかもしれない（憲法違反を上告理由とした民訴法312条の手続と区別された、同法318条の「法令の解釈に関する重要な事項」があることが要件の上告）。

Questions

① 事實関係の確認

問1　Yは「何」か。また、Yの設立された経緯をまとめよ。▶【24】、【1】～【6】

問2　本件入会地の入会権を有するのはどのような者か。具体的家族関係を描いて答えよ（認定事実から不明な部分は省略すること）。▶【7】～【12】

問3　XらはどのようなL場にあるか。Yの構成員資格の観点から説明せよ。▶【15】

問4　本件入会地はXらの訴訟提起時点でどのような状態にあるか。▶【16】

問5　XらはYにどのような請求を行っているか。▶【17】

② 判決の内容の確認

問6　Yの構成員の地位を取得したというためには、本件慣習によればどのような要件をみたす必要があるか。▶【25】

問7　本件慣習のうち世帯主要件は、公序良俗に反するか。反しないとして、その理由は何か。▶【26】

問8　本件慣習のうち男子孫要件は、公序良俗に反するか。また反する場合には、いつの時点からか。▶【28】

問9　本判決は、いかなる理由により、入会権の資格を性別により別異に取り扱うべき合理的理由を見出せないとしているか。▶【28】

問10　Xらの請求は認められるか。▶【29】【30】

③応用問題

問11　漁業協同組合（β）は、第三者からの砂利採取同意料としてβに支払われる補償金を、船頭（自船で営業する）と船方（雇われて6か月以上乗船）で額を区別して分配していた。ただし、船方に該当するものの、夫を補助するにすぎない女性正組合員（αら）には分配していなかった。これについて、βは「砂利採取同意料は漁業への影響補償であるから、世帯単位で考えるべき」「以前から女性組合員には配分しない慣行がある」「女性に出さなくても主人に多く当たる方法を考えれば同じではないか」「男の船方は8割が家庭を持っていて雇われているので、生活権を侵すことはできない」と主張している。αらは砂利採取同意料の配分を求めて訴えを提起したが、これは認められるか。▶判例②

○ **関連判例**（本書所収以外のもの）
最判昭和56年3月24日民集35巻2号300頁（判例①）
高松高判平成14年2月26日判タ1116号172頁（判例②）

○ **本判決の調査官解説**
松並重雄「判解」最高裁判所判例解説民事篇平成18年度371頁（判解①）

○ **その他の判例解説・判例批評**
大村敦志「判批」平成18年度重要判例解説（2007年）64頁
佐々木雅寿「判批」平成18年度重要判例解説（2007年）12頁

○ **参考文献**
川島武宜編『注釈民法(7)物権(2)』（有斐閣、1968年）（文献①）
『川島武宜著作集第8巻　慣習法上の権利1　入会権』（岩波書店、1983年）64頁以下（文献②）
我妻榮（有泉亨補訂）『新訂 物権法』（岩波書店、1983年）（文献③）

⓳ 古田補足意見は、X1らが、本件慣習の分家した男子孫に相当する者と比較されるべき立場にあることを指摘している。本家以外の男子孫の扱いの慣習によっては、X1らの請求は認められないこともありうるからである。

第23章 個人と団体

1 学説の状況

ドイツ連邦共和国基本法 19 条 3 項では、「基本権は、その本質上内国法人に適用しうる限りにおいて、これにも適用される」と法人の基本権（人権）享有主体性を肯定している。日本国憲法にそうした規定は置かれていないが、八幡製鉄事件〔本書 68 事件〕で最高裁が、「憲法第 3 章に定める国民の権利および義務の各条項は、性質上可能なかぎり、内国の法人にも適用されるものと解すべき」と判示する。そこで、法人にも適用しうる「性質」の人権とは何かという検討が必要になる。一般的には、選挙権や生存権、一定の人身の自由などは法人に適用されないが、その他の人権については、宗教法人が信教の自由を、報道機関が報道の自由をそれぞれ保障されるというように、原則として各法人の固有の性格と矛盾しない範囲で適用されると解されている（芦部 [6 版] 89-90 頁）。

この八幡製鉄事件判決は、ドイツの基本法の法意を日本国憲法から読み取ろうとしたとされ、多くの学説は法人の人権保障を個人の場合と同様に扱いうるものと考えていた。だが、そこでは法人の人権とその構成員の人権との対立関係に必ずしも問題意識が向けられていなかった。法人の人権を保障すればするほど、内部の構成員の権利・利益を侵害するという問題である。この点、1789 年のフランス人権宣言に結社の自由が出てこないことなどから、近代市民革命期において身分的秩序から個人を解放する過程で「結社からの自由」こそが不可欠であったとして、「法人の人権」論に欠落していた視座を指摘する見解が、学説に非常に大きな影響を与えている（樋口陽一「"近代"にこだわる—"人権"という考え方をめぐって」法セミ 489 号（1995 年）15 頁）。こうしたこともあって、企業が政治献金をすることについては厳しい論調が多く、公的性質を有する強制加入団体である税理士会が政治献金をすることは団体の目的の範囲外とした南九州税理士会事件（後述）の最高裁の判断は広く支持されている。だが、同様の性質を有する団体が慈善寄付をする場合や一般会費から支出する場合、特定の法案に反対する決議をする場合など、構成員の協力義務がどう認められるのか、学説によって理解は様々である。

近年では、こうした団体と構成員の間の法的問題について、憲法に規定のない「法人の人権」という問題設定ではなく、結社の自由（憲法 21 条）の問題として扱う見解もみられるようになってきた。ただ、それらの見解を具体的に比べると様々なものがあり、さらにそうした論理構成が従来の法人の人権の問題とどのように結びつくのか定かではない。そもそも結社の自由をめぐる憲法学説は発展途上にあり（近年の研究業績として、井上武史『結社の自由の法理』（信山社、2014 年）、岡田順太『関係性の憲法理論』（丸善プラネット、2015 年））、関連する諸判例を整合的に説明する理論がいかに構築されるのかが注目されるところである。

2 判例の展開

本章では団体の活動と構成員の協力義務という観点から、漸進的に構築される判例理論を意識しつつ、関連判例を展望する。その際、まずは一連の判例が、団体本来の目的の活動ではなく、社会的要請などに応じて行うようになった「+α」の活動である点に留意しなければならない。それが、民法上の「目的の範囲」（34 条）の範囲をめぐる（刑事事件であれば正当業務行為（刑法 35 条）該当性に結びつく）解釈として行われていること、つまり、「ある行為を行う自由が法人に認められるか」という憲法論のみを独立して検討するのでは、方向性を見誤る危険性がある。

もっとも、「目的の範囲」の解釈に関わる問題ではあるが、基本的に取引の安全とは関係ない事例であるので、私法上の「取引的行為の場合に使われていた言葉の意味とは全くちがっており、全く異なった利益考量がそこに盛られている」（富山康吉『現代商法学の課題』（成文堂、1975 年）90-93 頁）。

まず、**三井美唄炭鉱労組事件判決**〔本書 71 事件〕では、労働組合の政治活動や選挙運動という「+α」の活動について、本来の目的を「より十分に達成するための手段として」行うができ、「いわゆる統一候補を決定し、組合を挙げてその選挙運動を推進することは、組合の活動として許されないわけではな」いとする。そのうえで、組合の方針に反して立候補しようとする組合員に対し、立候補を思いとどまるように勧告または説得することは妥当な範囲の統制権の行使であるとしつつ、これに従わないことを理由に処分を行うことは統制権の限界を超えるとした。「+α」部分が目的の範囲であったとしても、構成員への協力義務は比較衡量論を用いて判断するという論理構成をとり、労働組合の団結維持の必要性と組合員の立候補の自由とを比較衡量して「+α」領域における統制権の限界を画するとしているのである（これを二段階審査と呼ぶことが多いが、結局、「目的の範囲」の判断に立ち戻るので、難がある呼称といわざるをえない）。

三井美唄炭鉱労組事件での判断は、**国労広島地本事件判決**〔本書 72 事件〕における政党に寄付するための費用（政治意識昂揚資金）を臨時組合費として徴収する決議の法的拘束力に関する判断において参照され、さらに**南九州税理士会事件判決**〔本書 73 事件〕の判断に引き継がれている。これらの判例によって八幡製鉄事件判決〔本書 68 事件〕が否定され、企業・団体による政治献金は目的の範囲外となった可能性を指摘する学説もあるが（山田創一「判批」判評 527 号（2003 年）20 頁）、その後の判例をみてもそれを裏付ける判断は示されていない（最決平 18・11・14 資料商事法務 274-192 [熊谷組株主代表訴訟]）。やはり強制加入団体であるという団体の性質が判断に影響していると考えられる。もちろん、それ以外にも団体の決議内容（政治献金か慈善寄付か）や費用の徴収方法（特別会費か一般会費か）といった事件固有の事情、構成員の権利・利益の性質・制約度合い・制約の具体性、団体の本来の目的と問題となる行為との「距離」などを総合衡量し、問題となる行為が団体の目的を逸脱するか否かを判断する視点が不可欠である。これについては、一般会費からの政治献金の事例である近畿税理士会事件（最判平 5・5・27 判時 1490-83）や国労広島地本事件において労働組合が支持する安保反対闘争に参加したため法的不利益を受けている組合員を支援する費用（安保資金）に関する判断と対照していくことが必要になる。また、慈善団体への寄付金を町内会費に上乗せする決議を無効とした裁判例（大阪高判平 19・8・24 判時 1992-72）など、法的性質の異なる団体とその構成員間の紛争に目を向けることも有益である。

71 三井美唄炭鉱労組事件

最高裁昭和43年12月4日大法廷判決

昭和38年(あ)第974号：公職選挙法違反被告事件
刑集22巻13号1425頁

事案

　A労働組合は、昭和34年、B市市議会議員選挙に際して、組合が支援する統一候補を決定したが、組合員であるCが独自に立候補しようとした。Aの幹部であるYら（被告人）は、Cに対し、立候補を断念するよう再三にわたって説得を試みた。その際、Yらは、組合の決定に対する統制違反として組合規約により処分されることがある旨をCに示したり、その旨を機関紙に掲載してC宅に配布させたり、さらに、選挙に当選したCに対して1年間の組合員資格停止とする処分を行ったりするなど、組合とCとの特殊な利害関係を利用して、選挙に関し、Cを威迫した。これらが選挙の自由妨害罪（公選法225条3号）、刑法60条に該当するとして起訴された。

　第一審（札幌地岩見沢支判昭36・9・25刑集22-13-1453）は、組合員の独自の立候補に対して組合統制権は及ばないなどとして、Yらを一部有罪とした。これに検察官・被告人双方が控訴したところ、第二審（札幌高判昭38・3・26高刑集16-4-299）は、組合の団結力を阻害しまたは反組合的な態度をもって立候補する者に対しても統制権が及ばないとするのは、必ずしも正当な見解といいがたいなどとして、無罪判決を言い渡した。そこで、検察官が上告した。

■参考条文（事件当時のもの）

労働組合法
第1条　この法律は、労働者が使用者との交渉において対等の立場に立つことを促進することにより労働者の地位を向上させること、労働者がその労働条件について交渉するために自ら代表者を選出することその他の団体行動を行うために自主的に労働組合を組織し、団結することを擁護すること並びに使用者と労働者との関係を規制する労働協約を締結するための団体交渉をすること及びその手続を助成することを目的とする。
第2条　この法律で「労働組合」とは、労働者が主体となつて自主的に労働条件の維持改善その他経済的地位の向上を図ることを主たる目的として組織する団体又はその連合団体をいう。但し、左の各号の一に該当するものは、この限りでない。
(1) 役員、雇入解雇昇進又は異動に関して直接の権限を持つ監督的地位にある労働者、使用者の労働関係についての計画と方針とに関する機密の事項に接し、そのためにその職務上の義務と責任とが当該労働組合の組合員としての誠意と責任とに直接にてい触する監督的地位にある労働者その他使用者の利益を代表する者の参加を許すもの
(2) 団体の運営のための経費の支出につき使用者の経理上の援助を受けるもの。但し、労働者が労働時間中に時間又は賃金を失うことなく使用者と協議し、又は交渉することを使用者が許すことを妨げるものではなく、且つ、厚生資金又は経済上の不幸若しくは災厄を防止し、若しくは救済するための支出に実際に用いられる福利その他の基金に対する使用者の寄附及び最小限の広さの事務所の供与を除くものとする。
(3) 共済事業その他福利事業のみを目的とするもの
(4) 主として政治運動又は社会運動を目的とするもの

公職選挙法
第10条　日本国民は、左の各号の区分に従い、それぞれ当該議員又は長の被選挙権を有する。
(1) 衆議院議員については年齢満25年以上の者
(2) 参議院議員については年齢満30年以上の者
(3) 都道府県の議会の議員についてはその選挙権を有する者で年齢満25年以上のもの
(4) 都道府県知事については年齢満30年以上の者
(5) 市町村の議会の議員についてはその選挙権を有する者で年齢満25年以上のもの
(6) 市町村長については年齢満25年以上の者
2　前項各号の年齢は、選挙の期日により算定する。
第225条　選挙に関し、次の各号に掲げる行為をした者は、4年以下の懲役若しくは禁錮又は7万5千円以下の罰金に処する。
(1) 選挙人、公職の候補者、公職の候補者となろうとする者、選挙運動者又は当選人に対し暴行若しくは威力を加え又はこれを拐引したとき。
(3) 選挙人、公職の候補者、公職の候補者となろうとする者、選挙運動者若しくは当選人又はその関係のある社寺、学校、会社、組合、市町村等に対する用水、小作、債権、寄附その他特殊の利害関係を利用して選挙人、公職の候補者、公職の候補者となろうとする者、選挙運動者又は当選人を威迫したとき。

Navigator

　本判決は、(1)労働組合の統制権の根拠を憲法28条とすること（団結権説）を明らかにした後、(2)労働組合が選挙で統一候補を決定することは組合の活動として許容されるとしつつ、組合の方針に反して立候補した組合員に対し、それを思いとどまるよう勧告ないし説得することが組合の統制権の行使として許されると判示する。そのうえで、(3)立候補の自由が憲法15条1項により保障されることを確認し、(4)労働組合の統制権が組合員の立候補の自由に優位することはなく、統制違反者として処分することは統制権の限界を超えるものとして許されないとした。

　このように、団体の目的や行為の趣旨などを検討する一方で、構成員の権利・利益の性質や規制の態様・程度を考察し、総合衡量によって団体の活動の限界を画する判断枠組みは、同種の民事事件である中里鉱業労組事件判決（判例①）や国労広島地本事件判決〔本書72事件〕に引き継がれている。さらに、国労広島地本事件判決の一部判断枠組みが、その後の南九州税理士会事件判決〔本書73事件〕で引用されており、本判決は、今日に至る団体と構成員の関係を調整する法理論の原型といえよう。

■判決の論理構造

①労働組合の統制権はどういう法的性質を有するのか	→一般の団体が目的に照らして合理的な範囲内で行使する統制権とは異なり、憲法28条の団結権に由来する。労働組合の団結権確保のために必要かつ合理的な範囲内において組合員を拘束する →労働組合は、本来、労働者と使用者間の団体交渉のために統制権を行使するのであるが、現実の政治・経済・社会機構のもとにおいて、労働者がその経済的地位の向上を図るための手段として、目的達成に必要な政治活動や社会活動を行うことを妨げられるものではなく、そうした場面でも統制権を行使しうる →もっとも、本来の目的とは異なる場面での統制権の行使にあたっては、それによって制約される権利の意義をふまえた考察が必要になる
②立候補の自由はどういう法的性質を有するのか	→憲法には明記されていないが、自由かつ公正な選挙の趣旨から、憲法15条1項によって保障される重要な権利であると解される
③労働組合の統制権は、組合員の立候補の自由との関係で、どのような限界を有するのか	→立候補の自由に対する制約は、特に慎重でなければならず、組合の団結を維持するための統制権の行使に基づく制約であっても、その必要性と立候補の自由の重要性とを比較衡量して、その許否を決すべきである →勧告または説得の域を超え、組合の方針に反して立候補をしようとする組合員に対し、これを断念するよう要求し、統制違反を理由に処分することは、組合の統制権の限界を超えて違法となる

■判決

○ 主　文

原判決中公訴事実第一の(一)の被告人佐藤幸男が昭和34年3月29日三井美唄鉱業所労働会館において公職の候補者となろうとするCを威迫したという点について検察官の控訴を棄却した部分を除き、その余を破棄する。

右破棄部分に関する本件を札幌高等裁判所に差し戻す。

前記公訴事実第一の(一)の点に関する本件上告を棄却する。

○ 理　由

検察官井本台吉の上告趣意第一点について。

[1] 所論は、原判決は憲法28条、15条1項の解釈を誤り、労働組合の統制権の範囲を不当に拡張し、かつ、立候補の自由を不当に軽視し、よって労働組合が右自由制限し得るものとした違法がある、というにある❶。

[2] (1) おもうに、労働者の労働条件を適正に維持し、かつ、これを改善することは、憲法25条の精神に則り労働者に人間に値いする生存を保障し、さらに進んで、一層健康で文化的な生活への途を開くだけでなく、ひいては、その労働意欲を高め、国の産業の興隆発展に寄与するゆえんでもある。然るに、労働者がその労働条件を適正に維持し改善しようとしても、個々にその使用者たる企業者に対していたのでは、一般に企業者の有する経済的実力に圧倒され、対等の立場においてその利益を主張し、これを貫徹することは、困難である。そこで、労働者は、多数団結して労働組合等を結成し、その団結の力を利用して必要かつ妥当な団体行動をすることによって、適正な労働条件の維持改善を図っていく必要がある。憲法28条は、この趣旨において、企業者対労働者、すなわち、使用者対被使用者という関係に立つ者の間において、経済上の弱者である労働者のために、団結権、団体交渉権および団体行動権（いわゆる労働基本権）を保障したものであり、如上の趣旨は、当裁判所のつとに判例とするところである（最判昭和22年（れ）第319号、同24年5月18日大法廷判決、刑集3巻6号772頁）。そして、労働組合法は、憲法28条の定める労働基本権の保障を具体化したもので、その目的とするところは、「労働者が使用者との交渉において対等の立場に立つことを促進することにより労働者の地位を向上させること、労働者がその労働条件について交渉するために自ら代表者を選出することその他の団体行動を行うために自主的に労働組合を組織し、団結することを擁護すること並びに使用者と労働者との関係を規制する労働協約を締結するための団体交渉をすること及びその手続を助成すること」にある（労働組合法1条1項）❷。

[3] 右に述べたように、労働基本権を保障する憲法28条も、さらに、これを具体化した労働組合法も、直接には、労働者対使用者の関係を規制することを目的としたものであり、労働者の使用者に対する労働基本権

❶【1】では、検察官の上告理由の第一を述べている。原判決は、組合員の立候補の自由に対して「通例統制権はおよばない」としつつも、「組合の団結力を阻害しまたは反組合的な態度をもって立候補しようと」する者に対して例外的に統制権が及ぶ余地を認めている。これに対して、検察官は「統制権の範囲を不当に拡張」していると指摘する。

❷【2】では、憲法28条において労働基本権が保障される背景を憲法25条の精神にさかのぼって説明し、労働者が団結して企業者と対等に交渉することで、適正な労働条件の維持改善を図る必要性を判示する。そして、これを具体的した労組法の趣旨について一般論を示している。

を保障するものにほかならない。ただ、労働者が憲法28条の保障する団結権に基づき労働組合を結成した場合において、その労働組合が正当な団体行動を行なうにあたり、労働組合の統一と一体化を図り、その団結力の強化を期するためには、その組合員たる個々の労働者の行動についても、組合として、合理的な範囲において、これに規制を加えることが許されなければならない（以下、これを組合の統制権とよぶ。）およそ、組織的団体においては、一般に、その構成員に対し、その目的に即して合理的な範囲内での統制権を有するのが通例であるが、憲法上、団結権を保障されている労働組合においては、その組合員に対する組合の統制権は、一般の組織的団体のそれと異なり、労働組合の団結権を確保するために必要であり、かつ、合理的な範囲内においては、労働者の団結権保障の一環として、憲法28条の精神に由来するものということができる。この意味において、憲法28条による労働者の団結権保障の効果として、労働組合は、その目的を達成するために必要であり、かつ、合理的な範囲内において、その組合員に対する統制権を有するものと解すべきである❸。

[4]　(2)　ところで、労働組合は、元来、「労働者が主体となつて自主的に労働条件の維持改善その他経済的地位の向上を図ることを主たる目的として組織する団体又はその連合団体」である（労働組合法2条）。そして、このような労働組合の結成を憲法および労働組合法で保障しているのは、社会的・経済的弱者である個々の労働者をして、その強者である使用者との交渉において、対等の立場に立たせることにより、労働者の地位を向上させることを目的とするものであることは、さきに説示したとおりである。しかし、現実の政治・経済・社会機構のもとにおいて、労働者がその経済的地位の向上を図るにあたつては、単に対使用者との交渉においてのみこれを求めても、十分にはその目的を達成することができず、労働組合が右の目的をより十分に達成するための手段として、その目的達成に必要な政治活動や社会活動を行なうことを妨げられるものではない❹。

[5]　この見地からいつて、本件のような地方議会議員の選挙にあたり、労働組合が、その組合員の居住地域の生活環境の改善その他生活向上を図るうえに役立たしめるため、その利益代表を議会に送り込むための選挙活動をすること、そして、その一方策として、いわゆる統一候補を決定し、組合を挙げてその選挙運動を推進することは、組合の活動として許されないわけではなく、また、統一候補以外の組合員であえて立候補しようとするものに対し、組合の所期の目的を達成するため、立候補を思いとどまるよう勧告または説得することも、それが単に勧告または説得にとどまるかぎり、組合の組合員に対する妥当な範囲の統制権の行使にほかならず、別段、法の禁ずるところとはいえない。しかし、このことから直ちに、組合の勧告または説得に応じないで個人的に立候補した組合員に対して、組合の統制をみだしたものとして、何らかの処分をすることができるかどうかは別個の問題である。この問題に応えるためには、まず、立候補の自由の意義を考え、さらに、労働組合の組合員に対する統制権と立候補の自由との関係を検討する必要がある❺。

[6]　(3)　憲法15条1項は、「公務員を選定し、及びこれを罷免することは、国民固有の権利である。」と規定し、選挙権が基本的人権の一つであることを明らかにしているが、被選挙権または立候補の自由については、特に明記するところはない。ところで、選挙は、本来、自由かつ公正に行なわれるべきものであり、このことは、民主主義の基盤をなす選挙制度の目的を達成するための基本的要請である。この見地から、選挙人は、自由に表明する意思によつてその代表者を選ぶことにより、自ら国家（または地方公共団体等）の意思の形成に参与するのであり、誰を選ぶかも、元来、選挙人の自由であるべきであるが、多数の選挙人の存する選挙においては、これを各選挙人の完全な自由に放任したのでは選挙の目的を達成することが困難であるため、公職選挙法は、自ら代表者になろうとする者が自由な意思で立候補し、選挙人は立候補者の中から自己の希望する代表者を選ぶという立候補制度を採用しているわけである。したがつて、もし、被選挙権を有し、選挙に立候補しようとする者がその立候補について不当に制約を受けるようなことがあれば、そのことは、ひいては、

❸　**[3]** では、労働組合の統制権の意義とその根拠について論じている。そもそも憲法28条は、労働者対使用者の関係を規律することを直接の目的としているが、労働者が団結権を行使して結成した労働組合が目的を達成する必要上、個々の組合員の行動を規制する組合の権利（統制権）の根拠となり、労働者間の関係をも規律するのである。ここであえて「（労）組合の統制権」というように、他の団体の一般的な「統制権」とは区別している点に注意しなければならない。この点、労働組合の統制権の根拠について、「団体固有権説」と「団結権説」とがあり、前者が一般的な団体に認められる内部統制権と同じであるとするのに対して、後者は加入が強制される度合いが強い労働組合にあって、一般の団体よりも強度の統制を必要とすることを憲法28条の団結権を根拠に認めるものである。判例は団結権説をとることを明らかにしたと評しうる（判解①149-150頁）。団結権保障を実効的にするためには、労働組合の統一と一体化を図り、団結力を強化する必要があり、そのために「その目的を達成するために必要であり、かつ、合理的な範囲内において」、個々の構成員に対する規制が許されると判示する。

❹　**[4]** と **[5]** では、労働組合の活動の範囲について論じている。というのも、選挙の統一候補の決定のような活動は、本来の労働組合の目的とは異なるからである。**[4]** では、本来の目的である労働者の地位向上のためには、「対使用者との交渉」だけでは十分ではないため、政治活動や社会活動を行うことがその目的を十分に達成するための手段として認められるとの一般論を示している。

なお、これは現実の政治・社会情勢等に照らして、統制権を団体交渉権の場面以外にも用いることを認めるための論法になっているが、団体本来の目的に限って活動範囲を認める考え方（権限踰越の法理）を採用せず、政治活動の自由を容認する点においては八幡製鉄事件判決〔本書68事件〕と共通するものがある。もっとも、八幡製鉄のような会社が社会の「構成単位たる社会的実在」として自然人同様の社会的政治的活動を期待されるのに対し、労働組合の場合は本来の目的との関連が強く意識されている点に違いがあることに留意しなければならない。本判決は、従来の判例を変更したものではなく、むしろ組合の統制権の根拠について民事事件・刑事事件を通じて最初に示した意義がある（判解①150頁）。

❺　**[5]** では、**[4]** の一般論をもとに、選挙運動の許容性について論じている。本判決は、労働組合が統一候補を決定し選挙運動を推進することや、組合の方針に反して立候補しようとする者に対して、立候補を思いとどまるよう「勧告または説得」することは許容されるとしている。しかし、組合の勧告または説得に応じない組合員を処分することができるかは別途検討が必要であるとする。そして、その限界を画するためには、構成員の立候補の自由との関係で別途考察をする必要があるとして、**[6]** 以下の検討につなげている。

選挙人の自由な意思の表明を阻害することとなり、自由かつ公正な選挙の本旨に反することとならざるを得ない。この意味において、立候補の自由は、選挙権の自由な行使と表裏の関係にあり、自由かつ公正な選挙を維持するうえで、きわめて重要である。このような見地からいえば、憲法15条1項には、被選挙権者、特にその立候補の自由について、直接には規定していないが、これもまた、同条同項の保障する重要な基本的人権の一つと解すべきである。さればこそ、公職選挙法に、選挙人に対すると同様、公職の候補者または候補者となろうとする者に対する選挙に関する自由を妨害する行為を処罰することにしているのである。（同法225条1項3号参照）❻。

【7】（4）さきに説示したように、労働組合は、その目的を達成するために必要な政治活動等を行なうことを妨げられるわけではない。したがつて、本件の地方議会議員の選挙にあたり、いわゆる統一候補を決定し、組合を挙げて選挙運動を推進することとし、統一候補以外の組合員で立候補しようとする組合員に対し、立候補を思いとどまるように勧告または説得することも、その限度においては、組合の政治活動の一環として、許されるところと考えてよい。また他面において、労働組合が、その団結を維持し、その目的を達成するために、組合員に対し、統制権を有することも、前叙のとおりである。しかし、労働組合が行使し得べき組合員に対する統制権には、当然、一定の限界が存するものといわなければならない。殊に、公職選挙における立候補の自由は、憲法15条1項の趣旨に照らし、基本的人権の一つとして、憲法の保障する重要な権利であるから、これに対する制約は、特に慎重でなければならず、組合の団結を維持するための統制権の行使に基づく制約であつても、その必要性と立候補の自由の重要性とを比較衡量して、その許否を決すべきであり、その際、政治活動に対する組合の統制権のもつ前叙のごとき性格と立候補の自由の重要性とを十分考慮する必要がある❼。

【8】　原判決の確定するところによると、本件労働組合員たるＣが組合の統一候補の選にもれたことから、独自に立候補する旨の意思を表示したため、被告人ら組合幹部は、Ｃに対し、組合の方針に従つて右選挙の立候補を断念するように再三説得したが、Ｃは容易にこれに応ぜず、あえて独自の立場で立候補することを明らかにしたので、ついに説得することを諦め、組合の決定に基づいて本件措置に出たというのである。このような場合には、統一候補以外の組合員で立候補しようとする者に対し、組合が所期の目的を達成するために、立候補を思いとどまるよう、勧告または説得をすることは、組合としても、当然なし得るところである。しかし、当該組合員に対し、勧告または説得の域を超え、立候補を取りやめることを要求し、これに従わないことを理由に当該組合員を統制違反者として処分するがごときは、組合の統制権の限界を超えるものとして、違法といわなければならない。然るに、原判決は、「労働組合は、その組織による団結の力を通して、組合員たる労働者の経済的地位の向上を図ることを目的とするものであり、この組合の団結力にこそ実に組合の生存がかかつているのであつて、団結の維持には統制を絶対に必要とすることを考えると、労働組合が右目的達成のための必要性から統一候補を立てるような方法によつて政治活動を行うような場合、その方針に反し、組合の団結力を阻害または反組合的な態度をもつて立候補しようとし、また立候補した組合員があるときにおいて、かかる組合員の態度、行動の如何を問わず、組合の統制権が何等およばないとすることは労働組合の本質に照らし、必ずしも正当な見解ともいい難い」として、本件統制権の発動は、不当なものとは認めがたく、本件行為はすべて違法性を欠くと判示している❽。

【9】　右判示の中には、労働組合がその行なう政治活動について、右のような強力な統制権を有することの根拠は明示していないが、「労働組合の本質に照し」て、右結論を引き出しているところからみれば、憲法28条に基づいて、労働組合の団結権およびその帰結としての統制権を導き出し、しかも、これを労働組合が行なう政治活動についても当然行使し得るものの見地に立っているものと解される。そうとすれば、右の解釈判断は、さきに説示したとおり、憲法の解釈を誤り、統制権を不当に拡張解釈したものとの非難を避けがたく、論旨は、結局、理由があるに帰し、原判決は、

❻【6】では、【5】の末尾でいう「立候補の自由の意義」について憲法15条1項との関係から論じている。立候補制を採用する法制度のもとでは、立候補に対する不当な制約が、選挙人の自由な意思の表明を阻害することになり、「自由かつ公正な選挙の本旨に反すること」になるから、公職選挙への立候補の自由が15条1項の保障する基本的人権の一つであると判示する。ちなみに、公選法に違反した者に対して選挙権および被選挙権を停止しても憲法14条等に違反しないと判示した最大判昭30・2・9刑集9-2-217の斎藤悠輔・入江俊郎両裁判官の意見では、被選挙権は権利ではなく権利能力であって、公務員になりうべき資格であるから、憲法上の固有の人権ではないとの趣旨が述べられていた。この点で、憲法上の権利であると明示した本判決の意義は大きい（判解①152頁）。

❼【7】では、【5】の末尾でいう「統制権と立候補の自由との関係」について論じている。
　ここでは、労働組合の選挙運動における統制権を認めつつも、立候補の自由に対する制約は特に慎重でなければならないとして、統制の必要性と立候補の自由の重要性とを比較衡量し、その許否を決すべきとの判断基準を示す。より具体的には、立候補の自由に対する制約の態様および程度と組合の目的や性質、活動の趣旨とを考察し、そのような立候補の自由への制約を正当化しうる程度に組合の統制権の必要性が認められるか否かを検討していると解される。

❽【8】では、【7】で示した判断基準に照らし、「当該組合員に対し、勧告または、説得の域を超え、立候補を取りやめることを要求し、これに従わないことを理由に当該組合員を統制違反者として処分するがごときは、組合の統制権の限界を超えるものとして、違法といわなければならない」との統制権の限界を示す。これをもとに、原判決の判示事項を挙げて、【9】での検討につなげる。なお、原判決も本判決と基本的な考え方に差異はないのだが、原判決が組合員の態度、行動によっては統制権の行使が認められる余地を残しているのに対し、本判決はそのような例外を一切認めない（判解①152頁）。
　本件Ｃは組合の要職を歴任し、前回選挙で他者に立候補を断念させて市議会議員に当選しており、また、組合の定める基準に合致しないということで一度は選考から外れることを了承したにもかかわらず、独自に立候補したという、組合の運営において看過できない背信的行為が存在したという点を重視し、原判決は統制権が及ぶ例外を設定したのである。

❾【9】では、原判決が、統制権を労働組合が行う政治活動・選挙運動の場面でも「当然に行使しうるもの」としており、【7】で示した判断基準を経ておらず、統制権を不当に拡張解釈していると断じている。

この点において、破棄を免れない❾。

同第二点について。

[10] 論旨は判例違反をいう。しかし、引用の判例のうち、昭和27年3月7日札幌高等裁判所の判決は、本件と類似した事件に関するものであるが、所論の点に関し、何ら判断を示しておらず、その余の各判例は、すべて事案を異にし、本件に適切でないから、論旨はいずれも前提を欠き、上告適法の理由にあたらない❿。

同第三点について。

[11] 論旨は、原判決は、刑法における違法性阻却事由に関する解釈を誤った法令の違反があるという。しかし、所論は、単なる法令違反の主張に帰し、上告適法の理由にあたらない⓫。

[12] なお、原判決中本件公訴事実第一の㈠の被告人佐藤幸男が昭和34年3月29日頃三井美唄鉱業所労働会館において公職の候補者となろうとするCを威迫したという点について検察官の控訴を棄却した部分に関する上告は、上告趣旨中に何らの主張がなく、したがつて、その理由がないことに帰するから、これを棄却することとし、原判決のその余の部分を破棄し、さらに審理を尽くさせるため、右破棄部分に関する本件を原裁判所に差し戻すこととする⓬。

[13] よって、公訴事実第一の㈠の点に関する部分につき、刑訴法414条、396条、その余の点につき、同法410条1項本文、405条、413条本文により、裁判官全員一致の意見で、主文のとおり判決する。
（裁判長裁判官　横田正俊　裁判官　入江俊郎　裁判官　奥野健一　裁判官　草鹿浅之介　裁判官　城戸芳彦　裁判官　石田和外　裁判官　田中二郎　裁判官　松田二郎　裁判官　岩田　誠　裁判官　下村三郎　裁判官　色川幸太郎　裁判官　大隅健一郎　裁判官　松本正雄　裁判官　飯村義美）

❿【10】では、判例違反を主張する検察官の上告趣意の第二を検討するが、その主張はすべて退けられている。判決文で挙げられた札幌高判昭27・3・7判特18-80は、事案は本件とほぼ同一であるが、事実誤認の有無の判断にとどまり、先例とならないと解される（判解①153頁）。

⓫【11】では、原判決の定立した規範が仮に認められるとして、適用段階における判断の誤りを主張する検察官の上告趣意の第三について触れているが、そもそも【9】において原判決の定立した規範が否定されているので、この点についての検討が不要となる。

⓬【12】では、最高裁が新たに定立した規範に基づいて事実認定を行わせるため、被告人Ｙらの無罪判決を破棄し、原審の札幌高裁に差し戻すことを示している。

補足説明　考慮すべき事情とすべきでない事情

第一審と原審とで判断が分かれたのは、本件特有の事情によるところが大きい。組合の方針に反して立候補したＣは、永く組合の役員を務め、統一候補を選出する方針について議論した大会に出席し、前回の選挙においては統一候補として当選していた。また、任期中に定年退職する者は原則として推薦しない旨の組合基準が定められており、Ｃはこれに該当するため、組合から推薦されないことを一旦了承していたという。その後にＣが不服を申し立て、説得したが応じなかったので、一般組合員に対する混乱を回避する必要があった。Ｃのような特異事例においても、組合の統制権が行使できなければ、労働組合の目的が達成できないと捉えるか、それでもＣの立候補の自由を重視するかで判断が分かれている。その点において、「かかる組合員の態度、行動の如何を問わず、組合の統制権が何等およばないとすることは労働組合の本質に照し、必ずしも正当な見解ともいい難い」と述べる原判決の意図は理解できなくもない。

ただ、本来の目的とは異なる場面での統制権が認められる程度は、団体の性質や本来の目的、制約される権利の性質・規制の程度・態様とも関連するものであるので、例外的とはいえ、労働組合の政治活動・選挙運動の場面でも強力な統制権を認める原判決は、やはり立候補の自由に対する考慮が不足していたといわざるをえない。

Questions

①事実関係の確認

問1　本事件は、刑事事件か民事事件か。▶【事案】

問2　公選法225条3号は何を規定しているか。▶【参考条文】

問3　Ｙらのいかなる行為が、いかなる法令の規定に違反しているのか。▶【事案】

問4　第一審判決および原審判決の結論はいかなるものか。▶【事案】

②判決の内容の確認

問5　検察官の上告趣意第一点目はどのようなものか。▶【1】

問6　本判決によれば、憲法28条が労働基本権を保障する趣旨はいかなるものか。▶【2】

問7　本判決によれば、労組法の目的は何か。また、憲法28条との関係はどのようなものか。▶【2】

問8　本判決によれば、憲法28条は何と何との関係を規律することを直接の目的としているか。▶【2】

問9　本判決によれば、労働組合の統制権とは何か。また、その他の団体の統制権と何らかの違いがあるか。▶【3】

問10　本判決によれば、労働組合の本来の目的は何か。また、そこから外れる政治活動や社会活動を行うことは、どのような理由により許容されるのか。▶【4】

問11　本判決によれば、労働組合の方針に反して、地方選挙に立候補しようとする組合員に対して、勧告または説得を行うことは許されるか。▶【5】

問12　本判決は、労働組合の方針に反して、地方選挙に立候補しようとする組合員が勧告または説得に応じない場合、組合の統制を乱したものとして何らかの処分が可能かどうかを判断するために何を検討する必要があるとしているか。▶【5】

問13　憲法は立候補の自由を明文で保障しているか。▶【6】

問14　本判決は、選挙人が代表者を選ぶ自由と立候補制度との関係をどのように述べているか。▶【6】

問15　本判決は、立候補の自由について、どのような理由から何条によって憲法上保障されると述べているか。▶【6】

問16　本判決は、どのような判断基準により、組合の統制権行使として組合員の立候補の自由を制約することの許否を決すべきとしているか。▶【7】

問17　本判決はどのような統制権行使を違法になるとしているか。▶【8】

問18　原判決は、組合の方針に反して立候補した組合員のうち、いかなる者に対して組合の統制権の一環として処分をすることが可能であるとしているか。また、本判決との判断の違いはどこにあるか。▶【8】【補足説明】

問19　本判決によって、原判決のいかなる部分が憲法解釈を誤ったものとされているか。▶【9】

問20　検察官の上告趣意第二点目はどのようなものか。それに対して、本判決はどのような判断を示しているか。▶【10】

問21　検察官の上告趣意第三点目はどのようなものか。それに対して、本判決はどのような判断を示しているか。▶【11】

第22　本事件に対して、どのような最高裁の判決が出されたのか。▶【12】【13】

③応用問題

問23　本件のCが組合の処分に対して民事訴訟を起こすとしたら、どのような訴訟において、いかなる主張をすると考えられるか。▶判例①、判例②、判例③

○ **関連判例**（本書所収以外のもの）
最判昭和44年5月2日集民95号257頁［中里鉱業労組事件］（判例①）
山口地判昭和37年1月16日労民集13巻1号1頁［宇部曹達労組事件］（判例②）
松山地西条支判昭和39年7月15日労民集15巻4号852頁［倉敷レイヨン労組事件］（判例③）

○ **本判決の調査官解説**
海老原震一「判解」法曹時報21巻5号（1969年）141頁（判解①）

○ **その他の判例解説・判例批評**
平出禾「判解」警察研究41巻8号（1970年）123頁
大山宏「判解」法学（東北大学法学会）34巻2号（1970年）147頁
山口浩一郎「判解」季刊労働法72号（1969年）159頁
籾井常喜「判解」季刊労働法73号（1969年）190頁
木村俊夫「判批」憲法判例百選Ⅱ［第6版］（2013年）318頁

○ **参考文献**
榎透「労働組合と組合員との間に生じる人権問題に関する一考察―その判断枠組みと労働組合の統制権」専修法学論集122号（2014年）73頁

72 国労広島地本事件

最高裁昭和50年11月28日第三小法廷判決
昭和48年(オ)第499号：組合費請求事件
民集29巻10号1698頁

事案

日本国有鉄道の従業員で構成されるX労働組合（原告、控訴人＝附帯被控訴人、上告人）は、臨時組合費を徴収する決議を行っていたが、当時組合員であったY（被告、被控訴人＝附帯控訴人、被上告人）がこれらを納付していなかったことから、その支払を求めて訴えを提起した。本事件で問題となる臨時組合費は、①他の労働組合の活動を支援するための「炭労資金」、②Xが実施した安保反対闘争により法的不利益を受けた組合員を救援するための「安保資金」、③総選挙に際しX出身の候補者を支援するために所属政党に寄付するための「政治意識昂揚資金」である。

第一審（広島地判昭42・2・20判時486-72）、控訴審（広島高判昭48・1・25判時710-102）ともに、本件臨時組合費が対象とする活動は、いずれも労働組合の目的の範囲外の行為であるとして請求を退けたため、Xが最高裁に上告した。

■参考条文（事件当時のもの）

労働組合法
第2条 この法律で「労働組合」とは、労働者が主体となつて自主的に労働条件の維持改善その他経済的地位の向上を図ることを主たる目的として組織する団体又はその連合団体をいう。但し、左の各号の一に該当するものは、この限りでない。
(1) 役員、雇入解雇昇進又は異動に関して直接の権限を持つ監督的地位にある労働者、使用者の労働関係についての計画と方針とに関する機密の事項に接し、そのためにその職務上の義務と責任とが当該労働組合の組合員としての誠意と責任とに直接にてい触する監督的地位にある労働者その他使用者の利益を代表する者の参加を許すもの
(2) 団体の運営のための経費の支出につき使用者の経理上の援助を受けるもの。但し、労働者が労働時間中に時間又は賃金を失うことなく使用者と協議し、又は交渉することを使用者が許すことを妨げるものではなく、且つ、厚生資金又は経済上の不幸若しくは災厄を防止し、若しくは救済するための支出に実際に用いられる福利その他の基金に対する使用者の寄附及び最小限の広さの事務所の供与を除くものとする。
(3) 共済事業その他福利事業のみを目的とするもの
(4) 主として政治運動又は社会運動を目的とするもの

Navigator

本判決は、労働組合の目的の範囲と組合員の協力義務との関係について、①まず組合員には組合規約に従って組合費を納入する義務があることを確認しつつも、その義務は無制限ではなく、目的達成のために必要な団体活動の範囲に限定されることを示す。もっとも、②労働組合の活動は、労働者の労働条件の維持改善その他経済的地位の向上を図るという本来の目的を超え、社会の変化とその中における労働組合の意義や機能の変化に伴って活動内容の拡大と多様化の傾向をみることができると指摘する。それにより、③組合による統制の範囲も拡大するため、組合員が一個の市民または人間として有する自由や権利と矛盾衝突する場合が生じるが、これについては、格別の立法上の規制がないとしても、「問題とされている具体的な組合活動の内容・性質、これについて組合員に求められる協力の内容・程度・態様等を比較考量し」、判断すべきことを一般論として判示する。そのうえで、本件臨時組合費の各資金について検討を加えている。

■判決の論理構造

一般的な判断枠組み	組合員は、労働組合の決議事項に協力する義務がある	→	ただし、目的達成のために必要な団体活動の範囲に限定される
	本来の労働組合の活動は、労使交渉を通じた労働者の労働条件の改善などの経済的活動である	→	しかし、今日ではそれを超えて、本来の目的に関連する様々な社会的・政治的活動なども行われている
	事実上の強制加入団体たる性質を有する労働組合が、活動領域を拡大するに伴い、構成員個人の権利・利益との矛盾衝突が生じうる	→	問題とされている具体的な組合活動の内容・性質、これについて組合員に求められる協力の内容・程度・態様等を比較考量し判断すべき
本件臨時組合費の各資金へのあてはめ	炭労資金	→	労働組合が連帯して活動するのは当然であり、他の労組に支援をすることも許容される
	安保資金	→	労働組合の政治的活動そのものへの参加・支持を強制するものではなく、共済活動として組合員を支援するにすぎないから許容される
	政治意識昂揚資金	→	政党への寄付を強要するものであり、許容されない

判　決

○ 主　文

上告人の本訴請求中、被上告人らに対しそれぞれ第一審判決添付第二目録の「㈹炭労資金」欄記載の金員（単位は円。以下同じ。）、「㈻安保資金」欄記載の金員及び「㈼春闘資金」欄記載の金員中30円並びにこれらに対する昭和37年7月8日から完済に至るまで年5分の割合による金員の支払を求める部分につき、原判決を破棄し、第一審判決を取り消す。

被上告人らは上告人に対し、それぞれ右目録の「㈹炭労資金」欄記載の金員、「㈻安保資金」欄記載の金員及び「㈼春闘資金」欄記載の金員中30円並びにこれらに対する昭和37年7月8日から完済に至るまで年5分の割合による金員の支払をせよ。

上告人のその余の上告を棄却する。

訴訟の総費用中、上告人と被上告人泉光義、同崎前隆、同西元善一との間に生じた分は同被上告人らの負担とし、上告人とその余の被上告人らとの間に生じた分はこれを十分し、その一を上告人の負担とし、その余を同被上告人らの負担とする。

○ 理　由

上告代理人大野正男、同西田公一、同外山佳昌の上告状記載の上告理由及び上告理由書記載の上告理由について

[1] 一　原判決によれば、上告組合がその組合員から徴収することを決定した本件各臨時組合費のうち、(1) 原判示の炭労資金350円（組合員一人あたりの額。以下同じ。）及び春闘資金中の30円は、上告組合が日本炭鉱労働組合（以下「炭労」という。）の三井三池炭鉱を中心とする企業整備反対闘争を支援するための資金、(2) 原判示の安保資金50円は、昭和35年に行われたいわゆる安保反対闘争により上告組合の組合員多数が民事上又は刑事上の不利益処分を受けたので、これら被処分者を救援するための資金（ただし、右資金は、いつたん上部団体である日本労働組合総評議会に上納され、他組合からの上納金と一括されたうえ、改めて救援資金として上告組合に配分されることになつていた。）、(3) 原判示の政治意識昂揚資金20円は、上告組合が昭和35年11月の総選挙に際し同組合出身の立候補者の選挙運動を応援するために、それぞれの所属政党に寄付する資金である、というのである。本件は、上告組合がその組合員であつた被上告人らに対して右各臨時組合費の支払を請求する事案であるが、原審は、労働組合は組合員の労働条件の維持改善その他経済的地位の向上という目的の遂行のために現実に必要な活動についてのみ組合員から臨時組合費を徴収することができるとの見解を前提としたうえ、右(1)については、上告組合が炭労の企業整備反対闘争を支援することは右目的の範囲外であるとし、(2)については、いわゆる安保反対闘争自体が右目的の達成に必要な行為ではないから、これに参加して違法行為をしたことにより処分を受けた組合員を救援することも目的の範囲を超えるものであるとし、更に、(3)については、選挙応援資金の拠出を強制することは組合員の政治的信条の自由に対する侵害となるから許されないとし、結局、右いずれの臨時組合費の徴収決議も法律上無効であつて、被上告人らにはこれを納付する義務がない、と判断している❶。

[2] 　論旨は、要するに、原審の前提とした労働組合の目的の範囲に関する一般的判断につき民法43条、労働組合法2条、上告組合規約3条、4条の解釈適用の誤り及び理由齟齬の違法を主張するとともに、右(1)に関する判断には、同組合規約3条、4条の解釈適用を誤り、社会通念及び経験則に違反した違法、同(2)に関する判断には、憲法28条、労働組合法2条、同組合規約3条、4条の解釈適用を誤り、条理及び判例に違反した違法、同(3)に関する判断には、憲法19条、21条、28条、労働組合法2条、民法90条の解釈適用を誤り、条理及び判例に違反した違法がある、というのである❷。

[3] 　二　思うに、労働組合の組合員は、組合の構成員として留まる限り、組合

---

❶【1】では、本判決に至る事実および経過について述べている。本件臨時組合費に係る各資金の内容説明をし、第一審および原審で、いずれも団体の目的の範囲を超える活動に対する資金であって、決議に法的拘束力がないとの判断が示されたことを紹介する。なお、本件と原審を同じくするのが別件判決（判例③）である。原判決に対して、Xからの上告に係るものが本件判決であり、Yからの上告に係るものが別件判決である。ちなみに別件判決では、①一般組合費が月単位で定められているときは、月の途中で脱退しても、月額全部の納付義務を免れないこと、②臨時組合費につき、情況いかんによっては違法な争議行為の費用にあてられるかもしれないという程度の未必的可能性があるにとどまる場合、または全体としては違法性のない行為を主に計画、遂行するためのものであって、一部違法な闘争活動の費用が一体として徴収される場合には納付義務を免れないこと、③違法な争議行為により民事上または刑事上の不利益処分を受けた組合員を救援する費用として徴収する臨時組合費については、納付義務を免れないことが判示された。

❷【2】では、上告人であるX労働組合の主張を示している。Xは、原判決が、労働組合の目的の範囲に関する一般的判断について民法43条、労組法2条などの解釈適用を誤っており、また、臨時組合費の各資金についても憲法28条、民法90条、労組法2条などの関連法規の解釈適用を誤っているなどと主張する。

が正規の手続に従って決定した活動に参加し、また、組合の活動を妨害するような行為を避止する義務を負うとともに、右活動の経済的基礎をなす組合費を納付する義務を負うものであるが、これらの義務（以下「協力義務」という。）は、もとより無制限のものではない。労働組合は、労働者の労働条件の維持改善その他経済的地位の向上を図ることを主たる目的とする団体であつて、組合員はかかる目的のための活動に参加する者としてこれに加入するのであるから、その協力義務も当然に右目的達成のために必要な団体活動の範囲に限られる。しかし、いうまでもなく、労働組合の活動は、必ずしも対使用者との関係において有利な労働条件を獲得することのみに限定されるものではない。労働組合は、歴史的には、使用者と労働者との間の雇用関係における労働者側の取引力の強化のために結成され、かかるものとして法認されてきた団体ではあるけれども、その活動は、決して固定的ではなく、社会の変化とそのなかにおける労働組合の意義や機能の変化に伴つて流動発展するものであり、今日においては、その活動の範囲が本来の経済的活動の域を超えて政治的活動、社会的活動、文化的活動など広く組合員の生活利益の擁護と向上に直接間接に関係する事項にも及び、しかも更に拡大の傾向を示しているのである。このような労働組合の活動の拡大は、そこにそれだけの社会的必然性を有するものであるから、これに対して法律が特段の制限や規制の措置をとらない限り、これらの活動そのものをもつて直ちに労働組合の目的の範囲外であるとし、あるいは労働組合が本来行うことのできない行為であるとすることはできない❸。

[4]　しかし、このように労働組合の活動の範囲が広く、かつ弾力的であるとしても、そのことから、労働組合がその目的の範囲内においてするすべての活動につき当然かつ一様に組合員に対して統制力を及ぼし、組合員の協力を強制することができるものと速断することはできない。労働組合の活動が組合員の一般的要請にこたえて拡大されるものであり、組合員としてもある程度まではこれを予想して組合に加入するのであるから、組合からの脱退の自由が確保されている限り、たとえ個々の場合に組合の決定した活動に反対の組合員であつても、原則的にはこれに対する協力義務を免れないというべきであるが、労働組合の活動が前記のように多様化するにつれて、組合による統制の範囲も拡大し、組合員が一個の市民又は人間として有する自由や権利と矛盾衝突する場合が増大し、しかも今日の社会的条件のもとでは、組合に加入していることが労働者にとつて重要な利益で、組合脱退の自由も事実上大きな制約を受けていることを考えると、労働組合の活動として許されたものであるというだけで、そのことから直ちにこれに対する組合員の協力義務を無条件で肯定することは、相当でないというべきである。それゆえ、この点に関して格別の立法上の規制が加えられていない場合でも、問題とされている具体的な組合活動の内容・性質、これについて組合員に求められる協力の内容・程度・態様等を比較考量し、多数決原理に基づく組合活動の実効性と組合員個人の基本的利益の調和という観点から、組合の統制力とその反面としての組合員の協力義務の範囲に合理的な限定を加えることが必要である❹。

[5]　そこで、以上のような見地から本件の前記各臨時組合費の徴収の許否について判断する❺。

三　炭労資金（春闘資金中 30 円を含む。）について

[6]　右資金は、上告組合自身の闘争のための資金ではなく、他組合の闘争に対する支援資金である。労働組合が他の友誼組合の闘争を支援する諸活動を行うことは、しばしばみられるところであるが、労働組合ないし労働者間における連帯と相互協力の関係からすれば、労働組合の目的とする組合員の経済的地位の向上は、当該組合かぎりの活動のみによってではなく、広く他組合との連帯行動によつてこれを実現することが予定されているのであるから、それらの支援活動は当然に右の目的と関連性をもつものと考えるべきであり、また、労働組合においてそれをすることがなんら組合員の一般的利益に反するものでもないのである。それゆえ、右支援活動をするかどうかは、それが法律上許されない等特別の場合でない限り、専ら当該組合が自主的に判断すべき政策問題であつて、多数決によりそれが決定された場合には、これに対する組合員の協力義務を否

❸　[3]から[5]では、労働組合の統制権と組合員の協力義務の範囲について判断する際の一般的枠組みを示している。[3]では、まず組合費納付義務等、労働組合の組合員に課せられる義務の範囲について、「目的達成のために必要な団体活動の範囲に限られる」としている。ただ、労働組合の活動は、労使交渉を通じて労働者の労働条件を改善していくという本来的目的に限定されず、「広く組合員の生活利益の擁護と向上に直接間接に関係する事項」にまで拡大・多様化しており、それらも社会的必然性を有するものであるから「直ちに労働組合の目的の範囲外」とすることはできない。これに対して、原判決は組合の目的の範囲を狭く限定しており、「原判決のような考え方は、社会的存在としての労働組合の性格に適しないものというべきであろう」（判解①588頁）。

❹　[4]では、[3]で示された労働組合の目的の範囲の拡張に対して、構成員個人の権利・利益を擁護すべき観点を示す。すなわち、労働組合の活動領域が拡大すれば、その構成員に対する統制の必要も新たに生じてくるが、それにより構成員個人に政治的・社会的活動を強制することになることから、本来の活動と同等の統制権を労働組合に認めるわけにはいかないのである。特に、労働組合が組合員の生活基盤と密接に関係し、「組合脱退の自由も事実上大きな制約を受けている」という事実上の強制加入団体性に着目する必要がある。そこで、「多数決原理に基づく組合活動の実効性と組合員個人の基本的利益の調和」のため、「問題とされている具体的な組合活動の内容・性質、これについて組合員に求められる協力の内容・程度・態様等を比較考量」すべきとの判断枠組みを示している。このように、三井美唄炭鉱労組事件判決〔本書 71 事件〕と同様、まず第 1 段階で団体の目的の範囲に含まれるかどうかを判断し、第 2 段階として協力義務の有無の判断をする構成をとっている。なお、本判決は八幡製鉄事件判決〔本書 68 事件〕と異なり、目的の範囲内か否かを判断する基準を示していないとの指摘には注意が必要である（判批①321頁）。

❺　[5]は、以後のあてはめにつなげる部分である。[4]で示された「比較考量」に関しては、本件の別件判決（判例③）における「組合の目的と関連する活動については、できるだけ組合の自主的判断に基づく政策決定を尊重し、それが組合員個人の基本的な権利利益を著しく不当に侵害するものでない限り、多数決原理を優先させていくという考え方が基本になっていることは明らか」（文献①575頁）という調査官解説と同じ評価がなしうる。

❻　[6]から[8]では、他の労働組合に対する支援資金である「炭労資金」について検討する。[6]では、労働組合が、「他組合との連帯行動」によって組合員の経済的地位の向上を実現することは予定されており、それらの支援活動は本来の目的と当然に関連性を有するなどとして、それが法律上許されない等特別の場合を除き、組合員の協力義務を肯定する。なお、国労四国地本事件（判例②）において、最高裁は、支援資金等に含まれ

定すべき理由はない。右支援活動の一環としての資金援助のための費用の負担についても同様である❻。

[7]　のみならず、原判決は、本件支援の対象となった炭労の闘争が、石炭産業の合理化に伴う炭鉱閉鎖と人員整理を阻止するため、使用者に対して企業整備反対の闘争をすると同時に、政府に対して石炭政策転換要求の闘争をすることを内容としたものであって、右石炭政策転換闘争において炭労が成功することは、当時上告組合自身が行っていた国鉄志免炭鉱の閉山反対闘争を成功させるために有益であったとしながら、本件支援資金が、炭労の右石炭政策転換闘争の支援を直接目的としたものでなく、主としてその企業整備反対闘争を支援するための資金であったことを理由に、これを拠出することが上告組合の目的達成に必要なものではなかったと判断しているのであるが、炭労の前記闘争目的から合理的に考えるならば、その石炭政策転換闘争と企業整備反対闘争とは決して無関係なものではなく、企業整備反対闘争の帰すうは石炭政策転換闘争の成否にも影響するものであったことがうかがわれるのであり、そうである以上、直接には企業整備反対闘争を支援するための資金であっても、これを拠出することが石炭政策転換闘争の支援につながり、ひいて上告組合自身の前記闘争の効果的な遂行に資するものとして、その目的達成のために必要のないものであったとはいいがたいのである❼。

[8]　してみると、前記特別の場合にあたるとは認められない本件において、被上告人らが右支援資金を納付すべき義務を負うことは明らかであり、これを否定した原審及び第一審の判断は誤りというほかなく、その違法をいう論旨は理由がある❽。

　　四　**安保資金について**

[9]　右資金は、いわゆる安保反対闘争に参加して処分を受けた組合員を救援するための資金であるが、後記五の政治意識昂揚資金とともに、労働組合の政治的活動に関係するので、以下においては、まず労働組合の政治的活動に対する組合員の協力義務について一般的に考察し、次いで右政治的活動による被処分者に対する救援の問題に及ぶこととする❾。

[10]　1　既に述べたとおり、労働組合が労働者の生活利益の擁護と向上のために、経済的活動のほかに政治的活動をも行うことは、今日のように経済的活動と政治的活動との間に密接ないし表裏の関係のある時代においてはある程度まで必然的であり、これを組合の目的と関係のない行為としてその活動領域から排除することは、実際的でなく、また当を得たものでもない。それゆえ、労働組合がかかる政治的活動をし、あるいは、そのための費用を組合基金のうちから支出すること自体は、法的には許されたものというべきであるが、これに対する組合員の協力義務をどこまで認めうるかについては、更に別個に考慮することを要する❿。

[11]　すなわち、一般的にいえば、政治的活動は一定の政治的思想、見解、判断等に結びついて行われるものであり、労働組合の政治的活動の基礎にある政治的思想、見解、判断等は、必ずしも個々の組合員のそれと一致するものではないから、もともと団体構成員の多数決に従つて政治的行動をすることを予定して結成された政治団体とは異なる労働組合としては、その多数決による政治的活動に対してこれと異なる政治的思想、見解、判断等をもつ個々の組合員の協力を義務づけることは、原則として許されないと考えるべきである。かかる義務を一般的に認めることは、組合員の個人としての政治的自由、特に自己の意に反して一定の政治的態度や行動をとることを強制されない自由を侵害することになるからである⓫。

[12]　しかしながら、労働組合の政治的活動とそれ以外の活動とは実際上しかく截然と区別できるものではなく、一定の行動が政治的活動であると同時に経済的活動としての性質をもつことは稀ではないし、また、それが政治的思想、見解、判断等と関係する度合いも必ずしも一様ではない。したがつて、労働組合の活動がいささかでも政治的性質を帯びるものであれば、常にこれに対する組合員の協力を強制することができないと解することは、妥当な解釈とはいいがたい。例えば、労働者の権利利益に直接関係する立法や行政措置の促進又は反対のためにする活動のごときは、政治的活動としての一面をもち、そのかぎりにおいて組

る水俣病患者救済資金について、「一の社会的存在としての労働組合が右救済のような活動を行うことは、今日における組合の社会的役割に照らしてもとより是認されるべき」とし、かかる資金拠出が「間接ではあつても、組合の目的遂行のために必要なもの」であり、費用徴収の決議が組合員を拘束すると判示している。

❼　【7】では、炭労資金と石炭政策転換闘争との関連を認めない原判決の認定を否定している。これに対して、天野反対意見は、組合員の利益となる具体的蓋然性がなかったとする原審の認定を挙げつつ、多数意見が「具体的な根拠を示すことなく」関連性を断定するものと批判をする。この差は、【6】で示された「組合の自主的判断」をどの程度尊重して、司法審査を及ぼすかによって生じてくる。

❽　【8】では、本件事例へのあてはめの結果から導き出される結論を述べる。炭労資金については、原判決を否定して、組合員の納付義務を認めている。なお、本件では問題となっていないが、国労四国地本事件控訴審（判例④）では、同趣旨の「炭労カンパ」について、「金額的にみても組合の目的の範囲から逸脱するほどのものではない」としており、群馬司法書士会事件（判例①）の反対意見で問題にされたように、金額の多寡も考慮要素となりうる点に留意すべきである。

❾　【9】から【15】は、組合の方針に従って安保反対闘争に参加し、処分を受けた組合員を救援するための「安保資金」について検討する。ただし、労働組合の政治的活動という点で後述の「政治意識昂揚資金」と論点が共通するため、まず一般的な組合員の協力義務について述べ、次いで本件安保資金について言及するとしている。なお、安保資金がいう「処分」には、X が岸内閣の退陣と国会解散を求めて、3回にわたり時限ストなどの闘争を行った結果、公共企業体等労働関係法17条、日本国有鉄道法31条に違反したとして、X の組合員が受けた解雇などの懲戒処分や刑事訴追が含まれる。

❿　【10】は、【3】で述べた労働組合の活動の拡大と政治的活動との関係について触れ、労働組合の政治的活動およびそれに伴う支出を是認しつつも、これに伴う組合員の協力義務については、【11】以下に考察を譲る。なお、支出の是認に関しては、八幡製鉄事件判決〔本書68事件〕と並び、政治献金が「直ちに目的外の支出にはならないことを明らかにしたものとして注目される」（判解①590頁）。

⓫　【11】では、労働組合が政治団体と異なり、組合の政治活動の基礎にある政治的思想、見解、判断等が、個々の組合員と必ずしも一致するものではないから、多数決で政治的活動に組合員の協力を一般的に義務づけることは原則として許されないとする。

⓬　【12】では、多少でも政治的性質を帯びるからといって、一律に組合員への協力を強制することができないと解するのは妥当ではないと述べ、【11】で示した原則を相対化する。すなわち、個別にみると、一見政治的であっても、労働者の権利利益に直接関係する活動もあり、その場合は、組合員に協力を義務づけても政治的自由に対する制約は軽微であるとして、労働組合の自主的な決定を優先させている。

合員の政治的思想、見解、判断等と全く無関係ではありえないけれども、それとの関連性は稀薄であり、むしろ組合員個人の政治的立場の相違を超えて労働組合本来の目的を達成するための広い意味における経済的活動ないしはこれに付随する活動であるともみられるものであって、このような活動について組合員の協力を要求しても、その政治的自由に対する制約の程度は極めて軽微なものということができる。それゆえ、このような活動については、労働組合の自主的な政策決定を優先させ、組合員の費用負担を含む協力義務を肯定すべきである⓬。

【13】　これに対し、いわゆる安保反対闘争のような活動は、究極的にはなんらかの意味において労働者の生活利益の維持向上と無縁ではないとしても、直接的には国の安全や外交等の国民的関心事に関する政策上の問題を対象とする活動であり、このような政治的要求に賛成するか反対するかは、本来、各人が国民の一人としての立場において自己の個人的かつ自主的な思想、見解、判断等に基づいて決定すべきことであるから、それについて組合の多数決をもって組合員を拘束し、その協力を強制することを認めるべきではない。もっとも、この種の活動に対する費用負担の限度における協力義務については、これによって強制されるのは一定額の金銭の出捐だけであって、問題の政治的活動に関してはこれに反対する自由を拘束されるわけではないが、たとえそうであるとしても、一定の政治的活動の費用としてその支出目的との個別的関連性が明白に特定されている資金についてその拠出を強制することは、かかる活動に対する積極的協力の強制にほかならず、また、右活動にあらわされる一定の政治的立場に対する支持の表明を強制するにも等しいものというべきであって、やはり許されないとしなければならない⓭。

【14】　2　次に、右安保反対闘争のような政治的活動に参加して不利益処分を受けた組合員に対する救援の問題について考えると、労働組合の行うこのような救援そのものは、組合の主要な目的の一つである組合員に対する共済活動として当然に許されるところであるが、それは同時に、当該政治的活動のいわば延長としての性格を有することも否定できない。しかし、労働組合が共済活動として行う救援の主眼は、組織の維持強化を図るために、被処分者の受けている生活その他の面での不利益の回復を経済的に援助してやることにあり、処分の原因たる行為のいかんにかかわるものではなく、もとよりその行為を支持、助長することを直接目的とするものではないから、右救援費用を拠出することが直ちに処分の原因たる政治的活動に積極的に協力することになるものではなく、また、その活動のよって立つ一定の政治的立場に対する支持を表明することになるものでもないというべきである。したがって、その拠出を強制しても、組合員個人の政治的思想、見解、判断等に関係する程度は極めて軽微なものであって、このような救援資金については、先に述べた政治的活動を直接の目的とする資金とは異なり、組合の徴収決議に対する組合員の協力義務を肯定することが相当である。なお、処分の原因たる被処分者の行為は違法なものでもありうるが、右に述べた救援の目的からすれば、そのことが当然には協力義務を否定する理由となるものではない（当裁判所昭和48年(オ)第498号組合費請求事件同50年11月28日第三小法廷判決参照）⓮。

【15】　3　ところで、本件において原審の確定するところによれば、前記安保資金は、いわゆる安保反対闘争による処分が行われたので専ら被処分者を救援するために徴収が決定されたものであるというのであるから、右の説示に照らせば、被上告人らはこれを納付する義務を負うことが明らかであるといわなければならない。それゆえ、これを否定した原審及び第一審の判断は誤りであり、その違法をいう論旨は理由がある⓯。

五　政治意識昂揚資金について

【16】　右資金は、総選挙に際し特定の立候補者支援のためにその所属政党に寄付する資金であるが、政党や選挙による議員の活動は、各種の政治的課題の解決のために労働者の生活利益とは関係のない広範な領域にも及ぶものであるから、選挙においてどの政党又はどの候補者を支持するかは、投票の自由と表裏をなすものとして、組合員各人が市民としての個人的な政治的思想、見解、判断ないしは感情等に基づいて自主

⓭　【13】では、政治的活動の対象を安保反対闘争に絞って検討している。まずは、このような事柄は、基本的に個人が判断すべきもので、多数決で協力を義務づけることは許されないとする。組合として反対運動を行うとしても、個人の判断で参加すべきということになる。ただ、その協力義務も費用負担を限度とする場合は、比較的に個人への制約が軽微になることから協力義務の余地を見出しうる。とはいえ、政治的活動への支出という「目的との個別的関連性が明白に特定されている資金について」支出を強制することは許されないと判示している。これは、「拠出者と右政治的信条等とがいわば一体化（identify）」されてしまう（判例①592頁）からである。
　ちなみに、原審判決によれば、Xが安保条約改定に反対したのは、「安保条約は、戦争の原因となり国民・労働者の生存すら危険にさらすのみか、国鉄労働者としては、これに基づき、労働災害を伴い易い駐留米軍の軍用資材輸送が増強され、一般輸送が抑圧されて国鉄企業経営が圧迫されることにより、組合員の労働条件の悪化や経済的地位の低下をもたらすとの理由から」である。

⓮　【14】では、安保資金の意義について検討している。当該資金の直接の目的は、労働組合が共済活動として、組織の維持強化を図るために被処分者を経済的に援助することであって、処分の原因行為を助長することではないから、その拠出を強制しても、組合員個人の政治的思想、見解、判断等に関係する程度は「極めて軽微なもの」であると判示する。また、別件判決（判例③）を引用して、不利益処分の原因が違法なものであることをもって、納付義務を免れることはできない点についても付言している。別件判決は、臨時組合費が違法な争議行為に充てられるかもしれないという程度の未必的可能性があるにとどまる場合や一部に違法な活動が含まれているが全体として違法性のない行為に充てられ、その費用が一体として徴収される場合には、納付義務を免れないと判示する。

⓯　【15】では、本件事例へのあてはめの結果から導き出される結論を述べる。安保資金については、原判決を否定して、組合員の納付義務を認めている。

的に決定すべき事柄である。したがつて、労働組合が組織として支持政党又はいわゆる統一候補を決定し、その選挙運動を推進すること自体は自由であるが（当裁判所昭和38年(あ)第974号同43年12月4日大法廷判決・刑集22巻13号1425頁参照）、組合員に対してこれへの協力を強制することは許されないというべきであり、その費用の負担についても同様に解すべきことは、既に述べたところから明らかである。これと同旨の理由により本件政治意識昂揚資金について被上告人らの納付義務を否定した原審の判断は正当であつて、所論労働組合法又は民法の規定の解釈適用を誤つた違法はない。また、所論違憲の主張は、その実質において原判決に右違法のあるをいうものであるか、独自の見解を前提として原判決の違憲を主張するものにすぎないから、失当であり、更に所論引用の判例も、事案を異にし、本件に適切でない。この点に関する論旨は、採用することができない❶。

【17】六　以上のとおりであるから、原判決及び第一審判決中、本件炭労資金（春闘資金中30円を含む。）及び安保資金について上告人の請求を認めなかつた部分は違法として破棄又は取消を免れず、右部分に関する上告人の請求はすべてこれを認容すべきであり、また、その余の上告は、理由がないものとして棄却すべきである❶。

【18】　よつて、民訴法408条、396条、386条、384条、96条、89条、92条、93条に従い、右炭労資金（春闘資金中30円を含む。）の請求に関する点につき裁判官天野武一、安保資金の請求に関する点につき裁判官天野武一、同高辻正己の各反対意見があるほか、裁判官全員一致の意見で、主文のとおり判決する。

❶【16】では、政治意識昂揚資金について検討する。ここで三井美唄炭鉱労組事件判決〔本書71事件〕を引用し、政党への寄付を強制することは許されないとし、政治意識昂揚資金の徴収決議の効力を認めなかつた原審の判断を支持した。

❶【17】では、全体の結論を述べている。

少数意見

裁判官天野武一の反対意見は、次のとおりである❶。

【19】　私は、多数意見が、上告理由中いわゆる「炭労資金」及び「安保資金」に関する部分につき、論旨を容れて原審及び第一審の判断を誤りとしたうえ破棄をいうことに反対し、かえつて本件上告を棄却すべきものと考える。以下、その理由を述べる。

【20】一　原判決の確定するところによれば、本件において、上告組合は、総評の見解と同じく、炭労の企業整備反対闘争の成否が安保反対闘争及び労働運動に及ぼす影響が大きいとの見解に立ち、総評の決定にしたがつて、本件炭労資金の徴収の決議と指令をしたのであるが、この炭労資金は、「主として炭労が使用者との間で行なつている企業整備反対の争議を支援するため炭労組合員の争議中の生活補償資金や支援団体の活動費に充てる目的で徴収されたものであつて、政策転換闘争それ自体に直接必要な費用に充てる目的ではなく」、かつ、その徴収は、「組合員の労働条件の維持改善その他経済的地位の向上」のために直接間接必要なものとはいえない、というのである。そしてまた、上告組合が炭労の政府に対する政策転換闘争を支援することは、国鉄志免鉱業所売山反対の争議解決に必要な行為と解することはできるが、「志免鉱業所売山の方針は、石炭産業とは異なる産業分野に属し、しかも私企業とは異なる経営理念を有する公共企業体内部における不採算部門の切捨てであると同時に、蒸気機関車の廃止など国鉄企業内の不要陳腐化部門の切捨てを意図するものであるから、同じエネルギー革命を契機とするとはいえ、石炭産業の延命策ともいうべき企業合理化とは異なつた経済的動因を有し、両者はおのずから別個の解決を見ることも充分ありうるわけであり、」一方が労働者に有利に解決したからといつて、他方についても労働者に有利な解決を直接間接にもたらすだけの関連性があるとは解し難い、というのである。そうであれば、原判決が、いわゆる炭労資金の拠出を組合の目的の範囲外のものと判断したこと、換言すれば、その拠出に私法上の義務を認めるべきではないと判断したことは、まことに正当であつて、何らの違法はない。しかも、原判決は、企業間の労働条件の連動性、人員整理の波及効果などの主張は、一般論としては首肯しうるにとどまり、「本件に関し具体的な蓋然性の存在を証するに足る証拠はない」旨を判示しているのである。しかるに、多数意見は、これに対して具体的な根拠を示すことなく、単に「炭労の闘争目的から合理的に考えるならば」として、その石炭政策転換闘争と企業整備反対闘争とは決して無関係なものではなく、企業整備反対闘争の帰すうは石炭政策転換闘争の成否にも影響するものであることがうかがわれる旨、独自の推断を施したうえ、組合員には支援資金の納付義務がある、と断定するのであるが、不当というほかはない。この場合に、多数意見は、右の結論に至る前提として、「多数決原理に基づく組合活動の実効性と組合員個人の基本的利益の調和という観点から、組合の統制力とその反面としての組合員の協力義務の範囲に合理的な限定を加えることが必要である。」と説く。しかし、この一般論が、本件において原審及び第一審の判断を誤りとする右の結論といかなる関連をもつのか、その判文上にはなはだ明確を欠き、とうていその見解を維持するに足りないのである❶。

【21】二　いわゆる安保資金につき多数意見のいうところをみると、「いわゆる安保反対闘争のような政治的活動に参加して不利益を受けた組合員に対する救援の問題」は、「同時に当該政治活動のいわば延長としての性格を有することも否定できない。」としつつ、その

❶　天野反対意見は、多数意見との違いが際立っており、本判決を理解するうえで重要な内容となっている。労働組合の目的の範囲に関する一般的な理解は共通するが、各資金の検討段階において判断が異なっている。その大きな要因の一つは、多数意見が一般的・抽象的な判断枠組みに基づいて緩やかに判断しているのに対し、天野裁判官は日本国有鉄道の労働組合であるXの独自性や特殊性をも加味し、個別的な判断に着目して踏み込んだ判断を行っているところにあるといえる。

❶　炭労資金に対する天野反対意見は、「具体的な根拠を示すことなく」と多数意見を批判するように、資金の内容を精査し、Xの組合員に有利となる合理的関連性の立証を求めている。これは、炭労資金が、他労組への支出である点と、Xの行っていた反対闘争とは別の闘争を対象にしている点で、Xにとって二重の意味で直接性のない支出という性質に着目し、Xの組合員の利益との結びつきを要求したものと思われる。これに対して、多数意見は、「自主的に判断すべき政策問題」として、具体的内容に踏み込まない立場をとっている。

「救援の主眼は、組織の維持強化を図るために、被処分者の受けている生活その他の面での不利益の回復を経済的に援助してやることにあり、処分の原因たる行為のいかんにかかわるものではなく、もとよりその行為を支持、助長することを直接目的とするものではないから、右救援費用を拠出することが直ちに処分の原因たる政治的活動に積極的に協力することになるものではなく、また、その活動のよつて立つ一定の政治的立場に対する支持を表明することになるものでもないというべき」であるとして、その拠出を強制することができることを結論づけているのである。しかし、果してそうであろうか。原判決の確定するところによれば、いわゆる新安保条約批准阻止が、駐留米軍輸送の減少、ひいては国鉄労働者の労働条件、経済的地位の維持改善や、上告組合の副次的目的である日本国有鉄道の乗務の改善と関連性を有することを論証するだけの訴訟資料は提出されていない、というのであつて、その見地から、原判決が次のように説示しているところを正しく理解しなければならないことになろう。すなわち、「公労法 17 条、日本国有鉄道法 31 条などに違反し、しかもデモなど通常表現の自由として許される範囲を超えた違法な団体行動に故意に参加したため受けた懲戒又は刑事処分によつて、組合員が失つた賃金又は昇給分、罰金を補填し、あるいはその法的救済手続や刑事訴訟に関する費用を援助すること」も上告組合の「目的の範囲内に属する行為ということはできない。けだし、組合目的と著しく離れていて、しかも違法な団体行動を故意に行なつた組合員の救援までも組合の目的の範囲内とすることは、組合の目的の概念の不明確をもたらし、一般組合員の利益を不当に侵害するものといわなければならないからである。」と、原判決はいうのである。思うに、組合がいわゆる安保反対闘争による被処分者を救済しなければならないとするのは、右の政治闘争自体を組合が支援し、実行に参加しているためなのであつて、このこと全く無関係の立場から救援の手をさしのべているのでないことは、世上きわめて明白で、とうてい否定すべくもない事実といえる。したがつて、右の救援活動のための資金の拠出決定の実質は、安保反対闘争を直接の目的とする資金の拠出決定と異なるものではなく、ともに組合員に対し、法的な拘束力を認めるに由ないものといわざるを得ないのである。とくに、多数意見においても、「一定の政治的活動の費用としてその支出目的との個別的関連性が明白に特定されている資金についてもその拠出を強制することは、かかる活動に対する積極的な協力の強制にほかならず、また、右活動にあらわされる一定の政治的立場に対する支持の表明を強制するにも等しいものというべきであつて、やはり許されないとしなければならない。」とされるのであるから、その立場からいえば、いわゆる安保反対闘争を実行するための資金と救援資金とを一括して拠出する旨の組合決定が事前に行われた場合においては、その決定全体を無効とするほかない、ということになるはずであり、この理は、安保反対闘争による処分が行われた後において専ら被処分者を救援する目的でその費用の徴収が決定された場合にも等しくあてはまることでなければならない❷⓪。

[22] 三　率直にいつて、私は、ことさらに救援資金の政治的性格を無視しようとしているらしい感触を、多数意見からうける。この点は、高辻裁判官がその反対意見で言及されているところにも関連するが、多数意見において本件救援資金の政治的性格を安易に無視し去ることができないことは、さきにも引用したように、救援費用を拠出することが「直ちに処分の原因たる政治的活動に積極的に協力することになるものではなく」とか、「活動のよつて立つ一定の政治的立場に対する支持を表明することになるものでもない」とか、さらにまた、「その拠出を強制しても、組合員個人の政治的思想、見解、判断等に関係する程度は極めて軽微なもの」とか、くりかえし強調するところに表明されているといえる。そこで、このようにして、本件救援資金の拠出も安保反対闘争に協力するという性格を否定できないとすれば、組合員としては、かかる政治的要求に対する賛否を問われているのであるから、多数意見の自らいうように「国民の一人としての立場において自己の個人的かつ自主的な思想、見解、判断等に基づいて決定すべきこと」であつて、それらについて組合の多数決をもつて組合員を拘束し、その協力を強制することを認めるべきではないことになるのである。なお、多数意見は、安保資金についても、さきの炭労資金の場合におけると共通の前提として、具体的な組合活動とこれについて組合員に求められる協力の各内容その他を比較考量し、「多数決原理に基づく組合活動の実効性と組合員個人の基本的利益の調和」をいう。しかし、具体的にそのことから、右の組合員の自由と権利とを法律上否定することが許されてよいことになる結び付きが、私には納得し兼ねるのである（多数意見のいうこのような利益の比較考量論に対しては、昭和 48 年(行)第 498 号組合費請求事件判決において私の意見を述べているので、その部分をここに援用しておく。）❷①。

[23] かくして、私は、以上の点に関する多数意見には賛成できない。原判決の判断は、結論において正当であり、本件上告は棄却されるべきである。

裁判官高辻正己の反対意見は、次のとおりである❷②。

私は、安保資金の請求に関する点について、多数意見と見解を異にするものであつて、論旨は理由がなく、上告は棄却されるべきものと考える。以下、その理由を述べる。

[25] いわゆる安保反対闘争のような国の安全や外交等の国民的関心事に関する政策上の問題を直接の対象とする組合の政治的活動（以下単に「組合の政治的活動」という。）に参加して、不利益処分を受けるに至つた組合員（以下「被処分者」という。）に対し、組合がする救援は、多数意見がいうように、組合の主要な目的の一つである組合員に対する共済活動であることを失わず、そのための救援資金を組合員において拠出することは、その限りにおいていえば、処分の原因たる組合の政治的活動に積極的に協力することになるものではない。多数意見は、このことの故に、これを拠出することが直ちに処分の原因たる組合の政治的活動に積極的に協力する

---

❷⓪　安保資金に対する天野反対意見は、①Ｘによる政治的方針決定→②Ｘ組合員による違法行為→③不利益処分→④救援活動という一連の動きを不可分一体のものとして捉え、救援活動に対する支援が、さかのぼつてＸの政治的方針の支持に直結するものとして構成している。その背景にあるのは、安保反対闘争がＸの組合員の利益に関連するということを「論証するだけの訴訟資料は提出されていない」ように、同闘争が組合の目的の範囲を逸脱し、それに参加した組合員を救援することもまた目的の範囲を超えているとの認識である。特に、公共企業体等労働関係法 17 条、日本国有鉄道法 31 条に違反するなどの違法行為であるとの前提で、一般的な労働組合の政治的活動とは区別しているように思われる。労働組合としてのＸ自体には法的統制が及ばないが、その組合員は現業公務員である国鉄職員として法令上の統制を受けるという特殊性を考慮すれば、そのような判断となろう。

これに関連して、[22] で自ら引用する別件判決（判例③）での天野反対意見が、一部違法な闘争活動に充てられる組合費について、「およそ違法行為に助力しないのはそれが法律上許されないからであることを前提とすれば」、「この場合の利益の比較考量は、あくまで双方の適法な利益におけるそれであるべき」と述べ、違法な使途による組合員の利益を考慮すべきでないと主張していることが参照されるべきである。

❷①　別件判決（判例③）の多数意見は、闘争に一部違法な活動が含まれているとしても、全体としては違法性のない行為として計画されている活動に対する資金について、組合員の拠出義務を認めているが、これに対し、別件判決での天野反対意見は、「違法行為の実行に協力させることを法認するものにほかならず、どうしてこれが、私法上の権利として許されるであろうか」と批判する。天野裁判官は、団体の活動範囲の拡張は一般論として認めつつも、その範囲をかなり厳格に絞り込む立場をとっているといえよう。

❷②　別件判決（判例③）において高辻裁判官は、違法な争議行為により処分を受けた組合員の救援資金についての協力義務を認めている。本判決との判断の違いについて調査官解説は、両判決における組合員の権利と「組合の共済活動の利益と比較した場合の、その法的価値の重さに何がしかの差等があるとする趣旨であろうか」と歯切れの悪い評価をしている（判解①593 頁）。

確かに高辻反対意見は文章がつかみづらいのであるが、別件判決における救援資金は賃上げなど労働組合の本来の闘争方針に伴い不利益を受けた組合員に対する費用であるので、本来的な組合の共済活動とみることができ、組合員の協力義務を否定する事由が存在しないという趣旨であろう。他方、本判決では、[25] で「組合の政治的活動」を支援する活動を結びつけており、[26] で安保資金の拠出が組合の政治的活動を支援する一面をもつ点を問題視し、[27] で述べるようにそれが労働組合の多数決による優位の立場で個人の政治的立場を強要するに等しいとの評価を下している。Ｘの政治的決定と救援活動を不可分一体のものとして捉えている点で、天野反対意見と共通の認識にあるといえる。

とになるものではなく、その拠出を強制しても組合員個人の政治的思想、見解、判断等に関係する程度は極めて軽微なものにすぎないから、その拠出については組合の決定に対する組合員の協力義務を肯定するのが相当であるとするのである。しかし、民主主義社会において、個人の政治的自由、特に自己の意に反して一定の政治的立場に立つことを強要されない自由が、とりわけ貴重とされるゆえんに照らしてみると、組合員個人の政治的思想、見解、判断等に関連する関係において救援資金の拠出の強制に法的評価を加えるについて【27】は、それが組合員に対し組合の政治的活動に積極的に協力することを強制することになる場合であると、積極的な協力を強制することにまではならないにしても、やはり組合の政治的活動を支援することを強制するにも等しいことになる場合であるとによつて、評価を異にすべきいわれはないといわなければならない。

【26】　ところで、被処分者に対してする組合の救援が、組合の政治的活動の実施に基因して生じた不都合な事態に対処するためにするものであつて、多数意見も自認するように組合の政治的活動のいわば延長としての性格を有することを免れないものであり、したがつて、その救援のための資金を拠出することが組合の政治的活動を支援する一面をもち、これをする際における組合員個人の政治的自由と係わりをもつものであることは、否定し去ることができないのである。このことは、被処分者の救援費用の徴収が、あらかじめ当該政治的活動の実施と同時に決定された場合において顕著であるように見えるが、その実施による処分が行われた後に決定された場合であつても、変わりがないといわなければならない。

そうすると、組合の政治的活動による被処分者の救援について組合員の協力義務を肯定することは、ひつきよう、組合がその多数決による優位の立場において、組合員に対し、その意に反して一定の政治的立場に立つことを強要するにも等しいことを容認することになるものというべく、民主主義社会においてはとりわけ貴重とされる前記の自由の価値を不当に軽視するものというほかないのであつて、とうてい賛成することができないのである。
（裁判長裁判官　江里口清雄　裁判官　関根小郷　裁判官　天野武一　裁判官　坂本吉勝　裁判官　髙辻正己）

Questions

①事実関係の確認

問1　本件の臨時組合費は、どのような使途が定められていたか。▶【事案】【1】

問2　労組法の規定する労働組合は、どのような目的で設立されるのか。▶【参考条文】

問3　本件の原告は、被告にどのような請求をしたのか。▶【事案】【1】

問4　第一審判決および原審判決の結論はいかなるものか。▶【事案】【1】

②判決の内容の確認

問5　Xの主張はどのようなものか。▶【2】

問6　本判決は、労働組合の政治的活動、社会的活動など本来の目的に該当しない活動についてどのように考えているのか。▶【3】

問7　本判決は、労働組合からの脱退の事由について、どのように考えているのか。▶【4】

問8　本判決は、労働組合本来の目的とは異なる活動について、構成員の協力義務があるかどうかを判断する際の枠組みをどのように考えているのか。▶【4】

問9　本判決は2段階で審査を行っているといわれるが、それはどのようなものか。▶【3】【4】

問10　本判決は、炭労資金の徴収決議についてどのように判断しているか。▶【6】～【8】

問11　本判決は、労働組合の政治的活動に対する組合員の協力義務についてどのように判示しているか。▶【10】～【13】

問12　本判決は、安保資金の徴収決議についてどのように判断しているか。▶【14】【15】

問13　本判決は、政治意識昂揚資金の徴収決議についてどのように判断しているか。▶【16】

問14　本件に対して、最高裁はどのような結論を出したのか。▶【17】

問15　炭労資金に関し、天野反対意見が多数意見と異なる点はどのようなものか。▶【20】

問16　安保資金に関し、天野反対意見が多数意見と異なる点はどのようなものか。▶【21】

問17　髙辻反対意見が多数意見と異なる点はどのようなものか。▶【25】～【27】

③応用問題

問18　A労働組合において、一般組合費から本件各資金が支出される旨の決定が行われた場合、その方針に賛同できない組合員Bは、各資金の支出割合に相当する組合費の返還を求めることができるか。▶判例②、文献②31-32頁

○ **関連判例**（本書所収以外のもの）
最判平成14年4月25日判時1785号31頁［群馬司法書士会事件］（判例①）
最判昭和50年12月1日集民116号759頁［国労四国地本事件］（判例②）
最判昭和50年11月28日民集29巻10号1634頁［国労広島地本事件別件判決］（判例③）
高松高判昭和48年8月10日判時723号98頁［国労四国地本事件控訴審］（判例④）

○ **本判決の調査官解説**
佐藤繁「判解」最高裁判所判例解説民事篇昭和50年度582頁（判解①）

○ **その他の判例解説・判例批評**
井上武史「判批」憲法判例百選Ⅱ［第6版］（2013年）320頁（判批①）
矢部恒夫「判批」労働判例百選［第9版］（2016年）172頁（判批②）

○ **参考文献**
佐藤繁「判解」最高裁判所判例解説民事篇昭和50年度566頁（文献①）
岡田順太「強制加入団体と構成員の権利」横大道聡編『憲法判例の射程』（弘文堂、2017年）27頁（文献②）

73 南九州税理士会事件

最高裁平成8年3月19日第三小法廷判決　平成4年(オ)第1796号：選挙権被選挙権停止処分無効確認等請求事件　民集50巻3号615頁

事案

Y（被告、控訴人、被上告人）は、税理士法に基づき設立された税理士会であり、X（原告、被控訴人、上告人）はYの会員である。Yは、昭和53年の定期総会において、税理士法改正運動に要する特別資金として関連する政治団体A（政治資金規正法上の政治団体）への寄付に充てるため、各会員から特別会費5000円を徴収する旨の決議（以下「本件決議」という）をした。本件決議に反対であったXは、特別会費を納入しなかったが、YはXの会費滞納を理由として、昭和54年度から平成3年度までYの役員選挙の選挙人名簿にXを登載しない措置を講じた。そこで、Xは、強制加入団体である税理士会が、政治団体への寄付をするのは目的の範囲外の行為で

あり、本件決議は無効であるなどとして、特別会費の納付義務が存在しないことの確認などを求めて提訴した。

第一審（熊本地判昭61・2・13民集50-3-869）は、本件決議はYが権利能力を有しない事柄を内容とする議案につき決議したもので無効であり、仮に有効であるとしても本件決議に反対していたXに特別会費の納入を強制することはできないなどとして、Xの請求を認めた。これに対し、控訴審（福岡高判平4・4・24民集50-3-955）は、Aへの寄付はYの目的の範囲外とはいえないし、本件決議によりXに拠出義務を課すことがXの思想・信条の自由を侵害するとするまでの事情はないなどとして、Xの請求をすべて退けた。そこで、Xが上告した。

■**参考条文**（事件当時のもの）

民法
第43条　法人ハ法令ノ規定ニ従ヒ定款又ハ寄附行為ニ因リテ定マリタル目的ノ範囲内ニ於テ権利ヲ有シ義務ヲ負フ

税理士法
第49条
2　税理士会は、税理士の使命及び職責にかんがみ、税理士の義務の遵守及び税理士業務の改善進歩に資するため、会員の指導、連絡及び監督に関する事務を行うことを目的とする。

政治資金規正法
第3条　この法律において「政治団体」とは、次に掲げる団体をいう。
(1) 政治上の主義若しくは施策を推進し、支持し、又はこれに反対することを本来の目的とする団体
(2) 特定の公職の候補者を推薦し、支持し、又はこれに反対することを本来の目的とする団体
(3) 前二号に掲げるもののほか、次に掲げる活動をその主たる活動として組織的かつ継続的に行う団体
　イ　政治上の主義若しくは施策を推進し、支持し、又はこれに反対すること。
　ロ　特定の公職の候補者を推薦し、支持し、又はこれに反対すること。
2　この法律において「政党」とは、政治団体のうち次の各号のいずれかに該当するものをいう。
(1) 当該政治団体に所属する衆議院議員又は参議院議員を5人以上有するもの
(2) 直近において行われた衆議院議員の総選挙における小選挙区選出議員の選挙若しくは比例代表選出議員の選挙又は直近において行われた参議院議員の通常選挙若しくは当該参議院議員の通常選挙の直近において行われた参議院議員の通常選挙における比例代表選出議員の選挙若しくは選挙区選出議員の選挙における当該政治団体の得票総数が当該選挙における有効投票の総数の100分の2以上であるもの
3　前項各号の規定は、他の政党（第6条第1項（同条第5項において準用する場合を含む。）の規定により政党である旨の届出をしたものに限る。）に所属している衆議院議員又は参議院議員が所属している政治団体については、適用しない。
4　この法律において「公職の候補者」とは、公職選挙法（昭和25年法律第100号）第86条の規定により候補者として届出があった者、同法第86条の2若しくは第86条の3の規定による届出により候補者となった者又は同法第86条の4の規定により候補者として届出があった者（当該候補者となろうとする者及び同法第3条に規定する公職にある者を含む。）をいう。
5　第2項第1号に規定する衆議院議員又は参議院議員の数の算定、同項第2号に規定する政治団体の得票総数の算定その他同項の規定の適用について必要な事項は、政令で定める。

Navigator

本判決の争点は、①税理士会が政治団体に寄付をすることが目的の範囲内か、②そのために特別会費を徴収する決議が有効か（構成員の協力義務の有無）という2点であるが、判決の論証としては、①を大きな議論の枠として、その中で②を考察するという構図になっている。まず、①に関しては、八幡製鉄事件判決[本書68事件]の判例法理が本件では及ばないことを示すべく、税理士会の特殊性について触れつつ、会社のように目的の範囲を広範なものとすることはできないとする。そして、事実上脱退の自由が制約された労働組合の政治献金が問題となった国労広島地本事件判決[本書72事件]に依拠しつつ、会員には様々な思想・信条の者がいることが当然に予定されていることや、政治団体への寄付が構成員個人の選挙における投票選択の自由と密接に関わる問題であることなどを挙げ、構成員の協力義務を否定し、税理士会による政治献金が目的の範囲外の行為であると判示している。②の背景に三井美唄炭鉱労組事件判決[本書71事件]があることはいうまでもないが、本判決は、上記の諸判例の示す論理をふまえつつ、団体の活動と構成員の協力義務に関する事例に新たな示唆を与えた点で重要な意義を有している。

■ 判決の論理構造

税理士会が政治団体に寄付をすることが目的の範囲内の行為といえるか	
税理士会の性質から、会社と同様に広範な目的の範囲を認めることはできない	・税理士業務の改善進歩等を目的として法によって設立された団体である ・強制加入団体であって、その会員には実質的に脱退の自由が保障されない
公的な性格を有する税理士会が、政治寄付への協力義務を多数決原理によって構成員に義務づけることはできない	・会員は多数決で決定された事項に協力する義務があるが、強制加入団体である以上、会員には、様々な思想・信条および主義・主張を有する者が存在することが当然に予定されており、協力義務にもおのずと限界がある ・政治団体への寄付は、選挙における政党・候補者の支持の選択と密接につながる

⬇

税理士法改正に関するものであっても、税理士会が政治団体に寄付をすることは目的の範囲外である

判　決

○　主　文

一　原判決を破棄する。
二　上告人の請求中、被上告人の昭和53年6月16日の総会決議に基づく特別会費の納入義務を上告人が負わないことの確認を求める部分につき、被上告人の控訴を棄却する。
三　その余の部分につき、本件を福岡高等裁判所に差し戻す。
四　第二項の部分に関する控訴費用及び上告費用は被上告人の負担とする。

○　理　由

上告代理人馬奈木昭雄、同板井優、同浦田秀徳、同加藤修、同椛島敏雅、同田中利美、同西清次郎、同藤尾順司、同吉井秀広の上告理由第一点、第四点、第五点、上告代理人上条貞夫、同松井繁明の上告理由、上告代理人諌山博の上告理由及び上告人の上告理由について

[1]　一　右各上告理由の中には、被上告人が政治資金規正法（以下「規正法」という。）上の政治団体へ金員を寄付することが被上告人の目的の範囲外の行為であり、そのために本件特別会費を徴収する旨の本件決議は無効であるから、これと異なり、右の寄付が被上告人の目的の範囲内であるとした上、本件特別会費の納入義務を肯認した原審の判断には、法令の解釈を誤った違法があるとの論旨が含まれる。以下、右論旨について検討する❶。

[2]　二　原審の適法に確定した事実関係の概要は、次のとおりである。

[3]　1　被上告人は、税理士法（昭和55年法律第26号による改正前のもの。以下単に「法」という。）49条に基づき、熊本国税局の管轄する熊本県、大分県、宮崎県及び鹿児島県の税理士を構成員として設立された法人であり、日本税理士会連合会（以下「日税連」という。）の会員である（法49条の14第4項）。被上告人の会則には、被上告人の目的として法49条2項と同趣旨の規定がある❷。

[4]　2　南九州税理士政治連盟（以下「南九税政」という。）は、昭和44年11月8日、税理士の社会的、経済的地位の向上を図り、納税者のための民主的税理士制度及び租税制度を確立するため必要な政治活動を行うことを目的として設立されたもので、被上告人に対応する規正法上の政治団体であり、日本税理士政治連盟の構成員である❸。

[5]　3　熊本県税理士政治連盟、大分県税理士政治連盟、宮崎県税理士政治連盟及び鹿児島県税理士政治連盟（以下、一括して「南九各県税政」という。）は、南九税政傘下の都道府県別の独立した税政連として、昭和51年7、8月にそれぞれ設立されたもので、規正法上の政治団体である❹。

[6]　4　被上告人は、本件決議に先立ち、昭和51年6月23日、被上告

❶　[1] では、Xの上告理由を簡潔に述べる。

❷　[2] から [11] は、原審の確定した事実関係を羅列している。[3] では、税理士会としてのYの設立根拠、構成員、法的地位、目的について述べている。すなわち、Yは税理士法に基づいて設立され、国税局管轄地域内の税理士を構成員とする法人である。その目的は、税理士の使命および職責に鑑み、税理士の義務の遵守および税理士業務の改善進歩に資するため、会員の指導、連絡および監督に関する事務を行うことにある。

❸　[4] では、政治団体Aの上部団体にあたる政治団体の設立経緯とYとの関係について述べている。政治団体Aおよびその上部団体である「南九税政」は、税理士の社会的経済的地位の向上を図り、納税者のための民主的税理士制度および租税制度を確立するため必要な政治活動を行うことを目的として設立された政治資金規正法上の政治団体である。政治団体Aは各県別に設立され、それらの上部団体である南九税政は被上告人Yに対応して設立されているが、それぞれ独立した団体である。

❹　[5] では、政治団体Aの設立経緯などについて述べている。

人の第 20 回定期総会において、税理士法改正運動に要する特別資金とするため、全額を南九各県税政へ会員数を考慮して配付するものとして、会員から特別会費 5000 円を徴収する旨の決議をした。被上告人は、右決議に基づいて徴収した特別会費 470 万円のうち 446 万円を南九各県税政へ、5 万円を南九税政へそれぞれ寄付した❺。

[7] 5 被上告人は、昭和 53 年 6 月 16 日、第 22 回定期総会において、再度、税理士法改正運動に要する特別資金とするため、各会員から本件特別会費 5000 円を徴収する、納期限は昭和 53 年 7 月 31 日とする、本件特別会費は特別会計をもって処理し、その使途は全額南九各県税政へ会員数を考慮して配付する、との内容の本件決議をした❻。

[8] 6 当時の被上告人の特別会計予算案では、本件特別会費を特別会計をもって処理し、特別会費収入を 5000 円の 969 名分である 484 万 5000 円とし、その全額を南九各県税政へ寄付することとされていた❼。

[9] 7 上告人は、昭和 37 年 11 月以来、被上告人の会員である税理士であるが、本件特別会費を納入しなかった❽。

[10] 8 被上告人の役員選任規則には、役員の選挙権及び被選挙権の欠格事由として「選挙の年の 3 月 31 日現在において本部の会費を滞納している者」との規定がある❾。

[11] 9 被上告人は、右規定に基づき、本件特別会費の滞納を理由として、昭和 54 年度、同 56 年度、同 58 年度、同 60 年度、同 62 年度、平成元年度、同 3 年度の各役員選挙において、上告人を選挙人名簿に登載しないまま役員選挙を実施した❿。

[12] 三 上告人の本件請求は、南九各県税政へ被上告人が金員を寄付することはその目的の範囲外の行為であり、そのための本件特別会費を徴収する旨の本件決議は無効であるなどと主張して、被上告人との間で、上告人が本件特別会費の納入義務を負わないことの確認を求め、さらに、被上告人が本件特別会費の滞納を理由として前記のとおり各役員選挙において上告人の選挙権及び被選挙権を停止する措置を採ったのは不法行為であると主張し、被上告人に対し、これにより被った慰謝料等の一部として 500 万円と遅延損害金の支払を求めるものである⓫。

[13] 四 原審は、前記二の事実関係の下において、次のとおり判断し、上告人の右各請求はいずれも理由がないと判断した。

[14] 1 法 49 条の 12 の規定や同趣旨の被上告人の会則のほか、被上告人の法人としての性格にかんがみると、被上告人が、税理士業務の改善進歩を図り、納税者のための民主的税理士制度及び租税制度の確立を目指し、法律の制定や改正に関し、関係団体や関係組織に働きかけるなどの活動をすることは、その目的の範囲内の行為であり、右の目的に沿った活動をする団体が被上告人とは別に存在する場合に、被上告人が右団体に右活動のための資金を寄付し、その活動を助成することは、なお被上告人の目的の範囲内の行為である⓬。

[15] 2 南九各県税政は、規正法上の政治団体であるが、被上告人に許容された前記活動を推進することを存立の本来的目的とする団体であり、その政治活動は、税理士の社会的、経済的地位の向上、民主的税理士制度及び租税制度の確立のために必要な活動に限定されていて、右以外の何らかの政治的主義、主張を掲げて活動するものではなく、また、特定の公職の候補者の支持等を本来の目的とする団体でもない⓭。

[16] 3 本件決議は、南九各県税政を通じて特定政党又は特定政治家へ政治献金を行うことを目的としてされたものとは認められず、また、上告人に本件特別会費の拠出義務を肯定することがその思想及び信条の自由を侵害するもので許されないとするまでの事情はなく、結局、公序良俗に反して無効であるとは認められない。本件決議の結果、上告人に要請されるのは 5000 円の拠出にとどまるもので、本件決議の後においても、上告人が税理士法改正に反対の立場を保持し、その立場に多くの賛同を得るように言論活動を行うことにつき何らかの制約を受けるような状況にもないから、上告人は、本件決議の結果、社会通念上認することができないような不利益を被るものではない⓮。

❺ [6] では、本件決議に先立ち、これと同様の特別会費徴収決議を行い、それに基づいて徴収した金員を政治団体 A らに寄付した事実を述べている。本判決に直接関係する事実ではないが、ここで特別会費が政治団体への寄付として支出された実績を示すことにより、本件においてもそれと同じ状況が確実に生じると判断する要素となる。

❻ [7] から [11] が、本判決に関わる事実である。[7] では、本件決議の内容について述べている。

❼ [8] では、特別会費の収入見込みおよび政治団体への寄付を予定する予算案について述べている。多数決による団体意思の内容を具体的に示しており、特別会費と政治団体への寄付が一体のものであるとの判断に結びつく要素となる。

❽ [9] では、X の Y 会員としての地位の確認、および、本件決議に従わず特別会費を納入しなかった事実の確認を行っている。

❾ [10] では、X が特別会費を納入しなかったことを理由に、Y が役員選挙の選挙人名簿に X を登載しなかった根拠となる Y の役員選任規則の規定について述べている。

❿ [11] では、実際に X が選挙人名簿に登載されないまま実施された役員選挙について述べている。X が請求する Y に対する損害賠償請求の基礎となる事実である。

⓫ [12] では、本件における X の請求理由と請求内容について述べている。

⓬ [13] から [17] は、原審の判決要旨を示している。[14] は、政治団体への寄付が税理士会の目的の範囲内の行為といえるかの検討部分であり、税務に関する法制定を関係団体に働きかける等の行為が目的の範囲に含まれ、また、これに沿った活動をする団体に寄付をすることも目的の範囲であるとの判示である。

⓭ [15] では、原審が政治団体 A の性質を検討した部分の要旨である。A が一般的な政治団体ではなく、Y の活動を推進することを本来的目的とする団体であり、活動はその範囲に限定され、また、特定の公職の候補者の支持等を目的とする団体でもないとしている。

⓮ [16] では、構成員が被る不利益について検討し、公序良俗違反にならないことを示す。特別会費の納入は、政治団体 A を経由し、必ずしも特定の政党や政治家への献金となるものではなく、また、構成員の思想・信条の自由を侵害する事情は存しないとする。そして、X が協力義務を課せられるのは、5000 円という金銭的負担にとどまり、Y の方針と異なる政治活動が行えなくなるわけではないので、社会通念上は認できないような不利益にならないとするのが原審の判断である。

[17] 4 上告人は、本件特別会費を滞納していたものであるから、役員選任規則に基づいて選挙人名簿に上告人を登載しないで役員選挙を実施した被上告人の措置、手続過程にも違法はない❺。

[18] 五 しかしながら、原審の右判断は是認することができない。その理由は、次のとおりである❻。

[19] 1 税理士会が政党など規正法上の政治団体に金員の寄付をすることは、たとい税理士に係る法令の制定改廃に関する政治的要求を実現するためのものであっても、法49条2項で定められた税理士会の目的の範囲外の行為であり、右寄付をするために会員から特別会費を徴収する旨の決議は無効であると解すべきである。すなわち、

[20] (一) 民法上の法人は、法令の規定に従い定款又は寄付行為で定められた目的の範囲内において権利を有し、義務を負う（民法43条）。この理は、会社についても基本的に妥当するが、会社における目的の範囲内の行為とは、定款に明示された目的自体に限局されるものではなく、その目的を遂行する上に直接又は間接に必要な行為であればすべてこれに包含され（最高裁昭和24年(オ)第64号同27年2月15日第二小法廷判決・民集6巻2号77頁、同27年(オ)第1075号同30年11月29日第三小法廷判決・民集9巻12号1886頁参照）、さらには、会社が政党に政治資金を寄付することも、客観的、抽象的に観察して、会社の社会的役割を果たすためにされたものと認められる限りにおいては、会社の定款所定の目的の範囲内の行為とするに妨げないとされる（最高裁昭和41年(オ)第444号同45年6月24日大法廷判決・民集24巻6号625頁参照）❼。

[21] (二) しかしながら、税理士会は、会社とはその法的性格を異にする法人であって、その目的の範囲については会社と同一に論ずることはできない❽。

[22] 税理士は、国税局の管轄区域ごとに一つの税理士会を設立すべきことが義務付けられ（法49条1項）、税理士会は法人とされる（同条3項）。また、全国の税理士会は、日税連を設立しなければならず、日税連は法人とされ、各税理士会は、当然に日税連の会員となる（法49条の14第1、第3、4項）❾。

[23] 税理士会の目的は、会則の定めをまたず、あらかじめ、法において直接具体的に定められている。すなわち、法49条2項において、税理士会は、税理士の使命及び職責にかんがみ、税理士の義務の遵守及び税理士業務の改善進歩に資するため、会員の指導、連絡及び監督に関する事務を行うことを目的とするとされ（法49条の2第2項では税理士会の目的は会則の必要的記載事項ともされていない。）、法49条の12第1項においては、税理士会は、税務行政その他国税若しくは地方税又は税理士に関する制度について、権限のある官公署に建議し、又はその諮問に答申することができるとされている❿。

[24] また、税理士会は、総会の決議並びに役員の就任及び退任を大蔵大臣に報告しなければならず（法49条の11）、大蔵大臣は、税理士会の総会の決議又は役員の行為が法令又はその税理士会の会則に違反し、その他公益を害するときは、総会の決議についてはこれを取り消すべきことを命じ、役員についてはこれを解任すべきことを命ずることができ（法49条の18）、税理士会の適正な運営を確保するため必要があるときは、税理士会から報告を徴し、その行う業務について勧告し、又は当該職員をして税理士会の業務の状況若しくは帳簿書類その他の物件を検査させることができる（法49条の19第1項）とされている⓫。

[25] さらに、税理士会は、税理士の入会が間接的に強制されるいわゆる強制加入団体であり、法に別段の定めがある場合を除外、税理士であって、かつ、税理士会に入会している者でなければ税理士業務を行ってはならないとされている（法52条）⓬。

[26] (三) 以上のとおり、税理士会は、税理士の使命及び職責にかんがみ、税理士の義務の遵守及び税理士業務の改善進歩に資するため、会員の指導、連絡及び監督に関する事務を行うことを目的として、

❺【17】は、【16】までの検討により、本件決議が有効であることを前提に、Yの役員選任規則の規定に基づきXを役員選挙の選挙人名簿に登載しなかったことに違法はないとする。本判決と異なり、原審は、Yと政治団体Aの関係を一般的な政治団体とは区別し、また、構成員の被る不利益をかなり低く評価しているといえる。

❻【18】からは、原審判断を翻す理由を述べる。【19】では、税理士会が政治団体に寄付をすることが、団体の目的の範囲外の行為であることを示し、その理由を【20】から【32】で詳細に述べている。

❼【20】では、一般的な法人の目的の範囲に関する判例法理を確認する。まず、法人の目的の範囲が定款等に記載された文言に限定されるのではなく、「定款の記載自体から観察して、客観的に抽象的に必要であり得べきかどうかの基準に従って決すべき」とするのが判例である（判例①、判例②等参照）。八幡製鉄事件判決〔本書68事件〕でも最高裁は、これらの判例を引用しつつ、会社が政党に寄付をすることも目的の範囲内の行為にあたるとしている。

❽【21】から【25】までは、税理士法の条文から税理士会の法的性質について検討し、株式会社とは性質を異にする団体であることから、本件が八幡製鉄事件判決〔本書68事件〕の判例法理が及ばない事件であることを示す。

❾【22】では、税理士会が税理士法によって設立を強制される法人であることを確認する。

❿【23】では、税理士法の定める税理士会の目的について確認する。何らかの政治的思想・信条を同じくする者の団体ではないことの一端を示す要素となる。なお、法の認める建議や答申においては、「それが政治性を帯びるものであっても、税理士会の目的の範囲内の行動として許容される」と解される（判解①226-227頁）。公的団体だから政治性を帯びてはならないと理解すると、本判決に対する評価を誤ることになる。

⓫【24】では、税理士会に対する大蔵大臣（当時）の監督権限を示し、公権力による強い支配下にある団体である性質を指摘する。【23】とともに、公益目的の達成を団体の特質としていることを確認している。

⓬【25】では、税理士会が強制加入団体であることを確認している。税理士は税理士会に加入しなければ、税理士業務を行うことができないことから、脱退の自由も事実上保障されないことになるので、税理士会としての決定事項による構成員個人の権利・利益の制約度合いが強くなるという論証に結びつく。この点は、国労広島地本事件判決〔本書72事件〕と共通する。

法が、あらかじめ、税理士にその設立を義務付け、その結果設立されたもので、その決議や役員の行為が法令や会則に反したりすることがないように、大蔵大臣の前記のような監督に服する法人である。また、税理士会は、強制加入団体であって、その会員には、実質的には脱退の自由が保障されていない(なお、前記昭和55年法律第26号による改正により、税理士は税理士名簿への登録を受けた時に、当然、税理士事務所の所在地を含む区域に設立されている税理士会の会員になるとされ、税理士でない者は、この法律に別段の定めがある場合を除くほか、税理士業務を行ってはならないとされたが、前記の諸点に関する法の内容には基本的に変更がない。)。㉓

【27】　税理士会は、以上のように、会社とはその法的性格を異にする法人であり、その目的の範囲についても、これを会社のように広範なものと解するならば、法の要請する公的な目的の達成を阻害して法の趣旨を没却する結果となることが明らかである㉔。

【28】　(四)　そして、税理士会が前記のとおり強制加入の団体であり、その会員である税理士に実質的には脱退の自由が保障されていないことからすると、その目的の範囲を判断するに当たっては、会員の思想・信条の自由との関係で、次のような考慮が必要である㉕。

【29】　税理士会は、法人として、法及び会則所定の方式による多数決原理により決定された団体の意思に基づいて活動し、その構成員である会員は、これに従い協力する義務を負い、その一つとして会則に従って税理士会の経済的基礎を成す会費を納入する義務を負う。しかし、法が税理士会を強制加入の法人としている以上、その構成員である会員には、様々な思想・信条及び主義・主張を有する者が存在することが当然に予定されている。したがって、税理士会が右の方式により決定した意思に基づいてする活動にも、そのために会員に要請される協力義務にも、おのずから限界がある㉖。

【30】　特に、政党など規正法上の政治団体に対して金員の寄付をするかどうかは、選挙における投票の自由と表裏を成すものとして、会員各人が市民としての個人的な政治的思想、見解、判断等に基づいて自主的に決定すべき事柄であるというべきである。なぜなら、政党など規正法上の政治団体は、政治上の主義若しくは施策の推進、特定の公職の候補者の推薦等のため、金員の寄付を含む広範な政治活動をすることが当然に予定された政治団体であり(規正法3条等)、これらの団体に金員の寄付をすることは、選挙においてどの政党又はどの候補者を支持するかに密接につながる問題だからである㉗。

【31】　法は、49条の12第1項の規定において、税理士会が、税務行政や税理士の制度等について権限のある官公署に建議し、又はその諮問に答申することができるとしているが、政党など規正法上の政治団体への金員の寄付を権限のある官公署に対する建議や答申と同視することはできない㉘。

【32】　(五)　そうすると、前記のような公的な性格を有する税理士会が、このような事柄を多数決原理によって団体の意思として決定し、構成員にその協力を義務付けることはできないというべきであり(最高裁昭和48年(オ)第499号同50年11月28日第三小法廷判決・民集29巻10号1698頁参照)、税理士会がそのような活動をすることは、法の全く予定していないところである。税理士会が政党など規正法上の政治団体に対して金員の寄付をすることは、たとい税理士に係る法令の制定改廃に関する要求を実現するためであっても、法49条2項所定の税理士会の目的の範囲外の行為といわざるを得ない㉙。

【33】　2　以上の判断に照らして本件をみると、本件決議は、被上告人が規正法上の政治団体である南九各県税政へ金員を寄付するために、上告人を含む会員から特別会費として5000円を徴収する旨の決議であり、被上告人の目的の範囲外の行為を目的とするものとして無効であると解するほかはない㉚。

【34】　原審は、南九各県税政は税理士会に許容された活動を推進するこ

❷❸　【26】と【27】では、上記の検討をふまえ、税理士会が会社とはいかに異なる性質を有する団体であるかを示す。【26】では【22】から【25】までの部分を要約し、税理士会が法律に基づき公益目的で設立され、所管官庁からの強い監督を受ける強制加入団体であることを示す。

❷❹　【27】では、【21】で述べた点を繰り返しつつ、法令や会則に明記された事項以外に目的の範囲内となる行為を「+α」で認めるとしても、会社の場合よりも限定的に解される必要があることを示す。

❷❺　【28】から【31】は、目的の範囲を定めるにあたっての考慮事項を示す。【28】では、構成員の思想・信条の自由との関係で、再び税理士会の強制加入団体性に着目する。【25】での検討は主に税理士会の性質を明らかにするという大きな枠組みでの視点によるものであるが、【28】ではより仔細に構成員の権利・利益との矛盾衝突をいかに調整するかという視点に移行している。

❷❻　【29】では、税理士会の多数決による意思決定に対する構成員の協力義務について一般的な判断を行っている。この論証は、国労広島地本事件判決(本書72事件)において示された一般的な判断枠組みの部分をほぼ援用している。

❷❼　【30】では、税理士会による政治団体への寄付と構成員個人の投票の自由との関係について述べ、政治団体への寄付の強制が投票の自由の制約に密接に関わることを示す。原審(【15】参照)とは異なり、具体的な政治団体の特質等は考慮せずに判断している点が重要である。ここでの論証は、国労広島地本事件判決(本書72事件)における政治意識昂揚資金に関する判旨を援用しているが、それがさらに三井美唄炭鉱労組事件判決(本書71事件)を引用していることはいうまでもない。

❷❽　【31】では、【23】で触れた建議や答申が、政治献金とは別の事柄である点を確認している。これも【27】で示した税理士会の目的の範囲に関する限定的な捉え方を反映した理解であるといえよう。

❷❾　【32】では、前記の検討をふまえた小括を行う。基本的に国労広島地本事件判決(本書72事件)を先例とした判断の域を出ないが、従来の判例が、①法人の目的の範囲内か否かの判断と、②構成員の協力義務の存否の判断を別個に行っているのに対し(2段階審査)、本判決は目的の範囲の審査のみを行っており(1段階審査)、そこに本件の特殊性を見出そうとする見解もある(判解②7-8頁)。ただ、本判決の調査官解説でも①・②の判断がそれぞれ問題になる点は指摘されており(判解①222頁)、その意味で従来の判例と問題構造は共通する。本件における争点は、確立した判例法理が存在するため、それらを引用しつつ①・②の判断を重ねて行えば十分で、改めて2段階に審査する必要がなかったと考えるのが【28】から【30】の論理展開をみる限り自然なように思われる。

❸⓪　【33】では、これまでに定立された判断枠組みを本件にあてはめ、本件決議を無効と判断している。

とを存立の本来的目的とする団体であり、その活動が税理士会の目的に沿った活動の範囲に限定されていることを理由に、南九各県税政へ金員を寄付することも被上告人の目的の範囲内の行為であると判断しているが、規正法上の政治団体である以上、前判示のように広範囲な政治活動をすることが当然に予定されており、南九各県税政の活動の範囲が法所定の税理士会の目的に沿った活動の範囲に限られるものとはいえない。因みに、南九各県税政が、政治家の後援会等への政治資金、及び政治団体である南九各県税政への負担金等として相当額の金員を支出したことは、原審も認定しているとおりである㉛。

【35】六　したがって、原審の判断には法令の解釈適用を誤った違法があり、右の違法は判決に影響を及ぼすことが明らかであるから、論旨は理由があり、その余の論旨について検討するまでもなく、原判決は破棄を免れない。そして、以上判示したところによれば、上告人の本件請求のうち、上告人が本件特別会費の納入義務を負わないことの確認を求める請求は理由があり、これを認容した第一審判決は正当であるから、この部分に関する被上告人の控訴は棄却すべきである。また、上告人の損害賠償請求については更に審理を尽くさせる必要があるから、本件のうち右部分を原審に差し戻すこととする㉜。

【36】よって、民訴法408条、396条、384条、407条1項、96条、89条に従い、裁判官全員一致の意見で、主文のとおり判決する。
（裁判長裁判官　園部逸夫　裁判官　可部恒雄　裁判官　大野正男　裁判官　千種秀夫　裁判官　尾崎行信）

㉛【34】では、本判決と原審の判断の大きな違いである「本件政治団体の特性」に着目した判断の可否について触れている。政治団体Ａは、Ｙと密接な関係にあるいわば「別働隊」であって、原審はその点を重視している。しかし、本判決は、政治資金規正法上の政治団体である以上、そうした個別事情を考慮しない旨を示す。構成員の思想・信条の自由を重視し、国労広島地本事件判決〔本書71事件〕の流れをくんだ判断として評価しうる。また、実際の本事件の特別会費の流れを参照し、特定の政治家への政治献金等となっている点を指摘し、原審の判断を否定している。

㉜【35】は、全体の結論部分である。本件決議は無効であるから、Ｘが特別会費の納付義務を負わないとした第一審判決を認容し、原審判断を破棄している。ただし、ＸからＹに対する損害賠償請求については、なお事実関係を審理する必要があるため、原審に差し戻すとしている（平成9年3月19日福岡高裁で和解）。

補足説明　1段階審査か2段階審査か

国労広島地本事件判決〔本書72事件〕では、団体の権利能力（目的の範囲）の問題とそれが認められることを前提として構成員に協力義務を課すことができるかという問題という2段階審査（2段階確定論）が打ち立てられたとされている（文献①67頁）。また、群馬司法書士会事件判決（判例④）もそのような論理構成を採用している。これに対して、本判決は、税理士会の権利能力の問題のみを審査するにとどまっており（1段階審査）、その判断枠組みの違いを強調して、本判決を特異事例として扱う見解もある。

しかしながら、これらの判決の根底にある思考形態は共通しており、判決文の構造のみに意義を見出すのでは理解を誤るおそれがある。まず、これらの事件は、団体の本来の目的ではなく、経済的社会的要請から行われるようになった諸活動（「+α部分」と呼ぶ）が問題となっている。そうした活動の拡大に伴い、内部の構成員の権利・利益との矛盾・衝突が生じるので、拡大方向のベクトルとそれを制約するベクトルとを合成して、「目的の範囲」か否かを検討しようとしているのである。その意味で、民法34条の権利能力の枠組みを土台にはしているが、それは私法上の取引の安全のための考察とは次元を異にし、民法90条の公序良俗の解釈に憲法的価値を読み込みつつ、限界を画しているのである。そのため、およそ「+α部分」の検討にあたっては、団体の目的や性質、行為の性質、制約される権利の性質、制約の程度・態様が問題とされ、それらの考慮要素の利益衡量を経て、権利能力の枠組みへと還元する点で共通する。この点は、国労広島地本事件判決で、各資金の検討をする前の総論部分でも述べられている。もっとも、それは単純な衡量ではなく、団体の構成員の義務とされる行為が、①具体的な目的を有しており、②それが構成員の思想・良心に反する行為と直接的に関連して一体化しており、③団体本来の目的・趣旨に照らして、④構成員の権利・利益に優位するほどに団体として行うべき価値が見出しがたいと評価できる場合で、⑤その構成員個人に選択の余地が残されていないときに、「+α」部分への協力義務の限界を画するのである（文献④109頁）。

そうすると、本判決のように、団体の「目的の範囲」の考慮要素のうちに、構成員の権利・利益が含まれるのであるから、いわゆる1段階審査で済むし、むしろ本判決が標準形というべきであろう。実は、八幡製鉄事件判決〔本書68事件〕もこの枠組みで理解することが可能である。これに対して、個別事件においてより緻密な考慮要素の検討をする場合があり、それを特に検討する関係上、たまたま判決文の構成として別の「段階」が作られるようにみえることがある。そのような観点からすると、国労広島地本事件は、総論に始まり、労働組合構成員の政治活動の自由への制約をめぐり安保資金と政治意識昂揚資金とを並べて考察したうえで、政治意識昂揚資金の義務づけを検討するという「2.5段階審査」であるし、群馬司法書士会事件は、少数意見との関係で寄付金額の多寡が問題になっており（文献③37頁）、権利能力段階での一般論と寄付総額の問題、構成員の義務段階での一般論と負担額の問題という「4段階審査」であると称することができる。その方が各事件特有の争点を明確にする意義があるかもしれないが、いずれにしても最高裁は1段階とも2段階ともいっていない点に留意すべきであろう。

Questions

①事実関係の確認

問1　Yの設立根拠、構成員、法的地位および目的はどのようなものか。▶【参考条文】【3】

問2　政治団体Aおよびその上部団体の設立経緯、法的性質およびYとの関係はどのようなものか。▶【4】【5】

問3　Yが行った本件決議の内容はどのようなものか。▶【事案】【7】

問4　本件決議に基づき徴収する特別会費の目的および支出先はどのようなものか。▶【事案】【7】【8】

問5　特別会費を納付しなかったことにより、Xはどのような不利益を受けたのか。▶【事案】【10】【11】

問6　民法上、法人の権利能力の限界はどのように定められているのか。▶【参考条文】

問7　税理士会は何を目的として設立される団体か。▶【参考条文】【14】【21】

問8　税理士会と税理士の関係はどのようなものか。▶【22】【25】

問9　税理士会と所管官庁との関係はどのようなものか。▶【24】

問10　税理士政治連盟は何を目的として設立される団体か。また、政治資金規正法上の政治団体に該当するのか。▶【参考条文】【4】【5】

問11　本件訴訟におけるXの請求内容は何か。▶【事案】【12】

問12　原審はどのような判断を示したか。▶【14】～【17】

②判決の内容の確認

問13　民法上の法人の権利能力（目的の範囲）に関する判例の捉え方はどのようなものか。また、株式会社が政治献金をすることが目的の範囲内の行為といえるか。▶【20】

問14　本判決には、八幡製鉄事件判決〔本書68事件〕の判例法理がそのまま妥当するのか。▶【21】【27】

問15　本判決において、税理士会はいかなる団体であると述べられているか。▶【26】

問16　本判決において、税理士会の目的の範囲を定めるにあたって、株式会社とは異なる考慮が必要なのはなぜか。▶【28】

問17　本判決は、税理士会の決議に対する構成員の協力義務についてどのように捉えているのか。また、本件決議のような政治献金に関わる場合はどうか。▶【29】【30】

問18　本判決は、税理士会が建議や答申を行うことと、政治献金を行うこととの関係をどう捉えているか。▶【31】

問19　本判決は、本件決議の有効性についてどのように判断しているか。▶【32】【33】

問20　本件の政治団体Aは、Yの活動を推進することを目的とするなど密接な関係にある団体であるが、その点、原審と本判決の評価の違いにはどのようなものがあるか。▶【34】

問21　本判決の結論はどのようなものか。▶【35】

③応用問題

問22　本件と同じ内容の政治献金がYの一般会費により行われた場合、Xは当該支出分に相当する年会費の返還を求めることができるか。▶判例③、文献②28-29頁、文献③32頁

問23　町内会費にあらかじめ慈善団体への寄付を盛り込んだ年会費額が総会で決定された場合、構成員は寄付分の納付を拒否することができるか。▶文献③34-35頁

○ **関連判例**（本書所収以外のもの）

最判昭和27年2月15日民集6巻2号77頁［家屋明渡請求事件］（判例①）
最判昭和30年11月29日民集9巻12号1886頁［預託金返還請求事件］（判例②）
最判平成5年5月27日集民169号57頁［近畿税理士会事件］（判例③）
最判平成14年4月25日判時1785号31頁［群馬司法書士会事件］（判例④）

○ **本判決の調査官解説**

八木良一「判解」最高裁判所判例解説民事篇平成8年度215頁（判解①）

○ **その他の判例解説・判例批評**

浦部法穂「団体の目的の範囲と構成員の思想信条の自由」判例タイムズ1108号（2003年）6頁（判解②）
西原博史「判批」憲法判例百選Ⅰ〔第6版〕（2013年）83頁

○ **参考文献**

西原博史「人権の私人間効力と法秩序の公共性保障機能—南九州税理士会訴訟最高裁判決が問いかけたもの」論究ジュリスト1号（2012年）66頁（文献①）
岡田順太『関係性の憲法理論—現代市民社会と結社の自由』（丸善プラネット、2015年）（文献②）
岡田順太「強制加入団体と構成員の権利」横大道聡編『憲法判例の射程』（弘文堂、2017年）27頁（文献③）
岡田順太「コミュニティの論理と個人の論理」片桐直人＝岡田順太＝松尾陽編『憲法のこれから』（日本評論社、2017年）105頁（文献④）

収録判例一覧

最大判昭和 28 年 12 月 23 日民集 7 巻 13 号 1561 頁［皇居外苑使用不許可事件］………………… 391［40 事件］
最大判昭和 29 年 11 月 24 日刑集 8 巻 11 号 1866 頁［新潟県公安条例事件］…………………… 397［41 事件］
最大判昭和 31 年 7 月 4 日民集 10 巻 7 号 785 頁［謝罪広告事件］………………………………… 112［11 事件］
最大判昭和 33 年 9 月 10 日民集 12 巻 13 号 1969 頁［帆足計事件］……………………………… 452［48 事件］
最大判昭和 35 年 7 月 20 日刑集 14 巻 9 号 1243 頁［東京都公安条例事件］……………………… 403［42 事件］
最大判昭和 37 年 11 月 28 日刑集 16 巻 11 号 1593 頁［第三者所有物没収事件］………………… 518［57 事件］
最大判昭和 38 年 5 月 15 日刑集 17 巻 4 号 302 頁［加持祈祷事件］……………………………… 138［13 事件］
最大判昭和 38 年 5 月 22 日刑集 17 巻 4 号 370 頁［東大ポポロ事件］…………………………… 208［19 事件］
最大判昭和 38 年 6 月 26 日刑集 17 巻 5 号 521 頁［奈良県ため池条例事件］…………………… 489［53 事件］
最大判昭和 43 年 12 月 4 日刑集 22 巻 13 号 1425 頁［三井美唄炭鉱労組事件］………………… 648［71 事件］
最大判昭和 43 年 12 月 18 日刑集 22 巻 13 号 1549 頁［大阪市屋外広告物条例事件］…………… 349［33 事件］
最大判昭和 44 年 6 月 25 日刑集 23 巻 7 号 975 頁［『夕刊和歌山時事』事件］…………………… 343［32 事件］
最大決昭和 44 年 11 月 26 日刑集 23 巻 11 号 1490 頁［博多駅事件］……………………………… 434［45 事件］
最大判昭和 44 年 12 月 24 日刑集 23 巻 12 号 1625 頁［京都府学連事件］………………………… 2［1 事件］
最大判昭和 45 年 6 月 24 日民集 24 巻 6 号 625 頁［八幡製鉄事件］……………………………… 626［68 事件］
最大判昭和 47 年 11 月 22 日刑集 26 巻 9 号 554 頁［川崎民商事件］…………………………… 526［58 事件］
最大判昭和 47 年 11 月 22 日刑集 26 巻 9 号 586 頁［小売市場事件］…………………………… 463［50 事件］
最大判昭和 48 年 4 月 4 日刑集 27 巻 3 号 265 頁［尊属殺人事件］……………………………… 23［4 事件］
最大判昭和 48 年 4 月 25 日刑集 27 巻 4 号 547 頁［全農林警職法事件］………………………… 588［65 事件］
最大判昭和 48 年 12 月 12 日民集 27 巻 11 号 1536 頁［三菱樹脂事件］…………………………… 631［69 事件］
最大判昭和 49 年 11 月 6 日刑集 28 巻 9 号 393 頁［猿払事件］…………………………………… 235［21 事件］
最大判昭和 50 年 4 月 30 日民集 29 巻 4 号 572 頁［薬事法事件］……………………………… 468［51 事件］
最大判昭和 50 年 9 月 10 日刑集 29 巻 8 号 489 頁［徳島市公安条例事件］……………………… 304［28 事件］
最判昭和 50 年 11 月 28 日民集 29 巻 10 号 1698 頁［国労広島地本事件］………………………… 654［72 事件］
最大判昭和 51 年 5 月 21 日刑集 30 巻 5 号 615 頁［旭川学力テスト事件］……………………… 215［20 事件］
最大判昭和 52 年 7 月 13 日民集 31 巻 4 号 533 頁［津地鎮祭事件］……………………………… 155［16 事件］
最大判昭和 53 年 7 月 12 日民集 32 巻 5 号 946 頁［国有農地売払特措法事件］………………… 493［54 事件］
最大判昭和 53 年 10 月 4 日民集 32 巻 7 号 1223 頁［マクリーン事件］………………………… 619［67 事件］
最判昭和 56 年 4 月 14 日民集 35 巻 3 号 620 頁［前科照会事件］……………………………… 7［2 事件］
最判昭和 56 年 6 月 15 日刑集 35 巻 4 号 205 頁［戸別訪問禁止事件①］……………………… 358［35 事件］
最判昭和 56 年 7 月 21 日刑集 35 巻 5 号 568 頁［戸別訪問禁止事件②］……………………… 362［36 事件］
最判昭和 57 年 7 月 7 日民集 36 巻 7 号 1235 頁［堀木事件］…………………………………… 540［60 事件］
最判昭和 58 年 3 月 8 日刑集 37 巻 2 号 15 頁［ビニール本事件］………………………………… 337［31 事件］
最大判昭和 58 年 6 月 22 日民集 37 巻 5 号 793 頁［よど号ハイジャック記事抹消事件］……… 250［22 事件］
最判昭和 59 年 12 月 12 日民集 38 巻 12 号 1308 頁［札幌税関検査事件］………………………… 278［26 事件］
最判昭和 59 年 12 月 18 日刑集 38 巻 12 号 3026 頁［吉祥寺駅構内ビラ配布事件］……………… 369［37 事件］
最大判昭和 60 年 3 月 27 日民集 39 巻 2 号 247 頁［サラリーマン税金事件］……………………… 36［5 事件］
最判昭和 60 年 11 月 21 日民集 39 巻 7 号 1512 頁［在宅投票制度廃止事件］…………………… 557［62 事件］
最大判昭和 61 年 6 月 11 日民集 40 巻 4 号 872 頁［『北方ジャーナル』事件］…………………… 290［27 事件］
最判昭和 62 年 3 月 3 日刑集 41 巻 2 号 15 頁［大分県屋外広告物条例事件］………………… 352［34 事件］
最大判昭和 62 年 4 月 22 日民集 41 巻 3 号 408 頁［森林法共有林事件］……………………… 502［55 事件］
最判平成元年 3 月 8 日民集 43 巻 2 号 89 頁［レペタ事件］…………………………………… 438［46 事件］
最判平成元年 9 月 19 日刑集 43 巻 8 号 785 頁［岐阜県青少年保護育成条例事件］…………… 380［39 事件］
最判平成 2 年 9 月 28 日刑集 44 巻 6 号 463 頁［渋谷暴動事件］……………………………… 333［30 事件］
最大判平成 4 年 7 月 1 日民集 46 巻 5 号 437 頁［成田新法事件］……………………………… 531［59 事件］
最判平成 4 年 12 月 15 日民集 46 巻 9 号 2829 頁［酒類販売業免許制事件］…………………… 478［52 事件］
最判平成 7 年 3 月 7 日民集 49 巻 3 号 687 頁［泉佐野市民会館使用不許可事件］…………… 415［43 事件］
最決平成 8 年 1 月 30 日民集 50 巻 1 号 199 頁［オウム真理教解散命令事件］……………… 142［14 事件］
最判平成 8 年 3 月 8 日民集 50 巻 3 号 469 頁［神戸高専剣道実技履修拒否事件］…………… 146［15 事件］
最判平成 8 年 3 月 19 日民集 50 巻 3 号 615 頁［南九州税理士会事件］……………………… 662［73 事件］
最大判平成 9 年 4 月 2 日民集 51 巻 4 号 1673 頁［愛媛玉串料事件］…………………………… 167［17 事件］
最大判平成 14 年 2 月 13 日民集 56 巻 2 号 331 頁［証券取引法 164 条事件］…………………… 513［56 事件］
最大判平成 14 年 9 月 11 日民集 56 巻 7 号 1439 頁［郵便法事件］……………………………… 609［66 事件］
最判平成 17 年 1 月 26 日民集 59 巻 1 号 128 頁［東京都管理職事件］………………………… 43［6 事件］
最大判平成 17 年 9 月 14 日民集 59 巻 7 号 2087 頁［在外日本人選挙権事件］………………… 562［63 事件］
最判平成 18 年 2 月 7 日民集 60 巻 2 号 401 頁［呉市教研集会事件］………………………… 425［44 事件］
最判平成 18 年 3 月 17 日民集 60 巻 3 号 773 頁［入会資格事件］……………………………… 640［70 事件］
最判平成 18 年 7 月 13 日判タ 1222 号 135 頁［精神の原因による投票困難者事件］………… 580［64 事件］
最決平成 18 年 10 月 3 日民集 60 巻 8 号 2647 頁［NHK 記者証言拒否事件］………………… 446［47 事件］
最判平成 19 年 2 月 27 日民集 61 巻 1 号 291 頁［君が代ピアノ伴奏事件］…………………… 132［12 事件関連判例］
最判平成 19 年 9 月 18 日刑集 61 巻 6 号 601 頁［広島市暴走族追放条例事件］……………… 319［29 事件］
最判平成 20 年 3 月 6 日民集 62 巻 3 号 665 頁［住基ネット事件］…………………………… 12［3 事件］
最判平成 20 年 4 月 11 日刑集 62 巻 5 号 1217 頁［防衛庁立川宿舎ビラ投函事件］………… 374［38 事件］
最大判平成 20 年 6 月 4 日民集 62 巻 6 号 1367 頁［国籍法事件］……………………………… 58［7 事件］
最大判平成 22 年 1 月 20 日民集 64 巻 1 号 1 頁［空知太神社事件］………………………… 190［18 事件］
最判平成 23 年 5 月 30 日民集 65 巻 4 号 1780 頁［君が代起立斉唱事件］…………………… 120［12 事件］
最判平成 24 年 2 月 28 日民集 66 巻 3 号 1240 頁［老齢加算廃止事件］……………………… 546［61 事件］
最判平成 24 年 12 月 7 日刑集 66 巻 12 号 1337 頁［堀越事件］………………………………… 255［23 事件］
最判平成 24 年 12 月 7 日刑集 66 巻 12 号 1722 頁［世田谷事件］……………………………… 269［24 事件］
最大決平成 25 年 9 月 4 日民集 67 巻 6 号 1320 頁［非嫡出子相続分規定事件］……………… 73［8 事件］
最判平成 26 年 1 月 16 日民集 68 巻 1 号 1 頁［インターネット異性紹介事業届出制度事件］…… 273［25 事件］
最判平成 27 年 3 月 27 日民集 69 巻 2 号 419 頁［西宮市営住宅事件］………………………… 456［49 事件］
最大判平成 27 年 12 月 16 日民集 69 巻 8 号 2427 頁［再婚禁止期間事件］…………………… 83［9 事件］
最大判平成 27 年 12 月 16 日民集 69 巻 8 号 2586 頁［夫婦同氏事件］………………………… 98［10 事件］

■編集代表

木下昌彦 8章、9章、10章、12章（とびら、37・38事件）担当
1981年生まれ。東京大学大学院法学政治学研究科法曹養成専攻修了。現在、神戸大学大学院法学研究科教授。

■編者

片桐直人 6章、16章担当
1977年生まれ。京都大学大学院法学研究科博士後期課程単位取得退学（博士（法学））。現在、大阪大学大学院高等司法研究科准教授。

村山健太郎 12章（33・34事件）、17章担当
1980年生まれ。ハーバード大学法科大学院修了（LL.M.）。現在、学習院大学法学部教授。

横大道聡 12章（35・36事件）、13章担当
1979年生まれ。慶應義塾大学大学院法学研究科後期博士課程単位取得退学（博士（法学））。現在、慶應義塾大学大学院法務研究科教授。

西貝小名都 20章担当
1984年生まれ。ケンブリッジ大学法学部博士課程修了（Ph. D. in Law）。現在、ケンブリッジ大学で公法・行政法を学部生に教えているほか、アングリア・ラスキン大学準講師として憲法・行政法・国際人権法を教えている。

御幸聖樹 4章担当
1983年生まれ。京都大学大学院法学研究科法政理論専攻博士後期課程修了（博士（法学））。現在、同志社大学大学院司法研究科教授。

山田哲史 3章担当
1984年生まれ。京都大学大学院法学研究科法政理論専攻博士後期課程修了（博士（法学））。現在、岡山大学学術研究院社会文化科学学域（法学系）教授。

■執筆者

山本龍彦 1章担当
1976年生まれ。慶應義塾大学大学院法学研究科後期博士課程単位取得退学（博士（法学））。現在、慶應義塾大学大学院法務研究科教授。

小島慎司 2章担当
1978年生まれ。東京大学大学院法学政治学研究科博士課程単位取得退学（博士（法学））。現在、東京大学大学院法学政治学研究科教授。

江藤祥平 5章担当
1981年生まれ。東京大学大学院法学政治学研究科法曹養成専攻修了。現在、一橋大学大学院法学研究科准教授。

堀口悟郎 7章、12章（39事件）担当
1987年生まれ。慶應義塾大学大学院法務研究科修了。現在、岡山大学学術研究院社会文化科学学域（法学系）准教授。

大林啓吾 11章担当
1979年生まれ。慶應義塾大学大学院法学研究科後期博士課程修了（博士（法学））。現在、慶應義塾大学法学部教授。

丸山敦裕 14章担当
1971年生まれ。大阪大学大学院法学研究科博士後期課程単位取得退学。現在、関西学院大学大学院司法研究科教授。

門田 孝 15章担当
1959年生まれ。神戸大学大学院法学研究科博士後期課程単位取得退学。現在、広島大学大学院人間社会科学研究科実務法学専攻教授。

新井 誠 18章担当
1972年生まれ。慶應義塾大学大学院法学研究科後期博士課程単位取得退学（博士（法学））。現在、広島大学大学院人間社会科学研究科実務法学専攻教授。

柴田憲司 19章担当
1976年生まれ。中央大学大学院法学研究科博士後期課程修了（博士（法学））。現在、中央大学法学部准教授。

西村裕一 21章担当
1981年生まれ。東京大学法学部卒業。現在、北海道大学大学院法学研究科教授。

西村枝美 22章担当
1972年生まれ。九州大学大学院法学研究科博士課程単位取得退学。現在、関西大学法学部教授。

岡田順太 23章担当
1973年生まれ。慶應義塾大学大学院法学研究科後期博士課程単位取得退学（博士（法学））。現在、獨協大学法学部教授。

| 精読憲法判例──人権編 |

2018（平成30）年 2月28日　初版 1刷発行
2022（令和 4）年 6月30日　　同　 5刷発行

編集代表　木 下 昌 彦
発行者　鯉 渕 友 南
発行所　株式会社 弘文堂　101-0062　東京都千代田区神田駿河台1の7
　　　　　　　　　　　　　TEL 03(3294)4801　振替 00120-6-53909
　　　　　　　　　　　　　https://www.koubundou.co.jp

装　丁　宇佐美純子
組　版　堀江制作
印　刷　大盛印刷
製　本　井上製本所

Ⓒ 2018　Masahiko Kinoshita, et al. Printed in Japan.

[JCOPY]〈(社)出版者著作権管理機構 委託出版物〉
本書の無断複写は著作権法上での例外を除き禁じられています。複写される場合は、そのつど事前に、(社)出版者著作権管理機構（電話 03-5244-5088、FAX 03-5244-5089、e-mail: info@jcopy.or.jp）の許諾を得てください。
また本書を代行業者等の第三者に依頼してスキャンやデジタル化することは、たとえ個人や家庭内での利用であっても一切認められておりません。

ISBN978-4-335-35725-1